AF529230

श्रीसुभाषितरत्नभाण्डागारम्

नाम

विविधकाव्यनाटकसुभाषितादिग्रन्थेभ्यः

परबोपाह्वपाण्डुरङ्गात्मजकाशिनाथशर्मणा

समुद्धृतः सहृदयहृदयाह्लादकः सूक्तिसंग्रहः

पणशीकरोपाह्वविद्वद्वरलक्ष्मणशर्मतनुजनुषा वासुदेवशर्मणा

परिष्कृत्य संशोधितम्

ईस्टर्न बुक लिंकर्स

दिल्ली : : (भारत)

प्रकाशक :

ईस्टर्न बुक लिंकर्स

हैड ऑफिस: 5825, न्यू चन्द्रावल,
जवाहरनगर, दिल्ली-110007
फोन : 23850287, 9811232913

शोरूम: 4806/24, भरत राम रोड,
दरिया गंज, नई दिल्ली-110002
फोन : 23285413

e-mail : eblindology@gmail.com
eblinfo76@gmail.com
Website : www.eblindology.com

संस्करण : 2018

मूल्य : ₹1000

ISBN : 978-81-7854-031-3

श्रीसुभाषितरत्नभाण्डागारम्

काशीनाथ पाण्डुरंग परब

मुद्रक : **आर. के. प्रिंट सर्विस**, दिल्ली

SUBHĀSITA-RATNA-BHĀNDĀGĀRA

OR

Gems of Sanskrit Poetry

BEING

A COLLECTION OF WITTY, EPIGRAMMATIC, INSTRUCTIVE AND DESCRIPTIVE VERSES

Selected and Arranged by
KASHINATHA PANDURANG PARAB

Revised By
WASUDEVA LAXMAN SHASTRI PANSIKAR

Eastern Book Linkers

DELHI :: (INDIA)

विद्वदभ्यर्थनम् ।

ते सज्जनाः किल भवन्तु सदा प्रसन्ना ये प्रीणयन्ति जगतीजनताम् ... न्ति ।
शश्वत्परोपकृतिकर्मपरा वचोभिर्वारां भरैर्घनघटा इव काननानि ॥ १ ॥
कर्णेजपा अपि सदाऽसहनस्वभावा दुष्टाशया निरभिसंधितवैरिभूताः ।
सौहार्दहृष्टहृदया मयि सन्तु तेषां जिह्वा पटुर्विनिमयेषु गुणागुणानाम् ॥ २ ॥
किंवानयानृजुजनार्थनयापि मे स्यान्मां स्वीकरोति यदि साधुजनो गुणज्ञः ।
पूर्णेन्दुना कुवलयं प्रतिबोधितं सत्संमीलितं भवति किं तमसां वितानैः ॥ ३ ॥

(अ० मु० हं०)

विदांकुर्वन्तु विद्वद्रसिकशिरोमणयः सहृदयहृदया यदेतत्सुभाषितभाण्डागारं नाम विविधानर्घ्यरत्नजातसंग्रहमहामञ्जूषेव नैकशो गुरुलघुनिबन्धेभ्यः काव्य–नाटक-चम्पू-भाण-प्रहसन-पुराणे-तिहासाख्यायिकादिभ्यः कुसुमितविविधतरुलताबिसतामरसादिप्रसूनेभ्यो मधुकराहृतमधूनीव वाङ्मयालंकारभूतरसिकमनोविनोदोद्बोधकसुरसपद्यरत्नानां कर्णोपकर्णिकया दृष्टश्रुतचराणां संग्रहभाण्डागारमितितत्र केवलदृष्टश्रुतचरपद्यमालिकाया दुरूहत्वात्व्याख्याद्यनुपलम्भाच्छोधनपरिकरो विडम्बन-साहसाद्यन्यतमकक्षामारोहत्येवेति विपश्चित आवेदयेयुरेव । निर्दिष्टापदैव प्रत्यङ्कनं शोधनेऽप्यस्यारम्भादेतावन्त निर्वृत्तेषु संस्करणेष्वक्षिमनश्चापल्योपलब्धिमान्द्यानवधानादिमानुषशेमुषीनैसर्गिकभावैर्यथावस्थितस्य स्खलितजालस्यातिप्रयासेनास्मिन्संस्करणे शोधनमस्माभिः समकारि । तथाचास्थानपतितपद्यानामतिपरिश्रमेण तत्तत्प्रकरणेषु यथास्थानं निवेशोऽप्यकारि । एतावताखिलपद्यानामकारादिमातृकाकोशोऽप्यामूलान्तं संशोधित एव । तथा चित्रप्रकरणे प्रहेलिकादिष्वागतानां कूटानामस्फुटीकृतोत्तराणां चात्र टिप्पण्यां प्रायः स्पष्टीकरणं चाकार्ष्मेति सोत्कर्षमावेदयामः । स्मरामश्चानल्पमुपकारं यदत्र पुण्यपत्तनासन्नवर्ति "भांबुर्डेग्रामीण" श्रीवृद्धेश्वरान्तिकस्थवैदिकधर्माश्रमपाठशालाध्यापकपदमारूढैः वे. शा. सं. **शिवराम विद्याधरशास्त्री शिंत्रे** इत्येतैश्चतुर्थसंस्करणगताशुद्धपाठपरिशोधितटिप्पणदानेन कति पयकूटपद्यपरिस्फोटनेन चास्मदुपर्यप्रार्थितेपि यन्निर्व्याजमुपकृतं तेषामत्राभिधानाङ्कनमन्तरोत्तरीतुं न पारयाम इति च ।

एवं विहितेऽपि प्रयासेन पञ्चमसंस्करणेऽद्याप्यनुत्तराण्येवोर्वरितानि कूटानि निर्दिश्यन्ते—

पत्रं	पद्यं	पत्रं	पद्यं	पत्रं	पद्यं	पत्रं	पद्यं
१९२	२०	१९५	९	२०१	९५	२०९	४१
१९२	२१	१९८	८	२०६	५६	२१४	११३
१९२	२८	१९९	८३	२०९	२९	२१४	११४
						२१४	११५

यदि निसर्गदयालुभिर्महाशयैरुपकारपरायणैरुपरिनिर्दिष्टकूटपद्योत्तराण्यावेदितानि स्युः स्याम बद्धपरिकरा धन्यवादपूर्वकमग्रिमाङ्कने तेषां नामधेयोट्टंकनपूर्वकं प्रकाशनायेत्यलं पल्लवितेनेति विज्ञापयति ।

विदुषामनुचरः पणशीकरोपाह्वो–

वासुदेवशर्मा ।

विषयानुक्रमः ।

१. मङ्गलाचरणप्रकरणम् ।

२. सामान्यप्रकरणम् ।

३. राजप्रकरणम् ।

४. चित्रप्रकरणम्।

५. अन्योक्तिप्रकरणम्।

*

६. नवरसप्रकरणम् ।

ग्रन्थसमाप्तिः ।

॥ श्रीः ॥

सुभाषितरत्नभाण्डागारम् ।

प्रथमं प्रकरणम् ।

मङ्गलाचरणप्रकरणम् ।

परब्रह्म ।

अथ स्वस्थाय देवाय नित्याय हत[1]पाप्मने । त्यक्तक्रम[2]-
विभागाय चैतन्यज्योतिषे नमः ॥ १ ॥ दिक्कालाद्य[3]नव-
च्छिन्नानन्तचिन्मात्रमूर्तये । स्वानुभूत्येकमानाय[4] नमः शा-
न्ताय तेजसे ॥ २ ॥ अनन्तनामधेयाय सर्वाकारविधायिने ।
समस्तमन्त्रवाच्याय विश्वैकपतये नमः ॥ ३ ॥ कर्णिकादि-
ष्विव स्वर्णमर्णवादिष्विवोदकम् । भेदिष्वभेदि यत्तस्मै परस्मै
महसे नमः ॥ ४ ॥ नमो वाङ्मनसातीतमहिम्ने परमेष्ठिने ।
त्रिगुणाष्टगुणानन्तगुणनिर्गुणमूर्तये ॥ ५ ॥ यथा तथापि यः
पूज्यो यत्र तत्रापि योऽर्चितः । योऽपि वा सोऽपि वा
योऽसौ देवस्तस्मै नमोऽस्तु मे ॥ ६ ॥ नमः स्वतन्त्रचिच्छक्ति-
मुद्रितस्वविभूतये । अव्यक्तव्यक्तरूपाय कस्मैचिन्मन्त्रमूर्तये
॥ ७ ॥ चराचरजगत्स्फारस्फुरत्तामात्रधर्मिणे । दुर्विज्ञेय-
रहस्याय युक्तैरप्यात्मने नमः ॥ ८ ॥ भवबीजाङ्कुरजलदा
रागाद्याः क्षयमुपागता यस्य । ब्रह्मा वा विष्णुर्वा हरो
जिनो वा नमस्तस्मै ॥ ९ ॥ नित्यं निरावृति निजानुभवैक-
मानमानन्दधाम जगदङ्कुरबीजमेकम् । दिग्देशकालक-
लनादिसमस्तहस्तमर्दासहं दिशतु शर्म महन्महो वः
॥ १० ॥ लोकत्रयस्थितिलयोदयकेलिकारः कार्येण यो
हरिहरद्रुहिणत्वमेति । देवः स विश्वजनवाङ्मनसातिवृत्त-
शक्तिः शिवं दिशतु शश्वदनश्वरं वः ॥ ११ ॥ सर्वः
किलायमवशः पुरुषाणुकर्मकायादिकारणगणो यदनु-
ग्रहेण । विश्वप्रपञ्चरचनाचतुरत्वमेति स त्रायतां त्रि-
भुवनैकमहेश्वरो वः ॥ १२ ॥ मध्याह्नार्कमरीचिका[5]स्विव
पयःपूरो यदज्ञानतः खं वायुर्ज्वलनो जलं क्षितिरिति त्रैलो-
क्यमुन्मीलति[1] । यत्तत्त्वं विदुषां निमीलति[2] पुनः स्रग्भोगि[3]-
भोगोपमं सान्द्रानन्द[4]मुपास्महे तदमलं स्वात्मावबोधं[5] महः[6]
॥ १३ ॥ यस्माद्विश्वमुदेति यत्र रमते यस्मिन्पुनर्लीयते
भासा यस्य जगद्विभाति सहजानन्दोज्ज्वलं यन्महः ।
शान्तं शाश्वतमक्रियं[7] यमपुनर्भावाय[8] भूतेश्वरं द्वैतध्वान्तम-
पास्य यान्ति कृतिनः प्रस्तौमि तं पूरुषम् ॥ १४ ॥ यः
सृष्टिस्थितिसंहृतीर्वितनुते ब्रह्मादिमूर्तित्रिकैः स्वाधीनतया
स्थितानि सदसत्कर्माण्यपि प्राणिनाम् । नित्येच्छाकृतिबु-
द्धिमानथ परो जीवात्परात्मा स्वयं सोऽयं वो विदधातु पूर्ण-
मचिराच्चेतोगतं यद्भवेत् ॥ १५ ॥ शक्यं यन्न विशेषतो
निगदितुं प्रेम्णैव यच्चिन्तितं मृद्वङ्गीवदनेन्दुमण्डलमिव
स्वान्ते विधत्ते मुदम्[9] । यन्मुग्धानयनान्तचेष्टितमिवाध्यक्षे[10]-
ऽपि नो लक्षितं तत्तेजो विनयादमन्द[11]हृदयानन्दाय वन्दा-
महे ॥ १६ ॥ विष्णुर्वा त्रिपुरान्तको भवतु वा ब्रह्मा सुरे-
न्द्रोऽथवा भानुर्वा शशलक्षणोऽथ भगवान्बुद्धोऽथ सिद्धो-
ऽथवा । रागद्वेषविषार्तिमोहरहितः सत्त्वानुकम्पोद्यतो यः
सर्वैः सह संस्कृतो गुणगणैस्तस्मै नमः सर्वदा ॥ १७ ॥
विश्वेशो वः स पायात्त्रिगुण[12]सचिवतां योऽवलम्ब्यानुवारं[13]
विष्वद्रीचीन[14]सृष्टिस्थितिविलयमजः स्वेच्छया निर्मिमीते ।
यस्येयत्ता[15]मतीत्य प्रभवति महिमा कोऽपि लोकव्यतीत[16]स्त्यक्तो

---

१ नाशितकिल्बिषाय. २ विधिः. ३ अविषयीकृता. ४ प्रमाणम्. ५ आकाशे दृश्यमानगलज्जलायमानरश्मिसमूहः, मृगतृष्णेति यावत्.

१ ब्रह्मभिन्नतया तत्त्वेन भ्रमविषयीभवति. २ खवाय्वादिरूपतद्भिन्नत्वेन भ्रमाविषयीभवति. ३ भ्रमेण गृहीतो मालायां सर्पकाय इव. ४ निबिडानन्दस्वरूपम्. ५ ब्रह्मात्मकज्ञानस्वरूपम्. ६ तेजः. ७ निश्चलम्. ८ पुनरुत्पत्त्यभावाय. ९ आनन्दम्. १० समीपस्थेऽपि. ११ बहु. १२ सत्त्वरजस्तमःसहायताम्. १३ वारंवारम्. १४ चराचरनिष्ठम्. १५ सीमाम्. १६ सकललोकातीतः.

यश्च श्वशुराद्यैरपि निपुणतमैर्वीक्षणादिक्रियासु ॥ १८ ॥ ब्रह्मा दक्षः कुबेरो यमवरुणमरुद्वह्निचन्द्रेन्द्ररुद्राः शैला नद्यः समुद्रा ग्रहगणमनुजा दैत्यगन्धर्वनागाः। द्वीपा नक्षत्रताराविवसुमुनयो व्योम भूरश्विनौ च संलीना यस्य सर्वे वपुषि स भगवान्पातु वो विश्वरूपः ॥ १९ ॥

गणेशः।

वन्दे वृ[1]न्दारुमन्दारमिन्दुभूषणनन्दनम्। अमन्दानन्दसंदोहबन्धुरं[2] सिन्धुराननम्[3] ॥ १ ॥ आलम्बे जगदा[4]लम्बे हेरम्बचरणाम्बुजे। शुष्यन्ति यद्रजःस्पर्शात्सद्यः प्रत्यूह[5]वार्धयः ॥ २ ॥ गजाननाय महसे प्रत्यूहतिमिरच्छिदे। अपारकरुणापूरतरङ्गितदृशे नमः ॥ ३ ॥ नमस्तस्मै गणेशाय यत्कण्ठः पु[6]ष्करायते। मदाभोगघनै[7]ध्वानो नीलकण्ठस्य ताण्डवे ॥ ४ ॥ अ[8]गजाननपद्मार्कं गजाननमहर्निशम्। अ[9]नेकदं तं भक्तानामेकदन्त[10]मुपास्महे ॥ ५ ॥ चलत्कर्णानिलोद्धूतसिन्दूरारुणिताम्बरः। जयत्यकालेऽपि सृजन्संध्यामिव गजाननः ॥ ६ ॥ एकदन्तद्युतिसितः शंभोः सूनुः श्रियेऽस्तु वः। विद्याकन्द इवोद्भिन्ननवाङ्कुरमनोहरः ॥ ७ ॥ अभिप्रेतार्थसिद्ध्यर्थं पूजितो यः सुरैरपि। सर्वविघ्नच्छिदे तस्मै गणाधिपतये नमः ॥ ८ ॥ दुरितसमूहबलाहकपटलीसंहरणपवमानम्। शिवयोरङ्काभरणं वन्दे कंचिद्गजाननं तेजः ॥ ९ ॥ अविरलविगलन्मदजलकपोलपालीनिलीनमधुपकुलः। उद्भिन्ननवश्मश्रुश्रेणिरिव द्विपमुखो जयति ॥ १० ॥ एकरद द्वैमा[11]तुर निस्त्रिगुण चतुर्भुजोऽपि प[12]ञ्चकर। जय षण्मुखनुत सप्तच्छदगन्धिमदा[13]ष्टतनुतनय ॥ ११ ॥ मङ्गलकलशद्वयमयकुम्भमदम्भेन भजत गजवदनम्। यद्दानतोयतरलैस्तिलतुलनालम्बि रोल[14]म्बैः ॥ १२ ॥ शिवयोः सु[15]धाहरिद्रादीप्तिमतोः सारभृज्जगत्पित्रोः। त्रिभुवनविघ्नध्वंसी [16]करिकल्पः कश्चिदरुणिमा जयति ॥ १३ ॥ युगपत्स्वगण्डचुम्बनलोलौ[17] पितरौ निरीक्ष्य हेरम्बः। तन्मुखमेलनकुतुकी स्वाननमपनीय परिहसन्पायात् ॥ १४ ॥ हस्तपङ्कजनिविष्टमोदकव्याजसंचरदशेषपुमर्थम्। नौमि किंचिदवधूनितशुण्डादण्डकुण्डलितमण्डितगण्डम् ॥ १५ ॥ अ[1]न्तरायतिमिरोपशान्तये शान्तपावनमचिन्त्यवैभवम्। तन्नरं वपुषि कुञ्जरं मुखे मन्महे किमपि तुन्दिलं महः ॥ १६ ॥ अशेषविघ्नप्रतिषेधदक्षमन्त्राक्षतानामिव दिङ्मुखेषु। विक्षेपलीला करशीकराणां करोतु वः प्रीतिमिभाननस्य ॥ १७ ॥ दन्ताग्रनिर्भिन्नहिमाचलोर्वीरन्ध्रोत्थिताहीन्द्रमणिप्रभौघे। नागाननः स्तम्भधिया कपोलौ घर्षन्पितृभ्यां हसितः पुनातु ॥ १८ ॥ द[2]न्ताञ्चलेन धरणीतलमुन्नमय्य पातालकेलिषु धृतादिवराहलीलम्। उ[3]ल्लाघनोत्फणफणाधरगीयमानक्रीडावदानमिभराजमुखं नमामः ॥ १९ ॥ आनन्दमात्रमकरन्दमनन्तगन्धं योगीन्द्रसुस्थिरमिलिन्दमपास्तबन्धम्। वेदान्तसूर्यकिरणैकविकासशीलं हेरम्बपादशरदम्बुजमानतोऽस्मि ॥ २० ॥ गण्डस्थलीगलदमन्दमदप्रवाहमाद्यद्द्विरेफमधुरस्वरदत्तकर्णः। हर्षादिवालसनिमीलितनेत्रयुग्मो विघ्नच्छिदे भवतु भूतपतिर्गणेशः ॥ २१ ॥ लक्ष्मीं तनोतु सुतरामितरानपेक्षमङ्घ्रिद्वयं निगमशाखिशिखाप्रवालम्। हैरम्बमम्बुरुहडम्बरचौर्यनिघ्नं[4] विघ्नाद्रिभेदशतधारधुरंधरं नः ॥२२॥ पायाद्गजेन्द्रवदनः स इमां त्रिलोकीं यस्योद्धृतेन गगने महता करेण। मूलावलग्नसितदन्तबिसाङ्कुरेण नालायितं तपनबिम्बसरोरुहस्य ॥२३॥ अविरलमदधाराधौतकुम्भः शरण्यः फणिवरवृतगात्रः सिद्धसाध्यादिवन्द्यः। त्रिभुवनजनविघ्नध्वान्तविध्वंसदक्षो वितरतु गजवक्त्रः संततं मङ्गलं वः ॥ २४ ॥ जेतुं यस्त्रिपुरं हरेण हरिणा व्याजाद्बलिं बध्नता स्रष्टुं वारिभवोद्भवेन भुवनं शेषेण धर्तुं धराम्। पार्वत्या महिषासुरप्रमथने सिद्धाधिपैः सिद्धये ध्यातः पञ्चशरेण विश्वजितये पायात्स नागाननः ॥ २५ ॥ विघ्नध्वान्तनिवारणैकतरणिर्विघ्नाटवीह[6]व्यवाड्विघ्नव्यालकुलाभिमानगरुडो विघ्नेभपञ्चाननः। विघ्नोत्तुङ्गगिरिप्रभेदनपविर्विघ्नाम्बुधौ वाडवो विघ्नाघौघघनप्रचण्डपवनो विघ्नेश्वरः पातु वः ॥ २६ ॥ उच्चैर्ब्रह्माण्डखण्डद्वितयसहचरं कुम्भयुग्मं दधानः प्रेङ्खन्नागारिपक्षप्रतिभटविकटश्रोत्रतालाभिरामः। देवः शंभोरपत्यं भुजगपतितनुस्पर्धिवर्धिष्णुहस्तस्त्रैलोक्याश्चर्यमूर्तिः स जयति जगतामीश्वरः कुञ्जरास्यः ॥ २७ ॥ दोर्द्योतद्दन्तखण्डः सकलसुरगणाडम्बरेषु प्रचण्डः सिन्दूराकीर्णगण्डः प्रकटितविलसच्चारुचान्द्रीयखण्डः। गण्डस्थानन्त[12]घण्डः स्मरहर-

---

१ भक्तजनकल्पवृक्षम्. २ सुन्दरम्. ३ गजाननम्. ४ जगदाधारभूते. ५ विघ्नसमुद्राः. ६ मृदङ्गवदाचरति. ७ निबिडध्वनिः. ८ पार्वती. ९ मोक्षाद्यनेकवस्तुदातारम्. १० गणेशम्. ११ पार्वतीगङ्गारूपमातृद्वयवत्त्वादित्यर्थः. १२ शुण्डामादाय पञ्चकरत्वमित्यर्थः. १३ अष्टमूर्तिर्महादेवः. १४ भ्रमरैः. १५ चूर्णम्. १६ हस्तितुल्यः. १७ लुब्धौ.

१ विघ्नः. २ दन्ताग्रेण. ३ हर्षित. ४ अधीनम्. ५ वज्रम्. ६ अग्निः. ७ तुल्यम्. ८ आधुन्वन्. ९ गरुडः. १० प्रतिस्पर्धी. ११ शुण्डादण्डः. १२ भ्रमरः.

तनयः कुण्डलीभूतशुण्डो विघ्नानां कालदण्डः स भवतु भवतां भूतये वक्रतुण्डः ॥ २८ ॥ विघ्नेशो वः स पायाद्विहृतिषु जलधीन्पुष्कराग्रेण[1] पीत्वा यस्मिन्नुद्धृत्य तोयं वमति तदखिलं दृश्यते व्योम्नि देवैः । क्वाप्यम्भः क्वापि विष्णुः क्वचन कमलभूः क्वाप्यनन्तः[2] क्वचिच्छ्रीः क्वाप्यौर्वः[3] क्वापि शैलाः क्वचन मणिगणाः क्वापि नक्रादिसत्त्वाः ॥२९॥ विघ्नेशः सर्वविघ्नान्परिहरतु स यत्कर्णतालादुदस्यद्वायुव्याधूतकण्ठस्थलयुगलगलद्भूरि[4]सिन्दूरपूरैः । आरुण्याद्वैतभावं गतवति जगति क्वापि नो भाति भानुर्नैवासौ शीतभानुः क्वचिदपि नितरां भासते वा कृशानुः ॥ ३० ॥ क्रोडं तातस्य गच्छन्विशदबिसधिया शावकं शीतभानोराकर्षन्भालवैश्वानरनिशितशिखारोचिषा तप्यमानः । गङ्गाम्भः पातुमिच्छुर्भुजगपतिफणाफूत्कृतैर्दूयमानो मात्रा संबोध्य नीतो दुरितमपनयेद्बालवेषो गणेशः ॥ ३१ ॥ उच्चैरुत्तालगण्डस्थलबहुलगलद्दानपानप्रमत्तस्फीतालिव्रात[5]गीतिश्रुतिविधृतिकलोन्मीलितार्धाक्षिपक्ष्मा । भक्तप्रत्यूहपृथ्वीरुह[6]निवहसमुन्मूलनोच्चैरुदञ्चच्छुण्डादण्डाग्र उग्राभक इभवदनो वः स पायादपायात् ॥ ३२ ॥ कल्याणं वो विधत्तां करट[7]मदधुनी[8]लोलकल्लोलमालाखेलद्दोलम्बकोलाहलमुखरितदिक्चक्रवालान्तरालम् । प्रत्नं[9] वेतण्डरत्नं[10] सततपरिचलत्कर्णतालप्ररोहद्वाताङ्कूराजिहीर्षाद्दर[11]विवृतफणाशृङ्ग[12]भूषाभुजंगम् ॥ ३३ ॥ यः सिन्धौ फेनराशिर्भुवि कुमुदवनं व्योम्नि नक्षत्रलक्ष्मीरब्धौ मुक्तासमूहस्तरुषु सुमनसो मानसे हंससंघः । श्रीकण्ठे भूतिलेशः शिखरिषु मणयो दिक्षु नीहार[13]पातः पाण्डुः शुण्डाग्रजन्मा जयति गणपतेः शीकराणां विलासः ॥ ३४ ॥ सानन्दं नन्दिहस्ताहतमुरज[14]रवाहूतकौमारबर्हि[15]त्रासा[16]न्नासारन्ध्रं विशति फणिपतौ भोग[17]संकोचभाजि । गण्डोड्डीनालिमालामुखरितककुभस्ताण्डवे[18] शूलपाणेर्वैनायक्यश्चिरं वो वदनविधुतयः[19] पान्तु चीत्कारवत्यः ॥ ३५ ॥

सरस्वती ।

धातुश्चतुर्मुखीकण्ठशृङ्गाटक[20]विहारिणीम् । नित्यं प्रगल्भवाचालामुपतिष्ठे सरस्वतीम् ॥ १ ॥ सूक्ष्माय शुचये तस्मै नमो वाक्तत्त्वतन्तवे । विचित्रो यस्य विन्यासो विदधाति जगत्पटम् ॥ २ ॥ तद्दिव्यमव्ययं धाम सारस्वतमुपास्महे । यत्प्रसादात्प्रलीयन्ते मोहान्धतमसच्छटाः[1] ॥ ३ ॥ पातु वो निकषग्रावा[2] मतिहेम्नः सरस्वती । प्राज्ञेतरपरिच्छेदं[3] वचसैव करोति या ॥ ४ ॥ शारदा शारदाम्भोजवदना वदनाम्बुजे । सर्वदा[4] सर्वदास्माकं संनिधिं संनिधिं[5] क्रियात् ॥ ५ ॥ करबदरसदृशमखिलं भुवनतलं यत्प्रसादतः कवयः । पश्यन्ति सूक्ष्ममतयः[6] सा जयति सरस्वती देवी ॥ ६ ॥ शरणं करवाणि शर्मदं ते चरणं वाणि चराचरोपजीव्यम् । करुणामसृणैः[7] कटाक्षपातैः कुरु मामम्ब कृतार्थसार्थवाहम् ॥ ७ ॥ आशासु राशीभवदङ्गवल्लीभासैव दासीकृतदुग्धसिन्धुम् । मन्दस्मितैर्निन्दितशारदेन्दुं वन्देऽरविन्दासनसुन्दरि त्वाम् ॥ ८ ॥ वचांसि वाचस्पतिमत्सरेण साराणि लब्धुं ग्रहमण्डलीव । मुक्ताक्षसूत्रत्वमुपैति यस्याः सा सप्रसादास्तु सरस्वती वः ॥ ९ ॥ ज्योतिस्तमोहरमलोचनगोचरं तज्जिह्वादुरासदरसं मधुनः प्रवाहम् । दूरे त्वचः पुलकबन्धि परं प्रपद्ये सारस्वतं किमपि कामदुघं रहस्यम् ॥ १० ॥ तव करकमलस्थां स्फाटिकी[8]मक्षमालां[9] नखकिरणविभिन्नां[10] दाडिमीबीजबुद्ध्या । प्रतिकलम्[11]अनुकर्षन्येन कीरो[12] निषिद्धः स भवतु मम भूत्यै[13] वाणि ते मन्दहासः ॥ ११ ॥ तमोगण[14]विनाशिनी सकलकालमुद्योतिनी धरातलविहारिणी जड[15]समाजविद्वेषिणी । कलानिधि[16]सहायिनी लसदलोलसौदामिनी मदन्तरवलम्बिनी भवतु कापि कादम्बिनी[17] ॥ १२ ॥ या कुन्देन्दुतुषारहारधवला या शुभ्रवस्त्रावृता या वीणावरदण्डमण्डितकरा या श्वेतपद्मासना । या ब्रह्माच्युतशंकरप्रभृतिभिर्देवैः सदा वन्दिता सा मां पातु सरस्वती भगवती निःशेषजाड्यापहा ॥ १३ ॥

शिवः ।

नमस्तुङ्गशिरश्चुम्बिचन्द्रचामरचारवे । त्रैलोक्यनगरारम्भमूलस्तम्भाय शंभवे ॥ १ ॥ वामाङ्गीकृतवामाङ्गि[18]

---

१ शुण्डाग्रेण. २ शेषः. ३ वाडवः. ४ बहुः. ५ भ्रमरसमुदायः. ६ वृक्षः. ७ गण्डस्थलम्. ८ मदोदकसरित्. ९ पुरातनम्. १० गजश्रेष्ठः. ११ ईषत्. १२ अग्रभागः. १३ हिमम्. १४ मृदङ्गः. १५ मयूरः. १६ भयात्. १७ फणा. १८. नृत्ये. १९ चालनम्. २० चतुष्पथम्.

१ समूहः. २ स्वर्णादिपरीक्षणशिला. ३ पण्डितमूर्खयोर्भेदम्. ४ सर्वदात्री. ५ उत्तमनिधिम्. ६ कुशाग्रबुद्धयः. ७ स्निग्धैः. ८ स्फटिकमयीम्. ९ जपमालाम्. १० मिश्राम्. ११ प्रतिक्षणम्. १२ शुकः. १३ समृद्ध्यै. १४ अज्ञानम्; (पक्षे) अन्धकारः. १५ मन्दबुद्धिः; (पक्षे डलयोः सावर्ण्यात्) जलम्. १६ विद्वज्जनः; (पक्षे) चन्द्रः. १७ सरस्वती; (पक्षे) मेघमाला. १८ स्त्री.

कुण्डलीकृतकुण्डलि[1] । आविरस्तु पुरो वस्तु भूतिभूत्यम्बराम्बरम्[2] ॥ २ ॥ निरुपादान[3]संभार[4]मभित्तावेव तन्वते । जगच्चित्रं[5] नमस्तस्मै कला[6]श्लाघ्याय शूलिने ॥ ३ ॥ चन्द्राननार्धदेहाय चन्द्रांशुसितमूर्तये । चन्द्रार्कानलनेत्राय चन्द्रार्धशिरसे नमः ॥ ४ ॥ भुजङ्गकुण्डली व्यक्तशशिशुभ्रांशुशीतगुः । जगन्त्यपि सदापायादव्याच्चेतोहरः शिवः ॥ ५ ॥ पिनाकफणिबालेन्दुभस्ममन्दाकिनीयुता । पवर्गरचिता मूर्तिरपवर्ग[7]प्रदास्तु वः ॥ ६ ॥ दिगम्बरनितम्बिन्याः किमम्बरविभूषणम् । इत्थं वरहरः पायात्परीरम्भहरः परौ ॥ ७ ॥ ॐ नमः परमार्थैकरूपाय परमात्मने । स्वेच्छावभासितासत्यभेदभिन्नाय शंभवे ॥ ८ ॥ नमः शिवाय निःशेषक्लेशप्रशमशालिने । त्रिगुणग्रन्थिदुर्भेदभवबन्धविभेदिने ॥ ९ ॥ समस्तलक्षणायोग एव यस्योपलक्षणम् । तस्मै नमोऽस्तु देवाय कस्मैचिदपि शंभवे ॥ १० ॥ संसारैकनिमित्ताय संसारैकविरोधिने । नमः संसाररूपाय निःसंसाराय शंभवे ॥ ११ ॥ सदसत्त्वेन भावानां युक्ता या द्वितयी स्थितिः । तामुल्लङ्घ्य तृतीयस्मै नमश्चित्राय शंभवे ॥ १२ ॥ आसन्नाय सुदूराय गुप्ताय प्रकटात्मने । सुलभायातिदुर्गाय नमश्चित्राय शंभवे ॥ १३ ॥ संसेवितभृगुतुङ्गं विद्योतितवेदवेदाङ्गम् । परिनर्तितभवरङ्गं मनसिजभङ्गं समाश्रये लिङ्गम् ॥ १४ ॥ स जयति हिमकरलेखा चकास्ति यस्योभयोत्सुकान्निहिता । नयनप्रदीपकज्जलजिघृक्षया रजतशुक्तिरिव ॥ १५ ॥ पाणिग्रहे[8] पुलकितं[9] वपुरैशं भूतिभूषितं[10] जयति । अङ्कुरित इव मनोभू[11]र्यस्मिन्भस्मावशेषोऽपि ॥ १६ ॥ मा वम संवृणु विषमिदमिति सातङ्कं पितामहेनोक्तः । प्रातर्जयति सलज्जः कज्जलमलिनाधरः शंभुः ॥ १७ ॥ जयति प्रियापदान्ते गरलग्रैवेयकः[12] स्मरारातिः । विषमविशिखे[13] विशन्निव शरणं गलबद्धकरवालः ॥ १८ ॥ संध्यासलिलाञ्जलिमपि कङ्कणफणिपीयमानमविजानन् । गौरीमुखार्पितमना विजयाहसितः शिवो जयति ॥ १९ ॥ प्रणयकुपितप्रियापदलाक्षासंध्या[14]नुबन्धमधुरेन्दुः । तद्वलयकनकनिकषग्रावग्रीवः शिवो जयति ॥ २० ॥ अहिभूषणोऽप्यभयदः सुकलितहालाहलोऽपि यो नित्यः । दिग्वसनोऽप्यखिलेशस्तं शशधरशेखरं वन्दे ॥ २१ ॥ जयति जटाकिञ्जल्कं[1] गङ्गामधु मुण्डवलयबीजमयम् । गलगरलपङ्कसंभवमम्भोरुहमाननं शंभोः ॥ २२ ॥ प्रतिबिम्बितगौरीमुखविलोकनोत्कम्पशिथिलकरगलितः । स्वेदभरपूर्यमाणः शंभोः सलिलाञ्जलिर्जयति ॥ २३ ॥ आदाय[2] चापमचलं[3] कृत्वाहीनं[4] गुणं विषमदृष्टिः[5] । यश्चित्रमच्युतशरो[6] लक्ष्य[7]मभाङ्क्षीन्[8]नमस्तस्मै ॥ २४ ॥ उपहरणं[9] विभवानां संहरणं सकलदुरितजालस्य । उद्धरणं संसाराच्चरणं वः श्रेयसेऽस्तु विश्वपतेः ॥ २५ ॥ आद्दतकुपितभवानीकृतकरमालादिबन्धनव्यसनः । केलिकलाकलहादौ देवो वः शंकरः पायात् ॥ २६ ॥ भिक्षुकोऽपि सकलेप्सितदाता प्रेतभूमिनिलयोऽपि पवित्रः । भूतमित्रमपि योऽभयसत्री तं विचित्रचरितं शिवमीडे ॥ २७ ॥ पाणिग्रहे पर्वतराजपुत्र्याः पादाम्बुजं पाणिसरोरुहाभ्याम् । अश्मानमारोपयतः स्मरारेर्मन्दस्मितं मङ्गलमातनोतु ॥ २८ ॥ पार्श्वस्थपृथ्वीधरराजकन्याप्रकोपविस्फूर्जथु[10]कातरस्य । नमोऽस्तु ते मातरिति प्रणामाः शिवस्य संध्याविषया जयन्ति ॥ २९ ॥ क्व तिष्ठतस्ते पितरौ ममेवेत्यपर्णयोक्ते परिहासपूर्वम् । क्व वा ममेव श्वशुरौ तवेति तामीरयन्सस्मितमीश्वरोऽव्यात् ॥ ३० ॥ स पातु वो यस्य जटाकलापे स्थितः शशाङ्कः स्फुटहारगौरः । नीलोत्पलानामिव नालपुञ्जे निद्रायमाणः शरदीव हंसः ॥ ३१ ॥ जगत्सिसृक्षाप्रलयक्रियाविधौ प्रयत्नमुन्मेषनिमेषविभ्रमम् । वदन्ति यस्येक्षणलोलपक्ष्मणां पराय तस्मै परमेष्ठिने नमः ॥ ३२ ॥ वक्त्राणि पञ्च कुचयोः प्रतिबिम्बितानि दृष्ट्वा दशाननसमागमनभ्रमेण । भूयोऽपि शैलपरिवृत्तिभयेन गाढमालिङ्गितो गिरिजया गिरिशः पुनातु ॥ ३३ ॥ संध्यानतौ नरपुरंध्रितनोः सरोषमुत्सारिते गिरिजया निजपाणिपद्मे । उत्सर्पिकङ्कणफणीन्द्रफणार्पणेन पूर्णोऽञ्जलिर्जयति बालमृगाङ्कमौलेः ॥ ३४ ॥ यस्याहुरागमविदः परिपूर्णशक्तेरंशे कियत्यपि निविष्टममुं प्रपञ्चम् । तस्मै तमालरुचि-

१ सर्पः. २ दिगम्बरम्. ३ उपकरणम्; (पक्षे) तूलिकादिकम्. ४ संपत्तिः; (पक्षे) समूहः. ५ नानाकारम्; (पक्षे) आलेख्यम्. ६ चन्द्रकला; (पक्षे) आलेख्यक्रियाकौशलम्. ७ मोक्षः. ८ परिणये. ९ संजातपुलकम्. १० भस्मना शोभितम्. ११ मदनः. १२ कण्ठभूषा. १३ मदने. १४ आरम्भः.

१ केसरः. २ त्रिलोचनो हिमाचलं धनुः, वासुकिं ज्याम्, विष्णुं शरं च विधाय त्रिपुरासुरं जघानेति प्रकृतोऽर्थः. चलनशून्यं धनुः, अहीनो धनुर्दण्डादन्यूनो गुणः, विषमा लक्ष्यादन्यत्र निहिता दृष्टिः, न च्युतः शरो यस्य तथाविधः, तथापि लक्ष्यभङ्ग इति विरोधाभासः. ३ स्थिरम्; (पक्षे) पर्वतम्. ४ गुणरहितम्; (पक्षे) अहीनमिति पदच्छेदः. सर्पराजं गुणं कृत्वेत्यर्थः. ५ असमदृक्; (पक्षे) त्रिलोचनत्वाद्विषमदृष्टिः. ६ न च्युतः शरो यस्य; (पक्षे) अच्युतो विष्णुः स एव शरो यस्य. ७ शरव्यम्. त्रिपुरमित्यर्थः. ८ बभञ्ज. ९ दातारम्. १० वज्रनिर्घोषः.

भासुरकंधराय नारायणीसहचराय नमः शिवाय ॥ ३५ ॥ व्योम्नीव नीरदभरः सरसीव वीचिव्यूहः सहस्रमहसीव सुधांशुधाम । यस्मिन्निदं जगदुदेति च लीयते च तच्छांभवं भवतु वैभवमृद्धये वः ॥ ३६ ॥ यः कन्दुकैरिव पुरंदरपद्मसद्मपद्मापतिप्रभृतिभिः प्रभुरप्रमेयः । खेलत्यलङ्घ्यमहिमा स हिमाद्रिकन्याकान्तः कृतान्तदलनो लगयत्वघं वः ॥ ३७ ॥ मुक्तिर्हि नाम परमः पुरुषार्थ एकस्तामन्तरायमवयन्ति यदन्तरज्ञाः । किं भूयसा भवतु सैव सुधामयूखलेखाशिखाभरणभक्तिरभङ्गुरा वः ॥ ३८ ॥ दिश्यात्स शीतकिरणाभरणः शिवं वो यस्योत्तमाङ्गभुवि विस्फुरदूर्मिपक्षा । हंसीव निर्मलशशाङ्ककलामृणालकन्दार्थिनी सुरसरिन्नभसः पपात ॥ ३९ ॥ श्रेयांसि वो दिशतु यस्य सिताभ्रशुभ्रा विभ्राजते सुरसरिद्वरमौलिमाला । ऊर्ध्वेक्षणज्वलनतापविलीयमानचन्द्रामृतप्रविततामृतवाहिनीव ॥४०॥ कुसुमशरविलासे भङ्गुरस्याद्रिपुत्रीकरतलवलयस्य क्ष्मागतस्यार्धमेकम् । निर्जमिव शशिखण्डं याचमानस्य शंभोर्भवतु सह विवादः कान्तया कौतुकाय ॥ ४१ ॥ कथयत कथमेषा मेनया विप्रदत्ता शिव शिव गिरिपुत्री वृद्धकापालिकाय । इति वदति पुरंध्रीमण्डले सिद्धिलेशव्ययकृतवरवेषः पातु वः श्रीमहेशः ॥ ४२ ॥ अरुणनयनं सभ्रूभङ्गं दरस्फुरिताधरं सुतनु शशिनः क्लिष्टां कान्तिं करोतु तवाननम् । कृतमनुनयैः कोपोऽयं ते मनस्विनि वर्धतामिति गदितयाश्लिष्टो देव्या शिवाय शिवोऽस्तु वः ॥ ४३ ॥ प्रणयकुपितां दृष्ट्वा देवीं ससंभ्रमविस्मितस्त्रिभुवनगुरुर्भीत्या सद्यः प्रणामपरोऽभवत् । नमितशिरसो गङ्गालोके तया चरणाहतावववतु भवतस्त्र्यक्षस्यैतद्विलक्षमवस्थितम् ॥ ४४ ॥ कस्त्वं शूली[1] मृगय भिषजं[2] नीलकण्ठः[3] प्रियेऽहं केकामेका[4] कुरु पशुपतिर्नैव दृश्ये विषाणे[5] । स्थाणुर्मुग्धे[6] न वदति तरुर्जीवितेशः शिवाया[7] गच्छाटव्यामिति हतवचाः पातु वश्चन्द्रचूडः ॥ ४५ ॥ वन्दे देवं जलधिशरधिं[8] देवतासार्वभौमं व्यासप्रष्ठा[9] भुवनविदिता यस्य वाहाधिवाहाः[10][11] । भूषापेटी[12] भुवनमधरं[13] पुष्करं[14] पुष्पवाटी शाटी-पालाः शैतमखमुखाश्चन्दनद्रुर्मनोभूः ॥ ४६ ॥ दीव्यन्मौलित्रिदशपरिषज्जीवनीयेन धाम्ना पश्यद्भालं वलभितकरं प्राणता कङ्कणेन । वामाङ्गेन स्फुटमभिदधन्मान्मथीं ब्रह्मविद्यां जीयादोजस्त्रिपुरयुवतीपत्रवल्लीलवित्रम् ॥ ४७ ॥ च्युतामिन्दोर्लेखां रतिकलहभग्नं च वलयं द्वयं चक्रीकृत्य प्रहसितमुखी शैलतनया । अवोचद्यं पश्येत्यवतु स शिवः सा च गिरिजा स च क्रीडाचन्द्रो दशनकिरणापूरिततनुः ॥ ४८ ॥ नमस्तुभ्यं देवासुरमुकुटमाणिक्यकिरणप्रणाली-संभेदस्नपितचरणाय स्मरजिते । महाकल्पस्वाहाकृतभुवनचक्रेऽपि नयने निरोद्धुं भूयस्तत्प्रसरमिव कामं हुतवते ॥ ४९ ॥ असोढा तत्कालोल्लसदसहभावस्य तपसः कथानां विश्रम्भेष्वपि च रसिकः शैलदुहितुः । प्रमोदं वो दिश्यात्कपटबटुवेषापनयने त्वराशैथिल्याभ्यां युगपदभियुक्तः स्मरहरः ॥ ५० ॥ सहस्रास्यो नागः प्रभुरपि मतः पञ्चवदनः षडास्यो हन्तैकस्तनय इतरो वारणमुखः । सदा भैक्ष्यं शश्वत्प्रभवतु कथं वर्तनमिति श्वसन्त्यां पार्वत्यामथ जयति शंभुः स्मितमुखः ॥ ५१ ॥ मौनादस्तमितैव चाटुभणितिः स्रस्तैकहस्ताद्धृतं दूरेऽप्यञ्जलिबन्धनं प्रणमनं स्तब्धार्धमूर्ध्नः कृतः । इत्थं संघटितैकविग्रहतया व्यग्रो गिरिग्रामणीर्जायां जातरुषं जयत्यनुनयन्देवस्त्रिलोकीगुरुः ॥ ५२ ॥ यस्मिन्बुद्बुदसंकरा इव बहुब्रह्माण्डखण्डाः क्वचिद्भान्ति क्वापि च सीकरा इव विरिञ्चाद्याः स्फुरन्ति भ्रमात् । चिद्रूपा लहरीव विश्वजननी शक्तिः क्वचिद्द्योतते स्वानन्दामृतनिर्भरं शिवमहापाथोनिधिं तं नुमः ॥ ५३ ॥ कल्पान्ते शमितत्रिविक्रममहाकङ्कालबद्धस्फुरच्छेषस्यूतनृसिंहपाणिनखरप्रोतादिकोलामिषः । विश्वैकार्णवताविशेषमुदितौ तौ मत्स्यकूर्मावुभौ कर्षन्धीवरतां गतः स्यतु सतां मोहं महाभैरवः ॥ ५४ ॥ भीतिर्नास्ति भुजंगपुंगवविषात्प्रीतिर्न चन्द्रामृतान्नाशौचं हि कपालदामलुलनाच्छौचं न गङ्गाजलात् । नोद्वेगश्चितिभस्मना न च सुखं गौरीस्तनालिङ्गनादात्मारामतया हिताहितसमः स्वस्थो हरः पातु वः ॥ ५५ ॥ वेदान्तेषु यमाहुरेकपुरुषं व्याप्य स्थितं रोदसी यस्मिन्नीश्वर इत्यनन्यविषयः शब्दो यथार्थाक्षरः । अन्तर्यश्च मुमुक्षुभिर्नियमितप्राणादिभिर्मृग्यते स स्थाणुः स्थिरभक्तियोगसुलभो निःश्रेयसायास्तु वः ॥ ५६ ॥

---

१ त्रिशूली; (पक्षे) शूलरोगवान्. २ वैद्यम्. ३ शिवः; (पक्षे) मयूरः. ४ मयूरवाणी. ५ शृङ्गे. ६ शिवः; (पक्षे) छिन्नवृक्षप्रकाण्डम्. ७ पार्वत्याः; (पक्षे) क्रोष्ट्र्याः. ८ त्रिपुरसंहारे शरीकृतस्य विष्णोर्विश्रान्तिस्थानत्वात्. ९ व्यासप्रमुखाः. १० वाहनानाम्, वेदानामित्यर्थः, अधिवाहा वाहनाधिकृताः. ११ सर्पभूषणत्वादित्यर्थः. १२ पातालम्. १३ आकाशम्. १४ पुष्पस्थानीयचन्द्रोद्गमाधारत्वात्. १५ दिगम्बरत्वेन दिशामेव शाटीरूपत्वात्.

१ इन्द्रादयो दिक्पाला इत्यर्थः. २ चन्दनस्थानीयभस्मसंबन्धित्वात्. मदनभस्मना शिवस्याङ्गानामनुलेपनस्य प्रसिद्धेः. ३ ओघः. ४ शरीरम्. ५ आकुलः. ६ वामनः. ७ अस्थिपञ्जरः. ८ वराहः. ९ सतां मोहं स्यतु खण्डयतु. १० द्याव्यापृथिव्यौ.

आनन्दश्लथिताः समाधिषु मुखे गौर्या विलासोल्लसाः संभ्रान्ताः क्षणमुद्गताः क्षणमथ स्मेरा निजे वैकृते । क्रूराः कृष्टशरासने मनसिजे दग्धे घृणाकूणितास्तत्कान्तारुदिते-ऽश्रुपूरतरलाः शंभोर्दृशः पान्तु वः ॥ ५७ ॥ स्वर्भानुः सुरवर्त्मनानुसरति ग्रासाभिलाषादसाविन्दोरिन्दुमुखि ग्रसेत किमुत भ्रान्त्या भवत्या मुखम् । इत्थं नाथगिरा नभोर्पित-दृशो वक्त्रे भवान्या भृशं मानिन्याः कृतचुम्बनस्त्रिनयन-स्तादिष्टसिद्ध्यै सताम् ॥ ५८ ॥ विष्णोरागमनं निशम्य सहसा कृत्वा फणीन्द्रं गुणं कौपीनं परिधाय चर्म करिणः शंभौ पुरो धावति । दृष्ट्वा विष्णुरथं सकम्पहृदयः सर्पो-ऽपतद्भूतले कृत्तिर्विस्खलिता ह्रियानतमुखो नग्नो हरः पातु वः ॥ ५९ ॥ भस्मान्धोरगफूत्कृतिस्फुटभवद्भालस्थवैश्वान-रज्वालास्विन्नसुधांशुमण्डलगलत्पीयूषधारारसैः । संजीव-द्द्विपचर्मगर्जितभयभ्राम्यद्वृषाकर्षणव्यासक्तः सहसाद्रिजोपह-सितो नग्नो हरः पातु वः ॥ ६० ॥ एकोऽन्ते द्विसमस्त्रि-लोचन इति ख्यातश्चतुर्भिः स्तुतो वेदैः पञ्चमुखः षडानन-पिता सप्तर्षिभिर्वन्दितः । अष्टाङ्गो नवतुल्य आमरगणे वासो दशाशा दधत्स्वश्चैकादश सोऽवतान्न विजितो यो द्वादशात्मांशुभिः ॥ ६१ ॥ लीलाद्यूतजितां कलाधर-कलां मौलौ दृढं कीलितां स्वीकर्तुं युगमुन्नमय्य भुजयोर्वि-श्लेषयन्त्यास्तदा । पार्वत्याः कुचकुम्भपार्श्वयुगले सप्रेमदत्त-क्षणः कीलक्षेपणमिन्दुमोचनविधौ देवः स नो रक्षतु ॥ ६२ ॥ भूत्यालेपनभूषितः प्रविलसन्नेत्राग्निदीपाङ्कुरः कण्ठे पन्नगपुष्पदामसुभगो गङ्गाजलैः पूरितः । ईषत्ताम्रज-टाग्रपल्लवयुतो न्यस्तो जगन्मण्डपे शंभुर्मङ्गलकुम्भतामु-पगतो भूयात्सतां श्रेयसे ॥ ६३ ॥ मल्लीमाल्यधिया सुधाक-रकलां कण्ठश्रियं कज्जलभ्रान्त्या भालविलोचनानलशिखां सिन्दूरपूराशया । कैलासे प्रतिबिम्बितात्स्ववपुषो गृह्णन्ह-सन्त्या मुहुः पार्वत्या प्रतिकर्मकर्मणि चिरं मुग्धो हरः पातु वः ॥ ६४ ॥ दासेऽहं परिरम्भणानि कितव द्यूते जितानि त्वया धैर्यं धेहि यतः कृतः शतमहोरात्राणि तत्रावधिः । इत्युक्तः शिवया निशादिवसकृज्ज्योतिर्मयाक्षिद्वयद्रागुन्मेष-निमेषकोटिघटनाव्यग्रो हरः पातु वः ॥ ६५ ॥ मौलौ किं नु महेश मानिनि जलं किं वक्त्रमम्भोरुहं किं नीलाल-कवेणिका मधुकरी किं भ्रूलता वीचिका । किं नेत्रे शफरौ किमु स्तनयुगं प्रेङ्खद्रथाङ्गद्वयं साशङ्कामिति वञ्चयन्गिरिसुतां गङ्गाधरः पातु वः ॥ ६६ ॥ देव्याः प्राक्परिरम्भणे किल करौ द्वौ द्वौ पुनस्तत्करौ रोद्धुं तन्मुखमुन्मुखं रचयितुं द्वौ चाधरास्वादने । द्वौ नेत्रान्तपलालकापनयने (?) मोक्तुं च नीवीं दृढां द्वावित्थं सफलीकृताखिलकरः पायात्स वः शं-करः ॥ ६७ ॥ न क्रोधः क्रियतां प्रिये स तु भवन्मौलिस्थ-गङ्गोदरे मुग्धे मानमपूजितं त्यज कृतं युष्मन्नियोगद्वयम् । वक्रे श्लेषममुं निराकुरु कदाश्लिष्टोऽसि वक्रे मया वामा-ङ्ग्येति हतोत्तरः स्मरहरः स्मेराननः पातु वः ॥ ६८ ॥ अङ्गं येन रथीकृतं नयनयोर्युग्मं रथाङ्गीकृतं पत्रं स्वं रथ-कर्मसारथिकृतं श्वासास्तुरंगीकृताः । कोदण्डीकृतमात्मवीर्य-मचिरान्मौर्वीकृतं भूषणं वामाङ्गं विशिखीकृतं दिशतु नः क्षेमं स धन्वी पुमान् ॥ ६९ ॥ नृत्यारम्भरसत्रसद्गिरिसुतारिक्तार्ध-संपूर्तये निर्व्यूढभ्रमिविभ्रमाय जगतामीशाय तुभ्यं नमः । यच्चूडाभुजगेश्वरप्रभृतिभिस्ताद्दग्भ्रमन्तीर्दिशः पश्यद्भिर्घन-घूर्णमाननयनैः शान्तोऽपि न श्रद्दधे ॥ ७० ॥ उद्दामभ्रमिवेग-विस्तृतजटावल्लीप्रणालीपतत्स्वर्गङ्गाजलदण्डिकावलयितं नि-र्माय तत्पञ्जरम् । संभ्राम्यद्भुजदण्डपक्षपटलद्वन्द्वेन हंसायि-तस्त्रैलोक्यव्ययनाटिकानयनटः स्वामी जगत्त्रायताम् ॥ ७१ ॥ यन्नाट्यभ्रमिघूर्णमानवसुधाचक्राधिरूढे भृशं मेरौ पार्श्वनिवा-सिवासरनिशाचित्रे परिभ्राम्यति । तैजसस्तडितो भवन्तु शतशो दृष्टा हि तास्ताः कथं तामसोऽपि स वः पुनातु जगतामन्त्येष्टियज्वा विभुः ॥ ७२ ॥ तत्कालारभटीविजृम्भ-णपरित्रासादिव भ्रश्यता वामार्धेन तदेकशेषकरणं बिभ्रद्वपु-र्भैरवम् । तुल्यं चास्थिभुजंगभूषणमसौ भोगीन्द्रकङ्कालकै-र्बिभ्राणः परमेश्वरो विजयते कल्पान्तकर्मान्तिकः ॥ ७३ ॥ चञ्चच्चन्द्रिकचन्द्रचारुकुसुमो माद्यज्जटापल्लवो दृप्यद्दारुण-दंदशूकमणिमांस्तत्पक्षशाखालयः (?) । स्थाणुर्मे फलदो भव-त्वतितरां गौरीमुखेन्दुद्रवत्पीयूषद्रवदोहदादिव दधद्देवद्रुमत्वं सदा ॥ ७४ ॥ वक्त्राम्भोरुहि विस्मिताः स्तबकिता वक्षो-रुहि स्फारिताः श्रोणीसीमनि गुम्फिताश्चरणयोरक्ष्णोः पुनर्वि-स्तृताः । पार्वत्याः प्रतिगात्रचित्रगतयस्तन्वन्तु भद्राणि वो विद्धस्यान्तिकपुष्पसायकशरैरीशस्य दृग्भङ्गयः ॥ ७५ ॥ शैलेन्द्रप्रतिपाद्यमानगिरिजाहस्तोपगूढोल्लसद्रोमाञ्चादिविसंष्ठुला-खिलविधिव्यासङ्गभङ्गाकुलः । आः शैत्यं तुहिनाच-लस्य करयोरित्यूचिवान्सस्मितं शैलान्तःपुरमातृमण्डल-

१ विकारे. २ दयासंकुचिताः. ३ राहुः. ४ सूत्रम्. ५ गरुडम्. ६ गजचर्म. ७ कुर्वन्निति शेषः. ८ अक्षधूर्त. ९ चक्रवाकः.

१ आलिङ्गने. २ सर्पः. ३ समाप्तं. ४ भ्रमणम्. ५ जलस्य निर्गमनमार्गे मकरमुखादिरूपा. ६ दण्डः. ७ कर्बुरवर्णः. ८ त-मोमयाः. ९ नाट्यभेदः. १० सर्पः. ११ दीप्यमानम्.

गणैर्दृष्टोऽवताद्वः शिवः ॥ ७६ ॥ दिक्कालात्मसमैव यस्य[1]
विभुता यस्तत्र[2] विद्योतते यत्रा[3]मुष्य[4] सुधीभवन्ति किरणा
राशेः स[5] यासामभूत्[6] । यस्तत्[7][8]पित्त[9]मुषःसु [10]योऽस्य[11] हविषे
यस्तस्य[12][13] जीवातवे वोढा यद्गुण[14]मेषु[15] मन्मथरिपोस्ताः पान्तु
नो मूर्तयः ॥ ७७ ॥ जीर्णेऽप्युत्कटकालकूटगरले प्लुष्टे
तथा मन्मथे नीते भासुरभालनेत्रतनुतां कल्पान्तदावानले ।
यः शक्त्या समलंकृतोऽपि शशिनं शैलात्मजां स्वर्धुनीं धत्ते
कौतुकराजनीतिनिपुणः पायात्स वः शंकरः ॥ ७८ ॥ किं
गोत्रं किमु जीवनं किमु धनं का जन्मभूः किं वयः किं
चारित्रमुष्य के सहचराः के वंशजाः प्राक्तनाः । का
माता जनकः शिवस्य क इति [16]प्रह्वेण पृथ्वीभृता पृष्टाः
सस्मितनम्रमूकवदनाः सप्तर्षयः पान्तु वः ॥ ७९ ॥
तादृक्सप्तसमुद्रमुद्रितमहीभूभृद्भिरभ्रंकषैः स्रोतोभिः परिवा-
रिता दिशि दिशि द्वीपैः समन्तादयम् । यस्य स्फारफणा-
वलीमणिचये मज्जत्कलङ्काकृतिः शेषः सोऽप्यगमद्यदङ्गदपदं
तस्मै नमः शंभवे ॥ ८० ॥ तारानायकशेखराय जगदा-
धाराय धाराधरच्छायाधारककन्धराय गिरिजासङ्गैकभृङ्गा-
रिणे । नद्या शेखरिणे दृशा तिलकिने नारायणेनास्त्रिणे
नागैः कङ्कणिने नगेन गृहिणे नाथाय नित्यं नतिः ॥ ८१ ॥
केयूरीकृतकङ्कणीकृतजटाजूटावतंसीकृतज्यावल्लीकृतकुण्डली-
कृतकटीसूत्रीकृताहीश्वरः । पायाद्वस्तिलकीकृतप्रियतमाद-
र्शीकृताक्षीकृतद्यूतारम्भपणीकृतेन्दुशकलः कात्यायनीकामुकः
॥ ८२ ॥ कान्तां कामपि कामयत्यनुदिनं ध्यानापदेशादयं
येनामुं मुनयोऽप्यनादिनिधनं ध्यायन्ति धौतस्पृहाः ।
इत्यङ्कात्स्वकरे हृते गिरिजया पादे च पद्मासनाद्विश्वं पातु
पुरंध्रिनद्धवपुषः शंभोः समाधिव्ययः ॥ ८३ ॥ स्नातः
स्वर्गतरङ्गिणीजलभरैर्नेत्रोत्पलेनाञ्चितः पार्वत्याः सितभूति-
चन्दनचयैरालिप्तगात्रोज्ज्वलः । देवश्चन्द्रकलासितश्रुतिलको
गौरीविवाहोत्सवारम्भे शैलकृतार्हणस्त्रिजगतामर्च्यो हरः
पातु वः ॥ ८४ ॥ उज्झित्वा दिशमम्बरं बरतरं वासो
वसानश्चिरं हित्वा वासरसं पुनः पितृवने कैलासहर्म्याश्रयः ।
त्यक्त्वा भस्म कृताङ्गरागनिचयः श्रीखण्डसारद्रवैर्देवः
पातु हिमाद्रिजापरिणयं कृत्वा गृहस्थः शिवः ॥ ८५ ॥
क्रीडन्मन्दरकन्दरोदरवलन्मन्दारवृन्दावने क्रोधान्धान्धक-

१ आकाशस्य. २ सूर्यः. ३ चन्द्रे. ४ सूर्यस्य. ५ चन्द्रः.
६ अपाम्. ७ अग्निः. ८ अपाम्. ९ शुचिरुदकम्. १० यजमानः.
११ अग्नेः. १२ वायुः. १३ यजमानस्य. १४ पृथिव्याः.
१५ वायुः. १६ नम्रेण.

टातटासुहरणे जम्भत्रिशूलोद्गमः । त्रैलोक्याखिलसंकटो-
त्कटभयोद्वेलान्धकारांशुमान्पायाद्वस्त्रिपुरप्रमाथनपटुर्देवो हि
पञ्चाननः ॥ ८६ ॥ गर्जद्भीमभुजंगभीषणफणाफूत्कारभी-
तिप्रदः क्रीडत्प्रेतपिशाचराक्षसगणः प्रत्यक्षतः प्रान्ततः ।
भालस्थप्रलयानलोद्भटशिखः संक्रान्तसर्वास्पदः शार्दूलाजि-
नभृद्भयानकभयो भूयाद्वो भूतये ॥ ८७ ॥ गौरीचुम्बनच-
ञ्चलं परिचलद्वण्डप्रभामण्डलं व्यावल्गत्फणिकुण्डलं रतिरस-
प्रस्विन्नगण्डस्थलम् । प्रौढप्रेमपरम्परापरिचयप्रोत्फुल्लनेत्राञ्चलं
शंभोरस्तु विभूतये हि भवतामुन्मत्तगङ्गं शिरः ॥ ८८ ॥
पाणौ कङ्कणमुत्फणं फणिपतिर्नेत्रं लसत्पावकं कण्ठः कुण्ठि-
तकालकूटविषमो वस्त्रं गजेन्द्राजिनम् । गौरीलोचनलो-
भनाय सुभगो वेषो वरस्यास्ति मे गण्डोल्लासविभावितः
पशुपतेर्हासोद्गमः पातु वः ॥ ८९ ॥ दिव्यं वारि कथं यतः
सुरधुनी मौलौ कथं पावको दिव्यं तद्धि विलोचनं कथम-
हिर्दिव्यं स चाङ्गे तव । तस्माद्द्यूतविधौ त्वयाद्य मुषितो
हारः परित्यज्यतामित्थं शैलभुवा विहस्य लपितः शंभुः
शिवायास्तु वः ॥ ९० ॥ श्रीकण्ठस्य सकृत्तिकार्तभरणी
मूर्तिः सदारोहिणी ज्येष्ठा भाद्रपदा पुनर्वसुयुता चित्रा वि-
शाखान्विता । दिश्यादक्षतहस्तमूलघटिताषाढा मघालं-
कृता श्रेयो वैश्रवणान्विता भगवतो नक्षत्रपालीव वः
॥ ९१ ॥ त्राता भीतिभृतां पतिश्चिदचितां क्लेशं सतां शं
सतां हन्ता भक्तिमतां सतां स्वसमतां कर्तापकर्ताऽसताम् ।
देवः सेवकभुक्तिमुक्तिरचनाभूर्भुवःस्वस्त्रयीनिर्माणस्थिति-
संहृतिप्रकटितक्रीडो मृडः पातु वः ॥ ९२ ॥ एषा ते हर
का सुगात्रि कतमा मूर्ध्नि स्थिता किं जटा हंसः किं भजते
जटां नहि शशी चन्द्रो जलं सेवते । मुग्धे भूतिरियं कु-
तोऽत्र सलिलं भूतिस्तरंगायते एवं यो विनिगूहते त्रिपथगां
पायात्स वः शंकरः ॥ ९३ ॥ मातर्जीव किमेतदङ्गुलिपुटे
तातेन गोपाय्यते वत्स स्वादु फलं प्रयच्छति न मे गत्वा
गृहाण स्वयम् । मात्रैवं प्रहिते गुहे विघटयत्याकृष्य सं-
ध्याञ्जलिं शंभोर्भिन्नसमाधिरुद्धरभसो हासोद्गमः पातु वः
॥ ९४ ॥ संध्यां यत्प्रणिपत्य लोकपुरतो बद्धाञ्जलिर्याचसे
धत्से यच्च नदीं विलज्ज शिरसा तन्नाम सोढं मया । श्रीर्या-
तामृतमन्थने यदि हरिं कस्माद्विषं भक्षितं मा स्त्रीलंपट
मां स्पृशेति गदितो गौर्या हरः पातु वः ॥ ९५ ॥ तावत्स-
प्तसमुद्रमुद्रितमही भूभृद्भिरभ्रंकषैस्तावद्भिः परिवारिता
पृथुतरैर्द्वीपैः समन्तादियम् । यस्य स्फारफणामणौ निल-

१ शपथविशेषः.

यिनी तिर्यक्फणालंकृतिः शेषः सोऽप्यगमद्यदङ्गदपदं रुद्राय तस्मै नमः ॥ ९६ ॥ चिन्ताचक्रिणि हन्त चक्रिणि भिया कुब्जासनेऽब्जासने नश्यद्धामनि तिग्मधामनि धृताशङ्के शशाङ्के भृशम् । अस्यच्चेतसि च प्रचेतसि शुचा तान्ते कृतान्ते च यो व्यग्रोऽभूत्कटुकालकूटकवलीकाराय पायात्स वः ॥ ९७ ॥ तातं तत्ताततातं कथय हरकुलेऽलंकृते संप्रदाने तच्छ्रुत्वा चन्द्रमौलिर्नतमुखकमलो जातलज्जो बभूव । ब्रह्मावादीत्तदानीं शृणुत हरकुलं वेदकण्ठोग्रकण्ठौ श्रीकण्ठान्नीलकण्ठः प्रहसितवदनः पातु वश्चन्द्रचूडः ॥ ९८ ॥ [1]या सृष्टिः स्रष्टुराद्या वहति विधिहुतं [2]या हविर्[3]या च होत्री [4]ये द्वे कालं विधत्तः श्रुतिविषयगुणा [5]या स्थिता व्याप्य विश्वम् । [6]यामाहुः सर्वबीजप्रकृतिरिति [7]यया प्राणिनः प्राणवन्तः प्रत्यक्षाभिः प्रपन्नस्तनुभिरवतु वस्ताभिरष्टाभिरीशः ॥ ९९ ॥ एकैश्वर्यस्थितोऽपि प्रणतबहुफलो यः स्वयं कृत्तिवासाः कान्तासंमिश्रदेहोऽप्यविषयमनसां यः पुरस्ताद्यतीनाम् । अष्टाभिर्यस्य कृत्स्नं जगदपि तनुभिर्बिभ्रतो नाभिमानः सन्मार्गालोकनाय व्यपनयतु स नस्तामसीं वृत्तिमीशः ॥ १०० ॥ कैलासाद्रावुदस्ते परिचलति गणेषूल्लसत्कौतुकेषु [9]क्रोडं मातुः कुमारे विशति वि[10]षंमुचि प्रेक्षमाणे सरोषम् । पादावष्टम्भसीदद्वपुषि दशमुखे याति पातालमूलं क्रुद्धोऽप्याश्लिष्टमूर्तिर्भयघनमुमया पातु हृष्टः शिवो नः ॥ १०१ ॥ क्रोधेद्धैर्दृष्टिपातैस्त्रिभिरुपशमिता वह्नयोऽमी [11]त्रयोऽपि त्रासार्ता ऋत्विजोऽधश्चपलगणहृतोष्णीषपट्टाः पतन्ति । दक्षः स्तौत्यस्य पत्नी विलपति [12]कृपणं विद्रुतं चापि देवैः शंसन्नित्यात्तहासो मखमथनविधौ पातु देव्यै शिवो वः ॥ १०२ ॥ आसीने [13]पूष्णि तूष्णीं व्यसनिनि शशिनि व्योम्नि कृष्णे सतृष्णे दैत्येन्द्रे जातखेदे द्रवति मघवति क्रान्तकान्तौ कृतान्ते । अब्रह्मण्यं ब्रुवाणे [14]कमलपुटकुटीश्रोत्रिये शान्त्युपाये पायाद्वः कालकूटं झटिति कवलयंल्लीलया नीलकण्ठः ॥ १०३ ॥ केयं मूर्ध्य[15]न्धकारे तिमिरमिह कुतः सुभ्रुकान्तेन्दुयुक्ते कान्ताप्यत्रास्ति काचिन्ननु भवतु मया पृष्टमेतावदेव । नाहं द्वन्द्वं करोमीत्यपनय शिरसस्तूर्णमेनामिदानीमित्थं प्रोक्तो भवान्या प्रतिवचनजितः पातु वश्चन्द्रचूडः ॥ १०४ ॥ धन्या केयं स्थिता ते शिरसि शशिकला किं नु नामैतदस्या नामैवास्यास्तदेतत्परिचितमपि ते विस्मृतं कस्य हेतोः । नारीं पृच्छामि नेन्दुं कथयतु विजया न प्रमाणं यदीन्दुर्देव्या निह्नोतुमिच्छोरिति सुरसरितं शाठ्यमव्याद्विभोर्वः ॥ १०५ ॥ हर्षादम्भोजजन्मप्रभृतिदिविषदां संसदि प्रीतिमत्या श्वश्र्वा मौलौ पुरारेर्दुहितृपरिणये साक्षतं चुम्ब्यमाने । तद्वक्त्रं मौलिवक्त्रे मिलितमिति भृशं वीक्ष्य चन्द्रः सहासो दृष्ट्वा तद्वृत्तमाशु स्मितसुभगमुखः पातु वः पञ्चवक्त्रः ॥ १०६ ॥ कल्पान्तक्रूरकेलिः क्रतुकदनकरः कुन्दकर्पूरकान्तिः क्रीडन् कैलासकूटे कलितकुमुदिनीकामुकः कान्तकायः । कङ्कालक्रीडनोत्कः कलितकलकलः कालकालीकलत्रः कालिन्दीकालकण्ठः कलयतु कुशलं कोऽपि कापालिको नः ॥ १०७ ॥ दृष्टः सप्रेम देव्या किमिदमिति भयात्संभ्रमाच्चासुरीभिः शान्तान्तस्तत्त्वसारैः सकरुणमृषिभिर्विष्णुना सस्मितेन । आदायास्त्रं सगर्वैरुपशमितवधूसंभ्रमैर्दैत्यवीरैः सानन्दं देवताभिर्मयपुरदहने धूर्जटिः पातु युष्मान् ॥ १०८ ॥ क्षिप्तो हस्तावलग्नः प्रसभमभिहतोऽप्याददानोंऽशुकान्तं गृह्णन्केशेष्वपास्तश्चरणनिपतितो नेक्षितः संभ्रमेण । आलिङ्गन्योऽवधूतस्त्रिपुरयुवतिभिः साश्रुनेत्रोत्पलाभिः कामीवार्द्रापराधः स दहतु दुरितं शांभवो वः शराग्निः ॥ १०९ ॥ कल्याणं वः क्रियासुर्मिलद[2]टनियुगस्था[3]स्नुगीर्वाणभोगिस्त्रैणव्यत्यस्तकल्पद्रुमनवसुमनोनागहारावलीनि । [4]नालीकाश्लिष्टलक्ष्मीकरतलकमलोद्भ्रान्त[5]माध्वीकधारातिम्यत्[6]फालेक्षणानि त्रिपुरहरधनुर्ज्यालताकर्षणानि ॥ ११० ॥ कल्पान्ते क्रोधनस्य त्रिपुरविजयिनः क्रीडया संचरिष्णोः कृत्वापि प्राणिजातैर्निजमुखकुहरातिथ्यमप्राप्ततृप्तेः । दिग्भित्तीः प्रेक्ष्य शून्याः प्रलयजलनिधिप्रेक्षितात्मीयमूर्तिग्रासव्यासक्तमोघश्रमजनितरुषः पान्तु वो गर्जितानि ॥ १११ ॥ पर्यङ्क[8]ग्रन्थिबन्धत्रिगुणितभुजगाश्लेष[9]संवीतजानोरन्तःप्राणावरोध[10]व्युपरतसकलज्ञानरुद्धेन्द्रियस्य । आत्मन्यात्मानमेव [11]व्यपगतकरणं पश्यतस्तत्त्वदृष्ट्या शंभोर्वः पातु [12]शून्येक्षणघटित[13]लयब्रह्मलग्नः समाधिः ॥ ११२ ॥ वृत्ताभिख्यां हृतार्यां श्रितविविधगणां छन्दसां वर्णनीयां यातां सर्वादिमत्त्वं सुरगणकलितां भासमत्त्वं दधानाम् । युक्तं स्थानं नयन्तीं लघुमपि सकलं बिभ्रतीं माल्यायान्वन्दे वार्ध्रीभवर्णां धृतमुनियतिकां स्रग्धरां शंभुमूर्तिम् ॥ ११३ ॥ देहार्धानद्धकान्ताकचकुसुमचयो भालनेत्रानलार्चिः पीनोष्मा-

१ उदकरूपा. २ अग्निरूपा. ३ यजमानरूपा. ४ सूर्यचन्द्ररूपे. ५ आकाशरूपा. ६ पृथ्वीरूपा. ७ वायुरूपा. ८ उत्क्षिप्ते. ९ भुजान्तरे. १० सर्पे. ११ दक्षिणगार्हपत्याहवनीयाख्याः. १२ दीनस्वरेण. १३ सूर्ये. १४ ब्रह्मणि. १५ अन्धकरिपो; (पक्षे) तमसि.

१ ब्रह्मा. २ धनुष्कोटिः. ३ स्थिरतरम्. ४ विष्णुरूपः शरः. ५ पुष्परसः. ६ वह्न्यात्मकं तृतीयलोचनम्. ७ योगशास्त्रप्रसिद्धासनविशेषः. ८ संधिः. ९ आवृत. १० निवृत्त. ११ चक्षुरादीन्येकादशेन्द्रियाणि बुद्धिरहंकारश्चेति त्रयोदशविधम्. १२ प्रपञ्चाभावः. १३ चित्तैकाग्रता.

मौलिखेलन्मुखरसुरनदीनीररम्यो जगन्ति । स्फीतोत्तंसेन्दुकान्तिर्द्विरददतिदृढाच्छादनव्यक्तशीतः शंभुर्भूषास्थिकुन्दप्रकरपरिवृतः पातु सर्वर्तुमूर्तिः ॥ ११४ ॥ हेयोपादेयशून्यं मुनिगणमनसामद्वयानन्दहेतुः सेतुः संसारवारांनिधिसुखतरणे श्रीमहेशानसंज्ञम् । प्रालेयं ज्योतिरन्तःपरिणततिमिरव्यूहविच्छेददक्षं किंचिद्वाचामधीशं स्फुरतु मम हृदि त्र्यक्षरं विश्वसाक्षि ॥ ११५ ॥ शुद्धान्ते सीधुपानोन्मदमदनमदोन्मादमत्तालिकालीतालीसंताड्यमानोद्धटमुरजरवाडम्बरोल्लासिताङ्गः । नृत्यन्नग्नो विलज्जश्चलविकटतटैः स्वस्तये(?)लोंचनार्धैर्दृष्टः स्त्रीभिः सहासं प्रहसनमुदितः पातु वो वामदेवः ॥ ११६ ॥ बिभ्रत्पाथः कपर्दे सुरनगरनरीमिन्दुलेखां ललाटे नेत्रान्तः कालवह्निं गरलमपि गले व्याघ्रचर्माङ्गभागे । पश्चास्यो वै त्रिनेत्रो वृषभगतिरतिर्वामभागार्धवामः संदिश्यात्संपदं वः सह सकलगुणैरद्भुताकार ईशः ॥ ११७ ॥ राजा राजार्चिताङ्घ्रेरनुपचितकलो यस्य चूडामणित्वं नागा नागात्मजार्धं न भसितधवलं यद्वपुर्भूषयन्ति । मा रामारागिणी भून्मतिरिति यमिनां येन वोऽदाहि मारः सप्ताः सप्ताश्वनुन्नारुणकिरणनिभाः पातु बिभ्रत्त्रिनेत्रः ॥ ११८ ॥ एकं दन्तच्छदस्य स्फुरति जयवशादर्धमन्यत्प्रकोपादेकः पाणिः प्रणन्तुं शिरसि कृतपदः क्षेप्तुमन्यस्तमेव । एकं ध्यानान्निमीलत्यपरमविपहं वीक्षितुं चक्षुरित्थं तुल्यानिच्छापि वामा तनुरवतु स वो यस्य संध्यावसाने ॥ ११९ ॥

जटाजूटः ॥ स धूर्जटिजटाजूटो जायतां विजयाय वः । यत्रैकपलितभ्रान्तिं करोत्यद्यापि जाह्नवी ॥ १२० ॥ चूडापीडकपालसंकुलगलन्मन्दाकिनीवारयो विद्युत्प्रायललाटलोचनपुटज्योतिर्विमिश्रत्विषः । पान्तु त्वामकठोरकेतकशिखासंदिग्धमुग्धेन्दवो भूतेशस्य भुजंगवल्लिवलयस्रङ्नद्धजूटा जटाः ॥ १२१ ॥ गङ्गावारिभिरुक्षिताः फणिफणैरुत्पल्लवास्तच्छिखारत्नैः कोरकिताः सितांशुकलया स्मेरैकपुष्पश्रियः । आनन्दाश्रुपरिप्लुताक्षिहुतभुग्धूमैर्मिलद्दोहदा नाल्पं कल्पलताः फलं ददतु वोऽभीष्टं जटा धूर्जटेः ॥ १२२ ॥

गङ्गा ॥ पर्वतभेदि पवित्रं जैत्रं नरकस्य बहुमतगहनम् । हरिमिव हरिमिव हरिमिव सुरसरिदम्भः पतन्नमत ॥ १२३ ॥ इयं चिद्रूपापि प्रकटजडरूपा भगवती यदीयाम्भोबिन्दुर्वितरति च शंभोरपि पदम् । पुनाना धुन्वाना निखिलमपि नानाविधमघं जगत्कृत्स्नं पायादनुदिनमपायात्सुरधुनी ॥ १२४ ॥ चूडाशीतकरस्तनंधयसुधानीरन्ध्रगन्धस्पृशः क्रीडाकङ्कणपन्नगेश्वरफणापीतावशिष्टा मुहुः । अङ्कासीनगिरीन्द्रजास्तनतटीहारावलीलोलनाः संतापं शमयन्तु वो हरजटागङ्गातरङ्गानिलाः ॥ १२५ ॥ वाते वाति यदङ्गसंगमवशाच्छ्रीशंभुरूपप्रदे गौरी रुष्यति तुष्यति त्वहिपतिर्विन्ध्याटवी शोचति । चन्द्रस्त्रस्यति कुप्यते हरिरपि ब्रह्मा परं कम्पते सा गङ्गा निखिलं कलङ्कनिचयं भङ्कं तरङ्गैर्नयेत् ॥ १२६ ॥ शार्ङ्गी ब्रह्मकमण्डलोरधिगतैर्यैः प्रापि तीर्थाङ्किताः यैर्मृत्युंजयतामनायि गरलग्रस्तो जटाजूटगैः । येभ्योऽशिक्षत माधुरीं मृदुजटाजूटे मठे चन्द्रमास्तानीमानि पयांसि गौतमि तव श्रेयांसि यच्छन्तु नः ॥ १२७ ॥ यन्नाम्नः प्रथमाक्षरं विजयते भानौ द्वितीयाक्षरं नित्यं नृत्यति सत्कवीन्द्रवदने भूत्वान्त्यवर्णद्वयम् । रामो रावणमाजघान समरे शंभोः शिरःशालिनी सा सर्वाक्षरमालिनी भवतु मे भाग्याय भागीरथी ॥ १२८ ॥ मुक्ताभा नृकपालशुक्तिषु जटावल्लीषु मल्लीनिभा वह्नौ लाजनिभा दृशो मणिनिभा भोगोत्करे भोगिनाम् । नृत्यावर्तविवर्तनैरितपयःसंमूर्च्छनोच्छालिताः खेलन्तो हरमूर्ध्नि पान्तु भवतो गङ्गापयोबिन्दवः ॥ १२९ ॥ एषा धर्मपताकिनी तटसुधासेवावसन्नाकिनी शुष्यत्पातकिनी भगीरथतपःसाफल्यहेवाकिनी । प्रेमारूढपिनाकिनी गिरिसुता सा केकेरालोकिनी पापाडम्बरडाकिनी त्रिभुवनानन्दाय मन्दाकिनी ॥ १३० ॥ स्वच्छन्दोच्छलदच्छकच्छकुहरच्छातेतराम्बुच्छटामूर्च्छन्मोहमहर्षिहर्षविहितस्नानाह्निकाह्नाय वः । भिन्द्यादुद्यदुदारदर्दुरदरीदीर्घादरिद्रद्रुमद्रोहोद्रेकमहोर्मिमेदुरमदा मन्दाकिनी मन्दताम् ॥ १३१ ॥ शैवालश्रेणिशोभां दधति हरजटावल्लयो हन्त यस्यास्तद्वासोल्लासवेल्लद्बरशफरतुलां यत्र धत्ते कलावान् । उन्मीलद्भोगिभोगावनिसुभगसिताम्भोजसंभाविताम्भा गङ्गानङ्गारिसङ्गा महति तव विधौ मङ्गलान्यातनोतु ॥ १३२ ॥ दृष्टाः संकष्टदाहाः श्रवणपथगताः पुण्यपुञ्जावगाहाः स्पृष्टाः संसारपाथोनिधिपतितधरोद्धारधुर्या वराहाः । पीतास्तापोपशान्तिप्रजननपटवस्ते सुधावारिवाहाः कल्याणं कल्पयन्तां कलिकलुषहरा विष्णुपद्याः प्रवाहाः ॥ १३३ ॥ तावत्कर्णाध्वयाता जनघनकलुषाधूनने गन्धवाहा दृष्टाः किं हव्यवाहाः सकृदघदहने स्वर्गतौ पुण्यवाहाः । स्पृष्टाः संसारहाहारवकटुकमहाम्भोधिमग्ने वराहाः पीताः पीयूषधाराधिकतरमधुराः पान्तु गोदोदवाहाः ॥ १३४ ॥

---

१ केशादौ जरसा यच्छौक्ल्यं तत. २ तिर्यङ्नद्धमाला. ३ निबिड.

१ तिर्यग्दृष्ट्या. २ अनूपसदृशः. कश्चिन्नद्यादेरुपान्तदेशः. ३ बलवान्. ४ पङ्क्तिः. ५ नश्यत. ६ झटिति. ७ व्यक्तीभवत. ८ अक्षीणानाम्. महतामित्यर्थः. ९ सान्द्रस्निग्धः. १० मान्द्यम्.

शशिलेखा ॥ पूर्णनखेन्दुद्विगुणितमञ्जीरा प्रेमशृङ्खला जयति । हरशशिलेखा गौरीचरणाङ्गुलिमध्यगुल्फेषु ॥१३५॥ जयति परिमुषितलक्ष्मा भयादनुपसर्पतेव हरिणेन । इह केसरिकरजाङ्कुरकुटिला हरमौलिविधुलेखा ॥ १३६ ॥ श्रीकण्ठस्य कपर्द[1]बन्धनपरिश्रान्तोरगग्रामणीसंदष्टां मुकुटावतंसकलिकां वन्दे कलामैन्दवीम् । या बिम्बप्रतिपूरणाय परितो निष्पीड्य संदंशिका[2]यन्त्रेणेव ललाटलोचनशिखिज्वालाभिरावर्त्यते ॥ १३७ ॥

लोचनम् ॥ जयति ललाटकटाक्षः शशिमौलेः पक्ष्मलः प्रियाप्रणतौ । धनुषि स्मरेण निहितः सकण्टकः केतकेषुरिव ॥ १३८ ॥ अन्तर्नाडीनियमितमरुल्लङ्घितब्रह्मरन्ध्रं स्वान्ते शान्ति[3]प्रणयिनि समुन्मीलदानन्दसान्द्रम् । प्रत्य[5]ग्ज्योतिर्जयति यमिनः स्पष्टलालाटनेत्रव्याजव्यक्तीकृतमिव जगद्व्यापि चन्द्रार्धमौलेः ॥ १३९ ॥ सानन्दा गणनायके सपुलका गौरीमुखाम्भोरुहे सक्रोधा कुसुमायुधे सकरुणा पादानते वज्रिणि । सस्मेरा गिरिजासखीषु सनयाः शैलाधिनाथे वहन्भूमीन्द्र प्रदिशन्तु शर्म विपुलं शंभोः कटाक्षच्छटाः ॥ १४० ॥ एकं ध्याननिमीलनान्मुकुलितं चक्षुर्द्वितीयं पुनः पार्वत्या वदनाम्बुजस्तनतटे शृङ्गारभारालसम् । अन्यद्दूरविकृष्टचापमदनक्रोधानलोद्दीपितं शंभोर्भिन्नरसं समाधिसमये नेत्रत्रयं पातु वः ॥ १४१ ॥ पक्ष्मालीपिङ्गलिम्नः कण इव तडितां यस्य कृत्स्नः समूहो यस्मिन्ब्रह्माण्डमीषद्विघटितमुकुले कालयज्वा जुहाव । अर्चिर्निष्टप्तचूडाशशिगलितसुधाघोरझांकारिकोणं तार्तीयं यत्पुरारेस्तदवतु मदनप्लोषणं लोचनं वः ॥ १४२ ॥

कण्ठः ॥ पातु वो नीलकण्ठस्य कण्ठः श्यामाम्बुदोपमः । गौरीभुजलता यत्र विद्युल्लेखेव राजते ॥ १४३ ॥ पातु वः शितिकण्ठस्य तमालश्यामलो गलः । संसक्तपार्वतीबाहुसुवर्णनिकषोपलः ॥ १४४ ॥ कस्तूरीतिलकन्ति भालफलके देव्या मुखाम्भोरुहे रोलम्बन्ति तमालबालकुलोत्तंसन्ति मौलिं प्रति । याः कर्णे विकचोत्पलन्ति कुचयोरंसे च कालागुरुस्थासन्ति प्रथयन्तु तास्तव शिवं श्रीकण्ठकण्ठत्विषः ॥ १४५ ॥ कस्तूरीयन्ति भाले तदनु नयनयोः कज्जलीयन्ति कर्णप्रान्ते नीलोत्पलीयन्त्युरसि मरकतालंकृतीयन्ति देव्याः । रोमालीयन्ति नाभेरुपरि हरिमणीमेखलीयन्ति मध्ये कल्याणं कुर्युरेते त्रिजगति पुरजित्कण्ठभासां विलासाः ॥ १४६ ॥

१ जटाजूटः. २ कर्तरिका. ३ शान्तिमति. ४ व्याप्तम्. ५ अधोगामि.

शिरोमालिका ॥ पित्रोः पादाब्जसेवागतगिरितनयापुत्र[1]पत्रातिभीतक्षुभ्यद्भूषाभुजंगश्वसनगुरुमरुद्दीप्तनेत्राग्नितापात् । स्विद्यन्मौलीन्दुखण्डस्रुतबहुलसुधासेकसंजातजीवा पूर्वाधीतं पठन्ती ह्यवतु विधिशिरोमालिका शूलिनो वः ॥ १४७ ॥

गणाः ॥ संध्याताण्डवडम्बरप्रणयिनो देवस्य चण्डीपतेर्भ्रष्टापीडविशीर्णमुण्डचयनव्यग्रा गणाः पान्तु वः । यैरौत्सुक्यवशीकृतैर्ग्रहगणाद्राहौ गृहीते हठात्सूर्याचन्द्रमसोर्मिथः स्मितवतोर्जातं करास्फालनम् ॥ १४८ ॥

नन्दी ॥ कण्ठालंकारघण्टाघणघणरणितैर्ध्मातरोदः[4]कटाहः कण्ठेकाला[5]धिरोहोचितघन[6]सुभगंभावुकस्निग्धपृष्ठः । साक्षाद्धर्मो वपुष्मान्धवलककुदनिर्धूत[7]कैलासकूटः कूटस्थो[8] वः ककुद्मान्निबिडतरतमःस्तोम[9]तृण्यां[10] वितृण्यात्[11] ॥ १४९ ॥

ताण्डवम् ॥ देवा दिक्पतयः प्रयात परतः खं मुञ्चताम्भोमुचः पातालं व्रज मेदिनि प्रविशत क्षोणीतलं भूधराः । ब्रह्मन्नुन्नय दूरमात्मभुवनं नाथस्य नो नृत्यतः शंभोः संकटमेतदित्यवतु वः प्रोत्सारणा नन्दिनः ॥ १५० ॥ दोर्दण्डद्वयलीलया चलगिरिभ्राम्यत्तदुच्चैरवध्वानोद्गीतजगद्भ्रमत्पदभरालोलत्फणाग्र्योरगम् । भृङ्गापिङ्गजटाटवीपरिसरोद्गङ्गोर्मिमालाचलच्चन्द्रं चारु महेश्वरस्य भवतां निःश्रेयसे ताण्डवम् ॥ १५१ ॥ संध्याताण्डवडम्बरव्यसनिनो भर्गस्य चण्डभ्रमिव्यानृत्यद्भुजदण्डमण्डलभुवो झञ्झानिलाः पान्तु वः । येषामुच्छलतां जवेन झगिति व्यूहेषु भूमीभृतामुड्डीनेषु बिडौजसा[12] पुनरसौ दम्भोलि[13]रालोकितः ॥ १५२ ॥ यस्यां मौलिमिलत्सुधांशुकलया संपूर्णबिम्बायितं भालावस्थितलोचनेन सहसैवालातचक्रायितम् । आवर्तायितमाकपर्दममरस्रोतस्वतीधारया पातु त्रीणि जगन्ति खण्डपरशोः सा ताण्डवाङ्गभ्रमिः ॥ १५३ ॥ पादस्याविर्भवन्तीमवनतिमवने[14] रक्षतः स्वैरपातैः[15] संकोचेनैव दोष्णां मुहुरभिनयतः सर्वलोकातिगानाम्[16] । दृष्टिं लक्ष्येषु नोग्रां ज्वलनकणमुचं बध्नतो दाहभीतेरित्याधारानुरोधा[17]त्त्रिपुरविजयिनः पातु वो दुःखनृत्यम् ॥ १५४ ॥ मूर्धव्याधूयमानध्वनदमरधुनीलोलकल्लोलजालोद्भूताम्भःक्षोद[18]दम्भात्प्रसभमभिनभः क्षिप्तनक्षत्रलक्ष्यम् । ऊर्ध्वन्यस्ताङ्घ्रिदण्डभ्रमिभवरभसोद्यन्नभस्वत्प्रवेश-

१ षडाननः. २ वाहनम्. मयूर इत्यर्थः. ३ पूरित. ४ द्यावापृथिव्यौ. ५ शंकरः. ६ सुभगं भवतीति तत्. ७ परिभूत. ८ निश्चलः. निर्विकारतया चिरजीवीत्यर्थः. ९ अज्ञाननिवहः. १० तृणसमूहः. ११ खादतु. १२ इन्द्रेण. १३ वज्रम्. १४ पृथिव्याः. १५ यथेष्टं क्षेपणैः. १६ अतिक्रान्तचतुर्दशभुवनानाम्. १७ आधारस्य पृथिव्यादेरनुरोधादनुसारात्. १८ कणाः.

भ्रान्तब्रह्माण्डखण्डं प्रवितरतु शिवं शांभवं ताण्डवं वः
॥ १५५ ॥ शर्वाणीपाणितालैश्चलवलयझणत्कारिभिः श्ला-
घ्यमानं स्थाने संभाव्यमानं पुलकितवपुषा शंभुना प्रेक्षकेण ।
खेलत्पिच्छालि केकाकलकलकलितं क्रौञ्चभिद्बर्हियूना हेर-
म्बाकाण्डबृंहातरलितमनसस्ताण्डवं त्वां धिनोतु ॥ १५६ ॥

पायादायासखेदक्षुभितफणिफणारत्ननिर्यत्ननिर्यच्छायामायाष-
तङ्गद्युतिमुदितवियद्वाहिनीचक्रवाकम् । अभ्रान्ताभ्रान्तचू-
डातुहिनकरकरानीकनालीकनालच्छेदामोदादुधावद्बुधिरमिव
खगे धूर्जटेस्ताण्डवं नः ॥ १५७ ॥ उच्चैरुत्तालखेलद्भुजवन-
पवनोद्धूतशैलौघपातस्फारोदश्वत्पयोधिप्रकटितमुकुटस्वर्धुनी-
संगमानि । जीयासुस्ताण्डवानि स्फुटविकटजटाकोटिसंघट्टभू-
रिभ्रश्यन्नक्षत्रचक्रव्यवसितसुमनोवृष्टिपातानि शंभोः ॥१५८॥
देवस्त्रैगुण्यभेदात्सृजति वितनुते संहरत्येष लोकानस्यैव
व्यापिनीभिस्तनुभिरपि जगद्व्याप्तमष्टाभिरेव । वन्द्यो ना-
स्मेति पश्यन्निव चरणगतः पातु पुष्पाञ्जलिर्वः शंभोर्नृत्या-
वतारे वलयमणिफणाफूत्कृतैर्विप्रकीर्णः ॥ १५९ ॥ चञ्च-
द्देवेन्द्रकुट्यश्चलितदशदिशाकीर्णकोटीरकोट्यः संगायत्स्वर्व-
धूट्यः सरभसविनमत्सिद्धगन्धर्वधाट्यः । विश्लिष्यच्चर्मपट्यो
विगलितशतपत्रासनोद्यत्करोट्यस्त्रुट्यत्कैलासतट्यस्त्रिपुरविज-
यिनः पान्तु मामारभट्यः ॥ १६० ॥

अर्धनारीश्वरः ॥ मन्दारमालालुलितालकायै कपा-
लमालाङ्कितशेखराय । दिव्याम्बरायै च दिगम्बराय नमः
शिवायै च नमः शिवाय ॥१६१॥ एकः स्तनस्तुङ्गतरः परस्य
वार्तामिव प्रष्टुमगान्मुखाग्रम् । यस्याः प्रियार्धस्थितिमुद्व-
हन्त्याः सा पातु वः पर्वतराजपुत्री ॥ १६२ ॥ यस्योपवी-
तगुण एव फणावृतैकवक्षोरुहः कुचपटीयति वामभागे ।
तस्मै ममास्तु तमसामवसानसीम्ने चन्द्रार्धमौलिशिरसे म-
हसे नमस्या ॥ १६३ ॥ स्वेदार्द्रवामकुचमण्डनपत्रभङ्गसं-
शोषिदक्षिणकराङ्गुलिभस्मरेणुः । स्त्रीपुंनपुंसकपदव्यतिल-
ङ्घिनी वः शंभोस्तनुः सुखयतु प्रकृतिश्चतुर्थी ॥ १६४ ॥
संभोगानतिरिच्यमानविभवो यद्विप्रलम्भो रसस्तद्दिव्यं मि-
थुनं परस्परपरिस्यूतं नमस्कुर्महे । एकस्याः प्रतिबिम्बसंभृ-
तविपर्यासे मुहुर्दर्पणे सव्याङ्गस्थितिकौतुकं शमयति स्वामी
स यत्रापरः ॥ १६५ ॥ आश्लेषाधरबिम्बचुम्बनसुखालाप-
स्मितान्यासतां दूरे तावदिदं मिथो न सुलभं जातं सुखा-

१ पार्वती. २ उचितम्. ३ बर्हपङ्क्तयः. ४ षडाननः. ५ अका-
लेभवम्. ६ गर्जितम्. ७ क्षुब्धचेतसः मेघनिर्घोषभ्रान्त्येति भावः.
८ अनायासम्. ९ सुरसरित्. १० बाणः. ११ ताण्डवप्राचण्ड्यम्.
१२ कञ्चुकीभवति.

लोकनम् । इत्थं व्यर्थकृतैकदेहघटनोपन्यासयोरावयोः केयं
प्रेमविडम्बनेत्यवतु वः स्मेरोऽर्धनारीश्वरः ॥ १६६ ॥
स्वच्छन्दैकस्तनश्रीरुभयदलमिलन्मौलिचन्द्रः फणीन्द्रप्राची-
नावीतवाही सुखयतु भगवानर्धनारीश्वरो वः । यस्यार्धे
विश्वदाहव्यसनविसमरज्योतिरर्धे कृपोद्यद्बाष्पं चान्योन्यवे-
गप्रहतिसिमसिमाकारि चक्षुस्तृतीयम् ॥ १६७ ॥

पार्वती ।

हरकण्ठग्रहानन्दमीलिताक्षीं नमाम्युमाम् । कालकूट-
विषस्पर्शजातमूर्च्छागमामिव ॥ १ ॥ पार्वतीमोषधीमेकाम-
पर्णां मृगयामहे । शूली हालाहलं पीत्वा यया मृत्युंजयो-
ऽभवत् ॥ २ ॥ अपर्णैव लता सेव्या विद्वद्भिरिति मे मतिः ।
यया वृतः पुराणोऽपि स्थाणुः सूतेऽमृतं फलम् ॥ ३ ॥ मृ-
णालव्यालवलया वेणीबन्धकपर्दिनी । हरानुकारिणी पातु
लीलया पार्वती जगत् ॥ ४ ॥ जन्मान्तरीणरमणस्याङ्गसङ्ग-
समुत्सुका । सलज्जा चान्तिके सख्याः पातु नः पार्वती स-
दा ॥ ५ ॥ तपस्वी कां गतोऽवस्थामिति स्मेराननाविव ।
गिरिजायाः स्तनौ वन्दे भवभूतिसिताननौ ॥ ६ ॥ चिरमा-
विष्कृतप्रीतिभीतयः पान्तु वो द्विषाम् । वल्गज्ज्यारवोन्मि-
श्राश्चण्ड्याः कोदण्डकृष्टयः ॥ ७ ॥ चण्डीजङ्घाकाण्डः शिरसा
चरणस्पृशि प्रिये जयति । शंकरपर्यन्तजितो वीरस्तम्भः
स्मरस्येव ॥ ८ ॥ उन्नालनाभिपङ्केरुह इव येनावभाति शंभु-
रपि । जयति पुरुषायितायास्तदाननं शैलकन्यायाः ॥ ९ ॥
अङ्कनिलीनगजाननशङ्काकुलबाहुलेयहृतवसनौ । सस्मितहर-
करकलितौ हिमगिरितनयास्तनौ जयतः ॥ १० ॥ कण्ठो-
चितोऽपि हुंकृतिमात्रनिरस्तः पदान्तिके पतितः । यस्याश्च-
न्द्रशिखः स्मरभल्लनिभो जयति सा चण्डी ॥ ११ ॥ विरञ्चि-
नारायणवन्दनीयो मानं विनेतुं गिरिशोऽपि यस्याः । कृपा-
कटाक्षेण निरीक्षणानि व्यपेक्षते सावतु वो भवानी ॥ १२ ॥
शिरसि धृतसुरापगे स्मरारावरुणमुखेन्दुरुचिर्गिरीन्द्रपुत्री ।

१ यज्ञोपवीतम्. २ प्रसारी. ३ पर्वतसंबन्धिनीम्; (पक्षे) पर्वत-
पुत्रीम्. ४ पर्णरहिताम्; (पक्षे) एतन्नाम्नीं पार्वतीम्. ५ शूलरोगवान्;
(पक्षे) त्रिशूलधारी. ६ मृत्युनाशकः; (पक्षे) एतन्नाम्ना प्रसिद्धः शिवः.
७ स्वतः सुखविशेषजनकतया तुच्छविषयपराङ्मुखस्याप्येतादृश्यवस्था-
संपादनादिति भावः. ८ स्तनयोः कुम्भिकुम्भसाम्यादिति भावः.
९ कथं मां विहायैनमेव संगोप्य बहुकालं स्तन्यं प्रयच्छतीति धियेति
भावः. १० कार्तिकेयः. ११ गजानननिर्णयार्थमिति भावः. १२ आलि-
ङ्गनार्होऽपि; (पक्षे) अर्धचन्द्राकारतया कण्ठलक्ष्ययोग्योऽपि. १३ न तु
करतर्जनादिना; (पक्षे) बाणादिना. १४ प्रणामार्थमिति भावः; (पक्षे)
वेगवशादिति भावः.

अथ चरणयुगानते स्वकान्ते स्मितसरसा भवतोऽस्तु भूतिहेतुः ॥ १३ ॥ तद्वः प्रमार्ष्टु विपदः प्रणतार्तिहन्त्र्या न्यस्तं पदं महिषमूर्धनि चण्डिकायाः । वैरी यदीयनखरांशुपरीतशृङ्गः शक्रायुधाङ्कितनवाम्बुधरप्रभोऽभूत् ॥ १४ ॥ श्रुत्वा षडाननजनुर्मुदितान्तरेण पञ्चाननेन सहसा चतुराननाय । शार्दूलचर्म भुजगाभरणं सभस्म दत्तं निशम्य गिरिजाहसितं पुनातु ॥ १५ ॥ पञ्चास्यपञ्चदृशनेत्रपिधानदक्षा दाक्षायणीमृदुकराः कृतिनः पुनन्तु । द्वौ वल्लकीं कथमकेति च वादयन्तावष्टादशोऽपि घटयन्स्तुतिमौनमुद्राम् ॥ १६ ॥ आनन्दमन्थरपुरंदरमुक्तमाल्यं मौलौ हठेन निहितं महिषासुरस्य । पादाम्बुजं भवतु वो विजयाय मञ्जु मञ्जीरशिञ्जितमनोहरमम्बिकायाः ॥ १७ ॥ ब्रह्मादयोऽपि यदपाङ्गतरङ्गभङ्ग्या सृष्टिस्थितिप्रलयकारणतां व्रजन्ति । लावण्यवारिनिधिवीचिपरिप्लुतायै तस्यै नमोऽस्तु सततं हरवल्लभायै ॥ १८ ॥ ज्याकृष्टिबद्धखटकामुखपाणिपृष्ठप्रेङ्खन्नखांशुचयसंवलितोऽम्बिकायाः । त्वां पातु मञ्जरितपल्लवकर्णपूरलोभभ्रमद्भ्रमरविभ्रमभृत्कटाक्षः ॥ १९ ॥ पौलस्त्यपीनभुजसंपदुदस्यमानकैलाससंभ्रमविलोलदृशः प्रियायाः । श्रेयांसि वो दिशतु निह्नुतकोपचिह्नमालिङ्गनोत्पुलकमासितमिन्दुमौलेः ॥ २० ॥ दिश्यान्महासुरशिरःसरसीप्सितानि प्रेङ्खन्नखावलिमयूखमृणालनालम् । चण्ड्याश्चलच्चटुलनूपुरचञ्चरीकझांकारहारि चरणाम्बुरुहद्वयं वः ॥ २१ ॥ रचयति सहसा यचित्रमेतत्प्रपञ्चं प्रशमयति च तद्वत्केनचित्कौतुकेन । अविदितमपरैस्तच्चण्डमुण्डादिनानादनुजदलनदक्षं शैर्वसर्वस्वमव्यात् ॥२२॥ प्रचण्डचण्डमुण्डयोर्महाबलैकखण्डिनी ह्यनेकरुण्डमुण्डयुग्रणे बलैकदायिनी । क्वचित्त्वशक्तिकारिणी रमाविलासदायिनी मुदेऽस्तु कालिका सदा समस्तपापहारिणी ॥२३॥ पुरारितनुहारिणी दुरितसङ्घसंहारिणी भजन्मतिविवर्धिनी प्रबलदानवोन्मर्दिनी । तुषारगिरिनन्दिनी मुनिहृदन्तरालम्बिनी कुमारमुखचुम्बिनी हरनितम्बिनी पातु वः ॥ २४ ॥ सत्त्वादिभिस्त्रैरगणितगुणैर्हन्त विश्वं प्रसूय व्यक्तं धत्ते ग्रहसनकरीं या कुमारीति संज्ञाम् । मोहध्वान्तप्रसरविरतिर्विश्वमूर्तिः समन्तादाद्या शक्तिः स्फुरतु मम सा दीपवद्देहगेहे ॥ २५ ॥ औत्सुक्येन कृतत्वरा सहभुवा व्यावर्तमाना ह्रिया तैस्तैर्बन्धुवधूजनस्य वचनैर्नीताभिमुख्यं पुनः । दृष्ट्वाग्रे वरमात्तसाध्वसरसा गौरी नवे संगमे संरोहत्पुलका हरेण हसताश्लिष्टा शिवायास्तु वः ॥ २६ ॥ आदौ प्रेमकषायिता हरमुखव्यापारलोला शनैर्व्रीडाभारविघूर्णिता मुकुलिता धूमोद्गमव्याजतः । पत्युः संमिलिता दृशा सरभसव्यावर्तनव्याकुला पार्वत्याः परिणीतिमङ्गलविधौ दृष्टिः शिवायास्तु वः ॥ २७ ॥ प्रैत्यासन्नविवाहमङ्गलविधौ देवार्चनव्यग्रया दृष्ट्वाग्रे परिणेतुरेव लिखितां गङ्गाधरस्याकृतिम् । उन्मादस्मितगोपलज्जितधिया गौर्या कथंचिच्चिराद्वृद्धस्त्रीवचनात्प्रिये विनिहितः पुष्पाञ्जलिः पातु वः ॥ २८ ॥ रामाद्याचय मेदिनीं धनपतेर्बीजं बलाल्लाङ्गलं प्रेतेशान्महिषं तवास्ति वृषभः फालं त्रिशूलं तव । शक्ताहं तव चान्नदानकरणे स्कन्दोऽस्ति गोरक्षणे खिन्नाहं हर भिक्षया कुरु कृषिं गौरीवचः पातु वः ॥ २९ ॥ हे हेरम्ब किमम्ब रोदिषि कथं कर्णौ लुठत्यग्निभूः किं ते स्कन्द विचेष्टितं मम पुरा संख्या कृता चक्षुषाम् । नैतत्तेऽप्युचितं गजास्य चरितं नासां मिमीतेऽम्ब मे तावेवं सहसा विलोक्य हसितव्यग्रा शिवा पातु वः ॥३०॥ मातस्तातजटासु किं सुरसरित्किं शेखरे चन्द्रमाः किं भाले हुतभुग्लुठत्युरसि किं नागाधिपः किं कटौ । कृत्तिः किं जघनद्वयान्तरगतं यद्दीर्घमालम्बते श्रुत्वा पुत्रवचोऽम्बिका स्मितमुखी लज्जावती पातु वः ॥३१॥ धूमव्याकुलदृष्टिरिन्दुकिरणैराह्लादिताक्षी पुनः पश्यन्तीव समुत्सुका नतमुखी भूयो ह्रिया ब्रह्मणः । सेर्ष्या पादनखेन्दुदर्पणगते गङ्गां दधाने हरे स्पर्शादुत्पुलका करग्रहविधौ गौरी शिवायास्तु वः ॥३२॥ गोनासाय नियोजितागदरजाः सर्पाय बद्धौषधिः कण्ठस्थाय विषाय वीर्यमहतः पाणौ मणीन्बिभ्रती । भर्तुर्भूतगणाय गोत्रजरतीनिर्दिष्टमन्त्राक्षरा रक्षत्वद्रिसुता विवाहसमये प्रीता च भीता च वः ॥ ३३ ॥ स्वेदसन्दितसान्द्रचन्दनचयं दोर्वल्लिबन्धश्रमादूर्ध्वश्वासपरिस्खलत्स्मरकथं संदष्टदन्तच्छदम् । सीत्काराञ्चितलोचनं सपुलकं श्रान्तभ्रु नृत्यत्करं पार्वत्यां सुरतं मुदे रसवतामास्तां मृडानीपतेः ॥३४॥ स्वेदस्ते कथमीदृशः प्रियतमे त्वन्नेत्रवह्नेर्विभो कस्माद्वेपितमेतदिन्दुवदने भोगीन्द्रभीतेस्तव । रोमाञ्चः कथमेष देवि भगवन्गङ्गाम्भसां सीकरैरित्थं भर्तरि भावगोपनपरा गौरी चिरं पातु वः ॥ ३५ ॥ शम्याकस्य रजः प्रमृज्य

१ हस्तविन्यासविशेषः. २ इन्दुमौलेः प्रियायाः पार्वत्याः. ३ शर्वस्य शिवस्य सर्वस्वं पार्वतीरूपम्.

१ समीपवर्ती. २ भर्तुः. ३ चित्तविभ्रमः. ४ परशुरामात्. ५ कुबेरात्. ६ बलभद्रात्. ७ यमात्. ८ कृषकः. ९ स्कन्दः. १० गोनासादिसर्पभयनिवृत्त्य इत्यर्थः. गोनासः सर्पजातिविशेषः. ११ वृद्धा. १२ यावज्जीवं कृततपसः फलोन्मुखत्वं समीक्ष्येत्यर्थः. १३ भूतगणादिसाहित्यमालोक्येत्यर्थः. १४ चुम्बितावित्यर्थः. १५ निमीलित. १६ रोमहर्षणम्. १७ स्वाभिप्राय.

चरणे दत्तो मया यावको[1] निर्मृज्य स्तनकुड्मले च भसितं[2]
पत्राङ्कुरो निर्मितः । स्वच्छन्दं विहरेति जल्पितगिरं सा-
कूतमालीजनं दृष्ट्या केवलमाघ्नती कुटिलया दाक्षायणी
पातु वः ॥ ३६ ॥ वक्त्रं शीतकरोऽधरो घनरसः[3] कामप्रदो
विग्रहः[4] श्वासो गन्धवहः सरोरुहसुहृत्[5]पाणिः स्मिताभा
शुचिः[6] । वक्षः पीनपयो[7]धराधि[8]करणं पृथ्वी नितम्बस्थलीत्यष्टौ
धूर्जटिमूर्तयः स्मरभयाद्दुर्गाश्रिताः पान्तु वः ॥ ३७ ॥
पादाग्रस्थितया मुहुः स्तनभरेणानीतया नम्रतां शंभोः
सस्पृहलोचनत्रयपथं यान्त्या तदाराधने । ह्रीमत्या शिरसी[9]-
हितः सपुलकस्वेदोद्गमोत्कम्पया विश्लिष्यन्कुसुमाञ्जलिर्गि-
रिजया क्षिप्तोऽन्तरे पातु वः ॥ ३८ ॥ कैलासालयभालऌो-
चनरुचा निर्वर्तितालक्तकव्यक्तिः पादनखद्युतिर्गिरिभुवः सा
वः सदा त्रायताम् । स्पर्धाबन्धसमृद्धयेव सुदृढं रूढा यया
नेत्रयोः कान्तिः कोकनदा[10]नुकारसरसा सद्यः समुत्सार्यते
॥ ३९ ॥ लग्नः केलिकचग्रहश्लथजटालम्बेन निद्रान्तरे
मुद्राङ्कः शितिकन्धरेन्दुशकलेनान्तःकपोलस्थलम् । पार्वत्या
नखलक्ष्मशङ्कितसखीनर्मस्मितव्रीडया प्रोन्मृष्टः करपल्लवेन
कुटिलाताम्रच्छविः पातु वः ॥ ४० ॥ सव्रीडा दयितानने
सकरुणा मातङ्गचर्माम्बरे सत्रासा भुजगे सविस्मयरसा
चन्द्रेऽमृतस्यन्दिनि । सेर्ष्या जह्नुसुतावलोकनविधौ दीना
कपालोदरे पार्वत्या नवसंगमप्रणयिनी दृष्टिः शिवायास्तु वः
॥ ४१ ॥ भिक्षुः क्वास्ति बलेर्मखे पशुपतिः किं नास्त्यसौ
गोकुले मुग्धे पन्नगभूषणः सखि सदा शेते च तस्योपरि ।
आर्ये मुञ्च विषाद[11]माशु कमले नाहं प्रकृत्या चला[12] चेत्थं वै
गिरिजासमुद्रसुतयोः संभाषणं पातु वः ॥ ४२ ॥ हे गङ्गा-
धरपत्नि चक्रिवधु किं कुत्रास्त्यसौ नर्तको वृन्दारण्यभुवि
क्व सर्पकुतुकी स्यात्कालियस्य ह्रदे । भिक्षुः कुत्र गतोऽस्ति
यज्ञसदने क्वासौ विषघ्नी बकीक्रोडे स्यादिति पद्मजागिरि-
जयोर्वाग्भङ्गयः पान्तु वः ॥ ४३ ॥ वेणीबन्धकपर्दिनी
सिततनुः श्रीखण्डपांसूत्करैः केतक्येकदलेन्दुभृद्बिसलता
व्यालोपवीतिन्यपि । प्राक्पाणिग्रहणाद्विनोदरभसा सख्याः
पुरो लीलया कुर्वाणानुकृतिं हरस्य दिशतु श्रेयांसि वः
पार्वती ॥ ४४ ॥ यस्याङ्घ्रिद्वितयं नमन्ति विबुधाः स त्वेककः
सर्वविक्तं मृत्युंजयमामनन्ति मुनयः सोऽद्यापि यातिव्रताः ।
इत्याकर्ण्य कथां रहस्यपि यया पत्युर्विवाहात्पुरा भङ्क्त्वा-
ङ्गानि विजृम्भितं गिरिभुवो मोट्टायितं पातु वः ॥ ४५ ॥
संध्यारागवती स्वभावकुटिला गङ्गा द्विजिह्वः फणी वक्रा-
ङ्गैर्मलिनः शशी कपिमुखो नन्दी च मूर्खो वृषः । इत्थं
दुर्जनसंकटे पतिगृहे वस्तव्यमेतत्कथं गौरीत्थं नृकपालपा-
णिकमला चिन्तान्विता पातु वः ॥ ४६ ॥ भिक्षार्थी स क्व
यातः सुतनु बलिमखे ताण्डवं क्वाद्य भद्रे मन्ये वृन्दाव-
नान्ते क्व नु स मृगशिशुर्नैव जाने वराहम् । बाले कच्चिन्न
दृष्टो जरठ[1]वृषपतिर्गोप एवास्य वेत्ता लीलासंलाप इत्थं जल-
निधिहिमवत्कन्ययोस्त्रायतां वः ॥ ४७ ॥ दीप्तक्षुद्वेगयोगा-
द्वदनलहलहल्लम्बजिह्वप्रलीढब्रह्माण्डक्षौद्रबिन्दुप्रबलतरभव-
ज्जाठराग्निस्फुलिङ्गाम् । कालीं कङ्कालशेषामतुलगलचल-
न्मुण्डमालाकरालीगुञ्जासंवादिनेत्रामजिननिवसनां नौमि
पाशासिहस्ताम् ॥ ४८ ॥ उद्वाहारोपितार्द्राक्षतनिजपदयोः
संगतामिन्दुमौलावानम्रे यां सुधांशोर्व्यधित किल कलां
तूर्णमेवान्नपूर्णाम् । सक्तानामक्षतानाममृतदृगनलोपाधितः
पक्वभावान्नानार्थैरन्नपूर्णा प्रणतजनततेः पूर्णतामातनोतु
॥ ४९ ॥ जङ्घाकाण्डोरुनालो नखकिरणलसत्केसरालीक-
रालः प्रत्यग्रालक्तकाभाप्रसरकिसलयो मञ्जुमञ्जीरभृङ्गः ।
भर्तुर्नृत्तानुकारे जयति निजतनुस्वच्छलावण्यवापीसंभूताम्भो-
जशोभां विदधदभिनमो दण्डपादो भवान्याः ॥ ५० ॥
विद्राणे[2] रुद्रवृन्दे सवितरि तरले वज्रिणि ध्वस्तवज्रे जाताशङ्के
शशाङ्के विरमति मरुति त्यक्तवैरे कुबेरे । वैकुण्ठे कुण्ठि-
तास्त्रे महिषमतिरुषं पौरुषोपघ्न[3]निघ्नं निर्विघ्नं निघ्नती वः शम-
यतु दुरितं भूरि[4]भावा भवानी ॥ ५१ ॥ वक्षःपीठे निरीक्ष्य
स्फटिकमणिशिलामण्डलस्वच्छभासि स्वां छायां[5] साभ्यसूया[6]
त्वमियमिति मुहुः सत्यमाश्वासितापि । वामे मे दक्षिणेऽस्याः
श्रवसि[7] कुवलयं नाहमित्यालपन्ती दत्ताश्लेषा सहासं मदन-
विजयिना पार्वती वः पुनातु ॥ ५२ ॥ रामार्चिताङ्घ्रिरभि-
रामाकृतिः कृतविरामा सुपर्व[8]विपदां कामार्तिहृत्सफलकामा
निदेशरतकामादिनिर्जरवधूः । भामा[9] हरस्य नुतभामा[10] जपा[11]-
सदृशभा माननीयचरिता सा मामवत्वखिलसामादृतस्तुति-
रसामान्यमुक्तिसुखदा ॥ ५३ ॥ बाली[12]युतश्रवणपालीयुगा

---

१ लाक्षारसः. २ भस्म. ३ उदकम्; (पक्षे) अधिकरसः. ४ शरीरम्. यजमानरूपम्. ५ कमलानां मित्रम्. सूर्य इत्यर्थः; (पाणिपक्षे) सरोरुहानां सदृशा कान्तिर्यस्य. ६ अग्निः. ७ स्तनौ; (पक्षे) मेघाः. ८ स्थानम्. आकाशं मेघानां स्थानमिति प्रसिद्धम्. ९ इष्टः. १० रक्तोत्पलम्. ११ खेदम्; (पक्षे) विषमत्तीति विषादस्तं शिवम्. १२ चञ्चला; (पक्षे) लक्ष्मीः.

१ जीर्ण. २ पलायिते. ३ पौरुषोपघ्नानां पराक्रमिणां निघ्न आयत्तस्तम्. ४ प्रभूतप्रभावा. ५ प्रतिबिम्बम्. ६ सेर्ष्या. ७ कर्णे. ८ दैत्यकृतदेवविपत्तीनाम्. ९ स्त्री. १० क्रोधः असुरवधकालोत्पन्न इत्यर्थः. ११ अरुणेत्यर्थः. १२ कर्णभूषणविशेषः.

ललित[1]चूलीविराजि[2]बकुला केलीगतानुगमरालीकुला मधुरमौ[2]लीमिराद्दतकथा । नालीकद[3]क्कुसुमनालीकपाणिरिह कोली[4]यशासिसहजा तालीदलाभतनुमाली सदा भवतु काली शुभाय मम सा ॥ ५४ ॥

षण्मुखः ।

शैलराजतनयास्तनयुग्मव्यापृतास्ययुगलस्य गुहस्य । शेषवक्त्रकमलानि मलं वो दुग्धपानविधुराणि हरन्तु ॥ १ ॥ विकसदमरनारीनेत्रनीलाब्जखण्डान्यधिवसति सदा यः संयमाधःकृतानि । न तु रुचिरकलापे वर्तते यो मयूरे वितरतु स कुमारो ब्रह्मचर्यश्रियं वः ॥ २ ॥ आर्चिष्मन्ति विदार्य वक्त्रकुहराण्यासृक्कितो वासुकेरङ्गुल्या विषकर्बुरान्गणयतः संस्पृश्य दन्ताङ्कुरान् । एकं त्रीणि च सप्त पञ्च षडिति प्रध्वस्तसंख्याक्रमा वाचः क्रौञ्चरिपोः शिशुत्वविकलाः श्रेयांसि पुष्णन्तु वः ॥ ३ ॥

हरिहरौ ।

जाह्नवी मूर्ध्नि पादे वा कालः कण्ठे वपुष्यथ । कामारिं कामतातं वा कंचिद्देवं भजामहे ॥ १ ॥ गाङ्गयामुनयोगेन तुल्यं हारिहरं वपुः । पातु नाभिगतं पद्मं यस्य तन्मध्यगं यथा ॥ २ ॥ अ[6]बलाढ्यविग्रहश्री[7]रमर्त्यनतिर[8]क्षमालयोपेतः । [9]चक्रमोदितमुखः पायात्प[10]रमेश्वरो मुहुर[11]नादिः ॥ ३ ॥ पन्नगधारिकराग्रो गङ्गोमालक्षितोऽङ्कदोऽग्रभुजः । शशिखण्डशेखर उमापरिग्रहो मुहुरनादिरवतु त्वाम् ॥ ४ ॥ गवीश[12]पत्रो न[13]गजार्तिहारी कु[14]मारतातः [15]शशिखण्डमौलिः । [16]लङ्केशसंपूजितपादपद्मः पायाद[17]नादिः प[18]रमेश्वरो वः ॥ ५ ॥ स्फ-

टिकमरकतश्रीहारिणोः प्रीतियोगात्तदवतु वपुरेकं कामकंसद्विषोर्वः । भवति गिरिसुतायाः सार्धमम्भोधिपुत्र्या सदृशमहसि कण्ठे यत्र सीमाविवादः ॥ ६ ॥ संप्राप्तं म[1]करध्वजेन मै[2]थनं त्वत्तो मदर्थे पुरा तद्युक्तं ब[3]हुमार्गगां मम पुरो निर्लज्ज वोढुस्तव । तामेवानुनयस्व-भावकुटिलां हे कृ[4]ष्ण कण्ठग्रहं मुञ्चेत्याह रुषा यमद्रितनया लक्ष्मीश्च पायात्स वः ॥ ७ ॥ यौ तौ शङ्खकपालभूषितकरौ मालास्थिमालाधरौ देवौ द्वारवतीश्मशाननिलयौ नागारिगोवाहनौ । द्वित्र्यक्षौ बलिदक्षयज्ञमथनौ श्रीशैलजावल्लभौ पापं वो हरतां सदा हरिहरौ श्रीवत्सगङ्गाधरौ ॥ ८ ॥ लोले ब्रूहि कपालिकामिनि पिता कस्ते पतिः पाथसां कः प्रत्येति जलादपत्यजननं प्रत्येति यः प्रस्तरात् । इत्थं पर्वतसिन्धुराजसुतयोराकर्ण्य वाक्चातुरीं संस्मेरस्य हरेर्हरस्य च मुदो निघ्नन्तु विघ्नं तु वः ॥ ९ ॥ यस्मादासीत्कुमारः कुवलयदलवल्लीलयोवाह गङ्गां [6]वामा यस्याङ्गसङ्गा पिहितजनचयो यो गवीशध्वजोऽपि । लङ्केशाद्येकनाथो हिमकररुचिभृद्धविशेषाश्रयोऽसौ वर्णस्याद्यस्य लोपादपहरतु हरिः पातकं वः स्मरारिः ॥ १० ॥

त्रिमूर्तयः ।

नमस्त्रिमूर्तये तुभ्यं प्राक्सृष्टेः केवलात्मने । गुणत्रयविभागाय पश्चाद्भेदमुपेयुषे ॥ १ ॥ नमो विश्वसृजे पूर्वं विश्वं तदनु बिभ्रते । अथ विश्वस्य संहर्त्रे तुभ्यं त्रेधास्थितात्मने ॥ २ ॥ रजोजुषे जन्मनि सत्ववृत्तये स्थितौ प्रजानां प्रलये तमःस्पृशे । अजाय सर्गस्थितिनाशहेतवे त्रयीमयाय त्रिगुणात्मने नमः ॥ ३ ॥ श्यामश्वेतारुणाङ्गा जलधरणिधरोत्फुल्लपङ्केरुहस्था मोमासावित्र्युपेता रथचरणपिनाकोग्रहुंकारशस्त्राः । देवा द्वित्र्यष्टनेत्रा जगदवनसमुच्छेदनोत्पत्तिदक्षाः प्रीता वः पान्तु नित्यं हरिहरविधयस्तार्क्ष्यगोहंसपत्राः ॥ ४ ॥

विष्णुः ।

नमस्त्रिभुवनोत्पत्तिस्थितिसंहारहेतवे । विष्णवेऽपारसंसारपारोत्तरणसेतवे ॥ १ ॥ आदिमध्यान्तरहितं दशा-

१ केशपाशः. २ सखीभिः. ३ कमलनयना. ४ पुष्पशरहस्ता. ५ कालीयः सर्पस्तं शास्तीति स कृष्णस्तत्सहजा भगिनी. यशोदोदरे दुर्गाप्रादुर्भावस्य भागवते प्रसिद्धत्वात्. ६ पार्वत्यर्धाङ्गीकरणात्; (पक्षे) बलाढ्यो बलिष्ठः. ७ देवसंपूजितः; (पक्षे) मृत्युलोकसंपूजितः. तस्य रक्षणात्. ८ अक्षमाला जपमाला; (पक्षे) क्षमालयं पृथ्वी. ९ पञ्चाननः; (पक्षे) चक्रेण मोदितं मुखं यस्य सः. १० परमेश्वरः शिवः, रमेश्वरो विष्णुः. ११ न विद्यते आदिर्यस्य सः; (पक्षे) आद्यवर्णरहितः. १२ गवीशो वृषो वाहनं यस्य; (पक्षे आद्याक्षरस्य लोपात्) वीशो गरुडो वाहनं यस्य. १३ पार्वतीदुःखनाशकः (पक्षे) गजेन्द्रपीडाहारकः. १४ कार्तिकेयपिता; (पक्षे) मदनपिता. १५ चन्द्रः शिरसि यस्य; (पक्षे) मयूरपिच्छानि शिरसि यस्य. १६ रावणपूजितचरणकमलः; (पक्षे) को ब्रह्मा, ईशः शिवः, एताभ्यां पूजितपादपद्मः. १७ न विद्यत आदिर्यस्य सः; (पक्षे) आद्याक्षरशून्यः. १८ शिवः; (पक्षे) विष्णुः.

१ शिवपक्षे मदनेन; विष्णुपक्षे समुद्रेण. २ विनाशः; (पक्षे) विलोडनम्. ३ नदीम्. गङ्गामित्यर्थः; (पक्षे) वेश्याम्. कंसस्य कुब्जांदासीमित्यर्थः. ४ कृष्णकण्ठ नीलकण्ठ ग्रहं निर्बन्धं मुञ्च; (पक्षे) कृष्ण कण्ठग्रहं मत्कण्ठग्रहं मुञ्च. ५ पाषणात्. पार्वत्याः पर्वतगर्भसंजननत्वात्. ६ स्त्री; (पक्षे) मा लक्ष्मीः. ७ चन्द्रः, (पक्षे) मीनः. ८ मा लक्ष्मीः; उमा पार्वती. ९ चक्रम्. १० गरुडः. ११ वस्त्रस्य प्रान्तभागस्थाः सूत्रवर्तिकाः.

हीनं पुरातनम् । अद्वितीयमहं वन्दे मद्वस्त्रसदृशं हरिम्
॥ २ ॥ लक्ष्मीकपोलसंक्रान्तकान्तपत्त्रलतोज्ज्वलाः । दोर्द्रुमाः
पान्तु वः शौरेर्घनच्छाया महाफलाः ॥ ३ ॥ जयति स
भगवान्कृष्णः शेते यः शेषभोगशय्यायाम् । मध्येपयः पयो-
धेरपर इवाम्भोनिधिः कृष्णः ॥ ४ ॥ अतिविपुलं कुचयुगलं
रहसि करैरामृशन्मुहुर्लक्ष्म्याः । तदपहृतं निजहृदयं जयति
हरिर्मृगयमाण इव ॥ ५ ॥ जयति स नाभिर्जगतां स्वना-
भिरन्ध्रोद्भवजगद्वीजः । दामोदरो निजोदरगह्वरनिर्विष्टज-
गदण्डः ॥ ६ ॥ श्रीकरपिहितं चक्षुः सुखयतु वः पुण्ड-
रीकनयनस्य । जघनमिवेक्षितुमागतमब्जनिभं नाभिसुषि-
रेण ॥ ७ ॥ श्यामं श्रीकुचकुङ्कुमपिञ्जरितमुरो मुरद्विषो
जयति । दिनमुखनभ इव कौस्तुभभविभाकरो यद्विभूषयति
॥ ८ ॥ प्रतिबिम्बितप्रियातनु सकौस्तुभं जयति मधुभिदो
वक्षः । पुरुषायितमभ्यस्यति लक्ष्मीर्यद्वीक्ष्य मुकुरमिव
॥ ९ ॥ केलिचलाङ्गुलिलम्भितलक्ष्मीनाभिर्मुरद्विषश्चरणः ।
स जयति येन कृता श्रीरनुरूपा पद्मनाभस्य ॥ १० ॥
रोमावली मुरारेः श्रीवत्सनिवेशिताग्रभागा वः । उन्नालना-
भिनलिनच्छायेवोत्तापमपहरतु ॥ ११ ॥ कमलाकुचकन-
काचलजलधरमाभीरसुन्दरीमदनम् । अधिततशेषफणावलि-
(सु)कमलवनभृङ्गमच्युतं वन्दे ॥१२॥ जीयादम्बुधितनयाध-
ररसमास्वादयन्मुरारिरयम् । अम्बुधिमथनक्लेशं कलयन्वि-
फलं च सफलं च ॥ १३ ॥ श्रीधाम्नि दुग्धोदधिपुण्डरीके
यश्चञ्चरीकद्युतिमातनोति । नीलोत्पलश्यामलदेहकान्तिः स-
वोऽस्तु भूत्यै भगवान्मुकुन्दः ॥ १४ ॥ वक्षःस्थली रक्षतु
सा जगन्ति जगत्प्रसूतेर्गरुडध्वजस्य । श्रियोऽङ्गरागेण वि-
भाव्यते या सौभाग्यहेम्नः कषपट्टिकेव ॥ १५ ॥ वृन्दारका
यस्य भवन्ति भृङ्गा मन्दाकिनी यन्मकरन्दबिन्दुः । तवार-
विन्दाक्ष पदारविन्दं वन्दे चतुर्वर्गचतुष्पदं तत् ॥ १६ ॥
जयत्युपेन्द्रः स चकार दूरतो बिभित्सया यः क्षणलब्धल-
क्ष्यया । दृशैव कोपारुणया रिपोरुरः स्वयं भयाद्भिन्नमिवा-
स्रपाटलम् ॥ १७ ॥ पद्मापयोधरतटीपरिरम्भलग्नकाश्मीरमु-
द्रितमुरो मधुसूदनस्य । व्यक्तानुरागमिव खेलदनङ्गखेदस्वे-
दाम्बुपूरमनुपूरयतु प्रियं वः ॥ १८ ॥ श्रेयः सदा दिशतु
सालसपक्ष्मपाते निद्रायिते अपि दृशौ भृशमुन्नमय्य । संवा-
ह्यमानचरणाम्बुजजातहर्षो लक्ष्मीमुखेक्षणपरः परमेश्वरो वः
॥ १९ ॥ सकलभुवनबन्धोर्वैरमिन्दोः सरोजैरनुचितमिति
मत्वा यः स्वपादारविन्दम् । घटयितुमिव मायी योजयत्या-
ननेन्दौ वटदलपुटशायी मङ्गलं वः कृषीष्ट ॥ २० ॥ कच-
कुचचुबुकाग्रे पाणिषु व्यापृतेषु प्रथमजलधिपुत्रीसंगमेऽनङ्ग-
धाम्नि । ग्रथितनिबिडनीवीबन्धनिर्मोचनार्थं चतुरधिकक-
राशः पातुवश्चक्रपाणिः ॥ २१ ॥ विरमति महाकल्पे नाभी-
पथैकनिकेतनस्त्रिभुवनपुरःशिल्पी यस्य प्रतिक्षणमात्मभूः ।
किमधिकरणं कीदृक्कस्य व्यवस्थितिरित्यसावुदरमविशद्द्रष्टुं
तस्मै जगन्निधये नमः ॥ २२ ॥ लक्ष्मीपाणिद्वयविरचितं
मूलमूर्धश्रुतीनां व्यक्तं वन्दे चरणकमलद्वन्द्वमाद्यस्य पुंसः ।
यत्रैकस्य व्यधित बलिना पाद्यतोयैर्वितीर्णैरार्द्रस्यैव प्रणति-
तरलः क्षालनं पद्मयोनिः ॥ २३ ॥ अनादृतचमूपतिप्रहित-
हस्तमस्वीकृतप्रणीतमणिपादुकं किमिति विस्मितान्तःपुरम् ।
अवाहनपरिष्क्रियं पतगराजमारोहतः करिप्रवरबृंहिते भग-
वतस्त्वरायै नमः ॥ २४ ॥ दृक्पातः कमलासनेऽस्तु
भवतो ज्ञानं मनाङ्मारुते श्रीकण्ठोऽयमितः सुरानिति
नतांस्तार्क्ष्येण विज्ञापितः । प्रेयस्याः क्व तदासनं क्व च
रुतं कण्ठः क्व चेत्युल्लसल्लक्ष्म्यावासितमानसो विजयते सुप्त-
प्रबुद्धो हरिः ॥ २५ ॥ निर्मग्नेन मयाम्भसि स्मरभरादालिः
समालिङ्गिता केनालीकमिदं तवाद्य कथितं राधे मुधा
ताम्यसि । इत्युत्स्वप्नपरम्परासु शयने श्रुत्वा वचः शार्ङ्गिणः
सव्याजं शिथिलीकृतः कमलया कण्ठग्रहः पातु वः
॥ २६ ॥ यं शैवाः समुपासते शिव इति ब्रह्मेति वेदा-
न्तिनो बौद्धा बुद्ध इति प्रमाणपटवः कर्तेति नैयायिकाः ।
अर्हन्नित्यथ जैनशासनरताः कर्मेति मीमांसकाः सोऽयं वो
विदधातु वाञ्छितफलं त्रैलोक्यनाथो हरिः ॥ २७ ॥
येनोत्थाप्य समूलमन्दरगिरिश्छत्त्रीकृतो गोकुले राहुर्येन
महाबलः सुररिपुः कार्यादशेषीकृतः । कृत्वा त्रीणि पदानि
येन वसुधा बद्धो बलिर्लीलया सोऽयं पातु युगे युगे युग-
पतिस्त्रैलोक्यनाथो हरिः ॥ २८ ॥ मुग्धे मुञ्च विषादमत्र

१ लक्ष्मीः. २ रतरीतिवसनविहीनतया लज्जावशादिति भावः. ३ पिहितेऽपि चक्षुर्गोलकेऽन्यमार्गेण पुण्डरीकनयनमुत्पादयित्वा जघनविलोकनं कृतमित्यर्थः. ४ रन्ध्रम्. ५ रक्तीकृतम्. दृढालिङ्गनादिति भावः. ६ प्रातःकालीननभसः स्वतो नीलिमत्वात्. ७ कौस्तुभमणिरेव सूर्यो यस्मिन्. ८ विपरीतरतम्. ९ दर्पणम्. १० स्पष्टः. ११ चरणरूपपद्मनाभित्वेनेति भावः. १२ रोमावल्यां नालच्छायोत्प्रेक्षा श्रीवत्से च नलिनच्छायोत्प्रेक्षा. १३ महासंतापम्. १४ भृङ्गः. १५ निकषग्रावा.

१ सुरतायासः. २ ब्रह्मणि; (पक्षे) लक्ष्म्या आसने. ३ वायौ; (पक्षे) लक्ष्म्याः शब्दे. ४ शिवः; (पक्षे) लक्ष्म्याः कण्ठः. ५ सखी. ६ असत्यम्. ७ कुप्यसि. ८ खेदम्; (पक्षे) शिवम्.

बॅलमित्कम्पो गुॅरुस्त्यज्यतां सॅद्भावं भज पुॅण्डरीकनयने मान्यानिमान्मानय । इत्थं शिक्षयतः स्वयंवरविधौ धन्वन्तरेर्वाक्छलादन्यत्र प्रतिषेधमात्मनि विधिं शृण्वन्हरिः पातु वः ॥ २९ ॥ नाभीपद्मवसच्चतुर्मुखमुखोद्गीतस्तवाकर्णनप्रोन्मीलत्कमनीयलोचनकलाखेलन्मुखेन्दुद्युतिः । सक्रोधं मधुकैटभौ सकरुणस्नेहं सुतामम्बुधेः सोत्प्रासप्रणयं सरोजवसतिं पश्यन्हरिः पातु वः ॥ ३० ॥ निष्प्रत्यूहमुपास्महे भगवतः कौमोदकीलक्ष्मणः कोकप्रीतिचकोरपारणपटुज्योतिष्मती लोचने । याभ्यामर्धविबोधमुग्धमधुरश्रीरर्धनिद्रायितो नाभीपल्वलपुण्डरीकमुकुलः कॅम्बोः सपत्नीकृता ॥ ३१ ॥ भॅक्तिप्रह्वविलोकनप्रणयिनी नीलोत्पलस्पर्धिनी ध्यानालम्बनतां समाधिनिरॅतैर्नीतेहितप्राप्तये । लावण्यैकमहानिधी रसिकतां लक्ष्मीदृशोस्तन्वती युष्माकं कुरुतां भवार्तिशमनं नेत्रे तनुर्वा हरेः ॥ ३२ ॥ चत्वारः प्रथयन्तु विद्रुमलतारक्ताङ्गुलिश्रेणयः श्रेयः शोणसरोजकोरकरुचस्ते शार्ङ्गिणः पाणयः । भालेष्वब्जभुवो लिखन्ति युगपद्ये पुण्यवर्णावलीः कस्तूरीमकरीः पयोधरयुगे गण्डद्वये च श्रियः ॥ ३३ ॥ आकल्पं मुरजिन्मुखेन्दुमधुरोन्मीलन्मरुन्माधुरीधीरोदात्तमनोहरः सुखयतु त्वां पाञ्चजन्यध्वनिः । लीलालङ्घितमेघनादविभवो यः कुम्भकर्णव्यथादायी दानवदन्तिनां दशमुखं दिक्चक्रमाक्रामति ॥ ३४ ॥ भ्राम्यन्मन्दरकंदरोदरदरीव्यावर्तिभिर्वारिधेः कल्लोलैरलमाकुलं कलयतो लक्ष्म्या मुखाम्भोरुहम् । औत्सुक्यात्तरलाः स्मराद्विकसिता भीत्या समाकुञ्चिताः क्रोधेन ज्वलिता मुदा मुकुलिताः शौरेर्दृशः पान्तु वः ॥ ३५ ॥ पर्यङ्कीकृतनागनायकफणाश्रेणीमणीनां गणे संक्रान्तप्रतिबिम्बसंवलनया बिभ्रद्वपुर्विक्रियाम् । पादाम्भोरुहधारिवारिधिसुतामक्ष्णां दिदृक्षुः शतैः कायव्यूहमिवाचरन्नुपचितोकूतो हरिः पातु वः ॥ ३६ ॥ मन्थक्ष्माधरघूर्णितार्णवपयःपूरान्तरालोल्लसल्लक्ष्मीकन्दलकोमलाङ्गदलनप्रादुर्भवत्संभ्रमाः । हर्षोत्कण्टकितत्वचो मधुरिपोर्देवासुराकर्षणव्यापारोपरमाय पान्तु जगतीमाबद्धवीप्सा गिरः ॥ ३७ ॥ चक्र ब्रूहि विभो गदे जय हरे कम्बो समाज्ञापय भो भो नन्दक जीव पन्नगरिपो किं नाथ भिन्नो मया । को दैत्यः कतमो हिरण्यकशिपुः सत्यं भवद्भ्यः शपे केनास्त्रेण नखैरिति प्रवदतो विष्णोर्मुखं पातु वः ॥ ३८ ॥ प्रत्यग्रोन्मेषजिह्मा क्षणमनभिमुखी रॅत्नदीपप्रभाणामात्मव्यापारगुर्वी जनितजलकणा जृम्भितैः साङ्गभङ्गैः । नॉगाङ्कं भोक्तुमिच्छोः शयनमुरु फणाचॅक्रवालोपधानं निद्राच्छेदाभिताम्रा चिरमवतु हरेर्दृष्टिरॅाकेकरा वः ॥ ३९ ॥ श्रीराजीवाक्षवक्षःस्थलनिलयरमाहस्तवास्तव्यलोलल्लीलाब्जान्निःसरन्ती मधुरमधुझरी नाभिपद्मे मुरारेः । अॅस्तोकं लोकमात्रा द्वियुॅगमुखशिशोराननेष्वर्प्यमाणं शङ्खप्रान्तेन दिव्यं पय इति विबुधैः शङ्क्यमाना पुनातु ॥ ४० ॥ किंचिन्निर्मुच्यमाने गगन इव मुखे शाठ्यनिद्रापयोदैर्न्यक्कुर्वाणे स्वभासा फणिपतिशिरसां रत्नदीपांशुजालम् । पायास्तां वो मुरारेः शशितपनमये लोचने यद्विभासा लक्ष्म्या हस्तस्थमर्धं विकसति कमलस्यार्धमभ्येति निद्राम् ॥ ४१ ॥ एकस्थं जीवितेशे त्वयि सकलजगत्सारमालोकयामः श्यामे चक्षुस्त्वयास्मिन्वपुषि निविशते नाल्पपुण्यस्य पुंसः । कस्यान्यत्रामृतेऽस्मिन्नतिरतिविपुला दृष्टिरेवामृतं ते दैत्यैरित्युच्यमानो मुनिभिरपि हरिः स्त्रैणरूपोऽवताद्वः ॥ ४२ ॥ यस्योद्यद्बाणबाहुद्रुमगहनवनच्छेदगोष्ठीकुठारं चक्रं निष्क्रान्ततीव्रानलबहलकणाकीर्णधारं विचिन्त्य । जातग्रामावसायो दिवसकृतिलसन्मांसलांशुप्रवाहे मुह्यत्यद्यापि राहुः स दहतु दुरितान्याशु दैत्यान्तको वः ॥ ४३ ॥

शङ्खः ॥ भिन्दन्नरातिहृदयानि हरेः पुनातु निःश्वासवातमुखरीकृतकोटरो वः । संक्रान्तकुक्षिकुहरास्पदसप्तसिन्धुसंघट्टघोरतरघोष इवाशु शङ्खः ॥ ४४ ॥ पायात्स वः कुमुदकुन्दमृणालगौरः शङ्खो हरेः करतलाम्बरपूर्णचन्द्रः । नादेन यस्य सुरशत्रुविलासिनीनां काञ्च्यो भवन्ति शिथिला जघनस्थलीषु ॥ ४५ ॥

चक्रम् ॥ दृष्टस्य यस्य हरिणा रणमूर्ध्नि मूर्तिरुद्धतदुःसहमहःप्रसरा समन्तात् । तल्लोचनस्थितरविप्रतिबिम्बगर्भेवाभाति चक्रमरिचक्रनुदेऽस्तु तद्वः ॥ ४६ ॥ उद्वृत्तदैत्यपृतनापतिकण्ठपीठच्छेदोच्छलद्बहलशोणितशोणधारम् ।

१ बलं भिनत्तीति नम् (पक्षे) इन्द्रम्. २ बहु; (पक्षे) बृहस्पतिः. ३ सुष्ठुभावम्; (पक्षे) सद्भावेन. ४ कमललोचने; (पक्षे) विष्णौ. ५ शङ्खस्य. ६ भक्तिप्रह्वादिविशेषणानि नेत्रपक्षे तनुपक्षे च क्रमेण द्विवचनैकवचनान्तानि. ७ 'नीता ईहितप्राप्तये' इति तनुपक्षे छेदः. ८ पश्यतः. ९ अदत्तपरपुत्रिकाप्रार्थत्वेन. १० संबद्ध. ११ बहुशरीरताम्. १२ समृद्धकामभावः.

१ उन्मीलनम्. २ कुटिला. ३ शेषशिरःस्थानामित्यर्थः. ४ शेषनागक्रोडरूपम्. ५ बृहत्. ६ मण्डलं. ७ ईषत्संकुचिता. ८ बहु. ९ ब्रह्मणः.

चक्रं क्रियादभिमतानि हरेरुदारदिग्दाहदारुणनभःश्रियमुद्वहद्वः ॥ ४७ ॥

गरुडः ॥ सौवर्णाङ्कितपत्रमारुतहृताहिव्रातकान्ताकुचस्फूर्जन्मौक्तिकभूषणः खगपतिः पूर्णेन्दुबिम्बाननः । पद्माधीश्वरपादपद्मयुगलस्पर्शामलाङ्गानतः पायाद्वो विनतासुतो हरिकृपालोकैकपात्रीकृतः ॥ ४८ ॥

शेषः ॥ ब्रह्माण्डकुम्भकारं भुजगाकारं जनार्दनं नौमि । स्फारे यत्फणचक्रे धरा शरावश्रियं वहति ॥ ४९ ॥

लक्ष्मीः ।

जयन्ति जगतां मातुः स्तनकुङ्कुमबिन्दवः । मुकुन्दाश्लेषसंक्रान्तकौस्तुभश्रीविडम्बिनः ॥ १ ॥ पायात्पयोधिदुहितुः कपोलामलचन्द्रमाः । यत्र संक्रान्तबिम्बेन हरिणा हरिणायितम्[1] ॥ २ ॥ देवेऽर्पितवरणस्रजि बहुमाये वहति कैटभीरूपम् । जयति सुरासुरहसिता लज्जाजिह्मेक्षणा लक्ष्मीः ॥ ३ ॥ तल्पीकृताहिरगणितगरुडो हारामिहतविधिर्जयति । फणशतपीतश्वासो रागान्धायाः श्रियः केलिः ॥ ४ ॥ स्मेराननेन हरिणा सस्पृहमाकारवेदिनाकलितम् । जयति पुरुषायितायाः कमलायाः कैटभीध्यानम् ॥ ५ ॥ कमलासनकमलेक्षणकमलारिकिरीटकमलभृद्वाहैः । नुतपदकमला कमला करधृतकमला करोतु मे कमलम् ॥ ६ ॥ किञ्जल्कराजिरिव नीलसरोजलग्ना लेखेव काञ्चनमयी निकषोपलस्था । सौदामनी जलदमण्डलगामिनीव पायादुरःस्थलगता कमला मुरारेः ॥ ७ ॥ दन्तैः कोरकिता स्मितैर्विकसिता भ्रूविभ्रमैः पत्रिता दोर्भ्यां पल्लविता नखैः कुसुमिता लीलामिरुद्वेलिता । उत्तुङ्गस्तनमण्डलेन फलिता भक्ताभिलाषे हिता काचित्कल्पलता सुरासुरनुता पायात्सुधाब्धेः सुता ॥ ८ ॥ उत्तुङ्गस्तनमण्डलोपरिलसत्प्रालम्बमुक्तामणेरन्तर्बिम्बितमिन्द्रनीलनिकरच्छायानुकारिद्युति । लज्जाव्याजमुपेत्य नम्रवदना स्पष्टं मुरारेर्वपुः पश्यन्ती मुदिता मुदेऽस्तु भवतां लक्ष्मीर्विवाहोत्सवे ॥ ९ ॥ आख्याते हसितं पितामह इति त्रस्तं कपालीति च व्यावृत्तं गुरुरित्ययं दहन इत्याविष्कृता भीरुता । पौलोमीपतिरित्यसूयितमथ व्रीडाविनम्रश्रिया पायाद्वः पुरुषोत्तमोऽयमिति यो न्यस्तः स पुष्पाञ्जलिः ॥ १० ॥ क्रीडाभिन्नहिरण्यशुक्तिकुहरे रक्तात्मनावस्थितान्हारं हारमुदारकुङ्कुमरसानव्याजभव्यान्नखैः । वीरश्रीकुचकुम्भसीम्नि लिखतो वीरस्य पत्रावलीस्तत्कालोचितभावबन्धमधुरं मन्दस्मितं पातु वः ॥ ११ ॥ पद्मायाः स्तनहेमसद्मनि मणिश्रेणीसमाकर्षके किंचित्कञ्चुकसंधिसंनिधिगते शौरेः करे तस्करे । सद्यो जागृहि जागृहीति वलयध्वानैर्ध्रुवं गर्जता कामेन प्रतिबोधिताः प्रहरिका रोमाङ्कुराः पान्तु वः ॥ १२ ॥ यादृग्जानासि जाम्बूनदगिरिशिखरे कान्तिरिन्दोः कलानामित्यौत्सुक्येन पत्यौ स्मितमधुरमुखाम्भोरुहं भाषमाणे । लीलादोलायमानश्रुतिकमलमिलद्भृङ्गसंगीतसाक्षी पायादम्भोधिजायाः कुसुमशरकलानाट्यनान्दीनकारः ॥ १३ ॥ उत्तिष्ठन्त्या रतान्ते भरमुरगपतौ पाणिनैकेन कृत्वा धृत्वा चान्येन वासो विगलितकबरीभारमंसे वहन्त्याः । भूयस्तत्कालकान्तिद्विगुणितसुरतप्रीतिना शौरिणा वः शय्यामालिङ्ग्य नीतं वपुरलसलसद्बाहु लक्ष्म्याः पुनातु ॥ १४ ॥

समुद्रः ॥ वत्से मा गा विषादं[1] श्वसनम्[2] उरुजवं[3] संत्यजोर्ध्वप्रवृत्तं कम्पः[4] को वा गुरुस्ते[5] किमिह बलभिदा[6] जृम्भितेनात्र[7] याहि । प्रत्याख्यानं[8] सुराणामिति भयशमनच्छद्मना[9] कारयित्वा यस्मै लक्ष्मीमदाद्वः स दहतु दुरितं मन्थमुग्धः पयोधिः ॥ १५ ॥

ब्रह्मा ।

तं वन्दे पद्मसद्मानमुपवीतच्छटाछलात् । गङ्गा स्रोतस्त्रयेणेव यं सदैव निषेवते ॥ १ ॥ कुलशैलदलं पूर्णसुवर्णगिरिकर्णिकम् । नगोऽधितिष्ठतेऽनन्तनालं कमलविष्टरम् ॥ २ ॥ कृतकान्तकेलिकुतुकश्रीशीतश्वाससेकनिद्राणः । घोरितविरताकालिरुतो नाभिसरोजे विधिर्जयति ॥ ३ ॥ अविरताम्बुजसंगतिसंगलद्बहलकेसरसंवलितेव वः । ललितवस्तुविधानसुखोल्लसत्तनुरुहा तनुरात्मभुवोऽवतात् ॥ ४ ॥

दशावताराः ।

वेदानुद्धरते जगन्निवहते भूगोलमुद्बिभ्रते दैत्यं दारयते बलिं छलयते क्षत्रक्षयं कुर्वते । पौलस्त्यं जयते हलं[10] कलयते कारुण्यमातन्वते म्लेच्छान्मूर्च्छयते दशाकृतिकृते कृष्णाय तुभ्यं नमः ॥ १ ॥ यस्यालीयत शैल्क[12]सीम्नि जलधिः पृष्ठे

१ हरिण इवाचरितम्.

१ खेदम्; (पक्षे) हरम्. २ श्वासम्; (पक्षे) पवनम्. ३ महावेगम्. ४ कं जलं पातीति तथा वरुणः; (पक्षे) कम्पः. ५ महान्; (पक्षे) बृहस्पतिः. ६ बलं प्रसिद्धं दा नाशकेन; (पक्षे) बलाख्यदैत्यनाशकेनेन्द्रेण. ७ श्रीकृष्णसंनिधौ. ८ वर्जनम्. ९ भयनिवारणव्याजेन. १० लाङ्गलम्. ११ धारयते. १२ त्वक्.

जगन्मण्डलं दंष्ट्रायां धरणी नखे दितिसुताधीशः पदे रोदसी। क्रोधे क्षत्रगणः शरे दशमुखः पाणौ प्रलम्बासुरो ध्याने विश्वमसावधार्मिककुलं कस्मैचिदस्मै नमः ॥ २ ॥ पाठीनः कमठः किटिर्नरहरिः खर्वाकृतिर्भार्गवो रामः कंसनिषूदनो देशबलः कल्की च नारायणः। युष्माकं स विभूतयेऽस्तु भगवान्सेतुर्भवाम्भोनिधावुत्ताराय युगे युगे युगपतिस्त्रैलोक्यनाथो हरिः ॥ ३ ॥ वेदा येन समुद्धृता वसुमती पृष्ठे धृताप्युद्धृता दैत्येशो नखरैर्हतः फणिपतेर्लोकं बलिः प्रापितः। क्ष्माऽक्षत्रा जगती दशास्यरहिता माता कृता रोहिणी हिंसा दोषवती धराप्ययवना पायात्स नारायणः ॥ ४ ॥

मत्स्यः ॥ मग्ने मेरौ पतति तपने तोयबिन्दाविवेन्दावन्तर्लीने जलधिसलिले व्याकुले देवलोके। मात्स्यं रूपं मुखपुटतटाकृष्टनिर्मुक्तवार्धि श्रीकान्तस्य स्थलजलगतं वेत्यलक्ष्यं पुनातु ॥ ५ ॥ वियत्पुच्छोत्तुच्छोच्छलितजलगर्भे निधिरपामपांनाथः पाथः पृथुलवदुस्थो वियदभूत्। निधिर्भासामौर्वो दिनपतिरभूदौर्वदहनश्चलत्काये यस्मिन्स जयति हरिर्मीनवपुषा ॥ ६ ॥ जीयासुः शकुलाकृतेर्भगवतः पुच्छच्छटाच्छोटनादुद्धूतैः शतचन्द्रिताम्बरतलं ते बिन्दवः सैन्धवाः। यैर्व्यावृत्य पतद्भिरौर्वशिखिनस्तेजोजटालं वपुः पानाध्मानवशादरोचकरुजां चक्रे चिरायास्पदम् ॥ ७ ॥ दिश्याद्वः शकुलाकृतिः स भगवान्नैःश्रेयसीं संपदं यस्य स्फूर्जदतुच्छपुच्छशिखरप्रेङ्खोलनक्रीडनैः। विष्वग्वार्धिसमुच्छलज्जलभरैर्मन्दाकिनीसंगतैर्गङ्गासागरसंगमप्रणयिनी जाता विहायःस्थली ॥ ८ ॥ मायामीनतनोस्तनोतु भवतां पुण्यानि पङ्कस्थितिः पुच्छाच्छोटसमुच्छलज्जलगुरुप्राग्भाररिक्तोदधेः। पातालावटमध्यसंकटतया पर्याप्तकष्टस्थितेर्वेदोद्धारपरायणस्य सततं नारायणस्य प्रभोः ॥ ९ ॥ जृम्भाविस्तृतवक्त्रपङ्कजविधेर्हृत्वा श्रुतीः सागरे लीनं त्रस्तसमस्तनक्रनिकरं शङ्खं जघानोज्झिरे। पुच्छोत्क्षिप्तजलोत्करैः प्रतिदिशं संतर्प्य यो वै धरां पायाद्वः स मृणालकोमलतनुर्मीनाभिधानो हरिः ॥ १० ॥ हंहो मीनतनो हरे किमुदधे किं वेपसे शैत्यतः स्विन्नः किं वडवानलात्पुलकितः कस्मात्स्वभावादहम्। इत्थं सागरकन्यकामुखशशिव्यालोकनेनाधिकप्रोद्यत्कामजचिह्ननिर्वृतिपरः शौरिः शिवायास्तु वः ॥ ११ ॥ पुच्छं चेदहमुन्नयाम्यनवधिस्तुच्छो भवेदम्बुधिः क्रीडां चेत्कलये मनागपि जले पीडा परं यादसाम्। निस्पन्दो भृशमामृशन्निति भरद्ब्रह्माण्डभाण्डक्षयक्षोभाकुञ्चितवेष एष भगवान्प्रीणातु मीनाकृतिः ॥ १२ ॥ चन्द्रादित्योरुनेत्रः कमलभवभवस्फारपृष्ठप्रतिष्ठो भास्वत्कालाग्निजिह्वः पृथुलगलगुहादृष्टनिःशेषविश्वः। अद्भिः पुच्छोत्थिताभिश्चकितसुरवधूनेत्रसंसूचिताभिर्मत्स्यश्छिन्नाब्धिवेलं गगनतलमलं क्षालयन्वः पुनातु ॥ १३ ॥ यं दृष्ट्वा मीनरूपं स्फुरदनलशिखायुक्तसंरक्तनेत्रं लोलद्विस्तीर्णकर्णक्षुभितजलनिधिं नीलजीमूतवर्णम्। श्वासोच्छ्वासानिलौघैः प्रचलितगगनं पीतवारिं मुरारिं दिग्व्यूढोऽभूत्स शङ्खः स भवतु भवतां भूतये मीनरूपः ॥ १४ ॥ दिग्व्यूढं तं सुरारिं किल शितदशनैः पीड्यमानं रटन्तं हत्वा तीरे पयोधेः करतलकलितं पूरयामास शङ्खम्। नादेनाक्षोभ्य विश्वं प्रमुदितविबुधं त्रस्तदैत्यं स देवैर्दत्तार्घः पद्मयोनेः प्रहसितवदनः पातु वो दत्तवेदः ॥ १५ ॥

कूर्मः ॥ निरवधि च निराश्रयं च यस्य स्थितमनिवर्तितकौतुकप्रपञ्चम्। प्रथम इह भवान्स कूर्ममूर्तिर्जयति चतुर्दशलोकवल्लिकन्दः ॥ १६ ॥ भ्राम्यन्महागिरिनिघर्षणलब्धपृष्ठकण्डूयनक्षणसुखायितगाढनिद्रः। सुष्वाप दीर्घतरघर्घरघोरघोषः श्वासाभिभूतजलधिः कमठः स वोऽव्यात् ॥ १७ ॥ नमस्कुर्मः कूर्मं नमदमरकोटीरनिकरप्रसर्पन्माणिक्यच्छविमिलितमाञ्जिष्ठवपुषम्। जरीजृम्भज्जृम्भद्युमणिरमणीयांशुलहरीपरीरम्भस्फूर्जद्बलभिदुपलाद्रिप्रतिभटम् ॥ १८ ॥ निष्प्रत्यूहमनल्पकल्पचरितस्त्रैलोक्यरक्षागुरुः क्रीडाकूर्मकलेवरः स भगवान्दिश्यादमन्दां मुदम्। कल्पान्तोदधिमध्यमज्जनवशाद्यासर्पतः संलुठत्पृष्ठे यस्य बभूव सैकतकणच्छायं धरि-

१ खड्गे. २ मत्स्यः. ३ वराहः. ४ बुद्धः. ५ बटुः. ६ उदकम्. ७ विपुलः. ८ दरिद्रः. ९ सूर्यः. १० वडवानलः यदा पानार्थं मीनाकृत्या भगवता स्वपुच्छेनोच्छलितम्, तदा सर्वमपि सामुद्रं जलं वियति गतम्, तत्र च रविर्वर्तत एव, स वडवानलाकृत्या दृश्यत इत्यर्थः. ११ समुद्रे पानीयाभावात्समुद्रस्याकाशकल्पना. तत्र च वाडवाग्नेः सूर्योपमेति भावः. १२ मत्स्याकृतेः. १३ इतस्तत आलोडनम्. १४ ऊर्ध्वं गच्छन्तः. १५ तेजोव्याप्तम्. १६ अग्निसंयोगाभावः. १७ अरुचिरोगाणाम्. १८ यो निदाघज्वरादिरुगाक्रान्तो बहुपानीयं पिबति, तस्य पश्चात्पानीयस्यारुचिर्जायते तथैतस्य वाडवाग्नेरपीति भावः. १९ दोला. २० आकाशस्थली. यतः सागरजलं मत्स्यपुच्छेनोच्छलितं सुरनद्याः सङ्गमवाप ततो गङ्गासागरसंगमतीर्थं नभस्यपि जज्ञ इति भावः. २१ उल्लोलनम्. २२ भूरन्ध्रम्. २३ संकीर्णतया.

१ वेदान्. २ रणाङ्गणे. ३ भूत्वा. ४ अपलपनम्. ५ गरिष्ठ. ६ ब्रह्मणो जातम्, ब्रह्माण्डमित्यर्थः. ७ सविस्मयं दृष्टाभिः. ८ व्याकुलः. ९ तीक्ष्णदन्तैः. १० वादयामास. ११ अवस्थानम्. १२ मुकुटः. १३ लोहितम्. १४ अतिशयेन विकसन्. १५ तरुणः. १६ सूर्यः. १७ इन्द्रनीलपर्वतसदृशम्.

त्रीतलम् ॥ १९ ॥ पृष्ठभ्राम्यदमन्दमन्दरगिरिग्रावाग्रकण्डूयनैर्निद्रालोः कमठाकृतेर्भगवतः श्वासानिलाः पान्तु वः । यत्संस्कारकलानुवर्तनवशाद्वेलाछलेनाम्भसां यातायातमतन्द्रितं जलनिधेर्नाद्यापि विश्राम्यति ॥ २० ॥ दृग्भ्यां यस्य विलोकनाय जगतो द्रागीषदुत्तोलितग्रीवाग्रोपरि विस्फुरद्दृगणे छत्रायितायां भुवि । हा धिग्भूः किमभूदभूत्तदितरत्किं चेति पर्याकुलो हन्यादेष हठादघानि कमठाधीशः कठोराणि वः ॥ २१ ॥ यो धत्ते शेषनागं तदनु वसुमतीं स्वर्गपातालयुक्तां युक्तां सर्वैः समुद्रैर्हिमगिरिकनकप्रस्थमुख्यैर्नगेन्द्रैः । एतद्ब्रह्माण्डमस्याभृतघटसदृशं भाति वंशे मुरारेः पायाद्वः कूर्मदेहः प्रकटितमहिमा माधवः कामरूपी ॥ २२ ॥

वराहः ॥ नमस्तस्मै वराहाय हेलयोद्धरते महीम् । खुरमध्यगतो यस्य मेरुः खुरखुरायते ॥ २३ ॥ पातु वो मेदिनीदोला बालेन्दुद्युतितस्करी । दंष्ट्रा महावराहस्य पातालगृहदीपिका ॥ २४ ॥ हरेर्लीलावराहस्य दंष्ट्रादण्डः स पातु वः । हेमाद्रिकलसा यत्र धात्री छत्रश्रियं दधौ ॥ २५ ॥ स जयति महावराहो जलनिधिजठरे चिरं निमग्नोऽपि । येनात्रैरिव सह फणिगणैर्बलादुद्धृता धरणी ॥ २६ ॥ पातु वः कपटकोलकेशवो यस्य निःश्वसितमारुतोद्धता । उच्छ्रितिप्रपतनैरचीकृपत्केलिकन्दुकतुलामिला मुहुः ॥ २७ ॥ मेरूरुकेसरमुदारदिगन्तपत्रमामूललम्बिचलशेषशरीरनालम् । येनोद्धृतं कुवलयं सलिलात्सलीलमुत्तंसकार्थमिव पातु स वो वराहः ॥ २८ ॥ न पङ्कैरालेपं कलयति धरित्रीव्ययभयान्न मुस्तामादत्तेऽप्युरगनगरभ्रंशभयतः । न धत्ते ब्रह्माण्डस्फुटनभयतो घर्घररवं महाक्रोडः पायादिति सकलसंकोचितमुखः ॥ २९ ॥ न मृद्वीयान्मृद्वी कथमिव मही पोत्रनिकषैर्मुखाग्निज्वालाभिः कनकागरिरीयान्न विलयम् । न शुष्येयुः श्वासैः सलिलनिधयः सप्त च कथं वराहो वः पायादिति विपुलचिन्तापरिकरः ॥३०॥ पातु त्रीणि जगन्ति संततमकूपारात्समभ्युद्धरन्धात्रीं कोलकलेवरः स भगवान्यस्यैकदंष्ट्राङ्कुरे । कूर्मः कन्दति नालति द्विरसनः पत्रन्ति दिग्दन्तिनो मेरुः कोशति मेदिनी जलजति व्योमापि रोलम्बति ॥ ३१ ॥ पातु श्रीस्तनपत्रभङ्गिमकरीमुद्राङ्कितोरःस्थलो देवो वः स जगत्पतिर्मधुवधूवक्त्राब्जचन्द्रोदयः । क्रीडाक्रोडतनोर्नवेन्दुविशदे दंष्ट्राङ्कुरे यस्य भूर्भाति स्म प्रलयाब्धिपल्वलतलोत्खातैकमुस्ताकृतिः ॥ ३२ ॥ दृप्यद्दैत्यनितम्बिनीजनमनःसंतोषसंकोचनः कुर्याद्विश्वमनश्वरं स भगवान् क्रोडावतारो हरिः । यद्दंष्ट्राङ्कुरकोटिकोटरकुटीकोणान्तरस्थेयसी पृथ्वी भात्यवदातकेतकदलालीनेव भृङ्गाङ्गना ॥ ३३ ॥ अष्टौ यस्य दिशो दलानि विपुलः कोशः सुवर्णाचलः कान्तं केसरजालमर्ककिरणा भृङ्गाः पयोदावली । नालं शेषमहोरगः प्रविततं वारांनिधेर्लीलया तद्वः पातु समुद्धरन्कुवलयं क्रोडाकृतिः केशवः ॥३४॥ बिभ्राणोऽभिनवेन्दुकोटिकुटिलं दंष्ट्राङ्कुरं लीलया क्रोडाकारधरो हरिः स भगवान्भूयाद्विभूतिप्रदः । यस्योत्क्षिप्तवतः क्ष्माकमलिनीमालम्बमानः क्षणं लोलद्व्यालमृणालनालतुलनां भेजे भुजङ्गेश्वरः ॥ ३५ ॥ मुक्तैर्यास्यति कुत्रचिद्वसुमती दंष्ट्राङ्कुरस्थेयसी कुक्षौ क्षोभमवाप्स्यति त्रिभुवनं रुद्धैरमीभिः क्रमात् । इत्यस्वल्पविकल्पमीलितमतेः कण्ठे लुठन्तो मुहुः क्रोडाकारधरस्य कैटभजितः श्वासानिलाः पान्तु वः ॥ ३६॥ भूयादेष सतां हिताय भगवान्कोलावतारो हरिः सिन्धोः क्लेशमपास्य यस्य दशनप्रान्ते नटन्त्या भुवः । तारा हारति वारिदस्तिलकति स्वर्वाहिनी माल्यति क्रीडादर्पणति क्षपापतिरहर्देवश्च ताटङ्कति ॥ ३७॥ लीने श्रोत्रैकदेशे नभसि नयनयोस्तेजसि क्वापि नष्टे श्वासग्रासोपभुक्ते मरुति जलनिधौ पादरन्ध्रार्धपीते । पोत्रप्रान्तैकरोमान्तरविवरगतां मार्गतश्चक्रपाणेः क्रोडाकारस्य पृथ्वीमकलितविभवं वैभवं वः पुनातु ॥ ३८ ॥ सिन्धुष्वङ्गावगाहः खुरविवरविशत्तुच्छतोयेषु नाप्तः प्राप्ताः पातालपङ्के न लुठितरुचयः पोत्रमात्रोपयोगात् । दंष्ट्राविष्टेषु नाप्तः शिखरिषु च पुनः स्कन्धकण्डूविनोदो येनोद्धारे धरित्र्याः स जयति विभुताविघ्नितेच्छो वराहः ॥३९॥ क्वेदानीं दर्पितास्ते धनमदमदिरामोदिनो दिग्द्विपेन्द्रा हे मेरो मन्दराद्रे मलय हिमगिरे साधु वः क्ष्माधरत्वम् । शेष श्लाघ्योऽसि दीर्घैः पृथुभुवनभरोच्चण्डशौण्डैः शिरोभिः शंसन्सोत्प्रासमुच्चैरिति धरणिभृतः पातु युष्मान्वराहः ॥ ४० ॥

१ आकुञ्चनप्रसारणादि. २ पृष्ठ इति शेषः. ३ तदुपरि. ४ पृष्ठवंशे. ५ वराहः. ६ अकरोत्. ७ यथा कन्दुकः क्रीडया शिशुभिरुत्क्षिप्यतेऽपक्षिप्यते च, तथेयं भूरपि श्वासवायुप्रेरितोर्ध्वाधःपतनैः कन्दुकतुलां तुलयतीति भावः. ८ यद्यहं धरित्र्यां सामुद्रे पङ्के लुठिष्यामि तदेयं भूर्मद्गपुष्पेव विलयं यास्यतीति विचार्य. ९ समुद्रात्. १० कन्द इवाचरति. ११ नालमिवाचरति. १२ पत्राणीवाचरंति.

१ कोरक इवाचरति. २ कमलमिवाचरति. ३ भ्रमर इवाचरति. ४ यथा चन्द्रोदयेऽब्जानि संकोचमाप्नुवन्ति तथा हरेरुदयान्मधुवधूवक्त्राम्भोरुहाणि निःश्रीकाण्यभवन्निति भावः. ५ अग्रम्. ६ निष्कुहभवनम्. ७ उज्ज्वलम्. ८ पृथ्वीमण्डलम्; (पक्षे) नलिनम्. ९ वराहमुखाग्रे.

नृसिंहः ॥ सुरासुरशिरोरत्नकान्तिविच्छुरिताङ्घ्रये । नमस्त्रिभुवनेशाय हरये सिंहरूपिणे ॥ ४१ ॥ शत्रोः प्राणानिलाः पञ्च वयं दश जयोऽत्र कः । इति कोपादिवाताम्राः पान्तु वो नृहरेर्नखाः ॥ ४२ ॥ प्रोज्ज्वलज्ज्वलनज्वालाविकटोरुसटाच्छटः । श्वासक्षिप्तकुलक्ष्माभृत्पातु वो नरकेसरी ॥ ४३ ॥ व्याधूतकेसरसटाविकरालवक्त्रं हस्ताग्रविस्फुरितशङ्खगदासिचक्रम् । आविष्कृतं सपदि येन नृसिंहरूपं नारायणं तमपि विश्वसृजं नमामि ॥ ४४ ॥ दैत्यास्थिपञ्जरविदारणलब्धरन्ध्ररक्ताम्बुनिर्जरसरिद्घनजातपङ्काः । बालेन्दुकोटिकुटिलाः शुकचञ्चुभासा रक्षन्तु सिंहवपुषो नखरा हरेर्वः ॥ ४५ ॥ दिश्यात्सुखं नरहरिर्भुवनैकवीरो यस्याहवे दितिसुतोद्दलनोद्यतस्य । क्रोधोद्धतं मुखमवेक्षितुमक्षमत्वं जानेऽभवन्निजनखेष्वपि यन्नतास्ते ॥ ४६ ॥ वपुर्दलनसंभ्रमात्स्वनखरं[1] प्रविष्टे रिपौ क्व यात इति विस्मयात्प्रहितलोचनः सर्वतः । वृथेति करताडनान्निपतितं पुरो दानवं निरीक्ष्य भुवि रेणुवज्जयति जातहासो हरिः ॥ ४७ ॥ चटच्चटिति चर्मणि च्छमिति चोच्छलच्छोणिते धगद्धगिति मेदसि स्फुटरवोऽस्थिनि ष्ठागिति । पुनातु भवतो हरेरमरवैरिवक्षःस्थलक्वणत्करजपञ्जरक्रकचकाषजन्मानलः ॥ ४८ ॥ ससत्वरमितस्ततस्ततविहस्तहस्ताटवीनिकृत्तसुरशत्रुहृत्क्षतजसिक्तवक्षःस्थलः । स्फुरद्धरगभस्तिभिः स्थगितसंसरत्सिद्युतिः समस्तनिगमस्तुतो नृहरिरस्तु नः स्वस्तये ॥ ४९ ॥ चञ्चच्चण्डनखाग्रभेदविगलद्दैत्येन्द्रवक्षःक्षरद्रक्ताभ्यक्तसुपाटलोद्भटसटासंभ्रान्तभीमाननः । तिर्यक्कण्ठकठोरघोषघटनासर्वाङ्गखर्वीभवद्दिङ्मातङ्गनिरीक्षितो विजयते वैकुण्ठकण्ठीरवः ॥ ५० ॥ दंष्ट्रासंकटवक्त्रकन्दरलसज्जिह्वस्य हव्याशनज्वालाभासुरभूरिकेसरसटाभारस्य दैत्यद्रुहः । व्यावल्गद्बलवद्धिरण्यकशिपुक्रोडस्थलास्फालनस्फारप्रस्फुटदस्थिपञ्जररवक्रूरा नखाः पान्तु वः ॥ ५१ ॥ सोमार्धायितनिष्पिधानदशनः संध्यायितान्तर्मुखो बालार्कायितलोचनः सुरधनुर्लेखायितभ्रूलतः । अन्तर्नादनिरोधपीवरगलत्वक्कूपनिर्यत्तडित्तारस्फारसटावरुद्धगगनः पायान्नृसिंहः स वः ॥ ५२ ॥ विद्युच्चक्रकरालकेसरसटाभारस्य दैत्यद्रुहः शोणन्नेत्रहुताशडम्बरभृतः सिंहाकृतेः शार्ङ्गिणः । विस्फूर्जद्बलगर्जितर्जितककुम्मातङ्गदर्पोदयाः संरम्भाः सुखयन्तु वः खरनखक्षुण्णद्विषद्वक्षसः ॥ ५३ ॥ दैत्यानामधिपे नखाङ्कुरकुटीकोणप्रविष्टात्मनि स्फारीभूतकरालकेसरसटासंघातघोराकृतेः । सक्रोधं च सविस्मयं च सगुरुव्रीडं च सान्तःस्मितं क्रीडाकेसरिणो हरेर्विजयते तत्कालमालोकितम् ॥ ५४ ॥ किं[1] किं सिंहस्ततः किं[2] नरसदृशवपुर्देव चित्रं गृहीतो नैतादृक्क्कापि जीवोऽद्भुतमुपनय मे देव संप्राप्त एषः । चापं चापं न चापीत्यहहहहहहा कर्कशत्वं नखानामित्थं दैत्येन्द्रवक्षःखरनखमुखरैर्जल्पिवान्यः स वोऽव्यात् ॥ ५५ ॥ भूयः कण्ठावधूतिव्यतिकरतरलोत्तंसनक्षत्रमालाबालेन्दुक्षुद्रघण्टारणितदशदिशादन्तिचीत्कारकारी । अव्याद्वो दैत्यराजप्रथमयमपुरीयानघण्टानिनादो नादो दिग्भित्तिभिद्प्रसरसरभसः कूटकण्ठीरवस्य ॥ ५६ ॥ अन्तःक्रोधोर्जिहानज्वलनभवशिखाकारजिह्वावलीढप्रौढब्रह्माण्डभाण्डः पृथुभुवनगुहागर्भगम्भीरनादः । दप्यत्पौरीन्द्रमूर्तिर्मुरजिदवतु वः सुप्रभामण्डलीभिः कुर्वन्निर्धूमधूमध्वजनिचितमिव व्योम रोमच्छटानाम् ॥ ५७ ॥ पायान्मायामृगेन्द्रो जगदखिलमसौ यत्तनूदर्चिरर्चिर्ज्वालाजालावलीढं बत भुवि सकलं व्याकुलं किं न भूयात् । न स्याच्चेदाशु तस्याधिकविकटसटाकोटिभिः पात्यमानादिन्दोरानन्दकन्दात्तदुपरि तुहिनासारसंदोहवृष्टिः ॥ ५८ ॥ आदित्याः किं दशैते प्रलयभयकृतः स्वीकृताकाशदेशाः किं वोल्कामण्डलानि त्रिभुवनदहनायोद्यतानीति भीतैः । पायासुर्नारसिंहं वपुरमरगणैर्बिभ्रतः शार्ङ्गपाणेर्दृप्तदृप्तासुरोरस्थलदरणगलद्रक्तरक्ता नखा वः ॥ ५९ ॥

वामनः ॥ अव्याद्वो वामनो यस्य कौस्तुभप्रतिबिम्बिता । कौतुकालोकिनी जाता जाड्रीव जगत्त्रयी ॥ ६० ॥ अङ्घ्रिदण्डो हरेरूर्ध्वमुत्क्षिप्तो बलिनिग्रहे । विधिविष्टरपद्मस्य नालदण्डो मुदेऽस्तु नः ॥ ६१ ॥ खर्वग्रन्थिविमुक्तसंधि विलसद्वक्षःस्फुरत्कौस्तुभं निर्यन्नाभिसरोजकुड्मलपुटीगम्भीरसामध्वनि । पात्रावाप्तिसमुत्सुकेन बलिना सानन्दमालोकितं पायाद्वः क्रमवर्धमानमहिमाश्चर्यं मुरारेर्वपुः ॥ ६२ ॥ हस्ते शस्त्रकिणाङ्कितोऽरुणविभाकिर्मीरितोरःस्थलो नाभिप्रे-

१ विदारणम्. २ भयात्. ३ नखाः. ४ करपत्रकम्. ५ विस्तीर्णौ. ६ व्याकुलौ. ७ रुधिरम्. ८ आच्छादिता. ९ सूर्यः. १० वेदः. ११ विदारणम्. १२ सिक्ताः. १३ संकीर्णः. १४ उत्सङ्गस्थलम्. १५ रोमकूपाः. १६ रक्तीभवन्.

१ हिरण्यकशिपोस्तदनुचरस्य चोक्तिप्रत्युक्तयः. २ किं भयमित्यर्थः. ३ उच्चैःस्थायिनी. ४ उत्पद्यमानः. ५ सिंहः. ६ अग्निः. ७ व्याप्तम्. ८ बन्धने. ९ आसनम्. १० ब्रह्मणः सामवेदध्वनिः. ११ यतो हरेर्भगवतो हृदये कौस्तुभमणिर्लोहितच्छविरस्ति, अतस्तत्प्रभाभिः कर्बुरितत्वं वक्षःस्थलस्यापीति भावः.

ङ्घिदलिर्विलोचनयुगप्रोद्भूतशीतातपः। बाहूर्मिश्रितवह्निरेव तदिति व्याक्षिप्य वाक्यं कैवेस्तारैरध्ययनैर्हरन्बलिमनः पायाज्जगद्वामनः॥ ६३॥ स्वस्ति स्वागतमर्घ्यहं वद विभो किं दीयतां मेदिनी का मात्रा मम विक्रमत्रयपदं दत्तं जलं दीयताम्। मा देहीत्युशनाब्रवीद्धरिरयं पात्रं किमस्मात्परं चेत्येवं बलिनार्चितो मखमुखे पायात्स वो वामनः॥ ६४॥ स्वामी सन्भुवनत्रयस्य विकृतिं नीतोऽसि किं याञ्चया यद्वा विश्वसृजा त्वयैव न कृतं तद्दीयतां ते कुतः। दानं श्रेष्ठतमाय तुभ्यमतुलं बन्धाय नो मुक्तये विज्ञप्तो बलिना निरुत्तरतया ह्रीतो हरिः पातु वः॥ ६५॥ ब्रह्माण्डच्छत्रदण्डः शतधृतिभवनाम्भोरुहो नालदण्डः क्षोणीनौकूपदण्डः क्षरदमरसरित्पट्टिकाकेतुदण्डः। ज्योतिश्चक्राक्षदण्डस्त्रिभुवनविजयस्तम्भदण्डोऽङ्घ्रिदण्डः श्रेयस्त्रैविक्रमस्ते वितरतु विबुधद्वेषिणां कालदण्डः॥ ६६॥ यस्मादाक्रामतो द्यां गरुडमणिशिलाकेतुदण्डायमानादाश्च्योतन्त्याबभासे सुरसरिदमला वैजयन्तीव कान्ता। भूमिष्ठो यस्तथान्यो भुवनगृहमहास्तम्भशोभां दधानः पातामेतौ पयोजोदरललिततलौ पङ्कजाक्षस्य पादौ॥ ६७॥ कस्त्वं ब्रह्मन्नपूर्वः क्व च तव वसतिर्याखिला ब्रह्मसृष्टिः कस्ते नाथो ह्यनाथः क्व च तव जनको नैव तातं स्मरामि। किं तेऽभीष्टं ददामि त्रिपदपरिमिता भूमिरल्पं किमेतत्त्रैलोक्यं भावगर्भं बलिमिदमवदद्वामनो वः स पायात्॥ ६८॥

परशुरामः॥ कुलाचला यस्य महीं द्विजेभ्यः प्रयच्छतः सीमदृषत्त्वमापुः। बभूवुरुत्सर्गजलं समुद्राः स रैणुकेयः श्रियमातनोतु॥ ६९॥ किं दोर्भ्यां किमु कार्मुकोपनिषदा भर्गप्रसादेन किं किं वेदाधिगमेन भास्वति भृगोर्वंशे च किं जन्मना। किं बानेन ममाद्भुतेन तपसा पीडां कृतान्तोऽपि चेद्विप्राणां कुरुतेऽन्तरित्यनुशयो रामस्य पुष्णातु वः॥ ७०॥ नाशिष्यः किमभूद्भवः किमभवन्नापुत्रिणी रेणुका नाभूद्विश्वमकार्मुकं किमिति वः प्रीणातु रामत्रपा। विप्राणां प्रतिमन्दिरं मणिगणोन्मिश्राणि दण्डाहतेनाब्धीनां स मया यमोऽपि महिषेणाम्भांसि नोद्वाहितः॥ ७१॥ पायाद्वो जमदग्निवंशतिलको वीरव्रतालंकृतो रामो नाम मुनीश्वरो नृपवधे भास्वत्कुठारायुधः। येनाशेषहताहिताङ्गरुधिरैः संतर्पिताः पूर्वजा भक्त्या चाश्वमखे समुद्रवसना भूर्हन्तकारीकृता॥ ७२॥ द्वारे कल्पतरुं गृहे सुरगवीं चिन्तामणीनङ्गदे पीयूषं सरसीषु विप्रवदने विद्याश्चतस्रो दश। एवं कर्तुमयं तपस्यति भृगोर्वंशावतंसो मुनिः पायाद्वोऽखिलराजकक्षयकरो भूदेवभूषामणिः॥ ७३॥ नो संध्यां समुपास्ते यदि तदा लोकापवादाद्भयं सा चेत्स्वीक्रियते भविष्यति तदा राजन्यबीजे नतिः। इत्थं चिन्तयतश्चिरं भृगुपतेर्निश्वासकोष्णीकृतो नेत्रान्तःप्रतिबिम्बशोणसलिलः संध्याञ्जलिः पातु वः॥ ७४॥

रामचन्द्रः॥ वन्दामहे महेशानचण्डकोदण्डखण्डनम्। जानकीहृदयानन्दचन्दनं रघुनन्दनम्॥ ७५॥ नमो रामपदाम्भोजं रेणवो यत्र संततम्। कुर्वन्ति कुमुदप्रीतिमरण्यगृहमेधिनः॥ ७६॥ स्वर्णैणाजिनशयनो योजितनयनो दशास्यदिग्भागे। मुहुरवलोकितचापः कोऽपि दुरापः स नीलिमा शरणम्॥ ७७॥ अधिपञ्चवटीकुटीरवर्तिस्फुटितेन्दीवरसुन्दरोरुमूर्तिः। अपि लक्ष्मणलोचनैकसख्यं भजत ब्रह्म सरोरुहायताक्षम्॥ ७८॥ कनकनिकषभासा सीतयालिङ्गिताङ्गो नवकुवलयदामश्यामवर्णाभिरामः। अभिनव इव विद्युन्मण्डितो मेघखण्डः शमयतु मम तापं सर्वतो रामचन्द्रः॥ ७९॥ परिणयविधौ भङ्क्त्वानङ्गद्विषो धनुरग्रतो जनकसुतया दत्तां कण्ठे स्रजं हृदि धारयन्। कुसुमधनुषा पाशेनेव प्रसह्य वशीकृतोऽवनतवदनो रामः पायाद्रपाविनयान्वितः॥ ८०॥ उत्फुल्लामलकोमलोत्पलदलश्यामाय रामामनःकामाय प्रथमाननिर्मलगुणग्रामाय रामात्मने। योगारूढमुनीन्द्रमानससरोहंसाय संसारविध्वंसाय स्फुरदोजसे रघुकुलोत्तंसाय पुंसे नमः॥ ८१॥ यो रामो न जघान वक्षसि रणे तं रावणं सायकैर्हृद्यस्य प्रतिवासरं वसति सा तस्या ह्यहं राघवः। मध्यास्ते भुवनावली परिवृता द्वीपैः सनं

१ यतो हरेर्नाभौ कमलं वर्तते, अतस्तत्र तत्सुरभिगन्धलोलुपतया भ्रमरागमनं घटत एवेति भावः. २ लहरी. ३ शुक्रस्य. ४ ब्रह्मा. ५ गुणवृक्षः. ६ नाभिक्षेप्यदारुदण्डः. ७ त्रिषु लोकेषु पादन्यासो यस्य तस्य. ८ मरकतमणिनिर्मितध्वजदण्डायमानात्. ९ क्षरन्ती. १० पताका. ११ आरक्ततलाविति भावः. १२ यदा ब्राह्मणेभ्यो भूर्दत्ता, तदा तेषां स्वस्वभूमिसीमार्थं कुलपर्वताः एवासन्निति भावः. १३ यदा याचकेभ्यो दानं दीयते, तदा दानात्प्राग्दातृभिरुत्सर्गजलं दीयते. अतस्तेनैतावद्दानं दत्तं येन समुद्रा उत्सर्गजलतयाभूवन्निति भावः. १४ धनुर्वेदविद्याज्ञानरहस्येन. १५ यतो महतामनुग्रहस्तदा सफलः स्यात्, यद्युपकारः कस्यचित्कर्तुं शक्येत. परं मया तत्पीडापि निवारिता न भवति, अतः शंभुप्रसादेन किमित्यर्थः. १६ यतस्तपसासाध्यमपि साध्यते. परं यदि मया तत्फलं नासाधि तदानेन तपसा किमिति भावः.

१ शत्रवः. २ ब्राह्मणेभ्यो देयत्वेन विहितेत्यर्थः. 'ग्रासप्रमाणे भिक्षा स्यादग्रं ग्रासचतुष्टयम्। अग्रं चतुर्गुणं प्राहुर्हन्तकारं द्विजोत्तमाः॥' इत्युक्तत्वात्. ३ सूर्ये. ४ समूहः. ५ सीता.

सप्तमिः स श्रेयो विदधातु नस्त्रिभुवनत्राणैकचिन्तापरः ॥ ८२ ॥ राज्यं येन पटान्तलग्नतृणवत्त्यक्तं गुरोराज्ञया पाथेयं परिगृह्य कार्मुकवरं घोरं वनं प्रस्थितः । स्वाधीनः शशिमौलिचापविषये प्राप्तो न वै विक्रियां पायाद्वः स [1]बिभीषणाग्रजनिहा रामाभिधानो हरिः ॥ ८३ ॥ कारुण्यामृतनीरमाश्रितजनश्रीचातकानन्ददं शार्ङ्गाखण्डलचापमम्बुजभवाग्नीन्द्रादिबर्हीष्टदम् । चारुस्मेरमुखोल्लसज्जनकजासौदामिनीशोभितं श्रीरामाम्बुदमाश्रयेऽखिलजगत्संसारतापापहम् ॥ ८४ ॥ कूर्मो मूलवदालवालवदपांराशिर्लतावद्दिशो मेघाः पल्लववत्प्रसूनफलवन्नक्षत्रसूर्येन्दवः । स्वामिन्व्योमतरुः क्रमे मम कियाञ्छ्रुत्वेति [2]गां मारुतेः सीतान्वेषणमादिशन्दिशतु वो रामः सलज्जः श्रियम् ॥ ८५ ॥ एतौ द्वौ दशकण्ठकण्ठकदलीकान्तारकान्तिच्छिदौ वैदेहीकुचकुम्भकुङ्कुमरजःसान्द्रारुणाङ्काङ्कितौ । लोकत्राणविधानसाधुसवनप्रारम्भयूपौ भुजौ देयास्तामुरुविक्रमौ रघुपतेः श्रेयांसि भूयांसि वः ॥ ८६ ॥ बालक्रीडनमिन्दुशेखरधनुर्भङ्गावधि प्रह्वता ताते काननसेवनावधि कृपा सुग्रीवसख्यावधि । आज्ञा वारिधिबन्धनावधि यशो लङ्केशनाशावधि श्रीरामस्य पुनातु लोकवशता जानक्यपेक्षाऽवधि ॥ ८७ ॥ कल्याणानां निधानं कलिमलमथनं पावनं पावनानां पाथेयं यन्मुमुक्षोः सपदि परपदप्राप्तये प्रस्थितस्य । विश्रामस्थानमेकं कविवरवचसां जीवनं सज्जनानां बीजं धर्मद्रुमस्य प्रभवतु भवतां भूतये रामनाम ॥ ८८ ॥ कल्याणोल्लाससीमा कलयतु कुशलं कालमेघाभिरामा काचित्साकेतधामा भवगहनगतिक्लान्तिहारिप्रणामा । सौन्दर्यह्रीणकामा धृतजनकसुतासादरापाङ्गधामा दिक्षु प्रख्यातभूमा दिविषदभिनुता देवता रामनामा ॥ ८९ ॥ योऽ[3]द्धा योद्धावधीत्तान्सपदि [4]पलभुजः सं[5]पराये [6]परा ये येना[7]-येनाश्रितानां स्तुतिरवनमितेशानचापेन [8]चापे । लङ्कालंकारहर्ता ककुभि ककुभि यः कान्तया सीतयासीद्[9]दूनो [10]दूनोऽथ हृष्टः स विभुरवतु वः [11]स्वःसभार्यः सभार्यः ॥ ९० ॥ [12]ऋक्षाणां भूरिधाम्नां श्रितमधिपतिना प्रस्फुरद्भीम[13]तारं स्फारं नेत्रा[14]नलेन

१ बिभीषणस्याग्रजन्मा रावणस्तं हन्तीति सः. २ वाचम्. ३ निश्चितम्. ४ राक्षसान्. ५ युद्धे. ६ शत्रवः. ७ भाग्येन. ८ प्राप्ताः. ९ विरहितः. १० दुःस्थितमनाः. ११ देवसभास्वामी. १२ ऋक्षाणां भल्लूकानामधिपतिना जाम्बवता; (पक्षे) नक्षत्राणामधिपतिना चन्द्रेण. १३ भीमस्तारो वानरविशेषः; (पक्षे) भीमा तारा नेत्रकनीनिका. १४ नेत्रा नायकेन नलेन नलनाम्ना वानरेण; (पक्षे) नेत्रानलेन तृतीयनेत्राग्निना.

प्रसभनियमितो[1]च्चापमीनध्वजेन । [2]रामायत्तं पुरारेः [3]कुमुदशुचि ल[4]सन्नीलसुग्रीवमङ्गं प्लावङ्गं वापि सैन्यं [5]दशवदनशिरश्छेदहेतु श्रियेऽस्तु ॥ ९१ ॥ यस्तीर्थानामु[6]पास्त्या गलितमलभरं मन्यते स्म स्वमेवं नाज्ञासीज्जज्ञिरे यन्मम चरणरजःपादपूतान्यमूनि । पादस्पर्शेन कुर्वञ्झटिति विघटितग्रावभावामहल्यां कौसल्यासूनुरूनं व्यपनयतु स वः श्रेयसा च श्रिया च ॥ ९२ ॥

(सीता) ॥ उन्मृष्टं कुचसीम्नि पत्रमकरं दृष्ट्वा हठालिङ्गनात्कोपो मास्तु पुनर्लिखाम्यमुमिति स्मेरे रघूणां वरे । कोपेनारुणितोऽश्रुपातदलितः प्रेम्णा च विस्तारितो दत्तो मैथिलकन्यया दिशतु नः क्षेमं कटाक्षाङ्कुरः ॥ ९३ ॥

(हनूमान्) ॥ अशेषलङ्कापतिसैन्यहन्ता श्रीरामसेवाचरणैककर्ता । अनेकदुःखाहतलोकगोप्ता त्वसौ हनूमांस्तव सौख्यकर्ता ॥ ९४ ॥ कृतक्रोधे यस्मिन्नमरनगरी मङ्गलरवा[8]नवातङ्का लङ्का समजनि वनं धृश्यति सति । सदा सीताकान्तप्रणतिमतिविख्यातमहिमा हनूमानव्याद्वः कपिकुलशिरोमण्डनमणिः ॥ ९५ ॥

(रामकृष्णौ) ॥ त्रातः [9]काकोदरो येन द्रोग्धापि करुणात्मना । [10]पूतनामारणख्यातः स मेऽस्तु शरणं प्रभुः ॥ ९६ ॥ मर्दितरावणकंसौ सरयूयमुनाविहारिणौ देवौ । अर्पितविप्रकुमारौ [11]हरिपति[12]हरिकेतनप्रियौ वन्दे ॥ ९७ ॥ यः पूतनामारणलब्धकीर्तिः [13]काकोदरो येन विनीतदर्पः । [14]यशोदयालंकृतमूर्तिरव्यात्पतिर्यदूनामथवा रघूणाम् ॥ ९८ ॥

कृष्णः ॥ इन्दीवरदलश्याममिन्दिरानन्दकन्दलम् । वन्दारुजनमन्दारं वन्देऽहं यदुनन्दनम् ॥ ९९ ॥ देवः पायादपायान्नः स्मरेन्दीवरलोचनः । संसारध्वान्तविध्वंसहंस-

१ उच्चा आपो यस्मिन्स उच्चापो मीनध्वजः समुद्रः; (पक्षे) उद्धतचापो मीनध्वजः कामः. २ रामायत्तं रामचन्द्राधीनम्; (पक्षे) रामायाः पार्वत्या अधीनम्. ३ कुमुदनाम्ना वानरेण शुचि; (पक्षे) कुमुदपुष्पवच्छुचि शुभ्रम्. ४ नीलः सुग्रीवश्च वानरौ; (पक्षे) नीला नीलवर्णा शोभना ग्रीवा. ५ दशवदनशिरश्छेदहेत्विति सैन्यपक्षे स्फुटम्; अन्यत्र शिवप्रसादनार्थं रावणेनात्मनः शिरांसि च्छिन्नानीति प्रसिद्धिः. ६ सेवनया. ७ पत्रमकरम्. ८ नवभया. ९ अदरो भयशून्यः काकः; (पक्षे) कालियसर्पः. १० पूतनामा पवित्रनामा रणे ख्यातश्च; (पक्षे) पूतनाया राक्षस्या मारणेन ख्यातः. ११ अर्जुनः. १२ पूतनाया मारणेन लब्धा कीर्तिर्येन; (पक्षे) पवित्रनामा रणे लब्धा कीर्तिश्च येन. १३ कालियः सर्पः; (पक्षे) धृष्टः काकः. १४ यशोदया मात्रालंकृतो देहो यस्य; (पक्षे) यशसा दयया चालंकृतो देहो यस्य.

कंसनिषूदनः ॥ १०० ॥ पान्तु वो जलदश्यामाः शार्ङ्गज्या-
घातकर्कशाः । त्रैलोक्यमण्डपस्तम्भाश्चत्वारो हरिबाहवः
॥ १०१ ॥ दर्पणार्पितमालोक्य मायास्त्रीरूपमात्मनः । आ-
त्मन्येवानुरक्तो वः शिवं दिशतु केशवः ॥ १०२ ॥ हृदयं
कौस्तुभोद्भासि हरेः पुष्णातु वः श्रियम् । राधाप्रवेशरोधाय
दत्तमुद्रमिव श्रिया ॥ १०३ ॥ देहि मत्कन्दुकं राधे परिधान-
निगूहितम् । इति विस्रंसयन्नीवीं तस्याः कृष्णो मुदेऽस्तु नः
॥१०४॥ चण्डचाणूरदोर्दण्डमण्डलीखण्डमण्डितम् । अव्याद्वो
बालवेषस्य विष्णोर्गोपतनोर्वपुः ॥ १०५ ॥ मीमांसार्णवसोमं
लसदर्कं तर्कपद्मस्य । वेदान्तविपिनसिंहं वन्दे गोविन्द-
साभिधं ब्रह्म ॥ १०६ ॥ अवलोकितमनुमोदितमालिङ्गितमङ्ग-
नाभिरनुरागैः । अधिवृन्दावनकुञ्जं मरकतपुञ्जं नमस्यामः
॥ १०७ ॥ मकरीविरचनभङ्ग्या राधाकुचकलशपीडनव्यसनी ।
ऋजुमपि रेखां लुम्पन्बल्लववेषो हरिर्जयति ॥१०८॥ कठिन-
तरदामवेष्टनलेखासंदेहदायिनो यस्य । राजन्ति वलिविभङ्गाः
स पातु दामोदरो भवतः ॥ १०९ ॥ खिन्नोऽसि मुञ्च शैलं
बिभृमो[1] वयमिति वदत्सु शिथिलभुजः । भरभुग्नविनतबा-
हुषु गोपेषु हसन्हरिर्जयति ॥ ११० ॥ नीतं नवनवनीतं
कियदिति पृष्टो यशोदया कृष्णः । इयदिति गुरुजनसंसदि
करधृतराधापयोधरः पातु ॥ १११ ॥ राधामधुसूदनयोरनु-
दिनमुपचीयमानस्य । प्रणयतरोरिव कुसुमं मिथोऽवलोक-
स्मितं पायात् ॥ ११२ ॥ श्रुतिमपरे स्मृतिमपरे भारतमपरे
भजन्तु भवभीताः । अहमिह नन्दं वन्दे यस्यालिन्दे परं
ब्रह्म ॥ ११३ ॥ तस्मै कैर्न तपोभिः फलितं तद्गोपबाला-
नाम् । लोचनयुगले यासामञ्जनमासीन्निरञ्जनं ब्रह्म ॥ ११४ ॥
मदमयमदमयदुरगं यमुनामवतीर्य वीर्यशाली यः । मम
रतिममरतिरस्कृतिशमनपरः स क्रियात्कृष्णः ॥ ११५ ॥
स्तनंधयन्तं जननीमुखाब्जं विलोक्य मन्दस्मितमुज्ज्वलाङ्गम् ।
स्पृशन्तमन्यं स्तनमङ्गुलीभिर्वन्दे यशोदाङ्कगतं मुकुन्दम्
॥ ११६ ॥ भुजप्रभादण्ड इवोर्ध्वगामी स पातु वः कंस-
रिपोः कृपाणः । यः पाञ्चजन्यप्रतिबिम्बभङ्ग्या धाराम्भसः
फेनमिव व्यनक्ति ॥ ११७ ॥ विहाय पीयूषरसं मुनीश्वरा
ममाङ्घ्रिराजीवरसं पिबन्ति किम् । इति स्वपादाम्बुजपान-
कौतुकी स गोपबालः श्रियमातनोतु वः ॥ ११८ ॥
विलिख्य सत्याकुचकुम्भसीम्नि पत्त्रावलिन्यासमिषेण राधाम् ।
लीलारविन्देन तया सरोषं पायाद्विटः कोऽप्यभिहन्यमानः
॥ ११९ ॥ स पातु वो यस्य हतावशेषास्तत्तुल्यवर्णाञ्जन-

१ धारयामः,

रञ्जितेषु । लावण्ययुक्तेष्वपि वित्रसन्ति दैत्याः स्वकान्तान-
यनोत्पलेषु ॥ १२० ॥ कुञ्चिताधरपुटेन पूरयन्वंशिकां
प्रचलदङ्गुलिक्रमः । मोहयन्निखिलवामलोचनाः पातु कोऽपि
नवनीरदच्छविः ॥ १२१ ॥ अतसीकुसुमोपमेयकान्तिर्यमु-
नातीरकदम्बमध्यवर्ती । नवगोपवधूविनोदशाली वनमाली
वितनोतु मङ्गलं वः ॥ १२२ ॥ गायन्तीनां गोपसी-
मन्तिनीनां स्फीताकाङ्क्षामक्षिरोलम्बमालाम् । निश्वा-
ल्याल्यामात्मवक्त्रारविन्दे कुर्वन्नव्याद्देवकीनन्दनो वः
॥ १२३ ॥ पुञ्जीभूतं प्रेम गोपाङ्गनानां मूर्तीभूतं
भागधेयं यदूनाम् । एकीभूतं गुप्तवित्तं श्रुतीनां श्यामी-
भूतं ब्रह्म मे संनिधत्ताम् ॥ १२४ ॥ आनन्दमादधतमाय-
तलोचनानामानीलमावलितकंधरमात्तवंशम् । आपादमामुकु-
टमाकलितामृतौघमाकारमाकलयतामममुमान्तरं नः ॥ १२५ ॥
त्वां पातु नीलनलिनीदलदामकान्तेः कृष्णस्य पाणिसरसीरु-
हकोशबन्धः । राधाकपोलमकरीलिखनेषु योऽयं कर्णावतं-
सकमलं विपुलीचकार ॥ १२६ ॥ उत्फुल्लमानसरसीरुहचा-
रुमध्यनिर्यन्मधुव्रतभरद्युतिहारिणीभिः । राधाविलोचनक-
टाक्षपरम्पराभिर्दष्टो हरिस्तव सुखानि तनोतु कामम्
॥ १२७ ॥ गोवर्धनोद्धरणहृष्टसमस्तगोपनानास्तुतिश्रवण-
लज्जितमानसस्य । स्मृत्वा वराहवपुरिन्दुकलाप्रकाशदंष्ट्रो-
द्धृतक्षिति हरेरवतु स्मितं वः ॥ १२८ ॥ अभिनवनवनीतप्री-
तमाताम्रनेत्रं विकचनलिनलक्ष्मीस्पर्धि सानन्दवक्त्रम् ।
हृदयभवनमध्ये योगिभिर्ध्यानगम्यं नवगगनतमालश्यामलं
कंचिदीडे ॥ १२९ ॥ अभिनवनवनीतस्निग्धमापीतदुग्धं दधिक-
णपरिदिग्धं मुग्धमङ्गं मुरारेः । दिशतु भुवनकृच्छ्रच्छेदितापि-
च्छगुच्छच्छवि नवशिखिपिच्छालाञ्छितं वाञ्छितं वः ॥ १३० ॥
कनककलशस्वच्छे राधापयोधरमण्डले नवजलधरश्यामामा-
त्मद्युतिं प्रतिबिम्बिताम् । असितसिचयप्रान्तभ्रान्त्या मुहुर्मु-
हुरुत्क्षिपञ्जयति जनितव्रीडाहासप्रियाहसितो हरिः ॥ १३१ ॥
ललितगमना[2] नार्यो[3] राजन्मनोजनितान्तभाः[4] सुरतिसदृशस्ताः[5]
सन्मुख्यो[6] भवानपि तद्भुवे । वनभुवमितो गेहादेको न

१ दुकूलम्. २ गोपीपक्षे ललितं गमनं यासां ताः; कृष्णपक्षे
ललिते गे गाने मनो यस्य सः. ३ स्त्रियः; (पक्षे) नास्त्यार्यः
श्रेष्ठो यस्मात्सः. ४ राजता मनोजेन मदनेन नितान्तात्यन्ता भाः
कान्तिर्यासां ताः; (पक्षे) राजन्मनोजनिः शोभमानमदनस्तान्तो म्लानो
यस्यास्तादृशी भा यस्य सः. ५ शोभायमानया रत्या कामपत्न्या
सदृशः; (पक्षे) सुष्ठु रतौ रमणे योग्यः. ६ सन्ति शोभनानि
मुखान्याननानि यासां ताः; (पक्षे) सत्सु प्रशस्तेषु केलिचतुरेषु
मुख्यः.

गच्छतु मां विनेत्यसकृदुदितः पुत्रः पित्रा जयत्यनघो हरिः ॥१३२॥ देवः पायात्पयसि विमले[1] यामुने मज्जतीनां[2] याचन्तीनामनुनयपदैर्वञ्चितान्यंशुकानि । लज्जालोलैरलसवलितैरुन्मिषत्पञ्चबाणैर्गोपस्त्रीणां नयनकुसुमैरञ्चितः केशवो नः ॥१३३॥ वृन्दारण्ये तपनतनयातीरवानीरकुञ्जे गुञ्जन्मञ्जुभ्रमरपटलीकाकलीकेलिभाजि । आभीराणां मधुरमुरलीनादसंमोहितानां मध्ये क्रीडन्नवतु नियतं नन्दगोपालबालः ॥१३४॥ शिरश्छायां कृष्णः क्षणमकृत राधाचरणयोर्भुजावल्लिच्छायामियमपि तदीयप्रतिकृतौ । इति क्रीडाकोपे निभृतमुभयोरप्यनुनयप्रसादौ जीयास्तामपि गुरुसमक्षं स्थितवतोः ॥१३५॥ [3]अवेमव्यापाराकलनम[4]तुरीस्पर्शमचिरादनुन्मीलत्तन्तुप्रकरघटनायासमसकृत् । विषीदत्पाञ्चालीविपदपनयैकप्रणयि… ःपटानां निर्माणं [5]पतगपतिकेतोरवतु नः ॥१३६॥ कपोले पत्रालीं पुलकिनि विधातुं व्यवसितः स्वयं श्रीराधायाः करकलितवर्तिर्मधुरिपुः । अभूद्वक्रेन्दौ यन्निहितनयनः कम्पितभुजस्तदेतत्सामर्थ्यं तदभिनवरूपस्य जयति ॥ १३७॥ जयश्रीविन्य[6]स्तैर्महितै[7] इव मन्दारकुसुमैः स्वयं सिन्दूरेण द्विपरणमुदा मुद्रित[8] इव । भुजापीडक्रीडाहतकुवलयापीडकरिणः प्रकीर्णासृग्बिन्दु[9]र्जयति भुजदण्डो मुरजितः ॥ १३८ ॥ सुपर्णः स्वर्णाद्रौ रचितमणिशृङ्गे जलधिजामुखाम्भोजे भृङ्गो निगमविलसत्पञ्जरशुकः । त्रिलोकीकस्तूरीतिलककमनीयो व्रजवधूविहारी श्रीकृष्णो दिशतु भवतां शर्म सततम् ॥ १३९ ॥ क यासि खलु चौरिके प्रमुषितं स्फुटं दृश्यते द्वितीयमिह मामकं वहसि कन्दुकं कञ्चुके । त्यजेति नवगोपिकाकुचयुगं प्रमथ्नन्बलाल्लसत्पुलकपञ्जरो जयति गोकुले केशवः ॥ १४० ॥ मेघैर्मे[10]दुरमम्बरं वनभुवः श्यामास्तमालद्रुमैर्नक्तं[11] भीरुरयं त्वमेव तदिमं राधे गृहं प्रापय । इत्थं नन्दनिदेशतश्चलितयोः प्रत्यध्वकुञ्जद्रुमं राधामाधवयोर्जयन्ति यमुनाकूले रहः[12]केलयः ॥ १४१ ॥ कौन्तेयस्य[13] सहायतां करुणया गत्वा विनीतात्मनो येनोल्लङ्घितसत्पथः कुरुपतिश्चक्रे कृतान्ता[14]तिथिः । त्रैलोक्यस्थितिसूत्रधारतिलको देवः सदा संपदे साधूनामसुराधिनाथमथनः स्ताद्देवकीनन्दनः ॥ १४२ ॥ आताम्रे नय-

१ स्वच्छे. २ स्नानं कुर्वतीनाम्. ३ वेमा ब्रत्रव्यूतिदण्डस्तद्व्यापाररहितम्. ४ तुरी च तन्तुवायानां यन्त्रविशेषः, तत्स्पर्श विना. ५ पतगाः पक्षिणस्तेषां पतिर्गरुडः स केतुर्यस्य तस्य. कृष्णस्येत्यर्थः. ६ विक्षिप्तैः. ७ पूजितः. ८ चित्रितः. ९ रक्तबिन्दुः १० व्याप्तमित्यर्थः. ११ रात्रौ. १२ एकान्तक्रीडाः. १३ युधिष्ठिरस्य. १४ मारितः.

ने स्फुरन्कुचभरः श्वासो न विश्राम्यति स्वेदाम्भःकणदन्तुरं तव मुखं हेतुस्तु नो लक्ष्यते । धिक्को वेद मनः कि… इति गिरा रुष्टां प्रियां भीषयंस्तस्यास्तत्क्षणकातरेक्षणपरि… हरिः पातु वः ॥ १४३ ॥ संसक्तानिव पातुमौपनिषदव्याहारमाध्वीरसानुन्मार्ष्टुं व्रजसुन्दरीकुचतटीपाटीररेणूनिव । उ… न्मीलन्मुरलीनिनादबहुलामोदोपसीदद्ववीजिह्वालीढमलीकबल्लवशिशोः पादाम्बुजं पातु वः ॥ १४४ ॥ कृष्णो गोरसचौर्यमम्ब कुरुते किं कृष्ण मातः सुरापानं न प्रकरोमि राम किमिदं नाहं परस्त्रीरतः । किं गोविन्द वदत्यसौ हलधरो मिथ्येति तां व्याहरन्गोपीगोपकदम्बकं विहसयन्मुग्धो मुकुन्दोऽवतु ॥ १४५ ॥ मातस्तर्ण[1]करक्षणाय यमुनाकच्छं न गच्छाम्यहं कस्माद्वत्स पिनष्टि पीवरकुचद्वन्द्वेन गोपीजनः । भ्रूसंज्ञाविनिवारितोऽपि बहुशो जल्पन्यशोदाग्रतो गोपीपाणिसरोजमुद्रितमुखो गोपीपतिः पातु वः ॥ १४६ ॥ कासि त्वं वद चौर्यकारिणि कुतः कस्त्वं पुरो[2] यामिकः किं ब्रूषे मुषितौ सुवर्णकलशौ भूपस्य केन त्वया । कुत्र स्तः प्रकटौ तवाञ्चलतटे कुत्रेति तत्पश्यतामित्युक्ते धृतबल्लवीकुचयुगस्त्वां पातु पीताम्बरः ॥ १४७ ॥ कृष्ण त्वं पठ किं पठामि ननु रे शास्त्रं किमु ज्ञायते तत्त्वं कस्य विभोः स कस्त्रिभुवनाधीशश्च तेनापि किम् । ज्ञानं भक्तिरथो विरक्तिरनया किं मुक्तिरेवास्तु ते दध्यादीनि भजामि मातुरुदितं वाक्यं हरेः पातु वः ॥ १४८ ॥ कृष्ण त्वं नवयौवनोऽसि चपलाः प्रायेण गोपाङ्गनाः कंसो भूपतिरब्जनालमृदुलग्रीवा वयं गोदुहः । तद्याचेऽञ्जलिना भवन्त मधुना वृन्दावनं मद्विना मा यासीरिति नन्दगोपवचसा नम्रो हरिः पातु वः ॥ १४९ ॥ कस्त्वं कृष्णमवेहि मां किमिह ते मन्मन्दिराशङ्कया युक्तं तन्नवनीतभाजनपुटे न्यस्तः किमर्थं करः । कर्तुं तत्र पिपीलिकापनयनं सुप्ताः किमुद्बोधिता बाला वत्सगतिं विवेक्तुमिति संजल्पन्हरिः पातु वः ॥ १५० ॥ स्वामी मुग्धतरो वनं घनमिदं बालाहमेकाकिनी क्षोणीमावृणुते तमालमलिनच्छाया तमःसंहतिः तन्मे सुन्दर कृष्ण मुञ्च सहसा वर्त्मेति गोप्या गिरः श्रुत्वा तां परिरभ्य मन्मथकलासक्तो हरिः पातु वः ॥ १५१ ॥ मातः किं यदुनाथ देहि च[3]षकं किं तेन पातुं पयस्तन्नास्त्यद्य कदास्ति तन्निशि निशा का वान्धकारोदये । आमील्याक्षियुगं निशाप्युपगता देहीति मातुः पुनर्वक्षोजाम्बरकर्षणोद्यत-

१ वृषबालः. २ नगररक्षकः. ३ पानपात्रम्.

कृष्णः स पुष्णातु नः ॥ १५२ ॥ अर्धोन्मीलितलोच-
पिबतः पर्याप्तमेकं स्तनं सद्यःप्रस्नुतदुग्धदिग्धमपरं हस्तेन
भतः । मात्रा चाङ्गुलिलालितस्य चिबुके स्मेरायमाणे मुखे
ष्णोः क्षीरकणाम्बुधामधवला दन्तद्युतिः पातु वः ॥ १५३॥
गच्छाम्यच्युत दर्शनेन भवतः किं तृप्तिरुत्पद्यते किं त्वेवं
विजनस्थयोर्हतजनः संभावयत्यन्यथा । इत्यामन्त्रणभङ्गिसू-
चितवृथाप्रस्थानखेदालसामाश्लिष्यन्पुलकाङ्कुराञ्चितवपुर्गोपीं
हरिः पातु वः ॥ १५४ ॥ रामो[3] नाम बभूव हुं तदबला सी-
तेति हुं तौ पितुर्वाचा पञ्चवटीवने निवसतस्तामाहरद्रावणः ।
कृष्णेनेति पुरातनीं निजकथामाकर्ण्य मात्रेरितां सौमित्रे क्व
धनुर्धनुर्धनुरिति प्रोक्ता गिरः पान्तु वः ॥ १५५ ॥ कोऽयं
द्वारि हरिः[4] प्रयाह्युपवनं शाखामृगस्यात्र किं कृष्णो[5]ऽहं दयिते
बिभेमि सुतरां कृष्णादहं वानरात् । राधेऽहं मधुसूदनो[6] व्रज
लतां तामेव पुष्पान्वितामित्थं निर्वचनीकृतो दयितया ह्रीणो
हरिः पातु वः ॥ १५६ ॥ पीठे पीठनिषण्णबालकगले ति-
ष्ठन्सगोपालको यन्त्रान्तः[7]स्थितदुग्धभाण्डमपविधायाच्छाद्य घ-
ण्टारवम् । वक्त्रोपान्तकृताञ्जलिः कृतशिरःकम्पं पिबन्यः पयः
पायादागतगोपिकानयनयोर्गण्डूषफूत्कारकृत् ॥ १५७ ॥
रम्भे[8] स्वच्छनयने स्मरामि सततं भावो भवत्कुन्तले नीले मुह्यति
किं करोमि महितैः[9] क्रीतोऽस्मि ते विभ्रमैः । इत्युत्स्वप्नवचो
निशम्य सरुषा निर्भर्त्सितो राधया कृष्णस्तत्परमेव तद्व्यपदि-
शन्क्रीडाविटः पातु वः ॥ १५८ ॥ दृष्ट्या केशव गोपराग[10]-
हृतया किंचिन्न[11] दृष्टं मया तेनात्र स्खलितास्मि नाथ पतितां[12]
किं नाम नालम्बसे । एकस्त्वं विषमेषु[13]खिन्नमनसां सर्वाबलानां[14]
गतिर्गोप्यैवं गदितः सलेशम[15]वताद्गोष्ठे[16] हरिर्वश्चिरम् ॥ १५९ ॥
केयं भाग्यवती तवोरसि मणी त्रूषेऽग्रवर्णे[17] विना कृत्वास्याः
प्रथमं विना क्व सहजो वर्णो मणेस्तादृशः । स्त्रीरूपं कथमस्य
लिङ्गनियमात्पृच्छामि वध्वाकृतिं मुग्धे त्वत्प्रतिबिम्बमित्यपल-
पन्राधां हरिः पातु वः ॥ १६० ॥ यां दृष्ट्वा यमुनापिपासुर-
निशं व्यूहो गवां गाहते विद्युत्वानिति नीलकण्ठनिवहो यां
द्रष्टुमुत्कण्ठते । उत्तंसाय तमालपल्लवमिति च्छिन्दन्ति यां
गोपिकाः कान्तिः कालियशासनस्य वपुषः सा पावनी पातु
वः ॥ १६१ ॥ श्रीमद्गोपवधूस्वयंग्रहपरिष्वङ्गेषु तुङ्गस्तनव्या-
मर्दाद्गलितेऽपि चन्दनरजस्यङ्गे वहन्सौरभम् । कश्चिज्जा-
गरजातरागनयनद्वन्द्वः प्रभाते श्रियं बिभ्रत्कामपि वेणुनाद-
रसिको जाराग्रणीः पातु वः ॥ १६२ ॥ कण्ठालिङ्गनमङ्गलं
घनकुचाभोगोपभोगोत्सवं श्रोणीसंगमसौभगं च सततं म-
त्प्रेयसीनां पुरः । प्राप्तुं कोऽयमितीर्ष्ययेव यमुनाकूले बलाद्यः
स्वयं गोपीनामहरद्दुकूलनिचयं कृष्णः स पुष्णातु नः ॥१६३॥
कृष्णेनाम्ब गतेन रन्तुमसकृन्मृद्भक्षिता स्वेच्छया सत्यं कृष्ण
क एवमाह मुसली[1] मिथ्याम्ब पश्याननम् । व्यादेहीति विका-
सिते च वदने दृष्ट्वा समस्तं जगन्माता यस्य जगाम विस्म-
यपदं पायात्स वः श्रीपतिः ॥ १६४ ॥ अम्ब श्राम्यसि
तिष्ठ गोरसमहं मथ्नामि मन्थानकं प्रालम्ब्य स्थितमीश्वरं
सरभसं दीनाननो वासुकिः[3] । सासूयं कमलालया सुर-
गणः सानन्दमुद्यद्भयं राहुः प्रैक्षत यं स वोऽस्तु शिवदो
गोपालबालो हरिः ॥ १६५ ॥ कालिन्द्याः पुलिनेषु केलिकु-
पितामुत्सृज्य रासे रसं गच्छन्तीमनुगच्छतोऽश्रुकलुषां कंस-
द्विषो राधिकाम् । तत्पादप्रतिमानिवेशितपदस्योद्भूतरोमोद्गते-
रक्षुण्णोऽनुनयः प्रसन्नदयितादृष्टस्य पुष्णातु वः ॥ १६६ ॥
कंसं ध्वंसयते मुरं तिरयते हंसं तथा हिंसते बाणं क्षीणयते
बकं लघयते पौण्ड्रं तथा लुम्पते । भौमं क्षामयते बलाद्बल-
भिदो दर्पं पराकुर्वते क्लिष्टं शिष्टगणं प्रणम्रमवते कृष्णाय
तुभ्यं नमः ॥ १६७ ॥ रासोल्लासभरेण विभ्रमभृतामाभी-
रवामभ्रुवामभ्यर्णे परिरभ्य निर्भरमुरः प्रेमान्धया राधया ।
साधु त्वद्वदनं सुधामयमिति व्याहृत्य गीतस्तुतिव्याजादुद्भ-
टचुम्बितः स्मितमनोहारी हरिः पातु वः ॥ १६८ ॥ साकू-
तस्मितमाकुलाकुलगलद्धम्मिल्लमुल्लासितभ्रूवल्लीकमलीकदर्शि-
तभुजामूलार्धदृष्टस्तनम् । गोपीनां निभृतं निरीक्ष्य

१ एकान्तगतयोः. २ रचना. ३ यथा माता स्वपुत्रप्रस्वापनाय प्राचीनाः कथाः कथयति, तथा यशोदापि राम इति कश्चिद्राजासीदिति वदति स्म. तच्छ्रुत्वा कृष्णोऽपि हुंकारं दत्तवान्. ४ वानरः; (पक्षे) कृष्णः. ५ कृष्णवर्णः; (पक्षे) कृष्णनामा. ६ भ्रमरः; (पक्षे) मधुसूदननामा. ७ आलम्ब्यमानो रज्जुपञ्जरः, शिक्य इति प्रसिद्धः. ८ हे रम्भे; (पक्षे) पद्मरूपे. ९ पूज्यैः. १० गोपे त्वयि यो राग आसक्तिस्तद्धृतयापहृतया; (पक्षे) गवां परागैर्धूलिभिर्व्याप्तया. ११ युक्तायुक्तम्; (पक्षे) समविषमम्. १२ पतित्वम्; (पक्षे) पतनं प्राप्ताम्. १३ विषमेषुः पञ्चशरस्तेन खिन्नमनसाम्; (पक्षे) विषमेषु संकटेषु खिन्नमनसाम्. १४ स्त्रीणाम्; (पक्षे) बलरहितानाम्. १५ ससूचनम्. १६ गोस्थानम्. १७ अग्रवर्णो र इति, रमणीत्यर्थः.

१ बलभद्रः. २ [illegible]कासय. ३ समुद्रमथने रज्जूकृतस्य मम पुनरपि स एव [illegible]करः प्रसङ्ग आगत इति त्रासेन. ४ मम सपत्नी काचिदुद्भविष्यत[illegible]या. ५ अमृतप्राप्तिर्भविष्यतीति धिया. ६ शिरश्छेदो भविष्य[illegible]धया. ७ रागम्. ८ सफलः. ९ गोपिकानाम्. १० समीपम्. [illegible]म्. १२ उच्चैःकृता. १३ जृम्भणादिच्छलेनेत्यर्थः. १४ [illegible]

ललितं कांचिच्चिरं चिन्तयन्नन्तर्मुग्धमनोहरो हरतु वः क्लेशं नवः केशवः ॥ १६९ ॥ तिर्यक्कण्ठविलोलमौलितरलोत्तंसस्य वंशोच्चरद्गीतस्थानकृतावधानललनालक्षैर्न संलक्षिताः । [2]संमुग्धं मधुसूदनस्य मधुरे राधामुखेन्दौ [3]मृदुस्पन्दं पल्लविताश्चिरं ददतु वः क्षेमं कटाक्षोर्मयः ॥ १७० ॥ वृष्टिव्याकुलगोकुलावनरसादुद्धृत्य गोवर्धनं बिभ्रद्वल्लववल्लभाभिरधिकानन्दाच्चिरं चुम्बितः । कंदर्पेण तदर्पिताधरतटीसिन्दूरमुद्राङ्कितो बाहुर्गोपतनोस्तनोतु भवतां श्रेयांसि कंसद्विषः ॥ १७१ ॥ राधामुग्धमुखारविन्दमधुपस्त्रैलोक्यमौलिस्थलीनेपथ्योचितनीलरत्नमवनीभारावतारक्षमः । स्वच्छन्दव्रजसुन्दरीजनमनस्तोषप्रदोषश्चिरं कंसध्वंसनधूमकेतुरवतु त्वां देवकीनन्दनः ॥ १७२ ॥ किं विश्राम्यसि कृष्णभोगिभवने भाण्डीरभूमीरुहि भ्रातर्यासि न दृष्टिगोचरमितः सानन्दनन्दास्पदम् । राधाया वचनं तदध्वगमुखान्नन्दान्तिके [11]गोपतो गोविन्दस्य जयन्ति सायमतिथिप्राशस्त्यगर्भा गिरः ॥ १७३ ॥ सान्द्रानन्दपुरंदरादिदिविषद्वृन्दैरमन्दादरादानम्रैर्मुकुटेन्द्रनीलमणिभिः [12]संदर्शितेन्दीवरम् । स्वच्छन्दं मकरन्दसुन्दरगलन्मन्दाकिनीमेदुरं श्रीगोविन्दपदारविन्दमशुभ[13]स्कन्दाय वन्दामहे ॥ १७४ ॥ प्रातर्नील[14]निचोलमच्युतमुरः[15]संवीतपीतांशुकं राधायाश्चकितं विलोक्य हसति स्वैरं सखीमण्डले । व्रीडाचञ्चलमञ्चलं नयनयोराधाय राधानने स्वादुस्मेरमुखोऽयमस्तु जगदानन्दाय नन्दात्मजः ॥ १७५ ॥ प्रीतिं वस्तनुतां हरिः कुवलयापीडेन सार्धं रणे राधापीनपयोधरस्मरणकृत्कुम्भेन संभेदवान् । [17]पैत्रे बिभ्यति [18]मीलति क्षणमपि क्षिप्रं तदालोकनाद्व्यामोहेन जितं जितं जितमभूद्व्यालोलकोलाहलः ॥ १७६ ॥ त्वामप्राप्य मयि स्वयंवरपरां क्षीरोदतीरोदरे शङ्के सुन्दरि कालकूटमपिबन्मूढो मृडानीपतिः । इत्थं पूर्वकथाभिरन्यमनसो विक्षिप्य वासोञ्चलं राधायाः स्तनकोरकोपरिलसन्नेत्रो हरिः पातु वः ॥ १७७ ॥ वामांसस्थलचुम्बिकुण्डलरुचा जातोत्तरीयच्छविं वंशीगीतिभङ्गवपुषं भ्रूलास्यलीलापरम् । किंचित्स्रस्तशिखण्डशेखरमतिस्निग्धालिनीलालकं राधादिप्रमदाशतावृतमहं वन्दे किशोराकृतिम् ॥ १७८ ॥ अन्तर्मोहनमौलिघूर्णनचलन्मन्दारविस्रंसनः [2]स्तब्धाकर्षणदृष्टिहर्षणमहामन्त्रः कुरङ्गीदृशाम् । दृप्यद्दानवदूयमानदिविषद्दुर्वारदुःखापदां भ्रंशः कंसरिपोर्व्यपोहयतु वोऽश्रेयांसि वंशीरवः ॥ १७९ ॥ मौलौ केकिशिखण्डिनी मधुरिमाधाराधरे वंशिनी पीनांसे वनमालिनी हृदि लसत्कारुण्यकल्लोलिनी । श्रोण्यां पीतदुकूलिनी चरणयोर्व्यत्यस्तविन्यासिनी लीला काचन मोहनी विजयते वृन्दावनावासिनी ॥ १८० ॥ मालाबर्हमनोज्ञकुन्तलभरां वन्यप्रसूनोक्षितां शैलेयागुरुसक्तचित्रतिलकां शश्वन्मनोहारिणीम् । लीलावेणुरवामृतैकरसिकां लावण्यलक्ष्मीमयीं बालां बालतमालनीलवपुषं वन्दे परं देवताम् ॥ १८१ ॥ अंसालम्बितवामकुण्डलधरं मन्दोन्नतभ्रूलतं किंचित्कुञ्चितकोमलाधरपुटं साचिप्रसारीक्षणम् । आलोलाङ्गुलिपल्लवैर्मुरलिकामापूरयन्तं मुदा मूले कल्पतरोस्त्रिभङ्गललितं ध्याये जगन्मोहनम् ॥ १८२ ॥ कस्तूरीतिलकं ललाटफलके वक्षःस्थले कौस्तुभं नासाग्रे नवमौक्तिकं करतले वेणुं करे कङ्कणम् । सर्वाङ्गे हरिचन्दनं सुविमलं कण्ठे च मुक्तावलीं बिभ्रत्स्त्रीपरिवेष्टितो विजयते गोपालचूडामणिः ॥ १८३ ॥ कालिन्दीपुलिनोदरेषु मुसली यावद्गतः क्रीडितुं तावत्कर्बुरिकापयः पिब हरे वर्धिष्यते ते शिखा । इत्थं बालतया प्रतारणपराः श्रुत्वा यशोदागिरः पायाद्वः स्वशिखां स्पृशन्प्रमुदितः क्षीरेऽर्धपीते हरिः ॥ १८४ ॥ आनन्देन यशोदया समदनं गोपाङ्गनाभिश्चिरं साशङ्कं बलविद्विषा सकुसुमं सिद्धैः पृथिव्याकुलम् । सेर्ष्यं गोपकुमारकैः सकरुणं पौरैः सुरैः सस्मितं यो दृष्टः स पुनातु वो मधुरिपुः प्रोत्क्षिप्तगोवर्धनः ॥ १८५ ॥ राधामोहनमन्दिरं जिगमिषोश्चन्द्रावलीमन्दिराद्राधे क्षेममिति प्रियस्य वचनं श्रुत्वाह चन्द्रावली । क्षेमं कंस ततः प्रियः प्रमुदितः कंसः क्व दृष्टस्त्वया राधा क्वेति तयोः प्रसन्नमनसोर्हासोद्गमः पातु वः ॥ १८६ ॥ दृष्टः क्वापि स केशवो व्रजवधूमादाय कांचिद्गतः सर्वा एव हि वञ्चिताः खलु वयं सोऽन्वेषणीयो यदि । द्वे द्वे गच्छत इत्युदीर्य सहसा राधां गृहीत्वा करे गोपीवेषधरो निकुञ्जभवनं प्राप्तो हरिः पातु वः ॥ १८७ ॥ किं युक्तं बत मामनन्यमनसं वक्षःस्थलस्थायिनीं भक्तामप्यवधूय कर्तुमधुना कान्तासहस्रं तव । इत्युक्त्वा फणभृत्फणामणिगतां स्वामेव मत्वा तनुं निद्राच्छे-

१ तरुणः. २ अव्यक्तम्. ३ किंचिच्चलनं यथा स्यात्तथा. ४ रक्षणम्. ५ अनुरागः. ६ नीलत्वादधरपानकर्तृत्वाच्च. ७ अलंकारः. ८ सत्रिमुखे हि नार्यस्तुष्यन्तीति भावः. ९ कृष्णश्चासौ भोगी सर्पश्च तस्य भवने; (पक्षे) कृष्णस्य भोगिनः शृङ्गारिणो विलासगृहे. १० भाण्डीरनाम्नि वटवृक्षे. ११ संगोपनं कुर्वतः. १२ संदर्शित इन्दीवरभ्रमो यत्र. १३ नाशाय. १४ वस्त्रम्. १५ परिधानीकृतम्. १६ कटाक्षः. १७ वाहने. १८ मृते सति. १९ चञ्चलः.

१ साधु साध्विति शिरःकम्पनम्. २ गुम्फितम्. ३ अनिच्छोरित्यर्थः.

दकरं हरेरवतु वो लक्ष्म्या विलक्षस्मितम् ॥ १८८ ॥ स्व-
भासादितदर्शनामनुनयन्प्राणेश्वरीमादरादंसेऽस्मिन्पतितैरपाङ्ग-
वलितैर्यद्बोधितोऽप्यश्रुभिः । प्रत्याय्यस्त्वमतो मया ननु हरे
कोऽयं क्रमव्यत्ययः पातु त्वां व्रजयोषितेत्यभिहितं लज्जाकरं
शार्ङ्गिणः ॥ १८९ ॥ अस्मिन्कुञ्जे विनापि प्रचलति पवना-
द्वर्तते कोऽपि नूनं पश्यामः किं न गत्वेत्यनुसरति गणे भी-
तभीतेऽर्भकाणाम् । तस्मिन्राधासखो वः सुखयतु विलसल्ली-
लया कैटभारिर्व्यातन्वानो मृगारिप्रबलघुरघुरारावरौद्रान्नि-
नादान् ॥ १९० ॥ अङ्गुल्या कः कपाटं प्रहरति कुटिले
माधवः किं वसन्तो नो चक्री किं कुलालो नहि धरणिधरः
किं द्विजिह्वः फणीन्द्रः । नाहं घोराहिमर्दी किमुत खगपति-
र्नो हरिः किं कपीन्द्र इत्येवं सत्यभामाप्रतिवचनजितः पातु
वश्चक्रपाणिः ॥ १९१ ॥ वृन्दारण्ये चरन्ती विभुरपि सततं
भूर्भुवःस्वः सृजन्ती नन्दोद्धृताप्यनादिः शिशुरपि निगमैर्ल-
क्षिता वीक्षितापि । विद्युल्लेखावनद्धोन्नमदमलमहाम्भोदसच्छा-
यकाया माया पायादपायादविहितमहिमा कापि पैताम्बरी
वः ॥ १९२ ॥ नामोदस्ताखिलामो दमनियमयुजां यः प्रका-
मोदवाहश्यामो दर्पाढ्यधामोदयमिलितयशोधारया मोदते
यः । वामोदन्यासदामोदरतरलदृशां दत्तकामोदयो यः सा-
मोदः श्रीललामो दलयतु दुरितं सोऽत्र दामोदरो वः
॥ १९३ ॥ मल्लैः शैलेन्द्रकल्पः शिशुरखिलजनैः पुष्पचापो-
ऽङ्गनाभिर्गोपैस्तु प्राकृतात्मा दिवि कुलिशभृता विश्वकायोऽप्र-
मेयः । क्रुद्धः कंसेन कालो भयचकितदृशा योगिभिर्ध्येयमू-
र्तिर्दृष्टो रङ्गावतारे हरिरमरजनानन्दकृत्पातु युष्मान् ॥ १९४ ॥

(बलभद्रः) ॥ निष्पात्याशु हिमांशुमण्डलमधः पीत्वा
तदन्तःसुधां कृत्वैनं चषकं हसन्निति हलापानाय कौतूह-
लात् । भो देव द्विजराजि मादृशि सुरास्पर्शोऽपि न
श्रेयसे मां मुञ्चेति तदर्थितो हलधरः पायादपायाज्जगत्
॥ १९५ ॥ प्रेमोन्नामितरेवतीमुखगतामास्वाद्य कादम्बरी-
मुन्मत्तं क्वचिदुत्पतत्क्वचिदपि भ्राम्यत्क्वचित्प्रस्खलत् । रक्ता-
पाङ्गमधीरलाङ्गलमलिश्यामाम्बराडम्बरं क्लेशं नः कवली-
करोतु सकलं पाकाभिरामं महः ॥ १९६ ॥ उष्णालु
क्वचिदर्कधामनि मनाङ्निद्रालु शीतानिले हालानां गृहयालु
चुम्बदसकृल्लज्जालु जायामुखम् । नित्यं निष्पतयालु तिर्य-
गवनीशय्याशयालु क्षणं गीतेभ्यः स्पृहयालु धाम धवलं
दीने दयालु श्रये ॥ १९७ ॥

(रुक्मिणी) ॥ श्लाघ्याशेषतनुं सुदर्शनकरः सर्वाङ्ग-
लीलाजितत्रैलोक्यां चरणारविन्दललितेनाक्रान्तलोको हरिः ।
बिभ्राणां मुखमिन्दुसुन्दररुचं चन्द्रात्मचक्षुर्दधत्स्थाने यां
स्वतनोरपश्यदधिकां सा रुक्मिणी वोऽवतात् ॥ १९८ ॥

(राधा) ॥ राधा पुनातु जगदच्युतदत्तचित्ता मन्था-
नमाकलयती दधिरिक्तपात्रे । यस्याः स्तनस्तबकचूचुकलोल-
दृष्टिर्देवोऽपि दोहनधिया वृषभं दुदोह ॥ १९९ ॥ सुधा-
धाम्नः कान्तिस्तव वदनपङ्केरुहगुणैर्जितेव म्लानत्वं व्रजति
सहसा प्राणदयिते । वदत्येवं कान्ते दिवसविरहातङ्कच-
किता तदङ्गे संलग्ना तव दिशतु राधा प्रियशतम् ॥ २०० ॥

(नन्दकः) ॥ सान्द्रां मुदं यच्छतु नन्दको वः सोल्लास-
लक्ष्मीप्रतिबिम्बगर्भः । कुर्वन्नजस्रं यमुनाप्रवाहसलीलराधा-
स्मरणं मुरारेः ॥ २०१ ॥

(वेणुः) ॥ केङ्कारः स्मरकार्मुकस्य सुरतक्रीडापिकीनां
रवो झङ्कारो रतिमञ्जरीमधुलिहां लीलाचकोरीध्वनिः । तन्व्याः
कञ्चुलिकापसारणभुजाक्षेपस्खलत्कङ्कणक्वाणः प्रेम तनोतु वो
नववयोलास्याय वेणुस्वनः ॥ २०२ ॥

बुद्धः ॥ षट्चक्रे क्रमभावनापरिगतं हृत्पद्ममध्यस्थितं
संपश्यच्छिवरूपिणं लयवशादात्मानमध्याश्रितः । युष्माकं
मधुसूदनो बुधवपुर्धारी स भूयान्मुदे यस्तिष्ठेत्कमलासने
कृतरुचिर्बुद्धैकलिङ्गाकृतिः ॥ २०३ ॥ रेतोरक्तमयान्यमूनि
भविनां विण्मूत्रपूर्णोदराण्यालोक्येव कलेवराणि विगलत्तो-
यार्द्ररन्ध्राणि यः । मायाजालनियन्त्रितानि घृणया नोन्मी-
लयत्यक्षिणी निर्व्याजप्रणिधाननिश्चलमतिर्बुद्धो स बुद्धोऽस्तु
वः ॥ २०४ ॥ ध्यानव्याजमुपेत्य चिन्तयसि कामुन्मील्य
चक्षुः क्षणं पश्यानङ्गशरातुरं जनमिमं त्रातापि नो रक्षसि ।
मिथ्याकारुणिकोऽसि निर्घृणतरस्त्वत्तः कुतोऽन्यः पुमाञ्छ-
श्वन्मारवधूभिरित्यभिहितो बुद्धो जिनः पातु वः ॥ २०५ ॥
आबाहूद्धृतमण्डलाग्ररुचयः संनद्धवक्षःस्थलाः सोष्माणो
व्रणिनो विपक्षहृदयप्रोन्माथिनः कर्कशाः । उत्सृष्टाम्बरदृ-
ष्टिविभ्रमभरा यस्य स्मराभेसरा योधा वारवधूस्तनाश्च न दधुः

१ द्वारम्. २ लक्ष्मीपतिः; (पक्षे) वसन्तः. ३ चक्रधारी; (पक्षे) कुम्भकारः. ४ विष्णुः; (पक्षे) शेषः. ५ कृष्णपक्षेऽहिः कालियः; गरुडपक्षेऽहिः सर्पः. ६ गरुडः. ७ विष्णुः; (पक्षे) वानरः. ८ चन्द्रेण प्रार्थितः.

१ शब्दः. २ मूलाधार-स्वाधिष्ठान-मणिपूर-अनाहत-विशुद्धि-आज्ञाख्यानि षट् चक्राणि. ३ परिपाटी. ४ वासना. ५ ध्यानम्. ६ चित्तैकाग्र्यवशात्. ७ स्थितः. ८ 'जङ्घाया मध्यभागे तु संश्लेषो यत्र जङ्घया । पद्मासनमिति प्रोक्तं तदासनविचक्षणैः ॥'. ९ ज्ञानी. १० ज्ञानम्. ११ संसारिणाम्. १२ बद्धानि. १३ चेतःसमाधिना.

क्षोभं स वोऽव्याज्जिनः ॥ २०६ ॥ बद्धा पद्मासनं यो नयनयुगमिदं न्यस्य नासाग्रदेशे धृत्वा मूर्तौ च शान्तौ समरसमिलितौ चन्द्रसूर्याख्यवातौ । पश्यन्नन्तर्विशुद्धं किमपि च परमं ज्योतिराकारहीनं सौख्याम्भोधौ निमग्नः स दिशतु भवतां ज्ञानबोधं बुधोऽयम् ॥ २०७ ॥ कामेनाकृष्य चापं हृतपटुपटहं वल्गुभिर्मारवीरैर्भ्रूभङ्गोत्क्षेपजृम्भास्मितललितदृशा दिव्यनारीजनेन । सिद्धैः प्रह्वोत्तमाङ्गैः पुलकितवपुषा विस्मयाद्वासवेन ध्यायन्यो योगपीठादचलित इति वः पातु दृष्टो मुनीन्द्रः ॥ २०८ ॥ किं स्याद्भास्वान्न भानोरमृतघनरसस्यन्दिनः सन्ति पादाः किं वा राकाशशाङ्को नहि तुहिनरुचिः कुत्रचिन्निष्कलङ्कः । साक्षाच्चिन्तामणिः किं विपुलफलमणेः सौकुमार्यं कुतस्त्यं संदेहान्मुग्धधीभिः प्रथममिति मुनेः पातु दृष्टं वपुर्वः ॥ २०९ ॥

कल्किः ॥ उद्यत्करकरवालः शकतिमिरध्वंसने महानिपुणः । कल्किहरिर्वः पायादपायतः कलिनिशान्तोत्थः ॥ २१० ॥ यवनीनयनाम्बुधोरणीभिर्धरिणीनामपनीय तापवह्निम् । सुकृतद्रुमसेकमाचरन्तं धृतकल्कं प्रणमामि निर्विकल्पम् ॥ २११ ॥ प्रेङ्खद्वाजितरंगमुन्मदगजग्राहप्रगल्भं भटव्यावल्गत्स्फुटपुण्डरीकनिलयं डिण्डीरपिण्डावलिम् । म्लेच्छानीकमहार्णवं सुविपुलं सङ्ग्रामकल्पावधौ यश्चौर्वाग्निरिवाभवद्दैवतु स वः कल्यानि कल्की हरिः ॥ २१२ ॥

सूर्यः ।

खण्डितानेत्रकञ्जालिमञ्जुरञ्जनपण्डिताः । मण्डिताखिलदिक्प्रान्ताश्चण्डांशोः पान्तु भानवः ॥ १ ॥ शुकतुण्डच्छवि सवितुश्चण्डरुचेः पुण्डरीकवनबन्धोः । मण्डलमुदितं वन्दे कुण्डलमाखण्डलाशायाः ॥ २ ॥ अतिविततगगनसरणिप्रसरणपरिमुक्तविश्रमानन्दः । मरुदुल्लासितसौरभकमलाकरहासकृद्रविर्जयति ॥ ३ ॥ प्राचीकुङ्कुमतिलकं पूर्वाचलरोहणैकमाणिक्यम् । त्रिभुवनगृहैकदीपं वन्दे लोकैकलोचनं देवम् ॥ ४ ॥ कटुभिरपि कठोरचक्रवाकोत्करविरहज्वरशान्तिशीतवीर्यैः । तिमिरहतमयं महोभिरञ्जयति जगन्नयनौघमुष्णभानुः ॥ ५ ॥ यद्बिम्बमम्बरमणिर्यदपां प्रसूतिर्नक्तं निषिञ्चति यदग्निशिखासु भासः । ज्योत्स्ना निशासु हिमधाम्नि च यन्मयूखाः पूषा पुराणपुरुषः स नमोऽस्तु तस्मै ॥ ६ ॥ यो रक्ततामतितरामतुलं दधानो दिक्प्रौढदारगृह(?)मोहनवासवासः । योषिद्भुयीपतिविडम्बनभृत्स शश्वत्पायादपायसमुदायहरो रविर्नः ॥ ७ ॥ ब्रह्माण्डसंपुटकलेवरमध्यवर्ति चैतन्यपिण्डमिव मण्डलमस्ति यस्य । आलोकितोऽपि दुरितानि निहन्ति यस्तं मार्तण्डमादिपुरुषं प्रणमामि नित्यम् ॥ ८ ॥ सिन्दूरस्पृहया स्पृशन्ति करिणां कुम्भस्थमाधोरणा भिल्ली पल्लवशङ्कया विचिनुते सान्द्रद्रुमद्रोणिषु । कान्ताः कुङ्कुमशङ्कया करतले मृद्नन्ति लग्नं च यत्तत्तेजः प्रथमोद्भवं भ्रमकरं सौरं चिरं पातु वः ॥ ९ ॥ एकस्मिन्नयने भृशं तपति यः काले स दाहक्रमो येनातन्यत यत्प्रकाशसमयेनैषां पदं दुर्लभम् । सा व्योमावयवस्य यन्न विदिता लोके गतिः शाश्वती श्रीसूर्यः सुरसेवितोऽपि हि महादेवः स नस्त्रायताम् ॥ १० ॥ जैम्भारातिभकुम्भोद्भवमिव दधतः सान्द्रसिन्दूररेणुं रक्तैः सिक्ता इवौघैरुदयगिरितटीधातुधाराद्रवस्य । आयान्त्या तुल्यकालं कमलवनरुचेवारुणा वो विभूत्यै भूयासुर्भासयन्तो भुवनमभिनवा भानवो भानवीयाः ॥ ११ ॥ भक्तिप्रह्वाय दातुं मुकुलपुटकुटीकोटरक्रोडलीनां लक्ष्मीमाक्रष्टुकामा इव कमलवनोद्घाटनं कुर्वते ये । कालाकारान्धकारानपतितजगत्साध्वसध्वंसकल्याः कल्याणं वः क्रियासुः किसलयरुचयस्ते करा भास्करस्य ॥ १२ ॥ साटोपव्योमहट्टोषितरजनिवणिङ्नायकोन्मुक्ततारा मुक्ताहारापहारात्तरलखगरवप्रोत्थिताकीर्तिशान्त्यै । कर्षत्तम्भोजकुम्भोदरकुहरबहिर्निःसरत्षट्पदालीकालव्यालीं करेणाकलयतु दिनकृत्कल्मषोन्मूलनं वः ॥ १३ ॥ चक्री चक्रारपङ्क्तिं हरिरपि च हरीन्धूर्जटिर्धूर्ध्वजान्तानक्षं नक्षत्रनाथोऽरुणमपि वरुणः कूबराग्रं कुबेरः । रंहः सङ्घः सुराणां जगदुपकृतये नित्ययुक्तस्य यस्य स्तौति प्रीतिप्रसन्नोऽन्वहमहिमरुचेः सोऽवतात्स्यन्दनो वः ॥ १४ ॥ किं छत्रं किं नु रत्नं तिलकमुत तथा कुण्डलं कौस्तुभो वा चक्रं वा वारिजं वेत्यमरयुवतिभिर्यद्विलिद्विषिदेहे । ऊर्ध्वे मौलौ ललाटे श्रवसि हृदि करे नाभिदेशे च दृष्टं पायात्तद्वोऽर्कबिम्बं स च दनुजरिपुर्वर्धमानः क्रमेण ॥ १५ ॥ शीर्णघ्राणाङ्घ्रिपाणीन्व्रणिभिरपघनैर्घर्घराव्यक्तघोषान्दीर्घाघ्रातानघौघैः पुनरपि घटयत्येक उल्लाघयन्यः । घर्मांशोस्तस्य वो-

१ शरीरे. २ फेनपिण्डः. ३ खण्डयतु. ४ पापानि. ५ नायिकाविशेषा. ६ कमलम्. ७ पूर्वदिशः.

१ इन्द्रः. २ क्रयविक्रयस्थानम्. ३ विष्णुः. ४ कीलकः. ५ इन्द्रः. ६ अश्वान्. ७ यानमुखम्. ८ चक्र. ९ युगंधर. १० वेगः. ११ चूडारत्नम्. १२ यतो विष्णोर्नाभिदेशे कमलं वर्तते. १३ वामनाकृत्या. १४ कुष्ठरोगविशीर्णनासिकापादपाणीन्. १५ क्षतविशिष्टैः. १६ शरीरैः. १७ चिरकालं ग्रस्तान्. १८ सूर्यस्य.

ऽन्तर्द्धिगुणर्घनघृणानिघ्ननिर्विघ्नवृत्तेर्दत्तार्घाः सिद्धिसंघैर्विदधतु घृणयः[2] शीघ्रमंहोविघातम्[3] ॥ १६ ॥

(किरणाः) ॥ करजालमपूर्वचेष्टितं वस्तादभीष्टप्रदमस्तु तिग्मभासः। क्रियते भवबन्धनाद्विमुक्तिः प्रणतानामुपसेवितेन येन ॥ १७ ॥ युष्माकमम्बरमणेः प्रथमे मयूखास्ते मङ्गलं विदधतूदयरागभाजः। कुर्वन्ति ये दिवसजन्ममहोत्सवेषु सिन्दूरपाटलमुखीरिव दिक्पुरंध्रीः ॥ १८ ॥ सिदूराणीव सीदत्कृपणकुलवधूमूर्ध्नि ये संचरन्तः प्रेक्ष्यन्ते दिक्षु शैलाः शिखरभुवि लसत्पद्मरागाङ्कुरा यैः। धुन्वन्ते ध्वान्तधाराः सह दुरितचयैर्दूरदृश्याः सुदृश्याः पान्तु त्वां पद्मबन्धोरकरणकिरणाः पूरणाः पद्मबन्धोः ॥ १९ ॥

(तुरगाः) ॥ अवतु नः सवितुस्तुरगावली समतिलङ्घिततुङ्गपयोधरा[4]। स्फुरितमध्यगतारुणनायका[5] मरकतैकलतेव[6] नभश्रियः ॥ २० ॥

१ सततकृपा. २ रश्मयः. ३ पापम्. ४ मेघाः; (पक्षे) स्तनौ. ५ अरुणरूपो नायकः सारथिर्यस्याः; (पक्षे) अरुण आरक्तो नायको हारमध्यमणिः. ६ सूर्यतुरंगमाणां हरितवर्णत्वादित्यर्थः.

चन्द्रः।

लालयन्तमरविन्दवनानि क्षालयन्तमभितो भुवनानि। पालयन्तमथ कोककुलानि ज्योतिषां पतिमहं महयामि ॥१॥ रविमावसते सतां क्रियायै सुधया तर्पयते सुरान्पितॄंश्च। तमसां निशि मूर्च्छतां विहन्त्रे हरचूडानिहितात्मने नमस्ते ॥ २ ॥ स्वर्भानुप्रतिवारपारणमिलद्दन्तौघयन्त्रोद्भवश्वभ्रालीपतयालुदीधितिसुधासारस्तुषारद्युतिः। पुष्पेष्वासनतप्रियार्पिरिणयानन्दाभिषेकोत्सवे देवः प्रासहस्रधारकलशश्रीरस्तु नस्तुष्टये ॥ ३ ॥

पृथिवी।

स्वर्गौकोभिरदोनिवासिपुरुषारब्धातिशुद्धाध्वरस्वाहाकारवषट्क्रियोत्थममृतं स्वादीय आदीयते। आम्नायप्रवणैरलंकृतिजुषेऽमुष्यै मनुष्यैः शुभैर्दिव्यक्षेत्रसरित्पवित्रवपुषे देव्यै पृथिव्यै नमः ॥ १ ॥

१ गिलनम्. २ छिद्रकरणसाधनम्. ३ दन्तदशनकृतविवरपरम्परा. ४ पतनशीला. ५ मदनः. ६ विवाहः. ७ देवैः.

इति श्रीसुभाषितरत्नभाण्डागारे प्रथमं प्रकरणं समाप्तम्।

द्वितीयं प्रकरणम्।

सामान्यप्रकरणम्।

सुभाषितप्रशंसा।

भाषासु मुख्या मधुरा दिव्या गीर्वाणभारती। तस्माद्धि काव्यं मधुरं तस्मादपि सुभाषितम् ॥ १ ॥ सुभाषितेन गीतेन युवतीनां च लीलया। मनो न भिद्यते यस्य स योगी ह्यथवा पशुः ॥ २ ॥ सुभाषितमयैर्द्रव्यैः संग्रहं न करोति यः। सोऽपि प्रस्तावयज्ञेषु कां प्रदास्यति दक्षिणाम् ॥ ३ ॥ संसारकटुवृक्षस्य द्वे फले ह्यमृतोपमे। सुभाषितरसास्वादः संगतिः सुजने जने ॥ ४ ॥ सुभाषितरसास्वादबद्धरोमाञ्चकञ्चुकाः। विनापि कामिनीसङ्गं कवयः सुखमासते ॥ ५ ॥ पृथिव्यां त्रीणि रत्नानि जलमन्नं सुभाषितम्। मूढैः पाषाणखण्डेषु रत्नसंज्ञा विधीयते ॥ ६ ॥ धर्मो यशो नयो दाक्ष्यं मनोहारि सुभाषितम्। इत्यादिगुणरत्नानां संग्रही नावसीदति ॥ ७ ॥ संगीतमपि साहित्यं सरस्वत्याः स्तनद्वयम्। एकमापातमधुरमन्यदालोचनामृतम् ॥ ८ ॥ शिशुर्वेत्ति पशुर्वेत्ति वेत्ति नागरसं फणी। साहित्यरसमाधुर्यं शंकरो वेत्ति वा न वा ॥ ९ ॥ द्राक्षा म्लानमुखी जाता शर्करा चाश्मतां गता। सुभाषितरसस्याग्रे सुधा भीता दिवं गता ॥ १० ॥ संसदि तदेव भूषणमुपकारकमवसरे धनं मुख्यम्। सूक्तं दधति सुवर्णं कल्याणमनर्घमिह धन्याः ॥ ११ ॥ कथमिह मनुष्यजन्मा संप्रविशति सदसि विबुधगमितायाम्। येन न सुभाषितामृतमाह्लादि निपीतमातृप्तेः ॥ १२ ॥ अकलितशब्दालंकृतिरनुकूला स्खलितपदनिवेशापि। अभिसारिकेव रमयति सूक्तिः सोत्कर्षशृङ्गारा ॥ १३ ॥ आस्वादितदयिताधरसुधारसस्येव सूक्तयो मधुराः। अकलितरसालमुकुलो न कोकिलः कलमुद्बयति ॥ १४ ॥ अवसरपठितं सर्वं सुभाषितत्वं प्रयात्यसूक्तमपि। क्षुधि कदशनमपि नितरां भोक्तुः संपद्यते स्वादु ॥ १५ ॥ यस्य वक्त्रकुहरे सुभाषितं नास्ति नाप्यवसरे प्रजल्पति। आगतः सदसि धीमतामसौ लेप्यनिर्मित इवावभासते ॥ १६ ॥ सुभाषितं हारि विशत्यधो गलान्न दुर्जनस्यार्करिपोरिवामृतम्। तदेव धत्ते हृदयेन सज्जनो हरिर्महारत्नमिवातिनिर्मलम् ॥ १७ ॥ नायं प्रयाति विकृतिं विरसो न यः स्यान्न क्षीयते बहुजनैर्नितरां निपीतः। जाड्यं निहन्ति रुचिमेति करोति तृप्तिं नूनं सुभाषितरसोऽन्यरसातिशायी ॥ १८ ॥ धन्याः शुचीनि सुरभीणि गुणोम्भितानि वाग्वीरुधः स्ववदनोपवनोद्गतायाः। उच्चित्य सूक्तिकुसुमानि सतां विविक्तवर्णानि कर्णपुलिनेष्ववतंसयन्ति ॥ १९ ॥ किं हारैः किमु कङ्कणैः किमसमैः कर्णावतंसैरलं केयूरैर्मणिकुण्डलैरलमलं साडम्बरैरम्बरैः। पुंसामेकमखण्डितं पुनरिदं मन्यामहे मण्डनं यन्निष्पीडितपार्वणामृतकरस्यन्दोपमाः सूक्तयः ॥ २० ॥ खिन्नं चापि सुभाषितेन रमते स्वीयं मनः सर्वदा श्रुत्वान्यस्य सुभाषितं खलु मनः श्रोतुं पुनर्वाञ्छति। अज्ञाञ्ज्ञानवतोऽप्यनेन हि वशीकर्तुं समर्थो भवेत्कर्तव्यो हि सुभाषितस्य मनुजैरावश्यकः संग्रहः ॥ २१ ॥

१ प्रसङ्गः. २ न नश्यति. ३ पाषाणताम्. ४ काञ्चनम्; (पक्षे) सुष्टुपदैर्युक्तम्. ५ पण्डितपूर्णायां देवयुक्तायां च. ६ न कलिता शब्दस्यालंकृतिर्यया. अनुप्रासादिशब्दालंकृतिशून्येत्यर्थः; (पक्षे) अकलितः शब्दो ययैतादृश्यलंकृतिर्भूषणं यस्याः. सशब्दभूषणवत्त्वेऽन्यस्य ज्ञानं भविष्यतीति धियेति भावः. ७ द्रुतं रसप्रत्यायिका; (पक्षे) नायकचित्तानुकूल्यवती. ८ कोमलं सुश्लिष्टपदानां ग्रथनं यत्र; (पक्षे) स्थानादन्यत्र पतनं यथा स्यात्तथा चरणविन्यासो यस्याः. ९ सुभाषितम्; (पक्षे) शोभनोक्तिमती. १० उत्कृष्टशालिशृङ्गाररसवती; (पक्षे) अहमस्यायं ममेति रतिपरिपोषवती.

१ मधुरम्. २ वदति. ३ बिले. ४ पङ्करचितः. ५ राहोः. ६ कौस्तुभमणिः. ७ विकारम्. ८ मान्द्यम्. ९ अन्यरसानतिक्रम्य वर्तत इत्यर्थः. १० कर्णभूषणैः. ११ वस्त्रादिभिः. १२ पूर्णः. १३ किरणाः. १४ नास्त्युत्तमं यस्मात्.

विद्याप्रशंसा।

अपूर्वः कोऽपि कोशोऽयं विद्यते तव भारति। व्ययतो वृद्धिमायाति क्षयमायाति संचयात् ॥ १ ॥ अनेकसंशयोच्छेदि परोक्षार्थस्य दर्शकम्। सर्वस्य लोचनं शास्त्रं यस्य नास्त्यन्ध एव सः ॥ २ ॥ सर्वद्रव्येषु विद्यैव द्रव्यमाहुरनुत्तमम्। अहार्यत्वादनर्घ्यत्वादक्षयत्वाच्च सर्वदा ॥ ३ ॥ हर्तुर्न गोचरं याति दत्ता भवति विस्तृता। कल्पान्तेऽपि

न या नश्येत्किमन्यद्विद्यया समम् ॥ ४ ॥ ज्ञातिभिर्वण्ट्यते[1]
नैव चोरेणापि न नीयते । दाने नैव क्षयं याति विद्यारत्नं
महाधनम् ॥ ५ ॥ संयोजयति विद्यैव नीचगापि नरं
सरित् । समुद्रमिव दुर्धर्षं नृपं भाग्यमतः परम् ॥ ६ ॥
विद्या शस्त्रं च शास्त्रं च द्वे विद्ये प्रतिपत्तये[2] । आद्या हा-
स्याय वृद्धत्वे द्वितीयाद्रियते सदा ॥ ७ ॥ शुनः पुच्छमिव
व्यर्थं जीवितं विद्यया विना । न गुह्यगोपने शक्तं न च
[3]दंशनिवारणे ॥ ८ ॥ सद्विद्या यदि का चिन्ता [4]वराकोदर-
पूरणे । शुकोऽप्यशनमाप्नोति राम रामेति च ब्रुवन् ॥ ९ ॥
अनपेक्षितगुरुवचना सर्वान्ग्रन्थीन्विभेदयति सम्यक् । प्रकट-
यति पररहस्यं विमर्शशक्तिर्निजा जयति ॥ १० ॥ वसुमतीपतिना
नु सरस्वती बलवता रिपुणापि न नीयते । समविभागहरैर्न
विभज्यते विबुधबोधबुधैरपि सेव्यते ॥ ११ ॥ श्रियः प्रदु-
ग्धे विपदो रुणद्धि यशांसि सूते मलिनं प्रमार्ष्टि । संस्कार-
शौचेन परं पुनीते शुद्धा हि बुद्धिः किल कामधेनुः ॥ १२ ॥
न चोरहार्यं न च राजहार्यं न भ्रातृभाज्यं न च भारकारि ।
व्यये कृते वर्धत एव नित्यं विद्याधनं सर्वधनप्रधा-
नम् ॥ १३ ॥ मातेव रक्षति पितेव हिते नि[5]युङ्क्ते कान्तेव
चापि रमयत्यपनीय खेदम् । लक्ष्मीं तनोति वितनोति च
दिक्षु कीर्तिं किं किं न साधयति कल्पलतेव विद्या ॥ १४ ॥
विद्या नाम नरस्य रूपमधिकं [6]प्रच्छन्नगुप्तं धनं विद्या भोग-
करी यशःसुखकरी विद्या गुरूणां गुरुः । विद्या बन्धुजनो
विदेशगमने विद्या परं दैवतं विद्या राजसु पूज्यते नहि धनं
विद्याविहीनः पशुः ॥ १५ ॥ विद्या नाम नरस्य कीर्तिर-
तुला भाग्यक्षये चाश्रयो धेनुः कामदुघा रतिश्च विरहे नेत्रं
तृतीयं च सा । सत्कारायतनं कुलस्य महिमा रत्नैर्विना भू-
षणं तस्मादन्यमुपेक्ष्य सर्वविषयं विद्याधिकारं कुरु ॥ १६ ॥

काव्यप्रशंसा ।

कान्पृच्छामः सुराः स्वर्गे निवसामो वयं भुवि । किं वा
काव्यरसः स्वादुः किं वा स्वादीयसी सुधा ॥ १ ॥ निरव[7]-
द्यानि पद्यानि यद्यनाढ्यस्य का क्षतिः । भिक्षुकक्षाविनिक्षिप्तः
किमिक्षुर्नीरसो भवेत् ॥ २ ॥ याता यान्ति च यातारो
लोकाः शोकाधिका भुवि । काव्यसंबन्धिनी कीर्तिः स्थायि-
नी निरपायिनी ॥ ३ ॥ नवोक्तिर्जातिरग्राम्या श्लेषोऽक्लिष्टः
स्फुटो रसः । विकटाक्षरसंबन्धः कृत्स्नमेकत्र दुष्करम् ॥ ४ ॥

१ विभज्यते. २ ज्ञानाय. ३ मक्षिका. ४ क्षुल्लकम्. ५ नियोजयति.
६ अन्तर्हितम्. ७ उत्कृष्टानि.

सद्भिर्भाव्ये हिते काव्ये वृथा दुर्जनगर्जनम् । चण्डीशाङ्गी-
कृते चन्द्रे[1]ऽरुंतुदः किं विधुंतुदः ॥ ५ ॥ त एव पदवि-
न्यासास्ता एवार्थविभूतयः । तथापि नव्यं भवति काव्यं
ग्रथनकौशलात् ॥ ६ ॥ सरसापि कवेर्वाणी हरिनामाङ्किता
यदि । सादरं गृह्यते तज्ज्ञैः शुक्तिर्मुक्तान्विता यथा ॥ ७ ॥
काव्यस्याम्रफलस्यापि कोमलस्ये[2]तरस्य च । बन्धच्छायाविशे-
षेण रसोऽप्यन्यादृशो भवेत् ॥ ८ ॥ शब्दशक्त्यैव कुर्वाणा
[3]सर्वदानवनिर्वृतिम् । [4]काव्यविद्या श्रुतिगता स्यान्मृतस्यापि
जीवनी ॥ ९ ॥ श्लिष्टा[5] [6]सभङ्गा सद्वर्ण्या निर्दोषा सद्गुणा
मृदुः । नानाभङ्गीविलासा चे[7]त्कृतिर्वि[8]कृतिरन्यथा ॥ १० ॥
धर्मार्थकाममोक्षेषु वैचक्षण्यं कलासु च । करोति कीर्तिं प्रीतिं
च साधुकाव्यनिषेवणम् ॥ ११ ॥ उमामिमां समुद्वीक्ष्य
शीतदीधितिशेखर । एषापि भारती भानुयुतं सीत्कृत्य नर्तति
॥ १२ ॥ [9]अध्वनि [10]पदग्रहपरं मदयति हृदयं न वा न वा श्रव-
णम् । काव्यमभिज्ञसभायां मञ्जीरं केलिवेलायाम् ॥ १३ ॥
अविदितगुणापि सुकवेर्[11]भणितिः कर्णेषु [12]वमति मधुधाराम् ।
अनधिगतपरिमलापि हि हरति दृशं मालतीमाला ॥ १४ ॥
ख्यातिं गमयति सुजनः सुकविर्विदधाति केवलं काव्यम् ।
पुष्णाति कमलमम्भो लक्ष्म्या तु रविर्नियोजयति ॥ १५ ॥
कृतमन्दपद[13]न्यासा वि[14]कचश्री[15]श्चारुशब्दभङ्गवती । कस्य न
कम्पयते [16]कं जरेव जीर्णस्य सत्कवेर्वाणी ॥ १६ ॥ सरसा
सालंकारा सुपदन्यासा सुवर्णमयमूर्तिः । आर्या तथैव भार्या
न लभ्यते पुण्यहीनेन ॥ १७ ॥ सा कविता सा वनिता
यस्याः श्रवणेन दर्शनेनापि । कविहृदयं विटहृदयं सरलं
तरलं च सत्वरं भवति ॥ १८ ॥ [17]भ्रमरहिता सा कचव-
त्स्त्रीणां कुचवच्च [18]सरसहिता । [19]लसदक्षरपीयूषाधरवत्कविता

१ मर्मस्पृक्. २ कठिनस्येत्यर्थः. ३ सर्वकालं नवसौख्यम्;
(पक्षे) सर्वेषां रक्षसामानन्दम्. ४ कविता; (पक्षे) काव्यस्य शुक्रस्य
विद्या. संजीविनीत्यर्थः. ५ नानार्थशब्दयुक्ता. ६ पदच्छेदवैचित्र्या-
दनेकार्थपदवती. ७ कविता. ८ रोगः. दुःखदत्वात्. ९ व्यङ्ग्यार्थ-
शून्यम्. यत्तु ध्वनिरुत्तमं काव्यं तद्भिन्नमित्यर्थः; (पक्षे) शिञ्जित-
शून्यम्. १० अनुप्रासमात्रार्थं पदग्रहः परमुत्कृष्टो यत्र; (पक्षे)
अत्यन्तचरणसंलग्नम्. ११ उक्तिः. १२ वर्षति. १३ सुप्तिङन्तादि;
(पक्षे) चरणः. १४ प्रफुल्लशोभा; (पक्षे) विगता कचश्रीः केशशोभा
यस्याः. १५ चारवो ये शब्दभङ्गा रचनाविशेषास्तद्वती; (पक्षे)
स्खलितशब्दवती. १६ शिरः. १७ भ्रमरेभ्यो भृङ्गेभ्यो हिता; (पक्षे)
भ्रमेण भ्रान्त्या रहिता. १८ सरैर्मालाभिः सहिता; (पक्षे) सरसेभ्यो
हिता. १९ लसच्छोभायमानमक्षरमविनाशि पीयूषं तद्वन्माधुर्यं
यस्मिन्; (पक्षे) लसन्त्यक्षराणि वर्णा एव पीयूषं यस्याम्.

महात्मनां जीयात् ॥ १९ ॥ सत्पात्रोपनयोचितस्वप्रतिबिम्बाभिनववस्तु । कस्य न जनयति हर्षं सत्काव्यं मधुरवचनं च ॥ २० ॥ सत्सूत्रसंविधानं सदलंकारं सुवृत्तमच्छिद्रम् । को धारयति न कण्ठे सत्काव्यं माल्यमर्घ्यं च ॥ २१ ॥ यदसेवनीयम[3]सताम[4]मृतप्रायं [5]सुवर्णविन्यासम् । [6]सुरसार्थमयं काव्यं त्रिविष्टपं वा समं विद्मः ॥ २२ ॥ सत्कविरसना[7]शूर्पीनिर्स्तुषतरशब्दशालि[8]पाकेन । तृप्तो दयिताधरमपि नाद्रियते का सुधा दासी ॥ २३ ॥ काव्यस्याक्षर[9]मैत्री[10]भाजो न च [11]कर्कशा न च [12]ग्राम्याः । शब्दा अपि पुरुषा अपि [13]सैंधव एवार्थबोधाय ॥ २४ ॥ [14]अन्तर्गूढान[15]र्थान[16]व्यञ्जयतः [17]प्रसादरहितस्य । [18]संदर्भस्य नदस्य च न [19]रसैः प्रीत्यै रसज्ञानाम् ॥ २५ ॥ आन्तरमिव बहिरिव हि व्यञ्जयितुं रसमशेषतः सततम् । असती सत्कविसूक्तिः काचघटीति त्रयं वेद ॥ २६ ॥ न ब्रह्मविद्या न च राज्यलक्ष्मीस्तथा यथेयं कविता कवीनाम् । लोकोत्तरे पुंसि निवेश्यमाना पुत्रीव हर्षं हृदये करोति ॥ २७ ॥ अनभ्रवृष्टिः श्रवणामृतस्य सरस्वतीविभ्रमजन्मभूमिः । वैदर्भरीतिः कृतिनामुदेति सौभाग्यलाभप्रतिभूः पदानाम् ॥ २८ ॥ सहोदराः कुङ्कुमकेसराणां भवन्ति नूनं कवितविलासाः । न [20]शारदादेशमपास्य दृष्टस्तेषां यदन्यत्र मया प्ररोहः ॥ २९ ॥ नमो नमः काव्यरसाय तस्मै निषिक्तमन्तः पृषतापि यस्य । सुवर्णतां वक्रमुपैति साधोर्दुर्वर्णतां याति च दुर्जनस्य ॥ ३० ॥ अर्थो गिरामपिहितः पिहितश्च कश्चित्सौभाग्यमेति मरहट्टवधूकुचाभः । नान्ध्रीपयोधर इवातितरां प्रकाशो नो गुर्जरीस्तन इवातितरां निगूढः ॥ ३१ ॥ रे रे खलाः शृणुत मद्वचनं समस्ताः स्वर्गे सुधास्ति सुलभा न तु सा भवद्भिः । कुर्मस्तदत्र भवतामुपकारकारि काव्यामृतं पिबत तत्परमादरेण ॥ ३२ ॥ वाणी ममैव सरसा यदि रञ्जयित्री न प्रार्थये रसविदामवधानदानम् । सायंतनीषु मकरन्दवतीषु भृङ्गाः किं मल्लिकासु परमभ्रणमारभन्ते ॥ ३३ ॥ आख्यातनामरचनाचतुरस्रसंधिसद्धात्वलंकृतिगुणं सरसं सुवृत्तम् । आसेदुषामपि दिवं कविपुंगवानां तिष्ठत्यखण्डमिह काव्यमयं शरीरम् ॥ ३४ ॥ सरसपरिषत्कर्णश्राव्यं कवित्वरसायनं विरसमनसां नेतुं नेहामहे श्रवणान्तिकम् । मृगमदरसं बिम्बौष्ठीनां कठोरकुचोचितं जघननिकटे क्लिन्ने लिम्पेज्जरन्महिषस्य कः ॥ ३५ ॥ अमृतजलधेः पायं पायं पयांसि पयोधरः किरति करकास्ताराकारा यदि स्फटिकावनौ । तदिह तुलनामानीयन्ते क्षणं कठिनाः पुनः सततममृतस्यन्दोद्गारा गिरः प्रतिभावताम् ॥ ३६ ॥ प्रयच्छति चमत्कृतिं विरचनाविधौ चेतसः सभासु पठितो भवत्यसमसाधुवादास्पदे । प्रथामुपगतस्तनोत्यतितरामुदारं यशो न पुष्यति मनोरथं कमिव काव्यचिन्तामणिः ॥ ३७ ॥ समुल्लासो वाचां सरसमधुनिष्यन्दलहरी समुन्मेषद्वेषी सकलरसपोषोपजनकः । न केषामाधत्ते मनसि परितोषं नवनवैर्विलासैरुन्मीलद्विकचित[2]मधूलीपरिमलः ॥ ३८ ॥ यथा यूनस्तद्वत्परमरमणीयापि रमणी कुमाराणामन्तःकरणहरणं नैव कुरुते । मदुक्तिश्चेदन्तर्मदयति सुधीभूय [1]सुधियां किमस्या नाम स्यादरसपुरुषानादरभरैः ॥ ३९ ॥ परिच्छिन्नस्वादोऽमृतगुडमधुक्षौद्रपयसां कदाचिच्चाभ्यासाद्व्रजति ननु वैरस्यमधिकम् । प्रियाबिम्बौष्ठे वा रुचिरकविवाक्येऽप्यनवधिर्नवानन्दः कोऽपि स्फुरति तु रसोऽसौ निरुपमः ॥ ४० ॥ [3]प्रसत्तेर्यः पात्रं तिलकयति यं सूक्तिरचना य आद्यः स्वादूनां श्रुतिचुलुकलेह्येन मधुना । यदात्मानो विद्याः परिणमति यश्चार्थवपुषा स गुम्फो वाणीनां कविवृषनिषेव्यो विजयते ॥ ४१ ॥ सदा मध्ये यासामियममृतनिष्यन्दसरसा सरस्वत्युद्दामा वहति बहुमार्गा परिमलम् । प्रसादं ता एता घनपरिचिताः केन महतां महाकाव्यव्योम्नि स्फुरितमधुरा यान्तु रुचयः ॥ ४२ ॥ नैव व्याकरणज्ञमेति पितरं न भ्रातरं तार्किकं दूरात्संकुचितेव गच्छति पुनश्चाण्डालवच्छान्दसात् । मीमांसानिपुणं नपुंसकमिति ज्ञात्वा निरस्तादरा काव्यालंकरणज्ञमेत्य कविताकान्ता वृणीते स्वयम् ॥ ४३ ॥ रम्यार्थोक्तितनूज्ज्वला रसमयप्राणा गुणोल्लासिनी चेतोरञ्जकरीतिवृत्तिकवितापाकं वयो बिभ्रती । भावालंकरणोचितागमवती सर्वत्र निर्दोषताशय्या[4]मृच्छति कामिनीव कविता कस्यापि पुण्यात्मनः ॥ ४४ ॥ निर्ह्रादं क्रकचक्षतैः किरति किं कर्णामृतं वल्लकी किं वा मुञ्चति मालती परिमलं पाषाणनिष्पेषणैः । इत्थं

१ स्थापनम्. २ सम्यग्बोधः. ३ सहृदयभिन्नानाम्; (पक्षे) पापवताम्. ४ अमृततुल्यम्; (पक्षे) अमृतबहुलम्. ५ शोभनाक्षराणां विन्यासो ग्रथनं यत्र; (पक्षे) सुवर्णमयम्. ६ शोभनरसार्थप्रचुरम्; (पक्षे) देवसमूहबहुलम्. ७ प्रस्फोटनम्. ८ निर्दोषः. ९ निर्दोषकाव्यास्वादेनेत्यर्थः. १० एकवर्गघटितत्वादिरूपाम्. ११ श्रुतिकटकः; (पक्षे) क्रूरमतयः. १२ अविदग्धप्रयुक्ताः; (पक्षे) ग्राममात्रवासिनः. १३ व्याकरणसिद्धाः; (पक्षे) निर्मलमतयः. १४ अभ्यन्तरे गूढस्थितान्; (पक्षे) अभ्यन्तरे निलीनान्. १५ प्रतिपाद्यविषयान्; (पक्षे) पदार्थान्. १६ व्यञ्जनाविषयानकुर्वतः; (पक्षे) अप्रकटयतः. १७ प्रसादेन काव्यगुणेन रहितस्य; (पक्षे) निर्मलतया रहितस्य. १८ काव्यस्य. १९ शृङ्गारादिः; (पक्षे) जलम्. २० काश्मीरदेशम्.

१ विदुषाम्. २ मूर्वल्ली. ३ आनन्दस्य. ४ गच्छति.

तारसकर्कशां धियमसौ जल्पैर्विकाल्याकुलैराकूटं कमनीयकान्तिदमितं कार्यं कथं स्यन्दते ॥ ४५ ॥ यत्राकृष्टसुवर्णसूत्रमिव यत्पद्यं सुमेरोस्तटादुन्मीलत्कुरुविन्दकन्दल इव स्वच्छः पदार्थस्तु यः। यत्राप्युल्लसदंशुकान्तरलसत्कान्ताकुचान्तोपमं व्यङ्ग्यं यत्तदहो कवित्वमपरं वाग्देवतोपप्लवः ॥ ४६ ॥ गुम्फः पङ्कजकुड्मलद्युतिरुरस्तत्केसरोल्लासवानर्थोऽप्यन्तरसौरभप्रतिनिभं व्यङ्ग्यं चमत्कारि यत्। द्वित्रैर्यद्रसिकैश्चिरं सहृदयैर्भृङ्गैरिवास्वाद्यते तत्काव्यं न पुनः प्रमत्तकुकवेर्यत्किंचिदुज्जल्पितम् ॥ ४७ ॥ निन्द्यन्ते यदि नाम मन्दमतिभिर्वक्राः कवीनां गिरः स्तूयन्ते न च नीरसैर्मृगदृशां वक्राः कटाक्षच्छटाः। तद्वैदग्ध्यविदां सतामपि मनः किं नेहते वक्रतां धत्ते किं न हरः किरीटशिखरे वक्रां कलामैन्दवीम् ॥ ४८ ॥ सानन्दप्रमदाकटाक्षविशिखैर्येषां न भिन्नं मनो यैः संसारसमुद्रपातविधुरेष्वन्येषु पोतायितम्। यैर्दुर्वारसरस्वतीविलसितं द्वित्रैः पदैर्गुम्फितं तेषामप्युपरि स्फुरन्ति मतयः कस्यापि पुण्यात्मनः ॥ ४९ ॥ वाणि त्वत्पदपद्मरेणुकणिका या स्वान्तभूमिं सतां संप्राप्ता कवितालता परिणता सैवेयमुज्जृम्भते। त्वत्कर्णेऽपि चिराय यत्किसलयं सूक्तापदेशं शिरःकम्पभ्रंशितपारिजातकलिकागुच्छे विधत्ते पदम् ॥ ५० ॥

नाट्यप्रशंसा।

प्रत्यङ्गमङ्कुरितसर्वरसावतारनव्योल्लसत्कुसुमराजिविराजिबन्धम्। घर्मेतरांशुरिव वक्रतयातिरम्यं नाट्यप्रबन्धमतिमङ्गुलसंविधानम् ॥ १ ॥ देवानामिदमामनन्ति मुनयः कान्तं क्रतुं चाक्षुषं रुद्रेणेदमुमाकृतव्यतिकरे स्वाङ्गे विभक्तं द्विधा। त्रैगुण्योद्भवमत्र लोकचरितं नानारसं दृश्यते नाट्यं भिन्नरुचेर्जनस्य बहुधाप्येकं समाराधनम् ॥ २ ॥

कुकाव्यनिन्दा।

किं तेन किल काव्येन मृध्यमानस्य यस्य ताः। उदधेरिव नायान्ति रसामृतपरम्पराः ॥ १ ॥ किं तेन काव्यमधुना प्लाविता रसनिर्झरैः। जडात्मानोऽपि नो यस्य भवन्त्यङ्कुरितान्तराः ॥ २ ॥ यदा प्रकृत्यैव जनस्य रागिणो भृशं प्रदीप्तो हृदि मन्मथानलः। तदात्र भूयः किमनर्थपण्डितैः कुकाव्यहव्याहुतयो निवेशिताः ॥ ३ ॥ तत्किं काव्यमनल्पपीतमधुवत्कुर्यान्न यद्द्रुतं मात्सर्याधृतचेतसां रसवशादप्युद्गतिं लोमसु। कम्पं मूर्ध्नि कपोलयुग्ममरुणं बाष्पाविले लोचने अध्यारोपितवस्तुकीर्तनपरं वाचः करालम्बनम् ॥ ४ ॥ या साधूनिव साधुवादमुखरान्मात्सर्यमूकानपि प्रोच्चैर्नो कुरुते सतां मतिमतां दृष्टिर्न सा वास्तवी। या याताः श्रुतिगोचरं च सहसा हर्षोल्लसत्कंधरास्तिर्यञ्चोऽपि न मुक्तशष्पकवलास्ताः किं कवीनां गिरः ॥ ५ ॥

सामान्यकविप्रशंसा।

जयन्ति ते सुकृतिनो रससिद्धाः कवीश्वराः। नास्ति येषां यशःकाये जरामरणजं भयम् ॥ १ ॥ प्रस्तावे हेतुयुक्तानि यः पठत्यविशङ्कितः। स कविस्तानि काव्यानि काव्ये तस्य परिश्रमः ॥ २ ॥ सुकवेः शब्दसौभाग्यं सुकविर्वेत्ति नापरः। कैलादवन्न जानाति परः कङ्कणचित्रताम् ॥ ३ ॥ सन्ति श्वान इवासंख्या जातिभाजो गृहे गृहे। उत्पादका न बहवः कवयः शरभा इव ॥ ४ ॥ कवयः परितुष्यन्ति नेतरे कविसूक्तिभिः। न ह्यकूपारवत्कूपा वर्धन्ते विधुकान्तिभिः ॥ ५ ॥ कवीनां मानसं नौमि तरन्ति प्रतिभाम्भसि। यत्र हंसवयांसीव भुवनानि चतुर्दश ॥ ६ ॥ अपूर्वो भाति भारत्याः काव्यामृतफले रसः। चर्वणे सर्वसामान्ये स्वादुवित्केवलं कविः ॥ ७ ॥ उत्फुल्लगल्लैरालापाः क्रियन्ते दुर्मुखैः सुखम्। जानाति हि पुनः सम्यक्कविरेव कवेः श्रमम् ॥ ८ ॥ ते धन्यास्ते महात्मानस्तेषां लोके स्थितं यशः। यैर्निबद्धानि काव्यानि ये वा काव्येषु कीर्तिताः ॥ ९ ॥ अमृतोत्प्रेक्षणे रागं कुर्वन्त्युरगवज्जनाः। कविर्गरुडवन्मान्यमिन्द्रवज्रादिवृत्तकृत् ॥ १० ॥ काव्यमय्यो गिरो यावच्चरन्ति विशदा भुवि। तावत्सारस्वतं स्थानं कविरासाद्य तिष्ठति ॥ ११ ॥ अनन्तपदविन्यासरचना सरसा कवेः। बुधो यदि समीपस्थो न कुजन्मा पुरो यदि ॥ १२ ॥ कविः करोति पद्यानि लालयत्युत्तमो जनः। तरुः प्रसूते पुष्पाणि मरुद्वहति सौरभम् ॥ १३ ॥ कविः करोति काव्यानि स्वादं जानन्ति पण्डिताः। सुन्दर्या अपि लावण्यं पतिर्जानाति नो पिता ॥ १४ ॥ कविः पिता पोषयति पालको रसिकः पतिः। कवितायुवतेर्नूनं सोदरास्तु विवेकिनः ॥ १५ ॥ तत्त्वं किमपि काव्यानां जानाति विरलो भुवि। मार्मिकः को मरन्दानामन्तरेण मधुव्रतम् ॥ १६ ॥ साध्वीव भारती भाति सूक्तिसद्व्रतचारिणी। ग्राम्यार्थवस्तुसंस्पर्शबहिरङ्गा महाकवेः ॥ १७ ॥ कतिपय-

१ कीर्तिशरीरे. २ स्वर्णकारः. ३ समुद्रः. ४ अनेकपदानि; (पक्षे) विष्णुपदम्. आकाशमित्यर्थः. ५ शृङ्गारादिरससहिता; (पक्षे) वृष्टिप्रदा. ६ कवयितुः; (पक्षे) शुक्रस्य. ७ पण्डितः; (पक्षे) बुधग्रहः. ८ नीचः; (पक्षे) कुः पृथ्वी तस्या जन्म यस्य मङ्गल इत्यर्थः. ९ सौगन्ध्यम्.

निमेषवर्तिनि जन्मजराभरणविह्वले जगति । कल्पान्तकोटिबन्धुः स्फुरति कवीनां यशःप्रसरः ॥ १८ ॥ कविवाक्यामृततीर्थस्नानैः पूता भृशं यशोदेहाः । येषां त एव भूपा जीवन्ति मृता वृथैवान्ये ॥ १९ ॥ काव्यप्रपञ्चचञ्चू रचयति काव्यं न सारविद्भवति । तरवः फलानि सुवते विन्दति सारं पतङ्गसमुदायः ॥ २० ॥ विगुणोऽपि काव्यबन्धः साधूनामाननं गतः स्वदते । फूत्कारोऽपि सुवंशैरनूद्यमानः श्रुतिं हरति ॥ २१ ॥ विद्वत्कवयः कवयः केवलकवयस्तु केवलं कपयः । कुलजा या सा जाया केवलजाया तु केवलं माया ॥ २२ ॥ अवयः केवलकवयः कीराः स्युः केवलं धीराः । वीराः पण्डितकवयस्तानवमन्ता तु केवलं गवयः ॥ २३ ॥ अहमपि परेऽपि कवयस्तथापि परमन्तरं परिज्ञेयम् । ऐक्यं रलयोरपि यदि तत्किं करभायते कलभः ॥ २४ ॥ दिवमप्युपयातानामाकल्पमनल्पगुणगणा येषाम् । रमयन्ति जगन्ति गिरः कथमिव कवयो न ते वन्द्याः ॥ २५ ॥ यास्यति सज्जनहस्तं रमयिष्यति तं भवेच्च निर्दोषा । उत्पादितयापि कविस्ताम्यति कथया दुहित्रेव ॥ २६ ॥ शीलाविज्जामारुलामोरिकाद्याः काव्यं कर्तुं सन्तु विज्ञाः स्त्रियोऽपि । विद्यां वेत्तुं वादिनो निर्विजेतु दातुं वक्तुं यः प्रवीणः स वन्द्यः ॥ २७ ॥ सहृदयाः कविगुम्फनिकासु ये कतिपयास्त इमे न विशृङ्खलाः । रसमयीषु लतास्विव षट्पदा हृदयसारजुषो न मुखस्पृशः ॥ २८ ॥ लङ्कापतेः संकुचितं यशो यद्यत्कीर्तिपात्रं रघुराजपुत्रः । स सर्व एवादिकवेः प्रभावो न कोपनीयाः कवयः क्षितीन्द्रैः ॥ २९ ॥ जयन्ति ते पञ्चमनादमित्रचित्रोक्तिसंदर्भविभूषणेषु । सरस्वती यद्वदनेषु नित्यमाभाति वीणामिव वादयन्ती ॥ ३० ॥ कुण्ठत्वमायाति गुणः कवीनां साहित्यविद्याश्रमवर्जितेषु । कुर्यादनार्द्रेषु किमङ्गनानां केशेषु कृष्णागुरुधूपवासः ॥ ३१ ॥ महीपतेः सन्ति न यस्य पार्श्वे कवीश्वरास्तस्य कुतो यशांसि । भूपाः कियन्तो न बभूवुरुर्व्यां नामापि जानाति न कोऽपि तेषाम् ॥ ३२ ॥ किं चारुचारित्रविलासशून्याः कुर्वन्ति भूपाः कविसंग्रहेण । किं जातु गुञ्जाफलभूषणानां सुवर्णकारेण वनेचराणाम् ॥ ३३ ॥ प्रतीयमानं पुनरन्यदेव वस्त्वस्ति बाणीषु महाकवीनाम् । यत्तत्प्रसिद्धावयवातिरिक्तमाभाति लावण्यमिवाङ्गनायाः ॥ ३४ ॥ कवेरभिप्रायमशब्दगोचरं स्फुरन्तमार्द्रेषु पदेषु केवलम् । वदद्भिरङ्गैः कृतरोमविक्रियैर्जनस्य तूष्णींभवतोऽयमञ्जलिः ॥ ३५ ॥ स्वप्रज्ञया कुञ्चिकयेव कंचित्सारस्वतं वक्रिमभङ्गिभाजम् । कवीश्वरः कोऽपि पदार्थकोशमुद्घाट्य विश्वाभरणं करोति ॥ ३६ ॥ तर्केषु कर्कशतराः स्युरथापि पुंसां काले भवन्ति मृदवः कवितासु वाचः । दैत्येन्द्रशैलकुलिशं दयिताकपोले नाथस्य कोमलमुदाहरणं नखं नः ॥ ३७ ॥ ख्याता नराधिपतयः कविसंश्रयेण राजाश्रयेण च गताः कवयः प्रसिद्धिम् । राज्ञा समोऽस्ति न कवेः परमोपकारी राज्ञो न चास्ति कविना सदृशः सहायः ॥ ३८ ॥ तेऽनन्तवाङ्मयमहार्णवदृष्टपाराः सांयात्रिका इव महाकवयो जयन्ति । यत्सूक्तिपेळवलवङ्गलवैरवैमि सन्तः सदःसु वदनान्यधिवासयन्ति ॥ ३९ ॥ त्रैलोक्यभूषणमणिर्गुणवर्गबन्धुरेकश्चकास्ति कविता सविता द्वितीयः । शंसन्ति यस्य महिमातिशयं शिरोभिः पादग्रहं विदधतः पृथिवीभृतोऽपि ॥ ४० ॥ शब्दार्थमात्रमपि ये न विदन्ति तेऽपि यां मूर्च्छनामिव मृगाः श्रवणैः पिबन्तः । संरुद्धसर्वकरणप्रसरा भवन्ति चित्रस्थिता इव कवीन्द्रगिरं नुमस्ताम् ॥ ४१ ॥ स्फारेण सौरभभरेण किमेणनाभेस्तद्धानसारमपि सारमसारमेव । स्रक्सौमनस्यपि न पुष्यति सौमनस्यं प्रस्यन्दते यदि मधुद्रवमुक्तिदेवी ॥ ४२ ॥ अपि मुदमुपयान्तो वाग्विलासैः स्वकीयैः परभणितिषु तृप्तिं यान्ति सन्तः कियन्तः । निजघनमकरन्दस्यन्दपूर्णालवालः कलशसलिलमेकं नेहते किं रसालः ॥ ४३ ॥ पदव्यक्तिव्यक्तीकृतसहृदयानन्दसरणौ कवीनां काव्ये न स्फुरति बुधमात्रस्य धिषणा । नवक्रीडावेशव्यसनपिशुनो यः कुलवधूकटाक्षाणां पन्थाः स खलु गणिकानामविषयः ॥ ४४ ॥ अयं मे वाग्गुम्फो विपदपदवैदग्ध्यमधुरः स्फुरद्बन्धो वन्ध्यो जडहृदि कृतार्थः कविहृदि । कटाक्षो वामाक्ष्या दरदलितनेत्रान्तगलितः किशोरे निःसारः स तु किमपि यूनः स्थगयति ॥ ४५ ॥ मदुक्तिश्चेदन्तर्मदयति सुधीभूय सुधियः किमस्या नाम स्यादरसपुरुषानादरभरैः । यथा यूनस्तद्वत्परमरमणीयापि रमणी कुमाराणामन्तःकरणहरणं नैव कुरुते ॥ ४६ ॥ भुजतरुवनच्छायां येषां निषेव्य महौजसां जलधिरशना मेदिन्यासीदसावकुतोभया । स्मृतिमपि न ते यान्ति क्ष्मापा विना यदनुग्रहं प्रकृतिमहते कुर्मस्तस्मै नमः कविकर्मणे ॥ ४७ ॥ यदि प्रभुरुदारधीः सुरसकाव्यकौतूहलस्तथैव च सभासदाः सदसि तद्गुणग्राहिणः । सुवर्णसदलंकृतिर्भवति तत्र नृत्योद्यता मदीयरसनानटी रसघटीयमानन्दभूः ॥ ४८ ॥ वदन्तु कतिचिद्धठात्खफछठेति वर्णाञ्छठा धटः पठ इतीतरे पटु रटन्तु

१ कीर्तिप्रकाशः. २ विस्तः; निपुणः. ३ वाल्मीकेः.

१ कविता. २ तोषयति. ३ नीरसः ४ शोभनाम्यक्षराणि; (पक्षे) हेम. ५ काव्यरसः; (पक्षे) उदकम्. ६ वैयाकरणाः. ७ नैयायिकाः.

वाक्पाटवात् । वयं बकुलमञ्जरीगलदमन्दमाध्वीझरीधुरीणपदरीतिभिर्भणितिभिः प्रमोदामहे ॥ ४९ ॥ हे राजानस्त्यजत सुकविप्रेमबन्धे विरोधं शुद्धा कीर्तिः स्फुरति भवतां नूनमेतत्प्रसादात् । तुष्टैर्बद्धं तदलघु रघुस्वामिनः सच्चरित्रं क्रुद्धैर्नीतस्त्रिभुवनजयी हास्यमार्गे दशास्यः ॥ ५० ॥ अर्थान्केचिदुपासते कृपणवत्केचित्त्वलंकुर्वते वेश्यावत्खलु धातुवादिन इवोद्बध्नन्ति केचिद्रसान् । अर्थालंकृतिसद्रसद्रवमुचां वाचां प्रशस्तिस्पृशां कर्तारः कवयो भवन्ति कतिचित्पुण्यैरगण्यैरिह ॥ ५१ ॥ मन्दं निक्षिपते पदानि परितः शब्दं समुद्वीक्षते नानार्थाहरणं च काङ्क्षति मुदालंकारमाकर्षति । आदत्ते सकलं सुवर्णनिचयं धत्ते रसान्तर्गतं दोषान्वेषणतत्परो विजयते चोरोपमः सत्कविः ॥ ५२ ॥ स्वेच्छाभङ्गुरभाग्यमेघतडितः शक्या न रोद्धुं श्रियः प्राणानां सततं प्रयाणपटहश्रद्धा न विश्राम्यति । त्राणं येऽत्र यशोभये वपुषि वः कुर्वन्ति काव्यामृतैस्तानाराध्य गुरूंन्विधत्त सुकवीन्निर्गर्दमुर्वीश्वराः ॥ ५३ ॥ कल्याणं भगवत्कथाकथनतः काव्यं विधातुः कवेस्तस्यैवाङ्गतया क्वचिद्रचयतः शृङ्गारवीरादिकम् । को दोषो भविता यदत्र कविताशीलैः समाश्रीयते पन्था व्यासवसुंधराश्रुतिभवग्रन्थादिषु प्रेक्षितः ॥ ५४ ॥ ते भूमीपतयो जयन्ति नतयो येषां द्विषद्भूभृतां ते वन्द्या यतयो विशन्ति रतयो येषां परे ब्रह्मणि । ते श्लाघ्याः कवयो वयोमदभरव्याजृम्भमाणाङ्गनादृक्पाता इव तोषयन्ति हृदयं येषां गिरां संचयाः ॥ ५५ ॥ भूतावेशनिवेशिताशय इव श्लोकं करोत्याशु यः श्लाघन्ते कविरद्भुतोऽयमिति तं मिथ्या जना विस्मिताः । द्वित्राण्येव पुरः पदानि रचयन्पश्चात्समालोचयन्दूरं यः कवितां निनीषति कविः कान्तीव स स्तूयताम् ॥ ५६ ॥ सत्यं सन्ति गृहे गृहेऽपि कवयो येषां वचश्चातुरी स्वे हर्म्ये कुलकन्यकेव लभते स्वल्पैर्गुणैर्गौरवम् । दुष्प्रापः स तु कोऽपि कोविदमतिर्यद्वाग्रसग्राहिणां पण्यस्त्रीव कलाकलापकुशला चेतांसि हर्तुं क्षमा ॥ ५७ ॥ धन्यास्ते कवयो यदीयरसनारूक्षाध्वसंचारिणी धावन्तीव सरस्वती द्रुतपदन्यासेन निष्कामति । अस्माकं रसपिच्छिले पथि गिरां देवी नवीनोदयत्पीनोत्तुङ्गपयोधरेव युवतिर्मान्थर्यमालम्बते ॥ ५८ ॥ साहित्ये सुकुमारवस्तुनि दृढन्यासग्रहग्रन्थिले तर्के वा मयि संविधातरि समं लीलायते भारती । शय्या वास्तु मृदूत्तरच्छदपटा दर्भाङ्कुरैरास्तृता भूमिर्वा हृदयंगमो यदि पतिस्तुल्या रतिर्योषिताम् ॥ ५९ ॥ येषां कोमलकाव्यकौशलकलालीलावती भारती तेषां कर्कशतर्कवक्रवचनोद्गारेऽपि किं हीयते । यैः कान्ताकुचमण्डले कररुहाः सानन्दमारोपितास्तैः किं मत्तकरीन्द्रकुम्भशिखरे नारोपणीयाः शराः ॥ ६० ॥ तर्के कर्कशवक्रवाक्यगहने या निष्ठुरा भारती सा काव्ये मृदुलोक्तिसारसुरभौ स्यादेव मे कोमला । या प्रायः प्रियविप्रयुक्तवनिताहृत्कर्तने कर्तरी प्रेयोलालितयौवते न मृदुला सा किं प्रसूनावली ॥ ६१ ॥ मातङ्गीमिव माधुरीं ध्वनिविदो नैव स्पृशन्त्युत्तमां व्युत्पत्तिं कुलकन्यकामिव रसोन्मत्ता न पश्यन्त्यमी । कस्तूरीघनसारसौरभसुहृद्व्युत्पत्तिमाधुर्ययोर्योगः कर्णरसायनं सुकृतिनः कस्यापि संजायते ॥ ६२ ॥ यत्सारस्वतवैभवं गुरुकृपापीयूषपाकोद्भवं तल्लभ्यं कविनैव नैव हठतः पाठप्रतिष्ठाजुषाम् । कासारे दिवसं वसन्नपि पयःपूरं परं पङ्किलं कुर्वाणः कमलाकरस्य लभते किं सौरभं सैरिभः ॥ ६३ ॥ अस्थाने गमिता लयं हतधियां वाग्देवता कल्पते धिक्काराय पराभवाय महते तापाय पापाय वा । स्थाने तु व्ययिता सतां प्रभवति प्रख्यातये भूतये चेतोनिर्वृतये परोपकृतये प्रान्ते शिवावाप्तये ॥ ६४ ॥ वल्मीकप्रभवेण रामनृपतिर्व्यासेन धर्मात्मजो व्याख्यातः किल कालिदासकविना श्रीविक्रमाङ्को नृपः । भोजश्चित्तपबिल्हणप्रभृतिभिः कर्णोऽपि विद्यापतेः ख्यातिं यान्ति नरेश्वराः कविवरैः स्फारैर्न भेरीरवैः ॥ ६५ ॥ येऽप्यासन्निभकुम्भशायितपदा येऽपि श्रियं लेभिरे येषामप्यवसन्पुरा युवतयो गेहेष्वहश्चन्द्रिकाः । तांल्लोकोऽयमवैति लोकतिलकान्स्वप्नेऽप्यजातानिव भ्रातः सत्कविकृत्य किं स्तुतिशतैरन्धं जगत्त्वां विना ॥ ६६ ॥ मौलौ मन्दारदामभ्रमदलिपटलीकाकलीं श्रोणिबिम्बे कूजत्काञ्चीकलापं चरणकमलयोर्मञ्जुमञ्जीरशिञ्जाम् । उत्सङ्गे कीरगीर्तिं स्तनभुवि मसृणं वल्लकीपञ्चमं वा यत्काव्ये दत्तकर्णा शिव शिव मनुते भारतीं भारमेव ॥ ६७ ॥ कस्यांचिद्वाचि कैश्चिन्ननु यदि विहितं दूषणं दुर्दुरूढैश्छिन्नं किं नस्तदा स्यात्प्रथित-

१ द्रव्यम्; (पक्षे) काव्यार्थान्. २ भूषणानि; (पक्षे) काव्यालंकरणानि. ३ पारदः; (पक्षे) काव्यरसः. ४ सुश्लिष्टन्तादीनि; (पक्षे) पादविक्षेपे चरणान्. ५ शब्दः शुद्धो वापशब्दो वेति सम्यग्विचारयति; (पक्षे) ध्वनिमाकर्णयति. ६ श्लेषेण ध्वनिना वानेकार्थानां संपादनम्; (पक्षे) सुवर्णरूप्यादीनां हरणम्. ७ इच्छति. ८ उपमाद्यलंकारम्; (पक्षे) कङ्कणादिभूषणम्. ९ सुष्ठुवर्णानां संचयम्; (पक्षे) हेमसंचयम्. १० शृङ्गारादिरसमिश्रम्; (पक्षे) रसा पृथ्वी तदन्तर्गतम्. ११ काव्यदोषाणां गवेषणे तत्परः; (पक्षे) दोषा रात्रिस्तस्यामन्वेषण आसक्तः. १२ वसुंधरा पृथ्वी तस्याः श्रुतिर्लक्षणया वल्मीकं तत्र भवो वाल्मीकिः.

१ युवतिसमूहे. २ कर्पूर. ३ महिषः.

गुणवतां काव्यकोटीश्वराणाम् । वाहाश्चेद्द्रन्धवाहाधिकविहितजवाः पञ्चषाश्चान्धखञ्जाः का हानिः शेरशाहक्षितिपकुलमणेरश्वकोटीश्वरस्य ॥ ६८ ॥

विशिष्टकविप्रशंसा ।

अमरसिंहः ॥ प्रयोगव्युत्पत्तौ प्रतिपदविशेषार्थकथने प्रसत्तौ गाम्भीर्ये रसवति च काव्यार्थरचने । अगम्यायामन्यैर्दिशि परिणतावर्थवचसोर्मतं चेदस्माकं कविरमरसिंहो विजयते ॥ १ ॥

कालिदासः ॥ कवयः कालिदासाद्याः कवयो वयमप्यमी । पर्वते परमाणौ च पदार्थत्वं प्रतिष्ठितम् ॥ २ ॥ निर्गतामलवाक्यस्य कालिदासस्य सूक्तिषु । प्रीतिर्मधुरसार्द्रासु मञ्जरीष्विव जायते ॥ ३ ॥ कविरमरः कविरचलः कविरभिनन्दश्च कालिदासश्च । अन्ये कवयः कपयश्चापलमात्रं परं दधति ॥ ४ ॥ वयमपि कवयः कवयः कवयोऽपि च कालिदासाद्याः । दृषदो भवन्ति दृषदश्चिन्तामणयोऽपि हा दृषदः ॥ ५ ॥ साकूतमधुरकोमलविलासिनीकण्ठकूजितप्राये । शिक्षासमयेऽपि मुदे रतलीलाकालिदासोक्ती ॥ ६ ॥ पुरा कवीनां गणनाप्रसङ्गे कनिष्ठिकाधिष्ठितकालिदासः । अद्यापि तत्तुल्यकवेरभावादनामिका सार्थवती बभूव ॥ ७ ॥

गणेश्वरः ॥ गणेश्वरकवेर्वचोविरचनैकवाचस्पतेः प्रसन्नगिरिनन्दिनीचरणपल्लवं ध्यायतः । तथा जयति भारती भगवती यथा सा सुधा मुधीभवति सुभ्रुवामधरमाधुरी म्लायति ॥ ८ ॥

गुणाढ्यः ॥ शश्वद्बाणद्वितीयेन नमदाकारधारिणा । धनुषेव गुणाढ्येन निःशेषो रञ्जितो जनः ॥ ९ ॥ समुद्दीपितकंदर्पा कृतगौरीप्रसाधना । हरलीलेव लोकस्य विस्मयाय बृहत्कथा ॥ १० ॥ अतिदीर्घजीविदोषाद्व्यासेन यशोऽपहारितं हन्त । कैर्नोच्येत गुणाढ्यः स एव जन्मान्तरापन्नः ॥ ११ ॥

गोविन्दराजः ॥ इन्दुप्रभारसविदं विहगं विहाय कीरानने स्फुरसि भारति का रतिस्ते । आद्यं यदि श्रयसि जल्पतु कौमुदीनां गोविन्दराजवचसां च विशेषमेषः ॥ १२ ॥

जगन्नाथपण्डितः ॥ कवयति पण्डितराजे कवयन्त्यन्येऽपि विद्वांसः । नृत्यति पिनाकपाणौ नृत्यन्त्यन्येऽपि भूतवेतालाः ॥ १३ ॥ माधुर्यैरपि धुर्यैर्द्राक्षाक्षीरेक्षुमाक्षिकादीनाम् । वन्ध्यैव माधुरीयं पण्डितराजस्य कवितायाः ॥ १४ ॥ गिरां देवी वीणागुणरणनहीनादरकरा यदीयानां वाचाममृतमयमाचामति रसम् । वचस्तस्याकर्ण्य श्रवणसुभगं पण्डितपतेरधुन्वन्मूर्धानं नृपशुरथवायं पशुपतिः ॥ १५ ॥ मधु द्राक्षा साक्षादमृतमथ वामाधरसुधा कदाचित्केषांचित्खलु हि विदधीरन्नपि मुदम् । ध्रुवं ते जीवन्तोऽप्यहह मृतका मन्दमतयो न येषामानन्दं जनयति जगन्नाथभणितिः ॥ १६ ॥

जयदेवः ॥ साध्वी माध्वीक चिन्ता न भवति भवतः शर्करे कर्कशासि द्राक्षे द्रक्ष्यन्ति के त्वाममृत मृतमसि क्षीर नीरं रसस्ते । माकन्द क्रन्द कान्ताधर धरणितलं गच्छ यच्छन्ति भावं यावच्छृङ्गारसारस्वतमिह जयदेवस्य विष्वग्वचांसि ॥ १७ ॥

ज्योतिरीशः ॥ यश्चत्वारि शतानि बन्धघटनालंकारभाञ्जि द्रुतं श्लोकानां विदधाति कौतुकवशादेकाह्नमात्रे कविः । ख्यातः क्ष्मातलमण्डलेष्वपि चतुःषष्टेः कलानां निधिः संगीतागमनागरो विजयते श्रीज्योतिरीशः कृती ॥ १८ ॥

दण्डी ॥ जाते जगति वाल्मीकौ कविरित्यभिधाभवत् । कवी इति ततो व्यासे कवयस्त्वयि दण्डिनि ॥ १९ ॥ त्रयोऽग्नयस्त्रयो वेदास्त्रयो देवास्त्रयो गुणाः । त्रयो दण्डिप्रबन्धाश्च त्रिषु लोकेषु विश्रुताः ॥ २० ॥

द्रोणः ॥ सरस्वतीपवित्राणां जातिस्तत्र न देहिनाम् । व्यासस्पर्धी कुलालोऽभूद्यद्द्रोणो भारते कविः ॥ २१ ॥

धनदः ॥ यथेयं वाग्देवी सुकविमुखवासव्यसनिनी कुहूकण्ठीकण्ठे विलसति तथा चेदनवधिः । तदा भूमीभागे निरुपमतमः किंचिदिव वा समाधत्ते साम्यं धनदभणितीनां मधुरिमा ॥ २२ ॥

नरहरिः ॥ यशोधननिधेर्यदा नरहरेर्वचो वर्ण्यते तदा गतमदा मदालसमरालबालारवाः । न विभ्रमचरीकरीभवति चाधरी माधुरी सुधाकरसुधाझरीमधुकथा वृथा जायते ॥ २३ ॥

प्रवरसेनः ॥ कीर्तिः प्रवरसेनस्य प्रयाता कुमुदोज्ज्वला । सागरस्य परं पारं कपिसेनेव सेतुना ॥ २४ ॥

---

१ साभिप्रायम्. २ रसोत्कर्षाधायकरसनिष्ठगुणवत्. ३ शब्दगुणशालि. ४ अन्वर्था. ५ कामोद्दीपिका; (पक्षे) भस्मीकृतमदना. ६ वर्णितगौरीमाहात्म्या; (पक्षे) अलंकृता पार्वती यया. ७ गुणाढ्यकृतो ग्रन्थः. ८ जीवितम्.

१ शवाः. २ हे मधो. ३ आक्रोशं कुरु. ४ सर्वतः. ५ कुमुदवच्छुभ्रा; (पक्षे) कुमुदो नाम कपिः शोभते यत्र. ६ दिगन्तरे; (पक्षे) समुद्रमुल्लङ्घ्य लङ्कादेशे. ७ काव्यविशेषः; (पक्षे) सेतुबन्धः.

बाणः ॥ हृदि लग्नेन बाणेन यन्मन्दोऽपि पदक्रमः। भवेत्कविकुरङ्गाणां चापलं तत्र कारणम्॥ २५ ॥ शब्दार्थयोः समो गुम्फः पाञ्चाली रीतिरुच्यते। शीलाभट्टारिकावाचि बाणोक्तिषु च सा यदि ॥ २६ ॥ जाता शिखण्डिनी प्राग्यथा शिखण्डी तथावगच्छामि। प्रागल्भ्यमधिकमाप्तुं वाणी बाणो बभूवेति ॥ २७ ॥ श्लेषे केचन शब्दगुम्फविषये केचिद्रसे चापरेऽलंकारे कतिचित्सदर्थविषये चान्ये कथावर्णके। आः सर्वत्र गभीरधीरकविताविन्ध्याटवीचातुरीसंचारी कविकुम्भिकुम्भभिदुरो बाणस्तु पञ्चाननः ॥ २८ ॥

बिह्लणः ॥ बिन्दुद्वन्द्वतरङ्गिताग्रसरणिः कर्ता शिरोबिन्दुकं कर्मेति प्रतिबोधितान्वयविदो ये येऽपि तेभ्यो नमः। ये तु ग्रन्थसहस्रशाणकषणत्रुट्यत्कलङ्कैर्गिरामुल्लेखैः कवयन्ति बिह्लणकविस्तेष्वेव संनह्यति ॥ २९ ॥

भट्टारहरिचन्द्रः ॥ पदबन्धोज्ज्वलो हारी कृतवर्णक्रमस्थितिः। भट्टारहरिचन्द्रस्य गद्यबन्धो नृपायते ॥ ३० ॥

भवभूतिः ॥ सुकविद्वितयं मन्ये निखिलेऽपि महीतले। भवभूतिः शुकश्चायं वाल्मीकिस्तु तृतीयकः ॥ ३१ ॥ भवभूतेः संबन्धाद्भूधरभूरेव भारती भाति। एतत्कृतकारुण्ये किमन्यथा रोदिति ग्रावा ॥ ३२ ॥ रत्नावलीपूर्वकमन्यदास्तामसीमभोगस्य वचोमयस्य। पयोधरस्येव हिमाद्रिजायाः परं विभूषा भवभूतिरेव ३३ ॥॥

भासः ॥ सूत्रधारकृतारम्भैर्नाटकैर्बहुभूमिकैः। सपताकैर्यशो लेभे भासो देवकुलैरिव ॥ ३४ ॥

मयूरः ॥ तावत्कविविहंगानां ध्वनिर्लोकेषु शस्यते। यावन्नो विशति श्रोत्रे मयूरमधुरध्वनिः ॥ ३५ ॥ दर्पं कविभुजंगानां गता श्रवणगोचरम्। विषविद्येव मायूरी मायूरी वाङ्निकृन्तति ॥ ३६ ॥

मातङ्गदिवाकरः ॥ अहो प्रभावो वाग्देव्या यन्मातङ्गदिवाकरः। श्रीहर्षस्याभवत्सभ्यः समो बाणमयूरयोः ॥ ३७ ॥

मुरारिः ॥ भवभूतिमनादृत्य निर्वाणमतिना मया। मुरारिपदचिन्तायामिदमाधीयते मनः ॥ ३८ ॥ मुरारिपदभक्तिश्चेत्तदा माघे रतिं कुरु। मुरारिपदभक्तिश्चेत्तदा माऽघे रतिं कुरु ॥ ३९ ॥ देवीं वाचमुपासते हि बहवः सारं तु सारस्वतं जानीते नितरामसौ गुरुकुलक्लिष्टो मुरारिः कविः। अब्धिर्लङ्घित एव वानरभटैः किं त्वस्य गम्भीरतामापातालनिमग्नपीवरतनुर्जानाति मन्थाचलः ॥ ४० ॥

रत्नखेटदीक्षितः ॥ विपश्चितामपश्चिमे विवादकेलिनिश्चले सपत्नजित्ययत्नतस्तु रत्नखेटदीक्षिते। बृहस्पतिः क्व जल्पति प्रसर्पति क्व सर्पराडसंमुखस्तु षण्मुखः सुदुर्मुखश्चतुर्मुखः ॥ ४१ ॥

राजशेखरः ॥ बभूव वल्मीकभवः कविः पुरा ततः प्रपेदे भुवि भर्तृमेण्ठताम्। स्थितः पुनर्यो भवभूतिरेखया स वर्तते संप्रति राजशेखरः ॥ ४२ ॥ पातुं श्रोत्ररसायनं रचयितुं वाचः सतां संमता व्युत्पत्तिं परमामवाप्तुमवधिं लब्धुं रसस्रोतसः। भोक्तुं स्वादु फलं च जीविततरोर्यद्यस्ति ते कौतुकं तद्भ्रातः शृणु राजशेखरकवेः सूक्तीः सुधास्यन्दिनीः ॥ ४३ ॥

वाल्मीकिः ॥ कवीन्दुं नौमि वाल्मीकिं यस्य रामायणीं कथाम्। चन्द्रिकामिव चिन्वन्ति चकोरा इव साधवः ॥ ४४ ॥ सदूषणापि निर्दोषा सखरापि सुकोमला। नमस्तस्मै कृता येन रम्या रामायणी कथा ॥ ४५ ॥ योगीन्द्रश्छन्दसां स्रष्टा रामायणमहाकविः। वल्मीकजन्मा जयति प्राच्यः प्राचेतसो मुनिः ॥ ४६ ॥ लौकिकानां हि साधूनामर्थं वागनुवर्तते। ऋषीणां पुनराद्यानां वाचमर्थोऽनुधावति ॥ ४७ ॥ आदिकवी चतुरास्यौ कमलजवल्मीकजौ वन्दे। लोकश्लोकविधात्रोर्ययोर्भिदा लेशमात्रेण ॥ ४८ ॥ तमृषिं मनुष्यलोकप्रवेशविश्रामशाखिनं वाचाम्। सुरलोकादवतारप्रान्तरखेदच्छिदं वन्दे ॥ ४९ ॥ विहितघनालंकारं विचित्रवर्णा-

१ द्रुपदपुत्री. २ यथा 'रावणः सीतां जहार' इति वाक्ये 'रावणः' इति पदं बिन्दुद्वन्द्व (विसर्ग) युक्तं कर्तृ, 'सीतां' इति शिरोबिन्दु (अनुस्वार) युक्तं कर्म. एवमेव कर्तृकर्मपदे सर्वत्र भवत इति निश्चयवन्तो जनाः. ३ सुप्तिङन्ताद्यक्षरसमूहः; (पक्षे) चरणः. ४ मनोहरः; (पक्षे) मुक्ताहारैर्युक्तः. ५ अक्षराणि; (पक्षे) ब्राह्मणक्षत्रियादिः. ६ शिवैश्वर्यस्य. ७ नगेन्द्रकन्या. ८ सरस्वती. ९ भवभूतिकृतकरुणारसप्रधाने नाटके. उत्तररामचरित इत्यर्थः. १० 'अपि ग्रावा रोदित्यपि दलति वज्रस्य हृदयम्' इति पद्ये. ११ नाटकाचार्यैः; (पक्षे) वास्तुविद्याज्ञाता. १२ प्रस्तावना; (पक्षे) अट्टालादिगृहावयवविशेषः. १३ नाटकावयवविशेषः; (पक्षे) ध्वजः.

१ शिवैश्वर्यम्; (पक्षे) एतन्नामानं कविम्. २ विष्णुः; (पक्षे) कविविशेषः. ३ माघकाव्ये. ४ अघे पातके मा प्रीतिं कुर्वित्यर्थः. ५ मन्दराद्रिः. ६ पूर्वं इत्यर्थः. ७ वासुकिः. ८ दूषणो राक्षसविशेषः; (पक्षे) काव्यदोषाः. ९ खरो राक्षसविशेषः; (पक्षे) कर्कशत्वम्. १० वाल्मीक्यादीनाम्. ११ ले लकारे शकारमात्रयोगेण लोकश्लोकयोर्भेदः; (पक्षे) किंचिन्मात्रम्. १२ विहिता घना बहवोऽलंकारा उपमादयो येन तम्; (पक्षे) विहितं घनानां मेघानामलंकरणं येन तम्. १३ विचित्रा वर्णानामक्षराणां यावली पङ्क्तिस्तत्प्रचुरं स्फुरणं स्फूर्तिर्यस्य तम्; (पक्षे) वर्णा नीलपीतादयस्तत्पङ्क्तिविकारः स्फुरणमुत्पत्तिर्यस्य तम्.

वलीमयस्फुरणम् । शक्रायुधमिव वक्रं[1] वल्मीकभुवं[2] मुनिं नौमि ॥ ५० ॥ सति काकुत्स्थकुलोन्नतिकारिणि रामायणेऽपि किं काव्यम् । रोहति कुल्या गङ्गापूरे किं बहुरसे वहति ॥ ५१ ॥ भास्वद्वंशवतंसकीर्तिरमणीरङ्गप्रसङ्गस्वनद्वादित्रप्रथमध्वनिर्विजयते वल्मीकजन्मा मुनिः । पीत्वा यद्वदनेन्दुमण्डलगलत्काव्यामृताब्धेः किमप्याकल्पं कविनूतनाम्बुदमयी कादम्बिनी वर्षति ॥ ५२ ॥

विजया ॥ सरस्वतीव कार्णाटी विजयाङ्का जयत्यसौ । या वैदर्भगिरां वासः कालिदासादनन्तरम् ॥ ५३ ॥

विज्जका ॥ नीलोत्पलदलश्यामां विज्जकां मामजानता । वृथैव दण्डिना प्रोक्तं सर्वशुक्ला सरस्वती ॥ ५४ ॥

व्यासः ॥ नमः सर्वविदे तस्मै व्यासाय कविवेधसे । चक्रे पुण्यं सरस्वत्या यो वर्षमिव भारतम् ॥ ५५ ॥ अचतुर्वदनो ब्रह्मा द्विबाहुरपरो हरिः । अभाललोचनः शंभुर्भगवान्बादरायणः ॥ ५६ ॥ श्रवणाञ्जलिपुटपेयं विरचितवान्भारताख्यममृतं यः । तमहमरागमतृष्णं कृष्णद्वैपायनं वन्दे ॥ ५७ ॥ व्यासगिरां निर्यासं सारं विश्वस्य भारतं वन्दे । भूषणतयैव संज्ञां यदङ्कितां भारती वहति ॥ ५८ ॥

शाकल्लमल्लः ॥ ऐकोऽभूत्पुलिनात्ततस्तु नलिनाच्चान्योऽपि नाकोरभूत्प्राच्यास्ते त्रय एव दिव्यकवयो दीव्यन्तु देव्या गिरा । अर्वाचो यदि गद्यपद्यरचनाचातुर्यवागुद्धतास्तान्सर्वानतिशय्य खेलतितरां शाकल्लमल्लः कविः ॥ ५९ ॥

सातवाहनः ॥ अविनाशिनमग्राम्यमकरोत्सातवाहनः । विशुद्धजातिभिः कोशं[10] रत्नैरिव सुभाषितैः ॥ ६० ॥

सुदर्शनः ॥ न मुग्धदयितावरे न विषभाजि रत्नाकरे न राहुमुखकोटरे न किल तार्क्ष्यपक्षान्तरे । सुदर्शनकवीश्वरे रसिकचक्रचूडामणौ गुणौकसि सुधा बुधास्त्यजत सान्द्रचन्द्रभ्रमम् ॥ ६१ ॥

सुबन्धुः ॥ कवीनामगलद्दर्पो नूनं वासवदत्तया[11] । शक्त्येव पाण्डुपुत्राणां गतया कर्णगोचरम्[12] ॥ ६२ ॥

कविवृन्दम् ॥ उपमा कालिदासस्य भारवेरर्थगौरवम् । दण्डिनः पदलालित्यं माघे सन्ति त्रयो गुणाः ॥ ६३ ॥ माघेन विघ्नितोत्साहा नोत्सहन्ते पदक्रमे । स्मरन्तो भारवेरेव कवयः कपयो यथा ॥ ६४ ॥ श्रीरामायणभारतबृहत्कथानां कवीन्नमस्कुर्मः । त्रिस्रोता इव सरसा सरस्वती स्फुरति यैर्भिन्ना ॥ ६५ ॥ प्राचेतसव्यासपराशराद्याः प्राञ्चः कवीन्द्रा जगदर्चितास्ते । गोष्ठी नवीनापि महाकवीनां पूज्या गुणैर्भुवनोपकर्त्री ॥ ६६ ॥ धन्वन्तरिक्षपणकामरसिंहशङ्कुवेतालभट्टघटखर्परकालिदासाः । ख्यातो वराहमिहिरो नृपतेः सभायां रत्नानि वै वररुचिर्नव विक्रमस्य ॥ ६७ ॥ यस्याश्चोरश्चिकुरनिकरः कर्णपूरो मयूरो भासो हासः कविकुलगुरुः कालिदासो विलासः । हर्षो हर्षो हृदयवसतिः पञ्चबाणस्तु बाणः केषां नैषा कथय कविताकामिनी कौतुकाय ॥ ६८ ॥ भासो रामिलसोमिलौ वररुचिः श्रीसाहसाङ्कः कविर्मेण्ठो भारविकालिदासतरलाः स्कन्दः सुबन्धुश्च यः । दण्डी बाणदिवाकरौ गणपतिः कान्तश्च रत्नाकरः सिद्धा यस्य सरस्वती भगवती के कस्य सर्वेऽपि ते ॥ ६९ ॥ वाचः पल्लवयत्युमापतिधरः संदर्भशुद्धिं गिरां जानीते जयदेव एव शरणः श्लाघ्यो दुरूहद्रुतेः । शृङ्गारोत्तरसत्प्रमेयरचनैराचार्यगोवर्धनस्पर्धी कोऽपि न विश्रुतः श्रुतिधरो धोईकविक्ष्मापतिः ॥ ७० ॥ माघश्चोरो मयूरो मुररिपुरपरो भारविः सारविद्यः श्रीहर्षः कालिदासः कविरथ भवभूत्याह्वयो भोजराजः । श्रीदण्डी डिण्डिमाख्यः श्रुतिमुकुटगुरुर्भल्लटो भट्टबाणः ख्याताश्चान्ये सुबन्ध्वादय इह कृतिभिर्विश्वमाह्लादयन्ति ॥ ७१ ॥

कुकविनिन्दा ।

अप्रगल्भाः पदन्यासे[1] जननीरागहेतवः[2] । सन्त्येके[3] बहुलालापाः[4] कवयो बालका इव ॥ १ ॥ कविभिर्नृपसेवासु वित्तालंकारकारिणी । वाणी वेश्येव लोभेन परोपकरणीकृता ॥ २ ॥ अन्यवर्णपरावृत्त्या[5] बन्धचिह्ननिगूहनैः[6] । अनाख्यातः सतां मध्ये कविश्चौरो विभाव्यते ॥ ३ ॥ प्रायः कुकवयो लोके रागाधिष्ठितदृष्टयः[7] । कोकिला इव जायन्ते

१ वक्रोक्तिकुशलम्; (पक्षे) यथाश्रुतम्. २ वाल्मीकिम्; (पक्षे) वल्मीकाज्जातम्. इन्द्रधनुषोऽपि तत एवोत्पत्तिरिति लौकिकम्. 'वल्मीकाग्रात्प्रभवति धनुःखण्डमाखण्डलस्य' इति कालिदासः. ३ व्यासः. ४ भारतचिह्निताम्. ५ व्यासः. ६ महादेवः. ७ वाल्मीकिः. ८ चिरस्थायिनम्; (पक्षे) नाशं न गच्छन्तम्. ९ मात्राछन्दादि; (पक्षे) मूल्यवन्तम्. १० ग्रन्थविशेषः; (पक्षे) भाण्डागारम्. ११ एतन्नाम्ना प्रबन्धेन; (पक्षे) इन्द्रदत्तया. १२ इन्द्रियविशेषम्; (पक्षे) कुरुसेनानायकः.

१ कविविशेषः. २ सुप्तिङन्तादि; (पक्षे) अङ्घ्रिः. ३ जनानां नीरागो विरसता तस्य हेतवः; (पक्षे) जनन्या मातू रागहेतवः प्रीतिहेतुभूताः. ४ बहुला आलापा येषाम्; (पक्षे) बह्वी या लाला तां पिबन्ति ते. ५ वर्णान्तरपरिवर्तनेन. ६ गोपनैः. ७ रक्ततया; (पक्षे) कोपेन.

वाचालाः कामकारिणः ॥ ४ ॥ किं कवेस्तस्य काव्येन सर्ववृत्तान्तगामिनी । कथेव भारती यस्य न प्राप्नोति दिगन्तरम् ॥ ५ ॥ किं कवेस्तस्य काव्येन किं काण्डेन धनुष्मतः । परस्य हृदये लग्नं न घूर्णयति यच्छिरः ॥ ६ ॥ मुखमात्रेण काव्यस्य करोत्यहृदयो जनः । छायामच्छामपि श्यामां राहुस्तारापतेरिव ॥ ७ ॥ श्लोकार्थस्वादकाले तु शब्दोत्पत्तिविचिन्तकाः । नीवीविमोक्षवेलायां वस्त्रमौल्यविचिन्तकाः ॥ ८ ॥ अधिभिल्लपल्लिगल्लं स्याद्बल्लवपल्लवोऽपि वाचालः । नागरनरवरपरिषदि कस्य मुखादक्षरं क्षरति ॥ ९ ॥ गणयन्ति नापशब्दं न वृत्तभङ्गं क्षयं न चार्थस्य । रसिकत्वेनाकुलिता वेश्यापतयः कुकवयश्च ॥ १० ॥ दुर्जनहुताशतप्तं काव्यसुवर्णं विशुद्धिमायाति । दर्शयितव्यं तस्मान्मत्सरिमनसः प्रयत्नेन ॥ ११ ॥ कविरनुहरति च्छायां पदमेकं पादमेकमर्धं वा । सकलप्रबन्धहर्त्रे साहसकर्त्रे नमस्तस्मै ॥ १२ ॥ विपुलहृदयाभियोग्ये खिद्यति काव्ये जडो न मौर्ख्ये स्वे । निन्दति कञ्चुकमेव प्रायः शुष्कस्तनी नारी ॥ १३ ॥ अतिरमणीये काव्ये पिशुनोऽन्वेषयति दूषणान्येव । अतिरमणीये वपुषि व्रणमेव हि मक्षिकानिकरः ॥ १४ ॥ बालाकटाक्षसूत्रितमसतीनेत्रत्रिभागकृतभाष्यम् । कविमाणवका दूतीव्याख्यातमधीयते भावम् ॥ १५ ॥ द्राघीयसा धार्ष्ट्यगुणेन युक्ताः कैः कैरपूर्वैः परकाव्यखण्डैः । आडम्बरं ऐ वचसां वहन्ति ते केऽपि कन्थाकवयो जयन्ति ॥ १६ ॥ कर्णामृतं सूक्तिरसं विमुच्य दोषेषु यत्नः सुमहान्खलस्य । अवेक्षते केलिवनं प्रविष्टः क्रमेलकः कण्टकजालमेव ॥ १७ ॥ साहित्यपाथोनिधिमन्थनोत्थं काव्यामृतं रक्षत हे कवीन्द्राः । यत्तस्य दैत्या इव लुण्ठनाय काव्यार्थचोराः प्रगुणीभवन्ति ॥ १८ ॥ गृह्णन्तु सर्वे यदि वा यथेच्छं नास्ति क्षतिः क्वापि कवीश्वराणाम् । रत्नेषु लुप्तेषु बहुष्वमर्त्यैरद्यापि रत्नाकर एव सिन्धुः ॥ १९ ॥ दैवीर्गिरः केऽपि कृतार्थयन्ति ताः कुण्ठयन्त्येव पुनर्विमूढाः । या विप्रुषः शुक्तिमुखेषु दैव्यस्ता एव मुक्ता न तु चातकेषु ॥ २० ॥ परिश्रमज्ञं जनमन्तरेण मौनिव्रतं बिभ्रति वाग्मिनोऽपि । वाचंयमाः सन्ति विना वसन्तं पुंस्कोकिलाः पञ्चमचञ्चवोऽपि ॥ २१ ॥ काव्यं करोषि किमु ते सुहृदो न सन्ति ये त्वामुदीर्णपवनं न निवारयन्ति । गव्यं घृतं पिब निवातगृहं प्रविश्य वाताधिका हि पुरुषाः कवयो भवन्ति ॥ २२ ॥ यः सत्पदस्थमिह काव्यमधु प्रसन्नं मुष्णन्परस्य तनुते निजपद्यमध्ये । अस्थानदोषजनितेव पिपीलिकाली काली विभाति लिखिताक्षरपङ्क्तिरस्य ॥ २३ ॥ हठादाकृष्टानां कतिपयपदानां रचयिता जनः स्पर्धालुश्चेदहह कविना वश्यवचसा । भवेदद्य श्वो वा किमिह बहुना पापिनि कलौ घटानां निर्मातुस्त्रिभुवनविधातुश्च कलहः ॥ २४ ॥ स्तुवद्भवनिवर्तके सति हरौ कविः सूक्तिभिः करोति वरवर्णिनीचरितवर्णनं गर्हितम् । अनीतिरवनीपतिर्बत शुनीतनुं मौक्तिकैर्विभूषयति देवतामुकुटभागयोग्यैर्यथा ॥ २५ ॥ श्रीनाथस्तवनानुरूपकवनां वाणीं मनोहारिणीं कष्टं हा कवयः कदर्यकुटिलक्ष्मापालसात्कुर्वते । दूरोपाहृतसौरसैन्धवपयो देवाभिषेकोचितं संसेके विनियुञ्जते सुमतयः शाखालवालस्य किम् ॥ २६ ॥ लीलालुण्ठितशारदापुरमहासंपद्भराणां पुरो विद्यासद्मविनिर्गलत्कणमुषो वल्गन्ति चेत्पामराः । अद्य श्वः फणिनां शकुन्तशिशवो दन्तावलानां वृकाः सिंहानां च सुखेन मूर्धसु पदं धास्यन्ति शालावृकाः ॥ २७ ॥ स्वाधीनो रसनाञ्चलः परिचिताः शब्दाः कियन्तः क्वचित्क्षोणीन्द्रो न नियामकः परिषदः शान्ताः स्वतन्त्रं जगत् । तद्यूयं कवयो वयं वयमिति प्रस्तावनाहुंकृतिस्वच्छन्दं प्रतिसद्म गर्जत वयं मौनव्रतालम्बिनः ॥ २८ ॥ स्वर्गानर्गलनिर्गलत्सुरसरित्पाथःप्रपातप्रथाप्रत्याख्यानपटीयसापि वचसा जिह्रेति जिह्रेह नः । एकद्व्यक्षरकष्टपिष्टरचनादुर्वीरगर्वग्रहाः कन्थामात्रकुविन्दकाः कवयितुं सज्जन्ति लज्जामुचः ॥ २९ ॥ यः स्यात्केवललक्ष्यलक्षणरतो नो तर्कसंपर्कभूस्नालंकारविचारचारुधिषणः काव्यज्ञशिक्षोज्झितः । तस्माच्चेद्रसशालि काव्यमुदयेदेकान्ततः सुन्दरं प्रासादो धवलस्तदा क्षितिपतेः काकस्य कार्ष्ण्याद्भवेत् ॥ ३० ॥

पण्डितप्रशंसा ।

पण्डिते हि गुणाः सर्वे मूर्खे दोषाश्च केवलाः । तस्मान्मूर्खसहस्रेभ्यः प्राज्ञ एको विशिष्यते ॥ १ ॥ यत्र विद्वज्जनो नास्ति श्लाघ्यस्तत्राल्पधीरपि । निरस्तपादपे देशे एरण्डोऽपि द्रुमायते ॥ २ ॥ किं कुलेन विशालेन विद्याहीनस्य देहिनः । अकुलीनोऽपि विद्यावान्दैवैरपि स पूज्यते ॥ ३ ॥ रोहणं सूक्तिरत्नानां वन्दे वृन्दं विपश्चिताम् । यन्मध्यपतितो नीचः काचोऽप्युच्चैर्महीयते ॥ ४ ॥ विद्वा-

१ दुःशब्दम्. २ इन्द्रवज्रादि; (पक्षे) शीलम्. ३ वाच्यस्य; (पक्षे) द्रव्यस्य. ४ जाराः. ५ अतिदीर्घेण. ६ प्रागल्भ्यम्. ७ उष्ट्रः. ८ अलंकारादिप्रतिपादकशास्त्रसागरमन्थनोद्भवम्.

१ राजवर्णनपराम्. २ गङ्गाजलम्. ३ वृक्षवदाचरति. ४ विस्तीर्णेन. ५ पूज्यते.

नेव विजानाति विद्वज्जनपरिश्रमम्। नहि वन्ध्या विजानाति गुर्वीं प्रसववेदनाम् ॥ ५ ॥ प्राज्ञो हि जल्पतां पुंसां श्रुत्वा वाचः शुभाशुभाः। गुणवद्वाक्यमादत्ते हंसः क्षीरमिवाम्भसः ॥ ६ ॥ विद्वत्त्वं च नृपत्वं च नैव तुल्यं कदाचन। स्वदेशे पूज्यते राजा विद्वान्सर्वत्र पूज्यते ॥ ७ ॥ अलंकरोति यः श्लोकं शुक एव न मध्यमः। अलं करोति यः श्लोकं शुक एव नमध्यमः ॥ ८ ॥ सदोषमपि निर्दोषं भवत्यग्रे विपश्चितः। रामसेवार्जुनवपुः कवेश्च सरसं वचः ॥ ९ ॥ गुणदोषौ बुधो गृह्णन्निन्दुक्ष्वेडाविवेश्वरः। शिरसा श्लाघते पूर्वं परं कण्ठे नियच्छति ॥ १० ॥ स्थिरा शैली गुणवतां खलबुद्ध्या न बाध्यते। रत्नदीपस्य हि शिखा वात्ययापि न नाश्यते ॥ ११ ॥ वेश्यानामिव विद्यानां मुखं कैः कैर्न चुम्बितम्। हृदयग्राहिणस्तासां द्वित्राः सन्ति न सन्ति वा ॥ १२ ॥ विदुषां वदनाद्वाचः सहसा यान्ति नो बहिः। याताश्चेन्न पराञ्चन्ति द्विरदानां रदा इव ॥ १३ ॥ अर्थाहरणकौशल्यं किं स्तुमः शास्त्रवादिनाम्। अव्ययेभ्योऽपि ये चार्थान्निष्कर्षन्ति सहस्रशः ॥ १४ ॥ स एव रसिको लोके श्रुत्वा काव्यं परैः कृतम्। उत्पद्यते च युगपद्वदनेऽक्ष्णोश्च यस्य वाः ॥ १५ ॥ श्रुते महाकवेः काव्ये नयने वदने च वाः। युगपद्यस्य नोदेति स वृषो महिषोऽथवा ॥ १६ ॥ विद्या विनयोपेता हरति न चेतांसि कस्य मनुजस्य। काञ्चनमणिसंयोगो नो जनयति कस्य लोचनानन्दम् ॥ १७ ॥ व्याख्यातुमेव केचित्कुशलाः शास्त्रं प्रयोक्तुमलमन्ये। उपनामयति करोऽन्नं रसांस्तु जिह्वैव जानाति ॥ १८ ॥ सत्यं तपो ज्ञानमहिंसता च विद्वत्प्रणामं च सुशीलता च। एतानि यो धारयते स विद्वान्न केवलं यः पठते स विद्वान् ॥ १९ ॥ कवीश्वराणां वचसां विनोदैर्नन्दन्ति विद्यानिधयो न चान्ये। चन्द्रोपला एव करैर्हिमांशोर्मध्ये शिलानां सरसा भवन्ति ॥ २० ॥ शास्त्र[illegible]त्यापि भवन्ति मूर्खा यस्तु क्रियावान्पुरुषः स विद्वान्। सुचिन्तितं चौषधमातुराणां न नाममात्रेण करोत्यरोगम् ॥ २१ ॥ न पण्डिताः साहसिका भवन्ति श्रुत्वापि ते संतुलयन्ति तत्त्वम्। तत्त्वं समादाय समाचरन्ति स्वार्थं प्रकुर्वन्ति परस्य चार्थम् ॥ २२ ॥ इह तुरगशतैः प्रयान्तु मूढा धनरहितास्तु बुधाः प्रयान्तु पद्भ्याम्। गिरिशिखरगतापि काकपङ्क्तिः पुलिनगतैर्न समत्वमेति हंसैः ॥ २३ ॥ सन्तश्चेदिह गुणबिन्दवो बुधस्तान्संतुष्टः कवलयति स्फुटेऽपि दोषे। संयुक्तानपि पयसः कणान्विचिन्वन्नम्भस्तो ग्रसति हि मञ्जु मल्लिकाक्षः ॥ २४ ॥ अन्या जगद्धितमयी मनसः प्रवृत्तिरन्यैव कापि रचना वचनावलीनाम्। लोकोत्तरा च कृतिराकृतिरङ्गहृद्या विद्यावतां सकलमेव गिरां दवीयः ॥ २५ ॥ अधिगतपरमार्थान्पण्डितान्मावमंस्थास्तृणमिव लघुलक्ष्मीर्नैव तान्संरुणद्धि। मदमिलितमिलिन्दश्यामगण्डस्थलानां न भवति बिसतन्तुर्वारणं वारणानाम् ॥ २६ ॥ शास्त्रोपस्कृतशब्दसुन्दरगिरः शिष्यप्रदेयागमा विख्याताः कवयो वसन्ति विषये यस्य प्रभोर्निर्धनाः। तज्जाड्यं वसुधाधिपस्य कवयो ह्यर्थं विनापीश्वराः कुत्स्याः स्युः कुपरीक्षका न मणयो यैरर्घतः पातिताः ॥ २७ ॥ हर्तुर्याति न गोचरं किमपि शं पुष्णाति सर्वात्मना ह्यर्थिभ्यः प्रतिपाद्यमानमनिशं प्राप्नोति वृद्धिं पराम्। कल्पान्तेष्वपि न प्रयाति निधनं विद्याख्यमन्तर्धनं येषां तान्प्रति मानमुज्झत नृपाः कस्तैः सह स्पर्धते ॥ २८ ॥

कुपण्डितनिन्दा।

यस्य नास्ति स्वयं प्रज्ञा शास्त्रं तस्य करोति किम्। लोचनाभ्यां विहीनस्य दर्पणः किं करिष्यति ॥ १ ॥ मूर्खचिह्नानि षडिति गर्वो दुर्वचनं मुखे। विरोधी विषवादी च कृत्याकृत्यं न मन्यते ॥ २ ॥ मूर्खो हि जल्पतां पुंसां श्रुत्वा वाचः शुभाशुभाः। अशुभं वाक्यमादत्ते पुरीषमिव शूकरः ॥ ३ ॥ उपदेशो हि मूर्खाणां प्रकोपाय न शान्तये। पयःपानं

१ महतीम्. २ प्रसवकाले या वेदना ताम्. ३ निषेधति. तिरस्करोतीत्यर्थः. २ नमध्यमः शुको नकारो मध्ये यस्यैवंविधः शुनकः श्वा इति भावः. ५ दोष[illegible]हितम्; (पक्षे) दोषो हस्तस्तत्सहितम्. ६ परशुरामस्य. ७ [illegible]र्जुनशरीरम्. ८ जानन्. (पक्षे) उपाददानः. ९ गरलम्. १० [illegible]नन्दयति; (पक्षे) धारयति. ११ निरुणद्धि. वाचा [illegible] (पक्षे) स्थापयति. १२ रीतिः. १३ अव्ययेभ्यः. अव्य[illegible]वात्; (पक्षे) व्ययरहितेभ्यः. कृपणेभ्य इति यावत्. १४ [illegible] (पक्षे) 'वाः वाः' इति लौकिकशब्दः. १५ नयने वाः स[illegible] न्दाश्रुजलमित्यर्थः. वदने च वाः 'वाहवा' इति [illegible] देशी शब्दः.

१ सैकतगतैः. २ राजहंसः. ३ लोकहितप्रचुरा. ४ अतिदूरम्. [illegible]मानं मा कुरु. ६ रोधं न कुरुते. ७ गजानाम्. ८ शास्त्र[illegible]रेण शुद्धा ये शब्दास्तैः सुन्दरा गिरो येषां ते. ९ पण्डिताः. [illegible]शे. ११ मौर्ख्यम्. १२ मूल्यतः. १३ अचिन्त्यम्. [illegible]सुखम्. १५ दीयमानम्. १६ निरन्तरम्. १७ त्यजत. [illegible]र्धां करोति. १९ विष्ठा.

भुजंगानां केवलं विषवर्धनम् ॥ ४ ॥ वरं पर्वतदुर्गेषु भ्रान्तं वनचरैः सह। न मूर्खजनसंपर्कः सुरेन्द्रभवनेष्वपि ॥ ५ ॥ मूर्खोऽपि मूर्खं दृष्ट्वा च चन्दनादपि शीतलः। यदि पश्यति विद्वांसं मन्यते पितृघातकम् ॥ ६ ॥ अन्तःसारविहीनस्य सहायः किं करिष्यति। मलयेऽपि स्थितो वेणुर्वेणुरेव न चन्दनः ॥ ७ ॥ यस्य नास्ति विवेकस्तु केवलं यो बहुश्रुतः। न स जानाति शास्त्रार्थान्दर्वी पाकरसानिव ॥ ८ ॥ रूपयौवनसंपन्ना विशालकुलसंभवाः। विद्याहीना न शोभन्ते निर्गन्धाः किंशुका इव ॥ ९ ॥ विद्याविधिविहीनेन किं कुलीनेन देहिनाम्। अकुलीनोऽपि यो विद्वान्दैवतैरपि पूज्यते ॥ १० ॥ मदोपशमनं शास्त्रं खलानां कुरुते मदम्। चक्षुःप्रकाशकं तेज उलूकानामिवान्धताम् ॥ ११ ॥ ज्ञानविद्याविहीनस्य विद्याजालं निरर्थकम्। कण्ठसूत्रं विना नारी अनेकाभरणैर्युता ॥ १२ ॥ मूर्खः स्वल्पव्ययत्रासात्सर्वनाशं करोति हि। कः सुधीः संत्यजेद्भाण्डं शुल्कस्यैवातिसाध्वसात् ॥ १३ ॥ माता शत्रुः पिता वैरी येन बालो न पाठितः। न शोभते सभामध्ये हंसमध्ये बको यथा ॥ १४ ॥ पुस्तकेषु च नाधीतं नाधीतं गुरुसंनिधौ। न शोभते सभामध्ये हंसमध्ये बको यथा ॥ १५ ॥ विद्यया शस्यते लोके पूज्यते चोत्तमैः सदा। विद्याहीनो नरः प्राज्ञः सभायां नैव शोभते ॥ १६ ॥ शोभते विदुषां मध्ये नैव निर्गुणमानसः। अन्तरे तमसां दीपः शोभते नार्कतेजसाम् ॥ १७ ॥ बोद्धारो मत्सरग्रस्ताः प्रभवः स्मयदूषिताः। अबोधोपहताश्चान्ये जीर्णमङ्गे सुभाषितम् ॥ १८ ॥ पदद्वयस्य संधानं कर्तुमप्रतिभाः खलाः। तथापि परकाव्येषु दुष्करेष्वप्यसंभ्रमाः ॥ १९ ॥ क्व दोषोऽत्र मया लभ्य इति संचिन्त्य चेतसा। खलः काव्येषु साधूनां श्रवणाय प्रवर्तते ॥ २० ॥ उपपत्तिभिरम्लाना नोपदेशैः कदर्थिताः। स्वसंवेदनसंवेद्यसाराः सहृदयोक्तयः ॥ २१ ॥ केषांचिद्वाचि शुकवत्परेषां हृदि मूकवत्। कस्याप्या हृदयाद्वक्त्रे वल्गु वल्गन्ति सूक्तयः ॥ २२ ॥ बहूनि नरशीर्षाणि लोमशानि बृहन्ति च। ग्रीवासु प्रतिबद्धानि किंचित्तेषु सकर्णकम् ॥ २३ ॥ कवीनां महतां सूक्तैर्गूढार्थान्तरसूचिभिः। विध्यमानश्रुतेर्मा भूद्दुर्जनस्य कथं व्यथा ॥ २४ ॥ अज्ञः सुखमाराध्यः सुखतरमाराध्यते विशेषज्ञः। ज्ञानलवदुर्विदग्धं ब्रह्मापि नरं न रञ्जयति ॥ २५ ॥ गुणिगणगणनारम्भे न पतति कठिनी सुसंभ्रमाद्यस्य। तेनाम्बा यदि सुतिनी वद वन्ध्या कीदृशी भवति ॥ २६ ॥ निर्गुण इति मृत इति च द्वावेकार्थाभिधायिनौ विद्धि। पश्य धनुर्गुणशून्यं निर्जीवं यदिह शंसन्ति ॥ २७ ॥ अन्तर्भूतो निवसति जडः शिशिरमहसि हरिण इव। अजडे शशीव तपने स तु प्रविष्टोऽपि निःसरति ॥ २८ ॥ जीवित इव कण्ठगते सूक्ते दुःखासिका कवेस्तावत्। नयनविकासविधायी सचेतनाभ्यागमो यावत् ॥ २९ ॥ साहित्यसंगीतकलाविहीनः साक्षात्पशुः पुच्छविषाणहीनः। तृणं न खादन्नपि जीवमानस्तद्भागधेयं परमं पशूनाम् ॥ ३० ॥ जडेषु जातप्रतिभाभिमानाः खलाः कवीन्द्रोक्तिषु के वराकाः। प्राप्ताग्निनिर्वापणगर्वमम्बु रत्नाङ्कुरज्योतिषि किं करोति ॥ ३१ ॥ येषां न विद्या न तपो न दानं ज्ञानं न शीलं न गुणो न धर्मः। ते मृत्युलोके भुवि भारभूता मनुष्यरूपेण मृगाश्चरन्ति ॥ ३२ ॥ मुक्ताफलैः किं मृगपक्षिणां च मृष्टान्नपानं किमु गर्दभानाम्। अन्धस्य दीपो बधिरस्य गीतं मूर्खस्य किं धर्मकथाप्रसङ्गः ॥ ३३ ॥ अज्ञातपाण्डित्यरहस्यमुद्रा ये काव्यमार्गे दधतेऽभिमानम्। ते गारुडीयाननधीत्य मन्त्रान्हालाहलास्वादनमारभन्ते ॥ ३४ ॥ अवद्यजंबालगवेषणाय कृतोद्यमानां खलसैरिभाणाम्। कवीन्द्रवाङ्निर्जरनिर्झरिण्यां संजायते व्यर्थमनोरथत्वम् ॥ ३५ ॥ वरं दरिद्रः श्रुतिशास्त्रपारगो न चापि मूर्खो बहुरत्नसंयुतः। सुलोचना जीर्णपटापि शोभते न नेत्रहीना कनकैरलंकृता ॥ ३६ ॥ व्यालाश्च राहुश्च सुधाप्रसादाज्जिह्वाशिरोनिग्रहमुग्रमापुः। इतीव भीताः पिशुना भवन्ति पराङ्मुखाः काव्यरसामृतेषु ॥ ३७ ॥ सरस्वतीमातुरभूच्चिरं न यः कवित्वपाण्डित्यघनस्तनंधयः। कथं स सर्वाङ्गमनास्तसौष्ठवो दिनादिनं प्रौढिविशेषमश्नुते ॥ ३८ ॥ वितीर्णशिक्षा इव हृत्पदस्थसरस्वतीवाहनराजहंसैः। ये क्षीरनीरप्रविभागदक्षा विवेकिनस्ते कवयो जयन्ति ॥ ३९ ॥ काव्यामृतं दुर्जनराहुनीतं प्राप्यं भवेन्नो सुमनोजनस्य। सच्चक्रमव्याजविराजमानतैक्ष्ण्यप्रकर्षं यदि नाम न स्यात् ॥ ४० ॥ विना न साहित्यविदापरत्र गुणः कथंचित्प्रथते कवीनाम्। आलम्बते तत्क्षणमम्भसीव विस्तारमन्यत्र न तैलबिन्दुः ॥ ४१ ॥ अत्यर्थवक्रत्वमनर्थकं या शून्या तु सर्वान्यगुणैर्व्यनक्ति। अस्पृश्यतादूषितया तया किं तुच्छश्वपुच्छच्छटयेव वाचा ॥ ४२ ॥ नीचस्तनोत्यश्रु निता-

१ सुरेन्द्राणां भवनेषु, स्वर्गादिलोकेष्वपीति भावः. २ नेतव्यानेतव्यवस्तुसंबन्धी राजग्राह्यो भागः. ३ विकृतिभावं गतम्. ४ रञ्जयितुमसमर्थो भवति.

१ कनिष्ठिकाङ्गुलिः. २ पुत्रिणी. ३ मूर्खं; (पक्षे) जलरूपत्वात्. ४ मूर्खः; (पक्षे) पशुत्वात्. ५ शृङ्गम्. ६ दैवम्. ७ कर्दमः.

न्तकार्ष्ण्यं पुष्णातु साधर्म्यभृदञ्जनेन। विना तु जायेत कथं तदीयक्षोदेन सारस्वतदृक्प्रसादः॥ ४३॥ विविनक्ति न बुद्धिदुर्विधः[1] स्वयमेव स्वहितं पृथग्जनः[2]। यदुदीरितमप्यदः परैर्न विजानाति तदद्भुतं महत्॥ ४४॥ विदुरे[3]-ष्यदपायमात्मना परतः श्रद्दधतेऽथ वा बुधाः। न परोपहितं न च स्वतः प्रमिमीते[4]ऽनुभवाद्दतेऽल्पधीः॥ ४५॥ अथ वामिनिविष्टबुद्धिषु[5] व्रजति व्यर्थकतां सुभाषितम्। रविरागिषु शीतरोचिषः[6] करजालं कमलाकरेष्विव॥ ४६॥ इतरकर्मफलानि यदृच्छया[7] विलिख तानि सहे चतुरानन। अरसिकेषु कवित्वनिवेदनं शिरसि मा लिख मा लिख मा लिख॥ ४७॥ कतिचिदुद्धतनिर्भरमत्सराः कतिचिदात्मवचःस्तुतिशालिनः। अहह केऽपि निरक्षरकुक्षयस्तदिह संप्रति कं प्रति मे श्रमः॥ ४८॥ ये के विचित्ररसशालिषु सत्कवीनां सूक्तेषु कर्णपथगामिषु नाद्रियन्ते। ते मालतीपरिमलेष्वपि कन्दलत्सु नासापुटं करतलेन पिदध्युरेव॥४९॥ मद्वाणि मा कुरु विषादमनादरेण मात्सर्यमग्नमनसां सहसा खलानाम्। काव्यारविन्दमकरन्दमधुव्रतानामास्येषु धास्यसितमां कियतो विलासान्॥ ५०॥ चेतःप्रसादजननं विबुधोत्तमानामानन्दि सर्वरसयुक्तमतिप्रसन्नम्। काव्यं खलस्य न करोति हृदि प्रतिष्ठां पीयूषपानमिव वक्रविवर्ति राहोः॥ ५१॥ बद्धा यदर्पणरसेन विमर्दपूर्वमर्थान्कथं झटिति तान्प्रकृतान्न दद्युः। चौरा इवातिमृदवो महतां कवीनामर्थान्तराण्यपि हठाद्वितरन्ति शब्दाः॥ ५२॥ अर्थोऽस्ति चेन्न पदशुद्धिरथास्ति सापि नो रीतिरस्ति यदि सा घटना कुतस्त्या। साप्यस्ति चेन्न नववक्रगतिस्तदेतद्व्यर्थं विना रसमहो गहनं कवित्वम्॥ ५३॥ श्लाघ्यैव वक्रिमगतिर्घनदार्ढ्यबन्धोस्तस्याः कविप्रवरसूक्तिधनुर्लतायाः। कर्णान्तिकप्रणयभाजि गुणे यदीये चेतांसि मत्सरवतां झटिति त्रुटन्ति॥ ५४॥ अरण्यरुदितं कृतं शवशरीरमुद्वर्तितं[9] स्थले[10]ऽब्जमवरोपितं सुचिरमूषरे वर्षितम्। श्वपुच्छमवनामितं[11] बधिरकर्णजापः[12] कृतो धृतोऽन्धमुखदर्पणो यदबुधो जनः सेवितः॥ ५५॥ प्रसह्य[13] मणिमुद्धरेन्मकरवक्त्रदंष्ट्राङ्कुरात्समुद्रमपि संतरेत्प्रचलदूर्मिमालाकुलम्। भुजंगमपि कोपितं शिरसि पुष्पवद्धारयेन्न तु प्रतिनिविष्टमूर्खजनचित्तमाराधयेत्॥ ५६॥ लभेत सिकतासु[1] तैलमपि यत्नतः पीडयन्पिबेच्च मृगतृष्णिकासु[3] सलिलं पिपासार्दितः। कदाचिदपि पर्यटञ्छशविषाणमासादयेन्न तु प्रतिनिविष्टमूर्खजनचित्तमाराधयेत्॥ ५७॥ यदा किंचिज्ज्ञोऽहं द्विप[5] इव मदान्धः समभवं तदा सर्वज्ञोऽस्मीत्यभवद्[6]वलिप्तं मम मनः। यदा किंचित्किंचिद्बुधजनसकाशादवगतं तदा मूर्खोऽस्मीति ज्वर इव मदो मे व्यपगतः॥५८॥ शिरः शार्वं[7] स्वर्गात्पशुपतिशिरस्तः क्षितिधरं महीध्रादुत्तुङ्गादवनिमवनेश्चापि जलधिम्। अधोऽधो गङ्गेयं पदमुपगता स्तोकमधुना विवेकभ्रष्टानां भवति विनिपातः शतमुखः॥५९॥ परश्लोकान्स्तोकाननुदिवसमभ्यस्य ननु ये चतुष्पादीं कुर्युर्बहव इह ते सन्ति कवयः। अविच्छिन्नोद्गच्छज्जलधिलहरीरीतिसुहृदः सुहृद्या वैशद्यं दधति किल केषांचन गिरः॥ ६०॥ वितरति[9] गुरुः प्राज्ञे विद्यां यथैव तथा जडे[10] न तु खलु तयोर्ज्ञाने शक्तिं करोत्य[11]पहन्ति वा। भवति च पुनर्भूयान्[12]भेदः फलं प्रति तद्यथा प्रभवति शुचिर्बिम्बग्राहे[13] मणिर्न मृदां[14] चयः॥ ६१॥ आवेनयभुवामज्ञानानां शमाय भवन्नपि प्रकृतिकुटिलाद्विद्याभ्यासः खलत्वविवृद्धये। फणिभयभृतामस्तूच्छेदक्षमस्तमसामसौ विषधरफणारत्नालोको भयं तु भृशायते॥ ६२॥ व्यासादीन्[15]कविपुंगवान्[16]नुचितैर्वाक्यैः सलीलं सहन्नुच्चैर्जल्प निमील्य लोचनयुगं श्लोकान्सगर्वं पठ। काव्यं धिक्कुरु यत्परैर्विरचितं स्पर्धस्व सार्धं बुधैर्यद्यभ्यर्थयसे श्रुतेन रहितः पाण्डित्यमाप्तुं बलात्॥ ६३॥ ये संसत्सु विवादिनः परयशःशूलेन शल्याकुलाः कुर्वन्ति स्वगुणस्तवेन गुणिना यत्नाद्गुणाच्छादनम्। तेषां रोष[17]कषायितोदरदृशां कोपोष्णनिःश्वासिनां दीप्ता रत्नशिखेव कृष्ण[18]फणिनां विद्या जनोद्वेजिनी[19]॥ ६४॥ ग्रीवां[20]स्तम्भभृतः परोन्नति[21]कथामात्रे शिरःशूलिनः सोद्वेगभ्रमणप्रलापविपुलक्षोभाभिभूतस्थितेः। अन्तर्द्वेषविषप्रवेशविषमक्रोधोष्णनिःश्वासिनः कष्टा नूनमपण्डितस्य[22] विकृति[23]र्भीमज्वरारम्भभूः[24]॥ ६५॥ मूर्खत्वं

१ बुद्धिशून्यः. २ पामरजनः. ३ आगामिनम्. ४ जानाति. ५ दुराग्रहग्रस्तचित्तेषु. ६ शीतभानोः. ७ स्वेच्छया. ८ प्रेतशरीरम्. ९ उद्वर्तनं यवगोधूमादिचूर्णेन मलापकर्षणं तेन सुगन्धितम्. १० निर्जलप्रदेशे. ११ ऋजुतासंपादनाय नम्रीकृतम्. १२ कर्णमन्त्रः. १३ बलात्कारं कृत्वा.

१ ज्ञानलेशशून्यत्वेन विपरीतार्थग्राही. २ वालुकासु. ३ मरीचिकासु. ४ शृङ्गम्. ५ गजः. ६ सगर्वम्. ७ शर्वसंबन्धि. ८ मस्तकात्. ९ ददाति. १० मूर्खे. ११ नाशयति. १२ महान्. १३ बिम्बग्रहणे. १४ मृत्पिण्डः. १५ कविश्रेष्ठान्. १६ अयोग्यैः. १७ रोषेण कषायितं ताम्रमुदरं गर्भो यस्या एवंविधा दृग्येषाम्. १८ कृष्णसर्पाणाम्. १९ त्रासदात्री. २० ग्रीवास्तम्भं धारयतः. २१ परोत्कर्षे. २२ मर्खस्य. २३ विकारः. २४ दारुणज्वरारम्भकभूमिः.

सुलभं भजस्व कुमते मूर्खस्य चाष्टौ गुणा निश्चिन्तो बहुभोजनोऽतिमुखरो रात्रिंदिवं स्वप्नभाक्। कार्याकार्यविचारणान्धबधिरो मानापमाने समः प्रायेणामयवर्जितो दृढवपुर्मूर्खः सुखं जीवति ॥ ६६ ॥ व्यालं बालमृणालतन्तुभिरसौ रोद्धुं समुज्जृम्भते छेत्तुं वज्रमणीञ्शिरीषकुसुमप्रान्तेन संनह्यते माधुर्यं मधुबिन्दुना रचयितुं क्षाराम्बुधेरीहते नेतुं वाञ्छति यः खलान्पथि सतां सूक्तैः सुधास्यन्दिभिः ॥ ६७ ॥ शक्यो वारयितुं जलेन हुतभुक्छत्रेण सूर्यातपो नागेन्द्रो निशिताङ्कुशेन समदो दण्डेन गोगर्दभौ। व्याधिर्भेषजसंग्रहैश्च विविधैर्मन्त्रप्रयोगैर्विषं सर्वस्यौषधमस्ति शास्त्रविहितं मूर्खस्य नास्त्यौषधम् ॥ ६८ ॥ तोयं निर्मथितं घृताय मधुने निष्पीडितः प्रस्तरः पानार्थं मृगतृष्णिकोर्मितरला भूमिः समालोकिता। दुग्धा सेयमचेतनेन जरती दुग्धाशया सूकरी कष्टं यत्खलु दीर्घया धनतृषा नीचो जनः सेवितः ॥ ६९ ॥ काव्ये भव्यतमेऽपि विज्ञनिवहैरास्वाद्यमाने मुहुर्दोषान्वेषणमेव मत्सरजुषां नैसर्गिको दुर्ग्रहः। कासारेऽपि विकासिपङ्कजचये खेलन्मराले पुनः क्रौञ्चश्चञ्चुपुटेन कुञ्चितवपुः शम्बूकमन्वेषते ॥ ७० ॥ विद्ये हृद्यतरासि किं नु कृपणासंभावनैर्लज्जसे सन्त्यन्ये तव तोषणाहितधियो धन्या वदान्या भुवि। कान्तानां कुचकुम्भकौशलरुचां नो हानिरेतावता षण्ढानां हृदयेऽपि यत्प्रणयते नानङ्गरागोदयः ॥७१॥ मीमांसा पठिता न यैरुपनिषन्नैव श्रुता तत्त्वतः श्रीमच्छङ्करभाष्यतो भगवती गीताप्यधीता न यैः। सिद्धान्तापगतं शिरोमणिमतं ज्ञात्वापि किंचित्ततो भट्टाचार्यपदं गताः कथमहो लज्जां लभन्ते न ते ॥ ७२ ॥ पेटीचीवरपट्टवस्त्रपटलश्वेतातपत्रच्छटाशाटीहारकघोटकस्फुटघटाटोपाय तुभ्यं नमः। येनानक्षरकुक्षयोऽपि जगतः कुर्वन्ति सर्वज्ञताभ्रान्तिं येन विना तु हास्यपदवीं सन्तोऽपि कष्टं गताः ॥ ७३ ॥ साकूतं निजसंविदेकविषयं तत्त्वं सचेता ब्रुवन्नग्रे नूनमबोधमोहितधियां हास्यत्वमायास्यति। तद्युक्तं विदुषो जनस्य जडवज्जोषं तु नामासितुं जात्यन्धं प्रति रूपवर्णनविधौ कोऽयं वृथैवोद्यमः ॥ ७४ ॥ ये तावत्स्वगुणोपबृंहितधियस्तेषामरण्यं जगद्येऽप्येते कृतमत्सराः परगुणं स्वप्नेऽपि नेच्छन्ति ये। अन्येषामनुरागिणां क्वचिदपि स्निग्धं मनो निर्वृतावित्थं यान्तु तपोवनानि महतां सूक्तानि मन्येऽधुना ॥७५॥ यातास्ते रससारसंग्रहविधिं निष्पीड्य निष्पीड्य ये वाक्तत्त्वेक्षुलतां पुरा कतिपये तत्त्वस्पृशश्चक्रिरे। जायन्तेऽद्य यथायथं तु कवयस्ते तत्र संतन्वते येऽनुप्रासकठोरचित्रयमकश्लेषादिशल्कोच्चयम् ॥७६॥ प्रादुःष्यात्पण्डितानां केविवचसि कथं प्रत्नतूनत्वचिन्ता विधेरन्यद्यवद्यान्यभिजहति तथा गृह्णते स्युर्गुणाश्चेत्। अन्यस्त्वन्यप्रमाणः पत्ममवतनुते छिद्यते तावता किं नायं रत्नस्य दोषो दृषदिति यदिदं क्षिप्रमन्धाः क्षिपन्ति ॥ ७७ ॥

१ रोगवर्जितः. २ सर्पम्. ३ बिसम्. ४ हीरकादीन्. ५ संनद्धो भवति. ६ इच्छति. ७ अमृतस्राविभिः. ८ तीक्ष्ण.

छान्दसप्रशंसा।

नाध्यापयिष्यन्निर्गमाञ्श्रमेणोपाध्यायलोका यदि शिष्यवर्गान्। निर्वेदवादं किल निर्वितानमुर्वीतलं हन्त तदाभविष्यत् ॥ १ ॥

छान्दसनिन्दा।

आः कष्टमप्रहृष्टाः शिष्टा अपि वित्तचापलाविष्टाः। अध्यापयन्ति वेदानादाय चिराय मासि मासि भृतिम् ॥ १ ॥

वैयाकरणप्रशंसा।

वैयाकरणकिरातादपशब्दमृगाः क्व यान्ति संत्रस्ताः। ज्योतिर्नटविटगायकभिषगाननगह्वराणि यदि न स्युः ॥ १ ॥ यद्यपि बहु नाधीषे तथापि पठ पुत्र व्याकरणम्। स्वजनः श्वजनो मा भूत्सकलं शकलं सकृच्छकृत् ॥ २ ॥ कृतदुरितनिराकरणं व्याकरणं चतुरधीरधीयानः। बुधगणगणनावसरे कनिष्ठिकायां परं जयति ॥ ३ ॥ सूत्रं पाणिनिबद्धं कैल्यन्पुरुषः समुद्वहति सुदृशम्। वर्णादीनां धर्मान्बुद्ध्वा विधिवत्प्रयुङ्क्तेऽसौ ॥ ४ ॥ पातं जले विष्णुपदापगाया

१ प्रादुर्भवेत्. २ काव्ये. ३ दोषाः. ४ वेदान्. ५ वेतनम्. ६ भिल्लाः. ७ भीताः. ८ गणकाः. ९ नाट्यकाराः. १० जाराः. ११ वैद्याः. १२ गुहाः. १३ विष्ठा. १४ व्याकरणसूत्रम्; (पक्षे) कङ्कणम्. १५ पाणिनिना बद्धं रचितम्; (पक्षे) पाणौ हस्ते निबद्धम्. विवाहकाले सूत्रनिर्मिते कङ्कणे वधूवरयोर्हस्तयोर्बध्नन्तीति प्रसिद्धिः. १६ अर्थज्ञानपूर्वकं विचारयन्; (पक्षे) धारयन्. १७ सम्यग्धारयति; (पक्षे) सम्यगुद्वहति; पाणिग्रहणपूर्वकं स्वीकरोतीत्यर्थः. १८ शोभनां दृष्टिम्. शुद्धाशुद्धविवेचनशक्तिमित्यर्थः; (पक्षे) शोभना दृग्यस्या एतादृशीं स्त्रियम्. १९ अकारप्रभृतिवर्णादीनाम्; (पक्षे) ब्राह्मणवर्णादीनाम्. २० ज्ञात्वा. २१ यथाशास्त्रम्. २२ प्रयोगं करोति; (पक्षे) योजयति. २३ पतनम्. २४ गङ्गायाः.

पातञ्जले[1] चापि नये[2]ऽवगाहम्[3] । आचक्षते[4] शुद्धिदमा प्रसू-
तेरा[5] च क्षते[6] रागमधोक्षजे च ॥ ५ ॥ नृणामनभ्यस्तफ-
णाभृदीशगिरां[7] दुरापा[8] बुधराजगोष्ठी[9] । अबुद्धचापश्रुतिपद्ध-
तीनां[10] युद्धक्षमेवोद्धतयोद्धसार्थो ॥ ६ ॥ नाङ्गीकृतव्याकर-
णौषधानामपाटवं वाचि सुगाढमास्ते । कस्मिंश्चिदुक्ते तु
पदे कथंचित्स्वैरं वपुः स्विद्यति वेपते[11] च ॥ ७ ॥ शब्द[12]-
शास्त्रमनधीत्य[13] यः पुनान्वक्तुमिच्छति वचः सभान्तरे ।
बन्धुमिच्छति वने मदोत्कटं हस्तिनं कमलनालतन्तुना[14] ॥८॥

वैयाकरणनिन्दा ।

टिड्ढाणञ्द्वयसज्दघ्नञ्मात्रच्तयप्ठक्ठञ्कञ्क्वरपः सिध्यस्यमिड्वसस्ता
हशिचष्टुनाष्टुरतङ्श्शछोऽव्यचोऽन्त्यादिटि । लोपोव्योर्वलिवृ-
द्धिरेचियचिभंदाधाघ्वदाप्छेचटेरित्यब्दानखिलान्नयन्ति[15][16] कति-
चिच्छब्दान्पठन्तः कटून्[17] ॥ १ ॥ सूत्रैः पाणिनिनिर्मितैर्बहुतरै-
र्निष्पाद्य शब्दावलिं वैकुण्ठस्तवमक्षमा[18] रचयितुं मिथ्याश्रमाः
शाब्दिकाः । पक्वान्नं विविधं श्रमेण[19] विविधापूपाज्यसूपान्वितं
मन्दाग्नीननुरुन्धते[20] मितबलानाघ्रातुमप्यक्षमान् ॥ २ ॥ कु-
प्वोः ⌣क⌣पौ च शेषोघ्यसखि ससजुषोरुर्विरामोऽवसानं शश्छो-
ऽटीत्यादिशब्दैः सदसि यदि शठाः[21] शाब्दिकाः पण्डिताः
स्युः । तेषां को वापराधः कथयत सततं ये पठ-
न्तीह थोन्तत्ताथय्याथय्यथय्याधिगधिगधिगधिक्थय्यथय्येति[22]
शब्दान् ॥ ३ ॥

नैयायिकप्रशंसा ।

अद्भुततर्क[23]पाथोधिरगाधो यस्य वर्धकः । अक्षपादो[24]-
ऽतमः[25]स्पृष्टस्त्वकलङ्कः कलानिधिः[26] ॥ १ ॥ अपरीक्षितल-
क्षणप्रमाणैरपरामृष्टपदार्थसार्थतत्त्वैः[27] । अवशीकृतजैत्रयुक्ति[28]-
जालैरलमेतैरनधीततर्कविद्यैः ॥ २ ॥ मोहं[1] रुणद्धि[2] विमली-
कुरुते च बुद्धिं सूते[3] च संस्कृतपदव्यवहारशक्तिम् । शा-
स्त्रान्तराभ्यसनयोग्यतया युनक्ति[4] तर्कश्रमो न तनुते किमि-
होपकारम् ॥ ३ ॥ ज्ञानाब्धिरक्षिचरणः[5] कणभक्षकश्च[6] श्री-
पक्षिलोऽप्युदयनः स च वर्धमानः । गङ्गेश्वरः शशधरो ब-
हवश्च नव्या ग्रन्थैर्व्यरुन्धत इमे हृदयान्धकारम्[7] ॥ ४ ॥
प्रायः काव्यैर्गमितवयसः पाणिनीयाम्बुराशेः सारज्ञस्या-
प्यपरिकलितन्यायशास्त्रस्य[8] पुंसः । वादारम्भे वदितुमनसो
वाक्यमेकं सभायां प्रेह्वा[9] जिह्वा भवति कियतीं पश्य कष्टा-
मवस्थाम् ॥ ५ ॥

नैयायिकनिन्दा ।

परामृशन्तो लिङ्गानि व्यभिचारविचारकाः । तार्किका
यदि विद्वांसो विटैः किमपराध्यते ॥ १ ॥ गुरोर्गिरः पञ्च-
दिनान्यधीत्य वेदान्तशास्त्राणि दिनत्रयं च । अमी समाघ्रात-
वितर्कवादाः समागताः कुक्कुटपादमिश्राः ॥ २ ॥ कर्कशत-
र्कविचारव्यग्रः किं वेत्ति काव्यहृदयानि । ग्राम्य इव कृषि-
विलम्भश्चञ्चलनयनावचोरहस्यानि ॥ ३ ॥ नैयायिकानां म-
लिनाम्बराणां जनुर्गतं रासभचिन्तयैव । तथापि वेश्यास्त-
नसंनिवेशस्तोतुः कवेः कोऽपि विशेष एव ॥ ४ ॥ न जि-
घ्रत्याम्नायं[10] स्पृशति न तदङ्गान्यपि[11] सकृत्पुराणं नादत्ते न
गणयति किं च स्मृतिगणम् । पठञ्शुष्कं[12] तर्कं परपरिभवा-
र्थोक्तिभिरसौ नयत्यायुः सर्वं निहतपरलोकार्थयतनः ॥ ५ ॥
प्रयत्नैरस्तोकैः[13] परिचितकुतर्कप्रकरणाः परं वाचोवश्यान्क-
तिपयपदौघान्विदधतः । सभायां वाचाटाः श्रुतिकटु रटन्तो
घटपटान्न लज्जन्ते मन्दाः[14] स्वयमपि तु जिह्रेति[15] विबुधः
॥ ६ ॥ कर्मब्रह्म[16]विचारणां विजहतो भोगापवर्गप्रदां घोषं
कंचन कण्ठशोषफलकं कुर्वन्त्यमी तार्किकाः । प्रत्यक्षं न
पुनाति नापहरते पापानि पीलुच्छटा[17]व्याप्तिर्नावति नैव पात्य-
नुमितिर्नो पक्षता[18] रक्षति ॥ ७ ॥ हेतुः कोऽपि विशिष्टधी-
रनुमितौ न ज्ञानयुग्मं[19] मरुत्त्वाचो[20] नेति च मोघवादमुखरा[21]

१ पतञ्जलिनिर्मिते. २ व्याकरणशास्त्रे. ३ मज्जनम्; (पक्षे) अभ्यासम्. ४ वदन्ति. ५ जननादारभ्य. ६ मरणान्तं च. ७ अनधीतमहाभाष्याणाम्. ८ दुष्प्रापा. ९ पण्डितराजसभा. १० अज्ञातधनुर्वेदमार्गाणाम्. ११ कम्पते. १२ व्याकरणम्. १३ अध्ययनमकृत्वा. १४ बिसतन्तुना. १५ वर्षाणि. १६ यापयन्ति. १७ कर्णकठोरान्. १८ विष्णुस्तवम्. १९ कृत्वेति शेषः. २० अनुकुर्वन्ति. २१ धूर्ताः. २२ गायकानां तालशब्दानुकरणमेतत्. २३ तर्कसमुद्रः. २४ गौतमः; (पक्षे) क्षपां ददातीति क्षपादः स न भवतीति तथाविधः. चन्द्र इत्यर्थः. २५ अज्ञानेन; (पक्षे) राहुणा. २६ कलानां निधिः; (पक्षे) चन्द्रः. २७ अज्ञातपदार्थसमूहतत्त्वैः. २८ जययुक्ति.

१ अज्ञानम्. २ रोधयति, नाशयतीत्यर्थः. ३ उत्पादयति. ४ योजयति. ५ गौतमः. ६ कणादः. ७ बुद्धेरज्ञानम्. ८ अनभ्यस्त. ९ वक्त्रा. १० वेदम्. ११ वेदाङ्गानि. १२ नीरसम्. १३ बहुभिः. १४ मूर्खाः. १५ लज्जां प्राप्नोति. १६ कर्मचिन्तनं ब्रह्मचिन्तनं च. १७ परमाणुसमुदायः. १८ व्याप्तिविशिष्टपक्षधर्मताज्ञानविशिष्टः. १९ पूर्वोक्तगतांशद्वयम्. २० त्वगिन्द्रियप्रत्यक्षः. २१ जल्पाकाः.

नैयायिकाश्चेद्बुधाः । मेषस्याण्डमियत्पलं बलिभुजो दन्ताः कियन्तस्तथेत्येवं संततचिन्तनैः श्रमजुषो न स्युः कथं पण्डिताः ॥ ८ ॥ साधु व्याकरणं हिताय विशदं काव्यं पिकीगीतवन्मीमांसा श्रुतितत्परा तदनुगं सांख्यं सपातञ्जलम् । त्वं तु न्याय विशुद्धवैदिकविधिव्याकोपबौद्धागमव्याघाताय निगूढतर्कगहन क्वामोदमाधास्यसि ॥ ९ ॥ हे हे मित्र जिता मयातिबलिनो विप्रा धनं चार्जितं शेषेभ्यः शरयत्र-दानमपि सत्संपादितं भूरिशः । ग्रन्थाश्चापि कृताः सुतर्कघटकाः शास्त्राणि संदूष्य वै सोऽहं तर्कविभूषणोऽत्र गहने धात्रा शृगालः कृतः ॥ १० ॥

मीमांसकप्रशंसा ।

भगवदनभ्युपगमनं दैवतचैतन्यनिह्नवश्चैषाम् । कर्मश्रद्धावर्धकतत्प्राधान्यप्रदर्शनायैव ॥ १ ॥ आगमरूपविचारिण्यधिकरणसहस्रशिक्षितविपक्षे । स्वामिनि जैमिनियोगिन्युपरज्यति हृदयमस्मदीयमिदम् ॥ २ ॥ शबरकुमारिलगुरवो मण्डनभवदेवपार्थसारथयः । अन्ये च विश्वमान्या जयन्ति संत्रायमाणतन्त्रास्ते ॥ ३ ॥ नैयायिका वा ननु शाब्दिका वा त्रैयीशिरःसु श्रमशालिनो वा । वादाहवे बिभ्रति जैमिनीयन्यायोपरोधे सति मौनमुद्राम् ॥ ४ ॥ आदौ धर्मे प्रमाणं विविधविधिभिदाशेषतां च प्रयुक्तिं पौर्वापर्याधिकारौ तदनु बहुविधं चातिदेशं तथोहम् । बाधं तन्त्रं प्रसङ्गं नयमनयशतैः सम्यगालोचयद्भ्यो भिन्ना मीमांसकेभ्यो विदधति भुवि के सादरं वेदरक्षाम् ॥ ५ ॥

मीमांसकनिन्दा ।

ते मीमांसाशास्त्रलोकप्रसिद्धाः सर्वर्षीणां सेहिरे नैव सत्ताम् । चैतन्यस्यापह्नवं देवतानां चक्रुर्विश्वं नश्वरं भन्यमानाः ॥ १ ॥ मीमांसकाः कतिचिदत्र मिलन्ति वेदप्रामाण्यसाधनकृतोऽपि न तेऽभिवन्द्याः । उद्घोषितोऽप्युपनिषद्भिरशेषशेषी ब्रह्मैव नाभ्युपगतः पुरुषोत्तमो यैः ॥ २ ॥

वैद्यप्रशंसा ।

गुरोरधीताखिलवैद्यविद्यः पीयूषपाणिः कुशलः क्रियासु । गतस्पृहो धैर्यधरः कृपालुः शुद्धोऽधिकारी भिषगीदृशः स्यात् ॥ १ ॥ रागादिरोगान्सततानुषक्तानशेषकायप्रसृतानशेषान् । औत्सुक्यमोहारतिदाञ्जघान योऽपूर्ववैद्याय नमोऽस्तु तस्मै ॥ २ ॥ अन्यानि शास्त्राणि विनोदमात्रं प्राप्तेषु वा तेषु न तैश्च किंचित् । चिकित्सितज्योतिषमन्त्रवादाः पदे पदे प्रत्ययमावहन्ति ॥ ३ ॥ माबोधि वैद्यकमथापि महामयेषु प्राप्तेषु यो भिषगिति प्रथितस्तमेव । आकारयत्य खेल एव विशेषदर्शी लोकोऽपि तेन भिषगेष न दूषणीयः ॥ ४ ॥ मस्ते दुःसहवेदनाकवलिते मन्ने स्वरेऽन्तर्गलं तस्यां ज्वरपावकेन च तनौ तान्ते हृषीकव्रजे । दूने बन्धुजने कृतप्रलपने धैर्यं विधातुं पुनः कः शक्तः कलितामयप्रशमनो वैद्यात्परो विद्यते ॥ ५ ॥ भ्रान्ता वेदान्तिनः किं पठथ शठतयाद्यापि चाद्वैतविद्यां पृथ्वीतत्त्वे लुठन्तो विमृशथ सततं कर्कशास्तार्किकाः किम् । वेदैर्नानागमैः किं ग्लपयथ हृदयं श्रोत्रियाः श्रोत्रशूलैर्वैद्यं सर्वानवद्यं विचिनुत शरणं प्राणसंप्रीणनाय ॥ ६ ॥

कुवैद्यनिन्दा ।

वैद्यराज नमस्तुभ्यं यमराजसहोदर । यमस्तु हरति प्राणान्वैद्यः प्राणान्धनानि च ॥ १ ॥ वैद्यराज नमस्तुभ्यं क्षपिताशेषमानव । त्वयि विन्यस्तभारोऽयं कृतान्तः सुखमेधते ॥ २ ॥ चितां प्रज्वलितां दृष्ट्वा वैद्यो विस्मयमागतः । नाहं गतो न मे भ्राता कस्येदं हस्तलाघवम् ॥ ३ ॥ कषायैरुपवासैश्च कृतामुल्लाघतां नृणाम् । निजौषधकृतां वैद्यो निवेद्य हरते धनम् ॥ ४ ॥ अज्ञातशास्त्रसद्भावाञ्शस्त्रमात्रपरायणान् । त्यजेद्दूराद्भिषक्पाशान्पाशान्वैवस्वतानिव ॥ ५ ॥ मिथ्यौषधैर्हन्त मृषाकषायैरसत्खलैरयथार्थतैलैः । वैद्या इमे वञ्चितरुग्णवर्गाः पिचण्डभाण्डं परिपूरयन्ति ॥ ६ ॥ नटोऽपि दद्याद्व्रणकोऽपि दद्यात्संप्रार्थितः पाशुपतोऽपि दद्यात् । वैद्यः कथं दास्यति याचमानो यो भर्तुकामादपि हर्तुकामः ॥ ७ ॥ न धातोर्विज्ञानं न च परिचयो वैद्यकनये न रोगाणां तत्त्वावगतिरपि नो वस्तुगुणधीः । तथाप्येते वैद्या

१ काकाः. २ अपलापः. ३ शास्त्रदीपिकाकर्ता पार्थसारथिमिश्रपण्डितः. ४ वेदत्रयी. ५ वादयुद्धे. ६ न्यायरूपे प्रतिबन्धके. ७ सामान्यविशेषभेदेन. ८ प्रतीतपदार्थैः सहाविचाल्यः. ९ अमृतं पाणौ यस्य सः. अमृतवदवश्यमारोग्यद इत्यर्थः.

१ अविचार्यकार्यप्रवृत्तिः. २ विचाराशक्तिः. ३ असंतोषः. ४ आह्वयति. ५ मस्तके. ६ म्लाने. ७ इन्द्रियसमूहे. ८ खिन्ने. ९ वेदाध्यायिनः. १० कर्णकटुभिः. ११ सर्वेषां मध्ये निर्दोषम्. १२ नीरोगताम्. १३ वास्तवानर्थान्. १४ कुत्सिता भिषजो भिषक्पाशास्तान्. १५ यमसंबन्धिनः. १६ रोगिसमूहः. १७ उदरभाण्डम्. १८ पारदादेः.

इति [1]तरलयन्तो जडजनान[2]सून्[3]मृत्योर्भृत्या इव [4]वसु हरन्ते [5]गदजुषाम् ॥ ८ ॥ सत्कोणं लोलनेत्रं कुलयुवतिमुखं दृश्यते सानुकम्पै रण्डानामर्धलज्जाञ्चितमधिपुलकं स्पृश्यते पीनमङ्गम्। क्लीबानां खाद्यतेऽन्तश्चिरनिहितधनं काष्ठमूलाश्रितोयैः पूर्वा सिद्धा कलानां सकलगुणनिधिर्वैद्यविद्याभिवन्द्या ॥ ९ ॥

गणकप्रशंसा।

चतुरङ्गबलो राजा जगतीं वशमानयेत्। अहं पञ्चाङ्गबलवानाकाशं वशमानये ॥ १ ॥ एकासनस्था जलवायुभक्षा [6]मुमुक्षवस्[7]त्यक्तपरिग्रहाश्च। पृच्छन्ति तेऽप्यम्बरचारिचारं दैवज्ञमन्ये किमुतार्थचित्ताः ॥ २ ॥ न दैवं न पित्र्यं च कर्मावसिद्ध्येन्न यत्रास्ति देशे ननु ज्योतिषज्ञः। न तारा न चारा नवानां ग्रहाणां न तिथ्यादयो वा यतस्तत्र बुद्धाः ॥ ३ ॥ दूतो न संचरति खे न चलेच्च वार्ता पूर्वं न जल्पितमिदं न च संगमोऽस्ति। व्योम्नि स्थितं रविशशिग्रहणं प्रशस्तं जानाति यो द्विजवरः स कथं न विद्वान् ॥ ४ ॥ [9]वृद्धिह्रासौ [10]कुमुदसुहृदः [11]पुष्पवन्तो[12]परागः शुक्रादीनामुदयविलयावित्यपी सर्वदृष्टाः। आविष्कुर्वन्त्यखिलवचनेष्वत्र [13]कुम्भीपुलाकन्यायाज्ज्योतिर्नयगतिविदां निश्चलं मानभावम् ॥ ५ ॥ भानोः शीतकरस्य वापि भुजग[14]ग्रासे पुरो निश्चिते तीर्थानामटनं जनस्य घटते तापत्रयोच्चाटनम्। इष्टे प्रागवधारिते सति धृतेस्तुष्टेश्च लाभो भवेद्दृष्टे तु [15]व्यसनेऽत्र [16]तत्परिहृतिः कर्तुं जपाद्यैः क्षमा ॥ ६ ॥

कुगणकनिन्दा।

गणयति गगने गणकश्चन्द्रेण समागमं विशाखायाः। विविधभुजंगक्रीडासक्तां गृहिणीं न जानाति ॥ १ ॥ गणिकागणकौ समानधर्मौ निजपञ्चाङ्गनिदर्शकावुभौ। जनमानसमोहकारिणौ तौ विधिना वित्तहरौ विनिर्मितौ ॥ २ ॥ असुखमथ सुखं वा कर्मणां [17]पंक्तिवेलास्विह नियतमेते भुञ्जते देहभाजः। तदिह पुरत एव प्राह मौहूर्तिकश्चेत्कथय फलममीषामन्ततः किं ततः स्यात् ॥ ३ ॥ विलिखति सदसद्वा जन्मपत्रं जनानां फलति यदि तदानीं दर्शयत्यात्मदाक्ष्यम्। न फलति यदि लब्धद्रष्टुरेवाह मोहं हरति धनमिहैवं हन्त दैवज्ञपाशः ॥ ४ ॥ [3]प्रमोदे खेदे वाष्पुपनमति पुंसां विधिवशान्मयैवं प्रागेवाभिहितमिति मिथ्या कथयति। जनानिष्टानिष्टकलनपरिहारैकनिरतानसौ मेषादीनां परिगणनयैव [4]भ्रमयति ॥ ५ ॥ ज्योतिःशास्त्रमहोदधौ बहुतरोत्सर्गापवादात्मभिः कल्लोलैर्निबिडे कणान्कतिपयाँल्लब्ध्वा कृतार्था इव। दीर्घायुःसुतसंपदादिकथनैर्दैवज्ञपाशा इमे गेहं गेहमनुप्रविश्य धनिनां मोहं मुहुः कुर्वते ॥ ६ ॥

पौराणिकनिन्दा।

पौराणिकानां व्यभिचारदोषो नाशङ्कनीयः कृतिभिः कदाचित्। पुराणकर्ता व्यभिचारजातस्तस्यापि पुत्रो व्यभिचारजातः ॥ १ ॥

पुरोहितनिन्दा।

पुरीषस्य च रोषस्य हिंसायास्तस्करस्य च। आद्याक्षराणि संगृह्य वेधाश्चक्रे पुरोहितम् ॥ १ ॥

कायस्थनिन्दा।

काकाल्लौल्यं यमात्क्रौर्यं स्थपतेर्दृढघातिताम्। आद्याक्षराणि संगृह्य कायस्थः केन निर्मितः ॥ १ ॥ कायस्थेनोदरस्थेन मातुरामिषशङ्कया। अन्त्राणि यन्न भुक्तानि तत्र हेतुरदन्तता ॥ २ ॥ विना मद्यं विना मांसं परस्वहरणं विना। विना परापवादेन [6]दिविरो दिवि रोदिति ॥ ३ ॥ कलमाग्रनिर्गतमषीबिन्दुव्याजेन साञ्जनाश्रुकणा। कायस्थलुण्ठ्यमाना रोदिति खिन्नेव राजश्रीः ॥ ४ ॥

सज्जनप्रशंसा।

अहो किमपि चित्राणि चरित्राणि महात्मनाम्। लक्ष्मीं तृणाय मन्यन्ते [7]तद्भरेण नमन्त्यपि ॥ १ ॥ नाल्पीयसि निबध्नन्ति पदं[8]सुन्नतचेतसः। येषां भुवनलाभेऽपि निःसीमानो मनोरथाः ॥ २ ॥ अञ्जलिस्थानि पुष्पाणि वासयन्ति करद्वयम्। अहो सुमनसां प्रीतिर्वामदक्षिणयोः समा ॥ ३ ॥ वज्रादपि कठोराणि मृदूनि कुसुमादपि। लोकोत्तराणां चेतांसि

---

१ भ्रामयन्तः. २ प्राणान्. ३ यमस्य. ४ द्रव्यम्. ५ रोगिणाम्. ६ मोक्षेच्छवः. ७ त्यक्तः परिग्रहः कलत्रं यैस्ते. ८ आकाशसंचारिग्रहगतिम्. ९ क्षयवृद्धी. १० चन्द्रस्य. ११ सूर्याचन्द्रमसोः. १२ ग्रहणम्. १३ स्थालीपुलाकन्यायेन. १४ ग्रहणे. १५ दुःखे. १६ परिहारः. १७ परिपाककालेपु.

१ स्वचातुर्यम्. २ कुदैवज्ञः. ३ हर्षे. ४ भ्रमं करोति. ५ कुदैवज्ञाः. ६ कायस्थः. ७ लक्ष्मीभरेण. ८ उदारचेतसः.

को हि विज्ञातुमर्हति ॥ ४ ॥ गवादीनां पयोऽन्येद्युः[1] सद्यो वा जायते दधि। क्षीरोदधेस्तु नाद्यापि महतां विकृतिः[2] कृतः ॥ ५ ॥ गङ्गा पापं शशी तापं दैन्यं कल्पतरुस्तथा। पापं तापं च दैन्यं च हन्ति सन्तो महाशयाः ॥ ६ ॥ छायावन्तो गतव्यालाः स्वारोहाः फलदायिनः। मार्गद्रुमा महान्तश्च परेषामेव भूतये ॥ ७ ॥ संपदो महतामेव महतामेव चापदः। वर्धते क्षीयते चन्द्रो न तु तारागणः क्वचित् ॥ ८ ॥ अपकुर्वन्नपि प्रायः प्राप्नोति महतः फलम्। और्वं दहन्तमेवाग्निं संतर्पयति सागरः ॥ ९ ॥ महतां प्रार्थनेनैव विपत्तिरपि शोभते। दन्तभङ्गो हि नागानां श्लाघ्यो[3] गिरिविदारणे[4] ॥ १० ॥ गुणग्रामाविसंवादि नामापि हि महात्मनाम्। यथा सुवर्णश्रीखण्डरत्नाकरसुधाकराः ॥ ११ ॥ वहन्ति शोकशङ्कुं च कुर्वन्ति च यथोचितम्। कोऽप्येष महतां हन्त गाम्भीर्यानुगुणो गुणः ॥ १२ ॥ नागुणी गुणिनं वेत्ति गुणी गुणिषु मत्सरी। गुणी च गुणरागी च विरलः सरलो जनः ॥ १३ ॥ महात्मानोऽनुगृह्णन्ति भजमानान्रिपूनपि। सपत्नीः प्रापयन्त्यब्धिं सिन्धवो नगनिम्नगाः ॥ १४ ॥ मुखेन नोद्गिरत्यूर्ध्वं हृदयेन नयत्यधः। जरयत्यन्तरे[5] साधुर्दोषं विषमिवेश्वरः ॥ १५ ॥ विकृतिं नैव गच्छन्ति सङ्गदोषेण साधवः। आवेष्टितं महासर्पैश्चन्दनं न विषायते ॥ १६ ॥ मान्या एव हि मान्यानां मानं कुर्वन्ति नेतरे। शंभुर्बिभर्ति मूर्ध्नेन्दुं स्वर्भानुस्तं[6] जिघृक्षति[7] ॥ १७ ॥ सुजनं व्यजनं मन्ये चारुवंशसमुद्भवम्[8]। आत्मानं च परिभ्राम्य परतापनिवारणम् ॥ १८ ॥ उदये सविता रक्तो रक्तश्चास्तमये तथा। संपत्तौ च विपत्तौ च महतामेकरूपता ॥ १९ ॥ आरभन्तेऽल्पमेवाज्ञाः कामं व्यग्रा भवन्ति च। महारम्भाः कृतधियस्तिष्ठन्ति च निराकुलाः ॥ २० ॥ सद्भिस्तु लीलया प्रोक्तं शिलालिखितमक्षरम्। असद्भिः शपथेनापि जले लिखितमक्षरम् ॥ २१ ॥ हरेः[9] पदाहतिः[10] श्लाघ्या न श्लाघ्यं खररोहणम्। स्पर्धापि विदुषा युक्ता न युक्ता मूर्खमित्रता ॥ २२ ॥ साधोः प्रकोपितस्यापि मनो नायाति विक्रियाम्[11]। नहि तापयितुं शक्यं सागराम्भस्तृणोल्कया ॥ २३ ॥ नारिकेलसमाकारा दृश्यन्तेऽपि हि सज्जनाः। अन्ये बदरिकाकारा बहिरेव मनोहराः ॥ २४ ॥ स्नेहच्छेदेऽपि साधूनां गुणा नायान्ति विक्रियाम्। भङ्गेनापि मृणालानामनुबध्नन्ति[1] तन्तवः ॥ २५ ॥ परोपदेशे पाण्डित्यं सर्वेषां सुकरं नृणाम्। धर्मे स्वीयमनुष्ठानं कस्यचित्तु महात्मनः ॥ २६ ॥ संपत्सु महतां चित्तं भवत्युत्पलकोमलम्। आपत्सु च महाशैलशिलासंघातकर्कशम्[2] ॥ २७ ॥ पतन्ति व्यसने दैवाद्दारुणे दारुणात्मनि। संवर्मयति वज्रेण धैर्येण महतां मनः ॥ २८ ॥ सन्तः स्वतः प्रकाशन्ते गुणा न परतो नृणाम्। आमोदो नहि कस्तूर्याः शपथेन विभाव्यते ॥ २९ ॥ पातितोऽपि कराघातैरुत्पतत्येव कन्दुकः। प्रायेण हि सुवृत्तानामस्थायिन्यो[3] विपत्तयः ॥ ३० ॥ सकृत्कन्दुकपातेनोत्पतत्यार्यः पतन्नपि। तथा त्वनार्यः पतति मृत्पिण्डपतनं यथा ॥ ३१ ॥ दन्तिदन्तसमानं हि निःसृतं महतां वचः। कूर्मग्रीवेण नीचानां पुनरायाति याति च ॥ ३२ ॥ श्लोकस्तु श्लोकतां याति यत्र तिष्ठन्ति साधवः। लकारो[4] लुप्यते तत्र यत्र तिष्ठन्त्यसाधवः ॥ ३३ ॥ किमत्र चित्रं यत्सन्तः परानुग्रहतत्पराः। नहि स्वदेहशैत्याय जायन्ते चन्दनद्रुमाः ॥ ३४ ॥ काकैः सह विवृद्धस्य कोकिलस्य कला[5] गिरः। खलसङ्गेऽपि नैष्ठुर्यं कल्याणप्रकृतेः कुतः ॥ ३५ ॥ यथा चित्तं तथा वाचो यथा वाचस्तथा क्रियाः। चित्ते वाचि क्रियायां च साधूनामेकरूपता ॥ ३६ ॥ विवेकः सह संयत्या विनयो विद्यया सह। प्रभुत्वं प्रश्रयोपेतं[6] चिह्नमेतन्महात्मनाम् ॥ ३७ ॥ उपकर्तुं प्रियं वक्तुं कर्तुं स्नेहमकृत्रिमम्[7]। सज्जनानां स्वभावोऽयं केनेन्दुः शिशिरीकृतः ॥ ३८ ॥ निर्गुणेष्वपि सत्त्वेषु[8] दयां कुर्वन्ति साधवः। नहि संहरते ज्योत्स्नां[9] चन्द्रश्चाण्डालवेश्मसु[10] ॥ ३८ ॥ उपकारिषु यः साधुः साधुत्वे तस्य को गुणः। अपकारिषु यः साधुः स साधुः सद्भिरुच्यते ॥ ४० ॥ हृदयानि सतामेव कठिनानीति मे मतिः। खलवाग्विशिखैस्तीक्ष्णैर्भिद्यन्ते न मनाग्यतः[11] ॥ ४१ ॥ अपेक्षन्ते न च स्नेहं[12] न पात्रं[13] न दशान्तरम्[14]। सदालोकहिते[15] युक्ता रत्नदीपा इवोत्तमाः ॥ ४२ ॥ ब्रूतेऽन्यस्यासतोऽप्यार्यो गुणान्दोषांस्तु दुर्जनः। तुल्येऽप्यसत्त्वे किं त्वेको गच्छत्यूर्ध्वमधोऽपरः

१ अन्यस्मिन्दिवसे. २ विकारः. ३ स्तुत्यः. ४ पर्वतभेदने. ५ जीर्णं करोति. ६ राहुः. ७ ग्रहीतुमिच्छति. ८ वेणुः; (पक्षे) कुलम्. ९ सिंहस्य. १० पादताडनम्. ११ विकारम्.

१ संबन्धं कुर्वन्ति. २ कठिनम्. ३ क्षणिकाः. ४ लकारलोपाच्छ्लोक एवावतिष्ठते. ५ अव्यक्तमधुराः. ६ विनयः. ७ निष्कपटम्. ८ प्राणिषु. ९ चन्द्रकान्तिम्. १० चाण्डालगृहे. ११ किंचिदपि. १२ मैत्रीम्; (पक्षे) घृतादिम्. १३ योग्यताम्; (पक्षे) भाण्डम्. १४ अवस्थान्तरम्; (पक्षे) सूत्रवर्तिम्. १५ लोकानां हितं तस्मिन्नासक्ताः; (पक्षे) आलोकः प्रकाशस्तदेव हितं तस्मिन्नासक्ताः.

॥ ४३ ॥ सन्तो मनसि कृत्वैव प्रवृत्ताः कृत्यवस्तुनि । कस्य प्रतिशृणोति स्म कमलेभ्यः श्रियं रविः ॥ ४४ ॥ आमरणान्ताः प्रणयाः कोपास्तत्क्षणभङ्गुराः । परित्यागाश्च निःसङ्गा भवन्ति हि महात्मनाम् ॥ ४५ ॥ सन्त एव सतां नित्यमापदुद्धरणक्षमाः । गजानां पङ्कमग्नानां गजा एव धुरंधराः ॥ ४६ ॥ नूनं दुग्धाब्धिमन्थोत्थाविमौ सुजनदुर्जनौ । किं त्विन्दोः सोदरः पूर्वः कालकूटस्य चेतरः ॥ ४७ ॥ गोत्रस्थितिं[१] न मुञ्चन्ति सदा सन्नतिमाश्रिताः[२] । उदन्वन्तश्च[३] सन्तश्च महासत्त्वतयानया[४] ॥ ४८ ॥ विगृहीतः पदाक्रान्तो भूयोभूयश्च खण्डितः । माधुर्यमेवावहति सुश्लोक इव सज्जनः ॥ ४९ ॥ प्रकृतिप्रत्ययोपेतः सद्वृत्तः साधुसंमतः । अर्थार्पणसमर्थश्च सुश्लोक इव सज्जनः ॥ ५० ॥ गुणोऽपि नूनं दोषाय दुषिधातोः खलस्य च । सन्मार्गसिद्धये वृद्धिर्मृजेः साधुजनस्य च ॥ ५१ ॥ मुञ्चन्तश्चापलरसं प्रस्थिताः पावने पथि । घना इवार्द्रहृदयाः सन्तो जीवनहेतवः ॥ ५२ ॥ धनिनोऽपि निरुन्मादा युवानोऽपि न चञ्चलाः । प्रभवोऽप्यप्रमत्तास्ते महामहिमशालिनः ॥ ५३ ॥ साधुरेव प्रवीणः स्यात्सद्गुणामृतचर्वणे । नवचूताङ्कुरास्वादकुशलः कोकिलः किल ॥ ५४ ॥ उत्तमः क्लेशावेक्षोभं क्षमः सोढुं न हीतरः । मणिरेव महाशाणघर्षणं न तु मृत्कणः ॥ ५५ ॥ सज्जना एव साधूनां प्रथयन्ति गुणोत्करम् । पुष्पाणां सौरभं प्रायस्तनुते दिक्षु मारुतः ॥ ५६ ॥ स्वभावं नैव मुञ्चन्ति सन्तः संसर्गतोऽसताम् । न त्यजन्ति रुतं मञ्जु काकसंपर्कतः पिकाः ॥ ५७ ॥ संपत्तौ कोमलं चित्तं साधोरापदि कर्कशम् । सुकुमारं मधौ पत्रं तरोः स्यात्कठिनं शुचौ ॥ ५८ ॥ स्वभावं न जहात्येव साधुरापद्गतोऽपि सन् । कर्पूरः पावकस्पृष्टः सौरभं लभतेतराम् ॥ ५९ ॥ अप्यापत्समयः साधोः प्रयाति श्लाघनीयताम् । विधोर्विधुंतुदास्कन्दविपत्कालोऽपि सुन्दरः ॥ ६० ॥ विना परीक्षां नो तत्त्वं प्रसिद्धं ज्ञायते सतः । स्वबर्मबन्धान्नो शुद्धिर्ज्ञायते कर्षणं विना ॥ ६१ ॥ दृष्टदुर्जनदौरात्म्यः सज्जने रज्यते जनः । आरुह्य पर्वतं पान्थः सानौ निर्वृतिमेत्यलम् ॥ ६२ ॥ क्षयक्षयिणि सापाये भोगे रज्यन्ति नोत्तमाः । संत्यज्याम्भोजकिञ्जल्कं न प्रार्थयति शैवलम् ॥ ६३ ॥ उत्तमं सुचिरं नैव विपदोऽभिभवन्त्यलम् । राहुग्रसनसंभूतिः क्षणं विच्छाययेद्विधुम् ॥ ६४ ॥ प्रायः स्वभावं मुञ्चन्ति सन्तः संसर्गतोऽसताम् । चण्डाश्चण्डातपात्पादा हिमांशोरमृतस्रजः ॥ ६५ ॥ तुल्यं परोपतापित्वं क्रुद्धयोः साधुनीचयोः । न दाहे ज्वलतोर्भिन्नं चन्दनेन्धनयोः क्वचित् ॥ ६६ ॥ महतां तादृशं तेजो यत्र शाम्यन्त्यनौजसः । अस्तं यान्ति प्रकाशेन तारका हि विवस्वतः ॥ ६७ ॥ आस्थामालम्ब्य नीतेषु वशं क्षुद्रेष्वरातिषु । व्यक्तिमायाति[१] महतां माहात्म्यमनुकम्पया ॥ ६८ ॥ न गुणाः क्वापि पूज्यन्ते सत्स्वीकारो हि गौरवम् । पीतिमा गुणसाम्येऽपि हरिद्रास्वर्णयोरिव ॥ ६९ ॥ आः किमर्थमिदं चेतः सतामम्भोधिदुर्भरम् । इति क्रुधेव दुर्वेधाः परदुःखैरपूरयत् ॥ ७० ॥ काचो मणिर्मणिः काचो येषां तेऽन्ये हि देहिनः । सन्ति ते सुधियो येषां काचः काचो मणिर्मणिः ॥ ७१ ॥ दोषानपि गुणीकर्तुं दोषीकर्तुं गुणानपि । शक्तो वादी न तत्तथ्यं दोषा दोषा गुणा गुणाः ॥ ७२ ॥ गुणराशिमहाभारनिर्भरापूरितान्तराः । सन्तो गौरवमायान्ति यदि तत्र किमद्भुतम् ॥ ७३ ॥ स्वात्मन्येव लयं यातु तादृशो गुणिनां गुणः । स्वयं प्रख्याप्यमानोऽपि यस्तृणाय न मन्यते ॥ ७४ ॥ सुवृत्तस्यैकरूपस्य परप्रीत्यै धृतोन्नतेः । साधोः स्तनयुगस्येव पतनं कस्य तुष्टये ॥ ७५ ॥ च्युतोऽप्युद्गच्छति पुनः प्रज्ञावान्न तु मूढधीः । कन्दुकः पतनोत्थायी न तु कान्ताकुचद्वयी ॥ ७६ ॥ नालोकः क्रियते सूर्ये भूः प्रतीपं न धार्यते । नहि प्रत्युपकाराणामपेक्षा सत्सु विद्यते ॥ ७७ ॥ दृष्ट्वापि दृश्यते दृश्यं श्रुत्वापि श्रूयते पुनः । सत्यं न साधुवृत्तस्य दृश्यते पुनरुक्तता ॥ ७८ ॥ सत्पक्षा ऋजवः शुद्धाः सफला गुणसेविनः । तुल्यैरपि गुणैश्चित्रं सन्तः सन्तः शराः शराः ॥ ७९ ॥ लाभप्रणयिनो नीचा मानकामा मनस्विनः । मद्गुः सरसि मत्स्यार्थी हंसस्येष्टा प्रसन्नता ॥ ८० ॥ परदुःखं समाकर्ण्य स्वभावसरलो जनः । उपकारासमर्थत्वात्प्राप्नोति हृदये व्यथाम् ॥ ८१ ॥ वित्ते त्यागः क्षमा शक्तौ दुःखे दैन्यविहीनता । निर्दम्भता सदाचारे स्वभावोऽयं महात्मनाम् ॥ ८२ ॥ न कदाचित्सतां चेतः प्रसरत्यघकर्मसु । जलेषु द्रुतमप्यन्तः सर्पिराश्यानतां व्रजेत् ॥ ८३ ॥ सागसेऽपि न कुप्यन्ति कृपया चोपकुर्वते । बोधं स्वस्यैव नेच्छन्ति ते विश्वोद्धरणक्षमाः ॥ ८४ ॥ साभिमानमसंभाव्यमौचित्यच्युतमप्रियम् । दुःखावमानदीनं वा न वदन्ति गुणोन्नताः ॥ ८५ ॥ आपत्स्वेव हि महतां शक्तिरभिव्यज्यते न संपत्सु । अगुरोस्तथा न गन्धः प्रागस्ति यथाग्निपतितस्य ॥ ८६ ॥ शून्येऽपि च गुणवत्तामातन्वानः स्वकीयगुणजालैः । विवराणि मुद्रयन्द्रागूर्णायुरिव[२] सज्जनो जयति ॥ ८७ ॥

१ कुलमर्यादाम्; (पक्षे) पर्वतस्थितिम्. २ सन्नमनम्. ३ समुद्राः. ४ प्राणिनः; (पक्षे) धैर्यम्.

१ व्यक्ता भवति. २ लूता.

तरुमूलादिषु निहितं जलमाविर्भवति पल्लवाग्रेषु । निभृतं[1]
यदुपक्रियते तदपि महान्तो वहन्त्युच्चैः ॥ ८८ ॥ संपदि
यस्य न हर्षो विपदि विषादो रणे च धीरत्वम् । तं भुवनत्रय-
तिलकं[2] जनयति जननी सुतं विरलम् ॥ ८९ ॥ दुर्जनवचना-
ङ्गारै... ऽपि न विप्रियं[3] वदत्यार्यः । अगुरुरपि दह्यमानः
स्वभावगन्धं परित्यजति किं नु ॥ ९० ॥ अप्रियवचनदरिद्रैः
प्रियवचनाढ्यैः स्वदारपरितुष्टैः । परपरिवाद[4]निवृत्तैः क्वचित्क-
चिन्मण्डिता[5] वसुधा ॥ ९१ ॥ पतितोऽपि राहुवदने तरणि[6]-
र्बोधयति[7] पद्मखण्डानि । भवति विपद्य[8]पि महतामङ्गीकृतव-
स्तुनिर्वाहः ॥ ९२ ॥ छिन्नोऽपि रोहति तरुश्चन्द्रः क्षीणोऽपि
वर्धते लोके । इति विमृशन्तः सन्तः संतप्यन्ते न लोके-
ऽस्मिन् ॥ ९३ ॥ वासरगम्यमनूरो[9]रम्बरमवनी च वामनैक-
पदा । जलधिरपि पोत[10]लङ्घ्यः सतां मनः केन तुलयामः
॥ ९४ ॥ गौरीपतेर्गरीयो गरलं गत्वा गले जीर्णम् । जी-
र्यति कर्णे महतां दुर्वादो नाल्पमपि विशति ॥ ९५ ॥ निज-
पद[11]गतिगुणरञ्जितजगतां करिणां च सत्कवीनां च । वहता-
मपि महिमानं[12] शोभायै सज्जना[13] एव ॥ ९६ ॥ बाणं[14] हरिरिव
कुरुते सुजनो बहुदोष[15]मप्यदोष[16]मिव । यावद्दोषं[17] जाग्रति[18]
मलिम्लुचा[19] इव पुनः पिशुनाः ॥ ९७ ॥ महतोः[20] सुवृत्तयोः[21]
सखि हृदय[22]ग्रहयोग्ययोः समस्थितयोः । सज्जनयोः स्तनयो-
रपि निरन्तरं संगतं भवति ॥ ९८ ॥ महतो[23]ऽपि हि विश्वा-
सान्महाशया[24] दधति नाल्पवति लघवः[25] । संवृणुतेऽद्रीनुदधि-
र्निदाघनद्यो न भेकमपि ॥ ९९ ॥ वैगुण्येऽपि हि महतां
विनिर्मितं भवति कर्म शोभायै । दुर्वहनितम्बमन्थरमपि
हरति नितम्बिनीनृत्यम् ॥ १०० ॥ सज्जन एव हि विद्या
शोभायै भवति दुर्जने मोघा । न विदूरदर्शनतया कै-
श्चिदुपादीयते गृध्रः ॥ १०१ ॥ भवति सुभगत्वमधिकं
विस्तारितपरगुणस्य सुजनस्य । वहति विकासितकुमुदो

द्विगुणरुचिं हिमकरोद्द्योतः ॥ १०२ ॥ वदनं प्रसा-
दसदनं सदयं हृदयं सुधामुचो वाचः । करणं परोपक-
रणं येषां केषां न ते वन्द्याः ॥ १०३ ॥ उपकारमेव तनुते
विपद्गतः सद्गुणो महताम् । मूर्च्छां गतो मृतो वा निदर्शनं
पारदोऽत्र रसः ॥ १०४ ॥ गिरयो गुरवस्तेभ्योऽप्युर्वी गुर्वी
ततोऽपि जगदण्डम् । तस्मादप्यतिगुरवः प्रलयेऽप्यचला
महात्मानः ॥ १०५ ॥ अनवरतपरोपकरणव्यग्रीभवदमल-
चेतसां महताम् । आपातकाटवानि स्फुरन्ति वचनानि भेष-
जानीव ॥ १०६ ॥ न भवति भवति च न चिरं भवति
चिरं चेत्फले विसंवादी । कोपः सत्पुरुषाणां तुल्यः स्नेहेन
नीचानाम् ॥ १०७ ॥ इक्षोरग्रात्क्रमशः पर्वणि पर्वणि यथा
रसविशेषः । तद्वत्सज्जनमैत्री विपरीतानां च विपरीता ॥ १०८ ॥
उपचरितव्याः[1] सन्तो यद्यपि कथयन्ति नैकमुपदेशम् ।
यास्तेषां स्वैर[2]कथास्ता एव भवन्ति शास्त्राणि ॥ १०९ ॥
सुजनो न याति वैरं परहितनिरतो विनाशकालेऽपि । छेदेऽपि
चन्दनतरुः सुरभयति[3] मुखं कुठारस्य[4] ॥ ११० ॥ अतिकुपिता
अपि सुजना योगेन मृदूभवन्ति न तु नीचाः । हेम्नः कठि-
नस्यापि द्रवणोपायोऽस्ति न तृणानाम् ॥ १११ ॥ अनुकुरुतः[5]
खलसुजनावग्रिमपाश्चात्यभागयोः सूच्याः । विदधाति[6]
रन्ध्रमेको गुणवा[7]नन्यस्तु पिदधाति[8] ॥ ११२ ॥ आस्तामन्य-
त्सुजनाः परोपकारैककरणदुर्ललिताः । संतापितपिशुनेषु स्व-
गुणेष्वपि हन्त खिद्यन्ते ॥ ११३ ॥ शरदि न वर्षति गर्जति
वर्षति वर्षासु निःस्वनो[9] मेघः । नीचो वदति न कुरुते न
वदति सुजनः करोत्येव ॥ ११४ ॥ यदमी दशन्ति दशना
रसना तत्स्वादमनुभवति । प्रकृतिरियं विमलानां क्लिश्यन्ति
यदन्यकार्येषु ॥ ११५ ॥ तदपकृतं विधिनार्थिषु यत्सन्तः
स्वल्पसंपदो विहिताः । तुच्छे पयसि घनानां सीदति बत
जीवलोकोऽयम् ॥ ११६ ॥ अमृतं किरति[10] हिमांशुर्विषमेव
फणी समुद्गिरति । गुणमेव वक्ति साधुर्दोषमसाधुः प्रकाश-
यति ॥ ११७ ॥ गुणिनामपि निजरूपप्रतिपत्तिः परत एव
संभवति । स्वमहिमदर्शनमक्ष्णोर्मुकुरतले जायते यस्मात्
॥ ११८ ॥ उत्कर्षवान्निर्जगुणो[11] यथा यथा याति कर्णम्[12]न्यस्य ।
धनुरिव सुवंशजन्मा[13] तथा तथा सज्जनो नमति ॥ ११९ ॥
दुर्जनवदनविनिर्गतवचनभुजंगेन सज्जनो दष्टः । तद्विषनाश-

१ एकान्ते. २ श्रेष्ठम्. ३ अनिष्टम्. ४ दूषणम्. ५ शोभिता. ६ सूर्यः. ७ विकासयति. ८ संकटकाले. ९ अरुणस्य. १० नौका. ११ चरणाः; (पक्षे) सुसिञ्चितज्ञानम्. १२ महत्परिमाणम्; (पक्षे) प्रतिष्ठाम्. १३ सत्पुरुषाः; (पक्षे) गजानां सज्जीकरणम्. १४ बाणासुरम्. १५ गुणभिन्नो दोषः; (पक्षे) बहुतरबाहुशालिनम्. १६ दोषशून्यम्; (पक्षे) बाहुरहितम्. १७ समग्रदोषम्; (पक्षे) यावद्रात्रिम्. १८ तद्विषयकगवेषणावन्तो भवन्ति; (पक्षे) निद्राभाववन्तो भवन्ति. १९ तस्कराः. २० श्रेष्ठयोः; (पक्षे) महापरिमाणशालिनोः. २१ सुचरितयोः; (पक्षे) सुवर्तुलयोः. २२ आलिङ्गनयोग्ययोः; (पक्षे) वक्षःस्थितिशालिनोः. २३ श्रेष्ठानपि; (पक्षे) महापरिमाणानपि. २४ श्रेष्ठाः; (पक्षे) गभीराः. २५ नीचाः; (पक्षे) स्वल्पपरिमाणशालिनः.

१ सेव्याः. २ स्वैरालापाः. ३ सुगन्धयति. ४ परशोः. ५ अनुकरणं कुरुतः. ६ करोति. ७ सूत्रयुक्तः; (पक्षे) विद्याविनयादिगुणयुक्तः. ८ आच्छादयति. ९ शब्दरहितः. १० वर्षति. ११ रज्जुः; (पक्षे) विनयादिः. १२ कर्णप्रदेशे; (पक्षे) श्रुतिगोचरताम्. १३ वेणुः; (पक्षे) कुलम्.

निमित्तं साधुः संतोषमौषधं पिबति ॥ १२० ॥ कमठकुलाचलदिग्गजफणिपतिविधृतापि चलति वसुधेयम्। प्रतिपन्नममलमनसां न चलति पुंसां युगान्तेऽपि ॥ १२१ ॥ अन्तःकटुरपि लघुरपि सद्वृत्तं यः पुमान्न संत्यजति। स भवति सद्यो वन्द्यः सर्षप इव सर्वलोकस्य ॥ १२२ ॥ अद्यापि दुर्निवारं स्तुतिकन्या भजति कौमारम्। सद्भ्यो न रोचते सा सन्तोऽप्यस्यै न रोचन्ते ॥ १२३ ॥ मूकः परापवादे परदारनिरीक्षणेऽप्यन्धः। पङ्गुः परधनहरणे स जयति लोकत्रये पुरुषः ॥ १२४ ॥ पेशलमपि खलवचनं दहतितरां मानसं सुतत्त्वविदाम्। परुषमपि सुजनवाक्यं मलयजरसवत्प्रमोदयति ॥ १२५ ॥ भक्तिर्भवे न विभवे व्यसनं शास्त्रे न युवतिकामास्त्रे। चिन्ता यशसि न वपुषि प्रायः परिदृश्यते महताम् ॥ १२६ ॥ उपरि करवालधाराकाराः क्रूरा भुजंगमसदृक्षाः। अन्तः साक्षाद्द्राक्षादीक्षागुरवो जयन्ति केऽपि जनाः ॥ १२७ ॥ स्वस्थानादपि विचलति मज्जति जलधौ च नीचमपि भजते। निजपक्षरक्षणमनाः सुजनो मैनाकशैल इव ॥ १२८ ॥ दुर्जनसहवासादपि शीलोत्कर्षं न सज्जनस्त्यजति। प्रतिपर्व तपनवासी निःसृतमात्रः शशी शीतः ॥ १२९ ॥ विप्रियमप्याकर्ण्य ब्रूते प्रियमेव सर्वदा सुजनः। क्षारं पिबति पयोधेर्वर्षत्यम्भोधरो मधुरमम्भः ॥ १३० ॥ खलसख्यं प्राङ्मधुरं नयोऽन्तराले निदाघदिनमन्ते। एकादिमध्यपरिणतिरमणीया साधुजनमैत्री ॥ १३१ ॥ न विमोचयितुं शक्यः क्षमां महान्मोचितो यदि कथंचित्। मन्दरगिरिरिव हि तलं निवर्तते न तु स समवाप्य ॥ १३२ ॥ स्वाधीनैव समृद्धिर्जनोपजीव्यत्वमुच्छ्रूयश्छाया। सत्पुंसो मरुभूरिव जीवनमात्रं समाशास्यम् ॥ १३३ ॥ सर्वस्य सर्वदापि स्पर्शनयोगेन तापमपनेतुम्। सुजनस्य व्यजनस्य च शक्तिमसंगृह्णतः पश्य ॥ १३४ ॥ किं मधुना किं विधुना किं सुधया किं च वसुधयाखिलया। यदि हृदयहारिचरितः पुरुषः पुनरेति नयनयोरयनम् ॥ १३५ ॥ ते वन्द्यास्ते कृतिनः श्लाघ्या तेषां हि जन्मनोत्पत्तिः। यैरुज्झितात्मकार्यैः सुहृदामर्था हि साध्यन्ते ॥ १३६ ॥ स्वल्पापि साधुसंपद्भोग्या महतां न पृथ्व्यपि खलश्रीः। सारसमेव पयस्तृषमपहरति न वारिधेर्जातु ॥ १३७ ॥ दोषो गुणाय गुणिनां महदपि दोषाय दोषिणां सुकृतम्। तृणमिव दुग्धाय गवां दुग्धमिव विषाय सर्पाणाम् ॥ १३८ ॥ विषमगता अपि न बुधाः परिभवमिश्रां श्रियं हि वाञ्छन्ति। न पिबन्ति भौममम्भः सरजसमिति चातका एते ॥ १३९ ॥ योग्यतयैव विनाशं प्रायोऽनार्येषु यान्ति गुणवन्तः। स्फुटवचना एव शुकाः पञ्जरबन्धं निषेवन्ते ॥ १४० ॥ निर्गुणमप्यनुरक्तं प्रायो न समाश्रितं जहति सन्तः। सह वृद्धिक्षयभाजं वहति शशाङ्कः कलङ्कमपि ॥ १४१ ॥ अन्त्यावस्थोऽपि बुधः स्वगुणं न जहाति जातिशुद्धतया। न श्वेतभावमुज्झति शङ्खः शिखिभुक्तमुक्तोऽपि ॥ १४२ ॥ साप्तपदीनं सख्यं भवेत्प्रकृत्या विशुद्धचित्तानाम्। किमुतान्योन्यगुणकथाविस्रम्भनिबद्धभावानाम् ॥ १४३ ॥ स्पृहणीयाः कस्य न ते सुमतेः सरलाशया महात्मानः। त्रयमपि येषां सदृशं हृदयं वचनं तथाचारः ॥ १४४ ॥ गुणिनः समीपवर्ती पूज्यो लोकस्य गुणविहीनोऽपि। विमलेक्षणप्रसङ्गादञ्जनमाप्नोति काणाक्षि ॥ १४५ ॥ सहसिद्धमिदं महतां धनेष्वनास्था गुणेषु कृपणत्वम्। परदुःखे कातरता महच्च धैर्यं स्वदुःखेषु ॥ १४६ ॥ उपकृतिसाहसिकतया क्षतिमपि गणयन्ति नो गुणिनः। जनयन्ति हि प्रकाशं दीपशिखाः स्वाङ्गदाहेन ॥ १४७ ॥ उपकर्तुमप्रकाशं क्षन्तुं न्यूनेष्वयाचितं दातुम्। अभिसंधातुं च गुणैः शतेषु केचिद्विजानन्ति ॥ १४८ ॥ मा भूत्सज्जनयोगो यदि योगो मा पुनः स्नेहः। स्नेहो यदि विरहो मा यदि विरहो जीविताशा का ॥ १४९ ॥ अम्बरमनूरुलङ्घ्यं वसुंधरा सापि वामनैकपदा। अब्धिरपि पोतलङ्घ्यः सतां मनः केन तुल्यं स्यात् ॥ १५० ॥ किमपेक्ष्य फलं पयोधरान्ध्वनतः प्रार्थयते मृगाधिपः। प्रकृतिः खलु सा महीयसः सहते नान्यसमुन्नतिं यया ॥ १५१ ॥ वचनैरसतां महीयसो न खलु व्येति गुरुत्वमुद्धतैः। किमपैति रजोभिरौर्वरैरवकीर्णस्य मणेर्महार्घता ॥ १५२ ॥ प्रकटान्यपि नैपुणं महत्परवाच्यानि चिराय गोपितुम्। विवरीतुमथात्मनो गुणान्भृशमाकौशलमार्यचेतसाम् ॥ १५३ ॥ किमिवाखिललोककीर्तितं कथयत्यात्मगुणं महामनाः। वदिता न लघीयसोऽपरः स्वगुणं तेन वदत्यसौ स्वयम् ॥ १५४ ॥ विसृजन्त्यविकत्थिनः परे विषमाशीविषवन्नराः क्रुधम्। दधतोऽन्तरसाररूपतां ध्वनिसाराः पटहा इवेतरे ॥ १५५ ॥ जितरोषरया महाधियः सपदि क्रोधजितो लघुर्जनः। विजितेन जितस्य दुर्मतेर्मतिमद्भिः सह का विरोधिता ॥ १५६ ॥ इयमुन्नतसत्त्वशालिनां महतां कापि कठोरचित्तता। उपकृत्य भवन्ति दूरतः परतः प्रत्यु-

१ स्तुतिरेव कन्या. २ कुमारिकात्वम्. ३ कोमलम्. ४ खड्गम्. ५ अमृतेन. ६ स्थानम्.

१ नौका. २ शब्दान्कुर्वतः. ३ स्वभावः. ४ उत्कर्षम्. ५ निष्ठुरैः. ६ भौमैः. ७ छन्नस्य. ८ कौशलम्. ९ परदूषणानि. १० वक्ता. ११ अनात्मश्लाघिनः. १२ क्रूरसर्पवत्. १३ अभ्यन्तरे.

पकारशङ्कया ॥ १५७ ॥ सावलेपमुपलिप्सिते परैरभ्युपैति विकृतिं[1] रजस्यपि । अर्थितस्तु न महान्समीहते जीवितं किमु धनं धनायितुम् ॥ १५८ ॥ आदिमध्यनिधनेषु सौहृदं सज्जने भवति नेतरे जने । छेदतापनविघर्षताडनैरन्यभाव-मुपयाति काञ्चनम्[2] ॥ १५९ ॥ चातकस्त्रिचतुरान्पयःकणा-न्याचते जलधरं पिपासया । सोऽपि पूरयति विश्वमम्भसा हन्त हन्त महतामुदारता ॥ १६० ॥ दोषजातमवधीर्य मानसे धारयन्ति गुणमेव सज्जनाः । क्षारभावमपनीय गृह्णते वारिधेः सलिलमेव वारिदाः ॥ १६१ ॥ सज्जनस्य हृदयं नवनीतं यद्वदन्ति कवयस्तदलीकम् । अन्यदेहविलसत्परि-तापात्सज्जनो द्रवति नो नवनीतम् ॥ १६२ ॥ उपकारिणि वीतमत्सरे वा सदयत्वं यदि तत्र कोऽतिरेकः । अहिते सहसापराद्धलब्धे सघृणं यस्य मनः सतां स धुर्यः ॥ १६३॥ तुङ्गात्मनां तुङ्गतराः समर्था मनोरथान्पूरयितुं न नीचाः । धाराधरा एव धराधराणां निदाघदाहं शमितुं[3] न नद्यः ॥ १६४ ॥ प्रकाममभ्यस्यतु नाम विद्यां सौजन्यमभ्यासव-शादलभ्यम् । कर्णौ सपत्न्यः प्रविशालयेयुर्विशालयेदक्षियुगं न कोऽपि ॥ १६५ ॥ सन्तोऽपि सन्तः क्व किरन्तु तेजः क्व न ज्वलन्तु क्व ननु प्रथन्ताम् । विधाय रुद्धा ननु वेधसैव ब्रह्माण्डकोषे घटदीपकल्पाः ॥ १६६ ॥ प्रसादमाधुर्यगुणो-पपन्ना यत्नादनौचित्यपराङ्मुखाणाम् । अर्थाः कवीनामिव सज्जनानां सर्वस्य सर्वावसरोपयोगाः ॥ १६७ ॥ वनेऽपि सिंहा मृगमांसभक्षिणो बुभुक्षिता नैव तृणं चरन्ति । एवं कुलीना व्यसनाभिभूता[4] न नीचकर्माणि समाचरन्ति ॥ १६८ ॥ अहो महत्त्वं महतामपूर्वं[5] विपत्तिकालेऽपि परो-पकारः । यथास्यमध्ये[6] पतितोऽपि राहोः कलानिधिः पुण्य-चयं[7] ददाति ॥ १६९ ॥ पिबन्ति नद्यः स्वयमेव नाम्भः स्वयं न खादन्ति फलानि वृक्षाः । नादन्ति सस्यं[8] खलु वारिवाहाः[9] परोपकाराय सतां विभूतयः[10] ॥ १७० ॥ रत्नाकरः किं कुरुते स्वरत्नैर्विन्ध्याचलः किं करिभिः करोति । श्रीख-ण्डखण्डैर्मलयाचलः किं परोपकाराय सतां विभूतयः ॥ १७१ ॥ श्लाघ्यः स एको भुवि मानवानां स उत्तमः सत्पुरुषः स धन्यः । यस्यार्थिनो वा शरणागता वा नाशाभिभङ्गाद्विमुखाः प्रयान्ति ॥ १७२ ॥ सन्तस्तृणोत्सारणमुत्तमाङ्गात्[11]सुवर्णको-ट्यर्पणमामनन्ति । प्राणव्यये वापि कृतोपकाराः खलाः परे वैरमिहोद्वहन्ति ॥ १७३ ॥ कटु क्वणन्तो मलदायकाः

१ विकृतिम्. २ सुवर्णम्. ३ शमयितुम्. ४ संकटव्याप्ताः. ५ अलौकिकम्. ६ मुखमध्ये. ७ वृद्धिम्. ८ धान्यम्. ९ मेघाः. १० ऐश्वर्याणि. ११ शिरसः.

खलास्तुदन्त्यलं बन्धनशृङ्खला इव । मनस्तु साधुध्वनिभिः पदे पदे हरन्ति सन्तो मणिनूपुरा इव ॥ १७४ ॥ क्षारं जलं वारिमुचः पिबन्ति तदेव कृत्वा मधुरं वमन्ति । सन्तस्तथा दुर्जनदुर्वचांसि पीत्वा च सूक्तानि समुद्गिरन्ति ॥ १७५ ॥ अयं स्वभावः स्वत एव यत्परश्रमापनोदप्रवणं महात्मनाम् । सुधांशुरेषः स्वयमर्ककर्कशप्रभाभितप्तामवति क्षितिं किल ॥ १७६ ॥ कर्णेजपानां वचनप्रपञ्चान्महात्मनः क्वापि न दूषयन्ति । भुजंगमानां गरलप्रसङ्गान्नापेयतां यान्ति महासरांसि ॥ १७७ ॥ अपांनिधिं वारिभिरर्चयन्ति दीपेन सूर्यं प्रतिबोधयन्ति । ताभ्यां तयोः किं परिपूर्णता स्याद्भ-क्त्या हि तुष्यन्ति महानुभावाः ॥ १७८ ॥ दानाय लक्ष्मीः सुकृताय विद्या चिन्ता परब्रह्मविनिश्चयाय । परोपकाराय वचांसि यस्य वन्द्यस्त्रिलोकीतिलकः[1] स एकः ॥ १७९ ॥ न दुर्जनानामिह कोऽपि दोषस्तेषां स्वभावो हि गुणासहिष्णुः । द्वेष्यैव केषामपि चन्द्रखण्डविपाण्डुरा पुण्ड्रकशर्करापि ॥ १८० ॥ दीपाः स्थितं वस्तु विभावयन्ति कुलप्रदीपास्तु भवन्ति केचित् । चिरव्यतीतानपि पूर्वजान्ये प्रकाशयन्ति स्वगुणप्रकर्षात् ॥ १८१ ॥ व्रते विवादं विमतिं विवेके स-त्येऽतिशङ्कां विनये विकारम् । गुणेऽवमानं कुशले निषेधं धर्मे विरोधं न करोति साधुः ॥ १८२ ॥ वन्द्यः स पुंसां त्रिदशाभिनन्द्यः कारुण्यपुण्योपचयक्रियाभिः । संसारसा-रत्वमुपैति यस्य परोपकाराभरणं शरीरम् ॥ १८३ ॥ किं चन्द्रमाः प्रत्युपकारलिप्सया करोति गोभिः कुमुदावबो-धनम् । स्वभाव एवोन्नतचेतसां सतां परोपकारव्यसनं हि जीवितम् ॥ १८४ ॥ चिराय सत्संगमशुद्धमानसो न यात्यसत्संगतमात्मवान्नरः । मनोहरेन्दीवरखण्डगोचरो न जातु भृङ्गः कुणपे निलीयते ॥ १८५ ॥ इदं हि माहा-त्म्यविशेषसूचकं वदन्ति चिह्नं महतां मनीषिणः । मनो य-देषां सुखदुःखसंभवे प्रयाति नो हर्षविषादवश्यताम् ॥ १८६॥ सुभाषितैः प्रीतिरनुन्नतिः श्रिया परार्थनिष्पत्तिपटीयसी क्रिया । गुणेष्वतृप्तिर्गुणवत्सु चादरो निगूढमेतच्चरितं महात्मनाम् ॥ १८७ ॥ विपदि धैर्यमथाभ्युदये[2] क्षमा सदसि वाक्पटुता[3] युधि विक्रमः । यशसि चाभिरतिर्व्यसनं श्रुतौ[4] प्रकृतिसिद्धमिदं[5] हि महात्मनाम् ॥ १८८ ॥ अविरतं परकार्यकृतां सतां मधुरिमातिशयेन वचोमृतम् । अपि च मानसमम्बुनिधिर्यशो विमलशारदपार्वणचन्द्रिका ॥ १८९ ॥ यदि दहत्यनलोऽत्र

१ त्रिलोक्यां तिलको भूषणभूतः. २ उदयकाले. ३ वक्तृत्वशक्तिः. ४ शास्त्रे. ५ स्वभावसिद्धम्.

किमद्भुतं यदि च गौरवमद्रिषु किं ततः । लवणमम्बु सदैव महोदधेः प्रकृतिरेव सतामविषादिता ॥ १९० ॥ आपद्गतः खलु महाशयचक्रवर्ती विस्तारयत्यकृतपूर्वमुदारभावम् । कालागुरुर्दहनमध्यगतः समन्ताल्लोकोत्तरं परिमलं प्रकटीकरोति ॥ १९१ ॥ यः प्रीणयेत्सुचरितैः पितरं स पुत्रो यद्भर्तुरेव हितमिच्छति तत्कलत्रम् । तन्मित्रमापदि सुखे च समक्रियं यदेतत्त्रयं जगति पुण्यकृतो लभन्ते ॥ १९२ ॥ प्रेमैव मास्तु यदि चेत्पथिकेन सार्धं तेनापि चेद्गुणवता न समं कदाचित् । तेनापि चेद्भवतु मास्तु कदापि भङ्गो भङ्गोऽपि चेद्भवतु वश्यमवश्यमायुः ॥ १९३ ॥ चन्द्रः क्षयी प्रकृतिवक्रतनुर्जडात्मा दोषाकरः स्फुरति मित्रविपत्तिकाले । मूर्ध्ना तथापि विधृतः परमेश्वरेण नैवाश्रितेषु महतां गुणदोषशङ्का ॥ १९४ ॥ दोषाकरोऽपि कुटिलोऽपि कलङ्कितोऽपि मित्रावसानसमये विहितोदयोऽपि । चन्द्रस्तथापि हरवल्लभतामुपैति नैवाश्रितेषु महतां गुणदोषशङ्का ॥ १९५ ॥ लज्जागुणौघजननीं जननीमिव स्वामत्यन्तशुद्धहृदयामनुवर्तमानाम् । तेजस्विनः सुखमसूनपि संत्यजन्ति सत्यव्रतव्यसनिनो न पुनः प्रतिज्ञाम् ॥ १९६ ॥ सत्पूरुषः खलु हिताचरणैरमन्दमानन्दयत्यखिललोकमनुक्त एव । आराधितः कथय केन करैरुदारैरिन्दुर्विकासयति कैरविणीकुलानि ॥ १९७ ॥ दाता न दापयति दापयिता न दत्ते यो दानदापनपरो मधुरं न वक्ति । दानं च दापमथो मधुरा च वाणी त्रीण्यप्यमूनि खलु सत्पुरुषे वसन्ति ॥ १९८ ॥ केनाञ्जितानि नयनानि मृगाङ्गनानां को वा करोति रुचिराङ्गरुहान्मयूरान् । कश्चोत्पलेषु दलसंनिचयं करोति को वा करोति विनयं कुलजेषु पुंसु ॥ १९९ ॥ अद्यापि नोज्झति हरः किल कालकूटं कूर्मो बिभर्ति धरणीं खलु पृष्ठभागे । अम्भोनिधिर्वहति दुर्वहवाडवाग्निमङ्गीकृतं सुकृतिनः परिपालयन्ति ॥ २०० ॥ विश्रामिरामगुणगौरवगुम्फितानां रोषोऽपि निर्मलधियां रमणीय एव । लोकप्रियैः परिमलैः परिपूरितस्य काश्मीरजस्य कटुतापि नितान्तरम्या ॥ २०१ ॥ किं जन्मना च महता पितृपौरुषेण शक्त्या हि याति निजया पुरुषः प्रतिष्ठाम् । कुम्भा न कूपमपि शोषयितुं समर्थाः कुम्भोद्भवेन मुनिनाम्बुधिरेव पीतः ॥ २०२॥ आरभ्यते न खलु विघ्नभयेन नीचैः प्रारभ्य विघ्नविहता विरमन्ति मध्याः । विघ्नैः पुनःपुनरपि प्रतिहन्यमानाः प्रारभ्य चोत्तमजना न परित्यजन्ति ॥ २०३ ॥ सौजन्यधन्यजनुषः पुरुषाः परेषां दोषानपास्य गुणमेव गवेषयन्ति । त्यक्त्वा भुजंगमविषाणि पटीरगर्भात्सौरभ्यमेव पवनाः परिशीलयन्ति ॥ २०४ ॥ आक्रोशितोऽपि सुजनो न वदत्यवाच्यं निष्पीडितो मधुरमुद्वमतीक्षुदण्डः । नीचो जनो गुणशतैरपि सेव्यमानो हास्येन तद्वदति यत्कलहेऽप्यवाच्यम् ॥ २०५ ॥ यद्वञ्चनाहितमतिर्बहुचाटुगर्भं कार्योन्मुखः खलजनः कृतकं ब्रवीति । तत्साधवो न न विदन्ति विदन्ति किं तु कर्तुं वृथा प्रणयमस्य न पारयन्ति ॥ २०६ ॥ सद्वंशजस्य परितापनुदः सुवृत्तशुद्धात्मनः सकललोकविभूषणस्य । छिद्रं प्रजातमपि साधुजनस्य दैवान्मुक्तामणेरिव गुणाय भवत्यवश्यम् ॥२०७॥ न्यायः खलैः परिहृतश्चलितश्च धर्मः कालः कलिः कलुष एव परं प्रवृत्तः । प्रायेण दुर्जनजनः प्रभविष्णुरेव निश्चक्रिकः परिभवास्पदमेव साधुः ॥ २०८ ॥ सत्यं गुणा गुणवतां विधिवैपरीत्याद्यत्नार्जिता अपि कलौ विफला भवन्ति । साफल्यमस्ति सुतरामिदमेव तेषां यत्तापयन्ति हृदयानि पुनः खलानाम् ॥ २०९ ॥ पापं समाचरति वीतघृणो जघन्यः प्राप्यापदं सघृण एव तु मध्यबुद्धिः । प्राणात्ययेऽपि न तु साधुजनः सुवृत्तं वेलां समुद्र इव लङ्घयितुं समर्थः ॥ २१० ॥ शुद्धः स एव कुलजश्च स एव धीरः श्लाघ्यो विपत्स्वपि न मुञ्चति यः स्वभावम् । तप्तं यथा दिनकरस्य मरीचिजालैर्देहं त्यजेदपि हिमं न तु शीतलत्वम् ॥ २११ ॥ याच्ञापदं मरणदुःखमिवानुभाव्य दत्तेन किं खलु भवत्यतिभूयसापि । कल्पद्रुमान्परिहसन्त इवेह सन्तः संकल्पितैरतिददत्यकदर्थितं यत् ॥ २१२ ॥ ते साधवो भुवनमण्डलमौलिभूता ये साधुतां निरुपकारिषु दर्शयन्ति । आत्मप्रयोजनवशीकृतखिन्नदेहः पूर्वोपकारिषु खलोऽपि हि सानुकम्पः ॥ २१३ ॥ नान्तर्विचिन्तयति किंचिदपि प्रतीपमाकोपितोऽपि सुजनः पिशुनेन पापम् । अर्कद्विषोऽपि हि मुखे पतिताग्रभागास्तारापतेरमृतमेव कराः किरन्ति ॥२१४॥ हेतोः

१ पान्थेन सार्धं मास्तु. २ सह. ३ विघातः. ४ प्रकृत्या स्वभावेन वक्रा तनुर्यस्य. ५ जडस्वभावः; (पक्षे) डलयोः सावर्ण्याज्जलात्मा जलरूपः. ६ दोषा रात्रिस्तस्याः करः; (पक्षे) दोषाणामाकरः. खनिरिति यावत्. ७ मित्रः सूर्यस्तस्य विपत्तिकालोऽस्तकालस्तस्मिन्; (पक्षे) मित्रं सुहृत्तद्विपत्तिकालः. ८ सदाशिवेन; (पक्षे) केनचित्स्वामिना. ९ सूर्यास्तसमये; (पक्षे) मित्रव्यसनकाले. १० शिवप्रियताम्. ११ मनोहरलोम्नः. १२ न त्यजति. १३ सुन्दर.

१ कुङ्कुमस्य. २ अगस्त्येन.

कुतोऽप्यसदृशाः सुजना गरीयः कार्यं निसर्गगुरवः स्फुटमारभन्ते। उत्थाय किं कलशतोऽपि न सिन्धुनाथमुद्वीचिमालमपिबद्भगवानगस्त्यः॥ २१५॥ पात्रं पवित्रयति नैव गुणान्क्षिणोति स्नेहं न संहरति नापि मलं प्रसूते। दोषावसानरुचिरश्चलतां न धत्ते सत्संगमः सुकृतसद्मनि कोऽपि दीपः॥ २१६॥ उदधिरेवधिरुर्व्यास्तं हनूमांस्ततार निरवधि गगनं चेत्काण्डकोशे विलीनम्। इति परिमितिमन्तो भान्ति सर्वेऽपि भावाः स तु निरवधिरेकः सज्जनानां विवेकः॥ २१७॥ नहि भवति वियोगः स्नेहविच्छेदहेतुर्जगति गुणनिधीनां सज्जनानां कदाचित्। घनतिमिरनिबद्धो दूरसंस्थोऽपि चन्द्रः किमु कुमुदवनानां प्रेमभङ्गं करोति॥ २१८॥ धवलयति समग्रं चन्द्रमा जीवलोकं किमिति निजकलङ्कं नात्मसंस्थं प्रमार्ष्टि। भवति विदितमेतत्प्रायशः सज्जनानां परहितनिरतानामादरो नात्मकार्ये॥ २१९॥ प्रथमवयसि पीतं तोयमल्पं स्मरन्तः शिरसि निहितभारा नालिकेरा नराणाम्। ददति जलमनल्पास्वादमाजीवितान्तं नहि कृतमुपकारं साधवो विस्मरन्ति॥ २२०॥ मनसि वचसि काये पुण्यपीयूषपूर्णास्त्रिभुवनमुपकारश्रेणिभिः प्रीणयन्तः। परगुणपरमाणून्पर्वतीकृत्य नित्यं निजहृदि विकसन्तः सन्ति सन्तः कियन्तः॥ २२१॥ उदयति यदि भानुः पश्चिमे दिग्विभागे प्रचलति यदि मेरुः शीततां याति वह्निः। विकसति यदि पद्मं पर्वताग्रे शिलायां न भवति पुनरुक्तं भाषितं सज्जनानाम्॥ २२२॥ व्यतिकरितदिगन्ताः श्वेतमानैर्यशोभिः सुकृतविलसितानां स्थानमूर्जस्वलानाम्। अकलितमहिमानः केतनं मङ्गलानां कथमपि भुवनेऽस्मिंस्तादृशाः संभवन्ति॥ २२३॥ वपुरविहितसिद्धा एव लक्ष्मीविलासाः प्रतिजनकमनीयं कान्तिमत्केतयन्ति। अमलिनमिव रत्नं रश्मयस्ते मनोज्ञा विकसितमिव पद्मं बिन्दवो माकरन्दाः॥ २२४॥ अपि विभवविहीनः प्रच्युतो वा स्वदेशान्नहि खलजनसेवां प्रार्थयत्युन्नतात्मा। तनु तृणमुपभुङ्क्ते न क्षुधार्तोऽपि सिंहः पिबति रुधिरमुष्णं प्रायशः कुञ्जराणाम्॥ २२५॥ वहति भुवनश्रेणीं शेषः फणाफलकस्थितां कमठपतिना मध्येपृष्ठं सदा स च धार्यते। तमपि कुरुते क्रोडाधीनं पयोनिधिरादरादहह महतां निःसीमानश्चरित्रविभूतयः॥ २२६॥ अणुरपि मणिः प्राणत्राणक्षमो विषभक्षिणां शिशुरपि रुषा सिंहीसूनुः समाह्वयते गजान्। तनुरपि तरुस्कन्धोद्भूतो दहत्यनलो वनं प्रकृतिमहतां जात्यं तेजो न मूर्तिमपेक्षते॥ २२७॥ सुखलवदशा हर्षक्लैब्ये खलः खलु खेलते स्खलति भजते लेशक्लेशे विषादविषूचिकाम्। भवति न सतां दर्पोद्दामा न दैन्यमयी मतिर्दुरभिभवता गम्भीराणां सुखेष्वसुखेषु च॥ २२८॥ घृष्टं घृष्टं पुनरपि पुनश्चन्दनं चारुगन्धं छिन्नं छिन्नं पुनरपि पुनः स्वादु चैवेक्षुकाण्डम्। दग्धं दग्धं पुनरपि पुनः काञ्चनं कान्तवर्णं न प्राणान्ते प्रकृतिविकृतिर्जायते चोत्तमानाम्॥ २२९॥ केनादिष्टौ कमलकुमुदोन्मीलने पुष्पवन्तौ विश्वं तोयैः स्नपयितुमसौ केन वा वारिवाहः। विश्वानन्दोपचयचतुरो दुर्जनानां दुरापः श्लाघ्यो लोके जयति महतामुज्ज्वलोऽयं निसर्गः॥ २३०॥ कस्यादेशात्क्षपयति तमः सप्तसप्तिः प्रजानां छायाहेतोः पथि विटपिनामञ्जलिः केन बद्धः। अभ्यर्थ्यन्ते जललवमुचः केन वा वृष्टिहेतोर्जात्यैवैते परहितविधौ साधवो बद्धकक्ष्याः॥ २३१॥ यैर्वातूलो भवति पुरतः कथ्यमानैर्जनानां कामप्यन्तर्विदधति रुजं येऽप्यनुद्गीर्यमाणाः। तेऽभिप्रायाः किमपि हृदये कण्ठलग्नाः स्फुरन्तो यस्याख्येयास्तमिह सुहृदं पुण्यवन्तो लभन्ते॥ २३२॥ उदन्वच्छन्ना भूः स च निधिरपां योजनशतं सदा पान्थः पूषा गगनपरिमाणं कलयति। इति प्रायो भावाः स्फुरदवधिमुद्रामुकुलिताः सतां प्रज्ञोन्मेषः पुनरयमसीमा विजयते॥ २३३॥ यदेतन्नेत्राम्भः पतदपि समासाद्य तरुणीकपोले व्यासङ्गं कुचकलशमस्याः कलयति। ततः श्रोणीबिम्बं व्यवसितविलासं तदुचितं स्वभावस्वच्छानां विपदपि सुखं नान्तरयति॥ २३४॥ यदिन्दोरन्वेति व्यसनमुदयं वा निधिरपामुपाधिस्तत्रायं जयति जनिकर्तुः प्रकृतिता। अयं कः संबन्धो यदनुहरते तस्य कुमुदं विशुद्धाः शुद्धानां ध्रुवमनभिसंधिप्रणयिनः॥ २३५॥ गुणायन्ते दोषाः सुजनवदने दुर्जनमुखे गुणा दोषायन्ते तदिदमपि नो विस्मयपदम्। महामेघः क्षारं पिबति कुरुते वारि मधुरं फणी क्षीरं पीत्वा वमति गरलं दुःसहतरम्॥ २३६॥ प्रियप्राया वृत्तिर्विनयमधुरो वाचि नियमः प्रकृत्या कल्याणी मतिरनवगीतः परिचयः। पुरो वा पश्चाद्वा तदिदमविपर्यासितरसं रहस्यं साधूनामनुपधि विशुद्धं विजयते॥ २३७॥ असाधुः साधुर्वा भवति खलु जात्यैव पुरुषो न सङ्गाद्दौर्जन्यं न हि सुजनता कस्यचिदपि। प्ररूढे संसर्गे मणिभुजगयोर्जन्मजनिते

१ मर्यादा. २ तीर्णवान्. ३ ब्रह्माण्डकोशे. ४ गाढान्धकारः. ५ नाशयतीत्यर्थः. ६ अमृततुल्यम्. ७ अमृतम्. ८ पङ्क्तिभिः.

१ आश्चर्यस्थानम्. २ सर्पः. ३ आनन्दात्मिका. ४ संबन्धे.

मणिर्नाहेर्दोषान्स्पृशति न तु सर्पो मणिगुणान् ॥ २३८ ॥ न साधुः कुत्रापि व्रजति खलु दोषं न गुणतां खलानां संसर्गैरपि कृतनिवासोऽपि निपुणः । यथा पक्षिव्यालैरपिहितततनुश्चन्दनतरुर्न वैकृत्यं याति क्षपयति च तापं सुमनसाम् ॥ २३९ ॥ करे श्लाघ्यस्त्यागः शिरसि गुरुपादप्रणयिता मुखे सत्या वाणी विजयि भुजयोर्वीर्यमतुलम् । हृदि स्वस्था वृत्तिः श्रुतमधिगतैकव्रतफलं विनाप्यैश्वर्येण प्रकृतिमहतां मण्डनमिदम् ॥ २४० ॥ अचिन्त्याः पन्थानः किमपि महतामन्धकरिपोर्यदक्ष्णोऽभूत्तेजस्तदकृत कथामप्यमदनाम् । मुनेर्नेत्रादत्रेर्यदजनि पुनर्ज्योतिरहह प्रतेने तेनेदं मदनमयमेव त्रिभुवनम् ॥ २४१ ॥ इहानेके सन्तः सततमुपकारिण्युपकृतिं कृतज्ञाः कुर्वन्तो जगति निवसन्तोऽपि सुधियः । कियन्तस्ते सन्तः सुकृतपरिपाकप्रणयिनो विना स्वार्थं येषां भवति परकृत्यव्यसनिता ॥ २४२ ॥ अभेदेनोपास्ते कुमुदमुदरे वा स्थितवतो विपक्षादम्भोजादुपगतवतो वा मधुलिहः । अपर्याप्तः कोऽपि स्वपरपरिचर्यापरिचयप्रबन्धः साधूनामयमनभिसंधानमधुरः ॥ २४३ ॥ तृषार्तैः सारङ्गैः प्रतिजलधरं भूरि विरुतं घनैर्मुक्ता धाराः सपदि पयसस्तान्प्रति मुहुः । खगानां के मेघाः क इह विहगा वा जलमुचामयाच्यो नातानामनुपकरणीयो न महताम् ॥ २४४ ॥ शिला बाला जाता चरणरजसा यत्कुलशिशोः स एवायं सूर्यः सपदि निजपादैर्गिरिशिलाम् । स्पृशन्भूयो भूयो न खलु कुरुते कामपि वधूं कुले कश्चिद्धन्यः प्रभवति नरः श्लाघ्यमहिमा ॥ २४५ ॥ परार्थव्यासङ्गादुपजहदपि स्वार्थपरतामभेदैकत्वं यो वहति गुरु भूतेषु सततम् । स्वभावादस्यान्तः स्फुरति ललितोदात्तमहिमा समर्थो यो नित्यं स जयतितरां कोऽपि पुरुषः ॥ २४६ ॥ तमांसि ध्वंसन्ते परिणमति भूयानुपशयः सकृत्संवादेऽपि प्रथत इह चामुत्र च शुभम् । अथ प्रत्यासङ्गः कमपि महिमानं वितरति प्रसन्नानां वाचः फलमपरिमेयं प्रसुवते ॥ २४७ ॥ प्रिया न्याय्या वृत्तिर्मलिनमसुभङ्गेऽप्यसुकरं त्वसन्तो नाभ्यर्थ्याः सुहृदपि न याच्यः कृशधनः । विपद्युच्चैः स्थेयं पदमनुविधेयं च महतां सतां केनोद्दिष्टं विषममसिधाराव्रतमिदम् ॥ २४८ ॥

१ सर्पस्य. २ दानम्. ३ निस्तुलम्. ४ भूषणम्. ५ शंकरस्य. ६ अकरोत्. ७ वार्तावशिष्टो मदनो यस्मिंस्तत्तथाविधम्. ८ न्यायानुसारिणी. ९ वर्तनम्. १० पातकम्. ११ प्राणव्यये. १२ न याचितव्याः. १३ क्षीणधनः. १४ अनुसर्तव्यम्. १५ उपदिष्टम्. १६ अतिकठिनम्. १७ खड्गधाराताण्डवम्.

प्रदानं प्रच्छन्नं गृहमुपगते संभ्रमविधिः प्रियं कृत्वा मौनं सदसि कथनं नाप्युपकृतेः । अनुत्सेको लक्ष्म्यां निरभिभवसाराः परकथाः सतां केनोद्दिष्टं विषममसिधाराव्रतमिदम् ॥ २४९ ॥ विजेतव्या लङ्का चरणतरणीयो जलनिधिर्विपक्षः पौलस्त्यो रणभुवि सहायाश्च कपयः । तथाप्येको रामः सकलमवधीद्राक्षसकुलं क्रियासिद्धिः सत्त्वे वसति महतां नोपकरणे ॥ २५० ॥ रथस्यैकं चक्रं भुजगयमिताः सप्त तुरगा निरालम्बो मार्गश्चरणरहितः सारथिरपि । रविर्गच्छत्यन्तं प्रतिदिनमपारस्य नभसः क्रियासिद्धिः सत्त्वे वसति महतां नोपकरणे ॥ २५१ ॥ धनुः पौष्पं मौर्वी मधुकरमयी चञ्चलदृशां दृशां कोणो बाणः सुहृदपि जडात्मा हिमकरः । तथाप्येकोऽनङ्गस्त्रिभुवनमपि व्याकुलयति क्रियासिद्धिः सत्त्वे वसति महतां नोपकरणे ॥ २५२ ॥ विपक्षः श्रीकण्ठो जडतनुरमात्यः शशधरो वसन्तः सामन्तः कुसुममिषवः सैन्यमबलाः । तथापि त्रैलोक्यं जयति मदनो देहरहितः क्रियासिद्धिः सत्त्वे वसति महतां नोपकरणे ॥ २५३ ॥ घटो जन्मस्थानं मृगपरिजनो भूर्जवसनो वने वासः कन्दाशनमपि च दुःस्थं वपुरिदम् । तथाप्येकोऽगस्त्यः सकलमपिबद्वारिधिजलं क्रियासिद्धिः सत्त्वे वसति महतां नोपकरणे ॥ २५४ ॥ जयन्ति जितमत्सराः परहितार्थमभ्युद्यताः पराभ्युदयसुस्थिताः परविपत्तिखेदाकुलाः । महापुरुषसत्कथाश्रवणजातकौतूहलाः समस्तदुरितार्णवप्रकटसेतवः साधवः ॥ २५५ ॥ ये जाते व्यसने निराकुलधियः संपत्सु नाभ्युन्नताः प्राप्ते नैव पराङ्मुखाः प्रणयिनि प्राणोपयोगैरपि । ह्रीमन्तः स्वगुणप्रकाशनविधावन्यस्तुतौ पण्डितास्ते भूमण्डलमण्डनैकतिलकाः सन्तः कियन्तो जनाः ॥ २५६ ॥ क्षुद्राः सन्ति सहस्रशः स्वभरणव्यापारमात्रोद्यताः स्वार्थो यस्य परार्थ एव स पुमानेकः सतामग्रणीः । दुष्पूरोदरपूरणाय पिबति स्रोतःपतिं वाडवो जीमूतस्तु निदाघतापितजगत्संतापविच्छित्तये ॥ २५७ ॥ मज्जन्तोऽपि विपत्पयोधिगहने निःशङ्कधैर्यावृताः कुर्वन्त्येव परोपकारमनिशं सन्तो यथाशक्ति वै ।

१ गुप्तम्. २ अतिथौ. ३ अनुद्घाटनम्. ४ उपकारस्य. ५ गर्वाभावः. ६ निन्दा. ७ रावणः. ८ कार्यसिद्धिः. ९ सामर्थ्याम्. १० अनूरुः. ११ पुष्पमयम्. १२ ज्या. १३ भ्रमररूपा. १४ बुद्धिरहितः; (पक्षे डलयोः सावर्ण्यात्) जलात्मा जलरूपः. १५ अनङ्गः. १६ उत्पत्तिस्थानम्. १७ मृगा एव परिजनः. १८ समुद्रम्. १९ व्यग्रचित्ताः. २० संकटे. २१ अव्यग्रमनसः. २२ लज्जावन्तः. २३ नीचाः. २४ अग्रेसरः. २५ समुद्रम्. २६ वाडवाग्निः. २७ मेघः. २८ ग्रीष्मः. २९ विपदेव पयोधिः समुद्रः.

राहोरुग्रकरालवक्त्रकुहरग्रासाभिभूतोऽप्यलं चन्द्रः किं न
जनं करोति सुखिनं ग्रासावशेषैः करैः[2] ॥ २५८ ॥ वाञ्छा
सज्जनसंगमे परगुणे प्रीतिर्गुरौ नम्रता विद्यायां व्यसनं
स्वयोषिति[3] रतिर्लोकापवादाद्भयम् । भक्तिः शूलिनि[4] शक्ति-
रात्मदमने[5] संसर्गमुक्तिः खलेष्वेते येषु वसन्ति निर्मलगुणा-
स्तेभ्यो नरेभ्यो नमः ॥ २५९ ॥ दृश्यन्ते भुवि भूरि निम्ब-
तरवः कुत्रापि ते चन्दनाः पाषाणैः परिपूरिता वसुमती
वज्रो[6] मणिर्दुर्लभः । श्रूयन्ते करटारवाश्च[7] सततं चैत्रे कुहूकू-
जितं[8] तन्मन्ये खलसंकुलं जगदिदं द्वित्राः क्षितौ सज्ज-
नाः ॥ २६० ॥ घर्मार्ते न तथा सुशीतलजलैः स्नानं न
मुक्तावलिर्न[9] श्रीखण्डविलेपनं सुखयति प्रत्यङ्गमप्यर्पितम् ।
प्रीत्यै सज्जनभाषितं प्रभवति प्रायो यथा चेतसः सद्युक्त्या
च पुरस्कृतं सुकृतिनामाकृष्टिमन्त्रोपमम् ॥ २६१ ॥ धर्मे
तत्परता मुखे मधुरता दाने समुत्साहिता मित्रेऽवञ्चकता
गुरौ विनयिता चित्तेऽतिगम्भीरता । आचारे शुचिता गुणे
रसिकता शास्त्रेऽतिविज्ञानिता रूपे सुन्दरता हरौ भजनिता
सत्स्वेव संदृश्यते ॥ २६२ ॥ सौजन्यामृतसिन्धवः[10] परहित-
प्रारब्धवीरव्रता वाचालाः परवर्णने निजगुणालापे च
मौनव्रताः । आपत्स्वप्यविलुप्तधैर्यनिचयाः[11] संपत्स्वनुत्सेकिनो[12]
मा भूवन्खलवक्त्रनिर्गतविषज्वालातताः सज्जनाः ॥ २६३ ॥
ये दीनेषु दयालवः स्पृशति यानल्पोऽपि न श्रीमदो व्यग्रा
ये च परोपकारकरणे हृष्यन्ति[13] ये याचिताः । स्वस्थाः सन्ति
च यौवनोन्मदमहाव्याधिप्रकोपेऽपि ये तैः स्तम्भैरिव सु-
स्थितैः कलिभरक्रान्ता धरा[14] धार्यते ॥ २६४ ॥ क्षारो
वारिनिधिः कलङ्ककलुषश्चन्द्रो रविस्तापकृत्पर्जन्यश्चपलाश्रयो[15]-
ऽभ्रपटलादृश्यः सुवर्णाचलः । शून्यं व्योम रसा[16] द्विजिह्व-
विधृता स्वर्धामधेनुः पशुः काष्ठं कल्पतरुर्दृषत्सुरमणिस्तत्केन
साम्यं सताम् ॥ २६५ ॥ कस्मादिन्दुरसौ धिनोति जगतीं
पीयूषगर्भैः करैः कस्माद्वा जलधारयैव धरणिं धाराधरः
सिञ्चति । श्रामं श्राममयं च नन्दयति वा कस्मात्त्रिलोकीं
रविः साधूनां हि परोपकारकरणे नोपाध्यपेक्षं मनः ॥२६६॥
अद्वैतं सुखदुःखयोरनुगतं सर्वास्ववस्थासु यद्विश्रामो हृदयस्य
यत्र जरसा यस्मिन्नहार्यो रसः । कालेनावरणात्ययात्परिणते
यत्स्नेहसारे स्थितं भद्रं तस्य सुमानुषस्य कथमप्येकं हि त-

१ भयंकरम्. २ किरणैः. ३ स्वस्त्रियाम्. ४ शंकरे. ५ मनोजये. ६ हीरकमणिः. ७ काकशब्दाः. ८ कोकिलशब्दाः. ९ मुक्तासरः. १० सुजनतामृतसमुद्राः. ११ विपत्तिकालेषु. १२ गर्वरहिता. १३ हर्षयुक्ता भवन्ति. १४ पृथ्वी. १५ विद्युत्. १६ पृथ्वी.

त्प्रार्थ्यते ॥ २६७ ॥ गर्वं नोद्वहते न निन्दति परान्नो भा-
षते निष्ठुरं प्रोक्तं केनचिदप्रियं च सहते क्रोधं च नालम्ब-
ते । श्रुत्वा काव्यमलक्षणं परकृतं संतिष्ठते मूकवद्दोषांश्छा-
दयते स्वयं न कुरुते ह्येतत्सतां लक्षणम् ॥ २६८ ॥ किं
कूर्मस्य भरव्यथा न वपुषि क्ष्मां न क्षिपत्येष यत्किं वा ना-
स्ति परिश्रमो दिनपतेरास्ते न यन्निश्चलः । किं चाङ्गीकृत-
मुत्सृजन्हि मनसा श्लाघ्यो जनो लज्जते निर्वाहः प्रतिपन्न-
वस्तुषु सतामेतद्धि गोत्रव्रतम् ॥ २६९ ॥ सेतूपक्रमकौतु-
काहृतगिरिप्रक्षेपवेगोच्छलन्निःशेषाम्बुपरिस्फुटोदरदरीगम्भी-
रिमा सागरः । चक्रे गोष्पदवद्विलङ्घितवतोऽप्यन्तर्भयं
मारुतेः पूर्णत्वादतिरिच्यते हि महतस्तुच्छस्य दुर्लङ्घ्य-
ता ॥ २७० ॥ शूराः सन्ति सहस्रशः प्रतिपदं विद्याविदो-
ऽनेकशः सन्ति श्रीपतयो निरस्तधनदास्तेऽपि क्षितौ भूरिशः ।
ये कर्मण्यनिरीक्ष्य वान्यमनुजं दुःखार्दितं यन्मनस्ताद्रूप्यं
प्रतिपद्यते जगति ते सत्पूरुषाः पञ्चषाः ॥ २७१ ॥ ख्यातिं
यत्र गुणा न यान्ति गुणिनस्तत्रादरः स्यात्कुतः किं कुर्याद्ब-
हुशिक्षितोऽपि पुरुषः पाषाणभूते जने । प्रेमारूढविलासिनी-
मदवशव्यावृत्तकण्ठस्वनः सीत्कारो हि मनोहरोऽपि बधिरे
किं नाम कुर्याद्गुणम् ॥ २७२ ॥ तृष्णां छिन्धि भज क्षमां
जहि मदं पापे रतिं मा कृथाः सत्यं ब्रूह्यनुयाहि साधुपदवीं
सेवस्व विद्वज्जनान् । मान्यान्मानय विद्विषोऽप्यनुनय ह्या-
च्छादय स्वान्गुणान्कीर्तिं पालय दुःखिते कुरु दयामेतत्सतां
लक्षणम् ॥ २७३ ॥ स्वाम्ये पेशलता गुणे प्रणयिता हर्षे
निरुत्सेकता पत्रे संवृतता श्रुते सुमतिता वित्तोदये त्यागि-
ता । साधौ सादरता खले विमुखता पापे परं भीरुता दुःखे
क्लेशसहिष्णुता च महतां कल्याणमाकाङ्क्षति ॥ २७४ ॥ गेहं
दुर्गतबन्धुभिर्गुरुगृहं छात्रैरहंकारिभिर्हट्टं पत्तनवञ्चकैर्मुनि-
जनैः शापोन्मुखैराश्रमान् । सिंहाद्यैश्च वनं खलैर्नृपसभां
चौरैर्दिगन्तानपि संकीर्णान्यवलोक्य सत्यसरलः साधुः क्व
विश्राम्यति ॥ २७५ ॥ दीनानां कल्पवृक्षः सुगुणफलनतः
सज्जनानां कुटुम्बी ह्यादर्शः शिक्षितानां सुचरितनिकषः
शीलवेलासमुद्रः । सत्कर्ता नावमन्ता पुरुषगुणनिधिर्दक्षि-
णोदारसत्त्वो ह्येकः श्लाघ्यः स जीवत्यधिकगुणतया चोच्छ्वस-
न्तीव चान्ये ॥ २७६ ॥ नम्रत्वेनोन्नमन्तः परगुणकथनैः
स्वान्गुणान्ख्यापयन्तः[1] स्वार्थान्संपादयन्तो विततबहुतरार-
म्भयत्नाः परार्थे । क्षान्त्यैवाक्षेपरूक्षाक्षरमुखरमुखान्दुर्मुखा-
न्दुःखयन्तः सन्तः साश्चर्यचर्या जगति बहुनताः कस्य ना-
भ्यर्थनीयाः ॥ २७७ ॥ वक्त्रे वल्गाप्रकर्षः समरभुवि[2] तव

१ प्रकटयन्तः. २ सङ्ग्रामाङ्गणे.

प्राणरक्षापि दैवात्स्वेच्छाचारो न चास्ते नहि भवति तथा भारवाहो नितान्तम् । इत्युक्तोऽश्वः खरेण प्रहसितवदनो मूक एवावतस्थे तस्माज्जात्या महान्तोऽधमजनविषये मौनमेवाश्रयन्ते ॥ २७८ ॥

दुर्जननिन्दा ।

खलः सर्षपमात्राणि परच्छिद्राणि पश्यति । आत्मनो बिल्वमात्राणि पश्यन्नपि न पश्यति ॥ १ ॥ न विना परवादेन रमते दुर्जनो जनः । काकः सर्वरसान्भुक्त्वा विनामेध्यं[1] न तृप्यति ॥ २ ॥ विशिख[2]व्याल[3]योरन्त्य[4]वर्णाभ्यां यो विनिर्मितः । परस्य हरति प्राणान्नैतच्चित्रं कुलोचितम् ॥ ३ ॥ विषमा[5] मलिनात्मानो[6] द्विजिह्वा जिह्मगा[7] इव । जगत्प्राणहरा नित्यं कस्य नोद्वेजकाः खलाः ॥ ४ ॥ दुर्जनः परिहर्तव्यो विद्ययालंकृतोऽपि सन् । मणिना भूषितः सर्पः किमसौ न भयंकरः ॥ ५ ॥ खलानां कण्टकानां च द्विविधैव प्रतिक्रिया[8] । उपानन्मुखभङ्गो[9] वा दूरतो वा विसर्जनम् ॥ ६ ॥ अपूर्वः कोऽपि कोपाग्निः सज्जनस्य खलस्य च । एकस्य शाम्यति स्नेहाद्वर्धतेऽन्यस्य वारितः[10] ॥ ७ ॥ ऊर्जितं सज्जनं दृष्ट्वा द्वेष्टि नीचः पुनः पुनः । कवलीकुरुते स्वस्थं विधुं दिवि विधुंतुदः ॥ ८ ॥ क्वचित्सर्पोऽपि मित्रत्वमीयान्नैव खलः क्वचित् । न शेषशायिनोऽप्यस्य वशे दुर्योधनो हरेः ॥ ९ ॥ उपकारोऽपि नीचानामपकारो हि जायते । पयःपानं भुजंगानां केवलं विषवर्धनम् ॥ १० ॥ अलकाश्च खलाश्चैव मूर्धभिः सुजनैर्धृताः । उपर्युपरि संस्कारेऽप्याविष्कुर्वन्ति वक्रताम् ॥ ११ ॥ खड्गानां धनुषां चापि सद्वंश[11]जनुषामपि । गुण[12]लाभो भवेदाशु परहृद्भेदकारकः ॥ १२ ॥ बहुनिष्कपट[13]द्रोही बहुधान्योपघातकः[14] । रन्ध्रान्वेषी[15] च सर्वत्र दूषको मूषको यथा ॥ १३ ॥ नौश्च दुर्जनजिह्वा च प्रतिकूलवि[16]सर्पिणी । परप्रतारणायैव[17] दारुणा[18] केन निर्मिता ॥ १४ ॥ यस्मिन्वंशे[1] समुत्पन्नस्तमेव निजचेष्टितैः[2] । दूषयत्यचिरेणैव घुणकीट[3] इवाधमः ॥ १५ ॥ स्वभावकठिनस्यास्य कृत्रिमां[4] बिभ्रतो नतिम्[5] । गुणोऽपि[6] परहिंसायै चापस्य[7] च खलस्य च ॥ १६ ॥ अयःपिण्ड इवोत्तप्ते खलानां हृदये क्षणात् । पतिता अपि नेक्ष्यन्ते गुणास्तोयकणा इव ॥ १७ ॥ वर्जनीयो मतिमता दुर्जनः सख्यवैरयोः । श्वा भवत्यपकाराय लिहन्नपि दशन्नपि ॥ १८ ॥ वक्रतां बिभ्रतो यस्य गुह्यमेव प्रकाशते । कथं खलु समो न स्यात्पुच्छेन पिशुनः शुनः ॥ १९ ॥ स्नेहेन[8] भूति[9]दानेन कृतः स्वच्छोऽपि दुर्जनः । दर्पणश्चान्तिके तिष्ठन्करोत्येकमपि द्विधा ॥ २० ॥ आजन्मसिद्धं कौटिल्यं खलस्य च हलस्य[10] च । गोदुं तयोर्मुखाक्षेपमलमेकैव सा क्ष्मा[11] ॥ २१ ॥ यथा यथैव स्नेहेन भूयिष्ठ[12]मुपचर्यते[13] । धत्ते तथा तथा तापं महावैश्वानरः[14] खलः ॥ २२ ॥ स्तोकेनोन्नतिमायाति स्तोकेनायात्यधोगतिम् । अहो नु सदृशी वृत्तिस्तुलाकोटेः[15] खलस्य च ॥ २३ ॥ दुर्जनः कृतशिक्षोऽपि सज्जनो नैव जायते । अपि गङ्गाजलस्नानान्नाधः केशः कुशायते ॥ २४ ॥ दह्यमानाः सुतीव्रेण नीचाः परयशोऽग्निना । अशक्तास्तत्पदं गन्तुं ततो निन्दां प्रकुर्वते ॥ २५ ॥ खलः सत्क्रियमाणोऽपि ददाति कलहं सताम् । दुग्धधौतोऽपि किं याति वायसः कलहंसताम्[16] ॥ २६ ॥ दुर्जनस्य विशिष्टत्वं परोपद्रवकारणम् । व्याघ्रस्य चोपवासेन पारणं पशुमारणम् ॥ २७ ॥ संत्यज्य शूर्पवद्दोषान्गुणान्गृह्णाति पण्डितः । दोषग्राही गुणत्यागी पल्लोलीव[17] हि दुर्जनः ॥ २८ ॥ खलो न साधुतां याति सद्भिः संबोधितोऽपि सन् । सरित्पूरप्रपूर्णोऽपि क्षारो न मधुरायते ॥ २९ ॥ सर्पदुर्जनयोर्मध्ये वरं सर्पो न दुर्जनः । सर्पो दशति कालेन दुर्जनस्तु पदेपदे ॥ ३० ॥ अकस्मादेव कुप्यन्ति प्रसीदन्त्यनिमित्ततः । शीलमेतदसाधूनामभ्रं पारिप्लवं[18] यथा ॥ ३१ ॥ अशक्ताः शक्तिमात्मीयां श्लाघयन्ते च दुर्जनाः । ते भवन्त्युपहासाय महतामेव संनिधौ ॥ ३२ ॥ सर्पः क्रूरः खलः क्रूरः सर्पात्क्रूरतरः खलः । मन्त्रेण शाम्यते सर्पो न खलः

---

१ विष्ठाद्यशुचि. २ बाणः. ३ सर्पः. ४ अन्त्यवर्णः 'खल' इति. ५ वक्राः. ६ दुष्टस्वभावाः. ७ सर्पाः. ८ प्रतीकारः. ९ उपानहा पादस्थचर्मणा मुखभङ्गः. १० निवारणात्; (पक्षे) जलात्. ११ कुलम्; (पक्षे) वेणुः. १२ विनयादिः; (पक्षे) रज्जुः. १३ बहु-निष्कपट-द्रोही; (पक्षे) बहु-निष्क-पट-द्रोही इति पदच्छेदः. १४ बहुधा-अन्योपघातकः; (पक्षे) बहु-धान्य-उपघातकः इति पदच्छेदः. १५ दूषणान्वेषी; (पक्षे) छिद्रान्वेषी. १६ प्रतितीरम्; (पक्षे) विरुद्धम्. १७ परेषां [illegible] तारणाय; (पक्षे) परेषां वञ्चनाय. १८ भयंकरा; ([illegible]) काष्ठेन.

१ वेणौ; (पक्षे) कुले. २ स्वकर्मभिः. ३ काष्ठवेधकः कृमिः. ४ क्रियया निर्वृत्ताम्; (पक्षे) कपटयुक्ताम्. ५ नम्रत्वम्. ६ मौर्वी; (पक्षे) विनयादिः. ७ धनुषः. ८ तैलेन; (पक्षे) ममतया. ९ भस्म; (पक्षे) वैभवम्. १० लाङ्गलम्. ११ पृथ्वी; (पक्षे) शान्तिः. १२ बाहुल्येन. १३ पूज्यते. १४ अग्निः; (पक्षे) वै-श्वा-नरः इति च्छेदः. १५ तुलायष्टेः. १६ राजहंसत्वम्. १७ चालिनी. १८ चञ्चलम्.

शाम्यते कदा ॥ ३३ ॥ दुर्जनं प्रथमं वन्दे सज्जनं तदनन्तरम् । मुखप्रक्षालनात्पूर्वं गुदप्रक्षालनं यथा ॥ ३४ ॥ दुर्जनः सुजनो न स्यादुपायानां शतैरपि । अपानं मृत्सहस्रेण धौतं चास्यं कथं भवेत् ॥ ३५ ॥ खलास्तु कुशलाः साधुहितप्रत्यूह[1]कर्मणि । निपुणाः फणिनः प्राणानपहर्तुं निरागसाम्[2] ॥ ३६ ॥ अहो बत महत्कष्टं विपरीतमिदं जगत् । येनापत्रपते[3] साधुरसाधुस्तेन तुष्यति ॥ ३७ ॥ तक्षकस्य विषं दन्ते मक्षिकाया विषं शिरः । वृश्चिकस्य विषं पुच्छं सर्वाङ्गे दुर्जनो विषम् ॥ ३८ ॥ दुर्जनो नार्जवं याति सेव्यमानोऽपि नित्यशः । स्वेदनाभ्यञ्जनोपायैः श्वपुच्छमिव नामितम् ॥ ३९ ॥ वर्धनं वाथ संमानं खलानां प्रीतये कुतः । फलन्त्यमृतसेकेऽपि न पथ्यानि विषद्रुमाः ॥ ४० ॥ दुर्जनैरुच्यमानानि वचांसि मधुराण्यपि । अकालकुसुमानीव भयं संजनयन्ति हि ॥ ४१ ॥ शतं दद्यान्न विवदेदिति विज्ञस्य संमतम् । विना हेतुमपि द्वन्द्वमेतन्मूर्खस्य लक्षणम् ॥ ४२ ॥ अहो खलभुजंगस्य विपरीतो वधक्रमः । अन्यस्य दशति श्रोत्रमन्यः प्राणैर्वियुज्यते ॥ ४३ ॥ न यत्नकोटिशतकैरपि दुष्टः सुधीर्भवेत् । किं मर्दितोऽपि कस्तूर्या लशुनो याति सौरभम् ॥ ४४ ॥ पाषाणो भिद्यते टङ्कैर्वज्रं वज्रेण भिद्यते । सर्पोऽपि भिद्यते मन्त्रैर्दुष्टात्मा नैव भिद्यते ॥ ४५ ॥ दुर्जनो दोषमादत्ते दुर्गन्धिमिव सूकरः । सज्जनश्च गुणग्राही हंसः क्षीरमिवाम्भसः ॥ ४६ ॥ अपूर्वा रसनाव्यालाः[4] खलाननबिलेशयाः । कर्णमूले स्पृशन्त्यन्यं हरन्त्यन्यस्य जीवितम् ॥ ४७ ॥ दुर्जनेन समं सख्यं प्रीतिं चापि न कारयेत् । उष्णो दहति चाङ्गारः शीतः कृष्णायते करम् ॥ ४८ ॥ दुर्जनः प्रियवादी च नैतद्विश्वासकारणम् । मधु तिष्ठति जिह्वाग्रे हृदि हालाहलं विषम् ॥ ४९ ॥ मनस्यन्यद्वचस्यन्यत्कार्ये चान्यद्दुरात्मनाम् । मनस्येकं वचस्येकं कर्मण्येकं महात्मनाम् ॥ ५० ॥ जीवन[5]ग्रहणे नम्रा[6] गृहीत्वा पुनरुन्नताः[7] । किं कनिष्ठाः किमु ज्येष्ठा घटीयन्त्रस्य[8] दुर्जनाः ॥ ५१ ॥ बिभ्राणा गरलं कण्ठे भुजंग[9]परिवेष्टिता । शांभवीव तनुः कस्य न वन्द्या दौर्जनी[10] सभा ॥ ५२ ॥ अक्षमालापवृत्तिज्ञा[11] कुशासनपरिग्रहा[12] । ब्राह्मीव दौर्जनी संसद्वन्दनीया समेखला[1] ॥ ५३ ॥ खलः करोति दुर्वृत्तं नूनं फलति साधुषु । दशाननोऽहरत्सीतां बन्धनं च महोदधेः ॥ ५४ ॥ कुर्वते स्वमुखेनैव बहुधान्यस्य[2] खण्डनम् । नमः पतनशीलाय मुसलाय खलाय च ॥ ५५ ॥ अपवादादभीतस्य समस्य गुणदोषयोः । असद्वृत्तेरहो वृत्तं दुर्विभाव्यं विधेरिव ॥ ५६ ॥ न देवाय न धर्माय न बन्धुभ्यो न चार्थिने । दुर्जनस्यार्जितं वित्तं भुज्यते राजतस्करैः ॥ ५७ ॥ मुखं पद्मदलाकारं वाचा चन्दनशीतला । हृदयं क्रोधसंयुक्तं त्रिविधं धूर्तलक्षणम् ॥ ५८ ॥ निष्णातोऽपि च वेदान्ते साधुत्वं नैति दुर्जनः । चिरं जलनिधौ मग्नो मैनाक इव मार्दवम् ॥ ५९ ॥ खलः सज्जनकार्पासभक्षणै[3]कहुताशनः । परदुःखाग्निधमनमारुतः केन वर्ण्यताम् ॥ ६० ॥ यशःसौरभ्यलशुनः[4] शान्तिशैत्यहुताशनः[5] । कारुण्यकुसुमाकाशः[6] खलः सज्जनदुःखदः ॥ ६१ ॥ अन्तर्मलिनदेहेन बहिराह्लादकारिणा । महाकालफलेनेव[7] के खलेन न वञ्चिताः ॥ ६२ ॥ अहो प्रकृतिसादृश्यं[8] श्लेष्मणो[9] दुर्जनस्य च । मधुरैः[10] कोपमायाति कटुकेनैव शाम्यति ॥ ६३ ॥ ईषल्लब्धप्रवेशोऽपि स्नेहविच्छेदकारकः । कृतक्षोभो नरीनर्ति[11] खलो मन्थानदण्डवत् ॥ ६४ ॥ विव्रणवती पुरस्तैक्ष्ण्यं पृष्ठतः कुर्वती गुणम् । कर्णान्विध्यति लोकस्य सूचीवत्सूचकस्य वाक् ॥ ६५ ॥ सर्वथा व्यवहर्तव्यं कुतो ह्यवचनीयता । यथा स्त्रीणां तथा वाचां साधुत्वे दुर्जनो जनः ॥ ६६ ॥ कापूरुषः कुक्कुरश्च भोजनैकपरायणः । लालितः पार्श्वमायाति वारितो नच गच्छति ॥ ६७ ॥ मालिन्यमवलम्बेत यदा दर्पणवत्खलः । तदैव तन्मुखे देयं रजो नान्या प्रतिक्रिया ॥ ६८ ॥ नीचः समुत्थितोऽवश्यमनवाप्य पराश्रयम् । छिद्रं न रतिमाप्नोति दृष्टान्तोऽत्र कटीभवः[12] ॥ ६९ ॥ दुर्जनः परिहर्तव्यः प्रत्यक्षो द्विपदः पशुः । विध्यते वा कुश-

१ विघ्नः. २ निरपराधानाम्. ३ लज्जां प्राप्नोति. ४ जिह्वारूपाः सर्पाः. ५ उदकम्; (पक्षे) प्राणाः. ६ अधोमुखाः; (पक्षे) विनीताः. ७ ऊर्ध्वमुखाः; (पक्षे) उद्धताः. ८ एकरज्जुसंबद्धघटमालारूपं 'रहाट' इति प्रसिद्धम्. ९ सर्पाः; (पक्षे) जाराः. १० दुर्जनसंबन्धिनी. ११ अक्षमा य आलापास्तेषां वृत्तिज्ञा; (पक्षे) अक्षमाला जपमाला तस्या अपवृत्तिर्भ्रमणं जानातीति सा. १२ कुत्सितं यच्छासनं शिक्षा तस्य परिग्रहोऽवलम्बो यस्याः सा; (पक्षे) कुशासनं दर्भासनं तत्परिग्रहः स्वीकारो यस्याः सा.

१ समे साधौ खलाः; (पक्षे) मेखलया सहिता. २ बहुधा अन्यस्य परस्य खण्डनम्; (पक्षे) पुष्कलधान्यस्य खण्डनं वितुषीकरणम्. ३ दहनम्. ४ कीर्तिरेव सौगन्ध्यं तन्नाशकत्वाल्लशुन इव. लशुनो हि कस्तूर्यादेः सौगन्ध्यं नाशयतीति प्रसिद्धिः. ५ शान्तिरेव शैत्यं तन्नाशकत्वादग्निरिव. ६ कारुण्यमेव कुसुमं तस्याकाशः. आकाशस्य यथा पुष्पं कदापि नोपलभ्यते तद्वत्खले कारुण्यं कदापि नोपलभ्यत इत्यर्थः. ७ धत्तूरफलेन. ८ स्वभावसाम्यम्. ९ कफस्य. १० साधुद्रव्यैः; (पक्षे) सुवचनैः. ११ पुनः पुनर्नृत्यति. १२ पुरुषव्यञ्जनम्.

ल्येन अदृष्टः कण्टको यथा ॥ ७० ॥ यथा वृष्टिः समुद्रेषु भुक्तस्योपरि भोजनम् । एवं प्रीतिः खलैः सार्धमुत्पन्नेऽर्थेऽवसीदति ॥ ७१ ॥ क्वचित्कार्यवशान्नीचोऽप्यलं भवति नो महान् । कांस्यस्यैव हि राज्ञोऽपि दर्पणः कनकस्य न ॥ ७२ ॥ दुर्जनो दूषयत्येव सतां गुणगणं क्षणात् । मलिनीकुरुते धूमः सर्वथा विमलाम्बरम् ॥ ७३ ॥ यथा दोषो विभात्यस्य जनस्य न तथा गुणः । प्रायः कलङ्क एवेन्दोः प्रस्फुटो न प्रसन्नता ॥ ७४ ॥ संपत्तौ कर्कशं चित्तं खलस्यापदि कोमलम् । शीतलं कठिनं प्रायस्तप्तं मृदु भवत्ययः ॥ ७५ ॥ प्रायः प्रकुप्यतितरां प्रीत्यैव प्रखलो जनः । नयनं स्नेहसंपर्कात्कालुष्यं समुपैत्यलम् ॥ ७६ ॥ प्राप्य वित्तं जडास्तूर्णं निर्वृतिं यान्ति नान्यथा । तोयमासाद्य गर्जन्ति न रिक्ताः स्तनयित्नवः ॥७७॥ सदा खण्डनयोग्याय तुषपूर्णाशयाय च । नमोऽस्तु बहुबीजाय खलायोलूखलाय च ॥ ७८ ॥ जिह्वादूषितसत्पात्रः पिण्डार्थी कलहोत्कटः । तुल्यतामशुचिर्नित्यं बिभर्ति पिशुनः शुनः॥७९॥ अहो बत खलः पुण्यैर्मूर्खोऽप्यश्रुतपण्डितः । स्वगुणोदीरणे शेषः परनिन्दासु वाक्पतिः ॥ ८० ॥ खलः सुजनपैशुन्ये सर्वतोऽक्षिशिरोमुखः । सर्वतः श्रुतिमाँल्लोके सर्वमावृत्य तिष्ठति ॥ ८१ ॥ सत्साधुवादे मूर्खस्य मात्सर्यगलरोगिणः । जिह्वा कङ्कमुखेनापि कृष्टा नैव प्रवर्तते ॥ ८२ ॥ मायामयः प्रकृत्यैव रागद्वेषमदाकुलः । महतामपि मोहाय संसार इव दुर्जनः ॥ ८३ ॥ खचित्रमपि मायावी रचयत्येव लीलया । लघुश्च महतां मध्ये तस्मात्खल इति स्मृतः ॥ ८४ ॥ खलेन धनमत्तेन नीचेन प्रभविष्णुना । पिशुनेन पदस्थेन हा प्रजे क्व गमिष्यसि ॥ ८५ ॥ ये श्रमं हर्तुमीहन्ते महतां चिरसंभृतम् । वन्ध्यास्तेऽसरलात्मानो दुर्जनाः सज्जना इव ॥ ८६ ॥ अहो कुटिलबुद्धीनां दुर्ग्राह्यमसतां मनः । अन्यद्वचसि कण्ठेऽन्यदन्यदोष्ठपुटे स्थितम् ॥ ८७ ॥ खलेषु सत्सु निर्याता वयमर्जयितुं गुणान् । इयं सा तस्करग्रामे रत्नक्रयविडम्बना ॥ ८८ ॥ वर्धेते स्पर्धयेवोभौ संपदा शतशाखया । अङ्कुरोऽवस्करोद्भूतः पुरुषश्चाकुलोद्भवः ॥ ८९ ॥ यत्स्मृत्यैव परां यान्ति सन्तः संतापसंततिम् । तदसन्तो हसन्तोऽपि हेलयैव हि कुर्वते ॥ ९० ॥ गुणदोषावशास्त्रज्ञः कथं विभजते जनः । किमन्धस्याधिकारोऽस्ति रूपभेदोपलब्धिषु ॥ ९१ ॥ प्रायः प्रकाशतां याति मलिनः साधुबाधया । नाग्रसिष्यत चेदर्कं कोऽज्ञास्यत्सिंहिकासुतम् ॥ ९२ ॥ प्रायः परोपतापाय दुर्जनः सततोद्यतः । अवश्यकरणीयत्वान्न कारणमपेक्षते ॥ ९३ ॥ यथा गजपतिः श्रान्तश्छायार्थी वृक्षमाश्रितः । विश्रम्य तं द्रुमं हन्ति तथा नीचः स्वमाश्रयम् ॥ ९४ ॥ चारुता परदारार्थं धनं लोकोपतप्तये । प्रभुत्वं साधुनाशाय खले खलतरा गुणाः ॥ ९५ ॥ परोपकारविज्ञानमात्रलाभोपजीविनाम् । दाशानामिव धूर्तानां जालाय गुणसंग्रहः ॥ ९६ ॥ करोति पूज्यमानोऽपि लोकव्यसनदीक्षितः । दर्शने दर्शने त्रासं गृहाहिरिव दुर्जनः ॥ ९७ ॥ सत्यधर्मच्युतात्पुंसः क्रुद्धादाशीविषादिव । नास्तिकोऽपि ह्युद्विजते जनः किं पुनरास्तिकः ॥ ९८ ॥ येषां प्राणिवधः क्रीडा नर्म मर्मच्छिदो गिरः । कार्यं परोपतापित्वं ते मृत्योरपि मृत्यवः ॥ ९९ ॥ न तथेच्छन्त्यकल्याणाः परेषां वेदितुं गुणान् । यथैषां ज्ञातुमिच्छन्ति नैर्गुण्यं पापचेतसः ॥ १०० ॥ अतो हास्यतरं लोके किंचिदन्यन्न विद्यते । यत्र दुर्जन इत्याह दुर्जनः सज्जनं जनम् ॥ १०१ ॥ अपकारमसंप्राप्य तुष्येत्साधुरसाधुतः । नैष लाभो भुजंगेन वेष्टितो यन्न दश्यते ॥ १०२ ॥ लुब्धः स्तब्धोऽनृजुर्मूर्खः प्रभुरेकान्तदारुणः । बहूनेष खलः साधून्मारयित्वा मरिष्यति ॥ १०३ ॥ का खलेन सह स्पर्धा सज्जनस्याभिमानिनः । भाषणं भीषणं साधुदूषणं यस्य भूषणम् ॥ १०४ ॥ मुखेनैकेन विध्यन्ति पादमेकस्य कण्टकाः । दूरान्मुखसहस्रेण सर्वप्राणहराः खलाः ॥ १०५ ॥ निर्माय खलजिह्वाग्रं सर्वप्राणहरं नृणाम् । चकार किं वृथा शस्त्रविषवह्नीन्प्रजापतिः ॥ १०६ ॥ यथा परोपकारेषु नित्यं जागर्ति सज्जनः । तथा परापकारेषु जागर्ति सततं खलः ॥ १०७ ॥ बिभेति पिशुनान्नीचः प्रकाशनपटीयसः । न पुनर्मूढहृदयो निन्दनीयात्स्वकर्मणः ॥ १०८ ॥ वृथाज्वलितकोपाग्नेः परुषाक्षरवादिनः । दुर्जनस्यौषधं नास्ति किंचिदन्यदनुत्तरात् ॥ १०९ ॥ जीवन्नपि न तत्कर्तुं शक्नोति सुजनस्तथा । दुर्जनो यन्मृतः कुर्यात्परेभ्योऽहितमुत्तरम् ॥ ११० ॥ यद्यदिष्टतमं तत्तद्देयं गुणवते किल । अत एव खलो दोषान्साधुभ्यः संप्रयच्छति ॥ १११ ॥ वरमत्यन्तविफलः सुखसेव्यो हि सज्जनः । न तु प्राणहरस्तीक्ष्णः शरवत्सफलः खलः ॥ ११२ ॥ स्वभावेनैव निशितः कृतपक्षग्रहोऽपि सन् । शरवद्गुणनिर्मुक्तः खलः कस्य न भेदकः ॥ ११३ ॥ दुर्जनः सुजनीकर्तुं यत्नेनापि न शक्यते । संस्कारेणापि लशुनं कः सुगन्धीकरिष्यति ॥ ११४ ॥ नैवात्मनो विनाशं गणयति पिशुनः परव्यसनहृष्टः । प्राप्य

१ लोहम्. २ मेघाः.

सहस्रविनाशं समरे नृत्यति कबन्ध[1] इव ॥ ११५ ॥ रविरपि
न दहति तादृग्यादृक्संदहति वालुकानिकरः[2] । अन्यस्माल्लब्ध-
पदो नीचः प्रायेण दुःसहो भवति ॥ ११६ ॥ त्यक्त्वापि नि-
जप्राणान्परहितविघ्नं खलः करोत्येव । कवले पतिता सद्यो
वमयति[3] खलु मक्षिकान्नभोक्तारम् ॥ ११७ ॥ कृतमपि महो-
पकारं पय इव पीत्वा निरातङ्कम्[4] । प्रत्युत[5] हन्तुं यतते
काकोदरसोदरः[6] खलो जगति ॥ ११८ ॥ नलिकागतमपि
कुटिलं न भवति सरलं शुनः पुच्छम् । तद्वत्खलजनहृदयं
बोधितमपि नैव याति माधुर्यम् ॥ ११९ ॥ एते स्निग्धतमा
इति मा मा क्षुद्रेषु यात विश्वासम् । सिद्धार्थानामेषां[7] स्नेहो[8]-
ऽप्यश्रूणि[9] पातयति ॥ १२० ॥ गुणिनां गुणेषु सत्स्वपि पिशु-
नजनो दोषमात्रमादत्ते । पुष्पे फले विरागी क्रमेलकः[10] क-
ण्टकौघमिव ॥ १२१ ॥ सुजनानामपि हृदयं पिशुनपरिष्व-
ङ्गलिप्तमिह भवति । पवनः परागवाही रथ्यासु[11] वहन्रजस्व[12]-
लो भवति ॥ १२२ ॥ परिपूर्णेऽपि तटाके काकः कुम्भोदकं
पिबति । अनुकूलेऽपि कलत्रे नीचः परदारलम्पटो भवति
॥ १२३ ॥ दुर्जनदूषितमनसां पुंसां सुजनेऽपि नास्ति विश्वा-
सः । बालः पयसा दग्धो दध्यपि फूत्कृत्य[13] भक्षयति ॥१२४॥
विषधरतोऽप्यतिविषमः खल इति न मृषा वदन्ति वि-
द्वांसः । यदयं नकुलद्वेषी[14] स कुलद्वेषी पुनः पिशुनः ॥ १२५ ॥
अतिमलिने[15] कर्तव्ये भवति खलानामतीव निपुणा[16] धीः ।
तिमिरे[17] हि कौशिकानां[18] रूपं प्रतिपद्यते दृष्टिः ॥ १२६ ॥
लब्धोच्छ्रायो नीचः प्रथमतरं स्वामिनं पराभवति । भूमिरजो
रथ्यादावुत्थापकमेव संवृणुते ॥ १२७ ॥ उपकृतमनेन
सुहृदयमित्यसतामस्ति न क्वचिदपेक्षा । होतुः स्व-
हस्तमाश्रितमुद्धृत्तोऽग्निर्दहत्येव ॥ १२८ ॥ परवादे दशवदनः
पररन्ध्रनिरीक्षणे सहस्राक्षः । सद्वृत्तवित्तहरणे बाहुसहस्रार्जु-
नः पिशुनः ॥ १२९ ॥ परिशुद्धामपि वृत्तिं समाश्रितो दुर्जनः
परान्व्यथते[19] । पवनाशिनो[20]ऽपि भुजगाः परोपतापं न मुञ्चन्ति
॥ १३० ॥ प्रेरयति परमनार्यः शक्तिविहीनोऽपि जगदभि-
द्रोहे । तेजयति शस्त्रधारां स्वयमसमर्था शिला छेत्तुम् ॥१३१॥

१ अशिरस्कं कलेवरम्. २ समूहः. ३ वान्तिं कारयति.
४ निःशङ्कम्. ५ वैपरीत्ये. ६ सर्पबन्धुः. ७ श्वेतसर्षपाणाम्;
(पक्षे) सिद्धोऽर्थः कार्यं येषां ते. ८ तैलम्; (पक्षे) स्नेहभावः.
९ नेत्रोदकम्. १० उष्ट्रः. ११ वीथीषु. १२ रजोयुक्तः. १३ फूत्कारं
कृत्वा. १४ नकुलद्वेषी; (पक्षे) न कुलद्वेषी. १५ अत्यन्तमलदूषिते.
१६ पूर्णा. १७ तमसि. १८ घूकानाम्. १९ व्यथां करोति.
२० वायुभक्षकाः.

शिरसि निहितोऽपि नित्यं यत्नादपि सेवितो बहुस्नेहैः[1] । तरु-
णीकच इव नीचः कौटिल्यं नैव विजहाति ॥ १३२ ॥ व्योम्नि
स वासं कुरुते चित्रं निर्माति सुन्दरं पवने । रचयति रेखाः
सलिले चरति खले यस्तु सत्कारम् ॥ १३३ ॥ अतिपेलवम-
तिपरिमितवर्णं लघुतरमुदाहरति शठः । परमार्थतः स हृदयं
वहति पुनः कालकूटघटितमिव ॥ १३४ ॥ मृद्घटवत्सुखभे-
द्यो दुःसंधानश्च[2] दुर्जनो भवति । सुजनस्तु कनकघटवद्दुर्भे-
द्यश्चाशुसंधेयः ॥ १३५ ॥ मृगमीनसज्जनानां तृणजलसंतोष-
विहितवृत्तीनाम् । लुब्धक[3]धीवरपिशुना निष्कारणवैरिणो[4] जगति
॥ १३६ ॥ रे खल तव खलु चरितं विदुषामग्रे विविच्य
वक्ष्यामि । अथवालं पापात्मन्कृतया कथयापि ते हतया
॥ १३७ ॥ विध्वस्तपरगुणानां[5] भवति खलानामतीव मलि[7]-
नत्वम् । अन्तरितशशिरुचामपि सलिलमुचां[6] मलिनिमाभ्यधि-
कः ॥ १३८ ॥ परगुह्यगुप्तिनिपुणं[8] गुणमयम[9]खिलैः समीहि-
तं नितराम् । ललिताम्बरमिव सज्जनमाखव इव दूषयन्ति
खलाः ॥ १३९ ॥ दूरस्थापितहृदयो[10] गूढरहस्यो[11] निकाममसा[12]-
शङ्कः । आश्लेषो बालानां भवति खलानां च संभेदः ॥ १४० ॥
धर्मारम्भेऽप्यसतां परहिंसैव प्रयोजिका भवति । काकानाम-
भिषेकेऽकारणतां वृष्टि[13]रनुभवति ॥ १४१ ॥ यद्वीक्ष्यते ख-
लानां माहात्म्यं क्वापि दैवयोगेन । काकानामिव शौक्ल्यं
तदपि हि नचिरादनर्थाय ॥ १४२ ॥ यत्खलु खलमुख-
हुतवहविनिहितमपि शुद्धिमेव परमेति । तदनलशौचमिवां-
शुकमिह लोके दुर्लभं प्रेम ॥ १४३ ॥ वंशा[14]वलम्बनं[15] यद्यो
विस्तारो[16] गुणस्य[17] या च नतिः । तज्जालस्य खलस्य च निर्जा[18]-
ङ्कसुप्तप्रणाशाय ॥ १४४ ॥ सुगृहीतमलिनपक्षा[19] लघ[20]-
वः परभेदिन[21]स्तीक्ष्णाः । पुरुषा[22] अपि विशिखा अपि

१ बहुप्रकारैः स्नेहैः सुगन्धतैलादिभिः; (पक्षे) बह्व्या प्रीत्या.
२ दुःखेन संधातुं शक्यः. ३ व्याधः. ४ निष्कारणशत्रवः.
५ नाशिताः. ६ मेघानाम्. ७ मालिन्यम्. ८ गुह्यगोपने निपुणम्.
९ तन्तुप्रचुरम्; (पक्षे) दयादाक्षिण्यादिप्रचुरम्. १० दूरे स्थापितं
हृदयं येन; (पक्षे) दूरे स्थापितमन्तःकरणं येन. ११ अन्तःकरणवि-
षयीभूतम्; (पक्षे) मन्त्रादि. १२ भीतिः; (पक्षे) विश्वासाभावः.
१३ काकैः स्नाने कृते वृष्टिर्न भवतीति वृद्धव्यवहारः. १४ कुलस्य;
(पक्षे) वेणोः. १५ जन्यत्वम्; (पक्षे) आश्रितत्वम्. १६ आधिक्यम्;
(पक्षे) दैर्घ्यम्. १७ पाण्डित्यशौर्यादेः; (पक्षे) रज्जोः. १८ विश्वस्त-
नाशायेत्यर्थः. १९ सम्यग्गृहीतो दुष्टानां पक्षोऽङ्गीकारो यैः; (पक्षे)
झटिति निष्कासनानर्हाः. श्यामपक्षवन्त इत्यर्थः. २० नीचाः;
(पक्षे) अल्पपरिणामवन्तः. २१ परान्भेदयन्ति ते. अन्येषां परस्पर-
भेदजननेन कलहप्रवर्तका इत्यर्थः; (पक्षे) इतरच्छेदकारकाः.
२२ क्रूरकर्माणः; (पक्षे) यथाश्रुतम्.

गुणच्युताः[1] कस्य न भयाय ॥ १४५ ॥ स्वकपोलेन[2] प्रकटीकृतं प्रमत्तत्वकारणं किमपि । द्विरदस्य दुर्जनस्य च मदं चकारैव दानमपि ॥ १४६ ॥ संतापमोहकम्पान्संपादयितुं निहन्तुमपि जन्तून् । सखि दुर्जनस्य भूतिः प्रसरति दूरं ज्वरस्येव ॥ १४७ ॥ अर्थग्रहणे न तथा व्यथयति कटुकूजितैर्यथा पिशुनः । रुधिरादानादधिकं दुनोति कर्णे कुणन्[3] मशकः[4] ॥ १४८ ॥ क्षुद्रोद्भवस्य कटुतां[5] प्रकटयतो विदधतश्च मदमुच्चैः[6] । मधुनोऽधमपुरुषस्य च गरिमा लघिमा च भेदाय ॥ १४९ ॥ त्यजति च गुणान्सुदूरं तनुमपि[7] दोषं निरीक्ष्य गृह्णाति । मुक्त्वालंकृतकेशान्यूकामिव वानरः पिशुनः ॥ १५० ॥ दोषालोकन[8]निपुणाः परुषगिरो दुर्जनाश्च घूकाश्च । दर्शनमपि भयजननं येषामनिमित्तपिशुनानाम् ॥ १५१ ॥ पिशुनत्वमेव विद्या परदूषणमेव भूषणं येषाम् । परदुःखमेव सौख्यं शिव शिव ते केन वेधसा सृष्टाः ॥ १५२ ॥ हस्त इव भूतिमलिनो लङ्घयति यथा यथा खलः सुजनम् । दर्पणमिव तं कुरुते तथा तथा निर्मलच्छायम् ॥ १५३ ॥ अन्यस्य लगति कर्णे जीवितमन्यस्य हरति बाण इव । हृदयं दुनोति पिशुनः कण्टक इव पादलग्नोऽपि ॥ १५४ ॥ स्वरसेन बध्नतां करमादाने कण्टकोत्करैस्तुदताम् । पिशुनानां पनसानां कोशाभोगोऽप्यविश्वास्यः ॥ १५५ ॥ वंशे घुण इव न विशति दोषो रसभाविते सतां मनसि । रसमपि तु न प्रतीच्छति बहुदोषः संनिपातीव ॥ १५६ ॥ परपरितापनकुतुकी गणयति नात्मीयमपि तापम् । परहतिहेतोः पिशुनः संदंश इव स्वपीडनं सहते ॥ १५७ ॥ सगुणापि हन्त विगुणा भवति खलास्याद्विचित्रवर्णापि । आखुमुखादिव शाटी पदपरिपाटी कवेः कापि ॥ १५८ ॥ कतिपयदिनपरमायुषि मदकारिणि यौवने दुरात्मानः । विदधति तथापराधं जन्मैव यथा वृथा भवति ॥ १५९ ॥ दुश्चरितैरेव निजैर्भवति दुरात्मा विशङ्कितो नित्यम् । दर्शनपथमापन्नं पन्नगकुलमाकुलीभवति ॥ १६० ॥ स्वयमपि भूरिच्छिद्रः[9] श्चापलम्[10]अपि सर्वतोमुखं[11] तन्वन् । तितउ[12]स्तुषस्य पिशुनो दोषस्य विवेचने[1]ऽधिकृतः ॥ १६१ ॥ पिशुनः खलु सुजनानां खलमेव पुरो निधाय जेतव्यः । कृत्वा ज्वरमात्मीयं जिगाय बाणं रणे विष्णुः ॥ १६२ ॥ वक्राः कपटस्निग्धा मलिनाः कर्णान्तिके प्रसज्जन्तः । कं भेदयन्ति न सखे खलाश्च गणिकाकटाक्षाश्च ॥ १६३ ॥ कस्तूरिकामृगाणामण्डाद्गन्धगुणमखिलमादाय । यदि पुनरहं विधिः स्यां खलजिह्वायां निवेशयिष्यामि ॥ १६४ ॥ आचरति दुर्जनो यत्सहसा मनसोऽप्यगोचरानर्थान् । तन्न न जाने जाने स्पृश्यति मनः किं तु नैव निष्ठुरताम् ॥ १६५ ॥ नष्टमपात्रे दानं नष्टं हितमफलबुद्ध्यवज्ञाने । नष्टो गुणोऽगुणज्ञे नष्टं दाक्षिण्यमकृतज्ञे ॥ १६६ ॥ रोगोऽण्डजोऽङ्कुरोऽग्निर्विषमश्वतरो घुणाः क्रिमयः । प्रकृतिकृतघ्नश्च नरः स्वाश्रयमविनाश्य नैधन्ते ॥ १६७ ॥ आदौ लज्जयति कृतं मध्ये परिभवति रिक्तमवसाने । खलसंगतस्य कथयत यदि सुस्थितमस्ति किंचिदपि ॥ १६८ ॥ परमर्मदिव्यदर्शिषु जात्यैवोचितनिगूढवैरेषु । कः खलु खलेषु शङ्कां श्लथयिष्यति दम्भनिरतेषु ॥ १६९ ॥ अस्थानाभिनिवेशी प्रायो जड एव भवति नो विद्वान् । बालादन्यः कोऽम्भसि जिघृक्षतीन्दोः स्फुरद्बिम्बम् ॥ १७० ॥ लब्धोदयोऽपि हि खलः प्रथमं स्वजनं नयति सुपरितापम् । उद्गच्छन्दवदहनो जन्मभुवं दारु निर्दहति ॥ १७१ ॥ अल्पश्रुतलव एव प्रायः प्रकटयति वाग्विभवमुच्चैः । सर्वत्र कुनट एव हि नाटकमधिकं विडम्बयति ॥ १७२ ॥ प्रखला एव गुणवतामाक्रम्य धुरं पुरः प्रकर्षन्ति । तृणकाष्ठमेव जलधेरुपरि प्लवते न रत्नानि ॥ १७३ ॥ महतां यदेव मूर्धसु तदेव नीचास्तृणाय मन्यन्ते । लिङ्गं प्रणमन्ति बुधाः काकः पुनरासनीकुरुते ॥ १७४ ॥ सह वसतामप्यसतां जलरुहजलवद्भवत्यसंश्लेषः । दूरेऽपि सतां वसतां प्रीतिः कुमुदेन्दुवद्भवति ॥ १७५ ॥ साधयति यत्प्रयोजनमज्ञस्तत्तस्य काकतालीयम् । दैवात्कथमप्यक्षरमुत्किरति घुणोऽपि काष्ठेषु ॥ १७६ ॥ प्रायः खलप्रकृतयो नापरिभूता हिताय कल्पन्ते । पुष्प्यत्यधिकमशोको गणिकाचरणप्रहारेण ॥ १७७ ॥ परमर्मघट्टनादिषु खलस्य यत्कौशलं न तत्कृत्ये । यत्सामर्थ्यमुपहतौ विषस्य तन्नोपकाराय ॥ १७८ ॥ अतिसत्कृता अपि शठाः सहभुवमुज्झन्ति जातु न प्रकृतिम् । शिरसा महेश्वरेणापि ननु धृतो वक्र एव शशी ॥ १७९ ॥ वायुरिव खलजनोऽयं प्रायः पररूपमेति संपर्कात् । सन्तस्तु रविकरा इव सदसद्योगेऽप्यसंश्लिष्टाः ॥ १८० ॥ दूरेऽपि परस्यागसि पटुर्जनो नात्मनः समीपेऽपि । स्वं व्रणमक्षि न पश्यति श-

१ साधुत्वादिगुणहीनाः; (पक्षे) ज्यायाश्च्युताः. २ स्वस्य गण्डस्थलेन प्रकटीकृतम्. दानस्य तत उत्पत्तेरिति भावः; (पक्षे) स्वमुखेनाभिहितम्. एवं मया दानं कृतमिति. ३ गुणगुणेति शब्दं कुर्वन्. ४ मधुमक्षिका; (पक्षे) नीचः. ५ रूक्षताम्; (पक्षे) कटुभाषिताम्. ६ उन्मादम्; (पक्षे) गर्वम्. ७ सूक्ष्मम्. ८ दूषणानि; (पक्षे) रात्रिः. ९ बहुवाच्यः; (पक्षे) बहुरन्ध्रः. १० मौखर्यम्; (पक्षे) चापल्यम्. ११ सकलजनसमक्षम्; (पक्षे) सर्वदिग्विषयम्. १२ चालनी.

१ निर्णये; (पक्षे) स्वीकारे.

शिनि कलङ्कं निरूपयति ॥ १८१ ॥ साधुष्वेवातितरामरुंतु-
दाः स्वां विवृण्वते वृत्तिम्। व्याघ्रा निघ्नन्ति मृगान्मृतमपि
न तु सिंहमाददते ॥ १८२ ॥ अविकारिणमपि सज्जनमनि-
शमनार्यः प्रबाधतेऽत्यर्थम्। कमलिन्या किमिह कृतं हिम-
स्य यत्तां सदा दहति ॥ १८३ ॥ स्वगुणानिव परदोषा-
न्वक्तुं न सतोऽपि शक्नुवन्ति बुधाः। स्वगुणानिव परदोषा-
नसतोऽपि खलास्तु कथयन्ति ॥ १८४ ॥ कृत्वापि येन ल-
ज्जामुपैति साधुः परोदितेनापि। तदकृत्वैव खलजनः स्वय-
मुद्गिरतीति धिग्लघुताम् ॥ १८५ ॥ प्रकृतिखलत्वादसतां
दोष इव गुणोऽपि बाधते लोकान्। विषकुसुमानां गन्धः
सुरभिरपि मनांसि मोहयति ॥ १८६ ॥ मृगमदकर्पूरागुरु-
चन्दनगन्धाधिवासितो लशुनः। न त्यजति गन्धमशुभं प्रकृ-
तिमिव सहोत्थितां नीचः ॥ १८७ ॥ उपकृतिरेवं खलानां
दोषस्य गरीयसो भवति हेतुः। अनुकूलाचरणेन हि कुप्य-
न्ति व्याधयोऽत्यर्थम् ॥ १८८ ॥ न परं फलति हि किंचि-
त्खल एवानर्थमावहति यावत्। मारयति सपदि विषतरु-
राश्रयमाणं श्रमापनुदे ॥ १८९ ॥ स्वार्थनिरपेक्ष एव हि प-
रोपघातोऽसतां व्यसनमेव। अशनायोदन्या वा विरमति
फणिनो न दन्दशतः ॥ १९० ॥ एकीभावं गतयोर्जलप-
यसोर्मित्रचेतसोश्चैव। व्यतिरेककृतौ शक्तिर्हंसानां दुर्जना-
नां च ॥ १९१ ॥ शल्यमपि स्खलदन्तः सोढुं शक्येत
हालाहलदिग्धम्। धीरैर्न पुनरकारणकुपितखलालीकदुर्वच-
नम् ॥ १९२ ॥ प्रारम्भतोऽतिविपुलं भृशकृशमन्ते विभेदकृ-
न्मलिनम्। महिषविषाणमिवानृजु परुषं भयदं खलप्रेम
॥ १९३ ॥ ह्रेपयति प्रियवचनैरादरमुपदर्शयन्खलीकुरुते।
उत्कर्षयंश्च लघयति मूर्खसुहृत्सर्वथा वर्ज्यः ॥ १९४ ॥ अगुण-
कणो गुणराशिर्द्वयमपि दैवेन खलमुखे पतितम्। प्रसरति तैल-
मिवैकः सलिले घृतवज्जडत्वमेत्यन्यः ॥ १९५ ॥ तस्मिन्गता-
र्द्रभावे वीतरसे शुण्ठिशकल इव पुरुषे। अपि भूतिभाजि
मलिने नागरशब्दो विडम्बाय ॥ १९६ ॥ परितोषयिता न क-
श्चन स्वगतो यस्य गुणोऽस्ति देहिनः। परदोषकथाभिरल्पकः
स्वजनं तोषयितुं किलेच्छति ॥ १९७ ॥ [2]सहजान्धदृशः [3]स्वदुर्न-
ये परदोषेक्षणदिव्यचक्षुषः। [4]स्वगुणोच्चगिरो [5]मुनिव्रताः [6]परव-
र्णग्रहणेष्वसाधवः ॥ १९८ ॥ सुकुमारमहो लघीयसां हृदयं
तद्गतमप्रियं यतः। सहसैव समुद्गिरन्त्यमी क्षमयन्त्येव हि

१ तुच्छः. २ स्वाभाविकी अन्धा अपश्यन्ती दृग्येषां ते. ३ स्वदोषे. ४ आत्मप्रशंसायां प्रगल्भवाच इत्यर्थः. ५ मौनव्रतिनः. ६ परस्तुतिवचनेषु.

तन्मनीषिणः ॥ १९९ ॥ उपकारपरः स्वभावतः सततं सर्व-
जनस्य सज्जनः। असतामनिशं तथाप्यहो गुरुहृद्रोगकरी
तदुन्नतिः ॥ २०० ॥ परितप्यत एव नोत्तमः परितप्तोऽप्य-
परः [1]सुसंवृतिः। परवृद्धिभि[2]राहितव्यथः [3]स्फुटनिर्भिन्नदुराश-
योऽधमः ॥ २०१ ॥ [4]अनिराकृततापसंपदं [5]फलहीनां [6]सुम-
नोभिरुज्झिताम्। खलतां [7]खलतामि[8]वासतीं प्रतिपद्येत कथं
बुधो जनः ॥ २०२ ॥ अपि वेत्ति षडक्षराणि चेदुपदेष्टुं [9]शिति-
कण्ठमिच्छति। वसनाशनमात्रमस्ति चे[10]द्धनदादप्यतिरिच्यते
खलः ॥ २०३ ॥ अहमेव [11]गुरुः [12]सुदारुणानामिति हालाहल
मा स्म तात [13]दृप्यः। ननु सन्ति भवादृशानि भूयो भुवनेऽस्मि-
न्वचनानि दुर्जनानाम् ॥ २०४ ॥ वदने विनिवेशिता भुजं-
गी पिशुनानां [14]रसनामिषेण धात्रा। अनया कथमन्यथावली-
ढा नहि जीवन्ति जना मनागमन्त्राः ॥ २०५ ॥ अमरैर-
मृतं न पीतमब्धेर्न च हालाहलमुल्बणं हरेण। विधिना निहितं
खलस्य वाचि द्वयमेतद्बहिरेकमन्तरन्यत् ॥ २०६ ॥ वहति
[15]विषधरान्[16]पटीरजन्मा शिरसि मषीपटलं दधाति दीपः। वि-
धुरपि भजतेतरां कलङ्कं पिशुनजनं खलु बिभ्रति क्षितीन्द्राः
॥ २०७ ॥ मधुरिमरुचिरं वचः खलानाममृतमहो प्रथमं
पृथु व्यनक्ति। अथ कथयति मोहहेतुमन्तर्गतमिव हाला-
हलं विषं तदेव ॥ २०८ ॥ प्रकटमपि न संवृणोति दोषं
गुणलवलम्पट एष [17]साधुवर्गः। अतिपरुषरुषं विनापि दोषैः
पिशुनशुनां रुषतां प्रयाति कालः ॥ २०९ ॥ अन्तर्वाणिं म-
न्यमानः खलोऽयं पौरो[18]भाग्यं [19]सूक्तिमुक्तासु धत्ते। [20]सर्वान-
न्दिन्यङ्के कामिनीना[21]मीमे [22]मार्गत्येष वै [23]भम्भरालिः ॥ २१० ॥
बोधितोऽपि बहुसूक्तिविस्तरैः किं खलो जगति सज्जनो भ-
वेत्। स्नापितोऽपि बहुशो नदीजलैर्गर्दभः किमु हयो भ-
वेत्क्वचित् ॥ २११ ॥ विद्यया विमलयाप्यलंकृतो दुर्जनः

१ शोभना संवृतिः परितापगोपनं यस्य सः. २ उत्पादितसंतापः. ३ स्फुटं निर्भिन्नः प्रकाशितो दुराशयः परशुभद्वेषलक्षणो दुरभिप्रायो यस्य सः. ४ अनिराकृता न निवारिता तापसंपत्तापातिशयो यया ताम्; (पक्षे) संतापजननैकस्वभावादपरत्रासतरुछायाविरहात्. ५ इहामुत्र चोपकारशून्याम्; (पक्षे) सर्वार्थरहिताम्. ६ बुधैरुज्झिताम्; (पक्षे) पुष्पैर्वर्जिताम्. ७ खस्य लताम्. गगनलतिकामित्यर्थः. ८ दुष्टाम्; (पक्षे) निरुपाख्याम्. ९ शिवम्. १० कुबेरात्. ११ श्रेष्ठः. १२ अतितीव्राणाम्. १३ गर्वोद्धतो मा भव. १४ जिह्वाच्छलेन. १५ सर्पान्. १६ चन्दनः. १७ शास्त्रवित्. १८ दोषैकदृक्त्वम्. १९ सूक्तय एव मुक्ताफलानि तासु. २० सर्वेषामाह्लादके. २१ व्रणम्. २२ शोधयति. २३ मक्षिका.

सदसि[1] मास्तु कश्चन । साक्षरा हि विपरीततां गताः केवलं जगति तेऽपि राक्षसाः ॥ २१२ ॥ दोषपोषमभियाति परं यो बाधमेति बहुसज्जनयोगात् । संमतौ विमतिमात्रसहायो दुर्जनो भ्रम इवातिचकास्ति ॥ २१३ ॥ उन्नतं[2] पदमवाप्य यो लघुर्[3]हेलयैव स पतेदिति ब्रुवन् । शैलशेखरगतः पृषद्गण[4]श्चारु[5]मारुतधुतः[6] पतत्यधः[7] ॥ २१४ ॥ भग्नकुम्भ-[8]शकलेन वै मलं बालकस्य जननी व्यपोहति । तद्वदोष्ठवदनेन दुर्जनो मातृतः शतगुणाधिको भवेत् ॥ २१५ ॥ एवमेव नहि जीव्यते खलात्तत्र का नृपतिवल्लभे कथा । पूर्वमेव हि सुदुःसहोऽनलः किं पुनः प्रबलवायुनेरितः ॥२१६॥ अकरुणत्वमकारणविग्रहः[9] परधने परयोषिति च स्पृहा[10] । सुजनबन्धुजनेष्वसहिष्णुता[11] प्रकृतिसिद्धम्[12]इदं हि दुरात्मनाम् ॥ २१७ ॥ इतरदेव बहिर्मुखमुच्यते हृदि तु यत्स्फुरतीतरदेव तत् । चरितमेतदधीरवितारकं धुरि पयःप्रतिबिम्बमिवासताम् ॥ २१८ ॥ क्व पिशुनस्य गतिः प्रतिहन्यते दशति दृष्टमपि श्रुतमप्यसौ । अतिसुदुष्करमव्यतिरिक्तदृक्छ्रुतिभिरप्यथ दृष्टिविषैरिदम् ॥ २१९ ॥ नमः खलेभ्यः क इवाथवा न तानलं नमस्येदिह यो जिजीविषुः । विनैव ये दोषमृषिप्रकाण्डवन्नयन्ति शापेन रसातलं नरान् ॥ २२० ॥ अकारणाविष्कृतवैरदारुणादसज्जनात्कस्य भयं न जायते । विषं महाहेरिव यस्य दुर्वचः सुदुःसहं संनिहितं सदा मुखे ॥२२१॥ तथारिभिर्न व्यथते शिलीमुखैर्हतो दिगन्ते हृदये न दूरतः । यथा खलानां कुधियां दुरुक्तिभिर्दिवानिशं तप्यति मर्मताडितः ॥ २२२ ॥ गुणापवादेन तदन्यरोपणाद्भृशाधिरूढस्य समञ्जसं जनम् । द्विधेव कृत्वा हृदयं निगूहतः स्फुरन्नसाधोर्विवृणोति वागसिः ॥ २२३ ॥ न दुर्जनः सज्जनतामुपैति बहुप्रकारैरपि सेव्यमानः । भूयोऽपि सिक्तः पयसा घृतेन न निम्बवृक्षो मधुरत्वमेति ॥ २२४ ॥ न लज्जते सज्जनवर्जनीयया भुजंगवक्रक्रिययापि दुर्जनः । धियं कुमायासमयाभिचारिणीं विदग्धतामेव हि मन्यते खलः ॥ २२५ ॥ समर्पिताः कस्य न तेन दोषा हठाद्गुणा वा न हृताः खलेन । तथापि दोषैर्न वियुज्यतेऽसौ स्पृष्टोऽपि नैकेन गुणेन चित्रम् ॥ २२६ ॥ आराध्यमानो बहुभिः प्रकारैर्नाराध्यते नाम किमत्र चित्रम् । अयं त्वपूर्वः प्रतिभाविशेषो यत्सेव्यमानो रिपुतामुपैति ॥ २२७ ॥ विद्वानुपालम्भमवाप्य दोषान्निवर्ततेऽसौ परितप्यते च । ज्ञातस्तु दोषो मम सर्वथेति पापो जनः पापतरं करोति ॥ २२८ ॥ विद्या विवादाय धनं मदाय शक्तिः परेषां परिपीडनाय । खलस्य साधोर्विपरीतमेतज्ज्ञानाय दानाय च रक्षणाय ॥ २२९ ॥ सद्वंश[1]जातं गुण[2]कोटि[3]युक्तं धनुः कथं पार्थिववामहस्ते । शरः परप्राणविहारदक्षः सपक्षपातोऽप्यधमो गरीयान् ॥ २३० ॥ दृष्टो वा सुकृतशतोपलालितो वा श्लिष्टो वा व्यसनशताभिरक्षितो वा । दौःशील्याज्जनयति नैव जात्वसाधुर्विस्रम्भं भुजग इवाङ्कमध्यसुप्तः ॥ २३१ ॥ एकः खलोऽपि यदि नाम भवेत्सभायां मोघीकरोति विदुषां निखिलप्रयासम् । एकापि पूर्णमुदरं मधुरैः पदार्थैरालोड्य रेचयति हन्त न मक्षिका किम् ॥ २३२ ॥ हालाहलं खलु पिपासति कौतुकेन कालानलं परिचुचुम्बिषति प्रकामम् । व्यालाधिपं च यतते परिरब्धुमद्धा यो दुर्जनं वशयितुं कुरुते मनीषाम्[4] ॥ २३३ ॥ ते दृष्टिमात्रपतिता अपि कस्य नात्र क्षोभाय पक्ष्मसदृशामलकाः खलाश्च । नीचाः सदैव सविलासमलीकलग्ना ये कालतां कुटिलतामपि न त्यजन्ति ॥ २३४ ॥ प्राक्पादयोः पतति खादति पृष्ठमांसं कर्णे कलं किमपि रौति[5] शनैर्विचित्रम् । छिद्रं निरूप्य सहसा प्रविशत्यशङ्कः सर्वं खलस्य चरितं मशकः करोति ॥ २३५ ॥ हित्वा मदं समनसज्जनसज्जनौ तौ वन्दे नितान्तकुटिलप्रगुणस्वभावौ । एकं भिया निरभिसंहितवैरिभावं प्रीत्या परं परमनिर्वृतिपात्रभूतम् ॥ २३६ ॥ पादाहतोऽपि दृढदण्डसमाहतोऽपि यं दंष्ट्रया स्पृशति तं किल हन्ति सर्पः । हर्षादिवैष पिशुनोऽत्र मनुष्यधर्मा कर्णे परं स्पृशति हन्त परं समूलम् ॥ २३७ ॥ उद्भासिता[6]खिलखलस्य विशृङ्खलस्य[7] प्राग्जातविस्मृतनिजाधमकर्मवृत्तेः । दैवादवाप्तविभवस्य गुणद्विषोऽस्य नीचस्य गोचरगतैः सुखमाप्यते कैः ॥ २३८ ॥ संवर्धितोऽपि भुजगः पयसा न वश्यस्तत्पालकानपि निहन्ति बलेन सिंहः । दुष्टः परैरुपकृतस्तदनिष्टकारी विश्वासलेश इह नैव बुधैर्विधेयः ॥ २३९ ॥ कस्तूरिकां तृणभुजामटवी[8]मृगाणां निक्षिप्य नाभिषु चकार

१ सभायाम्. २ उत्कर्षम्; (पक्षे) उच्चस्थानम्. ३ अल्पबुद्धिः; (पक्षे) अल्पपरिमाणः. ४ अम्बुकणसमुदायः. ५ मन्देन. ६ कम्पितः. ७ उत्कर्षाद्धीयते; (पक्षे) अधोदेशे पतति. ८ भिन्नशरावखण्डेन. ९ निरर्थकविरोधः. १० इच्छा. ११ असहनशीलता. १२ स्वभावसिद्धम्.

१ वेणुः; (पक्षे) कुलम्. २ मौर्वी; (पक्षे) विद्याविनयादि. ३ अग्रम्; (पक्षे) संख्याविशेषः. ४ मतिम्. ५ शब्दं करोति. ६ आविष्कृतसकलदुष्टस्य. ७ अमर्यादस्य. ८ वनम्.

च तान्वधार्हान् । मूढो विधिः सकलदुर्जनलोलजिह्वामूले
स्म निक्षिपति चेत्सकलोपकारः ॥ २४० ॥ रूक्षं विरौति
परिकुप्यति निर्निमित्तं स्पर्शेन दूषयति वारयति प्रवेशम् ।
लज्जाकरं दशति नैव च तृप्यतीति कौलेयकस्य च ख-
लस्य च को विशेषः ॥ २४१ ॥ युक्तं यया किल निरन्त-
रलब्धवृत्तेरस्याभिमानतमसः प्रसरं निरोद्धुम् । विद्वत्तया ज-
गति तामवलम्ब्य केचित्तन्वन्त्यहंकृतिमहो शतशाखमा-
न्ध्यम् ॥ २४२ ॥ प्रायः स्वभावमनिलो महतां समीपे ति-
ष्ठन्खलः प्रकुरुतेऽर्थिजनोपघातम् । शीलार्दितैः सकललो-
कसुखावहोऽपि धूमे स्थिते नहि सुखेन निषेव्यतेऽग्निः
॥ २४३ ॥ धूमः पयोधरपदं कथमप्यवाप्य वर्षाम्बुभिः
शमयति ज्वलनस्य तेजः । दैवादवाप्य कलुषप्रकृति-
र्महत्त्वं प्रायः स्वबन्धुजनमेव तिरस्करोति ॥ २४४ ॥
नाश्चर्यमेतदधुना हतदैवयोगादुच्चैः स्थितिर्यदधमो न
महानुभावः । रथ्याकटङ्कशतसंकरसंकुलोऽपि पृष्ठे
भवत्यवकरो न पुनर्निधानम् ॥ २४५ ॥ बिस-
मलमशनाय स्वादु पानाय तोयं शयनमवनिपृष्ठे वल्कले
वाससी च । नवधनमधुपानभ्रान्तसर्वेन्द्रियाणामविनयमनु-
मन्तुं नोत्सहे दुर्जनानाम् ॥ २४६ ॥ मलयभुवि विरूढ-
श्चन्दनेनाभिवृद्धो न भजति किल वेणुः सौरभं चन्दनस्य ।
तदिह नहि विचित्रं सर्वदोषाकराणां नहि भवति खलानां
साधुतागन्धलेशः ॥ २४७ ॥ हसति लसति हर्षात्तीव्रदुःखे
परेषां स्खलति गलति मोहादात्मनः क्लेशलेशे । नदति
वदति निन्द्यं मानिनां किं च नीचः परुषवचनमल्पं श्रावितो
हन्तुमेति ॥ २४८ ॥ दिगन्ते खेलन्ती सरसहृदयानन्दज-
ननी मया नीता दुष्टप्रचुरनगरीं क्वापि कविता । अकस्मा-
दुन्मीलत्खलवदनवल्मीकरसनाभुजंगीदष्टाङ्गी शिव शिव
समाप्तिं गतवती ॥ २४९ ॥ अभूदम्भोराशेः सह वसति-
रासीत्कमलया गुणानामाधारो नयनफलमिन्दुः प्रथयति ।
कथं सिंहीसूनुस्तमपि तुदति प्रौढदशनैर्गुणानामास्वादं पि-
शुनरसना किं रसयति ॥ २५० ॥ वृथा दुग्धोनड्वान्स्तन-
भरनता गौरिति चिरं परिष्वक्तः षण्ढो युवतिरिति लाव-
ण्यसहिता । कृता वैदूर्याशा विकचकिरणे काचशकले मया
मूढेन त्वां कृपणमगुणज्ञं प्रणमता ॥ २५१ ॥ स्वपक्षच्छेदं
वा समुचितफलभ्रंशमथवा स्वमूर्तेर्भङ्गं वा पतनमशुचौ
नाशमथवा । शरः प्राप्नोत्येतान्हृदयपथसंस्थोऽपि धनुष ऋ-
जोर्वक्राश्लेषाद्भवति खलु सुव्यक्तमशुभम् ॥ २५२ ॥ गुणा-
नां सा शक्तिर्विपदमनुबध्नन्ति यदमी प्रसन्नस्तद्वेधा मम
यदि न तैर्योगमकरोत् । विषण्णं दौर्गत्यादिति गुणिनमालोक्य
विगुणः करोति स्वे गेहे ध्रुवमतिसमृद्ध्योत्सवमसौ ॥ २५३ ॥
अवेक्ष्य स्वात्मानं विगुणमपरानिच्छति तथा फलत्येतन्नो चे-
द्विलपति न सन्तीह गुणिनः । निमार्ष्टुं शर्मुं वा परिभवितु-
मुद्यच्छति ततोऽप्यहो नीचे रम्या सगुणविजिगीषा वि-
धिकृता ॥ २५४ ॥ न विषममृतं कर्तुं शक्यं प्रयत्नशतै-
रपि त्यजति कटुतां न स्वां निम्बः स्थितोऽपि पयोहृदे ।
गुणपरिचितामार्यां वाणीं न जल्पति दुर्जनश्चिरमपि बला-
ध्माते लोहे कुतः कनकाकृतिः ॥ २५५ ॥ यदि परगुणा
न क्षम्यन्ते यतस्व तदर्जने न हि परयशो निन्दाव्याजैरलं
परिमार्जितुम् । विरमसि न चेदिच्छाद्वेषप्रसक्तमनोरथो दि-
नकरकरान्पाणिच्छत्रैर्नुदन्श्रममेष्यसि ॥ २५६ ॥ शमयति
यशः क्लेशं सूते दिशत्यशिवां गतिं जनयति जनोद्वेगायासं
नयत्युपहास्यताम् । भ्रमयति मतिं मानं हन्ति क्षिणोति च
जीवितं क्षिपति सकलं कल्याणानां कुलं खलसंगमः ॥२५७॥
जिह्मो[१] लोकः कथयति पुरा हन्त हित्वा गुणौघानम्भः
क्षारं गुणगणनिधेस्तस्य रत्नाकरस्य । विश्वे छिद्रानुसरण-
समारूढसर्वेन्द्रियाणां दोषे दृष्टिः पिशुनमनसां नानुरागो
गुणेषु ॥ २५८ ॥ सन्तः सच्चरितोदयव्यसनिनः प्रादुर्भव-
द्यन्त्रणाः[२] सर्वत्रैव जनापवादचकिता जीवन्ति दुःखं सदा ।
अव्युत्पन्नमतिः[३] कृतेन न सता नैवासता व्याकुलो युक्ता-
युक्तविवेकशून्यहृदयो धन्यो जनः प्राकृतः[४] ॥ २५९ ॥
या लोभात्सविधे[५] खलस्य सुरसा वाणी बुधैर्नीयते नो जा-
नाति स तामचेतनतया सैव स्वयं लीयते । भर्तुः स्नेहच-
यात्प्रविश्य दहने भस्मीभवत्यङ्गना गाढालिङ्गनतत्परेण म-
नसा प्रेतो न वेत्ति प्रियाम् ॥ २६० ॥ नागच्छन्नुपहूयते
न वचनोत्थानासनैः पूज्यते नो पृच्छन्ननुभाष्यते न च
दृशा सान्द्रादरं वीक्ष्यते । ईर्ष्यावेशकषायिते हृदि घृणाले-
शोऽपि न स्पृश्यते किं त्वेकः प्रवदन्समञ्जसमपि प्राज्ञः श-
ठैर्हस्यते ॥ २६१ ॥ दूरादुच्छ्रितपाणिरार्द्रनयनः प्रोत्सारि-
तार्धासनो गाढालिङ्गनतत्परः प्रियकथाप्रश्नेषु दत्तादरः ।
अन्तर्भूतविषो बहिर्मधुमयश्चातीव मायापटुः[६] को नामायम-
पूर्वनाटकविधिर्यः शिक्षितो दुर्जनैः ॥ २६२ ॥ जाड्यं ह्री-
मति[७] गण्यते व्रतरुचौ[८] दम्भः शुचौ कैतवं[९] शूरे निर्घृणता[१०]

१ कुटिलः. २ स्वेच्छाचरणनिरोधो येषां ते. ३ अनिपुणमतिः. ४ नीचः. ५ अन्तिके. ६ कपटपटुः. ७ लज्जावति. ८ व्रतेषु रुचिः प्रीतिर्यस्य तस्मिन्. ९ शाठ्यम्. १० निर्दयता.

मुनौ विमतिता दैन्यं प्रियालापिनि । तेजस्विन्यवलिप्तता मुखरता वक्तर्यशक्तिः स्थिरे तत्को नाम गुणो भवेत्स गुणिनां यो दुर्जनैर्नाङ्कितः ॥ २६३ ॥ पोतो दुस्तरवारिराशितरणे दीपोऽन्धकारागमे निर्वाते व्यजनं मदान्धकरिणां दर्पोपशान्त्यै सृणिः । इत्थं तद्भुवि नास्ति यस्य विधिना नोपायचिन्ता कृता मन्ये दुर्जनचित्तवृत्तिहरणे धातापि भग्नोद्यमः ॥२६४॥ धातस्तात तदैव दूषणमिदं यन्नाम कस्तूरिका कान्तारान्तरचारिणां तृणभुजां यन्नाभिमूले कृता । यद्येवं पिशुनस्य हन्त रसनामूलेऽकरिष्यस्तदा प्रायासेन विनाभविष्यदतुला कीर्तिश्च निर्दोषता ॥ २६५ ॥ एके सत्पुरुषाः परार्थघटकाः स्वार्थं परित्यज्य ये सामान्यास्तु परार्थमुद्यमभृतः स्वार्थाविरोधेन ये । तेऽमी मानुषराक्षसाः परहितं स्वार्थाय निघ्नन्ति ये ये तु घ्नन्ति निरर्थकं परहितं ते के न जानीमहे ॥ २६६ ॥ नारीणां वचनेन कर्म कुरुते दीनं वचो भाषते नालस्यं विजहाति तिग्मकिरणे प्रौढे समुत्तिष्ठति । किंचित्क्वापि न साहसं वितनुते देहे चिरं दूयते नो वा विन्दति पौरुषं कुपुरुषः कोऽप्येष निर्णीयताम् ॥ २६७ ॥ वक्रत्वं ननु कुन्तलादिव मुखे तैक्ष्ण्यं कटाक्षादिव क्रूरत्वं कुचमण्डलादिव सुनैर्घृण्यं स्वचित्तादिव । मालिन्यं नयनाञ्जनादिव किलाधैर्यं स्वभावादिव स्वैरण्यैव सुशिक्षितोऽसि खल किं जातोऽस्यतोऽरुंतुदः ॥ २६८ ॥ वाताहारतया जगद्विषधरैराश्वास्य निःशेषितं ते ग्रस्ताः पुनरभ्रतोयकणिकातीव्रव्रतैर्बर्हिभिः । तेऽपि क्रूरचमूरुचर्मवसनैर्नीताः क्षयं लुब्धकैर्दम्भस्य स्फुरितं विदन्नपि जनो जाल्मो गुणानीहते ॥ २६९ ॥ कस्त्वं भद्र खलेश्वरोऽहमिह किं घोरे वने स्थीयते शार्दूलादिभिरेव हिंस्रपशुभिः खाद्योऽहमित्याशया । कस्मात्कष्टमिदं त्वया व्यवसितं मद्देहमांसाशिनः प्रत्युत्पन्ननृमांसभक्षणधियस्ते घ्नन्तु सर्वान्नरान् ॥ २७० ॥ भिक्षो मांसनिषेवणं प्रकुरुषे किं तेन मद्यं विना मद्यं चापि तव प्रियं प्रियमहो वाराङ्गनाभिः सह । वेश्या द्रव्यरुचिः कुतस्तव धनं द्यूतेन चौर्येण वा चौर्यद्यूतपरिग्रहोऽपि भवतो नष्टस्य कान्या गतिः ॥ २७१ ॥ वेश्यावेश्मसु सीधुगन्धललनावक्त्रासवामोदितैर्नीत्वा निर्भरमन्मथोत्सवसुखैरुन्निद्रचन्द्राः क्षपाः । सर्वज्ञा इति दीक्षिता इति चिरात्प्राप्ताग्निहोत्रा इति ब्रह्मज्ञा इति तापसा इति दिवा धूर्तैर्जगद्वञ्च्यते ॥ २७२ ॥ वृत्तिं स्वां बहु मन्यते हृदि शुचं धत्तेऽनुकम्पोक्तिभिर्व्यक्तं निन्दति योग्यतां मितमतिः कुर्वन्स्तुतीरात्मनः । गर्होपायनिषेवणं कथयति स्थास्नु वदन्व्यापदं श्रुत्वा दुःखमरुंतुदां वितनुते पीडां जनः प्राकृतः ॥ २७३ ॥ पाकश्चेन्न शुभस्य मेऽद्य तदसौ प्रागेव नादात्किमु स्वार्थश्चेन्न मयास्य किं न भजते दीनान्स्वबन्धूनयम् । मत्तो रन्ध्रदृशोऽस्य भीर्यदि न तल्लब्धः किमेष त्यजेदित्यन्तः पुरुषोऽधमः कलयति प्रायः कृतोपक्रियः ॥ २७४ ॥ साश्चर्यं युधि शौर्यमप्रतिहतं तत्खण्डिताखण्डलं याञ्चोत्तानकरः कृतः स भगवान्दानेन लक्ष्मीपतिः । ऐश्वर्यं स्वकरात्तसप्तभुवनं लब्धाब्धिचारं यशः सर्वं दुर्जनसंगमेन सहसा स्पष्टं विनष्टं कलेः ॥ २७५ ॥ वर्णस्थं गुरुलाघवं न गणयत्याशङ्कते न क्वचिद्रूपं नैव परीक्षते न पुरुषं वृत्तेषु वार्ता कुतः । कष्टं नायशसो बिभेति महतो नैवापशब्दान्तरान्मृत्युर्मूर्खकविः खलः कुनृपतिश्चौरस्य तुल्यक्रियाः ॥ २७६ ॥ वन्द्यान्निन्दति दुःखितानुपहसत्याबाधते बान्धवाञ्छूरान्द्वेष्टि धनच्युतान्परिभवत्याज्ञापयत्याश्रितान् । गुह्यानि प्रकटीकरोति घटयन्यत्नेन वैराशयं ब्रूते शीघ्रमवाच्यमुज्झति गुणान् गृह्णाति दोषान्खलः ॥ २७७ ॥ कर्णे तत्कथयन्ति दुन्दुभिरवैः राष्ट्रे यदुद्धोषितं तन्नम्राङ्गतया वदन्ति करुणं यस्मात्रपावान्भवेत् । श्लाघन्ते तदुदीर्यते यदरिणाप्युग्रं न मर्मान्तकृद्ये केचिन्ननु शाठ्यमौग्ध्यनिधयस्ते भूभृतां रञ्जकाः ॥ २७८ ॥ भण्डस्ताण्डवमण्डपे चटुकथावीथीषु कन्थाकविर्गोष्ठश्वा स्वगृहाङ्गणे शिखरिभूगर्ते खटाखुः स्फुटम् । पिण्डीशूरतया विटश्च पटुतां भूभृद्गृहे गाहते गच्छन्ति ह्रदकूष्टकच्छपतुलां चित्रं ततोऽन्यत्र ते ॥ २७९ ॥ भिक्षो! कन्था श्लथा ते,नहि शफरिवधे जालमश्नासि मत्स्यांस्ते वै मद्योपदंशाः,पिबसि मधु, समं वेश्यया, यासि वेश्याम्। दत्त्वाङ्घ्रिं मूर्ध्न्यरीणां,तव किमु रिपवो, भित्तिभेत्तास्मि येषां, चोरोऽसि,द्यूतहेतोस्त्वयि सकलमिदं नास्ति नष्टे विचारः ॥ २८० ॥ दैवादप्युत्तमानामपहरति यदा दुर्जनो वा कथंचिन्मानं नाप्नोति तेषामनुजनितगुणानेव कुत्राधिकत्वम् । स्वर्भानुर्भानवीयान्हरति यदि पुनः शीतरश्मेर्मरीचीन्ब्रह्माण्डस्येह खण्डे तदपि नरपते किं ग्रहेशत्वमेति ॥ २८१ ॥ हे पक्षिन्नागतस्त्वं कुत इह सरसस्तत्कियद्वा विशालं किं मद्धाम्नोऽपि बाढं तदतिशठ महापाप मा ब्रूहि मिथ्या । इत्थं कूपोदरस्थः शपति तटगतं दर्दुरो राजहंसं नीचः प्रायः शठार्थो भवति हि विषमो नापराधेन दुष्टः ॥ २८२ ॥ आखुः कै-

१ मननशीले. २ दीनत्वम्. ३ सगर्वता. ४ वाचालत्वम्. ५ नौका. ६ अङ्कुशः. ७ भग्नप्रयत्नः. ८ दुर्गममार्गसंचारिणाम्. ९ सूचकस्य. १० जिह्वामूले. ११ प्रकृष्टेन यत्नेन. १२ खलराजः. १३ व्याघ्रादिभिः. १४ घातकपशुभिः. १५ भक्षणीयः.

लासशैलं तुलयति करटस्तार्क्ष्यमांसामिलाषी बभ्रुर्लाङ्गूलमूलं चलयति चपलस्तक्षकाहिं जिघांसुः । भेकः पारं यियासुर्भुजगमपि महाघस्मरस्याम्बुराशेः प्रायेणासन्नपातः स्मरति समुचितं कर्म न क्षुद्रकर्मा ॥ २८३ ॥

लक्ष्मीस्वभावः ।

या स्वसद्मनि पद्मेऽपि संध्यावधि[1] विजृम्भते[2] । इन्दिरा[3] मन्दिरेऽन्येषां कथं तिष्ठति सा चिरम्[4] ॥१॥ गुणिनं जनमालोक्य निजबन्धनशङ्कया । राजँल्लक्ष्मीः कुरङ्गीव[5] दूरं दूरं पलायते ॥ २ ॥ शूरं त्यजामि वैधव्यादुदारं लज्जया पुनः । सापत्न्यात्पण्डितमपि तस्मात्कृपणमाश्रये ॥ ३ ॥ गोभिः क्रीडितवान्कृष्ण इति गोसमबुद्धिभिः । क्रीडत्यद्यापि सा लक्ष्मीरहो देवी पतिव्रता ॥ ४ ॥ अत्यार्यमतिदातारमतिशूरमतिव्रतम् । प्रज्ञाभिमानिनं चैव श्रीर्भयान्नोपसर्पति ॥ ५ ॥ अनागतविधातारमप्रमत्तमकोपनम् । स्थिरारम्भमदीनं च नरं श्रीरुपतिष्ठते ॥ ६ ॥ मन्ये सत्यमहं लक्ष्मीः समुद्राद्धूलिरुत्थिता । पश्यन्तोऽपि न पश्यन्ति सन्तो विह्वललोचनाः ॥७॥ समायाति यदा लक्ष्मीर्नारिकेलफलाम्बुवत् । विनिर्याति यदा लक्ष्मीर्गजभुक्तकपित्थवत् ॥ ८ ॥ लक्ष्मीर्यादोनिभेर्यादो नादो वादोचितं वचः । बिभ्यती धीवरेभ्यो या जडेष्वेव निमज्जति ॥ ९ ॥ कुटिला लक्ष्मीर्यत्र प्रभवति न सरस्वती वसति तत्र । प्रायः श्वश्रूस्नुषयोर्न दृश्यते सौहृदं लोके ॥ १० ॥ अव्यवसायिनमलसं दैवपरं साहसाच्च परिहीनम् । प्रमदा पतिमिव वृद्धं नेच्छति लक्ष्मीरुपस्थातुम् ॥ ११ ॥ गुणवद्भिः सह संगममुच्चैःपदमाप्तुमुत्सुका लक्ष्मीः । वीरकरवालवसतिर्भुवमसिधाराव्रतं चरति ॥ १२ ॥ श्रीपरिचयाज्जडा अपि भवन्त्यभिज्ञा विदग्धचरितानाम् । उपदिशति कामिनीनां यौवनमद एव ललितानि ॥ १३ ॥ वाक्चक्षुःश्रोत्रलयं लक्ष्मीः कुरुते नरस्य को दोषः । गरलसहोदरजाता तच्चित्रं यन्न मारयति ॥ १४ ॥ अनुभवत ददत वित्तं मान्यान्मानयत सज्जनान्भजत । अतिपरुषपवनविलुलितदीपशिखाचञ्चला लक्ष्मीः ॥ १५ ॥ रत्नाकरतनुजनुषि द्विजराजे राजनि श्रियो मित्रे । अमृतकरे च कलावति पद्मिनि वामा कुतो भवती ॥ १६ ॥ पूरयति पूर्णमेषां तरङ्गिणीसंहतिः समुद्रमिव । लक्ष्मीरधनस्य पुनर्लोचनमार्गेऽपि नायाति ॥ १७ ॥ सुव्यवसायिनि शूरे क्लेशसहिष्णावनाकुलारम्भे । मयि पृष्ठतो विलग्ने यास्यसि कमले कियद्दूरम् ॥ १८ ॥ अपि दोर्भ्यां परिबद्धा बद्धापि गुणैरनेकधा निपुणैः । निर्गच्छति क्षणादिव जलधिजलोत्पत्तिपिच्छिला लक्ष्मीः ॥ १९ ॥ हरिभामिनि सिन्धुसंभवे कमले किं कथयामि ते गुणान् । अनुरज्यसि हा जडे जने गुणगौरे पुरुषे विरज्यसि ॥ २० ॥ वीक्षितानि तव वारिधिकन्ये यत्र पालितजगन्ति लगन्ति । चित्रमत्र च परत्र च देही देहिशब्दमपहाय चकास्ति ॥ २१ ॥ यद्वदन्ति चपलेत्यपवादं नैव दूषणमिदं कमलायाः । दूषणं जलनिधेर्हि भवेत्तद्यत्पुराणपुरुषाय ददौ ताम् ॥ २२ ॥ चाञ्चल्यमुच्चैःश्रवसस्तुरंगात्कौटिल्यमिन्दोर्विषतो विमोहः । इति श्रियाशिक्षि सहोदरेभ्यो न वेद्मि कस्माद्गुणवद्विरोधः ॥ २३ ॥ श्वश्रूं विना वृत्तिरिह स्वतन्त्रा प्रायः स्नुषाणामपवादहेतुः । यद्वाणि लोके रमया विहीनां सतीमपि त्वामसतीं वदन्ति ॥ २४ ॥ उत्साहसंपन्नमदीर्घसूत्रं क्रियाविधिज्ञं व्यसनेष्वसक्तम् । शूरं कृतज्ञं दृढसौहृदं च लक्ष्मीः स्वयं याति निवासहेतोः ॥ २५ ॥ हालाहलो नैव विषं विषं रमा जनाः परं व्यत्ययमत्र मन्वते । निपीय जागर्ति सुखेन तं शिवः स्पृशन्निमां मुह्यति निद्रया हरिः ॥ २६ ॥ तापापहे सुहृदये रुचिरे प्रबुद्धे मित्रानुरागनिरते धृतसद्गुणौघे । स्वाङ्गप्रदानपरिपूरितषट्पदौघे युक्तं तवेह कमले कमले स्थितिर्यत् ॥२७॥ रत्नाकरस्तव पिता कमले निवासो भ्राता सुधामयतनुः पतिरादिदेवः । केनापरेण कमले बत शिक्षितानि सारङ्गशृङ्गकुटिलानि विचेष्टितानि ॥ २८ ॥ लक्ष्मि क्षमस्व वचनीयमिदं दुरुक्तमन्धीभवन्ति पुरुषास्त्वदुपासनेन । नो चेत्कथं कमलपत्रविशालनेत्रो नारायणः स्वपिति पन्नगभोगतल्पे ॥ २९ ॥ असौभाग्यं धत्ते परमसुखभोगास्पदमयं

१ संध्याकालपर्यन्तम्. २ विराजते. ३ लक्ष्मीः. ४ स्थिरा. ५ मृगीव. ६ समुद्रस्य. ७ जलजन्तुः. ८ अदो वचो वादोचितं न. ९ कैवर्तेभ्यः; (पक्षे) बुद्धिश्रेष्ठेभ्यः. १० मूर्खेषु; (पक्षे डलयोः सावर्ण्यात्) उदकेषु. ११ अन्तर्गच्छति; (पक्षे) सुस्थिरं तिष्ठति. १२ अनुद्योगिनम्. १३ नियतिपरम्. १४ तरुणस्त्री. १५ खड्गः.

१ लक्ष्म्याः. २ नारायणाय; (पक्षे) वृद्धाय. ३ विषभेदः. ४ लक्ष्मीः. ५ विपरीतभावम्. ६ चन्द्रः. ७ नारायणः. ८ सर्पः. ९ शरीरम्. १० शय्यायाम्. ११ हे जननि, भवती यत्र यस्मिन्पुरुषे प्रसादं तनुते करोत्यसौ पुरुषो भाग्यमैश्वर्यं धत्ते. यत्र कोपं तनुते सोऽसौभाग्यं सौभाग्याभावं धत्ते. अयं प्रसादविषयः परमसुखभोगानामास्पदम्. अयं कोपविषयः परमत्यन्तमसुखभोगास्पदम्. भवतीति शेषः.

विचित्रं तद्गेहं भवति पृथुकार्तस्वरमयम् । निविष्टः पल्यङ्के कलयति स कान्तारतरणं प्रसादं कोपं वा जननि भवती यत्र तनुत ॥ ३० ॥ समुद्रस्यापत्यं प्रथितमहिमामुद्रितभुवः स्वसा प्रालेयांशोस्त्रिनयनशिरोधामवसतेः । मुरारातेर्योषित्सरसिरुहकिञ्जल्कनिलया तथापि श्रीः स्त्रीत्वात्प्रकृतिचपलालिङ्गति खलान् ॥ ३१ ॥ तीक्ष्णादुद्विजते मृदौ परिभवत्रासान्न संतिष्ठते मूर्खान्द्वेष्टि न गच्छति प्रणयिताम्त्यन्तविद्वत्स्वपि । शूरेभ्योऽप्यधिकं बिभेत्युपहसत्येकान्तभीरूनपि श्रीर्लब्धप्रसरेव वेशवनिता दुःखोपचर्या भृशम् ॥ ३२ ॥ कस्मैचित्कपटाय कैटभरिपूरःपीठदीर्घालयां देवि त्वामभिवाद्य कुप्यसि न चेत्तत्किंचिदाचक्ष्महे । यत्ते मन्दिरमम्बुजन्म किमिदं विद्यागृहं यच्च ते नीचान्नीचतरोपसर्पणमपामेतत्किमाचार्यकम् ॥ ३३ ॥ पद्मे मूढजने ददासि विभवं विद्वत्सु किं मत्सरो नाहं मत्सरिणी न चापि चपला नैवास्ति मूर्खे रतिः । मूर्खेभ्यो द्रविणं ददामि नितरां तत्कारणं श्रूयतां विद्वान्सर्वगुणेषु पूजिततनुर्मूर्खस्य नान्या गतिः ॥ ३४ ॥ तिर्यक्त्वं भजतु प्रतारयतु वा धर्मक्रियाकोविदं हन्तु स्वां जननीं पिबत्वपि सुरां शुद्धां वधूमुज्झतु । वेदान्निन्दतु वा हिनस्तु जनतां किं वानया चिन्तया लक्ष्मीर्यस्य गृहे स एव भजति प्रायो जगद्वन्द्यताम् ॥ ३५ ॥ आलस्यं स्थिरतामुपैति भजते चापल्यमुद्योगितां मूकत्वं मितभाषितां वितनुते मौढ्यं भवेदार्जवम् । पात्रापात्रविचारणाविरहिता यच्छत्युदारात्मतां मातर्लक्ष्मि तव प्रसादवशतो दोषा अमी स्युर्गुणाः ॥ ३६ ॥ हे लक्ष्मि क्षणिके स्वभावचपले मूढे च पापेऽधमे न त्वं चोत्तमपात्रमिच्छसि खले प्रायेण दुश्चारिणि । ये देवार्चनसत्यशौचनिरता ये चापि धर्मे रतास्तेभ्यो लज्जसि निर्दये गतमतिर्नीचो जनो वल्लभः ॥ ३७ ॥ नाहं दुश्चारिणी न चापि चपला मूर्खो न मे रोचते नो शूरो न च पण्डितो न च शठो हीनाक्षरो नैव च । पूर्वस्मिन्कृतपुण्ययोगविभवो भुक्तं स मे सत्फलं लोकानां किमसह्यता साखे पुनर्दृष्ट्वा परां संपदम् ॥ ३८ ॥ हन्तुर्बन्धुजनान्धनार्थमनघान्गन्तुः परस्त्रीशतं रन्तुर्जन्तुविहिंसकैः सह जनैः संतुष्यतो वञ्चनैः । वक्तुस्तीक्ष्णमयुक्तमेव वचनं पक्तुर्मितं चौदनं नित्यं नृत्यसि मन्दिरेषु कमले कैत्यं तवैतन्मतम् ॥ ३९ ॥ यत्राभ्यागतदानमानचरणप्रक्षालनं भोजनं सत्सेवा पितृदेवतार्चनविधिः सत्यं गवां पालनम् । धान्यानामपि संग्रहो न कलहश्चित्तानुरूपा प्रिया हृष्टा प्राह हरिं वसामि कमला तस्मिन्गृहे निश्चला ॥ ४० ॥ येषामन्यैकलत्रदर्शनकलाव्युत्पत्तिशून्ये दृशौ मूढं हृच्च परार्थचिन्तनविधौ मिथ्यानमिज्ञं मुखम् । अप्रज्ञातपशून्बुभुक्षितशिशून्क्रोदकैस्ताम्यतस्तेषां लक्ष्मि गृहान्दृशापि भयभीतेवेह नो वीक्षसे ॥ ४१ ॥ नो जानाति कुलीनमुत्तमगुणं सत्त्वान्वितं धार्मिकं नाचारप्रवणं न कार्यकुशलं न प्रज्ञयालंकृतम् । नीचं क्रूरमपेतसत्त्वमदयं यस्मादियं सेवते तद्वंशानुगुणं पयोधिसुतया लक्ष्म्या प्रमाणीकृतम् ॥ ४२ ॥ पीतोऽगस्त्येन तातश्चरणतलहतो वल्लभोऽन्येन रोषादाबाल्याद्विप्रवर्यैः स्ववदनविवरे धारिता वैरिणी मे । गेहं मे छेदयन्ति प्रतिदिवसमुमाकान्तपूजानिमित्तं तस्मात्खिन्ना सदाहं द्विजकुलसदनं नाथ नित्यं त्यजामि ॥ ४३ ॥

---

१ तस्य पूर्वोक्तस्य पुरुषस्य गेहं विविधचित्रयुक्तं तथा पृथु महत्कार्तस्वरं स्वर्णं तन्मयं भवति; (पक्षे) चित्ररहितं तथा पृथुकानां बालानामन्नाद्यभावप्रयुक्तेनार्तस्वरेण प्रचुरम्. २ स पूर्वोक्तः पुरुषः कान्ताया रतं रमणं तदेव रणं युद्धम्; (पक्षे) कान्तारं दुर्गमारण्यं तत्तरणं कलयति. ३ चन्द्रस्य. ४ प्रियः. ५ निष्पापान्. ६ प्राणिविघातकैः.

धनप्रशंसा ।

अहो कनकमाहात्म्यं वक्तुं केनापि शक्यते । नामसाम्यादहो चित्रं धत्तूरोऽपि मदप्रदः ॥ १ ॥ न वित्तं दर्शयेत्प्राज्ञः कस्यचित्स्वल्पमप्यहो । मुनेरपि यतस्तस्य दर्शनाच्चलते मनः ॥ २ ॥ धनमर्जय काकुत्स्थ धनमूलमिदं जगत् । अन्तरं नैव पश्यामि निर्धनस्य मृतस्य च ॥ ३ ॥ ब्रह्मघ्नोऽपि नरः पूज्यो यस्यास्ति विपुलं धनम् । शशिना तुल्यवंशोऽपि निर्धनः परिभूयते ॥ ४ ॥ कुत आगत्य घटते विघट्य क नु याति च । न लक्ष्यते गतिश्चित्रा घनस्य च धनस्य च ॥ ५ ॥ स्त्रीरूपं मोहकं पुंसो यून एव भवेत्क्षणम् । कनकं स्त्रीबालवृद्धषण्ढानामपि सर्वदा ॥ ६ ॥ न नरस्य नरो दासो दासस्त्वर्थस्य भूपते । गौरवं लाघवं वापि धनाधननिबन्धनम् ॥ ७ ॥ विभवो हि यथा लोके न शरीराणि देहिनाम् । चाण्डालोऽपि नरः पूज्यो यस्यास्ति विपुलं धनम् ॥ ८ ॥ यस्यास्ति वित्तं स नरः कुलीनः स पण्डितः स श्रुतवान्गुणज्ञः । स एव वक्ता

---

१ अयोग्यम्. २ मितंपचम्. कृपणमिति भावः. ३ किंप्रकारकम्. ४ परस्त्री. ५ समुद्रः. ६ भृगुणा. ७ सरस्वती. ८ कमलम्. ९ 'धत्तूरः कनकाह्वयः' इति कोशः. १० परिभवं प्राप्नोति. ११ शास्त्रज्ञः.

स च दर्शनीयः[1] सर्वे गुणाः काञ्चनमाश्रयन्ति ॥ ९ ॥ त्यजन्ति मित्राणि धनैर्विहीनं पुत्राश्च दाराश्च सुहृज्जनाश्च । तमर्थवन्तं पुनराश्रयन्ति ह्यर्थो हि लोके पुरुषस्य बन्धुः ॥ १० ॥ बुभुक्षितैर्व्याकरणं न भुज्यते पिपासितैः काव्यरसो न पीयते । न च्छन्दसा केनचिदुद्धृतं कुलं हिरण्यमेवार्जय निष्फला गुणाः ॥ ११ ॥ धनैर्निष्कुलीनाः कुलीना भवन्ति धनैरापदं मानवा निस्तरन्ति । धनेभ्यः परो बान्धवो नास्ति लोके धनान्यर्जयध्वं धनान्यर्जयध्वम् ॥ १२ ॥ दुन्दुभिस्तु सुतरामचेतनस्तन्मुखादपि धनं धनं धनम्[2] । इत्थमेव निनदः प्रवर्तते किं पुनर्यदि जनः सचेतनः ॥ १३ ॥ त्यक्त्वा युवा स्वयुवतिं सुविलासयोग्यां दूरं विदेशवसतौ निवसन्धनार्थी । रात्र्यागमे स्मरति तां न समेति तस्मात्कान्ताश्रमादपि वरः कनकश्रमोऽयम् ॥ १४ ॥ जातिर्यातु रसातलं गुणगणस्तस्याप्यधो गच्छतु शीलं शैलतटात्पतत्वभिजनः संदह्यतां वह्निना । शौर्ये वैरिणि वज्रमाशु निपतत्वर्थोऽस्तु नः केवलं येनैकेन विना गुणास्तृणलवप्रायाः समस्ता इमे ॥ १५ ॥ माता निन्दति नाभिनन्दति पिता भ्राता न संभाषते भृत्यः कुप्यति नानुगच्छति सुतः कान्ता च नालिङ्गते । अर्थप्रार्थनशङ्कया न कुरुते संभाषणं वै सुहृत्तस्माद्द्रव्यमुपार्जयस्व सुमते द्रव्येण सर्वे वशाः ॥ १६ ॥

धननिन्दा ।

अर्थार्थी जीवलोकोऽयं श्मशानमपि सेवते । जनितारमपि त्यक्त्वा निःस्वं गच्छति दूरतः ॥ १ ॥ लक्ष्मीवन्तो न जानन्ति प्रायेण परवेदनाम् । शेषे धराभरक्रान्ते शेते नारायणः सुखम् ॥ २ ॥ वरं[3] हालाहलं पीतं सद्यः प्राणहरं विषम् । न तु दृष्टं धनान्धस्य भ्रूभङ्गकुटिलं[4] मुखम् ॥ ३ ॥ भक्ते[5] द्वेषो जडे[6] प्रीतिरुचिर्गुरुलङ्घनम्[7] । मुखे च कटुता[8] नित्यं धनिनां ज्वरिणामिव ॥ ४ ॥ आलिङ्गिताः परैर्यान्ति प्रस्खलन्ति समे[9] पथि । अव्यक्तानि च भाषन्ते धनिनो मद्यपा इव ॥ ५ ॥ आजन्मानुगतेऽप्यस्मिन्नाले विमुखमम्बुजम् । प्रायेण गुणपूर्णेषु रीतिर्लक्ष्मीवतामियम् ॥ ६ ॥ धनं तावदसुलभं लब्धं कृच्छ्रेण रक्ष्यते । लब्धनाशो यथा मृत्युस्तस्मादेतन्न चिन्तयेत् ॥ ७ ॥ जनयन्त्यर्जने दुःखं तापयन्ति विपत्तिषु । मोहयन्ति च संपत्तौ कथमर्थाः सुखावहाः ॥ ८ ॥ यथामिषं जले मत्स्यैर्भक्ष्यते श्वापदैर्भुवि । आकाशे पक्षिभिश्चैव तथा सर्वत्र वित्तवान् ॥ ९ ॥ राजतः सलिलादग्नेश्चोरतः स्वजनादपि । भयमर्थवतां नित्यं मृत्योः प्राणभृतामिव ॥ १० ॥ धनाशया खलीकारः कस्य नाम न जायते । दूरादामिषलोभेन बध्यते खेचरः[1] खगः ॥ ११ ॥ बधिरयति कर्णविवरं वाचं मूकयति नयनमन्धयति । विकृतयति गात्रयष्टिं संपद्रोगोऽयमद्भुतो[2] राजन् ॥ १२ ॥ लक्ष्म्या परिपूर्णोऽहं न भयं मेऽस्तीति मोहनिद्रैषा । परिपूर्णस्यैवेन्दोर्भवति भयं सिंहिकासूनोः[3] ॥ १३ ॥ अर्जुनीयति[4] यदर्जने जनो वर्जनीयजनतर्जनादिभिः[5] । मङ्क्षु[6] नश्यति चिराय संचिता वञ्चिता जगति के न संपदा ॥ १४ ॥ वरमसिधारा तरुतलवासो वरमिह भिक्षा वरमुपवासः । वरमपि घोरे नरके पतनं न च धनगर्वितबान्धवशरणम् ॥ १५ ॥ तानीन्द्रियाण्यविकलानि[7] मनस्तदेव सा बुद्धिरप्रतिहता[8] वचनं तदेव । अर्थोष्मणा[9] विरहितः पुरुषः स एव ह्यन्यः क्षणेन भवतीति विचित्रमेतत् ॥ १६ ॥ आपद्गतं[10] हससि किं द्रविणान्ध मूढ लक्ष्मीः स्थिरा न भवतीति किमत्र चित्रम् । एतान्प्रपश्यसि घटाञ्जलयन्त्रचक्रे रिक्ता भवन्ति भरिता भरिताश्च रिक्ताः ॥ १७ ॥ धनमपि परदत्तं दुःखमौचित्यभाजां भवति हृदि तदेवानन्दकारीतरेषाम् । मलयजरसबिन्दुर्बाधते नेत्रमन्तर्जनयति च स एवाह्लादमन्यत्र गात्रे ॥ १८ ॥ लभेद्यदयुतं[11] धनं तदधनं धनं यद्यपि लभेत नियुतं[12] धनं निधनमेव तज्जायते । तथा धनपरार्धकं[13] तदपि भावहीनात्मकं यदक्षरपदद्वयान्तरगतं[14] धनं तद्धनम् ॥ १९ ॥

---

१ प्रेक्षणीयः. २ 'धनं धनं धनम्' इत्यनुकरणशब्दः; (पक्षे) वित्तम्. ३ मनाक्प्रियम्. ४ भ्रुकुटिमोटनेन वक्रम्. ५ भक्ताः सेवकास्तेषां द्वेषः; (पक्षे) भक्तमन्नं तद्द्वेषः. ६ जडेषु मूर्खेषु प्रीतिः; (पक्षे डलयोः सावर्ण्यात्) जले रुचिः. ७ गुरूणां पित्रादीनामुल्लङ्घने; (पक्षे) गुरु यल्लङ्घनमुपवासस्तस्मिन्. ८ कटुभाषित्वम्; (पक्षे) कटुत्वम्. ९ अविषमे.

१ आकाशे चरन्नपि. २ विलक्षणः. ३ राहोः. ४ सहस्रबाहुवदाचरति. ५ भयत्रासादिभिः. ६ झटिति. ७ वैकल्यरहितानि. ८ अखण्डिता. ९ द्रव्यरूपोष्णतया. १० विपद्ग्रस्तम्. ११ दशसहस्रम्; (पक्षे) अकारेण युतं धनम्, अधनमित्यर्थः. १२ लक्षसंख्याकम्; (पक्षे) निशब्देन युतं धनम्. निधनमित्यर्थः. १३ धनस्य परार्धं संख्याविशेषः; (पक्षे) धनशब्दसंबन्धि परमर्धं 'न' इति तच्च भावहीनात्मकम्. अभावबोधकमित्यर्थः. १४ अक्षरः परमात्मा तच्चरणद्वयान्तरे गतं प्राप्तं यद्धनं मोक्षरूपं धनं तदेव धनम्; (पक्षे) अक्षरयोः पकारदकारात्मकयोर्मध्यवर्ति धनं इत्येतदक्षरद्वयरूपम्. धनमित्यर्थः.

दायादाः स्पृहयन्ति तस्करगणा मुष्णन्ति[1] भूमीभुजो दूरेण [2]छलमाकलय्य हुतभुग्[3]भस्मीकरोति क्षणात्। अम्भः प्लावयते क्षितौ विनिहितं यक्षा हरन्ति ध्रुवं दुर्वृत्ता[4]स्तनया नयन्ति निधनं[5] धिग्धिग्धनं तद्बहु ॥ २० ॥

धनिप्रशंसा।

धनवान्बलवाँल्लोके सर्वः सर्वत्र सर्वदा। प्रभुत्वं धनमूलं हि राज्ञामप्युपजायते ॥ १ ॥ वयोवृद्धास्तपोवृद्धा ज्ञानवृद्धाश्च ये परे। ते सर्वे धनवृद्धस्य द्वारे तिष्ठन्ति किंकराः ॥ २ ॥ न सा विद्या न तच्छीलं न तद्दानं न सा कला। अर्थार्थिभिर्न तच्छौर्यं धनिनां यन्न कीर्त्यते ॥ ३ ॥ पतन्ति खड्गधारासु विशन्ति मकरालयम्[6]। किं न कुर्वन्ति सुभगे कष्टमर्थार्थिनो जनाः ॥ ४ ॥ एहि गच्छ पतोत्तिष्ठ वद मौनं समाचर। एवमाशाग्रहग्रस्तैः क्रीडन्ति धनिनोऽर्थिभिः ॥ ५ ॥ यस्यार्थास्तस्य मित्राणि यस्यार्थास्तस्य बान्धवाः। यस्यार्थाः स पुमाँल्लोके यस्यार्थाः स च पण्डितः ॥ ६ ॥ को नाम नानुवृत्तिं सुमहानपि धनवतः कुरुते। वित्तेशभवनमित्तेः समीपमुपसेवते शंभुः ॥ ७ ॥ हेतुप्रमाणयुक्तं वाक्यं न श्रूयते दरिद्रस्य। अप्यति[7]परुषमसत्यं पूज्यं वाक्यं समृद्धस्य ॥ ८ ॥ वैभवभाजां दूषणमपि भूषणपक्ष एव निक्षिप्तम्। गुणमात्मनामधर्मं द्वेषं च गृणन्ति काणादाः[8] ॥ ९ ॥ वाणी दरिद्रस्य शुभा[9] हितापि ह्यर्थेन शब्देन च संप्रयुक्ता। न शोभते वित्तवतः समीपे भेरीनिनादोपहतेव[10] वीणा ॥ १० ॥ यादृशि तादृशि वित्तसनाथे पश्य पिशाचशतानि वसन्ति। यानि पुनर्निवसन्ति महीशे तानि न केनचिदाकलितानि ॥ ११ ॥ न विद्यया नैव कुलेन गौरवं जनानुरागो धनिकेषु सर्वदा। कपालिना[11] मौलि[12]धृतापि जाह्नवी प्रयाति रत्नाकरमेव सत्वरम् ॥ १२ ॥ गङ्गां च धारयति मूर्ध्नि सदा कपाली सा तस्य चुम्बति मुखं न कदाचिदेव। रत्नाकरं प्रति चुचुम्ब सहस्रवक्त्रैर्गङ्गा यतो युवतयः सधनानुकूलाः ॥ १३ ॥ धिगस्त्वेतां विद्यां धिगपि कवितां धिक् सुजनतां वयो रूपं धिग्धिग्धिगपि च यशो निर्धनवतः। असौ जीयादेकः सकलगुणहीनोऽपि धनवान्बहिर्यस्य द्वारे तृणलवनिभाः सन्ति गुणिनः ॥ १४ ॥ परिक्षीणः कश्चित्स्पृहयति यवानां प्रसृतये स पश्चात्संपूर्णः कलयति धरित्रीं तृणसमाम्। अतश्चानैकान्त्याद्गुरुलघुतयार्थेषु धनिनामवस्था वस्तूनि प्रथयति च संकोचयति च ॥ १५ ॥

दरिद्रनिन्दा।

उत्थाय हृदि लीयन्ते दरिद्राणां मनोरथाः। बालवैधव्यदग्धानां कुलस्त्रीणां कुचा इव ॥ १ ॥ हे दारिद्र्य नमस्तुभ्यं सिद्धोऽहं त्वत्प्रसादतः। पश्याम्यहं जगत्सर्वं न मां पश्यति कश्चन ॥ २ ॥ इह लोकेऽपि धनिनां परोऽपि स्वजनायते। स्वजनोऽपि दरिद्राणां तत्क्षणाद्दुर्जनायते ॥ ३ ॥ परीक्ष्य सत्कुलं विद्यां शीलं शौर्यं सुरूपताम्। विधिर्ददाति निपुणः कन्यामिव दरिद्रताम् ॥ ४ ॥ येनैवाम्बर[1]खण्डेन संवीतो निशि चन्द्रमाः। तेनैव च दिवा भानुरहो दौर्गत्यमेतयोः ॥ ५ ॥ चाण्डालश्च दरिद्रश्च द्वावेतौ सदृशाविह। चाण्डालस्य न गृह्णन्ति दरिद्रो न प्रयच्छति ॥ ६ ॥ अर्थेन तु विहीनस्य पुरुषस्याल्पमेधसः। क्रियाः सर्वा विनश्यन्ति ग्रीष्मे कुसरितो यथा ॥ ७ ॥ द्वाविमावम्भसि क्षेप्यौ गाढं बद्ध्वा गले शिलाम्। धनिनं चाप्रदातारं दरिद्रं चातपस्विनम् ॥ ८ ॥ अत्यन्तविमुखे[2] दैवे व्यर्थे यत्ने च पौरुषे। मनस्विनो दरिद्रस्य वनादन्यत्कुतः सुखम् ॥ ९ ॥ दूये[3] कान्ताकरं वीक्ष्य मणिकङ्कण[4]वर्जितम्। अतः परं[5] परं दूये मणिकं[6] कणवर्जितम्[7] ॥ १० ॥ रात्रौ जानुर्दिवा भानुः कृशानुः[8] संध्ययोर्द्वयोः। पश्य शीतं मया नीतं जानुभानुकृशानुभिः ॥ ११ ॥ किं करोमि क्व गच्छामि कमुपैमि दुरात्मना। दुर्भरेणोदरेणाहं प्राणैरपि विडम्बितः ॥ १२ ॥ दुःखं दुःखमिति ब्रूयान्मानवो नरकं प्रति। दारिद्र्यादधिकं दुःखं न भूतं न भविष्यति ॥ १३ ॥ किं चान्यैः सुकुलाचारैः सेव्यतामेति पूरुषः। धनहीनः स्वपत्नीभिस्त्यज्यते किं पुनः परैः ॥ १४ ॥ किं वाच्यं सूर्यशशिनोर्दारिद्र्यं महतां पुरः। दिनरात्रिविभागेन परिधत्तो यदम्बरम्[9] ॥ १५ ॥ मौर्ख्यं सर्वापदां निष्ठा का हि नापदजानतः। तस्मिन्नप्यविषण्णो यः क्व सोऽन्यत्र विपत्स्यति ॥ १६ ॥ यदि नाम कुले जन्म तत्किमर्थं दरिद्रता। दरिद्रत्वेऽपि मूर्खत्वमहो दुःखपरम्परा ॥ १७ ॥ कः स्वभावगभीराणां जानीयाद्बहिरापदम्। बालापत्येन भृत्येन

---

१ हरन्ति. २ कपटम्. ३ अग्निः. ४ दुष्टाचरणाः. ५ नाशम्. ६ समुद्रम्. ७ अतिकठोरम्. ८ वैशेषिकशास्त्रप्रवर्तकाः. ९ कल्याणी. १० दुन्दुभिध्वनिलुप्तेव. ११ शंकरेण. १२ मस्तकः.

१ आकाशम्; (पक्षे) वस्त्रम्. २ पराङ्मुखे. ३ खेदं प्राप्नोमि. ४ मणियुक्तं यत्ककणं तेन वर्जितम्. ५ अत्यन्तम्. ६ मृण्मयपात्रम्. ७ धान्यकणरहितम्. ८ अग्निः. ९ आकाशम्; (पक्षे) वस्त्रम्.

यदि सा न प्रकाश्यते ॥ १८ ॥ सन्तोऽपि न विराजन्ते हीनार्थस्येतरे गुणाः । आदित्य इव भूतानां श्रीर्गुणानां प्रकाशिनी ॥ १९ ॥ वरं हि नरके वासो न तु दुश्चरिते गृहे । नरकात्क्षीयते पापं कुगृहात्परिवर्धते ॥ २० ॥ नातः पापीयसीं कश्चिदवस्थां शम्बरोऽब्रवीत् । यस्यां नैवाद्य न प्रातर्भोजनं तात विद्यते ॥ २१ ॥ न तथा बाध्यते राजन्प्रकृत्या निर्धनो जनः । यथा भद्राणि संप्राप्य तैर्विहीनः सुखोचितः ॥ २२ ॥ कुब्जस्य कीटखातस्य दावनिष्कुषितत्वचः । तरोरप्यूषरस्थस्य वरं जन्म न चार्थिनः ॥ २३ ॥ धर्मार्थकामहीनस्य परकीयान्नभोजिनः । काकस्येव दरिद्रस्य दीर्घमायुर्विडम्बना ॥ २४ ॥ शीतमध्वा कदन्नं च वयोतीताश्च योषितः । मनसः प्रातिकूल्यं च जरायाः पञ्च हेतवः ॥ २५ ॥ सुहृदां हि धनं भुक्त्वा कृत्वा प्रणयमीप्सितम् । प्रतिकर्तुमशक्तस्य जीवितान्मरणं वरम् ॥ २६ ॥ लज्जावतः कुलीनस्य याचितुं धनमिच्छतः । कण्ठे पारावतस्येव वाक्करोति गतागतम् ॥ २७ ॥ कण्ठे गद्गदता स्वेदो मुखे वैवर्ण्यवेपथू । म्रियमाणस्य चिह्नानि यानि तान्येव याचतः ॥ २८ ॥ धन्यास्ते ये न पश्यन्ति देशभङ्गं कुलक्षयम् । परचित्तगतान्दारान्पुत्रं च व्यसनातुरम् ॥ २९ ॥ शेषभाष्यं तु काव्येन काव्यं गीतेन हन्यते । गीतं तु स्त्रीविलासेन स्त्रीविलासो बुभुक्षया ॥ ३० ॥ जीवन्त्यर्थक्षये नीचा याच्ञोपद्रववञ्चनैः । कुलाभिमानमूकानां साधूनां नास्ति जीवनम् ॥ ३१ ॥ शून्यमपुत्रस्य गृहं चिरशून्यं नास्ति यस्य सन्मित्रम् । मूर्खस्य दिशः शून्याः सर्वं शून्यं दरिद्रस्य ॥ ३२ ॥ पक्षविकलश्च पक्षी शुष्कश्च तरुः सरश्च जलहीनम् । सर्पश्चोद्धृतदंष्ट्रस्तुल्यं लोके दरिद्रश्च ॥ ३३ ॥ अम्बा तुष्यति न मया न स्नुषया सापि नाम्बया न मया । अहमपि न तया न तया वद राजन्कस्य दोषोऽयम् ॥ ३४ ॥ पृथुकार्तस्वरपात्रं भूषितनिःशेषपरिजनं देव । विलसत्करेणुगहनं संप्रति सममावयोः सदनम् ॥ ३५ ॥ दारिद्र्यान्मरणाद्वा मरणं संरोचते न दारिद्र्यम् । अल्पक्लेशं मरणं दारिद्र्यमनन्तकं दुःखम् ॥ ३६ ॥ तावत्सन्ति सहाया यावज्जन्तुर्न कृच्छ्रमाप्नोति । अभिपतति शिरसि मृत्यौ कं कः शक्तः परित्रातुम् ॥ ३७ ॥ विकसामि रवावुदिते संकोचमुपैमि चास्तमुपयाते । दारिद्र्यसरसि मग्नः पङ्कजलीलामनुभवामि ॥ ३८ ॥ घृतलवणतैलतण्डुलशाकेन्धनचिन्तयानुदिनम् । विपुलमतेरपि पुंसो नश्यति धीर्मन्दविभवत्वात् ॥ ३९ ॥ वीणा वंशश्चन्दनं चन्द्रभाराः शय्या यानं यौवनस्थास्तरुण्यः । नैतद्रम्यं क्षुत्पिपासार्दितानां सर्वारम्भास्तण्डुलप्रस्थमूलाः ॥ ४० ॥ दारिद्र्य भोस्त्वं परमं विवेकि गुणाधिके पुंसि सदानुरक्तम् । विद्याविहीने गुणवर्जिते च मुहूर्तमात्रं न रतिं करोषि ॥ ४१ ॥ दारिद्र्य शोचामि भवन्तमेवमस्मच्छरीरे सुहृदित्युषित्वा । विपन्नदेहे मयि मन्दभाग्ये ममेति चिन्ता क्व गमिष्यसि त्वम् ॥ ४२ ॥ एको हि दोषो गुणसन्निपाते निमज्जतीन्दोरिति यो[7] बभाषे । न तेन दृष्टं कविना समस्तं दारिद्र्यमेकं गुणकोटिहारि ॥ ४३ ॥ धनैर्विमुक्तस्य नरस्य लोके किं जीवितेनादित एव तावत् । यस्य प्रतीकारनिरर्थकत्वात्कोपप्रसादा विफलीभवन्ति ॥ ४४ ॥ अहो नु कष्टं सततं प्रवासस्ततोऽतिकष्टः परगेहवासः । कष्टाधिका नीचजनस्य सेवा ततोऽतिकष्टा धनहीनता च ॥ ४५ ॥ वरं वनं व्याघ्रगजेन्द्रसेवितं द्रुमालयः पत्रफलाम्बुभोजनम् । तृणानि शय्या वसनं च वल्कलं न बन्धुमध्ये धनहीनजीवनम् ॥ ४६ ॥ यदा तु भाग्यक्षयपीडितां दशां नरः कृतान्तोपहितां प्रपद्यते । तदास्य मित्राण्यपि यान्त्यमित्रतां चिरानुरक्तोऽपि विरज्यते जनः ॥ ४७ ॥ दानं न दत्तं न तपश्च तप्तं नाराधितौ शंकरवासुदेवौ । अग्नौ रणे वा न हुतश्च कायः शरीर किं प्रार्थयसे सुखानि ॥ ४८ ॥ फलाशिनो मूलतृणाम्बुभक्षा विवाससो निस्तरशा[12]यिनश्च । गृहे विमूढा मुनिवच्चरन्ति तुल्यं तपः किं तु फलेन हीनम् ॥ ४९ ॥ अर्था न सन्ति न च मुञ्चति मां दुराशा त्यागान्न संकुचति दुर्ललितं मनो मे । याच्ञा च लाघवकरी स्ववधे च पापं प्राणाः स्वयं व्रजत किं प्रविलम्बितेन ॥५०॥ भग्ना वयं परिभवासिभिरुग्रधारैर्दारिद्र्यचण्डदहनेन नितान्तदग्धाः । बन्धूपकारविषमित्थ-

१ दरिद्रस्य दोष इत्यर्थः. २ पृथूनि कार्तस्वरस्य सुवर्णस्य पात्राणि यस्मिंस्तत्; (पक्षे) पृथुकानां बालानामार्तस्वरा रुदितशब्दास्तेषां पात्रं भाजनम्. ३ भूषिता अलंकृता निःशेषाः परिजना यस्मिन्; (पक्षे) भुवि उषिता निःशेषाः परिजना यस्मिन्. ४ विलसन्त्यः शोभमानाः करेणवो हस्तिन्यस्ताभिर्गहनं निबिडम्; (पक्षे बवयोः सावर्ण्यात्) बिले सीदन्तीति बिलसदः बिलसद एव बिलसत्का बिलवर्तिनो ये रेणवो धूल्यस्तैर्गहनं व्याप्तम्. ५ गृहम्.

१ विचारशीलम्. २ प्रीतिम्. ३ स्थित्वा. ४ विनष्टशरीरे. ५ हतभाग्ये. ६ गुणसमुदाये. ७ कालिदासः. 'एको हि दोषो गुणसंनिपाते निमज्जतीन्दोः किरणेष्विवाङ्कः' इति कुमारसंभवस्थे पद्ये. ८ कोटिगुणनाशकमिति भावः. ९ परगृहवासः. १० लघुत्वकारिणी. ११ कालदैर्घ्येणेति यावत्. १२ आस्तरणहीनभूपृष्ठशायिनः.

मपीह भुक्तं जीवाय एव रविजस्य किमस्ति निद्रा ॥ ५१ ॥ धनं यदि गतं गतं चरणयुग्मरेणूपमं धरा यदि गता गता कथय मे किमेतावता । इदं पुनररुंतुदं[1] धनिगणैरिदानींतनैर्दरिद्रगणनाविधौ यदहमङ्कपाते धृतः ॥ ५२ ॥ गते सुहृदि शत्रुतां सततनिर्विवेके प्रभौ गृहे कुगृहिणीवचःक्रकचदारिते वा हृदि । महाजनविवर्जिते सदसि मानिनां श्रेयसे वरं मरणमेव वा शरणमन्यदेशान्तरम् ॥ ५३ ॥ अप्रस्तावस्तुतिमिरनिशं कर्णशूलं करोति स्वं दारिद्र्यं वदति वसनं दर्शयत्येव जीर्णम् । छायाभूतश्चलति न पुरः पार्श्वयोर्नैव पश्चान्निःस्वः खेदं दिशति धनिनां व्याधिवद्दुश्चिकित्स्यः ॥ ५४ ॥ निवासश्चिन्तायाः परपरिभवो वैरमपरं जुगुप्सा मित्राणां स्वजनजनविद्वेषकरणम् । वनं गन्तुं बुद्धिर्भवति च कलत्रात्परिभवो हृदिस्थः शोकाग्निर्न च दहति संतापयति च ॥ ५५ ॥ अये लाजानुच्चैः पथि वचनमाकर्ण्य गृहिणी शिशोः कर्णौ यत्नात्सुपिहितवती[2] दीनवदना । मयि क्षीणोपाये यदकृत दृशावश्रुशबले तदन्तःशल्यं मे त्वमिव पुनरुद्धर्तुमुचितः ॥ ५६ ॥ विधातुर्द्वे कन्ये सुगतिरपरा दुर्गतिरभूत्तयोराद्यां धाता गुणकुलविहीनाय स ददौ । ततः पश्चात्तापादिव सुगुणसज्जातमधुना कुलीनं विद्वांसं वरमिह वरेण्यं मृगयते ॥ ५७ ॥ न भिक्षा दुर्भिक्षे मिलति दुरवस्थाः कथमृणं लभन्ते कर्माणि द्विजपरिवृढान्कारयतु कः । अदत्त्वैव ग्रासं ग्रहपतिरसावस्तमयते क्व यामः किं कुर्मो गृहिणि गहनो जीवनविधिः ॥ ५८ ॥ निरस्थालीकं क्षुदुपहतसीदत्परिजनं विना दीपान्नक्तं सुखगहनसंरुद्धतिमिरम् । अनाक्रान्तद्वारं प्रणयिभिरपूर्णोत्सवमहो गृहं कारातुल्यं भवति खलु दुःखाय गृहिणः ॥ ५९ ॥ सखे खेदं मा गाः कलय किल तास्ता निजकलाः स्वकीर्त्या वर्धस्व क्व नु खलु तवैतद्व्यवसितम् । न तन्मोघत्यत्र स्फुरितमिति चेन्नैतदुचितं विचित्रोत्साहानां किमिदमियदेव त्रिभुवनम् ॥ ६० ॥ दधति न जनास्तन्नैराश्याददृष्टविभूतयो यदुचितसुखभ्रंशाद्दुःखं निजच्युतसंपदः । भवति हि तथा जात्यन्धानां कुतो हृदि वेदना नयनविषयं स्मृत्वा स्मृत्वा यथोद्धृतचक्षुषाम् ॥ ६१ ॥ मारोदीश्चिरमेहि[3] वस्त्ररुचिरान्दष्ट्वाद्य बालानिमानायातस्तव वत्स दास्यति पिता ग्रैवेयकं[4] वाससी[5] । श्रुत्वैवं गृहिणीवचांसि निकटे कुड्यस्य[1] निष्किंचनो[2] निश्वस्याश्रुजलप्लवप्लुतमुखः पान्थः पुनः प्रस्थितः ॥ ६२ ॥ वासःखण्डमिदं[4] प्रयच्छ यदि वा स्वाङ्के गृहाणार्भकं रिक्तं भूतलमत्र नाथ भवतः पृष्ठे पलालोच्चयः[3] । दंपत्योरिति जल्पितं निशि यदा चौरः प्रविष्टस्तदा लब्धं कर्पटमन्यतस्तदुपरि क्षिप्त्वा रुदन्निर्गतः ॥ ६३ ॥ वृद्धोऽन्धः पतिरेष मञ्चकगतः[5] स्थूणावशेषं[6] गृहं कालोऽभ्यर्णजलागमः[7] कुशलिनी वत्सस्य वार्तापि नो । यत्नात्संचिततैलबिन्दुघटिका भग्नेति पर्याकुला[8] दृष्ट्वा गर्भभरालसां निजवधूं[9] श्वश्रूश्चिरं रोदिति ॥ ६४ ॥ नो सेवा विहिता गुरोरपि मनाङ्नो वा कृतं पूजनं देवानां विधिवन्न वा शिव शिव स्निग्धादयः सेविताः । किं तु त्वच्चरणौ सरस्वति रसादाजन्मनः सेवितौ तस्मान्मां विजहाति सा भगवती[10] शङ्के सपत्नी तव ॥ ६५ ॥ क्षुत्क्षामाः शिशवः शवा इव भृशं मन्दाशया बान्धवा लिप्ता जर्जरकर्करी[11] जतुलवैर्नो[12] मां तथा बाधते । गेहिन्या त्रुटितांशुकं घटयितुं कृत्वा सकाकु[13] स्मितं कुप्यन्ती प्रतिवेशिलोकगृहिणी सूचीं यथा याचिता ॥ ६६ ॥ दग्धं खाण्डवमर्जुनेन बलिना दिव्यैर्द्रुमैः सेवितं दग्धा वायुसुतेन रावणपुरी लङ्का पुनः स्वर्णभूः । दग्धः पञ्चशरः[14] पिनाकपतिना तेनाप्ययुक्तं कृतं दारिद्र्यं जनतापकारकमिदं केनापि दग्धं नहि ॥ ६७ ॥ उत्तिष्ठ क्षणमेकमुद्वह[15] सखे दारिद्र्यभारं मम श्रान्तस्तावदहं चिरान्मरणजं सेवे त्वदीयं सुखम् । इत्युक्तं धनवर्जितस्य वचनं श्रुत्वा श्मशाने शवो दारिद्र्यान्मरणं वरं वरमिति ज्ञात्वैव तूष्णीं स्थितः ॥ ६८ ॥ भद्रे वाणि ममानने कुरु दयां वर्णानुपूर्व्या चिरं चेतः स्वास्थ्यमुपैहि याहि करुणे प्रज्ञे स्थिरत्वं व्रज । लज्जे तिष्ठ पराङ्मुखी क्षणमहो तृष्णे पुरः स्थीयतां पापो यावदहं ब्रवीमि धनिनां देहीति दीनं वचः ॥ ६९ ॥ यो गङ्गामतरत्तथैव यमुनां यो नर्मदां शर्मदां[16] का वार्ता सरिदम्बुलङ्घनविधौ यश्चार्णवांस्तीर्णवान् । सोऽस्माकं चिरमास्थितोऽपि सहसा दारिद्र्यनामा सखा त्वद्दानाम्बुसरित्प्रवाहलहरीमग्नो न[17] संभाव्यते ॥ ७० ॥ दारिद्र्याद्ध्रियमेति[18] ह्रीपरिगतः[19] सत्त्वात्परिभ्रश्यते निःसत्त्वः प-

१ मर्मस्पृक्. २ छादितवती. ३ रोदनं मा कुरु. ४ कण्ठभूषणम्. ५ वस्त्रे.

१ भित्तेः. २ दरिद्रः. ३ धान्यतृणस्रस्तरः. ४ जीर्णवस्त्रखण्डम्. ५ शय्या. ६ गृहस्तम्भः. ७ समीपः. ८ व्याकुला. ९ स्नुषाम्. १० लक्ष्मीरित्यर्थः. ११ चालनीसदृशः सच्छिद्रः कुम्भः. १२ लाक्षाखण्डैः. १३ स्तवसहितम्. १४ मदनः. १५ धारय. १६ सुखदात्रीम्. १७ न दृश्यते. १८ लज्जां प्राप्नोति. १९ लज्जायुक्तः.

रिभूयते परिभवान्निर्वेदमापद्यते । निर्विण्णः शुचमेति शोकनिहतो बुद्ध्या परित्यज्यते निर्बुद्धिः क्षयमेत्यहो निधनता सर्वापदामास्पदम् ॥७१॥ शीतेनाध्युषितस्य माषशिमिवच्चिन्तार्णवे मज्जतः शान्ताग्नेः स्फुटिताधरस्य धमतः क्षुत्क्षामकुक्षेर्मम । निद्रा क्वाप्यवमानितेव दयिता संत्यज्य दूरं गता तत्पात्रप्रतिपादितेव वसुधा न क्षीयते शर्वरी ॥ ७२ ॥ दारिद्र्यात्पुरुषस्य बान्धवजनो वाक्ये न संतिष्ठते सुस्निग्धा विमुखीभवन्ति सुहृदः स्फारीभवन्त्यापदः । सत्त्वं ह्रासमुपैति शीलशशिनः कान्तिः परिम्लायते पापं कर्म च यत्परैरपि कृतं तत्तस्य संभाव्यते ॥ ७३ ॥ सङ्गं नैव हि कश्चिदस्य कुरुते संभाष्यते नादरात्संप्राप्तो गृहमुत्सवेषु धनिनां सावज्ञमालोक्यते । दूरादेव महाजनस्य विहरत्यल्पच्छदो लज्जया मन्ये निर्धनता प्रकामपरं षष्ठं महापातकम् ॥ ७४ ॥ पौरेभ्यो न भयं न दण्डपतनं त्रासो न वा भूपतेर्निःसङ्गं शयनं निशासु गमनं दुर्गेषु मार्गेषु च । दारिद्र्य सुखमेव केवलमहो दोषद्वयं वर्तते जाया निन्दति चाङ्गभोगसमये मुञ्चन्ति वै याचकाः ॥ ७५ ॥ वासश्चर्म विभूषणं शवशिरो भस्माङ्गलेपः सदा ह्येको गौः स च लाङ्गलाद्यकुशलः संपत्तिरेतादृशी । इत्यालोच्य विमुच्य शंकरमगादद्रत्नाकरं जाह्नवी कष्टं निर्धनिकस्य जीवितमहो दारैरपि त्यज्यते ॥ ७६ ॥ मद्गेहे मुषकीव मूषकवधूर्मूषीव मार्जारिका मार्जारीव शुनी शुनीव गृहिणी वाच्यः किमन्यो जनः । इत्यापन्नशिशूनसूनिव जहतो दृष्ट्वा तु झिल्लीरवैर्लूतातन्तुवितानसंवृतमुखी चुल्ली चिरं रोदिति ॥ ७७ ॥ पीठा[3]ः कच्छपवत्तरन्ति सलिले संमार्जनी मीनवद्दर्वी सर्पविचेष्टितानि कुरुते संत्रासयन्ती शिशून् । शूर्पार्धावृतमस्तका च गृहिणी भित्तिः प्रपातोन्मुखी रात्रौ पूर्णतडागसंनिभमभूद्राजन्मदीयं गृहम् ॥ ७८ ॥ शीलं शातयति श्रुतं शमयति प्रज्ञां निहन्त्यादरं दैन्यं दीपयति क्षमां क्षपयति व्रीडामपि ह्रसति । तेजो जर्जरयत्यपास्यति मतिं विस्तारयत्यर्थितां पुंसः क्षीणधनस्य किं न कुरुते वैरं कुटुम्बग्रहः ॥ ७९ ॥ दारिद्र्येण समीरितापि बहुशः कण्ठं समालम्बते कण्ठात्कष्टशतैः कथं कथमपि प्राप्नोति जिह्वातलम् । जिह्वाकीलककीलितेव सुदृढं तस्मान्न निर्यात्यसौ वाणी प्राणपरिक्षयेऽपि महतां देहीति नास्तीति च ॥ ८० ॥ दृष्टं दुर्जनचेष्टितं परिभवो लब्धः समानाज्जनात्पिण्डार्थे धनिनां कृतं श्वलडितं भुक्तं कपालेष्वपि । पद्भ्यामध्वनि संप्रयातमसकृत्सुप्तं तृणप्रस्तरे यच्चान्यत्र कृतं कृतान्त कुरु हे तत्रापि सज्जा वयम् ॥ ८१ ॥ आसे चेत्स्वगृहे कुटुम्बभरणं कर्तुं न शक्तोऽस्म्यहं सेवे चेत्सुखसाधनं मुनिवनं मुष्णन्ति मां तस्कराः । श्वभ्रे चेत्स्वतनुं त्यजामि नरकाद्भीरात्महत्यावशान्नो जाने करवाणि दैव किमहं मर्तुं न वा जीवितुम् ॥ ८२ ॥ मा भूज्जन्म महाकुले तदपि चेन्मा भूद्विपत्सापि चेन्मा भूद्भूरि कलत्रमस्ति यदि तन्मा भूद्दयार्द्रं मनः । तच्चेदस्ति तदस्तु मृत्युरथ चेत्तस्यापि नास्ति क्षणस्तज्जन्मान्तरनिर्विशेषसदसद्देशान्तरेऽस्तु स्थितिः ॥ ८३ ॥ यैः कारुण्यपरिग्रहान्न गणितः स्वार्थः परार्थे प्रति यैश्चात्यन्तदयापरैर्न विहिता वन्ध्यार्थिनां प्रार्थना । ये चासन्परदुःखदुःखितधियस्ते साधवोऽस्तं गताश्चक्षुः संहर बाष्पवेगमधुना कस्याग्रतो रुद्यते ॥ ८४ ॥ सक्तूञ्छोषयति प्लुतान्प्रतिकरोत्याक्रन्दतो बालकान्प्रत्यासिञ्चति कर्परेण सलिलं शय्यातृणं रक्षति । धृत्वा मूर्ध्नि पुराणशूर्पशकलं शून्ये गृहे व्याकुला किं तद्यन्न करोति दुर्गतवधूर्देवे भृशं वर्षति ॥ ८५ ॥ दारिद्र्यक्षितिपः स मे निजपतिस्तस्य प्रसादादभूद्याच्ञा जीवनमम्बरं दश दिशो वासश्च देवालये । अस्मद्वैरिणि लब्धसंगतिरिति त्वय्याश्रये कुप्यता मद्वृत्तिं विनियोजितास्त्वदरयः का नाम वृत्तिर्मम ॥ ८६ ॥ आसीत्ताम्रमये शरीरमधुना सौवर्णवर्णं गतं मुक्ताहारलताश्रुबिन्दुनिवहैर्निःश्वस्य मे कल्पिता । स्वल्पं स्वल्पमनल्पकल्पमधुना दीर्घं वयः कल्पितं स्वामिन्दुःख भवत्प्रसादवशतः किं किं न लब्धं मया ॥ ८७ ॥

दानप्रशंसा ।

अनुकूले विधौ[1] देयं यतः पूरयिता हरिः । प्रतिकूले विधौ देयं यतः सर्वं हरिष्यति ॥ १ ॥ यद्ददाति यदश्नाति तदेव धनिनो धनम् । अन्ये मृतस्य क्रीडन्ति दारैरपि धनैरपि ॥ २ ॥ यद्ददासि विशिष्टेभ्यो यच्चाश्नासि दिने दिने । तत्ते वित्तमहं मन्ये शेषमन्यस्य रक्षसि ॥ ३ ॥ त्याग एको गुणः श्लाघ्यः किमन्यैर्गुणराशिभिः । त्यागाज्जगति पूज्यन्ते पशुपाषाणपादपाः ॥ ४ ॥ भवन्ति नरकाः पापात्पापं दारिद्र्यसंभवम् । दारिद्र्यमप्रदानेन तस्माद्दानपरो भवेत् ॥ ५ ॥ ग्रासादर्धमपि ग्रासमर्थिभ्यः किं न यच्छसि । इच्छानुरूपो विभवः कदा कस्य भविष्यति ॥ ६ ॥

---

१ खेदम्. २ स्थानम्. ३ आसनानि.

१ दैवे. २ पूरणकर्ता.

गौरवं प्राप्यते दानान्न तु वित्तस्य संचयात् । स्थितिरुच्चैः पयोदानां पयोधीनामधः स्थितिः ॥ ७ ॥ दारिद्रान्भर कौन्तेय मा प्रयच्छेश्वरे धनम् । व्याधितस्यौषधं पथ्यं नीरुजस्य किमौषधैः ॥ ८ ॥ दातव्यमिति यद्दानं दीयतेऽनुपकारिणे । देशे काले च पात्रे च तद्दानं सात्त्विकं विदुः ॥ ९ ॥ उपार्जितानां वित्तानां त्याग एव हि रक्षणम् । तडागोदरसंस्थानां परीवाह इवाम्भसाम् ॥ १० ॥ दानोपभोगवन्ध्या या सुहृद्भिर्या न भुज्यते । पुंसां यदि हि सा लक्ष्मीरलक्ष्मीः कतमा भवेत् ॥ ११ ॥ किं तया क्रियते लक्ष्म्या या वधूरिव केवला । या न वेश्येव सामान्या[१] पथिकैरुपभुज्यते ॥ १२ ॥ आयासशतलब्धस्य प्राणेभ्योऽपि गरीयसः । गतिरेकैव वित्तस्य दानमन्या विपत्तयः ॥ १३ ॥ दानेन श्लाघ्यतां यान्ति पशुपाषाणपादपाः । दानमेव गुणः श्लाघ्यः किमन्यैर्गुणकोटिभिः ॥ १४ ॥ दानं भोगो नाशस्तिस्रो गतयो भवन्ति वित्तस्य । यो न ददाति न भुङ्क्ते तस्य तृतीया गतिर्भवति ॥ १५ ॥ यो न ददाति न भुङ्क्ते सति विभवे नैव तस्य तद्द्रव्यम् । तृणमयकृत्रिमपुरुषो[३] रक्षति सस्यं परस्यार्थे ॥ १६ ॥ दातव्यं भोक्तव्यं सति विभवे[४] संचयो न कर्तव्यः । पश्येह मधुकरीणां[५] संचितमर्थं हरन्त्यन्ये ॥ १७ ॥ मीयतां कथमभीप्सितमेषां दीयतां द्रुतमयाचितमेव । तं धिगस्तु कलयन्नपि वाञ्छामर्थिवागवसरं सहते यः ॥ १८ ॥ प्रापितेन चटुधाकुविडम्बं[६] लम्भितेन बहुयाचनलज्जाम् । अर्थिना यदघमर्जति दाता तन्न लुम्पति विलम्ब्य ददानः ॥ १९ ॥ यत्प्रदेयमुपनीय वदान्यैर्दीयते सलिलमर्थिजनाय । याचनोक्तिविफलत्वविशङ्कात्रासमूर्च्छनचिकित्सितमेतत् ॥ २० ॥ अर्थिने न तृणवद्धनमात्रं किंतु जीवनमपि प्रतिपाद्यम् । एवमाह कुशवज्जलदायी द्रव्यदानविधिरुक्तिविदग्धः ॥ २१ ॥ पङ्कसंगरविगर्हितमर्हे न श्रियः कमलमाश्रयणाय । अर्थिपाणिकमलं विमलं तद्वाسवेश्म विदधीत सुधीस्तत् ॥ २२ ॥ दानपात्रमधमर्णमिहैकग्राहि कोटिगुणितं दिवि दायि । साधुरेति सुकृतैर्यदि कर्तुं पारलौकिककुसीदमसीदत् ॥ २३ ॥ अर्थो विनैवार्थनयोपसीदन्नाल्पोऽपि धीरैरवधीरणीयः । मान्येन मन्ये विधिना वितीर्णः स प्रीतिदायो बहुमन्तुमर्हः ॥ २४ ॥ दानेन भूतानि वशीभवन्ति दानेन वैराण्यपि यान्ति नाशम् । परोऽपि बन्धुत्वमुपैति दानैर्दानं हि सर्वव्यसनानि हन्ति ॥ २५ ॥ तुरगशतसहस्रं गोगजानां च लक्षं कनकरजतपात्रं मेदिनीं सागरान्ताम् । विमलकुलवधूनां कोटिकन्याश्च दद्यान्नहि नहि सममेतैरन्नदानं प्रधानम् ॥ २६ ॥ काम वाचः कतिचिदफलाः सन्तु लोके कवीनां सन्त्येवान्या मधुरिपुकथाः संस्तवात्कामदोग्ध्र्यः । वित्तं कामं भवतु विफलं दत्तमश्रोत्रियेभ्यः पात्रे दत्तैर्भवति हि धनैर्धन्यता भूरिदातुः ॥ २७ ॥ देयं भो ह्यधने धनं सुकृतिभिर्नो संचितं सर्वदा श्रीकर्णस्य बलेश्च विक्रमपतेरद्यापि कीर्तिः स्थिता । आश्चर्यं मधु दानभोगरहितं नष्टं चिरात्संचितं निर्वेदादिति पाणिपादयुगलं घर्षन्त्यहो मक्षिकाः ॥ २८ ॥

१ अनेकोपभोग्या. २ नाश इत्यर्थः. ३ तृणकृतकपटपुरुषः सस्यरक्षणार्थमुच्चप्रदेशे श्वापदभयहेतुस्तृणादिभिः पुरुषः क्रियत इति प्रासिद्धम्. ४ ऐश्वर्ये. ५ भ्रमरीणाम्. ६ हास्यत्वम्.

लोभनिन्दा ।

लोभः प्रतिष्ठा पापस्य प्रसूतिर्लोभ एव च । द्वेषक्रोधादिजनको लोभः पापस्य कारणम् ॥ १ ॥ लोभात्क्रोधः प्रभवति लोभात्कामः प्रजायते । लोभान्मोहश्च नाशश्च लोभः पापस्य कारणम् ॥ २ ॥ लोभात्क्रोधः प्रभवति क्रोधाद्द्रोहः प्रवर्तते । द्रोहेण नरकं याति शास्त्रज्ञोऽपि विचक्षणः ॥ ३ ॥ मातरं पितरं पुत्रं भ्रातरं वा सुहृत्तमम् । लोभाविष्टो नरो हन्ति स्वामिनं वा सहोदरम् ॥ ४ ॥ लोभेन बुद्धिश्चलति लोभो जनयते तृषाम् । तृषार्तो दुःखमाप्नोति परत्रेह च मानवः ॥ ५ ॥ लोभाविष्टो नरो वित्तं वीक्षते न स चापदम् । दुग्धं पश्यति मार्जारो न तथा लगुडाहतिम् ॥ ६ ॥ प्रायेण धनिनामेव धनलोभो निरन्तरम् । पश्य कोटिद्वयोपेतं लक्षाय प्रणतं धनुः ॥ ७ ॥ लोभः सदा विचिन्त्यो लुब्धेभ्यः सर्वतो भयं दृष्टम् । कार्याकार्यविचारो लोभविमूढस्य नास्त्येव ॥ ८ ॥ सत्यप्रशमतपोभिः सत्यधनैः शास्त्रवेदिभिर्विजितः । लोभोऽवटं प्रविष्टः कुटिलं हृदयं किरोटीनाम्[२] ॥ ९ ॥ स्नेहोपपन्न इति पूर्णदशाविशेषशाली स्वमात्मनि वसुप्रकरं निधाय । लब्धोदये तमथ गृह्णति पद्मबन्धौ दीपा भवन्ति कलुषा बलवान्हि लोभः ॥ १० ॥ यद्दुर्गामटवीमटन्ति[४] विकटं क्रामन्ति देशान्तरं गाहन्ते गहनं समुद्रमथनक्लेशं कृषिं कुर्वते । सेवन्ते कृपणं पतिं गदघटासंघट्टदुःसंचरं सर्पन्ति प्रधनं[५] धनान्धितधियस्तल्लोभविस्फूर्जितम्[६] ॥ ११ ॥

---

१ तिष्ठतीति शेषः. २ किराटो वणिग्जातिविशेषः. ३ गहनाम्. ४ अरण्यम्. ५ युद्धम्. ६ विलासः.

उदारप्रशंसा ।

शतेषु जायते शूरः सहस्रेषु च पण्डितः । वक्ता दशसहस्रेषु दाता भवति वा न वा ॥ १ ॥ अदाता पुरुषस्त्यागी धनं संत्यज्य गच्छति । दातारं कृपणं मन्ये मृतोऽप्यर्थं न मुञ्चति ॥ २ ॥ रक्षन्ति कृपणाः पाणौ द्रव्यं क्रव्यमिवात्मनः । तदेव सन्तः सततमुत्सृजन्ति यथा मलम् ॥ ३ ॥ याचितो यः प्रहृष्येत दत्त्वा च प्रीतिमान्भवेत् । तं दृष्ट्वाप्यथवा श्रुत्वा नरः स्वर्गमवाप्नुयात् ॥ ४ ॥ आकारमात्रविज्ञानसंपादितमनोरथाः । ते धन्या ये न शृण्वन्ति दीनाः प्रणयिनां गिरः ॥ ५ ॥ कर्णलङ्घिगुणोत्कर्षास्त्यागिनो धन्विनस्तथा । निष्फलान्न विमुञ्चन्ति मार्गणान्संमुखे स्थितान् ॥ ६ ॥ देहि देहीति जल्पन्ति त्यागिनोऽप्यर्थिनोऽपि च । आलोकयन्ति रभसादस्ति नास्तीति न क्वचित् ॥ ७ ॥ युध्यन्ते पक्षिपशवः पठन्ति शुकसारिकाः । दातुं शक्नोति यो वित्तं स शूरः स च पण्डितः ॥ ८ ॥ अयं निजः परो वेति गणना लघुचेतसाम् । उदारचरितानां तु वसुधैव कुटुम्बकम् ॥ ९ ॥ लक्ष्मीपयोधरोत्सङ्गकुङ्कुमारुणितो हरेः । धन्यो बलिः स येनास्य भिक्षापात्रीकृतः करः ॥१०॥ कर्णस्त्वचं शिबिर्मांसं जीवं जीमूतवाहनः । ददौ दधीचिरस्थीनि नास्त्यदेयं महात्मनाम् ॥ ११ ॥ दाता नीचोऽपि सेव्यः स्यान्निष्फलो न महानपि । जलार्थी वारिधिं त्यक्त्वा पश्य कूपं निषेवते ॥ १२ ॥ पुंसामुन्नतचित्तानां सुखावहमिदं द्वयम् । सर्वसङ्गनिवृत्तिर्वा विभूतिर्वा सुविस्तरा ॥ १३ ॥ जरामरणदौर्गत्यव्याधयस्तावदासताम् । जन्मैव किं न धीरस्य भूयो भूयस्त्रपाकरम् ॥ १४ ॥ अपि नाम स दृश्येत पुरुषातिशयो भुवि । गर्वोच्छूनमुखा येन धनिनो नावलोकिताः ॥ १५ ॥ पृथ्वी पृथ्वीगुणा मान्याः सन्ति भूपा विवेकिनः । पराभवापदं यान्ति कस्मादुन्नतबुद्धयः ॥ १६ ॥ परिपूर्णगुणाभोगगरिमोद्गार एव सः । त्रिजगत्स्पृहणीयेऽस्मिन्न रुचिर्द्रविणेऽपि यत् ॥ १७ ॥ त्यागो गुणो वित्तवतां वित्तं त्यागवतां गुणः । परस्परवियुक्तौ तु वित्तत्यागौ विडम्बना ॥ १८ ॥ नृणां धुरि स एवैको यः कश्चित्त्यागपाणिना । निर्मार्ष्टि प्रार्थनापांसुधूसरं मुखमर्थिनाम् ॥ १९ ॥ बुद्धिर्या सत्त्वरहिता स्त्रीत्वं तत्केवलं मतम् । सत्त्वं चानयसंपन्नं तत्पशुत्वं न पौरुषम् ॥ २० ॥ अत्यद्भुतमिमं मन्ये स्वभावममनस्विनः । यदुपक्रियमाणोऽपि प्रीयते न विलीयते ॥ २१ ॥ सैव परं न विनश्यति तनुरपि या श्रीर्निवेशिता सत्सु । अवशिष्यते हिमांशोः सैव कला या स्थिता शंभौ ॥ २२ ॥ कियती पञ्चसहस्री कियती लक्षापि कोटिरपि कियती । औदार्योन्नतमनसां रत्नवती वसुमती कियती ॥ २३ ॥ प्रत्युपकुर्वत्पूर्वं कृतोपकारमपि लज्जयति चेतः । यस्तु विहितोपकारादुपकारः सोऽधिको मृत्योः ॥ २४ ॥ जीवञ्जीवयति हि यो ज्ञातिजनं परिजनं च सुहृदश्च । तस्य सफला गृहश्रीर्धिगनुपजीव्यां धनसमृद्धिम् ॥ २५ ॥ यच्छञ्जलमपि जलदो वल्लभतामेति सर्वलोकस्य । नित्यं प्रसारितकरः सवितापि भवत्यचक्षुष्यः ॥ २६ ॥ नास्तं यत्केनचिदपि मनोरथा अपि यतो निवर्तन्ते । तद्यदि न लभ्यतेऽन्यन्मनस्विनः किमभिमानफलम् ॥ २७ ॥ घटनं विघटनमथवा कार्याणां भवति विधिनियोगेन । उचितेऽनुचिते कर्मणि वृत्तिनिवृत्ती समादत्ते ॥ २८ ॥ कल्पस्थायि न जीवितमैश्वर्यं नाप्यते च यदभिमतम् । लोकस्तथाप्यकार्ये कुरुते कार्यं किमुद्दिश्य ॥ २९ ॥ धनबाहुल्यमहेतुः कोऽपि निसर्गेण मुक्तकरः । प्रावृषि कस्याम्बुमुचः संपत्तिः किमधिकाम्बुनिधेः ॥ ३० ॥ द्रविणार्जनजः परिश्रमः फलितोऽप्यस्य जनस्य नीरसः । द्रविणार्जनमात्मतुष्टये परमावर्जयितुं गुणार्जनम् ॥ ३१ ॥ नाक्षराणि पठता किमपाठि पाठितोऽपि किमु विस्मृत एव । इत्थमर्थिजनसंशयदोलाखेलनां खलु चकार नकारः ॥ ३२ ॥ यः प्रशंसति नरो नरमन्यं देवतासु वरदासु सतीषु । मुग्धधीर्धनलवस्पृहयालुस्तं नृशंसमहमाद्यमवैमि ॥ ३३ ॥ यथा शरीरं किल जीवितेन विनाकृतं काष्ठमिवावभाति । तथैव तज्जीवितमप्यवैमि लोकोत्तरेण स्फुरितेन शून्यम् ॥ ३४ ॥ जातश्च नाम न विनङ्क्ष्यति चेत्ययुक्तमुत्पाद एव नियमेन विनाशहेतुः । तुल्ये च नाम मरणव्यसनोपतापे मृत्युर्वरं परहितावहिताशयस्य ॥ ३५ ॥ उत्पादिता स्वयमियं यदि तत्तनूजा तातेन वा यदि तदा भगिनी खलु श्रीः । यद्यन्यसंगमवती च तदा परस्त्री तत्त्यागबद्धमनसः सुधियो भवन्ति ॥ ३६ ॥ त्वयि सति शिवदातर्यस्मदभ्यर्थितानामितरमनुसरन्तो दर्शयन्तोऽर्थिमुद्राम् । चरमचरणपातैर्दुर्ग्रहं दोग्धुकामाः करभमनुसरामः कामधेनौ स्थितायाम् ॥ ३७ ॥ इयत्यप्येतस्मिन्निरवधिमहत्यध्वनि गुणास्त एवामी द्वित्रा जरठजरठा यान्ति गणनाम् । अहो ग्राम्यो लोकः स न परममीभिः कृतधृतिः सय-

१ मांसम्. २ बाणान्; (पक्षे) याचकान्. ३ स्वकीयः. ४ समुद्रम्.

१ अल्पा. २ याचितानाम्. ३ पाश्चात्यचरणपातैः. ४ उष्ट्रम्.

स्तब्धो यावत्कलयति समग्रं तृणमिदम् ॥ ३८ ॥ स्वचित्तपरिचिन्तयैव परितापमात्मन्यमी न बिभ्रति मनस्विनो यदमुना न तावत्क्षतिः। अहर्निशमिहैव ये परमनोनुवृत्त्या पुनर्वहन्ति विजिगीषुतां किमिव तेऽनुकम्पास्पदम् ॥ ३९ ॥ भुज्यन्ते स्वगृहस्थिता इव सुखं यस्यार्थिभिः संपदः पद्वी यस्य मतिस्तमःप्रहतये द्वावेव तौ प्राणितः। यस्त्वात्मंभरिरुन्नतेऽपि विभवे हीनश्च विद्वत्तया तस्यालेख्यमणेरिवाकृतिधृतः सत्ताप्यसत्ता ननु ॥ ४० ॥ आधाराय धरावकाशविधयेऽप्याकाशमालोकने भास्वानात्ममहत्त्वसाधनविधावन्ये गुणाः केचन। इत्यस्मिन्नुपकारकारिणि सदा वर्गे परं दुस्त्यजे दैन्यव्रीडकलङ्कमुज्झतु कथं चेतो महाचेतसाम् ॥ ४१ ॥ नित्यं या गुरुभृत्यबन्धुसुजनैर्न स्वेच्छया भुज्यते पश्यन्ति स्पृहयालवो न रिपवो यां विक्रमासादिताम्। यस्याः साधुपरिक्षयेण सुहृदां नाशेन वा संभवो नो संपद्विपदेव सा गुणवतां प्रीतिस्तया कीदृशी ॥ ४२ ॥ न्याय्यं मार्गमनुज्झतः सुकृतिनो दैवाद्भवन्त्यापदो यास्ताः सन्तु बलेरिवादिपुरुषायोर्वीं स्वयं यच्छतः। शक्रस्येव जुगुप्सितैः सुबहुभिर्निन्द्यैर्भृशं कर्मभिर्देवानामुपरि प्रभुत्वमपि मे मा भूत्त्रपाकारणम् ॥ ४३ ॥ रुद्रोऽद्रिं जलधिं हरिर्दिविषदो दूरं विहायःश्रिता भोगीन्द्राः प्रबला अपि प्रथमतः पातालमूले स्थिताः। लीनाः पद्मवने सरोजनिलया मन्येऽर्थिसार्थाद्भिया दीनोद्धारपरायणाः कलियुगे सत्पूरुषाः केवलम् ॥ ४४ ॥

कृपणनिन्दा।

कृपणेन समो दाता न भूतो न भविष्यति। अस्पृशन्नेव वित्तानि यः परेभ्यः प्रयच्छति ॥ १ ॥ यदर्ज्यते परिक्लेशैरर्जितं यन्न भुज्यते। विभज्यते यदन्तेऽन्यैः कस्यचिन्मास्तु तद्धनम् ॥ २ ॥ यत्करोत्यरतिं क्लेशं तृष्णां मोहं प्रजागरम्। न तद्धनं कदर्याणां हृदये व्याधिरेव सः ॥ ३ ॥ मृत्युः शरीरगोप्तारं धनरक्षं वसुंधरा। दुश्चारिणी च हसति स्वपतिं पुत्रवत्सलम् ॥ ४ ॥ त्यागभोगविहीनेन धनेन धनिनो यदि। भवामः किं न तेनैव धनेन धनिनो वयम् ॥ ५ ॥ दानोपभोगरहिता दिवसा यस्य यान्ति वै। स लोहकारभस्त्रेव श्वसन्नपि न जीवति ॥ ६ ॥ अबुधैरर्थलाभाय पण्यस्त्रीभिरिव स्वयम्। आत्मा संस्कृत्य संस्कृत्य परोपकरणीकृतः ॥ ७ ॥ कृपणेन शवेनेव मृतेनापि न दीयते। मांसं वर्धयता तेन कीकस्योपकृतिः कृता ॥ ८ ॥ बोधयन्ति न याचन्ते भिक्षाद्वारा गृहे गृहे। दीयतां दीयतां नित्यमदातुः फलमीदृशम् ॥ ९ ॥ द्वारं द्वारं रटन्तीह भिक्षुकाः पात्रपाणयः। दर्शयन्त्येव लोकानामदातुः फलमीदृशम् ॥ १० ॥ न दातुं नोपभोक्तुं च शक्नोति कृपणः श्रियम्। किं तु स्पृशति हस्तेन नपुंसक इव स्त्रियम् ॥ ११ ॥ किंशुके किं शुकः कुर्यात्फलितेऽपि बुभुक्षितः। अदातरि समृद्धेऽपि किं कुर्युरुपजीविनः ॥ १२ ॥ वरं विभवहीनेन प्राणैः संतर्पितोऽनलः। नोपचारपरिभ्रष्टः कृपणः प्रार्थितो जनः ॥ १३ ॥ उदारचरितस्त्यागी याचितः कृपणोऽधिकः। एको धनं ततः प्राणानन्यः प्राणांस्ततो धनम् ॥ १४ ॥ नोपभोक्तुमपि क्लीबो जानात्युपचितां श्रियम्। ग्राम्यो विरागयत्येव रमयन्नपि कामिनीम् ॥ १५ ॥ कृपणः स्ववधूसङ्गं न करोति भयादिह। भविता यदि मे पुत्रः स मे वित्तं हरेदिति ॥ १६ ॥ यदधोऽधः क्षितौ वित्तं निचखान मितंपचः। तदधोनिरयं गन्तुं चक्रे पन्थानमग्रतः ॥ १७ ॥ निजसौख्यं निरुन्धानो यो धनार्जनमिच्छति। परार्थे भारवाहीव क्लेशस्यैव हि भाजनम् ॥ १८ ॥ असंभोगेन सामान्यं कृपणस्य धनं परैः। अस्येदमिति संबन्धो हानौ दुःखेन गम्यते ॥ १९ ॥ सति द्राक्षाफले क्षीरे मृदामास्वादनं मुदे। अहो मातुरियं रीतिः कृपणे गर्भवर्तिनि ॥ २० ॥ अदातुर्मानसं क्वापि न स्पृशन्ति कवेर्गिरः। दोषायैवातिवृद्धस्य विलासास्तरुणीकृताः ॥ २१ ॥ शरणं किं प्रपन्नानि विषवन्मारयन्ति किम्। न त्यज्यन्ते न भुज्यन्ते कृपणेन धनानि यत् ॥ २२ ॥ धनं यदिह मे दत्से विधे मा देहि कर्हिचित्। औदार्यं धनिनो देहि यन्मदीये हृदि स्थितम् ॥ २३ ॥ वीणेव श्रोत्रहीनस्य लोलाक्षीव विचक्षुषः। व्यसोः कुसुममालेव श्रीः कदर्यस्य निष्फला ॥ २४ ॥ लुब्धो न विसृजत्यर्थं नरो दारिद्र्यशङ्कया। दातापि विसृजत्यर्थं तयैव ननु शङ्कया ॥२५॥ या विपत्तिर्धनापाये नवा भोगिवदान्ययोः। प्रज्ञापकर्षात्प्रागेव प्राप्ता हि कृपणेन सा ॥ २६ ॥ ग्रहमध्यनिखातेन धनेन रमते यदि। स तु तेनानुसारेण रमते किं न मेरुणा ॥२७॥ अतिसंचयकर्तॄणां वित्तमन्यस्य कारणात्।

१ संपाद्यते. २ अवसाने. ३ अस्वस्थत्वम्. ४ विचाराशक्तिम्. ५ कृपणानाम्. ६ पीडैव.

१ कस्य का उपकृतिरुपकारः कृता. अपि तु न कस्यापि कापील्यर्थः; (पक्षे) काकस्य पक्षिणः. २ भिक्षुका इति शेषः. ३ त्यजतीति शेषः. ४ आरोपयामास. ५ नरकम्. ६ चञ्चलाक्षी. मृगनयनेति यावत्. ७ अन्धस्य. ८ प्राणरहितस्य; प्रेतस्येति यावत्. ९ दारिद्र्यशङ्कयैव.

अन्यैः संचीयते यत्नादन्यैश्च मधु पीयते ॥ २८ ॥ विडम्बनैव पुंसि श्रीः परप्रणयपांसुले । कान्तिं कामिह कुर्वीत कुणौ कटककल्पना ॥ २९ ॥ कृत्वोपकारं यस्तस्माद्वाञ्छति प्रत्युपक्रियाम् । दीनस्तृष्णाविधेयत्वाद्वान्तमप्युपलेढि सः ॥ ३० ॥ दैववशादुत्पन्ने सति विभवे यस्य नास्ति भोगेच्छा । न च परलोकसमीहा[1] स भवति धनपालको मूर्खः ॥ ३१ ॥ उपभोगकातराणां पुरुषाणामर्थसंचयपराणाम् । कन्यामणिरिव[2] सदने तिष्ठत्यर्थः परस्यार्थे ॥ ३२ ॥ यदि भवति धनेन धनी [3]क्षितितलनिहितेन भोगै[4]रहितेन । तस्माद्वयमपि धनिनस्तिष्ठति नः काञ्चनो मेरुः ॥३३॥ नन्दनरेन्द्र[5]द्रविणैरुष्कृतमिव किमपि विहितमतिघोरम् । वसुधातलोष्मपाको विरमति नाद्यापि यत्तेभ्यः ॥ ३४ ॥ [6]दृढतरनिबद्धमुष्टेः कोश[7]निषण्णस्य सहज[8]मलिनस्य । कृपणस्य कृपाणस्य च केवलमाकारतो[9] भेदः ॥ ३५ ॥ कृपणसमृद्धीनामपि भोक्तारः सन्ति केचिदतिनिपुणाः । जलसंपदोऽम्बुराशे[10]र्यान्ति, वशं सर्वदैव वडवाग्नेः[11] ॥ ३६ ॥ प्राप्तानपि न लभन्ते भोगान्भोक्तुं स्वकर्मभिः कृपणाः । मुखपाकः[12] किल भवति द्राक्षापाके [13]बलिभुजां हि ॥ ३७ ॥ अतिसाहसमतिदुष्करमत्याश्चर्यं च दानमर्थानाम् । योऽपि ददाति शरीरं न ददाति स वित्तलेशमपि ॥ ३८ ॥ केऽपि स्वभावलुब्धास्तीव्रतरां यातनामपि सहन्ते । न तु संत्यजन्ति वित्तं मात्सर्यमिवाधमाः सततम् ॥ ३९ ॥ और्वा इवातिलुब्धा भवन्ति धनलवणवारिबहुतृष्णाः । तृणलवमिव निजदेहं त्यजन्ति लेशं न वित्तस्य ॥ ४० ॥ अर्थिनि[14] कवयति[15] कवयति पठति च पठति स्तवोद्यते स्तौति । पश्चाद्यामीत्युक्ते कृपणः प्रणतो[16]ऽञ्जलिं कुरुते ॥ ४१ ॥ दानं भोगं च विना धनसत्तामात्रकेण चेद्धनिनः । वयमपि किमिति न धनिनस्तिष्ठति नः काञ्चनो मेरुः ॥ ४२ ॥ धनिनोऽप्यदानभोगा गण्यन्ते धुरि महादरिद्राणाम् । हन्ति न यतः पिपासामतः समुद्रोऽपि मरुरेव ॥ ४३ ॥ अभ्युपयुक्ताः सद्भिर्गतागतैरहरहः सुनिर्विण्णाः । कृपणजनसंनिकर्षं संप्राप्यार्थाः स्वपन्तीव ॥ ४४ ॥ ते मूर्खतरा लोके येषां धनमस्ति नास्ति च त्यागः । केवलमर्जनरक्षणवियोगदुःखान्यनुभवन्ति ॥ ४५ ॥ याचमानजनमानसवृत्तेः पूरणाय बत जन्म न यस्य । तेन भूमिरतिभारवतीयं न द्रुमैर्न गिरिभिर्न समुद्रैः ॥ ४६ ॥ मा धनानि कृपणः खलु जीवस्तृष्णयार्पयतु जातु परस्मै । तत्र नैष कुरुते मम चित्रं यत्तु नार्पयति तानि मृतोऽपि ॥ ४७ ॥ लोक एष परलोकमुपेता हा विधाय निधने धनमेकः । इत्यमुं खलु तदस्य निनीषत्यर्थिबन्धुरुदयद्दयचित्तः[1] ॥ ४८ ॥ संचितं क्रतुषु नोपयुज्यते याचितं गुणवते न दीयते । तत्कदर्यपरिरक्षितं धनं चौरपार्थिवगृहेषु गच्छति ॥ ४९ ॥ वरममी तरवो वनगोचराः शकुनिसार्थविलुप्तफलश्रियः । न तु धनाढ्यगृहाः कृपणाः फणानिद्रितरत्नभुजंगमवृत्तयः ॥ ५० ॥ न निर्यियासन्ति कदर्यहस्ताद्धनानि पांसोरिव तैललेशाः । दैवात्कदाचिद्धिनियोक्तुरेव निर्गन्तुमिच्छन्त्यसुभिः सहैव ॥५१॥ सुसंवृतैर्जीवितवत्सुरक्षितैर्निजेऽपि देहे कृतयत्नस्य च । तवानुमार्गं व्रजतो भवान्तरे शठैर्धनैः पञ्चपदी न पूरिता ॥५२॥ अहो धनानां महती विदग्धता सुखोषितानां कृपणस्य वेश्मनि । व्रजन्ति न त्यागदशां न भोग्यतां परां च कांचित्प्रथयन्ति निर्वृतिम् ॥ ५३ ॥ फलं स्वेच्छालभ्यं प्रतिवनमखेदं[2] [3]क्षितिरुहां पयः स्थाने स्थाने शिशिरमधुरं पुण्यसरिताम् । मृदुस्पर्शा शय्या सुललितलतापल्लवमयी सहन्ते संतापं तदपि धनिनां द्वारि कृपणाः ॥ ५४ ॥ यदेते साधूनामुपरि विमुखाः सन्ति धनिनो न चैषावज्ञैषामपि तु निजवित्तव्ययभयम् । अतः खेदो नास्मिन्परममनुकम्पैव भवति स्वमांसत्रस्तेभ्यः क इह हरिणेभ्यः परिभवः ॥ ५५ ॥ न शान्तान्तस्तृष्णा धनलवणवारिव्यतिकरैः क्षतच्छायः कायश्चिरविरसरूक्षाशनतया । अनिद्रा मन्दाग्निर्नृपसलिलचौरानलभयात्कदर्याणां कष्टं स्फुटमधनकष्टादपि परम् ॥ ५६ ॥ जहाति सहसाननं झटिति[4] पृच्छति स्वागतं नमस्यति कृताञ्जलिः श्रुतिमनोहरं[5] भाषते । ददाति कुसुमं फलं शिथिलयत्यभीष्टां क्रियामहो न परिचीयते कृपणवञ्चनाचातुरी ॥ ५७ ॥ [6]अयश्चणकचर्वणं फणिफणामणेः कर्षणं करेण गिरितोलनं जलनिधेः पदा लङ्घनम् । [7]प्रसुप्तहरिबोध-

१ इच्छा. २ उत्तमकन्या. ३ भूम्यन्तर्गतेन. ४ उपभोगहीनेन. ५ नवनवतिकोटिमिताः कनकदीनाराः पाटलिपुत्रमहीपतिना नन्देन भूमौ निहिता अद्यापि तिष्ठन्तीति प्रसिद्धिः. ६ दृढतरमतिनिबिडं निबद्धा मुष्टिर्येन; (पक्षे) दृढतरं निबद्धा मुष्टिस्त्सरुर्यस्य. ७ कोशागारे निषण्णस्य स्थितस्य; (पक्षे) कोशे खड्गपिधाने स्थितस्य. ८ स्वभावमलिनस्य. मलिनवेषत्वात् ; (पक्षे) कृष्णवर्णत्वात्. ९ आकारत आकृत्या भेदः; (पक्षे) कृपणशब्देऽकारो वर्तते. कृपाणशब्द आकारो वर्तते, एतावतैव भेदो भिन्नत्वम्. कृपाणः खड्गः. १० समुद्रस्य. ११ वाडवाग्नेः. १२ मुखरोगः. १३ काकानाम्. १४ याचके. १५ कवितां करोति. १६ नम्रः.

१ उद्यत्करुणं चित्तं यस्य. २ क्लेशरहितम्. ३ वृक्षाणा ४ सत्वरम्. ५ कर्णमधुरम्. ६ लोहम्. ७ निद्रितसिंहोत्थाप-

निशितै[1]खड्गसंस्पर्शनं कदाचिदखिलं भवेन्नच शठाद्धनस्यार्जनम् ॥ ५८ ॥ एकैकातिशयालवः परगुणज्ञानैकवैज्ञानिकाः सन्त्येते धनिकाः कलासु सकलास्वाचार्यचर्याचणाः । अप्येते सुमनोगिरां निशमनाद्बिभ्यत्यहो श्लाघया धूते मूर्धनि कुण्डले कषणतः क्षीणे भवेतामिति ॥ ५९ ॥ प्रीतिं न प्रकटीकरोति सुहृदि द्रव्यव्ययाशङ्कया भीतः प्रत्युपकारकारणभयान्नाकृष्यते सेवया । मिथ्या जल्पति वित्तमार्गणभयात्स्तुत्यापि न प्रीयते कीनाशो विभवव्ययव्यतिकरत्रस्तः कथं प्राणिति ॥ ६० ॥ मत्वा सारं गुणानां शिरसि यदि शशी स्थापितो दैवयोगादीशेन क्षीणबिम्बः सकलमुपचयं किं न नीतः क्षणेन । मिथ्यैवं ख्यापयन्तो गुणिनि सरलतां लोकभक्त्यर्थमुच्चैराढ्याः कुर्वन्ति वित्तव्ययचकितधियो मानमर्थेन शून्यम् ॥ ६१ ॥

याचकनिन्दा ।

वेपथु[2]र्मलिनं वक्त्रं दीना वाग्गद्गदः स्वरः । मरणे यानि चिह्नानि तानि चिह्नानि याचके ॥ १ ॥ विद्यावतः कुलीनस्य धनं याचितुमिच्छतः । कण्ठे पारावतस्येव वाक्करोति गतागतम् ॥ २ ॥ दक्षिणाशा[3]प्रवृत्तस्य प्र[4]सारितकरस्य च । तेजस्तेजस्विनोऽर्कस्य हीयतेऽन्यस्य का कथा ॥ ३ ॥ साधुरेवार्थिभिर्याच्यः क्षीणवित्तोऽपि सर्वदा । शुष्कोऽपि हि नदीमार्गः खन्यते सलिलार्थिभिः ॥ ४ ॥ तृणादपि लघुस्तूलस्तूलादपि च याचकः । वायुना किं न नीतोऽसौ मामयं प्रार्थयेदिति ॥ ५ ॥ देहीति वचनं श्रुत्वा देहस्थाः पञ्च देवताः । मुखान्निर्गत्य गच्छन्ति श्रीह्रीधीधृतिकीर्तयः ॥ ६ ॥ नवीनदीनभावस्य याचकस्यातिमानिनः । वचोजीवितयोरासीत्पुरो[6]निःसरणे रणः ॥ ७ ॥ अदृष्टमुखभङ्गस्य युक्तमन्धस्य याचितुम् । अहो बत महत्कष्टं चक्षुष्मानपि याचते ॥८॥ गतेर्भङ्गः स्वरो हीनो गात्रे स्वेदो महद्भयम् । मरणे यानि चिह्नानि तानि चिह्नानि याचके ॥९॥ दारिद्र्यानलसंतापः शान्तः संतोषवारिणा । याचकाशाविघातान्तर्दाहः केनोपशाम्यति ॥ १० ॥ दरिद्रस्य परा मूर्तिस्तृष्णा न द्रविणाल्पता । जरद्गवधनः शंभुस्तथापि परमेश्वरः ॥ ११ ॥ वदनाच्च बहिर्यान्ति प्राणा याच्ञाक्षरैः सह । ददामीत्यक्षरै[1]र्दातुः पुनः कर्णाद्विशन्ति हि ॥ १२ ॥ देहीति वक्तुकामस्य यद्दुःखमुपजायते । दाता चेत्तद्विजानीयाद्द्यात्स्वपिशितान्यपि ॥ १३ ॥ काक आह्वयते काकान्याचको न तु याचकान् । काकयाचकयोर्मध्ये वरं काको न याचकः ॥१४॥ तीक्ष्णधारेण खड्गेन वरं जिह्वा द्विधाकृता । न तु मानं परित्यज्य देहि देहीति भाषितम् ॥ १५ ॥ पुरतः प्रेरयत्याशा लज्जा पृष्ठावलम्बिनी । ततो लज्जाशयोर्मध्ये दोलायत्यर्थिनां मनः ॥ १६ ॥ करान्[2]प्रसार्य रविणा दक्षिणाशा[3]वलम्बिना । न केवलमनेनात्मा दिवसोऽपि लघूकृतः ॥१७॥ एकेन तिष्ठताधस्तादन्येनोपरि तिष्ठता । दातृयाचकयोर्भेदः कराभ्यामेव सूचितः ॥ १८ ॥ हृदि लज्जोदरे वह्निः स्वभावादग्निरुच्छिखः । तेन मे दग्धलज्जस्य पुनरागमनं नृप ॥ १९ ॥ सेवेव मानमखिलं ज्योत्स्नेव[4] तमो जरेव लावण्यम् । हरिहरकथेव दुरितं गुणशतमप्यर्थिता[5] हरति ॥ २० ॥ याचकवीरो धन्यः करदानग्राहकः[6] स्वदातृभ्यः । कुरुते पराङ्मुखं वा ह्यतिनम्रं वा हरत्यसौ पुण्यम् ॥ २१ ॥ अनुसरति करिकपोलं भ्रमरः श्रवणेन ताड्यमानोऽपि । गणयति न तिरस्कारं दानान्धविलोचनो नीचः ॥ २२ ॥ कतरत्पुरहर[7] परुषं हालाहलकवलयाचनावचसोः । एकैव तव रसज्ञा तदुभयरसतारतम्यज्ञा ॥२३॥ अग्रे लघिमा पश्चान्महतापि पिधीयते नहि महिम्ना । वामन इति त्रिविक्रममभिदधति दशावतारविदः ॥ २४ ॥ तावन्महतां महती यावत्किमपि हि न याच्यते लोकम् । बलिमनुयाचनसमये श्रीपतिरपि[8] वामनो[9] जातः ॥ २५ ॥ गुरुतामुपयाति यन्मृतः पुरुषस्तद्विदितं मयाधुना । ननु लाघवहेतुरर्थिता न मृते तिष्ठति सा मनागपि[10] ॥२६॥ याचना हि पुरुषस्य महत्त्वं नाशयत्यखिलमेव तथा हि । सद्य एव भगवानपि विष्णुर्वामनो भवति याचितुमिच्छन् ॥ २७ ॥ उत्तमर्णधनदानशङ्कया पावकोत्थशिखया हृदिस्थया । देव दग्धवसना सरस्वती नास्यतो बहिरुपैति लज्जया ॥ २८ ॥ नीचतामनवलम्ब्य जनः को याचनादवचिनोति फलानि । हन्त वामनपदं प्रतिपेदे भिक्षुतामुपगतो जगदीशः ॥ २९ ॥ अन्यतो यदि निजोपचिकीर्षा मानहानिरिति भीतिरनीतिः ।

---

१ तीक्ष्णैः. २ कम्पः. ३ दक्षिणदिशायां प्रवर्तमानस्य; (पक्षे) दक्षिणाया आशा तया प्रवृत्तस्य. ४ प्रसारिता विस्तारिताः कराः किरणा येन; (पक्षे) प्रसारितः करो हस्तो येन. ५ कार्पासः. ६ अहमहमिकया अग्रतो निःसरणे.

१ मांसानि. २ किरणान्; (पक्षे) हस्तान्. ३ दक्षिणदिक्; (पक्षे) दक्षिणाया आशा स्पृहा. ४ चन्द्रकान्तिः. ५ याचकत्वम्. ६ कराद्धस्ताद्दानस्य ग्राहकः; (पक्षे) करो राजग्राह्यो दण्डस्तस्य दानं समर्पणं तद्ग्राहकः. ७ हे शिव. ८ लक्ष्मीपतिरपि. ९ ह्रस्वः; (पक्षे) लघुः. १० किंचिदपि.

श्रीधरोऽपि हि बलेः श्रियमिच्छन्मानमातनुत वामनमेव ॥ ३० ॥ संतापितानां मधुरैर्वचोभिर्मिथ्योपचारैश्च वशीकृतानाम्। आशावतां श्रद्धतां च लोके किमर्थिनां वञ्चयितव्यमस्ति ॥ ३१ ॥ स्वार्थे धनानि धनिकात्प्रतिगृह्णतो यदास्यं भजेन्मलिनतां किमिदं विचित्रम्। गृह्णन्परार्थमपि वारिनिधेः पयोऽपि मेघोऽयमेति सकलोऽपि च कालिमानम् ॥ ३२ ॥ जनस्थाने[1] भ्रान्तं कनकमृगतृष्णाकुलतया[2] वचो वैदेहीति[3] प्रतिपदमुदश्रु प्रलपितम्। कृतालंकाभर्तु[4]र्वदनपरिपाटीषु घटना मयाप्तं रामत्वं कुशलवसुता[5] न त्वधिगता ॥ ३३ ॥ क्व गन्तासि भ्रातः कृतवसतयो यत्र धनिनः किमर्थं प्राणानां स्थितिमनुविधातुं कथमपि। धनैर्याच्ञालब्धैर्ननु परिभवोऽभ्यर्थनफलं निकारोऽग्रे पश्चाद्धनमहह भोस्तद्धि निधनम् ॥ ३४ ॥ पङ्गो वन्द्यस्त्वमसि न गृहं यासि योऽर्थी परेषां धन्योऽन्ध त्वं धनमदवतां नेक्षसे यन्मुखानि। श्लाघ्यो मूक त्वमपि कृपणं स्तौषि नार्थाशया यः स्तोतव्यस्त्वं बधिर न गिरं यः खलानां शृणोषि ॥ ३५ ॥ भ्रातर्धातरशेषयाचकजने वैरायसे सर्वदा यस्माद्विक्रमशालिवाहनमहीभृन्मुञ्जभोजादयः। अत्यन्तं चिरजीविनो न विहितास्ते विश्वजीवातवो मार्कण्डध्रुवलोमशप्रभृतयः सृष्टाः प्रभूतायुषः ॥ ३६ ॥ उड्डीना गुणपत्रिणः[6] सुखफलान्याराद्विकीर्णान्यधः पर्यस्ताः परितो यशःस्तबकिताः संपल्लतापल्लवाः। प्रागेवाप्रसृतप्रमोदहरिणच्छाया कथान्तं गता दैन्यारण्यमतंगजेन[8] महता भग्नेऽभिमानद्रुमे ॥ ३७ ॥ शूराः केऽपि पुरःस्थितां रिपुनरश्रेणिं सहन्ते सुखं धीराः केचन कामबाणसदृशां कान्तादृगन्ताहतिम्[9]। केचित्क्रूरवांश्च पञ्चवदनान्[10]दन्तीचपेटान्भटा नैवार्थिप्रकरं प्रसारितकरं कश्चिद्विसोढुं क्षमः ॥ ३८ ॥ दौर्गत्येन समीरिता हृदयतः कण्ठं समालम्बते कण्ठात्कष्टतरं कथं कथमपि प्राप्नोति जिह्वाञ्चलम्। लज्जाकीलककीलितेव निबिडं तस्मान्न निर्यात्यहो वाचा प्राणपरिक्षयेऽपि महतां देहीति नास्तीति च ॥ ३९ ॥ वक्त्रादुद्वस मे हठादधिवस त्वं वाणि वक्त्रं मनागीशानां तदनु क्रुधा भजतु मां लक्ष्मीरिमानुज्झतु। पश्चात्तेषु पठत्सु मां प्रति यशोगाथावलीस्तृष्णया वक्त्रं मय्यथ वक्रयत्यनुभवन्त्वेतेऽपि तद्यातनाम् ॥ ४० ॥ तावत्सर्वगुणालयः पटुमतिः साधुः सतां वल्लभः शूरः सच्चरितः कलङ्करहितो मानी कृतज्ञः कविः। दक्षो धर्मरतः सुशीलगुणवांस्तावत्प्रतिष्ठान्वितो यावन्निष्ठुरवज्रपातसदृशं देहीति नो भाषते ॥ ४१ ॥ आस्वाद्य स्वयमेव वच्मि महतीर्मर्मच्छिदो वेदना मा भूत्कस्यचिदप्ययं परिभवो याच्ञेति संसारिणः। पश्य भ्रातरियं हि यौवनजराधिक्कारकेलिस्थली मानम्लानमषी गुणव्यतिकरप्रागल्भ्यगर्वच्युतिः ॥ ४२ ॥ प्राणानां बत किं ब्रुवे कठिनतां तैरेव साविष्कृता निष्क्रामन्ति कथंचिदेव हि न ये याच्ञावचोभिः समम्। आत्मानं पुनराक्षिपामि विदितस्थैर्योऽपि येषामहो मिथ्याशङ्कितत‌द्वियोगविधुरो यत्प्रार्थये सर्वशः ॥ ४३ ॥ वासो वल्कलमास्तरः किसलयान्योकस्तरूणां[1] तलं मूलानि क्षतये क्षुधां गिरिनदीतोयं तृषाशान्तये। क्रीडा मुग्धमृगैर्वयांसि सुहृदो नक्तं प्रदीपः शशी स्वाधीने विभवे तथापि कृपणा याचन्त इत्यद्भुतम् ॥ ४४ ॥ सन्ति स्वादुफला वनेषु तरवः स्वच्छं पयो नैर्झरं वासो वल्कलमाश्रयो गिरिगुहा शय्या लतावल्लरी। आलोकाय निशासु चन्द्रकिरणाः सख्यं कुरङ्गैः सह स्वाधीने विभवेऽप्यहो नरपतिं सेवन्त इत्यद्भुतम् ॥ ४५ ॥ निष्कन्दाः किमु कन्दरोदरभुवः क्षीणास्तरूणां त्वचः किं शुष्काः सरितः स्फुरद्गिरिगुरुग्रावस्खलद्वीचयः। प्रत्युत्थानमितस्ततः प्रतिदिनं कुर्वद्भिरुद्वीविभिर्यद्द्वारार्पितदृष्टिभिः क्षितिभुजां विद्वद्भिरप्यास्यते ॥ ४६ ॥ कामं जीर्णपलाशसंहतिकृतां कन्थां वसानो वने कुर्यामम्बुभिरप्ययाचितसुखैः प्राणानुबन्धस्थितिम्। साङ्गग्लानि सवेपितं सचकितं सान्तर्निदाघज्वरं वक्तुं न त्वहमुत्सहे सकृपणं देहीति दीनं वचः ॥ ४७ ॥ द्वारे द्वारे परेषामविरलमटति द्वारपालैः करालैर्दृष्टो[2] योऽप्याहतः सन्रणति गणयति स्वापमानं तु नैव। क्षन्तुं शक्नोति नान्यं स्वसदृशमितरागारमप्याश्रयन्तं भ्राम्यत्यात्मोदरार्थे कथमहह शुना नो समो याचकः स्यात् ॥ ४८ ॥

---

१ जनानां स्थानानि नगरपत्तनादीनि तेषु भ्रमणं कृतम्; (पक्षे) जनस्थाने नासिकाख्यजनपदे परिभ्रमणं कृतम्. २ कनकं द्रव्यमेव मृगतृष्णा मरीचिका तया; (पक्षे) कनकस्य मृगो मायारूपधारी मारीचो राक्षसस्तस्य तृष्णा तया. ३ दै इति पदच्छेदः. देहीति प्रलपितम्; (पक्षे) वैदेही जानकीति प्रलपितम्. ४ काभर्तुः कुत्सितस्वामिनो वदनपरिपाटीषु घटना अलमत्यर्थं कृता; (पक्षे) लंकाभर्तू रावणस्य वदनपरिपाट्यामिषुघटना बाणरचना कृता. ५ कुशलं च वसु च द्रव्यं तद्भावो न संपादितः; (पक्षे) कुशलवौ सुतौ यस्याः सा वैदेही न प्राप्ता. ६ गुणा एव पक्षिणः. ७ समीपे. ८ दैन्यमेवारण्यमतंगजः. ९ कान्ताकटाक्षवेधम्. १० सिंहान्.

---

१ गृहम्. २ विकरालैः.

परोपकारप्रशंसा ।

परोपकारः कर्तव्यः प्राणैरपि धनैरपि । परोपकारजं पुण्यं न स्यात्क्रतुशतैरपि ॥ १ ॥ धनानि जीवितं चैव परार्थे प्राज्ञ उत्सृजेत् । तन्निमित्तो वरं त्यागो विनाशे नियते सति ॥ २ ॥ रविश्चन्द्रो घना वृक्षा नदी गावश्च सज्जनाः । एते परोपकाराय युगे दैवेन निर्मिताः ॥ ३ ॥ तृणं चाहं वरं मन्ये नरादनुपकारिणः । घासो भूत्वा पशून्पाति [1]भीरून्पाति रणाङ्गणे ॥ ४ ॥ परोपकृतिकैवल्ये तोलयित्वा जनार्दनः । गुर्वीमुपकृतिं मत्वा ह्यवतारान्दशाग्रहीत् ॥ ५ ॥ आत्मार्थं जीवलोकेऽस्मिन्को न जीवति मानवः । परं परोपकारार्थं यो जीवति स जीवति ॥ ६ ॥ परोपकारशून्यस्य धिङ्मनुष्यस्य जीवितम् । जीवन्तु पशवो येषां चर्माप्युपकरिष्यति ॥ ७ ॥ रागिणि नलिने लक्ष्मीं दिवसो निदधाति दिनकरप्रभवाम् । अनपेक्षितगुणदोषः परोपकारः सतां व्यसनम् ॥ ८ ॥ कृच्छ्रानुवृत्तयोऽपि हि परोपकारं त्यजन्ति न महान्तः । तृणमात्रजीवना अपि करिणो दानद्रवार्द्रकराः ॥ ९ ॥ परोपकाराय फलन्ति वृक्षाः परोपकाराय वहन्ति नद्यः । परोपकाराय दुहन्ति गावः परोपकारार्थमिदं शरीरम् ॥ १० ॥ भवन्ति नम्रास्तरवः फलोद्गमैर्नवाम्बुभिर्भूरिविलम्बिनो घनाः । अनुद्धताः सत्पुरुषाः समृद्धिभिः स्वभाव एवैष परोपकारिणाम् ॥ ११ ॥ श्रोत्रं श्रुतेनैव न कुण्डलेन दानेन पाणिर्न तु कङ्कणेन । विभाति कायः खलु सज्जनानां परोपकारेण न चन्दनेन ॥ १२ ॥ पद्माकरं दिनकरो विकचं करोति चन्द्रो विकासयति कैरवचक्रवालम् । नाभ्यर्थितो जलधरोऽपि जलं ददाति सन्तः स्वयं परहितेषु कृताभियोगाः ॥ १३ ॥ दातुः परोपकृतिनिर्भरचित्तवृत्तेरासन्नदूरगणना नहि संश्रितेषु । भानुर्विकासयति हन्त सरोजखण्डं पाणिस्थपङ्कजसमं भुवनान्तरेषु ॥ १४ ॥

कृतघ्ननिन्दा ।

ब्रह्मघ्ने च सुरापे च चोरे भग्नव्रते तथा । निष्कृतिर्विहिता लोके कृतघ्ने नास्ति निष्कृतिः ॥ १ ॥ उपकारिणि विश्रब्धे शुद्धमतौ यः समाचरति पापम् । तं जनमसत्यसंधं भगवति वसुधे कथं वहसि ॥ २ ॥ [1]व्योमनि शम्बाकुरुते चित्रं निर्माति यत्नतः सलिले । स्नपयति पवनं सलिलैर्यस्तु खले चरति सत्कारम् ॥ ३ ॥ शोकं मा कुरु कुक्कुर सत्त्वेष्वहमधम इति मुधा साधो । कष्टादपि कष्टतरं दृष्ट्वा श्वानं कृतघ्ननामानम् ॥ ४ ॥

१ भीतान्. २ परोपकारः. ३ मोक्षः. ४ उभयोस्तुलनां कृत्वा. ५ श्रेष्ठाम्. ६ मत्स्यादीन्. ७ जग्राह. ८ कर्णः. ९ शास्त्रेण. १० कासारम्. ११ कुमुदमण्डलम्. १२ असत्यप्रतिज्ञम्.

संतोषप्रशंसा ।

संतोषामृततृप्तानां यत्सुखं शान्तचेतसाम् । कुतस्तद्धनलुब्धानामितश्चेतश्च धावताम् ॥ १ ॥ अकृत्वा परसंतापमगत्वा खलनम्रताम् । अनुत्सृज्य सतां वर्त्म यत्स्वल्पमपि तद्बहु ॥२॥ आगमिष्यन्ति ते भावा ये भावा मयि भाविताः । अहं तैरनुगन्तव्यो न तेषामन्यतो गतिः ॥ ३ ॥ यो मे गर्भगतस्यापि वृत्तिं कल्पितवान्स्वयम् । शेषवृत्तिविधाने च स किं सुप्तोऽथवा मृतः ॥ ४ ॥ अचिन्तितानि दुःखानि यथैवायान्ति देहिनाम् । सुखान्यपि तथा मन्ये दैन्यमत्रातिरिच्यते ॥ ५ ॥ पञ्चमेऽहनि षष्ठे वा शाकं पचति यो गृहे । अनृणी चाप्रवासी च स वारिचर मोदते ॥ ६ ॥ आत्माधीनशरीराणां स्वपतां निद्रया स्वया । कंदन्नमपि मर्त्यानाममृतत्वाय कल्पते ॥ ७ ॥ सर्वत्र संपदस्तस्य संतुष्टं यस्य मानसम् । उपानद्गूढपादस्य ननु चर्मावृतैव भूः ॥ ८ ॥ ते धन्याः पुण्यभाजस्ते तैस्तीर्णः क्लेशसागरः । जगत्संमोहजननी यैराशाशीविषी जिता ॥ ९ ॥ अकिंचनस्य दान्तस्य शान्तस्य समचेतसः । सदा संतुष्टमनसः सर्वाः सुखमया दिशः ॥ १० ॥ न योजनशतं दूरं बाध्यमानस्य तृष्णया । संतुष्टस्य करप्राप्तेऽप्यर्थे भवति नादरः ॥ ११ ॥ अर्थी करोति दैन्यं लब्धार्थो गर्वमपरितोषं च । नष्टधनश्च स शोकं सुखमास्ते निःस्पृहः पुरुषः ॥ १२ ॥ तन्मूलं गुरुतायास्तत्सौख्यं तद्यशस्तदौर्जित्यम् । तत्सौभाग्यं पुंसां यदेतदप्रार्थनं नाम ॥ १३ ॥ सर्पाः पिबन्ति पवनं न च दुर्बलास्ते शुष्कैस्तृणैर्वनगजा बलिनो भवन्ति । कन्दैः फलैर्मुनिवराः क्षपयन्ति कालं संतोष एव पुरुषस्य परं निधानम् ॥ १४ ॥ चीराणि किं पथि न सन्ति दिशन्ति भिक्षां [15]नैवाङ्घ्रिपाः फलभृतः सरितोऽप्यशुष्यन् । रुद्धा गुहाः

१ व्योमन्याकाशे शम्बाकुरुते हलेन क्षेत्रं वारद्वयं कर्षति. २ आलेख्यम्. ३ पूजाम्. ४ हे भषक. ५ व्यर्थम्. ६ मार्गम्. ७ जीवनोपायम्. ८ विशिष्यते. ९ कुत्सितमन्नम्. १० उपानह्यां गूढौ पिहितौ पादौ यस्य. ११ सर्पिणी. १२ गौरवस्य. १३ उत्साहशीलत्वम्. १४ अयाचनम्. १५ वृक्षाः.

किमर्जितोऽवति नोपपन्नान्कस्माद्व्रजन्ति कवयो धनदुर्मदान्धान् ॥ १५ ॥ मन्निन्दया यदि जनः परितोषमेति नन्वप्रयत्नसुलभोऽयमनुग्रहो मे । श्रेयोर्थिनोऽपि पुरुषाः परतुष्टिहेतोर्दुःखार्जितान्यपि धनानि परित्यजन्ति ॥ १६ ॥ वयमिह परितुष्टा वल्कलैस्त्वं च लक्ष्म्या सम इह परितोषो निर्विशेषो विशेषः । स हि भवति दरिद्रो यस्य तृष्णा विशाला मनसि च परितुष्टे कोऽर्थवान्को दरिद्रः ॥ १७ ॥ गन्धाढ्यां नवमल्लिकां मधुकरस्त्यक्त्वा गतो यूथिकां तां दृष्ट्वाशु गतः स चन्दनवनं पश्चात्सरोजं गतः । बद्धस्तत्र निशाकरेण सहसा रोदित्यसौ मन्दधीः संतोषेण विना पराभवपदं प्राप्नोति सर्वो जनः ॥ १८ ॥ मृत्युर्मोद्यति मूर्ध्नि शश्वदुरगी घोरा जरारूपिणी त्वामेषा ग्रसते परिग्रहमयैर्गृध्रैर्जगद्ग्रस्यते । धूत्वा बोधजलैरबोधबहुलं तल्लोभजन्यं रजः संतोषामृतसागराम्भसि चिरं मग्नः सुखं स्थास्यसि ॥ १९ ॥

—— ——

तृष्णानिन्दा ।

तृष्णे देवि नमस्तुभ्यं धैर्यविप्लवकारिणि । विष्णुस्त्रैलोक्यनाथोऽपि यत्त्वया वामनीकृतः ॥ १ ॥ तृष्णे कृष्णेऽपि ते शक्तिर्दृष्टा मर्त्येषु का कथा । त्रैलोक्यव्यापि यद्रूपं तद्रूपं वामनीकृतम् ॥ २ ॥ तृष्णां चेह परित्यज्य को दरिद्रः क ईश्वरः । तस्याश्चेत्प्रसरो दत्तो दास्यं च शिरसि स्थितम् ॥ ३ ॥ वलिभिर्मुखमाक्रान्तं पलितैरङ्कितं शिरः । गात्राणि शिथिलायन्ते तृष्णैका तरुणायते ॥ ४ ॥ नास्त्यन्या तृष्णया तुल्या कापि स्त्री सुभगा क्वचित् । या प्राणानपि मुष्णन्ती भवत्येवाधिकं प्रिया ॥ ५ ॥ च्युता दन्ताः सिताः केशा दृङ्निरोधः पदे पदे । पातसज्जमिमं देहं तृष्णा साध्वी न मुञ्चति ॥ ६ ॥ तृष्णे त्वमपि तृष्णान्धा त्रिषु स्थानेषु वर्तसे । व्याधितेष्वनपत्येषु जरापरिणतेषु च ॥ ७ ॥ तृष्णे देवि नमस्तुभ्यं या त्वं सर्वस्य सर्वदा । उत्पादयस्यत्नेन गोष्पदे सागरभ्रमम् ॥ ८ ॥ अपि मेरूपमं प्राज्ञमपि शूरमपि स्थिरम् । तृणीकरोति तृष्णैका निमेषेण नरोत्तमम् ॥ ९ ॥ आशा नाम मनुष्याणां काचिदाश्चर्यशृङ्खला । यया बद्धाः प्रधावन्ति मुक्तास्तिष्ठन्ति पङ्गुवत् ॥ १० ॥ तेनाधीतं श्रुतं तेन तेन सर्वमनुष्ठितम् । येनाशाः पृष्ठतः कृत्वा नैराश्यमवलम्बितम् ॥ ११ ॥ गिरिर्महान्गिरेरब्धिर्महानब्धेर्नभो महत् । नभसोऽपि महद्ब्रह्म ततोऽप्याशा गरीयसी ॥ १२ ॥ आशैव राक्षसी पुंसामाशैव विषमञ्जरी । आशैव जीर्णमदिरा धिगाशा सर्वदोषभूः ॥ १३ ॥ क्षुत्तृडाशाः कुटुम्बिन्यो मयि जीवति नान्यगाः । तासामाशा महासाध्वी कदाचिन्मां न मुञ्चति ॥ १४ ॥ यौवनं जरया ग्रस्तमारोग्यं व्याधिभिर्हतम् । जीवितं मृत्युरभ्येति तृष्णैका निरुपद्रवा ॥ १५ ॥ यच्च कामसुखं लोके यच्च दिव्यं महत्सुखम् । तृष्णाक्षयसुखस्यैते नार्हतः षोडशीं कलाम् ॥ १६ ॥ दारिद्र्यस्य परा मूर्तिस्तृष्णा न द्रविणाल्पता । जरद्गवधनः शंभुस्तथापि परमेश्वरः ॥ १७ ॥ तृष्णा हि चेत्परित्यक्ता को दरिद्रः क ईश्वरः । तस्याश्चेत्प्रसरो दत्तो दास्यं च शिरसि स्थितम् ॥ १८ ॥ मनोरथरथारूढं युक्तमिन्द्रियवाजिभिः । भ्राम्यत्येव जगत्कृत्स्नं तृष्णासारथिचोदितम् ॥ १९ ॥ यथा हि शृङ्गं गोः काले वर्धमानस्य वर्धते । एवं तृष्णापि चित्तेन वर्धमानेन वर्धते ॥ २० ॥ अकर्तव्येष्वसाध्वीव तृष्णा प्रेरयते जनम् । तमेव सर्वपापेभ्यो लज्जा मातेव रक्षति ॥ २१ ॥ आशा बलवती कष्टं नैराश्यं परमं सुखम् । आशा निराशाः कृत्वा तु सुखं स्वपिति पिङ्गला ॥ २२ ॥ तृष्णाखनिरगाधेयं दुष्पूरा केन पूर्यते । या महद्भिरपि क्षिप्तैः पूरणैरेव खन्यते ॥ २३ ॥ आसन्नान्पुरतो भावान्दर्शयित्वा पुरः पुरः । छागो हरितमुष्ट्येव दूरं नीतोऽस्मि तृष्णया ॥ २४ ॥ वर्तते येन न विना नरो वाञ्छतु नाम तत् । ततोऽधिकार्थप्रणयी पृष्टो दद्यात्किमुत्तरम् ॥ २५ ॥ तावद्गुणा गुरुत्वं च यावन्नार्थयते परम् । अर्थित्वे वर्तमानस्य न गुणा न च गौरवम् ॥२६॥ विद्वत्ता चैव शौर्यं च सौजन्यं च कुलीनताम् । खलीकरोति याच्ञैका दुःशीलेवाङ्गना कुलम् ॥ २७ ॥ आशाया ये दासास्ते दासाः सर्वलोकस्य । आशा येषां दासी तेषां दासायते लोकः ॥ २८ ॥ दन्ता विश्लथदन्ताः केशाः काशप्रसूनसंकाशाः । नयनं तमसामयनं तथापि चित्तं धनाङ्गनायत्तम् ॥ २९ ॥ त्वामुदर साधु मन्ये शाकैरपि यदसि लब्धपरितोषम् । हतहृदयं ह्यधिकाधिकवाञ्छाशतदुर्भरं न पुनः ॥ ३० ॥ इच्छति शती सहस्रं ससहस्रः कोटिमीहते कर्तुम् । कोटियुतोऽपि नृपत्वं नृपोऽपि बत चक्रवर्तित्वम् ॥ ३१ ॥ चक्रधरोऽपि सुरत्वं सुरोऽपि सुरराज्यमीहते कर्तुम् । सुरराजोऽप्यूर्ध्वगतिं तथापि न निवर्तते तृष्णा ॥ ३२ ॥ अङ्गं गलितं पलितं मुण्डं

१ भगवान्. २ संतोषम्. ३ प्रसादः. ४ कल्याणेच्छवः. ५ अन्यसंतोषः. ६ विलयम्. ७ ह्रस्वीकृतः. ८ हरन्ती. ९ वृद्धेषु. १० मेरुसदृशम्. ११ तृणवल्लघूकरोति. १२ पर्वतः.

१ वृद्धवृषभः स एव धनं यस्य सः. २ शिरः.

दशनविहीनं[1] जातं तुण्डम्[2] । वृद्धो याति गृहीत्वा दण्डं तदपि न मुञ्चत्याशा पिण्डम् ॥ ३३ ॥ दिनयामिन्यौ सायं-प्रातः शिशिरवसन्तौ पुनरायातः । कालः क्रीडति गच्छ-त्यायुस्तदपि न मुञ्चत्याशावायुः ॥ ३४ ॥ आशा[3]वलम्बोप-चिता न कस्य तृष्णालतानर्थफलं प्रसूते । दिने दिने लब्धरुचिर्विवस्वान्[4]मीनं[5] च मेषं[6] च वृषं[7] च भुङ्क्ते ॥ ३५ ॥ विभूतिरर्घत्यपि याचकानां न दुर्गतं केचिदिहाद्रियन्ते । पीताम्बरोऽब्धेः समवाप लक्ष्मीं दिगम्बरस्योपनतोऽर्ध-चन्द्रः ॥ ३६ ॥ भिक्षाशनं तदपि नीरसमेकवारं शय्या च भूः परिजनो निजदेहमात्रम् । वस्त्रं सुजीर्णशतखण्डमयी च कन्था हा हा तथापि विषयान्न जहाति चेतः ॥ ३७ ॥ या सा जगत्परिभवस्य निमित्तभूता हेतुः स्वयं सुरपतेरपि लाघवस्य । सा मां विडम्बयति नाथ सदैव तृष्णा छिन्धि प्रसह्य भगवन्नपुनर्भवाय ॥ ३८ ॥ दुग्धं च यत्तदनु यत्क्क-थितं ततो नु माधुर्यमस्य हृतमुन्मथितं च वेगात् । जातं पुनर्घृतकृते नवनीतवृत्ति स्नेहो निबन्धनमनर्थपरम्पराणाम् ॥ ३९ ॥ गदोदन्ता दन्ताः पलितकलितः कुन्तलभरस्तमः-क्षेत्रे नेत्रेऽविषयपटुनी न श्रुतिपुटे । अभूदङ्गं रङ्गद्वलिवल-यवल्लीविलुलितं तथाप्येतच्चेतस्तरुण इव धावत्यनुदिनम् ॥ ४० ॥ गतं तत्तारुण्यं तरुणिहृदयानन्दजनकं विशीर्णा दन्तालिर्निजगतिरहो यष्टिशरणा[8] । जडीभूता दृष्टिः श्रवण-रहितं कर्णयुगलं मनो मे निर्लज्जं तदपि विषयेभ्यः स्पृह-यति ॥ ४१ ॥ वपुः कुब्जीभूतं गतिरपि तथा यष्टिशरणा विशीर्णा दन्तालिः श्रवणविकलं श्रोत्रयुगलम् । शिरः शुक्लं चक्षुस्तिमिरपटलैरावृतमहो मनो मे निर्लज्जं तदपि विषयेभ्यः स्पृहयति ॥ ४२ ॥ खलोल्लापाः सोढाः कथमपि तदारा-धनतया निगृह्यान्तर्बाष्पं हसितमपि शून्येन मनसा । कृत-श्चित्तस्तम्भः प्रतिहतधियामञ्जलिरपि त्वमाशे मोघाशे किमु परमितो नर्तयसि माम् ॥ ४३ ॥ निवृत्ता भोगेच्छा बहुपु-रुषमानो विगलितः समानाः स्वर्याताः सपदि सुहृदो जीवि-तसमाः । शनैर्यष्ट्युत्थानं घनतिमिररुद्धे च नयने अहो धृष्टः कायस्तदपि मरणापायचकितः ॥ ४४ ॥ अमीषां प्रा-णानां तुलितबिसिनीपत्रपयसां कृते किं नास्माभिर्विगलित-विवेकैर्व्यवसितम् । यदाढ्या[9]नामग्रे द्रविणमदनिःसंज्ञ[10]मनसां कृतं वीतव्रीडैर्निजगुणकथापातकमपि ॥ ४५ ॥ समारम्भा भग्नाः कति कति न वारांस्तव पशो पिपासोस्तुच्छेऽस्मिन्द्र-विणमृगतृष्णार्णवजले । तथापि प्रत्याशा विरमति न ते मूढ शतधा न दीर्णं यच्चेतो नियतमशनिग्रावघटितम्[1] ॥ ४६ ॥ विवेकव्याकोशे विकसति शमे शाम्यति तृषा परिष्वङ्गे तुङ्गे प्रसरतितरां सा परिणतिः । जरा जीर्णैश्वर्यग्रसनगहनाक्षे-पकृपणस्तृषापात्रं यस्यां भवति मरुतामप्यधिपतिः[2] ॥ ४७ ॥ अहो तृष्णावेश्या सकलजनतामोहनकरी विदग्धा मुग्धानां हरति विवशानां शमधनम् । विपद्दीक्षादक्षासहतरलतारैः प्रणयिनीकटाक्षैः कूटाक्षैः कपटकुटिलः कामकितवः ॥ ४८ ॥ उत्खातं निधिशङ्कया[3] क्षितितलं ध्माता गिरेर्धा-तवो निस्तीर्णः सरितां पतिर्नृपतयो यत्नेन संतोषिताः । मन्त्राराधनतत्परेण मनसा नीताः श्मशाने निशाः प्राप्तः काणवराटको[4]ऽपि न मया तृष्णेऽधुना मुञ्च माम् ॥ ४९ ॥ निःस्वो वष्टि[5] शतं शती दशशतं लक्षं सहस्राधिपो लक्षेशः क्षितिराजतां क्षितिपतिश्चक्रेशतां वाञ्छति । चक्रेशः सुरराजतां सुरपतिर्ब्रह्मास्पदं वाञ्छति ब्रह्मा विष्णुपदं हरिः शिव-पदं तृष्णावधिं को गतः ॥ ५० ॥ माने नेच्छति वारय-त्युपशमे क्ष्मा[6]मालिखन्त्यां ह्रियां स्वातन्त्र्ये परिवृत्य तिष्ठति करौ व्याधूय धैर्ये गते । तृष्णे त्वामनुबध्नता[7] फलमियत्प्राप्तं जनेनामुना यः स्पृष्टो न पदा स एव चरणौ स्प्रष्टुं न संमन्यते ॥ ५१ ॥ दन्तैरुच्चलितं धिया तरलितं पाण्यङ्घ्रिणा कम्पितं दृग्भ्यां कुड्मलितं[8] बलेन गलितं रूपश्रिया प्रोषितम् । प्राप्तायां यमभूपतेरिह महाधाट्यां धरायामियं तृष्णा केवलमेकिकैव सुभटी धीरा पुरो नृत्यति ॥ ५२ ॥ भ्रान्तं याचनतत्परेण मनसा देहीति वाक्प्रेरिता भुक्तं मानविवर्जितं परगृहे साशङ्कया काकवत् । साक्षेपं भ्रुकुटीकटाक्षकुटिलं दृष्टं खलानां मुखं तृष्णे देवि यदन्यदिच्छसि पुनस्तत्रापि सज्जा वयम् ॥ ५३ ॥ भ्रान्तं देशमनेकदुर्गविषमं प्राप्तं न किंचित्फलं त्यक्त्वा जातिकुलाभिमानमुचितं सेवा कृता निष्फला । भुक्तं मानविवर्जितं परगृहेष्वाशङ्कया काकव-त्तृष्णे जृम्भसि पापकर्मनिरते नाद्यापि संतुष्यसि ॥ ५४ ॥ आसिष्ये सुखितो गृहीति विहितो मोहेन दारग्रहस्तत्सङ्गा-त्सुतदासबान्धवसुहृत्संबन्धिनामुद्भवः । तन्निर्वाहकदर्थना-परिभवानौचित्यचिन्ताजुषः किं सौख्यं कतमा गृहस्थिति-रतोऽनर्थो मया स्वीकृतः ॥ ५५ ॥ शान्तेर्मातुर्विवेका-त्पितुरपि कृपणं मङ्क्षु[9] कृत्वा पृथग्भ्रामाशा योषा स्वतन्त्रा

१ दन्ताः. २ मुखम्. ३ आश्रयः. ४ सूर्यः. ५ मत्स्यः; (पक्षे) मीनराशिः. ६ एडकः; (पक्षे) मेषराशिः. ७ वृषभः; (पक्षे) वृषभराशिः. ८ यष्ट्यधीना. ९ धनिकानाम्. १० शून्यमनसाम्.

१ वज्रपाषाणघटितम्.. २ इन्द्रः. ३ निक्षेपः; ४ सच्छिद्रकपर्दिका. ५ इच्छति. ६ पृथ्वी. ७ तवानुबन्धं कुर्वतेत्यर्थः. ८ मुकुलितम्. ९ शीघ्रम्.

व्रजति परगृहान्सर्वदा वीतलज्जा । संधत्ते मत्कृशत्वं मम यमनियमौ भ्रातरौ भर्त्सयन्ती पुष्ट्वा चैवात्मबन्धूंस्तदपि पुनरहो हन्त वन्ध्यां श्रयामः ॥ ५६ ॥ लज्जे त्वं मज्ज सिन्धौ गिरिवरशिखरे त्वं च तिष्ठ प्रतिष्ठे शान्ते प्रान्ते दिशान्ते कुरु वसतिमहो गर्व खर्वो भवाशु । तेजः पातालमूलं भज भुवि भगवन्मान मा नाम तेऽस्तु प्रेम्णैकामाश्रयन्तीं सततमहमिमां तूर्णमाशां श्रयिष्ये ॥ ५७ ॥

धीरप्रशंसा ।

स एव धन्यो विपदि स्वरूपं यो न मुञ्चति । त्यजत्यर्ककरैस्तप्तं हिमं देहं न शीतताम् ॥ १ ॥ चलन्ति गिरयः कामं युगान्तपवनाहताः । कृच्छ्रेऽपि न चलत्येव धीराणां निश्चलं मनः ॥ २ ॥ कृतं पुरुषशब्देन जातिमात्रावलम्बिना । योऽङ्गीकृतगुणैः श्लाघ्यः सविस्मयमुदाहृतः ॥ ३ ॥ ग्रसमानमिवौजांसि सहसा गौरवेरितम् । नाम यस्याभिनन्दन्ति द्विषोऽपि स मतः पुमान् ॥ ४ ॥ सह परिजनेन विलसति धीरो गहनानि तरति पुनरेकः । विषमेकेन निपीतं त्रिपुरजिता सह सुरैरमृतम् ॥ ५ ॥ श्लाघ्या महतामुन्नतिरद्भुतमध्यवसितं च धीराणाम् । कनकगिरिरनमिलङ्घ्यो रविरनिशमनुज्झितारम्भः ॥ ६ ॥ अङ्गणवेदी वसुधा कुल्या जलधिः स्थली च पातालम् । वल्मीकश्च सुमेरुः कृतप्रतिज्ञस्य धीरस्य ॥ ७ ॥ कदर्थितस्यापि हि धैर्यवृत्तेर्न शक्यते धैर्यगुणः प्रमार्ष्टुम् । अधोमुखस्यापि कृतस्य वह्नेर्नाधः शिखा यान्ति कदाचिदेव ॥ ८ ॥ अर्थः सुखं कीर्तिरपीह मा भूदनर्थ एवास्तु तथापि धीराः । निजप्रतिज्ञामनुरुध्यमाना महोद्यमाः कर्म समारभन्ते ॥ ९ ॥ रत्नैर्महार्हैस्तुतुषुर्न देवा न भेजिरे भीमविषेण भीतिम् । सुधां विना न प्रययुर्विरामं न निश्चितार्थाद्विरमन्ति धीराः ॥१०॥ निन्दन्तु नीतिनिपुणा यदि वा स्तुवन्तु लक्ष्मीः समाविशतु गच्छतु वा यथेच्छम् । अद्यैव वा मरणमस्तु युगान्तरे वा न्याय्यात्पथः प्रविचलन्ति पदं न धीराः ॥ ११ ॥ कान्ताकटाक्षविशिखा न लुनन्ति यस्य चित्तं न निर्दहति कोपकृशानुतापः । कर्षन्ति भूरि विषयांश्च न लोभपाशा लोकत्रयं जयति कृत्स्नमिदं स धीरः ॥ १२ ॥ आपत्समुद्धरणधीरधियः परेषां जाता महत्यपि कुले न भवन्ति सर्वे । विन्ध्याटवीषु विरलाः खलु पादपास्ते ये दन्तिदन्तमुसलोल्लिखनं सहन्ते ॥ १३ ॥ विरम विरसायासादस्माद्दुरध्यवसायतो विपदि महतां धैर्यध्वंसं यदीक्षितुमीहसे । अयि जड विधे कल्पापायव्यपेतनिजक्रमाः कुलशिखरिणः क्षुद्रा नैते न वा जलराशयः ॥ १४ ॥

१ गतलज्जा. निर्लज्जेत्यर्थः. २ अहो इत्याश्चर्ये. ३ दुस्तराणि. ४ शंकरेण. ५ व्यापारः. ६ अजिरम्. ७ कृत्रिमसरित्. ८ दरिद्रस्य. ९ दूरीकर्तुम्. १० न्यायादनपेतात्. ११ मार्गात्. १२ कटाक्षा एव विशिखा बाणाः. १३ न छिन्दन्ति. १४ कोपः क्रोधः स एव कृशानुरग्निस्तत्तापः.

वीरप्रशंसा ।

एकेनापि हि शूरेण पदाक्रान्तं महीतलम् । क्रियते भास्करेणेव स्फारस्फुरिततेजसा ॥ १ ॥ बहवः पङ्गवोऽपीह नराः शास्त्राण्यधीयते । विरला रिपुखड्गाग्रधारापातसहिष्णवः ॥ २ ॥ अनन्तोद्भूतभूतौघसंकुले भूतलेऽखिले । शस्त्रे शास्त्रे त्रिचतुराश्चतुरा यदि मादृशाः ॥ ३ ॥ महिम्नामन्तरं पश्य शेषाहेः साब्धिभूधरा । फणासहस्रस्रग्दाम्नि भ्रमरीव विभाति भूः ॥ ४ ॥ स्पृहयति भुजयोरन्तरमायतकरवालकररुहविदीर्णम् । विजयश्रीर्वीराणां व्युत्पन्नप्रौढवनितेव ॥५॥ भुजे विशाले विमलेऽसिपत्रे कोऽन्यस्य तेजस्विकथां सहेत । गतासुरप्याहवसीम्नि वीरो द्विधा विधत्ते रविमण्डलं यः ॥६॥ लोकोत्तरं चरितमर्पयति प्रतिष्ठां पुंसां कुलं नहि निमित्तमुदारतायाः । वातापितापनमुनेः कलशात्प्रसूतिर्लीलायितं पुनरमुष्य समुद्रपानम् ॥ ७ ॥ नायाति वाडवशिखाकथनेन तापं शैत्यं हिमाद्रिपयसा विशता च नाब्धिः । कश्चिद्गभीरमनसां सततं विषादकाले प्रमोदसमये च समोऽनुभावः ॥ ८ ॥ संप्राप्नुवन्ति ननु मण्डलमेकमेव क्ष्मापा जये समरसीम्नि वपुस्तु हित्वा । चण्डांशुमण्डलमथाभिमतानि कामं प्रेमार्द्रनिर्जरवधूस्तनमण्डलानि ॥ ९ ॥ विनाप्यर्थैर्वीरः स्पृशति बहुमानोन्नतिपदं समायुक्तोऽप्यर्थैः परिभवपदं याति कृपणः । स्वभावादुद्भूतां गुणसमुदयावाप्तिविषयां द्युतिं सैंहीं किं श्वा धृतकनकमालोऽपि लभते ॥ १० ॥ को वीरस्य मनस्विनः स्वविषयः को वा विदेशस्तथा यं देशं श्रयते तमेव कुरुते बाहुप्रतापार्जितम् । यद्दंष्ट्रानखलाङ्गलप्रहरणः सिंहो वनं गाहते तस्मिन्नेव

१ संपूर्णम्. २ पराजयस्थानम्. ३ कान्तिम्. ४ सिंहसंबन्धिनीम्. ५ धृता कनकस्य सुवर्णस्य माला येन. ६ परदेशः. ७ दंष्ट्रानखलाङ्गलान्येव प्रहरणं यस्य. नखा एव लाङ्गलानि विदारकत्वात् हलानि इति रूपकम्. 'पान्तु वो नरसिंहस्य नखलाङ्गलकोटयः' इति कस्यचित्प्रयोगः. ८ प्रविशति.

हतद्विपेन्द्ररुधिरैस्तृष्णां छिनत्त्यात्मनः ॥ ११ ॥ सामोपायनयप्रपञ्चपटवः प्रायेण ये भीरवः शूराणां व्यवसाय एव हि परं संसिद्धये कारणम् । विस्फूर्जद्विकटाटवीगजघटापीठैकसंचूर्णनव्यापारैकरसस्य सन्ति विजये सिंहस्य के मन्त्रिणः ॥ १२ ॥ काकुत्स्थस्य दशाननो न कृतवान्दारापहारं यदि क्वाम्भोधिः क्व च सेतुबन्धघटना क्वोत्तीर्य लङ्काजयः । पार्थस्यापि पराभवं यदि रिपुर्नाधात्क्व तादृक्तपो नीयन्ते रिपुभिः समुन्नतिपदं प्रायः परं मानिनः ॥ १३ ॥ वह्निं शीतयितुं हिमं ज्वलयितुं वातं निरोद्धुं पयो मूर्तं व्योम विधातुमुन्नमयितुं नेतुं नतिं वा महीम् । उद्धर्तुं किल भूभृतः स्थलयितुं सिन्धुं च संभाव्यते शक्तिर्यस्य जनैः स एव नृपतिः शेषाः परं पार्थिवाः ॥१४॥ नास्मिन्संततवेष्टनोल्बणतमैस्तल्पैरुदेति व्यथा ग्रन्थिभ्यश्चलितैर्न चालमसुभिर्मर्मव्यथा जायते । क्रन्दद्बन्धुजनार्तनादचकितस्वान्तं न वा स्थीयते न ह्येतन्मरणं सुखस्य सुभगा काप्येव संप्राप्तिभूः ॥ १५ ॥

तेजस्विप्रशंसा ।

बालस्यापि रवेः पा[१]दाः पतन्त्युपरि भू[२]भृताम् । तेजसा सह जातानां वयः कुत्रोपयुज्यते ॥ १ ॥ एकः स एव तेजस्वी सैंहि[३]केयः सुरद्विषाम् । शिरोमात्रावशेषेण जीयन्ते येन शत्रवः ॥ २ ॥ मौनी पादप्रहारेऽपि न क्षमी नीच एव सः । आकृष्टशस्त्रो मित्रेऽपि न तेजस्वी खलो हि सः ॥३॥ तुल्येऽपराधे स्वर्भा[४]नुर्भा[५]नुमन्तं चिरेण यत् । हिमांशुमाशु ग्रसते[६] तन्म्र[७]दिम्नः स्फुटं फ[८]लम् ॥ ४ ॥ स्वयं प्रणमतेऽल्पेऽपि परवायावुपेयुषि । निदर्शनंम[९]साराणां लं[१०]घुर्बहु[११]तृणं नरः ॥ ५ ॥ तेजस्विमध्ये तेजस्वी [१२]दवीयानपि गण्यते । पञ्चमः प[१३]ञ्चतपसस्तपनो जातवेदसाम् ॥ ६ ॥ अकृत्वा हेलया पादमुच्चैर्मूर्धसु विद्विषाम् । [१४]कथंकारमना[१५]लम्बा कीर्तिर्द्यामधिरोहति ॥ ७ ॥ अङ्काधिरोपितमृगश्चन्द्रमा मृगलाञ्छनः । केसरी निष्ठु[१६]रक्षिप्तमृगयूथो मृगाधिपः ॥ ८ ॥ तेजस्विनि क्षमोपेते नातिकार्कश्यमाचरेत् । अतिनिर्मन्थनादग्निश्चन्दनादपि जायते ॥९॥ तेजोहीने महीपाले स्वे परे च विकुर्वते । निःशङ्को हि

जनो धत्ते पदं भस्मन्यनूष्म[१]णि ॥ १० ॥ एकचक्रो रथो य[२]न्ता विकलो विषमा ह[४]याः । आक्रमत्येव तेजस्वी तथाप्यर्को[३] नभस्तलम् ॥ ११ ॥ साधनं सुमहद्यस्य यन्नान्यस्य विलोक्यते । तस्य धीशालिनः कोऽन्यः सहेतारालितां भ्रुवम् ॥ १२ ॥ येन पाषाणखण्डस्य मूल्यमल्पं वसुंधरा । अनस्तमितसारस्य तेजसस्तद्विजृम्भितम् ॥ १३ ॥ सिंहः शिशुरपि निपतति मदमलिन[५]कपोलभित्तिषु गजेषु । प्रकृतिरियं स[६]त्त्ववतां न खलु वयस्तेजसो हेतुः ॥ १४ ॥ यदचेतनोऽपि पादैः स्पृष्टः प्रज्वलति सवितुरि[७]नकान्तः । तत्तेजस्वी पुरुषः परकृतवि[८]कृतिं कथं सहते ॥ १५ ॥ दर्शितता[९]पोच्छ्रा[१०]यैस्ते[११]जोवद्भिः सुगोत्रसं[१२]जातैः । हीरैरप्स्विव धीरैरापत्स्वपि गम्यते नाधः ॥ १६ ॥ दीप्यन्तां ये दीप्त्यै [१३]घटिता मणयश्च वीरपुरुषाश्च । तेजः स्वविनाशाय तु भवति तृणानामिव लघूनाम् ॥ १७ ॥ मदसिक्तमुखैर्मृगाधिपः करिभिर्वर्तयते स्वयंहतैः । लघयन्खलु तेजसा जगन्न महानिच्छति भूतिमन्यतः ॥ १८ ॥ तीव्रोष्णदुर्विषहवीर्यभृतः परेषां तेजस्विनो न गणयन्ति वपुर्महत्त्वम् । यत्पद्मरागशकलाकृतिरद्रितुङ्गं कार्त्स्न्येन भस्मयति काष्ठचयं स्फुलिङ्गः ॥ १९ ॥ न तेजस्तेजस्वी [१४]प्रसृतमपरेषां प्रसहते स तस्य स्वो भावः प्र[१५]कृतिनियतत्वादकृ[१६]तकः । म[१७]यूखैरश्रान्तं तपति यदि देवो दिनकरः किमा[१८]ग्नेयग्रावा निकृ[१९]त इव तेजांसि वमति ॥ २० ॥ हस्ती स्थूलतनुः स चाङ्कुशवशः किं हस्तिमात्रोऽङ्कुशो वज्रेणाभिहताः पतन्ति गिरयः किं शैलमात्रः [२१]पविः । दीपे प्रज्वलिते विनश्यति तमः किं दीपमात्रं तमस्तेजो यस्य विराजते स बलवान्स्थूलेषु कः प्रत्य[२२]यः ॥ २१ ॥ स्वल्पस्नायुवसावशेषमलिनं निर्मांसमप्यस्थि गोः श्वा लब्ध्वा परितोषमेति न तु तत्तस्य क्षुधः शान्तये । सिंहो जम्बुकमङ्कमागतमपि त्यक्त्वा निहन्ति द्विपं सर्वः कृच्छ्रगतोऽपि वाञ्छति जनः

---

१ किरणाः; (पक्षे) चरणाः. २ पर्वतानाम्; (पक्षे) राज्ञाम्. ३ राहुः. ४ राहुः. ५ सूर्यम्. ६ चन्द्रम्. ७ मार्दवस्य. ८ दृष्टान्तः. ९ दुर्बलानाम्. १० निष्पौरुषः. ११ तृणकल्पमित्यर्थः. १२ दूरस्थोऽपि. १३ पञ्चाग्निसाध्यं तपो यस्य. १४ कथमित्यर्थः. १५ निराधारा. १६ हतः.

१ ऊष्मरहिते. २ सारथिः. ३ अनूरुः–अरुणः. ४ तुरंगाः. ५ प्रशस्तकपोलेषु. ६ बलवताम्. ७ सूर्यकान्तः. ८ अपमानम्. ९ कान्तिः; (पक्षे) प्रतापः. १० कान्त्याधिक्यम्; (पक्षे) धनुष औन्नत्यम्. ११ प्रकाशकत्वम्; (पक्षे) सामर्थ्यम्. १२ पर्वतः; (पक्षे) कुलम्. १३ विधातृनिष्पादिताः. १४ विस्तृतम्. १५ स्वभावाधीनत्वात्. १६ अकृत्रिमः. १७ किरणैः. १८ संततम्. १९ सूर्यकान्तः. २० विकृत इव. २१ वज्रम्. २२ विश्वासः.

सत्त्वानुरूपं फलम् ॥ २२ ॥ शमयति गजानन्यान्गन्धद्विपः कलभोऽपि सन्भवति सुतरां वेगोदग्रं भुजंगशिशोर्विषम्। भुवमधिपतिर्बालावस्थोऽप्यलं परिरक्षितुं न खलु वयसा जात्यैवायं स्वकार्यसहो भरः ॥ २३ ॥

मनस्विप्रशंसा।

कामं प्रियानपि प्राणान्विमुञ्चन्ति मनस्विनः। इच्छन्ति न त्वमित्रेभ्यो महतीमपि सत्क्रियाम् ॥ १ ॥ ब्रूत नूतनकूष्माण्डफलानां के भवन्त्यमी। अङ्गुलीदर्शनाद्येन विलीयन्ते मनस्विनः ॥ २ ॥ ब्रह्माण्डमण्डलीमात्रं किं लोभाय मनस्विनः। शफरीस्फुरितैर्नाब्धेः क्षुब्धता जातु जायते ॥ ३ ॥ कुसुमस्तबकस्येव द्वयी वृत्तिर्मनस्विनः। मूर्ध्नि वा सर्वलोकस्य शीर्यते वन एव वा ॥ ४ ॥ पादाहतं सदुत्थाय मूर्धानमधिरोहति। स्वस्थादेवापमानेऽपि देहिनस्तद्वरं रजः ॥ ५ ॥ समूलघातमघ्नन्तः परान्नोद्यन्ति मानिनः। प्रध्वंसितान्धतमसस्तत्रोदाहरणं रविः ॥ ६ ॥ स पुमानर्थवज्जन्मा यस्य नाम्नि पुरःस्थिते। नान्यामङ्गुलिमभ्येति संख्यायामुद्यताङ्गुलिः ॥ ७ ॥ स्थित्यतिक्रान्तिभीरूणि स्वच्छान्याकुलितान्यपि। तोयानि तोयराशीनां मनांसि च मनस्विनाम् ॥ ८ ॥ शक्तिवैकल्यनम्रस्य निःसारत्वाल्लघीयसः। जन्मिनो मानहीनस्य तृणस्य च समा गतिः ॥ ९ ॥ अलङ्घ्यं तत्तदुद्वीक्ष्य यद्यदुच्चैर्महीभृताम्। प्रियतां ज्यायसीं मा गान्महतां केन तुङ्गता ॥ १० ॥ तावदाश्रीयते लक्ष्म्या तावदस्य स्थिरं यशः। पुरुषस्तावदेवासौ यावन्मानान्न हीयते ॥ ११ ॥ दुरासदवनज्यायान्गम्यस्तुङ्गोऽपि भूधरः। न जहाति महौजस्कं मानप्रांशुमलङ्घ्यता ॥ १२ ॥ गुरून्कुर्वन्ति ते वंश्यानन्वर्था तैर्वसुंधरा। येषां यशांसि शुभ्राणि ह्रेपयन्तीन्दुमण्डलम् ॥ १३ ॥ उदाहरणमाशीःषु प्रथमे ते मनस्विनाम्। शुष्केऽशनिरिवामर्षो यैररातिषु पात्यते ॥ १४ ॥ तुङ्गत्वमितरा नाद्रौ नेदं सिन्धावगाधता। अलङ्घनीयताहेतुरुभयं तन्मनस्विनि ॥ १५ ॥ न क्वचिच्च बहिर्यान्ति मानिनां प्रार्थनागिरः। यदि निर्यातुमिच्छन्ति तदा प्राणपुरःसराः ॥ १६ ॥ असेवितेश्वरद्वारमदृष्टविरहव्यथम्। अनुक्तक्लीबवचनं धन्यं कस्यापि जीवितम् ॥ १७ ॥ मानिनो हतमानस्य मानोऽपि न सुखप्रदः। जीवनं मानमूलं हि माने म्लाने कुतः सुखम् ॥ १८ ॥ मनस्वी म्रियते कामं कार्पण्यं न तु गच्छति। अपि निर्वाणमायाति नानलो याति शीतताम् ॥ १९ ॥ मनस्विहृदयं धत्ते रोषेणैव प्रसन्नताम्। भस्मना मुकुरः प्रायः प्रसादं लभतेतराम् ॥ २० ॥ मनस्विनो न मन्यन्ते परतः प्राप्य जीवनम्। बलिभुग्भ्यो न काकेभ्यः स्पृहयन्ति हि कोकिलाः ॥ २१ ॥ दूर्वाङ्कुरतृणाहारा धन्यास्ते वै वने मृगाः। विभवोन्मत्तचित्तानां न पश्यन्ति मुखानि यत् ॥ २२ ॥ सुखं जीवन्ति हरिणा वनेष्वपरसेविनः। अर्थैरयत्नसुलभैर्जलदर्भाङ्कुरादिभिः ॥ २३ ॥ उपकारेण दूयन्ते न सहन्तेऽनुकम्पिताम्। आपत्स्वपि दुराराध्या नित्यदुःखा मनस्विनः ॥ २४ ॥ जलसेकेन वर्धन्ते तरवो नाश्मसंचयाः। भव्यो हि द्रव्यतामेति क्रियां प्राप्य तथाविधाम् ॥ २५ ॥ अवृत्तिभयमन्त्यानां मध्यानां मरणाद्भयम्। उत्तमानां तु सत्त्वानामवमानात्परं भयम् ॥ २६ ॥ न सदश्वाः कशाघातं न सिंहा घनगर्जितम्। परैरङ्गुलिनिर्दिष्टं न सहन्ते मनस्विनः ॥ २७ ॥ कामं वनेषु हरिणास्तृणेन जीवन्त्ययत्नसुलभेन। धनिषु न दैन्यं विदधति ते खलु पशवो वयं सुधियः ॥ २८ ॥ प्रत्युपकुर्वन्बह्वपि न भवति पूर्वोपकारिणा तुल्यः। एकोऽनुकरोति कृतं निष्कारणमेव कुरुतेऽन्यः ॥२९॥ न नटा न विटा न गायका न परद्रोहनिबद्धबुद्धयः। नृपसद्मनि नाम के वयं स्तनभारानमिता न योषितः ॥ ३० ॥ अभिमानधनस्य गत्वरैरसुभिः स्थास्नु यशश्चिचीषतः। अचिरांशुविलासचञ्चला ननु लक्ष्मीः फलमानुषङ्गिकम् ॥ ३१ ॥ ज्वलितं न हिरण्यरेतसं चयमास्कन्दति भस्मनां जनः। अभिभूतिभयादसूनतः सुखमुज्झन्ति न धाम मानिनः ॥ ३२ ॥ पुरो वा पश्चाद्वा वयमुपविशामः क्षितिभुजां ततः किं नश्छिन्नं वचनरचनाक्रीतजगताम्। अगारे कान्तारे कुचकलशभारे मृगदृशां मणेस्तुल्यं मूल्यं सहजसुभगस्य द्युतिमतः ॥ ३३ ॥ अभुक्तायां यस्यां क्षणमपि न यातं नृपशतैर्भुवस्तस्या लाभे क इव बहुमानः क्षितिभुजाम्। तदंशस्याप्यंशे तदवयवलेशेऽपि

---

१ बलानुरूपम्. २ यथेच्छम्. ३ मत्स्यीस्फुरणेन. ४ कदाचित्. ५ गुच्छस्य. ६ अव्यग्रात्. ७ चेतनात्. ८ अनुन्मूलयन्तः. ९ शत्रून्. १० गाढं तमः. ११ सार्थकजन्मा. १२ पुरुषगणनाप्रस्तावे. १३ मर्यादोल्लङ्घनाद्भेतोर्भीरूणि. १४ संक्षोभितानि. १५ उत्साहादिशक्तिवैधुर्येण; (पक्षे) अवष्टम्भसामर्थ्यविरहेण. १६ प्रह्वीभूतस्य; (पक्षे) विधेयभूतस्य. १७ दुर्बलत्वात्; (पक्षे) स्थिरांशरहितत्वात्. १८ गौरवहीनस्य; (पक्षे) नीरसस्य. १९ जन्तोः. २० प्रतापसंपन्नम्. २१ मानोन्नतपुरुषम्. २२ अगाधता. २३ तुङ्गत्वम्.

१ प्रत्युपकारं कुर्वन्. २ अनुकरणं करोति.

पतयो विषादे कर्तव्ये विधदति जडः प्रत्युत मुदम् ॥ ३४ ॥ क्वचिद्भूमौ शय्या क्वचिदपि च पर्यङ्कशयनं क्वचिच्छाकाहारी क्वचिदपि च शाल्योदनरुचिः । क्वचित्कन्थाधारी क्वचिदपि च दिव्याम्बरधरो मनस्वी कार्यार्थी न गणयति दुःखं न च सुखम् ॥ ३५ ॥ स जातः कोऽप्यासीन्मदनरिपुणा मूर्ध्नि धवलं कपालं यस्योच्चैर्विनिहितमलंकारविधये । नृभिः प्राणत्राणप्रवणमतिभिः कैश्चिदधुना नमद्भिः कः पुंसामयमतुलदर्पज्वरभरः ॥ ३६ ॥ विपुलहृदयैर्धन्यैः कैश्चिज्जगज्जनितं पुरा विधृतमपरैर्दत्तं चान्यैर्विजित्य तृणं यथा । इह हि भुवनान्यन्ये धीराश्चतुर्दश भुञ्जते कतिपयपुरस्वाम्ये पुंसां क एष मदज्वरः ॥ ३७ ॥ वरमहिमुखे[1] क्रोधाध्माते[2] करो विनिवेशितो विषमपि वरं पीत्वा सुप्तं कृतान्तनिवेशने[3] । गिरिवरतटान्मुक्तश्चात्मा वरं शतधा कृतो न तु खलजनावासैरर्थैः कृतं हितमात्मनः ॥ ३८ ॥ नानीयन्ते मधुनि मधुपाः पारिजातप्ररोहैर्नाभ्यर्थ्यन्ते तुहिनरुचिना चन्द्रिकायां चकोराः । अस्मद्वाचां धुरि मधुरिमा यद्यपूर्वावतारः सोल्लासाः स्युः स्वयमिह बुधाः किं मुधाभ्यर्थनाभिः ॥ ३९ ॥ मृत्पिण्डो जलरेखया वलयितः सर्वोऽप्ययं नन्वणूनङ्गीकृत्य स एव संयुगशतै राज्ञां गणैर्भुज्यते । तद्दद्युर्ददतेऽथवा न किमपि क्षुद्रा दरिद्रा भृशं धिग्धिक्तान्पुरुषाधमान्धनकणं वाञ्छन्ति तेभ्योऽपि ये ॥ ४० ॥ त्वं चेन्नीचजनानुरागरभसादस्मासु मन्दादरः का नो मानद मानहानिरियती भूः किं त्वदेकप्रभुः । गुञ्जापुञ्जपरम्परापरिचयाद्भिल्लीजनैरुज्झितं मुक्तादाम न धारयन्ति किमहो कण्ठे कुरङ्गीदृशः ॥ ४१ ॥ त्वं राजा वयमप्युपासितगुरुप्रज्ञाभिमानोन्नताः ख्यातस्त्वं विभवैर्यशांसि कवयो दिक्षु प्रतन्वन्ति नः । इत्थं मानद नातिदूरमुभयोरप्यावयोरन्तरं यद्यस्मासु पराङ्मुखोऽसि वयमप्येकान्ततो निःस्पृहाः ॥४२॥ ब्रह्माण्डं कियदस्ति तत्र वसुधापिण्डं किमाचक्ष्महे तत्राप्येकतरं तु खण्डममितास्तस्मिन्नृपाः केचन । तेभ्यो दैन्यशतोपनीतविभवा दृष्टानुकम्पास्तु ते धिङ्मूढाः स्पृहयन्ति हन्त किमपि स्वार्थेन तेभ्योऽपि ये ॥ ४३ ॥ पातालान्न विमोचितो बत बलिर्नीतो न मृत्युः क्षयं नोन्मृष्टं शशिलाञ्छनस्य मलिनं नोन्मूलिता व्याधयः । शेषस्यापि धरां विधृत्य न कृतो भारावतारः क्षणं चेतः सत्पुरुषाभिमानमनिशं मिथ्या वहन्खिद्यसे ॥ ४४ ॥ नास्माकं शिबिका न चास्ति कटकाद्यालंक्रियासत्क्रिया नोत्तुङ्गस्तुरगो न कश्चिदनुगो नाप्यम्बरं सुन्दरम् । किं तु क्ष्मातलवर्त्यशेषविदुषां साहित्यविद्याजुषां चेतस्तोषकरी शिरोनतिकरी विद्यानवद्यास्ति नः ॥ ४५ ॥ लक्ष्मीर्निर्वृतिमेति हीनचरितैर्यैरेव तच्छिक्षया किं नाद्यैव करोमि तामनुचरीं रामां सकामामिव । ब्रह्माण्डे निपतत्यपि स्खलति न प्रायेण येषां मनस्तेषामार्यमनस्विनामनुपदं गन्तास्मि नाहं यदि ॥ ४६ ॥ पुण्ये ग्रामे वने वा महति सितपटच्छन्नपालीं[1] कपालीमादाय[2] न्यायगर्भं द्विजहुतहुतभुग्धूमधूम्रोपकण्ठम् । द्वारं द्वारं प्रवृत्तो वरमुदरदरीपूरणाय क्षुधार्तो मानी प्राणी स्वदेशे न पुनरनुदिनं तुल्यकुल्येषु दीनः ॥ ४७ ॥ अर्थानामीशिषे त्वं वयमपि च गिरामीश्महे यावदित्थं शूरस्त्वं वादिदर्पज्वरशमनविधावक्षयं पाटवं नः । सेवन्ते त्वां धनाढ्या मतिमलहृतये मामपि श्रोतुकामा मय्यप्यास्था न चेत्तत्त्वयि मम सुतरामेष राजन्गतोऽस्मि ॥ ४८ ॥ श्रेयस्वी यत्र मानं व्रजति दुरितकृच्छ्रापमानं मनुष्यैरज्ञेयं यत्र दूतैः प्रभुमनु मनुजो नीयते चानपेक्षः । मृत्योर्गेहं वरं तन्न तु कुधनवतां यत्र सर्वापमानो लोकैर्विज्ञायमानः स्वयमतिथितया यत्र चार्थी प्रयाति ॥ ४९ ॥

अपौरुषत्वनिन्दा ।

माजीवन्यः[3] परावज्ञादुःखदग्धोऽपि[4] जीवति । तस्याजैननिरेवास्तु[5] जननीक्लेशकारिणः ॥ १ ॥ असंपादयतः कंचिदर्थं जातिक्रियागुणैः[6][7] । यदृच्छाशब्दवत्पुंसः संज्ञायै जन्म केवलम् ॥ २ ॥

गुणप्रशंसा ।

गुणाः कुर्वन्ति दूतत्वं दूरेऽपि वसतां सताम् । केतकीगन्धमाघ्राय स्वयमायान्ति षट्पदाः[8] ॥ १ ॥ गुणवज्जनसंपर्काद्याति स्वल्पोऽपि गौरवम् । पुष्पाणामनुषङ्गेण सूत्रं शिरसि धार्यते ॥ २ ॥ कलावतः[10] सैव[11] कला यया[12]धःक्रियते भवैः[13] ।

१ सर्पमुखे. २ क्रोधपूर्णे. ३ कालगृहे.

१ शुभ्रवस्त्रेण पिहिता पाली यस्याः. २ भिक्षापात्रम्. ३ गर्हितं जीवतीति माजीवन्. ४ परैः कृता यावज्ञा तदेव दुःखं तेन दग्धः खिन्नः. ५ अनुत्पत्तिः. ६ ब्राह्मणत्वादिः. ७ इज्याध्ययनादिः. ८ शौर्यादिः. ९ भ्रमराः. १० चन्द्रस्य; (पक्षे) विदुषः. ११ षोडशो भागः; (पक्षे) चतुःषष्टिकलानामन्यतमा. १२ अधोभागे भ्रियते; (पक्षे) तिरस्क्रियते. १३ शिवः; (पक्षे) संसारः.

बह्वीभिश्च कलाभिः किं याभिरङ्कः[1] प्रदर्श्यते ॥ ३ ॥ न पुत्रत्वेन पूज्यन्ते गुणैरासाद्यते पदम् । रवेर्व्यापारमादत्ते प्रदीपो न पुनः शनिः ॥ ४ ॥ गुणाः सर्वत्र पूज्यन्ते पितृवंशो निरर्थकः । वासुदेवं नमस्यन्ति वसुदेवं न मानवाः ॥ ५ ॥ यदि सन्ति गुणाः पुंसां विकसन्त्येव ते स्वयम् । नहि कस्तूरिकामोदः शपथेन निवार्यते ॥ ६ ॥ किमाढ्यत्वगुरुत्वाभ्यां चरमोऽपि गुणैर्गुरुः । केतकीकुसुमे पश्य लघुपत्रेऽपि गौरवम् ॥ ७ ॥ केतकीकुसुमं भृङ्गः खण्ड्यमानोऽपि सेवते । दोषाः किं नाम कुर्वन्ति गुणापहृतचेतसः[2] ॥ ८ ॥ शरीरस्य गुणानां च दूरमत्यन्तमन्तरम् । शरीरं क्षणविध्वंसि कल्पान्तस्थायिनो गुणाः ॥ ९ ॥ गुणेष्वेव हि कर्तव्यः प्रयत्नः पुरुषैः सदा । गुणयुक्तो दरिद्रोऽपि नेश्वरैरगुणैः समः ॥ १० ॥ गुणैः सर्वज्ञकल्पोऽपि[3] सीदत्येको[4] निराश्रयः । अनर्घमपि[5] माणिक्यं हेमाश्रयमपेक्षते ॥ ११ ॥ गुणेषु क्रियतां यत्नः किमाटोपैः[6] प्रयोजनम् । विक्रीयन्ते न घण्टाभिर्गावः क्षीरविवर्जिताः ॥ १२ ॥ गुणैर्गौरवमायाति न महत्यापि संपदा । पूर्णेन्दुर्न तथा वन्द्यो निष्कलङ्को यथा कृशः ॥ १३ ॥ स्वयं स्वमुखविस्तारादूर्णनाभः पतत्यधः । तमेव संहरन्भूयः पदमुच्चैर्विगाहते ॥ १४ ॥ गुणो दूषणतां याति दूषणं गुणतां क्वचित् । तथा हि नम्रता दोषः स्तनयोः स्तब्धता गुणः ॥ १५ ॥ गुणैरुत्तुङ्गतां याति नोच्चैरासनसंस्थितः । प्रासादशिखरस्थोऽपि[7] काकः किं गरुडायते ॥ १६ ॥ अहो गुणानां प्राप्त्यर्थं यतन्ते बहुधा नराः । मुक्ता[8] यदर्थं भग्नास्या इतरेषां च का कथा ॥ १७ ॥ गुणेन स्पृहणीयः स्यान्न रूपेण युतो जनः । सौगन्ध्यवर्ज्यं नादेयं पुष्पं कान्तमपि क्वचित् ॥ १८ ॥ प्रभुभिः पूज्यते लोके कलैव न कुलीनता । कलावान्मान्यते मूर्ध्नि सत्सु देवेषु शंभुना ॥ १९ ॥ गुणयुक्तोऽपि पूर्णोऽपि कुम्भः कूपे निमज्जति । तस्य भारसहो नास्ति गुणकग्राहको यदि ॥ २० ॥ अहो वैचित्र्यमेतस्य संसारस्य किमुच्यते । गुणोऽपि क्लेशहेतुः स्याद्विश्रान्तः कण्ठकन्दले ॥ २१ ॥ जात्युत्कृष्टस्य हि मणेर्नोचितं शाणघर्षणम् । आदर्शे चित्रकारैः किं लिख्यते प्रतिबिम्बितम् ॥ २२ ॥ गुणयुक्तोऽप्यधो[9] याति रिक्तः[10] कूपे घटो यथा । निर्गुणोऽपि भृतः[11] पश्य जनैः शिरसि धार्यते ॥ २३ ॥ गुणिनोऽपि हि सीदन्ति गुणग्राही न चेदिह । सगुणः पूर्णकुम्भोऽपि कूप एव निमज्जति ॥ २४ ॥ गुणो गुणान्तरापेक्षी स्वरूपख्यातिहेतवे । स्वभावरम्यं लावण्यं तारुण्येन मनोहरम् ॥ २५ ॥ गुणैः पूजा भवेत्पुंसां नैकस्माज्जायते कुलात् । चूडारत्नं शशी शंभोर्यानमुच्चैःश्रवा हरेः ॥ २६ ॥ सर्वत्र गुणवानेव चकास्ति प्रथितो नरः । मणिर्मूर्ध्नि गले बाहौ पादपीठेऽपि शोभते ॥ २७ ॥ गुणानर्चन्ति जन्तूनां न जातिं केवलां क्वचित् । स्फाटिकं भाजनं भग्नं काकिन्यापि न गृह्यते ॥ २८ ॥ नहि जन्मनि ज्येष्ठत्वं ज्येष्ठत्वं गुण उच्यते । गुणाद्गुरुत्वमायाति दधि दुग्धं घृतं यथा ॥ २९ ॥ गुणवान्सुचिरस्थायी दैवेनापि न सह्यते । तिष्ठत्येकां निशां चन्द्रः श्रीमान्संपूर्णमण्डलः ॥ ३० ॥ सर्वत्र गुणवान्देशे चकास्ति प्रथतेतराम् । मणिर्मूर्ध्नि गले बाहौ पादपीठेऽपि शोभते ॥ ३१ ॥ गुण आकर्षणयोग्यो[1] धनुष इवैकोऽपि लक्षलाभाय[2] । लूतातन्तुभिरिव किं गुणैर्विमर्दासहैर्[3]बहुभिः ॥ ३२ ॥ अनवसरे गुणवानपि हृदयादवतार्यते हारः । पश्य शलाकावसरे तृणेऽपि भूपैः प्रसार्यते स्वकरः ॥ ३३ ॥ गुणवन्तः क्लिश्यन्ते[4] प्रायेण भवन्ति निर्गुणाः सुखिनः । बन्धनमायान्ति शुका यथेष्टसंचारिणः काकाः ॥ ३४ ॥ गुणिनि गुणज्ञो रमते नागुणशीलस्य गुणिनि परितोषः । अलिरेति[5] वनात्कमलं न दर्दुरस्[6]त्वेकवासोऽपि ॥ ३५ ॥ अवलम्बितविष्णुपदः कर्षितजनचक्षुरतुलगतिः । पत्रमयोऽपि पदार्थः पतङ्गतामेति[7] गुणयोगात् ॥ ३६ ॥ अमितगुणोऽपि पदार्थो दोषेणैकेन निन्दितो भवति । निखिलरसायनमहितो गन्धेनोग्रेण लशुन इव ॥ ३७ ॥ दोषमपि गुणवति जने दृष्ट्वा गुणरागिणो न खिद्यन्ते । प्रीत्यैव शशिनि पतितं पश्यति लोकः कलङ्कमपि ॥ ३८ ॥ अन्तर्गतैर्गुणैः किं द्वित्रा अपि यत्र साक्षिणो विरलाः । स गुणो गीतैर्यदसौ वनेचरं हरिणमपि हरति ॥ ३९ ॥ गुणा गुणज्ञेषु गुणीभवन्ति ते निर्गुणं प्राप्य भवन्ति दोषाः । सुस्वादुतोयाः प्रवहन्ति नद्यः समुद्रमासाद्य भवन्त्यपेयाः ॥ ४० ॥ गुणेषु यत्नः पुरुषेण कार्यो न किंचिदप्राप्यतमं गुणानाम् । गुणप्रकर्षादुडुपेन[9] शंभोरलङ्घ्य[8]मुल्लङ्घितमुत्त-

---

१ कलङ्कः; (पक्षे) दोषः. २ गुणाकृष्टान्तःकरणस्य. ३ शिवतुल्यः. ४ दुःखं प्राप्नोति. ५ अमूल्यम्. ६ आडम्बरैः. ७ राजभवनम्. ८ मौक्तिकानि; (पक्षे) मोक्षमापन्नाः. ९ रज्जुयुक्तः; (पक्षे) विनयादिगुणसंपन्नः. १० रिक्तः; (पक्षे) निर्द्रव्यः. ११ पूर्णः.

१ विचारक्षमः; (पक्षे) यथाश्रुतम्. २ लक्षसंख्याकधनलाभाय; (पक्षे) वेध्यलाभाय. ३ विचारासहैः; (पक्षे) आकर्षणासहैः. ४ क्लेशं प्राप्नुवन्ति. ५ भ्रमरः. ६ भेकः. ७ पतङ्गः सूर्यः; (पक्षे) पत्र(कागद)निर्मितः सूत्रनिबद्धः क्रीडार्थं गगने उड्डाप्यते. 'पतंग' इति नाम्नैव देशभाषायां प्रसिद्धः. ८ पूज्यः. ९ चन्द्रेण.

माङ्गम् ॥ ४१ ॥ निष्कलङ्ककलयैकयापि यः संयुतः स खलु पूज्यते जनैः। भद्र पश्य जलजोऽपि धार्यते शंकरेण शिरसा निशाकरः ॥ ४२ ॥ वक्रोऽपि पङ्कजनितोऽपि दुरासदोऽपि व्यालाश्रितोऽपि विफलोऽपि सकण्टकोऽपि। गन्धेन बन्धुरसि केतकपुष्पजेन ह्येको गुणः खलु निहन्ति समस्तदोषान् ॥ ४३ ॥ न खनति खुरैः क्षोणीपृष्ठं न नर्दति सादरं प्रकृतिपुरुषं प्रेक्ष्याप्यग्रे न कुप्यति गोचरम्। वहति च धुरं धुर्यो धैर्यादनुद्धतकंधरो जगति गुणिनः कार्यौदार्यात्परानतिशेरते ॥ ४४ ॥ गुणानामज्ञाता प्रचुरधनदातापि न मुदे मुदे विद्याज्ञाता भवति मितदातापि गुणिनाम्। दशौ ग्राम्या दत्ते न पुनरवधत्ते च चतुरो दशः प्रान्तं दत्त्वा वशयति नितान्तं पुरवधूः ॥ ४५ ॥ उपादाता यावन्न भवति गुणानां गुणवतामसत्कल्पास्तावत्त्रिभुवनमहार्घा अपि गुणाः। अपि प्राग्दैत्यारेर्हृदयवसतेः कौस्तुभमणिः स किं नासीदब्धौ श्रुतिरपि न यस्य क्वचिदभूत् ॥ ४६ ॥ विवादप्रारम्भः प्रथयति परं दम्भमतुलं गुणानां गाम्भीर्ये तव भवति साक्षी कलकलः। पयःपूर्णः कुम्भो ध्वनति न तथा वातवलितो यथा रिक्तो भांभांध्वनिमनिभृतं मुञ्चति मुहुः ॥ ४७ ॥ कौशेयं कृमिजं सुवर्णमुपलाद्दूर्वापि गोरोमतः पङ्कात्तामरसं शशाङ्क उदधेरिन्दीवरं गोमयात्। काष्ठादग्निरहेः फणादपि मणिर्गोपित्ततो रोचना प्राकाश्यं स्वगुणोदयेन गुणिनो गच्छन्ति किं जन्मना ॥ ४८ ॥

उद्यमप्रशंसा।

उद्योगः खलु कर्तव्यः फलं मार्जारवद्भवेत्। जन्मप्रभृति गौर्नास्ति पयः पिबति नित्यशः ॥ १ ॥ उद्यमं साहसं धैर्यं बुद्धिः शक्तिः पराक्रमः। षडेते यत्र वर्तन्ते तत्र देवः सहायकृत् ॥ २ ॥ उद्यमेन हि सिद्ध्यन्ति कार्याणि न मनोरथैः। नहि सुप्तस्य सिंहस्य प्रविशन्ति मुखे मृगाः ॥ ३ ॥ न दैवमिति संचिन्त्य त्यजेदुद्योगमात्मनः। अनुद्यमेन कस्तैलं तिलेभ्यः प्राप्तुमर्हति ॥ ४ ॥ विहाय पौरुषं यो हि दैवमेवावलम्बते। प्रासादसिंहवत्तस्य मूर्ध्नि तिष्ठन्ति वायसाः ॥ ५ ॥ पूर्वजन्मकृतं कर्म तद्दैवमिति कथ्यते। तस्मात्पुरुषकारेण विना दैवं न सिध्यति ॥ ६ ॥ यथा ह्येकेन चक्रेण न रथस्य गतिर्भवेत्। एवं पुरुषकारेण विना दैवं न सिध्यति ॥ ७ ॥ यथा मृत्पिण्डतः कर्ता कुरुते यद्यदिच्छति। एवमात्मकृतं कर्म मानवः प्रतिपद्यते ॥८॥ निपानमिव मण्डूकाः सरः पूर्णमिवाण्डजाः। सोद्योगं नरमायान्ति विवशाः सर्वसंपदः ॥ ९ ॥ दैवं पुरुषकारेण साध्यसिद्धिनिबन्धनम्। योऽतिक्रमितुमिच्छेत स लोके नावसीदति ॥ १० ॥ योजनानां सहस्रं तु शनैर्गच्छेत्पिपीलिका। अगच्छन्वैनतेयोऽपि पदमेकं न गच्छति ॥ ११ ॥ कामपि श्रियमासाद्य यस्तद्वृद्धौ न चेष्टते। तस्यायतिषु न श्रेयो बीजभोजिकुटुम्बवत् ॥ १२ ॥ उद्योगिनः करालम्बं करोति कमलालया। अनुद्योगिकरालम्बं करोति कमलाग्रजा ॥ १३ ॥ काकतालीयवत्प्राप्तं दृष्ट्वापि निधिमग्रतः। न स्वयं दैवमादत्ते पुरुषार्थमपेक्षते ॥ १४ ॥ आलस्यं हि मनुष्याणां शरीरस्थो महान्रिपुः। नास्त्युद्यमसमो बन्धुः कृत्वा यं नावसीदति ॥ १५ ॥ संपदा सुस्थितंमन्यो भवति स्वल्पयापि यः। कृतकृत्यो विधिर्मन्ये न वर्धयति तस्य ताम् ॥ १६ ॥ न लभन्ते विनोद्योगं जन्तवः संपदां पदम्। सुराः क्षीरोदविक्षोभमनुभूयामृतं पपुः ॥ १७ ॥ नात्युच्चशिखरो मेरुर्नातिनीचं रसातलम्। व्यवसायद्वितीयानां नाप्यपारो महोदधिः ॥ १८ ॥ पूर्वजन्मजनितं पुराविदः कर्म दैवमिति संप्रचक्षते। उद्यमेन तदुपार्जितं चिराद्दैवमुद्यमवशं न तत्कथम् ॥ १९ ॥ उद्योगिनं पुरुषसिंहमुपैति लक्ष्मीर्दैवं हि दैवमिति कापुरुषा वदन्ति। दैवं निहत्य कुरु पौरुषमात्मशक्त्या यत्ने कृते यदि न सिद्ध्यति कोऽत्र दोषः ॥ २० ॥

संहतिप्रशंसा।

संहतिः श्रेयसी राजन्विगुणेष्वपि बन्धुषु। तुषैरपि परिभ्रष्टा न प्ररोहन्ति तण्डुलाः ॥ १ ॥ अल्पानामपि वस्तूनां संहतिः कार्यसाधिका। तृणैर्गुणत्वमापन्नैर्बध्यन्ते मत्तदन्तिनः ॥ २ ॥ बहूनामल्पसाराणां समवायो दुरत्ययः। तृणैर्विधीयते रज्जुर्बध्यन्ते तेन दन्तिनः ॥ ३ ॥

---

१ निर्मलविद्यया. २ दुष्प्रापः. ३ पाषाणात्. ४ धेनुकेशेभ्यः. ५ कर्दमात्. ६ रक्तकमलम्. ७ नीलं कमलम्. ८ आश्रयति. ९ प्रासादे देवालयशिखरे यः सिंहस्तद्वत्.

१ साध्यसिद्ध्यधीनं तदायत्तमित्यर्थः. २ उल्लङ्घयितुम्. ३ व्यापारं न करोति. ४ उत्तरकालेषु. ५ कल्याणम्. ६ लक्ष्मीः. ७ अलक्ष्मीः. ८ काकागमनमिव तालपतनमिव काकतालीयं तद्वत्, अवितर्कितम्. अकस्मादिति यावत्. ९ खिन्नो न भवति. १० पुरुषश्रेष्ठम्. ११ कुत्सितपुरुषाः. १२ संघातः. १३ धान्यत्वक्. १४ अङ्कुरजननक्षमा न भवन्तीति भावः. १५ रज्जुत्वम्.

क्षमाप्रशंसा ।

क्षमाशस्त्रं करे यस्य दुर्जनः किं करिष्यति । अतृणे पतितो वह्निः स्वयमेवोपशाम्यति ॥ १ ॥ नरस्याभरणं रूपं रूपस्याभरणं गुणः । गुणस्याभरणं ज्ञानं ज्ञानस्याभरणं क्षमा ॥ २ ॥ क्षमा बलमशक्तानां शक्तानां भूषणं क्षमा । क्षमा वशीकृतिर्लोके क्षमया किं न सिद्ध्यति ॥ ३ ॥

विनयप्रशंसा ।

तिष्ठेतां तपसि पुण्यमासृजन्संपदोऽनुगुणयन्सुखैषिणाम् । योगिनां परिणमन्विमुक्तये केन नास्तु विनयः सतां प्रियः ॥ १ ॥

सत्यप्रशंसा ।

सूनृतं सर्वशास्त्रार्थनिश्चितज्ञानशोभितम् । भूषणं सर्ववचसां लज्जेव कुलयोषिताम् ॥ १ ॥ अश्वमेधसहस्रं च सत्यं च तुलया धृतम् । अश्वमेधसहस्राद्धि सत्यमेव विशिष्यते ॥ २ ॥ गोभिर्विप्रैश्च वेदैश्च सतीभिः सत्यवादिभिः । अलुब्धैर्दानशूरैश्च सप्तभिर्धार्यते मही ॥ ३ ॥

असत्यनिन्दा ।

नासत्यवादिनः सख्यं न पुण्यं न यशो भुवि । दृश्यते नापि कल्याणं कालकूटमिवाश्नतः ॥ १ ॥ असत्यमप्रत्ययमूलकारणं कुवासनासद्मसमृद्धिवारणम् । विपन्निदानं परवञ्चनोर्जितं कृतापराधं कृतिभिर्विवर्जितम् ॥ २ ॥ यशो यस्माद्भस्मीभवति वनवह्नेरिव वनं निदानं दुःखानां यदवनिरुहाणामिव जलम् । न यत्र स्याच्छायातप इव तपःसंयमकथा कथंचित्तन्मिथ्यावचनमभिधत्ते न मतिमान् ॥ ३ ॥ जिह्वैकैव सतामुभे फणिवतां स्रष्टुश्चतस्रश्च तास्ताः सप्तैव विभावसोर्नियमिताः षट्कार्तिकेयस्य च । पौलस्त्यस्य दशाभवन्फणिपतेर्जिह्वासहस्रद्वयं जिह्वालक्षशतैककोटिनियमो नो दुर्जनानां मुखे ॥ ४ ॥

आत्मश्लाघानिन्दा ।

परैः प्रोक्ता गुणा यस्य निर्गुणोऽपि गुणी भवेत् । इन्द्रोऽपि लघुतां याति स्वयं प्रख्यापितैर्गुणैः ॥ १ ॥ न सुखं न च सौभाग्यं स्वयं स्वगुणवर्णने । यथैव च पुरंध्रीणां स्वहस्तकुचमर्दने ॥ २ ॥ स्वयं तथा न कर्तव्यं स्वगुणाख्यापनं पुनः । स्वगुणाख्यापनं युक्त्या परद्वारा प्रयोजयेत् ॥ ३ ॥ न सौख्यसौभाग्यकरा गुणा नृणां स्वयं गृहीताः सुदृशां कुचा इव । परैर्गृहीता द्वितयं वितन्वते न तेन गृह्णन्ति निजं गुणं बुधाः ॥ ४ ॥ निजगुणगरिमा सुखाकरः स्यात्स्वयमनुवर्णयतां सतां न तावत् । निजकरकमलेन कामिनीनां कुचकलशाकलनेन को विनोदः ॥ ५ ॥

स्वभाववर्णनम् ।

सर्वस्य हि परीक्ष्यन्ते स्वभावा नेतरे गुणाः । अतीत्य हि गुणान्सर्वान्स्वभावो मूर्ध्नि वर्तते ॥ १ ॥ किं कुलेनोपदिष्टेन शीलमेवात्र कारणम् । भवन्ति सुतरां स्फीताः सुक्षेत्रे कण्टकिद्रुमाः ॥ २ ॥ यः स्वभावो हि यस्यास्ते स नित्यं दुरतिक्रमः । श्वा यदि क्रियते राजा तत्किं नाश्नात्युपानहम् ॥ ३ ॥ परोपदेशकुशला दृश्यन्ते बहवो जनाः । स्वभावमतिवर्तन्तः सहस्रेष्वपि दुर्लभाः ॥ ४ ॥ किं कुलेन विशालेन शीलमेवात्र कारणम् । कृमयः किं न जायन्ते कुसुमेषु सुगन्धिषु ॥ ५ ॥ सति शीले गुणा भान्ति पुंसां शौर्यादयो यथा । यौवने सदलंकाराः शोभां बिभ्रति सुभ्रुवः ॥ ६ ॥ अद्रोहः सर्वभूतेषु कर्मणा मनसा गिरा । अनुग्रहश्च दानं च शीलमेतद्विदुर्बुधाः ॥ ७ ॥ वृत्तं यत्नेन संरक्षेद्वित्तमायाति याति च । अक्षीणो वित्ततः क्षीणो वृत्ततस्तु हतो हतः ॥ ८ ॥ यथा हि मलिनैर्वस्त्रैर्यत्र तत्रोपविश्यते । एवं चलितवृत्तस्तु वृत्तशेषं न रक्षति ॥ ९ ॥ न कुलं वृत्तहीनानां प्रमाणमिति मे मतिः । अन्येष्वपि हि जातानां वृत्तमेव विशिष्यते ॥ १० ॥ अकुलीनः कुलीनश्च मर्यादां यो न लङ्घयेत् । धर्मापेक्षी मृदुर्दान्तः स कुलीनशतैर्वरः ॥ ११ ॥ शीलं रक्षतु मेधावी प्राप्तुमिच्छुः सुखत्रयम् । प्रशंसां वित्तलाभं च प्रेत्य स्वर्गे च मोदनम् ॥ १२ ॥ विदेशेषु धनं विद्या व्यसनेषु धनं मतिः । परलोके धनं धर्मः शीलं सर्वत्र वै धनम् ॥ १३ ॥ रक्तत्वं कमलानां सत्पुरुषाणां परोपकारित्वम् । असतां च निर्दयत्वं स्वभावसिद्धं त्रिषु त्रितयम् ॥ १४ ॥ वचो हि सत्यं परमं विभूषणं यथाङ्गनायाः कृशता कटौ तथा । द्विजस्य विद्यैव पुनस्तथा क्षमा शीलं हि सर्वस्य नरस्य भूषणम्

१ शान्तिः. २ तपोनिष्ठानाम्. ३ संपादयन्. ४ अनुकूलयन्. ५ संपद्यमानः. ६ अपवर्गाय. ७ विषम्. ८ भक्षयतः. ९ अविश्वासः. १० विपत्तेः कारणम्. ११ कुशलैः. १२ दावाग्नेः. १३ आदिकारणम्. १४ वृक्षाणाम्. १५ वक्ति. १६ सर्पाणाम्. १७ ब्रह्मणः. १८ अग्नेः. १९ रावणस्य. २० शेषस्य.

१ अतिक्रम्य.

॥ १५ ॥ न धर्मशास्त्रं पठतीति कारणं न चापि वेदाध्ययनं दुरात्मनः । स्वभाव एवात्र तथा[1]तिरिच्यते यथा प्रकृत्या मधुरं गवां पयः ॥ १६ ॥ निम्नोन्नतं[2] वक्षति को जलानां विचित्रभावं मृगपक्षिणां च । माधुर्यमिक्षौ कटुतां[3] च निम्बे स्वभावतः सर्वमिदं हि सिद्धम् ॥ १७ ॥ वरं विन्ध्याटव्यामनशनतृषार्तस्य मरणं वरं सर्पाकीर्णे तृणपिहितकूपे निपतनम् । वरं गर्तावर्ते गहनजलमध्ये विलयनं न शीलाद्विभ्रंशो भवतु कुलजस्य श्रुतवतः ॥ १८ ॥ वह्निस्तस्य जलायते जलनिधिः कुल्यायते[4] तत्क्षणान्मेरुः स्वल्पशिलायते मृगपतेः संघः कुरंगायते । व्यालो[5] माल्य[6]गुणायते विषरसः पियूष[7]वर्षायते यस्याङ्गेऽखिललोकवल्लभतमं शीलं समुन्मी[8]लति ॥ १९ ॥ ऐश्वर्यस्य विभूषणं सुजनता[9] शौर्यस्य वाक्संयमो[10] ज्ञानस्योपशमः[11] कुलस्य विनयो वित्तस्य पात्रे व्ययः । अक्रोधस्तपसः क्षमा बलवतां धर्मस्य निर्व्याजता[12] सर्वेषामपि सर्वकारणमिदं[13] शीलं परं भूषणम् ॥ २० ॥ काकः पद्मवने रतिं न कुरुते हंसो न कूपोदके मूर्खः पण्डितसंगमे न रमते दासो न सिंहासने । कुस्त्री सज्जनसंगमे न रमते नीचं जनं सेवते या यस्य प्रकृतिः स्वभावजनिता केनापि न त्यज्यते ॥ २१ ॥ व्याघ्रः सेवति काननं सुगहनं सिंहो गुहां सेवते हंसः सेवति पद्मिनीं कुसुमितां गृध्रः श्मशानस्थलीम् । साधुः सेवति साधुमेव सततं नीचोऽपि नीचं जनं या यस्य प्रकृतिः स्वभावजनिता केनापि न त्यज्यते ॥ २२ ॥ पाण्डित्यस्य विभूषणं मधुरता शौर्यस्य वाक्संयमो ज्ञानस्योपशमः श्रुतस्य विनयो वित्तस्य पात्रे व्ययः । अक्रोधस्तपसः क्षमा प्रभवतो धर्मस्य निर्व्याजता सर्वस्यास्य पुनस्तथैव जगतः शीलं परं भूषणम् ॥ २३ ॥

वाग्वर्णनम् ।

तास्तु वाचः सभायोग्या याश्चित्ताकर्षणक्षमाः । स्वेषां परेषां विदुषां द्विषामविदुषामपि ॥ १ ॥ गानाब्धे[14]स्तु परं पारं नोपेयाय[15] सरस्वती । अतो निमज्जनभयात्तुम्बीं[16] वहति वक्षसि ॥ २ ॥ प्रसन्नाः[1] कान्तिहारिण्यो[2] नानाश्लेष[3]विचक्षणाः । भवन्ति कस्यचित्पुण्यैर्मुखे वाचो गृहे स्त्रियः ॥ ३ ॥ वर्णैः कतिपयै[4]रेव ग्रथितस्य स्वरै[5]रिव । अनन्ता वाङ्मयस्याहो गेयस्येव विचित्रता ॥ ४ ॥ बह्वपि स्वेच्छ[6]या कामं[7] प्रकीर्ण[8]मभिधीयते । अनुज्झितार्थसंबन्धः प्रबन्धो दुरुदाहरः[9] ॥ ५ ॥ म्रदीयसीमपि[10] घनाम[11]नल्पगुणैः[12] कल्पिताम्[13] । प्रसारयन्ति कुशलाश्चित्रां[14] वाचं पटीमिव[15] ॥ ६ ॥ सर्वालंकार[16]युक्तापि न श्लिष्टा[17] वनितेव सा । वाणी मनोजातसुखं[18] प्रौढानां[19] न तनोति हि ॥ ७ ॥ या कर्षति निजयोगादन्तर्गतजीवनानि[20] सरसानाम्[21] । वाणी सैव गुणवती[22] घटीव यद्वा वधूटीव[23] ॥ ८ ॥ रतरीतिवीतवसना प्रियेव शुद्धापि[24] वाङ्मुदे सरसा[25] । अरसा[26] सालंकृति[27]रपि न रोचते शालभञ्जी[28]व ॥ ९ ॥ सुखयतितरां न रक्षति परिचयलेशं गणाङ्गने[29]व श्रीः । कुलकामिनीव नोज्झति वाग्देवी जन्मजन्मापि ॥ १० ॥ वाङ्माधुर्यान्नान्यदस्ति प्रियत्वं वाक्पारुष्याच्चोपकारोऽपि नेष्टः । किं तद्द्रव्यं कोकिलेनोपनीतं को वा लोके गर्दभस्यापराधः ॥ ११ ॥ कामान्[30] दुग्धे[31] विप्रकर्षत्यलक्ष्मीं कीर्तिं सूते दुष्कृतं या हिनस्ति । तां चाप्येतां मातरं मङ्गलानां धेनुं धीराः सूनृतां[32] वाचमाहुः ॥ १२ ॥ विविक्तवर्णाभरणा[33] सुखश्रुतिः[34] प्रसादयन्ति हृद-

---

१ अतिक्रम्य वर्तते. २ नीचोच्चम्. ३ तीक्ष्णताम्. ४ कृत्रिमसरिदिवाचरति. ५ सर्पः. ६ माला. ७ अमृतम्. ८ विजृम्भते. ९ सौजन्यम्. १० वाङ्नियमनम्. ११ शान्तिः. १२ निष्कपटत्वम्. १३ सुस्वभावः. १४ गानसमुद्रस्य. १५ न प्राप्तवती. १६ इक्ष्वाकुफलम्. जलतरणार्थं तुम्ब्याः संग्रहं लोकाः कुर्वन्तीति प्रसिद्धम्.

१ प्रसन्नवदनाः; (पक्षे) उत्तानार्थाः. २ कान्त्या शोभया मनोहारिण्यः; (पक्षे) भाषणगुणेन मनोहारिण्यः. ३ आलिङ्गनम्; (पक्षे) श्लेषः. ४ परिमितैः. ५ निषादादिभिः. ६ स्वप्रतिभानुसारेण. ७ यथेष्टम्. ८ असंगतम्. ९ दुर्वचः. १० अतिसुकुमाराक्षराम्; (पक्षे) श्लक्ष्णतराम्. ११ अर्थगुर्वीम्; (पक्षे) सान्द्राम्. कदलीदलकल्पामित्यर्थः. १२ श्लेषादिभिः; (पक्षे) तन्तुभिः. १३ रचिताम्; (पक्षे) निर्मिताम्. १४ शब्दादिविचित्राम्; (पक्षे) विचित्ररूपाम्. १५ शाटीमिव. १६ उपमादिभिः; (पक्षे) कङ्कणादिभिः. १७ श्लेषरहिता; (पक्षे) आलिङ्गनरहिता. १८ मनः प्रतिजातं यत्सुखं तत्; (पक्षे) कामहर्षम्. १९ चतुराणाम्; (पक्षे) प्रकर्षेण विधिपूर्वकं विवाहितानाम्. २० हृद्गतानि जीवनानि; (पक्षे) उदकानि २१ रसिकानाम्; (पक्षे) कूपादीनाम्. २२ प्रागल्भ्यादिगुणयुक्ता; (पक्षे) रज्जुयुक्ता. २३ स्त्रीव. २४ अनुप्रासोपमाद्यलंकाररहितापि. २५ शृङ्गारादिमती; (पक्षे) शृङ्गाररसवती. २६ रसशून्या. २७ अलंकृतियुतापि; (पक्षे) कटककुण्डलयुतापि. २८ पुत्तलीव. २९ वेश्येव. ३० मनोरथान्. ३१ प्रपूरयति. ३२ सत्याम्. ३३ विविक्ताः संयोगादिनाश्लिष्टाः. स्फुटोच्चारिता वर्णा अक्षराण्येवाभरणानि यस्याः सा; (पक्षे) विविक्तानि शुद्धानि वर्णो रूपमाभरणानि च यस्याः सा. ३४ सुखा श्रुतिः श्रवणं यस्याः सा. श्राव्येत्यर्थः; (पक्षे) श्रूयत इति श्रुतिर्वाक्सा सुखा यस्याः सा. मञ्जुभाषिणीत्यर्थः.

यान्यपि द्विषाम् । प्रवर्तते नाकृतपुण्यकर्मणां [1]प्रसन्नगम्भीरपदा सरस्वती ॥ १३ ॥ केयूरा न विभूषयन्ति पुरुषं हारा[2] न [3]चन्द्रोज्ज्वला न स्नानं न विलेपनं न कुसुमं [4]नालंकृता [5]मूर्धजाः । वाण्येका [6]समलंकरोति पुरुषं या संस्कृता धार्यते क्षीयन्ते खलु भूषणानि सततं वाग्भूषणं भूषणम् ॥ १४ ॥ अस्त्यद्यापि चतुःसमुद्रपरिखापर्यन्तमुर्वीतलं वर्तन्तेऽपि च तत्र तत्र रसिका गोष्ठीषु सक्ता नृपाः । एकस्तत्र निरादरो भवति चेदन्यो भवेत्सादरो [7]वाग्देवी वदनाम्बुजे वसति चेत्को नाम दीनो जनः ॥ १५ ॥ ये सूक्तीन्दुकलाकलङ्कजनका ये गाढगर्वज्वरा ये वा केवलतर्ककर्कशधियः साक्षाच्च ये श्रोत्रियाः । ये वा द्वेषमषीमलीमसधियस्तान्प्राज्ञगोष्ठीरसप्रौढप्रावृडवग्रहान्परिहरन्वाचां प्रसारं कुरु ॥ १६ ॥ तथ्यं पथ्यं सहेतु प्रियमितमृदुलं सारवद्दैन्यहीनं साभिप्रायं दुरापं सविनयमशठं चित्रमल्पाक्षरं च । बह्वर्थं कोपशून्यं स्मितयुतघनदाक्षिण्यसंदेहहीनं वाक्यं ब्रूयाद्रसज्ञः परिषदि समये सप्रमेयाप्रमत्तम् ॥ १७ ॥

वाग्मिप्रशंसा ।

विरोधिवचसो मूकान्वागीशानपि कुर्वते[8] । जडानप्य[9]नुलोमार्थान्[10]प्रवाचः [11]कृतिनां गिरः ॥ १ ॥ तीक्ष्णा नारुंतुदा बुद्धिः कर्म शान्तं प्रतापवत् । नोपतापि मनः सो[12]ष्म वागेका वाग्मिनः सतः ॥ २ ॥ [13]प्रसादर[14]म्यमोजस्वि [15]गरीयो [16]लाघवान्वितम् । [17]साकाङ्क्ष[18]मनुपस्कारं [19]विष्वग्गति निरा[20]कुलम् ॥३॥ [21]न्यायनिर्णीतसारत्वा[22]न्निरपेक्षमिवा[23]गमे । [24]अप्रकम्प्यतयान्येषा[25]माम्नायवचनोपमम् ॥ ४ ॥ [26]अलङ्घ्यत्वाज्जनैरन्यैः [27]क्षुभितोदन्वदूर्जितम् । औदार्या[1]दर्थसंपत्तेः[2] शान्तं चित्तमृषेरिव ॥५॥ इदमीदृग्गुणोपेतं [3]लब्धावसरसाधनम् । [4]व्याकुर्यात्कः प्रियं वाक्यं यो वक्ता नेदृगाशयः[5] ॥ ६ ॥ श्रुतिसिद्धान्तशूरस्य तद्विरुद्धान्निरुन्धतः । वल्गितं [6]वावदूकस्य कृतिनः किं न शोभते ॥ ७ ॥ अल्पाक्षररमणीयं यः कथयति निश्चितं स खलु वाग्मी । बहुवचनमल्पसारं यः कथयति विप्रलापी सः ॥ ८ ॥ शुद्धकांस्यरचितापि लालिता जिह्वया[7] यदि न योजिता भवेत् । किं तया [8]करणमस्ति घण्टया जिह्वया जनिमतां हि पूज्यया ॥ ९ ॥ भवन्ति ते [9]सभ्यतमा विप[10]श्चितां मनोगतं वाचि निवे[11]शयन्ति ये । नयन्ति ते[12]ष्व[13]प्युपपन्ननैपुणा [14]गम्भीरमर्थं कतिचित्प्रकाशताम् ॥ १० ॥ स्तुवन्ति [15]गुर्वीमभिधेयसंपदं [16]विशुद्धि[17]मुक्तेरपरे विपश्चितः । इति स्थितायां प्रतिपूरुषं रुचौ सुदुर्लभाः सर्वमनोरमा गिरः ॥ ११ ॥ पिक[18]स्तावत्कृष्णः परमरु[19]णया पश्यति दृशा परापत्यद्वेषी स्वसुतमपि नो पालयति यः । तथाप्येषोऽमीषां सकलजगतां वल्लभतमो न दोषा गण्यन्ते खलु मधुरवाचां क्वचिदपि ॥ १२ ॥ आस्वाद्यैष कषायमङ्कुरमुरुप्रेमानुबद्धाशयो माकन्दस्य यशांसि कोकिलयुवा निर्माति दिग्भित्तिषु । माध्वीकानि निपीय तस्य मधुपास्तत्रैव गुञ्जन्त्यमी को ब्रूतामसतां सतां च वचसां वर्त्मातिगं चेष्टितम् ॥ १३ ॥ श्रोतॄन्[20]मूकयति ब्रुवन्स्थि[21]रतमं कुर्वन्नमीषां मनो निर्बाष्पः [illegible]रबाष्पकृतपरदृशामेकाश्रयो नान्यदृक् । यस्त्यक्ताङ्गविकम्पनः प्रचलयन्नित्यं सतां मस्तकं क्षीरं श्रोतृषु मुख्यमात्मनि गुणं धत्ते स वक्तोत्तमः ॥ १४ ॥ तद्वक्ता सदसि ब्रवीतु वचनं यच्छृण्वतां चेतसः प्रो[22]ल्लासं [23]रसपूरणं श्रवणयोरक्ष्णोर्विकासश्रियम् । क्षुन्निद्राश्रमदुःखकालगतिहृ[24]त्कार्यान्तरप्रस्मृतिं प्रोत्कण्ठामनिशं श्रुतौ वितनुते शोकं विरामादपि ॥ १५ ॥

---

१ प्रसन्नानि वाचकानि गम्भीराण्यर्थगुरूणि च पदानि सुप्तिङन्तरूपाणि यस्याः सा; (पक्षे) प्रसन्ना विमला गम्भीरपदालसचरणा. २ बाहुभूषणानि. ३ चन्द्रवदुज्ज्वलाः. ४ सुगन्धतैलादिना संस्कृताः. ५ केशाः. ६ सम्यगलंकरोति. ७ सरस्वती. ८ वक्ता. ९ अनुकूलवादिनः. १० प्रगल्भवाचः. ११ कुशलानाम्. १२ अभिमानोष्णम्. १३ प्रसादः प्रसिद्धार्थपदत्वं तेन रम्यम्. १४ समासभूयिष्ठम्. १५ अर्थभूयस्त्वपरिगतम्. न तु शब्दाडम्बरमात्रमित्यर्थः. १६ विस्तरदोषरहितम्. १७ आकाङ्क्षावत्पदकदम्बात्मकम्. न तु दशदाडिमादिवाक्यवदनाकाङ्क्षितमित्यर्थः. १८ अध्याहारदोषरहितम्. १९ कृत्स्नार्थप्रतिपादकम्. न तु सावशेषार्थमित्यर्थः. २० असंकीर्णार्थम्. २१ न्यायेन युक्त्या निश्चितार्थत्वात्. २२ स्वतन्त्रमिव. २३ शास्त्रे. २४ अनुमानादिभिरबाध्यत्वादप्रत्याख्याततया. २५ वेदवाक्यतुल्यमित्यर्थः. २६ अनुल्लङ्घनीयत्वात्. २७ उद्वेलाम्भोधिगम्भीरम्.

१ अग्राम्यार्थत्वात्; (पक्षे) त्यागित्वात्. २ प्रयोजनसंपत्तेः; (पक्षे) अणिमादिसमृद्धेः. ३ लब्धे प्राप्ते अवसरसाधने कालोपायौ येन तत्. ४ व्याहरेत्. ५ पञ्चमषष्ठपद्यद्वयं विशेषकं ज्ञेयम्. ६ प्रतिवक्तुः. ७ घण्टाजिह्वा. ८ कर्तव्यम्. न किंचित्कार्यमस्तीति भावः. ९ सभायां साधुतमा निपुणतमाः. १० विदुषाम्. ११ वाचोद्गिरन्तीत्यर्थः. १२ वक्तृषु. १३ संभावितकौशलाः. १४ निगूढम्. १५ अर्थसंपत्तिम्. १६ सामर्थ्यम्. १७ शब्दस्य. १८ कोकिलः. १९ आरक्तया. २० मूकान्करोति. २१ अचलम्. तटस्थमिति यावत्. २२ प्रकर्षेणोल्लासं विकासम्. २३ रसानां शृङ्गारादीनां पूरणम्. २४ अन्यकार्यविस्मृतिम्.

मौनगुणाः ।

आत्मनो मुखदोषेण बध्यन्ते शुकसारिकाः । बकास्तत्र न बध्यन्ते मौनं सर्वार्थसाधनम् ॥ १ ॥ रूपवांश्चापि मूर्खोऽपि गत्वा च विपुलां सभाम् । संरक्षेच्च स्विकां जिह्वां भार्यां दुश्चारिणीं यथा ॥ २ ॥ [1]स्वायत्तमेकान्तगुणं विधात्रा विनिर्मितं [2]छादनम[3]ज्ञतायाः । विशेषतः सर्वविदां [4]समाजे विभूषणं मौनमपण्डितानाम् ॥ ३ ॥ कोलाहले काककुलस्य जाते विराजते कोकिलकूजितं किम् । परस्परं संवदतां खलानां मौनं विधेयं सततं सुधीभिः ॥ ४ ॥

स्थानमाहात्म्यम् ।

[5]नक्रः स्वस्थानमासाद्य गजेन्द्रमपि कर्षति । स एव प्रच्युतेः स्थाना[6]च्छुनापि परिभूयते ॥ १ ॥ किंचिदाश्रयसंयोगाद्धत्ते शोभामसाध्वपि । कान्ताविलोचने न्यस्तं मलीमसमिवाञ्जनम् ॥ २ ॥ कुस्थानस्य प्रवेशेन गुणवानपि पीड्यते । वैश्वानरोऽपि लोहस्थः [7]कारुकैरभिहन्यते ॥ ३ ॥ पदस्थितस्य पद्मस्य मित्रे वरुणभास्करौ । पदच्युतस्य तस्यैव क्लेशदाहकरावुभौ ॥ ४ ॥ राजा कुलवधूर्विप्रा मन्त्रिणश्च पयोधराः । स्थानभ्रष्टा न शोभन्ते दन्ताः केशा नरा नखाः ॥ ५ ॥ स्थानभ्रष्टा न शोभन्ते दन्ताः केशा नखा नराः । इति विज्ञाय मतिमान्स्वस्थानं न परित्यजेत् ॥ ६ ॥ पात्रविशेषे न्यस्तं गुणान्तरं व्रजति शि[8]ल्पमाधातुः । जलमिव समुद्रशुक्तौ [9]मुक्ताफलतां [10]पयोदस्य ॥ ७ ॥ अतिमात्रभास्वरत्वं पुष्यति भानोः परिग्रहादनलः । अधिगच्छति महिमानं चन्द्रोऽपि निशापरिगृहीतः ॥ ८ ॥ प्रायो यत्किंचिदपि प्राप्नोत्युत्कर्षमाश्रयान्महतः । मत्तेभकुम्भतटगतमेति शृङ्गारतां भस्म ॥ ९ ॥ अश्वः शस्त्रं शास्त्रं वीणा वाणी नरश्च नारी च । पुरुषविशेषं प्राप्ता भवन्ति योग्या अयोग्याश्च ॥ १० ॥ आश्रयवशेन सततं गुरुता लघुता च जायते जन्तोः । [11]विन्ध्ये विन्ध्यसमानाः करिणो बत दर्पणे लघवः ॥ ११ ॥ जानामि नागेन्द्र तव प्रभावं कण्ठे स्थितो गर्जसि शंकरस्य । स्थानं प्रधानं न बलं प्रधानं स्थाने स्थितः कापुरुषोऽपि शूरः ॥ १२ ॥ उभौ श्वेतौ पक्षौ चरति गगनेऽवारितगतिः सदा [12]मीनं भुङ्क्ते वसति सकलः [13]स्थाणुशिरसि । बके चान्द्रः सर्वो गुणसमुदयः किंचिदधिको गुणाः स्थाने मान्या नरवर न तु स्थानरहिताः ॥ १३ ॥ सिंहक्षुण्णकरीन्द्रकुम्भगलितं रक्ताक्तमुक्ताफलं कान्तारे बदरीधिया द्रुतमगाद्भिल्लस्य पत्नी मुदा । पाणिभ्यामवगृह्य शुक्लकठिनं तद्वीक्ष्य दूरे जहावस्थाने पततामतीव महतामेतादृशी स्याद्गतिः ॥ १४ ॥

सत्संगतिप्रशंसा ।

महानुभावसंसर्गः कस्य नोन्नतिकारकः । रथ्याम्बु जाह्नवीसङ्गात्त्रि[1]दशैरपि वन्द्यते ॥ १ ॥ महाजनस्य संसर्गः कस्य नोन्नतिकारकः । पद्मपत्रस्थितं वारि धत्ते मुक्ताफलश्रियम् ॥ २ ॥ महानुभावसंसर्गः कस्य नोन्नतिकारकः । हरिहस्तगतः शङ्खः पवित्रः प्रथितो भुवि ॥ ३ ॥ मलयाचलगन्धेन त्विन्धनं चन्दनायते । तथा सज्जनसङ्गेन दुर्जनः सज्जनायते ॥ ४ ॥ वीणावंशाश्रया तुम्बी चुम्बत्युच्चैः कुचौ स्त्रियः । पिबत्यनार्यसंयोगाद्रक्तं नक्तंचरी यथा ॥ ५ ॥ चन्दनं शीतलं लोके चन्दनादपि चन्द्रमाः । चन्द्रचन्दनयोर्मध्ये शीतला साधुसंगतिः ॥ ६ ॥ साधूनां दर्शनं पुण्यं तीर्थभूता हि साधवः । कालेन फलते तीर्थं सद्यः साधुसमागमः ॥ ७ ॥ करोति निर्गलो[2]ऽधारस्तुच्छस्यापि [3]महार्घताम् । अम्बुनो बिन्दुरल्पोऽपि शुक्तौ मुक्ताफलं भवेत् ॥ ८ ॥ हीयते हि मतिस्तात हीनैः सह समागमात् । समैश्च समतामेति विशिष्टैश्च विशिष्टताम् ॥ ९ ॥ मन्दोऽप्यमन्दतामेति संसर्गेण विपश्चितः । पङ्कच्छिदः [4]फलस्येव निकर्षेणा[5]विलं [6]पयः ॥ १० ॥ कीटोऽपि सुमनःसङ्गादारोहति सतां शिरः । [7]अश्मापि याति देवत्वं महद्भिः सुप्रतिष्ठितः ॥ ११ ॥ काचः काञ्चनसंसर्गाद्धत्ते [8]मारकतीर्द्युतीः । तथा सत्संनिधानेन मूर्खो याति प्रवीणताम् ॥ १२ ॥ यथो[9]दयगिरौ द्रव्यं [10]संनिकर्षेण दीप्यते । तथा सत्संनिधानेन हीनवर्णोऽपि [11]दीप्यते ॥ १३ ॥ भुक्तिमुक्तिकृदेकान्तसमादेशनतत्परः । कस्य नानन्दनिस्यन्दं विदधाति सदागमः ॥ १४ ॥ यदि सत्सङ्गनिरतो भविष्यसि भविष्यसि । अथ दुर्जनसंसर्गे पतिष्यसि पतिष्यसि ॥ १५ ॥ अलब्ध्वापि धनं राज्ञः संश्रिता यान्ति संपदम् । महाह्रदसमीपस्थं पश्य नीलं वनस्पतिम् ॥ १६ ॥ सङ्गः सर्वात्मना त्याज्यः स चेत्त्यक्तुं न शक्यते । स सद्भिः

१ स्वस्याधीनम्. २ पिधानम्. ३ मूर्खतायाः. ४ सभायाम्. ५ मकरः. ६ भषकेण. ७ लोहकारैः. ८ कौशलम्. ९ मौक्तिकत्वम्. १० मेघस्य. ११ विन्ध्यपर्वते, १२ मत्स्यान्; (पक्षे) मीनराशिम्. १३ तरुशैलादयः; (पक्षे) शिवः.

१ देवैः. २ आश्रयः. ३ महामूल्यत्वम्. ४ कतकफलस्येव. ५ कलुषम्. ६ उदकम्. ७ पाषाणः. ८ मरकतसंबन्धिनी. ९ उदयपर्वते. १० सूर्यसंनिधानेन. ११ प्रकाशितो भवति.

सह कर्तव्यः सन्तः सङ्गस्य भेषजम् ॥ १७ ॥ क्षुद्रोऽपि
तनुते तात तेजस्तेजस्विसङ्गतः । अर्कसंपर्कतः पश्य दर्पणे
दहनद्युतिम् ॥ १८ ॥ बृहत्सहायः कार्यान्तं क्षोदीयानपि
गच्छति । संभूयाम्भोधिमभ्येति महानद्या नगापगा ॥ १९॥
सज्जनसङ्गो मा भूद्यदि सङ्गो मास्तु तत्पुनः स्नेहः । स्नेहो
यदि मा विरहो यदि विरहो मास्तु जीवितस्याशा ॥ २० ॥
वंशभवो गुणवानपि सङ्गविशेषेण पूज्यते पुरुषः । नहि
तुम्बीफलविकलो वीणादण्डः प्रयाति महिमानम् ॥ २१ ॥
गुरुरपि लघूपनीतो न निमज्जति नियतमाशये निहितः ।
वानरकरोपनीतः शैलो मकरालयस्येव ॥ २२ ॥ गवाश-
नानां स शृणोति वाक्यमहं हि राजन्वचनं मुनीनाम् ।
न चास्य दोषो न च मद्गुणो वा संसर्गजा दोषगुणा भ-
वन्ति ॥ २३ ॥ कल्पद्रुमः कल्पितमेव सूते सा कामधुक्का-
मितमेव दोग्धि । चिन्तामणिश्चिन्तितमेव दत्ते सतां हि सङ्गः
सकलं प्रसूते ॥ २४ ॥ असज्जनः सज्जनसङ्गिसङ्गात्करोति
दुःसाध्यमपीह साध्यम् । पुष्पाश्रयाच्छंभुशिरोऽधिरूढा
पिपीलिका चुम्बति चन्द्रबिम्बम् ॥ २५ ॥ शाखोटकैश्चन्द-
नसंगतोऽपि वक्षोजयोः क्रीडितमायताक्ष्याः । पयोऽपि मद्यं
श्वपचे हि मन्यते संसर्गजा दोषगुणा भवन्ति ॥ २६ ॥
सत्सङ्गाद्भवति हि साधुता खलानां साधूनां नहि खलसंग-
मात्खलत्वम् । आमोदं कुसुमभवं मृदेव धत्ते मृद्गन्धं नहि
कुसुमानि धारयन्ति ॥ २७ ॥ किं वापरेण बहुना परिज-
ल्पितेन संसर्ग एव महतां महते फलाय । अम्भोनिधेस्तट-
रुहास्तरवोऽपि येन वेलाजलोच्छलितरत्नकृतालवालाः ॥२८॥
जाड्यं धियो हरति सिञ्चति वाचि सत्यं मानोन्नतिं
दिशति पापमपाकरोति । चेतः प्रसादयति दिक्षु तनोति
कीर्तिं सत्संगतिः कथय किं न करोति पुंसाम् ॥ २९ ॥
दूरीकरोति कुमतिं विमलीकरोति चेतश्चिरंतनमघं चुलुकीक-
रोति । भूतेषु किं च करुणां बहुलीकरोति सङ्गः सतां
किमु न मङ्गलमातनोति ॥ ३० ॥ कान्तारभूमिरुहमौलि-
निवासशीलाः प्रायः पलायनपरा जनवीक्षणेन । कूजन्ति
तेऽपि हि शुकाः खलु रामनाम सङ्गः स्वभावपरिवर्तविधौ
निदानम् ॥ ३१ ॥ एके केचिद्यतिकरगताः पात्रसंज्ञां ल-
भन्ते गायन्त्यन्ये सरसमधुरं वीणया संप्रयुक्ताः । एके तेषां
सहजगतिवशाद्दुस्तरं तारयन्ति केचित्तेषां ज्वलितहृदया रक्त-

१ अन्तःकरणे; (पक्षे) मध्ये. २ यवनानाम्. यवनगृहस्थितं सहोदरं शुकमुद्दिश्य मुनिगृहस्थितस्य शुकस्योक्तिरियम्. ३ कल्पवृक्षः. ४ कामधेनुः. ५ सुगन्धम्. ६ मान्द्यम्. ७ ददाति. ८ निराकरोति. ९ विस्तारयति. १० तुम्बीत्यर्थः.

मेव पिबन्ति ॥ ३२ ॥ संतप्तायसि संस्थितस्य पयसो ना-
मापि न श्रूयते मुक्ताकारतया तदेव नलिनीपत्रस्थितं रा-
जते । स्वात्यां सागरशुक्तिसंपुटगतं तज्जायते मौक्तिकं प्राये-
णाधममध्यमोत्तमगुणः संसर्गतो जायते ॥ ३३ ॥ गङ्गे-
वाघविनाशिनी जनमनःसंतोषसच्चन्द्रिका तीक्ष्णांशोरपि स-
त्प्रभेव जगदज्ञानान्धकारापहा । छायेवाखिलतापनाशनकरी
स्वर्धेनुवत्कामदा पुण्यैरेव हि लभ्यते सुकृतिभिः सत्संगति-
र्दुर्लभा ॥ ३४ ॥ कीर्तिर्नृत्यति नर्तकीव भुवने विद्योतते
साधुता ज्योत्स्नेव प्रतिभा सभासु सरसा गङ्गेव संमीलति ।
चित्तं रञ्जयति प्रियेव सततं संपत्प्रसादोचिता संगत्या न
भवेत्सतां किल भवेत्किं किं न लोकोत्तरम् ॥ ३५ ॥ बुद्धिं
वर्धयति श्रियं वितनुते वैदग्ध्यमामुष्णति श्रेयः पल्लवयत्य-
घानि दलयत्युन्मीलयत्युन्नतिम् । विज्ञानं परिशोधयत्युपचि-
नोत्युच्चैः कलाकौशलं किं किं नारभते हरेरिव कथाऽजर्यं
सतां संगतम् ॥ ३६ ॥

असत्संगतिनिन्दा ।

अहो दुर्जनसंसर्गान्मानहानिः पदे पदे । पावको लोहस-
ङ्गेन मुद्गरैरभिहन्यते ॥ १ ॥ अन्तर्मलिनसंसर्गाच्छ्रुतवानपि
दुष्यति । यच्चक्षुःसंनिर्षेण कर्णोऽभूत्कुटिलाश्रयः ॥ २ ॥
दुष्टतां दुष्टसंसर्गाददुष्टमपि गच्छति । सुराबिन्दुनिपातेन
पञ्चगव्यघटी यथा ॥ ३ ॥ अणुरप्यसतां सङ्गः सद्गुणं
हन्ति विस्तृतम् । गुणरूपान्तरं याति तक्रयोगाद्यथा
पयः ॥ ४ ॥ दुर्वृत्तः क्रियते धूर्तैः श्रीमानात्मविवृद्धये । किं
नाम खलसंसर्गः कुरुते नाश्रयाशवत् ॥ ५ ॥ आनन्दमृग-
दावाग्निः शीलशाखिमदद्विपः । ज्ञानदीपमहावायुरयं खल-
समागमः ॥ ६ ॥ असत्सङ्गाद्गुणज्ञोऽपि विषयासक्तमानसः ।
अकस्मात्प्रलयं याति गीतरक्तो यथा मृगः ॥ ७ ॥ आहत्य
रक्ष्यमाणापि यत्नेनान्तविरागिणी । असन्मैत्री च वेश्या च
श्रीश्च कस्य कदा स्थिरा ॥ ८ ॥ पात्रमपात्रीकुरुते दहति
गुणं स्नेहमाशु नाशयति । अमले मलं नियच्छति दीपज्वा-
लेव खलमैत्री ॥ ९ ॥ दुर्जनजनसंसर्गात्सज्जनपुरुषोऽत्र
दोषमायाति । रावणकृतापराधाज्जलधेरपि बन्धनं प्राप्तम् ।

१ लोहे. २ आनन्द एव मृगस्तस्य दावाग्निरिव. दाहकत्वात्. ३ शीलमेव शाखी वृक्षस्तस्य मदद्विप इव. उन्मूलकत्वात्. ४ ज्ञानमेव दीपस्तस्य महावात इव. निर्वाणकरणत्वात्. ५ अयोग्यम्. ६ सूत्रम्; (पक्षे) विनयादिः. ७ तैलम्; (पक्षे) प्रीतिः. ८ मषीम्; (पक्षे) दोषम्.

॥ १० ॥ संगतिं स्वविपरीतगुणैस्त्वं मा कृथाः खलु सखे समयेऽस्मिन् । पश्य पूर्वमपि कृष्णरूपतामर्जुनोऽपि समवाप निश्चितम् ॥ ११ ॥ दुर्वृत्तसंगतिरनर्थपरम्पराया हेतुः सतां भवति किं वचनीयमत्र । लङ्केश्वरो हरति दाशरथेः कलत्रं प्राप्नोति बन्धनमसौ किल सिन्धुराजः ॥ १२ ॥ हंसोऽध्वगः श्रममपोहयितुं दिनान्ते कारण्डकाकबककोककुलं प्रविष्टः । मूकोऽयमित्युपहसन्ति लुनन्ति पक्षान्नीचाश्रयो हि महतामपमानहेतुः ॥ १३ ॥

स्नेहवचनम् ।

सखि साहजिकं प्रेम दूरादपि विराजते । चकोरीनयनद्वन्द्वमानन्दयति चन्द्रमाः ॥ १ ॥ क्वेन्दोर्मण्डलमम्बुधिः क्व च रविः पद्माकरः क्व स्थितः काश्राः सन्ति मयूरपङ्क्तिरमला क्वालिः क्व वा मालती । हंसानां च कुलं क्व दूरविषये क्वास्ते सरो मानसं यो यस्याभिमतः स तस्य निकटे दूरेऽपि सन्वल्लभः २

सुमित्रप्रशंसा ।

करावित्र शरीरस्य नेत्रयोरिव पक्ष्मणी । अविचार्य प्रियं कुर्यात्तन्मित्रं मित्रमुच्यते ॥ १ ॥ यस्य मित्रेण[१] संभाषा यस्य मित्रेण संस्थितिः । मित्रेण सह यो भुङ्क्ते[२] ततो[३] नास्तीह पुण्यवान् ॥ २ ॥ शुचित्वं[४] त्यागिता[५] शौर्यं सामान्यं[६] सुखदुःखयोः । दाक्षिण्यं[७] चानुरक्तिश्च[८] सत्यता च सुहृद्गुणाः ॥ ३ ॥ अन्यथैव हि सौहार्दं भवेत्स्वच्छान्तरात्मनः । प्रवर्ततेऽन्यथा[९] वाणी शाठ्योपहतचेतसः ॥ ४ ॥ उत्सवे व्यसने चैव दुर्भिक्षे राष्ट्रविप्लवे । राजद्वारे श्मशाने च यस्तिष्ठति स बान्धवः ॥ ५ ॥ स बन्धुर्यो विपन्नानामापदुद्धरणे क्षमः । नतु भीतपरित्राणवस्तूपालम्भपण्डितः ॥ ६ ॥ औरसं कृतसंबन्धं तथा वंशक्रमागतम् । रक्षितं व्यसनेभ्यश्च मित्रं ज्ञेयं चतुर्विधम् ॥ ७ ॥ याचते कार्यकाले यः स किं भृत्यः स किं सुहृत् । अकार्यकार्यकर्ता यस्त्वनादिष्टोऽप्यसौ सुहृत् ॥ ८ ॥ तदेवास्य परं मित्रं यत्र संक्रामति द्वयम् । दृष्टे सुखं च दुःखं च प्रतिच्छायेव दर्पणे ॥ ९ ॥ व्याधितस्यार्थहीनस्य देशान्तरगतस्य च । नरस्य शोकदग्धस्य सुहृद्दर्शनमौषधम् ॥ १० ॥ दर्शने स्पर्शने वापि श्रवणे भाषणेऽपि वा । यत्र द्रवत्यन्तरङ्गं स स्नेह इति कथ्यते ॥ ११ ॥ स्वाभाविकं तु यन्मित्रं भाग्येनैवाभिजायते । तदकृत्रिमसौहार्दमापत्स्वपि न मुञ्चति ॥ १२ ॥ न मातरि न दारेषु न सोदर्ये न चात्मनि । विश्वासस्तादृशः पुंसां यादृङ्मित्रे स्वभावजे ॥ १३ ॥ शोकाराति[१] भयत्राणं प्रीतिविश्रम्भभाजनम् । केन रत्नमिदं सृष्टं मित्रमित्यक्षरद्वयम् ॥ १४ ॥ उदयन्नेव सविता पद्मेष्वर्पयति श्रियम् । विभावयन्समृद्धीनां फलं सुहृदनुग्रहम्[३] ॥ १५ ॥ नहि बुद्धिगुणेनैव सुहृदामर्थदर्शनम् । कार्यसिद्धिपथः सूक्ष्मः स्नेहेनाप्युपलभ्यते ॥ १६ ॥ प्राणैरपि हिता वृत्तिरद्रोहो व्याजवर्जनम् । आत्मनीव प्रियाधानमेतन्मैत्रीमहाव्रतम् ॥ १७ ॥ पापान्निवारयति योजयते हिताय गुह्यानि गूहति गुणान्प्रकटीकरोति । आपद्गतं च न जहाति ददाति काले सन्मित्रलक्षणमिदं प्रवदन्ति सन्तः ॥ १८ ॥ मित्रं[४] प्रीतिरसायनं नयनयोरानन्दनं चेतसः पात्रं यत्सुखदुःखयोः सह भवेन्मित्रेण तद्दुर्लभम् । ये चान्ये सुहृदः समृद्धिसमये द्रव्याभिलाषाकुलास्ते सर्वत्र मिलन्ति तत्त्वनिकषग्रावा तु तेषां विपत् ॥ १९ ॥ क्षीरेणात्मगतोदकाय हि गुणा दत्ताः पुरा तेऽखिलाः क्षीरे तापमवेक्ष्य तेन पयसा ह्यात्मा कृशानौ[५] हुतः । गन्तुं पावकमुन्मनस्तदभवद्दृष्ट्वा तु मित्रापदं[६] युक्तं तेन जलेन शाम्यति सतां मैत्री पुनस्त्वीदृशी ॥ २० ॥

कुमित्रनिन्दा ।

परोक्षे कार्यहन्तारं प्रत्यक्षे प्रियवादिनम् । वर्जयेत्तादृशं मित्रं विषकुम्भं पयोमुखम् ॥ १ ॥ रहस्यभेदो[७] याच्ञा[८] च नैष्ठुर्यं चलचित्तता । क्रोधो निःसत्यता द्यूतमेतन्मित्रस्य दूषणम् ॥ २ ॥

संसारः ।

संसार तव निःसार पदवी[९] न दवीयसी[१०] । अन्तरा[११] दुस्तरा न स्युर्यदि रे मदिरेक्षणाः ॥ १ ॥ संसारविषवृक्षस्य द्वे फले ह्यमृतोपमे । काव्यामृतरसास्वाद आलापः सज्जनैः सह ॥ २ ॥ दुःखाङ्गारकतीव्रः संसारोऽयं महानसो[१२] गहनः । इह विषयामृतलालस मानसमार्जार मा निपत ॥ ३ ॥ अयमविचारितचारुतया संसारो भाति रमणीयः । अत्र पुनः परमार्थदृशा न किमपि सारमणीयः ॥ ४ ॥ क्वचिद्विद्वद्गोष्ठी क्वचिदपि सुरामत्तकलहः क्वचिद्वीणावादः क्वचिदपि च

१ मध्यमपाण्डवः; (पक्षे) शुक्लवर्णः. २ मिथो भाषणम्. ३ तस्मात्पुरुषात्. ४ निर्मलचित्तत्वम्. ५ दानशीलत्वम्. ६ समानस्य भावः सामान्यम्. समत्वमित्यर्थः. ७ सरलत्वम्. ८ प्रीतिः. ९ अकपटमित्रता.

१ शत्रुः. २ विश्वासः. ३ सुहृत्स्वनुग्रहः प्रसादस्तम्. ४ प्रीते रसायनमिव रसायनम्. प्रीतिवर्धकमित्यर्थः. ५ अग्नौ. ६ मित्रविपत्तिम्. ७ गुप्तप्रकाशनम्. ८ प्रार्थनम्. ९ मार्गः. १० अतिदूरा. ११ मध्ये. १२ पाकगृहम्.

हाहेति रुदितम्। क्वचिद्रम्या रामा क्वचिदपि जराजर्जरतनुर्न जाने संसारः किममृतमयः किं विषमयः ॥ ५ ॥ कृच्छ्रेणामेध्यमध्ये नियमिततनुभिः स्थीयते गर्भगर्ते कान्ताविश्लेषदुःखव्यतिकरविषमे यौवने विप्रयोगः। नारीणामप्यवज्ञा विलसति नियतं वृद्धभावोऽप्यसाधुः संसारे रे मनुष्या वदत यदि सुखं स्तोकमप्यस्ति किंचित् ॥ ६ ॥

गृहस्थाश्रमप्रशंसा ।

न्यायार्जितधनस्तत्त्वज्ञाननिष्ठोऽतिथिप्रियः। शास्त्रवित्सत्यवादी च गृहस्थोऽपि विमुच्यते ॥ १ ॥ यदि रामा यदि च रमा यदि तनयो विनयधीगुणोपेतः। तनये तनयोत्पत्तिः सुरवरनगरे किमाधिक्यम् ॥ २ ॥ सविप्रपादोदककर्दमानि सवेदशास्त्रध्वनिगर्जितानि। स्वाहास्वधाकारनिरन्तराणि स्वानन्दतुल्यानि गृहाणि तानि ॥ ३ ॥ सानन्दं सदनं सुताश्च सुधियः कान्ता न दुर्भाषिणी सन्मित्रं सुधनं स्वयोषिति रतिश्चाज्ञापराः सेवकाः। आतिथ्यं शिवपूजनं प्रतिदिनं मृष्टान्नपानं गृहे साधोः सङ्गमुपासते हि सततं धन्यो गृहस्थाश्रमः ॥ ४ ॥ मानुष्यं वरवंशजन्म विभवो दीर्घायुरारोग्यता सन्मित्रं सुसुतः सती प्रियतमा भक्तिश्च नारायणे। विद्वत्त्वं सुजनत्वमिन्द्रियजयः सत्पात्रदाने रतिस्ते पुण्येन विना त्रयोदश गुणाः संसारिणां दुर्लभाः ॥ ५ ॥ वंशो विश्वावतंसो जनुरनुपहतं स्वान्तमौन्नत्यकान्तं लीला शीलानुकूला क्षपितकलिमला कापि विद्यानवद्या। वाणी वेणी गुणानां समधिकयशसां साधिका साधिका श्रीः श्रीमद्गौरी मयूरीमुदिर पुरहर त्वत्कृपाया विपाकैः ॥ ६ ॥

गृहस्थाश्रमदूषणम् ।

यत्र नास्ति दधिमन्थनघोषो यत्र नो लघुलघूनि शिशूनि। यत्र नास्ति गुरुगौरवपूजा तानि किं बत गृहाणि वनानि ॥ १ ॥ न विप्रपादोदकपङ्किलानि न वेदशास्त्रध्वनिगर्जितानि। स्वाहास्वधाकारविवर्जितानि श्मशानतुल्यानि गृहाणि तानि ॥ २ ॥ क्रोशन्तः शिशवः सवारि सदनं पङ्कावृतं चाङ्गणं शय्या दंशवती च रूक्षमशनं धूमेन पूर्णं गृहम्। भार्या निष्ठुरभाषिणी प्रभुरपि क्रोधेन पूर्णः सदा स्नानं शीतलवारिणा हि सततं धिग्धिग्गृहस्थाश्रमम् ॥ ३ ॥ तावद्विद्यानवद्या गुणगणमहिमा रूपसंपत्तिशौर्यं स्वस्थाने सर्वशोभा परगुणकथने वाक्पटुस्तावदेव। यावत्पाकाकुलाभिः स्वगृहयुवतिभिः प्रेषितापत्यवक्त्राद्धे बाबा नास्ति तैलं न च लवणमपीत्यादिवाचां प्रचारः ॥ ४ ॥

पुत्रप्रशंसा ।

इदं तत्स्नेहसर्वस्वं समभाढ्यदरिद्रयोः। अचन्दनमनौशीरं हृदयस्यानुलेपनम् ॥ १ ॥ गृहे जानुचरः केल्यां मुग्धस्मितमुखाम्बुजः। पुत्रः पुण्यवतामेव पात्रीभवति नेत्रयोः ॥ २ ॥ स्वगर्भशुक्तिनिर्भिन्नं सुवृत्तं सुतमौक्तिकम्। वंशश्रीतिलकीभूतं मन्दभाग्यस्य दुर्लभम् ॥ ३ ॥ वर्धते न चिरं लोके वंशलक्ष्मीरसंततिः। स्वल्पावशेषितस्नेहवर्तिमालेव दीपिका ॥ ४ ॥ अन्तःकरणतत्त्वस्य दंपत्योः स्नेहसंश्रयात्। आनन्दग्रन्थिरेकोऽयमपत्यमिति बध्यते ॥ ५ ॥ दिग्वाससं गतव्रीडं जटिलं धूलिधूसरम्। पुण्याधिका हि पश्यन्ति गङ्गाधरमिवात्मजम् ॥ ६ ॥ धूलिधूसरसर्वाङ्गो विकसद्दन्तकेसरः। आस्ते कस्यापि धन्यस्य द्वारि दन्ती गृहेभकः ॥ ७ ॥ निन्द्यते पितृभिस्तैर्निरपत्यधनः पुमान्। अध्वनीनैरतिश्रान्तैरवकेशीव पादपः ॥ ८ ॥ किं मृष्टं सुतवचनं मृष्टतरं किं तदेव सुतवचनम्। मृष्टान्मृष्टतमं किं श्रुतिपरिपक्वं तदेव सुतवचनम् ॥ ९ ॥ उरोरुहादुद्गमितैः पयोभिरापूर्य केल्या निजमास्यगर्भम्। फूत्कृत्य मातुर्वदने हसन्तं तनूभवं पश्यति कोऽपि धन्यः ॥ १० ॥ कृतचङ्क्रमणं गणेषु किंचित्क्वणत्किंकिणिरिङ्गदङ्घ्रिपद्मम्। यदि सन्महितं सुतं श्रितं स्यात्तदिदं सद्म हितं भवेत्तदानीम् ॥ ११ ॥ अहं किमम्बा किमभीष्टतापदे तवेति मातुर्धुरि तातपृच्छया। प्रलोभ्यतुल्यं प्रवदन्तमर्भकं मुदा हसञ्जिघ्रति मूर्ध्नि पुण्यभाक् ॥ १२ ॥ आलक्ष्यदन्तमुकुलाननिमित्तहासैरव्यक्तवर्णरमणीयवचःप्रवृत्तीन्। अङ्काश्रयप्रणयिनस्तनयान्वहन्तो

१ अशुचिमलादि तन्मध्ये. २ जरायुणा बद्धशरीरैः. ३ गर्भाशये. ४ अवमानः. ५ अल्पम्. ६ न्यायेन संपादितं धनं येन. ७ मुक्तो भवति. ८ स्त्री. ९ लक्ष्मीः. १० ब्राह्मणचरणक्षालनोदकेन पङ्किलानि. ११ गृहम्. १२ उत्तमकुल उत्पत्तिः. १३ ऐश्वर्यम्. १४ विश्वभूषणम्. १५ मनः. १६ निर्दोषा. १७ प्रवाहः. १८ साधयित्री. १९ गौर्यैव मयूरी तस्या मुदिरो मेघः. २० हे त्रिपुरनाशक. २१ परिणामःफलमित्यर्थः. २२ शिशुशब्दोऽत्र नपुंसके प्रयुक्तोऽस्ति.

१ उदकपूर्णम्. २ मत्कुणपूर्णा. ३ अस्निग्धम्. ४ कठोरभाषिणी. ५ इदं तु पितुर्लौकिकं संबोधनम्. ६ जानुभ्यां चरतीति सः. रिङ्गमाण इत्यर्थः. ७ संततिरहिता. ८ नग्नम्. ९ पान्थैः. १० वन्ध्यः. ११ स्तनात्. १२ माता. १३ इष्टस्थाने. १४ प्रलोभ्यस्य प्रलोभनार्थं दर्शितस्य वस्तुनोऽनुरूपम्. १५ अवघ्राणं करोति. १६ लालनार्थमङ्कारूढशिशून्.

धन्यास्तदङ्गरजसा मलिनीभवन्ति ॥ १३ ॥ आनन्दस्रुतिरात्मनो नयनयोरन्तःसुधाभ्यञ्जनं प्रस्तारः प्रणयस्य मन्मथतरोः पुष्पं प्रसादो रतेः । आलानं[1] हृदयद्विपस्य विषयारण्येषु संचारिणो दंपत्योरिह लभ्यते सुकृततः संसारसारः सुतः ॥१४॥

कन्यानिन्दा ।

जातेति कन्या महती हि चिन्ता कस्मै प्रदेयेति महान्वितर्कः । दत्ता सुखं यास्यति वा न वेति कन्यापितृत्वं खलु नाम कष्टम् ॥ १ ॥

सत्पुत्रप्रशंसा ।

एकोऽपि गुणवान्पुत्रो निर्गुणैः किं शतैरपि । एकश्चन्द्रो जगच्चक्षुर्नक्षत्रैः किं प्रयोजनम् ॥ १ ॥ एकेन हि सुवृक्षेण पुष्पितेन सुगन्धिना । वासितं तद्वनं सर्वं सुपुत्रेण कुलं यथा ॥ २ ॥ प्रज्ञया वा विसारिण्या[2] यो बलेन धनेन वा । धुरं[3] वहति गोत्रस्य जननी तेन पुत्रिणी ॥ ३ ॥ एकेनापि सुपुत्रेण विद्यायुक्तेन भासते । कुलं पुरुषसिंहेन[4] चन्द्रेणेव हि शर्वरी[5] ॥ ४ ॥ को धन्यो बहुभिः पुत्रैः कुशूलापूरणाढकैः । वरमेकः कुलालम्बी यत्र विश्रूयते पिता ॥ ५ ॥ पुण्यतीर्थे कृतं येन तपः क्वाप्यतिदुष्करम् । तस्य पुत्रो भवेद्वश्यः समृद्धो धार्मिकः सुधीः ॥ ६ ॥ बरमेको गुणी पुत्रो न च मूर्खशतान्यपि । एकश्चन्द्रस्तमो हन्ति न च तारागणोऽपि च ॥ ७ ॥ एकेनापि सुपुत्रेण सिंही स्वपिति निर्भयम् । सहैव दशभिः पुत्रैर्भारं वहति रासभी[6] ॥ ८ ॥ एकेनापि सुपुत्रेण जायमानेन सत्कुलम् । शशिना चैव गगनं सर्वदैवोज्ज्वलीकृतम् ॥ ९ ॥ किं जातैर्बहुभिः पुत्रैः शोकसंतापकारकैः । वरमेकः कुलालम्बी यत्र विश्राम्यते कुलम् ॥ १० ॥ कुम्भः परिमितमम्भः पिबत्यसौ कुम्भसंभवो[7]ऽम्भोधिम् । अतिरिच्यते[8] सुजन्मा कश्चिज्जनकं निजेन चरितेन[9] ॥ ११ ॥ विद्याविहीना बहवोऽपि पुत्राः कल्पायुषः सन्तु पितुः किमेतैः । क्षयिष्णुना[10] वापि कलावता[11] वा तस्य प्रमोदः शशिनेव[12] सिन्धोः ॥ १२ ॥ पात्रं न तापयति नैव मलं प्रसूते स्नेहं न संहरति नैव गुणान्क्षिणोति । द्रव्यावसानसमये चलतां न धत्ते सत्पुत्र एष कुलसद्मनि[13] कोऽपि दीपः ॥ १३ ॥

१ गजबन्धनस्तम्भः. २ प्रसरणशीलया. ३ कार्यभारम्. ४ पुरुषश्रेष्ठेन. ५ रात्रिः. ६ गर्दभी. ७ अगस्त्यः. ८ अधिको भवति. ९ आचरणेन. १० क्षयशीलेन. ११ कलापूर्णेन. १२ चन्द्रेण. १३ कुलमेव सद्म गृहं तस्मिन्.

कुपुत्रनिन्दा ।

किं तेन जातु[1] जातेन मातृयौवन[2]हारिणा । आरोहति न यः स्वस्य वंशस्याग्रे ध्वजो यथा ॥ १ ॥ किं तया क्रियते धेन्वा या न दोग्ध्री[3] न गर्भिणी । कोऽर्थः पुत्रेण जातेन यो न विद्वान्न धार्मिकः ॥ २ ॥ एकेन शुष्कवृक्षेण दह्यमानेन वह्निना । दह्यते तद्वनं सर्वं दुष्पुत्रेण कुलं तथा ॥३॥ कोटरान्तःस्थितो वह्निस्तरुमेकं दहेत्खलु । कुपुत्रस्तु कुले जातः स्वकुलं नाशयत्यहो ॥ ४ ॥ अजातमृतमूर्खाणां वरमाद्यौ न चान्तिमः । सकृद्दुःखकरावाद्यावन्तिमस्तु पदे पदे ॥ ५ ॥ अजातमृतमूर्खेभ्यो मृताऽजातौ सुतौ वरौ । यतस्तावल्पदुःखाय यावज्जीवं जडो दहेत् ॥ ६ ॥ यस्य पुत्रो न वै विद्वान्न शूरो न च धार्मिकः । अप्रकाशं[4] कुलं तस्य नष्टचन्द्रेव शर्वरी ॥ ७ ॥ अविनीतः[5] सुतो जातः कथं न दहनात्मकः[6] । विनीतैस्तु[7] सुतो जातः कथं न पुरुषोत्तमः[8] ॥ ८ ॥ दाने तपसि शौर्ये च यस्य न प्रथितं यशः । विद्यायामर्थलाभे च मातुरुच्चार एव सः ॥ ९ ॥ निरुत्साहं निरानन्दं निर्वीर्यमरिनन्दनम् । मा स्म सीमन्तिनी काचिज्जनयेत्पुत्रमीदृशम् ॥ १० ॥ वरं गर्भस्रावो वरमपि च नैवाभिगमनं वरं जातप्रेतो वरमपि च कन्यैव जनिता । वरं वन्ध्या भार्या वरमपि च गर्भेषु वसतिर्न चाविद्वान्रूपद्रविणगुणयुक्तोऽपि तनयः ॥ ११ ॥ पित्रोर्नैव वचः शृणोति दिवसत्यागे व्रजत्यालयं यान्तीभिर्युवतीभिरध्वनि मुहुः कौतूहलं विन्दति । बन्धूनामुपदेशवाचि बदति क्रोधैकतानं वचः साधून्निन्दति दुर्जनं च मनुते मित्रं कुपुत्रो जनः ॥ १२ ॥

दैवाख्यानम् ।

दैवमुल्लङ्घ्य यत्कार्यं क्रियते फलवन्न तत् । सरोम्भश्चातकेनात्तं गलरन्ध्रेण गच्छति ॥ १ ॥ भाग्यवन्तं प्रसूयेथा मा शूरं मा च पण्डितम् । शूराश्च कृतविद्याश्च बने सीदन्ति पाण्डवाः ॥ २ ॥ न केवलं मनुष्येषु दैवं देवेष्वपि प्रभु । सति मित्रे धनाध्यक्षे चर्मप्रावरणो हरः ॥ ३ ॥ सच्छिद्रो मध्यकुटिलः कर्णः स्वर्णस्य भाजनम् । धिग्दैवं निर्मलं चक्षुः पात्रं कज्जलभस्मनः ॥ ४ ॥ भगवन्तौ जगन्नेत्रे सूर्याचन्द्र-

१ कदाचित्. २ यौवननाशकेन. ३ दोहनशीला. ४ प्रकाशरहितम्. ५ बिनयरहितः; (पक्षे) अग्निना मेषेण नीतः. अग्नेर्मेषो वाहनम्. ६ अग्निस्वरूपः. ७ विनययुक्तः; (पक्षे) विना पक्षिणा गरुडेन नीतः. ८ पुरुषश्रेष्ठः; (पक्षे) विष्णुः.

मसावपि। पश्य गच्छत एवास्तं नियतिः[1] केन लङ्घ्यते
॥ ५ ॥ किं करोति नरः प्राज्ञः शूरो वाप्यथ पण्डितः। दैवं
यस्य फलान्वेषि करोति विफलाः क्रियाः ॥ ६ ॥ दैवे विमु-
खतां याते न कोऽप्यस्ति सहायवान्। पिता माता तथा
भार्या भ्राता वाथ सहोदरः ॥ ७ ॥ पिबन्ति मधु पद्मेषु
भृङ्गाः केसरधूसराः। हंसाः शैवालमश्नन्ति धिग्दैवमसमञ्ज-
सम् ॥ ८ ॥ करोतु नाम नीतिज्ञो व्यवसायमितस्ततः।
फलं पुनस्तदेवास्य यद्विधेर्मनसि स्थितम् ॥ ९ ॥ दैवं फ-
लति सर्वत्र न विद्या न च पौरुषम्[2]। समुद्रमथनाल्लेभे हरि-
र्लक्ष्मीं हरो विषम् ॥ १० ॥ दैवं फलति सर्वत्र न विद्या
न च पौरुषम्। पाषाणस्य कुतो विद्या येन देवत्वमागतः
॥ ११ ॥ यथा धेनुसहस्रेषु वत्सो विन्दति[3] मातरम्। तथा
पूर्वकृतं कर्म कर्तारमनुगच्छति ॥ १२ ॥ अचोद्यमानानि[4]
यथा पुष्पाणि च फलानि च। स्वं कालं नातिवर्तन्ते तथा
कर्म पुरा कृतम् ॥ १३ ॥ विपत्तौ किं विषादेन[5] सपत्तौ
हर्षणेन किम्। भवितव्यं भवत्येव कर्मणामीदृशी गतिः
॥ १४ ॥ हरिणापि हरेणापि ब्रह्मणा त्रिदशैरपि[6]। ललाट-
लिखिता रेखा न शक्या परिमार्जितुम् ॥ १५ ॥ सुहृदो
ज्ञातयः पुत्रा भ्रातरः पितरावपि। नानुस्सरन्ति स्वजनं यस्य
दैवमदक्षिणम्[7] ॥ १६ ॥ अचिन्तितानि दुःखानि यथैवा-
यान्ति देहिनाम्। सुखान्यपि तथा मन्ये दैवमत्रातिरिच्यते
॥ १७ ॥ अयाचितः सुखं दत्ते याचितश्च न यच्छति।
सर्वस्वं चापि हरते विधिरुच्छृङ्खलो नृणाम् ॥ १८ ॥ मनो-
रथान्करोत्युच्चैर्जनो दैवहतानपि। सिद्ध्यसिद्ध्योः समं कुर्या-
द्दैवं हि फलसाधनम् ॥ १९ ॥ पिता रत्नाकरो यस्य ल-
क्ष्मीर्यस्य सहोदरी। शङ्खो रोदिति भिक्षार्थी फलं भाग्यानु-
सारतः ॥ २० ॥ तादृशी जायते बुद्धिर्व्यवसायोऽपि ता-
दृशः। सहायास्तादृशाश्चैव यादृशी भवितव्यता ॥ २१ ॥
भवितव्यं भवत्येव नारिकेलफलाम्बुवत्। गन्तव्यं गतमि-
त्याहुर्गजभुक्तकपित्थवत् ॥ २२ ॥ महतामाश्रयः पुंसां फलं
भाग्यानुसारतः। ईशस्य कण्ठलग्नोऽपि वासुकिर्वायुभक्षकः
॥ २३ ॥ कर्मणा बाध्यते बुद्धिर्न बुद्ध्या कर्म बाध्यते।
सुबुद्धिरपि यद्रामो हैमं हरिणमन्वगात् ॥ २४ ॥ गुणोऽपि
दोषतां याति वक्रीभूते विधातरि। सानुकूले पुनस्तस्मिन्दो-
षोऽपि च गुणायते ॥ २५ ॥ अवश्यंभाविनो भावा भवन्ति
महतामपि। नग्नत्वं नीलकण्ठस्य महाहिशयनं हरेः
॥ २६ ॥ पुरुषः पौरुषं तावद्यावद्दैवं तु सन्मुखम्।
विपरीतगते दैवे पुरुषो न च पौरुषम् ॥ २७ ॥
न देशसेवया याति कर्मबन्धः परिक्षयम्। जघास घासमे-
वासौ बलीवर्दः कपर्दिनः[1] ॥ २८ ॥ अवश्यंभाविभावानां
प्रतीकारो भवेद्यदि। तदा दुःखैर्न लिप्येरन्नलरामयुधिष्ठिराः
॥ २९ ॥ भवितव्यं यथा येन नासौ भवति चान्यथा।
नीयते तेन मार्गेण स्वयं वा तत्र गच्छति ॥ ३० ॥ किं
करोति नरः प्राज्ञः प्रेर्यमाणः स्वकर्मणा। प्रागेव हि मनु-
ष्याणां बुद्धिः कर्मानुसारिणी ॥ ३१ ॥ लिखिता चित्रगुप्तेन
ललाटेऽक्षरमालिका। तां देवोऽपि न शक्नोति उल्लिख्य
लिखितुं पुनः ॥ ३२ ॥ येन यत्रैव भोक्तव्यं सुखं वा दुः-
खमेव वा। स तत्र बद्ध्वा रज्ज्वेव बलाद्दैवेन नीयते ॥ ३३ ॥
सासा संपद्यते बुद्धिः सा मतिः सा च भावना। सहाया-
स्तादृशा एव यादृशी भवितव्यता ॥ ३४ ॥ अनुरागवती[2]
संध्या दिवसस्तत्पुरःसरः[3]। अहो दैवगतिश्चित्रा तथापि न
समागमः ॥ ३५ ॥ अघटितघटितं घटयति सुघटितघटि-
तानि दुर्घटीकुरुते। विधिरेव तानि घटयति यानि पुमान्नैव
चिन्तयति ॥ ३६ ॥ विकटाटव्यामटनं शैलारोहणमपांनि-
धेस्तरणम्। निगडं गुहाप्रवेशो विधिपरिपाकः कथं न
संधार्यः ॥ ३७ ॥ किं त्वं न वेत्सि जगति प्रख्यातं लाभ-
कारणे मूलम्। विधिलिखिताक्षरमालं फलति कपालं न
भूपालः ॥ ३८ ॥ द्वीपादन्यस्मादपि मध्यादपि जलनिधेर्दि-
शोऽप्यन्तात्। आनीय झटिति घटयति विधिरभिमतमभि-
मुखीभूतः ॥ ३९ ॥ अनुकूले सति धातरि[4] भवत्यनिष्टादपीष्ट-
मविलम्बम्। पीत्वा विषमपि शंभुर्मृत्युंजयतामवाप तत्का-
लम् ॥ ४० ॥ अनुचितमेवाचरितं पशुपतिना यद्विधेः
शिरश्छिन्नम्। छिन्नो न चास्य हस्तो येनायं दुर्लिपिं[5] लिख-
ति ॥ ४१ ॥ नहि भवति यन्न भाव्यं भवति च भाव्यं
विनापि यत्नेन। करतलगतमपि नश्यति यस्य हि भवित-
व्यता नास्ति ॥ ४२ ॥ सर्वाङ्गमर्पयन्ती लीलासुप्तं क्रमेण
शय्यायाम्। अलसमपि भाग्यवन्तं भजते पुरुषायितेव श्रीः
॥ ४३ ॥ आरोहतु गिरिशिखिरं तरतु समुद्रं प्रयातु पाता-
लम्। विधिलिखिताक्षरमालं फलति कपालं न भूपालः
॥ ४४ ॥ सृजति च जगदिदमवति च संहरति च हेलयै-
व यो नियतम्। अवसरवशतः शफरो जनार्दनः सोऽपि
चित्रमिदम् ॥ ४५ ॥ यन्मनोरथशतैरगोचरं न स्पृशन्ति

१ दैवम्. २ पराक्रमः. ३ प्राप्नोति. ४ अप्रेर्यमाणानि.
५ खेदेन. ६ देवैः. ७ वामम्. प्रतिकूलमिति यावत्.

१ शिवस्य. २ रक्तिमा; (पक्षे) रतिः. ३ अग्रवर्ती; (पक्षे)
आज्ञाकरः. ४ दैवे. ५ दुर्लेखम्.

च गिरः कवेरपि । स्वप्नवृत्तिरपि यत्र दुर्लभा लीलयैव वि- दधाति तद्विधिः ॥ ४६ ॥ अरक्षितं तिष्ठति दैवरक्षितं सुरक्षितं दैवहतं विनश्यति । जीवत्यनाथो विपिनेऽप्यरक्षि- तः कृतप्रयत्नोऽपि गृहे विनश्यति ॥ ४७ ॥ दाता बलिः प्रार्थयिता च विष्णुर्दानं भुवो [१]वाजिमखस्य कालः । नमो- ऽस्तु तस्मै [२]भवितव्यतायै यस्याः फलं बन्धनमेव जातम् ॥ ४८ ॥ प्राप्तव्यमर्थं लभते मनुष्यो देवोऽपि तं लङ्घयितुं न शक्तः । तस्मान्न शोचामि न विस्मयो मे यदस्मदीयं नहि तत्परेषाम् ॥ ४९ ॥ मा धाव मा धाव विनैव दैवं नो धावनं साधनमस्ति लक्ष्म्याः । चेद्धावनं साधनमस्ति लक्ष्म्याः श्वा धावमानोऽपि लभेत लक्ष्मीम् ॥ ५० ॥ ईशः करस्थीकृतकाञ्चनाद्रिः कुबेरमित्रं रजताचलस्थः । तथापि भिक्षाटनमस्य जातं [३]विधौ शिरःस्थे [४]कुटिले कुतः श्रीः ॥ ५१ ॥ स्वयं महेशः श्वशुरो [५]नगेशः सखा धनेशस्तनयो गणेशः । तथापि भिक्षाटनमेव शंभोर्बलीयसी केवलमीश्वरे- च्छा ॥ ५२ ॥ असंभवं हेममृगस्य जन्म तथापि रामो लुलुभे मृगाय । प्रायः समासन्नविपत्तिकाले धियोऽपि पुंसां मलिनीभवन्ति ॥ ५३ ॥ न भूतपूर्वो न च केन दृष्टो हेम्नः कुरंगो न कदापि वार्ता । तथापि तृष्णा रघुनन्दनस्य विनाशकाले विपरीतबुद्धिः ॥ ५४ ॥ धनानि भूमौ पशवश्च गोष्ठे भार्या गृहद्वारि जनः श्मशाने । देहश्चितायां परलो- कमार्गे कर्मानुगो गच्छति जीव एकः ॥ ५५ ॥ वने जने शत्रुजलाग्निमध्ये महार्णवे पर्वतमस्तके वा । सुप्तं प्रमत्तं विषमस्थितं वा रक्षन्ति पुण्यानि पुरा कृतानि ॥ ५६ ॥ सुखस्य दुःखस्य न कोऽपि दाता परो ददातीति कुबुद्धिरेषा । अहं करोमीति वृथाभिमानः स्वकर्मसूत्रग्रथितो हि लोकः ॥ ५७ ॥ यः सुन्दरस्तद्वनिता कुरूपा या सुन्दरी सा पतिरूपहीना । यत्रोभयं तत्र दरिद्रता च विधेर्विचित्राणि विचेष्टितानि ॥ ५८ ॥ भ्रमन्वनान्ते नवमञ्जरीषु न षट्पदो [६]गन्धफलीमजिघ्रत् । सा किं न रम्या स च किं न रन्ता बलीयसी केवलमीश्वरेच्छा ॥ ५९ ॥ विधौ विरुद्धे न पयः पयोनिधौ सुधौघसिन्धौ न सुधा सुधाकरे । न वाञ्छितं सिध्यति कल्पपादपे न हेम हेमप्रभवे गिरावपि ॥६०॥ अव- श्यभव्येष्वनवग्रहग्रहा यया दिशा धावति वेधसः स्पृहा । तृणेन वात्येव तयानुगम्यते जनस्य चित्तेन भृशावशात्मना ॥ ६१ ॥ निपतति किल दुर्बलेषु दैवं तदवितथं ननु येन

१ अश्वमेधस्य. २ दैवाय. ३ दैवे; (पक्षे) चन्द्रे. ४ वक्रे; (पक्षे) विपरीते. ५ हिमालयः. ६ चम्पककलिकाम्.

कारणेन । बलवति न तथा यथाबलानां प्रभवति कृष्टशरा- सनो मनोभूः ॥ ६२ ॥ हरशिरसि शिरांसि यानि रेजुः शिव शिव तानि लुठन्ति गृध्रपादे । अयि खलु विषमः पुराकृतानां भवति हि जन्तुषु कर्मणां विपाकः ॥ ६३ ॥ क्व च ननु जनकाधिराजपुत्री क्व च दशकंधरमन्दिरे निवासः । अयि खलु विषमः पुराकृतानां भवति हि जन्तुषु कर्मणां विपाकः ॥ ६४ ॥ क्व नु कुलमकलङ्कमायताक्ष्याः क्व नु रजनीचर- संगमापवादः । अयि खलु विषमः पुराकृतानां भवति हि जन्तुषु कर्मणां विपाकः ॥ ६५ ॥ क्व वनं तरुवल्कभूषणं नृपलक्ष्मीः क्व महेन्द्रवन्दिता । नियतं प्रतिकूलवर्तिनो बत धातुश्चरितं सुदुःसहम् ॥ ६६ ॥ सृजति तावदशेषगुणाकरं पुरुषरत्नमलंकरणं भुवः । तदपि तत्क्षणभङ्गि करोति चेदहह कष्टमपण्डितता विधेः ॥ ६७ ॥ गजभुजंगमयोरपि बन्धनं शशिदिवाकरयोर्ग्रहपीडनम् । मतिमतां च समीक्ष्य दरि- द्रतां [४]विधिरहो बलवानिति मे मतिः ॥ ६८ ॥ यदपि जन्म बभूव पयोनिधौ निवसनं जगतीपतिमस्तके । तदपि नाथ पुराकृतकर्मण पतति राहुमुखे खलु चन्द्रमाः ॥ ६९ ॥ प्रतिकूलतामुपगते हि विधौ विफलत्वमेति बहुसाधनता । अवलम्बनाय दिनभर्तुरभून्न पतिष्यतः करसहस्रमपि ॥७०॥ यस्माच्च येन च यथा च यदा च यच्च यावच्च यत्र च शुभाशुभमात्मकर्म । तस्माच्च तेन च तथा च तदा च तच्च तावच्च तत्र च विधातृवशादुपैति ॥ ७१ ॥ नैवाकृतिः फलति नैव कुलं न शीलं विद्यापि नैव न च यत्नकृतापि सेवा । भाग्यानि पूर्वतपसा किल संचितानि काले फलन्ति पुरुषस्य यथैव वृक्षाः ॥ ७२ ॥ आकाशमुत्पततु गच्छतु वा दिगन्तमम्भोनिधिं विशतु तिष्ठतु वा यथेच्छम् । जन्मा- न्तरार्जितशुभाशुभकृन्नराणां छायेव न त्यजति कर्मफलानु- बन्धः ॥ ७३ ॥ भीमं वनं भवति तस्य पुरं प्रधानं सर्वो जनः सुजनतामुपयाति तस्य । कृत्स्ना च भूर्भवति सन्निधिर- त्नपूर्णा यस्यास्ति पूर्वसुकृतं विपुलं नरस्य ॥ ७४ ॥ कैवर्त- कर्कशकरग्रहणच्युतोऽपि जालान्तरे निपतितः शफरो वराकः । दैवात्ततो विगलितो गिलितो बकेन वक्रे विधौ वद कथं व्यवसायसिद्धिः ॥ ७५ ॥ दैवे समर्प्य चिरसंचितकर्मजालं सुस्थाः सुखं वसत किं परयाचनाभिः । मेरुं प्रदक्षिणयतो- ऽपि दिवाकरस्य तेजस्तस्य सप्त तुरगा न कदाचिदष्टौ ॥ ७६ ॥ येनाञ्चलेन सरसीरुहलोचनायास्त्रातः प्रभूतपवनादुदये प्र- दीपः । तेनैव सोऽस्तसमयेऽस्तमयं विनीतः क्रुद्धे विधौ भ-

१ क्रेडादः. २ परिणामः. ३ मूर्खता. ४ दैवम्. ५ दैववशात्.

जति मित्रममित्रभावम् ॥ ७७ ॥ आधोरणाङ्कुशभयात्करिकुम्भयुग्मं जातं पयोधरयुगं हृदयेऽङ्गनानाम् । तत्रापि वल्लभनखक्षतभेदमित्थं नैवान्यथा भवति यल्लिखितं विधात्रा ॥७८॥ संजातसान्द्रमकरन्दरसां क्रमेण पातुं गतश्च कलिकां कमलस्य भृङ्गः । दग्धा निपत्य सहसैव हिमेन सैषा वामे विधौ नहि फलन्त्यभिवाञ्छितानि ॥ ७९ ॥ सिंहो बली गिरिगुहागहनप्रवासी वासोदरे वसति भूमिभृतां बिडालः । नो पौरुषं कुलमपि प्रचुरा न वाणी दैवं बलीय इति मुञ्च सखे विषादम् ॥ ८० ॥ सदसि[1] विदुरभीष्मद्रोणशारद्वतानां पतिभिरमरकल्पैः[2] पञ्चभिः पालितापि । अहह परिभवस्य[3] द्रौपदी पात्रमासीद्बलवति सति दैवे बन्धुभिः किं विधेयम् ॥ ८१ ॥ गुणवदगुणवद्वा कुर्वता कार्यमादौ परिणतिरवधार्या[4][5] यत्नतः पण्डितेन । अतिरभसकृतानां[6] कर्मणामाविपत्तेर्भवति हृदयदाही शल्यतुल्यो विपाकः ॥ ८२ ॥ स हि गगनविहारी[7] कल्मषध्वंसकारी[8] दशशतकरकारी ज्योतिषां[9] मध्यचारी । विधुरपि विधियोगाद्ग्रस्यते राहुणासौ लिखितमिह ललाटे प्रोज्झितुं कः समर्थः ॥ ८३ ॥ अयममृतनिधानं नायकोऽप्योषधीनां शतभिषगनुयातः[10] शंभुमूर्ध्नोऽवतंसः । विरहयति न चैनं राजयक्ष्मा शशाङ्कं हतविधिपरिपाकः केन वा लङ्घनीयः ॥ ८४ ॥ शशिनि खलु कलङ्कः कण्टकः पद्मनाले युवतिकुचनिपातः पक्वता केशजाले । जलधिजलमपेयं पण्डिते निर्धनत्वं वयसि धनविवेको निर्विवेको विधाता ॥ ८५ ॥ प्रियसखि विपद्दण्डभ्रान्तप्रपातपरम्परापरिचयचले चिन्ताचक्रे निधाय विधिः खलः । मृदमिव बलात्पिण्डीकृत्य प्रगल्भकुलालवद्भ्रमयति मनो नो जानीमः किमत्र करिष्यति ॥ ८६ ॥ क्वचित्पाणिप्राप्तं घटितमपि कार्यं विघटयत्यशक्यं केनापि क्वचिदघटमानं घटयति । तदेवं सर्वेषामुपरि परितो जाग्रति विधावुपालम्भः कोऽयं जनतनुधनोपार्जनविधौ ॥ ८७ ॥ नमस्यामो देवान्ननु हतविधेस्तेऽपि वशगा विधिर्वन्द्यः सोऽपि प्रतिनियतकर्मैकफलदः । फलं कर्मायत्तं यदि किममरैः किं च विधिना नमस्तत्कर्मभ्यो विधिरपि न येभ्यः प्रभवति[11] ॥ ८८ ॥ त्रिलोकेशः शार्ङ्गी[12] शबर[13]शरलक्ष्यत्वमगमद्विधाता[14] लोकाना-

१ सभायाम्. २ देवतुल्यैः. ३ पराभवस्य. ४ परिणामः. ५ निश्चेतव्या. ६ अतित्वरया. ७ आकाशसंचारी. ८ अन्धकारनाशकर्ता. ९ नक्षत्राणाम्. १० नक्षत्रविशेषेण; (पक्षे) भिषजां वैद्यानां शतेन. ११ समर्थो भवति. १२ कृष्णः. १३ शबरो जरानामा भिल्लः प्रभासे परस्परं कलहेनाखिलयादवोपसंहारानन्तरमश्वत्थस्याधस्ताद्वामोरौ दक्षिणं पादं निधायास्थिते भगवति जरानाम्ना भिल्लेन दूरतो भगवच्चरणं दृष्ट्वा मृगमुखभ्रमाद्भगवत्पादो बाणेन विद्ध इति भागवते. १४ ब्रह्मा.

मलभत शिरःकृन्तनविधिम्[1] । प्रयातौ तौ राहोर्दिनकरशशाङ्कौ कवलतां[2] प्रभुर्नम्रः शंभुः शिरसि लिखितं लङ्घयति कः ॥ ८९ ॥ सुधांशोर्जातेयं कथमपि कलङ्कस्य कणिका विधातुर्दोषोऽयं न च गुणनिधेस्तस्य किमपि । स किं नात्रेः पुत्रो न किमु हरचूडार्चनमणिर्न वा हन्ति ध्वान्तं[3] जगदुपरि किं वा न वसति ॥ ९० ॥ लुलाये[4] गोमायौ[5] मृगपरिषदि श्वापदकुले करिष्यन्कार्पण्यं किमिह महिमानं गमयसि । निमग्नः पङ्केऽस्मिन्ननुभव करीन्द्राधिपदशामभद्रं भद्रं वा विधिलिखितमुन्मूलयति कः ॥ ९१ ॥ धुनोति ध्वान्तानि व्यपनयति नीहारपटलं कुलं राजीवानां दलयति रथाङ्गं रमयति । जगद्व्यापी देवः[6] सुखयति जनानां च नयनं न याति स्थेमानं यदि तदिह दैवं जयतु कः ॥ ९२ ॥ त एवामी बाणास्तदपि हरलब्धं धनुरिदं स एवाहं पार्थः प्रमथितसुराराति निचयः । इमास्तास्ता गोप्यो हरिचरणचित्तैकशरणा ह्रियन्ते गोपालैर्विधिरिह बलीयान्न तु नरः ॥९३॥ अलंकारः शङ्काकरनरकपालं परिजनो विशीर्णाङ्गो भृङ्गी वसु च वृष एको बहुवयाः । अवस्थेयं स्थाणोरपि भवति सर्वामरगुरोर्विधौ[7] वक्रे मूर्ध्नि स्थितवति वयं के पुनरमी ॥ ९४ ॥ पिता रत्नाधारः शुचिसहचरास्ते च मणयः स्वसा स्निग्धा लक्ष्मीरयमवरजः कल्पविटपी । अहो काम्यं धातुस्तदपि खलु शङ्खः प्रतिपदं रुदित्वा यद्दीर्घं दिशि दिशि वराटं[8] मृगयते ॥ ९५ ॥ पत्रं नैव यदा करीरविटपे दोषो वसन्तस्य किं नोलूकेन[9] विलोक्यते यदि दिवा सूर्यस्य किं दूषणम् । धारा नैव पतन्ति चातकमुखे मेघस्य किं दूषणं यद्धात्रा निजभालपट्टलिखितं तन्मार्जितुं[10] कः क्षमः[11] ॥९६॥ या साधूंश्च खलान्करोति विदुषो मूर्खान्हितान्द्वेषिणः प्रत्यक्षं कुरुते परोक्षममृतं हालाहलं तत्क्षणात् । तामाराधय सत्क्रियां भगवतीं भोक्तुं फलं वाञ्छितं हे साधो व्यसनिन्गुणेषु विपुलेष्वास्थां वृथा मा कृथाः ॥ ९७ ॥ ब्रह्मा येन कुलालवन्नियमितो[12] ब्रह्माण्डभाण्डोदरे विष्णुर्येन दशावतारगहने क्षिप्तः सदा संकटे । रुद्रो येन कपालपाणिपुटके भिक्षाटनं कारितः सूर्यो भ्राम्यति नित्यमेव गगने तस्मै नमः कर्मणे ॥ ९८ ॥ यद्धात्रा निजभालपट्टलिखितं स्तोकं महद्वा धनं तत्प्राप्नोति मरुस्थलेऽपि नितरां मेरौ ततो नाधिकम् । तद्धीरो भव वित्तवत्सु कृपणां वृत्तिं वृथा मा कृथाः कूपे पश्य पयोनिधा-

१ शिरःकर्तनम्. २. ग्रासताम्. ३ अन्धकारम्. ४ महिषे. ५ मृगधूर्तके. ६ सूर्यः. ७ चन्द्रे; (पक्षे) दैवे. ८ कपर्दकम्. ९ दिवाभीतेन. १० शोधयितुम्. ११ समर्थः. १२ कुम्भकारः.

वपि घटो गृह्णाति तुल्यं जलम् ॥ ९९ ॥ नेता यस्य बृहस्पतिः प्रहरणं वज्रं सुराः सैनिकाः स्वर्गो दुर्गमनुग्रहः किल हरेरैरावणो वारणः। इत्याश्चर्यबलान्वितोऽपि बलभिद्भग्नः परैः संगरे तद्युक्तं वरमेव दैवशरणं धिग्धिग्वृथा पौरुषम् ॥ १०० ॥ जातः सूर्यकुले पिता दशरथः क्षोणीभुजामग्रणीः सीता सत्यपरायणा प्रणयिनी यस्यानुजो लक्ष्मणः। दोर्दण्डेन समो न चास्ति भुवने प्रत्यक्षविष्णुः स्वयं रामो येन विडम्बितोऽपि विधिना चान्ये जने का कथा ॥ १०१ ॥ जामाता पुरुषोत्तमो भगवती लक्ष्मीः स्वयं कन्यका दूतो यस्य बभूव कौशिकमुनिर्यज्वा वसिष्ठः स्वयम्। दाता श्रीजनकः प्रदानसमये चैकादशस्था ग्रहाः किं ब्रूमो भवितव्यतां हतविधे रामोऽपि यातो वनम् ॥ १०२॥ आसाद्यापि महोदधिं न वितृषो जातो जलैर्वाडवो मेघं प्राप्य न चातकोऽपि चरणौ भानुं न लेभेऽरुणः। चन्द्रः शंकरशेखरेऽपि निवसन्पक्षक्षये क्षीयते प्रायः सज्जनसंगतोऽपि लभते दैवानुरूपं फलम् ॥ १०३ ॥ आहारे शुचिता ध्वनौ मधुरता वाचालता माधवे बन्धौ निर्ममता जनेषु निरता नीडे पराधीनता। एतैरेव गुणैर्युताः परभृतास्त्यक्त्वा किमेते जना वन्दन्ते खलु खञ्जनं कृमिभुजं चित्रा गतिः कर्मणाम् ॥ १०४ ॥ गीतं कोकिल ते मुदा रसविदः शृण्वन्ति कर्णामृतं नो किंचिद्वितरन्ति ते तरुदलैरेव स्वयं जीवसि। कर्णायुर्हरमुद्गिरन्ति विरुतं काकास्तु तेभ्यो बलिं प्राज्ञा एव दिशन्ति हन्त धिगिदं वक्रं विधेः क्रीडितम् ॥ १०५ ॥ छित्वा पाशमपास्य कूटरचनां भङ्क्त्वा बलाद्वागुरां पर्यन्ताग्निशिखाकलापजटिलान्निःसृत्य दूरं वनात्। व्याधानां शरगोचरादतिजवेनोत्प्लुत्य धावन्मृगः कूपान्तः पतितः करोति विमुखे किं वा विधौ पौरुषम् ॥ १०६ ॥ लब्धं जन्म सह श्रिया स्वयमपि त्रैलोक्यभूषाकरः स्थित्यर्थं परमेश्वराभ्युपगतस्तेनापि मूर्ध्ना धृतः। वृद्धिं शीतकरस्तथापि न गतः क्षीणः परं प्रत्युत प्रायः प्राक्तनमेव कर्म बलवत्कः कस्य कर्तुं क्षमः ॥ १०७ ॥ रामे प्रव्रजनं बलेर्नियमनं पाण्डोः सुतानां वनं वृष्णीनां निधनं नलस्य नृपते राज्यात्परिभ्रंशनम्। कारागारनिषेवणं च मरणं संचिन्त्य लङ्केश्वरे सर्वः कालवशेन नश्यति नरः को वा परित्रायते ॥ १०८॥ भग्नाशस्य करण्डपिण्डिततनोर्म्लानेन्द्रियस्य क्षुधा कृत्वाखुर्विवरं स्वयं निपतितो नक्तं मुखे भोगिनः। तृप्तस्तत्पिशितेन सत्वरमसौ तेनैव यातः पथा लोकाः पश्यत दैवमेव हि नृणां वृद्धौ क्षये कारणम् ॥ १०९ ॥ माता यस्य धराधरेन्द्रदुहिता तातो महेशस्तथा भ्राता विघ्नकुलान्तकः पितृसखो देवो धनानां पतिः। ख्यातः क्रौञ्चविदारणे सुरपतेः सेनाग्रगः षण्मुखस्तद्दुर्दैवबलेन कुत्र घटते नाद्यापि पाणिग्रहः ॥ ११० ॥ कांश्चित्तुच्छयति प्रपूरयति वा कांश्चिन्नयत्युन्नतिं कांश्चित्पातविधौ करोति च पुनः कांश्चिन्नयत्याकुलान्। अन्योन्यं प्रतिपक्षसंहतिमिमां लोकस्थितिं बोधयन्नेष क्रीडति कूपयन्त्रघटिकान्यायप्रसक्तो विधिः ॥ १११ ॥ तुल्यं भूभृति जन्म तुल्यमुभयोर्मूल्यं च तुल्यं वपुस्तुल्यं दार्ढ्यमुदग्रटङ्कदलनं तुल्यं च पाषाणयोः। एकस्याखिलवन्दनाय विधिना देवत्वमारोपितं तद्द्वारे विहिता परस्य तु पदाघातास्पदं देहली ॥ ११२ ॥ यद्भग्नं धनुरीश्वरस्य समरे यज्जामदग्न्यो जितस्त्यक्ता येन गुरोर्गिरा वसुमती सेतुः पयोधौ कृतः। एकैकं दशकंधरक्षयकृतो रामस्य किं वर्ण्यते दैवं वर्णय येन सोऽपि सहसा नीतः कथाशेषताम् ॥ ११३ ॥ खल्वाटो दिवसेश्वरस्य किरणैः संतापितो मस्तके वाञ्छन्देशमनातपं विधिवशात्तालस्य मूलं गतः। तत्राप्यस्य महाफलेन पतता भग्नं सशब्दं शिरः प्रायो गच्छति यत्र भाग्यरहितस्तत्रापदां भाजनम् ॥ ११४ ॥ भूयिष्ठं द्रविणात्मजं जनयितुं लिप्सावता चेतसा नार्यः पञ्च मया क्रमेण कुलजाः काले समुद्वाहिताः। सद्विद्या कविता विदेशवसतिः सेवा तथाभ्यर्थना दैवेन प्रतिबन्धकेन युगपद्वन्ध्याः समस्ताः कृताः ॥ ११५ ॥ मज्जत्वम्भसि यातु मेरुशिखरं शत्रूञ्जयत्वाहवे वाणिज्यं कृषिसेवनादि सकला विद्याः कलाः शिक्षतु। आकाशं सकलं प्रयातु खगवत्कृत्वा प्रयत्नं परं नोऽभाव्यं भवतीह कर्मवशतो भाव्यस्य नाशः कुतः ॥ ११६ ॥ लक्ष्मीकौस्तुभपारिजातसहजः सूनुः सुधाम्भोनिधेर्देवेन प्रणयप्रसादविधिना मूर्ध्ना धृतः शंभुना। अद्याप्युज्झति नैव दैवविहितं क्षैण्यं क्षपावल्लभः केनान्येन विलङ्घ्यते विधिगतिः पाषाणरेखासखी ॥ ११७ ॥ अम्भोधिः स्थलतां स्थलं जलधितां धूलीलवः शैलतां मेरुर्मृत्कणतां तृणं कुलिशतां वज्रं तृणप्रायताम्। वह्निः शीतलतां हिमं दहनतामायाति यस्येच्छया लीलादुर्ललिताद्भुतव्यसनिने दैवाय तस्मै नमः ॥ ११८ ॥ जन्म ब्रह्मकुलेऽग्रजो धनपतिर्यः कुम्भकर्णा-

१ आयुधम्. २ इन्द्रः. ३ यस्मिन्विवाहे इति शेषः. ४ वसन्ते. ५ कुलाये. ६ कोकिलाः. ७ मृगबन्धनी.

१ पार्वती. २ गजाननः. ३ कुबेरः. ४ विवाहः. ५ पर्वते. ६ दृढता. ७ उदग्रा ये टङ्कास्तैर्दलनम्. ८ द्रविणं द्रव्यं तदेवात्मजः पुत्रस्तम्. ९ विवाहिताः. १० निष्फलाः. ११ युद्धे. १२ वज्रताम्.

अजः सूनुर्वासवजित्स्वयं दशशिरा दोर्दण्डका विंशतिः । अस्त्रं कामगमं विमानमजयं मध्येसमुद्रं पुरी सर्वं निष्फलमेतदेव नियतं दैवं परं दुर्जयम् ॥ ११९ ॥ यत्राखण्डलदन्तिदन्तमुसलान्याखण्डितान्याहवे धारा यत्र पिनाकपाणिपरशोराकुण्ठितामागताः । तैन्मे तावदुरो नृसिंहकरजैर्व्यादीर्यते सांप्रतं दैवे दुर्बलतां गते तृणमपि प्रायेण वज्रायते ॥ १२० ॥ दोःसंदेहवशंवदत्रिभुवनश्रीगर्वसर्वंकषः कैलासोद्धरणप्रचण्डचरितो वीरः कुबेरानुजः । यत्रायं स्वयमस्ति सेयममरावत्यापि वन्द्या पुरी नीता मर्कटकेन कामपि दशां धिग्दैवमावश्यकम् ॥ १२१ ॥ येनाकारि मृणालपत्रमशनं क्रीडा करिण्या सह स्वच्छन्दं भ्रमणं च कन्दरगणे पीतं पयो नैर्झरम् । सोऽयं वन्यकरी नरेषु पतितः पुष्णाति देहं तृणैर्यद्दैवेन ललाटपत्रलिखितं तत्प्रोज्झितुं कः क्षमः ॥१२२॥ दैवेन प्रभुणा स्वयं जगति यद्यस्य प्रमाणीकृतं तत्तस्योपनमेन्मनागपि महान्नैवाश्रयः कारणम् । सर्वाशापरिपूरके जलधरे वर्षत्यपि प्रत्यहं सूक्ष्मा एव पतन्ति चातकमुखे द्वित्राः पयोबिन्दवः ॥ १२३ ॥ कान्तं वक्ति कपोतिकाकुलतया नाथान्तकालोऽधुना व्याधोऽधो धृतचापसज्जितशरः श्येनः परिभ्रामति । इत्थं सत्यहिना स दष्ट इषुणा श्येनोऽपि तेनाहतस्तूर्णं तौ तु यमालयं प्रति गतौ दैवी विचित्रा गतिः ॥ १२४ ॥ रेवावारिणि वारणेन विपुले राजीवराजीरजःपुञ्जापिञ्जरितोर्मिणि प्रविगलद्दानाम्बुगन्धोत्कटे । धौतं येन मृगारिरक्तमसकृद्दन्तान्तरालस्थितं कोष्णं सोऽपि पयः पपौ हतविधेः को गोचरे नागतः ॥ १२५ ॥ केषांचिन्निजवेश्मनि स्थितवतामालस्यनिद्रावतां दृश्यन्ते फलिता लता इव फलैराचूलमूलं श्रियः । अद्रिं लङ्घयतां गिरिं प्रयततां पृथ्वीतले धावतामुद्योगव्यवसायसाहसधियां तन्नास्ति यैत्पच्यते ॥ १२६ ॥ स्थाल्यां वैदूर्यमय्यां पचति तिलकणांश्चान्दनैरिन्धनौघैः सौवर्णैर्लाङ्गलाग्रैर्निखनति वसुधामर्कमूलस्य हेतोः । छित्वा कर्पूरखण्डान्वृतिमिह कुरुते कोद्रवाणां समन्तात्प्राप्येमां कर्मभूमिं न चरति मनुजो यस्तपो मन्दभाग्यः ॥ १२७ ॥ पञ्चैते पाण्डुपुत्राः क्षितिपतितनया धर्मभीमार्जुनाद्याः शूराः सत्यप्रतिज्ञा दृढतरवपुषः केशवेनापि गूढाः । ते वीराः पाणिपात्रे कृपणजनगृहे भिक्षुचर्यां प्रवृत्ताः को वा कार्ये समर्थो भवति विधिवशाद्भाविनी कर्मरेखा ॥ १२८ ॥ यत्र श्यामाकबीजान्यपि चटकवधूचञ्चुकोटिच्युतानि प्रोचीयन्ते स्ववेश्मन्यशनविरहिते निर्धनश्रोत्रियाणाम् । दैवे दातर्यकस्माच्चटुलशिशुकराकृष्टहारावलीतो भ्रष्टास्तत्रैव दृष्टा युवतिभिरलसं चूर्णिता मौक्तिकौघाः ॥ १२९ ॥ यन्माता विष्णुनाभिः पतिरपि च सुतो यस्य साक्षात्प्रजानां लक्ष्मीर्यत्संश्रयाभूद्यदपि करतले भारती संबभार । भानुर्यस्यास्ति मित्रं तदपि सरसिजं क्षीणमिन्दोर्मयूखैस्त्रातुं नैवोत्सहन्ते गतसुकृतफलं प्राप्तकालं सहायाः ॥ १३० ॥ कुत्रायोध्या क्व रामो दशरथवचनाद्दण्डकारण्यमागात्क्वासौ मारीचनामा कनकमयमृगः कुत्र सीतापहारः । सुग्रीवे राममैत्री क्व जनकतनयान्वेषणे प्रेषितोऽहं योऽर्थोऽसंभावनीयस्तमपि घटयते क्रूरकर्मा विधाता ॥ १३१ ॥

१ इन्द्रः. २ ऐरावतः. ३ शिवः. ४ हिरण्यकशिपोरुक्तिरियम्. ५ समूहः. ६ नर्मदोदके. ७ भोजनार्थमिति शेषः. ८ रत्नविशेषः. ९ प्राचीरम्.

१ ब्रह्मा. २ हनूमत उक्तिरियम्.

जरावर्णनम् ।

अलंकरोति हि जरा राजामात्यभिषग्यतीन् । विडम्बयति पण्यस्त्रीमल्लगायनसेवकान् ॥ १ ॥ क्षणात्प्रबोधमायाति लङ्घ्यते तमसा पुनः । निर्वास्यतः प्रदीपस्य शिखेव जरतो मतिः ॥ २ ॥ शशिनीव हिमार्तानां घर्मार्तानां रवाविव । मनो न रमते स्त्रीणां जराजीर्णेन्द्रिये पतौ ॥ ३ ॥ मलिनैरलकैरेतैः शुक्लत्वं प्रकटीकृतम् । तद्दोषादिव निर्याता वदनाद्दनावलिः ॥ ४ ॥ वृद्धत्वानलदग्धस्य सारयौवनवस्तुनः । दृश्यते देहगेहेषु भस्मैव पलितच्छलात् ॥ ५ ॥ वीक्ष्यते पलितश्रेणिर्नैव वृद्धस्य मूर्धनि । मृषैव नीतं जन्मेति किं तु भस्म विधिर्न्यधात् ॥ ६ ॥ इयत्यामपि सामग्र्यां सुकृतं न कृतं त्वया । इतीव कुपितो दन्तानन्तकः पातयत्यलम् ॥ ७ ॥ यममिव करधृतदण्डं हरिमिव सगदं शशाङ्कमिव वक्रम् । शिवमिव च विरूपाक्षं जरा करोत्यकृतपुण्यमपि ॥ ८ ॥ वदनं दशनविहीनं वाचो न परिस्फुटा गता शक्तिः । अव्यक्तेन्द्रियशक्तिः पुनरपि बाल्यं कृतं जरया ॥ ९ ॥ पटु रटति पलितदूतो मस्तकमासाद्य सर्वलोकस्य । परिभवति जरा मरणं कुरु धर्मं विरम पापेभ्यः ॥ १० ॥ शतमन्युं दण्डधरं कुबेरमपि शूलिनं तथा गदिनम् । कुरुते जरा न

३ केशैः. ४ दन्तपङ्क्तिः. ५ वार्धक्यं तदेवानलस्तेन दग्धस्य. ६ पलितमिषेण. ७ पङ्क्तिः. ८ व्यर्थमेव. ९ निक्षिप्तवान्. १० पुण्यम्. ११ यमः. १२ गदया आयुधविशेषेण सहितम्; (पक्षे) गदेन रोगेण सहितम्. १३ विकृताक्षम्. १४ दन्तरहितम्. १५ पलितमेव दूतः. १६ इन्द्रम्; (पक्षे) कोपनम्. १७ यमम्; (पक्षे) यष्टिधरम्. १८ धनाधिपम्; (पक्षे) कुत्सितशरीरम्. १९ शिवम्; (पक्षे) शूलयुक्तम्. २० विष्णुम्; (पक्षे) गदयुक्तम्.

सा किं कुर्यान्नीरूपनामकं मनुजम् ॥ ११ ॥ कृष्णवर्त्मनि[1] गुणान्गणयन्ती जीवने[2]ऽपि जरयन्त्य[3]नुरागम् । आगता बत जरेव हिमानी[4] सेव्यतां सुरतरंगवतीयम्[5] ॥ १२ ॥ कृतान्तस्य दूती जरा कर्णमूले समागत्य वक्तीति लोकाः शृणुध्वम् । परस्त्रीपरद्रव्यवाञ्छां त्यजध्वं भजध्वं रमानाथपादारविन्दम् ॥ १३ ॥ वर्णं सितं समभिवीक्ष्य शिरोरुहाणां[6] स्थानं जरा परिभवस्य यदेव पुंसाम् । आरोपितास्थिशकलं[7] परिहृत्य[8] यान्ति चाण्डालकूपमिव दूरतरं तरुण्यः ॥ १४ ॥ श्रुतिः[9] शिथिलतां गता स्मृतिरपि[10] प्रनष्टाधुना गतिर्[11]विपथमागता विगलिता द्विजानां[12] ततिः । गवा[13]मपि च संहतिः समुचितक्रियातश्च्युता कृता न जरया तया कलियुगस्य साधर्म्यता[14] ॥ १५ ॥ गात्रं संकुचितं गतिर्विगलिता भ्रष्टा च दन्तावलिर्दृष्टिर्नश्यति वर्धते बधिरता वक्त्रं च लालायते । वाक्यं नाद्रियते च बान्धवजनैर्भार्या न शुश्रूषते हा कष्टं पुरुषस्य जीर्णवयसः पुत्रोऽप्यमित्रायते[15] ॥ १६ ॥ स्थूलप्रावरणोऽतिवृत्तकथकः[16] कासाश्रुलालाविलो भग्नोरःकटिपृष्ठजानुजघनो मुग्धोऽतिथीन्वारयन् । शृण्वन्धृष्टवधूवचांसि[17] धनुषा संत्रासयन्वायसानाशापाशनिबद्धजीव विभवो वृद्धो गृहे ग्लायति[18] ॥ १७ ॥ पादौ संस्तम्भयन्ती[19] मुखमपि नमयन्त्यङ्गमाकुञ्चयन्ती हस्तावुत्कम्पयन्ती प्रणयिजनवचो न श्रुतीः श्रावयन्ती । रत्यामुद्वेजयन्ती[20] वलिततनुमती[21] नूतनोढा[22] जरा वा तुल्या पूर्वा[23] तु पुंस[24]स्त्रसति[25] बत परा[26] भीतिहेतुर्नरस्य[27] ॥ १८ ॥

१ अग्नौ; (पक्षे) कृष्णस्य वर्त्मै मार्गस्तस्मिन्. २ उदके; (पक्षे) प्राणे. ३ दूरीकुर्वाणा. ४ हिमसंहतिः. ५ सुरते रङ्गवती; (पक्षे) सुराणां तरंगवती भागीरथी. ६ केशानाम्. ७ आरोपितमस्थ्नः शकलं खण्डं यस्मिन्. ८ अस्पृश्यत्वादिति भावः. ९ कर्णेन्द्रियम्; (पक्षे) वेदः. १० स्मरणम्; (पक्षे) मन्वादिवाक्यम्. ११ आचरणम्; (पक्षे) गमनम्. १२ दन्तानाम्; (पक्षे) ब्राह्मणानाम्. १३ इन्द्रियाणाम्; (पक्षे) धेनूनाम्. १४ समानधर्मत्वम्. १५ शत्रुवदाचरति. १६ अतिक्रान्तानि वृत्तानि कथयतीति. १७ धार्ष्ट्ययुक्तस्त्रीवचनानि. १८ खेदं प्राप्नोति. १९ पादयोः स्तम्भनं कुर्वती. २० उद्वेगं कुर्वती. २१ वलयः संजाता यस्याः सा वलिता सा चासौ तनुश्च तद्वती; (पक्षे) वलितं वलनं तद्युक्ता या तद्वती. २२ नवीनविवाहिता स्त्री. २३ नूतनोढा. २४ पुरुषात्. २५ उद्वेगं प्राप्नोति. २६ जरा. २७ भयकारणम्.

क्षुधावर्णनम् ।

नास्ति क्षुधासमं दुःखं नास्ति रोगः क्षुधासमः । नास्त्याहारसमं सौख्यं नास्ति क्रोधसमो रिपुः ॥ १ ॥ शय्या वस्त्रं चन्दनं चारु[1] हास्यं वीणा वाणी सुन्दरी या च नारी । न भ्राजन्ते क्षुत्पिपासातुराणां सर्वारम्भास्तण्डुलप्रस्थमूलाः ॥ २ ॥

भिक्षुकः ।

प्रतिदिनमयत्नसुलभे भिक्षुकजननि साधुसङ्घकल्पलते । नृपनमननरकतारिणि भगवति भिक्षे नमस्तुभ्यम् ॥ १ ॥ अगस्तितुल्याश्च घृताब्धिशोषणे दम्भोलितुल्या वटिकाद्रिभेदने । शाकावलीकानन[2]वह्निरूपास्त एव भट्टा इतरे भटाश्च[3] ॥ २ ॥ अग्र्यो[4] भुक्तिमतां[5] प्रयोगसमये मन्त्रेषु पृष्ठं गतः पाकागारगतस्तु पाचकमनस्तोषाय वाचस्पतिः[6] । उच्चायां[7] निरतो रतोऽर्भकगणे पिण्डेषु दत्तादरो नानाश्राद्धगणैकचालितमना भट्टोत्तमो राजते ॥ ३ ॥ उच्चैरध्ययनं[8] पुरातनकथा स्त्रीभिः सहालापनं तासामर्भ[9]कलालनं पतिनुति[10]स्तत्पाकमिथ्यास्तुतिः । आदेशस्य[11] करावलम्बनविधिः पाण्डित्यलेखक्रिया होरा[12]गारुडमन्त्रतन्त्रकविधिर्भिक्षोर्गुणा द्वादश ॥ ४ ॥ प्रातः क्षालितलोचनाः करतले चञ्चत्पवित्राङ्कुरास्तत्तस्याननिवेशितोर्ध्वतिलकाश्चैलान्त[13]बद्धाक्षताः । को जातश्च मृतोऽथवा मृततिथिः कस्यालये वर्तते चेत्थं हर्षशतैर्युताः प्रतिदिनं धावन्त्यहो भिक्षुकाः ॥ ५ ॥

परगृहवासः ।

शिरसा धार्यमाणोऽपि सोमः सौम्येन शंभुना । तथापि कृशतां धत्ते कष्टः खलु पराश्रयः ॥ १ ॥ विना कार्येण ये मूढा गच्छन्ति परमन्दिरम् । अवश्यं लघुतां यान्ति कृष्णपक्षे यथा शशी ॥ २ ॥ कष्टं खलु मूर्खत्वं कष्टं खलु यौवनेषु दारिद्र्यम् । कष्टादपि कष्टतरं परगृहवासः परान्नं च ॥ ३ ॥ उडुगण[14]परिवारो नायकोऽप्योषधीना[15]ममृतमयशरीरः कान्तियुक्तोऽपि चन्द्रः । भवति विगत[16]रश्मिर्मण्डलं प्राप्य भानोः[17] पर[18]सदननिविष्टः को लघुत्वं[19] न याति ॥ ४ ॥

उदरपूरणदूषणम् ।

अस्य दग्धोदरस्यार्थे किं न कुर्वन्ति पण्डिताः । वानरीमिव वाग्देवीं नर्तयन्ति गृहे गृहे ॥ १ ॥ किमकारि न

१ सुन्दरम्. २ अरण्यम्. ३ योद्धारः. ४ अग्रगण्यः. ५ भोक्तॄणाम्. ६ बृहस्पतिः. ७ दक्षिणायाम्; अयं तु वैदिकानां सांकेतिकः शब्दः. ८ पठनम्. ९ शिशुः. १० स्तुतिः. ११ भाविशुभाशुभफलकथनप्रागल्भ्यमिति भावः. १२ जन्मपत्रादिफलकथनम्. १३ वस्त्रान्ते. १४ नक्षत्रसमूहः परिवारो यस्य. १५ वनस्पतीनाम्. १६ निस्तेजाः. १७ सूर्यस्य. १८ परगृहम्. १९ नीचताम्.

कार्पण्यं कस्यालङ्घि न देहली। अस्य पापोदरस्यार्थे किमनाटि न नाटकम् ॥ २ ॥ एकः स एव जीवति हृदयविहीनोऽपि सहृदयो राहुः। यः सकलल[1]घिमकारणमुदरं न बिभर्ति[2] दु[3]ष्पूरम् ॥ ३ ॥ कंधरां समपहाय [4]कं धरां प्राप्य संयति[5] जहास कस्यचित्। मां किलानमयतः स्वपूर्तये दुर्भरात्किमुदराद्वियोगतः ॥ ४ ॥ अहितहितविचारशून्यबुद्धेः [6]श्रुतिसमयैर्बहुभिस्तिरस्कृतस्य। उदरभरणमात्रकेवलेच्छोः पुरुषपशोश्च पशोश्च को विशेषः ॥ ५ ॥ इयमुदरदरी दुरन्तपूरा यदि न भवेदभिमानभङ्गभूमिः। क्षणमपि न सहे भवादृशानां कुटिलकटाक्षनिरीक्षणं नृपाणाम् ॥ ६ ॥ अपहरति महत्त्वं प्रार्थना किं न जाने जनयति गुरुलज्जामित्यहं किं न वेद्मि। तदपि वद वदान्यं तं सदा प्रत्यहं मां जठरपिठरवर्ती वह्निरर्थीकरोति ॥ ७ ॥ गङ्गातरंगकणशीकर[7]शीतलानि विद्याधराध्युषितचारुशिलातलानि। स्थानानि किं हिमवतः प्रलयं गतानि यत्सावमानपरपिण्डरतो मनुष्यः ॥ ८ ॥ अनिमतमहामानग्रन्थिप्रभेदपटीयसी[8] गुरुतरगुणग्रामाम्भोजस्फुटोज्ज्वलचन्द्रिका। विपुलविलसल्लज्जावल्लीवितानकुठारिका जठरपिठरी[9] दुष्पूरेयं करोति विडम्बनम्[10] ॥ ९ ॥ ये वर्धन्ते धनपतिपुरःप्रार्थनादुःखभाजो ये चाल्पत्वं दधति विषयाक्षेपपर्यस्तबुद्धेः[11]। तेषामन्तःस्फुरितहसितं वासराणां स्मरेयं ध्यानच्छेदे शिखरि[12]कुहरग्रावशय्यानिषण्णः ॥ १० ॥ मातर्नीतः परमनुचितं यत्खलानां पुरस्तादस्ताशङ्कं जठरपि[13]ठरीपूर्तये नर्तितासि। तत्क्षन्तव्यं सहजसरले वत्सले वाणि कुर्यां प्रायश्चित्तं गुणगणनया [14]गोपवेषस्य विष्णोः ॥ ११ ॥ [15]दीना दीनमुखैस्तथैव शिशुकैराकृष्टजीर्णाम्बरां [16]क्रोशद्भिः क्षुधितैर्निरन्नविधुरां पश्येन्न चेद्गे[17]हिनीम्। याच्ञाभङ्गभयेन गद्गदगलत्त्रुट्यद्विलीनाक्षरं को देहीति वदेत्स्वदग्धजठरस्यार्थे मनस्वी जनः ॥ १२ ॥ हिंसाशून्यमयत्नलभ्यमशनं धात्रा मरुत्कल्पितं व्यालानां पशवस्तृणाङ्कुरभुजः सृष्टाः स्थलीशायिनः। संसारार्णवलङ्घनक्षमधियां वृत्तिः कृता सा नृणां यामन्वेषयतां प्रयान्ति सततं सर्वे समाप्तिं गुणाः ॥ १३ ॥

१ लघुत्वकारणम्, २ धारयति. ३ दुःखेन पूरयितुं शक्यम्. ४ मस्तकम्. ५ युद्धे. ६ सिद्धान्तैः. ७ अम्बुकणः. ८ समर्था. ९ जठरभाण्डम्. १० उपहासः. ११ विषयाक्षेपेण पर्यस्ता भ्रष्टा बुद्धिर्यस्य. १२ शिखरी पर्वतस्तस्य कुहरं बिलं तत्संबन्धी यो ग्रावा पाषाणः स एव शय्या तस्यां निषण्ण उपविष्टः. १३ उदरभाण्डम्. १४ गोपवेषधारिणः कृष्णस्य. १५ कृपणा. १६ रोदनं कुर्वद्भिः. १७ भार्या.

किं कन्दाः कन्दरे[1]भ्यः प्रलयमुपगता निर्झरा वा गिरिभ्यः प्रध्वस्ता वा तरुभ्यः सरसफलभृतो वल्कलिन्यश्च शाखाः। वीक्ष्यन्ते यन्मुखानि प्र[2]सभमपगतप्रश्रयाणां खलानां दुःखोपात्ताल्पवित्तस्म[3]यपवनवशान्नर्तितभ्रूलतानि ॥ १४ ॥

सेवकनिन्दा।

स्वाभिप्रायपरोक्षस्य परचित्तानुवर्तिनः। स्वयं विक्रीतदेहस्य सेवकस्य कुतः सुखम् ॥ १ ॥ चलेषु स्वामिचित्तेषु सुलभे पिशु[4]ने जने। यदि जीवन्त्यहो चित्रं क्षणमप्युपजीविनः ॥ २ ॥ सेवा श्ववृत्तिर्यैरुक्ता न तैः सम्यगुदाहृतम्। स्वच्छन्दचारी कुत्र श्वा विक्रीता[6]सुः क्व सेवकः ॥ ३ ॥ सेवया धनमिच्छद्भिः सेवकैः पश्य यत्कृतम्। स्वातन्त्र्यं यच्छरीरस्य मूढैस्तदपि हारितम् ॥ ४ ॥ वरं वनं वरं भैक्ष्यं वरं भारोपजीवनम्। पुंसां विवेकहीनानां सेवया न धनार्जनम् ॥ ५ ॥ या प्रकृत्यैव चपला निपतत्यशुचावपि। स्वामिनो बहु मन्यन्ते दृष्टिं तामपि सेवकाः ॥ ६ ॥ मनुष्यजातौ तुल्यायां भृत्यत्वमतिगर्हितम्। प्रथमो यो न तत्रापि स किं जीवत्सु गण्यते ॥ ७ ॥ तावज्जन्मातिदुःखाय ततो दुर्गतता सदा। तत्रापि सेवया वृत्तिरहो दुःखपरम्परा ॥ ८ ॥ नाश्नाति सेवयौत्सुक्याद्विनिद्रो न प्रबुध्यते। न निःशङ्कं वचो ब्रूते सेवकोऽप्यत्र जीवति ॥ ९ ॥ भूशय्या ब्रह्मचर्यं च कृशत्वं लघु भोजनम्। सेवकस्य यतेर्यद्वद्विशेषः पापधर्मजः ॥ १० ॥ शीतातपादिकष्टानि सहते यानि सेवकः। धनाय तानि चाल्पानि यदि धर्माय मुच्यते ॥ ११ ॥ मृदुनातिसुवृत्तेन सुमृष्टेनातिहारिणा। मोदकेनापि किं तेन निष्पत्तिर्यस्य सेवया ॥ १२ ॥ स्वयं जहाति सेवकः सुखं च मानमेव च। यदर्थमर्थमीहते[10] तदेव तस्य हीयते ॥ १३ ॥ प्रणमत्युन्नतिहेतोर्जीवितहेतोर्विमुञ्चति प्राणान्। दुःखीयति सुखहेतोः को मूढः सेवकादन्यः ॥ १४ ॥ मौनान्मूकः प्रवचनपटुर्वातुलो ज[11]ल्पको वा धृष्टः पार्श्वे वसति च सदा दूरतस्त्वप्रगल्भः। क्षान्त्या भी[12]रुर्यदि न सहते प्रायशो नाभिजातः सेवाधर्मः परमगहनो योगिनामप्यगम्यः ॥ १५ ॥ विज्ञैः स्निग्धैरुपकृतमपि द्वेष्यतामेति कश्चित्साक्षादन्यैरपकृतमपि प्रीतिमेवोपयाति। चित्रं चित्रं किमथ चरितं नैकभावाश्रयाणां सेवाधर्मः परमगहनो

१ दरीभ्यः. २ अविनीतानाम्. ३ गर्वः. ४ सूचके. ५ सेवकाः. ६ विक्रीता असवः प्राणा येन सः. ७ नाशितम्. ८ भिक्षा. ९ भारवाहकत्वेनोपजीवनम्. १० इच्छति. ११ बहुभाषकः. १२ भयशीलः.

योगिनामप्यगम्यः ॥ १६ ॥ भक्तानामुपकारिणां परहितव्यापारयुक्तात्मनां सेवासंव्यवहारतत्त्वविदुषां द्रोहच्युतानामपि । व्यापत्तिः स्खलितान्तरेषु नियता सिद्धिर्भवेद्वा न वा तस्मादम्बुपतेरिवावनिपतेः सेवा सदाशङ्किनी ॥ १७ ॥ आहारे वडवानलश्च शयने यः कुम्भकर्णायते संदेशे बधिरः पलायनविधौ सिंहः शृगालो रणे । अन्धो वस्तुनिरीक्षणेऽथ गमने खञ्जः पटुः क्रन्दने भाग्येनैव हि लभ्यते पुनरसौ सर्वोत्तमः सेवकः ॥ १८ ॥

जीवितसाफल्यम् ।

यस्य जीवन्ति धर्मेण पुत्रा मित्राणि बान्धवाः । सफलं जीवितं तस्य नात्मार्थे को हि जीवति ॥ १ ॥ यस्य मित्राणि मित्राणि शत्रवः शत्रवस्तथा । अनुकम्प्योऽनुकम्प्यश्च स जातः स च जीवति ॥ २ ॥ वाणी रसवती यस्य भार्या पुत्रवती सती । लक्ष्मीर्दानवती यस्य सफलं तस्य जीवितम् ॥ ३ ॥ स जीवति यशो यस्य कीर्तिर्यस्य स जीवति । अयशोऽकीर्तिसंयुक्तो जीवन्नपि मृतोपमः ॥ ४ ॥ चलं वित्तं चलं चित्तं चले जीवितयौवने । चलाचलमिदं सर्वं कीर्तिर्यस्य स जीवति ॥ ५ ॥ यस्मिञ्जीवति जीवन्ति बहवः स तु जीवति । काकोऽपि किं न कुरुते चञ्च्वा स्वोदरपूरणम् ॥ ६ ॥ स जातो येन जातेन याति वंशः समुन्नतिम् । परिवर्तिनि संसारे मृतः को वा न जायते ॥ ७ ॥ अञ्जलिरकारि लोकैर्ग्लानिर्मनासैव रञ्जिता जगती । संध्याभ्रा इव वसतिः स्वल्पापि सखे सुखायैव ॥ ८ ॥ यज्जीवति क्षणमपि प्रथितं मनुष्यैर्विज्ञानविक्रमयशोभिरभज्यमानम् । तन्नाम जीवितमिह प्रवदन्ति तज्ज्ञाः काकोऽपि जीवति चिराय बलिं च भुङ्क्ते ॥ ९ ॥ यो नात्मजे न च गुरौ न च भृत्यवर्गे दीने दयां न कुरुते न च बन्धुवर्गे । किं तस्य जीवितफलं हि मनुष्यलोके काकोऽपि जीवति चिराय बलिं च भुङ्क्ते ॥ १० ॥ जातः कूर्मः स एकः पृथुभुवनभरायार्पितं येन पृष्ठं श्लाघ्यं जन्म ध्रुवस्य भ्रमति नियमितं यत्र तेजस्वि च क्रम् । संजातव्यर्थपक्षाः परहितकरणे नोपरिष्टान्न वाधो ब्रह्माण्डोदुम्बरान्तर्मशकवदपरे जन्तवो जातनष्टाः ॥ ११ ॥

१ समुद्रस्य. २ वार्ताहरणे. ३ पादविकलः. ४ रोदने. ५ 'दानादिप्रभवा कीर्तिः शौर्यादिप्रभवं यशः'. ६ भ्रमणशीले. ७ अर्घदानार्थमिति भावः; (पक्षे) अञ्जलिकरणेन लोके आज्ञाकारित्वं ध्वन्यते. ८ निस्तेजस्कत्वम्; (पक्षे) असामर्थ्यम्. ९ आरक्ततां नीता; (पक्षे) अनुरागवती कृता. १० प्रख्यातम्. ११ उदुम्बरफले यथा जन्तवस्तिष्ठन्ति ताथा तादृशा मनुष्या ब्रह्माण्डरूपोदुम्बरे तिष्ठन्ति.

ऋणम् ।

न विषं विषमित्याहुर्ब्रह्मस्वं विषमुच्यते । विषमेकाकिनं हन्ति ब्रह्मस्वं पुत्रपौत्रकम् ॥ १ ॥ पापं कर्तुमृणं कर्तुं मन्यन्ते मानवाः सुखम् । परिणामोऽतिगहनो महतामपि नाशकृत् ॥ २ ॥ लोकद्वयप्रतिभयैकनिदानमेतद्धिक्प्राणिनामृणमहो परिणामघोरम् । एकः स एव हि पुमान्परमस्ति लोके क्रुद्धस्य येन धनिकस्य मुखं न दृष्टम् ॥ ३ ॥

प्रवासः ।

यो न संचरते देशान्यो न सेवेत पण्डितान् । तस्य संकुचिता बुद्धिर्घृतबिन्दुरिवाम्भसि ॥ १ ॥ यस्तु संचरते देशान्यस्तु सेवेत पण्डितान् । तस्य विस्तारिता बुद्धिस्तैलबिन्दुरिवाम्भसि ॥ २ ॥ व्यापारान्तरमुत्सृज्य वीक्षमाणो वधूमुखम् । यो गृहेष्वेव निद्राति दरिद्राति स दुर्मतिः ॥ ३ ॥ देशे देशे किमपि कुतुकादद्भुतं लोकमानाः संपात्यैव द्रविणमतुलं सद्म भूयोऽप्यवाप्य । संयुज्यन्ते सुचिरविरहोत्कण्ठिताभिः सतीभिः सौख्यं धन्याः किमपि दधते सर्वसंपत्समृद्धाः ॥ ४ ॥ आकिंचन्याददतिपरिचयाज्जाययोपेक्ष्यमाणो भूपालानामननुसरणाद्धिम्यदेवाखिलेभ्यः । गेहे तिष्ठन्कुमतिरलसः कूपकूर्मैः सधर्मा किं जानीते भुवनचरितं किं सुखं चोपभुङ्क्ते ॥ ५ ॥ तीर्थानामवलोकनं परिचयः सर्वत्र वित्तार्जनं नानाश्चर्यनिरीक्षणं चतुरता बुद्धेः प्रशस्ता गिरः । एते सन्ति गुणाः प्रवासविषये दोषोऽस्ति चैको महान्यन्मुग्धामधुराधराधरसुधापानं विना स्थीयते ॥ ६ ॥

व्यापारिणः ।

आसीत्सत्ययुगे बलिस्तदनु च त्रेतायुगे भार्गवो रामः सत्यपराक्रमोऽथ भगवान्धर्मस्तथा द्वापरे । दाता कोऽपि न चास्ति संप्रति कलौ जीवन्ति केनार्थिनश्चेत्येवं कृतनिश्चयेन विधिना व्यापारिणो निर्मिताः ॥ १ ॥ शक्रोद्याननिवासितामधिगतो दाता स कल्पद्रुमः पातालं किल कामधेनुरपि सा कामप्रसूरन्वगात् । इत्थं विश्वसृजा विचिन्त्य यवनागाराधिकारार्थिनः सद्विद्यानिधिरक्षणार्थमधुना व्यापारिणो निर्मिताः ॥२॥ कौपीनं धृतवान्हरोऽपि भगवान्विष्णुः प्रविष्टो जलं वारां राशिरपेयतामुपगतः को नाम दातुं क्षमः । इत्थं विश्वसृजा

१ ऋणम्. २ कारणम्. ३ परिणामे भयंकरम्. ४ दरिद्रो भवति. ५ आश्चर्यम्. ६ वीक्षमाणाः. ७ द्रव्यम्. ८ बहुलम्. ९ गृहम्. १० पुनः. ११ दारिद्र्यात्. १२ अवमानितः. १३ सदृशः. १४ षोडशवार्षिकी. १५ अधरोष्ठः.

विचिन्त्य यवनागाराधिकारार्थिनः सद्विद्यानिधिजीवनार्थमधुना व्यापारिणो निर्मिताः ॥ ३ ॥

कलिमहिमा ।

यवनैरवनिः क्रान्ता हिन्दवो विन्ध्यमाविशन् । बलिना वेदमार्गोऽयं कलिना कवलीकृतः ॥१॥ सीदन्ति चाग्निहोत्राणि गुरुपूजा प्रणश्यति । कुमार्यश्च प्रसूयन्ते प्राप्ते कलियुगे सदा ॥ २ ॥ परान्नेन मुखं दग्धं हस्तौ दग्धौ प्रतिग्रहात् । परस्त्रीभिर्मनो दग्धं कुतः शापः कलौ युगे ॥ ३ ॥ राक्षसाः कलिमाश्रित्य जायन्ते ब्रह्मयोनिषु । ब्राह्मणानेव बाधन्ते तत्रापि श्रोत्रियान्कृशान् ॥ ४ ॥ कुशलाः शब्दवार्तायां वृत्तिहीनाः सुरागिणः । कलौ वेदान्तिनो भान्ति फाल्गुने बालका इव ॥ ५ ॥ वागुच्चारोत्सवं मात्रं तत्क्रियां कर्तुमक्षमाः । कलौ वेदान्तिनो भान्ति फाल्गुने बालका इव ॥ ६ ॥ कृते च रेणुका कृत्या त्रेतायां जानकी तथा। द्वापरे द्रौपदी कृत्या कलौ कृत्या गृहे गृहे ॥ ७ ॥ मद्युगमध्योत्पन्नाः कृतयुगधर्मानुसारेणः किमिति । इति रोषादिव कलिना पीड्यन्ते साधवो बलिना ॥ ८ ॥ नाधीते[1]ऽत्र जनो यदि कश्चिदधीते शते सहस्रे वा । दुस्तर्केषु श्राम्यति दूरीकुरुते श्रुतिस्मृतिसुतर्कान् ॥ ९ ॥ सीदन्ति सन्तो विलसन्त्यसन्तः पुत्रा म्रियन्ते जनकश्चिरायुः । परेषु मैत्री स्वजनेषु वैरं पश्यन्तु लोकाः कलिकौतुकानि ॥ १० ॥ एतादृशे कलियुगेऽपि शतेषु कश्चिज्जातादरो जगति यः श्रुतिमार्ग एव । यत्किंचिदाचरतु पात्रमसौ स्तुतीनां श्लाघ्यं मिता[2]पमपि किं न मरौ[3] सरश्चेत् ॥ ११ ॥ उपनयनविवाहावुत्सवैकप्रधानौ कलिविभवत एषां कालभेदानभिज्ञाः । विजहति न कदाचिद्वेदपाठैकयोग्ये वयसि च यवनानीवाचनाभ्यासमेते ॥ १२ ॥ न देवे देवत्वं कपटपटवस्तापसजना जनो मिथ्यावादी विरलतरवृष्टिर्जलधरः । प्रसङ्गो नीचाना[4]मवनिपतयो दुष्टमनसो जना भ्रष्टा नष्टा अहह कलिकालः प्रभवति ॥ १३ ॥ गता गीता नाशं क्वचिदपि पुराणं व्यपगतं विलीनाः स्मृत्यर्था निगमनिचयो दूरमगमत् । इदानीं रैदासप्रभृतिवचनैर्मोक्षपदवी तदेवं जानीमो कलियुग तवैवैष महिमा ॥ १४ ॥ अपारैर्व्यापारैरहरिह नयन्तोऽशनदशास्त्वथ स्नाताः संध्यां विदधति न जातु स्वसमये । त्यजन्तः स्वां वृत्तिं द्विजकुलभवग्रामगणकीभवन्तो हन्तामी कथमपि च जीवन्ति बहवः ॥ १५ ॥ कुक्षेः पूर्त्यै यवनविततेर्भृत्यकृत्यानि कर्तुं विक्रीणीते वपुरपि निजं वेतनैरेतदास्ताम् । विप्रो भूत्वाप्यहह गणनानैपुणैर्वञ्चयित्वा स्वर्णस्तेयं रचयति जनः स्वामिनां पोषकाणाम् ॥ १६ ॥ वेदव्यासः स नव दश यो वेद वेदाक्षराणि श्लोकं त्वेकं परिपठति यः स स्वयं [1]जीव एव। आपस्तम्बः स इह कलयेत्सम्यगौपा[2]सनं यः कष्टं शिष्टक्षतिकृति कलौ कार्श्य[3]मृच्छन्ति विद्याः ॥ १७ ॥ ये कायस्थजनाश्च ये नृपसुता ये च द्विजाः शस्त्रिणस्ते यत्नादनुसृत्य निर्दयतया शुष्कां[4]स्तुरुष्काधिपान् । देवान्भूमिसुरांश्च पान्ति कृतिनस्ते चेन्मु[5]धोदासते ब्राह्मण्याय जलाञ्जलिः किल भुवि प्राज्ञैः प्रदेयो भवेत् ॥ १८ ॥ आक्रान्तासु वसुंधरासु यवनैरासेतुहेमाचलं वि[6]द्राणे क्षितिभृद्गणे विकरुणे निद्राति नारायणे ॥ निर्विघ्नप्रसरे कलावपि बलान्निष्कण्टकं वैदिकं पन्थानं किल तत्र तत्र परिणात्येको हि लोकोत्तरः ॥ १९ ॥ अज्ञानामविरामलौकिकवचोभाजाममीषां पुनर्मन्त्रोच्चारण एव पर्यवसितं मौनव्रतं कर्मसु । ग्रामायव्ययलेखनेन नयतां कालानशेषानहो पारम्पर्यत ईदृशामिह नृणां ब्राह्मण्यमन्यादृशम् ॥ २० ॥ ये मुष्णन्ति निशि प्रविश्य भवनं ये वा बलात्काननं नैते स्वामिधनं हरन्ति ननु तान्निन्दन्ति चोरा इति । सद्यो हन्त हरन्ति पोषकधनं संख्या विपर्यस्य ये कष्टं तानपि वञ्चकानिह पुरस्कुर्वन्ति सर्वे जनाः ॥ २१ ॥ सौहार्दं शशशृङ्गवत्सुजनता [7]वन्ध्यासुतस्पर्धिनी किं ब्रूमो गुणिनां गुणग्रहिलता व्योमप्रसूनोपमा । दृष्टिः शीलसुधाहलाहलमया राज्ञां सुधामण्डले लोके संप्रति यत्कले स जयति त्वद्दृष्टिलीलारसः ॥ २२ ॥ निर्वीर्या पृथिवी निरोषधिरसा नीचा महत्वं गता भूपाळा निजकर्मधर्मरहिता विप्राः कुमार्गे रताः । भार्या भर्तृविरोधिनी पररता पुत्राः पितुर्द्वेषिणो हा कष्टं खलु वर्तते कलियुगे धन्या नरा ये मृताः ॥ २३ ॥ दूरादर्थिनमाकलय्य भजते सद्यो वि[8]रूपाक्षतां सङ्गे किं च विरो[9]चनत्वमथ संस्थाने [10]नृसिंहाकृतिम् । पाण्डित्योक्तिषु व[11]क्रतुण्डरचनां दाने त्व[12]पर्णात्मतामेकः पञ्चसुरात्मकः प्रभुरहो भाग्यैः कलौ लभ्यते ॥ २४ ॥ धर्मः प्रव्रजितस्तपः प्रचलितं सत्यं च दूरे गतं पृथ्वी मन्दफला नराः कपटिनश्चित्तं च शाठ्योर्जितम् । राजानोऽर्थपरा न रक्षणपराः पुत्राः पितुर्द्वेषिणः साधुः सीदति दुर्जनः प्रभवति प्राप्ते कलौ दुर्युगे ॥ २५ ॥ सन्तः क्वापि न सन्ति सन्ति यदि वा दुःखेन जीवन्ति ते विद्वांसोऽपि न सन्ति सन्ति यदि वा मात्सर्ययुक्ताश्च ते ।

---

१ अध्ययनं न करोति. २ स्वल्पजलम्. ३ मरुदेशे. ४ राजानः.

१ बृहस्पतिः. २ स्मार्ताग्निम्. ३ प्राप्नुवन्ति. ४ म्लेच्छविशेषान्. ५ उदासीना भवेयुः. ६ नष्टे. ७ वन्ध्यासुततुल्याम्. ८ विकृतनेत्रत्वम्; (पक्षे) शिवताम्. ९ रुचिराहित्यम्; (पक्षे) सूर्यत्वम्. १० नृसिंहस्येव क्रूरामाकृतिम्; (पक्षे) नृसिंहस्याकृतिम्. ११ वक्रा या तुण्डस्य रचना ताम्; मुखवक्रत्वमित्यर्थः; (पक्षे) वक्रतुण्डस्य गणपतेरिव या रचना ताम्. गणेशरूपत्वमित्यर्थः. १२ न विद्यन्ते पर्णान्यपि यस्य ताम्. अकिंचनत्वमित्यर्थः; (पक्षे) अपर्णा पार्वती तद्रूपताम्.

राजानोऽपि न सन्ति सन्ति यदि वा लोभाद्धनग्राहिणो दातारोऽपि न सन्ति सन्ति यदि वा सेवानुकूलाः कलौ ॥ २६ ॥ हर्म्यस्थानमधर्मकर्मविततेर्दुर्मानभर्मासनं शास्त्रस्तोमललाटभूलिपिलयः शान्तिः सेवानामपि । सर्वाम्नायवचःसमापनदिनं संस्था सदर्चाविधेरर्थाशाजनिभूरभूदिह महानर्थावहोऽयं कलिः ॥ २७ ॥ प्रातर्हन्त कृताप्लवोऽपि रजकस्पृष्टाम्बुडो रासभे रूढान्धारयते पटाननुदिनं धृत्वा बहिर्गच्छति । गत्वा म्लेच्छमुखाशुचीन्स्पृशति च स्पृष्ट्वापि न स्नात्यहो न स्नातोऽप्यथ भुङ्क्ते एव चपलो भुक्त्वापि न व्रीडति ॥ २८ ॥ शस्त्रैर्जीवति शास्त्रमुज्झति परं शूद्राहृतैरम्बुभिः स्नात्वाचामति देवताः स्नपयति स्वैरं पचत्योदनम् । उच्छिष्टान्न बिभेति याति यवनैरुच्चावचैः संगतिं मातङ्गान्निकटं गतानगणयन्मार्गान्मुहुर्गाहते ॥ २९ ॥ नीचैर्दुर्यवनैः शुनीभिरपि वा निःशङ्कमालोकितं भुङ्क्ते पङ्क्तिविदूषकैः सह नरैरज्ञातवेदाक्षरैः । मद्यास्वादनमत्तचित्तजनतामोहान्न भीहानितः कर्माण्यारभते श्रुतिस्मृतिवचोदूराण्यसाराण्यहो ॥ ३० ॥ विद्वत्ता वसुधातले विगलिता पाण्डित्यधर्मो गतः श्रोतॄणां हृदयेष्वबुद्धिरधिका ज्ञानं गतं चारणे । गाथागीतविनोदवाद्यरचनायुक्त्या जगद्रञ्जितं ज्योतिर्वैद्यकशास्त्रसारमखिलं क्षुद्रेषु जातं कलौ ॥ ३१ ॥ धिक्त्वां रे कलिकाल याहि विलयं केयं विपर्यस्तता हा कष्टं श्रुतिशालिनां व्यावहृतिर्म्लेच्छोचिता दृश्यते । एकैर्वाङ्मयदेवता भगवती विक्रेतुमानीयते निःशङ्कैरपरैः परीक्षणविधौ सर्वाङ्गमुद्घाट्यते ॥ ३२ ॥ कन्यां कामप्युदूह्य प्रविजहदुदयद्यौवनामज्ञ एनां द्रव्याशापाशकृष्टो भ्रमति चिरतरं हन्त देशान्तरेषु । अन्योन्याश्लेषवाञ्छाविगलितवयसोरात्तमालिन्ययन्त्योर्दंपत्योर्व्याकृतं वै हतविधिरुभयोर्लोकयोः शोकयोगम् ३३

मद्यपानगर्हणम् ।

वैकल्यं धरणीपातमयथोचितजल्पनम् । संनिपातस्य चिह्नानि मद्यं सर्वाणि दर्शयेत् ॥ १ ॥ एकतश्चतुरो वेदा ब्रह्मचर्यं तथैकतः । एकतः सर्वपापानि मद्यपानं तथैकतः ॥ २ ॥ मद्यपस्य कुतः सत्यं दया मांसाशिनः कुतः । कामिनश्च कुतो विद्या निर्धनस्य कुतः सुखम् ॥ ३ ॥ अयुक्तं बहु भाषन्ते यत्र कुत्रापि शेरते । नग्ना विक्षिप्य गात्राणि बालका इव मद्यपाः ॥ ४ ॥ मत्तो हिनस्ति सर्वं मिथ्या प्रलपति हि विकलया बुद्ध्या । मातरमपि कामयते सावज्ञं मद्यपानमत्तः सन् ॥ ५ ॥ चित्ते भ्रान्तिर्जायते मद्यपानाद्भ्रान्ते चित्ते पापचर्यामुपैति । पापं कृत्वा दुर्गतिं यान्ति मूढास्तस्मान्मद्यं नैव पेयं न पेयम् ॥ ६ ॥

तमाखुः ।

तमाखुपत्रं राजेन्द्र भज माज्ञानदायकम् । तमाखुपत्रं राजेन्द्र भज माज्ञानदायकम् ॥ १ ॥ दारिद्र्यशीलोऽपि नरस्तमाखुं नैव मुञ्चति । निवारितोऽपि मार्जारस्तमाखुं नैव मुञ्चति ॥ २ ॥ बिडौजाः पुरा पृष्टवान्पद्मयोनिं धरित्रीतले सारभूतं किमस्ति । चतुर्भिर्मुखैरित्यवोचद्विरिञ्चिस्तमाखुस्तमाखुस्तमाखुस्तमाखुः ॥ ३ ॥ न स्वादु नौषधमिदं न च वा सुगन्धि नाक्षिप्रियं किमपि शुष्कतमाखुचूर्णम् । किं चाक्षिरोगजनकं च तदस्य भोगे बीजं नृणां नहि नहि व्यसनं विनान्यत् ॥ ४ ॥ सुपर्णपरिसेवितस्तदनु साधुपूगान्वितो द्विजौवनमहापटुस्तदनु सारसंधानभाक् । सदैव सुधयाशनं भवति यस्य विष्णोः समस्तमाखुरिति सेव्यतां भवति वै यतो रागिता ॥ ५ ॥ श्रीकृष्णः पूतनायाः स्तनमलमपिबत्कालकूटेन पूर्णं प्रस्कन्नं भूप्रदेशे किमपि च पिबतो यत्तदा तस्य वक्त्रात् । तस्मादेषा तमाखुः सुरवरपरमोच्छिष्टमेतद्दुरापं स्तुत्वा नत्वा मिलित्वा ह्यनिशमतिमुदा सेव्यते वैष्णवाग्र्यैः ॥ ६ ॥ भ्रातः कस्त्वं तमाखुर्गमनमिह कुतो वारिधेः पूर्वपारात्कस्य त्वं दण्डधारी नहि तव विदितं श्रीकलेरेव राज्ञः । चातुर्वर्ण्यं विधात्रा विविधविरचितं ब्रह्मणा धर्महेतोरेकीकर्तुं बलात्तन्निखिलजगति रे शासनादागतोऽस्मि ॥ ७ ॥

१ सुवर्णनिर्मितमासनम्. २ यज्ञानाम्. ३ वेदवचसाम्. ४ मरणम्. ५ स्नानम्. ६ गर्दभैः. ७ न लज्जते. ८ अन्नम्. ९ उच्चनीचैरनेकभेदभिन्नैः. १० चाण्डालः. ११ प्रविशति. १२ दुष्टयवनैः. १३ पङ्क्तिबाह्यैः. १४ श्रुतिस्मृतिबाह्यानि. १५ निष्फलानि. १६ नटादौ. १७ नीचेषु. १८ संजातयौवनाम्. १९ विकलत्वम्. २० अयुक्तप्रलापः. २१ त्रिदोषस्य. २२ लक्षणानि.

१ नाशयति. २ इच्छति. ३ पापाचरणम्. ४ नरकम्. ५ आखुर्मूषिकः पत्रं वाहनं यस्य. ६ मा लक्ष्मीः. ७ अज्ञानदायकं तमाखुपत्रं मा भजेति. ८ इन्द्रः. ९ ब्रह्मदेवम्. १० सुपर्णेन गरुडेन सेवितः; (पक्षे) सुष्ठुपर्णेन नागवल्लीदलेन सह परिसेवितः. ११ साधूनां पूगैः संघैरन्वितः; (पक्षे) साधुः सम्यक्पूगः क्रमुकस्तेनान्वितः. १२ द्विजा द्विजन्मानो ब्राह्मणादयस्तेषामवनं रक्षणं तस्मिन्महासमर्थः. (पक्षे) द्विजा दन्ताः. १३ सारं श्रेष्ठवस्तु मोक्षादि तस्य संधानं संधिं भजति; (पक्षे) सारः खदिरसारस्तेन संधानं सम्यङ्मेलनं भवति. १४ सुधयामृतेन यस्य भोजनं भवति; (पक्षे) सुधया चूर्णेन सहैव यस्य भक्षणं भवति. १५ यतो विष्णोरागिता विषयेष्वप्रीतिर्जायते; (पक्षे) यतस्तमाखोस्तमाखुपत्राद्रागिता मुखरक्तिमा जायते. १६ जगत्कर्त्रा. ब्रह्मणो विशेषणम्.

इति श्रीसुभाषितरत्नभाण्डागारे द्वितीयं प्रकरणं समाप्तम् ।

तृतीयं प्रकरणम् ।

राजप्रकरणम् ।

राजसभावर्णनम् ।

सभाकल्पतरुं वन्दे वेदशाखोपशोभितम् । शास्त्रपुष्पसमाकीर्णं विद्वद्भ्रमरमण्डितम् ॥ १ ॥ विद्वांसः कवयो भट्टा गायकाः परिहासकाः । इतिहासपुराणज्ञाः सभा सप्ताङ्गसंयुता ॥ २ ॥ धनदैर्धर्मराजैश्च कविभिर्गुरुभिर्वृता । सभा ते भाति भूमीन्द्र सुधर्मातोऽधिका क्षितौ ॥ ३ ॥ सुवर्णवर्णललिता पदविन्यासशालिनी । वाणीव भाति ललिता सभा ते जगतीपते ॥ ४ ॥ विबुधावलिसंपूर्णा सुखपूर्णदिगीश्वरा । चतुराननसंपूर्णा स्वर्गादपि सभाधिका ॥ ५ ॥ गुरुरेकः[1] कविरेकः[2] सदसि मघोनः[3] कलाधरोऽप्येकः[4] । अद्भुतमत्र सभायां गुरवः कवयः कलाधराः सर्वे ॥ ६ ॥ अनेकविद्वज्जनरत्नपूर्णं वेदोदकन्यायतरंगरम्यम् । अलङ्घनीयं गुरुतीर्थमेकं सभासमुद्रं शिरसा नमामि ॥ ७ ॥ सारस्वते स्रोतसि दूरमग्नैः सुधीवरैरुद्धृतसूक्तिरत्नैः । न तत्किमप्युर्वरितं यदेषामुपायनीकृत्य पुरो भवेयम् ॥ ८ ॥ सद्वेदिमध्योत्तमहेमकुम्भस्तना सुवर्णाधिकृता प्रसन्ना । सद्रत्नभूषाविमला त्वयासौ कान्तेव संसन्नृप भाति रम्या ॥ ९ ॥ पद्मानना पद्मपलाशनेत्रा पद्मच्छविः पद्मकरामलांशुका । पद्मीशनाथैः[5] परिशीलनीया लक्ष्मीरिवाभाति नरेश ते सभा ॥ १० ॥ साम्नयोऽपि किल शीतलशीला विश्रुता अपि बहु श्रुतवन्तः । पण्डिता अपि जडाः परवादे श्रोत्रिया इह सदा निवसन्ति ॥ ११ ॥ क्वचिच्चारुचामीकरारम्भरम्या क्वचिद्रत्नविद्योतितध्वान्तदक्षा । क्वचिद्धीरकश्रेणिकैलासहासा क्वचित्क्षीरवीरप्रवीरप्रकाशा ॥ १२ ॥ नाहूतापि पुरः पदं रचयति प्राप्तोपकण्ठं हठात्पृष्टा न प्रतिवक्ति कम्पमयते स्तम्भं समालम्बते । वैवर्ण्यं स्वरभङ्गमञ्चति बलान्मन्दाक्षमन्दानना कष्टं भोः प्रतिभावतोऽप्यभिसभं वाणी नवोढायते ॥ १३ ॥ चिन्तासक्तनिमग्नमन्त्रिसलिलं दूतोर्मिशङ्खाकुलं पर्यन्तस्थितचारनक्रमकरं नागाश्वहिंस्राश्रयम् । नानावाशककङ्कपक्षिरुचिरं कायस्थसर्पास्पदं नीतिक्षुण्णतटं च राजकरणं हिंस्रैः समुद्रायते ॥ १४ ॥

१ बृहस्पतिः. २ शुक्रः. ३ इन्द्रस्य. ४ चन्द्रः. ५ हस्तिनाथैः. ६ गुप्तचराः. ७ शब्दं कुर्वाणाः. पिशुना इत्यर्थः. ८ राज्ञोऽधिकरणम्.

राजमिलनम् ।

क्षुत्क्षामार्भकसंभ्रमोक्तिनिगडैः किर्मीरिता नर्मतो भार्याक्रन्दितकुन्तकीलितहृदो गर्वाद्गुरुत्वं गताः । प्रभ्रष्टाः पदतः कदापि नहि ये तेऽद्य त्वदीयैर्गुणैराकृष्टा विदुषां वरा वयमहो त्वां द्रष्टुमभ्यागताः ॥ १ ॥

सामान्यराजप्रशंसा ।

राजंस्त्वद्दर्शनेनैव गलन्ति त्रीणि तत्क्षणात् । रिपोः[1] शस्त्रं कवेर्दैन्यं नीवीबन्धो मृगीदृशाम् ॥ १ ॥ चिराद्यत्कौतुकाविष्टं कल्पवृक्षमुदीक्षितुम् । तन्मे सफलमद्यासीन्नेत्रं त्वय्यवलोकिते ॥ २ ॥ सर्वदा सर्वदोऽसीति मिथ्या संस्तूयसे जनैः । नारयो[2] लेभिरे पृष्ठं न वक्षः[3] परयोषितः ॥ ३ ॥ त्वया वीर गुणाकृष्टा ऋजुदृष्ट्या विलोकिताः । लक्ष्यं लब्ध्वैव गच्छन्ति मार्गणा इव मार्गणाः ॥ ४ ॥ कल्पद्रुमो न जानाति न ददाति बृहस्पतिः । अयं तु जगतीजानिर्जानाति च ददाति च ॥ ५ ॥ रविः करसहस्रेण दशाशापरिपूरकः । त्वमेकेन करेणैव सहस्राशाप्रपूरकः ॥ ६ ॥ बलिः पातालनिलयोऽधः कृतश्चित्रमत्र किम् । अधःकृतो दिविस्थोऽपि चित्रं कल्पद्रुमस्त्वया ॥ ७ ॥ आर्तानामिह जन्तूनामार्तिच्छेदं करोति यः । शङ्खचक्रगदाहीनो द्विभुजः परमेश्वरः ॥ ८ ॥ बहुधा राज्यलाभेन यस्तोषस्तव भूपते । बहुधाराज्यलाभेन स तोषो मम भूपते ॥ ९ ॥ भुजंगभोगसंक्रान्ता कलत्रं तव मेदिनी । अहंकारः परां कोटिमारोहति कुतस्तव ॥ १० ॥ तुलामारुह्य रविणा वृश्चिके निहितं पदम् । भवता शिरसि न्यस्तमयत्नेनैव भोगिनाम् ॥ ११ ॥ किं कृतेन न यत्र त्वं यत्र त्वं किमसौ कलिः ।

१ वैरिणः. २ पलायनाभावादित्यर्थः. ३ उरःस्थलम्. ४ ज्याः; (पक्षे) विनयादिः. ५ शरव्यम्; (पक्षे) लक्ष्यद्रव्यम्. ६ याचकाः. ७ बाणाः. ८ पृथिवीपतिः. ९ किरणा हस्ताश्च. १० दिशो मनोरथाश्च. ११ बहुधारा गलन्ति यस्य तदाज्यं घृतम्. १२ शेषः; (पक्षे) जारः. १३ फणा; (पक्षे) उपभोगः. १४ भार्या. १५ तुलाराशिम्. १६ वृश्चिकराशौ. १७ सर्पाणाम्; (पक्षे) कामिनाम्. १८ कृतयुगेन.

कलौ चेद्भवतो जन्म कलिरस्तु कृतेन किम् ॥ १२ ॥ असिधारापथे नाथ शत्रुशोणितपिच्छिले । आजगाम कथं लक्ष्मीर्निर्जगाम कथं यशः ॥ १३ ॥ कोऽप्यन्यः कल्पवृक्षोऽयमेकोऽस्ति क्षितिमण्डले । यत्पाणिपल्लवोऽप्येकः कुरुतेऽधः सुरद्रुमम् ॥ १४ ॥ अपूर्वेयं धनुर्विद्या भवता शिक्षिता कुतः । मार्गणौघः समायाति गुणो याति दिगन्तरम् ॥ १५ ॥ युधिष्ठिरोऽसि भीमोऽसि चरितैरर्जुनो भवान् । प्रज्ञया सहदेवोऽसि वाच्यता न कुलस्य ते ॥ १६ ॥ बलिकर्णदधीचाद्याः पुरा पञ्चत्वमागताः । पञ्चत्वं न गताश्चित्रं त्वयि जीवति पञ्चमे ॥ १७ ॥ एक एव महान्दोषो भवतां विमले कुले । लुम्पन्ति पूर्वजां कीर्तिं जाता जाता गुणाधिकाः ॥ १८ ॥ भग्नासु रिपुसेनासु नरेन्द्र त्वं महामहाः । खड्गान्तर्निजमेवैकमद्राक्षीः संमुखं मुखम् ॥ १९ ॥ किं वर्ण्यतां कुचद्वन्द्वमस्याः कमलचक्षुषः । आसमुद्रकरग्राही भवान्यत्र करप्रदः ॥ २० ॥ वेधा वेदैर्नयाश्लिष्टो गोविन्दोऽपि गदान्वितः । शंभुः शूली विषादी च देव केनोपमीयसे ॥ २१ ॥ तृष्णापहारी विमलो द्विजावासो जनप्रियः । ह्रदः पङ्ककरः किं तु बुधस्त्वं स जलाश्रयः ॥ २२ ॥ सदा हंसालसं बिभ्रन्मानसं प्रचलज्जलम् । भूभृन्नाथोऽपि नायाति यस्य साम्यं हिमालयः ॥ २३ ॥ मीमांसको महीपोऽयमन्यथा शक्तिमान्कथम् । नैयायिकोऽपि स्यादेव परशक्तेस्तु खण्डनात् ॥ २४ ॥ राजन्दौवारिकादेव प्राप्तवानस्मि वारणम् । मदवारणमिच्छामि त्वत्तोऽहं जगतीपते ॥ २५ ॥ राजन्कनकधाराभिस्त्वयि सर्वत्र वर्षति । अभाग्यच्छत्रसंच्छन्ने मयि नायान्ति बिन्दवः ॥ २६ ॥ सर्वज्ञ इति लोकोऽयं भवन्तं भाषते मृषा । पदमेकं न जानासि वक्तुं नास्तीति याचके ॥ २७ ॥ आश्वासस्नेहभक्तीनामेकमालम्बनं महत् । प्रकृष्टस्येव धर्मस्य प्रसादो मूर्तिसंचयः ॥ २८ ॥ सत्यभामासमाश्लिष्टः साधुवृन्दावने रतः । यशोदयासमायुक्तस्त्वां पायात्त्वादृशो हरिः ॥ २९ ॥ भवान्हि भगवानेव गतो भेदः परस्परम् । महत्यागदयायुक्तः सत्यभामासमाश्रितः ॥ ३० ॥ एकमेव गुणं प्राप्य नम्रतामगमद्धनुः । तवाशेषगुणा राज्ञः स्तब्धतेति सुविस्मयः ॥ ३१ ॥ भूषणाद्युपभोगेन प्रभुर्न भवति प्रभुः । परैरपरिभूताज्ञस्त्वमिव प्रभुरुच्यते ॥ ३२ ॥ कस्ते शौर्यमदो योद्धुं त्वय्येकं सप्तिमास्थिते । ससप्तिसमारूढा भवन्ति परिपन्थिनः ॥ ३३ ॥ हुतमिष्टं च तप्तं च धर्मश्चायं कुलस्य ते । गृहात्प्रतिनिवर्तन्ते पूर्णकामा यदर्थिनः ॥ ३४ ॥ फणीन्द्रस्ते गुणान्वक्तुं लिखितुं हैहयाधिपः । द्रष्टुमाखण्डलः शक्तः क्वाहमेष क्व ते गुणाः ॥ ३५ ॥ अमितः समितः प्राप्तैरुत्कर्षैर्हर्षदः प्रभो । अहितः सहितः साधुयशोभिरसतामसि ॥ ३६ ॥ स्वप्नेऽपि समरेषु त्वां विजयश्रीर्न मुञ्चति । प्रभावप्रभवं कान्तं स्वाधीनपतिका यथा ॥ ३७ ॥ पश्यन्त्यसंख्यपथगां त्वद्दानजलवाहिनीम् । देव त्रिपथगात्मानं गोपयत्युग्रमूर्धनि ॥ ३८ ॥ यद्वीर्यं कूर्मराजस्य यश्च शेषस्य विक्रमः । पृथिव्या रक्षणे राजन्नेकत्र त्वयि तत्स्थितम् ॥ ३९ ॥ त्वयि संगरसंप्राप्ते धनुषासादिताः शराः । शरैरिशिरस्तेन भूस्तया त्वं त्वया यशः ॥ ४० ॥ ययोरारोपितस्तारो हारस्तेऽरिवधूजनैः । निधीयन्ते तयोः स्थूलाः स्तनयोरश्रुबिन्दवः ॥ ४१ ॥ मधुपानप्रवृत्तास्ते सुहृद्भिः सह वैरिणः । श्रुत्वा कुतोऽपि त्वन्नाम लेभिरे विषमां दशाम् ॥ ४२ ॥ यस्य चेतसि निर्व्याजं द्वयं तृणकणायते । क्रोधे विरोधिनां सैन्यं प्रसादे कनकाचलः ॥ ४३ ॥ देव त्वद्दानपाथोधौ दारिद्र्यस्य निमज्जतः । न कोऽपि हि करालम्बं दत्ते मत्तेभदायक ॥ ४४ ॥ राजचन्द्रं समालोक्य त्वां तु भूतलमागतम् । रत्नश्रेणिमिषान्मन्ये नक्षत्राण्यप्युपागमन् ॥ ४५ ॥ धारयित्वा त्वयात्मानं महात्यागधनाधुना । मोचिता बलिकर्णाद्याः स्वयशोगुप्तकर्मणः ॥ ४६ ॥

---

१ याचकाः; (पक्षे) बाणाः. २ विनयादिः; (पक्षे) ज्या. ३ अत्र वंशे पूर्वापेक्षयोत्तरोत्तरः पुरुषो न कोऽपि न्यूनगुणोऽभूत्किं तु विशिष्टगुण एवाभवदिति भावः. ४ वेदनया दुःखेनाश्लिष्टः; (पक्षे) वेदेन नयेन चाश्लिष्टः. ५ गदेन रुजान्वितः; (पक्षे) गदया सहितः. ६ शूलेन युक्तः; (पक्षे) त्रिशूलेन युक्तः. ७ दुःखी; (पक्षे) विषमत्तीति सः. ८ तृषा; (पक्षे) आशा. ९ पक्षिणः; (पक्षे) ब्राह्मणाः. १० कमलम्; (पक्षे) लक्ष्मीः. ११ पण्डितः. १२ उदकाश्रयः. (पक्षे) डलयोः सावर्ण्यात् जडाश्रयो मूर्खाश्रयः. १३ गजम्; (पक्षे) निवारणम्. १४ मदेन युक्तं वारणम्; (पक्षे) मत्-अवारणम्.

१ सत्यभामयालिङ्गितः; (पक्षे) सत्यं भा कान्तिर्मा लक्ष्मीरेतैर्युक्तः. २ साधु यद्वृन्दावनं तस्मिन्रतः; (पक्षे) साधूनां वृन्दं समूहस्तस्यावनं रक्षणं तस्मिन्नासक्तः. ३ यशोदया नन्दपत्न्या युक्तः; (पक्षे) यशः कीर्तिर्दया कारुण्यं ताभ्यां युक्तः. ४ गकारेण; (पक्षे) नष्टः. ५ महती या गदा तया युक्तः; (पक्षे) मह उत्सवस्त्यागो दानं दया करुणा एतैर्युक्तः. ६ सत्यभामया समन्वितः; (पक्षे) सत्यं सूनृतं भा कान्तिर्मा लक्ष्मीराभिः सम्यग्युक्तः. ७ अश्वम्. ८ सूर्यमण्डलभेदिन इत्यर्थः. ९ शत्रवः. १० सहस्रबाहुरर्जुनः. ११ युद्धात्. १२ शिवमस्तके.

क्षणमप्यनुगृह्णाति यं दृष्टिस्तेऽनुरागिणी । ईर्ष्ययेव त्यजत्याशु तं नरेन्द्र दरिद्रता ॥ ४७ ॥ योऽसंकृत्परगोत्राणां पक्षच्छेदक्षणक्षमः । शैतकोटिदतां बिभ्रद्विबुधेन्द्रः स राजते ॥४८॥ ताम्बूलेन विना राजञ्जडीभूता सरस्वती । न निःसरेन्मुखाद्वाणी गृहात्कुलवधूरिव ॥ ४९ ॥ अर्थिप्रत्यर्थिलक्षैरप्यपराङ्मुखचेतसम् । त्वां पराङ्मुखतां निन्युः केवलं परयोषितः ॥ ५० ॥ तव निर्वर्णयद्वर्णं स्वर्णं वर्णयतो गिरा । त्वत्कोशगेहान्निर्गत्य तीर्थेषु वसति ध्रुवम् ॥ ५१ ॥ न समासः समर्थस्य वसुव्याकरणस्य ते । विग्रहो नैव केनापि न परः सर्वनामभाक् ॥ ५२ ॥ अर्थिनां कृपणा दृष्टिस्त्वन्मुखे पतिता सकृत् । तदवस्था पुनर्देव नान्यस्य मुखमीक्षते ॥ ५३ ॥ धैर्यलावण्यगाम्भीर्यप्रमुखैस्त्वमुदन्वतः । गुणैस्तुल्योऽसि भेदस्तु वपुषैवेदृशेन ते ॥ ५४ ॥ अलौकिकमहालोकप्रकाशितजगत्त्रयः । स्तूयते देव सद्वंशमुक्तारत्नं न कैर्भवान् ॥ ५५ ॥ शासति त्वयि हे राजन्नखण्डावनिमण्डलम् । न मनागपि निश्चिन्ते मण्डले शत्रुमित्रयोः ॥५६॥ मत्वा लोकमदातारं संतोषे यैः कृता मतिः । त्वयि राजनि ते राजन्न तथा व्यवसायिनः ॥ ५७ ॥ पद्मोदयदिनाधीशः सदागतिसमीरणः । भूभृदावलिदम्भोलिरेक एव भवान्भुवि ॥ ५८ ॥ सन्नारीभरणोमायमाराध्य विधुशेखरम् । सन्नारीभरणोऽमायस्त्वतत्त्वं पृथिवीं जय ॥ ५९ ॥ देव त्वमेव पातालमाशानां ... निबन्धनम् । त्वं चामरमरुद्भूमिरेको लोकत्रयात्मकः ॥ ६० ॥ जितेन्द्रियतया सम्यग्विद्यावृद्धनिषेविणः । अतिगाढगुणस्यास्य नाब्जवद्भङ्गुरा गुणाः ॥ ६१ ॥ अखण्डमण्डलः श्रीमान्पश्यैष पृथिवीपतिः । न निशाकरवज्जातु कलावैकल्यमागतः ॥ ६२ ॥ अरातिविक्रमालोकविकस्वरविलोचनः । कृपाणोदग्रदोर्दण्डः स सहस्रायुधीयति ॥ ६३ ॥ कानने सरिदुद्देशे गिरीणामपि कन्दरे ।

१ शत्रुकुलानाम्; (पक्षे) प्रकृष्टपर्वतानाम्. २ सहायः; (पक्षे) पतत्रः. ३ शतस्य कोटेश्च दातृताम्; (पक्षे) वज्रेण खण्डकृताम्. ४ पण्डिताः; (पक्षे) देवाः. ५ मित्रः सूर्यः. ६ सतीर्नारीर्बिभर्ति पालयतीति सन्नारीभरणा तादृशीमुमां याति पत्नीत्वेन प्राप्नोति यस्तम्. ७ सन्ना अवसन्ना अरीणामिभा हस्तिनो यस्मात्तादृशो रणो यस्य तादृशोऽमायोऽकपटः. ८ अलमत्यर्थं पाता पालकः; (पक्षे) पातालः लोकः. ९ आशानामभिलाषाणां निबन्धनं मूलम्; (पक्षे) आशानां दिशां निबन्धनं शापकः, भूर्लोक इत्यर्थः. १० चामरमरुतां चामरीयवायूनां भूमिराश्रयः. चामरवीज्यमानत्वात्; (पक्षे) अमराणां मरुद्गणानां च भूमिराश्रयः. स्वर्गलोक इत्यर्थः. ११ मण्डलं राज्यं बिम्बं च. १२ कलावैदग्ध्यं चन्द्रषोडशांशाश्च.

पश्यन्त्यन्तकसंकाशं त्वामेकं रिपवः पुरः ॥ ६४ ॥ उद्दण्डे भुजदण्डे तव कोदण्डे परिस्फुरति । अरिमण्डलरविमण्डलरम्भाकुचमण्डलानि वेपन्ते ॥ ६५ ॥ भवतामहमिव बहवो मम तु भवानिव भवानेव । कुमुदिन्याः कति न विधोर्विधुरिव विधुरेव कुमुदिन्याः ॥ ६६ ॥ लब्धार्धचन्द्र ईशः कृतकंसभयं च पौरुषं विष्णोः । ब्रह्मापि नाभिजातः केनोपमिमीमहे नृप भवन्तम् ॥ ६७ ॥ सरलप्रियं गुणाढ्यं लम्बितमालं विचित्रतिलकं च । वनमिव वपुस्तवैतत्कथमवनं नृप जनस्यास्य ॥ ६८ ॥ बाणकरवीरदमनकशतपत्रकबन्धुजीवकुसुमानि । नृप विविधविटपरूपस्तथापि विटपः कथं नासि ॥ ६९ ॥ स्तनयुगमश्रुस्नातं समीपतरवर्ति हृदयशोकाग्नेः । चरति विमुक्ताहारं व्रतमिव भवतो रिपुस्त्रीणाम् ॥ ७० ॥ कल्पतरुकामदोग्ध्रीचिन्तामणिधनदशङ्खानाम् । रचितो रजोभरपयस्तेजश्श्वासान्तरैम्बरैरेषः ॥ ७१ ॥ तिग्मरुचिरप्रतापो विधुरनिशाकृद्विभो मधुरलीलः । मतिमानितत्त्ववृत्तिः प्रतिपदपक्षाग्रणीर्विभाति भवान् ॥ ७२ ॥ शनिरशनिश्च तमुच्चैर्निहन्ति कुप्यसि नरेन्द्र यस्मै त्वम् । यत्र प्रसीदसि पुनः स भात्युदारोऽनुदारश्च ॥ ७३ ॥ क्षणदासावक्षणदा वनमवनं व्यसनमव्यसनम् । बत वीर तव द्विषतां पराङ्मुखे त्वयि पराङ्मुखं सर्वम् ॥ ७४ ॥ प्रधनाध्वनि धीरधनुर्ध्वनिभृति विधुरैरयोधि तव दिवसम् । दिवसेन तु नरप भवानयुद्ध विधिसिद्धसाधुवादपदम् ॥ ७५ ॥ गिरयोऽप्यनुन्नतियुजो मरुदप्यचलोऽब्धयोऽप्यगम्भीराः ।

१ चन्द्रकला; (पक्षे) गलहस्तः. २ कृतक-सभयम्; (पक्षे) कृत-कंस-भयम्. ३ न-अभिजातः कुलीनः; (पक्षे) नाभिजातः. ४ सरला वृक्षविशेषाः प्रियंगवश्चैतेषां समाहारस्तेनाढ्यं पूर्णम्; (पक्षे) सरलं च तत्प्रियं हृद्यं च गुणैर्गौरवर्णत्वादिभिर्युक्तम्. ५ लम्बिनस्तमाला यस्मिंस्तत्; (पक्षे) लम्बिमाला माल्यं यस्य. ६ विचित्रा नानाविधास्तिलका वृक्षविशेषा यस्मिंस्तत्; (पक्षे) विचित्रो विचित्रवर्णस्तिलकः. कस्तूरीकुङ्कुमादिकृतो यस्मिंस्तत्. ७ विटान्पालयतीति सः. ८ कुबेरः. ९ निधिविशेषः. १० परागसमूहः. ११ शङ्खाभ्यन्तरप्रकाशम्. १२ एष राजा कल्पवृक्षादीनां क्रमेण रजोभरादिभिः पञ्चभिर्भूतै रचित इत्यन्वयः. १३ विधुराणां शत्रूणां निशेव निशा मरणं तत्कर्ता. १४ मतिर्वस्तुतत्त्वावधारणक्षमा बुद्धिः; मानं प्रमाणं ताभ्यां तत्त्वे याथार्थ्ये वृत्तिरनुसरणं यस्य सः. १५ प्रतिपदं प्रतिस्थानं पक्षाणामात्मीयानामग्रणीरग्रसरः. १६ शनिग्रहः. १७ वज्रम्. १८ महान्. १९ अनुगता दारा वनिता यस्य. वशीकृतवनित इत्यर्थः. २० अनुत्सवदा. २१ रक्षकम्. शत्रूणां पलायनस्थानत्वात्. २२ सुनृत्यादि. २३ अविस्तीर्णम्. दुःखदशायां तदविस्तारात्.

विश्वंभराप्यतिलघुर्नरनाथ तवान्तिके नियतम् ॥ ७६ ॥ समदमतंगजमदजलनिस्यन्दतरङ्गिणीपरिष्वङ्गात्। क्षितितिलक त्वयि तटजुषि शंकरचूडापगापि कालिन्दी ॥ ७७ ॥ विदलितसकलारिकुलं तव बलमिदमभवदाशु विमलं च। प्रखलमुखानि नराधिप मलिनानि च तानि जातानि॥७८॥ पल्लवतः कल्पतरोरेष विशेषः करस्य ते वीर। भूषयति कर्णमेकः परस्तु कर्णं तिरस्कुरुते ॥ ७९ ॥ हरवन्न विषमदृष्टिर्हरिवन्न विभो विधूतविततवृषः। रविवन्न चातिदुःसहकैरतापितभूः कदाचिदसि ॥ ८० ॥ स्तनयुगमुक्ताभरणाः कण्टककलिताङ्गयष्टयो देव। त्वयि कुपितेऽपि प्रागिव विश्वस्तास्ते रिपुस्त्रियो जाताः ॥ ८१ ॥ संततमुसलासङ्गाद्बहुतरगृहकर्मघटनया नृपते। द्विजपत्नीनां कठिनाः सति भवति कराः सरोजसुकुमाराः ॥ ८२ ॥ कमलेव मतिर्मतिरिव कमला तनुरिव विभा विभेव तनुः। धरणीव धृतिर्धृतिरिव धरणी सततं विभाति यस्य तव ॥ ८३ ॥ रत्नसानुशिखराङ्गणफुल्लत्कल्पपादपतलेषु निषण्णाः। उद्गृणन्ति नृपहंस सुवर्णं त्वद्यशः प्रवरकिंनररामाः ॥ ८४ ॥ गाढकान्तदशनक्षतव्यथासंकटादरिवधूजनस्य यः। ओष्ठविद्रुमदलान्यमोचयन्निर्दशन्युधि रुषा निजाधरम् ॥ ८५ ॥ बलमार्तभयोपशान्तये विदुषां संमतये बहुश्रुतम्। वसु तस्य न केवलं विभोर्गुणवत्तापि परप्रयोजनम् ॥ ८६ ॥ तावकाः कति न सन्ति मादृशा मादृशस्तु भवदेकजीविनः। अम्बुदस्य कति धा न चातकाश्चातकस्य पुनरेक एव सः ॥ ८७ ॥ निखिलेषु गुणेषु चित्रता ते मनसो वैभवमद्भुतं तवैव। न च ते परतः प्रमाणभावस्तदपि न्यायनिविष्टतातिचित्रम् ॥ ८८ ॥ स्फुरदद्भुतरूपमुत्प्रतापज्वलनं त्वां सृजतानवद्यविद्यम्। विधिना ससृजे नवो मनोभूर्भुवि सत्यं सविता बृहस्पतिश्च ॥ ८९ ॥ कलुषं च तवाहितेष्वकस्मात्सितपङ्केरुहसोदरश्रि चक्षुः। पतितं च महीपतीन्द्र तेषां वपुषि प्रस्फुटमापदां कटाक्षैः ॥ ९० ॥ गुणभेदविदग्रिमप्रसङ्गे व्यवधानादनुपस्थितं पुरस्तात्। अपि वाजिनमात्रशेषमिष्टौ घटयन्वाजिभिरर्थ्यसे विधिज्ञैः ॥ ९१ ॥ यदि वै मनसि प्रशान्तिरुच्चैः कुरु कल्पद्रुमदानकौशलम्। न भवेदिति वा वद स्फुटं कलिकर्ण प्रतियामि मन्दिरम् ॥ ९२ ॥ नानन्वयस्ते न च ते विरोधोऽलंकारकोटौ तव नोपमापि। क्षितीश नो ते विषमं न किंचित्साहित्यसौहित्यनिधिस्तथापि ॥ ९३ ॥ अविरलकरवालकम्पनैर्भ्रुकुटीतर्जनगर्जनैर्मुहुः। ददृशे तव वैरिणां मदः स गतः क्वापि तवेक्षणे क्षणात् ॥ ९४ ॥ तवाहवे साहसकर्मशर्मणः करं कृपाणान्तिकमानिनीषतः। भटाः परेषां विशरारुतामगुर्दधत्यवाते स्थिरतां हि पांशवः ॥ ९५ ॥ विशांपते विस्तरतो न वक्तुं जानामि जानन्नपि ते गुणौघान्। यस्यैव योऽसि प्रथमानकीर्ते स एव तद्वानिति निर्निरूढि ॥ ९६ ॥ यशोदयामण्डितकान्तदेहो बाल्येऽपि गोपालजनस्य नेता। गोमण्डलं पासि बलेन युक्तः कथं न राजन्पुरुषोत्तमोऽसि॥९७॥ नक्षत्रभूः क्षत्रकुलप्रसूतेर्युक्तो न भोगैः खलु भोगभाजः। सुजातरूपोऽपि न याति यस्य समानतां कांचन काञ्चनाद्रिः ॥ ९८ ॥ अखण्डिता शक्तिरथोपमानं न स्वीकृतं न च्छलरीतिरस्ति। अस्पृष्टसंदेहविपर्ययस्य कोऽयं तव न्यायनये निवेशः ॥ ९९ ॥ स्वतःप्रकाशो मनसो महत्त्वं धर्मेषु शक्तिर्न तथान्यथा धीः। भूपालगोपालपदैकभक्तेरन्यैव नैयायिकता तवेयम् ॥ १०० ॥ यस्येषवः संयुगयामिनीषु प्रोतप्रतिक्ष्मापतिमौलिरत्नाः। गृहीतदीपा इव भिन्दते स्म खड्गान्धकारे रिपुचक्रवालम् ॥ १०१ ॥ लब्ध्वा यदन्तःपुरसुन्दरीणां लावण्यनिःस्यन्दमुपान्तभाजाम्। गृहीतसारस्त्रिदशैः पयोधिः पीयूषसंदर्शनसौख्यमाप ॥ १०२ ॥ यदि त्रिलोकी गणनापरा स्यात्तस्याः समाप्तिर्यदि नायुषः स्यात्। पारे परार्धं गणितं यदि स्याद्गणेयनिःशेषगुणोऽपि स स्यात् ॥ १०३ ॥ एतद्यशःक्षीरधिपूरगाहि पतत्यगाधे वचनं कवीनाम्। एतद्गुणानां गणनाङ्कपातः प्रत्यर्थिकीर्तीः खटिकाः क्षिणोति ॥ १०४ ॥ देवाधिपो वा भुजगाधिपो वा नराधिपो वा यदि हैहयः स्याम्। संदर्शनं ते गुणकीर्तनं ते सेवाञ्जलिं ते तदहं विदध्याम् ॥ १०५ ॥ अत्यादराद्ध्ययनं द्विजानामर्थोपलब्ध्या फलवद्विधाय। क्रतूननुच्छानवितुं तवैषा मीमांसकाद्याधिकृतिः प्रसिद्धा ॥ १०६ ॥ तुच्छान्तराध्यासमसंनिकृष्टमध्यक्षमत्यन्तमनिच्छतस्ते। अख्यातिसख्यानुगतद्विषश्च ख्यातिः स्थितानिर्वचनीयरूपा ॥ १०७ ॥ अन्यार्थमङ्गीकृतवारिपाणौ विशङ्कमानास्तव दाननीरम्। परस्परं दीनमुखा न के वा देवाः सुमेरुं शुशुचुः स्वभूमिम् ॥ १०८ ॥ तवाग्रतो वीर महीमहेन्द्र मन्दं गजाः शृङ्खलिनो विभान्ति। आवासदानादरिभूपतीनामाशान्त ला इव सापराधाः ॥ १०९ ॥ कामं नृपाः सन्ति सहस्रशोऽन्ये राजन्वतीमाहुरनेन भूमिम्। नक्षत्रताराग्रहसंकुलापि ज्योतिष्मती चन्द्रमसैव रात्रिः ॥ ११० ॥ दारिद्र्यदायादगणाधमेन दीनो द्विजोऽर्थणपदातिसात्कृतः। जागर्ति नाथे

१ राधेयम्. दानातिशयेनेत्यर्थः. २ असमदृष्टिः; (पक्षे) त्रिलोचनः. ३ सुकृतम्; (पक्षे) वृषासुरः. ४ राजग्राह्यभागः; (पक्षे) किरणाः.

त्वयि भो द्विजानां विधेहि तद्येन सुखं भजे नृप ॥ १११ ॥ कमलभूतनया वदनाम्बुजे वसतु ते कमला करपल्लवे । वपुषि ते रमतां कमलाङ्गजः प्रतिदिनं हृदये कमलापतिः ॥ ११२ ॥ उदेति पूर्वं कुसुमं ततः फलं घनोदयः प्राक्तदनन्तरं पयः । निमित्तनैमित्तिकयोरयं विधिस्तव प्रसादस्य पुरस्तु संपदः ॥ ११३ ॥ अनेन सर्वार्थिकृतार्थता कृता हृतार्थिनौ कामगवीसुरद्रुमौ । मिथः पयःसेचनपल्लवाशने प्रदाय दानव्यसनं समाप्नुतः ॥ ११४ ॥ मयि स्थितिर्नम्रतयैव लभ्यते दिगेव तु स्तब्धतया विलङ्घ्यते । इतीव चापं दधदाशुगं क्षिपन्नयं नयं सम्यगुपादिशद्द्विषाम् ॥ ११५ ॥ नृपः कराभ्यामुदतोलयन्निजे नृपानयं यान्पततः पदद्वये । तदीयचूडाकुरुविन्दरश्मिभिः स्फुटेयमेतत्करपादरञ्जना ११६ इदं नृपप्रार्थिभिरुज्झितोऽर्थिभिर्मणिप्ररोहेण विवृध्य रोहणः । कियद्भिरैरम्बरमावरिष्यते मुधा मुनिर्विन्ध्यमरुद्ध ,भूधरम् ॥ ११७ ॥ कृतं च गर्वाभिमुखं मनस्त्वया किमन्यदेवं निहताश्च नो द्विषः । तमांसि तिष्ठन्ति हि तावदंशुमान्न यावदायात्युदयाद्रिमौलिताम् ॥ ११८ ॥ अनेन पर्यासयताश्रुबिन्दून्मुक्ताफलस्थूलतमान्स्तनेषु । प्रत्यर्पिताः शत्रुविलासिनीनामाक्षेपसूत्रेण विनैव हाराः ॥ ११९ ॥ अधीतिबोधाचरणप्रचारणैर्दशाश्चतस्रः प्रणयन्नुपाधिभिः । चतुर्दशत्वं कृतवान्कुतः स्वयं न वेद्मि विद्यासु चतुर्दशस्वयम् ॥ १२० ॥ अमुष्य विद्या रसनाग्रनर्तकी त्रयीव नीताङ्गगुणेन विस्तरम् । अगाहताष्टादशतां जिगीषया नवद्वयद्वीपपृथग्जयश्रियाम् ॥ १२१ ॥ दिगीशवृन्दांशविभूतिरीशिता दिशां स कामप्रसरावरोधिनीम् । बभार शास्त्राणि दृशं द्वयाधिकां निजत्रिनेत्रावतरत्वबोधिकाम् ॥ १२२ ॥ पदैश्चतुर्भिः सुकृते स्थिरीकृते कृतेऽमुना के न तपः प्रपेदिरे । भुवं यदेकाङ्घ्रिकनिष्ठया स्पृशन्दधावधर्मोऽपि कृशस्तपस्विताम् ॥ १२३ ॥ स्फुरद्धनुर्निस्वनतद्घनाशुगप्रगल्भवृष्टिव्ययितस्य संगरे । निजस्य तेजःशिखिनः परःशता वितेनुरङ्गारमिवायशः परे १२४ अनल्पदग्धारिपुरानलोज्ज्वलैर्निजप्रतापैर्वलयं ज्वलद्भुवः । प्रदक्षिणीकृत्य जयाय सृष्टया रराज नीराजनया स राजघः ॥ १२५ ॥ सितांशुवर्णैर्वयति स्म तद्गुणैर्महासिवेम्नः सहकृत्वरी बहुम् । दिगङ्गनाङ्गाभरणं रणाङ्गणे यशःपटं तद्भटचातुरीतुरी ॥ १२६ ॥ प्रतीपभूपैरिव किं ततो भिया विरुद्धधर्मैरपि भेत्तृतोज्झिता । अमित्रजिन्मित्रजिदोजसा स यद्विचारदृक्चारदृगप्यवर्तत ॥ १२७ ॥ अयं दरिद्रो भवितेति वैधसीं लिपिं ललाटेऽर्थिजनस्य जाग्रतीम् । मृषा न चक्रेऽल्पितकल्पपादपः प्रणीय दारिद्र्यदरिद्रतां नृपः ॥ १२८ ॥ विभज्य मेरुर्न यदर्थिसात्कृतो न सिन्धुरुत्सर्गजलव्ययैर्मरुः । अमानि तत्तेन निजायशोयुगं द्विफालबद्धाश्चिकुराः शिरःस्थितम् ॥ १२९ ॥ अजस्रमभ्यासमुपेयुषा समं मुदैव देवः कविना बुधेन च । दधौ पटीयान्समयं नयन्नयं दिनेश्वरश्रीरुदयं दिने दिने ॥ १३० ॥ अधोविधानात्कमलप्रवालयोः शिरःसु दानादखिलक्षमाभुजाम् । पुरेदमूर्ध्वं भवतीति वेधसा पदं किमस्याङ्कितमूर्ध्वरेखया ॥ १३१ ॥ सदुत्तंस दैवादयं कोऽपि दीनो ऋणाब्धौ विलीनो विहीनो गुणेन । भवत्संनिधिं सन्निधिं प्राप्य पीनो बभूवाशु मीनो यथा नीरपूरम् ॥ १३२ ॥ कति नो विषया निभालिताः कति वा भूमिभुजो न शीलिताः । धरणीधर तावकान्गुणानवधार्याजगणं गुरुं लघुम् ॥ १३३ ॥ तत्र नित्यमुत्सवपरम्परा भवत्वनिशं त्वमित्थमुपकारसादरः । निजकीर्तिकान्तिकलितोज्ज्वले जगत्यथ सत्सुतादिभिरलं सुखं भज ॥ १३४ ॥ अभ्युद्धृता वसुमती दलितं रिपूरः क्रोडीकृता बलवता बलिराजलक्ष्मीः । एकत्र जन्मनि कृतं यदनेन राज्ञा जन्मत्रये तदकरोत्पुरुषः पुराणः ॥ १३५ ॥ एकस्त्रिधा वससि चेतसि चित्रमत्र देव द्विषां च विदुषां च मृगीदृशां च । तापं च संमदरसं च रतिं च पुष्णञ्शौर्योष्मणा च विनयेन च लीलया च १३६ शक्तिं प्रमापयति वीर तवोपमानं प्रामाण्यमाप्तवचनेषु परैव जातिः । जातौ गुणा गुणगणाश्रयिणो विशेषा वैशेषिकं किमपि दर्शनमद्भुतं ते ॥ १३७ ॥ किं कारणं सुकविराज मृगा यदेते व्योमोत्पतन्ति विलिखन्ति भुवं वराहाः । देव त्वदस्त्रचकिताः श्रयितुं स्वजातिमेके मृगाङ्कमृगमादिवराहमन्ये ॥ १३८ ॥ संभाव्यमिष्टभुवनाभयदानपुण्यसंभारमस्य वपुरत्र हि विस्फुरन्ति । लक्ष्मीश्च सात्त्विकगुणज्वलितं च तेजो धर्मश्च मानविजयौ च पराक्रमश्च ॥ १३९ ॥ प्रत्यक्षरस्रुतसुधारसनिर्विषाभिराशीभिरभ्यधिकभूषितभोगभाजः । गायन्ति कञ्चुकविनिह्नुतरोमहर्षस्वेदोर्मयस्तव गुणानुरगेन्द्रकन्याः ॥ १४० ॥ [१]भद्रात्मनो दुरधिरोहतनोर्विशालवंशोन्नतेः कृतशिलीमुखसंग्रहस्य । यस्यानुपप्लुतगतेः परवारणस्य दानाम्बुसेकसुभगः सततं करोऽभूत् ॥ १४१ ॥ साकं कुरंगकदृशा मधुपानलीलां

१ राजपक्षे भद्रशिलीमुखवारणदानकरशब्दं यथाक्रमं शोभनबाणनिवारकवितरणहस्तबोधकाः; हस्तिपक्षे तु भद्रजातिभ्रमरहस्तिमदचलशुण्डादण्डबोधकाः.

कर्तुं सुहृद्भिरपि वैरिणि ते प्रवृत्ते। अन्याभिधायि तव नाम
विभो गृहीतं केनापि तत्र विषमामकरोदवस्थाम् ॥ १४२ ॥
अत्यायतैर्नियमकारिभिरुद्धतानां दिव्यैः प्रभाभिरनपायमयै-
रुपायैः। शौरिर्भुजैरिव चतुर्भिरदः सदा यो लक्ष्मीविलास-
भवनैर्भुवनं बभार ॥ १४३ ॥ नानाविधप्रहरणैर्नृप संप्र-
हारे स्वीकृत्य दारुणनिनादवतः प्रहारान्। दृप्तारिवीरविस-
रेण वसुंधरेयं निर्विप्रलम्भपरिलम्भविधिर्वितीर्णा ॥ १४४ ॥
अन्तःपुरीयसि रणेषु सुतीयसि त्वं पौरं जनं तव सदा
रमणीयते श्रीः। दृष्टः प्रियाभिरमृतद्युतिदर्शमिन्द्रसंचारमत्र
भुवि संचरसि क्षितीश ॥ १४५ ॥ राजन्विभान्ति भवतश्च-
रितानि तानि इन्दोर्द्युतिं दधति यानि रसातलेऽन्तः।
धीदोर्बले अतितते उचितानुवृत्ती आतन्वती विजयसंपद-
मेत्य भातः ॥ १४६ ॥ पौरं सुतीयति जनं समरान्तरेऽसा-
वन्तःपुरीयति विचित्रचरित्रचञ्चुः। नारीयते समरसीम्नि
कृपाणपाणेरालोक्य तस्य चरितानि सपत्नसेना ॥ १४७ ॥
दोर्भ्यां तितीर्षति तरङ्गवतीभुजंगमादातुमिच्छति करे हरि-
णाङ्कबिम्बम्। मेरुं लिलङ्घयिषति ध्रुवमेष देव यस्ते गुणा-
न्गदितुमुद्यममादधाति ॥ १४८ ॥ हिमशिशिरवसन्तग्रीष्म-
वर्षाशरत्सु स्तनतपनवनाम्भोहर्म्यगोक्षीरपानैः। सुखमनुभव
राजंस्त्वद्विषो यान्तु नाशं दिवसकमललज्जाशर्वरीरेणु-
पङ्कैः ॥ १४९ ॥ विदधतु धरणीशा दानमुच्चैर्धरायां प्रभ-
वतु सुजनस्तत्प्रेरकः पुण्यशीलः। निजपरमतिहीनः केवलं
सत्त्वदीनस्त्वमिह नृप कुलीनः कार्यकर्ता विभासि ॥१५०॥
कवीनां संतापो भ्रमणमभितो दुर्गतिरिति त्रयाणां पञ्चत्वं
रचयसि न तच्चित्रमधिकम्। चतुर्णां वेदानां व्यरचि नवता
वीर भवता द्विषत्सेनालीनामयुतमपि लक्षं त्वमकृथाः १५१
समाजे सम्राजां सदसि विदुषां धाम्नि धनिनां निकाये नी-
चानामपि च तरुणीनां परिषदि। वयं यत्रैव स्मः क्षणमति-
थयस्तत्र शृणुमः स्फुरद्रोमोद्भेदाः सुभग भवतः पौरुष-
कथाः ॥ १५२ ॥ न लोपो वर्णानां न खलु परतः प्रत्य-
यविधिर्निपातो नास्त्येव क्वचिदपि न भग्नाः प्रकृतयः।
गुणो वा वृद्धिर्वा सततमुपकाराय जगतां मुनेर्दाक्षीपुत्रादपि
तव समर्थः पदविधिः ॥ १५३ ॥ न मिथ्यावादस्ते न
च विगुणचर्चास्वभिरतिर्न वा वाच्यं किंचिद्वचसि न मना-
ग्मायिनि मतिः। तथाप्येतच्चित्रं यदसि जगतीजानिरधुना
त्वमेवैको लोके निगमपरभागानिर्थगुणः ॥१५४॥ चकोराणां
चन्द्रः कुसुमसमयः काननभुवां सरोजानां भानुः कुवलय-
कदम्बं मधुलिहाम्। मयूराणां मेघः प्रथयति यथा चेतसि
सुखं तथास्माकं प्रीतिं जनयति तवालोकनमिदम् ॥ १५५ ॥
अदातारं दातृप्रवरमनयं विश्वविनयं विरूपं रूपाढ्यं विग-
तजयिनं विश्वजयिनम्। अकुल्यं कुल्यं त्वामहमवदमाशा-
परवशान्मृषावादेत्युक्तिस्त्वयि खलु मृषावादिनि मयि १५६
यशःस्तोमानुच्चैरुपचिनु चकोरप्रणयिनीरसज्ञापाण्डित्यच्छि-
दुरशशिधामभ्रमकरान्। अपि त्वत्तेजोभिस्तमसि शमिते
रक्षति दिशामसौ यात्रामैत्रीं नभसि नितरामम्बरमणिः १५७
सुराणां पातासौ स पुनरतिपुण्यैकहृदयो ग्रहस्तस्यास्थाने
गुरुरुचितमार्गे स निरतः। करस्तस्यात्यर्थं वहति शतको-
टिप्रणयितां स सर्वस्वं दाता तृणमिव सुरेशं विजयते १५८
मनोभूर्मुग्धासु क्षिपति यदि बाणावलिमसौ कथं ताभिः
क्षिप्तास्त्वयि नयनविक्षेपविशिखाः। अथ ज्ञातं ब्रूमः शृणु
सुभग शृङ्गारनलिनीवनक्रीडाहंसं स्मरमिव विदुस्त्वां
मृगदृशः ॥ १५९ ॥ यशश्चन्द्रैरुद्यत्सुकृतनरकल्पद्रुमकरैः
परं लक्ष्मीगर्भैर्द्विरदहयरत्नादिफलदैः। निजैर्दानाम्भोभिर्नि-
यततुलितक्षीरजलधिश्चिरं जीयाज्जीयादधिधरणि सोऽयं
नरपतिः ॥ १६० ॥ अयं मार्तण्डः किं स खलु तुरगैः
सप्तभिरितः कृशानुः किं सर्वाः प्रसरति दिशो नैष निय-
तम्। कृतान्तः किं साक्षान्महिषवहनोऽसाविति चिरं समा-
लोक्याजौ त्वां विदधति विकल्पान्प्रतिभटाः ॥ १६१ ॥
तुलाधारो धाता वहति वसुधा शूर्पपदवीं फणीशः स्यात्सूत्रं
कनकशिखरी मानपलिका। तुलादण्डः सत्यं यदि भवति
दामोदरगदा तथाप्येषोऽशक्यस्तव गुणसमूहस्तुलयि-
तुम् ॥ १६२ ॥ न तूणादुद्धारे न गुणघटने नाश्रुतिशिखं
समाकृष्टौ दृष्टिर्न वियति न लक्ष्ये न च भुवि। नृणां पश्य-
त्यस्य क्व च न विशिखान्किंतु पतितद्विषद्वक्षःश्वभ्रैरनुमि-
तिरमूनगोचरयति ॥ १६३ ॥ अमुष्योर्वीभर्तुः प्रसृमरचमू-
सिन्धुरभवैरवैमि प्रारब्धे वमथुभिरवश्यायसमये। न कम्प-
न्तामन्तः प्रतिनृपभटा म्लायतु न तद्वधूवक्त्राम्भोजं भवतु
न स तेषां कुदिवसः ॥ १६४ ॥ यशःपूरं दूरं तनु सुतनु-
नेत्रोत्पलवनीतमस्तन्द्राचन्द्रातप तप सहस्राणि शरदाम्।
इयं चास्तां युष्मद्गुणकथनपीयूषपटलश्रितोत्सङ्गानन्दत्सुर-

१ उपायानां सततानुष्ठानमेवायतत्वं भुजानामाजानुलम्बितत्वम्. २ उद्धतानां जनानाम्; (पक्षे) असुराणाम्. ३ सामदानविधिभेदरूपैः; (पक्षे) चतुर्भिः. ४ लक्षसंख्याकम्; (पक्षे) शरव्यम्. ५ पाणिनेः.

१ परिमाणपात्रताम्. २ परिमाणपाषाणः. ३ संधाने. ४ आकर्णान्तम्. ५ रन्ध्रैः. ६ प्रसारिणः. ७ करशीकरैः. ८ नीहारकाले.

नरभुजङ्गा त्रिजगती ॥ १६५ ॥ स्वसुखनिरभिलाषः खिद्यसे लोकहेतोः प्रतिदिनमथवा ते वृत्तिरेवंविधैव । अनुभवति हि मूर्ध्ना पादपस्तीव्रमुष्णं शमयति परितापं छायया संश्रितानाम् ॥ १६६ ॥ नियमयसि कुमार्गप्रस्थितानात्तदण्डः प्रशमयसि विवादं कल्पसे रक्षणाय । अतनुषु विभवेषु ज्ञातयः सन्तु नाम त्वयि तु परिसमाप्तं बन्धुकृत्यं प्रजानाम् ॥ १६७ ॥ अभिमतफलदाता त्वं च कल्पद्रुमश्च प्रकटमिह विशेषं कंचनोदाहरामः । कथमिव मधुरोक्तिप्रेमसंमानमिश्रं तुलयति सुरशाखी देव दानं त्वदीयम् ॥ १६८ ॥ अकाण्डधृतमानसव्यवसितोत्सवैः सारसैरकाण्डपटुताण्डवैरपि शिखण्डिनां मण्डलैः । दिशः समवलोकिताः सरसनिर्भरप्रोल्लसद्भवत्पृथुवरूथिनीरजनिभूरजःश्यामलाः ॥ १६९ ॥ सहस्रकरपूरणान्निखिलजन्तुवक्त्राम्बुजप्रकाशकरणादथ प्रबलवैरितेजोवधात् । दरिद्रतिमिरोद्धतेरखिलभूपचूडामणिर्जगन्मणिरहर्मणिर्जगदिदं च धत्तः समम् ॥ १७० ॥ यशःकरणधोरणीतुलितरोहिणीवल्लभ त्वया क्षणमुदीक्ष्यते जगति यो दरिद्रो जनः । पयोधरमहीधरे नटति तस्य वामभ्रुवां रणत्कनककिङ्किणीकलरवेण देव स्मरः ॥ १७१ ॥ यमः प्रतिमहीभृतां हुतवहोऽसि तन्नीवृतां सतां खलु युधिष्ठिरो धनपतिर्धनाकाङ्क्षिणाम् । गृहं शरणमिच्छतां कुलिशकोटिभिर्निर्मितं त्वमेक इह भूतले बहुविधो विधात्रा कृतः ॥ १७२ ॥ [1]आलोकान्तप्रतिहततमोवृत्तिरासां प्रजानां तुल्योद्योगस्तव च सवितुश्चाधिकारो मतो नः । तिष्ठत्येकः क्षणमधिपतिर्ज्योतिषां व्योममध्ये षष्ठे काले त्वमपि लभसे देव विश्रान्तिमह्नः ॥ १७३ ॥ अध्याक्रान्ता वसतिरमुनाप्याश्रमे सर्वभोग्ये रक्षायोगादयमपि तपः प्रत्यहं संचिनोति । अस्यापि द्यां स्पृशति वशिनश्चारणद्वन्द्वगीतः पुण्यः शब्दो मुनिरिति मुहुः केवलं राजपूर्वः ॥ १७४ ॥ नैतच्चित्रं यदयमुदधिश्यामसीमां धरित्रीमेकः कृत्स्नां नगरपरिघप्रांशुबाहुर्भुनक्ति । आशंसन्ते समितिषु सुराः सक्तवैरा हि दैत्यैरस्याधिज्ये धनुषि विजयं पौरुहूते[3] च वज्रे ॥ १७५ ॥ त्रातुं लोकानिव परिणतः कायवानस्त्रवेदः क्षात्रो धर्मः श्रित इव तनुं ब्रह्मकोषस्य गुप्त्यै । सामर्थ्यानामिव समुदयः संचयो वा गुणानामाविर्भूय स्थित इव जगत्पुण्यनिर्माणराशिः ॥ १७६ ॥ हेषन्ते यजितजलधरध्वानमेते तुरंगा भूमिं पादैर्यदपि च मुहुर्दक्षिणैरालिखन्ति । यानौत्सुक्यं यदपि चलनाद्वालधेर्व्यञ्जयन्ति त्वद्दोर्दण्डद्वितयवशगा तत्समग्रा जयश्रीः ॥ १७७ ॥ दृष्टः साक्षादसुरविजयी नाकिनां चक्रवर्ती मात्स्यो न्यायः कथयति यथा वारुणीदण्डनीतेः । पातालेन्द्रादहिभयमथास्त्येव नित्यानुषक्तं तन्नः पुण्यैरजनि भवता वीर राजन्वती भूः ॥ १७८ ॥ यत्कीर्त्या धवलीकृतं त्रिभुवनं मूर्त्या जगन्मोहितं भक्त्येशः परितोषितः सुचरितैरानन्दिताः सज्जनाः । पूर्णाशा बहवः कृता वितरणैर्येन त्वया याचकास्तस्मै सर्वगुणाश्रयाय भवते दीर्घायुराशास्महे ॥ १७९ ॥ दाने कल्पतरुर्नये सुरगुरुः काव्ये कविस्तेजसि प्रौढग्रीष्मरविर्धने धनपतिः सत्ये दयायां शिबिः । गाम्भीर्ये सरितांपतिर्निरुपमे शौर्ये सुभद्रापतिः श्रीमान्धर्मरतिर्महीपतिरयं जीयात्सहस्रं समाः ॥ १८० ॥ विद्वन्मानसहंस वैरिकमलासंकोचचन्द्रद्युते दुर्गामार्गणनीललोहित समित्स्वीकारवैश्वानर । सत्यप्रीतिविधानदक्ष विजयप्राग्भावभीम प्रभो साम्राज्यं वरवीर वत्सरशतं वैरिञ्चमुच्चैः क्रियाः ॥ १८१ ॥ हस्तन्यस्तकुशोदके त्वयि न भूः सर्वंसहा वेपते देवागारतया स काञ्चनगिरिश्चित्ते न धत्ते भयम् । अज्ञातद्विपभिक्षभिक्षुककुलावस्थानदुस्थाशया वेपन्ते मददन्तिनः परममी भूमीपते तावकाः ॥ १८२ ॥ अर्थिश्रेणि[3]शर्वद्भूभवत्फलभरव्याजेन कुब्जायितः सत्यर्स्मिन्नतिदानभाजि कथमप्यास्तां स कल्पद्रुमः । आस्ते निर्व्ययरत्नसंपदुदयोदग्रः कथं याचकश्रेणीवर्जनदुर्यशोनिबिडितव्रीडस्तु रत्नाचलः ॥ १८३ ॥ देव त्वत्करनीरदे दिशि दिशि प्रारब्धपुण्योन्नतौ चञ्चत्कङ्कणरत्नकान्तितडिति स्वर्णामृतं वर्षति । स्फीता कीर्तितरंगिणी समभवत्तृप्ता गुणग्रामभूः पूर्णं चार्थिसरः शशाम विदुषां दारिद्र्यदावानलः ॥ १८४ ॥ देव त्वामसमानदाननिहितैरर्थैः[11] कृतार्थीकृतत्रैलोक्यं फलभारभङ्गुरशिराः कल्पद्रुमो निन्दति[12] । टङ्कच्छेदनवेदनाविरमणात्संजातसौख्यस्थितिः[13] प्राचीनैर्व्रणिताङ्गरोहणतया[14] श्रीरोहणः[15] स्तौति[16] च ॥ १८५ ॥ गण्डौ पाण्डिमसात्तनूस्तनिमसात्पक्ष्मात्रली वाष्पसात्कीरः पञ्जरसान्मनोऽपि हरसात्कण्ठोऽपि कैवल्यसात् ।

---

१ लोकालोकपर्वतपर्यन्तम्. २ दिवसस्य. ३ ऐन्द्रे. ४ साक्षात्.

१ पुच्छस्य. २ 'कृ'धातोर्लिङ्. ३ असंभवेन. ४ व्ययाभावादुपचीयमानस्य. ५ लज्जयैवेति भावः. ६ दानशौण्डे. ७ लज्जासंवरणोपायासंभवादिति भावः. ८ पानीयम्. ९ जलभरैर्वृद्धिं प्राप्ता. १० गुणसमूहभूमिः. ११ अनुपमदानाय न्यस्तैः सुवर्णादिभिः. १२ यतस्त्वया दानेन सर्वे याचकाः सफलीकृता अतस्तत्फलानां गृहयालवः. केऽपि च नासन्निति भावः. १३ खनित्रैः. १४ निर्व्रणतया. १५ पर्वतः. १६ यतस्तथैव सर्वेषां सरलतया रत्नार्थिनोऽभावान्न कैश्चिदपि विदार्यत इति भावः.

आसन्देव [1]चमूवरेण्य भवतः प्रत्यर्थिवामभ्रुवां कोदण्डे [2]परिवेषभाजि विजयश्रीसाधने [3]योधने ॥ १८६ ॥ देव त्वं मलयाचलोऽसि भवतः श्री[4]खण्डशाखी भुजस्तस्मिन्काल-भुजंगमो निवसति स्फूर्ज[5]त्कृपाणच्छलात् । एष स्वाङ्ग[6]मनर्गलं रिपु[7]तरुस्कन्धेषु [9]संघट्टयन्दीर्घव्योमविसारि निर्मलयशो-निर्मोक[8]मुन्मुञ्चति ॥ १८७ ॥ कर्पूरप्रतिपन्थिनो हिमगिरि-ग्रावाग्रसंघर्षिणः क्षीराम्भोनिधिमध्यगर्भजयिनो गङ्गौघसर्वं-कषाः । स्वच्छन्दं हरिचन्दनद्युतितुदः कुन्देन्दुसंवादिनस्त-स्यासन्नरविन्दकन्दरुचयोऽनेके गुणाः केचन ॥ १८८ ॥ मन्ये स्पर्शमणिं तवैनमतुलं पाणिं द्विजाभ्यर्चने दुर्वर्णान्यपि भिक्षुभालफलकान्यासन्सुवर्णानि यत् ! तच्चित्रं परमत्र मित्र भवता दत्ताः स्वहस्तादिमा दुर्वर्णा न सुवर्णतामुपगताः क्षुद्रास्तु मुद्राः कथम् ॥ १८९ ॥ संतप्तश्रमहारिशीतलतले पुण्याश्रमालंकृतावुद्यद्दैवदवानलेन कलिते विद्वत्तरूणां चये । सद्यो वर्ष सुवर्णवारिद विभो स्वर्णाम्बुधारास्ततो विश्वव्यापियशाः शिरोऽवनिभृतामाक्रम्य नन्दानिशम् १९० इन्दुस्त्वद्यशसा जितोऽवनिपते भासांनिधिस्तेजसा कन्दर्पो वपुषा सुधाजलनिधिर्वाचोविलासेन च । तथ्यं ते जयशीलमेतदधुना त्वद्दानमद्दैन्ययोर्मध्ये कं नु विजेष्यतीति विषये दोलायते मे मनः ॥ १९१ ॥ यः पृष्ठं युधि दर्शयत्यरिभटश्रेणीषु यो वक्रतामस्मिन्नेव बिभर्ति यश्च किरति क्रूरध्वनिं निष्ठुरः । दोषं तस्य तथाविधस्य भजतश्चापस्य गृह्णन्गुणं विख्यातः परमेष एव नृपतिः सीमा गुणग्राहिणाम् ॥ १९२ ॥ देव त्वं जय यस्य राजति महाराष्ट्रीकुचोच्चं कुलं लाटीवाङ्मृदु नर्म चेदिवनितानाभीगभीरं मनः । आभीरीकटिविस्तृता मतिरसिर्गौडीकचश्यामला कर्णाटीरतिनिष्ठुरो रणरसः कीरीमुखाभं यशः ॥ १९३ ॥ ते [10]कौपीनधनास्त एव हि परं [11]धात्रीफलं भुञ्जते तेषां द्वारि [12]नदन्ति-वाजिनिवहास्तैरेव लब्धा [1]क्षितिः । तैरेतत्[2]समलंकृतं निजकुलं किंवा बहु ब्रूमहे ये दृष्टाः परमेश्वरेण भवता रुष्टेन तुष्टेन वा ॥ १९४ ॥ साशङ्कस्य समाकुलीकृतमतेरत्यन्तनिस्तेजसश्छिन्नाङ्गस्य विकम्पमानहृदयस्यारूढमन्योर्भृशम् । लज्जां संत्यजतः क्रमं विमृशतो विघ्नान्बहून्पश्यतः क्लेशो योऽर्थिजनस्य वक्तुमनसो मा भूत्स ते विद्विषाम् ॥ १९५ ॥ नो कामः प्रतिहन्यते प्रणयिषु स्वप्नेऽपि नाथ त्वया नैवाधःकुरुषे वृषं द्विरसना व्याला न ते वल्लभाः । नो बह्वयस्तव मूर्तयो न च तनुर्नित्यं जडानुग्रहव्यग्रा नो विषमा च दृक्त्वमथ च ख्यातः क्षितावीश्वरः ॥ १९६ ॥ [3]संग्रामाङ्गणमागतेन भवता [4]चापे [5]समारोपिते देवाकर्णय येन येन सहसा यद्यत्समासादितम् । कोदण्डेन शराः शरैररिशिरस्तेनापि भूमण्डलं तेन त्वं भवता च कीर्तिरतुला कीर्त्या च लोकत्रयम् ॥ १९७ ॥ हारानाहर देव चन्द्रधवलान्नो चेत्पयोधेस्तटीं संप्राप्ते त्वयि सैन्यवारणगणैर्मज्जद्भिरक्षोभितम् । सिन्दूरारुणमम्बु मेघपटलीपीतोज्झितं शुक्तिषु स्वल्पैरेव दिनैः करिष्यसि महीमाताम्रमुक्ताफलाम् ॥ १९८ ॥ कृष्णत्वं घनमण्डलस्य गलितं लग्नं मुखे त्वद्द्विषां विद्युद्दाम जगाम तावकमतिं गर्जिर्भवद्दुन्दुभिम् । वृष्टिस्त्वत्परिपन्थिपार्थिववधूनेत्रेषु चक्रे स्थितिं चापं ते वसुधाधिनाथ बलभित्कोदण्डकान्तिः श्रिता ॥ १९९ ॥ नालिङ्गन्ति कुचद्वयं भवदिभप्रोत्तुङ्गकुम्भद्वयत्रासाद्वेणिलतासु नैव दधति प्रीतिं तवासिभ्रमात् । भ्रूभङ्गान्भवदीयदुर्धरधनुर्भ्रान्त्या भजन्ते न ते वैरिक्षोणिभुजो निजाम्बुजदृशां भूमण्डलाखण्डल ॥ २०० ॥ अस्य क्षोणिपतेः [6]परार्धपरया लक्षीकृताः संख्यया प्र[7]ज्ञाचक्षुरवेक्ष्यमाणबधिरश्राव्याः किलाकीर्तयः । गीयन्ते स्वरमष्टमं [8]कलयता जातेन वन्ध्योदरान्मूकानां [9]प्रकरेण कूर्मरमणीदुग्धोदधे रोध[10]सि ॥ २०१ ॥ द्वारं खड्गि[11]भिरावृतं बहिरपि प्रस्विन्नगण्डैर्गजैरन्तः [12]कञ्चुकिभिः स्फुरन्मणिधरैरध्यासिता भूमयः । आक्रान्तं [13]महिषीभिरेव शयनं त्वद्विद्विषां मन्दिरे राजन्सैव चिरंतनप्रणयिनी शून्येऽपि राज्यस्थितिः ॥ २०२ ॥ शौर्ये केसरिणा परोपकरणं कल्पद्रुमे-

---

१ सेनाप्रधान. २ परिवेषो मण्डलीकरणं धनुषस्तं भजते सेवतेऽसौ परिवेषभाक्तस्मिञ्जाते सति. कर्णान्तमाकर्षणेन कुण्डलनां प्राप्ते सतीत्यर्थः. ३ रणे. ४ चन्दनवृक्षः. ५ खड्गः. ६ यथेच्छम्. ७ रिपुमस्तकेष्विति यावत्. ८ कञ्चुकम्. ९ यथा कश्चन सर्पस्तरुस्कन्धे संघट्टनं कुर्वन्स्वं कञ्चुकं परित्यजति तथा त्वत्कृपाणाहिः शत्रुतरुस्कन्धेषु संश्लिष्य यशःकञ्चुकं मुञ्चतीति भावः. १० कौपीनमेव धनं येषाम्; (पक्षे) कौ पृथिव्यां पीनधनाः पुष्टधनाः. ११ आमलकीफलम्; (पक्षे) पृथ्वीफलम्. राज्यमित्यर्थः. १२ न इति पदच्छेदः. गजाश्वसमूहाः; (पक्षे) वाजिनिवहा अश्वसमूहा नदन्ति हेषितं कुर्वन्तीत्यर्थः.

१ क्षयः; (पक्षे) भूमिः. २ समलं सदोषं कृतम्; (पक्षे) सम्यगलंकृतम्. ३ युद्धभूमिम्. ४ धनुषि. ५ सज्जीकृते. ६ परार्धसंख्यामतिक्रान्तया. ७ अन्धः. अस्य राज्ञोऽकीर्तिरेव नास्तीति भावः. ८ स्वीकुर्वता. ९ समूहेन. १० तीरे. ११ खड्गधारिभिः; (पक्षे) गण्डकैः. १२ द्वारपालैः; (पक्षे) सर्पैः. १३ पट्टाभिषिक्तस्त्रीभिः; (पक्षे) महिषस्त्रीभिः.

णार्पितं लावण्यं मकरध्वजेन च शरच्चन्द्रेण शुभ्रं यशः ।
धैर्यं ते कमठाधिपेन विपुलं गाम्भीर्यमम्भोधिना सौभाग्यं
तु तवैव केवलमिदं तत्केन नो विद्महे ॥ २०३ ॥
कामं कामसमस्त्वमत्र जगति ख्यातोऽसि यत्सर्वदा रूपे-
णैव महीपते तव धनुःपाण्डित्यमन्यादृशम् । त्वं यस्मिन्वि-
शिखं विमुञ्चसि तमेवोद्दिश्य मुक्तत्रपं त्रुट्यत्कञ्चुकमुद्गत-
स्पृहमहो धावन्ति देवाङ्गनाः ॥ २०४ ॥ सर्वे लु-
ण्ठितमुद्भटैस्तव भटैस्तेन द्विषत्सुभ्रुवस्त्राणाय त्वयि योजि-
ताञ्जलिपुटं काकूक्तिमातन्वते । त्राणं दूरत एव तिष्ठतु
मनस्तासां त्वया लुण्ठितं तद्गम्भीर वदामि कुप्यसि न
चेत्साधोरयं कः क्रमः ॥ २०५ ॥ कोदण्डस्तव हस्तगो
हृदि वलत्यार्तिस्तव द्वेषिणां त्वं दाता रभसेन मार्गणगण-
स्तानेव संसेवते । देव त्वं तु जयस्यमित्रमनिशं ते यान्ति
वैकुण्ठतां संग्रामे तव भूपते महदिदं चित्रं समालोक्यते
॥ २०६ ॥ मेदिन्यां विषमेषुरित्यनुदिनं शृङ्गारवीरोद्भटा-
चार्यः श्रीजगतीपतिः कमलदृक्कैर्नाम नो गीयते । शय्यायां
च रणाङ्गणे च पतिताः सीदन्ति निश्चेतनाः कामिन्यश्च
विरोधिनश्च शतशो येनामुना खण्डिताः ॥ २०७ ॥ दोर्द-
ण्डद्वयकुण्डलीकृतलसत्कोदण्डचण्डांशुगध्वस्तोद्दण्डविपक्षम-
ण्डलमथ त्वां वीक्ष्य मध्येरणम् । वल्गद्गाण्डिवमुक्तकाण्ड-
वलयज्वालावलीताण्डवभ्रश्यत्खाण्डवरुष्टपाण्डवमहो को न
क्षितीशः स्मरेत् ॥२०८॥ को दण्डं न ददाति देव भवते
कोदण्डमातन्वते को नारातिरुपैति पारमुदधेः कोणारुणे
लोचने । का कुञ्जान्तरमेत्य वैरितरुणी काकुं न वा भाषते
राजन्गर्जति वारणे तव पुरः को वा रणे वर्तताम् ॥२०९॥
दृष्ट्वा मण्डलमध्यलभ्रमधुलिड्वितण्डलक्षस्फुरत्तत्कोदण्डलसल्ल-
तेषु लहरीः को न क्षमाखण्डले । स्वारात्ताण्डवभागकाण्ड-
वनभुग्धाराज्वलत्खाण्डवक्रुध्यत्पाण्डवकाण्डवर्षमतुलं ब्रह्मा-
ण्डवर्त्म स्मरेत् ॥ २१० ॥ आलानं[1] जयकुञ्जरस्य दृषदां[2]
सेतुर्विपद्वारिधेः पूर्वाद्रिः[3] करवालचण्ड[4]महसो लीलोपधानं
श्रियः । संग्रामामृतसागरप्रमथन[5]क्रीडाविधौ मन्दरो[6] राज-
न्राजति वैरिराजवनितावैधव्यदस्ते भुजः ॥ २११ ॥ लाव-
ण्यौकसि सप्रतापगरिमण्यग्रेसरे त्यागिनां देव त्वय्यवनीभ-
रक्षमभुजे निष्पादिते वेधसा । इन्दुः[1] किं घटितः किमेष
विहितः पूषा[2] किमुत्पादितं चिन्तारत्न[3]महो मुधैव किमभी
सृष्टाः कुल[4]क्ष्माभृतः ॥ २१२ ॥ नानाभूषणभूषितः प्रति-
भयापात्रं प्रभूता स्थितिर्भारासक्तकरो भवाधिकरुचिर्भूरी-
कृताश्वद्विपः । शश्वत्संगतभासमानमुकुटो भिक्षुप्रवृद्धा-
दरस्त्वं राजेन्द्र रिपुस्तथापि नितरां भेदः परं भेद-
कृत् ॥ २१३ ॥ प्रत्यावासकसज्जतां प्रथमतस्त्वां यो-
द्धुमुत्कण्ठिता योधास्तेऽभिसृता मनागरिचमूः स्वाधीन-
नाथा स्थिता । भीत्या प्रोषितभर्तृका समभवत्त्वत्खड्गयकैः
खण्डिता दूरादन्तरिता विधाय कलहं हा विप्रलब्धा विधे
॥ २१४ ॥ प्रामाण्यं स्वत एव नैव परतो विज्ञायते मा-
नता शब्दस्यापि यथार्थता स्तुतिवचोराशेर्मनोवृत्तयः । विश्व-
व्यापकतां गतो न च महानन्यो भ्रमः क्वापि ते नास्ते देव
मतं किमस्ति भवतः शास्त्रेषु न ज्ञायते ॥ २१५ ॥ प्रा-
माण्यं परतः स्वतोऽपि भवतो विज्ञायते सन्मते भूमीन्द्र
प्रचुरक्षणस्थिरतया वर्णाश्चिरं स्थापिताः । सर्वज्ञैकसदीश्वरो-
ऽपि न परं ब्रूते भवानीश्वरं तन्नैयायिकनायकस्य भवतो
मीमांसकत्वं कुतः ॥ २१६ ॥ एकं वस्तु यदस्ति विश्वज-
नतानन्दप्रमोदात्मकं सत्यं तत्त्वमसीति वाक्यमखिलं त्वय्येव
विश्राम्यति । त्वामाकर्ण्य न किंचिदन्यदवनीशृङ्गार भो मन्यते
त्वय्यासे जनकादिकीर्तिजनके किं ज्ञानमीमांसया ॥२१७॥
त्वद्बाणेषु यमो जयेषु नियमः पाते स्थिरं चासनं भ्रान्तौ
श्वासविनिग्रहो गुणगणे प्रत्याहृतिः श्रीमतः । ध्यानं शूलिनि
धारणा च धरणेर्धर्मे समाधिर्यतस्तन्निर्विण्णहृदः किमीश्वर-
परे वाञ्छन्ति पातञ्जले ॥ २१८ ॥ दृष्टान्तो न तवास्ति
वाचि न च ते संदेहलेशः क्वचिद्व्याजोक्तिर्न कदापि शा-
स्त्रकलने नैवानुमाने रुचिः । सामान्यं च विशेषतन्न मनुषे
नाक्षेपबुद्धिर्मनाग्व्याघातोऽपि न वा मुखेऽप्यथ कथं साहि-
त्यतर्कज्ञता ॥ २१९ ॥ मेघो भाति जलेन गौस्तु पयसा
विद्वन्मुखं भाषया तारुण्येन च कामिनी मधुरया वाण्या
पिकः खं जलात् । मालिन्यान्नयनं श्रिया च सदनं ताम्बू-
लरागान्मुखं ब्रह्माण्डं सकलं त्वया नरपते भाति स्म चित्रं
महत् ॥ २२० ॥ दारिद्र्योपहतो यथा घनधनं चान्द्री

१ बन्धनस्तम्भः. २ अनेनास्य सेतोरविनश्वरत्वं सूचितम्. ३ उदयाचलः. ४ सूर्यः. ५ विलोडनलीला. ६ यथा क्षीराब्धिमन्थने मन्दराचलस्तथा सङ्ग्रामामृतसागरविलोडने त्वद्भुजः. यथा च तत्रामृतमुत्पन्नं तथात्र यश इति भावः.

१ यतस्त्वमेव विमलसकललावण्यगृहमतस्त्वत्पुरः सकलङ्कस्य चन्द्रस्य लावण्यमयत्वेन घटनं व्यर्थमेवेति भावः. २ यतः पूषा त्वत्प्रतापगरिमलक्षांशमपि नाप्नोतीति भावः. ३ यतश्चिन्तारत्नस्यायं प्रभावो यद्याचकयाचितार्थानां सद्य एव पूरणं भवति तच्च त्वत्त एव भवतीति. अतश्चिन्तामण्युत्पत्तिर्वृथेति भावः. ४ यतः पृथ्वीभारस्त्वया भुजाभ्यामेव धारितोऽतस्तदुत्पत्तिर्व्यर्थेति भावः.

चकोरः प्रभां कामार्तस्तरुणीं क्षुधापरिगतः सद्यन्नं भोजनम्। सन्छिष्यः सुगुरुं वियोगविधुरो वत्सो यथा मातरं तद्वद्वः सततं स्मरामि मनसा मद्वत्सलाञ्श्रीमतः॥ २२१॥ लक्ष्मीस्ते सदने सदा विहरतां वित्ते च चिन्तामणिः स्वर्धेनुस्तव गोकुले सुरतरुश्चारामभूमौ तत्र। वार्णा ते वदने दया नयनयोर्दानं करे चान्वहं विष्णुश्चेतसि ते मतिश्च वसतां कीर्तिश्च लोकत्रये॥ २२२॥ गङ्गायत्यसितापगा फणिगणः शेषीयति श्रीपतिः श्रीकण्ठीयति कैरवीयति कुलं नीलोत्पलानां च वै। कर्पूरीयति कज्जलं पिककुलं लीलामरालीयति स्वःकुम्भीयति कुम्भिनामपि घटा त्वत्कीर्तिसंघट्टतः॥ २२३॥ लक्ष्मीस्ते हृदि भारती च वदने मौलौ सदा केशवश्चण्डी ते भुजदण्डयोर्गुणनिधे गेहे कुबेरस्थितिः। चित्तं नाथ तवास्तु धर्मसदने दानप्रसङ्गः करे सर्वास्ते विपदः प्रयान्तु विपिने त्वं दीर्घजीवी भव॥ २२४॥ आयुस्ते नरवीर वर्धतु सदा हेमन्तरात्रिर्यथा लोकानां प्रियवर्धनो भव सदा हेमन्तसूर्यो यथा। लोकानां भयवर्धनो भव सदा हेमन्ततोयं यथा नाशं यान्तु तवारयोऽपि सततं हेमन्तपद्मं यथा॥ २२५॥ यद्बाहू वहतः पराक्रमहतप्रत्यर्थिसीमन्तिनीचक्षुःकज्जलकालिकामिव धनुर्मौर्वीकिणश्यामिकाम्। यद्दोर्दुर्मदकर्मकार्मुकगुणप्रोत्तालकोलाहलैर्वैरिस्त्रीकलमेखलाकलकलाः पीता इवास्तं गताः॥ २२६॥ सौन्दर्यं मदनादपि प्रथयति प्रौढिप्रकर्षं पुरां भेत्तारं मदनारिमप्यधरयत्युद्दामदोःक्रीडितम्। मुग्धत्वं मदनारिमौलिशशिनोऽप्युत्कर्षमालम्बते मूर्तैस्तत्किमसौ रसैर्विरचितः शृङ्गारवीराद्भुतैः॥ २२७॥ आदाय प्रतिपक्षकीर्तिनिवहान्ब्रह्माण्डभूषान्तरे निर्विघ्नं धमता नितान्तमुदितैः स्वैरेव तेजोभिभिः। तत्तादृक्पुटपाकशोधितमिव प्राप्तं गुणोत्कर्षिणां पिण्डस्थं च महत्तरं च भवता निःक्षारतारं यशः॥२२८॥ व्यासं[१] नैकतयास्थितं श्रुतिगणं[२] जन्मी[३] न वल्मीकतो नाभौ नाभवमच्युतस्य[४] सुमहद्भाष्यं च नाभाषिषम्[५]। चित्रार्थां न बृहत्कथामचकथं[६] सुत्राम्णि[७] नासं गुरुर्देव त्वद्गुणवृन्दवर्णनमहं कर्तुं[८] कथं शक्नुयाम्॥ २२९॥ एकाभूत्कुसुमायुधेषुधिरिव प्रव्यक्तपुङ्खावली जेतुर्मङ्गलपालिकेव पुलकैरन्या कपोलस्थली। लोलाक्षीं क्षणमात्रभाविविरहक्लेशासहां पश्यतो द्रागाकर्णयतश्च वीर भवतः प्रौढाहवाडम्बरम्॥ २३०॥ येषां दोर्बलमेव दुर्बलतया ते संमतास्तैरपि प्रायः केवलनीतिरीतिशरणैः कार्यं किमुर्वीश्वरैः। ये क्ष्माशक्र पुनः पराक्रमनयस्वीकारकान्तक्रमास्ते स्युर्नैव भवादृशास्त्रिजगति द्वित्राः पवित्राः परम्॥ २३१॥ अत्युच्चाः परितः स्फुरन्ति गिरयः स्फारास्तथाम्भोधयस्तानेतानपि बिभ्रती किमपि न क्लान्तासि तुभ्यं नमः। आश्चर्येण मुहुर्मुहुः स्तुतिमिति प्रस्तौमि यावद्भुवस्तावद्बिभ्रदिमां स्मृतस्तव भुजो वाचस्ततो मुद्रिताः॥ २३२॥ येषां कण्ठपरिग्रहप्रणयितां संप्राप्य धाराधरस्तीक्ष्णः सोऽप्यनुरज्यते च कमपि स्नेहं[३] परामोति च। तेषां संगररङ्गसक्तमनसां राज्ञां त्वया भूपते पांसूनां पटलैः प्रसाधनविधिर्निर्वर्त्यते कौतुकम्॥ २३३॥ द्वेष्याकीर्तिकलिन्दशैलसुतया[४] नद्यास्य यद्दोर्द्वयीकीर्तिश्रेणिमयी समागममगाद्गङ्गा रणप्राङ्गणे। तत्तस्मिन्विनिमज्ज्य बाहुजभटैरारम्भि[५] रम्भापरीरम्भानन्दनिकेतनन्दनवनक्रीडादराडम्बरः॥ २३४॥ अस्मिन्दिग्विजयोद्यते पतिरयं मे स्यादिति ध्यायति कम्पं सात्त्विकभावमञ्चति रिपुक्षोणीन्द्रदारा धरा। अस्यैवाभिमुखं निपत्य समरे यास्यद्भिरूर्ध्वं निजः पन्थाः[९] भास्वति[१०] दृश्यते बिलमयः प्रत्यर्थिभिः पार्थिवैः॥२३५॥ विद्राणे रणचत्वरादरिगणे[१२] त्रस्ते समस्ते पुनः कोपात्कोऽपि निवर्तते यदि भटः कीर्त्या जगत्युद्भटः[१३]! आगच्छन्नपि संमुखं विमुखतामेवाधिगच्छत्यसौ[१४] द्रागेतच्छुरिकारयेण[१५] ठणिति च्छिन्नापसर्पच्छिराः॥ २३६॥ हित्वा दैत्यरिपोरुरः[१६] स्वभवनं शून्यत्वदोषस्फुटासीदूर्णमर्कटकीटकृत्रिमसितच्छत्रीभवत्कौस्तुभम्[१७][१८]। उज्झित्वा निजसद्म पद्ममपि तद्व्यक्तावनद्धीकृतं[१९] लूतातन्तुभिरन्तरद्य भुजयोः श्रीरस्य[२०] विश्राम्यति॥ २३७॥ सिन्धोर्जैत्रमयं[२१] पवित्रमसृजत्तत्कीर्तिपूर्ताद्भुतं[२२] यत्र स्नान्ति जगन्ति सन्ति कवयः के वा न वाचंयमाः[२३]।

१ अनेकशाखारूपेण न विस्तारितवान्. तत्कर्ता व्यासो नाभवमित्यर्थः. २ वेदसमूहम्. ३ नाहं वाल्मीकिरित्यर्थः. ४ नाहं चतुर्मुख इत्यर्थः. ५ नाहं सहस्रजिह्व इत्यर्थः. ६ नाहं गुणाढ्य इत्यर्थः. ७ इन्द्रे. ८ नाहं वाचस्पतिरित्यर्थः.

१ विस्तीर्णाः. २ खड्गम्. ३ तैलादि; (पक्षे) मिश्रत्वम्. ४ यमुनया. ५ क्षत्रियभटैः. ६ एतद्विरोधिनां मरणमेव शरणमिति भावः. ७ औत्पातिके भूकम्पे सात्त्विकोत्प्रेक्षा. ८ प्राप्नोति. ९ ऊर्ध्वलोकम्. १० आसन्नमृत्योरादित्यमण्डलं सच्छिद्रमिव दृश्यते. ११ सूर्यमण्डले. १२ रणाङ्गणात्. १३ प्रसिद्धः. १४ पराङ्मुखत्वम्; (पक्षे) विगतमुखत्वम्. १५ ठणिति कश्चिदनुकरणशब्दः. १६ विष्णोः. १७ रिक्ततादोषः. १८ तन्तुवायकीटाः. १९ बद्धम्. २० लक्ष्मीः. २१ जेतृ जयशीलम्. २२ खातम्. २३ सर्वेऽपि कवयो मौनिनो भवन्ति. वर्णयितुमशक्यत्वादिति भावः.

यद्बिन्दुश्रियमिन्दुरञ्चति जलं चाविश्य दृश्येतरो[1] यस्यासौ[2] जलदेवतास्फटिकभूर्जागर्ति यागेश्वरः[3] ॥ २३८ ॥ युद्धा द्याभिमुखं रणस्य चरणस्त्वैवादसीयस्य[4] वा बुद्धान्तः स्वपरान्तरं निपतताममुन्मुच्य बाणावलीः । छिन्नं वावनतीभवन्नि-[5] ज्जभियः खिन्नं भरेणाथवा[6] राज्ञानेन हठाद्विलोठितमभूद्धमावरीणां[7] शिरः ॥ २३९ ॥ राज्ञामस्य शतेन किं कलयतो हेतिं[8] शतघ्नीं[9] कृतं लक्षैर्लक्षमिदो[10] दृशैव जयतः पद्मानि[11] पक्षेरलम्[12] । कर्तुं सर्वपरच्छिदः[13] किमपि नो शक्यं परार्धेन[14] वा तत्संख्यैपगमं[15] विनास्ति न गतिः काचिद्वृतैस्तद्द्विषाम् ॥ २४० ॥ क्षीरोदन्वदपः प्रमथ्य[16] मथिता[17] देशेऽमरैर्निर्मिते[18] स्वाक्रम्यं[19] सृजतस्तदस्य यशसः क्षीरोदसिंहासनम् । केषां नाजनि वा जनेन जगतामेतत्कविस्वामृतस्रोतःप्रोतपिपासुकर्णकलसीभाजाभिषेकोत्सवः ॥ २४१ ॥ निस्त्रिंशैत्रुटितारिवारणघटाकुम्भा-[21] स्थिकूटावटस्थानस्थायुकमौक्तिकोत्करकिरः[22] [23] [24] [25] कैरस्य नायं करः । उन्नीतश्चतुरङ्गसैन्यसमरत्वङ्गत्तुरंगक्षुरक्षुण्णासु क्षितिषु क्षिपन्न्निव[26] [27] [28] [29] यशःक्षोणीजबीजव्रजम्[30] ॥ २४२ ॥ यत्कस्यामपि भानुमान्न[31] ककुभि स्थेमानमालम्बने[32] जातं यद्वनकाननैकशरणप्रासेन दावाग्निना । एषैतद्भुजतेजसा विजितयोस्तावत्तयोरौचिती[33] धिक्तं वाडवमम्भसि[34] द्विषि भिया येन प्रविष्टं पुनः ॥ २४३ ॥ आत्मन्यस्य समुचितीकृतगुणस्याहोतरामो-[35] चिता यद्रात्रान्तरवर्जनादजनयद्भ्राजानिरेष द्विषाम्[36] । भूयोऽहंक्रियते स्म येन च हृदा स्कन्धो न यश्चानमत्तन्मर्माणि दलंदलं[37] समिदलंकर्मीणबाणव्रजः[38] ॥ २४४ ॥ यद्भर्तुः कुरुतेऽभिषेणनमयं[39] शक्रो भुवः सा ध्रुवं दिग्दाहैरिव भस्मभिर्मघवता सृष्टैर्धृतोद्धूलना[40] । शंभोर्मा बत सांध्यवेलनटनं भाजि[41] व्रतं द्रागिति क्षोणी नृत्यति मूर्तिरष्टवपुषोऽसृग्वृष्टिसंध्याधिया ॥ २४५ ॥ प्रागेतद्वपुरामुखेन्दु सृजतः स्रष्टुः समग्रस्त्विषां कोषः शोषमगादगाधजगतीशिल्पेऽप्यनल्पायितः[1] । निःशेषद्युतिमण्डलव्ययवशादीषल्लभैरेष[2] वा शेषः केशमयः किमन्धतमसस्तोमैस्ततो निर्मितः ॥ २४६ ॥ अस्यारिप्रकरः शरश्च नृपतेः संख्ये[3] पतन्तावुभौ सीत्कारं च न संमुखौ रचयतः कम्पं च न प्राप्नुतः । तद्युक्तं न पुनर्निवृत्तिरुभयोर्जागर्ति[4] यन्मुक्तयोरेकस्तत्र भिनत्ति मित्रमपरश्चामित्रमित्यद्भुतम्[5] ॥ २४७ ॥ एतस्योन्नतसर्वकर्मकृतिनस्त्रैलोक्यचूडामणेः शंभुब्रह्मपुरंदरप्रभृतयः स्तुत्यै न शक्ता यदि । देवः पन्नगनायको भगवती वाणी स्वयं चेज्जडा सौन्दर्यस्य निरूपणे वद कथं शक्तो भवेन्मानवः ॥ २४८ ॥ अर्धं दानववैरिणा गिरिजयाप्यर्धं[7] हरस्याहृतं देवेत्थं भुवनत्रये स्मरहराभावे समुन्मीलति[8] । गङ्गा सागरमम्बरं शशिकला शेषश्च पृथ्वीतलं सर्वज्ञत्वमधीश्वरत्वमगमत्त्वां मां च भिक्षाटनम् ॥ २४९ ॥ अन्यास्ता गुणरत्नरोहणभुवो[9] धन्या मृदन्यैव सा संभाराः खलु तेऽन्य एव विधिना यैरेव सृष्टो युवा । श्रीमत्कान्तिजुषां द्विषां करतलात्स्त्रीणां नितम्बस्थलाद्दृष्टे यत्र पतन्ति मूढमनसामस्त्राणि वस्त्राणि च ॥ २५० ॥ यैर्दृष्टोऽसि[10] तदा ललाटपतितप्रासप्रहारो युधि स्फीतासृक्स्नुतिपाटलीकृतपुरोभागः परान्दारयन् । तेषां दुःसहकामदेहदहनप्रोद्भूतनेत्राञ्चलज्वालालीभरभासुरे पुरिपावस्तं गतं कौतुकम् ॥२५१॥ येऽणुत्वं मनसि स्वके विवृणुते रीत्या कयापि स्फुटं काणादाचरणस्य तत्समुचितं मन्ये प्रतिक्ष्माभृताम् । न्यायाभिज्ञतमोऽपि यत्प्रथयसे चित्ते महत्त्वं निजे मीमांसामतपक्षपातत इदं मन्ये त्वयाङ्गीकृतम् ॥ २५२ ॥ ये लब्धाश्रयमायतः फलभृतं कुर्वन्ति किंचिद्गुणं वार्धौ वारिमुचो न कस्य विदितास्ते कर्ममीमांसकाः । आलोच्यैव निराश्रयान्कलभैः संबन्धतः सद्गुणाञ्श्रीमद्राम तवाद्भुतं पुनरिदं मीमांमकत्वं स्तुमः ॥ २५३ ॥ त्रैलोक्याभयलम्भकेन भवता वीरेण विस्तारितः सज्जीभूतमुहूर्तमण्डलधनुःपाण्डित्यमाखण्डलः । किं चाजस्रमखार्पितेन हविषा संफुल्लमांसोल्लसत्सर्वाङ्गीणवलीविलुप्तनयनव्यूहः कथं वर्तते ॥ २५४ ॥

१ सावर्ण्याददृश्यः. २ इन्दुः. ३ शिवलिङ्गः. ४ अमुष्य. ५ नम्रीभवत्. ६ भारेण. ७ परिवर्तितम्. ८ आयुधम्. ९ अलम्. १० लक्षसंख्या; (पक्षे) शरव्यम्. ११ पद्मसंख्याः (पक्षे) अब्जानि. १२ पद्मसंख्याभिः. १३ शत्रुच्छिदः. १४ परार्धसंख्यया; (पक्षे) परेषामरीणामर्धेन. १५ एकत्वादिः; (पक्षे) युद्धम्. १६ विलोड्य. १७ मथनोद्भूतो निर्जलो दधिक्षीरविकारः. १८ रूपान्तरे. रूपान्तरापादनेन क्षीराब्धावभावं गमिते सतीत्यर्थः. १९ स्वेनाक्रमणार्थम्. २० पूरिते. २१ खड्गः. २२ संघातः. २३ गर्तप्रदेशः. २४ स्थायिनः. २५ समूहः. २६ उत्प्रेक्षितः. २७ संचरत्. २८ कुट्टासु. २९ वपन्निव. ३० वृक्षः. ३१ सूर्यः. ३२ स्थिरत्वम्. ३३ औचित्यम्. ३४ अग्नेर्जलम्. सहजद्वेषि तस्मिन्. ३५ समाहृतगुणस्य. ३६ दण्डनमकरोदित्यर्थः. ३७ दलयित्वा. ३८ अमोघबाण इत्यर्थः. ३९ सेनयाभियानम्. ४० धृतभस्मानुलेपना. ४१ मा अभञ्जि.

१ सुलभैः. २ युगपत्. ३ दुःखाभावात्; (पक्षे) निर्गलभावात्. ४ भयाभावात्; (पक्षे) दुष्प्रयोगाभावात्. ५ अगमादिति भावः; (पक्षे) प्रत्यक्षादिति भावः. ६ संसारादित्यर्थः; (पक्षे) चापादित्यर्थः. ७ सूर्यम्; (पक्षे) यथाश्रुतम्. ८ हरिणा-हरिहरात्मकस्यैकस्य विग्रहस्य प्रतिष्ठेः. ९ प्रकाशमाने. १० पर्वतविशेषः.

कल्पक्षोणिरुहोऽयमित्यनुदिनं भूमीसुरैर्भाव्यसे कामोऽसाविति कामिनीभिरभितश्चित्ते चिरं चिन्त्यसे । श्रीनारायण एव केवलमिति प्रेम्णा श्रिया ध्यायसे त्वं कालोऽयमिति प्रतिक्षितिधरैरेकोऽप्यनेकात्मभृत् ॥ २५५ ॥ नीतिश्रीमुकुरो जयध्वजनवस्तम्भः प्रतापांशुमत्पूर्वा दिक्परिपन्थिभूपतिमहासंपन्मृगीवागुरा । उद्यत्पुण्यलतालवालमतनून्मत्तद्विपालानकं यः श्रीकेलिनिकेतनं गुणमणिश्रेणी नवीनाकरः २५६ रत्नान्यम्बुधितोयगर्भमगमन्मेरुः सुराश्रिश्रेये स्वीयाङ्के कमलां निधाय विदधे निद्रां हरिर्नीरधौ । यस्मिन्दित्सति भूरि दातरि नृणां भालस्थले दुर्लिपिं व्रीडानम्रशिराः कमण्डलुमयं जग्राह मार्ष्टुं विधिः ॥ २५७ ॥ लक्ष्मीश्चेन्न सरस्वती तदुभयं यद्यस्ति नोदारता सा चैतत्रितयं भवेच्च कुहचित्पुण्यैरगण्यैरपि । सौजन्यं न विजृम्भते तदपि चेन्नास्तेऽवकम्पा मतिस्तत्सर्वं परमेश्वरस्य कृपया त्वय्येव संभाव्यते ॥ २५८ ॥ शत्रूणां यमदण्डतां मृगदृशां कंदर्पकोदण्डतां गीर्वाणद्रुमभावमर्थिविदुषां मध्ये त्रयाणामिति । आश्चर्यं मनुजेन्द्ररत्न भवतो यद्बाहुदण्डद्वयं नानात्वं गतमेकमेव जगतां मध्ये त्रयाणामिति ॥ २५९ ॥ रक्तेनैव विलोचनेन करुणारत्नाकरेण त्वया दृश्यन्ते नरदेवरत्न सुहृदां विद्वेषिणो नो नृपाः । किं सिक्ताः प्रथमं सुधाभिरभवन्दावानलैः किं परैः पूर्वं पल्लविताः कुतः किमपरे भस्मत्वमासादितम् ॥ २६० ॥ या लाक्षावलयानि बाहुयुगले कण्ठे च काचस्रजं मन्यन्ते बहुभूषणानि वनिता दीनद्विजानां पुरा । ता माणिक्यचितानि हेमवलयान्युज्झन्ति मुक्तास्रजं यद्वाराद्बहुदानशील नृपते त्वत्त्यागलीलायितम् ॥ २६१ ॥ मेरुर्दूरगतो हिमालयगिरिः प्रालेयरूपोऽभवच्चन्द्रे श्रीसहजेऽपि याचकभयात्क्षीणत्वमुन्मीलति । कौपीनं कृतवान्हरोऽपि भगवान्विष्णुर्जलं सेवते वारां राशिरपेयतामुपगतः को नाम दातुं क्षमः ॥ २६२ ॥ कल्याणं भवतां यशः प्रसरतां धर्मः सदा वर्धतां संपत्तिः प्रथतां प्रजा प्रणमतां शत्रुक्षयो जायताम् । वाक्यं संवदतां वपुः प्रभवतां लक्ष्मीपतिः प्रीयतामायुस्ते शरदां शतं विजयतां दानाय दीर्घायुषे ॥ २६३ ॥ दृष्ट्वैवाङ्कुशमुद्रया निगडितो दारिद्र्यदन्तावलो वाचा सुन्दर्यार्चया मम कृतो गङ्गावगाहोत्सवः । अभ्युत्थाननमस्क्रियार्घघटनैर्मानोऽपि दानोत्तरो लीलेयं भवता वयं तु विदुषां मूर्धानमध्यासिताः ॥ २६४ ॥ पद्मा सद्मनि केशवस्य गहने रत्नानि रत्नाकरे हेमाद्रिर्हिमसानुना व्यवहितः स्वर्गे सुराणां तरुः । जम्बुद्वीपधरासु भूमिपतयो जाम्बूनदैर्दुर्मदास्त्वं तावत्सकलाश्रयेऽसि सुलभो भाग्यैर्द्विजानामिह ॥ २६५ ॥ राजन्नभ्युदयोऽस्तु जीव शरदां साग्रं शतं तेऽरयो रोगैर्यान्तु लयं यशःशशधरः काष्ठासु देदीप्यताम् । शिष्टान्पाहि बुधान्नय प्रणतिभिर्देह्यर्थिनां स्वं सदा वाणी ते वदने रमा प्रतिदिनं गेहे भुजे स्ताज्जयः ॥ २६६ ॥ प्रभ्रश्यच्छ्रुतिमस्तकः प्रविगलत्सद्वर्णविप्रस्थितिर्नश्यत्स्वाङ्गबलः प्रनष्टवचनप्राग्भावपूर्णस्मृतिः । वृद्धोऽत्यन्तमयं स्वयं कलिमहाम्लेच्छेन निर्मूलितो धर्मः संप्रति चाल्यते तव करालम्बेन भूमीपते ॥ २६७ ॥ बन्दीकृत्य नृप द्विषां मृगदृशस्ताः पश्यतां प्रेयसां श्लिष्यन्ति प्रणयन्ति लान्ति परितश्चुम्बन्ति ते सैनिकाः । अस्माकं सुकृतैर्दृशोर्निपतितोऽस्यौचित्यवारांनिधे विध्वस्ता विपदोऽखिलास्तदिति तैः प्रत्यर्थिभिः स्तूयते ॥ २६८ ॥ हित्वा त्वामुपरोधशून्यमनसां मन्ये न मौलिः परो लज्जावर्जनमन्तरेण न रमामन्यत्र संदृश्यते । यस्त्यागं तनुतेतरां मुखशतैरेत्याश्रितायाः श्रियः प्राप्य त्यागकृतावमाननमपि त्वय्येव यस्याः स्थितिः ॥ २६९ ॥ धर्मं पालय नन्दय द्विजगणान्रामं समाराधय प्रत्यर्थिक्षितिपालभूरुहवनं निर्मूलमुन्मूलय । कान्ताचित्तसरोजसौभगवने भृङ्गत्वमासादय स्फीतां कीर्तिमशेषलोकजयिनीमाकल्पमाकल्पय ॥ २७० ॥ ऐश्वर्यं नहुषस्य शंभुविषयश्रद्धा दशास्यस्य सा शौर्यं श्रीरघुनायकस्य सहजं गाम्भीर्यमम्भोनिधेः । दातृत्वं बलिकर्णयोरिह जगत्येकत्र चेत्स्यात्तदा श्रीवीरक्षितिपालमौलिनृपतेः साम्यं कथंचिद्भवेत् ॥ २७१ ॥ भिक्षुद्वारि सदानवारिमधुपश्रेणीमिभान्दूभ्रमाद्दत्ते यन्तृवधूर्वधूकरतलं शोणाम्बुजाशङ्कया । सैवान्वेति पलायितेति चकिता हस्ताग्रमाधुन्वती मुग्धा वीरमहीपते तदखिलं त्वद्दानलीलायितम् ॥ २७२ ॥ श्रीवीर क्षितिपाल ते सुललितं दानोद्यमे यद्वचः क्वास्ते सर्वहिरण्यमित्युदभवत्तत्कालमाकर्ण्य तत् । तापः प्राप हिरण्यरेतसि जनिं जाड्यं हिरण्याचले स्वेदाम्भोऽपि हिरण्यगर्भवपुषि स्वापाय संत्रासतः ॥ २७३ ॥ राजानः शशिभास्करान्वयभुवः के के न संजज्ञिरे भर्तारं पुनरेकमेव हि भुवस्त्वां वीर मन्यामहे । येनाङ्गं परिमृद्य कुन्तलमथाकृष्य व्युदस्यायतं चोलं प्राप्य च मध्यदेशमसकृत्काङ्क्ष्यां करः प्रापितः ॥ २७४ ॥ स्वान्ते वैभवमस्ति नैव परतः प्रामाण्यनिर्धारणं नैवातद्वति तत्प्रकारकमतिर्नैवोपमानं तव । त्वद्देशेषु विभाति न च्छलकथा नो वा क्वचित्संशयः श्रीवीर

१ आलानकं गजबन्धनस्तम्भः. २ दयासागरेण.

१ अन्दूः पादशृङ्खला.

प्रथिता कथं पुनरियं नैयायिकत्वप्रथा ॥ २७५ ॥ वीर क्षीरसमुद्रसान्द्रलहरीलावण्यलक्ष्मीमुषस्त्वत्कीर्तेस्तुलनां मृगाङ्कमलिनो धत्तां कथं चन्द्रमाः । स्यादेतत्त्वदरातिसौधशिखरप्रोद्भूतदूर्वाङ्कुरग्रासव्यग्रमतिः पतेद्यदि पुनस्तस्याङ्कशायी मृगः ॥ २७६ ॥ श्रीमद्वीर महीमहेन्द्र भवतः प्रस्थानकालोद्भवद्वाद्यादित्रध्वनिभीतभानुहरयो द्रागम्बरं प्रागमन् । तस्मिन्नेवमुपद्रवे किल विपर्यस्ते समस्ते रवेर्युग्याः सप्तरथाङ्गमेकमपदः सूतश्चिरादुद्गमः ॥ २७७ ॥ गर्वग्रन्थिलगुर्जरज्वरकरः कर्णाटकर्णाटवीदावाग्निर्द्रविडेन्द्रवीर्यदलनो गौडेन्द्रनिद्राहरः । हम्मीरप्रमदामदालसलसद्भ्रूनर्तनस्तम्भनप्रस्थाने तव वीर डिण्डिमचमत्कारः समुज्जृम्भते ॥२७८॥ चिन्तागम्भीरकूपादनवरतचलद्भूरिशोकारघट्टव्याकृष्टं निःश्वसन्त्यः पृथुनयनघटीयन्त्रनिर्मुक्तधारम् । नासावंशप्रणालीविषमपथपतद्बाष्पपानीयमेता देव त्वद्वैरिनार्यः कुचकलशयुगेनान्वहं संवहन्ति ॥ २७९ ॥ त्वत्प्रारब्धप्रचण्डप्रधननिर्धनितारातिवीरातिरेकक्रीडत्कीलालकुल्यावलिभिरलभत स्यन्दमाकन्दमुर्वी । दम्भोलिस्तम्भभास्वद्भुज भुजगजगद्भर्तुराभर्तुरेनां तेनायं मूर्ध्नरत्नद्युतिततिमिषतः शोभते शोणभावः ॥ २८० ॥ आसीदासीमभूमीवलयमलयजालेपनेपथ्यकीर्तिः सप्ताकूपारपारीसदनजनघनोद्गीतचापप्रतापः । वीरादस्मात्परः कः पदयुगयुगपत्पातिभूपातिभूयश्चूडारत्नोडुपलीकैरपरिचरणामन्दनन्दन्नखेन्दुः ॥ २८१ ॥ एतेनोत्कृत्तकण्ठप्रतिसुभटनटारब्धनाट्याद्भुतानां कष्टं द्रष्टैव नाभूद्भुवि समरसमालोकिलोकास्पदेऽपि । अश्वैरश्वैरवेगैः कृतखुरखुरलीमङ्क्षुसंक्षुद्यमानक्ष्मापृष्ठोत्तिष्ठदन्धंकरणरणधुरोरेणुधारान्धकारात् ॥ २८२ ॥ मन्दोद्धूतैः शिरोभिर्मणिभरगुरुभिः प्रौढरोमाञ्चदण्डस्फायन्निर्मोकसंधिप्रसरदविगलत्संमदस्वेदपूराः । जिह्वायुग्मामिपूर्णाननविषमसमुद्गीर्णवर्णाभिरामं वेलाशैलाङ्कभाजो भुजगयुवतयस्त्वद्गुणानुद्गृणन्ति ॥ २८३ ॥ आ शैलेन्द्राच्छिलान्तःस्खलितसुरधुनीशीकरासारशीतादा तीरान्नैकरागस्फुरितमणिरुचो दक्षिणस्यार्णवस्य । आगत्यागत्य भीतिप्रणतनृपशतैः शश्वदेव क्रियन्ते चूडारत्नांशुगर्भास्तव चरणयुगस्याङ्गुलीरन्ध्रभागाः ॥ २८४ ॥ श्रावंश्रावं त्वदीयं गुणगणमखिलं सर्वदा याचकेभ्यस्त्वत्प्राप्ताभीप्सितेभ्यः सकलविषयजं भूपवर्गं विहाय । त्वत्तोऽहं प्राप्तुमिच्छुर्विबुधतिलकतां त्वत्समीपेऽतिदूरादायातस्त्वं शतायुर्भव कुरु च तथा येन नान्यं भजेऽहम् ॥ २८५ ॥ विद्यावन्तो विनीताः प्रसभमभिसभं वाक्प्रपञ्चेषु जीवाः के वा नैवारभन्ते त्रिजगति विततां कीर्तिवल्लीमतल्लीम् । तेषामाधारभावं भुवनभरभृतो बिभ्रतो ये लसन्ते ते तु त्रैलोक्यतुङ्गा विमलफलजुषः स्वःपतिं स्वल्पयन्ति ॥ २८६ ॥ वक्त्राम्भोजं सरस्वत्यधिवसति सदा शोण एवाधरस्ते बाहुः काकुत्स्थवीर्यस्मृतिकरणपटुर्दक्षिणस्ते समुद्रः । वाहिन्यः पार्श्वमेताः क्षणमपि भवतो नैव मुञ्चन्त्यभीक्ष्णं स्वच्छेऽन्तर्मानसेऽस्मिन्कथमवनिपते तेऽम्बुपानाभिलाषः ॥ २८७ ॥ केचिद्बद्धाः सहेलं निजभवनगता मोचिताः केऽपि केचिद्देहाद्देहान्तराणि क्षणमपि गमिताः केऽपि नीता निबन्धम् । हत्वा हत्वा च केचित्प्रतिपदमुदयं प्रापिता व्यर्थभावं क्षोणीनाथस्य तस्योन्नतभुजपरिघेनारयः सारयश्च ॥ २८८ ॥ उच्चैः कल्याणवाही करजितवसुधः सर्वदा पूर्णकामो विख्यातः कर्णवृत्त्या न च वचसि कटुश्चित्रपाकानुभावी । कोषापेक्षी परस्मादुचितबहुकथस्तत्परः पुण्यलोके चित्रं राजाधिराज त्वमिव तव रिपुस्तत्र कम्पं प्रतीमः ॥ २८९ ॥ उत्पत्त्युत्पन्नशिष्टा विविधगुणगणा यत्र यान्ति प्रतिष्ठां बाधेन प्राक्तनानां न च नियमविधिर्नापि संख्यार्थदाने । ऊहः सर्वत्र यस्य स्फुरति च सकलः सत्य एवार्थवादो मीमांसाभावमञ्चत्यभिनवमधुना मूर्तिरेषा त्वदीया ॥ २९० ॥ हेलाप्रस्थानवेलाहतपृथुपृतनादुन्दुभिध्वानधाराधारावाहिप्रसङ्गादसमनृपसकृत्संभ्रमभ्रान्तचित्ताः । दैवादाकुञ्चिताङ्गं विगलितनयनस्पन्दमिन्दीवराक्ष्यो लीयन्ते त्वद्रिपूणां निजगृहवलभीचारुचित्राङ्गनासु ॥ २९१ ॥ श्रीकण्ठासक्तहस्तोऽधिगतमणिगणः शैशवाभ्यस्तविद्यो लावण्यध्वस्तकामः कविजनमिलितो यौवनास्तप्रकामः । आदत्तक्षोणिदण्डो द्विजवशकृतधीः कङ्कणाहारयुक्तः स श्रीमान्वीर वीर त्वमिव तव रिपुस्तत्र मुक्तादिवर्णः ॥ २९२ ॥ लोकानां मानमात्रं मनुजजनरतिस्त्वं ससूदाङ्घ्रिरक्षो राज्ञामासत्त्वदक्षः कृतसमयरुचिर्मण्डितो वीरवर्गैः । कायत्वद्धीनकेतुः कर-

१ अश्वाः. २ जलमार्गः. ३ सङ्ग्रामः. ४ विनाशं प्राप्ताः. ५ रुधिरनदी. ६ श्रेणयः. ७ क्षरणम्. ८ वज्रम्. ९ शेषस्य. १० रक्तता. ११ समुद्रपरतीराणाम्. १२ निरन्तरम्. १३ अंशवः; (पक्षे) हस्ताः. १४ छिन्नकण्ठैः. १५ नर्तकः. १६ युद्धप्रेक्षकजनालयेऽपि. १७ अमन्दवेगैः. १८ खुरसंचारैः. १९ सपदि. २० संचूर्ण्यमानात्.

१ वाणी; (पक्षे) नदीविशेषः. २ आरक्तः; (पक्षे) नदविशेषः. ३ मुद्राभिः सहितः; (पक्षे) अब्धिः. ४ सेना; (पक्षे) नद्यः. ५ अन्तःकरणे; (पक्षे) सरोविशेषे. ६ अष्टापदाख्यक्रीडनकस्य गुटिकाः. ७ ककारस्थाने पकारम्. ८ इह पक्षे शत्रुपक्ष आद्याक्षरत्यागः.

कलितयवा कोषमानैर्विहीनः श्रीमद्वीराधिराज त्वमिव तव रिपुस्तत्र मन्दं प्रतीमः ॥ २९३ ॥ वादानाशानुयुक्तो नगरकृतमतिर्यौवनाक्रान्तदेहः संग्रामप्राप्तधैर्यो न विदलितरुची राजलक्ष्म्यातिहीनः । नित्यं दारासभस्थः प्रवर-तनुनिभो यः सुभिक्षानुवर्ती श्रीमद्वीराधिराज त्वमिव तव रिपुस्तत्र मुक्तादिवर्णः ॥ २९४ ॥ श्रीवीर त्वद्रिपूणां रणशिरसि शरैर्भिन्नशीर्षाङ्ककाणां वीरावेशाद्गतानां दिवमधिकरुषान्योन्यशौण्डीर्यभाजाम् । श्लेषे दिव्याङ्गनानां भुवि कचनिचयो द्राक्कटाक्षे शरासासीपुञ्जान्त्यारिवीरभ्रभकुटिलहृदामाजिरावर्तते स्म ॥ २९५ ॥

विशिष्टराजप्रशंसा ।

अकबरः ॥ हस्ताम्भोजालिमाला नखशशिरुचिरश्यामलच्छायवीचिस्तेजोऽग्नेर्धूमधारा वितरणकरिणो गण्डदानप्रणाली । वैरिश्रीवेणिदण्डो लवणिमसरसीबालशैवालवल्ली वेल्लत्यम्भोधरश्रीरकबरधरणीपालपाणौ कृपाणः ॥ १ ॥ वीर त्वं कार्मुकं चेदकबर कलयस्युग्रटङ्कारघोषं दूरे सद्यः कलङ्का इव धरणिभृतो यान्ति कङ्कालशेषाः । शङ्कापन्नश्च किं कारणमिति मनसा भ्रान्तिपङ्कायितेन त्यक्त्वाहंकारमङ्काद्विसृजति गृहिणीं किं च लङ्काधिनाथः ॥ २ ॥ कर्णाटं देहि कर्णाधिकविधिविहितत्याग लाटं ललाटप्रोत्तुङ्ग द्राविडं वा प्रचलभुजबलप्रौढिमागाढराढम् । प्रस्फूर्जद्गुर्जरं वा दलितरिपुवधूगर्भ वैदर्भकं वा गाजी राजीवदृष्टे कुशशतमथवा शाह[१]जल्लालुदीन ॥ ३ ॥ गाजीजल्लालुदीन क्षितिपकुलमणे द्राक्प्रयाणे प्रतीते प्रेयस्यः प्रारभन्ते तरलतरगतिव्याकुला मङ्गलानि । नेत्राम्भःपूरपूर्णस्तनकलशमुखन्यस्तबालप्रवालाक्षुभ्यन्मुक्ताकलापच्युतकुचकुसुमच्छद्मनाकीर्णलाजाः ॥ ४ ॥

अनङ्गभीमः ॥ पृथ्वीश्रीमदनङ्गभीम महती तद्वेष्टनं वारिभिः पीतोऽसौ कलशोद्भवेन मुनिना स व्योम्नि खद्योतवत् । तद्विष्णोर्दनुजाधिनाथजयिनः पूर्णं पदं नाभवद्धवश्चेतसि वर्तते तव सदा त्वत्तो महान्नापरः ॥ ५ ॥

अर्जुनेन्द्रः ॥ आयातस्ते समीपं तव गुणविमलान्पण्डितो वादकर्ता काव्ये भव्ये हि रेवाभवविगतरसे रुग्युगे रोगहर्ता । नाहं जाने चिकित्सां सकलगुणनिधे दुर्दरिद्रत्वरोगे श्रीमद्राजार्जुनेन्द्र प्रबलमपि यते कल्पिता सा चिकित्सा ॥ ६ ॥

कर्णः ॥ मुखे[१] हारावाप्तिर्नयनयुगले[२] कङ्कणभरो नितम्बे[३] पत्त्राली सैतिलकमभूत्पाणियुगलम् । अरण्ये श्रीकर्ण त्वदरियुवतीनां विधिवशादपूर्वोऽयं भूषाविधिरहह जातः किमधुना ॥ ७ ॥ त्वं द्वित्राणि पदानि गच्छसि महीमुलङ्घ्य यान्ति द्विषस्त्वं बाणान्दश पञ्च मुञ्चसि परे सर्वाणि शस्त्राण्यपि । ते[६]देवीपतयस्त्वदस्त्रनिहतास्त्वं मानुषीणां पतिर्निन्दा तेषु कथं स्तुतिस्तव कथं श्रीकर्ण निर्णीयताम् ॥ ८ ॥ लोकेशः कर्णराजाद्भुतकनकमयस्तावकीनप्रतापाद्ब्रह्माण्डानां समूहो द्रव इव भवितेत्येव संभाव्य यत्नात् । तस्यापि प्लावनार्थं जलनिधिनिकरे व्यर्थतामत्र याते देव त्वद्वैरिनारीनयननयनजैर्निर्ममे नीरधिर्न ॥९॥ श्रीकर्ण प्रौढतेजाः प्रबलरिपुबलासह्यसंतापदक्षो नायं श्रीमत्प्रतापो जगति विलसति श्रीमहाराज किंतु । मन्येऽहं कौशिकेनानुपमितमहसा नूतनस्वर्गसृष्टावुत्कृष्टः सृष्ट एष प्रखरतरकरो भास्करोऽसौ द्वितीयः ॥ १० ॥

कर्णाटवसुंधराधिपः ॥ मागाः प्रत्युपकारकातरधिया वैवर्ण्यमाकर्णय श्रीकर्णाटवसुंधराधिपसुधासिक्तानि सूक्तानि नः । वर्ण्यन्ते कति नाम नार्णवनदीदावाग्निविन्ध्याटवीसंध्यामारुतनिर्झरप्रभृतयस्तेभ्यः किमाप्तं मया ॥ ११ ॥

कलिङ्गेश्वरः ॥ आयुर्दानमहोत्सवस्य विनतक्षोणीभृतां मूर्तिमान्विश्वासो नयनोत्सवो मृगदृशां कीर्तेः प्रकाशः परः । आनन्दः कलिताकृतिः सुमनसां वीरश्रियो जीवितं धर्मस्यैष निकेतनं विजयते वीरः कलिङ्गेश्वरः ॥ १२ ॥ धम्मिल्ले नवमल्लिकासमुदयो हस्ते सिताम्भोरुहं हारः कण्ठतटे पयोधरयुगे श्रीखण्डलेपो घनः । एकोऽपि त्रिकलिङ्गभूमितिलक त्वत्कीर्तिराशिर्ययौ नानामण्डनतां पुरंदरपुरीवामभ्रुवां विग्रहे ॥ १३ ॥

कल्याणदासः ॥ कीर्तिस्वर्गतरंगिणीहिमगिरिर्विद्यानटीरङ्गभूर्लावण्यामृतभाजनं रसिकतावल्लीरसालद्रुमः । कान्तापाङ्गमृगस्थली तरुणतालक्ष्मीविलासाम्बुजं जीयाद्विश्वविभूषणं नरपतिः कल्याणदासाभिधः ॥ १४ ॥

काबिलेन्द्रः ॥ विस्फार्य व्योमगङ्गाबलदुरुलहरीकैतवात्केसरालीरुच्चैर्मस्तिष्कदेशे हिमकरकपटान्मण्डलीकृत्य पुच्छम् । दिङ्गागारब्धलम्बस्तव विशदयशःकेसरी काबिलेन्द्र ब्रह्माण्डारण्यवीथीगिरिगहनदरीसंभ्रमी बंभ्रमीति ॥ १५ ॥

---

१ अत्र पद्ये मकारस्थाने दकारः पठनीयः. २ अकबरस्यैव नामान्तरम्.

१ मुखे हाहा इति रावस्य शब्दस्यावाप्तिः. २ नयनयुगले कमुदकं तस्य कणास्तेषां भरः. ३ नितम्बे पत्त्राणामालिः पङ्क्तिः. ४ तिलकवृक्षालम्बिपाणियुगलम्. ५ वैरिणः. ६ देवाङ्गनास्वामिनः. ७ धृताकारः. ८ स्थानम्.

वेलामुल्लङ्घ्य हेलादलितधरणिभृद्वाहिनीकोटिपूरैरुद्वेलत्काविलेन्द्र प्रबलजलनिधिः प्लावनायोज्जजृम्भे । स्यान्मग्ना मेदिनीयं प्रबलभुजबलप्रौढतच्चन्द्रहासज्वालाभिः संततं चेन्न दहति वडवावीतिहोत्रोवधेता (?) ॥ १६ ॥

कार्तवीर्यः ॥ काष्ठानुषङ्गात्परिवर्धमाने जाग्रत्प्रतापज्वलने त्वदीये । श्रीकार्तवीर्य प्रसभं पतन्ति प्रत्यर्थिपृथ्वीपतयः पतङ्गाः ॥ १७ ॥

कुसुमेन्द्रसाहिः ॥ वीर श्रीकुसुमेन्द्रसाहिनृपतेः प्रौढप्रतापो वरः कन्या काचन मालवक्षितिपतेः साम्राज्यलक्ष्मीरियम् । तस्या वेषकरग्रहस्य समये तत्कुम्भसंस्थापनं कर्तुं मण्डपबन्धनं विरचितुं विप्रा वयं प्रेषिताः ॥ १८ ॥

कृष्णः ॥ श्रीकृष्ण त्वत्प्रतापेन प्रतप्ताङ्गीर्दिगङ्गनाः । दिग्गजा वीजयन्त्येव कर्णतालैः पुनः पुनः ॥ १९ ॥ मन्येऽरण्ये कुलगिरिगुहागह्वरे पर्यटन्ती विद्धा दर्भैः किमपि चरणे वासुदेवस्य कीर्तिः । इन्दौ कुन्दे कुमुदमुकुले चामरे चन्दने वा दत्त्वा दत्त्वा मृदुनि पुरतः पादमेषा प्रयाति ॥ २० ॥ क्षीरक्षालितपाञ्चजन्यकिरणश्रीगर्वसर्वंकषाः श्रीकृष्णार्जुनसारथेऽसुररिपो त्वत्कीर्तिविस्फूर्तयः । कैलासन्ति हिमाचलन्ति विकसत्कुन्दन्ति कन्दन्ति च क्षीरोदन्ति हलायुधन्ति विबुधाहारन्ति हीरन्ति च ॥ २१ ॥ त्वद्वाहोद्धृतधूल्यः करिकरनिकरैः सीकराश्च प्रयुक्ता व्योम व्यापुः समन्ताद्यदुमुकुटमणे तत्र पङ्कोद्भुतोऽभूत् । आगच्छद्भिः सुरैः क्ष्मां तव भजनकृते स्फाटिकीभिः शिलाभिर्बद्धः पन्थास्तदानीं सुरसरिदिति तं मानवा मानयन्ति ॥ २२ ॥

गुर्जराधीशः ॥ कालेन्दि ब्रूहि कुम्भोद्भव जलधिरहं नाम गृह्णासि कस्माच्छत्रोर्मे नर्मदाहं त्वमपि कथमहो मत्सपत्न्याश्च नाम । मालिन्यं ब्रूहि किं ते प्रविरलविगलत्कज्जलैर्मालवीनां नेत्राम्भोभिः किमासां समजनि कुपितो गुर्जराणामधीशः ॥ २३ ॥

चोलेन्द्रः ॥ त्वत्खड्गखण्डितसपत्नविलासिनीनां भूषा भवन्त्यभिनवा भुवनैकवीर । नेत्रेषु कंङ्कणमथोरुषु पत्रवल्ली चोलेन्द्रसिंह तिलकं करपल्लवेषु ॥ २४ ॥ सिञ्चानैर्मञ्जरीति स्तनकलशयुगं चुम्बितं चञ्चरीकैस्तत्त्रारोल्लासलीलाः किसलयमनसा पाणयः कीरदष्टाः । तल्लोपायालपन्त्यः पिकनिनदधिया ताडिताः काकलोकैरित्थं चोलेन्द्रसिंह त्वदरिमृगदृशां नाप्यरण्यं शरण्यम् ॥ २५ ॥

जगद्देवः ॥ चक्रः पप्रच्छ पान्थं कथय मम सखे नास्ति स क्वापि देशो वस्तुं नो यत्र रात्रिर्भवति भुवि खगायेति स प्रत्युवाच ॥ नीते मेरौ समाप्तिं कनकवितरणैः श्रीजगद्देवनाम्ना सूर्येऽनन्तर्हितेऽस्मिन्कतिपयदिवसैर्वासराद्वैतसृष्टिः ॥ २६ ॥

जनकः ॥ ज्याघातः कार्मुकस्य श्रयति करतलं कण्ठमोंकारनादस्तेजो भाति प्रतापाभिधमवनितले ज्योतिरात्मीयमन्तः । राज्यं सिंहासनश्रीः शममपि परं वक्ति पद्मासनश्रीर्येषां ते यूयमेते निमिकुलकुमुदानन्दचन्द्रा नरेन्द्राः ॥ २७ ॥

दलपतिरायः ॥ चन्द्रं चन्द्रार्धचूडं चतुरुदधिचयं चन्द्रिकां चन्द्रकान्तं चार्वङ्गीलोचनान्तं चमरसहचरीबालभारोच्चयं च । खर्वीकुर्वन्ति दर्वीकरतिलकमपि ध्वस्तगुर्वीतिभीति स्वर्वीथिप्रस्थितास्ते दलपतिगृहिणि त्वद्यशस्तोमसोमाः ॥ २८ ॥

दशरथः ॥ चिरादक्ष्णोर्जाड्यं शमयति समस्तासुरवधूकचाकृष्टिक्रीडाप्रसभसुभगंभावुकभुजः । त्रिलोकीजङ्घालोज्ज्वलसहजतेजा मनुकुलप्रसूतिः सुत्राम्णो विजयसहकृत्वा दशरथः ॥ २९ ॥ यस्योद्यद्भुजदण्डचण्डिमवलत्कोदण्डलीलायितैर्निष्पीते दनुजेन्द्रचन्द्रवदनाद्भवल्लरीविभ्रमे । लक्ष्मीमस्त्रविपाटलक्षतमयीमालम्बते केवलं पौलोमीकरजाङ्कुरव्यतिकरादाखण्डलीयं वपुः ॥ ३० ॥

दिल्लीन्द्रचूडामणिः ॥ राजेति क्षणदाकरं विजयते दानोरुलक्ष्मीरिति स्वर्नागं बहुवाहिनीपतिरिति क्षीरोदमास्कन्दति । दुर्गाधीश इति स्फुटं पुररिपुं विद्वेष्टि भोगोद्भटश्रीरित्यर्हति वासुकिं स्वयशसा दिल्लीन्द्रचूडामणिः ॥ ३१ ॥

नाना ॥ जयश्रियः कृपाणीयं वेणी नानाख्यभूपतेः । अस्यां करगृहीतायामसावभिमुखी तव ॥ ३२ ॥

निजामशाहः ॥ नृपतिनिजाम तवाद्भुतचरणार्पणबहलर्पाडाभिः । रचयति बहिरिव रसनामरुणध्वजकैतवाद्वनिः ॥ ३३ ॥ धरणिधर निजामशाह युष्मत्करकरवालकरालकालसर्पः । द्विषदसुपवनं निपीय पीनो दिशि दिशि मुञ्चति कञ्चुकं यशस्ते ॥ ३४ ॥ अटत्कटकघोटकप्रकटटापटङ्कारवचटच्चटदिति स्फुटं स्फुटति मेदिनी कर्परम् । निजामधरणीपतौ वलति कौतुकाडम्बरादिदं भुवनमण्डलं दरदरीदरीदर्यहो ॥ ३५ ॥ क्षोणीकाम निजामशाह भवतः प्रौढैः प्रतापानलैर्द्रागेव द्रवरूपतामुपगते चामीकराणां चये । भ्र-

---

१ नर्मदायाः समुद्रस्य च संवादोऽयम्. २ यमुनाभ्रान्त्या समुद्रेण कालिन्दीत्युक्ते कोपात्साकूतं नर्मदाया उत्तरम् 'हे कुम्भोद्भव अगस्त्यमुने' ब्रूहि इति. ३ शत्रुः. ४ जलकणम्; (पक्षे) वलयम्. ५ पत्रयुक्ता; (पक्षे) पत्रिकारचना. ६ तिलयुक्तं कं जलम्; (पक्षे) ललाटभूषणम्.

१ दलपतिरायः कश्चिन्नृपस्तत्पत्नीसंबोधनम्. २ इन्द्रस्य.

त्यद्द्रासवधामधोरणि मुहुर्भज्जद्रहग्रामणि त्रस्यत्कामिनि निःपतद्वनितलं मेरोः समुन्मीलति ॥ ३६ ॥ क्षोणीकाम निजाम तावकभुजं लब्ध्वा भुजंगीश्वरं जानीमः करवालकालभुजगी किं नाम गर्भिण्यभूत् । मत्तेभेन्द्रविभिन्नकुम्भविदलन्मुक्ताकलापच्छलादच्छामण्डपरम्परामधिरणं सूते स्फुरन्ती मुहुः ॥ ३७ ॥ वाहव्यूहखुरक्षतां वसुमतीं संवीक्ष्य मूर्च्छावतीं भेरीझाङ्कृतिचञ्चलेन पयसा वारांनिधिः सिञ्चति । दिग्बाला तनुते निजामनृपतेर्वातं पताकांशुकैर्धूलीधोरणिरश्विनीसुतमिव प्रष्टुं दिवं धावति ॥ ३८ ॥ विद्वद्गोष्ठीगरिष्ठ प्रतिभटदमन श्रीनिजामः प्रतीमः कृत्वा त्वत्कीर्तिगाथां वहति गणविधिं पद्मयोनिः कठिन्या । वक्रालेखा गुरूणाममृतकरकलां कञ्जमल्लीमरालाः शुद्धा लेखा लघूनां विसभुजगनभोनिम्नगादन्तिदन्ताः ॥ ३९ ॥ अङ्गाः संजातभङ्गाद्यनवनवसतिप्राप्तरङ्गाः कलिङ्गास्तैलङ्गाः स्वर्गगङ्गाभिषवणमतयः शीर्यदङ्गाश्च वङ्गाः । लाटाः स्विद्यल्ललाटाः पदगमनदृढाः श्वासलोलाश्च चोला जायन्ते श्रीनिजाम पृथुरण भवतः प्रौढनिःसाणनादात् ॥ ४० ॥

नृसिंहः ॥ आहवे जगदुद्दण्डराजमण्डलराहवे । श्रीनृसिंह महीपाल स्वस्त्यस्तु तव बाहवे ॥ ४१ ॥ त्वयि लोचनगोचरं गते सफलं जन्म नृसिंहभूपते । अजनिष्ट ममेति सादरं युधि विज्ञापयति द्विषां गणः ॥ ४२ ॥ कौमुदीव तुहिनांशुमण्डलं जाह्नवीव शशिखण्डमण्डनम्[1] । पश्य कीर्तिरनुरूपमाश्रिता त्वां विभाति नरसिंहभूपते ॥ ४३ ॥ गण्डाभोगे[2] विहरति मदैः पिच्छिले[3] दिग्गजानां वैरिस्त्रीणां नयनकमलेष्वञ्जनानि प्रमार्ष्टि[4] । यद्यप्येषा हिमकरकराद्वैतसौवस्तिकी[5] ते कीर्तिर्दिक्षु स्फुरति तदपि श्रीनृसिंह क्षितीन्द्र ॥ ४४ ॥ विद्यारत्नं सरसकविता यानरत्नं तुरंगो वाञ्छारत्नं परमपदवी भोगरत्नं मृगाक्षी । स्रोतोरत्नं विबुधतटिनी मासरत्नं वसन्तो भूभृद्रत्नं कनकशिखरी भूपरत्नं नृसिंहः ॥ ४५ ॥ निशारत्नं चन्द्रः शयनतलरत्नं शशिमुखी सभारत्नं विद्वाञ्श्रवणपुटरत्नं हरिकथा । कलारत्नं गानं दिविगमनरत्नं दिनकरो महीरत्नं मन्ये सपदि नरसिंहः क्षितिपतिः ॥ ४६ ॥ श्रीलक्ष्मीनरसिंहसान्द्रजलदे चञ्चन्नखालीतडिद्धाम्नि च्छन्नरिपुप्रतापतपने कोपावलिं वर्षति । पूर्णा शोणितवाहिनी सुरमनःसंतापदावानलः शान्तोऽभूद्विरराम वैरिवनितासीमन्तमार्गोदयः ॥ ४७ ॥ निर्यच्छोणितपूरताम्रवपुषः स्वैरं रुदन्तो मुहुर्देव श्रीनरसिंह ते रिपुजना दिग्वाससो निस्त्रपाः । उद्गच्छज्जठरान्त्रनालसहितास्ते नूनमासन्पुनर्जन्मानो रणभूमिमातुरुदरात्तत्कालमेव च्युताः ॥ ४८ ॥ देव त्वत्तरुणप्रतापशिखिनो निःशेषमेधायते[1] शत्रूणां पटलं तदीयमयशो जानामि धूमायते । मार्तण्डांशुलसन्नखावलिरसौ ज्वालाकलापायते दुःखानां निकरस्तथा सुमनसां सङ्घः पतङ्गायते ॥ ४९ ॥ किं मध्याह्नदिवाकरोऽयमपरः किं वायमौर्वानलः किं वासौ चपलाचयः पशुपतेः किं भालनेत्रानलः । किं वासौ प्रलयानलः किमथवा सर्वोऽपि भौमानलः श्रीमत्सिंह भवत्प्रतापमहिमा नोदेति केषां मतिः ॥ ५० ॥ काठिन्यं कुचकुम्भयोर्नयनयोश्चाञ्चल्यमेतद्द्वयं भो ब्रह्मन्भवता कथं न पदयोरस्माकमासादितम् । इत्थं श्रीनरसिंह ते त्रिभुवनाधीशस्य धाटीभिया कान्तारेषु मिथः पलायनपरा जल्पन्ति वैरिस्त्रियः॥५१॥ एताः संप्रति गर्भगौरवभराद्राज्ञोऽवरोधाङ्गनाः कान्तारेषु पलायितुं बत कथं पद्भ्यां भवेयुः क्षमाः । इत्थं चेतसि संविभाव्य सदयं वैकुण्ठकण्ठीरव त्वन्नादावलिभिः सखीभिरिव किं तद्गर्भपातः कृतः ॥ ५२ ॥ स्नातस्त्वद्रिपुरक्तपाथसि यशो धौताम्बरं धारयँल्लक्ष्मीश त्वदरातिवक्त्रकमलैर्भूदेवतां पूजयन् । जुह्वच्चैतदसून्प्रकोपदहने युष्मत्प्रतापोदयः शत्रुच्छत्रधरार्थदर्पयशसां प्राणाहुतीराददे ॥ ५३ ॥ कीर्तिः श्रीनरसिंह ते त्रिपथगा तत्रोदितं कैरवं चान्द्रं मण्डलमत्र नीलमिव यत्तद्भृङ्गवृन्दं किमु । यद्वा त्वद्दलितारिवृन्दतरुणीचित्तेन्धनाग्नेः स्थलं चन्द्रस्तत्र विभाति नीलनिव यद्धूमः स मन्यामहे ॥ ५४ ॥ अन्तर्विष्णोस्त्रिलोकी[2] निवसति फणिनामीश्वरे सोऽपि शेते[3] सिन्धोः सोऽप्येकदेशे तमपि चुलुकयां कुम्भयोनिश्चकार । धत्ते खद्योतलीलामयमपि नभसि श्रीनृसिंह क्षितीन्द्र त्वत्कीर्तेः कर्णनीलोत्पलमिदमपि च प्रेक्षणीयं विभाति ॥ ५५ ॥ नृत्यद्भर्गाट्टहासप्रचयसहचरैस्तावकीनैर्यशोभिर्धावल्यं नीयमाने त्रिजगति परितः श्रीनृसिंह क्षितीन्द्र । नेदं गयेष नाभीकमलपरिमलप्रौढिमासादयिष्यद्देवानां नाभविष्यत्कथमपि कमलाकामुकस्यावबोधः ॥ ५६ ॥ श्रीमद्वैकुण्ठकण्ठीरव तव निनदाकर्णनत्रासधावच्छक्रेभोद्भिन्नगण्डस्थलविगलदतिस्वच्छमुक्तामणीनाम् । माला तारावलीयं विलसति च पतद्दानपाथःपयोधिर्नो चेत्कल्या नु तारावलिरथ लवणः सागरोऽसौ कुतस्त्यः ॥ ५७ ॥ द्विर्भावः

१ चन्द्रकलाभूषणम्. हरमित्यर्थः. २ गण्डप्रदेशे. ३ पङ्किले. ४ प्रोञ्छति. ५ स्वस्तीत्याह्वेत्यर्थः. अतिशुभ्रेत्यर्थः.

१ इन्धनायते. २ विष्णोरुदरे. ३ शेषे. ४ ज्योतिरिङ्गणः. ५ विस्तारस्य. ६ सद्वक्षैः. ७ कीर्तिवच्छुक्ल इत्यर्थः.

पुष्पकेतोर्विबुधविटपिनां पौनरुक्त्यं विकल्पश्चिन्तारत्नस्य वीप्सा तपनतनुभुवो वासवस्य द्विरुक्तिः । द्वैतं देवस्य दैत्याधिपमथनकलाकेलिकारस्य कुर्वन्नानन्दं कोविदानां जगति विजयते श्रीनृसिंहः क्षितीन्द्रः ॥ ५८ ॥

परशुरामः ॥ आदर्शाय शशाङ्कमण्डलमिदं हर्म्याय हेमाचलं दीपाय द्युमणिं महीमिव कथं नो भिक्षवे दत्तवान् । दित्सापल्लवितप्रमोदसलिलव्याकीर्णनेत्राम्बुजो जानीमो भृगुनन्दनस्तदखिलं न प्रायशो दृष्टवान् ॥ ५९ ॥ गोत्राचारविचारपारगतया वृद्धाभिरादिष्टया मात्रा वस्तुषु तेषु तेषु पुरतः प्रस्तारितेषु क्रमात् । अन्नप्राशनवासरे सरभसं वक्षोभरोत्सर्पिणा येनात्तं धनुरीक्षिताश्च सपदि क्षत्रावतंसा दिशः ॥ ६० ॥ तन्वन्ती तिमिरद्युतिं कृतवती प्रत्यर्थिचक्रव्यथामेषा भार्गव तावकी विजयते निस्त्रिंशधारा निशा । युद्धक्रुद्धविपक्षपक्षविदलत्कुम्भीन्द्रकुम्भस्थलभ्रश्यन्मौक्तिककैतवेन परितस्तारावलीं वर्षति ॥ ६१ ॥

पाण्ड्यः ॥ तवाङ्गणे सुन्दर वीर पाण्ड्य मतंगजाः शृङ्खलिनो विभान्ति । आवासदानादरिभूपतीनामाशान्तशैला इव सापराधाः ॥ ६२ ॥ विन्ध्याद्रिः करसाधनी निरुपमो रत्नाकरः कोशभृत्सौगन्धी मलयाचलः परिचराः सर्वेऽपि विद्याधराः । विश्वाशापरिपूरणं वितरणं देशोऽप्यहो दक्षिणः पाण्ड्याखण्डल वीर पाण्ड्य भवतः किं किं न लोकोत्तरम् ॥ ६३ ॥ एतद्दन्तिबलैर्विलोक्य निखिलामालिङ्गिताङ्गीं भुवं संग्रामाङ्गणसीम्नि जंगमगिरिस्तोमभ्रमाधायिभिः । पृथ्वीन्द्रः पृथुरेतदुग्रसमरप्रेक्षोपनम्रामरश्रेणीमध्यचरः पुरः क्षितिधरक्षेपाय धत्ते धियम् ॥ ६४ ॥

पारसीकक्षितीशः ॥ यदपि कटकयात्रारोधि पाथोधिना ते दिशि दिशि मम पत्या पारसीकक्षितीश । तदपि कुरु मुधा नो जीवितान्तं नितान्तं कथयति बहुभार्यं नैकनारीवियोगः ॥ ६५ ॥

पृथ्वीराजः ॥ मन्दश्चन्द्रकिरीटपूजनरसे तृष्णा न कृष्णार्चने स्तम्भः शंभुनितम्बिनीप्रणतिषु व्यग्रो न धातुर्गृहे । अस्माकं परमर्दनोऽस्ति वदने न्यस्तेन संरक्षितः पृथ्वीराजनरेश्वरादिति तृणं तत्पत्तने पूज्यते ॥ ६६ ॥

बङ्गालिदासः ॥ बङ्गालिदास भवतः शुभनामवर्णाः पञ्चेषुपञ्चविशिखन्ति नितम्बिनीषु । प्राणन्ति बन्धुषु विरोधिषु पाण्डवन्ति देवद्रुमन्ति कविपण्डितमण्डलीषु ॥ ६७ ॥

बल्लालः ॥ बल्लाल क्षोणिपाल त्वदहितनगरे संचरन्ती किराती कीर्णान्यालोक्य रत्नान्युरुतरखदिराङ्गारशङ्काकुलाङ्गी। मुक्त्वा श्रीखण्डखण्डं तदुपरि मुकुलीभूतनेत्रा धमन्ती श्वासामोदानुयातैर्मधुकरनिकरैर्धूमशङ्कां बिभर्ति ॥ ६८ ॥

बाङ्गालक्षोणिपालः ॥ आग्नेयास्त्रप्रवीणप्रबलमृगभटाः शत्रुसंक्षोभदक्षा यस्य प्रौढप्रतापानलबहलशिखास्विन्धनत्वं प्रयान्ति । सोऽयं प्राचीपयोधिप्राहतकरततीतूर्णसंपूर्णकोपो बाङ्गालक्षोणिपालस्त्रिभुवनजनतागीतकीर्तिप्ररोहः ॥ ६९ ॥

बीसलः ॥ आ विन्ध्यादा हिमाद्रेर्विरचितविजयस्तीर्थयात्राप्रसङ्गादुद्ग्रीवेषु प्रहर्षान्नृपतिषु विनमत्कन्धरेषु प्रपन्नः । आर्यावर्तं यथार्थं पुनरपि कृतवान्म्लेच्छविच्छेदनाभिर्देवः शाकंभरीन्द्रो जगति विजयते बीसलः क्षोणिपालः ॥ ७० ॥

भावसिंहः ॥ यस्याग्निः कोपपुञ्जे वसति खुरपुटे वाजिनां गन्धवाहो लक्ष्मीः सस्नेहदृष्टौ कमठकुलमणेर्वाचि वाचामधीशा । रौक्षे कौक्षेयकाग्रे क्षपितरिपुगणे कोपनोऽसौ कृतान्तः कस्तं श्रीभावसिंहं प्रबलमखभुजामाश्रयं नाश्रयेत ॥ ७१ ॥

भीमः ॥ रुधिरविसरप्रसाधितकरालकरवालरुचिरभुजपरिघः । झटिति भ्रुकुटिविटङ्कितललाटपट्टो विभाति नृपभीमः ॥ ७२ ॥

भैरवः ॥ धनानि विद्वत्कविमण्डलीषु पञ्चेषुबाणानपि कामिनीषु । वर्षन्ति वज्राण्यरिधोरणीषु श्रीभैरवक्षोणिमणेः कटाक्षाः ॥ ७३ ॥

भोजः ॥ त्वच्चित्ते भोज निर्व्याजं द्वयं तृणकणायते । क्रोधे विरोधिनां सैन्यं प्रसादे कनकोच्चयः ॥ ७४ ॥ भोज त्वद्दानपाथोधौ दरिद्रस्य निमज्जतः । न कोऽपि हि भुजालम्बं दत्ते मेऽभयदायकम् ॥ ७५ ॥ निजानपि गजान्भोजं ददानं प्रेक्ष्य पार्वती । गजेन्द्रवदनं पुत्रं रक्षत्यथ पुनः पुनः ॥ ७६ ॥ प्रतापभीत्या भोजस्य तपनो मित्रतामगात् । और्वो वाडवतां धत्ते तडित्क्षणिकतां श्रिता ॥ ७७ ॥ भोज त्वत्कीर्तिकान्ताया नभोभालस्थितं महत् । कस्तूरीतिलकं राजन्गुणागारं विराजते ॥ ७८ ॥ अस्य श्रीभोजराजस्य द्वयमेव सुदुर्लभम् । शत्रूणां शृङ्खलैर्लोहं ताम्रं शासनपत्रकैः ॥ ७९ ॥ धारेश त्वत्प्रतापेन पराभूतस्त्विषांपतिः । सुवर्णपात्रव्याजेन देव त्वामेव सेवते ॥ ८० ॥ त्वद्यशोजलधौ भोज निमज्जनभयादिव । सूर्येन्दुबिम्बमिषतो धत्ते कुम्भद्वयं नभः ॥ ८१ ॥ शुक्तिद्वयपुटे भोज यशोऽब्धौ तव रोदसी । मन्ये तदुद्भवं मुक्ताफलं शीतांशुमण्डलम् ॥ ८२ ॥ अद्य धारा सदाधारा सदालम्बा सरस्वती । पण्डिता मण्डिताः सर्वे भोजराजे भुवं गते ॥ ८३ ॥

१ उपगतानाम्. २ महती.

१ सूर्यः. २ गण्डस्थलट्टितम्. ३ द्यावापृथिव्यौ.

श्रीभोज साम्यं तव कल्पवृक्षः सदा वदान्योऽपि कथं प्रयाति । यतो भवद्दानसुपुष्टविग्रहत्वेन कुक्षिंभरिरस्य भर्ता ॥ ८४ ॥ भोजप्रतापं तु विधाय धात्रा शेषैर्निरस्तैः परमाणुभिः किम् । हरेः करेऽभूत्पविरम्बरे च भानुः पयोधेरुदरे कृशानुः ॥ ८५ ॥ भोजप्रतापाग्निरपूर्व एष जागर्ति भूभृत्कटकस्थलीषु । यस्मिन्प्रविष्टे रिपुपार्थिवानां तृणानि रोहन्ति गृहाङ्गणेषु ॥ ८६ ॥ यथा यथा भोजयशो विवर्धते सितां त्रिलोकीमिव कर्तुमुद्यतम् । तथा तथा मे हृदयं विदूयते प्रियालकालीधवलत्वशङ्कया ॥ ८७ ॥ पन्थाः रांहर दीर्घतां त्यज निजं तेजः कठोरं रवे श्रीमन्विन्ध्यगिरे प्रसीद सदयं सद्यः समीपे भव । इत्थं दूरपलायनश्रमवतीं दृष्ट्वा निजप्रेयसीं श्रीमद्भोज तव द्विषः प्रतिदिनं जल्पन्ति मूर्च्छन्ति च ॥ ८८ ॥ धाराधीश धरामहेन्द्रगणनाकौतूहली[2] यामयं वेधास्त्वद्गणने चकार खटिकाखण्डेन[3] रेखां दिवि । सैवेयं त्रिदशापगा समभवत्त्वत्तुल्यभूमीधराभावात्तु त्यजति स्म सोऽयमवनीपृष्ठे तुषाराचलः ॥ ८९ ॥ राजन्मुञ्जकुलप्रदीप सकलक्ष्मापालचूडामणे युक्तं संचरणं तवाद्भुतमणिच्छत्रेण रात्रावपि । मा भूत्त्वद्वदनावलोकनवशाद्व्रीडाविनम्रः शशी मा भूच्चेयमरुन्धती भगवती दुःशीलताभाजनम् ॥ ९० ॥ छन्नं सैन्यरजोभरेण भवतः श्रीभोजदेव क्षमारक्षादक्षिण दक्षिणक्षितिपतिः प्रेक्ष्यान्तरिक्षं क्षणात् । निःशङ्को निरपत्रपो निरनुगो निर्बान्धवो निःसुहृन्निःस्त्रीको निरपत्यको निरनुजो निर्हाटको निर्गतः ॥ ९१ ॥ मुक्ताः [4]केलिविसूत्रहारगलिताः संमार्जनीभिर्हृताः[5] प्रातः प्राङ्गणसीम्नि मन्थरचलद्बालाङ्घ्रिलाक्षारुणाः । दूराद्दाडिमबीजशङ्कितधियः कर्षन्ति केलीशुका यद्विद्वद्भवनेषु भोजनृपतेस्तत्त्यागलीलायितम् ॥ ९२ ॥ विद्वद्वृन्दगुणानुरूपविभवत्यागैककल्पद्रुमे स्वर्गे वासिनि भोजराजनृपतौ विद्यानवद्यात्मनि । दातारो भुवि नैव भूमिवलये मा सन्तु किं तावता ज्ञातारोऽपि न सन्ति हन्त नितरामेतावता दूयते ॥ ९३ ॥ स्पृष्टाकृष्टासिपिष्टोत्कटकरटिघटाकुम्भकूटाघटान्तर्निष्ठ्यूतासृक्तटिन्यास्तटनिकटरटत्कोणपादाट्टहासः । भोजेन्द्र त्वद्रणक्ष्माक्षतभटविकटोरःस्थलत्रोटकुष्यद्गृध्रौघत्रोटिकोटिप्रकटचटचटाशब्दरौद्रोऽभवद्राक् ॥ ९४ ॥ भो भोः श्रीभोजदेवं श्रयत विनयतः शत्रवः क्षत्रवर्गाः प्राणत्राणाय नौका न भवति भवतां क्वाप्यरण्यं शरण्यम् । मत्वा मातङ्गकुम्भद्वितयमिति पुरा क्रूरवृत्तिर्भिनत्ति क्रुद्धः शुद्धान्तकान्ताकुचकलशयुगं रंहसा सिंहशावः ॥ ९५ ॥ नीरक्षीरे गृहीत्वा सकलखगपतीन्याति नालैकजन्मा[1] चक्रं धृत्वा कराब्जे सकलजलनिधींश्चक्रपाणिर्मुकुन्दः । सर्वानुद्धृत्य शैलान्दहति पशुपतिर्भालनेत्रेण पश्यन्व्याप्ता त्वत्कीर्तिकान्ता सकलवसुमती भोजराज क्षितीन्द्र ॥ ९६ ॥ स्वर्गाद्गोपाल कुत्र व्रजसि सुरमुने भूतले कामधेनोर्वत्सस्यानेतुकामस्तृणचयमधुना मुग्ध दुग्धं न तस्याः । श्रुत्वा श्रीभोजराजप्रचुरवितरणं[2] व्रीडशुष्कस्तनी सा व्यर्थो हि स्यात्प्रयासस्तदपि तदरिभिश्चर्वितं सर्वमुर्व्याम् ॥ ९७ ॥ कूर्मः पातालगङ्गापयसि विहरतां तत्तटीरूढमुस्तामादत्तामादिपोत्री शिथिलयतु फणामण्डलं कुण्डलीन्द्रः । दिङ्मातङ्गा मृणालीकवलनकलनां कुर्वतां पर्वतेन्द्राः सर्वे स्वैरं चरन्तु त्वयि वहति विभो भोज देवीं धरित्रीम् ॥ ९८ ॥

मणिपालः ॥ प्रामाण्यं परतो न शक्तिगणना साद्दृश्यलोपः सदा कार्यं चेश्वरकर्तृ नन्वनुमितौ ज्ञानं विशिष्टात्मकम् । सर्वं न्यायनयानुसारिविबुधे चैतन्यनाशोपमामन्वयेत्तन्मणिपाल भूप भवतो नैयायिकत्वं कुतः ॥ ९९ ॥

मल्लशाहः ॥ मृगः प्रमीललोचनः पिकः कृतोक्तिमोचनः श्रितानतिः कृताततिर्मरालिकास्खलद्गतिः । निरीक्ष्यते लसन्मते सुमल्लशाह भूपते तवारिकामिनी वृथाद्रुतं हुताटवी यथा ॥ १०० ॥ पलायिता तवारिवामलोचना यदा यदा पुलिन्दनायकैः सुलिसकालकूटसायकैः । विहाय नासिकासु मौक्तिकं स्रजं च मौक्तिकीं विलुण्ठिताः पुमर्थपञ्चमेह मल्लभूपते ॥ १०१ ॥ आदायादाय मुक्तास्तदनु शिखिधियादाय माणिक्यवर्गं धूमभ्रान्तिं वहन्त्यः स्ववदनकमलामोदलुब्धालिवृन्दे । पक्तुं भिल्लयः प्रवृत्ताः सरभसमसकृद्यद्द्विषत्पत्तनेषु ब्रूमः किं कीर्तिपूरं धवलितवसुधं मल्लशाहस्य तस्य ॥ १०२ ॥

माणिकः ॥ यशःशशाङ्काभ्युदये प्रवृद्धो द्विषद्वधूनेत्रजलाम्बुराशिः । नष्टं हि दारिद्र्यतमो बुधानां तव क्षितौ माणिक भूमिपाल ॥ १०३ ॥ सदग्रैर्हारैर्भवता प्रदत्तैर्मदङ्गना कण्ठतटा[3]ग्रहारैः । श्रीमाणिकक्षोणिपते प्रतुष्टा यथा यशो गायति तद्विधेहि ॥ १०४ ॥ संजाते द्रवरूपतां हि रजताद्रौ स्वर्णशैले द्रुतं भूमीपालललाम माणिकविभो प्रौढैः प्रतापानलैः । योगेऽभूदनयोः सुपाण्डुररुचिः सा

१ इन्द्रः. २ कुतूहलविशिष्टः. ३ कठिनीशकलेन. ४ सुरतक्रीडायां विच्छिन्नसूत्राद्धाराद्गलिताः. ५ अपसारिताः.

१ ब्रह्मा. २ वंशपरंपरयावसुमतीप्रदानैः.

तेऽरिकान्ताजनैर्नीता स्वीयकपोलयोश्च विरहव्याजेन गोपायते ॥ १०५ ॥ भोगासक्तैकचेता भयवशसुखकृद्भीतिहा स्वाश्रितानां भोगानभ्यव्याय यच्छञ्जगति भवनतः साधु भण्डारतिश्च । भूपानां ग्लानिकर्ता भटनगजयभध्वंसदेहो हि भल्लाकीर्णः श्रीमाणिकेन्द्रस्त्वमिव तव रिपुस्तत्र दम्भं प्रतीमः ॥ १०६ ॥ सङ्ग्रामक्षोणिदृप्यच्चपलरिपुचमूसिन्धुकीलालमालां पीत्वा कालः कृपाणोऽम्बुद उपसमरं गर्जते वीरघोषैः । वर्षत्युद्दामगौरं दिशि दिशि तव भोः कीर्तिवारीभकुम्भप्रोद्यन्मुक्ताहिमाश्मच्छुरितमरिततेर्माणिकक्षोणिपाल ॥ १०७ ॥

माधवः ॥ सत्यासक्तमना गुणाकरलताकीर्णो न दीनाश्रयोऽरिष्टध्वंसपराजयश्च सुमनोवृन्दैरलं वन्दितः । नानास्थानकलाप्रधानमहिमा नित्यं सदानन्दकः श्रीमान्माधव एव माधवसमः क्षोणीतले राजते ॥ १०८ ॥

मानसिंहः ॥ काञ्चीं काञ्ची न धत्ते कलयति न दृशा केलितल्पं कलिङ्गी सिन्दूरं दूर एव क्षिपति करतलन्यस्तमान्ध्री पुरंध्री । सौराष्ट्री मार्ष्टि भूयः सपदि नयनयो रक्तता रक्तिमानं कार्णाटी कर्णिकायां मलिनयति मनो मानसिंहप्रयाणे ॥ १०९ ॥

मालवाखण्डलः ॥ पर्यङ्को राजलक्ष्म्या हरितमणिमयः पौरुषाब्धेस्तरङ्गः सङ्ग्रामत्रासताम्यन्मुरलपतियशोहंसनीलाम्बुवाहः । भग्नप्रत्यर्थिवंशोल्बणविजयकरिस्नानदानाम्बुपट्टः खड्गः क्ष्मासौविदल्लः समिति विजयते मालवाखण्डलस्य ॥ ११० ॥

मुकुन्ददेवः ॥ करवारिरुहेण संधुनाने तरवारिं नृपतौ मुकुन्ददेवे । वरयन्त्यमरावतीतरुण्यः प्रथमं काञ्चनपारिजातमालाः ॥ १११ ॥

मुञ्जः ॥ लक्ष्मीर्यास्यति गोविन्दे वीरश्रीर्वीरमेष्यति । गते मुञ्जे यशःपुञ्जे निरालम्बा सरस्वती ॥ ११२ ॥

मुद्दाफरशाहः ॥ आकाश प्रसर प्रसर्पत दिशस्त्वं पृथ्वि पृथ्वी भव प्रत्यक्षीकृतमादिराजयशसां युष्माभिरुज्जृम्भितम् । श्रीमुद्दाफरशाहपार्थिवयशोराशेः समुज्जृम्भणाद्वीजोच्छ्वासविदीर्णदाडिमदशां ब्रह्माण्डमारोक्ष्यति ॥ ११३ ॥

राजबहादुरः ॥ नित्यं वृद्धिमुपैषि संकलयसे सर्वाः कलाः सर्वदा सानन्दं कुमुदाकरं वितनुषे नास्ते कलङ्कस्तव । सर्वाशाः परिपूरयन्समुदयं धत्सेऽनिशं सर्वतो न श्रीराजबहादुरेन्द्र नृपते चन्द्राधिकस्त्वं कथम् ॥ ११४ ॥

राजेन्द्रसिंहः ॥ मूर्ध्ना कल्याणवाही करजितवसुधः सर्वदा पूर्णकामो विख्यातः कर्णवृत्त्या वचसि न च पटुश्चित्रपाकानुभावी । कोषापेक्षी परस्मादुचितबहुकथः सर्वदा पूर्णलोक इत्थं राजेन्द्रसिंह त्वमिव तव रिपुस्तत्र कम्पं प्रतीमः ॥ ११५ ॥

रामचन्द्रः ॥ एकादशरुद्राणामेका गौरीत्यनौचितीं मत्वा । राघव नृप तव यशसा दशापि गौरीकृता हरितः ॥ ११६ ॥ त्वद्वैरिभवनलिखितां सीतामाहर्तुमुद्धत्य । कपिकौणपमण्डलयोः शिवशिव भूयो भवन्ति संरम्भाः ॥ ११७ ॥ शरासने सायकमादधाने श्रीरामभद्रक्षितिपालमौलौ । सुराङ्गनानां वरलालसानां वामानि नेत्राणि परिस्फुरन्ति ॥ ११८ ॥ गायन्तु किंनरगणाः सह किंनरीभिः श्रीरामचन्द्र शिखरेऽए हिमाचलस्य । शेषेन्दुकुन्ददलबालमृणालनालनीहारहारहरहाससितं यशस्ते ॥ ११९ ॥ नालीकभङ्गकृदतीव[1] नदीनबन्धुर्[2] नक्षत्रपो[3] नवसुधाविभवैकहेतुः[4] । राजा किमिन्दुरपि नार्यभिमानहारी[5] राजा परं जयति राघवसार्वभौमः ॥ १२० ॥ नृपतिमुकुटरत्न त्वत्प्रयाणप्रशस्तिं प्लवगपदनमद्भूर्निर्भराक्रान्तभोगैः । लिखति दशनटङ्कैरुन्नमद्भिर्नमद्भिर्जरठकमठभर्तुः[6] कर्परे[7] सर्पराजः[8] ॥ १२१ ॥ रघुतिलक नृपाल त्वद्विषत्क्षोणिपालप्रतिलसदपकीर्तिश्यामले विश्वजाले । भगवति भजमाने कृष्णतां शूलपाणौ किमुदधिगिरिपुत्र्यौ चक्रतुस्तन्न विद्मः ॥ १२२ ॥ अधाक्षीन्नो लङ्कामयमयमुदन्वन्तमतरद्विशल्यं सौमित्रेरयमुपनिनायौषधिवनम् । इति स्मारंस्मारं त्वदरिनगरीभित्तिलिखितं हनूमन्तं दन्तैर्दशति कुपितो राक्षसगणः ॥ १२३ ॥ यदि क्षुण्णं पूर्वैरिति जहति रामस्य चरितं गुणैरेतावद्भिर्जगति पुनरन्यो जयति कः । स्वमात्मानं तत्तद्गुणगरिमगम्भीरमधुरस्फुरद्वाग्ब्रह्माणः कथमुपकरिष्यन्ति कवयः ॥ १२४ ॥ झगिति जगतीमागच्छन्त्याः पितामहविष्टपान्महति पथि यो देव्या वाचः श्रमः समजायत । अथ कथमसौ मुञ्चेदेनं न चेदवगाहते रघुपतिगुणग्रामश्लाघासुधामयदीर्घिकाम् ॥ १२५ ॥ लज्जा कीर्तिर्जनकतनया शैवकोदण्डभङ्गे तिस्रः कन्या निरुपमतया भेजिरे रामचन्द्रम् । अन्त्यापाणिग्रहणसमये ज्यायसी जातकोपा भूपैः सार्धं खलु गतवती मध्यमाथो दिग-

---

१ अलीकभङ्गकृत्; (पक्षे) कमलविकासकृत्. २ अनाथबन्धुः; (पक्षे) नदीनः समुद्रस्तद्बन्धुः. ३ क्षत्रियश्रेष्ठः; (पक्षे) नक्षत्रनायकः. ४ वसुधैश्वर्यस्य कारणम्; (पक्षे) नवीनायाः सुधाया यो विभवस्तस्य मुख्यकारणम्. ५ शत्रुमानहारी; (पक्षे) नारीणां मानहारकः. ६ शरीरम्. ७ कपाले. ८ शेषराजः.

न्तान् ॥ १२६ ॥ गेहे गेहे सुभग भवतो रामभद्र क्षितीश त्वामालिख्य स्वमपि सविधे सस्पृहं भावयन्त्यः । तस्मिन्नाकस्मिकमुपगते वल्लभे भीतिभाजः पौष्पं चापं तव करतले वेपमाना लिखन्ति ॥ १२७ ॥ अहो रघुशिरोमणेरभिनवप्रतापावलिप्रचण्डकिरणप्रथाप्रसरसाध्वसादाश्रयम् । सुराधिपतिरम्बुदान्कमलमिन्दिरा सेवते हिमांशुरपि चन्द्रमाः सततमम्बुधौ मज्जति ॥ १२८ ॥ कीर्तिः श्रीरघुवंशरत्न भवतः स्वर्वाहिनीगाहिनी दिक्पालानखिलान्परीत्य दधती पाण्योः प्रतापानलम् । सप्ताम्भोनिधिमण्डलान्यधिगता त्वय्येकपत्नीव्रतख्यात्यै विष्णुपदं स्पृशत्यनुदिनं शेषस्य शीर्षाण्यपि ॥ १२९ ॥ कीर्तौ व्याप्तिमवेत्य वैरिवनिताबाष्पोदधेः साधनादुत्तुङ्गे पृथिवीभुजां परिवृढे शश्वद्विपक्षे स्थितम् । सर्वक्ष्मापतिमौलिमण्डनमणे श्रीरामचन्द्र प्रभो चित्रं पश्य तव प्रतापदहनं जानन्ति सत्तार्किकाः ॥ १३० ॥ श्रीराम त्वदनेकचित्रचरितप्रोद्दामकीर्तिश्रुतिप्रागल्भ्यादवधूतमूर्ध्नि सकलत्रैलोक्यलोकेऽपि यत् । अश्रोत्राः फणिनस्तदेतदुचितं नो चेदहिस्वामिना व्याधूते शिरसि क्व भूः क्व गिरयः कामी दिशामीश्वराः ॥ १३१ ॥ भ्रान्त्वा भूवलयं दशास्यदमन त्वत्कीर्तिहंसी दिवं याता ब्रह्ममरालसंगमवशात्सा तत्र गर्भिण्यभूत् । पश्य स्वर्गतरंगिणीपरिसरे कुन्दावदातं तया मुक्तं भाति विशालमण्डकमिदं शीतद्युतेर्मण्डलम् ॥ १३२ ॥ ये मज्जन्ति निमज्जयन्ति च परांस्ते प्रस्तरा दुस्तरे वार्धौ वीर तरन्ति वानरभटान्संतारयन्तेऽपि च । नैते ग्रावगुणा न वारिधिगुणा नो वानराणां गुणाः श्रीमद्दाशरथेः प्रतापमहिमा सोऽयं समुज्जृम्भते ॥ १३३ ॥ कीर्तिः श्रीरघुवंशदीप भवतो दूती मुरारेः प्रियां यस्मात्तुभ्यमदात्तदादि गिरिशोऽभूदर्धनारीश्वरः । ब्रह्माभूच्चतुराननः सुरपतिश्चक्षुःसहस्रं दधौ स्कन्दो मन्दमतिश्चकार न करम्पर्शं श्रियाः शङ्कितः ॥ १३४ ॥ एकं काञ्चनभूधरं सुवलयं दासः सुधावारिधिं तारं तारकराजमण्डलमिदं संप्राप्य सत्कुण्डलम् । दूरं स्थापि च तेन तेन सदृशं त्वां भूषणं चापरं स्त्री मौनग्रहिलेव याचतितरां श्रीराम कीर्तिस्तव ॥ १३५ ॥ संग्रामो दिवसायते तव भुजः पूर्वाचलेन्द्रायते त्वत्क्रोधोऽप्यरुणायते तव लसच्छौर्यं प्रकाशायते । त्वद्वैरी तिमिरायते तद्बलाहृत्सूर्यकान्तायते त्वत्कीर्तिः कमलायते रघुपते त्वत्खड्ग-

१ स्वसतीत्वव्रतज्ञापनाय दिव्यकरणं युक्तमेव. अत्रायं भावः—या हि स्त्री दिव्यं कर्तुमिच्छति सा पूर्वं गङ्गां गाहते, अपरं देवताः प्रदक्षिणीकृत्य पाण्योरनलं दधती सप्तमण्डलान्यतिक्रामति; ततो विष्णुपदं स्पृशति; तथा सर्पं कर्षति, तद्वदियं त्वत्कीर्तिरपि जलाग्निराजपदविष्णुपदसर्पस्पर्शनाख्यानि पञ्च दिव्यानि स्वसतीत्वनिर्वाहाय विधत्त इति. २ उत्कटा. ३ कम्पितः. ४ शेषशिरोवधूनने भूमेः पात एव स्यात्ततस्तेषां गिर्यादिवस्तूनां क्वावस्थानं भवेद्यतस्तेषां भूम्याश्रितत्वात्तस्याश्च शेषाश्रितत्वादित्यर्थः. ५ हंसः. ६ तीरे. ७ कुन्दवदुज्ज्वलम्. ८ लक्ष्मीम्. ९ तदाप्रभृति.

१ महेश्वरेणेत्थं तर्कितम्—यद्यहमुमां स्वपार्श्वे न स्थापयिष्यामि तदेयं कीर्तिदूती लक्ष्मीमिवापहृत्य मम कामिनीं गौरीमपि रामाय प्रदास्यतीति भिया स्वाङ्ग एव गौरी स्थापिता. तत्प्रभृत्यर्धनारीश्वरो हर इति ख्यातिः. २ ब्रह्मणा स्वपत्नीरक्षणार्थं चतसृष्वपि दिक्षु मुखानि निर्मितानीति भावः. ३ यतो बहूनि चक्षूंपि मम चेद्भविष्यन्ति तदा स्वाप्सरसः प्रलोभ्यापहर्तुमागच्छन्तीं कीर्तिदूतीमवलोकयिष्यामीति भावः. ४ मन्दा विवाहेऽलसा मतिर्यस्य सः. ५ यतश्चेदहं कृच्छ्रेण प्राक्स्त्रियं परिणेष्यामि तथापि तदपहरणे मम तस्या वियोग एव भावी, ततः किमनेन परिणयनारम्भेणेति विचारादिति भावः. ६ ममैकः काञ्चनगिरिर्दक्षिणे करे कटकोऽस्ति, वामे तु न किमपीत्येकनेत्राञ्जनवन्न शोभेते पाणी, अतोऽपरं तादृशं वलयाख्यं भूषणं मह्यं देहीति प्रार्थयते. ७ यतो न ह्येकं वास उपर्यधश्चाङ्गं परिधातुं शक्यते. ८ उज्ज्वलम्. ९ इदमेकं तारकाणां राजा चन्द्रस्तस्य मण्डलं सत्कुण्डलमेकस्मिन्कर्णे संप्राप्य तत्सममपरकुण्डलं द्वितीयकर्णार्थं याचति. १० दिक्पर्यन्तं प्राप्तापि. ११ स्त्रिया यो मानः. स्वपतिसौभाग्यसुरूपत्वादिगर्वस्तेन ग्रहिला ग्रहगृहीता. १२ अन्यापि या मानिनी मानग्रहगृहीता भवेत्सा विदेशस्थापि पतिं प्रभविष्णुं तत्तद्वस्तु याचते यद्भूमण्डलेऽपि नाप्यते तथेयं कीर्तिरप्यपरं भूषणं याचत इत्यर्थः. १३ यथा दिवसे सूर्यः प्रभाप्रगल्भतामुपैति तथा त्वत्खड्गभानुरपि संग्रामे स्वस्पष्टतां प्रकटयतीत्यर्थः. १४ यथा भानुरुदयाचले भासते तथा चासौ त्वद्भुजे भासत इत्यर्थः. १५ यथारुणो रक्तवर्णोऽग्रे प्रादुर्भवति तथा क्रोधोऽपि रक्तमुखनेत्रादिना प्रादुर्भवतीत्यर्थः. १६ यथा सूर्यस्योदये सर्वत्र प्रकाशः प्रसरति तथा त्वत्खड्गभानोरुदये तव शौर्यं स्पष्टमुदेतीत्यर्थः. १७ यथा सूर्योदये तमांसि नाशमायान्ति तथा त्वत्खड्गभानूदये तव वैरिणो दिगन्तगामिनो भवन्तीत्यर्थः. १८ यथा भानोरुदये सूर्यकान्तमणिषु महांस्तापः संजायते तथा चैतदुदये सति वैरिस्त्रीहृदयेषु महान्पश्चात्तापो भवतीत्यर्थः. १९ यथा भानोरुदये कमलानि विकस्वराणि भवन्ति तथा त्वत्खड्गभानोरुदये त्वत्कीर्तिर्विकासमुपैतीत्यर्थः. २० तिग्मांशुत्वात्खड्गस्य सर्वथा सूर्योपमत्वमस्तीति शेषः.

चण्डद्युतेः ॥ १३६ ॥ अस्माकं परमन्दिरस्य चरितं यद्यप्यवाच्यं भवेत्स्वामी त्वं कथयामि तेन भवतः किंचित्प्रियादूषणम् । श्रीमद्राम नृप त्वया रणमुखे पाणिग्रहः सादरं यस्याः सासिलता परस्य हृदये दृष्टा लुठन्ती मया ॥ १३७ ॥ सत्यं सा बहुरूपिणी समभवत्सिद्धिस्वरूपा भवत्कीर्तिः श्रीरघुवंशरत्न विमला जागर्ति विश्वोदरे । क्ष्मापारे रिपुमन्दिरे नृपपुरे रत्नाकरे निर्झरे कान्तारे गिरिशेखरे विषधरागारे तथैवाम्बरे ॥ १३८ ॥ गर्वावेशविशालरावणभुजप्रोद्यत्प्रतापानलज्वालाजालनवाम्बुदः कथमसौ सीतापतिर्वर्ण्यते । यस्मारातिनृपाः कृपाणजलधौ मग्नाः पुरो गौरवादत्युच्चैर्गतयो भवन्ति च पुनर्भित्त्वा रवेर्मण्डलम् ॥ १३९ ॥ भीमं यज्जलधिं जवेन हनुमानुल्लङ्घ्य लङ्कां गतो यच्चाशोकमहावनं दलितवानक्षं च यत्क्षुण्णवान् । सीतोपायनमौलिरत्नसहितः प्राप्तश्च यस्त्वामसौ तत्राप्येष भवत्प्रतापमहिमा निर्यन्त्रणः कारणम् ॥ १४० ॥ धत्ते नायक राम तावकयशो रामे शशाङ्के मेरुद्वाहे स्वर्गगजे हरे फणिपतौ वाण्यां वृषे भे रुचिम् । अन्येषां तु तदम्बरे तदहिते तद्यञ्जने तन्मदे तत्कण्ठे च तदीक्षणे तदलके तत्प्रोथके तत्पथे ॥ १४१ ॥ श्रीमन्नायक रामभद्र भवतः पाणौ कृपाणं रणे दृष्ट्वा यद्यदभूदरिक्षितिभुजां तत्तत्समाकर्णय । अङ्गे वेपथुरन्धता नयनयोर्वक्त्रे तृणं भूयसी भीतिश्चेतसि वाचि संस्तुतिकथा हस्तद्वयं मस्तके ॥ १४२ ॥ आकृष्टे कवचादहीन्द्ररसनाकल्पे कृपाणे

१ परस्त्रियाः. २ यतो भक्ताः स्वस्वामिनः कथमपि हानिं सोढुमक्षमाः. स्त्रीदुर्लक्षणं तु परमपमानकारणमतो ब्रवीमीत्यर्थः. ३ यथा काचित्पाणिगृहीती परपुरुषस्य हृदये विलासं कुर्यात्तदा तस्या असतीत्वलक्षणेन पुरुषस्य महद्दूषणं लग्नं भवेत. ४ नानारूपत्वेन विश्वव्यापिन्यभूदिति भावः. ५ अणिमाद्यष्टसिद्धिमती. ६ यथा योगिनी सिद्धा गिरिदर्यादिषु स्वकामचारिणी भवेत्तथा त्वत्कीर्तिरपीति भावः. ७ देदीप्यमानाः. ८ समूहः. ९ अन्योऽप्यनलोऽम्बुदेन शाम्यति यथा तथा तत्प्रतापाग्निरपि रामेण शामित इति भावः. १० स्वर्गयायिनो भवन्ति. अन्यो हि यो जलधौ निमग्नो भवति स च नीचैर्गतिरेव भवतीति प्रसिद्धम्. ११ मारितवान्. १२ अस्खलितः. १३ बलभद्रे. १४ उच्चैःश्रवसि. १५ ऐरावते. १६ नक्षत्रे. १७ रामवस्त्रे. तद्वस्त्रस्य नीलत्वादिति भावः. १८ चन्द्रशत्रौ. राहावित्यर्थः. १९ वृषनासिकायाम्. २० नक्षत्रपथे. आकाश इत्यर्थः. २१ येषां मुखे तृणं दृश्यते ते शूरा अपि गोवदवध्या इति भावः. २२ शिरसि करद्वयं त्वत्प्रणामार्थं कृतवन्त इत्यर्थः. २३ सदृशे.

त्वया श्रीमन्नायक रामचन्द्र भवतः प्रत्यर्थिनां वेश्मसु । गाहन्ते सहसा लुलायचमरीशार्दूलशाखाचरीयक्षोरक्षशृगालकोलशल्यभृद्भल्लूकभिल्लादयः ॥ १४३ ॥ रेफ व्यञ्जनराजता तव तवाकार प्रकर्षः स्वरेष्वन्त्यस्यापि मकार विस्फुरति ते वर्गाक्षरेष्वादिता । यैः संभूय निगद्यते रघुकुलालंकारहीगङ्कुरो देवः क्षोणिसुतापयोधरतटीशृङ्गारहारो हरिः ॥ १४४ ॥ स्वेदाम्भःकणमण्डलानि खुरलीखेलोद्भवान्यन्वहं तद्वाहो रसयन्महाबल इति ख्यातिं गतो मारुतः । तं चास्वाद्य मुहुः सहस्रफणिताशाली बलीयानहिर्धत्ते कोमलकोमलैरपि फणैः श्रीरामचन्द्र स्थिराम् ॥ १४५ ॥ श्रीरामे मृगयां गतेऽपि धनुषा बाणे समारोपितेऽप्याकर्णान्तगतेऽथ मुष्टिगलितेऽप्येणाङ्किलग्नेऽपि च । न त्रस्तं न पलायितं न चकितं नोत्कम्पितं न द्रुतं मृग्या मद्वशगं करोति दयितं कामोऽयमित्याशया ॥ १४६ ॥ गाम्भीर्येण महोदयेन शरणत्राणेन मर्यादया सर्वाशापरिपूरणेन महता स्थैर्येण धैर्येण च । राम त्वामनुकर्तुमिच्छतितरां वारांनिधिः किं त्वसौ पीतो वानरलङ्घितः प्रमथितो बद्धः श्रिया त्याजितः ॥ १४७ ॥ देव श्रीनृप रामचन्द्र भवतो दिग्जैत्रयात्रोत्सवे धावद्धीरतुरंगचञ्चलखुरक्षुण्णक्ष्मामण्डलात् । वातोद्धूतरजोमिलत्सुरनदीसंजातपङ्कस्थलीदूर्वाचुम्बनचञ्चवो हरिहयास्तेनैव वृद्धं दिनैः ॥ १४८ ॥ साधर्म्यं कथं गृणन्तु यमुनावेणीं कृपाणीं च ते श्रीमद्राम चमूवरेण्य भवतो बाणब्रह्मसिद्धान्तिनः । नाकृष्टां हलिना न कालियवशात्क्रूरां न धाराजडां न च्छायाजनितां न वक्रबहुलां न प्रांसभङ्गां क्वचित् ॥ १४९ ॥ आबाल्यं पतिरेष मे जगदिदं जानाति तत्त्वं पुनर्भूमध्ये समुपागता तदपि ते विख्यायते यः पतिः । वृद्धा नास्य गृहे वसामि सुचिरं तिष्ठन्स्थिरात्रेति तन्मात्स-

१ तन्मन्दिराणां शून्यत्वेन वनचरतिरश्चां तत्र प्रवेशस्यानिवार्यत्वादिति भावः. २ वनगावः. ३ व्याघ्राः. ४ वानर्यः. ५ शूकराः. ६ शल्यकाः. ७ ऋक्षाः. ८ व्यञ्जनेषु श्रेष्ठत्वम्. ९ कखगादिषु. १० शस्त्राभ्यामः. ११ आस्वादयन्. १२ यदा त्वया वैरिणो हतास्तदा त्वद्भुजयोः परिश्रमजः स्वेद उत्पन्नस्तच्छोषणाद्वायुर्महाबलोऽभूदिति भावः. १३ शेषः. १४ पृथ्वीम्. १५ दूर्वाङ्कुरभक्षणे रता अरुणेन प्रेरिता अपि न तूर्णं प्रयान्ति किं तु शनैरेव. अत एव ग्रीष्मर्तौ महान्तो दिवसा जायन्त इति भावः. १६ कथयन्तु. १७ छाया सूर्यभार्या. १८ पानीयवाहाः. १९ जाततरङ्गाम्.

र्यादिव राम भूप भवतः कीर्तिर्दिगन्तं गता ॥ १५० ॥ का शृङ्गारकथा कुतूहलकथा गीतादिकानां कथा माद्यद्न्तिकथा तुरंगमकथा कोदण्डदीक्षाकथा। एकैवास्ति परं पलायनकथा त्वद्वैरिभूमीभुजां देव श्रीरघुनाथ नाथ जगति स्वप्नेऽपि नान्या कथा ॥ १५१ ॥ त्वं चेत्कल्पतरुर्वयं सुमनसस्त्वं चेत्सुधात्मा कलाः संपूर्णा वयमीश्वरो यदि भवान्स्वच्छा विभूतिर्वयम्। संपूर्णः कमलाकरो यदि भवाञ्श्रीराजहंसा वयं स्वामिंस्त्वं शृणु रामचन्द्र नृपते किं किं न तेऽङ्गं वयम् ॥ १५२ ॥ बालक्रीडनमिन्दुशेखरधनुर्भङ्गावधि प्रह्वता ताते काननसेवनावधि कृपा सुग्रीवसख्यावधि। आज्ञा वारिधिबन्धनावधि यशो लङ्केशनाशावधि श्रीरामस्य पुनातु लोकवशता जानक्युपेक्षावधि ॥ १५३ ॥ त्वत्कीर्तिर्धनिका धनं मधुरिमा तस्याधमर्णा सुधा शीतांशुः प्रतिभूस्तदर्थनकृते सैषा दिवं धावति। सा लीना तव वाचि राम नृपते चन्द्रो निरस्तध्वनिः शङ्कातङ्कभृदंशुकावृततनुर्नक्तं समुत्सर्पति ॥ १५४ ॥ अस्त्रामास तृणं प्रियाद्रुहि तृणामासं स्मरारेर्धनुर्दारामास मुनेः शिलापि नृवरामास स्वयं पादुका। कुल्यामास महार्णवोऽपि कपयो योधांबभूवुस्तदा पौलस्त्यो मशकीबभूव भगवंस्त्वं मानुषामासिथाः ॥ १५५ ॥ उप्ता कीर्तिलता गुणैस्तव विभो सिक्ता च दानोदकैर्मेरुस्तम्भमवाप्य दिक्षु वितता प्राप्ता नभोमण्डलम्। धूपैस्त्वत्प्रतिपक्षलक्षवनितानिःश्वासजैर्धूपिता ऋक्षैः कोरकितेन्दुना कुसुमिता श्रीरामचन्द्र प्रभो ॥ १५६ ॥ यद्बीजानि च मौक्तिकानि करिणां दन्ता यदीयाङ्कुरा यत्पत्राणि शरद्घना हिमगिरिर्यस्याः प्रकाण्डो महान्। यत्पुष्पाणि च तारका हिमरुचिर्यस्याः फलं सुन्दरं सेयं राजति रामकीर्तिलतिका ब्रह्माण्डभाण्डोदरे ॥ १५७ ॥ नो ग्लानिं भजते दिने न च सुरार्धीशैः समापीयते नो राहुर्ग्रसते न वा मृगदृशां वक्त्रैः पराजीयते। नो मेघैश्च पिधीयते न च कुहूकालेऽपि संक्षीयते श्रीराम क्षितिपाल भाति जगति त्वत्कीर्तिचन्द्रः सदा ॥ १५८ ॥ आकृष्टे युधि कार्मुके रघुपते वामोऽब्रवीद्दक्षिणं पुण्ये कर्मणि भोजने च भवतः प्रागल्भ्यमस्मिन्न किम्। वामान्यः पुनरब्रवीन्न मम भीः पृच्छाम्यहं स्वामिनं छिन्द्यां रावणवक्त्रपङ्क्तिमथवेत्येकैकमादिश्यताम् ॥ १५९ ॥ अम्भः कर्द[1]मतामुपैति सहसा पङ्कः पुनः पांसुतां रेणुर्वारणकर्णतालयुगलैर्दिक्प्रान्तनीहारताम्। निम्नत्वं गिरयः[1] समं विषमतां शून्यं जनाकीर्णतां[2] निर्याते त्वयि रामचन्द्र नृपते त्यक्तस्वरूपं जगत् ॥ १६० ॥ पाताले मञ्जु[3] मूलं फणिपतिरभितः कीर्तिवल्लेस्तवैषा स्थूणा[4] कैलासशैलो गगनमिह महामण्डपः पाण्डुदण्डाः[5]। दन्तीन्द्रस्थूलदन्ता दलततिरतुला[6] शारदाभ्राणि सारास्तारा: पुष्पाणि चन्द्रः फलमिदममलं राम राजेन्द्र मन्ये ॥ १६१ ॥ कूर्मः पादोऽस्य[7] यष्टिर्भुजगपतिरसौ[8] भाजनं[9] भूतधात्री तैलापूराः समुद्राः कनकगिरिरयं वृत्तवर्तिप्ररोहः[10]। ज्योतिश्चण्डांशुरोचिर्गगनमलिनिमा कज्जलं दह्यमाना शत्रुश्रेणी पतङ्गा ज्वलति रघुपते त्वत्प्रतापप्रदीपः ॥ १६२ ॥ शक्तिः सर्वातिरिक्ता विलसति न च ते पीलुपाकप्रियत्वं वाक्यं धर्मे प्रमाणं स्वयमपि चरितं नान्य ईशोऽस्ति कश्चित्। नो वायं भेद आस्ते क्वचिदपि विषये नैव मिथ्याप्रवादश्चित्रं पाण्डित्यमेतद्वहसि रघुपते गौतमाद्यैरतर्क्यम् ॥ १६३ ॥ पूर्वत्रासिद्धबुद्धिर्द्विगुणितकरणेऽप्यस्ति तेऽल्पप्रयत्नो यः कश्चिन्नैव लोपं भजति बहुतरापेक्षिणोऽप्यन्तरङ्गाः। नो वा बाधः परेण क्वचिदपि विषये नापवादो गुणानां वृद्धीनां वर्णमात्रं सदनमिति नवो राम साधुत्वमार्गः ॥ १६४ ॥ प्रौढिं धत्तां[11] कलासु प्रथयतु[12] कुमुदं सत्पथे[13] संचरेद्वा नेत्रानन्दं विधत्तां[14] भवतु[15] च विबुधानस्तु[16] राजा तथापि। दोषान्वेषी[17] कलंकी[18] सहजजडतनुः[19]

१ यतोऽम्भसो द्रवत्वेऽपि भवदीयाश्वाद्युत्थापितरजःसंपर्कात्तस्य कर्दमता जातेति भावः.

१ घोटकखुरक्षुण्णाः सन्तः. २ त्वत्सेवया वने प्रवेशादरण्यमपि जनपदवद्भवति. ३ मनोहरम्. ४ स्तम्भः. ५ श्वेतयष्टिका. ६ पर्णसंततिः. ७ अवष्टम्भहेतुः. ८ दीपदण्डः. ९ दीपाधारपात्रम्. १० मध्यवर्तित्वाद्वर्तुलदशाङ्कुरः. ११ (चन्द्रपक्षे) तथा कलास्वंशेषु प्रौढिं प्रागल्भ्यं धत्तां बिभर्तु; (रामपक्षे) यथा कलासु विज्ञानेषु प्रौढिं धत्ते. १२ (चन्द्रपक्षे) तथा कुमुदं प्रकाशं प्रथयतु विस्तारयतु; (रामपक्षे) यथा कौ पृथिव्यां मुदं हर्षं जनयति. १३ (चन्द्रपक्षे) तथा सतां देवानां पन्थाः सत्पथ आकाशस्तस्मिन्संचरेत्; (रामपक्षे) यथा सत्पथे सतां योग्ये मार्गे संचरति. १४ (चन्द्रपक्षे) तथा नेत्राणां लोचनानामानन्दं विधत्तां कुरुताम्; (रामपक्षे) यथा नेतॄणां रक्षकाणामानन्दं जनयति. १५ (चन्द्रपक्षे) तथा विबुधान्देवानवतु रक्षतु; (रामपक्षे) यथा विबुधान्पण्डितानवति. १६ (चन्द्रपक्षे) तथा च राजा शोभितोऽस्तु; (रामपक्षे) तथा नाम्ना क्रियया गुणैश्च राजा. १७ (चन्द्रपक्षे) दोषा रात्रिस्तामन्वेषते तच्छीलः; (रामपक्षे) न दोषमन्वेषते किंतु गुणान्. १८ (चन्द्रपक्षे) कलङ्कवान्; (रामपक्षे) कलङ्की न. १९ (चन्द्रपक्षे) सहजतो जलमयी तनुर्यस्य सः (रामपक्षे) निसर्गतो मूढस्वभावो न.

संक्षयः पक्षपाती नक्षत्रेशः कथं वा कलयतु तुलनां रामचन्द्रेण चन्द्रः ॥ १६५ ॥ माद्यद्दैर्तण्डगण्डच्युतमदमदिरासंचरच्चञ्चरीकीझांकारानन्दगीताः कविभवनभुवस्ताः पुरस्ताद्भवन्ति । पश्चादश्वन्ति येषामुपरि करुणया रामभूपालमौलेरुद्वेलदुग्धवीचीबहलधवलिमाबद्धकक्षाः कटाक्षाः ॥ १६६ ॥ बीजं चिन्तामणिश्चेत्कनकगिरितटीजन्मभूमिर्भवेच्चेत्सेक्त्री चेत्कामधेनुर्विधिकुलमखिलं मूलसंस्कारभृच्चेत् । वित्तेशो रक्षिता चेत्सरसिजनिलया मञ्जरी चेत्तदा स्याद्राम क्ष्मापालमौले तव भुजलतया कल्पवृक्षः सदृक्षः ॥ १६७ ॥ मन्ये मृत्योः सपत्नी जगति सुविदिता कालकूटस्य कन्या धात्री कर्कोटकस्य स्मरणभयकरी किं च वज्रस्य माता । कल्पान्ताग्नेः पुरंध्री प्रभवति भगिनी भीषणा कालरात्रेर्दूतीयं ते कृपाणी सुरपुरसुदृशां रामचन्द्र क्षितीश ॥ १६८ ॥

रामजामः ॥ क्षुभ्यत्प्रत्यर्थिपृथ्वीपतिहृदयसरस्तोषशोषं दधाने त्वद्दोष्णां सुप्रतापे तपति बहुगुणे रामजाम क्षितीन्द्र । सूर्यो मित्रत्वमायात्समजनि दहनः कृष्णवर्त्मा निमज्जन्पारावाराम्बुपूरे निवसति वडवावह्निरन्यत्किमु धाम् ॥ १६९ ॥

रामनाथः ॥ करकम्पितखड्गयष्टिभीमे रणसंनाहितरामनाथवीरे । अरिभूभृदमर्त्यसुन्दरीणामचलन्दक्षिणवामलोचनानि ॥ १७० ॥

रुद्रः ॥ कतिपयदिवसैः क्षयं प्रयायात्कनकगिरिः कृतवासरावसानः । इति मुदमुपयाति चक्रवाकी वितरणशालिनि वीररुद्रदेवे ॥ १७१ ॥ कवीन्द्राणामासन्प्रथमतरमेवाङ्गणभुवश्चलद्भृङ्गासङ्गाकुलकरिमदामोदमधुराः । अमी पश्चात्तेषामुपरि पतिता रुद्रनृपतेः कटाक्षाः क्षीरोदप्रसरदुरुवीचीसहचराः ॥ १७२ ॥ भूयो भूयस्त्वदरिदलनाद्वासनाशासकाशाद्यातैर्वातैरहह तरणेरुल्बणेषु व्रणेषु । सायं सायं लवणसलिलस्पर्शबाधासमाधावस्यालस्याकलितवपुषो रुद्र कः स्यादुपायः ॥ १७३ ॥ चन्द्रोऽनेन कलङ्कितो बत वने रामोऽमुना वञ्चितः किं चानेन कुलाङ्गनानयनयोर्लावण्यलक्ष्मीर्हृता । सस्यानामभिलाषकस्य भवतः श्रीरुद्रचन्द्र प्रभो तन्मन्ये हरिणस्य हन्त हननायाखेटकोपक्रमः ॥ १७४ ॥ रुद्रस्यापि दिगम्बरस्य कृपया स्वर्गेऽमराः कोटिशो याचन्ते न कदापि काञ्चनमहो शश्वत्सदा भुञ्जते । एकोऽहं वसुधातले न च पुनः स्नेहस्य पात्रं सदा याचिष्ये कथमन्यभूपतिमतः श्रीरुद्रभूमीपते ॥ १७५ ॥

रूपनारायणः ॥ अये यदि समीहसे परपुरावरोधं सदा समाकलय मद्वचः किमपि रूपनारायण । प्रतीपनृपनागरीनयननीरकल्लोलिनीसमुत्तरणचातुरी तुरगराजमध्यापय ॥ १७६ ॥

रूपमणिः ॥ श्रीमद्रूपमणे गुणेन यदयं हीनोऽपि नीतो गुरुर्गाढं गौरवमादरेण भवता तेनास्ति शंभुर्भवान् । यत्तेनाप्यनृजुः कलङ्कविकलो दोषाकरोऽपि स्फुटं विप्राधीशपदे विधाय विधृतश्चन्द्रोऽनिशं मस्तके ॥ १७७ ॥

विक्रमार्कः ॥ तत्कृतं यन्न केनापि तद्दत्तं यन्न केनचित् । तत्साधितमसाध्यं यद्विक्रमार्केण भूभुजा ॥ १७८ ॥ सारसवत्ता विहता नवका विलसन्ति चरति नो कङ्कः । सरसीव कीर्तिशेषं गतवति भुवि विक्रमादित्ये ॥ १७९ ॥ हस्ती वन्यः स्फटिकघटिते भित्तिभागे स्वबिम्बं दृष्ट्वा दृष्ट्वा प्रतिगज इति त्वद्विषां मन्दिरेषु । दन्ताघाताद्दलितदशनस्तं पुनर्वीक्ष्य सद्यो मन्दं मन्दं स्पृशति करिणीशङ्कया विक्रमार्क ॥ १८० ॥ कीर्तिस्ते दयिता तदीयजठरे लोकत्रयं वर्तते तस्मात्त्वं जगतः पिता पितृधनं येनार्थिनां त्वद्धनम् । वीर श्रीवर विक्रमार्क भवतस्त्यागं न मन्यामहे कस्त्यागः स्वकुटुम्बपोषणविधावर्थव्ययं कुर्वतः ॥ १८१ ॥

विग्रहराजः ॥ ब्रूते संप्रति चाहुवाणतिलकः शाकंभरीभूपतिः श्रीमान्विग्रहराज एष विजयी संतानजानात्मनः । अस्माभिः करदं व्यधायि हिमवद्विन्ध्यान्तरालं भुवः शेषस्वीकरणाय मास्तु भवतामुद्योगशून्यं मनः ॥ १८२ ॥

वीरभानः ॥ लङ्काधामनि वीरभाननृपतेः प्रेक्ष्य प्रतापोदयं प्रत्यागारमधीरनीरजदृशो भूयो हुताशभ्रमात् । क्षुभ्यद्घ्राणि विधूतपाणि विगलन्मुक्तामणि प्रस्खलद्बाष्पश्रेणि विलोलवेणि दयितं कण्ठस्थले बिभ्रति ॥ १८३ ॥ भेरीझाङ्कृतिभिस्तुरंगनिनदैः कुम्भीन्द्रकोलाहलैः प्रस्थाने तव वीरभान दलितं ब्रह्माण्डभाण्डोदरम् । आधाय ज्व-

---

१ (चन्द्रपक्षे) कृष्णपक्ष एकैककलाक्षयात्सक्षयः; (रामपक्षे) न कदाचन तस्य क्षयः, किंतु सर्वदा वृद्धिरेव. २ (चन्द्रपक्षे) पक्षेऽतीतेऽमायां पतनशीलः; (रामपक्षे) पक्षपाती न. ३ (चन्द्रपक्षे) नक्षत्राणां ताराकाणामीशः स्वामी; (रामपक्षे) न च नक्षत्रेशः; किंतु सर्वेषां क्षत्राणामीशः. ४ हस्ती. ५ भ्रमरी. ६ कवचित. ७ भल्पैः. ८ मेरुः. ९ नाशः. १० दानम्.

लति प्रतापदहने रङ्कैः पुनर्वेधसा तारानायकतारकासुरसरिद्व्याजादिवायोजितम् ॥ १८४ ॥

वीरवरः ॥ कामो वामदृशां निधिर्नयजुषां कालानलो विद्विषां स्वःशाखी विदुषां गुरुर्गुणवतां पार्थो धनुर्धारिणाम् । लीलावासगृहं कलाकुलजुषां कर्णः सुवर्णार्थिनां श्रीमान्वीरवरः क्षितीश्वरवरो वर्वर्ति सर्वोपरि ॥ १८५ ॥ जम्बुद्वीपगृहप्रकाशनकरी स्नेहक्षमाधायिनी नीत्योद्गीर्णमषीततिः खलजनश्रेणीपतङ्गान्तकृत् । गाजीन्द्राकबरक्षितीश्वरमनश्चिन्तान्धकारापहा यस्य क्षोणिपतेरराजदखिलं दीपोपमा लेखनी ॥ १८६ ॥

वीरसिंहः ॥ वीरसिंहारिनारीणामञ्जनाक्ताश्रुबिन्दवः । उरोजे पतिता रेजुः सरोजे मधुपा इव ॥ १८७ ॥ यस्योच्छिन्ना न वेदा मनसि सदयता दूषणानामभावो दक्षो दूरेऽणुदृष्ट्या जहति कठिनतां दानशक्तिर्गरिष्ठा । आधत्ते यश्च कुन्दं शिरसि दरवतां यश्च दूरीकृतार्तिः स श्रीमान्वीरसिंह त्वमिव तव रिपुस्तत्र दम्भं प्रतीमः ॥ १८८ ॥ वैकुण्ठाभप्रकामः कमलयुतशिराः कुञ्जराकृष्टदृष्टिः कोदण्डोदारनामाप्यमितपरिजनो विश्वविख्यातकीर्तिः । सुन्दर्यासक्तचित्तः समरणविजयी कङ्कणाहारयुक्तो वीर श्रीवीरसिंह त्वमिव तव रिपुः किंतु मुक्तादिवर्णः ॥ १८९ ॥

वेङ्कटपतिः ॥ अत्र मन्मथमिवातिसुन्दरं [३]दानवारिमिव दिव्यतेजसम् । शैलराजमिव धैर्यशालिनं वेद्मि वेङ्कटपतिं महीपतिम् ॥ १९० ॥

शाहिजहानः ॥ भूभृन्मौलितटीषु वर्षति महाधाराधरेऽस्मिन्नसौ जाता भूप सरस्वती विजयिनी कल्लोलिनी पावनी । श्रीमच्छाहिजहां ब्रवीमि तदिदं माहात्म्यमस्याः कथं यस्यां मज्जति पङ्कजीयति शिवस्तन्मूर्धजो लीयति ॥ १९१ ॥

सिन्धुराधीश्वरः ॥ अशर्मदहनज्वलत्कटुकटाक्षरूक्षेक्षणक्षणक्षपितशात्रवे जयति सिन्धुराधीश्वरे । वयं न बहु मन्महे निजभुजानमद्गाण्डिवच्युतास्त्रशिखिताण्डवज्वलितखाण्डवं पाण्डवम् ॥ १९२ ॥

हम्मीरः ॥ मुञ्चति मुञ्चति [६]कोषं भजति च भजति [७]प्रकम्पमरिवर्गः । हम्मीरवीरखड्गे त्यजति त्यजति [८]क्षमामाशु ॥ १९३ ॥ मा चक्र [१]चक्रिविरहज्वरकातरो भूः संकोचमम्बुज न याहि न यामिनीयम् । हम्मीरभूपहयपादविदीर्णभूमीरेणूत्करैरयमकारि दिवान्धकारः ॥ १९४ ॥

१ दकारे भकारम्. २ इह पद्ये शत्रुपक्ष आद्याक्षरत्यागः. ३ विष्णुः. ४ हरम्. ५ मदनशासकत्वात्. ६ पिधानम्; (पक्षे) भाण्डागारम्. ७ उल्लासनम्; (पक्षे) प्रकृष्टकम्पम्. ८ क्षान्तिम्. (पक्षे) पृथ्वीम्.

राजविभूषावर्णनम् ।

यशःपटोऽयमद्भुतो न ते महीप कञ्चुकः । सुपुण्यकर्मभात्यदो जयप्रदं सुरक्षणम् ॥ १ ॥ प्रज्ञातृतीयोग्रविलोचनस्य भूत्योज्ज्वलस्येश्वरकामदातुः । कामारिमुत्सृज्य मुदा सकामा उष्णीषगङ्गा तव भाति मूर्ध्नि ॥ २ ॥ चित्राभिरस्योपरि मौलिभाजां भाभिर्मणीनामनणीयसीभिः । अनेकधातुच्छुरिताश्मराशेर्गोवर्धनस्याकृतिरन्वकारि ॥ ३ ॥ तमङ्गदे मन्दरकूटकोटिव्याघट्टनोत्तेजनया मणीनाम् । बंहीयसा दीप्तिवितानकेन चकासयामासतुरुल्लसन्ति ॥ ४ ॥ शिरोवेष्टनव्याजतस्ते मुखेन्दोः परं पक्षपाताद्ग्रसत्येव राहुम् । रुषा मूर्ध्नि बद्धं कचच्छद्मनालं शशाङ्कोऽङ्गहीनो विभात्येष राजन् ॥ ५ ॥ ताराधिनाथमभिजित्य मुखश्रियाद्धा राजंस्त्वया पदककैतवतो व्यलम्बि । बन्दीकृता इव तदीयवधूसमूहा हारच्छलेन तव वक्षसि भान्ति नूनम् ॥ ६ ॥ धवलकुसुमभास्वत्कञ्चुकस्योपरिष्टात्कनकपरिकरेण भ्राजसे राजराज । शरदि घनगणोद्यद्विद्युदुद्दामरेखाकलित इव धरेन्द्रः प्रोन्नतो विन्ध्यशैलः ॥ ७ ॥ स्वभावारक्तश्रीनखरसुषमानद्धकनकस्फुरद्विद्युद्राजत्कटकयुगलाभ्यां तव करौ । विभातः काश्मीरद्रवविलुलिताविन्द्रविजये हृते स्वर्गद्वारार्गल इव विभो द्विद्वस्थितिकृते ॥८॥

गजप्रशंसा ।

नीता कुम्भस्थलकठिनता कामिनीनामुरोजैस्तेयं धृत्वा धृतमणिगणैः कञ्चुकैरावृतैव । इत्याख्यातुं नरपतिगृहद्वारि कुम्भेन्द्रडिम्भाः शुण्डादण्डैर्वपुषि बहुलां धूलिमुद्धूलयन्ति ॥ १ ॥ सिन्दूरद्युतिमुग्धमूर्धनि धृतस्कन्धावधिश्यामिके व्योमान्तःस्पृशि सिन्धुरेऽस्य समरारम्भोद्धुरे धावति । जानीमो नु यदि प्रदोषतिमिरव्यामिश्रसंध्याधियेवास्तं यान्ति समस्तबाहुजभुजातेजःसहस्रांशवः ॥ २ ॥ एतद्गन्धगजस्तृषाम्भसि भृशं कण्ठान्तमज्जत्तनुः फेनैः पाण्डुरितः स्वदिक्करिजयक्रीडायशःस्पर्धिभिः । दन्तद्वन्द्वजलानुबिम्बनचतुर्दन्तः कराम्भोवर्मिव्याजार्दभ्रमुवल्लभे-

१ चक्रवाकीविरहातुरः. २ अभ्रंकषे. ३ अनर्गल इत्यर्थः. ४ क्षत्रिय. ५ सूर्यः. ६ प्रतिबिम्बेन. ७ करशीकर इत्यर्थः. ८ ऐरावतेन.

न विरहं निर्वापयत्यम्बुधेः ॥ ३ ॥ स्वीयोद्दानप्रगन्धप्रकुपितहृदयोत्तारितोद्दण्डशुण्डैरुद्गच्छत्पुच्छगुच्छप्रतिकरटिधिया सिन्धुरैर्धावमानैः। तत्पादन्यासनम्रीभवदचलभरोद्भ्रान्तिधारावघूर्णत्पारावाराम्बुपूर्णा धरणिरतितरां शङ्कमाना चकम्पे ॥ ४ ॥

तुरगप्रशंसा।

मेखलीयति मेदिन्याः ककुभः कङ्कणीयति। मण्डलीस्तुरगः कुर्वञ्जगतः कुण्डलीयति ॥ १ ॥ धावन्तमनुधावन्ति हरिणं तव वाजिनः। नाभिनिर्मुक्तकस्तूरीलुब्धा इव समीरणाः ॥ २ ॥ अनूनवेगाद्दयमद्वितीयश्छायातुरंगादपि लज्जमानः। खुरोद्धतैर्वीर तुरंगमस्ते रजोभिरह्नांपतिमावृणोति ॥ ३ ॥ प्रयातुमस्माकमिदं कियत्पदं धरा तदम्भोधिरपि स्थलायताम्। इतीव वाहैर्निजवेगदर्पितैः पयोधिरोधक्षममुद्धतं रजः ॥ ४ ॥ इयती जगती कियती भविता नमिता न न यामिति याति हयः। वियदङ्गणरिङ्गणरङ्गणभूर्विमृशन्निव नर्तनमातनुते ॥ ५ ॥ किमङ्गारवद्भां खुरैः स्पर्शयन्तः कुरङ्गा इवाङ्गानि संकोचयन्तः। अटन्तो नटन्तो भटं तोषयन्तस्तुरंगाः सुरङ्गाः पुरं गाहयन्ति ॥ ६ ॥ अलक्षितगतागतैः कुलवधूकटाक्षैरिव क्षणानुनयशीतलैः प्रणयकेलिकोपैरिव। सुवृत्तमसृणोन्नतैर्मृगदृशासुरोजैरिव त्वदीयतुरगैरिदं धरणिचक्रमाक्रम्यते ॥ ७ ॥ निर्मांसं मुखमण्डले परिमितं मध्ये लघुं कर्णयोः स्कन्धे बन्धुरमप्रमाणमुरसि स्निग्धं च रोमोद्गमे। पीनं पश्चिमपार्श्वयोः पृथुतरं पृष्ठे प्रधानं जवे राजा वाजिनमारुरोह सकलैर्युक्तं प्रशस्तैर्गुणैः ॥ ८ ॥ धूलीभिर्दिवमन्धयन्बधिरयन्नाशाः खुराणां रवैर्वातं संयति खञ्जयञ्जवजयैः स्तोतॄन्गुणैर्मूकयन्। धर्माराधनसंनियुक्तजगता राज्ञामुनाधिष्ठितः सान्द्रोत्फालमिषाद्विगायति पदा स्प्रष्टुं तुरंगोऽपि गाम् ॥९॥ वातं स्थावरयन्नभः पुटकयन्स्रोतस्वतीं सूत्रयन्सिन्धुं पल्वलयन्वनं विटपयन्भूमण्डलं लोष्टयन्। शैलं सर्षपयन्दिशं चपलयंल्लोकत्रयं क्रोडयन्हेलारब्धरयो हयस्तव कथंकारं गिरां गोचरः ॥ १० ॥ तस्तां गामिव संस्पृशन्ति गतिभिर्यामुत्पतन्तो मुहुश्चान्तेवासिन आजवश्रुतगतीवाध्यापयन्तोऽनिलात्। देव स्वीयखुराग्रदीर्णवसुधाधूलीवितानं बलारात्यश्वो नटनं पठिष्यति हि वस्तन्वन्ति वाहास्तव ॥ ११ ॥

खड्गप्रशंसा।

वर्णयामि विमलत्वमम्भसः किं त्वदीयकरवालवर्तिनः। एति यत्प्रभवमैन्दवीं द्युतिं विश्वशुक्तिपुटमौक्तिकं यशः ॥१॥ खड्गवारि भवतः किमुच्यते लोलशैवलमिवारिकुन्तलैः। यत्र राजति निवेशितं त्वया राजहंसनिवहोपमं यशः ॥२॥ न पक्षवृत्तिर्न सपक्षवृत्तिर्विपक्षवृत्तिः करवालधूमः। तथापि ते भूमिपते जगत्यां प्रतापवह्निप्रमितिं करोति ॥ ३ ॥ रिपुश्रियः किं कचसंचयोऽयं प्रतापवह्नेः किमु धूमराजिः। विलोक्य यत्पाणिगतं कृपाणमेवं जनस्तर्कयते रणेषु ॥ ४ ॥ सद्यः करस्पर्शमवाप्य चित्रं रणे रणे यस्य कृपाणलेखा। तमालनीला शरदिन्दुपाण्डु यशस्त्रिलोक्याभरणं प्रसूते ॥५॥ दर्पान्धगन्धगजकुम्भकपाटकूटसंक्रान्तनिघ्नघनशोणितशोणशोचिः। वीरैर्व्यलोकि युधि कोपकषायकान्तिः कालीकटाक्ष इव यस्य करे कृपाणः ॥ ६ ॥ धाराधरस्त्वदसिरेष नरेन्द्र चित्रं वर्षन्ति वैरिवनिताजनलोचनानि। कोशेन संततमसंगतिराहवेऽस्य दारिद्र्यमभ्युदयति प्रतिपार्थिवानाम् ॥ ७ ॥ कुरंगाक्ष्या वेणीं सुभग विपरीते रतिविधावधिस्कन्धं दृष्ट्वा किमपि निपतन्तीमरिभटः। अधिग्रीवं युष्मत्प्रचलकरवालव्यतिकरं स्मरन्नेव स्तब्धो विरमति परीरम्भरभसात् ॥ ८ ॥ कृपाणीयं काली तव रिपुयशःक्षीरमनिशं पिबन्ती व्यालीव प्रथयति तथा दुर्विषहताम्। यथा दूरादस्याः स्फुरणमपि संभाव्य सहसा विमुह्यन्ति प्रौढप्रहरणभृतोऽपि प्रतिभटाः ॥ ९ ॥ राजन्वीर विपक्षलक्ष्मीसुवधूवैधव्यदीक्षागुरुः सङ्ग्रामाध्वरकर्ममर्मकुशलः प्रत्यर्थिपृथ्वीभुजाम्। प्राणानर्घ्यमणेर्मयापहरणं नाकारि किंतु प्रभो भ्रूभङ्गेन तवेति दिव्यमपिबत्कोशं स खड्गः परः ॥१०॥ अस्यासिर्भुजगः स्वकोशविवराकृष्टः स्फुरत्कृष्णिमा कम्पोन्मीलदराललीलवलनैस्तेषां भिये भूभुजाम्। सङ्ग्रामेषु निजाङ्गुलीमयमहासिद्धौषधीवीरुधः पर्वास्ये विनिवेश्य जाङ्गुलिकता कैर्नाम नालम्बिता ॥ ११ ॥ भूभृन्मौलितटीषु दर्शितसमारम्भोऽयमम्भोधरस्त्वत्खड्गः प्रतिपक्षपङ्कपटलं प्रक्षालयन्धारया। युद्धक्रुद्धविरुद्धसिन्धुरगलद्दण्डस्थलप्रस्खलन्मुक्ताभिः करकाभिराशु समरे क्षोणीतले वर्षति ॥१२॥ आश्चर्यं समराम्बरे रिपुयशश्चन्द्रप्रतापार्कयोः सर्वग्रासमयं

१ अन्तरिक्षचारिणां दृष्टीः प्रतिबध्नन्नित्यर्थः. २ तत्रत्यान्प्राणिन इत्यर्थः. ३ वायोरप्यधिकवेग इत्यर्थः. ४ जगतो धर्मैकसाधनकारिणा. ५ वेगातिशयत्वान्निरन्तरमूर्धचरणनिक्षेपव्याजात. ६ भुवम्; (पक्षे) धेनुम्. 'गोब्राह्मणानलान्भूमिं गोच्छिष्टं न पदा स्पृशेत्' इति निषेधादिति भावः.

१ वक्रविलासाः. २ प्रकटकुलगतिरित्यर्थः. ३ ग्रन्थिम्. ४ विषवैद्यता.

सहैव तनुते त्वत्खड्गराहुः कथम्। किं चान्यत्परलोकनिर्भय भवांस्तस्मिन्महत्युत्सवे गृह्णाति त्यजतामकम्पहृदयो राज्ञां समस्ता भुवः ॥ १३ ॥ देव त्वत्करपद्मकोशविगलन्मत्तालिमालामसिं वैधव्योद्भटधूमकेतुमपरे त्वद्वैरिवामभ्रुवाम्। वेणीं कालवधोः प्रतापहुतभुग्धूमं च केचिज्जगुर्मन्ये कालभुजंगलोलरसना हालाहलव्यापृता ॥ १४ ॥ सिक्तायां वीरकण्ठस्थलबहलगलद्रक्तधाराम्बुवर्षैर्माद्यन्मातंगकुम्भोद्दलनविलुलितैर्मौक्तिकैः पुष्पितायाम्। रुङ्गामोद्यानभूमौ तुरगखुरपुटोत्खातकृष्टस्थलायां जातं ते खड्गवल्ल्याः फलमतुलरसास्वादहृद्यं जयश्रीः ॥ १५ ॥ सर्पीवैषा कृपाणी तव भुजभुजगासंगतः संगरादौ सद्यःकृत्तारिखण्डच्युतरुधिररजोयोगमभ्यावहन्ती। दृप्यद्दानाम्बुपूरोत्कटकरिघटनागण्डशैलेषु लीना सूते सद्यः किलाण्डान्यतिविमलगलद्भूरिमुक्ताच्छलेन ॥ १६ ॥ लेखन्ती व्योमगर्भे दिशि विदिशि मुहुर्निष्पतन्ती हरन्ती शश्वत्प्रौढान्धकारानखिलजनमनोविस्मयं वर्धयन्ती। यस्य स्फारासिधारा तडिदिव तरला वैरिकण्ठोपकण्ठं प्राप्ता सद्यो नटीव प्रणयकुतुकिनी मोहमाविष्करोति ॥ १७ ॥ चूडापीडाभिरामः स्फुरदुरुमणिभिर्मुद्रिकाकल्पभूतैर्दोर्दण्डः कुण्डलीन्द्रस्तव जयति जगन्मण्डलाधार एषः। क्षीरभ्रान्त्यारिकीर्तिं सपदि समुदितां पातुकामः प्रसर्पज्जिह्वामुच्चैः किमेनां चपलयति चमत्कारिणीं खड्गधाराम् ॥ १८ ॥

राजयात्रावर्णनम्।

प्रयाणे तव राजेन्द्र मुक्ता वैरिमृगीदृशाम्। राजहंसगतिः पद्भ्यामाननेन शशिद्युतिः ॥ १ ॥ दिङ्नारीणां स्पृशत्यर्को रजःसंदूषिताम्बरम्। प्रस्थाने नृपते सन्तोऽपथैर्यान्ति रजोवृताः ॥ २ ॥ त्वद्वाजिराजिनिर्धूतधूलीपटलपङ्किलाम्। न धत्ते शिरसा गङ्गां भूरिभारभिया हरः ॥ ३ ॥ यात्रासु यस्य ध्वजिनीभरेण दोलायमाना सकला धरित्री। आर्द्रव्रणाधिष्ठितपृष्ठपीठमकर्मठं कूर्मपतिं चकार ॥ ४ ॥ अस्य प्रयाणेषु समग्रशक्तेरग्रेसरैर्वाजिभिरुत्थितानि। कुर्वन्ति सामन्तशिखामणीनां प्रभाप्ररोहास्तमयं रजांसि ॥ ५ ॥ यदस्य यात्रासु बलोद्धतं रजः स्फुरत्प्रतापानलधूममञ्जिम्। तदेव गत्वा पतितं सुधाम्बुधौ दधाति पङ्कीभवदङ्कतां विधौ ॥६॥ त्वय्यागते किमिति वेपत एष सिन्धुस्त्वं सेतुंमन्थकृदतः किमसौ बिभेति। द्वीपान्तरेऽपि न हि तेऽस्त्यवशंवदोऽद्य

१ सेतुश्च मन्थश्चेति.

त्वां राजपुंगव निषेवत एव लक्ष्मीः ॥ ७ ॥ त्वयि प्रचलति प्रभो तुरगवल्गनासु स्फुरद्धरावलयधूलिभिः सकलमेव कीर्णं नभः। दिवाकरहयावली निरवलम्बसंचारतः श्रमापनयनाय किं वसुमतीयमूर्ध्वं गता ॥ ८ ॥ चोली चोलीं न तु कलयते गुर्जरा जर्जराङ्गी भूर्जाक्रान्तं विशति विपिनं मालवी सालवीथीम्। नो संगीतं रचयति मनागङ्गवङ्गी कृशाङ्गी नाङ्गी रागं रहसि तनुते भूपते त्वत्प्रयाणे ॥९॥ देव त्वद्विजयप्रयाणविलसत्सद्वाजिराजिव्रजक्षुण्णक्ष्मातललीनपांसुपटलव्याप्तोऽनिमेषेक्षणः। सुत्रामा[1] बहु मन्यते फणिपतिं पातालमूलस्थितं सोऽप्युद्दामकरीन्द्रदुर्धरभराक्रान्तः सहस्रेक्षणम् ॥ १० ॥ देवे दिग्विजयोद्यते धृतधनुःप्रत्यर्थि[2]सीमन्तिनीवैधव्यव्रतदायिनि प्रतिदिशं क्रुद्धे परिभ्राम्यति। आस्तामन्यनितम्बिनी रतिरपि प्रायो न पौष्पं करे भर्तुर्धर्तुमैदान्[3]मदान्धमधुपीनीलीनिचोलं धनुः ॥ ११ ॥ देव त्वद्विजयोद्यमे हरि[4]खुरव्रातक्षतक्ष्मातलप्रोद्भूते रजसः परागपटले दिक्चक्रमाक्रामति। अक्ष्णां पङ्क्ति[5]शतानि निन्दति निजं हस्तद्वयं निन्दति स्वां निन्दत्यनिमेषतां परिपतद्बाष्पाम्बुधारो हरिः[11] ॥ १२ ॥ युष्मद्वाजिजिताजिराजिचरणक्षेपक्षतैर्मोहिनीं मङ्क्षु क्षोणिमवेक्ष्य सिञ्चति धनैर्भर्ता नदीनां जलैः। आशामण्डलमुत्कटध्वजपटैर्वातं तनोति द्रुतं चञ्चच्चञ्चलरेणुरा[12]श्विनमिवानेतुं दिवं गच्छति ॥ १३ ॥ धूर्ताधोरण देव वासवकरी पङ्केन लिप्तः कथं नीतः स्वर्गतरंगिणीजलमसौ तत्रास्ति पङ्कः कुतः। सर्वाशाविजयोत्सवं प्रति कृतोद्योगे धराधीश्वरे स्फायन्ते करिकर्णताल-

१ इन्द्रः. २ शत्रवः. ३ यदि मम भर्ता कामो धनुर्धारयिष्यति तदायं राजा मद्भर्तारं धनुर्धरत्वाद्धनिष्यतीति भयात्स्वभर्त्रा धनुर्नाग्राहयदिति भावः. ४ अश्वः. ५ समूहः. ६ दशशतानि. ७ यतश्चैतावद्रजः समुच्छलितं येन तस्य सहस्रनेत्राणि तिरोहितानि बभूवुस्तेन यदि मम नेत्रसहस्रं नाभविष्यत्तदा चैतावद्रजोनिकरस्तत्र नापतिष्यदतो नेत्रसहस्रं मम किमर्थमभवदिति. ८ सत्यपि नेत्रसहस्रे तत्तिरोधानाय यदि हस्तसहस्रमप्यभविष्यत्तदा हस्तैः सर्वनेत्राच्छादनं कर्तुं शक्यमतो मम पाणिद्वयं व्यर्थमेवेति. ९ यतो मया देवत्वादनिमेषता पक्ष्मपाताभावः किमिति प्राप्तः, यस्माच्चक्षुषां रजःपटलाक्रान्तत्वमभूद्यदि च मे नयनेष्वनिमेषता नाभविष्यत्तदा रजःपातोऽपि नाभविष्यदतः स्वामनिमेषतां निन्दतीति भावः. १० रजःकणसंसर्गात्परिपतन्ती निर्गच्छन्ती नेत्रेभ्यो बाष्पाम्बुधाराश्रुजलप्रवाहो यस्य सः. ११ इन्द्रः. १२ अश्विनीकुमारं वैद्यम्.

पवनोद्धूताश्वभूरेणवः ॥ १४ ॥ देव त्वद्गजवाजिपत्रिपटल-
प्रोद्धूतधूलीभरैराकाशं वसुधायते खरकरः सोमायते नि-
ष्प्रभः। किं चाधो भरकुञ्चितः फणवतां नाथः स कूर्मा-
यते कूर्मो भोगपतीयते किमपरं रात्रीयते वासरः ॥ १५ ॥
वेल्लत्पक्षतिराजहंसयुवतित्रुट्यन्मृणालावलिभ्राम्यत्षट्पदभूरि-
झाङ्कृतिपतच्चक्रीकृतक्रेङ्कृति। पर्यस्यन्नवपद्मसंहति पतद्दिग्व-
र्तिवेगस्थिति प्रस्थानध्वजवातलोलमजनि स्वर्गापगायाः
पयः ॥ १६ ॥ सत्यं त्वं पुरुषोत्तमोऽसि नियतं तत्रापि
रामो भवान्प्रस्थाने तव लज्जयेव नमति व्यक्तं यतो मे-
दिनी। द्राक्पूर्वाचलपश्चिमाचलकुचावावृण्वती प्रोच्छलद्दक्का-
रावचलत्पयोधिलहरीचेलाञ्चलैश्चञ्चलैः ॥ १७ ॥ प्रस्थाने
तव भूमिपाल वसुधा जाता रजोदोषला त्वद्विट्दारपयो-
धरोऽञ्जनवृतं वर्षत्यधोऽश्रूदकम्। झञ्झाश्वासहिमापमौक्ति-
कगणान्वामाः किरन्ति द्विषस्तच्चोत्पात इति प्रतापदहने
यास्यन्ति ते शत्रवः ॥ १८ ॥ एतद्दत्तासिघातस्रवदसृगसुहृ-
द्वंशसान्द्रेन्धनैतद्दोरुद्दामप्रतापज्वलदनलमिलद्धूमभूमभ्रमाय।
एतद्दिग्जैत्रयात्रासमसमरभरं पश्यतः कस्य नासीदेतन्नासी-
रवाजिव्रजखुरजरजोराजिरोजिस्थलीषु ॥ १९ ॥ तत्तद्दि-
ग्जैत्रयात्रोद्धुरतुरगखुराग्रोद्धतैरन्धकारं निर्वाणारिप्रतापान-
लजमिव सृजत्येष राजा रजोभिः। भूगोलच्छायमायामयग-
णितविदुन्नैयकायो भियोभूदेतत्कीर्तिप्रतानैर्विधुभिरिव युधे
राहुराहूयमानः ॥ २० ॥ गान्धारा गुप्तदारास्त्वयि चलति
गलद्बाष्पधारा विहारा रागस्त्रासान्वगाराः क्षितिपकुलमणे
गुर्जरा जर्जराशाः। तैलङ्गास्त्यक्तलिङ्गास्त्रिभुवनतिलक क्लि-
श्यदङ्गाः कलिङ्गा मोरङ्गा मुक्तरङ्गाः सपदि समभवन्वीर
गङ्गाविहङ्गाः ॥ २१ ॥ काचित्कीर्णा रजोभिर्दिवमनुविदधौ
मन्दवक्त्रेन्दुलक्ष्मीरश्रीकाः काश्चिदन्तर्दिश इव दधिरे दा-
हमुद्भ्रान्तसत्त्वाः। भ्रेमुर्वात्या इवान्याः प्रतिपदमपरा भूमि-
वत्कम्पमानाः प्रस्थाने पार्थिवानामशिवमिति पुरोभावि नार्यः
शशंसुः ॥ २२ ॥ जाने युष्मत्प्रयाणे क्षितितिलक रजोयोग-
दोषादशेषा दिग्योषाः स्नान्ति सद्यस्त्वदरिनृपवधूनेत्रनीराप-
गासु। संगम्य त्वत्प्रतापैस्तदनु किमु दधुर्दोहनं देव तासां
प्राची प्रातः प्रसूते यदियमुरुमहोऽखण्डमार्तण्डबिम्बम् २३
घूर्णन्ते तूर्णमेतत्कुलधरणिभृतो दिग्द्विपा दिग्विदिक्षु क्षु-
भ्यन्ति क्षोभयन्ति क्षितिमतिमृदितो मर्मणा कूर्मराजः।
प्रस्थाने यस्य गर्जत्करटिघनघटासंभ्रमन्यञ्चदुर्वीमुर्वी दर्वी-
करेन्द्रः कलयितुमुदितश्रायमार्तिं बिभर्ति ॥ २४ ॥ नृत्यत्त्व-
द्वाजिराजिप्रसरखुरपुटप्रोद्धतैर्धूलिजालैरालोकालोकभूमीधर-
मतुलनिरालोकभावं प्रयाते। विश्रान्तिं कामयन्ते रजनि-
रिति धिया भूतले सर्वलोकाः कोकाः क्रन्दन्ति शोकानल-
विकलतया किं च नन्दन्त्युलूकाः ॥ २५ ॥ इन्द्रः प्रक्षुब्ध-
चित्तो दिशि दिशि सकलान्दिक्पतीन्सावधानान्कुर्वन्वज्रा-
च्छपाणिः सुरवरवलितां देवसेनां निगृह्य। स्वर्गद्वारे यदी-
योद्धतबलनिहतप्रौढढक्कानिनादं श्रुत्वा तिष्ठन्प्रकम्पत्कुच-
कलशतटीकिंनरीगीयमानः ॥ २६ ॥ आजौ त्वद्वाजिरा-
जिप्रखरखुरतरन्यासलीलाभिरुर्व्यां दीर्णायां देव निर्यन्न-
विरलमवनीपाल पातालवह्निः। अश्नीयाद्विश्वमेव प्रतिनृपति-
वधूनेत्रधाराम्बुधारावारा यद्येनमारादरिकुलदमन द्राङ् न नि-
र्वापयेयुः ॥ २७ ॥

पताका ॥ भयेन कृष्णान्यरुणानि रागात्पाण्डूनि का-
न्तादिवियोगभाजाम्। द्विषां मनांसि ध्वजकैतवेन लोलानि
भोस्त्वां नृप संश्रयन्ति ॥ २८ ॥

दुन्दुभिः ॥ गङ्गाम्भसि सुरत्राण तव निःसाणनिः-
स्वनः। स्नातीवारिवधूवर्गगर्भपातनपातकी ॥ २९ ॥ ब्र-
ह्माण्डं प्रविखण्ड्य भूधरगुहासुप्तान्हरीन्बोधयन्गर्भान्वैरिवधू-
व्रजस्य नृपते निष्पात्य हा पातकी। कीलालं परिशोष्य च
प्रतिभटानां तेजसा तेऽद्भुतं शोद्धुं विष्णुपदं स्पृशत्यधिपयो-
राशि प्लुतो दुन्दुभिः ॥ ३० ॥ पौरीन्द्राणां धुरीणैरवनिधर-
गुहागर्ततः प्रोच्छलद्भिः स्वापभ्रंशापराधप्रचलितनयनप्रा-
न्तमाकर्ण्यमानः। त्वत्प्रस्थानान्तरुद्यत्प्रलयजलधरध्वानधि-
क्कारो घृष्टक्षीराम्बुतीरो जगति विजयते दुन्दुभिद्व-
न्द्वनादः ॥ ३१ ॥

गवाक्षविलोकनम् ॥ आलोकमार्गं सहसा व्रजन्त्या
कयाचिदुद्वेष्टनवान्तमाल्यः। बद्धुं न संभावित एव ताव-
त्करेण रुद्धोऽपि च केशपाशः ॥ ३२ ॥ प्रसाधिकालम्बि-
तमग्रपादमाक्षिप्य काचिद्द्रवरागमेव। उत्सृष्टलीलागतिरा-
गवाक्षादलक्तकाङ्का पदवीं ततान ॥ ३३ ॥ विलोचनं

१ वाहनम्. २ त्वद्वाहिन्येतावती विपुलासीद्यत्तत्संमर्दादाका-
शमपि रजोमयं बभूवेति भावः. ३ चण्डांशुः. ४ यथा कूर्मः स्वं
शरीरं संकोचयति तथा शेषोऽपि त्वद्वाहिनीभरेण संकुचितशरी-
रोऽभूदिति भावः. ५ संकुचितशरीरोऽपि प्रलम्बकायोऽभूदित्यर्थः.
६ यतस्तादृक्त्वद्वाहिन्या धूलिपटलं समुच्छलितं येन दिनमप्यन्ध-
कारवशाद्रात्रिरेवाभवदिति भावः. ७ चक्रवाकी. ८ वेणवः.
९ सेनामुखम्. १० रणभूमिषु. ११ उच्छृङ्खलः. १२ कपटम्.
१३ गणितशास्त्रैकवेद्यः. १४ ज्योतिःशास्त्रप्रमाणकं यद्राहोर्भूच्छा-
यात्मकं तदेतत्कीर्तिचन्द्रभियेत्युत्प्रेक्षा.

१ 'सुलतान' इति पदस्य शोधनं सुरत्राण इति. २ सिंहानाम्

दक्षिणमञ्जनेन संभाव्य तद्वञ्चितवामनेत्रा । तथैव वाताय-
नसंनिकर्षं ययौ शलाकामपरा वहन्ती ॥ ३४ ॥ जालान्त-
रप्रेषितदृष्टिरन्या प्रस्थानभिन्नां न बबन्ध नीवीम् । नाभि-
प्रविष्टाभरणप्रभेण हस्तेन तस्थाववलम्ब्य वासः ॥ ३५ ॥
अर्धाञ्चिता सत्वरमुत्थितायाः पदे पदे दुर्निमिते गलन्ती ।
कस्याश्चिदासीद्रशना तदानीमङ्गुष्ठमूलार्पितसूत्रशेषा ॥ ३६ ॥
स्तनं धयन्तं तनयं विहाय विलोकनाय त्वरया व्रजन्ती ।
संप्रस्नुता यां पदवीं स्तनाभ्यां सिषेच काचित्पयसा गवा-
क्षम् ॥ ३७ ॥ अभिवीक्ष्य सामिकृतमण्डनं यतीः कररु-
द्धनीविगलदंशुकाः स्त्रियः । दधिरेऽधिभित्ति पटहप्रतिस्वनैः
स्फुटमट्टहासमिव सौधपङ्क्तयः ॥ ३८ ॥ रभसेन हारपद-
दत्तकाञ्चयः प्रतिमूर्धजं निहितकर्णपूरकाः । परिवर्तिताम्ब-
रयुगाः समापतन्वलयीकृतश्रवणपूरकाः स्त्रियः ॥ ३९ ॥
व्यतनोदपास्य चरणं प्रसाधिकाकरपल्लवाद्रसवशेन काचन ।
द्रुतयावकैकपदचित्रितावनिं पदवीं गतेव गिरिजा हरार्ध-
ताम् ॥ ४० ॥ व्यचलन्विशङ्कटकटीरकस्थलीशिखरस्ख-
लन्मुखरमेखलाकुलाः । भवनानि तुङ्गतपनीयसंक्रमक्रम-
णक्कणत्कनकनूपुराः स्त्रियः ॥ ४१ ॥ करयुग्मपद्ममुकुला-
पवर्जितैः प्रतिवेश्म लाजकुसुमैरवाकिरन् । अवदीर्णशुक्ति-
पुटमुक्तमौक्तिकप्रकरैरिव प्रियरथाङ्गमङ्गनाः ॥ ४२ ॥
नलिनान्तिकोपहितपल्लवश्रिता व्यवधाय चारु मुखमेक-
पाणिना । स्फुरिताङ्गुलीविवरनिःसृतोल्लसद्दशनप्रभाङ्कुरमजृ-
म्भतापरा ॥ ४३ ॥

रणसामग्री ।

अथोच्चकैर्जरठकपोतकंधरातनूरुहप्रकरविपाण्डुरद्युति । ब-
लैश्चलच्चरणविधूतमुच्चरद्धनावलीरुदचरतः क्षमारजः ॥ १ ॥
विषङ्गिभिर्भृशमितरेतरं क्वचित्तुरंगमैरुपरि निरुद्धनिर्गमाः ।
चलाचलैरनुपदमाहताः खुरैर्विबभ्रमुश्चिरमध एव धूलयः
॥२॥ गरीयसः प्रचुरमुखस्य रागिणो रजोऽभवद्व्यवहितसत्त्व-
मुत्कटम् । सिसृक्षतः सरसिजजन्मनो जगद्बलस्य तु क्षय-
मपनेतुमिच्छतः ॥ ३ ॥ पुरा शरक्षतिजनितानि संयुगे
नयन्ति नः प्रसभमसृञ्जि पङ्कताम् । इति ध्रुवं व्यवधि-
षुरात्तभीतयः खमुच्चकैरनलसखस्य केतवः ॥ ४ ॥ क्वचि-
ल्लसद्घननिकुरम्बकर्बुरः क्वचिद्धिरण्मयकणपुञ्जपिञ्जरः । क्वचि-
च्छरच्छशधरखण्डपाण्डुरः खुरक्षतक्षितितलरेणुरुद्ययौ ॥५॥
महीयसां महति दिगन्तदन्तिनामनीकजे रजसि मुखानुषङ्गि-
णि । विसारितामजिहत कोकिलावलीमलीमसां जलदमदाम्बु-
राजयः ॥ ६ ॥ शिरोरुहैरलिकुलकोमलैरमी मुधा मृधे
मृषत युवान एव मा । बलोद्धतं धवलितमूर्धजानिति ध्रुवं
जनाञ्जरत इवाकरोद्रजः ॥ ७ ॥ सुसंहतैर्दधदपि धाम
नीयते तिरस्कृतिं बहुभिरसंशयं परैः । यतः क्षितेरवयवसं-
पदोऽणवस्त्विषांनिधेरपि वपुरावरीषत ॥ ८ ॥ द्रुतद्रवद्रथ-
चरणक्षतक्षमातलोल्लसद्बहुलरजोवगुण्ठितम् । युगक्षयक्षण-
निरवग्रहे जगत्पयोनिधेर्जल इव मग्नमाबभौ ॥ ९ ॥ समु-
ल्लसद्दिनकरवक्त्रकान्तयो रजस्वलाः परिमलिताम्बरश्रियः ।
दिगङ्गनाः क्षणमविलोकनक्षमाः शरीरिणां परिहरणीयतां
ययुः ॥ १० ॥ निरीक्षितुं वियति समेत्य कौतुकात्पराक्रमं
समरमुखे महीभृताम् । रजस्ततावनिमिषलोचनोत्पलव्यथा-
कृति त्रिदशगणैः पलाय्यत ॥ ११ ॥ विषङ्गिणि प्रतिप-
दमापिबत्यपो हताचिरद्युतिनि समीरलक्ष्मणि । शनैःशनैरु-
पचितपङ्कभारकाः पयोमुचः प्रययुरपेतवृष्टयः ॥ १२ ॥
नभोनदीव्यतिकरधौतमूर्तिभिर्वियद्गतैरनधिगतानि लेभिरे ।
चलच्चमूतुरगखुराहतोत्पतन्महीरजःस्नपनसुखानि दिग्ग-
जैः ॥ १३ ॥ गजव्रजाक्रमणभरावनम्रया रसातलं य-
दखिलमानशे भुवा । नभस्तलं बहुलतरेण रेणुना ततोऽग-
मत्त्रिजगदिवैकतां स्फुटम् ॥ १४ ॥ समस्थलीकृतविवरेण
पूरिता महीभृतां बलरजसा महागुहाः । रहस्त्रपाविधुरवधू-
रतार्थिनां नभःसदामुपकरणीयतां ययुः ॥ १५ ॥ गते मु-
खच्छदपटसादृशीं दृशः पथस्तिरोदधति घने रजस्यपि ।
मदानिलैरधिमधुचूतगन्धिभिर्द्विपा द्विपानभियुयुरेव रं-
हसा ॥ १६ ॥ मदाम्भसा परिगलितेन सप्तधा गजाञ्जनः
क्षमितरजश्चयानधः । उपर्यवस्थितघनपांसुमण्डलानलोक-
यत्ततपटमण्डपानिव ॥ १७ ॥ तूणीरबन्धपरिणद्धभुजान्त-
रालमाकर्णलम्बिशिखिपिच्छकलापधारि । कोदण्डपाणि नि-
नदत्प्रतिरोधकानामापातदुष्प्रसहमाविरभूदनीकम् ॥ १८ ॥
आदावेव गजेन्द्रमौलिविलसद्दण्डा पताकावली पश्चाद्वारण-
राजधोरणिरतिप्रोद्दामयोधाश्रिता । उद्दण्डध्वजलाञ्छिता-
प्यथ घनीभूता रथानां तती तत्पश्चात्तुरगावली विजयते
योधैः समं सर्वतः ॥ १९ ॥ योधैरेव वशीकृताः कथमपि
प्रोद्दामरोषान्विता गाढध्वान्तधराधरा इव रणक्षोणीं समाल-
म्बिताः । ईषन्मीलितघूर्णितं प्रतिदिशं प्रक्षिप्तनेत्राञ्चला मन्दा-
न्दोलितमौलयो मदजलैराभान्ति दन्तावलाः ॥ २० ॥
आरूढक्षितिपालभालविगलत्स्वेदाम्बुसेकोद्धता भेरीझाङ्कृ-
तिचापटंकृतिचमत्कारोल्लसन्मानसा । क्षुभ्यत्क्षोणितलं स्फु-
रत्खुरपुटं चञ्चच्चलत्केशरं मन्दभ्रान्तविलोचनं प्रतिदिशं

१ अर्धम्. २ गच्छन्तीः. ३ वायोर्ध्वजभूतानि रजांसि.

१ मा म्रियन्ताम्.

नृत्यन्ति वाजिव्रजाः ॥ २१ ॥ अन्यूनोन्नतयोऽतिमात्रपृथवः पृथ्वीधरश्रीभृतस्तन्वन्तः कनकावलीभिरुपमां सौदामिनीदामभिः । वर्षन्तः शममानयन्नुपलसच्छृङ्गारलेखायुधाः काले कालियकायकालवपुषः पांसूनगजाम्भोमुचः॥२२॥ हेषाघोषैर्हरीणां जितघननिनदैर्बृंहितैः कुञ्जराणां ज्याघातोत्थैर्निनादैः पटुपटहरवैर्मर्दलोद्दामशब्दैः । प्रासैः कर्णोपकण्ठं मदगजनिवहस्कन्धघण्टाप्रणादैः शृङ्गाराय त्वरन्ते त्रिदशमृगदृशो वीरवर्गानुरक्ताः ॥ २३ ॥ सज्जन्तां कुम्भभित्तिच्युतमदमदिरामत्तभृङ्गाः करीन्द्रा युज्यन्तां स्यन्दनेषु प्रसभजितमरुच्चण्डवेगास्तुरंगाः । कुन्तैर्नीलोत्पलानां वनमिव ककुभामन्तराले सृजन्तः पादाताः संचरन्तु प्रसभमसिलसत्पाणयः पत्तयोऽपि ॥ २४ ॥

रणवर्णनम् ।

तनुत्राणं तनुत्राणं शस्त्रं शस्त्रं रथो रथः । इति शुश्रुविरे विष्वगुद्भटाः सुभटोक्तयः ॥ १ ॥ पत्तिः पत्तिमभीयाय रणाय रथिनं रथी । तुरङ्गस्थं तुरङ्गस्थो दन्तिस्थं दन्तिनि स्थितः ॥ २ ॥ सङ्ग्रामानन्दवर्धिष्णौ विग्रहे पुलकाङ्किते । आसीत्कवचविच्छेदो वीराणां मिलतां मिथः ॥ ३ ॥ निर्दयं खड्गभिन्नेभ्यः कवचेभ्यः समुच्छ्रितैः । आसन्व्योमदिशस्तूलैः पलितैरिव पाण्डुराः ॥ ४ ॥ खड्गा रुधिरसंलिप्ताश्चण्डांशुकरभासुराः । इतस्ततोऽपि वीराणां वैद्युतं वैभवं दधुः ॥ ५ ॥ गृहीताः पाणिभिर्वीरैर्विकोशाः खड्गराजयः । कान्तिजालच्छलादाजौ व्यहसन्समदा इव ॥ ६ ॥ खड्गाः शोणितसंदिग्धा नृत्यन्तो वीरपाणिषु । रजोघने रणेऽनन्ते विद्युतां विभ्रमं दधुः ॥ ७ ॥ शस्त्रभिन्नेभकुम्भेभ्यो मौक्तिकानि च्युतान्यधुः । आहवक्षेत्रमम्भुसकीर्तिबीजोत्करश्रियम् ॥८॥ वीराणां विषमैर्घोषैर्विद्रुता वारणा रणे । शास्यमाना अपि त्रासाद्वेजुर्धूताङ्कुशा दिशः ॥ ९ ॥ रणे बाणगणैर्भिन्ना भ्रमन्तो भिन्नयोधिनः । निममज्जुर्गलद्रक्तनिमग्नासु महागजाः ॥ १० ॥ खड्गनिर्लूनमूर्धानो निपतन्तोऽपि वाजिनः । प्रथमं पातयामासुरसिना दारितानरीन् ॥ ११ ॥ वीराणां शस्त्रभिन्नानां शिरांसि निपतन्त्यपि । अधावन्दन्तदष्टौष्ठभीषणान्यरिपु क्रुधा ॥ १२ ॥ शिरांसि वरयोधानामर्धचन्द्रहृतान्यपि । आददाना भृशं पादैः श्येना व्यानशिरे दिशः ॥ १३ ॥ उत्क्षिप्ता अपि हस्तीन्द्रैः कोपनैः पत्तयः करैः । ते रिपूनहनन्खड्गपातैः स्वस्य पुरः प्रभोः ॥ १४ ॥ उत्क्षिप्य करिभिर्दूरं मुक्तानां योधिनां दिवि । प्रापि जीवात्मभिर्दिव्याङ्गनाकण्ठपरिग्रहः ॥ १५ ॥ क्रुद्धस्य दन्तिनः पत्तिर्जिघृक्षोरसिना करम् । निर्भिद्य दन्तमुसलान्यारुरोह जिघृक्षया ॥ १६ ॥ खड्गेनामूलतो हत्वा दन्तिनोऽङ्घ्रिचतुष्टयम् । प्रपतिष्णोः प्रविष्टोऽपि पदातिर्निरगाद्रुतम् ॥ १७ ॥ करेण करिणा वीरः सुगृहीतोऽपि कोपिना । असिनासूक्ष्महाराशु तस्यैव स्वयमक्षतः ॥ १८ ॥ तुरङ्गी तुरगारूढं प्रासेनाहत्य वक्षसि । पततस्तस्य नाज्ञासीत्प्रासघातं स्वके हृदि ॥ १९ ॥ तुरङ्गसादिनं शस्त्रहृतप्राणं गतं भुवि । आत्राल्ब्योऽपि महावाजी नात्रस्तनयनोऽत्यजत् ॥ २० ॥ द्विषा प्रासहृतप्राणो वाजिपृष्ठदृढासनः । हस्तोद्धृतमहाप्रासो भटो जीवन्निवाभ्रमत् ॥ २१ ॥ खड्गेन शितधारेण भिन्नोऽपि रिपुणाश्वगः । नामूर्च्छत्कोपतो हन्तुमियेष च पतन्नपि ॥ २२ ॥ रथिनो रथिभिर्बाणैर्हृतप्राणा दृढासनाः । कृतकार्मुकसंधानाः सप्राणा इव मेनिरे ॥२३॥ मिथोऽर्धचन्द्रनिर्लूनमूर्धानौ रुषितौ रुषा । खेचरौ भुवि नृत्यन्तौ स्वकबन्धावपश्यताम् ॥ २४ ॥ पत्तिः पदातिं रथिनं रथेशस्तुरंगसादी तुरगाधिरूढम् । यन्ता गजस्याभ्यपतद्गजस्थं तुल्यप्रतिद्वन्द्वि बभूव युद्धम् ॥ २५ ॥ उत्थापितः संयति रेणुरश्वैः सान्द्रीकृतः स्यन्दनवंशचक्रैः । विस्तारितः कुञ्जरकर्णतालैर्नेत्रक्रमेणोपरुरोध सूर्यम् ॥ २६ ॥ रथो रथाङ्गध्वनिना विजज्ञे विलोलघण्टाक्वणितेन नागः । स्वभर्तृनामग्रहणाद्बभूव सान्द्रे रजस्यात्मपरावबोधः ॥ २७ ॥ आवृण्वतो लोचनमार्गमाजौ रजोन्धकारस्य विजृम्भितस्य । शस्त्रक्षताश्वद्विपवीरजन्मा बालारुणोऽभूद्रुधिरप्रवाहः ॥२८॥ स च्छिन्नमूलः क्षतजेन रेणुस्तस्योपरिष्टात्पवनावधूतः । अङ्गारशेषस्य हुताशनस्य पूर्वोत्थितो धूम इवावभासे ॥ २९ ॥ आधोरणानां गजसंनिपाते शिरांसि चक्रैर्निशितैः क्षुराग्रैः । हृतान्यपि श्येननखाग्रकोटिव्यासक्तकेशानि चिरेण पेतुः ॥३०॥ तनुत्यजां वर्मभृतां विकोशैर्बृहत्सु दन्तेष्वसिभिः पतद्भिः । उद्यन्तमग्निं शमयांबभूवुर्गजा विविग्नाः करशीकरेण ॥३१॥ शिलीमुखोत्कृत्तशिरःफलाढ्या च्युतैः शिरस्त्रैश्चषकोत्तरेव । रणक्षितिः शोणितमद्यकुल्या रराज मृत्योरिव पानभूमिः ॥३२॥ केचिद्गदाः केऽपि सचापबाणानन्ये कृपाणीमपरे च शूलम् । शक्त्यृष्टिमन्ये मुसलं परे च प्रोत्तानहस्ताः परिनर्तयन्ति ॥३३॥ सरोषयुद्धाङ्गनमध्यधावन्मत्तद्विपानामधिकोत्सुकानाम् । पादाभिघाताभिहताः पतन्ति रथाश्च योधाश्च तुरंगमाश्च ॥३४॥ रम्भातरूनुद्धतवातपूरा यथा तथा वारणयूथनाथाः । सङ्ग्रामभूमौ विनिपातयन्ति रथांश्च योधांश्च तुरंगमांश्च ॥ ३५ ॥

१ परितः.

१ कुन्तेन.

परस्परेण क्षतयोः प्रहर्त्रोरुत्क्रान्तवाय्वोः समकालमेव। अमर्त्यभावेऽपि कयोश्चिदासीदेकाप्सरःप्रार्थितयोर्विवादः ॥ ३६ ॥ महास्वनः सैन्यविमर्दसंभवः कर्णान्तमूलंकषतामुपेयिवान्। पयोनिधेः क्षुब्धतरस्य मन्थनो बभूव भूम्ना भुवनोदरंभरिः ॥ ३७ ॥ महागजानां गुरुबृंहितैः शतैः सुहेषितैर्घोरतरैश्च वाजिनाम्। घनै रथानां चलचण्डचीत्कृतैस्तिरोहितोऽभूत्पटहस्य निःस्वनः ॥ ३८ ॥ घनैर्विलोक्य स्थगितार्कमण्डलैश्चमूरजोभिर्निचितं नभस्तलम्। अयायि हंसैरभिमानसं घनभ्रमेण सानन्दमनर्ति केकिभिः ॥ ३९ ॥ विलोक्य धूलीपटलैर्भृशं भृतं द्यावापृथिव्योरलमन्तरं महत्। किमूर्ध्वतोऽधः किमधस्त ऊर्ध्वतो रजोऽभ्युपैतीति जनैरतर्क्यत ॥ ४० ॥ नोर्ध्वं न चाधो न पुरो न पृष्ठतो न पार्श्वतोऽभूत्खलु चक्षुषो गतिः। सूच्यग्रभेद्यैः पृतनारजोभरैः सुनिर्भरं प्राणिगणस्य सर्वतः ॥ ४१ ॥ उद्दामदानद्विपबृंहितैः शतैर्नितान्तमुत्तुङ्गतुरंगहेषितैः। चलद्ध्वजस्यन्दननेमिनिःस्वनैरभून्निरुच्छ्वासमथाकुलं नभः ॥ ४२ ॥ महागजानां गुरुभिस्तु गर्जितैर्विलोलघण्टारणितै रणोज्ज्वलैः। वीरप्रभेदैः प्रमदप्रमेदुरैर्वाचालतामादधिरेतरां दिशः ॥ ४३ ॥ दन्तीन्द्रदानाम्बुधिवारिवीचिभिः सद्योऽपि नद्यो बहु ताः पुपूरिरे। धरारजोभिस्तुरगक्षतैर्भृतं वाः पङ्कतामेत्य रजस्वलीकृतम् ॥ ४४ ॥ निम्नप्रदेशाः स्थलतामुपागमन्निम्नत्वमुच्चैरपि सर्वतः स्थलम्। तुरङ्गमाणां व्रजतां खुरैः क्षिती रथैर्गजेन्द्रैः परितः समीकृता ॥ ४५ ॥ नभोदिगन्तप्रतिघोषभीषणैर्महामहीभृत्तटदारणोल्बणैः। पयोधिनिर्धूननकेलिभिर्जगद्बभूव भेरीस्वनितैः समाकुलम् ॥ ४६ ॥ इतस्ततो वातविधूतचञ्चलैरारोधिताशागमनैर्ध्वजांशुकैः। लघुक्वणत्काञ्चनकिंकिणीकुलैरमज्जि धूलीजलधौ नभोगतैः ॥ ४७ ॥ घण्टारवै रौद्रतरैर्निरन्तरैर्विसृत्वरैर्गर्जरवैः सुभैरवैः। मदद्विपानां प्रथयांबभूविरे न वाहिनीनां पटहस्य निःस्वनाः ॥ ४८ ॥ करालवाचालमुखैश्चमूरवैः स्रस्ताम्बरा वीक्ष्य रजस्वला दिशः। तिरोबभूवे गगने दिनेश्वरो रजोऽन्धकारे परितः कुतोऽप्यसौ ॥ ४९ ॥ आक्रान्तपूर्वा रभसेन सैनिकैर्दिगङ्गना व्योमरजोभिदूषिता। भेरीरवाणां प्रतिशब्दितैर्घनैर्जगर्ज गाढं गुरुमत्सरादिव ॥ ५० ॥ गुरुसमीरसमीरितभूधरा इव गजा गगनं विजगाहिरे। गुरुतरा बहुवारिभराद्घना भुवमतीव नमन्त इवाभवन् ॥ ५१ ॥ संजग्माते तावपायानपेक्षौ सेनाम्भोधी धीरनादौ रयेण। पक्षच्छेदात्पूर्वमेकत्र देशे वाञ्छन्तौ वा विन्ध्यसह्यौ निलेतुम् ॥ ५२ ॥ पत्तिः पत्तिं वाजिमेयाय वाजी नागं नागः सन्दनस्थो रथस्थम्। इत्थं सेना वल्लभस्येव रागादङ्गेनाङ्गं प्रत्यनीकस्य भेजे ॥ ५३ ॥ रथ्याघोषैर्बृंहणैर्वारणानामैक्यं गच्छन्वाजिनां ह्रेषया च। व्योमव्यापी संततं दुन्दुभीनामव्यक्तोऽभूदीशितेव प्रणादः ॥ ५४ ॥ रोषावेशाद्गच्छतां प्रत्यमित्रं दूरोत्क्षिप्तस्थूलबाहुध्वजानाम्। दीर्घास्तिर्यग्वैजयन्तीसदृश्यः पादातानां भ्रेजिरे खड्गलेखाः ॥ ५५ ॥ उद्यन्नादं धन्विभिर्निष्ठुराणि स्थूलान्युच्चैर्मण्डलत्वं दधन्ति। आस्फाल्यन्ते कार्मुकाणि स्म कामं हस्त्यारोहैः कुञ्जराणां शिरांसि ॥ ५६ ॥ घण्टानादो निःस्वनो डिण्डिमानां ग्रैवेयाणामारवो बृंहितानि। आमेत्येवं प्रत्यवोचन्गजानामुत्साहार्थं वाचमाधोरणस्य ॥ ५७ ॥ रोषावेशादाभिमुख्येन कौचित्पाणिग्राहं रंहसैवोपयातौ। हित्वा हेतीर्मल्लवन्मुष्टिघातं घ्नन्तौ बाहूबाहवि व्यासृजेताम् ॥ ५८ ॥ शुद्धाः सङ्गं न क्वचित्प्राप्नुवन्तो दूरान्मुक्ताः शीघ्रतां दर्शयन्तः। अन्तःसैन्यं विद्विषामाविशन्तो युक्तं चक्रुः सायका वाजितायाः ॥ ५९ ॥ आक्रम्याजेरग्रिमस्कन्धमुच्चैरास्थायाथो वीतशङ्कं शिरश्च। हेलालोला वर्त्म गत्वातिमर्त्यं द्यामारोहन्मानभाजः सुखेन ॥ ६० ॥ रोदोरन्ध्रं व्यश्नुवानानि लोलैरङ्गस्यान्तर्मापितैः स्थावराणि। केचिद्वीर्यमेत्य संयन्निषद्यां क्रीणन्ति स्म प्राणमूल्यैर्यशांसि ॥ ६१ ॥ वीर्योत्साहश्लाघि कृत्वावदानं सङ्ग्रामाग्रे मानिनां लज्जितानाम्। अज्ञातानां शत्रुभिर्युक्तमुच्चैः श्रीमन्नाम श्रावयन्ति स्म नेग्राः ॥ ६२ ॥ मिश्रीभूते तत्र सैन्यद्वयेऽपि प्रायेणायं व्यक्तमासीद्विशेषः। आत्मीयास्ते ये पराञ्चः पुरस्तादभ्यावर्ती संमुखो यः परोऽसौ ॥ ६३ ॥ सद्वंशत्वादङ्गसंसङ्गिनीत्वं नीत्वा कामं गौरवेणावबद्धा। नीता हस्तं वञ्चयित्वा परेण द्रोहं चक्रे कस्यचित्स्वा कृपाणी ॥ ६४ ॥ नीते भेदं धौतधाराभिघातादम्भोदाभे शात्रवेणापरस्य। सासृग्राजिस्तीक्ष्णमार्गस्य मार्गो विद्युद्दीप्तः कङ्कटे लक्ष्यते स्म ॥ ६५ ॥ आमूलान्तात्सायकेनायतेन स्यूते बाहौ मण्डुकश्लिष्टमुष्टेः। प्राप्यासह्यां वेदनामस्तधैर्या-

---

१ अश्वम्. २ प्रियतमस्य. यथा कान्ता कान्तस्योरुमूरुणा करं करेण मुखं मुखेन भजति, तथा सेना प्रतिसैन्यस्य पत्तिं पत्तिनाश्वमश्वेनेत्यादिक्रमेण भेज इत्यर्थः. ३ शस्त्राणि. ४ अनुरूपं कर्म. ५ पक्षवत्तायाः. ६ यथा कथंचित्कश्चित्स्कन्धमूर्धारोहणक्रमेण किंचिद्दूरारोहमद्रितटादिकमारोहति तद्वदिति भावः. ७ आपणम्. ८ महत्कर्म. ९ बन्दिनः. १० पराङ्मुखाः. ११ सरक्तरेखा. १२ खड्गस्य. १३ कवचे.

दष्यभ्रश्यच्चर्म नान्यस्य पाणेः ॥ ६६ ॥ भित्त्वा घोणामाय-
सेनाधिवक्षः स्थूरीपृष्ठो गार्ध्रपक्षेण विद्धः । शिक्षाहेतोर्गा-
ढरज्ज्वेव बद्धो हर्तुं वक्रं नाशकद्दुर्मुखोऽपि ॥ ६७ ॥
विष्वद्रीचीर्विक्षिपन्सैन्यवीचीराजावन्तः क्वापि दूरं प्रयातम् ।
बभ्रामैको बन्धुमिष्टं दिदृक्षुः सिन्धौ वायो मण्डलं गोर्वि-
राहः ॥ ६८ ॥ यावच्चक्रे नाञ्जनं बोधनाय व्युत्थानज्ञो
हस्तिचारी मदस्य । सेनास्वानाद्दन्तिनामात्मनैव स्थूलास्ता-
वत्प्रावहन्दानकुल्याः ॥ ६९ ॥ प्रत्यासन्ने दन्तिनि प्राति-
पक्षे यन्त्रा नागः प्रास्तवक्त्रच्छदोऽपि । क्रोधाक्रान्तः क्रूर-
निर्दारिताक्षः प्रेक्षांचक्रे नैव किंचिन्मदान्धः ॥ ७० ॥ अ-
न्योन्येषां पुष्करैरामृशन्तो दानोद्भेदानुच्चकैर्भुग्नबालाः । उन्मू-
र्धानः संनिपत्यापरान्तैः प्रायुध्यन्त स्पष्टदन्तध्वनीभाः ॥७१॥
द्राघीयांसः संहताः स्थेमभाजश्चारूदग्रास्तीक्ष्णतामत्यजन्तः ।
दन्ता दन्तैराहताः सामजानां भङ्गं जग्मुर्न स्वयं साम-
जाताः ॥ ७२ ॥ मातङ्गानां दन्तसंघट्टजन्मा हेमच्छेदच्छा-
यचञ्चच्छिखाग्रः । लग्नोऽप्यग्निश्चामरेषु प्रकामं माञ्जिष्ठेषु
व्यज्यते न स्म सैन्यैः ॥ ७३ ॥ ओषांमासे मत्सरोत्पातवा-
ताक्षिप्यद्दन्तक्ष्मारुहां घर्षणोत्थैः । यौगान्तैर्वा वह्निभिर्वा-
रणानामुच्चैर्मूर्धव्योम्नि नक्षत्रमाला ॥ ७४ ॥ सान्द्राम्भोदश्या-
मले सामजानां वृन्दे नीताः शोणितैः शोणिमानम् । दन्ताः
शोभामापुरम्भोनिधीनां कन्दोद्भेदा वैद्रुमा वारिणीव ॥७५॥
उत्क्षिप्योच्चैः प्रस्फुरन्तं रदाभ्यामीर्षादन्तः कुञ्जरं शात्रवी-
यम् । शृङ्गप्रोतप्रावृषेण्याम्बुदस्य स्पृष्टं प्रापत्साम्यमुर्वीध-
रस्य ॥ ७६ ॥ व्याप्तं लोकैर्दुःखलभ्यापसारं संरम्भित्वादेत्य
धीरो महीयः । सेनामध्यं गाहते वारणः स्म ब्रह्मेव प्रागा-
दिदेवोदरान्तः ॥ ७७ ॥ भृङ्गश्रेणिश्यामभासां समूहैर्नारा-
चानां विद्धनीरन्ध्रदेहः । निर्भीतत्वादाहवेनाहतेच्छो हृष्य-
न्हस्ती हृष्टरोमेव रेजे ॥ ७८ ॥ आताम्राभा रोषभाजः
कटान्तादाशूत्खाते मार्गणे धूर्गतेन । निश्च्योतन्ती नागरा-
जस्य जज्ञे दानस्याहो लोहितस्येव धारा ॥ ७९ ॥ कुर्व-
ञ्ज्योत्स्नाविप्रुषां तुल्यरूपस्तारस्ताराजालसारामिव द्याम् ।
खड्गाघातैर्दारिताद्दन्तिकुम्भादाभाति स्म प्रोच्छलन्मौक्ति-
कौघः ॥ ८० ॥ दूरोत्क्षिप्ताक्षिप्रचक्रेण कृत्तं मत्तो हस्तं
हस्तिराजः स्वमेव । भीमं भूमौ लोलमानं सरोषः पादे-
नासृक्पङ्कपेषं पिपेष ॥ ८१ ॥ आपस्कारालूनगात्रस्य भूमिं

१ नासाम्. २ लोहमयेन. ३ नवारूढः. ४ बाणविशेषेण. ५ सर्वव्यापिनी. ६ पृथिव्याः. ७ शुण्डाग्रैः. ८ गजानाम्. ९ दग्धेत्यर्थः. १० युगान्तभवैरिव. ११ महादन्तः. १२ आमूलात्.

निःसाधारं गच्छतोऽवाङ्मुखस्य । लब्धायामं दन्तयोर्युग्म-
मेव स्वं नागस्य प्रापदुत्तम्भनत्वम् ॥ ८२ ॥ हस्तेनाग्रे
वीतभीतं गृहीत्वा कंचिद्व्यालः क्षिप्तवानूर्ध्वमुच्चैः । आ-
सीनानां व्योम्नि तस्यैव हेतोर्दिव्यस्त्रीणामर्पयामास नू-
नम् ॥ ८३ ॥ आक्रम्यैकामग्रपादेन जङ्घामन्यामुच्चैराद-
दानः करेण । सास्थिस्वानं दारुवद्दारुणात्मा कंचिन्म-
ध्यात्पाटयामास दन्ती ॥ ८४ ॥ उत्प्लुत्यारादर्धचन्द्रेण
लूने वक्त्रेऽन्यस्य क्रोधदष्टोष्ठदन्ते । सैन्यैः कण्ठच्छेदलीने
कबन्धाद्भूयो बिभ्ये वल्गतः सासिपाणेः ॥ ८५ ॥ प्रत्यावृत्तं
भग्नभाजि स्वसैन्ये तुल्यं मुक्तैराकिरन्ति स्म कंचित् । एकौघेन
स्वर्णपुङ्खैर्द्विषन्तः सिद्धा मान्यैः साधुवादैर्द्वयेऽपि ॥ ८६ ॥
बाणाक्षिप्तारोहशून्यासनानां प्रक्रान्तानामन्यसैन्यैर्ग्रहीतुम् ।
संरब्धानां भ्राम्यतामाजिभूमौ वारी वारैः सस्मरे वारणा-
नाम् ॥ ८७ ॥ कश्चिन्मूर्च्छामेत्य गाढप्रहारः सिक्तः
शीतैः शीकरैर्वारणस्य । उच्छश्वास प्रस्थिता तं जिघृक्षुर्व्य-
र्थाकूता नाकनारी मुमूर्च्छ ॥ ८८ ॥ लूनग्रीवात्सायके-
नापरस्य द्यामत्युच्चैराननादुत्पतिष्णोः । त्रेसे मुग्धैः सैंहिके-
यानुकाराद्रौद्राकारादप्सरोवक्त्रचन्द्रैः ॥ ८९ ॥ वृत्तं युद्धे
शूरमाश्लिष्य कांचिद्रन्तुं तूर्णं मेरुकुञ्जं जगाम । त्यक्त्वा
नाग्नौ देहमेति स्म यावत्पत्नी सद्यस्तद्वियोगासमर्था ॥ ९० ॥
त्यक्तप्राणं संयुगे हस्तिनीस्था वीक्ष्य प्रेम्णा तत्क्षणादुद्गतासुः ।
प्राप्याखण्डं देवभूयं सतीत्वादाशिश्लेष स्वैव कंचित्पु-
रंध्री ॥ ९१ ॥ स्वर्गे वासं कारयन्त्या चिराय प्रत्यग्रत्वं
प्रत्यहं धारयन्त्या । कश्चिद्भेजे दिव्यनार्या परस्मिँल्लोके
लोकं प्रीणयन्त्येह कीर्त्या ॥ ९२ ॥ गत्वा नूनं वैबुधं सद्म रम्यं
मूर्च्छाभाजामाजगामान्तरात्मा । भूयो दृष्टप्रत्ययाः प्रा-
प्तसंज्ञाः साधीयस्ते यद्रणायाद्रियन्ते ॥ ९३ ॥ कश्चिच्छ-
स्त्रापातमूढोऽपवोढुर्लब्ध्वा भूयश्चेतनामाहवाय । व्यावर्तिष्ट
क्रोशतः सख्युरुच्चैस्त्यक्तश्चात्मा का च लोकानुवृत्तिः ॥९४॥
भिन्नोरस्कौ शत्रुणाकृष्य दूरादासन्नत्वात्कौचिदेकेषुणैव । अ-
न्योन्यावष्टम्भसामर्थ्ययोगादूर्ध्वावेव स्वर्गतावप्यभूताम् ॥९५॥
भग्नैर्दण्डैरातपत्राणि भूमौ पर्यस्तानि प्रौढचन्द्रद्युतीनि ।
आहाराय प्रेतराजस्य रौप्यस्थालीनीव स्थापितानि स्म
भान्ति ॥ ९६ ॥ रेजुर्भ्रष्टा वक्षसः कुङ्कुमाङ्का मुक्ताहाराः
पार्थिवानां व्यसूनाम् । हासाल्लक्ष्म्याः पूर्णकामस्य मन्ये मृत्यो-
र्दन्ताः पत्तिरक्तासवस्य ॥ ९७ ॥ निम्नेष्वोघीभूतमस्रक्षता-

१ आयतम्. २ दुष्टहस्ती. ३ भज्यमानास्थिपटत्कारशब्दयुक्तम्. ४ बाणेन. ५ बन्धनस्थानम्. ६ वृन्दैः.

नामस्त्रं भूमौ यच्चकासांचकार । रागार्थं तत्किं नु कौसुम्भ-
मम्भः [1]संव्यानानामन्तकान्तःपुरस्य ॥ ९८ ॥ रामेण त्रिः-
सप्तकृत्वो ह्रदानां चित्रं चक्रे पञ्चकं क्षत्रियास्रैः । रक्ताम्भोभि-
स्तत्क्षणादेव तस्मिन्संख्येऽसंख्याः प्रावहन्द्वीपवत्यः ॥ ९९ ॥
[3]संदानान्तादस्त्रिभिः शिक्षितास्त्रैराविश्याधः शातशस्त्रावलूनाः ।
कूर्मौपम्यं व्यक्तमन्तर्नदीनामैभाः प्रापन्नङ्घ्रयोऽसृङ्मयीनाम्
॥ १०० ॥ पद्माकारैर्योधवक्त्रैरिभानां कर्णभ्रष्टैश्चामरैरेव हंसैः ।
[4]सोपस्काराः प्रावहन्नस्ततोयाः स्रोतस्विन्यो वीचिषूच्चैस्त-
रद्भिः ॥ १०१ ॥ [5]उत्क्रान्तानामामिषायोपरिष्टादध्याकाशं
बभ्रमुः पत्रवाहाः । मूर्ताः प्राणा नूनमद्याप्यवेक्षामासुः
कायं त्याजिता दारुणास्त्रैः ॥ १०२ ॥ आतन्वद्भिर्दिक्षु
पत्राग्रनादं प्राप्तैर्दूरादाशु तीक्ष्णैर्मुखाग्रैः । आदौ रक्तं सै-
निकानामजीवैर्जीवैः पश्चात्पत्रिपूगैरपायि ॥ १०३ ॥ ओ-
जोभाजां यद्रणे संस्थितानामादत्तीव्रं सार्धमङ्गेन नूनम् ।
ज्वालाव्याजादुद्वमन्ती तदन्तस्तेजस्तारं दीप्तजिह्वा वँ-
वाशे ॥ १०४ ॥ नैरन्तर्यच्छिन्नदेहान्तरालं दुर्भक्ष्यस्य
ज्वालिना वाशितेन । योद्धुर्बाणप्रोतमादीप्य मांसं पाकापूर्व-
स्वादमादे शिवाभिः ॥ १०५ ॥ ग्लानिच्छेदि क्षुत्प्रबोधाय
पीत्वा रक्तारिष्टं शोषिताजीर्णशेषम् । स्वादुंकारं कालखण्डो-
पदंशं क्रोष्टा डिम्भं व्यष्वणद्व्यस्वनच्च ॥ १०६ ॥ क्रव्या-
त्पूगैः पुष्कराण्यानकानां प्रेत्याशाभिर्मेदसो दारितानि ।
औभीलानि प्राणिनः प्रेत्यवश्यन्कालो नूनं व्याददावान-
नानि ॥ १०७ ॥ कीर्णा रेजे साजिभूमिः समन्तादप्राणद्भिः
प्राणभाजां प्रतीकैः । बह्वारम्भैरर्थसंयोजितैर्वा रूपैः स्रष्टुः
सृष्टिकर्मान्तशाला ॥ १०८ ॥ त्वत्पत्रमुक्तविशिखैरशनि-
प्रकाशैरामूललूननवकेतककान्तदन्ताः । त्रासावसन्नमदधार-
कपोलभागाः संपादयन्ति करिणः करिणीभ्रमं नः ॥१०९॥
मिलितमिहिरभासं मौलिमेतस्य दृष्ट्वा परवरतनुपादालक्तकं
तर्कयन्त्या । त्वदरिधरणिजानिर्भानुबिम्बेन गच्छन्सुरनगर-
मृगाक्ष्या वीक्ष्यते साभ्यसूयम् ॥ ११० ॥ भवत्तुरगनि-
क्षुरक्षुरदढव्रणैराचिता क्षणात्समरविच्युतप्रतिनृपालचेला-
ञ्चिता । इयं रणधरा भवद्भिरददानधाराजलैः किमु व्रणत-
लेऽर्पितं वसनपट्टमासिव्यति ॥ १११ ॥ कृपाणकिरणानलं
रुधिरनीरपूरच्छटाजटात्रततिसंकुलं भटतिमिङ्गिलैराकुलम् ।
प्रमथ्य समरार्णवं वरमकर्षि लक्ष्मीस्त्वया विधाय मदमन्थरं
मथनमन्दरं सिन्धुरम् ॥ ११२ ॥ झणज्झणितकङ्कणक्वणि-
तकिङ्किणीकं धनुर्ध्वनद्गुरुगुणाटनीकृतकरालकोलाहलम् ।
वितत्य किरतोः शरानविरतस्फुरच्चूडयोर्विचित्रमभिवर्धते
भुवनभीममायोधनम् ॥ ११३ ॥ प्रतीक्ष्यन्ते वीराः प्रतिमु-
खमुरोभिः सरभसं विपक्षाणां हेतिः प्रतिनियतधैर्यानुभवतः ।
विदीर्णत्वग्भारादलितपिशितच्छिन्नधमनिप्रकाण्डास्थिस्नायु-
स्फुटतरविलक्ष्यास्रनिवहाः ॥ ११४ ॥ शितैर्बाणैरेके मृध-
भुवि परे तीक्ष्णनखरैः क्रियासातत्येनाप्यहमहमिकाक्रान्त-
मनसः । मिथोविन्ध्यन्ति स्म प्रबलतमसंमर्दविदलत्क्षिति-
क्षोदःपिष्टातकसुरभिवक्षस्तटभृतः ॥ ११५ ॥ भल्लैर्भिन्नाः
प्रतिनृपतयः शङ्खनादानुदाराञ्श्रुत्वा राजन्पुनरपि भुजादण्ड-
कण्डूतिभाजः । आलिङ्गन्त्यास्त्रिदशसुदृशो भ्रूलतां वीक्ष्य
मुग्धां चापभ्रान्त्या चपलमनसो हस्तमावर्तयन्ति ॥ ११६ ॥
मुञ्चद्भिर्मदवारि वारणगणैर्मेघायितं कार्मुकैरेतैः शक्रशरास-
नायितमधश्छत्रैः शिलीन्ध्रायितम् । खद्योतायितमस्त्रसंघट्टन-
समुद्भूतस्फुलिङ्गैः स्फुरन्नाराचैश्चपलायितं रणभुवा सैन्यैर्न-
भस्यायितम् ॥ ११७ ॥ भुग्नभ्रूयुगलैः क्रुधा समधिकस्फा-
रारुणाक्षैः क्षणात्स्वेदाम्भःपटलप्रकृष्टतिलकैर्दष्टाधरोष्ठैरपि ।
दृष्टश्मश्रुभिरुत्पतद्भिरभितः संकीर्णमालक्ष्यते त्वद्धस्तास्रनि-
कृत्तवैरिभटसुश्रेणीशिरोभिर्वियत् ॥ ११८ ॥ क्ष्वेडाभिः क-
कुभः पृषत्कनिकरैर्व्योम द्विधाखण्डितैर्देहैर्विद्विषतां धरातल-
मपि प्रच्छादयन्तौ चिरम् । कुर्वातेऽश्रुजलाविलेक्षणपथान्ये-
तावकाण्डोच्चरद्रोमाञ्चानि सवेपथून्यपि मुहुर्वर्ष्माणि नः
पश्यताम् ॥ ११९ ॥ आगुञ्जद्गिरिकुञ्जकुञ्जरघटाविस्तीर्ण-
कर्णज्वरं ज्यानिर्घोषममन्ददुन्दुभिरवैराध्मातमुज्जृम्भयन् ।
वेल्लद्भैरवभूरिरुण्डनिकरैर्वीरो विधत्ते भुवस्तृप्यत्कालकरालव-
क्त्रविघसव्याकीर्यमाणा इव ॥ १२० ॥ नो चापाकलनं न
पत्रिधरणं न ज्यासमाकर्षणं नो बाहुस्फुरणं न बाणगमनं
संलक्ष्यते ते रणे । किंतु प्रौढकरीन्द्रकुम्भविगलन्मुक्तागण-
प्रस्फुरत्प्रत्यर्थिक्षितिपालमौलिमणिभिर्विद्योतते भूरियम् १२१
वीराणां रुण्डतुण्डप्रविघटनपटुस्फारदोर्दण्डखण्डव्यापारक्षि-
प्यमाणप्रतिभटविकटाटोपवर्ष्मप्ररूढः । कूटः कोऽप्येष यु-
द्धाजिरभुवि जरठश्चित्रकूटानुकारी लीयन्ते यत्र शत्रुप्रपत-
नविवशाः कोटिशः शूरकीटाः ॥ १२२ ॥ प्रासप्रोतप्रवीरो-
ल्बणरुधिरपरामृष्टबुक्काजिघत्साधावद्गृध्राधिराजाप्रतिमतनुरु-
हच्छायया वारितोष्णाः । विश्राम्यन्ति क्षणार्धं प्रधनपरिसरे-
ष्वेव मुक्ताभियोगा वीराः शस्त्रप्रहारव्रणभररुधिरोद्गार-

१ उत्तरीयाणाम्. २ नद्यः. ३ गुल्फदेशमधिकृत्य. ४ सपरिकराः. ५ मृतानाम्. ६ पक्षिणः; (पक्षे) बाणाः. ७ रौति स्म. ८ कलेवरम्. ९ भुक्तवान्. १० मुखानि. ११ तूर्याणाम्. १२ तृष्णाभिः. १३ भयंकराणि. १४ अभ्यवहरन्. १५ अवयवैः.

दिग्धाखिलाङ्गाः ॥ १२३ ॥ जीवाकृष्टिं स चक्रे मृधभुवि धनुषः शत्रुरासीद्गतासुर्लक्षाप्तिर्मार्गणानामभवदरिबले न यशस्तेन लब्धम् । मुक्ता तेन क्षमेति त्वरितमरिगणैरुत्तमाङ्गैः प्रतिष्ठा पञ्चत्वं द्वेषिसैन्ये स्थितमवनिपतिनापि संख्यान्तरं सः ॥ १२४ ॥ युष्मद्दोर्दण्डमण्डल्यवनमितरणच्चण्डकोदण्डदण्डोन्मुक्तेषुच्छिन्नमूर्च्छत्प्रतिनृपतिभुजाखण्डमुण्डावकीर्णा । गायन्नृत्यत्प्रवल्गद्रजनिचरवधूदत्ततालैः करालैर्वेतालैरट्टहासप्रकटितदशनैर्युद्धभूर्भाति भीमा ॥ १२५ ॥

अरिपलायनम् ।

सालकाननयुक्तापि सालकाननवर्जिता । हारावरुद्धकण्ठापि विहारारिवधूस्तव ॥ १ ॥ विचरन्ति विलासिन्यो यत्र श्रोणिभरालसाः । वृककाकशिवास्तत्र धावन्त्यरिपुरे तव ॥२॥ स्वकान्तदवकान्तारो यद्वैरिसुदृशामभूत् । जघनस्तनमुच्चैर्यो व्यलिखत्कण्टकैर्नखैः ॥ ३ ॥ काठिन्यं कुचयोः स्रष्टुं वाञ्छन्त्यः पादपद्मयोः । निन्दन्ति विश्वधातारं त्वद्धाटीश्वरियोषितः ॥ ४ ॥ वनेऽखिलकलासक्ताः परिहृत्य निजस्त्रियः । त्वद्वैरिवनितावृन्दे पुलिन्दाः कुर्वते रतिम् ॥ ५ ॥ वीर त्वद्रिपुरमणी परिधातुं पल्लवानि संस्पृश्य । न हरति वनभुवि निजकररुहरुचिर्खचितानि पाण्डुपत्रधिया ॥ ६ ॥ त्वद्वैरिणो वीर पलायितस्य प्रकाशयन्त्यक्तमरण्यमार्गान् । कृशानुरासीदभिनन्दनीयस्तुङ्गेषु लग्नो रिपुमन्दिरेषु ॥ ७ ॥ राजन्द्विषस्ते भयविद्रुतस्य भालस्थलं कण्टकिनो वनान्ताः । अद्यापि किं वानुभविष्यतीति व्यपाटयन्द्रष्टुमिवाक्षराणि ॥ ८ ॥ इतस्त्रसद्विद्रुतवैरिभूभृत्प्रियाथ दृष्टा वनमानवीजनैः । शशंस पृष्टाद्भुतमात्मदेशे शीतद्विषः शीतलशीलतां किल ॥ ९ ॥ समस्तावनीनाथमौले भवत्तः परास्ता द्विषः पद्मविस्तारिनेत्रा । नितान्तं विहस्ता स्वहस्तारविन्दैर्विधत्ते पुरस्तादुरस्ताडनानि ॥ १० ॥ अलसभुजलताभिर्नोद्धतो नागरीभिर्भवनदमनकानां नातिथिर्वा बभूव । त्वदरिनगरमध्ये संचरंश्चैत्रजन्मा जरदजगरपीतः क्षीयते गन्धवाहः ॥ ११ ॥ त्वदरिनृपतिमाशावाससं धूलिधाराधवलमहह भिक्षुं वीक्ष्य भर्गभ्रमेण । मुरभिदुदधिवेलाकाननं गाहमानो दिशति कुसुमबाणं दूरतो निर्गमाय ॥ १२ ॥ त्वदरिनृपतिकेलीसौधसंरूढदूर्वाङ्कुरकवलविलोलं वीक्ष्य रङ्कुं सुधांशोः । उपवनहरिणीनामुन्नतो भ्रूलतानां प्रसरति रतिजानिग्लानिजन्मा विवर्तः ॥ १३ ॥ वर्षासु भीतमवशाङ्गिभुजं भुजंगमेकं निगृह्य शिरसि स्थितमञ्जनाभम् । शून्ये त्वदारिनगरे शबरी सशङ्कमादित्सते कनकमुष्टिकृपाणलोभात् ॥ १४ ॥ स्फुटतरमटवीनां प्रान्तरे पर्यटन्ती हरिहतगजकुम्भोन्मुक्तमुक्ताफलानि । परिकरयति हस्ताम्भोजशोणप्रभाभिः परिहरति च दूरान्मञ्जु गुञ्जाभ्रमेण ॥ १५ ॥ ये कन्दरासु निवसन्ति सदा हिमाद्रेस्त्वत्पातशङ्कितधियो विवशा द्विषस्ते । अप्यङ्गमुत्पुलकमुद्वहतां सकम्पं तेषामहो बत भियां न बुधोऽप्यभिज्ञः ॥ १६ ॥ कुरुबक कुचाघातक्रीडासुखेन वियुज्यसे बकुलविटपिन्स्मर्तव्यं ते मुखासवसेचनम् । चरणघटनावन्ध्यो यास्यस्यशोक सशोकतामिति निजपुरत्यागे यस्य द्विषां जगदुः स्त्रियः ॥ १७ ॥ अनारतपरिस्खलन्नयनवारिधाराशतप्रवृद्धपथनिम्नगासलिलरुद्धयानोद्यमा । त्वदीयरिपुकामिनी बहुविदेशयानैषिणी विनिन्दति वलद्दृशा गुरुरुषाश्रुषं प्रावृषम् ॥१८॥ इतश्चेतश्चाद्भिर्विघटिततटः सेतुरुदरे धरित्री दुर्लङ्घ्या बहुलहिमपङ्को गिरिरयम् । इदानीं निर्वृत्ते करितुरगनीराजनविधौ न जाने यातारस्तव च रिपवः केन च पथा ॥ १९ ॥ क्षणं कान्तागारप्रसरविलसन्मानसरतिः क्षणं शैलोत्सङ्गे द्विजकुलरवाकृष्टहृदयः । क्षणं पत्रध्वानश्रुतिपुलकितो यद्भयभराद्वसन्प्राप्तोऽरण्ये रिपुरवनिपालस्थितिमिव ॥ २० ॥ अये मातस्तातः क्व गत इति यद्वैरिशिशुना दरीगेहे लीना निभृतमिह पृष्टा स्वजननी । करेणास्यं तस्य द्रुतमथ निरुध्याश्रुभृतया विनिःश्वस्य स्फारं शिव शिव दृशैवोत्तरयति ॥ २१ ॥ अपर्णेयं भूभृद्वनमटति वल्काम्बरधरा जटालो दिग्वासाः शिखरिणि शिवोऽयं निवसति । इति भ्रान्त्यान्योन्यं क्षणमिलितयोः क्षोणितिलक द्विषद्दंपत्योस्ते शिव शिव शिवन्ति प्रणतयः ॥ २२ ॥ पश्येत्कश्चिच्चलचपल रे का त्वराहं कुमारी हस्तालम्बं वितर हहहा व्युत्क्रमः क्वासि यासि । इत्थं पृथ्वीपरिवृढ भवद्विद्विषोऽरण्यवृत्तेः कन्या कंचित्फलकिसलयान्याददानाभिधत्ते ॥ २३ ॥ स्वल्पं ब्रूमः किमपि चरितं वीरवर्य त्वदीयं मिथ्यावादाः कवय इति नो दुःप्रवादो रुणद्धि । मुक्ता मुक्ता मलयशिखरे त्वद्विपक्षावरोधैरण्डभ्रान्त्या भुजगललनाः सादरं पालयन्ति ॥ २४ ॥ क्षोणीपाल त्वदरिहरिणीलोचना शोचमाना गुञ्जाहारं कुचकलशयोर्निःश्वसन्ती करोति । क्षुभ्यत्क्षीराम्बुधिलहरिसंक्षोभिभिस्त्वद्यशोभिर्गौरं मुक्ताफलमयमिवाविन्दते नन्दतन्वा ॥ २५ ॥ विमुञ्चति पदे पदे रुचिरचीरहारादिकं शुकं गृहसमुत्सुकं त्यजति चैव जीवाधिकम् । पलायनपरा-

१ वृक्षयुक्तमरण्यम्. २ अलकेन युक्तमाननं यस्याः. ३ पद्भ्यां गतिर्यस्याः. ४ व्यासानि. ५ मृगम्.

यणा तव विभो रिपोरङ्गना मुहुर्वलितकंधरं मिहिरमण्डलं वीक्षते ॥ २६ ॥ धराधरं तव द्विषां वनजुषां विहीनत्विषां दधे गुणनिधे धनुर्विगुणमप्यनेकं गुणम् । फलाहरणयष्टिकाकरणकन्दरान्तः शिवानिवारणविहंगिकाकरणचुलिकाकर्षणैः ॥२७॥ राजन्राजसुता न पाठयति मां देव्योऽपि तूष्णीं स्थिताः कुब्जे भोजय मां कुमारसचिवैर्नाद्यापि किं भुज्यते । इत्थं नाथ शुकस्तवारिभवने मुक्तोऽध्वगैः पञ्जराच्चित्रस्थानवलोक्य शून्यवलभावेकैकमाभाषते ॥ २८ ॥ क्रामन्त्यः क्षतकोमलाङ्गुलिगलद्रक्तैः सदर्भाः स्थलीः पादैः पातितयावकैरिव गलद्बाष्पाम्बुधौताननाः । भीता भर्तृकरावलम्बितकरास्त्वद्वैरिनार्योऽधुना दावाग्निं परितः भ्रमन्ति पुनरप्युद्यद्विवाहा इव ॥ २९ ॥ तन्वीमुज्झितभूषणां कलगिरं रोमोद्गमं बिभ्रतीं वेपन्तीं व्रणिताधरां विवसनां सीत्कारमातन्वतीम् । दोर्भ्यां चण्डतुषारपातसभयामालिङ्ग्य कण्ठे भृशं स्वां मूर्तिं दयितामिवातिरसिकां त्वद्विद्विषः शेरते ॥ ३० ॥ भूसंपर्करजोनिपातमलिनाः स्वस्माद्गृहात्प्रच्युताः सामान्यैरपि जन्तुभिः करतलैर्निःशङ्कमालिङ्गिताः । संलग्नाः क्वचिदेकतामुपगताः क्वापि प्रबुद्धाः क्वचित्सुप्ताः क्वापि च सारिवत्प्रतिगृहं भ्रान्तास्तवारिस्त्रियः ॥ ३१ ॥ कर्षद्भिः सिचयाञ्चलान्यतिरसात्कुर्वद्भिरालिङ्गनं गृह्णानैः कचमालिहद्भिरधरं विश्रामयद्भिः करौ । प्रत्यक्षेऽपि भवद्विरोधिनृपतेरन्तःपुराणामहो धिक्कष्टं विटपैर्विटैरिव वने किं नाम नो चेष्टितम् ॥ ३२ ॥ स्नाताः प्रावृषि वारिवाहपटलैः प्रोद्भूतदूर्वाङ्कुरव्याजेनात्तकुशाः प्रणालसलिलैर्दत्त्वा निवापाञ्जलीन् । प्रासादास्तव विद्विषां परिपतत्कुड्यस्थपिण्डच्छलात्कुर्वन्ति प्रतिवासरं निजपतिप्रेताय पिण्डक्रियाः ॥ ३३ ॥ मौलिं मानविधिं विना नमयितुं हारं स्वयं गुम्फितुं निर्यातुं दयितस्य पाणिकमलच्छायां विना वर्त्मनि । निद्रातुं च विनाङ्कपालिशयनं द्रष्टुं दैवे शून्या दिशः सख्या त्वत्प्रतिवीरनीरजमुखी साकूतमध्याप्यते ॥ ३४ ॥ घ्रातं तालफलाशया स्तनतटं बिम्बभ्रमेणाधरो दष्टः पाकविदीर्णदाडिमधिया लीढाः स्फुरन्तो रदाः । भ्राम्यन्ती भ्रमनिःस्पृहानुविपिनं त्वद्वैरिसीमन्तिनी निद्राणा मुहुराहतां मुहुरपि क्षिप्ता च शाखामृगैः ॥ ३५ ॥ त्वत्प्रत्यर्थिवसुंधरेशतरुणीः [३]संत्रासतः सत्वरं यान्तीर्वीर विलुण्ठितुं सरभसं याताः किराता वने । तिष्ठन्ति स्तिमिताः प्ररूढपुलकास्ते विस्तृतोपक्रमास्तासामुत्तरलैः स्तनैरतितरां लोलैरपाङ्गैरपि ॥ ३६ ॥ एतस्मिन्विजने वनेऽ[६]तनुतरुच्छन्नावकाशे सुखं तिष्ठामीति तव द्विषामधिपतिर्यावद्विधत्ते मतिम् । तावत्तत्र निपातितं भुवि भवन्नामाङ्कसेलोहतं दृष्ट्वा केसरिणः कैरङ्कै[२]समत्रासो मुहुर्मूर्च्छति ॥ ३७ ॥ का त्वं पुत्रि नरेन्द्र लुब्धकवधूर्हस्ते किमेतत्पलं क्षामं किं सहजं ब्रवीमि नृपते यद्यस्ति ते कौतुकम् । गायन्ति त्वदरिप्रियाश्रुतटिनीतीरेषु सिद्धाङ्गना गीतान्धा न तृणं चरन्ति हरिणास्तेनामिषं दुर्बलम् ॥ ३८ ॥ स्वप्नेऽपि क्षितिपावतंस भवतो भीत्या व्रजन्ती वनं निर्मग्ना प्रतिपक्षवैरिरमणी कल्लोलिनीपाथसि । उत्क्षिप्ताननमुन्नतभ्रु चरणव्यासक्तमुक्ताफलं भूयः स्फारितबाहुवल्लि शयनादुद्भ्रान्तमुत्तिष्ठति ॥ ३९ ॥ तादृग्दण्डविवर्तनर्तितममी चक्रादपक्रामिताः क्वापि क्वापि च कण्टकैरुपगता रेखोपरेखाभ्रमम् । यस्य प्रौढतरप्रतापदहनज्वालाभिरन्ते दिशामापाके निपतन्ति पार्थिवघटाः शीर्यन्ति वीर्यन्ति च ॥ ४० ॥ आगच्छागच्छ सज्जं कुरु वरतुरगं संनिधेहि द्रुतं मे खड्गः क्वासौ कृपाणीमुपनय धनुषा किं किमङ्गप्रविष्टम् । संरम्भोन्निद्रितानां क्षितिभृति गहनेऽन्योन्यमेव प्रतीच्छन्वादः स्वप्नाभिदृष्टे त्वयि चकितदृशां विद्विषामाविरासीत् ॥ ४१ ॥ यातीतः पान्थ पन्था व्रजति तनु कथं स्थावरं वर्त्म मुग्धे मार्गं पृच्छामि पृच्छ स्थितमिदमिह ते विस्मितं वीक्ष्य नेत्रे । अध्वानं ब्रूह्यपेतध्वनि भवति वचश्चित्रमुद्दामनेत्रा दृश्यन्ते दावमूढाः पथि पथिकविटैस्त्वद्विषां नाथ नार्यः ॥ ४२ ॥ आत्ते सीमन्तरत्ने मरकतिनि हृते हेमताटङ्कपत्रे लुप्तायां मेखलायां कनकमणितुलाकोटियुग्मे गृहीते । शोणं बिम्बौष्ठकान्त्या त्वदरिमृगदृशामित्वरीणामरण्ये राजन्गुञ्जाफलानां स्रज इति शबरा नैव हारं हरन्ति ॥ ४३ ॥ प्राप्तास्त्रासात्पिपासातिशयमुपगताः पातुमारण्यमम्भो युष्मद्विद्वेषियोषाः श्वसितसमुदयैस्तत्तदीयैरशोषि । एतत्संवीक्ष्य मूर्च्छानिपतिततनवो नैव जीवेयुरेताश्चिन्तोपेताः शबर्यो निजनयनजलैः पल्वलं पूरयेयुः ॥ ४४ ॥ वीर त्वद्वैरिदारा गहनगिरिगुहागह्वरान्तस्तमिस्त्रं त्वत्त्रासाद्गुह्यवासा दरकलितहृदो यद्यदेव प्रपन्नाः । तत्तज्ज्योत्स्नायमानं धरणिपरिवृढ प्रेक्ष्य युष्मद्यशोभिः सद्यो मोहान्धकारानुसरणशरणा वासरान्वाहयन्ति ॥ ४५ ॥ एतद्भीतारिनारी गिरिबिलविगलद्वासरा निःसरन्ती स्वक्रीडाहंसमोहग्रहिलशिशुभृशप्रार्थितोन्निद्रचन्द्रा । आक्रन्दद्भूरि यत्तन्नयनजलमिलच्चन्द्रहंसानुबिम्बप्रत्यासत्तिप्रहृष्यत्तनयविहसितैराश्वसीद्यश्च

१ लाक्षारसः. २ शत्रवः. ३ भयात्. ४ स्तब्धाः. ५ अतिचपलैः. ६ महद्भिः.

१ शस्त्रविशेषः. २ अस्थिपञ्जरम्. ३ अतुलत्रासः. ४ मांसम्. ५ यदि नेति शेषः.

सीञ्च ॥ ४६ ॥ धूलीधाराभिरन्धास्तदनु नधिरतामागताः स्फारभेरीभूयोझाङ्काररावैर्मृतकरकुलापीडयत्सैन्ययाने । धावन्तो विन्ध्यभूभृद्घनघनकुहरे कण्टकाकृष्टकेशास्त्रायध्वं मुञ्चतेति प्रतिहतविकला वैरिणः संगिरन्ते ॥ ४७ ॥

प्रतापवर्णनम् ।

चित्रं तपति राजेन्द्र प्रतापतपनस्तव । अनातपत्रमुत्सृज्य सातपत्रं द्विषद्गणम् ॥ १ ॥ राजन्सप्ताप्यकूपारास्त्वत्प्रतापाग्निशोषिताः । पुनस्त्वद्वैरिवनिताबाष्पपूरेण पूरिताः ॥ २ ॥ दीपयन्रोदसीरन्ध्रमेष ज्वलति सर्वतः । प्रतापस्तव राजेन्द्र वैरिवंशदवानलः ॥ ३ ॥ त्वत्प्रतापानर्घहेमसंपुटेऽतिमनोहरे । ब्रह्माण्डशालिग्रामोऽसौ धराधीश विराजते ॥४॥ तवारिनारीनयनाम्बुपूरं निपीय राजन्भ्रमति प्रतापः । रिङ्गत्तरंगावलिनीरतुङ्गं यथा समुद्रं वडवाहुताशः ॥ ५ ॥ त्वत्प्रतापतपनातपतस्तीक्ष्णरश्मिरपि दिक्षु नितान्तम् । धावति प्रतिदिनं मुकुटेश त्वच्छोष पतितस्तुहिनांशुः ॥६॥ उदितेऽपि तवावनीन्द्र तेजस्तपने स्फारगभस्तिभारभाजि । तव वैरिनृपायशस्तमांसि स्फुरदुज्जृम्भितमाचरन्ति चित्रम् ॥ ७ ॥ प्रत्यर्थिवामनयनानयनाम्बुपूरैः सद्यः स्खलद्बहलकज्जलजालनीलैः । युष्मत्प्रतापतपनस्तपनाद्यवीयानारभ्यते यदमुना यमुनासहस्रम् ॥ ८ ॥ मार्तण्डमण्डलसमं भवतः प्रतापं ये वर्णयन्ति नहि ते कवयः प्रवीणाः । अम्भोनिधौ विलयमेति परं पतङ्गः पारं प्रयाति जलधेस्तु तव प्रतापः ॥ ९ ॥ उल्लास्य कालकरवालमहाम्बुवाहं देवेन येन जैरठोर्जितगर्जितेन । निर्वापितः सकल एव रणे रिपूणां धाराजलैस्त्रिजगति ज्वलितः प्रतापः ॥ १० ॥ वदन्तु देव तावकं प्रतापमेव पावकं महातुषारशीतलं वदामहे वयं यतः । सुमेरुकन्दरोदरस्थितो गृहीतकम्बलस्तवारिवर्गपङ्कजः प्रकम्पते मुहुर्मुहुः ॥ ११ ॥ अये नृपतिमण्डलीमुकुटरत्न युष्मद्भुजामहोर्ष्मततिसंजुषा बत भवत्प्रतापार्चिषा । द्विषामतिमृशं यशःप्रकटपारदो ध्मापनादुदस्फुटत तारकाकपटतो विहायस्तटे ॥ १२ ॥ अत्युक्तौ यदि न प्रकुप्यसि मृषावादं न चेन्मन्यसे तद्भूमोऽद्भुतदर्शनेन रसना केषां न कण्डूयते । देव त्वत्तरुणप्रतापदहनज्वालावलीशोषिताः सर्वे वारिधयस्त्वारिवनितानेत्राम्बुभिः पूरिताः ॥ १३ ॥ देव त्वत्तरुणप्रतापतपनत्रासादिव त्र्यम्बको नो गङ्गां विजहाति निःसरति न क्षीराम्बुधेर्माधवः । ताम्यंस्तामरसान्तरालवसतिर्देवः स्वयंभूरभूत्पातालावधिपङ्कमग्नवपुषस्तिष्ठन्ति कूर्मादयः ॥ १४ ॥ अब्दैर्वारिजिघृक्षयार्णवगतैः साकं व्रजन्ती मुहुः संसर्गाद्वडवानलस्य समभूदापन्नसत्त्वा तडित् । मन्ये देव तया क्रमेण जनितो युष्मत्प्रतापानलो येनारातिवधूविलोचनजलैः सिक्तोऽपि संवर्धते ॥ १५ ॥ देव त्वद्भुजदण्डदर्पगरिमोद्गीर्णप्रतापानलज्वालापक्रिमकीर्तिपारदघटीविस्फारिता बिन्दवः । शेषाहिः कति तारकाः कति कति क्षीरोदधिः कत्यपि प्रालेयाचलशङ्खशुक्तिकरकाः कर्पूरकुन्देन्दवः ॥१६॥ भङ्गाकीर्तिमषीमलीमसतया प्रत्यर्थिसेनाभटश्रेणीतिन्दुककाननेषु विलसत्यस्य प्रतापानलः । अस्मादुत्पतिताः स्फुरन्ति जगदुत्सङ्गे स्फुलिङ्गाः स्फुटं भालोद्भूतभवाक्षिभानुहुतभुग्जम्भारिदम्भोलयः ॥ १७ ॥ तादृग्दीर्घविरिञ्चिवासरविधौ जानामि यत्कर्तृतां शङ्के यत्प्रतिबिम्बमम्बुधिपयःपूरोदरे वाडवः । व्योमव्यापिविपक्षराजकयशस्तारापराभावुकः कासामस्य न स प्रतापतपनः पारं गिरां गाहते ॥ १८ ॥ शंभुर्मानससंनिधौ सुरधुनीं मूर्ध्ना दधानः स्थितः श्रीकान्तश्चरणस्थितामपि वहन्नेतां निलीनोऽम्बुधौ । मग्नः पङ्करुहे कमण्डलुगतामेनां दधन्नाभिभूर्मन्ये वीर तव प्रतापदहनं ज्ञात्वोल्बणं भाविनम् ॥ १९ ॥ युष्मत्प्रौढतरप्रतापतपनज्वालावलीव्याकुले ब्रह्माण्डे मधुसूदनोऽहिशयने शेते पयःसागरे । शंभुर्जह्नुसुतां दधाति शिरसा भूमिस्तुषाराचलं तापव्याकुलितः पतत्यतितरां भानुः समुद्रे मुहुः ॥ २० ॥ नार्यः कुङ्कुमशङ्कया निटिलगं प्रोञ्छन्त्यपास्तद्विषां सांध्यं रागममुं विभाव्य गगने गच्छन्ति केलीगृहम् । मुग्धा दावधियोऽरयस्तव विभो यान्ति द्रुतं कानने लाक्षाराग इति प्रकुप्यति धवे कान्ता प्रतापोदये ॥ २१ ॥ यो नास्ताचलमस्तकं प्रति गतो दीनत्वमालम्बते यो नायाति निशासु संशयपदं नोदेति गिर्याश्रयात् । यो राहोरपि कर्कशेषु दशनेष्वासीन्न वा गोचरः सोऽयं भूप तव प्रतापतपनो वर्वर्ति सर्वोपरि ॥ २२ ॥ कान्तारे जलवृक्षवैरिणि मुहुस्त्व-

---

१ हे चन्द्रकुलावतंस. २ समुद्राः. ३ कठिनम्. ४ ऊर्जस्वलम्. ५ प्रापितः. ६ आतपभाजा.

१ अत्रायं भावः—वैरिस्त्रियः स्वभर्तृमरणाद्यथायथाधिकं रुदन्ति तथातथाधिकं तन्नेत्राम्बुभिस्त्वत्प्रतापाग्निः संवर्धते. त्वत्प्रतापोऽधिको भवतीति यावत्. यतः स प्रतापाग्निर्वडवानलारिपितुर्ता तश्च मातुः समुत्पन्नस्तौ च पितरौ पानीययोगादेवोज्जृम्भितेऽतस्तत्पुत्रोऽपि त्वत्प्रतापो भवद्वैरिरमणीनेत्राम्बुभिः सिच्यमानो वृद्धिमाप्नोतीत्येतदुचितमेवेति. २ पराजयः. ३ कालस्कन्धवनेषु. ४ तिन्दुककाष्ठेभ्यो दह्यमानेभ्यो महान्तः स्फुलिङ्गा उत्तिष्ठन्तीति वृद्धव्यवहारः. ५ हरनिटिलनेत्रम्. ६ कुलिशम्. ७ 'चतुर्युगसहस्रं तु ब्रह्मणो दिनमुच्यते' इति.

द्वैरिवामभ्रुवो बालैराकुललोचनैः प्रतिपदं रुद्धक्रमाश्चक्रमे । पृथ्वीचण्डरुचे पटच्चरदशासंघट्टदीप्तप्रभं सिञ्चन्त्यञ्जलिसंचिताश्रुभिरलं युष्मत्प्रतापानलम् ॥ २३ ॥ अध्यायोधनवेदि मार्गणकुशानास्तीर्य खड्गस्रुचा हुत्वारेः पललं चरुं हविरसृक्तन्मस्तकस्वस्तिकैः । संवेष्ट्याहवनीयमानसदसिख्योऽसौ प्रतापानलोऽस्थापि द्रागुदकाञ्जलीकृतचतुःपाथोधिना श्रीमता ॥ २४ ॥ देव त्वद्भुजदण्डचण्डिमचमत्कारिप्रतापानलज्वालाजालभयादिवाभिविशति क्षीराम्बुधिं माधवः । भर्गः स्वर्गधुनीं दधाति शिरसा त्यक्तत्रिलोकीकृतिर्वेधाः किं तु मुहुः कमण्डलुजलैरात्मानमासिञ्चति ॥ २५ ॥ श्रीमद्वीराधिवीर पृथुतरमहसस्त्वत्प्रतापाग्निकीला[1]च्छ्रुत्वाब्धेः शोषवार्तां शरणमनुगतः कुत्रचित्कश्चिदेव । चन्द्रः कीर्त्यां सुधास्ये त्रिदशतरुवरः पाणिपद्मे च कोशे लक्ष्मीः [2]क्ष्वेडं च कोपे जलधरकुसुमं वैरिकान्तादृगन्ते ॥ २६ ॥ द्रागाक्रम्योदयाद्रिं [3]चरमगिरिमतिस्पर्धया तिग्मरश्मेर्मेरुं पर्यट्य लङ्कानगरमुपगतः कौतुकात्त्वत्प्रतापः । वीक्ष्यामुं वीतिहोत्रं पुनरपि विपदं देव निश्चिन्वतीनां यः क्षोभो राक्षसीनां क्षणमजनि स हि त्वद्विषां सर्वदास्ताम् ॥ २७ ॥ त्वत्खड्गाघातजातव्यथरिपुवनितामुक्तबाष्पाम्बुधारा[4]सारादारादुदाराद्दिशि दिशि सरितामुद्भवाश्चेद्भवेयुः । कल्पान्तक्रूरकेलिप्रकरविजयिनो विस्फुरत्त्वत्प्रतापात्पारावारानपारानपि सपदि पराञ्शुष्यतः पूरयेत्कः ॥ २८ ॥ दुर्वारारातिवाजीवनदवदहनः कौङ्कुमो दिग्वधूनां सर्वाङ्गीणोऽङ्गरागस्त्रिभुवनभवनध्वान्तविध्वंसदीपः । त्वद्दोरुद्दामदर्वीकरमुखहुतभुग्भूतधात्रीपुरंध्र्या वासो माञ्जिष्ठमुर्वीरमणकुलमणे जागरीति प्रतापः ॥२९॥ भूजाने किं न जाने भवदतुलभुजभ्राजमानप्रतापज्योतिर्ज्वालावलीभिर्जलनिधिवलयं निर्जलं किं न भूयात् । युष्मत्प्रत्यर्थिपृथ्वीपरिवृढवनितानीरनेत्रस्रवन्तीसूत्रस्रोतःसहस्रैरयमिह परितश्चेन्न पूर्येत सद्यः ॥ ३० ॥

कीर्तिवर्णनम् ।

राजंस्त्वत्कीर्तिचन्द्रेण तिथयः पूर्णिमाः कृताः । मद्गेहान्न बहिर्याति तिथिरेकादशी भयात् ॥ १ ॥ अस्थिवद्दधिवच्चैव कुष्ठवत्पिष्टवत्तथा । राजंस्तव यशो भाति शरच्चन्द्रमरीचिवत् ॥ २ ॥ सरस्वती स्थिता वक्त्रे लक्ष्मीर्वेश्मनि ते स्थिता । कीर्तिः किं कुपिता राजन्येन देशान्तरं गता ॥३॥ यद्गुणैर्ग्रथितैः शुद्धैरमितैर्ब्रह्मगोलकः । विधत्ते कीर्तिकन्यायाः क्रीडाकन्दुककौशलम् ॥ ४ ॥ सिक्तं स्फटिककुम्भान्तः स्थितं श्वेतीकृतैर्जलैः । मौक्तिकं चेल्लतां सूते तत्पुष्पैस्ते समं यशः ॥ ५ ॥ अहो विशालं भूपाल भुवनत्रितयोदरम् । माति मातुमशक्योऽपि यशोराशिर्यदत्र ते ॥ ६ ॥ त्वत्कीर्तिराजहंसा वैरिवधूवदनभाजनस्थमपि । पीतं हासक्षीरं व्यक्तीकृतमश्रुनीरं च ॥ ७ ॥ कुचकलशेष्वबलानामलकायामथ पयोनिधेः पुलिने । क्षितिपाल कीर्तयस्ते हारन्ति हरन्ति हीरन्ति ॥ ८ ॥ रजनीषु विमलभानोः करजालेन प्रकाशितं वीर । धवलयति भुवनमण्डलमखिलं तव कीर्तिसंततिः सततम् ॥ ९ ॥ दूरेऽपि श्रुत्वा भवदीयकीर्तिं कर्णौ हि तृप्तौ न च चक्षुषी मे । तयोर्विवादं परिहर्तुकामः समागतोऽहं तव दर्शनाय ॥ १० ॥ आकर्ण्य भूपाल यशस्त्वदीयं विधूनयन्तीह न के शिरांसि । वि[3]श्वंभराभङ्गभयेन धात्रा नाकारि कर्णौ भुजगेश्वरस्य ॥११॥ यस्याञ्जनश्यामलखड्गपट्टजातानि जाने धवलत्वमापुः । अरातिनारीशरकाण्डपाण्डुगण्डस्थलीनिर्लुठनाद्यशांसि॥१२॥ यः कोटिहोमानलधूमजालैर्मलीमसीकृत्य दिशां मुखानि । तत्कीर्तिभिः क्षालयति स्म शश्वदखण्डतारापतिपाण्डुराभिः ॥ १३ ॥ इयं यशांसि द्विषतः सुधारुचः किमङ्कमेतद्द्विषतः किमाननम् । यशोभिरस्याखिललोकधाविभिर्विभीषिता धावति तामसी मसी ॥ १४ ॥ अदः समित्संमुखवीरयौवतत्रुटद्भुजा[6]कम्बुमृणालहारिणी । द्विषद्गणस्त्रैणदृगम्बुनिर्झरे यशोमरालावलिरस्य खेलति ॥ १५ ॥ अनिःसरन्तीमपि देहगर्भात्कीर्तिं परेषामसतीं वदन्ति । स्वैरं चरन्तीमपि च त्रिलोक्यां त्वत्कीर्तिमाहुः कवयः सतीं नु ॥ १६ ॥ करवालकरालवारिधारा यमुना दिव्यतरंगिणी च कीर्तिः । तव कामद तीर्थराज दूरादनुबध्नाति सरस्वती कवीनाम् ॥ १७ ॥ त्रिजगदङ्गनलङ्घनजाङ्घिकैस्तव यशोभिरतीव पवित्रिताः । प्रथमपार्थिवपुंगवकीर्तयो विबुधसिन्धुजलैरिव सिन्धवः ॥ १८ ॥ त्वत्कीर्तिमौक्तिकफलानि गुणैस्त्वदीयैः संद[7]र्भितुं विबुधवामदृशः प्रवृत्ताः । नान्तो गुणेषु न च कीर्तिषु रन्ध्रलेशो हारो न जात इति ताश्च मिथो हसन्ति ॥ १९ ॥ पृथ्वीपते शुभमते भवतो भवस्य ब्रूमो वयं सुयशसा कियदन्तरं वा । गौरीं चकार गिरिशो निजमर्धमङ्गं गौरीकृतं च भवता भुवनं समस्तम् ॥ २० ॥ कीर्तिस्तव क्षितिप याति

१ अर्चिः. २ गरलम्. ३ अस्ताचलः. ४ धारासंपातः.

१ अपरिमितः. २ कम्पयन्ति. ३ पृथ्वी. ४ शेषस्य. ५ युवतिसमूहः. ६ शङ्खवलयानि. ७ गुम्फितुम्. ८ देवाङ्गनाः.

भुजङ्गगेहं[1] मातङ्गसंगमकरी[2] च दिगन्तकेषु[3] । त्यक्त्वाम्बरं[4] भजति नन्दनमप्यगम्यं[5][6] किं किं करोति न निरर्गलतां[7] गता स्त्री ॥ २१ ॥ निर्मुक्तशेषधवलैरचलेन्द्रमन्थसंक्षुब्धदुग्धमयसागरगर्भगौरैः । राजन्निदं बहुलपक्षदलन्मृगाङ्कच्छेदोज्ज्वलैस्तव यशोभिरशोभि विश्वम् ॥ २२ ॥ प्रतिनगरमटन्ती प्रत्यगारं व्रजन्ती प्रतिनरपतिवक्षःकण्ठपीठे लुठन्ती । गिरिगरिमनितम्बाच्छादने सावधाना तदपि च तव कीर्तिर्निर्मिलैवेति चित्रम् ॥ २३ ॥ त्यजसि यदपि लक्ष्मीं कीर्तिमासाद्य दानैर्व्रजति तदपि कीर्तिः सिन्धुपारं न लक्ष्मीः । कथय क इह हेतुर्नारवेश त्वदीये वसति हृदयपद्मे नन्दसूनुर्मुरारिः ॥ २४ ॥ अनुक्षणमनुक्षणं क्षितिप रक्ष्यमाणा त्वया प्रयाति विदिशो दश प्रबलकीर्तिरेकाकिनी । इयं नियतमर्थिषु प्रतिदिनं वितीर्णा रमा जहाति न तवान्तिकं द्वितयमेतदत्यद्भुतम् ॥ २५ ॥ समुन्नतघनस्तनस्तबकचुम्बितुम्बीफलक्कणन्मधुरवीणया विबुधलोकवामभ्रुवा । त्वदीयमुपगीयते हरकिरीटकोटिस्फुरत्तुषारकरकन्दलीकिरणपूरगौरं यशः ॥ २६ ॥ वनेषु वनदेवता दिवि दिवौकसां वल्लभा भुजंगकुलकन्यका भुजगलोकलीलावने । यशः समरसंचितं नरमृगेन्द्र गायन्ति ते प्रभाविजितकौमुदीकुमुदपाण्डुताडम्बरम् ॥ २७ ॥ अपायि[8] मुनिना[9] पुरा पुनरमायि[10] मर्यादया प्यतारि[11] कपिना[12] पुरा पुनरदाहि लङ्कारिणा । अमन्थि[13] मुरवैरिणा पुनरबन्धि[14] लङ्कारिणा क्व नाम वसुधापते तव यशोम्बुधिः क्वाम्बुधिः ॥ २८ ॥ महाराज श्रीमज्जगति यशसा ते धवलिते पयःपारावारं[15] परमपुरुषोऽयं[16] मृगयते । कपर्दी[17] कैलासं सुरपतिरपि[18] स्वं करिवरं[19] कलानाथं[20] राहुः कमलभवनो[21] हंसमधुना[22] ॥ २९ ॥ कुविन्दस्त्वं[23] तावत्पटयसि[24] गुणग्राममभितो[1] यशो गायन्त्येते दिशि दिशि च नग्नास्तव[2] विभो । शरज्ज्योत्स्नागौरस्फुटविकटसर्वाङ्गसुभगा तथापि त्वत्कीर्तिर्भ्रमति विगताच्छादनमिह ॥ ३० ॥ पतन्त्येतत्तेजोहुतभुजि कदाचिद्यदि तदा पतङ्गः स्यादङ्कीकृततमपतङ्गापदुदयः । यशोऽमुष्येवोपार्जयितुमसमर्थेन विधिना कथंचित्क्षीराम्भोनिधिरपि कृतस्तत्प्रतिनिधिः ॥ ३१ ॥ इन्दोर्लक्ष्म[3] त्रिपुरजयिनः कण्ठमूलं मुरारिर्दिङ्नागानां[4] मदजलमषीभाञ्जि[5] गण्डस्थलानि । अद्याप्युर्वीवलयतिलक श्यामलिम्नानुलिप्तान्याभासन्ते वद धवलितं किं यशोभिस्त्वदीयैः ॥ ३२ ॥ किं वृत्तान्तैः परगृहगतैः किंतु नाहं समर्थस्तूष्णीं स्थातुं प्रकृतिमुखरो दाक्षिणात्यस्वभावः । गेहे गेहे विपणिषु तथा चत्वरे पानगोष्ठ्यामुन्मत्तेव भ्रमति भवतो वल्लभा देव कीर्तिः ॥ ३३ ॥ कैलासस्य प्रथमशिखरे वेणुसंमूर्च्छनाभिः श्रुत्वा कीर्तिं विबुधरमणीगीयमानां यदीयाम् । स्रस्तापाङ्गाः सरसबिसिनीकाण्डसंजातशङ्का दिङ्मातङ्गाः श्रवणपुलिने हस्तमावर्तयन्ति ॥ ३४ ॥ अध्याहार[7] स्मरहरशिरश्चन्द्रशेषस्य शेषस्याहेर्भूयः फणसमुचितः काययष्टीनिकायः[8] । दुग्धाम्भोधेर्मुनिचुलुकनत्रासनाशाभ्युपायः कायव्यूहः[9] क्व जगति न जागर्त्यदः कीर्तिपूरः ॥ ३५ ॥ कथमवनिप दर्पो यन्निशातासिधारादलनगलितमूर्ध्नां विद्विषां स्वीकृता श्रीः । ननु तव निहतारेरप्यसौ किं न नीता त्रिदिवमपगताङ्गैर्वल्लभा कीर्तिरेभिः ॥ ३६ ॥ समितिपतिनिपाताकर्णनद्रागुदीर्णप्रतिनृपतिमृगाक्षीलक्ष्यवक्षःशिलासु । लिखितलिपिरिवोरस्ताडनव्यस्तहस्तप्रखरनखरटङ्कैरस्य कीर्तिप्रशस्तिः ॥ ३७ ॥ सुसितवसनालंकारायां कदाचन कौमुदीमहसि सुदृशि स्वैरं यान्त्यां गतोऽस्तमभूद्विधुः । तदनु भवतः कीर्तिः केनाप्यगीयत येन सा प्रियगृहमगान्मुक्ताशङ्का क्व नासि शुभप्रदः ॥ ३८ ॥ देव त्वद्यशसि प्रसर्पति जगल्लक्ष्मीसुधोच्चैःश्रवश्चन्द्रैरावणकौस्तुभः स्थितिमिवामन्यन्त दुग्धाम्बुधौ । किं त्वेकः पुनरस्ति दूषणकणो यन्नोपयाति भ्रमात्कृष्णं श्रीः शितिकण्ठमद्रितनया नीलाम्बरं[11] रेवती ॥ ३९ ॥ इन्दुं निन्दति चन्दनं न सहते मल्लीस्रजं नेक्षते हारं द्वेष्टि सिताब्जमुज्झति बिसस्तोमं विगृह्णाति च । श्रीभूपाल महीधरेषु

१ नागलोकम्; (पक्षे) गणिकापतिगेहम्. २ ऐरावतादीनामष्टदिग्गजानां समागमकरी; (पक्षे) चण्डालसंगमकारिणी. ३ दिक्पर्यन्तेषु; (पक्षे) विजनप्रदेशेषु. ४ व्योम; (पक्षे) वस्त्रम्. ५ सुरालयवनम्; (पक्षे) पुत्रम्. ६ गन्तुमशक्यम्; (पक्षे) गमनानर्हम्. ७ निष्प्रतिबन्धत्वम्. ८ पीतः. ९ अगस्तिना. १० मितः. ११ तीर्णः. १२ हनुमता. १३ मथितः. १४ बद्धः. १५ क्षीरसमुद्रम्. १६ विष्णुः. १७ शिवः. १८ इन्द्रः. १९ ऐरावतम्. २० चन्द्रम्. २१ विधिः. २२ यतः सर्वेषां समुद्राणां पर्वतानां गजानां सर्वभक्ष्याणां पक्षिणां च त्वच्छ्वेतकीर्त्या श्वेतत्वात्क्षीराब्ध्यादीनामनवगमस्तेषामतस्ते तान्सर्वत्रावलोकयन्तीति भावः. २३ तन्तुवायः; (पक्षे) कुं पृथिवीं विन्दति लभते सः. २४ पटं वस्त्रं करोषि; (पक्षे) पटुं करोषि.

१ तन्तुः; (पक्षे) सद्गुणः. २ नग्नाः; (पक्षे) स्तुतिपाठकाः. ३ कलङ्कः. ४ दिग्गजानाम्. ५ युक्तानि. ६ नीलिम्ना. ७ शेषपूरकः. ८ समूहः. यावत्फणं कायैर्भवितव्यमिति भावः. ९ कायसंघातः. १० अभिन्ना. अक्षरविन्यासयोग्या इति यावत्. ११ बलभद्रम्.

विपिनेष्वम्भोधितीरेषु च त्वत्कीर्तिस्त्वदरिप्रिया च विलसत्युच्चैः स्फुरत्पाण्डिमा ॥ ४० ॥ इन्दुं निन्दति चन्दनं न सहते विद्वेष्टि पङ्केरुहं हारं भारमवैति नैव कुरुते कर्पूरपूरे मनः । स्वर्गङ्गामवगाहते हिमगिरिं गाढं समालिङ्गते त्वत्कीर्तिर्विरहातुरेव न मनागेकत्र विश्राम्यति ॥ ४१ ॥ यस्य क्षोणिपतेर्विहायसि यशोराशौ चमत्कुर्वति द्राक्कर्पूररजोभ्रमेण वणिजो वीथीमुपस्कुर्वते । चञ्चुं चञ्चलयन्ति चन्द्रकिरणभ्रान्त्या चकोराः पयोबुद्ध्या व्योम्नि नियोजयन्ति कलशीमानीय वामभ्रुवः ॥ ४२ ॥ कर्पूरादपि केतकादपि दलत्कुन्दादपि स्वर्णदीकल्लोलादपि कैरवादपि चलत्कान्तादृगन्तादपि । दूरोन्मुक्तकलङ्कशंकरशिरःशीतांशुखण्डादपि श्वेतामिस्तव कीर्तिमिर्धवलिता सप्तार्णवा मेदिनी ॥ ४३ ॥ देव त्वद्यशसा सदा सुमहसा गीर्वाणवृन्देऽखिले शम्भोर्भावमवापिते तु सहसा यत्कौतुकं तच्छृणु । साकूताः सकुतूहलाः सचकिताः सोत्कण्ठिताः साद्भुताः साशङ्काश्च मुहुर्मुहुर्मधुरिपौ लक्ष्म्यादृशः पातिताः ॥ ४४ ॥ किं शीतांशुमरीचयः किमु सुरस्रोतस्विनीवीचयः किंवा केतकसूचयः किमथवा चन्द्रोपलानां चयः । इत्थं जातकुतूहलाभिरभितः सानन्दमालोकिताः कान्ताभिस्त्रिदिवौकसां दिशि दिशि क्रीडन्ति यत्कीर्तयः ॥ ४५ ॥ श्रीमद्राजशिखामणे तुलयितुं धाता त्वदीयं यशः कैलासं च निरीक्ष्य तत्र लघुतां निक्षिप्तवान्पूर्तये । उक्षाणं तदुपर्यमासहचरं तन्मूर्ध्नि गङ्गाजलं तस्याग्रे फणिपुंगवं तदुपरि स्फार सुधादीधितिम् ॥ ४६ ॥ भारत्या वदनं श्रिया च सदनं श्रीकण्ठभक्त्या मनो धर्मेण श्रवणौ परैश्च चरणौ शौर्येण बाहुद्वयम् । दानेनापि करौ समीक्ष्य सकलं यस्याज्ञया भूतलं स्थातुं चानवकाशतां कथयितुं कीर्तिस्तु दूरं गता ॥ ४७ ॥ अस्योर्वीरमणस्य पार्वणविधुद्वैराजसंज्ञं यशः सर्वाङ्गोज्ज्वलशर्वपर्वतसितश्रीगर्वनिर्वासि यत् । तत्कम्बुप्रतिबिम्बितं किमु शरत्पर्जन्यराजिश्रियः पर्यायः किमु दुग्धसिन्धुपयसां सर्वानुवादः किमु ॥ ४८ ॥ कर्पूरन्ति सुधाद्रवन्ति कमलाहासन्ति हंसन्ति च प्रालेयन्ति हिमालयन्ति करकासारन्ति हारन्ति च । त्रैलोक्याङ्गनरङ्गलङ्घिमगतिप्रागल्भ्यसंभाविताः शीतांशोः किरणच्छटा इव जयन्त्येतर्हि तत्कीर्तयः ॥ ४९ ॥ किं चित्रं भुवनानि पावयति यद्यद्याहितानां यशो हंसान्मज्जयति प्रतापदहनं निर्वापयत्याशु यत् । आश्चर्यं नृपनायकस्य भवतो यत्कीर्तिमन्दाकिनी तानारोहति भूधराञ्जलनिधीनुल्लङ्घ्य गच्छत्यपि ॥ ५० ॥ अर्धाङ्गाहितपौर्वकीर्तिवनितादीव्यत्सितांशुप्रभं कैलासीकृतदिक्करीन्द्रशिरसि न्यस्तस्वपादाम्बुजम् । विश्वव्याप्यविनाशि शंकरपदं यायात्त्वदीयं यशो न स्यादस्य यदि क्षितीश भवतो दानादिकेभ्यो जनिः ॥ ५१ ॥ कृत्वा मेरुमुलूखलं प्रहसता वृन्देन दिग्योषितां स्वर्गङ्गामुसलेन शालय इव त्वत्कीर्तयः कण्डिताः । तासां राशिरसौ तुषारशिखरी तारागणास्तत्कणाः किं चान्यच्छशिखण्डशूर्पविसरज्योत्स्नाश्च तत्पांसवः ॥ ५२ ॥ कैलासीयति कैरवीयति लसत्कर्पूरपुञ्जीयति क्षीरोदीयति मौक्तिकीयति नभोगङ्गातरङ्गीयति । हंसौधीयति मानसीयति शरन्मेघीयति क्षोणिभृन्नाथीयत्यमृतीयति क्षितितले देव त्वदीयं यशः ॥ ५३ ॥ गङ्गीयत्यसितापगा फणिगणं शेषीयति श्रीपतिः श्रीकण्ठीयति कैरवीयति कुलं नीलोत्पलानां वने । कर्पूरीयति कज्जलं पिककुलं लीलामरालीयति स्वःकुम्भीयति कुम्भिनामपि घटा त्वत्कीर्तिसंघट्टतः ॥ ५४ ॥ पूर्णेन्दुः करकन्दुको हिमगिरिः क्रिडाविहारस्थली क्षीराब्धिर्गृहदीर्घिका प्रियसखी वाचां पतिर्देवता । शय्या दिग्गजराजदन्तवलभी त्वत्कीर्तिकन्याकृते पाञ्चालीमिथुनं व्यधायि विधिना गौरीगिरीशावपि ॥ ५५ ॥ शत्रुक्षत्रकलत्रनेत्रसलिलैर्जम्बालजालस्पृशि भ्रान्त्वा भूपतिभालभूषण भवत्कीर्तिर्भुवो मण्डले । यद्यान्ती विबुधालयं प्रति सुधाकुण्डे सुधांशोर्व्यधादङ्घ्रिक्षालनमित्ययं किल मलस्तस्मिन्गतः स्मेरताम् ॥ ५६ ॥ एतत्कीर्तिविवर्तधौतनिखिलत्रैलोक्यनिर्वासितैर्विश्रान्तिः कलिता कथासु जरतां श्यामैः समग्रैरपि । जज्ञे कीर्तिमयादहो भयभरैरस्मादकीर्तिः पुनः सा यन्नास्य कथापथेऽपि मलिनच्छाया बबन्ध स्थितिम् ॥ ५७ ॥ त्वत्तेजःप्रतिभाभयादपसृताः प्रत्यर्थिभूभृत्स्त्रियाः कान्तारे घनकण्टकिद्रुमवनव्यस्तप्रयुक्ताम्बराः । आर्याणां पुरतस्त्रपापरवशा गच्छेयुरेताः कथं क्षौमाकारतया न चेत्परिणमेत्तत्तावकीनं यशः ॥ ५८ ॥ चन्द्रश्चन्दनमिन्दुरिन्दुरमणं पीयूषमीशादयो विश्वस्योपकृतावनेन महता ते तेऽवतारा धृताः । एतद्यत्र

१ संनद्धम्. २ कैलासस्य. ३ कैलासादपि शुभ्रम्. ४ रूपान्तरम्. ५ सर्वस्यापि पुनरुक्तिः.

१ जले. 'जीवनं भुवनं वनं' इति कोशः. २ ऐरावणमिवाचरति. ३ हस्तिनाम्. ४ सरस्वती. ५ त्वत्कीर्तिरेव कन्या तदर्थम्. ६ पुत्रिकायुगलम्. ७ वैरिराजः. ८ कर्दमः. ९ अत्रायं भावः—यच्चन्द्रान्तः कालुष्यमवलोक्यते तत्पङ्किलभूभ्रमणेन कर्दमाङ्कितचरणया त्वत्कीर्त्या चन्द्रामृतकुण्डे स्वमलिनपादक्षालनतो जनितमिति. अन्योऽपि हि यो देवतालयं याति स जलपूर्णकुण्डे चरणौ प्रक्षाल्य याति तथेयमपीति. १० विलासैः. ११ निष्कासितैः. १२ वृद्धानाम्. १३ श्यामवस्तुभिः.

न विद्यते त्रिभुवने न स्थानमेवंविधं जाने जङ्गमपारिजातसगुणं ब्रह्मेव पूर्वं यशः ॥ ५९ ॥ चन्द्राद्रूप्यकमण्डलोः समुदयद्गौरांशुगङ्गाजलैर्ज्योत्स्नाचन्दनचर्चनैर्विकसितैस्ताराप्रसूनैरपि । एतद्विष्णुपदं किमश्चति भवत्कीर्तिर्महायोगिनी पूजामूर्तिविधायि लक्ष्म तुलसीदाम्ना कदान्विष्यति ॥ ६० ॥

गङ्गासागरसंगमे कृतशतस्नाना बदर्याश्रमे स्थित्वासौ परिधाय तद्गुणमयं श्वेतं दुकूलं पुनः । ब्राह्मं वैष्णवमैन्द्रमैश्वरमपि स्थानं स्पृशन्ती मुहुः कीर्तिस्ते पतिदेवता युगशतं दीर्घायुराकाङ्क्षति ॥ ६१ ॥ अर्घायाम्बुधिरिन्दुमण्डलमपि श्रीचन्दनं तण्डुलास्तारा बिल्वदलं नभः सुरधुनी धूपः प्रदीपो रविः । खेटाः पञ्चफलानि किंच ककुभस्ताम्बूलमारार्तिकं मेरुः श्रीजगतीपते तव यशोयागेश्वरस्यार्चने ॥६२॥ देव क्षीरसमुद्रसान्द्रलहरीलावण्यलक्ष्मीमुषस्त्वत्कीर्तेस्तुलनां कलङ्कमलिनो धत्ते कथं चन्द्रमाः । स्यादेवं त्वदरातिसौधवलभीप्रोद्भूतदूर्वाङ्कुरग्रासव्यग्रमतिः पतेद्यदि पुनस्तस्याङ्कशायी मृगः ॥ ६३ ॥ भोगीन्द्रः प्रमदोत्तरङ्गमुरगीसंगीतगोष्ठीषु ते कीर्तिं देव शृणोतु विंशतिशती यच्चक्षुषां वर्तते । रक्ताभिः सुरसुन्दरीभिरभितो गीतं च कर्णद्वयीदुःस्थः श्रोष्यति नाम किं स हि सहस्राक्षो न चक्षुःश्रवाः ॥६४॥ गीयन्ते यदि पन्नगीभिरनिशं त्वत्कीर्तयस्तद्वयं तुष्टा एव परंतु चेतसि चमत्कारोऽयमारोहति । तासां तादृशभावभङ्गचलनासंस्थानसंदर्शिनि व्यालेन्द्रेऽप्यवधूतमूर्धनि महीचक्रं पुनर्भ्राम्यति ॥ ६५ ॥ यद्गन्धद्विपदानवारिभिरभूत्सञ्जातभूः पङ्किला तस्यां वैरिकरीन्द्रमौक्तिकमयं बीजं च येनाहितम् । तस्मात्प्रादुरभूद्यशस्तरुरयं तस्योद्गताः कोरकास्तारास्तेषु च पूर्णचन्द्रकपटादेकैक उज्जृम्भते ॥ ६६ ॥ यत्कीर्तिर्वलयं भुवः सुविमलं संपाद्य संचारतः क्रान्त्वा मेरुगिरिं विधाय सरितांनाथस्य सख्यं दृढम् । आराध्यामृतभानुशेखरमलं संपाद्य तद्रूपतां गच्छन्ती त्रिदशालयं द्रुतगतिः शीतांशुना स्पर्धते ॥ ६७ ॥ शैलूषी तव कीर्तिरद्भुतकरी दृष्ट्वा समस्ता दिशो मेरुं वंशवरं परीत्य परितस्तूर्णं समारुह्य तम् । भ्राम्यन्ती परितः प्रनर्तिततनुर्मुक्तावलीमौक्तिकैस्ताराभिस्तरलीकरोति गगनं भूमण्डलाखण्डल ॥६८॥ त्वत्कीर्तिः शशिनः समीपमगमत्कान्तिप्रतिस्पर्धया दृष्ट्वा तं च कलङ्किनं पुनरसौ स्नातुं जगामाम्बुधिम् । श्रुत्वा तं च घटोद्भवेन मुनिना पीतोज्झितं तत्पयः पुण्यं ब्रह्मकमण्डलुं कलयितुं ब्रह्माण्डमन्यं ययौ ॥ ६९ ॥ कैलासीयति केतकीयति हसत्कुन्दीयति प्रोच्छलत्क्षीरोदीयति चन्दनीयति लसत्कर्पूरपूरीयति । पीयूषीयति शर्करीयति शरच्चन्द्रीयति क्ष्मापते स्वर्गङ्गीयति शंकरीयति भवत्कीर्तिः करीन्द्रीयति ॥ ७० ॥ विश्वासो भवता यशस्यपि निजे कार्यो न शौर्याधिके मा कोशादिवशान्नपुंसकमिति ज्ञात्वावहेलां कृथाः । यज्जङ्गालधुरंधरेण धरणीनाथ द्विधा कुर्वता ब्रह्माण्डं विदधेऽमुना भवदरिक्षोणीभुजां निर्गमः ॥ ७१ ॥ रिङ्गत्तुङ्गतरङ्गसुन्दरसुधासिन्धुं तरत्युज्ज्वला रागाच्छर्वपुरःसरानमिसभं देवान्मुदालिङ्गति । कूराहीश्वरमाश्लिषत्यधिगृहं याति ध्रुवं भूपते साध्वीशब्दरता तथापि कुतुकं कीर्तिः प्रभक्ता क्षितौ ॥ ७२ ॥ कस्तूरी सितिमानमागतवती शौक्ल्यं गताः कुन्तला नीलं चोलमभूत्सितं धवलिमा जातो मणीनां गणे । ध्वान्तं शान्तमभूत्समं नरपते त्वत्कीर्तिचन्द्रोदये त्रैलोक्येऽप्यभिसारसाहसरसः शान्तः कुरङ्गीदृशाम् ॥ ७३ ॥ स्नातुं वाञ्छसि किं मुधैव धवलक्षीरोदपूरोदरच्छायाहारिणि वारिणि द्युसरितो दिक्पूरविस्तारिणि । आस्ते ते कलिकालकल्मषमषीप्रक्षालनैकक्षमा कीर्तिः संनिहितैव सप्तभुवनस्वच्छन्दमन्दाकिनी ॥ ७४ ॥ क्षीरोदीयन्ति सद्यः सकलजलधयो वासुकीयन्ति नागाः कैलासीयन्ति शैला दिवि च दिविषदः शंकरीयन्ति सर्वे । यौष्माकीणे समन्तात्प्रचलति धवले चारुकीर्तिप्रताने मद्योषाकाचभूषाः किमिति न सहसा मौक्तिकीयन्ति देव॥७५॥ उद्यद्वालाङ्कुरश्रीर्दिशि दिशि दशनैरेभिराशागजानां रोहन्मूलासुगौरैरुरगपतिफणैरत्र पातालकुक्षौ । अस्मिन्नाकाशदेशे विकसितकुसुमा राशिभिस्तारकाणां नाथ त्वत्कीर्तिवल्ली फलति फलमिदं बिम्बमिन्दोः सुधाब्धिम् ॥ ७६ ॥ वापी पातालमूलं जलमुरगनदी कच्छपः स्वच्छकन्दः शेषो नालं दलानां विततिरपि फणाः कर्णिका शैवशैलः । तारास्ताराः परागा मधु च मधुमती केसरा दन्तिदन्तास्तस्मिंस्त्वत्कीर्तिपद्मे भ्रमति मधुकरः शर्वरीसार्वभौमः ॥ ७७ ॥ नेपालीनामराले विरचयति कचे केतकीपत्रकृत्यं कण्ठे मुक्ताकलापाद्द्विगुणयति सितान्पाण्ड्यसीमन्तिनीनाम् । कर्णे कर्णाटिकानां प्रकटयतितमां दन्तताटङ्कलक्ष्मीं कार्पूरी पत्रवल्ली भवति तव यशो गण्डयोः केरलीनाम् ॥ ७८ ॥ लग्नं रागावृताङ्ग्या सुदृढमिह ययैवासि यष्ट्यारिकण्ठे मातङ्गानामपीहोपरि परपुरुषैर्या च दृष्टा पतन्ती । तत्सक्तोऽयं न किंचिद्गणयति विदितं तेऽस्तु तेनास्मि दत्ता भृत्येभ्यः श्रीनियोगाद्गदितुमिति गतेवाम्बुधिं यस्य कीर्तिः

---

१ यशोरूपस्य यागेश्वरस्य शिवस्य.

॥ ७९ ॥ शक्तिर्निस्त्रिंशजेयं तव भुजयुगले नाथ दोषाकर-
श्रीर्वक्त्रे पार्श्वे तथैषा प्रतिवसति महाकुट्टनी खड्गयष्टिः।
आज्ञेयं सर्वगा ते विलसति च पुनः किं मया वृद्धया
ते प्रोच्येवेत्थं प्रकोपाच्छशिकरसितया यस्य कीर्त्या प्रया-
तम् ॥ ८० ॥ अन्तः संतोषबाष्पैः स्थगयति[1] न दृशास्ता[2]-
भिराकर्णयिष्यन्नङ्गेनानस्तिलोमा[3] रचयति पुलकश्रेणिमान-
न्दकन्दाम्। न क्षोणीभङ्गभीरुः कलयति च शिरःकम्पनं
तन्न विद्मः शृण्वन्नेतस्य कीर्तीः कथमुरगपतिः प्रीतिमावि-
ष्करोति ॥ ८१ ॥ यावत्पौलस्त्य[4]वास्तूभवदुर्[5]भयहरिल्लोमरे-
खोत्तरीये सेतुप्रालेयशैलौ चरति नरपतेस्तावदेतस्य कीर्तिः।
यावत्[6]प्राक्प्रत्यगाशापरिवृढनगरारम्भणस्तम्भमुद्रावद्री[7] संध्या-
पताकारुचिरचितशिखाशोणशोभावुभौ च ॥ ८२ ॥ आस्ते
[8]दामोदरीयामियमुदरदरीं याधिशय्य त्रिलोकी संमातु श-
क्तिमन्ति [9]प्रथिमभरवशादत्र नैतद्यशांसि। तामेतां पूर-
यित्वा निरगुरिव [10]मधुध्वंसिनः [11]पाण्डुपद्मच्छद्मापन्नानि तानि
द्विपदशनसनाभीनि नाभीपथेन ॥ ८३ ॥ देव ब्रह्माण्ड-
भाण्डे सदसि विकसितन्यायनान्दीनिनादैर्भूतेशप्रीतिहेतो-
र्भुवनधवलनं नाटकं नाटयन्त्याः। त्वत्कीर्तेर्मूर्तयोऽमी कुमु-
दकुमुदिनीकान्तकर्पूरकुन्दक्षीराब्धिक्षीरमुक्तामणिविबुधसरि-
त्तारकाशेषशङ्खाः ॥ ८४ ॥ बीजं चेदिन्द्रदन्तिस्फुरितगलत-
टीमुक्तमुक्तामणिः स्याच्चन्द्रश्चेदालवालं यदि भवति सुधा-
वारिसेकीन्दुमौलिः। तत्रोत्पन्ना लता काप्यमृतकरनिभं चे-
त्प्रसूनं प्रसूते मन्ये तत्स्यात्तदानीमवनिधव भवत्कीर्तिलेशो-
पमार्थम् ॥ ८५ ॥ दुग्धाम्भोधावगाधे विहरति सुधया
क्षालयत्यङ्घ्रियुग्मं कृत्स्नां ज्योत्स्नां दुकूलं कलयति मलयो-
द्भूतचर्चां तनोति। स्वच्छन्दं नृत्यति द्राग्भुजगपतिशिरस्येव
निद्राति चन्द्रे त्वत्कीर्तिः स्वामिनीव त्रिजगति विहरत्येवमु-
र्वीश गुर्वी ॥ ८६ ॥ स्वर्गे कल्पद्रुमाधस्तव जयति यशः-
पुञ्जयागेश्वरोऽयं यं नित्यं देवराजः स्नपयति नियतः काम-
धुग्दुग्धपूरैः। यन्मौलौ बिल्वपत्रद्युतिमिदममलं व्योम धत्ते-
ऽतिनीलं चन्द्रः पाटीरपङ्कं तदुपरि ललितास्तारकास्तण्डु-
लानि ॥ ८७ ॥ यत्कीर्तिः कापि गङ्गाखिलमलनिचयं ना-
शयन्ती गभीरं क्षीराब्धिं यत्प्रतापज्वलनकरगणैः शोषितं
पूरयन्ती। भूलोकस्यान्तरालस्फुरदतुलमहादुःखपापौघपङ्कं
भूयः प्रक्षालयन्ती त्रिजगति महिता सौख्यमाविष्करोति
॥ ८८ ॥ तुङ्गब्रह्माण्डसिंहासनमिदमुदयच्चित्रमध्यास्य नित्य-
न्यञ्चद्दिव्यस्रवन्तीसितचमरचयं लालयन्दिग्वधूभिः। राका-
चन्द्रातपत्रं दिनकरमुकुटं ग्राहयँल्लोकपालान्निर्जित्यैन्द्रं क-
रीन्द्रं तव जयति यशश्चक्रवर्ती बघेल ॥ ८९ ॥ कालि-
न्दीनर्मदाम्भःस्रुतमदसलिलोत्सङ्गिनौ पुष्पवन्तौ बिभ्राणः
कुम्भयुग्मं गगनतलगतः स्वर्धुनीपूरशुण्डः। घण्टालः
साधुवादैरनभिमतयशोमृन्मलं संदधानः कीर्तिस्तोमाभ्र-
कुम्भी जगदुदरसरःसंभ्रमी बम्भ्रमीति ॥ ९० ॥ स्फूर्ज-
द्ब्रह्माण्डशुक्तौ तव भुजजलदोद्दामदानौघवर्षप्रोद्यत्त्वत्कीर्ति-
मुक्ताफलममलमहो वामकर्णे निधाय। अन्यं तेनैव तुल्यं
धरणिधरसुता प्रार्थयामास पत्यौ तस्यालाभेन मन्ये प्रभुरपि
जगतामर्धनारीश्वरोऽभूत् ॥ ९१ ॥

कीर्तिप्रतापौ।

रात्रौ रवेर्दिवा चेन्दोरभावादिव स प्रभुः। भूमौ प्रता-
पयशसी सृष्टवान्सततोदिते[1] ॥ १ ॥ मलिनयितुं खलवदनं
विमलयति जगन्ति देव कीर्तिस्ते। मित्राह्लादं[2] कर्तुं मित्राय[3]
द्रुह्यति प्रतापोऽपि ॥ २ ॥ सिन्दूरं सीमन्तात्स्मितं मुखा-
द्वैरिराजवनितानाम्। यस्य प्रतापयशसी हरतः स्म सद्ट-
ग्गुणासहने ॥ ३ ॥ तदोजसस्तद्यशसः स्थिताविमौ वृथेति
चित्ते कुरुते यदा यदा। तनोति भानोः परिवेष[4]कैतवा[5]त्तदा
विधिः [6]कुण्डलनां विधोरपि ॥ ४ ॥ कीर्त्यास्य चन्द्रकरको-
मलयातिशुभ्रं शोणं नवार्ककिरणप्रतिमप्रतापैः। श्यामद्युति
द्विषदकीर्तिमषीभिरित्थं चित्रं तदाम्बरमराजत दिग्वधू-
नाम् ॥ ५ ॥ क्षितिप किमपि चित्रं जागरूकेऽपि युष्म-
द्यशसि शशिकदम्बे त्वत्प्रतापेऽर्कबिम्बे। नयनकुवलयानि
त्वद्विषत्कामिनीनामपि च वदनपद्मान्याशु यत्संकुचन्ति॥६॥
गुणागारे गौरे यशसि परिपूर्णे विलसति प्रतापो वा
भिन्नान्दहति तव भूमीन्द्रतिलक। नवैव द्रव्याणीत्यकथ-
यदहो मूढतमधीश्चतुर्धा तेजोऽपि व्यभजत कणादः
कथमसौ ॥ ७ ॥ कीर्तिस्वर्गतरङ्गिणीभिरभितो वैकुण्ठमाप्ला-
वितं क्षोणीनाथ तव प्रतापतपनैः संतापितः क्षीरधिः।
इत्येवं दयितायुगेन हरिणा त्वं याचितः स्वाश्रयं हृत्पद्मं
हरये श्रिये स्वभवनं कण्ठं गिरे दत्तवान् ॥ ८ ॥
भूशक्रस्य यशांसि विक्रमभरेणोपार्जितानि क्रमादेतस्य स्तुमहे

---

१ आच्छादयति. २ दृग्भिः. ३ अविद्यमानलोमा. ४ बिभीषणवैश्रवणयोः. ५ दक्षिणोत्तरदेशावित्यर्थः ६ प्रभू. इन्द्रवरुणावित्यर्थः. ७ उदयास्तशैलावित्यर्थः. ८ वैष्णवीम्. ९ महिमातिशयवशात्. १० विष्णोः. ११ नाभिपुण्डरीकव्याजापन्नानि.

१ सूर्याचन्द्रमसौ. २ सुहृत्. ३ सूर्याय. ४ परिधि. ५. छलात्. ६ कुण्डलना वैयर्थ्यसूचिकां रेखावेष्टनाम्.

महेभदशनस्पर्धीनि कैरक्षरैः । लिम्पद्भिः[1] कृतकं[2] कृतोऽपि रजतं राज्ञां यशःपारदैरस्य स्वर्णगिरिः प्रतापदहनैः[3] स्वर्णं पुनर्निर्मितः ॥ ९ ॥

राज्याधिकारगर्हणम् ।

परैः संभुज्यते राज्यं स्वयं पापस्य भाजनम् । धर्मातिक्रमतो राजा सिंहो हस्तिवधादिव ॥ १ ॥ औत्सुक्यमात्रमवसादयति[4] प्रतिष्ठा[5] क्लिश्नाति लब्धपरिपालनवृत्तिरेव । नातिश्रमापनयनाय यथा श्रमाय राज्यं स्वहस्तधृतदण्डमिवातपत्रम् ॥ २ ॥ परार्थानुष्ठाने जडयति नृपं स्वार्थपरता परित्यक्तस्वार्थो नियतमयथार्थः क्षितिपतिः । परार्थश्चेत्स्वार्थादभिमततरो हन्त परवान्परायत्तः प्रीतेः कथमिव रसं वेत्तु पुरुषः ॥ ३ ॥ भयं तावत्सेव्यादभिनिविशते सेवकजनं ततः प्रत्यासन्नाद्[6] भवति हृदयेष्वेव निहितम् । अतोऽध्यारूढानां[7] पदमसुजनद्वेषजननं[8] मतिः सोच्छ्रायाणां[9] पतनमनुकूलं[10] कलयति ॥ ४ ॥ छन्नं[11] कार्यमुपक्षिपन्ति पुरुषा[12] न्यायेन दूरीकृतं स्वान्दोषान्कथयन्ति नाधिकरणे रागाभिभूताः स्वयम् । तैः पक्षापरपक्षवर्धितबलैर्दोषैर्नृपः स्पृश्यते संक्षेपादपवाद एव सुलभो द्रष्टुर्गुणो दूरतः ॥ ५ ॥

राजसेवकः ।

राजसेवा मनुष्याणामसिधारा[13]वलेहनम्[14] । व्याघ्रीगात्रपरिष्वङ्गो व्याली[15]वदनचुम्बनम् ॥ १ ॥ संपत्तयः पराधीनाः सदा चित्तमनिर्वृतम् । स्वजीवितेऽप्यविश्वासस्तेषां ये राजसेवकाः ॥ २ ॥ अन्तःपुराणां विहितव्यवस्थः पदे पदेऽहं स्खलितानि रक्षन् । जरातुरः संप्रति दण्डनीत्या सर्वं नृपस्यानुकरोमि वृत्तम् ॥ ३ ॥ अशुभपुषि कलावप्यप्रमत्ता स्वधर्मादनुदिनमुपकारानाचरन्ते बुधानाम् । बहुजनपरिपुष्टा बद्धदीक्षास्त एते तनुसुखमपि हित्वा तन्वते राजसेवाम् ॥ ४ ॥ नैषां संध्याविधिरविकलो नाच्युतार्चापि साङ्गा न स्वे काले हवननियमो नापि वेदार्थचिन्ता । न क्षुद्वेलानियतमशनं नापि निद्रावकाशो न द्वौ लोकावपि तनुभृतां राजसेवापराणाम् ॥ ५ ॥ सर्वः कल्ये[16] वयसि यतते लब्धुमर्थान्कुटुम्बी पश्चात्पुत्रैरुपहितभरः कल्पते[17] विश्रमाय । अस्माकं तु प्रतिदिनमियं सादयन्ती प्रतिष्ठां सेवाकाकुः परिणतिरभूत्स्त्रीषु कष्टोऽधिकारः ॥ ६ ॥ नोच्चैः सत्यपि चक्षुषीक्षितुमलं श्रुत्वापि नाकर्णितं शक्तेनाप्यधिकार इत्यधिकृता यष्टिः समालम्ब्यते । सर्वत्र स्खलितेषु दत्तमनसा यातं मया नोद्धतं सेवास्वीकृतजीवितस्य जरसा किं नाम यन्मे कृतम् ॥ ७ ॥ भेतव्यं नृपतेस्ततः सचिवतो राज्ञस्ततो वल्लभादन्येभ्यश्च भवन्ति येऽस्य भवने लब्धप्रसादा विटाः । दैन्यादुन्मुखदर्शनापलपनैः पिण्डार्थमायस्यतः सेवां लाघवकारिणीं कृतधियः स्थाने श्ववृत्तिं विदुः ॥ ८ ॥ अप्राज्ञेन च कातरेण च गुणः स्याद्भक्तियुक्तेन कः प्रज्ञाविक्रमशालिनोऽपि हि भवेत्किं भक्तिहीनात्फलम् । प्रज्ञाविक्रमभक्तयः समुदिता येषां गुणा भूतये ते भृत्या नृपतेः कलत्रमितरे संपत्सु चापत्सु च ॥ ९ ॥

रथवेगवर्णनम् ।

आलिङ्गन्तो वसुधां निजखुरदलितामिवानुनेतुममी । वदनविनिर्गतचरणा इव लक्ष्यन्ते जवादश्वाः ॥ १ ॥ उद्धूतपांसुपटलानुमितप्रबन्धधावत्खुराग्रचयचुम्बितभूमिभागाः । निर्मथ्यमानजलधिध्वनिघोरघोषमेते रथं गगनसीम्नि वहन्ति वाहाः ॥ २ ॥ मुक्तेषु रश्मिषु निरायतपूर्वकाया निष्कम्पचामरशिखा निभृतोर्ध्वकर्णाः । वातोद्धतैरपि रजोभिरलङ्घनीया धावन्त्यमी मृगजवाक्षमयेव रथ्याः ॥ ३ ॥ यदालोके सूक्ष्मं व्रजति सहसा तद्विपुलतां यदन्तर्विच्छिन्नं भवति कृतसंधानमिव तत् । प्रकृत्या यद्वक्रं तदपि समरेखं नयनयोर्न मे दूरे किंचित्क्षणमपि न पार्श्वे रथजवात् ॥ ४ ॥ विच्छिन्ना रथचक्रपद्धतिरियं हेलाप्लुतैर्वाजिनामायान्तीव जवेन संमुखममी मार्गस्थिताः शाखिनः । खेदं पादतलाहतेरिव पुरो गन्तुं गतो नेहते पादानामनुकूलमारुतभरोद्भूतोऽपि धूलिव्रजः ॥ ५ ॥ अग्रे यान्ति रथस्य रेणुपदमी चूर्णीभवन्तो घनाश्चक्रभ्रान्तिररान्तरेषु जनयत्यन्यामिवारावलिम् । चित्रन्यस्तमिवाचलं हयशिरस्यायामवच्चामरं यष्ट्यग्रे च समं स्थितो ध्वजपटः प्रान्ते च वेगानिलात् ॥ ६ ॥

समुद्रवर्णनम् ।

साक्षात्किलाष्टमूर्तेस्तस्यैषा मूर्तिरम्मयी प्रथमा । गीतः सागर इति नृभिरपरिच्छेद्यात्मगाम्भीर्यः ॥ १ ॥ लक्ष्मीरस्य हि यादः कृष्णोरःस्थापि सुभटभुजवसतिः । इन्दुः स च मृडचूडामणिरपि जगतामलंकारः ॥ २ ॥ आश्लिष्टभूमिं रसितारमुच्चैर्लोलद्भुजाकारबृहत्तरङ्गम् । फेनायमानं पतिमाप-

---

१ रश्मिभिः. २ कृत्रिमम्. ३ रसलिप्तसुवर्णं रजतसुवर्णं भवति, तत्पुनरग्निदाहात्प्रकृतिस्थं भवतीति प्रसिद्धमेव. ४ नाशयति. ५ गुरुता. ६ निकटस्थायिजनात्. ७ अतिशयप्राप्तमहिम्नाम्. ८ दुर्जनस्य. ९ उन्नतानाम्. १० नियतम्. ११ सत्यमप्यसत्येनासत्यमपि सत्येन चावृतम्. १२ अर्थिप्रत्यर्थिप्रभृतयः. १३ खड्गधारा. १४ जिह्वया घट्टनम्. १५ सर्पिणी. १६ प्रथमे. १७ योग्यो भवति.

गानामसावपस्मारिणमाशशङ्के ॥ ३ ॥ नाभिप्रभिन्नाम्बुरुहासनेन संस्तूयमानः प्रथमेन धात्रा । अमुं युगान्तोचितयोगनिद्रः संहृत्य लोकान्पुरुषोऽधिशेते ॥ ४ ॥ स्वादेव तोयममृतप्रकृतिर्यदि स्यान्नैकान्तमद्भुतमिदं पुनरद्भुतं नः । लक्ष्मीतुषारकरकौस्तुभपारिजातधन्वन्तरिप्रभृतयो यदपां विवर्तः ॥ ५ ॥ आकण्ठदष्टशिरसाप्यभिभाव्यपृष्ठपार्श्वोदरेण चिरमूर्मिभिरुपास्यमानः । नाभीसरोरुहजुषा चतुराननेन शेते किलात्र भगवानरविन्दनाभः ॥ ६ ॥

पर्वतवर्णनम् ।

अयमतिजरठाः प्रकामगुर्वीरलघुविलम्बिपयोधरोपरुद्धाः । सततमसुमतामगम्यरूपाः परिणतदिक्करिकास्तटीर्बिभर्ति ॥ १ ॥ अयमभिनवमेघश्यामलोत्तुङ्गसानुर्मदमुखरमयूरीमुक्तसंसक्तकेकः । शकुनिशबलनीडानोकहस्निग्धवर्ष्मा वितरति बृहदश्मा पर्वतः प्रीतिमक्ष्णोः ॥ २ ॥ दधति कुहरभाजामत्र भल्लूकयूनामनुरसितगुरूणि स्त्यानमम्बूकृतानि । शिशिरकटुकषायः स्त्यायते सल्लकीनामिभदलितविकीर्णग्रन्थिनिष्यन्दगन्धः ॥ ३ ॥ इह समदशकुन्ताक्रान्तवानीरवीरुत्प्रसवसुरभिशीतस्वच्छतोया वहन्ति । फलभरपरिणामश्यामजम्बूनिकुञ्जस्खलनमुखरभूरिस्रोतसो निर्झरिण्यः ॥ ४ ॥ एते ते गिरिकूटसंघटशिलासंघट्टशीर्णाम्भसः प्रेङ्खच्चामरचारुसीकरकणस्मेरा दरीनिर्झराः । यत्पातेषु निकुञ्जकुञ्जरमुखभ्रश्यन्मृणालाङ्कुरग्रासोद्ग्रन्थितटं रटन्ति परितः कण्ठीरवा भैरवम् ॥ ५ ॥

सरोवर्णनम् ।

नेत्रैरिवोत्पलैः पद्मैर्मुखैरिव सरःश्रियः । पदे पदे विभान्ति स्म चक्रवाकैः स्तनैरिव ॥ १ ॥

वनश्रीवर्णनम् ।

नीपस्कन्धे निवसति लसद्बर्हभारो मयूरो दीर्घापाङ्गश्चरति च तृणं शाद्वलेऽयं कुरंगः । कुम्भेनोच्चैः स्पृशति विटपे सल्लकीं कुञ्जरोऽसौ कस्मै नायं कमलनयने रोचतेऽरण्यभागः ॥ १ ॥ हरिणचरणक्षुण्णोपान्ताः सशाद्वलनिर्झराः कुसुमललितैर्विष्वग्वातैस्तरङ्गितपादपाः । विविधविहगश्रेणीचित्रध्वनिप्रतिनादिता मनसि न मुदं केषां दध्युः शिवा वनभूमयः ॥ २ ॥ वानीरप्रसवैर्निकुञ्जसरितामासक्तवासं पयः पर्यन्तेषु च यूथिकासुमनसामुज्जृम्भितं जालकैः । उन्मीलत्कुटजप्रहासिषु गिरेरालम्ब्य सानूनितः प्राग्भारेषु शिखण्डिताण्डवविधौ मेघैर्वितानायते ॥ ३ ॥ जृम्भार्जर्जरडिम्बडम्बरघनश्रीमत्कदम्बद्रुमाः शैलाभोगभुवो भवन्ति ककुभः कादम्बिनीश्यामलाः । उद्यत्कन्दलकान्तकेतकभृतः कच्छाः सरित्स्रोतसामाविर्भूतशिलीन्ध्रलोध्रकुसुमस्मेरा वनानां ततिः ॥ ४ ॥ निष्कूजस्तिमिताः क्वचित्क्वचिदपि प्रोच्चण्डसत्त्वस्वनाः स्वेच्छासुप्तगभीरभोगभुजगश्वासप्रदीप्ताग्नयः । सीमानः प्रदरोदरेषु विलसत्स्वल्पाम्भसो यास्वयं तृष्यद्भिः प्रतिसूर्यकैरजगरस्वेदद्रवः पीयते ॥ ५ ॥ वृन्तैः क्षुद्रप्रवालस्थगितमिव तलं भाति शेफालिकानां गन्धः सप्तच्छदानां सपदि गजमदामोदमोहं करोति । एते चोन्निद्रपद्मच्युतबहलरजःकायपिङ्गाङ्गरागा गायन्त्यत्राप्यवाचः किमपि मधुलिहो वारुणीपानमत्ताः ॥ ६ ॥ श्रोत्रं हंसस्वनोऽयं सुखयति दयितानूपुराह्लादकारी दृष्टिप्रीतिं विधत्ते तटतरुविवरालक्षिता सौधमाला । गन्धेनाम्भोरुहाणां परिमलपटुना जायते घ्राणसौख्यं गात्राणां ह्लादमेते विदधति मरुतो वारिसंपर्कशीताः ॥ ७ ॥

मृगयावर्णनम् ।

निहत निहत तूर्णं धत्त धत्त त्वराभिर्मिलत मिलत के के कुत्र कुत्र प्रयान्ति । इत इत इत एते यान्ति यान्तीत्यरण्यादतुलकलकलश्रीः सर्वतः प्रादुरासीत् ॥ १ ॥ अनवरतधनुर्ज्यास्फालनक्रूरकर्मा रविकिरणसहिष्णुः स्वेदलेशैरभिन्नः । उपचितमपि गात्रं व्यायतत्वादलक्ष्यं गिरिचर इव नागः प्राणसारं बिभर्ति ॥ २ ॥ मार्गे देहि पदं निधेहि निभृतं तं शब्दमाकर्णय श्वानं वारय कन्दलात्कलकलः कोऽयं सखे तावकः । इत्यन्योन्यमनेकधा मृगवधव्यापारपारंगमैर्व्याधैः कोऽप्यधिको रसः प्रतिपदं जल्पद्भिरुत्पाद्यते ॥ ३ ॥

---

१ (गिरिपक्षे) कठिनाः; (वृद्धवेश्यापक्षे) जीर्णाः. २ मेघः (पक्षे) कुचाः. ३ परिणतास्तिर्यग्दन्तप्रहारिणो दिग्गजा यासु ताः; (पक्षे) परिणते प्रकटे दिक्करिके दिग्वर्तुलं दशनक्षतम्. करिका नखक्षतं यासां ताः. ४ मिलिताः. ५ कर्बुरैः. ६ पक्षिवासवृक्षाः. ७ शरीरम्. ८ विपुलशिलः. ९ गुहावासिनाम्. १० प्रतिरवेण स्थूलानि. ११ घनताम्. १२ सश्लेष्मकथूत्कारध्वनयः. १३ निबिडीभवति. १४ वृक्षभेदानाम्. १५ खण्डित. १६ विस्तीर्ण. १७ पर्व. १८ वेतसलतानाम्. १९ पुष्पैः. २० परिपाकेन.

१ लग्नसौरभम्. २ शिखरेषु. ३ विकासेन. ४ पृथग्भूतः. ५ गोलकः. ६ आडम्बरेण. ७ मेघमालाश्यामाः. ८ विकसितैः. ९ नवाङ्कुरैः. १० कूलानि. ११ निःशब्दतया गम्भीराः. १२ भीषणाः. १३ वनजन्तूनाम्. १४ भूविदारमध्येषु. १५ कृकलासैः.

क्ष्वेलातर्जितसिंहगर्जितभयभ्राम्यद्गजग्रामणीभीङ्कारद्रवदक्षद-
र्शनकृतभ्रूभङ्गशाखामृगम् । कुन्तक्षुण्णतरक्षुवक्त्रगलितक्षो-
णीनिषण्णार्भकघ्राणं व्यापृतरोहिताहितबहूकारं वनाभ्यन्त-
रम् ॥ ४ ॥ एष क्षुभ्नाति पङ्कं दलति कमलिनीमत्ति
गुन्द्राप्ररोहानारान्मुस्तास्थलानि स्थपुटयति जलान्युत्कसे-
तूनि याति । प्राप्तः प्राप्तः प्रविष्टो वनगहनमयं याति या-
तीति सैन्यैः पश्चादन्विष्यमाणः प्रविशति विषमान्काननाना-
न्तान्वराहः ॥ ५ ॥ आस्तीर्यन्तामुपान्ते वनवृतिनिपुणैर्जा-
लिकैर्जालबन्धा मुच्यन्तां शृङ्खलाभ्यः श्वगणिभिरटवीगह्वरे
सारमेयाः । आकीर्यन्तां स्थलानि श्रमशिथिलहयैः सादिभिः
पाशहस्तैर्व्याधूयन्तां कृतान्तैरिव महिषचरैर्दण्डिभिः कान-
नानि ॥ ६ ॥ शङ्कुव्याकीर्णरङ्कुद्रुतनिशितशरक्षुण्णदीव्यत्तर-
क्षुव्याघोषक्षुब्धकण्ठीरवरवचकितव्यस्तमातङ्गयूथम् । खड्ग-
व्यालूनकण्ठं तुमुलकलकलप्रान्तकूजच्छकुन्तं भल्लध्वस्ता-
च्छभल्लं वनभुवि मृगयाकर्म तेन प्रतेने ॥ ७ ॥

मृगयानिवृत्तिः ।

गाहन्तां महिषा निपानसलिलं शृङ्गैर्मुहुस्ताडितं छाया-
बद्धकदम्बकं मृगकुलं रोमन्थमभ्यस्यतु । विश्रब्धैः क्रियतां
वराहपतिभिर्मुस्ताक्षतिः पल्वले विश्रान्तिं लभतामिदं च
शिथिलज्याबन्धमस्मद्धनुः ॥ १ ॥

ऋष्याश्रमवर्णनम् ।

विष्वक्तपोवनकुमारसमर्प्यमाणश्यामाकतण्डुलहृतां च
पिपीलिकानाम् । श्रेणीभिराश्रमपथाः प्रथमानचित्रपत्रावली-
वलयिनो मुदमुद्वहन्ति ॥ १ ॥ व्याजृम्भमाणवदनस्य हरेः
करेण कर्षन्ति केसरसटाः कलभाः किलैके । अन्ये च के-
सरिकिशोरकपीतमुक्तं दुग्धं मृगेन्द्रवनितास्तनजं पिबन्ति
॥ २ ॥ मधुरमिव वदन्ति स्वागतं भृङ्गनादैर्नतिमिव फल-
नम्रैः कुर्वतेऽमी शिरोभिः । ननु ददत इवार्घं पुष्पवृष्टिं
किरन्तः कथमतिथिसपर्यां शिक्षिताः शाखिनोऽपि ॥ ३ ॥
नीपस्कन्धे कुहरिणि शुकाः स्वागतं व्याहरन्ति घ्राणग्राही
हरति हृदयं हव्यगन्धः समीरः । एता मृग्यः सलिलपुलि-
नोपान्तसंसक्तदर्भे पश्यन्त्योऽस्मान्सचकितदृशो निर्झराम्भः
पिबन्ति ॥ ४ ॥ कुल्याम्भोभिः पवनचपलैः शाखिनो धौ-
तमूला भिन्नो रागः किसलयरुचामाज्यधूमोद्गमेन । एते
चार्वागुपवनभुवि च्छिन्नदर्भाङ्कुरायां नष्टातङ्का हरिणशिशवो
मन्दमन्दं चरन्ति ॥ ५ ॥ रसालानामन्तर्मदकलरणत्को-
किलकुलं समन्तादुन्मीलद्बकुलमुकुलामोदभरितम् । घन-
स्निग्धच्छायं क्रमुककदलीशीतलतलं ननु प्रीतिं धत्ते नव-
मिदमृषेराश्रमपदम् ॥ ६ ॥ नीवाराः शुककोटरार्भकमुख-
भ्रष्टास्तरूणामधः प्रस्निग्धाः क्वचिदिङ्गुदीफलभिदः सूच्यन्त
एवोपलाः । विश्वासोपगमादभिन्नगतयः शब्दं सहन्ते मृगा-
स्तोयाधारपथाश्च वल्कलशिखानिष्यन्दरेखाङ्किताः ॥ ७ ॥
तत्तादृक्तृणपूलकोपनयनक्लेशाच्चिरद्वेषिभिर्मेध्या वत्सतरी वि-
हस्य बटुभिः सोल्लुण्ठमालभ्यते । अप्येष प्रतनूभवत्यति-
थिभिः सोच्छ्वासनासापुटैरापीतो मधुपर्कपाकसुरभिः प्राग्वंश-
जन्मानिलः ॥ ८ ॥ प्रत्यासन्नतुषारदीधितिकरक्लिश्यत्तमो-
वल्लरीकल्पाभिर्मखधूमवल्लिभिरमी संमीलितव्यञ्जनाः । श्वः
संचीवरयिष्यमाणबटुकव्याधौतशुष्यत्त्वचो निद्राणातिथयस्त-
पोवनगृहाः कुर्वन्ति नः कौतुकम् ॥ ९ ॥ नीवारौदनमं-
ण्डमुष्णमधुरं सद्यःप्रसूतप्रियापीतादप्यधिकं तपोवनमृगः
पर्याप्तमाचामति । गन्धेन स्फुरता मनागनुसृतो भक्तस्य
सर्पिष्मतः कर्कन्धूफलमिश्रशाकपचनामोदः परिस्तीर्यते ॥ १० ॥
आमूलं क्वचिदुद्धृता क्वचिदपि च्छिन्ना स्थली बर्हिषामानम्रा
कुसुमोच्चयाच्च सदयाकृष्टाग्रशाखा लता । एते पूर्वविलून-
वल्कलतया रूढव्रणाः शाखिनः सद्यश्छेदममी वदन्ति स-
मिधां प्रस्यन्दिनः पादपाः ॥ ११ ॥ वासोऽर्थे दययैव ना-
तिपृथवः कृत्तास्तरूणां त्वचो भग्नानेकजरत्कमण्डलु नभः-
स्वच्छं पयो नैर्झरम् । दृश्यन्ते त्रुटितोज्झिताश्च बटुभिर्मौ-
ञ्ज्यः क्वचिन्मेखला नित्याकर्णनया शुकेन च पदं साम्नामिदं
गीयते ॥ १२ ॥ क्रीडन्माणवकाङ्घ्रिताडनशतैरुज्जागरस्य
क्षणं शार्दूलस्य नखाङ्कुरेषु कुरुते कण्डूविनोदं मृगः । चञ्च्वच-
न्द्रशिखण्डितुण्डघटनानिर्मोकनिर्मोचितः किं चार्यं पिबति
प्रसुप्तनकुलश्वासानिलं पन्नगः ॥ १३ ॥ पक्वानि प्रच्यवन्ते
क्रमुकविटपिनामुच्छ्रितानां फलानि स्पन्दन्ते राजरम्भाः
फलभरनमिता वाति गन्दानिलेऽपि । संदृश्यन्ते विपाकच्यु-
तमधुरफलव्याप्तमूला रसाला भारेणामी फलानां युवतिकु-
चभरस्पर्धिनो नालिकेराः ॥ १४ ॥

राजनीतिः ।

राजा ॥ राजास्य जगतो वृद्धेर्हेतुर्वृद्धाभिसंगतः । नय-
नानन्दजननः शशाङ्क इव वारिधेः ॥ १ ॥ राजानं प्रथमं
विन्देत्ततो भार्यां ततो धनम् । राजन्यसति लोकेऽस्मिन्कुतो

१ विलोडयति. २ विमर्दयति. ३ विषमोन्नतानि करोति. ४ उत्काः संशयमारूढाः सेतवो येषां तानि. ५ अरण्यवेष्टनपटुभिः.

१ अग्ररसम्. २ पिबति. ३ अन्नस्य. ४ सघृतस्य. ५ कुशानाम्.

भार्या कुतो धनम् ॥ २ ॥ धार्मिकं पालनपरं सम्यक्परपुरंजयम् । राजानमभिमन्यन्ते प्रजापतिमिव प्रजाः ॥ ३ ॥ पर्जन्य इव भूतानामाधारः पृथिवीपतिः । विकलेऽपि हि पर्जन्ये जीव्यते न तु भूपतौ ॥ ४ ॥ सदानुरक्तप्रकृतिः प्रजापालनतत्परः । विनीतात्मा हि नृपतिर्भूयसीं श्रियमश्नुते ॥ ५ ॥ सर्वदेवमयो राजा मनुना संप्रकीर्तितः । तस्मात्तमेव सेवेत न व्यलीकेन कर्हिचित् ॥ ६ ॥ सर्वदेवमयस्यापि विशेषो भूपतेरयम् । शुभाशुभफलं सद्यो नृपाद्देवाद्भवान्तरे ॥ ७ ॥ बालोऽपि नावमन्तव्यो मनुष्य इति भूमिपः । महती देवता ह्येषा नररूपेण तिष्ठति ॥ ८ ॥ यस्य प्रसादे पद्मास्ते विजयश्च पराक्रमे । मृत्युश्च वसति क्रोधे सर्वतेजोमयो हि सः ॥ ९ ॥ अशुचिर्वचनाद्यस्य शुचिर्भवति पूरुषः । शुचिश्चैवाशुचिः सद्यः कथं राजा न दैवतम् ॥ १० ॥ निकटस्थं दहत्यग्निर्न तु दूरापसर्पितम् । कुलं दहति राजाग्निः सपशुद्रव्यबान्धवम् ॥ ११ ॥ पात्रे त्यागी गुणे रागी भोगी परिजनैः सह । भावबोद्धा रणे योद्धा प्रभुः पञ्चगुणो भवेत् ॥ १२ ॥ आक्षेपवचनं तस्य न वक्तव्यं कदाचन । अनुकूलं प्रियं चास्य वक्तव्यं जनसंसदि ॥ १३ ॥ इन्द्रात्प्रभुत्वं ज्वलनात्प्रतापं क्रोधो यमाद्वैश्रवणाच्च वित्तम् । पराक्रमं रामजनार्दनाभ्यामादाय राज्ञः क्रियते शरीरम् ॥ १४ ॥ उत्खातान्प्रतिरोपयन्कुसुमितांश्चिन्वंल्लघून्वर्धयन्नत्युच्चान्नमयन्नतान्समुदयन्विश्लेषयन्संहतान् । क्षुद्रान्कण्टकिनो बहिर्निरसयन्म्लानान्पुनः सेचयन्मालाकार इव प्रयोगनिपुणो राजा चिरं नन्दति ॥ १५ ॥

सभासदः ॥ धर्मशास्त्रार्थकुशलाः कुलीनाः सत्यवादिनः । समाः शत्रौ च मित्रे च नृपतेः स्युः सभासदः ॥ १६ ॥ श्रुत्यध्ययनसंपन्ना धर्मज्ञाः सत्यवादिनः । राज्ञा सभासदः कार्या रिपौ मित्रे च ये समाः ॥ १७ ॥

पुरोहितः ॥ वेदवेदाङ्गतत्त्वज्ञो जपहोमपरायणः । आशीर्वादपरो नित्यमेष राजपुरोहितः ॥ १८ ॥

धर्माध्यक्षः ॥ कुलशीलगुणोपेतः सर्वधर्मपरायणः । प्रवीणः प्रेषणाध्यक्षो धर्माध्यक्षो विधीयते ॥ १९ ॥

वैद्यः ॥ आयुर्वेदकृताभ्यासः सर्वेषां प्रियदर्शनः । आर्यशीलगुणोपेत एष वैद्यो विधीयते ॥ २० ॥

मन्त्री ॥ मन्त्रतन्त्रार्पितप्रीतिर्देशकालोचितस्थितिः । यश्च राज्ञि भवेद्भक्तः सोऽमात्यः पृथिवीपतेः ॥ २१ ॥ स ह्यमात्यः सदा श्रेयान्काकिनीं यः प्रवर्धयेत् । कोशः कोशवतः प्राणाः प्राणाः प्राणा न भूपतेः ॥ २२ ॥ कमण्डलूपमोऽमात्यस्तनुत्यागो बहुग्रहः । नृपतिः किंक्षणो मूर्खो दरिद्रः किंवराटकः ॥ २३ ॥ प्राप्तार्थग्रहणं द्रव्यपरिवर्तोऽनुरोधनम् । उपेक्षा बुद्धिहीनत्वं भोगोऽमात्यस्य दूषणम् ॥ २४ ॥ स्वदेशजं कुलाचारं विशुद्धमथवा शुचिम् । मन्त्रज्ञमव्यसनिनं व्यभिचारविवर्जितम् ॥ २५ ॥ अधीतव्यवहारज्ञं मौलं ख्यातं विपश्चितम् । अर्थस्योत्पादकं चैव विदध्यान्मन्त्रिणं नृपः ॥ २६ ॥ अन्तःसारैरकुटिलैरच्छिद्रैः सुपरीक्षितैः । मन्त्रिभिर्धार्यते राज्यं सुस्तम्भैरिव मन्दिरम् ॥ २७ ॥ संग्रहं नाकुलीनस्य[१] सपस्येव करोति यः । स एव श्लाघ्यते मन्त्री सम्यग्गारुडिको यथा ॥ २८ ॥ पृष्टो ब्रूते न सत्यं यः परिणामे सुखावहम् । मन्त्री चेत्प्रियवक्ता स्यात्केवलं स रिपुः स्मृतः ॥ २९ ॥ मूर्खं व्यसनिनं लुब्धमप्रगल्भं भयाकुलम् । क्रूरमन्यायकर्तारं नाधिपत्ये नियोजयेत् ॥३०॥ दूरादर्थं घटयति नवं दूरतश्चापशब्दं त्यक्त्वा भूयो भवति निरतः सत्सभारञ्जनेषु । मन्दं मन्दं रचयति पदं लोकचित्तानुवृत्त्या कामं मन्त्री कविरिव सदा खेदभारैरमुक्तः ॥३१॥ शास्त्रज्ञः कपटानुसारकुशलो वक्ता न च क्रोधनस्तुल्यो मित्रपरस्वकेषु चरितं दृष्ट्वैव दत्तोत्तरः । क्लीबान्पालयिता शठान्व्यथयिता धर्म्येऽतिलोभान्वितो द्विर्भावे परतत्त्वबद्धहृदयो राज्ञश्च कोपापहः ॥ ३२ ॥

सेनापतिः ॥ समस्तनीतिशास्त्रज्ञो वाहने पूजितश्रमः । शौर्यवीर्यगुणोपेतः सेनाध्यक्षो विधीयते ॥ ३३ ॥ शूरोऽर्थशास्त्रनिपुणः कृतशास्त्रकर्मा सङ्ग्रामकेलिचतुरश्च तुरङ्गयुक्तः । भर्तुर्निदेशवशगोऽभिमतश्च तन्त्रे सेनापतिर्नरपतेर्विजयागमाय ॥ ३४ ॥

गजाः ॥ यतः सत्यं ततो धर्मो यतो धर्मस्ततो धनम् । यतो रूपं ततः शीलं यतो नागास्ततो जयः ॥ ३५ ॥ यतो गजैर्विना राज्ञां राज्यशोभा न जायते । जयप्रतापौ सैन्यस्य रक्षा तस्मादिहोच्यते ॥ ३६ ॥ यद्वद्वनमसिंहं च यद्वद्राष्ट्रमपार्थिवम् । यद्वच्छौर्यमशस्त्रं तु तद्वत्सैन्यमकुञ्जरम् ॥ ३७ ॥ प्राकारगोपुराट्टालकपाटोद्घाटनादिषु । भञ्जने मर्दने चैव नागा वज्रोपमाः स्मृताः ॥ ३८ ॥ शरजालाञ्चितमुखः कोऽन्यः शक्तः परं गजात् । हन्तुं प्राकारमुन्मथ्य रथांश्च नरकुञ्जरान् ॥ ३९ ॥ एकशक्तिप्रहारेण म्रियतेऽश्वो नरोऽपि च । सहेच्छतं प्रहाराणां महायुद्धेषु वारणः ॥४०॥ क्रीडासु च नरेन्द्राणां जले पुष्पितपङ्कजे । स्नपयन्ति गजा हस्तैर्लग्नपुष्करपुष्करैः ॥ ४१ ॥ स्त्रियोऽवतारयन्त्येते मृण्मया इव निश्चलाः । नास्ति हस्तिसमो ब-

१ न अकुलीनस्य; (पक्षे) नाकुर्वल्मीकं तत्र लीनस्य.

न्धुर्नास्ति हस्तिसमः सखा ॥ ४२ ॥ चलन्ति येषां न शतं गजेन्द्राः पुरः प्रयाणे बत शैलतुल्याः। वाञ्छन्ति चैवं विजयं कथं ते राजेति शब्दं च कथं लभन्ते ॥ ४३ ॥ रक्षन्ति पक्षं मुदिताः स्वकीयं मश्नन्ति सैन्यं कुपिताः परेषाम्। प्राणैरपीच्छन्ति हितं प्रभूणां गजैः समानं क्व बलं बलीयः ॥ ४४ ॥ सैन्योत्तारणतो धुनीषु सततं यो वारिबन्धायते यो मश्नन्परितः परोद्धतबलं युद्धेषु योधायते। यः स्वीयक्षितिनाथरक्षणविधौ प्रोच्चैकदुर्गायते स प्राज्ञैर्विजिगीषुभिर्गजगणः कैः पार्थिवैर्नोऽर्ध्यते ॥ ४५ ॥ मातङ्गैरथ यैर्महेन्द्रभवनं पुण्याधिकं जन्यते यैः श्यामैरपि सर्वलोकमहिता कीर्तिः सिता तन्यते। यैर्मत्तैरपि संगरे रिपुमदः शोषं समानीयते तेऽमी भाग्यवतः प्रयान्ति पुरतः स्तम्बेरमा भूपतेः ॥ ४६ ॥ चीत्कारैर्नाशयन्तः स्वपतिभटमनो मोदयन्तो मदाढ्याः प्रौढाः सङ्ग्रामसीम्नि स्वबलबहलतां बाढमाढौकमानाः। शुण्डादण्डप्रहारैः परममपि बलं कम्पयन्तः परेषां येषां सर्वे गजेन्द्रा भुवि विजयविधौ ते मता भूमिपालाः ॥ ४७ ॥ सेतुं संभेदयन्तो बलविकटभटप्रोन्नतिं त्रोटयन्तः प्राकारं दारयन्तः परमनसि परां भीतिमुत्पादयन्तः। व्यूहं विद्रावयन्तः सुघनमपि वनं हेलयोत्पाटयन्तो येषामाजौ गजेन्द्राः खलु धरणिभुजां तज्जयः सिद्ध एव ॥४८॥ तावद्गर्जन्ति वीर्यात्परनिधनविधौ युद्धमध्येऽपि धीरास्तावद्धावन्ति वेगं परमपि दधतः संमुखीनास्तुरङ्गाः। शूरारूढः सुसज्जो मदमुदितमना मानिमानं विधुन्वन्यावन्नायाति कोपात्कृतविविधरवाटोप एकोऽपि नागः ॥ ४९ ॥

तुरगाः ॥ अश्वा यस्य जयस्तस्य यस्याश्वास्तस्य मेदिनी। अश्वा यस्य यशस्तस्य यस्याश्वास्तस्य काञ्चनम् ॥ ५० ॥ निपत्य युधि वेगेन भिषतां सर्वधन्विनाम्। शत्रुं निहत्य यात्येकः शूरो वाजिप्रभावतः ॥ ५१ ॥ शस्त्रास्त्रैर्भिन्नदेहोऽपि श्रान्तोऽपि गुरुभारतः। न मुञ्चति रणे नाथमतः कोऽन्यो हयात्सुहृत् ॥ ५२ ॥ दूरस्थोऽपि बली शत्रुर्न शेते रजनीष्वपि। तस्य भीत्या गृहे यस्य हरयो वेगवत्तराः ॥ ५३ ॥ न गजैर्न नरैः कार्यं सिद्धिमभ्येति भूभृताम्। तथा निमेषमात्रेण यथा वाहैः सुसाधितैः ॥ ५४ ॥ राज्यं शतक्रतुसमृद्धिसमानमश्वैरश्वैः श्रियः सकलकामदुघा भवन्ति। अश्वैर्यशांसि विपुलानि समुल्लसन्ति नाश्वैः प्रयान्ति सदृशत्वमिभादयोऽपि ॥ ५५ ॥ तीक्ष्णाग्रहेतिहतिभिः स्तुतलोलदन्तं चञ्चत्करालकरवालविघट्टिताङ्घ्रिम्। कोऽन्यो विहाय हयमाहवजातमूर्च्छप्राणप्रयाणसमयेऽवतुमीशमीशः ॥ ५६ ॥ पादाः कन्दुकवत्स्थितिश्च गिरिवद्धेषारवो मेघवन्नेत्रे नीरजवज्जवः पवनवच्चास्फालनं सिंहवत्। विन्यासो नटवन्मुखं कुलवधूवक्रेन्दुवद्वाजिनो यस्य क्षोणिभुजो विशस्तदितरे साम्राज्यमुर्वीतले ॥ ५७ ॥

खड्गः ॥ खड्गाल्लक्ष्मीस्तथा राज्यं यशः खड्गादवाप्यते। खड्गाद्वैरिविनाशं च यत्नात्तमिदध्महे ॥ ५८ ॥ यस्मिन्खड्गे शरीरं प्रतिफलति यथा खड्गराजोऽभिवन्द्यो वन्द्योऽयं देववृन्दैरपि यदि स भवेदर्धचन्द्रोपपन्नः। नानावर्णैर्युतश्चेत्स भवति नृपतेः शत्रुनाशैकहेतुः सेतुर्लक्ष्मीप्रवाहे निखिलरिपुकुलध्वंसने धूमकेतुः ॥ ५९ ॥

सैन्यम् ॥ प्रथमं युद्धकारित्वं समस्तबलपालनम्। दिङ्मार्गयोधशोधित्वं पत्तिकर्म प्रचक्षते ॥ ६० ॥ स्वभावशूरमस्त्रज्ञमविरक्तं जितश्रमम्। प्रसिद्धक्षत्रियप्रायं बलं श्रेष्ठतमं विदुः ॥ ६१ ॥ वरमल्पबलं सारं न बह्वी मुण्डमालिका। कुर्यादसारभङ्गो हि सारभङ्गमपि स्फुटम् ॥६२॥

दुर्गः ॥ न गजानां सहस्रेण न लक्षेण च वाजिनाम्। तथा सिध्यन्ति कार्याणि यथा दुर्गप्रभावतः ॥ ६३ ॥ अदुर्गो विषयः कस्य नारेः परिभवास्पदम्। अदुर्गोऽनाश्रयो राजा पोतच्युतमनुष्यवत् ॥ ६४ ॥ विषहीनो यथा नागो मदहीनो यथा गजः। सर्वेषां वश्यतां याति दुर्गहीनस्तथा नृपः ॥ ६५ ॥ शतमेकोऽपि संधत्ते प्राकारस्थो धनुर्धरः। तस्माद्दुर्गं प्रशंसन्ति नीतिशास्त्रविदो जनाः ॥ ६६ ॥ एकः शतं योधयते प्राकारस्थो धनुर्धरः। शतं सहस्राणि तथा सहस्रं लक्षमेव च ॥ ६७ ॥ दुर्गाणि राज्ञा कार्याणि सजलानि दृढानि च। द्रव्यमन्नं च तेष्वेव स्थापनीयं प्रयत्नतः ॥ ६८ ॥

दूतः ॥ मेधावी वाक्पटुः प्राज्ञः परचित्तोपलक्षकः। धीरो यथोक्तवादी च एष दूतो विधीयते ॥ ६९ ॥ उद्यतेष्वपि शस्त्रेषु दूतो वदति नान्यथा। सदैवावध्यभावेन यथार्थस्य हि वाचकः ॥ ७० ॥ भक्तो गुणी शुचिर्दक्षः प्रगल्भोऽव्यसनी क्षमी। ब्राह्मणः परमर्मज्ञो दूतः स्यात्प्रतिभानवान् ॥ ७१ ॥ साकारो निःस्पृहो वाग्मी नानाशास्त्रविचक्षणः। परचित्तावगन्ता च राज्ञो दूतः स इष्यते ॥ ७२ ॥ नियोगिभिर्विना राज्यं नास्ति भूपे हि केवले। तस्मादमी विधातव्या रक्षितव्याः प्रयत्नतः ॥ ७३ ॥

भाण्डागारी ॥ प्रवीणो वाक्पटुर्धीमान्स्वामिभक्तश्च नित्यशः। अलुब्धः सत्यवादी च भाण्डागारी स इष्यते ॥ ७४ ॥

लेखकः ॥ सकृदुक्तगृहीतार्थो लघुहस्तो जितेन्द्रियः । शब्दशास्त्रपरिज्ञाता एष लेखक इष्यते ॥ ७५ ॥

प्रतीहारी ॥ इङ्गिताकारतत्त्वज्ञो बलवान्प्रियदर्शनः । समयज्ञः स्वामिभक्तः प्रतीहारी स इष्यते ॥ ७६ ॥

सूपकारः ॥ पुत्रपौत्रगुणोपेतः शास्त्रज्ञो मृष्टपाचकः । शूरश्च कठिनश्चैव सूपकारः स इष्यते ॥ ७७ ॥

चाराः ॥ भवेत्स्वपरराष्ट्राणां कार्याकार्यावलोकने । चारचक्षुर्महीभर्तुर्यस्य नास्त्यन्ध एव सः ॥ ७८ ॥

अन्तःपुरवर्गाः ॥ काणाः कुब्जाश्च षण्ढाश्च तथा वृद्धाश्च पङ्गवः । एते चान्तःपुरे नित्यं नियोक्तव्याः क्षमाभृता ॥ ७९ ॥

स्त्रियः ॥ पक्वान्नमिव राजेन्द्र सर्वसाधारणाः स्त्रियः । परोक्षे च समक्षे च रक्षितव्याः प्रयत्नतः ॥ ८० ॥ सूक्ष्मेभ्योऽपि प्रसङ्गेभ्यो रक्ष्या नार्यो हि सर्वदा । द्वयोर्हि कुलयोः शोकमावहेयुररक्षिताः ॥ ८१ ॥

महिषी ॥ महिष्या हृष्टया भाव्यं गृहकार्येषु दक्षया । सुसंस्कृतोपस्करया व्यये चामुक्तहस्तया ॥ ८२ ॥

भृत्याः ॥ बहूनामप्यसाराणां समुदायो हि दारुणः । राज्ञा भृत्याः प्रकर्तव्यास्ते हि सर्वक्रियाक्षमाः ॥ ८३ ॥ तृणैरावेष्ट्यते रज्जुस्तया नागो हि बध्यते । एवं ज्ञात्वा नरेन्द्रेण भृत्याः कार्या विचक्षणाः ॥ ८४ ॥ न विना पार्थिवो भृत्यैर्न भृत्याः पार्थिवं विना । तेषां च व्यवहारोऽयं परस्परनिबन्धनः ॥ ८५ ॥ भृत्यैर्विना स्वयं राजा लोकानुग्रहकार्यपि । मयूखैरिव दीप्तांशुस्तेजस्व्यपि न शोभते ॥ ८६ ॥ अरैः संधार्यते नाभिर्नाभौ चाराः प्रतिष्ठिताः । स्वामिसेवकयोरेवं वृत्तिचक्रं प्रवर्तते ॥ ८७ ॥ शिरसा विधृता नित्यं तथा स्नेहेन पालिताः । केशा अपि विरज्यन्ते निःस्नेहाः किं न सेवकाः ॥ ८८ ॥ ताडितोऽपि दुरुक्तोऽपि दण्डितोऽपि महीभुजा । न चिन्तयति यः पापं स भृत्योऽर्हो महीभुजाम् ॥ ८९ ॥ योऽनाहूतः समभ्येति द्वारे तिष्ठति सर्वदा । पृष्टः सत्यं मितं ब्रूते स भृत्योऽर्हो महीभुजाम् ॥ ९० ॥ अनादिष्टोऽपि भूपस्य दृष्ट्वा हानिकरं च यः । यतते तस्य नाशाय स भृत्योऽर्हो महीभुजाम् ॥ ९१ ॥ न क्षुधा पीड्यते यस्तु निद्रया न कदाचन । न च शीतातपाद्यैश्च स भृत्योऽर्हो महीभुजाम् ॥ ९२ ॥ श्रुत्वा साङ्ग्रामिकीं वार्तां भविष्यां स्वामिनं प्रति । प्रसन्नास्यो भवेद्यस्तु स भृत्योऽर्हो महीभुजाम् ॥ ९३ ॥ सीमा वृद्धिं समायाति शुक्लपक्ष इवोडुराट् । नियोगसंस्थिते यस्मिन्स भृत्योऽर्हो महीभुजाम् ॥ ९४ ॥ सीमा संकोचमायाति वह्नौ चर्म इवाहितम् । स्थिते यस्मिन्स तु त्याज्यो भृत्यो राज्यं समीहता ॥ ९५ ॥ स्वाम्यादिष्टस्तु यो भृत्यः समं विषममेव च । मन्यते न स संधार्यो भूभुजा भूतिमिच्छता ॥ ९६ ॥ स्वाम्यादेशात्सुभृत्यस्य न भीः संजायते क्वचित् । प्रविशेन्मुखमाहेयं दुस्तरं वा महार्णवम् ॥ ९७ ॥ सालसं मुखरं क्रूरं स्तब्धं व्यसनिनं शठम् । असंतुष्टमभक्तं च त्यजेद्भृत्यं नराधिपः ॥ ९८ ॥ स्वाम्युक्ते यो न यतते स भृत्यो भृत्यपाशकः[1] । तज्जीवनमपि व्यर्थमजागलकुचाविव ॥ ९९ ॥ द्विजा अपि न गच्छन्ति यां गतिं नैव योगिनः । स्वाम्यर्थे संत्यजन्प्राणांस्तां गतिं याति सेवकः ॥ १०० ॥ राजा तुष्टोऽपि भृत्यानां मानमात्रं प्रयच्छति । तेऽपि संमानमात्रेण प्राणैः प्रत्युपकुर्वते ॥ १०१ ॥ सारासारपरिच्छेत्ता स्वामी भृत्यस्य दुर्लभः । अनुकूलः शुचिर्दक्षः प्रभोर्भृत्योऽपि दुर्लभः ॥ १०२ ॥

स्नानम् ॥ स्नानं नाम मनःप्रसादजननं दुःस्वप्नविध्वंसनं शौचस्यायतनं मलापहरणं संवर्धनं तेजसः । रूपोद्द्योतकरं गदप्रशमनं कामाग्निसंदीपनं नारीणां च मनोहरं श्रमहरं स्नाने दशैते गुणाः ॥ १०३ ॥

ताम्बूलम् ॥ ताम्बूलं मुखरोगनाशि निपुणं संवर्धनं तेजसो नित्यं जाठरवह्निवृद्धिजननं दुर्गन्धदोषापहम् । वक्त्रालंकरणं प्रहर्षजननं विद्वन्नृपाग्रे रणे कामस्यायतनं समुद्भवकरं लक्ष्म्याः सुखस्यास्पदम् ॥ १०४ ॥

शस्त्रधारणम् ॥ दुष्टाविनीतशत्रूणां भयकृद्बन्धुसंनिभम् । शस्त्रधारणमौजस्यं रक्षोविद्युद्ग्रहापहम् ॥ १०५ ॥

छत्रधारणम् ॥ वर्षानिलरजोघर्महिमादीनां निवारणम् । राज्यलक्ष्म्या गृहं धन्यं चक्षुष्यं छत्रधारणम् ॥ १०६ ॥

चामरम् ॥ चामरं श्रीकरं दिव्यं राज्यशोभाकरं परम् ।

सिंहासनम् ॥ सिंहासनं सुखैश्वर्यकरं लोकानुरञ्जनम् ॥ १०७ ॥

मालाधारणम् ॥ सुमनोवररत्नानां धारणं दिव्यरूपकृत् ।

चन्दनलेपः ॥ पापालक्ष्मीप्रशमनं चन्दनाद्यनुलेपनम् ॥ १०८ ॥

मृगया ॥ मेदच्छेदकृशोदरं लघु भवत्युत्थानयोग्यं वपुः सत्त्वानामपि लक्ष्यते विकृतिमच्चित्तं भयक्रोधयोः ।

---

१ कुत्सितभृत्यः.

उत्कर्षः स च धन्विनां यदिषवः सिध्यन्ति लक्ष्ये चले मिथ्यैव व्यसनं वदन्ति मृगयामीदृग्विनोदः कुतः ॥ १०९ ॥

कटकप्रयाणम् ॥ वाजी चारुगतिः शशाङ्कधवलं छत्रं प्रिया पृष्ठतः प्रोत्तुङ्गस्तनमण्डला विजयिनो भृत्याः पुरः पञ्चषाः । ताम्बूलं मधुरं सखा सुचतुरः संपद्यते चेत्पथि प्राहुस्तत्कटकप्रयाणमितरत्प्राणप्रयाणं बुधाः ॥ ११० ॥

उपवनानि ॥ नवं वयो हारि वपुर्वराङ्गनाः सखी कलावित्कलवल्लकीस्वनः । धनं हि सर्वं विफलं सुखैषिणो विना विहारोपवनानि भूपतेः ॥ १११ ॥ पुंसां सर्वसुखैकसाधनफलाः सौन्दर्यगर्वोद्धुरक्रीडालोलविलासिनीजनमनःस्फीतप्रमोदावहाः । गुञ्जद्भृङ्गविनिद्रपङ्कजभरस्फारोल्लसद्दीर्घिकायुक्ताः सन्ति गृहेषु यस्य विपुलारामाः स पृथ्वीपतिः ॥ ११२ ॥

तरवः ॥ बहुभिर्बत किं जातैः पुत्रैर्धर्मार्थवर्जितैः । वरमेकः पथि तरुर्यत्र विश्रमते जनः ॥ ११३ ॥ दशकूपसमा वापी दशवापीसमो ह्रदः । दशह्रदसमः पुत्रो दशपुत्रसमो द्रुमः ॥ ११४ ॥

नीतिः ॥ सुलभाः पुरुषा राजन्सततं प्रियवादिनः । अप्रियस्य च पथ्यस्य वक्ता श्रोता च दुर्लभः ॥ ११५ ॥ यः कुलाभिजनाचारैरतिशुद्धः प्रतापवान् । धार्मिको नीतिकुशलः स स्वामी युज्यते भुवि ॥ ११६ ॥ प्रजां संरक्षति नृपः स वर्धयति पार्थिवम् । वर्धनाद्रक्षणं श्रेयस्तन्नाशेऽन्यत्सदप्यसत् ॥ ११७ ॥ आत्मानं प्रथमं राजा विनयेनोपपादयेत् । ततोऽमात्यांस्ततो भृत्यांस्ततः पुत्रांस्ततः प्रजाः ॥ ११८ ॥ राज्ञि[1] धर्मिणि धर्मिष्ठाः पापे पापाः समे समाः । लोकास्तमनुवर्तन्ते यथा राजा तथा प्रजाः ॥ ११९ ॥ नृपाणां च नराणां च केवलं तुल्यमूर्तिता । आधिक्यं तु क्षमा धैर्यमाशा दानं पराक्रमः ॥ १२० ॥ प्रजां न रञ्जयेद्यस्तु राजा रक्षादिभिर्गुणैः । अजागलस्तनस्येव तस्य जन्म निरर्थकम् ॥ १२१ ॥ अजामिव प्रजां हन्याद्यो मोहात्पृथिवीपतिः । तस्यैका जायते तृप्तिर्द्वितीया न कथंचन ॥ १२२ ॥ प्रजापीडनसंतापात्समुद्भूतो हुताशनः । राज्ञः कुलं श्रियं प्राणान्नादग्ध्वा विनिवर्तते ॥ १२३ ॥ यथा बीजाङ्कुरः सूक्ष्मः प्रयत्नेनाभिवर्धितः । फलप्रदो भवेत्काले तद्वल्लोकाः सुरक्षिताः ॥ १२४ ॥ निजवर्षाहितस्नेहा बहुभक्तजनान्विताः । सुकाला इव जायन्ते प्रजापुण्येन भूभृतः ॥ १२५ ॥ यदि न स्यान्नरपतिः सम्यङ्नेता ततः प्रजा । अकर्णधारा जलधौ विप्लवेतेह नौरिव ॥ १२६ ॥ प्रकृतिः स्वामिनं त्यक्त्वा समृद्धापि न जीवति । अपि धन्वन्तरिर्वैद्यः किं करोति गतायुषि ॥ १२७ ॥ नरेशे जीवलोकोऽयं निमीलति निमीलति । उदेत्युदीयमाने च रवाविव सरोरुहम् ॥ १२८ ॥ हिरण्यधान्यरत्नानि गजेन्द्राश्चापि वाजिनः । तथान्यदपि यत्किंचित्प्रजाभ्यः स्यान्महीपतेः ॥ १२९ ॥ मा तात साहसं कार्षीर्विभवैर्गर्वमागतः । स्वगात्राण्यपि भाराय भवन्ति हि विपर्यये ॥ १३० ॥ मा त्वं तात बले स्थित्वा बाधिष्ठा दुर्बलं जनम् । नहि दुर्बलदग्धानां काले किंचित्प्ररोहति ॥ १३१ ॥ यानि मिथ्याभिभूतानां पतन्त्यश्रूणि रोदताम् । तानि संतापकान्घ्नन्ति सपुत्रपशुबान्धवान् ॥ १३२ ॥ मा तात संपदामग्रमारूढोऽस्मीति विश्वसीः । दूरारोहपरिभ्रंशविनिपातो हि दारुणः ॥ १३३ ॥ कितवायं प्रशंसन्ति यं प्रशंसन्ति चारणाः । यं प्रशंसन्ति बन्धक्यः स पार्थ पुरुषाधमः ॥ १३४ ॥ राजानो यं प्रशंसन्ति यं प्रशसन्ति वै द्विजाः । साधवो यं प्रशंसन्ति स पार्थ पुरुषोत्तमः ॥ १३५ ॥ प्रज्ञागुप्तशरीरस्य किं करिष्यन्ति संहताः । गृहीतहस्तच्छत्रस्य वारिधारा इवारयः ॥ १३६ ॥ कोऽत्रेत्यहमिति ब्रूयात्सम्यगादेशयेति च । आज्ञामवितथां कुर्याद्यथाशक्ति महीपतेः ॥ १३७ ॥ अल्पेच्छुर्धृतिमान्प्राज्ञश्छायेवानुगतः सदा । आदिष्टो न विकल्पेत स राजवसतिं वसेत् ॥ १३८ ॥ अप्राप्तकालं वचनं बृहस्पतिरपि ब्रुवन् । प्राप्नुयाद्बुद्ध्यवज्ञानमपमानं च शाश्वतम् ॥ १३९ ॥ किं भक्तेनासमर्थेन किं शक्तेनापकारिणा । भक्तं शक्तं च मां राजन्नवज्ञातुं त्वमर्हसि ॥ १४० ॥ जनं जनपदा नित्यमर्चयन्ति नृपार्चितम् । नृपेणावमतो यस्तु स सर्वैरवमन्यते ॥ १४१ ॥ नानिवेद्य प्रकुर्वीत भर्तुः किंचिदपि स्वयम् । कार्यमापत्प्रतीकारादन्यत्र जगतीपतेः ॥ १४२ ॥ अतिव्ययोऽनवेक्षा च तथार्जनमधर्मतः । मोक्षणं दूरसंस्थानं कोषव्यसनमुच्यते ॥ १४३ ॥ क्षिप्रमायमनालोच्य व्ययानश्च स्ववाञ्छया । परिक्षीयत एवासौ धनी वैश्रवणोपमः ॥ १४४ ॥ यो यत्र कुशलः कार्ये तं तत्र विनियोजयेत् । कर्मस्वदृष्टकर्मा यः शास्त्रज्ञोऽपि विमुह्यति ॥ १४५ ॥ एकं हन्यान्न वा हन्यादिषुर्मुक्तो धनुष्मता । बुद्धिर्बुद्धिमता युक्ता हन्ति राष्ट्रं सनायकम् ॥ १४६ ॥ न तच्छस्त्रैर्न नागेन्द्रैर्न हयैर्न च पत्तिभिः । कार्यं संसिद्धिमभ्येति यथा बुद्ध्या प्रसाधितम् ॥ १४७ ॥ दुर्योधनः स-

१ हितस्य.

१ सतिसप्तमी.

मर्थोऽपि दुर्मन्त्री प्रलयं गतः । राज्यमेकश्चकारोच्चैः सुमन्त्री
चन्द्रगुप्तकः ॥ १४८ ॥ अशृण्वन्नपि बोद्धव्यो मन्त्रिभिः
पृथिवीपतिः । यथा स्वदोषनाशाय विदुरेणाम्बिकासुतः
॥ १४९ ॥ सभा वा न प्रवेष्टव्या वक्तव्यं वा समञ्जसम् ।
अब्रुवन्विब्रुवन्वापि नरो भवति किल्बिषी ॥ १५० ॥ त-
स्मात्सभ्यः सभां गत्वा रागद्वेषविवर्जितः । वचस्तथाविधं
ब्रूयाद्यथा न नरकं व्रजेत् ॥ १५१ ॥ माता पिता गुरुर्भ्राता
भार्या पुत्रः पुरोहितः । नादण्ड्यो नाम राज्ञोऽस्ति स्वधर्मे
यो न तिष्ठति ॥ १५२ ॥ विशोधयेन्महीपालो मन्त्रिशाला-
मशेषतः । अयुक्तो नार्हति स्थातुमस्यां मन्त्ररहस्यवित् १५३
षट्कर्णो भिद्यते मन्त्रश्चतुःकर्णः स्थिरो भवेत् । द्विकर्णस्य तु
मन्त्रस्य ब्रह्माप्यन्तं न गच्छति ॥ १५४ ॥ त्रिविधाः पुरुषा
राजन्नुत्तमाधममध्यमाः । नियोजयेत्तथैवैतांस्त्रिविधेष्वपि क-
र्मसु ॥ १५५ ॥ तुल्यार्थं तुल्यसामर्थ्यं सर्वज्ञं व्यवसायि-
नम् । अर्धराज्यहरं भृत्यं यो न हन्यात्स हन्यते ॥ १५६ ॥
निर्विशेषो यदा राजा समं भृत्येषु तिष्ठति । तत्रोद्यमस-
मर्थानामुत्साहः परिहीयते ॥ १५७ ॥ प्रसादो निष्फलो
यस्य यस्य क्रोधो निरर्थकः । न तं राजानमिच्छन्ति षण्ढं
पतिमिवाङ्गनाः ॥ १५८ ॥ अविवेकिनि भूपाले नश्यन्ति
गुणिनां गुणाः । प्रवासरसिके कान्ते यथा साध्व्याः स्तनो-
न्नतिः ॥ १५९ ॥ न कश्चिच्चण्डकोपानामात्मीयो नाम भू-
भृताम् । होतारमपि जुह्वन्तं दहत्येव हुताशनः ॥ १६० ॥
चक्रं सेव्यं नृपः सेव्यो न सेव्यः केवलो नृपः । पश्य च-
क्रस्य माहात्म्यं मृत्पिण्डः पात्रतां गतः ॥ १६१ ॥ यस्मि-
न्नेवाधिकं चक्षुरारोपयति पार्थिवः । कुलीनो वाकुलीनो वा
स श्रियो भाजनं भवेत् ॥ १६२ ॥ राज्ञि मातरि देव्यां
च कुमारे मुख्यमन्त्रिणि । पुरोहिते प्रतीहारे समं वर्तेत
राजवत् ॥ १६३ ॥ पानमक्षास्तथा नार्यो मृगया गीतवा-
दिते । एतानि युक्त्या सेवेत प्रसङ्गो ह्यत्र दोषवान् ॥१६४॥
आयाच्चतुर्थभागेन व्ययकर्म प्रवर्तयेत् । प्रभूततैलदीपो हि
चिरं भद्राणि पश्यति ॥ १६५ ॥ कर्मणा मनसा वाचा
चक्षुषापि चतुर्विधम् । प्रसादयति लोकं यस्तं लोको नु
प्रसीदति ॥ १६६ ॥ संभोजनं संकथनं संप्रश्नोऽथ समा-
गमः । ज्ञातिभिः सह कार्याणि न विरोधः कदाचन ॥१६७॥
मृदोः परिभवो नित्यं वैरं तीक्ष्णस्य नित्यशः । उत्सृज्य
तद्द्वयं तस्मान्मध्यां वृत्तिं समाश्रयेत् ॥ १६८ ॥ अबुद्धि-
माश्रितानां च क्षन्तव्यमपराधिनाम् । नहि सर्वत्र पाण्डित्यं

१ भेदं प्राप्नोति. सर्वेषां ज्ञानविषयो भवतीति भावः. २ विचारः.
३ पारम्. ४ होमकर्तारम्.

सुलभं पुरुषे क्वचित् ॥ १६९ ॥ किमप्यसाध्यं महतां
सिद्धिमेति लघीयसाम् । प्रदीपो भूमिगेहान्तर्ध्वान्तं हन्ति
न भानुमान् ॥ १७० ॥ अरावप्युचितं कार्यमातिथ्यं गृह-
मागते । छेत्तुमप्यागते च्छायां नोपसंहरते द्रुमः ॥ १७१ ॥
अगाधहृदया भूपाः कूपा इव दुरासदाः । घटका गुणिनो
नो चेत्कथं लभ्येत जीवनम् ॥ १७२ ॥ कथं नाम न
सेव्यन्ते यत्नतः परमेश्वराः । अचिरेणैव ये तुष्टाः पूरयन्ति
मनोरथान् ॥ १७३ ॥ भोगिनः कञ्चुकासक्ताः क्रूराः
कुटिलगामिनः । सुदुष्टा मन्त्रसाध्याश्च राजानः पन्नगा इव
॥ १७४ ॥ अकस्माद्द्वेष्टि यो भक्तमाजन्मपरिसेवितम् ।
नव्यञ्जने रुचिर्यस्य त्याज्यो नृप इवातुरः ॥ १७५ ॥
सुगन्धं केतकीपुष्पं कण्टकैः परिवेष्टितम् । यथा पुष्पं तथा
राजा दुर्जनैः परिवेष्टितः ॥ १७६ ॥ असत्प्रलापः पारुष्यं
पैशुन्यमनृतं तथा । चत्वारि वाचा राजेन्द्र न जल्पेन्नैव
चिन्तयेत् ॥ १७७ ॥ प्राज्ञे नियोज्यमाने तु सन्ति राज्ञ-
स्त्रयो गुणाः । यशः स्वर्गनिवासश्च विपुलश्च धनागमः
॥ १७८ ॥ मूर्खे नियोज्यमाने तु त्रयो दोषा महीपतेः ।
अयशश्चार्थनाशश्च नरके गमनं तथा ॥ १७९ ॥ इदमेव
नरेन्द्राणां स्वर्गद्वारमनर्गलम् । यदात्मनः प्रतिज्ञा च प्रजा
च परिपाल्यते ॥ १८० ॥ नन्नो योध इवाधीरः सर्वाङ्गैः
संवृतैरपि । चिरं न सहते स्थातुं परेभ्यो भेदशङ्कया ॥१८१॥
आत्मोदयः परग्लानिर्द्वयं नीतिरितीयती । तदूरीकृत्य कृति-
भिर्वाचस्पत्यं प्रतायते ॥ १८२ ॥ तृप्तियोगः परेणापि म-
हिम्ना न महात्मनाम् । पूर्णश्चन्द्रोदयाकाङ्क्षी दृष्टान्तोऽत्र
महार्णवः ॥ १८३ ॥ बुद्धिशस्त्रः प्रकृत्यङ्गो घनसंवृतिक-
ञ्चुकः । चारेक्षणो दूतमुखः पुरुषः कोऽपि पार्थिवः ॥१८४॥
तेजः क्षमा वा नैकान्तं कालज्ञस्य महीपतेः । नैकमोजः
प्रसादो वा रसभावविदः कवेः ॥ १८५ ॥ कृतापचारोऽपि
परैरनाविष्कृतविक्रियः । असाध्यः कुरुते कोपं प्राप्ते काले
गदो यथा ॥ १८६ ॥ मृदुव्यवहितं तेजो भोक्तुमर्थान्प्र-
कल्पते । प्रदीपः स्नेहमादत्ते दशयाभ्यन्तरस्थया ॥ १८७ ॥
नालम्बते दैष्टिकतां न निषीदति पौरुषे । शब्दार्थौ सत्कवि-
रिव द्वयं विद्वानपेक्षते ॥ १८८ ॥ स्थायिनोऽर्थे प्रवर्तन्ते
भावाः संचारिणो यथा । रसस्यैकस्य भूयांसस्तथा नेतुर्मही-

१ कार्यसाधकाः; (पक्षे) कुम्भाः. २ गुणवन्तः; (पक्षे) रज्जु-
युक्ताः. ३ जीवनोपायभूतं द्रव्यम्; (पक्षे) उदकम्. ४ विला-
सिनः; (पक्षे) भोगवन्तः. ५ कवचम्; (पक्षे) सर्पकञ्चुकम्. ६ वि-
चारः; (पक्षे) शाबरादिः. ७ सर्पाः. ८ सेवकम्; (पक्षे) ओद-
नम्. ९ न व्यञ्जने. १० रोगी.

भृतः ॥ १८९ ॥ तन्त्रावापविदा योगैर्मण्डलान्यधितिष्ठता । सुनिग्रहा नरेन्द्रेण फणीन्द्रा इव शत्रवः ॥ १९० ॥ करप्रचेयामुत्तुङ्गः प्रभुशक्तिं प्रथीयसीम् । प्रज्ञाबलबृहन्मूलः फलत्युत्साहपादपः ॥ १९१ ॥ स दोषः सचिवस्यैव यदसत्कुरुते नृपः । याति यन्तुः प्रमादेन गजो व्यालत्ववाच्यताम् ॥ १९२ ॥ न सर्पस्य मुखे रक्तं न दुष्टस्य कलेवरे । न प्रजासु न भूपाले धनं दुरधिकारिणि ॥ १९३ ॥ यद्यपि क्षितिपालानामाज्ञा सर्वत्रगा स्वयम् । तथापि शास्त्रदीपेन चरत्येव मतिः सताम् ॥ १९४ ॥ असाध्यमन्यथा दोषं परिच्छिद्य शरीरिणाम् । यथा वैद्यस्तथा राजा शस्त्रपाणिर्विषह्यति ॥ १९५ ॥ जातमात्रं न यः शत्रुं व्याधिं वा प्रशमं नयेत् । अतिपुष्टाङ्गयुक्तोऽपि स पश्चात्तेन हन्यते ॥ १९६ ॥ पातकानां समस्तानां द्वे परे तात पातके । एकं दुःसचिवो राजा द्वितीयं च तदाश्रयः ॥ १९७ ॥ राजा संपत्तिहीनोऽपि सेव्यः सेव्यगुणाश्रयः । भवत्याजीवनं तस्मात्फलं कालान्तरादपि ॥ १९८ ॥ स जयी वरमातङ्गा यस्य तस्यास्ति मेदिनी । कोशो यस्य सुदुर्धर्षो दुर्गस्तस्य स दुर्जयः ॥ १९९ ॥ सुवर्णैः पट्टचेलैश्च शोभा स्याद्वारयोषिताम् । पराक्रमेण दानेन राजन्ते राजनन्दनाः ॥ २०० ॥ यं यं नृपोऽनुरागेण संमानयति संसदि । तस्य तस्योत्सारणाय यतन्ते राजवल्लभाः ॥ २०१ ॥ ब्राह्मणः क्षत्रियो बन्धुर्नाधिकारे प्रशस्यते । ब्राह्मणः सिद्धमप्यर्थं कृच्छ्रेणापि न यच्छति ॥ २०२ ॥ नियुक्तः क्षत्रियो द्रव्ये खड्गं दर्शयते ध्रुवम् । सर्वस्वं ग्रसते बन्धुराक्रम्य ज्ञातिभावतः ॥ २०३ ॥ अपराधेऽपि निःशङ्को नियोगी चिरसेवकः । स स्वामिनमवज्ञाय चरेच्च निरवग्रहः ॥ २०४ ॥ उपकर्ताधिकारस्थः स्वापराधं न मन्यते । उपकारं ध्वजीकृत्य सर्वमेवावलुम्पति ॥ २०५ ॥ आज्ञाभङ्गकरान्राजा न क्षाम्येत्स्वसुतानपि । विशेषः कोऽनुरागस्य राजचित्तगतस्य च ॥ २०६ ॥ तस्करेभ्यो नियुक्तेभ्यः शत्रुभ्यो नृपवल्लभात् । नृपतिर्निजलोभाच्च प्रजा रक्षेत्पितेव हि ॥ २०७ ॥ भोगस्य भाजनं राजा न राजा कार्यभाजनम् । राजकार्यपरिध्वंसान्मन्त्री दोषेण लिप्यते ॥ २०८ ॥ वरं प्राणपरित्यागः शिरसो वापि कर्तनम् । न तु स्वामिपदावाप्तिपातकेच्छोरुपेक्षणम् ॥ २०९ ॥ विषदिग्धस्य भक्तस्य दन्तस्य चलितस्य च । अमात्यस्य च दुष्टस्य मूलादुद्धरणं सुखम् ॥ २१० ॥ यः कुर्यात्सचिवायत्तां श्रियं तद्व्यसने सति । सोऽन्धवज्जगतीपालः सीदेत्संचारकैर्विना ॥ २११ ॥ सदामात्यो न सिद्धः स्यात्समृद्धः सर्व एव हि । सिद्धानामयमादेश ऋद्धिश्चित्तविकारिणी ॥ २१२ ॥ मूलभृत्यान्परित्यज्य नागन्तून्प्रतिमानयेत् । नातः परतरो दोषो राज्यभेदकरो यतः ॥ २१३ ॥ मन्त्रबीजमिदं गुप्तं रक्षणीयं यथा तथा । मनागपि न भिद्येत तद्भिन्नं न प्ररोहति ॥ २१४ ॥ मन्त्रिणा पृथिवीपालचित्तं विघटितं क्वचित् । वलयं स्फटिकस्येव को हि संधातुमीश्वरः ॥ २१५ ॥ वज्रं च राजतेजश्च द्वयमेवातिभीषणम् । एकमेकत्र पतति पतत्यन्यत्समन्ततः ॥ २१६ ॥ मृतः प्राप्नोति वा स्वर्गं शत्रुं हत्वा सुखानि वा । उभावपि हि शूराणां गुणावेतौ सुदुर्लभौ ॥ २१७ ॥ यत्रायुद्धे ध्रुवं मृत्युर्युद्धे जीवितसंशयः । तमेव कालं युद्धस्य प्रवदन्ति मनीषिणः ॥ २१८ ॥ अयुद्धे हि यदा पश्यन्न किंचिद्धितमात्मनः । युध्यमानस्तदा प्राज्ञो म्रियते रिपुणा सह ॥ २१९ ॥ जये च लभते लक्ष्मीं मृते चापि सुराङ्गनाम् । क्षणविध्वंसिनः कायाः का चिन्ता मरणे रणे ॥ २२० ॥ पिता वा यदि वा भ्राता पुत्रो वा यदि वा सुहृत् । प्राणच्छेदकरा राज्ञा हन्तव्या भूतिमिच्छता ॥ २२१ ॥ राज्यलोभादहंकारादिच्छतः स्वामिनः पदम् । प्रायश्चित्तं तु तस्यैकं जीवोत्सर्गो न चापरम् ॥ २२२ ॥ आत्मनश्च परेषां च यः समीक्ष्य बलाबलम् । अन्तरं नैव जानाति स तिरस्क्रियतेऽरिभिः ॥ २२३ ॥ राजा मत्तः शिशुश्चैव प्रमादी धनगर्वितः । अप्राप्यमपि वाञ्छन्ति किं पुनर्लभ्यतेऽपि यत् ॥ २२४ ॥ वर्णाकारप्रतिध्वानैर्नेत्रवक्त्रविकारतः । अप्यूहन्ति मनो धीरास्तस्माद्रहसि मन्त्रयेत् ॥ २२५ ॥ आकारैरिङ्गितैर्गत्या चेष्टया भाषणेन च । नेत्रवक्त्रविकाराभ्यां ज्ञायतेऽन्तर्गतं मनः ॥ २२६ ॥ षट्कर्णो भिद्यते मन्त्रस्तथा प्राप्तश्च वार्तया । इत्यात्मना द्वितीयेन मन्त्रः कार्यो महीभृता ॥ २२७ ॥ मन्त्रभेदेऽपि ये दोषा भवन्ति पृथिवीपतेः । न शक्यास्ते समाधातुमिति नीतिविदां मतम् ॥ २२८ ॥ न तथोत्थाप्यते ग्रावा प्राणिभिर्दारुणा यथा । अल्पोपायान्महासिद्धिरेतन्मन्त्रफलं महत् ॥ २२९ ॥ विजेतुं प्रयतेतारीन्न युद्धेन कदाचन । अनित्यो विजयो यस्माद्दृश्यते युध्यमानयोः ॥ २३० ॥ साम्ना दानेन भेदेन समस्तैरथवा पृथक् । साधितुं प्रयतेतारीन्न युद्धेन कदाचन ॥ २३१ ॥ बलिना सह योद्धव्यमिति नास्ति निदर्शनम् । यद्युद्धं हस्तिना सार्धं नराणां मृत्युमावहेत्

॥ २३२ ॥ स मूर्खः कालमप्राप्य योऽपकर्तरि वर्तते। कलिर्बिलवता सार्धं कीटपक्षोद्गमो यथा ॥ २३३ ॥ महत्यल्पेऽप्युपायज्ञः सममेव भवेत्क्षमः। समुन्मूलयितुं वृक्षांस्तृणानीव नदीरयः ॥ २३४ ॥ धान्यानां संग्रहो राजन्नुत्तमः सर्वसंग्रहात्। निक्षिप्तं हि मुखे रत्नं न कुर्यात्प्राणधारणम् ॥ २३५ ॥ यथा प्रभुकृतान्मानाद्युध्यन्ते भुवि मानवाः। न तथा बहुभिर्दत्तैर्द्रविणैरपि भूपते ॥ २३६ ॥ अविद्वानपि भूपालो विद्यावृद्धोपसेवया। परां श्रियमवाप्नोति जलासन्नतरुर्यथा ॥ २३७ ॥ पानं स्त्री मृगया द्यूतमर्थदूषणमेव च। वाग्दण्डयोश्च पारुष्यं व्यसनानि महीभुजाम् ॥ २३८ ॥ शिष्टैरप्यविशेषज्ञ उग्रश्च कृतनायकः। त्यज्यते किं पुनर्नान्यैर्यश्चाप्यात्मंभरिर्नरः ॥ २३९ ॥ सत्यं शौर्यं दया त्यागो नृपस्यैते महागुणाः। एभिर्मुक्तो महीपालः प्राप्नोति खलु वाच्यताम् ॥ २४० ॥ यो येन प्रतिबद्धः स्यात्सह तेनोदयी व्ययी। स विश्वस्तो नियोक्तव्यः प्राणेषु च धनेषु च ॥ २४१ ॥ धूर्तः स्त्री वा शिशुर्यस्य मन्त्रिणः स्युर्महीपतेः। अनीतिपवनक्षिप्तः कार्याब्धौ स निमज्जति ॥२४२॥ हर्षक्रोधौ समौ यस्य शास्त्रार्थे प्रत्ययः सदा। नित्यं भृत्यानपेक्षा च तस्य स्याद्धनदा धरा ॥ २४३ ॥ दाता क्षमी गुणग्राही स्वामी दुःखेन लभ्यते। शुचिर्दक्षोऽनुरक्तश्च जाने भृत्योऽपि दुर्लभः ॥ २४४ ॥ आहवेषु च ये शूराः स्वाम्यर्थे त्यक्तजीविताः। भर्तृभक्ताः कृतज्ञाश्च ते नराः स्वर्गगामिनः ॥ २४५ ॥ कृतकृत्यस्य भृत्यस्य कृतं नैव प्रणाशयेत्। फलेन मनसा वाचा दृष्ट्या चैनं प्रहर्षयेत् ॥ २४६ ॥ कोपप्रसादवस्तूनि ये विचिन्वन्ति सेवकाः। आरोहन्ति शनैः पश्चाद्धुन्वन्तमपि पार्थिवम् ॥ २४७ ॥ विद्यावतां महेच्छानां शिल्पविक्रमशालिनाम्। सेवावृत्तिविदां चैव नाश्रयः पार्थिवं विना ॥ २४८ ॥ ये जात्यादिमहागर्वान्नरेन्द्रान्नोपयान्ति च। तेषामामरणं भिक्षा प्रायश्चित्तं विनिर्मितम् ॥ २४९ ॥ ये च प्राहुर्दुरात्मानो दुराराध्या महीभुजः। प्रमादालसजाड्यानि ख्यापितानि निजानि तैः ॥ २५० ॥ सर्पान्व्याघ्रान्गजान्सिंहान्दृष्ट्वोपायैर्वशीकृतान्। राजेति कियती मात्रा धीमतामप्रमादिनाम् ॥ २५१ ॥ राजानमेव संश्रित्य विद्वान्याति परां गतिम्। विना मलयमन्यत्र चन्दनो न प्ररोहति ॥ २५२ ॥ धवलान्यातपत्राणि वाजिनश्च मनोरमाः। सदा मत्ताश्च नागेन्द्राः प्रसन्ने सति भूपतौ ॥ २५३ ॥

सुवर्णपुष्पां पृथिवीं चिन्वन्ति पुरुषास्त्रयः। शूरश्च कृतविद्यश्च यश्च जानाति सेवितुम् ॥ २५४ ॥ सा सेवा या प्रभुहिता ग्राह्या वाक्यविशेषतः। आश्रयेत्पार्थिवं विद्वांस्तद्द्वारेणैव नान्यथा ॥ २५५ ॥ यो न वेत्ति गुणान्यस्य न तं सेवेत पण्डितः। नहि तस्मात्फलं तस्य सुकृष्टादूषरादिव ॥ २५६ ॥ द्रव्यप्रकृतिहीनोऽपि सेव्यः सेव्यगुणान्वितः। भवत्याजीवनं तस्मात्फलं कालान्तरादपि ॥ २५७ ॥ अपि स्थाणुवदासीनः शुष्यन्परिगतः क्षुधा। न त्वेवानात्मसंपन्नाद्वृत्तिमीहेत पण्डितः ॥ २५८ ॥ सेवकः स्वामिनं द्वेष्टि कृपणं परुषाक्षरम्। आत्मानं किं स न द्वेष्टि सेव्यासेव्यं न वेत्ति यः ॥ २५९ ॥ यमाश्रित्य न विश्रामं क्षुधार्ता यान्ति सेवकाः। सोऽर्कवन्नृपतिस्त्याज्यः सदा पुष्पफलोऽपि सन् ॥ २६० ॥ जीवेति प्रब्रुवन्प्रोक्तः कृत्यं कृत्यविचक्षणः। करोति निर्विकल्पं यः स भवेद्राजवल्लभः ॥ २६१ ॥ प्रभुप्रसादजं वित्तं सुपात्रे यो नियोजयेत्। वस्त्राद्यं विदधात्यङ्गे स भवेद्राजवल्लभः ॥ २६२ ॥ अन्तःपुरचरैः सार्धं यो मन्त्रं न समाचरेत्। न कलत्रैर्नरेन्द्रस्य स भवेद्राजवल्लभः ॥ २६३ ॥ संमतोऽहं प्रभोर्नित्यमिति मत्वा व्यतिक्रमेत्। कृच्छ्रेष्वपि न मर्यादां स भवेद्राजवल्लभः ॥ २६४ ॥ द्विषि द्वेषपरो नित्यमिष्टानामिष्टकर्मकृत्। यो नरो नरनाथस्य स भवेद्राजवल्लभः ॥ २६५ ॥ द्यूतं यो यमदूताभं हालां हालाहलोपमाम्। पश्येद्दारान्वृथाकारान्स भवेद्राजवल्लभः ॥ २६६ ॥ युद्धकालेऽग्रगो यः स्यात्सदा पृष्ठानुगः पुरे। प्रभोर्द्वाराश्रितो हर्म्ये स भवेद्राजवल्लभः ॥ २६७ ॥ दुराराध्या हि राजानः पर्वता इव सर्वदा। व्यालाकीर्णाः सुविषमाः कठिना दुःखसेविताः ॥ २६८ ॥ दुरारोहं पदं राज्ञां सर्वलोकनमस्कृतम्। स्वल्पेनाप्यपचारेण ब्राह्मण्यमिव दुष्यति ॥ २६९ ॥ दुराराध्याः श्रियो राज्ञां दुरापा दुष्परिग्रहाः। तिष्ठन्त्याप इवाधारे चिरमात्मनि संस्थिताः ॥ २७० ॥ अनभिज्ञो गुणानां यो न भृत्यैरनुगम्यते। धनाढ्योऽपि कुलीनोऽपि क्रमायातोऽपि भूपतिः ॥ २७१ ॥ सव्यदक्षिणयोर्यत्र विशेषो नोपलभ्यते। कस्तत्र क्षणमप्यार्यो विद्यमानगतिर्वसेत् ॥ २७२ ॥ काचे मणिर्मणौ काचो येषां बुद्धिः प्रवर्तते। न तेषां संनिधौ भृत्यो नाममात्रोऽपि तिष्ठति ॥ २७३ ॥ यस्मिन्कृत्यं समावेश्य निर्विशङ्केन चेतसा। आस्यते सेवकः स स्यात्कलत्रमिव चापरम् ॥ २७४ ॥ यः कृत्वा सुकृतं राज्ञो

दुष्करं हितमुत्तमम् । लज्जया वक्ति नो किंचित्तेन राजा सहायवान् ॥ २७५ ॥ कुतः सेवाविहीनानां चामरोद्धतसंपदः । उद्दण्डधवलच्छत्रवाजिवारणवाहिनी ॥ २७६ ॥ अपि स्वल्पमसत्यं यः पुरो वदति भूभुजाम् । देवानां च विनश्येत स द्रुतं सुमहानपि ॥ २७७ ॥ अकुलीनोऽपि मूर्खोऽपि भूपालं योऽत्र सेवते । अपि संमानहीनोऽपि स सर्वत्रापि पूज्यते ॥ २७८ ॥ अपि कापुरुषो भीरुः स्याच्चेन्नृपतिसेवकः । यदाप्नोति फलं लोकात्तत्सांशमपि नो गुणी ॥ २७९ ॥ यत्सकाशान्न लाभः स्यात्केवलाः स्युर्विपत्तयः । स स्वामी दूरतस्त्याज्यो विशेषादनुजीविभिः ॥ २८० ॥ फलहीनं नृपं भृत्याः कुलीनमपि चोन्नतम् । संत्यज्यान्यत्र गच्छन्ति शुष्कं वृक्षमिवाण्डजाः ॥ २८१ ॥ भूपः कूप इवाभाति नैमज्जनसुखावहः[1] । ददाति गुणसंबन्धाद्यथा[2] पात्रानुरूपतः ॥ २८२ ॥ अपि संमानसंयुक्ताः कुलीना भक्तितत्पराः । वृत्तिभङ्गान्महीपालं त्यक्त्वा यान्ति सुसेवकाः ॥ २८३ ॥ कालातिक्रमणं वृत्तेर्यो न कुर्वीत भूपतिः । कदाचित्तं न मुञ्चन्ति भर्त्सिता अपि सेवकाः ॥ २८४ ॥ देशानामुपरि क्ष्मापा आतुराणां चिकित्सकाः । वणिजो ग्राहकाणां च मूर्खाणामपि पण्डिताः ॥ २८५ ॥ प्रमादिनां तथा चौरा भिक्षुका गृहमेधिनाम् । गणिकाः कामुकानां च सर्वलोकस्य शिल्पिनः ॥ २८६ ॥ सामादिसज्जितैः पाशैः प्रतीक्षन्ते दिवानिशम् । भुञ्जते च यथाशक्ति जलजाञ्जलजा यथा ॥ २८७ ॥ शनैः शनैश्च यो राज्यमुपभुङ्क्ते यथाबलम् । रसायनमिव प्राज्ञः स पुष्टिं परमां व्रजेत् ॥ २८८ ॥ विधिना मन्त्रयुक्तेन रूक्षापि मथितापि च । प्रयच्छति फलं भूमिररणीव हुताशनम् ॥ २८९ ॥ प्रजानां पालनं शस्यं स्वर्गकोशस्य वर्धनम् । पीडनं धर्मनाशाय पापायायशसे स्थितम् ॥ २९० ॥ गोपालेन प्रजाधेनोर्वित्तदुग्धं शनैः शनैः । पालनात्पोषणाद्ग्राह्यं न्याय्यां वृत्तिं समाचरेत् ॥ २९१ ॥ पलार्थी नृपतिर्लोकान्पालयेद्यत्नमास्थितः । दानमानादितोयेन मालाकारोऽङ्कुरानिव ॥ २९२ ॥ नृपदीपो धनस्नेहं प्रजाभ्यः संहरन्नपि । अन्तरस्थैर्गुणैः शुभ्रैर्लक्ष्यते नैव केनचित् ॥ २९३ ॥ यथा गौर्दुह्यते काले पाल्यते च तथा प्रजा । सिच्यते चीयते चैव लता पुष्पफलप्रदा ॥ २९४ ॥ लोकानुग्रहकर्तारः प्रवर्धन्ते नरेश्वराः । लोकानां संक्षयाच्चैव क्षयं यान्ति न संशयः ॥ २९५ ॥ उत्तिष्ठमानस्तु परो नोपेक्ष्यः पथ्यमिच्छता । समौ हि शिष्टैराम्नातौ वर्त्स्यन्तावामयः स च ॥ २९६ ॥ मृत स्वामिनः कार्ये भृत्यानामनुवर्तिनाम् । भवेत्स्वर्गेऽक्षयो वासः कीर्तिश्च धरणीतले ॥ २९७ ॥ न यज्वानोऽपि गच्छन्ति तां गतिं नैव योगिनः । यां यान्ति प्रोज्झितप्राणाः स्वाम्यर्थे सेवकोत्तमाः ॥ २९८ ॥ चाटतस्करदुर्वृत्तैस्तथा साहसिकादिभिः । पीड्यमानाः प्रजा रक्ष्याः कूटच्छद्मादिभिस्तथा ॥ २९९ ॥ प्रजानां धर्मषड्भागो राज्ञो भवति रक्षितुः । अधर्मादपि षड्भागो जायते यो न रक्षति ॥ ३०० ॥ राजा बन्धुरबन्धूनां राजा चक्षुरचक्षुषाम् । राजा पिता च माता च सर्वेषां न्यायवर्तिनाम् ॥ ३०१ ॥ गुणालयोऽप्यसन्मन्त्री नृपतिर्नाधिगम्यते । प्रसन्नस्वादुसलिलो दुष्टग्राहो यथा ह्रदः ॥ ३०२ ॥ चित्रास्वादकथैर्भृत्यैरनायासितकार्मुकैः । ये रमन्ते नृपास्तेषां रमन्ते रिपवः श्रिया ॥ ३०३ ॥ यः संमानं समाधत्ते भृत्यानां क्षितिपोऽधिकम् । वित्ताभावेऽपि तं दृष्ट्वा ते त्यजन्ति न कर्हिचित् ॥ ३०४ ॥ विश्वासः संपदां मूलं तेन यूथपतिर्गजः । सिंहो मृगाधिपत्येऽपि न मृगैरुपयुज्यते ॥ ३०५ ॥ कारुण्यं संविभागश्च यस्य भृत्येषु सर्वदा । संभवेत्स महीपालस्त्रैलोक्यस्यापि रक्षणे ॥ ३०६ ॥ अपृष्टस्तु नरः किंचिद्यो ब्रूते राजसंसदि । न केवलमसंमानं लभते च विडम्बनम् ॥ ३०७ ॥ अजन्मा पुरुषस्तावद्गतासुस्तृणमेव वा । यावन्नेषुभिरादत्ते विलुप्तमरिभिर्यशः ॥ ३०८ ॥ विपाकदारुणो राज्ञां रिपुरल्पोऽप्यरुंतुदः । उद्वेजयति सूक्ष्मोऽपि चरणं कण्टकाङ्कुरः ॥ ३०९ ॥ निर्विषोऽपि यथा सर्पः फटाटोपैर्भयंकरः । तथाडम्बरवान्राजा न परैः परिभूयते ॥ ३१० ॥ भूमिर्मित्रं हिरण्यं वा विग्रहस्य फलत्रयम् । नास्त्येकमपि यद्येषां न तत्कुर्यात्कथंचन ॥ ३११ ॥ सामैव हि प्रयोक्तव्यमादौ कार्यं विजानता । सामसिद्धानि कार्याणि विक्रियां यान्ति न क्वचित् ॥ ३१२ ॥ शपथैः संधितस्यापि न विश्वासं व्रजेद्रिपोः । राज्यलोभोद्यतो विप्रः शक्रेण शपथैर्हतः ॥ ३१३ ॥ उपकारगृहीतेन शत्रुणा शत्रुमुद्धरेत् । पादलग्नं करस्थेन कण्टकेनेव कण्टकम् ॥ ३१४ ॥ नोपेक्षितव्यो विद्वद्भिः शत्रुरल्पोऽप्यवज्ञया । वह्निरल्पोऽपि

---

१. नमन्तो नम्रा ये जनास्तेषां सुखावहः; (पक्षे) मज्जने सुखावहो न भवतीति न मज्जनसुखावहः. २ विद्याविनयादिः. (पक्षे) रज्जवः.

संवृद्धः कुरुते भस्मसाद्वनम् ॥ ३१५ ॥ कौर्मं संकोचमास्थाय प्रहारानपि मर्षयेत्। प्राप्ते काले च मतिमानुत्तिष्ठेत्कृष्णसर्पवत् ॥ ३१६ ॥ स्वाम्यमात्यश्च राज्यं च कोषो दुर्गं बलं सुहृत्। एतावदुच्यते राज्यं सत्त्वबुद्धिव्यपाश्रयम् ॥ ३१७ ॥ संधिविग्रहयानानि संस्थितिः संश्रयस्तथा। द्वैधीभावश्च भूपानां षड्गुणाः परिकीर्तिताः ॥ ३१८ ॥ उत्साहस्य प्रभोर्मन्त्रस्यैवं शक्तित्रयं मतम्। आत्मनः सुहृदश्चैव तन्मित्रस्योदयास्त्रयः ॥ ३१९ ॥ सामदाने भेददण्डावित्युपायचतुष्टयम्। हस्त्यश्वरथपादातं सेनाङ्गं स्याच्चतुष्टयम् ॥ ३२० ॥ क्षत्रियस्योरसि क्षत्रं पृष्ठे ब्रह्म व्यवस्थितम्। तेन पृष्ठं न दातव्यं पृष्ठदो ब्रह्महा भवेत् ॥ ३२१ ॥ रक्षाधिकारादीशत्वाद्भूतानुग्रहकारणात्। यदेव कुरुते राजा तत्प्रमाणमिति स्थितिः ॥ ३२२ ॥ राजा नाम चरत्येष भूमौ साक्षात्सहस्रदृक्। न तस्याज्ञामतिक्रम्य संतिष्ठेरन्निमाः प्रजाः ॥ ३२३ ॥ राज्ञामाज्ञाभयाद्यस्मान्न च्यवन्ते पथः प्रजाः। व्यवहारस्ततो ज्ञेयः शान्तितो राजशासनम् ॥ ३२४ ॥ नित्यार्यपृथिवीपालैश्चारित्रविधयः कृताः। चारित्रेभ्यस्ततः प्राहुर्गरीयो राजशासनम् ॥ ३२५ ॥ पुष्पैरपि न योद्धव्यं किं पुनर्निशितैः शरैः। जये भवति संदेहः प्रधानपुरुषक्षयः ॥ ३२६ ॥ अभिभूतोऽप्यवज्ञातो यो राज्ञां द्वारि तिष्ठति। स तु राज्ञां श्रियं भुङ्क्ते नाभिमानी कदाचन ॥ ३२७ ॥ अन्तःपुरधनाध्यक्षैर्वैरिभूते निराकृते। संसर्गं न व्रजेल्लोके विना पार्थिवशासनात् ॥ ३२८ ॥ जृम्भां निष्ठीवनं कौर्यं कोपं पर्यङ्किकां श्रमम्। भ्रुकुटिं वातमुद्रां च तत्समीपे विवर्जयेत् ॥ ३२९ ॥ राज्ञस्तु दर्शनं कुर्याज्ज्ञात्वावसरसौष्ठवम्। गुणादिख्यापनात्पूर्वमुपनीतो महाशयैः ॥ ३३० ॥ दर्शनं नाधमद्वारा राज्ञः कार्यं विपश्चिता। गरिष्ठोऽप्यतिनीचः स्यादुपनीतो लघुर्भवेत् ॥ ३३१ ॥ शत्रोरत्यन्तमित्रं यत्तेन मैत्रीं विवर्जयेत्। अर्दयेत्तद्विरोधेन प्रतिष्ठाघातकारिणा ॥ ३३२ ॥ यत्रात्मीयो जनो नास्ति भेदस्तत्र न विद्यते। कुठारैर्दण्डनिर्मुक्तैर्भिद्यन्ते तरवः कथम् ॥ ३३३ ॥ एतदर्थं कुलीनानां नृपाः कुर्वन्ति संग्रहम्। आदिमध्यावसानेषु न ते यास्यन्ति विक्रियाम् ॥ ३३४ ॥ सर्व एव जनः शूरो ह्यनासादितसंगरः। अदृष्टपरसामर्थ्यः सदर्पः को भवेन्नहि ॥ ३३५ ॥ रुष्टोऽपि राजा यद्यान्न तत्तुष्टो वणिग्जनः। अतो भूमिपतिः सेव्यस्त्याज्यो दूरतरेण सः ॥ ३३६ ॥ नापरीक्ष्य नयेद्दण्डं न च मन्त्रं प्रकाशयेत्। विसृजेन्नैव लुब्धेभ्यो विश्वसेन्नापकारिषु ॥ ३३७ ॥ चरेद्धीमानकटको युञ्जेत्स्नेहं न नास्तिकः। अनृशंसश्चरेदर्थं चरेत्कार्यमनुद्धतः ॥ ३३८ ॥ संदधीत न चानार्यैर्विगृह्णीयान्न बन्धुभिः। नाभक्तं चारयेच्चारं कुर्यात्कार्यमपीडया ॥ ३३९ ॥ सर्वे यत्र विनेतारः सर्वे यत्राभिमानिनः। सर्वे महत्त्वमिच्छन्ति कुलं तदवसीदति ॥ ३४० ॥ अकृत्वा निजदेशस्य रक्षां यो विजिगीषते। स नृपः परिधानेन वृतमौलिः पुमानिव ॥ ३४१ ॥ विजिगीषुररिर्मित्रं पार्ष्णिग्राहोऽप्यमध्यमः। उदासीनोऽन्तरान्तर्धिरित्येषा नृपतेः स्थितिः ॥ ३४२ ॥ गृध्राकारोऽपि सेव्यः स्याद्धंसाकारैः सभासदैः। हंसाकारोऽपि संत्याज्यो गृध्राकारैः सभासदैः ॥ ३४३ ॥ ये ह्याहवेषु वध्यन्ते स्वाम्यर्थमपराङ्मुखाः। विकटैरायुधैर्यान्ति ते स्वर्गं योगिनो यथा ॥ ३४४ ॥ पदानि क्रतुतुल्यानि आहवेष्वनिवर्तिनाम्। राजा सुकृतमादत्ते हतानां विपलायिनाम् ॥ ३४५ ॥ तवाहंवादिनं क्लीबं निर्हेतिं परमागतिम्। न हन्याद्विनिवृत्तं च युद्धं प्रेक्षितुमागतम् ॥ ३४६ ॥ सुतभृत्यसुहृद्वैरिस्वामिसद्गुरुदैवते। एकैकोत्तरतो वृद्ध्या श्रीकारः पत्रमूर्धनि ॥ ३४७ ॥ सपक्षो लभते काको वृक्षस्य विविधं फलम्। पक्षहीनो मृगेन्द्रोऽपि भूमिसंस्थो निरीक्षते ॥ ३४८ ॥ सपक्षो लभते लक्षं गुणमुक्तोऽपि मार्गणः। न लक्षस्थो विपक्षः स्याद्गुणैरापूर्यते यदि ॥ ३४९ ॥ परस्परानुरक्ता ये योधाः शार्ङ्गधनुर्धराः। संनद्धास्तुरगारूढास्ते जयन्ति रणे रिपून् ॥ ३५० ॥ जिते लक्ष्मीर्मृते स्वर्गः कीर्तिश्च धरणीतले। तस्माद्युद्धं विधातव्यं हन्तव्या परवाहिनी ॥ ३५१ ॥ विधाय वैरं सामर्षे नरोऽरौ य उदासते। प्रक्षिप्योदर्चिषं कक्षे शेरते तेऽभिमारुतम् ॥ ३५२ ॥ सद्वंशसंभवः शुद्धः कोटिदोऽपि गुणान्वितः। कामं धनुरिव क्रूरो वर्जनीयः सतां प्रभुः ॥ ३५३ ॥ असमाप्तजिगीषस्य स्त्रीचिन्ता का मनस्विनः। अनाक्रम्य जगत्कृत्स्नं नो संध्यां भजते रविः ॥ ३५४ ॥ चिन्त्यते नय एवादावमन्दं समुपेप्सुभिः। विनम्य पूर्वं सिंहोऽपि हन्ति हस्तिनमोजसा ॥ ३५५ ॥ स्वजातीयं विना वैरी न जय्यः स्यात्कदाचन। विना वज्रमणिं मुक्तामणिर्भेद्यः कथं भवेत् ॥ ३५६ ॥ युक्त्या परोक्षं बाधेत विपक्षक्षपणक्षमः। शोषयत्यचिरेणैव प्रान्तरस्थमलं

१ अग्निम्. २ तृणसमूहे.

पयः ॥ ३५७ ॥ दुर्गदेशप्रविष्टोऽपि शूरोऽभ्येति पराभवम् । गाढपङ्कनिमग्नाङ्गो मातङ्गोऽप्यवसीदति ॥ ३५८ ॥ नयेनाङ्कुरितं शौर्यं जयाय न तु केवलम् । अन्ययुक्तं विषं भुक्तं पथ्यं स्यादन्यथा मृतिः ॥ ३५९ ॥ मृदुभिर्बहुभिः शूरः पुंभिरेको न बाध्यते । कपोतपोतकैरेकः श्येनो जातु न बाध्यते ॥ ३६० ॥ विपक्षमखिलीकृत्य प्रतिष्ठा खलु दुर्लभा । अनीत्वा पङ्कतां धूलिमुदकं नावतिष्ठते ॥३६१॥ म्रियते यावदेकोऽपि रिपुस्तावत्कुतः सुखम् । पुरः क्लिश्नाति सोमं हि सैंहिकेयोऽसुरद्रुहाम् ॥ ३६२ ॥ रिक्ताः कर्मणि पटवस्तृप्तास्त्वलसा भवन्ति भृत्या ये । तेषां जलौकसामिव पूर्णानां रिक्तता कार्या ॥ ३६३ ॥ गन्तव्या राजसभा द्रष्टव्या राजपूजिता लोकाः । यद्यपि न भवन्त्यर्थास्तथाप्यनर्था विनश्यन्ति ॥ ३६४ ॥ अतितेजस्व्यपि राजा पानासक्तो न साधयत्यर्थान् । तृणमपि दग्धुमशक्तो वडवाग्निः संपिबत्यब्धिम् ॥३६५॥ अचिराधिष्ठितराज्यः शत्रुः प्रकृतिष्वरूढमूलत्वात् । नवसंरोपणशिथिलस्तरुरिव सुकरः समुद्धर्तुम् ॥ ३६६ ॥ सप्रतिबन्धं कार्यं प्रभुरधिगन्तुं सहायवानेव । दृश्यं तमसि न पश्यति दीपेन विना सचक्षुरपि ॥ ३६७ ॥ अभिमुखनिहतस्य सततस्तिष्ठतु तावज्जयोऽथवा स्वर्गः । उभयबलसाधुवादश्रवणसुखस्यैव नास्त्यन्तः ॥ ३६८ ॥ अविवेकमतिर्नृपतिर्मन्त्री गुणवत्सु वक्रितग्रीवः । यत्र खलाश्च प्रबलास्तत्र कथं सज्जनावसरः ॥ ३६९ ॥ अतिगम्भीरे भूपे कूप इव जनस्य दुरवतारस्य । दधति समीहितसिद्धिं गुणवन्तः पार्थिवा घटकाः ॥ ३७० ॥ सदवनमसदनुशासनमाश्रितभरणं च राजचिह्नानि । अभिषेकः पटबन्धो बालव्यजनं व्रणस्यापि ॥ ३७१ ॥ यदि तव हृदयं विद्वन्सुनयं स्वप्नेऽपि मा स्म सेविष्ठाः । सचिवजितं षण्ढजितं युवतिजितं चैव राजानम् ॥ ३७२ ॥ आश्रयितव्यो नरपतिरर्जयितव्यानि भूरि वित्तानि । आरब्धव्यं वितरणमानेतव्यं यशो दशापि दिशः ॥ ३७३ ॥ असमैः समीयमानः समैश्च परिहीयमाणसत्कारः । धुरि यो न युज्यमानस्त्रिभिरर्थपतिं त्यजति भृत्यः ॥ ३७४ ॥ अनुयातानेकजनः परपुरुषैरुह्यतेऽस्य निजदेहः । अधिकारस्थः पुरुषः शव इव न शृणोति वीक्षते कुमतिः ॥ ३७५ ॥ स क्षत्रियस्त्राणसहः सतां यस्तत्कार्मुकं कर्मसु यस्य शक्तिः । वहन्द्वयीं यद्यफलेऽर्थजाते करोत्यसंस्कारहतामिवोक्तिम् । ॥ ३७६ ॥ क्षतात्किल त्रायत इत्युदग्रः क्षत्रस्य शब्दो भुवनेषु रूढः । राज्येन किं तद्विपरीतवृत्तेः प्राणैरुपक्रोशमलीमसैर्वा ॥ ३७७ ॥ अत्युच्छ्रिते मन्त्रिणि पार्थिवे च विष्टभ्य पादावुपतिष्ठते श्रीः । सा स्त्रीस्वभावादसहा भरस्य तयोर्द्वयोरेकतरं जहाति ॥ ३७८ ॥ यः काकिनीमप्यपथप्रपन्नां समुद्धरेन्निष्कसहस्रतुल्याम् । कालेषु कोटिष्वपि मुक्तहस्तस्तं राजसिंहं न जहाति लक्ष्मीः ॥ ३७९ ॥ उपेक्षितः क्षीणबलोऽपि शत्रुः प्रमाददोषात्पुरुषैर्मदान्धैः । साध्योऽपि भूत्वा प्रथमं ततोऽसावसाध्यतां व्याधिरिव प्रयाति ॥ ३८० ॥ मित्राणि शत्रुत्वमिवानयन्ती मित्रत्वमप्यर्थवशाच्च शत्रून् । नीतिर्नयत्यस्मृतपूर्ववृत्तं जन्मान्तरं जीवत एव पुंसः ॥ ३८१ ॥ सन्मन्त्रिणा वर्धयते नृपाणां लक्ष्मीमहीधर्मयशःसमूहः । दुर्मन्त्रिणा नाशयते तथैव लक्ष्मीमहीधर्मयशःसमूहः ॥ ३८२ ॥ नियुक्तहस्तार्पितराज्यभारास्तिष्ठन्ति ये सौधविहारसाराः । बिडालवृन्दार्पितदुग्धपूराः स्वपन्ति ते मूढधियः क्षितीन्द्राः ॥ ३८३ ॥ सुहृदामुपकारकारणाद्द्विषतामप्यपकारकारणात् । नृपसंश्रय इष्यते बुधैर्जठरं को न बिभर्ति केवलम् ॥ ३८४ ॥ विषमोऽपि विगाह्यते नयः कृततीर्थः पयसामिवाशयः । स तु तत्र विशेषदुर्लभः सदुपन्यस्यति कृत्यवर्त्म यः ॥ ३८५ ॥ द्विषतामुदयः सुमेधसा गुरुरस्वन्ततरः सुमर्षणः । न महानपि भूतिमिच्छता फलसंपत्प्रवणः परिक्षयः ॥ ३८६ ॥ अचिरेण परस्य भूयसीं विपरीतां विगणय्य चात्मनः । क्षययुक्तिमुपेक्षते कृती कुरुते तत्प्रतिकारमन्यथा ॥ ३८७ ॥ अनुपालयतामुदेष्यतीं प्रभुशक्तिं द्विषतामनीहया । अपयान्त्यचिरान्महीभुजां जननिर्वादभयादिव श्रियः ॥ ३८८ ॥ क्षययुक्तमपि स्वभावजं दधतं धाम शिवं समृद्धये । प्रणयन्त्यनपायमुत्थितं प्रतिपच्चन्द्रमिव प्रजा नृपम् ॥ ३८९ ॥ प्रभवः खलु कोशदण्डयोः कृतपञ्चाङ्गविनिर्णयो नयः । स विधेयपदेषु

---

१ सतामवनं रक्षणम्. २ दुष्टशासनम्.

१ दुर्बोधोऽपि; (पक्षे) दुःप्रवेशोऽपि. २ विगृह्यते; (पक्षे) प्रविश्यते. ३ कृताभ्यासाद्युपायः सन्; (पक्षे) कृतजलावतारः सन्. ४ देशकालाद्यविरुद्धम्. यथार्थमित्यर्थः; (पक्षे) गर्तग्राहपाषाणादिरहितम्. ५ संधिविग्रहादिकार्यम्; (पक्षे) स्नानादिकम्. ६ यथा केचित्कृततीर्थे पयसि गम्भीरेऽपि प्रवेष्टारः सन्ति, तीर्थकरस्तु विरलः, तद्वन्नीतावपि निगूढमपि तत्त्वं सति वक्तरि बोद्धारः सन्ति, वक्ता तु न सुलभ इत्यर्थः. ७ अत्यन्तदुरन्तः. क्षयोन्मुख इत्यर्थः. ८ फलसिद्ध्युन्मुखः. ९ अनुत्साहेन. १० क्षात्रं तेजः; (पक्षे) प्रकाशम्. ११ अर्थराशिः. १२ तुरंगसैन्यम्. १३ 'सहायाः साधनोपाया विभागो देशकालयोः । विनिपात प्रतीकारः सिद्धिः पञ्चाङ्ग इष्यते ॥' इति.

दक्षतां नियतिं लोक इवानुरुध्यते ॥ ३९० ॥ अभिमानवतो मनस्विनः प्रियमुच्चैः पदमारुरुक्षतः । विनिपातनिवर्तनक्षमं मतमालम्बनमात्मपौरुषम् ॥ ३९१ ॥ विपदोऽभिभवन्त्यविक्रमं रहयत्यापदुपेतमायतिः । नियता लघुता निरायतेरगरीयान्न पदं नृपश्रियः ॥ ३९२ ॥ चञ्चलं वसु नितान्तमुन्नता मेदिनीमपि हरन्त्यरातयः । भूधरस्थिरमुपेयमागतं मावमंस्त सुहृदं महीपतिम् ॥ ३९३ ॥ आज्ञा कीर्तिः पालनं ब्राह्मणानां दानं भोगो मित्रसंरक्षणं च । येषामेते षड्गुणा न प्रवृत्ताः कोऽर्थस्तेषां पार्थिवोपाश्रयेण ॥३९४॥ स किंसखा साधु न शास्ति योऽधिपं हिताच्च यः संशृणुते स किंप्रभुः । सदानुकूलेषु हि कुर्वते रतिं नृपेष्वमात्येषु च सर्वसंपदः ॥ ३९५ ॥ नराधिपा नीचजनानुवर्तिनो बुधोपदिष्टेन न यान्ति ये पथा । विशन्त्यतो दुर्गममार्गनिर्गमं समस्तसंबाधमनर्थपञ्जरम् ॥ ३९६ ॥ नृपोऽपकृष्टः सचिवात्तदर्पणः स्तनंधयोऽत्यन्तशिशुः स्तनादिव । अदृष्टलोकव्यवहारमूढधीर्मुहूर्तमप्युत्सहते न वर्तितुम् ॥ ३९७ ॥ व्रजन्ति ते मूढधियः पराभवं भवन्ति मायाविषु ये न मायिनः । प्रविश्य हि घ्नन्ति शठास्तथाविधानसंवृताङ्गान्निशिता इवेषवः ॥ ३९८ ॥ क्रतौ विवाहे व्यसने रिपुक्षये यशस्करे कर्मणि मित्रसंग्रहे । प्रियासु नारीष्वधनेषु बन्धुषु धनव्ययस्तेषु न गण्यते बुधैः ॥ ३९९ ॥ परं विनीतत्वमुपैति सेवया महीपतीनां विनयो हि भूषणम् । प्रवृत्तदानो मृदुसंचरत्करः करीव भद्रो विनयेन शोभते ॥ ४०० ॥ अवन्ध्यकोपस्य विहन्तुरापदां भवन्ति वश्याः स्वयमेव देहिनः । अमर्षशून्येन जनस्य जन्तुना न जातहार्देन न विद्विषादरः ॥ ४०१ ॥ यदि समरमपास्य नास्ति मृत्योर्भयमिति युक्तमितोऽन्यतः प्रयातुम् । अथ मरणमवश्यमेव जन्तोः किमिति मुधा मलिनं यशः क्रियेत ॥ ४०२ ॥ आसन्नमेव नृपतिर्भजते मनुष्यं विद्याविहीनमकुलीनमसंगतं वा । प्रायेण भूमिपतयः प्रमदा लताश्च यः पार्श्वतो भवति तं परिवेष्टयन्ति ॥ ४०३ ॥ सत्यानृता च परुषा[2] प्रियवादिनी च हिंस्रा[3] दयालुरपि चार्थपरा वदान्या[4] । नित्यव्यया प्रचुरनित्यधनागमा च वेश्याङ्गनेव नृपनीतिरनेकरूपा ॥ ४०४ ॥ राजन्दुधुक्षसि[5] यदि क्षितिधेनुमेतां तेनाद्य वत्समिव लोकममुं पुषाण[6] । तस्मिंश्च सम्यगनिशं परिपोष्यमाणे नानाफलैः फलति कल्पलतेव भूमिः ॥ ४०५ ॥ सिध्यन्ति कर्मसु महत्स्वपि यैन्नियोज्याः[1] संभावनागुणमवेहि तमीश्वराणाम्[2] । किं प्राभविष्यदरुणस्तमसां[3] वधाय तं चेत्सहस्रकिरणो[4] धुरि नाकरिष्यत्[5] ॥ ४०६ ॥ तातार्यमन्त्रिसुतसोदरपण्डितानां नित्यं भजन्ति विभजीकृतभव्यभोगान् । तस्मात्कदाचन रहस्यपि तद्विधानामाज्ञां विभज्य न दिशन्ति महीं महीशाः ॥ ४०७ ॥ ये बाहवो न युधि वैरिकठोरकण्ठपीठोच्छलद्रुधिरराजिविराजितांसाः । नापि प्रियापृथुपयोधरपत्रभङ्गसंक्रान्तकुङ्कुमरसाः खलु निष्फलास्ते ॥ ४०८ ॥ नरपतिहितकर्ता द्वेष्यतां याति लोके जनपदहितकर्ता त्यज्यते पार्थिवेन । इति महति विरोधे विद्यमाने समाने नृपतिजनपदानां दुर्लभः कार्यकर्ता ॥ ४०९ ॥ नियतविषयवर्ती प्रायशो दण्डयोगाज्जगति परवशेऽस्मिन्दुर्लभः साधुवृत्तः । कृशमपि विकलं वा व्याधितं वाऽधनं वा पतिमपि कुलनारी दण्डभीत्याभ्युपैति ॥ ४१० ॥ नृपः कामासक्तो गणयति न कार्यं न च हितं यथेच्छं स्वच्छन्दश्चरति किल मत्तो गज इव । ततो मानध्मातः पतति तु यदा शोकगहने तदा भृत्ये दोषान्क्षिपति न निजं वेत्त्यविनयम् ॥ ४११ ॥ अवज्ञानात्प्राज्ञो भवति मतिहीनः परिजनस्ततस्तत्प्रामाण्याद्भवति न समीपे बुधजनः । बुधैस्त्यक्ते राज्ये न हि भवति नीतिर्गुणवती विपन्नायां नीतौ सकलमवशं सीदति जगत् ॥ ४१२ ॥ अयुक्तं युक्तं वा यदभिहितमज्ञेन विभुना स्तुयादेतन्नित्यं जडमपि गुरुं तस्य विनुयात्[6] । विवत्सुर्नैःस्पृह्यं[7] कथमपि सभायामभिनयेत्[8] स्वकार्यं संतुष्टे क्षितिभृति रहस्येव[9] कथयेत् ॥ ४१३ ॥ मुहुर्लक्ष्योद्भेदा मुहुरधिगमाभावगहना मुहुः संपूर्णाङ्गी मुहुरतिकृशा कार्यवशतः । मुहुर्भ्रश्यद्बीजा मुहुरपि बहुप्रापितफलेत्यहो चित्राकारा नियतिरिव नीतिर्नयविदः ॥ ४१४ ॥ इच्छेद्यस्तु सुखं निवस्तुमवनौ[10] गच्छेत्स राज्ञः सभां कल्याणीं[11] गिरमेव संसदि[12] वदेत्कार्यं विदध्यात्कृती । अक्लेशाद्धनमर्जयेदधिपतेरावर्जयेद्वल्लभान्[13] कुर्वीतोपकृतिं जनस्य जनयेत्कस्यापि नापक्रियाम्[14] ॥ ४१५ ॥ अज्ञो वा यदि वा विपर्ययगते ज्ञानेऽथ संदेहभृदृष्टादृष्टविरोधि कर्म कुरुते यस्तस्य गोप्ता गुरुः । निःसंदेहविपर्यये सति पुनर्ज्ञाने विरुद्धक्रियं राजा चेत्पुरुषं न शास्ति तदयं प्राप्तः प्रजाविप्लवः ॥ ४१६ ॥ सूचीमात्रवि-

१ जातस्नेहेन. २ कर्कशा. ३ घातुका. ४ दानशौण्डा. ५ दोग्धुं कर्तुमिच्छसि. ६ पोषणं कुरु.

१ भृत्याः. २ राज्ञाम्. ३ सूर्यसारथिः. ४ सूर्यः. ५ उक्तम्. ६ तद्गुरोः स्तवनं कुर्यात्. ७ निःस्पृहताम्. ८ अभिनयपूर्वकं ...येत्. ९ एकान्ते. १० पृथिव्याम्. ११ मनोज्ञाम्. १२ सभायाम्. १३ प्रियान्. १४ अपकारम्.

भेदसंभ्रमगुणः क्षोणीशवामभ्रुवामुत्तुङ्गस्तनमण्डलेषु लभते लीलारतिं कञ्चुकः । नाराचैर्निबिडैर्विभिन्नवपुषां पुंसां महायोधने स्वर्गस्त्रीकुचकुम्भसंभ्रमपरीरम्भः कथं दुर्लभः ॥ ४१७ ॥ एकं भूमिपतिः करोति सचिवं राज्ये प्रमाणं यदा तं मोहाच्छ्रयते मदः स च मदालस्येन निर्भिद्यते । निर्भिन्नस्य पदं करोति हृदये तस्य स्वतन्त्रस्पृहा स्वातन्त्र्यस्पृहया ततः स नृपतेः प्राणान्तिकं द्रुह्यति ॥ ४१८ ॥ ऐश्वर्यादनपेतमीश्वरमयं लोकोऽर्थतः सेवते तं गच्छन्त्यनु ये विपत्तिषु पुनस्ते तत्प्रतिष्ठाशया । भर्तुर्ये प्रलयेऽपि पूर्वसुकृतासङ्गेन निःसङ्गया भक्त्या कार्यधुरां वहन्ति कृतिनस्ते दुर्लभास्त्वादृशाः ॥ ४१९ ॥ द्वारे रुद्धमुपेक्षते कथमपि प्राप्तं पुरो नेक्षते विज्ञप्तौ गजमीलनानि कुरुते गृह्णाति वाक्यच्छलम् । निर्यातस्य करोति दोषकथनं तद्विद्विषामग्रतः स स्वामी यदि सेव्यते कुमतिभिः किं नः पिशाचैः कृतम् ॥ ४२० ॥ वृत्तिच्छेदविधौ द्विजातिमरणे मित्रार्थसंप्रेषणे संप्राप्ते मरणे कलत्रहरणे स्वामिग्रहे गोग्रहे । प्राणत्राणपरायणैकमनसां येषां न शस्त्रग्रहस्तानालोक्य विलोकते च मनसा सूर्योऽपि सूर्यान्तरम् ॥ ४२१ ॥ धर्मः प्रागेव चिन्त्यः सचिवगतिमती भावनीये सदैव ज्ञेया लोकानुवृत्तिर्वरचरनयनैर्मण्डलं वीक्षणीयम् । प्रच्छाद्यौ रागरोषौ मृदुपरुषयुतौ वर्जनीयौ च काले स्वात्मा यत्नेन रक्ष्यो रणशिरसि पुनः सोऽपि नापेक्षणीयः ॥ ४२२ ॥ कोऽहं कौ देशकालौ समविषमगुणाः केऽरयः के सहायाः का शक्तिः कोऽभ्युपायः फलमिह च कियत्कीदृशी दैवसंपत् । संपत्तौ को निबन्धः प्रविदितवचनस्योत्तरं किं नु मे स्यादित्येवं कार्यसिद्धाववहितमनसो हस्तगाः संपदः स्युः ॥ ४२३ ॥

सामान्यनीतिः ।

अनुगन्तुं सतां वर्त्म कृत्स्नं यदि न शक्यते । स्वल्पमप्यनुगन्तव्यं मार्गस्थो नावसीदति ॥ १ ॥ प्रत्यहं प्रत्यवेक्षेत नरश्चरितमात्मनः । किं नु मे पशुभिस्तुल्यं किं नु सत्पुरुषैरिति ॥ २ ॥ सद्भिरेव सहासीत सद्भिः कुर्वीत संगतिम् । सद्भिर्विवादं मैत्रीं च नासद्भिः किंचिदाचरेत् ॥ ३ ॥ न द्विषन्ति न याचन्ते परनिन्दां न कुर्वते । अनाहूता न चायान्ति तेनाश्मानोऽपि देवताः ॥ ४ ॥ पठतो नास्ति मूर्खत्वं जपतो नास्ति पातकम् । मौनिनः कलहो नास्ति न भयं चास्ति जाग्रतः ॥ ५ ॥ गतेऽपि वयसि ग्राह्या विद्या सर्वात्मना बुधैः । यद्यपि स्यान्न फलदा सुलभा सान्यजन्मनि ॥ ६ ॥ यस्य चाप्रियमन्विच्छेत्तस्य कुर्यात्सदा प्रियम् । व्याधा मृगवधं कर्तुं सम्यग्गायन्ति सुस्वरम् ॥७॥ प्रहरिष्यन्प्रियं ब्रूयात्प्रहृत्यापि प्रियोत्तरम् । अपि चास्य शिरश्छित्त्वा रुद्याच्छोचेत्तथापि च ॥ ८ ॥ सुमन्त्रिते सुविक्रान्ते सुकृतौ सुविचारिते । प्रारम्भे कृतबुद्धीनां सिद्धिरव्यभिचारिणी ॥ ९ ॥ नालसाः प्राप्नुवन्त्यर्थान्न शठा न च मायिनः । न च लोकरवाद्भीता न च शश्वत्प्रतीक्षिणः ॥ १० ॥ नोदन्वानर्थितामेति सदाम्भोभिः प्रपूर्यते । आत्मा तु पात्रतां नेयः पात्रमायान्ति संपदः ॥ ११ ॥ काकतालीययोगेन यदनात्मवति क्षणम् । करोति प्रणयं लक्ष्मीस्तदस्याः स्त्रीत्वचापलम् ॥ १२ ॥ यो यमर्थं प्रार्थयते यदर्थं घटतेऽपि च । अवश्यं तदवाप्नोति न चेच्छ्रान्तो निवर्तते ॥ १३ ॥ केचिदज्ञानतो नष्टाः केचिन्नष्टाः प्रमादतः । केचिज्ज्ञानावलेपेन केचिन्नष्टैस्तु नाशिताः ॥ १४ ॥ मित्रस्वजनबन्धूनां बुद्धेर्धैर्यस्य चात्मनः । आपन्निकषपाषाणे नरो जानाति सारताम् ॥ १५ ॥ दुष्टैरपि निजैरेव प्राप्तं त्त सर्वमुत्तमम् । वरं जीर्णाम्बरं वापि हट्टे कर्पटमर्हति ॥ १६ ॥ चिन्तनीया हि विपदामादावेव प्रतिक्रियाः । न कूपखननं युक्तं प्रदीप्ते वह्निना गृहे ॥ १७ ॥ वरं दारिद्र्यमन्यायप्रभवाद्विभवादिह । कृशताभिमता देहे पीनता न तु शोफतः ॥ १८ ॥ स्त्री विनश्यति रूपेण ब्राह्मणो राजसेवया । गावो दूरप्रचारणे हिरण्यं लोभलिप्सया ॥ १९ ॥ अतिदानाद्बलिर्बद्धो ह्यतिमानात्सुयोधनः । विनष्टो रावणो लौल्यादति सर्वत्र वर्जयेत् ॥ २० ॥ धनमस्तीति वाणिज्यं किंचिदस्तीति कर्षणम् । सेवा न किंचिदस्तीति भिक्षा नैव च नैव च ॥ २१ ॥ स्पृशन्नपि गजो हन्ति जिघ्रन्नपि भुजंगमः । हसन्नपि नृपो हन्ति मानयन्नपि दुर्जनः ॥ २२ ॥ गीतशास्त्रविनोदेन कालो गच्छति धीमताम् । व्यसनेन तु मूर्खाणां निद्रया कलहेन वा ॥ २३ ॥ जानन्ति पशवो गन्धाद्वेदाज्जानन्ति पण्डिताः । चाराज्जानन्ति राजानश्चक्षुर्भ्यामितरे जनाः ॥२४॥ युक्तियुक्तं प्रगृह्णीयाद्बालादपि विचक्षणः । रवेरविषयं वस्तु किं न दीपः प्रकाशयेत् ॥ २५ ॥ वृथा वृष्टिः समुद्रेषु वृथा तृप्तस्य भोजनम् । वृथा दानं समर्थस्य वृथा दीपो दिवापि च ॥ २६ ॥ अजायुद्धमृषिश्राद्धं प्रभाते मेघडम्बरम् । दंपत्योः कलहश्चैव परिणामे न किंचन ॥ २७ ॥ अर्थनाशं मनस्तापं गृहे दुश्चरितानि च । वञ्चनं चापमानं च मतिमान्न प्रकाशयेत् ॥ २८ ॥ अवृत्तिकं त्यजेद्देशं वृत्तिं सोपद्रवां त्यजेत् । त्यजेन्मायाविनं मित्रं धनं प्राणहरं

---

१ वृद्धत्वेऽपि.

त्यजेत् ॥ २९ ॥ सौहृदेन परित्यक्तं निःस्नेहं खलवत्त्यजेत्। सोदरं भ्रातरमपि किमुतान्यं पृथग्जनम् ॥ ३० ॥ यन्निमित्तं भवेच्छोको दुःखं वा त्रास एव च। आयासो वा यतः शूलस्तदेकाङ्गमपि त्यजेत् ॥ ३१ ॥ त्यजेदेकं कुलस्यार्थे ग्रामस्यार्थे कुलं त्यजेत्। ग्रामं जनपदस्यार्थे ह्यात्मार्थे पृथिवीं त्यजेत् ॥ ३२ ॥ न गणस्याग्रतो गच्छेत्सिद्धे कार्ये समं फलम्। यदि कार्यविपत्तिः स्यान्मुखरस्तत्र हन्यते ॥ ३३ ॥ धनिकः श्रोत्रियो राजा नदी वैद्यस्तु पञ्चमः। पञ्च यत्र न विद्यन्ते न तत्र दिवसं वसेत् ॥ ३४ ॥ चलत्येकेन पादेन तिष्ठत्येकेन पण्डितः। नासमीक्ष्य परं स्थानं पूर्वमायतनं त्यजेत् ॥ ३५ ॥ अनायके न वस्तव्यं न वसेद्बहुनायके। स्त्रीनायके न वस्तव्यं न बसेद्बालनायके ॥ ३६ ॥ सर्वथा संत्यजेद्वादं न कंचिन्मर्मणि स्पृशेत्। सर्वान्परित्यजेदर्थान्स्वाध्यायस्य विरोधिनः ॥ ३७ ॥ अनभिध्या परस्वेषु सर्वसत्वेषु सौहृदम्। कर्मणां फलमस्तीति मनसा त्रितयं चरेत् ॥ ३८ ॥ प्राणातिपातः स्तैन्यं च परदाराभिमर्शनम्। त्रीणि पापानि कायेन नित्यशः परिवर्जयेत् ॥ ३९ ॥ न कश्चिदपि जानाति किं कस्य श्वो भविष्यति। अतः श्वः करणीयानि कुर्यादद्यैव बुद्धिमान् ॥ ४० ॥ अनेन मर्त्यदेहेन यल्लोकद्वयशर्मदम्। विचिन्त्य तदनुष्ठेयं कर्म हेयं ततोऽन्यथा ॥ ४१ ॥ उपकारः परो धर्मः परार्थं कर्म नैपुणम्। पात्रे दानं परः कामः परो मोक्षो वितृष्णता ॥ ४२ ॥ अञ्जनस्य क्षयं दृष्ट्वा वल्मीकस्य तु संचयम्। अवन्ध्यं दिवसं कुर्याद्दानाध्ययनकर्मसु ॥ ४३ ॥ परदारा न गन्तव्याः सर्ववर्णेषु कर्हिचित्। न हीदृशमनायुष्यं त्रिषु लोकेषु विद्यते ॥४४॥ मात्रा स्वस्रा दुहित्रा वा नैकशय्यासनो भवेत्। बलवानिन्द्रियग्रामो विद्वांसमपि कर्षति ॥ ४५ ॥ परदारपरद्रव्यपरद्रोहपराङ्मुखः। गङ्गा ब्रूते कदागत्य मामयं पावयिष्यति ॥ ४६ ॥ ब्रह्महत्या सुरापानं स्तेयं गुर्वङ्गनागमः। महान्ति पातकान्याहुस्तत्संसर्गी च पञ्चमः ॥ ४७ ॥ स्त्रीबालस्वामिमित्रघ्नो गोघ्नो विश्वासघातकः। सुरापो ब्रह्महा चोरो यान्त्येते सर्वनारकान् ॥ ४८ ॥ कूटसाक्षी मृषावादी यश्चासदनुशास्ति वै। ते मोहमृत्यवः सर्वे तथा ये वेदनिन्दकाः ॥ ४९ ॥ घटं भिन्द्यात्पटं छिन्द्यात्कुर्याद्रासभरोहणम्। येन केन प्रकारेण प्रसिद्धः पुरुषो भवेत् ॥ ५० ॥ न हीदृशं [1]संवननं त्रिषु लोकेषु विद्यते। दया मैत्री च भूतेषु दानं च मधुरा च वाक् ॥ ५१ ॥ विवादो धनसंबन्धो याचनं स्त्रीषु संगतिः। आदानमग्रतः स्थानं मैत्रीभङ्गस्य हेतवः ॥ ५२ ॥ दर्शितानि कलत्राणि गृहे भुक्तमशङ्कितम्। कथितानि रहस्यानि सौहृदं किमतः परम् ॥ ५३ ॥ दुःखेन श्लिष्यते भिन्नं श्लिष्टं दुःखेन भिद्यते। भिन्नश्लिष्टा तु या प्रीतिः सा दुःखैकप्रदायिनी ॥ ५४ ॥ ययोरेव समं वित्तं ययोरेव समं कुलम्। तयोर्मैत्री विवाहश्च न तु पुष्टविपुष्टयोः ॥ ५५ ॥ उत्तमा आत्मना ख्याताः पितुः ख्याताश्च मध्यमाः। अधमा मातुलाख्याताः श्वशुराच्चाधमाधमाः ॥ ५६ ॥ ऋणशेषश्चाग्निशेषः शत्रुशेषस्तथैव च। पुनः पुनः प्रवर्तन्ते तस्माच्छेषं न रक्षयेत् ॥ ५७ ॥ कुभोज्येन दिनं नष्टं कुकलत्रेण शर्वरी। कुपुत्रेण कुलं नष्टं तन्नष्टं यन्न दीयते ॥ ५८ ॥ बर्बरश्च तपस्वी स्याच्छूरश्चाप्यकृतव्रणः। मद्यपा स्त्री सती राजन्निति न श्रद्दधामहे ॥ ५९ ॥ नाग्निस्तृप्यति काष्ठानां नापगानां महोदधिः। नान्तकः सर्वभूतानां न पुंसां वामलोचना ॥ ६० ॥ सा भार्या या प्रियं ब्रूते स पुत्रो यत्र निर्वृतिः। तन्मित्रं यत्र विश्वासः स देशो यत्र जीव्यते ॥ ६१ ॥ व्रजत्यधः प्रयात्युच्चैर्नरः स्वैरेव चेष्टितैः। अधः कूपस्य खनक ऊर्ध्वं प्रासादकारकः ॥ ६२ ॥ कुर्यान्न परदारेच्छां विश्वासं स्त्रीषु वर्जयेत्। हतो दशास्यः सीतार्थी हतः पत्न्या विदूरथः ॥ ६३ ॥ न मद्यव्यसनी [1]क्षीबः कुर्याद्वेतालचेष्टितम्। वृष्णयो हि ययुः क्षीबास्तृणैः प्रहरणैः क्षयम् ॥ ६४ ॥ दानं सत्त्वाश्रितं कुर्यान्न पश्चात्तापवान्भवेत्। बलिनात्मार्पितो बन्धे दानशेषस्य शुद्धये ॥ ६५ ॥ न स्त्रीजितः प्रमूढः स्याद्गाढरागवशीकृतः। पुत्रशोकाद्दशरथो जीवं जायाजितोऽत्यजत् ॥ ६६ ॥ क्षिपेद्वाक्यशरान्घोरान्न पारुष्यविषप्लुतान्। वाक्पारुष्यरुषा चक्रे भीमः कुरुकुलक्षयम् ॥ ६७ ॥ परेषां क्लेशदं कुर्यान्न पैशुन्यं प्रभुप्रियम्। पैशुन्येन गतौ राहोश्चन्द्रार्कौ भक्षणीयताम् ॥ ६८ ॥ कुर्यान्नीचजनाभ्यस्तां न याच्ञां मानहारिणीम्। बलिप्रार्थनया प्राप लघुतां पुरुषोत्तमः ॥ ६९ ॥ वक्रैः क्रूरतरैर्लुब्धैर्न कुर्यात्प्रीतिसंगतिम्। वसिष्ठस्याहरद्धेनुं विश्वामित्रो निमन्त्रितः ॥ ७० ॥ तीव्रे तपसि लीनानामिन्द्रियाणां न विश्वसेत्। विश्वामित्रोऽपि सोत्कण्ठं कण्ठे जग्राह मेनकाम् ॥ ७१ ॥ भक्तं रक्तं सदासक्तं निर्दोषं न परि-

१ वशीकरणम्.

१ मत्तः.

त्यजेत् । रामस्त्यक्त्वा सतीं सीतां शोकशल्याकुलोऽभवत् ॥ ७२ ॥ वर्जयेदिन्द्रियजयी निर्जने जननीमपि । पुत्रीकृतोऽपि प्रद्युम्नः कामितः शम्बरस्त्रिया ॥ ७३ ॥ प्रभुप्रसादे विश्वासं न कुर्यात्स्वप्नसंनिभे । नन्देन मन्त्री निक्षिप्तः शकटारोऽपि बन्धने ॥ ७४ ॥ अप्युन्नतपदारूढः पूज्यान्नैवापमानयेत् । नहुषः शक्रतां प्राप्य च्युतोऽगस्त्यावमाननात् ॥ ७५ ॥ हितोपदेशं शृणुयात्कुर्वीत च यथोदितम् । विदुरोक्तमकृत्वाभूत्कौरवः शोकशल्यभाक् ॥ ७६ ॥ न पुत्रायत्तमैश्वर्यं कुर्यादार्यः कथंचन । पुत्रार्पितप्रभुत्वोऽभूद्धृतराष्ट्रस्तृणोपमः ॥ ७७ ॥ श्रुतिस्मृत्युक्तमाचारं न त्यजेत्साधुसेवितम् । दैत्यानां श्रीवियोगोऽभूत्सत्यधर्मक्रियामुचाम् ॥ ७८ ॥ नदीनां नखिनां चैव शृङ्गिणां शस्त्रपाणिनाम् । विश्वासो नैव कर्तव्यः स्त्रीषु राजकुलेषु च ॥ ७९ ॥ न कुर्यादभिचारोग्रवश्यादिकुहकक्रियाम् । लक्ष्मणेनेन्द्रजित्कृत्याभिचारसगये हतः ॥८०॥ व्याकुलोऽपि विपत्पातैः स्मरेद्विष्णुं सदा हृदि । शरतल्पगतो भीष्मः सस्मार गरुडध्वजम् ॥ ८१ ॥ चिन्ता जरा मनुष्याणामनध्वा वाजिनां जरा । असंभोगो जरा स्त्रीणां वस्त्राणामातपो जरा ॥ ८२ ॥ प्रियवाक्यप्रदानेन सर्वे तुष्यन्ति जन्तवः । तस्मात्तदेव वक्तव्यं वचने का दरिद्रता ॥ ८३ ॥ पञ्चभिः सह गन्तव्यं स्थातव्यं पञ्चभिः सह । पञ्चभिः सह वक्तव्यं न दुःखं पञ्चभिः सह ॥ ८४ ॥ यान्ति न्यायप्रवृत्तस्य[1] तिर्यञ्चोऽपि[2] सहायताम् । अपन्थानं तु गच्छन्तं सोदरोऽपि विमुञ्चति ॥ ८५ ॥ विद्याभ्यासो विचारश्च समयोरेव शोभते । विवाहश्च विवादश्च समयोरेव शोभते ॥ ८६ ॥ लक्ष्मीर्वसति जिह्वाग्रे जिह्वाग्रे मित्रबान्धवाः । जिह्वाग्रे बन्धनं प्राप्तं जिह्वाग्रे मरणं ध्रुवम् ॥ ८७ ॥ यस्मिन्देशे न संमानो न प्रीतिर्न च बान्धवाः । न च विद्यागमः कश्चिन्न तत्र दिवसं वसेत् ॥ ८८ ॥ वहेदमित्रं स्कन्धेन यावत्कालविपर्ययः । अथैवमागते काले भिन्द्याद्घटमिवाश्मनि ॥ ८९ ॥ सर्वनाशे समुत्पन्ने ह्यर्धं त्यजति पण्डितः । अर्धेन कुरुते कार्यं सर्वनाशो न जायते ॥ ९० ॥ मूर्खशिष्योपदेशेन दुष्टस्त्रीभरणेन च । द्विषतां संप्रयोगेण पण्डितोऽप्यवसीदति ॥ ९१ ॥ मित्रद्रुहः कृतघ्नस्य स्त्रीघ्नस्य पिशुनस्य च । चतुर्णामपि चैतेषां निष्कृतिर्नैव विश्रुता ॥ ९२ ॥ गतश्रीर्गणकान्द्वेष्टि गतायुश्च चिकित्सकान् । गतश्रीश्च गतायुश्च ब्राह्मणान्द्वेष्टि भारत ॥ ९३ ॥ आत्मबुद्धिः सुखायैव गुरुबुद्धिर्विशेषतः । परबुद्धिर्विनाशाय स्त्रीबुद्धिः प्रलयावहा ॥ ९४ ॥ विस्मयः सर्वथा हेयः[1] प्रत्यूहः[2] सर्वकर्मणाम् । तस्माद्विस्मयमुत्सृज्य साध्यसिद्धिर्विधीयताम् ॥ ९५ ॥ विषादप्यमृतं ग्राह्यममेध्यादपि काञ्चनम् । नीचादप्युत्तमां विद्यां स्त्रीरत्नं दुष्कुलादपि ॥९६॥ लुब्धमर्थेन गृह्णीयात्क्रुद्धमञ्जलिकर्मणा । मूर्खं छन्दानुवृत्त्या च तत्त्वार्थेन च पण्डितम् ॥ ९७ ॥ जानीयात्संगरे भृत्यान्बान्धवान्व्यसनागमे । आपत्कालेषु मित्राणि भार्यां च विभवक्षये ॥ ९८ ॥ खरं श्वानं गजं मत्तं रण्डां च बहुभाषिणीम् । राजपुत्रं कुमित्रं च दूरतः परिवर्जयेत् ॥ ९९ ॥ दूरस्थं जलमध्यस्थं धावन्तं धनगर्वितम् । क्रोधवन्तं मदोन्मत्तं नमस्कारेऽपि वर्जयेत् ॥१००॥ पिपीलिकार्जितं धान्यं मक्षिकासंचितं मधु । लुब्धेन संचितं द्रव्यं समूलं च विनश्यति ॥ १०१ ॥ न सारणीया धीरेण रसना नीरसे जने । को नाम कुरुते फेरौ[3] नायकः सायकक्षतिम् ॥ १०२ ॥ धातुवादेषु वित्ताशा मोक्षाशा कौलिके मते । जामातरि च पुत्राशा त्रयमेतन्निरर्थकम् ॥ १०३ ॥ द्वाविमौ पुरुषौ लोके सुखिनौ न कदाचन । यश्चाधनः कामयते यश्च कुप्यत्यनीश्वरः ॥ १०४ ॥ द्वाविमौ पुरुषौ लोके परप्रत्ययकारकौ । स्त्रियः कामितकामिन्यो लोकः पूजितपूजकः ॥ १०५ ॥ द्वाविमौ पुरुषौ लोके सूर्यमण्डलभेदिनौ । परिव्राड्योगयुक्तश्च रणे चाभिमुखो हतः ॥ १०६ ॥ द्वाविमौ पुरुषौ लोके स्वर्गस्योपरि तिष्ठतः । प्रभुश्च क्षमया युक्तो दरिद्रश्च प्रदानवान् ॥ १०७ ॥ द्वाविमौ पुरुषौ लोके न भूतौ न भविष्यतः । प्रार्थितं यश्च कुरुते यश्च नार्थयते परम् ॥ १०८ ॥ द्वाविमौ पुरुषौ लोके शिरःशूलकरावुभौ । गृहस्थश्च निरारम्भो यतिश्च सपरिग्रहः ॥ १०९ ॥ शत्रुर्दहति संयोगे वियोगे मित्रमप्यहो । उभयोर्दुःखदायित्वं को भेदः शत्रुमित्रयोः ॥ ११० ॥ दुष्टा भार्या शठं मित्रं भृत्यश्चोत्तरदायकः । ससर्पे च गृहे वासो मृत्युरेव न संशयः ॥ १११ ॥ ददतो युध्यमानस्य पठतः पुलको न चेत् । आत्मनश्च परेषां च धिक्त्यागं पौरुषं श्रुतम् ॥ ११२ ॥ न तद्भुक्तं न तत्पीतं न तत्सुखं न तद्गतम् । यन्मांसमाहिषक्षीररलैलनावाजिवर्जितम् ॥ ११३ ॥ निःसारस्य पदार्थस्य प्रायेणाडम्बरो महान् । न सुवर्णे ध्वनि-

१ न्यायमार्गानुसारिणः. २ तिर्यग्जातीयाः. पशव इत्यर्थः.

१ त्याज्यः. २ विघ्नरूपः. ३ क्रोष्टरि. ४ स्त्री. ५ अश्वः.

स्तादृग्याद्दक्कांसे प्रजायते ॥११४॥ मासि मासि समा ज्योत्स्ना पक्षयोरुभयोरपि। तत्रैकः शुक्लपक्षोऽभूद्यशः पुण्यैरवाप्यते ॥ ११५ ॥ मत्स्यादयोऽपि जानन्ति नीरक्षीरविवेचनम्। प्रसिद्धिरेव हंसस्य यशः पुण्यैरवाप्यते ॥ ११६ ॥ पञ्चभिः कामिता कुन्ती तद्वधूरथ पञ्चभिः। सतीं वदति लोकोऽयं यशः पुण्यैरवाप्यते ॥ ११७ ॥ सौभाग्यं विरलस्य स्यात्स-मकर्मगुणेष्वपि। षड्विंशदायुधा पृथ्वी खड्गायत्तैव दृश्यते ॥ ११८ ॥ हस्तादपि न दातव्यं गृहादपि न दीयते। परोपकरणार्थाय वचने किं दरिद्रता ॥ ११९ ॥ वनानि दहतो वह्नेः सखा भवति मारुतः। स एव दीपनाशाय कृशे कस्यास्ति सौहृदम् ॥ १२० ॥ भोज्यं भोजनशक्तिश्च रतिशक्तिर्वरस्त्रियः। विभवो दानशक्तिश्च नाल्पस्य तपसः फलम् ॥ १२१ ॥ जानन्ति हि गुणान्वक्तुं तद्विधा एव तादृशाम्। वेत्ति विश्वंभरा भारं गिरीणां गरिमाश्रयम् ॥ १२२ ॥ जीवन्तोऽपि मृताः पञ्च व्यासेन परिकीर्तिताः। दरिद्रो व्याधितो मूर्खः प्रवासी नित्यसेवकः ॥ १२३ ॥ अत्यासन्ना विनाशाय दूरतश्चाफलप्रदाः। मध्यभावेन से-व्यन्ते राजा वह्निर्गुरुः स्त्रियः ॥ १२४ ॥ अमृतं दुर्लभं नृणां देवानामुदकं तथा। पितॄणां दुर्लभः पुत्रस्तक्रं शक्रस्य दुर्लभम् ॥ १२५ ॥ शनैः पन्थाः शनैः कन्था शनैः पर्वत-मस्तके। शनैर्विद्या शनैर्वित्तं पञ्चैतानि शनैः शनैः ॥१२६॥ अन्वयागतविद्यानामन्वयागतसंपदाम्। विदुषां च प्रभूणां च हृदयं नावलिप्यते ॥ १२७ ॥ मक्षिका मशको वेश्या मूषको याचकस्तथा। ग्रामणीर्गणकश्चैव सप्तैते परभक्षकाः ॥ १२८ ॥ अकृतोपद्रवः कश्चिन्महानपि न पूज्यते। अर्चयन्ति नरा नागं न तार्क्ष्यं न गजादिकम् ॥ १२९ ॥ शोभन्ते विद्यया विप्राः क्षत्रिया विजयश्रिया। श्रियोऽनुकू-लदानेन लज्जया च कुलाङ्गनाः ॥ १३० ॥ ब्राह्मणा गणका वेश्याः सारमेयाश्च कुक्कुटाः। दृष्ट्वान्येषु कुप्यन्ति न जाने तस्य कारणम् ॥ १३१ ॥ पुत्रपौत्रवधूभृत्यैः संपूर्णमपि सर्वदा। भार्याहीनगृहस्थस्य शून्यमेव गृहं मतम् ॥१३२॥ अक्षरद्वयमभ्यस्तं नास्ति नास्तीति यत्पुरा। तदिदं देहि देहीति विपरीतमुपस्थितम् ॥ १३३ ॥ नवे वयसि यः शान्तः स शान्त इति मे मतिः। धातुषु क्षीय-माणेषु शान्तिः कस्य न जायते ॥ १३४ ॥ धिग्गृहं गृहि-णीशून्यं धिक्कलत्रमपुत्रकम्। धिक्पुत्रमविनीतं च धिग्ज्यो-तिषमजातकम् ॥ १३५ ॥ अश्वं नैव गजं नैव व्याघ्रं नैव च नैव च। अजापुत्रं बलिं दद्याद्देवो दुर्बलघातकः ॥१३६॥ दुर्मन्त्री राज्यनाशाय ग्रामनाशाय कुञ्जरः। श्यालको गृह-नाशाय सर्वनाशाय मातुलः ॥ १३७ ॥ जले तैलं खले गुह्यं पात्रे दानं मनागपि। प्राज्ञे शास्त्रं स्वयं याति विस्तारं वस्तुशक्तितः ॥ १३८ ॥ उद्योगः कलहः कण्डूर्द्यूतं मद्यं परस्त्रियः। आहारो मैथुनं निद्रा सेवनात्तु विवर्धते ॥१३९॥ कृतार्थः स्वामिनं द्वेष्टि कृतदारस्तु मातरम्। जातापत्या पतिं द्वेष्टि गतरोगश्चिकित्सकम् ॥ १४० ॥ चक्षुःपूतं न्यसे-त्पादं वस्त्रपूतं जलं पिबेत्। सत्यपूतां वदेद्वाणीं मनःपूतं समाचरेत् ॥ १४१ ॥ नास्ति यज्ञः स्त्रियः किंचिन्न व्रतं नोपवासकम्। या तु भर्तरि शुश्रूषा तया स्वर्गं जयत्यसौ ॥ १४२ ॥ शुचि भूमिगतं तोयं शुचिर्नारी पतिव्रता। शुचिः क्षेमकरो राजा संतोषी ब्राह्मणः शुचिः ॥ १४३ ॥ नित्यमास्यं शुचि स्त्रीणां शकुनिः फलपातने। वत्सोऽपि स्तनपाने स्याच्छ्वा मृगग्रहणे शुचिः ॥ १४४ ॥ भर्ता देवो गुरुर्भर्ता धर्मतीर्थव्रतानि च। तस्मात्सर्वं परित्यज्य पतिमेकं भजेत्सती ॥ १४५ ॥ असारे खलु संसारे सारमेतच्चतुष्ट-यम्। काश्यां वासः सतां सङ्गो गङ्गाम्भः शंभुसेवनम् ॥ १४६ ॥ उदारस्य तृणं वित्तं शूरस्य मरणं तृणम्। विरक्तस्य तृणं भार्या निःस्पृहस्य तृणं जगत् ॥ १४७ ॥ सप्तैतानि न पूर्यन्ते पूर्यमाणान्यनेकशः। ब्राह्मणोऽग्निर्यमो राजा पयोधिरुदरं गृहम् ॥ १४८ ॥ कल्पान्तवाससंक्षो-भलङ्घिताशेषभूभृतः। स्थैर्यप्रसादमर्यादास्ता एव हि महो-दधेः ॥ १४९ ॥ संपत्सरस्वती सत्यं संतानं सदनुग्रहः। सत्ता सुकृतसंभारः सकाराः सप्त दुर्लभाः ॥ १५० ॥ अभ्र-च्छाया खलप्रीतिर्नवसस्यानि योषितः। किंचित्कालोपभो-ग्यानि यौवनानि धनानि च ॥ १५१ ॥ परोऽपि हितवा-न्बन्धुर्बन्धुरप्यहितः परः। अहितो देहजो व्याधिर्हितमा-रण्यमौषधम् ॥ १५२ ॥ जलबिन्दुनिपातेन क्रमशः पूर्यते घटः। स हेतुः सर्वविद्यानां धर्मस्य च धनस्य च ॥१५३॥ सौवर्णानि सरोजानि निर्मातुं सन्ति शिल्पिनः। तत्र सौर-भनिर्माणे चतुरश्चतुराननः ॥ १५४ ॥ साक्षरं पुरुषं दृष्ट्वा यो नरो नाभिमन्यते। बलीवर्दसमो लोके खुरशृङ्गविव-र्जितः ॥ १५५ ॥ को न याति वशं लोके मुखे पिण्डेन पूरितः। मृदङ्गो मुखलेपेन करोति मधुरध्वनिम् ॥ १५६ ॥

१ मित्रभावः. २ पञ्चसु वाक्येषु अतिवाह्यते सिध्यति आरोहति प्राप्यते वर्धते इति पञ्चक्रियाध्याहारः. ३ मार्गातिवाहनादीनि. ४ एतानि त्वरया न भवन्तीत्यर्थः. ५ वंशपरम्परागतविद्यानाम्. ६ सगर्वं न भवति. ७ कुलस्त्रियः. ८ श्वानः.

१ गजः. २ स्वल्पमपि. ३ वस्तुमाहात्म्येन. ४ कृता दाराः स्त्री येन सः. ५ वैद्यम्. ६ पवित्रम्.

लुब्धानां याचकः शत्रुश्चोराणां चन्द्रमा रिपुः । जारस्त्रीणां
पतिः शत्रुर्मूर्खाणां बोधको रिपुः ॥ १५७ ॥ अमन्त्रमक्षरं
नास्ति नास्ति मूलमनौषधम् । अयोग्यः पुरुषो नास्ति योज-
कस्तत्र दुर्लभः ॥ १५८ ॥ परोपदेशवेलायां शिष्टाः सर्वे
भवन्ति वै । विस्मरन्तीह शिष्टत्वं स्वकार्ये समुपस्थिते
॥ १५९ ॥ गुणिनां निर्गुणानां च दृश्यते महदन्तरम् ।
हारः[1] कण्ठगतः स्त्रीणां नूपुराणि च पादयोः ॥ १६० ॥
अलभ्यं लब्धुकामस्य जनस्य गतिरीदृशी । अलभ्येषु मन-
स्तापः संचितार्थो विनश्यति ॥ १६१ ॥ शत्रुवाक्यामृतं
श्रुत्वा तेन सौहार्दमार्जवम् । नहि धीरेण कर्तव्यमात्मनः
शुभमिच्छता ॥ १६२ ॥ शूराश्च कृतविद्याश्च रूपवत्यश्च
योषितः । यत्र यत्र गमिष्यन्ति तत्र तत्र कृतादराः ॥ १६३ ॥
चत्वारो धनदायादा धर्माग्निनृपतस्कराः । तेषां ज्येष्ठावमा-
नेन त्रयः कुप्यन्ति बान्धवाः ॥ १६४ ॥ शीलभारवती
कान्ता पुष्पभारवती लता । अर्थभारवती वाणी भजते
[2]कामपि श्रियम्[3] ॥ १६५ ॥ पूरोत्पीडे तडागस्य परीवाहः[4]
प्रतिक्रिया[5] । शोकक्षोभे च हृदयं प्रलापैरेव धार्यते
॥ १६६ ॥ उपभोक्तुं न जानाति श्रियं प्राप्यापि मानवः ।
आकण्ठजलमग्नोऽपि श्वा लिहत्येव जिह्वया ॥ १६७ ॥
आर्ता देवान्नमस्यन्ति तपः कुर्वन्ति रोगिणः ।
निर्धना दानमिच्छन्ति वृद्धा नारी पतिव्रता ॥ १६८ ॥
जामाता जठरं जाया जातवेदा जलाशयः । पूरिता
नैव पूर्यन्ते जकाराः पञ्च दुर्भराः ॥ १६९ ॥
जननी जन्मभूमिश्च जाह्नवी च जनार्दनः । जनकः
पञ्चमश्चैव जकाराः पञ्च दुर्लभाः ॥ १७० ॥ सा
श्रीर्या न मदं कुर्यात्स सुखी तृष्णयोज्झितः । तन्मित्रं
यत्र विश्वासः पुरुषः स जितेन्द्रियः ॥ १७१ ॥ सुलभं
वस्तु सर्वस्य न यात्यादरणीयताम् । स्वदारपरिहारेण पर-
दारार्थिनो जनाः ॥ १७२ ॥ एकस्य कर्म संवीक्ष्य करो-
त्यन्योऽपि गर्हितम्[6] । गतानुगतिको लोको न लोकः
पारमार्थिकः ॥ १७३ ॥ क्वचिद्रुष्टः क्वचित्तुष्टो रुष्टस्तुष्टः
क्षणे क्षणे । अव्यवस्थितचित्तस्य प्रसादोऽपि भयंकरः
॥ १७४ ॥ गुरुपत्न्यां निशाधीशो ब्राह्मण्यां पाकशासनः ।
गतः पञ्चेषुलक्ष्यत्वं का कथान्यस्य देहिनः ॥ १७५ ॥
यस्मिन्रुष्टे भयं नास्ति तुष्टे नैव धनागमः । निग्रहा-
नुग्रहौ न स्तः स रुष्टः किं करिष्यति ॥ १७६ ॥
आलस्योपहता विद्या परहस्तगताः स्त्रियः । अल्पबीजं
हतं क्षेत्रं हतं सैन्यमनायकम् ॥ १७७ ॥ निर्विषेणापि
सर्पेण कर्तव्या महती फणा । विषमस्तु न चाप्यस्तु
फटाटोपो भयंकरः ॥ १७८ ॥ एक एव पदार्थस्तु
त्रिधा भवति वीक्षितः । कुणपः[1] कामिनी मांसं यो-
गिभिः कामिभिः श्वभिः ॥ १७९ ॥ नारी परमुख-
द्रष्ट्री कविरव्यवहारवित् । अपथ्यसेवी रोगी च किय-
द्भिर्नोपहस्यते ॥ १८० ॥ अन्यदा भूषणं पुंसां क्षमा
लज्जेव योषिताम् । पराक्रमः परिभवे वैयात्यं सुरते-
ष्विव ॥ १८१ ॥ सांसारिकसुखासक्तं ब्रह्मज्ञोऽस्मीति
वादिनम् । कर्मब्रह्मोभयभ्रष्टं तं त्यजेदन्त्यजं यथा
॥ १८२ ॥ शैले शैले न माणिक्यं मौक्तिकं न गजे
गजे । साधवो नहि सर्वत्र चन्दनं न वने वने ॥ १८३ ॥
प्रीतिर्लक्ष्मीर्व्ययः क्लेशः सा किं सा किं स किं स किम् ।
या लोभाद्या परद्रोहात्परार्थे यः परार्थकृत् ॥ १८४ ॥
मनो मधुकरो मेघो मानिनी मदनो मरुत् । मा मदो
मर्कटो मत्स्यो मकारा दश चञ्चलाः ॥ १८५ ॥ या-
वज्जीवं सुखं जीवेदृणं कृत्वा घृतं पिबेत् । भस्मी-
भूतस्य जीवस्य पुनरागमनं कुतः ॥ १८६ ॥ असार
एष संसारः सारं सारङ्गलोचनाः । तदर्थं धनमिच्छन्ति
तत्त्यागे तु धनेन किम् ॥ १८७ ॥ सत्यानुसारिणी
लक्ष्मीः कीर्तिस्त्यागानुसारिणी । अभ्यासधारिणी विद्या
बुद्धिः कर्मानुसारिणी ॥ १८८ ॥ उपाध्यायश्च वैद्यश्च
ऋतुकाले वरस्त्रियः । सूतिका दूतिका नौका कार्यान्ते
ते च शष्पवत् ॥ १८९ ॥ विशाखान्ता गता मेघाः
प्रसूतान्तं च यौवनम् । प्रणामान्तः सतां कोपो याच-
नान्तं हि गौरवम् ॥ १९० ॥ कृतान्तपाशबद्धानां दैवो-
पहतचेतसाम् । बुद्धयः कुब्जगामिन्यो भवन्ति महतामपि
॥ १९१ ॥ सदयं हृदयं यस्य भाषितं सत्यभूषितम् ।
कायः परहिते यस्य कलिस्तस्य करोति किम् ॥ १९२ ॥
अपत्यदर्शनस्यार्थे प्राणानपि च या त्यजेत् । त्यजन्ति
तामपि क्रूरा मातरं दारहेतवे ॥ १९३ ॥ पुत्रसूः
पाककुशला पवित्रा च पतिव्रता । पद्माक्षी पञ्चभिर्नारी
भुवि संयाति गौरवम् ॥ १९४ ॥ दातुरुन्नतचित्तस्य गुण-
युक्तस्य चार्थिनः । दुर्लभः खलु संयोगः सद्बीजक्षेत्रयो-
रिव ॥ १९५ ॥ आज्ञामात्रफलं राज्यं ब्रह्मचर्यफलं तपः ।
परिज्ञानफलं विद्या दत्तभुक्तफलं धनम् ॥ १९६ ॥

१ मुक्ताहारः. २ अचिन्त्याम्. ३ शोभाम्. ४ प्रवहणम्. ५ उपायः. ६ निन्द्यम्.

१ शवः.

आयुर्वित्तं गृहच्छिद्रं मन्त्रमौषधमैथुने । दानं मानापमानौ च नव गोप्यानि कारयेत् ॥ १९७ ॥ अग्नौ दग्धं जले मग्नं हृतं तस्करपार्थिवैः । तत्सर्वं दानमित्याहुर्यदि क्लैब्यं न भाषते ॥ १९८ ॥ संभ्रमः स्नेहमाख्याति वपुराख्याति भोजनम् । विनयो वंशमाख्याति देशमाख्याति भाषितम् ॥ १९९ ॥ किं विद्यया किं तपसा किं योगेन श्रुतेन च । किं विविक्तेन मौनेन स्त्रीभिर्यस्य मनो हृतम् ॥ २०० ॥ यश्च मूढतमो लोके यश्च बुद्धेः परं गतः । तावुभौ सुखमेधेते क्लिश्यत्यन्तरितो जनः ॥ २०१ ॥ त्यजेत्स्वामिनमत्युग्रमत्युग्रात्कृपणं त्यजेत् । कृपणादविशेषज्ञं तस्माच्च कृतशासनम् ॥ २०२ ॥ पात्रापात्रविवेकोऽस्ति धेनुपन्नगयोरिव । तृणात्संजायते क्षीरं क्षीरात्संजायते विषम् ॥ २०३ ॥ शनैर्विद्यां शनैरर्थानारोहेत्पर्वतं शनैः । शनैरध्वसु वर्तेत योजनान्न परं व्रजेत् ॥ २०४ ॥ द्यूतं पुस्तकवाद्ये च नाटकेषु च सक्तता । स्त्रियस्तन्द्री च निद्रा च विद्याविघ्नकराणि षट् ॥ २०५ ॥ अतिथिर्बालकः पत्नी जननी जनकस्तथा । पञ्चैते गृहिणः पोष्या इतरे च स्वशक्तितः ॥ २०६ ॥ गाढं गुणवती विद्या न मुदे विनयं विना । मूर्खतापि मुदे भूयान्महत्सु विनयान्विता ॥ २०७ ॥ अहो साहजिकं प्रेम दूरादपि विराजते । चकोरनयनद्वन्द्वमाह्लादयति चन्द्रमाः ॥ २०८ ॥ साक्षरा विपरीताश्चेद्राक्षसा एव केवलम् । सरसो विपरीतश्चेत्सरसत्वं न मुञ्चति ॥ २०९ ॥ यदीच्छसि वशीकर्तुं जगदेकेन कर्मणा । परापवादसस्येभ्यो गां चरन्तीं निवारय ॥ २१० ॥ एकस्तपो द्विरध्यायी त्रिभिर्गीतं चतुःपथम् । सप्त पञ्च कृषीणां च सङ्ग्रामो बहुभिर्जनैः ॥ २११ ॥ काकः पक्षिषु चाण्डालः स्मृतः पशुषु गर्दभः । नराणां कोऽपि चाण्डालः स्मृतः सर्वेषु निन्दकः ॥ २१२ ॥ दातृत्वं प्रियवक्तृत्वं धीरत्वमुचितज्ञता । अभ्यासेन न लभ्येयुश्चत्वारः सहजा गुणाः ॥ २१३ ॥ लोभमूलानि पापानि रसमूलानि व्याधयः । इष्टमूलानि शोकानि त्रीणि त्यक्त्वा सुखी भव ॥ २१४ ॥ प्रदोषे दीपकश्चन्द्रः प्रभाते दीपको रविः । त्रैलोक्ये दीपको धर्मः सुपुत्रः कुलदीपकः ॥ २१५ ॥ सुखार्थी त्यजते विद्यां विद्यार्थी त्यजते सुखम् । सुखार्थिनः कुतो विद्या कुतो विद्यार्थिनः सुखम् ॥ २१६ ॥ अन्नदानात्परं दानं विद्यादानमतः परम् । अन्नेन क्षणिका तृप्तिर्यावज्जीवं च विद्यया ॥ २१७ ॥ दूरस्थाः पर्वता रम्या वेश्या च मुखमण्डने । युद्धस्य वार्ता रम्या च त्रीणि रम्याणि दूरतः ॥ २१८ ॥ माता यदि विषं दद्याद्विक्रीणाति पिता सुतम् । राजा हरति सर्वस्वं तत्र का परिदेवना ॥ २१९ ॥ अहेरिव गणाद्भीतः परान्नाच्च विषादिव । राक्षसीभ्य इव स्त्रीभ्यः स विद्यामधिगच्छति ॥ २२० ॥ अवज्ञात्रुटितं प्रेम नवीकर्तुं क ईश्वरः । संधिं न याति स्फुटितं लाक्षालेपेन मौक्तिकम् ॥ २२१ ॥ संनिकर्षोऽत्र मर्त्यानामनादरणकारणम् । गाङ्गं हित्वा यथान्याम्भस्तत्रत्यो याति शुद्धये ॥ २२२ ॥ लेखनी पुस्तकं राभा परहस्ते गता गता । कदाचित्पुनरायाता भ्रष्टा मुष्टा च चुम्बिता ॥ २२३ ॥ पूर्वदत्तेषु या विद्या पूर्वदत्तेषु यद्धनम् । पूर्वदत्तेषु या भार्या अग्रे धावति धावति ॥ २२४ ॥ श्रुत्वा धर्मं विजानाति श्रुत्वा त्यजति दुर्मतिम् । श्रुत्वा ज्ञानमवाप्नोति श्रुत्वा मोक्षं च विन्दति ॥ २२५ ॥ मनो धावति सर्वत्र मदोन्मत्तगजेन्द्रवत् । ज्ञानाङ्कुशसमा बुद्धिस्तस्य निश्चलते मनः ॥ २२६ ॥ इच्छेच्चेद्विपुलां मैत्रीं त्रीणि तत्र न कारयेत् । वाग्वादमर्थसंबन्धं तत्पत्नीपरिभाषणम् ॥ २२७ ॥ अयुक्तं स्वामिनो युक्तं युक्तं नीचस्य दूषणम् । अमृतं राहवे मृत्युर्विषं रुद्रस्य भूषणम् ॥ २२८ ॥ पण्डिते चैव मूर्खे च बलवत्यपि दुर्जने । ईश्वरे च दरिद्रे च मृत्योः सर्वत्र तुल्यता ॥ २२९ ॥ सङ्ग्रामे सुभटेन्द्राणां कवीनां कविमण्डले । दीप्तिर्वा दीप्तिहानिर्वा मुहूर्तादेव जायते ॥ २३० ॥ विषस्य विषयाणां हि दृश्यते महदन्तरम् । उपभुक्तं विषं हन्ति विषयाः स्मरणादपि ॥ २३१ ॥ पुराणान्ते श्मशानान्ते मैथुनान्ते च या मतिः । सा मतिः सर्वदा चेत्स्यात्को न मुच्येत बन्धनात् ॥ २३२ ॥ आकारैरेव चतुरास्तर्कयन्ति परेङ्गितम् । गर्भस्थं केतकीपुष्पमामोदेनेव षट्पदाः ॥ २३३ ॥ न ज्ञातुं नाप्यनुज्ञातुं नेक्षितुं नाप्युपेक्षितुम् । स्वजनः स्वजने जातं विपत्पातं समीहते ॥ २३४ ॥ प्रायो दुरन्तपर्यन्ताः संपदोऽपि दुरात्मनाम् । भवन्ति हि सुखोदर्का विपदोऽपि महात्मनाम् ॥ २३५ ॥ उदर्कभूतिमिच्छद्भिः सद्भिः खलु न दृश्यते । चतुर्थीचन्द्रलेखेव परस्त्रीभालपट्टिका ॥ २३६ ॥ अकाण्डपातजातानामार्द्राणां मर्मभेदिनाम् । गाढशोकप्रहाराणामचिन्तैव महौषधम् ॥ २३७ ॥ अनिर्लोडितकार्यस्य वाग्जालं वाग्मिनो वृथा । निमित्तादपराद्धेषोर्धानुष्कस्येव वल्गितम् ॥ १३८ ॥ शंभुः श्वेतार्कपुष्पेण चन्द्रमा वस्त्रतन्तुना । अच्युतः स्मृतिमात्रेण साधवः करसंपुटैः ॥ २३९ ॥ अकृत्वा पौरुषं या श्रीर्विकासिन्यपि किं तया । जरद्गवोऽपि चाश्नाति दैवादुपगतं

तृणम् ॥ २४० ॥ मन्दाकिनीपयःपानं मन्दाक्षीमुखचुम्बनम् । मन्दरोपवनक्रीडा मन्दानुष्ठानतः कुतः ॥ २४१ ॥ दीपो भक्षयते ध्वान्तं कज्जलं च प्रसूयते । यदन्नं भक्षयेन्नित्यं जायते तादृशी प्रजा ॥ २४२ ॥ मौनं कालविलम्बश्च प्रयाणं भूमिदर्शनम् । भृकुट्यन्यमुखी वार्ता नकारः षड्विधः स्मृतः ॥ २४३ ॥ अक्षराणि परीक्ष्यन्तामम्बराडम्बरेण किम् । शंभुरम्बरहीनोऽपि सर्वज्ञः किं न जायते ॥ २४४ ॥ दोषोऽपि गुणतां याति प्रभोर्भवति चेत्कृपा । अङ्गहीनोऽपि सूर्येण सारथ्ये योजितोऽरुणः ॥ २४५ ॥ उत्तमं प्रणिपातेन शूरं भेदेन योजयेत् । नीचमल्पप्रदानेन इष्टं धर्मेण योजयेत् ॥ २४६ ॥ अकुले पतितो राजा मूर्खपुत्रो हि पण्डितः । निर्धनस्य धनप्राप्तिस्तृणवन्मन्यते जगत् ॥ २४७ ॥ लोकेषु निर्धनो दुःखी ऋणग्रस्तस्ततोऽधिकम् । ताभ्यां रोगयुतो दुःखी तेभ्यो दुःखी कुभार्यकः ॥ २४८ ॥ आज्ञाभङ्गो नरेन्द्राणां विप्राणां मानखण्डनम् । पृथक्शय्या च नारीणामशस्त्रवध उच्यते ॥ २४९ ॥ प्रस्तावसदृशं वाक्यं सद्भावसदृशं प्रियम् । आत्मशक्तिसमं कोपं कुर्वाणो न विनश्यति ॥ २५० ॥ पठकः पाठकश्चैव ये चान्ये शास्त्रपाठकाः । सर्वे व्यसनिनो ज्ञेया यः क्रियावान्स पण्डितः ॥२५१॥ पण्डितैः सह सांगत्यं पण्डितैः सह संकथाः । पण्डितैः सह मित्रत्वं कुर्वाणो नावसीदति ॥२५२॥ शीलं शौर्यमनालस्यं पाण्डित्यं मित्रसंग्रहः । अचोरहरणीयानि पञ्चैतान्यक्षयो निधिः ॥ २५३ ॥ मातृवत्परदाराणि परद्रव्याणि लोष्टवत् । आत्मवत्सर्वभूतानि यः पश्यति स पश्यति ॥ २५४ ॥ धर्मार्थकाममोक्षाणां यस्यैकोऽपि न विद्यते । अजागलस्तनस्येव तस्य जन्म निरर्थकम् ॥ २५५ ॥ स जीवति गुणा यस्य धर्मो यस्य स जीवति । गुणधर्मविहीनो यो निष्फलं तस्य जीवितम् ॥ २५६ ॥ गुरुशुश्रूषया विद्या पुष्कलेन धनेन वा । अथवा विद्यया विद्या चतुर्थी नोपलभ्यते ॥२५७॥ षट्पदः पुष्पमध्यस्थो यथा सारं समुद्धरेत् । तथा सर्वेषु शास्त्रेषु सारं गृह्णन्ति पण्डिताः ॥ २५८ ॥ गुणान्भूषयते रूपं शीलं भूषयते कुलम् । सिद्धिर्भूषयते विद्यां भोगो भूषयते धनम् ॥ २५९ ॥ अगुणस्य हतं रूपमशीलस्य हतं कुलम् । असिद्धेस्तु हता विद्या अभोगस्य हतं धनम् ॥ २६० ॥ दिवा पश्यति नोलूकः काको नक्तं न पश्यति । अपूर्वः कोऽपि कामान्धो दिवा नक्तं न पश्यति ॥ २६१ ॥ यौवनं धनसंपत्तिः प्रभुत्वमविवेकिता । एकैकमप्यनर्थाय किमु यत्र चतुष्टयम् ॥२६२॥ मुख्यमेकं पुरस्कृत्य शून्यास्मानोऽपि साधकाः । भवन्ति तं विना नैव यथा संख्याङ्कबिन्दवः ॥ २६३ ॥ वचस्तत्रैव वक्तव्यं यत्रोक्तं सफलं भवेत् । स्थायीभवति चात्यन्तं रङ्गः शुक्लपटे यथा ॥२६४॥ पिण्डे पिण्डे मतिर्भिन्ना कुण्डे कुण्डे नवं पयः । जातौ जातौ नवाचारा नवा वाणी मुखे मुखे ॥ २६५ ॥ गान्धर्वं गन्धसंयुक्तं ताम्बूलं भारती कथा । इष्टा भार्या प्रियं मित्रमपूर्वाणि दिने दिने ॥ २६६ ॥ विद्यया सह मर्तव्यं कुशिष्याय न दापयेत् । तथापि दीयते विद्या पश्चात्संजायते रिपुः ॥२६७॥ मर्कटस्य सुरापानं तस्य वृश्चिकदंशनम् । तन्मध्ये भूतसंचारो यद्वा तद्वा भविष्यति ॥ २६८ ॥ पुस्तकेषु च या विद्या परहस्तेषु यद्धनम् । सङ्ग्रामे च गृहे सैन्यं तिस्रः पुंसां विडम्बनाः ॥ २६९ ॥ असावधाने पाण्डित्यं क्रयक्रीतं च मैथुनम् । भोजनं च पराधीनं तिस्रः पुंसां विडम्बनाः ॥ २७० ॥ पादेन क्रम्यते पन्था मानहीनं च भोजनम् । अविवेकिप्रभोः सेवा पातकं किमतः परम्॥२७१॥ तुष्यन्ति भोजनैर्विप्रा मयूरा घनगर्जितैः । साधवः परसंतोषैः खलाः परविपत्तिषु ॥ २७२ ॥ प्रत्यक्षे गुरवः स्तुत्याः परोक्षे मित्रबान्धवाः । कर्मान्ते दासभृत्याश्च पुत्रा नैव तथा स्त्रियः ॥ २७३ ॥ विनयं राजपुत्रेभ्यः पण्डितेभ्यः सुभाषितम् । अनृतं द्यूतकारेभ्यः स्त्रीभ्यः शिक्षेत कैतवम् ॥२७४॥ धनधान्यप्रयोगेषु विद्यासंग्रहणेषु च । आहारे व्यवहारे च त्यक्तलज्जः सुखी भवेत् ॥ २७५ ॥ मुहूर्तमपि जीवेत नरः शुक्लेन कर्मणा । न कल्पमपि कृष्णेन लोकद्वयविरोधिना ॥ २७६ ॥ गते शोको न कर्तव्यो भविष्यं नैव चिन्तयेत् । वर्तमानेन कालेन वर्तयन्ति विचक्षणाः ॥ २७७ ॥ स्वभावेन हि तुष्यन्ति देवाः सत्पुरुषाः पिता । ज्ञातयः स्वन्नपानेन वाक्प्रदानेन पण्डिताः ॥ २७८ ॥ नराणां नापितो धूर्तः पक्षिणां चैव वायसः । चतुष्पदां शृगालस्तु स्वेच्छाचारी तपस्विनाम् ॥ २७९ ॥ चाण्डालः पक्षिणां काकः पशूनां चैव कुक्कुरः । कोपो मुनीनां चाण्डालःश्चाण्डालः सर्वनिन्दकः ॥ २८० ॥ भ्रमत्संपूज्यते चक्रं भ्रमन्संपूज्यते द्विजः । भ्रमन्संपूज्यते राजा स्त्री भ्रमन्ती विनश्यति ॥ २८१ ॥ न पश्यति च जन्मान्धः कामान्धो नैव पश्यति । न पश्यति मदोन्मत्तो ह्यर्थी दोषं न पश्यति ॥ २८२ ॥ स्वयं कर्म करोत्यात्मा स्वयं तत्फलमश्नुते । स्वयं भ्रमति संसारे स्वयं तस्माद्विमुच्यते ॥ २८३ ॥ खड्गमूलं भवेद्राज्यमस्त्रीमूलं स्थिरं भवेत् । प्रजामूलं भवेद्धर्मो वैरमूलं विनश्यति ॥ २८४ ॥ ऋणकर्ता पिता शत्रुर्माता च व्यभिचारिणी । अविनीता रिपुर्भार्या पुत्रः शत्रुरपण्डितः ॥ २८५ ॥ नास्ति कामसमो व्याधिर्नास्ति मोह-

१ मूर्खः.

समो रिपुः। नास्ति क्रोधसमो वह्निर्नास्ति ज्ञानात्परं सुखम् ॥ २८६ ॥ विद्या मित्रं प्रवासेषु भार्या मित्रं गृहेषु च। व्याधितस्यौषधं मित्रं धर्मो मित्रं मृतस्य च ॥ २८७ ॥ नास्ति मेघसमं तोयं नास्ति चात्मसमं बलम्। नास्ति चक्षुःसमं तेजो नास्ति धान्यसमं प्रियम् ॥ २८८ ॥ अधना धनमिच्छन्ति वादमिच्छन्ति गर्विताः। मानवाः स्वर्गमिच्छन्ति मोक्षमिच्छन्ति देवताः ॥ २८९ ॥ सत्येन धार्यते पृथ्वी सत्येन तपते रविः। सत्येन वायवो वान्ति सर्वं सत्ये प्रतिष्ठितम् ॥ २९० ॥ हस्तस्य भूषणं दानं सत्यं कण्ठस्य भूषणम्। श्रोत्रस्य भूषणं शास्त्रं भूषणे किं प्रयोजनम् ॥ २९१ ॥ युक्तमुक्तं पुराविद्भिश्चिन्ता जूर्तिः सुदारुणा। न भेषजैर्लङ्घनैर्वा न चान्यैरुपशाम्यति ॥ २९२ ॥ आवासः क्रियतां गाङ्गे पापहारिणि वारिणि। स्तनमध्ये तरुण्या वा मनोहारिणि हारिणि ॥ २९३ ॥ सुभाषितरसास्वादः प्रौढस्त्रीसंगमस्तथा। सेवा विवेकिनो राज्ञो दुःखनिर्मूलनं त्रयम् ॥ २९४ ॥ ईर्ष्यी घृणी त्वसंतुष्टः क्रोधनो नित्यशङ्कितः। परभाग्योपजीवी च षडेते दुःखभागिनः ॥ २९५ ॥ नवं वस्त्रं नवं छत्रं नव्या स्त्री नूतनं गृहम्। सर्वत्र नूतनं शस्तं सेवकान्ने पुरातने ॥ २९६ ॥ वृद्धस्य वचनं ग्राह्यमापत्काले ह्युपस्थिते। सर्वत्रैवं विचारेण नाहारे न च मैथुने ॥ २९७ ॥ अतिदूरपथश्रान्ताश्छायां यान्ति च शीतलाम्। शीतलाश्च पुनर्यान्ति का कस्य परिदेवना ॥ २९८ ॥ अपमानं पुरस्कृत्य मानं कृत्वा च पृष्ठतः। स्वकार्यमुद्धरेत्प्राज्ञः कार्यध्वंसो हि मूर्खता ॥ २९९ ॥ कृतस्य करणं नास्ति मृतस्य मरणं तथा। गतस्य शोचनं नास्ति ह्येतद्वेदविदां मतम् ॥ ३०० ॥ नाकाले म्रियते जन्तुर्विद्धः शरशतैरपि। कुशकण्टकविद्धोऽपि प्राप्तकालो न जीवति ॥ ३०१ ॥ निमग्नस्य पयोराशौ पर्वतात्पतितस्य च। तक्षकेणापि दष्टस्य आयुर्मर्माणि रक्षति ॥ ३०२ ॥ नानृषिः कुरुते काव्यं नारुद्रः क्रमपाठकः। नादेवांशो ददात्यन्नं नाविष्णुः पृथिवीपतिः ॥ ३०३ ॥ कवयः किं न पश्यन्ति किं न भक्षन्ति वायसाः। मद्यपाः किं न जल्पन्ति किं न कुर्वन्ति योषितः ॥ ३०४ ॥ वह्निज्वालेव गृहिणी रक्षणीया प्रयत्नतः। वृद्धिक्षयविकाराभ्यां स्वाश्रयक्षेममिच्छता ॥ ३०५ ॥ ददाति प्रतिगृह्णाति गुह्यमाख्याति पृच्छति। भुङ्क्ते भोजयते चैव षड्विधं प्रीतिलक्षणम् ॥ ३०६ ॥ अस्थिरं जीवितं लोके अस्थिरे धनयौवने। अस्थिरा पुत्रदाराश्च धर्मः कीर्तिर्द्वयं स्थिरम् ॥ ३०७ ॥ लालयेत्पञ्च वर्षाणि दश वर्षाणि ताडयेत्। प्राप्ते तु षोडशे वर्षे पुत्रं मित्रवदाचरेत् ॥ ३०८ ॥ गणेशः स्तौति मार्जारं स्ववाहस्याभिरक्षणे। महानपि प्रसङ्गेन नीचं सेवितुमिच्छति ॥ ३०९ ॥ श्यामा मन्थरगामिन्यः पीनोन्नतपयोधराः। महिष्यश्च महिष्यश्च सन्ति पुण्यवतां गृहे ॥ ३१० ॥ पदे पदे च रत्नानि योजने रसकूपिका। भाग्यहीना न पश्यन्ति बहुरत्ना वसुंधरा ॥ ३११ ॥ राजा वेश्या यमो वह्निः प्राघूर्णो बालयाचकौ। परदुःखं न जानाति ह्यष्टमो ग्रामकण्टकः ॥ ३१२ ॥ क्रोधो मूलमनर्थानां क्रोधः संसारबन्धनम्। धर्मक्षयकरः क्रोधस्तस्मात्क्रोधं विवर्जयेत् ॥ ३१३ ॥ प्रेम सत्यं तयोरेव ययोर्योगवियोगयोः। वत्सरा वासरीयन्ति वासरीयन्ति वत्सराः ॥३१४॥ किं धनेन कुबेरस्य सुभाषितगुणेन किम्। वाचस्पतेश्च दीपेन रवेः सिन्धोश्च बिन्दुना ॥ ३१५ ॥ मधुना सिञ्चयेन्निम्बं निम्बः किं मधुरायते। जातिस्वभावदोषोऽयं कटुकत्वं न मुञ्चति ॥ ३१६ ॥ कर्तव्यमेव कर्तव्यं प्राणैः कण्ठगतैरपि। अकर्तव्यं न कर्तव्यं प्राणैः कण्ठगतैरपि ॥ ३१७ ॥ अग्निहोत्रं गृहं क्षेत्रं मित्रं भार्यां सुतं शिशुम्। रिक्तपाणिर्न पश्येत राजानं देवतां गुरुम् ॥३१८॥ उत्तमं स्वार्जितं भुक्तं मध्यमं पितुरर्जितम्। कनिष्ठं भ्रातृवित्तं च स्त्रीवित्तमधमाधमम् ॥ ३१९ ॥ अलसस्य कुतो विद्या अविद्यस्य कुतो धनम्। अधनस्य कुतो मित्रममित्रस्य कुतः सुखम् ॥ ३२० ॥ अनर्घ्यमपि माणिक्यं हेमाश्रयमपेक्षते। अनाश्रया न शोभन्ते पण्डिता वनिता लताः ॥ ३२१ ॥ विप्रार्थेषु धनक्षीणं स्वदारगतयौवनम्। स्वामिकार्ये हतप्राणमन्ते तिष्ठति माधवः ॥ ३२२ ॥ न विश्वसेदमित्रस्य मित्रस्यापि न विश्वसेत्। कदाचित्कुपितं मित्रं सर्वं गुह्यं प्रकाशयेत् ॥ ३२३ ॥ अभ्रच्छाया तृणाग्निश्च खले प्रीतिः स्थले जलम्। वेश्यासक्तिः कुमित्रं च षडेते बुद्बुदोपमाः ॥ ३२४ ॥ प्रमदा मदिरा लक्ष्मीर्विज्ञेया त्रिविधा सुरा। दृष्ट्वैवोन्मादयत्येका पीता चान्यातिसंचयात् ॥ ३२५ ॥ राजपत्नी गुरोः पत्नी भ्रातृपत्नी तथैव च। पत्नीमाता स्वमाता च पञ्चैता मातरः स्मृताः ॥ ३२६ ॥ इक्षुदण्डास्तिलाः शूद्राः कामिनी हेम मेदिनी। दधि चन्दनताम्बूले मर्दनं गुणवर्धनम् ॥ ३२७ ॥ पराधीनं वृथा जन्म परस्त्रीषु वृथा सुखम्। परगेहे वृथा लक्ष्मीर्विद्या या पुस्तके वृथा ॥ ३२८ ॥ असंमाने तपोवृद्धिः संमानाच्च तपःक्षयः पूजया। पुण्यहानिः स्यान्निन्दया सद्गतिर्भवेत् ॥ ३२९ ॥ ध्यानशस्त्रं बकानां च वेश्यानां मोहशस्त्रकम्। साधुत्वशस्त्रं मैन्दानां परप्राणार्थहारकम् ॥ ३३० ॥

१ ज्वरः.

ललिताम्तानि गीतानि प्रसूतान्तं च यौवनम् ।
विशाखान्ता मेघमाला तक्रान्तं खलु भोजनम् ॥ ३३१ ॥
धातुः परीक्षा दुर्भिक्षे स्त्रीपरीक्षा च निर्धने । युद्धे शूरप-
रीक्षा च मृत्योरत्यन्तमापदि ॥ ३३२ ॥ अन्यमाश्रयते
लक्ष्मीस्त्वन्यमन्यं च मेदिनी । अनन्यगामिनी पुंसां कीर्ति-
रेका पतिव्रता ॥ ३३३ ॥ न कालः खड्गमुद्यम्य शिरः
कृन्तति कस्यचित् । कालस्य बलमेतावद्विपरीतार्थदर्शनम्
॥ ३३४ ॥ जानन्नपि जनो दैवात्प्रकरोति विगर्हितम् । न
कर्म गर्हितं लोके कस्यचिद्रोचते कृतम् ॥ ३३५ ॥ सद्भावेन
जयेन्मित्रं सद्भावेन च बान्धवान् । स्त्रीभृत्यान्दानमानाभ्यां
दाक्षिण्येनेतरं जनम् ॥ ३३६ ॥ संतोषस्त्रिषु कर्तव्यः स्व-
दारे भोजने धने । त्रिषु चैव न कर्तव्यो दाने तपसि पाठने
॥ ३३७ ॥ न पुत्रात्परमो लाभो न भार्यायाः परं सुखम् ।
न धर्मात्परमं मित्रं नानृतात्पातकं परम् ॥ ३३८ ॥ ज्या-[1]
यांसमपि शीलेन विहीनं नैव पूजयेत् । अपि शूद्रं च
धर्मज्ञं सद्वृत्तमभिपूजयेत् ॥ ३३९ ॥ शत्रोरपि गुणा वाच्या
दोषा वाच्या गुरोरपि । सर्वदा सर्वयत्नेन पुत्रे शिष्यवदा-
चरेत् ॥ ३४० ॥ सुकुले योजयेत्कन्यां पुत्रं विद्यासु
योजयेत् । व्यसने योजयेच्छत्रुमिष्टं धर्मेण योजयेत् ॥३४१॥
नक्षत्रभूषणं चन्द्रो नारीणां भूषणं पतिः । पृथिवीभूषणं
राजा विद्या सर्वस्य भूषणम् ॥ ३४२ ॥ लालने बहवो
दोषास्ताडने बहवो गुणाः । तस्मात्पुत्रं च शिष्यं च ताड-
येन्न तु लालयेत् ॥ ३४३ ॥ दूरतः शोभते मूर्खो लम्बशा-
टपटावृतः । तावच्च शोभते मूर्खो यावत्किंचिन्न भाषते
॥ ३४४ ॥ सकृद्दुष्टं च मित्रं यः पुनः संधातुमिच्छति । स
मृत्युमुपगृह्णाति गर्भमश्वतरी यथा ॥ ३४५ ॥ न कश्चित्क-
स्यचिन्मित्रं न कश्चित्कस्यचिद्रिपुः । कारणेन हि जायन्ते मि-
त्राणि रिपवस्तथा ॥ ३४६ ॥ हस्ती हस्तसहस्रेण शतहस्तेन
वाजिनः । शृङ्गिणो दशहस्तेन स्थानत्यागेन दुर्जनः ॥ ३४७ ॥
आपदर्थं धनं रक्षेद्दारान्रक्षेद्धनैरपि । आत्मानं सततं रक्षे-
द्दारैरपि धनैरपि ॥ ३४८ ॥ परदारं परद्रव्यं परीवादं परस्य
च । परीहासं गुरोः स्थाने चापल्यं च विवर्जयेत् ॥ ३४९ ॥
अप्रगल्भस्य या विद्या कृपणस्य च यद्धनम् । यच्च बाहुबलं
भीरोर्व्यर्थमेतत्त्रयं भुवि ॥ ३५० ॥ शरीरनिरपेक्षस्य दक्षस्य
व्यवसायिनः । बुद्धिप्रारब्धकार्यस्य नास्ति किंचन दुष्करम्
॥ ३५१ ॥ असूयया हतेनैव पूर्वोपायोद्यमैरपि । कर्तॄणां
गृह्यते संपत्सुहृद्भिर्मन्त्रिभिस्तथा ॥ ३५२ ॥ अतिदाक्षिण्य-
युक्तानां शङ्कितानां पदे पदे । परापवादभीरूणां दूरतो
यान्ति संपदः ॥ ३५३ ॥ आदानस्य प्रदानस्य कर्तव्यस्य
च कर्मणः । क्षिप्रमक्रियमाणस्य कालः पिबति तद्रसम्
॥ ३५४ ॥ न स्वल्पस्य कृते भूरि नाशयेन्मतिमान्नरः ।
एतदेव हि पाण्डित्यं न स्वल्पाद्भूरिनाशनम् ॥ ३५५ ॥
अफलानि दुरन्तानि समव्ययफलानि च । अशक्यानि च
वस्तूनि नारभेत विचक्षणः ॥ ३५६ ॥ किं नु मे स्यादिदं
कृत्वा किं नु मे स्यादकुर्वतः । इति संचिन्त्य मनसा प्राज्ञः
कुर्वीत वा न वा ॥ ३५७ ॥ देहे पातिनि का रक्षा यशो
रक्ष्यमपातवत् । नरः पतितकायोऽपि यशःकायेन जीवति
॥ ३५८ ॥ निमेषमात्रमपि ते वयो गच्छन्न तिष्ठति ।
तस्माद्देहेष्वनित्येषु कीर्तिमेकामुपार्जय ॥ ३५९ ॥ बुधाग्रे न
गुणान्ब्रूयात्साधु वेत्ति यतः स्वयम् । मूर्खाग्रेऽपि च न
ब्रूयाद्बुधप्रोक्तं न वेत्ति सः ॥ ३६० ॥ यावत्स्वस्थमिदं देहं
यावन्मृत्युश्च दूरतः । तावदात्महितं कुर्यात्प्राणान्ते किं करि-
ष्यसि ॥ ३६१ ॥ यः करोति वधोदर्का निःश्रेयसकरीः
क्रियाः । ग्लानिदोषच्छिदः स्वच्छाः स मूढः पङ्कयत्यपः
॥ ३६२ ॥ मूलं दोषस्य हिंसादेरर्थकामौ स्म मा मुषः ।
तौ हि तत्त्वावबोधस्य दुरुच्छेदावुपप्लवौ ॥ ३६३ ॥ अभि-
द्रोहेण भूतानामर्जयन्गत्वरीः श्रियः । उदन्वानिव सिन्धू-
नामापदामेति पात्रताम् ॥ ३६४ ॥ या गम्याः सत्सहा-
यानां यासु खेदो भयं यतः । तासां किं यन्न दुःखाय विप-
दामिव संपदाम् ॥ ३६५ ॥ दुरासदानरीनुग्रान्धृतेर्विश्वास-
जन्मनः । भोगान्भोगानिवाहेयानध्यास्यापन्न दुर्लभा ॥३६६॥
नान्तरज्ञाः श्रियो जातु प्रियैरासां न भूयते । आसक्तास्ता-
स्वमी मूढा वामशीला हि जन्तवः ॥ ३६७ ॥ कोऽपवादः
स्तुतिपदे यदशीलेषु चञ्चलाः । साधुवृत्तानपि क्षुद्रा विक्षि-
पन्त्येव संपदः ॥ ३६८ ॥ कृतवानन्यदेहेषु कर्ता च विधुरं
मनः । अप्रियैरिव संयोगो विप्रयोगः प्रियैः सह ॥ ३६९ ॥
शून्यमाकीर्णतामेति तुल्यं व्यसनमुत्सवैः । विप्रलम्भोऽपि
लाभाय सति प्रियसमागमे ॥ ३७० ॥ तदा रम्याण्यर-
म्याणि प्रियाः शल्यं तदासवः । तदैकाकी सबन्धुः सन्निष्टेन
रहितो यदा ॥ ३७१ ॥ युक्तः प्रमाद्यसि हितादपेतः परित-
प्यसे । यदि नेष्टात्मनः पीडा मा सञ्जि भवता जने ॥ ३७२ ॥
जन्मिनोऽस्य स्थितिं विद्वांल्लक्ष्मीमिव चलाचलाम् । भवान्मा
स्म वधीन्न्याय्यं न्यायाधारा हि साधवः ॥ ३७३ ॥ अवि-
ज्ञातप्रबन्धस्य वचो वाचस्पतेरिव । व्रजत्यफलतामेव नय-
द्रुह इवेहितम् ॥ ३७४ ॥ कर्मायत्तं फलं पुंसां बुद्धिः कर्मा-
नुसारिणी । तथापि सुधिया भाव्यं सुविचार्यैव कुर्वता
॥ ३७५ ॥ मनसा चिन्तितं कर्म वचसा न प्रकाशयेत् ।

१ वरिष्ठम्.

अन्यलक्षितकार्यस्य यतः सिद्धिर्न जायते ॥ ३७६ ॥ कुदेशं च कुवृत्तिं च कुभार्यां कुनदीं तथा । कुद्रव्यं च कुभोज्यं च वर्जयेत्तु विचक्षणः ॥ ३७७ ॥ अस्ति पुत्रो वशे यस्य भृत्यो भार्या तथैव च । अभावे सति संतोषः स्वर्गस्थोऽसौ महीतले ॥ ३७८ ॥ माता यस्य गृहे नास्ति भार्या चाप्रियवादिनी । अरण्यं तेन गन्तव्यं यथारण्यं तथा गृहम् ॥ ३७९ ॥ कोकिलानां स्वरो रूपं नारीरूपं पतिव्रतम् । विद्या रूपं कुरूपाणां क्षमा रूपं तपस्विनाम् ॥ ३८० ॥ अविद्यं जीवनं शून्यं दिक्शून्या चेदबान्धवा । पुत्रहीनं गृहं शून्यं सर्वशून्या दरिद्रता ॥ ३८१ ॥ अदाता वंशदोषेण कर्मदोषाद्दरिद्रता । उन्मादो मातृदोषेण पितृदोषेण मूर्खता ॥ ३८२ ॥ अतिदर्पे हता लङ्का अतिमाने च कौरवाः । अतिदाने बलिर्बद्धः सर्वमत्यन्तगर्हितम् ॥ ३८३ ॥ वस्त्रहीनस्त्वलंकारो घृतहीनं न भोजनम् । स्तनहीना च या नारी विद्याहीनं च जीवनम् ॥ ३८४ ॥ पुत्रप्रयोजना दाराः पुत्रः पिण्डप्रयोजनः । हितप्रयोजनं मित्रं धनं सर्वप्रयोजनम् ॥ ३८५ ॥ दुर्लभं संस्कृतं वाक्यं दुर्लभः क्षेमकृत्सुतः । दुर्लभा सदृशी भार्या दुर्लभः स्वजनः प्रियः ॥ ३८६ ॥ अशोच्यो निर्धनः प्राज्ञोऽशोच्यः पण्डितबान्धवः । अशोच्या विधवा नारी पुत्रपौत्रप्रतिष्ठिता ॥ ३८७ ॥ अविद्यः पुरुषः शोच्यः शोच्यं मैथुनमप्रजम् । निराहाराः प्रजाः शोच्याः शोच्यं राज्यमराजकम् ॥ ३८८ ॥ कुलीनैः सह संपर्कं पण्डितैः सह मित्रताम् । ज्ञातिभिश्च समं मेलं कुर्वाणो न विनश्यति ॥ ३८९ ॥ कष्टा वृत्तिः पराधीना कष्टो वासो निराश्रयः । निर्धनो व्यवसायश्च सर्वकष्टा दरिद्रता ॥ ३९० ॥ तस्करस्य कुतो धर्मो दुर्जनस्य कुतः क्षमा । वेश्यानां च कुतः स्नेहः कुतः सत्यं च कामिनाम् ॥ ३९१ ॥ प्रेषितस्य कुतो मानं कोपनस्य कुतः सुखम् । स्त्रीणां कुतः सतीत्वं च कुतो मैत्री खलस्य च ॥ ३९२ ॥ दुर्बलस्य बलं राजा बालानां रोदनं बलम् । बलं मूर्खस्य मौनित्वं चौराणामनृतं बलम् ॥ ३९३ ॥ यो ध्रुवाणि परित्यज्य ह्यध्रुवं परिषेवते । ध्रुवाणि तस्य नश्यन्ति ह्यध्रुवं नष्टमेव च ॥ ३९४ ॥ शुष्कं मांसं स्त्रियो वृद्धा बालार्कस्तरुणं दधि । प्रभाते मैथुनं निद्रा सद्यः प्राणहराणि षट् ॥ ३९५ ॥ सद्योमांसं नवान्नं च बाला स्त्री क्षीरभोजनम् । घृतमुष्णोदकं चैव सद्यः प्राणकराणि षट् ॥ ३९६ ॥ सिंहादेकं बकादेकं षट् शुनस्त्रीणि गर्दभात् । वायसात्पञ्च शिक्षेच्च चत्वारि कुक्कुटादपि ॥ ३९७ ॥ प्रभूतमल्पकार्यं वा यो नरः कर्तुमिच्छति । सर्वारम्भेण तत्कुर्यात्सिंहादेकं प्रकीर्तितम् ॥ ३९८ ॥ सर्वेन्द्रियाणि संयम्य बकवत्पतितो जनः । कालदेशोपपन्नानि सर्वकार्याणि साधयेत् ॥ ३९९ ॥ बह्वाशी स्वल्पसंतुष्टः सुनिद्रः शीघ्रचेतनः । प्रभुभक्तश्च शूरश्च ज्ञातव्याः षट् शुनो गुणः ॥ ४०० ॥ अविश्रामं वहेद्भारं शीतोष्णं च न विन्दति । ससंतोषस्तथा नित्यं त्रीणि शिक्षेत गर्दभात् ॥ ४०१ ॥ गूढमैथुनधार्ष्ट्ये च काले चालयसंग्रहम् । अप्रमादमनालस्यं पञ्च शिक्षेत वायसात् ॥ ४०२ ॥ युद्धं च प्रातरुत्थानं भोजनं सह बन्धुभिः । स्त्रियमापद्गतां रक्षेच्चतुः शिक्षेत कुक्कुटात् ॥ ४०३ ॥ कोऽतिभारः समर्थानां किं दूरं व्यवसायिनाम् । को विदेशः सविद्यानां कः परः प्रियवादिनाम् ॥ ४०४ ॥ आपदां कथितः पन्था इन्द्रियाणामसंयमः । तज्जयः संपदां मार्गो येनेष्टं तेन गम्यताम् ॥ ४०५ ॥ न च विद्यासमो बन्धुर्न च व्याधिसमो रिपुः । न चापत्यसमः स्नेहो न च दैवात्परं बलम् ॥ ४०६ ॥ समुद्रावरणा भूमिः प्राकारावरणं गृहम् । नरेन्द्रावरणा देशाश्चरित्रावरणाः स्त्रियः ॥ ४०७ ॥ घृतकुम्भसमा नारी तप्ताङ्गारसमः पुमान् । तस्माद्घृतं च वह्निं च नैकत्र स्थापयेद्बुधः ॥ ४०८ ॥ आहारो द्विगुणः स्त्रीणां बुद्धिस्तासां चतुर्गुणा । षड्गुणो व्यवसायश्च कामश्चाष्टगुणः स्मृतः ॥ ४०९ ॥ जीर्णमन्नं प्रशंसीयाद्भार्यां च गतयौवनाम् । रणात्प्रत्यागतं शूरं सस्यं च गृहमागतम् ॥ ४१० ॥ असंतुष्टा द्विजा नष्टाः संतुष्टाश्च महीभुजः । सलज्जा गणिका नष्टा निर्लज्जाश्च कुलस्त्रियः ॥ ४११ ॥ अवंशपतितो राजा मूर्खपुत्रश्च पण्डितः । अधनेन धनं प्राप्तं तृणवन्मन्यते जगत् ॥ ४१२ ॥ पुस्तकस्था तु या विद्या परहस्तगतं धनम् । कार्यकाले समुत्पन्ने न सा विद्या न तद्धनम् ॥ ४१३ ॥ पादपानां भयं वातात्पद्मानां शिशिराद्भयम् । पर्वतानां भयं वज्रात्साधूनां दुर्जनाद्भयम् ॥ ४१४ ॥ यस्य क्षेत्रं नदीतीरे भार्या वापि परप्रिया । पुत्रस्य विनयो नास्ति मृत्युरेव न संशयः ॥ ४१५ ॥ असंभाव्यं न वक्तव्यं प्रत्यक्षमपि दृश्यते । शिला तरति पानीयं गीतं गायति वानरः ॥ ४१६ ॥ सुभिक्षं कृषके नित्यं नित्यं सुखमरोगिणि । भार्या भर्तुः प्रिया यस्य तस्य नित्योत्सवं गृहम् ॥ ४१७ ॥ हेला

स्यात्कार्यनाशाय बुद्धिनाशाय निर्धनम् । यांचना माननाशाय कुलनाशाय भोजनम् ॥ ४१८ ॥ प्रथमे नार्जिता विद्या द्वितीये नार्जितं धनम् । तृतीये नार्जितं पुण्यं चतुर्थे किं करिष्यति ॥ ४१९ ॥ नदीकूले च ये वृक्षाः परहस्तगतं धनम् । कार्यं स्त्रीगोचरं यत्स्यात्सर्वं तद्विफलं भवेत् ॥ ४२० ॥ कूपोदकं वटच्छाया श्यामा स्त्री चेष्टकालयम् । शीतकाले भवेदुष्णं ग्रीष्मकाले च शीतलम् ॥ ४२१ ॥ विषं चङ्क्रमणं रात्रौ विषं राज्ञोऽनुकूलता । विषं स्त्रियोऽप्यन्यहृदो विषं व्याधिरवीक्षितः ॥ ४२२ ॥ दुरधीता विषं विद्या अजीर्णे भोजनं विषम् । विषं गोष्ठी दरिद्रस्य वृद्धस्य तरुणी विषम् ॥ ४२३ ॥ प्रदोषे निहतः पन्थाः पतिता निहताः स्त्रियः । अल्पबीजं हतं क्षेत्रं भृत्यदोषाद्धतः प्रभुः ॥ ४२४ ॥ हतमश्रोत्रियं श्राद्धं हतो यज्ञस्त्वदक्षिणः । हता रूपवती वन्ध्या हतं सैन्यमनायकम् ॥ ४२५ ॥ किं करिष्यन्ति वक्तारः श्रोता यत्र न विद्यते । नग्नक्षपणके देशे रजकः किं करिष्यति ॥ ४२६ ॥ अजरामरवत्प्राज्ञो विद्यामर्थं च चिन्तयेत् । गृहीत इव केशेषु मृत्युना धर्ममाचरेत् ॥ ४२७ ॥ आयुः कर्म च वित्तं च विद्या निधनमेव च । पञ्चैतान्यपि सृज्यन्ते गर्भस्थस्यैव देहिनः ॥ ४२८ ॥ यदभावि न तद्भावि भावि चेन्न तदन्यथा । इति चिन्ताविषघ्नोऽयमगदः किं न पीयते ॥ ४२९ ॥ नाद्रव्ये निहिता काचित्क्रिया फलवती भवेत् । न व्यापारशतेनापि शुकवत्पाठ्यते बकः ॥ ४३० ॥ शोकस्थानसहस्राणि भयस्थानशतानि च । दिवसे दिवसे मूढमाविशन्ति न पण्डितम् ॥ ४३१ ॥ उत्थायोत्थाय बोद्धव्यं महद्भयमुपस्थितम् । मरणव्याधिशोकानां किमद्य निपतिष्यति ॥ ४३२ ॥ अनिष्टादिष्टलाभेऽपि न गतिर्जायते शुभा । यत्रास्ते विषसंसर्गोऽमृतं तदपि मृत्यवे ॥ ४३३ ॥ न संशयमनारुह्य नरो भद्राणि पश्यति । संशयं पुनरारुह्य यदि जीवति पश्यति ॥ ४३४ ॥ गतानुगतिको लोकः कुट्टनीमुपदेशिनीम् । प्रमाणयति नो धर्मे यथा गोघ्नमपि द्विजम् ॥ ४३५ ॥ प्राणा यथात्मनोऽभीष्टा भूतानामपि ते तथा । आत्मौपम्येन भूतेषु दयां कुर्वन्ति साधवः ॥ ४३६ ॥ प्रत्याख्याने च दाने च सुखदुःखे प्रियाप्रिये । आत्मौपम्येन पुरुषः प्रमाणमधिगच्छति ॥ ४३७ ॥ अवशेन्द्रियचित्तानां हस्तिस्नानमिव क्रिया । दुर्भगाभरणप्रायो ज्ञानं भारः क्रियां विना ॥ ४३८ ॥ शङ्काभिः सर्वमाक्रान्तमन्नं पानं च भूतले । प्रवृत्तिः कुत्र कर्तव्या जीवितव्यं कथं नु वा ॥ ४३९ ॥ सुमहान्त्यपि शास्त्राणि धारयन्तो बहुश्रुताः । छेत्तारः संशयानां च क्लिश्यन्ते लोभमोहिताः ॥ ४४० ॥ षड्दोषाः पुरुषेणेह हातव्या भूतिमिच्छता । निद्रा तन्द्रा भयं क्रोध आलस्यं दीर्घसूत्रता ॥ ४४१ ॥ माता मित्रं पिता चेति स्वभावात्त्रितयं हितम् । कार्यकारणतश्चान्ये भवन्ति हितबुद्धयः ॥ ४४२ ॥ जातिमात्रेण किं कश्चिद्धन्यते पूज्यते क्वचित् । व्यवहारं परिज्ञाय वध्यः पूज्योऽथवा भवेत् ॥ ४४३ ॥ तृणानि भूमिरुदकं वाक्चतुर्थी च सूनृता । एतान्यपि सतां गेहे नोच्छिद्यन्ते कदाचन ॥ ४४४ ॥ आपत्सु मित्रं जानीयाद्युद्धे शूरमृणे शुचिम् । भार्यां क्षीणेषु वित्तेषु व्यसनेषु च बान्धवान् ॥ ४४५ ॥ सुहृदां हितकामानां यः शृणोति न भाषितम् । विपत्संनिहिता तस्य स नरः शत्रुनन्दनः ॥ ४४६ ॥ अपराधो न मेऽस्तीति नैतद्विश्वासकारणम् । विद्यते हि नृशंसेभ्यो भयं गुणवतामपि ॥ ४४७ ॥ दीपनिर्वाणगन्धं च सुहृद्वाक्यमरुन्धतीम् । न जिघ्रन्ति न शृण्वन्ति न पश्यन्ति गतायुषः ॥ ४४८ ॥ मार्जारो महिषो मेषः काकः कापुरुषस्तथा । विश्वासात्प्रभवन्त्येते विश्वासस्तत्र नो हितः ॥ ४४९ ॥ यदशक्यं न तच्छक्यं यच्छक्यं शक्यमेव तत् । नोदके शकटं याति न च नौर्गच्छति स्थले ॥ ४५० ॥ द्रवत्वात्सर्वलोहानां निमित्तान्मृगपक्षिणाम् । भयाल्लोभाच्च मूर्खाणां संगतं दर्शनात्सताम् ॥ ४५१ ॥ पटुत्वं सत्यवादित्वं कथायोगेन बुध्यते । अस्तब्धत्वमचापल्यं प्रत्यक्षेणावगम्यते ॥ ४५२ ॥ लोकयात्रा भयं लज्जा दाक्षिण्यं त्यागशीलता । पञ्च यत्र न विद्यन्ते न कुर्यात्तत्र संस्थितिम् ॥ ४५३ ॥ अपुत्रस्य गृहं शून्यं सन्मित्ररहितस्य च । मूर्खस्य च दिशः शून्याः सर्वशून्या दरिद्रता ॥ ४५४ ॥ परिच्छेदो हि पाण्डित्यं यदापन्ना विपत्तयः । अपरिच्छेदकर्तॄणां विपदः स्युः पदे पदे ॥ ४५५ ॥ पानीयं वा निरायासं स्वाद्वन्नं वा भयोत्तरम् । विचार्य खलु पश्यामि तत्सुखं यत्र निर्वृतिः ॥ ४५६ ॥ जलमग्निर्विषं शस्त्रं क्षुद्व्याधिः पतनं गिरेः । निमित्तं किंचिदासाद्य देही प्राणान्विमुञ्चति ॥ ४५७ ॥ नाप्राप्यमभिवाञ्छन्ति नष्टं नेच्छन्ति शोचितुम् । आपत्स्वपि न मुह्यन्ति नराः पण्डितबुद्धयः ॥ ४५८ ॥ सुखमापतितं सेव्यं दुःखमापतितं तथा । चक्रवत्परिवर्तन्ते दुःखानि च सुखानि च ॥ ४५९ ॥

वृत्त्यर्थं नातिचेष्टेत सा हि धात्रैव निर्मिता। गर्भादुत्पतिते जन्तौ मातुः प्रस्रवतः स्तनौ ॥ ४६० ॥ येन शुक्लीकृता हंसाः शुकाश्च हरितीकृताः। मयूराश्चित्रिता येन स ते वृत्तिं विधास्यति ॥ ४६१ ॥ धर्मार्थं यस्य वित्तेहा वरं तस्य निरीहता। प्रक्षालनाद्धि पङ्कस्य दूरादस्पर्शनं वरम् ॥ ४६२ ॥ जन्मनि क्लेशबहुले किं नु दुःखमतः परम्। इच्छासंपद्यतो नास्ति यच्चेच्छा न निवर्तते ॥ ४६३ ॥ यद्यदेव हि वाञ्छेत ततो वाञ्छा प्रवर्तते। प्राप्त एवार्थतः सोऽर्थो यतो वाञ्छा निवर्तते ॥ ४६४ ॥ अम्भांसि जलजन्तूनां दुर्गं दुर्गनिवासिनाम्। स्वभूमिः श्वापदादीनां राज्ञां मन्त्री परं बलम् ॥ ४६५ ॥ कायः संनिहितापायः संपदः पदमापदाम्। समागमाः सापगमाः सर्वमुत्पादि भङ्गुरम् ॥ ४६६ ॥ अधोऽधः पश्यतः कस्य महिमा नोपचीयते। उपर्युपरि पश्यन्तः सर्व एव दरिद्रति ॥ ४६७ ॥ अलब्धं चैव लिप्सेत लब्धं रक्षेदवेक्षया। रक्षितं वर्धयेत्सम्यग्वृद्धं तीर्थेषु निक्षिपेत् ॥ ४६८ ॥ शीतवातातपक्लेशान्सहन्ते यान्पराश्रिताः। तदंशेनापि मेधावी तपस्त्यक्त्वा सुखी भवेत् ॥ ४६९ ॥ एतावज्जन्मसाफल्यं यदनायत्तवृत्तिता। ये पराधीनतां यातास्ते वै जीवन्ति के मृताः ॥ ४७० ॥ आश्रितानां भृतौ स्वामिसेवायां धर्मसेवने। पुत्रस्योत्पादने चैव न सन्ति प्रतिहस्तकाः ॥ ४७१ ॥ पृष्ठतः सेवयेदर्कं जठरेण हुताशनम्। स्वामिनं सर्वभावेन परलोकममायया ॥ ४७२ ॥ पञ्चभिर्याति दासत्वं पुराणैः[1] कोऽपि मानवः। कोऽपि लक्षैः कृती कोऽपि लक्षैरपि न लभ्यते ॥ ४७३ ॥ वाजिवारणलोहानां काष्ठपाषाणवाससाम्। नारीपुरुषतोयानामन्तरं महदन्तरम् ॥ ४७४ ॥ आरोप्यते शिला शैले यत्नेन महता यथा। निपात्यते क्षणेनाधस्तथात्मा गुणदोषयोः ॥ ४७५ ॥ अनाहूतो विशेद्यस्तु अपृष्टो बहु भाषते। आत्मानं मन्यते प्रीतं भूपालस्य स दुर्मतिः ॥ ४७६ ॥ किमप्यस्ति स्वभावेन सुन्दरं वाप्यसुन्दरम्। यदेव रोचते यस्मै भवेत्तत्तस्य सुन्दरम् ॥ ४७७ ॥ यस्य यस्य हि यो भावस्तेन तेन हि तं नरम्। अनुप्रविश्य मेधावी क्षिप्रमात्मवशं नयेत् ॥ ४७८ ॥ दोषभीतेरनारम्भस्त्त्कापुरुषलक्षणम्। कैरजीर्णभयाद्भ्रातर्भोजनं परिहीयते ॥ ४७९ ॥ स्थान एव नियोज्यन्ते भृत्याश्चाभरणानि च। नहि चूडामणिः पादे नूपुरं मूर्ध्नि धार्यते ॥ ४८० ॥ मुकुटे रोपितः काचश्चरणाभरणे मणिः। नहि दोषो मणेरस्ति किंतु साधोरविज्ञता ॥ ४८१ ॥ बालादपि ग्रहीतव्यं युक्तमुक्तं मनीषिभिः। रवेरविषये किं न प्रदीपस्य प्रकाशनम् ॥ ४८२ ॥ बन्धुस्त्रीभृत्यवर्गस्य बुद्धेः सत्त्वस्य चात्मनः। आपन्निकषपाषाणे नरो जानाति सारताम् ॥ ४८३ ॥ आपद्युन्मार्गगमने कार्यकालात्ययेषु च। कल्याणवचनं ब्रूयादपृष्टोऽपि हितो नरः ॥ ४८४ ॥ कुर्वन्नपि व्यलीकानि यः प्रियः प्रिय एव सः। अनेकदोषदुष्टोऽपि कायः कस्य न वल्लभः ॥ ४८५ ॥ अप्रियाण्यपि कुर्वाणो यः प्रियः प्रिय एव सः। दग्धमन्दिरसारेऽपि कस्य वह्नावनादरः ॥ ४८६ ॥ अप्रियस्यापि पथ्यस्य परिणामः सुखावहः। वक्ता श्रोता च यत्रास्ति रमन्ते तत्र संपदः ॥ ४८७ ॥ न परस्यापराधेन परेषां दण्डमाचरेत्। आत्मनावगतं कृत्वा बध्नीयात्पूजयेच्च वा ॥ ४८८ ॥ गुणदोषावनिश्चित्य विधिर्न ग्रहनिग्रहे। स्वनाशाय यथा न्यस्तो दर्पात्सर्पमुखे करः ॥ ४८९ ॥ पराभवं परिच्छेत्तुं योग्यायोग्यं न वेत्ति यः। अस्तीह यस्य विज्ञानं स कृच्छ्रेऽपि न सीदति ॥ ४९० ॥ ययोरेव समं वित्तं ययोरेव समं बलम्। तयोर्विवादो मैत्री वा नोत्तमाधमयोः क्वचित् ॥ ४९१ ॥ बलवानपि निस्तेजाः कस्य नाभिभवास्पदम्। निःशङ्कं दीयते लोकैः पश्य भस्मचये पदम् ॥ ४९२ ॥ बन्धुः को नाम दुष्टानां कुप्येत्को नातियाचितः। को न तृप्यति वित्तेन कुकृत्ये को न पण्डितः ॥ ४९३ ॥ धर्मार्थकामतत्त्वज्ञो नैकान्तकरुणो भवेत्। नहि हस्तस्थमप्यन्नं क्षमावान्भक्षितुं क्षमः ॥ ४९४ ॥ क्षमा शत्रौ च मित्रे च यतीनामेव भूषणम्। अपराधिषु सत्त्वेषु नृपाणां सैव दूषणम् ॥ ४९५ ॥ सेवितव्यो महावृक्षः फलच्छायासमन्वितः। यदि दैवात्फलं नास्ति छाया केन निवार्यते ॥ ४९६ ॥ हीनसेवा न कर्तव्या कर्तव्यो महदाश्रयः। पयोऽपि शौण्डिकीहस्ते वारुणीत्यभिधीयते ॥ ४९७ ॥ महानप्यल्पतां याति निर्गुणे गुणविस्तरः। आधाराधेयभावेन गजेन्द्र इव दर्पणे ॥ ४९८ ॥ वैद्यानामातुरः श्रेयान्व्यसनी मौनियोगिनाम्। विदुषां जीवनं मूर्खः सद्वर्णो जीवनं सताम् ॥ ४९९ ॥ तावद्भयाद्धि भेतव्यं यावद्भयमनागतम्। आगतं तु भयं वीक्ष्य प्रहर्तव्यमभीतवत् ॥ ५०० ॥ सुपूरा स्यात्कुनदिका सुपूरो मूषकाञ्जलिः। सुसंतुष्टः कापुरुषः स्वल्पकेनापि तुष्यति ॥ ५०१ ॥ अम्भसा भिद्यते सेतुस्तथा मन्त्रोऽप्यरक्षितः।

१ नाणकविशेषैः, रूपकैरिति यावत्.

पैशुन्याद्भिद्यते स्नेहो वाचा भिद्येत कातरः ॥ ५०२ ॥
अन्यप्रतापमासाद्य यो दृढत्वं न गच्छति । जातुषाभरण-
स्येव रूपेणापि हि तस्य किम् ॥ ५०३ ॥ भये वा यदि
वा हर्षे संप्राप्ते यो विमर्शयेत् । कृत्यं न कुरुते वेगान्न
स संतापमाप्नुयात् ॥ ५०४ ॥ न वध्यन्ते ह्यविश्वस्ता
बलिभिर्दुर्बला अपि । विश्वस्तास्त्वेव वध्यन्ते बलिनो
दुर्बलैरपि ॥ ५०५ ॥ महामतिरपि प्राज्ञो न विश्वासं व्रजे-
द्रिपौ । विश्वासात्त्रिदशेन्द्रेण दितेर्गर्भो विदारितः ॥ ५०६॥
मन्त्रिणां भिन्नसंधाने भिषजां सांनिपातिके । कर्मणि व्यज्यते
प्रज्ञा स्वस्थे को वा न पण्डितः ॥ ५०७ ॥ अमृतं शिशिरे
वह्निरमृतं प्रियदर्शनम् । अमृतं राजसंमानममृतं क्षीरभोजनम्
॥ ५०८ ॥ सर्पाणां च खलानां च परद्रव्यापहारिणाम् ।
अभिप्राया न सिध्यन्ति तेनेदं वर्तते जगत् ॥ ५०९ ॥
नाविदग्धः प्रियं ब्रूयात्स्फुटवक्ता न वञ्चकः । निःस्पृहो
नाधिकारी स्यान्नाकामी मण्डनप्रियः ॥ ५१० ॥ औषधा-
र्थसुमन्त्राणां बुद्धेश्चैव महात्मनाम् । असाध्यं नास्ति लोके-
ऽत्र यद्ब्रह्माण्डस्य मध्यगम् ॥ ५११ ॥ न यस्य चेष्टितं
विद्यान्न कुलं न पराक्रमम् । न तस्य विश्वसेत्प्राज्ञो यदीच्छे-
च्छ्रेय आत्मनः ॥५१२॥ नष्टं मृतमतिक्रान्तं नानुशोचन्ति
पण्डिताः । पण्डितानां च मूर्खाणां विशेषोऽयं यतः स्मृतः
॥ ५१३ ॥ अशोच्यानीह भूतानि यो मूढस्तानि शोचति ।
स दुःखे लभते दुःखं द्वावनर्थौ निषेवते ॥ ५१४ ॥ स
सुहृद्व्यसने यः स्यात्स पुत्रो यस्तु भक्तिमान् । स भृत्यो यो
विधेयज्ञः सा भार्या यत्र निर्वृतिः ॥ ५१५ ॥ यत्र देशे-
ऽथवा स्थाने भोगान्भुक्त्वा स्ववीर्यतः । तस्मिन्विभवहीनो
यो वसेत्स पुरुषाधमः ॥ ५१६ ॥ येनाहंकारयुक्तेन चिरं
विलसितं पुरा । दीनं वदति तत्रैव यः परेषां स निन्दितः
॥ ५१७ ॥ मूर्खाणां पण्डिता द्वेष्या निर्धनानां महाधनाः ।
व्रतिनः पापशीलानामसतीनां कुलस्त्रियः ॥ ५१८ ॥ मि-
त्रद्रोही कृतघ्नश्च तथा विश्वासघातकः । ते नरा नरकं
यान्ति यावच्चन्द्रदिवाकरौ ॥ ५१९ ॥ जिह्वालौल्यप्रसक्तानां
जलमध्यनिवासिनाम् । अचिन्तितो वधोऽज्ञानां मीनाना-
मिव जायते ॥ ५२० ॥ व्यसनेष्वेव सर्वेषु यस्य बुद्धिर्न
हीयते । स तेषां पारमभ्येति तत्प्रभावादसंशयम् ॥ ५२१ ॥
मित्रवान्साधयत्यर्थान्दुःसाध्यानपि वै यतः । तस्मान्मि-
त्राणि कुर्वीत समानान्येव चात्मनः ॥ ५२२ ॥ अपि
संपूर्णतायुक्तैः कर्तव्याः सुहृदो बुधैः । नदीशः परिपूर्णो-
ऽपि चन्द्रोदयमपेक्षते ॥ ५२३ ॥ यो मित्रं कुरुते मूढ
आत्मनोऽसदृशं कुधीः । हीनं वाप्यधिकं वापि हास्यतां
यात्यसौ जनः ॥ ५२४ ॥ कारणान्मित्रतां याति कारणा-
द्याति शत्रुताम् । तस्मान्मित्रत्वमेवात्र योज्यं वैरं न धी-
मता ॥ ५२५ ॥ उपकाराच्च लोकानां निमित्तान्मृग-
पक्षिणाम् । भयाल्लोभाच्च मूर्खाणां मैत्री स्याद्दर्शनात्सताम्
॥ ५२६ ॥ यस्य न ज्ञायते वीर्यं न कुलं न विचेष्टितम् ।
न तेन संगतिं कुर्यादित्युवाच बृहस्पतिः ॥ ५२७ ॥ शनैः
शनैश्च भोक्तव्यं स्वयं वित्तमुपार्जितम् । रसायनमिव
प्राज्ञैर्हेलया न कदाचन ॥ ५२८ ॥ मृतो दरिद्रः पुरुषो
मृतं मैथुनमप्रजम् । मृतमश्रोत्रियं श्राद्धं मृतो यज्ञस्त्वद-
क्षिणः ॥ ५२९ ॥ गुरोः सुतां मित्रभार्यां स्वामिसेवकगे-
हिनीम् । यो गच्छति पुमांल्लोके तमाहुर्ब्रह्मघातिनम्
॥ ५३० ॥ अयशः प्राप्यते येन येन चापगतिर्भवेत् ।
स्वर्गाच्च भ्रश्यते येन तत्कर्म न समाचरेत् ॥ ५३१ ॥ यः
स्तोकेनापि संतोषं कुरुते मन्दधीर्जनः । तस्य भाग्यविहीनस्य
दत्ता श्रीरपि मार्ज्यते ॥ ५३२ ॥ कृतनिश्चयिनो वन्द्यास्तु-
ङ्गिमा नोपभुज्यते । चातकः को वराकोऽयं यस्येन्द्रो वा-
रिवाहकः ॥ ५३३ ॥ तावत्स्यात्सर्वकृत्येषु पुरुषोऽत्र स्वयं
प्रभुः । स्त्रीवाक्याङ्कुशविक्षुण्णो यावन्नो ध्रियते बलात्
॥ ५३४ ॥ अकृत्यं मन्यते कृत्यमगम्यं मन्यते सुगम् ।
अभक्ष्यं मन्यते भक्ष्यं स्त्रीवाक्यप्रेरितो नरः ॥ ५३५ ॥
अग्निहोत्रफला वेदाः शीलवृत्तफलं श्रुतम् । रतिपुत्रफला
दारा दत्तभुक्तफलं धनम् ॥ ५३६ ॥ आपन्नाशाय
विबुधैः कर्तव्याः सुहृदोऽमलाः । न तरत्यापदं कश्चिद्योऽत्र
मित्रविवर्जितः ॥ ५३७ ॥ व्यसनं प्राप्य यो मोहात्केवलं
परिदेवयेत् । क्रन्दनं वर्धयत्येव तस्यान्तं नाधिगच्छति
॥ ५३८ ॥ केवलं व्यसनस्योक्तं भेषजं नयपण्डितैः ।
तस्योच्छेदसमारम्भो विषादपरिवर्जनम् ॥ ५३९ ॥ नदीनां
च कुलानां च मुनीनां च महात्मनाम् । परीक्षा न प्रक-
र्तव्या स्त्रीणां दुश्चरितस्य च ॥ ५४० ॥ सद्भिः संबोध्य-
मानोऽपि दुरात्मा पापपूरुषः । घृष्यमाण इवाङ्गारो निर्म-
लत्वं न गच्छति ॥ ५४१ ॥ जनिता चोपनेता च यश्च
विद्यां प्रयच्छति । अन्नदाता भयत्राता पञ्चैते पितरः
स्मृताः ॥ ५४२ ॥ वरं वरयते कन्या माता वित्तं पिता
श्रुतम् । बान्धवाः कुलमिच्छन्ति मिष्टान्नमितरे जनाः ॥५४३॥
यः पृष्ट्वा कुरुते कार्यं प्रष्टव्यान्स्वान्हितान्गुरून् । न तस्य

१ लाक्षानिर्मितस्य.

१ उत्पादकः. २ उपनयनकर्ता.

जायते विघ्नः कस्मिंश्चिदपि कर्मणि ॥ ५४४ ॥ कलहान्तानि हर्म्याणि कुवाक्यान्तं च सौहृदम् । कुराजान्तानि राष्ट्राणि कुकर्मान्तं यशो नृणाम् ॥ ५४५ ॥ कृते प्रतिकृतिं कुर्याद्धिंसिते प्रतिहिंसितम् । न तत्र दोषं पश्यामि दुष्टे दुष्टं समाचरेत् ॥ ५४६ ॥ सर्वहिंसानिवृत्ता ये नराः सर्वसहाश्च ये । सर्वस्याश्रयभूताश्च ते नराः स्वर्गगामिनः ॥ ५४७ ॥ योऽत्ति यस्य यदा मांसमुभयोः पश्यतान्तरम् । एकस्य क्षणिका प्रीतिरन्यः प्राणैर्विमुच्यते ॥ ५४८ ॥ मर्तव्यमिति यद्दुःखं पुरुषस्योपजायते । शक्यते नानुमानेन परेण परिवर्णितुम् ॥ ५४९ ॥ स्वच्छन्दवनजातेन शाकेनापि प्रपूर्यते । अस्य दग्धोदरस्यार्थे कः कुर्यात्पातकं महत् ॥ ५५० ॥ विद्यया विनयावाप्तिः सा चेदविनयावहा । किं कुर्मः कं प्रति ब्रूमो गरदायां[1] स्वमातरि ॥५५१॥ वेधा द्वेधा भ्रमं चक्रे कान्तासु कनकेषु च । तासु तेष्वप्यनासक्तः साक्षाद्भर्गो[2] नराकृतिः ॥ ५५२ ॥ द्विः शरं नाभिसंधत्ते द्विः स्थापयति नाश्रितान् । द्विर्ददाति न चार्थिभ्यो रामो द्विर्नाभिभाषते ॥ ५५३ ॥ मुनेरपि वनस्थस्य स्वानि कर्माणि कुर्वतः । तत्रापि संभवन्त्येते मित्रोदासीनशत्रवः ॥ ५५४ ॥ पञ्चैतानि विलिख्यन्ते गर्भस्थस्यैव देहिनः । आयुः कर्म च विद्या च वित्तं निधनमेव च ॥ ५५५ ॥ नास्ति सत्यं द्यूतकारे न शौचं वृषलीपतौ । मद्यपे सौहृदं नास्ति धूर्तेषु त्रितयं नहि ॥ ५५६ ॥ सर्वसहा ये ऋजवः प्रतिज्ञातार्थपालकाः । परोपकारिणः सेव्या निर्धना अपि ते जनाः ॥ ५५७ ॥ शरणागतरक्षार्थे स्त्रीगोद्विजहिताय च । स्वाम्यर्थे यस्त्यजेत्प्राणांस्तस्य लोकाः सनातनाः ॥ ५५८ ॥ कृतघ्नस्य शिशुघ्नस्य स्त्रीघ्नस्य पिशुनस्य च । चतुर्णामपि चैतेषां निष्कृतिं नैव शुश्रुम ॥ ५५९ ॥ परं पलितकायेन कर्तव्यः श्रुतसंग्रहः । न तत्र धनिनो यान्ति यत्र यान्ति बहुश्रुताः ॥ ५६० ॥ विश्वासप्रतिपन्नानां वञ्चने का विदग्धता । अङ्कमारुह्य सुप्तानां हन्तुः किं नाम पौरुषम् ॥ ५६१ ॥ नाजारजः पितृद्वेषी नाजारा भर्तृवैरिणी । नालम्पटोऽधिकारी स्यान्नाकामी मण्डनप्रियः ॥ ५६२ ॥ अचला कमला कस्य कस्य मित्रं महीपतिः । शरीरं च स्थिरं कस्य कस्य वश्या वराङ्गना ॥ ५६३ ॥ गर्दभः पटहो दासी श्रामण्यः पशवः स्त्रियः । दण्डेनाक्रम्य भुञ्जीयान्न ते संमानभाजनम् ॥ ५६४ ॥ बहुभिर्न विरोद्धव्यं दुर्जनैः स्वजनैरपि । स्फुरन्तमपि नागेन्द्रं भक्षयन्ति पिपीलिकाः ॥ ५६५ ॥ क्षन्तव्यो मन्दबुद्धीनामपराधो मनीषिणा । नहि सर्वत्र पाण्डित्यं सुलभं पुरुषे क्वचित् ॥५६६॥ राजा पश्यति कर्णाभ्यां युक्त्या पश्यन्ति पण्डिताः । पशुः पश्यति गन्धेन भूतैः पश्यन्ति बर्बराः ॥ ५६७ ॥ प्रत्यूहः सर्वसिद्धीनामुत्तापः प्रथमः किल । अतिशीतलमप्यम्भः किं भिनत्ति न भूभृतः ॥ ५६८ ॥ अव्यापारेषु व्यापारं यो नरः कर्तुमिच्छति । स तत्र निधनं याति कीलोत्पाटीव वानरः ॥ ५६९ ॥ हतं ज्ञानं क्रियाहीनं हताश्चाज्ञानिनो नराः । हतं चानायकं सैन्यमभर्तारो हताः स्त्रियः ॥ ५७० ॥ कन्या निष्कासिता श्रेष्ठा वधूः श्रेष्ठा प्रवेशिता । अन्नं संकलितं श्रेष्ठं धर्मः श्रेष्ठो दिने दिने ॥५७१॥ सत्यं सत्यं मुनेर्वाक्यं नादत्तमुपतिष्ठते । अम्बुभिः पूरिता पृथ्वी चातकस्य मरुस्थली ॥ ५७२ ॥ न स्वप्नेन जयेन्निद्रां न कामेन स्त्रियं जयेत् । नेन्धनेन जयेद्वह्निं न पानेन सुरां जयेत् ॥ ५७३ ॥ तद्गृहं यत्र वसतिस्तद्भोग्यं येन जीवति । तन्मुक्तये यदेवोक्तं ज्ञानमज्ञानमन्यथा ॥ ५७४ ॥ पिता रक्षति कौमारे भर्ता रक्षति यौवने । पुत्रस्तु स्थाविरे भावे न स्त्री स्वातन्त्र्यमर्हति ॥ ५७५ ॥ पानं दुर्जनसंसर्गः पत्या च विरहोऽटनम् । स्वप्नमन्यगृहे वासो नारीणां दूषणानि षट् ॥ ५७६ ॥ हन्तुं मेषोऽपसरति मृगेन्द्रः संकुचत्यपि । बुद्धिमन्तः सहन्ते च निधाय हृदि किंचन ॥ ५७७ ॥ यदपथ्यवतामायुर्यदनीतिमतां श्रियः । तदेतत्काकतालीयं तदेतच्च घुणाक्षरम् ॥ ५७८ ॥ वस्त्रं गां च बहुक्षीरां जलपात्रमुपानहौ । औषधं बीजमाहारं संक्रीणीत यथामुयात् ॥ ५७९ ॥ रागे द्वेषे च माने च द्रोहे पापे च कर्मणि । अप्रिये चैव कर्तव्ये चिरकारी प्रशस्यते ॥ ५८० ॥ बन्धूनां सुहृदां चैव भृत्यानां स्त्रीजनस्य च । अव्यक्तेष्वपराधेषु चिरकारी प्रशस्यते ॥ ५८१ ॥ चिरेण मित्रं संधीयाच्चिरेण न कृतं त्यजेत् । चिरेण विहितं मित्रं चिरं वारणमर्हति ॥ ५८२ ॥ लाभस्तेषां जयस्तेषां कुतस्तेषां पराजयः । येषां हृदिस्थो भगवान्मङ्गलायतनो हरिः ॥ ५८३ ॥ धनाशा जीविताशा च गुर्वी प्राणभृतां सदा । वृद्धस्य तरुणी भार्या प्राणेभ्योऽपि गरीयसी ॥ ५८४ ॥ चित्रास्वाती गतावर्षाः प्रसूता गतयौवना । प्रवासी गतसौख्यश्च याचना गतगौरवा ॥ ५८५ ॥ शाखामृगस्य शाखायाः शाखां गन्तुं पराक्रमः । उल्लङ्घितो यदम्भोधिः प्रभावः प्रभवो हि सः ॥ ५८६ ॥ राः पुण्यं च कलत्राणि पुत्रोत्पत्तिर्निधिस्तथा । सुकृतादेव लभ्यन्ते नैव पार्थ पराक्रमात् ॥ ५८७ ॥ धर्महान्यर्जिते वित्तेऽनुभवन्ति

१ विपद्दायिन्याम्. २ शंकरः.

सुखं परे। स्वयं पापस्य पात्रं स्यात्सिंहो गजवधादिव ॥ ५८८ ॥ यथा काष्ठमयो हस्ती यथा चर्ममयो मृगः। तथा वेदं विना विप्रस्त्रयस्ते नामधारकाः ॥ ५८९ ॥ वरं कृतध्वस्तगुणादत्यन्तमगुणः पुमान्। प्रकृत्या ह्यगुणः श्रेयान्नालंकारश्च्युतोपलः ॥ ५९० ॥ दूरस्थोऽपि समीपस्थो यो यस्य हृदि वर्तते। यो यस्य हृदये नास्ति समीपस्थोऽपि दूरगः ॥ ५९१ ॥ मद्यपाः किं न जल्पन्ति किं न भक्षन्ति वायसाः[1]। कवयः किं न पश्यन्ति किं न कुर्वन्ति योषितः ॥ ५९२ ॥ अशक्तः सततं साधुः कुरूपा च पतिव्रता। व्याधितो देवभक्तश्च निर्धना ब्रह्मचारिणः ॥ ५९३ ॥ तावन्महत्त्वं पाण्डित्यं कुलीनत्वं विवेकिता। यावज्ज्वलति नाङ्गेषु स्वतः पञ्चेषुपावकः ॥ ५९४ ॥ वाहितं चाश्ववाणिज्यं राजसेवा तपोवनम्। धीराश्चत्वारि कुर्वन्ति कृषिं कुर्वन्ति कातराः ॥ ५९५ ॥ न देवो विद्यते काष्ठे न पाषाणे न मृण्मये। भावेषु विद्यते देवस्तस्माद्भावो हि कारणम् ॥ ५९६ ॥ अन्यायोपार्जितं द्रव्यं दश वर्षाणि तिष्ठति। प्राप्ते चैकादशे वर्षे समूलं च विनश्यति ॥ ५९७ ॥ तृप्त्यर्थं भोजनं येषां संतानार्थं च मैथुनम्। वाक्सत्यवचनार्थाय दुर्गाण्यतितरन्ति ते ॥ ५९८ ॥ नित्यं क्रोधाच्छ्रियं रक्षेत्तपो रक्षेच्च मत्सरात्। विद्यां मानापमानाभ्यामात्मानं तु प्रमादतः ॥ ५९९ ॥ क्षमातुल्यं तपो नास्ति न संतोषात्परं सुखम्। न तृष्णायाः परो व्याधिर्न च धर्मो दयापरः ॥ ६०० ॥ दानेन भोगी भवति मेधावी वृद्धसेवया। अहिंसया च दीर्घायुरिति प्राहुर्मनीषिणः ॥ ६०१ ॥ यच्छक्यं ग्रसितुं ग्रासं ग्रस्तं परिणमेच्च यत्। हितं च परिणामे स्यात्तत्कार्यं भूतिमिच्छता ॥ ६०२ ॥ बुद्धौ कलुषितायां च विकारे प्रत्युपस्थिते। अनयो नयसंकाशो हृदयान्नापसर्पति ॥ ६०३ ॥ यदैव भर्ता जानीयान्मन्त्रमूलपरां स्त्रियम्। उद्विजेत तदैवास्याः सर्पाद्वेश्मगतादिव ॥ ६०४ ॥ न क्रोधयातुधानस्य धीमान्गच्छेद्विधेयताम्। निपीतभ्रातृरुधिरः प्राप निन्दां वृकोदरः ॥ ६०५ ॥ न लोकायतवादेन नास्तिकः स्याददैवतः। हरिर्हिरण्यकशिपुं जघान स्तम्भनिर्गतः ॥ ६०६ ॥ संदेहो वैष्णवे मार्गे न कार्योऽन्यैः कुदर्शनैः। रामप्रभावमद्यापि पयोधौ पश्य सेतुना ॥ ६०७ ॥ गौर्गौः कामदुघा सम्यक्प्रयुक्ता स्मर्यते बुधैः। दुःप्रयुक्ता पुनर्गोत्वं[2] प्रयोक्तुः सैव शंसति ॥ ६०८ ॥ न जातु कामः कामानामुपभोगेन शाम्यति। हविषा कृष्णवर्त्मेव भूय एवाभिवर्धते ॥ ६०९ ॥ नापृष्टः कस्यचिद्ब्रूयान्न चान्यायेन पृच्छतः। जानन्नपि हि मेधावी जडवल्लोक आचरेत् ॥ ६१० ॥ धर्मार्थौ यत्र न स्यातां शुश्रूषा वापि तद्विधा। तत्र विद्या न वक्तव्या शुभं बीजमिवोषरे ॥ ६११ ॥ विद्ययैव समं कामं मर्तव्यं ब्रह्मवादिना। आपद्यपि हि घोरायां न त्वेनामिरिणे[1] वपेत् ॥ ६१२ ॥ सावित्रीमात्रसारोऽपि वरं विप्रः सुयन्त्रितः। नायन्त्रितश्चतुर्वेदः सर्वाशी सर्वविक्रयी ॥ ६१३ ॥ न हायनैर्न पलितैर्न वित्तेन न बन्धुभिः। ऋषयश्चक्रिरे धर्मं योऽनूचानः स नो महान् ॥ ६१४ ॥ नारुंतुदः स्यादार्तोऽपि न परद्रोहकर्मभिः। ययास्योद्विजते वाचा नालोक्यां तामुदीरयेत् ॥ ६१५ ॥ यथा खनन्खनित्रेण नरो वार्यधिगच्छति। तथा गुरुगतां विद्यां शुश्रूषुरधिगच्छति ॥ ६१६ ॥ यं मातापितरौ क्लेशं सहेते संभवे नृणाम्। न तस्य निष्कृतिः शक्या कर्तुं वर्षशतैरपि ॥ ६१७ ॥ पित्रोर्नित्यं प्रियं कुर्यादाचार्यस्य च सर्वदा। तेषु हि त्रिषु तुष्टेषु तपः सर्वं समाप्यते ॥ ६१८ ॥ श्रद्दधानः शुभां विद्यामाददीतावरादपि। अन्त्यादपि परं धर्मं स्त्रीरत्नं दुष्कुलादपि ॥ ६१९ ॥ यद्यत्परवशं कर्म तत्तद्यत्नेन वर्जयेत्। यद्यदात्मवशं तु स्यात्तत्तत्सेवेत यत्नतः ॥ ६२० ॥ यत्कर्म कुर्वतोऽस्य स्यात्परितोषोऽन्तरात्मनः। तत्प्रयत्नेन कुर्वीत विपरीतं तु वर्जयेत् ॥ ६२१ ॥ न द्रव्याणामविज्ञाय विधिं धर्म्यं प्रतिग्रहेत्। प्रातः प्रतिग्रहं कुर्यादवसीदन्नपि क्षुधा ॥ ६२२ ॥ सर्वेषामेव शौचानामर्थशौचं परं स्मृतम्। योऽर्थे शुचिः स हि शुचिर्न मृद्वारिशुचिः शुचिः ॥ ६२३ ॥ नास्ति विद्यासमं चक्षुर्नास्ति सत्यसमं तपः। नास्ति रागसमं दुःखं नास्ति त्यागसमं सुखम् ॥ ६२४ ॥ नात्यर्थमर्थार्थितया लुब्धमुद्वेजयेज्जनम्। अब्धिर्दत्त्वाश्वरत्नं स्त्रीर्मथ्यमानोऽसृजद्विषम् ॥ ६२५ ॥ न स्थातव्यं न गन्तव्यं क्षणमप्यधमैः सह। पयोऽपि शौण्डिकीहस्ते[2] मदिरां[3] मन्यते जनः ॥ ६२६ ॥ अकिंचिदपि कुर्वाणः सौख्यैर्दुःखान्यपोहति। तत्तस्य किमपि द्रव्यं यो हि यस्य प्रियो जनः ॥ ६२७ ॥ अत्युष्णात्सघृतादन्नादच्छिद्राच्चैव वाससः। अपरप्रेष्यभावाच्च भूय इच्छन्पतत्यधः ॥ ६२८ ॥ आपदामापतन्तीनां हितोऽप्यायाति हेतुताम्। मातृजङ्घैव वत्सस्य स्तम्भो भवति बन्धने ॥ ६२९ ॥ भवत्येकस्थले जन्म गन्धस्तेषां पृथक्पृथक्। उत्पलस्य मृणालस्य मत्स्यस्य कुमुदस्य च ॥ ६३० ॥

१ वाणी. २ पशुत्वम्.

१ ऊषरे. २ मद्यविक्रयकर्त्री. ३ मद्यम्.

तत्र मित्र न वस्तव्यं यत्र नास्ति चतुष्टयम्। ऋणदाता च वैद्यश्च श्रोत्रियः सजला नदी ॥ ६३१ ॥ सच्छिद्रनिकटे वासो न कर्तव्यः कदाचन। घटी पिबति पानीयं ताड्यते झल्लरी यथा ॥ ६३२ ॥ तृणं ब्रह्मविदः स्वर्गस्तृणं शूरस्य जीवितम्। जिताक्षस्य तृणं नारी निःस्पृहस्य तृणं जगत् ॥ ६३३ ॥ गुरोरप्यवलिप्तस्य कार्याकार्यमजानतः। उत्पथप्रतिपन्नस्य न्याय्यं भवति शासनम् ॥ ६३४ ॥ मनसैव कृतं पापं न शरीरकृतं कृतम्। येनैवालिङ्गिता कान्ता तेनैवालिङ्गिता सुता ॥ ६३५ ॥ भिन्ने चित्ते कुतः प्रीतिः स्याद्वा प्रीतिः कुतः सुखम्। त्वं च स्मरसि तं पुत्रं पुच्छच्छेदं स्मराम्यहम् ॥ ६३६ ॥ मक्षिका व्रणमिच्छन्ति धनमिच्छन्ति पार्थिवाः। नीचाः कलहमिच्छन्ति शान्तिमिच्छन्ति साधवः ॥ ६३७ ॥ हस्ती चाङ्कुशहस्तेन कशाहस्तेन वाजिनः। शृङ्गी लगुडहस्तेन खड्गहस्तेन दुर्जनः ॥ ६३८ ॥ देशानुत्सृज्य गच्छन्ति सिंहाः सत्पुरुषा गजाः। तत्रैव निधनं यान्ति काकाः कापुरुषा मृगाः ॥ ६३९ ॥ वाग्वादमर्थसंबन्धं परोक्षे दारदर्शनम्। यदीच्छेद्विपुलां प्रीतिं त्रीणि तत्र न कारयेत् ॥ ६४० ॥ अर्थानामर्जनं कार्यं वर्धनं रक्षणं तथा। भक्ष्यमाणो निरादायः सुमेरुरपि हीयते ॥ ६४१ ॥ आपदर्थे धनं रक्षेन्महतां कुत आपदः। कदाचित्कुपितो देवः संचितं चापि नश्यति ॥ ६४२ ॥ युध्यन्ति पशवः सर्वे पठन्ति शुकसारिकाः। दातुं जानाति यो वित्तं स शूरः स च पण्डितः ॥ ६४३ ॥ नदीतीरेषु ये वृक्षा यस्य नारी निरङ्कुशा। मन्त्रिहीनो भवेद्राजा तस्य राज्यं विनश्यति ॥ ६४४ ॥ गुणं पृच्छस्व मा रूपं शीलं पृच्छस्व मा कुलम्। सिद्धिं पृच्छस्व मा विद्यां भोगं पृच्छस्व मा धनम् ॥ ६४५ ॥ गुणो भूषयते रूपं शीलं भूषयते कुलम्। सिद्धिर्भूषयते विद्यां भोगो भूषयते धनम् ॥ ६४६ ॥ यस्य न ज्ञायते शीलं कुलं विद्या नरस्य च। कस्तेन सह विश्वासं पुमान्कुर्याद्विचक्षणः ॥ ६४७ ॥ का प्रीतिः सह मार्जारैः का प्रीतिरवनीपतौ। गणिकाभिश्च का प्रीतिः का प्रीतिर्भिक्षुकैः सह ॥ ६४८ ॥ धीराणां भूषणं विद्या मन्त्रिणां भूषणं नृपः। भूषणं च पतिः स्त्रीणां शीलं सर्वस्य भूषणम् ॥ ६४९ ॥ महानदीप्रतरणं महापुरुषविग्रहम्। महाजनविरोधं च दूरतः परिवर्जयेत् ॥ ६५० ॥ नारुहेद्विषमं वृक्षं जीर्णां नावं न चारुहेत्। कूपे नालोकयेत्तोयं न चात्मानं विनाशयेत् ॥ ६५१ ॥ संकटे न च गन्तव्यं विषमे न कदाचन। महापथे न गन्तव्यं गन्तव्यं चात्मनः पथम् ॥ ६५२ ॥ अनादायी व्ययं कुर्यादसहायी रणप्रियः। आतुरः सर्वभक्षी च नरः शीघ्रं विनश्यति ॥ ६५३ ॥ सुसंदिग्धस्य भक्तस्य दन्तस्य चलितस्य च। अमात्यस्य च दुष्टस्य मूलादुद्धरणं वरम् ॥ ६५४ ॥ दीर्घशृङ्गमनड्वाहं रण्डां च बहुभाषिणीम्। शूद्रमक्षरसंयुक्तं दूरतः परिवर्जयेत् ॥ ६५५ ॥ सिद्धमन्त्रौषधं धर्मं गृहच्छिद्रं च मैथुनम्। कुभुक्तिं कुश्रुतं चैव वचनं न प्रकाशयेत् ॥ ६५६ ॥ धनेषु जीवितव्येषु स्त्रीषु भोजनवृत्तिषु। अतृप्ता मानवाः सर्वे याता यास्यन्ति यान्ति च ॥ ६५७ ॥ सौहार्दस्वर्णरेखाणामुच्चावचभिदाजुषाम्। परोक्षमिति कोऽप्यस्ति परीक्षानिकषोपलः ॥ ६५८ ॥ परापकारनिरतैर्दुर्जनैः सह संगतिः। वदामि भवतस्तत्त्वं न विधेया कदाचन ॥ ६५९ ॥ नरत्वं दुर्लभं लोके विद्या तत्र सुदुर्लभा। कवित्वं दुर्लभं तत्र शक्तिस्तत्र सुदुर्लभा ॥ ६६० ॥ वारिजेनेव सरसी शशिनेव निशीथिनी। यौवनेनेव वनिता नयेन श्रीर्मनोहरा ॥ ६६१ ॥ दानं वित्ताद्दतं वाचः कीर्तिधर्मौ तथायुषः। परोपकरणं कायादसारात्सारमाहरेत् ॥ ६६२ ॥ श्रुतं कृतधियां सङ्गाज्जायते विनयः श्रुतात्। लोकानुरागो विनयान्न किं लोकानुरागतः ॥ ६६३ ॥ किमाराध्यं सदा पुण्यं कश्च सेव्यः सदागमः। को ध्येयो भगवान्विष्णुः किं काम्यं परमं पदम् ॥ ६६४ ॥ एकामिषाभिलाषो हि बीजं वैरमहातरोः। तिलोत्तमाभिलाषो हि यथा सुन्दोपसुन्दयोः ॥ ६६५ ॥ आचान्तकान्तिरुचिरैर्मयूखैरहिमत्विषः। धूसरापि कला चान्द्री किं न बध्नाति लोचनम् ॥ ६६६ ॥ हेतुर्नैसर्गिकः कोऽपि प्रीतेर्यद्धि न वर्तते। मालती मधुरास्तीति मधुपः केन शिक्ष्यते ॥ ६६७ ॥ देवे तीर्थे द्विजे मन्त्रे दैवज्ञे भेषजे गुरौ। यादृशी भावना यस्य सिद्धिर्भवति तादृशी ॥ ६६८ ॥ न माता शपते पुत्रं न दोषं लभते मही। न हिंसां कुरुते साधुर्न देवः सृष्टिनाशकः ॥ ६६९ ॥ प्रायः सन्त्युपदेशार्हा धीमन्तो न जडाशयाः। तिलाः कुसुमसौगन्ध्यवाहिनो न यवाः क्वचित् ॥ ६७० ॥ संस्थितस्य गुणोत्कर्षः प्रायः प्रस्फुरति स्फुटम्। दग्धस्यागुरुखण्डस्य स्फारीभवति सौरभम् ॥ ६७१ ॥ उपकर्तुं यथा स्वल्पः

१ सगर्वस्य. २ उन्मार्गप्रवर्तिनः. ३ 'परस्त्री संकटं प्रोक्तं रण्डां च विषमं पथम्। वेश्या महापथं प्रोक्तं स्वपर्यायः पिता श्रुतः ॥'.

१ मृतस्य.

समर्थो न तथा महान् । प्रायः कूपस्तृषां हन्ति सततं न तु वारिधिः ॥ ६७२ ॥ जडे प्रभवति प्रायो दुःखं बिभ्रति साधवः । शीतांशावुदिते पद्माः संकोचं यान्ति वारिणि ॥ ६७३ ॥ कश्चित्कस्यचिदेव स्यात्सुहृद्विस्रम्भभाजनम् । पद्मं विकासयत्यर्कः संकोचयति कैरवम् ॥ ६७४ ॥ ईश्वराः पिशुनाञ्शश्वद्बिभ्रतीति किमद्भुतम । प्रायो निधय एवाहीन्द्विजिह्वान्दधतेतराम् ॥६७५॥ संपद्यास्ते परैः साकं विपदि स्वजनैर्जडः । जृम्भत्यम्भोरुहे भृङ्गः शुष्यत्युदकशैवलैः ॥ ६७६ ॥ नीचावमानमलिनां यो भुङ्क्ते संपदं पुमान् । लशुनाक्तां स कर्पूरचर्चां वितनुते तनौ ॥ ६७७ ॥ व्यसनानन्तरं सौख्यं स्वल्पमप्यधिकं भवेत् । काषायरसमास्वाद्य स्वाद्वतीवाम्बु विन्दते ॥ ६७८ ॥ गुणानामन्तरं प्रायस्तज्ज्ञो जानाति नेतरः । मालतीमल्लिकामोदं घ्राणं वेत्ति न लोचनम् ॥ ६७९ ॥ प्रभूतवयसः पुंसो धियः पाकः प्रवर्तते । जीर्णस्य चन्दनतरोरामोद उपजायते ॥ ६८० ॥ धनागमेऽधिकं पुंसां लोभमभ्येति मानसम् । निदाघकाले प्रालेयः प्रायः शैत्यं वहत्यलम् ॥ ६८१ ॥ सहजोऽपि गुणः पुंसां साधुवादेन वर्धते । कामं सुरसलेपेन कान्तिं वहति काञ्चनम् ॥ ६८२ ॥ निन्दां यः कुरुते साधोस्तथा स्वं दूषयत्यसौ । खे भूतिं यस्त्यजेदुच्चैर्मूर्ध्नि तस्यैव सा पतेत् ॥ ६८३ ॥ शुभं वाप्यशुभं कर्म फलकालमपेक्षते । शरद्येव फलत्याशु शालिर्न सुरभौ क्वचित् ॥ ६८४ ॥ भोगेच्छा नोपभोगेन भोगिनां जातु शाम्यति । लवणेनान्तरालेन तृष्णा प्रत्युत जायते ॥ ६८५ ॥ दुर्लभोऽप्युत्तमः प्रायः स्वजातीयेन लभ्यते । कर्णकोटरगं वारि वारिणैवावकृष्यते ॥ ६८६ ॥ जन्तोर्निरुपभोगस्य दृश्यते भुवि रूक्षता । वाताशिनो द्विजिह्वत्वं विहितं पश्य वेधसा ॥ ६८७ ॥ आकारः कारणं जन्तोर्दौर्जन्यस्य न जायते । कालकूटः सुधासिन्धोः प्राणिनां प्राणहारकः ॥ ६८८ ॥ न व्याप्तिरेषा गुणिनो गुणवाञ्जायते ध्रुवम् । चन्दनोऽनलसंदग्धो न भस्म सुरभि क्वचित् ॥ ६८९ ॥ कार्यापेक्षी जनः प्रायः प्रीतिमाविष्करोत्यलम् । लोभार्थी शौण्डिकः शष्पैर्मेषं पुष्णाति पेशलैः ॥ ६९० ॥ दुर्जनो जीयते युक्त्या विग्रहेण न धीमता । निपात्यते महावृक्षस्तत्समीपक्षितिक्षयात् ॥ ६९१ ॥ स्वभावसुन्दरं वस्तु न संस्कारमपेक्षते । मुक्तारत्नस्य शाणाश्मघर्षणं नोपयुज्यते ॥ ६९२ ॥ येनात्मा पण्यतां नीतः स एवान्विष्यते जनैः । हस्ती हेमसहस्रेण क्रीयते न मृगाधिपः ॥ ६९३ ॥ विक्रीतं निजमात्मानं वस्त्रैः संस्कुरुते जडः । परेभ्यः स्वशरीरस्य के वा भूषां वितन्वते ॥ ६९४ ॥ असंभवगुणस्तुत्या जायते स्वात्मनस्त्रपा । कर्णिकारं सुगन्धीति वदन्को नोपहास्यते ॥ ६९५ ॥ तटस्थैः ख्यापिताश्चेतो विशन्ति गुणिनां गुणाः । उत्कोचितानां पद्मानां गन्धो वायुभिराहृतः ॥ ६९६ ॥ निजाशयवदा भाति पुंसां चित्ते पराशयः । प्रतिमा मुखचन्द्रस्य कृपाणे याति दीर्घताम् ॥ ६९७ ॥ अधमं बाधते भूयो दुःखवेगो न तूत्तमम् । पादद्वयं रुजत्याशु शीतस्पर्शो न चक्षुषी ॥ ६९८ ॥ यत एवागतो दोषस्तत एव निवर्तते । अग्निदग्धस्य विस्फोटशान्तिः स्यादग्निना ध्रुवम् ॥ ६९९ ॥ बुद्धिमत्त्वाभिमानः को भवेत्प्रज्ञोपजीविनाम् । अन्यदीयैरलंकारैर्नाहंकारो विभूषणे ॥ ७०० ॥ उत्तमोऽप्यधमस्य स्याद्याच्ञ्यानम्रकरः क्वचित् । कौस्तुभादीनि रत्नानि ययाचे हरिरम्बुधिम् ॥ ७०१ ॥ प्रयत्ने समके केचिदेव स्युः फलभागिनः । क्षीरोदमथनाद्देवैरमृतं प्रापि नासुरैः ॥ ७०२ ॥ भोगः परोपतापेन पुंसां दुःखाय न स्थिरः । पानमप्यसृजः क्षिप्रं स्वपीडायै जलौकसाम् ॥ ७०३ ॥ नोपभोगपरानर्थान्कोऽपि संचिनुते चिरम् । आस्रवः किमलंकारानात्मन्याहृत्य कुर्वते ॥ ७०४ ॥ विवर्णवचनैर्मृत्युर्गूढोऽप्यन्तः प्रकाशते । इन्धनान्तरसस्थैश्च ज्वलत्यग्निः पयःकणैः ॥ ७०५ ॥ निकटस्थं गरीयांसमपि लोको न मन्यते । पवित्रामपि यन्मर्त्या न नमस्यन्ति जाह्नवीम् ॥ ७०६ ॥ स्वजनः स्वात्मवज्जन्तुर्ज्ञायते गुणवान्परैः । गोपैर्गोपवज्ज्ञायि हरिर्देवो जगत्पतिः ॥ ७०७ ॥ उत्तमस्तोषमायाति तदङ्गं पोष्यते यदि । वृक्षः प्रसीदति प्रायः पादाभ्यङ्गेन न स्वयम् ॥ ७०८ ॥ दुर्भगः स्वात्प्रकृत्या यो विभूत्यापि स तादृशः । गोमयं श्रीनिवासोऽस्ति ब्रू तथापि मनोहरम् ॥ ७०९ ॥ आगच्छदुत्सवो भाति यथैव न तथा गतः । हिमांशोरुदयः सायं चकास्ति न तथोषसि ॥ ७१० ॥ संतोषक्षतये पुंसामाकस्मिकधनागमः । सरसां सेतुभेदाय वर्षौघः स च न स्थिरः ॥ ७११ ॥ संतुष्यत्युत्तमः स्तुत्या धनेन महताधमः । प्रसीदन्ति जपैर्देवा बलिभिर्भूतविग्रहाः ॥ ७१२ ॥ स्वजातीयविघाताय माहात्म्यं दृश्यते नृणाम् । श्येनो विहंगमानेव हिनस्ति न भुजंगमान् ॥७१३॥ गुरुं प्रयोजनोद्देशादर्जयन्ति न भक्तितः । दुग्धदात्रीति गौर्गेहे पोष्यते न तु धर्मतः ॥ ७१४ ॥

गुरुरग्निर्द्विजातीनां वर्णानां ब्राह्मणो गुरुः। पतिरेको गुरुः स्त्रीणां सर्वस्याभ्यागतो गुरुः ॥ ७१५ ॥ बहुभिर्मूर्खसंघातैरन्योन्यं पशुवृत्तिभिः। प्रच्छाद्यन्ते गुणाः सर्वे मेघैरिव दिवाकरः ॥ ७१६ ॥ मनागनभ्यावृत्त्या वा कामं क्षाम्यतु यः क्षमी। क्रियासमभिहारेण विराध्यन्तं क्षमेत कः ॥ ७१७ ॥ कामाय स्पृहयत्यात्मा संयतोऽपि मनीषिणः। वीथीनियमितोऽप्युक्षा शष्पमासाद्य धावति ॥ ७१८ ॥ रोगशोकपरीतापबन्धनव्यसनानि च। आत्मापराधवृक्षाणां फलान्येतानि देहिनाम् ॥ ७१९ ॥ भूमिपतावर्थपतौ बाले वृद्धे तपोनिधौ विदुषि। योषिति मूर्खे गुरुषु च विदुषा नैवोत्तरं देयम् ॥ ७२० ॥ कटुकं वा मधुरं वा प्रस्तुतवाक्यं मनोहारि। वामे गर्दभनादश्चित्तप्रीत्यै प्रयाणेषु ॥ ७२१ ॥ अतिपरिचयादवज्ञा संततगमनादनादरो भवति। लोकः प्रयागवासी कूपे स्नानं समाचरति ॥ ७२२ ॥ अतिपरिचयादवज्ञा संततगमनादनादरो भवति। मलये[1] भिल्लपुरंध्री[2] चन्दनतरुकाष्ठमिन्धनं कुरुते ॥ ७२३ ॥ अतिपरिचयादवज्ञा इति यद्वाक्यं मृषैव तद्भाति। अतिपरिचितेऽप्यनादौ संसारेऽस्मिन्न जायतेऽवज्ञा ॥ ७२४ ॥ अविधेयो भृत्यजनः शठानि मित्राण्यदायकः स्वामी। अविनयवती च भार्या मस्तकशूलानि चत्वारि ॥ ७२५ ॥ वैद्यस्तर्कविहीनो निर्लज्जा कुलवधूर्यतिर्मूर्खः। कटके च प्राघुणिको[3] मस्तकशूलानि चत्वारि ॥ ७२६ ॥ शक्तिरहितोऽपि कुप्यति सेवासक्तोऽपि मानमुद्वहति। अधनोऽपि हि कामयते जानाति विधिर्विडम्बयितुम् ॥ ७२७ ॥ त्यजति भयमकृतपापं सुमित्रमयशः प्रमादिनं विद्या। ह्रीः कामिनमलसं श्रीः क्रूरं स्त्री दुर्जनं लोकः ॥ ७२८ ॥ अनुचितकर्मारम्भः स्वजनविरोधो बलीयसा स्पर्धा। प्रमदाजनविश्वासो[4] मृत्युद्वाराणि चत्वारि ॥ ७२९ ॥ अन्यमुखे दुर्वादो[5] यः प्रियवदने स एव परिहासः। इतरेन्धनजन्मा[6] यो धूमः सोऽगुरुभवो धूपः ॥ ७३० ॥ अशठमलोभमजिह्मं[7] त्यागिनमनुरागिणं विशेषज्ञम्। यदि नाश्रयति नरं श्रीः श्रीरेव हि वञ्चिता तत्र ॥ ७३१ ॥ व्यथयतितरामुपेतः स्वस्थप्रकृतेरवद्यलेशोऽपि। भृशमुद्विजते चक्षुः सक्तेन रजःकणेनापि ॥ ७३२ ॥ शरदि समग्रनिशाकरकरशतहततिमिरसंचया रजनी। जलदान्तरितार्कामपि दिवसच्छायां न पूरयति ॥ ७३३ ॥ यत्र न फलितास्तरवो विकसितसरसीरुहाः सरस्यो वा। नच सज्जनाः स देशी गच्छतु निधनं श्मशानसमः ॥ ७३४ ॥ गुणमधिगतमपि धनवानचिरान्नाशयति रक्षति दरिद्रः। मज्जयति रज्जुमम्भसि पूर्णः कुम्भो न खलु तुच्छः ॥ ७३५ ॥ अबुधा अजंगमा अपि कयापि गत्या परं पदमवाप्ताः। मन्त्रिण इति कीर्त्यन्ते नैयवलगुटिका[1] इव जनेन ॥ ७३६ ॥ स्वल्पा इति रामबलैर्व्यस्ता नाशये पयोराशेः। ते शैलाः स्थितिमन्तो हन्त लघिम्नैव[2] बहुमानः ॥ ७३७ ॥ यत्रार्जवेन लघिमा गरिमाणं वक्रता तनुते। छन्दःशास्त्र इवास्मिंल्लोके सरलः सखे किमसि ॥ ७३८ ॥ सुहृदि निरन्तरचित्ते गुणवति भृत्ये प्रियासु नारीषु। स्वामिनि शक्तिसमेते निवेद्य दुःखं जनः सुखी भवति ॥ ७३९ ॥ प्राप्य चलानधिकाराञ्शत्रुषु मित्रेषु बन्धुवर्गेषु। नापकृतं नोपकृतं न सत्कृतं किं कृतं तेन ॥ ७४० ॥ वित्तं परिमितमधिकव्ययशीलं पुरुषमाकुलीकुरुते। ऊनांशुकमिव पीनस्तनजघनायाः कुलीनायाः ॥ ७४१ ॥ अप्रतिबुद्धे[3] श्रोतरि वक्तुर्वाक्यं प्रयाति वैफल्यम्। नयनविहीने भर्तरि लावण्यमिवेह खञ्जनाक्षीणाम्[4] ॥ ७४२ ॥ बहुतरहिते[5] रसातल उत्तिष्ठन्ते हि सुमनसस्तपसि[6][7]। कान्तारैर्[8]जनवेगं विषह्य सद्रसफलास्तु विरलाः स्युः ॥ ७४३ ॥ प्रतिगृहकोणं गुणिनो लूताकीटा इव स्फुरन्ति शतम्। तद्भासकः[9] स्वगोभिः[10] को वा रविरिव गुणज्ञोऽस्ति ॥ ७४४ ॥ रमणीयः स हि पुरुषो रमणी यत्रैव रज्यति विदग्धा[11]। श्लोकः स एव सुभगश्चित्तं सक्तं हि यत्र रसिकस्य ॥ ७४५ ॥ आपरितोषाद्विदुषां न साधु मन्ये प्रयोगविज्ञानम्। बलवदपि शिक्षितानामात्मन्यप्रत्ययं[12] चेतः ॥ ७४६ ॥ अबला यत्र प्रबला शिशुरवनीतो निरक्षरो मन्त्री। नहि नहि तत्र धनाशा जीविते[13] आशापि दुर्लभा भवति ॥ ७४७ ॥ ज्वलति चलतेन्धनोऽग्निर्विप्रकृतः पन्नगः फणां कुरुते। प्रायः स्वं महिमानं क्षोभात्प्रतिपद्यते जन्तुः ॥ ७४८ ॥ राजनि विदुषां मध्ये वरसुरतानां समागमे स्त्रीणाम्। साध्वसदूषितहृदयो[14] वाक्पटुरपि[15]

१ मलयपर्वते. २ भिल्लस्त्री. ३ आगन्तुकः. ४ स्त्रीषु विश्वासः. ५ दुष्टभाषणम्. ६ काष्ठम्. ७ सरलम्. ८ दानशीलम्.

१ चतुरङ्गाख्यक्रीडनकस्य गुटिकाः. २ अल्पं वक्रम्. ३ मूर्खे. ४ खञ्जरीटनयनानाम्. ५ त-रहिते रसातले-रसाले आम्रवृक्षे इत्यर्थः. ६ पुष्पाणि; (पक्षे) शोभनमनसः. मुनय इत्यर्थः. ७ माघमासे; (पक्षे) तपश्चर्यायाम्. ८ कान्तारमरण्यम्. दुर्गममार्ग इति यावत्. तत्संबन्धि एजनवेगं कम्पनवेगं विषह्य सहित्वा सद्रसानि फलानि येषामेवंविधा विरलाः स्युः. (पक्षे) कान्ता स्त्री, रा द्रव्यं, जनवेगो जनसंतापः एतान्मर्षयित्वा सद्रसो मोक्षरसः स एव फलं येषामेतादृशा विरलाः स्युः. ९ प्रकाशकः. १० स्ववाणीभिः; (पक्षे) स्वकिरणैः. ११ चतुरा. १२ अविश्वस्तम्. १३ जीवने. १४ भयम्. १५ वाग्मी.

कातरो भवति ॥ ७४९ ॥ अलिरनुसरति परिमलं लक्ष्मीरनुसरति नयगुणसमृद्धिम् । निम्नमनुसरति सलिलं विधिलिखितं बुद्धिरनुसरति ॥ ७५० ॥ स्वाधीनेऽपि कलत्रे नीचः परदारलम्पटो भवति । संपूर्णेऽपि तडागे काकः कुम्भोदकं पिबति ॥ ७५१ ॥ किं क्रूरं फणिहृदयं पुनरपि किं क्रूरमङ्गनाहृदयम् । क्रूरात्क्रूरतरं किं पतिसुतधनहीनकामिनीहृदयम् ॥ ७५२ ॥ अनुकूलां विमलाङ्गीं कुलजां कुशलां सुशीलसंपन्नाम् । पञ्चलकारां भार्यां पुरुषः पुण्योदयाल्लभते ॥ ७५३ ॥ अरसिकजनभाषणतो रसिकजनैः सह वरं कलहः । लम्बकुचालिङ्गनतो लिकुचकुचापादताडनं श्रेयः ॥ ७५४ ॥ आपदि मित्रपरीक्षा शूरपरीक्षा रणाङ्गणे भवति । विनये वंशपरीक्षा स्त्रियः परीक्षा तु निर्धने पुंसि ॥ ७५५ ॥ अनवसरे च यदुक्तं सुभाषितं तच्च भवति हास्याय । रहसि प्रौढवधूनां रतिसमये वेदपाठ इव ॥ ७५६ ॥ आरोग्यं विद्वत्ता सज्जनमैत्री महाकुले जन्म । स्वाधीनता च पुंसां महदैश्वर्यं विनाप्यर्थैः ॥ ७५७ ॥ अवसरपठिता वाणी गुणगणरहितापि शोभते पुंसाम् । रतिसमये युवतीनां भूषाहानिर्विभूषणं भवति ॥ ७५८ ॥ अव्याकरणमधीतं भिन्नद्रोण्या तरङ्गिणीतरणम् । भेषजमपथ्यसहितं त्रयमिदमकृतं वरं न कृतम् ॥ ७५९ ॥ यः पठति लिखति पश्यति परिपृच्छति पण्डितानुपाश्रयति । तस्य दिवाकरकिरणैर्नलिनीदलमिव विकास्यते बुद्धिः ॥ ७६० ॥ विरला जानन्ति गुणान्विरलाः कुर्वन्ति निर्धने स्नेहम् । विरलाः परकार्यरताः परदुःखेनापि दुःखिता विरलाः ॥ ७६१ ॥ उद्वेजयति दरिद्रं परमुद्राया झणत्कारः । गृहपतिरतिमिलितायाः कङ्कणनादो यथा जारम् ॥ ७६२ ॥ कोऽन्धो योऽकार्यरतः को बधिरो यः शृणोति नैतानि । को मूको यः काले प्रियाणि वक्तुं न जानाति ॥ ७६३ ॥ कुत्र विधेयो यत्नो विद्याभ्यासे सदौषधे दाने । अवधीरणा क्व कार्या खलपरयोषित्परधनेषु ॥ ७६४ ॥ कुत्र विधेयो वासः सज्जनकण्ठे यथा काश्याम् । कः परिहार्यो देशः पिशुनयुतो लुब्धभूपश्च ॥ ७६५ ॥ दधि मधुरं मधु मधुरं द्राक्षा मधुरा सुधापि मधुरैव । तस्य तदेव हि मधुरं यस्य मनो यत्र संलग्नम् ॥ ७६६ ॥ अविदितपरमानन्दो वदति जनो विषयमेव रमणीयम् । तिलतैलमेव मृष्टं येन न दृष्टं घृतं क्वापि ॥ ७६७ ॥ रोगी चिरप्रवासी परान्नभोजी परावसथशायी । यज्जीवति तन्मरणं यन्मरणं सोऽस्य विश्रामः ॥ ७६८ ॥ को धर्मो भूतदया किं सौख्यमरोगिता जगति । कः स्नेहः सद्भावः किं पाण्डित्यं परिच्छेदः ॥ ७६९ ॥ दानं प्रियवाक्सहितं ज्ञानमगर्वं क्षमान्वितं शौर्यम् । वित्तं त्यागनियुक्तं दुर्लभमेतच्चतुर्भद्रम् ॥ ७७० ॥ कल्पयति येन वृत्तिं येन च लोके प्रशस्यते सद्भिः । स गुणस्तेन च गुणिना रक्ष्यः संवर्धनीयश्च ॥ ७७१ ॥ दुर्जनगम्या नार्यः प्रायेणापात्रभृद्भवति राजा । कृपणानुसारि च धनं मेघो गिरिजलधिवर्षी च ॥ ७७२ ॥ कृतशतमसत्सु नष्टं सुभाषितशतं च नष्टमबुधेषु । वचनशतमवचनकरे बुद्धिशतमचेतने नष्टम् ॥ ७७३ ॥ दक्षः श्रियमधिगच्छति पथ्याशी कल्यतां सुखमरोगी । उद्युक्तो विद्यान्तं धर्मार्थयशांसि च विनीतः ॥ ७७४ ॥ निरतिशयं गरिमाणं तेन जनन्याः स्मरन्ति विद्वांसः । यत्कमपि वहति गर्भं महतामपि यो गुरुर्भवति ॥ ७७५ ॥ अप्रकटीकृतशक्तिः शक्तोऽपि जनस्तिरस्क्रियां लभते । निवसन्नन्तर्दारुणि लङ्घ्यो वह्निर्न तु ज्वलितः ॥ ७७६ ॥ विषमस्थस्वादुफलग्रहणव्यवसायनिश्चयो येषाम् । उष्ट्राणामिव तेषां मन्येऽहं शंसितं जन्म ॥ ७७७ ॥ दुरधिगमः परभागो[1] यावत्पुरुषेण पौरुषं न कृतम् । जयति तुलामधिरूढो भास्वानपि जलदपटलानि ॥ ७७८ ॥ आपदि येनोपकृतं येन च हसितं दशासु चान्यासु । उपकृदपकृदपि च तयोर्यस्तं पुरुषं परं मन्ये ॥ ७७९ ॥ असती भवति सलज्जा क्षारं नीरं च शीतलं भवति । दम्भी भवति विवेकी प्रियवक्ता भवति धूर्तजनः ॥ ७८० ॥ पश्यति परस्य युवतिं सकाममपि तन्मनोरथं कुरुते । ज्ञात्वैव तदप्राप्तिं व्यर्थं मनुजो हि पापभाग्भवति ॥ ७८१ ॥ स्त्रीणां हि साहचर्याद्भवन्ति चेतांसि भर्तृसदृशानि । मधुरापि हि मूर्च्छयते विषविटपिसमाश्रिता[2] वल्ली[3] ॥ ७८२ ॥ सकृदपि दृष्ट्वा पुरुषं विबुधा जानन्ति सारतां तस्य । हस्ततुलयापि निपुणाः पलप्रमाणं विजानन्ति ॥ ७८३ ॥ कविहृदयेष्वनसूया कस्तूरीकर्दमेष्वमालिन्यम् । अक्षारता पयोधाववनीपालेषु पाण्डित्यम् ॥ ७८४ ॥ वस्तुनि चिराभिलषिते कथमपि दैवात्प्रसक्तसंघटने । प्राक्प्राप्तान्यपि बहुशो दुःखानि परं सुखानि जायन्ते ॥ ७८५ ॥ विस्रम्भ[4]घातदोषः स्ववधाय खलस्य वीरकोपकरः । नवतरुभङ्गध्वनिरिव हरिनिद्रातस्करः[5] करिणः ॥ ७८६ ॥ सत्यपि च सुकृतकर्मणि दुर्नीतिश्चेच्छ्रियं हरत्येव । तैलैः सदोपयुक्तां दीपशिखां दलति वातालिः ॥ ७८७ ॥ उपचारः कर्तव्यो यावदनुत्पन्नसौहृदाः पुरुषाः । उत्पन्नसौहृदानामुपचारः कैतवं भवति ॥ ७८८ ॥ स्नेहो हि वरमघटितो

१ गुणोत्कर्षः. २ विषवृक्षाश्रिता. ३ लता. ४ विश्वस्त. ५ निद्रापहारी.

न वरं संजातविघटितस्नेहः। हृतनयनो हि विषादी न विषादी भवति जात्यन्धः ॥ ७८९ ॥ नलिनीदलगतजलवत्तरलं किं यौवनं धनं चायुः। के शशधरकरनिकरानुकारिणः सज्जना एव ॥ ७९० ॥ किं क्रूरं स्त्रीहृदयं किं गृहिणः प्रियहिताय दारगुणाः। कः कामः संकल्पः किं दुष्करसाधनं प्रज्ञा ॥ ७९१ ॥ वितरति यावद्दाता तावत्सकलोऽपि भवति कलभाषी। विरते पयसि घनेभ्यः शाम्यन्ति शिखण्डिनां ध्वनयः ॥ ७९२ ॥ व्यसने मित्रपरीक्षा शूरपरीक्षा रणाङ्गणे भवति। विनये भृत्यपरीक्षा दानपरीक्षा च दुर्भिक्षे ॥ ७९३ ॥ आलस्यं स्त्रीसेवा सरोगता जन्मभूमिवात्सल्यम्। संतोषो भीरुत्वं षड् व्याघाता महत्त्वस्य ॥ ७९४ ॥ अप्येकवंशजनुषोः पश्यत पूर्णत्वतुच्छताभाजोः। ज्याकार्मुकयोः कश्चिद्गुणभूतः कश्चिदपि भर्ता ॥ ७९५ ॥ अन्धत्वमन्धसमये बधिरत्वं बधिरकाल आलम्ब्य। श्रीकेशवयोः प्रणयी परमेष्ठी नाभिवास्तव्यः ॥ ७९६ ॥ नियतैः पदैर्निषेव्यं स्खलितेऽनर्थावहं समाश्रयति। संभवदन्यगतिः कः संक्रमकाष्ठं दुरीशं च ॥७९७॥ सम्यगनिष्पन्नः सन्योऽर्थस्त्वरया स्फुटीक्रियते। स व्यङ्ग्य एव भवति प्रथमो विनतातनूज इव ॥ ७९८ ॥ अधरस्य मधुरिमाणं कुचकाठिन्यं दृशोस्तथा तैक्ष्ण्यम्। कवितायाः परिपाकाननुभवरसिको विजानाति ॥ ७९९ ॥ सविता विधवति विधुरपि सवितरति तथा दिनन्ति यामिन्यः। यामिनयन्ति दिनानि च सुखदुःखवशीकृते मनसि ॥ ८०० ॥ निजदोषावृतमनसामतिसुन्दरमेव भाति विपरीतम्। पश्यति पित्तोपहतः शशिशुभ्रं शङ्खमपि पीतम् ॥ ८०१ ॥ राज्ये सारं वसुधा वसुधायामपि पुरं पुरे सौधम्। सौधे तल्पं तल्पे वराङ्गनानङ्गसर्वस्वम् ॥ ८०२ ॥ वाप्यो भवन्ति विमलाः स्फुटन्ति कमलानि वापीषु। कमलेषु पतन्त्यलयः करोति संगीतमलिषु पदम् ॥ ८०३ ॥ संनिहितेऽपि दुरापे वस्तुनि मनसोऽनवाप्तविषयस्य। भवति न संशयनाशो बहुशोऽप्याश्वासमानस्य ॥ ८०४ ॥[1] स्ववशः करोति कर्म प्रमादयुक्तस्तु परवशो भवति। स्ववशो रोहति वृक्षं निपतत्यवशस्ततः पुरुषः ॥ ८०५ ॥ भोगाक्षमस्य रक्षां दृङ्मात्रेणैव कुर्वतोऽनभिमतस्य। वृद्धस्य प्रमदापि श्रीरपि भृत्यस्य भोगाय ॥ ८०६ ॥ सर्वथा स्वहितमाचरणीयं किं करिष्यति जनो बहुजल्पः। विद्यते नहि स कश्चिदुपायः सर्वलोकपरितोषकरो यः ॥ ८०७ ॥

कस्यचित्किमपि नो हरणीयं मर्मवाक्यमपि नोच्चरणीयम्। श्रीपतेः पदयुगं स्मरणीयं लीलया भवजलं तरणीयम् ॥ ८०८ ॥ आसुरं कुलमनादरणीयं चित्तमेतदमलीकरणीयम्। रामधाम शरणीकरणीयं लीलया भवजलं तरणीयम् ॥ ८०९ ॥ जीवितं तदपि जीवितमध्ये गण्यते सुकृतिभिः किमु पुंसाम्। ज्ञानविक्रमकलाकुललज्जात्यागभोगरहितं विफलं यत् ॥ ८१० ॥ लोक एष गतलोचनत्रपः कस्य वा न विवृणोति वाच्यताम्। लोचनोत्सवमशेषजीवनं यत्कलङ्कयति चन्द्रमण्डलम् ॥ ८११ ॥ यः परस्य विषमं विचिन्तयेत्प्राप्नुयात्स कुमतिः स्वयं हि तत्। पूतना हरिवधार्थमायये प्राप सैव वधमात्मनस्ततः ॥ ८१२ ॥ काके शौचं द्यूतकारे च सत्यं सर्पे क्षान्तिः स्त्रीषु कामोपशान्तिः। क्लीबे धैर्यं मद्यपे तत्त्वचिन्ता राजा मित्रं केन दृष्टं श्रुतं वा ॥ ८१३ ॥ एको देवः केशवो वा शिवो वा एकं मित्रं भूपतिर्वा यतिर्वा। एका भार्या सुन्दरी वा दरी वा एको वासः पत्तने वा वने वा ॥ ८१४ ॥ चित्तायत्तं धातुबद्धं शरीरं नष्टे चित्ते धातवो यान्ति नाशम्। तस्माच्चित्तं सर्वदा रक्षणीयं स्वस्थे चित्ते बुद्धयः संभवन्ति ॥ ८१५ ॥ शुक्ले पक्षे शीतरश्मिर्बलीयान्न प्रधान्यं तारकायास्तु दृष्टम्। शक्त्या युक्ते विद्यमानेऽपि कान्ते न प्राधान्यं योषितां क्वापि दृष्टम् ॥ ८१६ ॥ दाता दानस्यान्तरा स्यात्पृथिव्यां गेहे गेहे याचकानां समूहः। चिन्तारत्नस्यास्ति सत्त्वे विवादो मार्गे मार्गे रेणवः सन्त्यसंख्याः ॥ ८१७ ॥ मांसं मृगाणां दशनौ[1] गजानां मृगद्विषां[2] चर्म फलं द्रुमाणाम्। स्त्रीणां सुरूपं च नृणां हिरण्यमेते गुणा वैरकरा भवन्ति ॥ ८१८ ॥ शाठ्येन धर्मं कपटेन मित्रं परोपतापेन समृद्धिभावम्। सुखेन विद्यां परुषेण नारीं वाञ्छन्ति ये व्यक्तमपण्डितास्ते ॥ ८१९ ॥ राजा घृणी ब्राह्मणः सर्वभक्षी स्त्री चावशा दुष्टबुद्धिः सहायः। प्रेष्यः प्रतीपोऽधिकृतः प्रमादी त्याज्या इमे यश्च कृतं न वेत्ति ॥ ८२० ॥ मूर्खो द्विजातिः स्थविरो गृहस्थः कामी दरिद्रो धनवांस्तपस्वी। वेश्या कुरूपा नृपतिः कदर्यो लोके षडेतानि विडम्बितानि ॥ ८२१ ॥ दानं दरिद्रस्य विभोश्च शान्तिर्यूनां तपो ज्ञानवतां च मौनम्। इच्छानिवृत्तिश्च सुखान्वितानां दया च भूतेषु दिवं नयन्ति ॥ ८२२ ॥ अर्थागमो नित्यमरोगिता च प्रिया च भार्या प्रियवादिनी च। वश्यश्च पुत्रोऽर्थकरी च विद्या षड् जीवलोकस्य सुखानि राजन्

१ स्वदेशलोभः.

१ दन्तौ. २ सिंहव्याघ्रादीनाम्.

॥ ८२३ ॥ आरोग्यमानृण्यमविप्रवासः संप्रत्यया घृत्तिर-
भीतिवासः । सद्भिर्मनुष्यैः सह संप्रयोगः षड् जीवलो-
कस्य सुखानि राजन् ॥ ८२४ ॥ मृतस्य लिप्सा कृपणस्य
दित्सा विमार्गगायाश्च रुचिः स्वकान्ते । सर्पस्य शान्तिः
कुटिलस्य मैत्री विधातृसृष्टौ नहि दृष्टपूर्वा ॥ ८२५ ॥
आरम्भगुर्वी क्षयिणी क्रमेण लघ्वी पुरा वृद्धिमती च
पश्चात् । दिनस्य पूर्वार्धपरार्धभिन्ना छायेव मैत्री खलसज्ज-
नानाम् ॥ ८२६ ॥ भार्यावियोगः स्वजनापवादो ऋणस्य
शेषं कृपणस्य सेवा । दारिद्र्यकाले प्रियदर्शनं च विना-
ग्निना पञ्च दहन्ति कायम् ॥ ८२७ ॥ अश्वप्लुतं वासवग-
र्जितं च स्त्रीणां च चित्तं पुरुषस्य भाग्यम् । अवर्षणं चा-
प्यतिवर्षणं च देवो न जानाति कुतो मनुष्यः ॥ ८२८ ॥
राज्ञस्य चित्तं कृपणस्य वित्तं मनोरथं दुर्जनमानुषाणाम् ।
स्त्रियश्चरित्रं पुरुषस्य भाग्यं देवो न जानाति कुतो मनुष्यः
॥ ८२९ ॥ किं पौरुषं रक्षति यो न वार्तान्किं वा धनं
नार्थिजनाय यत्स्यात् । सा किं क्रिया या न हितानुबद्धा
किं जीवितं साधुविरोधि यद्वै ॥ ८३० ॥ अन्यायवित्तेन
कृतोऽपि धर्मः सव्याज इत्याहुरशेषलोकाः । न्यायार्जि-
तार्थेन स एव धर्मो निर्व्याज इत्यार्यजना वदन्ति ॥ ८३१ ॥
यशोऽधिगन्तुं सुखलिप्सया वा मनुष्यसंख्यामतिवर्तितुं
वा । निरुत्सुकानामभियोगभाजां समुत्सुकेवाङ्कमुपैति
सिद्धिः ॥ ८३२ ॥ शास्त्रेषु निष्ठा सहजश्च बोधः प्रागल्भ्यम-
भ्यस्तगुणा च वाणी । कालानुरोधः प्रतिभानवत्त्वमेते गुणाः
कामदुघाः क्रियासु ॥ ८३३ ॥ न स्वल्पमप्यध्यवसायभीरोः
करोति विज्ञानविधिर्गुणं हि । अन्धस्य किं हस्ततलस्थि-
तोऽपि प्रकाशयत्यर्थमिह प्रदीपः ॥ ८३४ ॥ न कस्यचित्क-
श्चिदिह स्वभावाद्भवत्युदारोऽभिमतः खलो वा । लोके
गुरुत्वं विपरीततां वा स्वचेष्टितान्येव नरं नयन्ति ॥ ८३५ ॥
अपायसंदर्शनजां विपत्तिमुपायसंदर्शनजां च सिद्धिम् । मेधा-
विनो नीतिविधिप्रयुक्तां पुरःस्फुरन्तीमिव दर्शयन्ति ॥ ८३६ ॥
दन्तस्य निर्घर्षणकेन राजन्कर्णस्य कण्डूयनकेन वापि ।
तृणेन कार्यं भवतीश्वराणां किमङ्ग वाक्पाणिमता नरेण
॥ ८३७ ॥ त्यजेत्क्षुधार्तो महिलां सपुत्रां खादेत्क्षुधार्ता
भुजगी स्वमण्डम् । बुभुक्षितः किं न करोति पापं क्षीणा
नरा निष्करुणा भवन्ति ॥ ८३८ ॥ दारेषु किंचित्स्वजनेषु
किंचिद्गोप्यं वयस्येषु सुतेषु किंचित् । युक्तं न वा युक्त-
मिदं विचिन्त्य वदेद्विपश्चिन्महतोऽनुरोधात् ॥ ८३९ ॥

मृगा मृगैः सङ्गमनुव्रजन्ति गावश्च गोभिस्तुरगास्तुरंगैः ।
मूर्खाश्च मूर्खैः सुधियः सुधीभिः समानशीलव्यसनेषु सख्यम्
॥ ८४० ॥ त्याज्यं न धैर्यं विधुरेऽपि काले धैर्यात्कदाचि-
द्गतिमाप्नुयात्सः । यथा समुद्रेऽपि च पोतभङ्गे सांयात्रिको
वाञ्छति तर्तुमेव ॥ ८४१ ॥ दानेन तुल्यो निधिरस्ति
नान्यो लोभाच्च नान्योऽस्ति नरः पृथिव्याम् । विभूषणं
शीलसमं न चान्यत्संतोषतुल्यं धनमस्ति नान्यत् ॥ ८४२ ॥
एकस्य दुःखस्य न यावदन्तं गच्छाम्यहं पारमिवार्णवस्य ।
तावद्द्वितीयं समुपस्थितं मे छिद्रेष्वनर्था बहुलीभवन्ति
॥ ८४३ ॥ क्षते प्रहारा निपतन्त्यभीक्ष्णं धनक्षये वर्धति
जाठराग्निः । आपत्सु वैराणि समुद्भवन्ति छिद्रेष्वनर्था बहु-
लीभवन्ति ॥ ८४४ ॥ अर्थातुराणां न गुरुर्न बन्धुः कामा-
तुराणां न भयं न लज्जा । विद्यातुराणां न सुखं न निद्रा
क्षुधातुराणां न रुचिर्न वेला ॥ ८४५ ॥ विवाहकाले ऋतु-
संप्रयोगे प्राणात्यये सर्वधनापहारे । विप्रस्य चार्थेऽप्यनृतं
वदेयुः पञ्चानृतान्याहुरपातकानि ॥ ८४६ ॥ यत्रास्ति लक्ष्मी-
र्विनयो न तत्र ह्यभ्यागतो यत्र न तत्र लक्ष्मीः । उभौ च
तौ यत्र न तत्र विद्या नैकत्र सर्वो गुणसंनिपातः ॥ ८४७ ॥
द्वारि प्रविष्टः सहसा ततः किं दृष्टः प्रभुः स्मेरमुखस्ततः
किम् । कथा श्रुता श्रोत्ररसा ततः किं व्यथा न शान्ता
यदि जाठरीया ॥ ८४८ ॥ सुपात्रदानाच्च भवेद्धनाढ्यो धन-
प्रभावेण करोति पुण्यम् । पुण्यप्रभावात्सुरलोकवासी पुनर्ध-
नाढ्यः पुनरेव भोगी ॥ ८४९ ॥ कुपात्रदानाच्च भवेद्दरिद्रो
दारिद्र्यदोषेण करोति पापम् । पापप्रभावान्नरकं प्रयाति पुन-
र्दरिद्रः पुनरेव पापी ॥ ८५० ॥ प्रभुर्विवेकी धनवांश्च दाता
विद्वान्विरागी प्रमदा सुशीला । तुरंगमः शस्त्रनिपातधीरो
भूमण्डलस्याभरणानि पञ्च ॥ ८५१ ॥ स्वदेशजातस्य न-
रस्य नूनं गुणाधिकस्यापि भवेदवज्ञा । निजाङ्गना यद्यपि
रूपराशिस्तथापि लोकः परदारसक्तः ॥ ८५२ ॥ गन्धः
सुवर्णे फलमिक्षुदण्डे नाकारि पुष्पं खलु चन्दनेषु । विद्वान्ध-
नाढ्यो न तु दीर्घजीवी धातुः पुरा कोऽपि न बुद्धिदोऽभूत्
॥ ८५३ ॥ सर्पस्य रत्ने कृपणस्य वित्ते सत्याः कुचे केसरि-
णश्च केशे । मानोन्नतानां शरणागते च मृतौ भवेदन्यकर-
प्रचारः ॥ ८५४ ॥ श्रुतिर्विभिन्ना स्मृतयश्च भिन्ना नैको
मुनिर्यस्य वचोऽप्रमाणम् । धर्मस्य तत्त्वं निहितं गुहायां
महाजनो येन गतः स पन्थाः ॥ ८५५ ॥ प्रागल्भ्यहीनस्य
नरस्य विद्या शस्त्रं यथा कापुरुषस्य हस्ते । न तृप्तिमुत्पाद-
यते शरीरे वृद्धस्य दारा इव दर्शनीयाः ॥ ८५६ ॥ राजा-
श्रयस्तस्करताश्वपण्यमाथर्वणं चापि समुद्रयानम् । एतानि

१ लोभः. २ दानेच्छा.

सिद्ध्यन्ति महाफलानि विपर्यये प्राणहराणि पञ्च ॥ ८५७ ॥
स्वर्गच्युतानामिह भूमिलोके चत्वारि चिह्नानि वसन्ति देहे ।
दानप्रसङ्गो मधुरा च वाणी सुरार्चनं ब्राह्मणतर्पणं च
॥ ८५८ ॥ निरक्षरे वीक्ष्य महाधनत्वं विद्यानवद्या विदुषा
न हेया । रत्नावतंसाः कुलटाः समीक्ष्य किमार्यनार्यः कु-
लटा भवन्ति ॥ ८५९ ॥ गीर्भिर्गुरूणां परुषाक्षराभिस्तिर-
स्कृता यान्ति नरा महत्त्वम् । अलब्धशाणोत्कषणा नृपाणां
न जातु मौलौ मणयो वसन्ति ॥ ८६० ॥ किमिष्टमन्नं खर-
सूकराणां किं रत्नहारो मृगपक्षिणां च । अन्धस्य दीपो
बधिरस्य गीतं मूर्खस्य किं शास्त्रकथाप्रसङ्गः ॥ ८६१ ॥
ये शान्तदान्ताः श्रुतिपूर्णकर्णा जितेन्द्रियाः स्त्रीविषये
निवृत्ताः । प्रतिग्रहे संकुचिताग्रहस्तास्ते ब्राह्मणास्तारयितुं
समर्थाः ॥ ८६२ ॥ द[illegible] तायाः कुचकुम्भयुग्ममत्युग्रशार्दू-
लनखावलिश्च । वीरस्य शस्त्रं कृपणस्य वित्तं लभ्यानि
चत्वारि तदन्तकाले ॥ ८६३ ॥ देशाटनं पण्डितमित्रता
च वाराङ्गना राजसभाप्रवेशः । अनेकशास्त्रार्थविलोकनं च
चातुर्यमूलानि भवन्ति पञ्च ॥ ८६४ ॥ न वेत्ति यो यस्य
गुणप्रकर्षं स तं सदा निन्दति नात्र चित्रम् । यथा किराती
करिकुम्भजातां मुक्तां परित्यज्य बिभर्ति गुञ्जाम् ॥ ८६५॥
गिरौ मयूरा गगने पयोदा लक्षान्तरेऽर्कश्च जलेषु पद्मम् ।
इन्दुर्द्विलक्षं कुमुदस्य बन्धुर्यो यस्य मित्रं नहि तस्य दूरम् ।
॥ ८६६ ॥ सुभाषितज्ञेन जनेन साकं संभाषणं सुप्रभुसेवनं
च । आलिङ्गनं तुङ्गपयोधराणां प्रत्यक्षसौख्यं त्रयमेव लोके
॥ ८६७ ॥ अर्थो नराणां पतिरङ्गनानां वर्षा नदीनामृ-
तुराट् तरूणाम् । स्वधर्मचारी नृपतिः प्रजानां गतं गतं
यौवनमानयन्ति ॥ ८६८ ॥ जितेन्द्रियत्वं विनयस्य कारणं
गुणप्रकर्षो विनयादवाप्यते । गुणाधिके पुंसि जनोऽनुरज्यते
जनानुरागप्रभवा हि संपदः ॥ ८६९ ॥ संपूर्णकुम्भो न
करोति शब्दमर्धो घटो घोषमुपैति नूनम् । विद्वान्कुलीनो
न करोति गर्वं जल्पन्ति मूढास्तु गुणैर्विहीनाः ॥ ८७० ॥
धिग्जीवितं शास्त्रकलोज्झितस्य धिग्जीवितं चोद्यमवर्जितस्य ।
धिग्जीवितं व्यर्थमनोरथस्य धिग्जीवितं ज्ञातिपराजितस्य
॥ ८७१ ॥ रूपं जरा सर्वसुखानि तृष्णा खलेषु सेवा पुरु-
षाभिमानम् । याञ्चा गुरुत्वं गुणमात्मपूजा चिन्ता बलं
हन्त्यदया च लक्ष्मीम् ॥ ८७२ ॥ शुष्केन्धने वह्निरुपैति
वृद्धिं बालेषु शोकश्चपलेषु कोपः । कान्तासु कामो निपुणेषु
वित्तं धर्मो दयावत्सु महत्सु धैर्यम् ॥ ८७३ ॥ निर्वाणदीपे
किमु तैलदानं चौरे गते वा किमु सावधानम् । वयोगते
किं वनिताविलासः पयोगते किं खलु सेतुबन्धः ॥ ८७४ ॥

त्रिविक्रमोऽभूदपि वामनोऽसौ स शूकरश्चेति स वै नृसिंहः ।
नीचैरनीचैरतिनीचनीचैः सर्वैरुपायैः फलमेव साध्यम्
॥ ८७५ ॥ कुग्रामवासः कुजनस्य सेवा कुभोजनं क्रोध-
मुखी च भार्या । मूर्खश्च पुत्रो विधवा च कन्या दहन्त्यमी
वह्निमृते शरीरम् ॥८७६॥ अल्पीयसामेव निवासभूमित्या-
गाद्विपत्तिर्महतां न जातु । रत्नाकरात्सन्मणयोऽभियान्ति
राज्ञां शिरः काकमुखानि भेकाः ॥ ८७७ ॥ अनेकशास्त्रं
बहु वेदितव्यमल्पश्च कालो बहवश्च विघ्नाः । यत्सारभूतं
तदुपासितव्यं हंसो यथा क्षीरमिवाम्बुमध्यात् ॥ ८७८ ॥
अनन्तपारं किल शब्दशास्त्रं स्वल्पं तथायुर्बहवश्च विघ्नाः ।
सारं ततो ग्राह्यमपास्य फल्गु हंसो यथा क्षीरमिवाम्बुम-
ध्यात् ॥ ८७९ ॥ क्रोधो हि शत्रुः प्रथमो नराणां देह-
स्थितो देहविनाशनाय । यथा स्थितः काष्ठगतो हि वह्निः
स एव वह्निर्दहते शरीरम् ॥ ८८० ॥ यथा विहंगास्तरु-
माश्रयन्ति नद्यो यथा सागरमाश्रयन्ति । यथा तरुण्यः
पतिमाश्रयन्ति सर्वे गुणाः काञ्चनमाश्रयन्ति ॥ ८८१ ॥
यती व्रती चापि पतिव्रताश्च वीराश्च शूराश्च दयापराश्च ।
त्यागी च भोगी च बहुश्रुतश्च सुसङ्गमात्रेण दहन्ति पापम्
॥ ८८२ ॥ वसन्त्यरण्येषु चरन्ति दूर्वाः पिबन्ति तोयान्य-
परिग्रहाणि । तथापि वध्या हरिणा नराणां को लोकमारा-
धयितुं समर्थः ॥ ८८३ ॥ न सा सभा यत्र न सन्ति वृद्धा
वृद्धा न ते ये न वदन्ति धर्मम् । धर्मो न वै यत्र च
नास्ति सत्यं सत्यं न तद्यच्छलनानुविद्धम् ॥ ८८४ ॥ वरं
सखे सत्पुरुषापमानितो न नीचसंसर्गगुणैरलंकृतः । वराश्वपा-
देन हतो विराजते न रासभस्योपरि संस्थितो नरः ॥ ८८५॥
आदित्यचन्द्रावनलानिलौ च द्यौर्भूमिरापो हृदयं यमश्च ।
अहश्च रात्रिश्च उभे च संध्ये धर्मश्च जानाति नरस्य वृत्तम् ।
॥ ८८६ ॥ उपाधिभिः संततसंगतोऽपि नहि स्वभावं
विजहाति भावः । आजन्म उन्मज्जति दुग्धसिन्धौ तथापि
काकः किल कृष्ण एव ॥ ८८७ ॥ किं वाससा तत्र विचा-
रणीयं वासः प्रधानं खलु योग्यतायाः । पीताम्बरं वीक्ष्य
ददौ स्वकन्यां चर्माम्बरं वीक्ष्य विषं समुद्रः ॥ ८८८॥ करोति
नोऽशेषजनातिरिक्तां संभावनामर्थवतीं क्रियाभिः । संसत्सु
जाते पुरुषाधिकारे न पूरणी तं समुपैति संख्या ॥ ८८९ ॥
नरस्य चिह्नं नरकागतस्य विरोधिता बन्धुजनेषु नित्यम् ।
सरोगता नीचगतेषु सेवा ह्यतीव दोषः कटुका च वाणी
॥ ८९० ॥ स्थितो न खादामि हसन्न जल्पे गतं न शोचामि कृतं
न मन्ये । द्वयोस्तृतीयो न भवामि राजन्केनास्मि मूर्खो वद
कारणेन ॥८९१॥ यस्मिन्कुले यः पुरुषः प्रधानः स सर्वयत्नेन

हि रक्षणीयः । तस्मिन्विनष्टे सकलं विनष्टं न नाभिभङ्गे ह्यरका वहन्ति ॥ ८९२ ॥ पुराणमित्येव न साधु सर्वं न चापि काव्यं नवमित्यवद्यम् । सन्तः परीक्ष्यान्यतरद्भजन्ते मूढः परप्रत्ययनेयबुद्धिः ॥ ८९३ ॥ संचिन्त्य संचिन्त्य जगत्समस्तं त्रयः पदार्था हृदयं प्रविष्टाः । इक्षोर्विकाराः कृतयः कवीनां मुग्धाङ्गनापाङ्गतरङ्गितानि ॥ ८९४ ॥ बालसखित्वमकारणहास्यं स्त्रीषु विवादमसज्जनसेवा । गर्दभयानमसंस्कृतवाणी षट्सु नरो लघुतामुपयाति ॥ ८९५ ॥ वयसि गते कः कामविकारः क्षीणे वित्ते कः परिवारः । शुष्के नीरे कः कासारो ज्ञाते तत्त्वे कः संसारः ॥ ८९६ ॥ जवो हि सप्तेः परमं विभूषणं त्रपाङ्गनायाः कृशता तपस्विनः । द्विजस्य विद्या नृपतेरपि क्षमा पराक्रमः शस्त्रबलोपजीविनाम् ॥ ८९७ ॥ धनेन किं यो न ददाति याचके बलेन किं यश्च रिपुं न बाधते । श्रुतेन किं यो न च धर्ममाचरेत्किमात्मना यो न जितेन्द्रियो भवेत् ॥ ८९८ ॥ श्रुतेन बुद्धिर्व्यसनेन मूर्खता मदेन नारी सलिलेन निम्नगा । निशा शशाङ्केन धृतिः समाधिना नयेन चालंक्रियते नरेन्द्रता ॥ ८९९ ॥ प्रकीर्णकेशामनवेक्ष्यकारिणीं सदा च भर्तुः प्रतिकूलभाषिणीम् । परस्य वेश्माभिरतामपत्रपामेवंविधां योषितमाशु वर्जयेत् ॥ ९०० ॥ सतीमपि ज्ञातिकुलैकसंश्रयां जनोऽन्यथा भर्तृमतीं विशङ्कते । अतः समीपे परिणेतुरिष्यते प्रियाप्रिया वा प्रमदा स्वबन्धुभिः ॥ ९०१ ॥ मनीषिणः सन्ति न ते हितैषिणो हितैषिणः सन्ति न ते मनीषिणः । सुहृच्च विद्वानपि दुर्लभो नृणां यथौषधं स्वादु हितं च दुर्लभम् ॥ ९०२ ॥ परोऽवजानाति यदज्ञताजडस्तदुन्नतानां न विहन्ति धीरताम् । समानवीर्यान्वयपौरुषेषु यः करोत्यतिक्रान्तिमसौ तिरस्क्रिया ॥ ९०३ ॥ यदा विगृह्णाति हतं तदा यशः करोति मैत्रीमथ दूषिता गुणाः । स्थितिं समीक्ष्योभयथा परीक्षकः करोत्यवज्ञोपहतं पृथग्जनम् ॥ ९०४ ॥ वनेषु दोषाः प्रभवन्ति रागिणां गृहेषु पञ्चेन्द्रियनिग्रहस्तपः । अकुत्सिते कर्मणि यः प्रवर्तते निवृत्तरागस्य गृहं तपोवनम् ॥ ९०५ ॥ सुजीर्णमन्नं सुविचक्षणः सुतः सुशासिता स्त्री नृपतिः सुसेवितः । सुचिन्त्य चोक्तं सुविचार्य यत्कृतं सुदीर्घकालेऽपि न याति विक्रियाम् ॥ ९०६ ॥ तृणानि नोन्मूलयति प्रभञ्जनो मृदूनि नीचैः प्रणतानि सर्वतः । समुच्छ्रितानेव तरून्प्रबाधते महान्महत्स्वेव करोति विक्रमम् ॥ ९०७ ॥ निमित्तमुद्दिश्य हि

१ अश्वस्य. २ अविचारपराम्. ३ पत्युः. ४ धीरोदात्तानाम्. ५ नीचम्.

यः प्रकुप्यति ध्रुवं स तस्यापगमे प्रसीदति । अकारणद्वेषि मनस्तु यस्य वै कथं जनस्तं परितोषयिष्यति ॥ ९०८ ॥ न साहसैकान्तरसानुवर्तिना न चाप्यपायोपहतान्तरात्मना । विभूतयः शक्यमवाप्तुमूर्जिता नये च शौर्ये च वसन्ति संपदः ॥ ९०९ ॥ मुदं विषादः शरदं हिमागमस्तमो विवस्वान्सुकृतं कृतघ्नता । प्रियोपपत्तिः शुचमापदं नयः श्रियः समृद्धा अपि हन्ति दुर्नयः ॥ ९१० ॥ उदीरितोऽर्थः पशुनापि गृह्यते हयाश्च नागाश्च वहन्ति चोदिताः । अनुक्तमप्यूहति पण्डितो जनः परेङ्गितज्ञानफला हि बुद्धयः ॥ ९११ ॥ असत्यता निष्ठुरताऽकृतज्ञता भयं प्रमादोऽलसता विषादिता । वृथाभिमानो ह्यतिदीर्घसूत्रता तथाङ्गनौक्ष्यादि विनाशनं श्रियः ॥ ९१२ ॥ दरिद्रता धीरतया विराजते कुरूपता शीलतया विराजते । कुभोजनं चोष्णतया विराजते कुवस्त्रता शुभ्रतया विराजते ॥ ९१३ ॥ यथा चतुर्भिः कनकं परीक्ष्यते निघर्षणच्छेदनतापताडनैः । तथा चतुर्भिः पुरुषः परीक्ष्यते श्रुतेन शीलेन कुलेन कर्मणा ॥ ९१४ ॥ कुदेशमासाद्य कुतोऽर्थसंचयः कुपुत्रमासाद्य कुतो जलाञ्जलिः । कुगेहिनीं प्राप्य गृहे कुतः सुखं कुशिष्यमध्यापयतः कुतो यशः ॥ ९१५ ॥ मात्रा समं नास्ति शरीरपोषणं चिन्तासमं नास्ति शरीरशोषणम् । भार्यासमं नास्ति शरीरतोषणं विद्यासमं नास्ति शरीरभूषणम् ॥ ९१६ ॥ गुणी गुणं वेत्ति न वेत्ति निर्गुणो बली बलं वेत्ति न वेत्ति निर्बलः । पिको वसन्तस्य गुणं न वायसः करी च सिंहस्य बलं न मूषकः ॥ ९१७ ॥ सुखं हि दुःखान्यनुभूय शोभते घनान्धकारेष्विव दीपदर्शनम् । सुखात्तु यो याति नरो दरिद्रतां धृतः शरीरेण मृतः स जीवति ॥ ९१८ ॥ स दीक्षितो यः सकलं सदीक्षते स पण्डितो यः करणैरखण्डितः । स तापसो यः परतापकर्षणः स धार्मिको यः परमर्म न स्पृशेत् ॥ ९१९ ॥ यशस्करे कर्मणि मित्रसंग्रहे प्रियासु नारीष्वधनेषु बन्धुषु । क्रतौ विवाहे व्यसने रिपुक्षये धनव्ययस्त्वेषु न गण्यते बुधैः ॥ ९२० ॥ विवादशीलां स्वयमर्थचोरिणीं परानुकूलां बहुपाकपाकिनीम् । सक्रोधिनीं चान्यगृहेषु वासिनीं त्यजन्ति भार्यां दशपुत्रमातरम् ॥ ९२१ ॥ अतिप्रचण्डा बहुदुःखभागिनी विवादशीला परगेहगामिनी । भर्तुः स्वयं निन्दति या च तस्करी त्यजेत्स्वभार्यां दशपुत्रपुत्रिणीम् ॥ ९२२ ॥ कुले कलङ्कः कवले कदन्नता सुतः कुबुद्धिर्भवने दरिद्रता । रुजः शरीरे कलहप्रिया प्रिया गृहागमे दुर्गतयः षडेते ॥ ९२३ ॥ प्रकटं मृदु नाम जल्पतः परुषं सूचयतोऽर्थमन्तरा । शकुनादिव मार्गवर्तिभिः पुरुषा-

दुद्धिजितव्यमीदृशात् ॥ ९२४ ॥ मतिरेव बलाद्गरीयसी यदभावे करिणामियं दशा । इति घोषयतीव डिण्डिमः करिणो हस्तिपकाहतः क्वणन् ॥ ९२५ ॥ महतां यदि निन्दने रतिर्गुणसंख्यैव तदा विधीयताम् । असतामपि चेत्स्तवे रतिर्ननु तद्दूषणमेव गण्यताम् ॥ ९२६ ॥ अवगच्छति मूढचेतनः प्रियनाशं हृदि शल्यमर्पितम् । स्थिरधीस्तु तदेव मन्यते कुशलद्वारतया समुद्धृतम् ॥ ९२७ ॥ महतस्तरसा विलङ्घयन्निजदोषेण कुधीर्विनश्यति । कुरुते न खलु स्वयेच्छया शलभानिन्धनमिद्धदीधितिः ॥ ९२८ ॥ क्रियते धवलः खलूचकैर्धवलैरेव सितेतरैरधः । शिरसौघमधत्त शंकरः सुरसिन्धोर्मधुजित्तमङ्घ्रिणा ॥ ९२९ ॥ कृतिनामकृती कथं कथं वा तुलनां यातु कृतैर्वचःप्रपञ्चैः । बहुभिर्बिधृतैः कचैः कलपैर्विधवा किं सधवोपमानमेति ॥ ९३० ॥ अरुचिर्निशया विना शशी शशिना सापि विना महत्तमः । उभयेन विना मनोभवस्फुरितं नैव चकास्ति कामिनोः ॥ ९३१ ॥ उपकारकमायतेर्भृशं प्रसवः कर्मफलस्य भूरिणः । अनपायि निबर्हणं द्विषां न तितिक्षासममस्ति साधनम् ॥ ९३२ ॥ जरा रूपं हरति हि धैर्यमाशा मृत्युः प्राणान्धर्मचर्यामसूया । कामो ह्रियं वृत्तमनार्यसेवा क्रोधः श्रियं सर्वमेवाभिमानः ॥ ९३३ ॥ गुणवानपि नोपयाति पूजां पुरुषः सत्पुरुषैरकथ्यमानः । न हि सौरमणिः स्वभावकान्तिं रविपादैरनधिष्ठितः करोति ॥ ९३४ ॥ सहसा विदधीत न क्रियामविवेकः परमापदां पदम् । वृणते हि विमृश्यकारिणं गुणलुब्धाः स्वयमेव संपदः ॥ ९३५ ॥ विना गोरसं को रसो भोजनानां विना गोरसं को रसो भूपतीनाम् । विना गोरसं को रसः कामिनीनां विना गोरसं को रसः पण्डितानाम् ॥ ९३६ ॥ सकलापि कला कलावतां विकलां पुण्यकलां विना खलु । सकले नयने वृथा यथा तनुभाजां हि कनीनिकां विना ॥ ९३७ ॥ सुकुलजन्म विभूतिरनेकधा प्रियसमागमसौख्यपरम्परा । नृपकुले गुरुता विमलं यशो भवति पुण्यतरोः फलमीदृशम् ॥ ९३८ ॥ कनकभूषणसंग्रहणोचितो यदि मणिस्त्रपुणि प्रणिधीयते । न स विरौति न चापि हि शोभते भवति योजयितुर्वचनीयता ॥ ९३९ ॥ सहजमलिनवक्रभावभाजां भवति भवः प्रभवात्मनाशहेतुः । जलधरपदवीमवाप्य धूमो ज्वलनविनाशमनु प्रयाति नाशम् ॥ ९४० ॥ परिहरत पराङ्गनानुषङ्गं बत यदि जीवितमस्ति वल्लभं वः । हरहर हरिणीदृशो निमित्तं

१ ऐश्वर्यम्. २ गौरवम्. ३ सुवर्णालंकारसंग्रहयोग्यः. ४ हीरकादिः. ५ वङ्गे. ६ निन्दा.

दश दशकंधरमौलयो लुठन्ति ॥ ९४१ ॥ शिशुरपि निपुणो गुरोर्गरीयान्न तु वपुषैव महान्महत्प्रतिष्ठः । मणिरणुरपि भूषणाय पुंसां न तु पृथुलैव शिला विलासहेतुः ॥ ९४२ ॥ अनुदिनमनुकूलमाचरन्तं विहितमतिः प्रतिकूलमाचरेत्कः । शमितगरलजातकण्ठदाहं शितिकण्ठः शशिनं शिरसुः धत्ते ॥ ९४३ ॥ नितम्बो विशालः कटिर्मध्यसूक्ष्मा कुचद्वन्द्वमत्यन्तभव्यं मुखं च । वचश्चेन्न किंचिद्रसालं रमण्यास्ततः किं ततः किं ततः किं ततः किम् ॥ ९४४ ॥ स्तब्धस्य नश्यति यशो विषमस्य मैत्री नष्टक्रियस्य कुलमर्थपरस्य धर्मः । विद्याफलं व्यसनिनः कृपणस्य सौख्यं राज्यं प्रमत्तसचिवस्य नराधिपस्य ॥ ९४५ ॥ दुर्मन्त्रिणं कमुपयान्ति न नीतिदोषाः संतापयन्ति कमपथ्यभुजं न रोगाः । कं श्रीर्न दर्पयति कं न निहन्ति मृत्युः कं स्वीकृता न विषया ननु तापयन्ति ॥ ९४६ ॥ वित्तेन किं वितरणं यदि नास्ति दीने किं सेवया यदि परोपकृतौ न यत्नः । किं संगमेन तनयो यदि नेक्षणीयः किं यौवनेन विरहो यदि वल्लभायाः ॥ ९४७ ॥ किं भूषणं सुदृढमत्र यशो न रत्नं किं कार्यमार्यचरितं सुकृतं न दोषः । किं चक्षुरप्रतिहतं धिषणा न नेत्रं जानाति कस्त्वदपरः सदसद्विवेकम् ॥ ९४८ ॥ प्राप्ताः श्रियः सकलकामदुधास्ततः किं दत्तं पदं शिरसि विद्विषतां ततः किम् । संप्रीणिताः प्रणयिनो विभवैस्ततः किं कल्पं स्थितं तनुभृतां तनुभिस्ततः किम् ॥ ९४९ ॥ आदौ न वा प्रणयिनां प्रणयो विधेयो दत्तोऽथवा प्रतिदिनं परिपोषणीयः । उत्क्षिप्य उत्क्षिपति तत्प्रकरोति लज्जां भूमौ स्थितस्य पतनाद्भयमेव नास्ति ॥ ९५० ॥ वाञ्छैव सूचयति पूर्वतरं भविष्यं पुंसां यदन्यतनुजं त्वशुभं शुभं वा । विज्ञायते शिशुरजातकलापचिह्नः प्रत्युद्गतैरपसरन्सरसः (?) कलापि ॥ ९५१ ॥ शस्त्रैर्हतास्तु रिपवो न हता भवन्ति प्रज्ञाहताश्च नितरां सुहता भवन्ति । शस्त्रं निहन्ति पुरुषस्य शरीरमेकं प्रज्ञा कुलं च विभवं च यशश्च हन्ति ॥ ९५२ ॥ स्थानेषु शिष्यनिवहैर्विनियुज्यमाना विद्या गुरुं हि गुणवत्तरमातनोति । आदाय शुक्तिषु बलाहकविप्रकीर्णै रत्नाकरो भवति वारिभिरम्बुराशिः ॥ ९५३ ॥ वार्ता च कौतुककरी विमला च विद्या लोकोत्तरः परिमलश्च कुरंगनाभेः । तैलस्य बिन्दुरिव वारिणि दुर्निवारमेतत्त्रयं प्रसरति स्वयमेव भूमौ ॥ ९५४ ॥ अत्यन्तमन्थनकदर्थनमुत्सहन्ते मर्यादया नियमिताः किमु साधवोऽपि । लक्ष्मीसुधाकरसुधा-

१ शास्त्रवेत्ता. २ श्रेष्ठः. ३ महत्सु प्रतिष्ठा यस्य. ४ वृत्तान्तः. ५ कुतूहलकारिणी.

ह्युपनीय शेषे रत्नाकरोऽपि गरलं किमु नोज्जगार ॥ ९५५ ॥ अर्था हसन्त्युचितदानविहीनलुब्धं भूम्यो हसन्ति मम भूमिरिति ब्रुवाणम्। जारा हसन्ति तनयानुपलालयन्तं मृत्युर्हसत्यवनिपं रणरङ्गभीरुम् ॥ ९५६ ॥ वैद्या वदन्ति कफपित्तमरुद्विकाराञ्ज्योतिर्विदो ग्रहगतिं परिवर्तयन्ति। भूताभिषङ्ग इति भूतविदो वदन्ति प्राचीनकर्म बलवन्मुनयो वदन्ति ॥ ९५७ ॥ कस्यापि कोऽप्यतिशयोऽस्ति स तेन लोके ख्यातिं प्रयाति नहि सर्वविदस्तु सर्वे। किं केतकी फलति किं पनसः सुपुष्पः किं नागवल्ल्यपि च पुष्पफलैरुपेता ॥ ९५८ ॥ शीलावलम्बनमहर्निशमिष्टचिन्ता वित्तानुरूपमशनाभरणादि कार्यम्। वार्यं च दुर्जनसमाजनिजप्रशंसाहास्यादि सज्जनवचो हृदये निधेयम् ॥ ९५९ ॥ पश्यन्ति नैव कवयो निजकाव्यदोषं भक्षन्ति नो बलिभुजो निजजातिमांसम्। जल्पन्ति नैव मधुपा निजमर्मवाक्यं कुर्वन्ति नो युवतयः पुरुषेषु [3]बीजम् ॥ ९६० ॥ कीर्तिं मृणालकमनीयभुजामनिन्द्यचन्द्राननां स्मितसरोरुहचारुनेत्राम्। ज्योत्स्नास्मितामपहृतां दयितामिव स्वां लब्धुं न कं परमुपक्रममातनोति ॥ ९६१ ॥ शास्त्रं सुनिश्चलधिया परिचिन्तनीयं सेव्यो नृपोऽपि सततं परिसेवनीयः। अङ्के स्थितापि युवतिः परिरक्षणीया शास्त्रे नृपे च युवतौ च कुतः स्थिरत्वम् ॥ ९६२ ॥ हंसो विभाति नलिनीदलपुञ्जमध्ये सिंहो विभाति गिरिगह्वरकंदरासु। जात्यो विभाति तुरगो रणयुद्धमध्ये विद्वान्विभाति पुरुषेषु विचक्षणेषु ॥ ९६३ ॥ हंसो न भाति बलिभोजनवृन्दमध्ये गोमायुमण्डलगतो न विभाति सिंहः। जात्यो न भाति तुरगः खरयूथमध्ये विद्वान्न भाति पुरुषेषु निरक्षरेषु ॥ ९६४ ॥ विश्वेश्वरस्तु सुधिया गलितेऽपि भेदे भावेन भक्तिसहितेन समर्चनीयः। प्राणेश्वरश्चतुरया मिलितेऽपि चित्ते चैलाञ्चलव्यवहितेन निरीक्षणीयः ॥ ९६५ ॥ किं कोकिलस्य विरुतेन गते वसन्ते किं कातरस्य बहुशस्त्रपरिग्रहेण। मित्रेण किं व्यसनकालपराङ्मुखेन किं जीवितेन पुरुषस्य निरक्षरेण ॥ ९६६ ॥ हारः प्रलम्बितपयोधरमध्यवर्ती शुष्कस्तनान्तरगतो वरकञ्चुकश्च। काणेक्षणाञ्जनममूर्ध्नि च पुष्पमाला दीनाश्रयो बुधजनः खलु पञ्च दुःखम् ॥ ९६७ ॥ नीचं समृद्धमपि सेवति नीच एव तं दूरतः परिहरन्ति पुनर्महान्तः। शाखोटकं मधुरपक्वफलैरुपेतं सेवन्ति वायसगणा न तु राजहंसाः ॥ ९६८ ॥ माकन्दराजपरिरम्भणलालितापि मल्लीवधूर्मधुपरागवती बभूव। दृष्ट्वापि तत्कुटिलतां न जहाति चूतः प्रायः कुजातिनिवहेषु कुतोऽभिमानः ॥ ९६९ ॥ कालक्रमेण परिणामवशादनव्या भावा भवन्ति खलु पूर्वमतीव तुच्छाः। मुक्तामणिर्जलदतोयकणोऽप्यणीयान्संपद्यते च चिरकीचकरन्ध्रमध्ये ॥ ९७० ॥ यच्चिन्तितं तदिह दूरतरं प्रयाति यच्चेतसापि न कृतं तदिहाभ्युपैति। इत्थं विधेर्विधिविपर्ययमाकलय्य सन्तः सदा सुरसरित्तटमाश्रयन्ति ॥ ९७१ ॥ अन्तःप्रतप्तमरुसैकतदह्यमानमूलस्य चम्पकतरोः क्व विकासचिन्ता। प्रायो भवत्यनुचितस्थितिदेशभाजां श्रेयः स्वजीवपरिपालनमात्रमेव ॥ ९७२ ॥ उचितमनुचितं वा कुर्वता कार्यजातं परिणतिरवधार्या यत्नतः पण्डितेन। अतिरभसकृतानां कर्मणामा विपत्तेर्भवति हृदयदाही शल्यतुल्यो विपाकः ॥ ९७३ ॥ व्यतिषजति पदार्थानान्तरः कोऽपि हेतुर्न खलु बहिरुपाधीन्प्रीतयः संश्रयन्ते। विकसति हि पतङ्गस्योदये पुण्डरीकं द्रवति च हिमरश्मावुद्गते चन्द्रकान्तः ॥ ९७४ ॥ प्रथमदिवसचन्द्रः सर्वलोकैकवन्द्यः स च सकलकलाभिः पूर्णचन्द्रो न वन्द्यः। अतिपरिचयदोषात्कस्य नो मानहानिर्नवनवगुणरागी प्रायशः सर्वलोकः ॥ ९७५ ॥ भवति हृदयहारी कोऽपि कस्यापि हेतुर्न खलु गुणविशेषः प्रेमबन्धप्रयोगे। किसलयितवनान्ते कोकिलारावरम्ये विकसति न वसन्ते मालती कोऽत्र हेतुः ॥ ९७६ ॥ परीवादस्तथ्यो भवति वितथो वापि महता तथाप्युच्चैर्धाम्नो हरति महिमानं जनरवः। तुलोत्तीर्णस्यापि प्रकटितहताशेषतमसो रवेस्तादृक्तेजो नहि भवति कन्यां गतवतः ॥ ९७७ ॥ बहिः सर्वाकारप्रगुणरमणीयं व्यवहरन्पराभ्यूहस्थानान्यपि तनुतराणि स्थगयति। जनं विद्वानेकः सकलमभिसंधाय कपटैस्ततस्थः स्वानर्थान्घटयति च मौनं च भजते ॥ ९७८ ॥ कलारत्नं गीतं गगनतलरत्नं दिनमणिः सभारत्नं विद्वाञ्श्रवणपुटरत्नं हरिकथा। निशारत्नं चन्द्रः शयनतलरत्नं शशिमुखी महीरत्नं श्रीमाञ्जयति रघुनाथो नृपवरः ॥ ९७९ ॥ नराः संस्कारार्हा जगति किल केचित्सुकृतिनः समानायां जात्यामपि वयसि सत्यां परधियः। अयं दृष्टान्तोऽत्र स्फुटकरगतोऽत्यभ्यसनतः शुकः श्लोकान्वक्तुं प्रभवति न काकः क्वचिदपि ॥ ९८० ॥ वरं तुङ्गाच्छृङ्गाद्गुरुशिखरिणः क्वापि पुलिने पतित्वायं कायः कठिनदृषदन्तर्विदलितः। वरं न्यस्तो हस्तः फणिपतिमुखे तीव्रदशने वरं वह्नौ पातस्तदपि न कृतः शीलविलयः ॥ ९८१ ॥ विदैवज्ञं ग्रामं विबुधविधुरां भूपतिसभां

१ भूतबाधा. २ वायसाः. ३ वीर्यम्.

१ कार्यसमूहम्. २ परिणामः. ३ रहितास्.

मुखं श्रुत्या हीनं मनुजपतिशून्यं च विषयम्[1]। अनाचारान्दारानपहरिकथं काव्यमपि च प्रवक्तृत्वापेतं गुरुमपि सुबुद्धिः परिहरेत्॥ ९८२॥ मणिः शाणोल्लीढः[2] समरविजयी हेतिनिहतो[3] मदक्षीणो नागः[4] शरदि सरितः श्यानपुलिनाः[5]। कलाशेषश्चन्द्रः सुरतमृदिता बालवनिता तन्निम्ना शोभन्ते गलितविभवाश्चार्थिषु नृपाः॥ ९८३॥ किमासेव्यं पुंसां सविधमनवद्यं द्युसरितः किमेकान्ते ध्येयं चरणयुगलं कौस्तुभभृतः। किमाराध्यं पुण्यं किमभिलषणीयं च करुणा यदासक्त्या चेतो निरवधि विमुक्तौ प्रभवति॥ ९८४॥ वरं मौनं कार्यं न च वचनमुक्तं यदनृतं वरं क्लैब्यं[6] पुंसां न च परकलत्राभिगमनम्। वरं प्राणत्यागो न च पिशुनवाक्येष्वभिरुचिर्वरं भिक्षाशित्वं न च परधनास्वादनसुखम्॥ ९८५॥ वरं शून्या शाला न च खलु वरो दुष्टवृषभो वरं वेश्या पत्नी न पुनरविनीता कुलवधूः। वरं वासोऽरण्ये न पुनरविवेकाधिपपुरे वरं प्राणत्यागो न पुनरधमानामुपगमः॥ ९८६॥ दृढः प्रेमा भग्नः सदसिरिव[7] संधिं न भजते भजेतापि प्रायः स्खलति खलु यत्नैरपि धृतः। स्खलेन्नो चेत्साम्यं भजति न भजेद्वा न भवति च्युताशङ्कश्चेत्स्यात्स्मृतिमुपगतस्तु व्यथयति॥ ९८७॥ इयं प्रीतिर्वल्ली हृदयभुवि दैवात्समुदिता तथा यत्नाद्रक्ष्या प्रकृतिमृदुलापायबहुला। यथा नैनां स्फीतां पिशुनजनदुर्वाक्यदहनो दहत्यन्तः शोषं व्रजति न पुनः सौहृदनिधे॥ ९८८॥ न रम्यं नारम्यं प्रकृतिगुणतो वस्तु किमपि प्रियत्वं यत्र स्यादितरदपि तद्ग्राहकवशात्। रथाङ्गाह्वानानां भवति विधुरङ्गारशकटी पटीरम्भःकुम्भः स भवति चकोरीनयनयोः॥ ९८९॥ अरण्यं सारङ्गैर्गिरिकुहरगर्भाश्च हरिभिर्दिशो[8][9][10] दिङ्मातङ्गैः[11] सलिलमुषितं पङ्कजवनैः। प्रियाचक्षुर्मध्यस्तनवदनसौन्दर्यविजितैः सतां माने म्लाने मरणमथवा दूरगमनम्॥ ९९०॥ नभोभूषा पूषा[12] कमलवनभूषा मधुकरो वचोभूषा सत्यं वरविभवभूषा वितरणम्। मनोभूषा मैत्री मधुसमयभूषा मनसिजः सदोभूषा[13] सूक्तिः सकलगुणभूषा च विनयः॥ ९९१॥ कलासीमा काव्यं सकलगुणसीमा वितरणं भये सीमा मृत्युः सकलसुखसीमा सुवदना। तपःसीमा मुक्तिः सकलकृतिसीमाश्रितभृतिः प्रिये सीमाह्लादः श्रवणसुखसीमा हरिकथा॥ ९९२॥ शशी दिवसधूसरो गलितयौवना कामिनी सरो विगतवारिजं मुखमनक्षरं स्वाकृतेः। प्रभुर्धनपरायणः सततदुर्गतः[1] सज्जनो नृपाङ्गनगतः खलो मनसि सप्त शल्यानि मे॥ ९९३॥ प्रसरति मनः कार्यारम्भे दृढीभवति स्पृहा स्वयमुपनयन्नर्थान्मन्त्रो न गच्छति विप्लवम्। फलति सकलं कृत्यं चित्तं समुन्नतिमश्नुते भवति च रतिः श्लाघ्ये कृत्ये नरस्य भविष्यतः॥ ९९४॥ सरसि बहुशस्ताराच्छाये क्षणात्परिवञ्चितः कुमुदविटपान्वेषी हंसो निशासु विचक्षणः। न दशति पुनस्ताराशङ्की दिवापि सितोत्पलं कुहकचकितो लोकःसत्येऽप्यपायमपेक्षते॥ ९९५॥ स्वफलनिचयः शाखाभङ्गं करोति वनस्पतेर्गमनमलसं बर्हाटोपः करोति शिखण्डिनः। चतुरगमनो जात्यो योऽश्वः स गौरिव वाह्यते गुणवति जने प्रायेणैते गुणाः खलु दूषणम्॥ ९९६॥ कृमिकुलचितं[2] लालाक्लिन्नं[3] विगन्धि[4] जुगुप्सितं[5] निरुपमरसप्रीत्या खादन्नरास्थि निरामिषम्[6]। सुरपतिमपि[7] श्वा पार्श्वस्थं विलोक्य न शङ्कते नहि गणयति क्षुद्रो जन्तुः परिग्रहफल्गुताम्[8]॥ ९९७॥ मधुकरगणश्चूतं त्यक्त्वा गतो नवमल्लिकां पुनरपि गतो रक्ताशोकं कदम्बवनं ततः। तदपि सुचिरं स्थित्वा तेभ्यः प्रयाति सरोरुहं परिचितजनद्वेषी लोको नवं नवमीहते॥ ९९८॥ दद्यात्साधुर्यदि निजपदे दुर्जनाय प्रवेशं तन्नाशाय प्रभवति ततो वाञ्छमानः स्वयं सः। तस्माद्देयो विपुलमतिभिर्नावकाशोऽधमानां जारोऽपि स्याद्गृहपतिरिति श्रूयते वाक्यतोऽत्र॥ ९९९॥ मौने मौनी गुणिनि गुणवान्पण्डिते पण्डितोऽसौ दीने दीनः सुखिनि सुखवान्भोगिनि प्राप्तभोगः। मूर्खे मूर्खो युवतिषु युवा वाग्मिषु प्रौढवाग्मी धन्यः कोऽपि त्रिभुवनजयी योऽवधूतेऽवधूतः॥ १०००॥ विद्यातीर्थे जगति विबुधाः साधवः सत्यतीर्थे गङ्गातीर्थे मलिनमनसो योगिनो ध्यानतीर्थे। धारातीर्थे धरणिपतयो दानतीर्थे धनाढ्या लज्जातीर्थे कुलयुवतयः पातकं क्षालयन्ति॥ १००१॥ साध्वीस्त्रीणां दयितविरहे मानिनां मानभङ्गे सल्लोकानामपि जनरवे निग्रहे पण्डितानाम्। अन्योद्रेके कुटिलमनसां निर्गुणानां विदेशे भृत्याभावे भवति मरणं किं तु संभावितानाम्॥ १००२॥ शीतेऽतीते वसनमशनं वासरान्ते निशान्ते क्रीडारम्भं कुवलयदृशां यौवनान्ते विवाहम्। सेतोर्बन्धं पयसि चलिते वार्धके तीर्थयात्रां वित्तेऽतीते वितरणमतिं कर्तुमिच्छन्ति मूढाः॥ १००३॥ श्रेयो नूनं व्रजति स पुमाञ्शिक्षया वर्धितो यः स्वच्छन्दं यश्चरति स पराभूतिमाप्नोति काले।

१ देशम्. २ निकषपाषाणेनोल्लिखितः. ३ आयुधैः क्षतक्षतः. ४ हस्ती. ५ शुष्क. ६ नपुंसकत्वम्. ७ दुश्चरिता. ८ समीचीनः खड्ग इव. ९ मृगैः. १० सिंहैः. ११ दिग्गजैः. १२ सूर्यः. १३ सभा.

१ दरिद्रः. २ कीटकसमूहैर्व्याप्तम्. ३ लालयार्द्रम्. ४ आमगन्धि. ५ गर्हितम्. ६ निर्मांसम्. ७ इन्द्रम्. ८ क्षुल्लकत्वम्.

पूज्यो वेणुर्भवति च नतिं प्रापितो भूपतीनामन्यं नृत्तोचितमिति करे नर्तकाः कल्पयन्ति ॥ १००४ ॥ बाले बाला विदुषि विबुधा गायने गायनेशाः शूरे शूरा निगमविदि चाम्नायलीलागृहाणि। सिद्धे सिद्धा मुनिषु मुनयः सत्सु सन्तो महान्तः प्रौढे प्रौढाः किमिति वचसा तादृशा यादृशेषु ॥ १००५ ॥ चान्द्रीं लेखां दशति दशनैर्दारुणः सैंहिकेयो नव्यां वल्लीं दवदहनकश्चान्दनीं दन्दहीति। अप्युन्मत्तः कुवलयमयीं मालिकामालुनीते मूलादुन्मूलयति नलिनीं दुष्टहस्ती करेण ॥ १००६ ॥ यावत्स्वस्थमिदं शरीरमरुजं यावज्जरा दूरतो यावच्चेन्द्रियशक्तिरप्रतिहता यावत्क्षयो नायुषः। आत्मश्रेयसि तावदेव विदुषा कार्यः प्रयत्नो महान्संदीप्ते भवने तु कूपखननं प्रत्युद्यमः कीदृशः॥१००७॥ निर्वृत्ताध्वरकृत्य ऋत्विजमहो तीर्णापगो नाविकं युद्धान्ते सुभटं च सिद्धविजयो वोढारमाप्तस्थलः। वृद्धं वारवधूजनं च कितवो निर्घृष्टयौवनो ध्वस्तातङ्कचयश्चिकित्सकमपि द्वेष्टि प्रदेयार्थिनम् ॥ १००८ ॥ मित्रं स्वच्छतया रिपुं नयबलैर्लुब्धं धनैरीश्वरं कार्येण द्विजमादरेण युवतिं प्रेम्णा शमैर्बान्धवान्। अत्युग्रं स्तुतिभिर्गुरुं प्रणतिभिर्मूर्खं कथाभिर्बुधं विद्याभी रसिकं रसेन सकलं शीलेन कुर्याद्वशम् ॥ १००९ ॥ दौर्मन्त्र्यान्नृपतिर्विनश्यति यतिः सङ्गात्सुतो लालनाद्विप्रोऽनध्ययनात्कुलं कुतनयाच्छीलं खलोपासनात्। ह्रीर्मद्यादनवेक्षणादपि कृषिः स्नेहः प्रवासाश्रयान्मैत्री चाप्रणयात्समृद्धिरनयात्त्यागात्प्रमादाद्धनम् ॥ १०१० ॥ कोऽर्थान्प्राप्य न गर्वितो विषयिणः कस्यापदोऽस्तं गताः स्त्रीभिः कस्य न खण्डितं भुवि मनः को नाम राज्ञां प्रियः। कः कालस्य न गोचरान्तरगतः कोऽर्थी गतो गौरवं को वा दुर्जनवागुरासु पतितः क्षेमेण यातः पुमान् ॥ १०११ ॥ वैद्यं पानरतं नटं कुपठिनं स्वाध्यायहीनं द्विजं योधं कापुरुषं हयं गतरयं मूर्खं परिव्राजकम्। राजानं च कुमन्त्रिभिः परिवृतं देशं च सोपद्रवं भार्यां यौवनगर्वितां पररतां मुञ्चन्ति ते पण्डिताः ॥ १०१२ ॥ वृक्षं क्षीणफलं त्यजन्ति विहगाः शुष्कं सरः सारसा निर्द्रव्यं पुरुषं त्यजन्ति गणिका भ्रष्टं नृपं मन्त्रिणः। पुष्पं पर्युषितं त्यजन्ति मधुपा दग्धं वनान्तं मृगाः सर्वः कार्यवशाज्जनोऽभिरमते तत्कस्य को वल्लभः ॥ १०१३ ॥ सन्तश्चेदमृतेन किं यदि खलस्तत्कालकूटेन किं दातारो यदि कल्पशाखिभिरलं यद्यर्थिनः किं तृणैः। किं कर्पूरशलाकया यदि दृशः पन्थानमेति प्रिया संसारेऽपि सतीन्द्रजालमपरं यद्यस्ति तेनापि किम् ॥ १०१४ ॥ लोभश्चेदगुणेन किं पिशुनता यद्यस्ति किं पातकैः सत्यं चेत्तपसा च किं शुचि मनो यद्यस्ति तीर्थेन किम्। सौजन्यं यदि किं गुणैः स्वमहिमा यद्यस्ति किं मण्डनैः सद्विद्या यदि किं धनैरपयशो यद्यस्ति किं मृत्युना ॥ १०१५ ॥ छेदश्चन्दनचूतचम्पकवने रक्षापि शाखोटके हिंसा हंसमयूरकोकिलकुले काकेषु नित्यादरः। मातङ्गेन खरक्रयः समतुला कर्पूरकार्पासयोरेषा यत्र विचारणा गुणिगणे देशाय तस्मै नमः ॥ १०१६ ॥ या राका शशिशोभना गतघना सा यामिनी यामिनी या सौन्दर्यगुणान्विता पतिरता सा कामिनी कामिनी। या गोविन्दरसप्रमोदमधुरा सा माधुरी माधुरी या लोकद्वयसाधनी तनुभृतां सा चातुरी चातुरी ॥ १०१७ ॥ किं तीर्थं हरिपादपद्मभजनं किं रत्नमच्छा मतिः किं शास्त्रं श्रवणेन यस्य गलति द्वैतान्धकारोदयः। किं मित्रं सततोपकाररसिकं तत्त्वावबोधः सखे कः शत्रुर्वद खेददानकुशलो दुर्वासनासंचयः ॥ १०१८ ॥ क्षान्तिश्चेद्वचनेन किं किमरिभिः क्रोधोऽस्ति चेद्देहिनां ज्ञातिश्चेदनलेन किं यदि सुहृद्दिव्यौषधैः किं फलम्। किं सर्पैर्यदि दुर्जनाः किमु धनैर्विद्यानवद्या यदि व्रीडा चेत्किमु भूषणैः सुकविता यद्यस्ति राज्येन किम् ॥ १०१९ ॥ सूनुः सच्चरितः सती प्रियतमा स्वामी प्रसादोन्मुखः स्निग्धं मित्रमवञ्चकः परिजनो निःक्लेशलेशं मनः। आकारो रुचिरः स्थिरश्च विभवो विद्यावदातं मुखं तुष्टे विष्टपकष्टहारिणि हरौ संप्राप्यते देहिना ॥ १०२० ॥ का श्लाघ्या गुणिनां क्षमा परिभवः को यः स्वकुल्यैः कृतः किं दुःखं परसंश्रयो जगति कः श्लाघ्यो य आश्रीयते। को मृत्युर्व्यसनं शुचं जहति के यैर्निर्जिताः शत्रवः कैर्विज्ञातमिदं विराटनगरे छन्नस्थितैः पाण्डवैः ॥ १०२१ ॥ स स्निग्धोऽकुशलान्निवारयति यस्तत्कर्म यन्निर्मलं सा स्त्री यानुविधायिनी स मतिमान्यः सद्भिरभ्यर्च्यते। सा श्रीर्या न मदं करोति स सुखी यस्तृष्णया मुच्यते तन्मित्रं यदकृत्रिमं स पुरुषो यः खिद्यते नेन्द्रियैः ॥ १०२२ ॥ प्रायेणात्र कुलान्वितं कुकुलजाः श्रीवल्लभं दुर्भगा दातारं कृपणा ऋजूननृजवो वित्तान्वितं निर्धनाः। वैरूप्योपहताश्च कान्तवपुषं धर्माश्रयं पापिनो नानाशास्त्रविचक्षणं च पुरुषं निन्दन्ति मूर्खा जनाः ॥ १०२३ ॥ पौलस्त्यः कथमन्यदारहरणे दोषं न विज्ञातवान्रामेणापि कथं न हेमहरिणस्यासंभवो लक्षितः। अक्षैश्चापि युधिष्ठिरेण सहसा प्राप्तो ह्यनर्थः कथं प्रत्या-

१ रुजारहितम्. २ उद्योगः. ३ संपादितयज्ञकृत्यः. ४ उत्तीर्णा नदी येन सः. ५ वोढारम्. ६ धूर्तः. ७ निरस्तरोगसंचयः. ८ वैद्यम्. ९ नीतिशक्तिभिः.

१ दुष्टता. २ रावणः. ३ पाशैः. ४ प्राप्तविपद्ध्वस्तचित्तानाम्.

सन्नविपत्तिमूढमनसां प्रायो मतिः क्षीयते ॥ १०२४ ॥
सिंहो व्याकरणस्य कर्तुरहरत्प्राणान्प्रियान्पाणिनेर्मीमांसाकृतमुन्ममाथ सहसा हस्ती मुनिं जैमिनिम् । छन्दोज्ञाननिधिं जघान मकरो वेलातटे पिङ्गलं ह्यज्ञानावृतचेतसामतिरुषां कोऽर्थस्तिरश्चां गुणैः ॥ १०२५ ॥ शक्तेनापि सता जनेन विदुषा कालान्तरप्रेक्षिणा वस्तव्यं खलु वज्रपातविषमे क्षुद्रेऽपि पापे जने । दर्वीव्यग्रकरेण धूममलिनेनायासयुक्तेन किं भीमेनातिबलेन मत्स्यभवनेऽपूपा न संघट्टिताः ॥ १०२६ ॥ सिद्धिं वाञ्छयता जनेन विदुषा तेजो निगृह्य स्वकं सत्त्वोत्साहवतापि दैवगतिषु स्थैर्यं प्रकार्यं क्रमात् । देवेन्द्रद्रुहिणोपमैर्बहुगुणैरभ्यर्चितो भ्रातृभिः किं क्लिष्टः सुचिरं विराटभवने पूर्वं न धर्मात्मजः ॥ १०२७ ॥ रूपेणाप्रतिमेन यौवनगुणैः श्रेष्ठे कुले जन्मना गन्तव्यानि दिनानि दैववशतो भूयो धनं वाञ्छता । सैरन्ध्रीति विगर्हिता युवतिभिः साक्षेपमाज्ञाभयाद्द्रौपद्या किल मत्स्यराजभवने घृष्टं न किं चन्दनम् ॥ १०२८ ॥ किं चित्रं यदि राजनीतिकुशलो राजा भवेद्धार्मिकः किं चित्रं यदि वेदशास्त्रनिपुणो विप्रो भवेत्पण्डितः । तच्चित्रं यदि रूपयौवनवती साध्वी भवेत्कामिनी तच्चित्रं यदि निर्धनोऽपि पुरुषः पापं न कुर्यात्क्वचित् ॥ १०२९ ॥ वासांसि व्रजचारिवारिजदृशां हृत्वा हठादुच्चकैर्यः प्राग्भूरुहमारुरोह स पुनर्वस्त्राणि विस्तारयन् । व्रीडाभारमपाचकार सहसा पाञ्चालजायाः स्वयं को जानाति जनो जनार्दनमनोवृत्तिः कदा कीदृशी ॥ १०३० ॥ अर्थी लाघवमुच्छ्रितो निपतनं कामातुरो लाञ्छनं[1] निःस्वो[2] वञ्चनमुन्मना[3] विकलतां दोषाकुलः संशयम् । लुब्धोऽकीर्तिमसंगरः[4] परिभवं दुष्टोऽन्यदोषे रतिं दुर्वाग[5]प्रियतां दुरोदरवशः[6] प्राप्नोति कष्टं मुहुः ॥ १०३१ ॥ नीतिर्भूमिभुजां नतिर्गुणवतां ह्रीर[7]ङ्गनानां रतिर्दंपत्योः शिशवो गृहस्य कविता बुद्धेः प्रसादो[8] गिराम् । लावण्यं वपुषः श्रुतं सुमनसः शान्तिर्द्विजस्य क्षमा शक्तस्य द्रविणं गृहाश्रमवतां स्वास्थ्यं सतां मण्डनम् ॥ १०३२ ॥ कार्पण्येन यशः क्रुधा[9] गुणचयो[10] दम्भेन सत्यं क्षुधा मर्यादा व्यसनैर्धनं च विपदा स्थैर्यं प्रमादैर्द्विजः । पैशुन्येन कुलं मदेन विनयो दुश्चेष्टया पौरुषं दारिद्र्येण जनादरो ममतया चात्मप्रकाशो हतः ॥ १०३३ ॥ तारुण्यं तरुणीजने विकचता पुष्पे विधौ चन्द्रिका कासारे कुमुदं वने पिचुवनं दानं द्विपेऽनर्गले । आनृण्यं गृहिणां गृहस्य गृहिणी पित्रोः शुभा संततिर्लावण्यं तनुते द्विजेऽतिपलिते विद्वच्चतुर्थाश्रमः ॥ १०३४ ॥ माधुर्यं प्रमदाजनेषु ललितं दाक्षिण्यमार्ये जने शौर्यं शत्रुषु नम्रता गुरुजने धर्मिष्ठता साधुषु । मर्मज्ञेष्वनुवर्तनं बहुविधं मानं जने पण्डिते शाठ्यं पापिजने नरस्य कथिताः पर्यन्तमष्टौ गुणाः ॥ १०३५ ॥ इन्दुं निन्दति तस्करो गृहपतिं जारो सुशीलं खलः साध्वीमप्यसती कुलीनमकुलो जह्याज्जरन्तं युवा । विद्यावन्तमनक्षरो धनपतिं नीचश्च रूपोज्ज्वलं वैरूप्येण हतः प्रबुद्धमबुधोत्कृष्टं निकृष्टो जनः ॥ १०३६ ॥ विद्वान्संसदि[1] पाक्षिकः[2] परवशो मानी दरिद्रो गृही[3] द्रव्याढ्यः कृपणो यतिर्वैसुमना वृद्धो विवाहोद्यतः । राजा दुःसचिवप्रियः सुकुलजो मूर्खः पुमान्स्त्रीजितो[4] वेदान्ती हतसत्क्रियः किमपरं हास्यास्पदं[5] भूतले ॥ १०३७ ॥ का विद्या कवितां विनार्थिनि जने त्यागं विना श्रीश्च का को धर्मः कृपया विना क्षितिपतिः को नाम नीतिं विना । कः सूनुर्विनयं विना कुलवधूः का स्वामिभक्तिं विना भोग्यं किं रमणी विना क्षितितले किं जन्म कीर्तिं विना ॥ १०३८ ॥ दाक्षिण्यं[6] स्वजने दया परजने शाठ्यं[7] सदा दुर्जने प्रीतिः साधुजने नयो[8] नृपजने विद्वज्जनेष्वार्जवम् । शौर्यं शत्रुजने क्षमा गुरुजने नारीजने धूर्तता ये चैवं पुरुषाः कलासु कुशलास्तेष्वेव लोकस्थितिः ॥ १०३९ ॥ स्वाधीना दयिता सुतावधि सुतोऽसौ षोडशाब्दावधि स्यात्कन्या करपीडनावधि सुतस्त्री तद्वशत्वावधि । जामाता बहुलार्पितावधि सखा साधुप्रलापावधि शिष्यो गुह्यनिरूपणावधि परे चैतेऽधनत्वावधि ॥ १०४० ॥ स्त्रीणां यौवनमर्थिनामनुगमो राज्ञां प्रतापः सतां स्वास्थ्यं स्वल्पधनस्य संहतिरसद्वृत्तेश्च वाग्डम्बरः । स्वाचारस्य सदर्चनं परिणतेर्विद्या कुलस्यैकता प्रज्ञाया धनमुन्नतेरतिनतिः शान्तेर्विवेको बलम् ॥ १०४१ ॥ नागो भाति मदेन कं[9] जलरुहैः पूर्णेन्दुना शर्वरी शीलेन प्रमदा जवेन[10] तुरगो नित्योत्सवैर्मन्दिरम् । वाणी व्याकरणेन हंसमिथुनैर्नद्यः सभा पण्डितैः सत्पुत्रेण कुलं नृपेण वसुधा लोकत्रयं विष्णुना ॥१०४२ ॥ एहि स्वागतमाविशासनमिदं कस्माच्चिराद्दृश्यसे का वर्ता परिदुर्बलोऽसि[11] नितरां प्रीतोऽस्मि ते दर्शनात् । इत्येवं समुपागतं द्विजवरं संभावयन्त्यादरात्तेषां युक्तमशङ्कितेन मनसा गेहेषु गन्तुं सदा ॥ १०४३ ॥ स्यादत्यन्तनिरक्षरः क्षितिपतिः

१ कलङ्कम्. २ निर्धनः. ३ अस्वस्थान्तःकरणः. ४ अदृष्टयुद्धप्रसङ्गः. ५ दुर्वचनशीलः. ६ द्यूतवशः. ७ लज्जा. ८ प्रसन्नता. ९ क्रोधेन. १० गुणसमुदायः.

१ सभायाम्. २ पक्षधारी. ३ गृहस्थाश्रमी. ४ स्त्रैणः. ५ हास्यस्थानम्. ६ सरलभावः. ७ शठत्वम्. ८ नीतिः. ९ उदकम्. १० वेगेन. ११ कृशः.

श्रीकारमात्राश्रयान्मन्त्री तत्कथितार्थलेखनपरस्तत्सेवको जायते। अध्येता तदगारमेव भजते विद्वांस्तु तं याचते यावान्यस्य गिरा समं परिचयस्तावान्विदूरे[1] श्रियः॥ १०४४॥ को लाभो गुणिसंगमः किमसुखं प्राज्ञेतरैः[2] संगतिः का हानिः समयच्युतिर्निपुणता का धर्मतत्त्वे रतिः। कः शूरो विजितेन्द्रियः प्रियतमा कानुव्रता किं धनं विद्या किं सुखमप्रवासगमनं राज्यं किमाज्ञाफलम्॥ १०४५॥ सस्यानि स्वयमत्ति चेद्वसुमती माता सुतं हन्ति चेद्वेलामम्बुनिधिर्विलङ्घयति चेद्भूमिं दहेत्पावकः। आकाशं जनमस्तके पतति चेदन्नं विषं चेद्भवेदन्यायं कुरुते यदि क्षितिपतिः कस्तं निरोद्धुं क्षमः॥ १०४६॥ वासः शुभ्रमृतुर्वसन्तसमयः पुष्पं शरन्मालती धानुष्कः कुसुमायुधः परिमलः कस्तूरिकास्त्रं धनुः। वाणी तर्करसोज्ज्वला प्रियतमा श्यामा वयो नूतनं मार्गः शांभव एव पञ्चमलया गीतिः कविर्बिह्लणः॥ १०४७॥ रोलम्बैर्न[3] विलम्बितं[4] विघटितं धूमाकुलैः कोकिलैर्मायूरैः[5]स्खलितं पुरैव रभसात्कीरैरधीरैर्गतम्[6]। एकेनापि सुपल्लवेन तरुणा दावानलोपप्लवः सोढः को न विपत्सु मुञ्चति जनो मूर्ध्नापि यो लालितः॥१०४८॥ क्षोणीशाश्रयिणां[7] परोपकरणाभावाद्दिवास्तश्रियां[8] कार्पण्यात्सुधियामनध्ययनतो यूनां प्रवासाश्रयात्। ज्ञातॄणां जगदीशभक्तिविरहादायुर्वृथा गच्छतीत्येवं कांस्यसमुद्भवः प्रतिदिनं नादो वदत्युच्चकैः॥ १०४९॥ मानुष्ये सति दुर्लभा पुरुषता पुंस्त्वे पुनर्विप्रता विप्रत्वे बहुविद्यतातिगुणता विद्यावतोऽर्थज्ञता। अर्थज्ञस्य विचित्रवाक्यपटुता तत्रापि लोकज्ञता लोकज्ञस्य समस्तशास्त्रविदुषो धर्मे मतिर्दुर्लभा॥ १०५०॥ आयाते च तिरोहितो यदि पुनर्दृष्टोऽन्यकार्ये रतो वाचि स्मेरमुखो विषण्णवदनः स्वक्लेशवादे मुहुः। अन्तर्वेश्मनि वासमिच्छति भृशं व्याधीति यो भाषते भृत्यानामपराधकीर्तनपरस्तन्मन्दिरं न व्रजेत्॥ १०५१॥ बन्दी विन्दति चेदमात्यपदवीं शिष्टैरलं भूरिभिः पुंभिश्चेत्प्रतिपाद्यते रतिकला कैणीदृशामादरः। विश्रान्ता यदि वैखरीषु कविता काव्येन भव्येन किं भूपाले यवने समस्तभुवने वैदग्ध्यमस्तं गतम्॥ १०५२॥ आहूतेषु विहंगमेषु मशको नायान्पुरो वार्यते मध्येवारिधि वा वसंस्तृणमणिर्धत्ते मणीनां रुचम्। खद्योतोऽपि न कम्पते प्रविचलन्मध्येऽपि तेजस्विनां धिक्सामान्यमचेतसं प्रभुमिवानामृष्टतत्त्वान्तरम्॥ १०५३॥ मूर्खोऽशान्तस्तपस्वी क्षितिपतिरलसो मत्सरी धर्मशीलो दुःस्थो मानी गृहस्थः प्रभुरतिकृपणः शास्त्रभृद्धर्महीनः। आज्ञाहीनो नरेन्द्रः शुचिरपि सततं यः परान्नोपभोजी वृद्धो रोगी दरिद्रः स च युवतिपतिर्धिग्विडम्बप्रकारान्॥ १०५४॥ ख्यातः शक्रो भगाङ्को विधुरपि मलिनो माधवो गोपजातो वेश्यापुत्रो वसिष्ठो रतिपतिरतनुः सर्वभक्षी हुताशः। व्यासो मत्स्योदरीयो लवणजलनिधिः पाण्डवा जारजाता रुद्रः प्रेतास्थिधारी त्रिभुवनविषये कस्य दोषो न चास्ति॥ १०५५॥ प्राणाघातान्निवृत्तिः परधनहरणे संयमः सत्यवाक्यं काले शक्त्या प्रदानं युवतिजनकथामूकभावः परेषाम्। तृष्णास्रोतोविभङ्गो गुरुषु च विनयः सर्वभूतानुकम्पा सामान्यः सर्वशास्त्रेष्वनुपहतविधिः श्रेयसामेष पन्थाः॥ १०५६॥ आविर्भूतानुरागाः क्षणमुदयगिरेरुज्जिहानस्य भानोः पत्रच्छायैः पुरस्तादुपवनतरवो दूरमाश्वेव गत्वा। एते तस्मिन्निवृत्ताः पुनरितरककुप्प्रान्तपर्यस्तबिम्बे प्रायो भृत्यास्त्यजन्ति प्रचलितविभवं स्वामिनं सेवमानाः॥ १०५७॥ मणिना वलयं वलयेन मणिर्मणिना वलयेन विभाति करः कविना च विभुर्विभुना च कविः कविना विभुना च विभाति सभा। शशिना च निशा निशया च शशी शशिना निशया च विभाति नभः पयसा कमलं कमलेन पयः पयसा कमलेन विभाति सरः॥ १०५८॥

१ अत्यन्तदूरे. २ मूर्खैः. ३ भ्रमरैः. ४ विलम्बो न कृतः. ५ मयूरसमूहैः. ६ शुकैः. ७ राजाश्रयवताम्. ८ धनिनाम्.

इति श्रीसुभाषितरत्नभाण्डागारे तृतीयं प्रकरणं समाप्तम्।

चतुर्थप्रकरणम् ।

चित्रप्रकरणम् ।

समस्याख्यानम् ।

सहस्रशीर्षा पुरुषः सहस्राक्षः सहस्रपात् । दलितश्चकितश्छन्नस्तव सैन्ये विसर्पति ॥ १ ॥ कामं कामदुघं धुङ्क्ष्व मित्राय वरुणाय च । वयं धीरेण दानेन सर्वान्कामानशीमहि ॥ २ ॥ असमाने समानत्वं भविता कलहे मम । इति मत्वा ध्रुवं मानी मृगारिसिंहः पलायते ॥ ३ ॥ हीनहत्या दधात्येव लाघवं महतामपि । इति मत्वा द्विपद्वेषी मृगारिसिंहः पलायते ॥ ४ ॥ तिष्ठार्जुनाद्य सङ्ग्रामे त्वां हनिष्याम्यहं शरैः । तिष्ठामि कर्ण किं मूढ मृगारिसिंहः पलायते ॥ ५ ॥ ऋषेरस्याश्रमे पुण्ये शापसंत्रस्तमानसः । मुद्बोधतोऽपि प्रायोऽयं मृगारिसिंहः पलायते ॥ ६ ॥ अयं मृगः समायाति त्वरितैस्त्वरितैः पदैः । ततो वेगात्पलायस्व मृगारिसिंहः पलायते ॥ ७ ॥ विद्यायां दुर्मदो येषां कार्पण्यं विभवे सति । तेषां दैवाभिशप्तानां सलिलादग्निरुत्थितः ॥ ८ ॥ सीतासमागमोत्कण्ठाकर्णान्ताकृष्टधन्वनः । राघवस्य शैराङ्गारैः समुद्रादग्निरुत्थितः ॥ ९ ॥ दामोदरकराघातविह्वलीकृतचेतसा । दृष्टं चाणूरमल्लेन शतचन्द्रं नभस्तलम् ॥ १० ॥ चलत्तरङ्गरङ्गायां गङ्गायां प्रतिबिम्बितम् । सचन्द्रं शोभतेऽत्यर्थं शतचन्द्रं नभस्तलम् ॥ ११ ॥ विधे पिधेहि शीतांशुं यावन्नायाति मे प्रियः । आगते दयिते कुर्याः शतचन्द्रं नभस्तलम् ॥ १२ ॥ सुमेरुशिखरप्रान्तस्फुरद्दिव्यवधूमुखैः । परितः स्फुरितैः शङ्के शतचन्द्रं नभस्तलम् ॥ १३ ॥ घृतं न श्रूयते कर्णे दधि स्वप्नेऽपि दुर्लभम् । मुग्धे दुग्धस्य का वार्ता तक्रं शक्रस्य दुर्लभम् ॥ १४ ॥ अक्रत्वङ्गमतस्तक्रं न शतक्रतुना हुतम् । नादत्तमिति वाक्यार्थात्तक्रं शक्रस्य दुर्लभम् ॥ १५ ॥ भीष्मग्रीष्मर्तुसंतप्तशून्यरथ्यान्तरस्थयोः । अन्योन्यालापसुखिनोर्यूनोश्चन्द्रायते रविः ॥ १६ ॥ स्वस्ति क्षत्रियदेवाय जगद्देवाय भूभुजे । यद्यशःपुण्डरीकान्तर्गगनं भ्रमरायते ॥ १७ ॥ स्फुरिते जठरे विष्णोर्नवनीतभुजः शिशोः । मक्षिकापादघातेन कम्पितं भुवनत्रयम् ॥ १८ ॥ अतसीपुष्पसंकाशं खं वीक्ष्य जलदागमे । ये वियोगेऽपि जीवन्ति न तेषां विद्यते भयम् ॥ १९ ॥ वागर्थाविव संपृक्तौ शतकोटिप्रविस्तरम् । तुरासाहं पुरोधाय नेमुः सर्वे सुराः शिवौ ॥ २० ॥ आषाढी कार्तिकी माघी वचा शुण्ठी हरीतकी । गयायां पिण्डदानेन पुण्या श्लेष्महरानृणी ॥ २१ ॥ जम्बूफलानि पक्वानि पतन्ति विमले जले । कपिकम्पितशाखाभ्यो गुलुगुग्गुलुगुग्गुलु ॥ २२ ॥ विदग्धे सुमुखे रक्ते नितम्बोपरि संस्थिते । कामिन्याश्लिष्टसुगले कूजितं रतिकूजितम् ॥ २३ ॥ प्रलयसहायकरा इति गोलानाचम्य सकलभूमिरुहाम् । विलसति दवदहनावलिरिह जलवाहः परं शरणम् ॥ २४ ॥ निजपतिराद्यः प्रणयी हरिर्द्वितीयः करोमि किं गोपि । शृणु सखि पाणिनिसूत्रं विप्रतिषेधे परं कार्यम् ॥ २५ ॥ दैत्यानां मनसि दया जाता कृष्णं हि रक्षितुं कस्मात् । द्रष्टुं देवमजस्रं दैत्यस्त्रीणामपि प्रीतिः ॥ २६ ॥ श्रीनाथ नः श्रुतमिति बहुधा भ्रमता मया नृलोकेषु । शीलं वारवधूनां दैत्यस्त्रीणामपि प्रीतिः ॥ २७ ॥ रामाभिषेके मदविह्वलाया हस्ताच्च्युतो हेमघटस्तरुण्याः । सोपानमासाद्य करोति शब्दं ठंठंठंठंठठंठंठंठः

(१) 'सहस्रशीर्षा पुरुषः सहस्राक्षः सहस्रपात्' इति समस्या. (२) 'कामं कामदुघं धुङ्क्ष्व', 'मित्राय वरुणाय च', 'सर्वान्कामानशीमहि' इति च समस्या. (३, ४, ५, ६, ७,) 'मृगारिसिंहः पलायते' इति समस्या. (८) 'सलिलादग्निरुत्थितः'. इति समस्या. (९) 'समुद्रादग्निरुत्थितः' इति समस्या. (१०, ११, १२, १३,) 'शतचन्द्रं नभस्तलम्' इति समस्या. (१४, १५) 'तक्रं शक्रस्य दुर्लभम्' इति समस्या. (१६) 'यूनोश्चन्द्रायते रविः' इति समस्या. (१७) 'गगनं भ्रमरायते' इति समस्या. (१८) 'मक्षिकापादघातेन कम्पितं भुवनत्रयम्' इति च समस्या. (१९) 'अतसीपुष्पसंकाशम्', 'न तेषां विद्यते भयम्' इति च समस्या. (२०) 'वागर्थाविव संपृक्तौ, शतकोटिप्रविस्तरम्' इति च समस्या. (२१) 'पुण्या श्लेष्महरानृणी'. इति समस्या. (२२) 'गुलुगुग्गुलुगुग्गुलु' इति समस्या. (२३) 'कूजितं रतिकूजितम्' इति समस्या. (२४) 'प्रलयसहायकरा इति गोलानाचम्य' इति समस्या. (२५) 'विप्रतिषेधे परं कार्यम्'. इति समस्या. (२६, २७,) 'दैत्यस्त्रीणामपि प्रीतिः' इति समस्या.

१ शरा एवाङ्गाराः. २ अयज्ञाङ्गम्. ३ इन्द्रेण. ४ दारुणः.

१ अन्योन्यभाषणेन जाताह्लादयोः. २ इन्द्रम्. ३ पार्वतीशंकरौ. ४ आषाढी कार्तिकी माघी एकादशी पुण्या. वचा शुण्ठी हरीतकी श्लेष्महरा. गयायां पिण्डदानेनानृणी पित्रृणान्मुक्त इति योजना.

॥ २८ ॥ कर्पूरपूरच्छविवादविद्यासंवावदूकद्युतिशुक्तिताम्रे । इन्दौ नृपद्वेषि तमोवितानं सूर्योदये रोदिति चक्रवाकी ॥ २९ ॥ विलोक्य बालामुखचन्द्रबिम्बं कण्ठे च मुक्तावलिहारताराः । पुनर्निशाया भयभीतभीता सूर्योदये रोदिति चक्रवाकी ॥ ३० ॥ सर्वस्य जन्तोर्भवति प्रमोदो विरोधिवर्गे परिभूयमाने । तिरोहिते त्वद्यशसा नरेन्द्र चन्द्रोदये नृत्यति चक्रवाकी ॥ ३१ ॥ न क्वापि रामाहितसंशयाया विना नमात्वं (?) जनकात्मजायाः । पुरः सुराणाङ्कपुरःसरणामङ्गारपूर्णं कमलं प्रफुल्लम् ॥ ३२ ॥ पुञ्जायमानारुणरत्नहारे कान्तोरसि स्वावदनङ्ग भाति । सिध्येदमुष्योपमितिर्यदि स्यादङ्गारपूर्णं कमलं प्रफुल्लम् ॥ ३३ ॥ रे पुत्र सत्सङ्गमवामुहि त्वमसत्प्रसङ्गं त्वरया विहाय । धन्योऽपि निन्दां लभते कुसङ्गात्सिन्दूरबिन्दुर्विधवाललाटे ॥ ३४ ॥ श्रुत्वा प्रदग्धं तनयं सशोका पुनर्निशम्यात्तशरीरभावम् । पश्यत्सु देवेषु च धावमाना रमा मुदा [1]शंकरमालिलिङ्ग ॥ ३५ ॥ सुतं पतन्तं प्रसमीक्ष्य पावके न बोधयामास पतिं पतिव्रता । तदा ह्यसौ तद्गतशक्तिपीडितो हुताशनश्चन्दनपङ्कशीतलः ॥ ३६ ॥ उन्नमय्य [2]सैकचग्रह[3]मौखं चु[4]म्बति प्रि[5]येतमे [6]हठवृत्त्या । [7]कूजिता जयति [8]मानधनाया हूंहुहूंहुहुहुहूंहुहुहूंहूं ॥ ३७ ॥ मम करग्रहणाय पणीकृतं न यदि राघवतोऽप्यधिरोहति । सखि तदैवमभून्मम जीविते शशकशृङ्गमयं कठिनं धनुः ॥ ३८ ॥ नीलाब्जद्युतिनयनं नितान्तवृत्तमास्यश्रीपरिचितचन्द्रिकाविलासम् । स्नातायाः सरसि विलोक्य वक्रचन्द्रं मध्याह्ने मुकुलितमम्बुजं वनान्ते ॥ ३९ ॥ कांचिद्दि[9]नार्धसमये [10]रविरश्मितप्तां [11]नीलांशुकाञ्चलनिलीनमुखेन्दुबिम्बाम् । तां तादृशीं समनुवीक्ष्य कविर्जगाद [1]राहुर्दिवा ग्रसति पर्व विना किलेन्दुम् ॥ ४० ॥ बहुलबलसमर्थो मेघनादादयो मे सपदि युधि विशन्तः कीटहस्ते निपेतुः । इति वदति दशास्ये हस्ततालं वितत्य मशकगलकरन्ध्रे हस्तियूथं प्रविष्टम् ॥ ४१ ॥ मृगशिशुनयनाया अक्षिपक्ष्मप्रकोणे विलसति तरला या तारका तारकेव । प्रतिफलित इहोष्ट्रे भ्रान्तिरास्ते जनानां तिलतुषपुटकोणे मक्षिकोष्ट्रं प्रसूता ॥ ४२ ॥ मधौ मन्दं मन्दं मरुति शिशिरे वाति रुचिरे कुलस्त्रीभिः कृष्णे विहरति तथा वृष्णिनिकरे । उषा योषा तोषाद्वदनमनिरुद्धस्य मिषतो पुरः पत्युः कामाच्छ्वशुरमियमालिङ्गति सती ॥ ४३ ॥ स्वयं संराध्येशं पुरभिदमनल्पेन तपसा महेन्द्रं संतोष्य त्रिदशरिपुनाशादसुकरात् । समायाते पार्थे द्रुपदतनया क्लेशविकला पुरः पत्युः कामाच्छ्वशुरमियमालिङ्गति सती ॥ ४४ ॥ कदाचित्पाञ्चाली विपिनभुवि भीमेन बहुशः कृशाङ्गि श्रान्तासि क्षणमिह निषीदेति गदिता । शनैः शीतच्छायं तटविटपिनं प्राप्य मुदिता पुरः पत्युः कामाच्[2]छ्वशुरमियमालिङ्गति सती ॥ ४५ ॥ तपापाये गोदापरतटभुवि स्नातुमनसि प्रविष्टे तत्पूरं भगवति मुनौ कुम्भजनुषि । द्रुतं लोपामुद्रा स्वयमविकलं गन्तुमुदिता पुरः पत्युः कामाच्[3]छ्वशुरमियमालिङ्गति सती ॥ ४६ ॥ सर्वस्य द्वे सुमतिकुमती संपदापत्तिहेतू एको गोत्रे प्रभवति पुमान्यः कुटुम्बं बिभर्ति । वृद्धो यूना सह परिचयात्त्यज्यते कामिनीभिः स्त्रीपुंवच्च प्रभवति यदा तद्धि गेहं विनष्टम् ॥ ४७ ॥ [4]ये पापं शमयन्ति संगतिभृतां ये दानशृङ्गारिणो येषां चित्तमतीव निर्मलतरं येषां न भग्नं व्रतम् । ये सर्वान्सुखयन्ति हि प्रतिदिनं ते साधवो दुर्लभा गङ्गावद्गजगण्डवद्गगनवद्गाङ्गेयवद्गे-

(२८) 'ठंठंठंठंठंठंठंठंठः' इति समस्या. (२९, ३०) 'सूर्योदये रोदिति चक्रवाकी' इति समस्या. (३१) 'चन्द्रोदये नृत्यति चक्रवाकी' इति समस्या. (३२, ३३) 'अङ्गारपूर्णं कमलं प्रफुल्लम्' इति समस्या. (३४) 'सिन्दूरबिन्दुर्विधवाललाटे' इति समस्या. (३५) 'रमा मुदा शंकरमालिलिङ्ग' इति समस्या (३६) 'हुताशनश्चन्दनपङ्कशीतल' इति समस्या. (३७) 'हूंहुहूंहुहुहुहूंहुहुहूंहूं' इति समस्या. (३८) 'शशकशृङ्गमयं कठिनं धनुः' इति समस्य. (३९) 'मध्याह्ने मुकुलितमम्बुजं वनान्ते' इति समस्या.

(४०) 'राहुर्दिवा ग्रसति पर्व विना किलेन्दुम्' इति समस्या. (४१) 'मशकगलकरन्ध्रे हस्तियूथं प्रविष्टम्' इति समस्या. (४२) 'तिलतुषपुटकोणे मक्षिकोष्ट्रं प्रसूता' इति समस्या. (४३, ४४, ४५, ४६) 'पुरः पत्युः कामाच्छ्वशुरमियमालिङ्गति सति' इति समस्या. (४७) 'सर्वस्य द्वे', 'एको गोत्रे', 'वृद्धो यूना', 'स्त्रीपुंवच्च' इति चत्वारि पाणिनेः सूत्राणि समस्या.

१ श्रेष्ठचन्दनम्. २ केशग्रहसहितम्. ३ मुखम्. ४ चुम्बनं कुर्वति सति. ५ कान्ते. ६ बलात्कारेण. ७ कण्ठेऽव्यक्तशब्दः. ८ मान एव धनं यस्याः. मानिन्या इत्यर्थः. ९ मध्याह्ने. १० सूर्यकिरणसंतप्ताम्. ११ नीलवस्त्राञ्चलपिहितमुखचन्द्राम्.

१ स्वर्भानुः २ द्रौपद्याः श्वशुरो वायुः. ३ लोपामुद्रायाः श्वशुरः पूरतरणसाधनं कुम्भः. ४ ये गङ्गावत्संगतिभृतां पापं क्षमयन्ति, ये गजगण्डवद्दानशृङ्गारिणः, येषां चित्तं गगनवदतीव निर्मलतरम्, येषां व्रतं गाङ्गेयवन्न भग्नम्, ये गेयवत्सर्वान्सुखयन्ति इति योजना.

यवत् ॥ ४८ ॥ हारो भाति कुचद्वयं तव शुभे मध्यं वपुः सद्वचः केशा नासिकमौक्तिकं सुवदनं दर्पाङ्गरागो दृशः। गङ्गावजद्गगण्डवद्गगनवद्गाङ्गेयवद्रेयवजम्बूवज्जलबिन्दुवज्जलजवज्जम्बालवज्जालवत् ॥ ४९ ॥ यत्कण्ठे गरलं विराजतितरां शीर्षे च मन्दाकिनी उत्सङ्गे च शिवामुखं कटितटे शार्दूलचर्माम्बरम्। माया यस्य रुणद्धि विश्वमखिलं तस्मै नमः शंभवे जम्बूवज्जलबिन्दुवज्जलजवज्जम्बालवज्जालवत् ॥ ५० ॥ ख्यातस्त्वं फलवृष्टिपुष्टिसुमनःस्वाधीनजाम्बूनदः शीर्णास्ते रिपुसंपदः प्रतिदिनं मित्रोदये मोदसे। पान्थानां कुरुषे विलम्बनमहो दत्तान्तरस्तेजसा जम्बूवज्जलबिन्दुवज्जलजवज्जम्बालवज्जालवत् ॥ ५१ ॥ सङ्ग्रामे रिपुभूभुजां मुखरुचिर्जीवश्च देवाङ्गनाचक्षुः प्रोल्लसदस्रमांसनिवहैस्तन्मेदिनीमण्डलम्। त्वचापोद्गतबाणसंहतिरभूच्छ्रीराम भूमीपते जम्बूवज्जलबिन्दुवज्जलजवज्जम्बालवज्जालवत् ॥ ५२ ॥ वैदेहीं समवाप्य दाशरथिनारब्धे प्रयाणेऽग्रतो दृष्टाः पुष्पकसंस्थितेन रभसादाकाशमारोहता। लङ्कासागरजानकीवनरणक्षोण्यश्चमत्कारिका जम्बूवज्जलबिन्दुवज्जलजवज्जम्बालवज्जालवत् ॥ ५३ ॥ यो द्रोणाचलमादधौ करतले योऽतीतरत्सागरं यश्चोत्खाततिवांस्तरूनुदवहत्पुच्छेन दावानलम्। यो रक्षान्समरेऽरुणत्कपिवरः पायाद्धनूमानसौ जम्बूवज्जलबिन्दुवज्जलजवज्जम्बालवज्जालवत् ॥ ५४ ॥ कस्तूरीतिलकं ललाटरचितं नासामणिं निस्तलं वक्त्रं कुञ्चितकेशपाशमनिशं दृष्टिं निसृष्टां पुरः। पुंसां मानसमत्स्यबन्धनविधौ धत्सेऽत्र वत्से स्वयं जम्बूवज्जलबिन्दुवज्जलजवज्जम्बालवज्जालवत् ॥ ५५ ॥ विद्धि श्रीहृदयं सदान्तमलिनं भीमं भवाम्भोनिधिं विज्ञाने सुरतं महीशभवनं गूढं दृढं कण्टकैः। दारागारसमागमं सुविषमं मोहं परं दुस्तरं जम्बूवज्जलबिन्दुवज्जलजवज्जम्बालवज्जालवत् ॥५६॥ शुण्ठीगोक्षुरयोर्विचार्य मनसा कल्काशनं यन्मया प्रोक्तं तद्विपरीतकं कृतमहो गोः खूरमात्रं ददौ। नार्थो मूर्खजनालये न च सुखं नो वा यशो लभ्यते रुद्रैये कविभूपतौ हरिहरे लाभः परं गोवधः ॥ ५७ ॥ पञ्चास्यस्य पराभवाय भषको मांसेन गोर्भूयसा दध्यन्नैरपि पायसैः प्रतिदिनं संवर्धितो यो मया। सोऽयं सिंहरवाद्गुहान्तरगमद्भीत्याकुलः संभ्रमाद्धन्ताशा विलयं गता हतविधे लाभः परं गोवधः ॥ ५८ ॥ पारीन्द्रस्य पराभवाय सुरभीमांसेन दुर्मेधसा पोष्यन्ते किल पीवराः कटुगिरः श्वानः प्रयत्नादमी। न त्वेभिर्मदमत्तवारणचमूविद्रावणः केसरी जेतव्यो भवता किरातनृपते लाभः परं गोवधः ॥ ५९ ॥ अस्माकं जलजीविनां[1] जलमिदं सेद्धाजिराजिव्रजैः[2] पातव्यं पररक्तसक्तमनसां तृप्तिः पतीनां क्षयः। मत्वैवं किल राजदेव नृपते त्वज्जैत्रयात्रोत्सवे[3] मत्सी रोदिति मक्षिका च हसति ध्यायन्ति[4] वामभ्रुवः॥६०॥ श्रुत्वा सागरबन्धनं[5] दशशिराः[6] सर्वैर्मुखैरेकदा तूर्णं[7] पृच्छति वार्तिकान्[8] सचकितो भीत्या परं संभ्रमात्। बद्धः सत्यमपांनिधिर्जलनिधिः कीलालधिस्तोयधिः पाथोधिर्जलधिः पयोधिरुदधिर्वारांनिधिर्वारिधिः ॥ ६१ ॥ पाषाणाः पयसि प्रबद्धवपुषस्तिष्ठन्ति सेतुं गताः श्रुत्वैवं वदतां दशाननधरः क्रुद्धः समुद्रं प्रति। धिक्त्वां नाम तवाम्बुधिः सलिलधिः पानीयधिस्तोयधिः पाथोधिर्जलधिः पयोधिरुदधिर्वारांनिधिर्वारिधिः ॥६२॥ अम्बा[9] कुप्यति तात मूर्ध्नि[10] विधृता गङ्गेयमुत्सृज्यतां[11] विद्वन्षण्मुख का गतिर्मम चिरं मूर्ध्नि स्थिताया वद। कोपावेशवशा[12]दशेषवदनैः[13] प्रत्युत्तरं दत्तवान्पाथोधिर्जलधिः पयोधिरुदधिर्वारांनिधिर्वारिधिः ॥६३॥ माध्वीके विधुमण्डले वरवधूवक्त्रे च गीतान्तरे सक्ते वक्त्रचतुष्टये दशमुखो विज्ञापितस्तच्चरैः। बद्धोऽसाविति चेतरैर्भयवशादूचे वचःसंभ्रमात्पाथोधिर्जलधिः पयोधिरुदधिर्वारांनिधिर्वारिधिः ॥ ६४ ॥ पीतस्त्वं कलशोद्भवेन मुनिना ध्वस्तोऽसि देवासुरैराबद्धोऽसि च राघवेण मृदुना शाखामृगैर्लङ्घितः। नाम्नामारभटी वृथैव भवतो लोकैरियं घुष्यते पाथोधिर्जलधिः पयोधिरुदधिर्वारांनिधिर्वारिधिः ॥ ६५ ॥ तत्तुं पर्वतसंनिभेन कपिनाऽलाबूं[14] कृतां वक्षसि

(४८) 'गङ्गावद्गजगण्डवद्गगनवद्गाङ्गेयवद्रेयवत्' इति समस्या. (४९) 'गङ्गावद्गजगण्डवद्गनवद्गाङ्गेयवद्रेयवत्', 'जम्बूवज्जलबिन्दुवज्जलजवज्जम्बालवज्जालवत्' इति च समस्या. (५०, ५१, ५२, ५३, ५४, ५५, ५६) 'जम्बूवज्जलबिन्दुवज्जलजवज्जम्बालवज्जालवत्' इति समस्या. (५७, ५८, ५९) 'लाभः परं गोवधः' इति समस्या. (६०) 'मत्सी रोदिति मक्षिका च हसति ध्यायन्ति वामभ्रुवः' इति समस्या. (६१) 'अपांनिधिर्जलनिधिः कीलालधिस्तोयधिः पाथोधिर्जलधिः पयोधिरुदधिर्वारांनिधिर्वारिधिः' इति समस्या. (६२) 'अम्बुधिः सलिलधिः पानीयधिस्तोयधिः पाथोधिर्जलधिः पयोधिरुदधिर्वारांनिधिर्वारिधिः' इति समस्या. (६३, ६४, ६५) 'पाथोधिर्जलधिः पयोधिरुदधिर्वारांनिधिर्वारिधिः' इति समस्या.

१ कस्तूरिकाकृतोऽङ्गरागः. २ कर्दमवत्.

१ जलैकजीवितानाम्. २ तुरंगपङ्क्तिसमूहैः. ३ विजययात्रोत्सवे. ४ चिन्तयन्ति. ५ सेतुबन्धम्. ६ रावणः. ७ झटिति. ८ वृत्तान्तज्ञापकान्. ९ माता. १० मस्तके. ११ त्यज्यताम्. १२ क्रोधपरत्वेन. १३ षड्भिर्मुखैरित्यर्थः. १४ अलाबुस्तुम्बी.

क्षिप्रं वीक्ष्य निमज्जतीमथ तव स्पृष्टास्तरन्तीः शिलाः । लोके नृत्यपरे विभीषणजने सीताह सेतूद्यमे तुम्बी मज्जति संतरन्ति दृषदः प्रेतो दिवा नृत्यति ॥ ६६ ॥ त्वं नो गोत्रपतिस्तवेन्दुरधिपस्तस्मामृतं त्वत्करे तेन व्याधशराहतां प्रणयिनीमेनां पुनर्जीवय । इत्यूर्ध्वं गगने निशापतिमृगे कारुण्यमातन्वतः शृङ्गाग्रादपतन्मृगस्य रुदतो बाष्पाम्बु भूमण्डले ॥ ६७ ॥ उन्नादाम्बुदवर्धितान्धतमसि प्रभ्रष्टदिङ्मण्डले काले यामिकजाग्रदुग्रसुभटव्याकीर्णकोलाहले । कर्णस्थासुहृदर्णवाम्बुवडवावह्नेर्यदन्तःपुरादायातासि तदम्बुजाक्षि कृतकं मन्ये भयं योषिताम् ॥ ६८ ॥ उग्रग्राहमुदन्वतो जलमतिक्रामत्यनालम्बने व्योम्नि भ्राम्यति दुर्गमक्षितिभृतां मूर्धानमारोहति । व्यासे याति विषाकुलैरहिकुलैः पातालमेकाकिनी कीर्तिस्ते मदनाभिराम कृतकं मन्ये भयं योषिताम् ॥ ६९ ॥ चित्रं नर्तनमम्बरे शिखरिणौ शीतांशुबिम्बे तमः संचारं जलजं कपोतरणितं कामागमप्रक्रियाः । मीनौ विद्युति तारका विहरणं ज्योत्स्ना विकोशाम्बुजे कुर्वाते कुरुते करोति कुरुतः कुर्वन्त्यलंकुर्वते ॥ ७० ॥ यस्य द्वारि सदा समीरवरुणौ संमार्जनं हव्यवाट् पाकं शीतगुरातपत्रकरणं दस्रौ प्रतीहारताम् । देवा लास्यविधिं च दास्यममरा वर्ण्यो दशास्यः कथं कुर्वाते कुरुते करोति कुरुतः कुर्वन्त्यलंकुर्वते ॥ ७१ ॥ कश्चित्पान्थस्तृषार्तः पथि तपनऋतौ गम्यमानोऽन्यपान्थं पप्रच्छानन्दलीनो बद पथिक कुतो जह्नुकन्याप्रवाहः । तेनासौ शीघ्रवाचा प्रचलितमनसा विप्रवर्येण चोचे सूच्यग्रे कूपषट्कं तदुपरि नगरी तत्र गङ्गाप्रवाहः ॥ ७२ ॥ राम त्वत्कीर्तिवृक्षाद्बहुतरममलादुत्थिताः कोरका ये तन्मध्ये रुद्ररूपोऽप्यजनि खलु यशःकोरकस्तस्य चाग्रे । अस्य श्रोत्राक्षिकूपास्तदुपरि च शिरस्तत्र चास्ति स्रवन्ती सूच्यग्रे कूपषट्कं तदुपरि नगरी तत्र गङ्गाप्रवाहः ॥७३॥ उद्दामार्कांशुदीप्यद्दिनमणिमणिभिर्भक्षितान्ते समन्ताद्वायुव्याधूयमानज्वलनकणगणाकीर्णधूलिप्रकीर्णे । कान्तारेऽस्मिन्नपारे पथिपथिकभवे कापि पाथोदसेना (?) सूच्यग्रे कूपषट्कं तदुपरि नगरी तत्र गङ्गाप्रवाहः ॥ ७४ ॥ मां साक्षीकृत्य मुग्धे विजयमभिलषंल्लेखयामास शंभुर्भूत्या मन्मौलिमालां सदशनवशतीमक्षपातान्विजित्य । गौर्यप्यानङ्गदष्टीर्जितनखनवभूस्तन्वि शेषा तदित्थं शीर्षाणां सैव वन्ध्या मम[2] नवतिरभूल्लोचनानामशीतिः ॥ ७५ ॥ प्रत्येकं दिक्पतीशानिलतपनवसून्सन्नतस्त्वं यथा भूरश्रौषीस्त्वं यथा च स्वरसहितलसन्मूर्च्छनाग्रामतालात् । कृष्णन्यस्तान्यमौलीक्षणदवसरे सा च सा च प्रसादाच्छीर्षाणां शेष वन्ध्या नवनवतिरभूल्लोचनानामशीतिः ॥ ७६ ॥ इन्द्राद्या लोकपाला हरिविधुतपना नागविद्याधराद्या द्वेष्याः सर्वेऽपि देवाः प्रिय तव वरदः कोऽस्ति वन्द्यो गरीयान् । श्रुत्वा वाचं प्रियाया इति दशमुखतः प्राह वाक्यं दशास्यः शूली शंभुः पिनाकी शिवभवपशुपाः शर्व ईशश्च भर्गः ॥ ७७ ॥

(६६) 'तुम्बी मज्जति संतरन्ति दृषदः प्रेतो दिवा नृत्यति' इति समस्या. (६७) 'शृङ्गाग्राऽपतन्मृगस्य रुदतो बाष्पाम्बु भूमण्डले' इति समस्या. (६८, ६९) कृतकं मन्ये भयं योषिताम्' इति समस्या. (७०, ७१) 'कुर्वाते कुरुते करोति कुरुतः कुर्वन्त्यलंकुर्वते' इति समस्या. (७२, ७३, ७४) 'सूच्यग्रे कूपषट्कं तदपरि नगरी तत्र गङ्गाप्रवाहः' इति समस्या.

(७५) 'शीर्षाणां सैव वन्ध्या मम नवतिरभूल्लोचनानामशीतिः' इति समस्या. (७६) 'शीर्षाणां शेष वन्ध्या नव नवतिरभूल्लोचनानामशीतिः' इति समस्या. (७७) 'शूली शंभुः पिनाकी शिवभवपशुपाः शर्व ईशश्च भर्गः' इति समस्या.

प्रहेलिकाः ।

अपदो दूरगामी च साक्षरो न च पण्डितः । अमुखस्फुटवक्ता च यो जानाति स पण्डितः ॥ १ ॥ वने[3] जाता वने[4] त्यक्ता वने तिष्ठति नित्यशः । पण्यस्त्री[5] न तु सा वेश्या यो जानाति स पण्डितः ॥ २ ॥ गोपालो[6] नैव गोपालस्त्रिशूली[7] नैव शंकरः । चक्रपाणिः[8] स नो विष्णुर्यो जानाति स पण्डितः ॥ ३ ॥ उच्छिष्टं शिवनिर्माल्यं वमनं शवकर्पटम् । काकविष्ठासमुत्पन्नः पञ्चैतेऽतिः पवित्रकाः ॥ ४ ॥ अनेकसुषिरं[9] वाद्यं[10] कान्तं[11] च ऋषिसंज्ञितम् । चक्रिणा[12] च सदाराध्यं यो जानाति स पण्डितः ॥ ५ ॥ वने वसति को वीरो योऽस्थिमांसविवर्जितः । असिवत्कुरुते कार्यं कार्यं कृत्वा वनं गतः ॥ ६ ॥ रविजा[13] शशिकुन्दाभा तापहारी जगत्प्रिया । वर्धते वनसङ्गेन न

१ लेखपत्रम्. (२) नौका. (३) महोक्षः. (४) दुग्धं गङ्गा मधु पट्टाम्बरं पिप्पलश्च. (५) वल्मीकम्. (६) कुलालदोरकः.

१. १९२० इति संख्या. २ सहस्रशिरसो द्विसहस्राक्षस्य स्वभार्यां प्रति गौरीगिरीशद्यूतक्रीडोपन्यासः. ३ अरण्ये काष्ठरूपेणोत्पन्ना. ४ उदके. ५ मूल्यं दत्वा भोग्या स्त्री. गणिका यथा द्रव्यदानेन भोग्या तथेयमपीत्यर्थः. ६ धेनूनां पतित्वात्पालकः. ७ तप्तत्रिशूलाङ्कितत्वात्तच्चिह्नवान्. ८ बाहौ तप्तचक्राङ्कितत्वात्तच्चिह्नवान्. ९ बिलम्. १० वकार आद्यो यस्य. ११ ककारोऽन्ते यस्य. १२ सर्पेण. १३ रुविरिति महाराष्ट्रभाषायां मन्थानदण्डस्य नाम.

तापी यमुनापि न ॥ ७ ॥ तरुण्यालिङ्गितः कण्ठे नितम्बस्थलमाश्रितः । गुरूणां संनिधानेऽपि कः कूजति मुहुर्मुहुः ॥ ८ ॥ अवलोक्य स्तनौ वध्वा गुञ्जाफलविभूषितौ । निःश्वस्य रोदितुं लग्ना कुतो व्याधकुटुम्बिनी ॥ ९ ॥ आपाण्डु पीनकठिनं वर्तुलं सुमनोहरम् । करैराकृष्यतेऽत्यर्थं किं वृद्धैरपि सस्पृहम् ॥ १० ॥ एकचक्षुर्न काकोऽयं बिलमिच्छन्न पन्नगः । क्षीयते वर्धते चैव न समुद्रो न चन्द्रमाः ॥ ११ ॥ छत्रधारी न राजासौ जटाधारी न चेश्वरः । सृष्टिकर्ता न स ब्रह्मा छिद्रकर्ता न तस्करः ॥ १२ ॥ अस्थि नास्ति शिरो नास्ति बाहुरस्ति निरङ्गुलिः । नास्ति पादद्वयं गाढमङ्गमालिङ्गति स्वयम् ॥ १३ ॥ अस्ति ग्रीवा शिरो नास्ति द्वौ भुजौ करवर्जितौ । सीताहरणसामर्थ्यो न रामो न च रावणः ॥ १४ ॥ नरनारीसमुत्पन्ना सा स्त्री देहविवर्जिता । अमुखी कुरुते शब्दं जातमात्रा विनश्यति ॥ १५ ॥ दन्तैर्हीनः शिलाभक्षी निर्जीवो बहुभाषकः । गुणस्यूतिसमृद्धोऽपि परपादेन गच्छति ॥ १६ ॥ न तस्यादिर्न तस्यान्तो मध्ये यस्तस्य तिष्ठति । तवाप्यस्ति ममाप्यस्ति यदि जानासि तद्वद ॥ १७ ॥ य एवादिः स एवान्तो मध्ये भवति मध्यमः । य एतन्नाभिजानीयात्तृणमात्रं न वेत्ति सः ॥ १८ ॥ पर्वताग्रे रथो याति भूमौ तिष्ठति सारथिः । चलते वायुवेगेन पदमेकं न गच्छति ॥ १९ ॥ श्यामं च वर्तुलाकारं पुंनाम चतुरक्षरम् । शकारादि मकारान्तं यो जानाति स पण्डितः ॥ २० ॥ अर्धचन्द्रवदाकारं स्त्रीनामाथ च त्र्यक्षरम् । नकारादि रिकारान्तं यो जानाति स पण्डितः ॥ २१ ॥ अष्टपादश्चतुःकर्णो द्विमुखी द्विमुखस्तथा । राजद्वारे पठेद्धोरो न च देवो न राक्षसः ॥ २२ ॥ वृक्षस्याग्रे फलं दृष्टं फलाग्रे वृक्ष एव च । अकारादि सकारान्तं यो जानाति स पण्डितः ॥ २३ ॥ चतुर्मुखो न च ब्रह्मा वृषारूढो न शंकरः । निर्जीवी च निराहारी अजस्रं धान्यभक्षणम् ॥ २४ ॥ कृष्णमुखी न मार्जारी द्विजिह्वा न च सर्पिणी । पञ्च भर्त्री न पाञ्चाली यो जानाति स पण्डितः ॥ २५ ॥ अपूर्वोऽयं मया दृष्टः कान्तः कमललोचने । शोऽन्तरं यो विजानाति स विद्वान्नात्र संशयः ॥ २६ ॥ पर्वताग्रे रथारूढो भूमौ तिष्ठति सारथिः । चक्रवद्भ्रमते पृथ्वी तस्याहं कुलबालिका ॥ २७ ॥ अर्धचन्द्रसमायुक्तं पुंनाम चतुरक्षरम् । ककारादि लकारान्तमिह जानाति पण्डितः ॥२८॥ अनुनेतुं मानिन्या दयितश्चरणे सगग्रचरणायाः । यावत्पतितः स तया तत्क्षणमवधीरितः कस्मात् ॥ २९ ॥ गीत्वा किमपि व्याधः शृङ्गं जग्राह तरुणहरिणस्य । तमथ समीक्ष्योद्यतकरमेणीमपि लज्जिता व्याधी ॥ ३० ॥ काचिन्मृगाक्षी प्रियविप्रयोगे निशीथिनीपारमपारयन्ती । आगातुमादाय करेण वीणा-

(७) तक्रम्. (८) कलशः. (९) शबरस्त्री पुत्रजायायाः स्तनौ गुञ्जाफलालंकृतौ दृष्ट्वा कुतो निःश्वस्य रुरोद. यतो मत्पुत्र एतामनुरक्तस्तथा क्षीणतां गतो यथा गजान्विनिहत्य तद्गण्डस्थलमुक्ताफलहारैः स्तनौ विभूषयितुं नालम्, अतो निष्प्रयासलभ्यैर्गुञ्जाफलैर्विभूषयति क्षीणे च सति पुत्रे तदर्जितधननिर्वाह्यवृत्तिकस्य सर्वस्यापि कुटुम्बस्य जीवितसंदेहः. अतो व्याधकुटुम्बिनी दुःखान्निश्वस्य रोदितुं लग्ना. (१०) पक्वबिल्वफलं कुचयुगलं च. (११) सूचिका. (१२) पुंध्वजः. (१३) विषयदण्डः. (१४) कञ्चुकः. (१५) छोटिका. (१६) उपानत्. (१७) नयनम्. (१८) यवसम्. (१९) कुलालचक्रदण्डौ.

(२०) शालिग्रामः. (२१) नेवरी. (२२) वाद्यचतुर्घटः चौघड्या इति भाषायाम्. (२३) अननस. (२४) वृषभस्थो गोणः (२५) लेखनी. (२६) अशोकः. (२७) कुम्भकारस्य. (२८) करतालः वाद्यविशेषः, वा करवालः (२९) रजस्वला यतः. (३०) व्याधः किमप्यद्भुतं गीतं गीत्वा गीतविमूर्छितविलीनचित्तस्य तरुणहरिणस्य शृङ्गं जग्राह. किमर्थम्. यतो मद्गीतसुखितस्त्वं याचकस्य, म इदं शिरो दानं देहीति. अथ तं च हरिणं शिरोदानायोद्यतकरं समीक्ष्य तज्जायां हरिणीमपि पत्युर्भक्त्या निजशिरोदानायोद्यतकरां समीक्ष्य धर्मार्धचारिणी व्याधी लज्जिता. केन हेतुना. यतोऽयं हरिणो दाता, इयं च हरिणी पतिभक्ता दातृजाया, मत्कान्तस्तु याचकः. अहं च याचकजाया. नरमेते पशवो न वयं मनुष्याः इत्यभिप्रेत्य लज्जितेति प्रथमोऽर्थः ॥ अथवा व्याधजायायाः पूर्वपरिणीतपुरुषो मृतः स च विद्यमानः संगृहीतो द्वितीयः पुरुषः. तं च विलोक्य चिन्तितवती. यतो निजकान्तवियोगासहिष्णु शिरोदानायोद्यतकरा पतिभक्ता वरमियं हरिणी. अहं च परिणीतप्रियमरणेऽपि जीविता संगृहीतभर्तृका चासती मानुषी. इति लज्जितेति द्वितीयोऽर्थः ॥ अथवा इति चिन्तितं तया यतो येन कर्णेन गीतं श्रुतं तस्य दातुः कर्णस्य पुरो याच्ञार्थं करो न प्रसारितो व्याधेन. नीरसकठिनकुटिलस्य शृङ्गस्य तु पुरः

१ कुम्भः कूपसरोवरादौ जलेन भृत्वा शिरस्यारोपणसमये तरुण्या हस्ताभ्यामालिङ्ग्यते. भर्तापि तरुण्या सोत्कण्ठमालिङ्ग्यते. २ कुम्भो नितम्बस्थाने गृह्यते. भर्तापि नितम्बस्थाने गुह्यप्रदेशे तिष्ठेत. ३ कुम्भो गुरूणां वृद्धघटानामुपर्युपविश्य कूजति बडबडायते. भर्तापि गुरूणां मातृपितृश्वश्रूश्वशुरजनानामग्रे स्त्रियं कामयते. ४ शब्दं करोति. ५ नासिकाचूर्णनिक्षेपणार्थं वृद्धैरपि ध्रियत इति प्रसिद्धिः. ६ अङ्गुष्ठमध्यमाङ्गुली.

१ अद्भुतम्.

मुद्रीवमालोक्य शनैरहासीत् ॥ ३१ ॥ सदारि[1]र्मध्यापि न वैरि[2]युक्ता नितान्तरक्तापि सितैव नित्यम् । यथोक्तवादिन्यपि नैव दूती का नाम कौ[3]न्तेति निवेदयाशु ॥ ३२ ॥ वृक्षाग्रवासी न च पक्षिराजस्त्रिनेत्रधारी न च शूलपाणिः । त्वग्वस्त्रधारी न च सिद्धयोगी जलं च बिभ्रन्न घटो न मेघः ॥ ३३ ॥ वृक्षाग्रवासी न च पक्षिजातिस्तृणं च शय्या न च राजयोगी । सुवर्णकायो न च हेमधातुः पुंसश्च नाम्ना न च राजपुत्रः ॥ ३४ ॥ चक्री त्रिशूली न हरिर्न शंभुर्महान्बलिष्ठो न च भीमसेनः । स्वच्छन्दचारी नृपतिर्न योगी सीतावियोगी न च रामचन्द्रः ॥ ३५ ॥ आद्येन हीना जलधावदृश्यं मध्येन हीनं भुवि वर्णनीयम् । अन्तेन हीनं ध्वनते शरीरं हेमाभिधः स श्रियमातनोतु ॥ ३६ ॥ सर्वस्वापहरो न दस्युकुलजः खट्वाङ्गभृन्नेश्वरो दोषानिष्टकगे न धर्मनिरतः कीलालपो नासुरः । नृणां पृष्ठपलाशनो न पिशुनः शीघ्रंगमो नो हयः शश्वद्रात्रिचरो न राक्षसगणः कोऽयं सखि ब्रूहि मे ॥ ३७ ॥ सर्वस्वापहरो न तस्करगणो रक्षो न रक्ताशनः सर्पो नैव बिलेशयोऽखिलनिशाचारी न भूतोऽपि च । अन्तर्धानपटुर्न सिद्धपुरुषो नाप्याशुगो मारुतस्तीक्ष्णास्यो न तु सायकस्तमिह ये जानन्ति ते पण्डिताः ॥ ३८ ॥ जाता शुद्धकुले जघान पितरं हत्वापि शुद्धा पुनः स्त्री चैषा वनिता पितेव सततं विश्वस्य जीवनम् । सङ्गं प्राप्य पितामहेन जनकं प्रासूत या कन्यका सा सर्वैरपि वन्दिता क्षितितले सा नाम का नायिका ॥३९॥

प्रसारित इत्यनुचितं कृतं मूढेन. कृतेऽप्यनौचित्ये स्वयं मृगयूथपतिर्गीतरसज्ञोऽकृतपात्रविचारः स्वभावकृपणं याचकं जानन्निजशिरोदानायोद्यतकरो जातः अतो व्याधी तं हरिणं चतुरं ज्ञात्वा तं च व्याधं मूर्खं ज्ञात्वैणीं चैतादृशचतुरपतिपत्नीत्वेन सुभगां संभाव्य लज्जितेति तृतीयोऽर्थः. (३१) यतोऽयं गीतप्रियो मृगाङ्के मृगो महत्प्रयुक्तं गीतमाकर्णयितुं चन्द्राच्चेदवतरेत्तदा चन्द्रो निष्कलङ्कः स्यात्. तेन मन्मुखसाम्यं च लभेत. प्रियविप्रयोगे च संतापकरो मे हिमांशुः. अतोऽस्य शत्रोश्चन्द्रमसो मन्मुखसाम्यं मा भूदित्याशयेन वीणामहासीदित्यर्थः. (३२) सारिका. (३३) नारिकेरफलम्. (३४) आम्रः. (३५) वृषभः. (३६) करजः. (३७,३८) मत्कुणः. (३९) जलवृष्टिः. यतः सा शुद्धजलसमुदायभूतमेघादुद्भूय स्वजन्मना स्वोत्पादकं मेघं विनाशयति, तथापि स्वयं शुद्धा स्वच्छजलास्ति. पितुरिव समस्तस्य जगतो जीवनं च भवति. सूर्यकिरणैः समुद्रोदके शोषिते सति तस्मान्मेघोत्पत्तिर्भवतीति समुद्रो मेघपिता. सा पूर्वोक्ता जलवृष्टिर्मेघस्य पित्रा स्वपितामहीभूतेन सागरेण सह नद्यादिद्वारा संगमं प्राप्य तेन तज्जलं वर्धयित्वा पुनर्मेघोत्पत्तय एव हेतुर्भवतीति जनकं प्रासूतेत्यस्याभिप्रायः.

---

१ रिकारो मध्ये यस्याः. २ सकारेणेता युक्ता. ३ ककारोऽन्ते यस्याः.

अपह्नुतयः ।

वदन्ती जारवृत्तान्तं पत्यौ धूर्ता सखीधिया । पतिं बुद्ध्वा सखि ततः प्रबुद्धास्मीत्यपूरयत् ॥१॥ रुचिरस्वरवर्णपदा रसभाववती जगन्मनो हरति । तत्किं तरुणी नहि नहि वाणी बाणस्य मधुरशीलस्य ॥ २ ॥ सीत्कारं शिक्षयति व्रणयत्यधरं तनोति रोमाञ्चम् । नागरिकः किं मिलितो नहि नहि सखि हैमनः[1] पवनः ॥ ३ ॥ काले पयोधराणाम[2]पतितया नैव शक्यते स्थातुम् । उत्कण्ठितासि बाले नहि नहि सखि पिच्छि[3]लः पन्थाः ॥ ४ ॥ प्रहरति न पञ्चबाणः केवलमबले निमेषोऽपि । वर्षति परं न देव. क्षणदायी विप्रयोगं ते ॥ ५ ॥ मधुरस्वना धृ[4]तोर्णा मण्याभरणा सुशोभना सुद[5]ती । मत्स्कन्धोचितदण्डा भिक्षो दयितास्ति किं न मे वीणा ॥ ६ ॥ रा[6]गी भिनत्ति निद्रां तल्पं न जहाति निष्ठुरं दशति । चतुरे किं प्राणेशो नहि नहि सखि मत्कुणव्रातः ॥ ७ ॥ आदौ गृहीतपाणिः पश्चादारूढजघनकटिभागा । नखमुखलालनसुखदा सा किं रामास्ति नैव भोः पा[7]मा ॥ ८ ॥ नाथ विलोकय मे[8]घं नहि नहि पापं तवातिपुण्यायाः । नहि कथयामि पयो[9]धरमपसारय कञ्चुकीमुरसः ॥९॥ पञ्चदशीरजनिसमा तारामणिभूषणापि कोकिलवाक् । चन्द्रसमा गतवसना हस्तगता स्त्री न मे वीणा ॥१०॥ नाथ मयू[10]रो नृत्यति तुरगाननवक्षसः कथं नृत्यम् । नहि कथयामि कलापिनमिह सुखलापी प्रिये कोऽस्ति ॥११॥ अक्षरमैत्रीभाजः सालंकारस्य चारुवृत्तस्य । किं ब्रूमो सखि यूनो नहि नहि सखि पद्यबन्धस्य ॥ १२ ॥ इह पुरोऽनिलकम्पितविग्रहा मिलति का न वनस्पतिना लता । स्मरसि किं सखि कान्तरतोत्सवं न हि घनागमरीतिरुदाहृता ॥ १३ ॥ तन्वी चारुपयोधरा सुवदना श्यामा मनोहारिणी नीता निष्करुणेन केनचिदहो देशान्तरादागता । उत्स[11]ङ्गोचितया तया रहितया किं जीवनं प्रेक्षसे भिक्षो ते दयितास्ति किं नहि नहि प्राणप्रिया तुम्बिका ॥ १४ ॥ या पाणि[12]ग्रहलालिता सुसरला तन्वी सुवंशो[13]द्भवा गौरी स्पर्शसुखावहा गुणवती नित्यं मनोहारिणी । सा केनापि हृता तया विरहितो गन्तुं न शक्तोऽस्म्यहं रे भिक्षो तव कामिनी नहि नहि प्राणप्रिया यष्टिका ॥१५॥

---

१ हेमन्तसंबन्धी. २ पतिं विना; (पक्षे) पतनाभावेन. ३ पङ्किलः. ४ धृतोर्णादिदशा; (पक्षे) धृतोर्णावस्त्रा. ५ शोभना दन्ता यस्याः सा; (पक्षे) हस्तिदन्तनिर्मितालंकारवती. ६ अनुरक्तः; (पक्षे) रक्तवर्णः. ७ कण्डूः. ८ अम्बुदम्; (पक्षे) मेऽघं पापम्. ९ मेघम्; (पक्षे) स्तनम्. १० 'मे उरः' इति पदच्छेदः. ११ समीपे स्थातुं योग्यया; (पक्षे) अङ्कमारोढुं योग्यया. १२ विवाहः; (पक्षे) पाणौ धारणम्. १३ कुलम्; (पक्षे) वेणुः.

कूटानि ।

केशवं[1][2] पतितं दृष्ट्वा द्रोणो[3] हर्षमुपागतः । रुदन्ति कौरवाः[4] सर्वे हा केशव कथं गतः ॥ १ ॥ पानीयं पातुमिच्छामि त्वत्तः कमललोचने । यदि[5] दास्यसि नेच्छामि नो दास्यसि पिबाम्यहम् ॥ २ ॥ विषं[6] भुङ्क्ष्व महाराज स्वजनैः परिवारितः । विना केन[7] विना नाभ्यां[8] कृष्णाजिनमकण्टकम्[9][10] ॥ ३ ॥ अर्जुनस्य इमे बाणा नेमे बाणाः शिखण्डिनः । सीदन्ति मम गात्राणि माघमा[11] सेगवा इव ॥ ४ ॥ यस्य षष्ठी चतुर्थी च विहस्य च विहाय च । अहं कथं द्वितीया स्याद्द्वितीयां[12] स्यामहं कथम् ॥ ५ ॥ समरे हेमरेखाङ्कं बाणं मुञ्चति राघवे । सरावणोऽपि मुमुचे मध्येरीतिधरं[13] शरम् ॥ ६ ॥ शिलार्पितपदद्वन्द्वा[14] नासार्पितकरद्वया[15] । अभूद्व्यक्तस्तनी नारी कथमेतद्भविष्यति ॥ ७ ॥ सुवर्णस्य[16] सुवर्णस्य[17] सुवर्णस्य[18] च जानकि । प्रेषिता तव रामेण सुवर्णस्य[19] च मुद्रिका ॥ ८ ॥ निश्चितं ससुरः[20] कोऽपि न कुलीनः[21] समे[22]ऽमतिः । सर्वथा सुरसंबद्धं[23] काव्यं[24] यो नाभिनन्दति ॥ ९ ॥ येनाकारि पराभूतिर्[25]दिनेनायकसूनवे[26] । यद्गोत्रात्मभवाकान्तं[27] तन्महः[28] श्रेयसेऽस्तु वः ॥ १० ॥ विजितात्मभवद्वेषिगुरुपादहतो[1] जनः । हिमापहामित्रधरैर्व्याप्तं व्योमाभिनन्दति ॥ ११ ॥ शंकरं[2] पतितं दृष्ट्वा पार्वती[3] हर्षनिर्भरा । रुरुदुः पन्नगाः सर्वे हा हा शंकर शंकर ॥ १२ ॥ हनूमति हतारामे[4] वानरा हर्षनिर्भराः । रुदन्ति राक्षसाः सर्वे हा हा राम हताः हताः ॥ १३ ॥ विराजराजपुत्रारेर्यन्नाम[5] चतुरक्षरम् । पूर्वार्धे तव शत्रूणां परार्धे तव संगरे ॥ १४ ॥ अट्टशूला[6] जनपदाः शिवशूलाश्चतुष्पथाः । प्रमदाः केशशूलिन्यो भविष्यन्ति कलौ युगे ॥ १५ ॥ कुन्दकुञ्जममुं पश्य सरसीरुहलोचने । अमुना[7] कुन्दकुञ्जेन सखि मे किं प्रयोजनम् ॥ १६ ॥ राजन्कमलपत्राक्ष तत्ते भवतु चाक्षयम् । आसादयति यद्रूपं करेणुः[8] करणैर्विना ॥ १७ ॥ स्तनमण्डलमाश्रित्य[9] नखस्य वरयोषिताम् । कदाकर्णयते गीतं रमया सह रङ्गराट् ॥ १८ ॥ एकोना[10] विंशतिः स्त्रीणां स्नानार्थं सरयूं गता । विंशतिः पुनरायाता एको व्याघ्रेण भक्षितः ॥ १९ ॥ त्रैलोक्ये[11] नोपमैतस्याः सखे किमिति भाषसे । अनन्तरा सा नादिर्वा न तृतीयेति मे मतिः ॥ २० ॥ सुवर्णालंकृता[12] कन्या हेमालंकारवर्जिता । सा[13] कन्या विधवा[14]

---

१ जले. २ मृतकम्. ३ कृष्णकाकः. ४ शृगालाः. ५ यदि दासी असि नेच्छामि. नो दासी असि तदा पिबाम्यहमिति पदच्छेदः. ६ विगतः षकारो यस्मात्. ७ ककारेण विना. ८ नकारद्वयरहितम्. ९ कृष्णाजिनम्. अत्र ककार-षकार-नकाराणां निष्कासने 'ऋ आजि अम्' इति स्थिते संधौ कृते 'राज्यम्'. १० शत्रुरहितम्. ११ 'माघमा कर्कटी प्रोक्ता तदपत्यानि सेगवाः' इत्युक्तेः कर्कट्या अपत्यानि यथा जन्मसमये तस्या अङ्गानि विदार्य बहिर्यान्ति तद्वदिमे बाणा ममाङ्गानि विदारयन्तीत्यर्थः. १२ सहधर्मिणी. १३ मध्यभागे रीतिः पित्तलं तद्विशिष्टम्; (पक्षे) मध्ये रीकारविशिष्टं शरम्. शरीरमित्यर्थः. १४ 'अधस्ताद्दारुणि शिला'. १५ 'नासा दारूपरि स्थितम्'. १६ उज्ज्वलवर्णस्य. १७ शोभना वर्णा नामाक्षराणि यत्र तस्य. १८ अशीतिरक्तिकापरिमितस्य. १९ काञ्चनस्य. २० सुरया सहितः. मद्यप इत्यर्थः; (पक्षे) ससुरः इति पदच्छेदे सुरो देवः. २१ सत्कुलप्रसूतः; (पक्षे) कौलीनः. २२ समे साधौ अमतिः. श्रद्धारहित इति यावत्; (पक्षे) समे विष्णौ मतिर्यस्य सः. २३ शोभनरसविशिष्टं बद्धं रचितम्; (पक्षे) असुरैः संबद्धं युक्तम्. २४ कविकृतिम्; (पक्षे) शुक्रम्. २५ पराजयः; (पक्षे) परा उत्कृष्टा भूतिरैश्वर्यम्. २६ कर्णाय सुग्रीवाय यमाय च. २७ गास्त्रायन्ते ते गोपास्तेषामात्मभवा गोपिकास्तासां कान्तं मनोहरम्. अथ च गोत्रायाः पृथ्व्या आत्मभवा सीता सा कान्ता यस्य तत्. अथ च गोत्रस्य हिमालयस्यात्मभवा पार्वती सा कान्ता यस्य तत्. २८ कृष्णाख्यं रामाख्यं शिवाख्यं च.

१ विना गरुडेनामृताहरणसमये जित इन्द्रस्तदात्मभवोऽर्जुनस्तद्द्वेषी कर्णस्तद्गुरुः पिता सूर्यस्तत्पादहस्ततत्किरणसंतप्तः. हिमापहोऽग्निस्तदमित्रं पानीयं तद्धरो मेघः. सूर्यकिरणसंतप्तो जनो मेघाच्छन्नमाकाशमभिनन्दतीति तात्पर्यार्थः. २ श्रेष्ठचन्दनम्. ३ पर्वतवासिनी स्त्री भिल्ली. ४ हते आरामे. रावणस्योद्याने दाहिते सतीत्यर्थः. ५ वयः पक्षिणस्तेषां राजा गरुडस्तद्राजा विष्णुस्तत्पुत्रो मदनस्तदरिः शिवस्तस्य चतुरक्षरं नाम 'मृत्युंजयः' इति. तत्पूर्वार्धे मृत्युरिति संगरे तव शत्रूणाम्. उत्तरार्धे जय इति तव. ६ 'अट्टमन्नं शिवो वेदो ब्राह्मणश्च चतुष्पथः । केशो भग इति प्रोक्तः शूलो विक्रय उच्यते ॥' इति. ७ मुकाररहितेन. मुकुन्दकुञ्जेनेति यावत्. ८ करेणुः करणैर्विना ककार-रेफ-णकारैर्विना यद्रूपमासादयति प्राप्नोति तत्तेऽक्षयं भवत्वित्यन्वयः. उक्तव्यञ्जनत्रयरहितम् 'अ ए उः' इति स्वरत्रयम्. तत्र अ ए इत्यत्र वृद्धौ ऐ उः इत्यत्र आयादेशे 'आयुः' इति सिद्धम्. ९ खस्याकाशस्य मण्डलमाश्रित्य हे कद मेघ, मा स्तन गर्जितं मा कुरु. यतो रङ्गराड्रङ्गनाथो रमया सह वरयोषितां गीतमाकर्णयत इत्यन्वयः. १० एकोना इति विंशतेर्विशेषणेन विरोधः. एको ना नरः इति पदच्छेदेन परिहारः. ११ कश्चित्स्वनायिकां स्तौति. तं प्रति अन्यः प्रतिभाषते. हे सखे, एतस्यास्त्रैलोक्ये उपमा नास्तीति किमिति कुतो भाषसे. यतः सा उपमैव अनन्तरा मध्यवर्णरहिता उमेति यावत्. अथवा सैव उमा अनादिः आद्यवर्णरहिता मा लक्ष्मीरिति यावत्. उपमा उपमानमस्तीति भावः. तृतीया नास्तीति मे बुद्धिः. १२ सुष्ठुवर्णेन कान्त्यालंकृता. १३ विद्युदित्यर्थः. १४ विविधा धवाः पतयो यस्याः सा. जारिणीत्यर्थः.

जाता गृहे रोदिति तत्पतिः ॥ २१ ॥ अहं च त्वं च राजेन्द्र लोके[1]नाथावुभावपि । बहुव्रीहिरहं राजन्षष्ठीतत्पुरुषो भवान् ॥ २२ ॥ [2]अपः पिबन्प्रपापालीमनुरक्तो विलोकयन् । अगस्त्यं चिन्तयामास चतुरः सापि सागरान् ॥ २३ ॥ ब्रह्म [3]नान्तमपि क्लीबं मनः [4]सान्तं न पश्यति । किं चित्रं लोकजनकं वा[5]क्कान्ता [6]नैत्यकान्तकम् ॥ २४ ॥ [7]अर्धरात्रे दिनस्यार्धे अर्धचन्द्रेऽर्धभास्करे । रावणेन हृता सीता कृष्णपक्षे सिताष्टमी ॥ २५ ॥ [8]शमीगर्भस्य यो गर्भस्तस्य गर्भस्य यो रिपुः । रिपुगर्भस्य यो भर्ता स मे विष्णुः प्रसीदतु ॥ २६ ॥ [9]कहमस्मि गुहावक्ति प्रश्नेऽमुष्मिन्किमुत्तरम् । कथमुक्तं न जानासि कदर्थयसि यत्सखि ॥२७॥ विहंगा[10] वाहनं येषां त्रिकं[11]चं धरपाणयः । [12]पासालसहिता देवाः सदा तिष्ठन्तु ते गृहे ॥ २८ ॥ शस्त्रं [13]न खलु कर्तव्यमिति पित्रा नियोजितः । तदेव शस्त्रं कृतवान्पितुराज्ञा न लङ्घिता ॥ २९ ॥ कान्ते धावय मे पादाविति भर्त्रा निवेदिता । [14]न तया धावितौ पादौ भर्तुराज्ञा न लङ्घिता ॥ ३० ॥ देव[15]राजो मया दृष्टो वारि[16]वारणमस्तके । भक्षयित्वार्कपर्णानि विषं[17] पीत्वा [18]क्षयं गतः ॥ ३१ ॥ [19]कुमारसंभवं दृष्ट्वा रघुवंशे मनोऽदधत् । राक्षसानां कुलश्रेष्ठो रामो राजीवलोचनः ॥ ३२ ॥ [1]विना यौवनमार्गेण गच्छन्तौ लपितं मया । हरेः कृत्यं दर्शयतां पश्येत्युक्ते न दृश्यते ॥ ३३ ॥ वि[2]नायकपतेः शत्रुस्तस्य [3]नाम षडक्षरम् । [4]पूर्वार्धे तव राजेन्द्र [5]उत्तरार्धे तु वैरिणाम् ॥ ३४ ॥ को[6]लाकृतिरपारेवो मोरोहंसो जलोदरी । कंसारिरात्तलीलो वो वाघलो भूकलोऽवतु ॥ ३५ ॥ [7]रामरा मेऽतिरामेऽतिरमे रामे मनोरमे । सहस्रनामतत्तुल्यं रामनाम वरानने ॥३६॥ [8]यथा नयति कैलासं नगं गानसरस्वती । तथा नयति कैलासं न गङ्गा न सरस्वती ॥ ३७ ॥ [9]मोमारामममादंद्वेहयागदलनंभषः । यस्यैतानि न विद्यन्ते स याति परमां गतिम् ॥ ३८ ॥ तातेन कथितं पुत्र लेखं लिख ममाज्ञया । [10]न तेन लिखितो लेखः पितुराज्ञा न लोपिता ॥ ३९ ॥ [11]वासनावासुदेवस्य वासितं भुवनत्रयम् । सर्व-

१ (बहुव्रीहिपक्षे) लोका जना नाथाः स्वामिनो यस्यैवंविधोऽहम् याचकत्वात्. (षष्ठीतत्पुरुषपक्षे) लोकानां जनानां नाथ एवंविधस्त्वम्. राजत्वेन पालकत्वात्. २ समुद्रमपि करे चुलुकयतो मुनेः सामर्थ्यं मम चेत्स्यात्तर्हि झटिति तृट्शान्त्यभावाच्चिरमेनां पश्यामीति पान्थाभिप्रायः. यदि चतुरः सागराः संनिहिताः स्युस्तदानवरतं जलधारां विसृजन्ती चिरमेतद्दर्शनसुखमनुभवेयमिति प्रपापाल्यभिप्रायः. ३ न विद्यतेऽन्तो यस्य तत्; (पक्षे) नकारान्तम्. ४ अन्तेन सहितम्; (पक्षे) सकारान्तम्. ५ ककारोऽन्ते यस्याः; (पक्षे) कान्ता रमणी. ६ अकस्य दुःखस्यान्तकं नाशकम्; (पक्षे) ककारान्तं न भवतीति तत् सान्तं मनो नान्तं ब्रह्म न पश्यतीति युक्तमेव. परं स्वयं कान्ता वाक् अकान्तकमपि लोकजनकत्वात्कान्तं ब्रह्म नैतीति चित्रमिति भावः. ७ कृष्णपक्षे याष्टमी तस्य दिनस्यार्धे रावणेन सीता हृता. किंलक्षणाष्टमी. अर्धरात्रे सिता. पु० किं० अर्धचन्द्रे. किंभूतेऽर्धचन्द्रे. अर्धं भाः करोति अर्धभास्करस्तस्मिन्. ८ शम्याः शमीवृक्षस्य गर्भोऽन्तःसारस्तस्य गर्भोऽग्निस्तन्मन्थनेनोद्भूयमानत्वात्, तस्याग्ने रिपुर्जलं तद्गर्भो लक्ष्मीस्तस्याः सागरमथनेन जलजात्वात् तस्या भर्तेत्यादि. शमीगर्भपदेन अश्वत्थ इत्यपि केचित् तदपि सुवचं अश्वत्थस्यापि वह्नियोनित्वात्. ९ कहमित्यत्र कथं 'खघथधभाम्' इति कात्यायनसूत्रेण प्राकृते थकारस्थाने हकारः. १० विः गरुडः, हंसः, गौः वृषभः. ११ त्रिशूलः, कम्बुः, चक्रम्. १२ पार्वती, सावित्री, लक्ष्मीः. १३ नखांल्लुनातीति नखलु नखच्छेदकम्. १४ नतया नम्रीभूतया. १५ हे देवर, अजश्छागः. १६ सेतुः. १७ पानीयम्. १८ वासः. १९ रघुवंशे कुलश्रेष्ठो राजीवलोचनो रामो राक्षसानां कुं पृथिवीं मारयति पीडयतीति कुमारः पृथ्वीपीडक इति यावत् तादृशं संभवमुद्भवं दृष्ट्वा तत्र तेषां नाशे मनोऽदधत् निश्चिकायेत्यर्थः.

१ यौ विना पक्षिणा गरुडेन वाहनेन वनमार्गेण जलमार्गेण क्षीराब्धाविति यावत् गच्छन्तौ स्तः, अत्र वाक्ये मया लक्ष्म्या सहितस्य हरेर्विष्णोः कृत्यं लपितं प्रोक्तमस्ति,परं दर्शयतां दर्शनं कारयन्ति तेषामत्र पश्येत्युक्ते सत्यपि अविमृशद्भिस्तत्कृत्यं न दृश्यते न ज्ञायते. २ वीनां पक्षिणां नायको गरुडस्तस्य पतिर्विष्णुस्तस्य. ३ 'हिरण्यकशिपुः, इत्यर्थः. ४ हिरण्यं सुवर्णम्. ५ कशिपुस्तल्पम्. तव शत्रवो निद्रिस्ता भवन्त्विति भावः. ६ कंसारिः श्रीकृष्णो वो युष्मानवतु रक्षतु. कथंभूतः कंसारिः. कोलाकृतिः. कोलस्य सूकरस्य रूपं यस्य सः. पु० क०. अपारेवः अपारे संसारे अवति रक्षति तथा. यद्वा अपारे समुद्रे वसतीति सः क्षीरसमुद्रशायीत्यर्थः. पु० क०, मोरोहंसः मायाः लक्ष्म्याः उरो वक्षस्तत्र हंस इव हंसः. पु० क० जलोदरी. जले उदके उदरं गृहं यस्यास्तीति सः. पु० क० आत्तलीलः. आत्ता अङ्गीकृता लीला विलासो येन सः. पु० क० वाघलः वा निश्चयेन अघं लुनातीति सः. पु० क० भूकलः. भुवं कलयति उद्धरति सः. ७ हे वरानने, अहं रामे अतिरमे. कथंभूते रामे. अतिरामे अतिक्रान्ता रामा येनासौ तस्मिञ्शुद्धे ब्रह्मणि. पु० क० मनोरमे मनो रमयतीति तस्मिन्. कथंभूतः अहम्. रामराः राम एव रा द्रव्यं यस्य सः यतः कारणान्मे मम सहस्रनामभिस्तुल्यं रामनाम अत इति कारणात् । अथवा अहं रामे अतिरमे. कथंभूते रामे. वरानने वरमाननं यस्यासौ तस्मिन्. उत पार्वत्याः संबोधनं वा. कथंभूतं रामनाम. सहस्रनामतत्. सहस्रनाम तनोतीति सहस्रनामतत्. 'रमन्ते योगिनो यत्र परानन्दे चिदात्मनि । अतो रामपदेनासौ परं ब्रह्माभिधीयते ॥' इति. ८ गानसरस्वती यथा कैलासं नगं नयति तथा न गङ्गा न सरस्वती प्रापयति. ९ मोहः माया रागः मदः मलः मानं दम्भः द्वेषः इति प्रथमाद्याक्षरानुक्रमेण ग्रहणम्. १० नतेन नम्रीभूतेन. ११ हे वासन वासयतीति वासनस्तस्य संबुद्धौ. त्वं भुवनत्रयं अव रक्ष पालय. कथंभूतं भुवनत्रयम्. सर्वभूतनिवासि. सर्वाणि भूतानि निवसन्त्यस्मिंस्तत्. हे असुदेव प्राणेश्वर

भूतनिवासीनां वासुदेव नमोऽस्तु ते ॥ ४० ॥ अत्रिलोचनसंभूतज्योतिरुद्गमभासिभिः । सदृशं शोभतेऽत्यर्थं भूपाल तव चेष्टितम् ॥ ४१ ॥ मुद्गदाली धृतव्याली कवीन्द्र वितुषा कथम् । भक्तवल्लभसंयोगाजाता विगतकञ्चुकी ॥ ४२ ॥ प्राभ्रभ्राड्विष्णुधामाप्य विषमाश्वः करोत्ययम् । निद्रां सहस्रपर्णानां पलायनपरायणाम् ॥ ४३ ॥ कैति ते कबरीभारः सुमनःसङ्गात्प्रियेऽति नीलत्वात् । भवति च कलापवत्त्वान्निर्जरसेव्यैः कथं न स्यात् ॥ ४४ ॥ यामि विधौ त्वभ्युदिते पुनरेष्यामीति यदुदितं भवता । जानीत्युदन्तमेतं नेदं तत्त्वेन मुग्धवधूः ॥ ४५ ॥ अधुना मधुकरपतिना गिलितोऽप्यपकारदंपती येन । त्रातः स पालयेत्त्वां विगतविकारो विनायको लक्ष्म्याः ॥ ४६ ॥ उपरिगतं हि सवर्णं हृत्वा करतो ददासि रन्तुं मे । धन्यः सरोजयुगलं त्यक्त्वा स्तनयुगमथास्पृशत्कृष्णः ॥ ४७ ॥ अच्युतभक्तिवशादिह समभावस्तत्प्रसङ्गेन । सारमतेरभ्युदयति रतिरिति नैवाद्भुतं किंचित् ॥ ४८ ॥ मञ्जुलघौ संभावितगुणे क्वचिन्नापदाधारे । अयि सखि तत्रोपपतौ मम चेतो न त्वनीदृशे पत्यौ ॥ ४९ ॥ अयि सखि शस्तः सखिवत्पतिरिति किं त्वं न जानासि । शस्तोऽतिसखिवदुपपतिरित्यालि कथं त्वयापि नाबोधि ॥ ५० ॥ द्वन्द्वो द्विगुरपि चाहं मद्गेहे

इनां कामादीनां वासितं स्य अन्तं कुरु. हे वासुदेव ते तुभ्यं नमः अस्तु ॥ अथवा अस्तुते न स्तौतीति अस्तुत् तस्मै स्तोतुमशक्याय वसुभिर्दीव्यतीति वासुदेवः तस्य संबुद्धौ हे वासुदेव. अथवा वसुदेवशब्दितं शुद्धं सत्वं तत्र भवो वासुदेवस्तस्य संबुद्धौ ते तुभ्यं नमः अस्तु. असून्ददातीति असुदेवः यद्वा असूनां देवः असुदेवः हे असुदेव ॥ गणेशपक्षे—हे सर्वभूतनिवासीन सर्वभूतैः सह निवासकारी रुद्रः स इनः पितृत्वात्स्वामी यस्येति तथोक्तस्तथा. हे अम्बासुद अम्बा पार्वती माता तस्यै सुखं ददाति तथोक्तः. हे पार्वतीनन्दनेत्यर्थः. तथा हे इव इं महीं वाति भक्तानुग्रहीतुं प्राप्नोतीति तत्संबुद्धौ. ते तुभ्यं नमो नतिरस्तु. त्वं भुवनत्रयं त्रिलोकीं अवसि पालयसि. कथंभूतं भुवनत्रयम्. अवासितम्. वास आश्रयो जातो यस्येति वासितम्, न वासितं अवासितम्. निराश्रयमित्यर्थः. कया अवसि. वास एवाश्रय एव नौः दुःखसागरतरणाय हेतुभूता तरी तया. किं० सुदे शोभनप्रदे वरदानपरायणे वरदसमूहे श्रेष्ठे इति शेषः ॥ हरिपक्षे—हे इन स्वामिन्, तथा हे अम्बासुद अम्बावन्मातृवत् सु शोभनं ददातीति हे तथोक्त. तथा हे इव इं लक्ष्मीं वाति प्राप्नोति स इवः तत्संबुद्धौ. यद्वा हे अम्बासुदेव इत्येकं संबोधनपदम्. अम्बा माता असुदः प्राणदाता पिता कथ्यते तयैव लक्ष्मीं वाति प्राप्नोतीति हे तथोक्त. जगतां मातृत्वं पितृत्वं वेति संबोधनाभिप्रायः. ते नमोऽस्तु.

१ चन्द्रविकासिभिः कुमुदैरित्यर्थः. २ जलदे भ्राजमानः. ३ आकाशम्. ४ सप्ताश्वः. सूर्य इत्यर्थः. ५ संकोचम्. ६ पद्मानाम्. ७ क इव ब्रह्मेव आचरति. ८ पुष्पाणाम्; (पक्षे) देवानाम्. ९ अ इव विष्णुरिवाचरति. १० भव इव शिव इवाचरति. ११ कलापो भूषणं तद्वत्त्वात्; (पक्षे) कलापश्चन्द्रस्तद्वत्त्वात्. १२ जरारहितैस्तरुणैः सेव्यः; (पक्षे) निर्जरैर्देवैः सेव्यः. १३ दैवे; (पक्षे) चन्द्रे. १४ वृत्तान्तम्; (पक्षे) उकारान्तम्. १५ इदं तत्त्वेन सत्यत्वेन; (पक्षे) इदन्तत्वेन इकारान्तत्वेन. १६ अपगतो धुकारो यस्मात्सेन. १७ मधुकरपतिर्मकरपतिस्तेन. १८ पकारशून्यो दंपती, दन्तीत्यर्थः.

१ विगतो विकारो यस्मात्स विनायकः. नायक इत्यर्थः. २ कृष्णो राधिकां पृच्छति. उपरिगतं सवर्णं समानवर्णं सरोजयुगलं करतो हृत्वा स्वहस्तेन आहृत्य मे रन्तुं ददासि ततो राधया तस्मिन्दातुं गृहीते सति उवर्णेन परिगतं युक्तं सवर्णरहितं एतादृशं सरोजयुगलं उरोजयुगलमेव इति धिया कमलयुगं त्यक्त्वा स्तनयुगलमेव कृष्णोऽस्पृशत्. ३ इह संसारे अच्युतभक्तिवशात्समभावः समत्वं शत्रुमित्रादिषु. तत्प्रसङ्गेन भक्तिप्रसङ्गेन सारमतेः श्रेष्ठबुद्धेः पुंसः रतिः प्रीतिः अभ्युदयति इति न किंचिदत्राद्भुतम् ॥ व्याकरणपक्षे—भो अच्युतभ अच्युता अहीना भा प्रतिभा यस्य. क्तिवशात् क्तिप्रत्ययवशात् स प्रसिद्धो मभावः मकारस्याभावो लोपः. भवतीति शेषः. तत्प्रसङ्गेन क्तिप्रत्ययप्रसङ्गेन रमतेर्धातोः सा रतिः अभ्युदयतीत्यपि नाद्भुतम्. रमु क्रीडायामित्यस्माद्धातोः क्तिनि अनुदात्तोपदेशेति मलोपे रतिरिति रूपं सिध्यति. ४ कापि विदुषितरा नायिका सखीं प्रति वदति. अयि सखि, तत्र तस्मिन्नुपपतौ मम चेतः अस्तीति शेषः. कीदृशे. मञ्जुलघौ. मञ्जुः सुन्दरः स चासौ लघुरिष्टश्च. पु० की०. संभावितगुणे. संभाविता गुणाः सौन्दर्यादयो यत्र. पु० की०. क्वचित्कदाचिदपि न आपदाधारे आपद्रहिते इत्यर्थः. अनीदृशे उक्तगुणरहिते पत्यौ मम चेतो नास्तीति ॥ व्याकरणपक्षे—उपपतौ उपपतिशब्दे मम मनोऽस्ति. की०. मञ्जुला घिसंज्ञा यस्मिन्. संभावितः 'घेर्ङिति' इति गुणो यस्य. ना इति पदस्य 'आङो नास्त्रियाम्' इति सूत्रविहितस्याधारे आश्रये. अनीदृशघिसंज्ञागुणनादेशरहिते केवले पतिशब्दे. ५ अयि सखि पतिः सखिवत् शस्तः मित्रवद्विश्वसनीय इति त्वं किं न जानासि. सखी प्रत्याह. हे आलि, उपपतिर्जारः अतिसखिवत् अतिशयितमित्रवत् शस्तः इति त्वयापि कथं नाबोधि ॥ व्याकरण पक्षे—पतिशब्दः शस्तः शस इति शस्तः पञ्चम्यन्तात्तसिः. द्वितीयाबहुवचनात्परं सखिवत्सखितुल्यरूपो ज्ञेयः. नादेशाभावेन कार्यैक्यात्. उपपतिशब्दः शस्तः द्वितीयाबहुवचनात्परं अतिसखिशब्दवत् नादेशभाक्. ६ यतः स्त्रीपुरुषरूपव्यक्तिद्वयात्मकः. ७ द्वौ गावौ यस्य.

नित्यम[1]व्ययीभावः । [2]तत्पुरुष कर्म धारय येनाहं स्यां बहुव्रीहिः ॥ ५१ ॥ [3]त्वद्विरहमसहमाना निन्दति बाला दिवानिशं शंभुम् । राहुमपि रामचन्द्रं रामानुजमपि च पन्नगारातिम् ॥ ५२ ॥ स जयति चित्रचरित्रो यस्य हि [4]वरचरणपुष्करकरेणुः । [5]महिषीमृषिसिंहस्य प्राजीजनदपि [6]वृषोदये हेतुः ॥ ५३ ॥ रविसुतकृतगोकर्णः श्रुतिविषयगुणाम्बरो वनात्मधरः । नरकशिरा जगदखिलं चिरमव्याद[8]समरुक्पाणिः ॥ ५४ ॥ [9]सायकसहायबाहो [10]मकरध्वजनियमितक्षमाधिपते । [11]अब्जरुचिभास्वरस्ते भातितरामवनिप [12]श्लोकः ॥ ५५ ॥ [13]वाताच्छीतिररिभ्रोऽरं वो हरतान्महासुरीदयितः । व्रीडन्नाज्यानौका वार्वाहाभोऽसमस्तानाः ॥ ५६ ॥ लम्बोदर तव चरणावादरतो यो न पूजयति । स भवति वि[14]श्वामित्रो [15]दुर्वासा गोत[16]मश्चेति ॥ ५७ ॥ [17]अम्बरमम्बुनि पत्रमरातिः पीतमहीनगणस्य ददाह । यस्य वधूस्तनयं गृहमब्जा पातु स वो हरलोचनवह्निः ॥ ५८ ॥ [18]वायुमित्रसुतबन्धुवाहनारातिभूषणशिरोवलम्बिनी । तज्जवैरिभगिनीपतेः सखा पातु मां कमललोचनो हरिः ॥ ५९ ॥ [1]अतनुज्वरपीडितासि बाले तव सौख्याय मतो ममो[2]पवासः । [3]रसमर्पय वैद्यनाथ नाहं भवदावेदितल[4]ङ्घने समर्था ॥ ६० ॥ [5]अकुबेरपुरीविलोकनं न [6]धरासूनुकरं कदाचन । अथ तत्प्रतिकारहेतवे[7]ऽदमयन्तीपतिलोचनं भज ॥ ६१ ॥ [8]रामं सीतां लक्ष्मणं जीविकार्थे विक्रीणीते यो नरस्तं च धिग्धिक् । अस्मिन्पद्ये योऽपशब्दान्न वेत्ति व्यर्थप्रज्ञं पण्डितं तं च धिग्धिक् ॥ ६२ ॥ गो[9]गजवाहनभोजनभक्ष्योद्भतपमित्रसपत्नजशत्रोः । वाहनवैरिकृतासनतुष्टा मामिह पातु जगत्त्रयजुष्टा ॥ ६३ ॥ [10]नदीज लङ्केशवनारिकेतुर्नगाह्वयो नाम नगारिसूनुः । एषोऽङ्गनावेषधरः प्रमाथी जित्वाद्य वो नेष्यति चाद्य गा वः ॥ ६४ ॥ गोक[11]र्णराडाभरणं यदीयं यद्गव्यहव्यादजमाददाह । कुं भेनचूडामणिरादिगन्तात्पायादपायादुरगात्मजार्धः ॥ ६५ ॥ विलासिनी काञ्चनपट्टिकायां [12]पाटीरपङ्कैर्विरही विलिख्य । तस्याः [13]कपोले व्यलि-

१ भावो वस्तुमात्रम्. अव्ययी व्ययाभाववान्. मद्गेहे कस्यापि वस्तुनो व्ययो नास्तीत्यर्थः. यद्वा अव्ययीभवनं अव्ययीभावः. २ तत्तस्माद्धे पुरुष, येनाहं बहुव्रीहिर्बहुधान्यविशिष्टः स्यां तत्कर्म धारयेत्यन्वयः. समासषट्कप्रतिपादनमत्र चित्रम्. ३ मन्मथावशेषणाच्छंभुम्, चन्द्रावशेषणाद्राहुम्, मलयाद्यविशेषणाद्रामचन्द्रम्, मन्मथजनकत्वाद्बलरामानुजम्, वायुभक्षिसर्पहननात्पन्नगारातिं गरुडं निन्दितवतीति भावः. ४ वरः श्रेष्ठो यश्चरणकमलसंबन्धी रेणुः. ५ ऋषिश्रेष्ठस्य गौतमस्य पत्नीम्. ६ वृषः सुकृतम्. ७ उत्कृष्टचरणशुण्डाग्रो गजः सिंहस्य महिषीं जनयामास. वृषो वृषभस्तस्योदये हेतुरिति चित्रम्. ८ न समोऽसमो विषमः स चासौ रुक् च समरुक् शूलरोगः त्रिशूलमित्यायुधविशेषः स पाणौ हस्ते यस्य सः शूलपाणिः शिव इत्यर्थः. ९ खड्गः. १० समुद्रः. ११ चन्द्रः. १२ यशः. १३ वाताच्छीतिः वातं अत्ति स वाताद् शेषस्तस्मिन्शीतिः शयनं यस्य सः. अरिभ्रः अरि चक्रं धरति सः. वार्वाहाभः वार्वाहो मेघस्तस्येवाभाति सः. असमस्तानाः असमस्तं खण्डितं अनः शकटं येन सः. नौकाः. नः सूर्यः ओकः निवासस्थानं यस्य सः. ईदयितः ईः लक्ष्मीस्तत्पतिर्विष्णुररं द्रुतं वो युष्माकं. व्रीडन्नाज्याः व्रीडयन्ति ताव्रीडास्तापावहाश्च ता आज्याः अज्ञानकृतसंसारभ्रमणानि ताः संसृतीर्हरतादिति. १४ जगतः शत्रुः. १५ मलिनवस्त्रः. १६ पशुः. १७ स कृष्णो वो युष्मान्पातु. यस्याम्बरं पीतम्. यस्य गृहमम्बुनि. यस्य पत्रं वाहनं अहीनगणस्यारातिर्गरुडः. यस्य वधूरब्जा कमला. यस्य तनयं हरलोचनवह्निः ददाह. १८ वायुमित्रमग्निस्तत्सुतः षण्मुखस्तद्बन्धुर्गजाननस्तद्वाहनं मूषकस्तदरातिः सर्पस्तद्भूषणः शिवस्तच्छिरोवलम्बिनी गङ्गा तज्जो भीष्मस्तद्वैरी शिखण्डी तद्भगिनी द्रौपदी तस्याः पतिरर्जुनस्तत्सखा कृष्णः.

१ महान्; (पक्षे) कामः. २ लङ्घनम्; (पक्षे) समीपस्थितिः. ३ भेषजम्; (पक्षे) प्रीतिम्. ४ उपवासे; (पक्षे) उल्लङ्घने. ५ अनलका. विधवेत्यर्थः. ६ मङ्गलकारकम्. ७ अनललोचनं शिवम्. ८ 'जीविकार्थे चापण्ये' इत्यत्र अपण्ये इत्युक्तत्वाद्धस्तिकान्विक्रीणीते इत्यत्रैव रामकं सीतकां लक्ष्मणकं इति प्रयोगा एव साधवः. ९ गवा गच्छतीति गोगः शिवस्तज्जः कार्तिकेयस्तस्य वाहनं मयूरस्तस्य भोजनं भक्ष्यं सर्पस्तस्य भक्ष्यं वायुस्तद्भूतो हनूमांस्तं पातीति स तत्पः सुग्रीवस्तस्य मित्रं रामस्तस्य सपत्नो रावणस्तज्ज इन्द्रजित्तस्य शत्रुरिन्द्रस्तस्य वाहनं ऐरावतस्तस्य वैरी सिंहस्तत्रोपविष्टा अत एव सर्वोपरि तुष्टा अम्बिका मां पातु रक्षतु. १० भो नदीज गङ्गातनय भीष्म, एष दृश्यमानः अङ्गनावेषधरः स्त्रीरूपधारी लङ्केशवनारिकेतुः रावणवनभञ्जकहनूमद्ध्वजः नगाह्वयोऽर्जुननामा नगारिसूनुरिन्द्रपुत्रः. भो भोः कौरवाः, अयं प्रमाथी हन्ता अद्य वो युष्माञ्जित्वा गाश्च नेष्यतीत्यर्थः. ११ उः शिवः कुं धरणिं अपायान्नाशात्पायाद्रक्षतु. सः कः. गोकर्णाः सर्पास्तेषां राट् वासुकिः यदीयं आभरणम्. हूयते तद्धव्यम्. गोरिदं गव्यं, गव्यं च तद्धव्यं च गव्यहव्यम्. गव्यहव्यमत्तीति गव्यहव्याद् वह्निः यस्य शिवस्य. गव्यहव्याद्वह्निरित्यनेन त्र्यम्बकस्य तृतीयनेत्रोत्थवह्निरित्यर्थः. सः अजं अनङ्गं आददाह. यस्य तृतीयनेत्रोत्थो गव्यहव्याद्वह्निः मदनं भस्मीचकारेत्यर्थः. किंभूतः. भानां ऋक्षाणां इनः स्वामी चन्द्रः स एव चूडामणिर्मुकुटरत्नं यस्य सः. पु० क०. अगात्मजा पार्वती अर्धे अर्धं वा यस्य सः. आदिगन्तादिगन्तेभ्य आ इति दिशामन्तं मर्यादीकृत्य आदिगन्तं तस्मात्. १२ चन्दनद्रवैः. १३ गल्ले.

खर्त्पवर्गं[1] तेवर्गमोष्ठे[2] चरणे टवर्गम्[3] ॥ ६६ ॥ काचिद्वियोगानलतप्तगात्री[4] प्राणान्समाधारयितुं लिलेख । बाह्वोर्भुजंगं हृदि राहुबिम्बं नाभौ च कर्पूरमयं महेशम् ॥ ६७ ॥ नेतः प्रयाणोन्मुखता समीक्ष्य नक्षत्रमुक्तावलिमस्य[5] कण्ठे । अधारयत्सा स तु वासराणां संख्यापरोऽभूत्सखि कोऽत्र भावः ॥ ६८ ॥ गौरीक्षणं[6] भूधरजाहिनाथः पत्रं तृतीयं दयितोपवीतम् । यस्याम्बरं द्वादशलोचनाख्यः काष्ठा सुतः पातु सदाशिवो वः ॥ ६९ ॥ पुष्पेषुमाता[7] पुरुषायमाणा लज्जावती विश्वसृजं विलोक्य । नाभीसरोजे नयनं मुरारेर्वामेतरं वारयति स्म चित्रम् ॥ ७० ॥ मृगत्रयं[8] भाति वपुष्यवेशे फलानि चत्वारि सुमानि पञ्च । कपोलषट्कं प्रमदालतायाः पृच्छन्ति मध्यं विदुषः कवीन्द्राः ॥ ७१ ॥ इन्दीवराक्ष्याः स्फुटविद्रुमोष्ठ्याः संकेतमुद्दिश्य वने चरन्त्याः । चोरैः समस्ताभरणानि हृत्वा नासागमणिर्नोऽपहृतः[9] किमेतत् ॥ ७२ ॥ नृसिंहदेवे[10] चलिते भरेण प्रत्यर्थिभूतैः क्रियते भरेण । कण्ठे

१ पवर्गस्य ओष्ठस्थानीयत्वात् ओष्ठाभ्यां तव चुम्बनं करिष्यामीति सूचितम्. २ तवर्गस्य दन्तस्थानत्वाद्दन्तैस्तवौष्ठौ खण्डयिष्यामीति सूचितम्. ३ टवर्गस्य मूर्धस्थानत्वाद्यदि त्वं रुष्टासि तर्हि त्वां शिरसा नमामीति सूचितम्. ४ सर्पग्रासभीत्या प्राणाः स्वतो न निर्गमिष्यन्तीत्याशयेन बाह्वोर्भुजंगं लिलेख. चन्द्रश्च स्वभागतया श्रुतिसिद्धं मृतानां मनोग्रहीतुमागच्छेदित्याशयेन हृदि राहुम्, मन्मथत्रासाय शिवं च लिलेखेति भावः ५ नक्षत्रमालाधारणेन नक्षत्रोदयवेलायामागमनं कर्तव्यमिति तया सूच्यते. वासरसंख्याकरणेन सप्तदिनमध्य एव मया गम्यत इति तेन सूचितम्. ६ स सदाशिवो वो युष्मान्पातु. सः कः यस्य गौः वृषभः पत्रं रथः तथा ईक्षणं तृतीयं यस्य. भूधरजा पार्वती दयिता यस्य. अहिनाथः शेषः उपवीतं यस्य. अम्बरं वस्त्रं काष्ठाः दिशो यस्य. द्वादशलोचनाख्यः कुमारः सुतो यस्य इत्यन्वयः. ७ पुष्पेषोर्मदनस्य माता लक्ष्मीः पुरुषायमाणा पुरुषवदाचरन्ती. विपरीतरतं कुर्वतीत्यर्थः विश्वसृजं भगवन्नाभिसरोजस्थं ब्रह्माणं विलोक्य लज्जावती सती मुरारेर्दक्षिणं नयनं वारयति स्म. यतो भगवन्नेत्रे हि सूर्यचन्द्रात्मके, तत्र दक्षिणस्य सूर्यात्मकत्वात्तद्वारणेन सरोजं मुकुलितं भवेत्. ततश्च ब्रह्मापि सरोजकोशेऽन्तर्हितो भवेत्. इति मनसि कृत्वा तद्वारयामासेति भावः ८ ? ९ उपरि अक्ष्णोः नीलच्छाया. अधस्तात् ओष्ठस्य रक्तवर्णच्छाया. तयोः प्रतिबिम्बितं नासामौक्तिकं गुञ्जाफलमिति मनसि कृत्वा चोरैर्न हृतम् इत्यभिप्रायः १० नृसिंहदेवे सेनाभरेण सह यात्रार्थं चलति प्रत्यर्थिभूतैः शत्रुभूपतिभिः सेनाभिः सह पलायमानैर्भरेण साध्वसाधिक्येन कण्ठे कुठारः क्रियते कुठारघाततुल्या पीडानुभूयते. तथाच भरेण सेनासमूहगुरुत्वेन कमठे ठकारः क्रियते भूभरधरः कूर्मावतारोऽङ्गसंमर्दभीत्या पाणिपादमुखमन्तः संकोच्य ठकारतुल्योऽभूत्. तथा केवलं मण्डलाकृतिस्तस्थौ तथा शेषोऽपि एकस्मिन्नेव भुवः प्रदेशेऽधिकभरेण ढकारतुल्यो वक्रीकृतग्रीवकुण्डलिकोऽभूत्. तपने सूर्ये च. चकारः समुच्चयः क्रियते. अतिभीत्या तेषां शत्रूणां शतसूर्यं नभस्तलं पश्यत इत्यर्थः.

कुठारः कमठे ठकारः शेषे ढकारस्तपने चकारः ॥ ७३ ॥ कुध्रेनसुप्रीनयनाश्रयाशदग्धोन्मदा[1] दर्दुरहर्षकाले[2] । स्वजन्मभक्षप्रियभोजनाशा[3] नृत्यन्ति भीमानुजगोजभाजः[4] ॥ ७४ ॥ शिरसि देवनदीं पुरवैरिणः सपदि वीक्ष्य धराधरकन्यका । निबिडमानवती रमणाङ्के[5] क्वचन चुम्बनमारभते स्म सा ॥ ७५ ॥ काचिद्विलोलनयना रमणे स्वकीये दूरं गते सति मनोभवबाणखिन्ना । त्यक्तुं शरीरमचिरान्मलयाद्रिवायुं[6] सौरभ्यशालिनमहो पिबति स्म चित्रम् ॥ ७६ ॥ कान्ता[7] रुचिं मुनिजनस्तरुणोऽवियोगी कामश्च रत्नमणिरुज्ज्वलकङ्कणेन । धत्ते पयोधरयुगे कुचभूषणेन हारे हरे हिमकरे मकरे करे च ॥ ७७ ॥ विकसति[8] नयनाभ्यां कैरवं पङ्कजं च श्लथयति चरणाम्बु ब्रह्मचर्यं पयोधेः । उरसि लसति यस्य श्रेयसां संप्रदायः स फणिनमधिशेते पद्मया पद्मनाभः ॥ ७८ ॥ अहिरिपुपतिकान्तातातसंबद्धकान्ताहरतनयनिहन्तृप्राणदातृध्वजस्य[9] । सखिसुतसुतकान्तातातसंपूज्यकान्तापितृशिरसि पतन्ती जाह्नवी नः पुनातु ॥ ७९ ॥

१ कुं पृथ्वीं धरन्ति ते कुध्राः पर्वतास्तेषामिनः स्वामी हिमाचलस्तस्य सूः पुत्री पार्वती तां प्रीणातीति प्रीर्महादेवस्तस्य नयनस्य आश्रयाशो नेत्रवह्निस्तेन दग्धो यः कामस्तेन उन्मदा उन्मत्ताः. २ दर्दुराणां मण्डूकानां हर्षकालो वर्षाकालस्तस्मिन्. ३ स्वस्माज्जन्म येषां तानि स्वजन्मानि स्वापत्यानि तानि भक्षयन्ति ते स्वजन्मभक्षाः सर्पास्त एव प्रिया भोजनस्य आशा येषां ते ईदृशाः.मयूरा इत्यर्थः.४अत्र भीमानुजगोजभाजः इत्यस्य भीमानुजोऽर्जुनस्तत्संज्ञका ये गोजाः गोः पृथिव्या जायन्ते ते गोजा वृक्षास्तत्सेविनः स्फुटितार्जुनवृक्षा येनाधितिष्ठन्त इति यावदित्यर्थः. एषा टीका विदग्धमुखमण्डनेऽपि न्यूनैव. ५ सविषे गले. ६मलयस्थचन्दनेष्वनिशं सर्पनिवासात्तच्छ्वाससंपृक्तस्य वायोः सविषत्वात्तत्पानेन झटिति मे मरणं स्यादिति बुद्ध्या तं पपाविति गूढाशयः. ७ कान्ता हारे रुचिं धत्ते, मुनिजनो हरे रुचिं धत्ते, अवियोगी तरुणो हिमकरे रुचिं धत्ते, कामो मकरे निजचिह्नभूते रुचिं धत्ते,रत्नमणिरुज्ज्वलकङ्कणेन सह करे कुचभूषणेन सह पयोधरयुगे च रुचिं धत्ते. ८ स पद्मनाभः पद्मया सह फणिनं शेषमधिशेते. यस्य नयनाभ्यां चन्द्रसूर्यलक्षणाभ्यां कैरवं पङ्कजं च विकसति.यस्य चरणाम्बु गङ्गाजलं पयोधेर्ब्रह्मचर्यं श्लथयति दूरीकरोति गङ्गायाः समुद्रपत्नीत्वात्. यस्योरसि श्रेयसां संप्रदायः कौस्तुभमणिर्लसति. एवंविधः पद्मनाभः फणिनमधिशेते. ९ अहिः सर्पस्तद्रिपुर्गरुडस्तत्पतिर्विष्णुस्तत्कान्ता लक्ष्मीस्तत्तातः समुद्रः स सम्यग्बद्धो येन स रामस्तत्कान्ता जानकी तस्या हरो हर्ता रावणस्तत्तनयः इन्द्रजित्तन्निहन्ता लक्ष्मणस्तत्प्राणदाता हनूमान्स ध्वजे यस्यैतादृशोऽर्जुनस्तस्य सखा कृष्णस्तत्सुतो मदनस्तत्सुतोऽनिरुद्धस्तत्कान्ता उषा तत्तातो बाणासुरस्तस्य सम्यक्पूज्यः शिवस्तत्कान्ता पार्वती तत्पिता हिमालयस्तच्छिरसि पतन्ती जाह्नवी भागीरथीत्यर्थः.

उदितवति परस्मिन्प्रत्यये शास्त्रयोनौ गतवति विलयं च प्राकृतेऽतिप्रपञ्चे । सपदि पदमुदीतं केवलः प्रत्ययो यस्त-दियमिति च वक्तुं कः क्षमः पण्डितोऽपि ॥ ८० ॥ हरिद्रायां राहुप्रसरपिहितेच्छापरिषदि प्रयुक्तालंकृत्यै वियुतगरुतां दुर्गकुरटीम् । वयं सार्कोपेताः प्रहर इति सेनाधिपकृतामामात्येभ्यो लेखां प्रति दिशति सिंहक्षितिपतिः[1] ॥ ८१ ॥ [2]गता सा किं स्थानं पथि सह तया का स्थितवती नृपेणेत्थं पृष्टा सखि चतुरदूती स्थितवती । विलोक्यालंकारं निजमथ च शाकं नरपतिं निराकाङ्क्षं चक्रे कथय कथमेतत्प्रभवति ॥ ८२ ॥ [3]स्नानान्ते नो हारो रजतगिरिमूले न धनदः सुकेशीनां मध्ये विहरति न कामो नवयुवा । रसान्ते नैवाब्धिर्विबुधनगरीसीम्नि न सुरस्तथान्यस्मिन्पद्ये स्फुटमवतु दैवं किमपि नः ॥ ८३ ॥ काचिद्बाला [4]रमणवसतिं प्रेषयन्ती करण्डं सा तन्मूले सभयमलिखद्व्यालमस्योपरिष्टात्[5] । गौरीनाथं[6] [7]पवनतनयं [8]चम्पकं

१ सिंहक्षितिपतिः सेनाधिपकृतां लेखां अमात्येभ्यः प्रधानेभ्यः प्रति दिशति कथयति इति. लेखां प्रतीति किम्. वयं सार्कोपेताः अर्कशब्देन इनः लक्ष्यते सयुक्तः इनः सेनोपेताः हरिद्रायां निशायां राहुप्रसरपिहितेच्छापरिषदि सत्याम्. राहुशब्देन तमः, पिहितशब्देनाच्छादनम्. इच्छाशब्देन आशा दिशा, परिषच्छशब्देन मण्डलम्. प्रयुक्तो योऽलंकारः हारः तस्य कृत्यै प्रहारार्थम्. वियुतगरुताम्. गरुत्पक्ष उच्यते, विकारयुक्तानां पक्षाणां विपक्षाणाम्. दुर्गकुरटीम्. कुरटीशब्देन नगरी लक्ष्यते, दुर्गनगरीं प्रहर इत्यर्थः. २ कश्चिद्राजा कांचिन्नायिकां स्वगृहमानयत्. ततश्च तद्भर्तारमागतं दृष्ट्वा तां स्वगृहं प्रापयितुं दूतीमाज्ञापयति स. सा च दूती तां स्वगृहं प्रापय्य पुना राजनिकटे आगत्य स्थितवती. तां प्रत्याह राजा. सा किं स्वस्थानं गता. गतवत्या तया सह पथि मार्गे का स्थितवती. एवं राज्ञा पृष्टा चतुरा दूती स्थितवती सती निजमलंकारं 'पोहोंची' इति महाराष्ट्रभाषाप्रसिद्धं तथा शाकं 'मेथी' इति महाराष्ट्रभाषाप्रसिद्धं शाकविशेषं चावलोक्य तावन्मात्रेणैव. नरपतिं निराकाङ्क्षमुत्तरविषये आकाङ्क्षारहितं चक्रे. एतदलंकारशाकावलोकनं कथं प्रभवति राज्ञो नैराकाङ्क्ष्यसंपादने कथं समर्थं भवतीति कथयेति कविप्रश्नः. अत्र प्रथमप्रश्नस्य प्राप्तेत्यर्थकं 'पोहोची' इति हिन्दीभाषयोत्तरम्. द्वितीयप्रश्नस्य तु अहमासमित्यर्थकं 'मे थी' इति हिन्दीभाषयोत्तरमिति तात्पर्यं बोध्यम्. ३ ?. ४ प्रियनिवासम्. ५ करण्डस्थितपुष्पसौरभं गन्धवाहो हरेदिति तद्भक्षकं सर्पम्. ६ पुष्पबाणो बाणार्थं हरेदिति तद्वैरिणं शिवम्. ७ सूर्यः पुष्पं स्वकरैः शोषयेदिति जन्मकाले एव भक्ष्यबुद्ध्या हर्तुं प्रवृत्तं भयजननाय हनूमन्तम्. ८ तन्मकरन्दं भृङ्गो हरेदिति चम्पकमलिखदिति भावः. चम्पके भृङ्गा न गच्छन्तीति प्रसिद्धेः.

चास्य भावं पृच्छत्यार्यान्प्रति कथमिदं मल्लिनाथः कवीन्द्रः ॥८४॥ [1]सर्वज्ञः सन्वदसि बहुधा दीयते दीयते वै दाधातूनां भवति सदृशं रूपमेषां चतुर्णाम् । द्वौ दानार्थौ भवति च तथा पालने खण्डने वा नो जानीमः कथयति भवान्कस्य धातोः प्रयोगम् ॥ ८५ ॥ [2]चञ्चद्द्वादशनीलनीरजयुतं सप्ताम्बुजोद्भासितं नित्यं षोडशशोणपद्मरुचिरं धात्रानिशं सेवितम् । क्षीराम्भोधिगृहं सहस्रदलसत्पर्यङ्कविश्रान्ति यत्पायाद्वः कमलाङ्गसङ्गिशयनं तन्नीलरोचिर्महः ॥ ८६ ॥ [3]रामं वानरवाहिनीं पुररिपुं राहुं रवेः सारथिं कुम्भीगर्भसमुद्भवं मुररिपुं मारस्य मौर्वीरवम् । तन्वी नूतनपल्लवैर्विरचिते शय्यातले शायिनी सख्या वीजिततालवृन्तपवना बाला मुहुर्निन्दति ॥ ८७ ॥ [4]सत्यासक्तमनाः

१ त्वं सर्वज्ञः सन् बहुधा वारंवारं दीयते दीयते इति वदसि. दीयते इति रूपं चतुर्णामपि दाधातूनां सदृशं भवति. तन्मध्ये द्वौ दानार्थौ; दाण् दाने, डुदाञ् दाने, इति. एकः पालने; देङ् रक्षणे इति. एकः खण्डने; दोऽवखण्डने इति. एतन्मध्ये भवान्कस्य धातोः प्रयोगं कृत्वा वदति तं न जानीमः. २ तन्नीलरोचिः श्यामप्रभं महस्तेजः कृष्णलक्षणं वो युष्मान्पायात्. तत्किंभूतम्. कमलाङ्गसङ्गिशयनं लक्ष्मीसनाथं शय्यम्. पु० किं०. सहस्रदलसत्पर्यङ्कविश्रान्ति सहस्रफणदिव्यशयनशेषस्थितम्. पु० किं० क्षीराम्भोधिगृहं दुग्धसमुद्रनिवासम्. पु० किं० धात्रा नाभिसरोरुहस्थेन ब्रह्मणा अनिशं सेवितमध्यासितम्. पु० किं०. षोडशशोणपद्मरुचिरं षोडशारुणकमलमनोहरम्. षोडशशोणपद्मानां विवृतिः—विष्णोश्चत्वारो हस्ताः द्वौ चरणौ. तावन्त एव ब्रह्मणः. द्वौ करौ द्वौ चरणौ लक्ष्म्याः. इत्येवं षोडशशोणपद्मरुचिरम्. पु० किं०. नित्यमविनाशि. पु० किं०. सप्ताम्बुजोद्भासितं सप्तकमलशोभितम्. सप्ताम्बुजानां विवृतिः—चत्वारि मुखानि ब्रह्मणः. एकं नाभिसरोरुहम्. एकं विष्णोर्मुखम् एकं लक्ष्मीमुखम्. इत्येवं सप्ताम्बुजोद्भासितम्. पु० किं०. चञ्चद्द्वादशनीलनीरजयुतं शोभमानद्वादशनीलोत्पलयुक्तम्. द्वादशनीलनीरजानां विवृतिः—अष्टौ नयनानि ब्रह्मणः द्वे विष्णोः द्वे लक्ष्म्याः. इत्येवं द्वादशनीलनीरजयुतम्. ३ कोकिलरक्षककाकावशेषत्वाद्रामम्. मलयाद्यवशेषणाद्वानरवाहिनीम्. मन्मथावशेषणात्पुररिपुम्. चन्द्रावशेषणाद्राहुम्. रवेः शीघ्रमस्ताद्रिप्रापणेन रात्रिसंपादनादनूरुम्. चन्द्रोत्पादकसमुद्रावशेषणादगस्त्यम्. मन्मथोत्पादनान्मुररिपुं निनिन्देति भावः. कोकिलादीनां कामोद्दीपकत्वं रसशास्त्रे प्रसिद्धम्. ४ अयं भवतां सङ्गः कृष्णेन रुद्रेण वा साम्यं प्रयातु प्राप्नोतु. किंभूतेन कृष्णेन. अर्थवशाद्विपरिणामः. किंभूतः. सत्यासक्तमनाः सत्यभामायामासक्तं मनो यस्यासौ. नामैकदेशे नामग्रहणम्. प्रवृद्धो नरकासुरस्तं छिनत्तीति. द्विजानां पक्षिणामिन्द्रो गरुडस्तस्याश्रयः सेव्यः युक्तान्यनेकमुखानि यस्य ब्रह्मणस्तस्य उद्भवो यस्मात्कमलात्तत् यस्यास्पदम्. अलमत्यर्थं

प्रवृद्धनरकच्छेदी द्विजेन्द्राश्रयो युक्तानेकमुखोद्भवास्पदमलं श्रीर्यत्र संराजते। योगंगां च बिभर्ति यश्च सशिवो यः कामदेहाश्रयः सङ्गः साम्यमयं प्रयातु भवतां कृष्णेन रुद्रेण वा ॥ ८८ ॥ [१]येन ध्वस्तमनोभवेन बलिजित्कायः पुरा स्त्रीकृतो यो गंगां च दधेऽन्धकक्षयकरो यो बर्हिपत्रप्रियः। यस्याहुः शशिमच्छिरोहर इति स्तुत्यं च नामामराः सोऽव्यादिष्टभुजंगहारवलयस्त्वां सर्वदो माधवः॥८९॥ [१]यो व्योमाडिनगोऽहरीड्डुपगोयुग्मः क्ष्मगाध्रोऽपभीर्भीमर्भ्वर्यसुकी रमारतरसो नाभ्यब्रुडासीनकः। द्योसच्चम्ववनम्यपत्सलिलजो वार्धिस्वपोऽष्टार्धदोराद्यो गद्यसिवाड्घादमृतपाः पायात्स वः कंदभाः ॥ ९० ॥ [२]लेक्ष्मीवन्कृतकूरसू रणद-

---

यत्र श्रीर्लक्ष्मी राजते. योऽगं गोवर्धनं गां पृथ्वीं च बिभर्ति. शिवेन सह वर्तमानः 'विष्णोश्च हृदयं शिवः' इति वचनात् यः कामदेहः प्रद्युम्नस्तस्याश्रयः॥ किंभूतो रुद्रः सत्यामासक्तं चित्तं यस्य 'उमा गौरी सती चण्डी' इत्यभिधानात्. प्रबुद्धं यन्नरस्य ब्रह्मणः कं शिरस्तस्य छेत्ता. द्विजानां ब्राह्मणानामिन्द्रश्चन्द्रस्तस्याश्रयः. अनेकमुखानामुद्भवो यस्य कार्तिकेयस्य तदास्पदम्. श्रीर्यत्र संराजते निधिपतित्वात्. यो गङ्गां बिभर्ति. यः शिवया पार्वत्या सह वर्तमानः कामं द्यति खण्डयति एवंविधा या ईहा तस्या आश्रयः॥ किंभूतः सङ्गः. सत्या सूनृता वाक् तत्र लग्नं मनो यस्य सः प्रवृद्धं यन्नरकं दुःखं तस्य नाशकः. द्विजेन्द्रा ब्राह्मणास्तेषामाश्रयः युक्तानि योग्यानि यानि अनेकमुखानि तेभ्यः उद्भवो यस्या धर्मवार्तायाः तस्या आस्पदम्. यत्र श्रीः शोभा राजते. यो गां वाणीं धत्ते. कामं ददातीति कामदा ईहा इच्छा तदाश्रयः.

१ त्वां सर्वदा स उमाधवोऽव्याद्रक्षतु. सः कः येन बलिं जितवानिति बलिजिद्विष्णुस्तस्य कायः शरीरं पुरा त्रिपुरवधकालेऽस्त्रीकृतोऽस्त्रत्वेन संपादितः. किंभूतेन. ध्वस्तो मनोभवो मारो येन ध्वस्तमदनः. पु० स कः०. यो गङ्गां दधे. पु० की०. अन्धकनामा दैत्यस्तस्यान्तकरः. पु० की०. यो बर्हीं मयूर एव पत्रं रथो यस्य सः स्कन्दः प्रियो यस्य सः. पु० की०. स्तुत्यमीड्यं नाम यस्य अमरा इति आहुः. इतीति किम्. हर इति. किंभूतः. शशिमच्छिरः. शशिरस्ति यस्मिंस्तच्छशिमत् तादृशं शिरो यस्य सः, हाराश्च वलयानि च हारवलयम्. इष्टाश्च ते भुजंगाश्च इष्टभुजंगाः ते हारवलयानि यस्य सः. इष्टा वल्लभा भुजंगाः सर्पा हारः कण्ठभूषणं वलयं कटकं बाहुभूषणमित्यर्थः. यद्वा इष्टानि भुजंगा एव हारवलयानि यस्येति ॥ हरिपक्षे—सर्वं ददातीति सर्वदः स माधवो लक्ष्मीपतिः मा लक्ष्मीस्तस्या धवो भर्ता माधवः त्वामव्यात्. सः कः. येन भवेनेत्युत्पन्नमात्रेण धृतविग्रहेणेत्यर्थः. अनो ध्वस्तं शकटाकृतिं दनुजं हतवानित्यर्थः. अथवा अभवेनेति घोरसंसारसागरे प्राक्तनकर्मानुसारेण विद्यते भवो जन्म यस्य सः. तेन कृष्णलीलामृतविग्रह इति. पु० स कः. येनामृतविभागार्थं रुद्रमोक्षार्थं वा बलिजिच्चासौ कायश्चेति पुरा स्त्रीकृतः स्त्रीभावं प्रापितः. पु० की० यः अगं गोवर्धनम् गां पृथ्वीं च दधे. पु० की०. यः अन्धे अगाधे के जले क्षयं गृहं करोतीति. विष्णुस्तु जलशायीति. पु० की० बर्हिणो मयूरस्य पत्राणि बर्हीणि पिच्छानि प्रियाणि वल्लभानि यस्य सः. पु० की०. अमरा यस्य इति स्तुत्यं नाम आहुः. इतीति किम्. शशिमच्छिरोहर इति. शशिनं चन्द्रं मश्नातीति शशिमत् राहुः तस्य शिरः हरतीति सः. तथा इष्टः भुजंगहा गरुडो यस्य सः. तथा अरं सुदर्शनं वलयं यस्य सः. तथा रवे परब्रह्मणि लयो यस्य सः रवलयः इति.

१ कं जलं ददातीति कंदास्तेषां भा इव भा यस्य सः श्रीकृष्णो वो युष्मान्पायाद्रक्षतु. सः कः. यः व्योमाडिनगः व्योमाटां पक्षिणां इनो गरुडस्तेन गच्छतीति सः. तथा अह्नां ईट् अहरीट् सूर्यः उडुपश्चन्द्रस्तौ गोयुग्मं नेत्रद्वयं यस्य सः. तथा कुः पृथ्वी अगाः गिरयः तान्धरतीति तथा. अपगता भीर्भयं यस्मात्स तथा. पु० क०. भीमर्भ्वर्यसुकीः. ऋभूणां देवानां अरयः ऋभ्वरयः भीमाश्च ते ऋभ्वरयश्च भीमर्भ्वरयः भीमर्भ्वरीणां असून् प्राणान् किरतीति सः. ऋभवः अरयः तेषामरयो दैत्या भीमाश्च ते ऋभ्वरयश्च भीमर्भ्वर्यश्च तेषामसून् किरति कलेवराद्वियोजयति तथा. तथा रमा लक्ष्मीः तस्या रते क्रीडायां रस आसक्तिर्यस्य सः. अप्सु रुहति इति अब्रुट् कमलं नाभावब्रुटि आसीनः कः ब्रह्मा यस्येति तथा. पु० क० द्योसदां देवानां चम्वा संघेन अवनम्यं पत्सलिलजं चरणकमलं यस्य. वार्धौ स्वपितीति तथा. अष्टार्धं चत्वारो दोषा बाहवो यस्य. आद्यः अनादिरित्यर्थः. गदी गदाधरः. असिं खड्गं वहति. मोक्षं ददाति. २ हे लक्ष्मीवन्, त्वं मां सेवकं अव्याः रक्ष. कथंभूतस्त्वम्. कृतकूः कृतं कोः पृथिव्याः ऊः अवनं रक्षणं येनासौ. पु० क०. असूः. सूयते उत्पद्यते असौ सूः न सूः असूः अज इत्यर्थः. पु० क०. रणदहिन् रणं संग्रामं ददति ते रणदाः शत्रवस्तान्हिनस्ति असौ. शत्रुहा इत्यर्थः. पु० क०. दूधक्. दुवं दुःखं दहतीति दूधक्. पु० क०. क्षमः क्षमास्यास्तीति सः. पु० क०. पापडी. डलयोरभेदात् पापली. पापं लुनातीति सः. पु. क०. इलाट्ट इलायां पृथिव्यां अटतीति इलाट्. पुरा वामनादिरूपेण बलेः सकाशं प्राप्तः. उक्तं च—'बहवो मां न जानन्ति मम मायाविमोहिताः। सदाहं द्विजरूपेण विचरामि महीतले ॥' इति भारतवचनात्. पु० क०. विविभुना ऊढः वीनां पक्षिणां विभुर्गरुडस्तेन ऊढः वाह्यमान इत्यर्थः पु० क०. अकलघी. अकं दुःखं लङ्घयतीति अकलघीः. पु० क०. अवलाञ्छन अवगतं लाञ्छनं यस्य सः अवलाञ्छनस्तस्य संबुद्धौ हे अवलाञ्छन. अवाप्योरुपसर्गयोरकारलोपः. पु० क०. वडी. बवयोः डलयोश्च सावर्ण्यात् बली. बलमस्यास्तीति सः. पु० क०. खाजाम्बुदालीरुचिः. खे आकाशे अजन्ति गच्छन्ति ते खाजाः गगनचराः. ते च ते अम्बुदाश्च तेषामालिः पङ्क्तिस्तस्या रुचिरिव रुचिर्यस्यासौ. घनश्याम इत्यर्थः. पु० क०. मल्लाशाकरखण्डनः. मल्लाश्चाणूरादयस्तेषामाशा वाञ्छा तस्या आकरः समूहः तं खण्डयतीति सः मल्लेच्छासमूहनाशने इत्यर्थः. पु० क०. क्षीरावसः क्षीरे क्षीर-

हिन्वूधकक्षमः पापडीलाडूढोऽकलघी वडांछन वडी खाजा-
म्बुदालीरुचिः । मडुाशाकरखण्डनो विविभुना क्षीरावसा-
तुल्य मां सासूं हालितडिन्निभाङ्गवसनोऽव्याः सेवकं सार-
वान् ॥ ९१ ॥ खोटीच्छाशिपलेहपापडवडीर्ष्यारोडभाजी
गणो यद्भक्तोऽनिमिषीव वा कुलचणा ध्यायन्ति यां यो-
गिनः । कालाभीलकरालभूखलमहादैत्येन्द्रमाथार्थिनी सा
सासूयरसा तवाघतटये स्तात्कर्ममोटी चिरम् ॥ ९२ ॥
सूदारा उलपाडिमेखलतटी कच्छोटजा बिभ्रती पूता
रेभरलीननीलजसभा नागीव पातालगा । खाधोऽसावज-

कालियारिहरिणव्याधैः समं पीडितामामोघोघरवाघवा-
रणपदं मन्दाकिनी वः क्रियात् ॥ ९३ ॥ जायन्ते नव
सौ तथामि च नव भ्यांम्भिसभ्यसां संगमे षट्संख्यानि
षडेव सुप्यथ शसि त्रीण्येव तद्वज्जसि । चत्वार्यन्यवचःसु
यस्य विबुधाः शब्दस्य रूपाणि तज्जानन्ते यदि शक्तिरस्ति
गदितुं षाण्मासिकोऽत्रावधिः ॥ ९४ ॥ मुद्गीदालिसुशालितू-
अरतणीगावं सुदुग्धं घृतं नीकादूहपलेहपापडवडी कोरी-
वधारीमडा । मूलाकोठकुठीवडा च कपिटाटीटीदुराचीभडा
आदासूरणरायताद्यदिवडा कुर्वन्तु वो मङ्गलम् ॥ ९५ ॥
वाश्चारेड्ध्वजधग्धृतोडधिपतिः कुभ्रेड्जजानिर्गणेङ्गोराडारु-
डुरःसरेडुरुतरग्रैवेयकभ्राडरम् । उड्वीडुङ्नरकास्थिधृक्त्रिदृ-
गिभेडार्द्राजिनाच्छच्छविः स स्तादम्बुमदम्बुदालिगलरुग्देवो
मुदे वो मृडः ॥ ९६ ॥

क्रियागुप्तादयः ।

क्रियागुप्तम् ॥ आगतः पाण्डवाः सर्वे दुर्योधनसमी-
हया । तस्मै गां च सुवर्णं च रत्नानि विविधानि च ॥ १ ॥
निरुद्यमानवद्याङ्ग्याचकान्दुःखसंचयान् । अत्र क्रियापदं
गुप्तं यो जानाति स पण्डितः ॥ २ ॥ प्रातः प्रातः समुत्थाय
द्वौ मुनी च कमण्डलू । अत्र क्रियापदं वक्तुमवधिर्ब्रह्मणो
वयः ॥ ३ ॥ ललाटतिलकोपेतः कृष्णः कमललोचनः ।
गोकुलेऽत्र क्रियां वक्तुं मर्यादा दशवार्षिकी ॥ ४ ॥ पम्पा-
सरसि रामेण सस्नेहं सविलासया । सीतया किं कृतं सार्ध-
मत्रैवोत्तरमीक्ष्यताम् ॥ ५ ॥ राजन्नवघनश्याम निस्त्रिं-

समुद्रे आसमन्ताद्भावेन वसतीति तस्य संबुद्धौ हे क्षीरावसः. हे अतुल्य. नास्ति तुल्यो यस्य सः तस्य संबोधने. कीदृशं माम्. सासुम्. असवः प्राणास्तैः सह वर्तमानम्. पु० क०. अलितडिन्निभाङ्गवसनः. अङ्गं च वसनं च अङ्गवसने. अलिश्च तडिच्च अलितडितौ तयोर्निभेव निभा ययोस्ते. अलितडिन्निभे अङ्गवसने यस्यासौ अलितडिन्निभाङ्गवसनः. पु० क०. सारवान् सारो बलमस्यास्तीति सः. पालनसमर्थ इत्यर्थः.

१ सा कर्ममोटी चामुण्डा तवाघटतये अघहरणाय स्तात् अस्तु. कथंभूता सा. सासूयरसा. असूया कोपस्तस्य रसः. तेन राजमाना. कथंभूता सा. कालाः कृष्णवर्णाः भीलाः भीषणाः तेभ्योऽपि करालाः. अतिरौद्रा इत्यर्थः. भुवि खलाः भूखलाः दुर्जनाः ते च ते महादैत्याश्च तेषां माथो मथनं तमर्थयतीति एवंविधा तथा वा कुलचणाः कुलख्याताः योगिनः ध्यायन्ति तथा यद्भक्तो गणः यस्याः सेवको गणः यत्प्रसादेनानिमिषीव देवराज इव. वर्तते इति वाक्यशेषः. तामेव विशिनष्टि. खे वियत्यटतीति खाटी. इच्छया अश्नातीति इच्छाशी. पले आमिषे ईहा स्पृहा अस्येति पलेहः. तथा डलयोरैक्यात् पापं लुनातीति पापडः. बवयोस्तथैक्यात् बलमस्यास्तीति बली. तथा ईर्ष्यया रोलं लोलं भजते इति स चासौ स च इति कर्मधारयः. २ उलपानि हरिततृणानि तेषामालिः पङ्क्तिः सैव मेखला काञ्ची यस्यास्तद्विधा तटी भूगुर्यस्याः सा. तथा कच्छे जलप्राये देशे उटजानि पर्णकुटीः बिभ्रती बिभ्राणा. तथा पूता पावना. तथा रेभः शब्दः तं राति अङ्गीकरोतीति रेभरा सशब्दा. मुखरा इत्यर्थः. तथा लीनानां एकान्तगतानां नीरजानां पङ्क्तिरथानाम्. हंसचक्रवाककलहंसादीनामित्यर्थः. सभा परिषत् सभा यस्याः सा. तथा खाधः अम्बरादधः नागीव पातालगा. भोगवती इत्यर्थः. तथाजो ब्रह्मा कालियारिः हरिणव्याधो हरः तैः समं सहैव. युगपदित्यर्थः. पीडितावगाहितेत्यर्थः. तथा मा मीयते इति मा तद्विरुद्धा. इयत्ताशून्या इत्यर्थः. अमोघो नृणां मोक्षप्रदः ओघरवः स्रोतोध्वनिर्यस्याः सा. तथा एवंगुणविशिष्टा मन्दाकिनी सूदारा सुतरां उदारा वो युष्माकं इति शेषः. अघवारणपदं अघवारणस्य पदं अवस्थितिं क्रियात् करोतु. यद्वा वो युष्मान् अघवारणपदं अघवारणसमर्थानित्यर्थः.

(१) यः धनसमीहया धनेच्छया आगतस्तस्मै सर्वे पाण्डवाः गां च सुवर्णं च विविधानि रत्नानि च 'अदुः' ददति स्म. (२) निरुद्यमान्याचनोद्योगहीनानपि याचकान् अव रक्ष. दुःखसंचयान् द्य खण्डय. (३) 'प्रातः' इति क्रिया. प्रा पूरणे लट्. प्रथमपुरुषद्विवचनम्. (४) 'ललाट' इति. लट बाल्ये. लिट्. (५) 'सस्ने' इति. ष्णा शौचे. कर्मणि लिट्.

१ गवाक्शब्दस्येत्यर्थः. २।३ वार्षु चरन्ति तेषां ईट् स्वामी मकरः स ध्वजो यस्य तं कामं दहतीति वाश्चारेड्ध्वजधक्. धृत उडूनां नक्षत्राणामधिपतिर्येन कुं पृथ्वीं धरन्ति तेषामीट् हिमालयस्तस्माज्जाता पार्वती सा जाया यस्य सः कुभ्रेड्जजानिः. गणानां प्रमथानामीशः. गवां राजा नन्दी तमारोहतीति आरुट्. उरसा सरन्ति ते भुजंगास्तेषामीट् स एवोरुतरं ग्रैवेयकं कण्ठभूषणं तेन अरमत्यन्तं भ्राजते तथा. उडूनामीशस्य रुक् यस्य सः. नरकपालास्थिधारकः. त्रिनेत्रः. इभानां हस्तिनामीट् तस्यार्द्राजिनं तेनाच्छा छविर्यस्य सः मृडः देवः वः मुदे स्तात्. आशिषि 'अस भुवि' इत्यस्य लोटो रूपम्. अम्बु विद्यते येषां ते अम्बुमन्तः एतादृशा अम्बुदा मेघास्तेषामालिर्माला सेव कण्ठच्छविर्यस्य एतादृशः.

शाकर्ष दुर्जय । आकल्पं वसुधामेतां विद्विषो द्य रणे बहून्
॥ ६ ॥ कान्तया कान्तसंयोगे किमकारि नवोढया ।
अत्रापि चोत्तरं वक्तुमवधिर्ब्रह्मणो वयः ॥ ७ ॥ दामोदराय
पुण्यात्मन्पुष्पमूलफलान्यपि । अत्र क्रियापदं गुप्तं यो जा-
नाति स पण्डितः ॥ ८ ॥ विराटनगरे राजन्कीचकादु-
पकीचकम् । अत्र क्रियापदं गुप्तं यो जानाति स पण्डितः
॥ ९ ॥ कान्तं विना नदीतीरं मदमालोक्य केकिनी ।
अत्र क्रियापदं गुप्तं यो जानाति स पण्डितः
॥ १० ॥ अम्लानपङ्कजा माला कण्ठे रामस्य सीतया ।
मुधा बुधा भ्रमन्त्यत्र प्रत्यक्षेऽपि क्रियापदे ॥ ११ ॥
नारसिंहाकृतिं वीक्ष्य वने मत्तमतंगजः । अत्र क्रियापदं
गुप्तं यो जानाति स पण्डितः ॥ १२ ॥ संध्यावन्दनवे-
लायां तडागान्ते द्विजोत्तमैः । अत्र क्रियापदं गुप्तं यो
जानाति स पण्डितः ॥ १३ ॥ पुंस्कोकिलकुलस्यैते
नितान्तमधुरारवैः । सहकारद्रुमा रम्या वसन्ते कामपि
श्रियम् ॥ १४ ॥ बिम्बाकारं सुधाधारं कान्तावदनपङ्क-
जम् । अत्र क्रियापदं गुप्तं मर्यादा दशवार्षिकी ॥ १५ ॥
राघवस्य शरैर्घोरैर्घोररावणमाहवे । अत्र क्रियापदं गुप्तं
मर्यादा दशवार्षिकी ॥ १६ ॥ पामारागाभिभूतस्य श्लेष्म-
व्याधिनिपीडित । यदि ते जीवितस्येच्छा तदा भोः शीतलं
जलम् ॥ १७ ॥

कर्तृगुप्तम् ॥ गौरीनखरसाहस्यश्रद्धया शशिनं दधौ ।
इहैव गोप्यते कर्ता वर्षेणापि न लभ्यते ॥ १८ ॥
अन्नवस्त्रसुवर्णानि रत्नानि विविधानि च । ब्राह्मणेभ्यो नदी-
तीरे ददाति व्रज सत्वरम् ॥ १९ ॥ राक्षसेभ्यः सुतां
हृत्वा जनकस्य पुरीं ययौ । अत्र कर्तृपदं गुप्तं मर्यादा
दशवार्षिकी ॥ २० ॥ श्यामौ तव स्तनावेतौ पिबन्ति
सततं मुदा । अत्र कर्तृपदं गुप्तं मर्यादा दशवार्षिकी
॥ २१ ॥ व्ययवासाः पञ्चशिरा यरिर्वीनारिभूषणः । असि-
रोमा क्रियादुर्वः शङ्खलायनवीक्षणः ॥ २२ ॥ व्यामोहं तव
भिन्दन्तु छिन्दन्तु दुरितानि च । कर्तृगुप्तमिमं श्लोकं
ये जानन्ति विचक्षणाः ॥ २३ ॥ न करोति नाम रोषं
न वदति परुषं न हन्त्ययं शत्रून् । रञ्जयति महीमखिलां
तथापि धीरस्य वीरस्य ॥ २४ ॥ शरदिन्दुकुन्दधवलं
नगपतिनिलयं मनोहरं देवम् । यैः सुकृतं कृतमनिशं तेषा-
मेव प्रसादयति ॥ २५ ॥

कर्मगुप्तम् ॥ शीकरासारसंवाहिसरोजवनमारुतः । प्र-
क्षोभयति पान्थस्त्रीनिःश्वासैरिव मांसलः ॥ २६ ॥ सुभग
तवाननपङ्कजदर्शनसंजातनिर्भरप्रीतेः । शमयति कुर्वन्दिवसः
पुण्यवतः कस्य रमणीयः ॥ २७ ॥ एहि हे रमणि पश्य
कौतुकं धूलिधूसरतनुं दिगम्बरम् । सापि तद्वदनपङ्कजं
पपौ भ्रातरुक्तमपि किं न बुध्यते ॥ २८ ॥

करणगुप्तम् ॥ पूतिपङ्कमयेत्यर्थं कासारे दुःखिता
अमी । दुर्वारा मानसं हंसा गमिष्यन्ति घनागमे ॥ २९ ॥
अहं महानसायातः कल्पितो नरकस्तव । मया मांसादिकं
भुक्तं भीमं जानीहि मां बक ॥ ३० ॥

---

(६) 'अव' इति. अव रक्षणे. 'द्य' इति च. दोऽवखण्डने. लोट्. (७) 'अत्रापि' इति. त्रपूष् लज्जायाम्. कर्मणि लुङ्. (८) हे दामोदर पुष्पमूलफलानि 'आय' आनय. 'इढकिढकटी' इत्यत्र प्रश्लिष्टस्य ईधातोराङ्पूर्वस्य लोटो रूपमिदम्. उपसर्गसमभिव्याहारेण आनयनार्थकत्वम्. (९) विः पक्षी कीचकाद्वेणोः कीचकान्तरं 'आट' बभ्राम. (१०) केकिनी मयूरी इरंमदं मेघज्योतिः' विद्युतमिति यावत्. आलोक्य 'विनानदीति'. विशेषेण पुनः पुनर्वा शब्दं करोतीत्यर्थः. (११) 'प्रत्यक्षेपि' क्षिप्ता. (१२) गजः सिंहस्याकृतिं वीक्ष्य 'नार' न जगाम. ऋ गतौ. कर्तरि लिट्. (१३) हे द्विजोत्तम 'ऐः' आगच्छ. (१४) 'अधुः' दधति स्म. (१५) पूर्वोक्तं कान्तावदनं 'दश' चुम्बस्वेति. (१६) हे राघव, त्वं रावणं आहवे शरैः कृत्वा 'स्य' मारय इति. (१७) भो श्लेष्मव्याधिनिपीडित, यदि जीवितस्येच्छा तर्हि शीतलं जलं 'मा पाः' मा पिबेति. (१८) इः कामस्तं हन्तीति 'इहा' ईश्वर इति.

(१९) हे ब्राह्मण, 'इभ्यः' समृद्धः (२०) राक्षसानां 'इभ्यः' स्वामी रावणः. जनकस्य सुतां सीतां हृत्वा पुरीं लङ्कां ययौ. (२१) 'श्यामौतवः' कृष्णमार्जाराः. (२२) 'उः' महादेवः. (२३) उः शिवः इः ब्रह्मा अः विष्णुः इत्यनेन व्यः इति जातम्. तस्य बहुवचने 'व्याः' हरविधिहरयः तव मोहं भिन्दन्तु दुरितानि छिन्दन्तु. ये कर्तृज्ञास्ते विचक्षणाः. (२४) अयं पुरुषो रोषं न करोति. परुषं कठोरं न वदति. शत्रून्न हन्ति. नामेति प्रसिद्धम्. तथापि अस्य वीरस्य 'धीः' अखिलां महीं रञ्जयति. (२५) यैरनिशं सुकृतं कृतं तेषामेव 'मनः' शरदिन्दुकुन्दधवलं नगपतिनिलयं देवं हरं प्रसादयति. (२६) पान्थस्त्रीनिःश्वासैर्मांसलः पुष्ट इवेत्युत्प्रेक्षा. शीकरासारसंवाहिजवनः मारुतो वेगवान्वायुः 'सः' प्रक्षोभयति. (२७) दिवसः 'शं' सुखं कुर्वन् अयति गच्छति. (२८) हे रमणि, एहि कौ पृथिव्यां 'तुकं' बालकं धूलिधूसरतनुं दिगम्बरं पश्य. (२९) दुष्टं वाः जलं दुर्वाः तेन 'दुर्वारा' कलुषितजलेन. (३०) महच्च तत् अनः शकटं च महानः तेन 'महानसा' महता शकटेन आयातः आगतः नरको मृत्युः.

संप्रदानगुप्तम् ॥ अम्भोरुहमये स्नात्वा व्रापीपयसि कामिनी। ददाति भक्तिसंपन्ना पुत्रसौभाग्यकाम्यया ॥ ३१ ॥ प्रशस्त्यायुक्तमार्गस्य तव संमानितां श्रिताः। स्पृहयन्ति न के नाम गुणरत्नालय प्रभो ॥ ३२ ॥

अपादानगुप्तम् ॥ शिलीमुखैस्त्वया वीर दुर्वारैर्निर्जितो रिपुः। बिभेत्यत्यन्तमलिनो वनेऽपि कुसुमाकुले ॥ ३३ ॥ सरसीतोयमुद्धृत्य जनः कंदर्पकारकम्। पिबत्यम्भोजसुरभि स्वच्छमेकान्तशीतलम् ॥ ३४ ॥

संबन्धगुप्तम् ॥ तूणेव मधुमासेऽस्मिन्सहकारद्रुमञ्जरी। इयमुन्निद्रमुकुलैर्भाति न्यस्तशिलीमुखा ॥ ३५ ॥ भानुर्वै जायते लक्ष्म्या सरस्वत्याथवा मता। अत्र षष्ठीपदं गुप्तं मर्यादा दशवार्षिकी ॥ ३६ ॥ प्राप्तमदो मधुमासः प्रबला रुक्मिप्रयतमोऽपि दूरस्थः। असती संनिहितेयं संहृतशीला सखी नियतम् ॥ ३७ ॥

अधिकरणगुप्तम् ॥ या कटाक्षच्छटापातैः पवित्रयति मानवम्। एकान्ते रोपितप्रीतिरस्ति सा कमलालया ॥ ३८ ॥ विपद्यमानता सिद्धा सर्वस्यैव निरूष्मणः। यथात्र भस्म पद्मां च निर्वाणं हन्त्ययं जनः ॥ ३९ ॥

आमन्त्रितगुप्तम् ॥ कमले कमले नित्यं मधूनि पिबतस्तव। भविष्यन्ति न संदेहः कष्टं दोषाकरोदये ॥ ४० ॥ सर्वज्ञेन त्वया किंचिन्नास्त्यविज्ञातमीदृशम्। मिथ्यावचस्तथा च त्वमसत्यं वेत्सि न क्वचित् ॥ ४१ ॥ पिबतस्ते शरावेण वारि कह्लारशीतलम्। केनेमौ दुर्विदग्धेन हृदये संनिरोपितौ ॥ ४२ ॥ वटवृक्षो महानेष मार्गमावृत्य तिष्ठति। तावत्त्वया न गन्तव्यं यावन्नान्यत्र गच्छति ॥ ४३ ॥

कर्तृक्रियागुप्तम् ॥ घनघनाघनकान्तिघनोऽघनुद्दनुजपुञ्जमिनात्रिजगुर्विगः। सकमलोऽपिनदर्धसमां क्रियामिह विलोकयितुं च सकर्तृकाम् ॥ ४४ ॥

कर्तृकर्मक्रियागुप्तम् ॥ भवानिशंकरोमेशं प्रति पूजापरायणः। कर्तृकर्मक्रियागुप्तं यो जानाति स पण्डितः ॥ ४५ ॥ वीरमत्यद्भुतं लोके किमहं वच्म्यतः परम्। कर्तृकर्मक्रियागुप्तं मर्यादा ब्रह्मणो वयः ॥ ४६ ॥

संधिगुप्तम् ॥ न मया गोरसाभिज्ञं चेतः कस्मात्प्रकुप्यसि। अस्थानरुदितैरेतैरलमालोहितेक्षणे ॥ ४७ ॥

समासगुप्तम् ॥ विषादी भैक्ष्यमश्नाति सदारोगं न मुञ्चति। रुष्टेनापि त्वया वीर शंभुनारिः समः कृतः ॥ ४८ ॥ नित्यमाराधिता देवैः कंसस्य द्विषतस्तनुः। मण्डलाग्रे गदाशङ्खं चक्रं जयति बिभ्रती ॥ ४९ ॥

लिङ्गगुप्तम् ॥ नितान्तस्वच्छहृदयं सखि प्रेयान्समागतः। त्वां चिराद्दर्शनप्रीत्या यः समालिङ्ग्य रंस्यते ॥ ५० ॥ कलिकालमियं यावदगस्त्यस्य मुनेरपि। मानसं खण्डयत्यत्र शशिखण्डानुकारिणी ॥ ५१ ॥

सुब्वचनगुप्तम् ॥ प्रमोदं जनयत्येव सदारा गृहमेधिनः। यदि धर्मश्च कामश्च भवेतां संगताविमौ ॥ ५२ ॥

---

(३१) अम्भोरुहमये इत्यत्र 'अये' इः कामः तस्मै. (३२) प्रशस्त्यायुक्तमार्गस्य इत्यत्र 'प्रशस्त्यै' कल्याणाय उक्तमार्गस्य. (३३) 'आलिनः' भ्रमरात्. (३४) 'सरसीतः' सरोवरात्. कं जलम्. (३५) उन्निद्रमुकुला 'एः' इति भिन्ने पदे क्रियेते. इः कामस्तस्य एः. (३६) भा कान्तिः. 'नुः' नरस्य. (३७) 'मासः' चन्द्रस्य. अदो मधु मद्यं प्राप्तम्. (३८) 'ए' कृष्णे 'कान्ते' भर्तरि. (३९) विपद्यमानता इत्यत्र 'विपदि' कष्टे. निर्गतः ऊष्मा द्रव्यरूपो यस्मात्तस्य निरूष्मणः. अमानता आदराभावः शान्तमूष्मरहितमित्यर्थः. (४०) कमले इत्यत्र 'कं अले' इति पदच्छेदः. हे 'अले' कं सुखं यथा स्यात्तथा पिबतस्तव. (४१) सर्वं जानातीति सर्वज्ञस्तस्य इनः स्वामी तत्संबोधनं हे सर्वज्ञेन पण्डितश्रेष्ठ. (४२) हे 'एण' मृग, कह्लारशीतलं वारि उदकं पिबत. ते हृदये केन दुर्विदग्धेन इमौ शरौ बाणौ संनिरोपितौ इत्यन्वयः. (४३) बवयोरैक्यात् हे 'बटो' ब्राह्मण, ऋक्षः भल्लूकः. आवृत्य रुद्धा.

(४४) घनः सान्द्रः स चासौ घनाघनः पर्जन्यश्च तस्य कान्तिस्तद्वत् घनः सुन्दरः. घनवत्सुन्दर इत्यर्थः. तथा अघनुत् अघहन्ता इनः सूर्यः अत्रिजश्चन्द्रः तावेव गावौ नेत्रयुग्मे यस्य सः. तथा विना गरुडेन गच्छतीति 'विगः'. कमलया लक्ष्म्या सह वर्तते इति. अतः विष्णुः रामावतारे कृष्णावतारे च दनुजपुञ्जं दैत्यनिचयं 'अपिनट्' चूर्णितवान्. अत्र श्लोके सकर्तृकां कर्त्रा सह वर्तमानां क्रियां क्रियापदं विलोकयितुं अर्धसमां अर्धवर्षं ददामीति श्लोककर्ता प्रतिज्ञां करोति. (४५) हे 'कर' 'उमेशं' प्रति अनिशं पूजापरायणो 'भव'. (४६) वीर, अहमत्यद्भुतं वीरं लोके पश्यामि अतः परं किं बच्मि. (४७) न निषेधः मे मम आगोरसाभिज्ञमिति पदच्छेदः मे चेतः आगोरसाभिज्ञं अपराधरसाभिज्ञं नेत्यर्थः. (४८) विषादी खिन्नः; (पक्षे) विषं कालकूटमत्तीति सः विषादी. तत्पुरुषसमासः. सदा सर्वदा रोगं व्याधिं न मुञ्चति. (पक्षे) दारैः सह वर्तमानः सदारः सस्त्रीकः अगं शैलं न मुञ्चति. तत्पुरुषसमासः. (४९) नित्यं देवैः आराधिता; (पक्षे) नित्यं मा लक्ष्मीर्यस्यां सा नित्यमा देवैः राधिता. बहुव्रीहिसमासः. (५०) अयं नितान्तमतिशयेन स्वच्छं निर्मलं हृत् हृदयं यस्य सः नितान्तस्वच्छहृत्. प्रेयान् समागतः पुंलिङ्गनिर्देशः. (५१) इयं अगस्त्यस्य वृक्षस्य कलिका अलमत्यन्तं मुनेर्मनः खण्डयति. स्त्रीलिङ्गनिर्देशः. (५२) सदाराः इत्यत्र 'राः' इति प्रथमैकवचनं सुबन्तम्. गृहमेधिनः इति षष्ठी.

तिङ्वचनगुप्तम् ॥ कस्मात्त्वं दुर्बलासीति सख्यस्तां परिपृच्छति। त्वयि संनिहिते तासु दद्यात्कथय सोत्तरम् ॥ ५३ ॥

मात्राच्युतकादयः।

मात्राच्युतकम् ॥ महाशयमतिस्वच्छं नीरं संतापशान्तये। खलवासादतिश्रान्ताः समाश्रयत हे जनाः ॥ १ ॥ तुषारधवलः स्फूर्जन्महामणिधरोऽनघः। नागराजो जयत्येकः पृथिवीधरणक्षमः ॥ २ ॥

बिन्दुच्युतकम् ॥ सुश्यामा चन्दनवती कान्ता तिलकभूषिता। कस्यैषानङ्गभूः प्रीतिं भुजंगस्य करोति न ॥ ३ ॥ यथा सत्प्रसवः स्निग्धः सन्मार्गविहितस्थितिः। तथा सर्वाश्रयः सत्यमयं मे वकुलद्रुमः ॥ ४ ॥

विसर्गच्युतकम् ॥ महीरुहो विहंगानामेते हृद्यैकलापिनाम्। विरुतैः स्वागतानीव नीरवाहाय कुर्वते ॥ ५ ॥ अगस्त्यस्य मुनेः शापाद्भ्रष्टस्यन्दनमास्थितः। महासुः खात्परिभ्रष्टो नहुषः सर्पतां गतः ॥ ६ ॥

अक्षरच्युतकम् ॥ महानपि सुधीरोऽपि बहुरत्नयुतोऽपि सन्। विरसः कुपरीवारो नदीनः केन सेव्यते ॥ ७ ॥ सुशीलः स्वर्णगौराङ्गः पूर्णचन्द्रनिभाननः। सुगतः कस्य न प्रीतिं तनोति हृदि संस्थितः ॥ ८ ॥

स्थानच्युतकम् ॥ तनोतु ते यस्य फणी गरुत्मान्पाणौ मुरारिर्दयिता च शय्या। नाभौ स्फुरन्भद्रमशुभ्रदेशः पद्मा गतिश्चक्रमसौ विधाता ॥ ९ ॥ हरः क्षयी तापकरः सुदेशः शान्तो हरिर्गोत्ररिपुर्विवस्वान्। चन्द्रो द्विजिह्वाश्रित इत्युपेक्ष्य लक्ष्म्या वृतः पातु विधिर्जगन्ति ॥ १० ॥

व्यञ्जनच्युतकम् ॥ भिक्षवो रुचिराः सर्वे रसाः सर्वजनप्रियाः। क्षमायामभिसंपन्ना दृश्यन्ते मगधे परम् ॥ ११ ॥ सत्याशीलदयोपेतो दाता सुचिरमत्सरः। जिनः सर्वात्मना सेव्यः पदमुच्चैरभीप्सता ॥ १२ ॥

च्युतदत्ताक्षरम् ॥ सदागतिहयोच्छ्रायस्तमसो वश्यतां गतः। अस्तमेष्यति दीपोऽयं विधुरेकः शिवे स्थितः ॥ १३ ॥ पूर्णचन्द्रमुखी रम्या कामिनी निर्मलाम्बरा। तनोति कस्य न स्वान्तमेकान्तमदनातुरम् ॥ १४ ॥ कूजन्ति कोकिलाः साले यौवने फुल्लमम्बुजम्। किं करोतु कुरङ्गाक्षी वदनेन निपीडिता ॥ १५ ॥

---

(५३) अतिशयेन पृच्छतीति परिपृच्छति. 'इति' यङ्लुगन्ते अन्ति परतो रूपमस्ति. इदमेव रूपमेकवचनं ज्ञायते. नतु बहुवचनेन इति. तिङ्वचनगुप्तम्.

(१) एकस्मिन्नर्थे 'नीरं' जलम्. द्वितीयेऽर्थे नीरशब्दस्य ईकारस्थाने अकारः क्रियते. तदा 'नरं' पुरुषं इत्यवशिष्यते. (२) एकस्मिन्नर्थे 'नागराजः' शेषः. द्वितीयेऽर्थे नागराज इत्यस्य आकारस्थाने अकारः क्रियते तदा 'नगराजः' हिमाचलः इति स्यात्. (३) एकस्मिन्नर्थे 'अनङ्गभूः' कामस्य स्थानं ईदृशी स्त्री. द्वितीयेऽर्थे अनुस्वारो लुप्यते तदा 'नगभूः' पर्वतस्य भूमिः इत्यवशिष्यते. (४) एकस्मिन्नर्थे 'अयं मे' मम 'वकुलद्रुमः' बवयोरैक्यात्. द्वितीयेऽर्थे अनुस्वारत्यागेन 'अयमेव कुलद्रुमः' इति स्थितम्. अयं पुमान् कुले द्रुम इव. द्रुमो वृक्षः. (५) एकस्मिन्नर्थे 'हृद्यैः' मनोहरैः विरुतैः शब्दैः. द्वितीयेऽर्थे विसर्गलोपे कृते 'हृद्यैकलापिनाम्' इति जातम्. हृद्यं सुन्दरं एकं अद्वितीयं लपन्ति वदन्ति ते हृद्यैकलापिनस्तेषां विहंगानाम्. (६) एकस्मिन्नर्थे 'महासुः' महान्तोऽसवः प्राणा यस्य सः 'खात्' आकाशात्. द्वितीयेऽर्थे विसर्गलोपे 'महासुखात्' महच्च तत्सुखं च तस्मात्. राज्यात्.

(७) एकस्मिन्नर्थे नदीनां इनः स्वामी 'नदीनः' समुद्रः. द्वितीयेऽर्थे नदीनः इत्यस्मात् नकारः सस्वरो लुप्यते तदा 'दीन' इति तिष्ठति. दीनशब्देन कृपणःधनी पुमान्. (८) एकस्मिन्नर्थे 'सुगतो' बुद्धः जिनः. द्वितीयेऽर्थे सुगत इत्यस्मात् गकारः सस्वरो लुप्यते तदा 'सुत' इति स्यात्. सुतः पुत्रः. (९, १०) एषां श्लोकानां मध्ये अर्थयोजनिकायां कृतायां सत्यां योजनिका स्थानान्तरे धृतास्ति. यो यस्य शब्दस्य अन्वयत्वेन लगति स शब्दस्तत्पार्श्वे धृतो नास्ति. (११) एकस्मिन्नर्थे 'भिक्षवः' श्वेताम्बराः. द्वितीयेऽर्थे भिक्षव इति पदात् भकारलोपः क्रियते तदा 'इक्षवः' गुडवृक्षाः. (१२) एकस्मिन्नर्थे 'जिनो' वीतरागः द्वितीयेऽर्थे जिन इत्यस्माज्जकारो लुप्यते तदा 'इन' इति स्थितम्. इनः स्वामी राजा वा. (१३) एकस्मिन्नर्थे 'दीपः'. द्वितीयेऽर्थे दीप इत्यत्र पकारं लुप्त्वा तत्स्थाने नकारो दीयते तदा 'दीन' इति. अयं दीनो विधुश्चन्द्रः एक एव शिवे स्थितः. (१४) एकस्मिन्नर्थे 'कामिनी' स्त्री. द्वितीयेऽर्थे 'यामिनी' रात्रिः. (१५) अत्र 'रसाले' इति वक्तव्ये 'साले' इति रश्च्युतः. 'वने' इत्यत्र 'यौवने' इति यौर्दत्तः. 'वदनेन' इत्यत्र 'मदनेन' इति मश्च्युतो वो दत्तः.

---

१ यत्र प्रश्ने मात्राबिन्दुविसर्गाणां च्युतकेषु कृतेषु सत्सु द्वितीयोऽर्थः प्रकटो जायते तन्मात्राच्युतकादिकम्. च्युतकशब्देन कुत्रचित्स्थाने नाशः, कुत्रचिद्विनिमयः.

१ कर्तृकर्मक्रियापदानां स्थानान्तरे धृतत्वात् अन्वयो दुर्लभो यस्य वृत्तस्य तत् स्थानच्युतकम्. २ 'स्फोटयित्वाक्षरं किंचित्पुनरन्यस्य दानतः। यत्रापरो भवेदर्थश्च्युतदत्ताक्षरं हि तत् ॥' इति.

अन्तरालापाः ।

कस्तूरी जायते कस्मात्को हन्ति करिणां कुलम् । किं कुर्यात्कातरो युद्धे मृगार्त्सिंहः पलायनम् ॥ १ ॥ कः खे चरति का रम्या का जप्या किं विभूषणम् ।को वन्द्यः कीदृशी लङ्का वीरमर्कटकम्पिता ॥ २ ॥ सीमन्तिनीषु का शान्ता राजा कोऽभूद्गुणोत्तमः । विद्वद्भिः का सदा वन्द्या अत्रै-वोक्तं न बुध्यते ॥ ३ ॥ युधिष्ठिरः कस्य पुत्रो गङ्गा वहति कीदृशी । हंसस्य शोभा का वास्ति धर्मस्य त्वरिता गतिः ॥ ४ ॥ भोजनान्ते च किं पेयं जयन्तः कस्य वै सुतः । कथं विष्णुपदं प्रोक्तं तक्रं शक्रस्य दुर्लभम् ॥ ५ ॥ पृथ्वी-संबोधनं कीदृक्कविना परिकीर्तितम् । केनेदं मोहितं विश्वं प्रायः केनाप्यते यशः ॥ ६ ॥ कः कुर्याद्भुवनं सर्वं कः समु-न्मूलयेद्द्रुमान् । किं प्रतीके भवेन्मुख्यं कः परत्रैति पुण्यताम् ॥ ७ ॥ भवत इवातिस्वच्छं कस्याभ्यन्तरमगाधमतिशिशि-रम् । काव्यामृतरसमग्नस्त्वमिव सदा कः कथय सरसः ॥८॥ वीरे सरुषि रिपूणां नियतं का हृदयशायिनी भवति । नभ-सि प्रस्थितजलदे का राजति हन्त वद तारा ॥ ९ ॥ भ्रम-रहितः कीदृक्षो भवतितरां विकसितः पद्मः । ज्यौतिषिकः की-दृक्षः प्रायो भुवि पूज्यते लोकैः ॥१०॥ प्रभवः को गङ्गाया न-गपतिरतिसुभगशृङ्गधरः। के सेव्यन्ते सेवकसार्थैरत्यर्थमर्थरतैः ॥११॥ अयमुदितो हिमरश्मिर्वनितावदनस्य कीदृशः सदृशः । नीलादिकोपलम्भः स्फुरति प्रत्यक्षतः कस्य ॥ १२ ॥ गैरि-कमनःशिलादिः प्रायेणोत्पद्यते कुतो नगतः । यः खलु न चलति पुरुषः स्थानादुक्तः स कीदृक्षः ॥ १३ ॥ कस्य मेरौ[1] दुरधिगमः कमले कः कथय विरचितावासः । कैस्तुष्यति चामुण्डा रिपवस्ते वद कुतो भ्रष्टाः ॥ १४ ॥ कं संजघान कृष्णः का शीतलवाहिनी गङ्गा । के दारपोषणरताः कं बल-वन्तं न बाधते शीतम् ॥१५॥ कः कौ के कं कौ कान् हसति च हसतो हसन्ति हरिणाक्ष्याः । अधरः पल्लवमक्षी हंसौ कु-न्दस्य कोरकान्दन्ताः ॥ १६ ॥ का शंभुकान्ता किमु च-न्द्रकान्तं कान्तामुखं किं कुरुते भुजंगः । कः श्रीपतिः का विषमा समस्या गौरीमुखं चुम्बति वासुदेवः ॥ १७ ॥ का लोकमाता किमु देहमुख्यं रतेः किमादौ कुरुते म-नुष्यः । को दैत्यहन्ता वद वै क्रमेण गौरीमुखं चुम्बति वासुदेवः ॥ १८ ॥ का शैलपुत्री किमु नेत्ररम्यं शुकार्भकः किं कुरुते फलानि । मोक्षस्य दाता स्मरणेन को वा गौरी-मुखं चुम्बति वासुदेवः ॥१९॥ के भूषयन्ति स्तनमण्डलानि कीदृश्युमा चन्द्रमसः कुतः श्रीः । किमाह सीता दशकण्ठ-नीता हारामहादेवरताततमातः ॥ २० ॥ रवेः कवेः किं समरस्य सारं कृषेर्भयं किं किमुशन्ति भृङ्गाः । खलाद्भयं विष्णुपदं च केषां भागीरथीतीरसमाश्रितानाम् ॥ २१ ॥ व्रजन्ति पद्मानि कदा विकासं प्रिया गते भर्तरि किं करोति । रात्रौ च नित्यं विरहाकुला का सूर्योदये रोदिति चक्रवाकी ॥ २२ ॥ सन्तश्च लुब्धाश्च महर्षिसंघा विप्राः कृषिस्थाः खलु माननीयाः । किं किं समिच्छन्ति तथैव सर्वे ने-च्छन्ति किं माधवदाघयानम् ॥ २३ ॥ का पाण्डुपत्नी गृहभूषणं किं को रामशत्रुः किमगस्त्यजन्म । कः सूर्यपुत्रो विपरीतपृच्छा कुन्तीसुतो रावणकुम्भकर्णौ ॥ २४ ॥ क-

---

(१) कस्तूरी कस्मात् जायते-मृगात्. करिणां कुलं को हन्ति—सिंहः. कातरो युद्धे किं कुर्यात्-पलायनम् इति योजना. (२) खे कः चरति-विः पक्षी. रम्या-रमा. जप्या-ऋक्. विभूषणम्—कटकम्. वन्द्यः-पिता. लङ्का-वीरमर्कटैर्हनूमदादिभिः कम्पिता नाशितेत्यर्थः. (३) चरणाद्यन्ताक्षरयोर्मेलनेनोत्तरम्. यथा सीता. रामः. विद्या. (४, ५) चतुर्थपादस्थपदत्रयेण प्रश्नत्रयस्यो-त्तरम्. (६) 'कविना.' हे को हे पृथ्वि. इना कामेन. क-विना काव्यकर्त्रा. (७,८) 'सरसः' तडागस्य. रसेन शृङ्गारादिना सह वर्तमानः. (९) 'तारा.' आरा चर्मप्रभेदिनी शत्रूणां मनसि दुःखरूपा. तारा नक्षत्रम्. (१०) 'भ्रमरहितः' भ्रमराणां भृङ्गाणां हितो हितकृत्. भ्रमेण मिथ्यामत्या रहितः शुद्धज्ञानवान्. (११) 'प्रभवः'. उत्पत्तिस्थानम्. महान्तः ईश्वराः. (१२) 'सदृशः'. समान इव दृश्यतेऽसौ. तुल्य इत्यर्थः. दृशा नेत्रेण सह वर्तमानः सदृक् तस्य सनेत्रस्य मनुष्यस्य. (१३) 'नगतः' नगात्पर्वतात् न गतः स न जगामेत्यर्थः.

(१४) 'कस्य' कं जलं तस्य. 'कः' ब्रह्मा. 'कैः' मस्तकैः. 'कुतः' पृथ्व्याः सकाशात्. पृथ्व्यधिकारात्पतिता इत्यर्थः. (१५) कृष्णः कं संजघान-कंसम्. शीतलवाहिनी गङ्गा का—काशी-तलवाहिनी. दारपोषणरताः के—केदारपोषणरताः. शीतं बलवन्तं कं न बाधते—कम्बलवन्तम्. (१६) हरिणाक्ष्याः कः कं हसति—अधरः पल्लवम्. कौ कौ हसतः—अक्षी हंसौ. के कान् हसन्ति—दन्ताः. कुन्दस्य कोरकान्. (१७, १८, १९) गौरी. मुखम्. चुम्बति. वासुदेवः गौरीमुखं चुम्बति वासुदेवः. भुजंगो जारः. (२०) हाराः महादेवरता. तमातः रात्रितः. हा राम, हा देवर, हा तात, हा मातः. (२१) भा कान्तिः. गीः वाणी. रथी योद्धा. ईतिः अनावृष्ट्यादिः. भृङ्गा रसं उशन्ति वाञ्छन्ति. आश्रितानाम्. भागीरथीतीरसमाश्रितानाम्. (२२) सूर्योदये. रोदिति. चक्रवाकी. (२३) मानम्. धनम्. वनम्. दानम्. घ-नम्. यानम्. माधवदाघयानं माधवे वैशाखे दाघः ऊष्मा त-स्मिन् यानं गमनं नेच्छन्ति. (२४)

[1] मरुदेशे.

रोति शोभामलके स्त्रियाः को दृश्या न कान्ता विधिना च कोक्ता । अङ्गे तु कस्मिन्दहनः पुरारेः सिन्दूरबिन्दुर्विधवाललाटे ॥ २५ ॥ किं भूषणं सुन्दरसुन्दरीणां किं दूषणं पान्थजनस्य नित्यम् । कस्मिन्विधात्रा लिखितं जनानां सिन्दूरबिन्दुर्विधवाललाटे ॥ २६ ॥ कीदृक्षा गिरिशतनुर्जये च धातुर्विष्णौ का विबुधजरातमस्तृतीया । मध्यार्णे सति कथमात्मकोऽस्ति देशः सोमाज्यं सकलकला जसातसाहा ॥ २७ ॥ विवाहे पुरंध्रीजनैर्लिप्यते का न के मानमायान्ति गर्वोन्नता का । घने बारिधौ रामतः कम्पते का हरिद्रा दरिद्राः सरिद्रावणश्रीः ॥ २८ ॥ कस्मिन्वसन्ति वद मीनगणा विकल्पं किं वापदं वदति किं कुरुते विवस्वान् । विद्युल्लतावलयवान्पथिकाङ्गनानामुद्वेजको भवति कः खलु वारिवाहः ॥ २९ ॥ शब्दः प्रभूगत इति प्रचुराभिधायी कीदृग्भवेद्वदत शब्दविदो विचिन्त्य । कीदृग्बृहस्पतिमते विहिताभियोगः प्रायः पुमान्भवति नास्तिकवर्गमध्यः ॥३०॥ कः प्रार्थ्यते मदनविह्वलया युवत्या भाति क्व पुण्ड्रकमुपैति कथं बतायुः । क्वानादरो भवति केन च रज्यतेऽब्जं बाह्यास्ति किं फलमुदाहर नालिकेरम् ॥ ३१ ॥ क्व वसति लघु जन्तुः किं निदानं हि वान्तेर्झटिति वद पशुं कं लम्बकण्ठं वदन्ति । प्रसवसमयदुःखं वेत्ति का कामिनीनां तिलतुषपुटकोणे मक्षिकोष्ट्रं प्रसूता ॥ ३२ ॥ को निर्दग्धस्त्रिपुररिपुणा कश्च कर्णस्य हन्ता नद्याः कूलं तिघटयति कः कः परस्त्रीरतश्च । कः संनद्धो भवति समरे भूषणं किं कुचानां किं दुःसङ्गाद्भवति महतां मानपूजापहारः॥३३॥ कः कान्तारमगात्पितुर्वचनतः संश्लिष्य कण्ठस्थलीं कामी किं कुरुते च गृध्रहठतश्छिन्नं प्ररूढं च किम् । का रक्षःकुलकालरात्रिरभवच्चन्द्रातपं द्वेष्टि को रामश्चुम्बति रावणस्य वदनं सीतावियोगातुरः ॥ ३४ ॥ कीदृङ्मत्तमतंगजः कमभिनत्पादेन नन्दात्मजः शब्दं कुत्र हि जायते युवतयः कस्मिन्सति व्याकुलाः । विक्रेतुं दधि गोकुलात्प्रचलिता कृष्णेन मार्गे धृता गोपी काचन तं किमाह करुणं दानी अनोखे भये ॥ ३५ ॥ किं कुर्वन्त्युषसि द्विजाः प्रतिदिनं के माननीयाः प्रभोः का वा साहसिकी निशासु सततं द्यौः कीदृशी वर्तते । कुत्रास्ते मधु नालिकेरजफले कैः स्यात्पिपासाशमः संध्यावन्दनमाचरन्ति विबुधा नारीभगान्तर्जलैः ॥ ३६ ॥ लंकाभूपनिशाचरो रघुपतिं युद्धे कथं दृष्टवान्दीनं पाति पितेव यः पशुपतिः कस्तस्य वाहः प्रियः । केनापूर्वफलं नरैः सुकृतिभिः कस्मिन्स्थले भुज्यते जारा ये भुवि तान्प्रशास्ति कतमो ह्येषामिहैवोत्तरम् ॥ ३७ ॥ कुत्रोदेत्युदयाचलस्य[1] तरणी[2] रम्या यतिः कस्य खे कान्त्या भान्ति च किं करोति गणको यष्टिं विधृत्यैति कः । कस्मिञ्जाग्रति जन्तवो न च कदा सूते च का कः प्रियः शृङ्गाग्रे तुरगस्य भानि गणयत्यन्धोऽह्नि वन्ध्यासुतः ॥ ३८ ॥ अन्यस्त्रीस्पृहयालवो जगति के पद्मामगम्या च का को धातुर्दशने समस्तमनुजैः का प्रार्थ्यतेऽहर्निशम् । दृष्ट्वैकां यवनेश्वरो निजपुरे पद्माननां कामिनीं मित्रं प्राह किमादरेण सहसा यारानदो दंशमा ॥ ३९ ॥ कस्मिञ्शेते मुरारिः क्व न खलु वसतिर्वायसी को निषेधः स्त्रीणां रागस्तु कस्मिन्क्व नु खलु सितिमा[3] शौरिसंबोधनं किम् । संबुद्धिः का हिमांशोर्विधिहरवयसां चापि संबुद्धयः का ब्रूते लुब्धः कथं वा कुरुकुलहननं केन तत्केशवेन ॥ ४० ॥ गच्छन्ति क्वाजिवह्नौ[4] हुतनिजतनवः[5] का भिनत्ति स्वकूलं किं स्याचोज्यं विकल्पे क्रकचनिभनखैः[6] किं नृसिंहेन भिन्नम् । कीदृग्दित्याः प्रसूतिः किमनलशमनं का नृपैः पालनीया को वन्द्यः कः प्रमार्ष्टि त्रिभुवनकलुषं स्वर्धु-

---

(२५, २६) चतुर्थपादस्थपदैः प्रश्नस्योत्तरम्. (२७) सोमा जिह्वं लक्ष्मीः. (२८) चतुर्थपादस्थचतुर्भिः पदैः क्रमेण चत्वारि उत्तराणि. (२९) 'वारिवाहः.' वारि जले. वा विकल्पार्थे. अहः दिनम्. वारिवाहो मेघः. (३०) नास्ति कवर्गमध्यः न विद्यते कवर्गो गकारो मध्ये यस्य सः प्रभूतशब्दः प्रभूतः प्रचुरवाची. नास्तिकानां अपुनर्जन्मवादिनां वर्गः समूहस्तस्य मध्येऽन्तर्वर्ती. (३१) 'नालिकेरम्.' ना पुरुषः अलिके भाले. अरं शीघ्रम्. पुनः प्रतिलोमम्. रङ्के क्षुद्रे. अलिना भ्रमरेण. बाह्येऽस्थि यस्य एवंविधं नालिकेरम्. (३२) चतुर्थपादस्थपदचतुष्टयेन प्रश्नचतुष्टयस्योत्तरम्. (३३) मारः मदनः. नरः. पूरः. जारः. परः. हारः. मानपूजापहारः मानपूजयोरपहारो नाशः. (३४) चतुर्थपादस्थपदैरनुक्रमेण उत्तराणि.

(३५) दानी दानमस्यास्तीति. अनः शकटम्. खे आकाशे. भये सति. दानी अनोखे भये यावनीभाषया प्रत्युत्तरम्. (३६) चतुर्थपादस्थपदैरनुक्रमेणोत्तराणि. (३७) लंका-कालं. दीनं-नंदी. केन सुखेन—नाके स्वर्गे. जाराः—राजा. (३८) चतुर्थपादस्थपदैरनुक्रमेणोत्तराणि. (३९) यारा जाराः. नदी. दंश. मा लक्ष्मीः. यारानदीदं शमा हे मित्र, एतादृशी दीपकलिका मया कदापि न दृष्टा इत्यर्थकं यावनीभाषया उत्तरम्. (४०) के उदके. शवे प्रेते. न नवे. शके यवनविशेषे. केशव. इन क. ईश. वे. न केशवेन.

---

१ कस्मिन्प्रदेशे. २ सूर्यः. ३ श्वेतवस्त्वम्. ४ संग्रामाग्नौ. ५ त्यक्तनिजदेहाः. ६ करपत्रसदृशनखैः.

नीवारिपूरः ॥ ४१ ॥ पुंसः संबोधनं किं विदधति करिणां के रुचोऽग्नेर्द्विषत्किं का शून्या ते रिपूणां नरवर नरकं कोऽवधीद्रोचकं किम् । के वा वर्षासु न स्युर्बिसमिव हरिणा किं नखाग्रैर्विभिन्नं को वा मार्गे विसर्पन्विघटयति तरून्नर्मदावारिपूरः ॥ ४२ ॥ किं तृष्णाकारि कीदृग्रथचरणमहो रौति कः काब्धिकाब्धिः कोऽपस्मारी भुजंगे किमु कलिशमनं त्वार्यसंबोधनं किम् । का सुन्दर्योमपीन्दुः कथमचलभृतः का च संबुद्धिरग्नेर्बीजं किं कौवनीजारमणमतिहरा हेमसारङ्गलीला ॥ ४३ ॥ ताराविष्णूरणाविट्खगहृदयरमास्कन्दसंबुद्धयः क क स्याद्धातुत्रयं लुग्विकरणपठितं कुत्र तत्त्वावबोधः । चत्वारस्तद्धिताः स्युः क नु खलु विगतैकैकवर्णस्वरूपाः किं सूत्रं पाणिनीयं विकसति न सहस्रोक्तिभिर्भास्वरेऽपि ॥ ४४ ॥

बहिरालापाः ।

पूजायां किं पदं प्रोक्तमस्त्रं को बिभर्त्युरः । क आयुधतया ख्यातः प्रलम्बासुरविद्विषः ॥ १ ॥ को दुराढ्यस्य मोहाय का प्रिया मुरविद्विषः । पदं प्रश्नवितर्के किं को दन्तच्छदभूषणम् ॥ २ ॥ पक्षिश्रेष्ठसखीबभ्रूसुरा वाच्याः कथं वद । ज्येष्ठे मासि गताः शोषं कीदृश्योऽल्पजला भुवः ॥ ३ ॥ विश्वंभराप्रलम्बघ्नव्रीहिमानुषसंयुगाः । कथं वाच्या भवन्त्येता दिनान्ते विकसन्ति काः ॥ ४ ॥ आनन्दयति कोऽत्यर्थं सज्जनानेव भूतले । प्रबोधयति पद्मानि तमांसि च निहन्ति कः ॥ ५ ॥ अटवी कीदृशी प्रायो दुर्गमा भवति प्रिये । प्रियस्य कीदृशी कान्ता तनोति सुरतोत्सवम् ॥ ६ ॥ कीदृक्किं स्यान्न मत्स्यानां हितं स्वेच्छाविहारिणाम् । गुणैः परेषामत्यर्थं मोदते कीदृशः पुमान् ॥ ७ ॥ अगस्त्येन पयोराशेः कियत्किं पीतमुज्झितम् । त्वया वैरिकुलं वीर समरे कीदृशं कृतम् ॥ ८ ॥ के स्थिराः के प्रियाः स्त्रीणां कोऽप्रियो नक्तमाह्वय । नृत्यभूः कीदृशी रम्या नदी कीदृग्घनागमे ॥ ९ ॥ का कृता विष्णुना कीदृग्योषितां कः प्रशस्यते । असेव्यः कीदृशः स्वामी को निहन्ता निशातमः ॥ १० ॥ लक्ष्मणेत्युत्तरं यत्र प्रश्नः स्यादत्र कीदृशः । ग्रीष्मे द्विरदवृन्दाय वनाली कीदृशी हिता ॥ ११ ॥ प्रायः कार्ये न मुह्यन्ति नराः सर्वत्र कीदृशाः । नाधा इति भवेच्छब्दो नौवाची वद की-

(४१) स्वः स्वर्गे. धुनी नदी. वा. रिपूरः रिपोर्हिरण्यकशिपोरुरःस्थलम्. स्वर्धुनी स्वः स्वर्गे धूनयति कम्पयतीति तादृशी. वारि उदकम्. पूः पुरी. अः विष्णुः. स्वर्धुनीवारिपूरः. (४२) नः. मदाः. वारि. पूः नगरी. अः विष्णुः. नर्म क्रीडानर्म, दावाः दावानलाः. रिपूरः हिरण्यकशिपोरुरःस्थलम्. नर्मदावारिपूरः. (४३) हेम. सारं अराभिः सहितम्. गली प्रशस्तकण्ठः. इला पृथ्वी. लाली लालावान्. गरं विषम्. साम सान्त्वम्. हे. हेला लीला. मली मलवान्. कलङ्कीति यावत्. साग अगैर्वृक्षैः सहित. रम्. हेमसारङ्गलीला हेम्नः सुवर्णस्य सारङ्गो मृगः तस्य लीला. (४४) हे भ. हे अ. अवे. भाः. वे. भाव. इ. भावे. भा दीप्तौ. वा गतिगन्धनयोः. इण् गतौ. भावे. भवस्यापत्यं भावि(अवस्याविः. वस्य विः. अस्य इः. सश्च रश्च अश्च स्राः. तेषामुक्तयः स्रोक्तयः ताभिः सह 'भास्वरे' इत्यस्मिन्पदे 'भावे' इत्युत्तरं स्फुरति. 'भास्वरे' इत्यत्र सकार-अकाररेफैर्विना 'भावे' इति पाणिनिसूत्रमुद्भवतीत्यर्थः.

(१) 'सुनासीरः.' सुः पूजायाम्. ना पुरुषः. सीरो हलम्. (२) 'रामानुरागः.' राः धनम्. मा लक्ष्मीः. नु इति वितर्के. रागः आरक्तत्वम्.

(३) 'विवरालीनकुलीराः.' विः पक्षी. वरं श्रेष्ठम्. आली सखी. नकुली नकुलस्त्री. इरा मदिरा विवरेषु छिद्रेषु आलीनाः प्रविष्टाः कुलीराः जलचरजीवविशेषा यासु ताः. (४) 'कुवलयवनराजयः' कुः पृथ्वी. (बवयोरैक्यात्) बलो बलभद्रः. 'यवो धान्यभेदः. नरो मनुष्यः. आजिः संग्रामः. कुवलयानां कमलानां वनानां राजयः पङ्क्तयः. (५) 'मित्रोदयः.' मित्राणां सखीनामुदयो वृद्धिः. मित्रस्य सूर्यस्य उदय उद्गमनम्. (६) 'मदनवती.' मदना मदनवृक्षा विद्यन्ते यस्यां सा अतिगहनत्वाद्दुर्गमा. मदनः कामो विद्यते यस्याः साः सयौवना इत्यर्थः. (७) 'विमत्सरः.' वयः पक्षिणो विद्यन्ते यस्मिंस्तत् विमत् ईदृशं सरस्तडागम्. विगतो मत्सरोऽहंकारो यस्य सः. (८) 'सकलंकम्.' सकलं समस्तं कं पानीयं मूत्रं च. कलङ्केन लाञ्छनेन सहवर्तमानं कृतम्. (९) 'अगाधवारिपूरजनिततरङ्गा'. अगाः पर्वताः. धवाः भर्तारः. रिपुः शत्रुः. हे रजनि. ततरङ्गा ततो विस्तीर्णो रङ्गो नर्तनमण्डपो यस्यां सा. अगाधेन अतलस्पर्शेन वारिपूरेण जनसमूहेन जनिता उत्पादितास्तरङ्गा लहर्यो यस्यां सा. (१०) 'कुमुदवनबान्धवोदयः.' कोः पृथिव्याः मुत् कुमुत्. पृथिव्या मध्ये प्रीतिः कृतेत्यर्थः. अवनं रक्षणं विद्यते यस्यासौ अवनवान् रक्षाकरः धवो भर्ता. नास्ति दया यस्य सः अदयः दयारहितः. कुमुदानां चन्द्रः. विकासिकमलानां वनानां बान्धवो भ्राता चन्द्रस्तस्योदयः. (११) 'कासारसहिता.' सारसस्य पक्षिणो हिता प्रिया का इति प्रश्नः. सारसस्य योषित् लक्ष्मणा कासारेण आखातसरोवरेण सहिता सहवर्तमाना.

१ शोभाः. २ रमणीयम्. ३ गायति. ४ अवनिजा सीता तद्रमणो रामः.

दृशः ॥ १२ ॥ कामुकाः स्युः कथा नीचाः सर्वः कश्चिन्प्रमोदते । अर्थिनः प्राप्य पुण्याहं करिष्यध्वे वसूनि किम् ॥ १३ ॥ को दुःखी सर्वकार्येषु किं भृशार्थस्य वाचकम् । यो यस्माद्विरतो नित्यं ततः किं स करिष्यति ॥ १४ ॥ वारणेन्द्रो भवेत्कीदृक्प्रीतये भृङ्गसंहतेः । यद्यवश्यं तदास्मै किमकरिष्यमहं धनम् ॥ १५ ॥ काले देशे यथायुक्तं नरः कुर्वन्नुपैति काम् । भुक्तवन्तावलप्स्येतां किमन्नमकरिष्यताम् ॥ १६ ॥ हिमानीस्थगिरौ स्यातां कीदृशौ शशिभास्करौ । कः पूज्यः कः प्रमाणेभ्यो न प्रभाकरसंमतः ॥ १७ ॥ के प्रवीणाः कुतो हीनं जीर्णं वासोंऽशुमांश्च कः । निराकरिष्णवो बाह्यं योगाचाराश्च कीदृशाः ॥ १८ ॥ न श्लाघते खलः कस्मै सुप्तिङन्तं किमुच्यते । लादेशानां नवानां च तिङां किं नाम कथ्यताम् ॥ १९ ॥ सततं श्लाघते कस्मै नीचो भुवि किमुत्तमम् । कर्तर्यपि रुचादीनां धातूनां किं पदं भवेत् ॥ २० ॥ किमव्ययतया ख्यातं कस्य लोपो विधीयते । ब्रूत शब्दविदो ज्ञात्वा समाहारः क उच्यते ॥ २१ ॥ कौ विख्यातावहेः शत्रू शोकं वदति किं पदम् । कोऽभीष्टोऽतिदरिद्रस्य सेव्यन्ते के च भिक्षुभिः ॥ २२ ॥ किं मुञ्चन्ति पयोवाहाः कीदृशी हरिवल्लभा । पूजायां किं पदं कोऽग्निः कः कृष्णेन हतो रिपुः ॥ २३ ॥ वद वल्लभ सर्वत्र साधुर्भवति कीदृशः । गोविन्देनानसि क्षिप्ते नन्दवेश्मनि काभवत् ॥ २४ ॥ यत्नादन्विष्य का ग्राह्या लेखकैर्मसिर्मल्लिका । घनान्धकारे निःशङ्कं मोदते केन बन्धकी ॥ २५ ॥ किमनन्ततया ख्यातं पादेन व्यङ्गमाह्वय । जनानां लोचनानन्दं के तन्वन्ति घनात्यये ॥ २६ ॥ प्रायेण नीचलोकस्य कः करोतीह गर्वताम् । आदौ वर्णद्वयं दत्त्वा ब्रूहि के वनवासिनः ॥ २७ ॥ सानुजः काननं गत्वा नैकषेयाञ्जघान कः । मध्ये वर्णत्रयं दत्त्वा रावणः कीदृशो वद ॥ २८ ॥ धत्ते वियोगिनीगण्डस्थलपाण्डुफलानि का । वद वर्णो विधायान्ते सीता हृष्टा भवेत्कया ॥ २९ ॥ विष्णोः का वल्लभा देवी लोकत्रितयपावनी । वर्णावाद्यन्तयोर्दत्त्वा कः शब्दस्तुल्यवाचकः ॥ ३० ॥ पुरुषः कीदृशो वेत्ति प्रायेण सकलाः कलाः । मध्यवर्णद्वयं त्यक्त्वा ब्रूहि कः स्यात्सुरालयः ॥ ३१ ॥ यजमानेन कः स्वर्गहेतुः सम्यग्विधीयते । विहायाद्यन्तयोर्वर्णौ गोत्वं कुत्र स्थितं वद ॥ ३२ ॥ नीचेषु यावनी वाणी का कः स्याच्छुभदो

(१२) 'सावधानाः.' सह अवधानेन समाधिना वर्तंत इति. अव्यग्रचित्ता इत्यर्थः. सौ. अधा ना स् इति पदच्छेदः. अस्यार्थः. औकारेण सहवर्तमानः सौ. न धा अधा धारहितः एवंविधः ना इति शब्दः. सकारस्य विसर्गः. 'नौः' इति नौवाची भवेदिति योजना. (१३) 'दास्यामहे.' दास्या वेश्यया. महे महोत्सवे. दास्यामहे दानं दास्यामः. (१४) 'प्रयास्यति.' प्रयास आयासोऽस्यास्तीति प्रयासी. अति भृशम्. प्रयास्यति. प्रकर्षेण तत्स्थानं विमुच्य गमिष्यति. (१५) 'समदास्यः' समदं मदसहितं आस्यं मुखं यस्य सः समदास्यः. भ्रमरा हि गजानां मदमाघ्राय हृष्यन्ति. समदास्यः त्वं दानं व्यतरिष्यः. (१६) 'अहास्यताम्.' हास्यस्य भावो हास्यता. न हास्यता अहास्यता ताम्. युक्तक्रियां कुर्वंतो न कश्चिद्धसेदित्यर्थः. ओहाक् त्यागे. क्रियातिपत्तौ स्यप्. तदन्नं तावत्त्यक्ष्यतामित्यर्थः. (१७) 'अभावः.' अभौ नास्ति भा दीप्तिर्ययोस्तौ कान्तिरहितौ. अः कृष्णः. अभावः प्रमाणशास्त्रे प्रसिद्धः सप्तमः पदार्थः. प्राभाकरास्तु अभावरूपं सप्तमं पदार्थं प्रमाणत्वेन न मन्यन्ते. (१८) 'विज्ञानवादिनः.' विज्ञा विशेषेण जानन्ति ते चतुराः. नवात् नूतनात्. जीर्णं हि वस्त्रं नवात् हीनेमूल्यं स्यादित्यभिप्रायः. इनः सूर्यः. विज्ञानवादिनः विशेषेण ज्ञानस्य तत्त्वार्थज्ञानस्य वादो विद्यते येषु ते विज्ञानवादिन इति पदं बौद्धशास्त्रे प्रसिद्धम्. (१९) 'परस्मैपदम्.' आत्मव्यतिरिक्तः परः तस्मै परस्मै अन्यस्मै न स्तौति. पदं पदसंज्ञं सुप्तिङन्तं पदम्. परस्मैपदं नवानामपि तिङां तिप् तस् झि इत्यादीनां परस्मैपदसंज्ञा. (२०) 'आत्मनेपदम्.' आत्मने स्वस्मै. पदं प्रतिष्ठास्थानम्. आत्मनेपदं त आताम् झ इत्यादीनि नव वचनानि भवन्ति इति भावः.

(२१) 'स्वरितः.' स्वर् स्वरव्ययं स्वर्गे निपातः इतः हस्तशकस्य. स्वरितः ह्रस्वादयस्त्रयः स्वराः प्रत्येकमुदात्तानुदात्तस्वरितसंज्ञाः. समाहारः स्वरितः इति तात्पर्यार्थः. (२२) 'वीहाराः.' विश्च विश्च वी गरुडमयूरौ. हा इति खेदे. राः द्रव्यम्. वीहाराः तीर्थभूमयः. (२३) 'कंसासुरः' कं जलम्. सा पद्मा कृष्णेन सहवर्तमाना लक्ष्मीः. सुः पूजायाम्. रः अग्निः कंसासुरः पतन्नामा दैत्यः. (२४) 'दीनरक्षी-क्षीरनदी' दीनान्दुःस्थान् भिक्षाचरादीन् रक्षत इत्येवंशीलो दीनरक्षी दीनपालकः. क्षीरं दुग्धं तस्य नदी क्षीरनदी. (२५) 'नालिकेरजा-जारकेलिना.' नालिकेराज्जाता नालिकेरजा. जारेण उपपतिना सह केलिः क्रीडा तया जारकेलिना. (२६) 'खजनाः.' खं आकाशम्. आकाशस्य सर्वत्र वर्तमानत्वादनन्तो नास्ति. हे खञ्ज. खञ्जनाः पक्षिविशेषाः. (२७) 'शबराः.' राः द्रव्यम्. शबराः भिल्लाः. (२८) 'राक्षसोत्तमः.' रामः दाशरथिः. राक्षसोत्तमः राक्षसानां मध्ये उत्तमः श्रेष्ठः. (२९) 'लवलीलया.' लवली लताविशेषः लवलीलया लवो नाम पुत्रस्तस्य लीला क्रीडा तया. (३०) 'समानः.' मा लक्ष्मीः. समानः तुल्यः. (३१) 'नागरिकः.' नागरिकः नगरनिवासी चतुरो वा. नाकः स्वर्गः. (३२) 'यागविधिः.' यागः यजनं तस्य विधिः. गविशब्दे गोत्वं वर्तते.

१ बाह्यशून्यत्ववादिनो योगाचारा बौद्धभेदः.

१ मस्याधारपात्रम्.

जने । शंभोरावरणं किं कं भजन्ते व्याधयो जनम् ॥ ३३ ॥ कश्चिन्स्वपिति कंसारिः का वृत्तिरधमा नृणाम् । किंब्रूते पितरं बालः किं दृष्ट्वा रमते मनः ॥ ३४ ॥ किमिच्छति नरः काश्यां भूपानां को रणे हितः । को वन्द्यः सर्वदेवानां दीयतामेकमुत्तरम् ॥ ३५ ॥ भागीरथी कथंभूता कामिनी प्राह किं प्रियम् । एकमेवोत्तरं देहि शास्त्रलौकिकभाषया ॥ ३६ ॥ बुधः कीदृग्वचो ब्रूते को रोगी कश्च नास्तिकः । कीदृक्चन्द्रं नमस्यन्ति किं सूत्रं पाणिनेर्वद ॥३७॥ राज्ञः संबोधनं किं स्यात्सुग्रीवस्य तु का प्रिया । अधनास्तु किमिच्छन्ति आर्तैः किं क्रियते वद ॥ ३८ ॥ किमस्ति यमुनानद्यां जारान्किं वक्ति जारिणी । आन्ध्रगीर्वाणभाषाभ्यामेकमेवोत्तरं वद ॥ ३९ ॥ का कान्ता कालियारातेः पुनरर्थे किमव्ययम् । किं वन्द्यं सर्वदेवानां फलेषु किमु सुन्दरम् ॥ ४० ॥ केदारे कीदृशो मार्गः कुत्र शेते जनार्दनः । स्त्रीचित्तं कुत्र रमते स्वामी किं वक्ति चेटिकाम् ॥ ४१ ॥ घनसमये शिखिषु स्यान्नृत्यं कीदृक्षु किं घनात्पतति ! प्रावृषि कस्य न गमनं मानसगमनाय कीदृशा हंसाः ॥ ४२ ॥ चादय इति यत्र स्यादुत्तरमथ तत्र कीदृशः प्रश्नः । कथय त्वरितं के स्युर्नौकाया वाहनोपायाः ॥ ४३ ॥ वदतानुत्तमवचनं ध्वनिरुच्चैरुच्यते स कीदृक्षः । तव सुहृदो गुणनिवहं रिपुनिवहं किं नु कर्तारः ॥ ४४ ॥ को माद्यति मकरन्दैस्तनयं कमसूत जनकराजसुता । कथय कृषीवल सस्यं पक्कं किमचीकरस्त्वमपि ॥४५॥ पृच्छति पुरुषः केऽस्यां समभूवन्वज्रकृत्तपक्षतयः । बहुभयदेशं जिगमिषुरेकाकी वार्यते स कथम् ॥ ४६ ॥ को नयति जगदशेषं क्षयमथ बिभरांबभूव कं विष्णुः । नीचः कुत्र सगर्वः पाणिनिसूत्रं च कीदृक्षम् ॥ ४७ ॥ किं स्याद्विशेष्यनिष्ठं का संख्या वदत पूरणी भवति । नीचः केन सगर्वः सूत्रं चन्द्रस्य कीदृक्षम् ॥ ४८ ॥ सुकपरिविन्दः शब्दः सुब्रह्मण्यस्य वाचकः केन । स्तनभरनमिता नारी केनोपायेन रञ्जयेत्कान्तम् ॥ ४९ ॥ कीदृग्गृहं याम्यगृहं गतस्य कास्त्राणमम्भस्तरणे जनानाम् । भूषा कथं कण्ठ न ते नु पृष्टे मुक्ताकलापैरिति चोत्तरं किम् ॥ ५० ॥ कीदृग्वनं स्यान्न भयाय पृष्टे यदुत्तरं तस्य च कीदृशस्य । वाच्यं भवेदीक्षणजातमम्बु कं चाधिशेते गवि कोऽर्चनीयः ॥ ५१ ॥ दधौ हरिः कं शुचि किंदृगभ्रं पृच्छत्यकः किं कुरुते सशोकः । श्लोकं विधायापि किमित्युदारः कविर्न तोषं समुपैति भूयः ॥ ५२ ॥ लक्ष्माधरः पृच्छति कीदृशः

(३३) 'अवेलाभोजिनम्.' अवे. लाभः. अजिनम्. अवेलाभोजिनम्. (३४) 'शेषेसेवावापररूपम्.' शेषे. सेवा. वा. पररूपम्. (३५) 'मृत्युंजयः.' मृत्युम्. जयः. मृत्युंजयः. (३६) 'मलापहा.' मलापहा. मला पहा. (३७) 'अर्थवदधातुरप्रत्ययः प्रातिपदिकम्.' अर्थवत्. अधातुः. अप्रत्ययः. प्रातिपदिकम्. अर्थवदधातुरप्रत्ययः प्रातिपदिकम्. (३८) 'देवताराधनम्.' देव. तारा. धनम्. देवताराधनम्. (३९) कालियः कालि यः (४०) 'मातुलिङ्गम्. मा. तु. लिङ्गम्. मातुलिङ्गम्. (४१; ४२) 'समुत्सुकमनसः' समुत्सु मुदा हर्षेण सहवर्तमानाः समुदस्तेषु कं पानीयम्. अनसः शकटस्य. समुत्सुकं उत्कण्ठायुक्तं मनो येषां ते समुत्सुकमनसः. (४३) 'केनिपाताः.' अत्र, के निपाता इति प्रश्नः. प्रथमवारमेव. द्वितीयवारं तूत्तरम्. निपाताः के भवन्तीति प्रश्नः. चादयो निपातसंज्ञाः. के पानीये निपतन्ति ते केनिपाताः अरित्राणि. (४४) 'अवमंतारः.' अवमं नीचार्थवाचकम्. तारः अत्युच्चैर्ध्वनिः. अवमन्तारः असिन्मित्राणि रिपूणामपमानं करिष्यन्ति इत्यर्थः. (४५) 'अलीलवम्.' अली भ्रमरः. लवं लवनामानं पुत्रम्. अहं अलीलवं छेदनमकरवम्.'

(४६) 'मानवनगाः.' हे मानव. नगाः पर्वताः. इन्द्रेण हि पर्वतानां पक्षच्छेदः कृत इति पौराणिकी कथा, मानवन गाः हे अनवन न विद्यते अवनं रक्षणं यस्य सः अनवनः तत्संबोधनं हे अरक्षित, त्वं मा गाः गमनं मा कुर्याः. (४७) 'यमोगन्धने.' यमः कृतान्तः अगं गोवर्धनम्. धने. यमो गन्धने पाणिनीयव्याकरणमध्ये इदं सूत्रमस्ति. (४८) 'विशेषणमेकार्थेन.' विशेषणम्. एकाशून्यानां संख्यापूरकं एकमेव भवति. एकादी अङ्को लिख्यते तदा बिन्दूनां साफल्यं स्यादन्यथा शून्यमेव. अर्थेन द्रव्येण. विशेषणमेकार्थेन इदं चन्द्रव्याकरणसूत्रमस्ति. (४९) 'उपरिविहरणेन.' आद्ये सुकपरिविन्दशब्दे उ प रि वि इत्येतेषां वर्णानां हरणेन निष्कासनेन स्कन्दः इति शब्दः सुब्रह्मण्यस्य षडाननस्य वाचको भवति. द्वितीये उपरि विहरणेन इत्यस्य विपरीतरतेनेत्यर्थः. (५०) 'हाराविनावः.' हारावि. हा इति खेदे. हा इति रावः शब्दो विद्यते यस्मिंस्तत्. नावः नौकाः. हे हाराः, वो युष्मान्विना. (५१) 'अहिंस्रमहिमः' अहिंस्रम् न सन्ति हिंस्रा घातुका जीवविशेषा यस्मिंस्तत्. अहिमः न विद्यते हिम् अहिम् तस्य अहिमः सतः कोऽर्थः. यदा अहिंस्रशब्दात् हिम् दूरीक्रियते तदा अस्रं इति तिष्ठेत्. अस्रं नेत्रजलं अश्रुपातः. अहिं शेषनागम्. अः कृष्णः पूज्यः सन् अधिशेते. (५२) 'अगमकमकरोदिति.' अगं गोवर्धनम्. अकं न विद्यते कं जलं यत्र तत्. हे अक न विद्यते कं सुखं यस्य सः हे दुःखिन्. रोदिति रोदनं करोति. अगमकमकरोदिति एवं श्लोकं अगम्यं अकरोत् इति विचारयन् तुष्टो न भवति.

१ संस्कृत्या महाराष्ट्रभाषया चेत्यर्थः. २ तैलंगभाषया संस्कृतया च.

स्यान्नृपः सपत्नैरपि दुर्निवारः । अकारि किं ब्रूहि नरेण सम्यक्पितृत्वमारोपयितुं स्वकीयम् ॥ ५३ ॥ कीदृशं वद मरुस्थलं मतं द्वारि कुत्र सति भूषणं भवेत् । ब्रूहि कान्त सुभटः सकार्मुकः कीदृशो भवति कुत्र विद्विषाम् ॥ ५४ ॥ का प्रियेण रहिता वराङ्गना धाम्नि केन तनयेन नन्दिता । कीदृशेन पुरुषेण पक्षिणां बन्धनं समभिलष्यते सदा ॥५५॥ कीदृशं हृदयहारि कूजितं कः सखा यशसि भूपतेर्मतः । कस्तवास्ति विपिने भयाकुलः कीदृशश्च न भवेन्निशाकरः ॥५६॥ कीदृशी निरयभूरनेकधा सेव्यते परमपापकर्मभिः । प्रेतराक्षसपिशाचसेविता कीदृशी च पितृकाननस्थली ॥५७॥ केसरद्रुमतलेषु संस्थितः कीदृशो भवति मत्तकुञ्जरः । तत्त्वतः शिवमपेक्ष्य लक्षणैरर्जुनः समिति कीदृशो भवेत् ॥५८॥ निर्जितसकलारातिः पृच्छति को नैको मृत्योर्भयमृच्छति । मेघात्ययकृतरुचिराशायाः किं तिमिरक्षयकारि निशायाः ॥५९॥ विहगपतिः कं हतवानहितं कीदृग्भवति पुरं जनमहितं । किं कठिनं विदितं वद धीमन्यादःपतिरपि कीदृग्भयकृत् ॥६०॥ अनुकूलविधायिदैवतो विजयी स्यान्नु कीदृशो नृपः । विरहिण्यपि जानकी वने निवसन्ती मुदमादधौ कुतः ॥६१॥ कुसुमं

(५३) समजनितनयः' हे सम मा लक्ष्मीस्तया सहवर्तमान हे लक्ष्मीधर. जनितनयः कृतो नयो न्यायो येन सः समजनि तनयः, तनयः पुत्रः समजनि उत्पादितः. (५४) 'अवारितोरणे'–अवारि न विद्यते वारि जलं यस्मिंस्तत्. तोरणे बहिर्द्वारे सति. अवारितो रणे रणे संग्रामे अवारितः न वारयितुं शक्यते सः. (५५) 'शकुन्तलाभरतेन.' शकुन्तलानाम्नी ऋषेः पुत्री भरतनाम्ना पुत्रेण. नन्दिता इत्यर्थः. शकुन्तानां पक्षिणां लाभोऽर्जनं तत्र रत आसक्तस्तेन. व्याधेनेत्यर्थः. (५६) 'कलंकविरहितः' कलं मधुरः शब्दः कविः काव्यादिकृत्. अहितः शत्रुः. कलङ्केन मृगरूपाभिज्ञानेन विरहितः. न स्यात् इति भावार्थः. (५७) 'नरकपालरचिता.' नरकाणां पालाः नारकजीवरक्षका यमभटास्तै रचिता.' उपस्कृता. नराणां कपालानि कर्पराणि तैः कृत्वा रचिता. श्मशानभूमिस्तु मनुष्याणां मुण्डैः सहिता भवति. (५८) 'दानवकुलभ्रमरहितः.' दानेन मदेन बकुलानां वृक्षाणां भ्रमरेभ्यः सकाशात् हितः हितकृतदित्यर्थः. दानवानां दैत्यानां कुले यो भ्रमो दानवा अमी युध्यन्तीति मिथ्याज्ञानं तेन रहितः. (५९) 'विधुताराते जः.' हे विधुताराते विधुताः कम्पिताः अरातयः शत्रवो येन स तत्संबोधनम्. अजः ब्रह्मा. विधुश्चन्द्रः तारा नक्षत्राणि तासां तेजः प्रकाशः. (६०) 'अहिमकरमयः.' अहिं सर्पम्. अकरं नास्ति करो राजदण्डो यस्मिंस्तत्. अयः लोहम्. अहयः सर्पाः मकराः मत्स्यविशेषास्तन्मयः. (६१) 'कुशलवर्धितः.' कुशलैः शुभसूचकशकुनैर्वर्धितो वर्धापितः कुशश्च लवश्च कुशलवौ एतन्नामानौ पुत्रौ तयोर्ऋद्धिः संपत्तस्मात्.

पतदेत्य नाकतो वद कस्मै स्पृहयन्ति भोगिनः । अधिगम्य रतं वराङ्गना क्व नु यत्नं कुरुते सुशिक्षिता ॥ ६२ ॥ कवयो वद कुत्र कीदृशाः कठिणं किं विदितं समन्ततः । अधुना तव वैरियोषितां हृदि तापः प्रबलो विहाय काः ॥ ६३ ॥ वसति कुत्र सरोरुहसंततिर्दिनकृतो ननु के तिमिरच्छिदः । पवनभक्षसपत्नरणोत्सुकं पुरुषमाह्वय को जगति प्रियः ॥ ६४ ॥ न भवति मलयस्य कीदृशी भूः क इह कुचं न बिभर्ति कं गता श्रीः । भवदरिनिवहेषु कास्ति नित्यं बलमथनेन विपद्व्यधायि केषाम् ॥ ६५ ॥ समयमिह वदन्ति कं निशीथं शमयति कान्वद वारिवाहवृन्दम् । वितरति जगतां मनःसु कीदृग्मुदमतिमात्रमयं महातडागः ॥ ६६ ॥ किमकरवमहं हरिर्महीध्रं स्वभुजबलेन गवां हितं विधित्सुः । प्रियतमवदनेन पीयते कः परिणतबिम्बफलोपमः प्रियायाः ॥ ६७ ॥ परिहरति भयात्तवाहितः किं कमथ कदापि न विदन्तीह भीतः । कथय किमकरोरिमां धरित्रीं नृपतिगुणैर्नृपते स्वयं त्वमेकः ॥ ६८ ॥ पृच्छति शिरसिरुहो मधुमथनं मधुमथनस्तं शिरसिरुहं च । कः खलु चपलतया भुवि विदितः का ननु यानतया गवि गदिताः ॥६९॥ कीदृक्तोयं दुस्तरं स्यात्तितीर्षोः का पूज्यास्मिन्खड्गमामन्त्रयस्व । दृष्ट्वा धूमं दूरतो मानविज्ञाः किं कर्तास्मि प्रातरेवाश्रयाशम् ॥ ७० ॥ कीदृक्प्रातर्दीपवर्तेः शिखा स्यादुष्ट्रः पृ-

(६२) 'सुरतरवे.' सुरतरवे कल्पवृक्षाय वाञ्छन्ति. सुरतस्य संभोगस्य रवः शब्दस्तस्मिन्. (६३) 'गिरिसारमुखाः.' गिरि वाण्यां सारं प्रधानं स्फुटोच्चारणवन्मुखं वदनं येषां ते. गिरिसारं लोहम्. उखाः स्थाल्यः. (६४) 'केकिरणोत्कराः.' के पानीये. किरणानां उत्कराः समूहाः हे केकिरणोत्क, केका विद्यते येषां ते केकिनः तेषां मयूराणां रणे शब्दे उत्क उत्सुकः तत्संबोधनम्. राः द्रव्यम्. (६५) 'विपन्नगानाम्.' विगताः पन्नगाः सर्पा यस्याः सा विपन्नगा न किंतु पन्नगसहितैव. ना पुमान् अं कृष्णम्. विपत्संपत्त्यभावः दरिद्रता. नगानां पर्वतानाम्. (६६) 'अरविंदवान्.' अरविं नास्ति रविः सूर्यो यस्मिन्सः अरविस्तम्. दवान्दावानलान्. अरविन्दवान् अरविन्दानि कमलानि विद्यन्ते यस्मिन्सः. (६७) 'अधरः.' हे कृष्ण, त्वं गोवर्धनपर्वतं अधरः हरते धृतवान्. अधरः ओष्ठः. (६८) 'समरंजयम्.' समरं संग्रामम्. जयं जयवादम्. अहं समरंजयं रागिणीं पृथ्वीमकरवम्. (६९) 'केशवनौकाः.' हे केश. वनौकाः वने ओको गृहं यस्यासौ वानरः हे केशव. नौकाः नावः (७०) 'अनुमातासे.' अनु न विद्यते नौः यत्र तत् नौकारहितमित्यर्थः. माता जनित्री. हे असे खड्ग अनुमातासे त्वं अनुमानं करिष्यसि.

च्छत्याभजन्ते मृगाः किम् । देवामात्ये किं गते प्रायशोऽस्मिंल्लोकः कुर्यान्नो विवाहं विविक्तः ॥ ७१ ॥ कीदृक्सेना भवति रणे दुर्वारा वीरः कस्मै स्पृहयति लक्ष्मीमिच्छन् । का संबुद्धिर्भवति भुवः संग्रामे किं कुर्वीध्वं सुभटजना भ्रातृव्यान् ॥ ७२ ॥ कंसारातेर्वद गमनं केन स्यात्कस्मिन्दृष्टिं संलभते स्वल्पेच्छुः । कं सर्वेषां शुभकरमूचुर्धीराः किं कुर्यास्त्वं सुजन सशोकं लोकम् ॥ ७३ ॥ कीदृक्षः सकलजनो भवेत्सुराज्ञः कः कालो विदित इहान्धकारहेतुः । कः प्रेयान्कुमुदवनस्य को निहन्ति भ्रातृव्यं वद शिरसा जितस्त्वया कः ॥ ७४ ॥ संग्रामे स्फुरदसिना हतास्त्वया के दुःखं के बत निरये नरस्य कुर्युः । कस्मिन्नुद्भवति कदापि नैव लोम ज्ञाताः के जगति महालघुत्वभाजः ॥ ७५ ॥ कीदृक्षं समिति बलं निहन्ति शत्रुं विष्णोः का मनसि मुदं सदा तनोति । तुच्छं सच्छरधिमुखं निगद्यते किं पञ्चत्यैः सममपमान एव केषु ॥ ७६ ॥ कामरिरहितामिच्छति भूपः कामुद्धरयति शूकररूपः । केनाकारि हि मन्मथजननं केन विभाति च तरुणीवदनम् ॥ ७७ ॥ हिमांशुखण्डं कुटिलोज्ज्वलप्रभं भवेद्वराहप्रवरस्य कीदृशम् । विहाय वर्णं पदमध्यसंस्थितं न किं करोत्येव जिनः करोति किम् ॥ ७८ ॥ वसन्तमासाद्य वनेषु कीदृशाः पिकेन राजन्ति रसालभूरुहाः । निरस्य वर्णद्वयमत्र मध्यमं तव द्विषां कान्ततमा तिशिश्र का ॥ ७९ ॥ उरःस्थलं कोऽत्र विना पयोधरं बिभर्ति संबोधय मारुताशनम् । वदन्ति कं पत्तनसंभवं जनाः फलं च किं गोपवधूकुचोपमम् ॥ ८० ॥ वसन्तमासाद्य वनेषु राजते विकासि किं वल्लभ पुष्पमुच्यताम् । विहंगमं कं च परिस्फुटाक्षरं वदन्ति किं पङ्कजसंभवं विदुः ॥ ८१ ॥ समुद्यते कुत्र न याति पांसुला समुद्यते कुत्र भयं भवेज्जलात् । समुद्यते कुत्र तवापयात्यरिः प्रहीणसंबोधनवाचि किं पदम् ॥ ८२ ॥ तपस्विनोऽत्यन्तमहासुखाशया वनेषु कस्मै स्पृहयन्ति सत्तमाः । इहापि वर्णद्वितयं निरस्य भोः सदा स्थितं कुत्र च सत्वमुच्यताम् ॥ ८३ ॥ पदमनन्तरवाचि किमिष्यते कपिपतिर्विजयी ननु कीदृशः । परगुणं गदितुं गतमत्सराः कुरुत किं सततं भुवि सज्जनाः ॥ ८४ ॥ वदति राममनुष्य जघन्यजो वसति कुत्र सदालसमानसः । अपि च शक्रसुतेन तिरस्कृतो रविसुतः किमसौ विदधे त्वया ॥ ८५ ॥ मेघात्यये भवति कः समदः सुभगं च किं कमधरन्मुरजित् । कुटुतैलमिश्रितगुडो नियतं विनिहन्ति कं त्रिगुणसप्तदिनैः ॥ ८६ ॥ वर्षासु का भवति निर्मधु कीदृगब्जं शेषं बिभर्ति वसुधासहितं क एकः । आमन्त्रयस्व धरणीधरराजपुत्रीं को भूतिभस्मनिचिताङ्गजनाश्रयः स्यात् ॥ ८७ ॥ कौ शंकरस्य वलयावपयोधरः कः कीदृक्परस्य नियतं वशमेति

(७१) 'विभाकरभवनम्.' विभा विगता भा कान्तिर्यस्याः सा. हे करभ उष्ट्र. वनम्. विभाकरभवनं विभाकरस्य सूर्यस्य भवनं गृहं तत्. सिंहराशिं गते जीवे लोकाः विवाहादिशुभकार्याणि न कुर्वन्ति. सिंहस्याधिपतिः सूर्यः. (७२) 'पराजयेमहि.' परा उत्कृष्टा. उत्कृष्टा एव सेना जयं प्राप्नुयादित्यर्थः. आजये संग्रामाय. हे महि हे पृथ्वि, वयं पराजयेमहि जयेम. (७३) 'विनोदयेयम्.' विना गरुडेन. उदये सति परस्योन्नतौ सत्याम्. अयं भाग्यम्. अहं तं विनोदयेयं विनोदेन युक्तं कुर्यामित्यर्थः. (७४) 'विधुरविरहितः.' विधुरेण कष्टेन विरहितः. सुखीत्यर्थः. विधुश्च रविश्च विधुरवी चन्द्रादित्यौ ताभ्यां रहितः, विधुश्चन्द्रः. अविः ऊर्णायुः. अहितः शत्रुः. (७५) 'नरकरेणवः' नराश्च करेणवश्च मनुष्यहस्तिनः. नरकस्य रेणवो धूल्यः अग्निरूपाः वालुका इत्यर्थः. नरकरे पुरुषाणां हस्ततले. अणवः परमाणवः. (७६) 'अभिमानिषु.' अभि नास्ति भीर्भयं यस्य तत्. मा लक्ष्मीः. अनिषु न विद्यन्ते इषवो बाणा यस्मिंस्तत्. अभिमानिषु गर्ववत्सु. (७७) 'कुंकुमेन.' कुं पृथ्वीम्. कुं धराम्. एन कृष्णेन. कुङ्कुमेन. (७८) 'दंष्ट्राभम्.' दंष्ट्रा दाढा तद्वत् आभा शोभा यस्य तत्. द्वितीयायामुदयं प्राप्तश्चन्द्रो वक्रोज्ज्वलगुणेन सूकरदंष्ट्रया सहोपमीयते. दम्भं कपटं जिनः न करोति. भन्दं कल्याणं जिनः करोति.

(७९) 'कान्तगिरा.' कान्तगिरा कान्ता मनोहरा गीर्वाणी यस्यासौ कान्तगीस्तेन. कारा बन्दिगृहम्. राका पूर्णमासी. (८०) 'नागरंगम्.' ना पुमान्. हे नाग हे सर्प. नागरः नगरे भवस्तम्. नागरङ्गं नारङ्गीफलम्. (८१) 'किंशुकम्.' किंशुकं पलाशम्. शुकं कीरम्. कं ब्रह्माणम्. (८२) 'हिमकरे.' हिमकरे चन्द्रे उद्गते सति. मकरे मत्स्ये उत्पन्ने सति. करे हस्ते सायुधे ऊर्ध्वीकृते सति. रे रे दास इति चामन्त्रणे. (८३) 'तपसे.' तपोगुणाय. से सकारभावः सकारे वर्तते. (८४) 'अनुसरामः.' अनु पश्चाद्वाचि. रामेण सहवर्तमानः सरामः. अनुसरामः वयं परगुणं प्रति अनुसरणं कुर्मः. (८५) 'अनुजगृहे.' हे अनुज भ्रातः, गृहे मया. अनुजगृहे अनुगृहीतः. (८६) 'श्वासरोगम्.' श्वा तेषु दिनेषु मैथुनेच्छो भवेत्. सरस्तडागम्. अगं गोवर्धनम्. श्वासरोगम्. (८७) 'कालिकापालिकमठः.' कालिका श्यामता. अपगता अलयो भ्रमरा यस्मात्तदपालि भ्रमररहितम्. कमठः कच्छपः. हे कालि हे पार्वति. कापालिको योगी तस्य मठः. (८८) 'अहीनाक्षतनयः' अही सर्पौ. ना पुमान्. क्षतनयः क्षतः खण्डितो नयो न्यायो येन सः. अन्यायवान्. हे अहीन सर्पाणां स्वामिन्, अक्षतनयः न क्षतो नयो न्यायो येन सः अखण्डन्यायवान्. हीने अक्षिणी यस्यासौ हीनाक्षोऽन्धस्तस्य तनयः पुत्रः. न हीनाक्षतनयो अहीनाक्षतनयः. धृतराष्ट्रो हि हीनाक्षोऽन्ध इति पौराणिकाः. तत्पुत्रो दुर्योधनोऽहीनाक्षतनयो न भवति किंतु अन्धपुत्र इत्यर्थः.

भूपः। संबोधयोरगपतिं विजयी च कीदृग्दुर्योधनो नहि भवेद्वद कीदृशश्च ॥ ८८ ॥ कामुज्जहार हरिरम्बुधिमध्यमग्नां कीदृक्श्रुतं भवति निर्मलमानसानाम्। आमन्त्रयस्व वनमग्निशिखावलीढं तच्चापि को दहति के मदयन्ति भृङ्गान् ॥ ८९ ॥ मेघात्यये भवति किं सुभगावगाहं का वा विडम्बयति वारणमल्लवेश्याः। दुर्वारवीर्यविभवस्य भवेद्रणे कः काः खेरवक्कसुभगास्तरणिप्रभाभिः ॥ ९० ॥ कल्याणधाक्त्वमिव किं पदमत्र कान्तं सद्भूपतेस्त्वमिव कः परितोषकारी। कः सर्वदा वृषगतिस्त्वमिवातिमात्रं भूत्याश्रितः कथय पालितसर्वभूतः ॥ ९१ ॥ सूर्यस्य का तिमिरकुञ्जरवृन्दसिंही सत्यस्य का सुकृतवारिधिचन्द्रलेखा। पार्थश्च कीदृगरिदावहुताशनोऽभूत्का मालतीकुसुमदाम हरस्य मूर्ध्नि ॥ ९२ ॥ मेघात्यये भवति का सुभगावगाहा वृत्तं वसन्ततिलकं कियदक्षराणाम्। भो भोः कदर्यपुरुषा विषुवद्दिने च वित्तं च वः सुबहु तत्क्रियतां किमेतत् ॥ ९३ ॥ प्राप्ते वसन्तसमये वद किं तरूणां किं क्षीयते विरहिणामुरगः किमेति। किं कुर्वते मधुलिहो मधुपानमत्ताः कीदृग्वनं मृगगणास्त्वरितं त्यजन्ति ॥ ९४ ॥ दुर्वारवीर्य सरुषि त्वयि का प्रसुप्ता श्यामा[1] सपत्नहृदये सुपयोधरा[2] च। तुष्टे पुनः प्रणतशत्रुसरोजसूर्ये सैवाद्यवर्णरहिता वद नाम का स्यात् ॥ ९५ ॥ उरसि मुरभिदः[3] का गाढमालिङ्गितास्ते सरसिजमकरन्दामोदिता नन्दने का। गिरिसमलघुवर्णैरर्णवाख्यातिसंख्यैर्गुरुभिरपि[4] कृता का छन्दसां वृत्तिरस्ति

(८९) 'कुन्दमकरन्दबिन्दवः.' कुं पृथ्वीम्. दमकरं उपशमक्षमायुक्तं भवति इत्यर्थः. हे दविन् दवो विद्यते यस्मिस्तत् दवि तत्संबोधनम्. दवः वनाग्निः. कुन्दमकरन्दबिन्दवः कुन्दानां पुष्पविशेषाणां मकरन्दः पुष्परसस्तस्य बिन्दवः कणाः. (९०) 'सरोजराजयः.' सरस्तडागम्. जरा वयोहानिः जयः. सरोजराजयः कमलश्रेणयः. (९१) 'शंकरः.' शं सुखम्. करो राजभागः. शंकरो महादेवः. (९२) 'भागीरथी.' भा कान्तिः. गीः वाणी. रथी रथो विद्यते यस्य सः. भागीरथी गङ्गा. (९३) 'नदीयताम्.' नदी. इयतां एतावदक्षराणाम्. न दीयताम्. (९४) 'दवविकलम्.' दलम्. बलम्. बिलम्. कलं अव्यक्तमधुरम्. दवविकलं दावाग्निना व्याकुलम्. (९५) 'शस्त्री.' आद्यवर्णरहिता 'स्त्री.' हे दुर्वारवीर्य, त्वयि सरुषि सति सपत्नहृदये का प्रसुप्ता-शस्त्री, प्रणतशत्रुसरोजसूर्ये त्वयि तुष्टे सति सपत्नहृदये प्रसुप्ता सैवाद्यवर्णरहिता का—स्त्री. (९६) 'मालिनी.' मा लक्ष्मीः. अलिनी भ्रमरी. मालिनी नाम छन्दोवृत्तम्.

१ श्यामवर्णो लोहमयत्वात्; (पक्षे) षोडशवार्षिकी. २ सुष्ठु पयः जलं धरतीति सुपयोधरा. लोहनिर्मिते शस्त्रे पानीयं दीयते इति प्रसिद्धिः; (पक्षे) सुस्तनी. ३ विष्णोः. ४ अष्टाभिर्लघुभिः सप्तभिश्च गुरुभिरित्यर्थः.

॥ ९६ ॥ समरशिरसि सैन्यं कीदृशं दुर्निवारं विगतघननिशीथे कीदृशी व्योम्नि शोभा। कमपि विधिवशेन प्राप्य योग्यामिमानं जगदखिलमनिन्द्यं दुर्जनः किं करोति ॥ ९७ ॥ भवति गमनयोग्या कीदृशी भू रथानां किमतिमधुरमम्लं भोजनान्ते प्रदेयम्। प्रियतम वद नीचामन्त्रणे किं पदं स्यात्कुमतिकृतविवादाश्चक्रिरे किं समर्थैः ॥ ९८ ॥ भवति जयिनी काजौ सेनाह्वयाधरभूषणं वहति किमहिः पुष्पं कीदृक्कुसुम्भसमुद्भवम्। महति समरे वैरी वीर त्वया वद किं कृतः कमलमुकुले भृङ्गः कीदृक्पिबन्मधु राजते ॥ ९९ ॥ आह्वानं किं भवति हि तरोः कस्यचित्प्रश्नविज्ञाः प्रायः कार्यं किमपि न कलौ कुर्वते के परेषाम्। पूर्णे चन्द्रं वहति ननु का पृच्छति म्लानचक्षुः केनोदन्याजनितमसमं कष्टमाप्नोति लोकः ॥ १०० ॥ का संबुद्धिः सुभट भवतो ब्रूहि पृच्छामि सम्यक्प्रातः कीदृग्भवति विपिनं संप्रबुद्धैर्विहंगैः। लोकः कस्मिन्प्रथयति मुदं का त्वदीया च जैत्री प्रायो लोके स्थितमिह सुखं जन्तुना कीदृशेन ॥ १०१ ॥ गतक्लेशायासा विमलमनसः कुत्र मुनयस्तपस्यन्ति स्वस्थाः सुररिपुरिपोः का च दयिता। कविप्रेयः[1] किं स्यान्नवलघुयुतैरष्टगुरुभिर्बुधा वृत्तं वर्णैः स्फुटघटितबन्धं कथयत ॥ १०२ ॥ बिभर्ति वदनेन किं क इह सत्त्वपीडाकरं कुलं भवति कीदृशं गलितयौवनं योषिताम्। बभार हरिरम्बुधेरुपरि कां च केन स्तुतो हतः

(९७) 'अभिभवति.' अभि नास्ति भीर्यस्य तत् भयरहितम्. भवति भानि नक्षत्राणि विद्यन्ते यस्मिंस्तत् भवत् तस्मिन्नक्षत्रयुक्ते. अभिभवति पराभवति. नीचो वृद्धिं गतो दुःखदायक एव भवेदिति भावः. (९८) 'समादधिरे' समा अविषमा. दधि क्षीरजम्. रे इति नीचसंबोधनं दीयते. समाहिताः. (९९) 'परागरंजितः' परा उत्कृष्टा. हे राग आरक्तत्व. गरं गरलम्. रञ्जि रञ्जतीत्येवंशीलं तत्. जितः. परागरञ्जितः परागेण केसरेण रञ्जितः प्रीणितमनाः. (१००) 'नीरापकारेण.' हे नीप वृक्षविशेष. परे अन्ये. आत्मनः कार्याणि सर्वे कुर्वन्ति परकार्यकृत्तु विरलः. राका पूर्णिमा. हे काण एकाक्ष. नीरापकारेण नीरस्य जलस्य अपकारः अभावस्तेन. नीरं विना तृषा कष्टं ददाति. (१०१) 'वीहारसेविना.' हे वीर, रवि रवः शब्दो विद्यते यस्मिन् तत् शब्दयुक्तम्. हासे हास्ये. सेना सैन्यम्. वीहारसेविना वीहार उपवनादिषु खेलनं सेवते इत्येवंशीलस्तेन. (१०२) 'शिखरिणी.' शिखराणि विद्यन्ते यस्मिन्नसौ शिखरी पर्वत तस्मिन् शिखरिणि. ई लक्ष्मीः, शिखरिणी छन्दः.

१ कविप्रियम्.

कथय कस्त्वया नगपतेर्भयं कीदृशात् ॥ १०३ ॥ हरिर्वहति कां तवास्त्यरिषु का गता कं च का कमर्चयति रोगवान्धनवती पुरी कीदृशी । हरिः कमधरद्धलिप्रभृतयो धरां किं व्यधुः कया सदसि कस्त्वया बुध जितोऽम्बुधिः कीदृशः ॥ १०४ ॥ पवित्रमतितृप्तिकृत्किमिह किं भटामन्त्रणं ब्रवीति धरणीधरश्च किमजीर्णसंबोधनम् । हरिर्वदति को जितो मदनवैरिणा संयुगे करोति ननु कः शिखण्डिकुलताण्डवाडम्बरम् ॥ १०५ ॥ को मोहाय दुरीश्वरस्य विदितः संबोधनीयो गुरुः को धात्र्यां विरलः कलौ नवधनः किंवन्न कीदृग्द्विजः । किं लेखावचनं भवेदतिशयं दुःखाय कीदृक्खलः को विघ्नाधिपतिर्मनोभवसमो मूर्त्या पुमान्कीदृशः ॥ १०६ ॥ कामिन्याः स्तनभारमन्थरगतेर्लीलाचलच्चक्षुषः कंदर्पैकविलासनित्यवसतेः कीदृक्पुमान्वल्लभः । हेलाकृष्टकृपाणपाटितगजानीकात्कुतस्तेऽरयः श्वासायासविशुष्ककण्ठकुहरा निर्यान्ति जीवार्थिनः ॥ १०७ ॥ दैत्यारातिरसौ वराहवपुषा कामुज्जहाराम्बुधेः का रूपं विनिहन्ति को मधुवधूवैधव्यदीक्षागुरुः । स्वच्छन्दं नवसल्लकीकवलनैः पम्पासरोमज्जनैः के विन्ध्याद्रिवने वसन्त्यभिमतक्रीडाभिरामस्थिताः ॥ १०८ ॥ का चक्रे हरिणा धने कृपणधीः कीदृग्भुजंगेऽस्ति किं कीदृक्कुम्भसमुद्भवस्य जठरं कीदृग्वियासुर्वधूः । श्लोकः कीदृगभीप्सितः सुकृतिनां कीदृङ्नभो निर्मलं क्षोणीमाह्वय सर्वगं किमुदितं रात्रौ सरः कीदृशम् ॥ १०९ ॥ मुण्डः पृच्छति किं मुरारिशयनं का हन्ति रूपं नृणां कीदृग्वीरजनश्च कोऽतिगहनः संबोधयावस्थितम् । का धात्री जगतो बृहस्पतिवधूः कीदृक्कविः क्वाद्दतः कोऽर्थः किं भवता कृतं रिपुकुलं कीदृक्सरो वासरे ॥ ११० ॥ कस्मै यच्छति सज्जनो बहुधनं सृष्टं जगत्केन वा शंभोर्भाति च को गले युवतिभिर्वेण्यां च का धार्यते । गौरीशः कमताडयच्चरणतः का रक्षिता राक्षसैरारोहादवरोहतः कलयतामेकं द्वयोरुत्तरम् ॥ १११ ॥ कः स्यादम्बुदयाचको युवतयः कं कामयन्ते पतिं लज्जा केन निवार्यते निकटके दासे कथं यावनी । भाषा दर्शयतेति वस्तुषु महाराष्ट्रे

---

(१०३) 'विषमपादनिकुंजगताहितः.' विषं गरलम्. अपात्. सर्पः. अनि नास्ति इः कामो यस्मिन् तत् कंदर्परहितम्. कुं पृथ्वीम्. जगता संसारेण. अहितः शत्रुः. विषमपादनिकुञ्जगताहितः. विषमाणां दुर्गमाणां पादानां प्रत्यन्तपर्वतानां निकुञ्जेषु गहनस्थानेषु गता अहयः सर्पा यस्मिन्सः. विषमपादनिकुञ्जगताहितस्तस्मात्. यत्र पर्वते शिलाया अधस्तात्सर्पा निर्गच्छन्ति ततः पर्वताद्बिभीयते. (१०४) 'कुंभीरमीनमकरागमदुर्गवारिः' कुं पृथ्वीम्. मीः भयम्. अं विष्णुम्. ईः लक्ष्मीः. इनं सूर्यम्. अकरा नास्ति करो राजदण्डो यस्यां सा. अगं गोवर्धनपर्वतम्. अदुः ददति स्म. गवा वाण्या वादेन कृत्वा. अरिः. प्रतिवादी. कुम्भीरमीनमकरागमदुर्गवारिः कुम्भीरा नक्राश्च मीना मत्स्याश्च मकराश्च तेषां आगमौ आगमनगमने ताभ्यां कृत्वा दुर्गं दुस्तरं वारि जलं यस्यासौ ईदृशः समुद्रो भवति. (१०५) 'पयोधरसमयः.' पयो जलम्. हे योध. हे धर पर्वत. हे रस अजीर्ण. हे सम मा लक्ष्मीस्तया सहवर्तमान हरे. मयः मयनामा कश्चिद्दैत्यविशेषो हरेण हत इति भावार्थः. पयोधरसमयः पयोधरस्य मेघस्य समयः कालः. मेघागमे हि मयूरा विशेषेण नृत्यन्तीत्यर्थः. (१०६) 'राजीवसन्निभवदनः.' राः द्रव्यम्. हे जीव हे गुरो. सन् सज्जनः. इभवत् हस्तिवत्. न विद्यते अः कृष्णोऽस्मिन्निति अनः. ब्राह्मणो हि कृष्णरहितः कदाचिन्न स्यादित्यर्थः. राजी पङ्क्तिः वसन् निवासं कुर्वन्. इभवदनः इभवत् हस्तितुल्यं वदनं मुखं यस्यासौ. गणेश इत्यर्थः. राजीवेन कमलेन संनिभं सदृशं वदनं मुखं यस्यासौ राजीवसंनिभवदनः. (१०७) 'समरतः.' समं तुल्यं रतं भोगक्रिया यस्य सः. संग्रामात्. (१०८) 'कुञ्जराः.' कुं पृथ्वीम्. जरा वृद्धत्वम्. अः कृष्णः. कुञ्जरा हस्तिनः.

(१०९) 'कुमुदवनपरागरंजिताम्भोविहितगमागमकोकमुग्धरेखम्.' कुमुत् पृथ्व्या हर्षोऽकारि. पृथ्वी उद्धृता इत्यर्थः. अवनंपरा अवनं रक्षणं धनस्य गोपनं तत्र परा सावधाना. गरं विषम्. जितानि पीतानि अम्भांसि जलानि येन तज्जिताम्भः विहितगमा विहितः कृतो गमो गमनं यया सा. गमकः अर्थाभिप्रायेण गम्यते प्राप्यते स गमकः. अकमुक् कं पानीयं मुञ्चन्ति ते कमुचो मेघाः न विद्यन्ते कमुचो यस्मिन् तत् अकमुक्. मेघै रहितमित्यर्थः. हे धरे हे पृथ्वि. खं आकाशम्. कुमुदवनपरागरञ्जिताम्भोविहितगमागमकोकमुग्धरेखं कुमुदानां चन्द्रविकासिकमलानां वनानि तेषां परागेण रजसा रञ्जितं रङ्गयुक्तं कृतं अम्भो जलं यस्मिन् तत् ईदृशं सरः, पुनः कीदृशम्. विहितौ निष्पादितौ गमागमौ गमनागमने याभ्यां तौ विहितगमागमौ तौ च तौ कोकौ च ताभ्यां कृत्वा मुग्धा सुन्दरा रेखा पङ्क्तिर्यस्मिन् तत्. यतस्तौ चक्रवाकीचक्रवाकौ अन्योन्यं 'वियुक्तौ सन्तौ रात्रौ मिलनाय तीरात्तीरं पर्यटतः तयोर्गमनागमनेन जलरेखायाः भवात् रात्रौ सर ईदृशं इति भावः, (११०) 'विकचवारिजराजिसमुद्भवोच्छलितभूरिपरागविराजितम्.' हे विकच विगताः कचाः केशा यस्य सः तत्संबोधनम्. हे वालरहित. वारि जलम्. महाप्रलये हरिः शेषशय्यायां समुद्रजले शेते. जरा वृद्धत्वम्. आजिसमुद् आजौ संग्रामे समुत् सहर्षः. भवः संसारः. हे अच्छलित हे अवञ्चित. भूः पृथ्वी. इपरा इः कामस्तेन परा उत्कृष्टा नित्ययौवनवती. गवि वाण्याम्. राः द्रव्यम्. जितम्. 'विकचवारिजराजिसमुद्भवोच्छलितभूरिपरागविराजितं' विकचानां प्रफुल्लानां वारिजानां कमलानां राजिः पङ्क्तिस्तस्याः समुद्भवस्तेन उच्छलितो यो भूरि प्रचुरः परागः तेन विराजितं शोभितम्. (१११) साधवे-वेधसा, कालिमा-मालिका, कालं-लंका.

कदा वा भवेदाद्यन्ताक्षरयोर्हि लोपरचनाचातुर्यतः पूर्यताम् ॥ ११२ ॥ का मेघादुपयाति कृष्णदयिता का वा सभा कीदृशी कां रक्षत्यहिहा शरद्विकचयेत्कं धैर्यहन्त्री च का । कं धत्ते गणनायकः करतले का चञ्चला कथ्यतामारोहादवरोहतश्च निपुणैरेकं द्वयोरुत्तरम् ॥ ११३ ॥ कुत्र श्रीः स्थिरतामुपैति भुवि को दुःखी किमीषत्पदं धर्मादीन्विनिवारयन्ति पथि के पान्थस्य दीनस्य च । का संबुद्धिरिह श्रियश्च तमसः कौ नाशकौ प्रोच्यतां गच्छन्तं पथिकं किमाह यवनः सङ्गाभिलाषान्वितः ॥ ११४ ॥ कः खे भाति हतो निशाचरपतिः केनाम्बुधौ मज्जति कः कीदृक्तरुणीविलासगमनं को नाम राज्ञां प्रियः । पत्रं किं नृपतेः किमप्सु ललितं को रावरामाहरो मत्प्रश्नोत्तरमध्यमाक्षरपदं यत्तत्तवाशीर्वचः ॥ ११५ ॥ किं त्राणं जगतां न पश्यति च कः के देवताविद्विषः किं दातुः करभूषणं निरुदरः कः किं पिधानं दृशाम् । के खे खेलनमाचरन्ति सुदृशां किं चारुताभूषणं बुद्ध्या ब्रूहि विचार्य सूक्ष्ममतिमंस्त्वेकं द्वयोरुत्तरम् ॥ ११६ ॥ कः कर्णारिपिता गिरीन्द्रतनया कस्य प्रिया कस्य तुक्को जानाति परेङ्गितं विषमगुः कुत्रोद्भूत्कामिनाम् । भार्या कस्य विदेहजा तुदति का भौमेऽह्नि निन्द्यश्च कस्तत्प्रत्युत्तरमध्यमाक्षरपदं सर्वार्थसंपत्करम् ॥ ११७ ॥ लावण्यं क्व नु योषितां नभसि के संचारमातन्वते 'कासामुच्चतरा भवन्ति निनदाः क्व क्रीडतो दंपती । केषु श्रीः प्रकटीचकार भगवान्सीतापतिः पौरुषं मत्प्रश्नोत्तरमध्यवर्णघटितो देवो मुदे सोऽस्तु वः ॥ ११८ ॥ कः पूज्यः सुजनत्वमेति कतमः क्व स्थीयते पण्डितैः श्रीमत्या शिवया च केन भुवने युद्धं कृतं दारुणम् । किं वाञ्छन्ति सदा जना युवजना ध्यायन्ति किं मानसे मत्प्रश्नोत्तरमध्यमाक्षरपदं भूयात्तवाशीर्वचः ॥ ११९ ॥ क्षोणी कं सहते करोति दिवि का नृत्यं शिवायाः पतिर्भूतानां कमयुङ्क्त जीवहरणे का रामशत्रोः पुरी । कं रक्षन्ति च साधवः पशुपतेः किं वाहनं प्रोच्यतामालोमप्रतिलोमशास्त्रचतुरैरेकं द्वयोरुत्तरम् ॥ १२० ॥

प्रश्नोत्तराणि ।

भारतं चेक्षुदण्डं च सिन्धुमिन्दुं च वर्णय । पादमेकं प्रदास्यामि प्रतिपर्वरसोदयः ॥ १ ॥ कियन्मात्रं जलं विप्र जानुदघ्नं नराधिप । तथापीयमवस्था ते नहि सर्वे भवादृशाः ॥ २ ॥ अहो केनेदृशी बुद्धिर्दारुणा तव निर्मिता । त्रिगुणा श्रूयते बुद्धिर्न तु दारुमयी क्वचित् ॥ ३ ॥ भूरिभारभराक्रान्तो बाधति स्कन्ध एष ते । न तथा बाधते स्कन्धो यथा बाधति बाधते ॥ ४ ॥ निरर्थकं जन्म गतं नलिन्या यया न दृष्टं तुहिनांशुबिम्बम् । उत्पत्तिरिन्दोरपि निष्फलैव कृता विनिद्रा नलिनी न येन ॥ ५ ॥ अङ्गणं तदिदमुन्मदद्विपश्रेणिशोणितविहारिणो हरेः । उल्लसत्तरुणकेलिपल्लवां सल्लकीं त्यजति किं मतङ्गजः ॥ ६ ॥ इदमनुचितमक्रमश्च पुंसां यदिह जरास्वपि मान्मथा विकाराः । इदमपि न कृतं नितम्बिनीनां स्तनपतनावधि जीवितं रतं वा ॥ ७ ॥ यदेतच्चन्द्रान्तर्जलदलवलीलां वितनुते तदाचष्टे लोकः शशक इति नो मां प्रति तथा । अहं त्विन्दुं मन्ये त्वदरिविरहाक्रान्ततरुणीकटाक्षोल्कापातव्रणकिणकलङ्काङ्कितनुम् ॥ ८ ॥ भवित्री रम्भोरु त्रिदशवदनग्लानिरधुना स रामो मे स्याता न युधि पुरतो लक्ष्मणसखः । इयं यास्यत्युच्चैर्विपदमधुना वानरचमूर्लघिष्ठेदं षष्ठाक्षरपरविलोपात्पठ पुनः ॥ ९ ॥ अष्टौ हाटककोटयस्त्रिनवतिर्मुक्ताफलानां तुलाः

(११२, ११३) धारा-राधा. वंधा-धावं. (अहिहा इन्द्रः) काशं-शंका. पाशं-शंपा. (विद्युत्). (११४) इमे उत्तरे अर्धस्फोरिते एवान्येषां योजनासौकर्याय लिख्येते—ए विष्णौ, भयी भीतियुक्तः, आ खला (डलयोरभेदात् खडा) एवं ए भय्या खडा. (११५) ग्रहेशः रामेण. मैनाकः. मंथरम्. सचिवः. तुरंगः गजः. राजीवम्. रावणः. एतन्मध्यमाक्षरघटितं वाक्यं 'हे मे नाथ चिरं जीव' इति राजानं प्रति आशीर्वचनम्. (११६) अन्धः अन्नंवृत्तिविहीनश्च. दानवाः दैत्याः दानवारि च. दानोदकमित्यर्थः. तमः राहुः अन्धकारश्च. वयः पक्षिणः तारुण्यं च. (११७) वासवः. हरस्य. ह्रस्वस्य तुगागमो 'ह्रस्वस्य पिति कृति तुक्' इति सूत्रेण. मतिमान्. नमसि. रामस्य. कुस्तुतिः. अभ्यङ्गः. एतन्मध्यमाक्षरघटितवाक्यं 'सरस्वति नमस्तुभ्यम्' इति. विषमा पञ्च गावो बाणा यस्येति विषमगुः कामः. (११८) नैपुण्ये, अण्डजाः, पारीणां, एकान्ते, रक्षःसु, मध्यमवर्णोद्धारात्पुण्डरीकाक्षः. इत्युत्तरम्. पारीणामित्यस्य नदीपूर इत्यर्थः. 'कर्करीपूरयोः पारी पादरज्ज्वां च हस्तिनः' इति विश्वः. (११९) भूदेवः, स्ववशः, संसदि, दुर्गेण (दैत्यः) वैभवं, युवतिं, मध्यमाक्षरोद्धरेण देवसर्गे भव इत्युत्तरम्. उच्चकोटिस्थः स्याः इति तात्पर्यम्.

(१२०) भारं—रंभा. कालं—लंका. दीनं—नंदी.

(१) पूर्वार्धं भोजराजस्योक्तिः. उत्तरार्धं तु कालिदासस्य प्रत्युक्तिः. (२) प्रथमपादस्तृतीयपादश्च नदीमुत्तितीर्षोर्भोजस्योक्तिः. द्वितीयपादश्चतुर्थपादश्च राजदर्शनार्थं छद्मना काष्ठभारवाहपण्डितस्य प्रत्युक्तिः. (३) पूर्वार्धं मानिनीमनुनयतो वल्लभस्योक्तिः. उत्तरार्धं तु तस्या वक्रोक्तिः. (४) पूर्वार्धं मृगयाया गृहमागच्छतः शिबिकारूढस्य भोजराजस्योक्तिः. उत्तरार्धं च राजदर्शनार्थं गच्छतः शिबिकावाहकस्य पण्डितस्य प्रत्युक्तिः. (५) पूर्वार्धं बिह्लणस्योक्तिः. उत्तरार्धं राजकन्यायाः. (६) पूर्वार्धं तच्चित्तपरीक्षिकाया राजकन्याया उक्तिः. उत्तरार्धं तदनुरक्तस्य बिह्लणस्य प्रत्युक्तिः. (७) पूर्वार्धं सारक्रीडां कुर्वत्याः शीलाभट्टारिकायाः. उत्तरार्धं च भोजस्य. (८) पूर्वार्धं रात्रौ चन्द्रं वर्णयतो भोजस्योक्तिः. उत्तरार्धं च राजदर्शनार्थं आगतस्य छद्मचौरपण्डितस्य. (९) प्रतिचरणसप्तमाक्षरविलोपात् द्वितीयोऽर्धं उद्भवति. पूर्वचरणत्रयं रावणस्योक्तिः सीतां प्रति. चतुर्थचरणस्तु तस्याः प्रत्युत्तरम्.

१ क्रूरा; (पक्षे) काष्ठेन.

पञ्चाशन्मधुगन्धमत्तमधुपाः क्रोधोद्धताः सिन्धुराः। अश्वाना-मयुतं प्रपञ्चचतुरं पण्याङ्गनानां शतं दण्डे पाण्ड्यनृपेण ढौकितमिदं वैतालिकायार्पणम् ॥ १० ॥

चित्रम्।

नमामि मामनोनुन्नमानं मुनिममानिनम्। नानाननमनमा-नाममोंनामानमुमेनमुम् ॥ १ ॥ तारतारतरैरेतैरुत्तरोत्तरतो रुतैः। रतार्ता तित्तिरी रौति तीरे तीरे तरौ तरौ ॥ २ ॥ तनुता तनुतां नीता तेन ते नीतनीतिना। नाता नूतनता तान्तिं तनौ तेनातनोति नः ॥ ३ ॥ या माताममता माया मा परोक्षक्षरोपमा। तारोने गगनेऽरो तामक्षगच्छगक्षम ॥ ४ ॥ सर स्वतिप्रसादं मे स्थितिं चित्तसरस्वति। सरस्वति कुरु क्षेत्रकुरुक्षेत्रसरस्वति ॥ ५ ॥. संसार साकं-दर्पेण कंदर्पेण ससारसा। शरं नवाना बिभ्राणा नाबिभ्राणा शरन्नवा ॥ ६ ॥ मारारिशक्ररामेभमुखैरासाररंहसा। सारारब्धस्तवा नित्यं तदर्तिहरणक्षमा ॥ ७ ॥ माता नतानां संघट्टः श्रियां वाधितसंभ्रमा। मान्याथ सीमा रामाणां शं मे दिश्यादुमादिजा ॥ ८ ॥ सरला बहलारम्भतरलालिब-लारवा। वारलाबहलामन्दकरला बहलामला ॥ ९ ॥ भासते प्रतिमासाररसाभाताहताविता। भावितात्मा शुभा वादे देवाभा बत ते सभा ॥ १० ॥ मारमासुषमा चारु रुचा मारवधूत्तमा। मात्तधूर्ततमावासा सा वामा मेऽस्तु मा रमा ॥ ११ ॥ रसा साररसा सार सायताक्ष क्षतायसा। सातावात तवातासा रक्षतस्त्वस्त्वतक्षर ॥ १२ ॥ यदान-तोऽयदानतो नयात्ययं न यात्ययम्। शिवे हितां शिवेहितां

---

(१०) निखिलमपि पद्यं विज्ञापयतो भाण्डागारिकस्योक्तिः. वैतालिकायार्पय इति च सप्ताक्षराणि वैतालिकगीतदत्तकर्णस्य विक्रमादित्यस्य प्रत्युक्तिः.

(१) द्व्यक्षरं पद्यम्. नमानि नमस्करोमि. कम्. उं विष्णुम्. न केवलं तमेव अपि तु उमेनं पार्वतीनाथम्. हरिहरमित्यर्थः. किंभूतम्. मामनोनुमन्नानं मा लक्ष्मीस्तस्या मनसो नुन्नोऽपहृतो मानो येन स तथा तं लक्ष्मीचाञ्चल्यगर्वापहारिणम्. पु० किं०. मुनिं योगीश्वरं असानिनं मानरहितम्. पु० किं० नानाननं नानाविधानि आननानि मुखानि यस्यासौ तं दशावतारत्वादनेकविधमुखम्. पु० किं०. अमानामं अमानम्प्रकाशममति अतिक्रामतीत्यमानामस्तम्. पु० किं०. ओंनामानं ब्रह्मस्वरूपम्. एवंविधं उमेनं हरं उं हरिं च नमामि. (२, ३) द्व्यक्षरः. (४) उ इति संबोधनम्. हे अक्षगच्छगक्षम अक्षैरिन्द्रियैर्गच्छन्ति प्रतिपद्यन्ते ते अक्षगच्छाः विषयाः तेषां छगः नाशः तत्र क्षमः समर्थः तस्य संबोधनम्. हे महायोगिन्. गगने आकाशे तां अर प्राप. किंभूते गगने. तारोने ताराभिः ऊनं तस्मिन्. तां काम्. या माता अर्थात् विश्वस्य माता. पु० की०. या ममता ममतास्वरूपेण वर्तते. या वैष्णवी माया. पु० की०. या मा लक्ष्मीः. पु० की०. या परोक्षक्षरोपमा परश्चासौ उक्षा च परोक्षा वृषभः तेन क्षरति गच्छतीति स श्रीमहादेवः तेन उपमीयतेति सा. (५) स्वतिप्रसादं सुन्दरातिप्रसन्नतां सर प्राप्नुहि. चित्तसरस्वति चित्तसमुद्रे. क्षेत्रं शरीरमेव कुरुक्षेत्रं तत्र सरस्वत्याख्यनदीरूपे. नद्याः समुद्रस्थितेरौचित्येन मम चित्तसमुद्रे स्थितिं कुरु इत्यर्थः. (६) नवा शरत् कंदर्परूपेण दर्पेण साकं ससार. किंभूता. ससारसा सारसेन पक्षिविशेषेण पद्मेन वा सहिता. शरं काण्डं बिभ्राणा पोषयन्ती. परिपाकं प्रापयन्तीत्यर्थः. नवाना नवमनः शकटं कर्दमाभावेन पथि यस्यां सा. न अविभ्राणा वीनां पक्षिणां भ्राणः शब्दः न तेन रहिता च.

(७,८) खड्गबन्धोऽयम्. उमा गौरी शं सुखं मे मह्यं दिश्याद्देयात्. कीदृशी. आदिजा जगदादिभवा. तथा मारारिः शंभुः, शक्र इन्द्रः, रामो जामदग्न्यो दाशरथिर्वा, इभमुखो गणाधिपस्तैरासाररंहसा वेगवर्षवद्वेगेनादरावेशात्सार उत्कृष्ट आरब्धः प्रक्रतः स्तवः स्तुतिर्यस्याः सा. तथा नित्यं सदा तेषां मारारिप्रभृतीनामर्तेः पीडाया हरणेऽपनयने क्षमा समर्था. तथा नतानां मातेव माता. वत्सलत्वात्. तथा संघट्टः समूहः कासां. श्रियामृद्धीनाम्. तथा बाधितो नाशितो भक्तानां संभ्रमो भयं यया सा तथाभूता. तथा मान्या पूज्या. अथ सीमा मर्यादा रामाणां स्त्रीणाम्. सर्वोत्तमेत्यर्थः. (९) मुरजबन्धोऽयम्. शरद्वर्णनमेतत्. सरलो दीर्घ आसमन्ताद्बहलेन प्रभूतेनारम्भेण तरलानां चञ्चलानामलिबलानां भ्रमरसैन्यानामारवः शब्दो यस्यां सा सरलाबहलारम्भतरलालिबलारवा. तथा वारलाभिर्हंसीभिर्बहला संतता. यदि वा वारेण परिपाट्या लावो लवनं येषां तानि तथाविधानि हलानि हलकृष्टधान्यक्षेत्राणि यस्यां सा तथाविधा. तथा करं लान्ति गृह्णन्ति ये ते करला नृपाः. अमन्दा यात्रायां सोद्यमाः करला यस्यां सा तथाविधा. तथा बहलानि प्रभूतान्यामलान्यामलकीफलानि यस्यां सा तथाविधा. यदि वा बहलमत्यर्थममला निर्मला बहुलामला. (१०,११) पद्मबन्धः. (१२) सर्वतोभद्रः. हे सार उत्कृष्ट, तव रक्षतः पालयतः सतः सा रसा पृथ्वी सारसा उत्कृष्टरसास्तु भवतु. हे आयताक्ष दीर्घलोचन, तथा सा क्षतायसा चास्तु क्षतो नाशित आयोऽर्थागमो यैस्ते क्षतायाश्चौरादयस्तान्स्यत्यन्तं नयतीति कृत्वा. तथा सातं सुखमवतीति सातावा, श्रेयस्करीत्यर्थः. अस्त्विति सर्वत्र योज्यम्. हे अत, अतति नित्यमेवोद्यमं भजत इत्यर्थः. तथा अतासा अक्षया रसा. भवत्वित्यत्रापि योगः तुर्नियमे. रक्षत एव, न त्ववलिप्तस्य. तथा हे अतक्षर तत्क्षणं तक्षस्तनूकरणं तं राति ददातीति तक्षरः, न तक्षरोऽतक्षरः. पुष्टिद इत्यर्थः.

स्मरामितां स्मरामि ताम् ॥ १३ ॥ आम्नायानामाहान्त्यावा
गीतिर्नीतिर्भीतिः प्रीतिः । भोगो रोगो मोदो मोहो ध्येयेच्छ-
च्छेत्क्षेमे देशे ॥ १४ ॥ नागविशेषे शेषे शेषेऽशेषेपि संहृते
जगति । हंसस्यसिकालं कालंका लङ्कालङ्घने स्तुतिर्भवतः
॥ १५ ॥ विनायमेनो नयतासुखादिना विना यमेनोनयता
सुखादिना । महाजनोऽदीयत मानसादरं महाजनोदी-
यतमानसादरम् ॥ १६ ॥ विश्वस्य हेतुरमरैर्बहु गीयसे
त्वं विश्वंभरे शिवशिवे त्रिगुणात्ममूर्ते । चिद्व्योमतोऽपि
परमां प्रथमां वदन्ति त्वां योगिनः स्तुतिपराः प्रणिधान-
दृष्ट्या ॥ १७ ॥ पायाद्वः करणोऽरणो रणरणो राणो रणो-
वारणो दत्ता येन रमारमारमरमा रामारमाः सा रमा ।
स श्रीमानुदयोदयो दयोदयो दायोदयोदेद्यो विष्णुर्जिष्णु-
रभीरभीरभिरभीराभीरभीसारभीः ॥ १८ ॥

---

(१३) यस्यामानतोऽयं जनः न यात्ययं नीतिविश्लेषं न याति. कुतः अयदानतः अर्थात् तयैवास्य शुभावहविधिदानात्. शिवे मङ्गले हितां अनुकूलाम्. शिवेन महादेवेन ईहितां प्रार्थनीयाम्. स्मरेण कंदर्पेण आमितां मातुमयोग्याम्. अनभिभूतामित्यर्थः. (१४) चतुर्मात्रिको विद्युन्मालाछन्दः. आम्नायानां वेदानामन्त्या वाक् उपनिषद् आह अकथयत्. किम्. ईतिः नीतिः भीतिः प्रीतिः भोगः रोगः मोदः मोहः क्षेमे शुभे देशे स्थाने आत्मपरात्मनोः ध्येयेत् इच्छेच्च. (१५) सानुप्रासः. हे राम, त्वया अशेषे समस्तेऽपि जगति संहृते त्वं नागविशेषे शेषनागे शेषे स्वपिषि. तथा असिवत् खड्गवत् कालं कृष्णं कालं हंसि मारयसि. अतो भवतस्तव लङ्कायां लङ्घने पारगमने का स्तुतिः स्तवनं न किमपीत्यर्थः. (१६) मृतं जटायुषं दृष्ट्वा रामं प्रति लक्ष्मणोक्तिरियम्. अयं विना पक्षिस्वरूपः पुरुषः जटायुः यमेन यतमानसादरं यतमानानां रक्षितुमुद्यतानां सादं विषादं राति ददातीति तत् यथा स्यात्तथा अरं शीघ्रं मानसा-मानसं चित्तमेव मानसं मानससरस्तस्मात् अदीयत अखण्ड्यत-अयं किंभूतः. महाजनः महात्मा महाजनोदी च महं उत्सवम् जन्ति क्षिपन्ति ये दुर्जनास्तन्नोदी तदपसारकः. यमेन किंभूतेन, एनो विना अपराधमृते नयता स्वपुरं प्रापयता असुखादिना प्राणभक्षकेण सुखादिना ऊनयता च हीनं कुर्वता च इत्यर्थः. (१७) अस्य बसन्ततिलकाछन्दसो दुर्गास्तुतिरूपस्य पद्यस्य चतुर्णामपि पादानां षष्ठसप्तमाष्टमाक्षरलोपेन इन्द्रवज्रावृत्तं शिवस्तुतिश्च जायते. (१८) सः पुराणप्रसिद्धः. वेवेष्टि व्याप्नोतीति विष्णुर्भगवान्वो युष्मान्पायादित्यर्थः. वः इति बहुवचनेन सर्वसमत्वं सूचितम्. मायया स्पृष्टस्य तस्य कथं रक्षकत्वं भवत्वित्यत आह. श्रीमानिति. श्रीर्नित्यमस्यास्तीति श्रीमान् माया विनाभूदित्यर्थः. ननु बहूनां रक्षणपरिपन्थिनां विद्यमानत्वात्कथमस्य रक्षकत्वमित्याह. विष्णुरिति. जयनशीलः इत्यर्थः. तथा च रक्षणपरिपन्थिनोऽपि

भाषाचित्रम् ।

उत्सरङ्गकलितोरुकटारीभाजिरा उत भयंकरभालाः ।
सन्तु पायकगणा जय तैस्त्वं गामगोहरभिलाव इलावी
॥ १ ॥ हरनयनहुताशज्वालया जो जलाया रतिनयन-
जलौघे खाक बाकी बहाया । तदपि दहति चित्तं माक-

तद्वशगा इति भावः. इदानीं वः इति बहुवचनोक्तं सर्वसमत्वं द्रढयितुमवतारविशेषान्विशेषणमुखेनाह. करण इति. कं जलं रणति गच्छतीति करणः. मत्स्यकूर्मावतारवानित्यर्थः. पुनः अरण न विद्यते रणः संग्रामो यस्य स तथा. अनेन च ब्रह्मकर्ममात्रप्रणयी वामनावतार उक्तो भवति. यस्येति शेषः. स कः. यस्य विष्णोः राणः रणस्यायं राणः; रणसंबन्धीत्यर्थः. रणरणः रणाच्छब्दाज्जायमानो रणः शब्दो रणरणः प्रतिशब्दः रणोवारणः रणस्य उः लक्षणं व्रणादिचिह्नं येषां ते रणवः धीराः तान् वारयतीति रणोवारणः अभूत्. उकारस्त्विह लक्षणम्. अनेन नृसिंहावतार उक्तो भवति. कः सः. येन अरं शीघ्रं अरीणां समूहो आरं अरिवृन्दं मिनोति हिनस्तीति आरमाः तेन आरमा अरिकुलनिहत्रा रमा लक्ष्मीर्विप्रेभ्यो विश्राणिता दत्ता. तथा रमया रमते असौ रमारमो विष्णुस्तस्मिन्रमन्ते ते रमारमरमाः ब्राह्मणास्तान् आरमयति आह्लादयति सः तथा आस बभूवेत्यर्थः. अनेन क्षत्रियान्तकारिपरशुरामावतार उक्तो भवति. पु० क० उदयोदयः. याति प्राप्नोतीति यः न यः अयः अप्राप्तः उदयो येन तत् अयोदयं भूधरादि. उत् उद्धृतं अयोदयं अप्राप्तोदयं जलनिमग्नं भूधरादि येन सः तथा. अनेन आदिवराह उक्तो भवति. पु० क०. अदयदयः अदयेषु दयते स तथा. क्रूरेष्वपि दयावानित्यर्थः. अनेन बौद्धावतार उक्तो भवति. पु० क०. दायोदयोदेदयः दायार्थं विभागार्थं उद्धृतं अयो लोहमयं शस्त्रं यैस्ते दायोदयाः धार्तराष्ट्राः तान्द्यति खण्डयतीति तथाविधोऽर्जुनः तस्मिन् दयते स तथा. अनेन कृष्णावतार उक्तो भवति. पु० क०. अभीरभीरभिः पराङ्गनाहरणादिभ्यः कृत्येभ्यो अभीरा निर्भयाः रावणादस्तेषु भियै भयार्थं रभते राभस्येन वर्तते स तथा. अनेन रामावतार उक्तो भवति. पु० क०. अभीराभीरभीसारभीः अभीराः शूराः भीराः कातराः तेष्वपि कोट्या लोभादिवशात् भियं सारयन्ति प्रयच्छन्ति ते दुष्टम्लेच्छास्तेषां भीः यस्मात् स तथा. अनेन कल्क्यवतार उक्तो भवति.

(१) हे राजन्, तव पायकगणाः सेवकलोका उत्सरङ्गकलितोरुकटारीभाजिराः उत्सरङ्गा अतिमुदिताः कलितोरुकटाः सज्जितपृथुलकपोला ये अरीभाः शत्रुगजास्तेषां योऽसौ आजिः संग्रामः तं रान्ति ददतीति ते सन्तु. उत पुनः भयंकरभालाः भ्रुकुटीभीषणललाटाः सन्तु. तैः पायकगणैः इलावः पृथ्वीरक्षकः इलावीजितकंदर्पस्त्वं अगोहरं अगोग्रहं यथा स्यात्तथैवं गां पृथ्वीं जह परदेशानात्मीयान्कुरु.

क्या मै करोंगी मदनसरसि भूयः क्या बला आग लागी ॥ २ ॥ नूनं बादलशाइ शोहपसरी निःसाणशब्दः खरः शत्रुं पाडि लुटालितो विहुणिसो एवं भणन्त्युद्भटाः। रूढे गर्दभरामधालि सहसा रे कं तमेरे कहे कण्ठे पापनिवेशि याहि शरणं श्रीमल्लदेवं प्रभुम् ॥ ३ ॥

जातिवर्णनम्।

सिंहः ॥ गर्जन्हरिः साम्भसि शैलकुञ्जे प्रतिध्वनीनात्मकृतान्निशम्य। पदं बबन्ध क्रमितुं सरोषः प्रतर्कयन्नन्यमृगेन्द्रनादम् ॥ १ ॥ लीढग्रस्तविपाण्डुराग्रनखयोराकर्णदीर्णं मुखं विन्यस्याग्रिमयोर्युगे चरणयोः सद्यो विभिन्नद्विपः। एतस्मिन्मदगन्धवासितसटः सावज्ञतिर्यक्चलत्सृक्कान्ताहतिधूतलोलमधुपः कुञ्जेषु शेते हरिः ॥ २ ॥ पश्योदञ्चदवाञ्चदञ्चितवपुः पश्चार्धपूर्वार्धभाक्स्तब्धोत्तानितपृष्ठनिष्ठितमनाग्भुग्नाग्रलाङ्गूलभृत्। दंष्ट्राकोटिविशङ्कटास्यकुहरः कुर्वन्सटामुत्कटामुत्कर्णः कुरुते क्रमं करिपतौ क्रूराकृतिः केसरी ॥ ३ ॥ उत्कर्णोऽयमकाण्डचण्डिमपटुः स्फारस्फुरत्केसरः क्रूराकारकरालवक्त्रविकटस्तब्धोर्ध्वलाङ्गूलभृत्। चित्रेणापि न शक्यतेऽभिलिखितुं सर्वाङ्गसंकोचनाच्चीत्कुर्वद्गिरिकुञ्जकुञ्जरशिरःकुम्भस्थलस्थो हरिः ॥ ४ ॥

तरक्षुः ॥ लाङ्गूलेनाभिहत्य क्षितितलमसकृद्दारयन्नग्रपद्भ्यामात्मन्येवावलीय द्रुतमथ गगनं प्रोत्पतन्विक्रमेण। स्फूर्जद्धुंकारघोषः प्रतिदिशमखिलान्द्रावयन्नेष जन्तून्कोपाविष्टः प्रविष्टः प्रतिवनमरुणोच्छूनचक्षुस्तरक्षुः ॥ ५ ॥

करिणः ॥ अम्भोमुचां सलिलमुद्गमतां निशीथे तालीवनेषु निभृतं स्थिरकर्णतालाः। आकर्णयन्ति करिणोऽर्धनिमीलिताक्षा धारारवान्दशनकोटिनिषण्णहस्ताः ॥ ६ ॥

मृगः ॥ ग्रीवाभङ्गाभिरामं मुहुरनुपतति स्यन्दने बद्धदृष्टिः पश्चार्धेन प्रविष्टः शरपतनभयाद्भूयसा पूर्वकायम्। दर्भैरर्धावलीढैः श्रमविवृतमुखभ्रंशिभिः कीर्णवर्त्मा पश्योदग्रप्लुतत्वाद्वियति बहुतरं स्तोकमुर्व्यां प्रयाति ॥ ७ ॥

भल्लः ॥ नयनपथनिरोधात्क्रोधनिर्धूतभालभ्रमदविरलरोमस्तोमबद्धान्धकारः। कृमिकवलनलोभोत्खातवल्मीकरन्ध्रोत्थितफणिफणघातैरुच्छलत्येष भल्लः ॥ ८ ॥

हयः ॥ यावच्छकलितो वायुरेकीभवितुमर्हति। तावदेव तुरंगोऽयमाजगाम जगाम च ॥ ९ ॥ मण्डले मण्डलाकारो रेखा वाजीमयी जवे। सव्यापसव्ये द्विमुखो नकुलाधिष्ठितो हयः ॥ १० ॥ पुरो नुन्नः पश्चाद्व्रजति विधूतश्रोच्छ्रितततनुः समुत्पत्योत्तानः पतति पथि लोकान्प्रविशति। हयः किंचिद्वच्छेद्यदि नयति पत्तिं क्वचिदहो कशाघाते तिष्ठत्यथ चरणघातेन खनति ॥ ११ ॥ आकर्षन्निव गां वमन्निव खुरौ पश्चार्धमुज्झन्निव स्वीकुर्वन्निव खं पिबन्निव दिशो वायूंश्च मुष्णन्निव। साङ्गारा[illegible]गां स्पृशन्निव भुवं छायाममृष्यन्निव प्रेङ्खच्चामरवीज्यमानवदनः श्रीमान्हयो धावति ॥ १२ ॥ पश्चादङ्घ्री प्रसार्य त्रिकनतिविततं द्राघयित्वाङ्गमुच्चैरासज्याभुग्नकण्ठो मुखमुरसि सटां धूलिधूम्रां विधूय। घासग्रासाभिलाषादनवरतचलत्प्रोथतुण्डस्तुरङ्गो मन्दं शब्दायमानो विलिखति शयनादुत्थितः क्ष्मां खुरेण ॥ १३ ॥

कपिः ॥ यदर्काशुक्रान्तस्फुरदरुणपुष्पोदरधिया प्रविष्टो नासान्तः क्वणितमणिडिम्भः प्रकुरुते। कपिः स्थित्वा स्थित्वा तदिदमनुशृण्वन्विचकितो धुनोत्यास्यं रौति प्रचलति चलत्युच्छलति च ॥ १४ ॥

महोक्षः ॥ गर्जित्वा मेघधीरं प्रथममथ शनैर्मण्डलीकृत्य देहं शृङ्गाभ्यां भीषयन्तावभिमुखमवनीं दारयन्तौ खुराग्रैः। मन्दं मन्दं समेत्य स्थिरनिहितपदं दत्तघातौ सरोषं युध्येते चालयन्तौ कुटिलितमसकृत्पुच्छमेतौ महोक्षौ ॥ १५ ॥

धेनुः ॥ आहत्याहत्य मूर्ध्ना द्रुतमनुपिबतः प्रस्नुतं मातुरूधः किंचित्कुब्जैकजानोरनवरतचलच्चारुपुच्छस्य धेनुः। उत्कर्णं तर्णकस्य प्रियतनयतया दत्तहुंकारमुद्रा विस्रंसत्क्षीरधारालवशबलमुखस्याङ्गमातृप्ति लेढि ॥ १६ ॥

रासभः ॥ आघ्रायाघ्राय गन्धं विकटमुखपुटो दर्शयन्दन्तपङ्क्तिं धावत्युन्मुक्तनादो मुहुरपि च रसाक्रष्ट्या पृष्ठलग्नः। गर्दभ्याः पादघातद्विगुणितसुरतप्रीतिराकृष्टशिश्नो वेगादारुह्य मुह्यन्नवतरति खरः खण्डितेच्छश्चिरेण ॥ १७ ॥

अजः ॥ घ्रात्वा श्रोणीमजाया विततमभिमुखं वक्त्रसंकोचभङ्गं स्थित्वा सूर्यं निरीक्ष्य प्रविकसितसटो घट्टयन्क्ष्मां खुरेण। बोबोकारान्प्रकुर्वन्मणिशकलनिभं चालयन्नेत्रयुग्मं छागश्छाटूननेकांश्चतुर इव विटो मन्मथान्धः करोति ॥ १८ ॥

मेषः ॥ पार्श्वास्फालावलेपाच्चटुलितचरणोल्लिखिताकाशदेशः संघट्टाटोपकोपप्रसरितरसनापल्लवालीढसृक्कः। किंचित्साचीकृतास्यः स्फुरदधरपुटः स्फारिताताम्रचक्षुर्घोणाघाताभिलाषादपसरति रुषं दर्शयन्नेष मेषः ॥ १९ ॥

मयूरः ॥ मण्डलीकृत्य बर्हाणि कण्ठैर्मधुरगीतिभिः। कलापिनः प्रनृत्यन्ति काले जीमूतमालिनि ॥ २० ॥

चातकः ॥ दम्भोलिस्फूर्जदम्भोधरविपुलतडिद्दम्भगम्भीरनादैरम्भःसंभारसंभावनकुतुकिकुलं चातकानां प्रनृत्यत् । ऊर्ध्वे विन्यस्तचञ्चूपुटमुपरि परिभ्राम्यदुत्पातवातैरम्भोदोन्मुक्तमम्भःकणमपि न चिरात्प्राप्य नम्रं मिथोऽभूत् ॥ २१ ॥

पारावतः ॥ कलक्कणितगर्भेण कण्ठेनाघूर्णितेक्षणः । पारावतः परावृत्य रिरंसुश्चुम्बति प्रियाम् ॥ २२ ॥

बकः ॥ नालेनेव स्थित्वा पादेनैकेन कुञ्चितग्रीवम् । जनयति कुमुदभ्रान्तिं वृद्धबको बालमत्स्यानाम् ॥ २३ ॥ स्थित्वा धैर्यादुपाम्भः समजठरशिराश्चक्रमूर्तिर्मुहूर्तं धूर्तः संत्यक्ततीरः कतिचिदपि पदान्युच्चकैः कुञ्चिताङ्घ्रिः । पश्चाद्ग्रीवां प्रसार्य त्वरितगतिरपां मध्यमाविश्य चञ्च्वा चञ्चन्तीमूर्ध्वकण्ठः कथमपि शफरीं स्फारिताक्षो बकोऽत्ति ॥ २४ ॥

कुक्कुटः ॥ न्यञ्चच्चञ्चलचञ्चुचुम्बनचलच्चूडाग्रमुग्रंपतच्चक्राकारकरालकेसरसटास्फारस्फुरत्कन्धरम् । वारंवारमुदङ्घ्रिचञ्चलघनभ्रश्यन्नखक्षुण्णयोर्दृष्टा कुक्कुटयोर्द्वयोः स्थितिरिति क्रूरक्रमं युध्यतोः ॥ २५ ॥ पक्षावुत्क्षिप्य धुन्वन्सकलतनुरुहान्भोगविस्तारितात्मा प्रागेवोड्डीननिद्रः स्फुरदरुणकरोद्भासितं खं निरीक्ष्य । प्रातः प्रोत्थाय नीडस्थितचपलतनुर्घर्घरध्वानमुच्चैरुद्ग्रीवं पूर्वकायोन्नतविकटसटः कुक्कुटो रारटीति ॥ २६ ॥

गौरखरकृकलासौ ॥ ग्रीष्मादित्यकरप्रतप्तसिकतामध्योपविष्टः सुखं शेते गौरखरो मरुस्थलभुवि प्रोथं निधाय क्षितौ । गुञ्जज्जाहककण्टकाहतमरुद्धूतोत्पतद्धूलिभिश्छिन्नाङ्गः कृकलासकोऽपि निभृतं मार्तण्डमुद्वीक्षते ॥ २७ ॥

सर्पः ॥ आलोकत्रस्तनारीकृतसभयमहानादधावज्जनौघे द्वारप्रदेशप्रचुरकलकलाकर्णनस्तब्धचक्षुः । काष्टं दण्डं गृहाणेत्यतिमुखरजनैस्ताडितो लोष्टघातैर्भीतः सर्पो गृहस्यानधिगतविवरः कोणतः कोणमेति ॥ २८ ॥

पुलिन्दः ॥ वामस्कन्धनिषण्णशार्ङ्गकुटिलप्रान्तार्पिताधोमुखस्यन्दच्छोणितलम्बमानशशकान्वेणीस्खलच्चामरान् । ज्यान्तप्रोतकपोतपोतनिपतद्रक्ताक्ततूणिरकान्सोऽपश्यत्करिकुम्भभेदजनितास्कन्दान्पुलिन्दान्पुरः ॥ २९ ॥

पथिकः ॥ गायति हसति च नृत्यति हृदयेन धृतां प्रियां विचिन्तयति । समविषमं न च विन्दति गृहगहनसमुत्सुकः पथिकः ॥ ३० ॥ मातर्धर्मपरे दयां कुरु मयि श्रान्तेऽद्य वैदेशिके द्वारालिन्दककोणके सुनिभृतं यास्यामि सुप्त्वा निशि । इत्युक्ते सहसा प्रचण्डगृहिणीवाक्येन निर्भर्त्सितः स्कन्धन्यस्तपलालमुष्टिविभवः पान्थः पुनः प्रस्थितः ॥ ३१ ॥ भद्रं ते सदृशं यदध्वगशतैः कीर्तिस्तवोद्घुष्यते स्थाने रूपमनुत्तमं सुकृतिना दानेन कर्णो जितः । इत्यालोक्य भृशं दृशा करुणया शीतातुरेण स्तुतः पान्थेनैकपलालमुष्टिरुचिना गर्वायते हालिकः ॥ ३२ ॥ देशैरन्तरिता शतैश्च सरितामुर्वीभृतां काननैर्यत्नेनापि न याति लोचनपथं कान्तेति जानन्नपि । उद्ग्रीवश्चरणार्धरुद्धवसुधः कृत्वाश्रुपूर्णे दृशौ तामाशां पथिकस्तथापि किमपि ध्यायन्मुहुर्वीक्षते ॥ ३३ ॥

शूरः ॥ खड्गहस्तोऽरिमालोक्य हर्षामर्षसमन्वितः । शूरः पुलकितो रक्तनेत्रो हसति जृम्भते ॥ ३४ ॥

बालः ॥ धूलीधूसरतनवो राज्यस्थितिरचनकल्पितैकनृपाः । कृतमुखवाद्यविकाराः क्रीडन्ति सुनिर्भरं बालाः ॥ ३५ ॥ आयातो भवतः पितेति सहसा मातुर्निशम्योदितं धूलीधूसरितो विहाय शिशुभिः क्रीडारसान्प्रस्तुतान् । दूरात्स्मेरमुखः प्रसार्य ललितं बाहुद्वयं बालको नाधन्यस्य पुरः समेति परया प्रीत्या रटन्घर्घरम् ॥ ३६ ॥

कुमारः ॥ अकूर्चारम्भोऽपि प्रतिचुबुकदेशं करतलं प्रतिशायां कुर्वन्युवतिषु दृशं स्निग्धतरलाम् । कुमारोऽहंकारात्परिषदि समानानगणयन्भुजौ वक्षः पश्यन्नवयसि कान्तिं वितनुते ॥ ३७ ॥

नर्तकी ॥ स्वेदक्लेदितकङ्कणां भुजलतां कृत्वा मृदङ्गाश्रयां चेटीहस्तसमर्पितैकचरणा मञ्जीरसंधित्सया । सा भूयः कुचकम्पसूचितरयं निःश्वासमामुञ्चती रङ्गस्थानमनङ्गसात्कृतवती तालावधौ तस्थुषी ॥ ३८ ॥

लेखनकर्त्री ॥ उन्नमितैकभ्रूलतमाननमस्याः पदानि रचयन्त्याः । कण्टकितेन प्रथयति मय्यनुरागं कपोलेन ॥ ३९ ॥ यद्भ्रूलते तरलिते यदुदङ्गुलीकः पाणिः पुरो यदपि चक्षुरलब्धलक्ष्यम् । उन्मुद्रिताधरदलं च यदास्यमस्यास्तत्काव्यकर्मणि निविक्तमवैमि चेतः ॥ ४० ॥

कलमकण्डनीगीतयः ॥ विलाससमसृणोल्लसन्मुसललोलदोःकन्दलीपरस्परपरिस्खलद्वलयनिःस्वनोद्बन्धुराः । लसन्ति कलहुंकृतिप्रसभकम्पितोरःस्थलत्रुटद्गमकसंकुलाः कलमकण्डनीगीतयः ॥ ४१ ॥

इति श्रीसुभाषितरत्नभाण्डागारे चतुर्थं प्रकरणं समाप्तम् ।

प्रकरणम् ५।

अन्योक्तिप्रकरणम्।

सूर्यान्योक्तयः।

रवेरेवोदयः श्लाघ्यः कोऽन्येषामुदयग्रहः। न तमांसि न तेजांसि यस्मिन्नभ्युदिते सति ॥ १ ॥ [1]खद्योतो द्योतते तावद्यावन्नोदयते शशी। उदिते तु [2]सहस्रांशौ न खद्योतो न चन्द्रमाः ॥ २ ॥ तस्यैवाभ्युदयो भूयाद्भानोर्यस्योदये सति। विकासभाजो जायन्ते गुणिनः कमलाकराः ॥ ३ ॥ निमीलनाय पद्मानामुदयायाल्पतेजसाम्। तमसामवकाशाय व्रजत्यस्तमसौ रविः ॥ ४ ॥ [3]करस्फोटोऽ[4]म्बरत्यागस्तेजोहानिः सरागता। [5]वारुणीसंगजावस्था भानुनाप्यनुभूयते ॥ ५ ॥ अजस्रं लसत्पद्मिनीवृन्दसङ्गं मधूनि प्रकामं पिबन्तं मिलिन्दम्। रविर्मोचयत्यब्जकारागृहेभ्यो दयालुर्हि नो दुष्टवद्दोषदर्शी ॥ ६ ॥ एतावत्सरसिजकुड्मलस्य कृत्यं भित्त्वाम्भः सरसि विनिर्गमो बहिर्यत्। आमोदो विकसनमिन्दिरानिवासस्तत्सर्वं दिनकरकृत्यमामनन्ति ॥ ७ ॥ देवो हरिर्वहतु वक्षसि कौस्तुभं तन्मन्ये च काचन पुनर्द्युमणेः प्रतिष्ठा। यत्पादसंगतिसमर्पितसौरभाणि धत्ते स एव शिरसा सरसीरुहाणि ॥ ८ ॥ उद्यन्त्वमूनि सुबहूनि महामहांसि चन्द्रोऽप्यलं भुवनमण्डलमण्डनाय। सूर्यादृते न तदुदेति न चास्तमेति येनोदितेन दिनमस्तमितेन रात्रिः ॥९॥ दिक्श्रीतमोहतिजगज्जनरञ्जनादि सर्वं भविष्यति रवेरिव चन्द्रतोऽपि। किं त्वस्तगामिनि रवौ भविता न जाने राजीवजीवनविधौ कतमः प्रकारः ॥ १० ॥ अधिगमनमनेकास्तारका राजमानाः प्रतिगृहमपि दीपाः प्राप्नुवन्ति प्रतिष्ठाम्। दिशि दिशि विकसन्तः सन्ति खद्योतपोताः सवितरि उदितेऽस्मिन्किं नु लोकैरलोकि ॥ ११ ॥ गते तस्मिन्भानौ त्रिभुवनसमुन्मेषविरहव्यथां चन्द्रो नेष्यत्यनुचितमितो नास्ति किमपि। इदं चेतस्तापं जनयतितरामत्र यदमी प्रदीपाः संजातास्तिमिरहतिबद्धोद्धुरशिखाः ॥ १२ ॥ पातः पूष्णो भवति महते नोपतापाय यस्मात्कालेनास्तं क इह न गता यान्ति यास्यन्ति चान्ये। एतावत्तु व्यथयति यदालोकबाह्यैस्तमोभिस्तस्मिन्नेव प्रकृतिमहति व्योम्नि लब्धोऽवकाशः ॥ १३ ॥ पततु नभसो गच्छत्वस्तं निमज्जतु वारिधौ व्रजतु वरुणागारद्वारं प्रभाभिरनादृतः। तदपि तरणिर्दत्त्वा पादं शिरःसु महीभृतां दलिततिमिरव्रातः प्रातः पुनः सकृदेष्यति ॥ १४ ॥ येनोन्मथ्य तमांसि मांसलघनस्पर्धीनि सर्वं जगच्चक्षुष्मत्परमार्थतः कृतमिदं देवेन तिग्मत्विषा। तस्मिन्नस्तमिते विवस्वति कियान्क्रूरो जनो दुर्जनो यद्बध्नाति धृतिं शशाङ्कशकलालोके प्रदीपेऽथवा ॥ १५ ॥ [1]यत्पादाः शिरसा न केन विधृताः [2]पृथ्वीभृतां मध्यतस्तस्मिन्[3]भास्वति राहुणा [4]कवलिते लोकत्रयीचक्षुषि। खद्योतैः स्फुरितं तमोभिरुदितं ताराभिरुज्जृम्भितं [5]घूकैरुत्थितमाः किमत्र करवै किं किं न कैश्चेष्टितम् ॥ १६ ॥ पूर्वाह्णे [6]प्रतिबोध्य पङ्कजवनान्युत्सार्य [7]नैशं तमः कृत्वा चन्द्रमसं प्रकाशरहितं निस्तेजसं तेजसा। मध्याह्ने सरितां पयः प्रवितत्तैरापीय दीप्तैः करैः सायाह्ने रविरस्तमेति विवशः किं नाम शोच्यं भवेत् ॥ १७ ॥ दूरं यान्तु निशाचराः शशिकराः क्लेशं लभन्तांतरामुद्योतं कलयन्तु हन्त न चिरं खद्योतका द्योतले। ध्वान्तं ध्वंसमुपैतु हंसनिवहः पद्माकरे शाम्यतु प्राचीपर्वतमौलिमण्डनमणिः सूर्यः समुज्जृम्भते॥ १८ ॥

चन्द्रान्योक्तयः।

[8]आलोकवन्तः सन्त्येव [9]भूयांसो भास्करादयः। कलावानेव तु [10]ग्रावद्रावकर्मणि [11]कर्मठः ॥ १ ॥ दैवाद्यद्यपि तुल्योऽभूद्भूतेशस्य परिग्रहः। तथापि किं [12]कपालानि तुलां यान्ति कलानिधेः ॥ २ ॥ अहो नक्षत्रराजस्य साभिमानं विचेष्टितम्। परिक्षीणस्य वक्रत्वं संपूर्णस्य सुवृत्तता ॥ ३ ॥ व्यज्यमानकलङ्कस्य वृद्धौ सति कलानिधेः। आशास्महे वयं पूर्वां सर्वश्लाघ्यां कृशां दशाम् ॥ ४ ॥ क्षीणः क्षीणः समीपत्वं पूर्णः पूर्णोऽतिदूरताम्। उपैति [13]मित्राद्यच्चन्द्रो युक्तं तन्[14]मलिनात्मनः ॥ ५ ॥ निशाचरोऽपि दीनोऽपि सकलङ्कोऽपि चन्द्रमाः। चकोरीनयनद्वन्द्वमानन्दयति सर्वदा ॥ ६ ॥ हरमुकुटे सुरतटिनीनिकटस्थितिलाभतो

---

१ ज्योतिरिङ्गणः. २ सूर्ये. ३ किरणाः. (पक्षे) हस्ताः. ४ आकाशः; (पक्षे) वस्त्रम्. ५ वरुणदिक्; (पक्षे) मद्यविशेषः.

१ किरणाः; (पक्षे) चरणाः. २ शैलानाम्; (पक्षे) राज्ञाम्. ३ सूर्ये. ४ ग्रस्ते. ५ दिवान्धैः. ६ उन्निद्राणि कृत्वा. ७ निशासंबन्धि. ८ प्रकाशवन्तः. ९ बहवः. १० पाषाणः. ११ समर्थः. १२ कपालास्थीनि. १३ सूर्यात्; (पक्षे) स्निग्धात्. १४ कलङ्किनः.

द्विजेन्द्रेण । अपि गरलं फणिफूत्कृतिरीक्षणतीक्ष्णाशुशुक्षणिः[1] क्षान्तः ॥ ७ ॥ निजकरनिकरसमृद्ध्या धवलय भुवनानि पार्वण शशाङ्क । सुचिरं हन्त न सहते हतविधिरिह सुस्थितं कमपि ॥ ८ ॥ यद्यपि शिरोऽधिरोहति रौद्रः क्रोधेन सिंहिकातनयः । त्यजति न शरणं यातं सागरसूनुर्मृगं तदपि ॥ ९ ॥ प्रोषितवति रजनिकरे बन्धुतया न खलु कैरवाण्येव । म्लायन्ति किंतु सहसा भुवनान्यपि तमसि मज्जन्ति ॥ १० ॥ शंकरशिरसि निवेशितपदेति मा गर्वमुद्वहेन्दुकले । फलमेतस्य भविष्यति तव चण्डीचरणरेणुमृजा ॥ ११ ॥ या महेशशिरसो विभूषणं या त्रिलोकजनलोचनोत्सवः । सेयमिन्दुकलिका दिनात्यये तापिता कमिह नातितापयेत् ॥ १२ ॥ रञ्जिता न ककुभो निवेशिता नार्चिषो बत चकोरचक्षुषु । कष्टमिन्दुरुदये निपीयते दारुणेन तमसा[2] बलीयसा ॥ १३ ॥ किरति प्रकरं गवां प्रकर्षं सुमनःस्वच्छतरं विधौ कलानाम् । कति चेत्कलयन्ति यत्प्रबोधं कति चेन्नेति स तत्स्वभाव एव ॥ १४ ॥ निधेः कलानामपि रीतिरेषा मर्माणि मे संस्पृशतीव भूयः । कुतो विशेषात्कुमुदेऽनुरागः कुतो विरागश्च कुशेशयेषु ॥ १५ ॥ निष्पीडितो यद्यपि दैवयोगान्निशाकरश्चापि विधुंतुदेन[3] । तथापि पीयूषविशेषवर्षी सुधाकरः कैरवकाननेषु[4] ॥ १६ ॥ वक्रोऽस्तु बाल्ये तदनु प्रवृद्धः कलङ्कवानस्तु जडोऽस्तु चन्द्रः । महेशमौलौ च पदं दधातु जायेत वन्द्यो विविधोपकारात् ॥ १७ ॥ तारागणाश्चन्द्रमसं भजन्ते न जातु नाथं[5] नलिनाकराणाम् । एतावता तस्य किमस्ति हानिर्ज्ञाता तयोरन्तरमेष लोकः ॥ १८ ॥ यस्योदयेनैव दिशां प्रसादस्तापापनोदोऽपि जगत्रयस्य । चकोरचञ्चूपुटपारणे तु चन्द्रस्य तस्यास्ति कियान्प्रयासः ॥ १९ ॥ प्रकुर्वता संगतिमिन्दुनाधुना किं किं च लब्धं जगदीश्वरेण वै । कलङ्कहानिः सुरसिन्धुसंगमः कलाक्षयित्वं च पदं तथोच्चकैः ॥२०॥ नयनमसि जनार्दनस्य शंभोर्मुकुटमणिः सुदृशां त्वमादिदेवः । त्यजसि न मृगमात्रमेकमिन्दो चिरमिति येन कलङ्किनं वदन्ति ॥ २१ ॥ विरम तिमिर साहसादमुष्माद्यदि[6] रविरस्तमितः स्वतस्ततः किम् । कलयसि[7] न पुरो महोर्मिधाराद्युतिनिधिरभ्युदयत्ययं शशाङ्कः ॥ २२ ॥ आस्ते विधुः परमनिर्वृत एव मौलौ शंभोरिति त्रिजगतीजनचित्तवृत्तिः । अन्तर्निगूढ[1]नयनानलदाहदुःखं जानाति कः परमृते बत शीतरश्मेः ॥ २३ ॥ एकैव साम्रतमयी सुतरामनर्घ्या काप्यस्त्यसौ हिमकरस्य कला ययैव । आरोपितो गुणविदा परमेश्वरेण चूडामणौ न गणितोऽस्य कलङ्कदोषः ॥ २४ ॥ श्रेयान्विधोर्बहुलपक्षपरिक्षयोऽपि नो पूर्णतापि जलधेरिह वर्णनीया । यद्वारि न स्पृशति हन्त पृथग्जनोऽपि यस्यामृतैर्मखभुजोऽपि मुदं लभन्ते ॥ २५ ॥ मारस्य[2] मित्रमसि किं च सुधामयूख शंभावपि प्रणयितां[3] प्रकटीकरोषि । विश्वासपात्रमसि यद्द्विषतोस्तयोरप्येतत्तव प्रकृतिशुद्धतनोश्चरित्रम् ॥ २६ ॥ रत्नाकरो जनयिता सहजश्च वर्गः किं कथ्यताममृतकौस्तुभपारिजाताः । किं तैरचिन्त्यमिह तत्पुनरन्यदेव तत्त्वान्तरं कुमुदबन्धुरसौ यदिन्दुः ॥ २७ ॥ नानन्दि कैरवमवर्धि न वाम्बुराशिरादीपि नाम्बरमहारि न वान्धकारः । धिग्दैवदुर्विलसितं यदसौ सुधांशुरभ्युद्यतश्च तमसा[4] कवलीकृतश्च ॥ २८ ॥ चन्द्रं समाश्रयति नाम तिथिस्त्वनेका क्षीणस्तु बिम्बपरिपूर्णमपूरणाय । एवं पुनः सकलमण्डलपूर्णवर्णे सा पूर्णिमैव खलु पूरयितुं समर्था ॥२९॥ स्मेरा दिशः कुमुदमुद्भिदुरं पिबन्ति ज्योत्स्नाकरम्भमुदरंभरयश्चकोराः । आः कीदृगत्रिमुनिलोचनदूषिकायां पीयूषदीधितिरिति प्रथितोऽनुरागः ॥ ३० ॥ हिमकर परभागं भूषयिष्यन्सुमेरोर्व्रजसि यदि तदाहं न क्षमः संनिरोद्धुम् । इति तु बहुविधाभिः काकुभिः प्रार्थये त्वां पुनरपि कुमुदानामेत्यहार्यो विषादः ॥ ३१ ॥ कलास्तास्ताः सम्यग्वहसि यदसि त्वं द्विजपतिर्द्युतिस्तादृग्भूत्वा जनिरपि च रत्नाकरकुले । बहु ब्रूमः किंवा पुरहरशिरोमण्डलमसि त्वदीयं तत्सर्वं शशधर कलङ्काद्विफलितम् ॥ ३२ ॥ पादन्यासं क्षितिधरगुरोर्मूर्ध्नि कृत्वा सुमेरोः क्रान्तं येन क्षपिततमसा मध्यमं धाम विष्णोः । सोऽयं चन्द्रः पतति गगनादल्पशेषैर्मयूखैर्दूरारोहो भवति महतामप्यपभ्रंशहेतुः ॥ ३३ ॥ त्वं भोः शंभोर्निवससि शिरोदेशमाश्रित्य नित्यं तत्त्वां याचे जगदुपकृतिव्यापृतिव्यग्रमिन्दो । यः सद्भावस्तव परिणतः कैरवे वा चकोरे स्पृश्यस्तेन प्रतिनिशमसौ चक्रवाको वराकः ॥ ३४ ॥ यज्जातोऽसि पयोनिधौ हरजटाजूटे प्रसिद्धोऽसि यद्विश्वस्योदरदीपकोऽसि विधिना सृष्टोऽसि यच्चामृतैः । भ्रातः शीतमयूख सर्वमधुना म्लानीकृतं तत्त्वया राजीवं यदपास्य कैरवकुलं नीतं विकासास्पदम् ॥ ३५ ॥ पीयूषं वपुषोऽस्य हेतुरुदयो विश्वस्य नेत्रोत्सवः पुष्टं भानुकरैरिदं त्रिभुवनं

१ तृतीयनेत्रस्थितस्तीक्ष्णाग्निः. २ राहुणा. ३ राहुणा. ४ कुमुदवनेषु. ५ सूर्यम्. ६ अवश्यबलमारम्भात्. ७ पश्यसि.

१ गुप्तः. २ मदनस्य. ३ प्रीतिम्. ४ राहुणा.

ज्योत्स्नाभरैः सिञ्चति । सर्वाशाप्रतिरोधकान्धतमसध्वंसाय बद्धोद्यमो धिग्धातारमिहापि लक्ष्म लिखितुं यस्य प्रवृत्तं मनः ॥ ३६ ॥ उच्चैःस्थानकृतोदयैर्बहुविधैर्ज्योतिर्भिरुद्यत्प्रभैः शुक्राद्यैः किममीभिरत्र वितथां प्रौढिं दधानैरपि । यावल्लोकतमोपहेन भवता लक्ष्मीर्न विस्तार्यते तावच्चन्द्र कथं प्रयाति परमां वृद्धिं स रत्नाकरः ॥ ३७ ॥ जन्म क्षीरमहार्णवे सहभुवः श्रीपारिजातादयो बिम्बं यस्य सुधामयं त्रिभुवनाधीशस्य मूर्ध्नि स्थितिः । इत्थं सर्वचराचरप्रियकरे यस्योदये चेद्भवेत्संकोचः कमलस्य दुष्कृतिरसौ निन्द्यो न ताराधिपः ॥ ३८ ॥ इन्दुं निन्दतु नाम वाथ नलिनीं निन्दन्तु चक्राह्वया नैवानेन सुधाकरस्य सुषमाहानिर्न वा दुर्यशः । एतेनैव कृतार्थतास्य जनता यन्मोदमालम्बते यज्ज्योत्स्नासु चिरं चकोरपरिषच्चञ्चूपुटं न्यस्यति ॥ ३९ ॥ लक्ष्मीकेलिगृहे कुशेशयदृशां पाणिद्युतिद्रोहिणि श्यामासूक्तिसुधासहोदरमधुप्रस्यन्दसंदोहिनि । जीवातुस्त्रिदिवौकसां त्रिजगतामाप्यायनं चन्द्रमस्त्वं चेदम्बुरुहे न रज्यसि गुणश्लाघा बतास्तं गता ॥ ४० ॥ यातेयं रजनी सहैव भवता भावी प्रकाशो दिशां सूर्येणापि चिरं चकोरनिचयैः स्थेयं क्वचित्कानने । उद्यद्दारुणचण्डभानुजदवज्वाले जगन्मण्डले कस्मै चन्द्र समर्प्य कैरवकुलं व्योमान्तमालम्बसे ॥ ४१ ॥ नक्षत्राणि बहूनि सन्ति परितः पूर्णोदयान्यम्बरे किं तैः शान्तिमुपैति दीर्घतिमिरं किं वार्धिरुज्जृम्भते । किं स्वादार्तचकोरपारणविधिर्भ्रातः सुधादीधिते तन्नूनं भुवनैकतापशमनः श्लाघ्यस्तवैवोदयः ॥ ४२ ॥ ध्माता भालतलानलैः कवलिता कण्ठस्थहालाहलैरालीढाथ जटाटवीविलुठितैराशीविषाणां गणैः । छन्ना भस्मभिराहतास्थिपटलैः क्लिन्नार्द्रचर्माम्बरैः स्वीयां मुञ्चति माधुरीं हरशिरोरत्नं किमिन्दोः कला ॥ ४३ ॥ श्रीमाहेश्वरमौलिमण्डनमणिर्वैश्वंभरं लोचनं त्वं रत्नाकरसंभवः किमपरं भूदेवदेवो भवान् । यद्बालानलसङ्गदोषरभसाद्दन्दह्यसे नोग्रजाज्जातं तत्किमिहास्ति ते सुमनसश्चित्रं कलानां निधे ॥ ४४ ॥ येनास्यभ्युदितेन चन्द्र गमितः क्लान्तिं रवौ तत्र ते युज्येत प्रतिकर्तुमेव न पुनस्तस्यैव पादग्रहः । क्षीणेनैतदनुष्ठितं यदि ततः किं लज्जसे नो मनागस्त्वेवं जडधामता तु भवतो यद्व्योम्नि विस्फूर्जसे ॥ ४५ ॥ जन्म क्षीरनिधौ तथैव विपुलं पीयूषपूर्णं वपुः संतापार्तिहरं हरस्य शिरसि स्थानं सदा सुन्दरम् । तारानाथ निशामुखैकतिलक ख्यातौषधीनां पते चन्द्र त्वां वसनाञ्चलस्य दशया संभावयामः कथम् ॥ ४६ ॥ इन्दुर्यद्युदयाद्रिमूर्ध्नि न भवत्यद्यापि तन्मास्म भून्नासीरेऽपि तमःसमुच्चयममूरुन्मूलयन्ति त्विषः । अप्यक्ष्णोर्मुदमुद्वहन्ति कुमुदैरामोदयन्ते दिशः संप्रत्यूर्ध्वमसौ तु लाञ्छनममिव्यक्तुं प्रकाशिष्यते ॥ ४७ ॥ पूर्णः पङ्कजलोचनामुखतुलामायासि कालक्रमात्क्षीणोऽपि क्षणदापते पशुपतेरायासि भूषास्पदम् । एतस्मिन्नथ सैंहिकेयकवलक्लेशे मनागवर्तिनि त्वं साधारणवत्सुधाकर मुधा हा हन्त किं ताम्यसि ॥ ४८ ॥ भीतो वाडववासतो जलनिधौ शंभोः शिरः स्वीकृतं तत्र त्र्यम्बकमौलिवासुकिविषज्वालावलीत्रासितः । तस्माल्लोकमगाद्दिवं निपतितस्तत्रैव राहोर्मुखं प्रायो गच्छति यत्र भाग्यरहितस्तत्रैव यान्त्यापदः ॥ ४९ ॥

१ नक्षत्रैः. २ समुद्रः. ३ तापिता. ४ जटारूपा या अटवी अरण्यं तस्मिन्विलुठितैः. ५ सर्पाणाम्. ६ क्लेदयुक्ता.

मेघान्योक्तयः ।

प्रावृषेण्यस्य मालिन्यं दोषः कोऽभीष्टवर्षिणः । शारदाभ्रस्य शुभ्रत्वं वद कुत्रोपयुज्यते ॥ १ ॥ चातकः स्वानुमानेन जलं प्रार्थयतेऽम्बुदात् । स स्वौदार्यतया सर्वां प्लावयत्यम्बुना महीम् ॥ २ ॥ त्वयि वर्षति पर्जन्ये सर्वे पल्लविता द्रुमाः । अस्माकमर्कवृक्षाणां पूर्वपत्त्रेऽपि संशयः ॥ ३ ॥ आसन्यावन्ति याच्ञासु चातकाश्रूणि चाम्बुद । तावन्तोऽपि त्वया मेघ न मुक्ता वारिबिन्दवः ॥ ४ ॥ त्वमेव चातकाधार इति केषां न गोचरः । धिगम्भोधर तस्यापि कार्पण्योक्तिं प्रतीक्षसे ॥ ५ ॥ यदम्बुकणमादाय प्राप्तोऽसि जलदोन्नतिम् । तस्योपर्यम्बुधेर्गर्जा मलिनस्योचितैव ते ॥ ६ ॥ नोपेक्षा न च दाक्षिण्यं न प्रीतिर्न च संगतिः । तथापि हरते तापं लोकानामुद्यतो घनः ॥ ७ ॥ समागमिष्यतोऽम्भोद वेत्ति कः समयं तव । रौति नो यदि सारङ्गस्तदोच्चैः खे पुरःसरः ॥ ८ ॥ आश्रयः कियतामेष तरुः सन्मार्गमाश्रितः । पाथोद सिच्यतां काले नोपेक्ष्यो दूरभावतः ॥ ९ ॥ सन्ति कूपाः स्फुरद्रूपाः सागराः सरितस्तथा । तथापि चातकस्यैकः फलदो जलदोदयः ॥ १० ॥ नदेभ्योऽपि ह्रदेभ्योऽपि पिबन्त्यन्ये सदा पयः । चातकस्य तु जीमूत भवानेवावलम्बनम् ॥ ११ ॥ एकस्य तस्य मन्ये धन्यासभ्युन्नतिं जलधरस्य । विश्वं सशैलकाननमाननमवलोकते यस्य ॥ १२ ॥ संप्रति न कल्पतरवो न सिद्धयो नापि देवता वरदाः । जलद त्वयि विश्राम्यति सृष्टिरियं भुवन-

१ प्रावृट्कालिकस्य. २ मलिनता. ३ अखिलजनमतायाः.

लोकस्य ॥ १३ ॥ क्षणदृष्टनष्टतडितो निजसंपत्तेः पयोदनिवहेन। ज्ञातं साधु यदुचितं भुवनेभ्यो वितरता वारि ॥ १४ ॥ जलधर जलभरनिकरैरपहर परितापमुद्धतं जगतः। नो चेदपसर दूरं हिमकरकरदर्शनं वितर ॥१५॥ अयि जलद यदि न दास्यसि कतिचित्त्वं चातकाय जलकणिकाः। तदयमचिरेण भविता सलिलाञ्जलिदानयोग्यस्ते ॥ १६ ॥ नैताः स्वयमुपभोक्ष्यसि मोक्ष्यसि जलदोषरादिषु क्वापि। तत्किं तत्र न मुञ्चसि मुक्ता मुक्ता भवन्ति यत्रापः ॥ १७ ॥ धीरैर्ध्वनिभिरलं ते नीरद मे मासिको गर्भः। उन्मदवारणबुद्ध्या मध्येजठरं समुच्छलति ॥ १८ ॥ जलदः समुद्रसेवामाचरति समग्रभुवनभरणाय। कुरुते तामपि हतमतिरात्मंभरिरनिशमौर्वाग्निः ॥१९॥ सर्वं वनं तृणाल्या पिहितं पीताः सितांशुरवितारा। प्रध्वस्ताः पन्थानो मलिनेनोद्गम्य मेघेन ॥ २० ॥ प्रावृषि शैलश्रेणीनितम्बमुज्झन्दिगन्तरं भ्रमसि। चपलान्तर घन किं तव वचनीयं पवनवश्योऽसि ॥ २१ ॥ यद्यपि सन्ति बहूनि सरांसि स्वादुसुशीतलसुरभिपयांसि। चातकपोतस्तदपि च तानि त्यक्त्वा याचति जलदजलानि ॥ २२ ॥ एतदत्र पथिकैकजीवितं पश्य शुष्यतितरां महत्सरः। धिङ् मुधाम्बुधर रुद्धसद्गतिर्वर्धिता किमिह तेऽद्रिवाहिनी ॥ २३ ॥ मुञ्च मुञ्च सलिलं दयानिधे नास्ति नास्ति समयो विलम्बने। अद्य चातककुले मृते पुनर्वारि वारिधर किं करिष्यसि ॥ २४ ॥ चातकस्य खलु चञ्चुसंपुटे नो पतन्ति किल वारिबिन्दवः। सागरीकृतमहीतलस्य किं दोष एष जलदस्य दीयते ॥ २५ ॥ ऊषरेषु विवरेषु चाम्भसां वीचयोऽपि भवता विनिर्मिताः। क्षेत्रसीम्नि निहितास्तु बिन्दवो वारिवाह भवतो नवो नयः ॥ २६ ॥ आपो विमुक्ताः क्वचिदाप एव क्वचिन्न किंचिद्गरलं क्वचिच्च। यस्मिन्विमुक्ताः प्रभवन्ति मुक्ताः पयोद तस्मिन्विमुखः कुतस्त्वम् ॥ २७ ॥ पानीयमानीय परिश्रमेण पाथोद पाथोनिधिमध्यतस्त्वम्। कल्पद्रुमे सीदति साभिलाषे महोषरे मुञ्चसि किंनिमित्तम् ॥ २८ ॥ पपात पाथःकणिका न भूमाववाप शान्तिं ककुभां न तापः। दृष्ट्वैव जीवातुरयं तडित्वान्कृषीवलानां मुदमाततान ॥ २९ ॥ प्रथितोऽसि यतस्ततः पृथिव्यामपि जीमूत जनस्य जीवनेन। विषयानपि गच्छतः किमेतान्ध्वनिभिर्भीषयसीह राजहंसान् ॥ ३० ॥ गर्जितबधिरीकृतककुभा किमपि कृतं न घनेन। कियती चातकचञ्चुपुटी सापि भृता न जलेन ॥ ३१ ॥ गर्जसि मेघ न यच्छसि तोयं चातकपक्षी व्याकुलितोऽहम्। दैवादिह यदि दक्षिणवातः क्व त्वं क्वाहं क्व च जलपातः ॥३२॥ वितर वारिद वारि दवातुरे चिरपिपासितचातकपोतके। प्रचलिते मरुति क्षणमन्यथा क्व च भवान्क्व पयः क्व च चातकः ॥ ३३ ॥ किसलयानि कुतः कुसुमानि वा क्व च फलानि तथा नववीरुधाम्। अयमकारणकारुणिको न चेद्वितरतीह पयांसि पयोधरः ॥ ३४ ॥ पयोद हे वारि ददासि वा न वा त्वदेकचित्तः पुनरेष याचकः। वरं महत्या म्रियते पिपासया तथापि नान्यस्य करोत्युपासनाम् ॥ ३५ ॥ दीनानामिह परिहाय शुष्कसस्यान्यौदार्यं प्रकटयतो महीधरेषु। औन्नत्यं परममवाप्य दुर्मदस्य ज्ञातोऽयं जलधर तावको विवेकः ॥ ३६ ॥ अन्योऽपि चन्दनतरोर्महनीयमूर्तेः सेकार्थमुत्सहति तद्गुणबद्धतृष्णः। शाखोटकस्य पुनरस्य महाशयोऽयमम्भोद एव शरणं यदि निर्गुणस्य ॥ ३७ ॥ आश्वास्य पर्वतकुलं तपनोष्मतप्तं दुर्दाववह्निविधुराणि च काननानि। नानानदीनदशतानि च पूरयित्वा रिक्तोऽसि यज्जलद सैव तवोत्तमा श्रीः ॥३८॥ एतेषु हा तरुणमारुतधूयमानदावानलैः कवलितेषु महीरुहेषु। अम्भो न चेज्जलद मुञ्चसि मा विमुञ्च वज्रं पुनः क्षिपसि निर्दय कस्य हेतोः ॥ ३९ ॥ शोषं गते सरसि शैवलमञ्जरीणामन्तस्तिमिर्लुठति तापविशीर्णदेहः। अत्रान्तरे यदि न वारिद वारिपूरैराप्लावयेस्तदनु किं मृतमण्डनेन ॥ ४० ॥ शृण्वन्पुरः पुरुषगर्जितमस्य हन्त रे पान्थ विह्वलमना न मनागपि स्याः। विश्वार्तिवारणसमर्पितजीवनोऽयं नाकर्णितः किमु सखे भवताम्बुवाहः ॥ ४१ ॥ यत्तादृशेषु सरलेषु न पक्षपातो जातो बत स्फुटमसौ कुटजेषु रागः। विश्वैकजीवनपटोरपि वारिवाह दुर्वारवायुवशगस्य न तद्विचित्रम् ॥ ४२ ॥ यत्पल्लवः समभवत्कुसुमं यदासीत्तत्सर्वमस्य भवतः पयसः प्रसादः। यद्भूरुहे फलविधौ न ददासि वारि प्राचीनमम्बुद यशो मलिनीकरोषि ॥ ४३ ॥ नैवालवालवलयं भरितं द्रुमाणां नार्द्रीकृतापि बत चातकपोतचञ्चुः। दावानलाकुलतरुः शमितो न शीघ्रं भाराय वारिधर वारिपदं तवाभूत् ॥ ४४ ॥ के वा न सन्ति भुवि वारिरुहावतंसा हंसावलीवलयिनो जलसंनिवेशाः। किं चातकः

१ गम्भीरशब्दैः. २ मत्तहस्तिबुद्ध्या. ३ उड्डानं करोति. ४ समुद्रसेवाम्. ५ मन्दमतिः. ६ स्वोदरपूरकः. ७ अहोरात्रम्. ८ वाडवाग्निः.

१ दावानलपीडिते. २ वायौ. ३ मत्स्यविशेषः. ४ शोभया.

फलमपेक्ष्य स वज्रपातां पौरंदरीं कलयते नववारिधाराम् ॥ ४५ ॥ वातैर्विधूनय विभीषय भीमनादैः संचूर्णय त्वमथवा करकाभिघातैः । त्वद्वारिबिन्दुपरिपालितजीवितस्य नान्या गतिर्भवति वारिद चातकस्य ॥ ४६ ॥ व्याजस्तुतिस्तव पयोद मयोदितेयं यज्जीवनाय जगतस्तव जीवनानि । स्तोत्रं तु ते महदिदं घन धर्मराजसाहाय्यमर्जयसि यत्पथिकान्निहत्य ॥ ४७ ॥ संपादिताः सपदि दर्दुरदीर्घनादा यत्कोकिलाकलरुतानि निराकृतानि । निष्पीतमम्बु लवणं न तु देवनद्याः पर्जन्य तेन भवता विहितो विवेकः ॥ ४८ ॥ यस्योदये गुरुमनोरथमन्थरेण संचिन्तितं किमपि चेतसि चातकेन । आः कष्टमिष्टफलदानविधानहेतोरम्भोधरात्पतति संप्रति वज्रवह्निः ॥ ४९ ॥ दव[1]दहनजटालज्वालजालाहतानां परिगलितलतानां म्लायतां[2] भूरुहाणाम् । अयि जलधर शैलश्रेणिशृङ्गेषु तोयं वितरसि बहु कोऽयं श्रीमदस्तावकीनः ॥ ५० ॥ नभसि निरवलम्बे सीदता दीर्घकालं त्वदभिमुखनिषण्णोत्तानचञ्चूपुटेन । जलधर जलधारा दूरतस्तावदास्तां ध्वनिरपि मधुरस्ते न श्रुतश्चातकेन ॥ ५१ ॥ अये हेलावेलालुलितकुलशैले जलनिधौ कुतो वारामोघं बत जलद मोघं वितरसि । समन्तादुत्तालज्वलदनलकीलाकवलनक्कमोपेतानेतानुपकुरु पयोभिर्विटपिनः ॥ ५२ ॥ अमुं कालक्षेपं त्यज जलद गम्भीरमधुरैः किमेभिर्निर्घोषैः[3] सृज झटिति[4] झाङ्कारिसलिलम् । अये पश्यावस्थामकरुणसमीरव्यतिकरज्वलद्दावज्वालावलिजटिलमूर्तेः[5]विटपिनः[6] ॥ ५३ ॥ अकूपाराद्वारि प्रचुरतरमादाय जलदः स दानाध्यक्षोऽपि प्रकिरति जलं नाद्भुतमिदम् । स मेघो धन्यो यत्परिकिरति मुक्ताफलतया यदीयासौ कीर्तिर्नटति नृपनारीकुचतटे ॥ ५४ ॥ तवैव प्रावीण्यं जलद जगदानन्दकरणं यदम्भःपालीराहरसि खलसत्त्वाज्जलनिधेः । निसर्गात्क्षारास्ता नयसि च कथंचिन्मधुरतामथासौरस्तासां युगपदुपकर्तासि जगतः ॥ ५५ ॥ विलपति तथा सारङ्गोऽयं भवानयमुन्नतो जलमपि च ते संयोगोऽयं कथंचिदुपस्थितः । उपकुरु कुरु प्रह्वं चेतो न वेत्सि यदग्रतो जलधर पुनः क्व त्वं क्वायं क्व ते जलबिन्दवः ॥ ५६ ॥ नीरं दूरं तदपि विरसं जंगमा नो लताद्यास्तस्मिन्दातर्यपि जलनिधौ को लभेताम्बुबिन्दुम् । दानाध्यक्षे त्वयि जलधर क्वापि कुत्रापि शैलाः शालावन्तोऽमृतनिभजलैस्तर्पिताः सर्व एते ॥ ५७ ॥ तृष्या नद्यः कमलसरसी राजहंसावतंसाः पुण्याश्चेतो हिमगिरिभुवस्त्वत्कृते येन मुक्ताः । संप्राप्तेऽस्मिञ्जलद दहनोच्चण्डदाहे निदाघे पर्जन्य स्वीकुरु तमधुना चातकं पातकं वा ॥ ५८ ॥ शैलेयेषु शिलातलेषु च गिरेः शृङ्गेषु गर्तेषु च श्रीखण्डेषु बिभीतकेषु च तथा पूर्णेषु रिक्तेषु च । स्निग्धेन ध्वनिनाखिलेऽपि जगतीचक्रे समं वर्षतो वन्दे वारिद सार्वभौम भवतो विश्वोपकारि व्रतम् ॥ ५९ ॥ नीहाराकरसारसागरसरित्कासारनीरश्रियं त्यक्त्वा तोयद चातकेन महती सेवा समालम्बिता । तस्यैतत्फलितं समुज्झसि शिलासंताडनं मस्तके गाढं गर्जसि वज्रमुज्झसि तडिल्लेखाभिरातर्जसि ॥ ६० ॥ आरामाभरणस्य[1] पल्लवचयैरापीततिग्मत्विषः पाथोद प्रशमं नयागुरुतरोरेतस्य दावज्वरम् । ब्रूमस्त्वामुपकारकातर गतप्रायाः पयःसंपदो दग्धोऽप्येष तरुर्दिशः परिमलैरापूर्य निर्वास्यति ॥ ६१ ॥ यावत्तिष्ठति चातकोऽयमसुभिः कण्ठस्थलस्थायिभिस्तावद्देहि पयः पयोद फलतु त्वद्वारि कल्पद्रुमः । नो चेदस्य तृषार्तपीडिततनोः प्राणैः प्रयाणे कृते कस्मै दास्यसि को ग्रहीष्यति पुनस्तापस्तु ते स्थास्यति ॥ ६२ ॥ कूपे पानमधोमुखं भवति मे नद्यो वराक्यः स्त्रियः सामान्यं बकटिट्टिभैः सह सरस्येवं समालोकयन् । शुष्यत्तालुगलोऽपि कम्पिततनुः श्रुत्वा गभीरध्वनिं धैर्यादुद्धतकन्धरो जलधर त्वां याचते चातकः ॥ ६३ ॥ मार्गो भूरि जलं मरुस्थलभुवि स्वप्नेऽपि नो लभ्यते तीव्रो वाति समीरणः क्वचिदपि च्छायाभृतो न द्रुमाः । अङ्गारप्रकरान्किरन्निव रविर्ग्रीष्मे तपत्यम्बरे तद्बोः पान्थहिताय पूरय धरां पाथोद पाथोभरैः ॥ ६४ ॥ भेकैः कोटरशायिभिर्मृतमिव क्ष्मान्तर्गतं कच्छपैः पाठीनैः पृथुपङ्कपीठलुठितैर्यस्मिन्मुहुर्मूर्च्छितम् । तस्मिञ्शुष्कसरस्यकालजलदेनागत्य तच्चेष्टितं यत्राकुम्भनिमग्नवन्यकरिणां यूथैः पयः पीयते ॥ ६५ ॥ कालातिक्रमणं कुरुष्व तडितां विस्फूर्जितैस्त्रासय स्फारैर्भीषणगर्जितैरतितरां कार्ष्ण्यं[2] मुखे दर्शय । अस्यानन्यगतेः पयोद मनसो जिज्ञासया चातकस्याधेहि त्वमिहाखिलं तदपि न त्वत्तः परं याचते ॥ ६६ ॥ भूयो गर्जितमम्बुद प्रकटिता विद्युत्खमापूरितं दूरावग्रह तिष्ठ तिष्ठ तदलं वृष्ट्या तवातः परम् । निर्दग्धाखिलशालिहालिकवधूसंनद्धनेत्रैः परं नैराश्यादिह वर्षितव्यमधुना केदारपूरं पयः ॥ ६७ ॥ गर्जन्नम्बु ददाति तच्च कणिकारूपेण यत्र क्वचिद्वर्षाकालमपेक्ष्य दानसमये कार्ष्ण्यं विधत्ते मुखे । पश्चात्पाण्डुरतामुपैति लघुतामप्येति भूयस्ततः श्रीमद्राम नृपालशेखर विभो दाता कियान्वारिदः

---

१ दावाग्निः. २ ग्लानिं प्राप्नुवताम्. ३ व्योमोत्थितैर्मेघगर्जितैः ४ शीघ्रम्. ५ व्याप्तदेहस्य. ६ वृक्षस्य.

१ उद्यानभूषणस्य. २ कृष्णताम्.

॥ ६८ ॥ आसक्ताः प्रतिकोटरं विषधरा भानोः करा मूर्धनि ज्वालाजालकरालदावदहनः प्रत्यङ्गमालिङ्गति । सर्वानन्दन्चारुचन्दनतरोरेतस्य जीवातवे रे जीमूत विमुञ्च वारि बहुशो युष्मद्यशो जृम्भताम् ॥ ६९ ॥ ते ते चातकपोतका वितृषिता दावाग्निमग्नं वनं संनिर्वापितमुष्णतापितमही निर्वापिता सर्वतः । कासाराः परिपूरिताः पृथुपयोधाराभिरम्भोधर त्वय्येवायमहो महोर्जितमहादानावदानक्रमः ॥ ७० ॥ तापं लुम्पसि सर्वतो वितरसे मुक्ताफलं शुक्तिषु क्षेत्रं सिञ्चसि किं च पल्लवयसि श्रीखण्डमुख्यान्द्रुमान् । क्षारं क्षारमिदं जलं जलनिधेरादाय जीमूत हे विश्वं जीवयसि ब्रवीतु जगति प्रौढोऽपि कस्ते गुणान् ॥ ७१ ॥ संतापं जगतो विलुम्पसि धरां धाराभिरासिञ्चसि क्षेत्राण्यङ्कुरयस्यमून्मुकुलयस्यह्नाय नीपद्रुमान् । सारङ्गस्य नभोनिवेशितदृशश्चञ्चूपुटीपूरणे वैमुख्यं वहसि त्वमम्बुद यदि प्रत्येतु को नाम तत् ॥ ७२ ॥ कूपाम्भांसि पिबन्तु कूपरसिका वापीषु वापीजुषो नादेयाश्च पतत्रिणोऽपि मुदिता आस्वादयन्तामपः । सारङ्गस्य नभोनिवेशितदृशः किं तेन यावन्महीमम्भोभिः स्नपयन्नसावुदयते न प्रावृषेण्यो घनः ॥ ७३ ॥ कर्तव्यो हृदि वर्तते यदि तरोरस्योपकारस्तदा मा कालं गमयाम्बुवाह समये सिञ्चैनमम्भोभरैः । शीर्णे पुष्पफले दले विगलिते मूले गते शुष्कतां कस्मै किं हितमाचरिष्यसि परीतापस्तु ते स्थास्यति ॥७४॥ नो चिन्तामणिभिर्न कल्पतरुभिर्नो कामधेन्वादिभिर्नो देवैश्च परोपकारनिरतैः स्थूलैर्न सूक्ष्मैरपि । अम्भोदेह निरन्तरं जलभरैस्तामुर्वरां सिञ्चता धौरेयेण धुरं त्वयाद्य वहता मन्ये जगज्जीवितम् ॥७५॥ हे पथोद यथोन्नतेन भवता दिग्व्यावृता सर्वतो मन्ये धीर तथा करिष्यसि खलु क्षीराब्धितुल्यं सरः । किं त्वेष क्षमते नहि क्षणमपि ग्रीष्मोष्मणा व्याकुलः पाठीनादिगणस्त्वदेकशरणस्तद्वर्ष तावत्कियत् ॥ ७६ ॥ मान्धौ[1] स्कन्धनतिः[2] सरःसु न मनो वापीषु नापीहितं[3] कर्णेऽप्यर्णवसंकथा न च कृता नाद्यापि नद्यां मनः । सारङ्गेण समुत्तरङ्गरसनादण्डेन चण्डातपक्लान्तेनापि निरन्तरं जलद हे त्वय्येव दत्तं मनः ॥७७॥ निःपद्मं शिशिरेण धीवरगणैर्निर्मत्स्यनिःकूर्मकं व्याधैर्निर्विहगं निरम्बु रविणा निर्नालकं दन्तिभिः । निःशालूकमकारि शूकरगणैर्नामैकमात्रं सरो हे जीमूत परोपकारक पयोदानेन मां पूरय ॥ ७८ ॥ कासारेषु सरित्सु सिन्धुषु तथा नीचेषु नीरग्रहं धिक्तत्रापि शिरोनतिः किमपरं हेयं भवेन्मानिनाम् । इत्यालोच्य विमुच्य चातकयुवा तेषु स्पृहामादराढुद्ग्रीवस्तव वारिवाह कुरुते धाराधरालोकनम् ॥ ७९ ॥ रे धाराधर धीर नीरनिकरैरेषा रसा नीरसा शेषा पूषकरोत्करैरतिखरैरापूरि भूरि त्वया । एकान्तेन भवन्तमन्तरगतं स्वान्तेन संचिन्तयन्नाश्चर्यं परिपीडितोऽभिरमते यच्चातकस्तृष्णया ॥८०॥ आरामाधिपतिर्विवेकविकलो नूनं रसा नीरसा वात्याभिः परुषीकृता दश दिशश्चण्डातपो दुःसहः । एवं धन्वनि चम्पकस्य सकले संहारहेतावपि त्वं सिञ्चन्नमृतेन तोयद कुतोऽप्याविष्कृतो वेधसा ॥ ८१ ॥ ग्रीष्मे भीष्मतरैः करैर्दिनकृता दग्धोऽपि यच्चातकस्त्वां ध्यायन्घन वासरान्कथमपि द्राघीयसो नीतवान् । दैवाल्लोचनगोचरेण भवता तस्मिन्निदानीं यदि स्वीचक्रे करकानिपातनकृपा तत्कं प्रति ब्रूमहे ॥ ८२ ॥ स क्षारो जलधिः सरांसि वितरन्त्यभ्यागतेभ्यो मितं गृह्णन्ते सरितः श्रमेण परितोऽप्याधारबन्धं बलात् । प्राप्यं कूपकतः कथंचन किमप्यारोप्य कण्ठे पदं तत्त्वां त्यागिनमेकमेव भगवन्पर्जन्य मन्यामहे ॥ ८३ ॥ हर्षं वर्षन्विधत्से चिरसमयतृषाशुष्यतां चातकानां भूमेस्तापोपशान्तिं वितरसि तरसा लोकशोकं धुनोषि । अम्भोदैतत्तवैकं परममनुचितं यत्पिधत्से सुधांशुं वाचामीशं कविं वा बुधमपि वहसि प्रेम खद्योतवर्गे ॥ ८४ ॥

वायन्योक्तयः ।

वायुरेव महाभूतं[1] वदन्तु निखिला जनाः । आयुरेवैष[2] भूतानामिति मन्यामहे वयम् ॥ १ ॥ अलिपटलैरनुयातां सहृदयहृदयज्वरं विलुम्पन्तीम् । मृगमदपरिमललहरीं समीर किं पामरेषु रे किरसि ॥ २ ॥ परमो मरुत्सखाभेस्तेजोवृद्धिं तनोतु तं जेतुम् । दीपं हरति तदस्य ज्ञातं प्रतिपत्तिनिर्वहणम् ॥ ३ ॥ प्राथमिकी घनवृष्टिः प्राप्ता शिखिनो निदाघतप्तस्य । आकस्मिकेन सा पुनरपनीता क्वापि पवनेन ॥ ४ ॥ वरतरुविघटनपटवः कटवश्चरन्ति वायवो बहवः । तत्कुसुमबहलपरिमलगुणविन्यासे कृती त्वेकः ॥ ५ ॥ गन्धवाह गहनानि गाहसे गन्धजातमिह संचिनोषि च । नैपुण्यच्युतिरियं तु तावकी यत्र तत्र सदसद्विवेचनम् ॥ ६ ॥ अहह चण्डसमीरण दारुणं किमिदमाचरितं चरितं त्वया । यदिह चातकचञ्चुपुटोदरे पतति वारि तदेव निवारितम् ॥ ७ ॥ अनिल निखिलविश्वं प्राणिति[3] त्वत्प्रयुक्तं सपदि च विनिमीलत्याकुलं त्वद्वियोगात् । वपुरसि परमेश-

---

१ कूर्मे. २ भुजशिरःसंकोचः. ३ ईप्सितार्थः.

१ महाभूतमिति. इतीति शेषः. २ वायुरित्यत्र वाशब्दस्यैवकारार्थत्वादेष भूतानामायुरेवेति भावः. ३ जीवति.

स्योचितं नोचितं ते सुरभिमसुरभिं वा यत्समं स्वीकरोषि ॥ ८ ॥ राजीविनीविपिनसौरभसारगन्धियोऽभूद्वसन्तदिवसेषु जनैकबन्धुः। रथ्यारजांसि विकिरन्विरुजन्नगेन्द्रानुन्मत्तवद्भ्रमति पश्यत सोऽद्य वायुः ॥ ९ ॥ ये जात्या लघवः सदैव गणनां याता न ये कुत्रचित्पद्भ्यामेव विमर्दिताः प्रतिदिनं भूमौ विलीनाश्चिरम्। उत्क्षिप्ताश्चपलाशयेन मरुता पश्यान्तरिक्षे सखे तुङ्गानामुपरि स्थितिं क्षितिभृतां कुर्वन्त्यमी पांसवः ॥ १० ॥ हंहो दग्धसमीर सर्पति भवत्यस्मिन्वने शाखिनां शाखाघर्षणजः स कोऽपि सुचिरं जज्वाल दावानलः। येनादाहि पलायमानहरिणं भस्मीभवद्भूरुहं शुष्यन्निर्झरमुत्पतत्खगकुलं चेष्टद्भुजंगं वनम् ॥ ११ ॥ हंहो धीर समीर हन्त जननं ते चन्दनक्ष्माभृतो दाक्षिण्यं जगदुत्तरं परिचयो गोदावरीवारिभिः। प्रत्यङ्गं दहतीह मे त्वमपि चेदुद्दामदावाग्निवन्मत्तोऽयं मलिनात्मको वनचरः किं वक्ष्यते कोकिलः ॥ १२ ॥ कोऽयं भ्रान्तिप्रकारस्तव पवन वनावस्करस्थानजातं तेजस्विव्रातसेव्ये नभसि नयसि यत्पांसुपूरं प्रतिष्ठाम्। अस्मिन्नुत्थाप्यमाने जननयनपथोपद्रवस्तावदास्तां केनोपायेन सह्यो वपुषि कलुषतादोष एषस्तवैव ॥ १३ ॥

पर्वतान्योक्तयः।

नाधन्यानां निवासं विदधति गिरयः शेखरीभूतचन्द्राः शृङ्गैर्ज्योत्स्नाप्रवाहं द्रुतमिव तुहिनं दिङ्मुखेषु क्षिपन्तः। येषामुच्चैस्तरूणामविहतगतिना वायुना कम्पितानामाकाशे विप्रकीर्णः कुसुमचय इवाभाति ताराग्रहौघः ॥ १ ॥

हिमाचलः ॥ तरुकुलसुषमापहरां जनयन्तीं जगति जीवजातार्तिम्। केन गुणेन भवानीतात हिमानीमिमां वहसि ॥ २ ॥ विन्ध्यमन्दरसुमेरुभूभृतां यत्पतिस्तुहिनपर्वतोऽभवत्। ईश्वरश्वशुरताप्रभावतस्तद्ध्रुवं जगति जृम्भते यशः ॥ ३ ॥ क्षोणी यस्य हिरण्मयी मणिमयः प्राकारशिल्पोच्चयः कुञ्जाः कल्पलतामयाः सुरधुनीधारामयो निर्झरः। किं चेन्द्रादिसमस्तदिक्पतिपुरीमप्यन्ति यत्पल्लवाः शैलः सोऽपि गिरिर्वियं च गिरयस्त्वय्येव मे का मतिः ॥ ४ ॥

मेरुः ॥ ये संतोषसुखप्रबुद्धमनसस्तेषामभिन्नो मृदो येऽप्यन्ये धनलोभसंकुलधियस्तेषां तु दूरे नृणाम्। इत्थं कस्य कृते कृतः स विधिना तादृक्पदं संपदां स्वात्मन्येव समाप्तहेममहिमा मेरुर्न मे रोचते ॥ ५ ॥

विन्ध्यः ॥ आचक्ष्महे तव किमद्यतनीमवस्थां तस्याद्य विन्ध्यशिखरस्य मनोहरस्य। यत्रैव सप्त मुनयस्तपसा निषेदुः सोऽयं विलासवसतिः पिशिताशनानाम्[1] ॥ ६ ॥

मलयः ॥ किं तेन हेमगिरिणा[2] रजताद्रिणा[3] वा यत्राश्रिता हि तरवस्तरवस्त एव। मन्यामहे मलयमेव यदाश्रयेण शाखोटनिम्बकुटजा अपि चन्दनानि ॥ ७ ॥ विद्योतन्ते कति न गिरयस्तेषु किं नोदयन्ते शाखावन्तः खदिरबदरीशालशाखोटकाद्याः। धन्यस्तावन्मलयशिखरी यत्र जातास्त एव स्वैरामोदैस्त्रिभुवनमथ प्रीणयन्तः स्फुरन्ति ॥ ८ ॥

मन्दरः ॥ मुरारातिर्लक्ष्मीं त्रिपुरविजयी शीतकिरणं करीन्द्रं पौलोमीपतिरपि च लेभे जलनिधेः। त्वया किंवा लब्धं कथय मथितो मन्दरगिरे शरण्यः शैलानां यदयमदयं रत्ननिलयः ॥ ९ ॥

मैनाकः ॥ शक्रादरक्षि यदि पक्षयुगं तथापि मैनाक सन्ति तव नेह गतागतानि। निःसत्त्वता[4] च निरपत्रपता[5] च किंतु पाथोनिधौ निवसता भवतार्जितात्र ॥ १० ॥ वरं पक्षच्छेदः समदमघवन्मुक्तकुलिशप्रहारैरुद्गच्छद्बहलदहनोद्गारगुरुभिः। तुषाराद्रेः सूनोरहह पितरि क्लेशविवशे न चासौ संपातः पयसि पयसां पत्युरुचितः ॥ ११ ॥

लोकालोकः ॥ एकस्यायमुदेति मूर्धनि गिरेरन्यस्य चैव क्रमादस्तं याति कलानिधिस्तदुभयोरस्तः प्रशस्तोऽचलः। को नामोदयिनं करोति न शिरोमाणिक्यमस्तं पुनर्यातं यः कुरुते भवानिव स दुःप्रापोऽस्ति पृथ्वीतले ॥ १२ ॥

रोहणः ॥ रोहणाचल शैलेषु कस्तुलां तुलयेत्तव। यस्य पाषाणखण्डानि मण्डनानि महीभृताम् ॥ १३ ॥ रत्नानां न किमालयो जलनिधिः किं न स्थिरा मेदिनी किं न व्योम महत्पदं सुकृतिनां किं नाम नैवोन्नतम्। हंहो रोहण किं न याचकचमूनिःशङ्कटङ्काहितक्षान्तिस्वीकरणेन गोत्रतिलकस्त्रैलोक्यवन्द्यो भवान् ॥ १४ ॥ यामस्ते शिवमस्तु रोहणगिरे मत्तः स्थितिप्रच्युता वर्तिष्यन्त इमे कथं कथमिति स्वप्नेऽपि मैवं कृथाः। भ्रातस्ते मणयो वयं यदि भवन्नामप्रसिद्धास्ततः किं शृङ्गारपरायणाः क्षितिभुजो नाङ्गीकरिष्यन्ति नः ॥ १५ ॥

(पर्वतदरी) ॥ यस्यां स केसरियुवा पदमाबबन्ध गन्धद्विपेन्द्ररुधिरारुणिताङ्गनायाम्। तामद्य पर्वतदरीं धुतधूम्रलोमा गोमायुरेष वपुषा मलिनीकरोति ॥ १६ ॥

---

१ मलयाचलात्.

१ राक्षसानाम्. २ मेरुणा. ३ कैलासेन. ४ निर्बलत्वम्. ५ निर्लज्जत्वम्.

(गिरिनिर्झरः) ॥ कल्लोलसंचलदगाधजलैरलोलैः कल्लोलिनीपरिवृढैः किमपेयतोयैः । जीयात्स जर्जरतनुर्गिरिनिर्झरोऽयं यद्विप्रुषापि तृषिता वितृषीभवन्ति ॥ १७ ॥

समुद्रान्योक्तयः ।

नावज्ञा नार्प्यवैदग्ध्यमुदधेर्महिमैव सः । यत्तीरपङ्कमग्नानि महारत्नानि शेरते ॥ १ ॥ यद्यपि स्वच्छभावेन दर्शयत्युदधिर्मणीन् । तथापि जानुदघ्नोऽयमिति चेतसि मा कृथाः ॥ २ ॥ रत्नैरापूरितस्यापि मदलेशोऽस्ति नाम्बुधेः । मुक्ताः कतिपयाः प्राप्य मातङ्गा मदविह्वलाः ॥ ३ ॥ अधःकरोषि रत्नानि मूर्ध्ना धारयसे तृणम् । दोषस्तवैष जलधे रत्नं रत्नं तृणं तृणम् ॥ ४ ॥ वातोल्लासितकल्लोल धिक्ते सागर गर्जितम् । यस्य तीरे तृषाक्रान्तः पान्थः पृच्छति वापिकाम् ॥ ५ ॥ अयं रत्नाकरोऽम्भोधिरित्यसेवि धनाशया । धनं दूरेऽस्तु वदनमपूरि क्षारवारिभिः ॥ ६ ॥ यद्यपि बद्धः शैलैर्यद्यपि गिरिमथनमुषितसर्वस्वः । तदपि परभीतभूधररक्षायां दीक्षितो जलधिः ॥ ७ ॥ किं खलु रत्नैरेतैः किं पुनरभ्रायितेन वपुषा ते । सलिलमपि यन्न तावकमर्णव वदनं प्रयाति तृषितानाम् ॥ ८ ॥ मा कुरु गुरुतागर्वं लघुरन्यो नास्ति सागर त्वत्तः । जलसंग्रहमन्यस्मात्त्वयि सति कुर्वन्ति पोतस्थाः ॥ ९ ॥ किमधिकमस्य ब्रूमो महिमानं वारिधेर्हरिर्यत्र । अज्ञात एव शेते कुक्षौ निक्षिप्य भुवनानि ॥ १० ॥ लघुरयमाह न लोकः कामं गर्जन्तमपि पतिं पयसाम् । सर्वमलज्जाकरमिह यत्कुर्वन्तीह परिपूर्णाः ॥ ११ ॥ तृषां धरायाः शमयत्यशेषां यः सोऽम्बुदो गर्जति गर्जतूच्चैः । यस्त्वेष कस्यापि न हन्ति तृष्णां स किं वृथा गर्जति निस्त्रपोऽब्धिः ॥ १२ ॥ त्वमद्य सिन्धो जगदेकबन्धो रत्नानि दातुं विमुखोऽसि कस्मात् । किं वा सुतः कल्पमहीरुहस्ते दानैः कृतार्थीकुरुते जगन्ति ॥ १३ ॥ अयि रोषमुरीकरोषि नो चेत्किमपि त्वां प्रति वारिधे वदामः । जलदेन तवार्थिना विमुक्तान्यपि तोयानि महान्न हा जहासि ॥ १४ ॥ तोयानामधिपतिराकरो मणीनां शैलानामभयपदं महान्महद्भ्यः । अग्राह्यो भवसि यदि त्वमेव तावत्को नु स्याज्जगति तदा जनावलम्बः ॥ १५ ॥ स्वस्त्यस्तु विद्रुमवनाय नमो मणिभ्यः कल्याणिनी भवतु मौक्तिकशुक्तिमाला । प्राप्तं मया सकलमेव फलं पयोधे यद्दारुणैर्जलचरैर्न विदारितोऽस्मि ॥ १६ ॥ आदाय वारि परितः सरितां मुखेभ्यः किं तावदर्जितमनेन दुरर्णवेन । क्षारीकृतं च वडवादहने हुतं च पातालकुक्षिकुहरे विनिवेशितं च ॥ १७ ॥ निःपीतपीनतिमिराणि मनोहराणि रत्नानि सन्ति न कियन्ति तवान्तिकेषु । एतस्य कौस्तुभमणेर्व्रजतः परंतु पाथोनिधे स्मरणमान्तरमावहेथाः ॥ १८ ॥ कल्लोलवेल्लितदृषत्परुषप्रहारै रत्नान्यमूनि मकरालय मावमंस्थाः । किं कौस्तुभेन विहितो भवतो न नाम याच्ञाप्रसारितकरः पुरुषोत्तमोऽपि ॥ १९ ॥ लज्जामहे वयमहो वचनेऽपि हन्त सांयात्रिकाः सलिलराशिममी विशन्ति । अंसाधिरोपिततदीयतटोपकण्ठकौपेयकाम्बुदृतयो यदुदीर्णतृष्णाः ॥ २० ॥ चपलतरतरंगैर्दूरमुत्सारितोऽपि प्रथयति तव कीर्तिं दक्षिणावर्तशङ्खः । परिगणय पयोधे पद्मनाभार्घ्ययोग्यस्तव निकटनिषण्णैः क्षुल्लकैः श्लाघ्यता का ॥ २१ ॥ यद्वीचीभिः स्पृशसि गगनं यच्च पातालमूलं रत्नैरुद्दीपयसि पयसा यत्पिधत्से धरित्रीम् । धिक्सर्वं तत्तव जलनिधे यद्विमुच्याश्रुधारास्तीरे नीरग्रहणरसिकैरध्वगैरुज्झितोऽसि ॥ २२ ॥ अयं वारामेको निलय इति रत्नाकर इति श्रितोऽस्माभिस्तृष्णातरलितमनोभिर्जलनिधिः । क एवं जानीते निजकरपुटीकोटरगतं क्षणादेनं ताम्यत्तिमिमकरमापास्यति मुनिः ॥ २३ ॥ अये वारां राशे कुलिशकरकोपप्रतिभयादयं पक्षप्रेम्णा गिरिवरसुतस्त्वामुपगतः । त्वदन्तर्वास्तव्यो यदि पुनरयं वाडवशिखी प्रदीप्तः प्रत्यङ्गं ग्लपयति ततः कोऽस्य शरणम् ॥ २४ ॥ इतः स्वपिति केशवः कुलमितस्तदीयद्विषामितश्च शरणार्थिनः शिखरिपत्त्रिणः शेरते । इतोऽपि वडवानलः सह समस्तसंवर्तकैरहो विततमूर्जितं भरसहं च सिन्धोर्वपुः ॥ २५ ॥ ग्रावाणो मणयो हरिर्जलचरो लक्ष्मीः पयोमानुषी मुक्तौघाः सिकताः प्रवाललतिकाः शैवालमम्भः सुधा । तीरे कल्पमहीरुहाः किमपरं नाम्नापि रत्नाकरो दूरे कर्णरसायनं निकटतस्तृष्णापि नो शाम्यति ॥ २६ ॥ एतस्माद्मृतं सुरैः शतमुखेनोच्चैःश्रवाः सद्गुणः कृष्णेनाद्भुतविभ्र-

१ अवमानः. २ अचतुरत्वम्. ३ जानुप्रमाणः. ४ वायुनोल्लासिता उत्पादिताः कल्लोला महोर्मयो यस्य. ५ गिरिमथनेन हृतं सर्वं स्वं चतुर्दशरत्नात्मकं धनं यस्य. ६ नौकास्थिताः. नाविका इत्यर्थः.

१ दक्षिणभागे आवर्तो यस्यैतादृशः शङ्खः. २ जानीहि. ३ विष्णुपूजायोग्यः. ४ क्षुद्रशङ्खैः. ५ जलानाम्. ६ स्थानम्. ७ पिपासा; (पक्षे) अर्थाभिलाषः. ८ अगस्त्यः. ९ शिखरिणः पर्वतास्त एव पत्रिणः पक्षिणः. १० संवर्तकसंज्ञकैर्मेघैः.

मैकवसतिर्लक्ष्मीः समासादिता । इत्यादि प्रचुराः पुरातन-
कथाः सर्वेभ्य एव श्रुता अस्माभिर्न च दृष्टमत्र जलधौ
मृष्टं पयोऽपि क्वचित् ॥ २७ ॥ संख्येया न भवन्ति ते
युगशतैर्गाम्भीर्यमुख्या गुणाः सत्यं वारिनिधे तथापि त-
दिदं चित्ते विधत्ते व्यथाम् । स्वच्छन्देन तिमिंगिलान्निज-
कुलग्रासं मुहुः कुर्वतो यत्ते वारयितुं निजेऽपि विषये न
स्वामिता विद्यते ॥ २८ ॥ कल्लोलैः स्थगयन्मुखानि ककु-
भामभ्रंलिहैरम्भसा क्षारेणापि दिवानिशं जलनिधे गर्जन्न
विश्राम्यसि । एतत्ते यदि घोरनक्रनिलयं स्वादु व्यधास्य-
द्विधिः किं कर्तासि तदा न वेद्मि तरलैः स्वैरेव दुश्चेष्टितैः
॥ २९ ॥ द्यामारोहति वाञ्छति स्थगयितुं तेजोऽपि तेज-
स्विनामुच्चैर्गर्जति पूरयन्नपि महीमम्भोभिरम्भोधरः । कांश्चि-
द्वाग्रुपजीव्य तोयचुलुकान्सिन्धौ भवत्संनिधौ पानीयप्रचयेषु
सत्स्वपि न ते जातो विकारः क्वचित् ॥ ३० ॥ किं वाच्यो
महिमा तवात्र जलधे यस्येन्द्रवज्राहतित्रस्तक्ष्माभृदमज्ज-
दम्बुनिचये मज्जत्कलङ्काकृतिः । मैनाकोऽपि गभीरनीरविल-
सत्पाठीनपृष्ठोल्लसच्छैवालाङ्कुरकोटिकोटरकुटीकुड्यान्तरे नि-
र्वृतः ॥ ३१ ॥ अस्तां तावदहो समुद्रमहिमा दूरेऽपि
कर्णप्रियस्तीरे यस्य पिपासयैव मरणं प्राप्नोति शीघ्रं जनः ।
तस्मादम्बुनिधेर्वरं लघुसरः कूपोऽथवा वापिका यत्र स्वी-
यकरद्वयेन सलिलं पेपीयते स्वेच्छया ॥ ३२ ॥ देवैर्यद्यपि
तक्रवद्विमथितः केदारवद्वानरैर्बद्धः सिद्धवदञ्जनाविजनुषा
कुल्यावदुल्लङ्घितः । किं चासीच्चुलकेऽम्बुबिन्दुवदयं द्राक्कु-
म्भयोनेर्मुनेर्नातारोऽयमिति प्रथा जलनिधेरासीदथापि श्लथा
॥ ३३ ॥ पीयूषेण सुराः श्रिया मुररिपुर्मर्यादया मेदिनी
शक्रः कल्परुहा शशाङ्ककलया श्रीशंकरस्तोषितः । मैनाका-
हिनगा निजोदरगताः संस्थानतः स्थापितास्त्वच्चूलीकरणे
घटोद्भवमुनिः केनापि नो वारितः ॥ ३४ ॥ हे हेलाजि-
तबोधिसत्त्व वचसां किं विस्तरैस्तोयधे नास्ति त्वत्सदृशः
परः परहिताधाने गृहीतव्रतः । तृष्यत्पान्थजनोपकारघट-
नावैमुख्यलब्धायशोभारप्रोद्वहने करोषि कृपया साहायकं
यन्मरोः ॥ ३५ ॥ पीयूषेण कृतार्थिता दिविषदो लक्ष्म्या
हरिः प्रीणितश्चन्द्रार्धेन विभूषितः पशुपतिः कल्पद्रुमैर्वासवः ।
आत्मानं परिपन्थिनाप्युदधिना किं किं न तेषां कृतं तस्मा-
गस्त्यमुनिप्रपीतपयसो नोच्चैः कृतैकाञ्जलिः ॥ ३६ ॥ ल-
क्ष्म्या श्रीपुरुषोत्तमो हिमरुचा गौरीप्रियोऽलंकृतो देवेन्द्रो-
ऽपि विमानवारणहयस्त्रीरत्नकल्पद्रुमैः । पीयूषैरमितैस्त्वया दि-
विषदश्चान्ये कृतार्थीकृताः श्रीमन्वारिनिधे त्वदीयमहिमा
नूनं न वाग्गोचरः ॥ ३७ ॥ हंहो वारिनिधे विधेः समुचितं
येनासि रत्नाकरो रत्नांश्चेदवमन्यसे वद विभो नैतत्पदं वि-
न्दसि । पश्यालंकरणं पुरंदरपुरे चिन्तामणिः कौस्तुभो
विष्णोर्वक्षसि मीनकेतनरिपोः शीर्षे कलानां निधिः ॥ ३८ ॥
पीत्वा गर्जन्त्यगस्ते दिशि दिशि जलदास्त्वं शरण्यो गिरीणां
सुत्रामत्रासभाजां त्रिदशविटपिनां जन्मभूमिस्त्वमेव । गा-
म्भीर्यं तच्च तादृक्त्वयि सलिलनिधे किंतु विज्ञाप्यमेतत्सर्वो-
पायेन मैत्रावरुणिमुनिकृपादृष्टयः काङ्क्षणीयाः ॥ ३९ ॥

क्षीरसागरः ॥ दिशि दिशि गिरिग्रावाणः स्वां वमन्तु
सरस्वतीं तुलयतु मिथस्तामापातस्फुरद्ध्वनिडम्बरान् । स
परमपरः क्षीरोदन्वान्यदीयमुदीर्यते मथितुरमृतं खेदच्छेदि
प्रभोरनुमोदनम् ॥ ४० ॥ साकं ग्रावगणैर्[1]लुठन्ति मणयो
बालार्कबिम्बोपमा नीरे नीरचरैः समं स भगवान्निद्राति नारा-
यणः । एवं वीक्ष्य तवाविवेकमथ च प्रौढिं परामुन्नतेः किं
निन्दाम्यथवा स्तवीमि कथय क्षीरार्णव त्वामहम् ॥ ४१ ॥

अगस्त्यः ॥ मुनिर्जयति योगीन्द्रो महात्मा कुम्भसं-
भवः । येनैकचुलुके दृष्टौ दिव्यौ तौ मत्स्यकच्छपौ ॥ ४२ ॥
अखर्वपर्वगर्तेषु विच्छिन्नो यस्य वारिधिः । हा स एव मुने
पाणिरधस्ताद्विन्ध्यभूभृतः ॥ ४३ ॥ अल्पीयसैव पयसा
यत्कुम्भः पूर्यते प्रसिद्धं तत् । ब्राह्मं[2] तेजः पश्यत कुम्भो-
द्भूतः पपौ वार्धिम्[3] ॥ ४४ ॥ गतोऽस्मि तीरं जलधेः पिपा-
सया स चापि शुष्कश्चुलुकीकृतो मया । न लक्ष्यते दोषल-
वोऽपि तोयधेर्ममैव तत्कर्मफलं विजृम्भते ॥ ४५ ॥ क-
म्पन्ते गिरयः पुरंदरभिया[4] मैनाकमुख्याः पुनः क्रन्दन्त्यम्बु-
धराः स्फुरन्ति वडवावक्त्रोद्गता वह्नयः । भो कुम्भोद्भव मु-
च्यतां जलनिधिः स्वस्त्यस्तु ते सांप्रतं निद्रालुश्लथबाहुवल्लि-
कमलाश्लेषो हरिः सीदति ॥ ४६ ॥

रत्नानि ॥ मणिर्लुठति पादेषु काचः शिरसि धार्यते ।
यथैवास्ते तथैवास्तां काचः काचो मणिर्मणिः ॥ ४७ ॥
अप्याकरसमुत्पन्ना मणिजातिरसंस्कृता । जातरूपेण कल्याणि
नहि संयोगमर्हति ॥ ४८ ॥ अनस्तमितसारस्य तेजसस्त-
द्विजृम्भितम् । येन पाषाणखण्डस्य मूल्यमल्पं वसुंधरा
॥ ४९ ॥ धन्योऽयं मणिरेकश्छिन्नो भिन्नश्च चक्रनिर्घृष्टः ।
युक्तस्तेजोनिचयैर्धन्यो दुःखेऽपि योऽधिकाभासः ॥ ५० ॥
भ्रष्टं नृपतिकिरीटाद्भूमौ पतितं तिरोहितं[5] रजसा । विधि[6]-
विलसितेन रत्नं जनचरणविडम्बनां सहते ॥ ५१ ॥ वपुः
परीणाह[7]गुणेन तेभ्यो यशस्विनः किं मणयो भवन्ति ।
तथापि चूडासु महीपतीनां त एव खेलन्ति न गण्डशैलाः

१ पाषाणसमूहैः. २ ब्राह्मणसामर्थ्यम्. ३ समुद्रम्. ४ इन्द्र-भयेन. ५ छादितम्. ६ दैवदुर्विपाकेन. ७ विशालता.

॥ ५२ ॥ सिन्धुस्तरङ्गैरुपकल्प्य फेनान्रत्नानि पङ्कैर्मलिनीकरोति। तथापि तान्येव महीपतीनां किरीटकोटीषु पदं लमन्ते ॥ ५३ ॥ विरम रत्न मुधा तरलायसे तव न कश्चिदिहास्ति परीक्षकः। विधिवशेन परिच्युतमाकरास्त्वमपि काचमणीकृतमीश्वरैः ॥ ५४ ॥ अनिभालित एव केवलं खनिगर्भे निधिरेष जीर्यतु। न तु सीदतु मूल्यहानितो वणिजालोकनगोचरीकृतः ॥ ५५ ॥ समुद्रेणान्तस्थस्तटभुवि तरङ्गैरकरुणैः समुत्क्षिप्तोऽस्मीति त्वमिह परितापं त्यज मणे। अवश्यं क्वापि त्वद्गुणपरिचयाकृष्टहृदयो नरेन्द्रस्त्वां कुर्यान्निजमुकुटकोटिप्रणयिनम् ॥ ५६ ॥ पयोधेः सर्वस्वं शिरसि धृतवान्यं नृपगणः पणो यस्य क्षोणी चतुरुदधिसीमावधिरभूत्। स एवायं दैवाच्छबरवनितापाणिपतितो मणिर्मेषग्रीवाद्विगुणगुणबद्धो विहरति ॥ ५७ ॥ आघ्रातं परिलीढमुग्रनखरैः क्षुण्णं च यच्चर्वितं क्षिप्तं यद्धत नीरसत्वकुपितेनेति व्यथां मा कृथाः। हे सद्रत्न तवैतदेव कुशलं यद्वानरेणाग्रहादन्तःसारविचारणव्यसनिना चूर्णीकृतं नाश्मना ॥ ५८ ॥ उत्तंसेषु न नर्तितः क्षितिभुजां न प्रेक्षकैर्लक्षितः साकाङ्क्षं लुठितो न च स्तनतटे लीलावतीनां क्वचित्। कष्टं भोः श्वरमन्तरेण जलधेर्दैवाद्विशीर्णोऽभवत्खेलव्यालकुलाङ्गघर्षणपरिक्षीणप्रमाणो मणिः ॥ ५९ ॥ ये गृह्णन्ति हठात्तृणानि मणयो ये चाप्ययःखण्डकं ते दृष्टाः प्रतिधाम दृषमणयो विच्छिन्नसंख्याश्चिरम्। नो जाने किममावतः किमथवा दैवादहो श्रूयते नामाप्यत्र न तादृशस्य हि मणे रत्नानि गृह्णाति यः ॥ ६० ॥ यन्मुक्तामणयोऽम्बुधेरुदरतः क्षिप्ता महावीचिभिः पर्यन्तेषु लुठन्ति निर्मलरुचः स्पष्टाट्टहासा इव। तत्तस्यैव परिक्षयो जलनिधेर्द्वीपान्तरालम्बिनो रत्नानां तु परिग्रहव्यसनिनः सन्त्येव सांयात्रिकाः ॥ ६१ ॥ यत्रानुल्लिखिताख्यमेव निखिलं निर्माणमेतद्विधेरुत्कर्षप्रतियोगिकल्पनमपि न्यक्कारकोटिः परा। याताः प्राणभृतां मनोरथगतीरुल्लङ्घ्य यत्संपदस्तस्याभासमणीकृताश्मसु मणेरश्मत्वमेवोचितम् ॥ ६२ ॥ काचाः काञ्चनभूषिताः कति न वा मुष्णन्ति रत्नश्रियं मौलौ वा कति नोद्वहन्त्यपधियस्तानेव रत्नभ्रमात्। अक्ष्णां ये पुनरुन्मृजन्ति तिमिरं यैर्नाम रत्नाकरः सिन्धुस्ते पृथगेव हन्त मणयस्तेष्वप्यभिज्ञाः पृथक् ॥ ६३ ॥

(वज्रमणिः) ॥ यस्य वैज्रमणेर्भेदे भिद्यन्ते लोहसूचयः। करोति तत्र किं नाम नारीनखविलेखनम् ॥ ६४ ॥

१ आस्वादितम्. २ तत्परेण. ३ पाषाणेन. ४ हीरकमणेः.

(कौस्तुभमणिः) ॥ न श्वेतांशुवदन्धकारदलनादुद्द्योतिते रोदसी नाप्यैरावतवन्निरस्तदितिजत्रासः कृतो वासवः। नो चिन्तामणिरत्नवत्त्रिभुवने छिन्ना विपद्वार्थिनां भूत्वा तस्य हरेरुरःप्रणयिना किं कौस्तुभेनार्जितम् ॥ ६५ ॥

(सोमकान्तसूर्यकान्तौ) ॥ सोमकान्तो मणिः स्वच्छः सूर्यकान्तस्तथा न किम्। उद्गारे तु विशेषोऽस्ति तयोरमृतवह्नयः ॥ ६६ ॥

(चन्द्रकान्तः) ॥ सुधाकरकरस्पर्शाद्बहिर्द्रवति सर्वतः। चन्द्रकान्तमणेस्तेन मृदुत्वं लोकविश्रुतम् ॥ ६७ ॥

(स्फटिकः) ॥ स्फटिकस्य गुणो योऽसौ स एवायाति दोषताम्। धत्ते स्वच्छतया छायां यतो मलवतामपि ॥ ६८ ॥

(मरकतः) ॥ त्यज निजगुणाभिमानं मरकत पतितोऽसि पामरे वणिजि। काचमणेरपि मौल्यं लभसे यत्तदपि ते श्रेयः ॥ ६९ ॥ केनासीनः सुखमकरुणेनाकरादुद्धृतस्त्वं विक्रेतुं वा समभिलषितः केन वास्मिन्कुदेशे। यस्मिन्विसव्ययभरसहो ग्राहकस्तावदास्तां नास्ति भ्रातर्मरकतमणे त्वत्परीक्षाक्षमोऽपि ॥ ७० ॥ आसीत्पूर्वं विमलजलधौ मेण्डनं भूपतीनां नारीणां च प्रबलमुकुटे काञ्चनेन प्रसङ्गात्। तत्रीबद्धः कथमिदमहो काचखण्डेन सार्धं भिल्लीकण्ठे मरकतमणे कामवस्थां गतोऽसि ॥ ७१ ॥

(माणिक्यम्) ॥ पौरस्त्यैर्दाक्षिणात्यैः स्फुरदुरुमतिभिर्मित्र पाश्चात्यसंघैरौदीच्यैर्यत्परीक्ष्य क्षितिपतिमुकुटे न्यासि माणिक्यमेकम्। यद्येतस्मिन्कथंचित्कथयति कृपणः कोऽपि मालिन्यमन्ये प्रेक्षावन्तस्तदा तं निरवधिजडतामन्दिरं संगिरन्ते ॥ ७२ ॥

काचः ॥ अज्ञतया प्रेम्णा वा चूडामणिमाकलय्य काचमणिम्। नृपतिर्वहते शिरसा तेनासौ न ह्यनर्घ्यमणिः ॥ ७३ ॥

शङ्खः ॥ अन्तः कुटिलतां बिभ्रच्छङ्खः स खलु निष्ठुरः। हुंकरोति यदा ध्मातस्तदैव बहु गण्यते ॥ ७४ ॥ उच्चैरुच्चरति चिरं झिल्ली वर्त्मनि तरुं समारुह्य। दिग्व्यापिनि शब्दगुणे शङ्खः संभावनाभूमिः ॥ ७५ ॥ कीदृग्गृहं कुटिलोऽन्तः कठिनः क्षाराम्बुसंभवः शून्यः। शङ्खः श्रीपतिनिकटे केन गुणेन स्थितिं लेभे ॥ ७६ ॥ जलनिधौ जननं धवलं वपुर्मुररिपोरपि पाणितले स्थितिः। इति समस्तगुणान्वित शङ्ख भो कुटिलता हृदये न निवारिता ॥ ७७ ॥

१ नीचे. २ भूषणम्. ३ काचमणिना. ४ सह. ५ अमूल्यः. ६ कौटिल्यम्.

ध्वनिरतिमधुरः शुचित्वमुच्चैर्जनिरपि शङ्ख नदीनतस्तवाभूत्। अन्तर्गतमखिलं बहिस्तवेदं कुटिलतरं पुनरन्तरं न विद्मः॥ ७८॥ क्व वाम्भोधौ जन्म क्व च वपुरिदं कुन्दधवलं क्व चावासस्थानं कृतमहह विष्णोः करतलम्। क्व नीचानामास्ये परिणतिरियं चुम्बनविधावितीवायं शङ्खः करुणकरुणं रोदिति मुहुः॥ ७९॥ तातः क्षीरनिधिः स्वसा जैलधिजा भ्राता सुरेशद्रुमः सौजन्यं सह कौस्तुभेन शुचिता यस्य द्विजेशादपि। चित्कर्माणि स एव कम्बुरधुना पाखण्डकान्ताकरे विश्रान्तः प्रतिवासरं प्रतिगृहं भैक्ष्येण कुक्षिंभरिः॥ ८०॥

(पाञ्चजन्यः)॥ सर्वाशापरिपूरिहुंकृतिमदो जन्मापि दुग्धोदधेर्गोविन्दाननचुम्बि सुन्दरतरं पूर्णेन्दुबिम्बाद्वपुः। श्रीरेषा सहजा गुणाः किमपरं भण्यन्त एते हि यत्कौटिल्यं हृदि पाञ्चजन्य भवतस्तेनातिलज्जामहे॥ ८१॥ शङ्खाः सन्ति सहस्रशो जलनिधेर्वीचिच्छटाघट्टिताः पर्यन्तेषु लुठन्ति ये दलशतैः कल्माषितक्ष्मातलाः। एकः कोऽपि स पाञ्चजन्य उदभूदाश्चर्यधामा सतां यः संवर्तभरक्षमैर्मधुरिपोः श्वासानिलैः पूर्यते॥ ८२॥

नद्यन्योक्तयः।

तटिनि चिराय विचारय विन्ध्यभुवस्तव पवित्रायाः। शुष्यन्त्या अपि युक्तं किं खलु रथ्योदकादानम्॥ १॥ कतिपयदिवसस्थायी पूरो दूरोन्नतोऽपि भविता ते। तटिनि तटद्रुमपातनपातकमेकं चिरस्थायि॥ २॥ यास्यति जलधरसमयस्तव च समृद्धिर्लघीयसी भविता। तटिनि तटद्रुमपातनपातकमेकं चिरस्थायि॥ ३॥ कुरु गम्भीराशयतां कल्लोलैर्जनय लोकविश्रान्तिम्। वीतपयोधरलक्ष्मीः कस्य न चरणैर्विलङ्घ्यासि॥ ४॥ मलयस्य गिरेरपत्यमादौ तदनु भ्रातृमती पटीरवृक्षैः। किमु चित्रमपांनिधेः कलत्रं तटिनी काचन मौक्तिकानि सूते॥ ५॥ नावर्तो न च तरलास्तरंगमाला नेदानीं जलरयजा रवाः करालाः। सैव त्वं तटिनि तटद्रुमान्विपात्य प्रौढानामपयशसामिवासि पात्रम्॥ ६॥ छायां प्रकुर्वन्ति नमन्ति पुष्पैः फलानि यच्छन्ति तटद्रुमा ये। उन्मूल्य तानेव नदी प्रयाति तरंगिणां क्व प्रतिपन्नमस्ति॥ ७॥ न वारयामो भवतीं विशन्तीं वर्षानदि स्रोतसि जह्नुजायाः। न युक्तमेतत्तु पुरो यदस्यास्तरंगभङ्गान्प्रकटीकरोषि॥ ८॥

१ कुन्दपुष्पवच्छुभ्रम्. २ भगिनी. ३ लक्ष्मीः. ४ पुष्पैः सह फलानि ददतीत्यर्थः. ५ तरंगवच्चपलस्वभावानाम्. ६ अङ्गीकृतम्.

गङ्गा॥ यद्यपि दिशि दिशि सरितः परितः परिपूरिताम्भसः सन्ति। तदपि पुरंदरतरुणीसंगतिसुखदायिनी गङ्गा॥९॥ स किमु सहेत सुधांशुः स्मरहरभालानलज्वालाः। शिशिरैः शीकरनिवहैः सिञ्चति सुरनिम्नगा नो चेत्॥१०॥

शोणः॥ आजन्मस्थितयो महीरुह इमे कूले समुन्मूलिताः कल्लोलाः क्षणभङ्गुराः पुनरमी नीताः परामुन्नतिम्। अन्तर्ग्राहपरिग्रहो बहिरपि भ्राम्यन्ति गन्धद्विपा भ्रातः शोण न सोऽस्ति यो न हसति त्वत्संपदां विप्लवान्॥ ११॥

तडागान्योक्तयः।

आगच्छतामपूर्णानां पूर्णानामपि गच्छताम्। यदध्वनि न संघट्टा घटानां किं सरोवरम्॥ १॥ अयमवसरः सरस्ते सलिलैरुपकर्तुमर्थिनामनिशम्। इदमतिसुलभं चाम्भो भवति पुरा जलधराभ्युदये॥ २॥ कस्य तृषं न क्षपयति पिबति न कस्तव पयः प्रविश्यान्तः। यदि सन्मार्गसरोवर नक्रो न क्रोडमधिवसति॥ ३॥ तानि तानि कमलानि तज्जलं तानि षट्पदकुलानि ते खगाः। सर्वमेकपद एव विच्युतं पङ्कशेषमचिरादभूत्सरः॥ ४॥ विहगैर्गतं मधुकरैश्चलितं प्रकरैः प्रयातमपि पद्मदशाम्। विभवे गते सकलमेव गतं ध्रुवमेकमञ्चति यशः सरसः॥ ५॥ आपेदिरेऽम्बरपथं परितः पतङ्गा भृङ्गा रसालमुकुलानि समाश्रयन्ति। संकोचमञ्चति सरस्त्वयि दीनदीनो मीनो नु हन्त कतमां गतिमभ्युपैतु॥ ६॥ इयत्यां संपत्तावपि च सलिलानां त्वमधुना न तृष्णामार्तानां हरसि यदि कासार सहसा। निदाघे चण्डांशौ किरति परितोऽङ्गारनिकरं कृशीभूतः केषामहह परिहर्तासि खलु ताम्॥ ७॥ क्रौञ्चः क्रीडतु कूर्दतां च कुररः कङ्कः परिष्वज्यतां मद्गुर्माद्यतु सारसश्च रसतु प्रोड्डीयतां टिट्टिभः। भेकाः सन्तु बका वसन्तु चरतु स्वच्छन्दमाटिस्तटे हंसो पद्मसरः कुतः कतिपयैर्हंसैर्विना श्रीस्तव॥ ८॥ एतस्मिन्मरुमण्डले परिचलत्कल्लोलकोलाहलक्रीडत्कङ्कमपङ्कमङ्कविलसन्निःशङ्कमत्स्यव्रजम्। केनेदं विकसत्कुशेशयकुटीकोणक्वणत्षट्पदं स्त्रैणप्रीणितपान्थमुज्ज्वलजलं चक्रे विशालं सरः॥ ९॥ स्तोकाम्भःपरिवर्तिताङ्गशफरीग्रासार्थिनः सर्वतो लप्स्यन्ते बकटिट्टिमप्रभृतयः स्वल्पेषु साधु स्थितिम्। सद्यः शोषमुपागतेऽद्य सरसि श्रीसद्मपद्माकरे तस्मिन्पङ्कजिनीविलासरुचयो हंसाः क्व यास्यन्त्यमी

१ इन्द्रस्त्रीणां रम्भोर्वश्यादीनां समागमसुखदात्री. २ आकाशमार्गम्. ३ प्राप्नुवति सति. ४ हे सरः. ५ ग्रीष्मे. ६ सूर्ये. ७ खेलतु. ८ जलकाकः.

॥ १० ॥ माद्यद्दिग्गजदानलिप्तकरटप्रक्षालनक्षोभिता व्योम्नः सीम्नि विचेरुरप्रतिहता यस्योर्मयो निर्मलाः । कष्टं भाग्यविपर्ययेण सरसः कल्पान्तरस्थायिनस्तस्याप्येकबकप्रचारकलुषं कालेन जातं जलम् ॥ ११ ॥ रे पद्माकर यावदस्ति भवतो मध्ये पयः पूरितं तावच्चक्रचकोरकङ्ककुररश्रेणीं रमुल्लासय । पश्चात्त्वं स्मटद्बकोटचटुलत्रोटीपुटव्याहतित्रुट्यत्कर्कटकर्परव्यतिकरैर्निन्दास्पदं यास्यसि ॥ १२ ॥ याते भव्यचिराग्निदाघमिहिरै[1]र्ज्वालाशतैः शुष्कतां गन्ता[2] कं प्रति पान्थसंततिरसौ संतापमालाकुला । एवं यस्य निरन्तराधिपटलै[3]र्नित्यं वपुः क्षीयते धन्यं जीवनमस्य मार्ग[4]सरसो धिग्वारिधीनां ननुः ॥ १३ ॥ सोपानानि तिरोहितानि पदवी छन्ना तृणैर्नूतनैः कालुष्यं पयसां विलोक्य शनकैरुड्डीय हंसा गताः । माधुर्यं न मधुव्रतोदितगिरां पद्मानि मग्नानि के भेकानामिह गर्जितं परमहो वृथ्यैव नष्टं सरः ॥ १४ ॥ आपूर्येत पुनः स्फुरच्छफरिकासारोर्मिभिर्वारिभिर्भूयोऽपि प्रविजृम्भमाणनलिनं पश्येम तोयाशयम् । इत्याशाशततन्तुबद्धहृदयो नक्तंदिवं दीनधीः शुष्यत्यातपशोषितस्य सरसस्तीरे जरत्सारसः ॥ १५ ॥ उद्यानाम्बुदवर्धमानशिखिनीकेकातिरेकाकुले संप्राप्यं सलिलं स्थलेष्वपि सदा निस्तर्षवर्षागमे । भीष्मग्रीष्मभटे परस्परभयादालोच्यमानं मुहुर्दीनं मीनकुलं न पालयसि चेत्कासार का सारता ॥ १६ ॥ सौवर्णः कमलाकरः शशिशिलासोपानबन्धक्रमो वारि क्षीरसहोदरं तटतरुश्रेणीसुखाः क्षोणयः । सर्वं ते रुचिरं सरोवर परं निन्द्यः कुतोऽयं विधिः कूटग्राहभयात्प्रयान्ति विमुखाः पान्था निदाघेऽप्यमी ॥ १७ ॥ उड्डीनं विहगैर्मृतं जलचरैः क्ष्मान्तर्गतं कच्छपैः पाठीनैः पृथुपङ्कपीठलुठनाद्यस्मिन्मुहुर्मूर्च्छितम् । तस्मिन्नेव सरस्यकालजलदेनागत्य तच्चेष्टितं येनाकुम्भनिमग्नवन्यकरिणां यूथैः पयः पीयते ॥ १८ ॥ हंसैर्लब्धप्रशंसैस्तरलितकमलसस्तरङ्गैस्तरंगैर्नीरैरन्तर्गभीरैश्चपलबककुलत्रासलीनैश्च मीनैः । पालीरूढद्रुमालीतलसुखशयितस्त्रीप्रणीतैश्च गीतैर्भाति प्रक्रीडदातिस्तवसलिलचलच्चक्रवाकस्तडागः ॥ १९ ॥

मानसम् ॥ नो वा कियन्तः परितः स्फुरन्ति जलाशया निर्मलभूरितोयाः । सदावदातं परमेकमेव हंसस्य विश्रामपदं वदन्ति ॥ २० ॥

---

१ सूर्यैः. २ गमिष्यति. ३ मनोव्यथापरंपराभिः. ४ मार्गे वत्सरस्तस्य.

कूपान्योक्तयः ।

हे कूप त्वं चिरं जीव स्वल्पतोये बहुव्ययः । गुणवद्रिक्तपात्राणि प्राप्नुवन्ति हि पूर्णताम् ॥ १ ॥ रे कूप जीवनागार यदि दातृत्वमिच्छसि । तदा त्वं गुणवत्पात्रमेकं वा संनिधौ कुरु ॥ २ ॥ अमुना मरुकूपेन के के नाम न वञ्चिताः । रुदत्पथिकनेत्राम्बुपिच्छिलप्रान्तभूमिना ॥ ३ ॥ सगुणैः[1] सेवितोपान्तो विनतैः प्राप्तदर्शनः । नीचोऽपि कूपः सत्पात्रैर्जीवनार्थं[2] समाश्रितः ॥ ४ ॥ यद्यपि बहुगुणगम्यं जीवनमेतस्य कूपमुख्यस्य । जयति तथापि विवेको दानं पात्रानुमानेन ॥ ५ ॥ नितरां[3] नीचो[4]ऽस्मीति त्वं खेदं कूप मा कदापि कृथाः । अत्यन्तसरसहृदयो[5] यतः परेषां गुणग्रहीतासि ॥ ६ ॥ चित्रं न तद्यदयमम्बुधिरम्बुदौघसिन्धुप्रवाहपरिपूरणया महीयान् । त्वं त्वर्थिनामुपकरोषि यदल्पकूप निष्पीड्य कुक्षिकुहरं हि महत्त्वमेतत् ॥ ७ ॥ दिनमवसितं विश्रान्ताः स्म त्वया मरुकूप हे परमुपकृतं शेषं वक्तुं वयं न पुनः क्षमाः । भवति सुकृतैरध्वन्यानामशेषजलो भवानियमपि घनच्छाया भूयात्तवोपतटं शमी ॥ ८ ॥ भीमश्या[6]मप्रतनुवदन क्रूरपातालकुक्षिक्रोडप्रान्तोपहितविभवस्याथ किं ते ब्रवीमि । येन त्वत्तः समभिलषितं वाञ्छतः क्षुद्र कूप क्षाम्यन्मूर्तेर्भवति सहसा कस्य नाधोमुखत्वम् ॥ ९ ॥

मरुस्थलान्योक्तयः ।

मरौ नास्त्येव सलिलं कृच्छ्राद्यद्यपि लभ्यते । तत्कटु स्तोकमुष्णं च न करोति वितृष्णताम् ॥ १ ॥ सत्पादपान्विपुलपल्लवपुष्पपुञ्जसंपत्परीतवपुषः फलभारनम्रान् । यो मार्गसिञ्जितशकुन्तसमाश्रितोरुशाखान्मरौ मृगयते न ततोऽस्ति मुग्धः ॥ २ ॥ पायं पायं पिब पिब पयः सिञ्च सिञ्चाङ्गमङ्गं भूयो भूयः कुरु कुरु सखे मज्जनोन्मज्जनानि । एषोऽशेषश्रमशमपटुर्दुःखिताध्वन्यबन्धुः सिन्धुर्दूरीभवतु भवतो मारवः पान्थ पन्थाः ॥ ३ ॥ कल्याणं नः किमधिकमितो जीवनार्थं यतस्त्वं छित्त्वा वृक्षानिह दहसि भ्रातरङ्गारकार । नन्वेतस्मिन्नशनिपिशुनैरातपैराकुलानामध्वन्यानामशरण मरुप्रान्त रे कोऽप्युपायः ॥ ४ ॥ किमसि विमनाः किं चोन्मादी क्षणादपि लक्ष्यसे पुनरपि सखे प्रेक्षापूर्वो न

---

१ रज्जुसहितैः. २ उदकार्थम्. ३ अत्यन्तम्. ४ निम्नः. ५ रसयुक्तं हृदयं यस्य. ६ भीमं भयंकरं श्यामं अन्धकारयुक्तत्वात्प्रतनु संकुचितं मुखं यस्य.

काञ्चन ते क्रियाः। स्वयमजलदां जानानोऽपि प्रविश्य मरुस्थलीं शिशिरमधुरं बारि प्राप्तुं यदध्वग वाञ्छसि ॥ ५ ॥ भो भोः किं किमकाण्ड एव पतितस्त्वं पान्थ कान्या गतिस्तत्तादृक्तृषितस्य मे खलमतिः सोऽयं जलं गूहते। अस्थानोपगतामकालसुलभां तृष्णां प्रति क्रुध्य हे त्रैलोक्यप्रथितप्रभावमहिमा मार्गोऽस्त्यसौ मारवः ॥ ६ ॥

दावानलान्योक्तयः।

हे दावानल शैलाग्रवासिनः साधुशाखिनः। मुग्ध व्यर्थं त्वया दग्धाः प्रेरितेन प्रभञ्जनैः[1] ॥ १ ॥ यस्यां महत्त्वभाजो भवन्ति गुणिनोऽमिता[2] धनुर्दण्डाः। दहतस्तां वंशालिं[3] को वनवह्ने विवेकस्ते ॥ २ ॥ दवदहनादुत्पन्नो धूमो घनतामवाप्य वर्षैस्त्वम्[4]। यच्छमयति तद्युक्तं सोऽपि च दवमेव निर्दहति ॥ ३ ॥ अभ्युन्नतेऽपि जलदे जगदेकसारसाधारणप्रणयहारिणि हा यदेते। उल्लासलासललितं तरवो न यान्ति हे दावपावक स तावक एव दोषः ॥ ४ ॥ छायाफलानि मुकुलानि च यस्य विश्वमाह्लादयन्ति सहकारमहीरुहस्य। आमृष्य तस्य शिखया नवपल्लवानि मश्नासि रे दवहुताश हताश कष्टम् ॥ ५ ॥ दुर्दैवप्रभवप्रभञ्जनभयादुद्धूत भूमीरुहाणेतान्सत्त्वगुणाश्रयानकरुणः शुष्यन्किमुन्माद्यसि। ब्रूमस्त्वां वनहव्यवाह यदमी दग्धार्धदग्धा अपि द्रष्टव्यास्तव तत्क्षणाद्विलयिनो नामापि न ज्ञायते ॥ ६ ॥ विध्वस्ता मृगपक्षिणो विधुरतां नीताः स्थलीदेवता धूमैरन्तरिताः स्वभावमलिनैराशा मही तापिता। भस्मीकृत्य सपुष्पपल्लवफलैर्नम्रान्महापादपानुद्धृत्तेन दवानलेन विपिनं वल्मीकशेषं कृतम् ॥ ७ ॥ दिक्चक्रं तृणभस्मना कवलितं मूलान्यपि क्ष्मारुहां निर्दग्धानि न चार्भकोऽपि हरिणीयूथस्य शेषीकृतः। आः कष्टं विपिनौकसोऽपि मुनयः प्लुष्टाः कृतान्तक्रियां कृत्वेत्थं वनवह्निना किमधुना शान्तेन दीप्तेन वा ॥ ८ ॥

वडवानलः ॥ तेजांसि यस्य प्रथमं प्रयान्ति वारां प्रवाहेण स वह्निरन्यः। अयं पुनर्वाडवनामधेयः समुद्रमापीय बिभर्ति तेजः ॥ ९ ॥

व्योमचरान्योक्तयः।

गरुडः ॥ दामोदरमुदराहितभुवनं[5] यो वहति लीलया गरुडः। कस्य तरोरुपरिस्थात्खिन्नोऽसौ[6] श्रान्तिमपनयतु ॥ १ ॥ अहिरहिरिति संभ्रमपदमितरजनः किमपि कातरो भवतु। विहगपतेराहारे[1] स तु सरलमृणालदलरुचिरः ॥ २ ॥

हंसः ॥ कंसारि[2]चरणोद्धूतसिन्धुकल्लोललालितम्। मन्ये हंस मनो नीरे कुल्यानां[3] रमते न ते ॥ ३ ॥ अस्ति यद्यपि सर्वत्र नीरं नीरजमण्डितम्। रमते न मरालस्य मानसं मानसं[4] विना ॥ ४ ॥ एकेन राजहंसेन या शोभा सरसो भवेत्। न सा बकसहस्रेण परितस्तीरवासिना ॥ ५ ॥ हंसः श्वेतो बकः श्वेतः को भेदो बकहंसयोः। नीरक्षीरविभागे तु हंसो हंसो बको बकः ॥ ६ ॥ बककोयष्टिभिर्जुष्टे पल्वले मानसं कुतः। मोदते हि मरालस्य सन्मानसविहारिणः ॥ ७ ॥ अपसरणमेव शरणं मौनं वा तत्र राजहंसस्य। कटु रटति निकटवर्ती वाचाटष्टिट्टिभो यत्र ॥ ८ ॥ यदि नाम दैवगत्या जगदसरोजं कदाचिदपि जातम्। अवकरनिकरं[5] विकिरति तत्किं कृकवाकुरिव[6] हंसः ॥ ९ ॥ नीरक्षीरविवेके हंसालस्यं त्वमेव तनुषे चेत्। विश्वस्मिन्नधुनान्यः कुलव्रतं पालयिष्यति कः ॥ १० ॥ सैव सैव सरसी रमणीया यत्र यत्र वलते तव रागः। राजहंस रसिक स्मरणीया श्रीमता तदपि मानसकेलिः ॥ ११ ॥ गाङ्गमम्बु सितमम्बु यामुनं कज्जलाभमुभयत्र मज्जतः। राजहंस तव सैव शुभ्रता चीयते न च न चापचीयते ॥ १२ ॥ कंचिदेव समयं समागतं त्वां न विस्मरति शश्वदम्बुजम्। मानसे विहर हंस मानसे मा विमुञ्च पुनरस्य सौहृदम् ॥ १३ ॥ यत्रापि कुत्रापि भवन्ति हंसा हंसा महीमण्डलमण्डलानि। हानिस्तु तेषां हि सरोवराणां येषां मरालैः सह विप्रयोगः ॥ १४ ॥ अम्भोजिनीवनविलासनमेव हन्त हंसस्य हन्तु नितरां कुपितो विधाता। न त्वस्य दुग्धजलभेदविधिप्रसिद्धां वैदग्ध्य[7]कीर्तिमपहर्तुमसौ समर्थः ॥ १५ ॥ भृङ्गाङ्गनाजनमनोहरहारिगीतराजीवरेणुकणकीर्णपिशङ्गतोयाम्। रम्यां हिमाचलनदीं प्रविहाय हंस हे हे हताश वद कां दिशमुत्सुकोऽसि ॥ १६ ॥ स्थित्वा क्षणं विततपक्षतिनान्तरिक्षे मातङ्गसङ्गकलुषां नलिनीं विलोक्य। उत्पन्नमन्युपरिघर्घरनिःस्वनेन हंसेन साश्रु परिवृत्य गतं नलिन्याः ॥ १७ ॥ रे राजहंस किमिति त्वमिहागतोऽसि योऽसौ बकः स इह हंस इति प्रतीतः। तद्गम्यतामनुपदेन पुनः स्वभूमौ यावद्वदन्ति न बकं खलु मूढलोकः ॥ १८ ॥ ये वर्धिताः कनकपङ्कजरेणुमध्ये मन्दाकिनीविमलनीरतरंगभङ्गैः। ते सांप्रतं विधिवशात्खलु राजहंसाः शैवालजालजटिलं जल-

---

१ वायुभिः. २ असंख्याः. ३ वेणुपङ्क्तिम्. ४ वनानल. ५ उदरे आहितं स्थापितं भुवनं ब्रह्माण्डं येन. ६ श्रान्तः.

१ गरुडस्य. २ विष्णुः. ३ कृत्रिमसरिताम्. ४ मानससरोवरम्. ५ संकरसंचयम्. ६ ताम्रचूडः. ७ चातुर्यम्.

माश्रयन्ति ॥ १९ ॥ हा हन्त मानससरःसलिलावतंसरे राजहंस पयसोः प्रविवेचनाय । चेच्छक्तिमान्खलु भवान्न तदा किमु स्यात्किंवा कपोत उत वा कलविङ्कपोतः ॥२०॥ भेदं सरः सरसवारि न वारिजं वा नैतन्मधूनि मधुपाः सहवासिनो वा । हेमारविन्दवनवासविलासभाजो रे हंस मानसजुषस्तव मानसेऽपि ॥ २१ ॥ हंसः प्रयाति शनकैर्यदि यातु तस्य नैसर्गिकी गतिरियं नहि तत्र चित्रम् । गत्या तया जिगमिषुर्बक एव मूढश्चेतो दुनोति सकलस्य जनस्य नूनम् ॥ २२ ॥ भुक्ता मृणालपटली भवता निपीतान्यम्बूनि यत्र नलिनानि निषेवितानि । रे राजहंस वद तस्य सरोवरस्य कृत्येन केन भवितासि कृतोपकारः ॥ २३ ॥ तरौ तीरोद्भूते क्वचिदपि दलाच्छादिततनुः पतद्धारासारां गमय विषमां प्रावृषमिमाम् । निवृत्तायां तस्यां सरसि सरसोत्फुल्लनलिने स एव त्वं हंसः पुनरपि विलासास्त इह ते ॥ २४ ॥ गतं तद्गाम्भीर्यं तटमपि चितं जालिकशतैः सखे हंसोत्तिष्ठ त्वरितममुतो गच्छ सरसः । न यावत्पङ्कान्तःकलुषिततनुर्भूरिविलसद्बकोऽसौ वाचालश्चरणयुगलं मूर्ध्नि कुरुते ॥ २५ ॥ पुरा सरसि मानसे विकचसारसालिस्खलत्परागसुरभीकृते पयसि यस्य यातं वयः । स पल्वल[1]जलेऽधुना मिलदनेकभेकाकुले[2] मरालकुलनायकः कथय रे कथं वर्तताम् ॥ २६ ॥ वातान्दोलितपङ्कजस्थितरजःपुञ्जाङ्गरागोज्ज्वलो यः शृण्वन्कलकूजितं मधुलिहां संजातहर्षः पुरा । कान्ताचञ्चुपुटापवर्जितबिसग्रासग्रहेऽप्यक्षमः सोऽयं संप्रति हंसको मरुगतः कौपं पयो याचते ॥ २७ ॥ यो दिव्याम्बुजलोलमत्तमधुपप्रोद्गीतरम्यं सरस्त्यक्त्वा मानसमल्पवारिणि रतिं बध्नाति कैदारिके । तस्यालीकसुखाशया परिभवक्रोडीकृतस्याधुना हंसस्योपरि टिट्टिभो यदि पदं धत्तेऽत्र को विस्मयः ॥ २८ ॥ अन्या सा सरसी मराल मुनिभिर्यत्तीरसोपानिकाविन्यस्तांस्तिलतण्डुलान्कवलयन्दृष्टोऽसि हृष्टैर्मुखैः । एषा पक्कणवापिका कमलिनीखण्डेन गुप्तात्मभिर्व्याधैस्त्वद्विधमुग्धबन्धनविधौ कं नाम नो सूत्र्यते ॥ २९ ॥ कस्त्वं लोहित[3]लोचनास्यचरणो हंसः कुतो मानसात्किं तत्रास्ति सुवर्णपङ्कजवनान्यम्भः सुधासंनिभम् । रत्नानां निचयाः प्रवालमणयो वैदूर्यरोहा क्वचिच्छम्बूका[4] अपि सन्ति नेति च बकैराकर्ण्य हीहीकृतम् ॥३०॥ यः संतापमपाकरोति जगतां यश्चोपकारक्षमः सर्वेषाममृतात्मकेन वपुषा प्रीणाति नेत्राणि यः । तस्याप्युन्नतिमम्बुदस्य सहसे यन्न त्वमेतावता वर्णेनैव परं मराल धवलः कृष्णश्चरित्रैरसि ॥ ३१ ॥ आकारः कमनीयता कुलगृहं लीलालसा सा गतिः संपर्कः कमलालयैः कलतया लोकोत्तरं कूजितम् । यस्येयं गुणसंपदस्ति महती तस्यातिभव्यस्य ते संरब्धत्वमसद्गुमद्गुकलहे नाहं सहे हंस हे ॥ ३२ ॥ नद्यो नीचगता दुरापपयसः कूपाः पयोराशयः क्षारा दुष्टबकोटसंकटतटोद्देशास्तडागादयः । इत्थं भूतल आकलय्य सकलानम्भोनिवेशानिति त्वां भो मानस संस्मरन्पुनरसौ हंसः समभ्यागतः ॥ ३३ ॥ हंसी वेत्ति परागपिञ्जरतनुः कुत्रापि पद्माकरे प्रेयान्मे बिसकन्दलीकिसलयं भुङ्क्ते स्वयं निर्वृतः । नो जानाति तपस्विनी यदनिशं जम्बालमालोडयञ्शैवालाङ्कुरमप्यसौ न लभते हंसो विशीर्णच्छदः ॥ ३४ ॥ प्रम्लाना नलिनी जलानि किरणैः सूर्यस्य शोषं ययुर्नाशं प्राप विहंगमावलिरियं तृष्णाविशीर्णेक्षणा । एते तीरमहीरुहा अपि पतत्पत्रश्रियोऽद्यापि रे कोऽयं राजमराल शुष्कसरसीतीरे रतिप्रक्रमः ॥ ३५ ॥ एषा पुष्करिणी मराल मलिनैश्छन्ना कुवीथीजलैर्यस्यामज्ञतया विधेरकृपया चेद्वस्तुमाकाङ्क्षसे । विश्रम्भो बकमण्डलेषु विनयो भेकेषु संबन्धिता रात्र्यन्धेषु विधीयतां कृपणता कोयष्टिकश्रेणिषु ॥ ३६ ॥ पीतं येन पुरा पुरंदरपुरे रम्भोरुकेलिस्खलन्मन्दाराङ्कुरकर्णपूरसुरभि स्वर्गापगायाः पयः । सोऽयं मारववारि पामरवधूपादार्पणप्रोच्छलत्पङ्कातङ्कितभेकमिश्रमघृणो हंसः समाशंसते ॥ ३७ ॥ काके कार्ष्ण्यमलौकिकं धवलिमा हंसे निसर्गस्थितो गाम्भीर्ये महदन्तरं वचसि यो भेदः स किं कथ्यते । एतावत्सु विशेषणेष्वपि सखे यत्रेदमालोक्यते के काकाः खलु के च हंसशिशवो देशाय तस्मै नमः ॥ ३८ ॥ क्रुद्धोलूकनखप्रपातविगलत्पक्षा अपि स्वाश्रयं ये नोज्झन्ति पुरीषपुष्टवपुषस्ते केचिदन्ये द्विजाः । ये तु स्वर्गतरंगिणीबिसलता लेशेन संवर्धिता गाङ्गं नीरमपि त्यजन्ति कलुषं ते राजहंसा वयम् ॥ ३९ ॥ भो हंसास्तावदम्भोरुहकुहररजोरञ्जिताङ्गाः सहेलं हंसीभिः पद्मखण्डे मधुरमधुकराराबरम्ये रमध्वम् । यावन्नायं दुरन्तो हरगलगरलव्यालजालालिनीलप्रोन्मीलन्मेघमालामलिनसकलदिङ्मण्डलोऽभ्येति कालः ॥ ४० ॥

मधुकरः ॥ सरजस्कां[1] पाण्डुवर्णां कण्टकप्रकरा[2]ङ्किताम् । केतकीं सेवसे हन्त कथं रोलम्ब[3] निस्त्रप[4] ॥ ४१ ॥ फलानां च दलानां च सन्तु ते ते विवेकिनः । मकरन्दविशेषज्ञो मिलिन्दमपहाय कः ॥ ४२ ॥ पलाशकुसुमभ्रान्त्या शुकतुण्डे पतत्यलिः[5] । सोऽपि जम्बूफलभ्रान्त्या तमलिं धर्तु-

१ अल्पजलाशयजले. २ दर्दुरव्याप्ते. ३ रक्तम्. ४ जलशुक्तयः.

१ रजोयुक्ताम्. २ समूहः. ३ भ्रमर. ४ निर्लज्ज. ५ भ्रमरः

मिच्छति ॥ ४३ ॥ क्वचित्क्वचिदयं यातु स्थातुं प्रेमवशंवदः ।
न विस्मरति तत्रापि राजीवं भ्रमरो हृदि ॥ ४४ ॥ भ्रम भ्र-
मर यूथीषु मालतीषु चिरं मिल । मा पुनः पङ्कजारण्यस्नेह-
शून्यं मनः कृथाः ॥ ४५ ॥ मधुपे मालतीपुष्पं सतृष्णं
यातुमुद्यते । हन्त दैवादुपागम्योपात्तमारण्यकेन तत् ॥ ४६ ॥
मधुकर तव करनिकरैः किं किं क्रान्तं वनं न कुसुमानाम् ।
तद्वद सरसिजकमले लब्धं किंचिद्यदन्यतस्तत्किम् ॥ ४७ ॥
[1]गौरीं चम्पककलिकामपहाय भ्रान्तदुर्बुद्धे । शाल्मलिकुसुम-
दलेषु स्वैरं गुञ्जन्न लज्जसे मधुप ॥ ४८ ॥ [2]मदनमवलोक्य
निष्फलमनित्यतां बन्धुजीवकुसुमानाम् । वनमुपगम्य भ्रमरः
संप्रति जातो [3]जपासक्तः ॥ ४९ ॥ [4]अपसर मधुकर दूरं परि-
मलबहुलेऽपि केतकीकुसुमे । इह न हि मधुलवलाभो भ-
वति परं धूलिधूसरं वदनम् ॥ ५० ॥ कृत्वापि कोशपानं
भ्रमरयुवा पुरत एव कमलिन्याः । अभिलषति बकुलक-
लिकां मधुलिहि मलिने कुतः सत्यम् ॥ ५१ ॥ येन[5]ामन्द-
मरन्दे [6]दलदरविन्दे दिनान्य[7]नायिषत । कुटजे खलु तेने[8]हा
तेने[9] हा मधुकरेण कथम् ॥ ५२ ॥ [10]अमरतरुकुसुमसौरभ[11]-
सेवनसंपूर्णकामस्य । पुष्पान्तरसेवेयं भ्रमरस्य विडम्बना
महती ॥ ५३ ॥ इह रूपमात्रसारे चित्रगते कनककह्लारे ।
न रसो नापि च गन्धो मधुकर बन्धो मुधा भ्रमसि ॥५४॥
अपनीतपरिमलान्तरकथे पदं न्यस्य देवतरुकुसुमे । पुष्पा-
न्तरेऽपि गन्तुं वाञ्छसि चेद्भ्रमर धन्योऽसि ॥ ५५ ॥ म-
लिनेऽपि रागपूर्णां विकसितवदनामनल्पजल्पेऽपि । त्वयि
चपलेऽपि च सरसां भ्रमर कथं वा सरोजिनीं त्यजसि
॥ ५६ ॥ नन्दनजन्मा मधुपः सुरतरुकुसुमेषु पीतमकरन्दः ।
दैवादवनिमुपेतः कुटजे कुटजे समीहते वृत्तिम् ॥ ५७ ॥
दूरतया स्थूलतया नीलतया दानलोलुपैर्मधुपैः । भ्रामितमि-
भराजधिया हन्ताभूदन्ततो महिषः ॥ ५८ ॥ नष्टे वारिज-
विपिने कष्टे नष्टेऽथ मालतीनिकरे । तत्किं जीवति लोके
मूलकमकरन्दबिन्दुना यदलिः ॥ ५९ ॥ पवनापनीतसौर-
भदूरोदकपूरपद्मिनीलुब्धः । अपरिक्षतस्वपक्षो गन्ता हन्ता-
पदं मधुपः ॥ ६० ॥ कति कति न लताः कलिताः संच-
रता चञ्चरीकरसिकेन । नलिनि भवन्मधु मधुरं यत्पीतं त-
त्तदेव परिपीतम् ॥ ६१ ॥ मधुकर मा कुरु शोकं विचर
करीरद्रुमस्य कुसुमेषु । घनतुहिनपातदलिता कथं नु सा
मालती मिलति ॥ ६२ ॥ यस्तोषं न गतः कमलेषु मल्ली-
चम्पकबकुलकुलेषु । तस्यालेर्यदि निम्बे वासः कथय कथं
न भवत्युपहासः ॥ ६३ ॥ आलिङ्गसे चारुलतां लवङ्गीमा-
चुम्बसे चाम्बुजिनीं क्रमेण । तां चूतवल्लीं मधुप प्रकामं
संताडयस्येव पदैः किमेतत् ॥ ६४ ॥ वेत्रत्वचा तुल्यरुचां
वधूनां कर्णाग्रतो गण्डतलागतानि । भृङ्गाः सहेलं यदि
नापतिष्यन्कोऽवेदयिष्यन्नवचम्पकानि ॥ ६५ ॥ किं न
पश्यसि महेन्द्रदिङ्मुखे शीतदीधितिरसावुदञ्चति । मी-
लितैव नलिनीह मा कृशास्तन्मधुव्रत मुधा गता-
गतम् ॥ ६६ ॥ चञ्चरीक चतुरोऽसि चन्द्रि-
काविभवे कुमुदिनीं निषेवसे । भास्करे जयिनि पुष्करे
नवे प्रोन्मिषन्नवदलेऽनुरज्यसि ॥ ६७ ॥ नीरजान्यपि
निषेव्य निर्भरं नीरसानि कुटजानि वाञ्छसि ।
चञ्चलत्वमिह चञ्चरीक ते साहसं कथमिदं विमोक्ष्यसि
॥ ६८ ॥ पीतमत्र मधु यापिताः क्षपा भृङ्ग सर्वमचिरेण
विस्मृतम् । हीनमानसुषमां हिमागमे पद्मिनीं यदिह नाव-
लोकसे ॥ ६९ ॥ कुन्दकुड्मलमुपास्यता त्वया यत्र शीत-
समयोऽतिवाहितः । चञ्चरीक परिहीनसौरभा रोचते न
भवते सरोजिनी ॥ ७० ॥ भ्रमर भ्रमता दिगन्तराणि क्व-
चिदासादितमीक्षितं श्रुतं वा । वद सत्यमपास्य पक्षपातं
यदि जातीकुसुमानुकारि पुष्पम् ॥ ७१ ॥ अभिनवनलिनी-
विनोदलुब्धो मुकुलितकैरविणीवियोगभीरुः । भ्रमति मधु-
करोऽयमन्तराले श्रयति न पङ्कजिनीं कुमुद्वतीं वा ॥७२॥
अलिरयं नलिनीदलमध्यगः कमलिनीमकरन्दमदालसः ।
विधिवशात्परदेशमुपागतः कुटजपुष्परसं बहु मन्यते ॥ ७३ ॥
अपि दरोन्मुकुले बकुले यया पदमधायि कदापि न हेलया।
अहह सा सहसा विधुरे विधौ मधुकरी बदरीमनुसेवते
॥ ७४ ॥ यदपि भेकगणेन निषेवितं प्रकटकण्टककोटिसम-
न्वितम् । तदपि पङ्कजमेति मधुव्रतः सुरससौरभसुन्दरता-
श्रयम् ॥ ७५ ॥ आनम्राः स्तबकभरेण पल्लविन्यः शोभन्ते
कति न लताः परागपूर्णाः । आमोदे मधुनि च मार्दवे च
तासां यो भेदः स खलु मधुव्रतैकवेद्यः ॥ ७६ ॥ निःशङ्कं
गजपतिगण्डदानधारामाराध्य भ्रमर दिनान्यमून्यनैषीः ।
यावन्न स्फुरति करालकर्णतालस्तावत्त्वं नय नलिनीवनीमु-
पेत्य ॥ ७७ ॥ रात्रिर्गमिष्यति भविष्यति सुप्रभातं भास्वानु-
देष्यति हसिष्यति पङ्कजश्रीः । इत्थं विचिन्तयति कोशगते
द्विरेफे हा मूलतः कमलिनीं गज उज्जहार ॥ ७८ ॥

१ पीतवर्णाम्. २ मदनन्नामाख्यं पुष्पम्. ३ जपापुष्पे सक्तः; (पक्षे) जपे जपन आसक्तः. ४ दूरं गच्छ. ५ प्रचुरपुष्परसे. ६ विकसितकमले. ७ नीतानि. ८ इच्छा. ९ विस्तारिता कृतेति यावत्. १० कल्पवृक्षः. ११ सौगन्ध्यम्.

अन्यासु तावदुपमर्दसहासु भृङ्ग लोलं विनोदय मनः सुमनोलतासु। मुग्धामजातरजसं कलिकामकाले बालां कदर्थयसि किं नवमालिकायाः॥ ७९॥ फुल्लेषु यः कमलिनीकमलोदरेषु चूतेषु यो विलसितः कलिकान्तरस्थः। पश्याद्य तस्य मधुपस्य शरद्यपाये कृच्छ्रेण वेणुविवरे दिवसाः प्रयान्ति॥ ८०॥ ये वर्धिताः करिकपोलमदेन भृङ्गाः प्रोत्फुल्लपङ्कजरजःसुरभीकृताङ्गाः। ते सांप्रतं प्रतिदिनं क्षपयन्ति कालं निम्बेषु चार्ककुसुमेषु च दैवयोगात्॥ ८१॥ एणीदृशः श्रवणसीम्नि यदानयन्ति तेनैव तस्य महिमा नवचम्पकस्य। त्वं तत्र नो विहरसे यदि भृङ्ग तेन नैतस्य किंचिदपि तत्तु तवैव हानिः॥ ८२॥ सानन्दमेष मकरन्दमिहारविन्दे विन्देत षट्पदयुवेति जनैरटङ्कि। दैवादकाण्डपरिमुद्रितपुण्डरीककोषादभूदहह निःसरणं पुमर्थः॥ ८३॥ आजन्मकल्पतरुकाननकामचारी यत्कौतुकादुपगतः कुटजं मिलिन्दः। तत्कर्मणः सुसदृशं फलमेतदेव यत्प्राप्य साम्यमधुना मधुमक्षिकाभिः॥ ८४॥ मा गा विषादमलिपोतक केतकीनामन्तर्निगूढमनवाप्य मधुप्रकर्षम्। लाभः स एव परमो ननु कण्टकानां श्रेणीभिरक्षतशरीरतया प्रयासि॥ ८५॥ नालिङ्गिता नवलवङ्गलता न वापि संभाविता विटपिनः कलगुञ्जितेन। आसादिता सपदि काचन रीतिरन्या माकन्दकोरकमुदीक्ष्य मधुव्रतेन॥ ८६॥ मन्दारमेदुरमरन्दरसालसाङ्गः स्वर्णागरीनयननन्दन एष भृङ्गः। दैवादुपेत्य जगतीमगतिर्विषीदन्छाखोटकोटरकुटीषु निलीय शेते॥ ८७॥ किं केतकीपरिमलोत्थितगन्धलुब्धो गुञ्जन्भ्रमन्भ्रमर वाञ्छसि रन्तुमेताम्। तत्कण्टकैः परिवृतामतुलामगम्यां संत्यज्यतां व्रज निकुञ्जलतां सपुष्पाम्॥ ८८॥ इह सरसि सहर्षं मञ्जु गुञ्जाभिरामं मधुकर कुरु केलिं सार्धमम्भोजिनीभिः। अनुपममकरन्दामोददत्तप्रमोदा त्यजति बत न निद्रां मालती यावदेषा॥ ८९॥ भ्रमर मरणभीतिं मुञ्च चाम्पेयपुष्पे विहर हर तदीयं सौरभं सौहृदेन। मधुकर सुकरं चेद्वस्तु हस्तेन लब्धुं भवतु तदुपभोगेऽनिष्टमिष्टं फलं वा॥ ९०॥ गन्धैराढ्या जगति विदिता केतकी स्वर्णवर्णा पद्मभ्रान्त्या क्षुधितमधुपः पुष्पमध्ये पपात। अन्धीभूतस्तदनु रजसा कण्टकैश्छिन्नपक्षः स्थातुं गन्तुं क्षणमपि सखे नैव शक्तो द्विरेफः॥ ९१॥ दृष्ट्वा स्फीतोऽभवदलिरसौ लेख्यपद्मं विशालं चित्रं चित्रं किमिति किमिति व्याहरन्निष्पपात। नास्मिन्गन्धो न च मधुकणा नास्ति तत्सौकुमार्यं घूर्णन्मूर्धा बत नतशिरा व्रीडया निर्जगाम॥ ९२॥ सदम्भोजाम्भोजं परिषजति संभोगरहितो गतोऽमन्दे कुन्दे वहति मकरन्दं न हि मनः। ततो मन्येऽरण्ये क्वचिदधिकपुण्येऽपि ललितां लवङ्गीमासङ्गीं भजति नवभृङ्गीपरिवृढः॥ ९३॥ निरानन्दः कौन्दे मधुनि विधुरो बालबकुले न साले सालम्बो लवमपि लवङ्गे न रमते। प्रियङ्गौ नासङ्गं रचयति न चूतेऽपि रमते स्मरंल्लक्ष्मीलीलाकमलमधुपानं मधुकरः॥ ९४॥ श्रियो वासाम्भोजे त्रिदिवसरिदम्भोजकुहरे हरेर्नाभीपद्मे मधु मधुकरो यः किल पपौ। स दैवादुन्मीलत्तपनकरतापव्यतिकरव्यथाकम्पः संप्रत्यतरुमरुभूमौ विचरति॥ ९५॥ लतास्तास्तास्ताद्दङ्मधुरसवतीः पङ्कजवनीः समालिङ्गंश्चुम्बन्नयमगमयद्भूरिसमयम्। इदानीं चेन्नीचे विचरति रुचेरेष लकुचे कुचेष्टेयं धातुर्भवति नहि वाच्यो मधुकरः॥ ९६॥ मधूके माध्वीकं पिबसि शतपत्रेऽभिरमसे मधूलीमिश्रान्तर्मधुप सहकारेऽपि रमसे। वसन्ते वासन्तीमधु मधुरमश्नासि बहुशो दुरावेशोऽयं ते तदपि कुटजे यद्विचरसि॥ ९७॥ भ्रमन्स्वैरं भ्रातर्भ्रमर नवयूथेषु बहुशो मधूलीमन्विष्यन्कुमुदवनवीथीषु विचर। वसन्तप्रारम्भस्फुरितमधुसंभारसुभगो न ते विस्मर्तव्यः क्वचन सहकारव्यतिकरः॥ ९८॥ अये मधुप मा कृथा बत वृथा मनोदीनतां तुषारसमये लताशतनिषेवणव्याकुलः। इयं पुरत एव ते सरसपुष्पमासोदये रसालनवमञ्जरी मधुझरी जरीजृम्भते॥ ९९॥ नो मल्लीमयमीहते न भजते मत्तेभकुम्भस्थलीं वासन्तीं सहते न चन्दनवनीमालम्बते न क्वचित्। जातीमेव हृदीश्वरीमिव महानन्दैककन्दाङ्कुरां ध्यायन्निर्वृतिमेति षट्पदयुवा योगीव वीतभ्रमः॥ १००॥ किं क्वापि प्रलयानलैर्विटपिनो निर्दह्य भस्मीकृताः किंस्विद्देवगजेन पङ्कजवनं निष्कन्दमुन्मूलितम्। किंवा हन्त कृतान्तकेसरिभयात्त्यक्तो मदः कुञ्जरैर्येनास्मिन्विरसे करीरकुसुमे हा भृङ्ग विश्राम्यसि॥ १०१॥ यस्याः संगमवाञ्छया न गणिता वाप्यो विनिद्रोत्पला यामालिङ्ग्य समुत्सुकेन मनसा यातः परां निर्वृतिम्। भग्नां तामवलोक्य चन्दनलतां भृङ्गेण यज्जीव्यते धैर्यं नाम तदस्तु तस्य न पुनः स्नेहानुरूपं कृतम्॥ १०२॥ दग्धा सा बकुलावली कवलितास्ते ते रसालद्रुमाः प्लुष्टास्तेऽपि विनिद्रपुष्पपटलीपीतातपाः पादपाः। भ्रातर्भृङ्ग दवा-

१ उपमर्दं सहन्ते ताः. २ सतृष्णम्. लुब्धमिति यावत्. ३ अनुत्पन्नपरागाम्. ४ अयोग्ये काले. ५ दूषयसि. ६ मधुरम्. ७ रवं कुरु.

१ इच्छां करोति. २ माधवीलताम्. ३ गतभ्रमः. ४ कृतान्तः कालः स एव केसरी सिंहः.

भिमा वनमिदं वल्मीकशेषं कृतं किं त्वं संप्रति काननान्तरपरिस्पन्दाय मन्दायसे ॥ १०३ ॥ दूरादुज्झति चम्पकं न च भजत्यम्भोजराजीरजो नो जिघ्रत्यपि पाटलापरिमलं धत्ते न चूते रतिम्। मन्दारे यदनादरो विचकिलोपान्ते न संतृप्यते तन्मन्ये क्वचिदङ्ग भृङ्गतरुणेनास्वादिता मालती ॥ १०४ ॥ येनामोदिनि केसरस्य मुकुले पीतं मधु स्वेच्छया नीता येन निशा शशाङ्कधवला पद्मोदरे शारदी। भ्रान्तं येन मदप्रवाहमलिने गण्डस्थले दन्तिनां सोऽयं भृङ्गयुवा करीरविटपे बध्नाति तुष्टिं कुतः ॥ १०५ ॥ भ्रातर्भ्राम्य लवङ्गवल्लिषु पिब स्वैरं नवाम्भोरुहं माध्वीमाधविकामधूनि मधुराण्याकण्ठमास्वादय। कस्मादापतितोऽसि केतकमिदं यस्मिन्नुदीर्णं रजो दृष्टिं लुम्पति सूचयः प्रविचिताः कृन्तन्ति मर्माण्यपि ॥ १०६ ॥ आस्वाद्यात्र मधूनि षट्पद मदं मा गाः कषायाङ्कुरैर्माकन्दस्य पिकान्प्रतारितवतो मूर्धानमध्यासितः। प्रत्यासन्नतमे पिकेऽपि भवते येनार्पिता तादृशी माध्वी तस्य विवेकविच्युतिरियं साद्गुण्यमेतन्न ते ॥ १०७ ॥ नीतं जन्म नवीननीरजवने पीतं मधु स्वेच्छया मालत्याः कुसुमेषु येन सततं केली कृता हेलया। तेनेयं मधुगन्धलुब्धमनसा गुञ्जालता सेव्यते हा धिग्दैवकृतं स एव मधुपः कां कां दशां नागतः ॥ १०८ ॥ प्रारम्भे कुसुमाकरस्य परितो यस्योल्लसन्मञ्जरीपुञ्जे मञ्जुलगुञ्जितानि रचयंस्तानातनोरुत्सवान्। तस्मिन्नद्य रसालशाखिनि दशां दैवात्कृशामञ्चति त्वं चेन्मुञ्चसि चञ्चरीक विनयं नीचस्त्वदन्योऽस्ति कः ॥ १०९ ॥ सोऽपूर्वो रसनाविपर्ययविधिस्तत्कर्णयोश्चापलं दृष्टिः सा मदविस्मृतस्वपरदिक्किं भूयसोक्तेन वा। सर्वं विस्मृतवानसि भ्रमर हे यद्वारणोऽद्याप्यसावन्तःशून्यकरो निषेव्यत इति भ्रातः क एष ग्रहः ॥ ११० ॥ केतक्यः कटुकण्टकाः कुमुदिनी दोषोदयान्मोदते जायन्ते विकलाः कलावति पुनः पङ्केरुहां पङ्क्तयः। अन्यानि प्रसवानि षट्पदपदन्यासैरवाञ्चि क्वचिद्भृङ्गो भ्राम्यति कल्पवृक्ष विपदामन्तर्भवन्तं विना ॥ १११ ॥ यद्यप्याम्रतरोरमुष्य वनिताकर्णावतंसोचितामाजिघ्रन्नवमञ्जरीं मधुप हे जातोऽसि पूर्णोत्सवः। विस्मर्तुं भवतस्तथाप्यनुचितं तद्द्वन्द्वमिन्दीवरं यस्यास्वाद्य मधूनि चानतशिरो मञ्जु त्वयोद्गुञ्जितम् ॥ ११२ ॥ माकन्दे मधुपानमम्बु बकुले क्रीडा कदम्बद्रुमे दोलाखेलनकौतुकं कुवलये कः को न वा विभ्रमः। येनाकारि मधुव्रतेन सहसा सोऽयं मधूके मधौ माध्वीकं परिपीय पीवरतनुर्जीवत्यहो जीवनम् ॥ ११३ ॥ पीतं पङ्कजकानने मधु मया नाप्युपनीतं वयो बन्धूके वरबन्धुता विरचिता रक्तं रसालद्रुमे। किं चाकारि कुमुद्वतीपरिकरे क्रीडाकलाकौशलं कस्तद्वेत्तु विधीयतेऽद्य बदरीवृन्दस्य यद्वन्दनम् ॥ ११४ ॥

कोकिलः ॥ समुद्गिरसि किं वाचः पुंस्कोकिल सुकोमलाः। श्वभ्रेऽस्मिञ्जडपाषाणगुरुनिर्घोषभैरवे ॥ ११५ ॥ तवैतद्वाचि माधुर्यं जाने कोकिल कृत्रिमम्। प्रपोषितो यैस्तानेव जातपक्षो जहासि यत् ॥ ११६ ॥ रसालशिखरासीनाः शतं सन्तु पतत्रिणः। तन्मञ्जरीरसामोदं विदुरेव कुहूमुखाः ॥ ११७ ॥ भद्रं भद्रं कृतं मौनं कोकिलैर्जलदागमे। वक्तारो दर्दुरा यत्र तत्र मौनं हि शोभते ॥ ११८ ॥ शृगालशशशार्दूलदूषितं दण्डकावनम्। पञ्चमं गायतानेन कोकिलेन प्रतिष्ठितम् ॥ ११९ ॥ काकः कृष्णः पिकः कृष्णः को भेदः पिककाकयोः। वसन्तसमये प्राप्ते काकः काकः पिकः पिकः ॥ १२० ॥ तावन्मौनेन नीयन्ते कोकिलैश्चैव वासराः। यावत्सर्वजनानन्ददायिनी वाक्प्रवर्तते ॥ १२१ ॥ कोकिलोऽहं भवान्काकः समानः कालिमावयोः। अन्तरं कथयिष्यन्ति काकलीकोविदाः पुनः ॥ १२२ ॥ सहकारे चिरं स्थित्वा सलीलं बालकोकिल। तं हित्वाद्यान्यवृक्षेषु विचरन्न विलज्जसे ॥ १२३ ॥ कलकण्ठ यथा शोभा सहकारे भवद्गिरः। खदिरे वा पलाशे वा किं तथा स्याद्विचारय ॥ १२४ ॥ कोकिल कलमालापैरलमलमालोकसे रसालं किम्। शरनिकरभरितशरधिः शबरः संरतीह परिसरे सधनुः ॥ १२५ ॥ तत्किं स्मरसि न भुक्तं यत्पिक रे काकमन्दिरे पूर्वम्। सहकारकुसुमकाले हठेन कुरुषेऽधुना रावम् ॥ १२६ ॥ तावत्कोकिल विरसान्यापय दिवसान्वनान्तरे निवसन्। यावन्मिलदलिमालः कोऽपि रसालः समुल्लसति ॥ १२७ ॥ एकस्त्वं गहनेऽस्मिन्कोकिल न कलं कदाचिदपि कुर्याः। साजात्यशङ्कयामी न त्वां निघ्नन्तु निर्दयाः काकाः ॥ १२८ ॥ अथ कोकिल कुरु मौनं जलधरसमयेऽपि पिच्छिला भूमिः। विकसति कुटजकदम्बे वक्तरि भेके कुतस्तवावसरः ॥ १२९ ॥ मलिनात्मना विरागः प्रकटीकृत एव कोकिलकलेन। जीवनदानामुन्नतिसमये

१ विचकिलः पुष्पभेदः. २ शरत्संबन्धिनी. ३ अग्निशापात्कीर्णा जिह्वापरिवृत्तिः; (पक्षे) पूर्वविपरीताभिधानम्. ४ कर्णचापलं प्रसिद्धम्; (पक्षे) पिशुनप्रतार्यत्वं च. ५ मदः प्रसिद्धः; (पक्षे) गर्वः. ६ स्वपरयोर्दिङ्मार्गः; (पक्षे) आत्मानात्मविभागः. ७ गजः; (पक्षे) वारकः. ८ रारन्ध्रः; (पक्षे) धनरहितः. ९ शुण्डा; (पक्षे) हस्तः.

१ त्यजसि. २ वर्षाकाले. ३ भेकाः. ४ संचरति. ५ आसमन्ताद्भागे. ६ कोकिल. ७ नय.

वाचंयमीभवता ॥ १३० ॥ रे रे कोकिल मा भज मौनं
किंचिदुदञ्चय पञ्चमरागम् । नो चेत्त्वामिह को जानीते
काककदम्बकपिहिते चूते ॥ १३१ ॥ अस्यां सखे बधिर-
लोकनिवासभूमौ किं कूजितेन खलु कोकिल कोमलेन ।
एते हि दैवहतकास्तदभिन्नवर्णं[1] त्वां काकमेव कलयन्ति
कलानभिज्ञाः ॥१३२॥ रे बालकोकिल करीरमरुस्थलीषु किं
दुर्विदग्धमधुरध्वनिमातनोषि । अन्यः स कोऽपि सहकारतरु[2]-
प्रदेशो राजन्ति यत्र तव विभ्रमभाषितानि ॥ १३३ ॥ किं
कोमलैः कलरवैः पिक तिष्ठ तूष्णीमेते तु पामरनराः स्वर-
माकलय्य । को वा रटत्ययमग्रे निकटे कटूनि रे वध्यता-
मिति वदन्ति गृहीतदण्डाः ॥ १३४ ॥ तावच्चकोरचरणा-
युधचक्रवाकपारावतादिविहगाः कलमालपन्तु । यावद्वसन्त-
रजनीघटिकावसानमासाद्य कोकिलयुवा न कुहूकरोति
॥१३५॥ येनोषितं रुचिरपल्लवमञ्जरीषु श्रीखण्डमण्डलरसा-
लवने सदैव । दैवात्स कोकिलयुवा निपपात निम्बे तत्रापि
रुष्टबलिपुष्टकुलैर्विवादः ॥ १३६ ॥ हे कोकिलाखिललतासु
फलानि सन्ति संत्यज्य तानि ननु चूतलतां सपुष्पाम् ।
किं काङ्क्षसीह रमितुं फलभोक्तुकामो न ज्ञायसे नृपतिसेवक-
भीषणायाम् ॥ १३७ ॥ परभृतशिशो मौनं तावद्विधेहि न-
भस्तलोत्पतनविधये पक्षौ स्यातां न यावदिमौ क्षमौ । ध्रुव-
मपरथा द्रष्टव्योऽसि स्वजातिविलक्षणध्वनितकुपितध्वाङ्क्षत्रो-
टीपुटाहतिजर्जरः ॥ १३८ ॥ अहंयुवरवर्णिनीजनमदायतो-
दन्नतस्फुरच्चतुरपञ्चमस्वरजितान्यपक्षिव्रजः । रसालतरुणा कृ-
तामसमतुल्यतामात्मनो विहन्तुमिह कोकिलः फलिनमन्यमु-
द्वीक्षते ॥१३९॥ क्वचिज्झिल्लीनादः क्वचिदतुलकाकोल[3]कलहः
क्वचित्कङ्कारावः क्वचिदपि कपीनां कलकलः । क्वचिद्घोरः
फेरु[4]ध्वनिरयमहो दैवघटनात्कथंकारं तारं[5] रसति[6] चकितः
कोकिलयुवा ॥ १४० ॥ मूकीभूय तमेव कोकिल मधुं बन्धुं
प्रतीक्षस्व हे हेलोल्लासितमल्लिकापरिमलामोदानुकूलानिलम् ।
यत्रैतास्तव सूक्तयः सफलतामायान्त्यमी तूलसत्पांशूत्तंस-
सूतो निदाघदिवसाः संतापसंदायिनः ॥१४१॥ येनानन्द-
मये वसन्तसमये सौरभ्यहेलामिलद्भृङ्गालीमुखरे रसालशि-
खरे नीताः पुरा वासराः । आः कालस्य वशेन कोकिलयुवा
सोऽप्यद्य सर्वा दिशः खेलद्वायसचञ्चुघातविदलन्मूर्धा मुहु-
र्धावति ॥ १४२ ॥ दात्यूहाः[7] सरसं रसन्तु सुभगं गायन्तु
केकीभृतः[1] कादम्बाः[2] कलमालपन्तु मधुरं[3] कूजन्तु कोयष्टयः[4] ।
दैवाद्यावदसौ रसालविटपिच्छायामनासादयन्निर्विण्णः कुट-
जेषु कोकिलयुवा संजातमौनव्रतः ॥ १४३ ॥ भ्रातः को-
किल कूजितेन किमलं नाद्याप्यनर्घ्यो गुणस्तूष्णीं तिष्ठ वि-
शीर्णपर्णपटलच्छन्नः क्वचित्कोटरे । प्रोद्दामद्रुमसंकटे कटुर-
टत्काकावलीसंकुलः कालोऽयं शिशिरस्य संप्रति सखे नायं
वसन्तोत्सवः ॥ १४४ ॥ अम्भोजप्रकरोऽथ केतककुलं
कुन्दोत्करः कैरवव्रातो मल्लिगणोऽथ चम्पकचयो जातीस-
मूहोऽथवा । नो चेदादरमातनोति पिक ते खेदं वृथा मा
कृथा यस्मात्कापि कदापि कोऽपि भविता यस्त्वद्गुणाञ्ज्ञा-
स्यति ॥ १४५ ॥ आसाद्याम्रवनीमिमां प्रति नवामास्वाद्य
तन्मञ्जरीं मैवं पञ्चममञ्च नन्दनवनभ्रान्त्या तया कोकिल ।
एषा वायसमण्डली घनशिरःशूलाहतिव्याकुला क्रुध्वानैर्ब-
धिरीकरिष्यति वृथा श्रोत्राणि सत्पत्रिणाम् ॥ १४६ ॥ उ-
त्कूजन्तु वटे वटे बत बकाः काका वराका अपि क्राङ्कुर्वन्तु
सदा निनादपटवस्ते पिप्पले पिप्पले । सोऽन्यः कोऽपि रसा-
लपल्लवलवग्रासोल्लसत्पाटवक्रीडत्कोकिलकण्ठकूजनकलाली-
लाविलासक्रमः ॥ १४७ ॥

चातकः ॥ एक एव खगो मानी चिरं जीवतु चातकः ।
म्रियते वा पिपासायां याचते वा पुरंदरम् ॥ १४८ ॥ पिपा-
साक्षामकण्ठेन याचितं चाम्बु पक्षिणा । नवमेघोज्झिता
चास्य धारा निपतिता मुखे ॥ १४९ ॥ शक्यते येन के-
नापि जीवनेनैव जीवितुम् । किंतु कौलव्रतोद्भङ्गप्रसङ्गः पर-
दुःसहः ॥ १५० ॥ अवश्यकारणैः प्राणान्धारयत्येव चा-
तकः । प्रार्थनाभङ्गभीतोऽपि शक्रादपि न याचते ॥ १५१ ॥
चातक धूमसमूहं दृष्ट्वा मा धाव वारिधरबुद्ध्या । इह हि
भविष्यति भवतो नयनयुगादेव वारिणां पूरः ॥ १५२ ॥
यद्यपि चातकपक्षी क्षपयति जलधरमकालवेलायाम् । तदपि
न कुप्यति जलदो गतिरिह नान्या यतस्तस्य ॥ १५३ ॥
दीनोन्नतचलपक्षतया बह्वपि लब्धमवस्तु । चातक सत्संभा-
वनया किमपि यदस्ति तदस्तु ॥ १५४ ॥ विश्वोपजीव्ये न
पिबत्यपोऽयं पद्माकरे यद्यपि चातकश्चेत् । स्वार्थक्षतिस्तस्य तृषा-
तुरस्य लघुत्वमेवास्ति न किंचिदस्य ॥१५५॥ ऊर्ध्वीकृतग्रीव-
महो मुधैव किं याचसे चातकपोत मेघम् । अत्यूर्जितं ग-
र्जितमात्रमस्मिन्नम्भोधरे बिन्दुलवस्तु दूरे ॥१५६॥ वृथा गतं
नृत्यसि चातक त्वं न नीलमेघोऽथ गजो मदान्धः । स त्वादृ-
शेभ्यो न ददाति नूनं मातङ्गदानं मधुपेभ्य एव ॥ १५७ ॥

१ काकसमानवर्णम्. २ आम्रः. ३ द्रोणकाकः. ४ जम्बुकध्वनिः. ५ अत्युच्चं यथा तथा. ६ कूजति. ७ कालकण्ठकः, जलकाक इति प्रसिद्धः.

१ मयूराः. २ कलहंसाः. ३ अव्यक्तमधुरम्. ४ टिट्टिभाः.

आत्मानमम्भोनिधिरेतु शोषं ब्रह्माण्डमासिञ्चतु वा तरङ्गैः। नास्ति क्षतिर्नोपचितिः कदापि पयोदवृत्तेः खलु चातकस्य
॥ १५८ ॥ रक्ताब्जपुञ्जरजसारुणितान्विमुच्य स्वच्छान्सुधासमरसानपि वारिराशीन्। यच्चातकः पिबति वारिधरोदबिन्दून्मन्ये तदानतिभयाच्छिरसोऽभिमानी ॥ १५९ ॥
अन्येऽपि सन्ति बत तामरसावतंसा हंसावलीवलयिनो जलसंनिवेशाः। कोऽप्याग्रहो गुरुरयं बत चातकस्य पौरंदरीं यदमिवाञ्छति वारिधाराम् ॥ १६० ॥ धिग्वारिदं परिहृतान्यजलाशयस्य यश्चातकस्य कुरुते न तृषाप्रशान्तिम्। धिक्चातकं तमपि योऽर्थितयास्तलज्जस्तं तादृशं च यदपैति पिपासितोऽपि ॥ १६१ ॥ अये वापीहंसा निजवसतिसंकोचपिशुनं कुरुध्वं मा चेतो वियति वहतो वीक्ष्य विहगान्। अमी सारङ्गास्ते भुवनमहनीयव्रतभृतो निरीहाणां येषां तृणमिव भवन्त्यम्बुनिधयः ॥ १६२ ॥ बीजैरङ्कुरितं लताभिरुदितं वल्लीभिरुज्जृम्भितं कन्दैः कन्दलितं जनैः प्रमुदितं धाराधरे वर्षति। भ्रातश्चातक पातकं किमपि ते सम्यङ् न जानीमहे येनास्मिन्न पतन्ति चञ्चुपुटके द्वित्राः पयोबिन्दवः
॥ १६३ ॥ अन्ये ते जलदायिनो जलधरास्तृष्णां विनिघ्नन्ति ये भ्रातश्चातक किं वृथा विरुदितैः खिन्नोऽसि विश्रम्यताम्। मेघः शारद एष काशधवलः पानीयरिक्तोदरो गर्जत्येव हि केवलं भृशतरं नो बिन्दुमप्युज्झति ॥ १६४ ॥
यः कृष्णं कुरुते मुखं जनयति त्रासं तडिद्भिस्तु यो यश्च प्रार्थयते परं दलयति श्रोत्रं निजैर्गर्जितैः। सत्यं चातक तं तथाविधमपि भ्रातस्त्वया याचता जीमूतं कृतमेव तुल्यमनयोरर्थित्वतिर्यक्त्वयोः ॥ १६५ ॥ रे रे चातक सावधानमनसा मित्र क्षणं श्रूयतामम्भोदा बहवो वसन्ति गगने सर्वेऽपि नैतादृशः। केचिद्वृष्टिभिरार्द्रयन्ति धरणीं गर्जन्ति केचिद्वृथा यं यं पश्यसि तस्य तस्य पुरतो मा ब्रूहि दीनं वचः ॥ १६६ ॥ वापी स्वल्पजलाशयो विषमयो नीचावगाहो ह्रदः क्षुद्रात्क्षुद्रतरो महाजलनिधिर्गण्डूषमेकं मुनेः। गङ्गाद्याः सरितः पयोनिधिगताः संत्यज्य तस्मादिमान्संमानी खलु चातको जलमुचामुच्चैः पयो वाञ्छति ॥ १६७ ॥
अन्ये ते विहगाः पयोद परितो धवन्ति तृष्णातुरा वापीकूपतडागसागरजले मज्जन्ति दत्तादराः। मामद्यापि न वेत्सि चातकशिशुं यच्छुष्ककण्ठोऽपि सन्नान्यं वाञ्छति नोपसर्पति न च प्रस्तौति न ध्यायति ॥ १६८ ॥

१ नमनभयात्. २ ऐन्द्रीम्, मेघोत्पन्नामित्यर्थः. ३ परिहृतास्त्यक्ता अन्ये जलाशयाः समुद्रादयो येन. ४ गतलज्जः. निर्लज्ज इत्यर्थः. ५ काशपुष्पवत्पाण्डुरः.

मयूरः ॥ अहमस्मि नीलकण्ठस्तव खलु तुष्यामि शब्दमात्रेण। नाहं जलधर भवतश्चातक इव जीवनं याचे
॥ १६९ ॥ यत्नादपि कः पश्यति शिखिनामाहारनिर्गमस्थानम्। यदि जलदनिनदमुदितास्त एव मूढा न नृत्येयुः
॥ १७० ॥ वेगज्ज्वलद्विटपिपुञ्जमहारयोऽयं गर्जैर्न तीव्रतरहेतिरियं न शम्पा। दावाग्निधूमनिवहोऽयमये न मेघः किं नृत्यसि द्रुतमितो व्रज तत्कलापिन् ॥ १७१ ॥ अस्मान्विचित्रवपुषस्तव पृष्ठलग्नान्कस्माद्विमुञ्चति भवान्यदि वा विमुञ्च। रे नीलकण्ठ गुरुहानिरियं तवैव मौलौ पुनः क्षितिभृतो भविता स्थितिर्नः ॥ १७२ ॥ अये नीलग्रीव क्व न खलु सखे तेऽद्य मुनयः परं तोषं येषां तव रवविलासो वितनुते। अमी दूरात्क्रूराः क्वणितमिदमाकर्ण्य सहसा त्वरन्ते हन्तुं त्वामहह शबराः पुङ्खितशराः ॥ १७३ ॥ समन्तादाक्रान्ता दवदहनसङ्घैः शिखरिणः किरातैराकीर्णाः करकलितकाण्डैर्वनभुवः। बिडालैरालीढाः सपदि सरसीनां परिसराः शिखण्डी पाण्डित्यं निजमहह कुत्र प्रकटयेत्
॥ १७४ ॥ एतस्मिन्मलयाचले बहुविधैः किं तैरकिंचित्करैः काकोलूककपोतकोकिलकुलैरेकोऽपि पार्श्वस्थितः। केकी कूजति चेत्तदा विघटितव्यालावलीबन्धनः सेव्यः स्यादिह सर्वलोकमनसामानन्दनश्चन्दनः ॥ १७५ ॥ हारीताः सरसं रसन्तु मधुरं कूजन्तु पुंस्कोकिलाः सानन्दं गिरमुद्गिरन्तु च शुकाः किं तैः शिरःस्थैरपि। एकेनापि तलस्थितेन नदता श्रीखण्ड निस्तर्जनाद्व्यालानां च शिखण्डिना न तु महत्पाण्डित्यमुद्दण्डितम् ॥ १७६ ॥ किं दूरेण पयोधरा उपरि किं नान्यै रटन्तः श्रुता निर्व्यापारतया च पक्षिषु गताः किं वा न पक्षा वृथा। रम्यं वा गगने न किं विहरणं किं तूग्रकाकावलीपर्यायप्रतिपत्तिलाघवभयाद्भूमौ स्थिता बर्हिणः
॥ १७७ ॥ कंका कर्णामृतं ते सकुसुमकबरीकान्तिहाराः कलापाः कण्ठच्छाया पुरारेर्गलरुचिरुचिरा सौहृदं मेघसङ्घैः। विश्वद्वेषिद्विजिह्वस्फुरदुरुपिशितैर्नित्यमाहारवृत्तिः कैः पुण्यैः प्राप्तमेतत्सकलमपि सखे चित्रवृत्तं मयूर ॥ १७८ ॥

चक्रवाकः ॥ त्यज चक्रवाकि शोकं बधान धैर्यं सहस्व समयममुम्। जयमेव वासरमणिर्हरिष्यते शापमूर्च्छां ते
॥ १७९ ॥ अस्तंगतोऽयमरविन्दवनैकबन्धुर्भास्वान्न लङ्घयति कोऽपि विधिप्रणीतम्। हे चक्र धैर्यमवलम्ब्य विमुञ्च शोकं धीरास्तरन्ति विपदं न तु दीनचित्ताः ॥ १८० ॥

१ गुदस्थानम्. २ मेघनादेन संजातानन्दाः. ३ विद्युत्. ४ मयूरः. ५ विघटितं व्यालावलीनां बन्धनं यस्य.

शुकः ॥ अखिलेषु विहंगेषु हन्त स्वच्छन्दचारिषु । शुक पञ्जरबन्धस्ते मधुराणां गिरां फलम् ॥ १८१ ॥ किंशुके शुक मा तिष्ठ चिरं भाविफलेच्छया । बाह्यरङ्गप्रसङ्गेन के के नानेन वञ्चिताः ॥ १८२ ॥ काकाः किं किं न कुर्वन्ति केङ्कारं यत्र यत्र वा । शुक एव परं वक्ति नृपहस्तोपलालितः ॥ १८३ ॥ शुक तव पठनं व्यसनं न गुणः स गुणाभासः । समजनि येनामरणं शरणं पञ्जरवासः ॥ १८४ ॥ कीर नीरसकरीरपादपे किं स्थितोऽसि कथयामि धीरतः । मामकीनसहकारपादपा दुःसमीरलहरीभिराहताः ॥ १८५ ॥ सुभाषितस्याध्ययनेऽनुषक्तं शुकं वराकाः प्रहसन्ति काकाः । तमेव संसत्सु गिरं किरन्तं दृष्ट्वा भवन्ति त्रपयानतास्याः ॥ १८६ ॥ द्राक्षां प्रदेहि मधु वा वदने निधेहि देहे विधेहि किमु वा करलालनानि । जातिस्वभावचपलः पुनरेष कीरस्तत्रैव यास्यति कृशोदरि मुक्तबन्धः ॥ १८७ ॥ हे कीर कैरवसुगीरिति संकलय्य मा मात्र संरससि सज्जनरञ्जनाय । बालोऽपि यत्र कलकण्ठसुकण्ठपीठः संलेढि कोमलकुहूकृतपूर्णकर्णः ॥ १८८ ॥ इदमपटु कपाटं जर्जरः पञ्जरोऽयं विरमति न गृहेऽस्मिन्क्रूरमार्जारधात्री । शुक मुकुलितजिह्वः स्थीयतां किं वचोभिस्तव वचनविनोदे नादरः पामराणाम् ॥ १८९ ॥ अमृतवचनलीलाविभ्रमैरन्नपानं रचय चतुर कीर श्रान्तचित्तेषु तेषु । अकलितपरसेवातापपापः पिकोऽसौ भजतु विपिनवाटीमेष पीयूषकण्ठः ॥ १९० ॥ अमुष्मिन्नुद्याने विहगखल एष प्रतिकलं विलोलः काकोलः क्वणति खलु यावत्कटुतरम् । सखे तावत्कीर द्रढय हृदि वाचंयमकलां न मौनेन न्यूनो भवति गुणभाजां गुणगणः ॥ १९१ ॥ इयं पल्ली भिल्लैरनुचितसमारम्भरसिकैः समन्तादाक्रान्ता विषविषमबाणप्रणयिभिः । तरोरस्य स्कन्धे गमय समयं कीर निभृतं न वाणी कल्याणी तदिह मुखमुद्रैव शरणम् ॥ १९२ ॥ अमुष्मिन्नारामे तरुभिरभिरामे विटपिनः स्फुटं नृत्यद्भृङ्गीविविधनवसंगीतकलनात् । परानन्दैः पूर्णाः क इव तव वर्णावलिपदक्रमश्रोता वेत्ता द्विजवर शुक श्राम्यसि कुतः ॥ १९३ ॥ अये कीरश्रेणीपरिवृढ वृथा वासरशतं किमर्थं त्वं व्यर्थं क्षपयसि पलाशे रभसतः । यदा पुष्पारम्भे मुखमलिनिमा किंशुकतरोस्तदैवेदं ज्ञातं फलपरिचयो दुर्लभतरः ॥ १९४ ॥ अपारः पाथोधिः पुलिनपदवी योजनशतं निरालम्बो मार्गो वियति किल शून्या दश दिशः । इतीवायं कीरः कतिपयपदान्येव गगने मुहुर्भ्राम्यन्भ्राम्यन्पतति गुणवृक्षे पुनरपि ॥ १९५ ॥ द्विजकुलपते मेधासिन्धो सुभाषितकोविद त्वयि गृहमुपायाते जातं बहूपकृतं मम । यदिह नियतं बाला वृद्धाः स्त्रियः परिचारकाः शुक भगवतो नाम प्रीता गृणन्ति मुहुर्मुहुः ॥ १९६ ॥ वासः काञ्चनपञ्जरे नृपकराम्भोजैस्तनूमार्जनं भक्ष्यं स्वादुरसालदाडिमफलं पेयं सुधाभं पयः । पाठः संसदि रामनाम सततं धीरस्य कीरस्य मे हा हा हन्त तथापि जन्मविटपिक्रोडं मनो धावति ॥ १९७ ॥ सत्सांगत्यमवाप्य यः पुरवने नानारसास्वादवत्कीरः शास्त्रविचारचारुवचनैरानन्दकारी जने । दैवेनास्फुटवाक्प्रपञ्चपिहितश्रोत्रस्य तस्याटवीं प्राप्तस्यास्मसभाप्रगल्भकपिषु स्यान्मौनमेवोचितम् ॥ १९८ ॥ प्रातः कीर कठोरचञ्चुकषणक्रोधायितैः कूजितैः किं माधुर्यनिषिक्तसूक्तिविशदः कण्ठावटुः शोष्यते । सेयं दैववशाद्दशा परिणता राजन्यपात्रस्य ते मिलेच्छिद्रितभित्तिमुद्रितघठः प्रासो यतः पञ्जरः ॥ १९९ ॥ माणिक्यद्रवलिप्तमौक्तिकतुलां बिभ्रन्ति नो दाडिमीबीजान्येष निरीक्षते न रमते हैमेऽप्यहो पञ्जरे । तत्तादृग्वनवाससंमदमहामोदैकमेदस्विनी वृत्तिर्मे गलितानया हतगिरेत्येवं शुकः शोचति ॥ २०० ॥ याते यातमधःस्थिते स्थितमुपर्यालोकिते लोकितं यष्ठ्यानशुकोऽयमाकलयते शुद्धान्तहस्तस्थितः । तत्सर्वं मणिभित्तिमेत्य भवता छायाशुकाङ्गीकृतं तस्मिन्कर्णसुधां वितन्वति गिरं तूष्णीं किमु स्थीयते ॥ २०१ ॥ स्वलव्यापृतिमग्नमानसतया मत्तो निवृत्ते जने चञ्चूकोटिविघट्टितारपुटो यास्याम्यहं पञ्जरात् । इत्थं कीरवरे मनोरथमयं पीयूषमास्वादयत्यन्तः संप्रविवेश वारणकराकारः फणिग्रामणीः ॥ २०२ ॥ दृष्ट्वा शाखावकीर्णं फलभरनमितं भूमिभागावनद्धं त्यक्त्वा शालप्रकाण्डं पनसमुपगतश्चिन्तयित्वेति कीरः । हत्वा चञ्चुं प्रहर्षाद्विगलितपयसा संभृताशेषपक्षो भिन्नश्रोत्रुडीय गन्तुं गगनपरिचिता या गतिः सापि नष्टा ॥ २०३ ॥

काकः ॥ वयं काका वयं काका जल्पन्तीति प्रगे द्विकाः । तिमिरारिस्तमो हन्यादिति शङ्कितमानसाः ॥ २०४ ॥ तुल्यवर्णच्छदः कृष्णः कोकिलैः सह संगतः । केन विज्ञायते काकः स्वयं यदि न भाषते ॥ २०५ ॥ अहो

१ पलाशवृक्षे. २ दोषः. ३ मरणपर्यन्तम्. ४ द्रोणकाकः. ५ वाचंयमो मौनी.

१ पोतमध्यस्थिते कूपके. २ राजमहिषीकराग्रस्थितः. ३ प्रातःकाले. ४ द्वौ ककारौ नाम्नि विद्येते येषां ते.

अहो वराकस्य काकस्य यदसौ मुहुः। सरीसर्ति नरीनर्ति पुरतः शिखिहंसयोः ॥ २०६ ॥ आमरणादपि विरुतं कुर्वाणाः स्पर्धया सह मयूरैः। किं जानन्ति वराकाः काकाः केकारवं कर्तुम् ॥ २०७ ॥ तत्काक त्वयि युक्ताः कटुवाग्वैवर्ण्यधूर्तताशुचिताः। यदि विष्ठाकृमिपुष्टे तत्र न दोषा हि तच्चित्रम् ॥ २०८ ॥ विधिरेव विशेषगर्हणीयः करट त्वं रट कस्तवापराधः। सहकारतरौ चकार यस्ते सह वासं सरलेन कोकिलेन ॥ २०९ ॥ काकस्य गात्रं यदि काञ्चनस्य माणिक्यरत्नं यदि चञ्चुदेशे। एकैकपक्षे ग्रथितं मणीनां तथापि काको न तु राजहंसः ॥ २१० ॥ त्रोटीपुटं करट कुड्मलयाद्य तात यावत्प्रतिव्रजति नाकमयं मरालः। नो चेदमङ्गलकठोररवा विहंगाः सर्वे भुवीति निजसंसदि शंसिता नः ॥ २११ ॥ प्रत्यङ्गणं प्रतितरुं प्रतिवारितीरं काकाश्चरन्ति चलचञ्चुपुटा रटन्तः। नो यान्ति तृप्तिमथ मण्डितपुण्डरीकखण्डे वसन्नहह तृप्यति राजहंसः ॥ २१२ ॥ कृष्णं वपुर्वहतु चुम्बतु सत्फलानि रम्येषु संवसतु चूतवनान्तरेषु। पुंस्कोकिलस्य चरितानि करोतु कामं काकः कलध्वनिविधौ स तु काक एव ॥ २१३ ॥ पथि निपतितां शून्ये दृष्ट्वा निरावरणाननां दधिभृतघटीं गर्वोन्नद्धः समुद्धतकंधरः। निजसमुचितास्तास्ताश्चेष्टा विकारशताकुला यदि न कुरुते काणः काकः कदा नु करिष्यति ॥ २१४ ॥ गात्रं ते मलिनं तथा श्रवणयोरुद्वेगकृत्केङ्कृतं भक्ष्यं सर्वमपि स्वभावचपलं दुश्चेष्टितं ते सदा। एतैर्वायस संगतोऽस्यविनयैर्दोषैरमीभिः परं यत्सर्वत्र कुटुम्बवत्सलमतिस्तेनैव धन्यो भवान् ॥ २१५ ॥ रूक्षस्यामधुरस्य चातिमलिनच्छायस्य धृष्टस्य च क्षुद्रस्य क्षतकारिणोऽतिचपलस्याह्लादविच्छेदिनः। येयं निम्बफलेषु काक भवतस्तिक्तेषु नैसर्गिकी प्रीतिस्तत्सदृशं विधेर्विलसितं निष्पन्नमेतच्चिरात् ॥ २१६ ॥ कर्णारुंतुदमन्तरेण रणितं गाहस्व काक स्वयं माकन्दं मकरन्दशालिनमिह त्वां मन्महे कोकिलम्। धन्यानि स्थलवैभवेन कतिचिद्वस्तूनि कस्तूरिकां नेपालक्षितिपालफालपतिते पङ्के न शङ्केत कः ॥ २१७ ॥ काक त्वं फलनम्रमाम्रविपिनं दैवात्समासादयन्किं कर्णौ बधिरीकरोषि परुषकेङ्कारकोलाहलैः। मौनं चेदवलम्बसे रतभरप्रक्रान्तपुंस्कोकिलभ्रान्त्यापि त्वयि संचरन्ति न कथं मुग्धाकटाक्षच्छटाः ॥ २१८ ॥

नो चारू चरणौ न चापि चतुरा चञ्चूर्न वाच्यं वचो नो लीलाचतुरा गतिर्न च शुचिः पक्षग्रहोऽयं तव। क्रूरक्रेङ्कृतिनिर्भरां गिरमिह स्थाने वृथैवोद्गिरन्मूर्ख ध्वाङ्क्ष न लज्जसेऽप्यसदृशं पाण्डित्यमुन्नाटयन् ॥ २१९ ॥ यस्याकर्ण्य वचः सुधाकवलितं वाचंयमानामपि व्यग्राणि व्यथयन्ति मन्मथकथाश्चेतांसि चैत्रोत्सवे। रे रे काक वराक साकममुना पुंस्कोकिलेनाधुना स्पर्धाबन्धमुपेयुषस्तव तु किं लज्जापि नोज्जागरा ॥ २२० ॥ आलापं कलकण्ठिका न कुरुते कीरा न धीरध्वनिं व्याहारं कलयन्ति कोमलगिरः कूजन्ति नो बर्हिणः। नीराडम्बरदुर्दिनाम्बरतले दूरे द्विरेफध्वनिः काकाः केवलमेव केङ्कृतरवैः कुर्वन्ति कर्णज्वरम् ॥ २२१ ॥ बन्धं लब्धवतः परस्य वदनं भिक्षाशया पश्यतः स्वावासच्युतिवेदनां विदधतः कान्तां विना सीदतः। भ्राम्यन्तः सह भार्यया प्रतिदिशं प्रत्यापगं प्रत्यगं कीरस्याध्ययनं हसन्ति विविधक्रीडालसा वायसाः ॥ २२२ ॥ किं केकीव शिखण्डमण्डिततनुः किं कीरवत्पाठकः किं वा हंस इवाङ्गनागतिगुरुः सारीव किं सुस्वरः। किं वा हन्त शकुन्तबालपिकवत्कर्णामृतं स्यन्दते काकः केन गुणेन काञ्चनमये व्यापारितः पञ्जरे ॥ २२३ ॥ अत्रस्थः सखि लक्षयोजनगतस्यापि प्रियस्यागमं वेत्त्याख्याति च धिक्शुकादय इमे सर्वे पठन्तः स्थिताः। मत्कान्तस्य वियोगतापदहनज्वालावलीवारिदः काकस्तेन गुणेन काञ्चनमये व्यापारितः पञ्जरे ॥ २२४ ॥ अस्मिन्नम्भोदवृन्दध्वनिजनितरुषि प्रेक्षमाणेऽन्तरिक्षं मा काक व्याकुलो भूस्तरुशिखरशवक्रव्यलेशानशान। धत्ते मत्तेभकुम्भव्यतिकरकरजग्रामवज्राग्रजाग्रद्ग्रासव्यासक्तमुक्ताधवलितकवलो न स्पृहामत्र सिंहः ॥ २२५ ॥

बकः ॥ एष बकः सहसैव विपन्नः शाठ्यमहो क्व नु तद्गतमस्य। साधु कृतान्त न कश्चिदपि त्वां वञ्चयितुं सुशठोऽपि समर्थः ॥ २२६ ॥ न कोकिलानामिव मञ्जु गुञ्जितं न लब्धलास्यानि गतानि हंसवत्। न बर्हिणानामिव चित्रपक्षता गुणस्तथाप्यस्ति बके बकव्रतम् ॥ २२७ ॥ बकोट ब्रूमस्त्वां लघुनि सरसि क्वापि शफरैस्तव न्याय्या वृत्तिर्न पुनरवगाढुं समुचितः। इतश्चेतश्चाभ्रंलिहलहरिहेलातरलितक्षितिभ्रमासैकमहिलतिमिपोतः पतिरपाम् ॥ २२८ ॥ नैर्मल्यं वपुषस्तवास्ति वसतिः पद्माकरे जायते मन्दं याहि

१ निम्बः. २ काक. ३ शब्दं कुरु. ४ ग्रथनम्. ५ पीडाजनकम्. ६ विना. ७ शब्दितम्. ८ आम्रवृक्षम्.

१ मौनिनाम्. २ सह. ३ पक्षिविशेषः.

मनोरमां वद गिरं मौनं च संपादय । धन्यस्त्वं बक राजहंसपदवीं प्राप्तोऽसि किं तैर्गुणैर्नीरक्षीरविभागकर्मनिपुणा शक्तिः कथं लभ्यते ॥ २२९ ॥ जातिस्तस्य न मानसे न शुचिभिर्वृत्तिर्मृणालाङ्कुरैर्न ब्रह्मोद्वहनेन निर्मलयशः प्राप्ता न वाचः कलाः । जीवन्सत्त्ववधेन बाह्यधवलो भ्राम्यन्सगर्वं पुनर्मिथ्यैवोन्नतकंधरः शठबको हंसैः सह स्पर्धते ॥ २३० ॥ रे रे शिष्टबकोट नाकतटिनीतीरे तपस्विव्रतं ध्यानेनानिमिषोपभोगमनसा युक्तं करोषीदृशम् । एवं यत्किल मानसस्य पदवीं काङ्क्षस्ययुक्तं हि तन्नीरक्षीरविवेकनिर्मलधियो हंसस्य नान्यस्य सा ॥ २३१ ॥ न भ्रूणां स्फुरणं न चञ्चुचलनं नो चूलिकाकम्पनं न ग्रीवाचलनं मनागपि न यत्पक्षद्वयोत्क्षेपणम् । नासाग्रेक्षणमेकपाददमनं कष्टैकनिष्ठं परं यावत्तिष्ठति हीनमीनवदनस्तावद्बकस्तापसः ॥ २३२ ॥

घूकः ॥ यद्यपि तरणेः किरणैः सकलमिदं विश्वमुज्ज्वलं विदधे । तदपि न पश्यति घूकः पुराकृतं भुज्यते कर्म ॥ २३३ ॥

खद्योतः ॥ जर्जरतृणाग्रमदहन्सर्षपकणमप्रकाशयन्नूनम् । कीटत्वमात्मतत्त्वात्खद्योतः ख्यापयन्नवति ॥ २३४ ॥ घनसन्तमसमलीमस दशदिशि निशि यद्विराजसि तदन्यत् । कीटमणे दिनमधुना तरणिकरान्तरितसितकिरणम् ॥२३५॥ क्वापि गतः पतिरह्नां जलदान्तरितः शशी सनक्षत्रः । शून्ये तमसि भवानपि खद्योत द्योततां नाम ॥ २३६ ॥ इन्दुः प्रयास्यति विनङ्क्ष्यति तारकश्रीः स्थास्यन्ति लीढतिमिरा न मणिप्रदीपाः । अन्धं समग्रमपि कीटमणे भविष्यत्युन्मेषमेष्यति भवानपि दूरमेतत् ॥ २३७ ॥ भ्राजिष्णवो नभसि मेघकृतान्तराले स्वल्पप्रभा अपि परैरनिरस्तभासः । खद्योतकाः प्रकटितोरुतरप्रभावास्तावन्न संसतुरगः समुदेति यावत् ॥ २३८ ॥ अदृष्टव्यापारं गतवति दिनानामधिपतौ यशःशेषीभूते शशिनि गतधाम्नि ग्रहगणे । तथा ध्वान्तं जातं जगदुपनते मेघसमये यथामी गण्यन्ते तमसि पटवः कीटमणयः ॥ २३९ ॥

स्थलचरान्योक्तयः ।

सिंहः ॥ एकोऽहमसहायोऽहं कृशोऽहमपरिच्छदः । स्वप्नेऽप्येवंविधा चिन्ता मृगेन्द्रस्य न जायते ॥ १ ॥ मृगेन्द्रं वा मृगारिं वा सुखं व्याहरतां जनः । तस्योभयमपि व्रीडा क्रीडादलितदन्तिनः ॥ २ ॥ मृगेभ्यो रक्ष्यते क्षेत्रं नरैस्तृणमयैरपि । सिंहाक्रान्तं पुनर्मूढ न हयैर्न च दन्तिभिः ॥ ३ ॥ मृगैर्नष्टं शशैर्लीनं वराहैश्चलितं स्थलात् । हयानां हेषितं श्रुत्वा सिंहैः पूर्ववदासितम् ॥ ४ ॥ खनन्नाखुबिलं सिंहः पाषाणशकलाकुलम् । प्राप्नोति नखभङ्गं वा फलं वा मूषको भवेत् ॥ ५ ॥ जीर्णोऽपि क्रमहीनोऽपि कृशोऽपि यदि केसरी । तथापि यूथनाथस्य शङ्कातङ्काय कल्पते ॥ ६ ॥ नाभिषेको न संस्कारः सिंहस्य क्रियते वने । विक्रमार्जितसत्त्वस्य स्वयमेव मृगेन्द्रता ॥ ७ ॥ वेतण्डगण्डकण्डूतिपाण्डित्यपरिपन्थिना । हरिणा हरिणालीषु कथ्यतां कः पराक्रमः ॥ ८ ॥ उत्तुङ्गमत्तमातङ्गमस्तकन्यस्तलोचनः । आसन्नेऽपि च सारङ्गे न वाञ्छां कुरुते हरिः ॥ ९ ॥ जातः स्तन्यं न जग्राह कण्ठीरवकिशोरकः । चक्षुर्व्यापारयामास कुञ्जे कुञ्जरशालिनि ॥१०॥ वरमुन्नतलाङ्गूलात्सटाधूननभीषणात् । सिंहात्पादप्रहारोऽपि न शृगालाधिरोहणम् ॥ ११ ॥ शूरोऽसि कृतविद्योऽसि दर्शनीयोऽसि पुत्रक । कुले तस्मिन्प्रजातोऽसि गजो यत्र न हन्यते ॥१२॥ यस्मिञ्जीवति सिंहे वनमिदमासीद्दुरासदं द्विरदैः । घटयन्ते कटिसूत्रं तस्य सटाभिः शबरशिशवः ॥ १३ ॥ एकाकिनि वनवासिन्यराजलक्ष्मण्यनीतिशास्त्रज्ञे । सत्त्वोच्छ्रिते मृगपतौ राजेति गिरः परिणमन्ति ॥ १४ ॥ अनिशं मतङ्गजानां बृंहितमाकर्ण्यते यथा विपिने । मन्ये तथा न जीवति गजेन्द्रपलकवलनः सिंहः ॥ १५ ॥ यद्यपि च दैवयोगात्सिंहः पतितोऽतिदुस्तरे कूपे । तदपि च वाञ्छति सततं करिकुम्भविदारणं मनसि ॥ १६ ॥ यद्यपि रटति सरोषं मृगपतिपुरतोऽपि मत्तगोमायुः । तदपि न कुप्यति सिंहोऽप्यसदृशपुरुषेषु कः कोपः ॥ १७ ॥ जठरज्वलनज्वलताप्यपगतशङ्कं समागतापि पुरः । करिणामरिणा हरिणा हरिणाली हन्यतां नु कथम् ॥ १८ ॥ हेलाविदलितकरिकुल कण्ठीरव कीदृशः प्रकोपोऽयम् । लोले बालशृगाले केवलकोलाहलाधारे ॥ १९ ॥ गर्जितमाकर्ण्य मनागङ्के मातुर्निशार्धजातोऽपि । हरिशिशुरुत्पतितुं द्रागङ्गान्याकुञ्च्य लीयते निभृतम् ॥ २० ॥ वयोभिमानादपमानता चेद्विधीयते फेरुजरत्तरेण । हेलाहतानेककरीन्द्रयूनोर्हरीन्द्रसू-

---

१ जन्म. २ शुभ्रैः. ३ जीवनम्. ४ ब्रह्मण उद्वहनेन वाहनतया पृष्ठे धारणेन. ५ सूर्यः. ६ दर्शनव्यापाररहितं यथा स्यात्तथा. ७ यशोमात्रावशिष्टे. ८ गततेजसि. ९ परिवारहीनः.

१ पराक्रमरहितः. २ मत्तगजानाम्. ३ वैरिणा. ४ मृगपङ्क्तिषु. ५ मृगे. ६ सिंहः. ७ पुच्छम्. ८ कम्पनम्. ९ राजचिह्नरहिते. १० बलोन्नते. ११ गर्जितम्. १२ हस्तिमांसग्रासकरः.

नोर्नहि कापि हानिः ॥ २१ ॥ भिनत्ति भीमं करिराजकुम्भं बिभर्ति वेगं पवनादतीव । करोति वासं गिरिगह्वरेषु तथापि सिंहः पशुरेव नान्यः ॥ २२ ॥ गम्यते यदि मृगेन्द्रमन्दिरे लभ्यते करिकपोलमौक्तिकम् । जम्बुकालयगतेन लभ्यते वत्सपुच्छखुरचर्मखण्डनम् ॥ २३ ॥ येन भिन्नकरिकुम्भविस्खलन्मौक्तिकावलिभिरञ्चिता मही । अद्य तेन हरिणान्तिके कथं कथ्यतां नु हरिणा पराक्रमः ॥ २४ ॥ हरिरलसविलोचनः सहेलं बलम[1]वलोक्य पुनर्जगाम निद्राम् । अधिगतपतिविक्रमास्तभीतिर्न तु वनितास्य विलोकयांचकार ॥ २५ ॥ उत्तङ्गशैलशिखरस्थितपादपस्य काकोऽपि पक्वफलमालभते सपक्षः । सिंहो बली गजविदारणदारुणोऽपि सीदत्यहो तरुतले खलु हीनपक्षः ॥ २६ ॥ अन्तर्बलान्यहममुष्य मृगाधिपस्य वाचा निवेद्य कथमद्य लघूकरोमि । जानन्ति किं तु करजक्षतकुम्भिकुम्भनिर्मुक्तमौक्तिकमयानि वनान्तराणि ॥ २७ ॥ आबद्धकृत्रिमसटाजटिलांसभित्तिरारोपितो मृगपतेः पदवीं यदि श्वा । मत्तेभकुम्भतटपाटनलम्पटस्य नादं करिष्यति कथं हरिणाधिपस्य ॥ २८ ॥ भिन्ना महागिरिशिलाः करजाग्रजाग्रदुद्दामशौर्यनिकरैः करटिभ्रमेण । दैवे पराञ्चि करिणामरिणा तथापि कुत्रापि नापि खलु हा पिशितस्य लेशः ॥२९॥ पारीन्द्रशावक[2] न तावकरीतिरेषा वेशान्तरैर्विहरसि श्वशृगालशावैः । कुम्भीन्द्रकुम्भदलनोत्पतनाक्रमेच्छां वंशोचितां न खलु रीतिमुरीकरोषि ॥ ३० ॥ उत्प्लुत्य यः शिखरिणं मदकुम्भिकुम्भमुद्दिश्य सानुशतमायतमुल्ललङ्घे । पञ्चाननो नियतया जरयाभिभूतः सोऽयं करौ लिहति बृंहितलोहिताक्षः ॥ ३१ ॥ दिगन्ते श्रूयन्ते मदमलिनगण्डाः करटिनः[3] करिण्यः कारुण्यास्पदमसमशीलाः खलु मृगाः । इदानीं लोकेऽस्मिन्ननुपमशिखानां पुनरयं नखानां पाण्डित्यं प्रकटयतु कस्मिन्मृगपतिः ॥ ३२ ॥ न यत्र स्थेमानं[4] दधुरतिभयभ्रान्तनयना गलद्दानोद्रेकभ्रमदलिकदम्बाः करटिनः । लुठन्मुक्ताभारे भवति परलोकं गतवतो हरेर[5]द्य द्वारे शिव शिव शिवानां[6] कलकलः ॥ ३३ ॥ कुरङ्गीणां यूथं निभृतमिदमङ्गीकृतमयं निरातङ्को यन्निर्दयहृदयभावोऽदयतु तत् । निवेद्यो वा कस्मिन्नयमविनयः केसरियुवा हठान्मत्तेभानां युवतिषु विधत्ते नखपदम् ॥ ३४ ॥ स्थितिं नो रे दध्याः क्षणमपि मदान्धेक्षण सखे गजश्रेणीनाथ त्वमिह जटिलायां वनभुवि । असौ कुम्भिभ्रान्त्या खरनखरनिर्दारितमहागुरुग्रावग्रामः स्वपिति गिरिगर्भे हरिपतिः ॥ ३५ ॥ पिब स्तन्यं पोत त्वमिह मददन्तावलधिया दृगन्तानाधत्से किमिति हरिदन्तेषु[1] परुषान् । त्रयाणां लोकानामपि हृदयतापं परिहरन्नयं धीरं धीरं ध्वनति नवनीलो जलधरः ॥३६॥ क्षुद्राः[2] सन्ति सहस्रशोऽपि विपिने शौण्डीर्यवीर्योद्धतास्तस्यैकस्य पुनः स्तवीमहि महः सिंहस्य विश्वोत्तरम् । केलिः कोलकुलैर्मदो मदकलैः कोलाहलो नाहलैः[3] संहर्षो महिषैश्च यस्य मुमुचे साहंकृते हुंकृते ॥ ३७ ॥ कोलः केलिमलंकरोतु करिणः क्रीडन्तु कान्तासखाः कासारे वनकासराः सरभसं मज्जन्त्विह स्वेच्छया । अभ्यस्यन्त्विभयोषितश्च हरिणा भूयोऽनुरूपां गतिं कान्तारान्तरसंचरिष्णुरधुना पञ्चाननो वर्तते ॥ ३८ ॥ नास्योच्छ्रायवती तनुर्न दशनौ नो दीर्घदीर्घः करः[4] सत्यं वारण नैष केसरिशिशुः स्वाडम्बरैः स्पर्धते । तेजोबीजमजेयमस्य हृदये न्यस्तं पुनर्वेधसा तादृक्त्वादृशमेव येन सुतरां भोज्यं पशुं मन्यते ॥ ३९ ॥ क्षुत्क्षामोऽपि[5] जराकृशोऽपि शिथिलप्रायोऽपि कष्टां दशामापन्नोऽपि विपन्नधीधृतिरपि प्राणेषु गच्छत्स्वपि । मत्तेभेन्द्रविभिन्नकुम्भपिशितग्रासैकबद्धस्पृहः किं जीर्णं तृणमत्ति मानमहतामग्रेसरः केसरी ॥ ४० ॥ येनानर्गलकालकेलिकलितप्रत्यग्रकादम्बिनी[6]धाराधोरणिधौतधातुषु पुरा शैलेषु लीलायितम् । सोऽयं शृङ्गनिपातभग्नचरणः स्फारस्फुरत्फेरवी[7]फूत्कारैः कुपितोऽद्य खादति मुहुः पाणी मृगग्रामणीः ॥ ४१ ॥ ग्रामाणामुपशल्यसीमनि मदोद्रेकस्फुरत्सौष्ठवाः फेत्कारध्वनिमुद्गिरन्ति बहवः संभूय गोमायवः । सोऽन्यः कोऽपि घनाघनध्वनिधनः पारीन्द्रगुञ्जारवः शुष्यद्गण्डमलोलशुण्डमचलत्कर्णं गजैर्यः श्रुतः ॥ ४२ ॥ एणः क्रीडति शूकरस्य खनति द्वीपी च गर्वायते क्रोष्टा क्रन्दति वल्गते च शशको वेगाद्रुरुर्धावति । निःशङ्कः करिपोतकस्तरुलतामुन्मोटते लीलया हंहो सिंह विना त्वयाद्य विपिने कीदृग्दशा वर्तते ॥ ४३ ॥ हे मातङ्ग मदाम्बुडम्बरतया रोलम्बरोलं वहद्वन्यानामवलम्बनं वनमिदं भङ्क्तुं यदुत्कण्ठसे । दृष्टस्तत्किमहो महोन्नतधराधौरेयधात्रीधरप्रस्थप्रस्थितमेघयूथमथनोत्कण्ठी न कण्ठीरवः ॥ ४४ ॥ यस्यावन्ध्यरुषः[8] प्रतापवसतेर्नादेन धैर्यद्रुहः शुष्यन्ति स्म मदप्रवाहसरितः सद्योऽपि

१ मृगयार्धमागतां सेनाम्. २ हे सिंहशिशो. ३ गजाः. ४ स्थितिम्. ५ सिंहस्य. ६ क्रोष्ट्रीणाम्.

१ दिगन्तेषु. २ नीचाः. ३ 'नाहलो म्लेच्छजात्यन्तरे' इति हैमः. ४ शुण्डादण्डः. ५ क्षुधया कृशः. ६ नूतनमेघमाला. ७ जम्बुकी. ८ सफलकोपस्य.

दिग्दन्तिनाम् । दैवात्कष्टदशावशं गतवतः सिंहस्य तस्याधुना कर्षन्त्येव करेण केसरसटाभारं जरत्कुञ्जराः ॥ ४५ ॥ यः शौर्यावधिरेव यस्य सहसा दिग्दन्तिनोऽप्यन्तिकं नायाताः किल येन विन्ध्यवसुधा गम्या न कस्याप्यभूत् । तस्मिन्कौतुकिना त्वया करिपतौ लुप्ते कपोलस्थलीभृङ्गः केसरिवीर संप्रति पुनः कुत्रैष विश्राम्यतु ॥ ४६ ॥ यूना येन विभिन्नवारणघटाकुम्भोच्छलन्मौक्तिकश्रेणीभिः परिपूरितास्तटभुवो भूमीभृतां कोटिशः । तस्यैवाद्य निवाससीम्नि कलभाः क्रीडन्ति निःसाध्वसं पारीन्द्रस्य जरातुरस्य तदहो जीर्णो जिगीषारसः ॥ ४७ ॥ कः कः कुत्र न घुर्घुरायितघुरीघोरो घुरेच्छूकरः कः कः कं कमलाकरं विमलकं कर्तुं करी नोद्यतः । के के कानि वनान्यरण्यमहिषा नोन्मूलयेयुर्यतः सिंहीस्नेहविलासबद्धवसतिः पञ्चाननो वर्तते ॥ ४८ ॥ मातङ्गाः किमु वल्गितैः किमफलैराडम्बरैर्जम्बुकाः सारङ्गा महिषामदं व्रजत किं शून्येषु शूरा न के । कोपाटोपसमुद्भटोत्कटसटाकोटेरिभारेः पुनः सिन्धुध्वानिनि हुंकृते स्फुरति यत्तद्गर्जितं गर्जितम् ॥ ४९ ॥ काकः पक्षबलेन भूपतिगृहे ग्रासं यदि प्राप्तवान्किंवा तस्य महत्त्वमस्य लघुता पञ्चाननस्यागता । येनाक्रम्य करीन्द्रगण्डयुगलं निर्भिद्य हेलालवाल्लब्ध्वा ग्रासवरं वैराटकधिया मुक्तागणस्त्यज्यते ॥ ५० ॥ निद्रामीलितलोचनो मृगपतिर्यावद्गुहां सेवते तावत्स्वैरममी चरन्तु हरिणाः स्वच्छन्दसंचारिणः । उन्निद्रस्य विधूतकेसरसटाभारस्य निर्गच्छतो नादे श्रोत्रपथं गते गतधियः सन्त्वेव दीर्घायुषः ॥ ५१ ॥ स्वैराः सन्तु सभासदः करिचमूदर्पज्वरोत्सारिणः हर्यक्षेण समं च जम्बुकयुवा युद्धाय बद्धादरः । तत्रापि प्रथयन्ति तुल्यबलतामेके तयोरुच्चकैरन्ये संशयशंसिनस्तदपरे बाढं विपर्यासिनः ॥ ५२ ॥ हे हर्यक्ष सहस्व संप्रति लघुर्गोमायुरग्रे सतां मत्साधारणवन्यजन्तुमनसा गुञ्जारवं संव्यधात् । नीचानां प्रकृतिर्भ्रमो मुखरता चातः कथं खिद्यसे शार्दूले द्विरदे मृगे शशकुले कस्ते विपक्षग्रहः ॥ ५३ ॥ दिङ्नागाः प्रतिपेदिरे प्रथमतो जात्यैव जेतव्यतां संभाव्य स्फुटविक्रमोऽथ वृषभो गौरेव गौरीपतेः । विक्रान्तेर्निकषं करोतु कतमं नाम त्रिलोकीतले कण्ठेकालकुटुम्बिनीकरुणया सिक्तः स कण्ठीरवः ॥ ५४ ॥

गजः ॥ गजस्य पङ्कमग्नस्य त्रपाकरमिदं महत् । पादमुद्धृत्य यद्गच्छन्हरिणोऽपि हसत्यसौ ॥ ५५ ॥ मलोत्सर्गे गजेन्द्रस्य मूर्ध्नि काकः करोति चेत् । कुलानुरूपं तत्तस्य यो गजो गज एव सः ॥ ५६ ॥ ग्रासाद्गलितसिक्थस्य किं गतं करिणो भवेत् । पिपीलिकस्तु तेनैव सकुटुम्बोऽपि जीवति ॥ ५७ ॥ बन्धनस्थो हि मातङ्गः सहस्रभरणक्षमः । अपि स्वच्छन्दचारी श्वा स्वोदरेणापि दुःखितः ॥ ५८ ॥ अन्तर्वसति मार्जारी शुनी वा राजवेश्मनि । बहिर्बद्धोऽपि मातङ्गस्ततः किं लघुतां गतः ॥ ५९ ॥ रवितप्तो गजः पद्मांस्तद्बन्धूबाधितुं ध्रुवम् । सरो विशति न स्नातुं गजस्नानं हि निष्फलम् ॥ ६० ॥ कौपे पयसि लघीयसि तापेन करः प्रसारितः करिणा । सोऽपि न पयसा लिप्तो लाघवमात्मा परं नीतः ॥ ६१ ॥ यदि मत्तोऽसि मतङ्गज किममीभिरसारसरलतरुदलनैः । हरिमनुसर खरनखरं व्यपनेष्यति ते स करटकण्डूतिम् ॥ ६२ ॥ कलभ तवान्तिकमागतमलिमेनं मा कदाप्यवज्ञासीः । अपि दानसुन्दराणां द्विपधुर्याणामयं शिरोधार्यः ॥ ६३ ॥ लीलामुकुलितनयनं किं सुखशयनं समातनुषे । परिणामविषमहरिणा करिनायक वर्धते वैरम् ॥ ६४ ॥ आपातालगभीरे मज्जति नीरे निदाघसंतप्तः । न स्पृशति पल्वलाम्भः पञ्जरशेषोऽपि कुञ्जरः क्वापि ॥ ६५ ॥ सूते सूकरगृहिणी सुतशतमतिदुर्भगं झटिति । करिणी चिराय सूते कमपि महीपाललालितं कलभम् ॥ ६६ ॥ गिरिगह्वरेषु गुरुगर्वगुम्फितो गजराजपोत न कदापि संचर । यदि बुध्यते हरिशिशुः स्तनंधयो भविता करेणुपरिशेषिता मही ॥ ६७ ॥ केलिं कुरुष्व परिभुङ्क्ष्व सरोरुहाणि गाहस्व शैलतटनिर्झरिणीपयांसि । भावानुरक्तकरिणीकरलालिताङ्ग मातङ्ग मुञ्च मृगराजरणाभिलाषम् ॥ ६८ ॥ भो भोः करीन्द्र दिवसानि कियन्ति तावदस्मिन्मरौ समतिवाहय कुत्रचित्त्वम् । रेवाजलैर्निजकरेणुकरप्रयुक्तैर्भूयः शर्म गमयितासि निदाघदाहम् ॥ ६९ ॥ दानार्थिनो मधुकरा यदि कर्णतालैर्दूरीकृताः करिवरेण मदान्धबुद्ध्या । तस्यैव गण्डयुगमण्डनहानिरेषा भृङ्गाः पुनर्विकचपद्मवने चरन्ति ॥ ७० ॥ लाङ्गूलचालनमधश्चरणावपातं भूमौ निपत्य वदनोदरदर्शनं च । श्वा पिण्डदस्य कुरुते गजपुंगवस्तु धीरं विलोकयति चाटुशतैश्च भुङ्क्ते ॥ ७१ ॥ गण्डस्थले हि मदवारिजलौघलुब्धमत्तभ्रमद्भ्रमरपादतलाहतोऽपि । कोपं न गच्छति नितान्तबलोऽपि नागस्तुल्ये बले हि बलवान्परिकोपमेति ॥ ७२ ॥

१ वृद्धगजाः. २ सिंहस्य. ३ कपर्दकबुद्ध्या. ४ कण्ठेकालः शिवस्तत्कुटुम्बिनी पार्वती.

१ सिंहम्. २ क्रीडाम्. ३ मज्जनं कुरु. ४ मरुदेशे. ५ यापय. ६ दानोदकार्थिनः. ७ प्रफुल्लकमलवने. ८ पुच्छविक्षेपणम्. ९ गजश्रेष्ठः.

न त्वां करेणुमपि नापि निजान्किशोरान्नात्मानमेष परिशोचति वारणेन्द्रः। दावाग्निमग्नतनुरत्र यथोपसन्नान्दानार्थिनो मधुकरानधिरूढभावान्॥ ७३॥ दानं ददत्यपि जलैः सहसाधिरूढे को विद्यमानगतिरासितुमुत्सहेत। यद्दन्तिनः कटकटाहतटान्मिमङ्क्षोर्मङ्क्षूदपाति परितः पटलैरलीनाम्॥ ७४॥ न गृह्णाति ग्रासं नवकमलकिञ्जल्किनि जले न पङ्कैर्वाह्लादं विशति बिसभङ्गार्धशबलैः। ललन्तीं प्रेमार्द्रामपि विषहते नान्यकरिणीं स्मरन्दावभ्रष्टां हृदयदयितां वारणपतिः॥ ७५॥ गले पाशस्तीव्रश्चरणयुगले गाढनिगडो दृढं स्कन्धे बन्धः शिरसि सृणिपातः खरतरः। नरः स्कन्धारूढो बत मरणयोग्येऽपि विषये न जानीमोऽत्यर्थं द्विरद वद कस्मात्तव मदः॥ ७६॥ निषेवन्तामेते वृषमहिषमेषाश्च हरिणा गृहाणि क्षुद्राणां कतिपयतृणैरेव सुखिनः। गजानामास्थानं मदसलिलजम्बालितभुवां तदेकं विन्ध्याद्रेर्विपिनमथवा भूपसदनम्॥ ७७॥ न कुर्याः प्राखर्यं किमपि करिपोत प्रतिभिया हरीणां हेलेयं यदिह बहुवेलं विहरसि। अकस्मादेतेषां कुटिलदृशि रोषस्पृशि मनाङ्निरर्थं भाविन्यो मदकरिदरिद्रा वनभुवः॥ ७८॥ जहीहि गुरुगर्जितं विजहि शुण्डया सीत्कृतं परिभ्रम शनैर्वनं किमु गजेन्द्र गर्वायसे। यथा न किल केसरी गिरिदरीषु निद्रां त्यजन्विमूर्च्छयति जृम्भया सुभग तावकीनं मनः॥ ७९॥ रे चाञ्चल्यजुषो मृगाः श्रितनगाः कल्लोलमालाकुलामेताम्म्बुधिगामिनीं व्यवसिताः संगाहितुं वा कथम्। अत्रैवोच्छलदम्बुनिर्भरमहावर्तैः समावर्तितो यद्गावेव रसातलं पुनरसौ यातो गजग्रामणीः॥ ८०॥ नीवारप्रसवाग्रमुष्टिकवलैर्यो वर्धितः शैशवे पीतं येन सरोजपत्रपुटके होमावशेषं पयः। तं पश्चान्मदमन्थरालिवलयव्यालुप्तगण्डं गजं सानन्दं सभयं च पश्यति मुहुर्दूरे स्थितस्तापसः॥ ८१॥ कर्णे चामरचारुकम्बुकलिकाः कण्ठे मणीनां गणाः सिन्दूरप्रकरः शिरःपरिसरे पार्श्वान्तिके किङ्किणी। लब्धश्चेन्नृपवाहनेन करिणा बद्धेन भूषाविधिस्तत्किं भूधरधूलिधूसरतनुर्मान्यो न वन्यः करी॥ ८२॥ पीतं यत्र हिमं पयः कवलिता यस्मिन्मृणालाङ्कुरास्तापार्तेन निमज्ज्य यत्र सरसो मध्ये विमुक्तः श्रमः। धिक्तस्यैव जलानि पङ्किलयतः पाथोजिनीं मश्नतो मूलान्युत्खनतः करीन्द्र भवतो लज्जापि नो जायते॥ ८३॥ तापो नापगतस्तृषा न च कृशा धौता न धूली तनोर्न स्वच्छन्दमकारि कन्दकवलः का नाम केलीकथा। दूरोत्क्षिप्तकरेण हन्त करिणा स्पृष्टा न वा पद्मिनी प्रारब्धो मधुपैरकारणमहो झाङ्कारकोलाहलः॥ ८४॥ नाभूवन्भुवि यस्य कुत्रचिदपि स्पर्धाकराः कुञ्जराः सिंहेनापि न लङ्घिता किमपरं यस्योद्धता पद्धतिः। कष्टं सोऽपि कदर्थ्यते करिवरः स्फारारवैः फेरवैरापातालगभीरपङ्कपटलीमग्नोऽद्य भग्नोद्यमः॥ ८५॥ पादाघातविघूर्णिता वसुमती त्रासाकुलाः पक्षिणः पङ्काङ्कानि सरांसि गण्डकषणक्षोदक्षताः शाखिनः। प्राप्येदं करिपोतकैर्विधिवशाच्छार्दूलशून्यं वनं तत्तन्नाम कृतं विशृङ्खलतया वक्तुं न यत्पार्यते॥ ८६॥ आरामोऽयमनर्गलेन बलिना भग्नः समग्रो मयेत्यन्तः संभृतहर्षवर्धितमदोदग्रः किमुन्माद्यसि। मातङ्ग प्रतिवर्षमेव भवतो भावी निदाघज्वरस्तत्रापि प्रतिकारमर्हसि सखे सम्यक्समालोचितुम्॥ ८७॥ कौपं वारि विलोक्य वारणपते किं विस्मितेनास्यते प्रायो भाजनमस्य संप्रति भवांस्तत्पीयतामादरात्। उन्मज्जच्छफरीपुलिन्दललनापीनस्तनास्फालनस्फारीभूतमहोर्मिनिर्मलजला दूरेऽधुना नर्मदा॥ ८८॥ नो मन्ये दृढबन्धनात्क्षतमिदं नैवाङ्कुशाघातनं स्कन्धारोहणताडनात्परिभवं नैवान्यदेशागमम्। चिन्तां मे जनयन्ति चेतसि यथा स्मृत्वा स्वयूथ्यान्वने सिंहत्रासितभीतभीरुकलभा यास्यन्ति कस्याश्रयम्॥ ८९॥ पत्युर्यत्पतितावशेषकवलग्रासेन वृत्तिः कृता पीतं यच्च करावगाहकलुषं तत्पीतशेषं पयः। प्राणान्पूर्वतरं विहाय तदिदं ग्रासं करिण्या फलं यद्वन्धव्रणकातरस्य करिणः क्लिष्टं न दृष्टं मुखम्॥ ९०॥ क्रीडाकारि तडागवारिणि गतातङ्कं न पङ्केरुहैर्वल्ली काचन शल्लकीतरुगता नाकर्षिता हर्षतः। नाश्लिष्टा करिणी करेण करिणा कामातुरेणामुना दंष्ट्राभिर्विकटाननः शिव शिव व्यालोकि पञ्चाननः॥ ९१॥ सान्द्रामोदवतीः स्वकीयवसतीः पङ्केरुहाणां ततीस्त्यक्त्वायं भ्रमरः करीन्द्र भवतामभ्याशमभ्यागतः। एतच्चेतसि संप्रधार्य जगतीविख्यातदानैस्तथा युष्माभिः क्रियतां यथोपरमते हास्याय नास्यागमः॥ ९२॥ त्यक्तो विन्ध्यगिरिः पिता भगवती माता च रेवोज्झिता त्यक्ताः स्नेहनिबद्धबन्धुरधियस्तुल्योदया दन्तिनः। त्वल्लोभान्ननु हस्तिनि

१ वितरणम्; (पक्षे) मदजलम्. २ उदकैः; (पक्षे डलयोरभेदात्) जडैः. ३ आक्रान्ते. ४ सगतिकः; (पक्षे) बुद्धिमान्. ५ स्थातुम्. ६ शक्नुयात्. ७ गण्ड. ८ मज्जनं कर्तुमिच्छोः. ९ शीघ्रम्. १० अङ्कुशपातः. ११ तृणधान्यानि.

१ धिक्क्रियते. २ हतप्रयत्नः. ३ पात्रम्. ४ शबरस्त्री. ५ करिशावकाः.

प्रतिदिनं बन्धाय दत्तं वपुस्त्वं दूरीक्रियसे लुठन्ति च शिरःपीठे कठोराङ्कुशाः ॥ ९३ ॥ स्पर्धन्तां सुखमेव कुञ्जरतया दिक्कुञ्जरैः कुञ्जरा ग्राम्या वा वनवासिनो मदजलप्रस्निग्धगण्डस्थलाः। आः कालस्य कुतूहलं शृणु सखे प्राचीनपालीमलैः प्रायः स्निग्धकपोलपालिरधमः कोलोऽपि संस्पर्धते ॥ ९४ ॥ यत्प्रत्यग्रदलावलीकवलनैर्जातोऽसि शैलोपमो यच्छायासु कदर्थितोऽसि न कदाप्यर्कांशुभिः कर्कशैः। घोराघातकिरातपत्त्रिपतने यैर्वारबाणायितं तन्मातङ्ग मदान्ध पाटयसि किं विन्ध्याटवीपादपान् ॥ ९५ ॥ ऊर्णां नैष दधाति नापि विषयो वाहस्य दोहस्य वा तृप्तिर्नास्य महोदरस्य बहुशो घासैः पलालैरपि। हा कष्टं कथमस्य पृष्ठशिखरे गोणी समारोप्यते को गृह्णाति कपर्दकैरमुमिति ग्राम्यैर्गजो हस्यते ॥ ९६ ॥ घासग्रासं गृहाण त्यज करिकलभ प्रीतिबन्धं करिण्याः पाशग्रन्थिव्रणानामविरलमधुना देहि पङ्कानुलेपम्। दूरीभूतास्तवैते शबरवरवधूविभ्रमोद्भ्रान्तदृश्या रेवातीरोपकण्ठच्युतकुसुमरजोधूसरा विन्ध्यपादाः ॥ ९७ ॥ यूथान्यग्रे गतानि प्रबलबलभृतो बद्धवैरा मृगेन्द्रा मूलादाकृष्यमाणाः सपदि तटरुहो भूरुहा निष्पतन्ति। दृष्ट्वा हृष्यन्ति हन्त प्रतिदिनमखिला भिल्लपल्ल्या अधीशा हस्तालम्बाय केषां कलयतु वदनं पङ्कमग्नः करीन्द्रः ॥ ९८ ॥

मृगः ॥ इह किं कुरङ्गशावक केदारे कलमभञ्जरीं त्यजसि। तृणधन्वा तृणबाणस्तृणघटितः कपटपुरुषोऽयम् ॥ ९९ ॥ तृणमुखमपि न खलु त्वां त्यजन्ति हे हरिण वैरिणः शबराः। यशसैव जीवितमिदं त्यज योजितशृङ्गसङ्ग्रामः ॥ १०० ॥ विद्धा मृगी व्याधशिलीमुखेन मृगस्तु तत्कातरवीक्षितेन। विहाय देहं विगतव्यथैका परस्य जीवावधिराधिरासीत् ॥ १०१ ॥ कति कति न मदोद्धताश्चरन्ति प्रतिशिखरं प्रतिकाननं कुरङ्गाः। क्वचिदपि पुनरुत्तमा मृगास्ते मदयति यन्मद एव मेदिनीशान् ॥ १०२ ॥ अयि कुरङ्गि तपोवनविभ्रमादुपगतासि किरातपुरीमिमाम्। इह न पश्यसि दारय मारय ग्रस पिबेति शुकानपि जल्पतः ॥ १०३ ॥ अयि कुरङ्गि तुरङ्गमविक्रमे त्यज वनं जवनं गमनं कुरु। इह वने विचरन्ति हि नायकाः सुरभिलोहितलोहितसायकाः ॥ १०४ ॥ सेयं स्थली वनतृणाङ्कुरजालमेतत्सेयं मृगीति हृदि जातमुदः कुरङ्गः। नैवं तु वेत्ति यदिहान्तरितो लताभिरायाति सजितकठोरशरः किरातः ॥ १०५ ॥ रोमन्थमारचय मन्थरमेत्य निद्रां मुञ्च श्रमं तदनु संचर रे यथेच्छम्। दूरे स पामरजनो मुनयः किलैते निष्कारणं हरिणपोत बिभेषि कस्मात् ॥ १०६ ॥ एणीगणेषु गुरुगर्वनिमीलिताक्षः किं कृष्णसार खलु खेलसि काननेऽस्मिन्। सीमामिमां कलय भिन्नकरीन्द्रकुम्भमुक्तामयीं हरिविहारवसुंधरायाः ॥ १०७ ॥ कस्तूरिकां हरिण मुञ्च वनोपकण्ठं मा सौरभेण ककुभः सुरभीकुरुष्व। आस्तां यशो ननु किरातशराभिघातात्त्रातापि हन्त भविता भवतो दुरापः ॥ १०८ ॥ द्रुततरमितो गच्छ प्राणैः कुरङ्ग वियुज्यसे किमिति वलितग्रीवं स्थित्वा मुहुर्मुहुरीक्षसे। विदधति हतव्याधानां ते मनागपि नार्द्रतां कठिनमनसामेषामेते विलोकितविभ्रमाः ॥ १०९ ॥ स्थलीनां दग्धानामुपरि मृगतृष्णामुपसरंस्तृषार्तः सारङ्गो विरमति न खिन्नेऽपि मनसि। अजानानस्तत्त्वं न स मृगयतेऽन्यत्र सरसीमभूमौ प्रत्याशा न च फलति विघ्नं च कुरुते ॥ ११० ॥ पुरो रेवापारे गिरिरतिदुरारोहशिखरो धनुष्पाणिः पश्चाच्छबरनिकरो धावति पुनः। सरः सव्येऽसव्ये दवदहनदाहव्यतिकरः क्व यामः किं कुर्मो हरिणशिशुरेवं विलपति ॥ १११ ॥ अग्रे व्याधः करधृतशरः पार्श्वतो जालमाला पृष्ठे वह्निर्दहति नितरां संनिधौ सारमेयाः। एणी गर्भादलसगमना बालकै रुद्धपादा चिन्ताविष्टा वदति हि मृगं किं करोमि क्व यामि ॥ ११२ ॥ सौरभ्येण त्रिभुवनमनोहारिणा काननेऽस्मिन्सत्कस्तूरीहरिण भवता वासितो दिग्विभागः। तस्यैतत्ते फलमुपगतं पत्त्रिभिर्लुब्धकानां विद्धः प्राणांस्त्यजसि न गुणः श्रेयसे निर्गुणेषु ॥ ११३ ॥ अल्पायासबलेन यत्र पतनं कृच्छ्रेण यत्रोन्नतिर्द्वारे वेत्रलतावितानगहने कष्टः प्रवेशक्रमः। हे सारङ्ग मनोरमा वनभुवस्त्यक्त्वा विशेषार्थिना किं भूभृत्कटकस्थितिव्यसनिना व्यर्थं खुराः शातिताः ॥ ११४ ॥ सारङ्गो न लतागृहेषु रमते नो पांसुले भूतले नो रम्यासु वनोपकण्ठहरितच्छायासु शीतास्वपि। तामेवायतलोचनामनुदिनं ध्यायन्मुहुः प्रेयसीं शैलेन्द्रोदरकन्दरासु गतधीः शृङ्गावशेषः स्थितः ॥ ११५ ॥ आः कष्टं वनवाससाम्यकृतया सिद्धाश्रमश्रद्धया पल्लीं बालकुरङ्ग संप्रति कुतः प्राप्तोऽसि मृत्योर्मुखम्। यत्रानेककुरङ्गकोटिकदनक्रीडोल्लसल्लोहितस्रोतोभिः परिपूरयन्ति परिखामुड्डामराः पामराः ॥ ११६ ॥

---

१ धान्यलुब्धैः. २ हे हरिणि. ३ तपोवनभ्रान्त्या.

१ चर्वितस्य पुनश्चर्वणम्. २ हरिणीसंघेषु. ३ जानीहि. ४ सिंहविहारस्थानस्य. ५ श्वानः.

स्वच्छन्दं हरिणेन या विहरतां दैवात्समासादिता भङ्गप्रस्नुतदुग्धबिन्दुमधुरा शालेर्नवा मञ्जरी। निःश्वासानलदग्धकोमलतृणप्रख्यापितान्तर्व्यथस्तामेव प्रतिवासरं मुनिरिव ध्यायन्वने शुष्यति ॥ ११७ ॥ त्यक्तं जन्मवनं तृणाङ्कुरवती मातेव मुक्ता स्थली विश्रान्तिस्थितिहेतवो न गणिता बन्धूपमाः पादपाः। बालापत्यवियोगकातरमुखी त्यक्तार्धमार्गे मृगी मृग्यन्तः पदवीं तथाप्यकरुणा व्याधा न मुञ्चन्ति माम् ॥ ११८ ॥ यद्वक्रं मुहुरीक्षसे न धनिनां ब्रूषे न चाटून्मृषा नैषां गर्वगिरः शृणोषि न च तान्प्रत्याशया धावसि। काले बालतृणानि खादसि परं निद्रासि निद्रागमे तन्मे ब्रूहि कुरङ्ग कुत्र भवता किं नाम तप्तं तपः ॥ ११९ ॥ नात्र व्याधशराः पतन्ति परितो नैवात्र दावानलो नाप्युच्चावचभीतिरस्ति कुहचिन्नो वागुरा भङ्गुराः। पर्यालोच्य कुरङ्गकेण विहितो नक्षत्रनाथाश्रयो नो जानाति यदत्र दास्यति विधिः स्वर्भानुदन्तव्रणम् ॥ १२० ॥ व्योमार्धे ज्वलितो रविः कवलितं दावानलैः काननं धूम्याभिर्न दिशः स्फुरन्ति परितः पन्थाः शिलादन्तुरः। इत्थं लोहितसिक्तसृक्कणि यथाप्राणं मृगे धावति व्याधेनापि शरासने करुणया नारोपितः सायकः ॥ १२१ ॥ भुक्त्वा भव्यतृणानि नव्यसलिलान्यापीय वापीतलान्निःशङ्कं परिशील्य शीतलतरून्रोमन्थमभ्यस्यति। या सैवाद्य मृगी मृगादनमुखप्राप्ता शिशुं शोचते तद्वेधा बहुधा विपद्विरचने बीजानि नापेक्षते ॥ १२२ ॥ पाशक्षुण्णखुरस्य बाणपतनप्रव्यक्तरक्तच्छटाच्छन्नाङ्गस्य दवाग्निदाहविकलस्यासेदुषोऽप्याश्रमम्। धिग्दैवं विषमा मृगस्य दिवसाः सर्गानुकम्पामयो मा भैषीरिति भाषणेऽपि यदभूद्वाचंयमोऽयं मुनिः ॥ १२३ ॥

करभः ॥ वपुर्विषमसंस्थानं कर्णज्वरकरो रवः। करभस्याशुगत्यैव छादिता दोषसंहतिः ॥ १२४ ॥ दासेरको रसत्येष युक्तं भारेऽधिरोहति। उत्तार्यमाणोऽपि पुनर्यत्तत्र किमु कुर्महे ॥ १२५ ॥ तुभ्यं दासेर दासीयं बदरी यदि रोचते। एतावता हि किं द्राक्षा न साक्षादमृतप्रिया ॥ १२६ ॥ दुःप्रापमम्बु पवनः परुषोऽतितापी छायाभृतो न तरवः फलभारनम्राः। इत्थं सखे करभ वच्मि भवन्तमुच्चैः का संगतिः खलु मरौ रमणीयतायाः ॥ १२७ ॥ अस्याननस्य भवतः खलु कोटिरेषा कण्टारिका यदि भवेदविशीर्णपर्णा। योग्या कथं करभ कल्पतरोर्लतायास्ते पल्लवा विमलविद्रुमभङ्गभाजः ॥ १२८ ॥ रूक्षं वपुर्न च विलोचनहारि रूपं न श्रोत्रयोः सुखदमारटितं कदापि। इत्थं न साधु तव किंचिदिदं च साधु तुच्छे रतिः करभ कण्टकिनि द्रुमे यत् ॥ १२९ ॥ कुमुदशबलैः फुल्लाम्भोजैः सरोभिरलंकृतां मरकतमणिश्यामां शष्पैर्विहाय वनस्थलीम्। स्मरति करभो यद्रूक्षाणां चरन्मरुधन्वनां परिचयरतिः सा दुर्वारा न सा गुणवैरिता ॥ १३० ॥ करभदयिते योऽसौ पीलुस्त्वया मधुलुब्धया व्यपगतघनच्छायस्त्यक्तो न सादरमीक्षितः। चलकिसलयैः सोऽपीदानीं प्ररूढनवाङ्कुरः करभदयितावृन्दैरन्यैः सुखं परिभुज्यते ॥ १३१ ॥ करभदयिते यत्तत्पीतं सुदुर्लभमेकदा मधु वनगतं तस्यालाभे विरौषि किमुत्सुका। कुरु परिचितैः पीलोः पत्रैर्धृतिं मरुगोचरैर्जगति सकले कस्यावाप्तिः सुखस्य निरन्तरा ॥ १३२ ॥ यस्मिन्नुच्चैर्विषमगहनान्तर्गता स्वादुवल्ली स्वेच्छं भुक्ता सरलितगलेनात्मचेतोनुलग्ना। तत्तारुण्यं करभ गलितं कुत्र ते प्राग्विलासा यत्स्वाधीनं यदपि सुलभं तेन तुष्टिं विधेहि ॥ १३३ ॥ चिन्तां मुञ्च गृहाण पल्लवमिदं प्लक्षस्य शालस्य वा गाङ्गस्यास्य जलस्य चन्द्रवपुषो गण्डूषमेकं पिब। जीवन्द्रक्ष्यसि ताः पुनः करभ हे दासेरकीया भुवो रम्याः पीलुशमीकरीरबदरीकूजत्कपोताकुलाः ॥ १३४ ॥ यस्यासीन्नवपीलुपत्रबदरग्रासोऽपि संतुष्टये दीर्घाध्वन्यनुगम्यते न पदवी यस्य स्वयूथ्यैरपि। सोऽयं संप्रति याति बालकरभः क्षीणोद्यमः क्षामतां मन्ये नूनमनेन दैवहतकेनास्वादितं तन्मधु ॥ १३५ ॥ पीलूनां फलवल्कषायमधुरं रोमन्थयित्वा मरौ शाखाग्रं यदखादि चारु करभीवक्त्रार्पितं प्रेमतः। तत्स्मृत्वा करभेण खेदविधुरं दीर्घं तथा फूत्कृतं प्राणानामभवत्तदेव सहसा प्रस्थानतूर्यं यथा ॥ १३६ ॥ यस्याः संभृतमालवालवलयं भूपालशृङ्गारिणीभृङ्गारोदरविप्रलम्भविधुरैर्नीरैः सुधाबन्धुभिः। तामेतां मृदुलप्रवाललिततां द्राक्षालतामारटन्नुच्चैः प्रकटीकृतार्धदशनो दासेरकः कृन्तति ॥ १३७ ॥

रासभः ॥ रे रे रासभ वस्त्रभारवहनात्कुग्रासमश्नासि किं राजाश्वावसथं प्रयाहि चणकाभ्यूषान्सुखं भक्षय। सर्वान्पुच्छवतो हया इति वदन्त्यत्राधिकारे स्थिता राजा तैरुपदिष्टमेव मनुते सत्यं तटस्थाः परे ॥ १३८ ॥

वृषभः ॥ नास्य भारग्रहे शक्तिर्न च वाहगुणः क्वचित्। देवागारे बलीवर्दस्तथाप्यश्नाति भोजनम् ॥ १३९ ॥

१ मिथ्या. २ क्षुधासमये. ३ उष्ट्रस्य. ४ शीघ्रगमनेन.

१ बालतृणैः. २ पीलुवृक्षः. ३ पल्लवः. ४ गर्दभ. ५ अश्वशालाम्. ६ अपक्वचणकान्. ७ उदासीनाः.

गुणानामेव दौसत्म्याद्धुरि धुर्यो नियुज्यते । असंजातकिणस्कन्धः सुखं स्वपिति गौर्गलिः ॥ १४० ॥ जाल्मो गुरुः सुघृष्टो वामेतरचरणभेद उपदेशः । ख्यातिर्गुणधवल इति भ्रमसि सुखं वृषभ रथ्यासु ॥ १४१ ॥ अनसि[1] सीदति सैकतवर्त्मनि[2] प्रचुरमारभरक्षपितौक्षके । गुरुभरोद्धरणोद्धुरकन्धरं स्मरति सारथिरेष धुरंधरम् ॥ १४२ ॥ एतानि बालधवल प्रविहाय कामं गोष्ठाङ्गणे तरलतर्णकचेष्टितानि । स्कन्धं निधेहि धुरि पूर्वधुरीणमुक्ते नेतव्यतामुपगतोऽस्ति तवैव भारः ॥ १४३ ॥ गुरुर्नायं भारः क्वचिदपि न पन्थाः स्थपुटितो न ते कुण्ठा शक्तिर्वहनमपि तेऽङ्गे न विकलम् । इह त्वङ्गे नान्यस्तव गुणसमानस्तदधुना धुनानेन स्कन्धं धवल किमु मुक्तः पथि भरः ॥ १४४ ॥ मार्गे कर्दमदुर्गमे जलभृते गर्ताशतैराकुले[3] खिन्ने शाकटिके[4] भरेऽतिविषमे दूरं गते रोधसि । शब्देनैतदहं ब्रवीमि महता कृत्वोच्छ्रितां तर्जनीमीदृक्षे विषमे विहाय धवलं वोढुं क्षमः को धुरम् ॥ १४५ ॥ दन्ताः सप्त चलं विषाणयुगलं पुच्छाञ्चलः कर्बुरः कुक्षिश्चन्द्रकितो वपुः कुसुमितं संघूर्णितं चेष्टितम् । अस्मिन्दुष्टवृषे मृषामितगुणग्रामानभिज्ञात्मनो ग्रामीणस्य तथापि चेतसि चिरं धुर्यभ्रमः स्फूर्जति ॥ १४६ ॥ केषांचिद्धवलाश्चिरं निवसिताश्चित्ते परेषां पुनर्नीलो वा कपिलोऽथवा वरवृषो रक्तोऽथवा मेचकः । ग्रामीणैरवधीरितोऽपि शिथिलस्कन्धोऽप्यनुच्चैःश्रवाः स्वान्ते मे परतन्त्रतुन्दिलतनुर्जागर्त्ययं कर्बुरः ॥ १४७ ॥ न ध्वानं कुरुषे न यासि विकटं नोच्चैर्वहस्याननं दर्पान्नोल्लिखसि क्षितिं खुरपुटैर्नावज्ञया वीक्षसे । किंतु त्वं वसुधातलैकधवलः स्कन्धाधिरूढे भरे तीराण्युच्चतटीविटङ्कविषमाण्युल्लङ्घयन्क्षीयसे ॥ १४८ ॥ यस्मादौ व्रजमण्डनस्य वहतो गुर्वीं धुरं धैर्यतो धौरेयैः प्रगुणीकृतो न युगपत्स्कन्धः समस्तैरपि । तस्यैवं श्लथकम्बलस्य धवलस्योत्थापने सांप्रतं द्रङ्गे[5]ऽत्रैव जरावसादिततनोर्गोः पुण्यमुद्घोष्यते ॥ १४९ ॥

कपिः ॥ हारं वक्षसि केनापि दत्तमज्ञेन मर्कटः । लेढि जिघ्रति संक्षिप्य करोत्युन्नतमाननम् ॥ १५० ॥ कपिरपि च कापिशायनमदमत्तो वृश्चिकेन संदष्टः । अपि च पिशाचग्रस्तः किं ब्रूमो वैकृतं तस्य ॥ १५१ ॥ वृक्षान्दोलनमद्य ते क्व नु गतं नर्म स्वयूथस्य वा यूकान्वेषणरोषसौख्यबहुलाश्चेष्टा मुखोत्थाः क्व ताः । क्वारण्ये फलपूर्णगह्वकुहरस्थान्येषु ता भीषिका भीतः संप्रति कौशिकाद्गलवलव्यालः कपे नृत्यसि ॥ १५२ ॥

वराहः ॥ सर्वलोकपरितोषकारिणि स्वर्धुनीविमलवारिणि स्थिते । पूतिगन्धवति[1] पल्वलोदके[2] सूकरः सुखमतीव मन्यते ॥ १५३ ॥ आकर्ण्य गर्जितरवं घनगर्जतुल्यं सिंहस्य यान्ति वनमन्यदिभा भयार्ताः । तत्रैव पौरुषनिधिः स्वकुलेन सार्धं दर्पोद्धुरो वसति वीतभयो वराहः ॥ १५४ ॥

(आदिवराहः) ॥ निष्कन्दामरविन्दिनीं स्थपुटितोद्देशां[3] कसेरुस्थलीं[4] जम्बालाविलमम्बु कर्तुमितरा सूते वराही सुतान् । दंष्ट्रायां प्रलयार्णवोर्मिसलिलैराप्लावितायामियं यस्या एव शिशोः स्थिता विपदि भूः सा पोत्रिणी पुत्रिणी ॥ १५५ ॥

श्वा ॥ पिब पयः प्रसर क्षितिपान्तिकं कलय कांचन काञ्चनशृङ्खलाम् । इदमवद्यतमं हि यदीहसे भषक संप्रति केसरिणस्तुलाम् ॥ १५६ ॥

वृश्चिकः ॥ विषभारसहस्रेण गर्वं नायाति वासुकिः । वृश्चिको बिन्दुमात्रेण ऊर्ध्वं वहति कण्टकम् ॥ १५७ ॥

भेकः ॥ दिव्यं चूतरसं पीत्वा गर्वं नो याति कोकिलः । पीत्वा कर्दमपानीयं भेको रटरटायते ॥ १५८ ॥ गङ्गादीनां सकलसरितां प्राप्य तोयं समुद्रः किंचिद्गर्वी न भवति वपुर्दिव्यरत्नाकरोऽपि । एको भेकः परममुदितः प्राप्य गोष्पादनीरं को मे को मे रटति बहुधा स्पर्धया विश्वमुच्चैः ॥ १५९ ॥

जम्बुकः ॥ उदस्योच्चैः पुच्छं शिरसि निहितं जीर्णजटिलं यदृच्छाव्यापन्नद्विपपिशितलेशाः कवलिताः । गुहागर्ते शून्ये सुचिरमुषितं जम्बुक सखे किमेतस्मिन्कुर्मो यदसि न गतः सिंहसमताम् ॥ १६० ॥

सर्पः ॥ तावद्गर्जन्ति मण्डूकाः कूपमाश्रित्य निर्भयाः । यावत्करिकराकारः कृष्णसर्पो न विद्यते ॥ १६१ ॥ यस्मै ददाति विवरं भूमिः फूत्कारमात्रभीतेव[5] । आशीविषः[6] स दैवाद्गौ[7]ञ्बकरण्डे स्थितिं सहते ॥ १६२ ॥ मौलौ सन्मणयो गृहं गिरिगुहा त्यागः किलात्मत्वचो[8] निर्यत्नोपनतैश्च वृत्ति[9]रनिलैरेकत्रचर्येदृशी । अन्यत्रार्जुवर्त्मता[10] द्विरसना[11] वक्रे

१ शकटे. २ वालुकामयमार्गे. ३ श्वभ्रम्. ४ शकटस्वामिनि. ५ नगरे.

१ दुर्गन्धवन्कि. २ अल्पजलाशयोदके. ३ विषमोन्नतदेशाम्. ४ कन्दविशेषवतीम्. ५ पङ्कः. ६ सर्पः. ७ गारुडिककरण्डे. ८ आत्मभोगकञ्चुकस्य. ९ वर्तनम्. १० वक्रमार्गता. ११ द्विरावृत्ता रसना-रसनाद्वयमित्यर्थः.

विषं वीक्षणं सर्वामङ्गलसूचकं कथय भो भोगिन्सखे किं न्विदम् ॥ १६३ ॥

(शेषः) ॥ अनेके फणिनः सन्ति भेकभक्षणतत्पराः। एक एव हि शेषोऽयं धरणीधरणक्षमः ॥ १६४ ॥ युक्तोऽसि भुवनभारे मा वक्रां वितनु कन्धरां शेष। त्वय्येकस्मिन्दुःखिनि सुखितानि भवन्ति भुवनानि ॥ १६५ ॥

जलचरान्योक्तयः।

मत्स्यः ॥ क्षारं वारि न चिन्तितं न गणिताः क्रूराश्च नक्रादयश्चञ्चद्वीचि कदम्बडम्बरमिलत्रासोऽपि दूरीकृतः। मध्येऽम्भोनिधि मत्स्यरङ्क भवता झम्पः कृतो लीलया संपत्तिर्मकराजनं विपदिह प्राणप्रयाणावधिः ॥ १ ॥

(रोहितः) ॥ अगाधजलसंचारी न गर्वं याति रोहितः। अङ्गुष्ठोदकमात्रेण शफरी फुर्फुरायते ॥ २ ॥

(राघवः) ॥ यस्मिन्वेल्लति सर्वतः परिचलत्कल्लोलकोलाहलैर्मन्थाद्रिभ्रमणभ्रमं हृदि हरिद्दन्तावलाः पेदिरे। सोऽयं तुङ्गतिमिंगिलाङ्गकवलीकारक्रियाकोविदः क्रोडे क्रीडतु कस्य केलिकलहत्यक्तार्णवो राघवः ॥ ३ ॥

कूर्मः ॥ भ्रमति गिरिराट् पृष्ठे मर्जत्युपर्यति सागरो दहति विततज्वालाजालो जगन्ति विषानलः। स तु विनिहितग्रीवाकाण्डः कटाहकुटोदरे स्वपिति भगवान्कूर्मो निद्राभरालसलोचनः ॥ ४ ॥ पुत्रिण्यः कति नात्र सन्ति भुवनेऽभूवन्कियन्त्योऽथवा सौभाग्यैरुमठी तथादिकमठी स्त्रीषु प्रशंसास्पदम्। भग्ने भोगिनि भङ्गुरेषु करिषु भ्रष्टोत्सवे दंष्ट्रिणि क्षोणीं साहसिकाग्रणीस्तुलयितुं जागर्ति यस्याः सुतः ॥ ५ ॥

वृक्षान्योक्तयः।

अहो एषां वरं जन्म सर्वप्राण्युपजीवनम्। धन्या महीरुहा येभ्यो निराशा यान्ति नार्थिनः ॥ १ ॥ पत्रपुष्पफलच्छायामूलवल्कलदारुभिः। गन्धनिर्यासभस्मास्थितोक्मैः कामान्वितन्वते ॥ २ ॥ प्रत्यग्रैः पत्रनिचयैस्तरुर्यैरेव शोभितः। जहाति जीर्णास्तानेव किंवा चित्रं कुजन्मनः ॥ ३ ॥ छायामन्यस्य कुर्वन्ति तिष्ठन्ति स्वयमातपे। फलान्यपि परार्थाय वृक्षाः सत्पुरुषा इव ॥ ४ ॥ परोपसर्पणानन्तचिन्तानलशिखाशतैः। अचुम्बितान्तःकरणाः साधु जीवन्ति पादपाः ॥ ५ ॥ मुखेन गरलं मुञ्चन्मूले वसति चेत्फणी। फलसंदोहगुरुणा तरुणा किं प्रयोजनम् ॥ ६ ॥ शाखाशतचितवियतः सन्ति कियन्तो न कानने तरवः। परिमलभरमिलदलिकुलदलितदलाः शाखिनो विरलाः ॥ ७ ॥ तीव्रो निदाघसमयो बहुपथिकजनश्च मारवः पन्थाः। मार्गस्थिततरुरेकः कियतां संतापमपहरति ॥ ८ ॥ हिमसमयो वनवह्निर्जवनः पवनस्तडिल्लताविभवः। हन्त सहन्ते यावत्तावद्द्रुम कुरु परोपकृतिम् ॥ ९ ॥ अध्वन्यध्वनि तरवः पथि पथि पथिकैरुपास्यते छाया। विरलः स कोऽपि विटपी यमध्वगो गृहगतः स्मरति ॥ १० ॥ कश्चिन्नवं पल्लवमादधाति कश्चित्प्रसूनानि फलानि कश्चित्। परं करालेऽस्य निदाघकाले मूले न दाता सलिलस्य कश्चित् ॥ ११ ॥ व्यागुञ्जन्मधुकरपुञ्जमञ्जुगीतान्याकर्ण्य श्रुतिमदजाल्लयातिरेकात्। आभूमीतलनतकन्धराणि मन्येऽरण्येऽस्मिन्नवनिरुहां कुटुम्बकानि ॥ १२ ॥ भुक्तानि यैस्तव फलानि पचेलिमानि क्रोडस्थितैरहह वीतभयैः प्रसुप्तम्। ते पक्षिणो जलरयेण विकृष्यमाणं पश्यन्ति पादप भवन्तममी तटस्थाः ॥ १३ ॥ धत्ते भरं कुसुमपत्रफलावलीनां धर्मव्यथां वहति शीतभवां रुजं च। यो देहमर्पयति चान्यमुखस्य हेतोस्तस्मै वदान्यगुरवे तरवे नमस्ते ॥ १४ ॥ इहोद्याने संप्रत्यहह परिशिष्टाः क्रमवशादमी वल्मीकास्ते भुजगकुललीलावसतयः। गतास्ते विस्तीर्णस्तबकभरसौरभ्यलहरीपरीतव्योमानः प्रकृतिगुरवः केऽपि तरवः ॥ १५ ॥ विपन्नं पद्मिन्या मृतमनिमिषैर्यातमलिभिः खगैरप्युड्डीनं रथचरणहंसप्रभृतिभिः। दशां दीनां नीते सरसि विषमग्रीष्मदिवसैः कुलीनत्वादास्ते तटरुहतरुः कोऽपि तदपि ॥ १६ ॥ इयं बाला वल्ली मृदुकिसलयं तापविलयं घनच्छायं शालं वनमतिविशालं परिगताः। परं त्वस्याभ्यन्तर्गरललवभस्मीकृतवनं भुजंगं प्रोत्तुङ्गं कथमिव वराकी कलयतु ॥ १७ ॥ किं जातोऽसि चतुष्पथे वनतरं छन्नोऽसि किं छायया छन्नश्चेत्फलितोऽसि किं फलभरैराढ्योऽसि किं संनतः। हे सद्वृक्ष सहस्व संप्रति सखे शाखाशिखाकर्षणक्षोभामोटनभञ्जनानि जनतः स्वैरेव दुश्चेष्टितैः ॥१८॥ छायासुप्तमृगः शकुन्तनिवहैर्विष्वग्विलुप्तच्छदः कीटैरावृतकोटरः कपिकुलैः स्कन्धे कृतप्रश्रयः। विश्रब्धं मधुपैर्निपीतकुसुमः श्लाघ्यः स एकस्तरुर्यत्राङ्गीकृतसत्त्वसंप्लवभरे भग्नापदोऽन्ये द्रुमाः ॥ १९ ॥ भुक्तं स्वादुफलं कृतं च शयनं शाखाग्रजैः पल्लवैस्त्वच्छायापरि-

---

१ दिग्गजेषु. २ नूतनैः. ३ कुः पृथ्वी तस्या जन्म यस्य; (पक्षे) कुत्सितं जन्म यस्य.

१ समूहः. २ मरुदेशसंबन्धी. ३ पक्वानि. ३ दानशौण्डानां गुरवे. ५ व्याप्तम्. ६ स्वभावतो महान्तः.

शीतलं सुसलिलं पीतं व्यपेतश्रमैः। विश्रान्ताः सुचिरं परं सुमनसः प्रीतिः किमत्रोच्यते त्वं सन्मार्गतरुर्वयं च पथिका यामः पुनर्दर्शनम् ॥ २० ॥ पन्थाधार इति द्विजाश्रय इति श्लाघ्यस्तरूणामिति स्निग्धच्छाय इति प्रियो दृश इति स्थानं गुणानामिति। पर्यालोच्य महातरो तव घनच्छायां वयं संश्रितास्तत्त्वत्कोटरवासिनो द्विरसना दूरीकरिष्यन्ति नः ॥ २१ ॥ मूलं स्थूलमतीव बन्धनदृढं शाखाः शतं मांसला वासो दुर्गमहीधरे तरुपते कुत्रास्ति भीतिस्तव। एकः किंतु मनागयं जनयति स्वान्ते ममाधिज्वरं ज्वालालीवलयीभवन्नकरुणो दावानलो घस्मरः ॥ २२ ॥ ये पूर्वे परिपालिताः फलभरच्छायादिभिः प्राणिनो विश्रामद्रुम कथ्यतां तव विपत्काले क्व ते सांप्रतम्। एताः संगतिमात्रकल्पितपुरस्कारास्तु धन्यास्त्वचो यासां छेदनमन्तरेण पतितो नायं कुठारस्त्वयि ॥ २३ ॥ वृद्धिर्यस्य तरोर्मनोरथशतैराशावता प्रार्थिता जातोऽसौ सरसप्रकामफलदः सर्वाश्रितोपाश्रयः। नानादेशसमागतैरविदितैराक्रान्तमन्यैः खगैस्तं लब्धावसरोऽपि वृद्धशकुनिर्दूरे स्थितो वीक्षते ॥ २४ ॥ छायाभिः प्रथमं ततस्तु कुसुमैः पश्चात्फलैः स्वादुभिः प्रीणात्येव तरुः पथीति पथिकैः श्रान्तैः सुखं स्थीयते। को जानाति यदत्र कोटरगतः प्रत्यग्रहालाहलज्वालाजालकरालवक्त्रकुहरः कृष्णः फणी वर्तते ॥ २५ ॥ आमोदैर्मरुतो मृगः किसलयोल्लासैस्त्वचा तापसाः पुष्पैः षट्चरणाः फलैः शकुनयो घर्मार्दिताश्छायया। स्कन्धैर्गन्धगजास्त्वयैव विहिताः सर्वे कृतार्थास्ततस्त्वं विश्वोपकृतिक्षमोऽसि भवता भग्नापदोऽन्ये द्रुमाः ॥ २६ ॥ रोलम्बैर्निर्मितं गृहं विघटितं धूमाकुलैः कोकिलैर्मायूरैश्चलितं पुरैव रभसा कीरैरधीरैर्गतम्। एकेनापि सपल्लवेन तरुणा दावानलोपप्लवः सोढः को न विपत्सु मुञ्चति जनो मूर्ध्नापि यो लालितः ॥ २७ ॥ एकस्त्वं मरुभूरुहेन्द्र विततैः शाखाशतैरञ्चितः पुष्प्यत्पुष्पफलान्वितैरमृदितैर्जीव्याः सहस्रं समाः। अश्रान्तं श्रमरुग्णपान्थजनतासर्वार्थनिर्वाहणं कस्त्वां सात्त्विकमन्तरेण भुवनं निर्मातु धर्माशयः ॥ २८ ॥ धत्से मूर्धनि दुःसहा दिनमणेरुद्दामधामच्छटाश्छायाभिः पथिकान्निदाघमथितान्पुष्णासि पुष्पैः फलैः। धैर्यं मुञ्चसि नैव येन भवता शाखा सुविस्तारिता तेनाशासु वनस्पते तव यशस्तोमः समुज्जृम्भते ॥२९॥ तीव्रोऽयं नितरां निदाघसमयः प्रोद्यत्प्रचण्डद्युतिर्मार्गो मारव एष तत्र पथिकाः संचारिणः

१ सर्पाः; (पक्षे) पिशुनाः. २ पुष्टाः.

कोटिशः। तेषां कश्चिदिहाश्रयस्तरुवरो दैवेन संपादितः सोऽप्येकः सुकृती करोतु कियतां संतापनिर्वापणम् ॥ ३० ॥

कल्पद्रुमः ॥ कल्पद्रुमोऽपि कालेन भवेद्यदि फलप्रदः। को विशेषस्तदा तस्य वन्यैरन्यैर्महीरुहैः ॥ ३१ ॥ न मया रचितं तवालवालं पयसा वा विहितस्तवाभिषेकः। अयि कल्पतरो परोपकारे भवतो विश्वविलक्षणः प्रकारः ॥ ३२ ॥ किं न द्रुमा जगति जाग्रति लक्षसंख्यास्तुल्योपनीतपिककाकफलोपभोगाः। धन्यस्तु कल्पविटपी फलसंप्रदानं कुर्वन्सदैव विबुधानमृतैकवृत्तीन् ॥ ३३ ॥ स्वर्णैः स्कन्धपरिग्रहो मरकतैरुल्लासिताः पल्लवा मुक्ताभिः स्तबकश्रियो मधुलिहां वृन्दानि नीलोत्पलैः। संकल्पानुविधायि यस्य फलितं कस्तस्य धत्ते तुलां धिग्जातु द्रुमसंकथासु यदयं कल्पद्रुमोऽपि द्रुमः ॥ ३४ ॥ औदार्यं भुवनत्रयेऽपि विदितं [१]संभूतिरम्भोनिधेर्[२]वासो [३]नन्दनकानने [४]परिमलो गीर्वाणचेतोहरः। एवं दातृगुणोत्करः सुरतरोः सर्वोऽपि लोकोत्तरः स्यादर्थिप्रवरार्थितार्पणविधावेको विवेको यदि ॥ ३५ ॥ न द्वारि द्विरदावली न परितो वानायुजश्रेणयः किंवा शौक्तिकमौक्तिकैर्मृगदृशां तारा न हारावलिः। हे कल्पद्रुम दूरतोऽस्तु भवतः सेवाभवं वैभवं तुष्यामि त्वयि तावतापि यदि न स्मेरा भवन्ति द्विषः ॥ ३६ ॥ [५]जन्माभूदुदधौ विधौ सहजता वृन्दारकैर्बन्धुता तत्तत्कामफलाय शक्तिरतुला यस्यास्ति वश्यानिशम्। विश्रामाय चिराय कल्पलतिका भूयोऽयमालम्बते कस्त्वां स्तोतुमपि क्षमोऽस्ति तदपि त्वं जल्प कल्पद्रुम ॥ ३७ ॥

पारिजातः ॥ पारिजाततरुं यावन्न लभेत मधुव्रतः। भ्रमणं तावदेवास्य कुञ्जे कुञ्जे तरौ तरौ ॥ ३८ ॥ परिमलसुरभितनभसो बहवः कनकाद्रिपरिसरे तरवः। तदपि सुराणां चेतसि निवसितमिव पारिजातेन ॥ ३९ ॥

चन्दनः ॥ सन्त्येव लिखिताकाशा महीयांसो महीरुहः। तथापि [६]जनताचित्तानन्दनश्चन्दनद्रुमः ॥ ४० ॥ यद्यपि चन्दनविटपी विधिना फलकुसुमविवर्जितो विहितः। निजवपुषैव परेषां तथापि संतापमपहरति ॥ ४१ ॥ अयि मलयज महिमायं कस्य गिरामस्तु विषयस्ते। उद्गिरतो यद्गरलं फणिनः पुष्णासि परिमलोद्गारैः ॥ ४२ ॥ [७]पाटीर तव [८]पटीयान्कः [९]परिपाटीमिमामुरीकर्तुम्। यत्[१०]पिंषतामपि नृणां पिष्टोऽपि तनोषि परिमलैः पुष्टिम् ॥ ४३ ॥ यैस्त्वं

१ संभवः. २ वसतिः. ३ इन्द्रवने. ४ आमोदः. ५ जनसमूहः. ६ चन्दन. ७ अतिशयेन पटुः समर्थः. ८ रीतिम्. ९ अङ्गीकर्तुम्. १० पेषणं कुर्वताम्.

गुणगणवानपि सतां ¹द्विजिह्वैरसेव्यतां नीतः। तानपि वहसि पटीरज किं कथयामस्त्वदीयमौन्नत्यम् ॥ ४४ ॥ जनकः सानुविशेषो जातिः काष्ठं भुजंगमैः सङ्गः। स्वगुणैरेव पटीरज यातोऽसि तथापि महिमानम् ॥ ४५ ॥ मूलं भुजंगैः शिखरं ²प्लवङ्गैः शाखा विहंगैः कुसुमानि भृङ्गैः। नास्त्येव तच्चन्दनपादपस्य यन्नाश्रितं सत्त्वभरैः समन्तात् ॥ ४६ ॥ कति न सन्ति महीषु महीरुहः सुरभिपुष्परसालफलालयः। सुरभयन्ति न केऽपि च भूरुहानिति यशोऽस्ति परं तव चन्दन ॥ ४७ ॥ धिक्चेष्टितानि परशो परिशोचनीयबालप्रवालमलयाद्रिरुहद्रुहस्ते। निर्भिद्यमानहृदयोऽपि महानुभावः स त्वन्मुखं पुनरभीः सुरभीकरोति ॥ ४८ ॥ कालागुरौ सुरभितातिशयेऽपि सङ्गादारभ्यते सुरभितापरपादपेऽपि। पाटीर पाटवमिदं तव सङ्गिवातैस्तादात्म्यमेति कतरो न तरोः समूहः ॥ ४९ ॥ उपानीतं दूरात्परिमलमुपाघ्राय मरुता समायासीदस्मिन्मधुरमधुलोभान्मधुकरः। परो दूरे लाभः कुपितफणिनश्चन्दनतरोः पुनर्जीवन्यायाद्यदि तदिह लाभोऽयमतुलः ॥ ५० ॥ कान्ताकेलिं कल्पतु तरुः कोऽपि कश्चित्प्रभूणामत्यानन्दं जनयतु फलैः कोऽपि लोकान्³धिनोतु। धन्यं मन्ये मलयजमहो यः प्रभूतोपतापं ⁴संसारस्य द्रुतमपनयत्यात्मदेहव्ययेन ॥ ५१ ॥ आमोदैस्ते दिशि दिशि गतैर्दूरमाकृष्यमाणा साक्षाल्लक्ष्मीं तव मलयज द्रष्टुमभ्यागताः स्मः। किं पश्यामः सुभग भवतः क्रीडति क्रोड एव व्यालस्तुभ्यं भवतु कुशलं मुञ्च नः साधु यामः ॥ ५२ ॥ केचिल्लोचनहारिणः कतिपये सौरभ्यसंभारिणः केऽप्यन्ये फलधारिणः प्रतिदिनं ते सन्तु हन्त द्रुमाः। धन्योऽयं हरिचन्दनः परिसरे यस्य स्थितैः शाखिभिः शाखोटादिभिरप्यहो मृगदृशामङ्गेषु लीलायितम् ॥ ५३ ॥ भ्रातश्चन्दन किं ब्रवीमि विटपस्फूर्जत्फणाभीषणा गन्धस्यापि महाविषाः फणभृतो गुप्त्यै यदेते कृताः। दैवात्पुष्पफलान्वितो यदि भवानत्राभविष्यत्तदा नो जाने किमकल्पयिष्यदधिकं रक्षार्थमस्यात्मनः ॥ ५४ ॥ एतैर्दक्षिणगन्धवाहचलनैः श्रीखण्ड किं सौरभं भ्रमस्ते परितो मधुव्रतयुवा येनायमानीयते। माकन्दादपहृत्य पङ्कजवनादुद्धूय कुन्दोदरादुत्क्राम्य द्विपगण्डगण्डलद्दलादाकृष्य हृष्यन्मनाः ॥५५॥ वासः शैलशिलान्तरेषु स्वद्रुजः सङ्गो भुजंगैः सह प्रेङ्खत्क्षारपयोधिवीचिभिरभूदुद्धूतसेकक्रिया। जानीमो न वयं प्रसीदतु भवाञ्श्रीखण्ड तत्कथ्यतां कस्मात्ते परतापखण्डनमहो पाण्डित्यमभ्यागतम् ॥ ५६ ॥ लोकानन्दन चन्दनद्रुम सखे नास्मिन्वने स्थीयतां ¹दुर्वंशैः परुषैरसारहृदयैराक्रान्तमेतद्वनम्। ते ह्यन्योन्यनिघर्षजातदहनज्वालावलीसंकुला न, स्वान्येव ²कुलानि केवलमिदं सर्वं दहेयुर्वनम् ॥ ५७ ॥ सौरभ्यं भुवनत्रयेऽपि विदितं शैत्यं नु लोकोत्तरं कीर्तिः किं च दिगङ्गनाङ्गनगता किं त्वेतदेकं शृणु। सर्वानेव गुणानियं निगिरति श्रीखण्ड ते सुन्दरानुज्झन्ती खलु कोटरेषु गरलज्वालां द्विजिह्वावली ॥ ५८ ॥ श्रीमच्चन्दनवृक्ष सन्ति बहवस्ते शाखिनः कानने येषां सौरभमात्रकं निवसति प्रायेण पुष्पश्रिया। प्रत्यङ्गं सुकृतेन तेन शुचिना ख्यातः प्रसिद्धात्मना योऽसौ गन्धगुणस्त्वया प्रकटितः क्वासाविह प्रेक्ष्यते ॥ ५९ ॥ जातः केलिकलावतीकुचतटीसौभाग्यमासादितुं त्रैलोक्याधिपतेर्यशः कथयितुं भाले विपद्यापितुम्। किं वाच्यं गुणगौरवस्य महिमा ख्यातोऽखिले भूतले धिग्दैवं कलये यदत्र मलये भग्नः पटीरद्रुमः ॥ ६० ॥ एकस्मिन्मलयाचले बहुविधैः किं तैरकिंचित्करैः काकोलूककपोतकोकिलकुलैरेकोऽपि पार्श्वस्थितः। केकी कूजति चेत्तदा विघटितव्यालावलीबन्धनः सेव्यः स्यादिह सर्वलोकमनसामानन्दनश्चन्दनः ॥ ६१ ॥

अगुरुः ॥ ³अगुरुरिति वदतु लोको गौरवमत्रैव पुनरहं मन्ये। दर्शितगुणैव वृत्तिर्यस्य जने जनितदाहेऽपि ॥ ६२ ॥ एणाद्याः पशवः किरातपरिषन्नैषा गुणग्राहिणी संचारोऽस्ति न नागरस्य विषयोच्छिन्नं मुनीनां मनः। धूमेनातिसुगन्धिनात्र विपिने दिक्चक्रमानोदयन्नामूलं परिदह्यतेऽगुरुतरुः कस्मै किमाचक्ष्महे ॥ ६३ ॥

चम्पकः ॥ साधारणतरुबुद्ध्या न मया बद्धस्तवालवालोऽपि। लज्जयसि मामिदानीं चम्पक भुवनाधिवासिभिः कुसुमैः ॥ ६४ ॥ यद्यपि खदिरारण्ये गुप्तो वसते हि चम्पको वृक्षः। तदपि च परिमलमतुलं दिशि दिशि कथयेत्समीरणस्तस्य ॥ ६५ ॥ रूपसौरभसमृद्धिसमेतं चम्पकं प्रति ययुर्न मिलिन्दाः। कामिनस्तु जगृहुस्तदशेषा ग्राहका हि गुणिनां कति न स्युः ॥ ६६ ॥ केनात्र चम्पकतरो बत रोपितोऽसि कुग्रामपामरजनान्तिकवाटिकायाम्। यत्र प्रवृद्धवनशाकविवृद्धिलोभाद्गोभग्नवाटघटनोचितपल्लवोऽसि ॥ ६७ ॥ उद्यानपालकलशाम्बुनिषेचनानामेतस्य चम्पकतरोरयमेव कालः। अस्मिन्निदाघनिहते घनवारिणा वा संवर्धिते तव वृथोभयथोपयोगः ॥६८॥ यन्नादृतस्त्वमलिना मलिनाशयेन किं तेन चम्पक विषादमुरीकरोषि। विश्वाभि-

१ सर्पैः. २ वानरैः. ३ प्रीणयतु. ४ संसारे स्थितस्य जनस्य.

१ दुष्टवेणुभिः; (पक्षे) दुष्टकुलैः. २ यूथानि. ३ नाम्ना; (पक्षे) लघुः.

रामनवनीरदनीलवेषाः केशाः कुशेशयदृशः कुशलीभवन्तु ॥ ६९ ॥ कोपं चम्पक मुञ्च याचकजनैरायासितस्त्वं सखे मा म्लासीः परितो विलोकय तरुः कस्तेऽधिरूढस्तुलाम् । कोपश्चेन्नियतस्तवास्ति हृदये धात्रे तथा कुप्यतां येन त्वं हि सुवर्णवर्णकुसुमामोदोऽद्वितीयः कृतः ॥ ७० ॥ सन्त्येकेऽपि महीरुहाः प्रतिदिनं संसक्तमत्तालयस्तत्तादृग्गुणिगो लवङ्गलवलीमाकन्दकुन्दादयः । आशास्यं जनुरस्य चम्पकतरोर्यत्कोरकान्तर्दलं स्वैरङ्गैरुपमीय राजरमणी सासूयमालोकते ॥ ७१ ॥

बकुलः ॥ निसर्गादारामे तरुकुलसमारोपसुकृती कृती मालाकारो बकुलमपि कुत्रापि निदधे । इदं को जानीते यदयमिह कोणान्तरगतो जगज्जालं कर्ता कुसुमभरसौरभ्यभरितम् ॥ ७२ ॥ दधानः प्रेमाणं तरुषु समभावेन विपुलं न मालाकारोऽसावकृत करुणां बालबकुले । अयं तु द्रागुद्यत्कुसुमनिकराणां परिमलैर्दिगन्तानातेने मधुपकुलझङ्कारभरितान् ॥ ७३ ॥

अशोकः ॥ गर्वायसे विकचकोरकमञ्जुगुञ्जदुद्भ्रान्तषट्पदघटाविभवेन किं नु । वामभ्रुवां चरणताडनदोहदानि किं नाम न स्मरसि तावदशोक तानि ॥७४॥ उन्मीलयन्ति कुसुमानि मनोरमाणि के नाम नात्र तरवः समयोचितानि । कस्येदृशं कथय दोहदमस्ति तस्य यादृग्विनिर्मितमशोकमहीरुहस्य ॥७५॥ मृदूनां स्वादूनां लघुरपि फलानां न विभवस्तवाशोक स्तोकः स्तबकमहिमा सोऽप्यसुरभिः । यदेतन्नो तन्वीकरचरणलावण्यसुभगं प्रवालं बालं स्यात्तरुषु स कलङ्कः किमपरः ॥ ७६ ॥ किं ते नम्रतया किमुन्नततया किं वा घनच्छायया किं वा पल्लवलीलया किमनया वाशोक पुष्पश्रिया । यत्त्वन्मूलनिषण्णखिन्नपथिकस्तोमैः स्तुवन्नन्वहं न स्वादूनि मृदूनि खादति फलान्याकण्ठमुत्कण्ठितः ॥ ७७ ॥

यूथी ॥ यूथि यथोचितविधिना विधेयमातिथ्यमेतेस्मिन् । मालतिकाप्राणेशः प्राघुणिकस्ते घुणाक्षरन्यायात् ॥ ७८ ॥

मालती ॥ कुसुमस्तबकानम्राः सन्त्येव परितो लताः । तथापि भ्रमरभ्रान्तिं हरत्येकैव मालती ॥ ७९ ॥ मालतीकुसुमे भाति गुञ्जन्मत्तमधुव्रतः । प्रयाणे पञ्चबाणस्य शङ्खमापूरयन्निव ॥ ८० ॥ गुञ्जति मञ्जु मिलिन्दे मालति मा मौनमुपयासीः । शिरसा वदान्यगुरवः सादरमेनं वहन्ति सुरतरवः ॥ ८१ ॥ अयि किं गुणवति मालति जीवति भवतीं विना मधुपः । अथ यदि जीवति जीवतु जीवितमपि तस्य जीवनाभासः ॥ ८२ ॥ मा मालति म्लायसि येद्यविद्यश्चुचुम्ब तुम्बीकुसुमं षैडङ्घ्रिः । पदैश्चतुर्भिर्हि युतः पशुश्चेत्स षड्भिरध्यर्धपशुः कथं नो ॥ ८३ ॥ कति सन्ति लवङ्गलता ललिता नवकोरकिता धरणीसुतले । कति बन्धुरगन्धभृतस्तरवो गुरवो निवसन्ति गिरौ मलये ॥ ८४ ॥ अयि मालति सौरभसारविनिर्जितसंविकसत्कमलानिलये । मधुपानविधौ मधुपस्य पुनर्भुवने भवतीमहमाकलये ॥ ८५ ॥ किं मालतीकुसुम ताम्यसि निष्ठुरेण केनापि यत्किल विलूनमितो लताग्रात् । लोकोत्तरेण विलसद्गुणगौरवेण को नामुना शिरसि नाम करिष्यति त्वाम् ॥ ८६ ॥ म्रदीयस्त्वाधिक्यान्न भवति विमर्दक्षममिदं न चान्येभ्यो रूपं भवति कुसुमेभ्योऽधिकतरम् । प्रसूनं मालत्यास्तदपि हृदयाह्लादकरणं प्रवीणैरामोदैर्भवति जगतो मौलिनिलयम् ॥ ८७ ॥ अस्मिन्केलिवने सुगन्धपवने क्रीडत्पुरंध्रीजने गुञ्जद्भृङ्गकुले विशालबकुले कूजत्पिकीसंकुले । उन्मीलन्नवपाटलापरिमले मल्लीप्रसूनाकुले यद्येकापि न मालती विकसिता तत्किं न रम्यो मधुः ॥ ८८ ॥

मल्लिका ॥ न च गन्धवहेन चुम्बिता न च पीता मधुपेन मल्लिका । पिहितैव कठोरशाखया परिणामस्य जगाम गोचरम् ॥ ८९ ॥

दमनकः ॥ वद प्रादुर्भावावधि परिमलावस्थितदशा जगत्या विख्याता दमनक प्रतीपास्तव गुणाः । तथाप्यस्मिन्भृङ्गे मधुलवपिपासापरवशे दृढप्रेमाबद्धे कथय कथमौदास्यमकरोः ॥ ९० ॥

केतकी ॥ कालक्रमकमनीयक्रोडेयं केतकीति का शङ्का । वृद्धिर्यथा यथा स्यात्तथा तथा कण्टकोत्कर्षः ॥९१॥ पत्राणि कण्टकशतैः परिवेष्टितानि वार्तापि नास्ति मधुनो रजसान्धकारः । आमोदमात्ररसिकेन मधुव्रतेन नालोकितानि तव केतकि दूषणानि ॥ ९२ ॥ एतासु केतकिलतासु विकासिनीषु सौभाग्यमद्भुततरं भवती बिभर्ति । यत्कण्टकैर्व्यथितमात्मवपुर्न जानंस्त्वामेव सेवितुमुपक्रमते द्विरेफः ॥ ९३ ॥ एकेन चेत्परिहृतोऽसि महेश्वरेण किं तेन केतक विषादमुरीकरोषि । अन्ये न किं जगति सन्ति

१ कुशलः. २ अल्पः. ३ सुगन्धरहितः. ४ समूहः. ५ अर्थाद्भ्रमरे.

१ खिद्यसि. २ मूढः. ३ इक्ष्वाकुकुसुमम्. ४ षट्पदः. ५ संतापं कुरुषे. ६ छिन्नम्. ७ मार्दवाधिक्यात्. ८ वायुना. ९ छादिता. १० परिणतिं प्राप्तेत्यर्थः.

महागुणज्ञा ये त्वां वहन्ति शिरसा नरदेवदेवाः ॥ ९४ ॥ हे हेमकेतकि कथं बहु गर्वितासि संसेव्यसे मधुकरैरखिलैरितीव । नैषा रसातिशयता नलिनीवियोगात्सैर्दीयसे विकटकण्टकशूलझम्पः ॥ ९५ ॥ रोलम्बस्य चिराय केतकपरिष्वङ्गेष्वभङ्गो रसः सुज्ञातं बत केतकस्य च मनो भृङ्गप्रसङ्गोत्सुकम् । जानात्येव मिथोऽनुरागमनयोः सर्वोऽपि नैसर्गिकं प्रत्यूहाय दलेषु धिक्समभयन्मर्माविधः कण्टकाः ॥ ९६ ॥

पाटला ॥ पाटलया वनमध्ये कुसुमितया मोहितस्तथा भ्रमरः । सैवेयमिति यथाभूतप्रतीतिरस्यान्यपुष्पेऽपि ॥ ९७ ॥

सहकारः ॥ अरविन्देषु कुन्देषु रमितं कालयोगतः । अये माकन्द जानीहि तवैवायं मधुव्रतः ॥ ९८ ॥ यद्यपि दिशि दिशि तरवः परिमलबहुलाश्च पारिजाताद्याः । तदपि रसालोऽप्येकः कोकिलहृदये सदा वसति ॥ ९९ ॥ वेत्ता कोकिल एव ज्ञाता च रसाल एव नियतमिदम् । यः पञ्चममुद्गायति यस्यास्थिषु पुलकमुकुलानि ॥ १०० ॥ लोडितमखिलं गहनं परितो दृष्टाश्च विटपिनः सर्वे । सहकार न प्रपेदे मधुपेन तवोपमा जगति ॥ १०१ ॥ कुन्दे कदम्बे कुमुदेऽरविन्दे यथाकथंचित्समयं नयन्ति । प्राप्ते वसन्ते पुनरुत्तरङ्गा रसाल जानीहि तवैव भृङ्गाः ॥१०२॥ भूरिशोऽपि च वसन्ति कानने शाखिनो फलविशेषशालिनः । कोकिलस्य तदपीह मानसं नो रसालमपहाय तुष्यति ॥ १०३ ॥ आम्र यद्यपि गता दिवसास्ते पुष्पसौरभफलप्रचुरा ये । हन्त संप्रति तथापि जनानां छाययैव दलयस्यतितापम् ॥ १०४ ॥ फलितस्य रसालशाखिनः फलदानव्यसनैकशालिनः । विनिपत्य ददातु कः फलं श्रमसुप्ताध्वगपाणिपल्लवे ॥ १०५ ॥ कति पल्लविता न पुष्पिता वा तरवः सन्ति समन्ततो वसन्ते । जगतीविजये तु पुष्पकेतोः सहकारी सहकार एक एव ॥१०६॥ वहसि बलिभुजां कुलानि मौलौ यदि सहकार तदत्र किं निषिद्धा । परमुदयति पल्लवाञ्चलेषु स्फुरदलिभिस्तव सौरभप्रसिद्धिः ॥ १०७ ॥ दिङ्मण्डलं परिमलैः सुरभीकरोषि सौन्दर्यमावहसि लोचनलोभनीयम् । हंहो रसाल फलवर्य तथापि दूये यद्ग्रन्थिलं च कठिनं हृदयं बिभर्षि ॥ १०८ ॥ उत्तंस[१]कौतुकरसेन विलासिनीभिर्लूनानि यस्य न नखैरपि पल्लवानि । उद्यानमण्डनतरो सहकार स त्वमङ्गारकारकरगोचरतां गतोऽसि ॥ १०९ ॥ यावत्फलोदकमुखः सहकार जातः प्रागेव कण्टकचयेन वृतोऽसि तावत् । छायापि ते न सुलभा फलमस्तु दूरे तन्निष्फलोऽपि हि वरं सुखसेवनीयः ॥ ११० ॥ उत्फुल्लरम्य सहकार रसालबन्धो कूजत्पिकावलिनिवास तथा विधेहि । गुञ्जद्भ्रमद्भ्रमरकस्त्वयि बद्धतृष्णो नान्यान्प्रयाति पिचुमन्दकरीरवृक्षान् ॥ १११ ॥ शश्वन्निसर्गमलिनाः सहकार कामं लुण्ठन्ति तान्यपि मधूनि तव द्विरेफाः । युक्तं न तत्तव कषायरसप्ररोहैरेतान्प्रतारयसि किं कलकण्ठयूनः ॥ ११२ ॥ रे रे रसाल तरुसार वचो विधेहि वासन्तिकीं स्वफलपल्लवपुष्पलक्ष्मीम् । तावद्विकस्वरपिकद्विजसात्कुरु द्राङ् न व्यग्रितोऽसि कलभैः शलभैश्च यावत् ॥ ११३ ॥ यद्यध्वनीम चिरमध्वनि घर्मखिन्नः कासारतीरुहमाश्रय नम्रमाम्रम् । छायां न केवलमितः श्रमिता लभन्ते कामं पचेलिमफलं विमलं जलं च ॥ ११४ ॥ सौरभ्यगर्भमकरन्दकरम्बितानि पङ्केरुहाण्यपि विहाय समागतस्त्वाम् । संसारसार सहकार तथा विधेहि येनोपहासविषयो न भवेद्द्विरेफः ॥ ११५ ॥ कति कति न वसन्ते वल्लयः शाखिनो वा किसलयसुमनोभिः शोभमाना बभूवुः । तदपि युवजनानां प्रीतये केवलोऽभूदभिनवकलिकालीभारशाली रसालः ॥ ११६ ॥ यदेकस्मिन्वर्षे न फलति रसालस्तदस्यं पिकः किं काकेष्टं फलितमपि निम्बं व्रजति किम् । व्रजन्म्लानिं ग्लानिं न वदति च कस्यापि पुरतः स्मरन्वारंवारं पुनरपि रसालं मृगयते ॥ ११७ ॥ अधिश्रीरुद्याने त्वमसि भवतः पल्लवचयो धुरीणः कल्याणे तव जगति शाखा श्रमहरा । मुदे पुष्पोल्लेखः फलमपि च तुष्ट्यै तनुभृतां रसाल त्वां तस्माच्छ्रयति शतशः कोकिलकुलम् ॥ ११८ ॥ न तादृक्कर्पूरे न च मलयजे[१] नो मृगमदे[२] फले वा पुष्पे वा तव मिलति यादृक्परिमलः । परं त्वेको दोषस्त्वयि खलु रसाले यदधिकः पिके वा काके वा लघुगुरुविशेषं न मनुषे ॥११९॥ चिरश्रान्तो दूरादहमुपगतो हन्त मलयात्तदेकं त्वद्गेहे तरुणि परिणेष्यामि दिवसम् । समीरेणोक्तैवं नवकुसुमिता चूतलतिका धुनाना मूर्धानं नहि नहि नहीत्येव वदति ॥ १२० ॥ वियुक्ता वासन्ती बकुलमुकुले नापि मिलितं व्यलोकि व्याकोशः क्षणमपि न कोऽपि क्षितिरुहः । यमालोक्योत्कण्ठातरलमिह भृङ्गेन चलितं विदूरान्माकन्दः स खलु दलितो यूथपतिना ॥ १२१ ॥ येऽभिज्ञाः कुसुमोद्गमादनुदिनं त्वामाश्रिताः षट्पदास्ते भ्राम्यन्ति फलाद्ध-

१ कर्णभूषणम्.

१ चन्दने. २ कस्तूरिकायाम्.

हिर्बहिरहो दृष्ट्वा न संभाषसे । ये कीटास्तव दृक्पथं न च गतास्ते त्वत्फलाभ्यन्तरे धिक्त्वां चूततरो परावरपरिज्ञानानभिज्ञो भवान् ॥ १२२ ॥ आकर्ण्याम्रफलस्तुतिं जलमभूत्तन्नारिकेलान्तरं प्रायः कण्टकितं तथैव पनसं जातं द्विधोर्वारुकम् । आस्तेऽधोमुखमेव कादलमलं द्राक्षाफलं क्षुद्रतां श्यामत्वं बत जाम्बवं गतमहो मात्सर्यदोषादिह ॥ १२३ ॥ यो दृष्टः स्फुरदस्थिसंपुटवशात्तिर्यक्प्रवालाङ्कुरो दैवात्स द्विदलादिकक्रमवशादारूढशाखाशतः । स्निग्धं पल्लवितो घनं मुकुलितः स्फारच्छदं पुष्पितः सोत्कर्षं फलितो भृशं च विनतः कोऽप्येष चूतद्रुमः ॥ १२४ ॥ एतस्मिन्वनमार्गभूपरिसरे सौन्दर्यमुद्राङ्कितः प्रोद्यद्भिः फलपुष्पपत्रनिचयैश्चूतः स एकः परम् । यं वीक्ष्य स्मितवक्रमुद्रितमहासंतोषमुल्लासितस्फारोत्कण्ठमकुण्ठितक्रममभी धावन्ति पान्थव्रजाः ॥ १२५ ॥ [1]कूष्माण्डीफलवत्फलं न यदपि न्यग्रोधवन्नोच्चता रम्भापत्रनिभं दलं न कुसुमं नो केतकीपुष्पवत् । सौरभ्यं कुसुमे फले तदपि तत्किंचित्समुज्जृम्भते लोको येन रसाल शालनिकरांस्त्यक्त्वा गुणान्स्तौति ते ॥ १२६ ॥ गर्वं मा कुरु शर्करे तव गुणाञ्जानन्ति राज्ञां गृहे ये क्षीना धनवर्जिताश्च कृपणाः स्वप्नेऽपि पश्यन्ति नो । आम्रोऽहं मधुकूपकैर्मम फलैस्तृप्ता हि सर्वे जना हे रण्डे तव किं गुणा मम फलैस्तुल्यं न किंचित्फलम् ॥ १२७ ॥ उन्मीलद्रसबिन्दुगन्धकुसुमावल्यो वसन्तोदये कान्ताः कोमलपल्लवाः कति कति क्रीडावने सन्ति न । सौभाग्यैकनिधे रसाल तदपि श्रीमञ्जरीशालिनस्त्वत्तोऽन्यत्र च कुत्रचिन्मधुकरश्रेणी न विश्राम्यति ॥ १२८ ॥ स्निग्धाग्राः फलिनो वृताः परिमलैः पौष्पैर्मधुस्यन्दिनो नानन्दाय भवन्ति किं वनभुवां भूमीरुहो भूरिशः । माधुर्ये मधुनस्तवैव परमं माकन्द मन्यामहे माध्वीमर्मविदो दृढं मधुलिहः स्यूता यतो मर्मणि ॥ १२९ ॥ आस्तां गाढतरानुशीलनविधिः संस्पर्शनं दूरतः संभाषाविषयीकृतोऽसि न मनागक्ष्णोः पदं प्रापितः । किं ब्रूमः सहकार तावकगुणानन्यादृशैर्दुर्लभान्सौरभ्येण यदध्वगानपि मुहुः प्रीणासि दूरादपि ॥ १३० ॥ त्वं सामान्यतरुभ्रमेण सकलक्षोणीरुहक्ष्मापतौ माकन्देऽपि किरात पातय मुधा मास्मिन्कुठारं हठात् । एष श्लाघ्यजनस्य जीवितमलिव्यूहस्य बन्धुर्मधोः सर्वस्वं कुसुमायुधस्य विजयामात्यः पिकानां गुरुः ॥१३१॥ शान्ता घर्मकणाः श्रमः शिथिलितस्तीर्णस्तृषामुद्गमो वारंवारमुदारकोकिलरवैरानन्दितं मानसम् । सर्वं प्राप्तमभीप्सितं तव तले चूत प्रसन्ना द्विजश्रेणीकूजितरञ्जिताखिलमनो यामो वयं स्वस्ति ते ॥ १३२ ॥

पनसः ॥ गरीयः सौरभ्यं रसपरिचये नार्हति सुधा सिता मृद्वीकापि [2]प्रथिमनि निमग्नः फलभरः । परार्थे कोशश्रीरिति पुलकितं कण्टकमिषादहो ते चारित्रं पनस मनसः कस्य न मुदे ॥ १३३ ॥

तमालः ॥ पास्यन्ति कस्य कुसुमे मधुपा मधूनि स्थास्यन्ति कस्य शिखरेषु विहंगमालाः । इत्येव शोचति परं परितो विसारिदावाग्निमग्नवपुरेष तरुस्तमालः ॥ १३४ ॥

कदली ॥ तालीतरोरनुपकारि फलं फलित्वा लज्जावशादुचित एव विनाशयोगः । एतत्तु चित्रमुपकृत्य फलैः परेभ्यः प्राणान्निजाञ्झटिति यत्कदली जहाति ॥ १३५ ॥

द्राक्षा ॥ [3]दासेरकस्य दासीयं बदरी यदि रोचते । एतावतैव किं द्राक्षा न साक्षादमृतप्रदा ॥ १३६ ॥ यद्यपि न भवति हानिः परकीयां चरति रासभे द्राक्षाम् । असमञ्जसमिति मत्वा तथापि खलु खिद्यते चेतः ॥ १३७ ॥

दाडिमः ॥ मयि जीवति बीजाढ्ये किमन्ये बीजपूरकाः । इति संचिन्त्य मनसा विदद्रे दाडिमीफलम् ॥ १३८ ॥ [4]आ पुष्पप्रसवान्मनोहरतया विश्वास्य [4]विश्वं जनं हंहो दाडिम तावदेव सहसे वृद्धिं स्वकीयामिह । यावन्नैति परोपभोगसहतामेषा ततस्तां तथा ज्ञात्वा ते हृदयं द्विधा दलति यत्तेनातिवन्द्यो भवान् ॥ १३९ ॥

नालिकेरः ॥ उच्चैरेष तरुः फलं च विपुलं दृष्ट्वैव हृष्टः शुकः पक्वं शालिवनं विहाय जडधीस्तं नालिकेरं गतः । तत्रारुह्य बुभुक्षितेन मनसा यत्नः कृतो भेदने वाञ्छा तस्य न केवलं विगलिता चञ्चूर्गता चूर्णताम् ॥ १४० ॥

तालः ॥ अये ताल व्रीडां व्रज गुरुतया भाति न भवान्फले न च्छाया नो कठिणपरिवारो हि भवतः । इयं धन्या धन्या सरलकदली सुन्दरदला परात्मानं मन्ये सुखयति फलेनामृतदता ॥ १४१ ॥ अध्वन्यध्वनि भूरुहः फलभृतो नम्रानुपेक्ष्यादराद्दूरादुन्नतिसंश्रयव्यसनिनः पान्थस्य मूढात्मनः । यन्मूलं समुपागतस्य मधुरच्छायाफलैः का कथा शीर्णेनापि हि नोपयोगमगमत्पर्णेन तालद्रुमः ॥१४२॥

भूर्जः ॥ [5]दौर्जन्यमात्मनि परं प्रथितं विधात्रा भूर्जद्रुमस्य विफलत्वसमर्पणेन । किं चर्मभिर्निशितशस्त्रशतावकृत्तैराशां न पूरयति सोऽर्थिपरम्पराणाम् ॥ १४३ ॥ कुर्वन्तु नाम जनतोपकृतिं प्रसूनच्छायाफलैरविकलैः सुलभैर्द्रुमास्ते । सोढास्तु कर्तनरुजः पररक्षणार्थमेकेन भूर्जतरुणा करुणापरेण ॥ १४४ ॥

---

१ स्थूलत्वे. २ उद्रस. ३ पुष्पोदयादारभ्य. ४ सकलम. ५ दुर्जनत्वम्.

अश्वत्थः ॥ वर्धितैः सेवितैः किं तैः सत्यश्वत्थेऽन्यपादपैः।
वर्धितो नरकाद्रक्षेत्स्पृष्टोऽरिष्टानि हन्ति यः ॥ १४५ ॥

न्यग्रोधः ॥ महातरुर्वा भवति समूलो वा विनश्यति ।
नान्तरप्रत्ययानेति न्यग्रोधकणिकाङ्कुरः ॥ १४६ ॥ न्यग्रोधे
फलशालिनि स्फुटतरं किंचित्फलं पच्यते बीजान्यङ्कुरगोच-
राणि कतिचित्सिध्यन्ति तस्मिन्नपि । एकस्तेष्वपि कश्चिदङ्कु-
रवरः प्राप्नोति तामुन्नतिं यामासाद्य निदाघपीडिततनुर्ग्लो-
निच्छिदे धावति ॥ १४७ ॥ विस्तीर्णो दीर्घशाखाश्रितश-
कुनिशतः शाखिनामग्रणीस्त्वं न्यग्रोध क्रोधमन्तः प्रकटयसि
न चेद्वच्मि किंचित्तदल्पम् । जल्पोऽप्येष त्रपाकृत्प्रलघुपरि-
करा कापि कूष्माण्डवल्ली पल्लीपृष्ठप्रतिष्ठा हसति हि फलने
त्वत्फलानां किमन्यत् ॥ १४८ ॥

मधूकः ॥ तत्तेजस्तरणेर्निदाघसमये तद्वारि मेघागमे
तज्जाड्यं शिशिरे यदेकशरणैः सोढं पुरा यैर्दलैः । आया-
तोऽप्यधुना फलस्य समयः कोऽयं विना तैरिति स्मृत्वा
तानि शुचेव रोदिति गलत्पुष्पैर्मधूकद्रुमः ॥ १४९ ॥ मूला-
देव यदस्य विस्तृतिभरश्छायाप्यनन्यादृशी ते यस्य प्रसवाः
सुमञ्जुलरसैरानन्दयन्तः प्रजाः । स्नेहं च प्रकटीकरोति परमं
भूयः फलानां गुणैर्हित्वैकैकगुणांस्तरूनभज सखे तस्मान्म-
धूकद्रुमम् ॥ १५० ॥

शाल्मलिः ॥ विशालं शाल्मल्या नयनसुभगं वीक्ष्य
कुसुमं शुकस्यासीद्बुद्धिः फलमपि भवेत्तादृशमिति । चिरं
तत्र स्थित्वा फलमपि च काले परिणतं विपाके तूलोऽन्तः
सपदि मरुता सोऽप्यपहृतः ॥ १५१ ॥ दूरे मार्गान्नि-
वससि पुनः कण्टकैरावृतोऽसि छायाशून्यः फलमपि च ते
वानरैरप्यभक्ष्यम् । निर्गन्धस्त्वं मधुपरहितः शाल्मले
सारशून्यः सेवास्माकं भवति विफला तिष्ठ निःश्वस्य
यामः ॥ १५२ ॥ हंसाः पद्मवनाशया मधुलिहः सौरभ्य-
लाभाशया पान्थाः स्वादुफलाशया बलिभुजो गृध्राश्च
मांसाशया । दूरादुत्तमपुष्परागनिकरैर्निःसारमिथ्योन्नते रे रे
शाल्मलिपादप प्रतिदिनं के न त्वया वञ्चिताः ॥ १५३ ॥
कायः कण्टकभूषितो न च घनच्छायीकृताः पल्लवाः
पुष्पाणि च्युतसौरभाणि न दलश्रेणी मनोहारिणी । किं ब्रूमः
फलपाकमस्य यदुपन्यासेऽपि लज्जामहे तद्भोः केन गुणेन
शाल्मलितरो जातोऽसि सीमद्रुमः ॥ १५४ ॥

निम्बः ॥ निम्ब किं बहुनोक्तेन निष्फलानि फलानि
ते । यानि संजातपाकानि काका निःशेषयन्त्यमी ॥१५५॥
यश्च निम्बं परशुना यश्चैनं मधुसर्पिषा । यश्चैनं गन्धमा-
ल्याद्यैः सर्वस्य कटुरेव सः ॥ १५६ ॥ पश्यानुरूपमिन्दि-
न्दिरेण माकन्दशेखरो मुखरः । अपि च पिचुमन्दमुकुले
मौकुलिकुलमाकुलं मिलति ॥ १५७ ॥ चित्रं चित्रं बत
बत महच्चित्रमेतद्विचित्रं जातो दैवादुचितघटनासंविधाता
विधाता । यन्निम्बानां परिणतफलस्फीतिरास्वादनीया
यच्चैतस्याः कवलनकलाकोविदः काकलोकः ॥ १५८ ॥
यस्मादर्थिजनो मनोभिलषितं लब्ध्वा मुदा मेदुरः सार्धं
बन्धुजनैश्चकार विविधान्भोगान्विलासोद्धुरः । तं दैवेन
विवेकशून्यमनसा निर्मूल्य चूतद्रुमं स्थाने तस्य तु काक-
लोकवसतिर्निम्बः समारोपितः ॥ १५९ ॥

बब्बुलः ॥ पत्रफलपुष्पलक्ष्म्या कदाप्यदृष्टं वृतं च खलु
शूकैः । उपसर्पेम भवन्तं बब्बुल वद कस्य लोभेन ॥१६०॥
गात्रं कण्टकसंकटं प्रविरलच्छाया न चायासहृन्निर्गन्धः
कुसुमोत्करस्तव फलं न क्षुद्विनाशक्षमम् । बब्बूलद्रुम मूल-
मेति न जनस्तत्तावदास्तामहो ह्यन्येषामपि शाखिनां फल-
वतां गुप्त्यै वृतिर्जायसे ॥ १६१ ॥ आमूलाग्रनिबद्ध-
कण्टकतनुर्निर्गन्धपुष्पोद्गमश्छाया न श्रमहारिणी न
च फलं क्षुत्क्षामसंतोषकृत् । रे रे बब्बुल साधुसङ्गर-
हितस्तत्तावदास्तामहो ह्यन्येषामपि शाखिनां फलवतां गुप्त्यै
वृतिर्जायसे ॥ १६२ ॥ शाखाः कण्टककोटिभिः परिवृता
वज्रं फलं कुत्सितं पत्रं क्षुद्रतरं न चास्ति गहना छायापि
पान्थप्रिया । अन्येषामपि शाखिनां फलभृतां रक्षार्थमानी-
यसे बब्बूलद्रुम कैर्गुणैर्गुरुतरैर्वृक्षेषु संभाव्यसे ॥ १६३ ॥

खदिरः ॥ विना खदिरसारेण हारेण हरिणीदृशाम् ।
नाधरे जायते रागो नानुरागः पयोधरे ॥ १६४ ॥ च-
न्दने विषधरान्सहामहे वस्तु सुन्दरमगुप्तिमत्कुतः । रक्षितुं
वद किमात्मसौष्ठवं संचिताः खदिर कण्टकास्त्वया ॥१६५॥
परं तदिह नास्ति यन्न खदिरैः खरैरावृतं न तेऽपि खदिरा
न ये कुटिलकण्टकैरावृताः । न ते कुटिलकण्टकाः किमपि
ये न मर्मच्छिदः समुज्झत वृथास्थितिं बत सहध्वमध्वश्र-
मम् ॥ १६६ ॥

किंशुकः ॥ किंशुक किं शुकमुखवत्कुसुमानि विका-
सयस्यनिशम् । यस्यां जनोऽनुरागी सा गीरेतैः कदापि
नोच्चार्या ॥ १६७ ॥ त्यज किंशुक पुष्पिताभिमानं निज-

१ श्रेष्ठः. २ लज्जाकृत्. ३ शोकेन. ४ काकाः. ५ व्यर्थानि.

१ अत्र वृश्चति सिञ्चति अर्चति इत्यध्याहारेण वाक्यानि पूरणीयानि. २ भ्रमरेण. ३ काककुलम्. ४ समृद्धिः. ५ भक्षणचातुर्यम्. ६ निवासः. ७ पुष्पप्रकरः. ८ प्राचीरम्. ९ सर्पान. १० रक्षारहितम्. ११ पलाशवृक्ष.

शिरसि भ्रमरोपसेवनेन । विकसन्नवमालिकावियोगात्कुरुते वह्निधिया त्वयि प्रवेशम् ॥ १६८ ॥ उपनदिपुलिने महापलाशः पवनसमुच्छलदेकपत्रपाणिः । दवदहनविनष्टजीवितानां सलिलमिवैष ददाति पादपानाम् ॥ १६९ ॥

शाखोटः ॥ शाखोट शाल्मलिपलाशकरीरकाद्याः शृण्वन्तु पुण्यनिलयो यदसौ वसन्तः । युष्मभ्यमर्पयति पल्लवपुष्पलक्ष्मीं सौरभ्यसंभवविधिस्तु विधेरधीनः ॥ १७० ॥ कस्त्वं भोः कथयामि दैवहतकं मां विद्धि शाखोटकं वैराग्यादिव वक्षि साधु विदितं कस्मादिदं कथ्यते । वामेनात्र वटस्तमध्वगजनः सर्वात्मना सेवते न च्छायापि परोपकारकृतये मार्गस्थितस्यापि मे ॥ १७१ ॥

पीलुः ॥ धन्याः सूक्ष्मफला अपि प्रियतमास्ते पीलुवृक्षाः क्षितौ क्षुत्क्षीणेन जनेन हि प्रतिदिनं येषां फलं भुज्यते । किं तैस्तत्र महाफलैरपि पुनः कल्पद्रुमाद्यैर्द्रुमैर्येषां नाम मनागपि श्रमनुदे छायापि न प्राप्यते ॥ १७२ ॥

करीरः ॥ फलं दूरतरेऽप्यास्तां पुष्णासि कुसुमैर्जनान् । इतरे तरवो मन्ये करीर तव किंकराः ॥ १७३ ॥ किं पुष्पैः किं फलैस्तस्य करीरस्य दुरात्मनः । येन वृद्धिं समासाद्य न कृतः पत्रसंग्रहः ॥ १७४ ॥

बिल्वः ॥ आमोदीनि सुमेदुराणि च मृदुस्वादूनि च क्ष्मारुहामुद्यानेषु वनेषु लब्धजनुषां सन्तीतरेषामपि । किंतु श्रीफलता तवैव जयिनी मालूर दिङ्मण्डले यस्यैतानि फलानि यौवनवतीवक्षोजलक्ष्मीगृहाः ॥ १७५ ॥

शालिः ॥ शाखासंततिसंनिरुद्धनभसो भूयांस एवावनौ विद्यन्ते तरवः फलैरविकलैरार्तिच्छिदः प्राणिनाम् । किंतु द्वित्रदलैरलंकृततनोः शालेः स्तुमस्तुङ्गतां दत्त्वा येन निजं शिरः सुकृतिनां को नाम न प्रीणितः ॥ १७६ ॥

कुटजः ॥ समुपागतवति दैवादवलेहां कुटज मधुकरे मा गाः । मकरन्दतुन्दिलानामरविन्दानामयं यतोमान्यः ॥ १७७ ॥

इक्षुः ॥ कान्तोऽसि नित्यमधुरोऽसि रसाकुलोऽसि किंचासि पञ्चशरकार्मुकमद्वितीयम् । इक्षो तवास्ति सकलं परमेकमूनं यत्सेवितो भजसि नीरसतां क्रमेण ॥ १७८ ॥ परार्थे यः पीडामनुभवति भङ्गेऽपि मधुरो यदीयः सर्वेषामिह खलु विकारोऽप्यभिमतः । न संप्राप्तो वृद्धिं यदि स भृशमक्षेत्रपतितः किमिक्षोर्दोषोऽसौ न पुनरगुणाया मरुभुवः ॥ १७९ ॥ मुखे यद्वैरस्यं वपुरपि पुनर्ग्रन्थिनिचितं न संतप्तः कोऽपि क्षणमपि भजेन्मूलमभितः । फलं चैवाप्यं वितथरसलिप्सस्य भवतस्तदिक्षोर्नायुक्तं विहितगितरैर्यत्तु दलनम् ॥ १८० ॥

लवङ्गी ॥ अयि दुष्कृतकेन केन वत्से हलिकद्वारि लवङ्गि पुष्पितासि । स्तबकास्तव पांसुभिः परीताः परितः प्राङ्गणसीम्नि यल्लुठन्ति ॥ १८१ ॥ लूनं मत्तमतंगजैः कियदपि च्छिन्नं तुषारार्दितैः शिष्टं ग्रीष्मजतीक्ष्णभानुकिरणैर्भस्मीकृतं काननम् । एषा कोणगता मुहुः परिमलैरामोदयन्ती दिशो हा कष्टं ललिता लवङ्गलतिका दावाग्निना दह्यते ॥ १८२ ॥ सौरभ्येण समावृणोषि ककुभः पुष्णासि पुष्पंधयांश्चूतातन्तु वृथा तथापि कियतीस्त्वं यापयेर्यामिनीः । अश्विन्दासपुरे परस्तत इतो विन्यस्तविस्रामिषे मालाकारमृते लवङ्गि ललितान्कस्ते गुणाञ्ज्ञास्यति ॥ १८३ ॥

कार्पासः ॥ नीरसान्यपि रोचन्ते कार्पासस्य फलानि मे । येषां गुणमयं जन्म परेषां गुह्यगुप्तये ॥ १८४ ॥ श्लाघ्यं कार्पासफलं यस्य गुणै रन्ध्रवन्ति पिहितानि । मुक्ताफलानि तरुणीकुचकलशतटेषु विलसन्ति ॥ १८५ ॥ निष्पेषोऽस्थिचयस्य दुःसहतरः प्राप्तस्तुलारोहणं ग्राम्यस्त्रीनखचुम्बनव्यतिकरस्तन्त्रीप्रहारव्यथा । मातङ्गोक्षितमण्डवारिकणिकापानं च कूर्चाहतिः कार्पासेन परार्थसाधनविधौ किं किं न चाङ्गीकृतम् ॥ १८६ ॥

शणः ॥ भूर्जः परोपकृतये निजकवचविकर्तनं सहते । परबन्धनाय तु शणः प्रेक्षध्वमिहान्तरं कीदृक् ॥ १८७ ॥

कण्टकारिका ॥ उचितं नाम नारङ्ग्यां केतक्यामपि कण्टकाः । रसगन्धोज्झिते किं ते कण्टकाः कण्टकारिके ॥ १८८ ॥

धत्तूरः ॥ माधुर्यसाराधरितामृतस्य तत्कण्टकित्वं पनसस्य सह्यम् । उन्मादिनो मातुलपुत्रकस्य कथं सहामो बत कण्टकित्वम् ॥ १८९ ॥ धत्तूर धूर्त तरुणेन्दुनिवासयोग्ये स्थाने पिशाचपतिना विनिवेशितोऽसि । किं कैरवाणि विकसन्ति तमः प्रयाति चन्द्रोपले द्रवति वार्धिरुपैति वृद्धिम् ॥ १९० ॥ धत्तूरकण्टक फलप्रतिरोधबुद्ध्या वैरं वृथैव कुरुषे पनसेन सार्धम् । सन्तो हसन्ति न भजन्ति च चेतसा त्वां भ्रान्ता भवन्ति पुरुषास्तव सेवनेन ॥ १९१ ॥

१ समितपत्रच्छायादिभिः. २ फलानीति शेषः. ३ गुडशर्करादिः. ४ अग्रे. ५ पर्वव्याप्तम्.

१ वितथा दलनातिरिक्तसाधनाभावेन विफला रसस्य लिप्सा लब्धुमिच्छा यस्मिंस्तस्य. २ शुष्काणि. ३ सूत्रमयम्. ४ मातङ्गेनान्त्यजेनोक्षितं सिक्तं यन्मण्डवारि सिक्थद्रवोदकं तत्कणिकायाः पानम्. अतीवाशुचीति भावः. ५ माधुर्यसारेण तुच्छीकृतममृतं येन. ६ धत्तूरफलस्य. ७ शंकरेण. ८ चन्द्रकान्तः.

महेशस्त्वां धत्ते शिरसि रसराजस्य जयिनी विशुद्धिस्त्वत्सङ्गात्कनकमयमेतत्त्रिभुवनम् । तनोति त्वत्सेवां ननु कनकवृक्ष त्वदपरः परः को नु स्यात्तद्यदि न सुलभीभावमभजः ॥ १९२ ॥

पलाण्डुः ॥ कर्पूरधूलीरचितालवालः कस्तूरिकाकुङ्कुमलिप्तदेहः । सुवर्णकुम्भैः परिषिच्यमानो निजं गुणं मुञ्चति किं पलाण्डुः ॥ १९३ ॥

तृणानि ॥ रूढस्य सिन्धुतटमनु तस्य तृणस्यापि जन्म कल्याणम् । यत्सलिलमज्जदाकुलजनस्य हस्तावलम्बनं भवति ॥ १९४ ॥ उत्तुङ्गैस्तरुभिः किमेभिरखिलैराकाशसंस्पर्शिभिर्धन्योऽसौ नितरामुलूपविटपी नद्यास्तटेऽवस्थितः । एवं यः कृतबुद्धिरुज्झितजलव्यालोलवीचीवशान्मज्जन्तं जनमुद्धरामि सहसा तेनैव मज्जामि वा ॥ १९५ ॥

कलमाः ॥ कलमाः पाकविनम्रा मूलतलाघ्रातसुरभिकह्लाराः । पवनाकम्पितशिरसः प्रायः कुर्वन्ति परिमलश्लाघाम् ॥ १९६ ॥ अस्मानवेहि कलमानलमाहतानां येषां प्रचण्डमुसलैरवदाततैव । स्नेहं विमुच्य सहसा खलतां प्रयान्ति ये स्वल्पपीडनवशान्न वयं तिलास्ते ॥ १९७ ॥

ताम्बूलम् ॥ किं वीरुधो भुवि न सन्ति सहस्रशोऽन्या यासां दलानि न परोपकृतिं भजन्ते । एकैव वल्लिषु विराजति नागवल्ली या नागरीवदनचन्द्रमलंकरोति ॥१९८॥ वल्लीनां कति न स्फुरन्ति परितः पत्राणि किं तैरिह स्निग्धैरप्यतिकोमलैरपि निजामेवाश्रयद्भिः श्रियम् । तानेव स्तुमहे महाजनमुखश्रीकारिजन्मव्रतान्यान्सूते नवनागरीप्रियतमांस्ताम्बूलवल्लीदलान् ॥ १९९ ॥

तुम्बी ॥ सर्वास्तुम्ब्यः समकटुरसास्तुम्बिवल्लीप्रसूतास्ताः संबद्धा अपि कतिपया दुस्तरं तारयन्ति । शब्दायन्ते सरसमपराः शुष्ककाष्ठे निषण्णास्तन्मध्येऽन्या ज्वलितहृदयाः शोणितं संपिबन्ति ॥ २०० ॥ एके तुम्बा व्रतिकरगताः पात्रतामानयन्ति गायन्त्यन्ये सरसमधुरं शुद्धवंशे विलग्नाः । एके तावद्ग्रथितसगुणा दुस्तरं तारयन्ति तेषां मध्ये ज्वलितहृदया रक्तमेके पिबन्ति ॥ २०१ ॥

वंशः ॥ छिन्नः सनिशितैः शस्त्रैर्विद्धश्च नवसप्तधा । तथापि हि सुवंशेन विरसं नापजल्पितम् ॥ २०२ ॥

१ जयिनी उत्कर्षवती रसराजस्य पारदस्य विशुद्धिः एतत्त्रिभुवनं कनकमयं सुवर्णमयं तनोतीत्यन्वयः. २ जातेति शेषः. ३ कंदर्पः. ४ शालिविशेषान्. ५ कण्डितानाम्. ६ शुभ्रत्वम्. ७ तैलम्; (पक्षे) प्रीतिम्. ८ दुर्जनत्वम्; (पक्षे) खलरूपत्वम्. ९ लताः. १० तुम्बीफलानि. ११ शब्दं कुर्वन्ति. १२ रक्तम्.

कुन्दः ॥ एष षट्पदयुवा मदायतः कुन्द यापयति यामिनीस्त्वयि । दुर्वहा तदपि नापचीयते पद्मिनीविरहवेदना हृदि ॥ २०३ ॥ संदर्शयस्व मधुवैभवमस्ति यत्ते रे कुन्द किं दुरभिमानमुरीकरोषि । एतन्न चेतसि करोषि सरोजबन्धुः पुष्पंधयोऽपि मम सौरभमातनोति ॥ २०४ ॥

कमलानि ॥ वरमश्रीकता लोके नासमानसमानता । इतीव कुमुदोद्भेदे कमलैर्मुकुलायितम् ॥ २०५ ॥ प्रसारितकरे मित्रे जगदुद्द्योतकारिणि । किं न कैरव लज्जा ते कुर्वतः कोशसंवृतिम् ॥ २०६ ॥ लक्ष्मीसंपर्कजातोऽयं दोषः पद्मस्य निश्चितम् । यदेष गुणसंदोहधाम्नि चन्द्रे पराङ्मुखः ॥ २०७ ॥ अन्तश्छिद्राणि भूयांसि कण्टका बहवो बहिः । कथं कमलनालस्य नाभूवन्भङ्गुरा गुणाः ॥ २०८ ॥ मालतीमुकुला याताः कुन्दा मन्दायितास्तथा । पङ्कज त्वामिदं ब्रूमः कुत्र यातु मधुव्रतः ॥२०९॥ पङ्कज जलेषु वासः प्रीतिर्मधुपेषु कण्टकैः सङ्गः । यद्यपि तदपि तवैतच्चित्रं मित्रोदये हर्षः ॥ २१० ॥ कुसुमं कोशातक्या विकसति रात्रौ दिवा च कूष्माण्ड्याः । अलिकुलनिचयै रुचिरं किं तु यशः कुमुदकमलयोरेव ॥ २११ ॥ उदितवति द्विजराजे कस्य न हृदये मुदः पदं दधति । संकुचसि कमल यदयं हर हर वामो विधिर्भवतः ॥ २१२ ॥ एते हि गुणाः पङ्कज सन्तोऽपि न ते प्रकाशमायान्ति । यल्लक्ष्मीवसतेस्तव मधुपैरुपजीव्यते कोशः ॥ २१३ ॥ पद्मिनि किमिति क्रीडसि मधुपैर्जालवोऽपि न हि किं ते । हर हर विस्मृत्योक्तं क्व नु लज्जा सवितृरक्तायाः ॥ २१४ ॥ किं कुप्यसि कस्मैचन सौरभसाराय कुप्य निजमधुने । यस्य कृते शतपत्र प्रतिपत्रं तेऽद्य मृग्यते भ्रमरैः ॥ २१५ ॥ अयि मकरन्दस्यन्दिनि पद्मिनि मन्ये तवैव सुभगत्वम् । पुष्पवतीमपि भवतीं त्यजति न वृद्धः शुचिर्हंसः ॥२१६॥ मधुप इव मारुतेऽस्मिन्मा सौरभलोभमम्बुजिनि मंस्थाः । लोकानामेव मुदे महितोऽप्यात्मामुनार्थितां नीतः ॥२१७॥ न कुले वापि न शीले न वास्ति रूपेऽपि कश्चिदुत्कर्षः । यत्पुष्णाति मिलिन्दानरविन्द महत्त्वमेतत्ते ॥ २१८ ॥

१ कोशसंवरणम्. २ रन्ध्राणि; (पक्षे) दोषस्थानानि. ३ क्षुद्रकः (पक्षे) खलाः. ४ सौभाग्यादयः; (पक्षे) तन्तयः. ५ उदकेषु; (पक्षे डलयोः सावर्ण्यात्) जडेषु मूर्खेषु. ६ भ्रमरेषु; (पक्षे) मद्यपेषु. ७ स्वाङ्गरुहैः; (पक्षे) दुष्टैः. ८ सूर्यः; (पक्षे) स्निग्धः. ९ सूर्यानुरक्तायाः; (पक्षे) सविता पिता तस्मिन्रक्तायाः पितृगामिन्या इत्यभिप्रायः. १० पुष्पयुक्ताम्; (पक्षे) रजस्वलाम्. ११ श्वेतः; (पक्षे) पवित्रः. १२ राजहंसः; (पक्षे) परमहंसः.

रे पद्मिनीपत्र भवच्चरित्रं चित्रं प्रतीमो वयमत्र किंचित्। त्वं पङ्कजन्मापि यदच्छभावादपि स्पृशस्यम्बु न पङ्कसङ्गि ॥ २१९ ॥ जनिः सरोङ्कादतिपङ्किनो यद्यल्लोलुपैर्वा मधुपैर्विहारः। कलङ्क एवैष कुमुद्वतीनां कैलङ्किनः किं तु कलावतीनाम् ॥ २२० ॥ अपि त्वया कैरविणि व्यधायि मुधा सुधाबन्धुनि बन्धुभावः। जनापवादः परितः प्रयातः समागमो हन्त न जातु जातः ॥ २२१ ॥ कमलिनि मलिनीकरोषि चेतः किमिति बकैरवहेलितानभिज्ञैः। परिणतमकरन्दमार्मिकास्ते जगति भवन्तु चिरायुषो मिलिन्दाः ॥ २२२ ॥ रुचिरतिरुचिरा शुचित्वमुच्चैः शिरसि धृतः स्वयमेव शंकरेण। कमलिनि मलिनीकरोषि कस्मान्मुखमिदमिन्दुमुदीक्ष्य लोककान्तम् ॥ २२३ ॥ नलिनि निपुणतां वदामि किं ते भ्रमरविलासिनि लास्यलालसायाः। त्रिभुवननयनोत्सवं यदिन्दुं नयसि न हन्त दृगन्तवर्त्मसीमाम् ॥ २२४ ॥ स्वच्छन्दं दलदरविन्द ते मरन्दं विन्दन्तो विदधतु गुञ्जितं मिलिन्दाः। आमोदानथ हरिदन्तराणि नेतुं नैवान्यो जगति समीरणात्प्रवीणः ॥ २२५ ॥ यावत्त्वां न खलु हसन्ति कैरविण्यो यावत्त्वां तरणिकराः परामृशन्ति। यावत्ते मधुविभवो नवोऽस्ति तावन्माध्वीकं वितर सरोज षट्पदेभ्यः॥२२६॥ रे पद्मिनीदल तवात्र मया चरित्रं दृष्टं विचित्रमिवं यद्विदितं ध्रुवं तत्। यैरेव शुद्धसलिलैः परिपालितस्त्वं तेभ्यः पृथग्भवसि पङ्कभवोऽसि यस्मात् ॥ २२७ ॥ कामं भवन्तु मधुलम्पटषट्पदौघसंघट्टघर्घरघनध्वनयोऽब्जखण्डाः। गायन्नपि श्रुतिसुखं विधिरेष यत्र भृङ्गः स कोऽपि धरणीधरनाभिपद्मः ॥ २२८ ॥ विश्रम्य काननमसौ दिवसावसाने त्वय्येव षट्पदयुवा हृदयं बबन्ध। राजीव चेन्मलिनिमानमुरीकरोषि कः स्यादहो मधुलिहामधुनावलम्बः ॥ २२९ ॥ स्वामोदवासितसमग्रदिगन्तराला रक्ता मनोहरशिखा सुकुमारमूर्तिः। सेव्या सरोजकलिका तु यदैव जाता नीतस्तदैव विधिना मधुपोऽन्यदेशम् ॥ २३० ॥ किं बान्धवेन रविणा हरिणाथ किंवा लक्ष्म्या च किं च जलजोदरजेन किंवा। एतस्य शुद्धचरितस्य सरोरुहस्य नैषा तुषारजनिता शमिता विपत्तिः ॥ २३१ ॥ लक्ष्मीनिवास इति वारिरुहां प्रसिद्धिरन्वेषिताः कतिपया वेरटास्तु सन्ति। राज्ञि प्रसारितकरे किमहं ददामि संकोचितं वदनमम्बुरुहैरितीव ॥ २३२ ॥ लक्ष्मीः स्वयं निवसति त्वयि लोकधात्रि मित्रेण चापि विहितोऽस्ति दृढोऽनुरागः। बन्दीव गायति गुणांस्तव चञ्चरीकः कः पुण्डरीक तव साम्यमुरीकरोति ॥ २३३ ॥ अयि दलदरविन्द स्यन्दमानं मरन्दं तव किमपि लिहन्तो मञ्जु गुञ्जन्तु भृङ्गाः। दिशि दिशि निरपेक्षस्तावकीनं विवृण्वन्परिमलमयमन्यो बान्धवो गन्धवाहः ॥ २३४ ॥ समुत्पत्तिः स्वच्छे सरसि हरिहस्ते निवसनं निवासः पद्मायाः सुरहृदयहारी परिमलः। गुणैरेतैरन्यैरपि च ललितस्याम्बुज तव द्विजोत्तंसे हंसे यदि रतिरतीवोन्नतिरियम् ॥ २३५ ॥ नालस्य प्रसरो जलेष्वपि कृतावासस्य कोशे रुचिर्दण्डे कर्कशता मुखेऽतिमृदुता मित्रे महान्प्रश्रयः। आमूलं गुणसंग्रहव्यसनिता द्वेषश्च दोषाकरे यस्यैषा स्थितिरम्बुजस्य वसतिर्युक्तैव तत्र श्रियः ॥ २३६ ॥ नीरान्निर्मलतो जनिर्मधुरता वामामुखस्पर्धिनी वासो यस्य हरेः करे परिमलो गीर्वाणचेतोहरः। सर्वस्वं तदहो महाकविगिरां कामस्य चाम्भोरुह त्वं चेत्प्रीतिमुरीकरोषि मधुपे किं त्वां प्रति ब्रूमहे ॥ २३७ ॥ एकस्मिञ्जनिरावयोः समजनि स्वच्छे सरोवारिणि भ्रातः काचिदिहैव कानिचिदहान्यत्र व्यतीतानि नौ। लब्धं तामरसं त्वया मृगदृशां लीलावतंसास्पदं शैवालं विलुठामि पामरवधूपादाहते पाथसि ॥ २३८ ॥ वैमुख्यं मृगलाञ्छनस्य मनसो निर्माति मे न व्यथां नो दूये चिरलालिता मधुलिहः सर्पन्ति यन्नान्तिकम्। जल्पन्तीव दुरक्षराणि मधुपश्रेणीरवच्छद्मना यत्कादम्ब कुमुद्वती हसति मां तन्मे मनस्ताम्यति ॥ २३९ ॥ संभूतिस्तव मानसे सरसिज त्वल्लौरभैर्वासिताः सर्वास्ताः ककुभस्तवास्ति परमो बन्धुर्विवस्वानिति। त्वं चेदद्य गुणानवद्य शिशिरे शीतानिलैः शीर्यसि प्रायः प्राप्तमिदं तदत्र परमं दिष्टेऽब्ददृष्टं बलम् ॥ २४० ॥ खद्योतास्तरला भवन्ति भगवानस्तंगतो भानुमान्कोकः शोकमुपैति मत्तमनसः क्रेङ्कुर्वते कौशिकाः। इत्थं चेत्सदसद्विवेकविधुरो धाता तदेतादृशं न द्रष्टव्यमितीव मुद्रितवती पद्मेक्षणं पद्मिनी ॥ २४१ ॥ पौलोमीपतिकानने विलसतां गीर्वाणभूमीरुहां येन घ्रातसमुज्झितानि कुसुमान्याजघ्रिरे निर्जरैः। तस्मिन्नद्य मधुव्रते विधिवशान्माध्वीकमाकाङ्क्षति त्वं चेदञ्चसि लोभमम्बुज तदा किं त्वां प्रति ब्रूमहे ॥ २४२ ॥

१ चन्द्रस्य. २ कलुषीकरोषि. ३ अवहेलां नीता. तिरस्कृतेति यावत्. ४ अपण्डितैः. ५ मर्मज्ञाः. ६ भ्रमराः. ७ दिगन्तराणि. ८ वायोः. ९ कर्दमोत्पन्नः. १० ब्रह्मणा. ११ हंस्यः; (पक्षे) कपर्दकाः.

१ लक्ष्म्याः. २ पक्षिश्रेष्ठे. ३ दोषानामाकरे; (पक्षे) चन्द्रे. ४ देवमनोहरः. ५ अङ्गीकरोषि.

लताः ॥ लतानामेतासामुदितकुसुमानां मरुदयं मतं लास्यं दत्त्वा श्रयति भृशमामोदमसमम् । लतास्त्वध्वन्यानामहह दृशमादाय सहसा ददत्याधिव्याधिभ्रमिरुदितमोहव्यतिकरम् ॥ २४३ ॥

संकीर्णान्योक्तयः ।

शिवः ॥ भस्मनि स्मररिपोरनुरागो हीयते न घनसारपरागः । भूषणं यदि फणी न मणीनां काचिदप्यपचितिर्न च हेम्नः ॥ १ ॥ उरसि फणिपतिः शिखी ललाटे शिरसि विधुः सुरवाहिनी जटायाम् । प्रियसखि कथयामि किं रहस्यं पुरमथनस्य रहोऽपि संसदेव ॥ २ ॥ इयं तावल्लीला यदधिरुरुहे वृद्धवृषभो यदुन्नेहे रुण्डं यदिह चितिभस्मापि लिलिपे । अयं को व्यापारो यदतिलकि भाले हुतवहो यद्ग्रैवे व्यालो यदकवलि हालाहलमपि ॥ ३ ॥ विश्राणे त्वयि भस्म कः समभवन्मन्दादरश्चन्दने कः क्षौमं कलयांचकार न कृती कृत्तिं वसाने त्वयि । धत्तूरस्पृहयालुतां त्वयि गते तत्याज कः केतकीं स्वातन्त्र्याज्जहिहि त्वमीश्वर गुणांल्लोकोऽस्ति तद्ग्राहकः ॥ ४ ॥ त्वं चेत्संचरसे वृ[1]षेण लघुता का नाम दिग्द[2]न्तिनां व्यालैः काञ्चनकुण्डलानि कुरुषे हानिर्न हेम्नः पुनः । मूर्ध्ना चेद्वहसे जलांशु[3]मयशः किं नाम लोकत्रयीदीप[4]स्याम्बुजबान्धवस्य जगतामीशोऽसि किं ब्रूमहे ॥ ५ ॥ छेत्सि ब्रह्मशिरो यदि प्र[5]थयसि प्रेतेषु सख्यं यदि क्षीबः[6] क्रीडसि मा[7]तृभिर्यदि रतिं धत्से श्मशाने यदि । सृष्टा संहरसि प्रजा यदि तथाप्याधाय भक्त्या मनः कं सेवे करवाणि किं त्रिजगती शून्या त्वमेवेश्वरः ॥ ६ ॥

परशुरामः ॥ त्वं जामदग्न्य जननीवधपातकेन संदूषितः क्रतुविदां धुरि नाभविष्यः । गीर्वाणवन्द्यचरणस्तव चन्द्रमौलिराचार्यकं स भगवान्यदि नाकरिष्यत् ॥ ७ ॥

रामचन्द्रः ॥ सङ्ग्रामाङ्गणमागते दशमुखे सौमित्रिणा विस्मितं सुग्रीवेण विवर्तितं हनुमता व्यालोलमालोकितम् । श्रीरामेण परंतु पीनपुलकस्फूर्जत्कपोलश्रिया सान्द्रानन्दरसालसा निदधिरे बाणासने दृष्टयः ॥ ८ ॥

सीता ॥ वनान्ते खेलन्ती शशकशिशुमालोक्य चकिता भुजप्रान्तं भर्तुर्भजति भयहर्तुः सपदि या । अहो सेयं सीता दशवदननीता हलरदैः परीता रक्षोभिः श्रयति विवशा कामपि दशाम् ॥ ९ ॥

इन्द्रः ॥ जम्भारि[1]रेव जानाति रम्भासंयोगविभ्रमम् । घटीचेटीविटः[2] किंखिज्जानात्य[3]मरकामिनीम् ॥ १० ॥

स्मरः ॥ पुरो गीर्वाणानां निजभुजबलाहोपुरुषिकामहो कारं कारं पुरभिदि शरं संमुखयतः । स्मरस्य स्वर्बालानयनशुभमालार्चनपदं वपुः सद्यो भालानलभसितजालास्पदमभूत् ॥ ११ ॥

आकाशम् ॥ यः पीयूषसहोदरैः स्नपयति ज्योत्स्नाजलैः सर्वतो यश्च त्वामधिकाधिकं ज्वलयति प्रोद्दामतापैः करैः । भ्रातर्व्योम तयोरपि स्थितिमिह व्यातन्वतो विक्रियानिर्मुक्तस्य महत्त्वमेतदसमं दूरेऽधिरूढं तव ॥ १२ ॥

पृथ्वी ॥ विश्वास्य मधुरवचनैः साधून्ये वञ्चयन्ति नम्रतमाः । तानपि दधासि मातः का[4]श्यपि या[5]तस्तवापि च विवेकः ॥ १३ ॥

जलम् ॥ शैत्यं नाम गुणस्तवैव सहजः स्वाभाविकी स्वच्छता किं ब्रूमः शुचितां भवन्ति शुचयः स्पर्शेन यस्यापरे । किं वातःपरमुच्यते स्तुतिपदं यज्जीवनं देहिनां त्वं चेन्नीचपथेन गच्छसि पयः कस्त्वां निरोद्धुं क्षमः ॥१४॥ अब्जं त्वज्जमथाब्जभूस्तत इदं ब्रह्माण्डमण्डात्पुनर्विश्वं स्थावरजंगमं तदितरत्वन्मूलमित्थं पयः । धिक्त्वां चोर इव प्रयासि निभृतं निर्गत्य जालान्तरैर्बध्यन्ते विवशास्त्वदेकशरणास्त्वामाश्रिता जन्तवः ॥ १५ ॥

मारुतः ॥ स[6]न्ना नाविकधोरणी निपतिता म[7]ध्येजलं क्षेपणी पन्थाः पर्वतदुर्गमो घ[8]नघनच्छन्नश्च ता[9]रापथः हंहो मारुत दुस्तरो जलनिधिः [10]शीर्णा च नौः सांप्रतं मघ्ये मज्जय वा तटं गमय वा हस्ते तवास्ते द्वयम् ॥ १६ ॥

मृगतृष्णिका ॥ जलभ्रमोत्पत्तिकृतो गुणौघान्प्रकाशयन्त्यां मृगतृष्णिकायाम् ! जलाशयभ्रान्तिरभून्ममैषा प्रभूतसंतापकरी पिपासा ॥ १७ ॥

सुवर्णम् ॥ अग्निदाहे न मे दुःखं छेदे न निकषे न वा । यत्तदेव महद्दुःखं गुञ्जया सह तोलनम् ॥ १८ ॥ न वै ताडनात्तापनाद्वह्निमध्ये न वै विक्रयात्क्लिश्यमानोऽहमस्मि । सुवर्णस्य मे मुख्यदुःखं तदेकं यतो मां जना गुञ्जया तोलयन्ति ॥ १९ ॥

मौक्तिकम् ॥ अत्यच्छेनाविरुद्धेन सुवृत्तेनातिचारुणा । अन्तर्भिन्नेन संप्राप्तं मौक्तिकेन निबन्धनम् ॥ २० ॥ हृदये

---

१ नन्दिना. २ दिग्गजानाम्. ३ जलांशुं चन्द्रम्; (पक्षे) जडांशुम्. ४ सूर्यस्य. ५ ख्यापयसि. ६ मत्तः. ७ ब्राह्म्यादिभिः.

१ इन्द्रः. २ घटवाहिका दासी तस्या जारः. ३ देवाङ्गनाम्. ४ भूमे. ५ गतः. ६ गलिता. ७ जलमध्ये. ८ निबिडघनाच्छादितः. ९ अन्तरिक्षम्. १० भिन्ना.

कुरु संचयं गुणानां यदि रे वाञ्छसि नासिके निवासम् । इति मौक्तिक ते वदामि नूनं गुणहीनो नहि नासिके विभाति ॥ २१ ॥ रत्नाकरे परिहृता वसतिः किमन्यदङ्गीकृतः कठिनवेधनदुःखभारः । वक्षोजकुम्भपरिरम्भणलोलुपेन किं किं न तेन विहितं बत मौक्तिकेन ॥ २२ ॥

सुवर्णकारः ॥ हे हेमकार परदुःखविचारमूढ किं मां मुहुः क्षिपसि वारशतानि वह्नौ । संदीप्यते मयि सुवर्णगुणातिरेको लाभः परं तव मुखे खलु भस्मपातः ॥ २३ ॥

हारः ॥ मुक्ताहार गुणीभूय नोपसर्प्यः स्तनस्त्वया । विभवे यस्य काठिन्यं व्यर्थं तदुपसर्पणम् ॥ २४ ॥ गुणवतस्तव[1] हार न युज्यते परकलत्रकुचेषु विलुण्ठनम् । स्पृशति शीतकरो[2] जघनस्थलीमुचितमस्ति तदेव कलङ्किनः[3] ॥ २५ ॥ सद्वृत्तसद्गुणविचित्रमहार्हकान्ते कान्ताघनस्तनतटाञ्चितचारुमूर्ते । आः पामरीकठिनकण्ठविलग्नभङ्गो हा हार हारितमहो भवता गुणित्वम् ॥ २६ ॥ दीर्णोऽसि चेत्कनकसूत्रनिवेशनायमुक्ताकलाप किमतो भवतो विषादः । यत्पञ्चबाणजयमङ्गलहेमकुम्भकुम्भस्तनीस्तनतटे भवितानुषङ्गः ॥ २७ ॥ अन्येऽपि सन्ति कति नो गुणिनो जगत्यां हार त्वमेव गुणिनामुपरि स्थितोऽसि । एणीदृशामुरसि नित्यमवस्थितस्य सद्वृत्तता च शुचिता च न खण्डिता यत् ॥ २८ ॥ येनाकारि महीभृतामविरलं कण्ठेषु लीलायितं येन प्रापि सरोजसुन्दरदृशां तुङ्गस्तनालिङ्गनम् । जातं येन गजेन्द्रगण्डपुलिने साधारणं गुञ्जया मुक्तादाम तदेव पामरपुरे नावाप कां कां दशाम् ॥ २९ ॥

कञ्चुकः ॥ श्रीमता कथय कञ्चुक पूर्वं कानि कानि सुकृतानि कृतानि । जन्म यापयसि येन समस्तं हारहृद्यहृदये हरिणाक्ष्याः ॥ ३० ॥

कुण्डलम् ॥ यत्पूर्वं पवनाग्निशस्त्रसलिलैश्चीर्णं तपो दुष्करं तस्यैतत्फलमीदृशं परिणतं यज्जातरूपं[4] वपुः । मुग्धापाण्डुकपोलचुम्बनसुखं सङ्गश्च रत्नोत्तमैः प्राप्तं कुण्डल वाञ्छसे किमपरं यन्मूढ दोलायसे ॥ ३१ ॥

नासाभूषणम् ॥ हारस्यातिदुरापमस्ति भुवने हे नासिकाभूषण त्वत्सौभाग्यमिति प्रतीहि वनितावक्रेन्दुकान्तिप्रद । यत्कान्तातनुसंगमाय सहते सोऽन्तर्विभेदव्यथां सा नासा पुटभेटनादपि भवत्सङ्गं यतो वाञ्छति ॥ ३२ ॥

वलयः ॥ गुणानामज्ञानादनुभवतु तावत्प्रतिपदं मुहुर्बाहुच्छेदव्यतिकरमसौ स्वर्णवलयः । अपि ज्ञाते तत्त्वे तव गुणसमुद्रस्य पुरतः समं गुञ्जापुञ्जैस्तुलनमतिलज्जाकरमिदम् ॥ ३३ ॥

रङ्गः ॥ हे रङ्ग हेमतुलया तुलितोऽसि नित्यं मानं जहीहि किमु पश्यसि नो विशेषम् । स्वर्णं सरत्नघटितं नृपशेखरेषु त्वं पाप पामरवधूचरणेषु लीनः ॥ ३४ ॥

वीणादण्डः ॥ यदेतत्कामिन्याः सुरतविरतौ पल्लवरुचा करेणानीतस्त्वं वससि सह हारेण गुणिना[1] । मुहुः कुर्वन्गीतं कुचकलशपीठोपरि लुठन्नये वीणादण्ड प्रकटय फलं कस्य तपसः ॥ ३५ ॥

मुरली ॥ माधवस्य मुरली मुखलग्ना रागमावहतु किंतु वयस्ये । वंशजाहमिति मास्तु सगर्वा या बिभर्षि बहुशो विवराणि ॥ ३६ ॥ परिपीड्य करद्वयेन गाढं परपुंसा परिचुम्बिताननापि । मुरली महनीयवंशजाता मुहुराक्रन्दममन्दमातनोति ॥ ३७ ॥

कुविन्दः ॥ भ्रातर्ग्राम्यकुविन्द कन्दलयता वस्त्राण्यमूनि त्वया गोणीविभ्रमभाजनानि सुबहून्यात्मा किमायास्यते । किं त्वेकं रुचिरं चिरादभिनवं वासस्तदासूत्र्यतां यन्नोज्झन्ति कुचस्थलात्क्षणमपि क्षोणीभुजां वल्लभाः ॥ ३८ ॥

लाङ्गलिकः ॥ रे लाङ्गलिक निषद्याक्रोडे लोहं पुरा यदद्राक्षीः । स्पर्शस्पर्शविशेषात्[2] तदखिलमजनिष्ट हेम नृपयोग्यम् ॥ ३९ ॥

कर्णधारः ॥ दुर्गा नदी शिथिलबन्धविडम्बिनी नौरभ्युन्नता जलमुचो विषमः समीरः । आरूढवान्निजकुटुम्बयुतोऽध्वनीनस्तत्कर्णधार कुरु यत्सदृशं कुलस्य ॥ ४० ॥ जीर्णा तरिः सरिदियं च गभीरनीरा नक्राकुला वहति वायुरतिप्रचण्डः । तार्याः स्त्रियश्च शिशवश्च तथैव वृद्धास्तत्कर्णधारभुजयोर्बलमाश्रयामः ॥ ४१ ॥

तैलिकः ॥ अमी तिलास्तैलिक नूनमेतां स्नेहादवस्थां भवतोपनीताः । द्वेष्योऽभविष्यद्यदमीषु नूनं तदा न जाने किमिवाकरिष्यः ॥ ४२ ॥

पञ्जरलावकः ॥ भ्रातः पञ्जरलावक मा कुरु संतोषमन्यनिधनेन । प्रातस्त्वमेव धातुः स्वामित्वं किं न जानासि ॥ ४३ ॥

व्याधः ॥ एको विश्वसतां हराम्यपघृणः[3] प्राणानहं प्राणिनामित्येवं परिचिन्त्य मा स्वमनसि व्याधानुतापं कृथाः । भूपानां भवनेषु किंच विमलक्षेत्रेषु गूढाशयाः साधूनामरयो वसन्ति कति नो त्वत्तुल्यकक्षाः खलाः ॥ ४४ ॥

१ सद्वृत्तवतः; (पक्षे) गुणयुक्तस्य. २ चन्द्रः. ३ कलङ्कयुक्तस्य. ४ सौवर्णं च.

१ गुणयुक्तेन. २ स्पर्शो मणिविशेषः. ३ निष्करुणः.

सर्वोद्वेगकरं मृगादनममुं संत्यज्य हा धिक्त्वया लोकस्यानपकारिणं गिरिनदीतीराटवीनिर्वृतम्। अश्नन्तं तृणमेणशावमदयं व्याध घ्नतामुं वृथा देवो दुर्बलघातकोऽयमिति सा गाथा यथार्थीकृता ॥ ४५ ॥

विषमन्त्री ॥ भेकेन[1] क्वणता सरोषपरुषं यत्कृष्णसर्पानने दातुं कर्णचपेटमुज्झितभिया हस्तः समुल्लासितः। यच्चाधोमुखमक्षिणी विदधता नागेन तूष्णीं स्थितं तत्सर्वं विषमन्त्रिणो भगवतः कस्यापि लीलायितम् ॥ ४६ ॥

मालाकारः ॥ तोयैरल्पैरपि करुणया भीमभानौ निदाघे मालाकार व्यरचि भवता या तरोरस्य पुष्टिः। सा किं शक्या जनयितुमिह प्रावृषेण्येन वारां धारासारानपि विकिरता विश्वतो वारिदेन ॥ ४७ ॥

कायस्थः ॥ विप्रेभ्यः साधुदानं रिपुजनसुहृदां चोपकारान्कुरु त्वं सौजन्यं बन्धुवर्गे निजहितमुचितं स्वामिकार्यं यथार्थम्। श्रोत्रे ते तथ्यमेतत्कथयति सततं लेखनी भाग्यशालिन्नो चेन्नष्टेऽधिकारे मम मुखसदृशं तावकास्यं भवेद्धि ॥ ४८ ॥

कविः ॥ कस्त्वं भोः कविरस्मि तत्किमु सखे क्षीणोऽस्यनाहारतो धिग्देशं गुणिनोऽपि दुर्मतिरियं देशं न मामेव धिक्। पाकार्थी क्षुधितो यदैव विदधे पाकाय बुद्धिं तदा विन्ध्ये नेन्धनमम्बुधौ न सलिलं नान्नं धरित्रीतले ॥४९॥

बालाः ॥ ये शिरसा निहिता अपि न भवन्ति सखे समानसुखदुःखाः। चिकुरा इव ते बाला एव जरापाण्डुभावेऽपि ॥ ५० ॥

शैलूषः ॥ वंशः प्रांशुरसौ घुणव्रणमयो जीर्णा वरत्रा इमाः कीलाः कुण्ठतया विशन्ति न महीमाहन्यमाना अपि। आरोहव्यवसायसाहसमिदं शैलूष संत्यज्यतां दूरे श्रीर्निकटे कृतान्तमहिषग्रैवेयघण्टारवः ॥ ५१ ॥

कुशीलवाः ॥ मौलिः स्वर्णकिरीटकान्तिरुचिरः केयूरभव्यौ भुजौ त्वद्भृत्याः किल कञ्चुकिप्रभृतयो देवेति विज्ञाप्यसे। इत्थं कल्पनया कुशीलव नृपाहंकारदार्ढ्यं वृथा नृत्यान्ते भवतो भविष्यति मसीमात्रावशेषं वपुः ॥ ५२ ॥

बाला ॥ स्रग्दाम मूर्धनि निधेहि गवेधुकानां गुञ्जामयीमुरसि धारय हारयष्टिम्। बाले कलावति चिरं पतितासि पल्लौ तल्लौहमन्यदपि भूषणमेषणीयम् ॥ ५३ ॥

पल्लीपतिपुत्री ॥ एतन्मन्दविपक्वतिन्दुकफलश्यामोदरापाण्डुरप्रान्तं हन्त पुलिन्दसुन्दरकरस्पर्शक्षमं लक्ष्यते। तत्पल्लीपतिपुत्रि कुञ्जरकुलं कुम्भाभयाभ्यर्थनादीनं त्वामनुनाथते कुचयुगं पत्रावृतं मा कृथाः ॥ ५४ ॥

पान्थः ॥ न यत्र गुणवत्पात्रमेकमप्यस्ति संनिधौ। कस्तत्र[1] भवतः पान्थ कूपाम्बुग्रहणाग्रहः ॥ ५५ ॥ वापी कापि कदापि न श्रुतचरी को वेद कीदृक्सरो व्योमाम्भोऽवनीव चात्र तटिनी कैर्नाम विज्ञायते। हंहो पान्थ दुरन्तसाहसभरैरत्रागतं चेन्मरौ मण्डूकाकुलपङ्कसंकुलजलार्दन्धोः कैबन्धं[2] पिब ॥ ५६ ॥

कस्तूरिका ॥ अयि त्यक्तासि कस्तूरि पामरैः पङ्कशङ्कया। अलं खेदेन भूपालाः किं न सन्ति महीतले ॥ ५७ ॥ यद्यपि दैवाल्लब्धा कस्तूरीभूमिरत्र भूरितरम्। नेया किमसौ तदपि हि शौचार्थं[3] जानता पुंसा ॥ ५८ ॥ दुर्लीलपल्लीपतिपुत्रहस्ते कस्तूरि कस्ते वद दुर्विपाकः। आरभ्य सौरभ्यकथासु मौनं मालिन्यमात्रे वचसोऽवकाशः ॥ ५९ ॥ अयि बत गुरुगर्वं मा स्म कस्तूरि यासीरखिलपरिमलानां मौलिना सौरभेण। गिरिगहनगुहायां लीनमत्यन्तदीनं स्वजनकममुनैव प्राणहीनं करोषि ॥ ६० ॥ जन्मस्थानं न खलु विमलं वर्णनीयो न वर्णो दूरे पुंसां वपुषि रचना पङ्कशङ्कां करोति। यद्यप्येवं सकलसुरभिद्रव्यगर्वापहारी को जानीते परिमलगुणः कोऽपि कस्तूरिकायाः ॥ ६१ ॥

दीपः ॥ रक्ष पात्रगतं स्नेहं प्रदीप श्रीविवर्धनम्[4]। प्रयास्यन्ति विना तेन भस्मत्वं यद्भवद्गुणाः ॥ ६२ ॥ बहिरतिनिर्मलरूपं वहतस्ते दीप दैवतो जगति। अवगतमचिरादान्तरमौज्ज्वल्यं कज्जलद्वारा ॥ ६३ ॥ न मणेरितोऽधिका भा नो मृदुता न प्रकाशसमता वा। अचिरस्थितिरिति दीपो न हि बहुमूल्योऽभवत्प्रायः ॥ ६४ ॥ यां कान्तिं वहसि परां प्रदीप भद्र स्वीयासाविति हृदि मा स्म मन्यथास्त्वम्। सस्नेहे त्वयि निशि भानुनाहितासौ नैवं चेदहनि सति क्व वा गता सा ॥ ६५ ॥ प्रदीप किमु कुप्यसि प्रलयमारुतप्रज्वलत्प्रभापटलपाटलप्रकटपावकव्यक्तये। त्वमङ्ग किमु कामिनीकुचतटीपटीपल्लवप्रकम्पनपरिस्फुरत्पवनलेशपारं गतः ॥ ६६ ॥ रे रे दीप तिरस्कृताखिलतमःस्तोमारिवर्गस्य ते रात्रौ गूढनिजाङ्गपातिशलभाघातेन किं पौरुषम्। तत्कर्मोचर येन तावकयशो भूयात्प्रभाते पुनर्न स्नेहो न च सा दशा नहि परं ज्योतिः परं स्थास्यति ॥ ६७ ॥

---

१ मण्डूकेन. २ निर्भयेन.

१ कूपात्. २ जलम्. ३ हस्तपादादिक्षालनार्थम्. ४ श्रीः शोभा.

तुला ॥ गुरुषु मिलितेषु शिरसा प्रणमसि लघुषून्नता समेषु समा। उचितज्ञासि तुले किं तुलयसि गुञ्जाफलैः कनकम् ॥ ६८ ॥ प्राप्य प्रमाणपदवीं को नामास्ते तुलेऽवलेपस्ते। नयसि गरिष्ठमधस्तात्तदितरमुच्चैस्तरां कुरुषे ॥ ६९ ॥

कुम्भः ॥ दृढतरगलकनिबन्धः कूपनिपातोऽपि कलश ते धन्यः। यज्जीवनदानैस्त्वं तर्षामर्षं नृणां हरसि ॥७०॥ श्लाघ्यं नीरसकाष्ठताडनशतं श्लाघ्यः प्रचण्डातपः क्लेशः श्लाघ्यतरः सुपङ्कनिचयैः श्लाघ्योऽतिदाहानलः। यत्कान्ताकुचपार्श्वबाहुलतिकाहिन्दोललीलासुखं लब्धं कुम्भवर त्वया नहि सुखं दुःखैर्विना लभ्यते ॥ ७१ ॥

कलशः ॥ भ्रातः काञ्चनलेपगोपितबहिस्ताम्राकृते[1] सर्वतो मा भैषीः कलशः स्थिरो भव चिरं देवालयस्योपरि। ताम्रत्वं गतमेव काञ्चनमयी कीर्तिः स्थिरा तेऽधुना नान्तस्तत्त्वविचारणप्रणयिनो लोका बहिर्बुद्धयः ॥ ७२ ॥

दुग्धम् ॥ को हि तुलामधिरोहति शुचिना दुग्धेन सहजमधुरेण। तप्तं विकृतं मथितं तथापि यत्स्नेहमुद्गिरति ॥ ७३ ॥

बडिशदण्डः ॥ यत्सद्गुणोऽपि सरलोऽपि तटस्थितोऽपि वंशोद्भवोऽपि विदधासि नृशंसकर्म। वक्रात्मनो बडिशदण्ड तदेव तस्य जानामि संगतिफलं तव कण्टकस्य ॥ ७४ ॥

शरः ॥ कोटिद्वयस्य लाभेऽपि नतं सद्वंशजं धनुः। असद्वंश्यः शरः स्तब्धो लक्षलाभाभिकाङ्क्षया ॥ ७५ ॥

लम्पाकः ॥ प्रागल्भ्यं प्रथयन्यशो विशदयन्धाटीं मुखे योजयन्भूपानां कलयन्कथां विरचयन्हस्ताङ्गुलीः स्फोटयन्। दानं पल्लवयन्गुणं द्विगुणयन्नेत्राञ्चलं घूर्णयँल्लम्पाकः[2] सविधं समेत्य सुदृशां किं नाम नो भाषते ॥ ७६ ॥

खलः ॥ किमहं वदामि खल दिव्यमतं गुणपक्षपातमभितो भवतः। गुणशालिनो निखिलसाधुजनान्यदहर्निशं न खलु विस्मरसि ॥ ७७ ॥

कण्टकः ॥ सुमुखोऽपि सुवृत्तोऽपि सन्मार्गपतितोऽपि सन्। सतां वै पादलग्नोऽपि व्यथयत्येव कण्टकः ॥ ७८ ॥

कालकूटम् ॥ नन्वाश्रयस्थितिरियं[3] तव कालकूट केनोत्तरोत्तरविशिष्टपदोपदिष्टा[4][5]। प्रागर्णवस्य हृदये[6] वृषलक्ष्मणोऽथ[7] कण्ठेऽधुना वससि वाचि पुनः खलानाम् ॥ ७९ ॥

जिह्वा ॥ द्वात्रिंशद्दशनद्वेषिमध्ये भ्रमसि नित्यशः। तदिदं शिक्षितं केन जिह्वे संचारकौशलम् ॥ ८० ॥

नन्दनवनम् ॥ स्वर्लोकस्य शिखामणिः सुरतरुग्रामस्य धामाद्भुतं पौलोमीपुरुहूतयोः परिणतिः पुण्यावलीनामसि। सत्यं नन्दन किंविदं सहृदयैर्नित्यं विधिः प्रार्थ्यते त्वत्तः खाण्डवरङ्गताण्डवनटो दूरेऽस्तु वैश्वानरः ॥ ८१ ॥

वसन्तः ॥ धूमायिता दशदिशो दलितारविन्दा देहं दहन्ति दहना इव गन्धवाहाः। त्वामन्तरेण मृदुताम्रदलाम्रमञ्जुगुञ्जन्मधुव्रत मधो किल कोकिलस्य ॥ ८२ ॥

मुसलः ॥ जगति विदितमेतत्काष्ठमेवासि नूनं तदपि च किल सत्यं कानने वर्धितोऽसि। नवकुवलयनेत्रापाणिसङ्गोत्सवेऽस्मिन्मुसल किसलयं ते तत्क्षणाद्यन्न जातम् ॥ ८३ ॥

संकीर्णाः ॥ गतास्ते दिवसा यत्र ह्यवज्ञा[1] कल्पशाखिनाम्[3]। औदुम्बरफलेभ्योऽपि स्पृहयामोऽद्य जीवितुम् ॥ ८४ ॥ नौकां वै भजते तावद्यावत्पारं न गच्छति। उत्तीर्णे तु नदीपारे नौकायाः किं प्रयोजनम् ॥ ८५ ॥ एका भूरुभयोरैक्यमुभयोर्दलकाण्डयोः। शालिश्यामाकयोर्भेदः फलेन परिचीयते ॥ ८६ ॥ कौस्तुभमुरसि मुरारेः शिरसि शशी द्योतते पुरंजयिनः। ननु जन्मना नु जलधेर्जग्मतुरियतीं गतिं पश्य ॥ ८७ ॥ साधो कुण्डलघटनापरिश्रमादलमविद्धकर्णो पूः। वसति दिगम्बरनगरे रजकश्वतुरोऽपि किं कुरुते ॥ ८८ ॥ शतपदी सति पादशते क्षमा यदि न गोष्पदमप्यतिवर्तितुम्। किमियता द्विपदस्य हनूमतो जलनिधेः क्रमणे विवदामहे ॥ ८९ ॥ हे मल्लि हे मालति हे लवङ्गि न तादृशी क्वापि भवादृशीनाम्। क्षणं समाधाय मधुव्रतं या विस्मारयेदम्बुजिनीवियोगम् ॥ ९० ॥ यः कुन्तपाणिरिह भूप इति प्रसिद्धो भूखण्डमात्रविभवः परसेवकश्च। तस्यात्मजः सततमिच्छति राजशब्दं व्रीडे जगज्जननि हन्त निराश्रयासि ॥ ९१ ॥ इन्द्रो यमोऽसि वरुणोऽसि हुताशनोऽसि ब्रह्मा हरो हरिरसीत्यसकृद्यदुक्तिः। भूपालमौलिमणिरञ्जितपादपीठ तस्यानृतस्य फलमिन्धनमुद्वहामि ॥ ९२ ॥ आः सर्वतः स्फुरतु कैरवमापिबन्तु ज्योत्स्नाकरम्भमुदरंभरयश्चकोराः। यातो यदेष चरमाचलमूलचुम्बी पङ्केरुहप्रकरजागरणप्रदीपः ॥ ९३ ॥ खरनखरविमुक्ता रक्तरक्ताश्च मुक्ताः परिणतबदराणां विभ्रमेणोपगृह्य। सपदि सरसि धौताः प्रत्यभिज्ञाय मुक्ता

१ काञ्चनलेपेन गोपिता बाह्या ताम्राकृतिर्यस्य. २ लम्पटो धूर्तो वा. ३ आश्रयो निवासस्तत्र स्थितिः. ४ उत्कृष्टम्. ५ स्थानम्. ६ अभ्यन्तरे. ७ सदाशिवस्य.

१ दन्ताः. २ अवमानः. ३ कल्पवृक्षाणाम्.

इति किरति किराती हन्त कान्तार एव ॥ ९४ ॥ अब्धे- रम्भः स्थगितभुवनाभोगपातालकुक्षेः पोतोपाया इह हि बहवो लङ्घनेऽपि क्षमन्ते। आहो रिक्तः कथमपि भवेदेष दैवात्तदानीं को नाम स्यादवटकुहरालोकनेऽप्यस्य कल्पः ॥ ९५ ॥ इयत्येतस्मिन्वा निरवधिचमत्कृत्यतिशये वराहो वा राहुः प्रभवति चमत्कारविषयः। महीमेको मग्नां यद- यमवहद्दन्तमुसलैः शिरःशेषः शत्रुं निगिलति परं संत्यजति च ॥ ९६ ॥ श्रुत्वा कुम्भसमुद्भवेन मुनिना किंचित्तदा- त्याहितं सिन्धावन्धुकुटुम्बदर्दुरकुलं[1] हर्षादिदं ध्यायति। गाम्भीर्याद्यदि ते न बिभ्यति न वा त्रस्यन्ति भेकीशि- शोरत्रागत्य सुखं वसन्तु तिमयो जातानुकम्पा वयम् ॥ ९७ ॥ वक्रां नैष तनूविवर्तनगतिं गृह्णाति साचिस्मि- तस्मैरैर्दृग्वलनैरमुष्य न मनाक्चेतः परावर्तते। हस्ते त्वं मुनिदारकस्य पतिता कल्याणि तन्नीयतां वेदीमार्जनबर्हिरर्प- णवषट्कर्तव्यपाकैर्वयः ॥ ९८ ॥ सन्त्यन्येऽपि बृहस्पति- प्रभृतयः संभाविताः पञ्चषास्तान्प्रत्येष विशेषविक्रमरुची राहुर्न वैरायते। द्वावेव ग्रसते दिनेश्वरनिशाप्राणेश्वरौ भासुरौ भ्रातः पर्वणि पश्य दानवपतिः शीर्षावशेषीकृतः ॥ ९९ ॥ वीणाप्येकगुणेन राजरमणीनीरन्ध्रपीनस्तनद्वन्द्वे खेलति शुष्कदारुनिचया निःसारतुम्बीफला। चञ्चत्पा- विकशर्वरीपरिवृढप्रौढप्रथाभासुरं मुक्ताजातमपीह निर्गुण- तया योग्यं न संभाव्यते ॥ १०० ॥ तृष्णालोलविलोचने कलयति प्राचीं चकोरीगणे मौनं मुञ्चति किं च कैरवकुले कामे धनुर्धुन्वति। माने मानवतीजनस्य सपदि प्रस्थातु- कामेऽधुना धातः किं नु विधौ विधातुमुचितो धाराधरा- डम्बरः ॥ १०१ ॥ कस्मै हन्त फलाय सज्जनगुणग्रामार्जने सज्जसि स्वात्मोपस्करणाय चेन्मम वचः पथ्यं समाकर्णय। ये भावा हृदयं हरन्ति नितरां शोभाभरैः संभृतास्तैरेवास्य कलेः कलेवरपुषो दैनंदिनं वर्धनम् ॥ १०२ ॥ मर्यादा- निलयो महोदधिरयं रत्नाकरो निश्चितः सर्वाशापरिपूर- कोऽनुगमितः संपत्तिहेतोर्मया। शम्बूकोऽपि न लभ्यते किमपरं रत्नं महार्घं परं दोषोऽयं न महोदधेः फलमिदं जन्मान्तरीयं मम ॥ १०३ ॥ एकः कर्णमहीपतिः प्रति- दिनं लक्षाधिका याचकाः कस्मै किं वितरिष्यतीति मनसा चिन्तां वृथा मा कृथाः। आस्ते किं प्रतियाचकं सुरतरुः प्रत्यम्बुजं किं रविश्चन्द्रः किं प्रतिकैरवं प्रतिलतागुल्मं किमम्भोधरः ॥ १०४ ॥

१ कूपनिवासिभेकसमूहः.

इति श्रीसुभाषितरत्नभाण्डागारे पञ्चमं प्रकरणं समाप्तम्।

प्रकरणम् ६ ।

[1]नवरसप्रकरणम् ।

शृङ्गाररसनिर्देशः ।

मनसिजप्रशंसा ।

अनङ्गेनाबलासङ्गाज्जिता येन जगत्त्रयी । स चित्रचरितः कामः सर्वकामप्रदोऽस्तु वः ॥ १ ॥ एकं वस्तु द्विधा कर्तुं बहवः सन्ति धन्विनः । धन्वी स मार एवैको द्वयोरैक्यं करोति यः ॥ २ ॥ न कठोरं न वा तीक्ष्णमायुधं पुष्पधन्वनः । तथापि जितमेवासीदमुना भुवनत्रयम् ॥ ३ ॥ स एकस्त्रीणि जयति जगन्ति कुसुमायुधः । हरतापि तनुं यस्य शंभुना न हृतं बलम् ॥ ४ ॥ कर्पूर इव दग्धोऽपि शक्तिमान्यो जने जने । नमोऽस्त्ववार्यवीर्याय तस्मै मकरकेतवे ॥ ५ ॥ बाणेष्वारोप्य गुणान्विधाय चापं वियोगिनीनयने । स्वयमतनुर्जगदेतज्जयति सुमास्त्रो विचित्रधानुष्कः ॥ ६ ॥ संपदमतरललभ्यामनन्यसामान्यबहलदर्पनिधेः । पुष्णातु चित्तयोनेरघटितघटनापटीयसी विभुता ॥ ७ ॥ याभिरनङ्गः साङ्गीकृतः स्त्रियोऽस्त्रीकृताश्च ता येन । वामाचरणप्रवणौ प्रणमत तौ कामिनीकामौ ॥ ८ ॥ जयति मनसिजः सुखैकहेतुर्मिथुनकुलस्य वियोगिनां कठोरः । वपुषि यदिषुपातवारणार्थं वहति वधूं शशिखण्डमण्डनोऽपि ॥ ९ ॥ चेतोभुवश्चापवति प्रसङ्गे का वा कथा मानुषलोकभाजाम् । हर्तुः पुरामप्यलिकेक्षणस्य तथाविधं पौरुषमर्धमासीत् ॥ १० ॥ शिव शिव हि शिवेन पुष्पधन्वा [2]प्रलयनटेन [3]किमित्यकारि [4]भस्म । स हि पुनरुदितश्[5]छलाय लोके स तु मणिमन्त्रमहौषधै[6]रसाध्यः ॥ ११ ॥ शंभुस्वयंभुहरयो [7]हरिणेक्षणानां येनाक्रियन्त सततं [8]गृहकर्मदासाः । वाचामगोचरचरित्रविचित्रिताय तस्मै नमो भगवते [9]कुसुमायुधाय ॥ १२ ॥ वक्षःस्थलीवदनवामशरीरभागैः पुष्यन्ति यस्य विभुतां पुरुषास्त्रयोऽपि । सोऽयं जगत्त्रितयजित्वरचापधारी मारः परान्प्रहरतीति न विस्मयाय ॥ १३ ॥ [10]स्तोकास्त्रसाधनवता भवता [11]मनोज [12]स्वैरं जगज्जितमनङ्गतयापि सर्वम् । स्याच्चेद्भवान्बहुशरः प्रतिलब्धगात्रः कुर्यास्ततो यदपि कर्म कियन्न जाने ॥ १४ ॥ हारो जलार्द्रवसनं नलिनीदलानि प्रालेयसीकरमुचस्तुहिनांशुभासः । यस्येन्धनानि सरसानि च चन्दनानि निर्वाणमेष्यति कथं स मनोभवाग्निः ॥ १५ ॥ कुलगुरुरबलानां केलिदीक्षाप्रदाने परमसुहृदनङ्गो रोहिणीवल्लभस्य । अपि [1]कुसुमपृषत्कैर्देवदेवस्य जेता जयति सुरतलीलानाटिकासूत्रधारः ॥ १६ ॥ [2]हृदयतृणकुटीरे दीप्यमाने स्मराग्नावुचितमनुचितं वा वेत्ति कः पण्डितोऽपि । किमु कुवलयनेत्राः सन्ति नो नाकनार्य[3]स्त्रिदशपतिरहल्यां तापसीं यत्सिषेवे ॥ १७ ॥ न गम्यो मन्त्राणां न च भवति [4]भैषज्यविषयो न चापि [5]प्रध्वंसं व्रजति विविधैः शान्तिकशतैः । भ्रमावेशादङ्गे किमपि विदधद्भङ्गमसमं [6]स्मरापस्मारोऽयं भ्रमयति दृशं घूर्णयति च ॥ १८ ॥ कान्तेत्युत्पललोचनेति विपुलश्रोणीभरेत्युल्लसत्पीनोत्तुङ्गपयोधरेति सुमुखाम्भोजेति सुभ्रूरिति । दृष्ट्वा माद्यति मोदतेऽभिरमते प्रस्तौति विद्वानपि प्रत्यक्षाशुचिपुत्रिकां स्त्रियमहो कामस्य दुश्चेष्टितम् ॥ १९ ॥ चन्द्रे शीतलयत्यलीकनयनं शंभोः सुधाशीकरैर्विष्वग्व्याकुलयत्सु संयमधनान्कान्ताद्दृगन्तेषु च । लीलायै परमैक्षवं धनुरिषून्बिभ्रत्प्रसूनात्मनः स्वच्छन्दं रतिवल्लभो विजयते त्रैलोक्यवीरः स्मरः ॥ २० ॥ इक्षुर्धन्व शराः प्रसूनविततिर्भृङ्गावली सिञ्जिनी यस्याज्ञावशवर्तिनः प्रमनसो निर्विष्टराष्ट्रादयः । यद्बाणाभिहता विरञ्चिमुरजिन्मृत्युंजयेन्द्रादयो व्याप्ताशेषमखा इव त्रिभुवनं पायादजेयः स्मरः ॥ २१ ॥ प्रासादीयति वैणवादिगहनं दीपीयति द्राक्तमः पर्यङ्कीयति भूतलं दृषदपि श्लक्ष्णोपधानीयति । कस्तूरीयति कर्दमः किमपरं यूनो रसाविष्टयोर्येनालोकितयोः स वन्द्यमहिमा देवो नमस्यः स्मरः ॥ २२ ॥

स्त्रीप्रशंसा ।

दृशा दग्धं [7]मनसिजं [8]जीवयन्ति दृशैव याः । [9]विरूपाक्षस्य

---

१ 'शृङ्गारवीरकरुणाद्भुतहास्यभयानकाः । बीभत्सरौद्रशान्ताश्च नवधा कीर्तिता रसाः ॥'. २ प्रलयकालिको नर्तकः. शिव इति यावत्. ३ कृतः. ४ उत्पन्नः. ५ छलं कर्तुम्. ६ अचिकित्स्यः. ७ स्त्रीणाम्. ८ गृहकर्मकरा दासाः. ९ मदनाय. १० अल्पानि. ११ मदन. १२ स्वेच्छया.

१ पुष्पबाणैः. २ हृदयमेव तृणगृहम्. ३ इन्द्रः. ४ औषधोपायसाध्यः. ५ नाशम्. ६ रोगविशेषः. ७ कामम्. ८ जीवन्तं कुर्वन्ति. ९ शिवस्य.

जयिनीस्ताः स्तुवे वामलोचनाः ॥ १ ॥ न हयैर्न च मातङ्गैर्न
रथैर्न च पत्तिभिः । स्त्रीणामपाङ्गदृष्ट्यैव जीयते जगतां त्रयम्
॥ २ ॥ सोमः शौचं ददौ तासां गन्धर्वाश्च शुभां गिरम् ।
अग्निः सर्वाङ्गकान्तित्वं तस्मान्निष्कसमाः स्त्रियः ॥३॥ स्त्रियः
पवित्रमतुलं नैता दुष्यन्ति कर्हिचित् । मासि मासि रजो
यासां दुष्कृतान्यपकर्षति ॥ ४ ॥ अमृतस्येव कुण्डानि
रत्नानामिव राशयः । रतेरिव निधानानि निर्मिताः केन यो-
षितः ॥ ५ ॥ प्राणानां च प्रियायाश्च मूढाः सादृश्यका-
रिणः । प्रिया कण्ठगता रत्यै प्राणा मरणहेतवः ॥ ६ ॥
अकृत्रिमप्रेमरसा विलासालसगामिनी । असारे दग्धसंसारे
सारं सारङ्गलोचना ॥ ७ ॥ हरिणप्रेक्षणा यत्र गृहिणी न
विलोक्यते । सेवितं सर्वसंपद्भिरपि तद्भवनं वनम् ॥ ८ ॥
यासामञ्चलवातेन दीपो निर्वाणतां गतः । तासामालिङ्गने
पुंसां नरके पतनं कुतः ॥ ९ ॥ नामृतं न विषं किंचि-
देकां मुक्त्वा नितम्बिनीम् । यस्याः सङ्गेन जीव्येत म्रियेत
च वियोगतः ॥ १० ॥ यासां नाम्नापि कामः स्यात्संगमं
दर्शनं विना । तासां दृक्संगमं प्राप्य यन्न द्रवति कौतुकम्
॥ ११ ॥ यावद्दृष्टिर्मृगाक्षीणां नो नरीनर्ति भङ्गुरा । ता-
वज्ज्ञानवतां चित्ते विवेकः कुरुते पदम् ॥ १२ ॥ समा-
श्लिष्टाः समाश्लेषैश्चुम्बिताश्चुम्बनैरपि । दष्टाश्च दशनैः कान्तं
दासीकुर्वन्ति योषितः ॥ १३ ॥ ज्योत्स्नेव नयनानन्दः
सुरेव[2] मदकारणम् । प्रभुतेव समाकृष्टसर्वलोका नितम्बिनी
॥ १४ ॥ कार्पासकृतकूर्पासशतैरपि न शाम्यति । शीतं
शातोदरीपीनवक्षोजालिङ्गनं विना ॥ १५ ॥ संपन्न रमणी
शीलसंपन्नरमणीं विना । इत्यूढवान्नरमणी रमणीं रुक्मिणीं
हरिः ॥ १६ ॥ पादसंवाहने वज्री[3] केशसंमार्जने फणी[4] ।
अहो भाग्यं पुरंध्रीणां दधिसंमन्थने रविः[5] ॥ १७ ॥ प्रभ-
वति मनसि विवेको विदुषामपि शास्त्रसंभवस्तावत् । नि-
पतन्ति दृष्टिविशिखा यावन्नेन्दीवराक्षीणाम् ॥ १८ ॥ सन्तु
विलोकनभाषणविलासपरिहासकेलिपरिरम्भाः । स्मरणमपि
कामिनीनामलमिह मनसो विकाराय ॥ १९ ॥ ह्लादनता-
पनशक्ती सहजे स्तः सुभ्रुवां कटाक्षेषु । तत्राद्या प्रबला
सान्निदीयस्त्वे परा दवीयस्त्वे ॥ २० ॥ अवलोकनमपि
सुखयति कुवलयदलचारुचपलनयनायाः । किं पुनरमृतस-
मानं सरभसमालिङ्गनं तस्याः ॥ २१ ॥ व्रीडावेलारुद्धं
सागरसलिलमिव योषितां हृदयम् । रागेन्दुरुदयमानो भूयो
भूयस्तरङ्गयति ॥ २२ ॥ आदानपानलेपैः काश्चिद्दूरलोप-
तापहारिण्यः । पुरतः स्थितैव सिद्धौषधिवल्ली कापि जी-
वयति ॥ २३ ॥ उपनिषदः[1] परिपीता[2] गीतापि च हन्त
मतिपथं नीता । तदपि न हा विधुवदना मानससदनाद्ब-
हिर्याति ॥२४॥ यस्य न सविधे दयिता दवदहनस्तुहिनदी-
धितिस्तस्य । यस्य च सविधे दयिता दवदहनस्तुहिनदीधि-
तिस्तस्य ॥ २५ ॥ यत्र पतत्यबलानां दृष्टिर्निशिताः पतन्ति
तत्र शराः । तच्चापरोपितशरो धावत्यासां पुरः स्मरो मन्ये
॥ २६ ॥ स्वपरप्रतारकोऽसौ निन्दति योऽलीकपण्डितो
युवतीः । यस्मात्तपसोऽपि फलं स्वर्गः स्वर्गेऽपि योषितोऽप्स-
रसः ॥ २७ ॥ अकृशं[3] कुचयोः कृशं वलग्ने[4] विततं च-
क्षुषि विस्तृतं नितम्बे । अरुणाधरमाविरस्तु चित्ते करु-
णाशालिकपालि[5]भागधेयम् ॥ २८ ॥ अधरे नववीटिका-
नुरागो नयने कज्जलमुज्ज्वलं[6] दुकूलम् । इदमाभरणं नित-
म्बिनीनामितरद्भूषणमङ्गदूषणाय ॥ २९ ॥ रत्नानि विभूष-
यन्ति योषा भूष्यन्ते वनिता न रत्नकान्त्या । चेतो वनिता-
हरन्त्यरत्ना नो रत्नानि विनाङ्गनाङ्गसङ्गात् ॥ ३० ॥ ताव-
देव विदुषां विवेकिनी बुद्धिरस्ति भवबन्धभेदिनी । यावदि-
न्दुवदना न कामिनी वीक्षिता हरसि हंसगामिनी ॥ ३१ ॥
तरुणिमनि कृतावलोकना ललितविलासविलब्धविग्रहा ।
स्मरशरविसराचितान्तरा मृगनयना हरते मुनेर्मनः ॥ ३२ ॥
तावदेव कृतिनां हृदि स्फुरत्येष निर्मलविवेकदीपकः ।
यावदेव न कुरङ्गचक्षुषां ताड्यते चपललोचनाञ्चलैः ॥३३॥
जये धरित्र्याः पुरमेव सारं पुरे गृहं सद्मनि चैकदेशः ।
तत्रापि शय्या शयने वरा स्त्री रत्नोज्ज्वला राज्यसुखस्य
सारः ॥ ३४ ॥ आस्यं[7] सहास्यं[8] नयनं सलास्यं सिन्दूरबिन्दूद-
यशोभि भालम् । नवा च वेणी हरिणीदृशश्चेदन्यैरगण्यैरपि
भूषणैः किम् ॥ ३५ ॥ मात्सर्यमुत्सार्य विचार्य कार्यमार्याः
समर्यादमिदं वदन्तु । सेव्या नितम्बाः किमु भूधराणामुत
स्मरस्मेरविलासिनीनाम् ॥ ३६ ॥ स्मितेन भावेन च लज्जया
भिया[9] पराङ्मुखैरर्धकटाक्षवीक्षणैः । वचोभिरीर्ष्याकलहेन[10]
लीलया समस्तभावैः खलु बन्धनं स्त्रियः ॥ ३७ ॥ अवि-
श्वसन्धूर्तधुरंधरोऽपि नरः पुरंध्रीपुरतोऽन्ध एव । अशेष-
शिक्षाकुशलोऽपि काकः प्रतार्यते[11] किं न पिकाङ्गनाभिः[12]
॥ ३८ ॥ उडुराजमुखी मृगराजकटिर्गजराजविराजितमन्द-

१ सुवर्णसदृशाः. २ मद्यमिव. ३ पादस्थमलनिर्हरणार्थं कृतो भर्जितेष्टकाखण्डो वज्रीति लोके कथ्यते; (पक्षे) इन्द्रः. ४ दन्तपत्रिका; (पक्षे) शेषः. ५ मन्था; (पक्षे) सूर्यः.

१ ब्रह्मप्रतिपादकाः श्रुतिशिरोभागाः. २ अभ्यस्ताः. ३ स्थूलम्. ४ मध्ये. ५ हरस्य. ६ स्वच्छम्. ७ मुखम्. ८ हासयुक्तम्. ९ भयेन. १० प्रणयकोपेन. ११ वन्यते. १२ कोकिलाभिः.

गतिः । यदि सा वनिता हृदये निहिता क्व जपः क्व तपः क्व समाधिरतिः ॥ ३९ ॥ तदाखण्डलाशा महीमण्डलाशां तथा भोगिभोगानुरागं त्यजामः । मनःक्षोभदक्षान्कृपातः कटाक्षान्कुरंगेक्षणाश्लेक्षणं पातयन्ति ॥ ४० ॥ भ्रूचातुर्यात्कुञ्चिताक्षाः कटाक्षाः स्निग्धा वाचो लज्जिताश्चैव हासाः । लीलामन्दं प्रस्थितं च स्थितं च स्त्रीणामेतद्भूषणं चायुधं च ॥ ४१ ॥ नूनं हि ते कविवरा विपरीतबोधा ये नित्यमाहुरबला इति कामिनीस्ताः । याभिर्विलोलतरतारकदृष्टिपातैः शक्रादयोऽपि विजितास्त्वबलाः कथं ताः ॥ ४२ ॥ नान्दीपदानि रतिनाटकविभ्रमाणामाद्याक्षराणि परमाण्यथवा स्मरस्य । दष्टेऽधरे प्रणयिना विधुताग्रपाणेः सीत्कारशुष्करुदितानि जयन्ति नार्याः ॥ ४३ ॥ अलमतिचपलत्वात्स्वप्नमायोपमत्वात्परिणतिविरसत्वात्संगमेनाङ्गनायाः । इति यदि शतकृत्वस्तत्त्वमालोचयामस्तदपि न हरिणाक्षीं विस्मरत्यन्तरात्मा ॥ ४४ ॥ द्रुतं यस्यालोकाद्विरहिजनशोकापनयनं यदङ्के सानन्दं नयनमरविन्दं विहरति । न यस्यापैति श्रीः कचनिचयराहोरपि पुरः स मे खेदं रामावदनहिमधामा शमयतु ॥ ४५ ॥ श्रुतं दृष्टं स्पृष्टं स्मृतमपि नृणां ह्लादजननं न रत्नं स्त्रीभ्योऽन्यत्क्वचिदपि कृतं लोकपतिना । तदर्थं धर्मार्थौ विभववरसौख्यानि च ततो गृहे लक्ष्म्यो मान्याः सततमबला मानविभवैः ॥ ४६ ॥ ललाटे कस्तूरीतिलकमबलाः कज्जलरुचिं दृशोः[1] कर्णद्वन्द्वे विमलमणिताटङ्कयुगलम् । गले मुक्तामालां शुचि वसनमङ्गे च सततं वशीकर्तुं विश्वं दधति खलु बाह्योपकरणम् ॥ ४७ ॥ भवन्तो वेदान्तप्रणिहितधियामत्र गुरवो विदग्धालापानां वयमपि कवीनामनुचराः । तथाप्येतद्ब्रूमो न हि परहितात्पुण्यमधिकं न चास्मिन्संसारे कुवलयदृशो रम्यमपरम् ॥ ४८ ॥ विमुञ्चति बुधो जनः सुकृतचिन्तनं दूरतो जहाति च मुनिस्तपस्त्यजति धीरतां शंकरः । विधिर्भवति चञ्चलस्त्रिजगतीपतिः क्षुभ्यति क्षणं कुटिलदृष्टयो यदि पतन्ति वामभ्रुवः ॥ ४९ ॥ अमृतममृतं कः संदेहो मधून्यपि नान्यथा मधुरमधिकं चूतस्यापि प्रसन्नरसं फलम् । सकृदपि पुनर्मध्यस्थः सन्रसान्तरविज्जनो वदतु यदिहान्यत्स्वादु स्यात्प्रियारदनच्छदात् ॥ ५० ॥ वचसि भवति सङ्गत्यागमुद्दिश्य वार्ता श्रुतिमुखरमुखानां केवलं पण्डितानाम् । जघनमरुणरत्नग्रन्थिकाञ्चीकलापं कुवलयनयनानां को विहातुं समर्थः ॥ ५१ ॥ किमिह बहुभिरुक्तैर्युक्तिशून्यैः प्रलापैर्द्वयमिह पुरुषाणां सर्वदा सेवनीयम् । अभिनवमदलीलालालसं सुन्दरीणां स्तनभरपरिखिन्नं यौवनं वा वनं वा ॥ ५२ ॥ यासां सत्यपि सद्गुणानुसरणे दोषानुरागो भृशं याः प्राणान्परमर्पयन्ति न पुनः संपूर्णदृष्टिं प्रिये अत्यन्ताभिमतेऽपि वस्तुनि विधिर्यासां निषेधात्मकस्तत्तत्केलिषु दक्षिणा अपि सदा वामा जयन्त्येव ताः ॥ ५३ ॥ स्त्रीमुद्रां कुसुमायुधस्य परमां सर्वार्थसंपत्करीं ये मूढाः प्रविहाय यान्ति कुधियो मिथ्याफलान्वेषिणः । ते तेनैव निहत्य निर्दयतरं नग्नीकृता मुण्डिताः केचिद्रक्तपटीकृताश्च जटिलाः कापालिकाश्चापरे ॥ ५४ ॥ द्रष्टव्येषु किमुत्तमं मृगदृशः प्रेमप्रसन्नं मुखं घ्रातव्येष्वपि किं तदास्यपवनः श्राव्येषु किं तद्वचः । किं स्वाद्येषु तदोष्ठपल्लवरसः स्पृश्येषु किं तद्वपुर्ध्येयं किं नवयौवने सहृदयैः सर्वत्र तद्विभ्रमः ॥५५॥ यत्रैता लहरीचलाचलदृशो व्यापारयन्ति भ्रुवं यत्तत्रैव पतन्ति संततममी मर्मस्पृशो मार्गणाः । तच्चक्रीकृतचापमञ्चितशरप्रेङ्खत्करः क्रोधनो धावत्यग्रत एव शासनधरः सत्यं सदासां स्मरः ॥ ५६ ॥ विश्वामित्रपराशरप्रभृतयो वाताम्बुपर्णाशनास्तेऽपि स्त्रीमुखपङ्कजं सुललितं दृष्ट्वैव मोहं गताः । शाल्यन्नं सघृतं पयोदधियुतं ये भुञ्जते मानवास्तेषामिन्द्रियनिग्रहो यदि भवेद्विन्ध्यस्तरेत्सागरे ॥ ५७ ॥ आलोलैरुपगम्यते मधुकरैः केशेषु माल्यग्रहः कान्तिः कापि कपोलयोः प्रथयते ताम्बूलमन्तर्गतम् । अङ्गानामनुलेपनं परिमलैरालेपनप्रक्रिया वेषः कोऽपि सरोजसुन्दरदृशः सूते सुखं चक्षुषोः ॥ ५८ ॥ राद्रत्नस्फारहारा भयवरदकरा स्रस्तधम्मिल्लभारा मूलाधाराधिकारा निगमनिधिधरा काव्यकोटिप्रचारा । संसारानल्पकारा सदनमयहरा चिद्घनैकावतारा तारा शृङ्गारधारा मनसि वसतु ते सर्वदा सर्वसारा ॥५९॥ संसारेऽस्मिन्नसारे परिणतितरले द्वे गती पण्डितानां तत्त्वज्ञानामृताम्भःपुलकितमनसां यातु कालः कदाचित् । नो चेन्मुग्धाङ्गनानां स्तनजघनभराभोगसंभोगिनीनां स्थूलोपस्थस्थलीषु स्थगितकरतलस्पर्शलोभोद्यतानाम् ॥ ६० ॥ संसारेऽस्मिन्नसारे कुनृपतिभवनद्वारसेवाकलङ्कव्यासङ्गव्यस्तधैर्यं कथममलधियो मानसं संविदध्युः । यद्येताः प्रोद्यदिन्दुद्युतिनिचयभृतो न स्युरम्भोजनेत्राः प्रेङ्खत्काञ्चीकलापाः स्तनभरविनमन्मध्यभागास्तरुण्यः ॥ ६१ ॥

युववर्णनम् ।

अधारि पद्मेषु तदङ्घ्रिणा घृणा क्व तच्छयच्छायलवोऽपि पल्लवे । तदास्यदास्येऽपि गतोऽधिकारितां न शारदः पा-

१ मुखचन्द्रः.

र्विकशर्वरीश्वरः ॥ १ ॥ किमस्य रोम्णां कपटेन कोटिभि-
र्विधिर्न लेखाभिरजीगणद्गुणान् । न रोमकूपौघमिषाज्जग-
त्कृता कृताश्च किं दूषणशून्यबिन्दवः ॥ २ ॥ अमुष्य
दोर्भ्यामरिदुर्गलुण्ठने ध्रुवं गृहीतार्गलदीर्घपीनता । उरःश्रिया
तत्र च गोपुरस्फुरत्कपाटदुर्धर्षतिरःप्रसारिता ॥ ३ ॥
स्वकेलिलेशस्मितनिन्दितेन्दुनो निजांशदृक्तर्जितपद्मसंपदः ।
अतद्द्वयीजित्वरसुन्दरान्तरे न तन्मुखस्य प्रतिमा चराचरे
॥ ४ ॥ सरोरुहं तस्य दृशैव तर्जितं जिताः स्मितेनैव
विधोरपि श्रियः । कुतः परं भव्यमहो महीयसी तदाननस्यो-
पमितौ दरिद्रता ॥ ५ ॥ स्वबालभारस्य तदुत्तमाङ्गजैः समं
चमर्येव तुलाभिलाषतः । अनागसे शंसति बालचापलं
पुनः पुनः पुच्छविलोलनच्छलात् ॥ ६ ॥ निमीलनभ्रंश-
जुषा दृशा भृशं निपीय तं यस्त्रिदशीभिरर्जितः । अमूस्तम-
भ्यासभरं विवृण्वते निमेषनिःस्वैरधुनापि लोचनैः ॥ ७ ॥
विलोकयन्तीभिरजस्रभावनाबलादमुं तत्र निमीलनेष्वपि ।
अलम्भि मर्त्याभिरमुष्य दर्शने न विघ्नलेशोऽपि निमेषनि-
र्मितः ॥ ८ ॥ न का निशि स्वप्नगतं ददर्श तं जगाद
गोत्रस्खलिते च का न तम् । तदात्मताध्यातधवा रते च
का चकार वा न स्वमनोभवोद्भवम् ॥ ९ ॥

बालावर्णनम् ।

अभ्यासः कर्मणां सम्यगुत्पादयति कौशलम् । विधिना
तावदभ्यस्तं यावत्सृष्टा मृगेक्षणा ॥ १ ॥ न देवकन्यका
नापि गन्धर्वकुलसंभवा । तथाप्येषा तपोभङ्गं विधातुं
वेधसोऽप्यलम् ॥ २ ॥ इयं व्याधायते बाला भ्रूरस्याः कार्मु-
कायते । कटाक्षाश्च शरायन्ते मनो मे हरिणायते ॥ ३ ॥
मनोऽपि शङ्कमानाभिर्बालाभिरुपजीव्यते । अषडक्षीणषाड्गु-
ण्यमन्त्री मकरकेतनः ॥ ४ ॥ अतन्द्रचन्द्राभरणा समुद्दी-
पितमन्मथा । तारकातरला श्यामा सानन्दं न करोति
कम् ॥ ५ ॥ निर्माणकौशलं धातुश्चन्द्रिका लोकचक्षुषाम् ।
क्रीडागृहमनङ्गस्य सेयमिन्दीवरेक्षणा ॥ ६ ॥ प्रेङ्खणप्रेक्ष-
णालापान्कुर्वत्यः सस्मितत्रपम् । न वीणायाः प्रवीणायाः
स्वञ्जनं स्वररञ्जनम् ॥ ७ ॥ दग्धो विधिर्विधत्ते न सर्व-
गुणसुन्दरं जनं कमपि । इत्यपवादभयादिव मुग्धाक्षी
निर्मिता विधिना ॥ ॥ मीनवती नयनाभ्यां चरणाभ्यामपि
सुफुल्लकमलवती । शैवालिनी च केशैः सुरसेयं सुन्दरी
सरसी ॥ ९ ॥ अलिकुलमञ्जुलकेशी परिमलबहुला रसा-
वहा तन्वी । किसलयपेशलपाणिः कोकिलकलभाषिणी
प्रियतमा मे ॥ १० ॥ अमृतं तदधरबिम्बे वचनेष्वमृतं
विलोकनेऽप्यमृतम् । अमृतभृतौ कुचकुम्भौ सत्यं सा सृष्टि-
रपरैव ॥ ११ ॥ स्तनकलशस्खलदम्बरसंवरणव्यग्रपाणि-
कमलायाः । निपतन्ति भाग्यभाजामुपरि कटाक्षाः सरो-
जाक्ष्याः ॥ १२ ॥ कुङ्कुमपङ्केनाङ्कितदेहा गौरपयोधर-
कम्पितहारा । नूपुरहंसरणत्पदपद्मा कं न वशीकुरुते भुवि
रामा ॥ १३ ॥ मन्दमन्दगमना करिणी किं वा विशाल-
नयना हरिणी किम् । पूर्णचन्द्रवदना रजनी किं पश्य
गच्छति सखे तरुणी किम् ॥ १४ ॥ उत्तुङ्गस्तनभरतान्तता-
न्तमध्यं विश्लिष्यद्घनकचवान्तवान्तसूनम् । वक्त्राब्जभ्रमद-
लिभीतभीतनेत्रं मुग्धाक्षी मम धुरि मन्दमन्दमेति ॥ १५ ॥
उदयदुदयदीक्षणाय पत्युश्चपलदृशस्त्रपया निरुध्यमानम् ।
मन इव कृपणस्य दानकाले कति न ततान गतागतानि
चक्षुः ॥ १६ ॥ अदम्भा हि रम्भा विलक्षा च लक्ष्मी-
र्घृताची ह्रिया चीरसंच्छादितास्या । अहो जायते मन्द-
वर्णाप्यपर्णा समाकर्ण्य तस्या गुणस्यैकदेशम् ॥ १७ ॥
एकान्तसुन्दरविधानजडः क्व वेधाः सर्वाङ्गकान्तिचतुरं क्व
च रूपमस्याः । मन्ये महेश्वरभयान्मकरध्वजेन प्राणार्थिना
युवतिरूपमिदं गृहीतम् ॥ १८ ॥ किं कौमुदीः शशिकलाः
सकला विचूर्ण्य संयोज्य चामृतरसेन पुनः प्रयत्नात् ।
कामस्य घोरहरहुंकृतिदग्धमूर्तेः संजीवनौषधिरियं विहिता
विधात्रा ॥ १९ ॥ नेदं मुखं मृगवियुक्तशशाङ्कबिम्बं नेमौ
स्तनावमृतपूरितहेमकुम्भौ । नैवालकावलिरियं मदनास्त्र-
शाला नैवेदमक्षियुगलं निगडं हि यूनाम् ॥ २० ॥ चित्ते
निवेश्य परिकल्पितसत्त्वयोगान्रूपोच्चयेन विधिना विहिता
कृताङ्गी । स्त्रीरत्नसृष्टिपरा प्रतिभाति सा मे धातुर्विभुत्व-
मनुचिन्त्य वपुश्च तस्याः ॥ २१ ॥ चन्द्रो जडः कदलि-
काण्डमकाण्डशीतमिन्दीवराणि च विमुद्रितविभ्रमाणि ।
येनाक्रियन्त सुतनोः स कथं विधाता किं चन्द्रिकां क्वचि-
दशीतरुचिः प्रसूते ॥ २२ ॥ निर्मुक्तशैशवदशाशिशिरा
नवीनसंप्राप्तयौवनवसन्तमनोरमश्रीः । उन्मीलितस्तननवस्त-
बका निकाममेणीदृशस्तनुलता तनुते मुदं नः ॥ २३ ॥
नीलोत्पलोल्लसितखञ्जनमञ्जुनेत्रा संपूर्णशारदसुधाकरकान्त-
वक्त्रा । बाला जगत्त्रितयमोहनदिव्यमूर्तिर्मन्ये विभाति
जगति स्मरवीरकीर्तिः ॥ २४ ॥ एताः स्खलद्वलयसंहतिमे-
खलोत्थझङ्कारनूपुरवाहृतराजहंसाः । कुर्वन्ति कस्य न मनो

१ निर्निमेषैः.

१ मद्मा. २ स्त्रीरूपम्. ३ शृङ्खला.

विवशं तरुण्यो विश्वस्तमुग्धहरिणीसदृशैः कटाक्षैः ॥ २५ ॥ एषा भविष्यति विनिद्रसरोरुहाक्षी कामस्य कापि दयिता तनुजानुजा वा । यः पश्यति क्षणमिमां कथमन्यथासौ कामस्तमस्तकरुणस्तरुणं हिनस्ति ॥ २६ ॥ अपाङ्गतरले[1] दृशौ तरलवक्रवर्णा गिरो विलासभरमन्थरा[2] गतिरतीव कान्तं मुखम् । इति स्फुरितमङ्गके मृगदृशां स्वतो लीलया तदत्र न महोदयः कृतपदो[3]ऽपि संलक्ष्यते ॥ २७ ॥ दृशः पृथुतरीकृता जितनिजाब्जपत्रत्विषश्चतुर्भिरपि साधुसाध्विति मुखैः समं व्याहृतम् । शिरांसि चलितानि विस्मयवशाद्ध्रुवं वेधसो विधाय ललनां जगत्त्रयललामभूतामिमाम् ॥ २८ ॥ क्वचित्सभ्रूभङ्गैः क्वचिदपि च लज्जापरिणतैः क्वचिद्भीतित्रस्तैः क्वचिदपि च लीलाविलसितैः । नवोढानामेभिर्वदनकमलैर्नेत्रचलितैः स्फुरल्लीलालीनाप्रकरपरिपूर्णा इव दृशः ॥ २९ ॥ अमुष्या लावण्यं मृदुलमृदुलानप्यवयवान्मनोलौल्यं धातुः करकठिनतां मे विमृशति । पदं चित्ते धत्ते मतिरिति पुरा पङ्कजभुवा ध्रुवं कल्याणीयं कलितसुकृतैरेव रचिता ॥ ३० ॥ समीचीना चीनांशुकपरिवृताङ्गी प्रविलसत्कुचापीना हीना जघनघनभागेऽब्जवदना । न दीना दीनान्तःकलितमदना सेयमधुना नवीना मीनाक्षी व्यथयति मुनीनामपि मनः ॥ ३१ ॥ स्फुरन्नानारत्नारुणितवसना वृत्तमसृणस्तनापीना मत्ता तरलजघना हंसगमना । स्मराधीनासीना कविहृदि जिताशेषललना नवीना मीनाक्षी व्यथयति मुनीनामपि मनः ॥ ३२ ॥ उदासीनालीनामपि वचसि लीनातनुलसत्त्रपाधीना दीनालपनपदवीनायकधृता । कवीनामासीना हृदि कुमुदिनीनाथवदना नवीना मीनाक्षी व्यथयति मुनीनामपि मनः ॥३३॥ निलीना वेश्मान्तः कथमपि सखीनामभिहितैः कृताधीना हीनाकृतिरपि मतीनामविषया । कवीनामज्ञत्वं ज्ञपयति विपीना तनुतया नवीना मीनाक्षी व्यथयति मुनीनामपि मनः ॥ ३४ ॥ कुचाभ्यां भास्वन्ती विजितलकुचाभ्यां युवमनो हरन्ती बिब्बोकैः सरसि विहरन्ती मधुरगीः । तरुण्या लावण्यं किमपि विदधानार्भकविधौ नवीना मीनाक्षी व्यथयति मुनीनामपि मनः ॥ ३५ ॥ अमलमृणालकाण्डकमनीयकपोलरुचेस्तरलसलीलनीलनलिनप्रतिफुल्लदृशः । विकसदशोकशोणकरकान्तिभृतः सुतनोर्मदलुलितानि हन्त ललितानि हरन्ति मनः ॥ ३६ ॥ किमिन्दुः किं पद्मं किमु मुकुरबिम्बं किमु मुखं किमब्जे किं मीनौ किमु मदनबाणौ किमु दृशौ । खगौ वा गुच्छौ वा कनककलशौ वा किमु कुचौ तडिद्वा तारा वा कनकलतिका वा किमबला ॥ ३७ ॥ तनुस्पर्शादस्या दरमुकुलिते हन्त नयने उदञ्चद्रोमाञ्चं व्रजति जडतामङ्गमखिलम् । कपोलौ घर्मार्द्रौ ध्रुवमुपरताशेषविषयं मनः सान्द्रानन्दं स्पृशति झटिति ब्रह्म परमम् ॥ ३८ ॥ मधुरवचनैः सभ्रूभङ्गैः कृताङ्गुलितर्जनैरलसवलितैरङ्गन्यासैर्महोत्सवबन्धुभिः । असकृदसकृत्स्फारस्फारैरपाङ्गविलोकितैस्त्रिभुवनजये सा पञ्चेषोः करोति सहायताम् ॥ ३९ ॥ कर्पूरेण स्थलविरचना कुङ्कुमेनालवालं माध्वीकानि प्रतिदिनपयः पञ्चबाणः कृपाणः (?) । तत्रोत्पन्ना यदि किल भवेत्काञ्चनी कापि वल्ली सा चेदस्याः किमपि लभते सुभ्रुवः सौकुमार्यम् ॥ ४० ॥ लावण्यामृतदीर्घिका कुलगृहं सौन्दर्यसौभाग्ययोस्त्रैलोक्याकररत्नकन्दलिरियं जीव्यात्सहस्रं समाः । रूपालोकनकौतुकेन बहुना शिल्पश्रमेणादरान्मन्ये यां विधिना विहाय विहितं सृष्टेर्ध्वजारोपणम् ॥ ४१ ॥ अस्याः सर्गविधौ[1] प्रजापतिरभूच्चन्द्रो नु कान्तिप्रदः शृङ्गारैकरसः स्वयं नु मदनो मासो नु पुष्पाकरः । वेदाभ्यासजडः कथं नु विषयव्यावृत्तकौतूहलो निर्मातुं प्रभवेन्मनोहरमिदं रूपं पुराणो मुनिः ॥ ४२ ॥ वक्रं चन्द्रविकासि पङ्कजपरीहासक्षमे लोचने वर्णः स्वर्णमपाकरिष्णुरलिनीजिष्णुः[2] कचानां चयः । वक्षोजाविभकुम्भविभ्रमहरौ गुर्वी नितम्बस्थली वाचां हारि[3] च मार्दवं युवतिषु स्वाभाविकं मण्डनम् ॥ ४३ ॥ अस्याश्चेद्गतिसौकुमार्यमधुना[4] हंसस्य गर्वैरलं संलापो[5] यदि धार्यतां परभृतैर्वाचंयमत्वव्रतम्[6][7] । अङ्गानामकठोरता यदि दृषत्प्रायैव[8] सा मालती कान्तिश्चेत्कमला[9] किमत्र बहुना काषायमालम्बताम्[10] ॥ ४४ ॥ निर्मित्सुः[11] सुदतीमजो[12] विरचिते वक्त्रे शशिभ्रान्तितः कोशीभूत[13]निजाम्बुजासनमधिष्ठातुं न शक्तो विधिः । मध्यं विस्मृतवान्कुचौ च कठिनौ पीनौ नितम्बौ कचान्वक्रान्निर्मितवान्मतिः स्फुरति हि स्वस्थे नृणां चेतसि ॥ ४५ ॥ सौन्दर्यस्य तरङ्गिणी तरुणिमोत्कर्षस्य हर्षोद्गमः कान्तेः कार्मणकर्म नर्मरहसामुल्लासनावासभूः । विद्या वक्रगिरां विधेरनवधिप्रावीण्यसाक्षात्क्रिया बाणाः पञ्चशिलीमुखस्य ल-

१ नेत्रप्रान्तचञ्चले. २ विलासभरेण मन्थरा मन्दा गतिः. ३ कृतस्थितिः.

१ उत्पत्तिविधाने. २ जीर्णः. ३ तुच्छं कुर्वन्. ४ जयशीलः. ५ मनोहरम्. ६ मिथो भाषणम्. ७ मौनव्रतम्. ८ पाषाणरूपा. ९ लक्ष्मीः. १० काषायवस्त्रम्. ११ निर्मातुमिच्छुः. १२ ब्रह्मा. १३ मुकुलीभूतस्वकीयकमलासनम्.

लनाचूडामणिः सा प्रिया ॥ ४६ ॥ दृष्टिः सालसतां बिभर्ति न शिशुक्रीडासु बद्धादरा श्रोत्रे प्रेषयति प्रवर्तितसखीसंभोगवार्तास्वपि । पुंसामङ्कमपेतशङ्कमधुना नारोहति प्राग्यथा बाला नूतनयौवनव्यतिकरावष्टभ्यमाना शनैः ॥ ४७ ॥ आयाति श्रियमञ्जसा नयनयोरम्भोरुहप्रेयसी संनाहः स्तनयोरयं कल्प्यते संभोगयोग्यां दशाम् । वैदग्ध्येन सहासिकां वितनुते वाचामियं प्रक्रिया मुग्धायाः पुनरन्दवीं न सहते मुख्यामभिख्यां मुखम् ॥ ४८ ॥

वयःसंधिवर्णनम् ।

यथा यथा विशत्यस्या हृदये हृदयेश्वरः । तथा तथा बहिर्यातौ मन्ये संकोचतः कुचौ ॥ १ ॥ अन्तरङ्गमनङ्गस्य शृङ्गारकुलदैवतम् । अङ्गीकरोति तन्वङ्गी सा विलासमयं वयः ॥ २ ॥ अन्येयं रूपसंपत्तिरन्या वैदग्ध्यधोरणी । नैषा नलिनपत्राक्षी सृष्टिः साधारणी विधेः ॥ ३ ॥ अनायासकृशं मध्यमशङ्कतरले दृशौ । अभूषणमनोहारि वपुर्वयसि सुभ्रुवः ॥ ४ ॥ दृश्यं दृशां सहस्रैर्मनसामयुतैर्विभावनीयं च । सुकृतशतकोटिभोग्यं किमपि वयः सुभ्रुवो जयति ॥ ५ ॥ न्यञ्चति वयसि प्रथमे समुदञ्चति तरुणिमनि सुदृशः । दधति स्म मधुरिमाणं वाचो गतयश्च विभ्रमाश्च भृशम् ॥ ६ ॥ यदवधि विलासभवनं यौवनमुदियाय चन्द्रवदनायाः । दहनं विनैव तदवधि यूनां हृदयानि दह्यन्ते ॥ ७ ॥ अधरः किसलयरागः कोमलविटपानुकारिणौ बाहू । कुसुममिव लोभनीयं यौवनमङ्गेषु संनद्धम् ॥ ८ ॥ मृदुलवलिललितमध्यं पृथुलकुचं चारु विपुलभूजघनम् । पुंनागस्पृहणीयं स्फुरति वनं यौवनं च नारीणाम् ॥ ९ ॥ संभिन्नयोरमुष्या वयसोः पयसोरिवाङ्गेषु । अनयो रसद्विभेदं मानसजन्मा परं वेद ॥ १० ॥ स्तनतटमिदमुत्तुङ्गं निम्नो मध्यः समुन्नतं जघनम् । विषमे मृगशावाक्ष्या वपुषि नवे क इव न स्खलति ॥ ११ ॥ उदयति तरुणिमतरणौ शैशवशशिनि प्रशान्तिमायाते । कुचचक्रवाकयुगलं तरुणितटिन्यां मिथो मिलति ॥ १२ ॥ अचल चलदिव चक्षुः प्रकृतमपीदं समुद्यदिव वक्षः । अतदिव तदपि शरीरं संप्रति वामभ्रुवो जयति ॥ १३ ॥ अयमङ्कुरभाव एव तावत्कुचयोः कर्षति लोकलोचनानि । इतरेतरपीडनीमवस्था गतयोः श्रीरनयोः कथं भवित्री ॥ १४ ॥ परिहरति यथा यथा वयोऽस्याः स्फुरदुरुकन्दलशालिबालभावम् । दृढयति धनुषस्तथा तथा ज्यां स्पृशति शरानपि सज्जयन्मनोभूः ॥ १५ ॥ निशितशरधियार्पयत्यनङ्गो दृशि सुदृशः स्वबलं वयस्यराले । दिशि निपतति यत्र सा च तत्र व्यतिकरमेत्य समुन्मिषन्त्यवस्थाः ॥ १६ ॥ यथा यथास्याः कुचयोः समुन्नतिस्तथा तथा लोचनमेति वक्रताम् । अहो सहन्ते बत नो परोदयं निसर्गतोऽन्तर्मलिना ह्यसाधवः ॥ १७ ॥ समं विलासोऽङ्कुरितः स्तनाभ्यां त्रपा विलासेन सहावतीर्णा । अवर्ततान्यस्त्रपयैव साकं कान्तः प्रकारो वचसां कृशाङ्ग्याः ॥ १८ ॥ उन्मीलितं तूलिकयेव चित्रं सूर्यांशुभिर्भिन्नमिवारविन्दम् । बभूव तस्याश्चतुरस्रशोभि वपुर्विभक्तं नवयौवनेन ॥ १९ ॥ असंभृतं मण्डनमङ्गयष्टेरनासवाख्यं करणं मदस्य । कामस्य पुष्पव्यतिरिक्तमस्त्रं बाल्यात्परं साधु वयः प्रपेदे ॥ २० ॥ आवृणोति यदि सा मृगीदृशी स्वाञ्चलेन कुचकाञ्चनाचलम् । भूय एव बहिरेति गौरवादुन्नतो न सहते तिरस्क्रियाम् ॥ २१ ॥ अत्युन्नतस्तनमुरो नयने सुदीर्घे वक्रे भ्रुवावतितरां वचनं ततोऽपि । मध्योऽधिकं तनुरनूनगुरुर्नितम्बो मन्दा गतिः किमपि चाद्भुतलोचनायाः ॥ २२ ॥ भ्रूपल्लवो धनुरपाङ्गतरङ्गितानि बाणा गुणाः श्रवणपालिरिति स्मरेण । तस्यामनङ्गजयजङ्गमदेवतायामस्त्राणि निर्जितजगन्ति किमर्पितानि ॥ २३ ॥ दृशोः सीमावादः श्रवणयुगलेन प्रतिकलं स्तनाभ्यां संरुद्धे हृदि मनसिजस्तिष्ठति बलात् । नितम्बः साक्रन्दं क्षिपति रशनादाम परतः प्रवेशस्तन्वङ्ग्या वपुषि तरुणिम्नो विजयते ॥ २४ ॥ अनाघ्रातं पुष्पं किसलयमलूनं कररुहैरनाविद्धं रत्नं मधु नवमनास्वादितरसम् । अखण्डं पुण्यानां फलमिव च तद्रूपमनघं न जाने भोक्तारं कमिह समुपस्थास्यति विधिः ॥ २५ ॥ भ्रुवौ काचिल्लीला परिणतिरपूर्वा नयनयोः स्तनाभोगो व्यक्तस्तरुणिमसमारम्भसमये । इदानीं बालायाः किममृतमयः किं विषमयः किमानन्दः साक्षाद्ध्वनितमधुरः पञ्चमरवः ॥ २६ ॥ अनाकूतैरेव प्रियसहचरीणां शिशुतया वचोभिः

---

१ चातुर्यम्. २ परिपाटी. ३ ध्येयम्. ४ गच्छति सति. ५ उदयं प्राप. ६ स्पृहणीयम्. ७ मृद्वी या लवलिर्वृक्षविशेषस्तेन ललितो मध्यभागो यस्य तत्; (पक्षे) मृदुला या वलयो वलित्रियं तेन ललितो मध्यो यस्मिन्. ८ पृथवः स्थूला लकुचा यस्मिन्; (पक्षे) पृथुलौ कुचौ यस्मिन्. ९ सुन्दरम्. १० विपुला ये भूजा वृक्षास्तैर्घनं निबिडम्; (पक्षे) विपुला भूर्येषां ते विपुलभुव एतादृशा जघना यस्मिंस्तत्. बहुप्रदेशव्यापकजघनमित्यर्थः. ११ पुंनागैः केसरवृक्षैः स्पृहणीयम्; (पक्षे) पुरुषश्रेष्ठैः स्पृहणीयम्.

१ कुटिले अर्धयौवनरूपे. २ अच्छिन्नम्. ३ नेत्ररहितम्.

पाञ्चालीमिथुनमधुना संगमयितुम् । उपादत्ते नो वा विरमति न वा केवलमियं कपोलौ कल्याणी पुलकमुकुलैर्दन्तुरयति ॥ २७ ॥ प्रगल्भानामन्तःप्रविशति शृणोति प्रियकथां स्वयं तत्तच्चेष्टाशतमभिनयैर्वञ्चयति च । स्पृहामन्तःकान्ते वहति न समभ्येति निकटं यथैवेयं बाला हरति हि तथा चित्तमधिकम् ॥ २८ ॥ स्मितं किंचिद्वक्त्रे सरलतरलो दृष्टिविभवः परिस्पन्दो वाचामभिनवविलासोक्तिसरसः । गतीनामारम्भः किसलयितलीलापरिकरः स्पृशन्त्यास्तारुण्यं किमिह न हि रम्यं मृगदृशः ॥ २९ ॥ इमे तारुण्यश्रीनवपरिमलाः प्रौढसुरतप्रतापप्रारम्भाः स्मरविजयदानप्रतिभुवः । चिरं चेतश्चौरा अभिनवविकारैकरुचयो विलासव्यापाराः किमपि विजयन्ते मृगदृशः ॥ ३० ॥ अपक्रान्ते बाल्ये तरुणिमनि चागन्तुमनसि प्रयाते मुग्धत्वे चतुरिमणि चाश्लेषरसिके । न केनापि स्पृष्टं यदिह वयसा मर्म परमं यदेतत्पक्ष्मोर्जयति वपुरिन्दीवरदृशः ॥ ३१ ॥ तदात्वप्रोन्मीलन्म्रदिमरमणीयाः कठिनतां विचित्य प्रत्यङ्गादिव तरुणभावेन घटितौ । स्तनौ संबिभ्राणा क्षणविनय[1]वैयात्यमसृणस्मरोन्मेषाः केशामुपरि न रसानां युवतयः ॥ ३२ ॥ न शीलं दृग्भङ्गी कलयति कुरङ्गीनयनयोः कुचश्रीः कर्कन्धूफलमपि न बन्धूकृतवती । सुधायाः सध्रीची न च वचनवीची परिचिता तथापि श्रीरस्या युवजननमस्या विजयते ॥ ३३ ॥ उदञ्चद्वक्षोजद्वयतटभरक्षोमितकटि स्फुरदृग्भ्यां मन्दीकृतविलसदिन्दीवरयुगम् । समुद्यद्भ्रूभङ्गं प्रविहितधनुर्भङ्गमनिशं वयस्तत्पद्माक्ष्याः कथमिव मनो न व्यथयतु ॥ ३४ ॥ मुखं विकसितस्मितं वंशितवक्रिमप्रेक्षितं समुच्छलितविभ्रमा गतिरपास्तसंस्था[3] मतिः । उरो मुकुलितस्तनं जघनमंसबन्धोद्धुरं बतेन्दुवदनातनौ तरुणिमोद्गमो मोदते ॥ ३५ ॥ न दन्तुरमुरःस्थलं वचसि नाश्रिता चातुरी विकारि न विलोकितं भ्रुवि न वक्रिमोपक्रमः । तथापि हरिणीदृशो वपुषि कापि कान्तिच्छटा पटावृतमहामणिद्युतिरिवात्र संलक्ष्यते ॥ ३६ ॥ इदं परमसुन्दरं तनुपुरं कुरङ्गीदृशां निवार्य खलु शैशवं स्वयमनेन नीतं बलात् । तदागमनशङ्कया मकरकेतुना किं कृतं पयोधरधराधरौ त्रिवलिवाहिनीदुस्तरौ ॥ ३७ ॥ स्थिरत्वमचिरद्युतौ तमसि कोऽपि बन्धग्रहो विधौ किमपि सौरभं मधुनि कापि वर्णोतमता । शिरीषनवदामनि स्फुरति कोऽपि शैलोदयो वयोऽभिनववेधसस्तदिह मन्महे कौशलम् ॥ ३८ ॥ क्षणं सरलवीक्षणं क्षणमपाङ्गसंवीक्षणं क्षणं रजसि खेलनं क्षणमतीव भूषादरः । क्षणं द्रुततरा गतिः क्षणमतीव मन्दा गतिः क्षणक्षणविलक्षणं जयति चेष्टितं सुभ्रुवः ॥ ३९ ॥ क्षोभं धत्ते यदतिबहलः स्निग्धलावण्यपूरः प्रत्यङ्गं यत्तटमनुसरन्त्यूर्मयो विभ्रमाणाम् । उन्मग्नं यत्स्फुरति च मनाक्कुम्भयोर्द्वन्द्वमेतत्तन्मन्येऽस्याः स्मरगजयुवा गाहते हृत्तडागम् ॥ ४० ॥ मन्दं मन्दं श्रवणपुटकोपान्तगन्ता दृगन्तः किंचित्किंचिद्विरमति मनो धूलिकेलीरसेभ्यः । आविर्भावः स्तनमुकुलयोः कापि कान्तिः समन्तादद्य श्वो वा कुसुमधनुषो यौवराज्याभिषेकः ॥ ४१ ॥ संनद्धोऽयं नवतरुणिमा काममास्कन्दुकामो नैनां मुञ्चत्यहह सहसा कौतुकी बालभावः । तद्वैराजं वरतरतनुस्वर्णभूमौ प्रवृत्तं प्रायस्त्वस्मादनुदिनमयं क्षीयते मध्यदेशः ॥ ४२ ॥ श्रोणीबन्ध[1]स्त्यजति तनुतां[2] सेव्यते मध्यभागः पद्भ्यां मुक्तास्तरलगतयः[3] संश्रिता लोचनाभ्याम् । धत्ते वक्षः कुचसचिवतामद्वितीयं तु वक्रं तद्गात्राणां गुणविनिमयः[4] कल्पितो यौवनेन ॥ ४३ ॥ सभ्रूभङ्गं करकिसलयावर्तनैरालपन्ती सा पश्यन्ती ललितललितं लोचनस्याञ्चलेन । विन्यस्यन्ती चरणकमले लीलया स्वैरयातैर्निःसङ्गीतं प्रथमवयसा नर्तिता पङ्कजाक्षी ॥ ४४ ॥ दोलायां जघनस्थलेन चलता लोलेक्षणा लज्जते साशङ्कं तनुकण्टकक्षतभिया क्रीडावने क्रीडति । धत्ते दिक्षु निरीक्षणं स्मितमुखी पारानतानां रुतैः सज्जं मौग्ध्यविसर्जनाय सुतनोः शृङ्गारमित्रं वयः ॥ ४५ ॥ वक्षस्यावरणादरस्तनयुगोद्भेदं विनाप्यङ्गुलीमुद्रासूचितहास्यमास्यमधिकं नो पुत्रिकादौ रसः । तिर्यग्लोचनवीक्षितानि वचसां छेकोक्तिसंक्रान्तयस्तस्याः सीदति शैशवे समभवत्कोऽप्येष नव्यः क्रमः ॥ ४६ ॥ लावण्यामृतनिर्झरेण सुदृशः सिक्ताखिलाङ्गस्थली जातस्तत्र नवीनयौवनकलालीलालतामण्डपः । तस्मिन्वेषविशेषशीतलतरच्छायासु सुप्तोत्थितः कंदर्पस्त्रिजगज्जयोद्यमपरोऽप्यद्यापि निद्रालसः ॥ ४७ ॥ बाल्ये गेहपतौ निमीलति वयःसंधिं विधाय स्मरश्चौरश्चारुतरं विवेश निभृतं बालाशरीरालयम् । चाञ्चल्यं चरणे पृथुत्वमुदरे निर्लज्जतां चेतसि क्षामत्वं हृदये दृशोः सरलतां सर्वस्वमस्याहरत् ॥ ४८ ॥ एतस्यां रतिवल्लभक्षितिपतेः क्रीडासरस्यां शनैः संशोषं नयतीव शैशवजलं तारुण्यतिग्मद्युतिः । अन्तस्था च यथा यथा विकसति प्रायः कुचोच्चस्थली स्थौल्यं हन्त

१ स्वायत्तीकृतम्. २ समुद्गतः. ३ नियतैकविषयता. ४ उन्नतम्. ५ उत्कर्षभाग्भवति.

१ जघनबन्धः. २ सूक्ष्मताम्. ३ चञ्चलगमनानि. ४ विपर्ययः.

तथा तथा वितनुते दृक्पीनमीनावली ॥ ४९ ॥ रेखा काचन कज्जलस्य नयनाम्भोजे मिथः कौशलादालीभिः सरलीकृतापि कुटिलीभावं समालम्बते । लक्ष्या वक्षसि पाणिपद्मविषमस्पर्शोदयादुन्नतिर्जानीमो वयमेणशावनयने बाल्यं न पाल्यं तव ॥ ५० ॥ मध्यस्य प्रथिमानमेति जघनं वक्षोजयोर्मन्दतां दूरं यात्युदरं च रोमलतिका नेत्रार्जवं धावति । कंदर्पं परिवीक्ष्य नूतनमनोराज्याभिषक्तं क्षणादङ्गानीव परस्परं विदधते निर्लुण्ठनं सुभ्रुवः ॥ ५१ ॥ दृष्टिः शैशवमण्डना प्रतिकलं लावण्यमभ्यस्यते पूर्वाकारमुरस्तथापि कुचयोः शोभां नवामीहते । संप्राप्ता गुरुतां तथाप्युपचिताभोगा नितम्बस्थली तन्व्याः स्वीकृतमन्मथं विजयते तन्नेत्रपेयं वयः ॥ ५२ ॥ तत्तस्याः कमनीयकान्ति विजितत्रैलोक्यनारीवपुः शृङ्गारस्य निकेतनं समभवत्संसारसारं वयः । यस्मिन्विस्मृतपक्ष्मपालिचलनाः कामालसा दृष्टयो नो यूनां पुनरुत्पतन्ति पतिताः पाशे शकुन्ता इव ॥ ५३ ॥ केलीकौतुकमादराच्छ्रवणयोरालीभिराश्राव्यते बालाभिस्तु पुरः पुरेव रजसि क्रीडार्थमाहूयते । चेतो याति न वा ततस्तदुभयोरेणीदृशः सांप्रतं मध्ये चुम्बकयोरयःशकलवन्निःपक्षपातं मनः ॥ ५४ ॥ उत्तालालकभञ्जनानि कबरीपाशेषु शिक्षारसो दन्तानां परिकर्म नीविनहनं भ्रूलास्ययोग्याग्रहः । तिर्यग्लोचनचेष्टितानि वचसां छेकोक्तिसंक्रान्तयः स्त्रीणां म्लायति शैशवे प्रतिकलं कोऽप्येष केलिक्रमः ॥५५॥ मात्रा नर्तनपण्डितभ्रु वदनं किंचित्प्रगल्भे दृशौ स्तोकोद्भेदनिवेशितस्तनमुरो मध्यं दरिद्राति च । अस्या यज्जघनं घनं च कलया प्रत्यङ्गमेणीदृशः सत्यंकारमिव स्मरैकसुहृदा तद्यौवनेनार्पितम् ॥ ५६ ॥ लावण्यामृतमाहितं वरतनोरङ्गे स्थितं यत्पुरा तत्तारुण्यघनोदयेन बहुधा संवर्धितं पद्मभूः । वीक्ष्य स्यन्दनशङ्कितः कुचयुगव्याजान्नितम्बस्थलाच्चक्रे सेतुयुगं न चेदिह कुतस्ताद्दृग्रसस्थास्नुता ॥ ५७ ॥ विस्तारी स्तनभार एष गमितो न स्वोचितामुन्नतिं रेखोद्भासिकृतं वलित्रयमिदं न स्पष्टनिम्नोन्नतम् । मध्येऽस्या ऋजुरायतार्धकपिशा रोमावली निर्मिता रम्यं यौवनशैशवव्यतिकरोन्मिश्रं वयो वर्तते ॥ ५८ ॥ चाञ्चल्यं चरणौ विहाय नयनप्रान्तं प्रतिष्ठासते वस्तुं वाञ्छति वाचि काचिदमृतस्पर्धाकरी माधुरी । कान्तिः काचन वक्षसो विजयते तन्व्या दुकूलाञ्चलं तन्मन्ये दिवसैः कियद्भिरतनुर्जेता जगन्मण्डलम् ॥ ५९ ॥ आलापान्भ्रूविलासो विरलयति लसद्बाहुविक्षिप्ति यातं नीविग्रन्थिं प्रथिम्ना प्रतनयति मनाङ्मध्यनिम्नो नितम्बः । उत्पुष्यत्पार्श्वमूर्च्छत्कुचशिखरमुरो नूनमन्तः स्मरेण स्पृष्टा कोदण्डकोट्या हरिणशिशुदृशो दृश्यते यौवनश्रीः ॥ ६० ॥

१ परिमाणेन.

तरुणीपृथगवयववर्णनम् ।

केशपाशः ॥ अस्या मनोहराकारकबरीभारनिर्जिताः । लज्जयेव वने वासं चक्रुश्चमरबर्हिणः ॥ १ ॥ भाति विन्यस्तकह्लारं सुकेश्याः केशसंचयम् । शोणिताद्रैः शरैः पूर्णं तूणीरमिव मान्मथम् ॥ २ ॥ स्तनाभोगे पतन्भाति कपोलात्कुटिलोऽलकः । शशाङ्कबिम्बतो मेरौ लम्बमान इवोरगः ॥ ३ ॥ चलत्कामिमनोमीनमादातुं चित्तजन्मनः । गलयष्टिरिवाभाति बालावेणी गुणोज्ज्वला ॥ ४ ॥ एणीदृशो विजयते वेणी पृष्ठावलम्बिनी । कशेव पञ्चबाणस्य युवतर्जनहेतवे ॥ ५ ॥ तमस्तोम भृशं सोममण्डलोपरि राजसे । धूमपानेन किं नाम धाम गम्यमतःपरम् ॥ ६ ॥ वेणी श्यामा भुजंगीयं नितम्बान्मस्तकं गता । वक्त्रचन्द्रसुधां लेढुं सान्द्रसिन्दूरजिह्वया ॥ ७ ॥ तस्याः कचभरव्याजात्तनयस्नेहलालितः । आरूढः पार्वतीबुद्ध्या गुहबर्हीव मूर्धनि ॥ ८ ॥ श्यामा मिलिन्दमाला बालाया वदनपद्ममकरन्दम् । आस्वादितुमिव मिलिता ललिता वेणीमिषादेषा ॥ ९ ॥ मलिना अपि [1]संयमनात्कुटिला अपि [2]सुमनसां समागमतः । [3]बाला अपि [4]मुक्तानामनुषङ्गान्नि[5]र्जरत्वमुपयान्ति ॥ १० ॥ स्नानार्द्रमुक्तेष्वनुधूपवासं विन्यस्तसायंतनमल्लिकेषु । कामो वसन्तात्ययमन्दवीर्यः केशेषु लेभे बलमङ्गनानाम् ॥ ११ ॥ एणीदृशः पाणिपुटे निरुद्धा वेणी विरेजे शयनोत्थितायाः । [6]सरोजकोशादिव निष्पतन्ती [7]श्रेणी घनीभूय [8]मधुव्रतानाम् ॥१२॥ इयं मुखाम्भोरुहसंनिधाने विलम्बिधम्मिल्लततिच्छलेन । समागतां सादरमेव बाला द्विरेफमालामुत वा दधाति ॥ १३ ॥ अस्याः सपक्षैकविधोः कचौघः स्थाने मुखस्योपरि वासमाप । पक्षस्थतावद्बहुचन्द्रकोऽपि कलापिनां येन जितः कलापः ॥ १४ ॥ अस्या यदास्येन पुरस्तिरश्च तिरस्कृतं शीतरुचान्धकारम् । स्फुटस्फुरद्भङ्गिकचच्छलेन तदेव पश्चादिदमस्ति बद्धम् ॥ १५ ॥ अस्याः कचानां शिखिनश्च किं नु विधिं कलापौ विमतेरगाताम् । तेना-

१ बन्धनात्; (पक्षे) इन्द्रियनिग्रहात्. २ पुष्पाणाम्; (पक्षे) देवानाम्. ३ केशाः; (पक्षे) अर्भकाः. ४ मौक्तिकानाम्; (पक्षे) जीवन्मुक्तानाम्. ५ जरारहितत्वम्; (पक्षे) देवत्वम्. ६ कमलकुड्मलात्. ७ पङ्क्तिः. ८ भ्रमराणाम्.

यमेभिः किमपूजि पुष्पैरभर्त्सि दत्त्वा स किमर्धचन्द्रम् ॥१६॥ आभाति शोभातिशयं प्रपञ्चद्वेर्णीदृशोऽस्या रमणीयशोभा । वेणी लसत्कुन्तलधोरणीनां श्रेणीव किं चास हरिन्मणीनाम् ॥ १७ ॥ विधिः किमस्या नितराममान्तमङ्गेषु शृङ्गाररसं सुकेश्याः । स्निग्धोल्लसत्कुन्तलकैतवेन निधाय मूर्ध्नि स्तब कीचकार ॥ १८ ॥ चिकुरप्रकरा जयन्ति ते विदुषी मूर्धनि याग्बिभर्ति सा । पशुनाप्यपुरस्कृतेन तत्तुलनामिच्छति चामरेण कः ॥ १९ ॥ लसन्मौक्तिकश्रेणिगङ्गातरङ्गा स्वयं नन्दिनी भास्वतो नीलवर्णा । ससीमन्तसिन्दूरसारस्वताभा त्रिवेणीयमेणीदृशो मौलिवेणी ॥ २० ॥ एतां नवाम्बुधरकान्तिमुदीक्ष्य वेणीमेणीदृशो यदि वदन्ति वदन्तु नाम । ब्रूमो वयं मुखसुधांशुसुधाभिलाषादभ्यागतां भुजगिनीं मणिमुद्वहन्तीम् ॥ २१ ॥ स्वर्भानुराकलयितुं स समुद्यतोऽभूद्राकां विनाननसुधांशुमहो यदस्याः । मन्ये तदस्य न च तिष्ठति पूर्णिमायां भावो हि किंतु परिपूर्णकले सुधांशौ ॥ २२ ॥ विकचकचकलापः किंचिदाकुञ्चितोऽयं कुचकलशनिवेशी शोभते श्यामलाक्ष्याः । मधुरसपरितोषात्किंचिदुत्फुल्लकोशे कमल इव निलीनाः पेटकाः षट्पदानाम् ॥ २३ ॥ न जीमूतच्छेदः स हि गगनचारी न च तमो न तस्येन्दोर्मैत्री न च मधुकरास्ते हि मुखराः । न पिच्छं तत्केकिन्युचितमसितोऽयं न च मणिर्मृदुत्वादाज्ञातं घनचिकुरपाशो मृगदृशः ॥ २४ ॥ धुनोतु ध्वान्तं नस्तुलितदलितेन्दीवरवनं घनस्निग्धं श्लक्ष्णं चिकुरनिकुरम्बं तव शिवे । यदीयं सौरभ्यं सहजमुपलब्धुं सुमनसो वसन्त्यस्मिन्मन्ये बलमथनवाटीविटपिनाम् ॥ २५ ॥ उन्मीलद्वदनेन्दुकान्तिविसरैर्दूरे समुत्सारितं भग्नं पीनकुचस्थलस्य च रुचा हस्तप्रभाभिर्हतम् । एतस्याः कलविङ्ककण्ठकदलीकल्पं मिलत्कौतुकादप्राप्ताङ्गसुखं रुषेव सहसा केशेषु लग्नं तमः ॥ २६ ॥

(अभ्यङ्गारम्भः) ॥ अस्याः पीठोपविष्टाया अभ्यङ्गं वितनोत्यसौ । लसच्छ्रोणि चलद्वेणि नटद्गुरुपयोधरम् ॥२७॥ आवर्त्य कण्ठं सिचयेन सम्यगाबद्ध्य वक्षोरुहकुम्भयुग्मम् । कासौ करालम्बिततैलपात्रा मन्दं समासीदति सुन्दरीं ताम् ॥ २८ ॥ वक्षोजौ निबिडं निरुद्ध्य सिचयेनाकुञ्च्य मध्यं शनैः कृत्वा चम्पकतैलसेकमबला संपीड्य मन्दं शिरः । पाणिभ्यां चलकङ्कणोद्यतझणत्कारोत्तराभ्यां करोत्यभ्यङ्गं परिपश्यतः सकुतुकं दोरन्तरं प्रेयसः ॥ २९ ॥

(सीमन्तरचनम्) ॥ स्नेहसंवर्धितान्बालान्दृढं बध्नाति सुन्दरी । करुणा हरिणाक्षीणां कुतः कठिनचेतसाम् ॥ ३० ॥ संप्राप्तचिकुरभावः कचनिचयो वा युवा करे लग्नः । स्त्रीभिर्दृढं निबद्ध्यो न चेत्परकलत्रमनुसरति ॥३१॥ यथा यथार्थं कुरुते भुजोऽस्या उदञ्चितः संयमने कचानाम् । तथा तथा वल्गति काममेकः स एव वक्षोरुह उत्पलाक्ष्याः ॥ ३२ ॥ जानुभ्यामुपविश्य पार्ष्णिनिहितश्रोणीभरा प्रोन्नमद्दोर्वल्ली नमदुन्नमत्कुचतटी दीव्यन्नखाङ्कावलिः । पाणिभ्यामवधूय कङ्कणझणत्कारावतारोत्तरं बाला नह्यति किं निजालकभरं किंवा मदीयं मनः ॥ ३३ ॥ अश्रान्तं दृढयन्त्रणेन कुचयोरत्यक्तकाठिन्ययोगबद्धस्फुटमण्डलोन्नतिमिलच्चोलं विमुच्योरसः । नीवीविच्छुरितं विधाय तममुं वामस्तनालम्बिनीं वेणीं पाणिनखाञ्चलैः शिथिलयत्याक्रम्य पीठं पदा ॥ ३४ ॥ आभुग्नाङ्गुलिपल्लवौ कचभरे व्यापारयन्ती करौ बन्धोत्कर्षनिबद्धमानसतया शून्यां दधाना दृशम् । बाहूत्क्षेपसमुन्नते कुचतटे पर्यस्तचोलांशुका ह्रीसंकोचितबाहुमूलसुभगं बध्नाति जूटीं वधूः ॥ ३५ ॥ जानुस्थापितदर्पणं परिणमद्ग्रीवं समुद्यद्भुजं न्यञ्चत्कूर्परमुन्नमद्भुजलसत्कक्षान्तरोहत्कुचम् । पाणिभ्यां प्रविभज्य केशनिचयं सीमन्तकर्मोद्यता चेतः कस्य वशीकरोति न बलाद्बाला विलोलेक्षणा ॥ ३६ ॥ केशान्वामकरावलम्बितशिखान्भूयो रणत्कङ्कणं व्याधूयाथ कनिष्ठिकानखमुखेनाकुञ्चितान्याङ्गुलि । सीमन्तं विरचय्य तस्य करैर्भेणोन्मृज्य पार्श्वद्वयं तान्पश्चाद्युगपत्प्रणीय करयोर्युग्मेन बध्नात्यसौ ॥ ३७ ॥

(सीमन्तसिन्दूरम्) ॥ वहन्ती सिन्दूरं प्रबलकबरीभारतिमिरत्विषां वृन्दैर्बन्दीकृतमिव नवीनार्कभरणम् । तनोतु क्षेमं नस्तव वदनसौन्दर्यलहरीपरीवाहस्रोतःसरणिरिव सीमन्तसरणिः ॥ ३८ ॥ अये मातर्दृष्ट्वा मुखममृतभानुभ्रमवशात्कचच्छद्मा राहुर्वसति किमु तृष्णातरलितः । किमेवं कंदर्पान्तकतरुणि सिन्दूरसरणिच्छलाद्धोक्तुं भूयो बहिरिव रसज्ञां कलयति ॥ ३९ ॥

ललाटः ॥ केशान्धकारादथ दृश्यभालस्थलार्धचन्द्रा स्फुटमष्टमीयम् । एनां यदासाद्य जगज्जयाय मनोभुवा सिद्धिरसाधि साधु ॥ ४० ॥

(तिलकः) ॥ बाले ललामलेखेयं भाले भल्लीव राजते । भ्रूलताचापमाकृष्य न विद्धः कं हनिष्यति ॥ ४१ ॥

---

१ केशकलापाः. २ पश्चात्कृतेन. ३ वस्त्रप्रान्तेन.

१ केशवेशः. २ 'कलत्रं श्रोणिभार्ययोः'. ३ बध्नाति. ४ संततम्. ५ वसनग्रन्थिसंनिहितम्. ६ कृत्वा. ७ करबहिर्भागेण.

कस्तूरीतिलकं बाले भाले मा कुरु मा कुरु । अद्य साम्यं भजामीति जृम्भते शशलाञ्छनः ॥ ४२ ॥ श्यामलेनाङ्कितं भाले बाले केनापि लक्ष्मणा । मुखं तवान्तरासुप्तभृङ्गफुल्लाम्बुजायते ॥ ४३ ॥ नासावंशविनिर्मुक्तमुक्ताफलसनाभिना । भाति भालतलस्थेन बाला चन्दनबिन्दुना ॥ ४४ ॥ लोचनफुल्लाम्भोजद्वयलोभान्दोलितैकमनाः । कस्तूरीतिलकमिषादयमलिकेऽलिः समुल्लसति ॥ ४५ ॥ अस्या ललाटे रचिता सखीभिर्विभाव्यते चन्दनपत्रलेखा । आपाण्डुरक्षामकपोलभित्तावनङ्गबाणव्रणपट्टिकेव ॥ ४६ ॥ अस्यास्तनुस्यन्दनसंस्थितो वै स मीनकेतुर्जगतीं विजेतुम् । सकुङ्कुमालेखमिषेण वीरो व्यमोचयच्चारुतरां पताकाम् ॥ ४७ ॥ विराजतेऽस्यास्तिलकोऽयमञ्चितो विकुञ्चितभ्रूलतिकाद्वयान्तरे । विजित्य लोकद्वितयं दिवं प्रति स्मरेण बाणो धनुषीव योजितः ॥ ४८ ॥ अस्याः सुगन्धिनवकुङ्कुमपङ्कदत्तो मुग्धश्चकास्ति तिलको मदिरेक्षणायाः । आविष्टरागममिरामसुखारविन्दनिष्यन्दलग्नमिव मे हृदयं द्वितीयम् ॥ ४९ ॥ अस्याः संयमवान्कचो मधुकरैरभ्यर्थ्यमानो मुहुर्भृङ्गीगोपनजाभिशापमचिरादुन्मार्ष्टुकामो निजम् । सीमन्तेन करेण कोमलरुचा सिन्दूरबिन्दुच्छलादातप्तायसपिण्डमण्डलमसावादातुमाकाङ्क्षति ॥ ५० ॥ केयूरं न करे पदे न कटकं मौलौ न माला पुनः कस्तूरीतिलकं तथापि तनुते संसारसारश्रियम् । सर्वाधिक्यमलेखि भालफलके यत्सुभ्रुवो वेधसा जानीमः किमु तत्र मन्मथमहीपालेन मुद्रा कृता ॥ ५१ ॥

भ्रुवौ ॥ भ्रूरेखायुगलं भाति तस्याश्चटुलचक्षुषः । पत्रद्वयीव हरिता नासावंशविनिर्गता ॥ ५२ ॥ असितात्मा समुन्नद्धः समाविष्कृतचापलः । भुजंगकुटिलस्तस्या भ्रूविक्षेपः खलायते ॥ ५३ ॥ स्मरकल्पद्रुमो बाले तव भाले द्विपत्रकः । पत्त्रयोरनयोश्छाया भ्रुवोर्व्याजादुदञ्चति ॥ ५४ ॥ किंचित्सविभ्रमोदञ्चिभ्रूलता भाति भामिनी । बालक्रीडाप्रतिद्वन्द्वि तर्जयन्तीव यौवनम् ॥ ५५ ॥ कामकार्मुकतया कथयन्ति भ्रूलतां मम पुनर्मतमन्यत् । लोचनाम्बुरुहयोरुपरिस्थं भृङ्गशावकततिद्वयमेतम् ॥ ५६ ॥ तस्याः शलाकाञ्जननिर्मितेव कान्तिर्भ्रुवोरायतलेखयोर्या । तां वीक्ष्य लीलाचतुरामनङ्गः स्वचापसौन्दर्यमदं मुमोच ॥ ५७ ॥ भ्रूभ्यां प्रियाया भवता मनोभूचापेन चापे घनसारभावः । निजां यदप्लोषदशामपेक्ष्य संप्रत्यनेनाधिकवीर्यतार्जि ॥५८॥ स्मारं धनुर्यद्विधुनोज्झितास्या यासेन भूतेन च लक्ष्मलेखा । एतद्भ्रुवौ जन्म तदाप युग्मं लीलाचलत्वोचितबालभावम् ॥ ५९ ॥

नेत्रे ॥ नूनमाज्ञाकरस्तस्याः सुभ्रुवो मकरध्वजः । यतस्तन्नेत्रसंचारसूचितेषु प्रवर्तते ॥ ६० ॥ निःसीमशोभासौभाग्यं नताङ्ग्या नयनद्वयम् । अन्योन्यालोकनानन्दविरहादिव चञ्चलम् ॥ ६१ ॥ आसां व्रतमतीवाक्ष्णोर्यत्पुरः परिसर्पणम् । सह यातं मनस्तत्र त्यक्त्वा भूयो निवर्तनम् ॥ ६२ ॥ अर्जुनः कृष्णसंयुक्तः कर्णं यत्रानुधावति । तन्नेत्रं तु कुरुक्षेत्रमिति मुग्धे मृशामहे ॥ ६३ ॥ एकमेवाक्षि वामाक्षि रञ्जयाञ्जनलेखया । जायतामैन्दवे बिम्बे खञ्जनाम्बुजसंगमः ॥ ६४ ॥ अमुष्य मुषिता लक्ष्मीश्चक्षुषेति न नूतनम् । न वेद्मि कथयत्यस्याः कर्णे लग्नं किमुत्पलम् ॥ ६५ ॥ मृगसंबन्धिनी दृष्टिरसौ यदि न सुभ्रुवः । धावति श्रमणोत्तंसलीलादूर्वाङ्कुरे कुतः ॥ ६६ ॥ तस्याः श्रवणमार्गेण चलिते यदि लोचने । कुतः प्रकामधवले धत्तः कृष्णानुरक्तताम् ॥ ६७ ॥ श्रूयतां कौतुकं सोऽपि स्मरः शृङ्गारिणां गुरुः । अमुष्याः शिष्यतामेति श्रवणोन्मुखयोर्दृशोः ॥ ६८ ॥ भास्वत्कुण्डलमाणिक्यप्रभाप्रतिहतेरिव । नताङ्ग्याः श्रवणोत्सङ्गमारूढा नयनद्वयी ॥ ६९ ॥ नयनस्य तुलां चक्रे नलिनेन नतभ्रुवः । ऊनेन चलिते भृङ्गं मामरंभाद्विधिर्दधौ (?) ॥ ७० ॥ अनङ्गमङ्गलभुवस्तदपाङ्गस्य भङ्गयः । जनयन्ति मुहुर्यूनामन्तः संतापसंततिम् ॥ ७१ ॥ यदि स्यान्मण्डले सक्तमिन्दोरिन्दीवरद्वयम् । तदोपमीयते तस्या वदनं चारुलोचनम् ॥ ७२ ॥ श्रमयति शरीरमधिकं भ्रमयति चेतः करोति संतापम् । मोहं मुहुश्च कुरुते विषविषमं वीक्षणं तस्याः ॥ ७३ ॥ अतिपूजिततारेयं दृष्टिः श्रुतिलङ्घनक्षमा सुतनुः । जिनसिद्धान्तस्थितिरिव सवासना कं न मोहयति ॥ ७४ ॥ नयनच्छलेन सुतनोर्वदनजिते शशिनि कुलपतौ क्रोधात् । नासानालनिबद्धं स्फुटितमिवेन्दीवरं द्वेधा ॥ ७५ ॥ आयामिनोस्तदक्ष्णोरञ्जनरेखाविधिं वितन्वन्त्याः । पाणिः प्रसाधिकायाः प्रापदपाङ्गं चिरेण विश्रम्य ॥ ७६ ॥ प्रवातनीलोत्पलनिर्विशेषमधीरविप्रेक्षितमायताक्ष्या । तया गृहीतं नु मृगाङ्गनाभ्यस्ततो गृहीतं नु मृगाङ्गनाभिः ॥ ७७ ॥ मुखारविन्दोपरिभागसंस्थं नेत्रद्वयं खञ्जनमामनन्ति । प्रफुल्लवक्त्राम्बुजपार्श्ववर्ति दलद्वयं भृङ्गयुतं मतं मे ॥ ७८ ॥ इन्दीवरं

---

१ निष्कलङ्कमुखस्य कस्तूरीतिलकेन लाञ्छनवत्त्वाच्चन्द्रः साम्यं भजेदिति भावः. २ श्यामवर्णेन. ३ चिह्नेन.

१ नेत्रकटाक्षपातेन सूचितेषु.

लोचनयोस्तुलायै निर्माय यत्नेन विधिः कदाचित्। अतुल्यतां वीक्ष्य ततो रजांसि निक्षिप्य चिक्षेप स पङ्कमध्ये ॥ ७९ ॥ इषुत्रयेणैव जगत्त्रयस्य विनिर्जयात्पुष्पमयाशुगेन। शेषा द्विबाणी सफलीकृतेयं प्रियादृगम्भोजपदेऽभिषिच्य ॥ ८० ॥ सेयं मृदुः कौसुमचापयष्टिः स्मरस्य मुष्टिग्रहणार्हमध्या। तनोति नः श्रीमदपाङ्गमुक्तां मोहाय या दृष्टिशरौघवृष्टिम् ॥ ८१ ॥ आघूर्णितं पक्ष्मलमक्षिपद्मं प्रान्तद्युतिश्वेत्यजितामृतांशु। अस्या इवास्याश्चलदिन्द्रनीलगोलामलश्यामलतारतारम् ॥ ८२ ॥ कर्णोत्पलेनापि मुखं सनाथं लभेत नेत्रद्युतिनिर्जितेन। यद्येतदीयेन ततः कृतार्थो स्वचक्षुषी किं कुरुते कुरङ्गी ॥ ८३ ॥ त्वचः समुत्तार्य दलानि रीत्या मोचात्वचः पद्मपाटनानाम्। सारैर्गृहीतैर्विधिरुत्पलौघादस्यामभूदीक्षणरूपशिल्पी ॥ ८४ ॥ चकोरनेत्रैणदृगुत्पलानां निमेषयन्त्रेण किमेष कृष्टः। सारः सुधोद्गारमयः प्रयत्नैर्विधातुमेतन्नयने विधातुः ॥ ८५ ॥ ऋणीकृता किं हरिणीभिरासीदस्याः सकाशान्नयनद्वयश्रीः। भूयोगुणेयं सकला बलाद्यत्ताभ्योऽनयालभ्यत बिभ्यतीभ्यः ॥ ८६ ॥ दृशौ किमस्याश्चपलस्वभावे न दूरमाक्रम्य मिथो मिलेताम्। न चेत्कृतः स्यादनयोः प्रयाणे विघ्नः श्रवःकूपनिपातभीत्या ॥ ८७ ॥ केदारभाजा शिशिरप्रवेशात्पुण्याय मन्ये मृतमुत्पलिन्या। जाता यतस्तत्कुसुमेक्षणेयं यतश्च तत्कोरकदृक्चकोरः ॥ ८८ ॥ नतभ्रुवो लोचनखञ्जरीटौ विहारप्रानङ्गभिहारभेते। कथं न सानन्दहृदो युवानस्तारुण्यमन्तर्निधिमुन्नयन्तु ॥ ८९ ॥ स्वदृशोर्जनयन्ति सान्त्वतां खुरकण्डूयनकैतवान्मृगाः। जितयोरुदयत्प्रमीलयोस्तदखर्वेक्षणशोभया भयात् ॥ ९० ॥ नलिनं मलिनं विवृण्वती पृषतीमस्पृशती तदीक्षणे। अपि खञ्जनमञ्जनाञ्चिते विदधाते रुचिगर्वदुर्विधम् ॥ ९१ ॥ श्रुतिलङ्घनमीहमानयोर्मलिनाभ्यन्तरयोरधीरयोः। स्मृतितापकरत्वमेतयोरुचितं लोचनयोर्मृगीदृशः ॥ ९२ ॥ लोचने हरिणगर्वमोचने मा विदूषय नताङ्गि कज्जलैः। सायकः सपदि जीवहारकः किं पुनर्हि गरलेन लेपितः ॥ ९३ ॥ कामिनीनयनकज्जलपङ्कादुत्थितो मदनमत्तवराहः। कामिमानसवनान्तरचारी मूलमुत्खनति मानलतायाः ॥ ९४ ॥ रामाविलोलनयने किमु मीनबालौ नीलोत्पले किमथवा किमु खञ्जरीटौ। किं वा जगत्त्रयजयाय कृतिर्न जाने कंदर्पभूपरचिता नवकार्मणस्य ॥ ९५ ॥ मुखविधुपरिवृत्तोत्तानताटङ्कपाशावधिचकितचकोरीकान्तिचौरं तदक्षि। त्रिभुवनयुवचेतोबन्धसंकेतहेतोः सहचरमिव कर्तुं पाशमाशङ्क्य याति ॥ ९६ ॥

(कटाक्षः) ॥ यान्ती गुरुजनैः सार्धं स्मयमानमुखाम्बुजा। तिर्यग्ग्रीवं यदद्राक्षीत्तन्निष्पत्राकरोज्जगत्[1] ॥ ९७ ॥ क्वचित्कृष्णार्जुनगुणा क्वचित्कर्णान्तगामिनी। अपाङ्गश्रीस्तवाभाति सुभ्रूर्भारतगीरिव ॥ ९८ ॥ विशालाक्षीकटाक्षस्य साक्षी त्र्यक्षो महेश्वरः। नाद्यापि प्रकृतिं याति येन विद्धो दिगम्बरः ॥ ९९ ॥ यासां कटाक्षविशिखैः स्मरचौरेण ताडिताः। हृतचैतन्यसर्वस्वा मोह्यन्ते मुग्धकामुकाः ॥ १०० ॥ रे रे घरट्ट मा रोदीः कं कं न भ्रामयन्त्यमूः। कटाक्षवीक्षणादेव कराकृष्टस्य का कथा ॥ १०१ ॥ हत्वा लोचनविशिखैर्गत्वा कतिचित्पदानि पद्माक्षी। जीवति युवा न वा किं भूयो भूयो विलोकयति ॥ १०२ ॥ अस्याः कररुहखण्डितकाण्डपटप्रकटनिर्गता दृष्टिः। पटविगलितनिःकलुषा स्यन्दते पीयूषधारेव ॥ १०३ ॥ वसन्तनीलोत्पलषट्पदानां गीतामृतं श्रोतुमिवोत्तरङ्गौ। नतभ्रुवो लोचनकृष्णसारौ कर्णान्तिकं संततमाश्रयेते ॥ १०४ ॥ नयनाञ्चलचञ्चरीकपूरो वलतेऽयं यत एव पक्ष्मलाक्ष्याः। तत एव भवन्ति नीलपक्षप्रकराणां ननु वृष्टयो नवीनाः ॥ १०५ ॥ यत्रयत्र वलते शनैः शनैः सुभ्रुवो नयनकोणविभ्रमः। तत्रतत्र शतपत्रधोरणी तोरणीभवति पुष्पधन्वनः ॥ १०६ ॥ भवनभुवि सृजन्तस्तारहारावतारान्दिशि दिशि विकिरन्तः केतकानां कुटुम्बम्। वियति च रचयन्तश्चन्द्रिकां दुग्धमुग्धां प्रतिनयननिपाताः सुभ्रुवो विभ्रमन्ति ॥ १०७ ॥ प्रणालीदीर्घस्य प्रतिपदमपाङ्गस्य सुहृदः कटाक्षव्याक्षेपाः शिशुशफरफालप्रतिभुवः। सुवानाः सर्वस्वं कुसुमधनुषोऽस्मान्प्रति सखे नवं नेत्राद्वैतं कुवलयदृशः संनिदधति ॥ १०८ ॥ दिनान्ते स्नान्तीनां कनककलशाकारकुचयोरुपर्यस्यन्तीनां कमलकलिकाकोमलकरौ। समुद्यत्कालिन्दीतरलतरकल्लोलकुटिलः कटाक्षः कान्तानां कमिह कमितारं न कुरुते ॥ १०९ ॥ शिलासम्यग्धौतोज्ज्वलधवलधारापरिसरानिमानन्तः श्यामानिव विषमबाणस्य विशिखान्[2]। दृढप्रज्ञावर्माण्यपि हृदयमर्माणि रुजतः कटाक्षानेतस्या मुनिरपि न सोढुं प्रभवति ॥ ११० ॥ पिपासुरिव चञ्चलं विकटकर्णकूपाज्जलं ततः प्रतिचलन्मुहुः श्रवणपाशभीतोऽभितः। तनोति तरलाकृतिस्तरललोचने संततं गतागतकुतूहलं मुहुरपाङ्गरङ्कुस्तव[3] ॥ १११ ॥ सन्मार्गे तावदास्ते प्रभवति पुरुषस्तावदेवेन्द्रियाणां लज्जां

१ विषेण.

१ व्यथयामास. सपत्रनिष्पत्रादतिव्यथने. २ बाणैः. ३ मृगविशेषः.

तावद्विधत्ते विनयमपि समालम्बते तावदेव । भ्रूचापाकृष्टमुक्ताः श्रवणपथजुषो नीलपक्ष्माण एते यावल्लीलावतीनां हृदि न धृतिमुषो दृष्टिबाणाः पतन्ति ॥ ११२ ॥

(अश्रूणि) ॥ अश्रुच्छलेन सुदृशो हुतपावकधूमकलुषाक्ष्याः । अप्राप्य मानभङ्गं विगलति लावण्यवारिपूर इव ॥ ११३ ॥

नासा ॥ पुराणबाणत्यागाय नूतनास्त्रकुतूहलात् । तन्नासा भाति कामेन तूणीवाधोमुखीकृता ॥ ११४ ॥ दन्तालिदाडिमीबीजभक्षणोत्कण्ठचेतसः । मन्ये मारशुकस्येयं नासा चञ्चूर्विराजते ॥ ११५ ॥ नासादसीया तिलपुष्पतूणं जगत्त्रयन्यस्तशरत्रयस्य । श्वासानिलामोदभरानुमेयां दधद्विबाणीं कुसुमायुधस्य ॥ ११६ ॥ केचित्तिलस्य कुसुमं शुकचञ्चुमन्ये नासां वदन्ति कथयाम्यहमन्यदेव । संरक्षितो निजशरासनसंनिधाने कामेन केतकदलैकमयो निषङ्गः ॥११७॥

(नासाभूषणम्) ॥ नासामौक्तिकमबले किमधरबिम्बेन विद्रुमं कुरुषे । दृष्ट्वा गुञ्जाबीजं शिव शिव भूयस्तदेव हसितेन ॥ ११८ ॥ श्लेष्मागारे वसतिर्जातास्माकं तदत्र मा यात । आन्दोलनच्छलादिह निवारयन्तीव मौक्तिकानि विटान्[१] ॥ ११९ ॥ सुधामयोऽपि क्षयरोगशान्त्यै नासाग्रमुक्ताफलकच्छलेन । अनङ्गसंजीवनदृष्टशक्तिर्मुखामृतं ते पिबतीव चन्द्रः ॥ १२० ॥ आकाशात्पतितं पुनर्जलनिधौ मध्ये चिरं संस्थितं पश्चाद्दुःसहदेहरन्ध्रजनितक्लेशान्वितं मौक्तिकम् । बाले बालकुरङ्गलोचनयुगे घोरं तपः संचरन्नासाभूषणतामुपैति सखि ते बिम्बाधरापेक्षया ॥ १२१ ॥ अस्याः कामनिवासरम्यभवनं वक्रं विलोक्यादरान्निश्चित्येव सुधाकरं प्रियतमं भूमीगतं शोभनम् । नासामौक्तिककैतवेन रुचिरा तारापि सा रोहिणी मन्ये तद्विरहासहिष्णुहृदया तत्संनिधिं सेवते ॥ १२२ ॥

कर्णौ ॥ सौन्दर्यपात्रे वक्त्रेन्दौ कुरङ्गासङ्गभीतया । सूचितौ श्रोत्रयाशाभ्यां पाशाविव मृगीदृशा ॥ १२३ ॥ कमनीयतानिवासः कर्णस्तस्या विचित्रमणिभूषः । सविधप्रसूतरत्नं शङ्खनिधिं दूरतरमकरोत् ॥ १२४ ॥ तालीदलं काञ्चनकर्णपाशौ प्रसारयन्ती सुतनुः कराभ्याम् । रराज कर्णान्तनिषण्णदृष्टिः शाणे दधानेव कटाक्षबाणान् ॥ १२५ ॥ वियोगबाष्पाञ्चितनेत्रपद्मच्छद्मान्वितोत्सर्गपयःप्रसूनौ । कर्णौ किमस्या रतितत्पतिभ्यां निवेद्यपूपौ विधिशिल्पमीदृक् ॥ १२६ ॥ इहाविशद्येन पथातिवक्रः शस्त्रौघनिष्यन्दरसप्रवाहः । सोऽस्याः श्रवःपत्रयुगे प्रणालीरेखेव धावत्यभिकर्णकूपम् ॥ १२७ ॥ अस्या यदष्टादश संविभज्य विद्याः श्रुती दध्रतुरर्धमर्धम् । कर्णान्तरुत्कीर्णगभीररेखः किं तस्य संख्यैव न वा नवाङ्कः ॥ १२८ ॥ मन्येऽमुना कर्णलतामयेन पाशद्वयेन च्छिदुरेतरेण । एकाकिपाशं वरुणं विजिग्येऽनङ्गीकृतायासतती रतीशः ॥ १२९ ॥ आत्मैव तातस्य चतुर्भुजस्य जातश्चतुर्दोरुचितः स्मरोऽपि । तच्चापयोः कर्णलते भ्रुवोर्ज्ये वंशत्वगंशौ चिपिटे किमस्याः ॥ १३० ॥

(कर्णभूषणम्) ॥ मुक्ताताटङ्कयुगं प्रतिमुक्तं कर्णपार्श्वयोरस्याः । मुखकमलमिव निषेवितुमागतममृतांशुबिम्बयुगम् ॥ १३१ ॥ ताटङ्कमस्यास्तरलेक्षणाया मुक्ताफलैश्चारुरुचिं विधत्ते । मुखश्रिया चन्द्रमिवाभिभूय बन्दीकृतं तारकचक्रवालम् ॥ १३२ ॥ शशी हर्तुं लोभान्मुखकमलशोभां श्रुतिफलं सिषेवे सातङ्कस्तव तरुणि ताटङ्ककपटात् । तदन्तःपीयूषं निखिलमथ निक्षेप्तुमधरे मनोजन्मा मुष्णन्मुहुरहह तुच्छं तमकरोत् ॥ १३३ ॥

कपोलौ ॥ कपोलपालीं तव तन्वि मन्ये लावण्यधन्ये दिशमुत्तराख्याम् । विभाति यस्यां ललितालकायां मनोहरा वैश्रवणस्य लक्ष्मीः ॥ १३४ ॥ स्वर्णच्छवीनामसितेक्षणानां कर्णान्ततो गण्डलतातलानि । भृङ्गाः सहेलं यदि मापतिष्यन्कोऽवेदयिष्यन्नवचम्पकानि ॥१३५॥ आबद्धन्परिवेषमण्डलमलं वक्त्रेन्दुबिम्बाद्बहिः कुर्वत्पङ्कजजृम्भमाणकलिकाकर्णावतंसक्रियाम् । तन्वङ्ग्याः परिनृत्यतीव हसतीवोत्सर्पतीवोल्बणं लावण्यं ललतीव काञ्चनशिलाकान्ते कपोलस्थले ॥ १३६ ॥

अधरः ॥ तवैष विद्रुमच्छायो मरुमार्ग इवाधरः । करोति कस्य नो मुग्धे पिपासाकुलितं मनः ॥ १३७ ॥ अल्पेनापि सुरक्तेन साधनेन प्रयोजनम् । ओष्ठद्वयसहायेन कान्तास्येन जगज्जितम् ॥ १३८ ॥ सर्वस्यैव हि रत्नस्य व्रणेऽर्धः परिहीयते । दयिताधररत्नं तु व्रणितं यात्यनर्घताम् ॥ १३९ ॥ अधरोऽयमधीराक्ष्या बन्धुजीवप्रभाहरः । अन्यजीवप्रभां हन्त हरतीति किमद्भुतम् ॥ १४० ॥ मुखारविन्ददत्तश्रीः सुतनोररुणोऽधरः । कुरुते हारमाणिक्यप्रदीपान्पाण्डुरत्विषः ॥ १४१ ॥ संततोदयसंध्येव वदनेन्दोरनिन्दिता । तदोष्ठमुद्रा लावण्यसमुद्रस्येव विद्रुमः ॥ १४२ ॥

---

१ धैर्यहारिणः. २ घ्राणे. ३ आन्दोलनमिषात्. ४ जारान्.

१ अलकाः केशाः; (पक्षे) कुबेरनगरी. २ वैश्रवणस्य कुबेरस्य. (पक्षे) वै इति पदच्छेदः. श्रवणस्य कर्णस्य. ३ प्रवालकान्तिः; (पक्षे) विगता द्रुमच्छाया यस्मात्. ४ मरुदेशस्थमार्गः. ५ छिद्रे; जाते सतीत्यध्याहार्यम्. ६ मूल्यम्. ७ संजातव्रणम्. ८ अमूल्यताम्. ९ बन्धूकपुष्पम्; (पक्षे) बन्धुभूता जीवाः.

अधरोऽसौ कुरङ्गाक्ष्याः शोभते नासिकातले । सुवर्णनलिकामध्यान्माणिक्यमिव विच्युतम् ॥ १४३ ॥ अधरं खलु बिम्बनामकं फलमाभ्यामिति भव्यमन्वयम् । लभतेऽधरबिम्ब इत्यदः पदमस्या रदनच्छदं वदत् ॥ १४४ ॥ उत्थितो निशि कलानिधिर्भवेदेतदीयमुखतुल्यताप्तये । प्रापितो मलिनभावमेतया लज्जया नभसि यात्यदृश्यताम् ॥ १४५ ॥ अपि मृगाक्षि तवाधरपल्लवे दयितदन्तपदं न भवत्यदः । भुवनमोहनमन्त्रपदाङ्कितं किमुत यन्त्रमिदं स्मरयन्त्रिणः॥१४६॥ अभिलषन्ति तवाधरमाधुरीं तदिह किं हरिणाक्षि सुधा बुधाः । सुरसुधामधरीकुरुते यतस्त्वदधरोऽधरतामगमत्ततः ॥ १४७ ॥ पुष्पं प्रवालोपहितं यदि स्यान्मुक्ताफलं वा स्फुटविद्रुमस्थम् । ततोऽनुकुर्याद्विशदस्य तस्यास्ताम्रौष्ठपर्यस्तरुचः स्मितस्य ॥ १४८ ॥ बन्धूकबन्धूभवदेतदस्या मुखेन्दुनानेन सहोज्जिहानम् । रागश्रिया शैशवयौवनीयां स्वमाह संध्यामधरोष्ठलेखा ॥ १४९ ॥ अस्या मुखेन्दावधरः सुधाभूर्बिम्बस्य युक्तः प्रतिबिम्ब एषः । तस्याथवा श्रीर्द्रुमभाजि देशे संभाव्यभानास्य तु विद्रुमेऽसौ ॥ १५० ॥ जानेऽतिरागादिदमेव बिम्बं बिम्बस्य च व्यक्तमितोऽधरत्वम् । द्वयोर्विशेषावगमाक्षमाणां नाम्नि भ्रमोऽभूदनयोर्जनानाम् ॥१५१॥ प्रियामुखीभूय सुखी सुधांशुर्वसत्यसौ राहुभयव्ययेन । इमां दधाराधरबिम्बलीलां तस्यैव बालं करचक्रवालम् ॥ १५२ ॥ अधरममृते कः संदेहो मधून्यपि नान्यथा मधुरमधिकं द्राक्षायाश्च प्रसन्नरसं फलम् । सकृदपि पुनर्मध्यस्थः सन्रसान्तरविज्जनो वदतु यदिहान्यत्स्वादु स्यात्प्रियादशनच्छदात् ॥ १५३ ॥ त्वं पीयूष दिवोऽपि भूषणमसि द्राक्षे परीक्षेत को माधुर्यं तव विश्वतोऽपि विदितं माध्वीक माध्वीकता । एतत्किं तु मनागरुंतुदमिव ब्रूमो न चेत्कुप्यसि यः कान्ताधरपल्लवे मधुरिमा नान्यत्र कुत्रापि सः ॥ १५४ ॥

दन्ताः ॥ द्विधा विधाय शीतांशुं कपोलौ कृतवान्विधिः । तन्व्यास्तद्रसनिष्यन्दबिन्दवो रदनावलिः ॥१५५॥ चन्द्राधिकैतन्मुखचन्द्रिकाणां दरायतं तत्किरणाद्भनानाम् । पुरःपरिस्रस्तपृषद्द्वितीयं रदावलिद्वन्द्वति बिन्दुवृन्दम्॥१५६॥ राजौ द्विजानामिह राजदन्ताः संबिभ्रति श्रोत्रियविभ्रमं यत् । उद्वेगरागादिमृजावदाताश्चत्वार एते तदवैमि मुक्ताः॥१५७॥ यावद्यावत्कुवलयदृशा मृज्यते दन्तपालिस्तावत्तावद्द्विगुणमधरच्छायया शोणशोचिः । काचित्तस्याः परिमलकलाहूतमात्रालिकान्त्या वक्त्राश्वासे प्रसरति मुहुः श्यामिकाप्याविरासीत् ॥ १५८ ॥

चिबुकः ॥ विलोकितास्या मुखमुन्नमय्य किं वेधसेयं सुषमासमाप्तौ । धृत्युद्भवा यच्चिबुके चकास्ति निम्नं मनागङ्गुलियन्त्रणेव ॥ १५९ ॥

मुखम् ॥ जितेन्दुपद्मलावण्यं कः कान्तावदनं जयेत् । मुक्त्वा तदेव सुरतश्रमजिह्मितलोचनम् ॥ १६० ॥ चलद्भृङ्गमिवाम्भोजमधीरनयनं मुखम् । तदीयं यदि दृश्येत कामः क्रुद्धोऽस्तु किं ततः ॥ १६१ ॥ विलसत्याननं तस्या नासाग्रस्थितमौक्तिकम् । आलक्षितबुधाश्लेषं राकेन्दोरिव मण्डलम् ॥ १६२ ॥ मुखं वहति बन्धूकबन्धुरेणाधरेण सा । पूर्णेन्दुमिव सौन्दर्यादङ्कलालितकौस्तुभम् ॥ १६३ ॥ विधायापूर्वपूर्णेन्दुमस्या मुखमभूद्ध्रुवम् । धाता निजासनाम्भोजविनिमीलनदुःस्थितः ॥ १६४ ॥ शरत्कालसमुल्लासिपूर्णिमाशर्वरीप्रियम् । करोति ते मुखं तन्वि चपेटापातनातिथिम् ॥ १६५ ॥ राकायामकलङ्कं चेदमृतांशोर्भवेद्वपुः । तस्या मुखं तदा साम्यपराभवमवाप्नुयात् ॥ १६६ ॥ आननं मृगशावाक्ष्या वीक्ष्य लोलालकावृतम् । भ्रमद्भ्रमरसंकीर्णं स्मरामि सरसीरुहम् ॥ १६७ ॥ इयं सुनयना दासीकृततामरसश्रिया । आननेनाकलङ्केन जयतीन्दुं कलङ्किनम् ॥ १६८ ॥ लावण्यमधुभिः पूर्णमास्यमस्या विकस्वरम् । लोकलोचनरोलम्बकदम्बैः कैर्न पीयते ॥ १६९ ॥ ननु नीलाञ्चलसंवृतमाननमाभाति हरिणनयनायाः । प्रतिबिम्बित इव यमुनागभीरनीरान्तरेणाङ्कः ॥ १७० ॥ अम्बुजमम्बुनि मग्नं त्रासादाकाशमाश्रितश्चन्द्रः । संप्रति कः परिपन्थी यं प्रति कोपारुणं वदनम् ॥ १७१ ॥ आसायं सलिलभरे सवितारमुपास्य सादरं तपसा । अधुनाब्जेन मनाक्तव मानिनि तुलना मुखस्याप्ता ॥ १७२ ॥ सुविरलमौक्तिकतारे धवलांशुकचन्द्रिकाचमत्कारे । वदनपरिपूर्णचन्द्रे सुन्दरि राकास्ति नात्र संदेहः ॥ १७३ ॥ पुंसां दर्शय सुन्दरि मुखेन्दुमीषत्त्रपामपाकृत्य । जायाजित इति रूढा जनश्रुतिर्मे यशो भवतु ॥ १७४ ॥ अबले सलिले स्थिता ते मुखभावो गमितो न पङ्कजेन । कथमादिमवर्णतां त्यजस्य द्विजराजेन कृतोरुनिग्रहस्य ॥ १७५ ॥ सुध

१ लौहित्यात्. २ निकृष्टत्वम्. ३ तारतम्यम्. ४ मर्मस्पृक्.

१ सायंकालपर्यन्तम्. २ मुखत्वम्. मुखसाम्यमित्यर्थः. ३ आदौ मवर्णो यस्य तस्य भावस्तत्ता. पकारादेः पङ्कजस्य मकारादित्वं कथमित्यर्थः; (पक्षे) ब्राह्मणत्वम्. ४ अन्ते जकारो यस्यैतादृशस्य पङ्कजस्य; (पक्षे) अतिशूद्रस्य. ५ चन्द्रेण; (पक्षे) ब्राह्मणश्रेष्ठेन. ६ कृत उरुर्महान्निग्रहो दण्डो यस्य.

माविषये परीक्षणे निखिलं पद्ममभाजि तन्मुखात् । अधुनापि न भङ्गलक्षणं सलिलोन्मज्जनमुज्झति स्फुटम् ॥ १७६ ॥ यः ससर्ज कमलं रमागृहं विश्वलोचनमहोत्सवं विधिः । एष तादृगसृजन्मृगीदृशो मीनकेतननिकेतनं मुखम् ॥ १७७ ॥ साधु चन्द्रमसि पुष्करैः कृतं मीलितं यदभिरामताधिके । उद्यता जयिनि कामिनीमुखे तेन साहसमनुष्ठितं पुनः ॥ १७८ ॥ तस्या मुखस्यातिमनोहरस्य कर्तुं न शक्तः सदृशं प्रियायाः । अद्यापि शीतद्युतिरात्मबिम्बं निर्माय निर्माय पुनर्भिनत्ति ॥ १७९ ॥ अनेन रम्भोरु तवाननेन पीयूषभानोस्तुलया धृतस्य । ऊनस्य नूनं परिपूरणाय ताराः स्फुरन्ति प्रतिमानखण्डाः ॥ १८० ॥ अस्या मुखस्यास्तु न पूर्णिमास्यं पूर्णस्य जित्वा महिमा हिमांशुम् । भ्रूलक्ष्मखण्डं दधदर्धमिन्दुर्भालस्तृतीयः खलु यस्य भागः ॥ १८१ ॥ व्यधत्त धाता मुखपद्ममस्याः सम्राजमम्भोजकुलेऽखिलेऽपि । सरोजराजौ सृजतोऽदसीयां नेत्राभिधेयावत एव सेवाम् ॥ १८२ ॥ दिवारजन्यो रविसोमभीते चन्द्राम्बुजे निक्षिपतः स्वलक्ष्मीम् । अस्या यदास्ये न तदा तयोः श्रीरेकश्रियेदं तु कदा न कान्तम् ॥ १८३ ॥ अस्या मुखश्रीप्रतिबिम्बमेव जलाच्च तातान्मुकुराच्च मित्रात् । अभ्यर्थ्य धत्तः खलु पद्मचन्द्रौ विभूषणं याचितकं कदाचित् ॥ १८४ ॥ अस्या मुखेनैव विजित्य नित्यस्पर्धी मिलत्कुङ्कुमरोषभासा । प्रसह्य चन्द्रः खलु नह्यमानः स्यादेव तिष्ठन्परिवेषपाशः ॥ १८५ ॥ विधोर्विधिर्बिम्बशतानि लोपं लोपं कुहूरात्रिषु मासि मासि । अभङ्गुरश्रीकमसुं किमस्या मुखेन्दुमस्थापयदेकशेषम् ॥ १८६ ॥ कपोलपत्त्रान्मकरात्सकेतुर्भ्रूभ्यां जिगीषुर्धनुषा जगन्ति । इहावलम्ब्यास्ति रतिं मनोभू रज्यद्द्वयस्यो मधुनाधरेण ॥ १८७ ॥ धिक्तस्य मन्दमनसः कुकवेः कवित्वं यः स्त्रीमुखं च शशिनं न समं करोति । भ्रूभङ्गविभ्रमकटाक्षनिरीक्षितानि कोपप्रसादहसितानि कुतः शशाङ्के ॥ १८८ ॥ चन्द्रं कलङ्करहितं शफरद्वयं च निस्तोयमन्धतमसं च सुगन्धि तन्व्याः । वक्रच्छलेन भुवि सृष्टवतो विधातुर्वर्ण्येत केन करकौशलमद्भुतं तत् ॥ १८९ ॥ अस्यामपूर्व इव कोऽपि कलङ्करिक्तश्चन्द्रोऽपरः किमुत तन्मकरध्वजेन । रोमावलीगुणमिलत्कुचमन्दरेण निर्मथ्य नाभिजलधिं ध्रुवमुद्धृतः स्यात् ॥ १९० ॥ लोके कलङ्कमपहातुमयं शशाङ्को जातो यतस्तव मुखं तरलायताक्षि । तत्रापि कल्पयसि तन्वि कलङ्कलेखां नार्यः समाश्रितजनं हि कलङ्कयन्ति ॥ १९१ ॥ यन्मञ्जुसिञ्जितमितो रसनामणीनां यच्छ्वाससौरभबलादलयो वदन्ति । यद्गीतयः स्खलदलंकृतयश्च लीला दोलाविलासतरलस्तदयं मुखेन्दुः ॥ १९२ ॥ प्रविश झटिति गेहं मा बहिस्तिष्ठ कान्ते ग्रहणसमयवेला वर्तते शीतरश्मेः । तव मुखमकलङ्कं वीक्ष्य नूनं स राहुर्ग्रसति तव मुखेन्दुं पूर्णचन्द्रं विहाय ॥ १९३ ॥ अदमरशतैः सिन्धोरन्तः कथंचिदुपार्जितं सकलमपि तद्धात्रा कान्तामुखे विनिवेशितम् । सुरसुमनसः श्वासामोदे शशी च कपोलयोरमृतमधरे तिर्यग्भूते विषं च विलोचने ॥ १९४ ॥ असावन्तश्चञ्चद्विकचनवलीलाब्जयुगलस्तलस्फूर्जत्कम्बुर्विलसदलिसंघात उपरि । विना दोषासङ्गं सततपरिपूर्णाखिलकलः कुतः प्राप्तश्चन्द्रो विगलितकलङ्कः सुमुखि ते ॥ १९५ ॥ जगन्नेत्रानन्दं वदनमतुलं पक्ष्मलदृशः कथंकारं पङ्केरुहमनुविधातुं प्रभवति । अरं चेदाकाङ्क्षी सह मदनकोदण्डलतया वराको राकेन्दु कुवलययुगं किं न वहति ॥ १९६ ॥ अनाकाशे चन्द्र सरसिजदलद्वन्द्वसहितो गृहीतः पश्चार्धे कुटिलकुटिलै सोऽपि तिमिरैः । सुधां मुञ्चत्युच्चैरशनिमथ संमोहजननं किमुत्पातालीयं वदत जगतः कर्तुरुदिता ॥ १९७ ॥ सुधाबद्धग्रासैरुपवनचकोरैरनुसृतां किरञ्ज्योत्स्नाभच्छां नवलैवलिपाकप्रणयिनीम् । उपप्राकाराग्रं प्रहिणु नयने तर्कय मनागनाकाशे कोऽयं गलितहरिणः शीतकिरणः ॥ १९८ ॥ विना सायं कोऽयं समुदयति सौरभ्यसुभगः किरञ्ज्योत्स्नाधारामधिधरणि तारापरिवृढः । धनुर्धत्ते स्मारं तिरयति विहारं न तमसां निरातङ्कः पङ्केरुहयुगलमङ्के नटयति ॥ १९९ ॥ अनुच्छिष्टो देवैरपरिदलितो राहुदशनैः कलङ्केनास्पृष्टो न खलु परिभूतो दिनकृता । कुहूभिर्नो लुप्तो न च युवतिवक्रेण विजितः कलानाथः कोऽयं कनकलतिकायामुदयते ॥ २०० ॥ स्मितज्योत्स्नागङ्गा तपनतनया श्यामलरुचिः सरस्वत्योष्ठाभारुणकिरणसौन्दर्यजयिनी । इमास्तिस्रस्तीर्थाधिप इव मुखे सुभ्रु मिलितास्तवेदं सेवन्को न लभत इहानन्दलहरीम् ॥ २०१ ॥ कोषः स्फीततरः स्थितानि परितः पत्राणि दुर्गे जलं मैत्रं मण्डलमुज्ज्वलं चिरमधो नीतास्तथा कण्टकाः । इत्याकृष्टशिलीमुखेन रचनां कृत्वा तदत्यद्भुतं यत्पद्मेन जिगीषुणापि न जितं मुग्धे त्वदीयं मुखम् ॥ २०२ ॥ आरब्धे दयितामुखप्रतिसमे निर्मातुमस्मिन्नपि व्यक्तं जन्मसमानमेव मिलितामंशुच्छटां वर्षति । आत्मद्रोहिणि रोहिणीपरिवृढे पर्यङ्कपङ्केरुहः संकोचादथ दुःस्थितस्य न विधेस्तच्छीलमुन्मीलितम् ॥ २०३ ॥ तानि प्राश्चि

१ तुल्यम्.

१ प्रसारयन्. २ लताविशेषः. ३ सदृशीम्. ४ प्रेरय. ५ ईषत्.

दिनानि यत्र रजनी सेहे तमिस्रापदं सा सृष्टिर्विरराम यत्र भवति ज्योत्स्नामयो नातपः। अथान्यः समयस्तथाहि तिथयोऽप्यस्या मुखस्योदये हस्ताहस्तिकया हरन्ति परितो राकावराकीयशः॥ २०४॥ अज्ञातेन्दुपराभवं परिलसद्व्यालोलनेत्राञ्जनं भ्रान्तभ्रूलतमैणनाभितिलकं श्रीखण्डपत्रालकम्। बन्धूकाधरसुन्दरं सुरमुनिव्यामोहि वाक्यामृतं त्रैलोक्याद्भुतपङ्कजं वरतनोरास्यं न कस्य प्रियम्॥ २०५॥ चातुर्यस्यैकचिह्नं फलममलगिरां मूलमुत्तापशान्तेः पद्मायाः सप्रसादं स्थलमपि च रुचां कोशभूतं फलानाम्। शङ्कारस्यातिमानं शरदमृतकरस्पर्धि सौभाग्यसिन्धोरास्यं तस्याः सहास्यं मनसि न मृदुले कस्य लास्यं तनोति॥२०६॥

(स्मितम्)॥ कामबाणप्रहारेण मूर्च्छितानि पदे पदे। जीवन्ति युवचेतांसि युवतीनां स्मितामृतैः॥२०७॥ स्मयमानमायताक्ष्याः किंचिदभिव्यक्तदशनशोभि मुखम्। असमग्रलक्ष्यकेसरमुच्छ्वसदिव पङ्कजं दृष्टम्॥ २०८॥ धवलीकरोति हरितो मलिनीकुरुते मनः सपत्नीनाम्। अस्या हास्यविकासो मम तु मनो रक्तमाचरति॥ २०९॥ यदि प्रसादीकुरुते सुधांशोरेषा सहस्रांशमपि स्मितस्य। तत्कौमुदीनां कुरुते तमेव निमित्त्यं दैवः सफलं स्वजन्म॥ २१०॥

कण्ठः॥ कण्ठस्य विदधे कान्तिं मुक्ताभरणता यथा। नास्याः स्वभावरम्यस्य मुक्ताभरणता[1] तथा॥ २११॥ असावुद्वेललावण्यरत्नाकरसमुद्भवः। जगद्विजयमङ्गल्यशङ्खः कुसुमधन्वनः॥ २१२॥ श्रोत्रपीयूषगण्डूषैः काकलीकलगीतिभिः। कण्ठः कुण्ठितचातुर्यो विपञ्चीपञ्चमध्वनेः॥ २१३॥ अयं त्रयाणां ग्रामाणां विधाने मधुरध्वनिः। रेखात्रयमितीवास्याः सूत्रितं कण्ठकन्दले॥ २१४॥ कण्ठस्य तस्याः स्तनबन्धुरस्य मुक्ताकलापस्य च निस्तलस्य। अन्योन्यशोभाजननाद्बभूव साधारणो भूषणभूष्यभावः॥ २१५॥ कवित्वगानप्रियवादसत्यान्यस्या विधाता न्यधिताधिकण्ठम्। रेखात्रयन्यासमिषादमीषां वासाय सोऽयं विबभाज सीमाः॥ २१६॥ मुक्तोत्करः संकटशुक्तिमध्याद्विनिर्गतः सारसलोचनायाः। जानीमहेऽस्याः कमनीयकम्बुग्रीवाधिवासाद्गुणवत्त्वमाप॥ २१७॥

(वाणी)॥ अमृतद्रवमाधुरीधुरीणां गिरमाकर्ण्य कुरङ्गलोचनायाः। मुहुरभ्यसनं कषायकण्ठी कलकण्ठी कुरुते कुहूरुतेन॥ २१८॥ स्वरेण तस्याममृतस्रुतेव प्रजल्पितायामभिजातवाचि। अप्यन्यपुष्टा प्रतिकूलशब्दा श्रोतुर्वितन्त्रीरिव ताड्यमाना॥ २१९॥ शिरीषकोशादपि कोमलाया वेधा विधायाङ्गमशेषमस्याः। प्राप्तप्रकर्षः सुकुमारसर्गे समापयद्वाचि मृदुत्वमुद्राम्॥ २२०॥ प्रसूनबाणाद्वयवादिनी सा कापि द्विजेनोपनिषत्पिकेन। अस्याः किमास्यद्विजराजतो वा नाधीयते भैक्षभुजा तरुभ्यः॥ २२१॥ पद्माङ्कसद्मानमवेक्ष्य लक्ष्मीमेकस्य विष्णोः श्रयणात्सपत्नीम्। आस्येन्दुमस्या भजते जिताब्जं सरस्वती तद्विजिगीषया किम्॥ २२२॥ कण्ठे वसन्ती चतुरा यदस्याः सरस्वती वादयते विपञ्चीम्। तदेव वाग्भूय मुखे मृगाक्ष्याः श्रोतुः श्रुतौ याति सुधारसत्वम्॥ २२३॥

बाहू॥ दयिताबाहुपाशस्य कुतोऽयमपरो विधिः। जीवयत्यर्पितः कण्ठे मारयत्यपवर्जितः॥ २२४॥ शब्दवद्भिरलंकारैरुपेतमतिकोमलम्। सुवृत्तं काव्यवद्रेजे तद्बाहुलतिकाद्वयम्॥ २२५॥ सरले एव दोर्लेखे यदि चञ्चलचक्षुषः। अमुग्धाभ्यो मृणालीभ्यः कथमाजह्रतुः श्रियम्॥ २२६॥ बाहू तस्याः कुचाभोगनिरुद्धान्योन्यदर्शनौ। मच्चिंतं कथमेताभ्यां मृणालीकीर्तिलुण्ठनम्॥२२७॥ बाहू प्रियाया जयतां मृणालं द्वन्द्वे जयो नाम न विस्मयोऽस्मिन्। उच्चैस्तु तच्चित्रममुष्य भग्नस्यालोक्यते निर्व्यथनं यदन्तः॥ २२८॥ अजीयतावर्तशुभंयु नाभ्यां दोर्भ्यां मृणालं किमु कोमलाभ्याम्। निःसूत्रमास्ते घनपङ्कमूर्तसु मूर्तासु नाकीर्तिषु तन्निमग्नम्॥ २२९॥

करौ॥ कुसुमायुधकोदण्डे हस्तौ विस्तीर्णचक्षुषः। अशोकपल्लवास्त्राणां प्रतिहस्तत्वमागतौ॥ २३०॥ नाहं धार्यमधीराक्षि मुखेन्दोः संमुखं त्वया। इतीव लीलापद्मेन करेऽस्याः कान्तिरर्पिता॥ २३१॥ स्पृष्टस्त्वयैव दयिते स्मरपूजाव्यापृतेन हस्तेन। उद्भिन्नापरमृदुतरकिसलय इव लक्ष्यतेऽशोकः॥ २३२॥ अस्याः करस्पर्शनगर्धनर्द्धिर्बालत्वमापत्खलु पल्लवो यः। भूयोऽपि नामाधरसाम्यगर्वं कुर्वन्कथं वास्तु न स प्रवालः॥ २३३॥ अस्यैव सर्गाय भवत्करस्य सरोजसृष्टिर्मम हस्तलेखः। इत्याह धाता हरिणेक्षणायां किं हस्तलेखीकृतया तया स्याम्॥२३४॥ मुग्धे प्रतारयसि किं कुसुमानि हर्तुमेतान्यशोकविटपस्य कुतूहलेन। अस्यैव तन्वि नवपल्लवडम्बरेषु त्वं हारयिष्यसि ननु स्वयमेव पाणी २३५

(कङ्कणम्)॥ गौराङ्ग्या भुजलावण्यमीलितं हेमकङ्कणम्। कण्ठाश्लेषे वयस्याभिः काठिन्यादन्वमीयत॥ २३६॥ प्रकोष्ठबन्धे बिम्बोष्ठ्यास्तस्याः काञ्चनकङ्कणम्। नालं वल-

१ प्रक्षिप्य.

१ त्यक्तः.

यितं हस्ते हेमाब्जस्येव राजते ॥ २३७ ॥ सौवर्णकङ्कण-श्रेण्या भाति तद्बाहुकन्दली । तूणचम्पकमौर्व्येव पुष्पचापेन वेष्टिता ॥ २३८ ॥ सहेमकटकं धत्ते सा करं पद्मतस्करम् । पद्मिनीवल्लभस्येव मूले वेष्टितमंशुना ॥ २३९ ॥ हस्ते चकास्ति बालायास्तस्याः कङ्कणमालिका । मनःकुरङ्गबन्धाय पाशालीव मनोभुवः ॥ २४० ॥ कृशाङ्ग्याः कुचभारेण दूर-मुत्सारितौ भुजौ । वहतः कलहायेव वाचालां वलयावलिम् ॥ २४१ ॥ न्यस्तानि दन्तवलयानि करे कदाचित्तानीन्दु-खण्डघटितानि ममैष तर्कः । अस्या निसर्गमृदुपाणिसरोज-मेषामामोचने झटिति यन्मुकुलीबभूव ॥ २४२ ॥

(हस्तरेखा) ॥ आयुरेखां चकारास्याः करे द्राघीयसीं विधिः । शौण्डीर्यगर्वनिर्वाहप्रत्याशां च मनोभुवः ॥२४३॥

अङ्गुल्यः ॥ सुदीर्घा रागशालिन्यो बहुपर्वमनोहराः । तस्या विरेजुरङ्गुल्यः कामिनां संकथा इव ॥ २४४ ॥ रज्यन्नखस्याङ्गुलिपञ्चकस्य मिषादसौ हैङ्गुलपञ्चतूणे । हैमैक-पुङ्खास्ति विशुद्धपर्वा प्रियाकरे पञ्चशरी स्मरस्य ॥ २४५ ॥

(मुद्रिका)॥ अङ्गुलीषु कुरङ्गाक्ष्याः शोभते मुद्रिकावलिः । प्रोतेव बाणैः पुष्पेषोः सूक्ष्मलक्ष्यपरम्परा ॥ २४६ ॥

स्तनौ ॥ मृद्वङ्गि कठिनौ तन्वि पीनौ सुमुखि दुर्मुखौ । अत एव बहिर्यातौ हृदयात्ते पयोधरौ ॥ २४७ ॥ तन्वङ्ग्याः स्तनयुग्मेन मुखं न प्रकटीकृतम् । हाराय गुणिने स्थानं न दत्तमिति लज्जया ॥ २४८ ॥ यन्न माति तदङ्गेषु लाव-ण्यमतिसंभृतम् । पिण्डीकृतमुरोदेशे तत्पयोधरतां गतम् २४९ स्वयंभूः शंभुरम्भोजलोचने त्वत्पयोधरः । नखेन कस्य धन्यस्य चन्द्रचूडो भविष्यति ॥ २५० ॥ अविवेकि[१] कुचद्वन्द्वं हन्तु नाम जगत्रयम् । श्रुतिप्रणयिनोरक्षणोरयुक्तं जनमारणम् ॥ २५१ ॥ प्रायश्चित्तं न गृह्णीतस्तन्वङ्ग्याः पतितौ स्तनौ । अत एव तयोः स्पर्शे लोकोऽयं शिथिलादरः ॥ २५२ ॥ पयोधरघनीभावस्तावदम्बरमध्यगः । आश्लेषोपगमस्तत्र यावन्नैव प्रवर्तते ॥ २५३ ॥ भाति निर्विवरे तस्याश्चित्रं कुचयुगान्तरे । क्रीडाकुण्डलितोच्चण्डकोदण्डः कुसुमायुधः ॥२५४॥ कुचद्वये चकोराक्षी चिम्बुकप्रान्तचुम्बिनि । मर्मो-क्तिषु न शक्नोति स्थातुं लज्जानतानना ॥ २५५ ॥ शङ्के

१ विशेषदर्शनरहितम्; (पक्षे) विश्लेषशून्यम्. परस्परं संश्लिष्टत्वात्. २ वेदः; (पक्षे) कर्णः. ३ पापनिष्कृतिम्; (पक्षे) प्रायो बाहुल्येन चित्तं स्वान्तम्. ४ पातकिनौ; (पक्षे) गलितौ. ५ पयोधराणां मेघानां घनीभावः प्राचुर्यम्. ६ आकाशमध्यवर्ती च. ७ आश्लेषानक्षत्र-स्योदयः; (पक्षे) सुगमम्.

तच्चित्तमक्लेशसाध्यं कुसुमधन्वनः । काठिन्यं बहिरेवास्याः स्तनाभ्यां येन धारितम् ॥ २५६ ॥ सा स्तनाञ्जलिबन्धेन मन्मथं प्रथमागतम् । करोतीवोन्मुखं बाला बान्धवं यौवन-श्रियः ॥ २५७ ॥ अस्त्यप्रतिसमाधेयं स्तनद्वन्द्वस्य दूषणम् । स्फुटतां कञ्चुकानां यन्नायात्यावरणीयताम् ॥२५८॥ कुम्भौ सदम्भौ करिणां कलशौ मन्दकौशलौ । चक्रवाकौ बराकौ च तदीयकुचयोः पुरः ॥२५९॥ मुखेन्दुचन्द्रिकापूरप्लाव्य-मानौ पुनः पुनः । शीतभीताविवान्योन्यं तस्याः पीड्यतः स्तनौ ॥ २६० ॥ तत्कुचौ चरतः किंचिन्नूनं मनसिजव्रतम् । नित्योन्मुखौ यदासाते मौलीरत्नस्य भास्वतः ॥ २६१ ॥ सा धारयत्यधीराक्षी दुर्वहं स्तनमण्डलम् । गर्वपर्वतमारूढ-श्चित्रं कुसुमकार्मुकः ॥ २६२ ॥ तस्यास्तुङ्गस्तनच्छाया चकास्ति त्रिवलीतटे । लीना तिमिरलेखेव वदनेन्दोरगोचरे ॥ २६३ ॥ स्वकीयं हृदयं भित्त्वा निर्गतौ यौ पयोधरौ । हृदयस्यान्यदीयस्य भेदने का कृपा तयोः ॥ २६४ ॥ अल्पं निर्मितमाकाशमनालोच्यैव वेधसा । इदमेवंविधं भावि भवत्याः स्तनमण्डलम् ॥ २६५ ॥ उच्छ्वसन्मण्डलप्रान्तरेख-माबद्धकुड्मलम् । अपर्याप्तमुरो वृद्धेः शंसत्यस्याः स्तनद्वयम् ॥ २६६ ॥ मध्येन तनुमध्या मे मध्यं जितवतीत्ययम् । इभकुम्भौ भिनत्त्यस्याः कुचकुम्भनिभौ हरिः ॥ २६७ ॥ पटविघटितमपि कुचतटमकपटमनसः कुरङ्गनयनायाः । मणिभवमयूखपटलीपटलीनतया न सम्यगालोचि ॥२६८॥ प्रतिपक्षो यदि वक्षोरुहपरिणाहः कुरङ्गनयनायाः । आकाश-वासतपसः श्रीफल विफलस्तवायासः ॥ २६९ ॥ चञ्चत्का-ञ्चनशैलावस्था वक्षोरुहौ तन्व्याः । नो चेत्तावधिरूढा कथ-मनिमिषतां भजेत मे दृष्टिः ॥ २७० ॥ करतलयुगपरिणद्धे कुचकलशे कुङ्कुमारुणे तस्याः । सिन्दूरिते करिपतेः कुम्भे नक्ष-त्रमालेव ॥२७१॥ काठिन्यमङ्गैरखिलैर्निरस्तं कुचौ युवत्याः शरणं जगाम । अधः पतिष्याव इतीव भीत्या न शक्नुतस्तावपि हातुमेतत् ॥२७२॥ दिवानिशं वारिणि कण्ठदघ्ने[१] दिवाकरारा-धनमाचरन्ती । वक्षोजताप्त्यै किमु पक्ष्मलाक्ष्यास्तपश्चरत्यम्बु-जपङ्क्तिरेषा ॥ २७३ ॥ अन्योन्यमुत्पीडयदुत्पलाक्ष्याः स्तन-द्वयं पाण्डु तथा प्रवृद्धम् । मध्ये यथा श्यामसुखस्य तस्य मृणालसूत्रान्तरमप्यलभ्यम् ॥ २७४ ॥ किं नर्मदाया मम सेयमस्या दृश्यामितो बाहुलतामृणाली । कुचौ किमुत्तस्थतु-रन्तरीपे स्मरोष्मशुष्यत्तरवाल्यवारः ॥ २७५ ॥ तालं प्रभु स्यादनुकर्तुमेतावुत्थानसुस्थौ पतितं न तावत् । परं च नाश्रित्य तरुं महान्तं कुचौ कृशाङ्ग्याः स्वत एव तुङ्गौ

१ कण्ठप्रमाणे. २ सूर्याराधनम्.

॥ २७६ ॥ एतत्कुचस्पर्धितया घटस्य खातस्य शास्त्रेषु निदर्शनत्वम् । तस्माच्च शिल्पान्मणिकादिकारी प्रसिद्धनामा जनि कुम्भकारः ॥ २७७ ॥ निःशङ्कसंकोचितपङ्कजोऽयमस्यामुदीतो मुखमिन्दुबिम्बः । चित्रं तथापि स्तनकोकयुग्मं न स्तोकमप्यञ्चति विप्रयोगम् ॥ २७८ ॥ आभ्यां कुचाभ्यामिभकुम्भयोः श्रीरादीयतेऽसावनयोः क्व ताभ्याम् । भयेन गोपायितमौक्तिकौ तौ प्रव्यक्तमुक्ताभरणाविमौ यत् ॥ २७९ ॥ कराग्रजाग्रच्छतकोटिरर्थी ययोरिमौ तौ तुलयेत्कुचौ चेत् । सर्वे तदा श्रीफलमुन्मदिष्णु जातं वटीमप्यधुना न लुब्धम् ॥ २८० ॥ मध्यं तनूकृत्य यदीदमीयं वेधा न दध्यात्कमनीयमंशम् । केन स्तनौ संप्रति यौवनेऽस्याः सृजेदनन्यप्रतिमाङ्गयष्टेः ॥ २८१ ॥ तपोपकण्ठस्थिततारदारस्फुरत्प्रभाशैवलिनीजलेषु । लीनो मनोजद्विप एव तस्य व्यक्तौ नु गण्डौ किमुरोजपिण्डौ ॥ २८२ ॥ सतां समालोकयतां विवेकान्हवींषि हुत्वा स्मरबाणवह्नौ । धत्ते स्तनः श्यामशिरोमिषेण तनूदरि त्र्यायुषभस्मबिन्दुम् ॥ २८३ ॥ नयननीरज किं भवता कृतं मुखशशी यदयं रिपुराश्रितः । इति वचो वितरीतुमिवोन्मुखं वरतनोः स्तनचक्रयुगं बभौ ॥ २८४ ॥ बदरामलकाम्रदाडिमानामपहृत्य श्रियमुन्नतौ क्रमेण । अधुना हरणे कुचौ यतेते दयिते ते करिशावकुम्भलक्ष्म्याः ॥ २८५ ॥ कनकक्रमुकायितं पुरस्तादथ पङ्केरुहकोरकायमाणम् । क्रमशः कलशायमानमास्ते सुदृशो वक्षसि कस्य भागधेयम् ॥ २८६ ॥ अपि तद्वपुषि प्रसर्पतोर्गमिते कान्तिझरेरगाधताम् । स्मरयौवनयोः खलु द्वयोः प्लवकुम्भौ भवतः कुचावुभौ ॥ २८७ ॥ कलशे निजहेतुदण्डजः किमु चक्रभ्रमिकारिता गुणः । स तदुच्चकुचौ भवन्प्रभाझरचक्रभ्रमिमातनोति यत् ॥ २८८ ॥ जम्बीरश्रियमतिलङ्घ्य लीलयैव व्यानम्रीकृतकमनीयहेमकुम्भौ । नीलाम्भोरुहनयनेऽधुना कुचौ ते स्पर्धेते किल कनकाचलेन सार्धम् ॥ २८९ ॥ शुकीचञ्चूत्खातच्छवि फलयुगं यौवनतरोरयःशङ्कुक्षुण्णं मदनकरिणः कुम्भयुगलम् । समुद्रं भोगायामृतकलशयुग्मं सुकृतिनः कुचद्वन्द्वं तन्व्या नवनखपदाङ्कं विजयते ॥ २९० ॥ कुचावस्याः कामद्विपफलभकुम्भाविति परे वदन्त्यन्ये वक्षःसरसि कमले काञ्चनघटौ । ममायं सिद्धान्तः स्फुरति मदनेन त्रिजगतीं विनिर्जित्य न्युब्जीकृतमिव निजं दुन्दुभियुगम् ॥ २९१ ॥ जम्बीरं वा कमलमुकुलं हेमगुच्छं यथेच्छं मङ्गल्यं वा कलयतु जनो भूपतेर्मन्मथस्य । एतद्द्वन्द्वं कलयति मतिर्मामकीना नवीना केनाप्यस्या हृदि विनिहितं मन्मथानन्दकन्दम् ॥ २९२ ॥ पुष्पेषोरभिषेकहेमकलशौ हारप्रभावाहिनीचक्राह्वौ मदनोन्मदद्विपपतेः कुम्भौ रतेः कन्दुकौ । कन्दौ बाहुमृणालिकायुगलयोर्लीलालतासत्फले नव्यौ रत्नसमुद्गकौ वहति सा लावण्यपूर्णौ स्तनौ ॥ २९३ ॥ यूनां मोहमहाफलप्रसविनीं नाभ्यालवालोत्थितां सेक्तुं रोमलतां सुखामृतनिधेर्लावण्यनामामृतम् । नेष्यन्सारणिकां विभज्य कृतवान्कूटद्वयं पार्श्वयोः पञ्चेषुस्तदिदं पयोधरयुगं लोकाः समाचक्षते ॥ २९४ ॥ उद्भिन्नं किमिदं मनोभवनृपक्रीडारविन्दद्वयं सूते तत्कथमेकतः किल लसद्रोमावलीनालतः । चक्रद्वन्द्वमिदं क्षमं तदपि न स्थातुं मुखेन्दोः पुरो लावण्याम्बुनि मग्नयौवनगजस्याबैमि कुम्भद्वयम् ॥ २९५ ॥ उद्भेदं प्रतिपद्य पक्वबदरीभावं समेत्य क्रमात्पुंनागाकृतिमाप्य पूगपदवीमारुह्य बिल्वश्रियम् । लब्ध्वा तालफलोपमां च ललितामासाद्य भूयोऽधुना चञ्चत्काञ्चनकुम्भजृम्भणमिभावस्याः स्तनौ बिभ्रतः ॥ २९६ ॥ रत्यासप्रियलाञ्छने[३] कठिनतावासे[४] रसालिङ्गिते[५] प्रह्लादैकरसे[६] क्रमादुपचिते[७] भूभृद्गुरुत्वापहे[८] । कोकस्पर्धिनि[९] भोगभाजि[१०] जनितानङ्गे[११] खलीनोन्मुखे[१२] भाति श्रीरमणावतारदशकं[१३] बाले भवत्याः स्तने ॥ २९७ ॥ मध्योऽयं बलिसद्म दृष्टिरधिकं पृथ्वी सुपर्वालयो बाहुस्तत्कमलेक्षणा त्रिजगतीमेकैव संरक्षति । इत्येवं

१ लावण्यलेशं कपर्दिकां च.

१ चक्रवाकौ. २ संपुटौ. ३ रतावाप्तं प्रियस्य लाञ्छनं चिह्नं नखक्षताङ्गरागादिकं येन तथाभूते; (पक्षे) रत्या आप्तः प्रियः कामस्तस्य लाञ्छनं मत्स्यस्तद्रूपे. ४ कठिनताया आवासे स्थानभूते; (पक्षे) कठिनताया आवासे कूर्मे. ५ रसेनालिङ्गिते; (पक्षे) रसया पृथिव्या स्वोद्धरणकाले आलिङ्गिते वराहे. प्रकृष्टाह्लादे एकरसे तत्परे; (पक्षे) प्रह्लादे एको रसः प्रीतिर्यस्य तस्मिन्नृसिंहे. ७ क्रमाद्बदरामलकादिपरिमाणलाभेनोपचिते प्रवृद्धे; (पक्षे) क्रमः पादविक्षेपस्तदनुसारेणोपचिते प्रवृद्धे वामने. ८ भूभृतां पर्वतानां गुरुत्वमपहन्ति नाशयति तादृशे. ततोऽपि महत्त्वात्; (पक्षे) भूभृतां राज्ञां गौरवनाशके भार्गवे. ९ चक्रवाकस्पर्धाशीले. तत्सदृशत्वात्; (पक्षे) सीतावियोगातुरतया चक्रवाकशापदे रामे. १० भोगः सुखं शरीरं तद्भाजि; (पक्षे) भोगः फणा तद्भाजि शेषावतारे बलभद्रे. ११ जनितमदने; (पक्षे) जनितमनङ्गमङ्गस्य शरीरस्य विरुद्धं मौनभोगत्यागसमाधिप्रभृति येन तस्मिन्बुद्धे. १२ खेष्विन्द्रियेषु लीना आसक्ता उन्मुखा यस्मिंस्तादृशे; (पक्षे) खलीनमश्वस्य वल्गा तदुन्मुखे कल्किनीति. १३ विष्णोः.

स्तनयोर्मिषेण कनकक्षोणीभृता संधृतौ यस्यामात्मकिशो-
रकौ पविभयव्यग्रेण जम्भद्विषः ॥ २९८ ॥

(कञ्चुकी) ॥ उपरि पीनपयोधरपातिता पटकुटीव
मनोभवभूपतेः । विजयिनस्त्रिपुरारिजिगीषया तव विरा-
जति भामिनि कञ्चुकी ॥ २९९ ॥

(हारः) ॥ घटीयन्त्रायते हारो नाभिकूपे मृगीदृशः ।
संसेक्तुमिव लावण्यपयसा यौवनद्रुमम् ॥ ३०० ॥ हारः
कुरङ्गशावाक्ष्या राजति स्थूलमौक्तिकः । नाभिलावण्यपानी-
यघटीयन्त्रगुणोपमः ॥ ३०१ ॥ मातङ्गकुम्भसंसर्गजातपा-
तकशङ्कया । स्नातीव मुक्ताहारोऽस्याः स्फुरत्कान्तिजले
गले ॥ ३०२ ॥ प्राणेश्वरपरिष्वङ्गविभ्रमप्रतिपत्तिभिः । मु-
क्ताहारेण लसता हसतीव स्तनद्वयम् ॥ ३०३ ॥ हारोऽयं
हरिणाक्षीणां लुठति स्तनमण्डले । मुक्तानामप्यवस्थेयं के
वयं स्मरकिंकराः ॥ ३०४ ॥ मणिहारलता विभाति
तन्व्याः स्तनसिंहासनसीम्नि तस्थिवांसम् । अभिषेक्तुमनङ्ग-
देवराजं गलशङ्खाद्गलितेव दुग्धधारा ॥ ३०५ ॥ ग्रीवाद्भुतै-
षावटुशोभितापि प्रसाधिता माणवकेन सेयम् । आलिङ्ग्यता-
मप्यवलम्बमाना सुरूपताभागखिलोर्ध्वकाया ॥ ३०६ ॥
स्तनातटे चन्दनपङ्किलेऽस्या जातस्य यावद्युवमानसानाम् ।
हारावलीरत्नमयूखधाराकाराः स्फुरन्ति स्खलनस्य रेखाः
॥३०७॥ निबिडानुषक्तकुचकोकदम्पती मुखतारकापरिवृढेन
शासितुम् । अवतारितेव निजतारकावली हरिणीदृशः स्फुरति
हारवल्लरी ॥ ३०८ ॥ एकावलीकलितमौक्तिककैतवेन त-
न्व्याः समुन्नतपयोधरयुग्मसेवाम् । चक्रुर्मनांसि यमिनामति-
निर्मलानि कंदर्पमुक्तशरपातकृतान्तराणि ॥ ३०९ ॥ सार-
ङ्गाक्ष्याः कुचकलशयोरन्तराकाशदेशः प्राप्तच्छेदः क्वचिदपि
चलन्प्रस्खलन्निःपपात । नाभीकूपः समजनि नतस्तस्य देह-
च्युतासौ नक्षत्राणां ततिरिव समालम्बते हारशोभाम्॥३१०॥
मुक्तावली स्मरविदाहविपाण्डुमूले नद्धा चकास्ति सितक-
म्बुनि कण्ठकाण्डे । निश्चिन्वती मृगदृशो वदनं मृगाङ्क-
मक्षत्रपङ्क्तिरिव संपतिता नभस्तः ॥ ३११ ॥

मध्यदेशः ॥ मुक्तं मध्ये कृशा तन्वी कार्मुकीकरणाय
यत् । अत्रैव कुसुमास्त्रेण पीड्यते श्लिष्टमुष्टिना ॥ ३१२ ॥
स्तनौ भारार्पणव्यग्रौ काञ्ची कलकलोन्मुखी । कस्यां दिशि
न मध्यस्य तस्याः कार्श्यं सहेतुकम् ॥ ३१३ ॥ मध्यं तव
सरोजाक्षि पयोधरभरार्दितम् । अस्ति नास्तीति संदेहः कस्य
चित्ते न भासते ॥ ३१४ ॥ स्मरमानसिकसमस्याः स्यात्स्त-
निमा निरवधिर्मध्यः । श्रीरेव पूरयति यां न गिरां देवी न
चापि गुरुरस्याः ॥ ३१५ ॥ अस्मिन्प्रकृतिमनोज्ञे लग्ना
प्रायेण मान्मथी दृष्टिः । सुन्दरि यतो भवत्याः प्रतिक्षणं
क्षीयते मध्यः ॥ ३१६ ॥ वयःप्रकर्षादुपचीयमानस्तनद्वय-
स्योद्वहनश्रमेण । अत्यन्तकार्श्यं वनजायताक्ष्या मध्यो
जगामेति ममैष तर्कः ॥ ३१७ ॥ बद्ध्वा ह्रियोमा त्रिवली
गुणेन गृह्णाति रोमावलिनेत्रवल्लीम् । इतीव चिन्ताकुलभङ्गु-
रोऽयं मध्यो मृगाक्ष्याः कृशतामुपैति ॥ ३१८ ॥ काञ्चीगुणै-
र्विरचिता जघनेषु लक्ष्मीर्लब्धा स्थितिः स्तनतटेषु च रत्न-
हारैः । नो भूषिता वयमितीव नितम्बिनीनां कार्श्यं निरर्ग-
लमधार्यत मध्यभागैः ॥ ३१९ ॥ स्फुटमसदवलग्नं तन्वि
निश्चिन्वते ते तदनुपलभमानास्तर्कयन्तोऽपि लोकाः । कु-
चगिरिवरयुग्मं यद्विनाधारमास्ते तदिह मकरकेतोरिन्द्रजालं
प्रतीमः ॥३२०॥ तुङ्गाभोगे स्तनगिरियुगे प्रौढबिम्बे नितम्बे
सीमादेशं हरति नृपतौ यौवने जृम्भमाणे । मध्यो भीरुः
क्वचिदपि ययौ पद्मपत्रेक्षणायाः शून्यं मध्यस्थलमिति ततः
किंवदन्तीं वदन्ति ॥ ३२१ ॥ देहं हेमद्युति परिहृताम्भोज-
वृष्टिं च दृष्टिं राशीभूतभ्रमरपटलीचारुवेषं च केशम् । दृष्ट्वा
सद्यो विपुलहृदयानन्दमूढेन धात्रा सारङ्गाक्ष्याः किमु रच-
यितुं विस्मृतो मध्यदेशः ॥ ३२२ ॥ आक्रान्ते शैशवेऽस्मि-
न्नभिनववयसा शासनान्मीनकेतोर्बालाया नेत्रयुग्मं श्रुतियुग-
मविशद्भ्रूयुगेनापि सार्धम् । वक्षोजद्वन्द्वमुच्चैर्बहिरिह निरगा-
च्छ्रोणिबिम्बेन साकं मध्यः संगृह्य बद्धत्रिवलिभिरभितः का-
र्श्यमङ्गीकरोति ॥ ३२३ ॥

नाभिः ॥ मन्ये समाप्तलावण्यसारे सर्गे मृगीदृशः ।
अपूरयित्वेव गतो नाभिरन्ध्रं चतुर्मुखः ॥ ३२४ ॥ कुच-
कुम्भौ समालम्ब्य तरन्ती कान्तिनिम्नगाम् । भ्रमादितस्ततो
दृष्ट्वा दृष्टिर्नाभौ निमज्जति ॥ ३२५ ॥ स्तनौ तुङ्गौ समारूढे
चापन्यस्तभरे स्मरे । कोदण्डाटनिमुद्रेव जाता नाभी नतभ्रुवः
॥ ३२६ ॥ उरोजवच्चक्रमनोज्ञरूपा केशावलीव भ्रमराजिता
वा । संगीतवस्तत्पुटभेदहृद्या विधेत नाभीसरसी मृगा-
क्ष्याः ॥ ३२७ ॥

वलित्रयम् ॥ एकमेव बलिं बद्ध्वा जगाम हरिरुन्नतिम् ।
तन्व्यास्त्रिवलिबन्धेऽपि सैव मध्यस्य मग्नता ॥३२८॥ स्तन-
भाराय मध्येन त्रिवलिव्याजतः कृता । तस्याः शङ्कितभङ्गेन
भ्रूभङ्गानामिवावलिः ॥३२९॥ तदीयत्रिवलीमार्गसोपानारो-
हणश्रमः । अनङ्गत्वादनङ्गस्य जातो रत्येकगोचरः ॥३३०॥

१ अन्त्यजः; (पक्षे) गजः.

१ पुष्यमाणः. २ मध्यम्. ३ बलिनामानं दैत्यम्; (पक्षे) वलिम्

परिहृत्य दुरारोहं तस्याः स्तनतटं कृता। कंदर्परथसंचारमार्गालीव वलित्रयी ॥ ३३१ ॥ दरिद्रमुदरं दृष्ट्वा चक्रे लावण्यपूर्णयोः। पन्थानं स्तनयोस्तस्यास्त्रिवलीविषमं विधिः ॥ ३३२ ॥ राजति त्रिवली तस्याः स्तनभारोन्नतिक्रमात्। उपर्युपरि जातेव हारमुद्रापरम्परा ॥ ३३३ ॥ मध्यत्रिवलीत्रिपथे पीवरकुचचत्वरे च चपलदृशाम्। छलयति मदनपिशाचः पुरुषं हि मनागपि स्खलितम् ॥ ३३४ ॥ मध्येन सा वेदिविलग्नमध्या वलित्रयं चारु बभार बाला। आरोहणार्थं नवयौवनेन कामस्य सोपानमिव प्रयुक्तम् ॥ ३३५ ॥ अनन्यसाधारणकान्तिकान्ततनोरमुष्याः किमु मध्यदेशः। जगत्रयीजन्मभृतां निषण्णा चित्तावलीयं त्रिवलीमिषेण ॥३३६॥ मध्यात्समानीय सुसारभागं वक्षोजमुत्पादयिता विधाता। अतिप्रयत्नात्रिवलीमिषेण सोपानवर्त्मत्रितयं चकार ॥३३७॥ मत्वा चापं शशिमुखि निजं मुष्टिना पुष्पधन्वा तन्वीमेनां तव तनुलतां मध्यदेशे बभार। यस्मादत्र त्रिभुवनवशीकारमुद्रानुकारास्तिस्रो भान्ति त्रिवलिकपटादङ्गुलीसंधिरेखाः ३३८

रोमावली ॥ नाभिरन्ध्रं प्रविष्टास्याः श्यामला रोमवल्लरी। त्रस्ता तिमिरलेखेव मेखलामणिकान्तितः ॥ ३३९ ॥ भाति रोमावली तस्याः पयोधरभरोन्नतौ। जाता रत्नशलाकेव श्रोणिवैदूर्यभूमितः ॥ ३४० ॥ नाभिसङ्गेन गौराङ्ग्याः शोभते रोममञ्जरी। कंदर्पहेमकटकाल्लाक्षाधारेव निर्गता ३४१ नाभीवलयसंबद्धा रोमाली भाति सुभ्रवः। सहिता निगडेनेव शृङ्खला स्मरदन्तिनः ॥३४२॥ रोमावली विलासिन्याः प्रविष्टा नाभिमण्डलम्। कियद्गाम्भीर्यमत्रेति तात्पर्यमिव बिभ्रती ॥ ३४३ ॥ लिखन्त्याः कामसाम्राज्यशासनं यौवनश्रियः। गलितेव मषीधारा रोमाली नाभिगोलकात् ॥३४४॥ जाने रात्रिषु तन्मध्ये ददाति शनकैः पदम्। गम्भीरनाभिकुहरप्रवेशाशङ्कया स्मरः ॥ ३४५ ॥ कुचदुर्गराजधान्योर्मध्येमार्गे मृगीदृशो मदनः। किमकृत नाभीवापीमपि रोमालीतमालवनरेखाम् ॥३४६॥ वयसी शिशुतातदुत्तरे सुदृशि स्वामिविधिं विधित्सुनी। विधिनापि न रोमरेखया कृतसीम्नि प्रविभज्य रज्यतः ॥ ३४७ ॥ तस्याः प्रविष्टा नतनाभिरन्ध्रं रराज तन्वी नवरोमराजिः। नीवीमतिक्रम्य सितेतरस्य तन्मेखलामध्यमणेरिवार्चिः ॥३४८॥ गौरीव पत्या सुभगा कदाचित्कर्त्रीयमप्यर्धतनूसमस्याम्। इतीव मध्ये निदधे विधाता रोमावलीमेचकसूत्रमस्याः ॥ ३४९ ॥ रोमावलीरज्जुमुरोजकुम्भौ गम्भीरमासाद्य च नाभिकूपम्। मद्दृष्टितृष्णा विरमेद्यदि स्यान्नैषां बतैषा सिचयेन गुप्तिः ॥ ३५० ॥ उन्मूलितालानविलाभनाभिरिछिन्नस्खलच्छृङ्खलरोमदामा। मत्तस्य सेयं मदनद्विपस्य प्रस्वापवप्रोच्चकुचास्तु वास्तु ॥ ३५१ ॥ रोमावलिभ्रूकुसुमैः स्वमौर्वीचापेषुभिर्मध्यललाटमूर्ध्नि। व्यस्तैरपि स्यास्तुभिरेतदीयैर्जैत्रः स चित्रं रतिजानिवीरः ॥ ३५२ ॥ गम्भीरनाभिह्रदसंनिवेशे रराज तन्वी नवरोमराजिः। मुखेन्दुभीतस्तनचक्रवाकद्वन्द्वोज्झिता शैवलमञ्जरीव ॥ ३५३ ॥ स्वर्णावदातद्युतिकायकाण्डे संपूर्णपीयूषमयूखमुख्यः। एणीदृशः पृष्ठविलम्बिवेणीबिम्बः पुरो राजति रोमराजी ॥ ३५४ ॥ पयोधरस्तावदयं समुन्नतो रसस्य वृष्टिः सविधे भविष्यति। अतः समुद्गच्छति नाभिरन्ध्रतो विसारि रोमालिपिपीलिकावलिः[1] ॥ ३५५ ॥ गभीरनाभीह्रदपार्श्ववर्तिनी विराजते लोमतती मृगीदृशः। मुखारविन्दस्य रसाभिलाषिणी द्विरेफपङ्क्तिश्चलितेव नीरवा ॥ ३५६ ॥ समुदितकुचकुम्भमङ्गनाया हृदयमनङ्गमतङ्गजोऽधिशेते। तदखिलपदबन्धनाय रोमावलिरिह शृङ्खलिका विलोक्यते यत् ॥ ३५७ ॥ दत्तं मया पदमिदं नवयौवनाय त्वं सत्वरं क्वचन शैशव साधयेति। कामस्य हस्तलिखिताक्षरमालिकेव रोमावली विजयते जलजेक्षणायाः ॥ ३५८ ॥ नाभीबिलान्तरविनिर्गतपन्नगीयं संप्रस्थिता नयनखञ्जनभक्षणाय। नासामुदीक्ष्य गरुडभ्रमभुद्वहन्ती गुप्तेव पीनकुचपर्वतयोरधस्तात् ॥ ३५९ ॥ अतिबहुतरलज्जाशृङ्खलाबद्धपादो मदननृपतिवाहो यौवनोन्मत्तहस्ती। प्रकटितकुचकुम्भो लोमराजीकरेण पिबति सरसि नाभीमण्डलाख्ये पयांसि ॥ ३६० ॥ रचयति युवनेत्रक्षेत्रपीयूषवृष्टिं नवजलधररेखा रोमराजिच्छलेन। यदुदयति कलापिप्रक्रियेयं तदुच्चैः स्तनघनसमयोऽस्यामाविरस्तीति विद्मः ॥ ३६१ ॥ अमुष्मिंल्लावण्यामृतसरसि नूनं मृगदृशः स्मरः शर्वप्लुष्टः पृथुजघनभागे निपतितः। यदङ्गाङ्गाराणां प्रशमपिशुना नाभिकुहरे शिखा धूमस्येयं परिणमति रोमावलिमिषात् ॥ ३६२ ॥ इयं सृष्टा चञ्चत्कनकलतिका पङ्कजभुवा निषक्ता लावण्यामृतरसभरेणानुदिवसम्। अंकस्माद्रोमालीमधुपपटलीह स्फुरति यत्ततः शङ्के पुष्पोद्गमसमयमायातमधुना ॥ ३६३ ॥ हरक्रोधज्वालावलिभिरवलीढेन वपुषा गभीरे ते नाभीसरसि कृतझम्पो मनसिजः। समुत्तस्थौ तस्मादचलतनये धूमलतिका जनस्तां जानीते तव जननि रोमावलिरिति ॥ ३६४ ॥ निर्णेतव्यो मनसिजकलातत्रसिद्धान्तसारो जेतव्या च त्रिदशसुदृशामङ्गलावण्यलक्ष्मीः। रोमश्रेणीलिखनसुभगं पत्रमादर्शयन्ती पत्रालम्बं

[1] रोमावलिरेव पिपीलिकापङ्क्तिः।

जगति कुरुते सुभ्रुवो यौवनश्रीः ॥ ३६५ ॥ उत्तुङ्गस्तनपर्वतादवतरद्गङ्गेव हारावलीं रोमाली नवनीलनीरजरुचिः सेयं कलिन्दात्मजा[1] । जातं तीर्थमिदं सुपुण्यजनकं यत्रानयोः संगमश्चन्द्रो मज्जति लाञ्छनापहृतये नूनं नखाङ्कच्छलात्[2] ॥ ३६६ ॥ उत्तुङ्गस्तनभार एष तरले नेत्रे चले भ्रूलते रागान्धेषु तदोष्ठपल्लवमिदं कुर्वन्तु नाम व्यथाम् । सौभाग्याक्षरपङ्क्तिरेव लिखिता पुष्पायुधेन स्वयं मध्यस्थापि करोति तापमधिकं रोमावली केन सा ॥ ३६७ ॥ यूनां धैर्यतृणाङ्कुरं कवलयन्व्रीडाम्बुपूरं पिबञ्शृङ्गारो हरिणस्तव स्तनगिरेः सीमानमारोहति । नाभेः काचन तस्य निःसृतवती कस्तूरिकामालिका रोमश्रेणिमहोत्सवं वितनुते कल्याणि जानीमहे ॥ ३६८ ॥ सौन्दर्यस्य मनोभवेन गणनारेखा किमेषा कृता लावण्यस्य विलोकितुं त्रिजगतामेषा किमुङ्क्षीविका । आनन्दद्रुमकन्दली नयनयोः किंवा समुज्जृम्भते सुन्दर्याः किमु वा स्वभावसुभगा रोमालिरुन्मीलति ॥३६९॥

पृष्ठभागः ॥ अस्याः खलु ग्रन्थिनिबद्धकेशमल्लीकदम्बप्रतिबिम्बवेशात् । स्मरप्रशस्ती रजताक्षरेयं पृष्ठस्थलीहाटकपट्टिकायाम् ॥ ३७० ॥

नितम्बः ॥ तन्नितम्बस्य निन्दन्ति वृद्धिं परिजनाङ्गनाः । काञ्चीनवनवग्रन्थिग्रथनेन कदर्थिताः ॥ ३७१ ॥ नितम्बबिम्बं बिम्बोष्ठी चन्द्रकान्तशिलाघनम् । धत्ते कंदर्पदोःस्तम्भप्रशस्तिफलकोपमम् ॥ ३७२ ॥ विस्तारिणा मुहुस्तस्याः श्रोणीबिम्बेन पीडिता । त्रुटिता त्रुटितास्मीति पूत्करोतीव मेखला ॥ ३७३ ॥ अपर्याप्तभुजायामः सखेदोऽस्याः सखीजनः । श्रोण्यां कथंचित्कुरुते रशनादामबन्धनम् ॥३७४॥ नितम्बगौरवेणासौ गौराङ्गी खिद्यते दृढम् । हारयत्यपरिस्पन्दा कन्दुकं क्रीडितेषु यत् ॥ ३७५ ॥ स कथं न स्पृहणीयो विषयरतैस्तन्नितम्बविन्यासः । शान्तात्मनापि[3] विहितं विश्वसृजा गौरवं यत्र ॥ ३७६ ॥ पृथुवर्तुलतन्नितम्बकृन्मिहिरस्यन्दनशिल्पशिक्षया । विधिरेककचक्रचारिणं किमु निर्भर्त्सति मान्मथं रथम् ॥ ३७७ ॥ चक्रेण विश्वं युधि मत्स्यकेतुः पितुर्जितं वीक्ष्य सुदर्शनेन । जगज्जिगीषत्यमुना नितम्बद्वयेन किं दुर्लभदर्शनेन ॥ ३७८ ॥ रोमावलीदण्डनितम्बचक्रे गुणं च लावण्यजलं च बाला । तारुण्यमूर्तेः कुचकुम्भकर्तुर्बिभर्ति शङ्के सहकारिचक्रम् ॥३७९॥

(काञ्ची) ॥ बद्धा मणिमयकाञ्ची तस्याः परिणाहशालिनि नितम्बे । पङ्क्तिरिव सारसानां सुरसरितः पुलिनमण्डलाभोगे ॥ ३८० ॥ स्रस्तां नितम्बादवरोपयन्ती पुनः पुनः केसरपुष्पकाञ्चीम् । न्यासीकृतां स्थानविदा स्मरेण द्वितीयमौर्वीमिव कार्मुकस्य ॥ ३८१ ॥

जघनम् ॥ तस्याः [illegible]पलाशाक्ष्यास्तन्व्यास्तज्जघनं घनम् । दृष्ट्वा सखीभिर्यामिस्ताः पुंभावं मनसा ययुः ॥३८२॥ अनङ्गरङ्गपीठोऽस्याः शृङ्गारस्वर्णविष्टरः । लावण्यसारसंघातः सा घना जघनस्थली ॥ ३८३ ॥ तदीयजघनाभोगगरिमा विस्मयास्पदम् । दूरपाती पृषत्कोऽभूद्येनानङ्गस्य साङ्गना ॥ ३८४ ॥ वपुरनुपमं नाभेरूर्ध्वं विधाय मृगीदृशां ललितललितैरङ्गन्यासैः पुरा रभसादिव । तदनु सहसा खिन्नेनेव[1] प्रजापतिना भृशं पृथुलपृथुला स्थूलस्थूला कृता जघनस्थली ॥ ३८५ ॥

मदनमन्दिरम् ॥ अङ्केन केनापि विजेतुमस्या गवेष्यते किं चलपत्रपत्रम् । न चेद्विशेषादितरच्छदेभ्यस्तस्यास्तु कम्पस्तु कुतो भयेन ॥ ३८६ ॥ गौरसुग्धवनितावराङ्गके रेजुरुत्थिततनूरुहाङ्कुराः । तर्पणाय मदनस्य वेधसा स्वर्णशुक्तिनिहितास्तिला इव ॥ ३८७ ॥

ऊरू ॥ मन्ये तदूरू संभाव्य हस्तसर्वस्वहारिणौ । वहन्त्यस्पृश्यताहेतोर्मातङ्गत्वं मतङ्गजाः ॥ ३८८ ॥ लम्भिताः कदलीस्तम्भास्तदूरूभ्यां पराभवम् । अत्यन्तमृदुभिर्लब्धो जडैः क्व जयडिण्डिमः ॥ ३८९ ॥ ऊरुः कुरङ्गकदृशश्चञ्चलचेलाञ्चलो भाति । सपताकः कनकमयो विजयस्तम्भः स्मरस्येव ॥ ३९० ॥ तरुमूरुयुगेण सुन्दरी किमु रम्भां परिणाहिना परम् । तरुणीमपि जिष्णुरेव तां धनदापत्यतपःफलस्तनीम् ॥ ३९१ ॥ रम्भापि किं चिह्नयति प्रकाण्डं न चात्मनः स्वेन न चैतदूरू । स्वस्यैव येनोपरि सा ददाना पत्राणि जागर्त्यनयोर्भ्रमेण ॥ ३९२ ॥ विधाय मूर्धानमधश्चरं चेन्मुखेत्तपोभिः स्वमसारभावम् । जाड्यं च नाश्चेत्कदली बलीयस्तदा यदि स्यादिदमूरुचारुः ॥ ३९३ ॥ ऊरुप्रकाण्डद्वितयेन तस्याः करः पराजीयत वारणीयः । युक्तं ह्रिया कुण्डलनच्छलेन गोपायति स्वं मुखपुष्करं सः ॥ ३९४ ॥ अस्यां मुनीनामपि मोदमूहे भृगुर्महान्यत्कुचशैलशीली । नानारदाह्लादि मुखं श्रितोरुर्व्यासो महाभारतसर्गयोग्यः ॥ ३९५ ॥ पश्यन्हतो मन्मथबाणपातैः शक्तो विधातुं न निमील्य चक्षुः । ऊरू विधात्रा हि कथं कृतौ तौ विन्यासवत्याः सुमतेर्वितर्कः ॥ ३९६ ॥ नागेन्द्रहस्तास्त्वचि[3] कर्कशत्वादेकान्तशैत्यात्कदलीविशेषाः ।

१ यमुना. २ नखव्रणच्छलेन. ३ प्रशान्तमनसा. ४ ब्रह्मणा.

१ अत्यन्तसुन्दरैः. २ श्रान्तेनेव. ३ शुण्डाः. ४ नियमेन.

लब्ध्वापि लोके परिणाहि रूपं जातास्तदूर्वोरुपमानबाह्याः ॥ ३९७ ॥ कदली कदली करभः करभः करिराजकरः करिराजकरः। भुवनत्रितयेऽपि बिभर्ति तुलामिदमूरुयुगं न चमूरुदृशः ॥ ३९८ ॥

जङ्घे ॥ जङ्घे तदीये संतापं यज्जनस्यानुरागिणः। जनयांचक्रतुस्तीव्रं तत्र हेतुर्विलोमता ॥ ३९९ ॥ हेममञ्जीरमालाभ्यां भाति जङ्घालताद्वयम्। लावण्यशाखिनः स्थानं कुङ्कुमेनेव वेष्टितम् ॥ ४०० ॥ वृत्तानुपूर्वे च न चातिदीर्घे जङ्घे शुभे सृष्टवतस्तदीये। शेषाङ्गनिर्माणविधौ विधातुर्लावण्य उत्पाद्य इवास यत्नः ॥ ४०१ ॥ क्रमोद्गता पीवरताधिजङ्घं वृक्षाधिरूढं विदुषी किमस्याः। अपि भ्रमीभङ्गिभिरावृताङ्गं वासो लतावेष्टितकप्रवीणम् ॥ ४०२ ॥

चरणौ ॥ अमूल्यस्य मम स्वर्णतुलाकोटिद्वयं[1] कियत्। इति कोपादिवाताम्रं पादयुग्मं मृगीदृशः ॥ ४०३ ॥ जाग्रतः कमलाल्लक्ष्मीं यज्जग्राह तदद्भुतम्। पादद्वन्द्वस्य मत्तेभगतिस्तेये तु का स्तुतिः ॥ ४०४ ॥ स्तनभारोऽत्र वक्त्रेन्दुचन्द्रिकावरणं मम। इति तत्पादयोर्लग्ना वेद्मि प्राङ्गणपद्मिनी ॥ ४०५ ॥ अत्यपूर्वस्य रागस्य पूर्वपक्षाय पल्लवाः। पद्मानि पादयुग्मस्य प्रत्युदाहरणानि च ॥ ४०६ ॥ दृश्यन्ते मानसोत्तंसा राजहंसाः क्वचिद्यदि। गतौ चरणयोस्तस्याः प्रक्ष्यते यावदन्तरम् ॥ ४०७ ॥ नितम्बपीड्यमानेन पादयुग्मेन सुभ्रुवः। कृता भ्रुकुटिभङ्गीव नीलनूपुरमालया ॥ ४०८ ॥ चरणकमलं तदीयं लाक्षाबालातपेन संवलितम्। अध्यास्त भृङ्गमालावलिभिर्मणिखचितनूपुरव्याजात् ॥४०९॥ अननुरणन्मणिमेखलमविरलसिञ्जानमञ्जुमञ्जीरम्। परिसरणमरुणचरणे रणरणकमकारणं कुरुते ॥ ४१० ॥ दशकैरवबान्धवान्दधानौ जडसंसर्गविमुक्तिसावधानौ। चरणौ नलिनेन तोलयन्तः कथमस्याः कवयो न यान्ति लज्जाम् ॥ ४११ ॥ अभ्युन्नताङ्गुष्ठनखप्रभाभिर्निक्षेपणाद्रागमिवोद्गिरन्तौ। आजह्रतुस्तच्चरणौ पृथिव्यां स्थलारविन्दश्रियमव्यवस्थाम् ॥४१२॥ अस्याः पदौ चारुतया महान्तावपेक्ष्य सौक्ष्म्याल्लवभावभाजः। जाता प्रवालस्य महीरुहाणां जानीमहे पल्लवशब्दलब्धिः ॥ ४१३ ॥ जगद्वधूमूर्धसु रूपदर्पाद्यदेतयाधायि पदारविन्दम्। तत्सान्द्रसिन्दूरपरागरागैर्द्वयं प्रवालप्रबलारुणं तत् ॥ ४१४ ॥ यानेन तन्व्या जितदन्तिनाथौ पदाब्जराजौ परिशुद्धपार्ष्णी। जाने न शुश्रूषयितुं स्वमिच्छू नतेन मूर्ध्ना कतरस्य राज्ञः ॥ ४१५ ॥ प्रियासखीभूतवतो मुदेदं व्यधाद्विधिः साधुदशत्वमिन्दोः। एतत्पदच्छद्मसरागपद्मसौभाग्यभाग्यं कथमन्यथा स्यात् ॥ ४१६ ॥

गुल्फौ ॥ अरुन्धतीकामपुरंध्रिलक्ष्मीजम्भद्विषद्दारनवाम्बिकानाम्। चतुर्दशीयं तदिहोचितैव गुल्फद्वयात्सा यददृश्यसिद्धिः ॥ ४१७ ॥

पादाङ्गुल्यः ॥ एष्यन्ति यावद्गणनादिगन्तान्नृपाः स्मरार्ताः शरणे प्रवेष्टुम्। इमे पदाब्जे विधिनापि सृष्टास्तावत्य एवाङ्गुलयोऽत्र रेखाः ॥ ४१८ ॥

नखाः ॥ तस्याः पादनखश्रेणिः शोभते किल सुभ्रुवः। रत्नावलीव लावण्यरत्नाकरसमुद्गता ॥ ४१९ ॥ तत्पादनखरत्नानां यदलक्तकमार्जनम्। इदं श्रीखण्डलेपेन पाण्डुरीकरणं विधोः ॥ ४२० ॥ तद्वक्त्रं नेत्रपद्मं प्रकटितमसकृत्स्पर्धितं यन्मयैतज्जातं तस्मात्कृशत्वं ग्रहणमपि ततो जायमानः कलङ्कः। तत्सर्वं क्षम्यतां मे पुनरपि न करोम्येवमुक्त्वा तु तस्या गाढं लग्नः शशाङ्कश्चरणनखमणिच्छद्मना पादयुग्मम् ॥ ४२१ ॥

(गमनम्) ॥ सलीलमियमायाति कामिनी गजगामिनी। उन्नतं हि नखज्योतिः पुष्पैर्भुवमिवार्चती ॥४२२॥ मारयन्त्या जनं सर्वं निरागसमिवाज्ञया। मातङ्गानां गतिर्यद्वत्कादृगासीदसंशयम् ॥ ४२३ ॥ सा राजहंसैरिव संनताङ्गी गतेषु लीलाञ्चितविक्रमेषु। व्यनीयत प्रत्युपदेशलुब्धैरादित्सुभिर्नूपुरसिञ्जितानि ॥ ४२४ ॥ गुरुतरकलनूपुरानुनादं सललितनर्तितवामपादपद्मा। इतरदनतिलोलमादधाना पदमथ मन्मथमन्थरं जगाम ॥ ४२५ ॥

(जृम्भा) ॥ चक्रीकृतभुजलतिकं वक्रीकृतवक्त्रमुन्नमद्ग्रीवम्। नो हरति कस्य हृदयं हरिणदृशो जृम्भणारम्भः ॥ ४२६ ॥ आस्येन्दोः परिवेषवद्रतिपतेश्चाप्येयकोदण्डवद्धम्मिल्लाम्बुमुचः क्षणद्युतिवदासज्जौ क्षिपन्ती भुजौ। विश्लिष्यद्वलि लक्ष्यनाभि विगलन्नीव्युन्नमन्मध्यमं किंचित्किंचिदुदञ्चदञ्चलमहो कुम्भस्तनी जम्भते ॥ ४२७ ॥

(निद्रा) ॥ सार्थकानर्थकपदं ब्रुवती मन्थराक्षरम्। निद्रार्धमीलिताक्षी सा लिखितेवास्ति मे हृदि ॥ ४२८ ॥ उत्तानामुपधाय बाहुलतिकामेकामपाङ्गश्रितामन्यामप्यलसां निधाय विपुलाभोगे नितम्बस्थले। नीवीं किंचिदवश्लथां विदधती निश्वासलोलालका तल्पोत्पीडनतिर्यगुन्नतकुचं निद्राति शातोदरी ॥ ४२९ ॥ आमीलन्नवनीलनीरजतुलामालम्बते लोचनं शैथिल्यं नवमल्लिकासहचरैरङ्गैरपि स्वी-

१ सुवर्णस्य विंशतिपलात्मकस्य तुलाकोटिद्वयमः; (पक्षे) पादाङ्गदद्वयम्.

कृतम् । आलापादधरः स्फुरत्कलयति प्रेङ्खत्प्रवालोपमामानन्दप्रभवाश्च बाष्पकणिका मुक्ताश्रियं बिभ्रति ॥ ४३० ॥

(कान्तिः) ॥ सुन्दरी सा भवत्येवं विवेकः केन जायते । प्रभामात्रं हि तरलं दृश्यते नात्र संशयः ॥४३१॥ अवयवेषु परस्परबिम्बितेष्वतुलकान्तिषु राजति तत्तनोः । अयमयं प्रविभाग इति स्फुटं जगति निश्चिनुते चतुरोऽपि कः ॥ ४३२ ॥

समग्रस्त्रीस्वरूपवर्णनम् ।

सा दृष्टा यैर्न वा दृष्टा मुषिताः सममेव ते । हृदयं हृतमेकेषामन्येषां चक्षुषोः फलम् ॥ १ ॥ मुखेन चन्द्रकान्तेव महानीलैः शिरोरुहैः । पादाभ्यां पद्मरागाभ्यां रेजे रत्नमयीव सा ॥ २ ॥ गुरुणा स्तनभारेण मुखचन्द्रेण भास्वता । शनैश्चराभ्यां पादाभ्यां रेजे ग्रहमयीव सा ॥ ३ ॥ फलायते कुचद्वन्द्वमियं हेमलतायते । अङ्गानि कुसुमायन्ते मनो मे भ्रमरायते ॥ ४ ॥ वक्रे गुरुत्वं यदि ते छन्दःशास्त्रविदो विदुः । कठिने कुचयुग्मेऽस्या वदतां किं नु हीयते ॥ ५ ॥ विकसन्नेत्रनीलाब्जे तथा तन्व्याः स्तनद्वयी । तव दत्तां सदा मोदं लसत्तरलहारिणी ॥ ६ ॥ दन्तप्रभापुष्पचिता पाणिपल्लवशोभिनी । केशपाशालिवृन्देन सुवेषा हरिणेक्षणा ॥ ७ ॥ अकृशं नितम्बभागे क्षामं मध्ये समुन्नतं कुचयोः । अत्यायतं नयनयोर्मम जीवितमेतदायाति ॥ ८ ॥ अव्याजसुन्दरीं तां विज्ञानेनाद्भुतेन योजयता । उपकल्पितो विधात्रा बाणः कामस्य विषदिग्धः ॥ ९ ॥ आलोक्य चिकुरनिकरं सततं सुमनोधिवासयोग्यं ते । कामो निजं निषङ्गं परिवृत्य परामर्ष साशङ्कः ॥ १० ॥ आलपति पिकवधूरिव पश्यति हरिणीव चलति हंसीव । स्फुरति तडिल्लतिकेव स्वदते तुहिनांशुलेखेव ॥ ११ ॥ वेणीबन्धमहीनं कृष्णं नेत्रान्तमचलरूपं तम् । कुचमस्याः स्वीकुर्वन्पुरुषो लीलां वहत्यहो शंभोः ॥ १२ ॥ अङ्गं भूषणनिकरो भूषयतीत्येष लौकिको वादः । अङ्गानि भूषणानां कामपि सुषमामजीजनंस्तस्याः ॥ १३ ॥ सौरभमम्भोरुहवन्मुखस्य कुम्भाविव स्तनौ पीनौ । हृदयं मदयति वदनं तव शरदिन्दुर्यथा बाले ॥ १४ ॥ मधुरः सुधावदधरः पल्लवतुल्योऽतिपेलवः पाणिः । चकितमृगलोचनाभ्यां सदृशी चपले च लोचने तस्याः ॥ १५ ॥ कलयति कुवलकमालाललितं कुटिलः कटाक्षविक्षेपः । अधरः किसलयलीलामाननमस्याः कलानिधिविलासम् ॥ १६ ॥ तरुणिमनि कलयति कलामनुमदनधनुर्भ्रुवोः पठत्यग्रे । अधिवसति सकललल-नामौलिमियं चकितहरिणचलनयना[1] ॥ १७ ॥ नयनयुगासेचनकं मानसवृत्त्यापि दुष्प्रापम् । रूपमिदं मदिराक्ष्या मदयति हृदयं दुनोत्यपि च ॥ १८ ॥ संन्यस्तभूषापि नवैव नित्यं विनापि हारं हसतीव कान्त्या । मदं विनापि स्खलतीव भावैर्वाचं विना व्याहरतीव दृष्टा ॥ १९ ॥ भ्रूयुग्ममुच्चैर्धनुरुज्झितज्यं बाणाः कटाक्षाः कुटिला नितान्तम् । तथापि यूनां हृदयं भिनत्ति कोऽयं विलासो वनिताजनस्य ॥ २० ॥ अलीकरूपो यदि मध्यभागः पयोधराकारभृतश्च केशाः । उत्सङ्गशोभापि सरोरुहाक्ष्याः करस्य शोभां कलयेन्न कस्मात् ॥ २१ ॥ सर्वोपमाद्रव्यसमुच्चयेन यथाप्रदेशं विनिवेशितेन । सा निर्मिता विश्वसृजा प्रयत्नादेकस्थसौन्दर्यदिदृक्षयेव ॥ २२ ॥ प्रत्यङ्गमस्यामभिकेन रक्षां कर्तुं मघोनेव निजास्त्रमस्ति । वज्रं च भूषामणिमूर्तिधारि नियोजितं तद्द्युतिकार्मुकं च ॥ २३ ॥ भ्रूश्चित्ररेखा च तिलोत्तमास्या नासा च रम्भा च यदूरुसृष्टिः । दृष्टा ततः पूरयतीयमेकानेकाप्सरःप्रेक्षणकौतुकानि ॥ २४ ॥ कर्णाक्षिदन्तच्छदबाहुपाणिपदादिनः स्वाखिलतुल्यहेतुः । उद्वेगभागद्वयताभिमानादिहैव वेधा व्यधित द्वितीयम् ॥ २५ ॥ यशः पदाङ्गुष्ठनखौ मुखं च बिभर्ति पूर्णेन्दुचतुष्टयं या । कलाचतुःषष्टिरुपैति वासं तस्यां कथं सुभ्रुवि नाम नास्याम् ॥ २६ ॥ कात्स्र्न्येन निर्वर्णयितुं च रूपमिच्छन्ति तत्पूर्वसमागतानाम् । न तु प्रियेष्वायतलोचनानां समग्रपातीनि विलोचनानि ॥ २७ ॥ यतो यतोऽङ्गादपयाति कञ्चुकं ततस्ततः स्वर्णमरीचिवीचयः । यतो यतोऽस्या निपतन्ति दृष्टयस्ततस्ततः श्यामसरोजवृष्टयः ॥ २८ ॥ तदा तदङ्गस्य बिभर्ति संभ्रमं विलेपनामोदमुचः स्फुरद्रुचः । दरस्फुरत्काञ्चनकेतकीदलात्सुवर्णमभ्यस्यति सौरभं यदि ॥ २९ ॥ अधरे मधुरा सरस्वतीयं ननु कर्णे मणिकर्णिकाप्रवाहः । शिरसि प्रतिभाति चारुवेणी कथमेणीनयना न तीर्थराजः ॥ ३० ॥ वेणी विडम्बयति मत्तमधुव्रतालीमङ्गीकरोति गुणमैन्दवमास्यमस्याः । बाहू मृणाललतिकाश्रियमाश्रयेते पुङ्खानुपुङ्खयति कामशरान्कटाक्षः ॥ ३१ ॥ बन्धूकबन्धुरधरः सितकेतकाभं चक्षुर्मधूककलिकामधुरः कपोलः । दन्तावली विजितदाडिमबीजराजिरास्यं पुनर्विकचपङ्कजदत्तदास्यम् ॥ ३२ ॥ येनोत्पलानि च शशी च मृणालिकाश्च रम्भालताश्च कमलानि च निर्मितानि । नूनं

१ हरिणनयना.

स एव मृगशावदृशोऽपि वेधाः सृष्टिक्रमो यदयमेकतया चकास्ति ॥ ३३ ॥ सा रामणीयकनिधेरधिदेवता वा सौन्दर्यसारसमुदायनिकेतनं वा । तस्याः सखे नियतमिन्दुसुधामृणालज्योत्स्नादि कारणमभून्मदनश्च वेधाः ॥ ३४ ॥ राजीव जीवसि मुधा न सुधाकर त्वमस्याः समः पदनखस्य कुतो मुखस्य । अग्रे दृशोर्मृगदृशः कतमः कुरङ्गस्तत्खञ्जन त्वमपि किं जनरञ्जनाय ॥ ३५ ॥ सा दुग्धमुग्धमधुरच्छविरङ्गयष्टिस्ते लोचने तरुणकेतकपत्रदीर्घे । कम्बोर्विडम्बनकरश्च स एव कण्ठः सैवेयमिन्दुवदना मदनायुधं वा ॥ ३६ ॥ ऊरुद्वयं मृगदृशः कदलेश्च काण्डौ मध्यं च वेदिरतुलं स्तनयुग्ममस्याः । लावण्यवारिपरिपूरितशातकुम्भकुम्भौ मनोजनृपतेरभिषेचनाय ॥ ३७ ॥ तन्वी शरत्त्रिपथगापुलिने कपोलौ लोले दृशौ रुचिरचञ्चलखञ्जरीटौ । तद्बन्धनाय सुचिरार्पितसुभ्रुचापचाण्डालपाशयुगलाविव शून्यकर्णौ ॥ ३८ ॥ व्याकोशकोकनदशोककरः करोऽयं खेलच्चकोरमयचोरमिदं च चक्षुः । उद्भिन्नविद्रुमरहस्यहरोऽधरोऽयं तत्स्यादरण्यमपि वश्यमवश्यमस्याः ॥ ३९ ॥ मुखं यदि किमिन्दुना यदि चलाञ्चले लोचने किमुत्पलकदम्बकैर्यदि तरङ्गभङ्गी भ्रुवौ । किमात्मभवधन्वना यदि सुसंयताः कुन्तलाः किमम्बुरुहडम्बरैर्यदि तनूरियं किं श्रिया ॥ ४० ॥ इदं वक्त्रं साक्षाद्विरहितकलङ्कः शशधरः सुधाधाराधारश्चिरपरिणतं बिम्बमधरः । इमे नेत्रे रात्रिंदिवमधिकशोभे कुवलये तनुर्लावण्यानां जलधिरवगाहे सुखतरः ॥ ४१ ॥ विनैवाम्भोवाहं बहलरुचिदीप्ताम्बरतलात्तडिल्लेखा हेमद्युतिविततिरम्या विलसति । विनैव स्वर्गङ्गां लभसि रभसव्यग्रशफरीपरीवर्तैः सार्धं स्फुरति विकचेन्दीवरवनम् ॥ ४२ ॥ तमःस्तोमः पूर्वं तदनु सकलः शीतकिरणस्ततः कोकद्वन्द्वं तदनु च न किंचित्पुनरभूत् । अधस्तस्यावर्तस्तदनु कदलीकाण्डयुगलं ततोऽवाञ्चौ पद्मौ शिवशिव विधेः शिल्परचना ॥ ४३ ॥ पदाभ्यामुन्निद्रामधरयति शोणाम्बुजरुचिं कराभ्यामादत्ते नवकिसलयानामरुणताम् । प्रवालस्य च्छायां दशनवसनाग्रेण पिबति स्मितज्योत्स्नापूरैरुपहसति कान्तिं हिमरुचेः ॥ ४४ ॥ वहत्यस्या दृष्टिर्विकचनवनीलोत्पलतुलामखण्डस्यामिख्यां वदनमिदमिन्दोः कलयति । कुचौ किंचिन्मीलत्कमलतुलनां कन्दलयतस्तमःशोभां चित्रां चिकुरनिकुरम्बं हि कुरुते ॥ ४५ ॥ करे वेणीमेणीसदृशनयना स्नानविरतौ दधाना हर्म्याग्रे हरनयनतेजोहुतमपि । इयं मुग्धा दुग्धाम्बुधिबहलकल्लोलसदृशा दृशा वारंवारं मनसिजतरुं पल्लवयति ॥ ४६ ॥ दायादत्वं मनसिजधनुर्भ्रूविलासस्य धत्ते योगक्षेमौ वहति नयनद्वन्द्वमिन्दीवराणाम् । तद्गात्राणां पुनरिह जगज्जैत्रलावण्यभाजामामात्यग्रे मलवदखिलं म्लानवर्णं सुवर्णम् ॥ ४७ ॥ नीलाब्जानां नयनयुगलद्राघिमा दत्तपत्रः कुम्भावैभौ कुचपरिकरः पूर्वपक्षीचकार । भ्रूविश्रान्तिर्मदनधनुषो विभ्रमानन्ववादीद्वक्त्रज्योत्स्ना शशधररुचं दूषयामास तस्याः ॥ ४८ ॥ तन्वी श्यामा शिखरिदशना पक्वबिम्बाधरोष्ठी मध्ये क्षामा चकितहरिणीप्रेक्षणा निम्ननाभिः । श्रोणीभारादलसगमना स्तोकनम्रा स्तनाभ्यां या तत्र स्याद्युवतिविषये सृष्टिराद्येव धातुः ॥ ४९ ॥ वापी कापि स्फुरति गगने तत्परं सूक्ष्मपद्या[३] सोपानालीमधिगतवती[४] काञ्चनीमैन्द्रनीली । अग्रे शैलौ[५] सुकृतिसुगमौ[६] चन्दनच्छन्नदेशौ[७] तत्रत्यानां सुलभममृतं संनिधानात्सुधांशोः ॥५०॥ तद्वक्त्रं यदि मुद्रिता शशिकथा तच्चेत्स्मितं का सुधा तच्चक्षुर्यदि हारितं कुवलयैस्ताश्चेद्गिरो धिङ्मधु । धिक्कन्दर्पधनुर्भ्रुवौ यदि च ते किं वा बहु ब्रूमहे यत्सत्यं पुनरुक्तवस्तुविरसः सर्गक्रमो वेधसः ॥ ५१ ॥ सौरभ्यं मृगलाञ्छने यदि भवेदिन्दीवरे वक्रता माधुर्यं यदि विद्रुमे तरलता कन्दर्पचापे यदि । रम्भायां यदि विप्रतीपगमनं प्रासोपमानं तदा तद्वक्त्रं तदुदीक्षणं तदधरस्तद्भ्रूस्तदूरूयुगम् ॥ ५२ ॥ वेणीवेल्लनमङ्गणं किमु वलन्नेणीदृशो मध्यमं संव्यानं किमिदं विवृत्तिविषमाद्वासः स्तनात्स्रंसते । नृत्यन्तीव किमन्तिके वलितयोः स्निग्धा दृशोः कान्तयः साकूतस्मितगर्भितं किमु मुखं वक्तुं सखीं वाञ्छति ॥ ५३ ॥ बाहू द्वौ च मृणालमास्यकमलं लावण्यलीलाजलं श्रोणीतीर्थशिला च नेत्रशफरीधम्मिल्लशैवालकम् । कान्तायाः स्तनचक्रवाकयुगलं कन्दर्पबाणानलैर्दग्धानामवगाहनाय विधिना रम्यं सरो निर्मितम् ॥ ५४ ॥ जिघ्रत्याननमिन्दुकान्तिरधरं बिम्बप्रभा चुम्बति स्प्रष्टुं वाञ्छति चारुपद्ममुकुलच्छायाविशेषः स्तनौ । लक्ष्मीः कोकनदस्य खेलति करावालम्ब्य किं चादरादेतस्याः सुदृशः करोति पदयोः सेवां प्रवालद्युतिः ॥ ५५ ॥ कर्णारुंतुदमेव कोकिलरुतं तस्याः श्रुते भाषिते चन्द्रे लोकरुचिस्तदाननरुचेः प्रागेव संदर्शनात् । चक्षुर्मीलनमेव तन्नयनयोरग्रे मृगीणां वरं हैमी वल्ल्यपि तावदेव ललिता

१ तद्वद्गम्भीरा नाभिः. २ सूक्ष्मतया तद्वद्दुर्लक्ष्ये मध्ये. ३ सरणिस्तच्छायारोमावली. ४ सोपानपङ्क्तिं तत्सदृशीं त्रिवलीम्. ५ कुचौ. ६ पुण्यकृतां सुगम्यौ; (पक्षे) सुलभगमनौ. ७ चन्दनतरुभिः; (पक्षे) चन्दनपङ्केन. ८ बिसम्. ९ मत्सी.

यावन्न सा लक्ष्यते ॥ ५६ ॥ चक्षुर्मेचकमम्बुजं विजयते वक्त्रस्य मित्रं शशी भ्रूसूत्रस्य सनाभि मन्मथधनुर्लावण्यपण्यं वपुः । लेखा कापि रदच्छदे च सुतनोर्गात्रे च तत्कामिनीमेनां वर्णयिता स्मरो यदि भवेद्वैदग्ध्यमभ्यस्यति ॥ ५७ ॥ स्निग्धस्मेरविलोलमुग्धमधुरा यन्नेत्रयोर्विभ्रमा यद्यामृष्टविलासपत्रलतिका घर्मोद्गमाद्गण्डयोः । यच्च प्रौढकदम्बकुड्मलसखी काप्यङ्गके विक्रिया तत्तस्यां किमपि स्फुटं रतिपतेः कोदण्डविस्फूर्जितम् ॥ ५८ ॥ स्निग्धेन्द्रोपलसुन्दरः कचभरो वक्त्रं सगोत्रं विधोर्वक्षोजौ मणिकुम्भडम्बरमुषौ मध्योऽस्ति वा नास्ति वा । श्रोणीमण्डलमूरुदुर्वहमहो शोणाब्जतुल्ये पदे मन्ये मञ्जुगिरो मरालमहिलाध्येयो गतेर्विभ्रमः ॥ ५९ ॥ नेत्रोपान्तवतंसिते श्रुतिपुटे नीलोत्पलं निष्फलं हासश्रीपरिकर्मिते स्तनतटे हारोऽन्यहारः कथम् । पिण्डालक्तकपातनं चरणयोः पीडाफलं ताम्रयोर्वामाक्ष्या वपुषि स्वभावसुरभौ व्यर्थानुलेपव्यथा ॥ ६० ॥ एतस्याः स्तनपद्मकोरकयुगं यस्याननेन्दोः सितज्योत्स्नाभिर्न भजत्यदो मृगदृशः शङ्के विकासं पुनः । तस्मिंल्लोचनपङ्कजं विकसितं भ्रूभृङ्गसंसेवितं स्वान्ते संशयमातनोति सुतरामेतन्ममैवासकृत् ॥ ६१ ॥ पानायाधरतोऽमृतं वसतयेऽप्यस्या स्तनक्ष्माधरोऽधस्तात्सज्जघनान्तकन्दरधरः सख्याय चक्षुर्मृगः । जप्यो मन्त्रवरो मनोहरकथा ध्यानाय वक्त्राम्बुजं चेत्थं देहतपःस्थले सति कथं सन्तो वनान्तं गताः ॥ ६२ ॥ कर्णोत्सङ्गविसर्पिणी नयनयोः कान्तिर्वतंसोत्पलं लाक्षासंभ्रमनिर्व्यपेक्षमधरं लावण्यमेवास्वति । हारोऽस्याः स्मितचन्द्रिकैव कुचयोरङ्गप्रभाकञ्चुकी तन्व्याः केवलमङ्गभारमधुना मन्ये परं भूषणम् ॥ ६३ ॥ अस्याश्चेदलकावली कृतमलिश्रेणीभिरेणीदृशः सौन्दर्यं यदि चक्षुषोस्तरलयोः किं मन्मथस्यायुधैः । का प्रीतिः कनकारविन्दमुकुले पीनौ स्तनौ चेदतो मन्ये काचिदियं मनोभवकृता माया जगन्मोहिनी ॥ ६४ ॥ ऊर्ध्वं नीरदवृन्दमैन्दवमिदं बिम्बं त्वधो निर्मितं व्योम्नः पल्वलचित्रितस्य निहितौ शैलावुपर्युन्नतौ । किं चाधः पुलिनोच्चयस्य कदलीकाण्डाववारोपितौ तन्मन्ये चतुरस्य पुष्पधनुषः सर्गोऽयमन्यादृशः ॥ ६५ ॥ भृङ्गालीमुदरे क्षिपन्ति शतशः पद्मानि शस्त्रीमिव प्रत्यागच्छति लङ्घनार्थमसकृद्व्योमाङ्गणं चन्द्रमाः । वक्त्रेणापहृते कुरङ्गसुदृशस्त्रैलोक्यरूपोच्चये प्रत्यावर्तनवाञ्छयेव कति न क्लेशं समातन्वते ॥ ६६ ॥ वक्त्रं निर्मलमुन्नता कुचतटी मध्यप्रदेशः कृशः श्रोणीमण्डलमङ्गनाकुलगुरोर्देवस्य सिंहासनम् । कृत्वा चारुदृशश्चतुष्टयमिदं तुष्टाव मन्ये विधिर्हर्षाद्गद्गदगद्यपद्यरचनागर्भैश्चतुर्भिर्मुखैः ॥ ६७ ॥ मध्यं विष्णुपदं कुचौ शिवपदं वक्त्रं विधातुः पदं धम्मिल्लः सुमनःपदं प्रविलसत्काञ्ची नितम्बस्थली । वाणी चेन्मधुराधरोऽरुणधरः श्रीरङ्गभूमिर्वपुस्तस्याः किं कथयामि पुण्यचरितं मान्या सदा निर्जरैः ॥ ६८ ॥ यत्तीर्थाम्बु मुखाम्बुजासवरसो नेत्रे नवेन्दीवरे दन्तश्रेणिरखण्डिताक्षतचयो दूर्वा च रोमावली । उत्तुङ्गं च कुचद्वयं फलयुगं पात्रं कराम्भोरुहं तन्मन्ये मदनार्चनाहितमतिः स्वाङ्गोपहारैरियम् ॥ ६९ ॥ दीर्घाक्षं शरदिन्दुकान्ति वदनं बाहू नतावंसयोः संक्षिप्तं निबिडोन्नतस्तनमुरः पार्श्वे प्रमृष्टे इव । मध्यः पाणिमितो नितम्बि जघनं पादावुदग्राङ्गुली छन्दो नर्तयितुर्यथैव मनसः सृष्टं तथास्या वपुः ॥ ७० ॥ नेत्रे खञ्जनगञ्जने सरसिजप्रत्यर्थि पाणिद्वयं वक्षोजौ करिकुम्भविभ्रमकरीमत्युन्नतिं गच्छतः । कान्तिः काञ्चनचम्पकप्रतिनिधिर्वाणी सुधास्पर्धिनी स्मेरेन्दीवरदामसोदरवपुस्तस्याः कटाक्षच्छटाः ॥ ७१ ॥ दृष्टिः कापि सुरा सुधा स्मितमिदं वक्त्रं कलानां निधिर्वक्षः कुम्भि झषौ दृशौ विजयते धन्वन्तरिः सत्कृपा । कान्तिः श्रीस्त्रिवलीतरङ्गलहरी नाभी गतावर्ततामेतस्यामचिरेण भाविकलने लावण्यवारांनिधौ ॥ ७२ ॥ किं तारुण्यतरोरियं रसभरोद्भिन्ना नवा वल्लरी वेलाप्रोच्छलितस्य किं लहरिका लावण्यवारांनिधेः । उद्गाढोत्कलिकावतां स्वसमयोपन्यासविश्रम्भिणः किं साक्षादुपदेशयष्टिरथवा देवस्य शृङ्गारिणः ॥ ७३ ॥ जानीमो वदनं सरोरुहदृशो निर्माय पश्यन्मुहुर्हृष्यन्कामकठोरपावकशिखासंतापितः पद्मभूः । रम्भामूरुतटीं स्तनं रसघटीं पीयूषवीचीं वचो बाहू बालबिसं करं किसलयं नाभीं सरो निर्ममे ॥ ७४ ॥ जानीमो वयमासनस्य कमले तस्या मुखेन्दोस्त्विषा संकोचं समुपागते स भगवान्दुःस्थः सरोजासनः । भुग्नं भ्रूलतिकायुगं विहितवान्वक्रे दृशौ सृष्टवान्मध्यं विस्मृतवान्कचांश्च कुटिलान्वामभ्रुवः सृष्टवान् ॥ ७५ ॥ मुक्ता विद्रुममन्तरा मधुरसः पुष्पं परं धूर्वहं प्रालेयद्युतिमण्डले खलु तयोरेकासिका नार्णवे । तच्चोदश्चति शङ्खमूर्ध्नि न पुनः पूर्वाचलाभ्यन्तरे तानीमानि विकल्पयन्ति त इमे येषां न सा दृक्पथे ॥ ७६ ॥ इन्दुर्लिप्त इवाञ्जनेन जडिता दृष्टिर्मृगीणामिव प्रम्लानारुणिमेव विद्रुमदलं श्यामेव

१ नीलम्. २ भ्रूलेखायाः. ३ सोदरम्. ४ हंसी. ५ सज्जघनः (पक्षे) सत्-जघन.

१ मध्ये. २ केवलम्. ३ भारवाहकम्, न तु मधुररसयुक्तम्. ४ चन्द्रमण्डले. ५ एकस्मिन्नासिकावस्थितिः. ऐकाधिकरण्यमित्यर्थः.

हेमप्रभा । कार्कश्यं कलया च कोकिलवधूकण्ठेष्विव प्रस्तुतं सुन्दर्याः पुरतश्च हन्त शिखिनां बर्हाः सगर्हा इव ॥ ७७॥

परस्परदर्शनम् ।

स्मरतोरभिलाषकल्पितान्बहुशः स्वप्नभुवः समागमान् । अपि दृष्टिपथं प्रपन्नयोर्निविशश्वास चिरं मनस्तयोः ॥ १ ॥ आघ्रातं कमलं प्रियेण सुदृशा स्मित्वापनीतं मुखं दत्तं विभ्रमकन्दुके नखपदं सीत्कृत्य गूढौ स्तनौ । दत्ता चम्पकमालिकोरसि भुजानिर्भिन्नरोमाञ्चया मीलल्लोचनया स्थितं प्रणयिनोर्दूरेऽपि पूर्णो रसः ॥ २ ॥

नायकदर्शनम् ।

न जाने संमुखायाते प्रियाणि वदति प्रिये । सर्वाण्यङ्गानि किं यान्ति नेत्रतामुत कर्णताम् ॥ १ ॥ यां यां प्रियः प्रैक्षत कातराक्षीं सा सा ह्रिया नम्रमुखी बभूव । निःशङ्कमन्याः सममाहितेर्ष्यास्तत्रान्तरे जघ्नुरमुं कटाक्षैः ॥ २ ॥ काचिन्निवारितबहिर्गमना जनन्या द्रष्टुं प्रियं भवनजालकमाससाद । तस्या विलोचनमदृश्यत दाशदत्तयन्त्रोपरुद्धशफरोपमितं क्षणेन ॥ ३ ॥ कृच्छ्रेण कापि गुरुणैव जने निरोधमुलङ्घ्य नायकसमीपभुवं प्रतस्थे । हा हन्त शीघ्रगमनप्रतिरोधहेतुस्तस्याः पुनः स्तनभरोऽपि गुरुर्बभूव ॥ ४ ॥ नान्तः प्रवेशमरुणद्विमुखी न चासीदाचष्ट दोषपरुषाणि न चाक्षराणि । सा केवलं सरलपक्ष्मभिरक्षिपातैः कान्तं विलोकितवती जननिर्विशेषम् ॥ ५ ॥ किंचित्कुञ्चितहारयष्टि सरलभ्रूवल्लि साचिस्मितं प्रान्तभ्रान्तविलोचनद्युति भुजापर्यस्तकर्णोत्पलम् । अङ्गुल्या स्फुरदङ्गुलीयकरुचा कर्णस्य कण्डूयनं कुर्वाणा नृपकन्यका सुकृतिनं सव्याजमालोकते ॥६॥

नायिकादर्शनम् ।

प्रियादर्शनमेवास्तु किमन्यैर्दर्शनान्तरैः । प्राप्यते येन निर्वाणं सरागेणापि चेतसा ॥१॥ क्षीरसागरकल्लोललोललोचनयानया । असारोऽपि हि संसारः सारवानिव लक्ष्यते ॥ २॥ सेयं सीधुमयी वा सुधामयी वा हलाहलमयी वा । दृग्भ्यां निपीतमात्रा मदयति मोदयति मूर्च्छयति ॥ ३ ॥ गच्छति न तृप्तिमेतत्सुललितमस्याः समापिबद्रूपम् । नयनयुगं मम नूनं संप्रति समुपैति सफलतां चैवम् ॥ ४ ॥ जानीमहेऽस्याः खलु सारसाक्ष्या विराजतेऽन्तः प्रियवक्त्रचन्द्रः । तत्कान्तिजालैः प्रसृतैस्तदङ्गेष्वापाण्डुता कुड्मलताक्षिपद्मे ॥५॥ सेयं ममाङ्गेषु सुधारसच्छटा सुपूरकर्पूरशलाकिका दृशोः । मनोरथश्रीर्मनसः शरीरिणी प्राणेश्वरी लोचनगोचरं गता ॥६॥ तामनङ्गजयमङ्गलश्रियं किंचिदुच्चभुजमूललोकिताम् । नेत्रयोः कृतवतोऽस्य गोचरे कोऽप्यजायत रसो निरन्तरः ॥ ७ ॥ इदमसौ तरलायतलोचना गुरुसमुन्नतपीनपयोधरा । पृथुनितम्बभरालसगामिनी प्रियतमा मम जीवितहारिणी ॥ ८ ॥ इयं सुस्तनी मस्तकन्यस्तकुम्भा कुसुम्भारुणं चारु वासो[1] वसाना । समस्तस्य लोकस्य चेतःप्रवृत्तिं[2] गृहीत्वा घटे न्यस्य यातीव भाति ॥ ९ ॥ कर्पूरधूलिधवलद्युतिपूरधौतदिङ्मण्डले शिशिररोचिषि तस्य यूनः । लीलाशिरोंशुकनिवेशविशेषक्लृप्तिव्यक्तस्तनोन्नतिरभून्नयनावनौ सा ॥ १० ॥ अर्धस्मितेन विनिमज्ज्य दशार्धबाणमर्धं[3] विधूय वसनाञ्चलमर्धमार्गे । अर्धेन नेत्रविशिखेन निवृत्य सार्धमर्धार्धमेव तरुणी तरुणं चकार ॥ ११ ॥ आधाय कोमलकराम्बुजकेलिनालीमालीसमाजमधिकृत्य समालपन्ती । मन्दस्मितेन मयि साचिविलोकितेन चेतश्चकोरनयना चुलुकीचकार ॥ १२ ॥ मदनमपि गुणैर्विशेषयन्ती रतिरिव मूर्तिमती विभाति येयम् । मम हृदयमनङ्गवह्नितप्तं भृशमिव चन्दनशीतलं करोति ॥ १३ ॥ पुरः स्थित्वा किंचिद्वलितमुखमालोकय सखे सखेदाः स्थास्यन्ति ध्रुवमिदमदृष्ट्वा तव दृशः । इतश्चञ्चत्काञ्चीरणितमुखरात्सौधशिखरादराकायां कोऽयं कवलयति चान्द्रेण महसा ॥ १४ ॥ अये केयं लीलाधवलगृहवातायनतले तुलाकोटिक्वाणैः[4] कुसुमविशिखं जागरयति । अहो नेत्रद्वन्द्वं विकसति विलङ्घ्य श्रुतिमहो कथं न त्रैलोक्यं जयति मदनः स्मेरवदनः ॥१५॥ तडिल्लेखा नेयं विलसति परं सौधशिखरे वसन्त्याः कस्याश्चित्कनकरुचिरा गात्रलतिका । अपीदं नोन्मज्जत्कुवलयवनं मीनतरलं परं तस्या एव स्फुरति नयनालोकललितम् ॥१६॥ सखे सायं स्नात्वा कनकरुचिकौसुम्भवसनं वसानायास्तिर्यग्वलितचिकुरस्यन्दिसलिलम् । दिशन्त्या दृष्टेयं कुसुमशरकोदण्डलतिकामकस्मादस्माकं मृगशिशुदृशो दर्शनमभूत् ॥१७॥ अमृतममृतं चन्द्रश्चन्द्रस्तथाम्बुजमम्बुजं रतिरपि रतिः कामः कामो मधूनि मधून्यपि । इति न भजते वस्तु प्रायः परस्परसंकरं तदियमबला धत्ते लक्ष्मीं कुतः सकलात्मिकाम् ॥ १८ ॥ केयं श्यामोपलविरचितोल्लेखहेमैकरेखालम्भैरङ्गैः कनककदलीकन्दलीगर्भगौरैः । हारिद्राम्बुद्रवसहचरं कान्तिपूरं वहद्भिः कामक्रीडाभवनवलभीदीपिकेवाविरस्ति ॥१९॥ अर्कच्छायं तिरयति सुधालिप्तविद्युन्मतल्ली चक्रप्रख्यं महति

१ वस्त्रम्. २ मनोवृत्तिम्. ३ मदनम्. ४ नूपुरध्वनिभिः.

सुषुमामण्डले दूरमग्नम् । रक्तादर्शप्रतिफलमिव श्रीसदङ्कं वहन्ती दृष्टा काचित्तरलनयना देवतेव स्मरस्य ॥ २० ॥ नेयं विद्युद्ध्रुवमधिगता काञ्चनी नापि वल्ली मन्दं मन्दं प्रचलति यतो नापि वा पन्नगस्य । चूडारत्नस्फुरदुरुशिखा क्वापि धत्ते सरोजं का वा तर्हि प्रकृतिसुभगा तत्सखे न प्रतीमः ॥२१॥ वक्रोपान्तं नयनयुगलं सर्वतो निक्षिपन्ती श्रोणीभाराच्छिथिलशिथिलन्यस्तपादारविन्दा । आरादालीकरकिसलये दत्तहस्तावलम्बा काचित्कान्त्या विकसितमहीचक्रमायाति तन्वी ॥ २२ ॥ इयं भुजगिनीश्रिता लसदनेकपुष्पान्विता द्विरेफततिसेविता प्रमदखञ्जनालंकृता । फलद्वयभरानता विलसिता नवैः पल्लवैर्विलोचनपथं गता भवति कापि हैमी लता ॥ २३ ॥ पातालाद्भुवनावलोकनपरा किं नागकन्योत्थिता मिथ्या तत्खलु दृष्टमेव हि मया तस्मिन्कुतोऽस्तीदृशी । मूर्ता स्यादिह कौमुदी न घटते तस्या दिवा दर्शनं केयं हस्ततलस्थितेन कमलेनालोक्यते श्रीरिव ॥ २४ ॥ अच्छिन्नामृतबिन्दुवृष्टिसदृशीं प्रीतिं ददत्या दृशां याताया विगलत्पयोधरभराद्रष्टव्यतां कामपि । अस्याश्चन्द्रमसस्तनोरिव करस्पर्शास्पदत्वं गता नैते यन्मुकुलीभवन्ति सहसा पद्मास्तदेवाद्भुतम् ॥ २५ ॥ श्रोणीभारभरालसा दरगलन्माल्यापवृत्तिच्छलाल्लीलोत्क्षिप्तभुजोपदर्शितकुचोन्मीलन्नखाङ्कावलिः । नीलेन्दीवरदामदीर्घतरया दृष्ट्या धयन्ती मनो दूरान्दोलनलोलकङ्कणझणत्कारोत्तरं सर्पति ॥ २६ ॥ लग्नं पादतले नखेषु विलुठत्संसक्तमूर्वोर्युगे विश्रान्तं जघनस्थले निपतितं नाभीसरोमण्डले । शून्यं मध्यमवेक्ष्य रोमलतिकामालम्बमानं क्रमादारूढं स्तनयोः प्लुतं नयनयोर्लीनं मनः कैशिके ॥ २७ ॥ अस्या धामसरोवरे भुजबिसे वक्त्रारविन्दे भ्रमन्नेत्रभ्रूभ्रमरे सुयौवनजले कस्तूरिकापङ्किले । वक्षोजप्रतिकुम्भिकुम्भदलनक्रोधादुपेत्य द्रुतं मग्नश्चित्तमतंगजः कथमसावुत्थाय निर्यास्यति ॥ २८ ॥ स्वैरं सस्मितमीक्षते क्षणमलं व्याजृम्भते वेपते रोमाञ्चं तनुते मुहुः स्तनतटे व्यालम्बते नाम्बरम् । आलिङ्गत्यपरां तनोति चिकुरं प्रत्युत्तरं याचते केयं कामकलाविलासवसतिर्लोलेक्षणा भाविनी ॥ २९ ॥ खेलत्खञ्जननेत्रया परिलसत्स्वर्णारविन्दास्यया पीनोत्तुङ्गनिरन्तरस्तनभरव्यालोलसन्मध्यया । स्फीतस्फीतनितम्बया क्षणमपि व्यालोकितश्चानया किं न स्याद्वशिनां वरः स्मरहरः स्मारैः शरैर्जर्जरः ॥ ३० ॥ सायं चन्द्रकलामृतोदयगिरिस्पर्धी दधानः स्तनस्पर्शोत्तुङ्गतरो नखाङ्करुचिरः शोणाम्बराभ्यन्तरे । अस्याः कं न विलोकनोत्कमकरोत्तीक्ष्णः कटाक्षः क्षणं भृङ्गाकृष्टगरिष्ठकेतकदलभ्रान्तिं वहन्नप्ययम् ॥ ३१ ॥ उत्तुङ्गस्तनशैलदुस्तरमुरो निम्नातिनाभिस्थली भीमं देहवनं स्फुरद्भुजलतं रोमालिजालाकुलम् । व्याधः पञ्चशरः किरत्यतितरांस्तीक्ष्णान्कटाक्षाशुगांस्तन्मे ब्रूहि मनःकुरङ्ग शरणं कं सांप्रतं यास्यसि ॥ ३२ ॥ वक्त्रश्रीजितजर्जरेन्दुमलिनं कृत्वा करे कन्दुकं क्रीडाकौतुकमिश्रभावमनया ताम्रं वहन्त्याननम् । भृङ्गाग्रग्रहकृष्णकेतकदलस्पर्धावतीनां दृशां दीर्घापाङ्गतरङ्गितैकसुहृदामेषोऽस्मि पात्रीकृतः ॥ ३३ ॥ स्कन्धे विन्यस्य सख्या भुजमपरकरस्यार्धचन्द्रेण मध्यं बिभ्राणा धूयमानस्तनतटवसना गन्धवाहेन मन्दम् । पन्थानं दृग्विलासैरिव नलिनदलैः कोमलैरास्तृणन्ती सौधाग्रे कस्य साक्षात्परिणमति तपःसिद्धिरेषा सुवेषा ॥ ३४ ॥

विरहः ।

समानकुलशीलयोः सुवयसोः परायत्तयोः परस्परविलोकनाकुलितचेतसोः प्रेयसोः । तनुत्वमनुविन्दतोर्बहुविधां व्यथां विन्दतोरशक्यविनिवेदना विरहवेदना वर्धते ॥ १ ॥

वियोगिनोऽवस्थावर्णनम् ।

प्रियाविरहितस्यास्य हृदि चिन्ता समागता । इति मत्वा गता निद्रा के कृतघ्नमुपासते ॥ १ ॥ अत्राशितं शयितमत्र निपीतमत्र तोयं तया सह मया विधिवञ्चितेन । इत्यादि हन्त परिचिन्तयता वनान्ते हा तस्य लोचनपयोभिरभूत्पयोधिः ॥ २ ॥ मन्दं गरुद्वहति गर्जति वारिवाहो विद्युल्लता चलति नृत्यति नीलकण्ठः । एतावति व्यतिकरे तरुणस्य तस्य मूर्च्छैव केवलमभूदवलम्बनाय ॥ ३ ॥ गमनमलसं शून्या दृष्टिः शरीरमसौष्ठवं श्वसितमधिकं किं न्वेतत्स्यात्किमन्यदितोऽथवा । भ्रमति भुवने कंदर्पाज्ञा विकारि च यौवनं ललितमधुरास्ते ते भावाः क्षिपन्ति च धीरताम् ॥ ४ ॥ धत्ते चक्षुर्मुकुलिनि रणत्कोकिले बालचूते मार्गे गात्रं क्षिपति बकुलामोदगर्भस्य वायोः । दाहप्रेम्णा सरसबिसिनीपत्रमात्रान्तरायस्ताम्यन्मूर्तिः श्रयति बहुशो मृत्यवे चन्द्रपादान् ॥ ५ ॥ रम्यं द्वेष्टि यथा पुरा प्रकृतिभिर्न प्रत्यहं सेव्यते शय्योपान्तविवर्तनैर्विगमयत्युन्निद्र एव क्षपाः । दाक्षिण्येन ददाति वाचमुचितामन्तःपुरेभ्यो यदा गोत्रेषु स्खलितस्तदा भवति च व्रीडावनम्रश्चिरम् ॥ ६ ॥ प्रत्यादिष्टविशेषमण्डनविधिर्वामप्रकोष्ठे श्लथं बिभ्रत्काञ्चनमेकमेव वलयं श्वासापरक्ताधरः । चिन्ताजागरणप्रताम्रनयनस्तेजोगुणैरात्मनः संस्कारोल्लिखितो महामणिरिव क्षीणोऽपि नाल-

क्ष्यते ॥ ७ ॥ चन्द्रश्चण्डकरायते मृदुगतिर्वातोऽपि वज्रायते माल्यं सूचिकुलायते मलयजालेपः स्फुलिङ्गायते । रात्रिः कल्पशतायते विधिवशात्प्राणोऽपि भारायते हा हन्त प्रमदावियोगसमयः संहारकालायते ॥ ८ ॥ माकन्दाक्षिप मा मरन्दनिकरं मूको भव त्वं शुक स्फारं कोकिल कोमलं कलरवं भ्रातः क्षणं संहर । सौगन्ध्यं वह गन्धवाह न मनाक्सर्वैः क्षणं क्षम्यतां जानीध्वं तरुणस्य तस्य यदयं कालः करालो महान् ॥ ९ ॥

वियोगिन्या अवस्थावर्णनम् ।

दह्यमानेऽपि हृदये मृगाक्ष्या मन्मथाग्निना । स्नेहस्तथैव यत्तस्यौ तदाश्चर्यमिवाभवत् ॥ १ ॥ जीवेन तुलितं प्रेम सखि मूढेन वेधसा । लघुर्जीवो ययौ कण्ठं गुरुप्रेम हृदि स्थितम् ॥ २ ॥ कपोलफलकावस्याः कष्टं भूत्वा तथाविधौ । अपश्यन्ताविवान्योन्यमीदृक्षां क्षामतां गतौ ॥ ३ ॥ वल्लभोत्सङ्गसङ्गेन विना हरिणचक्षुषः । राकाविभावरीजानिर्विषज्वालाकुलोऽभवत् ॥ ४ ॥ अस्तमितविषयसङ्गा मुकुलितनयनोत्पला मुहुः श्वसिता । ध्यायति किमप्यलक्ष्यं बाला योगाभियुक्तेव ॥ ५ ॥ लिखति न गणयति रेखा निर्झरबाष्पाम्बुधौतगण्डतटा । अवधिदिवसावसानं मा भूदिति शङ्किता बाला ॥ ६ ॥ अपसारय घनसारं कुरु हारं दूर एव किं कमलैः । अलमलमालि मृणालैरिति वदति दिवानिशं बाला ॥ ७ ॥ पातयति हृदयदेशे प्रियजनगर्भे पुनः पुनर्मुग्धा । वर्णितमदनातङ्का बाष्पवतीं भावमन्थरां दृष्टिम् ॥ ८ ॥ श्लिष्यति पश्यति चुम्बति पुनः पुनः पुलकमुकुलितैरङ्गैः । प्रियसङ्गाय स्फुरितां वियोगिनी वामबाहुलताम् ॥ ९ ॥ कमले निधाय कमलं कलयन्ती कमलवासिनं कमले । कमलयुगादुद्भूतं कमलं कमलेन वारयति ॥ १० ॥ नयनोत्पलचलधारां दृष्ट्वा वारांनिधिभ्रान्त्या । वडवानल इव भगवान्वसति तनौ कृशतनोस्तापः ॥ ११ ॥ लीनानसून्सरोरुहदृष्टेरन्वेष्टुमेष कुसुमेषुः । भ्रमति द्रागवपुरन्तः संतापं दीपमादाय ॥ १२ ॥ कुसुमितलताभिरहताप्यधत्त रुजमलिकुलैरदष्टापि । परिवर्तते स्म नलिनी लहरीभिर्लोलिताप्यघूर्णत सा ॥ १३ ॥ शशभृन्नवपल्लवे शशाङ्के मकरन्दस्रुतिवारिणी सरोजे । अपि चास्य मरुद्रणान्प्रसूते तिलकुसुमं स्फुटचम्पकौघदाम्नि ॥ १४ ॥ अयिदेहलि हन्त हेमवल्ली शरदिन्दुः सरसीरुहे शयानः । उपखञ्जनचक्षु मौक्तिकाली फलितं कस्य सुजन्मनस्तपोभिः ॥ १५ ॥ विश्रम्य विश्रम्य वनद्रुमाणां छायासु तन्वी विचचार काचित् । तनूत्तरीयेण करोद्धृतेन निवारयन्ती शशिनो मयूखान् ॥ १६ ॥ अपि मरणमुपैति सा मृगाङ्के विलसति कैव कथा रसान्तरस्य । अपि कथमधुना दधातु शान्तिं विषमशरज्वरतीव्रदेहदाहः ॥ १७ ॥ निवेशिते यदि शूकशिखा पदे सृजति सा कियतीमिव न व्यथाम् । मृदुतनोर्वितनोतु कथं न तामवनिभृत्तु निविश्य हृदि स्थितः ॥ १८ ॥ सा तोरणान्तिकमुपेत्य दिशोऽवलोक्य निःश्वस्य दीर्घमुपधाय करं कपोले । मत्वा च तं पुरत एव ससंभ्रमत्वाज्ज्ञात्वा स मोहलिखितेव न किं किमासीत् ॥ १९ ॥ अस्यास्तनौ विरहताण्डवरङ्गभूमौ स्वेदोदबिन्दु कुसुमाञ्जलिमाविकीर्य । नान्दी पपाठ पृथुवेपथुवेपमानकाञ्चीलताकलरवैः स्मरसूत्रधारः ॥ २० ॥ मदनदहनशुष्यत्कान्तकान्ताकुचान्तर्घनमलयजपङ्के गाढबद्धाखिलाङ्घ्रिः । उपरि विततपक्षो लक्ष्यतेऽलिर्निमग्नः शर इव कुसुमेषोरेष पुङ्खावशेषः ॥ २१ ॥ नवकिसलयतल्पं कल्पितं तापशान्त्यै करसरसिजसङ्गात्केवलं म्लापयन्त्याः । कुसुमशरकृशानुप्रापिताङ्गारतायाः शिवशिव परितापं को वदेत्कोमलाङ्ग्याः ॥ २२ ॥ दरललितहरिद्राग्रन्थिगौरे शरीरे स्फुरति विरहजन्मा कोऽप्ययं पाण्डुभावः । वलति सति हि यस्मिन्सार्धमावर्त्य हेम्ना रजतमिव मृगाक्ष्याः कल्पितान्यङ्गकानि ॥ २३ ॥ किसलयमिव मुग्धं बन्धनाद्विप्रलूनं हृदयकुसुमशोषी दारुणो दीर्घशोकः । ग्लपयति परिपाण्डु क्षाममस्याः शरीरं शरदिज इव घर्मः केतकीगर्भपत्रम् ॥ २४ ॥ परिमृदितमृणालीम्लानमङ्गं प्रवृत्तिः कथमपि परिवारप्रार्थनाभिः क्रियासु । कलयति च हिमांशोर्निष्कलङ्कस्य लक्ष्मीमभिनवकरिदन्तच्छेदकान्तः कपोलः ॥ २५ ॥ स्थगयति नयनास्रं छद्मना धूमधूम्रं प्रथयति च नितान्तं कार्श्यमङ्गप्रकृत्या । अहह विरहबाधां छादयत्यम्बुजाक्षी तदपि वदति साक्षी पाण्डुरो गण्डदेशः ॥ २६ ॥ परिम्लानं पीनस्तनजघनसङ्गादुभयतस्तनोर्मध्यस्यान्तः परिमिलनमप्राप्य हरितम् । इदं व्यस्तन्यासं श्लथभुजलताक्षेपवलनैः कृशाङ्ग्याः संतापं वदति बिसिनीपत्रशयनम् ॥ २७ ॥ प्रयातेऽस्तं भानौ श्रितशकुनिनीडेषु तरुषु स्फुरत्संध्यारागे शशिनि शनकैरुल्लसति च । प्रियप्रत्याख्यानद्विगुणविरहोत्कण्ठितदशा तदारब्धं

---

१ सूर्यवदाचरति. २ चन्दनलेपः. ३ अग्निकण इवाचरति. ४ सहस्रकल्पमितेवाचरति.

१ आसेति क्रियापदम्. २ प्राप्तमर्दा. ३ सखीजनः. ४ ऊर्ध्वाधोभागयोः. ५ कृशस्य. ६ संघर्षम्. ७ हरिद्वर्णम्. ८ अनुमापयति. ९ शय्या.

तन्व्या मरणमपि यत्रोत्सवपदम् ॥ २८ ॥ लतामूले लीनो
हरिणपरिहीनो हिमकरः स्खलन्मुक्ताकारा गलति जलधारा
कुवलयात्। धुनीते बन्धूकं तिलकुसुमजन्मा हि पवनो
गृहद्वारे पुण्यं परिणमति कस्यापि कृतिनः ॥ २९ ॥ मरा-
लश्रेणीभिर्नियतमुपनीतं सफलतां गतिस्पर्धावैरं मृदुकलरवै-
रम्बुजदृशः। यदेतान्शृण्वत्याः प्रियविरहवत्याः कृशतनो-
रगादस्याः स्तम्भादहह गतिसंभावनमपि ॥ ३० ॥ अ-
गारेऽस्मिन्कान्ते गिरिशमनिशानाथशकलं भुजंगानुत्तुङ्गा-
न्सकलमपि वातायनपथे। निकुञ्जेषु श्येनानधिगृहशिरो
राहुवलयं लिखन्त्या नीयन्ते शिवशिव तया हन्त दिवसाः
॥ ३१ ॥ स्तनन्यस्तोशीरं प्रशिथिलमृणालैकवलयं प्रिया-
याः साबाधं तदपि कमनीयं वपुरिदम्। समस्तापः कामं
मनसिजनिदाघप्रसरयोर्न तु ग्रीष्मस्यैवं सुभगमपराद्धं युव-
तिषु ॥ ३२ ॥ कपोले पाण्डुत्वं किमपि जलधारां नयन-
योस्तनौ कार्श्यं दैन्यं वचसि हृदि दावानलशिखाम्।
अवज्ञां प्राणेषु प्रकृतिषु विपर्यासमधुना किमन्यद्वैराग्यं सक-
लविषयेष्वाकलयते ॥३३॥ निकामं क्षामाङ्गी सरसकदली-
गर्भसुभगा कलाशेषा मूर्तिः शशिन इव नेत्रोत्सवकरी।
अवस्थामापन्ना मदनदहनोद्दाहविधुराभियं नः कल्याणी
रमयति मनः कम्पयति च ॥ ३४ ॥ घनोऽयं चेदश्चेदुपरि
विकिरंश्चन्दनरसानुदारान्नैहारी सरिदुरसि हारीभवति वा।
समन्तात्प्रणाली चिरमुपवनाली मिलति वा तदप्यस्यास्तापः
प्रियविरहजः किं विरमति ॥ ३५ ॥ इतो विद्युद्वल्लीविलसि-
तमितः केतकरजः स्फुरद्गन्धं प्रोद्यज्जलदनिनदस्फूर्जितमितः।
इतः केकिक्रीडाकलकलभरः पक्ष्मलदृशां कथं यास्यन्त्येते
विरहदिवसाः संभ्रमरसाः ॥ ३६ ॥ न नीतमुपनासिकं परि-
मलव्ययाशङ्कया न हन्त विनिवेशितं विरहवह्निकुण्डे हृदि।
दृशोर्बहिरिति श्रुतौ न निहितं प्रियप्रेषितं करे कमलमर्पितं
मृगदृशा दृशा पीयते ॥ ३७ ॥ वीणामङ्के कथमपि सखी-
प्रार्थनाभिर्विधाय स्वैरं रत्यां सरसिजदृशा गातुमारब्धमेव।
तन्त्रीबुद्ध्या किमपि विरहक्षीणदीनाङ्गवल्लीमेनामेव स्पृशति
बहुशो मूर्छना चित्रमेतत् ॥ ३८ ॥ अन्तस्तारं तरलतरलाः
स्तोकमुत्पीडभाजः पक्ष्माग्रेषु ग्रथितपृषतः कीर्णधाराः क्रमेण।
चित्तातङ्कं निजगरिमतः सम्यगासूत्रयन्तो निर्यान्त्यस्याः
कुवलयदृशो बाष्पवारां प्रवाहाः ॥ ३९ ॥ मुक्त्वानङ्गः
कुसुमविशिखान्पञ्च कुण्ठीकृताग्रान्मन्ये मुग्धां प्रहरति हठा-
त्पत्त्रिणा वारुणेन। वारां पूरः कथमपरथा स्फारनेत्रप्रणा-
लीनत्क्रोद्वान्तत्रिवलिविपिने सारणीसाम्यमेति ॥ ४० ॥

खिन्नौ गण्डौ स्फुरितमधरं स्पन्दितं चूचुकाग्रं सन्नौ बाहू
मसृणमुकुले लोचने भ्रूश्चलैव। अङ्गादङ्गादजनि पुलक-
श्रेणिरूरू सकम्पौ किं च श्वासास्तरलितदुकूलाञ्चलाश्चञ्च-
लाक्ष्याः ॥ ४१ ॥ पीनोत्तुङ्गस्तनकलशयोस्तारहारं न धत्ते
हस्तेनापि स्पृशति सहसा नैव कर्पूरवीटीम्। मञ्चं नापि
श्रयति शयितुं हंसतूलास्तराढ्यं तादृक्तन्वी गुरुजनभया-
द्गोप्तुकामा स्वतापम् ॥ ४२ ॥ गण्डे पाण्डौ कलयति
पुनश्चान्दनान्पत्त्रभङ्गान्निद्रालाभे स्वयमरुणदृक्पृच्छति त्वां
निदानम्। प्रत्यासन्ने मधुरलपिते गृह्यके कीरशावे कण्ठे
धत्ते कमलनयना चारु वैदूर्यहारम् ॥ ४३ ॥ नीवीबन्धो-
च्छ्वसनमधरस्पन्दनं दोर्विषादः स्वेदश्चक्षुर्मसृणमधुराकेकर-
स्निग्धमुग्धम्। गात्रस्तम्भः स्तनमुकुलयोरुत्प्रबन्धः प्रकम्पो
गण्डाभोगे पुलकपटलं मूर्च्छना चेतना च ॥ ४४ ॥ संध्यां
कोषं तत उपगतां हन्त रात्रिं कृपाणीं चन्द्रं चक्रं विरह-
विधुरा तारकापङ्क्तिमुग्राम्। तूणीगन्तर्गगनशरततीं प्रज्वल-
त्पुङ्खभागां संनद्धान्त्रं कलयति पुनर्मन्मथं राक्षसेन्द्रम्
॥ ४५ ॥ लीलावल्लीभवनकुहरे पत्त्ररन्ध्राच्चकोरीचञ्चुस्रस्तं
शशिकरकणं वीक्ष्य मूर्च्छामुपैति। लीलारामात्पिकमुखर-
रितात्का कथा सा बिभेति स्वालापेभ्यश्चकितनयना यत्कु-
हूकोमलेभ्यः ॥ ४६ ॥ व्यजनमरुतः श्वासश्रेणीमिमामुप-
चिन्वते मलयजरसो धाराबाष्पं प्रपञ्चयितुं प्रभुः। कुसुमश-
यनं कामास्त्राणां करोति सहायतां द्विगुणगरिमा कामो-
न्मादः कथं नु विरंस्यति ॥ ४७ ॥ विषयविधुरा दृष्टिः
श्वासानिला ग्लपिताधरास्तनुरपि भृशं म्लाना लूनेव पल्ल-
वमञ्जरी। अपि च लवलीपाकोद्भेदाभिरामवदावदः स्फु-
रति कुचयोर्मूले गण्डे च कश्चन पाण्डिमा ॥ ४८ ॥
कथमपि कृतप्रत्यावृत्तौ प्रिये स्खलितोत्तरे विरहकृशया
कृत्वा व्याजं प्रकल्पितमश्रुतम्। असहनसखीश्रोत्रप्राप्ति-
प्रमादससंभ्रमं प्रचलितदृशा शून्ये गेहे समुच्छ्वसितं पुनः
॥ ४९ ॥ तन्वङ्ग्या गुरुसंनिधौ नयनजं यद्वारि संस्त-
म्भितं तेनान्तर्गलितेन मन्मथशिखी सिक्तो वियोगोद्भवः।
मन्ये तस्य निरस्यमानकिरणस्यैषा मुखेनोद्गता श्वासायास-
समागतालिसरणिव्याजेन धूमावली ॥ ५० ॥ मुग्धास्व-
प्नसमागते प्रियतमे तत्पाणिसंस्पर्शनं रोमाञ्चाञ्चितया शरी-
रलतया संभाव्य कोपात्किल। मा वा वल्लभ संस्पृशेति स-
हसा शून्यं वदन्ती मुहुः सख्या नो हसिता सचिन्तमसकृ-
त्संशोचिता प्रत्युत ॥ ५१ ॥ शीघ्रं भूमिगृहे गृहाण वसतिं
प्राणैः किमु क्रीडसि प्रासां पश्यसि किं न दैवहतिकां ज्योत्स्नां

गवाक्षोदरे। इत्थं मन्मथतीव्रसंज्वरजुषो गेहेषु वामभ्रुवामुद्गच्छन्ति कुरङ्गलाञ्छनभयाद्दीनाः सखीनां गिरः ॥ ५२॥ शय्या पुष्पमयी परागमयतामङ्गार्पणादश्नुते ताम्यन्त्यन्तिकतालवृन्तनलिनीपत्राणि दाहोष्मणा। न्यस्तं च स्तनमण्डले मलयजं शीर्णान्तरं दृश्यते क्वाथादाशु भवन्ति फेनिलमुखा भूयामृणालाङ्कुराः ॥ ५३॥ आदातुं सकृदीक्षितेऽपि कुसुमे हस्ताग्रमालोहितं लाक्षारञ्जनवार्तयापि सहसा रक्तं तलं पादयोः। अङ्गानामनुलेपनस्मरणमप्यत्यन्तखेदावहं हन्तांधीरदृशः किमन्यदलकामोदोऽपि भारायते ॥ ५४॥ अङ्गासङ्गिमृणालकाण्डमयते भृङ्गावलीनां रुचं नासामौक्तिकमिन्द्रनीलसरणिं श्वासानिलाद्दाहते। क्षिप्ता सा हिमवालुकापि कुचयोर्धत्ते क्षणं दीपतां तैसायःपतिताम्बुवत्करतले धाराम्बु संलीयते ॥ ५५॥ केशैः कोमलमालिकामपि चिरं या बिभ्रती खिद्यते या गात्रेषु घनं विलेपनमपि न्यस्तं न वोढुं क्षमा। दीपस्यापि शिखां न चापि भवने स्वप्नेऽपि या वीक्षितुं तापं सा विरहानलस्य महतः सोढुं कथं शक्ष्यते ॥ ५६॥ उद्धूयेत तनूलतेति बिसिनीपत्रेण नो वीज्यते स्फोटः स्यादिति नाङ्गकं मलयजक्षोदाम्भसा सिच्यते। स्यादस्यातिभरात्पराभव इति त्रासान्न वा पल्लवारोपो वक्षसि तत्कथं वरतनोराधिः समाधीयताम् ॥ ५७॥ निःश्वासानलविद्धदन्तवसना नेत्राम्बुसिक्तस्तनी हस्तन्यस्तकपोलदीनवदना हारैकभूषावती। बिभ्राणांसपदेन तुङ्गजघना विस्रंसिनीं वेणिकामास्ते स्थण्डिल एव पाण्डुमधुरक्षामालसैरङ्गकैः ॥ ५८॥ क्षामक्षामकपोलमाननमुरः काठिन्यमुक्तस्तनं मध्यः क्लान्ततरः प्रकामविनतावंसौ छविः पाण्डुरा। शोच्या च प्रियदर्शना च मदनग्लानेयमालक्ष्यते पत्राणामिव शोषणेन मरुता स्पृष्टा लता माधवी ॥ ५९॥ कर्पूराम्बुनिषेकभाजि सरसैरम्भोजिनीनां दलैरास्तीर्णेऽपि विवर्तमानवपुषः स्रस्तस्रजि स्रस्तरे। मन्दोन्मेषदृशा किमन्यदभवत्सा काप्यवस्था तदा यस्याश्चन्दनचन्द्रचम्पकदलश्रेण्यादि वह्नीयते ॥ ६०॥ आलीचालितपद्मिनीदलचलत्सर्वाङ्गमङ्गीकृतस्वाङ्गालिङ्गनमर्मरीकृतनवाम्भोजालिशय्या चिरात्। चैतन्यं कथमप्युपेत्य शनकैरुन्मील्य नेत्राञ्चलं बाला केवलमेव शून्यहृदया शून्यं जगत्पश्यति ॥ ६१॥ न क्रीडासु कुतूहलं वितनुते नालंकृतौ सादरा नाहारेऽपि च सस्पृहा न गणयत्यालापलोलां सखीम्। बाला केवलमङ्गकैरनुकलक्षामैर्विविक्तस्थले ध्यायन्ती किल किंचिदन्तरधुना निस्पन्दमास्ते सदा ॥ ६२॥ सोन्मेषो न सखीजनः परिजनः प्रागल्भ्यभूमिर्न वा वात्सल्यादविभावितस्फुटवयोवस्थाविशेषो गुरुः। आयाता नवमल्लिकापरिमलक्रूराः शरद्वासराः कस्याख्यातु नितम्बिनी पितृगृहावस्थानदुःस्थं जनुः ॥ ६३॥ दुःखं दीर्घतरं वहत्यपि सखीवर्गाय नो भाषते शैवालैः शयनं सृजत्यपि पुनः शेते न वा लज्जया। कण्ठे गद्गदवाचमस्खति दृशा धत्ते न बाष्पोदकं संतापं सहते यदम्बुजमुखी तद्वेद चेतोभवः ॥६४॥ कण्ठे मौक्तिकमालिकाः स्तनतटे कार्पूरमच्छं रजः सान्द्रं चन्दनमङ्गके वलयिताः पाणौ मृणालीलताः। तन्वी नक्तमियं चकास्ति तनुनी चीनांशुके बिभ्रती शीतांशोरधिदेवतेव गलिता व्योमाग्रमारोहतः ॥ ६५॥

1 चञ्चलदृशः. 2 बिसखण्डम्. 3 प्राप्नोति. 4 भृङ्गपङ्क्तीनाम्. 5 कान्तिम्. 6 प्राप्नोति. 7 कर्पूरः. 8 दीपरूपताम्. 9 तप्तलोहपतितजलवत्.

वियोगिनो विप्रलापाः।

यदि प्रियावियोगेऽपि रुद्यते दीनदीनकम्। तदिदं दग्धमरणमुपयोगं क्व यास्यति ॥ १॥ दिव्यंचक्षुरहं जातः सरागेणापि चक्षुषा। इहस्थो येन पश्यामि देशान्तरगतां प्रियाम् ॥२॥ नपुंसकमिति ज्ञात्वा तां प्रति प्रहितं मनः। तत्तु तत्रैव रमते हताः पाणिनिना वयम् ॥३॥ न मे दुःखं प्रिया दूरे न मे दुःखं हृतेति सा। एतदेवानुशोचामि वयोऽस्या ह्यतिवर्तते ॥४॥ यदि स्मरामि तन्वङ्गीं जीविताशा कुतो मम। अथ विस्मृत्य जीवामि जीवितव्यसनेन किम् ॥ ५॥ मुखं तस्याः स्मितस्मेरं किंचिदञ्चलसंवृतम्। मदालोकनलोलाक्षं स्मृत्वा मन्ये सुधां मुधा ॥ ६॥ तद्वियोगसमुत्थेन तच्चिन्ताविपुलार्चिषा। रात्रिंदिवं शरीरं मे दह्यते मदनाग्निना ॥ ७॥ विशालाक्ष्याः कटाक्षेण विकृष्टं रश्मिनेव मे। हृदयं किं करिष्यामि न पुनर्विनिवर्तते ॥ ८॥ सति प्रदीपे सत्यग्नौ सत्सु तारारवीन्दुषु। विना मे मृगशावाक्ष्या तमोभूतमिदं जगत् ॥ ९॥ दत्त्वा कटाक्षमेणाक्षी जग्राह हृदयं मम। मया तु हृदयं दत्त्वा गृहीतो मदनज्वरः ॥ १०॥ अपूर्वो दृश्यते वह्निः कामिन्याः स्तनमण्डले। दूरतो दहते गात्रं हृदि लग्नस्तु शीतलः ॥ ११॥ भ्रूचापवल्लीं सुमुखी यावन्नयति वक्रताम्। तावत्कटाक्षविशिखैर्भिद्यते हृदयं मम ॥ १२॥ मनः प्रकृत्यैव चलं दुर्लक्ष्यं च तथापि मे।

1 रोदनं क्रियते. 2 अतीन्द्रियज्ञानवान्. 3 वञ्चिताः. 4 स्मितेन हास्येन स्मेरं प्रसन्नम्. 5 वस्त्राञ्चलेनावगुण्ठितम्. 6 अमृतम्. 7 व्यर्थम्.

कामेनैतत्कथं विद्धं समं सर्वैः शिलीमुखैः ॥ १३ ॥ या जयश्रीर्मनोजस्य यया जगदलंकृतम् । यामेणाक्षीं विना प्राणा विफला मे कुतोऽद्य सा ॥ १४ ॥ अरविन्दमिदं वीक्ष्य खेलत्खञ्जनमञ्जुलम् । स्मरामि वदनं तस्याश्चारु चञ्चललोचनम् ॥१५॥ स्पर्शः स्तनतटस्पर्शो वीक्षणं वक्रवीक्षणम् । तस्याः केलिकथालापसमयः समयः सखे ॥ १६ ॥ कुतः प्रेमलवोऽप्यस्ति खले मे हृदये खलु । सुन्दरीं तामनालोक्य यदहं प्राणिमि प्रिय ॥ १७ ॥ नूनमयं मे पापः कान्ताविरहो रसायनीभूतः[1] । वर्षसहस्राभ्यधिकान्नयामि कथमन्यथा दिवसान् ॥ १८ ॥ संगमविरहवितर्के वरमिह विरहो न संगमस्तस्याः । सङ्गे सैव तथैका त्रिभुवनमपि तन्मयं विरहे ॥ १९ ॥ अनिशमपि मकरकेतुर्मनसो रुजमावहन्नभिमतो मे । यदि मदिरायतनयनां तामधिकृत्य प्रहरतीति ॥ २० ॥ दैवादहमत्र तया चपलायतनेत्रया वियुक्तश्च । अविरलविलोलजलदः कालः समुपागतश्चायम् ॥ २१ ॥ स्मेरं विधाय नयनं विकसितमिव नीलमुत्पलं मयि सा । कथयामास कृशाङ्गी मनोगतं निखिलमाकूतम् ॥ २२ ॥ आनन्दममन्दमिमं कुवलयदललोचने ददासि त्वम् । विरहस्त्वयैव जनितस्तापयतितरां शरीरं मे ॥ २३ ॥ तस्यां सुतनुसरस्यां चेतो नयनं च निष्पतितम् । चेतो गुरु तु निमग्नं लघु नयनं सर्वतो भ्रमति ॥ २४ ॥ निष्कासयन्त्यनेके सागरसरिदम्बुपूरपरिपतितम् । हृदयह्रदे निमग्नामिन्दुमुखीं मा बहिः कुरुताम् ॥ २५ ॥ दर्शनपथमुपयाता यदवधि मदिरायतेक्षणा सहसा । तदवधि हृदयेनाहं मदनेषुभयादिवोन्मुक्तः ॥ २६ ॥ अपसरति न चक्षुषो मृगाक्षी रजनिरियं च न याति नैति निद्रा । प्रहरति मदनोऽपि दुःखितानां बत बहुशोऽभिमुखीभवन्त्यपायाः ॥ २७ ॥ पुनरपि मिलनं यदाकदाचित्प्रियतमया कृपया भवेद्विधातुः । हरिरिव करवै हृदि प्रतिष्ठामिह रमणीं तनवै तनोरभिन्नाम् ॥ २८ ॥ स्खलदंशुकमव्यवस्थतारं स्मितकान्तिस्नपिताधरप्रवालम् । असमाप्तनकारमाप्तशोभं हरिणाङ्कं हरिणीदृशः स्मरामः ॥२९॥ अधृतपरिपतन्निचोलबन्धं मुषितनकारमवक्रदृष्टिपातम् । प्रकटहसितमुन्नतास्यबिम्बं पुरसुदृशः स्मरचेष्टितं स्मरामि ॥ ३० ॥ नयनेन निरीक्षिता नताङ्गी हृदये हन्त पतत्रिणः पतन्ति । विषमा विषमायुधव्यथासौ परिभूयेत परः परापराधैः ॥३१॥ यत्राकृतिस्तत्र गुणा वसन्ति नैतद्धि सम्यक्कविभिः प्रणीतम् । येनातिचार्वङ्ग्यपि मे हृदिस्था दुनोति गात्रं विरहे प्रियासौ ॥ ३२ ॥ पञ्चसायकमहेन्द्रजालिना पाणिपद्मसमुदञ्चिता स्वयम् । मोहनाय मनसः प्रगल्भते पिच्छिकेव मम चञ्चलेक्षणा ॥ ३३ ॥ दूरमस्तु दरघूर्णिततारं शारदेन्दुमुखवीक्षणमक्ष्णोः । एतदेव मम पुण्यमगण्यं यत्कृशोदरि दृशोरतिथिस्त्वम् ॥ ३४ ॥ ग्रसति कोऽपि विमोहविधुंतुदो हृदयचन्द्रमसं मम दारुणः । तदपि हन्त तदन्तरशायिनी लगति चिह्नमृगीव मृगेक्षणा ॥ ३५ ॥ असुलभा सकलेन्दुमुखी च सा किमपि चेदमनङ्गविचेष्टितम् । अभिमुखीष्विव वाञ्छितसिद्धिषु[1] व्रजति निर्वृतिमेकपदे[2] मनः ॥ ३६ ॥ तस्मे महाविरहवह्निशिखावलीभिरापाण्डुरस्तनतटे हृदये प्रियायाः । मन्मार्गवीक्षणनिवेशितदीनदृष्टेर्नूनं छमच्छमिति बाष्पकणाः पतन्ति ॥ ३७ ॥ कान्तामुखं सुरतकेलिविमर्दखेदसंजातघर्मकणविच्छुरितं रतान्ते । आपाण्डुरं विलसदर्धनिमीलिताक्षं संस्मृत्य हे हृदय किं शतधा न यासि ॥ ३८ ॥ अद्यापि तत्प्रचलकुण्डलमृष्टगण्डं वक्रं स्मरामि विपरीतरताभियोगे । आन्दोलनश्रमजलस्फुटसान्द्रबिन्दुमुक्ताफलप्रकरविच्छुरितं प्रियायाः ॥ ३९ ॥ निद्रार्धमीलितदृशो मदमन्थराणि[3] नाप्यर्थवन्ति न च नाम निरर्थकानि । अद्यापि मे मृगदृशो मधुराणि तस्यास्तान्यक्षराणि हृदये किमपि ध्वनन्ति ॥४०॥ अद्यापि तां कनकचम्पकदामगौरीं फुल्लारविन्दनयनां तनुरोमराजिम् । सुप्तोत्थितां मदनविह्वललालसाङ्गीं विद्यां प्रमादगलितामिव चिन्तयामि ॥ ४१ ॥ अद्यापि सा मनसि संप्रति वर्तते मे रात्रौ मयि क्षुतवति क्षितिपालपुत्र्या । जीवेति मङ्गलवचः परिहृत्य कोपात्कर्णे कृतं कनकपत्रमनालपन्त्या ॥ ४२ ॥ आसन्नमार्गमतिलङ्घ्य नतेन मूर्ध्ना पश्चात्प्रसङ्गवलितेन मुखेन यान्त्या । आरोपिताः कतिपये मयि पङ्कजाक्ष्या साकूतहासमनतिप्रकटाः कटाक्षाः ॥४३॥ राजल्ललाटफलका कमनीयकूजत्काञ्चीगुणप्रणयिनी धृतकेशपक्षा । हा किं करोमि मम सा हृदयं प्रविष्टा नाराचयष्टिरिव पुष्पशिलीमुखस्य ॥ ४४ ॥ यत्र क्षिपामि दृशमन्यदिदृक्षयाहं तत्रागतः स्फुरति केवलमेतदेव । तद्वक्त्रबिम्बमरुणाधरलोभनीयं ते लोचने तदलसालसमीक्षितं च ॥ ४५ ॥ मन्दस्मितेन मधुराधरपल्लवेन कुम्भोन्नमत्कुचभरेण कृशोदरेण । विद्युन्निभाङ्गलतया च विचिन्त्यमाना चेतो धुनोति च धिनोति च चञ्चलाक्षी ॥ ४६ ॥ तामिन्दुसुन्दरमुखीं सुचिरं विभाव्य चेतः कथं कथमपि व्यपवर्तते मे ।

१ जीवनसाधकरसायनरूपो जातः.

१ इष्टसिद्धिषु. २ संतोषम्. ३ मन्दानि.

लज्जां विजित्य विनयं विनिवार्य धैर्यमुन्मथ्य मन्थरविवेकम काण्ड एव ॥ ४७ ॥ यद्विस्मयस्तिमितमस्तमितान्यभावमानन्दमन्दममृतप्लवनादिवाभूत् । तत्संनिधौ तदधुना हृदयं मदीयमङ्गारचुम्बितमिव व्यथमानमास्ते ॥ ४८ ॥ पश्यामि तामित इतः पुरतश्च पश्चादन्तर्बहिः परित एव विवर्तमानाम् । उद्बुद्धमुग्धकनकाब्जनिभं वहन्तीमासक्ततिर्यगपवर्तितदृष्टि वक्त्रम् ॥ ४९ ॥ लीलास्मितेन शुचिना मृदुनोदितेन व्यालोकितेन लघुना गुरुणा गतेन । व्याजृम्भितेन जघनेन च दर्शितेन सा हन्ति तेन गलितं मम जीवितेन ॥ ५० ॥ यान्त्या मुहुर्वलितकंधरमाननं, तदावृत्तवृन्तशतपत्रनिभं वहन्त्या । दिग्धोऽमृतेन च विषेण च पक्ष्मलाक्ष्या गाढं निखात इव मे हृदये कटाक्षः ॥ ५१ ॥ तां हेमचम्पकरुचिं मृगशावकाक्षीं पार्श्वे स्थितां च पुरतः परिवर्तमानाम् । पश्चात्तथा दशदिशासु परिस्फुरन्तीं पश्यामि तन्मयमहो भुवनं किमेतत् ॥ ५२ ॥ अद्यापि तिष्ठति दृशोरिदमुत्तरीयं धर्तुं पुरः स्तनतटात्पतितं प्रवृत्ता । वाचं निशम्य नयनं नयनं ममेति किंचित्तदा यदकरोत्स्मितमायताक्षी ॥ ५३ ॥ राकासुधाकरमुखी तरलायताक्षी सस्मेरयौवनतरङ्गितविभ्रमास्या । तत्किं करोमि कथमत्र तनोमि मैत्रीं तत्स्वीकृतिव्यतिकरे क इहाभ्युपायः ॥ ५४ ॥ यान्त्याः सरः सलिलकेलिकुतूहलाय व्याजादुपेत्य मयि वर्त्मनि वर्तमाने । अन्तःस्थितद्युतिचमत्कृतिदृक्तरङ्गैरङ्गीकृतं किमपि वामदृशः स्मरामि ॥ ५५ ॥ मन्दादरः कुसुमपत्रिषु पेलवेषु नूनं बिभर्ति मदनः पवनास्त्रमद्य । हारप्रकाण्डसरलाः कथमन्यथामी श्वासाः प्रनर्तितदुकूलदशाः सरन्ति ॥५६॥ पीतो यतःप्रभृति कामपिपासितेन तस्या मयाधररसः प्रचुरः प्रियायाः । तृष्णा ततः प्रभृति मे द्विगुणत्वमेति लावण्यमस्ति बहु तत्र किमप्यपूर्वम् ॥ ५७ ॥ अलसविलसितानामुल्लसद्भ्रूलतानां मसृणमुकुलितानां प्रान्तविस्तारितानाम् । प्रतिनयननिपाते किंचिदाकुञ्चितानां विविधमहमभूवं पात्रमालोकितानाम् ॥ ५८ ॥ अलसवलितमुग्धस्निग्धनिस्पन्दमन्दैरधिकविकसदन्तर्विस्मयस्मेरतारैः । हृदयमशरणं मे पक्ष्मलाक्ष्याः कटाक्षैरपहृतमपविद्धं पीतमुन्मूलितं च ॥ ५९ ॥ क्रमसरलिताकण्ठप्रक्रमोल्लासितोरस्तरलितवलिलेखासूत्रसर्वस्वमस्याः । स्थितमतिचिरमुच्चैरग्रपादाङ्गुलीभिः करकलितसखीकं मां दिदृक्षोः स्मरामि ॥ ६० ॥ व्रीडा[1]योगान्नतवदनया[2] संनिधाने गुरूणां बद्धोत्कम्पस्तनकलशया मन्यु[3]मन्तर्नि[4]गृह्य । तिष्ठेत्युक्तं किमिव न तया यत्समुत्सृज्य बाष्पं मय्यासक्तश्चकितहरिणीहारिनेत्रत्रिभागः ॥ ६१ ॥ वारंवारं तिरयति दृशोरुद्गमं बाष्पपूरस्तत्संकल्पोपहितजडिम स्तम्भमभ्येति गात्रम् । सद्यः स्विद्यन्नयमविरतोत्कम्पलोलाङ्गुलीकः पाणिर्लेखाविधिषु नितरां वर्तते किं करोमि ॥ ६२ ॥ हा हा देवि स्फुटति हृदयं स्रंसते देहबन्धः शून्यं मन्ये जगदविरतज्वालमन्तर्ज्वलामि । सीदन्नन्धे तमसि विधुरो मज्जतीवान्तरात्मा विष्वङ्मोहः स्थगयति कथं मन्दभाग्यः करोमि ॥ ६३ ॥ ऊरू रम्भा दृगपि कमलं शेवलं केशपाशो वक्रं चन्द्रो लपितममृतं मध्यदेशो मृणालम् । नाभिः कूपो वलिरपि सरित्पल्लवः किं च पाणिर्यस्याः सा चेदुरसि न कथं हन्त तापस्य शान्तिः ॥ ६४ ॥ प्रासादे सा दिशि दिशि च सा पृष्ठतः सा पुरः सा पर्यङ्के सा पथि पथि च सा तद्वियोगातुरस्य । हंहो चेतः प्रकृतिरपरा नास्ति मे कापि सा सा सा सा सा सा जगति सकले कोऽयमद्वैतवादः ॥ ६५ ॥ कुन्दं दन्तैर्मधु निगदितैः षट्पदं दृग्विलासैरेभिर्हासैरमृतलहरीं कुन्तलैरम्बुवाहम् । इन्दोर्बिम्बं वदनशशिना पङ्कजं च स्तनाभ्यां त्वं जित्वा तान्वससि हृदये तेन मां विद्विषन्ति ॥ ६६ ॥ स्वप्ने दृष्टा किमपि पिशुनाशङ्कया नैव पृष्टा स्पृष्टा नीवी न खलु भयतः किङ्किणीनिक्वणानाम् । आश्लेषाय स्पृहयति मयि द्राग्व्यरंसीदसीमा निद्रामुद्रा शिव शिव दृशोरीदृशो दुर्विपाकः ॥ ६७ ॥ दलति हृदयं गाढोद्वेगं द्विधा न तु भिद्यते वहति विकलः कायो मोहं न मुञ्चति चेतनाम् । ज्वलयति तनूमन्तर्दाहः करोति न भस्मसात्प्रहरति विधिर्मर्मच्छेदी न कृन्तति जीवितम् ॥ ६८ ॥ जगति जयिनस्ते ते भावा नवेन्दुकलादयः प्रकृतिमधुराः सन्त्येवान्ये मनो मदयन्ति ये । मम तु यदियं याता लोके विलोचनचन्द्रिका नयनविषयं जन्मन्येकः स एव महोत्सवः ॥ ६९ ॥ मयि सकपटं किंचित्क्वापि प्रणीतविलोचने किमपि नयनं प्राप्ते तिर्यग्विजृम्भिततारकम् । स्थितमुपगतामालीं दृष्ट्वा सलज्जमवाञ्चितं कुवलयदृशः स्मेरं स्मेरं स्मरामि तदाननम् ॥ ७० ॥ हृदयमिषुभिः कामस्यान्तः सशल्यमिदं सदा कथमुपलभे निद्रां स्वप्ने समागमकारिणीम् । न च सुवदनामालेख्येऽपि प्रियामसमाप्य तां मम नयनयोरुद्बाष्पत्वं सखे न भविष्यति ॥ ७१ ॥ कुसुमशयनं न प्रत्यग्रं न चन्द्रमरीचयो न च मलयजं सर्वाङ्गीणं न वा मणियष्टयः । मनसिजरुजं सा वा दिव्या ममालममोहितुं रहसि लघयेदारब्धा वा तदाश्रयिणी कथा ॥७२॥

---

१ लज्जा. २ नम्रमुखत्वेन. ३ क्रोधम्. ४ रुद्ध्वा.

[1]इदं[2]मे शिशिरै[3]रन्तस्तापाद्वि[4]वर्णमणीकृतं निशि निशि भुजन्य-
[5]स्तोपाङ्गप्रवर्तिभिरश्रुभिः । अनतिलुलि[6]तैर्ज्याघाताङ्कं मुहुर्म-
णिबन्धनात्क[7]नैकवलयं [8]स्रस्तं स्रस्तं मया प्रतिसार्यते ॥७३॥
कदा कान्तागारे परिमलमिलत्पुष्पशयने शयानः श्यामायाः
कुचयुगमहं वक्षसि वहन् । अये स्निग्धे मुग्धे चपलनयने
चन्द्रवदने प्रसीदेत्याक्रोशन्निमिषमिव नेष्यामि दिवसान्
॥ ७४ ॥ तया गाढं मुक्तो भ्रुवि धनुषि संधाय निशितः
कटाक्षेषुर्नान्यैः सह पठनयोग्यः शरगणैः । पतन्गात्रे गात्रे
परममृतमास्रौदिव तदा दवीयानद्यायं दलयति पुनर्न व्रण-
यति ॥ ७५ ॥ तदा मुग्धं वक्त्रं किसलयसखः सोऽधरमणि-
र्विशाले ते नेत्रे स्तनभरनता सा तनुलता । सलीलं तद्यातं
जननयनसंजीवनसुधा प्रिया सा सा सा सेत्यजनि हृदयं
तन्मयमहो ॥ ७६ ॥ कटाक्षेणापीषत्क्षणमपि निरीक्षेत यदि
सा तदानन्दः सान्द्रः स्फुरति निहताशेषविषयः । सरोमा-
ञ्चोदञ्चत्कुचकलशनिर्भिन्नवसनः परीरम्भारम्भः क इव भवि-
ताम्भोरुहदृशः ॥ ७७ ॥ पुरस्ताद्गच्छन्ती सह सहचरीभिः
प्रियतमा ममालापं श्रुत्वा सचकितपरावृत्तवदना । किमग्रे
व्यासङ्गादहमहह यामीति विनयप्रणालीमालीनां यदकृत
तदन्तर्व्यथयति ॥ ७८ ॥ समुत्तीर्णे तन्व्या निशितनयना-
न्तेन मृदिते स्तनद्वन्द्वस्पन्दैः स्मितलवसुधाभिः प्लुतमति ।
मदन्तःकेदारे मदनकृषिकारेण जनिता चिरादाशावल्ली कि-
मिति न फलं हन्त लभते ॥ ७९ ॥ विलीयेन्दुः साक्षादमृ-
तरसवापी यदि भवेत्कलङ्कस्तत्रत्यो यदि च [9]विकचेन्दीवर-
वनम् । ततः स्नानक्रीडाजनित[10]जडभावैरवयवैः कदा चेन्मु-
च्येयं मदन[11]शिखिपीडाव्यतिकरम् ॥ ८० ॥ परागैः कार्पूरैस्तु-
हिनसलिलैश्चान्दनरसैः सुधाभिर्ज्योत्स्नाभिः स्नपितमिव यः
प्रागकृत माम् । स एवासौ मारः शिवशिव वियोगे मृगदृशः
करालं काकोलं किरति मयि कालानलमपि ॥ ८१ ॥ न
दूतीसंचारो न सरसपरोक्षोक्तिकलना न सांमुख्ये हासः क्व-
चिदपि न वाचां व्यतिकरः । अहो चित्रं चेतः क्षणपरिचि-
तालोकनवशान्मुहुर्धावंधावं व्रजति सुदृशं नो विरमति
॥ ८२ ॥ शरीरं क्षामं स्यादसति दयितालिङ्गनसुखे भवे-
त्सास्रं चक्षुः क्षणमपि न सा दृश्यत इति । तया सार-
ङ्गाक्ष्या त्वमसि न कदाचिद्विरहितं प्रसक्ते निर्वाणे हृदय

१ कनकवलयमित्यर्थः. २ उष्णैः. अश्रुभिरित्यनेन संबन्धः. ३ अभ्यन्तरे विरहजन्यतापाद्धेतोः. ४ विवर्णा हीनवर्णा मणयो यस्मिन्नेवंविधं कृतम्. ५ नेत्रप्रान्तः. ६ मौर्वीघर्षणजन्यः किणः. ७ सुवर्णकङ्कणम्. ८ वारंवारं गलितम्. ९ विकसितम्. १० शैत्यम्. ११ वह्निः.

परितापं वहसि किम् ॥ ८३ ॥ दृगन्तव्यापारप्रबलनिगडेन
स्फुरदुरस्तटीकारागारे तव समुचितं बन्धनमिदम् । अरे
चेतस्त्यक्त्वा यदिह जनमाजन्मसुहृदं क्षणप्राप्तामेतामधरम-
धुलाभेन भजसे ॥ ८४ ॥ विपत्सिन्धुं बन्धुं विगलितजलं
नेत्रयुगलं सशोकं भूलोकं भुवनवलयं खेदनिलयम् । अ-
नङ्गं नीरङ्गं विघटितधनं कोशभवनं विधातुं किं धातस्तव
हृदि न लज्जा प्रभवति ॥ ८५ ॥ न वक्षोजाश्लेषप्रभृतिकु-
तुकानामवगमो न पीयूषस्वादस्मितवलितवाचामनुभवः ।
न चासीन्मे तादृग्दृढपरिचयः पङ्कजदृशः कुतो हेतोस्तन्वी
क्षणमपि न निर्याति मनसः ॥ ८६ ॥ आः पात्री स्नामकृ-
तकघनप्रेमविस्फारितानां सव्रीडानां सकलकरणानन्दनाडिं-
धमानाम् । तेषां तेषां हृदयनिहिताकूतनिष्यन्दिनेत्रव्यापा-
राणां पुनरपि तथा सुभ्रुवो विभ्रमाणाम् ॥ ८७ ॥ तदङ्ग-
मपि नाम तत्सहजकान्तिपूराप्लुतं सुवर्णकदलीदलोद्दलितग-
र्भगौरं पुनः । कठोरमदनव्यथापिशुनपाण्डिमाधिष्ठितप्रथीय-
कुचमण्डलं परिरभेय वीक्षेय वा ॥ ८८ ॥ जाने कोपपरा-
ङ्मुखी प्रियतमा स्वप्नेऽद्य दृष्टा मया मा मा संस्पृश पाणि-
नेति रुदती गन्तुं प्रवृत्ता पुरः । नो यावत्परिरभ्य चाटुक-
शतैराश्वासयामि प्रियां भ्रातस्तावदहं शठेन विधिना निद्रा-
दरिद्रीकृतः ॥ ८९ ॥ याताः किं न मिलन्ति सुन्दरि पुन-
श्चिन्ता त्वया मत्कृते नो कार्या नितरां कृशासि कथयत्येवं
सबाष्पे मयि । लज्जामन्थरतारकेण निपतत्पीताश्रुणा च-
क्षुषा दृष्ट्वा मां हसितेन भाविमरणोत्साहस्तया सूचितः
॥ ९० ॥ श्वासा एव मृगीदृशो न गणिताः के नाम झ-
ञ्झानिलास्तीर्णा बाष्पपरम्परैव सरितां वृन्देषु कः संभ्रमः ।
सोढा कातरदृष्टिरेव कियती वज्राभिघातव्यथा प्रेमैवायमुपे-
क्षितो यदि तदा प्राणेषु कोऽनुग्रहः ॥ ९१ ॥ सा बाला
वयमप्रगल्भवचसः सा स्त्री वयं कातराः सा पीनोन्नतिमत्प-
योधरयुगं धत्ते सखेदा वयम् । साक्रान्ता जघनस्थलेन
गुरुणा गन्तुं न शक्ता वयं दोषैरन्यजनाश्रयैरपटवो जाताः
स्म इत्यद्भुतम् ॥ ९२ ॥ प्रेमार्द्राः प्रणयस्पृशः परिचयादु-
द्गाढरागोदयास्तास्ता मुग्धदृशो निसर्गमधुराश्चेष्टा भवेयुर्मयि ।
यास्वन्तःकरणस्य बाह्यकरणव्यापाररोधी क्षणादाशंसापरिक-
ल्पितास्वपि भवत्यानन्दसान्द्रो लयः ॥ ९३ ॥ धन्या सा
गृहदेहली स्पृशति या तत्पादपद्मप्रभां जाता सा सरसी
रसाद्विशति सा यस्यां विहारेच्छया । बन्धः कोऽपि स एव
यः खलु तया नेत्रेण संभाव्यते धिग्धिग्वेधसमेषु मां यदन-
यन्नैकं कथंचित्कथम् ॥ ९४ ॥ किं मे सद्गुरुसेवनैः प्रति-
दिनं किं व्योमकेशार्चनैः किं स्यादध्ययनेन वा सुरपुरप्राप्त्या-

थवा किं फलम् । एतस्याः कुचकुम्भनिर्भरपरीरम्भप्रभावोद्भवस्वेदाम्भोभिरनङ्गवह्निरधुना निर्वापितो नो यदि ॥ ९५ ॥ तन्वी सा यदि गायति श्रुतिकटुर्वीणाध्वनिर्जायते यद्याविष्कुरुते स्मितानि मलिनैवालक्ष्यते चन्द्रिका । आस्ते म्लानमिवोत्पलं नवमपि स्याच्चेत्पुरो नेत्रयोस्तस्याः श्रीरवलोक्यते यदि तडिद्वल्ली विवर्णैव सा ॥ ९६ ॥ तानि स्पर्शसुखानि ते च तरलस्निग्धा दृशोर्विभ्रमास्तद्वक्त्राम्बुजसौरभं स च सुधास्यन्दी गिरां वक्रिमा । सा बिम्बाधरमाधुरीति विषयासङ्गेऽपि मन्मानसं तस्यां लग्नसमाधि हन्त विरहव्याधिः कथं वर्तते ॥ ९७ ॥ तस्मिन्पञ्चशरे स्मरे भगवता भर्गेण भस्मीकृते जानाम्यक्षयसायकं कमलभूः कामान्तरं निर्ममे । यस्यामीभिरितस्ततश्च विशिखैरापुङ्खमग्नात्मभिर्जातं मे विदलत्कदम्बमुकुलस्पष्टोपमानं वपुः ॥ ९८ ॥ ज्योत्स्नीं श्यामलिमानमानयत भोः सान्द्रैर्मषीकूर्चकैर्मन्त्रं तन्त्रमथ प्रयुज्य हरत श्वेतोत्पलानां स्मितम् । चन्द्रं चूर्णयत क्षणाच्च कणशः कृत्वा शिलापट्टके येन द्रष्टुमहं क्षमे दश दिशस्तद्वक्त्रमुद्राङ्किताः ॥९९॥ किं तिष्ठामि किमु व्रजामि किमहं जागर्मि निद्रामि किं किं जानामि किमु भ्रमामि किमु वा सुख्यामि दुःख्यामि वा । किं नास्म्यस्मि किमित्यनल्पकलिते न क्वापि पक्षे स्थितः प्राप्यानिर्वचनीयमेव कमपि क्रूरं विकारं सखे ॥ १०० ॥ आसीनः शयितः स्थितः प्रचलितः स्वप्नायितो जागृतः पश्यन्मीलितलोचनो व्यवहरन्मौनं प्रपन्नोऽथवा । तां प्रेमाकुलवीक्षितां स्मितमुखीं सव्रीडमन्दागमां श्लिष्यन्तीं प्रणयार्द्रमुग्धलपितां पश्यामि नक्तंदिवम् ॥ १०१ ॥ नीलेन्दीवरशङ्कया नयनयोर्बन्धूकबुद्ध्याधरे पाणौ पद्मधिया मधूककुसुमभ्रान्त्या तथा गण्डयोः । लीयन्ते कबरीषु बान्धवजनव्यामोहजातस्पृहा दुर्वारा मधुपाः कियन्ति तरुणि स्थानानि रक्षिष्यसि ॥ १०२ ॥ सा मे यद्यपि सुन्दरी भगवतो मामेव चेतोभुवो न स्वप्ने न च जागरे नयनयोः पन्थानमासादिता । तामाकर्ण्य तथापि तादृशदशावैधुर्यमासेदुषीमानन्दाद्भुतशोककौतुकभयव्रीडाकुलं मे मनः ॥ १०३ ॥ सा संचारचमत्कृतिर्नयनयोः स भ्रूलताविभ्रमस्तद्बिम्बाधरपाटलस्मितयुतस्तस्यास्य सा वैखरी । सेयं चङ्क्रमचातुरी चरणयोः सोऽप्यङ्गहारक्रमो दिष्ट्या तन्मम नेत्रपात्रमखिलं जायेत जीगमि च ॥ १०४ ॥ लीनेव प्रतिबिम्बितेव लिखितेवोत्कीर्णरूपेव च प्रत्युप्तेव च वज्रलेपघटितेवान्तर्निखातेव च । सा नश्चेतसि कीलितेव विशिखैश्चेतोभुवः पञ्चभिश्चिन्तासंततितन्तुजालनिबिडस्यूतेव लग्ना प्रिया ॥ १०५ ॥ सा विद्याधरकन्यका किमु भुवं पुण्यैः प्रपन्ना नृणां लावण्यामृतसागराद्भिमथिता लक्ष्मीः किमन्योत्थिता । आ ज्ञातं घनसारचन्दनसुधाज्योत्स्नामृणालादिभिः प्रारब्धा हृदयं मम भ्रमयितुं पौष्पेषवी शाम्बरी ॥ १०६ ॥ हृत्वा पद्मवनद्युतिं प्रियतमेवेयं दिनश्रीर्गता रागोऽस्मिन्मम चेतसीव सवितुर्बिम्बेऽधिकं लक्ष्यते । चक्राह्वोऽहमिव स्थितः सहचरीं ध्यायन्नलिन्यास्तटे संजाताः सहसा ममैव भुवनस्याप्यन्धकारा दिशः ॥ १०७ ॥ नेत्रे खञ्जनगञ्जने नवसुधाधारानुकारा गिरः पाणिः पद्मसहोदरः कचरुचिः शैवालजालोपमा । वक्त्रं कार्तिकपौर्णिमापतिसमं हारिद्रहृद्यं वपुस्त्वं यस्मै वलसे विलासिनि हृदा तेनैव तप्तं तपः ॥ १०८ ॥ आस्तां दूरतया तदीयवदनाम्भोजामृतास्वादनं नोदेत्येव मनोरथोऽपि हृदये तत्संगमाशां प्रति । उत्कण्ठाशिथिलीकृताङ्गलतिकं वीक्षेत मामेकदा सस्नेहं यदि सा सरोजवदना धन्या वयं तावता ॥ १०९ ॥ निद्रे लोचनमुद्रणं विरचय स्वप्न त्वमप्याचर प्राणाभिन्नतमां चिरात्प्रियतमां मच्चेतसो गोचरम् । भ्रातर्बोध दृढानुरोध न तथा कुर्या यथा प्रेयसीप्रौढाश्लेषविघट्टनेन भवतः क्रीडन्ति दुष्कीर्तयः ॥ ११० ॥ लज्जैवोद्घटिता किमत्र कुलिशोद्भिन्ना कपाटावली मर्यादैव विलङ्घिता सखि पुनः केयं कलिन्दात्मजा । आक्षिप्ता खलु दृष्टिरेव किमियं व्यालावली वा पुनः प्राणा एव समर्पिताः सखि पुनस्तस्मै किमेषा तनुः ॥ १११ ॥ सव्याजं तिलकालकाविरलयँल्लोलाङ्गुलिः संस्पृशन्वारंवारमुदञ्चयन्कुचयुगप्रोदञ्चिनीलाञ्चलम् । यद्भ्रूभङ्गतरङ्गिताञ्चितदृशा सावज्ञमालोकितं तद्गर्वादवधीरितोऽस्मि न पुनः कान्ते कृतार्थीकृतः ॥ ११२ ॥ क्वाकार्यं शशलक्ष्मणः क्व च कुलं भूयोऽपि दृश्येत सा दोषाणां प्रशमाय नः श्रुतमहो कोपेऽपि कान्तं मुखम् । किं वक्ष्यन्त्यपकल्मषाः कृतधियः स्वप्नेऽपि सा दुर्लभा चेतः स्वास्थ्यमुपैहि कः खलु युवा धन्योऽधरं पास्यति ॥ ११३ ॥ हा धिक् सा किल तामसी शशिमुखी दृष्टा मया यत्र सा तद्विच्छेदरुजान्धकारितमिदं दग्धं दिनं कल्पितम् । किं कुर्मः कुशले सदैव विधुरो धाता न चेत्तत्कथं तादृग्यामवतीमयो भवति मे नो जीवलोकोऽधुना ॥ ११४ ॥ स्नाता तिष्ठति कुन्तलेश्वरसुता वारोङ्गराजस्वसुर्द्यूतै रात्रिरियं जिता कमलया देवी प्रसाद्याद्य च । इत्यन्तःपुरसुन्दरीः प्रति मया विज्ञाय विज्ञापिते देवेनाप्रतिपत्तिमूढमनसा द्वित्राः स्थितं नाडिकाः ॥ ११५ ॥ सा सौन्दर्यनिधिर्विलासभवनं मीनध्वजस्यापि वा कान्तीनामधिदेवताधिकरणं माधुर्यसारस्य वा । तामुद्वीक्ष्य सखे तदादि गतवान्सर्वेन्द्रियाणामहं सार्धं तद्गतमानसेन गलितोत्साहः कि-

लानीशताम् ॥ ११६ ॥ तस्याः किं मुखपङ्कजं स्मितरुचा चन्द्रद्युतेर्निन्दकं किं वा नेत्रयुगं कटाक्षचतुरं किं भ्रूलताविभ्रमम्। किं वा स्निग्धमवेक्षितं मयि पुनर्यान्त्या सखीनां पुरः किं किं संप्रति चिन्तयामि हृदये कामेन लक्ष्यीकृते ॥ ११७ ॥ शीतांशुर्विषसोदरः फणभृतां लीलास्पदं चन्दनं हारः क्षारपयोभवः प्रियसुहृत्पङ्केरुहं भास्वतः। इत्येषां किमिवास्तु वस्तु मदनज्वालाविघाताय यद्बाह्याकारपरिभ्रमेण तु वयं तत्त्वत्यजो वञ्चिताः ॥ ११८ ॥ जाने स्वप्नविधौ ममाद्य चुलुकोत्सेक्यं पुरस्तादभूत्प्रत्यूषे परिवेषमण्डलमिव ज्योत्स्नासपत्नं महः। तस्यान्तर्नखनिस्तुषीकृतशरच्चन्द्रप्रभैरङ्गकैर्दृष्टा काप्यबला बलात्कृतवती सा मन्मथं मन्मथम् ॥ ११९ ॥ सौमित्रे ननु सेव्यतां तरुतलं चण्डांशुरुज्जृम्भते चण्डांशोर्निशि का कथा रघुपते चन्द्रोऽयमुन्मीलति। वत्सैतद्विदितं कथं तु भवता धत्ते कुरङ्गं यतः क्वासि प्रेयसि हा कुरङ्गनयने चन्द्रानने जानकि ॥ १२० ॥ पादाङ्गुष्ठेन भूमिं किसलय[1]रुचिना सापदेशं[2] लिखन्ती भूयोभूयः क्षिपन्ती मयि सितशबले लोचने लोलतारे[3]। वक्त्रं ह्रीनम्र[4]मीषत्स्फुरदधरपुटं वाक्यगर्भं दधाना यन्मां नोवाच किंचित्स्थितमपि पुरतो मानसं तद्दुनोति[5] ॥ १२१ ॥ चक्षुःप्रीत्या निषण्णे मनसि परिचयाच्चिन्त्यमानेऽभ्युपाये याते रागे विवृद्धिं प्रविसरति गिरां विस्तरे दूतिकायाः। आस्तां दूरे स तावत्सरभसदयितालिङ्गनानन्दलाभस्तद्गेहोपान्तरथ्याभ्रमणमपि परां निर्वृतिं संतनोति ॥ १२२ ॥

मदनं प्रत्युक्तयः ॥ स्वयमप्राप्तदुःखो यः स दुनोति न विस्मयः। त्वं स्मर प्राप्तदाहोऽपि दहसीति किमुच्यते ॥ १२३ ॥ भवनेत्रभवो वह्निरद्यापि त्वयि मन्मथ। ज्वलतीवान्यथा किं ते विशिखास्तत्कणा इव ॥ १२४ ॥ अद्यापि नूनं हरकोपवह्निस्त्वयि ज्वलत्यौर्व[6] इवाम्बुराशौ[7]। त्वमन्यथा मन्मथ मद्विधानां भस्मावशेषः कथमेवमुष्णः ॥ १२५ ॥ वृथैव संकल्पशतैरजस्रमनङ्ग नीतोऽसि मयातिवृद्धिम्। आकृष्य चापं श्रवणोपकण्ठे मय्येव युक्तस्तव बाणमोक्षः ॥ १२६ ॥ क्व रुजा हृदयप्रमाथिनी क्व च ते विश्वसनीयमायुधम्। मृदुतीक्ष्णतरं यदुच्यते तदिदं मन्मथ दृश्यते त्वयि ॥ १२७ ॥ अनुममार न मार कथं नु सा रतिरतिप्रथितापि पतिव्रता। अयमनाथवधूवधपातकी दयितयापि तयासि किमुज्झितः ॥ १२८ ॥ भुवनमोहनजेन किमेनसा तव परेत बभूव पिशाचता। यदधुना विरहाधिमलीमसामभिभवन्भ्रमसि स्मर मद्विधाम् ॥ १२९ ॥ स्मर नृशंसतमस्त्वमतो विधिः सुमनसः कृतवान्भवदायुधम्। यदि दृढं धनुरायसमाशुगं तव सृजेत्त्रिजगत्प्रलयं व्रजेत् ॥ १३० ॥ विधिरनंशमभेद्यमवेक्ष्य ते जनमनः खलु लक्ष्यमकल्पयत्। अपि स वज्रमदास्यत चेत्तदा त्वदिषुभिर्व्यदलिष्यदसावपि ॥ १३१ ॥ अपि विधिः कुसुमानि तवाशुगान्स्मर विधाय स निर्वृतिमाप्तवान्। अदित पञ्च हि ते स नियम्य तांस्तदपि तैर्बत जर्जरितं जगत् ॥ १३२ ॥ सह तया स्मर भस्म झटित्यभूः पशुपतिं प्रति यामिषुमग्रहीः। ध्रुवमभूदधुना वितनोः शरस्तव कटुस्वर एव स पञ्चमः ॥ १३३ ॥ त्वमुचितं नयनार्चिषि शंभुना भुवनशान्तिकहोमहविः कृतः। तव वयस्यमपास्य मधुं मधुं हृतवता हरिणा बत किं कृतम् ॥ १३४ ॥ बाणाग्निमस्तकरुणो विकिरन्ममाङ्गे प्रायो न वेत्सि विषमास्त्रवर स्वपीडाम्। संताप एष भवता किमु नान्वभावि चण्डीपतेरलिकलोचनगोचरेण ॥ १३५ ॥ तव कुसुमशरत्वं शीतरश्मित्वमिन्दोर्द्वयमिदमयथार्थं[2] दृश्यते मद्विधेषु। विसृजति हिमगर्भैरग्निमिन्दुर्मयूखैस्त्वमपि कुसुमबाणान्वज्र[3]सारीकरोषि ॥ १३६ ॥ हृदि बिसलताहारो नायं भुजंग[4]मनायकः कुवलयदलश्रेणी कण्ठे न सा गरलद्युतिः। मलयजरजो नेदं भस्म प्रियारहिते मयि प्रहर न हरभ्रान्त्यानङ्ग क्रुधा किमु धावसि ॥ १३७ ॥ पाणौ मा कुरु चूतसायकममुं मा चापमारोपय क्रीडानिर्जितविश्व मूर्च्छितजनाघातेन किं पौरुषम्। तस्या एव मृगीदृशो मनसिजप्रेङ्खत्कटाक्षानलश्रेणीजर्जरितं मनागपि मनो नाद्यापि संधुक्षते ॥ १३८ ॥ रे रे निर्दय[5] दुर्निवार मदन प्रोत्फुल्ल[6]पङ्केरुहं बाणं संवृणु[7] संवृणु त्यज धनुः किं पौरुषं मां प्रति। कान्तासङ्गवियोगदुःखदहनज्वालावलीढं वपुः शूराणां मृतमारणे न हि परो धर्मः प्रयुक्तो बुधैः ॥ १३९ ॥ आपुङ्खाग्रममी शरा मनसि मे मग्नाः समं पञ्च ते निर्दग्धं विरहाग्निना वपुरिदं तैरेव सार्धं मम। तत्कंदर्प निरायुधोऽसि भवता जेतुं न शक्तः परो दुःखी स्यामहमेक एव सकलो लोकः सुखं जीवतु ॥ १४० ॥ बाणाः पञ्च मनोभवस्य नियतास्तेषामसंख्यो जनः प्रायोऽस्मद्विध एव लक्ष्य इति यल्लोके प्रसिद्धिं गतम्। दृष्टं तत्त्वयि विप्रतीपमधुना यस्मादसंख्यैरयं विद्धः कामिजनः शरैरशरणो नीतस्त्वया पञ्चताम् ॥ १४१ ॥ तद्विच्छेदकृ-

---

१ कोमलपल्लवकान्तिना. २ सव्याजम्. ३ लोला चञ्चला तारा कनीनिका ययोः. ४ लज्जया नम्रम्. ५ संतापयति. ६ वडवाग्निः. ७ समुद्रे.

१ दैत्यविशेषम्. २ असत्यम्. ३ वज्रवत्कठिनान्करोषि. ४ वासुकिः. ५ निष्करुण. ६ विकसितम्. ७ उपसंहर.

शस्य कण्ठलुठितप्राणस्य मे निर्दयं क्रूरः पञ्चशरः शरैरतिशितैर्भिन्दन्मनो निर्भरम् । शंभोर्भूतकृपाविधेयमनसः प्रोद्दामनेत्रानलज्वालाजालकरालितः पुनरसावास्तां समस्तात्मना ॥ १४२ ॥ बाणान्संहर मुञ्च कार्मुकलतां लक्ष्यं तव त्र्यम्बकः के नामात्र वयं शिरीषकलिकाकल्पं यदीयं मनः । तत्कारुण्यपरिग्रहात्कुरु दयामस्मिन्विधेये जने स्वामिन्मन्मथ तादृशं पुनरपि स्वप्नाद्भुतं दर्शय ॥ १४३ ॥

चन्द्रं प्रत्युक्तयः ॥ चण्डीशचूडाभरण चन्द्र लोकतमोपह । विरहिप्राणहरण कदर्थय न मां वृथा ॥ १४४ ॥ तारापते कुमुदिनीमनुकूलकान्तां पादेन पीडयसि कम्पयसि द्विजातीन्[१] । विद्वेषमाचरसि किं च वियोगिलोके नक्तंचरस्य[२] भवतः करुणा कुतः स्यात् ॥ १४५ ॥ किं रे विधो मृगदृशो मुखमद्वितीयं राजीव दृप्यसि दृगम्बुजमन्यदेव । झङ्कारमावहसि भङ्गतनुर्न तादृक्कर्माणि धिङ् न पुनरीदृशमीक्षणीयम् ॥ १४६ ॥ अभिलषसि यदिन्दो वक्त्रलक्ष्मीं मृगाक्ष्याः पुनरपि सकृदब्धौ मज्ज संक्षालयाङ्कम् । सुविमलमथ बिम्बं पारिजातस्य गन्धैः सुरभय वद नो चेत्त्वं क्व तस्या मुखं क्व ॥ १४७ ॥ सूतिर्दुग्धसमुद्रतो भगवतः श्रीकौस्तुभौ सोदरौ सौहार्दं कुमुदाकरेषु किरणाः पीयूषधाराकिरः । स्पर्धा ते वदनाम्बुजैर्मृगदृशां तत्स्थाणुचूडामणे हंहो चन्द्र कथं नु सिञ्चसि मयि ज्वालामुचो रोचिषः ॥ १४८ ॥

पवनं प्रत्युक्तयः ॥ उन्मीलन्मुकुलकरालकुन्दकोशप्रश्च्योतद्घनमकरन्दगन्धबन्धो । तामीषत्प्रचलविलोचनां नताङ्गीमालिङ्गन्पवन मम स्पृशाङ्गमङ्गम् ॥ १४९ ॥ व्याधूय यद्वसनमम्बुजलोचनाया वक्षोजयोः कनककुम्भविलासभाजोः । आलिङ्गसि प्रसभमङ्गमशेषमस्या धन्यस्त्वमेव मलयाचलगन्धवाह ॥ १५० ॥

मेघं प्रत्युक्तयः ॥ भो मेघ गम्भीरतरं नद त्वं तव प्रसादात्स्मरपीडितं मे । संस्पर्शरोमाञ्चितजातरागं कदम्बपुष्पत्वमुपैति गात्रम् ॥ १५१ ॥ भ्रमय जलदानम्भोगर्भान्प्रमोदय चातकान्कलय शिखिनः केकोत्कण्ठान्कठोरय केतकान् । विरहिणि जने मूर्च्छां लब्ध्वा विनोदयति व्यथामकरुण पुनः संज्ञाव्याधिं विधाय किमीहसे ॥१५२॥ मलयमरुतां व्राता याता विकासितमल्लिकाः परिमलभरो भग्नो ग्रीष्मस्त्वमुत्सहसे यदि । घन घटयितुं निःस्नेहं तं य एव निवर्तने प्रभवति गवां किं नश्छिन्नं स एव धनंजयः ॥ १५३ ॥

१ पक्षिणः; (पक्षे) ब्राह्मणान्. २ रात्रिचरस्य; (पक्षे) राक्षसस्य.

अशोकं प्रत्युक्तिः ॥ रक्तस्त्वं[१] नवपल्लवैरहमपि श्लाघ्यैः प्रियाया गुणैस्त्वामायान्ति शिलीमुखाः[२] स्मरधनुर्मुक्तास्तथा मामपि । कान्तापादतलाहतिस्तव[३] मुदे तद्वन्ममाप्यावयोः सर्वं तुल्यमशोक केवलमहं धात्रा सशोकः कृतः ॥ १५४ ॥ रक्ताशोक कृशोदरी क्व नु गता त्यक्त्वानुरक्तं जनं नो दृष्टेति मुधैव चालयसि किं वातावधूतं शिरः । उत्कण्ठाघटमानषट्पदघटासंघट्टदष्टच्छदस्तत्पादाहतिमन्तरेण भवतः पुष्पोद्गमोऽयं कुतः ॥ १५५ ॥

तमालं प्रत्युक्तिः ॥ धन्यस्त्वमसि तमाल स्पृष्टस्तन्व्या लतावदनया यत् । अद्य स्थावरजन्मा जातस्त्वं जङ्गमादधिकः ॥ १५६ ॥

मृणालहारं प्रत्युक्तिः ॥ परिच्युतस्तत्कुचकुम्भमध्यात्किं शोषमायासि मृणालहार । न सूक्ष्मतन्तोरपि तावकस्य तत्रावकाशो भवतः किमु स्यात् ॥ १५७ ॥

मधुकरं प्रत्युक्तयः ॥ वदनमिदं न सरोजं नयने नेन्दीवरे एते । इह सविधे मुग्धदृशो मधुकर न मुधा परिभ्राम्य ॥ १५८ ॥ भ्रातर्द्विरेफ भवता भ्रमता समन्तात्प्राणाधिका प्रियतमा मम वीक्षिता किम् । ब्रूषे किमोमिति सखे कथयाशु तन्मे किं किं व्यवस्यति कुतोऽस्ति च कीदृशीयम् ॥ १५९ ॥ चलापाङ्गां दृष्टिं स्पृशसि बहुशो वेपथुमतीं रहस्याख्यायीव स्वनसि मृदु कर्णान्तिकचरः । करौ व्याधुन्वन्त्याः पिबसि रतिसर्वस्वमधरं वयं तत्त्वान्वेषान्मधुकर हतास्त्वं खलु कृती ॥ १६० ॥ उन्मीलन्नयनान्तकान्तिलहरीनिष्पीतयोः केवलादामोदादवधारणीयवपुषोः कान्तासखे न क्षणम् । यत्कर्णोत्पलयोः स्थितेन भवता किंचित्समुद्गुञ्जितं भ्रातस्तिष्ठति कुत्र तत्कथय मे कान्तं प्रियाया मुखम् ॥ १६१ ॥

हंसं प्रत्युक्तिः ॥ हंस प्रयच्छ मे कान्तां गतिरस्यास्त्वया हृता । विभावितैकदेशेन देयं यदभियुज्यते ॥ १६२ ॥

चकोरं प्रत्युक्तिः ॥ चुलुकयसि चन्द्रदीधितिमविरलमश्नासि नूनमङ्गारान् । अधिकरणमुष्णमनयोः किमिह चकोरावधारयसि ॥ १६३ ॥

कृष्णसारं प्रत्युक्तिः ॥ स्नेहं स्वीकुरु कृष्णसार कथय क्वागान्मम प्रेयसी नो जानासि यदावयोः समजनि व्यापारतो मित्रता । स्फीते यत्किल मण्डले हिमरुचेर्जातं

१ रक्तवर्णः; (पक्षे) अनुरक्तः. २ भ्रमराः; (पक्षे) बाणाः. ३ कान्तापादघातः. 'पादाहतः प्रमदया विकसत्यशोकः'.

त्वया लाञ्छनं भव्ये भास्करमण्डले तदधुना दत्तः कलङ्को मया ॥ १६४ ॥

सारङ्ग प्रत्युक्तिः ॥ रे सारङ्गा वनवसतयस्त्वमाख्यात यूयं कुत्राधीतं त्रिभुवनमनोहारि चाञ्चल्यमक्ष्णोः। आं जानीमो गमनसमये हन्त कान्तारसीमन्येकाकिन्याः कुवलयदृशो लुण्ठिता यौवनश्रीः ॥ १६५ ॥

मयूरविषयकोक्तिः ॥ मृदुपवनविभिन्नो मत्प्रियाया विनाशाद्घनरुचिरकलापो निःसपत्नोऽद्य जातः। रतिविगलितबन्धे केशपाशे सुकेश्याः सति कुसुमसनाथे किं हरेदेष बर्हः ॥ १६६ ॥

मुक्ताकलापं प्रत्युक्तिः ॥ सूचीमुखेन सकृदेव कृतव्रणस्त्वं मुक्ताकलाप लुठसि स्तनयोः प्रियायाः। बाणैः स्मरस्य शतशो विनिकृत्तमर्मा स्वप्नेऽपि तां कथमहं न विलोकयामि ॥ १६७ ॥

वियोगिन्या विप्रलापाः।

हारो नारोपितः कण्ठे मया विश्लेषभीरुणा। इदानीमन्तरे जाताः पर्वताः सरितो द्रुमाः ॥ १ ॥ बिभेमि सखि संवीक्ष्य भ्रमरीभूतकीटकम्। यद्ध्यानादागते पुंस्त्वे तेन सार्धं रतिः कथम् ॥ २ ॥ याः पश्यन्ति प्रियं स्वप्ने धन्यास्ताः सखि योषितः। अस्माकं तु गते कान्ते गता निद्रापि वैरिणी ॥ ३ ॥ यदीयबलमालोक्य गतः प्रेयान्वियुज्यते। आलोकये कथं सख्यस्तस्य चन्द्रमसो मुखम् ॥४॥ विरमत विरमत सख्यो नलिनीदलतालवृन्तपवनेन। हृदयगतोऽयं वह्निर्झटिति कदाचिज्ज्वलत्येव ॥ ५ ॥ अनलस्तम्भनविद्यां सुभग भवान्नियतमेव जानाति। मन्मथशराग्नितप्ते हृदि मे कथमन्यथा वससि ॥ ६ ॥ अजनि प्रतिदिनमेषा कर्दमशेषा मदङ्गसङ्गेन। प्रतिनिशमपूरि पम्पा दक्षिणसंपातिभिः सलिलैः ॥ ७ ॥ मदकलकृतान्तकासरखुरपुटनिर्धूतधूलिसंकाशम्। केतकरजो निवार्यं सखि यदि कार्यं मम प्राणैः ॥ ८ ॥ आलि बालिशतया बलिरस्मै दीयतां बलिभुजे न कदापि। केवलं हि कलकण्ठशिशूनामेष एव कुशलेषु निदानम् ॥ ९ ॥ गरलद्रुमकन्दमिन्दुबिम्बं करुणावारिजवारणो वसन्तः। रजनी स्मरभूपतेः कृपाणी करणीयं किमतःपरं विधातः ॥ १० ॥ हन्तालि संतापनिवृत्तयेऽस्याः किं तालवृन्तं तरलीकरोषि। उत्ताप एषोऽन्तरदाहहेतुर्नतभ्रुवो न व्यजनापनोद्यः ॥ ११ ॥ वरमसौ दिवसो न पुनर्निशा ननु निशैव वरं न पुनर्दिनम्। उभयमेतदुपैत्वथवा क्षयं प्रियजनेन न यत्र समागमः ॥ १२ ॥ अहमिह स्थितवत्यपि तावकी त्वमपि तत्र वसन्नपि मामकः। न तनुसंगम एव सुसंगमो हृदयसंगम एव सुसंगमः ॥ १३ ॥ बकुलमालिकयापि मया न सा तनुरभूषि तदन्तरभीरुणा। तदधुना विधिना कृतमावयोर्गिरिदरीनगरीशतमन्तरम् ॥ १४ ॥ दहनजा न पृथुर्दवथुर्व्यथा विरहजैव यथा यदि नेदृशम्। दहनमाशु विशन्ति कथं स्त्रियः प्रियमपासुमुपासितमुद्धुराः ॥१५॥ कति न सन्ति जना जगतीतले तदपि तद्विरहाकुलितं मनः। कति न सन्ति निशाकरतारकाः कमलिनी मलिनी रविणा विना ॥ १६ ॥ अरतिरियमुपैति नापि निद्रा गणयति तस्य गुणान्मनो न दोषान्। विगलति रजनी न संगमाशा व्रजति तनुस्तनुतां न चानुरागः ॥१७॥ प्रियसखि न तथा पटीरपङ्को न च नलिनीदलमारुतोऽपि शीतः। शमयति मम देहदाहमन्तः सपदि कथा हि यथा नरेन्द्रसूनोः ॥ १८ ॥ एतानि निःसहतनोरसमञ्जसानि शून्यं मनः पिशुनयन्ति गतागतानि। एते च तीरतरवः प्रथयन्ति तापमालम्बितोज्झिततरुग्लपितैः प्रवालैः ॥ १९ ॥ अन्तर्गता मदनवह्निशिखावली या सा बाधते किमिह चन्दनचर्चितेन। यः कुम्भकारभवनोपरि पङ्कलेपस्तापाय केवलमसौ न च तापशान्त्यै ॥ २० ॥ बत सखि कियदेतत्पश्य वैरं स्मरस्य प्रियविरहकृशेऽस्मिन्रागिलोके तथाहि। उपवनसहकारोद्भासिभृङ्गच्छलेन प्रतिविशिखमनेनोट्टङ्कितं कालकूटम् ॥ २१ ॥ कलयति मम चेतस्तल्पमङ्गारकल्पं ज्वलयति मम गात्रं चन्दनं चन्द्रकश्च। तिरयति मम नेत्रे मोहजन्मान्धकारो विकृतबहुविकारं मन्मथो मां दुनोति ॥ २२ ॥ रिपुरिव सखीसंवासोऽयं शिखीव हिमानिलो विषमिव सुधारश्मिर्यस्मिन्दुनोति मनोगते। हृदयमदये तस्मिन्नेवं पुनर्वलते बलात्कुवलयदृशां वामः कामो निकामनिरङ्कुशः ॥ २३ ॥ ज्वलतु गगने रात्रौ रात्रावखण्डकलः शशी दहतु मदनः किं वा मृत्योः परेण विधास्यति। मम तु दयितः श्लाघ्यस्तातो जनन्यमलान्वया कुलममलिनं न त्वेवायं जनो न च जीवितम् ॥२४॥ इदानीं तीव्राभिर्दहन इव भाभिः परिवृतो ममाश्चर्यं सूर्यः किमु सखि रजन्यामुदयति। अयं मुग्धे चन्द्रः किमिति मयि तापं प्रकटयत्यनाथानां बाले किमिव विपरीतं न भवति ॥ २५ ॥ पिकाली

---

१ सीतावियोगदूयमानमानसस्य सूर्यवंशमुक्तामणेः श्रीरामस्योक्तिरियम्. २ वियोगः. ३ विरामं कुरुत. ४ एतन्नामकं सरः. द्वयमपि रामोक्तिः.

१ नव्यो नवीनो जनस्तरुणः; (पक्षे व्यजनं तालवृन्तम्.) २ दत्तम्.

वाचालीभवति बहुधालीकवचने मृणाली व्यालीव व्यथयतितरामङ्गमनिशम् । विषज्वालाजालं सखि किरति पीयूषकिरणो जगत्प्राणः प्राणानपहरति केयं परिणतिः ॥ २६ ॥ मनोरागस्तीव्रं विषमिव विसर्पत्यविरतं प्रमाथी निर्धूमं ज्वलति विधुतः पावक इव । हिनस्ति प्रत्यङ्गं ज्वर इव गरीयानित इतो न मां त्रातुं तातः प्रभवति न चाम्बा न भवती ॥ २७ ॥ आदौ हालाहलहुतभुजा दत्तहस्तावलम्बो बाल्ये शंभोर्निटिलै[1]र्महसा बद्धमैत्रीनिरूढः[2] । प्रौढो राहोरपि मुखविषेणा[3]न्तरङ्गीकृतो यः सोयं चन्द्रस्तपति किरणैर्मामिति प्राप्त[4]मेतत् ॥ २८ ॥ भस्मीभूतः कुसुमविशिखः शंभुनेत्राग्निनाभूज्ज्वालादायी तदनु मनसि प्राप्तजन्मा बभूव । भूयस्तस्मिन्विरहदहनैर्दाहितोऽसौ मयैवं कुत्रोत्पन्नो व्यथयति पुनर्मामहो तन्न वेद्मि ॥ २९ ॥ पञ्चत्वं तनुरेति भूतनिवहाः स्वांशैर्मिलन्तु ध्रुवं धातारं प्रणिपत्य हन्त शिरसा तत्रापि याचे वरम् । तद्वापीषु पयस्तदीयमुकुरे ज्योतिस्तदीयाङ्गनव्योम्नि व्योम तदीयवर्त्मनि धरा तत्तालवृन्तेऽनिलः ॥३०॥ यास्यामीति समुद्यतस्य गदितं विश्रब्धमाकर्णितं गच्छन्दूरमुपेक्षितो मुहुरसौ व्यावृत्य तिष्ठन्नपि । तच्छून्ये पुनरागतास्मि भवने प्राणास्त एते दृढाः सख्यस्तिष्ठत जीवितव्यसनिनी दम्भादहं रोदिमि ॥ ३१ ॥ यात्रामङ्गलसंविधानरचनाव्यग्रे सखीनां जने बाष्पाम्भःपिहितेक्षणे गुरुजने तद्वत्सुहृन्मण्डले। प्राणेशस्य महीक्षणार्पितदृशः कृच्छ्रादपि कामतः किं व्रीडाहतया मया भुजलतापाशो न कण्ठेऽर्पितः ॥ ३२ ॥ दाक्षिण्यं मलयानिलस्य विदितं शैत्यं सुधादीधितेर्वाचामेव न गोचरे मलयजस्यापि स्फुटं सौष्ठवम् । विश्लेषे तत्र के न मे परिचिताः प्राणेश तत्तत्कथाविष्कारे पुनरप्रमाणयति मामव्याहतेयं तनुः ॥ ३३ ॥ दुर्वाराः स्मरमार्गणाः प्रियतमो दूरे मनोऽत्युत्सुकं गाढं प्रेम नवं वयोऽतिकठिनाः प्राणाः कुलं निर्मलम् । स्त्रीत्वं धैर्यविरोधि मन्मथसुहृत्कालः कृतान्तोऽक्षमी नो सख्यश्चतुराः कथं नु विरहः सोढव्य इत्थं मया ॥३४॥ शंवत्तत्त्वविबोधवत्कुसुमवत्पीयूषवन्मित्रवद्धान्यासन्भजति प्रिये मृगदृशोऽथ प्रस्थिते तत्क्षणात् । गेहं तन्मुकुरं तदेव वलयं तच्चन्दनं सा निशा कारावत्करवालवत्क्रकचवत्काकोलवत्कालवत् ॥ ३५ ॥ रोलम्बो मधुपः[5] पिकस्त परभृद्रन्ध्रानुसारी मरुद्धंसाः केवलपक्षपातनिरताश्चन्द्रोऽपि दोषाकरः । चेतो नैति शुकस्त्विहैकपठिताख्यायी पयोदो जडः कं वाहं प्रहिणोमि हन्त कठिनस्वान्ताय कान्ताय मे ॥ ३६ ॥ आयाता मधुयामिनी यदि पुनर्नायात एव प्रभुः प्राणा यान्तु विभावसौ यदि पुनर्जन्मग्रहं प्रार्थये । व्याधः कोकिलबन्धने हिमकरध्वंसे च राहुग्रहः कंदर्पे हरनेत्रदीधितिरहं प्राणेश्वरे मन्मथः ॥ ३७ ॥ रात्रिर्मे दिवसायते हिमरुचिश्चण्डांशुलक्षायते तारापङ्क्तिरपि प्रदीप्तवडवावह्निस्फुलिङ्गायते । धीरो दक्षिणमारुतोऽपि दहनज्वालावलीढायते हा हा चन्दनबिन्दुरद्य जलवत्संचारिरङ्गायते ॥ ३८ ॥ गुञ्जन्ति प्रतिगुञ्जमम्बुजदलद्रोणीषु भृङ्गाङ्गनाः फुल्लत्पुष्परसालवीथिशिखरे कूजन्ति माद्यत्पिकाः । कामः काममयं करोति विशिखैर्हन्तु मुहुर्दुर्दिनं का सा तन्मलयानिलस्य सखि मे भीतिस्त्वयोद्भाव्यते ॥ ३९ ॥ रोलम्बाः परिपूरयन्तु हरितो झङ्कारकोलाहलैर्मन्दं मन्दमुपैतु चन्दनवनीजातो नभस्वानपि । माद्यन्तः कलयन्तु चूतशिखरे केलीपिकाः पञ्चमं प्राणाः सत्वरमश्मसारकठिना गच्छन्तु गच्छन्त्वमी ॥ ४० ॥ वार्यन्तां मन्दमन्दं मधुकरनिकरप्रौढझङ्कारधाराः क्षिप्यन्तां यत्र कुत्र प्रतिदिशमधुना भूरिभाराश्च हाराः । दह्यन्तां सर्व एते कमलदलयुताः किं च हा पुष्पभारास्तारा नाराचधारा विकिरति हृदये मन्मथोऽयं हताशः ॥ ४१ ॥ श्रुत्वा नामापि यस्य स्फुटघनपुलकं जायतेऽङ्गं समन्ताद्दृष्ट्वा यस्याननेन्दुं भवति वपुरिदं चन्द्रकान्तानुकारि । तस्मिन्नागत्य कण्ठग्रहणसरभसस्थायिनि प्राणनाथे भग्ना मानस्य चिन्ता भवति मम पुनर्वज्रमय्याः कदा नु ॥ ४२ ॥

मदनं प्रत्युक्तयः ॥ हृदयमाश्रयसे यदि मामकं ज्वलयसीत्थमनङ्ग तदेति कम्। स्वयमपि क्षणदग्धनिजेन्धनः क्व भवितासि हताश हुताशवत् ॥ ४३ ॥ जटा नेयं वेणीकृतकचकलापो न गरलं[1] गले कस्तूरीयं शिरसि शशिलेखा न कुसुमम् । इयं भूति[2]र्नाङ्गे प्रियविरहजन्मा धवलिमा[3] पुरारा[4]तिभ्रान्त्या कुसुमशर किं मां व्यथयसि ॥ ४४ ॥ पञ्चत्वं यान्तु बाणाः समयपरिणतस्ते विदीर्णोऽस्तु चापः क्रूरः क्रूराहिवक्त्रं विशतु तव रथो मा भव त्वं शरीरी । किं ते शापेन माद्दग्युवतिवधमहापातकिन्मीनकेतो शप्यः पाथोजयोनिः स खलु रचितवान्पापिनो दीर्घमायुः ॥ ४५ ॥

चन्द्रं प्रत्युक्तयः ॥ संतापय चिरं चन्द्र न तत्र प्रतिषिध्यसे । निवारय करस्पर्शं रामस्याहं परिग्रहः ॥४६॥ मुग्धस्य ते वद विधुंतुद किं वदामि किं त्यक्तवानसि मुखे पतितं शशाङ्कम् । अस्यार्द्रबिम्बगलितेन सुधारसेन संधा-

१ ललाटनेत्राग्निना. २ प्रसिद्धः. ३ ग्रहणकाले संपर्कातिशयादन्तरङ्गतां प्रापित इत्यर्थः. ४ न्यायप्राप्तमित्यर्थः. ५ मद्यपः.

१ विषम्. २ भस्म. ३ पाण्डुरता. ४ शिवभ्रान्त्या.

नमेति तव किं न जरत्कबन्धः ॥ ४७ ॥ प्रियविरहमहोष्मामर्मरामङ्गलेखामपि हतक हिमांशो मा स्पृश क्रीडयापि । इह हि तव लुठन्तः प्लोषपीडां भजन्ते दरजरठमृणालीकाण्डभुग्धा मयूखाः ॥ ४८ ॥

रोहिणीं प्रत्युक्तिः ॥ भो रोहिणि त्वमसि रात्रिचरस्य भार्याथैनं निवारय पतिं सखि दुर्निवारम् । जालान्तरेण मम सद्मनि संनिविष्टः श्रोणीतटं स्पृशति किं कुलधर्म एषः ॥ ४९ ॥

नायिकां प्रति सखीवचनम् ।

वियोगवह्निकुण्डेऽस्मिन्हृदये ते वियोगिनि । प्रियसङ्गसुखायैव मुक्ताहारस्तपस्यति ॥ १ ॥ पाण्डु क्षामं वदनं हृदयं सरसं तवालसं च वपुः । आवेदयति नितान्तं क्षेत्रियरोगं सखि हृदन्तः ॥ २ ॥ सखि पतिविरहहुताशः किमिति प्रशमं न याति नयनोदैः । शृणु कारणं नितम्बिनि मुञ्चसि नयनोदकं तु सस्नेहम् ॥ ३ ॥ सहसा हृदये निधाय चेतो नयनादिन्द्रियमुद्रणां विधाय । अयि कण्टकिताङ्गयष्टि सत्यं कथय ध्यायसि किं रहो निषण्णा ॥ ४ ॥ सहचरि शपथाः शतं मदीया वद विरहग्लपितां निजामवस्थाम् । सहचरि परिपृच्छ भानुकन्यानवदलिनीनलिनीनिकुञ्जशय्याः ॥ ५ ॥ नलिनीदलतालवीजनं सखि तन्व्या विनिवारितं मया । तनुवह्निविभूतिशङ्कया विनिवार्यः श्वसितानिलः कथम् ॥ ६ ॥ अयं विपाको वद कस्य यूनः कल्याणि कल्याणपरम्पराणाम् । यदक्षिकोणस्रवदच्छधाराहारावतारो गुणमन्तरेण ॥ ७ ॥ वासस्तदेव वपुषो वलयं तदेव हस्तस्य सैव जघनस्य च रत्नकाञ्ची । वाचालभृङ्गसुभगे सुरभौ समस्तमद्याधिकं भवति ते सखि किं निदानम् ॥ ८ ॥ उत्पादयत्यलमिदं मनसो विषादं सोदत्सरोरुहनिभं वदनं त्वदीयम् । ज्ञात्वा निदानमहमत्र समानदुःखा प्राणैरपि प्रियतमे भवितुं समीहे ॥ ९ ॥ अनुदिनमधिकं ते कम्पते कायवल्ली शिव शिव नयनान्तं नाश्रुधारा जहाति । कथय कथय कोऽयं यत्कृते कोमलाङ्गि त्यजति न परिणद्धं पाण्डिमानं कपोलः ॥ १० ॥ विलुलितमतिपूरैर्बाष्पमानन्दशोकप्रभवगवसृजन्ती तृष्णयोत्तानदीर्घा । स्नपयति हृदयेशं स्नेहनिष्यन्दिनी ते धवलबहलमुग्धा दुग्धकुल्येव दृष्टिः ॥ ११ ॥ अधिकरतलतल्पं कल्पितस्वापलीलापरिमिलननिमीलत्पाण्डिमा गण्डपाली । सुतनु कथय कस्य व्यञ्जयत्यञ्जसैव स्मरनरपतिलीलायौवराज्याभिषेकम् ॥ १२ ॥ आलसवलितैः प्रेमार्द्रार्द्रैर्मुहुर्मुकुलीकृतैः क्षणमभिमुखैर्लज्जालोलैर्निमेषपराङ्मुखैः । हृदयनिहितं भावाकूतं वमद्भिरिवेक्षणैः कथय सुकृती कोऽयं मुग्धे त्वयाद्य विलोक्यते ॥ १३ ॥ भगिनि मदनः श्रीमानेष त्वया यदि लिख्यते किमपि सुमुखि व्यग्रासीति व्रजामि निजालयम् । यदपि मकरोऽधस्तात्पौष्पं करे च शरासनं तदपि परितो दृष्टैर्देयो जनः सखि नामरः ॥ १४ ॥ गोपायन्ती विरहजनितं दुःखमग्रे गुरूणां किं त्वं मुग्धे नयनगलितं बाष्पपूरं रुणत्सि । नक्तं नक्तं नयनसलिलैरेष आर्द्रीकृतस्ते शय्योपान्तः कथयति दशामातपे शोष्यमाणः ॥ १५ ॥ शोणौ कोणौ सखि नयनयोरुद्यतौ गोपनाय शङ्कामेव स्फुटयतितरां स्वेदबिन्दुप्रचारः । अन्तः प्रेमाङ्कुरपरिकरारम्भकं कन्दमस्याः किंचिर्त्किचित्कथयति पुनः कापि दिव्या मुखश्रीः ॥ १६ ॥ मुक्ताहारं न च कुचगिरेः कङ्कणं नैव हस्तात्कर्णात्स्वर्णाभरणमपि वा नीतवान्नैव तावत् । आहो स्वप्ने बकुलकुसुमं भूषणं संदधानः कोऽयं चौरो हृदयमहरत्तन्वि तन्न प्रतीमः ॥ १७ ॥ सायं दामग्रथनसमये लब्धया कर्णमूले सख्या मन्दस्मितसुभगया सादरं सूच्यमानः । धन्यः कोऽयं कमलनयने यत्कथायाः पुरस्तादङ्गुल्यग्रं निजमपि मुहुः सूचिविद्धं न वेत्सि ॥ १८ ॥ मुखं पाण्डुच्छायं नयनयुगलं बाष्पतरलं तनुः क्षामक्षामा गतमविशदं धैर्यविगमः । ह्रियं मुक्त्वा मूढे कथयसि न मे सारवचनान्यवस्था येनेयं तव सखि मुहूर्तेन पतिता ॥ १९ ॥ पक्ष्माग्रग्रथिताश्रुबिन्दुनिकरैर्मुक्ताफलस्पर्धिभिः कुर्वत्या हरहासहारि हृदये हारावलीभूषणम् । बाले बालमृणालनालवलयालंकारकान्ते करे विन्यस्याननमायताक्षि सुकृती कोऽयं त्वया स्मर्यते ॥ २० ॥ आसन्नामवलम्ब्य केसरलतामेकेन पुष्पोज्ज्वलां सव्यं निःसहया नितम्बफलके कृत्वा कराम्भोरुहम् । आमीलन्नयनान्तवान्तसलिलं श्लाघ्यस्य निन्द्यस्य वा कस्येदं दृढसौहृदे प्रतिदिनं दीनं त्वया स्मर्यते ॥ २१ ॥ उज्जृम्भाननमुल्लसत्कुचतटं लोलद्भ्रमद्भूलतं स्वेदाम्भःस्नपिताङ्गयष्टि विगलद्व्रीडं सरोमाञ्चया । धन्यः कोऽपि युवा स यस्य वदने व्यापारिताः सांप्रतं मुग्धे दुग्धमहाब्धिफेनपटलप्रख्याः कटाक्षच्छटाः ॥ २२ ॥ मुग्धे दोर्लतिकां निधाय न कृतो द्वारोपरोधस्त्वया लग्ना नो रुदती गतासि रभसात्तस्योत्तरीयांशुके । कालेऽस्मिन्कुसुमाकरे द्विगुणितप्रेमोत्सवे रागिणां गच्छन्नग्रत एव मूढ-

१ मुक्तस्त्यक्त आहारो येन; (पक्षे) मुक्तानां मौक्तिकानां हारः. २ पत्युर्विरहो वियोग एव हुताशोऽग्निः. ३ नेत्रोदकैः. अश्रुभिरिति यावत्.

हृदये मुक्तस्त्वया वल्लभः ॥ २३ ॥ विश्रान्तो दिवसस्तटीमयमटत्यस्ताचलस्यांशुमान्संप्रत्यङ्कुरितान्धकारपटलैर्लेम्बालका चौरभूत्। एह्यन्तर्विश वेश्मनः शशिमुखि द्वारस्थलीतोरणस्तम्भालम्बितबाहुवल्लि रुदती किं त्वं पथः पश्यसि ॥ २४ ॥ आहारे विरतिः समग्रविषयग्रामे निवृत्तिः परा नासाग्रे नयनं यदेतदपरं यच्चैकतानं मनः। मौनं चेदमिदं च शून्यमखिलं यद्विश्वमाभाति ते तद्ब्रूयाः सखि योगिनी किमसि भोः किं वा वियोगिन्यसि ॥ २५ ॥ यत्तालीदलपाकपाण्डु वदनं यद्दुर्दिनं नेत्रयोर्यत्प्रेङ्खोलितकेलिपङ्कजवनाः श्वासाः प्रसर्पन्ति च। गौरी क्रुध्यतु वर्तते यदि न ते तत्कोऽपि चित्ते युवा धिग्धिक्त्वां खलु पांसुखेलनसखीलोकेऽपि यन्निह्नवः ॥ २६ ॥ क्षामं गात्रमतीव पाण्डु वदनं क्लिष्टा कपोलस्थली कोऽसौ चेतसि वर्तते तव युवा लोकैकमान्याकृतिः। त्यक्त्वा किंचिदपत्रपां कथय मे खिन्नासि किं त्वं वृथा घोरः पञ्चशरो यदि त्वमबला वक्ष्यामि नातः परम् ॥ २७ ॥ चिन्ताभिः स्तिमितं मनः करतले लीना कपोलस्थली प्रत्यूषक्षणदेशपाण्डुवदनं श्वासैकखिन्नोऽधरः। अम्भःशीकरपद्मिनीकिसलयैर्नापैति तापः शमं कोऽस्याः प्रार्थितदुर्लभोऽस्ति सहते दीनां दशामीदृशीम् ॥ २८ ॥ लावण्यद्रविणव्ययो न गणितः क्लेशो महानर्जितः स्वच्छन्दं चरतो जनस्य हृदये चिन्ताज्वरो निर्मितः। एषापि स्वगुणानुरूपरमणाभावाद्वराकी हता कोऽर्थश्चेतसि वेधसा विनिहितस्तन्वीमिमां तन्वता ॥ २९ ॥ जानीमस्तव गौरि चेतसि चिरं शंभुः समुज्जृम्भते तापो नेत्रतनूनपादिव तनौ तीव्रः समुन्मीलति। अक्ष्णोरस्रमिषेण गच्छति बहिर्गङ्गातरङ्गावलिः पाण्डिम्नः कपटेन चन्द्रकलिकाकान्तिः समुन्मीलति ॥ ३० ॥ न प्रीतिः पवने रतिर्न रसने प्रेमा न पङ्केरुहे न स्नेहः कुसुमे सुखं न शयने यत्नो न वा जीवने। चन्द्रे नैव चमत्कृतिर्मृगयते मोदो न मौनव्रते तेने तेन कियांस्तपस्तरुणिमा यस्यै तवेयं दशा ॥ ३१ ॥ मातः कं हृदये निधाय सुचिरं रोमाञ्चिताङ्गी मुहुर्जृम्भां मन्थरतारकां सुललितापाङ्गां दधाना दृशम्। सुप्तेवालिखितेव शून्यहृदया लेखावशेषीभवस्यात्मद्रोहिणि किं ह्रिया कथय मे गूढो निहन्ति स्मरः ॥ ३२ ॥ श्वासास्ते सखि सूचयन्त्यविरताः संतापबाधां परं विद्मस्तत्र न कारणं वयमिति स्वान्तेऽतिचिन्ताभरः। किं वा घर्मनिपीडिता तव तनूवल्ली निकामं प्रिये पुष्णादप्यतिकोमला मलिनतां याता मृणाली यथा ॥ ३३ ॥

१ उदासीनस्येत्यर्थः. २ दीनाः.

दूतीं प्रति स्वावस्थाकथनम्।

अद्विसंवीक्षणं चक्षुरद्विसंमीलनं मनः। अद्विसंस्पर्शनः पाणिरद्य मे किं करिष्यति ॥ १ ॥ हन्त कान्तमपि तं दिदृक्षते मानसं मम न साधु यत्यते। इन्दुरिन्दुमुखि मन्दमारुतश्चन्दनं च वितनोति वेदनाम् ॥ २ ॥ तुष्यन्तु मे छिद्रमवाप्य शत्रवः करोतु मे शान्तिभरं गृहेश्वरः। मणिस्तु वक्षोरुहमध्यभूषणं ममास्तु सौन्दर्यनिकेतनं प्रियः ॥ ३ ॥ कालो मधुः कुपित एष च पुष्पधन्वा धीरा वहन्ति रतिखेदहराः समीराः। केलीवनीयमपि वञ्जुलकुञ्जमञ्जुर्दूरे पतिः कथय किं करणीयमद्य ॥ ४ ॥ कान्तः कृतान्तचरितः कुटिला तदम्बा वज्रोपमानि वचनानि च दुर्जनानाम्। प्रत्यङ्गमन्तरतनोः प्रहरन्ति बाणाः प्राणाः पुनः सखि बहिर्न खलु प्रयान्ति ॥ ५ ॥ अकस्मादेकस्मिन्पथि सखि मयामुं वनतटं व्रजन्त्या दृष्टो यो नवजलधरश्यामलतनुः। स दृग्भङ्ग्या किं वाकुरुत नहि जाने तत इदं मनो मे व्यालोलं क्वचन गृहकृत्ये न वलते ॥ ६ ॥ गते प्रेमाबन्धे प्रणयबहुमाने विगलिते निवृत्ते सद्भावे प्रणयिनि जने गच्छति पुरः। तदुत्प्रेक्ष्योत्प्रेक्ष्य प्रियसखि गतांस्तांश्च दिवसान्न जाने को हेतुर्दलति शतधा यन्न हृदयम् ॥ ७ ॥ स्वामी कुप्यति कुप्यतां परिजना निन्दन्तु मामन्यथा तावत्प्रथतामयं तु जगति प्रौढो ममोपद्रवः। आशास्य पुनरेतदेव यदिदं चक्षुश्चिरं वर्धतां येनेदं परिचीयते मुररिपोः सौन्दर्यसारं वपुः ॥ ८ ॥ निःस्नेहः पतिरुज्झिता करुणया श्वश्रूरजस्रं वृथा वाग्बाणैर्हृदयं भिनत्ति कलहोत्तालाः पुनर्यातरः। नित्यं निन्दति नैव नन्दति कदाप्येषा ननान्दापि तन्मातः कं शरणं व्रजामि तरुणी दीनाहमेकाकिनी ॥ ९ ॥ किं स्वप्नः किमु जागरः किमथवा रात्रिः किमासीद्दिनं मोहावस्थितया मया न किमपि ज्ञातं किमेतत्सखि। यन्नामश्रवणादनन्तरमिदं वृत्तं तमेव प्रियं चेतो दुर्लभमप्यपास्तसकलव्यापारमाकाङ्क्षति ॥ १० ॥

नायकं प्रति दूतीप्रेषणम्।

अपूजितैवास्तु गिरीन्द्रकन्या किं पक्षपातेन मनोभवस्य। यद्यस्ति दूती सरसोक्तिदक्षा दासः पतिः पादतले वधूनाम् ॥ १ ॥ न च मेऽवगच्छति यथा लघुतां करुणां यथा च कुरुते स मयि। निपुणं तथैनमवगम्य वदेरभिदूति काचिदिति संदिदिशे ॥ २ ॥ ननु संदिशेति सुदृशोदितया त्रपया न किंचन किलाभिदधे। निजमैक्षि मन्दमनिशं निशितैः कृशितं शरीरमशरीरशरैः ॥ ३ ॥ दिशि दिशि परिहासगू-

ढगर्भाः पिशुनगिरो गुरुगञ्जनं च तादृक्। सहचरि हृदये निवेदनीयं भवदनुरोधवशादयं विपाकः ॥ ४ ॥ वृथा गाथाश्लोकैरलमलमलीकां मम रुजं कदाचिद्दूतोऽसौ कविवचनमित्याकलयति। इदं पार्श्वे तस्य प्रहिणु परिलग्नाञ्जनचयस्रवद्बाष्पोत्पीडस्थगितलिपि ताटङ्कयुगलम् ॥ ५ ॥ वाच्यं तस्मै सहचरि भवद्भूरिविश्लेषवह्नौ स्नेहैरिद्धे मम वपुरिदं कामहोता जुहोति। प्राणानस्मै तदिहसुचितां दक्षिणां दातुमीहे तत्रादेशो भवतु भवतां यत्त्वमेषामधीशः ॥ ६ ॥ जीवामीति वियोगिनी यदि लिखेदत्रैव वृत्ताः कथा अद्य श्वोऽथ मरिष्यतीति मरणे कालात्ययः किं कृतः। आगन्तव्यमिहेति संप्रति सखे संभावना निष्फला भ्रातः संप्रति याहि नास्ति लिखितं तद्ब्रूहि यत्ते क्षमम् ॥ ७ ॥ उल्लङ्घ्यापि सखीवचः समुचितामुल्लङ्घ्य लज्जामलं भित्त्वा भीतिभरं निरस्य च निजं सौभाग्यगर्वं मनाक्। आज्ञां केवलमेव मन्मथगुरोरादाय नूनं मया त्वं निःशेषविलासिवर्गगणनाचूडामणिः संभृतः ॥ ८ ॥ दूति त्वं तरुणी युवा स चपलः श्यामास्तमोभिर्दिशः संदेशः स रहस्य एव विपिने संकेतकावासकः। भूयोभूय इमे वसन्तमरुतश्चेतो नयन्त्यन्यथा गच्छ क्षेमसमागमाय निपुणे रक्षन्तु ते देवताः ॥ ९ ॥

नायकस्याग्रे दूत्युक्तयः।

सुभग त्वत्कथारम्भे कर्णकण्डूतिलालसा। उज्जृम्भवदनाम्भोजा भिनत्त्यङ्गानि साङ्गना ॥ १ ॥ त्वयि दृष्टे कुरङ्गाक्ष्याः स्रंसते मदनव्यथा। यथा ह्युदयभाजीन्दौ ग्लानिः कुमुदसंहतेः ॥ २ ॥ विरहे तव तन्वङ्गी कथं क्षपयतु क्षपाम्। दारुणव्यवसायस्य पुरस्ते भणितेन किम् ॥ ३ ॥ सा सुन्दर तव विरहे सुतनुरियन्मात्रलोचना सपदि। एतावतीमवस्थां याता दिवसैरियन्मात्रैः ॥ ४ ॥ तव विरहे विधुवदना मदनाधिक का न सीदन्ति। सीदसि विरहे यस्याः साधु तपस्याफलं तस्याः ॥ ५ ॥ प्राणेश तव विरहिणी हिमकरकिरणेषु हर्म्यमिलितेषु। संतापनिःसहाङ्गी मुञ्चति निचयं चकोराणाम् ॥ ६ ॥ अनयनपथे प्रिये न व्यथा यथा दृश्य एव दुःप्रापे। म्लानैव केवलं निशि तपनशिला वासरे ज्वलति ॥ ७ ॥ सा सर्वथैव रक्ता रागं गुञ्जेव न तु मुखे वहति। वचनपटोस्तव रागः केवलमास्ते शुकस्येव ॥ ८ ॥ न सवर्णो न च रूपं न संस्क्रिया नैव सा प्रकृतिः। बाला त्वद्विरहापदि जातापभ्रंशभावेव ॥ ९ ॥ सा विरहदहनदूना मृत्वा मृत्वापि जीवति वराकी। सारीव कितव भवतानुकूलिता पातिताक्षेण ॥ १० ॥ गायति गीते शंसति वंशे वादयति सा विपञ्चीषु। पाठयति पञ्जरशुकं तव संदेशाक्षरं रामा ॥ ११ ॥ तव विरहमसहमाना सा तु प्राणान्विमुक्तवती। किंतु तथाविधमङ्गं न सुलभमिति ते न मुञ्चन्ति ॥ १२ ॥ अभिनवनलिनीकिसलयमृणालवलयादि दवदहनराशिः। सुभग कुरङ्गदृशोऽस्या विधिवशतस्त्वद्वियोगपविपाते ॥ १३ ॥ त्वद्विरहे विस्तारितरजनौ जनितेन्दुचन्दनद्वेषे। बिसिनीव माघमासे विना हुताशेन सा दग्धा ॥ १४ ॥ या दक्षिणा त्वमस्यामदक्षिणो दक्षिणस्तदितरस्याम्। जलधिरिव मध्यसंस्थो न वेलयोः सदृशमाचरसि ॥ १५ ॥ अनुरागवर्तिना तव विरहेणोग्रेण सा गृहीताङ्गी। त्रिपुररिपुणेव गौरी वरतनुरर्धावशिष्टैव ॥ १६ ॥ अगणितगुणेन सुन्दर कृत्वा चारित्रमप्युदासीनम्। भवतानन्यगतिः सा विहितावर्तेन तरणिरिव ॥ १७ ॥ कितव प्रपञ्चिता सा गयता मन्दाक्षमन्दसंचारा। बहुदायैरपि संप्रति पाशकसारीव नायाति ॥ १८ ॥ रुष्टे का परपुष्टे मन्दे का हन्त मारुते चर्चा। त्वयि गतवति हृदयेशे जीवनदातापि जीवनं हरति ॥ १९ ॥ कुशलं तस्या जीवति कुशलं पृच्छामि जीवतीत्युक्तम्। पुनरपि तदेव कथयसि मृता नु कथयामि या श्वसिति ॥ २० ॥ उद्धूयेत नतभ्रूः पक्ष्मनिपातोद्भवैः पवनैः। इति निर्निमेषमस्या विरहवयस्या विलोकते वदनम् ॥ २१ ॥ त्वयि दृष्ट एव तस्या निर्वाति मनो मनोभवज्वलितम्। आलोके हि हिमांशोर्विकसति कुमुदं कुमुद्वत्याः ॥ २२ ॥ तव विरहे हरिणाक्षी निरीक्ष्य नवमालिकां दलिताम्। हन्त नितान्तमिदानीमाः किं हतजल्पितैरथवा ॥ २३ ॥ स्मरशरशतविधुराया भणामि सख्याः कृते किमपि। क्षणमिह विश्राम्य सखे निर्दयहृदयस्य किं वदाम्यथवा ॥ २४ ॥ तव विरहे मलयमरुद्दवानलः शशिरुचोऽपि सोष्माणः। हृदयमरुतमपि भिन्ते नलिनीदलमपि निदाघरविरस्याः ॥ २५ ॥ व्यजनं व्यजनं जलं जलं घनसारो घनसार इत्यपि। अवरोधगृहेषु सुभ्रुवां कुररीणामिव कातरो ध्वनिः ॥ २६ ॥ मम रूपकीर्तिमहरद्भुवि यस्तदनुप्रविष्टहृदयेयमिति। त्वयि मत्सरादिव निरस्तदयः सुतरां क्षिणोति खलु तां मदनः ॥ २७ ॥ तव सा कथासु परिघट्टयति श्रवणं यदङ्गुलिमुखेन मुहुः। घनतां ध्रुवं नयति तेन भवद्गुणपूगपूरितमतृप्ततया ॥२८॥ उपताप्यमानमलघूष्णिमभिः श्वसितैः सितेतरसरोजदृशः। द्रवतां न नेतुमधुरं क्षमते नवनागवल्लिदलरागरसः ॥ २९ ॥ दधति स्फुटं रतिपतेरिषवः शितितां यदुत्पलपलाशदृशः।

हृदयं निरन्तरबृहत्कठिनस्तनमण्डलावरणमप्यभिदन् ॥३०॥
कुसुमादपि स्मितदृशः सुतरां सुकुमारमङ्गमिति नापरथा।
अनिशं निजैरकरुणः करुणं कुसुमेषुरुत्तपति यद्विशिखैः
॥ ३१ ॥ विषतां निषेवितमपक्रियया समुपैति सर्वमिति स-
त्यमदः । अमृतस्ततोऽपि विरहाद्भवतो यदमूं दहन्ति हिम-
रश्मिरुचः ॥ ३२ ॥ उदितं प्रियां प्रति सहार्दमिति श्रद्-
धीयत प्रियतमेन वचः । विदितेङ्गिते हि पुर एव जने स-
मुदीरिताः खलु लगन्ति गिरः ॥ ३३ ॥ त्वं विनिर्जितम-
नोभवरूपः सा च सुन्दर भवत्यनुरक्ता । पञ्चभिर्युगपदेव
शरैस्तां तापयत्यनुशयादिव कामः ॥ ३४ ॥ क्षणमपि विरहः
पुरा न सेहे नयननिमीलनखिन्नया यया ते । श्वसिति कथ-
मसौ रसालशाखां चिरविरहेण विलोक्य पुष्पिताग्राम्॥३५॥
सखि दयितमिहानयेति सा मां प्रहितवती कुसुमेषुणाभि-
तप्ता । हृदयमहृदया न नाम पूर्वं भवदुपकण्ठमुपागतं विवेद
॥३६॥ चिरमपि कलितान्यपारयन्त्या परिगदितुं परिशुष्यता
मुखेन । गतघृण गमितानि सत्सखीनां नयनयुगैः सममा-
र्द्रतां मनांसि ॥ ३७ ॥ अचकमत सपल्लवां धरित्रीं मृदुसु-
रभिं विरहय्य पुष्पशय्याम् । भृशमरतिमवाप्य तत्र चा-
स्यास्तव सुखशीतमुपैतुमङ्कमिच्छा ॥ ३८ ॥ हारावशेषा
ननु कण्ठनाला त्वन्नामशेषा रसना तदीया । लावण्यशेषा
तनुमात्रयष्टिस्त्वद्ध्यानशेषं परमं तदायुः ॥ ३९ ॥ तस्या
महाविरहवह्निशिखाकलापतप्ते स्थितोऽसि हृदये सततं प्रि-
यायाः । प्रालेयसीकरसमे हृदि सा कृपालो बाला क्षणं व-
सति नैव खलु त्वदीये ॥ ४० ॥ अङ्गानि मे दहतु कान्त-
वियोगवह्निः संरक्षतां प्रियतमो हृदि वर्तते यः । इत्याशया
शशिमुखी गलदश्रुबिन्दुधाराभिरुष्णमभिषिञ्चति हृत्प्रदेशम्
॥ ४१ ॥ संकेतकुञ्जभुवि सा शयनोपधानव्यालंकृतं सुभग
कुण्डलिनं न वेद । तत्कण्ठलग्नघनचन्दनगन्धलुब्धस्तत्रैव
निश्चलमुवास चिराय सोऽपि ॥ ४२ ॥ राकासुधाकरकरैर्न-
लिनीदलैश्च नीहारहारघनसारभरैः किमेतैः । किंवा भयेन
हरिचन्दनपङ्कसेकैर्न त्वां विना मृगदृशः परितापशान्तिः
॥ ४३ ॥ श्यामञ्जनीयति कलासु विलोकयन्ती त्वां शृ-
ण्वती कुवलयीयति कर्णपूरम् । त्वां पूर्णिमाविधुमुखी हृदि
भावयन्ती वक्षोनिलीननवनीलमणीकरोति ॥ ४४ ॥ अवि-
रलपरिवाहैरश्रुणः सारणीनां स्मरदहनशिखोष्णश्वासपूरैश्च
तस्याः । सुभग बत कृशाङ्ग्याः स्पर्धयान्योन्यमेभिः क्रियत
इव पुरोभूः पङ्किला पांसुला च ॥४५॥ स्मरदवथुनिमित्तं गूढमु-
न्नतुमस्याः सुभग तव कथायां प्रस्तुतायां सखीभिः । भवति
विततपृष्ठोदस्तपीनस्तनाग्रा ततवलयितबाहुर्जृम्भितैः साङ्ग-
भङ्गैः ॥ ४६ ॥ विपुलपुलकपालिः स्फीतसीत्कारमन्तर्जनित-
जडिमकाकुव्याकुलं व्याहरन्ती । तव कितव विधायामन्द-
कंदर्पचिन्तारसजलनिधिमग्ना ध्यानलग्ना मृगाक्षी ॥ ४७ ॥
अङ्गेऽनङ्गज्वरहुतवहश्चक्षुषि ध्यानमुद्रा कण्ठे जीवः कर-
किसलये दीर्घशायी कपोलः । अंसे वेणी कुचपरिसरे च-
न्दनं वाचि मौनं तस्याः सर्वं स्थितमपि न तु त्वां विना
क्वापि चेतः ॥ ४८ ॥ किं पृष्टेन द्रुततरमितो गम्यतां सा
प्रिया ते दृष्टा मार्गे दिवसमखिलं सास्रमेका मयैवम् ।
पान्थे पान्थे त्वमिति रभसोद्ग्रीवमालोकयन्ती दृष्टे दृष्टे न
भवति भवानित्युदश्रुर्वलन्ती ॥ ४९ ॥ चित्रोत्कीर्णादपि
विषधराद्भीतिभाजो निशायां किं नु ब्रूमस्त्वदभिसरणे सा-
हसं नाथ तस्याः । ध्वान्ते यान्त्या यदतिनिभृतं बालया
सप्रकाशत्रासात्पाणिः पथि फणिफणारत्नरोधी व्यधायि
॥ ५० ॥ यावद्यावद्भवति कलया पूर्णकामः शशाङ्कस्ताव-
त्तावद्द्युतिमयवपुः क्षीयते सा मृगाक्षी । मन्ये धाता घट-
यति विधुं सारमादाय तस्यास्तस्याद्यावन्न भवति सखे
पूर्णिमा तावदेहि ॥ ५१ ॥ हस्ताम्भोजे वदनमलकानाय-
तान्बाहुमूले द्वारि स्वैरं नयनमधरे तर्जनीं संनिधाय ।
दीर्घोच्छ्वासं विरतविषयास्वादमुत्कण्ठितोष्णं मुग्धाक्षी त्वां
हृदि विदधती बाष्पमाविष्करोति ॥ ५२ ॥ आद्यः कोप-
स्तदनु मदनस्त्वद्वियोगस्तृतीयः शान्त्यै दूतीवचनमपरः
पञ्चमः शीतभानुः । इत्थं बाला निरवधि परं त्वां फलं
प्रार्थयन्ती हा हा पञ्चज्वलनमधुना सेवते योगिनीव ॥५३॥
धातुः शिल्पातिशयनिकषस्थानमेषा मृगाक्षी रूपे देवोऽप्य-
यमनुपमो दत्तपादः स्मरस्य । जातं दैवात्सदृशमनयोः संगतं
यत्तदेतच्छृङ्गारस्योपनतमधुना राज्यमेकातपत्रम् ॥ ५४ ॥
अभ्रध्वानैर्मुखरितदिशः श्रेणयस्तोयदानां धारासारैर्धरणिव-
लयं सर्वतः प्लावयन्ति । तेन स्नेहं वहति विपुलं मत्सखी यु-
क्तमेतत्त्वं निःस्नेहो यदसि तदिदं नाथ मे विस्मयाय ॥५५॥
प्रादुर्भूते नवजलधरे त्वत्पथं द्रष्टुकामाः प्राणाः पङ्केरुहदल-
दृशः कण्ठदेशं प्रयान्ति । अन्यत्किं वा तव मुखविधुं द्रष्टु-
मुड्डीय गन्तुं वक्षः पक्षं सृजति बिसिनीपल्लवस्य च्छलेन
॥ ५६ ॥ गृहीतं ताम्बूलं परिजनवचोभिः कथमपि स्मर-
त्यन्तःशून्या सुभग तव मूर्तिं प्रतिदिनम् । तथैवास्ते हस्तः
कलितफणिवल्लीकिसलयस्तथैवासीत्तस्याः क्रमुकफलका-
लीपरिचितम् ॥ ५७ ॥ गलत्येका मूर्च्छा भवति पुनरन्या
यदनयोः किमप्यासीन्मध्ये सुभग सकलायामपि निशि ।
लिखन्त्यास्तत्तस्याः कुसुमशरलेखं तव कृते समाप्तिं स्व-
स्तीति प्रथमपदभागोऽपि न गतः ॥ ५८ ॥ सखीभिक्षां

याचे बत नतशिरास्त्वामिदमहं न चेदस्ति प्रीतिः कुरु तदपि कारुण्यकणिकाम् । अवस्था सा तस्याः सुकृतमयमस्यां किमपरं प्रमोहो विश्रामस्त्वमथ मरणं वा प्रतिकृतिः ॥ ५९ ॥ विमुञ्चन्त्या प्राणांश्चिरविरहदुःखासहनया तथा संदिष्टं ते कठिनहृदयापश्चिममिदम् । अपत्यं बालैका मम विधिहतायाः सलिलदा तथा नेयं सेव्या व्यसनरुचये दीयत इति ॥ ६० ॥ न हारं नाहारं कलयति विहारं विषमिव स्मरन्ती सा रामा सुभग भवतश्चागमदिनम् । परं क्षीणा दीना परमसुखहीना सुवदना कुहूपक्षग्लौवच्चपलनयनाङ्गीकृतगतिः ॥ ६१ ॥ क्षणं मूर्च्छामेति भ्रमति परितोऽथ क्षणमपि क्षणं प्रैति स्तम्भं निरवधि भवद्ध्याननिरता । क्षणं स्वप्ने बाला तव सुभग योगं च लभते क्षणं तेजः शंभोर्नयनजमथ ध्यायति यमम् ॥ ६२ ॥ कुसुमशयनेऽप्यङ्गं ताम्यत्यनङ्गविवर्तनं वदनपवनैः श्यामच्छायो बभूव सखीजनः । हृदयनिहितः शीतो लेपश्छमीति रवं करोत्यहह कठिनावस्था तस्यास्त्वयैवमुपेक्ष्यते ॥ ६३ ॥ विरहविषमः कामः कामं तनुं कुरुते तनुं दिवसगणनादक्षश्चायं व्यपेतघृणोपमः । त्वमपि वशगो मानव्याधेर्विचिन्तय नाथ हे किसलयमृदुर्जीवत्येवं कथं प्रमदाजनः ॥ ६४ ॥ मृगशिशुदृशस्तस्यास्तापं कथं कथयामि ते दहनपतिता दृष्टा मूर्तिर्मया न हि वैधवी । इति तु विदितं नारीरूपः स लोकदृशां सुधा तव शठतया शिल्पोत्कर्षो विधेर्विघटिष्यते ॥ ६५ ॥ मुहुर्व्यजनवीजनैः सरसचन्दनासेचनैः सरोजदलवेष्टनैरपि न चेष्टते सुन्दरी । तथापि तव नामनि प्रियसखीभिरावेदिते निवेदयति जीवितं श्रवणसीम्नि रोमोद्गमः ॥ ६६ ॥ गेहादङ्गणमङ्गणादपि बहिर्बाह्याच्च पृथ्वीतलं तामार्तिं यदि वेत्ति सैव सुमुखी किं चान्यदाचक्ष्महे । पर्यङ्केऽपि तवाङ्गसङ्गसुभगैः स्वेदाम्भसां निर्झरैर्धारामण्डपतामनीयत तया तस्मिन्रुदत्या मुहुः ॥ ६७ ॥ दृष्टे चन्द्रमसि प्रलूनतमसि व्योमाङ्गणस्थेयसि स्फूर्जन्निर्मलतेजसि त्वयि गते दूरं निजप्रेयसि । श्वासं कैरवकोरकीयति मुखं तस्याः सरोजीयति क्षीरोदीयति मन्मथो मृगदृशो दृक्चन्द्रकान्तीयति ॥ ६८ ॥ आवासो विपिनायते प्रियसखीमालापि जालायते तापो निःश्वसितेन दावदहनज्वालाकरालायते । सापि त्वद्विरहेण हन्त हरिणीरूपायते हा कथं कन्दर्पोऽपि यमायते विरचयञ्शार्दूलविक्रीडितम् ॥ ६९ ॥ अच्छिन्नं नयनाम्बु बन्धुषु कृतं तापः सखीष्वाहितो दैन्यं न्यस्तमशेषतः परिजने चिन्ता गुरुभ्योऽर्पिता । अद्य श्वः किल निर्वृतिं व्रजति सा श्वासैः परं खिद्यते विश्रब्धो भव विप्रयोगजनितं दुःखं विभक्तं तया ॥ ७० ॥ त्वच्चिन्तापरिकल्पितं सुभग सा संभाव्य रोमाञ्चिता शून्यालिङ्गनसंचलद्भुजयुगेनात्मानमालिङ्गति । किं चान्यद्विरहव्यथाप्रशमनीं संप्राप्य मूर्च्छां चिरात्प्रत्युज्जीवति कर्णमूलपतितैस्त्वन्नाममन्त्राक्षरैः ॥ ७१ ॥ नीरागा मृगलाञ्छने मुखमपि स्वं नेक्षते दर्पणे त्रस्ता कोकिलकूजितादपि गिरं नोन्मुद्रयत्यात्मनः । चित्रं दुःसहदाहदायिनि धृतद्वेषापि पुष्पायुधे सा बाला सुभगं प्रति प्रतिपदं प्रेमाधिकं पुष्यति ॥ ७२ ॥ उन्मीलन्ति नखैर्लुनीहि वहति क्षौमाञ्चलेनावृणु क्रीडाकाननमाविशन्ति वलयक्काणैः समुत्रासय । इत्थं वञ्जुलदक्षिणानिलकुहूकण्ठेषु साङ्केतिकव्याहाराः सुभग त्वदीयविरहे तस्याः सखीनां मिथः ॥ ७३ ॥ वर्षन्ति स्तनयित्नवो न सरले धारा गृहे वर्तते गर्जन्ति प्रतिकूलवादिनि न ते द्वारि स्थिता दन्तिनः । इत्येवं गमितो घनव्यतिकरः सा राजपुत्री पुनर्वातो वाति कदम्बपुष्पसुरभौ केन प्रतारिष्यते ॥ ७४ ॥ संप्राप्तेऽवधिवासरे क्षणमनु त्वद्वर्त्मवातायनं वारंवारमुपेत्य निष्कृप तया निश्चित्य किंचिच्चिरम् । संप्रत्येव निवेद्य केलिकुररीः सास्रं सखीभिः शिशोर्माधव्याः सहकारकेण करुणः पाणिग्रहो निर्मितः ॥ ७५ ॥ नायं मुञ्चति सुभ्रुवामपि तनुत्यागे वियोगज्वरस्तेनाहं विहिताञ्जलिर्यदुपते पृच्छामि सत्यं वद । ताम्बूलं कुसुमं पटीरसुदकं यद्बन्धुभिर्दीयते स्यादत्रैव परत्र तत्किमुचितज्वालावलीदुःसहम् ॥ ७६ ॥ श्वासान्मुञ्चति भूतले विलुठति त्वन्मार्गमालोकते दीर्घं रोदिति निक्षिपत्यविरतं क्षामां भुजावल्लरीम् । किं च प्राणसमा न काङ्क्षितवती स्वप्नेऽपि ते संगमं निद्रां वाञ्छति न प्रयच्छति पुनर्दग्धो विधिस्तामपि ॥ ७७ ॥ कोदण्डो विशिखो मनोनिवसतिः कामस्य तस्या अपि भ्रूवल्ली नयनाञ्चलं मनसि ते वासः समुन्मीलति । इत्थं साम्यविधौ तयोः प्रभवति स्वामिंस्तथा स्निग्धतां तन्वाना तनुतां क्रमादतनुतां नैषा यथा गच्छति ॥ ७८ ॥ शोकोत्पत्तिरशोकतः सुमनसो यद्दौमनस्योदयो वैरस्यं च रसालतो विकलता तावत्कलानां निधेः । किं चान्यन्नलदो भवत्यनलदो निर्णीतमुन्नीयते वामः केवलमेक एव न भवानस्यामशेषं जगत् ॥ ७९ ॥ नैष्ठुर्यं कलकण्ठकोमलगिरां पूर्णस्य शीतद्युतेस्तिग्मत्वं बत दक्षिणस्य मरुतो दाक्षिण्यहानिश्च ताम् । स्मर्तव्याकृतिमेव कर्तुमबलां संनाहमातन्वते तद्विघ्नः क्रियते तृणादिचलनोद्भूतैस्त्वदाप्तिभ्रमैः ॥ ८० ॥ या चन्द्रस्य कलङ्किनो जनयति स्मेराननेन त्रपां वाचा मन्दिरकीरसुन्दरगिरो या सर्वदा निन्दति । निःश्वासेन तिरस्करोति कमलामोदान्वितान्यानिलान्सा तैरेव रहस्त्वया विरहिता कां-

चिद्दशां नीयते ॥ ८१ ॥ चन्द्रं चन्दनकर्दमेन लिखितं संमार्ष्टि दष्टाधरा कामः पुष्पशरः किलेति सुमनोवर्गं लुनीते च यत् । वन्द्यं निन्दति यच्च मन्मथमसौ भङ्क्त्वाग्रहस्ताङ्गुलीस्तत्कामं सुभग त्वया वरतनुर्वातूलतां लम्भिता ॥ ८२ ॥ तापोऽम्भःप्रसृतिंपचः प्रचयवान्बाष्पः प्रणालोचितः श्वासाः कम्पितदीपवर्तिकलिकाः पाण्डिम्नि मग्नं वपुः । किं चान्यत्कथयामि रात्रिमखिलां त्वन्मार्गवातायने हस्तच्छत्त्रनिरुद्धचन्द्रमहसस्तस्याः स्थितिर्वर्तते ॥ ८३ ॥ बिभ्राणा हृदये त्वया विनिहितं प्रेमाभिधानं नवं शल्यं यद्विदधाति सा विधुरिता[1] साधो तदाकर्ण्यताम् । शेते शुष्यति ताम्यति[2] प्रलपति प्रम्लायति प्रेङ्खति[3] भ्राम्यत्युल्लुठति प्रणस्यति[4] गेलत्युन्मूर्छति[5] त्रुट्यति[6] ॥ ८४ ॥ कार्श्यं चेत्प्रतिपत्कला हिमरुचः स्थूलैव चेत्पाण्डिमा लीना एव मृणालिका यदि पुनर्बाष्पः कियानम्बुधिः । संतापो यदि शीतलो हुतवहस्तस्याः कियद्वर्ण्यतां किं तु त्वत्स्मृतिमात्रमेव शरणं लावण्यशेषं वपुः ॥ ८५ ॥ सौधादुद्विजते त्यजत्युपवनं द्वेष्टि प्रभामैन्दवीं द्वारात्त्रस्यति चित्रकेलिसदसो वेषं विषं मन्यते । आस्ते केवलमब्जिनीकिसलयप्रस्तारशय्यातले संकल्पोपनमत्त्वदाकृतिरसायत्तेन चित्तेन सा ॥ ८६ ॥ सा न स्नाति न चानुलिम्पति न वा केशेषु धत्ते स्रजं न क्रीडासु मनो दधाति न सखीरालोकते चाटुषु । किं तु न्यस्य मुखाम्बुजं करतले बाष्पायमाणेक्षणं निःश्वासग्लपिताधरं च शयने जागर्ति ते चिन्तया ॥ ८७ ॥ सा रोमाञ्चति सीत्करोति विलपत्युत्कम्पते ताम्यति ध्यायत्युद्भ्रमति प्रमीलति पतत्युद्याति मूर्छत्यपि । एतावत्यतनुज्वरे वरतनुर्जीवेन्न किं ते रसात्स्वर्वैद्यप्रतिम प्रसीदसि यदि त्यक्तोऽन्यथा हस्तकः ॥ ८८ ॥ कंदर्पज्वरसंज्वराकुलतनोराश्चर्यमस्याश्चिरं चेतश्चन्दनचन्द्रमःकमलिनीचिन्तासु संताम्यति । किं तु क्षान्तिवशेन शीतलतनुं त्वामेवमेकं प्रियं ध्यायन्ती रहसि स्थिता कथमसौ क्षीणा क्षणं प्राणिति ॥ ८९ ॥ अङ्गेष्वाभरणं करोति बहुशः पत्रेऽपि संचारिणि प्राप्तं त्वां परिशङ्कते वितनुते शय्यां चिरं ध्यायति । इत्याकल्पविकल्पतल्परचनासंकल्पलीलाशतव्यासक्तापि विना त्वया वरतनुर्नैषा निशां नेष्यति ॥ ९० ॥ आलम्ब्याङ्गणवापिकापरिसरे चूतद्रुमे मञ्जरीं सर्पत्सान्द्रपरागलम्पटरणद्भृङ्गाङ्गनाशोभिनीम् । मन्ये त्वां तनुमुत्तरीयशकलेनाच्छाद्य बाला स्फुरत्कण्ठध्वाननिरोधकम्पितकुचश्वासोद्गमा रोदिति ॥ ९१ ॥

१ विरहविह्वला. २ ग्लानिं प्राप्नोति. ३ चलति. ४ नैर्बल्यातिशयेन मृतप्राया भवति. ५ खेदातिशयादित्यर्थः. ६ क्षीणा भवति.

चित्राय त्वयि चिन्तिते स्मृतिभुवा सज्जीकृतं स्वं धनुर्वीतिं धर्तुमुपागतेऽङ्गुलियुगे बाणा गुणे योजिताः । प्रारब्धे तव चित्रकर्मणि पुनस्तद्बाणभिन्ना सती भित्तिं द्रागवलम्ब्य सिंहलपते सा तत्र चित्रायते ॥ ९२ ॥ आदावञ्जनपुञ्जलिप्तवपुषां श्वासानिलोल्लासितप्रोत्सर्पद्विरहानलेन च ततः संतापितानां दशाम् । संप्रत्येव निषेकमश्रुपयसा देवस्य चेतोभुवो भल्लीनामिव पानकर्म कुरुते कामं कुरङ्गेक्षणा ॥ ९३ ॥ ज्योत्स्ना मौक्तिकदाम चन्दनरसः शीतांशुकान्तद्रवः कर्पूरं कदली मृणालवलयान्यम्भोजिनीपल्लवाः । अन्तर्मानसमास्त्वया प्रभवता तस्याः स्फुलिङ्गोत्करव्यापाराय भवन्ति हन्त किमनेनोक्तेन न ब्रूमहे ॥ ९४ ॥ पाणिर्नीरवकङ्कणः स्तनतटी निष्कम्पमानांशुका दृष्टिर्निश्चलतारका समभवन्निस्ताण्डवं कुण्डलम् । कश्चित्रार्पितया समं कृशतनोर्भेदो भवेन्नो यदि त्वन्नामस्मरणेन कोऽपि पुलकारम्भः समुज्जृम्भते ॥ ९५ ॥ दत्तोऽस्याः प्रणयस्त्वयैव भवता चेयं चिरं लालिता दैवाद्य किल त्वमेव कृतवानस्या नवं विप्रियम् । मन्युर्दुःसह एष यात्युपशमं नो सान्त्ववादैः स्फुटं हे निस्त्रिंश विमुक्तकण्ठकरुणं तावत्सखी रोदितु ॥ ९६ ॥ चूडारत्नमपांनिधिर्यदि भवेच्चेत्कुन्तलं गण्डकी कावेरी यदि कङ्कणं यदि पुनर्ग्रैवेयकं गौतमी । मुक्तास्रक्सुरनिम्नगा यदि यदि स्यान्मेखला नर्मदा कौशेयं यदि कौशिकी कृशतनोस्तापस्तदाप्येति वा ॥ ९७ ॥

नायकं प्रति नायिकासंदेशः ।

अदृष्टे दर्शनोत्कण्ठा दृष्टे विश्लेषभीरुता । नादृष्टे न च दृष्टेन भवता विद्यते सुखम् ॥ १ ॥ आलीभिः सह भाषितं किमपि तद्वर्त्मापि संवीक्षितं पञ्चेषुः कुसुमैरपूजि कथमप्याधाय चित्ते मनाक् । तेनापि प्रिय चेत्तथा मयि कृपाकार्पण्यमालम्बसे प्राणेश प्रबलं तदत्र निखिलं तत्प्रातिकूल्यं विधेः ॥ २ ॥ नित्यं ब्रह्म यथा स्मरन्ति मुनयो हंसा यथा मानसं सानन्दाः स्फुटसल्लकीवनयुतां ध्यायन्ति रेवां गजाः । युष्मद्दर्शनलालसाः प्रतिदिनं युष्मान्स्मरामो वयं धन्यः कोऽपि स वासरोऽत्रभविता यत्रावयोः संगमः ॥ ३ ॥ इन्दुं कैरविणीव कोकपटलीवाम्भोजिनीबान्धवं मेघं चातकमण्डलीव मधुपश्रेणीव पुष्पाकरम् । माकन्दं पिकसुन्दरीव तरुणी प्राणेश्वरं प्रोषितं चेतोवृत्तिरियं मम प्रियसखे त्वां द्रष्टुमुत्कण्ठते ॥ ४ ॥

नायिकां प्रति संदेशप्रेषणम् ।

दैवात्पश्येर्जगति विचरन्निच्छया मत्प्रियां चेदाश्वास्यादौ तदनु कथयेर्मामकीनामवस्थाम् । आशातन्तुर्न च कथयतात्यन्तमुच्छेदनीयः प्राणत्राणं कथमपि करोत्यायताक्ष्याः स एकः ॥ १ ॥

नायिकां प्रति नायकसंदेशः ।

त्वं दूरमपि गच्छन्ती हृदयं न जहासि मे । दिनावसाने छायेव पुरो मूलं वनस्पतेः ॥ १ ॥ स्मर्तव्योऽहं त्वया कान्ते न स्मरिष्याम्यहं तव । स्मरणं चेतसो धर्मस्तच्चेतो भवदाहृतम् ॥ २ ॥ त्वया मम समेतस्य कल्पा अपि समासमाः । भवत्या विप्रयुक्तस्य कल्पकल्पः क्षणोऽपि मे ॥ ३ ॥ यतःप्रभृति ते कान्तं मुखमालोकितं मया । कामः कामं ममाङ्गानि व्यथयत्यभितः शरैः ॥ ४ ॥ तपति तनुगात्रि[२] मदनस्त्वामनिशं मां पुनर्दहत्येव । ग्लपयति यथा शशाङ्कं न तथा हि कुमुद्वतीं दिवसः ॥ ५ ॥ किमकारि मन्दमतिना रतिपतिना कामतन्त्रनिपुणेन । स्यूतासि हरिणनयने हन्त हृदि स्नेहतन्तुना न तनौ ॥ ६ ॥ कृष्णा ते कचसंहतिरम्बुजनयने तवाधरः शोणः । त्वं सुरतरङ्गिणी कथममितस्तापी न ते वियोगः स्यात् ॥ ७ ॥ दूरं मुक्तालतया बिससितया विप्रलोभ्यमानो मे । हंस इव दर्शिताशो मानसजन्मा त्वया नीतः ॥ ८ ॥ स्निग्धमालप सुरूक्षमेव वा त्वत्कथैव सखि मे रसायनम् । शीतलं सलिलमुष्णमेव वा पावकं हि शमयेदसंशयम् ॥ ९ ॥ स्वप्नेऽपि देवि रमसे न मया विना त्वं स्वापे त्वया विरहितो मृतवद्भवामि । दूरीकृतासि विधिदुर्ललितैस्तथापि जीवत्यवेहि मन इत्यसवो दुरन्ताः ॥ १० ॥ वल्गत्कचानि वलनासहमध्यमानि कण्ठोदयत्कलरुतानि गलत्कुचानि । आस्वादिताधरदलान्यलसेक्षणानि तान्येव तन्वि सुरतानि तव स्मरामि ॥ ११ ॥ अद्यापि सुन्दरि तवाननचन्द्रबिम्बं बन्दीकृताम्बुजयुगं परिचुम्ब्य चेतः । त्वत्संगमोद्भवसुखं तनुते तथापि वैरं करोति करुणाविकलो विवेकः ॥ १२ ॥ त्वदीयमुखपङ्कजं यदि विधोरलं वार्तया तवाधरसुधा यदा भवति किं सुधा नो मुधा । त्वदङ्गपरिरम्भणं भण कृतं सुधागाहनैस्त्वदीयदृगनुग्रहस्तदपि धिग्धिगैन्द्रं पदम् ॥ १३ ॥ भवतु विदितं व्यर्थालापैरलं प्रिय गम्यतां तनुरपि न ते दोषोऽस्माकं विधिस्तु पराङ्मुखः । तव यदि तथाभूतं प्रेम प्रपन्नमिमां दशां प्रकृतितरले का नः पीडा गते हतजीविते ॥ १४ ॥ यदिन्दोर्लक्ष्मीस्ते वदनकमले वासमकरोत्तमःस्तोमस्थेमा तव तरुणि धम्मिल्लमभजत् । अनुप्राप्ता हारावलिमपि च तारावलिरुचिः शरण्यायाः कस्ते मम शरणदाने परिभवः ॥ १५ ॥ भवत्या विश्लेषे गुरुहृदयखेदेन तनुतां तनुर्नित्यं धत्ते सदृशमिति मत्तेभगमने । इदं तावच्चित्रं कमलमुखि सर्वैरवयवैः सुरूपा त्वं लोके नियतमसुरूपा भवसि नः ॥ १६ ॥ सुमध्ये वाग्भङ्गैर्वचनविधिमङ्गीकुरु न वा स्मितज्योत्स्नाकान्तं कुरु वदनमेतन्मयि न वा । त्रिलोकीमूर्धन्या यदि विविधपुण्याधिकतया मया दृष्टासि त्वं तदिह सफलं मेऽजनि जनुः ॥ १७ ॥ यदि प्राणा एव प्रणयपरिणाहः कथमयं विभिन्ना तेभ्यश्चेत्कथमियमभेदव्यवसितिः । न भिन्ना नाभिन्ना यदि भवसि किं नाम तदपि त्वमेकासि त्वं मे कुवलयदलश्रेणिनयने ॥ १८ ॥ यदेकः कासारं रचयति तथा कूपमथवा तदाकाङ्क्षां देवो वितरतितरां श्रीपतिरपि । मया तु त्वद्धेतोः कमलमुखि सान्द्राश्रुसलिलैः कृताः पारावारास्तदपि गणना ते न हृदये ॥ १९ ॥ इतो विद्युत्पुञ्जस्फुरितमसकृद्धाययतु मामितः केकानेका हरतु हृदयं निर्दयमिदम् । इतः कामो वामः प्रहरतु मुहुः पुङ्खितशरो गतासि त्वं दूरं चपलनयने प्राप्स्यसि कुतः ॥ २० ॥ हिमांशुश्चण्डांशुर्नवजलधरो दावदहनः सरिद्वीचीवातः कुपितफणिनिःश्वासपवनः। नवा मल्ली भल्ली कुवलयवनं कुन्तगहनं मम त्वद्विश्लेषात्सुमुखि विपरीतं जगदिदम् ॥ २१ ॥ आस्तां तावद्वचनरचनाभाजनत्वं विदूरे दूरे चास्तां तव तनुपरीरम्भसंभावनापि । भूयो भूयः प्रणतिभिरहं किंतु याचे विधेया स्मारं स्मारं स्वजनगणने कापि लेखा ममापि ॥ २२ ॥ श्यामास्वङ्गं चकितहरिणीप्रेक्षणे दृष्टिपातं वक्त्रच्छायां शशिनि शिखिनां बर्हभारेषु केशान् । उत्पश्यामि प्रतनुषु नदीवीचिषु भ्रूविलासान्हन्तैकस्मिन्क्वचिदपि न ते चण्डि सादृश्यमस्ति ॥ २३ ॥ त्वामालिख्य प्रणयकुपितां धातुरागैः शिलायामात्मानं ते चरणपतितं यावदिच्छामि कर्तुम् । अस्रैस्तावन्मुहुरुपचितैर्दृष्टिरालुप्यते मे क्रूरस्तस्मिन्नपि न सहते संगमं नौ कृतान्तः ॥ २४ ॥ मामाकाशप्रणिहितभुजं निर्दयाश्लेषहेतोर्लब्धायास्ते कथमपि मया स्वप्नसंदर्शनेषु । पश्यन्तीनां न खलु बहुशो न स्थलीदेवतानां मुक्तास्थूलास्तरुकिसलयेष्वश्रुलेशाः पतन्ति ॥ २५ ॥ भित्त्वा सद्यः किसलयपुटान्देवदारुद्रुमाणां ये तत्क्षीरस्रुतिसुरभयो दक्षिणेन प्रवृत्ताः । आलिङ्ग्यन्ते गुणवति मया ते तुषाराद्रिवाताः पूर्वं स्पृष्टं यदि किल भवेदङ्गमेभिस्तवेति

---

१ सायंकाले. २ कोमलाङ्गि.

॥ २६ ॥ संक्षिप्येत क्षण इव कथं दीर्घयामा त्रियामा सर्वावस्थास्वहरपि कथं मन्दमन्दातपं स्यात् । इत्थं चेतश्चटुलनयने दुर्लभप्रार्थनं मे गाढोष्माभिः कृतमशरणं त्वद्वियोगव्यथाभिः ॥ २७ ॥ कस्याख्याय व्यतिकरमिमं मुक्तदुःखो भवेयं को जानीते निभृतमुभयोरावयोः स्नेहसारम् । जानात्येकं शशधरमुखि प्रेमतत्त्वं मनो मे त्वामेवैतच्चिरमनुगतं तत्प्रिये किं करोमि ॥ २८ ॥ त्वद्रूपामृतपानदुर्ललितया दृष्ट्या क्व विश्रम्यतां त्वद्वाक्यश्रवणाभियोगपरयोः श्रव्यं कुतः श्रोत्रयोः । एभिस्त्वत्परिरम्भनिर्भररसैरङ्गैः कथं स्थीयतां कष्टं त्वद्विरहेण संप्रति वयं कष्टामवस्थां गताः ॥ २९ ॥ यत्त्वन्नेत्रसमानकान्ति सलिले मग्नं तदिन्दीवरं मेघैर्[1]अन्तरितः प्रिये तव मुखच्छायानुकारी शशी । येऽपि त्वद्गमनानुकारिगतयस्ते राजहंसा गतास्त्वत्सादृश्यविनोदमात्रमपि मे दैवेन न क्षम्यते ॥ ३० ॥ गूढालिङ्गनगण्डचुम्बनकुचस्पर्शादिलीलायितं सर्वं विस्मृतमेव विस्तृतवतो बाले खलेभ्यो भयात् । संलापस्त्वधुना सदुर्घटतमस्त्रापि नातिव्यथा यत्त्वद्दर्शनमप्यभूदसुलभं तेनैव दूये भृशम् ॥ ३१ ॥ धन्यस्तन्वि स एष पाण्डिमवरश्चुम्बन्कपोलस्थलं धन्यं तन्वि तदेव कार्श्यमिह यत्प्रत्यङ्गमालिङ्गति । धन्योऽयं विरहानलस्तव मनो यस्यानुवृत्तेः पदं दूरे हन्त तया तु पातकितया मादृग्जनः सीदति ॥ ३२ ॥ न स्नानं न च भोजनं न पठनं नान्यत्र सौख्यं धृतिर्नान्यस्त्रीजनसेवनं न च कथानिद्राविलासोद्यमः । किंतु त्वां परिचिन्तयामि सततं ध्यानेन चेतःस्थितां स्वप्नालोकनकामकेलिविधिना जीवामि कान्ते तव ॥ ३३ ॥ रात्रिः कालयुगोपमा मलयजो गन्धानिलः किं विषं सोमः सूर्य इवाभवन्मलयजालेपः स्फुलिङ्गोपमः । तिक्तः सुस्वरगीतवाद्यपरभृत्पारावतादिध्वनिर्वज्रस्याहतिरेव कर्णयुगले विच्छेदतो मे तव ॥ ३४ ॥ चन्द्रो द्वादश भास्कराः समभवन्रात्रिर्युगानां शतं मिष्टं तिक्तरसं विलेपनमहो दीप्तानलो मे तव । विच्छेदान्मलयानिलः प्रियतमे किं कालकूटः श्रुतौ गीतादिध्वनिरेव वज्रसदृशोऽरण्यं विचित्रं गृहम् ॥ ३५ ॥ स्थानान्निर्गत्य दूरं व्रजति मयि चिरं मुक्तकण्ठं रुदित्वा पश्चादुन्मृज्य नेत्रे प्रणतिमुपगता वेपमानाङ्गयष्टिः । कान्ते यन्मामवोचः प्रलयघनघटाटोपबद्धान्धकारे काले कापालिकोऽपि प्रवसति न गृहात्तन्मनो मे दुनोति ॥ ३६ ॥

---

१ छादितः.

दूतीं प्रति नायिकाप्रश्नाः ।

उल्लापयन्त्या दयितस्य दूतीं बध्वा विभूषां च निवेशयन्त्या । प्रसन्नता कापि मुखस्य जज्ञे वेषश्रिया नु प्रियवार्तया नु ॥ १ ॥ अलमलमघृणस्य तस्य नाम्ना पुनरपि सैव कथा गतः स कालः । कथय कथय वा तथापि दूति प्रतिवचनं द्विषतोऽपि माननीयम् ॥ २ ॥ कथय निपुणे कस्मिन्दृष्टः कथं नु कियच्चिरं किमिति लिखितं किं तेनोक्तं कदा स इहैष्यति । इति बहुविधप्रेमालापप्रपञ्चितविस्तराः प्रियतमकथाः स्वल्पेऽप्यर्थे प्रयान्ति न नष्टताम् ॥ ३ ॥

दूत्युपहासप्रश्नाः ।

पार्श्वाभ्यां सप्रहाराभ्यामधरे व्रणखण्डिते । दूति सङ्ग्रामयोग्यासि न योग्या दूतकर्मणि ॥ १ ॥ बहुनात्र किमुक्तेन दूति मत्कार्यसिद्धये । स्वमांसान्यपि दत्तानि वक्तव्येषु तु का कथा ॥ २ ॥ किं त्वं निगूहसे दूति स्तनौ वक्त्रं च पाणिना । खण्डिता एव शोभन्ते शूराधरपयोधराः ॥ ३ ॥ त्वं दूति निरगाः कुञ्जं न तु पापीयसो गृहम् । किंशुकाभरणं देहे दृश्यते कथमन्यथा ॥ ४ ॥ दूति त्वया कृतमहो निखिलं मदुक्तं न त्वादृशी परहितप्रवणास्ति लोके । श्रान्तासि हन्त मृदुलाङ्गि गता मदर्थे सिध्यन्ति कुत्र सुकृतानि विना श्रमेण ॥ ५ ॥ रजन्यामन्यस्यां सुरतपरिवृत्तावनुचितं मदीयं यद्वासः कथमपि हृतं तेन सुहृदा । त्वया प्रत्यानीतं निजवसनदानात्पुनरिदं कुतस्त्वादृग्दूती स्खलितशमनोपायनिपुणा ॥ ६ ॥ निःशेषच्युतचन्दनं स्तनतटं निर्मृष्टरागोऽधरो[1] नेत्रे दूरम[2]नञ्जने[3] पुलकिता तन्वी तथेयं तनुः । मिथ्यावादिनि दूति बान्धवजनस्याज्ञातपीडागमे वापीं स्नातुमितो गतासि न पुनस्तस्याधमस्यान्तिकम् ॥ ७ ॥ दूतीदं नयनोत्पलद्वयमहो तान्तं नितान्तं तव स्वेदाम्भःकणिका ललाटफलके मुक्ताश्रियं बिभ्रति । निःश्वासाः प्रचुरीभवन्ति नितरां हा हन्त चन्द्रातपे यातायातवशाद्वृथा मम कृते श्रान्तासि कान्ताकृते ॥ ८ ॥ दूति श्वासविशेष एष किमहो चण्डि त्वराधावनाद्विभ्रष्टालकवल्लरी कथमहो त्वन्नाथपादार्पणात् । निर्मृष्टाधररागपल्लवरुचिस्त्वत्कार्यसंजल्पनाद्धासस्तस्य किमङ्गसंगतमहो विश्वासहेतोस्तव ॥ ९ ॥ श्वासः किं त्वरितागता पुलकिता कस्मात्प्रसादः कृतः स्रस्ता वेण्यपि पादयोर्निपतनान्नीवी गमादागमात् । स्वेदार्द्रं मुखमातपेन गमितं क्षामा किमत्युक्तिभिर्दूति म्लानसरोरुहाकृतिधरस्यौष्ठस्य किं वक्ष्यसि ॥ १० ॥ स्विन्नं केन मुखं दि-

---

१ क्षालितो रागो रक्तिमा यस्य. २ अतिशयम्. ३ अञ्जनरहिते.

वाकरकैरस्ते रागिणी लोचने रोषात्तद्वचनोत्थिताद्विलुलिता नीलालका वायुना। अङ्गं कुङ्कुममुत्तरीयकषणात्क्लान्तासि गत्यागतैर्युक्तं तत्सकलं किमत्र वद हे दूति क्षतस्याधरे ॥ ११ ॥ सायं स्नानमुपासितं मलयजेनाङ्गं समालेपितं यातोऽस्ताचलमौलिमम्बरमणिर्विश्रब्धमन्दा गतिः। आश्चर्यं तव सौकुमार्यमभितः क्लान्तासि येनाधुना नेत्रद्वन्द्वममीलनव्यतिकरं शक्नोमि तेनासितुम् ॥ १२ ॥

नायिकां प्रति नायकावस्थाकथनम्।

पदशब्दलीनहृदयो रूपालंकारभावनानिपुणः। कविरिव सचिन्तमुद्रस्तरुणि तवार्थे परं स युवा ॥ १ ॥ परिहरति रतिं मतिं लुनीते स्खलतितरां परिवर्तते च भूयः। इति तव विषमा दशास्य देहं परिभवति प्रसभं किमत्र कुर्मः ॥ २ ॥ विकिरति मुहुः श्वासान्नाशां पुरो मुहुरीक्षते प्रविशति मुहुः कुञ्जात्कुञ्जं मुहुर्बहु ताम्यति। रचयति मुहुः शय्यां पर्याकुलं मुहुरीक्षते मदनकदनक्लान्तः कान्ते प्रियस्तव वर्तते ॥ ३ ॥ सा मां द्रक्ष्यति वक्ष्यति स्मरकथां प्रत्यङ्गमालिङ्गनैः प्रीतिं यास्यति रंस्यते सखि समागत्येति चिन्ताकुलः। मार्गे पश्यति वेपते पुलकयत्यानन्दति स्विद्यति प्रत्युद्गच्छति मूर्च्छति स्थिरतमःपुञ्जे निकुञ्जप्रियः ॥ ४ ॥ पूर्वं यत्र समं त्वया रतिपतेरासादिताः सिद्धयस्तस्मिन्नेव निकुञ्जमन्मथमहातीर्थे पुनर्माधवः। ध्यायंस्त्वामनिशं जपन्नपि तवैवालापमन्त्रावलीं भूयस्त्वत्कुचकुम्भनिर्भरपरीरम्भामृतं वाञ्छति ॥ ५ ॥

सूर्यास्तमनसमयवर्णनम्।

मन्त्रसंस्कारसंपन्नास्तन्वदौदन्वतीरपः। एतत्त्रयीमयं ज्योतिरादित्याख्यं निमज्जति ॥ १ ॥ तापनैरिव तेजोभिर्दग्धनिर्वाणमेचकाः। दिशो जाताः प्रतीची तु समुदाचरति क्रमात् ॥ २ ॥ पुराणरश्मिजालेषु सत्स्वेष्वस्तावलम्बनम्। बिम्बमम्बुरुहां नेतुरम्बरादवलम्बते ॥ ३ ॥ विलोक्य संगमे रागं पश्चिमाया विवस्वतः। कृतं कृष्णं मुखं प्राच्या नहि नार्यो विनेर्ष्यया ॥ ४ ॥ करिष्यति कलानाथः कुतुकी कर॰म्बरे। इति निर्वापयामास रविदीपं निशाङ्गना ॥ ५ ॥ निलीयमानैर्विहगैर्निमीलद्भिश्च पङ्कजैः। विकसन्त्या च मालत्या गतोऽस्तं ज्ञायते रविः ॥ ६ ॥ अस्तं गतवति सवितरि भर्तरि मधुपं निवेश्य कोशान्ते। कमलिन्योऽपि रमन्ते किमत्र चित्रं मृगाक्षीणाम् ॥ ७ ॥ कृतोपकारं प्रियबन्धुमर्कं मा द्राक्ष्म हीनांशुमधः पतन्तम्। इतीव मत्वा नलिनीवधूभिर्निमीलितान्यम्बुरुहेक्षणानि ॥ ८ ॥ सांध्यरागरुधिरारुणमारान्निःपपात रविमण्डलमब्धौ। क्रूरकालकरवालविलूनं वासरस्य सहसैव शिरो नु ॥ ९ ॥ नो रविर्न च तमो न तमीशो न द्युतिर्ग्रहगणो न च संध्या। यादृशी प्रथमतः किल सृष्टेस्तादृगेव भुवनं श्रियमूहे ॥ १० ॥ भानुबिम्बमिदमस्तगामि च प्रोद्यतं कुमुदबन्धुमण्डलम्। दृश्यते रतिपतेः प्रवासिनां क्रोधरक्तमिव लोचनद्वयम् ॥ ११ ॥ स्थानमाह्निकमपास्य दन्तिनः सल्लकीविटपभङ्गवासितम्। आविभातचरणाय गृह्णते वारि वारिरुहबद्धषट्पदम् ॥ १२ ॥ पश्य पश्चिमदिगन्तलम्बिना निर्मितं कथमिदं विवस्वता। दीर्घया प्रतिमया सरोम्भसां तापनीयमिव सेतुबन्धनम् ॥ १३ ॥ उत्तरन्ति विनिकीर्य पल्वलं गाढपङ्कमतिवाहितातपाः। दंष्ट्रिणो वनवराहयूथपा दष्टभङ्गुरबिसाङ्कुरा इव ॥ १४ ॥ एष वृक्षशिखरे कृतास्पदो जातरूपरसगौरमण्डलः। हीयमानमहरत्ययातपं पीवरोरु पिबतीव बर्हिणः ॥ १५ ॥ पूर्वभागतिमिरप्रवृत्तिभिर्व्यक्तपङ्कमिव जातमेकतः। खं हृतातपजलं विवस्वता भाति किंचिदिव शेषवत्सरः ॥ १६ ॥ आविशद्भिरुटजाङ्गणं मृगैर्मूलसेकसरसैश्च वृक्षकैः। आश्रमाः प्रविशदग्न्यधेनवो बिभ्रति श्रियमुदीरिताग्नयः ॥ १७ ॥ बद्धकोशमपि तिष्ठति क्षणं सावशेषविवरं कुशेशयम्। षट्पदाय वसतिं ग्रहीष्यते प्रीतिपूर्वमिव दातुमन्तरम् ॥ १८ ॥ दूरलग्नपरिमेयरश्मिना वारुणी दिगरुणेन भानुना। भाति केसरवतेव मण्डिता बन्धुजीवतिलकेन कन्यका ॥ १९ ॥ सांध्यमस्तमितशेषमातपं रक्तलेखमपरा बिभर्ति दिक्। संपरायवसुधा सशोणितं मण्डलाग्रमिव तिर्यगुत्थितम् ॥ २० ॥ कोऽत्र भूमिवलये जनान्मुधा तापयन्सुचिरमेति संपदम्। वेदयन्निति दिनेन भानुमानाससाद चरमाचलं ततः ॥ २१ ॥ मध्यमोपलनिभे लसदंशावेकतश्च्युतिमुपेयुषि भानौ। द्यौरुवाह परिवृत्तिविलोलां हारयष्टिमिव वासरलक्ष्मीम् ॥ २२ ॥ अंशुपाणिभिरतीव पिपासुः पद्मजं मधु भृशं रसयित्वा। क्षीबतामिव गतः क्षितिमेष्यंल्लोहितं वपुरुवाह पतङ्गः ॥ २३ ॥ मुक्तमूललघुरुज्झितपूर्वः पश्चिमे नभसि संभृतसान्द्रः। सामि मज्जति रवौ न विरेजे खिन्नजिह्म इव रश्मिसमूहः ॥ २४ ॥ कान्तदूत्य इव कुङ्कुमताम्राः सायमण्डनमभि त्वरयन्त्यः। सादरं ददृशिरे वनिताभिः सौधजालपतिता रविभासः ॥ २५ ॥

१ सूर्ये. २ भृङ्गम्; (पक्षे) मद्यपम्.

१ खड्गः. २ छिन्नम्.

अग्रसानुषु नितान्तपिशङ्गैर्भूरुहान्मृदुकरैरवलम्ब्य। अस्तशैलगहनं नु विवस्वानाविवेश जलधिं नु महीं नु ॥ २६ ॥ आकुलश्चलपतत्त्रिकुलानामारवैरनुदितौषसरागः। आययावहरिदश्वविपाण्डुस्तुल्यतां दिनमुखेन दिनान्तः ॥ २७ ॥ आस्थितः स्थगितवारिदपङ्क्त्या संध्यया गगनपश्चिमभागः। सोर्मिविद्रुमवितानविभासा रञ्जितस्य जलधेः श्रियमूहे॥२८॥ प्राञ्जलावपि जने नतमूर्ध्नि प्रेम तत्प्रवणचेतसि हित्वा। संध्ययानुविदधे विरमन्त्या चापलेन सुजनेतरमैत्री ॥ २९ ॥ अमितापसंपदमथोष्णरुचिर्निजतेजसामसहमान इव । पयसि प्रपित्सुरपराम्बुनिधेरधिरोढुमस्तगिरिमभ्यपतत् ॥३०॥ गतया पुरः प्रतिगवाक्षमुखं दधती रतेन भृशमुत्सुकताम्। मुहुरन्तरालभुवमस्तगिरेः सवितुश्च योषिदमिमीत दृशा ॥ ३१ ॥ विरलातपच्छविरनुष्णवपुः परितो विपाण्डु दधदभ्रशिरः। अभवद्गतः परिणतिं शिथिलः परिमन्दसूर्यनयनो दिवसः ॥ ३२ ॥ अपराह्णशीतलतरेण शनैरनिलेन लोलितलताङ्गुलये। निलयाय शाखिन इवाह्वयते ददुराकुलाः खगकुलानि गिरः ॥ ३३ ॥ उपसंध्यमास्त तनु सानुमतः शिखरेषु तत्क्षणमशीतरुचः। करजालमस्तसमयेऽपि सतामुचितं खलूच्चतरमेत्य पदम् ॥ ३४ ॥ नवकुङ्कुमारुणपयोधरया स्वकरावसक्तरुचिराम्बरया। अतिसक्तिमेत्य वरुणस्य दिशा भृशमन्वरज्यदतुषारकरः ॥ ३५ ॥ गतवत्यराजत जपाकुसुमस्तबकद्युतौ दिनकरेऽवनतिम्। बहलानुरागकुरुविन्ददलप्रतिबद्धमध्यमिव दिग्वलयम् ॥ ३६ ॥ द्रुतशातकुम्भनिभमंशुमतो वपुरर्धमग्नवपुषः पयसि। रुरुचे विरञ्चिनखभिन्नबृहज्जगदण्डकैकतरखण्डमिव ॥ ३७ ॥ [1]अनुरागवन्तमपि लोचनयोर्दधतं वपुः सुखमतापकरम्। [2]निरकासयद्[3]रविमपेतवसुं वियदाल[4]यादपरदिग्गणिका ॥ ३८ ॥ अभितिग्मरश्मि चिरमा विरमादवधानखिन्नमनिमेषतया। विगलन्मधुव्रतकुलाश्रुजलं न्यमिमीलदब्जनयनं नलिनी ॥ ३९ ॥ अविभाव्यतारकमदृष्टहिमद्युतिबिम्बमस्तमितभानु नभः। अवसन्नतापमतमिस्रमभादपदोषतैव विगुणस्य गुणः ॥ ४० ॥ रुचिधाम्नि भर्तरि भृशं विमलाः परलोकमभ्युपगते विविशुः। ज्वलनं त्विषः कथमिवेतरथा सुलभोऽन्यजन्मनि स एव पतिः ॥ ४१ ॥ महद्भिरोघैस्तमसामभिद्रुतो भयेऽप्यसंमूढमतिर्भ्रमन्क्षितौ। प्रदीपवेषेण गृहे गृहे स्थितो विखण्ड्य देहं बहुधेव भास्करः ॥ ४२ ॥ अयमसौ गगनाङ्गणदीप-

१ प्रीतियुक्तम्; (पक्षे) रक्तिमयुक्तम्. २ बहिर्निष्कासयामास. ३ अपेतं गतं वसु द्रविणं तेजश्च यस्मात्. ४ अपरदिगेव गणिका.

कस्तरलकालभुजंगशिखामणिः। क्षणविडम्बितवाडवविग्रहः पतति वारिनिधौ विधुरो रविः ॥ ४३ ॥ अभिभूय सतामवस्थितिं जडजेषु प्रतिपाद्य च श्रियम्। जगतीपरितापकृत्कथं जलधौ नावपतेदसौ रविः ॥ ४४ ॥ परिपतति पयोनिधौ पतङ्गः सरसिरुहामुदरेषु मत्तभृङ्गः। उपवनतरुकोटरे विहंगस्तरुणिजनेषु शनैः शनैरनङ्गः ॥ ४५ ॥ शुचिरिति परितः प्रसिद्धिभाजि प्रकटिततेजसि दुर्जये कृशानौ। [1]निजवसुनिकुरम्बमस्तवेलाव्यतिकरवान्[2]निदधे सरोजबन्धुः ॥४६॥ जगदिव बहुलातपाभितप्तं जनयितुमद्य जलाभिषेकशीतम्। परिधृतरविशातकुम्भकुम्भा प्रचलति पश्चिमवारिधिं दिनश्रीः ॥ ४७ ॥ पतति रविरपूर्ववारिराशौ हृदि पथिकस्य यथात्मभूर्हुताशः। प्रसरति चरमां तमःप्ररोहः प्रतिपदमद्य यथा मनोविमोहः ॥ ४८ ॥ अस्तावलम्बिरविबिम्बतयोदयाद्रिचूडोन्मिषत्सकलचन्द्रतया च सायम्। संध्याप्रनृत्तहरहस्तगृहीतकांस्यतालद्वयेव समलक्ष्यत नाकलक्ष्मीः ॥ ४९ ॥ यातोऽस्मि पद्मनयने समयो ममैष सुप्ता मयैव भवती प्रतिबोधनीया। [4]प्रत्यायनामयमितीव [5]सरोरुहिण्याः [3]सूर्योऽस्तमस्तकनिविष्टकरः करोति ॥ ५० ॥ कृत्वा प्रबुद्धकमलामखिलां त्रिलोकीमम्भोनिधेर्विशति गर्भमसाविदानीम्। अन्तःप्रसुप्तहरिनाभिसरोजबोधकौतूहलीव भगवानरविन्दबन्धुः ॥ ५१ ॥ पूर्वां क्षणक्रमनिरस्तसमस्तरागां हित्वा निजान्तिकमुपेत्य रवौ सरागे। आलोकतः पुनरमुष्य धृतप्रसादा जाता चिरेण चरमा परमानुरक्ता ॥ ५२ ॥ स्पृष्टोल्लसत्किरणकेसरसूर्यबिम्बविस्तीर्ण[6]कर्णिकमथो [7]दिवसारविन्दम्। [8]श्लिष्टाष्टदिग्दलकलापमुखावतारबद्धान्धकारमधुपावलि संचुकोच ॥ ५३ ॥ पृथु गगन[9]कबन्धस्कन्धचक्रं किमेतत्किमु रुधिरकपालं [10]कालकापालिकस्य। कललभरितमन्तः किं नु [11]तार्क्ष्याण्डखण्डं प्रजनयति वितर्कं सांध्यमर्कस्य बिम्बम् ॥ ५४ ॥ अयमपि खरयोषित्कर्णकाषायमीषद्विसृमरतिमिरोर्णाजर्जरोपान्तमर्चिः। मदकलकलविङ्कीकाकुनान्दीकरेभ्यः क्षितिरुहशिखरेभ्यो भानुमानुच्चिनोति ॥ ५५ ॥ गतवति दिननाथे पश्चिमक्ष्माधरान्तं शिशिरकरमयूखैर्निर्भरं दह्यमाना। परिहृतमिलितालिः पान्थकान्तेव दीना सपदि कमलिनीयं हास्यहीना बभूव ॥ ५६ ॥ उदयगिरितटस्थः पद्मिनीर्बोधयित्वा मृदुतरकिरणाग्रैस्ताः स्वयं चोपभुज्य। मलिनमधुपस-

१ निजद्रव्यसमूहम्; (पक्षे) किरणसमूहम्. २ स्थापयामास. ३ सूर्यः. ४ विश्वासोत्पादनम्. ५ कमलिन्याः. ६ वराटः. ७ दिवसरूपमरविन्दम्. ८ प्रकाशाभावेन परस्परं मिलिताः. ९ अशिरस्ककलेवरम्. १० काल एव कापालिको भिक्षुः. ११ गरुडः.

ङ्गात्तासु संजातकोपः कृतरुधिरविरोचिर्भानुरस्तं प्रयातः ॥ ५७ ॥ अयमपि पुरुहूतप्रेयसीमूर्ध्नि पूर्णः कलश इव सुधांशुः साधुरुल्लालसीति । मदनविजययात्राकालविज्ञापनाय स्फुरति जलधिमध्ये ताम्रपात्रीव भानुः ॥ ५८ ॥ रवेरस्तं तेजः प्रमुदयति खद्योतपटली मरालाली मूका कलकलप-रोलूकपटली । इदं कष्टं दृष्ट्वा चिरमसहमाना कमलिनी भ्रमद्भृङ्गव्याजात्कवलयति हालाहलमिव ॥ ५९ ॥ सैरन्ध्री-करकृष्टकङ्कणसरद्धीरध्वनिः संचरद्दूतीसूत्रितसंधिविग्रहविधिः सोल्लासलीलाधरः । वारस्त्रीजनसज्जमानशयनः संनद्धपुष्पा-युधः श्रीखण्डद्रवधौतसौधशिखरो रम्यः क्षणो वर्तते ॥६०॥ विश्लेषाकुलचक्रवाकमिथुनैरुत्पक्षमाक्रन्दितं कारुण्यादिव मीलितासु नलिनीष्वस्तं च मित्रे गते । शोकेनेव दिगङ्ग-नामिरमितः श्यामायमानैर्मुखैर्निःश्वासानिलधूमवर्तय इवो-द्गीर्णास्तमोराजयः ॥ ६१ ॥ निर्यद्वासरजीवपिण्डकरणिं बिभ्रत्कवोष्णैः करैर्मार्ञ्जिष्ठं रविबिम्बमम्बरतलादस्ताचलं चु-म्बति । किं च स्तोकतमःकलापकलनाश्यामायमानं मना-ग्धूमश्यामपुराणचित्ररचनारूपं जगज्जायते ॥ ६२ ॥ संध्याताण्डवचण्डदण्डपरशुप्रारब्धभीमभ्रमीवेगस्रस्तकपर्दवा-सुकिफणामाणिक्यशङ्कावहम् । मग्नं पाथसि पश्चिमस्य जल-धेर्मार्तण्डबिम्बं ततो ध्वान्तैर्भूतगणैरगाहि भुवनं मन्ये तदन्वेषिभिः ॥ ६३ ॥ पाश्चात्याम्बुधिदृष्टपूर्ववडवासंदर्शनो-त्कण्ठया धावद्रथ्यतुरंगनिष्ठुरखुरक्षुण्णेऽस्तशैलस्थले । तस्मा-दुच्चलितेन धातुरजसा लिप्तानुरक्ताङ्गको मन्दांशुः प्रिय-दर्शनः खलु सहस्रांशुर्दरीदृश्यते ॥ ६४ ॥ तद्रोदोऽन्तर-संततान्धतमसं निर्भिद्य तिग्मांशुभिः संछेत्तुं बलिसद्मगं कृ-तमतिर्भानुर्जगाहेऽम्बुधिम् । अन्यत्संप्रति संनिपत्य वृणुते लोके तमोमण्डलं किं चैतस्य नयत्यहो परिभवं पाथोजिनीं वल्लभाम् ॥ ६५ ॥ द्रागैन्द्रीमनुचुम्ब्य सस्मितमुखीमामो-दिनीं पद्मिनीं कृत्वासौ परिरम्भसंभ्रमपरिश्रान्तां च वार-स्त्रियम् । संरक्तो हिमभानुरद्य चरमां श्लिष्यत्यहो रागिणीं काश्मीरोपलसत्पयोधरभरां कान्तां दिशं वारुणीम् ॥ ६६ ॥ ध्माता भालतलानलैः कवलिता कण्ठोत्थहालाहलैरालीढाथ जटाटवीवलयितैराशीविषाणां गणैः । कीर्णा भस्मभिराहता-स्थिपटलैर्विद्धा जटाग्रैरपि स्वीयामुज्झति माधुरीं हरशिरो-रत्नं किमिन्दोः कला ॥ ६७ ॥ आवासोत्सुकपक्षिणः कलरुतं क्रामन्ति वृक्षालयान्कान्ताभावि[१]वियोगभीरुरधिकं क्रन्दत्ययं कातरः । चक्राङ्को मधुपाः सरोजगहनं धावन्त्युलूको मुदं धत्ते चारुणतां गतो रविरसावस्ताचलं चुम्बति ॥ ६८ ॥ अध्वानं नैकचक्रः प्रभवति भुवनभ्रान्तिदीर्घं विलङ्घ्य प्रातः प्राप्तुं रथो मे पुनररिति मनसि न्यस्तचिन्तातिभारः । [१]सं-ध्याकृष्टावशिष्टस्वकरपरिकरैः स्पष्टहेमारपङ्क्ति व्याकृष्यावस्थि-तोऽस्तक्षितिभृति नयतीवैष दिक्चक्रमर्कः ॥ ६९ ॥ प्राची-मालम्बमाने घनतिमिरचये बान्धवे बन्धकीनां संप्राप्ते च प्रतीचीं शशिकरनिकरे वैरिणि स्वैरिणीनाम् । अर्धश्यामोप-लार्धस्फटिकमिव दिशामन्तरालं विधत्ते कालिन्दीजह्नुकन्या-मिलदमलजलस्यन्दसंदोहमैत्रीम् ॥ ७० ॥ संध्यावध्यस्रशोणं तनुदहनचिताङ्गारमन्दार्कबिम्बं तारानाराास्थिकीर्णे विशद-नरकङ्कायमाणोज्ज्वलेन्दु । हृष्यन्नक्तंचरौघं घनतिमिरम-हाधूमधूम्रानुकारं जातं लीलाश्मशानं जगदखिलमहो का-लकापालिकस्य ॥ ७१ ॥ गाढं प्रौढाङ्गनाभिः सुरतरत-मनःसंमदोत्सारिताक्षं मुग्धाभिः स्रस्तनेत्रं रतिसमरभयं चि-न्तयन्तीभिरेवम् । पान्थानामङ्गनाभिः ससलिलनयनं शून्य-चित्ताभिरुच्चैः कष्टं दृष्टोऽस्तशैलं भृशमभजदयं मण्डलश्च-ण्डरश्मेः ॥ ७२ ॥ व्योम्नस्तापिच्छगुच्छावलिभिरिव तमो-वल्लरीभिर्वियन्ते पर्यन्ताः प्रान्तवृत्त्या पयसि वसुमती नूतने मज्जतीव । वात्यासंवेगविष्वग्वितततवलयितस्फीतधूम्या-प्रकाशं प्रारम्भेऽपि त्रियामा तरुणयति निजं नीलिमानं वनेषु ॥ ७३ ॥

चक्रवाकावस्थाख्यानम् ।

रतिकेलिकलः कश्चिदेष मन्मथमन्थरः । पश्य सुभ्रु समाश्वस्तां कादम्बश्चुम्बति प्रियाम् ॥ १ ॥ दष्टतामरसके-सरत्यजोः क्रन्दतोर्विपरिवृत्तकण्ठयोः । निघ्नयोः सरसि चक्र-वाकयोरल्पमन्तरमनल्पतां गतम् ॥ २ ॥ आतपे धृतिमता सह वध्वा यामिनीविरहिणा विहगेन । सेहिरे न किरणा-हिमरश्मेर्दुःखिते मनसि सर्वमसह्यम् ॥ ३ ॥ गम्यतामुपगते नयनानां लोहितायति सहस्रमरीचौ । आससाद विरहय्य धरित्रीं चक्रवाकहृदयान्यभितापः ॥ ४ ॥ इच्छतां सह वधू-भिरभेदं यामिनीविरहिणां विहगानाम् । आपुरेव मिथुनानि वियोगं लङ्घ्यते न खलु कालनियोगः ॥ ५ ॥ यच्छति प्रतिमुखं दयितायै वाचमन्तिकगतेऽपि शकुन्तौ । नीयते स्म नतिमुज्झितहर्षं पङ्कजं मुखमिवाम्बुरुहिण्या ॥ ६ ॥ आयाति याति पुनरेव जलं प्रयाति पद्माङ्कुरं च विचिनोति

---

१ वियोगाकुलैः.

१ संध्यायां कृष्टा उपसंहतास्तेभ्योऽवशिष्टो यः स्वकराणां परि-करः समूहस्तद्रूपा स्पष्टा हेमनिर्मितानामराणां पङ्क्तिर्यस्मिंस्तत्.

२ दिशां चक्रं मण्डलम्, रथाङ्गं च.

धुनोति पक्षम्। उन्मत्तवद्भ्रमति कूजति मुक्तकण्ठः कान्ता-
वियोगविधुरो निशि चक्रवाकः ॥ ७ ॥ एकेनाक्ष्णा प्रवित-
तरुषा वीक्षते लम्बमानं भानोर्बिम्बं जलविलुलितेनापरेण
स्वकान्तम्। अह्नश्छेदे दयितविरहाशङ्किनी चक्रवाकी द्वौ
संकीर्णौ रचयति रसौ नर्तकीव प्रगल्भा ॥ ८ ॥ वापीतोयं
तटरुहवनं पद्मिनीपत्रशय्या चन्द्रालोको विकचकुसुमामोद-
हृद्यः समीरः। यत्रैतेऽपि प्रियविरहिणो दाहिनश्चक्रनाम्नस्त-
त्रोपायः क इव भवतु प्राणसंधारणो यः ॥ ९ ॥ चक्राह्वो
विरही हतोऽपि हृदये बाणेन न त्यक्तवान्प्राणान्प्राणसमास-
मागमसुखध्यानैकतानश्चिरम्। स्वां छायामवलोक्य वारिणि
गलद्रक्तामवेक्ष्य प्रियां भ्रान्तस्तद्व्रणवेदनापरिगतः कष्टं मृतः
सांप्रतम् ॥ १० ॥ तीरात्तीरमुपैति रौति करुणं चिन्तां
समालम्बते किंचिद्ध्यायति निश्चलेन मनसा योगीव युक्ते-
क्षणः। स्वां छायामवलोक्य कूजति पुनः कान्तेति मुग्धः
खगो धन्यास्ते भुवि ये निवृत्तमनसो धिग्दुःखितान्कामिनः
॥ ११ ॥ मित्रे क्वापि गते सरोरुहवने बद्धानने ताम्यति
क्रन्दत्सु भ्रमरेषु वीक्ष्य दयिताश्लिष्टं पुरः सारसम्। चक्राह्वेन
वियोगिना बिसलता नास्वादिता नोज्झिता वक्त्रे केवलमर्गलेव
निहिता जीवस्य निर्गच्छतः ॥ १२ ॥ भङ्क्त्वा भोक्तुं न
भुङ्क्ते कुटिलबिसलताकोटिमिन्दोर्वितर्कात्ताराकारास्तृषार्तः
पिबति न पयसां विप्रुषः पत्रसंस्थाः। छायामम्भोरुहाणाम-
लिकुलसबलां वेत्ति संध्यामसंध्यां कान्ताविश्लेषभीरुर्दिनमपि
रजनीं मन्यते चक्रवाकः ॥ १३ ॥

संध्यावर्णनम्।

उच्चैस्तरादम्बरशैलमौलेश्च्युतो रविर्गैरिकगण्डशैलः। त-
स्यैव पातेन विचूर्णितास्य संध्यारजोराजिरिवोज्जिहीते ॥१॥
विहिताञ्जलिर्जनतया दधती विकसत्कुसुम्भकुसुमारुणताम्।
चिरमुज्झितापि तनुरौज्झदसौ न पितृप्रसूः प्रकृतिमात्मभुवः
॥ २ ॥ अथ सान्द्रसांध्यकिरणारुणितं हरिहेतिहूति मिथुनं
पततोः। पृथगुत्पपात विरहार्तिदलद्धृदयस्रुतासृगनुलिप्तमिव
॥ ३ ॥ निलयः श्रियः सततमेतदिति प्रथितं यदेव जल-
जन्म तया। दिवसात्ययात्तदपि मुक्तमहो चपलाजनं प्रति
न चोद्यमदः ॥४॥ दिवसोऽनुमित्रमगमद्विलयं किमिहास्यते
बत मयाबलया। रुचिभर्तुरस्य विरहाधिगमादिति संध्ययापि
सपदि व्यगमि ॥ ५॥ मुग्धस्य केलिविजितस्मरचापयष्टेरात-
न्वती रुचिमतीव सुधाकरस्य। रागोद्धुरा स्फुटमुदञ्चितता-
रकश्रीः संध्याविरस्ति ननु कापि पतिंवरेव ॥ ६ ॥

रजनिवर्णनम्।

व्योमपात्रमपि चैकपाणिना विस्फुटोडुकुसुमानि बिभ्रती।
अन्यपाणिकलितेन्दुदर्पणा कामिनीव रजनीयमागता ॥ १ ॥
नृपतिपुरुषशङ्कितप्रचारं परगृहदूषणनिश्चितैकवीरम्। घनति-
मिरनिरुद्धसर्वभावा रजनिरियं जननीव संवृणोति ॥ २ ॥
अस्तोदयाचलविलम्बिरवीन्दुबिम्बव्याजात्क्षणं श्रवणयोर्नि-
हितारविन्दा। ताराच्छलेन कुसुमानि समुत्क्षिपन्ती संध्येय-
मागतवती प्रमदेव काचित् ॥ ३ ॥ शशाङ्के संनद्धे भरत
इव संध्यायवनिका तिरोभूत्वा पुष्पाञ्जलिमिव विकीर्योडुनि-
करम्। कलं गायन्तीभिः कुमुदवनभृङ्गीभिरधुना नभोरङ्गं
प्राप्ता विहरति निशालासिकवधूः ॥४॥ उन्मुक्ताभिर्दिवसम-
धुना सर्वतस्ताभिरेव स्वच्छायाभिर्निचुलितमिव प्रेक्ष्यते वि-
श्वमेतत्। पर्यन्तेषु ज्वलति जलधौ रत्नसानौ च मध्ये चि-
त्राङ्गीयं रमयति तमःस्तोमनीला धरित्री ॥ ५ ॥ ज्यो-
त्स्नाभस्मच्छुरणधवला बिभ्रती तारकास्थीन्यन्तर्धानव्यसनर-
सिका रात्रिकापालिकीयम्। द्वीपाद्द्वीपं भ्रमति दधती चन्द्र-
मुद्राकपाले न्यस्तं सिद्धाञ्जनपरिमलं लाञ्छनस्य च्छलेन ॥६॥

तमोवर्णनम्।

लिम्पतीव तमोऽङ्गानि वर्षतीवाञ्जनं नभः। असत्पुरुषसे-
वेव दृष्टिर्निष्फलतां गता ॥ १ ॥ अविज्ञातविशेषस्य सर्वते-
जोपहारिणः। स्वामिनो निर्विवेकस्य तमसश्च किमन्तरम्
॥ २ ॥ आपूरितदि[१]ङ् श्यामतमसंतमसैरलम्। ब्रह्माण्डम-
ण्डलं भाति सकज्जलकरण्डवत् ॥ ३ ॥ तनुलग्ना इव
ककुभः क्ष्मावलयं चरणचारपात्रमिव। वियदपि चालिक-
दम्नं मुष्टिग्राह्यं तमः कुरुते ॥ ४ ॥ अम्बरविपिनमिदानीं
तिमिरवराहोऽवगाहते जलधेः। रोमसु यदस्य लग्नास्तार-
कजलबिन्दवो भान्ति ॥ ५ ॥ घटितमिवाञ्जनपुञ्जैः पूरित-
मिव मृगमदक्षोदैः। ततमिव तमालतरुभिर्वृतमिव नीलांशु-
कै[२]र्भुवनम् ॥ ६ ॥ औषसातपभयादपलीनं वासरच्छविविरा-
मपटीयः। संनिपत्य शनकैरिव निम्नादन्धकारमुदवाप स-
मानि ॥ ७ ॥ एकतामिव गतस्य विवेकः कस्यचिन्न मह-
तोऽप्युपलेभे। भास्वता निदधिरे भुवनानामात्मनीव पतितेन
विशेषाः ॥ ८ ॥ रञ्जिता नु विविधास्तरुशैला नामितं नु
गगनं स्थगितं नु। पूरिता नु विषमेषु धरित्री संहृता नु
ककुभस्तिमिरेण ॥ ९ ॥ रात्रिरागमलिनानि विकासं पङ्कजानि
रहयन्ति विहाय। स्पष्टतारकमियाय नभःश्रीर्वस्तुमिच्छति

१ अङ्गलेपः. २ कौतुके. ३ योगिनी.

निरापदि सर्वः ॥ १० ॥ नोर्ध्वमीक्षणगतिर्न चाप्यधो नाभितो न पुरतो न पृष्ठतः । लोक एष तिमिरौघवेष्टितो गर्भवास इव वर्तते निशि ॥ ११ ॥ शुद्धमाविलमवस्थितं चलं वक्रमार्जवगुणान्वितं च यत् । सर्वमेव तमसा समीकृतं धिङ्महत्त्वमसतां हतान्तरम् ॥ १२ ॥ पिदधति [१] तिमिरे समस्तलोकं प्रलयमहाब्धिनिभे भृतोच्चनीचे । व्यरुचदुडुगणो वैलक्षरोचिर्[२]बहुविधफेनसमूहतुल्यरूपः ॥ १३ ॥ पतिते पतङ्गमृगराजि निजप्रतिबिम्बरोषित इवाम्बुनिधौ । अथ नागयूथमलिनानि जगत्परितस्तमांसि परितस्तरिरे ॥ १४ ॥ व्यसरन्नु भूधरगुहान्तरतः पटलं बहिर्बहलपङ्करुचि । दिवसावसानपटुनस्तमसो बहिरेत्य चाधिकमभक्त गुहाः ॥ १५ ॥ किमलम्बताम्बरविलग्नमधः किमवर्धतोर्ध्वमवनीतलतः । विससार तिर्यगथ दिग्भ्य इति प्रचुरीभवन्न निरधारि तमः ॥ १६ ॥ स्थगिताम्बरक्षितितले परितस्तिमिरे जनस्य दृशमन्धयति । दधिरे रसाञ्जनमपूर्वमतः प्रियवेश्मवर्त्म सुदृशो ददृशुः ॥ १७ ॥ अवधार्य कार्यगुरुतामभवन्न भयाय सान्द्रतमसन्तमसम् । सुतनोः स्तनौ च दयितोपगमे तनुरोमराजिपथवेपथवे ॥ १८ ॥ ददृशेऽपि भास्करुचाह्नि न यः स तमीं तमोभिरभिगम्य तताम् । द्युतिमग्रहीद्ग्रहगणो लघवः प्रकटीभवन्ति मलिनाश्रयतः ॥ १९ ॥ अनुलेपनानि कुसुमान्यबलाः कृतमन्यवः पतिषु दीपशिखाः । समयेन तेन चिरसुप्तमनोभवबोधनं समवबोधिषत ॥ २० ॥ विवस्वतानायिषतेव मिश्राः स्वगोसहस्रेण समं जनानाम् । गावोऽपि नेत्रापरनामधेयास्तेनेदमान्ध्यं खलु नान्धकारैः ॥ २१ ॥ चरमगिरिनिकुञ्जमुष्णभानौ भगवति गच्छति विप्रयोगखिन्ना । मुकुलितनयनाम्बुजा धरित्री वपुषि बभार तमांसि शैवलानि ॥ २२ ॥ काश्मीरगौरवपुषामभिसारिकाणामाबद्धरेखमभितो मणिमञ्जरीभिः । एतत्तमालदलनीलतमं तमिस्रं तत्प्रेमहेमनिकषोपलतां तनोति ॥ २३ ॥ उद्दामदिग्द्विरदचञ्चलकर्णपूरगण्डस्थलोच्चलदलिस्तबकाकृतीनि । मीलन्नभासि मृगनाभिसमानभांसि दिक्कन्दरेषु विलसन्तितमां तमांसि ॥ २४ ॥ सिन्धोः सुधांशुशकलं परिगृह्य संध्याक्षेमंकरी निपतिताम्बरभूरुहाग्रे । चञ्चूपुटेन चपलेन तया विकीर्णास्तारामिषेण पतिता इव पक्षखण्डाः ॥ २५ ॥ व्यसनिन इव विद्या क्षीयते पङ्कजश्रीर्गुणिन इव विदेशे दैन्यमायान्ति भृङ्गाः । कुनृपतिरिव लोकं पीडयत्यन्धकारो धनमिव कृपणस्य व्यर्थतामेति चक्षुः ॥ २६ ॥ इदं नभसि भीषणभ्रमदुलूककोलाहलैर्निशाचरविलासिनीनिवहदत्तनेत्रोत्सवम् । परिस्फुरति निर्भरप्रचुरपङ्कमग्नोल्लसद्वराहकुलमांसलप्रबलबन्धमन्धं तमः ॥ २७ ॥ पुरः पूर्वामेव स्थगयति ततोऽन्यामपि दिशं क्रमात्क्रामन्नद्रिद्रुमपुरविभागांस्तिरयति । उपेतः पीनत्वं तदनु भुवनस्येक्षणपथं तमःसंघातोऽयं हरति हरकण्ठद्युतिहरः ॥ २८ ॥ अमुष्मिन्नुद्यानद्रुमकुहरनीरन्ध्रभरिते तमःखण्डे पिण्डीकृतबहलकालायसघने । यंतामद्यास्माकं कथमपि पुरोन्यस्तचरणं निमेषेऽप्युन्मेषे नहि नहि विशेषो नयनयोः ॥ २९ ॥ काकोलं [३] कलकण्ठिका कुवलयं कादम्बिनी [३] कर्दमः कंसारिः कबरी [४] कृपाणलतिका [५] कस्तूरिका कज्जलम् । कालिन्दी कषपट्टिका करिघटा [६] कामारिकण्ठस्थली यस्यैते करदा [७] भवन्ति सखि तद्वन्दे विनिद्रं तमः ॥ ३० ॥ किं भूमौ परितः स्फुरन्ति करिणः कस्तूरिकाया रसैः सिक्ताः किं निखिला दिशः किमखिलं व्याप्तं मषीभिर्नभः । किं व्याप्तं भुवनं समस्तमपि च श्रीकण्ठकण्ठत्विषा कालिन्दीजलकान्तिभाजि निबिडे जातेऽन्धकारेऽधुना ॥ ३१ ॥ सद्यः सान्द्रमषीविलुप्तककुभः स्निग्धेन्द्रनीलद्रवव्यामीलन्नभसो निरन्तरमिलन्नीलीरसश्च्योतिनः । एते कोकिलकायकालिमहृतो लुम्पन्ति धूर्तं दृशोरुन्निद्राञ्जनपुञ्जमेचकरुचो भीमास्तमःप्रक्रमाः ॥ ३२ ॥ चिन्वच्चोरचिकीर्षितानि [८] घटयद्वेतालगोष्ठीसुखं तन्वानं शवसाधनोद्धतरसं [९] निर्व्याजवीरात्मनाम् । कुर्वत्कामकृशानुतप्तमनसां गुप्ताङ्गनासंगमं दृप्यत्कोकिलकालकण्ठमलिनं ध्वान्तं समुज्जृम्भते ॥ ३३ ॥ नाकाशं न दिशो न भूधरकुलं नाम्भोधयो न क्षितिर्न द्यौर्नाम्बुधरा न तीव्रकिरणो नेन्दुर्न तारागणः । एतैः षट्पदकायकान्तिपटलीपाण्डित्यवैतण्डिकैः कल्लोलैस्तमसामसांप्रतमयं विश्वव्ययः कल्प्यते ॥ ३४ ॥ एतद्व्योमवनीवराहवलयं विश्वैकवीरस्मरस्कन्धावारमदान्धसिन्धुरकुलं श्यामावधूकैशिकम् । चक्षुष्याञ्जनवस्तु घूकसदसां विश्लिष्टचक्राह्वयस्तोमान्तर्गतधूमकेतनमहाधूम्या तमस्तार्यते ॥ ३५ ॥ सर्वे ध्वान्तमिदं वदन्तु बहुधा सिद्धान्त एवं तु नः स्वाधारेषु करेषु पुष्करमणेः स्वस्तेषु नूनं शनैः । अस्तालम्बतयाम्बरेण पतता ग्रस्ते समस्ते जगत्युन्मीलत्करकन्दलैरपि विधोस्तत्तावदुत्तार्यते ॥ ३६ ॥ विश्वं चाक्षुषमस्तमस्ति हि तमःकैवल्यमौपाधिकप्राच्यादिव्य-

---

१ तिरोदधति सति. २ अन्धकारे. ३ धवलकान्तिः. ४ किरणाः.

१ गच्छताम्. २ विषभेदः. ३ मेघपङ्क्तिः ४ केशपाशः ५ खड्गलतिका. ६ गजसमूहः. ७ करप्रदाः. ८ कर्तव्यकर्माणि. ९ प्रेतसाधनविधिः.

वहारबीजविरहाद्दिङ्मात्रमेव स्थितम्। गृह्णन्ते भयहेतवः पटुभिरप्यक्षान्तरैर्भाति च ध्वान्तेनातिघनेन वस्तु वचसा ज्ञातः स्वरेणामुकः ॥ ३७ ॥ व्योम्नि प्राङ्गणसीम्नि सांध्यकिरणं विस्तार्य चेलाञ्चलं ध्वान्तैः कार्मणपांसुमिश्रं जगतां द्राङ् मोहयित्वा दृशौ । ताराशौक्तिकमौक्तिकानि विहगश्रेणीरवच्छद्मना जिंजिंकृत्य च मायिकः स्मरनटो वक्राद्बहिर्वर्षति ॥ ३८ ॥ उत्खातच्छिन्नसंध्यारुणकमलवनो व्योमकासारमध्यं मन्ये मत्तो निशीथाह्वयवनमहिषो मङ्क्ष्वविक्षन्निमक्षुः। तत्कालोद्विग्नमानः सह तनुपृथुभिस्तारकाबुद्बुदौघैस्तस्मादेवोज्जिहीते कलुषितभुवनं भीषणो ध्वान्तपङ्कः ॥३९॥ चूडारत्नैः स्फुरद्भिर्विषधरविवराण्युज्ज्वलानुज्ज्वलानि प्रेक्ष्यन्ते चक्रवाकीमनसि निविशते सूर्यकान्तात्कृशानुः। किं चामी शल्ययन्तस्तिमिरमुभयतो निर्भराहृस्तमिस्रासंघट्टोत्पिष्टसंध्याकणनिकरपरिस्पर्धिनो भान्ति दीपाः ॥ ४० ॥

अभिसारिकासंचारकथनम्।

मेघा वर्षन्तु गर्जन्तु मुञ्चन्त्वशनिमेव वा । गणयन्ति न शीतोष्णं रमणाभिमुखाः स्त्रियः ॥ १ ॥ मल्लिकामाल्यभारिण्यः सर्वाङ्गीणार्द्रचन्दनाः। क्षौमवत्यो न लक्ष्यन्ते ज्योत्स्नायामभिसारिकाः ॥ २ ॥ मल्लिकाचितधम्मिल्लाश्चारुचन्दनचर्चिताः। अविभाव्याः सुखं यान्ति चन्द्रिकास्वभिसारिकाः ॥ ३ ॥ गर्ज वा वर्ष वा मेघ मुञ्च वा शतशोऽशनिम्। न शक्या हि स्त्रियो रोद्धुं प्रस्थिता दयितं प्रति ॥ ४ ॥ प्राणेशमभिसरन्ती पथि स्खलन्ती सुपिच्छिले मुग्धा। अवलम्बनाय वारां धारासु करं प्रसारयति ॥ ५ ॥ अयियामिनि गजगामिनि कामिनि सौदामिनीव यं व्रजसि। जलदेनेव न जाने कति कति सुकृतानि तेन विहितानि ॥ ६ ॥ जलधर निर्लज्जस्त्वं यन्मां दयितस्य वेश्म गच्छन्तीम्। स्तनितेन भीषयित्वा धाराहस्तैः परामृशसि ॥ ७ ॥ यद्वदहल्याहेतोर्मृषा वदसि शक्र गौतमोऽस्मीति । तद्वन्ममापि दुःखं निरवेक्ष्य निवार्यतां जलदः ॥ ८ ॥ यदि गर्जति वारिधरो गर्जतु तन्नाम निष्ठुराः पुरुषाः। अयि विद्युत्प्रमदानां त्वमपि च दुःखं न जानासि ॥९॥ रभसादभिसर्तुमुद्यतानां वनितानां सखि वारिदो विवस्वान् । रजनी दिवसोऽन्धकारमर्चिर्विपिनं वेश्म विमार्ग एव मार्गः॥ १० ॥ चन्द्रोदये चन्दनमङ्कषु विहस्य विन्यस्य विनिर्गतायाः। मनो निहन्तुं मदनोऽपि बाणान्करेण कौन्दान्बिभरांबभूव ॥ ११ ॥ स्फुरदुरसिजभारभङ्गुराङ्गी किसलयकोमलकान्तिना पदेन। अथ कथय कथं सहेत गन्तुं यदि न निशासु मनोरथो रथः स्यात् ॥ १२ ॥ संचरन्ति मृगनाभिचर्चिता मेचकाम्बरकृतावगुण्ठनाः । प्राणनाथमभिसर्तुमुद्यताः सुभ्रुवस्तिमिरदेवता इव ॥ १३ ॥ क्व प्रस्थितासि करभोरु घने[1] निशीथे[2] प्राणाधिपो वसति यत्र जनः प्रियो मे । एकाकिनी वद कथं न बिभेषि बाले नन्वस्ति पुङ्खितशरो[3] मदनः सहायः ॥ १४ ॥ मन्दं निधेहि चरणौ परिधेहि नीलं वासः पिधेहि वलयावलिमञ्चलेन। मा जल्प साहसिनि शारदचन्द्रकान्तदन्तांशवस्तव तमांसि समापयन्ति ॥ १५ ॥ मूढे निरन्तरपयोधरया मयैव कान्तः सहाभिरमते यदि किं तवात्र। मां गर्जितैरिति मुहुर्विनिवारयन्ती मार्गं रुणद्धि कुपितेव निशा सपत्नी ॥ १६ ॥ उरसि निहितस्तारो हारः कृता जघने घने कलकलवती काञ्ची पादौ रणन्मणिनूपुरौ। प्रियमभिसरस्येवं मुग्धे त्वमाहतडिण्डिमा यदि किमधिकत्रासोत्कम्पं दिशः समुदीक्षसे ॥ १७ ॥ न जल्प दशनत्विषा भवति ते तमिस्रक्षतिस्तरङ्गय दृगञ्चलं भवतु तेन गाढं तमः। अपीह सखि साध्वसं पथि जहीहि निम्नोन्नते स्मरं समदसिन्धुरं समधिरुह्य निर्गच्छसि ॥ १८ ॥ वातोद्धूतमुखी प्रनष्टतिलका तोयार्द्रलीनांशुका मेघानां निनदेन भीतहृदया गत्वा प्रियस्यालयम्। द्वारं नेच्छति लज्जया प्रलपितुं देहीति वर्षाहता पादौ नूपुरकर्दमप्रतिहतौ संशब्दयन्ती स्थिता ॥ १९ ॥ मुक्तं मौक्तिकदाम हेमवलयश्रेणी समुत्सारिता वासो नीलमुरीकृतं नियमितो मञ्जीरकोलाहलः। गच्छन्त्यास्तव साहसं न सहते तन्वङ्गि संगोपनं धम्मिल्लच्युतमल्लिकापरिमलप्रौढो निशीथानिलः ॥ २० ॥ जाताः प्रासादपालीकनकवलभिकान्यस्तमाणिक्यदीपच्छायाविच्छर्दतुच्छीकृतविरलतमा ये निशीथान्धकाराः। तेऽमी स्फारीक्रियन्ते प्रतिविशिखमितः कान्तसंकेतधावद्वामभ्रूमुक्तनेत्रोत्पलतरलतरत्तारकामेचकिम्ना ॥ २१ ॥ उत्तंसः केकिपिच्छैर्मरकतवलयैः श्यामले दोःप्रकाण्डे हारः सान्द्रेन्द्रनीलैर्मृगमदरचितो वक्रपत्रप्रपञ्चः। नीलाब्जैः शेखरश्रीरसितवसनता चेत्यभीकाभिसारे संप्रत्येणेक्षणानां तिमिरभरसखी वर्तते वेषलीला ॥ २२ ॥ मलयजरसविलिप्ततनवो नवहारलताविभूषिताः सिततरदन्तपत्रकृतवक्त्ररुचो रुचिरामलांशुकाः। शशभृति विततधाम्नि धवलयति धरामविभाव्यतां गताः प्रियवसतिं प्रयान्ति सुखमेव निरस्तभियोऽभिसारिकाः ॥ २३ ॥

---

१ दुकूलधारिण्यः.

[1] निबिडे. [2] अर्धरात्रे. [3] पुङ्खिताः शरा येन.

नक्षत्रोदयवर्णनम्।

घनतरतिमिरघुणोत्करजग्धानामिव पतन्ति काष्ठानाम्। छिद्रैरमीभिरुडुभिः किरणव्याजेन चूर्णानि ॥ १ ॥ उद्धर्तुं किल शैलकेलिरभसस्रस्तानि पाथोनिधेरन्तर्भूषणमौक्तिकानि दिविजस्त्रीभिः समुत्कण्ठया। गाढं तत्र निमज्जितेन रविणा बद्ध्वा दृढं रश्मिभिः प्रोत्क्षिप्तानि निपत्य तानि गगने तारापदेशं दधुः ॥ २ ॥

चन्द्रोदयवर्णनम्।

ततः कुमुदनाथेन कामिनीगण्डपाण्डुना[1]। नेत्रानन्देन चन्द्रेण माहेन्द्री[2] दिगलंकृता ॥ १ ॥ कुमुदेष्वधिकं भान्ति पतिताश्चन्द्ररश्मयः। अतिप्रकृष्टशीलेषु कुलेष्विव समृद्धयः ॥ २ ॥ आनन्दं कुमुदादीनामिन्दुः कन्दलयन्नयम्। लङ्घयत्यम्बराभोगं हनूमानिव सागरम् ॥ ३ ॥ पिनष्टीव तरङ्गाग्रैः समुद्रः फेनचन्दनम्। तदादाय करैरिन्दुर्लिम्पतीव दिगङ्गनाः ॥ ४ ॥ नयनानन्ददायीन्दोर्बिम्बमेतत्प्रसीदति। अधुना विनिरुद्धाशं प्रविशीर्णमिदं तमः ॥ ५ ॥ नाशयन्तो घनध्वान्तं तापयन्तो वियोगिनः। पतन्ति शशिनः पादा भासयन्तः क्षमातलम् ॥ ६ ॥ ज्योत्स्नाचयः पयःपूरस्तारकाः कैरवाणि च। राजति व्योमकासारराजहंसः सुधाकरः ॥ ७ ॥ इदमाभाति गगने भिन्दानं संततं तमः। अमन्दनयनानन्दकरं मण्डलमैन्दवम् ॥ ८ ॥ उदयतटान्तरितमियं प्राची सूचयति दिङ्निशानाथम्[3]। परिपाण्डुना मुखेन प्रियमिव हृदयस्थितं रमणी ॥ ९ ॥ अथ पथिकवधूदहनः शनकैरुदभून्निशाकरालोकः। कुमुदप्रबोधदूतो व्यसनगुरुश्चक्रवाकीणाम् ॥ १० ॥ त्रिनयनचूडारत्नं मित्रं सिन्धोः कुमुद्वतीदयितः। अयमुदयति घुसृणारुणरमणीवदनोपमश्चन्द्रः ॥ ११ ॥ हंसो यथा राजति पञ्जरस्थः सिंहो यथा मन्दरकन्दरस्थः। वीरो यथा दर्पितकुञ्जरस्थश्चन्द्रोऽपि बभ्राम तथाम्बरस्थः ॥ १२ ॥ आकाशवापीसितपुण्डरीकं[4] शाणोपलं[5] मन्मथसायकानाम्। पश्योदितं शारदमम्बुजाक्षि संध्याङ्गनाकन्दुकमिन्दुबिम्बम् ॥ १३ ॥ वीथीषु वीथीषु विलासिनीनां मुखानि संवीक्ष्य शुचिस्मितानि। जालेषु जालेषु करं प्रसार्य लावण्यभिक्षामटतीव[6] चन्द्रः ॥ १४ ॥ नभोलताकुञ्जमुपागतायाः प्रमोदपर्याकुलतारकायाः। निशाङ्गनायाः स्फुरता करेण शशी तमःकञ्चुकमुन्मुमोच ॥ १५ ॥ मनोजराजस्य सितातपत्रं श्रीखण्डचित्रं हरिदङ्गनायाः। विराजति व्योमसरःसरोजं कर्पूरपूरप्रभमिन्दुबिम्बम् ॥ १६ ॥ अथ मन्मथवाहिनीपरागः किमपि ज्योतिरुदस्फुरत्पुरस्तात्। तिमिरस्य जरा चकोरकूरं[1] कुलटाकेलिवनीदवानलार्चिः ॥ १७ ॥ नवकुङ्कुमचर्चिका रजन्या गगनाशोकतरोः प्रवालपङ्क्तिः। मणिकुन्तलता स्मरस्य मन्ये शशिनः प्राथमिकी मयूखलेखा ॥ १८ ॥ उपोढरागेण विलोलतारकं तथा गृहीतं शशिना निशामुखम्। यथा समस्तं तिमिरांशुकं तया पुरोऽपि रागाद्गलितं न लक्षितम् ॥ १९ ॥ करमुदयमहीधरस्तनाग्रे गलिततमःपटलांशुके निवेश्य। विकसितकुमुदेक्षणं विचुम्बत्ययममरेशदिशो मुखं सुधांशुः ॥ २० ॥ अन्धकारगरलं यतो जगन्मोहकारि भृशमत्ति नित्यशः। उज्ज्वलं जठरमोषधीपतेरञ्जनाभमभवत्ततः प्रिये ॥ २१ ॥ मानिनीजनविलोचनपातानुष्णबाष्पकलुषान्प्रतिगृह्णन्। मन्दमन्दमुदितः प्रययौ खं भीतभीत इव शीतमयूखः ॥ २२ ॥ शंकरार्धतनुबद्धपार्वतीकुङ्कुमाक्तकुचकोरकाकृतिः। सूच्यते कमलिनीमिरुन्नमत्पद्मकोशकरलीलया शशी ॥ २३ ॥ इन्दुरिन्दुरिति किं दुराशया बिन्दुरेष पयसो विलोक्यते। नन्विदं विजयते मृगीदृशः श्यामकोमलकपोलमाननम् ॥ २४ ॥ रुद्धनिर्गमनमा दिनक्षयात्पूर्वदृष्टतनुचन्द्रिकास्मितम्। एतदुद्गिरति रात्रिचोदिता दिग्गृहस्मिव चन्द्रमण्डलम् ॥ २५ ॥ पश्य पक्कफलिनीफलत्विषा बिम्बलाञ्छितवियत्सरोम्भसा। विप्रकृष्टविवरं हिमांशुना चक्रवाकमिथुनं विडम्ब्यते ॥ २६ ॥ अङ्गुलीभिरिव केशसंचयं संनियम्य तिमिरं मरीचिभिः। कुड्मलीकृतसरोजलोचनं चुम्बतीव रजनीमुखं शशी ॥ २७ ॥ रक्तभावमपहाय चन्द्रमा जात एव परिशुद्धमण्डलः। विक्रिया न खलु कालदोषजा निर्मलप्रकृतिषु स्थिरोदया ॥ २८ ॥ उन्नतेषु शशिनः प्रभा स्थिता निम्नसंश्रयपरं निशातमः। नूनमात्मसदृशी प्रकल्पिता वेधसैव गुणदोषयोर्गतिः ॥ २९ ॥ चन्द्रपादजनितप्रवृत्तिभिश्चन्द्रकान्तजलबिन्दुभिर्गिरिः। मेखलातरुषु निद्रितानमून्बोधयत्यसमये शिखण्डिनः ॥ ३० ॥ उन्नतावनतभागवत्तया चन्द्रिका सतिमिरा गिरेरियम्। भक्तिभिर्बहुविधाभिरर्पिता भाति भूतिरिव मत्तदन्तिनः ॥ ३१ ॥ एतदुच्छ्वसितपीतमैन्दवं सोढुमक्षममिव प्रभारसम्। मुक्तषट्पदविरावमञ्जसा भिद्यते कुमुदमा निबन्धनात् ॥ ३२ ॥ आननानि हरिणीनयनानामद्भुतानि च समीक्ष्य जगत्याम्।

---

१ विरहिणीकपोलवत्पाण्डुरेण. २ प्राची. ३ चन्द्रम्. ४ आकाश एव वापी तस्याः श्वेतकमलम्. ५ शाणपाषाणः. शस्त्रादितीक्ष्णकरणार्थः पाषाण इति यावत्. ६ सौन्दर्यस्य याचनाम्.

१ चकोराणां क्रूरमोदनम्. भोजनमिति यावत्.

लज्जयैव घनमण्डललीनो मन्दमन्दमहहेन्दुरुदेति ॥ ३३ ॥
व्यानशे शशधरेण विमुक्तः केतकीकुसुमकेसरपाण्डुः ।
चूर्णमुष्टिरिव लम्बितकान्तिर्वासवस्य दिशमंशुसमूहः ॥३४॥
उज्झती शुचमिवाशु तमिस्रामन्तिकं व्रजति तारकराजे ।
दिक्प्रसादगुणमण्डनमूहे रश्मिहासविशदं मुखमैन्द्री ॥३५॥
नीलनीरजनिभे हिमगौरं शैलरुद्धवपुषः सितरश्मेः । खे र-
राज निपतत्करजालं वारिधेः पयसि गाङ्गमिवाम्भः ॥ ३६ ॥
द्यां निरुन्धदतिनीलघनाभं ध्वान्तमुद्यतकरेण पुरस्तात् ।
क्षिप्यमाणमसितेतरभासा शंभुनेव करिचर्म चकासे ॥ ३७ ॥
अन्तिकान्तिकगतेन्दुविसृष्टे जिह्मतां जहति दीधितिजाले ।
निःसृतस्तिमिरभारनिरोधादुच्छ्वसन्निव रराज दिगन्तः ॥३८॥
लेखया विमलविद्रुमभासा संततं तिमिरमिन्दुरुदासे । दं-
ष्ट्रया कनकटङ्कपिशङ्गया मण्डलं भुव इवादिवराहः ॥ ३९ ॥
दीपयन्नथ नभः किरणौघैः कुङ्कुमारुणपयोधरगौरः । हेम-
कुम्भ इव पूर्वपयोधेरुन्ममज्ज शनकैस्तुहिनांशुः ॥ ४० ॥
उद्गतेन्दुमविभिन्नतमिस्रां पश्यति स्म रजनीमवितृप्तः । व्यं-
शुकस्फुटमुखीमतिजिह्मां व्रीडया नववधूमिव लोकः ॥ ४१ ॥
न प्रसादमुचितं गमिता द्यौर्नोद्धृतं तिमिरमद्रिवनेभ्यः ।
दिङ्मुखेषु न च धाम विकीर्णं भूषितैव रजनी हिमभासा
॥ ४२ ॥ श्लिष्यतः प्रियवधूरुपकण्ठं तारकास्ततकरस्य
हिमांशोः । उद्वमन्नभिरराज समन्तादङ्गराग इव लोहित-
रागः ॥ ४३ ॥ प्रेरितः शशधरेण करौघः संहतान्यपि
नुनोद तमांसि । क्षीरसिन्धुरिव मन्दरभिन्नः काननान्यविर-
लोच्चतरूणि ॥ ४४ ॥ शारतां गमितया शशिपादैश्छायया
विटपिनां प्रतिपेदे । न्यस्तशुक्लबलिचित्रतलाभिस्तुल्यता
वसतिवेश्ममहीभिः ॥ ४५ ॥ गन्धमुद्धतरजःकणवाही विक्षि-
पन्विकसतां कुमुदानाम् । आदुधाव परिलीनविहङ्गा यामि-
नीमरुदपां नवराजीः ॥ ४६ ॥ संविधातुमभिषेकमुदासे म-
न्मथस्य लसदंशुजलौघः । यामिनीवनितया ततचिह्नः सो-
त्पलो रजतकुम्भ इवेन्दुः ॥ ४७ ॥ ओजसापि खलु नून-
मनूनं नासहायमपयाति जयश्रीः । यद्विभुः शशिमयूखसखः
सन्नाददे विजयि चापमनङ्गः ॥ ४८ ॥ कलितमम्बरमाक-
लयन्करैर्मृदितपङ्कजकोशपयोधरः । विकसदुत्पलनेत्रविलो-
कितः सखि निशां सरसीकुरुते विधुः ॥ ४९ ॥ वसुधा-
न्तनिःसृतमिवाहिपतेः पटलं फणामणिसहस्ररुचाम् । स्फुरदं-
शुजालमथ शीतरुचः ककुभं समस्कुरुत माघवनीम् ॥५०॥
विशदप्रभापरिगतं विबभावुदयाचलव्यवहितेन्दुवपुः । मुख-
मप्रकाशदशनं शनकैः सविलासहासमिव शक्रदिशः ॥५१॥
कलया तुषारकिरणस्य पुरः परिमन्दभिन्नतिमिरौघजटम् ।
क्षणमभ्यपद्यत जनैर्न मृषा गगनं गणाधिपतिमूर्तिरिति
॥ ५२ ॥ नवचन्द्रिकाकुसुमकीर्णतमःकबरीभृतो मलयजा-
र्द्रमिव । ददृशे ललाटतटहारि हरेर्हरितो मुखे तुहिनरश्मि-
दलम् ॥ ५३ ॥ प्रथमं कलाभवदथार्धमथो हिमदीधितिर्म-
हदभूदुदितः । दधति भ्रुवं क्रमश एव न तु द्युतिशालिनो-
ऽपि सहसोपचयम् ॥ ५४ ॥ उदमज्जि कैटभजितः शय-
नादपनिद्रपाण्डुरसरोजरुचा । प्रथमप्रबुद्धनदराजसुता-
वदनेन्दुनेव तुहिनद्युतिना ॥ ५५ ॥ अथ लक्ष्मणानुगत-
कान्तवपुर्जलधिं विलङ्घ्य शशिदाशरथिः । परिवारितः
परित ऋक्षगणैस्तिमिरौघराक्षसकुलं बिभिदे ॥ ५६ ॥ उप-
जीवति स्म सततं दधतः परिमुग्धतां वणिगिवोडुपतेः ।
घनवीथिवीथिमवतीर्णवतो निधिरम्भसामुपचयाय कलाः
॥ ५७ ॥ रजनीमवाप्य रुचमाप शशी सपदि व्यभूषय-
दसावपि ताम् । अविलम्बितक्रममहो महतामितरेतरोपकृ-
तिमच्चरितम् ॥ ५८ ॥ दिवसं भृशोष्णरुचिपादहतां रुद-
तीमिवानवरतालिरुतैः । मुहुरामृशन्मृगधरोऽग्रकरैरुदशिश्व-
सत्कुमुदिनीवनिताम् ॥५९॥ प्रतिकामिनीति ददृशुश्चकिताः
स्मरजन्मधर्मपयसोपचिताम् । सुदृशोऽभिभर्तृशशिरश्मिगल-
ज्जलबिन्दुमिन्दुमणिदारुवधूम् ॥ ६० ॥ अमृतद्रवैर्विदधद-
ब्जदृशामपमार्गमोषधिपतिः स्म करैः । परितो विसर्पि परि-
तापि भृशं वपुषोऽवतारयति मानविषम् ॥ ६१ ॥ अम-
लात्मसु प्रतिफलन्नभितस्तरुणीकपोलफलकेषु मुहुः । विस-
सार सान्द्रतरमिन्दुरुचामधिकावभासितदिशां निकरः ॥६२॥
उपगूढवेलमलघूर्मिभुजैः सरितामचुक्षुभदधीशमपि । रजनी-
करः किमिव चित्रमहो यदुरागिणां गणमनङ्गलघुम् ॥६३॥
भवनोदरेषु परिमन्दतया शयितोऽलसः स्फटिकयष्टिरुचः ।
अवलम्ब्य जालकमुखोपगतानुदतिष्ठदिन्दुकिरणान्मदनः
॥ ६४ ॥ अविभावितेषुविषयः प्रथमं मदनोऽपि नूनमभव-
त्तमसा । उदिते दिशः प्रकटयत्यमुना यदधर्मधाम्नि धनुरा-
चकृषे ॥ ६५ ॥ युगपद्विकासमुदयाद्गमिते शशिनः शिली-
मुखगणोऽलभत । द्रुतमेत्य पुष्पधनुषो धनुषः कुमुदेऽङ्ग-
नामनसि चावसरम् ॥ ६६ ॥ ककुभां मुखानि सहसोज्ज्वल-
यन्दधदाकुलत्वमधिकं रतये । अदिदीपदिन्दुरपरो दहनः
कुसुमेषुमत्रिनयनप्रभवः ॥ ६७ ॥ ख्याता वयं समधुपा
मधुकोशवत्यश्चन्द्रः प्रसारितकरो द्विजराज एषः । अस्मत्स-
मागमकृतोऽस्य पुनर्द्वितीयो मा भूत्कलङ्क इति संकुचिता
नलिन्यः ॥ ६८ ॥ उद्गर्भहूणतरुणीरमणोपमर्दभुग्नोन्नतस्त-
ननिवेशनिभं हिमांशोः । बिम्बं कठोरबिसकाण्डकडारमेत-
द्दम्भापदं प्रथममग्रकरैर्व्यनक्ति ॥ ६९ ॥ ताराक्षतान्प्रति-

किरन्कलकण्ठनादान्मन्त्राक्षराणि निगदन्कुसुमेषुरेषः । लाभाय वासरमणेर्मुषितस्य सायं संचारयत्यमृतदीधितिकांस्यपात्रम् ॥ ७० ॥ एतद्विभाति चरमाचलचूडचुम्बिडिण्डीरपिण्डरुचिशीतमरीचिबिम्बम् । उज्ज्वालितस्य रजनीं मदनानलस्य धूमं दधत्प्रकटलाञ्छनकैतवेन ॥ ७१ ॥ भूयस्तराणि यदमूनि तमस्विनीषु ज्योत्स्नीषु च प्रविरलानि ततः प्रतीमः । संध्यानलेन भृशमम्बरमूषिकायामावर्तितैरुडुभिरेव कृतोऽयमिन्दुः ॥ ७२ ॥ उज्जृम्भते कुमुदिनीसुकृतं मृगाङ्को विष्वग्विकीर्णपरिपाटलरश्मिदण्डः । उत्सूतविद्रुमकुलो जलधेस्तरङ्गादुत्क्षिप्यमाण इव कश्चन राजकम्बुः ॥ ७३ ॥ गगनविपिनसिंहः कामभूपातपत्रं निखिलदिगबलानां कन्दुकं क्रीडनाय । मणिरिव रतिभर्तुः कार्मणः पार्वणोऽयं जयति कुमुदबन्धुर्बन्धुरश्चन्द्रबिम्बः ॥ ७४ ॥ अयमुदयति चन्द्रो वारिधेरम्बुगर्भादमृतकणकरालैरंशुभिर्दीप्यमानः । भुजगशयनवक्षोहर्म्यदेशे ललन्त्या वदनमिव यदृच्छोत्तानितं विश्वमातुः ॥ ७५ ॥ अयमुदयति चन्द्रश्चन्द्रिकाधौतविश्वः परिणतविमलिम्नि व्योम्नि कर्पूरगौरः । ऋजुरजतशलाकास्पर्धिभिर्यस्य पादैर्जगदमलमृणालीपञ्जरस्थं विभाति ॥ ७६ ॥ उदयति कलमन्द्रैः कण्ठतालैरलीनां कुमुदमुकुलकेषु व्यञ्जयन्नङ्गहारान् । मदमुखरचकोरीतोयकर्मान्तिकोऽयं तुहिनरुचिरधामा दक्षिणं लोकचक्षुः ॥७७॥ मृगाङ्कोऽयं धत्ते गगनजलतः फेनतुलनां सितच्छत्राकारां मदननृपतेर्विश्वजयिनः । त्रियामारामायां मलयजविशेषप्रतिकृतिं जगद्धात्रीदेव्या मणिमुकुटलक्ष्मीं च विमलाम् ॥ ७८ ॥ कपाले मार्जारः पय इति करांल्लेढि शशिनस्तरुच्छिद्रप्रोतान्बिसमिति करी संकलयति । रतान्ते तल्पस्थान्हरति वनिताप्यंशुकमिति प्रभामत्तश्चन्द्रो जगदिदमहो विप्लवयति ॥ ७९ ॥ अयं नेत्रादत्रेरजनि रजनीवल्लभ इति भ्रमः कोऽयं प्रज्ञापरिचयपराधीनमनसाम् । सुधानामाधारः स खलु रतिबिम्बाधरसुधारसासेकस्निग्धादजनि नयनात्पुष्पधनुषः ॥ ८० ॥ जटाभाभिर्भाभिः करधृतकलङ्काक्षवलयो वियोगिव्यापत्तेरिव कलितवैराग्यविशदः । परिप्रेङ्खत्तारापरिकरकपालाङ्किततले शशी भस्मापाण्डुः पितृवन इव व्योम्नि चरति ॥ ८१ ॥ तथा पौरस्त्यायां दिशि कुमुदकेदारकलिकाकवाटघ्नीमिन्दुः किरणलहरीमुल्लसयति । समन्तादुन्मीलद्बहलजलबिन्दुस्तबकिनो यथा पुञ्जायन्ते प्रतिगुडकमेणाङ्कमणयः ॥ ८२ ॥ सुधारश्मिः सद्यस्तिमिरनिकरान्तं विरचयन्नलिन्देभ्यः स्पन्दं शशिमणिसमुत्थं च वितरन् । उदेत्यादौ रक्ताम्बुजसमरुचिः कैरववने प्रमोदं तन्वानो मधुपवनितागीतिमधुरम् ॥ ८३ ॥ त्रिनयनजटावल्लीपुष्पं निशावदनस्मितं ग्रहकिसलयं संध्यानारीनितम्बनखक्षतिः । तिमिरभिदुरं व्योम्नः शृङ्गं मनोभवकार्मुकं प्रतिपदि नवस्येन्दोर्बिम्बं सुखोदयमस्तु नः ॥ ८४ ॥ प्रथममरुणच्छायस्तावत्ततः कनकप्रभस्तदनु विरहोत्ताम्यत्तन्वीकपोलतलद्युतिः । उदयति ततो ध्वान्तध्वंसक्षमः क्षणदामुखे सरसबिसिनीकन्दच्छेदच्छविर्मृगलाञ्छनः ॥ ८५ ॥ मयूखनखरत्रुटत्तिमिरकुम्भिकुम्भस्थलोच्छलत्तरलतारकागणविकीर्णमुक्तागणः । पुरंदरहरिद्दरीकुहरगर्भसुप्तोत्थितस्तुषारकरकेसरी गगनकाननं गाहते ॥ ८६ ॥ प्रसारणपरैः करैः प्रकटितानुरागोदये सुधाकिरणकामुके त्वरितमम्बरालम्बिनि । तदा विगलितोल्लसत्तिमिरजालनीलांशुका पुरंदरदिगङ्गना पुलकितैव तारागणैः ॥ ८७ ॥ कलानिधिरयं रवेः[1] समुपलभ्य रूपं स्वयं दिनान्तसमयेऽस्पृशत्सपदि पद्मिनीं रागवान् । ध्वान्[2]यकरसंगमान्मुकुलितेति पूर्वा[3]कृतिं समीक्ष्य जहसुः प्रियाः[4] ध्रुवमभूदतः पाण्डुरः ॥ ८८ ॥ दर्पोद्रेकः कुसुमधनुषो जीवितं कैरवाणां जीवंजीवप्रणयगरिमा भाग्यराशिर्निशायाः । शृङ्गारश्रीललितहसितं पानपात्रं सुराणां पौरस्त्याद्रेर्जयति शिखरं किं तमः स्थातुमीष्टे ॥ ८९ ॥ तैः सर्वज्ञीभवदभिसृतानेत्रसिद्धाञ्जनैर्वा नीरन्ध्रैर्वा त्रिभुवनदृशामन्धपट्टैस्तमोभिः । व्याप्तं पृथ्वीवलयमखिलं क्षालयन्नुच्छलद्भिर्ज्योत्स्नाजालैरयमुदयते शर्वरीसार्वभौमः ॥ ९० ॥ पश्योदेति वियोगिनी[5]दिनमणिः शृङ्गाररक्षामणिस्तारामौक्तिकहारनायकमणिश्चण्डीशचूडामणिः । प्रौढानङ्गभुजंगमस्तकमणिः कंदर्पसीमन्तिनीकाञ्चीमध्यमणिश्चकोरपरिषच्चिन्तामणिश्चन्द्रमाः ॥९१॥ ॐकारो मदनद्विजस्य गगन[6]क्रोडैकदंष्ट्राङ्कुरस्तारामौक्तिकशुक्तिरन्धतमसस्तम्बेरमस्याङ्कुशः । शृङ्गारार्गल[7]कुञ्चिका विरहिणीमर्मच्छिदा कर्तरी संध्यावारवधूनखक्षतिरियं चान्द्री कला राजते ॥ ९२ ॥ स्वैरं कैरवकोरकान्विदलयन्यूनां मनो दोलयन्नम्भोजानि निमीलयन्मृगदृशां मानं समुन्मूलयन् । ज्योत्स्नां कन्दलयन्दिशो धवलयन्नम्भोधिमुद्वेलयन्कोकानाकुलयंस्तमः कवलयन्निन्दुः समुज्जृम्भते ॥ ९३ ॥ एष स्वर्गतरंगिणीजलमिलद्दिग्दन्तिदन्तद्युतिभ्रंश्यद्राजतकुम्भविभ्रमधरः शीतांशुरभ्युद्यतः । हंसीयत्यमलाम्बुजीयति लसड्डिण्डीरपिण्डीयति स्फारस्फाटिककुण्डलीयति दिशामान-

१ सूर्यात्. २ पतिः. ३ पूर्ववदाकृतिः स्वरूपं यस्य तथा बिम्बम्. प्रथमं पद्मिनीदर्शनेन विकृताकृतिः पश्चान्मुकुलीभावेन निराशतदा विकारापगमेन स्वरूपस्थितिं प्राप्तमित्यर्थः. ४ कैरविण्यः. ५ विरहिणीनां सर्वसंतापकः. ६ वराहः. ७ उद्घाटनसाधनम्.

न्दकन्दीयति ॥ ९४ ॥ अद्यापि स्तनशैलदुर्गविषमे सीमन्तिनीनां हृदि स्थातुं वाञ्छति मान एष धिगिति क्रोधादिवालोहितः । उद्यद्दूरतरप्रसारितकरः कर्षत्यसौ तत्क्षणात्फुल्लत्कैरवकोशनिःसरदलिश्रेणीकृपाणं शशी ॥ ९५ ॥ कैलासायितमद्रिभिर्विटपिभिः श्वेतातपत्रायितं मृत्पङ्केन दधीयितं जलनिधौ दुग्धायितं वारिभिः । मुक्ताहारलतायितं व्रततिभिः शङ्खायितं श्रीफलैः श्वेतद्वीपजनायितं जनपदैर्जाते शशाङ्कोदये ॥ ९६ ॥ पीयूषाश्रपणं जगत्रयदृशामालानलेखालवो विश्वोन्माथहुताशनस्य ककुभामुद्घाटिनी कुञ्चिका । वीरेषु प्रथमा च पुष्पधनुषो रेखा मृगाक्षीमुखश्रीणां च प्रतिराजबीजमधिकानन्दी नवश्चन्द्रमाः ॥ ९७ ॥ दिग्बालाकरकन्दुकः स्मरवधूसीमन्तमुक्तामणिः कामक्षोणिपतेर्विहारवलभीनिर्व्यूहपारावतः । हट्टव्योम्नि विकीर्णतारकमणिः श्यामा वणिक्सुभ्रुवः स्फारः स्फाटिकसंपुटः कुमुदिनीकान्तोऽयमुन्मीलति ॥ ९८ ॥ यातस्यास्तमनन्तरं दिनकृतो वेषेण रागान्वितः स्वैरं शीतकरः करं कमलिनीमालिङ्गितुं योजयन् । शीतस्पर्शमुपेत्य संप्रति तया रुद्धे सुखाम्भोरुहे हासेनेव कुमुद्वतीवनितया वैलक्ष्यपाण्डूकृतः । ॥ ९९ ॥ एतत्कोककुटुम्बिनीजनमनःशल्यं चकोराङ्गनाचञ्चूकोटिकपाटयोर्घटितयोरुद्घाटिनी कुञ्चिका । दग्धस्यापि नवाङ्कुरः स्मरतरोरार्द्रागसां प्रेयसीमानोद्दामगजाङ्कुशो विजयते मुग्धं सुधांशोर्वपुः ॥ १०० ॥ क्षीराब्धेर्लहरीषु फेनधवलाश्चन्द्रोपलेषु स्रवत्पाथःसीकरिणो विकासिकुमुदक्रोडे रजःपिञ्जराः । उन्मीलन्ति चकोरचञ्चुगहने छिन्नप्ररूढाश्चमत्कुर्वन्तः प्रियविप्रयुक्तरमणीगात्रे सुधांशोः कराः ॥१०१॥ ध्वान्तौघे शितिकण्ठकण्ठमहसि प्रासे प्रतीचीमुखं प्राचीमञ्चति किं च दुग्धलहरीमुग्धे विधोर्धामनि । एतत्कोकचकोरशोकरभसम्लानप्रसन्नोल्लसद्दृक्पातोर्मिकदम्बचुम्बितमिव त्रैलोक्यमाभासते ॥ १०२ ॥ शीतांशुस्फटिकालवालवलयद्रागुल्लसत्कौमुदीवल्लीनूतनपल्लवाञ्चितमिव प्राप्य क्षणं ताम्रताम् । चञ्चन्मत्तचकोरचञ्चुघटनाच्छिन्नाग्रकाण्डस्रुतक्षीरस्यन्दनिरन्तराप्लुतमिव श्वेतं वियद्भासते ॥ १०३ ॥ यः श्रीखण्डतमालपत्त्रति दिशः प्राच्या स्मरक्ष्मापतेः पाण्डुच्छत्त्रति दन्तपत्त्रति वियल्लक्ष्मीकुरङ्गीदृशः । केलिश्वेतसहस्रपत्त्रति रतेः किं च क्षपायोषितः क्रीडाराजतसीधुपात्त्रति शशी सोऽयं जगन्नेत्राते ॥ १०४ ॥ ये पूर्वं यवसूचिसूत्रसुहृदो ये केतकाग्रच्छदच्छायासाम्यभृतो मृणाललतिकालावण्यभाजोऽत्र ये ! ये धाराम्बुविडम्बिनः क्षणमथो ये तारहारश्रियस्तेऽमी स्फाटिकदण्डडम्बरजितो जाताः सुधांशोः कराः॥१०५॥ सद्यश्चन्दनपङ्कपिच्छिलमिव व्योमाङ्गणं कल्पयन्पश्यैरावतकान्तदन्तमुसलच्छेदोपमेयाकृतेः । उद्गच्छत्ययमच्छमौक्तिकलताप्रालम्बलम्बैः करैर्मुग्धानां स्मरलेखवाचनकलाकेलिप्रदीपः शशी ॥१०६॥ कोकानाकुलयंश्चकोरतरुणीवैकल्यमुन्मूलयन्नम्भोजानि निमीलयन्कुमुदिनीरुन्मीलयन्सर्वतः । पान्थानाकुलतां नयन्कुलवधूचेतः समुल्लासयन्नस्तं याति दिवापतिः समुदयं यात्येष दोषापतिः ॥१०७॥ स्वर्गामामृतपानचारुचषकं किं कामदेवाङ्गनाक्रीडाकन्दुक एष किं सुरनदीडिण्डीरपिण्डः किमु । किं छत्त्रं स्मरभूपतेः किमु यशःपुञ्जं पुरस्तादिदं चेतःसंशयकारकं समुदितं शीतद्युतेर्मण्डलम् ॥१०८॥ पद्मिन्या दयितेऽनुधावति रुषा स्वं पद्मिनीद्रोहिणं भ्रान्त्वा भीतमना दिगन्तमखिलं चन्द्रो जगाहेऽम्बुधिम् । गाढे तत्र च तत्र विह्वलममुं कर्षन्ति ताराः पतिं सोऽयं तच्छ्रमवारिकुङ्कुमरसैः सिक्तोऽरुणो दृश्यते ॥१०९॥ भानावभ्युदिते तथा मयि गते किं स्यान्मम प्रेयसी हा हेत्यस्तमितः शशी रसवशादिन्दीवरिण्याः स्मरन् । सोयं संप्रति नीलिमाङ्किततनुस्तस्माद्दरीदृश्यते ये वै यत्किल संस्मरन्ति चरमे तद्रूपमेष्यन्ति ते ॥११०॥ आदायामृतपूर्णमर्कचषकं शोणारविन्दप्रभे पाणाविन्द्रवधूर्विलोक्य च पुनस्तस्मिन्नभःश्यामिकाम् । चिक्षेपोपरि कोपतः परिजनेऽसंशोध्य दत्ता सुधेत्येनं तं शशिनं प्रशंसति जनस्तत्पाणिमुक्तार्जुनम् ॥१११॥ आनीलां करपल्लवैरपनयन्नच्छां तमःकञ्चुकीमाशां संप्रति वासवीमनुसरन्नक्षीणरागः शशी । अस्याश्च स्तनसङ्गिनीमिव वहन्नङ्केन कस्तूरिकामालिङ्गत्ययमादरेण रजनीमर्धोन्मिषत्तारकाम् ॥ ११२ ॥ यत्पीयूषमयूखमालिनि तमःस्तोमावलीढायुषां नेत्राणामपमृत्युहारिणि पुरः सूर्योढ एवातिथौ । अम्भोजानि पराञ्चि तन्निजमघं दत्त्वैव तेभ्यस्ततो गौराङ्गीवदनोपमासुकृतमादत्ते पतिर्यज्वनाम् ॥ ११३ ॥ यं प्राक्प्रत्यगवागुदञ्चि ककुभां नामानि संबिभ्रतं ज्योत्स्नाजालझलज्झलाभिरभितो लुम्पन्तमन्धं तमः । प्राचीनादचलादितस्त्रिजगतामालोकबीजाद्बहिर्निर्यान्तं हरिणाङ्कमङ्कुरमिव द्रष्टुं जनो जीवति ॥ ११४ ॥ स श्रीकण्ठकिरीटकुट्टिमपरिष्कारप्रदीपाङ्कुरो देवः कैरवबन्धुरन्धतमसप्राग्भारकुक्षिंभरिः । संस्कर्ता निजकान्तिमौक्तिकमणिश्रेणीभिरेणीदृशां गीर्वाणाधिपतेः सुधारसवतीपौरोगवः प्रोदगात् ॥११५॥ प्राचीनाचलचुम्बिचन्द्रमणिभिर्निर्व्यूढपाद्यं निजैर्निर्यासैरुडुभिर्निजेन वपुषा दत्तार्घलाजाञ्जलि । अन्तःप्रौढकलङ्कतुच्छमभितः सान्द्रं परिस्तीर्यते बिम्बादङ्कुरभग्ननैशिकतमःसंदोहमिन्दोर्महः ॥११६॥ सायं नायमुदेति वासरमणिश्चन्द्रो नु चन्द्रद्युतिर्दावाग्निः कथमम्बरे किमशनिः स्वच्छान्तरीक्षे कुतः । हन्तेदं निरणायि

पान्थरमणीप्राणानिलाशाशया धावद्धोरविभावरीविषधभोरीगस्य भीमो मणिः ॥ ११७॥ प्राणायामोपदेष्टा सरसिरुहमुनेर्यौवनोन्मादलीलागोष्ठीनां पीठमर्दस्त्रिभुवनवनितानेत्रयोः प्रातराशः। कामाग्निष्टोमयज्वा शमितकुमुदिनीमौनमुद्रानुरागः शृङ्गाराद्वैतवादी प्रभवति भगवानेष पीयूषभानुः ॥ ११८॥ कल्लोलक्षिप्तपङ्कत्रिपुरहरशिरःस्वःस्रवन्तीमृणालं कर्पूरक्षोदजालं कुसुमशरवधूसीधुभृङ्गारनालम्। एतद्दुग्धाब्धिबन्धोर्गगनकमलिनीपत्रपानीयबिन्दोरन्तस्तोषं न केषां किसलयति जगन्मण्डनं खण्डमिन्दोः ॥ ११९ ॥ संरम्भोद्रिक्तनक्तंसमयदशमुखोच्चण्डदोर्दण्डहेलाकैलासः ससलोकीजयमुदितमनोजन्मवादित्रशङ्खः। लोलाक्षीगण्डपालीलवणिमजलधेरुद्गतः फेनपिण्डः पश्य व्योमावकाशं विशति विरहिणां दत्तशङ्कः शशाङ्कः ॥ १२० ॥ क्वैतन्मार्तण्डबिम्बं सरसि सरसिजश्रेणिहास्यं क्व यातं क्वैते याता रथाङ्गाः सपदि गतह्रियः क्व प्रविष्टा मरालाः। संध्यारागारुणाङ्गः कुपित इव पतिः प्रोद्यतोऽयं हिमांशुर्मन्ये हर्षादिवेयं हसति कुमुदिनी जाग्रतीवालिनादैः ॥ १२१ ॥ प्राचीभागे सरागे धरणिविरहिणीक्रान्तवक्रे समुद्रे निद्रालौ नीरजालौ विकसति कुमुदे निर्विकारे चकोरे। आकाशे सावकाशे तमसि शममिते नागलोके सशोके कंदर्पे मन्ददर्पे वितरति किरणाञ्शर्वरीसार्वभौमः॥ १२२ ॥

चन्द्रकलावर्णनम् ॥ अकलङ्कचन्द्रकलया कलिता सा भाति वारुणी तरुणी। भालस्थलीव शंभोः संध्याध्यानोपविष्टस्य ॥ १२३ ॥

ज्योत्स्नावर्णनम् ॥ दलविततिभृतां तले तरूणामिह तिलतण्डुलितं मृगाङ्करोचिः। मदचपलचकोरचञ्चुकोटीकवलनतुच्छमिवान्तरान्तराभूत् ॥ १२४ ॥ आलोक्य चन्द्रमसमभ्युदितं समन्तादुद्वेल्लदूर्मिविचलत्कलशाम्बुराशेः। विष्वग्विसारिपरमाणुपरम्परैव ज्योत्स्नात्मना जगदिदं धवलीकरोति ॥ १२५॥ सितकिरणकपोलीमालिमालोकयन्ती तिमिरविरहतापव्याकुलां व्योमलक्ष्मीम्। रजनिरमलताराशीकरैः सिक्तमस्याः परिमलयति गात्रं चन्द्रिकाचन्दनेन ॥ १२६॥ अपि पिबत चकोराः कृत्स्नमुन्नाम्य कण्ठं क्रमकवलनचञ्चच्चञ्चवश्चन्द्रिकाम्भः। विरहविधुरितानां जीवितत्राणहेतोर्भवति हरिणलक्ष्मा येन तेजोदरिद्रः ॥ १२७ ॥ सह कुमुदकदम्बैः काममुल्लासयन्तः सह घनतिमिरौघैर्धैर्यमुत्सारयन्तः। सह सरसिजखण्डैः स्वान्तमामीलयन्तः प्रतिदिशममृतांशोरंशवः संचरन्ति ॥ १२८ ॥ भास्वत्कर्कशशाणचक्रकषणैराकाशकालायसाद्यच्चूर्णं निबिडं निपत्य तम इत्याख्यां जगत्यामगात्। यच्चेन्दोश्चलसिद्धपारदमहाबिन्दोः समायोगतो जातं रूप्यरजोमयं वयमिदं ज्योत्स्नां समाचक्ष्महे ॥ १२९ ॥ एतत्तर्कय कैरवक्लमहरे शृङ्गारदीक्षागुरौ दिक्कान्तामुकुरे चकोरसुहृदि प्रौढे तुषारत्विषि। कर्पूरैः किमपूरि किं मलयजैरालेपि किं पारदैरक्षालि स्फटिकोपलैः किमघटि द्यावापृथिव्योर्वपुः ॥ १३० ॥ उन्मीलन्ति मृणालकोमलरुचो राजीवसंवर्तिकासंवर्तव्रतवृत्तयः कतिपये पीयूषभानोः कराः। अप्युत्तैर्धवलीभवत्सु गिरिषु क्षुब्धोऽयमुन्मज्जता विश्वेनेव तमोमयो निधिरपामह्नाय फेनायते ॥ १३१ ॥ किं नु ध्वान्तपयोधिरेष कतकक्षोदैरिवेन्दोः करैरत्यच्छोऽयमधश्च पङ्कपटलं छायापदेशादभूत्। किं वा तस्करकर्तरीभिरमितो निस्तक्षणादुज्ज्वलं व्योमैवेदमितस्ततश्च पतिताश्छायाच्छलेन त्वचः ॥ १३२ ॥ पौलोमीकुचकुम्भकुङ्कुमरजःस्वाजन्यजन्मोद्धताः शीतांशोर्द्युतयः पुरंदरपुरीसीम्नामुपस्कुर्वते। एताभिर्लिहतीभिरन्धतमसान्युद्वमतीभिर्दिशः क्षोणीमास्तृणतीभिरन्तरतमं व्योमेदमोजायते ॥ १३३ ॥ नैवायं भगवानुदश्वति शशी गव्यूतिमात्रीमपि धामद्यापि तमस्तु कैरवकुलश्रीचाटुकाराः कराः। मश्नन्ति स्थलसीम्नि शैलगहनोत्सङ्गेषु संरुन्धते जीवग्राहमिव क्वचित्क्वचिदपि च्छायासु गृह्णन्ति च ॥ १३४ ॥ यच्चद्रावितकेतकोदरदलस्रोतश्रियं बिभ्रती येयं मौक्तिकदामगुम्फनविधौ योग्यच्छविः प्रागभूत्। उत्सेच्या कलशीभिरञ्जलिपुटैर्ग्राह्या मृणालाङ्कुरैः पातव्या च शशिन्यमुग्धविभवे सा चन्द्रिका वर्तते ॥ १३५ ॥ मुग्धा दुग्धधिया गवां विदधते कुम्भानधो बल्लवाः कर्णे कैरवशङ्कया कुवलयं कुर्वन्ति कान्ता अपि। कर्कन्धूफलमुच्चिनोति शबरी मुक्ताफलाकाङ्क्षया सान्द्रा चन्द्रमसो न कस्य कुरुते चित्तभ्रमं चन्द्रिका ॥ १३६ ॥ इन्दोरस्य त्रियामायुवतिकुचतटीचन्दनस्थासकस्य व्योमश्रीचामरस्य त्रिपुरहरजटावल्लरीकोरकस्य। कंदर्पक्षोणिपालस्फटिकमणिगृहस्यैतदाखण्डलाशानासामुक्ताफलस्य स्थगयति जगतीं कोऽपि भासां विलासः ॥ १३७ ॥ लक्ष्मीक्रीडातडागो रतिधवलगृहं दर्पणो दिग्वधूनां पुष्पं श्यामालतायास्त्रिभुवनजयिनो मन्मथस्यातपत्रम्। पिण्डीभूतं हरस्य स्मितममरसरित्पुण्डरीकं मृगाङ्को ज्योत्स्नापीयूषवापी जयति सितवृषस्तारकागोकुलस्य ॥१३८॥

सकलङ्कचन्द्रवर्णनम् ॥ दोषागमनमाशङ्क्य रविरेष तिरोहितः। कथमिन्दुः समायाति कुतः शङ्का कलङ्किनः ॥ १३९ ॥ यक्षं विरहिणं कंचित्त्रासयामास तेजसा। यक्ष एव विलोमेन संलग्नोऽभूद्विधौ क्षयः ॥१४०॥ शिवभालानलोत्थेन धूमयोगेन कालिमा। विधौ शुक्लतरे किं वा इति

मन्मानसाशयः ॥ १४१ ॥ इन्दोरेककलाया रुद्रेणोद्धृत्य मूर्धनि धृतायाः । स्थानमिव तुच्छमेतत्कलङ्करूपेण परिणमति ॥ १४२ ॥ अस्तं गतवति सवितरि पायसपिण्डं सुधाकरं प्राची । विरचयदम्बरकुशभुवि चरति कलङ्कस्तदन्तरे काकः ॥ १४३ ॥ कृष्णवर्णहृदयं सितदीप्तिं दुर्धियः किल कलङ्किनमाहुः । कृष्णवर्णसमुदीरणमात्रादेव यद्गलति दृश्यकलङ्कः ॥ १४४ ॥ आयताग्रसितरश्मिनिबद्धं लाञ्छनच्छविमषीरसदिग्धम् । चन्द्रकैतवमरुत्पटचक्रं क्रीडयोत्सृजति किं स्मरबालः ॥ १४५ ॥ शम्बरारिरमृतं विषगर्भं चन्द्रबिम्बकपटात्प्रयुनक्ति । यद्बहिः सितमथासितमन्तः प्रोषितान्दहति दर्शनमात्रात् ॥१४६॥ अयं पुरः पार्वणशर्वरीशः किं दर्पणोऽयं रजनीरमण्याः । यतस्तदीयं प्रतिबिम्बमस्मिन्संलक्ष्यते लाञ्छनकैतवेन ॥ १४७ ॥ प्रदोषमातङ्गमनङ्गदेवस्तुङ्गं समारुह्य समागतोऽयम् । सिन्दूरिते तस्य सुधांशुकुम्भे किमङ्कुशो लक्ष्ममिषेण दत्तः ॥ १४८ ॥ मम प्रियां कैरविणीं करेण संतापयामास दिनाधिनाथः । इतीव दुःखैर्विकलः कलावान्पपौ विषं लक्ष्ममिषेण सद्यः ॥१४९॥ कलाधिनाथानयनाय सायं कुमुद्वतीप्रेषित एष भृङ्गः । किमिन्दुना[१]लिङ्ग्य सरागमङ्के कृतः कलङ्कभ्रममातनोति ॥१५०॥ नेदं नभोमण्डलमम्बुराशिर्नैताश्च तारा नवफेनभङ्गाः । नायं शशी कुण्डलितः फणीन्द्रो नासौ कलङ्कः शयितो मुरारिः॥१५१॥ मधुव्रतौघः कुपितः स्वकीयमधुप्रपापद्मनिमीलनेन । बिम्बं समाक्रम्य बलात्सुधांशोः कलङ्कमङ्के ध्रुवमातनोति ॥१५२॥ अत्रान्तरे च कुलटाकुलवर्त्मपातसंजातपातक इव स्फुटलाञ्छनश्रीः । वृन्दावनान्तरमदीपयदंशुजालैर्दिक्सुन्दरीवदनचन्दनबिन्दुरिन्दुः ॥ १५३ ॥ अच्छप्रकाशवति चन्द्रमसि प्रियेऽस्मिन्नाह्लादकारिणि सुधावति पूर्णबिम्बे । धाता विचिन्त्य मनसाखिलदृष्टिपातं हर्तुं चकार किमु कज्जलबिन्दुयोगम् ॥ १५४ ॥ दष्टे जगद्वपुषि कालभुजंगमेन तत्रान्धकारमिषमाविरभूद्विषं यत् । संजातलक्ष्मणि तदिन्दुमणौ निपाय्य ज्योत्स्नामये पयसि तत्क्षिपति स्म धाता ॥ १५५ ॥ दिग्यन्त्रतस्तिमिरचूर्णविशेषपूर्णादुद्गत्वरोडुमयरञ्जकविस्फुलिङ्गात् । कालेन पूर्वगिरिदुर्गजुषा प्रयुक्तो वृत्तोपलो विधुमिषात्पथिकान्हिनस्ति ॥ १५६ ॥ मन्थानभूमिधरमूलशिलासहस्रसंघट्टनव्रणकि[२]णैः स्फुरतीन्दुमध्ये । छाया मृगः शशक इत्यतिपामरोक्तिस्तेषां कथंचिदपि तत्र हि न प्रसक्तिः ॥ १५७ ॥ अवाप्तः प्रागल्भ्यं परिणतरुचः शैलतनये कलङ्को नैवायं विलसति शशाङ्कस्य वपुषि । अमुष्येयं मन्ये विगलदमृतस्यन्दशिशिरे रतिश्रान्ता शेते रजनिरमणी गाढमुरसि ॥ १५८ ॥ समयशबरो व्योमारण्ये सुधाशनमक्षिकासुविहितसुधाबिम्बक्षौद्रस्फुरत्पटलं प्रति । कलयति कलङ्काख्यं धूमं निपीड्य पुनश्च तत्किरति मधुरज्योत्स्नाक्षौद्रं महीतलभाजने ॥१५९॥ रुचिभिरभितष्टङ्कोत्कीर्णैरिव त्रसरेणुभिर्यदुडुभिरपि च्छेदैः स्थूलैरिव श्रियते नभः । प्रकृतिमलिनो भास्वद्बिम्बोन्मृजाकृतकर्मणस्तदयमपि हि त्वष्टुः कुन्दे भविष्यति चन्द्रमाः ॥ १६० ॥ तरुणतमालकोमलमलीमसमेतदयं कलयति चन्द्रमाः किल कलङ्कमिति ब्रुवते । तदनृतमेव निर्दयविधुंतुददन्तपदव्रणविवरोपदर्शितमिदं हि विभाति नभः ॥ १६१ ॥ अङ्कं केऽपि शशङ्किरे जलनिधेः पङ्कं परे मेनिरे सारङ्गं कतिचिच्च संजगदिरे भूच्छायमैच्छन्परे । इन्दोर्यद्दलितेन्द्रनीलशकलश्यामं दरीदृश्यते तत्सान्द्रं निशि पीतमन्धतमसं कुक्षिस्थमाचक्ष्महे ॥ १६२ ॥ रङ्कावङ्कगते त्रिविष्टपवनीखेलत्कुरङ्गीगणैः साकं क्रीडनकौतुकेन रभसादुत्प्लुत्य याते दिवम् । तच्छायानुगतात्ममूर्तिरधुना धर्तुं तमेनं शशी मन्दं व्यायतरश्मिजालकलितः खाग्रं समारोहति ॥ १६३ ॥ काश्मीरेण दिहानमम्बरतलं वामभ्रुवामाननद्वैराज्यं विदधानमिन्दुदृषदां भिन्दानमम्भःसिराः । प्रत्युद्यत्पुरुहूतपत्तनवधूदत्तार्घदूर्वाङ्कुरक्षीबोत्सङ्गकुरङ्गमैन्दवमिदं बिम्बं समुज्जृम्भते ॥ १६४ ॥

नायकागमनावस्थावर्णनम् ।

श्रुत्वायान्तं बहिः कान्तमसमाप्तविभूषया । भालेऽञ्जनं दृशोर्लाक्षा कपोले तिलकः कृतः ॥ १ ॥ आगच्छन्सूचितो येन येनानीतो गृहं प्रति । प्रथमं सखि कः पूज्यः किं काकः किं क्रमेलकः ॥ २ ॥ सज्जितसकलशरीरा क्षणे क्षणे मनसि किमपि गणयन्ती । उत्सवमिव तं दिवसं मनुते मुग्धा प्रियागमने ॥ ३ ॥ अभ्युन्नतस्तनयुगा तरलायताक्षी द्वारि स्थिता तदुपयानमहोत्सवाय । सा पूर्णकुम्भनवनीरजतोरणस्रक्संभारमङ्गलमयत्नकृतं विधत्ते ॥ ४ ॥ आयातो दयितस्तवेति सहसा न श्रद्दधे भाषितं सद्यः संमुखतां गतेऽपि सुमुखी भ्रान्तिं निजां मन्यते । कण्ठाश्लेषिभुजेऽपि शून्यहृदया स्वप्नान्तरं शङ्कते प्रत्यावृत्तिमियं प्रियस्य कियता प्रत्येतु शातोदरी ॥ ५ ॥ द्वारोपान्तनिरन्तरे मयि तया सौन्दर्यसारश्रिया प्रोल्लास्योरुयुगं परस्परसमासक्तं समासादितम् ।

---

१ मध्यभागे. २ मन्दरः. ३ चिह्नम्. ४ मूर्खः. ५ छायादीनाम्.

१ कलङ्कम्. २ अमुवन्. ३ स्फुटित. ४ धनम्. ५ गाढध्वान्तम्. ६ अत्यन्तसंनिहिते.

आनीतं पुरतः शिरोंशुकमधः क्षिप्ते चले लोचने वाचस्तत्र निवारितं प्रसरणं संकोचिते दोर्लते ॥ ६ ॥

नायकागमने नायिकां प्रति सखीवचनम् ।

नित्यं मनोरथस्यापि सखि दुर्गम एव यः । अभवत्सांप्रतं कामं प्रत्यक्षेण विभाति सः ॥ १ ॥ धैर्यमाधाय लज्जां च व्यपनीय विलासिनम् । संभावयसि किं नैनं दिष्ट्या स्वयमुपस्थितम् ॥ २ ॥ अपाङ्गसंसर्गि तरङ्गितं दृशोर्भ्रुवोररालान्तविकासि वेल्लनम् । विसारि रोमाञ्चितकञ्चुकं तनोस्तनोति योऽसौ सुभगे तवागतः ॥ ३ ॥ कलय वलयं धम्मिल्लेऽस्मिन्निवेशय मल्लिकां रचय सिचयं मुक्ताहारं विभूषय सत्वरम् । मृगमदमषीपत्रालेपं कुरुष्व कपोलयोः सहचरि समायातः प्रातः स ते हृदयप्रियः ॥ ४ ॥

नायकातिथ्यवर्णनम् ।

आयाते दयिते मरुस्थलभुवामुत्प्रेक्ष्य दुर्लङ्घ्यतां गेहिन्या परितोषबाष्पकलिलामासज्य दृष्टिं मुखे । दत्त्वा पीलुशमीकरीरकवलं चेलाञ्चलेनादरादुन्मृष्टं करभस्य केसरसटाभाराग्रलग्नं रजः ॥ १ ॥ बाला वन्दनमालिकाकिसलयग्रन्थीनधः कुर्वतः श्रुत्वा वल्लभवाहनस्य रटितं दासेरकस्याङ्गने । आक्रन्दात्सुहृदो वनाद्गुरुजनं नासाग्रसङ्गादसून्कान्तं स्त्रीवधपातकात्स्मरमसत्कीर्तेः परावर्तयत् ॥ २ ॥ किंचित्कम्पितपाणिकङ्कणरवैः पृष्टं ननु स्वागतं व्रीडानम्रमुखाब्जया चरणयोर्न्यस्ते च नेत्रोत्पले । द्वारस्थस्तनयुग्ममङ्गलघटे दत्तः प्रवेशो हृदि स्वामिन्किं भवतोऽतिथेः समुचितं सख्यानयानुष्ठितम् ॥ ३ ॥ दीर्घा वन्दनमालिका विरचिता दृष्ट्यैव नेन्दीवरैः पुष्पाणां प्रकरः स्मितेन रचितो नो कुन्दजात्यादिभिः । दत्तः स्वेदमुचा पयोधरभरेणार्घ्यो न कुम्भाम्भसा स्वैरेवावयवैः प्रियस्य विशतस्तन्व्या कृतं मङ्गलम् ॥ ४ ॥

नायकस्य नायिकां प्रति प्रश्नः ।

कृशा केनासि त्वं प्रकृतिरियमङ्गस्य ननु मे मलाधूम्रा कस्माद्गुरुजनगृहे पाचकतया । स्मरस्यस्मान्कच्चिन्नहि नहीत्येवमवदच्छिरःकम्पं बाला मम हृदि निपत्य प्ररुदिता ॥ १ ॥ कृशासीत्यालीना मलिनवसनासीत्यवनता चिराद्दृष्टासीति स्तनकलशकम्पं प्ररुदिता । परिष्वक्ता यावत्प्रणयपदवीं कामपि गता ततः साग्रङ्गाक्ष्या हृदयसदने लीनमभवत् ॥ २ ॥ अङ्गानामतितानवं कथमिदं कम्पश्च कस्मात्कुतो मुग्धे पाण्डुकपोलमाननमिति प्राणेश्वरे पृच्छति । तन्व्या सर्वमिदं स्वभावजमिति व्याहृत्य पक्ष्मान्तरव्यापी बाष्पभरस्तया चलितया निःश्वस्य मुक्तोऽन्यतः ॥ ३ ॥

प्रणयकलहे नायिकानुनयः ।

अनिर्दयोपभोगस्य रूपस्य मृदुनः कथम् । कठिनं खलु ते चेतः शिरीषस्येव बन्धनम् ॥ १ ॥ किं त्वां भणामि विच्छेददारुणायासकारिणि । कामं कुरु वरारोहे देहि मे परिरम्भणम् ॥ २ ॥ मयि ते पादपतिते किंकरत्वमुपागते । प्रिये कामातुरः कोपं कान्ते कोऽन्योऽपनेष्यति ॥ ३ ॥ दाक्षिण्यं नाम बिम्बोष्ठि नायकानां कुलव्रतम् । तन्मे दीर्घाक्षि ये प्राणास्ते त्वदाशानिबन्धनाः ॥ ४ ॥ मुखमिन्दुर्यथा पाणिः पल्लवेन समः प्रिये । वाचः सुधा इवोष्ठस्ते बिम्बतुल्यो मनोऽश्मवत् ॥ ५ ॥ सोढुमलमस्मि नाहं सुन्दरि मन्दागमाद्विलम्बं ते । पञ्चशरास्त्रहतं मां संजीवय चारुगात्रि परिरम्भैः ॥ ६ ॥ सकृदिव समर्प्य बाले मम हस्ते मदनघर्मतप्तस्य । अपहरसे कुचकुम्भं तृषितकरादमृतकुम्भमिव ॥ ७ ॥ अपराधी नूनमहं प्रसीद रम्भोरु विरम [1]संरम्भात् । सेव्यो जनश्च कुपितः कथं नु दासो निरपराधः ॥ ८ ॥ त्वामयमाबद्धाञ्जलि दासजनस्तमिममर्थमर्थयते । स्वपिहि मया सह सुरतव्यतिकरखिन्नेव मा मैवम् ॥ ९ ॥ सरले साहसरागं परिहर रम्भोरु मुञ्च संरम्भम् । विरसं विरहायासं वोढुं तव चित्तमसहं मे ॥१०॥ क्षीणः क्षीणोऽपि शशी भूयो भूयोऽभिवर्धते नित्यम् । विरम प्रसीद सुन्दरि यौवनमनिवर्ति यातं तु ॥ ११ ॥ अङ्गानि खेदयसि किं शिरीषकुसुमपरिपेलवानि मुधा । अयमीहितकुसुमानां संपादयिता तवास्ति दासजनः ॥१२॥ मधुधारेव न मुञ्चसि मानिनि रूक्षापि माधुरीं सहजाम् । कृतमुखभङ्गापि रसं ददासि मम निम्नगा यथाम्भोधेः ॥१३॥ विराममेवानलयातितोषात्तथापि रोषारुणितेव दृष्टिः । निशापतिः श्लिष्यति पश्चिमाशामये किमाशां विफलीकरोषि ॥ १४ ॥ यदि प्रिये वेत्सि तव प्रभुं मामनन्यसाधारणदासमङ्घ्र्योः । तदद्य वक्षो मम पात्रमस्तु स्वयंग्रहाश्लेषमहोत्सवानाम् ॥१५॥ उत्तरङ्गय कुरङ्गलोचने लोचने कमलगर्वमोचने । अस्तु सुन्दरि कलिङ्गनन्दिनीवीचिडम्बरगभीरमम्बरम् ॥ १६ ॥ शशिमुखि तव भाति भङ्गुरभ्रूर्युवजनमोहकरालकालसर्पः । यदुदितभयभञ्जनाय यूनां त्वदधरसीधुसुधैव सिद्धमन्त्रः ॥ १७ ॥ त्वयि निबद्धरतेः प्रियवादिनः प्रणयभङ्गपराङ्मुखचेतसः । कमपराधलवं मयि पश्यसि

१ कोपात्.

त्यजसि मानिनि दासजनं यतः ॥ १८ ॥ विसृज सुन्दरि
संगमसाध्वसं ननु चिरात्प्रभृति प्रणयोन्मुखे । परिगृहाण
गते सहकारतां त्वमतिमुक्तलताचरितं मयि ॥ १९ ॥
मोहान्मया सुतनु पूर्वमुपेक्षितस्ते यो बाष्पबिन्दुरधरं परि-
बाधमानः । तं तावदाकुटिलपक्ष्मविलग्नमद्य कान्ते प्रमृज्य
विगतानुशयो भवामि ॥ २० ॥ मुग्धे विधेहि मयि निर्दय-
दन्तदंशं दोर्वल्लिबन्धनिबिडस्तनपीडनानि । चण्डि त्वमेव
मुदमुञ्चय पञ्चबाणचण्डालकाण्डदलनादसवः प्रयान्ति ॥२१॥
मा मा ससाध्वसमपेहि विलोलनेत्रे दासे जने किमिति
संभ्रमकातरासि । किं युज्यते बत मया चिरकाङ्क्षितस्य
मध्ये वराङ्गि परिरम्भसुखस्य भङ्गः ॥ २२ ॥ किं शीकरैः
क्लमविमर्दिभिरार्द्रवातं संचालयामि नलिनीदलतालवृन्तम् ।
अङ्के विधाय चरणावुत पद्मताम्रौ संवाहयामि करभोरु
यथासुखं ते ॥ २३ ॥ आताम्रतामपनयामि विलक्ष एष
लाक्षाकृतां चरणयोस्तव देवि मूर्ध्ना । कोपोपरागजनितां तु
मुखेन्दुबिम्बे हर्तुं क्षमो यदि परं करुणा मयि स्यात् ॥२४॥
इन्दीवरेण[१] नयनं मुखमम्बुजेन कुन्देन दन्तमधरं नवपल्लवेन ।
अङ्गानि चम्पकदलैः स विधाय वेधाः कान्ते कथं घटित-
वानुपलेन[२] चेतः ॥ २५ ॥ किं मुक्तमासनमलं मयि संभ्र-
मेण नोत्थातुमित्थमुचितं मम तन्तुमध्ये । दृष्टिप्रसादविधि-
मात्रहृतो जनोऽयमत्यादरेण किमिति क्रियते विलक्षः ॥२६॥
भुग्नालकं स्मितपराजितचन्द्रलेखं दृग्लीलया कुवलयश्रियमा-
ददानम् । एतन्मुखं दिविषदामपि दुर्निरीक्ष्यं तन्वङ्गि
मामिव मुधा किमधःकरोषि ॥ २७ ॥ लावण्यकान्तिपरिपू-
रितदिङ्मुखेऽस्मिन्स्मेरेऽधुना इव मुखे तरलायताक्षि । क्षोभं
यदेति न मनागपि तेन मन्ये सुव्यक्तमेव जलराशिरयं
पयोधिः ॥ २८ ॥ किं ते निसर्गरुचिरौ चरणौ कराभ्यां
संवाहयामि नयने च तवाञ्जनेन । किं रञ्जयामि किमु ते
स्तनयोर्विचित्रां पत्रावलीं विरचयाम्यचिरेण तन्वि ॥ २९ ॥
सुतनु जहिहि मौनं मुञ्च वाचो जडत्वं प्रणयिनि मयि कोपं
किंकरे किं करोषि । अथ यदि तव चित्ते सापराधोऽस्मि
बाले निजभुजयुगवल्लीबन्धनं मां विधेहि ॥ ३० ॥ किमपि
किमपि शङ्के मङ्गलेभ्यो यदन्यद्विरमतु परिहासश्चण्डि
पर्युत्सुकोऽस्मि । कलयसि कलितोऽहं वल्लभे देहि वाचं
भ्रमति हृदयमन्तर्विह्वलं निर्दयासि ॥ ३१ ॥ यदिदमगण-
यित्वा दुर्वहं श्रोणिभारं मदभिसरणलोभात्प्रस्थितं पद्मताम्रम् ।
अयमहमभिवाञ्छाम्यप्रमृज्यैव पांसु सुमुखि पदतलं ते
चूडितुं चुम्बितुं च ॥ ३२ ॥ वितरय कुचयोस्त्वद्दर्शनोपक्र-

१ नीलोत्पलेन. २ पाषाणेन. तत्सदृशकठिनत्वात्.

माणां सदनशररुजानां शान्तये मामकीनाम् । सकृदपि
परिरम्भं सुभ्रु दोर्मूलकूलंकषघनपरिणाहख्यातयोरेतयोस्ते
॥ ३३ ॥ चरणकमलदासस्त्वेष संकल्पसङ्गे सुमुखि यद-
भिधत्से त्वं बलात्कारधूर्तम् । प्रसभविधृततर्षः पीडयाम्या-
त्मनैव द्विरद इव सरोजं पाणिमापाटलं ते ॥ ३४ ॥
विकिर धवलदीर्घापाङ्गसंसर्पि चक्षुः परिजनपथवर्तिन्यत्र किं
संभ्रमेण । स्मितमधुरमुदारं देवि मामालपोच्चैः प्रभवति मम
पाण्योरञ्जलिः सेवितुं त्वाम् ॥ ३५ ॥ परिलुठति ललाटे
भङ्गुरा भ्रूलता किं मदनजयपताकाविभ्रमं बिभ्रतीयम् ।
स्फुरति च किमकाण्डे चण्डि बिम्बाधरोऽयं मृदुपवनविधू-
तोन्निद्रबन्धूकबन्धुः ॥ ३६ ॥ मुहुर्मुहुरवेक्षणं सरसमञ्जसा
संस्तवः समुच्चलतरङ्गिणि प्रचुरनर्मभर्मस्पृहा । मुहुर्निबिडन-
म्रता परिजनव्यपेक्षापि नो कुतः सुमुखि शिक्षिता कथय
कोपरीतिस्त्वया ॥ ३७ ॥ तरङ्गय दृशोऽङ्गने पततु चित्र-
मिन्दीवरं स्फुटीकुरु रदच्छदं भ्रजतु विद्रुमः श्वेतताम् ।
क्षणं वपुरपावृणु स्पृशतु काञ्चनं कालिमामुदञ्चय मुखं
मनाग्भवतु च द्विचन्द्रं नभः ॥ ३८ ॥ उदञ्चय
दृगञ्चलं चलतु चञ्चरीकोच्चयः प्रपञ्चय वचःसुधा
श्रवणपालिमालिङ्गतु । भ्रुवं नटय नागरि त्यजतु मन्मथः
कार्मुकं मुखं च कुरु संमुखं व्रजतु लाघवं चन्द्रमाः ॥३९॥
पुरोदिगनुरागिणी तदपि नानुरागोदयः कृशोदरि निशा
कृशा तदपि ते न मानः कृशः । प्रसन्नमिदमम्बरं तदपि न
प्रसन्नं मनो ननाद चरणायुधस्तदपि मौनमालम्बसे ॥४०॥
कृतो दूरादेव स्मितमधुरमभ्युद्गमविधिः शिरस्याज्ञा न्यस्ता
प्रतिवचनमुच्चैः प्रणमितम् । न दृष्टेः शैथिल्यं मिलत इति
चेतो दहति मे निगूढान्तःकोपा कठिनहृदये संवृतिरियम्
॥ ४१ ॥ गतप्राया रात्रिः शशिमुखि शशी शीर्यत इव
प्रदीपोऽयं निद्रावशमुपगतो घूर्णत इव । प्रणामान्तो मान-
स्तदपि न जहासि भ्रुवमहो कुचप्रत्यासत्त्या हृदयमपि ते
चण्डि[१] कठिनम् ॥ ४२ ॥ इदं दूर्वाकाण्डद्युतिमुषि कपोले
कतिपयैः श्रमाम्भोभिः कीर्णं सहजबकुलामोदसुभगम् ।
समाकाङ्क्षे ताम्राधरमनुमनुष्व प्रियतमे मनोज्ञं ते पातुं
मुखकमलमाघ्रातुमथवा ॥४३॥ प्रसादे वर्तस्व प्रकटय मुदं
संत्यज रुषं प्रिये शुष्यन्त्यङ्गान्यमृतमिव ते सिञ्चतु वचः ।
निधानं सौख्यानां क्षणमभिमुखं स्थापय मुखं न मुग्धे प्रत्येतुं
प्रभवति गतः कालहरिणः ॥४४॥ प्रसीदेति ब्रूयामिदमसति
कोपे न घटते करिष्याम्येवं नो पुनरिति भवेदभ्युपगमः ।
न मे दोषोऽस्तीति त्वमिदमपि हि ज्ञास्यसि मृषा किमेत-

१ अत्यन्तकोपने.

क्षिन्वक्तुं क्षममिति न वेद्मि प्रियतमे ॥४५॥ कृतेऽप्याज्ञाभङ्गे कथमिव मया ते प्रणतयो धृताः स्मित्वा हस्ते विसृजसि रुषं सुभ्रु बहुशः । प्रकोपः कोऽप्यन्यः पुनरयमसीमाद्य गुणितो वृथा यत्र स्निग्धाः प्रियसहचरीणामपि गिरः ॥४६॥ कपोले पत्राली करतलनिरोधेन मृदिता निपीतो निःश्वासैरयममृतहृद्योऽधररसः । मुहुः कण्ठे लग्नस्तरलयति बाष्पः स्तनतटं प्रियो मन्युर्जातस्तव निरनुरोधे न तु वयम् ॥४७॥ सुतनु हृदयात्प्रत्यादेशव्यलीकमपैतु ते किमपि मनसः संमोहो मे तदा बलवानभूत् । प्रबलतमसामेवंप्रायाः शुभेषु हि वृत्तयः स्रजमपि शिरस्यन्धः क्षिप्तां धुनोत्यहिशङ्कया ॥ ४८ ॥ परिहर कृतातङ्के शङ्कां त्वया सततं घनस्तनजघनया क्रान्ते स्वान्ते परानवकाशिनि । विशति वितनोरन्यो धन्यो न कोऽपि ममान्तरं स्तनभरपरीरम्भारम्भे विधेहि विधेयताम् ॥ ४९ ॥ व्यथयति वृथा मौनं तन्वि प्रपञ्चय पञ्चमं तरुणि मधुरालापैस्तापं विनोदय दृष्टिभिः । सुमुखि विमुखीभावं तावद्विमुञ्च न वञ्चय स्वयमतिशयस्निग्धो मुग्धे प्रियोऽहमुपस्थितः ॥ ५० ॥ कठिनहृदये मुञ्च भ्रान्तिं व्यलीककथाश्रितां पिशुनवचनैर्दुःखं नेतुं न युक्तमिमं जनम् । किमिदमथवा सत्यं मुग्धे त्वया हि विनिश्चितं यदभिरुचितं तन्मे कृत्वा प्रिये सुखमास्यताम् ॥ ५१ ॥ पादासक्ते सुचिरमिह ते वामता कैव कान्ते सन्मार्गस्थे प्रणयिनि जने कोपने कोऽपराधः । इत्थं तस्याः परिजनकथा कोपवेगोपशान्तौ बाष्पोद्भेदैस्तदनु सहसा न स्थितं न प्रयातम् ॥५२॥ कोऽयं कोपविधिः प्रयच्छ करुणागर्भं वचो जायतां पीयूषद्रवदीर्घिकापरिमलैरामोदिनी मेदिनी । आस्तां वा स्पृहयालुलोचनमिदं व्यावर्तयन्ती मुहुर्यस्मै कुप्यसि तस्य सुन्दरि तपोवृन्दानि वन्दामहे ॥ ५३ ॥ सूर्येऽस्ताचलमौलिमालिनि गृहे दीपावलीशालिनि प्राणस्वामिनि मानिनि प्रतिपदं सत्कारमातन्वति । यन्मानं न जहासि कोपकलनादालोहितस्तत्क्षणादिन्दुः सुन्दरि पूर्वपर्वतशिरःसीमानमारोहति ॥५४॥ सन्त्येवात्र गृहे गृहे युवतयस्ताः पृच्छ गत्वाधुना प्रेयांसः प्रणमन्त किं तव पुनर्दासो यथा वर्तते । आत्मद्रोहिणि दुर्जनप्रलपितं कर्णे वृथा मा कृथाश्छिन्नस्नेहरसा भवन्ति पुरुषा दुःखानुवर्त्या यतः ॥ ५५ ॥ क्षीणांशुः शशलाञ्छनः सखि पुनः क्षीणो न मानस्तव स्मेरं पद्मवनं मनागपि न ते स्मेरं मुखाम्भोरुहम् । पीतं श्रोत्रयुगेन षट्पदरुतं पीतं न ते जल्पितं रक्ता शक्रदिगङ्गना रविकरैर्नाद्यापि रक्तासि किम् ॥५६॥ किं कण्ठे शिथिलीकृतो भुजलतापाशः प्रमादान्मया निद्राच्छेदविवर्तनेष्वभिमुखी नाद्यापि संभाविता । अन्यस्त्रीजनसंकथालघुरहं स्वप्ने त्वया लक्षितो दोषं पश्यसि किं प्रिये परिजनोपालम्भयोग्ये मयि ॥ ५७ ॥ चक्षुर्जाड्यमपैतु मानिनि मुखं संदर्शय श्रोत्रयोः पीयूषस्रुतिसौख्यमस्तु मधुरां वाचं प्रिये व्याहर । तापः शाम्यतु मे प्रसादशिशिरां दृष्टिं शनैः पातय त्यक्त्वा दीर्घमभूतपूर्वमचिराद्रोषं सखीदोषजम् ॥ ५८ ॥ कल्याणाङ्गरुच्यानुरक्तमनसा त्वं येन संप्रार्थ्यते यस्यार्थे सुमुखि त्वया पुनरसुत्यागेऽपि संनह्यते । सोऽयं सुन्दरि पञ्चबाणविशिखव्यालीढदोरन्तरस्वैरोत्पीडितपीवरस्तनतटस्त्वद्दोर्लतापञ्जरे ॥ ५९ ॥ शीतांशुर्मुखमुत्पले तव दृशौ पद्मानुकारौ करौ रम्भागर्भनिभं तवोरुयुगलं बाहू मृणालोपमौ । इत्याह्लादकराखिलाङ्गि रभसान्निःशङ्कमालिङ्ग्य मामङ्गानि त्वमनङ्गतापविधुराण्येह्येहि निर्वापय ॥ ६० ॥ स्निग्धं यद्यपि वीक्षितं नयनयोस्ताम्रा तथापि द्युतिर्माधुर्यापि सती स्खलत्यनुपदं ते गद्गदा वागियम् । निःश्वासा नियता अपि स्तनभरोत्कम्पेन संलक्षिताः कोपस्ते प्रकटं प्रयत्नविधृतोऽप्येष स्फुटं लक्ष्यते ॥ ६१ ॥ भ्रूभङ्गैः क्रियते ललाटशशिनः कस्मात्कलङ्को मुधा वाताकम्पितबन्धुपुष्पसमतां नीतोऽधरः किं स्फुरन् । मध्यश्वासाधिककम्पितस्तनभरेणायं पुनः खिद्यते कोपं मुञ्च तवैव चित्तहरणायैतन्मया क्रीडितम् ॥६२॥ भ्रूभङ्गं न करोषि रोदिषि मुहुर्मुग्धेक्षणे केवलं नातिप्रस्फुरिताधरानवरतं निःश्वासमेवोज्झसि । वाचं नापि ददासि तिष्ठसि परं प्रध्यातनम्रानना कोपस्ते स्तिमितोऽतिपीडयति मां गूढप्रहारोपमः ॥ ६३ ॥ धृष्टः किं पुरतोऽवरुध्य विहसन्गृह्णामि कण्ठे प्रियां किं वा चाटुशतप्रचण्डरचनाप्रीतां करिष्यामि ताम् । किं तिष्ठामि कृताञ्जलिर्निपतितस्तस्याः पुरः पादयोः सत्यं सत्यमहो न वेद्म्यनुनयस्तस्याः कथं स्यादिति ॥६४॥ सुभ्रु त्वं कुपितेत्यपास्तमशनं त्यक्ताः कथा योषितां दूरादेव मयोज्झिताः सुरभयः स्रग्गन्धधूपादयः । रागं रागिणि मुञ्च मय्यवनते दृष्टे प्रसीदाधुना सद्यस्त्वद्विरहे भवन्ति सुभगे सर्वा ममान्धा दिशः ॥ ६५ ॥ व्यावृत्तं खलु सर्वतो विषयतस्त्वय्येव लीनं मनो नित्यं च त्वदधीनमेव नियतं मज्जीवितं मानिनि । मत्वैवं मयि नूनमन्यविषया शङ्का त्वया त्यज्यतां किंवान्यत्र निशाकरोऽभिरमते मुक्त्वा क्षणं कौमुदीम् ॥ ६६ ॥ यद्गत्वं गुरुगौरवस्य सुहृदो यस्मिँल्लभन्तेऽन्तरं यद्दाक्षिण्यवशात्प्रसह्य सहते नर्मोपचारानपि । यल्लज्जा निरुणद्धि यत्र शपथैरुत्पाद्यते प्रत्ययस्तत्किं प्रेम स उच्यते परिचयस्तत्रापि कोपेन किम्

१ निराकृतिदुःखम्. २ मालाम्. ३ सर्पभ्रान्त्या. ४ प्रियाः. ५ विकसितम्. ६ भ्रमरशब्दः. ७ प्राची.

॥ ६७ ॥ मुग्धे मानिनि कोपरीतिरियती युक्ता न तथ्यं त्विदं कान्ते किं त्वदुपेक्षिता मम तनुः शोभेत नेहाद्भुतम्। अन्यायो भवति च्छलस्य करणे दक्षे जनेऽन्यांदृशं क्वाहेति प्रतिरुद्धवागकरवं वाक्स्तम्भनं चुम्बनैः ॥ ६८ ॥ मानं मानिनि मुञ्च देवि दयिते मिथ्या वचः श्रूयते किं कोपो निजसेवके यदि वचः सत्यं त्वया गृह्यते। दोर्भ्यां बन्धनमाशु दन्तदलनं पीनस्तनास्फालनं दोषश्चेन्मम ते कटाक्षविशिखैः शस्त्रैः प्रहारं कुरु ॥ ६९ ॥ सुभ्रु त्वं नवनीतकल्पहृदया केनापि दुर्मन्त्रिणा मिथ्यैव प्रियकारिणा मधुमुखेनास्मासु चण्डीकृता! किं त्वेतद्विमृश क्षणं प्रणयिनामेणाक्षि कस्ते हितः किं धात्रीतनया वयं किमु सखी किं वा किमस्मत्सुहृत् ॥ ७० ॥

सख्यनुनयः।

मुग्धे मानं न ते कर्तुं युक्तं प्राणाधिके प्रिये। धत्से मत्सी कियत्कालं जीवितं जीवनं विना ॥ १ ॥ कुपितासि यदा तन्वि निधाय करजक्षतम्। बधान भुजपाशाभ्यां कण्टमस्य दृढं तदा ॥ २ ॥ स्मेरराजीवनयने नयने किं निमीलिते। पश्य निर्जितकंदर्पं कंदर्पवशगं प्रियम् ॥ ३ ॥ रमणे चरणप्रान्ते प्रणतिप्रवणेऽधुना। वदामि सखि ते तत्त्वं कदाचिन्नोचिताः क्रुधः ॥ ४ ॥ यदि कुप्यसि नास्ति रतिः कोपेन विनाथवा कुतः कामः। कुप्य च कोपय च त्वं प्रसीद च त्वं प्रसादय च कान्तम् ॥ ५ ॥ अरुणे च तरुणि नयने तव मलिनं च प्रियस्य मुखम्। मुखमानतं च सखि ते ज्वलितश्वासान्तरे स्मरज्वलनः ॥ ६ ॥ अञ्चति रजनिरुदञ्चति तिमिरमिदं चञ्चति मनोभूः। उक्तं न त्यज युक्तं विरचय रक्तं मनस्तस्मिन् ॥ ७ ॥ वियदलिमलिनाम्बुगर्भमेघं मधुकरकोकिलकूजितैर्दिशां श्रीः। धरणिरभिनवाङ्कुराङ्कटङ्का प्रणतिपरे दयिते प्रसीद मुग्धे ॥ ८ ॥ जहीहि कोपं दयितोऽनुगम्यतां पुरोनुशेते तव चञ्चलं मनः। इति प्रियं कांचिदुपैतुमिच्छतीं पुरानुनिन्ये निपुणः सखीजनः ॥ ९ ॥ सभयचकितं विन्यस्यन्तीं दृशं तिमिरे पथि प्रतितरु मुहुः स्थित्वा मन्दं पदानि वितन्वतीम्। कथमपि रहःप्राप्तामङ्गैरनङ्गतरङ्गिभिः सुमुखि सुभगः स त्वां पश्यन्नुपैतु कृतार्थताम् ॥१०॥ चपलहृदये किं स्वातन्त्र्यात्स्वयं गृहमागतश्चरणपतितः प्रेमार्द्रार्द्रः प्रियः समुपेक्षितः। तदिदमधुना यावज्जीवं निरस्तसुखोदया रुदितशरणा दुर्जातानां सहस्व रुषां फलम् ॥११॥ लिखन्नास्ते भूमिं बहिरवनतः[1] प्राणदयितो निराहाराः[2] सख्यः सततरुदितोच्छूननयनाः[1]। परित्यक्तं सर्वं हसितपठितं पञ्जरशुकैस्तवावस्था चेयं विसृज कठिने[2] मानमधुना ॥१२॥ असद्वृत्तो नायं न च खलु गुणैरेव रहितः प्रियो मुक्ताहारस्तव[3] चरणमूले निपतितः। गृहाणैनं मुग्धे व्रजतु तव कण्ठप्रणयितामुपायो नास्त्यन्यस्तव हृदयदाहोपशमने[4] ॥१३॥ अनालोच्य प्रेम्णः परिणतिमनादृत्य सुहृदस्त्वयाकाण्डे मानः किमिति सरले[5] संप्रति कृतः। समाकृष्टा ह्येते प्रलयदहनोद्भासुरशिखाः स्वहस्तेनाङ्गारास्तदलमधुनारण्यरुदितैः ॥ १४ ॥ अयेऽस्तमयते शशी नहि कृशीभवत्याग्रहो विनश्यति तमो हठं किमणुमप्यपास्ते मनः। सखि प्रकटितोऽरुणो न करुणोदयस्ते मनाक्प्रयाति खलु यामिनी न विमनीकृथा नायकम् ॥१५॥ आयातः कुमुदेश्वरो विजयते सर्वेश्वरो मारुतो भृङ्गः स्फूर्जति भैरवो न निकटं प्राणेश्वरो मुञ्चति। एते सिद्धरसाः प्रसूनविशिखो वैद्योऽनवद्योत्सवो मानव्याधिरयं कृशोदरि कथं त्वच्चेतसि स्थास्यति ॥ १६ ॥ मानं मानिनि मुञ्च मानसभुवः साम्राज्यमुज्जृम्भतां हा हा गच्छति यामिनी न समयो यातः पुनः प्राप्यते। अत्यल्पागसि कल्पिताधिकमये कान्ते पदान्तानते कोऽयं कोकिलवाणि केलिसमये कोपस्त्वयालम्बितः ॥१७॥ स्निग्धे यत्परुषासि यत्प्रणमति स्तब्धासि यद्रागिणि द्वेषस्थासि यदुन्मुखे विमुखतां यातासि तस्मिन्प्रिये। तद्युक्तं विपरीतकारिणि तव श्रीखण्डचर्चा विषं शीतांशुस्तपनो हिमं हुतवहः क्रीडामुदो यातनाः ॥ १८ ॥ त्वां चित्तेन चिरं वहन्नयमतिश्रान्तो भृशं तापितः कन्दर्पेण च पातुमिच्छति सुधासंवादि बिम्बाधरम्। अस्याङ्कं तदलंकुरु क्षणमिह भ्रूक्षेपलक्ष्मीलवक्रीते दासजनेऽपि सेवितपदाम्भोजे कुतः संभ्रमः ॥ १९ ॥ मुग्धे किं नखरैः क्षिपस्यविरतं नेत्राम्बु मानोन्नते पश्यैनं चरणाग्रनम्रशिरसं स्वं कान्तमात्ताञ्जलिम्। अप्यङ्के तव चेतसि प्रणयिनी प्राप्तेऽतिनिर्विण्णतामन्यासक्तमनस्युपेक्षितगता फूत्कृत्य रोदिष्यति ॥२०॥ मुग्धे मुग्धतयैव नेतुमखिलः कालः किमारभ्यते मानं धत्स्व धृतिं बधान ऋजुतां दूरे कुरु प्रेयसि। सख्यैवं प्रतिबोधिता प्रतिवचस्तामाह भीतानना नीचैः शंस[6] हृदि स्थितो हि ननु मे प्राणेश्वरः श्रोष्यति ॥२१॥ अङ्गुल्यग्रनखेन बाष्पसलिलं निक्षिप्य निक्षिप्य किं तूष्णीं रोदिषि कोपने बहुतरं फूत्कृत्य रोदिष्यसि। यस्यास्ते पिशुनोपदेशवचनैर्मानेऽति-

१ नम्रः. २ उपवासशीलाः.

१ संततरोदनेन शोकयुक्तानि नयनानि यासाम्. २ पाषाणहृदये. ३ मौक्तिकानां हारः; (पक्षे) मुक्तस्त्यक्त आहारोऽशनं येन. प्रियेणेत्यर्थः. ४ हृदयदाहशान्त्यै. ५ सरलत्वम्. ६ कथय.

भूमिं गते निर्विण्णोऽनुनयं प्रति प्रियतमो मध्यस्थतामेष्यति ॥ २२ ॥ नो तल्पं भजसे न जल्पसि सुधाधारानुकारा गिरो दृक्पातं कुरुषे न वा परिजने कोपप्रकाशच्छलात्। इत्थं केतकगर्भगौरि दयिते कोपस्य संगोपनं तत्स्यादेव न चेत्पुनः सहचरी कुर्वीत साचिस्मितम् ॥ २३ ॥

कलहान्तरिताप्रलापाख्यानम्।

उपचारानुनयास्ते कितवस्योपेक्षिता सखीवचसा। अधुना निष्ठुरमपि यदि स वदति कलिकैतवाद्यामि ॥ १ ॥ प्रयाहि तत्रैव ययानुरज्यसे किमत्र निस्त्रिंश तव प्रयोजनम्। न कञ्चुकग्रन्थिमपाकुरुष्व मे कथं हृदि ग्रन्थिमपाकरिष्यसि ॥ २ ॥ अकरोः किमु नेत्रशोणिमानं किमकार्षीः करपल्लवावरोधम्। कलहं किमधाः क्रुधा रसज्ञे हितमर्थं न विदन्ति दैवदग्धाः ॥ ३ ॥ स्फुरसि बाहुलते किमनर्थकं त्वमपि लोचनभावमहो गता। तमहमागतमप्यपराधिनं न परिरब्धुमलं न च वीक्षितुम् ॥४॥ मानोन्नतेत्यसहनेत्यतिपण्डितेति मय्येव धिक्कृतिरनेकमुखी सखीनाम्। दाक्षिण्यमात्रमसृणेन विचेष्टितेन धूर्तस्य तस्य हि गुणानुपवर्णयन्ति ॥५॥ नवनखपदमङ्गं गोपयस्यंशुकेन स्थगयसि पुनरोष्ठं पाणिना दन्तदष्टम्। प्रतिदिशमपरस्त्रीसङ्गशंसी विसर्पन्नवपरिमलगन्धः केन शक्यो वरीतुम् ॥ ६ ॥ इदं कृष्णं कृष्णं प्रियतम ननु श्वेतमथ किं गमिष्यामो यामो भवतु गमनेनाथ भवतु। पुरा येनैवं मे चिरमनुसृता चित्तपदवी स एवान्यो जातः सखि परिचिताः कस्य पुरुषाः ॥ ७ ॥ कथमपि सखि क्रीडाकोपाद्व्रजेति मयोदिते कठिनहृदयस्त्यक्त्वा शय्यां बलाद्गत एव सः। इति सरभसध्वस्तप्रेम्णि व्यपेतघृणे स्पृहां पुनरपि हतव्रीडं चेतः करोति करोमि किम् ॥ ८ ॥ अद्यारभ्य यदि प्रिये पुनरहं मानस्य चान्यस्य वा गृह्णीयां शठदुर्नयेन मनसा नामापि संक्षोभतः। तत्तेनैव विना शशाङ्ककिरणस्पष्टाट्टहासा निशा एको वा दिवसः पयोदमलिनो भूयान्मम प्रावृषि ॥ ९ ॥ मानव्याधिनिपीडिताहमधुना शक्नोमि तस्यान्तिकं नो गन्तुं न सखीजनोऽपि चतुरो यो मां बलान्नेष्यति। मानी सोऽपि जनो न लाघवभयादभ्येति मातः स्वयं कालो याति चलं च जीवितमिदं क्षुण्णं मनश्चिन्तया ॥ १० ॥ निःश्वासा वदनं दहन्ति हृदयं निर्मूलमुन्मूल्यते निद्रा नैति न दृश्यते प्रियमुखं नक्तंदिनं रुद्यते। अङ्गं शोषमुपैति पादपतितः प्रेयांस्तथोपेक्षितः सख्यः कं गुणमाकलय्य दयिते मानं वयं कारिताः ॥ ११ ॥ तद्वक्त्राभिमुखं मुखं विनमितं दृष्टिः कृता पादयोस्तस्यालापकुतूहलाकुलतरे श्रोत्रे निरुद्धे मया। पाणिभ्यां च तिरस्कृतः सपुलकः स्वेदोद्गमो गण्डयोः सख्यः किं करवाणि यान्ति शतशो यत्कञ्चुके संधयः ॥ १२ ॥ नो चाटु श्रवणं कृतं न च दृशा हारोऽन्तिके वीक्षितः कान्तस्य प्रियहेतवे निजसखीवाचोऽपि दूरीकृताः। पादान्ते विनिपत्य तत्क्षणमसौ गच्छन्मया मूढया पाणिभ्यामवरुध्य हन्त सहसा कण्ठे कथं नार्पितः ॥ १३ ॥ भर्तुर्यस्य कृते गुरुर्लघुरभूद्गोष्ठी कनिष्ठीकृता धैर्यं कोषधनं गतं सहचरी नीतिः कृता दूरतः। निर्मुक्ता तृणवत्त्रपा परिचिता स्रोतस्विनी बिन्दुवत्स क्रोधादवधीरितो हतधिया मातर्बलीयान्विधिः ॥ १४ ॥ यत्पङ्केरुहलक्ष्म पाणिकमलं भाग्यालये यद्गुरुर्यत्स्तं वा मम यल्ललाटफलके भाग्याक्षरं वेधसा। तत्सर्वं सखि यो यथार्थमकरोत्तस्मिन्प्रकोपः कृतो धिङ् मां धिङ् मम जीवितं धिगतनुं धिक्चेष्टितं धिग्वयः ॥ १५ ॥ केकाभिः कलयन्तु केकिनिवहाः संभूय कर्णज्वरं विद्युद्भिः सह भीषयन्तु परितः पाथोधराणां घटाः। पञ्चेषुर्बधिरीकरोतु ककुभः सर्वाः शराणां रवैर्नाहं दग्धदुरन्तजीवनकृते कस्यापि वश्या सखि ॥ १६ ॥

नायकानुनयः।

घनघनमपि दृष्टं व्योम वातो मरुत्वाञ्छिखिकुलकलवाचां श्रोत्रमासीन्निवासः। असुसम न मृताहं त्वद्वियोगेऽपि जाते तव घनपरिरम्भप्रार्थनाशावशेन ॥ १ ॥ मयि मलयसमीरो वर्षतीव स्फुलिङ्गानहह हिमकरो मामभिना सिञ्चतीव। किमिति मकरकेतोः किं नु वक्ष्ये कठोरे कथमपि तदहं ते नाथ नोपेक्षणीया ॥ २ ॥ त्वं तावद्बहुवल्लभो नवयुवा कान्तः सुखी निर्घृणो नो जानासि परव्यथां शठमते नैवासि दुःखी यतः। किं त्वन्याः परिपृच्छ मन्मथशरैः पीडामसह्यामिमां त्राता नो भव येन सज्जनजनैः कापालिको नोच्यसे ॥ ३ ॥ मुक्तो मानपरिग्रहः सह सखीसार्थेन तन्मन्त्रिणा शक्ता त्वच्चरणप्रसादरहिता नाहं क्षणं प्राणितुम्। पश्य त्वं सुकृश शरीरकमिदं यां यामवस्थां गतं सैषाहं तव पादयोर्निपतिता नाथ प्रसीदाधुना ॥ ४ ॥

नायकयोरुक्तिप्रत्युक्तयः।

सार्धं मनोरथशतैस्तव धूर्त कान्ता सैव स्थिता मनसि कृत्रिमभावरम्या। अस्माकमस्ति न कथंचिदिहावकाशस्त-

१ उदासीनताम्. २ त्यक्तकरुणे. ३ मनः.

१ हे प्राणसम.

स्मात्कृतं चरणपातविडम्बनाभिः ॥ १ ॥ तदवितथमवादीर्यन्मम त्वं प्रियेति प्रियजनपरिभुक्तं यद्दुकूलं दधानः। मदधिवसति मागाः कामिनां मण्डनश्रीर्व्रजति हि सफलत्वं वल्लभालोकनेन ॥ २ ॥ यदा त्वं चन्द्रोऽभूः शिशिरकरसंपर्करचिरस्तदाहं जाता द्राक्शशधरमणीनां प्रतिकृतिः। इदानीमर्कस्त्वं खररुचिसमुत्सारितरसः किरन्ती कोपाग्नीनहमपि रविग्रावघटिता ॥३॥ तवेदं पश्यन्त्याः प्रसरदनुरागं बहिरिव प्रियापादालक्तच्छुरितमरुणद्योतिहृदयम्। ममाद्य प्रख्यातप्रणयभरभङ्गेन कितव त्वदालोकः शोकादपि किमपि लज्जां जनयति ॥ ४ ॥ कृतककृतकैर्मायाशाठ्यैस्त्वयाप्यतिवर्तितं निभृतनिभृतैः कार्यालापैर्मयाप्युपलक्षितम्। भवतु विदितं नेष्टा तेऽहं वृथा परिखिद्यते अहमसहना त्वं निःस्नेहः समेन समं गतम् ॥ ५ ॥ कोपो यत्र भ्रुकुटिरचना निग्रहो यत्र मौनं यत्रान्योन्यस्मितमनुनयो दृष्टिपातः प्रसादः। तस्य प्रेम्णस्तदिदमधुना वैशसं पश्य जातं त्वं पादान्ते लुठसि न च मे मन्युमोक्षः खलायाः ॥ ६ ॥ बाले नाथ विमुञ्च मानिनि रुषं[1] रोषान्मया किं कृतं खेदोऽस्मासु न मेऽपराध्यति भवान्सर्वेऽपराधा मयि। तत्किं रोदिषि गद्गदेन वचसा कस्याग्रतो रुद्यते नन्वेतन्मम का तवास्मि दयिता नास्मीत्यतो रुद्यते ॥ ७ ॥ किं किं वक्त्रमुपेत्य चुम्बसि बलान्निर्लज्ज लज्जा क्व ते वस्त्रान्तं शठ मुञ्च मुञ्च शपथैः किं धूर्त वाग्बन्धनैः। खिन्नाहं तव रात्रिजागरवशात्तामेव याहि प्रियां निर्माल्योज्झितपुष्पदामनिकरे का षट्पदानां रतिः ॥ ८ ॥ साहारं वचनं प्रयच्छसि न मे नो वाञ्छितं यच्छसि प्रायः प्रोच्छ्वसिषि द्रुतं हुतवहज्वालासमं रात्रिषु। कण्ठाश्लेषपरिग्रहे शिथिलिता यन्नादराच्चुम्बसे तत्ते धूर्त हृदि स्थिता प्रियतमा काचिन्ममेवापरा ॥ ९ ॥ सत्यं तद्यदवोचथा मम महान्रागस्त्वदीयादिति त्वं प्राप्तोऽसि विभात एव सदनं मां द्रष्टुकामो यतः। रागं किं च बिभर्षि नाथ हृदये काश्मीरपत्रोदितं नेत्रे जागरजं ललाटफलके लाक्षारसापादितम् ॥ १० ॥ रोहन्तौ प्रथमं ममोरसि तव प्राप्तौ विवृद्धिं स्तनौ संलापास्तव वाक्यभङ्गमलिना मौग्ध्यं परं त्याजिताः। धात्रीकण्ठमपास्य बाहुलतिके कण्ठे तवासञ्जिते निर्दाक्षिण्य करोमि किं नु विशिखाप्येषा (?)न पन्थास्तव॥ ११॥ अज्ञानेन पराङ्मुखीं परिभवादाश्लिष्य मां दुःखितां किं लब्धं चटुल त्वयेह नयता सौभाग्यमेतां दशाम्। पश्यैतद्दयिताकुचव्यतिकरोन्मृष्टाङ्गरागारुणं वक्षस्ते मलतैलपङ्कशबलैर्वेणीपदैरङ्कितम् ॥ १२ ॥

---

१ अलमित्यर्थः. २ क्रोधम्.

नायकशिक्षा।

अङ्गुलीकिसलयाग्रतर्जनं भ्रूविभङ्गकुटिलं च वीक्षितम्। मेखलाभिरसकृच्च बन्धनं वञ्चयन्प्रणयिनीरवाप सः ॥ १ ॥ अधिरजनि जगाम धाम तस्याः प्रियतमयेति रुषा स्रजावनद्धः। पदमपि चलितुं युवा न सेहे किमिव न शक्तिहरं ससाध्वसानाम् ॥ २ ॥ सालक्तकेन नवपल्लवकोमलेन पादेन नूपुरवता मदनालसेन। यस्ताड्यते दयितया प्रणयापराधात्सोऽङ्गीकृतो भगवता मकरध्वजेन ॥ ३ ॥ सालक्तकं शतदलाधिककान्तिरम्यं रत्नौघधामनिकरारुणनूपुरं च। क्षिप्तं भृशं कुपितया तरलोत्पलाक्ष्या सौभाग्यचिह्नमिव मूर्ध्नि पदं विरेजे ॥ ४ ॥ कोपात्किंचिदुपानतोऽपि रभसादाकृष्य केशेष्वलं नीत्वा मोहनमन्दिरं दयितया हारेण बद्ध्वा दृढम्। भूयो यास्यति तद्गृहानिति मुहुः कण्ठार्धरुद्धाक्षरं जल्पन्त्याः श्रवणोत्पलेन सुकृती कश्चिद्रहस्ताड्यते ॥ ५ ॥ सा बाढं भवतेक्षितेति निबिडं संयम्य बाह्वोः स्रजा भूयो द्रक्ष्यसि तां शठेति नितरां संभर्त्स्य संतर्ज्य च। आलीनां पुर एव निह्नुतिपरः कोपाद्रसन्नूपुरं मानिन्याश्चरणप्रहारविधिना प्रेयानशोकीकृतः ॥ ६ ॥ पादे मूर्धनि ताम्रतामुपगते कर्णोत्पले चूर्णिते छिन्ने हारलतागुणे करतले संपातजातव्रणे। अप्राप्तप्रियताडनव्यतिकरा हन्तुं पुनः कोपिता वाञ्छन्ती मुहुरेणशावनयना पर्याकुला रोदिति ॥ ७ ॥ कोपात्कोमललोलबाहुलतिकापाशेन बद्ध्वा दृढं नीत्वा केलिनिकेतनं दयितया सायं सखीनां पुरः। भूयोऽप्येवमिति स्खलत्कलगिरा संसूच्य दुश्चेष्टितं धन्यो हन्यत एव निह्नुतिपरः प्रेयान्रुदत्या हसन् ॥ ८ ॥

नायिकाप्रसादः।

भवति विततश्वासोन्नाहप्रणुन्नपयोधरं हृदयमपि च स्निग्धं चक्षुर्निजप्रकृतौ स्थितम्। तदनु वदनं मूर्च्छाच्छेदात्प्रसादि विराजते परिगतमिव प्रारम्भेऽह्नः श्रिया सरसीरुहम् ॥ १ ॥ आविर्भूते शशिनि तमसा मुच्यमानेव रात्रिर्नैशस्यार्चिर्हुतभुज इव छिन्नभूयिष्ठधूमा। मोहेनान्तर्वरतनुरियं लक्ष्यते मुक्तकल्पा गङ्गा रोधःपतनकलुषा[1] गृह्णतीव प्रसादम्[2] ॥ २ ॥ कुरङ्गीवाङ्गानि स्तिमितयति गीतध्वनिषु यत्सखीं कान्तोदन्तं श्रुतमपि पुनः प्रश्नयति यत्। अनिद्रं यच्चान्तः स्वपिति तदहो वेद्म्यभिनवां प्रवृत्तोऽस्याः सेक्तुं हृदि मनसिजः प्रेमलतिकाम् ॥ ३ ॥ परिम्लाने माने मुखशशिनि तस्याः

---

१ तीरपातेन मृदाविला. २ नैर्मल्यम्.

करधृते मयि क्षीणोपाये प्रणिपतनमात्रैकरणे । तया पक्ष्मप्रान्तव्रजपुटनिरुद्धेन सहसा प्रसादो बाष्पेण स्तनतटविशीर्णेन कथितः ॥ ४ ॥ कृष्णस्निग्धकनीनिके विकसतः कर्णान्तदीर्घे दृशावुत्कम्पो हृदयस्य वेपितकुचाभोगः शनैः शाम्यति । धत्ते शीतरुचो विधुंतुदमुखान्मुक्तस्य लक्ष्मीमिदं मुग्धाङ्गया विगलद्विमोहतिमिरं वक्त्रं प्रसीदत्क्रमात् ॥५॥

परस्परप्रसादः ।

पदप्रणतमालोक्य कान्तमेकान्तकातरम् । मुञ्चन्ती बाष्पसंतानं सुमुखी तेन चुम्बिता ॥ १ ॥ इह स्फुटं तिष्ठति नाथ कण्टकः शनैःशनैः कर्ष नखाग्रलीलया । इति च्छलात्काचिदलग्नकण्टकं पदं तदुत्सङ्गतले न्यवेशयत् ॥२॥ निपपात संभ्रमभृतः श्रवणादसितभ्रुवः प्रणदितालिकुलम् । दयितावलोकविकसन्नयनप्रसरप्रणुन्नमिव वारिरुहम् ॥ ३ ॥ उपनेतुमुन्नतिमतेव दिवं कुचयोर्युगेन तरसा कलिताम् । रभसोत्थितामुपगतः सहसा परिरभ्य कश्चन वधूमरुधत् ॥४॥ अनुदेहमागतवतः प्रतिमां परिणायकस्य गुरुमुद्वहता । मुकुरेण वेपथुभृतोऽतिभरात्कथमप्यपाति न वधूकरतः ॥५॥ अवनम्य वक्षसि निमग्नकुचद्वितयेन गाढमुपगूढवता । दयितेन तत्क्षणचलद्रशनाकलकिङ्किणीरवमुदासि वधूः ॥६॥ कररुद्धनीवि दयितोपगतौ गलितं त्वराविरहितासनया । क्षणदृष्टहाटकशिलासदृशस्फुरदूरुभित्ति वसनं ववसे ॥ ७ ॥ पिदधानमन्वगुपगम्य दृशौ व्रुवते जनाय वद कोऽयमिति । अभिधातुमध्यवससौ न गिरा पुलकैः प्रियं नववधूर्न्यगदत् ॥ ८ ॥ उदितोरुसादगतिवेपथुमत्सुदृशोऽभिभर्तृ विधुरं त्रपया । वपुरादरातिशयशंसि पुनः प्रतिपत्तिमूढमपि बाढमभूत् ॥ ९ ॥ परिमन्थराभिरलघूरुभरादधिवेश्म पत्युरुपचारविधौ । स्खलिताभिरप्यनुपदं प्रमदाः प्रणयातिभूमिमगमन्गतिभिः ॥ १० ॥ मधुरोन्नतभ्रु ललितं च दृशोः सकरप्रयोगचतुरं च वचः । प्रकृतिस्थमेव निपुणागमितं स्फुटनृत्यलीलमभवत्सुतनोः ॥ ११ ॥ लोलांशुकस्य पवनाकुलितांशुकान्तं त्वद्दृष्टिहारि मम लोचनबान्धवस्य । अध्यासितुं तव चिरं जघनस्थलस्य पर्याप्तमेव करभोरु ममोरुयुग्मम् ॥ १२ ॥ सुतनु जहिहि[1] मौनं पश्य पादानतं मां न खलु तव कदाचित्कोप एवंविधोऽभूत् । इति निगदति नाथे तिर्यगामीलिताक्ष्या नयनजलमनल्पं मुक्तमुक्तं[2] न किंचित् ॥ १३ ॥ वचोवीचीदानं स्फुरदधरपानं विविनयं कृशीभूते माने मयि मृगयमाणे मृगदृशः । बभूव भ्रूगङ्गः सनयनतरङ्गः सपदि यः प्रभुत्वं व्यातेने जगदुपरि तेनेह मदनः ॥ १४ ॥ तदेवाजिह्माक्षं मुखमविशदस्ता गिर इमाः स एवाङ्गश्लेषो मयि सरसमाश्लिष्यति तनुम् । तदुक्तं प्रत्युक्तं यदपटु शिरःकम्पनपरं प्रिया मानेनेयं पुनरपि कृता मे नववधूः ॥ १५ ॥ दृष्ट्वैकासनसंस्थिते प्रियतमे पश्चादुपेत्यादरादेकस्या नयने निमील्य विहितः क्रीडानुबन्धच्छलः । ईषद्वक्रितकन्धरः सपुलकः प्रेमोल्लसन्मानसामन्तर्हासलसत्कपोलफलकां धूर्तोऽपरां चुम्बति ॥ १६ ॥ आगत्य प्रणिपातसान्त्वितसखीदत्तान्तरे सागसि स्वैरं कुर्वति तल्पपार्श्वनिभृते धूर्तेऽङ्गसंवाहनम् । ज्ञात्वा स्पर्शवशात्प्रियं किल सखीभ्रान्त्या स्वमङ्कं शनैः खिन्नासीत्यभिधाय मीलितदृशा सानन्दमारोपितः ॥ १७ ॥ सत्यं दुर्लभ एष वल्लभतरो रागो ममास्मिन्पुनः कोपोऽस्यातिगुरुर्न चातिनिपुणाः सख्योऽपि संबोधने । संचिन्त्येति मृगीदृशा प्रियतमे दृष्टे श्लथां मेखलां बध्नन्त्या न गतं स्थितं न च चलद्धासोऽथवा संवृतम् ॥ १८ ॥ वाचो वाग्मिनि किं तवाद्य परुषाः सुभ्रु भ्रुवो विभ्रमोऽप्युद्भ्रान्तः कृत एष लोलनयने किं लोहिते लोचने । नास्त्यागो मयि किं मुधैव कुपितेत्युक्ते पुनः प्रेयसा मानिन्या जलबिन्दुदन्तुरपुटा दृष्टिः सखीष्वाहिता ॥ १९ ॥ सा यावन्ति पदान्यलीकवचनैरालीजनैः पाठिता तावन्त्येव कृतागसो द्रुततरं संलप्य पत्युः पुरः । प्रारेभे पुरतो यथा मनसिजस्येच्छा तया वर्तितुं प्रेम्णो मौग्ध्यविभूषणस्य सहजः कोऽप्येष कान्तः क्रमः ॥ २० ॥ दृष्टे लोचनवन्मनाङ्मुकुलितं पार्श्वस्थिते वक्त्रवन्न्यग्भूतं बहिरासितं पुलकवत्स्पर्शे समातन्वति । नीवीबन्धवदागतं शिथिलतां संभाषमाणे क्षणान्मानेनापसृतं ह्रियेव सुदृशः पादस्पृशि प्रेयसि ॥ २१ ॥ एकस्मिञ्शयने पराङ्मुखतया वीतोत्तरं ताम्यतोरन्योन्यस्य हृदि स्थितेऽप्यनुनये संरक्षतोर्गौरवम् । दंपत्योः शनकैरपाङ्गवलनान्मिश्रीभवच्चक्षुषोर्भग्नो मानकलिः सहासरभसव्यासक्तकण्ठग्रहः ॥ २२ ॥ कृत्वा विग्रहमश्रुपातकलुषं शय्यासनादुत्थिता क्रोधाच्चापि विहाय गर्भभवनद्वारं रुषा प्रस्थिता । दृष्ट्वा चन्द्रमसं प्रभाविरहितं प्रत्यूषवाताहता हा रात्रिस्त्वरिता गतेति पतिता कान्ता प्रियस्योरसि ॥ २३ ॥ पश्यामः किमियं प्रपद्यत इति स्थैर्यं[1] मयालम्बितं किं मां नालपतीत्ययं खलु शठः कोपस्तयाप्याश्रितः । इत्यन्योन्यविलक्षदृष्टिचतुरे तस्मिन्नवस्थान्तरे सव्याजं हसितं मया धृतिहरो मुक्तस्तु बाष्पस्तया ॥ २४ ॥ चक्षुर्लुप्तमषीकणं कवलितस्ताम्बूलरागोऽधरे विश्रान्ता कबरी

१ त्यज. २ न किंचिदप्युक्तम्.

१ मौनरूपम्.

कपोलफलके लुसेव गात्रद्युतिः। जाने संप्रति मानिनि प्रणयिना दैरप्युपायक्रमैर्भग्नो मानमहातरुस्तरुणि ते चेतःस्थलीवर्धितः ॥२५॥ तस्याः सान्द्रविलेपनस्तनयुगप्रश्लेषमुद्राङ्कितं किं वक्षश्चरणानतिव्यतिकरव्याजेन गोपाय्यते। इत्युक्ते क तदित्युदीर्य सहसा तत्संप्रमार्ष्टं मया संश्लिष्टा रभसेन तत्सुखवशात्तन्व्यापि तद्विस्मृतम् ॥ २६ ॥ नापेतोऽनुनयेन यः प्रियसुहृद्वाक्यैर्न यः संहृतो यो दीर्घं दिवसं विषह्य हृदये यत्नात्कथंचिद्धृतः। अन्योन्यस्य हृते मुखे विहितयोस्तिर्यक्कथंचिद्दृशोः संभेदे सपदि स्मितव्यतिकरे मानो विहस्योज्झितः ॥२७॥ शून्यं वासगृहं विलोक्य शयनादुत्थाय किंचिच्छनैर्निद्राव्याजमुपागतस्य सुचिरं निर्वर्ण्य पत्युर्मुखम्। विश्रब्धं परिचुम्ब्य जातपुलकामालोक्य गण्डस्थलीं लज्जानम्रमुखी प्रियेण हसता बाला चिरं चुम्बिता ॥ २८ ॥ कान्ते घोरकृतान्तवक्त्रकुहरात्त्वं पुण्यपुञ्जेन मे मुक्ता कुन्त तदर्जनश्रमभरं प्रत्यङ्गमालिङ्गय माम्। इत्याकर्ण्य निमीलितार्धनयनं स्मेरं शनैरानतं सोल्लासं वदनाम्बुजं मृगदृशः स्वैरं चुचुम्ब प्रियः ॥ २९ ॥ एकस्मिञ्शयने सरोरुहदृशोर्विज्ञाय निद्रां तयोरेकां पल्लवितावगुण्ठनवतीमुत्कन्धरो दृष्टवान्। अन्यस्याः सविधं समेत्य निभृतव्यालोलहस्ताङ्गुलिव्यापारैर्वसनाञ्चलं चपलयन्स्वापच्युतिं क्लृप्तवान् ॥ ३० ॥ लीलातामरसाहतोऽन्यवनितानिःशङ्कदष्टाधरः कश्चित्केसरदूषितेक्षण इव व्यामील्य नेत्रे स्थितः। मुग्धा कुड्मलिताननेन दधती वायुं स्थिता तस्य सा भ्रान्त्या धूर्ततया च वेपथुमती तेनानिशं चुम्बिता ॥ ३१ ॥ जाता नोत्कलिका स्तनौ न लुलितौ गात्रं न रोमाञ्चितं वक्त्रं स्वेदकणाञ्चितं न सहसा यावच्छठेनामुना। दृष्टेनैव मनो हृतं धृतिमुषा प्राणेश्वरेणाद्य मे तत्केनापि निरूप्यमाणनिपुणो मानः समाधीयताम् ॥ ३२ ॥

प्रियचाटूक्तयः।

मुग्धे धानुष्कता केयमपूर्वा त्वयि दृश्यते। यया विध्यसि चेतांसि गुणैरेव न सायकैः ॥ १ ॥ कृष्णार्जुनानुरक्तापि दृष्टिः कर्णावलम्बिनी[1]। याति विश्वसनीयत्वं कस्य ते कलभाषिणि ॥ २ ॥ स्मितपुष्पोद्गमोऽयं ते दृश्यतेऽधरपल्लवे। फलं तु जातं मुग्धाक्षि चक्षुषोर्मम पश्यतः ॥ ३ ॥ अपूर्वं चौर्यमभ्यस्तं त्वया चञ्चललोचने। दिवैव जाग्रतां पुंसां चेतो हरसि दूरतः ॥ ४ ॥ कुतः कुवलयं कर्णे करोषि कलभाषिणि। किमपाङ्गमपर्याप्तमस्मिन्कर्मणि मन्यसे ॥५॥ दृष्टिं देहि पुनर्बाले कमलायतलोचने। श्रूयते हि पुरा लोके विषस्य विषमौषधम् ॥ ६ ॥ विभ्रमैर्बिभ्रद्भ्रद्वैस्त्वं विद्ययाप्यनवद्यया। केनापि हेतुना मन्ये प्राप्ता विद्याधरी क्षितिम् ॥ ७ ॥ त्वदङ्गमार्दवे दृष्टे कस्य चित्ते न भासते। मालतीशशभृल्लेखाकदलीनां कठोरता ॥ ८ ॥ बिम्बोष्ठ एव रागस्ते तन्वि पूर्वमदृश्यत। अधुना हृदयेऽप्येष मृगशावाक्षि दृश्यते ॥ ९ ॥ पातालमिव ते नाभिः स्तनौ क्षितिधरोपमौ। वेणीदण्डः पुनरयं कालिन्दीपातसंनिभः ॥१०॥ अनङ्गोऽयमनङ्गत्वमद्य निन्दिष्यति ध्रुवम्। यदनेन न संप्राप्तः पाणिस्पर्शोत्सवस्तव ॥ ११ ॥ कमले कमलोत्पत्तिः श्रूयते न च दृश्यते। बाले तव मुखाम्भोजे दृष्टमिन्दीवरद्वयम्[1] ॥ १२ ॥ आकर्णय सरोजाक्षि वचनीयमिदं भुवि। शशाङ्कस्तव वक्त्रेण पामरैरुपमीयते ॥ १३ ॥ नीतानामाकुलीभावं लुब्धैर्भूरिशिलीमुखैः। सदृशे वनवृद्धानां कमलानां त्वदीक्षणे ॥ १४ ॥ यन्मध्यदेशादपि ते सूक्ष्मं लोलाक्षि दृश्यते। मृणालसूत्रमपि ते न संमाति स्तनान्तरे ॥१५॥ अनयोरनवद्याङ्गि स्तनयोर्जृम्भमाणयोः। अवकाशो न पर्याप्तस्तव बाहुलतान्तरे ॥ १६ ॥ निर्णेतुं शक्यमस्तीति मध्यं तव नितम्बिनि। अन्यथा नोपपद्येत पयोधरभरस्थितिः ॥ १७ ॥ राकाविभावरीकान्तसंक्रान्तद्युति ते मुखम्। तपनीयशिलाशोभि कटिश्च हरते मनः ॥ १८ ॥ आक्षिपन्त्यरविन्दानि मुग्धे तव मुखश्रियम्। कोषदण्डसमग्राणां किमेषामस्ति दुष्करम् ॥ १९ ॥ आवर्त एव नाभिस्ते नेत्रे नीलसरोरुहे। तरङ्गा वलयस्तेन त्वं लावण्याम्बुवापिका ॥ २० ॥ साहजिकरूपवत्या भवति भवत्या विभूषणं भारः। सर्वाङ्गसौरभिण्या दमनकवल्ल्याः किमालि कुसुमेन ॥ २१ ॥ इन्दुः किं क कलङ्कः सरसिजमेतत्किमम्बु कुत्र गतम्। ललितसविलासवचनैर्मुखमिति हरिणाक्षि निश्चितं परतः ॥ २२ ॥ आरुह्य शैलशिखरं त्वद्वदनापहृतकान्तिसर्वस्वः। पूत्कर्तुमिवोर्ध्वकरः स्थितः पुरस्तान्निशानाथः ॥ २३ ॥ कौटिल्यं कचनिचये करचरणाधरदलेषु रागस्ते। काठिन्यं कुचयुगले तरलत्वं नयनयोर्वसति ॥ २४ ॥ आक्षिपसि कर्णमक्ष्णा बलिरपि बद्धस्त्वया त्रिधा मध्ये। इति जितसकलवदान्ये तनुदाने

---

१ इन्दीवरसदृशं नेत्रयुगलम्. २ अलीकतया निन्दितम्. ३ व्याप्तताम्; (पक्षे) चपलताम्. ४ लोभशीलैः; (पक्षे) व्याधैः. ५ भ्रमरैः; (पक्षे) बाणैः. ६ जलम्; (पक्षे) अरण्यम्. ७ पद्मानाम्; (पक्षे) हरिणानाम्. ८ आर्तव्याहरणं पूत्कारः. ९ श्रोत्रम्; (पक्षे) अङ्गाधिपम्. १० बलिनामा दैत्यः; (पक्षे बवयोः सावर्ण्यात्) वलिः वलित्रितयम्. ११ जितसर्वदानशौण्डे.

लज्जसे सुतनु ॥ २५ ॥ नयननिपातेऽङ्कुरितः पल्लवितो व-
ज्रसि पुष्पितो हसिते । फलतु कृशाङ्गि तवाङ्गस्पर्शेन मनो-
रथोऽस्माकम् ॥ २६ ॥ उचितं गोपनमनयोः कुचयोः
कनकाद्रिकान्तितस्करयोः । अवधीरितविधुमण्डलमुखमण्ड-
लगोपनं किमिति ॥ २७ ॥ वदनेन निर्जितं तव निलीयते
चन्द्रबिम्बमम्बुधरे । अरविन्दमपि च सुन्दरि निलीयते
पाथसां पूरे ॥ २८ ॥ सत्यं तपः सुगत्यै यत्तत्त्वाम्बुषु रविप्र-
तीक्षं सत् । अनुभवति सुगतिमब्जं त्वत्पदजन्मनि समस्तक-
मनीयम् ॥ २९ ॥ दलदमलकोमलोत्पलपलाशशङ्काकुलो-
ऽयमलिपोतः । तव लोचनयोरनयोः परिसरमनुवेलमनुस-
रति ॥ ३० ॥ तव कुवलयाक्षि वक्षसि कुण्डलिता कापि
काञ्चनी कान्तिः । कुसुमेषोर्विजिगीषोर्भवति च भवतीह
भूयसी कण्डुः ॥ ३१ ॥ कम्बुकण्ठि चरणः शनैश्चरो रा-
हुरेष तव केशकलापः । न च्युतं तदपि यौवनमेतत्सा प-
योधरगुरोरनुकम्पा ॥ ३२ ॥ कमलाक्षि विलम्ब्यतां क्षणं
कमनीये कचभारबन्धने । दृढलग्नमिदं दृशोर्युगं शनकैरद्य
समुद्धराम्यहम् ॥ ३३ ॥ अयि मन्मथचूतमञ्जरि श्रवणा-
यतचारुलोचने । अपहृत्य मनः क्व यासि तत्किमराजकमत्र
राजते ॥३४॥ भवत्कृते खञ्जनमञ्जुलाक्षि शिरो मदीयं यदि
याति यातु । नीतानि नाशं जनकात्मजार्थे दशाननेनापि
दशाननानि ॥ ३५ ॥ ताम्बूलरागोऽधरलोलुपो यद्यदञ्जनं
लोचनचुम्बनोत्सुकम् । हरश्च कण्ठग्रहलालसो यत्स्वार्थः स
तेषां न तु भूषणं ते ॥ ३६ ॥ यत्पद्ममादित्सु तवाननीयां
कुरङ्गलक्ष्मा च मृगाक्षि लक्ष्मीम् । एकार्थलिप्साकृत एव
मन्ये शशाङ्कपङ्केरुहयोर्विरोधः ॥ ३७ ॥ सदा प्रदोषो मम
याति जाग्रतः सदा च मे निःश्वसतो गता निशा । त्वया स-
मेतस्य विशाललोचने ममाद्य शोकान्तकरः प्रदोषकः ॥३८॥
तवाननं सुन्दरि फुल्लपङ्कजं स्फुटं जपापुष्पमसौ तवाधरः ।
विनिद्रपद्मं तव लोचनद्वयं तवाङ्गमन्यत्किल पुष्पसंचयः
॥ ३९ ॥ प्रिये सदा पूर्णतरं मनोहरं ते निष्कलङ्कं मुख-
चन्द्रमण्डलम् । विलोक्य सव्रीडतया निशापतिर्गतः प्रतप्तो
जलधेर्जलान्तरम् ॥ ४० ॥ त्वद्वर्तुलस्थूलसुवर्णकान्ति र-
म्यस्तनश्रीफलयुग्ममेतत् । दृष्ट्वा वने श्रीफलमाकुलं किं
लज्जाभिरालम्बितमेव वृक्षे ॥ ४१ ॥ जघान बाणैर्दश-
भिर्दशास्यशिरांसि सीताहरणे स रामः । त्वदङ्गसङ्गाय
सदानुरक्ते प्रयातु मे मस्तकमेकमेव ॥ ४२ ॥ शिखरिणि
क्व नु नाम कियच्चिरं किमभिधानमसावकरोत्तपः । सुमुखि
येन तवाधरपाटलं दशति बिम्बफलं शुकशावकः ॥ ४३ ॥

१ जलानाम्.

अनधिगतमनोरथस्य पूर्वं शतगुणितेव गता मम त्रियामा ।
यदि तु तव समागमे तथैव प्रसरति सुभ्रु ततः कृती भ-
वेयम् ॥ ४४ ॥ दलितकुचनखाङ्कमङ्कपालिं रचय ममाङ्क-
मुपेत्य पीवरोरु । अनुहर हरिणाक्षि शंकराङ्कस्थितहिमशै-
लसुताविलासलक्ष्मीम् ॥ ४५ ॥ कुमुदकमलनीलनीरजा-
लिर्ललितविलासजुषोर्दृशोः पुरः का । अमृतममृतरश्मिरम्बु-
जन्म प्रतिहतमेकपदे तवाननस्य ॥ ४६ ॥ नारब्धं कुचपरि-
रम्भणेषु वाम्यं वैमुख्यं किमपि न चुम्बने कदाचित् ।
किं नीवीगतमबले रुणत्सि पाणिं विक्रीते करिणि किमङ्कुशे
विवादः ॥ ४७ ॥ दासे कृतागसि भवेदुचितः प्रभूणां पा-
दप्रहार इति मानिनि नास्मि[1] दूये । उद्यत्कठोरपुलकाङ्कित-
कण्टकाग्रैर्यद्भिद्यते तव पदं ननु सा व्यथा मे ॥ ४८ ॥
बाले तवाधरसुधारसपानकाले चेतो मदीयमभिवाञ्छति
शेष[2]भावम् । आलिङ्गने तव विरोचनपौत्र[3]भावमा[4]खण्डल-
त्वमखिलाङ्गनिरीक्षणे ते ॥ ४९ ॥ एको हि खञ्जन-
वरो नलिनीदलस्थो दृष्टः करोति चतुरङ्गबलाधिपत्यम् ।
किंवा करिष्यति भवद्वदनारविन्दे जानामि नो नयनख-
ञ्जनयुग्ममेतत् ॥ ५० ॥ कोपस्त्वया हृदि कृतो यदि
पङ्कजाक्षि सोऽस्तु प्रियस्तव किमत्र विधेयमन्यत् । आश्ले-
षमर्पय मदर्पितपूर्वमुच्चैर्दन्तक्षतं मम समर्पय चुम्बनं च
॥ ५१ ॥ म्लानस्य जीवकुसुमस्य विकासनानि संतर्पणानि
सकलेन्द्रियमोहनानि । एतानि ते सुवचनानि सरोरुहाक्षि
कर्णामृतानि मनसश्च रसायनानि ॥ ५२ ॥ मा[5]लिन्यमब्ज-
शशिनोर्मधुलिट्कलङ्कौ धत्तो मुखे तु तव दृक्तिलकाञ्जना-
भाम् । दोषावृ[6]त्तिः क्वचन मेल[7]नतो गुणत्वं वक्तुर्गुणो हि
वचसि [8]भ्रमविप्रलम्भौ ॥ ५३ ॥ पादास्त एव शशिनः सु-
खयन्ति गात्रं बाणास्त एव मदनस्य ममानुकूलाः । संरम्भ-
रूक्षमिव सुन्दरि यद्यदासीत्त्वत्संगमेन मम तत्तदिवानुनी-
तम् ॥ ५४ ॥ पद्मातपत्ररसिके सरसीरुहस्य किं बीजमर्पयि-
तुमिच्छसि वापिकायाम् । कालः कलिर्जगदिदं न कृतज्ञ-
मज्ञे स्थित्वा हरिष्यति मुखस्य तवैव लक्ष्मीम् ॥ ५५ ॥
त्वद्वक्त्रसाम्यमयमम्बुजको[9]शमु[10]द्राभ[11]ङ्गीत्तत[12]त्सुषममि[13]त्रकरोप-
कृत्या । लब्ध्वापि पर्वणि विधुः क्रमहीयमान शंसत्यनी-
त्युपचितां श्रियमाशुनाशाम् ॥ ५६ ॥ मृदुलकनककान्ति

१ अस्मीत्यहमर्थे. २ शेषत्वम्. जिह्वासहस्रवत्त्वात्. ३ बाणासु-
रत्वम्, हस्तसहस्रवत्त्वात्. ४ इन्द्रत्वम्, चक्षुःसहस्रत्वात्. ५ मलि-
नत्वम्. ६ प्राप्तुतः. ७ मिथो मिलनात्. ८ भ्रान्तिप्रतारणे. ९ कु-
ड्मलः; (पक्षे) भाण्डारगृहम्. १० मुकुलीभावः; (पक्षे) मुद्रणम्.
११ गृहीता. १२ शोभा. १३ सूर्यकिरणाः; (पक्षे) सुहृत्पाणयः.

श्वाससौरभ्यरम्यं वदनकमलमेतन्नेत्रमत्तद्विरेफम् । तव किमु सुसमीक्ष्य व्रीडया पद्मवृन्दं सरसि सलिलपूर्णे मर्तुकामं विवेश ॥ ५७ ॥ यः प्रागासीदभिनववयोविभ्रमादाप्तजन्मा चित्तोन्माथी विगतविषयोपप्लवानन्दसान्द्रः । वृत्तीरन्तस्तिरयति तवाश्लेषजन्मा स कोऽपि प्रौढप्रेमा नव इव पुनर्मान्मथो मे विकारः ॥ ५८ ॥ गोत्रे साक्षादजनि भगवानेष यत्पद्मयोनिः शय्योत्थायं यदखिलमहः प्रीणयन्ति द्विरेफान् । एकाग्रां यद्दधति भगवत्युष्णभानौ च भक्तिं तत्प्रापुस्ते सुतनु वदनौपम्यमम्भोरुहाणि ॥ ५९ ॥ उन्मेषं यो मम न सहते जातिवैरी निशायामिन्दोरिन्दीवरदलदृशा तस्य सौन्दर्यदर्पः । नीतः शान्तिं प्रसभमनया वक्त्रकान्त्येति हर्षाल्लग्ना मन्ये ललिततनु ते पादयोः पद्मलक्ष्मीः ॥ ६० ॥ हस्तस्वेदस्नपित इव यश्चन्दनक्षोदवृन्दैरालिप्तोऽलंकृतपरिसरः फुल्लकह्लारहारैः । आराधीत्थं तव नवकुरङ्गाक्षि वक्षोजशंभुः साक्षात्कारं तदपि न दिशत्येष किं वा करोमि ॥६१॥ विनिश्चेतुं शक्यो न सुखमिति वा दुःखमिति वा प्रमोहो निद्रा वा किमु विषविसर्पः किमु मदः । तव स्पर्शे स्पर्शे मम हि परिगूढेन्द्रियगणो विकारश्चैतन्यं भ्रमयति च संमीलयति च ॥ ६२ ॥ स्मितज्योत्स्नाभिस्ते धवलयति विश्वं शशिमुखि दृशस्ते पीयूषद्रवमिव विमुञ्चन्ति परितः । वपुस्ते लावण्यं किरति मधुरं दिक्षु तदिदं कुतस्ते पारुष्यं सुतनु हृदयेनाद्य गुणितम् ॥ ६३ ॥ स्तुमः कं वामाक्षि क्षणमपि विना यं न रमसे विलेभे कः प्राणान्रणमखमुखे यं मृगयसे । सुलभे को जातः शशिमुखि यमालिङ्गसि बलात्तपःश्रीः कस्यैषा मदननगरि ध्यायसि तु यम् ॥ ६४ ॥ पुराभूदस्माकं प्रथमं विभिन्ना तनुरियं ततो नु त्वं प्रेयान्वयमपि हताशाः प्रियतमाः । इदानीं नाथस्त्वं वयमपि कलत्रं किमपरं हतानां प्राणानां कुलिशकठिनानां फलमिदम् ॥ ६५ ॥ दृशौ तव मदालसे वदनमिन्दुमत्यान्वितं गतिर्जनमनोरमा विधुतरम्भमूरुद्वयम् । रतिस्तव कलावती रुचिरचित्रलेखे भ्रुवावहो विबुधयौवनं वहसि तन्वि पृथ्वीगता ॥ ६६ ॥ दिनकरकरामृष्टं बिभ्रद्द्युतिं परिपाटलां दशनकिरणैरुत्सर्पद्भिः स्फुटीकृतकेसरम् । अयि मुखमिदं मुग्धे सत्यं समं कमलेन ते मधु मधुकरः किं त्वेतस्मिन्पिबन्न विभाव्यते ॥ ६७ ॥ बन्धूकद्युतिबान्धवोऽयमधरः स्निग्धो मधूकच्छविर्गण्डश्चण्डि चकास्ति नीलनलिनश्रीमोचनं लोचनम् । नासाभ्येति तिलप्रसूनपदवीं कुन्दाभदन्ति प्रिये प्रायस्त्वन्मुखसेवया विजयते विश्वं स पुष्पायुधः ॥ ६८ ॥ केशाः संयमिनः श्रुतेरपि परं पारं गते लोचने ह्यन्तर्वक्त्रमपि स्वभावशुचिभिः कीर्णं द्विजानां गणैः । मुक्तानां सततं निवासरुचिरं वक्षोजकुम्भद्वयं चेत्थं तन्वि वपुः प्रशान्तमपि ते रागं करोत्येव नः ॥ ६९ ॥ भ्रूचापे निहितः कटाक्षविशिखो निर्मातु मर्मव्यथां श्यामात्मा कुटिलः करोतु कबरीभारोऽपि मारोद्यमम् । मोहं तावदयं च तन्वि तनुतां बिम्बाधरो रागवान्सद्वृत्तः स्तनमण्डलस्तव कथं प्राणैर्मम क्रीडति ॥ ७० ॥ ये ये खञ्जनमेकमेव कमले पश्यन्ति दैवात्क्वचित्ते सर्वे कवयो भवन्ति सुतरां प्रख्यातभूभीभुजः । त्वद्वक्त्राम्बुजनेत्रखञ्जनयुगं पश्यन्ति ये ये जनास्ते ते मन्मथबाणजालविकला मुग्धे किमत्यद्भुतम् ॥ ७१ ॥ धत्ते बर्हभरे शिखी तव न किं धम्मिल्लभारश्रियं सारङ्गो भजते न किं तव दृशोः सौभाग्यमालोकते । मत्तेभश्च शिरःपदे वहति ते वक्षोजलक्ष्मीं न किं तन्मन्ये तरुणि त्वया विवृणुते साम्यं वनश्रीरियम् ॥ ७२ ॥ किं पद्मस्य रुचिं न हन्ति नयनानन्दं विधत्ते न किं वृद्धिं वा झषकेतनस्य कुरुते नालोकमात्रेण किम् । वक्त्रेन्दौ तव सत्ययं यदपरः शीतांशुरुज्जृम्भते दर्पः स्यादमृतेन चेदिह तदप्यस्त्येव बिम्बाधरे ॥ ७३ ॥ लावण्यामृतवर्षिणि प्रतिदिशं कृष्णागरुश्यामले वर्षाणामिव ते पयोधरभरे तन्वङ्गि दूरोन्नते । नासावंशमनोज्ञकेतकतनुभ्रूपत्रगर्भोल्लसत्पुष्पश्रीस्तिलकः सहेलमलकैर्भृङ्गैरिवापीयते ॥ ७४ ॥ अन्तःकूजदुदारकण्ठमसकृन्मुञ्चेति लोलेक्षणं प्रायः स्मेरकपोलमूलममृतप्रस्यन्दि बिम्बाधरम् । आधूताङ्गुलिपल्लवाग्रमलमित्यानर्तितभ्रूलतं पीतं येन मुखं त्वदीयमबले सोऽयं हि धन्यो युवा ॥ ७५ ॥ हुंकारैर्ददता मया प्रतिवचो यन्मौनमासेवितं यद्दावानलदीप्तिभिस्तनुरियं चन्द्रातपैस्तापिता । ध्यातं यत्सुबहून्यनन्यमनसा नक्तंदिनानि प्रिये तस्यैतत्तपसः फलं मुखमिदं पश्यामि यत्तेऽधुना ॥ ७६ ॥ काश्मीरद्रवगौरि हन्त किमयं भूयोऽङ्गरागे ग्रहः को वा नीलसरोरुहाक्षि नितरां नेत्राञ्जने संभ्रमः । रक्ताशोकदलोपमेयचरणे किं लाक्षया दत्तया नो रागान्तरमीहते निजरुचा विभ्राजमानो मणिः ॥ ७७ ॥ तन्वि त्वद्वदनस्य विभ्रमलवं लावण्यवारांनिधेरिन्दुः सुन्दरि दुग्धसिन्धुलहरीबिन्दुः कथं

१ एका. २ वज्रवत्कठोराणाम्.

१ बन्धनयुक्ताः; (पक्षे) नियमवन्तः. २ कर्णस्य; (पक्षे) वेदस्य. ३ दन्तानाम्; (पक्षे) ब्राह्मणानाम्, ४ मौक्तिकानाम्; (पक्षे) जीवन्मुक्तानाम्. ५ भूरेव चापस्तस्मिन्. ६ कटाक्ष एव विशिखो (बाणः). ७ मलिनस्वभावः. ८ समुद्रस्य; (पक्षे) कामस्य. ९ आलोकः; (पक्षे) प्रकाशः. १० उदितो भवति.

विन्दतु । उत्कल्लोलविलोचने क्षणमयं शीतांशुरालम्बतामुन्मीलन्नवनीलनीरजवनीखेलन्मरालश्रियम् ॥ ७८ ॥ वेणीं ते प्रसमीक्ष्य चित्रकुसुमैरुद्भासितां बर्हिणो लज्जन्ते निजबर्हवृन्दमधिकं भारं विदित्वा प्रिये । निर्याताः शनकैरिति स्वनिलयाद्दूरे निलीय स्थिताः पश्यैतानपि लज्जयेव मधुपान्वर्ह्यांर्विहायोद्गतान् ॥ ७९ ॥

पानगोष्ठीवर्णनम् ।

दृश्यते पानगोष्ठीषु कान्तावक्त्रगतं मधु । स्मरं सहायमासाद्य ग्रस्तो राहुरिवेन्दुना ॥ १ ॥ सागसि प्रियतमे कृतकोपा याङ्घ्रियुग्मपतितेऽपि न तुष्टा । सैव मद्यपरिलुप्तविवेका तं तथैव परितोषयति स्म ॥ २ ॥ मूर्तिमन्तमिव रागरसौघं ते परस्परसमर्पितवक्त्राः । आननासवमिषेण तदानीमक्षिपन्त हृदयेषु युवानः ॥ ३ ॥ सज्जितानि सुरभीण्यथ यूनामुल्लसन्नयनवारिरुहाणि । आययुः सुघटितानि सुरायाः पात्रतां प्रियतमावदनानि ॥ ४ ॥ सोपचारमुपशान्तविचारं सानुतर्षमनुतर्षपदेन । ते मुहूर्तमथ मूर्तमपीप्यन्प्रेम मानमवधूय वधूः स्वाः ॥ ५ ॥ क्रान्तकान्तवदनप्रतिबिम्बे मग्नबालसहकारसुगन्धौ । स्वादुनि प्रणदितालिनि शीते निर्ववार[1] मधुनीन्द्रियवर्गः ॥ ६ ॥ कापिशायनसुगन्धि विघूर्णन्नुन्मदोऽधिशयितुं समशेत । फुल्लदृष्टि वदनं प्रमदानामब्जचारु चषकं च षडङ्घ्रिः ॥ ७ ॥ बिम्बितं भृतपरिस्रुति जानन्भाजने जलजमित्यबलायाः । घ्रातुमक्षि पतति भ्रमरः स्म भ्रान्तिभाजि भवति क्व विवेकः ॥ ८ ॥ दत्तमिष्टतमया मधु पत्युर्बाढमाप पिबतो रसवत्ताम् । यत्सुवर्णमुकुटांशुभिरासीच्चेतनाविरहितैरपि पीतम् ॥ ९ ॥ स्वादनेन सुतनोरविचारादोष्ठतः समचरिष्ट रसोऽत्र । अन्यमन्यदिव यन्मधु यूनः स्वादमिष्टमतनिष्ट तदेव ॥ १० ॥ बिभ्रतौ मधुरतामतिमात्रं रागिभिर्युगपदेव पपाते । आननैर्मधुरसो विकसद्भिर्नासिकाभिरसितोत्पलगन्धः ॥ ११ ॥ पीतवत्यभिमते मधुतुल्यस्वादमोष्ठरुचकं विदंदङ्क्षौ[2][3] । लभ्यते स्म परिरक्ततयात्मा यावकेन वियतापि युवत्याः ॥ १२ ॥ कस्यचित्समदनं मदनीयप्रेयसीवदनपानपरस्य । स्वादितः सकृदिवासव एव प्रत्युत क्षणविदंशपदेऽभूत् ॥ १३ ॥ पीतशीधुमधुरैर्मिथुनानामाननैः परिहृतं चषकान्तः । व्रीडया रुददिवालिविरावैर्नीलनीरजमगच्छदधस्तात् ॥ १४ ॥ प्रौ[4]ढिभं त्रिसरकेण गतानां वक्रवाक्यरचनारमणीयः । गूढसूचितरहस्यसहासः सुभ्रुवां प्रववृते परिहासः ॥ १५ ॥ हावहारि हसितं वचनानां कौशलं दृशि विकारविशेषाः । चक्रिरे भृशमृजोरपि वध्वाः कामिनेव तरुणेन मदेन ॥ १६ ॥ अप्रसन्नमपराद्धरि पत्यौ कोपदीप्तमुररीकृतधैर्यम् । क्षालितं नु शमितं नु वधूनां द्रावितं नु हृदयं मधुवारैः ॥ १७ ॥ सन्तमेव चिरमप्रकृतत्वादप्रकाशितमदिद्युतदङ्गे । विभ्रमं मधुमदः प्रमदानां धातुलीनमुपसर्ग इवार्थम् ॥ १८ ॥ सावशेषपदमुक्तमुपेक्षा स्रस्तमाल्यवसनाभरणेषु । गन्तुमुत्थितमकारणतः स्म द्योतयन्ति मदविभ्रममासाम् ॥ १९ ॥ मद्यमन्दविगलत्रपमीषच्चक्षुरुन्मिषितपक्ष्म दधत्या । वीक्ष्यते स्म शनकैर्नववध्वा कामिनो मुखमधोमुखयैव ॥ २० ॥ या कथंचन सखीवचनेन प्रागभिप्रियतमं प्रजगल्भे । व्रीडजाड्यमभजन्मधुपा सा स्वां मदात्प्रकृतिमेति हि सर्वः ॥ २१ ॥ छादितः कथमपि त्रपयान्तर्यः प्रियं प्रति चिराय रमण्याः । वारुणीमदविशङ्कमथाविश्चक्षुषोऽभवदसाविव रागः ॥ २२ ॥ आगतानगणितप्रतियातान्वल्लभानभिसिसारयिषूणाम् । प्रापि चेतसि स विप्रतिसारे सुभ्रुवामवसरः सरकेण ॥ २३ ॥ मा पुनस्तमभिसीसरमागस्कारिणं मदविमोहितचित्ता । योषिदित्यभिललाष न हालां दुस्त्यजः खलु सुखादपि मानः ॥ २४ ॥ ह्रीविमोहमहरद्दयितानामन्तिकं रतिसुखाय निनाय । सप्रसादमिव सेवितमासीत्सद्य एव फलदं मधु तासाम् ॥ २५ ॥ दत्तमात्तवदनं दयितेन व्याप्तमातिशयिकेन रसेन । सस्वदे मुखसुरं प्रमदाभ्यो नाम रूढमपि च व्युदपादि ॥ २६ ॥ लब्धसौरभगुणो मदिराणामङ्गनास्यचषकस्य च गन्धः । मोदितालिरितरेतरयोगादन्यतामभजतातिशयं नु ॥ २७ ॥ मानभङ्गपटुना सुरतेच्छां तन्वता प्रथयता दृशि रागम् । लेभिरे सपदि भावयतान्तर्योषितः प्रणयिनेव मदेन ॥ २८ ॥ पानधौतनवयावकरागं सुभ्रुवो निभृतचुम्बनदक्षाः । प्रेयसामधररागरसेन स्वं किलाभरमुपालिरङ्क्षुः[5] ॥ २९ ॥ अर्पितं रसितवत्यपि नामग्राहमन्ययुवतेर्दयितेन । उज्झति स्म मदमप्यपिबन्ती वीक्ष्य मद्यमितरा तु ममाद ॥ ३० ॥ अन्ययान्यवनितागतचित्तं चित्तनाथमभिशङ्कितवत्या । पीतभूरिसुरयापि न मेदे निर्वृतिर्हि मनसो मदहेतुः ॥ ३१ ॥ कोपवत्यनुनयानगृहीत्वा प्रागथो मधुमदाहितमोहा । कोपितं विरहखेदितचित्ता कान्तयेव कलयन्त्यनुनिन्ये ॥ ३२ ॥ कुर्वता मुकुलिताक्षियुगानामङ्गसादमवसादितवाचाम् । ईर्ष्ययेव हरता ह्रियमासां तद्गुणः स्वयमकारि मदेन ॥ ३३ ॥ गण्डभित्तिषु पुरा सदृशीषु व्याञ्जि नाक्षितदृशां प्रतिमेन्दुः । पानपाटलितकान्तिषु पश्चाल्लोध्रचूर्णतिल-

---

१ निर्वृतिं प्राप. २ मधे. ३ विदष्टुमिच्छौ. ४ प्रागल्भ्यम्. ५ मधेन.

काकृतिरासीत् ॥ ३४ ॥ उद्धतैरिव परस्परसङ्गादीरितान्युभयतः कुचकुम्भैः । योषितामतिमदेन जुघूर्णुर्विभ्रमातिशयपुंषि वपूंषि ॥ ३५ ॥ चारुता वपुरभूषयदासां तामनूननवयौवनयोगः । तं पुनर्मकरकेतनलक्ष्मीस्तां मदो दयितसंगमभूषः ॥ ३६ ॥ दीनतामुपगतास्त्वनुवेलं तासु रोषपरितोषवतीषु । अग्रहीन्नु सशरं धनुरुज्झामास नूज्झितनिषङ्गमनङ्गः ॥ ३७ ॥ शङ्कयान्ययुवतौ वनिताभिः प्रत्यभेदि दयितः स्फुटमेव । न क्षमं भवति तत्त्वविचारे मत्सरेण हतसंवृति चेतः ॥ ३८ ॥ आननैर्विचकसे हृषिताभिर्वल्लभानभितनूभिरभावि । आर्द्रतां हृदयमाप च रोषो लोलति स्म वचनेषु वधूनाम् ॥३९॥ रूपमप्रतिविधानमनोज्ञं प्रेम कार्यमनपेक्ष्य विकासि । चाटु चाकृतकसंभ्रममासां कार्मणत्वमगमन्रमणेषु ॥ ४० ॥ लीलयैव सुतनोस्तुलयित्वा गौरवाढ्यमपि लावणिकेन । मानवञ्चनविदा वदनेन क्रीतमेव हृदयं दयितस्य ॥४१॥ शीधुपानविधुरासु निगृह्णन्मानमाशु शिथिलीकृतलज्जः । संगतासु दयितैरुपलेभे कामिनीषु मदनो नु मदो नु ॥ ४२ ॥ पातुमाहितरतीन्यभिलेषुस्तर्षयन्त्यपुनरुक्तरसानि । सस्मितानि वदनानि वधूनां सोत्पलानि च मधूनि युवानः ॥४३॥ कान्तसंगमपराजितमन्यौ वारुणीरसनशान्तविवादे । मानिनीजन उपाहितसंधौ संदधे धनुषि नेषुमनङ्गः ॥४४॥ कुप्यताशु भवतानतचित्ताः कोपितांश्च वरिवस्यत यूनः । इत्यनेक उपदेश इव स्म स्वाद्यते युवतिभिर्मधुवारः ॥४५॥ भर्तृभिः प्रणयसंभ्रमदत्तां वारुणीमतिरसां रसयित्वा । ह्रीविमोहविरहादुपलेभे पाटवं नु हृदयं नु वधूभिः ॥ ४६ ॥ स्वादितः स्वयमथैधितमानं लम्भितः प्रियतमैः सह पीतः । आसवः प्रतिपदं प्रमदानां नैकरूपरसतामिव भेजे ॥ ४७ ॥ भ्रूविलाससुभगाननुकर्तुं विभ्रमानिव वधूनयनानाम् । आददे मृदुविलोलपलाशैरुत्पलैश्चषकवीचिषु कम्पः ॥ ४८ ॥ ओष्ठपल्लवविदंशरुचीनां हृद्यतामुपययौ रमणानाम् । फुल्ललोचनविनीलसरोजैरङ्गनास्यचषकैर्मधुवारः ॥ ४९ ॥ प्राप्यते गुणवतापि गुणानां व्यक्तमाश्रयवशेन विशेषः । तत्तथा हि दयिताननदत्तं व्यानशे मधु रसातिशयेन ॥ ५० ॥ वीक्ष्य रत्नचषकेष्वतिरिक्तां कान्तदन्तपदमण्डनलक्ष्मीम् । जज्ञिरे बहुमताः प्रमदानामोष्ठयावकनुदो मधुवाराः ॥५१॥ लोचनावरकृताहृतरागा वासिताननविशेषितगन्धा । वारुणी परगुणात्मगुणानां व्यत्ययं विनिमयं नु वितेने ॥ ५२ ॥ तुल्यरूपमसितोत्पलमक्ष्णोः कर्णगं निरुपकारि विदित्वा । योषितः सुहृदिव प्रविभेजे लम्भितेक्षणरुचिर्मदरागः ॥५३॥ क्षीणयावकरसोऽप्यतिपानैः कान्तदन्तपदसंभृतशोभः । आययावतितरामिव वध्वाः सान्द्रतामधरपल्लवरागः ॥५४॥ रागकान्तनयनेषु नितान्तं विद्रुमारुणकपोलतलेषु । सर्वगापि ददृशे वनितानां दर्पणेष्विव मुखेषु मदश्रीः ॥ ५५ ॥ बद्धकोपविकृतीरपि रामश्चारुतामिमततामुपनिन्ये । वश्यतां मधुमदो दयितानामात्मवर्गहितमिच्छति सर्वः ॥ ५६ ॥ वाससां शिथिलतामुपनाभि ह्रीनिरासमपदे कुपितानि । योषितां विदधती गुणपक्षे निर्ममार्ज मदिरा वचनीयम् ॥५७॥ भर्तृषूपसखि निक्षिपतीनामात्मनो मधुमदोद्यमितानाम् । व्रीडया विफलया वनितानां न स्थितं न विगतं हृदयेषु ॥ ५८ ॥ रुन्धती नयनवाक्यविकासं सादितोभयकरा परिरम्भे । व्रीडितस्य ललितं युवतीनां क्षीबता बहुगुणैरनुजह्रे ॥ ५९ ॥ योषिदुद्धतमनोभवरागा मानवत्यपि ययौ दयिताङ्कम् । कारयत्यनिभृता गुणदोषे वारुणी खलु रहस्यविभेदम् ॥ ६० ॥ आहिते नु मधुना मधुरत्वे चेष्टितस्य गमिते नु विकासम् । आबभौ नव इवोद्धतरागः कामिनीष्ववसरः कुसुमेषोः ॥ ६१ ॥ मा गमन्मदविमूढधियो नः प्रोज्झ्य रन्तुमिति शङ्कितनाथाः । योषितो न मदिरां भृशमीषुः प्रेम पश्यति भयान्यपदेऽपि ॥६२॥ चित्तनिर्वृतिनिधायि विविक्तं मन्मथो मधुमदः शशिभासः । संगमश्च दयितैः स्म नयन्ति प्रेम कामपि भुवं प्रमदानाम् ॥ ६३ ॥ धार्ष्ट्यलङ्घितयथोचितभूमौ निर्दयं विलुलितालकमाल्ये । मानिनीरतिविधौ कुसुमेषुर्मत्तमत्त इव विभ्रममाप ॥ ६४ ॥ शीधुपानविधुरेषु वधूनां निघ्नतामुपगतेषु वपुःषु । ईहितं रतिरसाहितभावं वीतलक्ष्यमपि कामिषु रेजे ॥ ६५ ॥ पीतस्तुषारकिरणो मधुनेव सार्धमन्तः प्रविश्य चषकप्रतिबिम्बवर्ती । मानान्धकारमपि मानवतीजनस्य नूनं बिभेद यदसौ प्रससाद सद्यः ॥ ६६ ॥ पिपिप्रिय ससस्वयं मुमुमुखासवं देहि मे तततत्यज दुदुद्रुतं भभभभाजनं काञ्चनम् । इति स्खलितजल्पितं मदवशात्कुरङ्गीदृशः प्रगे हसितहेतवे सहचरीभिरध्येयत ॥ ६७ ॥

द्यूतक्रीडावर्णनम् ।

स्मितेनोपायनं दूरादागतस्य कृतं मम । स्तनोपपीडमाश्लेषः कृतो द्यूते पणस्तया ॥ १ ॥ आश्लेषचुम्बनरतोत्सवकौतुकानि क्रीडादुरोदरपणः प्रतिभूरनङ्गः । भोगः स यद्यपि जये च पराजये च यूनोर्मनस्तदपि वाञ्छति जेतुमेव ॥ २ ॥ रतिक्रीडाद्यूते कथमपि समासाद्य समयं मया लब्धे तस्याः क्वणितकलकण्ठार्धमधरे । कृतभ्रूभङ्गासौ प्रकटितविलक्षार्धरुदितस्मितक्रोधोद्भ्रान्तं पुनरपि विदध्यान्मयि मुखम् ॥ ३ ॥

अद्य द्यूतजिताधरग्रहविधावीशोऽसि तत्खण्डनादाधिक्ये वद को भवानिति मृषा कोपाञ्चितभ्रूलता। सद्यः खिन्नकराग्रकुन्तलपरायत्तीकृतास्यस्य मे मुग्धाक्षी प्रतिकृत्य तत्कृतवती द्यूतेऽपि यन्नार्जितम् ॥ ४ ॥ गाढालिङ्गनपूर्वमेकमनया द्यूते जिते चुम्बनं तत्किंचित्परिरभ्य दत्तममुना प्रत्यर्पितं चानया। नैतत्ताद्दगिदं न ताद्दशमिति प्रत्यर्पणप्रक्रमैर्यूनोश्चुम्बनमेकमेव बहुधा रात्रिर्गता तन्वतोः ॥ ५ ॥ आश्लेषे प्रथमं क्रमेण विजिते हृद्येऽधरस्यार्पणे नर्मद्यूतविधौ पणं प्रियतमे कान्तां पुनः पृच्छति। अन्तर्हासनिरोधसंभृतरसोद्भेदस्फुरद्गण्डया स्वैरं सारिविसारणाय विहितः स्वेदाम्बुगर्भः करः ॥६॥

बाह्यरतक्रीडावर्णनम्।

आलिङ्गनम् ॥ ह्रीतया गलितनीवि निरस्यन्नन्तरीयमवलम्बितकाञ्चि। मण्डलीकृतपृथुस्तनभारं सस्वजे दयितया हृदयेशः ॥ १ ॥ उत्तरीयविनयात्त्रपमाणा रुन्धती किल तदीक्षणमार्गम्। आवरिष्ट विकटेन विवोढुर्वक्षसैव कुचमण्डलमन्या ॥ २ ॥ अंशुकं हृतवता तनुबाहुस्वस्तिकापिहितमुग्धकुचाग्रा। भिन्नशङ्खवलयं परिणेत्रा पर्यरम्भि रभसादचिरोढा ॥ ३ ॥ संजहार सहसा परिरब्धप्रेयसीषु विरहय्य विरोधम्। संहितं रतिपतिः स्मितभिन्नक्रोधमाशु तरुणेषु महेषुम्॥४॥स्रंसमानमुपयन्तरि वध्वाः श्लिष्टवत्युपसपत्नि रसेन। आत्मनैव रुरुधे कृतिनेव स्वेदसङ्गि वसनं जघनेन ॥ ५ ॥ पीडिते पुर उरःप्रतिपेषं भर्तरि स्तनयुगेन युवत्याः। स्पष्टमेव दलतः प्रतिनार्यास्तन्मयत्वमभवद्धृदयस्य ॥ ६ ॥ दीपितस्मरमुरस्युपपीडं वल्लभे घनमभिष्वजमाने। वक्रतां न ययतुः कुचकुम्भौ सुभ्रुवः कठिनतातिशयेन ॥ ७ ॥ संप्रवेष्टुमिव योषित ईषुः श्लिष्यतां हृदयमिष्टतमानाम्। आत्मनः सततमेव तदन्तर्वर्तिनो न खलु नूनमजानन् ॥ ८ ॥ स्नेहनिर्भरमधत्त वधूनामार्द्रतां वपुरसंशयमन्तः। यूनि गाढपरिरम्भिणि वस्त्रक्नोपमम्बु ववृषे यदनेन ॥ ९ ॥ न स्म माति वपुषः प्रमदानामन्तरिष्टतमसंगमजन्मा। यद्बहुर्बहिरवाप्य विकासं व्यानशे तनुरुहाण्यपि हर्षः ॥ १० ॥ यत्प्रियव्यतिकराद्वनितानामङ्गजेन पुलकेन बभूवे। प्रापि तेन भृशमुच्छ्वसिताभिर्नीविभिः सपदि बन्धनमोक्षः ॥ ११ ॥

चुम्बनम् ॥ लोलदृष्टि वदनं दयितायाश्चुम्बति प्रियतमे रभसेन। व्रीडया सह विनीवि नितम्बादंशुकं शिथिलतामुपपेदे ॥ १२ ॥ आदृता नखपदैः परिरम्भाश्चुम्बितानि घनदन्तनिपातैः। सौकुमार्यगुणसंभृतकीर्तिर्वाम एव सुरतेष्वपि कामः ॥ १३ ॥ ह्रीभरादवनतं परिरम्भे रागवानवटुजेष्ववकृष्य। अर्पितोष्ठदलमाननपद्मं योषितो मुकुलिताक्षमधासीत् ॥ १४ ॥ पल्लवोपमिति साम्यसपक्षं दष्टवत्यधरबिम्बमभीष्टे। पर्यकूजि सरुजेव तरुण्यास्तारलोलवलयेन करेण ॥ १५ ॥ केनचिन्मधुरमुल्बणरागं बाष्पतप्तमधिकं विरहेषु। ओष्ठपल्लवमपास्य मुहूर्तं सुभ्रुवः सरसमक्षि चुचुम्बे ॥ १६ ॥

विहारः ॥ आवृतान्यपि निरन्तरमुच्चैर्योषितामुरसिजद्वितयेन। रागिणामित इतो विमृशद्भिः पाणिभिर्जगृहिरे हृदयानि ॥ १७ ॥ कामिनामसकलानि विभुग्नैः स्वेदवारिमृदुभिः करजाग्रैः। अक्रियन्त कठिनेषु कथंचित्कामिनीकुचतटेषु पदानि ॥१८॥ सोष्मणस्तनशिलाशिखराग्रादात्तघर्मसलिलैस्तरुणानाम्। उच्छ्वसत्कमलचारुषु हस्तैर्निम्ननाभिसरसीषु निपेते ॥ १९ ॥ आमृशद्भिरभितो वलिवीचीर्लोलमानविततातङ्गुलिहस्तैः। सुभ्रुवामनुभवात्प्रतिपेदे मुष्टिमेयमिति मध्यमभीष्टैः ॥ २० ॥ प्राप्य नाभिनदमज्जनमाशु प्रस्थितं निवसनग्रहणाय। औपनीविकमरुन्ध किल स्त्री वल्लभस्य करमात्मकराभ्याम् ॥ २१ ॥ कामिनः कृतरतोत्सवकालक्षेपमाकुलवधूकरसङ्गि। मेखलागुणविलग्नमसूयां दीर्घसूत्रमकरोत्परिधानम् ॥ २२ ॥ अम्बरं विनयतः प्रियपाणेर्योषितश्च करयोः कलहस्य। वारणामिव विधातुमभीक्ष्णं कक्ष्यया च वलयैश्च शिशिञ्जे ॥ २३ ॥ ग्रन्थिमुद्ग्रथयितुं हृदयेशे वाससः स्पृशति मानधनायाः। भ्रूयुगेण सपदि प्रतिपेदे रोमभिश्च सममेव विभेदः ॥ २४ ॥ आशु लङ्घितवतीष्टकराग्रे नीविमर्धमुकुलीकृतदृष्ट्या। रक्तवैणिकहताधरतन्त्रीमण्डलक्कणितचारु चुकूजे ॥ २५ ॥ आयताङ्गुलिरभूदतिरिक्तः सुभ्रुवां कृशिमशालिनि मध्ये। श्रोणिषु प्रियकरः पृथुलासु स्पर्शमाप सकलेन तलेन ॥ २६ ॥ चक्रुरेव ललनोरुषु राजीः स्पर्शलोभवशलोलकराणाम्। कामिनामनिभृतान्यपि रम्भास्तम्भकोमलतलेषु नखानि ॥ २७ ॥ ऊरुमूलचपलेक्षणमग्रन्यैर्वतंसकुसुमैः प्रियमेताः। चक्रिरे सपदि तानि यथार्थं मन्मथस्य कुसुमायुधनाम ॥ २८ ॥

सुरतप्रशंसा।

सुरते च समाधौ च माया यत्र न लीयते। ध्यानेनापि हि किं तेन किं तेन सुरतेन वा ॥ १ ॥ यत्र न वदनविकारः सद्भावसमर्पणं न गात्राणाम्। तस्मिन्नुद्धतभावे पशुकर्मणि पशव एव रज्यन्ते ॥ २ ॥ प्रतिक्षणसमुल्लसन्नवकलाकलापान्वितक्षपाकरविलोकने यदि तवास्ति कौतूहलम्। विलोकय तदा सखे सुरतसंगरालोकनप्रहृष्टदयितामुखं नि-

विडकञ्चुकोत्तारणे ॥ ३ ॥ नैरैर्विफलजन्मभिर्गिरिदरी न किं सेव्यते न चेच्छ्रवणगोचरीभवति जातुचिज्जन्मनि। कपोतरवमाधुरीविरचनानुकाराद्दरीरतासहकृशोदरीवचनकाकुरीतिध्वनिः ॥ ४ ॥ संदष्टाधरपल्लवा सचकितं हस्ताग्रमाधुन्वती मा मा मुञ्च शठेति कोपवचनैरानर्तितभ्रूलता। सीत्काराञ्चितलोचना सरभसं यैश्चुम्बिता मानिनी प्राप्तं तैरमृतं श्रमाय मथितो मूढैः सुरैः सागरः ॥ ५ ॥ किं चैतैर्गुरुसेवनैः किमपरव्योमार्चनैः किं फलं किं स्वादध्ययनेन मे सुरपदप्राप्त्याथ किं वा फलम्। एतस्याः कुचकुम्भसंभ्रमपरीरम्भप्रवाहोद्गमस्वेदाम्भोभिरनङ्गवह्निरधुना निर्वापितो नो यदि ॥ ६ ॥ प्राङ्मा मेति ततो नवोदयगुणं मानाभिलाषं ततः सव्रीडं तदनु श्लथोद्यममथ प्रभ्रष्टधैर्यं पुनः। प्रेमार्द्रस्पृहणीयनिर्भरतरं क्रीडाप्रगल्भं ततो निःसङ्गाङ्गविमर्शनाधिकसुखं रम्यं कुलस्त्रीरतम् ॥ ७ ॥ शङ्काशृङ्खलितेन यत्र नयनप्रान्तेन न प्रेक्ष्यते केयूरध्वनिभूरिभीतिचकितं नो यत्र वाश्लिष्यते। नो वा यत्र शनैरलब्धदशनं बिम्बाधरः पीयते नो वा यत्र विधीयते च मणितं तत्किं रतं कामिनोः ॥ ८ ॥ आकाशे नटनं सरोरुहयुगे मञ्जीरमञ्जुध्वनिः शीतांशौ कलकूजितं किसलये पीयूषपानोत्सवः। स्वर्गक्षोणिधरे नखात्परिभवो ध्वान्ते कराकर्षणं रम्भायां रसनारवस्तरुणयोः पुण्यानि मन्यामहे ॥ ९ ॥

नववधूसंगमे सखीवाक्यम्।

रक्षामालिकया बाले बद्धया किं प्रयोजनम्। अवश्यंभाविनावेतौ कुचग्रहकचग्रहौ ॥ १ ॥ बाला तन्वी मृदुतनुरियं त्यज्यतामत्र शङ्का दृष्टा क्वापि भ्रमरभरतो मञ्जरी भज्यमाना। तस्मादेषा रहसि भवता निर्दयं पीडनीया मन्दाक्रान्ता विसृजति रसं नेक्षुयष्टिः समग्रम् ॥ २ ॥ नीरन्ध्रं परिरभ्यते प्रियतमो भूयस्तरां चुम्ब्यते तद्वाढं क्रियते यदस्य रुचिरं चाटूत्करैः स्तूयते। सख्या मुग्धवधूरसौ रतविधौ यत्नेन सा शिक्षिता निर्भ्रान्तं गुरुणा पुनः शतगुणं पञ्चेषुणा कारिता ॥ ३ ॥ नार्यस्तन्वि हठाद्धरन्ति रमणं तिष्ठन्ति नो वारितास्तत्किं ताम्यसि किं च रोदिषि मुधा तासां प्रियं मा कृथाः। कान्तः केलिरुचिर्युवा सहृदयस्तादृक्पतिः कातरे किं नो बर्बरकर्कशैः प्रियशतैराक्रम्य विक्रीयते ॥ ४ ॥

नववधूसंगमः।

यावकरसार्द्रपादप्रहारशोणितकचेन दयितेन। मुग्धा साध्वसतरला विलोक्य परिचुम्बिता सहसा ॥ १ ॥ आभाति बालिकेयं पाणिस्पर्शेन पुलकितावयवा। अभिनववसन्तसङ्गादाविर्मुकुलेव बालचूतलता ॥ २ ॥ खिद्यति कूणति वेल्लति विवलति निमिषति विलोकयति तिर्यक्। अन्तर्नन्दति चुम्बितुमिच्छति नवपरिणया वधूः शयने ॥ ३ ॥ भुजपञ्जरे गृहीता नवपरिणीता वरेण रहसि वधूः। तत्कालजालपतिता बालकुरङ्गीव वेपते नितराम् ॥ ४ ॥ असंमुखालोकनमाभिमुख्यं निषेध एवानुमतिप्रकारः। प्रत्युत्तरं मुद्रणमेव वाचो नवाङ्गनानां नव एव पन्थाः ॥ ५ ॥ चुम्बनेषु परिवर्तिताधरं हस्तरोधि रसनाविघट्टने। विघ्नितेच्छमपि तस्य सर्वतो मन्मथेन्धनमभूद्वधूरतम् ॥ ६ ॥ विरम नाथ विमुञ्च ममाञ्चलं शमय दीपमिमं समया सखी। इति नवोढवधूवचनैर्युवा मुदमगादधिकां सुरतादपि ॥ ७ ॥ नीवीदृढार्पितकरां निबिडीकृतोरुं व्रीडानतां तत इतो वदनं हरन्तीम्। आरोप्य वक्षसि सुखं परिरब्धुमेनां बालां बलादभिलषामि न पारयामि ॥ ८ ॥ पटालग्ने पत्यौ नमयति मुखं जातविनया हठाश्लेषं वाञ्छत्यपहरति गात्राणि निभृतम्। न शक्नोत्याख्यातुं स्मितमुखसखीदत्तनयना ह्रिया ताम्यत्यन्तः प्रथमपरिहासे नववधूः ॥ ९ ॥ समाकृष्टे वासः कथमपि हठात्पश्यति तदा क्रमादूरुद्वन्द्वं जरठशरगौरं मृगदृशः। तया दृष्टिं दत्त्वा गहति मणिदीपे निपुणया निरुद्धं हस्ताभ्यां झटिति निजनेत्रोत्पलयुगम् ॥ १० ॥ बलान्नीता पार्श्वे मुखमभिमुखं नैव कुरुते धुनाना मूर्धानं हरति बहुशश्चुम्बनविधिम्। हृदि न्यस्तं हस्तं क्षिपति गमनारोपितमना नवोढा वोढारं सुखयति च संतापयति च ॥ ११ ॥ स्फुरद्रोमोद्भेदस्तरलतरताराकुलदृशो भयोत्कम्पोत्तुङ्गस्तनयुगभरासङ्गसुभगः। अधीराक्ष्या गुञ्जन्मणिवलयदोर्वल्लिरचितः परीरम्भो मोदं जनयति च संमोहयति च ॥ १२ ॥ अप्यौत्सुक्ये महति दयितप्रार्थनासु प्रतीपाः काङ्क्षन्त्योऽपि व्यतिकरसुखं कातराः स्वाङ्गदाने। आबाध्यन्ते न खलु मदनेनैव लब्धान्तरत्वादाबाधन्ते मनसिजमपि क्षिप्तकालाः कुमार्यः ॥ १३ ॥ दृष्टा दृष्टिमधो ददाति कुरुते नालापमाभाषिता शय्यायां परिवृत्य तिष्ठति बलादालिङ्गिता वेपते। निर्यान्तीषु सखीषु वासभवनान्निर्गन्तुमेवेहते बाला वामतया प्रियस्य नितरां प्रीत्यै नवोढाभवत् ॥ १४ ॥ अंसाकृष्टदुकूलया सरभसं गूढौ भुजाभ्यां स्तनावाकृष्टे जघनांशुके कृतमधःसंसक्तमूरुद्वयम्। नाभीमूलनिबद्धचक्षुषि तया व्रीडानताङ्ग्या प्रिये दीपः फूत्कृतवातवेपितशिखः कर्णोत्पलेनाहतः ॥ १५ ॥ हस्तं कम्पवती रुणद्धि रशनाव्यापारलोलाङ्गुलिं हस्तौ स्वौ नयति

स्तनावरणतामालिङ्गयमाना बलात् । पातुं पक्ष्मलचक्षुरुन्नमयतः साचीकरोत्याननं व्याजेनाप्यभिलाषपूरणसुखं निर्वर्तयत्येव मे ॥ १६ ॥ कण्ठाश्लेषिणमुन्नतस्तनभरश्रोणीतटग्राहिणं संसक्तोरुयुगं गृहीतजघनप्राकारमप्यन्ततः । द्रागेव श्लथबन्धमिन्दुवदना गाढावमर्दासहं विज्ञायात्यजदाशु काञ्चनपटं व्रीडाकुलापि क्षणम् ॥ १७ ॥ कान्ते कञ्चुलिकावलोकिनि कलावत्या नमन्त्या स्थितं तस्मिन्कोमलकाकुभाषिणि तया स्पन्दी निरुद्धोऽधरः । उत्थायाथ करस्पृशि प्रियतमे यूनोर्नवे संगमे काञ्चीकूजितकैतवेन मदनो द्यौःशान्तिमभ्यस्यति ॥ १८ ॥ इत्थं तल्पतलाधिरोहणमियं पर्णार्पणप्रक्रिया शय्याया वचनक्रमस्य दयितस्यैवंविधाराधना । एवं केलिगृहोपदेहलि बलादानीयमाना मुहुश्चाटूक्तिप्रकरैश्चिरं नववधूरालीभिरध्याप्यते ॥ १९ ॥

सुरतकेलिकथनम् ।

आस्तां दूरेण विश्लेषः प्रियामालिङ्गतो मम । स्वेदः किं नु सरिन्नाथो रोमाञ्चः किं नु पर्वतः ॥ १ ॥ उग्ररूपं कुचद्वन्द्वं हारगङ्गाधरं तव । चन्द्रचूडं करिष्यामि कुरु तावद्दिगम्बरम् ॥ २ ॥ कान्ते कलितचोलान्ते दीपे वैरिणि दीप्यति । आसीदसितपद्माक्ष्याः पक्षो नयनमुद्रणम् ॥ ३ ॥ ब्रह्मानन्दप्रचुरं किमपीदं नेति रतिषु वचनेन । श्रुतिसीमसंगताक्षी मुग्धे सारङ्गमादिशसि ॥ ४ ॥ तव तन्वि तरुणपुण्यादम्बरमणिमकरसंक्रमो जातः । अधिवेणि भवति नियमः फलमविलम्बेन भावि कामस्य ॥ ५ ॥ विधृताः प्रियस्य केशाः कण्ठे लग्नं भुजे वलितम् । मज्जन्त्या रससिन्धौ किं किं न कृतं तया सुदृशा ॥ ६ ॥ पृष्ठे कञ्चुकमुक्त्यै सुतनुरसव्यं प्रहिण्वती पाणिम् । हन्तुमिव चित्तहरिणं यूनस्तूणादिवेषुमादत्ते ॥ ७ ॥ चारुनूपुरझणत्कृतं रते कामिनां हरति मानसं यथा । नो तथा मधुरगीतवादितं केकिचातकपिकस्वना अपि ॥ ८ ॥ हेमकुम्भमिव तुङ्गमुरोजं वल्लभे स्पृशति चोरवदस्याः । जाग्रति स्म सहसैव तदानीं यामिका इव तनूरुहसंघाः ॥ ९ ॥ पाणिपल्लवविधूननमन्तः सीत्कृतानि नयनार्धनिमेषाः । योषितां रहसि गद्गदवाचामस्त्रतामुपययुर्मदनस्य ॥ १० ॥ धैर्यमुल्बणमनोभवभावा वामतां च वपुरर्पितवत्यः । व्रीडितं ललितसौरतधार्ष्ट्यास्तेनिरेऽभिरुचितेषु तरुण्यः ॥ ११ ॥ पाणिरोधमविरोधितवाञ्छं भर्त्सनाश्च मधुरस्मितगर्भाः । कामिनः स्म कुरुते करभोरूर्हारि शुष्करुदिते च सुखेऽपि ॥ १२ ॥ वारणार्थपदगद्गदवाचामीर्ष्यया मुहुरपत्रपया च । कुर्वते स्म सुदृशामनुकूलं प्रातिकूलिकतयैव युवानः ॥ १३ ॥ अन्यकालपरिहार्यमजस्रं तद्द्वयेन विदधे द्वयमेव । धृष्टता रहसि भर्तृषु ताभिर्निर्दयत्वमितरैरबलासु ॥ १४ ॥ बाहुपीडनकचग्रहणाभ्यामाहतेन नखदन्तनिपातैः । बोधितस्तनुशयस्तरुणीनामुन्मिमील विशदं विषमेषुः ॥ १५ ॥ कान्तया सपदि कोऽप्युपगूढः प्रौढपाणिरपनेतुमियेष । संहतस्तनतिरस्कृतदृष्टिर्भ्रष्टमेव न दुकूलमपश्यत् ॥ १६ ॥ आहतं कुचतटेन तरुण्याः साधु सोढमधुनेति पपात । त्रुट्यतः प्रियतमोरसि हारात्पुष्पवृष्टिरिव मौक्तिकवृष्टिः ॥ १७ ॥ सीत्कृतानि मणितं करुणोक्तिः स्निग्धमुक्तमलमर्थवचांसि । हासभूषणरवाश्च रमण्याः कामसूत्रपदतामुपजग्मुः ॥ १८ ॥ उद्धतैर्निभृतमेकमनेकैश्छेदवन्मृगदृशामविरामैः । श्रूयते स्म मणितं कलकाञ्चीनूपुरध्वनिभिरक्षतमेव ॥ १९ ॥ ईदृशस्य भवतः कथमेतल्लाघवं मुहुरतीव रतेषु । क्षिप्तमायतमदर्शयदुर्व्यां काञ्चिदाम जघनस्य महत्त्वम् ॥ २० ॥ प्राप्यते स्म गतचित्रकचित्रैश्चित्रमार्द्रनखलक्ष्म कपोलैः । दध्रिरेऽथ रभसच्युतपुष्पाः स्वेदबिन्दुकुसुमान्यलकान्ताः ॥ २१ ॥ यद्यदेव रुरुचे रुचिरेभ्यः सुभ्रुवो रहसि तत्तदकुर्वन् । आनुकूलिकतया हि नराणामाक्षिपन्ति हृदयानि तरुण्यः ॥ २२ ॥ प्राप्य मन्मथरसादतिभूमिं दुर्वहस्तनभराः सुरतस्य । शश्रमुः श्रमजलार्द्रललाटश्लिष्टकेशमसितायतकेश्यः ॥ २३ ॥ पत्युः प्रवृत्तस्य रतौ जिगीषावचो निशम्याथ न किंचिदूचे । कलावती किं तु विहस्य तस्य कपोलयोः स्वेदमपाचकार ॥ २४ ॥ उरोरुहाम्भोरुहदर्शनाय विमुञ्चतः कञ्चुकबन्धनानि । आनन्दनीराकुललोचनस्य प्रियस्य जातो विपुलः परिश्रमः ॥ २५ ॥ स्वामिन्प्रभो प्रिय गृहाण परिष्वजस्व किं किं शठोऽस्यकरुणोऽसि सुखोचितोऽसि । हा दुःखयस्यलमलं विरमेति वाचः स्त्रीणां भवन्ति सुरते प्रणयानुकूलाः ॥ २६ ॥ मत्तेभकुम्भपरिणाहिनि कुङ्कुमार्द्रे कान्तापयोधरयुगे रतिखेदखिन्नः । वक्षो निधाय भुजपञ्जरमध्यवर्ती धन्यः क्षपां क्षपयति क्षणलब्धनिद्रः ॥ २७ ॥ कान्ते तथा कथमपि प्रथितं मृगाक्ष्या चातुर्यमुद्धतमनोभवया रतेषु । तत्कूजितान्यनुवदद्भिरनेकवारं शिष्यायितं गृहकपोतशतैर्यथास्याः ॥ २८ ॥ आमीलितालसविवर्तिततारकाक्षीमुत्कण्ठबन्धनदरश्लथबाहुवल्लीम् । प्रस्वेदवारिकणिकाचितगण्डबिम्बां संस्मृत्य तामनिशमेति न शान्तिमन्तः ॥ २९ ॥ रतिरभसजितान्तश्रान्तकान्ताकुचान्तश्चलदमलकराग्रा नाभिदेशेष्वधो वा । स्मितमधुरमुखीनां क्षीणनेत्रो-

त्पलानामधरमधु वधूनां भाग्यवन्तः पिबन्ति ॥ ३० ॥ अविदितसुखदुःखं निर्गुणं वस्तु किंचिज्जडमतिरिह कश्चिन्मोक्ष इत्याचचक्षे । मम तु मतमनङ्गस्मेरतारुण्यघूर्णन्मदकलमदिराक्षीनीविमोक्षो हि मोक्षः ॥ ३१ ॥ अभिनवपुलकालीमण्डिता गण्डपाली निगदति विनिगूढानन्दहिन्दोलिचेतः । सुदति वदति पुण्यैः कस्य धन्यैर्मनोजप्रसरमसकृदेतच्चापलं लोचनस्य ॥ ३२ ॥ भजन्त्यास्तल्पान्तं कृतकपटकण्डूतिपिहितस्मितं याते गेहाद्बहिरवहितालीपरिजने । प्रियास्यं पश्यन्त्याः स्मरशरसमाकूतसुभगं सलज्जाया लज्जा व्यगमदिव दूरं मृगदृशः ॥ ३३ ॥ दुकूलं दोर्मूलात्प्रणयिनि परीरम्भरसिके हरत्यम्भोजाक्षी निभृतनिभृतं नम्रवदना । प्रियाश्लेषद्वेषिण्यपसरतु लज्जा स्फुटमिति स्मितक्षीरेणैव स्तनकलशशंभुं स्नपयति ॥ ३४ ॥ चिरविरहिणो रत्युत्कण्ठाश्लथीकृतगात्रयोर्नवमिव जगज्जातं भूयश्चिरादभिनन्दतोः । कथमपि दिने दीर्घे याते निशामधिरूढयोः प्रसरति कथा बह्वी यूनोर्यथा न तथा रतिः ॥ ३५ ॥ दृशा सपदि मीलितं दशनरोचिषा निर्गतं करेण परिवेपितं वलयकैरथाक्रन्दितम् । प्रियैः समदयोषितां ननु विखण्ड्यमानेऽधरे परव्यसनकातराः किमिव कुर्वतां साधवः ॥ ३६ ॥ नैषा वेगं मृदुतरतनुस्तावकीनं विसोढुं शक्ता नैनां चपल नितरां स्वेदयेन्दीवराक्षीम् । रत्यभ्यासं विदधत इति प्राणनाथस्य गत्वा कर्णोपान्ते निभृतनिभृतं नूपुरं शंसतीव ॥ ३७ ॥ आयाते दयिते मनोरथशतैर्नीते कथंचिद्दिने वैदग्ध्यापगदाज्जडे परिजने दीर्घां कथां कुर्वति । दष्टास्मीत्यभिधाय सत्वरपदं व्याधूय चीनांशुकं तन्वङ्ग्या रतिकातरेण मनसा नीतः प्रदीपः शमम् ॥ ३८ ॥ गाढालिङ्गनवामनीकृतकुचप्रोद्भिन्नरोमोद्गमा सान्द्रस्नेहरसातिरेकविगलच्छ्रीमन्नितम्बाम्बरा । मा मा मानद माति मामलमिति क्षामाक्षरोल्लापिनी सुप्ता किं नु मृता नु किं मनसि मे लीना विलीना नु किम् ॥ ३९ ॥ दोर्भ्यां संयमितः पयोधरभरेणापीडितः पाणिजैराविद्धो दशनैः क्षताधरपुटः श्रोणीतटेनाहतः । हस्तेनानमितः करेऽधरसुधास्पन्देन संमोहितः कान्तः कामपि तृप्तिमाप तदहो कामस्य वामा गतिः ॥ ४० ॥ ईषन्मीलितदृष्टि मुग्धहसितं सीत्कारधारावशादव्यक्ताकुलकेलिकाकुविकसद्दन्तांशुधौताधरम् । श्वासोत्कम्पिपयोधरोपरि परिष्वङ्गात्कुरङ्गीदृशो हर्षोत्कर्षविमुक्तनिःसहतनोर्धन्यो धयत्याननम् ॥ ४१ ॥ खिन्नं मण्डलमैन्दवं विगलितं स्रग्भारबद्धं तमः प्रागेव प्रथमानकेतकशिखावीरायितं च स्थितम् । शान्तं कुण्डलताण्डवं कुवलयद्वन्द्वं तिरोमीलितं वीतं विद्रुमसीत्कृतं नहि ततो जाने किमासीदिति ॥ ४२ ॥ गाढाश्लेषनिपीडनान्निपतितामालोक्य हारावलीं स्थातुं हन्त भिया क्षणं निबिडया नीव्यापि न व्यापृतम् । विश्लेषज्वरवेदनासहनयोः कारुण्यकीर्णात्मना क्वापि प्रापितयोः समागमसुखं यूनोर्मनोजन्मना ॥ ४३ ॥ हारस्त्रुट्यति कङ्कणं निपतति स्रक्कौमुदी क्लिश्यति ध्वान्तं धावति सीत्करोति रजनीजानिर्वली भज्यति । काञ्ची क्षुभ्यति काञ्चनक्षितिधरे किं च क्षतं चञ्चति प्रारम्भे मदनाहवस्य विजयी देवो मनोभूरभूत् ॥ ४४ ॥ सिन्दूरं रविमिन्दुमाननमसौ धम्मिल्लराहुस्त्वयं यद्गाढं ग्रसतीव तत्प्रियतमे निर्णीतमौत्पातिकम् । चोले चञ्चलता भविष्यति मुहुः स्यात्कुन्तले कर्षणं नीवी स्रास्यति न स्थिरा समुदयेदङ्गे महान्संगरः ॥ ४५ ॥ पश्यन्तीं परिणामकेलिषु मुहुर्निःशङ्कमालिङ्ग्य तां प्रोत्कूजत्कलमग्रहीषमधरं स्पर्धावती साप्यभूत् । नाहं वेद्मि न वेत्ति सा च दयिता तत्रावयोः श्चित्तं शय्या वेत्ति न वेत्ति वा स तु कुतः सङ्ग्रामलोलः स्मरः ॥ ४६ ॥ प्रत्यूहः पुलकाङ्कुरेण निबिडाश्लेषे निमेषेण च क्रीडाकूतविलोकितेऽधरसुधापाने कथाकेलिभिः । आनन्दाधिगमेन मन्मथकलायुद्धेऽपि यस्मिन्नभूदुद्भूतः स तयोर्बभूव सुरतारम्भः प्रियंभावुकः ॥ ४७ ॥ ईषत्कम्पपयोधरं गुरुकटिप्रौढप्रहाराद्भुतं स्विद्यद्भालमनेकहास्यसरसं संरम्भमन्दव्यथम् । वारंवारमुरःप्रहारसुभगं संदश्यमानाधरं किंचिद्दत्तनितम्बदेशनखरं धन्यो रतं सेवते ॥ ४८ ॥ त्वं मुग्धाक्षि विनैव कञ्चुलिकया धत्से मनोहारिणीं लक्ष्मीमित्यभिधायिनि प्रियतमे तद्वीटिकासंस्पृशि । शय्योपान्तनिविष्टस्मितसखीनेत्रोत्सवानन्दितो निर्यातः शनकैरलीकवचनोपन्यासमालीजनः ॥ ४९ ॥ कोकः स्तोकविमुक्तमौक्तिकभरो निस्पन्दमिन्दीवरं चापं चापलवर्जितं हिमकरक्रोडे तमः क्रीडति । वातः कातरयत्यपाकृतरसं बन्धूकमेतावती वार्ता क्वापि कदापि पाणिपिहिता कस्यापि वा तिष्ठति ॥ ५० ॥ धम्मिल्लो भङ्गमेतु प्रविशतु तिलकः केशपाशान्धकारं पत्राली गण्डपालिं त्यजतु च विवरं कर्णयोर्गन्तुकामा । वामायाः कान्तदत्तक्षततिसहने एक एवाधरोऽसौ वीरः कामाहवेऽस्मिन्निति वदति मुहुर्नूपुरः क्वाणभङ्ग्या ॥ ५१ ॥

विपरीतरतक्रिया ।

प्रशान्ते नूपुरारावे श्रूयते मेखलाध्वनिः । कान्ते नूनं रतिश्रान्ते कामिनी पुरुषायते ॥ १ ॥ पततु तवोरसि सततं दयिताधम्मिल्लमल्लिकानिकरः । रतरसरभसकचग्रहलुलिता-

लकवल्लरीगलितः ॥ २ ॥ विपरीतमविपरीतं यद्रतमन्यत्तदेव विपरीतम् । तरुमारोहति लतिका नारोहति च लतिकां तरुः क्वापि ॥ ३ ॥ साक्षादभूत्स्वयंभूरथ मुक्तास्तिमिरनिकरभराः । प्रणनाम शीतरोचिस्तवपाठं मेखला विदधे ॥ ४ ॥ वियति विलोलति जलदः स्खलति विधुश्चलति कूजति कपोतः । निष्पतति तारकाततिरान्दोलति वीचिरमरवाहिन्याः ॥ ५ ॥ स्थगयति तमः शशाङ्कं चलति गिरिः स्रवति तारकापटलम् । कथयति मन्ये काञ्चीपुरसीमनि किमपि संक्षोभम् ॥ ६ ॥ मुक्ताः पतन्ति भूमौ बालाः कलयन्ति केवलां मुक्तिम् । चुम्बत्यम्बरमवनिं विपरीते किं न विपरीतम् ॥ ७ ॥ वलगत्कुचं व्याकुलकेशपाशं स्विद्यन्मुखं स्वीकृतमन्दहासम् । पुण्यातिरेकात्पुरुषा लभन्ते पुंभावमम्भोरुहलोचनानाम् ॥ ८ ॥ वक्रस्यन्दिस्वेदबिन्दुप्रबन्धैर्दृष्ट्वा भिन्नं कुङ्कुमं कापि कण्ठे । पुंस्त्वं तन्व्या व्यञ्जयन्ती वयस्या स्मित्वा पाणौ खड्गरेखां लिलेख ॥ ९ ॥ मधुपानसमुल्लसत्प्रवालं चलहेमाचलकान्तिभिर्जटालम् । विधुनिःपतदन्धकारजालं शुभकालं क्व पुनर्विलोकयामः ॥ १० ॥ अभिमुखपतयालुभिर्ललाटश्रमसलिलैरपनीतपत्रलेखः । कथयति पुरुषायितं वधूनां मृदितहिमद्युतिनिर्मलः कपोलः ॥ ११ ॥ तन्नास्ति कारयति यन्न मनोभवस्य सा शक्तिरप्रतिहता भुवने तथाहि । उद्घाट्य पीवरपयोधरमण्डलाग्रं वल्गन्ति यत्पुरुषवत्प्रमदा अपीह ॥ १२ ॥ मुग्धे तवास्मि दयिता दयितो भव त्वमित्युक्तया नहि नहीति शिरो विधूय । स्वस्मात्करात्प्रियकरे वलयं क्षिपन्त्या वाचं विनाभ्युपगमः कथितो मृगाक्ष्या ॥ १३ ॥ वीरायितेषु मृगशावविलोचनानां कण्ठोदितान्यचरमं कलकूजितानि । आम्रेडयद्भिरथ सौधगतैः कपोतैः शङ्के गृहीत इति संप्रति शिष्यभावः ॥ १४ ॥ तमःस्तोमं सोमं गिलति वमतीवोडुनिकरं रथाङ्गद्वन्द्वेऽस्मिन्नमरतटिनी खेलति मुहुः । लतायामुत्कम्पो मदनवसतीकाञ्चनगिरिर्विपर्येति प्रायो रतिपतिमते सर्वमधुना ॥ १५ ॥ विहायसि विहारिणी भवतु नाम सौदामिनी सुमेरुशिखरादधः पततु नाम मन्दाकिनी । परं तदिदमद्भुतं यदयमेत्य भूमीतलं नमन्नमृतदीधितिः कमलसारमाकर्षति ॥ १६ ॥ प्रारब्धे रतिकेलिसंकुलरणारम्भे तया साहसप्रायं कान्तजयाय किंचिदुपरि प्रारम्भि तत्संभ्रमात् । खिन्ना येन कटीतटी शिथिलिता दोर्वल्लिरुत्कम्पितं वक्षो मीलितमक्षि पौरुषरसः स्त्रीणां कुतः सिध्यति ॥ १७ ॥ आलोलामलकावलिं सकुसुमां बिभ्रच्चलत्कुण्डलं किंचिन्मृष्टविशेषकं तनुतरैः स्वेदाम्भसः सीकरैः । तन्व्या यत्सुरतान्ततान्तनयनं वक्त्रं रतिव्यत्यये तत्त्वां पातु चिराय किं हरिहरब्रह्मादिभिर्दैवतैः ॥ १८ ॥ प्रारब्धे विपरीतनामनि रते सर्वे तदाभूत्क्षणात्क्षामाङ्ग्यां विपरीतमेव कुटिला मुक्ताः सुवृत्ता अपि । मुक्ता निःपतिता भवन्ति तरलास्तौ चाचलौ चेलतुः सीदन्ति श्रुतिपारगाः सुमनसः कान्ता मु कान्तायते ॥ १९ ॥ निःशेषं व्यपनीय नीविवसनं मञ्जुक्वणन्मेखलं क्रीडान्दोलनखिन्नमध्यलतिकं किंचित्प्रकम्पस्तनम् । उद्यत्कुण्डलताण्डवं च रुचिरं विक्रम्य कान्तोपरि क्लान्ता वक्षसि कामिनां मुकुलितप्रान्ताक्षिकं शेरते ॥ २० ॥ प्रागल्भ्यं पुरुषायिते मम पुरः पश्येति संनद्धया तन्व्या ताम्यदुरोजयापि सुचिरं विक्रम्य रम्यं तया । श्रान्ता वक्षसि मे निपत्य च पुनः सापत्रपं सस्मितं साकूतं च समीक्षितं मृगदृशा यत्तत्कथं कथ्यते ॥ २१ ॥

सुरतनिवृत्तिः ।

संन्यासमकृत काञ्ची जहौ कलत्रं दुकूलमबलायाः । तत्याज रागमधरो मुक्तिमुरीचक्रिरे चिकुराः ॥ १ ॥ सुतनु श्रुतिसेवनतो मन्ये नयनं निरञ्जनं जातम् । मुग्धा स्नेहात्कबरी युक्तां मुक्तिं कथं प्राप ॥ २ ॥ खिन्नालसनयनान्तं खिन्नालिकलग्नकुन्तलस्तबकम् । वदनमवलुप्ततिलकं मदनं नेदयति दवयति धृतिं मे ॥ ३ ॥ पपात मेरोः सुरसिन्धुधारा ववर्ष तारागणमन्धकारः । बभूव भृङ्गावलिरप्यकम्पा शशाम शम्पालतिकाविलासः ॥ ४ ॥ पपात गङ्गा हरमौलिसङ्गादन्धंतमोभूतमपेतबन्धम् । तडिल्लता चञ्चलतामहासीदस्पन्दमासीदरविन्दयुग्मम् ॥ ५ ॥ कामसंगरविधौ मृगीदृशः प्रौढपौरुषधरे पयोधरे । स्वेदराजिरुदियाय सर्वतः पुष्पवृष्टिरिव पुष्पधन्वनः ॥ ६ ॥ संगताभिरुचितैश्चलितापि प्रागमुच्यत चिरेण सखीव । भूय एव समगंस्त रतान्ते ह्रीर्वधूभिरसहा विरहस्य ॥ ७ ॥ प्रेक्षणीयकमिव क्षणमासन्ह्रीविभङ्गुरविलोचनपाताः । संभ्रमद्रुतगृहीतदुकूलच्छाद्यमानवपुषः सुरतान्ताः ॥ ८ ॥ अप्रभूततमनीयसि तन्वी काञ्चिधाम्नि पिहितैकतरोरु । क्षौममाकुलकरा विचकर्ष क्रान्तपल्लवमभीष्टतमेव ॥ ९ ॥ मृष्टचन्दनविशेषकभक्तिर्भ्रष्टभूषणकदर्थितमाल्यः । सापराध इव मण्डनमासीदात्मनैव सुदृशामुपभोगः ॥ १० ॥ योषितः पतितकाञ्चनकाञ्चौ मोहनातिरभसेन नितम्बे । मेखलेव परितः स्म विचित्रा राजते नवनखक्षतलक्ष्मीः ॥ ११ ॥ भातु नाम सुदृशां दशनाङ्कः पाटलो धवलगण्डतलेषु । दन्तवाससि समानगुणश्रीः संमु-

१ केशकलापरूपः. २ मुखरूपः. ३ कण्ठरूपः. ४ मुक्ताकलापरूपा. ५ त्रिवलिरूपा. ६ धाराभिः.

खोऽपि परभागमवाप ॥ १२ ॥ सुभ्रुवामधिपयोधरपीठं पीडनैस्त्रुटितवत्यपि पत्युः । मुक्तमौक्तिकलघुर्गुणशेषा हारयष्टिरभवद्गुरुरेव ॥ १३ ॥ विश्रमार्थमुपगूढमजस्रं यत्प्रियैः प्रथमरत्यवसाने । योषितामुदितमन्मथमादौ तद्द्वितीयसुरतस्य बभूव ॥ १४ ॥ आस्तृतेऽभिनवपल्लवपुष्पैरप्यनारतरताभिरताभ्यः । दीयते स्म शयितुं शयनीये न क्षणः क्षणदयापि वधूभ्यः ॥ १५ ॥ उपबर्हमम्बुजदृशो निजं भुजं विरचय्य वक्त्रमपि गण्डमण्डले । निजसक्थि सक्थिनि निधाय सादरं स्वपिति स्तनार्पितकराम्बुजो युवा ॥ १६ ॥ करकिसलयं धूत्वा धूत्वा विमार्गति वाससी क्षिपति सुमनोमालाशेषं प्रदीपशिखां प्रति । स्थगयति मुहुः पत्युर्नेत्रे विहस्य समाकुला सुरतविरतौ रम्या तन्वी मुहुर्मुहुरीक्षते ॥ १७ ॥ सुरतविरतक्रीडावेशश्रमश्लथहस्तया रहसि गलितं तन्व्या प्राप्तुं न पारितमंशुकम् । रतिरसजडैरङ्गैरङ्गे पिधातुमशक्तया प्रियतमतनौ सर्वाङ्गीणं प्रविष्टमधृष्टया ॥ १८ ॥ प्रियकृतपटस्तेयव्रीडाविलम्बनविह्वलां किमपि कृपणालापां बालां विलोक्य ससंभ्रमः । अपि विचलिते स्कन्धावारे गते सुरताहवे त्रिभुवनमहाधन्वी स्थाने न्यवर्तत मन्मथः ॥ १९ ॥ शयानस्योत्तानं हृदि निहितवक्षोरुहभरा तिरश्चीने वक्त्रे निबिडकलितात्मीयवदना । समाक्रम्योरुभ्यामतिदृढतरं सक्थियुगलं स्वपित्यम्भोजाक्षी शिथिलभुजबन्धेयमधुना ॥ २० ॥ मुखं जृम्भारम्भि प्रसरति मदामोदलहरी दृशोस्तन्द्राभारः स्फुरति विगलत्यङ्गलतिका । त्वमेतादृक्कान्तिः कमलमुखि धन्यैव नितरामसौ धन्यो यस्ते सकलरजनीं जागरयिता ॥ २१ ॥ प्रियायाः प्रत्यूषे गलितकबरीबन्धनविधावुदञ्चद्दोर्वल्लीदरदलितचेलाञ्चलमुरः । घनाकूते पश्यत्यथ मयि समन्दाक्षिवलितं नमन्त्या यद्रूपं नहि लिखितुमीशो मनसिजः ॥ २२ ॥ रतान्ते प्राणेशे वसनमददाने कथमपि स्थिताया याचन्त्या वितर मम चेलं गुणनिधे । सरोषं पश्यन्त्याः किमपि च हसन्त्याः परिचलन्नमन्त्यास्तद्रूपं नहि लिखितुमीशो मनसिजः ॥ २३ ॥ शान्ते मन्मथसंगरे रणभृतां सत्कारमातन्वती वासोऽदाज्जघनस्य पीनकुचयोर्हारं श्रुतेः कुण्डलम् । बिम्बोष्ठस्य च वीटिकां सुनयना पाण्यो रणत्कङ्कणे पश्चाल्लम्बिनि केशपाशनिचये युक्तो हि बन्धक्रमः ॥ २४ ॥ नेपथ्यादपि राजते हि नितरां व्यालुप्तभूषा तनुः संभोगश्रममीलितं विजयते चक्षुः कटाक्षादपि । गाढालिङ्गनकौतुकादपि नवं दोर्वल्लिविस्रंसनं प्रीत्यालापरसादपि प्रियतमं मौनं कुरङ्गीदृशः ॥ २५ ॥ निर्वृत्ते सुरतोत्सवे बहुविधे जातेऽधिकेऽङ्गक्लमे तल्पे स्वेदजलार्द्रचन्दनमये किंचिद्गृहीतेऽम्बरे । सान्द्रस्नेहवशाद्विशेषविषयव्यासङ्गजिह्मात्मनोर्दम्पत्योः स्मरघस्मरातुरतया भूयोऽपि जाता स्पृहा ॥ २६ ॥ मुक्ताभूषणमिन्दुबिम्बमजनि व्याकीर्णतारं नभः स्मारं चापमपेतचापलमभूदिन्दीवरे मुद्रिते । व्यालीनं कलकण्ठकण्ठनिनदैर्मन्दानिलैर्मन्दितं निष्कम्पस्तबकापि चम्पकलता साभून्न जानेऽथ किम् ॥ २७ ॥ नीव्यां संयमनं कचे नियमनं श्रोणीतले चासनं निश्वासाभ्यसनं मुखे समभवत्प्रत्याहृतिर्भूषणे । ध्यानं प्रेमणि धारणा स्तनतटे तन्व्याः समाधिः प्रिये निर्वेदादिव किं रतान्तसुलभात्सर्वाङ्गयोगोत्सवः ॥ २८ ॥ निर्लेपौ कुचकुड्मलौ कचभरस्तत्याज बन्धं ययौ काञ्ची निर्गुणतां निरञ्जनदशा दृग्भ्यां समासादिता । नीरागोऽधरपल्लवश्च गुरुणा केनापि गौराङ्गि ते शङ्के शम्बरशासनोपनिषदां तत्त्वावबोधः कृतः ॥ २९ ॥ तन्द्रातुन्दिलशोणलोचनयुगं दत्ताङ्कदन्तच्छदं पर्यस्तालकवल्लि घर्मपटलप्रोद्भिन्नपत्त्रावलि । जृम्भोज्जृम्भितासीधुसौरभमिलद्भृङ्गीभिरङ्गीकृतस्तोत्रं शंसति वृत्तमेव रजनीवृत्तान्तमेणीदृशः ॥ ३० ॥ स्वामिन्भङ्गुरयालकं सतिलकं भालं विलासिन्कुरु प्राणेश त्रुटितं पयोधरतटे हारं पुनर्योजय । इत्युक्त्वा सुरतावसानसमये संपूर्णचन्द्रानना स्पृष्टा तेन तथैव जातपुलका प्राप्ता पुनर्मोहनम् ॥ ३१ ॥ व्यालोलः केशपाशस्तरलितमलकैः स्वेदलोलौ कपोलौ क्लिष्टा बिम्बाधरश्रीः कुचकलशरुचा हारिता हारयष्टिः । काञ्ची काञ्चिद्गताशां स्तनजघनपदं पाणिना छादयन्ती भूषाहीनापि काचित्प्रियहृदयमहो प्रीणयत्येव मुग्धा ॥३२॥ सव्यासव्योरुबाहुव्यतिकरमधुरं कूर्परन्यस्तशीर्षं संसक्तास्याब्जयुग्मश्वसितहतचलच्चारुनासाविभूषम् । भूयो निद्रातिरेकात्क्रमशिथिलभुजाश्लेषदत्तावकाशोच्छ्वासोदञ्चत्कुचाग्रप्रतिहतहृदयं शेरतेऽमी रतान्ते ॥३३॥ व्यामिश्रैकैकबाहु प्रवलितपृथुलैकैकचारूरुकाण्डं दष्ट्वा दष्ट्वाधरोष्ठं दरशिथिलतनुश्लेषमालिङ्ग्य कान्ताः । शश्वन्निःश्वासवेगस्फुरितगुरुकुचद्वन्द्वसंघृष्टवक्षाः श्रान्तः शेते रतान्ते सुखमिह सुकृती लीलया कामिलोकः ॥ ३४ ॥

चन्द्रास्तसमयवर्णनम् ।

कलङ्कदाशो गगनाम्बुराशौ प्रसार्य चन्द्रातपतन्तुजालम् । लग्नोडुमीनांल्लघु संजिघृक्षुश्चन्द्रप्लवस्थश्चरमाब्धिमेति ॥ १ ॥ असौ हि दत्त्वा तिमिरावकाशमस्तं व्रजत्युन्नतकोटिरिन्दुः । जलावगाढस्य वनद्विपस्य तीक्ष्णं विषाणाग्रमिवावशिष्टम् ॥ २ ॥ वृन्देन तारावलितण्डुलानामङ्केन च श्रीफलपल्ल-

वेन । अभ्यर्च्य जागेश्वरमिन्दुबिम्बं विसर्जयत्ये[5] नभोमुनीन्द्रः ॥ ३ ॥ मन्दमग्निर्मधुर्र्यमोपला दर्शितश्वयथु चाभवत्तमः । दृष्टयस्तिमिरजं सिषेविरे दोर्षमोर्षधिपतेरसंनिधौ ॥ ४ ॥ अरुणकिरणजालैरन्तरिक्षे गतर्क्षे चलति शिशिरवाते मन्दमन्दं प्रभाते । युवतिजनकदम्बे नाथमुक्तौष्ठबिम्बे चरमगिरिनितम्बे चन्द्रबिम्बं ललम्बे ॥ ५ ॥ जरठ इव मरालो जर्जराग्रैर्मयूखैः स्खलति शिशिरभानुः पश्चिमाम्भोधिपारे । श्लथगरुत इवाभूत्तत्र तत्रान्तरिक्षे विरलविरलभासः किं च तारा लुठन्ति ॥ ६ ॥ चरमगिरिकुरङ्गीशृङ्गकण्डूयनेन स्वपिति मुखमिदानीमन्तरिन्दोः कुरङ्गः । परिणतरविगर्भव्याकुला पौरुहूती दिगपि घनकपोतीहुंकृतैः कुप्यतीव ॥ ७ ॥ उदयमुदितदीप्तिर्याति यः संगतौ मे पतति न वरमिन्दुः सोऽपरामेष गत्वा । स्मितरुचिरिव सद्यः साभ्यसूयं प्रभेति स्फुरति विशदमेषा पूर्वकाष्ठाङ्गनायाः ॥ ८ ॥ नवकुमुदवनश्रीहासकेलिप्रसङ्गादभिकरुचिरशेषामप्युषां जागरित्वा । अयमपरदिशोऽङ्के मुञ्चति स्रस्तहस्तः शिशयिषुरिव पाण्डुम्लानमात्मानमिन्दुः ॥ ९ ॥ सपदि कुमुदिनीभिर्मीलितं हा क्षपापि क्षयमगमदपेतास्तारकास्ताः समस्ताः । इति दयितकलत्रश्चिन्तयन्नङ्गमिन्दुर्वहति कृशमशेषं भ्रष्टशोभं शुचेव ॥ १० ॥ प्रकटमलिनलक्ष्मा मृष्टपत्रावलीकैरधिगतरतिशोभैः प्रत्युषःप्रोषितश्रीः । उपहसित इवासौ चन्द्रमाः कामिनीनां परिणतशरकाण्डापाण्डुभिर्गण्डभागैः ॥ ११ ॥ विकसितमुखीं रागासङ्गाद्गलत्तिमिरावृतिं दिनकरकरस्पृष्टामैन्द्रीं निरीक्ष्य दिशं पुरः । जरठलवलीपाण्डुच्छायो भृशं कलुषान्तरः श्रयति हरितं हन्त प्राचेतसीं तुहिनद्युतिः ॥ १२ ॥ नक्षत्रक्षितिनायकोऽयमधुना रुद्धः प्रभातागमे सप्ताश्वेन बलीयसातिमहसा रोषारुणज्योतिषा । भ्रश्यद्ध्वान्तशिरोरुहां प्रविगलत्तारालिहारावलीमादाय क्षणदां प्रियां क्षितिधरं पाश्चात्यमारोहति ॥ १३ ॥ संश्लिष्टा सानुरागं स्वकरपरिचयप्राप्तभूरिप्रसादा या पूर्वा भुक्तपूर्वा रविकरकलितां तामुदीक्ष्यामृतांशुः । निस्तेजाः पश्चिमाब्धौ प्रविशति हि सतां दुःसहो मानभङ्गः किं वक्तव्यं सितांशोः स तु सकलसतां मण्डलस्यापि नेता ॥ १४ ॥

---

१ शिवम्. २ मन्दीभूतमग्निम्; (पक्षे) रोगविशेषः. ३ धृतवन्तः. ४ सूर्यकान्ताः ५ पुष्टत्वम्; (पक्षे) रोगविशेषः. ६ आन्ध्यम्; (पक्षे) रोगविशेषः. ७ चन्द्रस्य; (पक्षे) वैद्यस्य. ८ सूर्यहस्तलग्नाम्. ९ चन्द्रः. १० नक्षत्राणाम्; (पक्षे) द्विजानाम्. ११ नायकः.

मध्यरात्रक्रीडावर्णनम् ।

शमितनिखिलदीपे सुप्तनिद्रालुलोके रतपरवशचित्ता मध्यरात्रे विबुद्धाः । प्रथमसुरतखिन्नां मुग्धिकां बोधयन्तो बहुदृढपरिरम्भैः कामुकाः खेदयन्ति ॥ १ ॥ अनुनयमगृहीत्वा व्याजसुप्ता पराची रुतमथ कृकवाकोस्तारमाकर्ण्य कल्ये । कथमपि परिवृत्ता निद्रयान्धा किल स्त्री मुकुलितनयनैवाश्लिष्यति प्राणनाथम् ॥ २ ॥ चिररतिपरिखेदप्राप्तनिद्रासुखानां चरममपि शयित्वा पूर्वमेव प्रबुद्धाः । अपरिचलितगात्राः कुर्वते न प्रियाणामशिथिलभुजचक्राश्लेषभेदं तरुण्यः ॥ ३ ॥ वदनशशिनः स्पर्शे शीतादिवागतवेपथुस्तनयुगलके भ्रान्त्वा तुङ्गे निविष्ट इव भ्रमात् । ज्वलितमदनाङ्गारे तन्व्यास्ततो जघनस्थले सपुलकजलः पत्युः पाणिर्विलीन इवाभवत् ॥ ४ ॥ रतिकृति गते मायानिद्रां प्रवर्तितचुम्बना पुलकपयसा तत्त्वं मत्वा मुखादहृतानना । कृतकशयनो निग्राह्योऽसीत्युदीर्य कलं वधूर्व्रणितमधरं कृत्वा दन्तैरपूरयत स्पृहाम् ॥ ५ ॥

प्रभातवर्णनम् ।

ततोऽरुणपरिस्पन्दमन्दीकृतवपुः शशी । दध्रे कामपरिक्षामकामिनीगण्डपाण्डुताम् ॥ १ ॥ कुक्कुटे कुर्वति क्वाणमाननं श्लिष्टयोस्तयोः । दिवाकरकराक्रान्तं शशिकान्तमिवाबभौ ॥ २ ॥ विकसितसंकुचितपुनर्विकस्वरेष्वम्बुजेषु दुर्लक्ष्याः । कलिकाः कथयति नूतनविकासिनीर्मधुलिहामर्घः ॥ ३ ॥ प्रियवसतेरपयान्त्यो मिथः करम्बितकराम्बुजन्मानः । कुरजपदव्रणविरलस्तनपुलकममूः किमपि विवदन्ते ॥ ४ ॥ आश्लेषशेषा रतिरङ्गनानामामोदशेषा कुचकुङ्कुमश्रीः । तूणीरशेषः कुसुमायुधोऽपि प्रभातशेषा रजनी बभूव ॥ ५ ॥ नभोवनं नक्तमसौ विगाह्य नक्षत्रसेनासहितः शशाङ्कः । कराग्रलग्नान्कतिचित्प्रहृत्य पान्थान्प्रभाते प्रपलायतेऽद्य ॥६॥ चन्द्रकान्तगलदम्बुनाधुना हा चकोरनयने समाश्रिते । कोकलोकहृदयानलः पुनः सूर्यकान्तमणिमाश्रयत्यहो ॥ ७ ॥ संनिगृह्य चिकुरं तमोमयं यामिनी तदनु केलिविच्युतम् । कुर्वती श्रवसि चन्द्रमण्डलं कुण्डलं गगनकेलिमुज्झति ॥ ८ ॥ तरुणां दिवाकरमयूखमञ्जरीमरुणामशोकशिखरावलम्बिनीम् । कमनीयपुष्पमनसा समाश्रितां मधुपो विडम्बयति मञ्जुभाषिणीम् ॥ ९ ॥ प्राची दिगम्बरमणौ दयिते विभाते प्रान्तेऽम्बरं स्पृशति वासकसज्जिकेयम् । धीरा जगाद रमणस्य न भूषणानि रोषारुणा त्यजति तारकभूषणानि ॥ १० ॥ यात्येकतोऽस्तशिखरं पतिरोषधीनामावि-

ष्कृतारुणपुरःसर एकतोऽर्कः । तेजोद्वयस्य युगपद्व्यसनोदयाभ्यां लोको नियम्यत इवैष दशान्तरेषु ॥ ११ ॥ अन्तर्हिते शशिनि सैव कुमुद्वतीयं दृष्टिं न नन्दयति संस्मरणीयशोभा । इष्टप्रवासजनितान्यबलाजनेन दुःखानि नूनमतिमात्रदुरुद्वहानि ॥१२॥ प्रालेयमिश्रमकरन्दकरालकोशैः पुष्पैः समं निपतिता रजनी प्रबुद्धैः । अर्कांशुभिन्नमुकुलोदरसान्द्रमन्धसंसूचितानि कमलान्यलयः पतन्ति ॥ १३ ॥ दिङ्मण्डलीमुकुटमण्डनपद्मरागरत्नाङ्कुरे किरणमालिनि गर्भितेऽपि । सौखप्रसुप्तिकमधुव्रतचक्रवालवाचालपङ्कजवनीसरसाः सरस्यः ॥ १४ ॥ पीत्वा भृशं कमलकुड्मलशुक्तिकोषा दोषातनीं तिमिरवृष्टिमथ स्फुटन्तः । निर्यन्मधुव्रतकदम्बमिषाद्वमन्ति बिभ्रन्ति कारणगुणानिव मौक्तिकानि ॥ १५ ॥ आपाटलैः प्रथममङ्कुरितैर्मयूखैरह्नांपतिः प्रथमशैलविहारिणीनाम् । सोऽयं करोति सुरपुङ्गवसुन्दरीणां कर्णेषु कल्पतरुपल्लवभङ्गलक्ष्मीम् ॥ १६ ॥ अन्यत्र यापितनिशं परिलोहिताङ्गमन्याङ्गनागतमिवागतमुष्णरश्मिम् । प्रातर्निरीक्ष्य कुपितेव हि पद्मिनीयमुत्फुल्लहल्लकसुलोहितलोचनाभूत् ॥ १७ ॥ का काबला निधुवनश्रमपीडिताङ्गी निद्रां गता दयितबाहुलतानुबद्धा । सा सा तु यातु भवनं मिहिरोद्गमोऽयं संकेतवाक्यमिति काकचया वदन्ति ॥१८॥ दिशि दिशि मृगयन्ते वल्गुना घासमेते मुहुरपगतनिद्राः सप्तयो[1] हेषितेन । अयमपि च सरोषैः कामिभिः श्रूयमाणो नदति[2] मधुरतारं ताम्रचूडो[3] विहंगः ॥ १९ ॥ अविरतमविरामा रागिणां सर्वरात्रं नवनिधुवनलीलाः कौतुकेनाभिवीक्ष्य । इदमुदवसितानामस्फुटालोकसंपन्नयनमिव सनिद्रं घूर्णते दैपमर्चिः ॥ २० ॥ रतिरभसविलासाभ्यासतान्तं न यावन्नयनयुगममीलत्तावदेवाहतोऽसौ । रजनिविरतिशंसी कामिनीनां भविष्यद्विरहविहितनिद्राभङ्गमुच्चैर्मृदङ्गः ॥ २१ ॥ प्रहरकमपनीय स्वं निदिद्रासतोच्चैः प्रतिपदमुपहूतः केनचिज्जागृहीति । मुहुरविशदवर्णां निद्रया शून्यशून्यां दददपि गिरमन्तर्बुध्यते नो मनुष्यः ॥ २२ ॥ विपुलतरनितम्बाभोगरुद्धे रमण्याः शयितुमनधिगच्छञ्जीवितेशोऽवकाशम् । रतिपरिचयनश्यन्नैद्रतन्द्रः कथंचिद्गमयति शयनीये शर्वरीं किं करोतु ॥ २३ ॥ द्रुततरकरदक्षाः क्षिप्तवैशाखशैले दधति दधनि धीरामारवान्वारिणीव । शशिनमिव सुरौघाः सारमुद्धर्तुमेते कलशिमुदधिगुर्वीं बल्लवा लोडयन्ति ॥ २४ ॥ परिशिथिलितकर्णग्रीवमामीलिताक्षः क्षणमयमनुभूय स्वप्नमूर्ध्वज्ञुरेव[4] । रिरंसयिषति भूयः शष्पमग्रे विकीर्णं पटुतरचपलोष्ठः प्रस्फुरत्प्रोथमश्वः ॥ २५ ॥ कृतधवलिमभेदैः कुङ्कुमेनेव किंचिन्मलयरुहरजोभिर्भूषयन्पश्चिमाशाम् । हिमरुचिररुणिम्ना राजते रज्यमानैर्जरठकमलकन्दच्छेदगौरैर्मयूखैः ॥ २६ ॥ शिशिरकिरणकान्तं वासरान्तेऽभिसार्य श्वसनसुरभिगन्धिः सांप्रतं सत्वरेव । व्रजति रजनिरेषा तन्मयूखाङ्गरागैः परिमिलितमनिन्द्यैरम्बरान्तं वहन्ती ॥ २७ ॥ व्रजति विषयमक्ष्णामंशुमाली न यावत्तिमिरमखिलमस्तं तावदेवारुणेन । परपरिभवितेजस्तन्वतामाशु कर्तुं प्रभवति हि विपक्षोच्छेदमग्रेसरोऽपि ॥ २८ ॥ विगततिमिरपङ्कं पश्यति व्योम यावद्ध्रुवति विरहखिन्नः पक्षती यावदेव । रथचरणसमाह्वस्तावदौत्सुक्यनुन्ना सरिदपरतटान्तादागता चक्रवाकी ॥ २९ ॥ अरुणजलदराजीमुग्धहस्ताग्रपादा बहुलमधुपमालाकज्जलेन्दीवराक्षी । अनुपतति विरावैः पत्त्रिणां व्याहरन्ती रजनिमचिरजाता पूर्वसंध्या सुतेव ॥ ३० ॥ अयमुदयमहीभृन्मूर्ध्नि पाणिं गृहीत्वा दिवसपतिरहौषीदिन्दुपादान्हवींषि । अरुणकिरणवह्नौ कन्यका पौरुहूती हरिदपि किमकार्षीत्तारकालाजहोमम् ॥ ३१ ॥ कुमुदवनमपश्रि[1] श्रीमदम्भोजखण्डं त्यजति मुदमुलूकः[2] प्रीतिमांश्चक्रवाकः । उदयमहिमरोचिर्याति शीतांशुरस्तं हतविधिलसितानां ही विचित्रो विपाकः ॥ ३२ ॥ लुलितनयनताराः[3] क्षामवक्त्रेन्दुबिम्बा[4] रजनय इव निद्राक्रान्तनीलोत्पलाक्ष्यः । तिमिरमिव दधानाः स्रंसिनः[5] केशपाशानवनिपतिगृहेभ्यो[6] यान्त्यमूर्वारवध्वः[7] ॥ ३३ ॥ शिथिलयति सरागो यावदर्को नलिन्याः कमलमुकुलनीवीग्रन्थिमुद्रां करेण । प्रविकसदलिमाला गुञ्जितैर्मञ्जुशब्दा जनयति मुदमुच्चैः कामिनां कामिनीव ॥ ३४ ॥ नभसि विरलतारा मौक्तिकानीव भान्ति स्फुटतरमयमस्तक्ष्माधरं चुम्बतीन्दुः । रविरुदयधरित्रीधारिमूर्धानमेतुं हृदयमनु नितान्तोल्लासमङ्गीकरोति ॥ ३५ ॥ अभूत्प्राची पिङ्गा रसपतिरिव[8] प्राश्य कनकं गतच्छायश्चन्द्रो बुधजन इव ग्राम्यसदसि । क्षणं क्षीणास्तारा नृपतय इवानुद्यमपरा[9] न दीपा राजन्ते द्रविणरहितानामिव गुणाः ॥ ३६ ॥ इतः शुक्ला चन्द्रद्युतिभिरिह रक्तारुणकरैस्तमिस्रैरप्यन्तःस्खलितगतिभिर्मेचकरुचिः । प्रभातश्रीरेषा विलसति पुरस्थासुकृतिनां मिमङ्क्षूणां जह्नुद्युमणिविधिजासंगम इव ॥ ३७ ॥ तमोभिः पीयन्ते गतवयसि पीयूषवपुषि ज्वलिष्यन्मार्तण्डोपलपटलधूमैरिव दिशः । सरोजानां कर्ष-

१ अश्वाः. २ शब्दं करोति. ३ कुक्कुटः. ४ ऊर्ध्वजानुः.

१ गतशोभम्. २ घूकः. ३ चञ्चलनयनकनीनिकाः. ४ क्षामं कृशं वक्त्रेन्दुमण्डलं यासां ताः. ५ शिथिलान्. ६ राजगृहेभ्यः. ७ वारस्त्रियः. ८ पारदः. ९ उद्योगरहिताः.

ग्नलिमयमयस्कान्तमणिवत्क्षणादन्तःशल्यं तपति पतिरद्यापि न रुचाम् ॥ ३८ ॥ इतः पौरस्त्यायां ककुभि विवृणोति क्रमदलत्तमिस्रामर्माणं किरणकलिकामम्बरमणिः । इतो निष्कामन्ती नवरतिगुरोः प्रोञ्छति वधूः स्वकस्तूरीपत्राङ्कुरमकरिकामुद्रितमुरः ॥ ३९ ॥ द्रुमाः पाण्डुप्राया धृतनिबिडगर्भाः स्त्रिय इव प्रफुल्लास्ते कन्दा नृपतिकृतमाना इव जनाः । पिको मन्दं मन्दं हृदि मदननामानि जपति प्रभोरग्रे पूर्वापरिचितसभाकः कविरिव ॥ ४० ॥ विरलविरलीभूतास्ताराः कलौ सुजना इव व्यपसरति च ध्वान्तं चित्तात्सतामिव दुर्जनः । मन इव मुनेः सर्वत्रापि प्रसन्नमभून्नभो विगलति निशा क्षिप्रं लक्ष्मीरनुद्यमिनामिव ॥ ४१ ॥ व्रजत्यपरवारिधिं रजतपिण्डपाण्डुः शशी न भान्ति जलबुद्बुदद्युतिसपत्निकास्तारकाः । कुरण्टकविपाण्डुरं दधति धाम दीपाङ्कुराश्चकोरनयनारुणा भवति दिक्च सौत्रामणी ॥४२॥ अयं मृदुमृणालिनीवनविलासवैहासिकस्त्विषां वितपते पतिः सपदि दृश्यमाना निजाः । स्तनौ पुलकयन्ति चोत्पलदृशां प्रियोरःस्थले विपर्ययितवृत्तयो घुसृणपङ्कपत्राङ्कुराः ॥ ४३ ॥ जृम्भारम्भप्रविततदलोपान्तजालप्रविष्टैर्हस्तैर्भानोर्नृपतय इव स्पृश्यमाना विबुद्धाः । स्त्रीभिः सार्धं घनपरिमलस्तोकलक्ष्याङ्गरागा मुञ्चन्त्येते विकचनलिनीगर्भशय्यां द्विरेफाः ॥ ४४ ॥ यः सैन्ये स्मरपार्थिवस्य विरहिप्रत्यर्थिनामग्रणीज्योत्स्नानिर्झरमुज्झति स्म जगतां यस्तापनिर्वारणम् । सोऽयं तारकनायकः किमपरं शृङ्गारसंजीवनं जातः पृष्ठपरागपाण्डुरजरत्कूष्माण्डपिण्डाकृतिः ॥ ४५ ॥ ये कुण्ठीकृतवल्लभप्रणतयः शस्त्रैरनङ्गस्य ये न प्राप्ताश्च निशीथिनीपतिकरैः शैथिल्यवीथीमपि । ते निःशङ्कविटङ्कतालुतुमुलप्रोतप्लुतप्लावितैश्छिन्नाः कुक्कुटकूजितैर्मृगदृशां मानग्रहग्रन्थयः ॥ ४६ ॥ कान्ते जग्मुषि ताम्रचूडरटितं श्रुत्वा प्रबुद्धा जैवातृकंचिद्वांसवदिङ्मुखं प्रविकसद्दृष्ट्वा गवाक्षाध्वना । संत्रासेन समीरिता प्रियतमप्रेम्णावरुद्धा शनैरुत्थानोपनिवेशनानि कुरुते तल्पे मुहुः [11]पांसुला ॥ ४७ ॥ [12]निर्यान्त्या [13]रतिवेश्मनः [14]परिणतप्रायां विलोक्य क्षपां गाढालिङ्गनचुम्बनानि बहुशः कृत्वाप्यसंतुष्टया । एकं भूमितले निधाय चरणं तल्पे [16]प्रकल्प्यापरं तन्वङ्ग्या [17]परिवर्तिताङ्गलतया [18]प्रेयांश्चिरं

१ रौप्यगोलकवत्पाण्डुरः. २ ऐन्द्री. प्राचीत्यर्थः. ३ शत्रूणाम्. ४ श्रेष्ठः. अग्रेसर इत्यर्थः. ५ ज्योत्स्नाप्रवाहम्. ६ शृङ्गारस्य जीवनौषधम्. ७ जीर्ण. ८ कुक्कुटारावम्. ९ संभ्रमेण. १० प्राचीमुखम्. ११ स्वैरिणी. १२ निर्गच्छन्त्या. १३ केलिमन्दिरात्. १४ प्रभातप्रायाम्. १५ रात्रिम्. १६ निधाय. १७ वलिताङ्गवल्लिर्यया सा. १८ प्रियतमः.

चुम्बितः ॥ ४८ ॥ पद्मिन्याः सकलां विधाय विकलां ताराधिपः [2]संपदं तत्प्रेयस्युदयोन्मुखे सति रवावुद्विग्नतामाश्रितः । ताराः स्वस्य करैर्विकृष्य सहसा गच्छन्नितोऽस्ताचलं लग्नाः काश्चन ताः प्रभाकरकरे पश्यन्परिम्लायति ॥ ४९ ॥ एते केतकधूलिधूसररुचः शीतद्युतेरंशवः प्राप्ताः संप्रति पश्चिमस्य जलधेस्तीरं जराजर्जराः । अप्येते विकसत्सरोरुहवनीदृक्पातसंभाविताः प्राचीरागमुदीरयन्ति तरणेस्तारुण्यभाजः कराः ॥ ५० ॥ सद्यः संघटमानकोकमिथुनव्याजेन पीनस्तनद्वन्द्वव्यञ्जितयौवनोज्ज्वलरुचो निर्माय दिक्कन्यकाः । दुर्दैवाक्षरमालिकामिव झटित्याकृष्य भृङ्गावलीं लक्ष्मीमम्बुजिनीजनस्य तनुते देवस्त्विषामीश्वरः ॥ ५१ ॥ उन्मीलन्ति निशानिशाचरवधूप्रोच्चाटनामान्त्रिकाः सायं सालसकुसुमपङ्कजवनप्रोद्बोधवैतालिकाः । फुल्लत्पङ्कजकोशगर्भकुहरप्रोद्भूतभृङ्गावलीझङ्कारप्रणवोपदेशगुरवस्तीव्रद्युतेरंशवः ॥ ५२ ॥ एतत्तर्कय चक्रवाकसुदृशामाश्वासनादायिनः प्रौढध्वान्तपयोधिमग्नजगतीदत्तावलम्बोत्सवाः । दीप्तांशोर्विकसन्ति दिङ्मृगदृशां काश्मीरपङ्कोदकव्यात्युक्षीचतुराः सरोरुहवनश्रीकेलिकाराः कराः ॥ ५३ ॥ द्वित्रैर्व्योम्नि पुराणमौक्तिकमणिच्छायैः स्थितं तारकैर्ज्योत्स्नापानभरालसेन वपुषा मत्ताश्चकोराङ्गनाः । यातोऽस्ताचलचूलमुद्वसमधुच्छत्रच्छविश्चन्द्रमाः प्राची बालबिडाललोचनरुचां जाता च पात्रं ककुप् ॥५४॥ जाताः पक्वपलाण्डुपाण्डुमधुरच्छायाकिरस्तारकाः प्राचीमङ्कुरयन्ति किंचन रुचो राजीवजीवातवः । लूतातन्तुवितानवर्तुलमितो बिम्बं दधच्चुम्बति प्रातः प्रोषितरोचिरम्बरतलादस्ताचलं चन्द्रमाः ॥ ५५ ॥ प्राचीविभ्रमकर्णिकाकमलिनीसंवर्तिकाः संप्रति द्वे तिस्रो रमणीयमम्बरमणेर्द्योमुच्चरन्ते रुचः । सूक्ष्मोच्छ्वासमपीदमुत्सुकतया संभूय कोषाद्बहिर्निष्क्रामद्भ्रमरौघसंभ्रमभरादम्भोजमुज्जृम्भते ॥ ५६ ॥ एकद्विप्रभृतिक्रमेण गणनामेषामिवास्तं यतां कुर्वाणा समकोचयद्दशशतान्यम्भोजसंवर्तिकाः । भूयोऽपि क्रमशः प्रसारयति ताः संप्रत्यमूनुद्यता संख्यातुं सकुतूहलेव नलिनी भानोः सहस्रं करान् ॥ ५७ ॥ प्रत्यासन्नसुरेन्द्रसिन्धुरशिरःसिन्दूरसान्द्रारुणा यत्तेजस्त्रसरेणवो वियदितः प्राचीनमाचिन्वते । शङ्के संप्रति यावदभ्युदयते तत्तत्कुटङ्कोन्मृजारज्यद्बिम्बरजश्छटावलयितो देवस्त्विषामीश्वरः ॥५८॥ प्रत्यग्रज्वलितैः पतङ्गमणिभिर्नीराजिता भानवः सावित्राः कुरुविन्दकन्दलरुचः प्राचीमलंकुर्वते । प्रौढध्वान्तकरालितस्य

१ हीनाम्. २ शोभाम्. ३ खिन्नत्वम्. ४ किरणैः.

वपुषश्छायाछलेन क्षणादप्रक्षालितनिर्मलं जगदहो निर्मोकमुन्मुञ्चति ॥ ५९ ॥ स्तोकोन्निद्रनिदाघदीधितिमहस्तन्द्रालुचन्द्रातपास्तायन्ते ककुभो रथाङ्गगृहिणीगार्हस्थ्यगर्हाभिदः । अद्यापि स्वकुलायशाखिशिरसि स्थित्वा रुवन्तो मुहुस्तूष्णीं प्रत्यभिजानते बलिभुजो भीताः स्वयूथ्यस्वरान् ॥६०॥ प्राचीं वासकसज्जिकामुपगते भानौ दिशां वल्लभे पश्यैता रुचयः पतङ्गदृषदामाग्नेयनाड्धिमाः । लोकस्य क्षणदानिरङ्कुशरसौ संभोगनिद्रागमौ कोकद्वन्द्वकुमुद्वतीविपिनयोर्निक्षेपमातन्वते ॥ ६१ ॥ मालिन्यं परिदृश्यते हिमरुचौ मन्दश्रियस्तारकाः शीताः केचन संचरन्ति कमलामोदस्पृशो मारुताः । आसीदन्ति च चक्रवाकमिथुनान्यन्योन्यमुत्कण्ठया पादैस्ताडितकैरवा मधुलिहो गच्छन्ति पद्माटवीम् ॥ ६२ ॥ किंचिद्विश्लथकेशवान्तकुसुमाः क्रीडाविलोलांशुका लुप्तालुप्तशरीरचन्दनतया लोकैकनेत्रोत्सवाः । संभोगश्रमविह्वलैरवयवैः संकेतशालान्तरान्निद्राशेषकषायितार्धनयना निर्यान्ति वाराङ्गनाः ॥ ६३ ॥ सौरभ्ये चलिते रसे विगलिते चापालिवर्गे गते म्लानातीव कुमुद्वतीयमधुना मूर्छां परामृच्छति । तामुद्वीक्ष्य तथाविधां कमलिनी जाता प्रहासोन्मुखी हन्तोदीक्ष्यं विपन्नवैरिवनितां का वा न संतुष्यति ॥६४॥ आलोकैरतिपाटलैरचरमां विस्तारयद्भिर्दिशं नक्षत्रद्युतिमाक्षिपद्भिरचिरादाशङ्क्य सूर्योदयम् । पुञ्जीभूय भयादिवान्धतमसं मन्ये द्विरेफच्छलान्मीलन्नीलसरोरुहोदरकुटीकोणान्तरे लीयते ॥ ६५ ॥ भिन्दानो मानिनीनां पतिषु रुषमय हर्म्यपारावतेभ्यो वाचालत्वं ददानः कवितृषु कविताप्रातिभं संदधानः । प्रातस्स्यस्तूर्यनादः स्थगयति गगनं मांसलः पांशुतल्पादस्वल्पादुत्थितानां नरवरकरिणां शृङ्खलासिञ्जितेन ॥ ६६ ॥ कुर्वन्नाभुग्नपृष्ठो मुखनिकटकटीस्कन्धरोमा तिरश्चीं लोलेनाहन्यमानस्तुहिनकणमुचा चञ्चता केशरेण । निद्राकण्डूकषायं कषन्निबिडितश्रोत्रशुक्तिस्तुरङ्गस्त्वङ्गत्पक्ष्माग्रलग्नप्रतनुबुसकणं कोणमक्ष्णः खुरेण ॥ ६७ ॥ कोकानुद्वीवयन्तः पथि पथि कुलटामानसं कम्पयन्तः प्रस्थातारं प्रभाते प्रियतममबला गाढमालिङ्गयन्तः । उत्थातुं चाङ्गभङ्गीः कुलकमलदृशां कारयन्तो निशान्ते कूंकाराः कुक्कुटानां मधुमधुरसमारम्भगम्भीरधीराः ॥ ६८ ॥

प्रभातवायुवर्णनम् ।

लतां पुष्पवतीं स्पृष्ट्वा स्नातो विमलवारिणा । पुनः संपर्कशङ्कीव मन्दं चरति मारुतः ॥ १ ॥ लवङ्गलतिकाभङ्गदयालुर्दक्षिणानिलः । कथमुन्मूलयत्येष मानिनीमानपर्वतान् ॥ २ ॥ सुरतभरखिन्नपन्नगविलासिनीपानकेलिजर्जरितः । पुनरपि विरहिश्वासैर्मलयमरुन्मांसलीक्रियते ॥ ३ ॥ दरफुल्लकमलकाननसौरभसंभारमन्थरः पवनः । दयितोरसि शयितामपि दयितां संतापयांचक्रे ॥ ४ ॥ भिक्षितकमलकुटुम्बाः शिक्षितगजगामिनीगतयः । लक्षितहिमगिरिपादाः प्रातरमी मातरिश्वानः ॥ ५ ॥ आदाय बकुलगन्धानन्धीकुर्वन्पदे पदे भ्रमरान् । अयमेति मन्दमन्दं कावेरीवारिपावनः पवनः ॥ ६ ॥ अपहाय शनैः पटीरवाटीरिह लाटीजनमानलुण्ठनाय । समुदेति मनोजराजधाटीपरिपाटीपटुरेष गन्धवाहः ॥ ७ ॥ वासो विधूय स्तनयोरमुष्याः कपोलकीर्णां कबरीमुदस्य । अवारितः प्रोञ्छति वारिधारां मुखे मृगाक्ष्याः सुकृती समीरः ॥ ८ ॥ अरविन्दवृन्दमकरन्दतुन्दिलो मरुदेति मन्दमिह मन्दराचलात् । सुरतान्ततान्तसुदतीमतल्लिकाकबरीपरीमलझरीपरीवृतः ॥ ९ ॥ उत्सार्य कुन्तलमपास्य दुकूलकूलमुन्नाम्य बाहुलतिकामलसास्तरुण्यः । स्वेदाम्बुसिक्ततनवः स्पृहयन्ति यस्मै तस्मै नमः सुकृतिने मलयानिलाय ॥ १० ॥ चोलाङ्गनाकुचनिचोलतलानुलीनो द्राक्केरलीविरलकुन्तलकम्पलोलः । लाटीललाटतटशोषणमानसोयं फुल्लारविन्दघनबन्धुरुपैति वायुः ॥ ११ ॥ वैभातिको मरुदयं क्रमवर्धमानपद्माटवीपरिमलप्रसरानुमेयः। आयाति सोऽयमलसोत्थितसारसाक्षीपुंभावनृत्यपुनरुक्तमसूत्रधारः ॥१२॥ झञ्झानिलोऽपि सुरतान्तनितान्ततान्तकान्ताकुचान्तघनघर्ममपाकरोति । भूयोऽभिलाषजननी पुनरन्यथैव स्वेदापनोदनकला मलयानिलस्य ॥ १३ ॥ विकचकमलगन्धैरन्धयन्भृङ्गमालाः सुरभितमकरन्दं मन्दमावाति वातः । प्रमदमदनमाद्यद्यौवनोद्दामरामारमणरभसखेदस्वेदविच्छेददक्षः ॥ १४ ॥ स्तनपरिसरभागे दूरमावर्तमानाः स्फुटतनिमनि मध्ये किंचिदेव स्खलन्तः । ववुरलघुनितम्बाभोगरुद्धा वधूनां निधुवनरसखेदच्छेदिनः प्राह्णवाताः ॥१५॥ दरविगलितमल्लीवल्लिचञ्चत्परागप्रकटितपटवासैर्वासयन्काननानि । इह हि दहति चेतः केतकीगन्धबन्धुः प्रसरदसमबाणप्राणवद्गन्धवाहः ॥ १६ ॥ सललितमलकानां वल्लरीर्नर्तयन्तो मधुसुरभिमुखाब्जोच्छ्वासगन्धानुबन्धाः । नवतररतभाजां योषितां स्वेदबिन्दूनसतृष इव पिबन्तो वान्ति मन्दं समीराः ॥ १७ ॥ उषसि मलयवासी जालमार्गप्रविष्टो विकचकमलरेणुं व्याकिरन्मोहचूर्णम् । सपदि शमितदीपो वायुचोरो वधूनां हरति सुरतखेदस्वेदमुक्ताफलानि ॥ १८ ॥ कुसुमपरिमलेनामोदितालिर्लतानां वलितकिसलयानां लास्यलीलोपदेष्टा । लुलितकमलवृन्दः शीकरासारवोढा मृदुमल-

यसमीरो वाति वैभातिकोऽयम् ॥ १९ ॥ विलुलितकमलौघः कीर्णवल्लीवितानः प्रतिवनमवधूताशेषशाखिप्रसूनः। क्वचिदयमनवस्थः स्थास्नुतामेति वायुर्वनकुसुमविमर्दोद्गन्धिवेश्मान्तरेषु ॥२०॥ पुरातनपरीमलप्रकरमेदुरा मारुता न वान्ति मुकुलीभवत्कुमुदगर्भलीना इव। चरन्ति नवसौरभाः पुनरमी समीराङ्कुराः सजृम्भणसरोजिनीसरसिजास्यमुक्ता इव ॥ २१ ॥ अमी तटसमीपनिर्झरतरङ्गरिङ्गत्पयोजडीकृतपटीरभूरुहकुटीरसंचारिणः। मनो विधुरयन्ति मे मलयमेखलामेदुरादुरासदवनप्रियप्रियतमारुता मारुताः ॥ २२ ॥ लताकुञ्जे गुञ्जन्मदवदलिपुञ्जं चपलयन्समालिङ्गन्नङ्गं द्रुततरमनङ्गं प्रबलयन्। मरुन्मन्दं मन्दं दलितमरविन्दं तरलयन्रजोबृन्दं विन्दन्किरति मकरन्दं दिशि दिशि ॥२३॥ अनन्यक्षुण्णश्रीर्मलयवनजन्मायमनिलो निपीय स्वेदाम्बु स्मरमकरसंभुक्तविभवम्। विदर्भाणां भूरि प्रियतमपरीरम्भरभसप्रसङ्गादङ्गानि द्विगुणपुलकासङ्गि तनुते ॥ २४ ॥ बृथा धूलीधाराः परिकिरसि वात्याः प्रथयसे नवावेगः कोऽयं पवन तव हा नन्वसमये। रतान्तश्रान्ताभिः स्तिमितनयनान्ताभिरनिशं स्मृतौ यत्कान्ताभिर्न सुलभतरः क्वापि च भवान् ॥ २५ ॥ वारंवारं धुतकुसुमितारण्यरेवातटे वा सेवापुण्यं परिणतमिदं तावकं तर्कयामि। यत्त्वां मत्वान्तिकमुपगतं कामवामाभिरामा रामाः स्वैरं कुचकलशतो वस्त्रमुत्सारयन्ति ॥ २६ ॥ चूतश्रेणीपरिमलमुषश्चञ्चरीकानुयातां भूयो भूयः कुवलयकुटीकोटरे लीयमानाः। मन्दं मन्दं सुरतविरतौ वान्ति सीमन्तिनीनां गण्डाभोगश्रमजललवग्राहिणो गन्धवाहाः ॥ २७ ॥ रामाणां रमणीयवक्त्रशशिनः स्वेदोदबिन्दुप्लुतो व्यालोलालकमञ्जरीः प्रचलयन्धुन्वन्नितम्बाम्बरम्। प्रातर्वाति मधौ प्रकामविकसद्राजीवराजीरजःपुञ्जामोदमनोहरो रतिरसग्लानिं हरन्मारुतः ॥ २८ ॥ उत्सिक्तः[1] कुसुमासवैः कुमुदिनीं राजप्रियां[2] पुष्पिणीमालिङ्गन्निशि निर्भयं परिचयं कुर्वन्पुनः पल्लवैः[4]। यावत्पङ्कजसौरभस्वमखिलं[5] गृह्णंल्लघु[6] प्रस्थितस्तावत्कल्य[7] उपस्थिते मरुदयं विश्वग्भयाद्धावति ॥ २९ ॥ अद्योत्सङ्गवसद्भुजंगकवलक्लेशादिवेशाचलप्रालेयप्लवनेच्छयानुसरति श्रीखण्डशैलानिलः। किं च स्निग्धरसालमौलिमुकुलान्यालोक्य हर्षोदयादुन्मीलन्ति कुहूः कुहूरिति कलोत्तालाः पिकानां गिरः ॥ ३० ॥ नारीणां मृगनाभिकुङ्कुमरसप्रक्षालनश्यामलान्संभोगश्रमशीकरान्परिहरन्नाकम्पयन्कुन्तलान्। पुष्पामोदमनोरमान्विगलितानम्भोजगन्धं वहन्प्रातस्त्यः पवनो वहत्ययमलं स्वान्तप्रमोदप्रदः ॥ ३१ ॥ प्रातः सीमन्तिनीनां निधुवनलुलितान्स्रंसयन्केशपाशानुन्मीलत्पङ्कजान्तःपरिमलसुरभिः स्फारयन्कामलीलाः। स्वच्छावश्यायबिन्दून्दिशि दिशि विकिरन्स्थूलमुक्ताफलाभान्धूलीभिः केतकीनां धवलितभुवनो वाति मन्दं नभस्वान् ॥ ३२ ॥ धुन्वानाश्चन्दनालीं बकुलमुकुलजां धूलिमुद्धूलयन्तश्चुम्बन्तश्चूतयष्टीः परिमलबहलांश्चम्पकान्कम्पयन्तः। आरादारामसीमातटघटितघटीयन्त्रनिर्मुक्तधारां[1] धारामाधारयन्तः श्रमशमपटवो वान्त्यमी गन्धवाहाः ॥ ३३ ॥ कुप्यल्लङ्केशबाहुप्रकरनियमिताशेषलेखाम्बुजाक्षीशापक्षीणाः क्षरन्तः क्षणपरिकलिताः केकिनां कामिनीभिः। कार्णाटीनामकाण्डे मृगमदमसृणं केशपाशं स्पृशन्तः पम्पासंपातसम्पा मलयजमरुतो जातकम्पाः पतन्ति ॥ ३४ ॥ कृत्वा कार्णाटकान्ताकुचकनकगिरिप्रान्तसंचारलीलां झम्पामासाद्य पम्पापयसि वनभुवि क्षिप्तमल्लीरजस्काः। आकर्षन्तः पुरस्तान्निगडमिव कलध्वानपुष्पंधयालीं धावन्त्येते मदान्धा मदननरपतेः सिन्धुरा गन्धवाहाः ॥ ३५ ॥ एते पाटीरवाटीनवविटपनटीलास्यशिक्षातिदक्षा दोलाखेलत्पुरंध्रीश्रमजलकणिकाजालपातिप्रतानाः। सौरभ्यादापतद्भिर्मधुकरपटलैः पृष्ठतोऽनुप्रयाताः कामाग्नेः स्फारधाय्याः पथिककुलवधूबद्धवैराः समीराः ॥ ३६ ॥ एष क्रीडान्ताम्यत्कुसुमपुरवधूवक्त्रसौरभ्यबन्धुर्मुग्धं निद्राजडानां रसितमनुसरो द्राघयन्सारसानाम्। आवात्यङ्गानुकूलश्चलितविचकिलश्रेणिगन्धानुधावद्रोलम्बोद्धुष्यमाणस्मरजयबिरुदाडम्बरो मातरिश्वा ॥ ३७ ॥ कावेरीवारिवेल्लल्लहरिपरिकरक्रीडनक्लान्तशान्तस्फीतश्रीखण्डखण्डभ्रमणभरभवद्भूरिसौरभ्यगर्भाः। चोलस्त्रीचीनचेलाञ्चलकलनकलाक्रान्तकान्ताकुचान्ता वान्ति प्रेमाग्निकीलाकलितवरवधूबद्धवैराः समीराः ॥ ३८ ॥ चञ्चत्कर्पूरचौरा मलयगिरिगुरुग्रावहावादवाप्ता मन्दानन्दैर्मिलिन्दैरहमहमिकयानुद्रवद्दीर्घपान्थाः। कावेरीवारिसेका विरलतरतत्तीरवानीरसिक्ता मुक्तार्द्राः स्वेदनिद्रालव इव पवनास्तालवन्यां विशन्ति ॥ ३९ ॥ लीलादोलातिखेलारसरभसलसद्बालचेलाञ्चलानां चोलीनामापिबन्तो मृगमदसुरभिस्वेदबिन्दूनमन्दान्। लोलन्तः केरलीनां कुचकलशलसत्कुङ्कुमालेपनेषु श्लिष्यन्तो मालवीनां मलयजमधुराः कञ्चुकीर्वान्ति वाताः ॥ ४० ॥ भृङ्गालीकण्ठमालाः

१ मत्तः. (पक्षे) संपृक्तः. २ चन्द्रप्रियाम्; (पक्षे) नृपप्रियाम्. ३ पुष्पयुक्ताम्; (पक्षे) रजस्वलाम्. ४ किसलयैः; (पक्षे) विटैः. ५ पङ्कजसौरभं कमलामोदस्तदेव स्वं धनम्. ६ सत्वरम्. ७ प्रभाते.

१ अग्निप्रज्वालनक्रम.

स्फुटितकमलिनीधूलिभिर्धूसराङ्गाश्चञ्चन्तश्चन्द्रकलपालघुतरलहरीशीकरासारलालाः । अङ्कादङ्कं व्रजन्ता विकसितविलसत्केतकीमालतीनां मोदन्ते मन्दमन्दं मलयगिरिदरीगर्भतो वातपोताः ॥ ४१ ॥

सूर्योदयवर्णनम् ।

ततः कोकवधूबन्धुर्बन्धूककुसुमप्रभः । उदयाद्रिशिरोरत्नमुदयौ तेजसां निधिः ॥ १ ॥ निजांशुकावृतां प्राचीं[1] चुम्बत्यर्केऽतिरागिणीम् । लज्जयेव ययौ क्वापि श्यामा मीलितलोचना ॥ २ ॥ निसर्गसौरभोद्भ्रान्तभृङ्गसंगीतशालिनी । उदिते वासराधीशे स्मेराजनि सरोजिनी ॥३॥ पुरुहूतदिगङ्गना प्रसूता रविमुद्दामसुतं चिरादुपेतम् । अलिनो नलिनोदराद्विमुक्ताः प्रियबाहुद्वयबन्धनान्नवोढाः ॥ ४ ॥ उदयति विततोर्ध्वरश्मिरज्जावहिमरुचौ हिमधाम्नि याति चास्तम् । वहति गिरिरयं विलम्बिघण्टाद्वयपरिवारितवारणेन्द्रलीलाम् ॥ ५ ॥ घटमानकोककुचमामृशन्करैर्विकसत्पयोजनयनावलोकितः । परिचुम्बतीदमरुणप्रभाधरं रविरद्य वारवनितामुखं मुहुः ॥ ६ ॥ आगत्य संप्रति वियोगविसंस्थुलाङ्गीमम्भोजिनीं क्वचिदपि क्षपितत्रियामः । एतां प्रसादयति पश्य शनैः प्रभाते तन्वङ्गि पादपतनेन सहस्ररश्मिः[2] ॥ ७ ॥ उन्निद्रकोकनदरेणुपिशङ्गिताङ्गा गायन्ति मञ्जु मधुपा गृहदीर्घिकासु । एतच्चकास्ति च रवेर्नवबन्धुजीवपुष्पच्छदाभमुदयाचलचुम्बि बिम्बम् ॥ ८ ॥ भूयो निपीय लवणाम्बुधिमाप्रभातं पुञ्जीभवन्नुदयते तपनच्छलेन । और्वाग्निरम्बरपयोनिधिमद्य पातुं लीनोडुबुद्बुदकदम्बमिति प्रतीमः ॥ ९ ॥ अयमुदयति मुद्राभञ्जनः पद्मिनीनामुदयगिरिवनालीबालमन्दारपुष्पम् । विरहविधुरकोकद्वन्द्वबन्धुर्विभिन्दन्कुपितकपिकपोलक्रोडताम्रस्तमांसि ॥ १० ॥ करनखरविदीर्णध्वान्तकुम्भीन्द्रकुम्भात्तुहिनकणमिषेण क्षिप्तमुक्ताप्ररोहः । अयमुदयधरित्रीधारिमूर्धाधिरूढो नयनपथमुपेतो भानुमत्केसरीन्द्रः ॥ ११ ॥ नवकनकपिशङ्गं वासराणां विधातुः ककुभि कुलिशपाणेर्भाति भासां वितानम् । जनितभुवनदाहारम्भमम्भांसि दग्ध्वा ज्वलितमिव महाब्धेरूर्ध्वमौर्वानलार्चिः ॥ १२ ॥ विततपृथुवरत्रातुल्यरूपैर्मयूखैः कलश इव गरीयान्दिग्भिराकृष्यमाणः । कृतचपलविहङ्गालापकोलाहलाभिर्जलनिधिजलमध्यादेष उत्तार्यतेऽर्कः ॥ १३ ॥ पयसि सलिलराशेर्नक्तमन्तर्निमग्नः स्फुटमनिशमतापि ज्वालया वाडवाग्नेः । यदयमिदमिदानीमङ्गमुद्यन्दधाति ज्वलितखदिरकाष्ठाङ्गारगौरं विवस्वान् ॥ १४ ॥ अतुहिनरुचिनासौ केवलं नोदयाद्रिः क्षणमुपरिगतेन क्ष्माभृतः सर्व एव । नवकरनिकरेण स्पष्टबन्धूकसूनस्तबकरचितमेते शेखरं बिभ्रतीव ॥ १५ ॥ उदयशिखरिशृङ्गप्राङ्गणेष्वेव रिङ्गन्सकमलमुखहासं वीक्षितः पद्मिनीभिः । विततमृदुकराग्रः शब्दयन्त्या वयोभिः परिपतति दिवोऽङ्के हेलया बालसूर्यः ॥ १६ ॥ क्षणमयमुपविष्टः क्ष्मातलन्यस्तपादः प्रणतिपरमवेक्ष्य प्रीतमह्नाय लोकम् । भुवनतलमशेषं प्रत्यवेक्षिष्यमाणः क्षितिधरतटपीठादुत्थितः सप्तसप्तिः ॥ १७ ॥ उदयमयते दिङ्मालिन्यं निराकुरुतेतरां नयति निधनं निद्रामुद्रां प्रवर्तयति क्रियाः । रचयतितरां स्वैराचारप्रवर्तनकर्तनं बत बत लसत्तेजःपुञ्जो विभाति विभाकरः ॥१८॥ अयं खलु मृणालिनीनवविलासवैहासिकस्त्विषां वितपते पतिः सपदि दृश्यमाना निजाः । स्तनौ पुलकयन्ति चोत्पलदृशां प्रियोरःस्थले विपर्यसितवृत्तयो घुसृणपङ्कपत्राङ्कुराः ॥ १९ ॥ आयान्त्या दिवसश्रियः पदतलस्पर्शानुभावादिव व्योमाशोकतरोर्नवीनकलिकागुच्छः समुज्जृम्भते । आतन्वन्नवतंसविभ्रममसात्राशाकुरङ्गीदृशामुन्मीलत्तरुणप्रभाकरकरस्तोमः समुद्भासते ॥ २० ॥ एतत्तर्कय चक्रवाकहृदयाश्वासाय तारागणग्रासाय स्फुरदिन्दुमण्डलपरीहासाय भासां निधिः । दिक्कान्ताकुचकुम्भकुङ्कुमरसन्यासाय पङ्केरुहोल्लासाय स्फुटवैरकैरवत्रनत्रासाय विद्योतते ॥ २१ ॥ मीलत्कैरवलोचनां प्रविगलत्ताराच्छहारावलीं ग्लायच्चन्द्रमुखीं विशृङ्खलतमःकेशां सशेषाम्बराम् । प्रातः सत्वरमित्वरीमिव बलादुद्गाढरागैः करैराकर्षन्निव यामिनीमनुपतत्यम्भोजिनीवल्लभः ॥ २२ ॥ यावन्नीरनिधेः प्रभातसमयः प्रोद्धृत्य लोकत्रयीमाणिक्यं रविबिम्बमम्बरवणिग्वीथीपथे न्यस्यति । तावत्कर्तुमिवास्य मूल्यमुचितं पद्माकरेण स्वयं लक्ष्मीर्लब्धविकाशपङ्कजकरन्यस्ता पुरः स्थाप्यते ॥ २३ ॥ मञ्जिष्ठारुणदीधितिर्मधुकरैर्माङ्गल्यगीतिस्ततः कोकाह्लादपटुः सरोरुहवनं प्रीत्या समुज्जृम्भयन् । लोकालोककरः करैश्च तमसां स्तोमं समुत्सारयन्नारोहत्युदयाचलं रविरयं बन्धूकगुच्छच्छविः ॥२४॥ कीलालैः कुङ्कुमानां सकलमपि जगज्जालमेतन्निषिक्तं मुक्ताश्चोन्मत्तभृङ्गा विघटितकमलक्रोडकारागृहेभ्यः । उत्सृष्टं गोसहस्रं किमुत कलकलः श्रूयते च द्विजानां भाग्यैर्वृन्दारकाणां हरिहयहरिता सूयते पुत्ररत्नम् ॥ २५ ॥

नायिकानिर्गमनम् ।

निद्रानिवृत्तावुदिते द्युरत्ने सखीजने द्वारपदं पराप्ते ।

---

[1] प्राची दिक्. [2] सूर्यः.

श्लथीकृताश्लेषरसे भुजङ्गे चचाल नालिङ्गनतोऽङ्गना सा ॥ १ ॥ गुरुत्रासादासादितभवदुपालम्भवचसा मुहुः स्मारं स्मारं कथमपि निशीथे समगमम्। इदानीं मुग्ध त्वं दयित पुनरेष्यामि समभूदुषःकालीनोऽयं चटुलचटकालीकलकलः ॥ २ ॥ प्रबुद्धायाः प्रातर्लसदलसदोर्वल्लिवलयं गलन्मल्ली-दाम्नः शिथिलकबरीबन्धसमये। प्रियालोके घूर्णन्नयनमसृ-णस्मेरमधुरो मुखे जृम्भारम्भी जयति भृशमिन्दीवरदृशः ॥ ३ ॥ प्राणेशेन प्रहितनखरेष्वङ्गकेषु क्षपान्ते जातातङ्का रचयति चिरं चन्दनालेपनानि। धत्ते लाक्षामसकृदधरे दन्त-दन्तावघाते क्षामाङ्गीयं चकितमभितश्चक्षुषी विक्षिपन्ती ॥ ४ ॥ धम्मिल्लं परिबध्नती नखमुखैः सीमन्तमातन्वती पश्यन्ती नखरोत्सवं कुचयुगे सव्यापसव्यं मुहुः। नाभीसी-मनि कुञ्चिताङ्गुलिदलं नीवीभरं रुन्धती शय्यागारविनिर्ग-तापि हृदयान्नाद्यापि निष्कामति ॥ ५ ॥ एषा का भुक्त-मुक्ता विलुलितवसना स्वेदलम्नान्तवस्त्रा प्रत्यूषे याति बाला मृग इव चकिता सर्वतः शङ्कयन्ती। केनेदं वक्त्रपद्मं ह्य-धरमधुरसं खण्डितं केन पीतं स्वर्गः केनाद्य भुक्तो हरनय-नहतो मन्मथः कस्य तुष्टः ॥ ६ ॥

संभोगाविष्करणम्।

रतखिन्नतरां प्रातर्लज्जानम्रमुखीं वधूम्। स्मरन्तीं रात्रि-चरितं दृष्ट्वाप्नोति न को मुदम् ॥ १ ॥ राजते राजरामाया एष बिम्बाधरव्रणः। सुधां पीत्वेव कान्तेन तच्छेषोऽयं स मुद्रितः ॥ २ ॥ आच्छादयसि किं मुग्धे वस्त्रेणाधरपल्लवम्। खण्डिता एव शोभन्ते वीराधरपयोधराः ॥ ३ ॥ सखि दशनक्षतपधरे किं गोपयसे प्रयत्नेन। संप्रति रजनिरहस्यं नयनालस्यं निवेदयति ॥ ४ ॥ संवरणाय वधूटी बहुपरि-पाटीं करोतु किं तेन। संप्रति रजनिरहस्यं नयनालस्यं निवेदयति ॥ ५ ॥ उषसि परिवर्तयन्त्या मुक्तादामोपवी-ततां नीतम्। पुरुषायितवैदग्ध्यं लज्जावति कैर्न कलितं ते ॥ ६ ॥ चन्दनं स्तनतटेऽधरबिम्बे यावकं घनतरं च सपत्न्याः। प्रातरीक्ष्य कुपितापि मृगाक्षी सागसि प्रियतमे परितुष्टा ॥ ७ ॥ दर्पणेषु परिभोगदर्शिनी पृष्ठतः प्रणयिनो निषेदुषः। प्रेक्ष्य बिम्बमनुबिम्बमात्मनः कानि कानि न चकार लज्जया ॥ ८ ॥ किमपि कान्तभुजान्तरवर्तिनी कृतवती यदियं कलभाषिणी। तदनुकृत्य गिरा गुरुसं-निधौ ह्रियमनीयत सारिकया वधूः ॥ ९ ॥ धन्यासि या कथयसि प्रियसंगमेऽपि नर्मोक्तिचाटुकशतानि रतान्तरेषु। नीवीं प्रति प्रणिहिते तु करे प्रियेण सख्यः शपामि यदि किंचिदपि स्मरामि ॥ १० ॥ बहु जगद पुरस्तात्तस्य मत्ता किलाहं चकर च किंल चाटु प्रौढयोषिद्वदस्य। विदित-मिति सखिभ्यो रात्रिवृत्तं विचिन्त्य व्यपगतमदयाह्नि व्री-डितं मुग्धवध्वा ॥ ११ ॥ शशपदमणिमालं चन्द्ररेखाभि-रामं ललितपुलकजालं लक्ष्यबिन्दुप्रवालम्। वपुरनघम-मुष्या वक्ति कस्यापि यूनः सुरतकलहलीलासूक्ष्ममार्गाभि-योगम् ॥ १२ ॥ प्रभाते पृच्छन्तीरनुरहसवृत्तं सहचरीर्न-वोढा न व्रीडामुकुलितमुखीयं सुखयति। लिखन्तीनां पत्राङ्कुरमनिशमस्यास्तु कुचयोश्चमत्कारो गूढं करजपदमासां कथयति ॥ १३ ॥ क्वचित्ताम्बूलाक्तः क्वचिदगुरुपङ्काङ्क-मलिनः क्वचिच्चूर्णोद्गारी क्वचिदपि च सालक्तकपदः। वलीभङ्गाभोगैरलकपतितैः कीर्णकुसुमैः स्त्रियः सर्वावस्थं कथयति रतं प्रच्छदपटः ॥ १४ ॥ नखक्षतमुरःस्थले-ऽधरदले रदस्य व्रणं च्युता बकुलमालिका विगलिता च मुक्तावली। रतान्तसमये मया सकलमेतदालोकितं स्मृतिः क्व च रतिः क्व च क्व च तवालि शिक्षाविधिः ॥ १५ ॥ वक्षस्ते दृढलग्नकर्कशकुचद्वन्द्वावभग्नान्तरं कण्ठः कङ्कणर-त्नकोटिकलनासुव्यक्तमुद्राङ्कितः। व्यत्यासव्यतिषञ्जितश्च तिलकः फाले तवायं सखे कस्याश्चित्प्रकटीकरोति सुरत-प्रौढिं परां सुभ्रुवः ॥ १६ ॥ तस्याः पाटलपाणिजाङ्कितमुरो निद्राकषाये दृशौ निर्धूताधरशोणिमा विलुलितस्रस्तस्रजो मूर्धजाः। काञ्चीदाम दरश्लथाञ्चलमिति प्रातर्निखातैर्दृशो-रेभिः कामशरैस्तदद्भुतमहो पत्युर्मनः कीलितम् ॥ १७ ॥ यद्रात्रौ रहसि व्यपेतविनयं वृत्तं रसात्कामिनोरन्योन्यं शय-नीयमीहितरसावाप्तिप्रवृत्तस्पृहम्। तत्सानन्दमिलद्दृशोः कथ-मपि स्मृत्वा गुरूणां पुरो हासोद्भेदनिरोधमन्थरमिलत्तारं कथंचित्स्थितम् ॥ १८ ॥ दंपत्योर्निशि जल्पतोर्गृहशुकेना-कर्णितं यद्वचस्तत्प्रातर्गुरुसंनिधौ निगदतस्तस्योपहारं वधूः। कर्णालम्बितपद्मरागशकलं विन्यस्य चञ्चूपुटे व्रीडार्ता प्रकरोति दाडिमफलव्याजेन वाग्बन्धनम् ॥ १ ॥ धन्यास्ताः सखि योषितः प्रियतमे सर्वाङ्गलग्नेऽपि याः प्रागल्भ्यं रचयन्ति मन्मथविधावालम्ब्य धैर्यं महत्। अस्माकं तु तदीयपाणि-कमलेनोन्मोचयत्यंशुकं कोऽयं का वयमत्र किं च सुरतं नैव स्मृतिर्जायते ॥ २० ॥ कान्ते तल्पमुपागते विगलिता नीवी स्वयं बन्धनाद्वासो विश्लथमेखलागुणधृतं किंचिन्नि-तम्बे स्थितम्। एतावत्सखि वेद्मि केवलमहं तस्याङ्गसङ्गे पुनः कोऽयं का वयमत्र किं नु सुरतं स्वल्पापि मे न स्मृतिः ॥ २१ ॥ गाढाश्लेषविशीर्णचन्दनरजःपुञ्जप्रसारादियं शय्या संप्रति कोमलाङ्गि परुषेत्यारोप्य मां वक्षसि। गाढौष्ठग्रहपू-

वैमाकुलतया पादाग्रसंदंशकेनाकृष्याम्बरमात्मनो यदुचितं धूर्तेन तत्प्रस्तुतम् ॥ २२ ॥ निद्रातुन्दिलशोणलोचनयुगं दत्ताङ्कदन्तच्छदं पर्यस्तालकवल्लि घर्मपटलप्रामृष्टपत्रावलि । जृम्भाजृम्भितसीधुसौरभमिलद्भृङ्गीभिरङ्गीकृतस्तोत्रं शंसति वक्त्रमेव रजनीवृत्तान्तमेणीदृशः ॥ २३ ॥

प्रियप्रस्थानावस्थाकथनम् ।

मुग्धा कान्तस्य यात्रोक्ति[1]श्रवणादेव मूर्च्छिता । बुद्ध्वा वक्ति प्रियं दृष्ट्वा किं चिरेणागतो भवान् ॥ १ ॥ यामीति प्रियपृष्टायाः कान्तायाः कण्ठवर्त्मनि । वचोजीवितयोरासीद्बहिर्निःसरणे रणः ॥ २ ॥ बाष्पाकुलं प्रलपतोर्गृहिणि निवर्तस्व कान्त गच्छेति । यातं दंपत्योर्दिनमनुगमनावधि सरस्तीरे ॥ ३ ॥ यामि न यामीति धवे वदति पुरस्तात्क्षणेन तन्वङ्ग्याः । गलितानि पुरो[3]वलयान्यपराणि तथैव दलितानि[4] ॥ ४ ॥ मनसि निविशते स कोऽपि तापः प्रणयिनि बाहुलतान्तरस्थितेऽपि । सरसिजमकरन्दगन्धबन्धुर्वहति यदेष शनैः शनैः समीरः ॥ ५ ॥ कान्ते कथंचिद्गदितप्रयाणे क्षणं विनम्रा विरहार्दिताङ्गी । ततः समालोक्य कदागतोऽसीत्याख्याय कान्ता मुदमाससाद ॥ ६ ॥ लज्जां विहाय रुदितं विधृतः पटान्ते मा गास्त्वमित्युदितमङ्गुलयो मुखेऽस्ताः । स्थित्वा पुरः पतितमेव निवर्तनाय प्राणेश्वरे व्रजति किं न कृतं कृशाङ्ग्या ॥ ७ ॥ गन्तुर्विवस्वदुदये हृदयेश्वरस्य प्रत्यूषपक्षिनिनदश्रमजातकम्पा । निद्रां जलैरशिशिरैर्नयनाब्जजातैः कान्ता तदंसशिखरे पतितैर्जहार ॥ ८ ॥ प्राणेश्वरे किमपि जल्पति निर्गमाय क्षामोदरी वदनमानमयांचकार । आली पुनर्निभृतमेत्य लतानिकुञ्जमुन्मत्तकोकिलकलध्वनिमाततान ॥ ९ ॥ गन्तुं प्रिये वदति निःश्वसितं न दीर्घमासीन्न वा नयनयोर्जलमाविरासीत् । आयुर्लिपिं पठितुमेणदृशः परंतु भालस्थलीं किमु करः समुपाजगाम ॥ १० ॥ प्रहरविरतौ मध्ये वाह्नस्ततोऽपि परेण वा किमुत सकले यातेऽप्यह्नि प्रिय त्वमिहैष्यसि । इति दिनशतप्राप्यं देशं प्रियस्य यियासतो हरति गमनं बालालापैः सबाष्पझलज्झलैः ॥ ११ ॥ पितुरधिपुरं त्यक्ताः सख्यः समं निजबान्धवैर्न च परिचितिर्जाता पत्युर्गृहेऽपि कयाचन । कतिपयदिनोद्भूतप्रेम्णि प्रिये प्रवसत्यसौ कथयतु मनस्तापं कस्मै नवं नवकामिनी ॥ १२ ॥ सान्त्वप्रायैः प्रणयवचनैर्गन्तुमापृच्छमाने कान्ते तिर्यङ्नमितवदना रुन्धती बाष्पपूरम् । दीर्घोच्छ्वासस्थगनविकलोत्कम्पि नासापुटान्ता संख्याशून्यं गणयति मृगीलोचना कङ्कणानि ॥ १३ ॥ यामीत्युक्ते हृदयपतिना पञ्चशः शङ्खभूषाः स्वैरं स्वैरं झटिति गलिताः पाणिपङ्केरुहाग्रात् । नो यास्यामीत्यनुपदमिमां वाचमाकर्णयन्त्यास्तन्व्याः शेषा अपि चटचटेत्येव भङ्गं समीयुः ॥ १४ ॥ आयाते श्रुतिगोचरं प्रियतमप्रस्थानकाले बलात्तल्पान्तःस्थितया तया जनमलं दृष्ट्वा चिरं मुग्धया । सोच्छ्वासं दृढमन्युनिर्भरगलद्बाष्पाम्बुधौतं तया स्वं वक्त्रं विनिवेश्य भर्तृहृदये निःशब्दकं रुद्यते ॥ १५ ॥ दृष्टः कातरनेत्रया चिरतरं बद्धाञ्जलिं याचितः पश्चादंशुकपल्लवेन विधृतो निर्व्याजमालिङ्गितः । इत्याक्षिप्य समस्तमर्थमघृणो गन्तुं प्रवृत्तः शठः पूर्वं प्राणपरिग्रहो दयितया मुक्तस्ततो वल्लभः ॥ १६ ॥ लग्ना नांशुकपल्लवे भुजलता नो द्वारदेशेऽर्पिता नो वा पादयुगे तया निपतितं तिष्ठेति नोक्तं वचः । काले केवलमम्बुदालिमलिने गन्तुं प्रवृत्तः शठस्तन्व्या बाष्पजलौघकल्पितनदीपूरेण रुद्धः प्रियः ॥ १७ ॥ दूरं सुन्दरि निर्गतासि नगरादेष द्रुमः क्षीरवानस्मादेव निवर्त्यतामिति शनैरुक्त्वाध्वगेन प्रियाम् । गाढालिङ्गनचकितस्तनतटाभोगस्फुटत्कञ्चुकं वीक्ष्योरःस्थलमश्रुपूरितदृशः प्रस्थानभङ्गः कृतः ॥ १८ ॥ यामि प्रेयसि वारिदागमदिने जानीहि मामागतं चिन्तां चेतसि मा विधेहि कथयत्येवं सबाष्पे मयि । निःश्वासैः पवनायितं वरतनोरङ्गैः कदम्बायितं कान्त्या केतकपत्रकायितमहो दृग्भ्यां पयोदायितम् ॥ १९ ॥ यामीत्यप्रियवादिनि प्रियतमे मुद्राभवत्कङ्कणं केलीसद्मबहिर्गतैकचरणे भूमौ शरीरस्थितिः । अन्तर्धानगते पुनर्मृगदृशो वाच्या किमन्या दशा लाजास्फोट इव स्फुटत्यविरलं हारोऽपि वामभ्रुवः ॥ २० ॥ प्रस्थानं वलयैः कृतं प्रियसखैरस्रैरजस्रं गतं धृत्या न क्षणमासितं व्यवसितं चित्तेन गन्तुं पुरः । यातुं निश्चितचेतसि प्रियतमे सर्वे समं प्रस्थिता गन्तव्ये सति जीवितप्रियसुहृत्सार्थः किमु त्यज्यते ॥ २१ ॥ गच्छामीति मयोक्तया मृगदृशा निःश्वासमुद्रेकिणं त्यक्त्वा तिर्यगवेक्ष्य बाष्पकलुषेणैकेन मां चक्षुषा । अद्य प्रेम मदर्पितं प्रियसखीवृन्दे त्वया बध्यतामित्थं स्नेहविवर्धितो मृगशिशुः सोत्प्रासमाभाषितः ॥ २२ ॥ चिन्तामोहविनिश्चलेन मनसा मौनेन पादानतः प्रत्याख्यानपराङ्मुखः प्रियतमो गन्तुं प्रवृत्तोऽधुना । सव्रीडैरलसैर्निरन्तरलुठद्बाष्पाकुलैर्लोचनैः श्वासोत्कम्पकुचं निरीक्ष्य सुचिरं जीवाशया वारितः ॥ २३ ॥

सखीं प्रति नायिकावाक्यम् ।

वयो नव्यं स्वान्तं विषयतरलं हन्त सततं प्रियो दूरे

१ प्रवासगमनम्, २. जागृता. ३. अग्रिमकङ्कणानि. ४ भग्नानि.

देशे जनकनगरं दुर्लभतरम्। जनश्चायं दुष्टो भृशमिदमनर्थाय सततं कथंकारं पारं कथय सखि यामोऽस्य वयसः ॥ १ ॥ आयाता जलदावली सरभसं विद्युत्समालिङ्गिता शैलानां परितः सशब्दमहिभुक्श्रेणी नरीनृत्यति। एवं सत्यपि हन्त संप्रति पतिर्देशान्तरं प्रस्थितस्तद्दुःखं विनिवेद्यतां सखि कथं कस्याधुनाग्रे मया ॥ २ ॥ कान्तो यास्यति दूरदेशमिति मे चिन्ता परं जायते लोकानन्दकरो हि चन्द्रवदने वैरायते चन्द्रमाः। किं चायं वितनोति कोकिलकलालापो विलापोदयं प्राणानेव हरन्ति हन्त नितरामाराममन्दानिलाः ॥ ३ ॥

नायकं प्रति नायिकोक्तयः।

गच्छ गच्छसि चेत्कान्त पन्थानः सन्तु ते शिवाः। ममापि जन्म तत्रैव भूयाद्यत्र गतो भवान् ॥ १ ॥ न चिरं मम तोपाय तव यात्रा भविष्यति। यदि यास्यसि यातव्यमलमाशङ्कयापि ते ॥ २ ॥ सहिष्ये विरहं नाथ देह्यदृश्याञ्जनं मम। यदक्तनेत्रां कंदर्पः प्रहर्तुं मां न शक्ष्यति ॥ ३ ॥ प्राणेश विज्ञप्तिरियं मदीया तत्रैव नेया दिवसाः कियन्तः। संप्रत्ययोग्यस्थितिरेष देशः करा हिमांशोरपि तापयन्ति ॥ ४ ॥ एतस्मिन्सहसा वसन्तसमये प्राणेश देशान्तरं गन्तुं त्वं यतसे तथापि न भयं तापात्प्रपद्येऽधुना। यस्मात्कैरवसारसौरभमुषा साकं सरोवायुना चान्द्री दिक्षु विजृम्भते रजनिषु स्वच्छा मयूखच्छटा ॥ ५ ॥ लोलैर्लोचनवारिमिश्रै शपथैः पादप्रणामैः परैरन्यास्ता विनिवारयन्ति कृपणाः प्राणेश्वरं प्रस्थितम्। पुण्याहं व्रज मङ्गलं सुदिवसः प्रातः प्रयातस्य यत्त्वत्स्नेहोचितमीहितं प्रिय मया त्वं निर्गतः श्रोष्यसि ॥ ६ ॥ भास्वांश्चूततरुर्गुरुर्मनसिजः कोऽप्येष भृङ्गस्तमो मन्दो गन्धवहः सितो मलयजो दोषाकरो माधवः। अङ्गारो नवपल्लवः परभृतो विज्ञो गुरोराज्ञया निर्यातोऽसि विचारिताः कथममी क्रूरा ग्रहा न त्वया ॥ ७ ॥ मा याहीत्यपमङ्गलं बत सखे स्नेहेन हीनं वचस्तिष्ठेति प्रभुता यथारुचि कुरुष्वैषाप्युदासीनता। नो जीवामि विना त्वयेति वचनं संभाव्यते वा न वा तन्मां शिक्षय नाथ यत्समुचितं वक्तुं त्वयि प्रस्थिते ॥ ८ ॥

नायकं प्रति सखीवाक्यम्।

किमिति सखे परदेशे गमयसि दिवसान्धनाशया लुब्धः। वर्षति मौक्तिकनिकरं तव भवनद्वारि काञ्चनी वल्ली ॥ १ ॥ या बिम्बौष्ठरुचिः क्व विद्रुममणिः स्वप्नेऽपि तां लब्धवान्हासश्रीसदृशैस्तपोभिरपि किं मुक्ताफलैर्भूयते। तत्कान्तिः शतशोऽपि वह्निपतनैर्हेम्नः कुतः सेत्स्यति त्यक्त्वा रत्नमयीं प्रयासि दयितां कस्मै धनायाध्वग ॥ २ ॥ उद्यद्बर्हिषि दुर्दरारवपुषि प्रक्षीणपान्थायुषि श्च्योतद्विप्रुषि चन्द्ररुड्मुषि सखे हंसद्विषि प्रावृषि। मा मुञ्चोच्चकुचान्तसंततगलद्बाष्पाकुलां बालिकां काले कालकरालनीलजलदव्यालुप्तभास्वत्त्विषि ॥ ३ ॥ मा गच्छ प्रमदाप्रिय प्रियशतैरभ्यर्थितस्त्वं मया बाला प्राङ्गणमागतेन भवता प्राप्नोत्यवस्थां पराम्। किं चास्याः कुचभारनिःसहतरैरङ्गैरनङ्गाकुलैस्त्रुव्यत्कञ्चुकजालकैरनुदिनं निःसूत्रमस्यद्बहम् ॥ ४ ॥

सखायं प्रति नायकोक्तिः।

शेते शीतकरोऽम्बुजे कुवलयद्वन्द्वाद्विनिर्गच्छति स्वच्छा मौक्तिकसंहतिर्धवलिमा हैमीं लतामञ्चति। स्पर्शोत्पङ्कजकोशयोरभिनवा यान्ति स्रजः क्लान्ततामेषोत्पातपरम्परा मम सखे यात्रास्पृहां कृन्तति ॥ १ ॥

नायिकां प्रति सखीवाक्यम्।

वारंवारमुदश्रु लोचनयुगं पर्याकुलं जायते निःश्वासा विरमन्ति न क्षणममी व्याश्लिष्टदन्तच्छदाः। प्रस्थानश्रवणादपि प्रियतमस्याहो तवेयं स्थितिर्नो जाने निलयं गते तु दयिते कीदृग्दशामाप्स्यसि ॥ १ ॥

देशान्तरोपगतो नायकः।

दिदृक्षमाणः क्षणमायताक्ष्या मुखाम्बुजं मञ्जुलमध्वनीनः। मुहूर्तमात्रं सुमुहूर्तकालं सवर्षकालं कलयांचकार ॥ १ ॥ निशम्य केलीभवनोपकण्ठे मञ्जीरमञ्जुध्वनिमध्वनीनः। यथा तथा बद्धकथावशेषं समापयामास समं सुहृद्भिः ॥ २ ॥ मुखं प्रियायाः समुदीक्षमाणः कान्तो दिनस्यान्तमपेक्षमाणः। मुहुर्मुहुर्व्योमनि तिग्मभानौ निवेशयामास विलोचने स्वे ॥ ३ ॥

वसन्तवर्णनम्।

मधुपराजिपराजितमानिनीजनमनःसुमनःसुरभिश्रियम्। अभृत वारितवारिजविप्लवं स्फुटितताम्रतताम्रवनं[1] जगत्

---

१ मयूरपङ्क्तिः. २ स्वमरणसंसूचनेन गमननिषेधो गर्भीकृतः.

१ विस्तीर्ण.

॥ १ ॥ रणत्कङ्कणानां झणन्नूपुराणां चलत्कुण्डलानां क्वणत्किङ्किणीनाम् । वधूनां मुखाम्भोरुहं द्रष्टुकामो रथं मन्थरं चक्रबन्धुश्चकार ॥ २ ॥ विकसितसहकारभारहारिपरिमलपुञ्जितगुञ्जितद्विरेफः । नवकिसलयचारुचामरश्रीर्हरति मुनेरपि मानसं वसन्तः ॥ ३ ॥

वसन्तसमयस्वभावाख्यानम् ॥ कोकिलश्चूतशिखरे मञ्जरीरेणुपिञ्जरः । गदितैर्व्यक्ततामेति कुलीनश्चेष्टितैरिव ॥ ४ ॥ परिचुम्बति संश्लिष्य भ्रमरश्चूतमञ्जरीम् । नवसंगमसंहृष्टः कामी प्रणयिनीमिव ॥ ५ ॥ आम्रे पल्लविते स्थित्वा कोकिला मधुरस्वरम् । चुकूज कामिनां चित्तमाकर्षन्तीव दूतिका ॥ ६ ॥ सुभगे कोटिसंख्यत्वमुपेत्य मदनाशुगैः । वसन्ते पञ्चता त्यक्ता पञ्चतासीद्वियोगिनाम् ॥ ७ ॥ पतङ्गपाकसमये पतङ्गपतिविक्रमाः । पतङ्गस्योदये चेलुः पतङ्गा इव वानराः ॥ ८ ॥ सहकारकुसुमकेसरनिकरभरामोदमूर्च्छितदिगन्ते । मधुरमधुविधुरमधुपे मधौ भवेत्कस्य नोत्कण्ठा ॥ ९ ॥ मलयानिलमिलनोत्कटमदकलकलकण्ठकलकललललामः । मधुरमधुविधुरमधुपो मधुरयमधुना धिनोति धराम् ॥ १० ॥ किंशुककलिकान्तर्गतमिन्दुकलार्धकेसरं भाति । रक्तनिचोलकपिहितं धनुरिव जतुमुद्रितं वितनोः ॥ ११ ॥ आयाता मधुरजनी मधुरजनीगीतिहृद्येयम् । अङ्कुरितः स्मरविटपी स्मर विट पीनस्तनीमबलाम् ॥ १२ ॥ अविरलकमलविकासः सकलालिमदश्च कोकिलानन्दः । रम्योऽयमेति संप्रति लोकोत्कण्ठाकरः कालः ॥ १३ ॥ सपदि सखीभिर्निभृतं विरहवतीस्त्रातुमत्र भज्यन्ते । सहकारमञ्जरीणां शिखोद्गमग्रन्थयः प्रथमे ॥ १४ ॥ असौ मरुच्चुम्बितचारुकेसरः प्रसन्नताराधिपमण्डलाग्रणीः । वियुक्तरामातुरदृष्टिवीक्षितो वसन्तकालो हनुमानिवागतः ॥ १५ ॥ प्रसूनशृङ्गैर्मकरन्दतोयं सलीलमादाय वसन्तकामी । वनस्थलीवामदृशां मुखानि सिञ्चत्यसौ मन्दमरुत्करेण ॥ १६ ॥ व्यतीतकल्पे शिशिरैकबाल्ये संकल्पपुष्पोद्गमबन्धुराङ्गी । इयं लवङ्गी युवभृङ्गसङ्गादुच्छूनगुच्छस्तनिकेव भाति ॥ १७ ॥ दत्ते जनोऽसौ खलु विद्यमानमविद्यमानं तु न कोऽपि तावत् । वियोगिनां पुष्पनमन्नशोकः शोकप्रदोऽभूदतिचित्रमेतत् ॥ १८ ॥ जगौ विवाहावसरे वनस्थलीवसन्तयोः कामहुताशसाक्षिणि । पिकद्विजः प्रीतमना मनोरमं मुहुर्मुहुर्मङ्गलमन्त्रमादरात् ॥ १९ ॥ रथस्थितानां परिवर्तनाय पुरातनानामिव वाहनानाम् । उत्पत्तिभूमौ तुरगोत्तमानां दिशि प्रतस्थे रविरुत्तरस्याम् ॥ २० ॥ आस्वादितं स्वादुमरन्दबिन्दुस्वच्छन्दमिन्दीवरसुन्दरीभिः । माकन्दपुष्पं प्रमदाजनस्य प्रमोदमामोदभरैरकार्षीत् ॥ २१ ॥ कुबेरगुप्तां दिशमुष्णरश्मौ गन्तुं प्रवृत्ते समयं विलङ्घ्य । दिग्दक्षिणा गन्धवहं मुखेन व्यलीकनिश्वासमिवोत्ससर्ज ॥ २२ ॥ असूत सद्यः कुसुमान्यशोकः स्कन्धात्प्रभृत्येव सपल्लवानि । पादेन नापैक्षत सुन्दरीणां संपर्कमासिञ्जितनूपुरेण ॥ २३ ॥ सद्यः प्रवालोद्गमचारुपत्रे नीते समाप्तिं नवचूतबाणे । निवेशयामास मधुर्द्विरेफान्नामाक्षराणीव मनोभवस्य ॥ २४ ॥ वर्णप्रकर्षे सति कर्णिकारं दुनोति निर्गन्धतया स्म चेतः । प्रायेण सामग्र्यविधौ गुणानां पराङ्मुखी विश्वसृजः प्रवृत्तिः ॥ २५ ॥ बालेन्दुवक्राण्यविकासभावाद्बभुः पलाशान्यतिलोहितानि । सद्यो वसन्तेन समागतानां नखक्षतानीव वनस्थलीनाम् ॥ २६ ॥ लग्नद्विरेफाञ्जनभक्तिचित्रं मुखे मधुश्रीस्तिलकं प्रकाश्य । रागेण बालारुणकोमलेन चूतप्रवालोष्ठमलंचकार ॥ २७ ॥ मृगाः प्रियालद्रुममञ्जरीणां रजःकणैर्विघ्नितदृष्टिपाताः । मदोद्धताः प्रत्यनिलं विचेरुर्वनस्थलीर्मर्मरपत्रमोक्षाः ॥ २८ ॥ चूताङ्कुरास्वादकषायकण्ठः पुंस्कोकिलो यन्मधुरं चुकूज । मनस्विनीमानविघातदक्षं तदेव जातं वचनं स्मरस्य ॥ २९ ॥ हिमव्यपायाद्विशदाधराणामापाण्डुरीभूतमुखच्छवीनाम् । स्वेदोद्गमः किंपुरुषाङ्गनानां चक्रे पदं पत्रविशेषकेषु ॥ ३० ॥ मधु द्विरेफः कुसुमैकपात्रे पपौ प्रियां स्वामनुवर्तमानः । शृङ्गेण च स्पर्शनिमीलिताक्षीं मृगीमकण्डूयत कृष्णसारः ॥ ३१ ॥ ददौ रसात्पङ्कजरेणुगन्धि गजाय गण्डूषजलं करेणुः । अर्धोपभुक्तेन बिसेन जायां संभावयामास रथाङ्गनामा ॥ ३२ ॥ गीतान्तरेषु श्रमवारिलेशैः किंचित्समुच्छ्वासितपत्त्रलेखम् । पुष्पासवाघूर्णितनेत्रशोभि प्रियामुखं किंपुरुषश्चुचुम्बे ॥ ३३ ॥ पर्याप्तपुष्पस्तबकस्तनाभ्यः स्फुरत्प्रवालोष्ठमनोहराभ्यः । लतावधूभ्यस्तरवोऽप्यवापुर्विनम्रशाखाभुजबन्धनानि ॥ ३४ ॥ न तज्जलं यन्न सुचारुपङ्कजं न पङ्कजं तद्यदलीनषट्पदम् । न षट्पदोऽसौ कलगुञ्जितो न यो न गुञ्जितं तन्न जहार यन्मनः ॥ ३५ ॥ कुसुमजन्म ततो नवपल्लवास्तदनु षट्पदकोकिलकूजितम् । इति यथाक्रममाविरभून्मधुर्द्रुमवतीमवतीर्य वनस्थलीम् ॥ ३६ ॥ उपहितं शिशिरापगमश्रिया मुकुलजालमशोभत किंशुके । प्रणयिनीव नखक्षतमण्डनं प्रमदया मदयापितलज्जया

---

१ शालिविशेषस्य परिपाकसमये. २ गरुडपराक्रमः. ३ सूर्यस्य. ४ शलभाः. ५ पुंनागः; (पक्षे) सटाः. ६ चन्द्रबिम्बः; (पक्षे) सुग्रीवस्य सेना. ७ स्त्री; (पक्षे) दशरथपुत्रः.

॥ ३७ ॥ व्रणगुरुप्रमदाधरदुःसहं जघननिर्विषयीकृतमेखलम् । न खलु तावदशेषमपोहितुं रविरलं विरलं कृतवान्हिमम् ॥ ३८ ॥ अभिनयान्परिचेतुमिवोद्यता मलयमारुतकम्पितपल्लवा । अमदयत्सहकारलता मनः सकलिका कलिकामजितामपि ॥ ३९ ॥ नयगुणोपचितामिव भूपतेः सदुपकारफलां श्रियमर्थिनः । अभियुयुः सरसो मधुसंभृतां कमलिनीमलिनीरपतत्रिणः ॥ ४० ॥ कुसुममेव न केवलमार्तवं नवमशोकतरोः स्मरदीपनम् । किसलयप्रसवोऽपि विलासिनां मदयिता दयिताश्रवणार्पितः ॥ ४१ ॥ विरचिता मधुनोपवनश्रियामभिनवा इव पत्रविशेषकाः । मधुलिहां मधुदानविशारदाः कुरबका रवकारणतां ययुः ॥ ४२ ॥ सुवदनावदनासवसंभृतस्तदनुवादिगुणः कुसुमोद्गमः । मधुकरैरकरोन्मधुलोलुपैर्बकुलमाकुलमायतपङ्क्तिभिः ॥ ४३ ॥ प्रथममन्यभृताभिरुदीरिताः प्रविरला इव मुग्धवधूकथाः । सुरभिगन्धिषु शुश्रुविरे गिरः कुसुमितासु मिता वनराजिषु ॥ ४४ ॥ श्रुतिसुखभ्रमरस्वनगीतयः कुसुमकोमलदन्तरुचो बभुः । उपवनान्तलताः पवनाहतैः किसलयैः सलयैरिव पाणिभिः ॥ ४५ ॥ ललितविभ्रमबन्धविचक्षणं सुरभिगन्धपराजितकेसरम् । पतिषु निर्विविशुर्मधुमङ्गनाः स्मरसखं रसखण्डनवर्जितम् ॥ ४६ ॥ शुशुभिरे स्मितचारुतराननाः स्त्रिय इव श्लथशिञ्जितमेखलाः । विकचतामरसा गृहदीर्घिका मदकलोदकलोलविहंगमाः ॥ ४७ ॥ उपययौ तनुतां मधुखण्डिता हिमकरोदयपाण्डुमुखच्छविः । सदृशमिष्टसमागमनिर्वृतिं वनितयानितया रजनीवधूः ॥ ४८ ॥ अपतुषारतया विशदप्रभैः सुरतसङ्गपरिश्रमनोदिभिः । कुसुमचापमतेजयदंशुभिर्हिमकरो मकरोर्जितकेतनम् ॥ ४९ ॥ हुतहुताशनदीप्ति वनश्रियः प्रतिनिधिः कनकाभरणस्य यत् । युवतयः कुसुमं दधुराहितं तदलके दलकेसरपेशलम् ॥ ५० ॥ अलिभिरञ्जनबिन्दुमनोहरैः कुसुमपङ्क्तिनिपातिभिरङ्कितः । न खलु शोभयति स्म वनस्थलीं न तिलकस्तिलकः प्रमदामिव ॥ ५१ ॥ अमदयन्मधुगन्धसनाथया किसलयाधरसंततया मनः । कुसुमसंभृतया नवमल्लिका स्मितरुचा तरुचारुविलासिनी ॥ ५२ ॥ अरुणरागनिषेधिभिरंशुकैः श्रवणलब्धपदैश्च यवाङ्कुरैः । परभृताविरुतैश्च विलासिनः स्मरबलैरबलैकरसाः कृताः ॥ ५३ ॥ उपचितावयवा शुचिभिः कणैरलिकदम्बकयोगमुपेयुषी । सदृशकान्तिरलक्ष्यत मञ्जरी तिलकजालकजालकमौक्तिकैः ॥ ५४ ॥ ध्वजपटं मदनस्य धनुर्भृतश्छविकरं मुखचूर्णमृतुश्रियः । कुसुमकेसररेणुमलिव्रजाः सपवनोपवनोत्थितमन्वयुः ॥ ५५ ॥ अनुभवन्नवदोलमृतूत्सवं पटुरपि प्रियकण्ठजिघृक्षया । अनयदासनरज्जुपरिग्रहे भुजलतां जलतामबलाजनः ॥५६॥ त्यजत मानमलं बत विग्रहैर्न पुनरेति गतं चतुरं वयः । परभृताभिरितीव निवेदिते स्मरमते रमते स्म वधूजनः ॥ ५७ ॥ नवपलाशपलाशवनं पुरः स्फुटपरागपरागतपङ्कजम् । मृदुलतान्तलतान्तमलोकयत्स सुरभिं सुरभिं सुमनोभरैः ॥ ५८ ॥ विलुलितालकसंहतिरामृशन्मृगदृशां श्रमवारि ललाटजम् । तनुतरङ्गततिं सरसां दलत्कुवलयं वलयन्मरुदाववौ ॥ ५९ ॥ स्फुटमिवोज्ज्वलकाञ्चनकान्तिभिर्युतमशोकमशोभत चम्पकैः । विरहिणां हृदयस्य भिदाभृतः कपिशितं पिशितं मदनाग्निना ॥ ६० ॥ स्मरहुताशनमुर्मुरचूर्णतां दधुरिवाम्रवणस्य रजःकणाः । निपतिताः परितः पथिकव्रजानुपरि ते परितेपुरतो भृशम् ॥६१॥ रतिपतिप्रहितेव कृतक्रुधः प्रियनमेव वधूरनुनायिका । बकुलपुष्परसासवपेशलध्वनिरगान्निरगान्मधुपावलिः ॥६२॥ प्रियसखीसदृशं प्रतिबोधिताः किमपि काम्यगिरा परपुष्टया । प्रियतमाय वपुर्गुरुमत्सरच्छिदुरयादुरयाचितमङ्गनाः ॥ ६३ ॥ मधुकरैरपवादकरैरिव स्मृतिभुवः पथिका हरिणा इव । कलतया वचसः परिवादिनीस्वरजिता रजिता वशमाययुः ॥ ६४ ॥ समभिसृत्य रसादवलम्बितः प्रमदया कुसुमावचिचीषया । अविनमन्न रराज वृथोच्चकैरनृतया नृतया वनपादपः ॥६५॥ वदनसौरभलोभपरिभ्रमद्भ्रमरसंभृतसंभृतशोभया । चलितया विदधे कलमेखलाकलकलोऽलकलोलदृशान्यया ॥ ६६ ॥ कुसुमकार्मुककार्मुकसंहितद्रुतशिलीमुखखण्डितविग्रहाः । मरणमप्यपराः प्रतिपेदिरे किमु मुहुर्मुमुहुर्गतभर्तृकाः ॥ ६७ ॥ मधुरया मधुबोधितमाधवीमधुसमृद्धिसमेधितमेधया । मधुकराङ्गनया मुहुरुन्मदध्वनिभृता निभृताक्षरमुज्जगे ॥६८॥ अरुणिताखिलशैलवना मुहुर्विदधती पथिकान्परितापिनः । विकचकिंशुकसंहतिरुच्चकैरुदवहद्दवहव्यवहश्रियम् ॥ ६९ ॥ कमलिनी मलिनी दयितं विना न सहते सह तेन निषेवितुम् । तमधुना मधुना निहितं हृदि स्मरति सा रतिसारमहर्निशम् ॥७०॥ सुहृदस्तरुणीनखक्षतानां प्रतिपक्षाः पथिकाङ्गनाजनानाम् । दहनद्युतिदस्यवः समन्ताद्विपिने किंशुककुड्मला विरेजुः ॥ ७१ ॥ किंशुकक्षितिरुहां विलसन्तः कुड्मलाः कुटिलतां कलयन्तः । पान्थवारणविदारणताम्राः कामकेसरिनखा इव रेजुः ॥ ७२ ॥ प्रस्फुरत्प्रचुरबालपल्लवा वीरुधश्च तरलाश्चकाशिरे । क्रीडिता इव कुसुम्भवारिभिः काममित्रसमये समागते ॥७३॥ कूजितानि कलयन्वनप्रियो न प्रियो विरहिणामजायत । मन्मथाग्निरपि भस्मना दरं सादरं मुनिमनो-

ऽम्बुजं व्यधात् ॥ ७४ ॥ बकुलकुलमिलन्मिलिन्दमालामदकलकोकिलकूजितोदयेन । अहह नियमिनोऽपि तत्त्वचिन्ताच्युतमतयो मतयोषितो बभूवुः ॥ ७५ ॥ कुसुमनगवनान्युपैतुकामा किसलयिनीमवलम्ब्य चूतयष्टिम् । क्कणदलिकुलनूपुरा निरासे नलिनवनेषु पदं वसन्तलक्ष्मीः ॥७६॥ विकसितकुसुमाधरं हसन्तीं कुरबकराजिवधूं विलोकयन्तम् । ददृशुरिव सुराङ्गना निषण्णं सशरमनङ्गमशोकपल्लवेषु ॥ ७७ ॥ मुहुरनुपतता विधूयमानं विरचितसंहति दक्षिणानिलेन । अलिकुलमलकाकृतिं प्रपेदे नलिनमुखान्तविसर्पि पङ्कजिन्याः ॥ ७८ ॥ श्वसनचलितपल्लवाधरोष्ठे नवनिहितेर्ष्यमिवावधूनयन्ती । मधुसुरभिणि षट्पदेन पुष्पे मुख इव शाललतावधूश्चुचुम्बे ॥ ७९ ॥ उत्सृष्टमम्बुजदृशामिव मानरत्नमादाय षट्पदतिलान्मधुवारिपूरान् । पुंस्कोकिलस्य कलकूजितकैतवेन संकल्पवाक्यमयमातनुते रसालः ॥ ८० ॥ उत्फुल्लपङ्कजनिषक्तलसद्द्विरेफः किंचिद्विनिद्रकुमुदोत्करसंभृतश्रीः । आमूलनद्धविविधाद्भुतमाल्यमालश्चित्रं न कस्य तनुते ललितस्तमालः ॥ ८१ ॥ धुन्वन्त्यमूनि मदमूर्च्छदलिध्वनीनि धूताध्वनीनहृदयानि मधोर्दिनानि । निस्तन्द्रचन्द्रवदनावदनारविन्दसौरभ्यसौहृदसगर्वसमीरणानि ॥८२॥ कुपितापि मनःपतिना सह का सहकारविलोकनजातरसा । तरसा रमते स्म न हा रमणी रमणीयतनुः सुतनुः सुरभौ ॥ ८३ ॥ स्थलकमलतरूणां कामिनीलोचनेषु क्षिपति मुकुलमुष्ट्या धूलिजाल्यं विशालम् । तदनु हरति हन्त स्वान्तसर्वस्वमासामयमनयविदग्धो धूर्तवन्मीनकेतुः ॥८४॥ पथि पथि शुकचञ्चूचारुराभाङ्कुराणां दिशि दिशि पवमानो वीरुधां लासकश्च । नरि नरि किरति द्राक्सायकान्पुष्पधन्वा पुरि पुरि विनिवृत्ता मानिनीमानचर्चा ॥ ८५ ॥ इह मधुपवधूनां पीतमल्लीमधूनां विलसति कमनीयः काकलीसंप्रदायः । इह नटति सलीलं मञ्जरी वञ्जुलस्य प्रतिपदमुपदिष्टा दक्षिणेनानिलेन ॥ ८६ ॥ विकसति सहकारे स्फारसौरभ्यसारे वहति धुतपटीरे मन्दमन्दं समीरे । कलयति कलवाचं कोकिलोकोऽपि रुष्टः क्षणमपि न मृगाक्ष्या वल्लभो दुर्लभोऽभूत् ॥ ८७ ॥ इह हि नववसन्ते मञ्जरीरेणुपुञ्जच्छुरणधवलदेहा बद्धहेलं सरन्ति । तरलमलिसमूहा हारिहुंकारिकण्ठा बहलपरिमलालीसुन्दरं सिन्दुवारम् ॥ ८८ ॥ स्थाने स्थाने मलयमरुतः पूरयन्त्यङ्कपालीं पुष्पालीषु स्मरगजरजःस्नानयोग्याः परागाः । जातं चूते मधु मधुकरप्रेयसीजानुदघ्नं निर्विघ्नत्वं सपदि भवते रागराज्याभिषेकः ॥ ८९ ॥

१ अतिप्रियेण.

प्रसूनकलिकाकुलैः किसलयैः करस्पर्धिभिः स्फुरन्मधुमदभ्रमद्भ्रमरकोकिलाकूजितैः । इति क्रमसमुद्गतैरुपवनावलीमण्डलीममण्डयदिव प्रियामृतुवसुंधरावल्लभः ॥ ९० ॥ विलासिभिरिवोन्मदै रचितरम्यगुञ्जारवैः प्रसूनसुरभीकृतैर्विगलितत्रपास्तापसाः । अशोकशिखरस्थितैः सुनयनान्वितैः षट्पदैर्निरन्तरनिषेवितामितमधौ मधौ रेमिरे ॥ ९१ ॥ मन्दोऽयं मलयानिलः किसलयं चूतद्रुमाणां नवं माद्यत्कोकिलकूजितं विचकिलामोदः पुराणं मधु । बाणानित्युपदीकरोति सुरभिः पञ्चैव पञ्चेषवे यूनामिन्द्रियपञ्चकस्य युगपत्संमोहसंपादिनः ॥ ९२ ॥ उद्यद्विद्रुमकान्तिभिः किसलयैस्ताम्रां त्विषं बिभ्रतो भृङ्गालीविरुतैः कलैरविशदव्याहारलीलाभृतः । भ्राम्यन्तो मलयानिलाहतिचलैः शाखासहस्रैर्मुहुर्भ्रान्ति प्राप्य मधुप्रसङ्गमधुना मत्ता इवामी द्रुमाः ॥९३॥ चूतानां चिरनिर्गतापि कलिका बध्नाति न स्वं रजः संनद्धं यदपि स्थितं कुरबकं तत्कोरकावस्थया । कण्ठेषु स्खलितं गतेऽपि शिशिरे पुंस्कोकिलानां रुतं शङ्के संहरति स्मरोऽपि चकितस्तूणार्धकृष्टं शरम् ॥ ९४ ॥ पुष्पाणि प्रथमं ततः प्रकटिताः स्वान्तोत्सवाः पल्लवाः पश्चादुन्मदकोकिलालिललनाकोलाहलः कोमलः । इत्थं प्रादुरभूदुपेत्य परितः प्राज्यप्रमोदप्रदः प्रोद्दामद्रुमराजिराजितवनक्षोणीमृतुक्ष्मापतिः ॥ ९५ ॥ स्तोत्रं चैत्रगुणोदयस्य विरहिप्राणप्रयाणानकष्टंकारः स्मरकार्मुकस्य सुदृशां शृङ्गारशिक्षागुरुः । दोलाकेलिकलासु मङ्गलपदं बन्दी वनान्तश्रियां नादोऽयं कलकण्ठकण्ठकुहरप्रेङ्खोलितः श्रूयते ॥ ९६ ॥ माकन्दच्युतपुष्परेणुपटलीकृप्तालवालोदरे मन्दस्यन्दिमरन्दपूरभरिते वातोत्थपुष्पप्लवैः । खेलन्तो ललितं मधोर्गुणगणान्गायन्ति पुष्पंधयाः कान्तानामधरे धयन्ति मधुरं सक्तं मधूलीरसम् ॥ ९७ ॥ आरूढो मलयानिलद्विपवरं युक्तो विलासानुगैः पीतः पुष्पविलोचनैर्नवलतापौराङ्गनानां गणैः । अभ्राम्यद्वनपत्तने मधुमहीपालस्ततः -कोकिलालीलालापमिलद्भ्रमद्भ्रमरिकाभाङ्कारभेरीरवैः ॥ ९८ ॥ वारस्त्रीव वनस्थली नवनवां शोभां बभारान्वहं पान्थान्पीडयति स्म तस्कर इव क्रूरैः शरैर्मन्मथः । शृङ्गारः सगुणः क्षमापतिरिव प्राप्तः प्रतिष्ठां परां रात्रिः स्वीकुरुते स्म मुग्धललनालज्जेव कार्श्यं क्रमात् ॥ ९९ ॥ साम्यं संप्रति सेवते विचकिलं षाण्मासिकैर्मौक्तिकैर्बाह्लीकीदशनव्रणारुणतरैः पत्रैरशोकाश्चितः । भृङ्गालङ्कितकोटि किंशुकमिदं किंचिद्विवृन्तायते माञ्जिष्ठस्तबकैश्च

१ प्रवालम्. २ पल्लवैः. ३ आम्रः. ४ समूहः. ५ भ्रमराः. ६ पिबन्ति. ७ मकरन्दम्. ८ मदनाख्यतरुकुसुमम्.

पाटलितरोरन्यैव काचिल्लिपिः ॥ १०० ॥ गर्भग्रन्थिषु वीरुधां सुमनसो मध्येऽङ्कुरं पल्लवा वाञ्छामात्रपरिग्रहः पिकवधूकण्ठोदरे पञ्चमः । किं च त्रीणि जगन्ति जिष्णु दिवसैर्द्वित्रैर्मनोजन्मनो देवस्यापि चिरोज्झितं यदि भवेदभ्यासवश्यं धनुः ॥ १०१ ॥

मदनपूजा ॥ कुसुमसुकुमारमूर्तिर्दधती नियमेन तनुतरं मध्यम् । आभाति मकरकेतोः पार्श्वस्था चापयष्टिरिव ॥ १०२ ॥

कुसुमावचयः ॥ निजनयनप्रतिबिम्बैरम्बुनि बहुशः प्रतारिता कापि । नीलोत्पलेऽपि विमृशति करमर्पयितुं कुसुमलावी ॥ १०३ ॥ असंख्यपुष्पोऽपि मनोभवस्य पञ्चैव बाणार्थमयं ददाति । एवं कदर्यत्वमिवावधार्य सर्वस्वमग्राहि मधोर्वधूभिः ॥ १०४ ॥ अताडयत्पल्लवपाणिनैकं पुष्पोच्चये राजवधूरशोकम् । तच्छेदहेतोरलिपङ्क्तिभङ्ग्या विकून्तिता बाललता स्वरेण ॥ १०५ ॥ अन्यत्र यूयं कुसुमावचायं कुरुध्वमत्रास्मि करोमि सख्यः । नाहं हि दूरं भ्रमितुं समर्था प्रसीदतायं रचितोऽञ्जलिर्वः ॥ १०६ ॥ उच्चित्य प्रथममवस्थितं मृगाक्षी पुष्पौघं श्रितविटपं ग्रहीतुकामा । आरोढुं पदमदधादशोकयष्टावामूलं पुनरपि तेन पुष्पिता सा ॥ १०७ ॥ मुखकमलकमुन्नमय्य यूना यदभिनवोढवधूर्बलादचुम्बि । तदपि न किल बालपल्लवाग्रग्रहपरया विविदे विदग्धसख्या ॥ १०८ ॥ व्रततिविततिभिस्तिरोहितायां प्रतियुवतौ वदनं प्रियः प्रियायाः । यदधयदधरावलोपनृत्यत्करवलयस्वनितेन तद्विवव्रे ॥ १०९ ॥ विलसितमनुकुर्वती पुरस्ताद्धरणिरुहाधिरुहो वधूर्लतायाः । रमणमृजुतया पुरः सखीनामकलितचापलदोषमालिलिङ्ग ॥ ११० ॥ सललितमवलम्ब्य पाणिनांसे सहचरमुच्छ्रितगुच्छवाञ्छयान्या । सकलकलभकुम्भविभ्रमाभ्यामुरसि रसादवस्तरे स्तनाभ्याम् ॥ १११ ॥ मृदुचरणतलाग्रदुःस्थितत्वादसहतरा कुचकुम्भयोर्भरस्य । उपरि निरवलम्बनं प्रियस्य न्यपतदथोच्चतरोच्चिचीषयान्या ॥ ११२ ॥ उपरिजतरुजानि याचमानां कुशलतया परिरम्भलोलुपोऽन्यः । प्रथितपृथुपयोधरां गृहाण स्वयमिति मुग्धवधूमुदास दोर्भ्याम् ॥ ११३ ॥ इदमिदमिति भूरुहां प्रसूनैर्मुहुरतिलोभयता पुरः पुरोऽन्या । अनुरहसमनायि नायकेन त्वरयति रन्तुमहो जनं मनोभूः ॥ ११४ ॥ विजनमिति बलादमुं गृहीत्वा क्षणमथ वीक्ष्य विपक्षमन्तिकेऽन्या । अभिपतितुमना लघुत्वभीतेरभवदमुष्वति वल्लभेऽतिगुर्वी ॥ ११५ ॥ पूर्वं द्विरेफपरिभूतिभयाद्धवत्या यत्केशपुष्पभरणं हरिणाक्षि मुक्तम् । व्यर्थं तदद्य पुनरप्यलकेषु भृङ्गाः पुञ्जीभवन्निजकुलभ्रमतः पतन्ति ॥ ११६ ॥ सन्तु द्रुमाः किसलयोत्तरपुष्पभाराः प्राप्ते वसन्तसमये कथमित्थमेव । न्यासैर्नवद्युतिमतोः पदयोस्त्वेयं भूः पुष्पिता सुतनु पल्लवितेव भाति ॥ ११७ ॥ अनुभवत युवत्यो भाग्यवत्यो नितान्तं कुसुमवलयवेलासङ्गखेलासुखानि । मम तु मधुकराणां वाटपाटच्चराणां सपदि पतति धाटी पुष्पवाटीनिवेशे ॥ ११८ ॥ पाणौ पद्मधिया मधूककुसुमभ्रान्त्या तथा गण्डयोर्नीलेन्दीवरशङ्कया नयनयोर्बन्धूकबुध्याधरे । लीयन्ते कबरीभरे निजकुलध्यामोहजातस्पृहा दुर्वारा मधुपाः कियन्ति तरुणि स्थानानि रक्षिष्यसि ॥ ११९ ॥

वसन्तवायवः ॥ यथायथं ताः सहिता नभश्चरैः प्रभाभिरुद्भासितशैलवीरुधः । वनं विशन्त्यो वनजायतेक्षणा क्षणद्युतीनां दधुरेकरूपताम् ॥ १२० ॥ विनयति सुदृशो दृशः परागं प्रणयिनि कौसुममाननानिलेन । तदहितयुवतेरभीक्ष्णमक्ष्णोर्द्वयमपि रोषरजोभिरापुपूरे ॥ १२१ ॥ स्फुटमिदमभिचारमन्त्र एव प्रतियुवतेरभिधानमङ्गनानाम् । वरतनुरमुनोपहूय पत्या मृदुकुसुमेन यदाहताप्यमूर्च्छत् ॥१२२॥ विपुलकमपि यौवनोद्धतानां घनपुलकोदयकोमलं चकाशे । परिमलितमपि प्रियैः प्रकामं कुचयुगमुज्ज्वलमेव कामिनीनाम् ॥ १२३ ॥ हिमलवसदृशः श्रमोदबिन्दूनपनयता किल नूतनोढवध्वाः । कुचकलशकिशोरकौ कथंचित्तरलतया तरुणेन पस्पृशाते ॥ १२४ ॥ समदनमवतंसितेऽधिकर्णं प्रणयवता कुसुमे सुमध्यमायाः । व्रजदपि लघुतां बभूव भारः सपदि हिरण्मयमण्डनं सपत्न्याः ॥ १२५ ॥ अतिमन्दचन्दनमहीधरवातं स्तबकाभिरामलतिकातरुजातम् । अपि तापसानुपवनं मदनार्तान्मदमञ्जुगुञ्जदलिपुञ्जमकार्षीत् ॥ १२६ ॥ उपवनतरुनृत्याध्यापने लब्धवर्णो विरचितजलकेलिः पद्मिनीकामिनीभिः । प्रियसुहृदसमेषोराययौ योगियोगस्थितिविदलनदक्षो दक्षिणो गन्धवाहः ॥ १२७ ॥ आलिङ्गन्ते [1]मलयजतरूनास्वजन्ते वनान्तानापृच्छन्ते चिरपरिचितान्मालयान्निर्झरौघान् । अद्य स्थित्वा द्रविडमहिलाभ्यन्तरे श्वः प्रभाते प्रस्थातारो मलयमरुतः कुर्वते संनिधानम् ॥ १२८ ॥ लताकुञ्जं गुञ्जन्मदवदलिपुञ्जं चपलयन्समालिङ्गन्नङ्गं द्रुततरमनङ्गं प्रबलयम् । मरुन्मन्दं मन्दं दलितमरविन्दं तरलयन्रजोवृन्दं विन्दन्किरति मकरन्दं दिशि दिशि ॥ १२९ ॥ मलयशिखरादाकैलासं मनोभवशास-

१ रचना.

१ मलयसंबन्धिनः.

नाह्रुवनवलयं जेतुं वाञ्छन्वसन्तसमीरणः । विहितवसतिं कैलासाग्रे भुजङ्गधरं हरं मनसि विमृशन्भीतः शङ्के प्रयाति शनैः शनैः ॥ १३० ॥ पथि पथि लतालोलाक्षीभिः स्रवन्मधुसीकरं कुसुमनिकरं वर्षन्तीभिः सहर्षमिवार्चितः । मधुकरवधूगीतासक्तं कुरङ्गकमास्थितः प्रसरति वने मन्दं मन्दं वसन्तसमीरणः ॥ १३१ ॥ उदञ्चत्कावेरीलहरिषु परिष्वङ्गरङ्गे नटन्तः कुहूकण्ठीकण्ठीरवरवलवत्रासितप्रोषितेभाः । अमी चैत्रे मैत्रावरुणितरुणीकेलिकङ्केल्लिमल्लीचलद्वल्लीहल्लीसकसुरभयश्चण्डि चञ्चन्ति वाताः ॥ १३२ ॥ हेमाम्भोरुहपत्तने परिमलस्तेयी वसन्तानिलस्तत्रत्यैरिव यामिकैर्मधुकरैरारब्धकोलाहलः । निर्यातस्त्वरया व्रजन्निपतितः श्रीखण्डपङ्कद्रवैर्लिप्ते केरलकामिनीकुचतटे खञ्जः शनैर्गच्छति ॥ १३३ ॥ प्राप्तः प्राज्यमिव श्रमं जलजिनीसौरभ्यभारं वहन्नुद्दामस्तबकानमन्नवलतालक्ष्मीमिवालोकयन् । स्वीकुर्वन्मदमन्थरानिव गतेर्वामभ्रुवां विभ्रमान्मन्दं मन्दमुपाजगाम पवनः पाटीरवाटीतटात् ॥ १३४ ॥ पानीयं नारिकेलीफलकुहरकुहूत्कारि कल्लोलयन्तः कावेरीतीरतालद्रुमभरितसुराभाण्डभाङ्कारचण्डाः । एते तन्वन्ति वेलावनललितलताताण्डवं द्राविडस्त्रीकर्पूरापाण्डुगण्डस्थललुठितरया वायवो दाक्षिणात्याः ॥१३५॥ कावेरीतीरभूमीरुहभुजगवधूभुक्तमुक्तावशिष्टः कर्णाटीचीनपीनस्तनवसनदशान्दोलनस्पन्दमन्दः । लोलल्लाटीललाटालकललितलतालास्यलीलाविलोलः कष्टं भो दाक्षिणात्यः प्रसरति पवनः पान्थकान्ताकृतान्तः ॥ १३६ ॥ ये दोलाकेलिकाराः किमपि मृगदृशां मानतन्तुच्छिदो ये सद्यः शृङ्गारदीक्षाव्यतिकरगुरवो ये च लोकत्रयेऽपि । ते कण्ठे लोठयन्तः परभृतवयसां पञ्चमं रागराजं वान्ति स्वैरं समीराः स्मरविजयमहासाक्षिणो दाक्षिणात्याः ॥ १३७ ॥

वसन्तपथिकाः ॥ वक्रेण शिरसि पतता नित्यं रुधिरारुणेन दुर्वारः । मत्तद्विप इव पथिकः किंशुककुसुमाङ्कुशेन भृतः ॥ १३८ ॥ समवलोक्य विलासत्रनस्थलीं न पथिकैः पथि कैः पतितं भुवि । मलयजद्रुमसौरभमेदुरोदरसमीरसमीरितवल्लरीम् ॥ १३९ ॥ वसन्तप्रारम्भे चिरविरहखिन्ना सहचरी यदि प्राणान्मुञ्चेत्तदिह वधभागी भवति कः । वयो वा स्नेहो वा कुसुमविशिखो वेति विमृशंस्तुहीति प्रव्यक्तं पिकनिकरझाङ्कारमशृणोत् ॥ १४० ॥ रे पान्थाः स्वगृहाणि गच्छत सुखं सेवाक्षणो मुच्यतां मानं मानिनि मुञ्च वल्लभजने कोपानुबन्धेन किम् । आयातः कुसुमाकरः क्षपयति प्राणान्वियोगातुरेष्वित्येवं परपुष्टनादपटहो वक्तीव कामाज्ञया ॥ १४१ ॥ सा तन्वीति घनस्तनीति विकसन्नीलाब्जनेत्रेति च स्वैरं संचरतीति वक्ति मधुरां वाचं विचित्रामपि । इत्थं विद्रुमपाटलाधरपुटां सीमन्तिनीं ध्यायतो रोमाञ्चो रुदितं स्मितं प्रलपितं पान्थस्य संजायते ॥ १४२ ॥ अध्वन्यस्य वधूर्वियोगविधुरा भर्तुः स्मरन्ती यदि प्राणानुज्झति कस्य तत्खलु महत्संजायते पातकम् । यावन्नो कृतमध्वगेन हृदये तावत्तरोर्मूर्धनि प्रोद्घुष्टं परपुष्टया तव तवेत्युच्चैर्वचोऽनेकशः ॥ १४३ ॥ उन्मीलन्मधुगन्धलुब्धमधुपव्याधूतचूताङ्कुरक्रीडत्कोकिलकाकलीकलकलैरुद्गीर्णकर्णज्वराः । नीयन्ते पथिकैः कथं कथमपि ध्यानावधानक्षणप्राप्तप्राणसमासमागमरसोल्लासैरमी वासराः ॥ १४४ ॥ अध्वन्यैर्मकरन्दशीकरसुरामत्तक्वणत्कोकिले मार्गे मार्गनिरोधिनी परिहृता शङ्केऽशुभाशङ्कया । पान्थस्त्रीवधपातकादुपनतं चण्डालचिह्नं मधोरेषा [1]खिङ्खिणिकेव षट्पदमयी भाङ्कारिणी संहतिः ॥ १४५ ॥ सव्याधेः कृशता क्षतस्य रुधिरं दष्टस्य लालास्रुतिः किंचिन्नैतदिहास्ति तत्कथमसौ पान्थस्तपस्वी मृतः । आ ज्ञातं मधुलम्पटैर्मधुकरैरारब्धकोलाहले नूनं साहसिकेन चूतमुकुले दृष्टिः समारोपिता ॥ १४६ ॥ एतस्मिन्दक्षिणाशानिलचलितलतालीनमत्तालिमालापक्षक्षोभावधूतच्युतबहलरजोह्लादिहृद्ये वसन्ते । प्रेमस्वेदार्द्रबाहुश्लथवलयलसत्प्रौढसीमन्तिनीनां मन्दः कण्ठग्रहोऽपि ग्लपयति हृदयं किं पुनर्विप्रयोगः ॥ १४७ ॥

ग्रीष्मवर्णनम् ।

रेजे पुष्पैर्ग्रीष्ममासाद्य मल्ली मल्लीं सद्यः संश्रयन्ते स्म भृङ्गाः । भृङ्गैस्तत्रारम्भि हर्षेण गानं गाने लौल्यं लेभिरे योगिनोऽपि ॥ १ ॥ अत्युल्लसद्बिसरहस्ययुजा भुजेन वक्त्रेण शारदसुधांशुसरोरुहेण । पीयूषपोषसुभगेन च भाषितेन त्वं चेत्प्रसीदसि मृगालि कुतो निदाघः ॥ २ ॥

ग्रीष्मसमयस्वभावाख्यानम् ॥ प्रतिगतमर्थिजनानां विच्छिन्नाशं समूहमवलोक्य । स्फुटितमपयसस्तापादिव हृदयमलं तडागस्य ॥ ३ ॥ सुभगसलिलावगाहाः पाटलसंसर्गसुरभिवनवाताः । प्रच्छायसुलभनिद्रा दिवसाः परिणामरमणीयाः ॥ ४ ॥ देशे देशे [2]जैडिमकुरङ्गास्तेजोभल्लैर्दिनकरभिल्ले । [3]धावं धावं प्रहरति राज्ञां धारागेहं शरणमवापुः ॥ ५ ॥ संजातपत्रप्रे-

१ मेघविस्फूर्जितावृत्तम्. २ तुहीति हिन्दुस्थानीभाषया त्वमेवेत्यर्थः.

१ चण्डावलकी. २ हिमान्येव कुरङ्गा मृगाः. ३ धावित्वा धावित्वा. ४ समूहाः.

करान्वितानि समुद्वहन्ति स्फुटपाटलत्वम् । विकस्वराण्यर्ककराभिमर्शाद्दिनानि पद्मानि च वृद्धिमीयुः ॥ ६ ॥ प्रचण्डभानुः स्पृहणीयचन्द्रमाः सदावगाहक्षतवारिसंचयः। दिनान्तरम्योऽभ्युपशान्तमन्मथो निदाघकालः समुपागतः प्रिये ॥७॥ दुःप्रेक्ष्यमुच्चैर्गगनं निदाघे कोपाकुलस्येव मुखं नृपस्य । हरेः शयानस्य मृणालबुद्ध्या कर्षन्ति पुच्छं करिणः करेण ॥ ८ ॥ प्रायश्चरित्वा वसुधामशेषां छायासु विश्रम्य ततस्तरूणाम् । प्रौढिं गते संप्रति तिग्मभानौ शैत्यं शनैरन्तरपामयासीत् ॥ ९ ॥ रवितुरङ्गतनूरुहतुल्यतां दधति यत्र शिरीषरजो रुचः। उपययौ विदधन्नवमल्लिकाः शुचिरसौ चिरसौरभसंपदः॥ १० ॥ दलितकोमलपाटलकुड्मले निजवधूश्वसितानुविधायिनि । मरुति वाति विलासिभिरुन्मदभ्रमदलौ मदलौल्यमुपाददे॥ ११॥ निदधिरे दयितोरसि तत्क्षणस्नपनवारितुषारभृतास्तनाः । सरसचन्दनरेणुरनुक्षणं विचकरे च करेण वरोरुभिः ॥१२॥ कथमिव तव संमतिर्भवित्री सममृतुभिर्मुनिनावधीरितस्य । इति विरचितमल्लिकाविकासः स्मयत इव स्म मधुं निदाघकालः ॥ १३ ॥ बलवदपि बलं मिथोविरोधि प्रभवति नैव विपक्षनिर्जयाय । भुवनपरिभवी न यत्तदानीं तमृतुगणः क्षणमुन्मनीचकार ॥ १४ ॥ अपि शिशिरतरोपचारयोग्यं द्वितयमिदं युगपन्न सह्यमेव । जरठितरविदीधितिश्च कालो दयितजनेन समं च विप्रयोगः ॥ १५ ॥ तप्ता मही विरहिणामिव चित्तवृत्तिस्तृष्णाध्वगेषु कृपणेष्विव वृद्धिमेति । सूर्यः करैर्दहति दुर्वचनैः खलो नु छाया सतीव न विमुञ्चति पादमूलम् ॥ १६ ॥ छाया वियोगिवनितेव गता कृशत्वं तप्तं पयः पिशुनमानसवद्बभूव । केनाधुना बत मनागवलोकनीयः क्रुद्धोत्तमर्णमुखमण्डलवत्पतङ्गः ॥ १७ ॥ रिक्तेषु वारिकथया विपिनोदरेषु मध्याह्नजृम्भितमहातपतापतप्ताः । स्कन्धान्तरोत्थितदवाग्निशिखाच्छलेन जिह्वां प्रसार्य तरवो जलमर्थयन्ते ॥ १८ ॥ मुखकृतबिसखण्डश्चण्डमार्तण्डतापात्स्तिमितजलजतलस्थो राजते राजहंसः । रजतघट इवायं विद्रुमाबद्धधाराविवरविगलदम्बुः कम्बुकण्ठि प्रतीहि ॥ १९ ॥ रजनिचरमयामेष्वादिशन्ती रतेच्छां किमपि कठिनयन्ती नालिकेरीफलाम्भः । अपि परिणमयित्री राजरम्भाफलानां दिनपरिणतिभोग्या वर्तते ग्रीष्मलक्ष्मीः ॥ २० ॥ निजां कायच्छायां श्रयति महिषः कर्दमधिया च्युतं गुञ्जापुञ्जं रुधिरमिति काकः कलयति । समुत्सर्पन्सर्पः सुषिरविवरं तापविवशः सचीत्काराधूतं प्रविशति करं कुञ्जरपतेः ॥ २१॥ तदात्वस्नातानां दरदलितमल्लीमुकुलिताः स्रजो बिभ्राणानां मलयजरसार्द्रद्रवपुषाम् । निदाघाग्निप्लोषग्लपितमभिसार्यं मृगदृशां परिष्वङ्गोऽनङ्गं पुनरपि शनैरङ्कुरयति ॥ २२ ॥ जलार्द्राः शष्पाणां बिसकिसलयैः केलिवलयाः शिरीषैरुत्तंसा विचकिलमयी हाररचना । शुचावेणाक्षीणां मलयजरसार्द्राश्च तनवो विना तन्त्रं मन्त्रं रतिरमणमृत्युंजयविधिः ॥ २३ ॥ हरन्ति हृदयानि यच्छ्रवणशीतला वेणवो यदर्दति करम्बिता शिशिरवायुना वारुणी । भवन्ति च हिमोपमाः स्तनभवो यदेणीदृशो रुचेरुपरि संस्थितो रतिपतेः प्रसादो गुरुः ॥ २४ ॥ मूलं बालकवीरुधां सुरभयो जातीतरूणां त्वचः सारश्चन्दनशाखिनां किसलयान्यार्द्राण्यशोकस्य च । शैरीषी कुसुमोन्नतिः परिणमन्मोचश्च सोऽयं गणो ग्रीष्मेणोष्महरः पुरा किल ददे दग्धाय पञ्चेषवे ॥ २५ ॥ अङ्गारैः खचितेव भूर्वियदपि ज्वालाकरालं करैस्तिग्मांशोः किरतीव तीव्रमभितो वायुः कुकूलानलम् । अप्यम्भांसि नखंपचानि सरितामाशा ज्वलन्तीव च ग्रीष्मेऽस्मिन्नववह्निदीपितमिवाशेषं जगद्वर्तते ॥ २६ ॥ पाश्चात्यैर्मरुमारुतैस्त्रिजगतामुन्मूलयन्नार्द्रतां दावाग्निर्ज्वलितैरपारगहनान्यप्यानयन्भस्मताम् । वात्याभिस्तृणपत्रधूलिनिकरान्धुन्वन्विहायःस्थले ग्रीष्मः शुष्यदपुच्छपल्वलतलुठन्मत्स्यः समभ्यागतः ॥ २७ ॥ अत्यच्छं सितमंशुकं शुचि मधु स्वामोदमच्छं रजः कार्पूरं विधुतार्द्रचन्दनकुचद्वन्द्वाः कुरङ्गीदृशः । धारावेश्म सपाटलं विचकिलस्रग्दाम चन्द्रत्विषो धातः सृष्टिरियं वृथैव तव न ग्रीष्मोऽभविष्यद्यदि ॥ २८ ॥ माकन्दद्रुममञ्जरीषु वसतिस्तत्पल्लवैर्वर्तनं सा नो मञ्जुलता वचःसु मधुना सर्वं सह प्रस्थितम् । एतत्तिष्ठतु दुःश्रवं मृदुहृदां निःस्वामिनस्तत्सखे प्रोन्मीलत्करुणो द्विजोऽयमिति हि त्वं ग्रीष्ममुष्णाहि नः ॥ २९ ॥ कानि स्थानानि दग्धान्यतिशयगहनाः सन्ति के वा प्रदेशाः किं वा शेषं वनस्य स्थितमिति पवनासङ्गविस्पष्टतेजाः । चण्डज्वालावलीढस्फुटिततनुलताग्रन्थिमुक्ताट्टहासो दावाग्निः शुष्कवृक्षे शिखरिणि गहनेऽधिष्ठितः पश्यतीव ॥ ३० ॥ बाले मालेयमुच्चैर्न भवति गगनव्यापिनी नीरदानां किं त्वं पक्ष्मान्तवान्तैर्मलिनयसि मुधा वक्त्रमश्रुप्रवाहैः । एषा प्रोद्वृत्तमत्तद्विपकटकषणक्षुण्णविन्ध्योपलानां दावाग्नेः संप्रवृद्धा मलिनयति दिशां मण्डलं धूमलेखा ॥ ३१ ॥ स्फीतं शीतं गतं क्व क्व शिशिरकिरणः क्वास्ति हेमन्तमासः क्वैते पानीयपूर्णा मलिनजलधराः क्वाद्य विद्युत्प्रमोदः । इत्युच्चैर्जल्पमानैरि-

१ वृक्षविशेषः; (पक्षे) पाटलवर्णानि. २ भासुराणि; (पक्षे) विकासशालीनि. ३ आपुः. ४ हेमन्ते इत्यर्थः. ५ वसन्ते इत्यर्थः. ६ ग्रीष्मे. ७ जलानाम्.

मुखरमुखैर्भिल्लिद्रूतैरुपेतो वातौघश्चागतोऽसौ प्रकटितविजयस्तम्भचिह्नैर्निदाघः ॥ ३२ ॥

मध्याह्नः ॥ एष सूर्यांशुसंतप्तो मृगः कुतरुमाश्रितः । साधुर्भोग्यपरिक्षीणो नीचं प्राप्येव सीदति ॥ ३३ ॥ मध्याह्ने नूनमापोऽपि तिग्मतापोपशान्तये । दध्रुः कमलिनीपत्रमातपत्रमिवोपरि ॥ ३४ ॥ दुःसहसंतापभयात्संप्रति मध्यस्थिते दिवसनाथे । छायामिव वाञ्छन्ती छायापि गता तरुतलानि ॥ ३५ ॥ रवेर्मयूखैरभितापितो भृशं विदह्यमानः पथि तप्तपांसुभिः । अवाक्फणो जिह्मगतिः श्वसन्मुहुः फणी मयूरस्य तले निषीदति ॥ ३६ ॥ अस्मद्रिपूणामनिलाशनानां दत्तो निवासः खलु चन्दनेन । इतीव रोषाद्भुजनस्य वायुर्व्यशोषयच्चन्दनमङ्गसंस्थम् ॥ ३७ ॥ स्पृशति तिग्मरुचौ ककुभः करैर्दयितयेव विजृम्भिततापया । अतनुमानपरिग्रहया स्थितं रुचिरया चिरयायिदिनश्रिया ॥ ३८ ॥ तरुणतरणितेजःपुञ्जसंतप्तदेहः पतति जरठखङ्गः पल्वले पङ्कलेहः । हरिरपि सलिलार्थी शङ्कया तस्य नीरं न पिबति न च याति क्लिश्यति प्राप्य तीरम् ॥ ३९ ॥ किरति मिहिरे विष्वद्रीचः करानतिवामनी स्थलकमठवद्देहच्छाया जनस्य विचेष्टते । गजपतिमुखोद्गीर्णैराप्यैरथ त्रसरेणुभिः शिशिरमधुरामेणाः कच्छस्थलीमधिशेरते ॥ ४० ॥ भानोः पादैर्दहनपरुषैर्दह्यमानान्तराणामुत्क्रामन्तः किल विटपिनां प्राणपिण्डा इवामी । गाढोदन्याकुलितमनसो भिन्नचञ्चूपुटान्ताः कोकूयन्ते विहगशिशवः कोटराणां मुखेषु ॥ ४१ ॥ वहद्वहलमारुतप्रसरदग्निखण्डैरिव स्फुरद्द्युमणिमण्डलद्युतिवितानकैस्तापिता । विसारि वपुरात्मनः सपदि वासरश्रीरियं चलन्मरुमरीचिकासिचयपल्लवेनाञ्चति ॥ ४२ ॥ विशन्तीनां स्नातुं जघनपरिवेषैर्मृगदृशां यदम्भः संप्राप्तं प्रमदवनवाप्यास्तटभुवम् । गभीरे तन्नाभीकुहरपरिणाहाध्वनि रसत्कुहुंकारस्फारं रचयति निनादं नयति च ॥ ४३ ॥ धत्ते पद्मलतादलेप्सुरुपरि स्वं कर्णतालं द्विपः शष्पस्तम्बरसान्नियच्छति शिखी मध्येशिखण्डं शिरः । मिथ्या लेढि मृणालकोटिरभसाद्दंष्ट्राङ्कुरं शूकरो मध्याह्ने महिषश्च वाञ्छति निजच्छायामहाकर्दमम् ॥ ४४ ॥ सर्पत्सारिणि वारिशीतलतले विन्यस्तपुष्पोत्करे नीरन्ध्रे कदलीवने गुरुदलच्छायाहतार्कत्विषि । कर्पूरागरुपङ्कपिच्छिलघनोत्तुङ्गस्तनालिङ्गिभिः कान्ताकेलिरतैरहो सुकृतिभिर्मध्यंदिनं नीयते ॥ ४५ ॥ उद्दामद्युमणिद्युतिव्यतिकरप्रक्रीडदर्कोपलज्वालाजालजटालजाङ्गलतटीनिष्कूजकोयष्टयः । भौमोष्मप्लवमानसूर्यकिरणाः क्रूरप्रकाशा दृशामायुःकर्म समापयन्ति धिगमूर्मध्याह्नशून्या दिशः ॥ ४६ ॥ मध्याह्ने हरितो हुताशनमुचः कामोऽपि वामभ्रुवां पाटीरद्रवचर्चितां स्तनतटीमासाद्य निद्रायते । एणाः केसरिणोऽपि केसरसटोपान्तश्रिताः शेरते छायामङ्कगतां न मुञ्चति तरुर्वोढा नवोढामिव ॥४७॥ मध्याह्ने चलतालवृन्तमनिलः सर्वात्मना सेवते वारि स्वेदमिषेण शीतलवधूवक्षोजमालम्बते । निद्रा नेत्रमुपैति पक्ष्मयुगलच्छायाश्रिता देहिकी पान्थानामथ पादयोर्निपतति छायापि मा यान्त्विति ॥ ४८ ॥ काश्मर्याः कृतमालमुद्गतदलं कोयष्टिकष्टीकते तीराश्मन्तकशिम्बिचुम्बितमुखा धावन्त्यपः पूर्णिकाः । दात्यूहैस्तिनिशस्य कोटरवति स्कन्धे निलीय स्थितं वीरुन्नीडकपोतकूजितमनुक्रन्दन्त्यधः कुक्कुटाः ॥४९॥ स्वे स्वे कर्मणि संनियोज्य सुहृदो भूमीसुरान्मन्त्रिणश्चक्रं निर्भयमारचय्य भगवान्संप्राप्तरागोदयः । स्वालोकक्षणकांदिशीयमधुनोत्खातं विचिन्वन्निव ध्वान्तं क्वापि [3]निलीनमम्बरमणिर्व्योमाग्रमारोहति ॥ ५० ॥ छाया संश्रयते तलं विटपिनां श्रान्तेव पान्थैः समं मूलं याति सरो जलस्य जडता ग्लानेव मीनैः सह । आचामत्यहिमांशुदीधितिरपस्तप्तेव लोकैः समं निद्रा गर्भगृहं सह प्रविशति क्लान्तेव कान्ताजनैः ॥ ५१ ॥ [6]उष्णालुः शिशिरे निषीदति तरोर्मूलालवाले शिखी निर्भिद्योपरिकर्णिकारकुसुमान्याशेरते षट्पदाः । तप्तं वारि विहाय तीरनलिनीं कारण्डवः सेवते क्रीडावेश्मनिवेशिपञ्जरशुकः क्लान्तो जलं याचते ॥ ५२ ॥ स्कन्धान्सिन्धुरयूथगण्डकषणव्यासक्तदानोदकान्सेवन्ते मधुपा महीरुहशिरः पुष्पाणि हित्वा भृशम् । लीयन्ते वलभीकुलाय[12]कुहरे निस्पन्दमेते[13] खगा जिह्वालीढवधूमुखो मृगगजश्छायासु विश्राम्यति ॥ ५३ ॥ उत्तप्तोऽयमुरंगमः शिखितलच्छायां समालम्बते वैरं साहजिकं विहाय च शिखी मूलं तरोर्गच्छति । याचन्ते च जलं निकुञ्जभवने तृष्णातुराः सारिकास्तप्ते वारिणि पङ्कजानि मधुपास्त्यक्त्वा श्रयन्ते लताः ॥ ५४ ॥ अङ्गं चन्दनपाण्डु पल्लवमृदुस्ताम्बूलताम्रोऽधरो धारायन्त्रजलाभिषेककलुषे धौताञ्जने लोचने । अन्तः पुष्पसुगन्धिरार्द्रकबरी सर्वाङ्गलग्नाम्बरं रामाणां रमणीयतां विदधति ग्रीष्मापराह्णागमे ॥ ५५ ॥ पान्थानां प्रमदा इव प्रतिदिनं दैन्यं ह्रदिन्यो ययुर्दृश्यन्ते स्म दिगम्बरा इव नवे पत्रोज्झिताः पादपाः । निःश्वासा इव दुःसहा विरहिणां वाता ववुः सर्वतः पायं पायमिव प्रियाधररसं पाथः पपुः प्राणिनः ॥ ५६ ॥ अस्वाध्यायः पिकानां मदनमखसमारम्भ-

१ द्विजान्. २ भयद्रुतम्. ३ गुप्तम्. ४ सूर्यः. ५ पिबति. ६ उष्णक्लान्तः. ७ मयूरः. ८ भ्रमराः. ९ गजसमूहस्य. १० लिप्तमदोदकान्. ११ भृङ्गाः. १२ नीडरन्ध्रे. १३ निश्चलम्.

णस्याधिमासो निद्राया जन्मलग्नं किमपि मधुलिहां कोऽपि दुर्भिक्षकालः । विष्टिर्यात्रोत्सुकानां मलयजमरुतां पान्थकान्ताकृतान्तः प्रालेयोन्मूलमूलं समजनि समयः कश्चिदौत्पातिकोऽयम् ॥ ५७ ॥ पत्रच्छायासु हंसा मुकुलितनयना[1] दीर्घिकापद्मिनीनां सौधान्यत्यर्थतापाद्वलभिपरिचयद्वेषिपारावतानि । बिन्दूत्क्षेपान्पिपासुः परिसरति शिखी भ्रान्तिमद्वारियन्त्रं सर्वैरुस्रैः[2] समग्रस्त्वमिव नृपगुणैर्दीप्यते सप्तसप्तिः[3] ॥ ५८ ॥

जलकेलिः ॥ निजप्रियमुखभ्रान्त्या हर्षेणाचुम्बदम्बुजम् । दष्टाधरा तु भृङ्गेण सीत्कारमकरोन्मृदु ॥ ५९ ॥ ललितसुरसा तरन्ती तरलतरङ्गौघचालितनितम्बा । विपरीतरतासक्ता किमदृश्यत सरसि या सख्या ॥ ६० ॥ एता गुरुश्रोणिपयोधरत्वादात्मानमुद्वोढुमशक्नुवत्यः । गाढाङ्गदैर्बाहुभिरप्सु बालाः क्लेशोत्तरं रागवशात्प्लवन्ते ॥ ६१ ॥ अमी शिरीषप्रसवावतंसाः प्रभ्रंशिनो वारिविहारिणीनाम् । पारिप्लवाः स्रोतसि निम्नगायाः शैवाललोलांश्छलयन्ति मीनान् ॥ ६२ ॥ आसां जलास्फालनतत्पराणां मुक्ताफलस्पर्धिषु शीकरेषु । पयोधरोत्सर्पिषु शीर्यमाणः संलक्ष्यते न च्छिदुरोऽपि हारः ॥ ६३ ॥ आवर्तशोभा नतनाभिकान्तेर्भङ्ग्यो भ्रुवां द्वन्द्वचराः स्तनानाम् । जातानि रूपावयवोपमानान्यदूरवर्तीनि विलासिनीनाम् ॥ ६४ ॥ तीरस्थलीबर्हिभिरुत्कलापैः प्रस्निग्धकेकैरभिनन्द्यमानम् । श्रोत्रेषु संमूर्च्छति रक्तमासां गीतानुगं वारिमृदङ्गवाद्यम् ॥ ६५ ॥ संदष्टवस्त्रेष्वबलानितम्बेष्विन्दुप्रकाशान्तरितोडुतुल्याः । अमी जलापूरितसूत्रमार्गा मौनं भजन्ते रशनाकलापाः ॥ ६६ ॥ एताः करोत्पीडितवारिधारा दर्पात्सखीभिर्वदनेषु सिक्ताः । वक्रेतराग्रैरलकैस्तरुण्यश्चूर्णारुणान्वारिलवान्वहन्ति ॥ ६७ ॥ उद्बन्धकेशश्च्युतपत्रलेखो विश्लेषिमुक्ताफलपत्रवेष्टः । मनोज्ञ एव प्रमदामुखानामम्भोविहाराकुलितोऽपि वेषः ॥ ६८ ॥ उन्मृष्टपत्राः कलितालकान्ताः कण्ठेषु लग्ना जघनं स्पृशन्तः । स्तनस्थलेष्वाहतिमादधाना गता वधूनां प्रियतां जलौघाः ॥ ६९ ॥ हृतोऽङ्गरागस्तिलकं विमृष्टं लब्धान्तरैरेभिरतीव मत्वा । सुसंहितेनेति तदा जलानामदायि मध्यं न कुचद्वयेन ॥ ७० ॥ निरीक्ष्य वेणीप्रतिबिम्बमेणीदृशो भुजंगभ्रममावहन्त्यः । पतद्दुकूलं धुतबाहुमूलं झम्पाप्रकम्पाकुलिताः प्रचेलुः ॥ ७१ ॥ अथ स्फुरन्मीनविधूतपङ्कजा विपङ्कतीरस्खलितोर्मिसंहतिः । पयोऽवगाढुं कलहंसनादिनी समाजुहावेव वधूः सुरापगा ॥ ७२ ॥ प्रशान्तघर्माभिभवः शनैर्विवान्विलासिनीभ्यः परिमृष्टपङ्कजः । ददौ भुजालम्बमिवात्तशीकरस्तरङ्गमालान्तरगोचरोऽनिलः ॥ ७३ ॥ गतैः सहावैः कलहंसविक्रमं कलत्रभारैः पुलिनं नितम्बिभिः । मुखैः सरोजानि च दीर्घलोचनैः सुरस्त्रियः साम्यगुणान्निरासिरे ॥ ७४ ॥ विभिन्नपर्यन्तगमीनपङ्क्तयः पुरो विगाढाः सखिभिर्मरुत्वतः । कथंचिदापः सुरसुन्दरीजनैः सभीतिभिस्तत्प्रथमं प्रपेदिरे ॥ ७५ ॥ विगाढमात्रे रमणीभिरम्भसि प्रयत्नसंवाहितपीवरोरुभिः । विभिद्यमाना विससार सारसानुदस्य तीरेषु तरङ्गसंहतिः ॥ ७६ ॥ शिलाघनैर्नाकसदामुरःस्थलैर्बृहन्निवेशैश्च वधूपयोधरैः । तटाभिनीतेन विभिन्नवीचिना रुषेव भेजे कलुषत्वमम्भसा ॥ ७७ ॥ विधूतकेशाः परिलोलितस्रजः सुराङ्गनानां प्रविलुप्तचन्दनाः । अतिप्रसङ्गाद्विहितागसो मुहुः प्रकम्पमीयुः सभया इवोर्मयः ॥ ७८ ॥ विपक्षचित्तोन्मथना नखव्रणास्तिरोहिता विभ्रममण्डनेन ये । हृतस्य शेषानिव कुङ्कुमस्य तान्विकत्थनीयान्दधुरन्यथा स्त्रियः ॥ ७९ ॥ प्रियेण संग्रथ्य विपक्षसंनिधावुपाहितां वक्षसि पीवरस्तने । स्रजं न काचिद्विजहौ जलाविलां वसन्ति हि प्रेम्णि गुणा न वस्तुनि ॥ ८० ॥ असंशयं न्यस्तमुपान्तरक्ततां यदेव रोद्धुं रमणीभिरञ्जनम् । हृतेऽपि तस्मिन्सलिलेन शुक्लतां निरास रागो नयनेषु न श्रियम् ॥ ८१ ॥ द्युतिं वहन्तो वनितावतंसका हृताः प्रलोभादिव वेगिभिर्जलैः । उपप्लुतास्तत्क्षणशोचनीयतां च्युताधिकाराः सचिवा इवाययुः ॥ ८२ ॥ विपन्नलेखा निरलक्तकाधरा निरञ्जनाक्षीरपि बिभ्रतीः श्रियम् । निरीक्ष्य रामा बुबुधे नभश्चरैरलंकृतं तद्वपुषैव मण्डनम् ॥ ८३ ॥ तथा न पूर्वं कृतभूषणादरः प्रियानुरागेण विलासिनीजनः । यथा जलार्द्रो नखमण्डनश्रिया ददाह दृष्टीश्च विपक्षयोषिताम् ॥ ८४ ॥ शुभाननाः साम्बुरुहेषु भीरवो विलोलहाराश्चलफेनपङ्क्तिषु । नितान्तगौर्यो हृतकुङ्कुमेष्वलं न लेभिरे ताः परभागमूर्मिषु ॥ ८५ ॥ ह्रदाम्भसि व्यस्तवधूकराहते रवं मृदङ्गध्वनिधीरमुज्झति । मुहुः स्तनैस्तालसमं समाददे मनोरमं नृत्यमिव प्रवेपितम् ॥ ८६ ॥ श्रिया हसद्भिः कमलानि सस्मितैरलंकृताम्बुः प्रतिमागतैर्मुखैः । कृतानुकूल्या सुरराजयोषितां प्रसादसाफल्यमवाप जाह्नवी ॥ ८७ ॥ परिस्फुरन्मीनविघट्टितोरवः सुराङ्गनास्त्रासविलोलदृष्टयः । उपाययुः कम्पितपाणिपल्लवाः सखीजनस्यापि विलोकनीयताम् ॥ ८८ ॥ भयादिवाश्लिष्य झषाहतेऽम्भसि प्रियं मुदानन्दयति स्म मानिनी । अकृत्रिमप्रेमरसाहितैर्मनो हरन्ति रामाः कृतकैरपीहितैः ॥ ८९ ॥ तिरोहितान्तानि नितान्तमाकुलैरपां विगाहादलकैः प्रसारिभिः । ययुर्वधूनां वदनानि तुल्यतां

१ वापी. २ किरणैः. ३ सूर्यः.

द्विरेफवृन्दान्तरितैः सरोरुहैः ॥ ९० ॥ करौ धुनाना नवपल्लवाकृती पयस्यगाधे किल जातसंभ्रमा । सखीषु निर्वाच्यमधार्ष्ट्यदूषितं प्रियाङ्गसंश्लेषमवाप मानिनी ॥ ९१ ॥ प्रियैः सलीलं करवारिवारितः प्रवृद्धनिःश्वासविकम्पितस्तनः । सविभ्रमाधूतकराग्रपल्लवो यथार्थतामाप विलासिनीजनः ॥ ९२ ॥ उदस्य धैर्यं दयितेन सादरं प्रसादितायाः करवारिवारितम् । मुखं निमीलन्नयनं नतभ्रुवः श्रियं सपत्नीवदनादिवाददे ॥ ९३ ॥ विहस्य पाणौ विधृते धृताम्भसि प्रियेण वध्वा मदनार्द्रचेतसः । सखीव काञ्ची पयसा घनीकृता बभार वीतोच्चयबन्धमंशुकम् ॥ ९४ ॥ निरञ्जने साचिविलोकितं दृशावयावकं वेपथुरोष्ठपल्लवम् । नतभ्रुवो मण्डयति स्म विग्रहे बलिक्रिया चातिलकं तदास्पदम् ॥९५॥ निमीलदाकेकरलोलचक्षुषां प्रियोपकण्ठं कृतगात्रवेपथुः । निमज्जतीनां श्वसितोद्धतस्तनः श्रमो नु तासां मदनो नु पप्रथे ॥ ९६ ॥ प्रियेण सिक्ता चरमं विपक्षतश्चुकोप काचिन्न तुतोष सान्त्वनैः । जनस्य रूढप्रणयस्य चेतसः किमप्यमर्षोऽनुनये भृशायते ॥ ९७ ॥ अञ्जलौ जलमधीरलोचना लोचनप्रतिशरीरलाञ्छितम् । आत्तमात्तमपि कान्तमुक्षितुं कातरा शफरशङ्किनी जहौ ॥ ९८ ॥ निम्ननाभिकुहरेषु यदम्भः प्लावितं चलदृशां लहरीभिः । तद्भवैः कुहुरुतैः सुरनार्यः स्मारिताः सुरतकण्ठरुतानाम् ॥ ९९ ॥ संक्षोभं पयसि पुनर्महेभकुम्भश्रीभाजा कुचयुगलेन नीयमाने । विश्लेषं युगमगमद्रथाङ्गनाम्नोरुद्वृत्तः क इव सुखावहः परेषाम् ॥ १०० ॥ किं तावत्सरसि सरोजमेतदारादाहोस्विन्मुखमवभासते तरुण्याः । संशय्य क्षणमिति निश्चिकाय कश्चिद्विब्बोकैर्बकसहवासिनां परोक्षैः ॥ १०१ ॥ योग्यस्य त्रिनयनलोचनानलार्चिर्निर्दग्धस्मरपृतनाधिराज्यलक्ष्म्याः । कान्तायाः करकलशोद्यतैः पयोभिर्वक्त्रेन्दोरकृत महाभिषेकमेकः ॥ १०२ ॥ पर्यच्छे सरसि हृतेऽशुके पयोभिर्लोलाक्षे सुरतगुरावपत्रपिष्णोः । सुश्रोण्या दलवसनेन वीचिहस्तन्यस्तेन द्रुतमकृताब्जिनीसखित्वम् ॥ १०३ ॥ नारीभिर्गुरुजघनस्थलाहतानामासन्नश्रीविजितविकासिवारिजानाम् । लोलत्वादपहरतां तदङ्गरागं संजज्ञे स कलुष आशयो जलानाम् ॥ १०४ ॥ सौगन्ध्यं दधदपि काममङ्गनानां दूरत्वाद्गतमहमाननोपमानम् । नेदीयो जितमिति लज्जयेव तासामालोले पयसि महोत्पलं ममज्ज ॥ १०५ ॥ प्रभ्रष्टैः सरभसमम्भसोऽवगाहक्रीडाभिर्विदलितयूथिकापिशङ्गैः । आकल्पैः सरसि हिरण्मयैर्वधूनामौर्वाग्निद्युतिशकलैरिव व्यराजि ॥ १०६ ॥ आस्नाकी युवतिदृशामसौ तनोति च्छायैव श्रियमनपायिनीं किमेभिः । मत्वैवं स्वगुणपिधानसाभ्यसूयैः पानीयैरिति विदधाविरेऽञ्जनानि ॥ १०७ ॥ निर्धौते सति हरिचन्दने जलौघैरापाण्डोर्गतपरभागयाङ्गनायाः । अह्नाय स्तनकलशद्वयादुपेये विच्छेदः सहृदययेव हारयष्ट्या ॥ १०८ ॥ अन्यूनं गुणममृतस्य धारयन्ती संफुल्लस्फुरितसरोरुहावतंसा । प्रेयोभिः सह सरसी निषेव्यमाणा रक्तत्वं व्यधित वधूदृशां सुरेव ॥ १०९ ॥ स्नान्तीनां बृहदमलोदबिन्दुचित्रौ रेजाते रुचिरदृशामुरोजकुम्भौ । हाराणां मणिभिरुपाश्रितौ समन्तादुत्सूत्रैर्गुणवदुपघ्नकाम्ययेव ॥ ११० ॥ आरूढः पतित इति स्वसंभवोऽपि स्वच्छानां परिहरणीयतामुपैति । कर्णेभ्यश्च्युतमसितोत्पलं वधूनां वीचीभिस्तटमनुयन्निरासुरापः ॥ १११ ॥ दन्तानामधरमयावकं पदानि प्रत्यग्रास्तनुमविलेपनां नखाङ्काः । आनिन्युः श्रियमधितोयमङ्गनानां शोभायै विपदि सदाश्रिता भवन्ति ॥ ११२ ॥ कस्याश्चिन्मुखमनु धौतपत्रलेखं व्यातेने सलिलभरावलम्बिनीभिः । किञ्जल्कव्यतिकरपिञ्जरान्तराभिश्चित्रश्रीरलमलकाग्रवल्लरीभिः ॥ ११३ ॥ अविरलमिदमम्भः स्वेच्छयोच्छालयन्त्या विकचकमलशोभोत्तानहस्तद्वयेन । परिकलित इवार्घः कामबाणातिथिभ्यः सलिलमिव वितीर्णं बाललीलासुखेभ्यः ॥ ११४ ॥ जलविलुलितवस्त्रव्यक्तनिम्नोन्नताभिः परिगततटभूमिस्नानमात्रोत्थिताभिः । कनकरुचिरकुम्भश्रीमदाभोगतुङ्गस्तनविनिहितहस्तस्वस्तिकाभिर्वधूभिः ॥ ११५ ॥ एतस्याः करिकुम्भसंनिभकुचप्राग्भारपृष्ठे लुठद्भृङ्गागर्भगजेन्द्रमौक्तिकसरश्रेणीमनोहारिणि । दूरादेत्य तरङ्ग एष पतितो वेगाद्विलीनः कथं को वान्योऽपि विलीयते न सरसः सीमन्तिनीसंगमे ॥ ११६ ॥

प्रपापालिका ॥ यथोर्ध्वाक्षः पिबत्यम्बु पथिको विरलाङ्गुलिः । तथा प्रपापालिकापि धारां वितनुते तनुम् ॥ ११७ ॥ अङ्गुल्यग्रनिरोधतस्तनुतरां धारामियं कुर्वती कर्कर्या नितरां पयोनिपुणिका दातुं प्रपापालिका । विश्लिष्टाङ्गुलिना करेण दशनापीडं शनैः पान्थ हे निस्पन्दोर्ध्वविलोचनस्त्वमपि हा जानासि पातुं पयः ॥ ११८ ॥ दूरादेव कृतोऽञ्जलिर्न तु पुनः पानीयपानोचितो रूपालोकनकौतुकात्प्रचलितो मूर्धा न शान्त्या तृषः । रोमाञ्चोऽपि निरन्तरं प्रकटितः प्रीत्या न शैत्यादपामक्षुण्णो विधिरध्वगेन विहितो वीक्ष्य प्रपापालिकाम् ॥ ११९ ॥ गन्तुं सत्वरमीहसे यदि पुनर्व्यालोलवेणीलतां द्रष्टुं वा स्वकुटुम्बिनीमनुदिनं कान्तां समुत्कण्ठसे । तत्तुष्यन्नपि मुग्धमन्थरवलन्नेत्रान्तरुद्धाध्वगा-

१ सूक्ष्माम्.

मेतां दूरत एव हे परिहर भ्रातः प्रपापालिकाम् ॥ १२० ॥ मध्याह्नेऽतिखरे निदाघसमये तापेऽध्वनो वर्तते शीते कुञ्जतटे विचित्रविटपे भोः पान्थ विश्रम्यताम् । एकाकी च भवानहं च तरुणी शून्या प्रपा वर्तते लज्जेऽहं ब्रुवती स्वयं च चतुरो जानासि कालोचितम् ॥ १२१ ॥ कस्येयं तरुणि प्रपा पथिक नः किं पीयतेऽस्यां पयो धेनूनामथ माहिषं पथिक रे वीरः कथं मङ्गलः । सोमो वाथ शनैश्चरोऽमृतमिदं तत्तेऽधरे दृश्यते भो भोः पान्थ विलाससुन्दर सखे यद्रोचते तत्पिब ॥ १२२ ॥ मध्याह्नं गमय त्यज श्रमजलं स्थित्वा पयः पीयता मा शून्येति विमुञ्च पान्थ विवशः शीतः प्रपामण्डपः । तामेव स्मर घस्मरस्मरशरत्रस्तां निजप्रेयसीं त्वच्चित्तं तु न रञ्जयन्ति पथिक प्रायः प्रपापालिकाः ॥ १२३ ॥

ग्रीष्मवायवः ॥ आध्मातोद्धतदाववह्निसुहृदः कीर्णोष्णरेणूत्कराः संतप्ताध्वगमुक्तखेदविषमश्वासोष्णसंवादिनः । तृष्णार्ताजगरायतास्यकुहरक्षिप्रप्रवेशोत्कटा भ्रूभङ्गैरिव तर्जयन्ति पवना दग्धस्थलीकज्जलैः ॥ १२४ ॥ कारञ्जीं कुञ्जयन्तो निजजरठरवव्यञ्जितात्तीरकोशानुत्पाकान्कृष्णलानां पृथुसुषिरगताञ्शिम्बिकान्पाटयन्तः । झिल्लीकाझल्लरीणां बधिरितककुभं झंकृतं खे क्षिपन्तः सिञ्जानाश्वत्थपत्रप्रकरझणझणाराविणो वान्ति वाताः ॥ १२५ ॥ व्योमव्यालोलमुक्ताफलधवलगलद्बिन्दुसंदोहगर्भानम्भोदान्भर्त्सयित्वा दिशि दिशि भुवने भीतिमुद्भावयन्तः । एते रक्षोमृगाक्षीगतललितमदक्षोभसंरम्भरूक्षा वाताः पातालकुक्षिस्थितमपि सलिलं तत्क्षणाद्भक्षयन्ति ॥ १२६ ॥

ग्रीष्मपथिकाः ॥ सर्वाशारुधि दग्धवीरुधि सदा सारङ्गबद्धक्रुधि क्षामक्ष्मारुहि मन्दमुन्मधुलिहि स्वच्छन्दकुन्दद्रुहि । शुष्यत्स्रोतसि तप्तभूमिरजसि ज्वालायमानार्णसि ग्रीष्मे मासि ततार्कतेजसि कथं पान्थ व्रजञ्जीवसि ॥१२७॥ वाताकीर्णविशीर्णवीरणतृणश्रेणीझणत्कारिणि ग्रीष्मे सोष्मणि चण्डसूर्यकिरणप्रक्वथ्यमानाम्भसि । चित्तारोपितकामिनीमुखशशिज्योत्स्नाहृतक्लान्तयो मध्याह्नेऽपि सुखं प्रयान्ति पथिकाः स्वं देशमुत्कण्ठिताः ॥ १२८ ॥ ग्रीष्मोष्मप्लोषशुष्यत्पयसि बकभयोद्भ्रान्तपाठीनभाजि प्रायः पङ्कैकमात्रं गतवति सरसि स्वल्पतोये लुठित्वा । कृत्वा कृत्वा जलार्द्रीकृतमुरसि जरत्कर्पटार्धं प्रपायां तोयं जग्ध्वापि पान्थः पथि वहति हहाहेति कुर्वन्पिपासुः ॥ १२९ ॥ भ्राम्यच्चीत्कारचक्रभ्रमभरितघटीयन्त्रचक्रप्रमुक्तस्रोतःपूर्णप्रणालीपथसरणिशिरासारि सात्कारि वारि । कौपं पान्थाः प्रकामं शितमणिमुसलाकारविस्फारधारं विक्षिप्तक्षुण्णमुक्ताकणनिकरनिभासारपातं पिबन्ति ॥ १३० ॥

१ पानीयशालिका. २ जलम्; (पक्षे) क्षीरम्. ३ जलानि; (पक्षे) सोमादिवासरः. ४ उदकम्; (पक्षे) पीयूषम्.

वर्षावर्णनम्.

चलद्बलाकादशनाभिरामः परिस्रवद्वारिमदाम्बुधारः । आहन्यमानस्तडिदङ्कुशेन स्मरस्य दध्वान घनद्विपेन्द्रः ॥१॥ या कामिनी सा यदि मानिनी स्यात्स्मरस्य राज्ञो ह्यपराधिनी स्यात् । इतीव दण्डैः किमु ताड्यतेऽसौ कादम्बिनी कामनृपस्य ढक्का ॥ २ ॥ चन्द्रबिम्बरविबिम्बतारकामण्डलानि घनमेघडम्बरैः । भक्षितानि जलदोदरेषु तद्रोदनध्वनिरिवैष गर्जितम् ॥ ३ ॥ निद्रितस्य बत शम्बरद्विषो जागराय किमु वारिवाहकः । ऊर्जितं दधदतीव गर्जितं संभ्रमन्नभसि संभ्रमाद्ययौ ॥ ४ ॥

वर्षासमयस्वभावाख्यानम् ॥ शीतलादिव संत्रस्तं प्रावृषेण्यान्नभस्वतः । नभो बभार नीरन्ध्रं जीमूतकुलकम्बलम् ॥ ५ ॥ स्फुरन्तः पिङ्गलाभासो धरण्यामिन्द्रगोपकाः । सरक्तवान्तपान्थस्त्रीजीवा इव चकाशिरे ॥ ६ ॥ पतत्यविरतं वारि नृत्यन्ति च कलापिनः । अद्य कान्तः कृतान्तो वा दुःखस्यान्तं करिष्यति ॥ ७ ॥ उत्कण्ठयति मेघानां माला वर्गं कलापिनाम् । यूनां चोत्कण्ठयत्यद्य मानसं मकरध्वजः ॥ ८ ॥ अस्थिरमनेकरागं गुणरहितं नित्यदुःप्रापम् । प्रावृषि सुरेन्द्रचापं विभाव्यते युवतिचित्तमिव ॥ ९ ॥ नन्दयति कस्य न मनः सबलैर्घनधूलिधूसरच्छायैः । आक्रम्य पुत्रकैरिव मलिनीकृतमम्बरं जलदैः ॥१०॥ आयाताः सखि वर्षा वर्षादपि यासु वासरो दीर्घः । दिशि दिशि नीरतरङ्गो नीरतरङ्गो ममापि हृदयेशः ॥ ११ ॥ गर्जति वारिदपटले वर्षति नयनारविन्दमबलायाः । भुजवल्लिमूलसेके विरहलता पल्लवं सूते ॥१२॥ अतिशयितकदम्बोऽयं मोदकदम्बानिलो वहति । वियदम्बुदमेदुरितं मे दुरितं पश्य नागतो दयितः ॥ १३ ॥ शमयति जलधारधारा चातकयूनां तृषं चिरोपनताम् । क्षपयति च वधूलोचनजलधारा कामिनां प्रवासरुचिम् ॥ १४ ॥ आस्वाद्य निर्विशेष विरहिवधूनां मृदूनि मांसानि । करकामिषेण मन्ये निष्ठीवति नीरदोऽस्थीनि ॥ १५ ॥ वर्षासु जाता नवयौवनश्रीराशावधूः प्रौढपयोधराभूत् । पुष्पोद्गमोऽजायत मालतीनां बभूवुरस्पृश्यतमास्तटिन्यः

१ ऊर्ध्वं कण्ठो यस्य तादृशं करोति. २ मयूराणाम्. ३ विरतसुरतरागः. ४ मेघः; (पक्षे) निर्गता रदा दन्ता यस्य. दन्तानामभावादस्थिचर्वणासमर्थः संस्त्यजतीति भावः.

॥१६॥ वसन्तविश्लेषमपारयन्त्या भुवो निदाघस्मरतापशान्त्यै। आशावयस्याभिरुदाहियन्ते पयोदनीलोत्पलपल्लवानि ॥ १७ ॥ घनोद्यमे गाढतमेऽन्धकारे न कोऽपि निर्णेतुमहः शशाक। स्पृशन्मुहुः किंतु करेण नाभीसरोजमाभीरकुलाधिनाथः ॥ १८ ॥ कामेन कामं प्रहिता जवेन प्रावृट् चचाल त्रिजगद्विजेतुम्। किं चन्द्रबिम्बं दधि भक्षयन्ती संधारयन्ती हरितः शुभाय ॥ १९ ॥ निरीक्ष्य विद्युन्नयनैः पयोदो मुखं निशायामभिसारिकायाः। धारानिपातैः सह किं नु वान्तश्चन्द्रोऽयमित्यार्ततरं ररास ॥ २० ॥ सजलजलधरं नभो विरेजे विवृतिमियाय रुचिस्तडिल्लतानाम्। व्यवहितरतिविग्रहैर्वितेने जलगुरुभिः स्तनितैर्दिगन्तरेषु ॥ २१ ॥ परिसुरपतिसूनुधाम सद्यः समुपदधन्मुकुलानि मालतीनाम्। विरलमपजहार बद्धबिन्दुः सरजसतामवनेरपां निपातः॥२२॥ प्रतिदिशमभिगच्छताभिमृष्टः ककुभविकाससुगन्धिनानिलेन। नव इव विबभौ स चित्तजन्मा गतधृतिराकुलितश्च जीवलोकः ॥ २३ ॥ व्यथितमपि भृशं मनो हरन्ती परिणतजम्बुफलोपभोगहृष्टा। परभृतयुवतिः स्वनं वितेने नवनवयोजितकण्ठरागरम्यम् ॥ २४ ॥ अभिभवति मनः कदम्बवायौ मदमधुरे च शिखण्डिनां निनादे। जन इव न धृतेश्चचाल जिष्णुर्नहि महतां सुकरः समाधिभङ्गः ॥ २५ ॥ धृतबिसवलयावलिर्वहन्ती कुमुदवनैकदुकूलमात्तबाणा। शरदमलतले सरोजपाणौ घनसमयेन वधूरिवालम्बे ॥ २६ ॥ समदशिखिरुतानि हंसनादैः कुमुदवनानि कदम्बपुष्पवृष्ट्या। श्रियमतिशयिनीं समेत्य जग्मुर्गुणमहतां महते गुणाय योगः ॥ २७ ॥ सरजसमपहाय केतकीनां प्रसवमुपान्तिकनीपरेणुकीर्णम्। प्रियमधुरसनानि षट्पदाली मलिनयति स्म विनीलबन्धनानि ॥ २८ ॥ मुकुलितमतिशय्य बन्धुजीवं धृतजलबिन्दुषु शाद्वलस्थलीषु। अविरलवपुषः सुरेन्द्रगोपा विकचपलाशचयश्रियं समीयुः ॥२९॥ रटतु जलधरः पतन्तु धासः स्फुरतु तडिन्मरुतोऽपि वान्तु शीताः। इयमुरसि महौषधीव कान्ता निखिलभयप्रतिघातिनी स्थिता मे ॥३०॥ स्फुरदधीरतडिन्नयना मुहुः प्रियमिवागलितोरुपयोधरा। जलधरावलिरप्रतिपालितस्वसमयासमयाज्जगतीधरम् ॥३१॥ गजकदम्बकमेचकमुच्चकैर्नभसि वीक्ष्य नवाम्बुदमम्बरे। अभिससार न वल्लभमङ्गना न चकमे च कमेकरसं रहः॥३२॥ अनुययौ विविधोपलकुण्डलद्युतिवितानकसंवलितांशुकम्। धृतधनुर्वलयस्य पयोमुचः शबलिमा वलिमानमुषो वपुः ॥ ३३ ॥ द्रुतसमीरचलैः क्षणलक्षितव्यवहिता विटपैरिव मञ्जरी। नवतमालनिभस्य नभस्तरोरचिररोचिररोचत वारिदैः॥३४॥ पटलमम्बुमुचां पथिकाङ्गना सपदि जीवितसंशयमेष्यती। सनयनाम्बुसखीजनसंभ्रमाद्विधुरबन्धुरबन्धुरमैक्षत ॥ ३५ ॥ प्रवसतः सुतरामुदकम्पयद्विदलकन्दलकम्पनलालितः। नमयति स्म वनानि मनस्विनीजनमनोनमनो घनमारुतः ॥ ३६ ॥ जलदपङ्क्तिरनर्तयदुन्मदं कलविलापि कलापिकदम्बकम्। कृतसमार्जनमर्दलमण्डलध्वनिजया निजया स्वनसंपदा ॥३७॥ नवकदम्बरजोरुणिताम्बरैरधिपुरंध्रि शिलीन्ध्रसुगन्धिभिः। मनसि रागवतामनुरागिता नवनवा वनवायुभिरादधे ॥ ३८ ॥ शमिततापमपोढमहीरजः प्रथमबिन्दुभिरम्बुमुचोऽम्भसाम्। प्रविरलैरचलाङ्गनसङ्गनाजनसुगं न सुगन्धि न चक्रिरे ॥ ३९ ॥ द्विरददन्तवलक्षमलक्ष्यत स्फुरितभृङ्गमृगच्छवि केतकम्। घनघनौघविघट्टनया दिवः कृशशिखं शशिखण्डमिव च्युतम् ॥ ४० ॥ दलितमौक्तिकचूर्णविपाण्डवः स्फुरितनिर्झरशीकरचारवः। कुटजपुष्पपरागकणाः स्फुटं विदधिरे दधिरेणुविडम्बनाम्॥४१॥ नवपयःकणकोमलमालतीकुसुमसंततिसंततसङ्गिभिः। प्रचलितोडुनिभैः परिपाण्डिमा शुभरजोभरजोऽलिभिराददे ॥४२॥ निजरजः पटवासमिवाकिरद्धृतपटोपमवारिमुचां दिशाम्। प्रियवियुक्तवधूजनचेतसामनवनी नवनीपवनावलिः ॥४३॥ प्रणयकोपभृतोऽपि पराङ्मुखाः सपदि वारिधरारवभीरवः। प्रणयिनः परिरब्धुमथाङ्गना ववलिरे वलिरेचितमध्यमाः॥४४॥ विगतरागगुणोऽपि जनो न कश्चलति वाति पयोदनभस्वति। अभिहितेऽलिभिरेवमिवोच्चकैरननृते ननृते नवपल्लवैः॥४५॥ प्रौढमौक्तिकरुचः पयोमुचां बिन्दवः कुटजपुष्पबन्धवः। विद्युतां नभसि नाट्यमण्डले कुर्वते स्म कुसुमाञ्जलिश्रियम् ॥ ४६ ॥ महीमण्डलीमण्डपीभूतपाथोधरारब्धहर्षासु वर्षासु सद्यः। कदम्बे प्रसूनं प्रसूने मरन्दो मरन्दे मिलिन्दो मिलिन्दे मदोऽभूत् ॥ ४७ ॥ उन्निद्रकन्दलदलान्तरलभ्यमानगुञ्जन्मदान्धमधुपे घनमेघकाले। स्वप्नेऽपि यः प्रवसति प्रविहाय कान्तां तस्मै विषाणरहिताय नमो वृषाय ॥ ४८ ॥ घनसमयमहीभृत्पत्तनस्याम्बरस्य त्रिभुवनपतिचापं गोपुरत्वं प्रपेदे। अपि विरसवचोभिः प्राप्तपङ्काभिषेकाः कुकवय इव भेकाः खेदयन्ति स्म लोकान् ॥ ४९ ॥ घनतरघनवृन्दच्छादिते व्योम्नि लोके सवितुरथ हिमांशोः संकथैव व्यरंसीत्। रजनिदिवसभेदं मन्दवाताः शशंसुः कुमुदकमलगन्धानाहरन्तः क्रमेण ॥ ५० ॥ घनतरघनवृन्दच्छादिते व्योम्नि लोके सवितुरथ हिमांशोः संकथैव व्यरंसीत्। विरहमनुभवन्ती संगमं चापि भर्त्रा रजनिदिवसभेदं चक्रवाकी शशंस

१ भगवान्पद्मनाभः. २ आक्रन्दनं कृतवान्.

॥ ५१ ॥ अथ नभसि निरीक्ष्य व्याप्तदिक्चक्रवालं सजल-
जलदजालं प्राप्तहर्षप्रकर्षः । विहितविपुलबर्हाडम्बरो नील-
कण्ठो मदमृदुकलकण्ठो नाट्यमङ्गीचकार ॥ ५२ ॥ अ-
भिनववयवसश्रीशालिनि क्ष्मातलेऽस्मिन्नतिशयपरभागं भेजिरे
जिष्णुगोपाः । कुवलयशयनीये मुग्धमुग्धेक्षणाया मणय इव
विमुक्ताः कामकेलिप्रसङ्गात् ॥ ५३ ॥ मलिनहुतभुग्धूम-
श्यामैर्दिशो मलिना घनैरविरलतृणश्यामा भूमिर्नवोद्गतक-
न्दलैः । सुरतसुभगो नूनं कालः स एष समागतो मरण-
शरणा यस्मिन्नेते भवन्ति वियोगिनः ॥ ५४ ॥ क्षैपां क्षी-
भीकृत्य प्रसभमपहृत्याम्बु सरितां प्रताप्योर्वीं कृत्स्नां तरुगह-
नमुच्छोष्य सकलम् । क्व संप्रत्युष्णांशुर्गत इति तदन्वेषण-
परास्तडिद्दीपालोका दिशि दिशि चरन्तीव जलदाः ॥५५॥
मेघाटोपैः स्तनितसुभगं वीक्ष्य खं हस्तिदन्तैः कृत्वा भित्ती-
नुपरिसदनं चामरैश्छादयित्वा । कर्पूरैस्ता मृगमदरसैर्भूमि-
मालिप्य शेते सैंहे चर्मण्युरसि दयिताबाहुरूढः पुलिन्दः
॥ ५६ ॥ उपैति घनमण्डली नदति नीलकण्ठावली तडि-
ल्लसति सर्वतो वहति केतकीमारुतः । इतोऽपि यदि नागतः
प्रियतमो नु मन्येऽधुना दधाति मकरध्वजस्त्रुटितशिञ्जिनीकं
धनुः ॥ ५७ ॥ दिशां हाराकाराः शमितशमभाराः शमव-
तामसूचीसंचाराः कृतमदविकाराश्च शिखिनाम् । हृताध्व-
व्यापारास्तुहिनकणसारा विरहिणीमनःकीर्णाङ्गाराः किरति
जलधारा जलधरः ॥ ५८ ॥ देवे वर्षत्यशनपवनव्यापृता व-
ह्निहेतोर्गेहाद्गेहं फलकनिचितैः सेतुभिः पङ्कभीताः । नीध्र-
प्रान्तानविरलजलान्पाणिमिस्ताडयित्वा शूर्पच्छत्रस्थगितशि-
रसो योषितः संचरन्ति ॥ ५९ ॥ आकर्ण्य स्मरयौवराज्य-
पटहं जीमूतधीरध्वनिं नृत्यत्केकिकुटुम्बकस्य दधतं मन्द्रां
मृदङ्गक्रियाम् । उन्मीलन्नवनीलकन्दलदलव्याजेन रोमाञ्चिता
हर्षेणेव समुत्थिता वसुमती दध्रे शिलीन्ध्रध्वजान् ॥ ६० ॥
वज्रेण त्रिजगत्पतेर्बलरिपोरच्छिन्नपक्षाः पुरा ये भीता निम-
मज्जुरब्धिजठरे तांल्लूनपक्षान्गिरीन् । आश्वास्य व्रणदुःखजां
क्षमयितुं तेषामुदग्रव्यथामुत्तस्थुर्जलदच्छलेन जलधेरूर्ध्वे-
ऽम्भसः पर्वताः ॥ ६१ ॥ मन्दं मुद्रितपांशवः परिपतज्झं-
कारिझञ्झामरुद्वेगध्वस्तकुटीरकाम्रनिपतच्छिद्रेषु लब्धान्तराः ।
कर्मव्यग्रकुटुम्बिनीकुचतटस्वेदच्छिदः प्रावृषः प्रारम्भे निप-
तन्ति कन्दलदलोल्लासाः पयोबिन्दवः ॥ ६२ ॥ किंचिन्मु-
द्रितपांशवः शिखिकुलैरुत्कण्ठमालोकिता जीर्णावासरुदद्दरि-
द्रगृहिणीश्वासानिलैर्जर्जराः । एते ते निपतन्ति नूतनघन-
प्रावृड्भरारम्भिणो विच्छायीकृतविप्रयुक्तवनितावक्त्रेन्दवो
बिन्दवः ॥ ६३ ॥ काले नीलबलाहके सतडिति प्रीतिप्रदे
बर्हिणामाश्चर्यं कथयामि वः शृणुत भो यद्वृत्तमस्मद्गृहे ।
सौभाग्यव्ययशङ्कयैकशयने कान्ताप्रियाभ्यामहो मानिभ्यां
बत रात्रिमेव सकलां चीर्णं प्रवासिव्रतम् ॥ ६४ ॥ उत्फुल्ला-
र्जुनसर्जवासितवहत्पौरस्त्यझञ्झानिलप्रेङ्खोलत्स्खलितेन्द्रनील-
शकलस्निग्धाम्बुदश्रेणयः । धारासिक्तवसुंधरासुरभयः प्रा-
प्तास्त एवाधुना घर्माम्भोविगमागमव्यतिकरश्रीवाहिनो वा-
सराः ॥ ६५ ॥ आच्छन्ने क्षितितेजसी मनसिजव्यापारमेयं
मनः स्वात्मा च द्वयमेतदस्ति दशमं द्रव्यं परेषां तमः ।
कालाकाशदिशां निरस्तमधुना नामापि वर्षागमे द्रव्यं वारि
गुणश्च वारिदरवः कर्मापि वारिक्रिया ॥ ६६ ॥ आसारेण
न हर्म्यतः प्रियतमैर्यातुं बहिः शक्यते शीतोत्कम्पनिमित्त-
मायतदृशा गाढं समालिङ्ग्यते । जालैः शीकरशीतलैश्च म-
रुतो रत्यन्तखेदच्छिदो धन्यानां बत दुर्दिनं सुदिनतां याति
प्रियासंगमे ॥ ६७ ॥ उद्योगः क्षयमेति हन्त सहसा जाड्यं
समुज्जृम्भते मित्रस्यापि च दर्शनं भवति नो किंवान्यदाच-
क्ष्महे । यल्लोकस्पृहणीयतां गतमभूत्तज्जीवनं व्यर्थतां प्राप्तं
येन दुनोति तन्मम मनो दुर्दैववद्दुर्दिनम् ॥ ६८ ॥ सर्व-
त्रोद्गतकन्दला वसुमती वृद्धिर्जलानां परा जातं निष्कमलं
जगत्सुमलिनैर्लब्धा घनैरुन्नतिः । सर्पन्ति प्रतिमन्दिरं द्विर-
सनाः संत्यक्तमार्गो जनो वर्षाणां च कलेश्च संप्रति जय-
त्येकैव राज्यस्थितिः ॥ ६९ ॥ नैतद्वारिदगर्जितं रतिपतिः
प्रस्थानढक्कारवो नैते वारिधराः स्रवन्मदजलास्तत्सिन्धुरा-
प्रोद्धुराः । नैषा विद्युदियं विभाति रुचिरा तच्चन्द्रहासप्रभा
मन्ये मानिनि मानदुर्गमधुना जेतुं किमायात्यसौ ॥ ७० ॥
दृष्ट्वाडम्बरमम्बरे घनकृतं सौदामिनीनर्तकीनृत्यारम्भमृदङ्ग-
मङ्गलरवं श्रुत्वा च तद्गर्जितम् । पुष्प्यत्पुष्पभरानताङ्गणत-
रुस्कन्धावसद्वायसक्काणाकर्णनसोत्सवप्रियतमं पान्था ययु-
र्मन्दिरम् ॥ ७१ ॥ सद्मन्येव निरन्तरं निवसतिर्मित्राद्यना-
लोकनं पन्थाः पङ्कसमाकुलः कलुषता वारां सदा दुर्दि-
नम् । एवं यद्यपि दूषणानि तदपि स्वर्भूजनोल्लासकृत्सस्यो-
त्पत्तिनिमित्तकैगुणतः प्रावृट् प्रपेदे यशः ॥ ७२ ॥

दोलाकेलिः ॥ सौकर्यमिन्दीवरलोचनानां दोलासु
लोलासु यदुल्ललास । यदि प्रसादाल्लभते कवित्वं जानाति
तद्वर्णयितुं मनोभूः ॥ ७३ ॥ प्रसार्य पादौ विहितस्थि-
तीनां दोलासु लोलांशुकपल्लवानाम् । मनोरथानामपि यन्न
गम्यं तद्दृष्टुमापुः सुदृशां युवानः ॥ ७४ ॥ उन्नम्य दूरं
मुहुरानमन्त्यः कान्ताः श्लथीभूतनितम्बबिम्बाः । दोलावि-

१ रात्रिम्. २ कृशां कृत्वा. ३ तडिदेव दीपस्तस्यालोकः प्र-
काशस्तैः.

लासेन जितश्रमत्वात्प्रकर्षमापुः पुरुषायितेषु ॥ ७५ ॥ दृशा विदधिरे दिशः कमलराजिनीराजिताः कृता हसितरोचिषा हरति चन्द्रकावृष्टयः । अकारि हरिणीदृशः प्रबलदण्डकभ्र-स्फुरद्वपुर्विपुलरोचिषा वियति विद्युतां विभ्रमः ॥ ७६ ॥ प्रत्यासन्नमुखो कराम्बुजयुगप्रेङ्खोलिता प्रेङ्खिकामारुह्येयमुद-स्तहारलतिकाव्याविद्धतुङ्गस्तनी । दृष्टादृष्टमुखा गतागतवशा-दालोलमानांशुका तन्वङ्गी गगने करोति पुरतः शातह्रदं विभ्रमम् ॥ ७७ ॥

वर्षावायवः ॥ एते ते दुरतिक्रमक्रममिलद्धर्मोर्मिमर्म-च्छिदः कादम्बेन रजोभरेण ककुभो रुन्धन्ति झञ्झानिलाः । गाढारम्भनिगूढनीरदघटासंघट्टनीलीभवद्व्योमक्रोडकटाह-पातुकपयोवेणीकणग्राहिणः ॥ ७८ ॥ धाराधौतं धुनानाः शशधरधवलं केसरं केतकीनां कैलासे किंनरीणां चलदल-कलतालास्यलीलां दधानाः । आमूलं मानिनीनां मनसि विनिहितं मानमुन्मूलयन्तो वान्त्येते वारिवाहव्यतिकरशि-शिराः प्रावृषेण्याः समीराः ॥ ७९ ॥ गोकर्णे गाहमानाः पृथुतरपृषतग्राहिणः शंबरौघानाकर्षन्तो दिगन्तानपि चवि-दधतः कन्दलीसुप्रचारान् । एते धावन्ति वार्धश्रवसमुरुध-नुर्धारयन्तः समन्तादावृण्वन्तोऽभ्रवीथिं वनमिव शबरभ्रा-न्तिभाजोऽम्बुवाहाः ॥ ८० ॥

वर्षापथिकाः ॥ उपरि पयोधरमाला दूरे दयिता किमेतदापतितम् । हिमवति दिव्यौषधयः कोपाविष्टः फणी शिरसि ॥ ८१ ॥ उपरि घनं घनपटलं तिर्यग्गिरयोऽपि नर्तितमयूराः । क्षितिरपि कन्दलधवला दृष्टिं पथिकः क पातयतु ॥ ८२ ॥ किं गतेन यदि सा न जीवति प्राणिति प्रियतमा तथापि किम् । इत्युदीक्ष्य नवमेघमालिकां न प्र-याति पथिकः स्वमन्दिरम् ॥ ८३ ॥ शिखिनि कूजति गर्जति तोयदे स्फुटति जातिलताकुसुमाकरे । अहह पान्थ न जीवति ते प्रिया नभसि मासि न यासि गृहं यदि ॥८४॥ रसति तरुणीकेशश्यामे पयोभृति निर्भरं स्फुटति चपले वारंवारं क्षणद्युतितेजसि । उपगुरुजनं मन्ये दैन्यात्परा-ङ्मुखसुप्तया निभृतनिभृतं मन्दोच्छ्वासं तया बत रुद्यते ॥ ८५ ॥ निशीथे लीनानां झटिति तडितां वीक्ष्य विषयं घनानामाभोगं रसिकपथिकेनोन्मुखदृशा । न गीतं सो-त्कण्ठं न च रुदितमुत्कण्ठतरलं न मुक्ता निःश्वासाः स्फुरदनुमतं किं तु हृदयम् ॥ ८६ ॥ यथा रन्ध्रं व्योम्न-श्चलजलदधूमः स्थगयति स्फुलिङ्गानां रूपं दधति च यथा कीटमणयः । यथा विद्युज्ज्वालोल्लसितपरिपिङ्गाश्च ककुभस्तथा मन्ये लग्नः पथिकतरुखण्डे स्मरदवः ॥ ८७ ॥ बर्हीं रौति बका रटन्ति तडितो भ्राम्यन्त्यतिव्या-कुला विक्रोशन्ति घना घना च विलपत्युच्चैर्बलाकाव-लिः । आत्मानं मरुतः क्षिपन्ति सलिलासारः पतत्यग्रतो मुक्त्वा प्रावृषि साहसैकरसिके याति प्रियामध्वगे ॥ ८८ ॥ नृत्यच्चन्द्रकिणि क्वणन्मधुलिहि श्यामायमानक्षितौ वीरध्वान-पयोमुचि प्रविलसत्सौदामिनीदामनि । धाराम्भःकणवाहिशी-तमरुति प्राणान्पयोदागमे हा हा हासति मुग्धिका नववधू-रित्यध्वगः क्रन्दति ॥ ८९ ॥ श्रुत्वा बालमृगीविलोलनयना शब्दं घनानां पुरा भीत्या वक्षसि संश्रितापि निबिडं भूयः समालिङ्गति । या वक्त्रादपहृत्य रोपितवती कण्ठे ममैवा-ननं सा द्रक्ष्यत्यधुना कथं नु विरहे बाला पयोदावलीम् ॥ ९० ॥ रात्रौ वारिभरालसाम्बुदरवोद्विग्नेन जाताश्रुणा पान्थेनात्मवियोगदुःखपिशुनं गीतं तथोत्कण्ठया । आस्तां जीवितहारिणः प्रवसनालापस्य संकीर्तनं मानस्यापि जला-ञ्जलिः सरभसं लोकेन दत्तो यथा ॥ ९१ ॥ ग्रामेऽस्मिन्प-थिकाय पान्थ वसतिर्नैवाधुना दीयते रात्रावत्र विहारमण्ड-पतले पान्थः प्रसुप्तो युवा । तेनोद्गीय खलेन गर्जति घने स्मृत्वा प्रियां तत्कृतं येनाद्यापि करङ्कदण्डपतनाशङ्की जन-स्तिष्ठति ॥ ९२ ॥ भ्रातः पान्थ कुतो भवान्नगरतो वार्ता नवा वर्तते बाढं ब्रूहि युवा पयोदसमये त्यक्त्वा प्रियां जीवति । सत्यं जीवति जीवतीति कथिता वार्ता मयापि श्रुता विस्तीर्णा पृथिवी जनोऽपि विविधः किं किं न संभा-व्यते ॥ ९३ ॥ धीरं वारिधरस्य वारि किरतः श्रुत्वा निशीथे ध्वनिं दीर्घोच्छ्वासमुदश्रुणा विरहिणीं बालां चिरं ध्यायता । अध्वन्येन विमुक्तकण्ठकरुणं रात्रौ तथा क्रन्दितं ग्रामीणैः पुनरध्वगस्य वसतिर्ग्रामे निषिद्धा यथा ॥ ९४ ॥ भ्रातः पान्थ प्रसीद प्रतिविरम समुत्सृज्य बालासकाण्डे गन्तुं बाष्पाम्बुपूरप्लुतनयनमुखीं प्रेयसीं ते न युक्तम् । वृत्तं ग्रामे-ऽतिकष्टं यदिह गृहपतेः प्रोषितस्य प्रियाया मुक्ताक्रन्दांस्त-देतान्सलिलवितरणे निर्गतान्पश्य बन्धून् ॥ ९५ ॥ भद्रात्र ग्रामके त्वं वससि परिचयस्तेऽस्ति जानासि वार्तामस्मिन्न-ध्वन्यजाया जलधररसितोत्का न काचिद्विपन्ना । इत्थं पान्थः प्रवासावधिदिनविगमापायशङ्की प्रियायाः पृच्छन्वृत्तान्तमा-रात्स्थितनिजभवनोऽप्याकुलो न प्रयाति ॥ ९६ ॥

वर्षापथिककामिनी ॥ अदृष्टपूर्वमस्माभिर्यदेतद्दृश्य-तेऽधुना । विषं विषधरैः पीतं मूर्च्छिताः पथिकाङ्गनाः ॥ ९७ ॥ सखि हे पश्य रसमयं जलधरमयं समुन्नद्धम् । विलसति कापि बलाका कापि बलाका मुदं धत्ते ॥ ९८ ॥ शिशिरसीकरवाहिनि मारुते चरति शीतभयादिव सत्वरः ।

मनसिजः प्रविवेश वियोगिनीहृदयमाहितशोकहुताशनम् ॥ ९९ ॥ एष्यन्त्यवश्यमधुना हृदयाधिनाथा मुग्धा मुधा कुरुत मा विविधं विलापम्। इत्थं शशंसुरिव गर्जितकैतवेन पाथोधराः पथिकपङ्कजलोचनाभ्यः ॥ १०० ॥ आकर्णितानि रसितानि यया प्रसर्पत्प्रद्युम्नराजरथनिःस्वनसोदराणि। उच्चै रणच्चरणनूपुरया पुरन्ध्या क्षिप्रं प्रियं कुपितयापि तयाभिसस्रे ॥ १०१ ॥ प्रणतिभिरपि पत्युः प्रार्थनाभिश्च सख्याः क्षणमपि न मनस्तो मानिनी मानमौज्झत्। तमसमशरशस्त्रीभूतगानप्रकारः फणिनमिव शिखण्डी किं न खण्डीचकार ॥ १०२ ॥ नभसि जलदलक्ष्मीं सास्रया वीक्ष्य दृष्ट्या प्रवससि यदि कान्तेत्यर्धमुक्त्वा कथंचित्। मम पटमवलम्ब्य प्रोल्लिखन्ती धरित्रीं तदनु कृतवती सा यत्र वाचो निवृत्ताः ॥ १०३ ॥ विरमत घनाः किं वो वृष्ट्या मुधैव विसृष्टया व्रजत ककुभं कामप्यन्यां मनोरुचिरामतः। न तदिह वनं जासौ मार्गो न तच्च धरातलं विरहगलितैस्तन्व्या यन्न प्लुतं नयनाम्बुभिः ॥ १०४ ॥ प्रसरदलकाकीर्णे कर्णे न केकिरुतं श्रुतं श्वसितविजितो वातो घ्रातो न वा कुटजोत्कटः। न च परिचितासावासंपत्प्लुताश्रुणि लोचने तदपि किमपि प्रावृट्श्यामा धुनोति वियोगिनीः ॥ १०५ ॥ मेघैर्व्योम नवाम्बुभिर्वसुमती विद्युल्लताभिर्दिशो धाराभिर्गगनं वनानि कुटजैः पूरैर्वृता निम्नगाः। एकां घातयितुं वियोगविधुरां दीनां वराकीं स्त्रियं प्रावृट्काल हताश वर्णय कृतं मिथ्या किमाडम्बरम् ॥ १०६ ॥ वाता वान्तु कदम्बरेणुशबला नृत्यन्तु सर्पद्विषः सोत्साहा नववारिगर्भगुरवो मुञ्चन्तु नादं घनाः। मग्नां कान्तवियोगशोकजलधौ मां वीक्ष्य दीनाननां विद्युत्किं स्फुरसि त्वमप्यकरुणे स्त्रीत्वे समाने सति ॥ १०७ ॥ अम्भोवाहसुरद्विषो निवसनं ध्वान्ताद्रिदिव्यौषधी कन्दर्पस्य विलासचम्पकधनुर्वर्षालतामञ्जरी। लेखा व्योमकषोपले विरचिता चामीकरस्य स्फुरद्धाम्नः पान्थविलासिनीजनमनःकम्पाय शम्पाभवत् ॥ १०८ ॥ श्रुत्वा तन्व्या निशीथे नवघनरसितं विश्लथाङ्गं पतित्वा शय्यायां भूमिपृष्ठे करतलधृतया दुःखितालीजनेन। सोत्कण्ठं मुक्तकण्ठं कठिनकुचतटाघातशीर्णाश्रुबिन्दु स्मृत्वा स्मृत्वा प्रियस्य स्खलितमृदुवचो रुद्यते पान्थवध्वा ॥ १०९ ॥

खद्योतः ॥ प्राचीमहीधरशिलाविनिवेशितस्य धाराधरस्फुरदयोघनताडितस्य। तप्तायसस्य तपनस्य कणा विकीर्णाः खद्योतपोतसुषमां स्फुटमावहन्ति ॥ ११० ॥

हंसः ॥ तटमुपगतं पद्मे पद्मे निवेशितमाननं प्रतिपुटकिनीपत्रच्छायां मुहुर्मुहुरासितम्। मुहुरुपगतैरस्रैः कोष्णीकृता जलवीचयो जलदमलिनां हंसेनाशां विलोक्य पिपासता ॥ १११ ॥

शरद्वर्णनम्।

अहो बाणस्य संधानं शरदि स्मरभूपतेः। अपि सोऽयं त्विषामीशः कन्याराशिमुपागतः ॥ १ ॥ अपीतक्षीबकादम्बमसंसृष्टामलाम्बरम्। अप्रसादितसूक्ष्माम्बु जगदासीन्मनोरमम् ॥ २ ॥ अथोपगूढे शरदा शशाङ्के प्रावृड्ययौ शान्ततडित्कटाक्षा। कासां न सौभाग्यगुणोऽङ्गनानां नष्टः परिभ्रष्टपयोधराणाम् ॥ ३ ॥

शरत्समयस्वभावाख्यानम् ॥ दर्शयन्ति शरन्नद्यः पुलिनानि शनैः शनैः। नवसंगमसव्रीडा जघनानीव योषितः ॥ ४ ॥ एकेन चुलुकेनाब्धिर्निपीतः कुम्भजेन यत्। तस्योदयेऽन्तः कालुष्यं त्यजन्त्यापो भयादिव ॥ ५ ॥ पाथोदजालजटिलं मलिनं शरदङ्गना। अम्बरं धावयामास चन्द्रिकाचयवारिभिः ॥ ६ ॥ धन्याः शरदि सेवन्ते प्रोल्लसच्चित्रशालिकान्। प्रासादान्स्त्रीसखाः पौराः केदारांश्च कृषीवलाः ॥ ७ ॥ नमिताः फलभारेण न मिताः शालमञ्जरीः। केदारेषु हि पश्यन्तः के दारेषु विनिःस्पृहाः ॥ ८ ॥ हंसश्चन्द्र इवाभाति जलं व्योमतलं यथा। विमलाः कुमुदानीव तारकाः शरदागमे ॥ ९ ॥ राजीवमिव राजीवं जलं जलमिवाजनि। चन्द्रश्चन्द्र इवातन्द्रः शरत्समुदयोद्यमे ॥ १० ॥ काशाः क्षीरनिकाशा दधिशरवर्णानि सप्तपर्णानि। नवनीतनिभश्चन्द्रः शरदि च तक्रप्रभा ज्योत्स्ना ॥ ११ ॥ द्वयमिदमत्यन्तसमं नीचप्रभविष्णुता शरच्चेयम्। क्षेत्रेभ्यः प्राप्य फलं खलेषु निक्षिप्यते यस्याम् ॥ १२ ॥ अथ प्रसन्नेन्दुमुखी सिताम्बरा समाययावुत्पलपत्रलोचना। सपङ्कजा श्रीरिव गां निषेवितुं सहंसबालव्यजना शरद्वधूः ॥ १३ ॥ समुल्लसत्पङ्कजलोचनेन विनोदयन्ती तरुणानशेषान्। शुद्धाम्बरा गुप्तपयोधरश्रीः शरन्नवोढेव समाजगाम ॥ १४ ॥ पयोदकेशेषु विकृष्य रोषान्निष्कास्य सा कोकनदायताक्षी। वर्षावधूं खां श्रियमुन्नयन्ती प्रौढा सपत्नीव शरच्चकाशे ॥ १५ ॥ चन्द्रायते शुक्लरुचापि हंसो हंसायते चारुगतेन कान्ता। कान्तायते स्पर्शसुखेन वारि वारीयते स्वच्छतया विहायः ॥ १६ ॥ ऐन्द्रं धनुः पाण्डुपयोधरेण शरद्दधानार्द्रनखक्षताभम्। प्रमोदयन्ती सकलङ्कमिन्दुं तापं रवेरभ्यधिकं चकार ॥ १७ ॥ उपैति सस्यं परिणामरम्यतां नदीरनौद्धत्यमपङ्कता महीम्। नवैर्गुणैः संप्रति संस्तवस्थिरं तिरो-

१ मत्त.

हितं प्रेम घनागमश्रियः ॥ १८ ॥ पतन्ति नाखिन्विशदाः पतत्रिणो धृतेन्द्रचापा न पयोदपङ्क्तयः । तथापि पुष्णाति नभः श्रियं परां न रम्यमाहार्यमपेक्षते गुणम् ॥ १९ ॥ विपाण्डुभिर्म्लानतया पयोधरैश्च्युताचिराभागुणहेमदामभिः । इयं कदम्बानिलभर्तुरत्यये न दिग्वधूनां कृशता न राजते ॥ २० ॥ विहाय वाञ्छामुदिते मदात्ययादरक्तकण्ठस्य रुते शिखण्डिनः । श्रुतिः श्रयत्युन्मदहंसनिःस्वनं गुणाः प्रियत्वेऽधिकृता न संस्तवः ॥ २१ ॥ अमी पृथुस्तम्बभृतः पिशङ्गतां गता विपाकेन फलस्य शालयः । विकासि बप्राम्भसि गन्धसूचितं नमन्ति निघ्रातुमिवासितोत्पलम् ॥२२॥ विहारभूमेरभिघोषमुत्सुकाः शरीरजेभ्यश्च्युतयूथपङ्क्तयः । असक्तमूधांसि पयः क्षरन्त्यमूरुपायनानीव नयन्ति धेनवः ॥ २३ ॥ जगत्प्रसूतिर्जगदेकपावनी व्रजोपकण्ठं तनयैरुपेयुषी । द्युतिं समग्रां समितिर्गवामसावुपैति मन्त्रैरिव संहिताहुतिः ॥ २४ ॥ कृतावधानं जितबर्हिणध्वनौ सुरक्तगोपीजनगीतनिःस्वने । इदं जिघत्सामपहाय भूयसीं न सस्यमभ्येति मृगीकदम्बकम् ॥ २५ ॥ असावनास्थापरयावधीरितः सरोरुहिण्या शिरसा नमन्नपि । उपैति शुष्यन्कलभः सहाम्भसा मनोभुवा तप्त इवाभिपाण्डुताम् ॥ २६ ॥ अमी समुद्धृतसरोजरेणुना हृता हृतासारकणेन वायुना । उपागमे दुश्चरिता इवापदां गतिं न निश्चेतुमलं शिलीमुखाः ॥ २७ ॥ मुखैरसौ विद्रुमभङ्गलोहितैः शिखाः पिशङ्गीः कमलस्य बिभ्रती । शुकावलिर्व्यक्तशिरीषकोमला धनुःश्रियं गोत्रभिदोऽनुगच्छति ॥ २८ ॥ ददतमन्तरिताहिमदीधितिं खगकुलाय कुलायनिलायिताम् । जलदकालमबोधकृतं दिशामपरथाप रथाबयवायुधः ॥ २९ ॥ स विकचोत्पलचक्षुषमैक्षत क्षितिभृतोऽङ्कगतां दयितामिव । शरदमच्छगलद्वसनोपमाक्षमघनामघनाशनकीर्तनः ॥ ३० ॥ जगति नैशमशीतकरः करैर्वियति वारिदवृन्दमयं तमः । जलजराजिषु नैद्रमदिद्रवन्न महतामहताः क्व च नारयः ॥ ३१ ॥ समय एव करोति बलाबलं प्रणिगदन्त इतीव शरीरिणाम् । शरदि हंसरवाः परुषीकृतस्वरमयूरमयू रमणीयताम् ॥ ३२ ॥ तनुरुहाणि पुरोविजितध्वनेर्धवलपक्षविहङ्गमकूजितैः । जगलुरक्षमयेव शिखण्डिनः परिभवोऽरिभवो हि सुदुःसहः ॥ ३३ ॥ अनुवनं वनराजिवधूमुखे बहलरागजवाधरचारुणि । विकचबाणदलावलयोऽधिकं रुरुचिरे रुचिरेक्षणविभ्रमाः ॥३४॥ कनकभङ्गपिशङ्गदलैर्दधे सरजसारुणकेसरचारुभिः । प्रियविमानितमानवतीरुषां निरसनै रसनैरवृथार्थता ॥ ३५ ॥ मुखसरोजरुचं मदपाटलामनुचकार चकोरदृशां यतः । धृतनवातपमुत्सुकतामतो न कमलं कमलम्भयदम्भसि ॥ ३६ ॥ विगतसस्यजिघत्समघट्टयत्कलमगोपवधूर्न मृगव्रजम् । श्रुततदीरितकोमलगीतकध्वनिमिषेऽनिमिषेक्षणमग्रतः ॥३७॥ कृतमदं निगदन्त इवाकुलीकृतजगत्त्रयमूर्जमतङ्गजम् । ववुरयुक्छदगुच्छसुगन्धयः सततगास्ततगानगिरोऽलिभिः ॥ ३८ ॥ तीक्ष्णं रविस्तपति नीच इवाचिराढ्यः शृङ्गं रुरुस्त्यजति मित्रमिवाकृतज्ञः । तोयं प्रसीदति मुनेरिव चित्तवृत्तिः कामं दरिद्र इव शोषमुपैति पङ्कः ॥ ३७ ॥ आसादितप्रकटनिर्मलचन्द्रहासः प्रासः शरत्समय एष विशुद्धकान्तः । उत्खाय गाढतमसं घनकालमुग्रं रामो दशास्यमिव संभृतबन्धुजीवः ॥ ४० ॥ वृद्धाङ्गनेन विजहौ सरिदुद्धतत्वं वेदान्तिनामिव मनः शुचि नीरमासीत् । चन्द्रे प्रभा युवतिवक्त्र इवाद्भुताभूद्विद्वत्कवित्वमिव केकिरुतं न रेजे ॥ ४१ ॥ मधुमधुरिमभङ्गीं भेजिरे हंसनादास्तुहिनपटललीलां लेभिरे वारिवाहाः । क्षितिरभवदपङ्का किं च रोलम्बबालावलिकलितनलिन्यः शैवलिन्यस्तदासन् ॥ ४२ ॥ स्फुटं स्फुटपलाशवत्सुभगभासिचञ्चूपुटे विपाककपिशीकृताः कलममञ्जरीर्बिभ्रती । बभौ दिवि शुकावलिः कुवलयच्छविर्जङ्गमा स्वभावहृदयंगमा विबुधचापलक्ष्मीरिव ॥ ४३ ॥ अपाकृत्याशेषाण्यपि च घनजालानि परितस्तमोधूमस्तोमोद्भवमलिनिमानं च तदनु । शरच्चन्द्रः शिल्पी रतिपतिमुदेऽसौ निजकरैः सुधासंदोहार्द्रैर्भुवनभवनं पाण्डुरयति ॥४४॥ रम्यं हर्म्यतलं नवाः सुनयना गुञ्जद्द्विरेफा लताः प्रोन्मीलन्नवमालतीसुरभयो वाताः सचन्द्राः क्षपाः । यद्येतानि जयन्ति हन्त परितः शस्त्राण्यमोघानि मे तद्वोः कीदृगसौ विवेकविभवः कीदृक्प्रबोधोदयः ॥ ४५ ॥ अर्धे सुप्तो निशायाः सरभससुरतायाससन्नश्लथाङ्गः प्रोद्भूतासह्यतृष्णो मधुमदविरतौ हर्म्यपृष्ठे प्रबुद्धः । संभोगक्लान्तकान्ताशिथिलभुजलतावर्जितं कर्करीतो ज्योत्स्नाभिन्नाच्छधारं न पिबति सलिलं शारदं मन्दपुण्यः ॥ ४६ ॥ चेतः कर्षन्ति सप्तच्छदकुसुमरसासारसौरभ्यलुभ्यद्भृङ्गीसंगीतभङ्गिश्रुतिसुभगदिशो वासराः शारदीनाः । किं च व्याकोशपङ्केरुहमधुरमुखीं संचरच्चञ्चरीकश्रेणीवेणीसनाथां रमयति तरुणः पद्मिनीमंशुमाली ॥ ४७ ॥

भ्रमरक्रीडा ॥ अलक्षितकुचाभोगं भ्रमन्ती नृत्यभूमिषु । स्मरेणापि सरोजाक्षी न लक्ष्यीक्रियते शरैः ॥ ४८ ॥ भ्रमात्प्रकीर्णे भ्रमरीषु किंचिच्चेलाञ्चले चञ्चललोचनायाः । कुचौ कदाचिज्जघनं युवानो विलोक्य साफल्यमवापुरक्ष्णोः ॥ ४९ ॥ परिभ्रमन्त्या भ्रमरीविनोदे नितम्बबिम्बाद्विगलद्दु-

कूलम् । विलोक्य कस्याश्चन कोमलाङ्ग्याः पुंभावमन्याः सुदृशो ववाञ्छुः ॥ ५० ॥ यतो यतः षट्चरणोऽभिवर्तते ततस्ततः प्रेरितलोललोचना । विवर्तितभ्रूरियमद्य शिक्षते भयादकामापि हि दृष्टिविभ्रमम् ॥ ५१ ॥ करौ धुनाना नवपल्लवाकृती वृथा कृथा मानिनि मा परिश्रमम् । उपेयुषी कल्पलताभिशङ्कया कथं त्वितस्त्रस्यति षट्पदावलिः ॥ ५२ ॥ चेलाञ्चलेन चलहारलताप्रकाण्डैर्वेणीगुणेन च चलद्वलयीकृतेन । हेलाहितभ्रमरकभ्रममण्डलीभिश्छत्रत्रपं रचयतीव चिरं नतभ्रूः ॥ ५३ ॥ मुक्ते काञ्चनकुण्डले निपतिते माणिक्यभूषामणौ कीर्णे केलिसरोरुहे विगलिते मुक्ताकलापे सति । निःश्वस्याम्बुजलोचनाभ्रमरिकानृत्यावसाने पुनः प्राणेशच्युतिशङ्कयेव हृदये हस्तारविन्दं ददौ ॥ ५४॥

शरद्वायवः ॥ वान्ति रात्रौ रतिक्लान्तकामिनीसुहृदोऽनिलाः । ललनालोलधम्मिल्लमल्लिकामोदवासिताः ॥५५॥ वान्ति कह्लारसुभगाः सप्तच्छदसुगन्धयः । वाता नवरतग्लानवधूगमनमन्थराः ॥ ५६ ॥

शरत्पथिकः ॥ पङ्कानुषङ्गं पथि विस्मरन्तः कथावशेषे च पयोदवृन्दे । मार्गेषु चन्द्रातपपिच्छिलेषु पदे पदे चस्खलुरध्वनीनाः ॥ ५७ ॥ इह निचुलनिकुञ्जे वंशसंभारभाजि स्वपिषि यदि मुहूर्तं पश्यति क्षेत्रमेतत् । इति पथिकमकस्मान्मार्ग एवोपविष्टं वदति तरुणकान्तं गोपिका साङ्गभङ्गम् ॥ ५८ ॥

हेमन्तवर्णनम् ।

हेमन्तहिमनिस्पन्दमवलोक्य मनोभवम् । प्रहर्तुं सुभ्रुवां चेतो रविर्देवो धनुर्दधौ ॥ १ ॥ दुराशेव दरिद्रस्य तृष्णेव कृपणस्य च । अहो न विरमत्येषा हन्त हेमन्तयामिनी ॥२॥ हेमन्ते बहुदोषाढ्ये द्वौ गुणौ सर्वसंमतौ । अयत्नशीतलं वारि सुरतं स्वेदवर्जितम् ॥ ३ ॥

हेमन्तसमयस्वभावाख्यानम् ॥ हे हेमन्त स्मरिष्यामि त्वय्यतीते गुणद्वयम् । अयत्नशीतलं वारि निशाश्च सुरतक्षमाः ॥ ४ ॥ हसन्तीं वा हसन्तीं वा हसन्तीं वामलोचनाम् । हेमन्ते ये न सेवन्ते ते नूनं दैववञ्चिताः ॥५॥ कामिनो हन्त हेमन्तनिशि शीतज्वरातुराः । जीवन्ति हरिणाक्षीणां वक्षोजाश्लेषरक्षिताः ॥ ६ ॥ अद्य शीतं वरीवर्ति सरीसर्ति समीरणः । अपत्नीको मरीमर्ति नरीनर्ति कुचोष्मवान् ॥ ७ ॥ हिमधवलदन्तकेशी मन्दद्युतितारका वृहत्तिमिरा । द्विगुणीभूता रजनी वृद्धेव शनैः शनैर्याति ॥ ८ ॥ अम्बरमेष रमण्यै यामिन्यै वासरः प्रेयान् । अधिकं ददौ निजाङ्गादथ संकुचितः स्वयं तस्थौ ॥ ९ ॥ विकसति सूर्ये विकसति मुकुलति चास्तं गते तस्मिन् । शिशिरे निःस्वकुटुम्बः पङ्कजलीलां समुद्वहति ॥ १० ॥ कन्याप्रसूतस्य[1] धनुःप्रसङ्गादङ्गाधिकासादितविक्रमस्य[2] । धनंजयाधीनपराक्रमस्य[3] हिमस्य कर्णस्य च को विशेषः ॥ ११ ॥ अलं हिमानीपरिदीर्णगात्रः समापितः फाल्गुनसंगमेन । अत्यन्तमाकाङ्क्षितकृष्णवर्त्मा भीष्मो महात्माजनि माघतुल्यः ॥१२॥ अविरलफलिनीवनप्रसूनः कुसुमितकुन्दसुगन्धिगन्धवाहः । गुणमसमयजं चिराय लेभे विरलतुषारकणस्तुषारकालः ॥१३॥ निचयिनि लवलीलताविकासे जनयति लोध्रसमीरणे च हर्षम् । विकृतिमुपययौ न पाण्डुसूनुश्चलति नयान्न जिगीषतां हि चेतः ॥ १४ ॥ कतिपयसहकारपुष्परम्यस्तनुतुहिनोऽल्पविनिद्रसिन्दुवारः । सुरभिमुखहिमागमान्तशंसी समुपययौ शिशिरः स्मरैकबन्धुः ॥ १५ ॥ गजपतिद्वयसीरपि हैमनस्तुहिनयन्सरितः पृषतां पतिः । सलिलसंततिमध्वगयोषितामतनुतातनुतापकृतं दशाम् ॥ १६ ॥ इदमयुक्तमहो महदेव यद्वरतनोः स्मरयत्यनिलोऽन्यदा । स्मृतसयौवनसोष्मपयोधरान्सतुहिनस्तु हिनस्तु वियोगिनः ॥ १७ ॥ प्रियतमेन यया सरुषा स्थितं न सहसा सहसा परिरभ्य तम् । श्लथयितुं क्षणमक्षमताङ्गना न सहसा सहसा कृतवेपथुः ॥ १८ ॥ भृशमदूयत याधरपल्लवक्षतिरनावरणा हिममारुतैः । दशनरश्मिपटेन च सीत्कृतैर्निवसितेन सितेन सुनिर्ववौ ॥ १९ ॥ व्रणभृता सुतनोः कलसीत्कृतस्फुरितदन्तमरीचिमयं दधे । स्फुटमिवावरणं हिममारुतैर्मृदुतया दुतयाधरलेखया ॥ २० ॥ धृततुषारकणस्य नभस्वतस्तरुलताङ्गुलितर्जनविभ्रमाः । पृथुनिरन्तरमिष्टभुजान्तरं वनितयानितया न विषेहिरे ॥ २१ ॥ हिमऋतावपि ताः स्म भृशस्विदो युवतयः सुतरामुपकारिणि । प्रकटयत्यनुरागमकृत्रिमं स्मरमयं रमयन्ति विलासिनः ॥ २२ ॥ प्रालेयशैलशिखरानिलसंप्रयोगः प्रोत्फुल्लकुन्दमकरन्दहृतालिवृन्दः । कालोऽयमातपति कुङ्कुमपङ्कपिङ्गप्रोत्तुङ्गरम्यरमणीकुचसङ्गयोग्यः ॥ २३ ॥ शुकहरितयवानां सीम्नि नीहारभासः सपदि विगतनिद्राः क्रौञ्चकान्ताः क्षपान्ते । विदधति कमनीयक्वाणमुद्यत्ककारं सरलितगलनालं जर्जरस्फाररेफम् ॥२४॥ लघुनि

१ कन्याराशावुत्पन्नस्य; (पक्षे) कुमारिकायां प्रसूतस्य. २ धनूराशिसंगमेनाङ्गेषु शरीरेष्वधिकमासादितः संपादितो विक्रमो रोमाञ्चोत्पादनादिरूपः पराक्रमो येन; (पक्षे) धनुर्विद्याङ्गदेशेषु संपादितः पराक्रमो येन. ३ धनंजयोऽग्निस्तदधीनः पराक्रमो बलं यस्य; (पक्षे) धनंजयोऽर्जुनस्तदधीनपराक्रमः.

तृणकुटीरे क्षेत्रकोणे यवानां नवकलमपलालस्रस्तरे सोपधाने । परिहरति सुषुप्तं हालिकद्वन्द्वमारात्कुचकलशमहोष्माबद्धरेखस्तुषारः ॥ २५ ॥ अपि दिनमणिरेष क्लेशितः शीतसंघैरथ निशि निजभार्यो गाढमालिङ्ग्य दोर्भ्याम् । स्वपिति पुनरुदेतुं सालसाङ्गस्तु तस्मात्किमु न भवतु दीर्घा हैमनी यामिनीयम् ॥ २६ ॥ जरीजृम्भत्प्रौढद्युमणिकरसंदोहसदृशस्फुरद्दीप्तिव्राततप्रगुणतरतारुण्यसुभगाम् । हसन्तीं हेमन्ते परिजनयुतां वा सुवदनां हसन्तीं सेवन्ते परिणतमहाभाग्यनिचयाः ॥ २७ ॥ वेपन्ते कपयो भृशं कृतजडं गोजाविकं म्लायति श्वा चुल्लीकुहरोदरं क्षणमपि प्राप्यापि नैवोज्झति । शीतार्तिव्यसनातुरः पुनरसौ दीनो जनः कूर्मवत्स्वान्यङ्गानि शरीर एव हि निजे निह्नोतुमाकाङ्क्षति ॥ २८ ॥ शीतांशोरिव नूतनस्य रुचयो विद्या इवामेधसां विप्रातिकमिणां विभूतय इव क्षीबस्य बोधा इव । भावैः संवलिता इव प्रियतमे दृग्भङ्गयः सुभ्रुवां प्रादुर्भूय तिरोभवन्ति सहसा हैमन्तिका वासराः ॥२९॥ लज्जा प्रौढमृगीदृशामिव नवस्त्रीणां रतेच्छा इव स्वैरिण्या नियमा इव स्मितरुचः कुल्याङ्गनानामिव । दंपत्योः कलहा इव प्रणयिता वाराङ्गनानामिव प्रादुर्भूय तिरोभवन्ति सहसा हैमन्तिका वासराः ॥ ३० ॥ हेमन्ते दधिदुग्धसर्पिरशना माञ्जिष्ठवासोभृतः काश्मीरद्रवलिप्तचारुवपुषः खिन्ना विचित्रै रतैः । वृत्तोरुस्तनकामिनीजनकृताश्लेषा गृहाभ्यन्तरे ताम्बूलीदलपूगपूरितमुखा धन्याः सुखं शेरते ॥ ३१ ॥ चक्रे चण्डरुचा समं रणमसौ हेमन्तपृथ्वीपतिर्ये ये तत्र जिता दिवाकरकरास्ते तेऽमुना तत्क्षणात् । कान्तानां कुचभूधरे निदधिरे मन्येऽहमेवं तदा नो चेन्मन्दकरः कथं दिनकरस्तप्तश्च तन्वीस्तनः ॥ ३२ ॥ प्रोद्यत्प्रौढारविन्दद्युतिभृति विदलत्कुन्दमाद्यद्द्विरेफे काले प्रालेयवातप्रबलविकसितोद्दाममन्दारदाम्नि । येषां नो कण्ठलग्ना क्षणमपि तुहिनक्षोददक्षा मृगाक्षी तेषामायामियामा यमसदनसमा यामिनी याति नूनम् ॥ ३३ ॥

कन्दुकक्रीडा ॥ पयोधराकारधरो हि कन्दुकः करेण रोषादिव ताड्यते मुहुः । इतीव नेत्राकृतिभीतमुत्पलं तस्याः प्रसादाय पपात पादयोः ॥ ३४ ॥ वनिताकरतामरसाभिहतः पतितः पतितः पुनरुत्पतसि । विदितं खलु कन्दुक ते हृदयं वनिताधररागमलुब्धमिव ॥ ३५ ॥ सानन्दकन्दुकविहारविधौ वधूनां दोलायमानमणिकङ्कणनिक्वणेन । उड्डायितेषु युवचित्तविहंगमेषु श्येना इव स्मृतिभुवो विशिखा विलग्नाः ॥ ३६ ॥ स्मरशरधिनिकाशं कर्णपाशं कृताङ्गी रंयविगलिततालीपत्रताटङ्कमेकम् । वहति हृदयचोरं कुङ्कुमन्यासगौरं वलयितमिव नालं लोचनेन्दीवरस्य ॥३७॥ अमन्दमणिनूपुरक्वणनचारुचारिक्रमं झणज्झणितमेखलास्खलिततारहारच्छटम् । इदं तरलकङ्कणावलिविशेषवाचालितं मनो हरति सुभ्रुवः किमपि कन्दुकक्रीडनम् ॥ ३८ ॥ भ्रमच्चरणपल्लवक्वणदमन्दमञ्जीरकं परिस्खलदुरोरुहस्तबककम्पमानांशुकम् । रणत्कनकमेखलं करसरोरुहाभ्यां पुरः पतन्तमपराददे कुसुमकन्दुकं सुन्दरी ॥ ३९ ॥ वक्त्रश्रीजितलज्जितेन्दुमलिनं कृत्वा करे कन्दुकं व्रीडाकौतुकमिश्रभावमनया तिर्यग्वहन्त्याननम् । भृङ्गाग्रग्रहकृष्णकेतकदलस्पर्धावतीनां दृशां दीर्घापाङ्गतरङ्गणैकसुहृदां कोऽप्येष पात्रीकृतः ॥ ४० ॥ व्यावल्गत्कुचभारमाकुलकचं व्यालोलहारावलि प्रेङ्खत्कुण्डलशोभिगण्डयुगलं प्रस्वेदिवक्त्राम्बुजम् । शश्वद्दत्तकरप्रहारमधिकश्वासं रसादेतया यस्मात्कन्दुक सादरं सुभगया संसेव्यसे तत्कृती ॥ ४१ ॥ चञ्चच्चेलाञ्चलानि प्रतिसरणिचलव्यस्तवेणीनि बाहोर्विक्षेपाद्दक्षिणस्य प्रचलितवलयस्फारकोलाहलानि । श्वासत्रुट्यद्वचांसि द्रुतमितरकरोत्क्षेपलोलालकानि स्रस्तस्रञ्जि प्रमोदं दधति मृगदृशां कन्दुकक्रीडितानि ॥ ४२ ॥ अस्याः स्वेदाम्बुबिन्दुच्युततिलकतया व्यक्तवक्त्रेन्दुकान्तेर्वारंवारेण वेगग्रहणनगणनाकेलिवाचालितायाः । तत्पातोत्थानतालक्रमनमितदृशस्ताण्डवोत्तालतालीलालित्याल्लोभिताः स्मः प्रतिकलममुना कन्दुकक्रीडितेन ॥ ४३ ॥

हेमन्तवायवः ॥ दधत्यधरचुम्बनं नयनपङ्कजं मुद्रयत्यमन्दपुलकं मनागमलमङ्गमालिङ्गते । विचालयति चालकं चपललोचनानां हठात्तनोत्यविनयं मरुत्प्रिय इवैष हैमन्तिकः ॥ ४४ ॥ हूणीसीमन्तमुद्रां सपदि तरलयन्कीरकान्ताकुचान्तः स्वच्छन्दस्तस्तव स्त्री चलचपलतया लोलयन्हारवल्लीम् । प्रालेयावासपृथ्वीधरशिखरचलच्चारुवारिप्रवाहप्रक्षोभप्रातिभश्रीः प्रसरति परितो हैमनो गन्धवाहः ॥ ४५ ॥ नीत्वोच्चैर्विक्षिपन्तः कृततुहिनकणासारसङ्गान्परागान्कौन्दानानन्दितालीनतितरसुरभीन्भूरिशो दिङ्मुखेषु । एते ते कुङ्कुमाक्तस्तनकलशभरास्फालनादुच्छलन्तः पीत्वा सीत्कारिवक्त्रे शिशुहरिणदृशां हैमना वान्ति वाताः ॥४६॥

हेमन्तपथिकः ॥ आहूतोऽपि सहायैरेमीत्युक्त्वा विमुक्तनिद्रोऽपि । गन्तुमना अपि पथिकः संकोचं नैव शिथिलयति ॥ ४७ ॥ हेमन्ते पथिकजनाः प्रियावियुक्ता लोकानां गृहबहिरङ्गणे शयानाः । कन्दर्पाकुलमनसां निशासु तेषां शीतं किं लगति जगत्प्रकम्पकारि ॥ ४८ ॥ हेमन्ते हिमकरबिम्बचारुमुख्या रामाया मृदुभुजपञ्जरे शयानाः ।

ये कालं परमसुखं नयन्ति तेषां शीतं किं लगति जगत्प्रकम्पकारि ॥ ४९ ॥ हे पान्थ प्रियविप्रयोगहुतभुग्ज्वालानभिज्ञोऽसि किं किंवा नास्ति तव प्रिया गतघृणः किंवा विहीनो धिया । येनाखिन्नवकुङ्कुमारुणरुचिव्यासङ्गघर्मोचिते कुन्दानन्दितमत्तषट्पदकुले काले गृहान्निर्गतः ॥ ५० ॥ शीतार्तिप्रसरस्तथाकुलपदन्यासैः समुत्कम्पिभिः पान्थैर्निर्दयतुच्छगोधननदद्घापारवैः सूचिताः । प्राप्यन्ते हिमपीडितानि निभृतप्रोद्घाटधूमा घनस्तोकालक्षकुटीरकाः कथमपि प्राप्ता गिरिग्रामकाः ॥ ५१ ॥ अन्योन्याहतिदन्तनादमुखरं वक्रं मुखं कुर्वता नेत्रे साश्रुकणे निमील्य पुलकव्यासङ्गि कण्डूयता । हाहाहेति सुनिष्ठुरं विवदता बाहू प्रसार्य क्षणं पुण्याग्निः पथिकेन पीयत इव ज्वालाहतश्मश्रुणा ॥ ५२ ॥

शिशिरवर्णनम् ।

प्राचारैरङ्गारैर्गर्भगृहैः स्तनतटैश्च दयितानाम् । संतर्जितमाढ्यानां निपतति शीतं दरिद्रेषु ॥ १ ॥

शिशिरसमयस्वभावाख्यानम् ॥ कारणोत्पन्नकोपोऽपि सांप्रतं प्रमदाजनः । निशि शीतापदेशेन गाढमालिङ्गति प्रियम् ॥ २ ॥ एते समुल्लसद्भासो राजन्ते कुन्दकोरकाः । शीतभीता लताकुन्दमाश्रिता इव तारकाः ॥ ३ ॥ अंशुकमिव शीतभयात्संस्त्यानत्वच्छलेन हिमधवलम् । अम्भोभिरपि गृहीतं पश्यत शिशिरस्य माहात्म्यम् ॥ ४ ॥ आचुम्ब्य बिम्बाधरमङ्गवल्लीमालिङ्ग्य संस्पृश्य कपोलपालिम् । श्रीखण्डमादाय करेण कान्तः संत्रासयामास सरोरुहाक्षीम् ॥ ५ ॥ तपनस्तपति स्म मन्दमन्दं ज्वलनोऽपि ज्वलति स्म किंचिदेव । शरणं शिशिरेऽथ किं च यूनां युवतीनां स्तनयुग्ममात्रमासीत् ॥ ६ ॥ कुसुमयन्फलिनीरलिनीरवैर्मदविकासिभिराहितहुंकृतिः । उपवनं निरभर्त्सयत प्रियान्वियुवतीर्युवतीः शिशिरानिलः ॥ ७ ॥ उपचितेषु परेष्वसमर्थतां व्रजति कालवशाद्बलवानपि । तपसि मन्दगभस्तिरभीषुमान्नहि महाहिमहानिकरोऽभवत् ॥ ८ ॥ अभिषिषेणयिषुं भुवनानि यः स्मरमिवाख्यत लोध्ररजश्चयः । क्षुभितसैन्यपरागविपाण्डुरद्युतिरयं तिरयन्नुदभूद्दिशः ॥ ९ ॥ शिशिरमासमपास्य गुणोऽस्य नः क इव शीतहरस्य कुचोष्मणः । इति धियास्तरुषः परिरेभिरे घनमतो नमतोऽनुमतान्प्रियाः ॥ १० ॥ अधिलवङ्गममी रजसाधिकं मलिनिताः सुमनोदलतालिनः । स्फुटमिति प्रसवेन पुरो हसत्सपदि कुन्दलता दलतालिनः ॥ ११ ॥ द्वारं गृहस्य पिहितं शयनस्य पार्श्वे वह्निर्ज्वलत्युपरि तूलपटो गरीयान् । अङ्गानुकूलमनुरागवशं कलत्रमित्थं करोति किमसौ स्वपतस्तुषारः ॥ १२ ॥ वह्नेः शक्तिर्जलमिव गता दर्शनाद्दाहवृत्तेर्नित्योद्गन्धे नवमरुबके वर्तते पुष्पकार्यम् । शीतत्रासं दधदिव रविर्याति सिन्धोः कृशानुः शीतैर्भीता इव च दिवसाः सांप्रतं संकुचन्ति ॥ १३ ॥ पीनोत्तुङ्गपयोधराः परिलसत्संपूर्णचन्द्राननाः कान्ता नैव गृहे गृहे न च दृढं जात्यं न काश्मीरजम् । ताम्बूलं न च तूलिका न च पटी तैलं न गन्धाविलं सद्यो गोघृतपाचिता न वटकाः शीतं कथं गम्यते ॥ १४ ॥ चुल्लीसीमनि गोरसार्द्रमशनं भुक्त्वा परीतोऽर्भकैरभ्याशे स्वकृषीक्षुयन्त्रनिनदं हर्षात्समाकर्णयन् । शेते संहतगोगणोष्मणि गृहे स्वस्ताम्बरां गेहिनीमालिङ्ग्यागणयन्निशासु तुहिनं प्रोद्दामरः पामरः ॥ १५ ॥

दृङ्मीलनक्रीडा ॥ न पाणिप्रच्छाद्यं नयनयुगमत्यायतमिदं नितम्बस्यौदार्यात्त्वरितगतियोगोऽप्यसुलभः । अतिस्वल्पौ पाणी स्तनभरनिरोधान्न मिलितौ निमीलक्रीडायां कलुषयसि मुग्धे किमिति नः ॥ १६ ॥ नैतस्याः प्रसृतिद्वयेन सरले शक्ये पिधातुं दृशौ सर्वत्रैव विलोक्यते मुखशशिज्योत्स्नावितानैरियम् । इत्थं बालतया सखीभिरसकृद्दृङ्मीलनाकेलिषु व्याषिद्धा रजनीमुखे च नयने स्वे गर्हते कन्यका ॥ १७ ॥

शिशिरवायवः ॥ केशानाकुलयन्दृशौ मुकुलयन्वासो बलादाक्षिपन्नातन्वन्पुलकोद्गमं प्रकटयन्नावेगकम्पं गतेः । वारंवारमुदारसीत्कृतिभैर्दन्तच्छदं पीडयन्प्रायः शैशिर एष संप्रति मरुत्कान्तासु कान्तायते ॥ १८ ॥ चुम्बन्तो गण्डभित्तीरलकवति मुखे सीत्कृतान्यादधाना वक्षःसूत्कञ्चुकेषु स्तनभरपुलकोद्भेदमापादयन्तः । ऊरूनाकम्पयन्तः पृथुजघनतटात्स्रंसयन्तोंऽशुकानि व्यक्तं कान्ताजनानां विटचरितभृतः शैशिरा वान्ति वाताः ॥ १९ ॥

शिशिरपथिकः ॥ पुण्याग्नौ पूर्णवाञ्छः प्रथममगणितप्लोषदोषः प्रदोषे पान्थः सुप्त्वा यथेच्छं तदनु च सतृणे धामनि ग्रामदेव्याः । उत्कम्पी कर्पटार्धे जरति परिजडे छिद्रिणि च्छिन्ननिद्रे वाते वाति प्रकामं हिमकणनिकणन्कोणतः कोणमेति ॥ २० ॥ संविष्टो ग्रामदेव्या कुटघटितकुटीकुड्यकोणैकदेशे शीते संवाति वायौ हिमकणिनि रणद्दन्तपङ्क्तिरुदयाग्रः । पान्थः कन्थां निशीथे परिकुथितजरत्तन्तुसंतानगुर्वीं ग्रीवापादाग्रजानुग्रहणचटचटत्कर्पटां प्रावृणोति ॥ २१ ॥ आरात्कारीषवह्नेर्विविधचिततृणप्रस्तरान्तर्निषण्णैः

संशीर्णग्रन्थिकन्थाविवरवशविशच्छीतवाताभिभूतैः। नीताः कृच्छ्रेण पान्थैः श्वभिरिव निबिडं जानुसंकोचकुब्जैरन्तर्दुर्वारदुःखद्विगुणतरकृता यामयामास्त्रियामाः ॥ २२ ॥

स्त्रीस्वभावनिन्दा।

अनृतं साहसं माया मूर्खत्वमतिलोभता। अशौचं निर्दयत्वं च स्त्रीणां दोषाः स्वभावजाः ॥१॥ स्त्रियो ह्यकरुणाः क्रूरा दुर्मर्षाः प्रियसाहसाः। घ्नन्त्यल्पार्थेऽपि विश्रब्धं पतिं भ्रातरमप्युत ॥ २ ॥ स्त्रियो हि नाम खल्वेता निसर्गादेव पण्डिताः। पुरुषाणां तु पाण्डित्यं शास्त्रेणैवोपदिश्यते ॥ ३ ॥ विधायालीकविश्रम्भमज्ञेषु त्यक्तसौहृदाः। नवं नवमभीप्सन्त्यः पुंश्चल्यः स्वैरवृत्तयः ॥ ४ ॥ जल्पन्ति सार्धमन्येन पश्यन्त्यन्यं सविभ्रमम्। हृदये चिन्तयन्त्यन्यं प्रियः को नाम योषिताम् ॥ ५ ॥ स्त्रीणां द्विगुण आहारो लज्जा चापि चतुर्गुणा। साहसं षड्गुणं चैव कामश्चाष्टगुणः स्मृतः ॥ ६ ॥ अन्तःक्रूराः सौम्यमुखा अगाधहृदयाः स्त्रियः। अन्तर्विषा बहिःसौम्या भक्ष्या विषकृता इव ॥ ७ ॥ कामनाम्ना किरातेन वितता मूढचेतसाम्। नार्यो नरविहंगानामङ्गबन्धनवागुराः ॥ ८ ॥ दर्शनाद्धरते चित्तं स्पर्शनाद्धरते धनम्। संगमाद्धरते सत्त्वं नारी प्रत्यक्षराक्षसी ॥ ९ ॥ चतुरः सृजतः पूर्वमुपायांस्तेन वेधसा। न सृष्टः पञ्चमः कोऽपि गृह्यन्ते येन योषितः ॥ १० ॥ स्त्रियस्तु यः कामयते संनिकर्षं च गच्छति। ईषत्प्रकुरुते सेवां तं तमिच्छन्ति योषितः ॥११॥ स्थानं नास्ति क्षणो नास्ति नास्ति प्रार्थयिता नरः। तेन नारद नारीणां सतीत्वमुपजायते ॥ १२ ॥ यो मोहान्मन्यते मूढो रक्तेयं मम कामिनी। स तस्या वशगो नित्यं भवेत्क्रीडाशकुन्तवत् ॥ १३ ॥ अनर्थित्वान्मनुष्याणां भयात्परिजनस्य च। मर्यादायाममर्यादाः स्त्रियस्तिष्ठन्ति सर्वदा ॥ १४ ॥ नासां कश्चिदगम्योऽस्ति नासां च वयसि स्थितिः। विरूपं रूपवन्तं वा पुमानित्येव भुञ्जते ॥ १५ ॥ रक्तोऽभिजायते भोग्यो नारीणां शाटको यथा। घृष्यते यो दशालम्बी नितम्बे विनिवेशितः ॥ १६ ॥ अलक्तको यथा रक्तो निष्पीड्य पुरुषस्तथा। अबलाभिर्बलाद्रक्तः पादमूले निपात्यते ॥ १७ ॥ शम्बरस्य च या माया या माया नमुचेरपि। बलेः कुम्भीनसेश्चैव सर्वास्ता योषितो विदुः ॥ १८ ॥ हसन्तं प्रहसन्त्येता रुदन्तं प्ररुदन्त्यपि। अप्रियं प्रियवाक्यैश्च गृह्णन्ति कालयोगतः ॥ १९ ॥ उशना वेद यच्छास्त्रं यच्च वेद बृहस्पतिः। स्त्रीबुद्ध्या न विशेष्येत तस्माद्रक्ष्याः कथं हि ताः ॥ २० ॥ अनृतं सत्यमित्याहुः सत्यं चापि तथानृतम्। इति यास्ताः कथं धीरैः संरक्ष्याः पुरुषैरिह ॥ २१ ॥ अन्तर्विषमया ह्येता बहिश्चैव मनोरमाः। गुञ्जाफलसमाकारा योषितः केन निर्मिताः ॥ २२ ॥ यदि स्यात्पावकः शीतः प्रोष्णो वा शशलाञ्छनः। स्त्रीणां तदा सतीत्वं स्याद्यदि स्याद्दुर्जनो हितः ॥ २३ ॥ या भार्या दुष्टचरिता सततं कलहप्रिया। भार्यारूपेण सा ज्ञेया विदग्धैर्दारुणा जरा ॥ २४ ॥ तस्मात्सर्वप्रयत्नेन नामापि परिवर्जयेत्। स्त्रीणामिह हि सर्वासां य इच्छेत्सुखमात्मनः ॥ २५ ॥ के नाम न विनश्यन्ति मिथ्याज्ञानान्नितम्बिनीम्। रम्यां बुद्ध्वोपसर्पन्ति ये ज्वालां शलभा इव ॥ २६ ॥ यदन्तस्तन्न जिह्वायां यज्जिह्वायां न तद्बहिः। यद्बहिस्तन्न कुर्वन्ति विचित्रचरिताः स्त्रियः ॥ २७ ॥ ताडिता अपि दण्डेन शस्त्रैरपि विखण्डिताः। न वशं योषितो यान्ति न दानैर्न च संस्तवैः ॥ २८ ॥ आस्तां तावत्किमन्येन दौरात्म्येनात्र योषिताम्। विधृतं स्वोदरेणापि घ्नन्ति पुत्रमपि स्वकम् ॥ २९ ॥ रूक्षायां स्नेहसंभारं कठोरायां सुमार्दवम्। नीरसायां रसं बालो बालिकायां विकल्पयेत् ॥ ३० ॥ भोजनाच्छादने दद्यादृतुकाले च संगमम्। भूषणाद्यं च नारीणां न ताभिर्मन्त्रयेत्सुधीः ॥ ३१ ॥ यत्र स्त्री यत्र कितवो बालो यत्र प्रशासिता। राजन्निर्मूलतां याति तद्गृहं भार्गवोऽब्रवीत् ॥ ३२ ॥ तावत्स्यात्सुप्रसन्नास्यस्तावद्गुरुजने रतः। पुरुषो योषितां यावन्न शृणोति वचो रहः ॥ ३३ ॥ एताः स्वार्थपरा नार्यः केवलं स्वसुखे रताः। न तासां वल्लभः कोऽपि सुतोऽपि स्वसुखं विना ॥ ३४ ॥ यदि स्याच्छीतलो वह्निश्चन्द्रमा दहनात्मकः। सुस्वादुः सागरः स्त्रीणां तत्सतीत्वं प्रजायते ॥ ३५ ॥ संगतानि मृगाक्षीणां तडिद्विलसितान्यपि। क्षणद्वयं न तिष्ठन्ति घनारब्धान्यपि स्वयम् ॥ ३६ ॥ उत्तमानामपि स्त्रीणां विश्वासो नैव विद्यते। राजप्रियाः कैरविण्यो रमन्ते मधुपैः सह ॥ ३७ ॥ न लज्जा न विनीतत्वं न दाक्षिण्यं न भीरुता। प्रार्थनाभाव एवैकः सतीत्वे कारणं स्त्रियाः ॥ ३८ ॥ न दानेन न मानेन नार्जवेन न सेवया। न शस्त्रेण न शास्त्रेण सर्वथा विषमाः स्त्रियः ॥ ३९ ॥ सुरूपं पुरुषं दृष्ट्वा भ्रातरं यदि वा सुतम्। योनिः क्लिद्यति नारीणामामपात्रमिवाम्भसा ॥ ४० ॥ न स्त्रीणामप्रियः क

---

१ असत्यम्. २ कपटम्. ३ दुःसहाः. ४ स्वभावतः. ५ कपटविश्वासम्. ६ जारिण्यः. ७ स्वेच्छावृत्तयः. ८ सह. ९ भिल्लेन. १० प्रसृताः. ११ नरा एव विहंगाः पक्षिणस्तेषाम्. १२ पाशाः. १३ बलम्.

श्चित्प्रियो वापि न विद्यते । गावस्तृणमिवारण्ये प्रार्थयन्ति नवं नवम् ॥ ४१ ॥ कुलीना रूपवत्यश्च नाथवत्यश्च योषितः । मर्यादासु न तिष्ठन्ति स दोषः स्त्रीषु नारद ॥ ४२ ॥ समयज्ञानर्थवतः प्रतिरूपान्वशे स्थितान् । पतीनां तटमासाद्य नालं नार्यः प्रतीक्षितुम् ॥ ४३ ॥ न भयान्नाप्यनुक्रोशान्नार्थहेतोः कथंचन । न ज्ञातिकुलसंबन्धात्स्त्रियस्तिष्ठन्ति भर्तृषु ॥ ४४ ॥ माद्यति प्रमदां दृष्ट्वा सुरां पीत्वा न माद्यति । यस्माद्दृष्टिमदा नारी तस्मात्तां परिवर्जयेत् ॥ ४५ ॥ यौवने वर्तमानानां मृष्टाभरणवाससाम् । नारीणां स्वैरवृत्तीनां स्पृहयन्ति कुलस्त्रियः ॥ ४६ ॥ या हि शश्वद्बहुमता रक्ष्यन्ते दयिताः स्त्रियः । अपि ताः संप्रसज्जन्ते कुब्जान्धजडवामनैः ॥ ४७ ॥ पङ्गुष्वपि च देवर्षे ये चान्ये कुत्सिता जनाः । स्त्रीणामगम्यो लोकेऽस्मिन्नास्ति कश्चिन्महामुने ॥ ४८ ॥ अलाभात्पुरुषाणां हि भयात्परिजनस्य च । बधबन्धभयाच्चैव तथा गुप्ता हि योषितः ॥ ४९ ॥ लोकानामपि दातारं कर्तारं मानसान्त्वयोः । रक्षितारं न मृष्यन्ति भर्तारं परमस्त्रियः ॥ ५० ॥ न कामभोगान्बहुलान्नालंकारार्थसंचयान् । तथाहि बहु मन्यन्ते यथा रत्याः परिग्रहम् ॥ ५१ ॥ असद्धर्मस्त्वयं स्त्रीणामस्माकं भवति प्रभो । पापीयसो नरान्यद्वै लज्जां त्यक्त्वा भजन्ति ताः ॥ ५२ ॥ अविद्वांसमलं लोके विद्वांसमपि वा पुनः । प्रमदा ह्युत्पथं नेतुं कामक्रोधवशानुगम् ॥ ५३ ॥ यस्य स्त्री तस्य भोगेच्छा निःस्त्रीकस्य क्व भोगभूः । स्त्रियं त्यक्त्वा जगत्त्यक्तं जगत्त्यक्त्वा सुखी भवेत् ॥ ५४ ॥ यस्य जिह्वासहस्रं स्याज्जीवेत्साग्रशतं च यः । अनन्यकर्मा स्त्रीदोषान्सोऽप्यनुक्त्वा लयं व्रजेत् ॥५५॥ न विषेण न शस्त्रेण नाग्निना न च मृत्युना । [1]अप्रतीकारपारुष्याः स्त्रीभिरेव स्त्रियः कृताः ॥ ५६ ॥ नयनविकारैरन्यं वचनैरन्यं विचेष्टितैरन्यम् । रमयति सुरतेनान्यं स्त्री बहुरूपा निजा कस्य ॥ ५७ ॥ स्त्रीषु न रागः कार्यो रक्तं पुरुषं स्त्रियः परिभवन्ति । रक्तैव हि रन्तव्या विरक्तभावा तु हातव्या ॥ ५८ ॥ हृदयं हरन्ति नार्यो मुनेरपि भ्रूकटाक्षविक्षेपैः । दोर्मूलनाभिदेशं प्रदर्शयन्त्यो महाचपलाः ॥ ५९ ॥ सुमुखेन वदन्ति वल्गुना प्रहरन्त्येव शितेन चेतसा । मधु तिष्ठति वाचि योषितां हृदये हालहलं महद्विषम् ॥ ६० ॥ अत एव निपीयतेऽधरो हृदयं मुष्टिभिरेव ताड्यते । पुरुषैः सुखलेशवञ्चितैर्मधुलुब्धैः कमलं यथालिभिः ॥ ६१ ॥ गुणाश्रयं कीर्तियुतं च कान्तं पतिं विधेयं सधनं रतिज्ञम् । विहाय शीघ्रं वनिता व्रजन्ति नरान्तरं शीलगुणादिहीनम् ॥ ६२ ॥ समुद्र[1]वीचीव चलस्वभावाः [2]संध्याभ्रलेखेव मुहूर्तरागाः । स्त्रियो हृतार्थाः पुरुषं निरर्थं नि[3]ष्पीडितालक्तकवत्त्यजन्ति ॥ ६३ ॥ स्त्रियो हि मूलं निर्[4]धनस्य पुंसः स्त्रियो हि मूलं [5]व्यसनस्य पुंसः । स्त्रियो हि मूलं नरकस्य पुंसः स्त्रियो हि मूलं कलहस्य पुंसः ॥ ६४ ॥ अपण्डितास्ते पुरुषा मता मे ये स्त्रीषु च श्रीषु च विश्वसन्ति । श्रियो हि कुर्वन्ति तथैव नार्यो भुजंगकन्यापरिसर्पणानि ॥ ६५ ॥ अन्यं मनुष्यं हृदयेन कृत्वा अन्यं ततो दृष्टिभिराह्वयन्ति । अन्यत्र मुञ्चन्ति मदप्रसेकमन्यं शरीरेण च कामयन्ते ॥ ६६ ॥ नातिप्रसङ्गः प्रमदासु कार्यो नेच्छेद्बलं स्त्रीषु विवर्धमानम् । अतिप्रसक्तैः पुरुषैर्यतस्ताः क्रीडन्ति काकैरिव लूनपक्षैः ॥ ६७ ॥ कुर्वन्ति तावत्प्रथमं प्रियाणि यावन्न जानन्ति नरं प्रसक्तम् । ज्ञात्वाथ तं मन्मथपाशबद्धं ग्रस्तामिषं मीनमिवोद्धरन्ति ॥ ६८ ॥ संमोहयन्ति मदयन्ति विडम्बयन्ति निर्भर्त्सयन्ति रमयन्ति विषादयन्ति । एताः प्रविश्य सदयं हृदयं नराणां किं नाम वामनयना न समाचरन्ति ॥ ६९ ॥ स्त्रीणामशिक्षितपटुत्वममानुषीणां संदृश्यते किमुत याः परिबोधवत्यः । प्रागन्तरिक्षगमनात्स्वमपत्यजातमन्यद्विजैः परभृताः किल पोषयन्ति ॥७०॥ [6]अनङ्कुरितकूर्चकः स तु [7]सितोपलाढ्यं पयः स एव धृतकूर्चकः सलवणाम्बुतक्रोपमः । स एव सि[8]र्तकूर्चकः क्वथितगुग्गुलूद्वेगकृद्भवन्ति हरिणीदृशां प्रियतमेषु भावास्त्रयः ॥ ७१ ॥ शृणु हृदय रहस्यं यत्प्रशस्तं मुनीनां न खलु न खलु योषित्संनिधिः संविधेयः । हरति हि हरिणाक्षी क्षिप्रमक्षिक्षुरप्रैः पिहितशमतनुत्रं चित्तमप्युत्तमानाम् ॥ ७२ ॥ शास्त्रज्ञोऽपि प्रकटविनयोऽप्यात्मबोधेऽपि गाढं संसारेऽस्मिन्भवति विरलो भाजनं सद्गतीनाम् । येनैतस्मिन्निरयनगरद्वारमुद्घाटयन्ती वामाक्षीणां भवति कुटिला भ्रूलता कुञ्चिकेव ॥ ७३ ॥ अपसरत रे दूरादस्मात्कटाक्षविषानलात्प्रकृतिविषमाद्योषित्सर्पाद्विलासफणाभृतः । इतरफणिना दष्टः शक्यश्चिकित्सितुमौषधैश्चटुलवनिताभोगिग्रस्तं त्यजन्ति हि मन्त्रिणः ॥ ७४ ॥ स्वातन्त्र्यं पितृमन्दिरे च वसतिर्यात्रोत्सवे संगतिर्गोष्ठीपूरुषसंनिधानमियमो वासो विदेशे तथा ।

१ प्रतीकाररहितं पारुष्यं क्रौर्यं यासां ताः.

१ तरङ्गः. २ सायंतनाभ्रमिव क्षणमनुरागिण्यः. ३ निष्पीडितलाक्षारसरञ्जितकार्पासवत्. ४ मरणस्य. ५ दुःखस्य. ६ अनुद्गतश्मश्रुः. ७ शर्करायुक्तं दुग्धमिव सुखावहः. ८ सितकूर्चकस्तु स्त्रीणां क्वथितगुग्गुलवदुद्वेगजनकः न कथमपि संतोषजनक इत्यर्थः.

संसर्गः सह पुंश्चलीभिरसकृद्वृत्तेर्निजायाः क्षतिः पत्युर्वार्धकमीप्सितं प्रवसनं नाशस्य हेतुः स्त्रियः ॥ ७५ ॥ अग्राह्यं हृदयं तथैव वदनं यद्दर्पणान्तर्गतं भावः पर्वतसूक्ष्ममार्गविषमः स्त्रीणां न विज्ञायते । चित्तं पुष्करपत्रतोयतरलं विद्वद्भिराशंसितं नारी नाम विषाङ्कुरैरिव लतादोषैः समं वर्धिता ॥ ७६ ॥ एकेन स्मितपाटलाधररुचो जल्पन्त्यनल्पाक्षरं वीक्षन्तेऽन्यमितः स्फुटत्कुमुदिनीफुल्लोल्लसल्लोचनाः । दूरोदारचरित्रचित्रविभवं ध्यायन्ति चान्यं धिया केनेत्थं परमार्थतोऽर्थवदिव प्रेमास्ति वामभ्रुवाम् ॥ ७७ ॥ कार्कश्यं स्तनयोर्दृशोस्तरलतालीकं मुखे दृश्यते कौटिल्यं कचसंचये प्रवचने मान्द्यं त्रिके स्थूलता । भीरुत्वं हृदये सदैव कथितं मायाप्रयोगः प्रिये यासां दोषगणो गुणा मृगदृशां ताः किं नराणां प्रियाः ॥ ७८ ॥ भर्ता यद्यपि नीतिशास्त्रनिपुणो विद्वान्कुलीनो युवा दाता कर्णसमः प्रसिद्धविभवः शृङ्गारदीक्षागुरुः । स्वप्राणाधिककल्पिता स्ववनिता स्नेहेन संलालिता तं कान्तं प्रविहाय सैव युवती जारं पतिं वाञ्छति ॥ ७९ ॥ आलापैर्मधुरैश्च काश्चिदपरानालोकितैः सस्मितैरन्यान्विभ्रमकल्पनाभिरितरानङ्गैरनङ्गोज्ज्वलैः । आचारैश्चतुरैः परानभिनवैरन्यान्भ्रुवः कम्पनैरित्थं काश्चन रञ्जयन्ति सुदृशो मन्ये मनस्त्वन्यथा ॥ ८० ॥ हासस्तूत्कलिकाप्रदीपनपटुर्हस्ताङ्घ्रिनेत्राननं तन्वङ्ग्या विषजातमेव भुजगी वेणी च रोमावलिः । किं च श्रीफलमुन्नतस्तनभरः कामं मनस्तामिमां सर्वाकारविषोग्रमूर्तिमबलां प्राप्यापि यज्जीवति ॥ ८१ ॥ मुक्ताहारलता रणन्मणिमया हैमास्तुलाकोटयो रागः कुङ्कुमसंभवः सुरभयः पौष्प्यो विचित्राः स्रजः । वासश्चित्रदुकूलमल्पमतिभिर्नार्यामहो कल्पितं बाह्यान्तः परिपश्यतां तु निरयो नारीति नाम्ना कृतः ॥ ८२ ॥ आवर्तः संशयानामविनयभवनं पत्तनं साहसानां दोषाणां संनिधानं कपटशतमयं क्षेत्रमप्रत्ययानाम् । दुर्ग्राह्यं यन्महद्भिर्नरवरवृषभैः सर्वमायाकरण्डं स्त्रीयन्त्रं केन लोके विषममृतमयं धर्मनाशाय सृष्टम् ॥ ८३ ॥

सतीवर्णनम् ।

यस्य भार्या शुचिर्दक्षा भर्तारमनुगामिनी । नित्यं मधुरवक्त्री च सा रमा न रमा रमा ॥ १ ॥ नित्यं स्नाता सुगन्धा च नित्यं च प्रियवादिनी । अल्पभुङ्मितवक्त्री च देवता सा न मानुषी ॥ २ ॥ असारभूते संसारे सारभूता नितम्बिनी । इति संचिन्त्य वै शंभुरर्धाङ्गे पार्वतीं दधौ ॥ ३ ॥ सैव साध्वी सुभक्तश्च सुस्नेहः सरसोज्ज्वलः । पाकः संजायते यस्याः करादप्युदरादपि ॥ ४ ॥ रूपसंपन्नमग्राम्यं प्रेमप्रायं प्रियंवदम् । कुलीनमनुकूलं च कलत्रं कुत्र लभ्यते ॥ ५ ॥ न गृहं गृहमित्याहुर्गृहिणी गृहमुच्यते । गृहं तु गृहिणीहीनं कान्तारादतिरिच्यते ॥ ६ ॥ वृक्षमूलेऽपि दयिता यत्र तिष्ठति तद्गृहम् । प्रासादोऽपि तया हीनो ह्यरण्यसदृशः स्मृतः ॥ ७ ॥ तावत्कुलस्त्रीमर्यादा यावल्लज्जावगुण्ठनम् । हृते तस्मिन्कुलस्त्रीभ्यो वरं वेश्याङ्गनाजनः ॥ ८ ॥ कार्ये दासी रतौ वेश्या भोजने जननीसमा । विपत्तौ बुद्धिदात्री च सा भार्या सर्वदुर्लभा ॥ ९ ॥ वश्यभावेन सुमनाः सुव्रता सुसमाहिता । अनन्यचित्ता सुमुखी भर्तुः सा धर्मचारिणी ॥ १० ॥ न कार्येषु न भोगेषु नैश्वर्ये न सुखे तथा । स्पृहा स्याच्च यथा भर्तुः सा नारी सुखभागिनी ॥ ११ ॥ कल्योत्थानपरा नित्यं गुरुशुश्रूषणे रता । सुसंमृष्टगृहा चैव गोशकृत्कृतलेपना ॥ १२ ॥ श्वश्रूश्वशुरयोः पादौ तोषयन्ती पतिव्रता । मातापितृपरा नित्यं या नारी सा पतिव्रता ॥ १३ ॥ पतिर्हि देवो नारीणां पतिर्बन्धुः पतिर्गतिः । पत्युर्गतिसमा नास्ति दैवतं वा यथा पतिः ॥ १४ ॥ बालया वा युवत्या वा वृद्धया वापि योषिता । न स्वातन्त्र्येण कर्तव्यं किंचित्कार्यं गृहेष्वपि ॥१५॥ नास्ति स्त्रीणां पृथग्यज्ञो न व्रतं नाप्युपोषणम् । पतिं शुश्रूषते येन तेन स्वर्गे महीयते ॥ १६ ॥ पाणिग्राहस्य साध्वी स्त्री जीवतो वा मृतस्य वा । पतिलोकमभीप्सन्ती नाचरेत्किंचिदप्रियम् ॥ १७ ॥ सदा प्रहृष्टया भाव्यं गृहकार्ये च दक्षया । सुसंस्कृतोपस्करया व्यये चामुक्तहस्तया ॥ १८ ॥ जीवति जीवति नाथे मृते मृता या मुदा युता मुदिते । सहजस्नेहरसाला कुलवनिता केन तुल्या स्यात् ॥ १९ ॥ प्रतिरजनि प्रतिदिवसं विहर बहिश्चण्डि डिण्डिमं दत्त्वा । कोणवधूदृग्वलितैर्विश्वं पुनराकुलीभवति ॥ २० ॥ दीपदशा कुलयुवती वैदग्ध्येनैव मलिनतामेति । दोषा अपि भूषायै गणिकायाः शशिकलायाश्च ॥ २१ ॥ प्रतिपक्षेणापि पतिं सेवन्ते भर्तृवत्सलाः साध्व्यः । अन्यरुदितां शतानि हि समुद्रगाः प्रापयन्त्यब्धिम् ॥ २२ ॥ तल्पे प्रभुरिव गुरुरिव मनसिजशास्त्रे श्रमे भुजिष्येव । गेहे श्रीरिव गुरुजन-

१ समागमः. २ प्रवासः. ३ चित्ताभिप्रायः. ४ पर्वतस्थसूक्ष्ममार्गवदतिकठिनः. ५ कमलपत्रगतजलबिन्दुवच्चञ्चलम्. ६ उपदेष्टा. ७ पवित्रा. ८ लक्ष्मीः.

१ पक्वान्नम्; (पक्षे) बालकः. २ सौन्दर्यपूर्णम्. ३ सद्व्यवहारचतुरम्. ४ प्रेमबहुलम्. ५ मधुरभाषि. ६ पत्नी. ७. लज्जाया अवगुण्ठनं संवरणम्.

पुरतो मूर्तेव सा व्रीडा ॥ २३ ॥ ढक्कामाहत्य मदं वितन्वते करिण इव चिरं पुरुषाः । स्त्रीणां करिणीनामिव मदः पुनः स्वकुलनाशाय ॥ २४ ॥ अकरुण कातरमनसा दर्शितनीरा निरन्तरालेयम् । त्वामनुधावति विमुखं गङ्गेव भगीरथं दृष्टिः ॥ २५ ॥ परपतिनिर्दयकुलटाशोषित शठ नेर्ष्यया न कोपेन । दग्धममतोपतप्ता रोदिमि तव तानवं वीक्ष्य ॥२६॥ कार्येषु मन्त्री करणेषु दासी भोज्येषु माता शयनेषु रम्भा । धर्मानुकूला क्षमया धरित्री भार्या च षाड्गुण्यवतीह दुर्लभा ॥ २७ ॥ बहिर्न लोला दृगपाङ्गमूलादुपैति कूलादिव साग- रोर्मिः । न वा सतीनामभिलाषबन्धं व्यनक्ति गन्धं कलि- केव चेतः ॥ २८ ॥ लज्जावशावनतमन्थरदृष्टिपातं यैश्चु- म्बितं कुलवधूवदनारविन्दम् । तेषामनेकपुरुषव्रणिताधरेषु सक्तिः कथं भवति वेशवधूमुखेषु ॥ २९ ॥ नातःपरं कु- लमतः परतो न शीलं नातः परं च करुणासदनं मृगाक्ष्याः । यद्बाष्पबिन्दुरपराधवतोऽपि पत्युरुत्सङ्गितेन चरणेन तया- पनिन्ये ॥ ३० ॥ मानाभिवर्धनमहौषधमेतदेव स्त्रीणां सप- त्नवनिताह्वयकीर्तनं यत् । अव्याजनिर्भरभयप्रणतोत्तराणां मन्ये विशेषत इदं कुलकन्यकानाम् ॥ ३१ ॥ पदन्यासो गेहाद्बहिरहिफणारोपणसमो निजावासादन्यद्भवनमपरद्वीपतु- लितम् । वचो लोकालभ्यं कृपणधनतुल्यं मृगदृशः पुमान- न्यः कान्ताद्विधुरिव चतुर्थीसमुदितः ॥ ३२ ॥ चतुर्थेऽह्नि स्नातां त्रिदिनविरहात्पाण्डुवदनां रजोमुक्तां तन्वीं चपलन- यनां कामकलिताम् । हिमत्वङ्मार्जारीमलयभवगन्धप्रणयि- नीमधन्यः को भुङ्क्ते च्युतकुसुमशेषामिव लताम् ॥ ३३ ॥ गतागतकुतूहलं नयनयोरपाङ्गावधि स्मितं कुलनतभ्रुवाम- धर एव विश्राम्यति । वचः प्रियतमश्रुतेरतिथिरेव कोप- क्रमः कदाचिदपि चेत्तदा मनसि केवलं मज्जति ॥ ३४ ॥ भक्तिः प्रेयसि संश्रितेषु करुणा श्वश्रूषु नम्रं शिरः प्रीतिर्या- तृषु गौरवं गुरुजने क्षान्तिः कृतागस्यपि । अम्लाना कुलयो- षितां व्रतविधिः सोऽयं विधेयः पुनर्मद्भर्तुर्दयिता इति प्रिय- सखीबुद्धिः सपत्नीष्वपि ॥ ३५ ॥ अभ्युत्थानमुपागते गृह- पतौ तद्भाषणे नम्रता तत्पादार्पितदृष्टिरासनविधिस्तस्योप- चर्या स्वयम् । सुप्ते तत्र शयीत तत्प्रथमतो जह्याच्च शय्या- मिति प्राच्यैः पुत्रि निवेदितः कुलवधूसिद्धान्तधर्मागमः ॥ ३६ ॥ शुश्रूषस्व गुरून्कुरु प्रियसखीवृत्तिं सपत्नीजने भर्तुर्विप्रकृतापि रोषणतया मा स्म प्रतीपं गमः । भूयिष्ठं भव दक्षिणा परिजने भोगेष्वनुत्सेकिनी यान्त्येवं गृहिणीपदं यु- वतयो वामाः कुलस्याधयः ॥ ३७ ॥ निर्व्याजा दयिते नना- न्दृषु नता श्वश्रूषु भक्ता भव स्निग्धा बन्धुषु वत्सला परि- जने स्मेरा सपत्नीष्वपि । भर्तुर्मित्रजने सनम्रवचना खिन्ना च तद्वैरिषु प्रायः संवननं नतभ्रु तदिदं वीतौषधं भर्तृषु ॥ ३८ ॥ स्नानाम्भो बहु साधिता रसवती देवाभिकार्यो- चितः संभारो रचितो विशुद्धवसने कालोचिते योजिते । स्नानं नाथ विधीयतामतिथयः सीदन्ति नान्या त्वरा धन्यं बोधयते शनैरिति पतिं मध्याह्नसुप्तं सती ॥ ३९ ॥ संचारो रतिमन्दिरावधि सखीकर्णावधि व्याहृतं चेतः कान्तसमीहि- तावधि महामानोऽपि मौनावधि । हास्यं चाधरपल्लवावधि पदन्यासावधि प्रेक्षितं सर्वं सावधि नावधिः कुलभुवां प्रेम्णः परं केवलम् ॥ ४० ॥ शुश्रूषामनुरुन्धती गुरुजने वाक्ये ननान्दुः स्थिता दाक्षिण्यैकपरायणा परिजने स्निग्धा सपत्नी- ष्वपि । सन्नद्धातिथिसत्कृतौ गृहभरे नैस्तन्द्र्यमाबिभ्रती वत्से किं बहुना भजस्व कुशलं भर्तुः प्रिये जाग्रती ॥ ४१ ॥

असतीचरित्रम् ।

यस्य भार्या विरूपा च कश्मला कलहप्रिया । अधिका- धिकभक्षा च सा जरा न जरा जरा ॥ १ ॥ एषैव यो- षितां धन्या शीलं च लभते सुखम् । दिवा पतिव्रता भूयो नक्तं च कुलटा यतः ॥ २ ॥ पर्यङ्कः स्वास्तरणः पतिरनुकूलो मनोहरं सदनम् । तृणमिव लघु मन्यन्ते कामिन्यश्चौर्यर- तिलुब्धाः ॥ ३ ॥ दुर्दिवसे घनतिमिरे दुःसंचारासु नगर- वीथीषु । पत्युर्विदेशगमने परमसुखं जघनचपलायाः ॥ ४ ॥ इह वटवृक्षे यक्षः प्रतिवसति दिवापि यत्र भयशङ्का । तस्मिन्नभिनववध्वा नीता वीतोदयाः क्षणदाः ॥ ५ ॥ सुख- शय्या ताम्बूलं विश्रब्धाश्लेषचुम्बनादीनि । तुलयन्ति न लक्षांशं त्वरितक्षणचौर्यसुरतस्य ॥ ६ ॥ दिवसे घटिकास्त्रिं- शत्त्रिंशद्घटिकाः परं रजनौ । लक्षं नगरयुवानस्तात विधातः किमाचरितम् ॥ ७ ॥ आरोपिता शिलायामश्मेव त्वं भवेति मन्त्रेण । मग्नापि परिणयापदि जारमुखं वीक्ष्य हसितैव ॥८॥ कुलपतनं जनगर्हां बन्धनमपि जीवितस्य संदेहम् । अङ्गी- करोति सकलं वनिता परपुरुषसंसक्ता ॥ ९ ॥ सखि सुख- यत्यवकाशे प्राप्तः प्रेयान्यथा तथा न गृहे । वातादवारि-

१ सर्पः. २ स्वगृहात्. ३ कान्तात्प्रियादन्यः पुमान्वरद- चतुर्थ्युदितश्चन्द्र इव दर्शनानर्ह इत्यर्थः. ४ भर्तरि. ५ आश्रितेषु. ६ क्षमा. ७ अपराधिनि. ८ प्रफुल्लवदना. ९ पूजा. १० त्यजेत्.

१ अमङ्गला. २ वृद्धत्वम्. ३ दुर्दिने. ४ रात्रयः. ५ स्थापिता. ६ परिणयरूपायामापदि संकटे. ७ अश्वताम्. ८ निन्दाम्. ९ अवसरे.

तादपि भवति गवाक्षानिलः शीतः ॥ १० ॥ द्वारि स्तम्भविलग्ना प्रियसखि दृष्टिं पथि क्षिपसि। प्रहिणोषि भाग्यभाजि प्रेयसि दूतीमिव भ्रमरीम् ॥ ११ ॥ सुभगं वदति जनस्तं निजपतिरिति नैष रोचते मह्यम्। पीयूषेऽपि हि भेषजभावोपहिते भवत्यरुचिः ॥ १२ ॥ इह नगरे प्रतिरथ्यं भुजंगसंबाधरुचिरसंचारे । सुन्दरि मम मतमेतन्नकुलप्रतिपालनं श्रेयः ॥ १३ ॥ केलिः प्रदहति मज्जां शृङ्गारोऽस्थीनि चाटवः कटवः। बन्धक्याः परितोषो न स्यादनभीष्टदंपत्योः ॥ १४ ॥ संदिग्धे परलोके जनापवादे च जगति बहुचित्रे। स्वाधीने पररमणे धन्यास्तारुण्यफलभाजः ॥१५॥ यदि भवति दैवयोगात्पुमान्विरूपोऽपि बन्धकी रहसि । न तु कृच्छ्रादपि भद्रं निजकान्तं सा भजत्येव ॥ १६ ॥ यदवधि विवृद्धमात्रा विकसितकुसुमोत्करा शणश्रेणी। पीतांशुकप्रियेयं तदवधि पल्लीपतेः पुत्री ॥ १७ ॥ तिमिरेऽपि दूरदृश्या कठिनाश्लेषे च रहसि मुखरा च। दन्तमयवलयराजी गृहपतिशिरसा सह स्फुटतु ॥ १८ ॥ एष्यति मा पुनरयमिति गमने यदमङ्गलं मयाकारि। अधुना तदेव कारणमवस्थितौ दग्धगेहपतेः ॥ १९ ॥ ग्रामतरुणं तरुण्या नववञ्जुलमंञ्जरीसनाथवरम्। पश्यन्त्या भवति मुहुर्नितरां मलिना मुखच्छाया ॥ २० ॥ मया कुमार्यापि न सुप्तमेकया न जारमुत्सृज्य पुमान्विलोकितः। अनेन गोत्रस्थितिपालनेन मे प्रसन्नतामेतु भवोपकारिणी ॥ २१ ॥ पाणौ गृहीतापि पुरस्कृतापि स्नेहेन नित्यं परिवर्धितापि। परोपकाराय भवेदवश्यं वृद्धस्य भार्या करदीपिकेव ॥ २२ ॥ प्रियो मयैवावचितैः प्रसूनैर्हृष्टो हरस्यातनुते सपर्याम्। अतो नतानेकलताघृतानि यास्यामि सायं विपिनानि सख्यः ॥ २३ ॥ निभृतं निभृतं निभालयन्त्या वरुणाशाभरणायितं पतङ्गम्। गुरुयन्त्रितयापि गोपवध्वा नयनान्तेन निमन्त्रितो मुकुन्दः ॥२४॥ शिरसि शिरसिजं दृशोर्निमेषं विटपिनि पल्लवमालये तृणं वा। गणयितुमपि पारयन्ति केचित्प्रियसखि के कथयन्तु जारसंख्याम् ॥ २५ ॥ पतिरतीव धनी सुभगो युवा

१ रथ्यायां रथ्यायाम्. २ सर्पाः; (पक्षे) जाराः. ३ संमर्दः. ४ नकुलस्य पालनम्, (पक्षे) न इति पदच्छेदः. कुलप्रतिपालनं न श्रेयः. ५ अशोककलिका. ६ अशोकतरुतले कृतसंकेतं तत्र गत्वा तदीयमञ्जरीमादाय प्रतिनिवृत्तं दृष्ट्वा गृहव्यापारावेशात्सकृत्संकेतभङ्गात्स्वापराधभावनया तस्या मुखच्छाया लज्जया मलिना भवतीत्यर्थः. ७ प्रीत्या; (पक्षे) तैलेन. ८ सुन्दरः; (अथ च) सुष्ठु भं नक्षत्रं तस्मिन्गच्छति. कुयोगं त्यक्त्वा भार्या व्रजति. इदमेव रोदनकारणम्.

परविलासवतीषु पराङ्मुखः । शिशुरलंकुरुते भवनं सदा तदपि सा सुदती रुदती कुतः ॥ २६ ॥ नाम्बुजैर्न कुसुमैरुपमेयं स्वैरिणीनयनपङ्कजयुग्मम्। नोदये दिनकरस्य न चेन्दोः केवलं तमसि यस्य विकासः ॥ २७ ॥ दृग्भङ्गभङ्गिमशतैरसतीरहस्यमन्वेषयन्कपटभिक्षुक लक्षितोऽसि । स्वस्य प्रभुर्न च भवामि ततः क्षमस्व भिक्षोपढौकनमिषादयमञ्जलिस्ते ॥ २८ ॥ ब्रह्मैव सत्यमखिलं नहि किंचिदन्यत्तस्मान्न मे सखि परापरभेदबुद्धिः। जारे तथा निजवरे सदृशोऽनुरागो व्यर्थं किमर्थमसतीति कदर्थयन्ति ॥२९॥ जन्मैव मास्तु यदि वा न नितम्बिनीषु तत्रापि चेदहह नैव कुलाङ्गनासु। हा धिग्विधे कुलवधूरथ चेद्भवेयं नैवास्तु च क्वचन मे मनसोऽनुबन्धः ॥ ३० ॥ गोष्ठेषु तिष्ठति पतिर्बधिरा ननान्दा नेत्रद्वयस्य च न पाटवमस्ति यातुः। इत्थं निशम्य तरुणी कुचकुम्भसीम्नि रोमाञ्चकञ्चुकमुदञ्चितमाततान ॥ ३१ ॥ वयं बाल्ये बालांस्तरुणिमनि यूनः परिणतावपीच्छामो वृद्धान्परिणयविधौ नः स्थितिरियम्। त्वयारब्धं जन्म क्षपयितुमनेनैकपतिना न मे गोत्रे पुत्री क्वचिदपि सतीलाञ्छनमभूत् ॥ ३२ ॥ दृशा किंचित्किंचिच्चलितभुजलीलाविलसितैः कराघातैः किंचिन्नखविलिखनैः किंचिदधिकम्। स्पृशन्त्यः संबाधे गुरुभिरनभिप्रेक्षितपथे यथेष्टं चेष्टन्ते स्फुटकुचतटाः पश्य कुलटाः ॥ ३३ ॥ अनार्यप्रज्ञानामिह जनवधूनां हि मनसो महाशल्यं कर्णे तव नवकजम्बूकिसलयः। भ्रमन्भिक्षाहेतोरधिनगरि बुद्धोऽसि न मया त्वयैतावद्द्वेषः पथिक न विधेयः पुनरपि ॥ ३४ ॥ अयं रेवाकुञ्जैः कुसुमशरसेवासमुचितः समीरोऽयं वेलानवविदलदेलापरिमलः। इयं प्रावृड् धन्या नवजलदविन्यासचतुरापराधीनं चेतः सखि किमपि कर्तुं मृगयते ॥ ३५ ॥ स्थितिर्गेहोपान्ते परिजनपरीहासकलना मुहुर्यातायाते सकृदपि गृहे व्याजगमनम्। मुहुस्तद्भोग्येऽपि क्षणपरिचयो वस्तुनि दृशः समुत्पन्नप्रेम्णः सकलमिदमापातसुखदम् ॥ ३६ ॥ नितम्बिन्यो नित्यं विनयपथविन्यस्तमनसः पताकाः स्युः पुत्रि प्रतिनियतमेताः स्वकुलयोः। गुरोरित्यादेशं सदसि सुदृशामाकृतवती गतातङ्कं राधा हरिमुखमृगाङ्कं मृगयते ॥ ३७ ॥ अये को जानीते निजपुरुषसङ्गो नहि तथा यथा स्त्रीणां चेतः परपुरुषसङ्गो रमयति। अपि स्वैरं भुक्ता दिवसमखिलं वासरकृता करस्पर्शादिन्दोर्मुकुलयति नेत्राणि नलिनी ॥ ३८ ॥ ताम्बूलाक्तं दशनमसकृद्दर्शय-

१ उपमातुं योग्यम्. २ बाल्यावस्थायाम्. ३ तारुण्ये. ४ वार्धक्ये. ५ इच्छाविषयान्कुर्मः. ६ जनसंमर्दे. ७ व्यापारं कुर्वते ८ स्वैरिण्यः. ९ नर्मदा. १० लतागृहम्.

न्तीह चेटी घोटीहेषा विकृतविरुतं हेतुहीनं हसन्ती। स्थानस्थानस्खलितपदविन्यासमाभासमाना यूनामग्रे वसति कुटिलं नर्तितोच्चैर्नितम्बम् ॥ ३९ ॥ ज्ञाता मैत्री सहजमधुरापातिमिर्लोचितान्तैः कर्णाकर्णि प्रथितमयशो बन्धुवर्गैरभाणि। संप्रत्येवं तदपि न मनाङ्मुञ्चति प्राणनाथं को जानीते कुवलयदृशः कीदृशः प्रेमबन्धः ॥ ४० ॥ भ्रूभेदैः कतिचिद्गिरा कुटिलया काश्चित्कियत्यः स्मितैः स्वैरिण्यः कथयन्ति मन्मथरसव्यापारवश्यं मनः। कासांचित्पुनरङ्गकेषु मसृणच्छायेषु मध्यस्थितो भावः काचपुटेषु पुष्करमिव प्रव्यक्तमालोक्यते ॥ ४१ ॥ यः कौमारहरः स एव हि वरस्ता एव चैत्रक्षपास्ते चोन्मीलितमालतीसुरभयः प्रौढाः कदम्बानिलाः। सा चैवास्मि तथापि चौर्यसुरतव्यापारलीलाविधौ रेवारोधसि वेतसीतरुतले चेतः समुत्कण्ठते ॥४२॥ दृष्टिं हे प्रतिवेशिनि क्षणमिहाप्यस्मद्गृहे दास्यसि प्रायेणास्य शिशोः पिता न विरसाः[4]कौपीरपः पास्यति। एकाकिन्यपि यामि तद्वरमितः स्रोतस्तमालाकुलं नीरन्ध्रास्तनुमालिखन्तु जरठच्छेदा नलग्रन्थयः ॥ ४३ ॥ शुश्रूषस्व गुरून्निवर्तय सखीर्वन्दस्व बन्धुस्त्रियः कावेरीतटसंनिविष्टनयने मुग्धे किमुत्ताम्यसि। आस्ते पुत्रि समीप एव गमनादेलालतालिङ्गितन्यञ्चद्वालतमालदन्तुरदरी तत्रापि गोदावरी ॥ ४४ ॥ भद्रं तस्य तरोः स्वयं चिरकृतप्रस्थानकं कथ्यतां दुर्वारस्तमरण्यवह्निरदहद्धिग्दारुणं दुर्वचः। मा खिद्यस्व ततः प्रभृत्यनुदिनं तस्याः पतद्भिर्दृशोरम्भोभिः परिणद्धपल्लवघनच्छायस्तरुर्वर्धते ॥ ४५ ॥ स्वामी निःश्वसितेऽप्यसूयति मनोजिघ्रः सपत्नीजनः श्वश्रूरिङ्गितदैवतं नयनयोरीहालिहो यातरः। तद्दूरादयमञ्जलिः किमधुना दृग्भङ्गिभावेन ते वैदग्धीमधुरप्रपञ्चचतुर व्यर्थोऽयमत्र श्रमः ॥ ४६ ॥ आयातासि विमुञ्च वेपथुभरं दृष्टासि नो केनचिन्नीलं चोलममुं विमुञ्च हरतु स्वेदं निशीथानिलः। इत्यन्तर्भयसन्नकण्ठमसकृद्यामीति तल्पं गता जल्पन्ती परिरभ्यते सुकृतिभिः स्वैरं नवस्वैरिणी ॥४७॥ सव्रीडार्धनिरीक्षणं यदुभयोर्यद्दूतिसंप्रेषणं ह्यद्य श्वो भविता समागम इति प्रीतिप्रसादश्च यः। प्राप्ते कालसमागमे सरभसं यच्चुम्बनालिङ्गनं तत्कामस्य फलं तदेव सुरतं शेषा पशूनां स्थितिः ॥ ४८ ॥ इन्दुर्यत्र न निन्द्यते न मधुरं दूतीवचः श्रूयते नोच्छ्वासा हृदयं दहन्त्यशिशिरा नोपैति कार्श्यं वपुः। स्वाधीनामनुकूलिकां स्वगृहिणीमालिङ्ग्य यत्सुप्यते तत्किं प्रेम गृहाश्रमव्रतमिदं कष्टं समाचर्यते ॥ ४९ ॥ चेत्पौरादपि शङ्कसे हिमरुचोरप्यर्चिषो लज्जसे भोगीन्द्रादपि चेद्बिभेषि तिमिरस्तोमादपि त्रस्यसि। चेत्कुञ्जादपि दूयसे जनघटध्वानादपि क्षुभ्यसि प्रायः पुत्रि हतास्मि हन्त भविता त्वत्तः कलङ्कः कुले ॥ ५० ॥ आः पाकं न करोषि पापिनि कथं पापि त्वदीयः पिता रण्डे जल्पसि किं तवैव जननी रण्डा त्वदीया स्वसा। निर्गच्छ त्वरितं गृहाद्बहिरितो नेदं त्वदीयं गृहं हा हा नाथ ममाद्य देहि मरणं जारस्य भाग्योदयः ॥ ५१ ॥ कार्ये सत्यपि जातु याति न बहिर्नाप्यन्यमालोकते साध्वीरप्यनुकुर्वती गुरुजनं श्वश्रूं च शुश्रूषते। विस्रम्भं कुरुते च पत्युरधिकं प्राप्ते निशीथे पुनर्निद्राणे सकले जने शशिमुखी निर्याति रन्तुं विटैः ॥५२॥ आकारेण शशी गिरा परभृतः पारावतश्चुम्बने हंसश्चङ्क्रमणे समं दयितया रत्यां प्रमत्तो गजः। इत्थं भर्तरि मे समस्तयुवतिश्लाघ्यैर्गुणैः सेविते क्षुण्णं नास्ति विवाहितः पतिरिति स्यान्नैष दोषो यदि ॥ ५३ ॥ ज्ञातं ज्ञातिजनैः प्रमृष्टमयशो दूरं गता धीरता त्यक्ता ह्रीः प्रतिपादितोऽप्यविनयः साध्वीपदं प्रोज्झितम्। लुप्ता चोभयलोकसाधुपदवी दत्तः कलङ्कः कुले भूयो दूति किमन्यदस्ति यदसावद्यापि नागच्छति ॥ ५४ ॥ देहे दुर्ललितस्य देवरशिशोः स्फोटव्रणो दारुणो यातस्तेन वनस्पतित्वचमुपाहर्तुं मया गम्यते। दृप्यन्तु श्वसितानि घर्मसलिलैः पत्राणि लुप्यन्तु वा वक्षो वा विलिखन्तु हन्त नखरैः क्रुद्धाः कपिश्रेणयः ॥ ५५ ॥ अम्ब श्वश्रु यदि त्वया हतशुकः संवर्धनीयस्तदा लोहं पञ्जरमस्य दुर्नयवतो गाढान्तरं कारय। अद्यैनं बदरीनिकुञ्जकुहरे संलीनमन्विष्यती दष्टा यन्न भुजङ्गमेन तदतिश्रेयः किमेभिः क्षतैः ॥ ५६ ॥ न्यस्तं पन्नगमूर्ध्नि पादयुगलं भक्तिर्विमुक्ता गुरोस्त्यक्ता प्रीतिरकारि किं न भवतो हेतोर्मया दुष्कृतम्। अज्ञानां शतयातना नयनयोः कोऽपि क्रमो रौरवः कुम्भीपाकपराभवश्च मनसो युक्तं त्वयि प्रस्थिते ॥ ५७ ॥ नारीणां खलु बन्धुरन्धतमसं पाथोधरः सोदरः कुञ्जं नामिगृहं निशा सहचरी सेव्यः स्मरः क्ष्मापतिः। इत्थं चारुचकोरचञ्चलदृशां यासां मतिर्जायते तासामेव यशः सुधांशुधवलं तासां च सौख्यं सदा ॥ ५८ ॥ हंसैः शैवलमञ्जरीति कबरी चञ्चुभिराकर्षिता वक्त्रे चन्द्रधिया चकोरवनिता चक्रे नखैरक्रमम्। भृङ्गैः पङ्कजकोरकप्रतिभया वक्षोरुहो वीक्षितस्तन्मातः करवै पुनर्न सरसीतोयावगाहोद्यमम् ॥ ५९ ॥

१ जलम्. २ पतिः. ३ श्रेष्ठः. विलक्षणरतिक्षम इत्यर्थः. ४ कूपसंबन्धिनीः.

१ भगिनी. २ कदाचित्. ३ अनुकरणं कुर्वाणां. ४ विश्वासम्. ५ शयाने. ६ क्रीडितुम्. ७ जारैः. ८ कोकिलः. ९ गमने. १० संबोधनपदम्. 'जातः' इति वा पाठः.

आस्तां विश्वसनं सखीषु विदितामिप्रायसारे जने तत्राप्यर्पयितुं दृशं सुरुचिरां शक्नोमि न व्रीडया । लोकोऽप्येष परोपहासकुशलः सूक्ष्मेङ्गितज्ञोऽप्यलं मातः कं शरणं व्रजामि हृदये जीर्णोऽनुरागानलः ॥ ६० ॥ कार्येणापि विलम्बनं परगृहे श्वश्रूर्न संमन्यते शङ्कामारचयन्ति यूनि भवनं प्राप्ते मिथो यातरः । वीथीनिर्गमनेऽपि तर्जयति च क्रुद्धा ननान्दा पुनः कष्टं हन्त मृगीदृशां पतिगृहं प्रायेण कारागृहम् ॥ ६१ ॥ एकान्ते बत नो गृहं शशिमुखोऽप्यन्यादृशो दृश्यते क्षिप्रं साधय यातु पुत्रि स दिने भुक्त्वान्यमावासकम् । श्वश्र्वा संभ्रमिता किलेति बहुशः संप्रेरयन्त्या वधूः पान्थं वीक्ष्य बभञ्ज सस्मितमुखी सैवार्धसिद्धोदनम् ॥ ६२ ॥ एते त्वारिकणाः किरन्ति पुरुषान्वर्षन्ति नाम्भोधराः शैलाः शाद्वलमुद्वमन्ति न सृजन्त्येते पुनर्नायकान् । त्रैलोक्ये तरवः फलानि सुवते नैवारभन्ते जनान्धातः कातरमालपामि कुलटाहेतोस्त्वया किं कृतम् ॥ ६३ ॥ संपत्कस्याद्य तारा भवति तरलिता यत्पुरो नेत्रतारा दृष्टा केनाद्य काञ्ची यदभिमुखगता वेपते रत्नकाञ्ची । उग्रः कस्याद्य तुष्टः सखि यदनुमते कश्चिदुग्रोऽनुतापः स्नातं केनाद्य वेणीपयसि विलुलिता यत्कृते कापि वेणी ॥ ६४ ॥ पश्यन्ति स्निग्धमुग्धं प्रतिकलमधुरैर्मोहयन्त्यङ्गहारैः साकूतैर्मन्दहासैरपि परपुरुषाञ्श्वदानन्दयन्ति । चेष्टन्ते चेत एते किमपि परिचयाद्धारयिष्यन्ति तेषां प्राणान्को वेद लोके परजलजदृशां चित्तमत्यन्तलोलम् ॥ ६५ ॥ पृथ्वी तावत्त्रिकोणा विपुलनदनदीआवरुद्धं तदर्धं तत्राप्यर्धं युवत्यः शिशुगतवयसो रोगिणो योगिनश्च । त्याज्यास्तत्रापि मान्याः श्वशुरपितृमुखाः सन्ति शेषाः कियन्तो मिथ्यावादो ममायं मुखरमुखरवः पुंश्चली पुंश्चलीति ॥ ६६ ॥

पान्थसंकेतः ॥ ग्रामेऽस्मिन्[1]प्रस्तरप्राये न किंचित्[2]पान्थ विद्यते । [3]पयोधरोन्नतिं दृष्ट्वा वस्तुमिच्छसि चेद्वस ॥ ६७ ॥ पान्थ मन्दमते किंवा संतापमनुविन्दसि । [4]पयोधरं [5]समाशास्व येन शान्तिमवाप्नुयात् ॥६८॥ वीक्षितुं न क्षमा श्वश्रूः स्वामी दूरतरं गतः । अहमेकाकिनी बाला तवेह वसतिः कुतः ॥ ६९ ॥ त्वमिव पथिक [6]प्रियो मे विटपिस्तो[7]मेषु गमयति क्लेशान् । किमितोऽन्यत्कुशलं मे संप्रति यत्पान्थ जीवामि ॥ ७० ॥ किमिति कृशासि कृशोदरि किं तव परकीयवृत्तान्तैः । कथय तथापि [1]मुदे मम कथयिष्यति पान्थ तव जाया ॥ ७१ ॥ यदि गन्तासि दिगन्तं पथिक पतिस्तत्र संबोध्यः । नयनश्रवणविहीना कथमुपचर्या मयैकया जननी ॥ ७२ ॥ निबिडतमतमालमल्लिवल्लीविचकिलराजिविराजितोपकण्ठे । पथिक समुचितस्तवाद्य तीव्रे सवितरि तत्र सरित्तटे निवासः ॥ ७३ ॥ [2]भो पान्थ पुस्तकधर क्षणमत्र तिष्ठ वैद्योऽसि किं गणितशास्त्रविशारदोऽसि । केनौषधेन मम पश्यति भर्तुरम्बा किं वागमिष्यति पतिः सुचिरप्रवासी ॥ ७४ ॥ एकाकिनी यदबला तरुणी तथाहमस्मिन्गृहे गृहपतिश्च गतो विदेशे । कं याचसे तदिह वासमियं वराकी श्वश्रूर्ममान्धबधिरा ननु मूढ पान्थ ॥ ७५ ॥ रथ्यारजोरुणितधूसरिताङ्गयष्टेः कच्चित्पितुः स्मरसि पुत्रक निर्घृणस्य । उक्त्वैवमङ्कगतयायतमायताक्ष्या पान्थस्त्रिया प्ररुदितं करुणं दिनान्ते ॥ ७६ ॥ भवनमिव मदीयं निर्जनः पान्थ पन्थाः कुसुमशर इवास्मिंस्तस्करा दुर्निवाराः । [3]गृहप इव [4]पतङ्गोऽप्येष यातो दिगन्तान्मदनसुभग भूयो नैव गन्तुं समीहे ॥ ७७ ॥ अहमिव दिनलक्ष्मीः प्रोषितप्राणनाथा त्वमिव पथिक पन्था मुक्तपान्थानुबन्धः । अयमपि परदेशः सोऽपि यत्रासि गन्ता मदनमधुरमूर्ते किं वृथा सत्वरोऽसि ॥ ७८ ॥ [5]यामिन्येषा बहुलजलदैर्बद्ध[6]भीमान्धकारा निद्रां यातो मम पतिरसौ [7]कर्मदुःखैः । बाला चाहं [8]मनसिजभयात्प्राप्तगाढप्रकम्पा ग्रामश्चोरैरयमुपहतः पान्थ निद्रां जहीहि ॥ ७९ ॥ कुत्रायासीः किमिवमकरोः साहसं पान्थ बन्धो यद्येतस्मिन्निवससि पुरे सावधानस्तदा स्याः । अत्रोत्तालाः कतिचिदबलाः सन्ति यासां विलासैरुत्पद्यन्ते सपदि मदनव्याधयो दुर्निवाराः ॥ ८० ॥ इयं [9]सुरतरंगिणी न पुनरत्र नौसंगमो भवेत्तरणिमज्जनं पथिक नैव पान्थागमः । निधाय हृदये सदा विपुलचारुकुम्भद्वयं सखे घनघनागमे घ[10]नरसस्य पारं व्रज ॥ ८१ ॥ [11]वाणिज्येन गतः स मे गृह[12]पतिर्वार्तापि न श्रूयते प्रातस्तज्जननी प्रसूततनया जामातृगेहं गता । बालाहं नवयौ-

१ पाषाणबहुले; (पक्षे) पाषाणतुल्ये. २ आस्तरणादिकम्; (पक्षे) समागमप्रतिबन्धकम्. ३ मेघानामुन्नतिः; (पक्षे) स्तनयोरुन्नतिः. ४ मेघम्; (पक्षे) स्तनम्. ५ सम्यक्प्रार्थनां कुरु. ६ कान्तः. ७ वृक्षसमूहेषु.

१ हर्षाय. २ कक्षे पुस्तकधारिणं पान्थं प्रति कस्याश्चित्कामिन्याः स्वाभिप्रायसूचिकोक्तिः. औषधप्रश्नेन श्वश्र्वा अन्धत्वं सूचितम्. प्रोषितस्य पत्युः कदागमनं भविष्यतीति प्रश्नेन सोऽपि गृहे नास्तीति सूचितम्. ३ गृहस्वामीव. ४ सूर्यः. ५ रात्रिः. ६ भयंकरगाढान्धकारा. ७ कर्मजन्यैर्दुःखैः श्रान्त इत्यर्थः. ८ उक्तैर्हेतुभिर्मनसि जातं यद्भयं तस्मात्; (पक्षे) कामभयात्. ९ सुराणां तरंगिणी. नदी इत्यर्थः. १० उदकस्य. ११ वाणिज्यार्थं परदेशं गतः. १२ भर्ता.

वना निशि कथं स्थातव्यमस्मिन्गृहे सायं संप्रति वर्तते पथिक हे स्थानान्तरं गम्यताम् ॥ ८२ ॥ रे रे पान्थ कुतो भवान्नगरतो वार्ता न चापि श्रुता बाढं ब्रूहि युवा पयोदसमये हित्वा प्रियां जीवति । सत्यं जीवति जीवतीति कथिता वार्ता मयापि श्रुता विस्तीर्णा पृथिवी जनोऽपि विविधः किं किं न संभाव्यते ॥ ८३ ॥ शून्यं वेश्म चिरायितो गृहपतिर्जाताधुना शर्वरी स्थातुं नोचितमत्र गच्छ निभृतं लोकैर्नालक्षितः । इत्थं लोलदृशा ह्यसावभिहितो दासीमुखेनाध्वगः स्थित्वा किंचिदिव क्व यामि रजनी प्राप्तेत्युदीर्य स्थितः ॥ ८४ ॥ स्मर्तव्या वयमिन्दुसुन्दरमुखि प्रस्तावतोऽपि त्वया स्यादेवं यदि नाथ दास्यति विधिर्जातिस्मरत्वं मम । एकस्मिन्नपि जन्मनि प्रियतमे जातिस्मरत्वं कुतः प्राणाः पान्थ समं त्वयैव चलिताः क्वापि जन्मैकता ॥ ८५ ॥ भ्रातः पान्थ पथि त्वया न पथिकः कश्चित्समासादितो बाले नैकशतानि कीदृश इति प्रख्यायतां वल्लभः । यं दृष्ट्वा प्रमदाजनस्य भवतः स्फारे मुदा लोचने स ज्ञेयो दयितो ममेति पथिकायावेद्य मोहं गता ॥ ८६ ॥ भो पान्थ त्वरितोऽसि तिष्ठ निमिषं किंचिद्वदामो वयं मार्गोऽयं पुरतो द्विधा खलु भवेद्वामेन नो गम्यताम् । तत्रास्ते सहकारकोमलतरोर्मूले प्रपापालिका तस्या लोचनवागुरानिपतितो न त्वं पुनर्यास्यसि ॥ ८७ ॥ नाथो मे विपणिं गतो न गणयत्येषा सपत्नी च मां त्यक्त्वा मामिह पुष्पिणीति गुरवः प्राप्ता गृहाभ्यन्तरम् । शय्यामात्रसहायिनीं परिजनः श्रान्तो न मां सेवते स्वामिन्नागमलालनीय रजनीं लक्ष्मीपते रक्ष माम् ॥ ८८ ॥

वेश्यागर्हणम् ।

वेश्या[13]सौ मदनज्वाला रूपे[14]न्धनसमेधिता । कामिभिर्यत्र हूयन्ते यौवनानि धनानि च ॥ १ ॥ अयं च सुरतज्वाला कामाग्निः प्रणयेन्धनः । नराणां यत्र हूयन्ते यौवनानि धनानि च ॥ २ ॥ इह सर्वस्वफलिनः कुलपुत्रमहाद्रुमाः । निष्फलत्वमलं यान्ति वेश्याविहगभक्षिताः ॥ ३ ॥ धनाशा कैतवस्नेहो[15] वितथैश्चित्ततोषणम्[16] । एकमप्यस्ति नास्मासु कथं वेश्यासमा वयम् ॥ ४ ॥ कष्टं जीवति गणिका गणकोऽपि च राजसेवको वैद्यः । दिवसे दिवसे मरणं परस्य यच्चित्तरञ्जनं वृत्तिः ॥ ५ ॥ न पर्वताग्रे नलिनी प्ररोहति न गर्दभा वाजिधुरं वहन्ति । यवाः प्रकीर्णा न भवन्ति शालयो न वेशजाताः शुचयस्तथाङ्गनाः ॥ ६ ॥ हारहीरकहिरण्यभूषणैस्तोषमेति गणिका धनैषिणी । प्रेमकोमलकटाक्षवीक्षितैरेव जीवति कुलाङ्गनाजनः ॥ ७ ॥ एता हसन्ति च रुदन्ति च वित्तहेतोर्विश्वासयन्ति पुरुषं न च विश्वसन्ति । तस्मान्नरेण कुलशीलसमन्वितेन वेश्याः श्मशानघटिका इव वर्जनीयाः ॥ ८ ॥ जात्यन्धाय च दुर्मुखाय च जराजीर्णाखिलाङ्गाय च ग्रामीणाय च दुष्कुलाय च गलत्कुष्ठाभिभूताय च । यच्छन्तीषु मनोहरं निजवपुर्लक्ष्मीलवश्रद्धया पण्यस्त्रीषु विवेककल्पलतिकाशस्त्रीषु रज्येत कः ॥ ९ ॥ केशः कुन्दमिषादिवोपहसति द्रव्यैर्विहीनाञ्जनान्यूनां ग्रन्थिधनं विलोकितुमिवोद्ग्रीवस्तनस्तिष्ठति । प्रेमच्छेदकृपाणवल्लिसुममां रोमालिरालम्बते यस्याः सा कथमस्तु चेतसि चमत्काराय वाराङ्गना ॥ १० ॥ वाप्यां स्नाति विचक्षणो द्विजवरो मूर्खोऽपि वर्णाधमः फुल्लां नाम्यति वायसोऽपि हि लतां या नामिता बर्हिणा । ब्रह्मक्षत्रविशस्तरन्ति च यया नावा तयैवेतरे त्वं वापीव लतेव नौरिव जनं वेश्यासि सर्वं भज ॥ ११ ॥

अष्टनायिकाः ।

स्वाधीनपतिका ॥ यदपि रतिमहोत्सवे नकारो यदपि करेण च नीविधारणानि । प्रियसखि पतिरेष पार्श्वदेशं तदपि न मुञ्चति तत्किमाचरामि ॥ १ ॥ मा गर्वमुद्वह कपोलतले चकास्ति कान्तस्वहस्तलिखिता मम मञ्जरीति । अन्यापि किं न सखि भाजनमीदृशानां वैरी न चेद्भवति वेपथुरन्तरागः ॥ २ ॥ अस्माकं सखि वाससी न रुचिरे ग्रैवेयकं नोज्ज्वलं नो वक्रा गतिरुद्धतं न हसितं नैवास्ति कश्चिन्मदः । किं त्वन्येऽपि जना वदन्ति सुभगोऽप्यस्याः पतिर्नान्यतो दृष्टिं निक्षिपतीति विश्वमियता मन्यामहे दुःखितम् ॥ ३ ॥ श्वश्रूः पश्यति नैव पश्यति यदि भ्रूभङ्गवक्रेक्षणा मर्मच्छेदपटु प्रतिक्षणमसौ ब्रूते ननान्दा वचः । अन्यासामपि किं ब्रवीमि चरितं स्मृत्वा मनो वेपते कान्तः

---

१ सत्यम्. २ वर्षाकाले. ३ चिरकालं दूरं गतः. ४ अदृष्टः. ५ उक्त्वा. ६ गोष्ठीप्रसङ्गेन. ७ वामभागेन. ८ लोचनमेव वागुरा मृगबन्धिनी. जालमित्यर्थः. ९ पण्यवीथिका. १० रजस्वला. ११ आगमेन वेदेन लालनीयः स्तुत्यः. (पक्षे) आगमनेन लालनीयः. १२ रजनीं व्याप्येत्यर्थः. १३ वाराङ्गना. १४ रूपमेवेन्धनं काष्ठं तेन सम्यक्प्रदीप्ता. १५ कपटस्नेहः. १६ असत्यगोष्ठीभिः.

१ धनेच्छावती. २ श्मशानस्थिता घटिकाः. घटयो घटा इति यावत्. एता यथा अस्पृश्यास्तथैव ता वर्जनीया इति भावः. ३ जन्मनान्धाय. ४ ग्राम्याय. ५ अर्पयन्तीषु. ६ लक्ष्मीलेशाशया. ७ गणिकासु.

स्निग्धदृशा विलोकयति मामेतावदागः सखि ॥ ४ ॥ वक्रे-
स्वाधरपल्लवस्य वचसो हास्यस्य लास्यस्य वा धन्यानामरवि-
न्दसुन्दरदृशां कान्तस्तनोति स्तुतिम् । स्वप्नेनापि न गच्छति
श्रुतिपथं चेतःपथं दृक्पथं काप्यन्या दयितस्य मे सखि
कथं तस्यास्तु भेदग्रहः ॥ ५ ॥ स्वीयाः सन्ति गृहे गृहे
मृगदृशो यासां विलासक्वणत्काञ्चीकुण्डलहेमकङ्कणझणत्कारो
न विश्राम्यति । को हेतुः सखि कानने पुरपथे सौधे सखी
संनिधौ भ्राम्यन्ती मम वल्लभस्य परितो दृष्टिर्न मां मुञ्चति
॥ ६ ॥ सन्त्येव प्रतिमन्दिरं युवतयो यासां सुधासागरस्रोतः-
स्यूतसरोजसुन्दरचमत्कारा दृशोर्विभ्रमाः । चित्रं किं तु वि-
चित्रमन्मथकलावैशद्यहेतोः पुनर्वित्तं चित्तहरं प्रयच्छति
युवा मय्येव किं कारणम् ॥ ७ ॥ एतत्किं प्रणयिन्यपि प्रण-
यिनी यन्मानिनी जायते मन्ये मानविधौ भविष्यति सुखं
किंचिद्विशिष्टं रसात् । वाञ्छा तस्य सुखस्य मेऽपि हृदये
जागर्ति नित्यं परं स्वप्नेऽप्येष न मेऽपराध्यति पतिः कुप्यामि
तस्मै कथम् ॥ ८ ॥ मध्ये न कृशिमा स्तने न गरिमा
देहे न वा कान्तिमा श्रोणौ न प्रतिमा गतौ न गरिमा नेत्रे
न वा वक्रिमा । लास्ये न द्रढिमा न वाचि पटिमा हास्ये
न वा स्फीतिमा प्राणेशस्य तथापि मज्जति मनो मय्येव
किं कारणम् ॥ ९ ॥

खण्डिता ॥ वक्षः किमु कलशाङ्कितमिति किमपि प्रष्टु-
मिच्छन्त्याः । नयनं नवोढसुदृशः प्राणेशः पाणिना पिदधे
॥ १० ॥ सत्यमेव गदितं त्वया विभो जीव एक इति
यत्पुरावयोः । अन्यदारनिहिता नखव्रणास्तावके वपुषि पीड-
यन्ति माम् ॥ ११ ॥ सव्यलीकमवधीरितखिन्नं प्रस्थितं
सपदि कोपपदेन । योषितः सुहृदिव स्म रुणद्धि प्राणना-
थमभिबाष्पनिपातः ॥ १२ ॥ शङ्किताय कृतबाष्प-
निपातामीर्ष्यया विमुखितां दयिताय । मानिनीमभि-
मुखाहितचित्तां शंसति स्म घनरोमविभेदः ॥ १३ ॥ वक्षो-
जचिह्नितमुरो दयितस्य वीक्ष्य दीर्घं न निश्वसति जल्पति
नैव किंचित् । प्रातर्जलेन वदनं परिमार्जयन्ती बाला वि-
लोचनजलानि तिरोदधाति ॥ १४ ॥ कान्तं निरीक्ष्य वल-
याङ्कितकण्ठदेशं मुक्तास्तया परभिया परुषा न वाचः ।
दूतीमुखे मृगदृशा स्खलदम्बुपूरा दूरात्परं निदधिरे नयना-
न्तपाताः ॥ १५ ॥ भवतु विदितं व्यर्थालापैरलं प्रिय गम्यतां
तनुरपि न ते दोषोऽस्माकं विधिस्तु पराङ्मुखः । तव यदि
तथा रूढं प्रेम प्रपन्नमिमां दशां प्रकृतितरले का नः पीडा
गते हतजीविते ॥ १६ ॥ उरस्तव पयोधराङ्कितमिदं कुतो
मे क्षमा ततो मयि विधीयतां वसु पुरा यदङ्गीकृतम् ।
इति प्रचलचेतसः प्रियतमस्य वारस्त्रिया क्वणत्कनककङ्कणे
करतलात्समाकृष्यते ॥ १७ ॥ जातस्ते निशि जागरो मम
पुनर्नेत्राम्बुजे शोणिमा निःपीतं भवता मधु प्रविततं व्याघू-
र्णितं मे मनः । भ्राम्यद्भृङ्गघने निकुञ्जभवने लब्धं त्वया
श्रीफलं पञ्चेषुः पुनरेष मां बहुतरैः क्रूरैः शरैः कृन्तति
॥ १८ ॥ प्रातः प्रातरुपागतेन जनिता निर्निद्रता चक्षुषोर्म-
न्दाया मम गौरवं व्यपहृतं प्रोत्पादितं लाघवम् । किं तद्यन्न
कृतं त्वया रमण भीर्मुक्ता मया गम्यतां दुःखं तिष्ठसि
यच्च पथ्यमधुना कर्तास्मि तच्छ्रोष्यसि ॥ १९ ॥ लाक्षा-
लक्ष्म ललाटपट्टफलके केयूरमुद्रा गले वक्त्रे कज्जलकालिमा
नयनयोस्ताम्बूलरागोऽपरः । दृष्ट्वा कोपविधायि मण्डनमिदं
प्रातश्चिरं प्रेयसो लीलातामरसोदरे मृगदृशः श्वासाः समाप्तिं
गताः ॥ २० ॥ कान्तं वीक्ष्य विपक्षपक्ष्मलदृशः पादाम्बुजा-
लक्तकैरालिप्ताननमानतीकृतमुखी चित्रार्पितेवाभवत् । रूक्षं
नोक्तवती न वा कृतवती निश्वासकोष्णे दृशौ प्रातर्मङ्गल-
मङ्गना करतलादादर्शमादर्शयत् ॥ २१ ॥

अभिसारिका ॥ भीतासि नैव भुजगात्पथि मद्भुजस्य
सङ्गे पुनः किमपि कम्पमुरीकरोषि । अम्भोधरध्वनिभिरक्षु-
भितासि तन्वि मद्वाचि साचिवदनासि किमाचरामि ॥२२॥
इह जगति रतीशप्रक्रियाकौशलिन्यः कति कति न निशीथे
सुभ्रुवः संचरन्ति । मम तु विधिहताया जायमानस्मितायाः
सहचरि परिपन्थी हन्त दन्तांशुरेव ॥ २३ ॥ अम्भोजाक्ष्याः
पुरनवलताधाम्नि संकेतभाजश्चेतोनाथे चिरयति भृशं मोह-
निद्रां गतायाः । स्वच्छं नाभीह्रदवलयितं कान्तरत्नांशुजालं
तोयभ्रान्त्या पिबति हरिणी विस्मयं च प्रयाति ॥ २४ ॥
किमुत्तीर्णः पन्थाः कुपितभुजगीभोगविषमो विसोढा भूयस्यः
किमिति कुलपालीकटुगिरः । इति स्मारं स्मारं दरदलित-
शीतद्युतिरुचौ सरोजाक्षी शोणं दिशि नयनकोणं विकिरति
॥ २५ ॥ जनो दुर्लक्ष्योऽयं कुलममलिनं वर्त्म विषमं पति-
श्छिद्रान्वेषी प्रणयिवचनं दुःपरिहरम् । अतः काचित्तन्वी
रतिविहितसंकेतगतये गृहाद्वारंवारं निरगमदथ प्राविशदथ
॥ २६ ॥ सितं वसनमार्पितं वपुषि नीलचोलभ्रमान्मया
मृगमदाशया मलयजद्रवः सेवितः । करेण परिबोधितः स्व-
जनशङ्कया दुर्जनः परं परमपुण्यतः सखि न लङ्घिता देहली
॥ २७ ॥ प्रत्यावृत्य यदि व्रजामि भवनं वाचां भवेत्प्रच्यवो
निर्गच्छामि निकुञ्जमेव यदि वा को वेद किं स्यादितः ।
तिष्ठामो यदि वा क्वचिद्वनतटे किं जातमेतावता मध्ये वर्त्म
कलानिधेः समुदयो जातः किमातन्यताम् ॥ २८ ॥ भ्रातः
कङ्कण किं कदाप्यसि घनाश्लेषेषु विश्लेषितं दूरे किङ्किणि

किं कृताप्यसि रतारम्भे रणत्कारिणि । किं मञ्जीर बहिः
कुतोऽप्यसि रहस्तल्पाधिरोहे मया संकेताध्वनि बद्धवैरमिव
यन्मौखर्यमालम्बसे ॥ २९ ॥ उत्क्षिप्तं करकङ्कणद्वयमिदं
बद्धा दृढं मेखला यत्नेन प्रतिपादिता मुखरयोर्मञ्जीरयोर्मू-
कता । आरब्धे रभसान्मया प्रियसखि क्रीडाभिसारोत्सवे
चण्डालस्तिमिरावगुण्ठनपटक्षेपं विधत्ते विधुः ॥ ३० ॥ एषा
फुल्लकदम्बनीपसुरभौ काले घनोद्भासिते कान्तस्यालयमागता
समदना हृष्टा जलार्द्रालका । विद्युद्वारिदगर्जितैः सचकिता
त्वद्दर्शनाकाङ्क्षिणी पादौ नूपुरलग्नकर्दमधरौ प्रक्षालयन्ती
स्थिता ॥ ३१ ॥ मार्गे पङ्कचिते घनान्धतमसे निःशब्दसं-
चारया गन्तव्या च मया प्रियस्य वसतिर्मुग्धेति कृत्वा
मतिम् । आजानूद्धृतनूपुरा करतलेनाच्छाद्य नेत्रे भृशं कृच्छ्रे-
णाप्तपदस्थितिः स्वभवने पन्थानमभ्यस्यति ॥ ३२ ॥
छिद्रान्वेषणतत्परः प्रियसखि प्रायेण लोकोऽधुना रात्रिश्चापि
घनान्धकारबहला गन्तुं न ते युज्यते । मा मैवं सखि
वल्लभः प्रियतमस्तस्योत्सुका दर्शने युक्तायुक्तविचारणा यदि
भवेत्स्नेहाय दत्तं जलम् ॥ ३३ ॥ दूती विद्युदुपागता सह-
चरी रात्रिः सहस्थायिनी दैवज्ञो दिशति स्वनेन जलदः
प्रस्थानवेलां शुभाम् । वाचं माङ्गलिकीं तनोति तिमिरस्तो-
मोऽपि झिल्लीरवैर्जातोऽयं दयिताभिसारसमयो मुग्धे विमुञ्च
त्रपाम् ॥ ३४ ॥ द्वित्रैः केलिसरोरुहं त्रिचतुरैर्धम्मिल्लमल्ली-
स्रजं कण्ठान्मौक्तिकमालिकां च तदनु त्यक्त्वा पदैः पञ्चभिः ।
अन्तः कान्तवियोगकातरतया दूराभिसारातुरा तन्वङ्गी
निरुपायमध्वनि परं श्रोणीभरं निन्दति ॥ ३५ ॥ भ्रातः
प्राणगणप्रयाणसमये प्राणाधिनाथस्य मे कुर्याः स्थैर्यमपि
क्षणं करुणया कण्ठस्थलेऽपि स्थितः । यावल्लोचननीरनि-
र्मितनदीवन्याभिरन्यादृशं पन्थानं परिकल्पयामि भविता
येनावयोर्वाञ्छितम् ॥ ३६ ॥ कान्ते कत्यपि वासराणि
गमय त्वं मीलयित्वा दृशौ सत्यं नाथ निमीलयामि नयने
यावन्न शून्या दृशः । आयाता वयमागमिष्यसि सुहृद्वर्गस्य
भाग्योदयैः संदेशं वद कस्तवाभिलषितस्तीर्थेषु तोयाञ्जलिः
॥ ३७ ॥ उद्दामाम्बुदवर्धितान्धतमसि प्रभ्रष्टदिङ्मण्डले
काले यामिकजाग्रदुग्रसुभटव्याकीर्णकोलाहले । कर्णस्यासु-
हृदार्णवाम्बुवडवावह्नेर्यदन्तःपुरादायातासि तदम्बुजाक्षि कृ-
तकं मन्ये भयं योषिताम् ॥ ३८ ॥ पल्लीनामधिपस्य पङ्क-
जदृशां पर्वोत्सवामन्त्रणे जाते सद्मजना मिथः कृतमहोत्साहं
पुरः प्रस्थिताः । सव्याजं स्थितयोर्विहस्य गतयोः शुद्धान्त-
मत्रान्तरे यूनोः स्विन्नकपोलयोर्विजयते कोऽप्येष कण्ठग्रहः
॥ ३९ ॥ लोलच्चोलचमत्कृति प्रविलसत्काञ्चीलताझंकृति
न्यञ्चत्कञ्चुकबन्धबन्धुरचलद्वक्षोजकुम्भोन्नति । स्फूर्जद्दीधिति
विस्फुरद्गति चलच्चामीकरालंकृति क्रीडाकुञ्जगृहं प्रयाति
कृतिनः कस्यापि वाराङ्गना ॥ ४० ॥

कलहान्तरिता ॥ द्वारि चक्षुरधिपाणि कपोलौ जीवितं
त्वयि कुतः कलहोऽस्याः । कामिनामिति वचः पुनरुक्तं
प्रीतये नवनवत्वमियाय ॥ ४१ ॥ चकितहरिणलोललोच-
नायाः क्रुधि तरुणारुणतारहारकान्ति । सरसिजमिदमाननं
च तस्याः सममिति चेतसि संमदं विधत्ते ॥ ४२ ॥ विर-
मति कथनं विना न खेदः सति कथने समुपैति कापि लज्जा ।
इति कलहमधोमुखी सखिभ्यो लपितुमनालपितुं समाच-
काङ्क्ष ॥ ४३ ॥ अनुनयति पतिं न लज्जमाना कथयति
नापि सखीजनाय किंचित् । प्रसरति मलयानिले नवोढा
वहति परंतु चिराय शून्यमन्तः ॥ ४४ ॥ प्रयच्छतोच्चैः
कुसुमानि मानिनी विपक्षगोत्रं दयितेन लम्भिता । न किं-
चिदूचे चरणेन केवलं लिलेख बाष्पाकुललोचना भुवम्
॥ ४५ ॥ न बरीभरीति कबरीभरे स्रजो न चरीकरीति
मृगनाभिचित्रकम् । विजरीहरीति न पुरेव मत्पुरो बिवरी-
वरीति न च विप्रियं प्रिया ॥ ४६ ॥ तत्तद्वदत्यपि यथाव-
सरं हसत्यप्यालिङ्गनेऽपि न निषेधति चुम्बनेऽपि । किं तु
प्रसादनभयादपि निह्नुतेन कोपेन कोऽपि विहितोऽद्य रसा-
वतारः ॥ ४७ ॥ न तिर्यगबलोकितं भवति चक्षुरालोहितं
वचोऽपि परुषाक्षरं न च पदेषु संगच्छते । हिमार्त इव
वेपते सकल एव बिम्बाधरः प्रकामविनते भ्रुवौ युगपदेव
भेदं गते ॥ ४८ ॥ मय्यायाते सपदि नयनादुत्थितं चाटु
वाक्यं बद्धा पाणी बहु निगदितं क्षालितं पादपद्मम् । दत्त्वा
वीटीं सविनयमथोद्वीजितं तालवृन्तैर्ब्रूते कोपं कुवलयदृशो
भूयसी भक्तिरेव ॥ ४९ ॥ चरणपतनप्रत्याख्यानात्प्रसाद-
पराङ्मुखे निभृतकितवाचारेत्युक्त्वा रुषा परुषीकृते । व्रजति
रमणे निःश्वस्योच्चैः स्तनस्थितहस्तया नयनसलिलच्छन्ना
दृष्टिः सखीषु निवेशिता ॥ ५० ॥ स्फुटतु हृदयं कामः
कामं करोतु तनुं तनुं न सखि चटुलप्रेम्णा कार्यं पुनर्दयि-
तेन मे । इति सरभसं मानोद्रेकादुदीर्य वचस्तया रमणप-
दवी सारङ्गाक्ष्या ससंभ्रममीक्षिता ॥ ५१ ॥ पयःपीठं दत्ते
त्वरितमभिधत्ते न च वचः समाज्ञामाधत्ते शिरसि न वि-
धत्ते च मिलनम् । इति स्वान्ते गोपायितनिबिडकोपा
प्रतिपदं कृशोदर्याश्चर्या प्रियमहह पर्याकुलयति ॥ ५२ ॥
पुरस्तन्व्या गोत्रस्खलनचकितोऽहं नतमुखः प्रवृत्तो वैलक्ष्या-
त्किमपि लिखितुं दैवहतकः । स्फुटो रेखान्यासः कथमपि
स ताद्दक्परिणतो गता येन व्यक्तिं पुनरवयवैः सैव तरुणी

॥ ५३ ॥ ततश्चाभिज्ञाय स्फुरदरुणगण्डस्थलरुचा मनस्विन्या रोषप्रणयरभसाद्गद्गदगिरा। अहो चित्रं चित्रं स्फुटमिति निगद्याश्रुकलुषं रुषा ब्रह्मास्त्रं मे शिरसि निहितो वामचरणः ॥ ५४ ॥ चलं चेतः पुंसां सहजसरलाः पङ्कजदृशो भवत्येव क्रोधः क्वचिदपि कदाचित्तरुणयोः। दहेदङ्गं भृङ्गी विधुरपि विदध्यात्परिभवं स्मरो मां मथ्नीयादिति किमपि नाज्ञासिषमहम् ॥ ५५ ॥ आनन्द क्वचिदस्व मुग्ध हृदयं चातुर्य धैर्य त्वया स्थेयं क्केति विचार्यतां रसिकते निर्याहि पर्याकुला। रक्ताम्भोजपरीतषट्पदनदत्पक्ष्मोपमानक्षमक्षुभ्यत्पक्ष्मचलाचलेक्षणयुगं पश्यामि तस्या मुखम् ॥५६॥ मानम्लानमना मनागपि नतं नालोकते वल्लभं निर्याते दयिते निरन्तरमियं बाला परं तप्यते। आनीते रमणे बलात्परिजनैर्मौनं समालम्बते धत्ते कण्ठगतानसून्प्रियतमे निर्गन्तुकामे पुनः ॥५७॥ आयस्ता कलहं पुरेव कुरुते न स्रंसने वाससो भुग्नभ्रूरतिखण्ड्यमानमधरं धत्ते न केशग्रहे। अङ्गान्यर्पयति स्वयं भवति नो वामा हठालिङ्गने तन्व्या शिक्षित एष संप्रति कुतः कोपप्रकारोऽपरः ॥ ५८ ॥ एकत्रासनसंस्थितिः परिहृता प्रत्युद्गमाद्दूरतस्ताम्बूलानयनच्छलेन रभसाश्लेषोऽपि संविघ्नितः। आलापोऽपि न मिश्रितः परिजनं व्यापारयन्त्यान्तिके कान्तं प्रत्युपचारतश्चतुरया कोपः कृतार्थीकृतः ॥५९॥ आशङ्क्य प्रणतिं पटान्तपिहितौ पादौ करोत्यादराद्व्याजेनागतमावृणोति हसितं न स्पष्टमुद्वीक्षते। मय्यालापवति प्रतीपवचनं सख्या सहाभाषते तन्व्यास्तिष्ठतु निर्भरप्रणयिता मानोऽपि रम्योदयः ॥ ६० ॥ दूरादुत्सुकमागते विवलितं संभाषिणि स्फारितं संश्लिष्यत्यरुणे गृहीतवसने कोपाञ्चितभ्रूलतम्। मानिन्याश्चरणानतिव्यतिकरे बाष्पाम्बुपूर्णेक्षणं चक्षुर्जातमहो प्रपञ्चचतुरं जातागसि प्रेयसि ॥६१॥ तारल्यं मुखमेलने न च वचोवैदग्ध्यमन्यादृशं न भ्रूभङ्गपरिग्रहो न च रहःप्रश्नेऽपि मौनस्थितिः। एवं संप्रति तर्क्यते तु सुदृशः कोपस्तु मद्वस्तुनि स्वाधीनेऽपि पुरेव पङ्कजदृशो यन्न प्रभुत्वग्रहः ॥ ६२ ॥ शोणं वीक्ष्य मुखं विचुम्बितुमहं यातः समीपं ततः पादेन प्रहृतं तया सपदि तं धृत्वा सहासे मयि। किंचित्तत्र विधातुमक्षमतया बाष्पं त्यजन्त्याः सखे ध्यातश्चेतसि कौतुकं वितनुते कोपोऽपि वामभ्रुवः ॥ ६३ ॥ सा पत्युः प्रथमापराधसमये सख्योपदेशं विना नो जानाति सविभ्रमाङ्गवलनावक्रोक्तिसंसूचनम्। स्वच्छैरच्छकपोलमूलगलितैः पर्यस्तनेत्रोत्पला बाला केवलमेव रोदिति लुठल्लोलालकैरश्रुभिः ॥ ६४ ॥ एकस्मिञ्शयने विपक्षरमणीनामग्रहे मुग्धया सद्यः कोपपरिग्रहग्लपितया चाटूनि कुर्वन्नपि। आवेगादवधीरितः प्रियतमस्तूष्णीं स्थितस्तत्क्षणं मा भूत्सुप्त इवेत्यमन्दवलितग्रीवं पुनर्वीक्षितः ॥ ६५ ॥ तल्पोपान्तमुपेयुषि प्रियतमे वक्रीकृतग्रीवया काकुव्याकुलवाचि साचिहसितस्फूर्जत्कपोलश्रिया। हस्तन्यस्तकरे पुनर्मृगदृशा लाक्षारसक्षालितप्रोष्ठीपृष्ठमयूखमांसलरुचो विस्फारिता दृष्टयः ॥ ६६ ॥ भ्रूभेदो रचितश्चिरं नयनयोरभ्यस्तमामीलनं रोद्धुं शिक्षितमादरेण हसितं मौनेऽभियोगः कृतः। धैर्यं कर्तुमपि स्थिरीकृतमिदं चेतः कथंचिन्मया बद्धो मानपरिग्रहे परिकरः सिद्धिस्तु दैवे स्थिता ॥६७॥ न ब्रूते परुषां गिरं वितनुते न भ्रूयुगं भङ्गुरं नोत्तंसं क्षिपति क्षितौ श्रवणतः सा मे स्फुटेऽप्यागसि। कान्ता गर्भगृहे गवाक्षविवरव्यापारिताक्ष्या बहिः सख्या वक्त्रमभिप्रयच्छति परं पर्यश्रुणी लोचने ॥ ६८ ॥

विप्रलब्धा॥ उत्तिष्ठ दूति यामो यामो यातस्तथापि नायातः। यातः परमपि जीवेज्जीवितनाथो भवेत्तस्याः ॥६९॥ निःस्नेह निष्करुण निस्त्रप निर्निमित्तं मद्वञ्चक त्वमपि संप्रति वञ्चितः स्याः। इत्यक्षराणि लिखितानि समीक्ष्य कश्चित्संकेतकेतकदले नितरामताम्यत् ॥ ७० ॥ संकेतकेलिगृहमेत्य निरीक्ष्य शून्यमेणीदृशो निभृतनिःश्वसिताधरायाः। अर्धाक्षरं वचनमर्धविकासि नेत्रं ताम्बूलमर्धकवलीकृतमेव तस्थौ ॥ ७१ ॥ कपटवचनभाजा केनचिद्वारयोषा सकलरसिकगोष्ठीवञ्चिका वञ्चितासौ। इति विहसति रिङ्गद्भृङ्गविक्षिप्तचक्षुर्विकचकुसुमकान्तिच्छद्मना केलिकुञ्जः ॥ ७२ ॥ नायातो यदि निर्दयः सखि शठस्त्वं दूति किं दूयसे स्वच्छन्दं बहुवल्लभः स रमते किं तत्र ते दूषणम्। पश्याद्य प्रियसंगमाय दयितस्याकृष्यमाणं गुणैरुत्कण्ठार्तिभरादिव स्फुटदिदं चेतः स्वयं यास्यति ॥ ७३ ॥ शून्यं कुञ्जगृहं निरीक्ष्य कुटिलं विज्ञाय चेतोभुवं दूती नापि निवेदिता सहचरी पृष्टापि नो वानया। शंभो शंकर चन्द्रशेखर हर श्रीकण्ठ शूलिञ्शिव त्रायस्वेति परंतु पङ्कजदृशा भर्गस्य चक्रे स्तुतिः ॥७४॥ तत्किं कामपि कामिनीमभिसृतः किंवा कलाकेलिभिर्बद्धो बन्धुभिरन्धकारिणि वनोपान्ते किमु भ्राम्यति। कान्तः क्लान्तमना मनागपि पथि प्रस्थातुमेवाक्षमः संकेतीकृतमञ्जुवञ्जुललताकुञ्जेऽपि यन्नागतः ॥ ७५ ॥ सास्रे मा कुरु लोचने विगलति न्यस्तं शलाकाञ्जनं तीव्रं निःश्वसितं निवर्तय नवास्ताम्यन्ति कण्ठस्रजः। तल्पे मा लुठ कोमलाङ्गि तनुतां हन्ताङ्ग-

१ सपत्नी.

रागोऽश्नुते नातीतो दयितोपयानसमयो मा स्मान्यथा मन्यथाः ॥ ७६ ॥ अन्यत्र व्रजतीति का खलु कथा नाप्यस्य तादृक्सुहृद्यो मां नेच्छति नागतश्च हहहा कोऽयं विधेः प्रक्रमः । इत्यल्पेतरकल्पनाकवलितस्वान्ता निशान्तान्तरे बाला वृत्तविवर्तनव्यतिकरा नाप्नोति निद्रां निशि ॥ ७७ ॥ दत्त्वा धैर्यभुजंगमूर्ध्नि चरणावुल्लङ्घ्य लज्जानदीमङ्गीकृत्य घनान्धकारपटलं तन्व्या न दृष्टः प्रियः । संतापाकुलया तया च परितः पाथोधरे गर्जति क्रोधाक्रान्तकृतान्तमत्तमहिषभ्रान्त्या दृशौ योजिते ॥ ७८ ॥ आलीभिः शपथैरनेककपटैः कुञ्जोदरं नीतया शून्यं तच्च निरीक्ष्य विश्रुमितया न प्रस्थितं न स्थितम् । न्यस्ताः किंतु नवोढनीरजदृशा कुञ्जोपकण्ठे रुषा तादृग्भृङ्गकदम्बडम्बरचमत्कारस्पृशो दृष्टयः ॥ ७९ ॥

प्रोषितभर्तृका ॥ अर्पयति प्रतिदिवसं प्रियस्य पथि लोचने बाला । निक्षिपति कमलमालाः कोमलमिव कर्तुमध्वानम् ॥ ८० ॥ आकस्मिकस्मितमुखीषु सखीषु विज्ञा विज्ञास्वपि प्रणयनिह्नवमाचरन्ती । तत्रैव रङ्कुनयना नयनारविन्दमस्पन्दमाहितवती दयिते गतेऽपि ॥ ८१ ॥ विरहविदितमन्तः प्रेम विज्ञाय कान्तः पुनरपि वसु तस्मादेत्य मे दास्यतीति । मरिचनियममक्ष्णोर्न्यस्य बाष्पोदबिन्दून्विसृजति पुरयोषिद्द्वारदेशोपविष्टा ॥ ८२ ॥ तां जानीथाः परिमितकथां जीवितं मे द्वितीयं दूरीभूते मयि सहचरे चक्रवाकीमिवैकाम् । गाढोत्कण्ठां गुरुषु दिवसेष्वेषु गच्छत्सु बालां जातां मन्ये शिशिरमथितां पद्मिनीं वान्यरूपाम् ॥ ८३ ॥ माला बालाम्बुजदलमयी मौक्तिकी हारयष्टिः काञ्ची याते प्रभवति हरौ सुभ्रुवः प्रस्थितैव । अन्यद्भूमः किमपि धमनी वर्तते वा न वेति ज्ञातुं बाहोरिह वलयं पाणिमूलं प्रयाति ॥ ८४ ॥ समर्प्य हृदि दारुणां मदनवेदनां भूयसीमनेन तव वर्त्मना प्रचलितः स मे वल्लभः । न वामदिशि शब्दितं किमिति बालया वायस त्वया मदनसारिके किमिति वा कृतं न क्षुतम् ॥ ८५ ॥ आदृष्टिप्रसरात्प्रियस्य पदवीमुद्वीक्ष्य निर्विण्णया विश्रान्तेषु पथिष्वहःपरिणतौ ध्वान्ते समुत्सर्पति । दत्त्वैकं सशुचा गृहं प्रतिपदं पान्थस्त्रियास्मिन्क्षणे मा भूदागत इत्यमन्दवलितग्रीवं पुनर्वीक्षितम् ॥ ८६ ॥ श्वश्रूः पद्मदलं ददाति तदपि भ्रूसंज्ञया गृह्यते सद्यो मर्मरशङ्कया न च तया संस्पृश्यते पाणिना । यातुर्वाचि सुहृज्जनस्य वचसि प्रत्युत्तरं दीयते श्वासः किंतु न मुच्यते हुतवहक्रूरः कुरङ्गीदृशा ॥ ८७ ॥

वासकसज्जा ॥ निजपाणिपल्लवतटस्खलनादभिनासिकाविवरमुत्पतितैः । अपरा परीक्ष्य शनकैर्मुमुदे मुखवासमास्यकमलश्वसनैः ॥ ८८ ॥ नेदं समीरितमकारि कला न चेयमित्याकुलाः कथमपि प्रथमार्धमह्नः । एवं विधेयमथ वाच्यमिदं मयेति शेषं प्रियाः सुकृतिनामतिवाहयन्ति ॥ ८९ ॥ कृतं वपुषि भूषणं चिकुरधोरणी धूपिता कृता शयनसंनिधौ क्रमुकवीटिकासंभृतिः । अकारि हरिणीदृशा भवनमेत्य देहत्विषा स्फुरत्कनककेतकीकुसुमकान्तिभिर्दुर्दिनम् ॥ ९० ॥ विदूरे केयूरे कुरु करयुगे रत्नवलयैरलं गुर्वी ग्रीवाभरणलतिकेयं किमनया । नवामेकामेकावलिमपि मयि त्वं विरचयेर्न पथ्यं नेपथ्यं बहुतरमनङ्गोत्सवविधौ ॥ ९१ ॥ श्वश्रूं स्वापयति च्छलेन च तिरोधत्ते प्रदीपाङ्कुरं धत्ते सौधकपोतपोतनिनदैः सांकेतिकं चेष्टितम् । शश्वत्पार्श्वविवर्तिताङ्गलतिकं लोलत्कपोलद्युति क्वापि क्वापि कराम्बुजं प्रियधिया तल्पान्तिके न्यस्यति ॥ ९२ ॥ चोलं नीलनिचोलकर्षणविधौ चूडामणिं चुम्बने याचिष्ये कुचयोः करार्पणविधौ काञ्चीं पुनः काञ्चनीम् । इत्थं चन्दनचर्चितैर्मृगमदैरङ्गानि संस्कुर्वती तर्कि यत्न मनोरथं वितनुते वारेषु वाराङ्गना ॥ ९३ ॥ दृष्ट्वा दर्पणमण्डले निजवपुर्भूषां मनोहारिणीं दीप्तार्चिःकपिशं च मोहनगृहं त्रस्यत्कुरङ्गीदृशा । एवं नौ सुरतं भविष्यति चिरादद्येति सानन्दया कामं कान्तदिदृक्षया च ललिता द्वारेऽर्पिता दृष्टयः ॥ ९४ ॥ हारं गुम्फति तारकान्तिरुचिरं मध्नाति काञ्चीलता दीपं न्यस्यति किंतु तत्र बहुलं स्नेहं न धत्ते पुनः । आलीनामिति वासकस्य रजनौ कामानुरूपां क्रियां साचिस्मेरमुखी नवोढसुमुखी दूरात्समुद्वीक्षते ॥ ९५ ॥ शिल्पं दर्शयितुं करोति कुतुकात्कह्लारहारस्रजं चित्रप्रेक्षणकैतवेन किमपि द्वारं समुद्वीक्षते । गृह्णात्याभरणं नवं सहचरीभूषाजिगीषामिषादित्थं पद्मदृशः प्रतीत्य चरितं स्मेराननोऽभूत्स्मरः ॥ ९६ ॥

उत्का ॥ अम्भोरुहाक्षि शंभोश्चरणावाराधितौ केन । यस्मै विवलितवदना मदनाकूतं विभावयसि ॥ ९७ ॥ सखि स विजितो वीणावाद्यैः कयाप्यपरस्त्रिया पणितमभवत्ताभ्यां तत्र क्षपाललितं ध्रुवम् । कथमितरथा शेफालीषु स्खलत्कुसुमास्वपि प्रसरति नभोमध्येऽपीन्दौ प्रियेण विलम्ब्यते ॥ ९८ ॥ भ्रूभङ्गे रुचितेऽपि दृष्टिरधिकं सोत्कण्ठमुद्वीक्षते रुद्धायामपि वाचि सस्मितमिदं दग्धाननं जायते । कार्कश्यं नमितेऽपि चेतसि तनू रोमाञ्चमालम्बते

दृष्टे निर्वहणं भविष्यति कथं मानस्य तस्मिञ्जने ॥ ९९ ॥ किं रुद्धः प्रियया कयाचिदथवा सख्या ममोद्वेजितः किंवा कारणगौरवं किमपि यन्नाद्यागतो वल्लभः । इत्यालोच्य मृगीदृशा करतले विन्यस्य वक्त्राम्बुजं दीर्घं निःश्वसितं चिरं च रुदितं क्षिप्ताश्च पुष्पस्रजः ॥ १०० ॥ यन्नाद्यापि समागतः पतिरिति प्रायः प्रपेदे परामित्थं चेतसि चिन्तयन्त्यपि सखीं न व्रीडया पृच्छति । दीर्घं निःश्वसितं दधाति चकितं न प्रेक्षते केवलं किंचित्पक्वपलाण्डुपाण्डुररुचिं धत्ते कपोलस्थलीम् ॥ १०१ ॥ आनेतुं न गता किमु प्रियसखी भीतो भुजंगात्किमु क्रुद्धो वा प्रतिषेधवाचि किमसौ प्राणेश्वरो वर्तते । इत्थं कर्णसुवर्णकेतकरजःपातोपघातच्छलादक्ष्णोः कापि नवोढनीरजमुखी बाष्पोदकं मुञ्चति ॥१०२॥ स्नानं वारिदवारिभिर्विरचितो वासो घने कानने शीतैश्चन्दनबिन्दुभिर्मनसिजो देवः समाराधितः । नीता जागरणव्रतेन रजनी व्रीडा कृता दक्षिणा तप्तं किं न तपस्तथापि स कथं नायाति नेत्रातिथिः ॥ १०३ ॥

वीररसनिर्देशः ।

भर्तुः पिण्डानृणकरो यशःक्रयमहापणः । सुराङ्गनास्वयंग्राहो रम्यः कालोऽयमागतः ॥ १ ॥ प्रायेण सुकरं दानं प्रायेण सुकरं तपः । प्राणानपेक्षी व्यापारः पुनर्वीरस्य दुःकरः ॥ २ ॥ मा भैष्ट नैते निस्त्रिंशा नीलोत्पलदलत्विषः । एते वीरावलोकिन्या लक्ष्म्या नवनवभ्रमाः ॥ ३ ॥ खड्गास्तिष्ठन्तु मत्तेभकुम्भकूटाट्टहासिनः । एकदोर्दण्डशेषेऽपि कः सहेत पराभवम् ॥ ४ ॥ हतेऽभिमन्यौ क्रुद्धेन तत्र पार्थेन संयुगे । अक्षौहिणीः सप्त हत्वा हतो राजा जयद्रथः ॥ ५ ॥ लोहितायति चादित्ये त्वरमाणो धनंजयः । पञ्चविंशतिसाहस्रान्निजघान महारथान् ॥ ६ ॥ रथेभ्यो गजवाजिभ्यः सङ्ग्रामे वीरसंकराः । पतिताः पात्यमानाश्च दृश्यन्तेऽर्जुनताडिताः ॥ ७ ॥ पूर्णे शतसहस्रे द्वे पदातीनां नरोत्तमः । प्रजज्वाल रणे भीष्मो विधूम इव पावकः ॥ ८ ॥ आकर्णपलितः श्यामो वयसाऽशीतिपञ्चकः । रणे पर्यचरद्द्रोणो वृद्धः षोडशवर्षवत् ॥ ९ ॥ लक्ष्मणो लघुसंधानो दूरपाती च राघवः । कर्णो दृढप्रहारी च पार्थस्यैते त्रयो गुणाः ॥ १० ॥ न कालस्य न शक्रस्य न विष्णोर्वित्तदस्य च । श्रूयन्ते तानि कर्माणि यानि युद्धे हनूमतः ॥ ११ ॥ सप्तषष्टि हताः कोट्यो वानराणां तरस्विनाम् । पश्चिमेनाह्नः[1]शेषेण मेघनादेन सायकैः ॥ १२ ॥

धृतधनुषि शौर्यशालिनि शैला न नमन्ति यत्तदाश्चर्यम् । रिपुसंज्ञकेषु गणना कैव वराकेषु काकेषु ॥ १३ ॥ जीवन्नेव मृतोऽसौ यस्य जनो वीक्ष्य वदनमन्योन्यम् । कृतमुखभङ्गो दूरात्करोति निर्देशमङ्गुल्या ॥ १४ ॥ रविमणिरपि निश्चेष्टः पादैस्तिग्मद्युतेर्मनाक्स्पृष्टः । ज्वलतितरामिति को वा मन्युं सोढुं क्षमो मानी ॥ १५ ॥ छिन्नेऽपि शस्त्रभिन्नेऽप्यापत्पतितेऽपि निर्विशेषेऽपि । हनुमति कृतप्रतिज्ञे दैवमदैवं यमोऽप्ययमः ॥ १६ ॥ लोकः शुभस्तिष्ठतु तावदन्यः पराङ्मुखानां समरेषु पुंसाम् । पत्न्योऽपि तेषां न ह्रिया मुखानि पुरः सखीनामपि दर्शयन्ति ॥ १७ ॥ हा तात तातेति सवेदनार्तः क्वणन्छकृन्मूत्रकफानुलिप्तः । वरं मृतः किं भवने किमाजौ संदष्टदन्तच्छदभीमवक्त्रः ॥ १८ ॥ संमूर्च्छितं संयुगसंप्रहारैः पश्यन्ति सुप्तप्रतिबुद्धतुल्यम् । आत्मानमङ्केषु सुराङ्गनानां मन्दाकिनीमारुतवीजिताङ्गम् ॥ १९ ॥ कश्चिद्द्विषत्खड्गहृतोत्तमाङ्गः सद्यो विमानप्रभुतामुपेत्य । वामाङ्गसंसक्तसुराङ्गनः स्वं नृत्यत्कबन्धं समरे ददर्श ॥ २० ॥ ते क्षत्रियाः कुण्डलिनो युवानः परस्परं सायकविक्षताङ्गाः । कुम्भेषु लग्नाः सुषुपुर्गजानां कुचेषु लग्ना इव कामिनीनाम् ॥ २१ ॥ भूरेणुदिग्धान्नवपारिजातमालारजोवासितबाहुमध्याः । गाढं शिवाभिः परिरभ्यमाणान्सुराङ्गनाश्लिष्टभुजान्तरालाः ॥ २२ ॥ सलीलयातानि न भर्तुरश्वमोर्न चित्रमुच्चैःश्रवसः पदक्रमम् । अनुद्रुतः संयति येन केवलं बलस्य शत्रुः प्रशशंस शीघ्रताम् ॥ २३ ॥ कोऽप्येष खण्डितशिरा विकसन्मुखश्रीः प्रारब्धताण्डवविधिः सुरकामिनीभिः । आलोक्यते निजकराभिनयानुरूपव्यापारितेक्षणनिवेदितसत्त्वसारः ॥ २४ ॥ स्त्रीषु प्रवीरजननी जननी तवैव देवी स्वयं भगवती गिरिजापि यस्य । त्वद्दोर्वशीकृतविशाखमुखावलोकव्रीडाविदीर्णहृदया स्पृहयांबभूव ॥ २५ ॥ शस्त्रीकृतस्तरुवरः कपिपुंगवेन लङ्केशवक्षसि मृणालमृदुः पपात । तत्र स्थितैश्च कुसुमैः कुसुमेषुरेनं सीतावियोगविधुरं दृढमाजघान ॥ २६ ॥ दृष्टिस्तृणीकृतजगत्त्रयसत्वसारा धीरोद्धता नमयतीव गतिर्धरित्रीम् । कौमारकेऽपि गिरिवद्गुरुतां दधानो वीरो रसः किमयमेत्युत दर्प एषः ॥ २७ ॥ अप्राकृतस्य चरितातिशयैश्च दृष्टैरत्यद्भुतैरपहृतस्य तथापि नास्था । कोऽप्येष वीरशिशुकाकृतिरप्रमेयमाहात्म्यसारसमुदायमयः पदार्थः ॥ २८ ॥ समरविहरदसद्भल्लनिःपातभिन्नप्रतिनरपतिभिन्नाद्धास्वता बिम्बमध्यात् । वयमहह धरायां पातयामः पताकावसनपवनलोलं वारि दिव्यापगायाः ॥ २९ ॥ वयसाः कोटारः

[1] भारणम्.

प्रतिशृणुत बद्धोऽञ्जलिरयं किमप्याकाङ्क्षामः क्षरति न तथा वीरचरितम् । मृतानामस्माकं भवति परवश्यं वपुरिदं भवद्भिः कर्तव्यं नहि नहि पराचीनचरणम् ॥ ३० ॥ कपोले जानक्याः करिकलभदन्तद्युतिमुषि स्मरस्मेरं गण्डोड्डमरपुलकं वक्त्रकमलम् । मुहुः पश्यञ्शृण्वन्रजनिचरसेनाकलकलं जटाजूटग्रन्थिं द्रढयति रघूणां परिवृढः ॥ ३१ ॥ महासेनो यस्य प्रमदयमदंष्ट्रासहचरैः शरैर्मुक्तो जीवन्द्रिरिव शरजन्मा समभवत् । इमां च क्षत्राणां भुजवनमहादुर्गविषमानयं वीरो धीमानजयदधिविंशान्वसुमतीम् ॥ ३२ ॥ पुरोजन्मा नाद्य प्रभृति मम रामः स्वयमहं न पुत्रः पौत्रो वा रघुकुलभुवां च क्षितिभुजाम् । अधीरं धीरं वा कलयतु जनो मामयमयं मया बद्धो दुष्टद्विजदमनदीक्षापरिकरः ॥ ३३ ॥ चापाचार्यस्त्रिपुरविजयी कार्तवीर्यो विजेयः शस्त्रव्यस्तः सदनमुदधिर्भूरियं हन्तकारः[1] । अस्त्येवैतत्किमु कृतवतो रेणुकाकण्ठबाधां बद्धस्पर्धस्तव परशुना लज्जते चन्द्रहासः ॥ ३४ ॥ अस्त्रैः स्वैरपि संयताग्रचरणो मूर्च्छाभिरामः क्षणे स्वाधीनव्रणिताङ्गशस्त्रनिचिते रोमोद्गमं वर्णयन् । भग्नानुद्वलयन्निजान्परभटान्संतर्जयन्निष्ठुरं धन्यो धाम जयश्रियः पृथुरणस्तम्भे पताकायते ॥ ३५ ॥ जन्मेन्दोरमले कुले व्यपदिशस्यद्यापि धत्से गदां मां दुःशासनकोष्णशोणितसुराक्षीबं रिपुं भाषसे । दर्पान्धो मधुकैटभद्विषि हरावप्युद्धतं चेष्टसे मत्त्रासान्नृपशो विहाय समरं पङ्केऽधुना लीयसे ॥ ३६ ॥ वीरोऽसौ किमु वर्ण्यते दशमुखश्छिन्नैः शिरोभिः स्वयं यः पूजास्त्रजमुत्सुको घटयितुं देवस्य खट्वाङ्गिनः ! सूत्रार्थी हरकण्ठसूत्रभुजगव्याकर्षणायोद्यतः साटोपं प्रमथैः कृतभ्रुकुटिभिश्छिन्नान्तरे वारितः ॥ ३७ ॥ संतुष्टे तिसृणां पुरामपि रिपौ कण्डूलदोर्मण्डलीक्रीडाकृत्तपुनःप्ररूढशिरसो वीरस्य लिप्सोर्वरम् । याच्ञादैन्यपराञ्चि यस्य कलहायन्ते मिथस्त्वं वृणु त्वं वृणिवत्यभितो मुखानि स दशग्रीवः कथं वर्ण्यते ॥ ३८ ॥ भूमात्रं कियदेतदर्णवमितं तत्साधितं हार्यते यद्वीरेण भवादृशेन वदति त्रिःसप्तकृत्वो जयः । वीरोऽयं नवबाहुरीदृशमिदं घोरं च वीरव्रतं तत्क्रोधाद्विरम प्रसीद भगवञ्जात्यैव पूज्योऽसि नः ॥ ३९ ॥ तात त्वं निजकर्मणैव गमितः स्वर्गं यदि स्वस्ति ते ब्रूमस्त्वेकमिदं वधूहृतिकथां तातान्तिकं मा कृथाः । रामोऽहं यदि तद्दिनैः कतिपयैर्व्रीडानमत्कंधरः सार्धं बन्धुजनैः सुरेन्द्रविजयी वक्ता स्वयं रावणः ॥ ४० ॥ त्वय्यर्धासनभाजि किंनरगणोद्गीतैर्भवद्विक्रमैरन्तःसंभृतमत्सरोऽपि भगवानाकारगुप्तौ कृती । उन्मीलद्भवदीयदक्षिणभुजारोमाञ्चविद्धोच्चरद्बाष्पैरेव विलोचनैरभिनयत्यानन्दमाखण्डलः ॥ ४१ ॥ शस्त्राशस्त्रिकथैव काननमगाद्गीर्वाणपाणिंधमाः पन्थानो दिवि संकुचन्ति वसुधा वन्ध्या न सूते भटान् । लक्ष्मीरप्यरविन्दसौधवलभीनिर्व्यूहपर्यङ्किकाविश्रान्तैरलिभिर्न कुञ्जरघटागण्डोत्करैर्मोदते ॥ ४२ ॥ अस्त्रौघप्रसरेण रावणिरसौ यं दुर्यशोभागिनं चक्रे गौतमशापयन्त्रितभुजस्थेमानमाखण्डलम् । कच्छागर्तकुलीरतां गमयता वीर त्वया रावणं तत्संमृष्टमहो विशल्यकरिणी जागर्ति सत्पुत्रता ॥ ४३ ॥ चत्वारो वयमृत्विजः स भगवान्कर्मोपदेष्टा हरिः सङ्ग्रामाध्वरदीक्षितो नरपतिः[1] पत्नी[2] गृहीतव्रता । कौरव्याः पशवः प्रियापरिभवक्लेशोपशान्तिः फलं राजन्योपनिमन्त्रणाय रसति[3] स्फीतं यशो दुन्दुभिः ॥ ४४ ॥ अद्यारभ्य कठोरकार्मुकलताविन्यस्तहस्ताम्बुजस्तावन्न प्रकटीकरोमि नयने शोणे निमेषोदयात् । यावत्सायककोटिपाटितरिपुक्ष्मापालमौलिस्खलन्मल्लीमाल्यमिलत्परागपटलैरामोदिनी मेदिनी ॥ ४५ ॥ नो तावत्कलयामि केलिकृपणे वामभ्रुवो लोचने तावन्न प्रणयावलीढमनसः पश्यामि मातुर्मुखम् । यावत्तारकुठारपातनिपतत्प्रत्यर्थिपृथ्वीपतिभ्राम्यत्स्वर्णकिरीटबद्धशिरसो भ्राम्यन्ति नो फेरवः ॥ ४६ ॥ निःपीते कलशोद्भवेन जलधौ गौरीपतेर्गङ्गया होतुं हन्त वपुर्ललाटदहने यावत्कृतः प्रक्रमः । तावत्तत्र मया विपक्षनगरीनारीदृगम्भोरुहद्वन्द्वप्रस्खलदस्त्रवारिपटलैः सृष्टाः पयोराशयः ॥ ४७ ॥ आजन्मब्रह्मचारी पृथुलभुजशिलास्तम्भविभ्राजमानज्याघातश्रेणिसंज्ञान्तरितवसुमतीचक्रजैत्रप्रशस्तिः । वक्षःपीठे घनास्त्रव्रणकिणकठिने संक्षुवानः पृषत्कान्प्रासो राजन्यगोष्ठीवनगजमृगयाकौतुकी जामदग्न्यः ॥ ४८ ॥ क्षुद्राः संत्रासमेते विजहित हरयो भिन्नमत्तेभकुम्भा युष्मद्देहेषु लज्जां दधति परममी सायका निष्पतन्तः । सौमित्रे तिष्ठ पात्रं त्वमसि न हि रुषां नन्वहं मेघनादः किंचित्संरम्भलीलानियमितजलधिं राममन्वेषयामि ॥ ४९ ॥ अस्त्रज्वालावलीढप्रतिबलजलधेरन्तरौर्वायमाणे सेनानाथे स्थितेऽस्मिन्मम पितरि गुरौ सर्वधन्वीश्वराणाम् । कर्णालं संभ्रमेण व्रज कृप समरं मुञ्च हार्दिक्य शङ्कां ताते चापद्वितीये वहति रणधुरं को भयस्यावकाशः ॥ ५० ॥ कृष्टा केशेषु भार्या तव तव च पशोस्तस्य राज्ञस्तयोर्वा प्रत्यक्षं भूपतीनां मम भुवनपतेराज्ञया द्यूतदासी । तस्मिन्वैरानुबन्धे वद किमपकृतं

---

१ 'ग्रासप्रमाणा भिक्षा स्यादग्रं ग्रासचतुष्टयम् । अग्रं चतुर्गुणं प्राहुर्हन्तकारं द्विजोत्तमाः ॥'.

१ युधिष्ठिरः. २ द्रौपदी. ३ शब्दं करोति.

तैर्हृता ये नरेन्द्रा बाह्वोर्वीर्यातिभारद्रविणगुरुपदं मामजित्वैव गर्वः ॥ ५१ ॥

करुणारसनिर्देशः ।

अस्याः कुसुमशय्यापि कोमलाङ्ग्या रुजाकरी । साधिशेते कथं देवी ज्वलन्तीमधुना चिताम् ॥ १ ॥ साक्षान्मघवतः पौत्रः पुत्रो गाण्डीवधन्वनः । स्वस्रीयो वासुदेवस्य तं गृध्राः पर्युपासते ॥ २ ॥ असहायः सहायार्थी मामनुध्यातवान्ध्रुवम् । पीड्यमानः शरैस्तीक्ष्णैर्द्रोणद्रौणिकृपादिभिः ॥ ३ ॥ मितं ददाति हि पिता मितं भ्राता मितं सुतः । अमितस्य हि दातारं भर्तारं का न शोचति ॥ ४ ॥ अथ बद्धजटे रामे सुमन्त्रे गृहमागते । त्यक्तो राजा सुतत्यागादविश्वस्तैरिवासुभिः ॥ ५ ॥ देशे देशे कलत्राणि देशे देशे च बान्धवाः । तं देशं नैव पश्यामि यत्र भ्राता सहोदरः ॥ ६ ॥ प्रियस्य सुहृदो यत्र मम तत्रैव संभवः । भूयादमुष्य भूयोऽपि भूयासमनुसंचरः ॥ ७ ॥ विकृन्ततीव मर्माणि देहं शोषयतीव मे । दहतीवान्तरात्मानं क्रूरः शोकाग्निरुत्थितः ॥ ८ ॥ अविशीर्णकान्तपात्रे नव्यदशे सुमुखि संभृतस्नेहे । मद्गेहदीपकलिके कथमुपयातासि निर्वाणम् ॥ ९ ॥ वत्स गच्छ मम वाचिकमेतद्रामचन्द्रचरणे कथयेथाः । आवयोरिव भवेदनुरागो नावयोरिव विधिः प्रतिकूलः ॥ १० ॥ शैशवात्प्रभृति योषितां प्रियैः सौहृदादपृथगाशयां प्रियाम् । छद्मना परिददामि मृत्यवे सौनिको गृहशकुन्तिकामिव ॥ ११ ॥ शीलानि ते चन्दनशीतलानि श्रुतानि भूमीतलविश्रुतानि । तथापि जीर्णौ पितरावतस्त्विन्विहाय हा वत्स कथं प्रयासि ॥ १२ ॥ वनी मुनीनामटवी तरूणां दरी गिरीणां तु गवेषितैव । अतः परं लक्ष्मण पक्ष्मलाक्षीं प्राणा बहिर्भूय गवेषयन्तु ॥ १३ ॥ अर्थो हि कन्या परकीय एव तामद्य संप्रेष्य परिग्रहीतुः । जातो ममायं विशदः प्रकामं प्रत्यर्पितन्यास इवान्तरात्मा ॥ १४ ॥ गृहिणीसचिवः सखी मिथः प्रियशिष्या ललिते कलाविधौ । करुणाविमुखेन मृत्युना हरता त्वां वद किं न मे हृतम् ॥ १५ ॥ अपहस्तितबान्धवे त्वया विहितं साहसमस्य तृष्णया । तदिहानपराधिनि प्रिये सखि कोऽयं करुणोज्झितक्रमः ॥ १६ ॥ विपिने क जटानिबन्धनं तव चेदं क मनोहरं वपुः । अनयोर्घटना विधेः स्फुटं तनु खड्गेन शिरीषकर्तनम् ॥ १७ ॥ मदेकपुत्रा जननी जरातुरा नवप्रसूतिर्वरटा तपस्विनी । गतिस्तयोरेष जनस्तमर्दयन्नहो विधे त्वां करुणा रुणद्धि न ॥ १८ ॥ मदर्थसंदष्टमृणालमन्थरः प्रियः कियद्दूर इति त्वयोदिते । विलोकयन्त्या रुदतोऽथ पक्षिणः प्रिये स कीदृग्भविता तव क्षणः ॥ १९ ॥ इयमियं मयदानवनन्दिनी त्रिदशनाथजितः प्रसवस्थली । किमपरं दशकंधरगेहिनी त्वयि करोति करद्वययोजनम् ॥ २० ॥ उत्खातदैवतमिवायतनं मुरारेरस्ताचलान्तरितसूर्यमिवान्तरिक्षम् । हम्मीरभूभुजि गते सुरवेश्म विश्वं पश्यामि हारमिव नायकरत्नशून्यम् ॥ २१ ॥ आदाय मांसमखिलं स्तनवर्जमङ्गान्मां मुञ्च वागुरिक यामि कुरु प्रसादम् । सीदन्ति शष्पकवलग्रहणानभिज्ञा मन्मार्गवीक्षणपराः शिशवो मदीयाः ॥ २२ ॥ सद्यः पुरीपरिसरेऽपि शिरीषमृद्वी[३] गत्वा जवात्त्रिचतुराणि पदानि सीता । गन्तव्यमस्ति कियदित्यसकृद्ब्रुवाणा[४] रामाश्रुणः कृतवती प्रथमावतारम् ॥ २३ ॥ हत्वा पतिं नृपमवेक्ष्य भुजङ्गदष्टं देशान्तरे विधिवशाद्गणिकास्मि जाता । पुत्रं पतिं समधिगम्य चितां प्रविष्टा शोचामि गोपगृहिणी कथमद्य तक्रम् ॥ २४ ॥ अस्तंगते शशिनि सैव कुमुद्वती मे दृष्टिं न नन्दयति संस्मरणीयशोभा । इष्टप्रवासजनितान्यबलाजनस्य दुःखानि नूनमतिमात्रसुदुःसहानि ॥ २५ ॥ यस्य त्वया व्रणविरोपणमिङ्गुदीनां तैलं न्यषिच्यत मुखे कुशसूचिविद्धे । श्यामाककमुष्टिपरिवर्धितको जहाति सोऽयं न पुत्रकृतकः पदवीं मृगस्ते ॥ २६ ॥ दैवे पराग्वदनशालिनि हन्त जाते याते च संप्रति दिवं प्रति बन्धुरत्ने । कस्मै मनः कथयितासि निजामवस्थां कः शीतलैः शमयिता वचनैस्तवाधिम्[६] ॥ २७ ॥ सर्वेऽपि विस्मृतिपथं विषयाः प्रयाता विद्यापि खेदकलिता विमुखीबभूव । सा केवलं हरिणशावकलोचना मे नैवापयाति हृदयादधिदेवतेव ॥ २८ ॥ धृत्वा पदस्खलनभीतिवशात्करं मे यारूढवत्यसि शिलाशकलं विवाहे । सा मां विहाय कथमद्य विलासिनि द्यामारोहतीति हृदयं शतधा प्रयाति ॥ २९ ॥ भूमौ स्थिता रमण नाथ मनोहरेति संबोधनैर्यमधिरोपितवत्यसि द्याम् । स्वर्गं गता कथमिव क्षिपसि त्वमेणशावाक्षि तं धरणिधूलिषु मामिदानीम् ॥ ३० ॥ कनकहरिणं हत्वा रामो ययौ निजमाश्रमं जनकतनयां प्राणेभ्योऽपि प्रियामविलोकयन् । दृढमुपगतैर्बाष्पापूरैर्निमीलितलोचनो न विशति कुटीमाशातन्तुप्रणाशभयादसौ ॥ ३१ ॥ अथेदं रक्षोभिः कनकहरिणच्छद्मविधिना तथा [१०]वृत्तं [११]पापैर्व्यथयति यथा क्षालितमपि । जनस्थाने

---

१ अयोध्यासमीपदेशे. २ शिरीषकुसुमवत्कोमला. ३ वारंवारम्. ४ पराङ्मुखे. ५ खेदे. ६ मनोव्यथाम्. ७ श्रमसंपादिता. ८ स्वर्गम्. ९ कपटम्. १० आचरितम्. ११ दुष्टैः.

शून्ये करुण[1]करुणैरार्यचरितैरपि ग्रावा[2] रोदित्यपि दलति[3] वज्रस्य हृदयम् ॥ ३२ ॥ ध्रुवं ध्वंसो[4] भावी जलनिधिमहीशैलसरितामतो मृत्योः शीर्यत्कणलघुषु का जन्तुषु कथा । तथाप्युच्चैर्बन्धुव्यसनजनितः कोऽपि विषयो विवेकप्रोन्माथी[5] दहति हृदयं शोकदहनः ॥ ३३ ॥ अक्षत्रारिकृताभिमन्युहननप्रोद्भूततीव्रक्रुधः पार्थस्याकृतशात्रवप्रतिकृतेरन्तः शुचा मुह्यतः । कीर्णा बाष्पकणैः पतन्ति धनुषि व्रीडाजडा दृष्टयो हा वत्सेति गिरः स्फुरन्ति न पुनर्निर्यान्ति वक्त्राद्बहिः ॥ ३४ ॥ कोऽहं ब्रूहि सखे स्वयं स भगवानार्यः स को राघवः के यूयं बत नाथ नाथ किमिदं दासोऽस्मि ते लक्ष्मणः । कान्तारे किमिहास्महे बत सखे देव्या गतिर्मृग्यते का देवी जनकाधिराजतनया हा जानकि क्वासि हा ॥ ३५ ॥ मध्याह्ने दववह्निनोष्मसमये दंदह्यमानाङ्घ्रिः कृच्छ्रान्निर्गतमुत्तृषं जलमथो वीक्ष्यैकरक्षाक्षमम् । प्रेम्णा जीवयितुं मिथः पिबपिबेत्युच्चार्य मिथ्या पिबन्निर्मग्नास्यमपीतवारि हरिणद्वन्द्वं विपन्नं वने ॥ ३६ ॥ हा मातस्त्वरितासि कुत्र किमिदं हा देवताः क्वाशिषो धिक्प्राणान्पतितोऽशनिर्हुतवहस्तेऽङ्गेषु दग्धे दृशौ । इत्थं घर्घरमध्यरुद्धकरुणाः पौराङ्गनानां गिरश्चित्रस्थानपि रोदयन्ति शतधा कुर्वन्ति भित्तीरपि ॥ ३७ ॥ यास्यत्यद्य शकुन्तलेति हृदयं संस्पृष्टमुत्कण्ठया कण्ठस्तम्भितबाष्पवृत्तिकलुषश्चिन्ताजडं दर्शनम् । वैक्लव्यं मम तावदीदृशमपि स्नेहादरण्यौकसः[6] पीड्यन्ते गृहिणः[7] कथं न तनयाविश्लेषदुःखैर्नवैः[8] ॥ ३८ ॥ पातुं न प्रथमं व्यवस्यति जलं युष्मास्वपीतेषु या नादत्ते प्रियमण्डनापि भवतां स्नेहेन या पल्लवम् । आदौ वः कुसुमप्रसूतिसमये यस्या भवत्युत्सवः सेयं याति शकुन्तला पतिगृहं सर्वैरनुज्ञायताम् ॥ ३९ ॥ या केलिच्युतकेशलेशविषमां शय्यां न भेजे पुरा या जालान्तरनिर्गतार्ककिरणद्योतादपि म्लायते । सेयं निष्ठुरकाष्ठसंचितचितां देदीप्यमानानलां सस्मेरा भजते यदि प्रियमुखं स्नेहस्य किं दुष्करम् ॥ ४० ॥ ध्वस्तः काव्योरुमेरुः कविविपणिमहारत्नराशिर्विशीर्णः शुष्कः शब्दौघसिन्धुः प्रलयमुपगतो वाक्यमाणिक्यकोशः । दिव्योक्तीनां निधानं निधनमुपगतं हा हता दिव्यवाणी बाणे गीर्वाणवाणीप्रणयिनि विधिना शायिते दीर्घनिद्राम् ॥ ४१ ॥

१ अत्यन्तकरुणैः. २ पाषाणः. ३ शीर्यति. ४ नाशः. ५ विवेकोन्मूलनः. ६ अरण्यवासिनः. ७ गृहस्थाश्रमिणः. ८ कन्यावियोगदुःखैः.

अद्भुतरसनिर्देशः ।

तस्मिन्युद्धे क्षणेनैव त्वरितो वानरध्वजः । सरथं सध्वजं साश्वं भीष्ममन्तर्दधे शरैः ॥ १ ॥ रत्नभित्तिषु संक्रान्तैः प्रतिबिम्बशतैर्वृतः । ज्ञातो लङ्केश्वरः कृच्छ्रादाञ्जनेयेन तत्त्वतः ॥ २ ॥ चतुर्ष्वपि समुद्रेषु संध्यामन्वास्य तत्क्षणात् । कक्षाक्षिप्तं निशान्ते स्वे वाली पौलस्त्यमत्यजत् ॥ ३ ॥ न केनापि श्रुतं दृष्टं वारिणा[1] वारि शुष्यति । अहो गोदावरीवीरा भवसिन्धुर्विशुष्यति ॥ ४ ॥ एष वन्ध्यासुतो याति खपुष्पकृतशेखरः[2] । मृगतृष्णाम्भसि स्नातः[3] शशशृङ्गधनुर्धरः[4] ॥ ५ ॥ कस्मै किं कथनीयं कस्य मनःप्रत्ययो[5] भवति । रमयति गोपवधूटी[6] कुञ्जकुटीरे परं ब्रह्म ॥ ६ ॥ चित्रं कनकलतायां पल्लव एवामृतं सूते । कुसुमसमुद्गमसमये नो जाने किं परं भावि ॥ ७ ॥ अम्बुजमम्बुनि जातं न हि दृष्टं जातमम्बुजादम्बु । अधुना तद्विपरीतं चरणसरोजाद्विनिर्गता गङ्गा ॥ ८ ॥ जाता लता हि शैले जातु लतायां न जायते शैलः । अधुना तद्विपरीतं कनकलतायां[7] गिरिद्वयं[8] जातम् ॥ ९ ॥ कमलमनम्भसि कमले कुवलयमेतानि कनकलतिकायाम् । सा च सुकुमारसुभगेत्युत्पातपरम्परा केयम् ॥ १० ॥ चित्रं कनकलतायां शरदिन्दुस्तत्र खञ्जनद्वितयम् । तत्र च मनोजधनुषी तदुपरि गाढान्धकाराणि ॥ ११ ॥ चित्रं महानेष बतावतारः क्व कान्तिरेषाभिनवैव भङ्गिः । लोकोत्तरं धैर्यमहो प्रभावः काप्याकृतिर्नूतन एष सर्गः ॥ १२ ॥ स्थाणुः स्वयं मूलविहीन एव पुत्रो विशाखो रमणी त्वपर्णा । परोपनीतैः कुसुमैरजस्रं फलत्यभीष्टं किमिदं विचित्रम् ॥ १३ ॥ किं क्रमिष्यति किलैष वामनो यावदित्थमहसन्त दानवाः । तावदस्य न ममौ नभस्तले लङ्घितार्कशशिमण्डलः क्रमः ॥ १४ ॥ युगान्तकालप्रतिसंहृतात्मनो जगन्ति यस्यां सविकासमासत । तनौ ममुस्तत्र न कैटभद्विषस्तपोधनाभ्यागमसंभवा मुदः ॥ १५ ॥ कथमुपरि कलापिनः कलापो विलसति तस्य तलेऽष्टमीन्दुखण्डम् । कुवलययुगलं ततो विलोलं तिलककुसुमं तदधः प्रवालमस्मात् ॥ १६ ॥ विपुलेन सागरशयस्य कुक्षिणा भुवनानि यस्य पपिरे युगक्षये । मदविभ्रमासकलया पपे पुनः स पुरस्त्रियैकतनयैकया दृशा ॥ १७ ॥ पश्चात्यभागमिह सानुषु संनिषण्णाः पश्यन्ति शान्तमनसा-

१ उदकेन. २ खमाकाशं तस्य पुष्पेण कृतः शेखरः शिरोभूषणं येन. ३ मरुमरीचिकोदके कृतमज्जनः. ४ शशशृङ्गकृतधनुर्धारी. ५ विश्वासः. ६ स्त्री. ७ सुवर्णवल्ल्यां तत्तुल्यायामङ्गयष्ट्याम्. ८ पर्वततुल्यं स्तनद्वयमिति भावः.

न्द्रतरांशुजालम्। संपूर्णलब्धललनालपनोपमानमुत्सङ्गसङ्गिहरिणस्य हिमांशुमूर्तेः ॥ १८ ॥ इदं तावच्चित्रं यदवनितले पार्वणशशी कलङ्कादुन्मुक्तः किमपि च तदन्तर्विलसति। प्रवालं माणिक्यं कुवलयदलं मन्मथधनुर्मनोवीणावादध्वनिरिति महच्चित्रमधरम् ॥ १९ ॥ मूकारब्धं कमपि बधिराः श्लोकमाकर्णयन्ति श्रद्धालुस्तं विलिखति कुणिः श्लाघया वीक्षतेऽन्धः। अभ्यारोहत्यहह सहसा पङ्गुरप्यद्रिशृङ्गं सान्द्रालस्याः शिशुभरणतो मन्दमायान्ति वन्ध्याः ॥ २० ॥ काकुत्स्थेन शिरांसि यानि शतशश्छिन्नानि मायानिधेः पौलस्त्यस्य विमानसीमनि तथा भ्रान्तानि नाकौकसाम्। तान्येवास्य धनुःश्रमप्रशमनं कुर्वन्ति सीतापतेः क्रीडाचामरडम्बरानुकृतिभिर्दोलायमानैः कचैः ॥ २१ ॥ किं ब्रूमो हरिमस्य विश्वमुदरे किंवा फणान्भोगिनः शेते यत्र हरिः स्वयं जलनिधेः सोऽप्येकदेशे स्थितः। आश्चर्यं कलशोद्भवो मुनिरसौ यस्यैकहस्तेऽम्बुधिर्गण्डूषीयति पङ्कजीयति फणी भृङ्गीयति श्रीपतिः ॥ २२ ॥ दोर्दण्डाञ्चितचन्द्रशेखरधनुर्दण्डावभङ्गोद्यतष्टङ्कारध्वनिरार्यबालचरितप्रस्तावनाडिण्डिमः। द्राक्पर्यस्तकपालसंपुटमिलद्ब्रह्माण्डभाण्डोदरभ्राम्यत्पिण्डितचण्डिमा कथमहो नाद्यापि विश्राम्यति ॥ २३ ॥

हास्यरसनिर्देशः।

जिह्वायाश्छेदनं नास्ति न तालुपतनाद्भयम्। निर्विशेषेण वक्तव्यं निर्लज्जः को न पण्डितः ॥ १ ॥ परान्नं प्राप्य दुर्बुद्धे मा प्राणेषु दयां कुरु। दुर्लभानि परान्नानि प्राणा जन्मनि जन्मनि ॥ २ ॥ विना मद्यं विना मांसं परस्वहरणं विना। विना परापकारेण [५]दिविरो दिवि रोदिति ॥ ३ ॥ पूर्वे चेटी ततो वेटी पश्चाद्भवति कुट्टिनी। सर्वोपायपरिभ्रष्टा वेश्या भवति तापसी ॥ ४ ॥ यदक्षिभ्रूलतापाङ्गैः स्त्रियः कुर्वन्ति चापलम्। जघनेष्वेव तत्सर्वं पतत्यनपराधिषु ॥ ५ ॥ केशलुञ्चनसाम्येऽपि हन्त पश्यैतदन्तरम्। उपस्थाः कीटमश्नन्ति घृतभक्तं दिगम्बराः ॥ ६ ॥ सामगायनपूतं मे नोच्छिष्टमधरं कुरु। उत्कण्ठितासि चेद्भद्रे वामं कर्णे दशस्व मे ॥ ७ ॥ भस्माङ्गुलिर्बकोड्डावी बालशौची तथा हिही। धारावर्ती चक्रवर्ती षडेते पुरुषाधमाः ॥ ८ ॥ प्रेषकः प्रैष्यकः काण्डः किमेकः स्तम्भलीनकः। योगी तत्कालरोगी च षडेते सेवकाधमाः ॥ ९ ॥ आदौ वेश्या पुनर्दासी पश्चाद्भवति कुट्टिनी। सर्वोपायपरिक्षीणा वृद्धा नारी पतिव्रता ॥ १० ॥ गता केचित्प्रबोधाय स्वयं तं कुम्भकर्णकम्। तदधः पवनोत्सर्गादुड्डीय पतिताः क्वचित् ॥ ११ ॥ असारे खलु संसारे सारं श्वशुरमन्दिरम्। हरो हिमालये शेते हरिः शेते महोदधौ ॥ १२ ॥ कमले कमला शेते हरः शेते हिमालये। क्षीराब्धौ च हरिः शेते मन्ये मत्कुणशङ्कया ॥ १३ ॥ बिलाद्बहिर्बिलस्यान्तःस्थितमार्जाररसर्पयोः। मध्ये चाखुरिवाभाति पत्नीद्वययुतो नरः ॥ १४ ॥ सदा वक्रः सदा क्रूरः सदा पूजामपेक्षते। कन्याराशिस्थितो नित्यं जामाता दशमो ग्रहः ॥ १५ ॥ स्वयं पञ्चमुखः पुत्रौ गजाननषडाननौ। दिगम्बरः कथं जीवेदन्नपूर्णा न चेद्गृहे ॥ १६ ॥ उदरद्वयभरणभयादर्धाङ्गाहितदारः। यदि नैवं तस्य सुतः कथमद्यापि कुमारः ॥ १७ ॥ अङ्गुलिभङ्गविकल्पनविविधविवादप्रवृत्तपाण्डित्यः। जपचपलौष्ठः स जने ध्यानपरो नगररथ्यासु ॥ १८ ॥ मुण्डो जटिलो नग्नश्छत्री दण्डी कषायचीरी वा। भस्मस्मेरशरीरो दिशि दिशि भोगी विजृम्भते दम्भः ॥ १९ ॥ भृकुटीकुटिलललाटः कण्टकिताङ्गः कटाक्षविकटाक्षः। कवलयति पृथुलकवलैस्तण्डुलमचलं द्विजः क्रुद्धः ॥ २० ॥ क्रयविक्रयकूटतुलालाघवनिक्षेपरक्षणव्याजैः। एते हि दिवसचौरा मुष्णन्ति महाजनं वणिजः ॥ २१ ॥ आख्यायिकानुरागी व्रजति सदा पुण्यपुस्तकं श्रोतुम्। दष्ट इव कृष्णसर्पैः पलायते दानधर्मेभ्यः ॥ २२ ॥ दत्त्वा दिशि दिशि दृष्टिं याचकचकितोऽवगुण्ठनं कृत्वा। चौर इव कुटिलचारी पलायते कुटिलरथ्याभिः ॥ २३ ॥ गणयति गगने गणकश्चन्द्रेण समागमं विशाखायाः। विविधभुजंगक्रीडासक्तां गृहिणीं न जानाति ॥ २४ ॥ कलमाग्रनिर्गतमषीबिन्दुव्याजेन साञ्जनाश्रुकणैः। कायस्थलुण्ठ्यमाना रोदिति खिन्नेव राज्यश्रीः ॥ २५ ॥ वाचयति नान्यलिखितं लिखितमनेनापि वाचयति नान्यः। अयमपरोऽस्य विशेषः स्वयमपि लिखितं स्वयं न वाचयति ॥ २६ ॥ अर्थो नाम जनानां जीवितमखिलक्रियाकलापश्च। तं संहरन्ति धूर्ताश्छगलगला गायना लोके ॥ २७ ॥ तमसि वराकश्चौरो हाहाकारेण याति संत्रस्तः। गायनचौरः कपटो हा हा कृत्वा न याति लक्ष्यं च ॥२८॥ आमन्त्रणजयशब्दैः प्रतिपदहुंकारघर्घरारावैः। स्वयमुक्तसाधुवादैरन्तरयति गायनो गीतम् ॥ २९ ॥ मेरुः स्थितोऽतिदूरे मनुष्यभूमिं परां परित्यज्य। भीतो भयेन चौर्याद्धोराणां हेमकाराणाम् ॥ ३० ॥ तस्मान्महीपतीनामसंभवे दस्युचौराणाम्। एकः सुवर्णकारो निग्राह्यः सर्वथा नित्यम् ॥ ३१ ॥ उपभुक्तखदिरवीटकज-

१ श्रद्धावान्. २ विकलपाणिः. ३ शिखरम्. ४ अगस्त्यः. ५ कायस्थः.

निताधररागभङ्गभयात्। पितरि मृतेऽपि हि वेश्या रोदिति हा तातताततेति ॥ ३२ ॥ वर्णनदयितः कश्चिद्धनदयितो दानकर्मदयितोऽन्यः। रक्षादयितश्चान्यो वेश्यानां नर्मदयितोऽन्यः ॥ ३३ ॥ शृणु सखि कौतुकमेकं ग्राम्येण कुकामिना यदद्य कृतम्। सुरतसुखमीलिताक्षी मृतेति भीतेन मुक्तास्मि ॥ ३४ ॥ श्रमणः श्रावकवध्वाः सुरतविधौ दशति नाधरं दत्तम्। मदिराक्षिमांसभक्षणमस्मत्समये निषिद्धमिति ॥ ३५ ॥ द्विजराजशेखरो यद्वृषभारूढः सदा सदारस्त्वम्। चक्रे हर तद्विधिना पुनरुपनयनं ललाटघटितं ते ॥ ३६ ॥ विनापि तातेन विना जनन्या गजाननः शंभुसुताभिधानः। विनैव शास्त्रेण विनैव वेदैर्माध्यंदिनानामिव पाठकोऽभूत् ॥३७॥ शिक्षितापि सखिभिर्ननु सीता रामचन्द्रचरणौ न ननाम। किं भविष्यति मुनीशवधूवद्वालरत्नमिह तद्रजसेति ॥ ३८ ॥ अयं पटो[1] मे पितुरङ्गभूषणं पितामहाद्यैरुपभुक्तयौवनः। अलंकरिष्यत्यथ पुत्रपौत्रकान्मयाधुना पुष्पवदेव धार्यते ॥ ३९ ॥ वैराग्यभङ्गिरचनावचनैः प्रतार्य रण्डां चिराय विकटस्तनसंनताङ्गीम्। ब्रह्मोपदेशमिषसंगतगण्डभित्ति निःशङ्कचुम्बनरसैः कितवा द्रवन्ति ॥४०॥ धान्याकनागरनिशार्द्रकदाडिमत्वक्कुस्तुम्बरीलवणतैलसुसंस्कृतान्नः। मत्स्यान्सुशीतसितभक्ततले ददाति स ब्रह्मलोकमधिगच्छति पुण्यकर्मा ॥ ४१ ॥ खट्वा नितान्तलघुका शिथिलप्रताना द्वेष्यः पतिः स च निरन्तरचाटुकारी। तत्रापि दैवहतिकाः खलु माघरात्र्यो हा सह्यतां कथमयं व्यसनप्रपञ्चः ॥ ४२ ॥ आकुञ्च्य पाणिमशुचिं मम मूर्ध्नि वेश्या मन्त्राम्भसां प्रतिपदं पृषतैः पवित्रे। तारस्वरं प्रहितथूत्[2]कमदात्प्रहारं हा हा हतोऽहमिति रोदिति विष्णुशर्मा ॥ ४३ ॥ गौरी तनुर्नयनमायतमुन्नता च नासा कृशा कटितटी च पटी विचित्रा। अङ्गानि रोमरहितानि सुखाय भर्तुः पुच्छं न तुच्छमिति कुत्र समस्तवस्तु ॥ ४४ ॥ आपाण्डुरा शिरसिजास्त्रिवली कपोले दन्तावली विगलिता न च मे विषादः। एणीदृशो युवतयः पथि मां विलोक्य तातेति भाषणपराः खलु वज्रपातः ॥ ४५ ॥ कटी मुष्टिग्राह्या द्विपुरुषभुजग्राह्यमुदरं स्तनौ घण्टालोलौ जघनमधिगन्तुं व्यवसितौ। स्मितं भेरीनादो मुखमपि च यत्तद्भयकरं तथाप्येषा रण्डा परिभवति संतापयति च ॥ ४६ ॥ एका भार्या प्रकृतिमुखरा चञ्चला च द्वितीया पुत्रस्त्वेको भुवनविजयी मन्मथो दुर्निवारः। शेषः शय्या शयनमुदधौ वाहनं पन्नगारिः स्मारं स्मारं स्वगृहचरितं दारुभूतो मुरारिः ॥ ४७ ॥ गत्वा द्वारवतीं नयामि दिवसानाराधयन्ती हरिं त्यक्त्वा वानशनेन जीवितमिदं मुञ्चामि भागीरथीम्। प्रातः प्रातरिति प्रवर्तितकथा निर्वेदमातन्वती रण्डा नक्तमनन्तजारसुरतप्रीता सुखायास्तु वः ॥ ४८ ॥ पाणौ ताम्रघटी कुशः करतले धौते सिते वाससी भाले मृत्तिलकः सचन्दनरसो न्यस्तैकपुष्पं शिरः। दूरात्क्षिप्रपदा गतिर्दृढतरव्याश्लिष्टदन्ता गिरः सोऽयं वञ्चयितुं जगद्भगवतो दम्भस्य देहक्रमः ॥ ४९ ॥ यत्नोत्थापनमात्रनिःसहजरच्चर्मावशेषश्लथभ्रश्यच्छेफसि दुर्बलाङ्गचलनव्यर्थोद्यमालिङ्गने। लज्जाधायिनि खिद्यमानयुवतौ वृद्धस्य कृच्छ्रे रते यत्स्यात्तत्प्रतिभाव्य किं नु हसितुं युक्तं किमारोदितुम् ॥ ५० ॥ धत्ते वक्षसि कौस्तुभोपलमयं मत्वा श्रियः सोदरं तन्नाभीगृहमाकलय्य मकरावासं मनाङ्नोज्झति। तन्नामप्रणयान्न लुम्पति हरिः श्रीवत्समङ्के स्थितं किं केन क्रियतां स एव यदभूदेतादृशः स्त्रीवशः ॥ ५१ ॥ अत्तुं वाञ्छति वाहनं गणपतेराखुं[1] क्षुधार्तः फणी तं च क्रौञ्चपतेः[2] शिखी[3] च गिरिजासिंहोऽपि नागाननम्[4]। गौरी जह्नुसुतामसूयति कलानाथं कपालाननो निर्विण्णः स पपौ कुटुम्बकलहादीशोऽपि हालाहलम् ॥ ५२ ॥ रण्डा पीनपयोधराकृत मया चण्डानुरागाद्भुजं दोर्दण्डद्वयपीवरस्तनभरं नो गाढमालिङ्गिता। बुद्धेभ्यः शतशः शमे यदि पुनः कुत्रापि कापालिनीपीनोत्तुङ्गकुचावपीडनभरः प्राप्तः प्रबोधोदयः ॥५३॥ जग्ध्वा माषमयानपूपवटकानाध्मायमानोदरे फट्फट्फाडिति पायवीयपवनं योगेश्वरे मुञ्चति। उड्डीनं विहगैर्घटैर्विघटितं दोलायितं भित्तिभिः शिष्यैर्धावितमर्भकैर्निपतितं कोलाहलोऽभून्मठे ॥ ५४ ॥ पीठप्रक्षालनेन क्षितिपतिकथया सज्जनानां प्रवादैर्नीत्वा यामार्धमेवं कुशकुसुमसमारम्भणव्यग्रहस्ताः। पश्चादेते निमज्जत्पुरयुवतिकुचाभोगदत्तेक्षणार्धाः प्राणायामापदेशादिह सरिति सदा वासराणि क्षिपन्ति ॥ ५५ ॥ रे रे लोकाः कुरुध्वं श्रवणपुटपिधानं द्रुतं हस्तयुग्मैः शैलाः सर्वेऽपि यूयं भवत गुरुतराः सावधाना धरित्र्याम्। शीघ्रं रे रावण त्वं विरचय वसनैर्नासिकानां पिधानं सुप्तोऽयं कुम्भकर्णः कटुरवविकटं शर्धते[6] दीर्घमुच्चैः ॥ ५६ ॥

भयानकरसनिर्देशः।

इदं मघोनः कुलिशं धारासंनिहितानलम्। स्मरणं यस्य दैत्यस्त्रीगर्भपाताय केवलम् ॥ १ ॥ ततः परामर्शविवृद्धम-

१ वस्त्रम्. २ लाला.

१ मूषिकम्. २ कार्तिकेयस्य. ३ मयूरः. ४ गजवदनम्. ५ द्वेष्टि. ६ अपानवायुं मुञ्चति.

न्योर्भ्रूभङ्गदुःप्रेक्ष्यमुखस्य तस्य । स्फुरन्नुदर्चिः सहसा तृतीयादक्ष्णः कृशानुः किल निःपपात ॥ २ ॥ विनिर्गतं मानदमात्ममन्दिराद्भवत्युपश्रुत्य यदृच्छयापि यम् । ससंभ्रमेन्द्रद्रुतपातितार्गला निमीलिताक्षीव भियामरावती ॥ ३ ॥ अशक्नुवन्सोढुमधीरलोचनः सहस्ररश्मेरिव यस्य दर्शनम् । प्रविश्य हेमाद्रिगुहागृहान्तरं निनाय बिभ्यद्दिवसानि कौशिकः ॥ ४ ॥ महाप्रलयमारुतक्षुभितपुष्करावर्तकप्रचण्डघनगर्जितप्रतिरवानुकारी मुहुः । रवः श्रवणभैरवः स्थगितरोदसीकन्दरः कुतोऽद्य समरोदधेरयमभूतपूर्वः पुरः ॥ ५ ॥ किंचित्कोपकलाकलापकलनाहुंकारबिभ्रद्भ्रुवोर्विक्षेपादकरोदसौ रघुपतिर्लङ्कापतेः पत्तनम् । क्रन्दत्फेरु रटत्करेटु विघटद्दारु स्फुटद्घुग्गुलु प्रोत्क्रीडत्कपि निःश्वसत्फणि रणज्झिल्लि भ्रमद्द्वीपि च ॥ ६ ॥ अद्याप्युन्मदयातुधानतरुणीचञ्चत्करास्फालनव्यावल्गन्नृकपालतालरणितैर्नृत्यत्पिशाचाङ्गनाः । उद्गायन्ति यशांसि यस्य विततैर्नादैः प्रचण्डानिलप्रक्षुभ्यत्करिकुम्भकूटकुहरव्यक्तै रणक्षोणयः ॥ ७ ॥ गीर्वाणाः प्रतियन्ति नैव पिदधे कर्णौ सुधर्माधिपः कर्णाकर्णिकयन्ति हन्त निभृतं शंभुस्वयंभूगणाः । दूरादेत्य कृतान्तदूतनिवहाः स्वाकारसंगोपनैरुद्ग्रीवं कलयन्ति कोणपचमूनाथे शयाने रणे ॥ ८ ॥ निःशङ्कं बहिरम्ब चण्डमनसो नामानुरूपा क्रिया स्वर्वेश्यापदघर्घरस्वनवती न क्वापि रङ्गस्थली । किंचान्यद्दशकंधराङ्घ्रियुगले कल्याणभाजि स्फुटं लङ्कायां प्रतिपक्षविक्रमयथाशङ्काकरी भ्राम्यति ॥ ९ ॥ अभ्राकल्पचलत्पयोधरभरव्याविद्धमेघच्छटासृक्कस्थामिषगृध्नुगृध्रगरुदास्फालोच्चलन्मूर्धजा । व्यादायाननमट्टहासविकटं दूरेण तारापथात्रस्यत्सिद्धपुरंध्रिवृन्दरभसोन्मुक्तादुपक्रामति ॥ १० ॥ प्रौढच्छेदानुरूपोच्छलनरयवशात्सैंहिकेयोपमेयभ्रासाकूताश्वतिर्यग्वलितरविरथेनारुणेनेक्ष्यमाणम् । कुर्वन्काकुत्स्थवीर्यस्तुतिमिव मरुतां कंधरारन्ध्रभाजां झाङ्कारैर्भीममेतन्निपतति वियतः कुम्भकर्णोत्तमाङ्गम् ॥ ११ ॥ माद्यन्मातङ्गकुम्भस्थलबहलवसावासनाविस्रगन्धव्यासक्तव्यक्तमुक्ताफलशकलसत्केसरालीकरालः । एणीवैधव्यवेधाः स्वभुजबलमदग्रस्ततेजस्त्रिधामा गुञ्जन्कुञ्जे गिरीणां हरिरिह शबरीगर्भपातं विधत्ते ॥ १२ ॥ मन्थायस्तार्णवाम्भःप्रतिकुहरवलन्मन्दरध्वानधीरः कोणाघातेषु गर्जत्प्रलयघनघटान्योन्यसंघट्टचण्डः । कृष्णाक्रोधाग्रदूतः कुरुकुलनिधनोत्पातनिर्घातवातः केनास्मत्सिंहनादप्रतिरसितसखो दुन्दुभिस्ताडितोऽयम् ॥ १३ ॥ निर्मज्जच्चक्षुरन्तर्भ्रमदतिकपिलक्रूरतारा नरास्थिग्रन्थिं दन्तान्तरालग्रथितमविरतं जिह्वया घट्टयन्ती । ध्वान्तेऽपि व्यात्तवक्त्रे ज्वलदनलशिखाजर्जरे व्यक्तकर्मा निर्मान्ती गृध्ररौद्रीं दिवमुपरि परिक्रीडते ताडकेयम् ॥ १४ ॥

१ ओष्ठप्रान्तः. २ लालसाः. ३ पक्षाः. ४ स्त्री.

बीभत्सरसनिर्देशः ।

प्रस्वेदमलदिग्धेन वहता मूत्रशोणितम् । व्रणेन विकृतेनेदं सर्वमन्धीकृतं जगत् ॥ १ ॥ विकीर्णहरिचन्दनद्रविणि यत्र लीलालसा निपेतुरतिचञ्चलाश्चतुरकामिनीदृष्टयः । तदेतदुपरिभ्रमन्निबिडगृध्रजालं जनैर्लुठत्कृमि कलेवरं पिहितनासिकैर्वीक्ष्यते ॥ २ ॥ अन्त्रैः कल्पितमङ्गसप्रतिसराः स्त्रीहस्तरक्तोत्पलव्यक्तोत्तंसभृतः पिनह्य शिरसा हृत्पुण्डरीकस्रजः । एताः शोणितपङ्ककुङ्कुमजुषः संभूय कान्तैः पिबन्त्यस्थिस्नेहसुराः कपालचषकैः प्रीताः पिशाचाङ्गनाः ॥ ३ ॥ उत्कृत्य ज्वलितां शवात्कथमपि प्रेताशनः पैशितीं पेशीमग्निमयीं निगीर्य सहसा दन्दह्यमानोदरः । धावत्युत्प्लवते मुहुर्निपतति प्रोत्तिष्ठति प्रेक्षते विष्वक्क्रोशति संपिनष्टि जठरं मुह्यत्यचलन्मस्तकः ॥ ४ ॥ अन्त्रप्रोतबृहत्कपालनलकक्रूरक्वणत्कङ्कणप्रायप्रेङ्खितभूरिभूषणरवैराघोषयन्त्यम्बरम् । पीतच्छर्दितरक्तकर्दमघनप्राग्भारघोरोल्लसद्व्यालोलस्तनभारभैरववपुर्दर्पोद्धतं धावति ॥ ५ ॥ रक्तं नक्तंचरौघः पिबति वमति च ग्रस्तकुन्तः शकुन्तः क्रव्यं नव्यं गृहीत्वा प्रणदति मुदितो मत्तवेतालबालः । क्रीडत्यक्रीडमस्मिन्रुधिरमदवशात्पूतनानूतनाङ्गी योगिन्यो मांसमेदःप्रमुदितमनसः शूरशक्तिं स्तुवन्ति ॥ ६ ॥ उत्कृत्योत्कृत्य कृत्तिं प्रथममथ पृथूच्छोफभूयांसि मांसान्यंसस्फिक्पृष्ठपिण्डाद्यवयवसुलभान्युग्रपूतीनि जग्ध्वा । आत्तस्नाय्वन्त्रनेत्रः प्रकटितदशनः प्रेतरङ्कः करङ्कादङ्कस्थादस्थिसंस्थं स्थपुटगतमपि क्रव्यमव्यग्रमत्ति ॥ ७ ॥

रौद्ररसनिर्देशः ।

स रोषदष्टाधरलोहिताक्षैर्व्यक्तोर्ध्वरेखा भृकुटीर्वहद्भिः । तस्तार गां भल्लनिकृत्तकण्ठैर्हुंकारगर्भैर्द्विषतां शिरोभिः ॥ १ ॥ पातालतः किमु सुधारसमानयामि निष्पीड्य चन्द्रममृतं किमु वाहरामि । उद्यन्तमद्य तपनं किमु वारयामि कीनाशपाशमथवा किमु चूर्णयामि ॥ २ ॥ चञ्चद्भुजभ्रमितच-

१ श्मशाने शवं भुञ्जानं प्रेतं दृष्ट्वा माधवस्योक्तिरियम्. २ चर्म. ३ कटिदेशस्थमांसपिण्डः. ४ अत्यन्तदुर्गन्धीनि. ५ भक्षयित्वा. ६ प्रेतदरिद्रः. ७ मृतशरीराव. ८ निम्नोन्नतप्रदेशस्थम्. ९ मांसम्.

ण्डगदाभिघातसंचूर्णितोरुयुगलस्य सुयोधनस्य । स्त्यानाव-
नद्धघनशोणितशोणपाणिरुत्तंसयिष्यति कचांस्तव देवि भीमः
॥ ३ ॥ [1]कृतमनुमतं दृष्टं वा यैरिदं गुरुपातकं मनुजपशु-
भिर्निर्मर्यादैर्भवद्भिरुदायुधैः । [2]नरकरिपुणा सार्धं तेषां सभी-
[3]मकिरीटिनामहमयमसृङ्मेदोमांसैः करोमि दिशां बलिम्
॥ ४ ॥ यत्सत्यव्रतभङ्गभीरुमनसा यत्नेन मन्दीकृतं यद्वि-
स्मर्तुमपीहितं शमवता शान्तिं कुलस्येच्छता । तद्द्यूतार-
णिसंभृतं नृपसुताकेशाम्बराकर्षणैः क्रोधज्योतिरिदं महत्कु-
रुवने यौधिष्ठिरं जृम्भते ॥ ५ ॥ येन स्वां विनिहत्य मा-
तरमपि क्षत्रास्रपूरासवास्वादोन्मत्तपरश्वधेन विदधे निःक्ष-
त्रिया मेदिनी । यद्बाणव्रणवर्त्मनः शिखरिणः क्रौञ्चस्य हंस-
च्छलादद्याप्यस्थिकणाः पतन्ति स पुनः क्रुद्धो मुनिर्भार्गवः
॥ ६ ॥ देशः सोऽयमरातिशोणितजलैर्यस्मिन्ह्रदाः पूरिताः
क्षत्रादेव तथाविधः परिभवस्तातस्य केशग्रहः । तान्येवाहि-
तशस्त्रघस्मरगुरूण्यस्त्राणि भास्वन्ति मे यद्रामेण कृतं तदेव
कुरुते द्रोणात्मजः क्रोधनः ॥ ७ ॥ यैः प्राणापहृतिः कृता
मम पितुः क्रुद्धैर्युधि क्षत्रियै रामोऽहं रमणीर्विहाय बल-
वान्निःशेषमेषां हठात् । भास्वत्प्रौढकुठारकोटिघनका-
काण्डत्रुटत्कंधरास्रोतोऽन्तःस्रुतशोणशोणितभरैः कुर्यां क्रुधां
निर्वृतिम् ॥ ८ ॥ राज्ञो मानधनस्य कार्मुकभृतो दुर्योधन-
स्याग्रतः प्रत्यक्षं कुरु बान्धवस्य च तथा कर्णस्य शल्यस्य च ।
पीतं तस्य ममाद्य पाण्डववधूकेशाम्बराकर्षिणः कोष्णं जी-
वत एव तीक्ष्णकरजक्षुण्णादसृग्वक्षसः ॥ ९ ॥ स्पृष्टा
येन शिरोरुहे नृपशुना पाञ्चालराजात्मजा येनास्याः परि-
धानमप्यपहृतं राज्ञां कुरूणां पुरः । यस्योरःस्थलशोणिता-
सवमहं पातुं प्रतिज्ञातवान्सोऽयं मद्भुजपञ्जरे निपतितः संर-
क्ष्यतां कौरवाः ॥ १० ॥ रक्तोत्फुल्लविशाललोलनयनः कम्पो-
त्तराङ्गो मुहुर्मुक्त्वा कर्णमपेतभीर्धृतधनुर्बाणो हरेः पश्यतः ।
आध्मातः कटुकोक्तिभिः स्वमसकृद्दोर्विक्रमं कीर्तयन्न-
सास्फोटपटुर्युधिष्ठिरमसौ हन्तुं प्रविष्टोऽर्जुनः ॥ ११ ॥ त्रै-
लोक्य[4]त्राणशौण्डः [5]सरसिजवसतेः संप्रसूतो भुजाभ्यां सुक्षत्रं
नाम वर्णः कुलिशकठिनयोर्यस्य [6]दोष्णोर्विलीनः । ज्वालाजि-
ह्वालकालानलकवलभयभ्रान्तदेवासुराणि व्यातन्वानो जगन्ति
ज्वलति [7]मुनिरयं पार्वतीधर्मपुत्रः ॥ १२ ॥ अन्योन्या-
स्फालभिन्नद्विपरुधिरवसामांसमस्तिष्कपङ्के मग्नानां स्यन्दना-
नामुपरि कृतपदन्यासविक्रान्तपत्तौ । स्फीतासृक्पानगोष्ठीरस-
दशिवशिवातूर्यनृत्यत्कबन्धे सङ्ग्रामैकार्णवान्तः प्रविचरितु-
मलं पण्डिताः पाण्डुपुत्राः ॥ १३ ॥ रे धृष्टा धार्तराष्ट्राः
प्रबलभुजबृहत्ताण्डवाः पाण्डवा रे रे वार्ष्णेयाः सकृष्णाः
शृणुत मम वचो यद्ब्रवीम्यूर्ध्वबाहुः । एतस्योत्खातबाहो-
र्द्रुपदनृपसुतातापिनः पापिनोऽहं पाता हृच्छोणितानां प्रभ-
वति यदि वस्तत्किमेतं न [1]पाथ ॥ १४ ॥ नाहं रक्षो न
भूतो रिपुरुधिरजलाह्लादिताङ्गः प्रकाशं विस्तीर्णोरुप्रतिज्ञा-
जलनिधिगहनः क्रोधनः क्षत्रियोऽस्मि । भो भो राजन्य-
वीराः समरशिखिशिखाभुक्तशेषाः कृतं वस्त्रासेनानेन लीनै-
र्हतकरितुरगान्तर्हितैरास्यते यत् ॥ १५ ॥ यो यः शस्त्रं
बिभर्ति स्वभुजगुरुमदः पाण्डवीनां चमूनां यो यः पाञ्चाल-
गोत्रे शिशुरधिकवया गर्भशय्यां गतो वा । यो यस्तत्क-
र्मसाक्षी चरति मयि रणे यश्च यश्च प्रतीपः क्रोधान्ध-
स्तस्य तस्य स्वयमिह जगतामन्तकस्यान्तकोऽहम् ॥ १६ ॥

शान्तरसनिर्देशः ।

वैराग्यम् ॥ को देशः कानि मित्राणि कः कालः
कौ व्ययागमौ । कश्चाहं का च मे शक्तिरिति चिन्त्यं मु-
हुर्मुहुः ॥ १ ॥ पुत्रमित्रकलत्रेषु सक्ताः सीदन्ति जन्तवः ।
सरःपङ्कार्णवे मग्ना जीर्णा वनगजा इव ॥ २ ॥ मन्ये माये-
यमज्ञानं यत्सुखं स्वजनादपि । निदाघवारणायालं निज-
च्छाया न कस्यचित् ॥ ३ ॥ विपत्प्रशान्त्यै सेव्यन्ते यदि
कष्टेन भूभृतः । तत्करिष्यति कष्टापि विपत्किमधिकं ततः
॥ ४ ॥ मितमायुर्वयोऽनित्यं नैति यातं कदाचन । परामृ-
शन्ति तदपि न भवं भोगलोलुपाः ॥ ५ ॥ निःस्नेहो याति
निर्वाणं स्नेहोऽनर्थस्य कारणम् । निःस्नेहेन प्रदीपेन यदेत-
त्प्रकटीकृतम् ॥ ६ ॥ अशीमहि वयं भिक्षामाशावासो
वसीमहि । शयीमहि महीपृष्ठे कुर्वीमहि किमीश्वरैः ॥ ७ ॥
यावन्तः कुरुते जन्तुः संबन्धान्मनसः प्रियान् । तावन्तोऽस्य
निखन्यन्ते हृदये शोकशङ्कवः ॥ ८ ॥ प्रचण्डवासनावातै-
रुद्धूता नौर्मनोमयी । वैराग्यकर्णधारेण विना रोद्धुं न श-
क्यते ॥ ९ ॥ रागिण्यपि विरागिण्यः स्त्रियस्तासु रमेत कः ।
अहं च कलये मुक्तिं या विरागिणि रागिणि ॥ १० ॥
लावण्यं तदसौ कान्तिस्तद्रूपं स वचःक्रमः । तदा सुधास्प-
दमभूदधुना तु ज्वरो महान् ॥ ११ ॥ पूरयित्वार्थिनामाशां
प्रियं कृत्वा द्विषामपि । पारं गत्वा श्रुतौघस्य धन्या वनमु-
पासते ॥ १२ ॥ पुत्रदारादिसंसारः पुंसां संमूढचेतसाम् ।
विदुषां शास्त्रसंसारः सद्योगाभ्यासविघ्नकृत् ॥ १३ ॥ गतः
कामकथोन्मादो गलितो यौवनज्वरः । गतो मोहश्च्युता

---

१ स्वयं मृतद्रोणशिरश्छेदक्रुद्धस्याश्वत्थाम्न उक्तिरियम्. २ कृष्णेन. ३ अर्जुनः. ४ रक्षणम्. ५ ब्रह्मणः. ६ बाह्वोः. ७ भार्गवः.

१ रक्षथ.

तृष्णा कृतं पुण्याश्रमे मनः ॥ १४ ॥ वनान्यमूनि न गृहाण्येता नद्यो न योषितः । द्रुमा इमे न दायादास्तन्मे नन्दति मानसम् ॥ १५ ॥ शान्तिकन्थालसत्कण्ठो मनःस्थालीमिलत्करः । त्रिपुरारिपुरद्वारि कदाहं मोक्षभिक्षुकः ॥ १६ ॥ उद्धाटितनवद्वारे पञ्जरे विहगोऽनिलः । यत्तिष्ठति तदाश्चर्यं प्रयाणे विस्मयः कुतः ॥ १७ ॥ निर्विवेकतया बाल्यं कामोन्मादेन यौवनम् । वृद्धत्वं विकलत्वेन सदा सोपद्रवं नृणाम् ॥ १८ ॥ प्रातर्मूत्रपुरीषाभ्यां मध्याह्ने क्षुत्पिपासया । तृप्ताः कामेन बाध्यन्ते प्राणिनो निशि निद्रया ॥ १९ ॥ गतसारेऽत्र संसारे सुखभ्रान्तिः शरीरिणाम् । लालापानमिवाङ्गुष्ठे बालानां स्तन्यविभ्रमः ॥ २० ॥ दिनमेकं शशी पूर्णः क्षीणस्तु बहुवासरान् । सुखाद्दुःखं सुराणामप्यधिकं का कथा नृणाम् ॥ २१ ॥ न विषयभोगो भाग्यं योग्यं खलु यत्र जन्तुमात्रमपि । ब्रह्मेन्द्ररुद्रमृग्यं भाग्यं विषयेषु वैराग्यम् ॥ २२ ॥ पाषाणखण्डेष्वपि रत्नबुद्धिः कान्तेति धीः शोणितमांसपिण्डे । पञ्चात्मके वर्ष्मणि चात्मभावो जयत्यसौ काचन मोहलीला ॥ २३ ॥ त्र्यन्तसिद्धाञ्जननिर्मलाक्षैस्तपोधनैरप्यनवेक्षितं यत् । अवेक्ष्यते धाम तदेव काश्यामात्यन्तिकेनाक्षिनिमीलनेन ॥ २४ ॥ कुटुम्बचिन्ताकुलितस्य पुंसः कुलं च शीलं च गुणाश्च सर्वे । अपक्वकुम्भे निहिता इवापः प्रयान्ति देहेन समं विनाशम् ॥ २५ ॥ सुरमन्दिरतरुमूलनिवासः शय्या भूतलमजिनं वासः । सर्वपरिग्रहभोगत्यागः कस्य सुखं न करोति विरागः ॥ २६ ॥ निखिलं जगदेव नश्वरं पुनरस्मिन्नितरां कलेवरम् । अथ तस्य कृते कियानयं क्रियते हन्त जनैः परिश्रमः ॥ २७ ॥ मलयानिलकालकूटयो रमणीकुन्तलभोगिभोगयोः । श्वपचात्मभुवोः किमन्तरं मम भूयात्परमात्मनि स्थितिः ॥२८॥ नवनीलमेघरुचिरः परः पुमानवनीमवाप्यधृतगोपविग्रहः । नवनीयकीर्तिरमरैरपि स्वयं नवनीतभिक्षुरधुना स चिन्त्यते ॥ २९ ॥ सार्वभौमभवनं वनवासो निस्वभावभवभावनया ते । बालिशो हि विषयेन्द्रियचौरैर्मुष्यते स्वभवने च वने च ॥३०॥ इतो न किंचित्परतो न किंचिद्यतो यतो यामि ततो न किंचित् । विचार्य पश्यामि जगन्न किंचित्स्वात्मावबोधादधिकं न किंचित् ॥३१॥ व्याघ्रीव तिष्ठति जरा परितर्जयन्ती रोगाश्च शत्रव इव प्रहरन्ति देहम् । आयुः परिस्रवति भिन्नघटादिवाम्भो लोकस्तथाप्यहितमाचरतीति चित्रम् ॥३२॥ दैन्यं क्वचित्क्वचन मन्मथजा विकाराः कुत्राप्यनेकविधबन्धुजनप्रपञ्चः । क्वापि प्रभुत्वधनकल्पितमीश्वरत्वमित्येकवैकृतमिदं जगदाविभाति ॥ ३३ ॥ आस्तामकण्टकमिदं वसुधाधिपत्यं त्रैलोक्यराज्यमपि नैव तृणाय मन्ये । निःशङ्कसुप्तहरिणीकुलसंकुलासु चेतः परं वलति शैलवनस्थलीषु ॥ ३४ ॥ ते तीक्ष्णदुर्जननिकारशरैर्न भिन्ना धीरास्त एव शमसौख्यभुजस्त एव । सीमन्तिनीभुजलतागहनं व्युदस्य येऽवस्थिताः शमफलेषु तपोवनेषु ॥ ३५ ॥ बुद्धेरगोचरतया न गिरां प्रचारो दूरे गुरुप्रथितवस्तुकथावतारः । तत्त्वं क्रमेण विदुषां करुणावदाते श्रद्धावतां हृदि पदं स्वयमादधाति ॥ ३६ ॥ दधति तावदमी विषयाः सुखं स्फुरति यावदियं हृदि मूढता । मनसि तत्त्वविदां तु विवेचके क्व विषयाः क्व सुखं क्व परिग्रहाः ॥ ३७ ॥ क्षणं बालो भूत्वा क्षणमपि युवा कामरसिकः क्षणं वित्तैर्हीनः क्षणमपि च संपूर्णविभवः । जराजीर्णैरङ्गैर्नट इव वलीमण्डिततनुर्नटः संसाराङ्के विशति यमधानीजवनिकाम् ॥ ३८ ॥ क्वचित्कन्थाधारी क्वचिदपि च दिव्याम्बरधरः क्वचिद्भूमीशय्यः क्वचिदपि च पर्यङ्कशयनः । क्वचिद्भिक्षावृत्तिः क्वचिदपि च मृष्टाशनरुचिर्महामत योगज्ञो न गणयति दुःखं न च सुखम् ॥ ३९ ॥ अहौ वा हारे वा बलवति रिपौ वा सुहृदि वा मणौ वा लोष्टे वा कुसुमशयने वा दृषदि वा । तृणे वा स्त्रैणे वा मम समदृशो यान्तु दिवसाः क्वचित्पुण्यारण्ये शिवशिवशिवेति प्रलपतः ॥ ४० ॥ गतास्तातभ्रातृप्रमुखसुखपीयूषमधुराः पुरा लक्ष्मीक्षैब्यव्यसनसरसास्तेऽपि दिवसाः । अदः शान्तं स्वान्तं सपदि यदि निर्वेदपदवीं भजत्यभ्यासोऽयं जनयति सुखं भावविमुखम् ॥ ४१ ॥ अवश्यं यातारश्चिरतरमुषित्वापि विषया वियोगे को भेदस्त्यजति न जनो यत्स्वयममून् । व्रजन्तः स्वातन्त्र्यादतुलपरितापाय मनसः स्वयं त्यक्तास्त्वेते शमसुखमनन्तं विदधति ॥ ४२ ॥ न संसारोत्पन्नं चरितमनुपश्यामि कुशलं विपाकः पुण्यानां जनयति भयं मे विमृशतः । महद्भिः पुण्यौघैश्चिरपरिगृहीताश्च विषया महान्तो जायन्ते व्यसनमिव दातुं विषयिणाम् ॥ ४३ ॥ धनं तावल्लब्धं कथमपि तथाप्यस्य नियतं विनाशेऽलाभे वा तव सति वियोगोऽप्युभयथा । अनुत्पादः श्रेयान्किमु कथय तस्याथ विलयो विनाशो लब्धस्य व्यथयतितरां न त्वनुदयः ॥ ४४ ॥ परेषां चेतांसि प्रतिदिवसमाराध्य बहुधा प्रसादं किं नेतुं विशसि हृदय क्लेशकलिलम् । प्रसन्ने त्वय्यन्तः स्वयमुदितचिन्तामणिगुणे विविक्तः संकल्पः किमिव हि फलं पुष्यति न ते ॥ ४५ ॥ यदेतत्स्वच्छन्दं

१ प्रव्रज्यायाम्. २ प्राणवायुः. ३ विचारशून्यत्वेन. ४ शैशवम्. ५ निःसारे. ६ संपूर्णम्. ७ नाशवत्. ८ शरीरम्. ९ चाण्डालः. १० ब्रह्मा. ११ पृथ्वीम्. १२ देहः. १३ भर्त्सयन्ती.

विहरणमकार्पण्यमशनं सहायैः संलापः श्रुतमुपशमैकव्रतफलम्। मनो मन्दस्पन्दं बहिरपि चिरस्यापि विमृशन्न जाने कस्यैषा परिणतिरुदारस्य तपसः ॥ ४६ ॥ तडिन्मालालोलं प्रतिदिवसदत्तान्धतमसं भवे सौख्यं हित्वा शममुखमुपादेयमनघम्। इति व्यक्तोद्गारं चटुलवचसः शून्यमनसो वयं वीतव्रीडाः शुक इव पठामः परममी ॥ ४७ ॥ यदासौ दुर्वारः प्रसरति मदश्चित्तकरिणस्तदा तस्योद्दामप्रसररसरूढैर्व्यवसितैः। क्व तद्धैर्यालानं क्व च निजकुलाचारनिगडः क्व सा लज्जारज्जुः क्व विनयकठोराङ्कुशमपि ॥ ४८ ॥ कुरङ्गाः कल्याणं प्रतिविटपमारोग्यमटवि स्रवन्ति क्षेमं ते पुलिनकुशलं भद्रमुपलाः। निशान्तादस्वन्तात्कथमपि विनिष्क्रान्तमधुना मनोऽस्माकं दीर्घाममिलषति युष्मत्परिचितिम् ॥ ४९ ॥ गतः कालो यत्र प्रणयिनि मयि प्रेमकुटिलः कटाक्षः कालिन्दीलघुलहरिवृत्तिः प्रभवति। इदानीमस्माकं जरठकमठीपृष्ठकठिना मनोवृत्तिस्तत्किं व्यसनिनि मुधैव ग्लपयसि ॥ ५० ॥ गतः कालो यत्र द्विचरणपशूनां क्षितिभुजां पुरः स्वस्तीत्युक्त्वा विषयसुखमास्वादितमभूत्। इदानीमस्माकं तृणमिव समस्तं कलयतामपेक्षा भिक्षायामपि किमपि चेतस्त्रपयति ॥ ५१ ॥ अहंकार क्वापि व्रज वृजिन हे मा त्वमिह भूरभूमिर्दर्पाणामहमपसर त्वं पिशुन हे। अरे क्रोध स्थानान्तरमनुसरानन्यमनसां त्रिलोकीनाथो नो हृदि वसतु देवो हरिरसौ ॥ ५२ ॥ अतिक्रान्तः कालो ललितललनाभोगसुखदो भ्रमन्तः शान्ताः स्मः सुचिरमिह संसारसरणौ। इदानीं स्वःसिन्धोस्तटभुवि समाक्रन्दनगिरः सुतारैः फूत्कारैः शिवशिवशिवेति प्रतनुमः ॥ ५३ ॥ महाशय्या भूमिर्मसृणमुपधानं भुजलता वितानं चाकाशं व्यजनमनुकूलोऽयमनिलः। स्फुरद्दीपश्चन्द्रः स्वधृतिवनितासङ्गमुदितः सुखं शान्तः शेते विगतभवभीतिर्नृप इव ॥ ५४ ॥ कदा वृन्दारण्ये नवघननिभं नन्दतनयं परीतं गोपीभिः क्षणरुचिमनोज्ञाभिरभितः। गमिष्यामस्तोषं नयनविषयीकृत्य कृतिनो वयं प्रेमोद्रेकस्खलितगतयो वेपथुभृतः ॥५५॥ कदा भिक्षाभक्तैः करकलितगङ्गाम्बुतरलैः शरीरं मे स्थास्यत्युपरतसमस्तेन्द्रियसुखम्। कदा ब्रह्माभ्यासस्थिरतनुतयारण्यविहगाः पतिष्यन्ति स्थाणुभ्रमहतधियः स्कन्धशिरसि ॥ ५६ ॥ कदा वृन्दारण्ये विमलयमुनातीरपुलिने चरन्तं गोविन्दं हलधरसुदामादिसहितम्। अये कृष्ण स्वामिन्मधुरमुरलीवादन विभो प्रसीदेत्याक्रोशन्निमिषमिव नेष्यामि दिवसान् ॥ ५७ ॥ कदा वा साकेते विमलसरयूतीरपुलिने चरन्तं श्रीरामं जनकतनयालक्ष्मणयुतम्। अये राम स्वामिञ्जनकतनयावल्लभ विभो प्रसीदेत्याक्रोशन्निमिषमिव नेष्यामि दिवसान् ॥ ५८ ॥ कदा वाराणस्याममरतटिनीरोधसि वसन्वसानः कौपीनं शिरसि निदधानोऽञ्जलिपुटम्। अये गौरीनाथ त्रिपुरहर शंभो त्रिनयन प्रसीदेत्याक्रोशन्निमिषमिव नेष्यामि दिवसान् ॥ ५९ ॥ भूः पर्यङ्को निजभुजलतागेन्दुकः खं वितानं दीपश्चन्द्रो विरतिवनितालब्धयोगप्रमोदः। दिक्कन्यानां व्यजनपवनैर्वीज्यमानोऽनुकूलैर्भिक्षुः शेते नृप इव सदा वीतरागो जितात्मा ॥ ६० ॥ आसंसारात्त्रिभुवनमिदं चिन्वतां तात तादृङ्नो वास्माकं नयनपदवीं श्रोत्रवर्त्मागतो वा। योऽयं धत्ते विषयकरिणीगाढगूढामिमानक्षीबस्यान्तःकरणकरिणः संयमालानलीलाम् ॥६१॥ आयुर्वायुव्यथितनलिनीपत्रमित्रं किमन्यत्संपच्छम्पाद्युतिसहचरी स्वैरचारी कृतान्तः। कस्मादस्मिन्भ्रमसि तमसि त्वं प्रयाहि प्रयागं पौनःपुन्यं भुवि भगवती स्वर्धुनी ते धुनीते ॥ ६२ ॥ पूर्वं तावत्कुवलयदृशां लोललोलैरपाङ्गैराकर्षद्भिः किमपि हृदयं पूजिता यौवनश्रीः। संप्रत्यन्तर्निहितसदसद्भावलब्धप्रबोधप्रत्याहारैर्विशदहृदये वर्तते कोऽपि भावः ॥ ६३ ॥ मातर्माये भगिनि कुमते हे पितर्मोहजाल व्यावर्तध्वं भवतु भवतामेष दीर्घो वियोगः। सद्यो लक्ष्मीरमणचरणभ्रष्टगङ्गाप्रवाहव्यामिश्रायां दृषदि परमब्रह्मदृष्टिर्भवामि ॥ ६४ ॥ गङ्गातीरे हिमगिरिशिलाबद्धपद्मासनस्य ब्रह्मज्ञानाभ्यसनविधिना योगनिद्रां गतस्य। किं तैर्भाव्यं मम सुदिवसैर्यत्र ते निर्विशङ्काः कण्डूयन्ते जरठहरिणाः शृङ्गमङ्गे मदीये ॥ ६५ ॥ भेदाभेदौ सपदि गलितौ पुण्यपापे विशीर्णे मायामोहौ क्षयमुपगतौ नष्टसंदेहवृत्तेः। शब्दातीतं त्रिगुणरहितं प्राप्य तत्त्वावबोधं निस्त्रैगुण्ये पथि विचरतः को विधिः को निषेधः ॥ ६६ ॥ यद्वात्मानं सकलवपुषामेकमन्तर्बहिस्थं दृष्ट्वा पूर्णं खमिव सततं सर्वभाण्डस्थमेकम्। नान्यत्कार्यं किमपि च ततः कारणाद्भिन्नरूपं निस्त्रैगुण्ये पथि विचरतः को विधिः को निषेधः ॥ ६७ ॥ हेम्नः कार्यं हुतवहगतं हेममेवेति यद्वत्क्षीरे क्षीरं समरसतया तोयमेवाम्बुमध्ये। एवं सर्वं समरसतया त्वंपदं तत्पदार्थे निस्त्रैगुण्ये पथि विचरतः को विधिः को निषेधः ॥ ६८ ॥ यस्मिन्विश्वं सकलभुवनं सामरस्यैकभूतमुर्वी ह्यापोऽनलमनिलखं जीवमेवं क्रमेण। यत्क्षाराब्धौ समरसतया सैन्ध-

१ पद्धतौ. २ स्वर्णद्याः. ३ पर्यङ्कः. ४ मृदु. ५ उल्लोचः. ६ स्वधृतिः स्वीयं धैर्यं तदेव वनिता स्त्री तस्याः सङ्गेन मुदितो हृष्टः सन्.

१ अयोध्यायाम्. २ भागीरथीतीरे. ३ उपधानम्.

वैकत्वभूतं निस्त्रैगुण्ये पथि विचरतः को विधिः को निषेधः ॥ ६९ ॥ यद्वन्नद्योदधिसमरसौ सागरत्वं ह्यवाप्तौ तद्वज्जीवालयपरिगतौ सामरस्यैकभूतौ । भेदातीतं परिलयगतं सच्चिदानन्दरूपं निस्त्रैगुण्ये पथि विचरतः को विधिः को निषेधः ॥ ७० ॥ दृष्ट्वा वेद्यं परमथ पदं स्वात्मबोधस्वरूपं बुद्ध्वात्मानं सकलवपुषामेकमन्तर्बहिस्थम् । भूत्वा नित्यं सदुदिततया स्वप्रकाशस्वरूपं निस्त्रैगुण्ये पथि विचरतः को विधिः को निषेधः ॥ ७१ ॥ कार्याकार्ये किमपि सततं नैव कर्तृत्वमस्ति जीवन्मुक्तस्थितिरवगतो दग्धवस्त्रावभासः । एवं देहे प्रविलयगते तिष्ठमानो विमुक्तो निस्त्रैगुण्ये पथि विचरतः को विधिः को निषेधः ॥ ७२ ॥ कस्मात्कोऽहं किमपि च भवान्कोऽयमत्र प्रपञ्चः स्वं स्वं वेद्यं गगनसदृशं पूर्णतत्त्वप्रकाशम् । आनन्दाख्यं समरसघने बाह्यमन्तर्विहीने निस्त्रैगुण्ये पथि विचरतः को विधिः को निषेधः ॥ ७३ ॥ किं कंदर्प करं कदर्थयसि रे कोदण्डटङ्कारितै रे रे कोकिल कोमलैः कलरवैः किं त्वं मुधा वल्गसि । मुग्धे स्निग्धविदग्धमुग्धमधुरैर्लोलैः कटाक्षैरलं चेतश्चुम्बितचन्द्रचूडचरणध्यानामृतं वर्तते ॥७४॥ मातर्मेदिनि तात मारुत सखे ज्योतिः सुबन्धो जल भ्रातर्व्योम निबद्ध एष भवतामन्त्यः प्रणामाञ्जलिः । युष्मत्सङ्गवशोपजातसुकृतोद्रेकः स्फुरन्निर्मलज्ञानापास्तसमस्तमोहमहिमा लीये परे ब्रह्मणि ॥ ७५ ॥ आशा नाम नदी मनोरथजला तृष्णातरङ्गाकुला रागग्राहवती वितर्कविहगा धैर्यद्रुमध्वंसिनी । मोहावर्तसुदुस्तरातिगहना प्रोत्तुङ्गचिन्तातटी तस्याः पारगता विशुद्धमनसो नन्दन्ति योगीश्वराः ॥ ७६ ॥ येषां वल्लभया सह क्षणमपि क्षिप्रं क्षपा क्षीयते तेषां शीतकरः शशी विरहिणामुल्केव संतापकृत् । अस्माकं तु न वल्लभा न विरहस्तेनोभयभ्रंशिनामिन्दू राजति दर्पणाकृतिरसौ नोष्णो न वा शीतलः ॥ ७७ ॥ धावन्तः प्रतिवासरं दिशि दिशि प्रत्याशया संपदां दृष्ट्वा कालवशेन हन्त पलितं कस्यापि दैवद्रुमम् । श्रावंश्रावमवज्ञयोपहसितं सर्वत्र भभोधमा जीवामः परमार्थशून्यहृदयास्तृप्ता मनोमोदकैः ॥७८॥ सन्त्येके धनलाभमात्रगहनव्यामोहसंमूर्च्छिताः केचिद्दैवतसुन्दरीस्तनपरीरम्भभ्रमव्याकुलाः । अन्तर्भूतसमस्ततत्त्वनिवहं चिन्मात्रशेषं शिवं दृष्ट्वा हृष्टतनूरुहाङ्कुरभराः कष्टं न शिष्टाः क्वचित् ॥ ७९ ॥ आदित्यस्य गतागतैरहरहः संक्षीयते जीवितं व्यापारैर्बहुकार्यभारगुरुभिः कालोऽपि न ज्ञायते । दृष्ट्वा जन्मजराविपत्तिमरणं त्रासश्च नोत्पद्यते पीत्वा मोहमयीं प्रमादमदिरामुन्मत्तभूतं जगत् ॥ ८० ॥ यत्रैकं श्रुतमक्षरं पशुपतेर्हेतुः श्रुतीनां कृतौ सद्यो रोहति चाष्टधा तनुभृतां यत्रैकमुद्यद्वपुः । यत्रैकाम्रनदीकणेऽपि विधृते सर्वैव सा धार्यते सा दृष्टाद्भुतवैभवा कविगिरां पारे हि वाराणसी ॥ ८१ ॥ आरम्भेरमदोन्नमत्कुचतटीकान्ताकरान्दोलितैः पुष्पाम्भोनिचितैरुशीररचितैः किं तालवृन्तैर्मम । अन्वानन्दवनं मुखं शिशयिषोरर्धप्रमीलद्दृशो यातायातपरिश्रमं शमयिता गङ्गातरङ्गानिलः ॥ ८२ ॥ एकद्वैः किमभावि सूरिभिरथ द्वित्राणि मित्राणि किं व्यापन्नानि गताश्च किं त्रिचतुरा घोरा महाव्याधयः । सप्ताष्टैरलमिष्टमेतदपि नश्वेतः क्षणान्पञ्चषान्स्वात्मन्येव रमस्व तेजसि गते कालेऽथ वा सर्वतः ॥ ८३ ॥ नित्यानित्यविचारणा प्रणयिनी वैराग्यमेकं सुहृन्मित्राण्येव यमादयः शमदमप्रायाः सखायो मताः । मैत्र्याद्याः परिचारिकाः सहचरी नित्यं मुमुक्षा बलादुच्छेद्या रिपवश्च मोहममतासंकल्पवैरादयः ॥ ८४ ॥ पुण्यैर्मूलफलैः प्रियप्रणयिनीं वृत्तिं कुरुष्वाधुना भूशय्यां नवपल्लवैः कुरु तृणैरुत्तिष्ठ यामो वने । क्षुद्राणामविवेकमूढमनसां यत्रेश्वराणां सदा वित्तव्याध्यविवेकसंकुलगिरां नामापि न श्रूयते ॥ ८५ ॥ भस्मोद्धूलन भद्रमस्तु भवते रुद्राक्षमाले शुभं हा सोपानपरम्परे गिरिसुताकान्तालयालंकृते । अद्याराधनतोषितेन विभुना युष्मत्सपर्यासुखालोकोच्छेदिनि मोक्षनामनि महामोहे निधीयामहे ॥ ८६ ॥ कृत्वा दीननिपीडनां निजजने बद्ध्वा वचोविग्रहं नैवालोच्य गरीयसीरपि चिरादामुष्मिकीर्यातनाः । द्रव्यौघाः परिसंचिताः खलु मया यस्याः कृते सांप्रतं नीवाराञ्जलिनापि केवलमहो सेयं कृतार्था तनुः ॥ ८७ ॥ रथ्यान्तश्चरतस्तथा धृतजरत्कन्थालवस्याध्वगैः सत्रासं च सकौतुकं च सदयं दृष्टस्य तैर्नागरैः । निर्व्याजीकृतचित्सुधारससुदा निद्रायमाणस्य मे निःशङ्कं करटः कदा करपुटीभिक्षां विलुण्ठिष्यति ॥ ८८ ॥ सौजन्याम्बुमरुस्थली सुचरितालेख्यद्युभित्तिर्गुणज्योत्स्नाकृष्णचतुर्दशी सरलतायोगश्वपुच्छच्छटा । यैरेषापि दुराशया कलियुगे राजावली सेविता तेषां शूलिनि भक्तिमात्रसुलभे सेवा कियत्कौशलम् ॥ ८९ ॥ भोगे रोगभयं कुले च्युतिभयं वित्ते नृपालाद्भयं माने दैन्यभयं बले रिपुभयं रूपे जराया भयम् । शास्त्रे वादभयं गुणे खलभयं काये कृतान्ताद्भयं सर्वं वस्तु भयान्वितं भुवि नृणां वैराग्यमेवाभयम् ॥ ९० ॥ शय्या शाद्वलमासनं शुचि

१ नक्रः. २ अम्भसां भ्रमः.

१ काकः.

शिला सद्म द्रुमाणामधः शीतं निर्झरवारि पानमशनं कन्दाः
सहाया मृगाः । इत्यप्रार्थितलभ्यसर्वविभवे दोषोऽयमेको
वने दुष्प्रापार्थिनि यत्परार्थघटनावन्ध्यैर्वृथा स्थीयते ॥९१॥
याच्ञाशून्यमयत्नलभ्यमशनं वायुः कृतो वेधसा व्यालानां
पशवस्तृणाङ्कुरभुजः सुस्थाः स्थलीशायिनः । संसारार्णव-
लङ्घनक्षमधियां वृत्तिः कृता सा नृणां यामन्वेषयतां प्रयान्ति
सततं सर्वे समाप्तिं गुणाः ॥ ९२ ॥ बीभत्सा विषया जुगु-
प्सिततमः कायो वयो गत्वरं प्रायो बन्धुभिरध्वनीव पथि-
कैर्योगो वियोगावहः । हातव्योऽयमसार एष विरसः संसार
इत्यादिकं सर्वस्यैव हि वाचि चेतसि पुनः कस्यापि पुण्या-
त्मनः ॥ ९३ ॥ पुत्रः स्यादिति दुःखितः सति सुते तस्या-
मये दुःखितस्तद्दुःखादिकमार्जने तदनये तन्मूर्खतादुःखितः ।
जातश्चेत्सगुणोऽथ तन्मृतिभयं तस्मिन्मृते दुःखितः पुत्रव्या-
जमुपागतो रिपुरयं मा कस्यचिज्जायताम् ॥ ९४ ॥ आ-
हारः फलमूलमात्मरचितं शय्या मही वल्कलं संवीताय
परिच्छदः कुशसमित्पुष्पाणि पुत्रा मृगाः । वस्त्रान्नाश्रयदान-
भोगविभवा निर्यन्त्रणाः शाखिनो मित्राणीत्यधिकं गृहेषु
गृहिणां किं नाम दुःखादृते ॥ ९५ ॥ सूक्तिं कर्णसुधां
व्यनक्तु सुजनस्तस्मिन्न मोदामहे भूतां वाचमसूयको विष-
मुचं तस्मिन्न खिद्यामहे । या यस्य प्रकृतिः स तां वितनुतां
किं नस्तया चिन्तया कुर्मस्तत्खलु कर्म जन्मनिगडच्छेदाय
यज्जायते ॥ ९६ ॥ यत्क्षान्तिः समये श्रुतिः शिवशिवे-
त्युक्तौ मनोनिर्वृतिर्भैक्षे चाभिरुचिर्धनेषु विरतिः शश्वत्स-
माधौ रतिः । एकान्ते वसतिर्गुरौ प्रतिनतिः सद्भिः समं
संगतिः सत्त्वे प्रीतिरनङ्गनिर्जितिरसौ सन्मुक्तिमार्गे स्थितिः
॥ ९७ ॥ संभोगाद्विषयामिषस्य परितः सौहित्यमस्ताखि-
लज्ञानोन्मेषतया कथं तव भवेदत्यास्पदं देहिनः । साध्यं
तद्धि तदेव साधनमितो व्यावृत्तिरेवामिषात्तस्मात् ज्योतिरुपैत्य-
निन्धनमिदं दोषत्रयं धक्ष्यति ॥ ९८ ॥ सत्यं वक्तुमशेष-
मस्ति सुलभा वाणी मनोहारिणी दातुं दानवरं शरण्यमभयं
स्वच्छं पितृभ्यो जलम् । पूजार्थे परमेश्वरस्य विमलः स्वा-
ध्याययज्ञः परं क्षुद्व्याधेः फलमूलमस्ति शमनं क्लेशात्मकैः
किं धनैः ॥ ९९ ॥ जिह्वे लोचन नासिके श्रवण हे त्वक्
चापि नो वार्यसे सर्वेभ्योऽस्तु नमः कृताञ्जलिरहं सप्रश्रयं
प्रार्थये । युष्माकं यदि संमतं तदधुना नात्मानमिच्छाम्यहं
होतुं भूमिभुजां निकारदहनज्वालाकराले गृहे ॥ १०० ॥
भिक्षाहारमदैन्यमप्रतिहतं भीतिच्छिदं सर्वदा दुर्मात्सर्यमदा-
भिमानमथनं दुःखौघविध्वंसनम् । सर्वत्रान्वहमप्रयत्नसुलभं
साधुप्रियं पावनं शंभोः सत्रमवार्यमक्षयनिधिं शंसन्ति यो-
गीश्वराः ॥ १०१ ॥ मातर्लक्ष्मि भजस्व कंचिदपरं मत्का-
ङ्क्षिणी मा स्म भूर्भोगेभ्यः स्पृहयालवो नहि वयं का नि-
स्पृहाणामसि । सद्यःस्यूतपलाशपत्रपुटके पात्रे पवित्रीकृते
भिक्षासक्तुभिरेव संप्रति वयं [1]वृत्तिं [2]समीहामहे ॥ १०२ ॥
धैर्यं यस्य पिता क्षमा च जननी शान्तिश्चिरं [3]गेहिनी सत्यं
[4]सूनुरयं दया च भगिनी भ्राता [5]मनःसंयमः । शय्या भू-
मितलं दिशोऽपि [6]वसनं ज्ञानामृतं भोजनमेते यस्य कुटु-
म्बिनो वद सखे कस्माद्भयं योगिनः ॥ १०३ ॥ संध्या-
वन्दन भद्रमस्तु भवते भो स्नान तुभ्यं नमो भो देवाः
पितरश्च तर्पणविधौ नाहं क्षमः क्षम्यताम् । यत्र क्वापि
निषद्य यादवकुलोत्तंसस्य कंसद्विषः स्मारं स्मारमघं हरामि
तदलं मन्ये किमन्येन मे ॥ १०४ ॥ एणाक्षीस्पृहयालुता
न कथमप्यास्ते विवेकोदयान्नित्यं प्रच्युतिशङ्कया क्षणमपि
स्वर्गे न मोदामहे । अप्यन्येषु विनाशिवस्तुविषयाभोगेषु
तृष्णा न मे स्वर्णद्याः पुलिने परं हरिपदध्यानं मनो वा-
ञ्छति ॥ १०५ ॥ जातोऽहं जनको ममैष जननी क्षेत्रं
कलत्रं कुलं पुत्रा मित्रमरातयो वसु बलं विद्या सुहृद्बा-
न्धवाः । चित्तस्पन्दितकल्पनामनुभवन्विद्वानविद्यामयीं नि-
द्रामेत्य विघूर्णितो बहुविधान्स्वप्नानिमान्पश्यति ॥ १०६ ॥
लाटीनेत्रपुटीपयोधरघटीक्रीडाकुटीदोस्तटीपाटीरद्रुमवर्णनेन
कविभिर्मूढैर्दिनं नीयते । गोविन्देति जनार्दनेति जगतां
नाथेति कृष्णेति च व्याहारैः समयस्तदेकमनसां पुंसामति-
क्रामति ॥ १०७ ॥ वेदस्याध्ययनं कृतं परिचितं शास्त्रं
पुराणं स्मृतं सर्वं व्यर्थमिदं पदं न कमलाकान्तस्य चेत्की-
र्तितम् । उत्खातं सदृशीकृतं विरचितः सेकोऽम्भसा भूयसा
सर्वं निष्फलमालवालवलये क्षिप्रं न बीजं यदि ॥ १०८ ॥
हेयं हर्म्यमिदं निकुञ्जभवनं [7]श्रेयं प्रदेयं धनं पेयं तीर्थपयो
हरेर्भगवतो गेयं पदाम्भोरुहम् । नेयं जन्म चिराय दर्भ-
शयने धर्मे निधेयं मनः स्थेयं तत्र सितासितस्य सविधे
ध्येयं पुराणं महः ॥ १०९ ॥ गङ्गोत्तुङ्गतरङ्गरिङ्गणलघूत्स-
र्पन्मरुच्छीतलान्गुञ्जन्षट्पदमञ्जुवञ्जुललसत्कुञ्जोपकण्ठान्मुदा ।
अध्यास्य प्रणिधाय मानसमहो शंभोः पदाम्भोरुहे धन्याः
प्राप्य परं पदं प्रतिदिनं नन्दन्ति योगं विना ॥ ११० ॥
कौपीनं शतखण्डजर्जरतरं कन्था पुनस्तादृशी निश्चिन्तं
सुखसाध्यभैक्ष्यमशनं शय्या श्मशाने वने । मित्रामित्रसमा-
नता पशुपतेश्चिन्ताथ शून्यालये स्वात्मानन्दमदप्रमोदमुदितो

१ उपजीवनम्. २ वाञ्छामहे. ३ गृहस्था पत्नी. ४ पुत्रः. ५ मनोनिग्रहः. ६ वस्त्रम्. ७ आश्रयणीयम्.

योगी सुखं तिष्ठति ॥ १११ ॥ धिग्धिक्तान्कृमिनिर्विशेषवपुषः स्फूर्जन्महासिद्धयो निष्पन्दीकृतशान्तयोऽपि च तमःकारागृहेष्वासते। तं विद्वांसमिह स्तुमः करपुटीभिक्षान्नशाकोऽपि वा बालावक्त्रसरोजिनीमधुनि वा यस्याविशेषो रसः ॥ ११२ ॥ पाणिः पात्रं पवित्रं भ्रमणपरिगतं भैक्ष्यमक्षय्यमन्नं वस्त्रं विस्तीर्णमाशादशकममलिनं तल्पमस्वल्पमुर्वी। येषां निःसङ्गताङ्गीकरणपरिचितिः स्वान्तसंतोषिणस्ते धन्याः संन्यस्तदैन्यव्यतिकरनिकराः कर्म निर्मूलयन्ति ॥ ११३ ॥ आशा निष्ठा प्रतिष्ठा मम किल महिलास्तासु सौख्यं कदा स्याद्या प्रान्त्या सा विदध्यादिह किमपि तथा मध्यमा सा परत्र। आद्या सा नोभयत्राप्यहह तदपि किं सक्ततां यामि तस्यां या प्रौढ्यादप्रगल्भे प्रतिदिवसमुभे ते कदर्थीकरोति ॥ ११४ ॥

विषयोपहासः ॥ नित्यमाचरतः शौचं कुर्वतः पितृतर्पणम्। यस्य नोद्विजते चेतः शास्त्रं तस्य करोति किम् ॥ ११५ ॥ कृमयो भस्म विष्ठा वा निष्ठा यस्येयमीदृशी। स कायः परतापाय युज्यतामिति को नयः ॥ ११६ ॥ रक्तमांसमयः कायः स्त्रीणां स्पर्शसुखाय नः। तमेवाश्नन्ति सिंहाद्या रम्यं नास्तीह वस्तुतः ॥ ११७ ॥ अङ्गमङ्गेन संपीड्य मांसं मांसेन तु स्त्रियः। पुराहमभवं प्रीतो यत्तन्मोहविजृम्भितम् ॥ ११८ ॥ उत्तानोच्छूनमण्डूकपाटितोदरसंनिभे। क्लेदिनि स्त्रीव्रणे सक्तिरकृमेः कस्य जायते ॥ ११९ ॥ दृष्ट्वैव विकृतं कायं वायुस्पर्शविवर्जितम्। ये तु निर्व्याजमासक्तास्तेभ्योऽपि बिभिमो वयम् ॥ १२० ॥ अन्यत्र भीष्माद्गाङ्गेयादन्यत्र च हनूमतः। हरिणीखुरमात्रेण चर्मणा मोहितं जगत् ॥ १२१ ॥ त्वङ्मांसरुधिरस्नायुमेदोमज्जास्थिसंहतौ। विण्मूत्रपूये रमतां कृमीणां कियदन्तरम् ॥ १२२ ॥ चर्मखण्डं द्विधाभिन्नमपानोद्गारधूपितम्। ये रमन्ते नरास्तत्र कृमितुल्याः कथं न ते ॥ १२३ ॥ सर्वाशुचिनिधानस्य कृतघ्नस्य[1] विनाशिनः। शरीरकस्यापि कृते मूढाः पापानि कुर्वते ॥ १२४ ॥ लालां वक्त्रासवं वेत्ति मांसपिण्डौ पयोधरौ। मांसास्थिकूटं जघनं जनः कामग्रहातुरः ॥ १२५ ॥ दाराः परिभवकारा बन्धुजनो बन्धनं विषं विषयाः। कोऽयं जनस्य मोहो ये रिपवस्तेषु सुहृदाशा ॥ १२६ ॥ केशः काशस्तबकविलासः कायः प्रकटितकरभविलासः। चक्षुर्दग्धवराटककल्पं त्यजति न चेतः काममनल्पम् ॥ १२७ ॥ आलोचनं च वचनं च निगूहनं च यासां स्मरन्नमृतवत्सरसं कृशस्त्वम्। तासां किमङ्ग पिशितास्रपुरीषपात्रं गात्रं स्मरन्मृगदृशां न निराकुलोऽसि ॥१२८॥ प्रादुर्भवन्ति वपुषः कति नाम कीटा यान्यत्नतः खलु तनोऽपसारयन्ति। मोहः क एष जगतो यदपत्यसंज्ञां तेषां विधाय परिशोषयति स्वदेहम् ॥ १२९ ॥ स्तनौ मांसग्रन्थी कनककलशावित्युपमितौ मुखं श्लेष्मागारं तदपि च शशाङ्केन तुलितम्। स्रवन्मूत्रक्लिन्नं करिवरकरस्पर्धि जघनं परं निन्द्यं रूपं कविजनविशेषैर्गुरु कृतम् ॥ १३० ॥ तृषा शुष्यत्यास्ये पिबति सलिलं स्वादु सुरभि क्षुधार्तः सञ्शालीन्कवलयति मांसाज्यकलितान्। प्रदीप्ते कामाग्नौ सुदृढतरमाश्लिष्यति वधूं प्रतीकारं व्याधः सुखमिति विपर्यस्यति जनः ॥ १३१ ॥ कृशः काणः खञ्जः श्रवणरहितः पुच्छविकलो व्रणी पूयक्लिन्नः कृमिकुलशतैराचिततनुः। क्षुधाक्षामो जीर्णः पिठरककपालावृतगलः शुनीमन्वेति श्वा हतमपि निहन्त्येव मदनः ॥ १३२ ॥ श्रियो दोलालोला विषयजरसाः प्रान्तविरसा विपद्गेहं देहं महदपि धनं भूरि निधनम्। बृहच्छोको लोकः सततमबला दुःखबहुलास्तथाप्यस्मिन्घोरे पथि बत रता हन्त कुधियः ॥ १३३ ॥ समाश्लिष्यत्युच्चैर्घनपिशित[2]पिण्डं स्तनधिया मुखं लालाक्लिन्नं पिबति चषकं सासवमिव[3]। अमेध्यक्लेदार्द्रे पथि च रमते स्पर्शरसिको महामोहान्धानां किमिव रमणीयं न भवति ॥ १३४ ॥ बाला मामियमिच्छतीन्दुवदना सानन्दमुद्वीक्षते नीलेन्दीवरलोचना पृथुकुचोत्पीडं परीरप्सते। का त्वामिच्छति का च पश्यति पशो मांसास्थिभिर्निर्मिता नारी वेद न किंचिदत्र स पुनः पश्यत्यमूर्तः पुमान् ॥ १३५ ॥ आस्यं यस्याः सुधांशुं कलयति नयनाभ्यां जितः पुंसमूहो कान्त्या विद्युत्कुचाभ्यां तरुणजलरुहे निर्जितेऽस्याः सुधांशुम्। कुष्ठं दुर्गन्धियुक्तं लघुकृमिविकृतं पूयमज्जास्रवाहिव्यासं तन्मक्षिकाभिर्गतिरिति वपुषः कुत्सिता नास्ति लोके ॥ १३६ ॥ क्वेतद्वक्त्रारविन्दं क्व तदधरमधु क्वायतास्ते कटाक्षाः क्वालापाः कोमलास्ते क्व च मदनधनुर्भङ्गुरो भ्रूविलासः। इत्थं खट्वाङ्गकोटौ प्रकटितदशनं मञ्जुगुञ्जत्समीरं रागान्धानामिवोच्चैरुपहसति महामोहजालं कपालम् ॥ १३७ ॥

गर्भवासप्रयुक्तं दुःखम् ॥ कृमिभिः[4] क्षतसर्वाङ्गः सौकुमार्यात्प्रतिक्षणम्। मूर्च्छामाप्नोत्युरुक्लेशो[5] गर्भस्थैः क्षुधितैर्भृशम् ॥ १३८ ॥ कटुतीक्ष्णोष्णलवणक्षाराम्लादिभिरुल्बणैः[6]। मातृभुक्तैरुपस्पृष्टः सर्वाङ्गोत्थितवेदनः ॥ १३९ ॥ उल्बेन[7] संवृतस्तस्मिन्नान्त्रैश्च[8] बहिरावृतः। आस्ते कृत्वा शिरः

१ उत्तमान्नपानादिकृतापकारनाशकस्य.

१ मांसपिण्डम्. २ पानपात्रम्. ३ मद्ययुक्तम्. ४ कीटकैः. ५ महाकष्टयुक्तः. ६ उत्कटैः. ७ जरायुणा. ८ न्यासः.

कुक्षौ भुग्नपृष्ठशिरोधरः ॥ १४० ॥ [1]अकल्पः [2]स्वाङ्गचेष्टायां [3]शकुन्त इव पञ्जरे । [4]अनुच्छ्वसन्[5]स्मरन्पूर्वं गर्भे किं नाम विन्दते ॥ १४१ ॥ [6]निःसृतोऽहं करिष्यामि सुकृतानीति चिन्तयन् । मेदोसृग्दि[7]ग्धसर्वाङ्गो [8]जरायुपुटसंवृतः ॥ १४२ ॥ [9]निष्क्रामन्[10]भृशदुःखार्तो [11]रुदन्नुच्चैरधोमुखः । यन्त्रादिव विनिर्मुक्तः पतत्यु[12]त्तानशाय्यथ ॥ १४३ ॥

अनित्यतानिरूपणम् ॥ एता याः प्रेक्षसे लक्ष्मीश्छत्रचामरचञ्चलाः । स्वप्न एष महाबुद्धे दिनानि त्रीणि पञ्च वा ॥ १४४ ॥ एकेऽद्य प्रातरपरे पश्चादन्ये पुनः परे । सर्वे निःसीम्नि संसारे यान्ति कः केन शोच्यते ॥ १४५ ॥ येषां निमेषोन्मेषाभ्यां जगतां प्रलयोदयौ । तादृशाः पुरुषा याता मादृशां गणनैव का ॥ १४६ ॥ गलितानीन्द्रलक्षाणि बुद्बुदानीव वारिणि । मां जीवितनिबद्धाशं विहसिष्यन्ति साधवः ॥ १४७ ॥ संसाररात्रिदुःस्वप्ने शून्ये देहमये भ्रमे । आस्थां चेदनुबध्नामि तन्मूर्खो नास्ति मत्परः ॥ १४८ ॥ येषु येषु दृढं बद्धा भावना दृष्टवस्तुषु । तानि तानि विनष्टानि दृष्टानि किमिहोत्तमम् ॥ १४९ ॥ यन्मध्ये यच्च पर्यन्ते यदापाते मनोरमम् । सर्वमेवापवित्रं तद्विनाशामेध्यदूषितम् ॥ १५० ॥ नीलोत्पलाभनयनाः परमप्रेमभूषणम् । हासायैव विलासिन्यः क्षणभङ्गितया स्थिताः ॥ १५१ ॥ गन्धर्वनगराकारः संसारः क्षणभङ्गुरः । मनसो वासनैवेयमुभयोर्भेदसाधनम् ॥ १५२ ॥ गतेनापि न संबन्धो न सुखेन भविष्यता । वर्तमानं क्षणातीतं संगतिः कस्य केन वा ॥ १५३ ॥ पृथिवी दह्यते यत्र मेरुश्चापि विशीर्यते । सुशोषं सागरजलं शरीरे तत्र का कथा ॥ १५४ ॥ इदं युगसहस्रस्य भविष्यदभवद्दिनम् । तदप्यद्यत्वमापन्नं का कथा मरणावधेः ॥ १५५ ॥ लब्धास्त्यक्ताश्च संसारे यावन्तो बान्धवास्त्वया । न सन्ति खलु तावन्त्यो गङ्गायामपि वालुकाः ॥ १५६ ॥ आसन्नतामेति मृत्युरायुर्याति दिने दिने । आघातं नीयमानस्य वध्यस्येव पदे पदे ॥ १५७ ॥ अव्यक्तादीनि भूतानि व्यक्तमध्यानि भारत । अव्यक्तनिधनान्येव तत्र का परिदेवना ॥ १५८ ॥ एकसार्थप्रयातानां सर्वेषां तत्र गामिनाम् । यद्येकस्त्वरितं यातस्तत्र का परिदेवना ॥ १५९ ॥

१ असमर्थः. २ चलनादिव्यापारे. ३ पक्षीव. ४ उच्छ्वासं त्यक्तुमशक्तः. ५ प्राचीनं कर्म. ६ गर्भाशयाच्च्युतः. ७ मेदोरक्तलिप्तसर्वाङ्गः. ८ जरायुकोशव्याप्तः. ९ बहिर्निःसरन्. १० निःसरणकालेऽत्यन्तदुःखयुक्तः. ११ उच्चस्वरेण रोदनं कुर्वन्. १२ उत्तानं शेतेऽसौ.

सत्यं मनोरमा रामाः सत्यं रम्या विभूतयः । किंतु मत्ताङ्गनापाङ्गभङ्गलोलं हि जीवितम् ॥ १६० ॥ मातापितृसहस्राणि पुत्रदारशतानि च । तवानन्तानि यातानि कस्य ते कस्य वा भवान् ॥ १६१ ॥ सर्वे क्षयान्ता निचयाः पतनान्ताः समुच्छ्रयाः । संयोगा विप्रयोगान्ता मरणान्तं हि जीवितम् ॥ १६२ ॥ बिडालभक्षिते दुःखं यादृशं गृहकुक्कुटे । न तादृङ्ममताशून्ये कलविङ्केऽथ मूषके ॥ १६३ ॥ शरदम्बुधरच्छायागत्वर्यो यौवनश्रियः । आपातरम्या विषयाः पर्यन्तपरितापिनः ॥ १६४ ॥ अन्तकः पर्यवस्थाता जन्मिनः संततापदः । इति त्याज्ये भवे भव्यो मुक्तावुत्तिष्ठते जनः ॥ १६५ ॥ न्यस्तं यथा मूर्ध्नि मुदात्ति मेषो यवाक्षताद्यं बलिकल्पितः सन् । मृत्युं समीपस्थितमप्यजानन्भुनक्ति मर्त्यो विषयांस्तथैव ॥ १६६ ॥ नन्दन्ति मन्दाः श्रियमाप्य नित्यं परं विषीदन्ति विपद्गृहीताः । विवेकदृष्ट्या चरतां नराणां श्रियो न किंचिद्विपदो न किंचित् ॥ १६७ ॥ हरिष्यमाणो बहुधा परस्वं करिष्यमाणः सुतसंपदादि । धरिष्यमाणोऽरिशिरःसु पाद न स्वं मरिष्यन्तमवैति कोऽपि ॥ १६८ ॥ उत्तुङ्गवातायनगोपुराणि गृहाणि वित्तानि दुरर्जितानि । क्षणादधःपातकराणि हन्त चितातिथेरस्य निरर्थकानि ॥ १६९ ॥ मरणं प्रकृतिः शरीरिणां विकृतिर्जीवनमुच्यते बुधैः । क्षणमप्यवतिष्ठते श्वसन्यदि जन्तुर्ननु लाभवानसौ ॥ १७० ॥ क्षिपसि शुकं वृषदंशकरदने मृगमर्पयसि मृगादनवदने । वितरसि तुरगं महिषविषाणे विदधच्चेतो भोगवितान े ॥ १७१ ॥ नलिनीदलगतजलमतितरलं तद्वज्जीवितमतिशयचपलम् । विद्धि व्याधिव्यालग्रस्तं लोकं शोकहतं च समस्तम् ॥ १७२ ॥ अष्टकुलाचलसप्तसमुद्रा ब्रह्मपुरंदरदिनकररुद्राः । न त्वं नाहं नायं लोकस्तदपि किमर्थं क्रियते शोकः ॥ १७३ ॥ चेतोहरा युवतयः स्वजनोऽनुकूलः सद्बान्धवाः प्रणतिगर्भगिरश्च भृत्याः । गर्जन्ति दन्तिनिवहास्तरलास्तुरङ्गाः संमीलने नयनयोर्नहि किंचिदस्ति ॥ १७४ ॥ मित्रं कलत्रमितरः परिवारलोको योगैकसाधनमिमाः किल संपदो नः । एकः क्षणः स तु भविष्यति यत्र भूयो नायं न यूयमितरे न वयं न चैते ॥ १७५ ॥ अहमिह कृतविद्यो वेदिता सत्कलानां धनपतिरहमेको रूपलावण्ययुक्तः । इति कृतगुणगर्वः खिद्यते किं जनोऽयं कतिपयदिनमध्ये सर्वमेतन्न किंचित् ॥ १७६ ॥ वयं येभ्यो जाताश्चिरतरगता एव खलु ते समं यैः संवृद्धाः स्मरणपदवीं तेऽपि गमिताः । इदानीमेते स्मः प्रतिदिवसमासन्न-

१ हर्षेण भक्षयति.

पतना गतास्तुल्यावस्थां सिकतिलनदीतीररुमिः ॥ १७७॥ यदस्माभिर्दृष्टं क्षणिकमभवत्स्वप्नमिव तत्कियन्तो भावाः स्युः स्मरणविषयादप्यवगताः। अहो पश्यन्पश्यन्स्वजनमखिलं यान्तमनिशं हतव्रीडं चेतस्तदपि न भवेत्सङ्गरहितम् ॥ १७८ ॥ अमीषां जन्तूनां कतिपयनिमेषस्थितिजुषां वियोगे धीराणां क इह परितापस्य विषयः। क्षणादुत्पद्यन्ते विलयमपि यान्ति क्षणममी न केऽपि स्थातारः सुरगिरिपयोधिप्रभृतयः ॥ १७९ ॥ आयुर्वर्षशतं नृणां परिमितं रात्रौ तदर्धं गतं तस्यार्धस्य परस्य चार्धमपरं बालत्ववृद्धत्वयोः। शेषं व्याधिवियोगदुःखसहितं सेवादिभिर्नीयते जीवे वारितरङ्गबुद्बुदसमे सौख्यं कुतः प्राणिनाम् ॥ १८०॥ रम्यं हर्म्यतलं न किं वसतये श्रव्यं न गेयादिकं किंवा प्राणतमासमागमसुखं नैवाधिकं प्रीतये। किं तूद्भ्रान्तपतत्पतङ्गपवनव्यालोलदीपाङ्कुरच्छायाचञ्चलमाकलय्य सकलं सन्तो वनान्तं गताः ॥ १८१ ॥ भूत्वा कल्पशतायुषोऽण्डजभुवः सेन्द्राश्च देवासुरा मन्वाद्या मुनयो महीजलधयो नष्टाः पराः कोटयः। मोहः कोऽयमहो महानुदयते लोकस्य शोकावहो बन्धोः फेनसमे गते वपुषि यत्पञ्चात्मके पञ्चताम् ॥ १८२ ॥ आक्रान्तं मरणेन जन्म जरया यात्युल्बणं[1] यौवनं संतोषो धनलिप्सया शमसुखं[2] प्रौढाङ्गनाविभ्रमैः[3]। लोकैर्मत्सरिभिर्गुणा वनभुवो व्यालैर्नृपा दुर्जनैरस्थैर्येण विपत्तयोऽप्युपहता ग्रस्तं न किं केन वा ॥ १८३ ॥ आधिव्याधिशतैर्जनस्य विविधैरारोग्यमुन्मूल्यते लक्ष्मीर्यत्र पतन्ति तत्र विवृतद्वारा इव व्यापदः[4]। जातं जातमवश्यमाशु विवशं[5] मृत्युः[6] करोत्यात्मसात्[7]तत्किं तेन निरङ्कुशेन[8] विधिना यन्निर्मितं सुस्थिरम् ॥ १८४ ॥ भोगास्तुङ्गतरङ्गभङ्गचपलाः[9] प्राणाः क्षणध्वंसिनः स्तोकान्येव[10] दिनानि यौवनसुखं स्फूर्तिः क्रियास्वस्थिरा। तत्संसारमसारमेव निखिलं बुद्ध्वा बुधा बोधका लोकानुग्रहपेशलेन[11] मनसा यत्नः समाधीयताम् ॥ १८५ ॥ भोगा मेघवितानमध्यविलसत्सौदामिनीचञ्चला आयुर्वायुविघट्टिताभ्रपटलीलीनाम्बुवद्भङ्गुरम्। लोला यौवनलालसास्तनुभृतामित्याकलय्य द्रुतं योगे धैर्यसमाधिसिद्धिसुलभे बुद्धिं विदध्वं बुधाः ॥ १८६ ॥ साक्षात्प्रेमावतारः कमलदलदृशो दिक्षु लक्ष्मीरनन्ताः सत्पुत्राः सन्ति मित्राण्यपि विषमविपत्संविभागी कुटुम्बः। एतत्सर्वं हि तावत्सुकृतविलसितं दृश्यमानं मनोज्ञं यच्चैतत्क्षिप्रनाशप्रणयि बत मनाङ्म्लायते तेन चेतः ॥ १८७ ॥ आयुः कल्लोललोलं कतिपयदिवसस्थायिनी यौवनश्रीरर्थाः संकल्पकल्पा[1] घनसमयतडिद्विभ्रमा[2] भोगपूगाः। कण्ठाश्लेषोपगूढं तदपि च न चिरं यत्प्रियाभिः[3] प्रणीतं ब्रह्मण्यासक्तचित्ता भवत भवभयाम्भोधिपारं तरीतुम् ॥ १८८ ॥

कालचरितम् ॥ मातुलो यस्य गोविन्दः पिता यस्य धनंजयः। सोऽपि कालवशं प्राप्तः कालो हि दुरतिक्रमः ॥ १८९ ॥ पुरंदरसहस्राणि चक्रवर्तिशतानि च। निर्वापितानि कालेन प्रदीपा इव वायुना ॥ १९० ॥ अद्यैव हसितं गीतं पठितं यैः शरीरिभिः। अद्यैव ते न दृश्यन्ते कष्टं कालस्य चेष्टितम् ॥ १९१ ॥ म्रियमाणं मृतं बन्धुं शोचन्ति परिदेविनः। आत्मानं नानुशोचन्ति कालेन कवलीकृतम् ॥ १९२ ॥ ब्रह्मा विष्णुदिने याति विष्णू रुद्रस्य वासरे। ईश्वरस्य तथा सोऽपि कः कालं लङ्घितुं क्षमः ॥ १९३ ॥ अप्सु प्लवन्ते[4] पाषाणा मानुषा घ्नन्ति राक्षसान्। कपयः कर्म कुर्वन्ति कालस्य कुटिला गतिः ॥ १९४ ॥ अशनं[5] मे वसनं[6] मे जाया मे बन्धुवर्गो मे। इति मेमेकुर्वाणं कालवृको[7] हन्ति पुरुषाजम्[8] ॥ १९५ ॥ प्राप्ता जरा यौवनमप्यतीतं बुधा यतध्वं परमार्थसिद्ध्यै। आयुर्गतप्रायमिदं यतोऽसौ विश्राम्य विश्राम्य न याति कालः॥१९६॥ भगीरथाद्याः सगरः ककुत्स्थो दशाननो राघवलक्ष्मणौ च। युधिष्ठिराद्याश्च बभूवुरेते सत्यं क्व याता बत ते नरेन्द्राः ॥ १९७॥ आराध्य भूपतिमवाप्य ततो धनानि भुञ्जामहे वयमिह प्रसभं सुखानि। इत्याशया बत विमोहितमानसानां कालो जगाम मरणावधिरेव पुंसाम् ॥ १९८ ॥ यत्रानेके क्वचिदपि गृहे तत्र तिष्ठत्यथैको यत्राप्येकस्तदनु बहवस्तत्र नैकोऽपि चान्ते। इत्थं चेमौ रजनिदिवसौ दोलयन्द्वाविवाक्षौ[9] कालः काल्या भुवनफलके[10] क्रीडति प्राणिसारैः[11] ॥ १९९ ॥ भ्रातः कष्टमहो महान्स नृपतिः सामन्तचक्रं[12] च तत्पार्श्वे सा च विदग्धराजपरिषत्[13] ताश्चन्द्रबिम्बाननाः। उद्वृत्तः स च राजपुत्रनिवहस्ते बन्दिनस्ताः[14] कथाः सर्वं यस्य वशादगात्स्मृतिपथं कालाय तस्मै नमः ॥ २०० ॥ कांश्चित्कल्पशतं कृतस्थितिचयान्कांश्चिद्युगानां शतं कांश्चि-

१ उच्छ्रितम्. २ शान्तिसुखम्. ३ विलासैः. ४ विपत्तयः. ५ पराधीनम्. ६ कालः. ७ आत्माधीनम्. ८ स्वतन्त्रेण. ९ तुङ्गा उच्चा ये तरङ्गा ऊर्मयस्तेषां भङ्गस्तद्वच्चपलाः. १० अल्पानि. ११ मृदुलेन.

१ संकल्पतुल्याः. २ वर्षाकालविद्युद्विलासाः. अतिचञ्चला इत्यर्थः. ३ कान्ताभिः. ४ तरन्ति. ५ भोजनम्. ६ वस्त्रम्. ७ काल एव वृकः. ८ पुरुष एवाजः. ९ पाशौ. १० भुवनमेव फलकः सारिपटस्तस्मिन्. ११ प्राणिन एव सारास्तैः. १२ माण्डलिकमण्डलम्. १३ चतुरसभा. १४ स्तुतिपाठकाः.

दूर्षशतं तथा कतिपयाञ्जन्तून्दिनानां शतम् । तांस्तान्कर्मभिरात्मनः प्रतिदिनं संक्षीयमाणायुषः कालोऽयं कवलीकरोति सकलान्भ्रातः कुतः कौशलम् ॥ २०१ ॥ कालेन क्षितिवारिवह्निपवनव्योमादियुक्तं जगद्ब्रह्माद्याश्च सुराः प्रयान्ति विलयं विद्मो विचारादिति । पश्यामोऽपि विनश्यतोऽनवरतं लोकाननेकान्मुधा माया मोहमयीं भवप्रणयिनीं नास्थां जहीमो वयम् ॥ २०२ ॥ [1]व्योमैकान्तविहारिणोऽपि [2]विहंगाः संप्राप्नुवन्त्या[3]पदं बध्यन्ते नि[4]पुणैरगाधसलिलान्मत्स्याः समुद्रादपि । दुर्नीतं किमिहास्ति किं सुचरितं कः स्थानलाभे गुणः कालो हि व्यसनप्रसारितकरो गृह्णाति दूरादपि ॥ २०३ ॥ मान्धाता स महीपतिः क्षितितलेऽलंकारभूतो गतः सेतुर्येन महोदधौ विरचितः क्वासौ दशास्यान्तकः । अन्ये चापि युधिष्ठिरप्रभृतयो यावन्त एवाभवन्नैकेनापि समं गता वसुमती मुञ्ज त्वया यास्यति ॥ २०४ ॥

पश्चात्तापः ॥ जन्मैव [5]व्यर्थतां नीतं भवभोगप्रलोभिना । काचमूल्येन विक्रीतो [6]हन्त [7]चिन्तामणिर्मया ॥ २०५ ॥ तरत्तरलतृष्णेन किमिवाब्धिन्धरातले । मया न कृतमज्ञेन पश्चात्तापाभिवृद्धये ॥ २०६ ॥ यातं यौवनमधुना वनमधुना शरणमेकमस्माकम् । स्फुरदुरुहारमणीनां हा रमणीनां गतः कालः ॥ २०७ ॥ धनवानिति हि मदो मे किं गतविभवो विषादमुपयामि । करनिहतकन्दुकसमाः पातोत्पाता मनुष्याणाम् ॥ २०८ ॥ भोगा न भुक्ता वयमेव भुक्तास्तपो न तप्तं वयमेव तप्ताः । कालो न यातो वयमेव यातास्तृष्णा न जीर्णा वयमेव जीर्णाः ॥ २०९ ॥ पुनः प्रभातं पुनरेव शर्वरी पुनः शशाङ्कः पुनरुद्यतो रविः । कालस्य किं गच्छति याति यौवनं तथापि लोकः कथितं न बुध्यते ॥ २१० ॥ न चाराधि राधाधवो माधवो वा न वापूजि पुष्पादिभिश्चन्द्रचूडः । परेषां धने धन्धने नीतकालो दयालो यमालोकने कः प्रकारः ॥ २११ ॥ न चाकारि-कामारिकंसारिसेवा न वा स्वेष्टमाचेष्टितं हन्त किंचित् । मनः प्रेयसीरूपपङ्के निमग्नं किमन्ते कृतान्ते मयावेदनीयम् ॥ २१२ ॥ [8]चित्तभूवित्तभूमत्तभूपालकोपासनावासनायासनानाभ्रमैः । साधुता सा धुता [9]सांधिता साधिता किं तया चिन्तया चिन्तयामः शिवम् ॥ २१३ ॥ अजानन्दाहार्तिं पतति शलभस्तीव्रदहने न मीनोऽपि ज्ञात्वा बडिशयुतमश्नाति पिशितम् । विजानन्तोऽप्येते वयमिह विपज्जालजटिलान्न मुञ्चामः कामानहह गहनो मोहमहिमा ॥ २१४ ॥ चिरं ध्याता [1]रामा क्षणमपि न [2]रामप्रतिकृतिः परं पीतं रामाधरमधु न [3]रामाङ्घ्रिसलिलम् । नता रुष्टा रामा यदरचि न रामाय वि[4]नतिर्गतं मे जन्माग्र्यं न [5]दशरथजन्मा परिगतः ॥ २१५ ॥ कुचौ तु परिचर्चितौ परिचितं चिरं चन्दनं कृताः परमुरोजयोः परिसरेऽरविन्दश्रियः । स्तुतिर्नतिरपि स्मृतिर्वरतनोः कृतैवादरादिदं तु निखिलं मया विरचितं पुनर्नेश्वरे ॥ २१६ ॥ नाभ्यस्ता भुवि वादिवृन्ददमनी विद्या विनीतोचिता खड्गाग्रैः करिकुम्भपीठदलनैर्नाकं न नीतं यशः । कान्ताकोमलपल्लवाधररसः पीतो न चन्द्रोदये तारुण्यं गतमेव निष्फलमहो शून्यालये दीपवत् ॥ २१७ ॥ न ध्यातं पदमीश्वरस्य विधिवत्संसारवि[7]च्छित्तये [6]स्वर्गद्वारकपाटपाटनपटुर्धर्मोऽपि नोपार्जितः । नारीपीनपयोधरोरुयुगलं स्वप्नेऽपि नालिङ्गितं मातुः केवलमेव यौवनवनच्छेदे [8]कुठारा वयम् ॥ २१८ ॥ क्षान्तं न क्षमया गृहोचितसुखं त्यक्तं न संतोषतः सोढा दुःसहशीतवाततपनक्लेशा न तप्तं तपः । ध्यातं वित्तमहर्निशं नियमितप्राणैर्न शंभोः पदं तत्तत्कर्म कृतं यदेव मुनिभिस्तैस्तैः फलैर्वञ्चितम् ॥ २१९ ॥ धन्यानां गिरिकन्दरे निवसतां ज्योतिः परं ध्यायतामानन्दाश्रुजलं पिबन्ति शकुना निःशङ्कमङ्केशयाः । अस्माकं तु मनोरथोपरचितप्रासादवापीतटक्रीडाकाननकेलिकौतुकजुषामायुः परं क्षीयते ॥ २२० ॥ सद्योद्भावितदैवतैर्न विधिवद्दासीकृताः सिद्धयो योगाभ्याससमाहितैरनुदिनं तीर्णो न मोहार्णवः । क्षुभ्यत्क्षुद्रनरेन्द्रदत्तविगलत्संपल्लवोल्लासितैर्धिङ्मूढैरिव पण्डितैरपि बलात्कालः कथं नीयते ॥ २२१ ॥ धावित्वा सुसमाहितेन मनसा दूराच्छिरो नामितं भूपानां प्रतिशब्दकैरिव चिरं प्रोद्घुष्टमिष्टं वचः । द्वाराध्यक्षनियन्त्रणापरिभवप्रम्लानवक्त्रैः स्थितं भ्रातः किं करवाम मुञ्चति मनो नाद्याप्यविद्याग्रहम् ॥ २२२ ॥ नो धर्माय ततो न तत्र निरता नार्थाय येनेदृशाः कामोऽप्यर्थवतां तदर्थमपि नो मोक्षः क्वचित्कस्यचित् । तत्के नाम वयं वृथैव घटिता ज्ञातं पुनः कारणं जीवन्तोऽपि मृता इति प्रवदतां शब्दार्थसंसिद्धये

१ केवलमाकाशसंचारिणः. २ पक्षिणः. ३ विपत्तिम्. ४ कुशलैः. ५ निष्फलत्वम्. ६ हन्तेति खेदे. ७ रत्नविशेषः. ८ चित्तभूः कामः. वित्तभूर्मदः, ताभ्यां मत्तो यो भूपालकस्तस्योपासनायां वासना तया आयासस्ततो ये नाना भ्रमास्तैः. ९ आधिसहितत्वम्.

१ स्त्री. २ राममूर्तिः. ३ रामपादोदकम्. ४ नमस्कारः. ५ दशरथाज्जन्म यस्य स रामः. ६ स्वर्गम्. ७ छेदनाय. ८ परश्वधाः.

॥ २२३ ॥ ब्रह्मज्ञानविवेकिनोऽमलधियः कुर्वन्त्यहो दुष्करं यन्मुञ्चन्त्युपभोगवन्त्यपि धनान्येकान्ततो निःस्पृहाः । न प्राप्तानि पुरा न संप्रति न च प्राप्तौ दृढप्रत्ययो वाञ्छामात्रपरिग्रहाण्यपि परित्यक्तुं न शक्ता वयम् ॥ २२४ ॥ विद्या नाधिगता कलङ्करहिता वित्तं च नोपार्जितं शुश्रूषापि समाहितेन मनसा पित्रोर्न संपादिता । आलोलायतलोचना युवतयः स्वप्नेऽपि नालिङ्गिताः कालोऽयं परपिण्डलोलुपतया काकैरिव प्रेरितः ॥ २२५ ॥ दन्तैः प्रस्थितमग्रतस्तदनु भोः शौक्ल्यं धृतं मूर्धजैः कर्णाभ्यामपि वाग्विलासरचना कष्टात्समाकर्ण्यते । नेत्राभ्यामपि चापलं युवतिषु त्यक्तं गतं यौवनं सार्थेऽस्मिंश्चलिते कथं पुनरहं यातास्मि तच्चिन्तये ॥ २२६ ॥ रात्रिः सैव पुनः स एव दिवसो मत्वा मुधा जन्तवो धावन्त्युद्यमिनस्तथैव निभृतप्रारब्धतत्तत्क्रियाः । व्यापारैः पुनरुक्तभुक्तविषयैरेवंविधेनामुना संसारेण कदर्थिताः कथमहो मोहान्न लज्जामहे ॥ २२७ ॥ कृत्वा शस्त्रविभीषिकां कतिपयग्रामेषु दीनाः प्रजा मश्नन्तो विटजल्पितैरुपहताः क्षोणीभुजस्ते किल । विद्वांसोऽपि वयं किल त्रिजगतीसर्गस्थितिव्यापदामीशस्तत्परिचर्यया न गणितो यैरेष नारायणः ॥ २२८ ॥ क्षोणीपर्यटनं श्रमाय विदुषां वादाय विद्यार्जिता मानध्वंसनहेतवे परिचितास्ते ते धराधीश्वराः । विश्लेषाय सरोजसुन्दरदृशामास्ये कृता दृष्टयः कुज्ञानेन मया प्रयागनगरे नाराधि नारायणः ॥ २२९ ॥ देशे देशे दुराशाकवलितहृदयो निष्कृपाणां नृपाणां धावंधावं पुरस्तादतिकुमतिरहं जन्म संपादयामि । आधायाधाय राधाधव तव चरणाम्भोजमन्तः समाधावन्येऽरण्येऽतिपुण्ये पुलकितवपुषो वासरान्दाहयन्ति ॥ २३० ॥

विचारः ॥ मृत्योर्बिभेषि किं मूढ भीतं मुञ्चति किं यमः । अजातं नैव गृह्णाति कुरु यत्नमजन्मनि ॥ २३१ ॥ अधीत्य चतुरो वेदान्व्याकृत्याष्टादश स्मृतीः । अहो श्रमस्य वैफल्यमात्मापि कलितो न चेत् ॥ २३२ ॥ आदरेण यथा स्तौति धनवन्तं धनेच्छया । तथा चेद्विश्वकर्तारं को न मुच्येत बन्धनात् ॥ २३३ ॥ स्वमस्तकसमारूढं मृत्युं पश्येज्जनो यदि । आहारोऽपि न रोचेत किमुतान्या विभूतयः ॥ २३४ ॥ विवेक एव व्यसनं पुंसां क्षपयितुं क्षमः । अपहर्तुं समर्थोऽसौ रविरेव निशातमः ॥ २३५ ॥ यस्मिन्वस्तुनि ममता मम तापस्तत्र तत्रैव । यत्रैवाहमुदासे तत्र मुदासे स्वभावसंतुष्टः ॥ २३६ ॥ मुण्डी जटी वल्कलवांस्त्रिण्डडी कषायवासा व्रतकर्शिताङ्गः । त्यक्तैहिको वा यदि नाप्ततत्त्वस्तदा तु तस्योभयमेव नष्टम् ॥ २३७ ॥ जडास्तपोभिः शमयन्ति देहं बुधा मनश्चापि विकारहेतुम् । श्वा मुक्तमस्त्रं दशतीति कोपात्क्षेप्तारमुद्दिश्य हिनस्ति सिंहः ॥ २३८ ॥ किं ते धनैर्बन्धुभिरेव वा किं दारैश्च किं ब्राह्मण यो मरिष्यति । आत्मानमन्विच्छ गुहां प्रविष्टं पितामहास्ते क्व गताः पिता च ॥ २३९ ॥ धर्मं प्रसङ्गादपि नाचरन्ति पापं प्रयत्नेन समाचरन्ति । आश्चर्यमेतद्धि मनुष्यलोकेऽमृतं परित्यज्य विषं पिबन्ति ॥ २४० ॥ बालिकारचितवस्त्रपुत्रिकाक्रीडनेन सदृशं सुरार्चनम् । यत्र शाम्यति मनो न निश्चलं स्फीतवज्जलधिमज्जनामलम् ॥२४१॥ केचिद्वदन्ति धनहीनजनो जघन्यः केचिद्वदन्ति गुणहीनजनो जघन्यः । व्यासो वदत्यखिलवेदविशेषविज्ञो नारायणस्मरणहीनजनो जघन्यः ॥ २४२ ॥ भिक्षाशनं भवनमायतनैकदेशः शय्या भुवः परिजनो निजदेहभारः । वासश्च जीर्णपटखण्डनिबद्धकन्था हा हा तथापि विषयान्न जहाति चेतः ॥ २४३ ॥ केनाप्यनर्थरुचिना कपटं प्रयुक्तमेतत्सुहृत्तनयबन्धुमयं विचित्रम् । कस्यात्र कः परिजनः स्वजनो जनो वा स्वप्नेन्द्रजालसदृशः खलु जीवलोकः ॥ २४४ ॥ अग्रे गीतं सरसकवयः पार्श्वतो दाक्षिणात्याः पृष्ठे लीलावलयरणितं चामरग्राहिणीनाम् । यद्यस्त्येवं कुरु भवरसास्वादने लम्पटत्वं नो चेच्चेतः प्रविश सहसा निर्विकल्पे समाधौ ॥ २४५ ॥ यदासीदज्ञानं स्मरतिमिरसंस्कारजनितं तदा दृष्टं नारीमयमखिलमेतज्जगदिति । इदानीमस्माकं पटुतरविवेकाञ्जनजुषां समीभूता दृष्टिस्त्रिभुवनमपि ब्रह्म मनुते ॥ २४६ ॥ परिच्छेदातीतः सकलवचनानामविषयः पुनर्जन्मन्यस्मिन्ननुभवपथं यो न गतवान् । विवेकप्रध्वंसादुपचितमहामोहगहनो विकारः कोऽप्यन्तर्जडयति च तापं च कुरुते ॥ २४७ ॥ विशीर्णः प्रारम्भो वपुरपि जराव्याधिविधुरं गतं दूरे विप्रस्वजनभरणं वाञ्छितमपि । इदानीं व्यामोहादहह विपरीते हतविधौ विधेयं यत्तत्त्वं स्फुरति मम नाद्यापि हृदये ॥ २४८ ॥ शुचां पात्रं धात्री परिणतिरमेध्यप्रचयभूरयं भूतावासो विमृश कियतीं याति न दशाम् । तदस्मिन्धीराणां क्षणमपि किमास्थातुमुचितं खलीकारः कोऽयं यदहमहमेवेति रभसः ॥ २४९ ॥ यदा पूर्वं नासीदुपरि च तथा नैव भविता तदा मध्यावस्थाक्षणपरिचयो भूतनिचयः । अतः संयोगेऽस्मिन्परिणतिवियोगे च सहजे

१ ब्रह्मज्ञानविचारेण शुद्धान्तःकरणाः. २ दुःखेन कर्तुमशक्यम्. ३ स्वभावतः, नैरन्तर्येणेति वा. ४ निरिच्छाः. ५ संपादिता. ६ स्वस्थेन. ७ माता च पिता च पितरौ तयोः. ८ उदासीनो भवामि.

१ हर्षेण तिष्ठामि.

किमाधारः प्रेमा किमधिकरणाः सन्तु च शुचः ॥ २५० ॥ स्थिरापायः कामः प्रणयिषु सुखं स्थैर्यविमुखं महाभोगा रोगाः कुवलयदृशः सर्पसदृशः। महावेशः क्लेशः प्रकृतिचपला श्रीरपि खला यमः स्वैरी वैरी तदपि न हितं कर्म विहितम् ॥ २५१ ॥ विवेकः किं सोऽपि स्वरसजनिता यत्र न कृपा स किं योगो यस्मिन्न भवति परानुग्रहरसः। स किं धर्मो यत्र स्फुरति न परद्रोहविरतिः श्रुतं किं तद्वा स्यादुपशमफलं यन्न भवति ॥ २५२ ॥ दिवसरजनीकूलच्छेदैः पतद्भिरनारतं वहति निकटे कालस्रोतः समस्तभयावहम्। इह हि पततां नास्त्यालम्बो न चापि निवर्तनं तदिह महतां कोऽयं मोहो यदेष मदाविलः ॥ २५३ ॥

म्लायिनि खण्डिते च वसुनि व्यर्थे प्रयातेऽर्थिनि क्षीणे बन्धुजने गते परिजने नष्टे शनैर्यौवने। युक्तं केवलमेतदेव सुधियां यज्जह्नुकन्यापयःपूतग्रावगिरीन्द्रकन्दरदरीकुञ्जे निवासः क्वचित् ॥ २५४ ॥ अद्वैतोक्तिपटून्बटूनपि वयं बालान्नमस्कुर्महे ये तु द्वन्द्ववदास्तदीयशिरसि न्यस्याम वामं पदम्। सिंहः स्वीयशिशून्निवेश्य हृदये सान्द्रादरादामृशत्यावेशेन भिनत्ति संभ्रमपदं मत्तेभकुम्भस्थलम् ॥ २५५ ॥ क्लेशत्यागकृतेऽर्पितेन करणव्यूहेन देहेन च स्वानर्थं बत जन्तुरर्जयति चेन्मन्तुर्नियन्तुः कुतः। शस्त्रे शत्रुजयाय नैजगुरुणादत्तेऽथ तेनैव चेत्पुत्रो हन्ति निजं वपुः कथय रे तत्रापराधी तु कः ॥ २५६ ॥ बीभत्साः प्रतिभान्ति किं न विषयाः किं तु स्पृहायुष्मती देहस्यापचयो मृतौ निविशते गाढो गृहेषु ग्रहः। ब्रह्मोपास्यमिति स्फुरत्यपि हृदि व्यावर्तिका वासना का नामेयमतर्क्यहेतुगहना दैवी सतां यातना ॥ २५७ ॥ नाथे श्रीपुरुषोत्तमे त्रिजगतामेकाधिपे चेतसा सेव्ये स्वस्य पदस्य दातरि सुरे नारायणे तिष्ठति। यं कंचित्पुरुषाधमं कतिपयग्रामेशमल्पार्थदं सेवायै मृगयामहे नरमहो मूढा वराका वयम् ॥ २५८ ॥ रेतःशोणितयोरियं परिणतिर्यद्वर्ष्म तत्राभवन्मृत्योरास्पदमाश्रयो गुरुशुचां रोगस्य विश्रामभूः। जानन्नप्यवशी विवेकविरहान्मज्जन्नविद्याम्बुधौ शृङ्गारीयति पुत्रकाम्यति बत क्षेत्रीयति स्त्रीयति ॥ २५९ ॥ इन्द्रस्याशुचिशूकरस्य च सुखे दुःखे च नास्त्यन्तरं स्वेच्छाकल्पनया तयोः खलु सुधा विष्ठा च काम्याशनम्। रम्भा चाशुचिशूकरी च परमप्रेमास्पदं मृत्युतः संत्रासोऽपि समः स्वकर्मगतिभिश्चान्योन्यभावः समः ॥ २६० ॥ अर्थप्राणविनाशसंशयकरीं प्राप्यापदं दुस्तरां प्रत्यासन्नभयं न वेत्ति विभवं स्वं जीवितं काङ्क्षति। उत्तीर्णस्तु ततो धनार्थमपरां भूयो विशत्यापदं प्राणानां च धनस्य चाधमधियामन्योन्यभावः पणः ॥ २६१ ॥ अग्रे कस्यचिदस्ति कंचिदमितः केनापि पृष्ठे कृतः संसारः शिशुभावयौवनजराभारावतारादयम्। बालस्तं बहु मन्यतामसुलभं प्राप्तं युवा सेवतां वृद्धस्त्वं विषयाद्बहिष्कृत इव व्यावृत्य किं पश्यसि ॥ २६२ ॥ येषां श्रीमद्यशोदासुतपदकमले नास्ति भक्तिर्नराणां येषामाभीरकन्याप्रियगुणकथने नानुरक्ता रसज्ञा। येषां श्रीकृष्णलीलाललितगुणरसे सादरौ नैव कर्णौ धिक्तान्धिक्तान्धिगेतान्कथयति सततं कीर्तनस्थो मृदङ्गः ॥ २६३ ॥

१ द्वैतवादिनः. २ अपराधः. ३ परमेश्वरस्य.

इति श्रीसुभाषितरत्नभाण्डागारे षष्ठं प्रकरणं समाप्तम्।

ग्रन्थसमाप्तिः ।

इति विरचितबन्धा पद्धतिर्या मयेयं सकलगुणिगणानां प्रीतये सास्तु नित्यम् ।
विपुलविमलदीव्यत्सत्कलानां निधानं तरुणतरणिरुद्धा विद्विषत्कौशिकानाम् ॥

अस्याभ्यासाद्ग्रन्थवर्यस्य शिष्यः सर्वज्ञः स्याद्विस्फुरच्चारुबुद्धिः ।
अर्थं कामं वेत्ति धर्मं च मोक्षं निःसंदेहं शीलितुं पण्डितोऽपि ॥

शास्त्राब्धिं सकलं विलोड्य नितरां ग्रन्थः कृतोऽयं मया
लोकानन्दकरः समस्तसुकलासंतानजैवातृकः ।
अस्यास्वाद्य सुभाषितामृतरसानानन्दपूर्णान्तराः
सन्तः संप्रति नाकवासनिरतान्देवान्हसन्तु ध्रुवम् ॥

विज्ञप्तिः ।

दृष्टं किमपि लोकेऽस्मिन्न निर्दोषं न निर्गुणम् ।
आवृणुध्वमतो दोषान्विवृणुध्वं गुणान्बुधाः ॥

आशीर्वचनम् ।

सर्वे भवन्तु सुखिनः सर्वे सन्तु निरामयाः ।
सर्वे भद्राणि पश्यन्तु मा कश्चिद्दुःखभाग्भवेत् ॥

सुभाषितरत्नखण्डमञ्जूषा ।

अकाण्डपातोपनता न कं लक्ष्मीर्विमोहयेत् । (**कथासरित्सागरे** ।)

अकालमेघवद्वित्तमकस्मादेति याति च । (**कथासरित्सागरे** ।)

अकृत्यं मन्यते कृत्यम् ।

अक्षोभ्यतैव महतां महत्त्वस्य । हि लक्षणम् । (**कथासरित्सागरे** ।)

अगच्छन्वैनतेयोऽपि पदमेकं न गच्छति ।

अगम्यं मन्यते सुगम् ।

अगाधजलसंचारी न गर्वं याति रोहितः ।

अगुणस्य हतं रूपम् ।

अङ्कमारुह्य सुप्तं हि हत्वा किं नाम पौरुषम् ।

अङ्गीकृतं सुकृतिनः परिपालयन्ति ।

अचिन्त्यं शीलगुप्तानां चरितं कुलयोषिताम् । (**कथासरित्सागरे** ।)

अचिन्त्यं हि फलं सूते सद्यः सुकृतपादपः । (**कथासरित्सागरे** ।)

अचिन्त्यो बत दैवेनाप्यापातः सुखदुःखयोः । (**कथासरित्सागरे** ।)

अचिरांशुविलासचञ्चला ननु लक्ष्मीः फलमानुषङ्गिकम् ।

अजागलस्तनस्येव तस्य जन्म निरर्थकम् ।

अजानतो हठात्कुर्वन्प्राज्ञमानी विनश्यति । (**कथासरित्सागरे** ।)

अजीर्णे भोजनं विषम् ।

अज्ञाता कस्य नामेह नोपहासाय जायते । (**कथासरित्सागरे** ।)

अज्ञानामृतचेतसामतिरुषां कोऽर्थस्तिरश्चां गुणैः ।

अतर्क्या कुट्टनी कूटरचना हि विधेरपि । (**कथासरित्सागरे** ।)

अतिदानाद्बलिर्बद्धः ।

अतिपरिचयादवज्ञा संततगमनादनादरो भवति ।

अतिभुक्तिरतीवोक्तिः सद्यः प्राणापहारिणी ।

अतिलोभो न कर्तव्यश्चक्रं भ्रमति मस्तके ।

अति सर्वत्र वर्जयेत् ।

अतृणे पतितो वह्निः स्वयमेवोपशाम्यति ।

अत्यारूढो हि नारीणामकालज्ञो मनोभवः । (**रघुवंशे** ।)

अत्युन्नतेर्भवति लघीयसां हि धार्ष्ट्यम् । (**शिशुपालवधे** ।)

अथात्म तत्त्वेषु कृतेऽवभासे समुन्मिमीलत् चिराय चक्षुः ।

अदाता वंशदोषेण ।

अधरेष्वमृतं हि योषितां हृदि हालहलमेव केवलम् ।

अधर्मयुद्धेन जयं को हीच्छेत्क्षत्रियो भवन् । (**कथासरित्सागरे**)

अधर्मविषवृक्षस्य पच्यते स्वादु किं फलम् । (**कथासरित्सागरे** ।)

अधिकस्याधिकं फलम् ।

अनध्वा वाजिनां जरा ।

अनन्तपुष्पस्य मधोर्हि चूते द्विरेफमाला सविशेषसङ्गा । (**कुमारसंभवे** ।)

अनन्यगामिनी पुंसां कीर्तिरेका पतिव्रता ।

अनपायिनि संश्रयद्रुमे गजभग्ने पतनाय वल्लरी । (**कुमारसंभवे** ।)

अनपेक्ष्य गुणागुणौ जनः स्वरुचिं निश्चयतोऽनुधावति । (**शिशुपालवधे** ।)

अनवसरे याचितमिति सत्पात्रमपि कुप्यते दाता ।

अनाथा कृच्छ्रपतिता विदेशे स्त्री करोति किम् । (**कथासरित्सागरे** ।)

अनार्यः परदारव्यवहारः । (**अभिज्ञानशाकुन्तले** ।)

अनार्यजुष्टेन पथा प्रवृत्तानां शिवं कुतः । (**कथासरित्सागरे** ।)

अनार्यसंगमाद्वरं विरोधोऽपि समं महात्मभिः । (**किरातार्जुनीये** ।)

अनाश्रया न शोभन्ते पण्डिता वनिता लताः ।

अनियुक्तोऽपि च ब्रूयाद्यदीच्छेत्स्वामिनो हितम् । (**कथासरित्सागरे** ।)

अनिर्वर्णनीयं परकलत्रम् । (**अभिज्ञानशाकुन्तले** ।)

अनिश्चितावधिं धीराः सहन्ते विरहं चिरम् । (**कथासरित्सागरे** ।)

अनुकूलेऽपि कलत्रे नीचः परदारलम्पटो भवति ।

अनुगृह्णन्ति हि प्रायो देवता अपि तादृशम् । (**कथासरित्सागरे** ।)

अनुत्सेकः खलु विक्रमालंकारः ।

अनुभवति हि मूर्ध्ना पादपस्तीव्रमुष्णं शमयति परितापं छायया संश्रितानाम् । (**अभिज्ञानशाकुन्तले।**)

अनुरागपरायत्ताः कुर्वते किं न योषितः । (**कथासरित्सागरे।**)

अनुरागान्धमनसां विचारसहता कुतः । (**कथासरित्सागरे।**)

अनुसृत्य सतां वर्त्म यत्स्वल्पमपि तद्बहु ।

अनुहुंकुरुते घनध्वनिं नहि गोमायुरुतानि केसरी । (**शिशुपालवधे।**)

अन्तरापाति हि श्रेयः कार्यसंपत्तिसूचकम् । (**कथासरित्सागरे।**)

अन्तःसारविहीनानामुपदेशो न विद्यते ।

अन्धस्य दीपो बधिरस्य गीतं ।

अन्यस्माल्लब्धपदो नीचः प्रायेण दुःसहो भवति ।

अन्यायं कुरुते यदा क्षितिपतिः कस्तं निरोद्धुं क्षमः ।

अन्योन्यशोभाजननाद्बभूव साधारणो भूषणभूष्यभावः ।

अपथे पदमर्पयन्ति हि श्रुतवन्तोऽपि रजोनिमीलिताः । (**रघुवंशे।**)

अपन्थानं तु गच्छन्तं सोदरोऽपि विमुञ्चति ।

अपवाद एव सुलभो द्रष्टुर्गुणो दूरतः ।

अपायो मस्तकस्थो हि विषयग्रस्तचेतसाम् । (**कथासरित्सागरे।**)

अपां हि तृप्ताय न वारिधारा स्वादुः सुगन्धि स्वदते तुषारा । (**नैषधीयचरिते।**)

अपि गङ्गाजलस्नानादधःकेशः कुशायते ।

अपि ग्रावा रोदित्यपि दलति वज्रस्य हृदयम् ।

अपि धन्वन्तरिर्वैद्यः किं करोति गतायुषि ।

अपि मुदमुपयान्तो वाग्विलासैः स्वकीयैः परभणितिषु तृप्तिं यान्ति सन्तः कियन्तः ।

अपि स्वदेहात्किमुतेन्द्रियार्थाद्यशोधनानां हि यशो गरीयः । (**रघुवंशे।**)

अपुत्रस्य गृहं शून्यम् ।

अपेक्षन्ते हि विपदः किं पेलवमपेलवम् । (**कथासरित्सागरे।**)

अप्यप्रसिद्धं यशसे हि पुंसामनन्यसाधारणमेव कर्म । (**कुमारसंभवे।**)

अप्रकटीकृतशक्तिः शक्तोऽपि जनस्तिरस्क्रियां लभते ।

अप्राप्यं नाम नेहास्ति धीरस्य व्यवसायिनः । (**कथासरित्सागरे।**)

अप्रियस्य च पथ्यस्य वक्ता श्रोता च दुर्लभः ।

अबला यत्र प्रबला ।

अबुद्धा चित्तमप्राप्यं विस्रम्भं प्रभविष्णुषु । (**कथासरित्सागरे।**)

अभक्ष्यं मन्यते भक्ष्यम् ।

अभद्रं भद्रं वा विधिलिखितमुन्मूलयति कः ।

अभितप्तमयोऽपि मार्दवं भजते कैव कथा शरीरिषु । (**रघुवंशे।**)

अभोगस्य हतं धनम् ।

अभ्यर्थनाभङ्गभयेन साधुर्माध्यस्थ्यमिष्टेऽप्यवलम्बतेऽर्थे । (**कुमारसंभवे।**)

अभ्यागतो यत्र न तत्र लक्ष्मीः ।

अमर्षणः शोणितकाङ्क्षया किं पदा स्पृशन्तं दशति द्विजिह्वः । (**रघुवंशे।**)

अमृतं क्षीरभोजनम् ।

अमृतं प्रियदर्शनम् ।

अमृतं राजसंमानम् ।

अमृतं शिशिरे वह्निः ।

अमृतायते हि स्तुतयः सुकर्मणाम् । (**किरातार्जुनीये।**)

अमोघो देवतानां च प्रसादः किं न साधयेत् । (**कथासरित्सागरे।**)

अम्बुगर्भो हि जीमूतश्चातकैरभिनन्द्यते । (**रघुवंशे।**)

अयमश्वः पताकेयमथवा वीरघोषणम् ।

अयशोभीरवः किं न कुर्वते बत साधवः । (**कथासरित्सागरे।**)

अयाच्यो नार्तानामनुपकरणीयो न महताम् ।

अयातपूर्वा परिवादगोचरं सतां हि वाणी गुणमेव भाषते । (**किरातार्जुनीये।**)

अयि खलु विषमः पुराकृतानां भवति हि जन्तुषु कर्मणां विपाकः ।

अयोविकारे स्वरितत्वमिष्यते कुतोऽयसां सिद्धरसस्पृशामपि । (**नैषधीयचरिते।**)

अरिषु हि विजयार्थिनः क्षितीशा विदधति सोपधि संधिदूषणानि । (**किरातार्जुनीये।**)

अरुंतुदत्वं महतां ह्यगोचरः । (**किरातार्जुनीये।**)

अर्थभारवती वाणी भजते कामपि श्रियम् ।

अर्थमनर्थं भावय नित्यं नास्ति ततः सुखलेशः सत्यम् ।

अर्थातुराणां न गुरुर्न बन्धुः ।

अर्थिनि जने त्यागं विना श्रीश्च का ।

अर्थो हि कन्या परकीय एव । (**अभिज्ञानशाकुन्तले ।**)

अर्धमात्रालाघवेनापि पुत्रोत्सवं मन्यन्ते वैयाकरणाः ।

अर्धो घटो घोषमुपैति नूनम् ।

अलब्धशाणोत्कषणा नृपाणां न जातु मौलौ मणयो वसन्ति ।

अलोकसामान्यमचिन्त्यहेतुकं द्विषन्ति मन्दाश्चरितं महात्मनाम् । (**कुमारसंभवे ।**)

अल्पबीजं हतं क्षेत्रम् ।

अल्पविद्यो महागर्वी ।

अल्पश्च कालो बहवश्च विघ्नाः ।

अल्पसत्त्वेषु धीराणामवष्टैव हि शोभते । (**कथासरित्सागरे ।**)

अल्पस्य हेतोर्बहु हातुमिच्छन्विचारमूढः प्रतिभासि मे त्वम् । (**रघुवंशे ।**)

अल्पाक्षररमणीयं यः कथयति निश्चितं स खलु वाग्मी ।

अल्पीयसोऽप्यामयतुल्यवृत्तेर्महापकाराय रिपोर्विवृद्धिः । (**किरातार्जुनीये ।**)

अवसाययितुं क्षमाः सुखं न विधेयेषु विशेषसंपदः । (**किरातार्जुनीये ।**)

अवस्तुनि कृतक्लेशो मूर्खो यात्यवहास्यताम् । (**कथासरित्सागरे ।**)

अविचार्य प्रभूणां हि शुचेर्वाक्यं स्वमन्त्रिणः । (**कथासरित्सागरे ।**)

अविज्ञातेऽपि बन्धौ हि बलात्प्रह्लादते मनः । (**किरातार्जुनीये ।**)

अविद्याजीवनं शून्यम् ।

अविनीता रिपुर्भार्या ।

अविश्रमो लोकतन्त्राधिकारः । (**अभिज्ञानशाकुन्तले ।**)

अव्यवस्थितचित्तस्य प्रसादोऽपि भयंकरः ।

अव्याक्षेपो भविष्यन्त्याः कार्यसिद्धेर्हि लक्षणम् । (**रघुवंशे ।**)

अशनेरमृतस्य चोभयोर्वशिनश्चाम्बुधराश्च योनयः । (**कुमारसंभवे ।**)

अशीलं कस्य नाम स्यान्न खलीकारकारणम् । (**कथासरित्सागरे ।**)

अशीलं कस्य भूतये । (**कथासरित्सागरे ।**)

अशीलस्य हतं कुलम् ।

अशोच्या हि पितुः कन्या सद्भर्तृप्रतिपादिता । (**कुमारसंभवे ।**)

अश्रुते स हि कल्याणं व्यसने यो न मुह्यति । (**कथासरित्सागरे ।**)

अश्रेयसे न वा कस्य विश्वासो दुर्जने जने । (**कथासरित्सागरे ।**)

अश्वा यस्य जयस्तस्य ।

अश्वा यस्य यशस्तस्य ।

असंतुष्टा द्विजा नष्टाः ।

असन्मैत्री हि दोषाय कूलच्छायेव सेविता । (**किरातार्जुनीये ।**)

असंभाव्या अपि नृणां भवन्तीह समागमाः । (**कथासरित्सागरे ।**)

असंभोगो जरा स्त्रीणाम् ।

असाध्यं सत्यसाध्वीनां किमस्ति हि जगत्त्रये । (**कथासरित्सागरे ।**)

असाध्यं साधयत्यर्थं हेलयाभिमुखो विधिः । (**कथासरित्सागरे ।**)

असारे दग्धसंसारे सारं सारङ्गलोचनाः ।

असारेऽस्मिन्भवे तावद्भावाः पर्यन्तनीरसाः । (**कथासरित्सागरे ।**)

असिद्धार्था निवर्तन्ते नहि धीराः कृतोद्यमाः । (**कथासरित्सागरे ।**)

असिद्धेस्तु हता विद्या ।

अस्थाने पतिता सतीव महतामेतादृशी स्याद्गतिः ।

अस्थिरं जीवितं लोके ।

अस्थिराः पुत्रदाराश्च ।

अस्थिरे धनयौवने ।

अस्वर्ग्यं लोकविद्विष्टम् ।

अहह कलिकालः प्रभवति ।

अहह कष्टमपण्डितता विधेः ।

अहह महतां निःसीमानश्चरित्रविभूतयः ।

अहितो देहजो व्याधिः ।

अहो अतीव भोगाशा कं नाम न विडम्बयेत् । (**कथासरित्सागरे ।**)

अहो चित्राकारा नियतिरिव नीतिर्नयविदः ।

अहो दुरन्ता बलवद्विरोधिता । (**किरातार्जुनीये ।**)

अहो दैवाभिशप्तानां प्राप्तोऽप्यर्थः पलायते । (**कथासरित्सागरे ।**)

अहो नवनवाश्चर्यनिर्माणे रसिको विधिः । (**कथासरित्सागरे ।**)

अहो रूपमहो ध्वनिः ।

अहो विधेरचिन्त्यैव गतिरद्भुतकर्मणाम् । (**कथासरित्सागरे** ।)

अहो विधौ विपर्यस्ते न विपर्यस्यतीह किम् । (**कथासरित्सागरे** ।)

अहो विनेन्द्रजालेन स्त्रीणां चेष्टा न विद्यते । (**कथासरित्सागरे** ।)

अहो विश्वास्य वञ्च्यन्ते धूर्तैश्छद्मभिरीश्वराः । (**कथासरित्सागरे** ।)

अहो सहन्ते बत नो परोदयम् ।

आकण्ठजलमग्नोऽपि श्वा लिहत्येव जिह्वया ।

आकरः स्वपरभूरिकथानां प्रायशो हि सुहृदोः सहवासः (**नैषधीयचरिते** ।)

आकृष्टः कामलोभाभ्यामपायः को हि पश्यति । (**कथासरित्सागरे** ।)

आचारः प्रथमो धर्मः ।

आज्ञा गुरूणां ह्यविचारणीया । (**रघुवंशे** ।)

आत्मबुद्धिः सुखायैव ।

आत्मार्थे पृथिवीं त्यजेत् ।

आत्मेश्वराणां नहि जातु विघ्नाः समाधिभेदप्रभवो भवन्ति । (**कुमारसंभवे** ।)

आदानं हि विसर्गाय सतां वारिमुचामिव । (**रघुवंशे** ।)

आदावसत्यवचनं पश्चाज्जाता हि कुस्त्रियः । (**कथासरित्सागरे** ।)

आपत्काले च कष्टेऽपि नोत्साहस्त्यज्यते बुधैः । (**कथासरित्सागरे** ।)

आपत्सु धीरान्पुरुषान्स्वयमायान्ति संपदः । (**कथासरित्सागरे** ।)

आपदि स्फुरति प्रज्ञा यस्य धीरः स एव हि । (**कथासरित्सागरे** ।)

आपदेत्युभयलोकदूषणी वर्तमानमपथे हि दुर्मतिम् । (**किरातार्जुनीये** ।)

आपद्यपि त्याज्यं न सत्त्वं संप्रदेषिभिः । (**कथासरित्सागरे** ।)

आपद्यपि सतीवृत्तं किं मुञ्चन्ति कुलस्त्रियः । (**कथासरित्सागरे** ।)

आपन्नत्राणविकलैः किं प्राणैः पौरुषेण वा । (**कथासरित्सागरे** ।)

आपन्नस्य विषयवासिन आर्तिहरेण राज्ञा भवितव्यम् । (**अभिज्ञानशाकुन्तले** ।)

आपन्नार्तिप्रशमनफलाः संपदो ह्युत्तमानाम् । (**मेघदूते** ।)

आपो वहन्तीह हि लोकयात्रां यथा न भूतानि तथापराणि । (**नैषधीयचरिते** ।)

आमुखापाति कल्याणं कार्यसिद्धिं हि शंसति । (**कथासरित्सागरे** ।)

आये दुःखं व्यये दुःखं धिगर्थाः कष्टसंश्रयाः ।

आरब्धा ह्यसमाप्तैव किं धीरैस्त्यज्यते क्रिया । (**कथासरित्सागरे** ।)

आरब्धे हि सुदुष्करेऽपि महतां मध्ये विरामः कुतः । (**कथासरित्सागरे** ।)

आर्जवं हि कुटिलेषु न नीतिः । (**नैषधीयचरिते** ।)

आलस्योपहता विद्या ।

आवेष्टितो महासर्पैश्चन्दनः किं विषायते ।

आशाबन्धः कुसुमसदृशं प्रायशो ह्यङ्गनानां सद्यःपाति प्रणयि हृदयं विप्रयोगे रुणद्धि । (**मेघदूते** ।)

आशु पश्नाति हि प्रेम प्राग्जन्मान्तरसंस्तवः । (**कथासरित्सागरे** ।)

आश्वस्तो वेत्ति कुसृतिं प्रभुः को हि स्वमन्त्रिणाम् । (**कथासरित्सागरे** ।)

आसुरं कुलमनादरणीयम् ।

आहारे व्यवहारे च त्यक्तलज्जः सुखी भवेत् ।

आहुः सप्तपदी मैत्री ।

आहृता हि विषयैकतानतां ज्ञानधौतमनसं न लिम्पति । (**नैषधीयचरिते** ।)

इच्छादानपरोपकारकरणं पात्रानुरूपं फलम् ।

इतो भ्रष्टस्ततो भ्रष्टः ।

इदं च नास्ति न परं च लभ्यते ।

इन्द्रोऽपि लघुतां याति स्वयं प्रख्यापितैर्गुणैः ।

इन्धनौघधगप्यग्निस्त्विषा नात्येति पूषणम् । (**शिशुपालवधे** ।)

इष्टं धर्मेण योजयेत् ।

इष्टप्रवासजनितान्यबलाजनस्य दुःखानि नूनमतिमात्रसुदुःसहानि । (**अभिज्ञानशाकुन्तले** ।)

इष्टमूलानि शोकानि ।

इहामुत्र च नारीणां परमा हि गतिः पतिः । (**कथासरित्सागरे** ।)

ईर्ष्या हि विवेकपरिपन्थिनी । (**कथासरित्सागरे** ।)

ईश्वराणां हि विनोदरसिकं मनः । (**किरातार्जुनीये** ।)

उच्छ्रायं नयति यदृच्छयापि योगः । (**कथासरित्सागरे** ।)

उत्पद्यन्ते विलीयन्ते।

उत्तरोत्तरशुभो हि विभूनां कोऽपि मञ्जुलतमः क्रमवादः। (**नैषधीयचरिते।**)

उत्सवप्रिया खलु मनुष्याः। (**अभिज्ञानशाकुन्तले।**)

उत्सहन्ते नहि द्रष्टुमुत्तमाः स्वजनापदम्। (**कथासरित्सागरे।**)

उत्साहैकधने हि वीरहृदये नाप्नोति खेदोऽन्तरम्। (**कथासरित्सागरे।**)

उदारचरितानां तु वसुधैव कुटुम्बकम्।

उदारसत्त्वं वृणुते स्वयं हि श्रीरिवाङ्गना। (**कथासरित्सागरे।**)

उदारस्य तृणं वित्तम्।

उदिते तु सहस्रांशौ न खद्योतो न चन्द्रमाः।

उदिते परमानन्दे नाहं न त्वं न वै जगत्।

उदेति पूर्वं कुसुमं ततः फलं घनोदयः प्राक्तदनन्तरं पयः। निमित्तनैमित्तिकयोरयं क्रमः। (**अभिज्ञानशाकुन्तले।**)

उद्धृतौ भवति कस्य वा भुवः श्रीवराहमपहाय योग्यता। (**शिशुपालवधे।**)

उद्योगं पुरुषलक्षणम्।

उद्वृत्तः क इव सुखावहः परेषाम्। (**शिशुपालवधे।**)

उन्नतो न सहते तिरस्क्रियाम्।

उन्मादो मातृदोषेण।

उपकृत्य निसर्गतः परेषामुपरोधं नहि कुर्वते महान्तः। (**शिशुपालवधे।**)

उपदेशपराः परेष्वपि स्वविनाशाभिमुखेषु साधवः। (**शिशुपालवधे।**)

उपदेशो हि मूर्खाणां प्रकोपाय न शान्तये।

उपपन्ना हि दारेषु प्रभुता सर्वतोमुखी। (**अभिज्ञानशाकुन्तले।**)

उपभुक्ते हि तारुण्ये प्रशमः सद्भिरिष्यते। (**कथासरित्सागरे।**)

उपहितपरमप्रभावधाम्नां न हि जयिनां तपसामलङ्घ्यमस्ति। (**किरातार्जुनीये।**)

उप्तं सुकृतबीजं हि सुक्षेत्रेषु महत्फलम्। (**कथासरित्सागरे।**)

उष्णत्वमग्न्यातपसंप्रयोगाच्छैत्यं हि यत्सा प्रकृतिर्जलस्य। (**रघुवंशे।**)

उष्णो दहति चाङ्गारः शीतः कृष्णायते करम्।

ऋणकर्ता पिता शत्रुः।

ऋते कृशानोर्नहि मन्त्रपूतमर्हन्ति तेजांस्यपराणि हव्यम्। (**कुमारसंभवे।**)

ऋते रवेः क्षालयितुं क्षमेत कः क्षपातमस्काण्डमलीमसं नभः। (**शिशुपालवधे।**)

ऋद्धिश्चित्तविकारिणी।

एकं मित्रं भूपतिर्वा यतिर्वा।

एकाग्रो हि बहिर्वृत्तिनिवृत्तस्तत्त्वमीक्षते। (**कथासरित्सागरे।**)

एका भार्या सुन्दरी वा दरी वा।

एको देवः केशवो वा शिवो वा।

एकोऽप्याश्रमहीनोऽपि लक्ष्मीं प्राप्नोति सत्त्ववान्। (**कथासरित्सागरे।**)

एको वासः पत्तने वा वने वा।

एको हि दोषो गुणसंनिपाते निमज्जतीन्दोः किरणेष्विवाङ्कः। (**कुमारसंभवे।**)

एते गुणाः कामदुघाः क्रियासु।

ऐकचित्ते द्वयोरेव किमसाध्यं भवेदिति। (**कथासरित्सागरे।**)

औचित्यं गणयति को विशेषकामः। (**शिशुपालवधे।**)

क उष्णोदकेन नवमल्लिकां सिञ्चति। (**अभिज्ञानशाकुन्तले।**)

कठिनाः खलु स्त्रियः। (**कुमारसंभवे।**)

कणशः क्षणशश्चैव विद्यामर्थं च साधयेत्।

कण्ठे सुधा वसति वै खलु सज्जनानाम्।

कथं हि लङ्घ्यते भृत्यैर्ग्राहिकस्य प्रभोर्वचः। (**कथासरित्सागरे।**)

कथंचिन्नहि दिव्यानां वीर्यं भजति मोघताम्। (**कथासरित्सागरे।**)

कथमपि भुवनेऽस्मिंस्तादृशाः संभवन्ति।

कदर्याणां परे प्राणाः प्रायेण व्यर्थसंचयाः। (**कथासरित्सागरे।**)

कदापि सत्पुरुषाः शोकवास्तव्या न भवन्ति। (**अभिज्ञानशाकुन्तले।**)

कन्या नाम महद्दुःखं धिगहो महतामपि। (**कथासरित्सागरे।**)

कमलवनभूषा मधुकरः।

कमिवेशते रमयितुं न गुणाः। (**किरातार्जुनीये।**)

करुणार्द्रा हि सर्वस्य सन्तोऽकारणबान्धवाः। (**कथासरित्सागरे।**)

कर्तव्यं हि सतां वचः । (**कथासरित्सागरे** ।)

कर्तव्यो महदाश्रयः ।

कर्मणो गहना गतिः ।

कर्मणो ज्ञानमतिरिच्यते ।

कर्मदोषाद्दरिद्रता ।

कर्मानुगो गच्छति जीव एकः ।

कर्मायत्तं फलं पुंसाम् ।

कलहान्तानि हर्म्याणि ।

कलारत्नं गाने ।

कलासीमा काव्यम् ।

कलौ वेदान्तिनो भान्ति फाल्गुने बालका इव ।

कल्पवृक्षोऽप्यभव्यानां प्रायो याति पलाशताम् । (**कथासरित्सागरे** ।)

कवयः किं न पश्यन्ति ।

कवले पतिता सद्यो वमयति ननु मक्षिकान्नभोक्तारम् ।

कष्टं शिष्टक्षतिकृति कलौ कार्श्यमृच्छन्ति विद्याः ।

कष्टं निर्धनिकस्य जीवितमहो दारैरपि त्यज्यते ।

कष्टः खलु पराश्रयः ।

कष्टाः कुलखलीकारहेतवो बत कुस्त्रियः । (**कथासरित्सागरे** ।)

कष्टादपि कष्टतरं परगृहवासः परान्नं च ।

कष्टा हि कुटिलश्वश्रूपरतन्त्रवधूस्थितिः । (**कथासरित्सागरे** ।)

कष्टो हि बान्धवस्नेहं राज्यलोभोऽतिवर्तते । (**कथासरित्सागरे** ।)

कष्टो ह्यविनयक्रमः । (**कथासरित्सागरे** ।)

कस्त्यागः स्वकुटुम्बपोषणविधावर्थव्ययं कुर्वतः ।

कस्मिन्वा सजलगुणे गिरां पटुत्वम् । (**शिशुपालवधे** ।)

कस्य नेष्टं हि यौवनम् । (**कथासरित्सागरे** ।)

कस्यचित्किमपि नो हरणीयम् ।

कस्य नाभ्युदये हेतुर्भवेत्साधुसमागमः । (**कथासरित्सागरे** ।)

कस्य नोच्छृङ्खलं बाल्यं गुरुशासनवर्जितम् । (**कथासरित्सागरे** ।)

कस्य सत्सङ्गो न भवेच्छुभः । (**कथासरित्सागरे** ।)

कस्यात्यन्तं सुखमुपनतं दुःखमेकान्ततो वा नीचैर्गच्छत्युपरि च दशा चक्रनेमिक्रमेण । (**मेघदूते** ।)

कस्याश्वसिति चेतो हि विहितस्वैरसाहसम् । (**कथासरित्सागरे** ।)

कः कालस्य न गोचरान्तरगतः ।

कः परः प्रियवादिनाम् ।

कः पैतामहगोलकेऽत्र निखिलैः संमानितो वर्तते ।

कः प्राज्ञो वाञ्छति स्नेहं वेश्यासु सिकतासु च । (**कथासरित्सागरे** ।)

कः शरीरनिर्वापयित्रीं शारदीं ज्योत्स्नां पटान्तेन वारयिष्यति । (**अभिज्ञानशाकुन्तले** ।)

कः सहकारमन्तरेणातिमुक्तलतां पल्लवितां सहते । (**अभिज्ञानशाकुन्तले** ।)

कः सूनुर्विनयं विना ।

का कस्य परिदेवना ।

काकाः किमपराध्यन्ति हंसैर्जग्धेषु शालिषु । (**कथासरित्सागरे** ।)

काकोऽपि जीवति चिराय बलिं च भुङ्क्ते ।

का नाम कुलजा हि स्त्री भर्तृद्रोहं करिष्यति । (**कथासरित्सागरे** ।)

कान्ता रूपवती शत्रुः ।

कान्ते कथं घटितवानुपलेन चेतः ।

कामक्रोधौ हि विप्राणां मोक्षद्वारार्गलावुभौ । (**कथासरित्सागरे** ।)

कामं न श्रेयसे कस्य संगमः पुण्यकर्मभिः । (**कथासरित्सागरे** ।)

कामं व्यसनवृक्षस्य मूलं दुर्जनसंगतिः । (**कथासरित्सागरे** ।)

कामातुराणां न भयं न लज्जा ।

कामार्ता हि प्रकृतिकृपणाश्चेतनाचेतनेषु । (**मेघदूते** ।)

कामिनश्च कुतो विद्या ।

कायः कस्य न वल्लभः ।

कार्यं निदानाद्धि गुणानधीते । (**नैषधीयचरिते** ।)

कार्यान्ते ते च शष्पवत् ।

कालप्रयुक्ता खलु कार्यविद्भिर्विज्ञापना भर्तृषु सिद्धिमेति । (**कुमारसंभवे** ।)

कालयुक्त्या ह्यरिर्मित्रं जायते न च सर्वदा । (**कथासरित्सागरे** ।)

कालस्य कुटिला गतिः ।

काले खलु समारब्धाः फलं बध्नन्ति नीतयः । (**रघुवंशे** ।)

काले दत्तं वरं ह्यल्पमकाले बहुनापि किम् । (**कथासरित्सागरे** ।)

कालेन फलते तीर्थं सद्यः साधुसमागमः ।

कालो ह्ययं निरवधिर्विपुला च पृथ्वी । (**मालतीमाधवे** ।)

का विद्या कवितां विना ।

काश्मीरजस्य कटुतापि नितान्तरम्या ।

का ह्यब्जिनी विना हंसं कश्च हंसोऽब्जिनीं विना । (**कथासरित्सागरे** ।)

किं वा धाराधिरूढं हि जाड्यं वेदजडे जने । (**कथासरित्सागरे** ।)

किं वा भविष्यदरुणस्तमसां विभेत्ता तं चेत्सहस्रकिरणो धुरि नाकरिष्यत् । (**अभिज्ञानशाकुन्तले** ।)

किं वा सुलभपापा हि भवन्त्युन्मार्गवृत्तयः । (**कथासरित्सागरे** ।)

किं हि न भवेदीश्वरेच्छया । (**कथासरित्सागरे** ।)

किं किं करोति न निरर्गलतां गता स्त्री ।

किंचित्कालोपभोग्यानि यौवनानि धनानि च ।

किं जीवितेन पुरुषस्य निरक्षरेण ।

किं तदस्ति हि संसारे पर्यन्तविरसं हि यत् । (**कथासरित्सागरे** ।)

किं दूरं व्यवसायिनाम् ।

किं न कुर्वन्ति योषितः ।

किं न भक्षन्ति वायसाः ।

किं नाम न सहन्ते हि भर्तृभक्ताः कुलाङ्गनाः । (**कथासरित्सागरे** ।)

किमज्ञेयं हि धीमताम् । (**कथासरित्सागरे** ।)

किमत्र चित्रं यदि विशाखे शशाङ्कलेखामनुवर्तेते । (**अभिज्ञानशाकुन्तले** ।)

किमदेयमुदाराणामुपकारिषु तुष्यताम् । (**कथासरित्सागरे** ।)

किमलभ्यं भगवति प्रसन्ने श्रीनिकेतने ।

किमिव हि मधुराणां मण्डनं नाकृतीनाम् । (**अभिज्ञानशाकुन्तले** ।)

किमिव हि शक्तिहरं ससाध्वसानाम् । (**शिशुपालवधे** ।)

किमिवावसादकरमात्मवताम् । (**किरातार्जुनीये** ।)

किमिवास्ति यन्न सुकरं मनस्विभिः । (**किरातार्जुनीये** ।)

किमु चोदिताः प्रियहितार्थकृतः कृतिनो भवन्ति सुहृदः सुहृदाम् । (**शिशुपालवधे** ।)

किं परस्य स गुणः समश्नुते पथ्यवृत्तिरपि यद्यरोगिताम् । (**शिशुपालवधे** ।)

किं मर्दितोऽपि कस्तूर्या लशुनो याति सौरभम् ।

किं मिष्टमन्नं खरसूकराणाम् ।

कुकर्मान्तं यशो नृणाम् ।

कुकूले को न पण्डितः ।

कुगेहिनीं प्राप्य गृहे कुतः सुखम् ।

कुण्डे कुण्डे नवं पयः ।

कुतः परस्मिन्पुरुषे विकारः । (**किरातार्जुनीये** ।)

कुतः शङ्का कलङ्किनः ।

कुतः सत्यं च कामिनाम् ।

कुतो विद्यार्थिनः सुखम् ।

कुदेशमासाद्य कुतोऽर्थसंचयः ।

कुदेशेष्वपि जायन्ते क्वचित्केचिन्महाशयाः । (**कथासरित्सागरे** ।)

कुपात्रदानाच्च भवेद्दरिद्रः ।

कुपुत्रमासाद्य कुतो जलाञ्जलिः ।

कुपुत्रेण कुलं नष्टम् ।

कुप्येत्को नातियाचितः ।

कुभोजनं चोष्णतया विराजते ।

कुभोज्येन दिनं नष्टम् ।

कुरहस्यसहाये हि भृत्ये भृत्यायते प्रभुः । (**कथासरित्सागरे** ।)

कुराजान्तानि राष्ट्राणि ।

कुरूपता शीलतया विराजते ।

कुरूपी बहुचेष्टिकः ।

कुर्वन्त्यकालेऽभिव्यक्तिं न कार्यापेक्षिणो बुधाः । (**कथासरित्सागरे** ।)

कुलवधूः का स्वामिभक्तिं विना ।

कुले कश्चिद्धन्यः प्रभवति नरः श्लाघ्यमहिमा ।

कुवस्त्रता शुभ्रतया विराजते ।

कुवाक्यान्तं च सौहृदम् ।

कुशिष्यमध्यापयतः कुतो यशः ।

कृतघ्ना धनलोभान्धा नोपकारेक्षणक्षमाः । (**कथासरित्सागरे** ।)

कृतघ्नानां शिवं कुतः । (**कथासरित्सागरे** ।)

कृतघ्नाश्चिरसिद्धार्था अपि भ्रश्यन्ति हि ध्रुवम् । (**कथासरित्सागरे** ।)

कृतज्ञे सत्परीवारे प्रभौ सेवाऽफला कुतः । (**कथासरित्सागरे** ।)

कृतार्थः स्वामिनं द्वेष्टि ।

कृपणानुसारि च धनम् ।

कृशे कस्यास्ति सौहृदम् ।

कृष्यां दहन्नपि खलु क्षितिमिन्धनेद्धो बीजप्ररोहजननीं ज्वलनः करोति । (**रघुवंशे** ।)

केचिदज्ञानतो नष्टाः ।

केचिन्नष्टाः प्रमादतः ।

केचिन्नष्टैस्तु नाशिताः ।

केनेत्थं परमार्थतोऽर्थवदिव प्रेमास्ति वामभ्रुवाम् ।

केवलोऽपि सुभगो नवाम्बुदः किं पुनस्त्रिदशचापलाञ्छितः । (**रघुवंशे** ।)

के वा न स्युः परिभवपदं निष्फलारम्भयत्नाः । (**मेघदूते** ।)

केषां न स्यादभिमतफला प्रार्थना ह्युत्तमेषु । (**मेघदूते** ।)

केषां नैषा कथय कविताकामिनी कौतुकाय ।

केषां हि नापदां हेतुरतिलोभान्धबुद्धिता । (**कथासरित्सागरे** ।)

को जानाति जनो जनार्दनमनोवृत्तिः कदा कीदृशी ।

कोऽतिभारः समर्थानाम् ।

को धर्मः कृपया विना ।

को न तृप्यति वित्तेन ।

को न याति वशं लोके मुखे पिण्डेन पूरितः ।

को नाम राज्ञां प्रियः ।

कोऽन्यो हुतवहाद्दग्धुं प्रभविष्यति । (**अभिज्ञानशाकुन्तले** ।)

कोऽर्थान्प्राप्य न गर्वितः ।

कोऽर्थी गतो गौरवम् ।

कोऽवकाशो विवेकस्य हृदि कामान्धचेतसः । (**कथासरित्सागरे** ।)

को वा दुर्जनवागुरासु पतितः क्षेमेण यातः पुमान् ।

को विदेशः समर्थानाम् ।

को विहन्तुमलमास्थितोदये वासरश्रियमशीतदीधितौ । (**शिशुपालवधे** ।)

को हि मार्गममार्गं वा व्यसनान्धो निरीक्षते । (**कथासरित्सागरे** ।)

को हि वित्तं रहस्यं वा स्त्रीषु शक्नोति गूहितुम् । (**कथासरित्सागरे** ।)

को हि संपत्सु चपलास्वाश्वास्ये वनितासु च । (**कथासरित्सागरे** ।)

को हि स्वशिरसश्छायां विधेश्चोल्लङ्घयेद्गतिम् । (**कथासरित्सागरे** ।)

क्रियाणां खलु धर्म्याणां सत्पत्न्यो मूलकारणम् । (**कुमारसंभवे** ।)

क्रियासिद्धिः सत्त्वे भवति महतां नोपकरणे ।

क्रिया हि वस्तूपहिता प्रसीदति । (**रघुवंशे** ।)

क्रुद्धे विधौ भजति मित्रममित्रभावम् ।

क्रोधः संसारबन्धनम् ।

क्रोधो मूलमनर्थानाम् ।

क्लेशः फलेन हि पुनर्नवतां विधत्ते । (**कुमारसंभवे** ।)

क्वचिद्धि नास्ति विश्वासः क्षुद्रकर्मणि दुर्जने । (**कथासरित्सागरे** ।)

क्व वा निधिर्निर्धनमेति किं च तं स वाक्कवाटं घटयन्निरस्यति । (**नैषधीयचरिते** ।)

क्वाश्रयोऽस्ति दुरात्मनाम् ।

क्षणविध्वंसिनः कायाः का चिन्ता मरणे रणे ।

क्षणे क्षणे यन्नवतामुपैति तदेव रूपं रमणीयतायाः । (**शिशुपालवधे** ।)

क्षमन्ते न विचारं हि मूर्खा विषयलोलुपाः । (**कथासरित्सागरे** ।)

क्षमया किं न सिध्यति ।

क्षान्तितुल्यं तपो नास्ति ।

क्षारं पिबति पयोधेर्वर्षत्यम्भोधरो मधुरमम्भः ।

क्षितितले किं जन्म कीर्तिं विना ।

क्षितिपतिः को नाम नीतिं विना ।

क्षीणा नरा निष्करुणा भवन्ति ।

क्षुद्रेऽपि नूनं शरणं प्रपन्ने ममत्वमुच्चैः शिरसां सतीव । (**कुमारसंभवे** ।)

क्षुधातुराणां न रुचिर्न पक्वम् ।

क्षुभ्यन्ति प्रसभमहो विनापि हेतोर्लीलाभिः किमु सति कारणे रमण्यः । (**शिशुपालवधे** ।)

खटाटोपो भयंकरः ।

खण्डिता एव शोभन्ते वीराधरपयोधराः ।

खलसङ्गेऽपि नैष्ठुर्यं कल्याणप्रकृतेः कुतः ।

गणयन्ति न राज्यार्थेऽपत्यस्नेहं महीभुजः । (**कथासरित्सागरे** ।)

गतं न शोचामि कृतं न मन्ये ।

गतस्य शोचनं नास्ति ।

गतानुगतिको लोको न लोकः पारमार्थिकः ।

गन्तव्यं राजपथे ।

गुणलुब्धाः स्वयमेव संपदः ।

गुणसंहतेः समतिरिक्तमहो निजमेव सत्त्वमुपकारि सताम् । (**किरातार्जुनीये** ।)

गुणान्भूषयते रूपम् ।

गुणार्जनोच्छ्रायविरुद्धबुद्धयः प्रकृत्यमित्रा हि सतामसाधवः । (**किरातार्जुनीये ।**)

गुणाः पूजास्थानं गुणिषु न च लिङ्गं न च वयः ।

गुणिनि गुणज्ञो रमते नागुणशीलस्य गुणिनि परितोषः ।

गुणी गुणं वेत्ति न वेत्ति निर्गुणः ।

गुणैर्विहीना बहु जल्पयन्ति ।

गुरुतां नयन्ति हि गुणा न संहतिः । (**किरातार्जुनीये ।**)

गुर्वपि विरहदुःखमाशाबन्धः साहयति । (**अभिज्ञानशाकुन्तले ।**)

गृहानुपैतुं प्रणयादभीप्सवो भवन्ति नापुण्यकृतां मनीषिणः । (**शिशुपालवधे ।**)

गृहे या पुण्यनिष्पत्तिः साध्वनि भ्रमतः कुतः । (**कथासरित्सागरे ।**)

ग्रसते हि तमोपहं मुहुर्न तु राहुह्वमहर्पतिं तमः । (**शिशुपालवधे ।**)

ग्रहीतुमार्योन्परिचर्यया मुहुर्महानुभावा हि नितान्तमर्थिनः । (**शिशुपालवधे ।**)

ग्रामनाशाय कुञ्जरः ।

ग्रामस्यार्थे कुलं त्यजेत् ।

ग्रावाणोऽप्यार्द्रतां सम्यग्भजन्त्यभिमुखे विधौ । (**कथासरित्सागरे ।**)

ग्लपयति यथा शशाङ्कं न तथा हि कुमुद्वतीं दिवसः । (**अभिज्ञानशाकुन्तले ।**)

घनाम्बुना राजपथे हि पिच्छिले क्वचिद्बुधैरप्यपथेन गम्यते । (**नैषधीयचरिते ।**)

घनाम्बुभिर्बहुलितनिम्नगाजलैर्जलं नहि व्रजति विकारमम्बुधेः । (**शिशुपालवधे ।**)

घ्नन्ति सहजमपि भूरिभियः सममागताः सपदि वैरमापदः । (**किरातार्जुनीये ।**)

चकास्ति योग्येन हि योग्यसंगमः । (**नैषधीयचरिते ।**)

चक्रवत्परिवर्तन्ते दुःखानि च सुखानि च ।

चक्षुःपूतं न्यसेत्पादम् ।

चन्द्रचन्दनयोर्मध्ये शीतला साधुसंगतिः ।

चपलौ किल शूराणां रणे जयपराजयौ । (**कथासरित्सागरे।**)

चाण्डालः पक्षिणां काकः ।

चाण्डालोऽपि नरः पूज्यो यस्यास्ति विपुलं धनम् ।

चाराज्जानन्ति राजानः ।

चित्तं जानाति जन्तूनां प्रेम जन्मान्तरार्जितम् । (**कथासरित्सागरे ।**)

चित्तमेतदमलीकरणीयम् ।

चित्ते वाचि क्रियायां च साधूनामेकरूपता ।

चित्रा गतिः कर्मणाम् ।

चिन्ता जरा मनुष्याणाम् ।

चिन्तासमं नास्ति शरीरशोषणम् ।

चेष्टाप्रतिरूपिका कामिजनमनोवृत्तिः । (**अभिज्ञानशाकुन्तले ।**)

चोराणामनृतं बलम् ।

चौरे गते वा किमु सावधानम् ।

छाया न मूर्च्छति मलोपहतप्रसादे शुद्धे तु दर्पणतले सुलभावकाशा । (**अभिज्ञानशाकुन्तले ।**)

छाया हि भूमेः शशिनो मलत्वेनारोपिता शुद्धिमतः प्रजाभिः । (**रघुवंशे ।**)

छायेव मैत्री खलसज्जनानाम् ।

छिद्रेष्वनर्था बहुलीभवन्ति ।

जठरं को न बिभर्ति केवलम् ।

जनानुरागप्रभवा हि संपदः ।

जनो बहु क्षपयति स्वल्पस्यार्थे धनान्धधीः । (**कथासरित्सागरे ।**)

जपतो नास्ति पातकम् ।

जरा रूपं हरति ।

जलबिन्दुनिपातेन क्रमशः पूर्यते घटः ।

जातं तु जातं न पुनः प्रयाति ।

जातस्य हि ध्रुवो मृत्युः ।

जातापत्या पतिं द्वेष्टि ।

जातौ जातौ नवाचाराः ।

जानन्ति पशवो गन्धात् ।

जामाता दशमो ग्रहः ।

जायन्ते बत मूढानां संवादा अपि तादृशाः । (**कथासरित्सागरे ।**)

जारस्त्रीणां पतिः शत्रुः ।

जितक्रोधेन सर्वं हि जगदेतद्विजीयते । (**कथासरित्सागरे ।**)

जितक्रोधो न दुःखस्यास्पदीभवेत् । (**कथासरित्सागरे ।**)

जितशान्तेषु धीराणां स्नेह एवोचितोऽरिषु । (**कथासरित्सागरे ।**)

जिह्वालक्षशतैककोटिनियमो नो दुर्जनानां मुखे ।

जीवन्तमेव कुष्णाति काकीव कुकुटुम्बिनी । (**कथासरित्सागरे** ।)

जीवन्तोऽसति मूढोऽर्थान्यावदर्थैः स नोज्झितः । (**कथासरित्सागरे** ।)

जीवन्हि धीरोऽभिमतं किं नाम न यदाप्नुयात् । (**कथासरित्सागरे** ।)

जीवो जीवस्य जीवनम् ।

ज्ञातास्वादो विवृतजघनां को विहातुं समर्थः । (**मेघदूते** ।)

ज्ञानमार्गे ह्यहंकारः परिघो दुरतिक्रमः । (**कथासरित्सागरे** ।)

ज्ञानमेव शक्तिः ।

ज्ञानलवदुर्विदग्धं ब्रह्मापि नरं न रञ्जयति ।

ज्ञानस्याभरणं क्षमा ।

ज्येष्ठभ्राता पितुः समः ।

ज्वलयति महतां मनांस्यमर्षे न हि लभतेऽवसरं सुखाभिलाषः । (**किरातार्जुनीये** ।)

झटिति पराशयवेदिनो हि विज्ञाः । (**नैषधीयचरिते** ।)

तक्रान्तं खलु भोजनम् ।

तत्कार्मुकं कर्मसु यस्य शक्तिः ।

तत्क्षणं किं नु कुर्याद्धि प्रसादः पारमेश्वरः । (**कथासरित्सागरे** ।)

तत्र सौरभनिर्माणे चतुरश्चतुराननः ।

तदेव दुःसहं स्त्रीणामिह प्रणयखण्डनम् । (**कथासरित्सागरे** ।)

तपःसीमा मुक्तिः ।

तपोधीनानि श्रेयांसि ह्युपायोऽन्यो न विद्यते । (**कथासरित्सागरे** ।)

तपोधीना हि संपदः । (**कथासरित्सागरे** ।)

तमस्तपति घर्मांशौ कथमाविर्भविष्यति । (**अभिज्ञानशाकुन्तले** ।)

तरुणीकच इव नीचः कौटिल्यं नैव विजहाति ।

तस्करस्य कुतो धर्मः ।

तस्माच्छेषं न रक्षयेत् ।

तस्माज्जाल्या महान्तोऽधमजनविषये मौनमेवाश्रयन्ते ।

तस्मात्सर्वं परित्यज्य पतिमेकं भजेत्सती ।

तस्य तदेव हि मधुरं यस्य मनो यत्र संलग्नम् ।

तस्य विस्तारिता बुद्धिस्तैलबिन्दुरिवाम्भसि ।

तस्य संकुचिता बुद्धिर्घृतबिन्दुरिवाम्भसि ।

तिष्ठत्येकां निशां चन्द्रः श्रीमान्संपूर्णमण्डलः ।

तीव्रसत्त्वस्य नचिराद्भवन्त्येव हि सिद्धयः । (**कथासरित्सागरे** ।)

तुल्यप्रतिद्वन्द्वि बभूव युद्धम् ।

तुष्यन्ति भोजनैर्विप्राः ।

तृष्णैका तरुणायते ।

तेजसां हि न वयः समीक्ष्यते । (**रघुवंशे** ।)

ते भूमण्डलमण्डनैकतिलकाः सन्तः कियन्तो जनाः ।

तेषामिन्द्रियनिग्रहो यदि भवेद्विन्ध्यस्तरेत्सागरम् ।

त्यजन्त्युत्तमसत्त्वा हि प्राणानपि न सत्पथम् । (**कथासरित्सागरे** ।)

त्यजेदेकं कुलस्यार्थे ।

त्यागाज्जगति पूज्यन्ते पशुपाषाणपादपाः ।

त्राणाभावे हि शापास्त्राः कुर्वन्ति तपसो व्ययम् । (**रघुवंशे** ।)

त्रिभुवनविषये कस्य दोषो न चास्ति ।

त्रैलोक्ये दीपको धर्मः ।

ददाति तीव्रसत्त्वानामिष्टमीश्वर एव हि । (**कथासरित्सागरे** ।)

दया मांसाशिनः कुतः

दयितं जनः खलु गुणीति मन्यते । (**शिशुपालवधे** ।)

दयितास्वनवस्थितं नृणां न खलु प्रेम चलं सुहृज्जने । (**कुमारसंभवे** ।)

दरिद्रता धीरतया विराजते ।

दर्दुरा यत्र वक्तारस्तत्र मौनं हि शोभनम् ।

दशाननोऽहरत्सीतां बन्धनं च महोदधेः ।

दारिद्र्यदोषेण करोति पापम् ।

दारिद्र्यदोषो गुणराशिनाशी ।

दारिद्र्यं परमाञ्जनम् । (**भागवते** ।)

दावानलप्लोषविपत्तिमन्योऽरण्यस्य हर्तुं जलदात्प्रभुः किम् । (**कुमारसंभवे** ।)

दिक्शून्या चेदबान्धवा ।

दिवि गमनरत्नं दिनकरः ।

दिशत्यपायं हि सतामतिक्रमः । (**किरातार्जुनीये** ।)

दुःखान्धा हि पतन्त्येव विपच्छ्वभ्रेषु कातराः । (**कथासरित्सागरे** ।)

दुग्धधौतोऽपि किं याति वायसः कलहंसताम् ।

दुरधिगमा हि गतिः प्रयोजनानाम् । (**किरातार्जुनीये** ।)

दुरधीता विषं विद्या ।

दुरितघ्नतपःशुद्धिसव्यपेक्षा हि सिद्धयः । (**कथासरित्सागरे** ।)

दुर्गहीनस्तथा नृपः ।

दुर्जनस्य कुतः क्षमा ।

दुर्जनस्यार्जितं वित्तं भुज्यते राजतस्करैः ।

दुर्जया हि विषया विदुषापि । (**नैषधीयचरिते** ।)

दुर्बलस्य बलं राजा ।

दुर्मन्त्री राज्यनाशाय ।

दुर्लक्ष्यचिह्ना महतां हि वृत्तिः । (**किरातार्जुनीये** ।)

दुर्लभं क्षेमकृत्सुतः ।

दुर्लभं भारते जन्म मानुष्यं तत्र दुर्लभम् ।

दुर्लभः स गुरुर्लोके शिष्यचिन्तापहारकः ।

दुर्लभः स्वजनप्रियः ।

दुष्टं हि जन्तुमुत्थाप्य कस्यात्मनि सुखं भवेत् । (**कथासरित्सागरे** ।)

दुष्टेऽपि पत्यौ साध्वीनां नान्यथावृत्ति मानसम् । (**कथासरित्सागरे** ।)

दूरतः पर्वता रम्याः ।

दूरारोहपरिभ्रंशविनिपातो हि दारुणः ।

दृष्टतत्त्वश्च न पुनः कर्मजालेन बध्यते । (**कथासरित्सागरे** ।)

दृष्टो हि वृण्वन्कलभप्रमाणोऽप्याशाः पुरोवातमवाप्य मेघः । (**रघुवंशे** ।)

देवद्विजसपर्या हि कामधेनुर्मता सताम् । (**कथासरित्सागरे** ।)

देवा हि नान्यद्वितरन्ति किं तु प्रसह्य ते साधुधियं ददन्ते । (**नैषधीयचरिते** ।)

देवो दुर्बलघातकः ।

देहपातमपीच्छन्ति सन्तो नाविनयं पुनः । (**कथासरित्सागरे** ।)

देहस्नेहो हि दुस्त्यजः । (**कथासरित्सागरे** ।)

दैवमेव हि साहाय्यं कुरुते सत्त्वशालिनाम् । (**कथासरित्सागरे** ।)

दैवी विचित्रा गतिः ।

दैवे दुर्जनतां गते तृणमपि प्रायेण वज्रायते ।

दैवेनैव हि साध्यन्ते सदर्थाः शुभकर्मणाम् । (**कथासरित्सागरे** ।)

दोषग्राही गुणत्यागी पल्लोलीव हि दुर्जनः ।

दोषाय निर्विमर्शेयं भौतप्रश्नोत्तरक्रिया । (**कथासरित्सागरे** ।)

दोषोऽपि गुणतां याति प्रभोर्भवति चेत्कृपा ।

द्यौर्न काचिदथवास्ति निरूढा सैव सा चलति यत्र हि चित्तम् । (**नैषधीयचरिते** ।)

द्रव्येण सर्वे वशाः ।

धनं सर्वप्रयोजनम् ।

धनानि जीवितं चैव परार्थे प्राज्ञ उत्सृजेत् ।

धनिनामितरः सतां पुनर्गुणवत्संनिधिरेव संनिधिः । (**शिशुपालवधे** ।)

धन्यास्ते भुवि ये निवृत्तमनसो धिग्दुःखितान्कामिनः ।

धर्मक्षयकरः क्रोधः ।

धर्मसंरक्षणार्थैव प्रवृत्तिर्भुवि शार्ङ्गिणः । (**रघुवंशे** ।)

धर्मस्य तत्त्वं निहितं गुहायाम् ।

धर्मस्य त्वरिता गतिः ।

धर्मः कीर्तिर्द्वयं स्थिरम् ।

धर्मः सत्येन वर्धते ।

धर्मः स नो यत्र न सत्यमस्ति ।

धर्मेण चरतां सत्ये नास्त्यनभ्युदयः क्वचित् । (**कथासरित्सागरे** ।)

धर्मेण हीनाः पशुभिः समानाः ।

धर्मो मित्रं मृतस्य च ।

धर्मो हि सांनिध्यं कुरुते सताम् । (**कथासरित्सागरे** ।)

धर्मो ह्यसम्यङ्निर्णीतो निहन्त्युभयलोकयोः । (**कथासरित्सागरे** ।)

धिक्कलत्रमपुत्रकम् ।

धिक्पुत्रमविनीतं च ।

धिगाशा सर्वदोषभूः ।

धिगिमां देहभृतामसारताम् । (**रघुवंशे** ।)

धिग्गृहं गृहिणीशून्यम् ।

धिग्जीवितं चोद्यमवर्जितस्य ।

धिग्जीवितं ज्ञातिपराजितस्य ।

धिग्जीवितं व्यर्थमनोरथस्य ।

धिग्जीवितं शास्त्रकलोज्झितस्य ।

धिग्ज्योतिषमजातकम् ।

धीराणां व्रजति हि सर्व एव नान्तःपातित्वादभिभवनीयतां परस्य । (**शिशुपालवधे** ।)

धीराश्च सोढविरहाः प्राप्नुवन्तीष्टसंगमम् । (**कथासरित्सागरे** ।)

धीर्न चित्रीयते कस्मादभित्तौ चित्रकर्मणा । (**कथासरित्सागरे** ।)

धूमो निवर्त्येत समीरणेन यतस्तु कक्षस्तत एव वह्निः । (**रघुवंशे** ।)

धूर्ताः क्रीडन्त्येव हि बालिशैः । (**कथासरित्सागरे** ।)

ध्रुवमभिमते को वा पूर्णे मुदा न हि माद्यति । (**कुमारसंभवे** ।)

ध्रुवं फलाय महते महतां सह संगमः । (**कथासरित्सागरे** ।)

न कस्य वीर्याय वरस्य संगतिः । (**कुमारसंभवे** ।)

न काचस्य कृते जातु युक्ता मुक्तामणेः क्षतिः । (**कथासरित्सागरे** ।)

न कामसदृशो रिपुः ।

न कूपखननं युक्तं प्रदीप्ते वह्निना गृहे ।

न क्वापि सौख्यमपराधकृतां प्रभूणाम् ।

नक्षत्रभूषणं चन्द्रः ।

न क्षुद्रोऽपि प्रथमसुकृतापेक्षया संश्रयाय प्राप्ते मित्रे भवति विमुखः । (**मेघदूते** ।)

न खलु धीमतां कश्चिदविषयो नाम । (**अभिज्ञानशाकुन्तले** ।)

न खलु स उपरतो यस्य वल्लभो जनः स्मरति ।

न च दैवात्परं बलम् ।

न च धर्मो दयापरः ।

न चलति खलु वाक्यं सज्जनानां कदाचित् ।

न च विद्यासमो बन्धुः ।

न च व्याधिसमो रिपुः ।

न चापल्यसमः स्नेहः ।

न जात्ववसरे प्राप्ते सत्त्ववानवसीदति । (**कथासरित्सागरे** ।)

न जाने संसारः किममृतमयः किं विषमयः ।

न ज्ञानात्परमं चक्षुः ।

न तथा कृतवेदिनां करिष्यन्प्रियतामेति यथा कृतावदानः । (**किरातार्जुनीये** ।)

न तोषात्परमं सुखम् ।

न तोषो महतां मृषा । (**कथासरित्सागरे** ।)

न दयासदृशं ज्ञानम् ।

न दरिद्रस्तथा दुःखी लब्धक्षीणधनो यथा ।

न दुष्प्रापं परच्छिद्रं जाग्रद्भिर्निपुणैर्यतः । (**कथासरित्सागरे** ।)

न देवः परमो विष्णोः ।

न धर्मवृद्धेषु वयः समीक्ष्यते । (**कुमारसंभवे** ।)

न धर्मसदृशं मित्रम् ।

न धर्मात्परमं मित्रम् ।

न नन्दनालोकनमङ्गलेषु क्षणं क्षणं हृष्यति कस्य चेतः । (**कुमारसंभवे** ।)

न नश्यति तमो नाम कृतया दीपवार्तया ।

ननु तैलनिषेकबिन्दुना सह दीपार्चिरुपैति मेदिनीम् । (**रघुवंशे** ।)

ननु प्रवातेऽपि निष्कम्पा गिरयः । (**अभिज्ञानशाकुन्तले** ।)

ननु वक्तृविशेषनिःस्पृहा गुणगृह्या वचने विपश्चितः । (**किरातार्जुनीये** ।)

ननु विमृश्य कृती कुरुतेऽखिलम् ।

न पतिव्यतिरेकेण सुस्त्रीणामपरा गतिः । (**कथासरित्सागरे** ।)

न परिचयो मलिनात्मनां प्रधानम् । (**शिशुपालवधे** ।)

न परेषु महौजसश्छलादपकुर्वन्ति मलिम्लुचा इव । (**शिशुपालवधे** ।)

न परोदितं हि कलयन्ति कुमाराः । (**हरिविलासे** ।)

न पादपोन्मूलनशक्तिरंहः शिलोच्चये मूर्च्छति मारुतस्य । (**रघुवंशे** ।)

न पुत्रात्परमो लाभः ।

न प्रभातरलं ज्योतिरुदेति वसुधातलात् । (**अभिज्ञानशाकुन्तले** ।)

न प्राणान्ते प्रकृतिविकृतिर्जायते चोत्तमानाम् ।

न भयं चास्ति जाग्रतः ।

न भवति पुनरुक्तं भाषितं सज्जनानाम् ।

न भवति महतां हि क्वापि मोघः प्रसादः । (**हरिविलासे** ।)

न भविष्यति हन्त साधनं किमिवान्यत्प्रहरिष्यतो विधेः । (**रघुवंशे** ।)

न भार्यायाः परं सुखम् ।

न भूतो न भविष्यति ।

न भेकः कोकनदिनीकिंजल्कास्वादकोविदः । (**कथासरित्सागरे** ।)

नभोभूषा पूषा ।

न मुक्तेः परमा गतिः ।

नयनसुखं को निवारयति ।

नयवर्त्मगाः प्रभवतां हि धियः ।

न युक्तं ते रोषादतिथिमिव धिक्कृत्य गमनम्

नये च शौर्ये च वसन्ति संपदः ।

नयेन चालंक्रियते नरेन्द्रता ।

नरः प्रत्युपकारार्थं विपत्तिमभिवाञ्छति ।

न रत्नमन्विष्यति मृग्यते हि तत् । (**कुमारसंभवे** ।)

नराणां नापितो धूर्तः ।

नर्मैकसादरं हि नवं वयः । (**कथासरित्सागरे** ।)

न वस्तु देवस्वरसाद्विनश्वरं सुरेश्वरोऽपि प्रतिकर्तुमीश्वरः । (**नैषधीयचरिते** ।)

नवाङ्गनानां नव एव पन्थाः ।

नवा वाणी मुखे मुखे ।

न विवेकं विना ज्ञानम् ।

न वैराग्यात्परं भाग्यम् ।

न शरीरं पुनः पुनः ।

न शान्तेः परमं सुखम् ।

न शास्त्रं वेदतः परम् ।

न शिक्षितः प्रयत्नो हि धीराणां हृदये भिया । (**कथासरित्सागरे** ।)

न शूरा विसहन्ते हि स्त्रीनिमित्तं पराभवम् । (**कथासरित्सागरे** ।)

न षट्पदश्रेणिभिरेव पङ्कजं सशैवलासङ्गमपि प्रकाशते । (**कुमारसंभवे** ।)

न स शक्नोति किं यस्य प्रज्ञा नापदि हीयते । (**कथासरित्सागरे** ।)

न सा सभा यत्र न सन्ति वृद्धाः ।

न सुवर्णे ध्वनिस्तादृग्यादृक्कांस्ये प्रजायते ।

न स्त्री चलितचारित्रा निम्नोन्नतमवेक्षते । (**कथासरित्सागरे** ।)

न स्त्री स्वातन्त्र्यमर्हति ।

न स्नेहो न च दाक्षिण्यं स्त्रीष्वहो चापलादृते । (**कथासरित्सागरे** ।)

न स्पृशति पल्वलाम्भः पञ्जरशेषोऽपि कुञ्जरः क्वापि ।

न स्वेच्छं व्यवहर्तव्यमात्मनो भूतिमिच्छता । (**कथासरित्सागरे** ।)

नहि कृतमुपकारं साधवो विस्मरन्ति ।

नहि गणयति क्षुद्रो जन्तुः परिग्रहफल्गुताम् ।

नहि तापयितुं शक्यं सागराम्भस्तृणोल्कया ।

नहि दुर्बलदग्धानां काले किंचित्प्ररोहति ।

नहि दुष्करमस्तीह किंचिदध्यवसायिनाम् । (**कथासरित्सागरे** ।)

नहि नार्यो विनेर्ष्यया ।

नहि प्रफुल्लं सहकारमेत्य वृक्षान्तरं काङ्क्षति षट्पदाली । (**रघुवंशे** ।)

नहि प्रियं प्रवक्तुमिच्छन्ति मृषा हितैषिणः । (**किरातार्जुनीये** ।)

नहि मूला प्रसिध्यति ।

नहि वन्ध्याश्नुते दुःखं यथा हि मृतपुत्रिणी ।

नहि विचलति मैत्री दूरतोऽपि स्थितानाम् ।

नहि सत्त्वावसादेन स्वल्पाप्यापद्विलङ्घ्यते । (**कथासरित्सागरे** ।)

नहि सर्वविदः सर्वे ।

नहि सर्वेऽपि कुर्वन्ति सभ्या युक्तिविवेचनम् ।

नहि सिंहो गजास्कन्दी भयाद्गिरिगुहाशयः । (**रघुवंशे** ।)

नहि सुप्तस्य सिंहस्य प्रविशन्ति मुखे मृगाः ।

नहीङ्गितज्ञोऽवसरेऽवसीदति । (**किरातार्जुनीये** ।)

नहीश्वरव्याहृतयः कदाचित्पुष्णन्ति लोके विपरीतमर्थम् । (**कुमारसंभवे** ।)

नातिपीडयितुं भग्नानिच्छन्ति हि महौजसः । (**किरातार्जुनीये** ।)

नाधर्मश्चिरमृद्धये (**कथासरित्सागरे** ।)

नानातत्त्वविचारणप्रणयिनो लोका बहिर्बुद्धयः ।

नानाफलैः फलति कल्पलतेव भूमिः ।

नानृतात्पातकं परम् ।

नारीणां भूषणं पतिः ।

नार्कातपैर्जलजमेति हिमैस्तु दाहम् । (**नैषधीयचरिते** ।)

नार्यः समाश्रितजनं हि कलङ्कयन्ति ।

नाल्पीयान्बहु सुकृतं हिनस्ति दोषः । (**किरातार्जुनीये** ।)

ना विष्णुः पृथिवीपतिः ।

नासद्भिः किंचिदाचरेत् ।

नासमीक्ष्य परं स्थानं पूर्वमायतनं त्यजेत् ।

नास्ति कामसमो व्याधिः ।

नास्ति क्रोधसमो वह्निः ।

नास्ति चक्षुःसमं तेजः ।

नास्ति चात्मसमं बलम् ।

नास्ति ज्ञानात्परं सुखम् ।

नास्ति तृष्णासमो व्याधिः ।

नास्ति धान्यसमं प्रियम् ।

नास्ति प्राणसमं भयम् ।

नास्ति बन्धुसमं बलम् ।

नास्ति मेघसमं तोयम् ।

नास्ति मोहसमो रिपुः ।

नास्ति व्यसनिनां किंचिद्भुवि पर्याप्तये धनम् । (**कथासरित्सागरे ।**)

नास्ति हस्तिसमः सखा ।

नास्ति हस्तिसमो बन्धुः ।

नास्त्यदेयं महात्मनाम् ।

नास्त्यहो स्वामिभक्तानां पुत्रे वात्मनि वा स्पृहा । (**कथासरित्सागरे ।**)

निजामृतैर्लोचनसेचनाद्वा पृथक्किमिन्दुः सृजति प्रजानाम् । (**नैषधीयचरिते ।**)

निपातनीया हि सतामसाधवः । (**शिशुपालवधे ।**)

निःसारस्य पदार्थस्य प्रायेणाडम्बरो महान् ।

निजेऽप्यपत्ये करुणा कठिनप्रकृतेः कुतः । (**प्रसन्नराघवे**)

निरस्तपादपे देशे एरण्डोऽपि द्रुमायते ।

निर्गलिताम्बुगर्भं शरद्घनं नार्दति चातकोऽपि (**रघुवंशे ।**)

निर्जितेषु तरसा तरस्विनां शत्रुषु प्रणतिरेव कीर्तये । (**रघुवंशे ।**)

निर्द्रव्यं पुरुषं त्यजन्ति गणिकाः ।

निर्धनता सर्वापदामास्पदम् ।

निर्धनस्य कुतः सुखम् ।

निर्वाणदीपे किमु तैलदानम् ।

निर्वाहः प्रतिपन्नवस्तुषु सतामेतद्धि गोत्रव्रतम् ।

निर्विमर्शा हि भीरवः । (**कथासरित्सागरे ।**)

निवसन्ति पराक्रमाश्रया न विषादेन समं समृद्धयः । (**किरातार्जुनीये ।**)

निवसन्नन्तर्दारुणि लङ्घ्यो वह्निर्न तु ज्वलितः ।

निवृत्तपापसंपर्काः सन्तो यान्ति हि निर्वृतिम् । (**कथासरित्सागरे ।**)

निवृत्तरागस्य गृहं तपोवनम् ।

निशारत्नं चन्द्रः ।

निष्प्रज्ञास्त्ववसीदन्ति लोकोपहसिताः सदा । (**कथासरित्सागरे ।**)

निष्प्रज्ञो नाशयत्येव प्रभोरर्थमथात्मनः । (**कथासरित्सागरे ।**)

निसर्गः स हि धीराणां यदापद्यधिकं दृढम् । (**कथासरित्सागरे ।**)

निसर्गचपलानां हि मादृशां संयमः कुतः । (**कथासरित्सागरे ।**)

निसर्गतोऽन्तर्मलिना ह्यसाधवः ।

निसर्गसिद्धो नारीणां सपत्नीषु हि मत्सरः । (**कथासरित्सागरे ।**)

निस्पृहस्य तृणं जगत् ।

नीचाश्रयो हि महतामपमानहेतुः ।

नीचैरनीचैरतिनीचनीचैः सर्वैरुपायैः फलमेव साध्यम् ।

नीचो वदति न कुरुते वदति न साधुः करोत्येव ।

नूनं विरूपैरधिकं हासनैः क्रीडति स्मरः । (**कथासरित्सागरे ।**)

नृपस्य वर्णाश्रमपालनं यत्स एव धर्मः । (**रघुवंशे ।**)

नेन्दुः क्षिपति किं कालं परिक्षीणोऽर्कमण्डले । (**कथासरित्सागरे ।**)

नेर्ष्यां भर्तृहितैषिण्यो गणयन्ति हि सुस्त्रियः । (**कथासरित्सागरे ।**)

नैकत्र सर्वो गुणसंनिपातः ।

नैवात्मनीनमथवा क्रियते मदान्धैः । (**शिशुपालवधे ।**)

नैवान्यथा भवति यल्लिखितं विधात्रा ।

नैवाश्रितेषु महतां गुणदोषशङ्का ।

न्याय्यमुपेक्षते हि कः । (**नैषधीयचरिते ।**)

न्याय्यां वृत्तिं समाचरेत् ।

न्याय्यात्पथः प्रविचलन्ति पदं न धीराः ।

पङ्को हि नभसि क्षिप्तः क्षेप्तुः पतति मूर्धनि । (**कथासरित्सागरे ।**)

पञ्चभिर्मिलितैः किं यज्जगतीह न साध्यते । (**नैषधीयचरिते ।**)

पठतो नास्ति मूर्खत्वम् ।

पथः श्रुतेर्दर्शयितार ईश्वरा मलीमसामाददते न पद्धतिम् । (**रघुवंशे ।**)

पदं हि सर्वत्र गुणैर्विधीयते ।

पदं सहेत भ्रमरस्य पेलवं शिरीषपुष्पं न पुनः पतत्रिणः । (**कुमारसंभवे ।**)

पद्मपत्रस्थितं वारि धत्ते मुक्ताफलश्रियम्

पद्मानां शिशिराद्भयम् ।

पयःपानं भुजंगानां केवलं विषवर्धनम् ।

पयोगते किं खलु सेतुबन्धः ।

पयोमुचां पङ्क्तिषु विद्युतेव ।

परदुःखेनापि दुःखिता विरलाः ।

परबुद्धिर्विनाशाय ।

परबुद्धिषु बद्धमत्सराणां किमिव ह्यस्ति दुरात्मनामलङ्घ्यम् । (**किरातार्जुनीये ।**)

परभुक्ते हि कमले किमलेर्जायते रतिः । (**कथासरित्सागरे**।)

परमं लाभमरातिभङ्गमाहुः। (**किरातार्जुनीये**।)

परमार्थमविज्ञाय न भेतव्यं क्वचिन्नृभिः । (**कथासरित्सागरे**।)

परलोकगतस्य को बन्धुः ।

परलोकजुषां स्वकर्मभिर्गतयो भिन्नपथा हि देहिनाम् । (**रघुवंशे**।)

परवृद्धिमत्सरि मनो हि मानिनाम्। (**शिशुपालवधे**।)

परसदननिविष्टः को लघुत्वं न याति ।

परसेवैकसक्तानां की हि स्नेहो निजे जने। (**कथासरित्सागरे**।)

परहस्तगताः स्त्रियः ।

परहितनिरतानामादरो नात्मकार्ये ।

पराभवोऽप्युत्सव एव मानिनाम् ।

परार्थप्रतिपन्ना हि नेक्षन्ते स्वार्थमुत्तमाः । (**कथासरित्सागरे**।)

परिजनतापि गुणाय सद्गुणानाम्। (**किरातार्जुनीये**।)

परिवर्तिनि संसारे मृतः को वा न जायते ।

परेङ्गितज्ञानफला हि बुद्धयः।

परैरनिन्द्यं चरितं मनस्विनां वयोनुसारोचितमेव शोभते । (**कथासरित्सागरे**।)

परैरपर्यासितवीर्यसंपदां पराभवोऽप्युत्सव एव मानिनाम् । (**किरातार्जुनीये**।)

परोपकारजं पुण्यं न स्यात्क्रतुशतैरपि ।

परोपकाराय सतां विभूतयः।

परोपकारार्थमिदं शरीरम् ।

परोपदेशवेलायां शिष्टाः सर्वे भवन्ति वै ।

परोऽपि हितवान्बन्धुः ।

पर्यायपीतस्य सुरैर्हिमांशोः कलाक्षयः श्लाघ्यतरो हि वृद्धेः । (**रघुवंशे**।)

पर्वतानां भयं वज्रात् ।

पलालजालैः पिहितः स्वयं हि प्रकाशमासादयतीक्षुडिम्भः । (**नैषधीयचरिते**।)

पवनः परागवाही रथ्यासु वहन्रजस्खलो भवति ।

पश्यन्तु लोकाः कलिकौतुकानि ।

पश्यन्तु लोकाः कलिदोषकानि ।

पाणौ पयसा दग्धे तक्रं फूत्कृत्य पामरः पिबति ।

पात्रत्वाद्धनमाप्नोति ।

पात्रानुसारं फलम् ।

पादपानां भयं वातात् ।

पापप्रभागान्नरकं प्रयाति ।

पापे कर्मण्यवज्ञातहितवाक्ये कुतः सुखम्। (**कथासरित्सागरे**।)

पिण्डे पिण्डे मतिर्भिन्ना ।

पिण्डेष्वनास्था खलु भौतिकेषु ।

पितृदोषेण मूर्खता ।

पिपासितैः काव्यरसो न पीयते ।

पिबामः शास्त्रौघानुत विविधकाव्यामृतरसान् ।

पिशुनजनं खलु बिभ्रति क्षितीन्द्राः ।

पीत्वा मोहमयीं प्रमादमदिरामुन्मत्तभूतं जगत् ।

पुंसामदृष्टे दृष्टे वा श्रेयोऽहंकारिणां कुतः । (**कथासरित्सागरे**।)

पुण्यवन्तो हि संतानं पश्यन्त्युच्चैः कृतान्वयम्। (**कथासरित्सागरे**।)

पुण्यैरेव हि लभ्यते सुकृतिभिः सत्संगतिर्दुर्लभा ।

पुत्रः पिण्डप्रयोजनः ।

पुत्रः शत्रुरपण्डितः ।

पुत्रप्रयोजना दाराः ।

पुत्रहीनं गृहं शून्यम् ।

पुत्रादपि भयं यत्र तत्र सौख्यं हि कीदृशम् ।

पुत्रोदये माद्यति का न हर्षात्। (**कुमारसंभवे**।)

पुनर्दरिद्री पुनरेव पापी ।

पुनर्धनाढ्यः पुनरेव भोगी ।

पुरुषा अपि बाणा अपि गुणच्युताः कस्य न भयाय ।

पुष्पं पर्युषितं त्यजन्ति मधुपाः ।

पूज्यं वाक्यं समृद्धस्य ।

पूर्वपुण्यतया विद्या ।

पूर्वावधीरितं श्रेयो दुःखं हि परिवर्तते। (**अभिज्ञानशाकुन्तले**।)

पृथिवीभूषणं राजा ।

पेशलं हि सतीमनः। (**कथासरित्सागरे**।)

प्रकृतिः खलु सा महीयसां सहते नान्यसमुन्नतिं यया ।

प्रकृतिमहते कुर्मस्तस्मै नमः कविकर्मणे ।

प्रकृतिरियं सत्त्ववताम् ।

प्रकृतिसिद्धमिदं हि दुरात्मनाम् ।

प्रकृतिसिद्धमिदं हि महात्मनाम् ।

प्रकृत्या ह्यमणिः श्रेयान्नालंकारश्च्युतोपलः। (**किरातार्जुनीये**।)

प्रच्छन्नमप्यूहयते हि चेष्टा । (**किरातार्जुनीये** ।)

प्रजानामपि दीनानां राजैव सदयः पिता ।

प्रजापतेर्विसर्गो हि प्राणिसर्गोऽधिकाधिकः । (**कथासरित्सागरे** ।)

प्रज्ञा नाम बलं ह्येवं निष्प्रज्ञस्य बलेन किम् । (**कथासरित्सागरे** ।)

प्रज्ञाबलं च सर्वेषु मुख्यं कार्येषु साधनम् । (**कथासरित्सागरे** ।)

प्रणामान्तः सतां कोपः ।

प्रणिपातप्रतीकारः संरम्भो हि महात्मनाम् । (**रघुवंशे** ।)

प्रतिकारविधानमायुषः सति शेषे हि फलाय कल्पते (**रघुवंशे** ।)

प्रतिक्षणं यन्नवतामुपैति तदेव रूपं रमणीयतायाः ।

प्रतिपन्नसुहृत्कार्यनिर्वाहं धीरसत्त्वता । (**कथासरित्सागरे** ।)

प्रतिपन्नार्थनिर्वाहं सहजं हि सतां व्रतम् । (**कथासरित्सागरे** ।)

प्रतिबध्नाति हि श्रेयः पूज्यपूजाव्यतिक्रमः । (**रघुवंशे** ।)

प्रतिभातश्च पश्यन्ति सर्वं प्रज्ञावतां धियः । (**कथासरित्सागरे** ।)

प्रतीयन्ते न नीतिज्ञाः कृतावज्ञस्य वैरिणः । (**कथासरित्सागरे** ।)

प्रत्ययः स्त्रीषु मुष्णाति विमर्शं विदुषामपि । (**कथासरित्सागरे** ।)

प्रत्यासन्नविपत्तिमूढमनसां प्रायो मतिः क्षीयते ।

प्रत्युक्तं हि प्रणयिषु सतामीप्सितार्थक्रियैव । (**मेघदूते** ।)

प्रत्युत्पन्नमति स्त्रैणम् । (**अभिज्ञानशाकुन्तले** ।)

प्रथमालीढमधुराः पिबन्ति कटु भेषजम् ।

प्रबलतमसामेवंप्रायाः शुभेषु हि वृत्तयः स्रजमपि शिरस्यन्धः क्षिप्तां धुनोत्यहिशङ्कया । (**अभिज्ञानशाकुन्तले** ।)

प्रभुचित्तमेव हि जनोऽनुवर्तते । (**शिशुपालवधे** ।)

प्रभुप्रसादो हि मुदे न कस्य । (**कुमारसंभवे** ।)

प्रभुश्च निर्विचारश्च नीतिज्ञैर्न प्रशस्यते । (**कथासरित्सागरे** ।)

प्रभुस्तु विबुधाश्रयः कति न सन्ति कुक्षिंभराः ।

प्रभूणां हि विभूत्यन्धा धावत्यविषये मतिः । (**कथासरित्सागरे** ।)

प्रभौ हठप्रवृत्ते हि कस्य प्रत्यायना भवेत् । (**कथासरित्सागरे** ।)

प्रमदालोचनन्यस्तं मलीमसमिवाञ्जनम् ।

प्रमाणं परमं श्रुतिः ।

प्रमाद्यतां संवृणोति खलु दोषमसङ्गता । (**किरातार्जुनीये** ।)

प्रयोजनापेक्षितया प्रभूणां प्रायश्चलं गौरवमाश्रितेषु । (**कुमारसंभवे** ।)

प्रलयोल्लसितस्य वारिधेः परिवाहो जगतः करोति किम् । (**शिशुपालवधे** ।)

प्रवादमोहितः प्रायो न विचारक्षमो जनः । (**कथासरित्सागरे** ।)

प्रसन्नानां वाचः फलमपरिमेयं प्रसुवते ।

प्रसन्ने हि किमप्राप्यमस्तीह परमेश्वरे । (**कथासरित्सागरे** ।)

प्रसादचिह्नानि पुरःफलानि ।

प्रसादसौम्यानि सतां सुहृज्जने पतन्ति चक्षूंषि न दारुणाः शराः । (**अभिज्ञानशाकुन्तले** ।)

प्रसूतान्तं च यौवनम् ।

प्रस्तुतार्थविरुद्धं हि कोऽभिदध्यादबालिशः । (**कथासरित्सागरे** ।)

प्रहर नमतु चापं प्राक्प्रहारप्रियोऽहम् ।

प्रह्वेष्वनिर्बन्धरुषो हि सन्तः । (**रघुवंशे** ।)

प्रागेव मुक्ता नयनाभिरामाः प्राप्येन्द्रनीलं किमुतोन्मयूखम् । (**रघुवंशे** ।)

प्राचीनकर्म बलवन्मुनयो वदन्ति ।

प्राज्ञः सत्त्वहितं कुर्यात्सम्यक्संबोधलब्धये । (**कथासरित्सागरे** ।)

प्राणव्ययाय शूराणां जायते हि रणोत्सवः । (**कथासरित्सागरे** ।)

प्राणानुदारा विसृजन्त्यर्थिनो न पराङ्मुखाः । (**कथासरित्सागरे** ।)

प्राणिनां हि निकृष्टापि जन्मभूमिः परा प्रिया । (**कथासरित्सागरे** ।)

प्राणेभ्योऽपि हि धीराणां प्रिया शत्रुप्रतिक्रिया । (**नैषधीयचरिते** ।)

प्राणेभ्योऽप्यर्थमात्रा हि कृपणस्य गरीयसी । (**कथासरित्सागरे** ।)

प्राणैरपि हि भृत्यानां स्वामिसंरक्षणं व्रतम् । (**कथासरित्सागरे** ।)

प्राप्तोऽप्यर्थः क्षणादेव हार्यते मन्दबुद्धिना । (**कथासरित्सागरे** ।)

प्राप्नोतीष्टमविक्लवः । (**कथासरित्सागरे** ।)

प्राप्यते किं यशः शुभ्रमनङ्गीकृत्य साहसम् । (**कथासरित्सागरे** ।)

प्रायः प्रत्ययमाधत्ते स्वगुणेषूत्तमादरः । (**कुमारसंभवे ।**)

प्रायः श्वश्रूस्नुषयोर्न दृश्यते सौहृदं लोके ।

प्रायः सज्जनसंगतौ हि लभते दैवानुरूपं फलम् ।

प्रायः सत्पुरुषाश्रितोऽपि लभते दैवानुरूपं फलम् ।

प्रायः समानविद्याः परस्परयशःपुरोभागाः ।

प्रायः सपासन्नविपत्तिकाले धियोऽपि पुंसां मलिनीभवन्ति ।

प्रायः सर्वो भवति करुणावृत्तिरार्द्रान्तरात्मा । (**मेघदूते ।**)

प्रायः स्त्रियो भवन्तीह निसर्गविषमाः शठाः । (**कथासरित्सागरे ।**)

प्रायः स्वं महिमानं क्षोभात्प्रतिपद्यते हि जनः ।

प्रायेण गृहिणीनेत्राः कन्यार्थेषु कुटुम्बिनः । (**कुमारसंभवे ।**)

प्रायेण भार्यादौःशील्यं स्नेहान्धो नेक्षते जनः । (**कथासरित्सागरे ।**)

प्रायेण भूमिपतयः प्रमदा लताश्च यः पार्श्वतो भवति तं परिवेष्टयन्ति ।

प्रायेण सत्यपि हितार्थकरे विधौ हि श्रेयांसि लब्धुमसुखानि विनान्तरायैः । (**किरातार्जुनीये ।**)

प्रायेण साधुवृत्तानामस्थायिन्यो विपत्तयः ।

प्रायेण सामग्र्यविधौ गुणानां पराङ्मुखी विश्वसृजः प्रवृत्तिः । (**कुमारसंभवे**)

प्रायेणाधममध्यमोत्तमगुणः संसर्गतो जायते ।

प्रायो गच्छति यत्र भाग्यरहितस्तत्रापदां भाजनम् ।

प्रायो गच्छति यत्र भाग्यरहितस्तत्रैव यान्त्यापदः ।

प्रायो वारितवामा हि प्रवृत्तिर्मनसो नृणाम् । (**कथासरित्सागरे ।**)

प्रायोऽशुभस्य कार्यस्य कालहारः प्रतिक्रिया । (**कथासरित्सागरे ।**)

प्रारभ्य चोत्तमजना न परित्यजन्ति ।

प्रासादशिखरस्थोऽपि काकः किं गरुडायते ।

प्रियबन्धुविनाशोत्थः शोकाग्निः कं न तापयेत् । (**कथासरित्सागरे ।**)

प्रियमनु सुकृतां हि स स्पृहाया विलम्बः । (**नैषधीयचरिते ।**)

प्रियमांसमृगाधिपोज्झितः किमवद्यः करिकुम्भजो मणिः । (**शिशुपालवधे ।**)

प्रियानाशे कृत्स्नं किल जगदरण्यं हि भवति ।

प्रियेषु सौभाग्यफला हि चारुता । (**कुमारसंभवे ।**)

प्रिये सीमाह्लादः ।

प्रौढं विक्रान्तमासीद्वन इव भवता शूरशून्ये रणेऽस्मिन् ।

फलं भाग्यानुसारतः ।

फलेन फलमादिशेत् ।

बत स्त्रीणां चञ्चलाश्चित्तवृत्तयः । (**कथासरित्सागरे ।**)

बताश्रितानुरोधेन किं न कुर्वन्ति साधवः । (**कथासरित्सागरे ।**)

बधिरस्य गानम् ।

बधिरान्मन्दकर्णः श्रेयान् ।

बध्नात्यार्यपरीवादं खलसंवादशृङ्खला । (**कथासरित्सागरे ।**)

बन्धुः को नाम दुष्टानाम् ।

बन्धुरप्यहितः परः ।

बलवति सति दैवे बन्धुभिः किं विधेयम् ।

बलवदपि शिक्षितानामात्मन्यप्रत्ययं चेतः । (**अभिज्ञानशाकुन्तले ।**)

बलं मूर्खस्य मौनित्वम् ।

बली बलं वेत्ति न वेत्ति निर्बलः ।

बलीयसी केवलमीश्वरेच्छा ।

बहुरत्ना वसुंधरा ।

बहुवचनमल्पसारं यः कथयति विप्रलापी सः ।

बहुविघ्नास्तु सदा कल्याणसिद्धयः । (**कथासरित्सागरे ।**)

बह्वाश्चर्या हि मेदिनी । (**कथासरित्सागरे ।**)

बालानां रोदनं बलम् ।

बुद्धयः कुब्जगामिन्यो भवन्ति महतामपि ।

बुद्धिः कर्मानुसारिणी ।

बुद्धिर्नाम च सर्वत्र मुख्यं मित्रं न पौरुषम् । (**कथासरित्सागरे ।**)

बुद्धेः फलमनाग्रहः ।

बुद्ध्वा वा जितमपरेण काममाविष्कुर्वीत स्वगुणमपत्रपः क एव । (**शिशुपालवधे ।**)

बुभुक्षितः किं न करोति पापम् ।

बुभुक्षितं न प्रतिभाति किंचित् ।

बुभुक्षितैर्व्याकरणं न भुज्यते ।

बोधे बोधे सच्चिदानन्दभासः ।

ब्रुवते हि फलेन साधवो न तु कण्ठेन निजोपयोगिताम् । (**नैषधीयचरिते ।**)

भक्तानामनिर्वाच्यं हि चेष्टितम् । (**कथासरित्सागरे ।**)

भक्त्या कार्यधुरं वहन्ति कृतिनस्ते दुर्लभास्त्वादृशाः ।

भक्त्या हि तुष्यन्ति महानुभावाः ।

भक्ष्यमाणो निरुदयः सुमेरुरपि हीयते ।

भङ्गेऽपि हि मृणालानामनुबध्नन्ति तन्तवः ।

भजन्ति वैतसीं वृत्तिं राजानः कालवेदिनः । (**कथासरित्सागरे** ।)

भजन्त्यात्मंभरित्वं हि दुर्लभेऽपि न साधवः । (**कथासरित्सागरे** ।)

भद्रकृत्प्राप्नुयाद्भद्रमभद्रं चाप्यभद्रकृत् । (**कथासरित्सागरे** ।)

भद्रमभद्रं वा कृतमात्मनि कल्प्यते । (**कथासरित्सागरे** ।)

भयकार्कश्यकोपानां गृहं हि छान्दसा द्विजाः । (**कथासरित्सागरे** ।)

भये सीमा मृत्युः ।

भर्ता च स्त्रीकृतं पापम् ।

भर्तारं हि विना नान्यः सतीनामस्ति बान्धवः । (**कथासरित्सागरे** ।)

भर्तृमार्गानुसरणं स्त्रीणां च परमं व्रतम् । (**कथासरित्सागरे** ।)

भवति महत्सु न निष्फलः प्रयासः । (**शिशुपालवधे** ।)

भवति योजयितुर्वचनीयता ।

भवति हि विक्लवता गुणोऽङ्गनानाम् । (**शिशुपालवधे** ।)

भवन्ति क्लेशबहुलाः सर्वस्यापीह सिद्धयः । (**कथासरित्सागरे** ।)

भवन्ति वाचोऽवसरे प्रयुक्ता ध्रुवं प्रविस्पष्टफलोदयाय । (**कुमारसंभवे** ।)

भवन्ति साम्येऽपि निविष्टचेतसां वपुर्विशेषेष्वतिगौरवाः क्रियाः । (**कुमारसंभवे** ।)

भवन्त्यव्यभिचारिण्यो भर्तुरिष्टे पतिव्रताः । (**कुमारसंभवे** ।)

भवन्त्युदयकाले हि सत्कल्याणपरम्पराः । (**कथासरित्सागरे** ।)

भवन्त्येव हि भद्राणि धर्मादेव यदादरात् । (**कथासरित्सागरे** ।)

भवितव्यता बलवती । (**अभिज्ञानशाकुन्तले** ।)

भवितव्यं भवत्येव कर्मणामीदृशी गतिः ।

भवितव्यस्य नासाध्यं दृश्यते बत दृश्यताम् । (**कथासरित्सागरे** ।)

भवितव्यानां द्वाराणि भवन्ति सर्वत्र । (**अभिज्ञानशाकुन्तले** ।)

भवेन्न यस्य यत्कर्म स तत्कुर्वन्विनश्यति । (**कथासरित्सागरे** ।)

भवो हि लोकाभ्युदयाय तादृशाम् ।

भस्मीभूतस्य भूतस्य पुनरागमनं कुतः । (**नैषधीयचरिते** ।)

भाग्येनैव हि लभ्यते पुनरसौ सर्वोत्तमः सेवकः ।

भार्या मित्रं गृहेषु च ।

भार्यासमं नास्ति शरीरतोषणम् ।

भार्याहीनं गृहस्थस्य शून्यमेव गृहं मतम् ।

भावस्थिराणि जननान्तरसौहृदानि । (**अभिज्ञानशाकुन्तले** ।)

भिक्षुको भिक्षुकं दृष्ट्वा श्वानवद्गुर्गुरायते ।

भिन्नरुचिर्हि लोकः । (**रघुवंशे** ।)

भीता इव हि धीराणां यान्ति दूरे विपत्तयः । (**कथासरित्सागरे** ।)

भूतार्थकथने यस्य स्थेयस्येव सरस्वती ।

भूतार्थव्याहृतिः सा हि न स्तुतिः परमेष्ठिनः ।

भूभृद्रत्नं कनकशिखरी ।

भूयोऽपि सिक्तः पयसा घृतेन न निम्बवृक्षो मधुरत्वमेति ।

भोगरत्नं मृगाक्षी ।

भोगो भूषयते धनम् ।

भोग्यं किं रमणीं विना ।

भ्रष्टस्य का वा गतिः ।

मणेस्तुल्यं मूल्यं सहजसुभगस्य द्युतिमतः ।

मतिरेव बलाद्गरीयसी ।

मदमूढबुद्धिषु विवेकिता कुतः । (**शिशुपालवधे** ।)

मद्यपस्य कुतः सत्यम् ।

मद्यपाः किं न जल्पन्ति ।

मद्ये मारैकसुहृदि प्रसक्ता स्त्री सती कुतः । (**कथासरित्सागरे** ।)

मधुरमयभूषा मनसिजः ।

मधुरविधुरमिश्राः सृष्टयो हा विधातुः । (**प्रसन्नराघवे** ।)

मधुरापि हि मूर्च्छयते विषविटपिसमाश्रिता वल्ली ।

मनःपूतं समाचरेत् ।

मन एव मनुष्याणां कारणं बन्धमोक्षयोः ।

मनस्येकं वचस्येकं कर्मण्येकं महात्मनाम् ।

मनस्वी कार्यार्थी न गणयति दुःखं न च सुखम् ।

मनीषिणः सन्ति न ते हितैषिणः ।

मनोभूषा मैत्री ।

मनोरथानामगतिर्न विद्यते । (**कुमारसंभवे** ।)

मनो हि जन्मान्तरसंगतिज्ञम् । (**रघुवंशे** ।)

मन्दायन्ते न खलु सुहृदामभ्युपेतार्थकृत्याः । (**मेघदूते** ।)

मन्ये दुर्जनचित्तवृत्तिहरणे धातापि भग्नोद्यमः ।

मयि तु कृतनिघाते किं विदध्याः परेण ।

मय्युल्लङ्घितमर्यादे को हि तिष्ठेत्स्ववर्त्मनि । (**कथासरित्सागरे** ।)

मरणं प्रकृतिः शरीरिणाम् ।

मर्दनं गुणवर्धनम् ।

मर्मवाक्यमपि नोच्चरणीयम् ।

महतां हि धैर्यमभिभाव्यवैभवम् । (**किरातार्जुनीये** ।)

महतां हि सर्वमथवा जनातिगम् । (**शिशुपालवधे** ।)

महतामनुकम्पा हि विरुद्धेषु प्रतिक्रिया । (**कथासरित्सागरे** ।)

महतीमपि श्रियमवाप्य विस्मयः सुजनो न विस्मरति जातु किंचन । (**शिशुपालवधे** ।)

महते रुजन्नपि गुणाय महान् । (**किरातार्जुनीये** ।)

महाजनो येन गतः स पन्थाः ।

महानपि प्रसङ्गेन नीचं सेवितुमिच्छति ।

महानुभावः प्रतिहन्ति पौरुषम् । (**किरातार्जुनीये** ।)

महान्महत्येव करोति विक्रमम् ।

महीतलस्पर्शनमात्रभिन्नमृद्धं हि राज्यं पदमैन्द्रमाहुः । (**रघुवंशे** ।)

महीपतीनां विनयो हि भूषणम् ।

महेश्वरमनाराध्य न सन्तीप्सितसिद्धयः । (**कथासरित्सागरे** ।)

महोदयानामपि संघवृत्तितां सहायसाध्याः प्रदिशन्ति सिद्धयः । (**किरातार्जुनीये** ।)

मातर्लक्ष्मि तव प्रसादवशतो दोषा अपि स्युर्गुणाः ।

माता दुश्चारिणी रिपुः ।

मातापितृभ्यां शप्तः सन्न जातु सुखमश्नुते । (**कथासरित्सागरे** ।)

मातृजङ्घा हि वत्सस्य स्तम्भीभवति बन्धने ।

मात्सर्यरागोपहतात्मनां हि स्खलन्ति साधुष्वपि मानसानि । (**किरातार्जुनीये** ।)

मात्सर्येण दुरात्मकोऽपि सुजनं दृष्ट्वा सदा ह्रासते ।

मात्रा समं नास्ति शरीरपोषणम् ।

मादृशो हि कथं कुर्युः सत्त्वोल्लङ्घनसाध्वसम् । (**कथासरित्सागरे** ।)

माने म्लाने कुतः सुखम् ।

मासरत्नं वसन्तः ।

मितं च सारं च वचो हि वाग्मिता । (**नैषधीयचरिते** ।)

मित्रार्थगणितप्राणा दुर्लभा हि महोदयाः । (**कथासरित्सागरे** ।)

मिथ्या परोपकारो हि कुतः स्यात्कस्य शर्मणे । (**कथासरित्सागरे** ।)

मिष्टान्नमितरे जनाः ।

मुक्त्वा बलिभुजं काकी कोकिले रमते कथम् । (**कथासरित्सागरे** ।)

मुखं विमुच्य श्वसितस्य धारया वृथैव नासापथधावनश्रमः । (**नैषधीयचरिते** ।)

मुखरतावसरे हि विराजते । (**किरातार्जुनीये** ।)

मुख्यमङ्गं हि मन्त्रस्य विनिपातप्रतिक्रिया । (**कथासरित्सागरे** ।)

मुह्यत्येव हि कृच्छ्रेषु संभ्रमज्वलितं मनः । (**किरातार्जुनीये** ।)

मुह्यन्मार्गममार्गं वा रागान्धः को हि पश्यति । (**कथासरित्सागरे** ।)

मूढः परप्रत्ययनेयबुद्धिः ।

मूर्खस्य किं शास्त्रकथाप्रसङ्गः ।

मूर्खस्य हृदयं शून्यम् ।

मूर्खाणां बोधको रिपुः ।

मूर्खैर्हि सङ्गः कस्यास्ति शर्मणे । (**कथासरित्सागरे** ।)

मूर्खो दृष्टव्यलीकोऽपि व्याजसान्त्वेन तुष्यति । (**कथासरित्सागरे** ।)

मूर्खोऽनुभवति क्लेशं न कार्यं कुरुते पुनः । (**कथासरित्सागरे** ।)

मूर्च्छन्त्यमी विकाराः प्रायेणैश्वर्यमत्तेषु । (**अभिज्ञानशाकुन्तले** ।)

मृत्योः सर्वत्र तुल्यता ।

मेघालोके भवति सुखिनोऽप्यन्यथावृत्ति चेतः कण्ठाश्लेषप्रणयिनि जने किं पुनर्दूरसंस्थे । (**मेघदूते** ।)

मेघो गिरिजलधिवर्षी च ।

मोघा हि नाम जायेत महत्सूपकृतिः कुतः । (**कथासरित्सागरे** ।)

मोहान्धमविवेकं हि श्रीश्चिराय न सेवते । (**कथासरित्सागरे** ।)

मौनं विधेयं सततं सुधीभिः ।

मौनं सर्वार्थसाधकम् ।

मौनिनः कलहो नास्ति ।

म्लायति श्रीः कुलस्त्रीव गृहे बन्धक्यधिष्ठिते । (कथासरित्सागरे ।)

यतः सतां⋯⋯संगतं मनीषिभिः साप्तपदीनमुच्यते । (कुमारसंभवे ।)

यतः सत्यं ततो धर्मः ।

यतो धर्मस्ततो धनम् ।

यतो नागास्ततो जयः ।

यतो रूपं ततः शीलम् ।

यत्तदग्रे विषमिव परिणामेऽमृतोपमम् ।

यत्ने कृते यदि न सिद्ध्यति कोऽत्र दोषः ।

यत्र विद्वज्जनो नास्ति श्लाघ्यस्तत्राल्पधीरपि ।

यत्राकृतिस्तत्र गुणा वसन्ति ।

यत्रास्ति लक्ष्मीर्विनयो न तत्र ।

यथा चित्तं तथा वाचो यथा वाचस्तथा क्रियाः ।

यथा देशस्तथा भाषा ।

यथा बीजं तथाङ्कुरः ।

यथा भूमिस्तथा तोयम् ।

यथा राजा तथा प्रजा ।

यथा वृक्षस्तथा फलम् ।

यथाशक्त्यतिथेः पूजा धर्मो हि गृहमेधिनाम् । (कथासरित्सागरे ।)

यथोत्तरेच्छा हि गुणेषु कामिनः । (किरातार्जुनीये ।)

यथौषधं स्वादु हितं च दुर्लभम् ।

यदध्यासितमर्हद्भिस्तद्धि तीर्थं प्रचक्षते । (कुमारसंभवे ।)

यदनुद्वेगतः साध्यः पुरुषार्थः सदा बुधैः । (कथासरित्सागरे ।)

यदन्नं भक्षयेन्नित्यं जायते तादृशी प्रजा ।

यदि वात्यन्तमृदुता न कस्य परिभूतये । (कथासरित्सागरे ।)

यदेव रोचते यस्मै भवेत्तत्तस्य सुन्दरम् ।

यद्दैवेन ललाटपत्रलिखितं तत्प्रोज्झितुं कः क्षमः ।

यद्धात्रा निजभालपट्टलिखितं तन्मार्जितुं कः क्षमः ।

यद्भावितात्मा म्रियते जन्तुस्तद्रूपमश्नुते । (कथासरित्सागरे ।)

यद्यपि शुद्धं लोकविरुद्धं नाकरणीयं नाचरणीयम् ।

यद्वा तद्वा भविष्यति ।

यशः पुण्यैरवाप्यते ।

यशस्तु रक्ष्यं परतो यशोधनैः । (रघुवंशे ।)

यस्याश्वास्तस्य काञ्चनम् ।

यस्याश्वास्तस्य मेदिनी ।

यः क्रियावान्स पण्डितः ।

या गोविन्दरसप्रमोदमधुरा सा माधुरी माधुरी ।

याचको याचकं दृष्ट्वा श्वानवद्गुर्गुरायते ।

याचनान्तं हि गौरवम् ।

याच्ञा मोघा वरमधिगुणे नाधमे लब्धकामा । (मेघदूते ।)

यादृशो यः कृतो धात्रा भवेत्तादृश एव सः । (कथासरित्सागरे ।)

यादृशास्तन्तवः कामं तादृशो जायते पटः । (कथासरित्सागरे ।)

यानरत्नं हि तुरगः ।

यान्ति न्यायप्रवृत्तस्य तिर्यञ्चोऽपि सहायताम् । (प्रसन्नराघवे ।)

या यस्य प्रकृतिः स्वभावजनिता केनापि न त्यज्यते ।

या राका शशिशोभना गतघना सा यामिनी यामिनी ।

या लोकद्वयसाधनी तनुभृतां सा चातुरी चातुरी ।

या सौन्दर्यगुणान्विता पतिरता सा कामिनी कामिनी ।

युक्तं न वायुक्तमिदं विचिन्त्य वदेद्विपश्चिन्महतोऽनुरोधात् ।

युक्तानां खलु महतां परोपकारे कल्याणी भवति रुजत्स्वपि प्रवृत्तिः । (किरातार्जुनीये ।)

युक्तानां विमलतया तिरस्क्रियायै नाकामन्नपि हि भवत्यलं जलौघः । (शिशुपालवधे ।)

युक्तियुक्तं प्रगृह्णीयाद्बालादपि विचक्षणः ।

युद्धस्य वार्ता रम्या स्यात् ।

ये तु घ्नन्ति निरर्थकं परहितं ते के न जानीमहे ।

येन केन प्रकारेण प्रसिद्धः पुरुषो भवेत् ।

येन श्रियः संश्रयदोषरूढं स्वभावलोलेत्ययशः प्रमृष्टम् ।

ये नाम केचिदिह नः प्रथयन्त्यवज्ञां जानन्तु ते किमपि तान्प्रति नैष यत्नः । (मालतीमाधवे ।)

येनेष्टं तेन गम्यताम् ।

योगस्तडित्तोयदयोरिवास्तु ।

योजकस्तत्र दुर्लभः ।

यो यद्वपति बीजं हि लभते सोऽपि तत्फलम् । (कथासरित्सागरे ।)

रक्षन्ति पुण्यानि पुरा कृतानि ।

रङ्गः शुक्लपटे यथा ।

रत्नदीपस्य हि शिखा वात्ययापि न नश्यते ।

रत्नव्ययेन पाषाणं को हि रक्षितुमर्हति । (कथासरित्सागरे ।)

रत्नं समागच्छतु काञ्चनेन ।

रत्नाकरे युज्यत एव रत्नम् । **(कुमारसंभवे ।)**

रन्ध्रोपनिपातिनोऽनर्थाः । **(अभिज्ञानशाकुन्तले ।)**

रम्याणां विकृतिरपि श्रियं तनोति । **(किरातार्जुनीये ।)**

रविपीतजला तपात्यये पुनरोघेन हि युज्यते नदी । **(कुमारसंभवे ।)**

रसमूला हि व्याधयः ।

रहस्यं साधूनामनुपधि विशुद्धं विजयते ।

राजा राष्ट्रकृतं पापम् ।

राजा सहायवाञ्शूरः सोत्साहो जयति द्विषः । **(कथासरित्सागरे ।)**

राज्ञः पापं पुरोहितः ।

रामधाम शरणीकरणीयम् ।

रिक्तः सर्वो भवति हि लघुः पूर्णता गौरवाय । **(मेघदूते ।)**

रिक्तपाणिर्न पश्येत राजानं देवतां गुरुम् ।

रिपुष्वपि हि भीतेषु सानुकम्पा महाशयाः । **(कथासरित्सागरे ।)**

लक्ष्मीरनुसरति नयगुणसमृद्धिम् ।

लक्ष्मीर्यस्य गृहे स एव भजति प्रायो जगद्वन्द्यताम् ।

लङ्केश्वरो हरति दाशरथेः कलत्रं प्राप्नोति बन्धमथ दक्षिणसिन्धुराजः ।

लब्धदिव्यरसास्वादः को हि रज्येद्रसान्तरे । **(कथासरित्सागरे ।)**

लब्धस्पर्शानां भवति कुतोऽथवा व्यवस्था । **(शिशुपालवधे ।)**

लभेत वा प्रार्थयिता न वा श्रियं श्रिया दुरापः कथमीप्सितो भवेत् । **(अभिज्ञानशाकुन्तले ।)**

ललिताम्तानि गीतानि ।

लाभः परं खलु मुखे तव भस्मपातः ।

लिखितमपि ललाटे प्रोज्झितुं कः समर्थः ।

लीलया भवजलं तरणीयम् ।

लुब्धमर्थेन गृह्णीयात् ।

लुब्धानां याचकः शत्रुः ।

लोके पशुश्च मूर्खश्च निर्विवेकमती समौ । **(कथासरित्सागरे ।)**

लोकोत्तराणां चेतांसि को हि विज्ञातुमर्हति ।

लोकोपहसिताः शश्वत्सीदन्त्येव ह्यबुद्धयः । **(कथासरित्सागरे ।)**

लोभः पापस्य कारणम् ।

लोभमूलानि पापानि ।

वक्ता श्रोता च यत्रास्ति रमन्ते तत्र संपदः ।

वक्ति जन्मान्तरप्रीतिं मनः स्निग्धदकारणम् । **(कथासरित्सागरे ।)**

वक्रे विधौ वद कथं व्यवसायसिद्धिः ।

वचने किं दरिद्रता ।

वचोभूषा सत्यम् ।

वञ्च्यन्ते हेलयैवेह कुस्त्रीभिः नरकाः । **(कथासरित्सागरे ।)**

वज्रादपि हि वीराणां चित्तरत्नमखण्डितम् । **(कथासरित्सागरे ।)**

वद प्रदोषे स्फुटचन्द्रतारका विभावरी यद्यरुणाय कल्पते । **(कुमारसंभवे ।)**

वनेषु दोषाः प्रभवन्ति रागिणाम् ।

वयोगते किं वनिताविलासः ।

वरं हि मानिनो मृत्युर्न दैन्यं स्वजनाग्रतः । **(कथासरित्सागरे ।)**

वरं क्लैब्यं पुंसां न च परकलत्राभिगमनम् ।

वरं प्राणत्यागो न च पिशुनवाक्येष्वभिरुचिः ।

वरं भिक्षाशित्वं न च परधनास्वादनसुखम् ।

वरं मौनं कार्यं न च वचनमुक्तं यदनृतम् ।

वरविभवभूषा वितरणम् ।

वर्तमानेन कालेन वर्तयन्ति विचक्षणाः ।

वशिनां न निहन्ति धैर्यमनुभावगुणः । **(किरातार्जुनीये ।)**

वसुमत्या हि नृपाः कलत्रिणः । **(रघुवंशे ।)**

वस्त्रपूतं पिबेज्जलम् ।

वस्त्राणामातपो जरा ।

वाङ्मात्रोत्पादितासह्यवैरास्को नानुतप्यते । **(कथासरित्सागरे ।)**

वाञ्छारत्नं परमपदवी ।

वाते वाति कदम्बपुष्पसुरभौ केन प्रतारिष्यते ।

वामे विधौ न हि फलन्त्यभिवाञ्छितानि ।

वासः प्रधानं खलु योग्यतायाः ।

वासोविहीनं विजहाति लक्ष्मीः ।

विकारं खलु परमार्थतोऽज्ञात्वानारम्भः प्रतीकारस्य । **(अभिज्ञानशाकुन्तले ।)**

विकारहेतौ सति विक्रियन्ते येषां न चेतांसि त एव धीराः । **(कुमारसंभवे ।)**

विक्रियायै न कल्पन्ते संबन्धाः सदनुष्ठिताः । (**कुमारसंभवे।**)

विक्रीते करिणि किमङ्कुशे विवादः ।

विघ्नवत्यः प्रार्थितार्थसिद्धयः । (**अभिज्ञानशाकुन्तले।**)

विचित्रमायाः कितवा ईदृशा एव सर्वदा । (**कथासरित्सागरे।**)

विचित्ररूपाः खलु चित्तवृत्तयः । (**किरातार्जुनीये।**)

विचित्रविधये तस्मै सर्वदा विधये नमः । (**कथासरित्सागरे।**)

विचित्राः खलु वासनाः ।

विचित्रो बत कायस्य विपाकविषमः क्रमः । (**कथासरित्सागरे।**)

विजानतोऽपि ह्यनयस्य रौद्रतां भवत्यपाये परिमोहिनी मतिः । (**किरातार्जुनीये।**)

विदग्धा अपि वञ्च्यन्ते विटवर्णनया स्त्रियः । (**कथासरित्सागरे।**)

विदेशे बन्धुलाभो हि मरावमृतनिर्झरः । (**कथासरित्सागरे।**)

विद्यातुराणां न सुखं न निद्रा ।

विद्या ददाति विनयम् ।

विद्या मित्रं प्रवासेषु ।

विद्यारत्नं सरसकविता ।

विद्या रूपं कुरूपिणाम् ।

विद्यासमं नास्ति शरीरभूषणम् ।

विद्या सर्वस्य भूषणम् ।

विद्या स्तब्धस्य निष्फला ।

विद्वान्कुलीनो न करोति गर्वम् ।

विद्वान्सर्वगुणेषु पूजिततनुर्मूर्खस्य नान्या गतिः ।

विद्वान्सर्वत्र पूज्यते ।

विधिरहो बलवानिति मे मतिः ।

विधिरुच्छृङ्खलो नृणाम् ।

विधिर्हि घटयत्यर्थानचिन्त्यानपि संमुखः । (**कथासरित्सागरे।**)

विधिलिखितं बुद्धिरनुसरति ।

विधेर्विचित्राणि विचेष्टितानि ।

विधेर्विलासानब्धेश्च तरङ्गान्को हि तर्कयेत् । (**कथासरित्सागरे।**)

विनयाद्याति पात्रताम् ।

विनयो हि सतीव्रतम् । (**कथासरित्सागरे।**)

विनाप्यैश्वर्येण प्रकृतिमहतां मण्डनमिदम् ।

विना मलयमन्यत्र चन्दनं न प्ररोहति ।

विनाशकाले विपरीतबुद्धिः ।

विनाश्रया न शोभन्ते पण्डिता वनिता लताः ।

विना हि गुर्वादेशेन संपूर्णाः सिद्धयः कुतः । (**कथासरित्सागरे।**)

विनियोगप्रसादा हि किंकराः प्रभविष्णुषु । (**कुमारसंभवे।**)

विनीतनागः किल सूत्रधारैरैन्द्रं पदं भूमिगतोऽपि भुङ्क्ते । (**रघुवंशे।**)

विपदा परिभूताः किं व्यवस्यन्ति विलम्बितुम् । (**कुमारसंभवे।**)

विपदि न दूषितातिभूमिः । (**शिशुपालवधे।**)

विपदोऽपि पदं श्लाघ्योऽपकारयति नो हि सः । (**कुमारसंभवे।**)

विप्रियमप्याकर्ण्य ब्रूते प्रियमेव सर्वदा सुजनः ।

विभूषणं मौनमपण्डितानाम् ।

विमलं कलुषीभवच्च चेतः कथयत्येव हितैषिणं रिपुं वा । (**किरातार्जुनीये।**)

विरक्तस्य तृणं भार्या ।

विलम्बितुं न खलु सदा मनस्विनो विधित्सवः कलहमवेक्ष्य विद्विषः । (**शिशुपालवधे।**)

विलासिनी हि सर्वस्य संध्येव क्षणरागिणी । (**कथासरित्सागरे।**)

विवक्षितं ह्यनुक्तमनुतापं जनयति । (**अभिज्ञानशाकुन्तले।**)

विवेकधाराशतधौतमन्तः सतां न कामः कलुषीकरोति । (**नैषधीयचरिते।**)

विशाखान्तानि मेघानि ।

विश्वासं स्त्रीषु वर्जयेत् ।

विश्वासः कुटिलेषु कः । (**कथासरित्सागरे।**)

विश्वासमत्याशु सतां हि योगः । (**किरातार्जुनीये।**)

विषं गोष्ठी दरिद्रस्य ।

विषमप्यमृतं क्वचिद्भवेदमृतं वा विषमीश्वरेच्छया । (**रघुवंशे।**)

विषयाकृष्यमाणा हि तिष्ठन्ति सुपथे कथम् । (**कथासरित्सागरे।**)

विषयिणः कस्यापदोऽस्तं गताः ।

विषवृक्षोऽपि संवर्ध्य स्वयं छेत्तुमसांप्रतम् । (**कुमारसंभवे।**)

वीरसाहाय्यनिर्विघ्नाः सुखलभ्या हि सिद्धयः । (कथासरित्सागरे ।)
वीरो हि स्वान्यमर्हति । (कथासरित्सागरे ।)
वृक्षं क्षीणफलं त्यजन्ति विहगाः ।
वृत्तं हि राज्ञामुपरुद्धवृत्तम् । (रघुवंशे ।)
वृथा तृप्तस्य भोजनम् ।
वृथा दानं समर्थस्य ।
वृथा दीपो दिवापि च ।
वृथा भवेदसङ्ग्रहान्धस्य हितोपदेशना । (कुमारसंभवे ।)
वृथा वृष्टिः समुद्रेषु ।
वृद्धस्य तरुणी विषम् ।
वृद्धा न ते ये न वदन्ति धर्मम् ।
वृद्धा नारी पतिव्रता ।
वेदाज्जानन्ति पण्डिताः ।
वेश्याङ्गनेव नृपनीतिरनेकरूपा ।
वेश्यानां च कुतः स्नेहः ।
व्याघ्रस्य चोपवासस्य पारणं पशुमारणम् ।
व्याजसप्रणयैर्वाक्यैर्जनन्या को न वश्यते । (कथासरित्सागरे ।)
व्यादिश्यते भूधरतामवेक्ष्य कृष्णेन देहोद्वहनाय शेषः । (कुमारसंभवे ।)
व्यधितस्यौषधं मित्रम् ।
व्रताभिरक्षा हि सतामलंक्रिया । (किरातार्जुनीये ।)
शक्रयो नियता वारि वैद्युताग्निं नु हन्ति किम् । (कथासरित्सागरे ।)
शक्या हि केन निश्चेतुं दुर्ज्ञाना नियतेर्गतिः । (कथासरित्सागरे ।)
शत्रोरपि गुणा वाच्या दोषा वाच्या गुरोरपि ।
शयनतलरत्नं शशिमुखी ।
शरीरमूला हि नृपा मन्त्रमूला च राजता । (कथासरित्सागरे ।)
शरीरमाद्यं खलु धर्मसाधनम् । (कुमारसंभवे ।)
शस्त्राघाता न तथा सूचीक्षतवेदना यादृक् ।
शस्त्रेण रक्ष्यं यदशक्यरक्षं न तद्यशः शस्त्रभृतां क्षिणोति । (रघुवंशे ।)
शाम्येत्प्रत्यपकारेण नोपकारेण दुर्जनः । (कुमारसंभवे ।)
शास्त्रं हि निश्चितधियां क्व न सिद्धिमेति । (शिशुपालवधे।)
शास्त्राद्रूढिर्बलीयसी ।
शिरसि लिखितं लङ्घयति कः ।

शिष्यपापं गुरुस्तथा ।
शीलं परं भूषणम् ।
शीलं भूषयते कुलम् ।
शीलं हि विदुषां धनम् । (कथासरित्सागरे ।)
शीलं हि सर्वस्य नरस्य भूषणम् ।
शुचिः क्षेमकरो राजा ।
शुचिर्नारी पतिव्रता ।
शुचिर्भूमिगतं तोयम् ।
शुभकृन्नहि सीदति । (कथासरित्सागरे ।)
शुभस्य शीघ्रम् ।
शुभाचारस्य कः कुर्यादशुभं हि सचेतनः । (कथासरित्सागरे ।)
शुष्केन्धने वह्निरुपैति वृद्धिम् ।
शूरं कृतज्ञं दृढसौहृदं च लक्ष्मीः स्वयं याति निवासहेतोः ।
शूरस्य मरणं तृणम् ।
शूराणां मृतमारणे नहि परो धर्मः प्रयुक्तो बुधैः ।
शूरा हि प्रणतिप्रियाः । (कथासरित्सागरे ।)
शोककन्दः क्व कन्या हि क्वानन्दः कायवान्सुतः । (कथासरित्सागरे ।)
शोभन्ते विद्यया विप्राः ।
शोषितसरसि निदाघे नितरामेवोद्धतः सिन्धुः ।
श्यालको गृहनाशाय ।
श्रद्धया न विना दानम् ।
श्रवणपुटरत्नं हरिकथा ।
श्रवणसुखसीमा हरिकथा ।
श्रीकृष्णस्य कृपालवो यदि भवेत्कः कं निहन्तुं क्षमः ।
श्रीपतेः पदयुगं स्मरणीयम् ।
श्रेयसि केन तृप्यते । (शिशुपालवधे ।)
श्रेयान्हि मानिनो मृत्युर्नेदृगात्मप्रकाशनम् । (कथासरित्सागरे ।)
श्रोत्रस्य भूषणं शास्त्रम् ।
संसर्गजा दोषगुणा भवन्ति ।
संहर्षिणा सह गुणाभ्यधिकैर्दुरासम् । (शिशुपालवधे ।)
सकलं शीलेन कुर्याद्वशम् ।
सकलकृतिसीमा श्रुतिभृतिः ।
सकलगुणभूषा च विनयः ।
सकलगुणसीमा वितरणम् ।
सकलसुखसीमा सुवदना ।

सक्तद्विभानपि हि प्रयुक्तं माधुर्यमीष्टे हरिणान्ग्रहीतुम् । (**रघुवंशे।**)

स क्षत्रियस्त्राणसहः सतां यः ।

सखि साहजिकं प्रेम दूरादपि विजायते ।

संकटे हि परीक्ष्यन्ते प्राज्ञाः शूराश्च संगरे । (**कथासरित्सागरे।**)

संकल्पैकप्रधाना हि दिव्यानामखिलाः क्रियाः । (**कथासरित्सागरे।**)

सङ्गः सतां किमु न मङ्गलमातनोति ।

सङ्ग्रामो नाम शूराणामुत्सवो हि महानयम् । (**कथासरित्सागरे।**)

सतां प्रज्ञोन्मेषः पुनरयमसीमा विजयते ।

सतां महत्संमुखधावि पौरुषम् । (**नैषधीयचरिते।**)

सतां हि चेतःशुचितात्मसाक्षिका । (**नैषधीयचरिते।**)

सतां हि सङ्गः सकलं प्रसूते ।

सतां हि संदेहपदेषु वस्तुषु प्रमाणमन्तःकरणप्रवृत्तयः । (**अभिज्ञानशाकुन्तले।**)

सतां हि साधुशीलत्वात्स्वभावो न निवर्तते ।

सतां गुरुजिगीषे हि चेतसि स्त्रीतृणं कियत् । (**कथासरित्सागरे।**)

सतीधर्मो हि सुस्त्रीणां चिन्त्यो न सुहृदादयः । (**कथासरित्सागरे।**)

स तु निरवधिरेकः सज्जनानां विवेकः ।

सत्त्वाधीना हि सिद्धयः । (**कथासरित्सागरे।**)

सत्त्वानुरूपं सर्वस्य धाता सर्वं प्रयच्छति । (**कथासरित्सागरे।**)

सत्पुत्र एव कुलसद्मनि कोऽपि दीपः ।

सत्यः प्रवादो यच्छिद्रेष्वनर्था यान्ति भूरिताम् । (**कथासरित्सागरे।**)

सत्यनियतवचसं वचसा सुजनं जनाश्चलयितुं क ईशते । (**शिशुपालवधे।**)

सत्यपूतां वदेद्वाणीम् ।

सत्यं सम्यक्कृतोऽल्पोऽपि धर्मो भूरिफलो भवेत् । (**कथासरित्सागरे।**)

सत्यं कण्ठस्य भूषणम् ।

सत्यं न तद्यच्छलमभ्युपैति ।

सत्यमेव जयते ।

सत्येन तपते रविः ।

सत्येन धार्यते पृथ्वी ।

सत्येन पूर्यते साक्षी ।

सत्येन वाति वायुश्च ।

सदसद्वा नहि विदुः कुस्त्रीवचनमोहिताः । (**कथासरित्सागरे।**)

सदाभिमानैकधना हि मानिनः । (**शिशुपालवधे।**)

सदा स्थाय्योऽत्र यच्चित्तस्तन्मयत्वमुपैति सः । (**कथासरित्सागरे।**)

सदोभूषा सूक्तिः ।

सद्भावार्द्रः फलति न चिरेणोपकारो महत्सु । (**मेघदूते।**)

सद्भिः कुर्वीत संगतिम् ।

सद्भिरेव सहासीत ।

सद्भिर्विवादं मैत्रीं च ।

सद्भिस्तु लीलया प्रोक्तं शिलालिखितमक्षरम् ।

सद्यः फलति गान्धर्वम् ।

सद्य एव सुकृतां हि पच्यते कल्पवृक्षफलधर्मि काङ्क्षितम् । (**रघुवंशे।**)

स धार्मिको यः परमर्म न स्पृशेत् ।

स धीरो यो न संमोहमापत्कालेऽपि गच्छति । (**कथासरित्सागरे।**)

सन्तः परीक्ष्यान्यतरद्भजन्ते ।

संततिः शुद्धवंश्या हि परत्रेह च शर्मणे । (**रघुवंशे।**)

संतोष एव पुरुषस्य परं निधानम् ।

संतोषतुल्यं धनमस्ति नान्यत् ।

संतोषी ब्राह्मणः शुचिः ।

संदीप्ते भवने तु कूपखननं प्रत्युद्यमः कीदृशः ।

संधत्ते भृशमरतिं हि सद्वियोगः ।

संधिं कृत्वा तु हन्तव्यः संप्राप्तेऽवसरे पुनः । (**कथासरित्सागरे।**)

संनिकृष्टे निकृष्टेऽपि कष्टं रज्यन्ति कुस्त्रियः । (**कथासरित्सागरे।**)

सभारत्नं विद्वान् ।

समये हि सर्वमुपकारि कृतम् । (**शिशुपालवधे।**)

समर्थो यो नित्यं स जयतितरां कोऽपि पुरुषः ।

समानशीलव्यसनेषु सख्यम् ।

समीरणो नोदयिता भवेति व्यादिश्यते केन हुताशनस्य । (**कुमारसंभवे।**)

संपत्सु हि सुसत्त्वानामेकहेतुः स्वपौरुषम् । (**कथासरित्सागरे।**)

संपूर्णकुम्भो न करोति शब्दम् ।

संभवत्यभिजातानामभिमानो ह्यकृत्रिमः । (**कथासरित्सागरे** ।)
संभावना ह्यधिकृतस्य तनोति तेजः । (**किरातार्जुनीये** ।)
संभावितस्य चाकीर्तिर्मरणादतिरिच्यते ।
संमुखीनो हि जयो रन्ध्रप्रहारिणाम् । (**रघुवंशे** ।)
सरित्पतिर्नहि समुपैति रिक्तताम् । (**शिशुपालवधे** ।)
सरित्पूरप्रपूर्णोऽपि क्षारो न मधुरायते ।
सर्वः कान्तमात्मीयं पश्यति । (**अभिज्ञानशाकुन्तले** ।)
सर्वः कालवशेन नश्यति ।
सर्वः कृच्छ्रगतोऽपि वाञ्छति जनः सत्त्वानुरूपं फलम् ।
सर्वः प्रार्थितमर्थमधिगम्य सुखी संपद्यते जन्तुः । राज्ञां तु चरितार्थता दुःखोत्तरैव । (**अभिज्ञानशाकुन्तले** ।)
सर्वः प्रियः खलु भवत्यनुरूपचेष्टः । (**शिशुपालवधे** ।)
सर्वं कार्यवशाज्जनोऽभिरमते तत्कस्य को वल्लभः ।
सर्वं जीवद्भिराप्यते । (**कथासरित्सागरे** ।)
सर्वं यस्य वशादगात्स्मृतिपथं कालाय तस्मै नमः ।
सर्वं रत्नमुपद्रवेण सहितं निर्दोषमेकं यशः ।
सर्वं शून्यं दरिद्रस्य ।
सर्वं सत्ये प्रतिष्ठितम् ।
सर्वं सावधि नावधिः कुलभुवां प्रेम्णः परं केवलम् ।
सर्वनाशाय मातुलः ।
सर्वमत्यन्तगर्हितम्
सर्वलोकप्रतिष्ठायां यतन्ते बहवो जनाः ।
सर्वशून्या दरिद्रता ।
सर्वश्चित्तप्रमाणेन सदसद्वामिवाञ्छति । (**कथासरित्सागरे** ।)
सर्वाङ्गे दुर्जनो विषम् ।
सर्वारम्भास्तण्डुलाः प्रस्थमूलाः ।
सर्वास्ववस्थासु रमणीयत्वमाकृतिविशेषाणाम् । (**अभिज्ञानशाकुन्तले** ।)
सर्वे गुणाः काञ्चनमाश्रयन्ते ।
सर्वो हि नोपगतमप्यपचीयमानं वर्धिष्णुमाश्रयमनागतमभ्युपैति । (**शिशुपालवधे** ।)
सलज्जा गणिका नष्टा ।
स सुहृद्व्यसने यः स्यात् ।
सहते मादृशः को हि तादृशं धर्मविप्लवम् । (**कथासरित्सागरे** ।)
सहते विपत्सहस्रं मानी नैवापमानलेशमपि ।
सहते विरहक्लेशं यशस्वी नायशः पुनः । (**कथासरित्सागरे** ।)
सहसा विदधीत न क्रियामविवेकः परमापदां पदम् ।
सहसा हि कृतं पापं कथं माभूद्विपत्तये । (**कथासरित्सागरे** ।)
सहसि रत्नगैरुपासितं नहि गुञ्जाफलमेति सोष्मताम् । (**शिशुपालवधे** ।)
सहस्रेषु च पण्डितः ।
सहायकृच्छ्रैर्महतां न संगतं भवन्ति गोमायुसखा न दन्तिनः । (**किरातार्जुनीये** ।)
सागरं वर्जयित्वा कुत्र महानद्यवतरति । (**अभिज्ञानशाकुन्तले** ।)
साधनेषु हि रतेरुपधत्ते रम्यतां प्रियसमागम एव । (**किरातार्जुनीये** ।)
साधने हि नियमोऽन्यजनानां योगिनां तु तपसाखिलसिद्धिः । (**नैषधीयचरिते** ।)
साधुः सीदति दुर्जनः प्रभवति प्राप्ते कलौ दुर्युगे ।
साधूनां दुर्जनाद्भयम् ।
साधूनां हि परोपकारकरणे नोपाध्यपेक्षं मनः ।
साध्यासाध्यविचारं हि नेक्षते भवितव्यता । (**कथासरित्सागरे** ।)
सानुकूले जगन्नाथे विप्रियः सुप्रियो भवेत् ।
सामानाधिकरण्यं हि तेजस्तिमिरयोः कुतः । (**शिशुपालवधे** ।)
सारं गृह्णन्ति पण्डिताः ।
साहसं नैरपेक्ष्यं च कितवानां निसर्गजम् । (**कथासरित्सागरे** ।)
सिते हि जायेत शितेः सुलक्ष्यता । (**नैषधीयचरिते** ।)
सिद्धिर्भूषयते विद्याम् ।
सिद्ध्यन्ति कुत्र सुकृतानि विना श्रमेण ।
सीमन्तिनीनां कान्तोदन्तः सुहृदुपगतः संगमात्किंचिदूनः । (**मेघदूते** ।)
सुकविता यद्यस्ति राज्येन किम् ।
सुकृती चानुभूयैव दुःखमप्यश्नुते सुखम् । (**कथासरित्सागरे** ।)
सुखं च मे शयनं च मे ।
सुखमास्ते निःस्पृहः पुरुषः ।
सुखार्थिनः कुतो विद्या ।
सुतप्तमपि पानीयं शमयत्येव पावकम् ।
सुदुर्ग्रहान्तःकरणा हि साधवः । (**किरातार्जुनीये** ।)

सुदुर्लभे नार्हते कोऽभिनन्दितुं प्रकर्षलक्ष्मीमनुरूपसंगमे । (**किरातार्जुनीये** ।)

सुपर्वणो हि स्फुटभावना या सा पूर्वरूपं फलभावनायाः । (**शिशुपालवधे** ।)

सुरेषु हि श्रद्दधतां नभस्या सर्वार्थसिद्ध्यङ्गमिथः समस्या । (**शिशुपालवधे** ।)

सुलभा रम्यता लोके दुर्लभं हि गुणार्जनम् । (**किरातार्जुनीये** ।)

सुलभो हि द्विषां भङ्गो दुर्लभा सत्स्ववाच्यता । (**किरातार्जुनीये** ।)

सुहृदर्थमीहितमजिह्मधियां प्रकृतेर्विराजति विरुद्धमपि । (**शिशुपालवधे** ।)

सूर्यापाये न खलु कमलं पुष्यति स्वामभिख्याम् । (**मेघदूते** ।)

सूर्ये तपत्यावरणाय दृष्टेः कल्पेत लोकस्य कथं तमिस्रा । (**रघुवंशे** ।)

सेवाधर्मः परमगहनो योगिनामप्यगम्यः ।

सौख्यं धन्याः किमपि दधते सर्वसंपत्समृद्धाः ।

स्तवे रवेरप्सु कृताञ्जलैः कृते न मुद्वती जातु भवेत्कुमुद्वती । (**नैषधीयचरिते** ।)

स्तोत्रं कस्य न तुष्टये । (**कुमारसंभवे** ।)

स्त्रियश्चरित्रं पुरुषस्य भाग्यं देवो न जानाति कुतो मनुष्यः ।

स्त्रियो नष्टा ह्यभर्तृकाः ।

स्त्रियो यथा विचेष्टन्तां निष्कम्पं हि सतां मनः । (**कथासरित्सागरे** ।)

स्त्रीचित्तमहो विचित्रमिति । (**कथासरित्सागरे** ।)

स्त्रीचित्तस्यैव दैवस्य को वेत्ति गहनां गतिम् । (**कथासरित्सागरे** ।)

स्त्रीणां पतिः प्राणा न बान्धवाः । (**कथासरित्सागरे** ।)

स्त्रीणां प्रियालोकफलो हि वेषः । (**कुमारसंभवे** ।)

स्त्रीणां भावानुरक्तं हि विरहासहनं मनः । (**कथासरित्सागरे** ।)

स्त्रीणामलीकमुग्धं हि वचः को मन्यते मृषा । (**कथासरित्सागरे** ।)

स्त्रीणामाद्यं प्रणयवचनं विभ्रमो हि प्रियेषु । (**मेघदूते** ।)

स्त्रीपुमानित्यनास्थैषा वृत्तं हि महितं सताम् । (**कुमारसंभवे** ।)

स्त्रीपुंवच्च प्रभवति यदा तद्धि गेहं विनष्टम् ।

स्त्रीबुद्धिः प्रलयावहा ।

स्त्रीभिः कस्य न खण्डितं भुवि मनः ।

स्त्रीवचःप्रत्ययो हन्ति विचारं महतामपि । (**कथासरित्सागरे** ।)

स्त्री विनश्यति रूपेण ।

स्त्रीषु वाक्संयमः कुतः । (**कथासरित्सागरे** ।)

स्त्रीष्वनर्गलचेष्टासु कस्येच्छा नोपजायते । (**कथासरित्सागरे** ।)

स्थातुं नियोक्तुर्नहि शक्यमग्रे विनाश्य रक्ष्यं स्वयमक्षतेन । (**रघुवंशे** ।)

स्थितः पृथिव्या इव मानदण्डः । (**कुमारसंभवे** ।)

स्नापितोऽपि बहुशो नदीजलैर्गर्दभः किमु हयो भवेत्क्वचित् ।

स्निग्धमुग्धा हि सत्स्त्रियः । (**कथासरित्सागरे** ।)

स्निग्धो हि विरहायासे साधुवादं ददाति किम् । (**कथासरित्सागरे** ।)

स्नुषात्वं पापानां फलमधनगेहेषु सुदृशाम् ।

स्नेहानाहुः किमपि विरहे ध्वंसिनस्ते त्वभोगादिष्टे वस्तुन्युपचितरसाः प्रेमराशीभवन्ति । (**मेघदूते** ।)

स्नेहः पापशङ्की । (**अभिज्ञानशाकुन्तले** ।)

स्पृशन्ति न नृशंसानां हृदयं बन्धुबुद्धयः । (**नैषधीयचरिते** ।)

स्पृशन्त्यास्तारुण्यं किमिव नहि रम्यं मृगदृशः ।

स्पृशन्नपि गजो हन्ति ।

स्मर्तुमधिगतगुणस्मरणाः पटवो न दोषमखिलं खलूत्तमाः । (**शिशुपालवधे** ।)

स्रोतोरत्नं विबुधतटिनी ।

स्वकर्मसूत्रग्रथितो हि लोकः ।

स्वगृहे पूज्यते मूर्खः ।

स्वग्रामे पूज्यते प्रभुः ।

स्वजनस्य हि दुःखमग्रतो विवृतद्वारमिवोपजायते । (**कुमारसंभवे** ।)

स्वजनालोकवातेद्धो दुःखाग्निः कं न तापयेत् । (**कथासरित्सागरे** ।)

स्वजातीयविघाताय माहात्म्यं दृश्यते नृणाम् ।

स्वत एव सतां परार्थता ग्रहणानां हि यथा यथार्थता । (**शिशुपालवधे** ।)

स्वदेशजातस्य नरस्य नूनं गुणाधिकस्यापि भवेदवज्ञा ।

स्वदेशे पूज्यते राजा ।

स्वधर्मे निधनं श्रेयः परधर्मो भयावहः ।

स्वपन्त्यज्ञा हि निश्चेष्टाः कुतो निद्रा विवेकिनाम् । (**कथासरित्सागरे** ।)

स्वपदाच्यवमानस्य कस्याज्ञां को हि मन्यते । **(कथासरित्सागरे ।)**

स्वभाव एवैष परोपकारिणाम् ।

स्वभावतः सर्वमिदं हि सिद्धम् ।

स्वभावस्वच्छानां पतनमपि भाग्यं हि भवति ।

स्वमहिमदर्शनमक्ष्णोर्मुकुरतले जायते यस्मात् ।

स्वयशांसि विक्रमवतामवतां न वधूष्वघानि विमृशन्ति धियः । **(किरातार्जुनीये ।)**

स्वयमेव हि वातोऽग्नेः सारथ्यं प्रतिपद्यते । **(रघुवंशे ।)**

स्ववीर्यगुप्ता हि मनोः प्रसूतिः । **(रघुवंशे ।)**

स्वसुखं नास्ति साध्वीनां तासां भर्तृसुखं सुखम् । **(कथासरित्सागरे ।)**

स्वस्थः को वा न पण्डितः ।

स्वस्थे चित्ते बुद्धयः संभवन्ति ।

स्वादुभिस्तु विषयैर्हृतस्ततो दुःखमिन्द्रियगणो निवार्यते । **(रघुवंशे ।)**

स्वाधीनकुशलाः सिद्धिमन्तः । **(अभिज्ञानशाकुन्तले ।)**

स्वाधीना दयिता सुतावधि ।

स्वामापदं प्रोज्झ्य विपत्तिमग्नं शोचन्ति सन्तो ह्युपकारिपक्षम् । **(किरातार्जुनीये ।)**

स्वामिन्यसाध्यव्यसने सुखं सन्मन्त्रिणां कुतः । **(कथासरित्सागरे ।)**

स्विद्यमामज्वरं प्राज्ञः कोऽम्भसा परिषिञ्चति । **(शिशुपालवधे ।)**

स्वेनानलस्य स्फुटतां यियासोः फूत्कृत्यपेक्षा कियती खलु स्यात् । **(शिशुपालवधे ।)**

हंसो यथा क्षीरमिवाम्बुमध्यात् । ७

हंसो हि क्षीरमादत्ते तन्मिश्रा वर्जयन्त्यपः । **(अभिज्ञानशाकुन्तले ।)**

हंहो पद्मसरः कुतः कतिपयैर्हंसैर्विना श्रीस्तव ।

हतं ज्ञानं क्रियाहीनम् ।

हतं निर्नायकं सैन्यम् ।

हतं सैन्यमनायकम् ।

हतश्चाज्ञानतो नरः ।

हतविधिपरिपाकः केन वा लङ्घनीयः ।

हरति मनो मधुरा हि यौवनश्रीः । **(किरातार्जुनीये ।)**

हसन्नपि नृपो हन्ति ।

हस्तस्य भूषणं दानम् ।

हा कष्टं खलु वर्तते कलियुगे धन्या नराः सज्जनाः ।

हास्याद्दते किमन्यत्स्यादतिलौल्यवतां फलम् । **(कथासरित्सागरे ।)**

हा हा तथापि विषयान्न जहाति चेतः ।

हितः परोऽपि स्वीकार्यो हेयः स्वोऽप्यहितः पुनः । **(कथासरित्सागरे ।)**

हितप्रयोजनं मित्रम् ।

हितभुङ्मितभुगृशाकभुक् ।

हितमारण्यमौषधम् ।

हितं मनोहारि च दुर्लभं वचः । **(किरातार्जुनीये ।)**

हितैषिणः सन्ति न ते मनीषिणः ।

हितोपदेशो मूर्खस्य कोपायैव न शान्तये । **(कथासरित्सागरे ।)**

हीनान्यनुपकर्तॄणि प्रवृद्धानि विकुर्वते·········मित्राणि । **(रघुवंशे ।)**

हेम्नः संलक्ष्यते ह्यग्नौ विशुद्धिः श्यामिकापि वा । **(रघुवंशे ।)**

ह्यर्थो हि लोके पुरुषस्य बन्धुः ।

ह्रदे गभीरे हृदि चावगाढे शंसन्ति कार्यावतरं हि सन्तः । **(नैषधीयचरिते ।)**

श्लोकानुक्रमणिका.

६४ सु० र० भा०

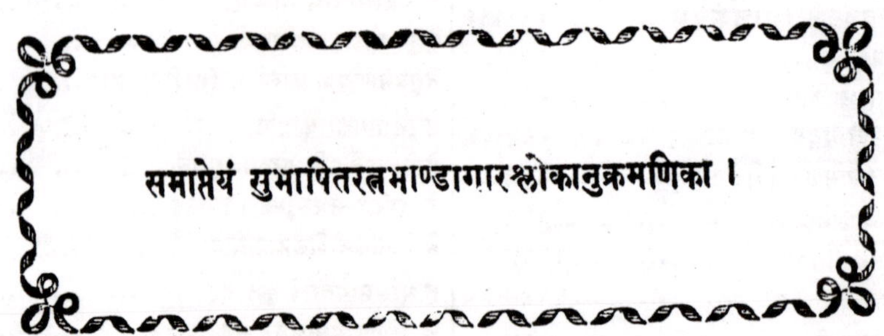
समाप्तेयं सुभाषितरत्नभाण्डागारश्लोकानुक्रमणिका ।